Politik: politics oder policy?

Politics ist der abstrakte Begrif[f,] **a policy** die konkrete Politi[k,] z. B. Außen- oder Sozialpolitik.

Sie hat sich schon immer für Politik interessiert.	**She has always been interested in politics.**
Parteipolitik	**party politics**
die Außenpolitik der Bundesregierung	**the Federal Government's foreign policy**

Info-Fenster mit Zusatzinfos zu Wortschatz, Grammatik und Landeskunde

lice presence **Polizeiauto** *n* police car **Polizeibeamte(r)** *m*, **Polizeibeamtin** *f* police official; (≈ *Polizist*) police officer **Polizeidienststelle** *f* (*förml*) police station **Polizeieinsatz** *m* police action *od* intervention **Polizeifunk** *m* police radio **Polizeikette** *f* police cordon **Polizeiknüppel** *m* truncheon **Polizeikontrolle** *f* police check; (≈ *Kontrollpunkt*) police checkpoint **polizeilich** **1.** *Adj* police *attr*; **~es Führungszeugnis** *certificate issued by the police, stating that the holder has no criminal record* **2.** *Adv ermittelt werden* by the police; **~ überwacht werden** to be under police surveillance; **sie wird ~ gesucht** the police are looking for her; **sich ~ melden** to register with the police **Polizeirevier** *n* **a)** (≈ *Polizeiwache*) police station; **b)** (*Bezirk*) (police) district, precinct (*US*) **Polizeischutz** *m* police protection **Polizeistaat** *m* police state **Polizeistreife** *f* police patrol **Polizeistunde** *f* closing time **Polizeiwache** *f* police station **Polizist** *m* policeman **Polizistin** *f* policewoman

Pollen *m* pollen **Pollenflug** *m* pollen count **Pollenwarnung** *f* pollen warning

polnisch *Adj* Polish

Polo *n* polo **Polohemd** *n* sports shirt

Polster *n od* (*österr*) *m* **a)** cushion; (≈ *Polsterung*) upholstery *kein Pl*; **b)** (*fig*) (≈ *Fettpolster*) flab *kein Pl* (*umg*); (≈ *Reserve*) reserve **Polstergarnitur** *f* three-piece suite **Polster-**

Stilebenenangabe

Arabische Ziffern zur Unterscheidung von Wortarten

Umschreibende Übersetzung für Begriffe, die keine direkte Entsprechung in der Zielsprache haben

Kleinbuchstaben zur Bedeutungsdifferenzierung

US-amerikanische Variante eines Stichworts

Genusangabe

Österreichische Variante

Die Langenscheidt Service-Garantie:

Wenn Sie in diesem Wörterbuch ein Stichwort nicht finden, das man in einem Wörterbuch dieser Größe erwarten kann, garantieren wir Ihnen bis zum 31.12.2008, dass Langenscheidt eine passende Übersetzung dieses Wortes für Sie sucht.

Dieser Service wird ausschließlich per E-Mail angeboten. Bitte schreiben Sie uns an die Adresse garantie@langenscheidt.de. Geben Sie in dieser E-Mail das gesuchte Stichwort an sowie den sprachlichen Zusammenhang, in dem es steht. Das kann ein Satz sein, in dem das Wort vorkommt, oder eine Umschreibung des Begriffs. Bitte teilen Sie uns auch mit, in welchem Wörterbuch Sie das betreffende Wort vermissen.

Sie erhalten unsere Antwort so schnell wie möglich, ebenfalls per E-Mail.

Langenscheidt

Taschenwörterbuch Deutsch – Englisch

Völlige Neubearbeitung

Herausgegeben von der
Langenscheidt-Redaktion

Langenscheidt

Berlin · München · Wien · Zürich · New York

Projektleitung:
Dr. Wolfgang Walther

Lexikografische Bearbeitung:
Horst Kopleck, Dr. Helen Galloway

Redaktionsassistenz:
Agnes Martiny

Info-Fenster:
Charlotte Collins, Verena Jakobi, Sabine Meisinger-Botz,
Gisela Obermaier-Hanke, Peter Ringeisen, Philip Wade
in Zusammenarbeit mit der Langenscheidt-Redaktion.
Muttersprachliche Durchsicht: Charlotte Collins

Neue deutsche Rechtschreibung nach
DUDEN-Empfehlungen (Stand 1. 8. 2006):
Horst Kopleck

Dieses Wörterbuch wurde unter Verwendung von Datenbanken
der HarperCollins Publishers Ltd erstellt.

Ergänzende Hinweise, für die wir jederzeit dankbar sind,
bitten wir zu richten an:
Langenscheidt Verlag, Postfach 40 11 20, 80711 München
redaktion.wb@langenscheidt.de

Druck: Graphische Betriebe Langenscheidt, Berchtesgaden/Obb.
Printed in Germany
ISBN 978-3-468-10137-3

1. 2. 3. 4. 5. 11 10 09 08 07

Inhaltsverzeichnis

Vorwort

Mit dem vorliegenden ***Taschenwörterbuch Deutsch-Englisch*** präsentiert Langenscheidt seinen „Klassiker" in grundlegender Neubearbeitung. Der komplett neue Wörterbuchtext wurde auf der Basis der Collins-Langenscheidt-Datenbank erstellt. Neuer hochmoderner Wortschatz ist hinzugekommen, vorhandene Stichworteinträge wurden auf ihre Relevanz überprüft. Alle Einträge wurden exakt auf die Bedürfnisse deutschsprachiger Benutzer zugeschnitten. Dazu gehört die konsequente Verwendung von Zusatzangaben in deutscher Sprache, sodass die Benutzer immer genau wissen, in welchem Kontext welche Übersetzung die richtige ist.

Im Mittelpunkt steht der heute allgemein gebräuchliche deutsche Wortschatz mit seinen englischen Entsprechungen. Neu aufgenommen wurden aber auch hochaktuelle Begriffe aus so wichtigen Bereichen wie Informationstechnologie, Computer, Politik und Gesellschaft, Kultur, Medizin und Sport. Geografische Namen und wichtige Abkürzungen wurden in den alphabetischen Hauptteil des Wörterbuchs integriert.

Das vorliegende Wörterbuch erscheint in der neuesten deutschen Rechtschreibung nach den amtlichen Regeln und DUDEN-Empfehlungen.

Zum neuen benutzerfreundlichen Layout gehören blaue Stichwörter, die immer voll ausgeschrieben sind. Platzhalter für Stichwörter (Tilden ~) werden nur noch in Wendungen für das jeweils vorausgehende Stichwort verwendet. In den Stichwörtern selbst wird nichts mehr abgekürzt. Daraus ergibt sich nicht nur eine größere Übersichtlichkeit, sondern auch eine schnellere Auffindbarkeit der gewünschten Information.

Info-Fenster zu Wortschatz, Grammatik und Landeskunde gehören ebenso zu den Selbstverständlichkeiten dieses Wörterbuchs.

LANGENSCHEIDT VERLAG

Hinweise für die Benutzer

Wo finde ich was? – alphabetische Anordnung

Die meisten Stichwörter sind streng alphabetisch geordnet. Ausgenommen davon sind Varianten von Hauptstichwörtern, die unmittelbar hinter dem jeweiligen Hauptstichwort zu finden sind.

Wo und wie finde ich was? – Aufbau eines Stichwortartikels

Hochgestellte Ziffern werden verwendet, um **Wörter ganz unterschiedlicher Bedeutung** (Homonyme) voneinander zu unterscheiden.

> **kosten**[1] *vt* **a)** to cost; ***was kostet das?*** how much *od* what does it cost?; ***koste es, was es wolle*** whatever the cost; ***jdn sein Leben/den Sieg ~*** to cost sb his life/the victory; **b)** (≈ *in Anspruch nehmen*) *Zeit, Geduld etc* to take
> **kosten**[2] *vti* (≈ *probieren*) to taste; ***von etw ~*** to taste *od* try sth

Abkürzungen, Akronyme und Eigennamen sind an alphabetischer Stelle im Wörterverzeichnis zu finden. Zusammengesetzte Wörter stehen ebenfalls an ihrer Stelle im Alphabet.
Redensarten und feste Wendungen sind in der Regel unter dem ersten bedeutungstragenden Element der Wendung zu finden. *jdm keine Hoffnungen machen* findet man also unter *Hoffnung*.

Die Unterteilung eines **Stichwortartikels** erfolgt durch

1. arabische Ziffern zur Unterscheidung der Wortarten (transitives, intransitives oder reflexives Verb, Substantiv, Adjektiv, Adverb usw.),
b) Kleinbuchstaben zur Unterscheidung ganz unterschiedlicher Bedeutungen eines Wortes,
; Strichpunkte zur Unterscheidung von Bedeutungsnuancen
, Kommata zur Abtrennung von Übersetzungsvarianten eines Stichworts, die gleichbedeutend bzw. eindeutig erschließbar sind.

Wie sieht ein Eintrag im Allgemeinen aus?

nachhaltig **1.** *Adj* lasting; *Wachstum* sustained; ***~e Nutzung*** (*von Energie, Rohstoffen etc*) sustainable use **2.** *Adv* **a**) (≈ *mit langer Wirkung*) with lasting effect; ***etw ~ beeinflussen*** to have a profound effect on sth; **b**) (≈ *ökologisch bewusst*) with a view to sustainability **Nachhaltigkeit** *f* sustainability

Dieses Beispiel für den Eintragsblock **nachhaltig** soll die wichtigsten Elemente eines Eintrags veranschaulichen. Wir stellen sie Ihnen Schritt für Schritt vor:

nachhaltig	Jedes **Stichwort** erscheint voll ausgeschrieben in **blauem Fettdruck.**
1.	arabische Ziffer zur Unterscheidung der Wortarten bzw. bestimmter Verbformen
Adj	das Stichwort **nachhaltig** als *Adjektiv* gebraucht
lasting	englische Entsprechung des deutschen Stichworts in Normalschrift
;	Strichpunkt trennt die Grundübersetzung von einer weiteren spezifischen Übersetzung
Wachstum	wenn **nachhaltig** sich auf *Wachstum* bezieht, übersetzt man mit **sustained**
;	Strichpunkt trennt die letzte Übersetzung von der ersten Wendung
~e Nutzung	= ***nachhaltige Nutzung***; Anwendungsbeispiel, bei dem die Tilde ~ das Stichwort **nachhaltig** vertritt
(*von Energie, Rohstoffen etc*)	spricht man von ***nachhaltiger Nutzung*** der *Energie*, der *Rohstoffe* usw., übersetzt man mit **sustainable use**
sustainable use	englische Entsprechung der deutschen Wendung in Normalschrift
2.	arabische Ziffer zur Unterscheidung von Wortarten bzw. bestimmter Verbformen
Adv	das Stichwort **nachhaltig** als *Adverb* gebraucht
a)	Kleinbuchstabe zur Unterscheidung verschiedener Bedeutungen des Stichworts
(≈ *mit langer Wirkung*)	wenn mit **nachhaltig** *mit langer Wirkung* gemeint ist, dann lautet die Übersetzung **with lasting effect**
;	Strichpunkt trennt die letzte Übersetzung von der ersten Wendung

etw ~ beeinflussen	= ***etwas nachhaltig beeinflussen***; Anwendungsbeispiel, bei dem die Tilde ~ das Stichwort **nachhaltig** vertritt
to have a profound effect on sth	englische Entsprechung der deutschen Wendung in Normalschrift
;	Strichpunkt trennt die erste Bedeutung **a**) von der zweiten Bedeutung **b**) ab.
(≈ *ökologisch bewusst*)	wenn mit **nachhaltig** *ökologisch bewusst* gemeint ist, dann lautet die Übersetzung z. B. **with a view to sustainability**
Nachhaltigkeit	neues **Stichwort** im gleichen Eintragsblock (= **Nest**), da es mit **nachhaltig** zu tun hat. Es erscheint voll ausgeschrieben in **blauem Fettdruck**
f	Genusangabe *feminin = weiblich*, also *die* **Nachhaltigkeit**
sustainability	englische Entsprechung des deutschen Stichworts in Normalschrift

Welche Satzzeichen und Symbole werden verwendet und welche Funktion haben sie?

Ein Komma (,) zwischen Wendungen oder Übersetzungen zeigt an, dass die Wendungen oder Übersetzungen gleichwertig sind. Ein Strichpunkt (;) zwischen Übersetzungen zeigt einen Bedeutungsunterschied an, der durch erklärende Zusätze (*Schrägschrift*) erläutert ist. Ein Schrägstrich (/) dient dazu, dass mit einer Struktur verschiedene Bedeutungen erfasst werden können: ***sich gut/schlecht fühlen*** = to feel good/bad. Eine Tilde ~ ersetzt in einer Wendung das vorausgehende Stichwort. Ein Gedankenstrich – unterscheidet zwischen zwei Sprechern. Eine Wellenlinie ≈ steht vor einer Synonymangabe in *Schrägschrift* bzw. gibt an, dass die Übersetzung nur eine ungefähre Entsprechung des Stichworts oder der Übersetzung ist. GROSSBUCHSTABEN in Wendungen und Übersetzungen bedeuten, dass das Wort betont ist.

Welche Funktion hat *Schrägschrift*?

Deutsche erklärende Zusätze in *kursiver Schrift* mit oder ohne Klammern geben zu den einzelnen Bedeutungen des Stichworts zusätzliche präzisierende Hinweise. Es können Synonyme (bedeutungsähnliche Wörter) in Klammern, mögliche Subjekte oder Objekte u. Ä. genannt sein, die den Verwendungsbereich einer gegebenen Übersetzung verdeutlichen:

> **drücken** **1.** *vt* **a)** to press; *Obst* to squeeze; ***jdn ~*** (*≈ umarmen*) to hug sb; ***jdn zur Seite ~*** to push sb aside; **b)** (*Schuhe etc*) to pinch; ***jdn im Magen ~*** (*Essen*) to lie heavily on sb's stomach; **c)** (*≈ verringern*) to force down; *Leistung, Niveau* to lower; (*umg*) *Stimmung* to dampen **2.** *vi* to press; (*Schuhe etc*) to pinch; ***„bitte ~"*** "push"; ***auf die Stimmung ~*** to dampen one's mood; → ***gedrückt*** **3.** *vr* (*≈ sich quetschen*) to squeeze; (*Schutz suchend*) to huddle: (*≈ kneifen*) to shirk; (*vor Militärdienst*) to dodge; ***sich vor etw*** (*Dat*) ***~*** to shirk sth; ***sich*** (***um etw***) ***~*** to get out of sth

Kollokatoren, also typische Wortergänzungen, erscheinen ohne Klammern, alle anderen erklärenden Zusätze (Indikatoren), zu denen auch Synonyme ≈ zählen, erscheinen in Klammern.

In *einfacher Schrägschrift* erscheinen auch Grammatik- und Stilangaben sowie Elemente, die sich vom Stichwort, von der Wendung oder von der Übersetzung abheben sollen. Dazu gehören auch umschreibende Entsprechungen für ein Stichwort, für das es keine direkte Übersetzung gibt:

> **Assessor(in)** *m(f) graduate civil servant who has completed his/her traineeship*

Hinter den Übersetzungen von Verben und Substantiven finden Sie häufig die Angabe der passenden deutschen Präposition in *Schrägschrift* und die Angabe, welchen Kasus (Fall) die deutsche Präposition verlangt, ebenfalls in *Schrägschrift*, sowie die dazugehörige englische Entsprechung in Normalschrift.

> **informieren** **1.** *vt* to inform (*über +Akk, von* about, of); ***da bist du falsch informiert*** you've been misinformed **2.** *vr* to find out, to inform oneself (*über +Akk* about)

Weitere kursive Angaben, die in einem Eintrag vorkommen können, finden Sie unter „Wichtige Abkürzungen und Hinweise in diesem Wörterbuch" ganz hinten im Buch.

Welche Funktion haben die Verweise?

Der Verweispfeil → hat verschiedene Funktionen. Er verweist zum einen von einem Stichwort auf ein anderes Stichwort mit abweichender Schreibweise, unter der die ausführliche Darstellung des Stichworts zu finden ist. Bei dem Stichwort, auf das verwiesen wird, finden Sie dann die Übersetzung(en) und weitere Angaben. Gelegentlich verweist der Verweispfeil auch von Stichwörtern mit alter Schreibung auf die mit der neuen deutschen Rechtschreibung (**Stengel** *m* → ***Stängel***). Stehen Verweiswort und Wort, auf das verwiesen wird, dicht hintereinander, wird auch das Gleichheitszeichen = statt des Verweispfeils → verwendet.

Wozu dienen die Sachgebietsbezeichnungen?

Zur besseren Einordnung der Bedeutungen eines Stichworts dienen *Sachgebietsbezeichnungen*. Steht eine Sachgebietsbezeichnung hinter dem Hauptstichwort, bezieht sie sich auf alle folgenden Übersetzungen. Steht sie innerhalb des Artikels vor einer Übersetzung, so gilt sie nur für diese. Die häufigsten Sachgebiete erscheinen in diesem Wörterbuch in KAPITÄLCHEN. Sie finden sie in der Liste „Wichtige Abkürzungen und Hinweise in diesem Wörterbuch“ ganz hinten im Buch. Ausgeschriebene sachgebietsähnliche Angaben werden *kursiv* dargestellt.

Wie sind die Stilebenen gekennzeichnet?

Die Stilangaben *umg* = umgangssprachlich; *sl* = saloppe Umgangssprache, Slang; *vulg* = vulgär; *geh* = gehoben; *förml* = förmlich; *lit* = literarisch werden sowohl für das Stichwort bzw. die ausgangssprachliche Wendung als auch für die entsprechende Übersetzung vorgenommen. Stilangaben zu Beginn eines Eintrags, einer Bedeutung oder Unterbedeutung beziehen sich auf alle Wendungen bzw. Bedeutungen innerhalb dieses Eintrags. Die Übersetzung wird möglichst so gewählt, dass sie auf der gleichen Stilebene wie das Stichwort bzw. die Wendung liegt. Bei neutralem Stil wird keine Stilangabe gemacht.

Wozu dienen die blauen Info-Fenster?

Die Info-Fenster stellen wichtige sprachliche und kulturelle Besonderheiten vor und dienen als anregende Ergänzung zu den eigentlichen Stichworteinträgen, um Sie exemplarisch auf Unterschiede aufmerksam zu machen, die Sie beim Aufenthalt im englischsprachigen Land oder in der fremdsprachlichen Kommunikation beachten sollten. Ein nach Stichwörtern alphabetisch geordnetes Verzeichnis der Info-Fenster befindet sich auf Seite 720.

A

A, a *n* A, a; ***das A und (das) O*** *(fig)* the be-all and end-all; *(eines Wissensgebietes)* the basics *Pl*; ***von A bis Z*** *(fig umg)* from A to Z; ***wer A sagt, muss auch B sagen*** *(Sprichw)* in for a penny, in for a pound *(bes Brit Sprichw)*

A *Abk von* ***Austria***

à *Präp bes* HANDEL at

@ IT *Abk von* ***at*** @

Aal *m* eel

aalglatt *(pej)* **1.** *Adj* slippery (as an eel), slick **2.** *Adv* slickly

Aargau *m* ***der ~*** Aargau

Aas *n* **a)** (≈ *Tierleiche*) carrion, rotting carcass; **b)** *(umg* ≈ *Luder)* bugger *(Brit umg)*, jerk *(sl)*; ***kein ~*** not a single soul **Aasgeier** *m* vulture

ab **1.** *Adv* off, away; THEAT exit *Sg*, exeunt *Pl*; ***die nächste Straße rechts ab*** the next street on the right; ***ab Hamburg*** after Hamburg; ***München ab 12.20 Uhr*** BAHN leaving Munich 12.20; ***ab wann?*** from when?, as of when?; ***ab nach Hause*** go home; ***ab und zu*** *od (nordd)* ***an*** now and again, now and then **2.** *Präp +Dat (räumlich)* from; *(zeitlich)* from, as of, as from; ***Kinder ab 14 Jahren*** children from (the age of) 14 up; ***ab Werk*** HANDEL ex works; ***ab sofort*** as of now

abändern *vt* to alter *(in +Akk* to); *Gesetzentwurf* to amend *(in +Akk* to); *Strafe, Urteil* to revise *(in +Akk* to)

abarbeiten **1.** *vt Schuld* to work off; *Vertragszeit* to work **2.** *vr* to slave (away); → ***abgearbeitet***

Abart *f* variety *(auch* BIOL) **abartig** *Adj* abnormal, unnatural; (≈ *widersinnig)* perverse; ***das tut ~ weh*** that hurts like hell *(umg)*

Abbau *m* **a)** (≈ *Förderung) (über Tage)* quarrying; *(unter Tage)* mining; **b)** (≈ *Demontage)* dismantling; **c)** CHEM decomposition; *(im Körper)* breakdown; **d)** (≈ *Verringerung)* reduction *(+Gen* of) **abbaubar** *Adj* CHEM degradable; ***biologisch ~*** biodegradable **abbauen** **1.** *vt* **a)** (≈ *fördern) (über Tage)* to quarry; *(unter Tage)* to mine; **b)** (≈ *demontieren)* to dismantle; *Kulissen, Zelt* to take down; **c)** CHEM to break down; **d)** (≈ *verringern)* to cut back **2.** *vi (Patient)* to deteriorate

abbeißen *vt* to bite off

abbekommen *vt* (≈ *erhalten)* to get; ***etwas ~*** to get some (of it); (≈ *beschädigt werden)* to get damaged; (≈ *verletzt werden)* to get hurt; ***sein(en) Teil ~*** *(wörtl, fig)* to get one's fair share

abberufen *vt* to recall

abbestellen *vt* to cancel

abbezahlen *vt* to pay off

abbiegen *vi* to turn off *(in +Akk* into); *(Straße)* to veer **Abbiegespur** *f* VERKEHR filter *(Brit) od* turning *(US)* lane

Abbild *n* (≈ *Nachahmung, Kopie)* copy; (≈ *Spiegelbild)* reflection **abbilden** *vt* *(wörtl, fig)* to depict, to portray **Abbildung** *f* (≈ *das Abbilden)* depiction, portrayal; (≈ *Illustration)* illustration

abbinden *vt* **a)** (≈ *abmachen)* to undo, to untie; **b)** MED *Arm, Bein etc* to ligature

Abbitte *f* apology; ***(bei jdm wegen etw) ~ tun*** *od* ***leisten*** to make *od* offer one's apologies (to sb for sth)

abblasen *vt (umg* ≈ *absagen)* to call off

abblättern *vi* to flake (off)

abblenden **1.** *vt* AUTO to dip *(Brit)*, to dim *(bes US)* **2.** *vi* AUTO to dip *(Brit) od* dim *(bes US)* one's headlights **Abblendlicht** *n* AUTO dipped *(Brit) od* dimmed *(bes US)* headlights *Pl*

abblitzen *vi (umg)* to be sent packing *(bei* by) *(umg)*; ***jdn ~ lassen*** to send sb packing *(umg)*

abblocken **1.** *vt* (SPORT, *fig)* to block; *Gegner* to stall **2.** *vi* to stall

abbrechen **1.** *vt* to break off; *Zelt* to take down; (≈ *niederreißen)* to demolish; IT *Operation* to abort; *Veranstaltung, Verfahren* to stop; *Streik, Suche, Mission* to call off; *Schwangerschaft* to terminate; ***die Schule ~*** to stop going to school; ***sich*** *(Dat)* ***einen ~*** *(umg)* (≈ *Umstände machen)* to make a fuss about it; (≈ *sich sehr anstrengen)* to go to a lot of bother **2.** *vi* to break off; IT to abort

abbrennen *vti* to burn down; *Feuerwerk, Rakete* to let off; → ***abgebrannt***

abbringen *vt* ***jdn davon ~, etw zu tun*** to stop sb (from) doing sth; ***sich von etw ~ lassen*** to be dissuaded from sth **abbröckeln** *vi* to crumble away; (*fig*) to fall off

Abbruch *m* (≈ *das Niederreißen*) demolition; (*von Schwangerschaft*) termination; (*von Beziehungen, Reise*) breaking off; (*von Veranstaltung*) stopping **abbruchreif** *Adj* only fit for demolition

abbuchen *vt* to debit (*von* to, against) **Abbuchung** *f* debit; (*durch Dauerauftrag*) (payment by) standing order **Abbuchungsauftrag** *m* direct debit

abbürsten *vt* to brush; *Staub* to brush off (*von etw* sth)

abbüßen *vt Strafe* to serve

Abc *n* (*wörtl, fig*) ABC **Abc-Schütze** *m*, **Abc-Schützin** *f* (*hum*) school-beginner

abdanken *vi* to resign; (*König etc*) to abdicate **Abdankung** *f* (≈ *Thronverzicht*) abdication; (≈ *Rücktritt*) resignation

abdecken *vt* to cover; *Dach* to take off; *Haus* to take the roof off; *Tisch* to clear **Abdeckstift** *m* (*Kosmetik*) concealer, blemish stick

abdichten *vt* (≈ *isolieren*) to insulate; *Loch, Leck, Rohr* to seal (up)

abdrängen *vt* to push away (*von* from)

abdrehen **1.** *vt Gas, Wasser, Hahn* to turn off **2.** *vi* (≈ *Richtung ändern*) to change course

abdriften *vi* (*a. fig*) to drift off

Abdruck[1] *m* imprint, impression; (≈ *Fingerabdruck, Fußabdruck*) print

Abdruck[2] *m* (≈ *Nachdruck*) reprint **abdrucken** *vt* to print

abdrücken **1.** *vt* **a)** *Gewehr* to fire; **b)** *Vene* to constrict **2.** *vi* to pull *od* squeeze the trigger **3.** *vr* to leave an imprint *od* impression

abdunkeln *vt Lampe* to dim; *Zimmer, Farbe* to darken

abduschen *vt* to give a shower; ***sich ~*** to have *od* take a shower

Abend *m* evening; ***am ~*** in the evening; (≈ *jeden Abend*) in the evening(s); ***heute/gestern/morgen/Mittwoch ~*** this/yesterday/tomorrow/Wednesday evening, tonight/last night/tomorrow night/Wednesday night; ***guten ~*** good evening; ***zu ~ essen*** to have supper *od* dinner; ***es ist noch nicht aller Tage ~*** it's early days still *od* yet; ***man soll den Tag nicht vor dem ~ loben*** (*Sprichw*) don't count your chickens before they're hatched (*Sprichw*) **Abendbrot** *n* supper, tea (*schott, nordengl*) **Abenddämmerung** *f* dusk, twilight **Abendessen** *n* supper, evening meal **abendfüllend** *Adj Film, Stück* full-length **Abendgesellschaft** *f* soirée **Abendkasse** *f* THEAT box office **Abendkleid** *n* evening dress *od* gown **Abendland** *n* (*geh*) West **abendländisch** (*geh*) *Adj* western, occidental (*lit*) **abendlich** *Adj* evening *attr* **Abendmahl** *n* KIRCHE Communion, Lord's Supper; ***das (Letzte) ~*** the Last Supper **Abendprogramm** *n* RADIO, TV evening('s) programmes *Pl* (*Brit*) *od* programs *Pl* (*US*) **Abendrot** *n* sunset **abends** *Adv* in the evening; (≈ *jeden Abend*) in the evening(s); ***spät ~*** late in the evening **Abendstunde** *f* evening (hour) **Abendvorstellung** *f* evening performance; (*Film auch*) evening showing **Abendzeitung** *f* evening paper

Abenteuer *n* adventure **Abenteuerin** *f* adventuress **abenteuerlich** **1.** *Adj* adventurous; *Erzählung* fantastic; (*umg*) *Preis* outrageous; *Argument* ludicrous **2.** *Adv klingen, sich anhören* bizarre; *gekleidet* bizarrely **Abenteuerlust** *f* thirst for adventure **Abenteuerspielplatz** *m* adventure playground **Abenteuerurlaub** *m* adventure holiday (*bes Brit*) *od* vacation (*US*) **Abenteurer** *m* adventurer

aber **1.** *Konj* but; ***~ dennoch*** *od* ***trotzdem*** but still; ***oder ~*** or else; ***~ ja!*** oh, yes!; (≈ *sicher*) but of course; ***~ nein!*** oh, no!; (≈ *selbstverständlich nicht*) of course not!; ***~, ~!*** now, now!; ***das ist ~ schrecklich!*** but that's awful!; ***das ist ~ heiß/schön!*** that's really hot/nice **2.** *Adv* (*lit*) ***~ und ~mals*** again and again, time and again; → ***Abertausend*** **Aber** *n* but; ***die Sache hat ein ~*** there's just one problem *od* snag

Aberglaube(n) *m* superstition; (*fig auch*) myth **abergläubisch** *Adj* superstitious

aberkennen *vt* ***jdm etw ~*** to deprive *od* strip sb of sth

abermals *Adj* (*geh*) once again *od* more
Abertausend *Num* thousands upon thousands of; ***Tausend und ~*** thousands and *od* upon thousands
Abf. *Abk von* ***Abfahrt*** departure, dep.
abfahren 1. *vi* **a)** (*Bus, Zug, Auto, Reisende*) to leave; (SKI ≈ *zu Tal fahren*) to ski down; **b)** (*umg*) ***auf jdn/etw ~*** to be into sb/sth (*umg*) **2.** *vt* **a)** *Strecke* (≈ *bereisen*) to cover, to do (*umg*); (≈ *überprüfen*) to go over; **b)** (≈ *abnutzen*) *Schienen, Reifen* to wear out; (≈ *benutzen*) *Fahrkarte* to use **Abfahrt** *f* **a)** (*von Zug, Bus etc*) departure; **b)** (SKI ≈ *Talfahrt*) descent; (≈ *Abfahrtsstrecke*) (ski) run; **c)** (*umg* ≈ *Autobahnabfahrt*) exit **Abfahrtslauf** *m* SKI downhill **Abfahrtsläufer(in)** *m(f)* SKI downhill racer *od* skier **Abfahrtszeit** *f* departure time
Abfall *m* **a)** (≈ *Müll*) refuse; (≈ *Hausabfall*) rubbish (*Brit*), garbage (*US*); (≈ *Rückstand*) waste *kein Pl*; **b)** (≈ *Rückgang*) drop (+*Gen* in); (≈ *Verschlechterung*) deterioration **Abfallbeseitigung** *f* refuse *od* garbage (*US*) *od* trash (*US*) disposal **Abfalleimer** *m* rubbish bin (*Brit*), garbage can (*US*) **abfallen** *vi* **a)** (≈ *herunterfallen*) to fall *od* drop off; **b)** (*Gelände*) to fall *od* drop away; (*Druck, Temperatur*) to fall, to drop; **c)** (*fig* ≈ *übrig bleiben*) to be left (over); **d)** (≈ *schlechter werden*) to fall *od* drop off; **e)** ***alle Unsicherheit/Furcht fiel von ihm ab*** all his uncertainty/fear left him; ***vom Glauben ~*** to break with the faith; ***wie viel fällt bei dem Geschäft für mich ab?*** (*umg*) how much do I get out of the deal?
abfällig 1. *Adj Bemerkung, Kritik* disparaging, derisive; *Urteil* adverse **2.** *Adv* ***über jdn ~ reden*** *od* ***sprechen*** to be disparaging of *od* about sb
Abfallprodukt *n* waste product; (*von Forschung*) by-product, spin-off **Abfallverwertung** *f* waste utilization
abfälschen *vti* SPORT to deflect
abfangen *vt Flugzeug, Funkspruch, Brief, Ball* to intercept; *Menschen* to catch (*umg*); *Schlag* to block **Abfangjäger** *m* MIL interceptor
abfärben *vi* **a)** (*Wäsche*) to run; **b)** (*fig*) ***auf jdn ~*** to rub off on sb
abfassen *vt* (≈ *verfassen*) to write
abfedern 1. *vt Sprung, Stoß* to cushion; (*fig*) *Krise, Verluste* to cushion the impact of **2.** *vi* to absorb the shock; ***er ist*** *od* ***hat gut/schlecht abgefedert*** SPORT he landed smoothly/hard
abfertigen *vt* **a)** *Pakete, Waren* to prepare for dispatch; *Gepäck* to check (in); **b)** (≈ *bedienen*) *Kunden, Antragsteller, Patienten* to attend to; (*umg*: SPORT) *Gegner* to deal with; ***jdn kurz*** *od* ***schroff ~*** (*umg*) to snub sb; **c)** (≈ *kontrollieren*) *Waren, Reisende* to clear **Abfertigung** *f* (*von Paketen, Waren*) getting ready for dispatch; (*von Gepäck*) checking; (*von Kunden*) service; (*von Antragstellern*) dealing with; ***die ~ an der Grenze*** customs clearance **Abfertigungsschalter** *m* dispatch counter; (*im Flughafen*) check-in desk
abfeuern *vt* to fire
abfinden 1. *vt* to pay off; (≈ *entschädigen*) to compensate **2.** *vr* ***sich mit jdm/etw ~*** to come to terms with sb/sth; ***er konnte sich nie damit ~, dass ...*** he could never accept the fact that ... **Abfindung** *f* **a)** (*von Gläubigern*) paying off; (≈ *Entschädigung*) compensation; **b)** (≈ *Summe*) payment; (≈ *Entschädigung*) compensation *kein Pl*; (*bei Entlassung*) severance pay
abflauen *vi* (*Wind*) to drop, to die down; (*Empörung, Interesse*) to fade; (*Börsenkurse*) to fall, to drop; (*Geschäfte*) to fall *od* drop off
abfliegen 1. *vi* FLUG to take off (*nach* for) **2.** *vt Gelände* to fly over
abfließen *vi* (≈ *wegfließen*) to drain *od* run away; (*Verkehr*) to flow away
Abflug *m* takeoff **Abflughalle** *f* departure lounge **Abflugzeit** *m* departure time
Abfluss *m* **a)** (≈ *Abfließen*) draining away; **b)** (≈ *Abflussstelle*) drain; **c)** (≈ *Abflussrohr*) drainpipe
Abfolge *f* (*geh*) sequence, succession
abfordern *vt* ***jdm etw ~*** to demand sth from sb
Abfrage *f* IT query **abfragen** *vt* **a)** IT *Information* to call up; *Datenbank* to query, to interrogate; **b)** *bes* SCHULE ***jdn*** *od* ***jdm etw ~*** to question sb on sth
abfressen *vt Blätter, Gras* to eat
abfrieren 1. *vi* to get frostbitten; ***abge-***

froren sein (*Körperteil*) to be frostbitten **2.** *vt* ***sich*** (*Dat*) ***einen ~*** (*sl*) to freeze to death (*umg*)

Abfuhr *f* **a)** (≈ *Abtransport*) removal; **b)** (*umg* ≈ *Zurückweisung*) snub, rebuff; ***jdm eine ~ erteilen*** to snub *od* rebuff sb **abführen 1.** *vt* **a)** (≈ *wegführen*) to take away; **b)** *Betrag* to pay (*an +Akk* to) **2.** *vi* **a)** ***der Weg führt hier (von der Straße) ab*** the path leaves the road here; ***das würde vom Thema ~*** that would take us off the subject; **b)** (≈ *den Darm anregen*) to have a laxative effect **Abführmittel** *n* laxative

abfüllen *vt* (*in Flaschen*) to bottle; *Flasche* to fill

Abgabe *f* **a)** (≈ *Abliefern*) handing *od* giving in; (*von Gepäck*) depositing; **b)** (≈ *Verkauf*) sale; **c)** (*von Wärme etc*) giving off, emission; **d)** (*von Schuss, Salve*) firing; **e)** (≈ *Steuer*) tax; (≈ *soziale Abgabe*) contribution; **f)** (*von Erklärung etc*) giving; (*von Stimme*) casting; **g)** (SPORT ≈ *Abspiel*) pass **Abgabetermin** *m* closing date

Abgang *m* **a)** (≈ *Absendung*) dispatch; **b)** (*aus einem Amt, von Schule*) leaving; ***seit seinem ~ von der Schule*** since he left school; **c)** (THEAT, *fig*) exit; **d)** (MED ≈ *Ausscheidung*) passing

abgängig *Adj* (*österr* ≈ *vermisst*) missing (*aus* from)

Abgas *n* exhaust *kein Pl*, exhaust fumes *Pl* **abgasfrei** *Adj* exhaust-free **Abgas(sonder)untersuchung** *f* AUTO emissions test

abgearbeitet *Adj* (≈ *verbraucht*) work-worn; (≈ *erschöpft*) worn out; → ***abarbeiten***

abgeben 1. *vt* **a)** (≈ *abliefern*) to hand *od* give in; (≈ *hinterlassen*) to leave; (≈ *übergeben*) to hand over, to deliver; (≈ *weggeben*) to give away; (≈ *verkaufen*) to sell; **b)** (≈ *abtreten*) *Posten* to relinquish (*an +Akk* to); **c)** SPORT *Punkte, Rang* to concede; (≈ *abspielen*) to pass; **d)** (≈ *ausströmen*) *Wärme, Sauerstoff* to give off, to emit; **e)** (≈ *abfeuern*) *Schuss, Salve* to fire; **f)** (≈ *äußern*) *Erklärung* to give; *Stimme* to cast; **g)** (≈ *verkörpern*) to make; ***er würde einen guten Schauspieler ~*** he would make a good actor **2.** *vr* ***sich mit jdm/etw ~*** (≈ *sich beschäftigen*) to concern oneself with sb/sth

abgebrannt *Adj* (*umg* ≈ *pleite*) broke (*umg*); → ***abbrennen***

abgebrüht *Adj* (*umg*) callous

abgedroschen *Adj* (*umg*) hackneyed (*Brit*), well-worn

abgegriffen *Adj* (well-)worn

abgehackt *Adj Sprechweise* clipped; → ***abhacken***

abgehärtet *Adj* tough, hardy; (*fig*) hardened; → ***abhärten***

abgehen 1. *vi* **a)** (≈ *abfahren*) to leave, to depart (*nach* for); **b)** (THEAT ≈ *abtreten*) to exit; ***von der Schule ~*** to leave school; **c)** (≈ *sich lösen*) to come off; **d)** (≈ *abgesondert werden*) to pass out; (*Fötus*) to be aborted; **e)** (≈ *abgesandt werden*) to be sent *od* dispatched; **f)** (*umg* ≈ *fehlen*) ***jdm geht Verständnis/Taktgefühl ab*** sb lacks understanding/tact; **g)** (≈ *abgezogen werden*) (*vom Preis*) to be taken off; (*von Verdienst*) to be deducted; ***davon gehen 5% ab*** 5% is taken off that; **h)** (≈ *abzweigen*) to branch off; **i)** (≈ *abweichen*) ***von einem Plan/einer Forderung ~*** to give up *od* drop a plan/demand; **j)** (≈ *verlaufen*) to go; ***gut/glatt/friedlich ~*** to go well/smoothly/peacefully; ***es ging nicht ohne Streit ab*** there was an argument **2.** *vt* (≈ *entlanggehen*) to go *od* walk along; MIL to patrol

abgekämpft *Adj* exhausted, worn-out

abgekartet *Adj* ***ein ~es Spiel*** a fix (*umg*)

abgeklärt *Adj Mensch* worldly-wise; *Urteil* well-considered; *Sicht* detached; → ***abklären***

abgelegen *Adj* (≈ *entfernt*) *Dorf, Land* remote; (≈ *einsam*) isolated; → ***abliegen***

abgelten *vt Ansprüche* to satisfy

abgemacht 1. *Interj* OK, that's settled; (*bei Kauf*) it's a deal, done **2.** *Adj* ***eine ~e Sache*** a fix (*umg*); → ***abmachen***

abgemagert *Adj* (≈ *sehr dünn*) thin; (≈ *ausgemergelt*) emaciated; → ***abmagern***

abgeneigt *Adj* averse *präd* (*+Dat* to); ***ich wäre gar nicht ~*** (*umg*) actually I wouldn't mind

abgenutzt *Adj Möbel, Teppich* worn; *Reifen* worn-down; → ***abnutzen***

Abgeordnete(r) *mf* (elected) representative; (*von Nationalversamm-*

lung) member of parliament
Abgesandte(r) *mf* envoy
abgeschieden *Adj* (*geh ≈ einsam*) secluded; **~ wohnen** to live in seclusion **Abgeschiedenheit** *f* seclusion
abgeschlafft *Adj* (*umg ≈ erschöpft*) exhausted; → **abschlaffen**
abgeschlagen *Adj* (*≈ zurück*) behind; **weit ~ liegen** to be way behind; → **abschlagen**
abgeschlossen *Adj* (*attr ≈ geschlossen*) *Wohnung* self-contained; *Grundstück, Hof* enclosed; → **abschließen**
abgeschmackt *Adj* outrageous; *Witz* corny
abgesehen **1.** *Part Perf von* **absehen**; **es auf jdn ~ haben** to have it in for sb (*umg*); (*≈ interessiert sein*) to have one's eye on sb **2.** *Adv* **~ von jdm/etw** apart from sb/sth
abgespannt *Adj* weary, tired
abgestanden *Adj Luft, Wasser* stale; *Bier, Limonade etc* flat; → **abstehen**
abgestorben *Adj Glieder* numb; *Pflanze, Ast, Gewebe* dead; → **absterben**
abgestumpft *Adj Mensch* insensitive; *Gefühle, Gewissen* dulled; → **abstumpfen**
abgetan *Adj* (*≈ erledigt*) finished *od* done with; → **abtun**
abgetragen *Adj* worn; **~e Kleider** old clothes; → **abtragen**
abgewinnen *vt* **jdm etw ~** (*wörtl*) to win sth from sb; **einer Sache etwas/nichts ~ können** (*fig*) to be able to see some/no attraction in sth; **dem Meer Land ~** to reclaim land from the sea
abgewirtschaftet *Adj* (*pej*) rotten; *Firma* run-down; → **abwirtschaften**
abgewogen *Adj Urteil, Worte* balanced; → **abwägen**
abgewöhnen *vt* **jdm etw ~** to cure sb of sth; *das Rauchen, Trinken* to get sb to give up sth; **sich** (*Dat*) **etw ~** to give sth up
abgießen *vt Flüssigkeit* to pour off *od* away; *Kartoffeln, Gemüse* to strain
Abglanz *m* reflection (*auch fig*)
abgleichen *vt* to coordinate; *Dateien, Einträge* to compare
abgleiten *vi* (*geh*) (*≈ abrutschen*) to slip; (*Gedanken*) to wander; (FINANZ: *Kurs*) to drop, to fall
abgöttisch *Adj* **~e Liebe** blind adoration; **jdn ~ lieben/verehren** to idolize sb
abgrenzen *vt Grundstück, Gelände* to fence off; (*fig*) to delimit (*gegen, von* from) **Abgrenzung** *f* (*von Gelände*) fencing off; (*fig*) delimitation
Abgrund *m* precipice; (*≈ Schlucht, fig*) abyss; **sich am Rande eines ~es befinden** (*fig*) to be on the brink (of disaster) **abgründig** **1.** *Adj Humor, Ironie* cryptic **2.** *Adv lächeln* cryptically **abgrundtief** **1.** *Adj Hass, Verachtung* profound **2.** *Adv hassen, verachten* profoundly
abgucken *vti* to copy; **jdm etw ~** to copy sth from sb
abhaben *vt* (*umg*) **a)** (*≈ abgenommen haben*) *Brille, Hut* to have off; **b)** (*≈ abbekommen*) to have
abhacken *vt* to hack off; → **abgehackt**
abhaken *vt* (*≈ markieren*) to tick (*Brit*) *od* check (*bes US*) off; (*fig*) to cross off
abhalten *vt* **a)** (*≈ hindern*) to stop, to prevent; (*≈ fernhalten*) to keep off; **lass dich nicht ~!** don't let me/us *etc* stop you; **b)** (*≈ veranstalten*) to hold
abhandeln *vt* **a)** *Thema* to treat, to deal with; **b)** (*≈ abkaufen*) **jdm etw ~** to do *od* strike a deal with sb for sth
abhandenkommen *vi* to get lost; **jdm ist etw abhandengekommen** sb has lost sth
Abhandlung *f* treatise, discourse (*über +Akk* (up)on)
Abhang *m* slope
abhängen **1.** *vt* **a)** *Bild* to take down; **(gut) abgehangen** *Fleisch* well-hung; **b)** (*umg ≈ hinter sich lassen*) *jdn* to shake off (*umg*) **2.** *vi* **von etw ~** to depend (up)on sth; **das hängt ganz davon ab** it all depends
abhängig *Adj* **a)** (*≈ bedingt durch*) dependent; **etw von etw ~ machen** to make sth conditional (up)on sth; **b)** (*≈ angewiesen auf*) dependent (*von* on); **~ Beschäftigte(r)** employee; **c)** GRAM *Satz* subordinate; *Rede* indirect **Abhängigkeit** *f* **a)** (*≈ Bedingtheit*) dependency *kein Pl* (*von* on); **b)** (*euph ≈ Sucht*) dependence (*von* on)
abhärten **1.** *vt* to toughen up **2.** *vr* **sich gegen etw ~** to toughen oneself against sth; → **abgehärtet** **Abhärtung** *f* toughening up; (*fig*) hardening

abhauen **1.** *vi* (*umg*) to clear out; ***hau ab!*** get lost! (*umg*) **2.** *vt* to chop *od* cut off
abheben **1.** *vt* (≈ *anheben*) to lift (up), to raise; (≈ *abnehmen*) to take off; *Telefonhörer* to pick up; *Geld* to withdraw **2.** *vi* **a)** (*Flugzeug*) to take off; (*Rakete*) to lift off; **b)** (≈ *ans Telefon gehen*) to answer; **c)** KARTEN to cut **3.** *vr* ***sich gegen jdn/etw ~*** to stand out against sb/sth **Abhebung** *f* (*von Geld*) withdrawal
abheften *vt Rechnungen* to file away
abhelfen *vi +Dat* to remedy
abhetzen *vr* to wear *od* tire oneself out
Abhilfe *f* remedy, cure; ***~ schaffen*** to take remedial action
abholen *vt* to collect (*bei* from); *Fundsache* to claim (*bei* from); ***etw ~ lassen*** to have sth collected
abholzen *vt Wald* to clear; *Baumreihe* to fell
abhorchen *vt* to sound, to listen to; *Brust auch, Patienten* to auscultate (*förml*)
abhören *vt* **a)** (*auch vi* ≈ *überwachen*) *Raum, Gespräch* to bug; (≈ *mithören*) to listen in on; *Telefon* to tap; ***abgehört werden*** (*umg*) to be bugged; **b)** MED to sound; **c)** (SCHULE ≈ *abfragen*) ***kannst du mir mal Vokabeln ~?*** can you test my vocabulary? **Abhörgerät** *n* bugging device **abhörsicher** *Adj Raum* bug-proof; *Telefon* tap-proof
Abi *n* (SCHULE *umg*) *Abk von* ***Abitur***
Abitur *n school-leaving exam and university entrance qualification*, ≈ A levels *Pl* (*Brit*), ≈ Highers *Pl* (*schott*), ≈ high-school diploma (*US*) **Abiturient(in)** *m(f) person who is doing/has done the Abitur* **Abiturzeugnis** *n certificate for having passed the Abitur*, ≈ A level (*Brit*) *od* Highers (*schott*) certificate, ≈ high-school diploma (*US*)
Abk. *Abk von* ***Abkürzung*** abbreviation, abbr
abkapseln *vr* (*fig*) to shut *od* cut oneself off
abkassieren *vi* (≈ *großes Geld machen*) to make a killing (*umg*); ***darf ich mal (bei Ihnen) ~?*** could I ask you to pay now?
abkaufen *vt* ***jdm etw ~*** to buy sth from *od* off (*umg*) sb; (*umg* ≈ *glauben*) to buy sth (*umg*)
abkehren **1.** *vt* (*geh* ≈ *abwenden*) *Blick, Gesicht* to turn away **2.** *vr* (*fig*) to turn away (*von* from); (*von einer Politik*) to give up
abklappern *vt* (*umg*) *Läden, Gegend, Straße* to scour, to comb (*nach* for)
abklären *vt Angelegenheit* to clear up, to clarify; → ***abgeklärt***
Abklatsch *m* (*fig pej*) poor imitation *od* copy
abklemmen *vt* to clamp
abklingen *vi* **a)** (≈ *leiser werden*) to die *od* fade away; **b)** (≈ *nachlassen*) to abate
abklopfen *vt* **a)** (≈ *herunterklopfen*) to knock off; *Teppich, Polstermöbel* to beat; **b)** (≈ *beklopfen*) to tap; MED to sound
abknabbern *vt* (*umg*) to nibble off; *Knochen* to gnaw at
abknallen *vt* (*umg*) to shoot down (*umg*)
abknicken **1.** *vt* (≈ *abbrechen*) to break *od* snap off; (≈ *einknicken*) to break **2.** *vi* (≈ *abzweigen*) to fork *od* branch off; ***~de Vorfahrt*** priority for traffic turning left/right
abknöpfen *vt* **a)** (≈ *abnehmen*) to unbutton; **b)** (*umg* ≈ *ablisten*) ***jdm etw ~*** to get sth off sb
abknutschen *vt* (*umg*) to canoodle (*Brit umg*) *od* cuddle with
abkochen *vt* to boil; (≈ *keimfrei machen*) to sterilize (by boiling)
abkommandieren *vt* (MIL, *zu anderer Einheit*) to post; (*zu bestimmtem Dienst*) to detail (*zu* for)
abkommen *vi* **a)** ***von etw ~*** (≈ *abweichen*) to leave sth; (≈ *abirren*) to wander off sth; ***vom Kurs ~*** to deviate from one's course; ***(vom Thema) ~*** to digress; **b)** (≈ *aufgeben*) ***von etw ~*** to give sth up; ***von einer Meinung ~*** to revise one's opinion
Abkommen *n* agreement (*auch* POL)
abkömmlich *Adj* available; ***nicht ~ sein*** to be unavailable
abkönnen *vt* (*umg* ≈ *mögen*) ***das kann ich überhaupt nicht ab*** I can't stand *od* abide it; ***ich kann ihn einfach nicht ab*** I just can't stand *od* abide him
abkoppeln *vt* BAHN to uncouple; *Raumfähre* to undock
abkratzen **1.** *vt Schmutz etc* to scratch

off; (*mit einem Werkzeug*) to scrape off **2.** *vi* (*umg* ≈ *sterben*) to kick the bucket (*umg*)

abkühlen 1. *vi* to cool down; (*fig*) (*Freundschaft etc*) to cool off **2.** *vr* to cool down *od* off; (*Wetter*) to become cool(er); (*fig*) to cool **Abkühlung** *f* cooling

abkupfern *vt* (*umg*) to crib (*umg*)

abkürzen *vt* (≈ *verkürzen*) to cut short; *Verfahren* to shorten; (≈ *verkürzt schreiben*) *Namen* to abbreviate; ***den Weg ~*** to take a short cut **Abkürzung** *f* **a**) (*Weg*) short cut; **b**) (*von Wort*) abbreviation **Abkürzungsverzeichnis** *n* list of abbreviations

abladen *vt Last*, *Wagen* to unload; *Schutt* to dump; (*fig umg*) *Kummer*, *Ärger* to vent (*bei jdm* on sb) **Abladeplatz** *m* unloading area; (*für Schrott*, *Müll etc*) dump

Ablage *f* **a**) (≈ *Gestell*) place to put sth; (≈ *Ablagekorb*) filing tray; **b**) (≈ *Aktenordnung*) filing; **c**) (*schweiz*) = ***Annahmestelle***, ***Zweigstelle***

ablagern 1. *vt* **a**) (≈ *anhäufen*) to deposit; **b**) (≈ *deponieren*) to leave, to store; ***abgelagert*** *Wein* mature; *Holz*, *Tabak* seasoned **2.** *vr* to be deposited

ablassen *vt* **a**) *Wasser*, *Luft* to let out; *Dampf* to let off; **b**) *Teich*, *Schwimmbecken* to drain, to empty; **c**) (≈ *ermäßigen*) to knock off (*umg*)

Ablauf *m* **a**) (≈ *Abfluss*) drain; (≈ *Ablaufstelle*) outlet; **b**) (≈ *Verlauf*) course; (*von Empfang*, *Staatsbesuch*) order of events (+*Gen* in); **c**) (*von Frist etc*) expiry; **d**) (*von Zeitraum*) passing; ***nach ~ von 4 Stunden*** after 4 hours (have/had gone by *od* passed) **ablaufen 1.** *vt* **a**) (≈ *abnützen*) *Schuhsohlen*, *Schuhe* to wear out; *Absätze* to wear down; **b**) (≈ *entlanglaufen*) *Strecke* to go *od* walk over; *Stadt*, *Straßen*, *Geschäfte* to comb, to scour **2.** *vi* **a**) (*Flüssigkeit*) to drain *od* run away *od* off; **b**) (≈ *vonstattengehen*) to go off; ***wie ist das bei der Prüfung abgelaufen?*** how did the exam go (off)?; **c**) (*Pass*, *Visum*, *Frist etc*) to expire

ablecken *vt* to lick; *Blut*, *Marmelade* to lick off

ablegen 1. *vt* **a**) (≈ *niederlegen*) to put down; ZOO *Eier* to lay; **b**) (≈ *abheften*) to file (away); IT *Daten* to store; **c**) (≈ *ausziehen*) to take off; **d**) (≈ *aufgeben*) to lose; *schlechte Gewohnheit* to give up; **e**) (≈ *ableisten*, *machen*) *Schwur*, *Eid* to swear; *Gelübde*, *Geständnis* to make; *Prüfung* to take, to sit; (*erfolgreich*) to pass; **f**) KARTEN to discard **2.** *vi* **a**) (≈ *abfahren*: *Schiff*) to cast off; **b**) (*Garderobe ablegen*) to take one's things off

ablehnen 1. *vt* to decline, to refuse; *Angebot*, *Bewerber*, *Stelle* to turn down, to reject; PARL *Gesetzentwurf* to throw out; ***jede Form von Gewalt ~*** to be against any form of violence **2.** *vi* to decline, to refuse; ***eine ~de Antwort*** a negative answer **Ablehnung** *f* **a**) refusal; (*von Antrag*, *Bewerber etc*) rejection; **b**) (≈ *Missbilligung*) disapproval

ableiten *vt* **a**) (≈ *herleiten*) to derive; (≈ *logisch folgern*) to deduce (*aus* from); **b**) *Bach*, *Fluss* to divert **Ableitung** *f* **a**) (≈ *das Herleiten*) derivation; (≈ *Folgerung*) deduction; **b**) (≈ *Wort*, MATHE) derivative

ablenken 1. *vt* **a**) (≈ *ab-*, *wegleiten*) to deflect (*auch* PHYS); *Katastrophe* to avert; **b**) (≈ *zerstreuen*) to distract; **c**) (≈ *abbringen*) to divert; *Verdacht* to avert **2.** *vi* **a**) (≈ *ausweichen*) ***(vom Thema) ~*** to change the subject; **b**) (≈ *zerstreuen*) to create a distraction **3.** *vr* to take one's mind off things **Ablenkung** *f* (≈ *Zerstreuung*) diversion; (≈ *Störung*) distraction **Ablenkungsmanöver** *n* diversionary tactic

ablesen *vt* **a**) (*auch vi*) to read; *Barometerstand* to take; **b**) (≈ *erkennen*) to see; ***das konnte man ihr vom Gesicht ~*** it was written all over her face; ***jdm jeden Wunsch an*** *od* ***von den Augen ~*** to anticipate sb's every wish

abliefern *vt* (*bei einer Person*) to hand over (*bei* to); (*bei einer Dienststelle*) to hand in (*bei* to)

abliegen *vi* (≈ *entfernt sein*) to be at a distance; ***das Haus liegt weit ab*** the house is a long way off *od* away; → ***abgelegen***

Ablöse *f* (≈ *Ablösungssumme*) transfer fee **ablösen 1.** *vt* **a**) (≈ *abmachen*) to take off; (≈ *tilgen*) *Schuld*, *Hypothek* to pay off, to redeem; **b**) (≈ *ersetzen*) *Wache* to relieve; *Kollegen* to take over from **2.** *vr* **a**) (≈ *abgehen*) to come

off; **b)** (*a.* ***einander ablösen***) to take turns **Ablösesumme** *f* SPORT transfer fee **Ablösung** *f* **a)** (*von Hypothek, Schuld*) paying off, redemption; **b)** (≈ *Wache*) relief; (≈ *Entlassung*) replacement; ***er kam als ~*** he came as a replacement
ABM *Abk von* ***Arbeitsbeschaffungsmaßnahme***
abmachen *vt* **a)** (*umg* ≈ *entfernen*) to take off; **b)** (≈ *vereinbaren*) to agree (on); → ***abgemacht*** **Abmachung** *f* agreement
abmagern *vi* to get thinner, to lose weight; → ***abgemagert*** **Abmagerungskur** *f* diet; ***eine ~ machen*** to be on a diet
abmahnen *vt* (*förml*) to caution **Abmahnung** *f* (*förml*) caution
abmalen *vt* (≈ *abzeichnen*) to paint
Abmarsch *m* departure **abmarschbereit** *Adj* ready to move off **abmarschieren** *vi* to move off
abmelden 1. *vt* **a)** *Zeitungen etc* to cancel; *Telefon* to have disconnected; ***sein Auto ~*** to take one's car off the road; **b)** (*umg*) ***abgemeldet sein*** SPORT to be outclassed; ***er/sie ist bei mir abgemeldet*** I don't want anything to do with him/her **2.** *vr* ***sich bei jdm ~*** to tell sb that one is leaving; ***sich bei einem Verein ~*** to cancel one's membership of a club **Abmeldung** *f* (*von Zeitungen etc*) cancellation; (*von Telefon*) disconnection; (*beim Einwohnermeldeamt*) cancellation of one's registration
abmessen *vt* to measure **Abmessung** *f* measurement; (≈ *Ausmaß*) dimension
abmontieren *vt Räder, Teile* to take off (*von etw* sth)
abmühen *vr* to struggle (away)
abnabeln 1. *vt* ***ein Kind ~*** to cut a baby's umbilical cord **2.** *vr* to cut oneself loose
abnagen *vt* to gnaw off; *Knochen* to gnaw
Abnäher *m* dart
Abnahme *f* **a)** (≈ *Wegnahme*) removal; **b)** (≈ *Verringerung*) decrease (+*Gen* in); **c)** (*von Neubau, Fahrzeug etc*) inspection; **d)** HANDEL purchase; ***gute ~ finden*** to sell well **abnehmbar** *Adj* removable, detachable **abnehmen 1.** *vt* **a)** (≈ *herunternehmen*) to take off, to remove; *Hörer* to pick up; *Vorhang, Bild, Wäsche* to take down; *Bart* to take *od* shave off; (≈ *amputieren*) to amputate; KARTEN *Karte* to take from the pile; **b)** (≈ *an sich nehmen*) ***jdm etw ~*** to take sth from sb; (*fig*) *Arbeit, Sorgen* to relieve sb of sth; ***jdm die Beichte ~*** to hear confession from sb; **c)** (≈ *wegnehmen*) to take away (*jdm* from sb); (≈ *rauben, abgewinnen*) to take (*jdm* off sb); **d)** (≈ *begutachten*) to inspect; (≈ *abhalten*) *Prüfung* to hold; **e)** (≈ *abkaufen*) to buy (+*Dat* from, off); **f)** *Fingerabdrücke* to take; **g)** (*fig umg* ≈ *glauben*) to buy (*umg*); ***dieses Märchen nimmt dir keiner ab!*** (*umg*) nobody will buy that tale! (*umg*) **2.** *vi* **a)** (≈ *sich verringern*) to decrease; (*Aufmerksamkeit*) to flag; (*Mond*) to wane; (***an Gewicht***) ***~*** to lose weight; **b)** TELEK to answer **Abnehmer(in)** *m(f)* HANDEL buyer, customer; ***viele/wenige ~ finden*** to sell well/badly
Abneigung *f* dislike (*gegen* of); (≈ *Widerstreben*) aversion (*gegen* to)
abnicken *vt* (*umg*) ***etw ~*** to nod sth through

Abneigungen	**dislikes**
Ich mag Montage nicht.	**I don't like Mondays.**
Ich mag es nicht, wenn man mich anstarrt.	**I don't like being stared at.**
Ich mach mir nicht besonders viel aus Würstchen.	**I'm not very keen on sausages.**
Ich kann Leute nicht ertragen, die endlos reden.	**I can't stand people who never stop talking.**

abnorm, **abnormal** **1.** *Adj* abnormal **2.** *Adv* abnormally
abnutzen, (*bes südd, österr, schweiz*) **abnützen** *vtr* to wear out; → ***abgenutzt*** **Abnutzung** *f*, (*bes südd, österr, schweiz*) **Abnützung** *f* wear (and tear)
Abo *n* (*umg*) *Abk von* ***Abonnement*** **Abonnement** *n* subscription; THEAT season ticket **Abonnent(in)** *m(f)* subscriber; THEAT season-ticket holder **abonnieren** *vt* to subscribe to; THEAT to have a season ticket for
abordnen *vt* to delegate **Abordnung** *f* delegation
abpacken *vt* to pack
abpassen *vt* **a)** (≈ *abwarten*) *Gelegenheit, Zeitpunkt* to wait for; (≈ *ergreifen*) to seize; **b)** (≈ *auf jdn warten*) to catch; (≈ *jdm auflauern*) to waylay
abpfeifen *vt* SPORT ***das Spiel ~*** to blow the whistle for the end of the game **Abpfiff** *m* SPORT final whistle
abprallen *vi* (*Ball*) to bounce off; (*Kugel*) to ricochet (off); ***an jdm ~*** (*fig*) to make no impression on sb; (*Beleidigungen*) to bounce off sb
abputzen *vt* to clean; ***sich*** (*Dat*) ***die Nase/den Mund/die Hände ~*** to wipe one's nose/mouth/hands
abrackern *vr* (*umg*) to struggle; ***sich für jdn ~*** to slave away for sb
abrasieren *vt* to shave off
abraten *vti* ***jdm*** (***von***) ***etw ~*** to advise sb against sth
abräumen **1.** *vt Geschirr, Frühstück* to clear up *od* away; ***den Tisch ~*** to clear the table **2.** *vi* **a)** (≈ *den Tisch abräumen*) to clear up; **b)** (*umg* ≈ *sich bereichern, erfolgreich sein*) to clean up
abreagieren **1.** *vt Spannung, Wut* to work off **2.** *vr* to work it off
abrechnen **1.** *vi* **a)** (≈ *Kasse machen*) to cash up; **b)** ***mit jdm ~*** to settle up with sb; (*fig*) to settle the score with sb **2.** *vt* (≈ *abziehen*) to deduct **Abrechnung** *f* **a)** (≈ *Aufstellung*) statement (*über +Akk* for); (≈ *Rechnung*) bill, invoice; (*fig* ≈ *Rache*) revenge; **b)** (≈ *Abzug*) deduction
Abreise *f* departure (*nach* for) **abreisen** *vi* to leave (*nach* for) **Abreisetag** *m* day of departure
abreißen **1.** *vt* to tear *od* rip off; *Plakat* to tear *od* rip down; *Gebäude* to pull down **2.** *vi* to tear *od* come off; (*fig* ≈ *unterbrochen werden*) to break off
abrichten *vt* (≈ *dressieren*) to train
abriegeln *vt Tür* to bolt; *Straße, Gebiet* to seal *od* cordon off
abringen *vt* ***jdm etw ~*** to wring sth out of sb; ***sich*** (*Dat*) ***ein Lächeln ~*** to force a smile
Abriss *m* **a)** (≈ *Abbruch*) demolition; **b)** (≈ *Übersicht*) outline, summary
Abruf *m* ***sich auf ~ bereithalten*** to be ready to be called (for); ***etw auf ~ bestellen/kaufen*** HANDEL to order/buy sth (to be delivered) on call **abrufbar** *Adj* **a)** IT *Daten* retrievable; **b)** FINANZ ready on call; **c)** (*fig*) accessible **abrufen** *vt* **a)** HANDEL to request delivery of; **b)** *Daten, Informationen* to call up, to retrieve
abrunden *vt* (*wörtl, fig*) to round off; ***eine Zahl nach oben/unten ~*** to round a number up/down
abrupt **1.** *Adj* abrupt **2.** *Adv* abruptly
abrüsten *vti* MIL, POL to disarm **Abrüstung** *f* MIL, POL disarmament
abrutschen *vi* (≈ *abgleiten*) to slip; (*nach unten*) to slip down; (*Wagen*) to skid; (*Leistungen*) to go downhill
ABS *n* AUTO *Abk von* ***Antiblockiersystem*** ABS
Abs. *Abk von* ***Absatz***, ***Absender***
absacken *vi* (≈ *sinken*) to sink; (*Flugzeug, Blutdruck*) to drop, to fall; (*umg* ≈ *verkommen*) to go to pot (*umg*)
Absage *f* refusal; ***jdm/einer Sache eine ~ erteilen*** to reject sb/sth **absagen** **1.** *vt Veranstaltung, Besuch* to cancel **2.** *vi* to cry off (*Brit*), to cancel; ***jdm ~*** to tell sb that one can't come
absägen *vt* **a)** (≈ *abtrennen*) to saw off; **b)** (*fig umg*) to chuck *od* sling out (*umg*)
absahnen (*fig umg*) **1.** *vt Geld* to rake in **2.** *vi* (*in Bezug auf Geld*) to clean up (*umg*)
Absatz *m* **a)** (≈ *Abschnitt*) paragraph; JUR section; **b)** (≈ *Schuhabsatz*) heel; **c)** (≈ *Verkauf*) sales *Pl* **Absatzgebiet** *n* sales area **Absatzlage** *f* sales situation **Absatzmarkt** *m* market **Absatzrückgang** *m* decline *od* decrease in sales **Absatzsteigerung** *f* increase in sales
absaugen *vt* to suck out *od* off; *Teppich, Sofa* to hoover® (*Brit*), to vacuum
abschaben *vt* to scrape off

abschaffen *vt* **a)** *Gesetz, Regelung* to abolish; **b)** (≈ *nicht länger halten*) to get rid of; *Auto etc* to give up **Abschaffung** *f* (*von Gesetz, Regelung*) abolition

abschalten **1.** *vt* to switch off **2.** *vi* (*fig*) to unwind

abschätzen *vt* to assess **abschätzig** **1.** *Adj* disparaging **2.** *Adv* disparagingly; ***sich ~ über jdn äußern*** to make disparaging remarks about sb

abschauen *vt* (*südd, österr, schweiz*) to copy; ***etw bei*** *od* ***von jdm ~*** to copy sth from sb

Abschaum *m* scum

Abscheu *m* repulsion (*vor +Dat* at); ***vor jdm/etw ~ haben*** *od* ***empfinden*** to loathe *od* detest sb/sth **abscheulich** **1.** *Adj* atrocious, loathsome; (*umg*) awful, terrible (*umg*) **2.** *Adv behandeln, zurichten* atrociously; ***das tut ~ weh*** it hurts terribly

abschicken *vt* to send

abschieben *vt* **a)** (≈ *ausweisen*) to deport; **b)** (*fig*) *Verantwortung, Schuld* to push *od* shift (*auf +Akk* onto) **Abschiebung** *f* (≈ *Ausweisung*) deportation

Abschied *m* farewell, parting; ***von jdm/etw ~ nehmen*** to say goodbye to sb/sth; ***beim ~ meinte er, ...*** as he was leaving he said ... **Abschiedsbrief** *m* farewell letter **Abschiedsgeschenk** *n* (*für Kollegen etc*) leaving present; (*für Freund*) going-away present

abschießen *vt* to fire; *Pfeil* to shoot (off); *Rakete* to launch; *Flugzeug, Pilot* to shoot down

Abschirmdienst *m* MIL counterespionage service **abschirmen** **1.** *vt* to shield **2.** *vr* to shield oneself (*gegen* from)

abschlachten *vt* to slaughter

abschlaffen *vi* (*umg*) to flag; → ***abgeschlafft***

Abschlag *m* **a)** (≈ *Preisnachlass*) reduction; (≈ *Abzug*) deduction; **b)** (≈ *Zahlung*) part payment (*auf +Akk* of); **c)** GOLF tee-off **abschlagen** *vt* **a)** (*mit Hammer etc*) to knock off; (≈ *herunterschlagen*) to knock down; **b)** (≈ *ablehnen*) to refuse; ***jdm etw ~*** to refuse sb sth; **c)** (*auch vi*, GOLF) to tee off; → ***abgeschlagen*** **abschlägig** **1.** *Adj* negative; ***~er Bescheid*** rejection; (*bei Sozialamt, Kredit etc*) refusal **2.** *Adv* ***jdn/etw ~ bescheiden*** (*förml*) to turn sb/sth down **Abschlag(s)zahlung** *f* part payment

abschleifen *vt* to grind down; *Holz, Holzboden* to sand (down)

Abschleppdienst *m* breakdown *od* recovery service **abschleppen** *vt* **a)** *Fahrzeug, Schiff* to tow; (*Behörde*) to tow away; **b)** (*umg*) *Menschen* to drag along; (≈ *aufgabeln*) to pick up (*umg*) **Abschleppseil** *n* towrope

abschließbar *Adj* (≈ *verschließbar*) lockable **abschließen** **1.** *vt* **a)** (≈ *zuschließen*) to lock; **b)** (≈ *beenden*) to bring to a close; *Kursus* to complete; ***sein Studium ~*** to graduate; **c)** (≈ *vereinbaren*) *Geschäft, Vertrag* to conclude; *Versicherung* to take out; *Wette* to place; **d)** (HANDEL ≈ *abrechnen*) *Bücher* to balance; *Konto* to settle; → ***abgeschlossen*** **2.** *vi* **a)** (≈ *zuschließen*) to lock up; **b)** (≈ *Schluss machen*) to finish, to end; ***mit der Vergangenheit ~*** to break with the past **abschließend** **1.** *Adj* concluding **2.** *Adv* in conclusion

Abschluss *m* **a)** (≈ *Beendigung*) end; UNI degree; ***zum ~ möchte ich ...*** finally *od* to conclude I would like ...; ***etw zum ~ bringen*** to finish sth; **b)** (≈ *Vereinbarung*) conclusion; (*von Wette*) placing; (*von Versicherung*) taking out; **c)** (HANDEL, *der Bücher*) balancing; (*von Konto*) settlement **Abschlussball** *m* (*von Tanzkurs*) final ball **Abschlussprüfung** *f* (SCHULE, UNI) final exam **Abschlusszeugnis** *n* SCHULE leaving certificate (*Brit*), diploma (*US*)

abschmecken *vt* (≈ *kosten*) to taste; (≈ *würzen*) to season

abschmieren *vt* TECH *Auto* to lubricate

abschminken **1.** *vt* **a)** *Gesicht, Haut* to remove the make-up from; **b)** (*umg* ≈ *aufgeben*) ***sich*** (*Dat*) ***etw ~*** to get sth out of one's head **2.** *vr* to take off *od* remove one's make-up

abschnallen *vi* (*sl* ≈ *nicht mehr folgen können*) to give up

abschneiden **1.** *vt* (*wörtl, fig*) to cut off; ***jdm die Rede*** *od* ***das Wort ~*** to cut sb short **2.** *vi* ***bei etw gut/schlecht ~*** (*umg*) to come off well/badly in sth

Abschnitt *m* section; MATHE segment;

MIL sector, zone; (≈ *Zeitabschnitt*) period; (≈ *Kontrollabschnitt*) counterfoil
abschöpfen *vt* to skim off; (*fig*) *Kaufkraft* to absorb; ***den Gewinn ~*** to siphon off the profits
abschotten *vr* ***sich gegen etw ~*** (*fig*) to cut oneself off from sth
abschrauben *vt* to unscrew
abschrecken **1.** *vt* **a**) (≈ *fernhalten*) to deter, to put off; (≈ *verjagen*) to scare off; **b**) KOCH to rinse with cold water **2.** *vi* (*Strafe*) to act as a deterrent **abschreckend** *Adj* (≈ *warnend*) deterrent; ***ein ~es Beispiel*** a warning **Abschreckung** *f* MIL deterrence **Abschreckungsmittel** *n* deterrent **Abschreckungswaffe** *f* deterrent weapon
abschreiben **1.** *vt* **a**) (≈ *kopieren*) to copy out; (≈ *plagiieren*, SCHULE) to copy (*bei*, *von* from); **b**) HANDEL to deduct; (≈ *im Wert mindern*) to depreciate; **c**) (≈ *verloren geben*) to write off; ***er ist bei mir abgeschrieben*** I'm through *od* finished with him **2.** *vi* SCHULE to copy **Abschreibung** *f* HANDEL deduction; (≈ *Wertverminderung*) depreciation **Abschrift** *f* copy
abschrubben *vt* (*umg*) *Rücken*, *Kleid*, *Fußboden* to scrub (down)
abschuften *vr* (*umg*) to slog one's guts out (*umg*)
abschürfen *vt* to graze **Abschürfung** *f* (≈ *Wunde*) graze
Abschuss *m* firing; (*von Pfeil*) shooting; (*von Rakete*) launch(ing); ***jdn zum ~ freigeben*** (*fig*) to throw sb to the wolves **abschüssig** *Adj* sloping **Abschussliste** *f* (*umg*) ***jdn auf die ~ setzen*** to put sb on the hit list (*umg*)
abschwächen **1.** *vt* to weaken; *Behauptung*, *Formulierung*, *Kontrast* to tone down; *Stoß*, *Eindruck* to soften **2.** *vr* to drop *od* fall off; (METEO: *Hoch*, *Tief*) to disperse; (BÖRSE: *Kurse*) to weaken **Abschwächung** *f* weakening; (*von Behauptung*, *Formulierung*) toning down; (*von Eindruck*) softening; (METEO: *von Hoch*, *Tief*) dispersal
abschweifen *vi* to stray; ***er schweifte vom Thema ab*** he wandered off the subject
abschwellen *vi* to go down; (*Lärm*) to die away
abschwören *vi* to renounce (+*Dat* sth); ***dem Alkohol ~*** (*umg*) to give up drinking
Abschwung *m* HANDEL downward trend
absegnen *vt* (*umg*) *Vorschlag*, *Plan* to give one's blessing to
absehbar *Adj* foreseeable; ***in ~er/auf ~e Zeit*** in/for the foreseeable future
absehen **1.** *vt* (≈ *voraussehen*) to foresee; ***das Ende lässt sich noch nicht ~*** the end is not yet in sight **2.** *vi* ***davon ~, etw zu tun*** to refrain from doing sth; → ***abgesehen***
abseilen *vr* (*Bergsteiger*) to abseil (down) (*Brit*), to rappel (*US*); (*fig umg*) to skedaddle (*umg*)
abseits **1.** *Adv* to one side; SPORT offside **2.** *Präp* +*Gen* away from; ***~ des Weges*** off the beaten track **Abseits** *n* SPORT offside; ***im ~ stehen*** to be offside; ***ins politische ~ geraten*** to end up on the political scrapheap **abseitshalten** *vr* (*fig*) to keep to oneself **abseitsliegen** *vi* to be out of the way **abseitsstehen** *vi* (*fig*) to be on the outside; SPORT to be offside
absenden *vt* to send **Absender(in)** *m*(*f*) sender
Absenz *f* (SCHULE: *österr*, *schweiz*) absence
abservieren *vt* (*umg*) ***jdn ~*** to get rid of sb; (SPORT *sl* ≈ *besiegen*) to thrash sb (*umg*)
absetzbar *Adj* *Ware* saleable; ***steuerlich ~*** tax-deductible **absetzen** **1.** *vt* **a**) (≈ *abnehmen*) to take off, to remove; (≈ *hinstellen*) to set *od* put down; **b**) (≈ *aussteigen lassen*) to drop; **c**) *Theaterstück*, *Oper* to take off; *Versammlung*, *Termin* to cancel; **d**) (≈ *entlassen*) to dismiss; *König*, *Kaiser* to depose; **e**) MED *Medikament*, *Tabletten* to come off; *Behandlung* to discontinue; **f**) HANDEL *Waren* to sell; ***sich gut ~ lassen*** to sell well; **g**) (≈ *abziehen*) to deduct; ***das kann man (von der Steuer) ~*** that is tax-deductible **2.** *vr* (*umg* ≈ *weggehen*) to get *od* clear out (*aus* of) (*umg*); ***sich nach Brasilien ~*** to clear off to Brazil (*umg*) **Absetzung** *f* **a**) (≈ *Entlassung*) dismissal; (*von König*) deposition; **b**) (*von Theaterstück etc*) withdrawal; (*von Termin etc*) cancellation
absichern **1.** *vt* to safeguard; *Bauplatz*

to make safe; (≈ *schützen*) to protect **2.** *vr* (≈ *sich schützen*) to protect oneself; (≈ *sich versichern*) to cover oneself

Absicht *f* (≈ *Vorsatz*) intention; (≈ *Zweck*) purpose; JUR intent; ***die ~ haben, etw zu tun*** to intend to do sth; ***das war doch keine ~!*** (*umg*) it wasn't deliberate *od* intentional **absichtlich** **1.** *Adj* deliberate **2.** *Adv* deliberately

Absichtserklärung *f* declaration of intent

absinken *vi* to fall; (*Boden*) to subside

absitzen **1.** *vt* (≈ *verbringen*) *Zeit* to sit out; (≈ *verbüßen*) *Strafe* to serve **2.** *vi* ***(vom Pferd) ~*** to dismount (from a horse)

absolut **1.** *Adj* absolute **2.** *Adv* absolutely; ***ich sehe ~ nicht ein, warum ...*** I just don't understand why ...

Absolvent(in) *m(f)* UNI graduate; ***die ~en eines Lehrgangs*** the students who have completed a course **absolvieren** *vt* (≈ *durchlaufen*) *Studium, Probezeit* to complete; *Schule* to finish, to graduate from (*US*); *Prüfung* to pass

absonderlich *Adj* peculiar, strange **absondern** **1.** *vt* **a)** to separate; (≈ *isolieren*) to isolate; **b)** (≈ *ausscheiden*) to secrete **2.** *vr* (*Mensch*) to cut oneself off **Absonderung** *f* separation; (≈ *Isolierung*) isolation; (≈ *Ausscheidung*) secretion

absorbieren *vt* to absorb

abspalten *vtr* to split off; CHEM to separate (off)

Abspann *m* TV, FILM final credits *Pl*

absparen *vt* ***sich*** (*Dat*) ***etw vom Munde ~*** to scrimp and save for sth

abspecken (*umg*) **1.** *vt* to shed **2.** *vi* to lose weight

abspeichern *vt Daten* to save, to store (away)

abspeisen *vt* ***jdn mit etw ~*** to fob sb off with sth (*bes Brit*)

abspenstig *Adj* ***jdm jdn/etw ~ machen*** to lure sb/sth away from sb; ***jdm die Freundin ~ machen*** to steal sb's girlfriend (*umg*)

absperren *vt* **a)** (≈ *abriegeln*) to block *od* close off; **b)** (≈ *abdrehen*) *Wasser, Strom, Gas etc* to turn *od* shut off; **c)** (≈ *verschließen*) to lock **Absperrung** *f* (≈ *Sperre*) barrier; (≈ *Kordon*) cordon

abspielen **1.** *vt* to play; SPORT *Ball* to pass **2.** *vr* (≈ *sich ereignen*) to happen; (≈ *stattfinden*) to take place

absplittern *vi* (*Farbe*) to drip off; (*fig*: *Gruppe*) to break away

Absprache *f* arrangement **absprechen** **1.** *vt* **a)** ***jdm etw ~*** *Recht* to deny *od* refuse sb sth; *Begabung* to deny *od* dispute sb's sth; **b)** (≈ *verabreden*) *Termin* to arrange **2.** *vr* ***sich mit jdm ~*** to make an arrangement with sb; ***die beiden hatten sich vorher abgesprochen*** they had agreed on what to do/say *etc* in advance

abspringen *vi* **a)** to jump down (*von* from); FLUG to jump (*von* from); (*bei Gefahr*) to bale out; **b)** (≈ *sich lösen*) to come off; **c)** (*fig umg* ≈ *sich zurückziehen*) to get out **Absprung** *m* jump (*auch* AVIAT)

abspülen **1.** *vt* to rinse; *Fett etc* to rinse off **2.** *vi* to wash the dishes

abstammen *vi* to be descended (*von* from); LING to be derived (*von* from) **Abstammung** *f* descent; LING origin, derivation

Abstand *m* distance; (≈ *Zeitabstand*) interval; (≈ *Punkteabstand*) gap; ***mit ~*** by far; ***~ halten*** to keep one's distance; ***mit großem ~ führen/gewinnen*** to lead/win by a wide margin; ***davon ~ nehmen, etw zu tun*** to refrain from doing sth

abstatten *vt* (*förml*) ***jdm einen Besuch ~*** to pay sb a visit

abstauben *vti* **a)** *Möbel etc* to dust; **b)** (*umg*) (≈ *wegnehmen*) to pick up

abstechen *vt* ***ein Tier ~*** to cut an animal's throat; ***jdn ~*** (*umg*) to knife sb (*umg*)

Abstecher *m* (≈ *Ausflug*) excursion, trip

abstecken *vt* **a)** *Gelände* to mark out; (*fig*) to work out; **b)** *Kleid, Naht* to pin

abstehen *vi* (≈ *entfernt stehen*) to stand away; ***~de Ohren*** ears that stick out; → ***abgestanden***

Absteige *f* (*umg*) cheap hotel **absteigen** *vi* **a)** (≈ *heruntersteigen*) to get off (*von etw* sth); **b)** (≈ *abwärtsgehen*) to make one's way down; (*bes Bergsteiger*) to climb down; ***auf dem ~den Ast sein*** (*umg*) to be going downhill; **c)** (*veralt*, SPORT: *Mann-*

schaft) to be relegated **Absteiger** *m* SPORT relegated team
abstellen *vt* **a**) (≈ *hinstellen*) to put down; **b**) (≈ *unterbringen*) to put; (AUTO ≈ *parken*) to park; **c**) (≈ *ausrichten auf*) ***etw auf jdn/etw ~*** to gear sth to sb/sth; **d**) (≈ *abdrehen*) to turn off; *Geräte, Licht* to switch *od* turn off; *Gas, Strom* to cut off; *Telefon* to disconnect; **e**) (≈ *unterbinden*) *Mangel, Unsitte etc* to bring to an end **Abstellgleis** *n* siding; ***jdn aufs ~ schieben*** (*fig*) to push *od* cast sb aside **Abstellkammer** *f* boxroom
abstempeln *vt* to stamp; *Post* to postmark
absterben *vi* to die; (*fig*) (*Gefühle*) to die; ***mir sind die Zehen abgestorben*** my toes have gone numb; → ***abgestorben***
Abstieg *m* descent; (≈ *Niedergang*) decline; ***vom ~ bedroht*** SPORT threatened by relegation
abstimmen **1.** *vi* to take a vote; ***über etw*** (*Akk*) ***~ lassen*** to put sth to the vote **2.** *vt Farben, Kleidung* to match (*auf +Akk* with); *Termine* to coordinate (*auf +Akk* with); (***aufeinander***) ***abgestimmt*** *Pläne, Strategien* mutually agreed **3.** *vr* ***sich ~*** to come to an agreement **Abstimmung** *f* **a**) (≈ *Stimmabgabe*) vote; ***eine ~ durchführen*** *od* ***vornehmen*** to take a vote; **b**) (*von Terminen*) coordination
abstinent *Adj* teetotal **Abstinenz** *f* abstinence
Abstoß *m* FUSSB goal kick **abstoßen** **1.** *vt* **a**) (≈ *wegstoßen*) *Boot* to push off *od* out; (≈ *abschlagen*) *Ecken* to knock off; **b**) (≈ *zurückstoßen*) to repel; HANDEL *Ware, Aktien* to sell off; MED *Organ* to reject; (*fig* ≈ *anwidern*) to repulse, to repel; ***dieser Stoff stößt Wasser ab*** this material is water-repellent **2.** *vr* PHYS to repel; ***die beiden Pole stoßen sich ab*** the two poles repel each other **abstoßend** *Adj* repulsive; ***~ aussehen/riechen*** to look/smell repulsive **Abstoßung** *f* PHYS repulsion; (MED: *von Organ*) rejection
abstottern *vt* (*umg*) to pay off
abstrahieren *vti* to abstract (*aus* from)
abstrahlen *vt* to emit
abstrakt *Adj* abstract **Abstraktion** *f* abstraction
abstreifen *vt Schuhe, Füße* to wipe; *Schmutz* to wipe off; *Kleidung, Schmuck* to take off; *Haut* to cast, to shed; (*fig*) *Gewohnheit, Fehler* to get rid of
abstreiten *vt* (≈ *leugnen*) to deny
Abstrich *m* **a**) (≈ *Kürzung*) cutback; ***~e machen*** to cut back (*an +Dat* on); **b**) MED swab; (≈ *Gebärmutterabstrich*) smear
abstrus (*geh*) *Adj* abstruse
abstufen *vt Gelände* to terrace; *Farben* to shade; *Gehälter, Steuern, Preise* to grade
abstumpfen **1.** *vi* (*fig: Geschmack etc*) to become dulled **2.** *vt Menschen, Sinne* to deaden; *Gewissen, Urteilsvermögen* to dull; → ***abgestumpft***
Absturz *m* crash; (*sozial*) ruin; (*von Politiker etc*) downfall; IT crash **abstürzen** *vi* **a**) (*Flugzeug*) to crash; (*Bergsteiger*) to fall; **b**) (*umg: sozial*) to go to ruin; **c**) (*sl* ≈ *betrunken werden*) to go on a bender (*Brit umg*), to go on a binge (*umg*); **d**) IT to crash
abstützen **1.** *vt* to support (*auch fig*) **2.** *vr* to support oneself
absuchen *vt* to search
absurd *Adj* absurd **Absurdität** *f* absurdity
Abt *m* abbot
abtanzen *vi* (*umg*) to dance one's socks off (*umg*)
abtasten *vt* to feel; ELEK to scan
abtauchen *vi* **a**) (*U-Boot*) to dive; **b**) (*umg*) to go underground
abtauen **1.** *vt* to thaw out; *Kühlschrank* to defrost **2.** *vi* to thaw
Abtei *f* abbey
Abteil *n* compartment **abteilen** *vt* (≈ *einteilen*) to divide up **Abteilung** *f* department; (*in Krankenhaus*) section; MIL unit, section **Abteilungsleiter(in)** *m(f)* head of department
Äbtissin *f* abbess
abtragen *vt* **a**) (*auch vi*) *Geschirr, Speisen* to clear away; **b**) *Boden, Gelände* to level; **c**) *Kleider, Schuhe* to wear out; → ***abgetragen*** **abträglich** *Adj Bemerkung, Kritik etc* unfavourable (*Brit*), unfavorable (*US*); ***einer Sache*** (*Dat*) ***~ sein*** to be detrimental *od* harmful to sth
Abtransport *m* transportation **abtransportieren** *vt Waren* to transport;

Personen to take away
abtreiben 1. *vt Kind* to abort 2. *vi* a) **(vom Kurs) ~** to be carried off course; b) (≈ *Abort vornehmen lassen*) to have an abortion **Abtreibung** *f* abortion **Abtreibungsbefürworter(in)** *m(f)* pro-abortionist **Abtreibungsgegner(in)** *m(f)* anti-abortionist, pro-lifer (*umg*) **Abtreibungsklinik** *f* abortion clinic
abtrennen *vt* a) (≈ *lostrennen*) to detach; *Knöpfe, Besatz etc* to remove; *Bein, Finger etc* (*durch Unfall*) to sever; b) (≈ *abteilen*) to separate off
abtreten 1. *vt* a) (≈ *überlassen* (*jdm to sb*)) *Rechte, Summe* to transfer (*jdm* to sb); b) *Teppich* to wear; **sich** (*Dat*) **die Füße** *od* **Schuhe ~** to wipe one's feet 2. *vi* THEAT to go off (stage); MIL to dismiss; (*umg* ≈ *zurücktreten*) to resign **Abtretung** *f* transfer (*an +Akk* to)
abtrocknen *vti* to dry
abtrünnig *Adj* renegade; (≈ *rebellisch*) rebel
abtun *vt* (*fig* ≈ *beiseiteschieben*) to dismiss; **etw kurz ~** to brush sth aside; → **abgetan**
abtupfen *vt Tränen, Blut* to dab away; *Wunde* to swab
abverlangen *vt* = **abfordern**
abwägen *vt Worte* to weigh; → **abgewogen**
abwählen *vt* to vote out (of office); SCHULE *Fach* to give up
abwälzen *vt Schuld, Verantwortung* to shift (*auf +Akk* onto); *Arbeit* to unload (*auf +Akk* onto); *Kosten* to pass on (*auf +Akk* to)
abwandern *vi* to move (away) (*aus* from); (*Kapital*) to be transferred (*aus* out of)
Abwärme *f* waste heat
Abwart(in) *m(f)* (*schweiz*) concierge, caretaker
abwarten 1. *vt* to wait for; **das Gewitter ~** to wait till the storm is over; **das bleibt abzuwarten** that remains to be seen 2. *vi* to wait; **eine ~de Haltung einnehmen** to adopt a policy of wait-and-see
abwärts *Adv* down; **den Fluss/Berg ~** down the river/mountain **abwärtsgehen** *vi unpers* (*fig*) **mit ihm/dem Land geht es abwärts** he/the country is going downhill **Abwärtstrend** *m* downwards trend
Abwasch *m* **den ~ machen** to wash the dishes; **... dann kannst du das auch machen, das ist (dann) ein ~** (*umg*) ... then you could do that as well and kill two birds with one stone **abwaschbar** *Adj Tapete* washable **abwaschen** 1. *vt Gesicht, Geschirr* to wash; *Farbe, Schmutz* to wash off 2. *vi* to wash the dishes
Abwasser *n* sewage *kein Pl* **Abwasserkanal** *m* sewer
abwechseln *vir* to alternate; **sich mit jdm ~** to take turns with sb **abwechselnd** *Adv* alternately; **er war ~ fröhlich und traurig** he alternated between being happy and sad **Abwechslung** *f* change; (≈ *Zerstreuung*) diversion; **zur ~** for a change **abwechslungsreich** *Adj* varied
Abweg *m* (*fig*) **auf ~e geraten** *od* **kommen** to go astray **abwegig** *Adj* absurd
Abwehr *f* a) BIOL, PSYCH, MED, SPORT defence (*Brit*), defense (*US*); **der ~ von etw dienen** to give protection against sth; b) (≈ *Spionageabwehr*) counterintelligence (service) **abwehren** 1. *vt Gegner* to fend off; *Angriff, Feind* to repulse; *Flugzeug, Rakete* to repel; *Ball* to clear; *Schlag* to parry; *Gefahr, Krise* to avert 2. *vi* SPORT to clear; (*Torwart*) to save **Abwehrkräfte** *Pl* PHYSIOL (the body's) defences *Pl* (*Brit*) *od* defenses *Pl* (*US*) **Abwehrmechanismus** *m* PSYCH defence (*Brit*) *od* defense (*US*) mechanism **Abwehrrakete** *f* anti-aircraft missile **Abwehrspieler(in)** *m(f)* defender **Abwehrstoff** *m* BIOL antibody
abweichen *vi* (≈ *sich unterscheiden*) to differ; **vom Kurs ~** to deviate *od* depart from one's course; **vom Thema ~** to digress **Abweichler(in)** *m(f)* deviant **Abweichung** *f* (*von Kurs etc*) deviation; (≈ *Unterschied*) difference
abweisen *vt* to turn down; (≈ *wegschicken*) to turn away; JUR *Klage* to dismiss **abweisend** 1. *Adj Ton, Blick, Mensch* cold 2. *Adv* negatively
abwenden 1. *vt* a) (≈ *verhindern*) to avert; b) (≈ *zur Seite wenden*) to turn away 2. *vr* to turn away
abwerben *vt* to woo away (*+Dat* from)
abwerfen 1. *vt* to throw off; *Reiter* to throw; *Bomben, Flugblätter etc* to

drop; *Geweih, Blätter, Nadeln* to shed; KARTEN to throw away; SPORT *Ball, Speer* to throw; HANDEL *Gewinn, Zinsen* to yield **2.** *vi* FUSSB to throw

abwerten *vt* to devalue; *Ideale, Sprache, Kultur* to debase **abwertend** *Adj* derogatory, pejorative **Abwertung** *f* devaluation; (*fig*) debasement

abwesend *Adj* absent; *Blick* absent-minded; ***die Abwesenden*** the absentees **Abwesenheit** *f* absence; ***durch ~ glänzen*** (*iron*) to be conspicuous by one's absence **Abwesenheitsnotiz** *f* (*in E-Mail*) out-of-office reply

abwickeln *vt* **a)** (≈ *abspulen*) to unwind; *Verband* to take off; **b)** (*fig* ≈ *erledigen*) to deal with; *Geschäft* to conclude; (HANDEL ≈ *liquidieren*) to wind up **Abwicklung** *f* (≈ *Erledigung*) completion, conclusion; (HANDEL ≈ *Liquidation*) winding up

abwiegen *vt* to weigh out

abwimmeln *vt* (*umg*) *jdn* to get rid of (*umg*)

abwinken *vi* (*umg*) (*abwehrend*) to wave it/him *etc* aside; (*fig* ≈ *ablehnen*) to say no

abwirtschaften *vi* (*umg*) to go downhill; → ***abgewirtschaftet***

abwischen *vt* to wipe off *od* away; *Hände, Nase etc* to wipe; *Augen, Tränen* to dry

Abwurf *m* throwing off; (*von Bomben etc*) dropping; ***ein ~ vom Tor*** a goal throw

abwürgen *vt* (*umg*) to scotch; *Motor* to stall

abzahlen *vt* to pay off

abzählen *vt* to count

Abzahlung *f* **a)** repayment; **b)** (≈ *Ratenzahlung*) hire purchase (*Brit*), HP (*Brit*), installment plan (*US*)

Abzeichen *n* badge; MIL insignia *Pl*

abzeichnen **1.** *vt* **a)** (≈ *abmalen*) to draw; **b)** (≈ *signieren*) to initial **2.** *vr* (≈ *sichtbar sein*) to stand out; (*fig*) (≈ *deutlich werden*) to emerge; (≈ *drohend bevorstehen*) to loom

abziehen **1.** *vt* **a)** *Tier* to skin; *Fell, Haut* to remove; **b)** *Bett* to strip; *Bettzeug* to strip off; **c)** *Schlüssel* to take out; **d)** (≈ *zurückziehen*) *Truppen, Kapital* to withdraw; **e)** (≈ *subtrahieren*) *Zahlen* to take away; *Steuern* to deduct; ***2 Euro vom Preis ~*** to take 2 euros off the price; **f)** (TYPO ≈ *vervielfältigen*) to run off; FOTO *Bilder* to make prints of **2.** *vi* **a)** (*Rauch, Dampf*) to escape; (*Sturmtief etc*) to move away; **b)** (*Soldaten*) to pull out (*aus* of); ***zieh ab!*** (*umg*) beat it! (*umg*)

abzielen *vi* ***auf etw*** (*Akk*) ~ (*Mensch*) to aim at sth; (*in Rede*) to get at sth

abzischen *vi* (*umg* ≈ *abhauen*) to beat it (*umg*)

abzocken *vt* (*umg*) ***jdn ~*** to rip sb off (*umg*)

Abzug *m* **a)** (*von Truppen, Kapital etc*) withdrawal; **b)** (*mst Pl: vom Lohn etc*) deduction; (≈ *Rabatt*) discount; ***ohne ~*** HANDEL net terms only; **c)** TYPO copy; (≈ *Korrekturfahne*) proof; FOTO print; **d)** (*am Gewehr*) trigger **abzüglich** *Präp +Gen* HANDEL minus, less **Abzugshaube** *f* extractor hood

abzweigen **1.** *vi* to branch off **2.** *vt* (*umg*) to put on one side **Abzweigung** *f* turn-off; (≈ *Gabelung*) fork

ach *Interj* oh; ***~ nein!*** oh no!; (*überrascht*) no!, really!; ***~ nein, ausgerechnet der!*** well, well, him of all people; ***~ so!*** I see!, aha!; (≈ *ja richtig*) of course!; ***~ was*** *od* ***wo!*** of course not **Ach** *n* ***mit ~ und Krach*** (*umg*) by the skin of one's teeth (*umg*)

Achat *m* agate

Achillesferse *f* Achilles heel **Achillessehne** *f* Achilles tendon

Achse *f* axis; TECH axle; ***auf (der) ~ sein*** (*umg*) to be out (and about)

Achsel *f* shoulder; ***die ~n*** *od* ***mit den ~n zucken*** to shrug (one's shoulders) **Achselhöhle** *f* armpit **Achselzucken** *n* shrug **achselzuckend** *Adv* ***er stand ~ da*** he stood there shrugging his shoulders

Achsenbruch *m* broken axle **Achsenkreuz** *n* MATHE coordinate system

acht *Num* eight; ***in ~ Tagen*** in a week('s time); ***heute/morgen in ~ Tagen*** a week today/tomorrow; ***heute vor ~ Tagen war ich ...*** a week ago today I was ...; → ***vier***

Acht[1] *f* eight

Acht[2] *f* ***sich in ~ nehmen*** to be careful, to take care; ***etw außer ~ lassen*** to leave sth out of consideration; ***~ geben***; → ***achtgeben***

achtbar *Adj* *Gesinnung, Person* worthy; *Firma* reputable; *Platzierung* re-

spectable
Achteck *n* octagon **achteckig** *Adj* octagonal, eight-sided **Achtel** *n* eighth; → ***Viertel***[1] **Achtelfinale** *n round before the quarterfinal*; ***ein Platz im ~*** a place in the last sixteen **Achtelnote** *f* quaver
achten **1.** *vt* to respect **2.** *vi* ***auf etw*** (*Akk*) ***~*** to pay attention to sth; ***auf die Kinder ~*** to keep an eye on the children; ***darauf ~, dass ...*** to be careful that ...
ächten *vt* HIST to outlaw; (*fig*) to ostracize
achtenswert *Adj* worthy
Achter *m* RUDERN eight **achte(r, s)** *Adj* eighth; → ***vierte(r, s)*** **Achterbahn** *f* roller coaster
achtgeben *vi* to take care (*auf +Akk* of); (≈ *aufmerksam sein*) to pay attention (*auf +Akk* to)
achthundert *Num* eight hundred
achtlos **1.** *Adj* careless, thoughtless **2.** *Adv durchblättern* casually; *wegwerfen* thoughtlessly; *sich verhalten* carelessly
Achtstundentag *m* eight-hour day
achttägig *Adj* week-long
Achtung *f* **a)** (≈ *Vorsicht*) ***~!*** watch *od* look out!; (MIL: *Befehl*) attention!; ***~, ~!*** (your) attention please!; ***„Achtung Stufe!“*** “mind the step”; ***~, fertig, los!*** ready, steady *od* get set, go!; **b)** (≈ *Wertschätzung*) respect (*vor +Dat* for); ***sich*** (*Dat*) ***~ verschaffen*** to make oneself respected; ***alle ~!*** good for you/him *etc*! **Achtungserfolg** *m* succès d'estime
achtzehn *Num* eighteen **achtzig** *Num* eighty; ***auf ~ sein*** (*umg*) to be livid; → ***vierzig***
ächzen *vi* to groan (*vor +Dat* with)
Acker *m* (≈ *Feld*) field **Ackerbau** *m* agriculture, arable farming; ***~ betreiben*** to farm the land; ***~ und Viehzucht*** farming **Ackergaul** *m* (*pej*) farm horse, old nag (*pej*) **Ackerland** *n* arable land **ackern** *vi* (*umg*) to slog away (*umg*)
a conto *Adv* HANDEL on account
Acryl *n* acrylic **Acrylglas** *n* acrylic glass
Actionfilm *m* action film
a. D. *Abk von* ***außer Dienst*** ret(d)
ad absurdum *Adv* ***~ führen*** to reduce to absurdity
ADAC *Abk von* ***Allgemeiner Deutscher Automobil-Club*** ≈ AA (*Brit*), ≈ AAA (*US*)
ad acta *Adv* ***etw ~ legen*** (*fig*) *Frage, Problem* to consider sth closed
Adamsapfel *m* (*umg*) Adam's apple
Adapter *m* adapter, adaptor
adäquat **1.** *Adj* adequate; *Stellung, Verhalten* suitable **2.** *Adv* adequately
addieren *vi* to add **Addition** *f* addition
Adel *m* nobility **adeln** *vt* to ennoble; (≈ *den Titel „Sir“ verleihen*) to knight **Adelstitel** *m* title
Ader *f* BOT, GEOL vein; PHYSIOL blood vessel; ***eine/keine ~ für etw haben*** to have feeling/no feeling for sth **Aderlass** *m* blood-letting
ad hoc *Adv* (*geh*) ad hoc
Adjektiv *n* adjective **adjektivisch** **1.** *Adj* adjectival **2.** *Adv* adjectivally
Adjutant(in) *m(f)* adjutant; (*von General*) aide(-de-camp)
Adler *m* eagle **Adlerauge** *n* (*fig*) eagle eye; ***~n haben*** to have eyes like a hawk **Adlernase** *f* aquiline nose
adlig *Adj* ***~ sein*** to be of noble birth **Adlige(r)** *mf* nobleman/-woman
Admiral(in) *m(f)* admiral
adoptieren *vt* to adopt **Adoption** *f* adoption **Adoptiveltern** *Pl* adoptive parents *Pl* **Adoptivkind** *n* adopted child
Adrenalin *n* adrenalin **Adrenalinschub** *m* surge of adrenalin **Adrenalinstoß** *m* surge of adrenalin
Adressat(in) *m(f)* addressee **Adressbuch** *n* directory; (*privat*) address book **Adresse** *f* address; ***da sind Sie bei mir an der falschen ~*** (*umg*) you've come to the wrong person **Adressenverwaltung** *f* IT address filing system **Adressenverzeichnis** *n* IT address list **adressieren** *vt* to address (*an +Akk* to)
Adria *f* Adriatic (Sea)
Advent *m* Advent; ***erster/vierter ~*** first/fourth Sunday in Advent **Adventskalender** *m* Advent calendar **Adventskranz** *m* Advent wreath
Adverb *n* adverb **adverbial** **1.** *Adj* adverbial **2.** *Adv* adverbially
Advokat(in) *m(f)* (*schweiz*) lawyer
Aerobic *n* aerobics *Sg*
aerodynamisch **1.** *Adj* aerodynamic **2.** *Adv* aerodynamically

Affäre *f* affair; ***sich aus der ~ ziehen*** (*umg*) to get (oneself) out of it (*umg*) **Affe** *m* **a)** monkey; (≈ *Menschenaffe*) ape; **b)** (*sl* ≈ *Kerl*) clown (*umg*); ***ein eingebildeter ~*** a conceited ass (*umg*) **Affekt** *m* emotion; ***im ~ handeln*** to act in the heat of the moment **Affekthandlung** *f* act committed under the influence of emotion **affektiert** (*pej*) **1.** *Adj* affected **2.** *Adv* affectedly **Affektiertheit** *f* affectation

affenartig *Adj* ***mit ~er Geschwindigkeit*** (*umg*) like greased lightning (*umg*) **Affenhitze** *f* (*umg*) sweltering heat (*umg*) **Affenliebe** *f* blind adoration (*zu* of) **Affentempo** *n* (*umg*) breakneck (*Brit*) *od* neck-breaking (*US*) speed (*umg*) **Affentheater** *n* (*umg*) carry-on (*umg*), fuss **Affenzahn** *m* (*umg*) → ***Affentempo*** **affig** (*umg*) *Adj* (≈ *eitel*) stuck-up (*umg*); (≈ *geziert*) affected; (≈ *lächerlich*) ridiculous **Äffin** *f* female monkey; (≈ *Menschenäffin*) female ape

Afghane *m*, **Afghanin** *f* Afghan **afghanisch** *Adj* Afghan **Afghanistan** *n* Afghanistan

Afrika *n* Africa **Afrikaner(in)** *m(f)* African **afrikanisch** *Adj* African

After *m* (*förml*) anus

Aftershave *n* aftershave

AG *f*, *Abk von* ***Aktiengesellschaft*** ≈ plc (*Brit*), ≈ corp. (*US*), ≈ inc. (*US*)

Ägäis *f* Aegean (Sea) **ägäisch** *Adj* Aegean

Agave *f* agave

Agent(in) *m(f)* agent; (≈ *Spion*) secret agent **Agentur** *f* agency

Aggregat *n* GEOL aggregate; TECH unit, set of machines **Aggregatzustand** *m* state

Aggression *f* aggression (*gegen* towards) **aggressiv** **1.** *Adj* aggressive **2.** *Adv* aggressively **Aggressivität** *f* aggressivity **Aggressor(in)** *m(f)* aggressor

agieren *vi* to act

Agitation *f* POL agitation **agitatorisch** POL *Adj* agitational; *Rede, Inhalt* inflammatory; ***sich ~ betätigen*** to be an agitator **agitieren** *vi* to agitate

Agrarpolitik *f* agricultural policy

Ägypten *n* Egypt **Ägypter(in)** *m(f)* Egyptian **ägyptisch** *Adj* Egyptian

aha *Interj* aha; (*verstehend auch*) I see

Aha-Effekt *m* aha effect **Aha-Erlebnis** *n* sudden insight

ahnden *vt Übertretung, Verstoß* to punish

ähneln *vi* +*Dat* to resemble; ***sich*** *od* ***einander*** (*geh*) **~** to be alike *od* similar

ahnen *vt* to foresee; *Gefahr, Tod* to have a premonition of; (≈ *vermuten*) to suspect; (≈ *erraten*) to guess; ***das kann ich doch nicht ~!*** I couldn't be expected to know that!; ***nichts Böses ~*** to be unsuspecting; **(ach)**, ***du ahnst es nicht!*** (*umg*) would you believe it! (*umg*)

Ahnenforschung *f* genealogy **Ahnengalerie** *f* ancestral portrait gallery

ähnlich **1.** *Adj* similar (+*Dat* to); ***~ wie er/sie*** like him/her; ***~ wie vor 10 Jahren*** as 10 years ago; ***sie sind sich ~*** they are similar *od* alike; **(etwas) *Ähnliches*** something similar **2.** *Adv* ***~ kompliziert/intelligent*** just as complicated/intelligent; ***ich denke ~*** I feel the same way (about it); ***jdm ~ sehen*** to resemble sb; ***das sieht ihm* (*ganz*) *~!*** (*umg*) that's just like him! **3.** *Präp* +*Dat* similar to, like **Ähnlichkeit** *f* similarity (*mit* to)

Ahnung *f* **a)** (≈ *Vorgefühl*) presentiment; (*düster*) premonition; **b)** (≈ *Vorstellung, Wissen*) idea; (≈ *Vermutung*) suspicion, hunch; ***eine ~ von etw vermitteln*** to give an idea of sth; ***keine ~!*** (*umg*) no idea! (*umg*); ***hast du eine ~, wo er sein könnte?*** have you any idea where he could be? **ahnungslos** **1.** *Adj* (≈ *nichts ahnend*) unsuspecting; (≈ *unwissend*) clueless (*umg*) **2.** *Adv* unsuspectingly

Ahorn *m* maple

Ähre *f* (≈ *Getreideähre*) ear

Aids *n* Aids **aidskrank** *Adj* suffering from Aids **Aidskranke(r)** *mf* Aids sufferer **Aidstest** *m* Aids test

Aikido *n* aikido

Airbag *m* AUTO airbag

Akademie *f* academy; (≈ *Fachschule*) college, school **Akademiker(in)** *m(f)* (≈ *Hochschulabsolvent*) (university) graduate; (≈ *Universitätslehrkraft*) academic **akademisch** *Adj* academic; ***die ~e Jugend*** (the) students *Pl*; ***~ gebildet sein*** to have (had) a university education

Akazie *f* acacia

akklimatisieren *vr* to become acclimatized (*in +Dat* to)
Akkord *m* **a)** MUS chord; **b)** (≈ *Stücklohn*) piece rate; ***im ~ arbeiten*** to do piecework **Akkordarbeit** *f* piecework **Akkordarbeiter(in)** *m(f)* pieceworker
Akkordeon *n* accordion
Akkordlohn *m* piece wages *Pl*, piece rate
akkreditieren *vt Botschafter, Journalisten* to accredit (*bei* to, at) **Akkreditiv** *n* FINANZ letter of credit
Akku *m* (*umg*) *Abk von* **Akkumulator**
Akkumulator *m* accumulator **akkumulieren** *vtir* to accumulate
akkurat **1.** *Adj* precise **2.** *Adv* precisely, exactly
Akkusativ *m* accusative **Akkusativobjekt** *n* accusative object
Akne *f* acne
Akontozahlung *f* payment on account
Akribie *f* meticulousness **akribisch** (*geh*) **1.** *Adj* meticulous, precise **2.** *Adv* meticulously
Akrobat(in) *m(f)* acrobat **akrobatisch** *Adj* acrobatic
Akronym *n* acronym
Akt *m* **a)** act; (≈ *Zeremonie*) ceremony; **b)** (KUNST ≈ *Aktbild*) nude; **c)** (≈ *Geschlechtsakt*) sexual act **Aktbild** *n* nude (picture *od* portrait)
Akte *f* file; ***etw zu den ~n legen*** to file sth away; (*fig*) *Fall etc* to drop sth **Aktendeckel** *m* folder **Aktenkoffer** *m* attaché case **aktenkundig** *Adj* on record; ***~ werden*** to be put on record **Aktenmappe** *f* (≈ *Tasche*) briefcase; (≈ *Umschlag*) folder, file **Aktennotiz** *f* memo(randum) **Aktenordner** *m* file **Aktenschrank** *m* filing cabinet **Aktentasche** *f* briefcase **Aktenzeichen** *n* reference
Aktfoto *n* nude (photograph)
Aktie *f* share; ***die ~n fallen/steigen*** share prices are falling/rising; ***wie stehen die ~n?*** (*hum umg*) how are things? **Aktienfonds** *m* equity fund **Aktiengesellschaft** *f* ≈ public limited company (*Brit*), ≈ corporation (*US*) **Aktienindex** *m* FINANZ share index **Aktienkapital** *n* share capital **Aktienkurs** *m* share price **Aktienmarkt** *m* stock market
Aktion *f* action; (≈ *Kampagne*) campaign; (≈ *Werbeaktion*) promotion; ***in ~ treten*** to go into action
Aktionär(in) *m(f)* shareholder, stockholder (*bes US*)
Aktionsradius *m* FLUG, SEEF range, radius; (*fig* ≈ *Wirkungsbereich*) scope (for action)
aktiv **1.** *Adj* active; WIRTSCH *Bilanz* positive **2.** *Adv* actively; ***sich ~ an etw*** (*Dat*) ***beteiligen*** to take an active part in sth **Aktiv** *n* GRAM active **Aktiva** *Pl* assets *Pl* **aktivieren** *vt* NATURW to activate; (*fig*) *Mitarbeiter* to get moving **Aktivist(in)** *m(f)* activist **Aktivität** *f* activity **Aktivkohlefilter** *f* activated carbon filter **Aktivposten** *m* (*wörtl, fig*) asset **Aktivurlaub** *m* activity holiday (*bes Brit*) *od* vacation (*US*)
Aktmodell *n* nude model **Aktstudie** *f* nude study
aktualisieren *vt* to make topical; *Datei* to update **Aktualität** *f* topicality **aktuell** *Adj Thema* topical; *Problem, Theorie* current; *Mode, Stil* latest *attr*; ***von ~er Bedeutung*** of relevance to the present situation; ***eine ~e Sendung*** a current affairs programme (*Brit*) *od* program (*US*)

aktuell	**≠**	**actual**
aktuell	=	topical, current, *the* latest
actual	=	eigentliche(r, s); tatsächliche(r, s)

Akupressur *f* acupressure **akupunktieren** *vt* to acupuncture **Akupunktur** *f* acupuncture
Akustik *f* (*von Gebäude etc*) acoustics *Pl* **akustisch** **1.** *Adj* acoustic **2.** *Adv* acoustically; ***ich habe dich rein ~ nicht verstanden*** I simply didn't catch what you said (properly)
akut **1.** *Adj* (MED, *fig*) acute **2.** *Adv* acutely
AKW *n*, *Abk von* **Atomkraftwerk**
Akzent *m* accent; (≈ *Betonung*, *fig auch*) stress; ***den ~ auf etw*** (*Akk*) ***legen*** to stress sth **akzentfrei** *Adj*, *Adv* without any *od* an accent
akzeptabel *Adj* acceptable **Akzeptanz** *f* acceptance **akzeptieren** *vt* to accept
Alabaster *m* alabaster
Alarm *m* alarm; ***~ schlagen*** to give *od*

raise *od* sound the alarm **Alarmanlage** *f* alarm system **Alarmbereitschaft** *f* alert; ***in ~ sein*** *od* ***stehen*** to be on the alert **alarmieren** *vt Polizei etc* to alert; (*fig* ≈ *beunruhigen*) to alarm; ***~d*** (*fig*) alarming **Alarmstufe** *f* alert stage **Alarmzustand** *m* alert; ***im ~ sein*** to be on the alert

Alaska *n* Alaska

Albaner(in) *m(f)* Albanian **Albanien** *n* Albania **albanisch** *Adj* Albanian

albern 1. *Adj* silly, stupid; ***~es Zeug*** (silly) nonsense **2.** *Adv klingen* silly; ***sich ~ benehmen*** to act silly **3.** *vi* to fool around **Albernheit** *f* **a)** (≈ *albernes Wesen*) silliness; **b)** (≈ *Tat*) silly prank; (≈ *Bemerkung*) inanity

Albtraum *m* nightmare

Album *n* album

Alge *f* alga

Algebra *f* algebra **algebraisch** *Adj* algebraic(al)

Algenteppich *m* algae slick

Algerien *n* Algeria **Algerier(in)** *m(f)* Algerian **algerisch** *Adj* Algerian

alias *Adv* alias, also *od* otherwise known as

Alibi *n* (JUR, *fig*) alibi **Alibifrau** *f* token woman **Alibifunktion** *f* ***~ haben*** (*fig*) to be used as an alibi

Alimente *Pl* maintenance *Sg*

alkalisch *Adj* alkaline

Alki *m* (*sl*) alkie (*umg*)

Alkohol *m* alcohol; ***unter ~ stehen*** to be under the influence (of alcohol *od* drink) **alkoholabhängig** *Adj* alcohol-dependent; ***~ sein*** to be an alcoholic **alkoholarm** *Adj* low in alcohol (content) **Alkoholeinfluss** *m* influence of alcohol *od* drink **alkoholfrei** *Adj* nonalcoholic **Alkoholgehalt** *m* alcohol(ic) content **Alkoholgenuss** *m* consumption of alcohol **alkoholhaltig** *Adj* alcoholic **Alkoholiker(in)** *m(f)* alcoholic **alkoholisch** *Adj* alcoholic **alkoholisiert** *Adj* (≈ *betrunken*) inebriated **Alkoholismus** *m* alcoholism **Alkoholkonsum** *m* consumption of alcohol **Alkoholkontrolle** *f* roadside breath test **alkoholkrank** *Adj* alcoholic; ***~ sein*** to be an alcoholic **Alkoholmissbrauch** *m* alcohol abuse **Alkoholspiegel** *m* ***jds ~*** the level of alcohol in sb's blood **alkoholsüchtig** *Adj* addicted to alcohol **Alkoholsünder(in)** *m(f)* (*umg*) drunk(en) driver **Alkoholtest** *m* breath test **Alkoholverbot** *n* ban on alcohol **Alkoholvergiftung** *f* alcohol(ic) poisoning

All *n* NATURW, RAUMF space *ohne Artikel*

allabendlich *Adj* (which takes place) every evening; ***der ~e Spaziergang*** the regular evening walk

alle 1. *Pron* → ***alle(r, s)*** **2.** *Adv* (*umg*) all gone; ***die Milch ist ~*** there's no milk left; ***etw/jdn ~ machen*** (*umg*) to finish sth/sb off **alledem** *Pron* ***trotz ~*** in spite of all that

Allee *f* avenue

Allee	≠	**alley**
Allee	=	avenue
alley	=	Gasse; Weg

Allegorie *f* allegory

allein 1. *Adj* alone; (≈ *einsam*) lonely; ***von ~*** by oneself/itself; ***auf sich*** (*Akk*) ***~ angewiesen sein*** to be left to cope on one's own **2.** *Adv* (≈ *nur*) alone; ***~ schon der Gedanke*** the very *od* mere thought ...; → ***alleinerziehend, alleinstehend*** **Alleinerbe** *m*, **Alleinerbin** *f* sole heir **alleinerziehend** *Adj Mutter, Vater* single **Alleinerziehende(r)** *mf* single parent **Alleingang** *m* ***etw im ~ machen*** to do sth on one's own **alleinig** *Adj* sole, only **Alleinsein** *n* being on one's own *kein best Artikel*, solitude; (≈ *Einsamkeit*) loneliness **alleinstehend** *Adj* living alone *od* on one's own **Alleinstehende(r)** *mf* single person **Alleinunterhalter(in)** *m(f)* solo entertainer **Alleinverdiener(in)** *m(f)* sole (wage) earner

allemal *Adv* every *od* each time; (≈ *ohne Schwierigkeit*) without any problem; → ***Mal²***

allenfalls *Adv* (≈ *nötigenfalls*) if need be; (≈ *höchstens*) at most; (≈ *bestenfalls*) at best

aller- (*zur Verstärkung*) by far

alle(r, s) 1. *Indefinitpron* **a)** all; ***~ Anwesenden/Beteiligten/Betroffenen*** all those present/taking part/affected; ***trotz ~r Mühe*** in spite of every effort; ***ohne ~n Grund*** for no reason at all; **b)** ***alles*** *Sg* everything; ***das ~s*** all that; ***~s Schöne*** everything beautiful; ***(ich***

wünsche dir*) *~s Gute (I wish you) all the best; ***~s in ~m*** all in all; ***trotz ~m*** in spite of everything; ***über ~s*** above all else; (≈ *mehr als alles andere*) more than anything else; ***vor ~m*** above all; ***das ist ~s*** that's all, that's it (*umg*); ***das ist ~s andere als ...*** that's anything but ...; ***was soll das ~s?*** what's all this supposed to mean?; ***was er (nicht) ~s weiß/kann!*** the things he knows/can do!; **c) alle** *Pl* all; ***die haben mir ~ nicht gefallen*** I didn't like any of them; ***~ beide*** both of them; ***sie kamen ~*** all of them came; ***~ fünf Minuten*** every five minutes **2.** *Adv* → ***alle***

allerbeste(r, s) *Adj* very best; ***der/die/das Allerbeste*** the best of all **allerdings** *Adv* (*einschränkend*) though; ***~!*** (most) certainly! **allererste(r, s)** *Adj* very first

Allergen *n* MED allergen **Allergie** *f* MED allergy; (*fig*) aversion (*gegen* to); ***eine ~ gegen etw haben*** to be allergic to sth (*auch fig hum*) **Allergiker(in)** *m(f)* person suffering from an allergy **allergisch 1.** *Adj* (MED, *fig*) allergic (*gegen* to) **2.** *Adv* ***auf etw*** (*Akk*) ***~ reagieren*** to have an allergic reaction to sth

allerhand *Adj* all kinds of things; ***das ist ~!*** (*zustimmend*) that's quite something!; ***das ist ja*** *od* ***doch ~!*** (*empört*) that's too much! **Allerheiligen** *n* All Saints' Day **allerhöchstens** *Adv* at the very most **allerlei** *Adj* all sorts *od* kinds of **allerletzte(r, s)** *Adj* very last; (≈ *allerneueste*) very latest; ***der/das ist (ja) das Allerletzte*** (*umg*) he's/it's the absolute end! (*umg*) **allerliebste(r, s)** *Adj* (≈ *Lieblings-*) most favourite *attr* (*Brit*) *od* favorite *attr* (*US*) **allermeiste(r, s)** *Adj* most ... of all **allerneueste(r, s)** *Adj* very latest **Allerseelen** *n* All Souls' Day **allerseits** *Adv* on all sides; ***guten Abend ~!*** good evening everybody **Allerwelts-** (≈ *Durchschnitts-*) ordinary; (≈ *nichtssagend*) general **allerwenigste(r, s)** *Adj* least ... of all; (*Pl*) fewest of all, fewest ... of all

alles *Indefinitpron* → ***alle(r, s)***

allesamt *Adv* all (of them/us *etc*), to a man

Alleskleber *m* all-purpose adhesive *od* glue **Allesschneider** *m* food-slicer

allgegenwärtig *Adj* omnipresent

allgemein 1. *Adj* general; *Feiertag* public; *Regelungen, Wahlrecht* universal; *Wehrpflicht* compulsory; ***im Allgemeinen*** in general, generally; ***im ~en Interesse*** in the common interest; ***von ~em Interesse*** of general interest **2.** *Adv* generally; (≈ *ausnahmslos von allen*) universally; ***es ist ~ bekannt*** it's common knowledge; ***~ verständlich*** generally intelligible; ***~ verbreitet*** widespread; ***~ zugänglich*** open to all; → ***allgemeinbildend*** **Allgemeinarzt** *m*, **Allgemeinärztin** *f* ≈ general *od* (*US*) family practitioner **Allgemeinbefinden** *n* general condition **allgemeinbildend** *Adj* providing (a) general education **Allgemeinbildung** *f* general education **Allgemeingut** *n* (*fig*) common property **Allgemeinheit** *f* (≈ *Öffentlichkeit*) general public **Allgemeinmedizin** *f* general medicine **Allgemeinmediziner(in)** *m(f)* MED ≈ general practitioner, ≈ GP, ≈ family practitioner (*US*) **allgemeinverständlich** *Adj* → ***allgemein*** **Allgemeinwissen** *n* general knowledge **Allgemeinwohl** *n* public welfare

Allheilmittel *n* cure-all

Allianz *f* **a)** alliance; **b)** (≈ *NATO*) Alliance

Alligator *m* alligator

alliiert *Adj* allied; (*im 2. Weltkrieg*) Allied **Alliierte(r)** *mf* ally **alljährlich 1.** *Adj* annual, yearly **2.** *Adv* annually, yearly

Allmacht *f* (*bes von Gott*) omnipotence **allmächtig** *Adj* all-powerful; *Gott auch* almighty

allmählich 1. *Adj* gradual **2.** *Adv* gradually; ***es wird ~ Zeit*** (*umg*) it's about time

allmonatlich *Adj, Adv* monthly

Allradantrieb *m* AUTO four-wheel drive

Allround- all-round (*Brit*), all-around (*US*)

allseitig *Adj* (≈ *allgemein*) general; (≈ *ausnahmslos*) universal **allseits** *Adv* (≈ *überall*) everywhere; (≈ *in jeder Beziehung*) in every respect; ***~ beliebt/unbeliebt*** universally popular/unpopular

Alltag *m* (*fig*) ***im ~*** in everyday life **alltäglich** *Adj* daily; (≈ *üblich*) ordinary;

es ist ganz ~ it's nothing unusual **Alltags-** everyday
Allüren *Pl* (≈ *geziertes Verhalten*) affectations *Pl*; (*eines Stars etc*) airs and graces *Pl*
allwissend *Adj* omniscient
allwöchentlich **1.** *Adj* weekly **2.** *Adv* every week
allzu *Adv* all too; ***~ viele Fehler*** far too many mistakes; ***~ früh*** far too early; ***~ sehr*** too much; *mögen* all too much; *sich ärgern, enttäuscht sein* too; ***~ viel*** too much; ***~ viel ist ungesund*** (*Sprichw*) you can have too much of a good thing (*Sprichw*)
Allzweckreiniger *m* multipurpose cleaner
Alm *f* alpine pasture
Almosen *n* **a)** (*geh* ≈ *Spende*) alms *Pl* (*alt*); **b)** (≈ *geringer Lohn*) pittance
Alp *f* (≈ *Alm*) alpine pasture
Alpen *Pl* Alps *Pl* **Alpenland** *n* alpine country **Alpenrose** *f* Alpine rose *od* rhododendron **Alpenvorland** *n* foothills *Pl* of the Alps
Alphabet *n* alphabet **alphabetisch** **1.** *Adj* alphabetical **2.** *Adv* alphabetically
alphanumerisch *Adj* alphanumeric
alpin *Adj* alpine (*auch* SKI) **Alpinist** *m*, **Alpinistin** *f* alpinist
Alptraum *m* → ***Albtraum***
als *Konj* **a)** (*nach comp*) than; ***ich kam später ~ er*** I came later than he (did) *od* him; **b)** (*bei Vergleichen*) ***so ... ~ ...*** as ... as ...; ***so viel/so weit ~ möglich*** as much/far as possible; ***eher*** *od* ***lieber ... ~*** rather ... than; ***alles andere ~*** anything but; **c)** ***~ ob ich das nicht wüsste!*** as if I didn't know!; **d)** ***damals, ~*** (in the days) when; ***gerade, ~*** just as; **e)** ***~ Beweis*** as proof; ***~ Antwort/Warnung*** as an answer/a warning; ***~ Kind/Mädchen*** *etc* as a child/girl *etc*
also **1.** *Konj* (≈ *folglich*) so, therefore **2.** *Adv* so; ***~ doch*** so ... after all; ***du machst es ~?*** so you'll do it then? **3.** *Interj* well; ***~ doch!*** so he/they *etc* did!; ***na ~!*** there you are!, you see?; ***~ gut*** *od* ***schön*** well all right then; ***~ so was!*** well (I never)!
Alsterwasser *n* (*nordd*) shandy (*Brit*), radler (*US*), beer and lemonade
alt *Adj* **a)** old; *Mythos, Griechen* ancient; *Sprachen* classical; ***das ~e Rom*** ancient Rome; ***Alt und Jung*** (everybody) old and young; ***ein drei Jahre ~es Kind*** a three-year-old child; ***wie ~ bist du?*** how old are you?; ***hier werde ich nicht ~*** (*umg*) this isn't my scene (*umg*); ***in ~er Freundschaft, Dein ...*** yours as ever ...; ***~ aussehen*** (*umg* ≈ *dumm dastehen*) to look stupid; **b)** (≈ *dieselbe, gewohnt*) same old

also	≠	**also**
also (*Konj*)	=	so, therefore
also (*Adv*)	=	auch, außerdem

Alt[1] *m* MUS alto
Alt[2] *n* (≈ *Bier*) *top-fermented German dark beer*
Altar *m* altar
altbacken *Adj* **a)** stale; **b)** (*fig*) old-fashioned **Altbau** *m* old building **Altbauwohnung** *f* flat (*Brit*) *od* apartment in an old building **Altbundeskanzler(in)** *m(f)* former German/Austrian Chancellor **altdeutsch** *Adj* old German **Alte** *f* (≈ *alte Frau*) old woman; (*umg* ≈ *Vorgesetzte*) boss **Alteisen** *n* scrap metal **altenglisch** *Adj* old English **Altenheim** *n* old people's home **Altenhilfe** *f* old people's welfare **Altenpfleger(in)** *m(f)* old people's nurse **Alte(r)** *m* (≈ *alter Mann*) old man; (*umg* ≈ *Vorgesetzter*) boss; ***die ~n*** (≈ *Eltern*) the folk(s) *Pl* (*umg*) **Alter** *n* age; ***im ~*** in one's old age; ***in deinem ~*** at your age; ***er ist in deinem ~*** he's your age; ***im ~ von 18 Jahren*** at the age of 18 **älter** *Adj* older; (≈ *nicht ganz jung*) elderly; ***die ~en Herrschaften*** the older members of the party **altern** *vi* to age; (*Wein*) to mature; ***~d*** ageing
alternativ *Adj* alternative **Alternative** *f* alternative **Alternativmedizin** *f* alternative medicine
altersbedingt *Adj* age-related **Altersbeschwerden** *Pl* complaints *Pl* of old age **Alterserscheinung** *f* sign of old age **Altersgenosse** *m*, **Altersgenossin** *f* contemporary **Altersgrenze** *f* age limit; (≈ *Rentenalter*) retirement age **Altersgründe** *Pl* ***aus ~n*** for reasons of age **Altersgruppe** *f* age group **Altersheim** *n* old people's home **Altersklasse** *f* age group **Altersrente** *f* old age pension **altersschwach** *Adj*

Mensch old and infirm; *Auto, Möbel etc* decrepit **Altersschwäche** *f* (*von Mensch*) infirmity **Altersteilzeit** *f* *semi-retirement* **Altersunterschied** *m* age difference **Altersversorgung** *f* provision for (one's) old age; ***betriebliche ~*** ≈ company pension scheme **Altersvorsorge** *f* old-age provision

Altertum *n* antiquity *ohne Artikel* **altertümlich** *Adj* (≈ *aus dem Altertum*) ancient; (≈ *veraltet*) antiquated

Ältestenrat *m* council of elders **älteste(r, s)** *Adj* oldest

Altglas *n* waste glass **Altglascontainer** *m* bottle bank **altgriechisch** *Adj* ancient Greek **althergebracht** *Adj* traditional; *Tradition* long-established **althochdeutsch** *Adj* Old High German

Altistin *f* MUS alto

altjüngferlich *Adj* old-maidish, spinsterish **Altkanzler(in)** *m(f)* former chancellor **altklug** *Adj* precocious **Altlast** *f* (*Ökologie*) dangerous waste (*accumulated over the years*); (≈ *Fläche*) contaminated area; (*fig*) burden, inherited problem **Altmaterial** *n* scrap **Altmetall** *n* scrap metal **altmodisch** *Adj* old-fashioned **Altöl** *n* used oil **Altpapier** *n* wastepaper **Altsein** *n* being old *ohne Artikel* **Altstadt** *f* old town

Altstimme *f* MUS alto

Alt-Taste *f* IT Alt key

Altweibersommer *m* Indian summer

Aludose *f* aluminium (*Brit*) *od* aluminum (*US*) can, tin can **Alufolie** *f* tin *od* kitchen foil **Aluminium** *n* aluminium (*Brit*), aluminum (*US*)

Alzheimerkrankheit *f* Alzheimer's (disease)

am *Präp* ***er war am tapfersten*** he was (the) bravest; ***am seltsamsten war ...*** the strangest thing was ...; (*als Zeitangabe*) on; ***am letzten Sonntag*** last Sunday; ***am 8. Mai*** on the eighth of May; ***am Morgen/Abend*** in the morning/evening

Amaryllis *f* amaryllis

Amateur(in) *m(f)* amateur **amateurhaft** *Adj* amateurish

Ambiente *n* (*geh*) ambience

Ambition *f* ambition; ***~en auf etw*** (*Akk*) ***haben*** to have ambitions of getting sth

ambivalent *Adj* ambivalent

Amboss *m* anvil

ambulant **1.** *Adj* MED outpatient *attr*; ***~e Patienten*** outpatients **2.** *Adv* ***~ behandelt werden*** (*Patient*) to be treated as an outpatient **Ambulanz** *f* **a)** (≈ *Klinikstation*) outpatient department; **b)** (≈ *Ambulanzwagen*) ambulance

Ameise *f* ant **Ameisenbär** *m* anteater; (*größer*) giant anteater **Ameisenhaufen** *m* anthill

amen *Interj* amen **Amen** *n* amen; ***das ist so sicher wie das ~ in der Kirche*** (*Sprichw*) you can bet your bottom dollar on that (*umg*)

Amerikaner(in) *m(f)* American **amerikanisch** *Adj* American **Amerikanismus** *m* Americanism

Ami *m* (*umg*) Yank (*umg*)

Aminosäure *f* amino acid

Ammann *m* (*schweiz*) mayor

Ammenmärchen *n* fairy tale *od* story

Amnestie *f* amnesty **amnestieren** *vt* to grant an amnesty to

Amöbe *f* amoeba

Amok *m* ***~ laufen*** to run amok (*bes Brit*) *od* amuck; ***~ fahren*** to drive like a madman *od* lunatic **Amokfahrt** *f* mad *od* crazy ride **Amokschütze** *m* crazed gunman

amortisieren *vr* to pay for itself

Ampel *f* (≈ *Verkehrsampel*) (traffic) lights *Pl* **Ampelanlage** *f* (set of) traffic lights *Pl* **Ampelphase** *f* traffic light sequence

Amphetamin *n* amphetamine

Amphibie *f* ZOO amphibian **Amphibienfahrzeug** *n* amphibious vehicle

Ampulle *f* (≈ *Behälter*) ampoule

Amputation *f* amputation **amputieren** *vt* to amputate **Amputierte(r)** *mf* amputee

Amsel *f* blackbird

Amt *n* **a)** (≈ *Stelle*) post (*Brit*), position; (*öffentlich*) office; ***von ~s wegen*** (≈ *aufgrund von jds Beruf*) because of one's job; **b)** (≈ *Aufgabe*) duty, task; **c)** (≈ *Behörde*) office; ***zum zuständigen ~ gehen*** to go to the relevant authority; ***von ~s wegen*** (≈ *auf behördliche Anordnung hin*) officially **amtieren** *vi* to be in office; ***~d*** incumbent; ***der ~de Weltmeister*** the reigning world champion; ***er amtiert als Bürgermeister*** he is acting mayor **amtlich** *Adj* official; ***~es Kennzeichen*** registration (number), license number (*US*) **Amtsantritt** *m* assumption of office **Amtsblatt** *n* gazette **Amtsdauer** *f* term of office **Amtsgeheimnis** *n* (≈ *geheime Sache*) official secret; (≈ *Schweigepflicht*) official secrecy **Amtsgericht** *n* ≈ county (*Brit*) *od* district (*US*) court **Amtshandlung** *f* official duty; ***seine erste ~ bestand darin, ...*** the first thing he did in office was ... **Amtshilfe** *f* cooperation between authorities **Amtsmissbrauch** *m* abuse of one's position **Amtsperiode** *f* term of office **Amtsrichter(in)** *m(f)* ≈ county (*Brit*) *od* district (*US*) court judge **Amtsschimmel** *m* (*hum*) officialdom **Amtsvorgänger(in)** *m(f)* predecessor (in office) **Amtsweg** *m* official channels *Pl*; ***den ~ beschreiten*** to go through the official channels **Amtszeit** *f* period of office

Amulett *n* amulet, charm

amüsant **1.** *Adj* amusing **2.** *Adv* amusingly **amüsieren** **1.** *vt* to amuse; ***was amüsiert dich denn so?*** what do you find so amusing *od* funny? **2.** *vr* to enjoy oneself; ***sich über etw*** (*Akk*) ***~*** to find sth funny; (*unfreundlich*) to make fun of sth; ***amüsiert euch gut*** have fun **Amüsierviertel** *n* nightclub district

an **1.** *Präp +Dat* **a)** (*räumlich: wo?*) at; (≈ *an etw dran*) on; ***an der Tür/Wand*** on the door/wall; ***Frankfurt an der Oder*** Frankfurt on (the) Oder; ***zu nahe an etw stehen*** to be too near to sth; ***unten am Fluss*** down by the river; ***Haus an Haus*** one house after the other; ***an etw vorbeigehen*** to go past sth; **b)** (*zeitlich*) on; ***an diesem Abend*** (on) that evening; ***am Tag zuvor*** the day before, the previous day; → ***am***; **c)** (*fig*) ***was haben Sie an Weinen da?*** what wines do you have?; ***unübertroffen an Qualität*** unsurpassed in quality; ***es ist an ihm, etwas zu tun*** it's up to him to do something **2.** *Präp +Akk* **a)** (*räumlich: wohin?*) to; ***etw an die Wand/Tafel schreiben*** to write sth on the wall/blackboard; ***er ging ans Fenster*** he went (over) to the window; ***bis an mein Lebensende*** to the end of my days; **b)** (*fig*) ***ich habe eine Bitte/Frage an Sie*** I have a request to make of you/a question to ask you; ***an (und für) sich*** actually **3.** *Adv* **a)** (≈ *ungefähr*) ***an (die) hundert*** about a hundred; **b)** (*Ankunftszeit*) ***Frankfurt an: 18.30 Uhr*** arriving Frankfurt 18.30; **c)** ***von heute an*** from today onwards; **d)** (*umg* ≈ *angeschaltet, angezogen*) on; ***Licht an!*** lights on!; ***ohne etwas an*** with nothing on

Anabolikum *n* anabolic steroid

anal *Adj* PSYCH, ANAT anal

analog **1.** *Adj* **a)** analogous (*+Dat, zu* to); **b)** TELEK analogue (*Brit*), analog (*US*); **c)** IT analog **2.** *Adv* TELEK, IT in analogue (*Brit*) *od* analog format **Analogie** *f* analogy

Analphabet(in) *m(f)* illiterate (person) **Analphabetismus** *m* illiteracy

Analverkehr *m* anal intercourse

Analyse *f* analysis (*auch* PSYCH) **analysieren** *vt* to analyze **Analyst(in)** *m(f)* BÖRSE investment analyst **Analytiker(in)** *m(f)* analyst; (≈ *analytisch Denkender*) analytical thinker **analytisch** *Adj* analytical

Anämie *f* anaemia (*Brit*), anemia (*US*)

Ananas *f* pineapple

Anarchie *f* anarchy **Anarchismus** *m* anarchism **Anarchist(in)** *m(f)* anarchist **anarchistisch** *Adj* anarchistic

Anästhesie *f* anaesthesia (*Brit*), anesthesia (*US*) **Anästhesist(in)** *m(f)* anaesthetist (*Brit*), anesthesiologist (*US*)

Anatomie *f* anatomy **anatomisch** *Adj* anatomical

anbahnen **1.** *vt* to initiate **2.** *vr* (≈ *sich andeuten*) to be in the offing; (*Unangenehmes*) to be looming

Anbau[1] *m* (≈ *Anpflanzung*) cultivation **Anbau**[2] *m* (≈ *Nebengebäude*) extension **anbauen** *vt* **a)** to cultivate; (≈ *anpflanzen*) to plant; **b)** BAU to add, to build on **Anbaufläche** *f* (area of) cultivable land; (≈ *bebaute Ackerfläche*) area under cultivation **Anbaugebiet** *n* cultivable area **Anbaumöbel** *Pl* unit furniture **Anbauschrank** *m* cupboard unit

anbehalten *vt* to keep on

anbei *Adv* (*förml*) enclosed; ***~ schicken wir Ihnen ...*** please find enclosed ...

anbeißen **1.** *vi* (*Fisch*) to bite; (*fig*) to take the bait **2.** *vt Apfel etc* to bite into; ***ein angebissener Apfel*** a half-eaten apple; ***sie sieht zum Anbeißen aus***

(*umg*) she looks good enough to eat
anbeten *vt* to worship **Anbetung** *f* worship
Anbetracht *m* ***in ~*** (+*Gen*) in consideration *od* view of
anbiedern *vr* (*pej*) ***sich*** (***bei jdm***) ***~*** to try to get pally (with sb) (*umg*)
anbieten **1.** *vt* to offer **2.** *vr* (*Mensch*) to offer one's services; (*Gelegenheit*) to present itself **Anbieter(in)** *m(f)* supplier
anbinden *vt* (≈ *festbinden*) to tie (up) (*an +Dat od Akk to*); ***jdn ~*** (*fig*) to tie sb down; → ***angebunden***
Anblick *m* sight; ***beim ersten ~*** at first sight; ***beim ~ des Hundes*** when he *etc* saw the dog **anblicken** *vt* to look at
anblinzeln *vt* **a)** (≈ *blinzelnd ansehen*) to squint at; **b)** (≈ *zublinzeln*) to wink at
anbraten *vt* to brown; *Steak etc* to sear
anbrechen **1.** *vt Packung, Flasche etc* to open; *Vorrat* to broach; *Ersparnisse* to break into; → ***angebrochen*** **2.** *vi* (*Epoche etc*) to dawn; (*Nacht*) to fall; (*Jahreszeit*) to begin
anbrennen *vi* (*Essen*) to get burned; (*Stoff*) to get scorched; ***nichts ~ lassen*** (*umg*) (≈ *keine Zeit verschwenden*) to be quick; (≈ *sich nichts entgehen lassen*) not to miss out on anything; → ***angebrannt***
anbringen *vt* **a)** (≈ *befestigen*) to fix, to fasten (*an +Dat* (on)to); (≈ *aufstellen, aufhängen*) to put up; **b)** (≈ *äußern*) to make (*bei* to); *Kenntnisse, Wissen* to display; *Argument* to use; → ***angebracht***; **c)** (≈ *hierherbringen*) to bring (with one)
Anbruch *m* (*geh* ≈ *Anfang*) beginning; (*von Zeitalter, Epoche*) dawn(ing)
anbrüllen *vt* (*umg*: *Mensch*) to shout *od* bellow at
Andacht *f* (≈ *Gottesdienst*) prayers *Pl* **andächtig** **1.** *Adj* **a)** (*im Gebet*) in prayer; **b)** (≈ *versunken*) rapt **2.** *Adv* (≈ *inbrünstig*) raptly
andauern *vi* to continue; (≈ *anhalten*) to last **andauernd** **1.** *Adj* (≈ *ständig*) continuous; (≈ *anhaltend*) continual **2.** *Adv* constantly
Anden *Pl* Andes *Pl*
Andenken *n* **a)** memory; ***zum ~ an jdn*** in memory of sb; **b)** (≈ *Reiseandenken*) souvenir (*an +Akk* of); (≈ *Erinnerungsstück*) memento (*an +Akk* from)
anderenfalls *Adv* otherwise **andere(r, s)** **1.** *unbest Pron* (*adjektivisch*) **a)** different; (≈ *weiterer*) other; ***das machen wir ein ~s Mal*** we'll do that another time; ***er ist ein ~r Mensch geworden*** he is a changed *od* different man; **b)** (≈ *folgend*) next, following **2.** *Indefinitpron* **a)** (≈ *Ding*) ***ein ~r*** a different one; (≈ *noch einer*) another one; ***etwas ~s*** something else; (*jedes, in Fragen*) anything else; ***alle ~n*** all the others; ***ja, das ist etwas ~s*** yes, that's a different matter; ***das ist etwas ganz ~s*** that's something quite different; ***nichts ~s*** nothing else; ***nichts ~s als ...*** nothing but ...; ***es blieb mir nichts ~s übrig, als selbst hinzugehen*** I had no alternative but to go myself; ***alles ~*** (≈ *alle anderen Dinge*) everything else; ***alles ~ als zufrieden*** anything but pleased; ***unter ~m*** among other things; ***von einem Tag zum ~n*** overnight; ***eines besser als das ~*** each one better than the next; **b)** (≈ *Person*) ***ein ~r/eine ~*** a different person; (≈ *noch einer*) another person; ***es war kein ~r als ...*** it was none other than ...; ***niemand ~s*** no-one else; ***jemand ~s*** (*südd*) somebody else; (*in Fragen*) anybody else; ***die ~n*** the others; ***einer nach dem ~n*** one after the other **andererseits** *Adv* on the other hand **andermal** *Adv* ***ein ~*** some other time
ändern **1.** *vt* to change; *Kleidungsstück* to alter; ***das ist nicht zu ~*** nothing can be done about it; ***das ändert nichts an der Tatsache, dass ...*** that doesn't alter the fact that ... **2.** *vr* to change; ***wenn sich das nicht ändert ...*** if things don't improve ...
anders *Adv* **a)** (≈ *sonst*) else; ***jemand ~*** somebody else; (*in Fragen*) anybody else; ***niemand ~*** nobody else; **b)** (≈ *verschieden*) differently; (≈ *andersartig*) different (*als* to); ***~ denkend*** = ***andersdenkend***; ***~ als jd aussehen*** to look different from sb; ***~ ausgedrückt*** in other words; ***sie ist ~ geworden*** she has changed; ***es geht nicht ~*** there's no other way; ***ich kann nicht ~*** (≈ *kann es nicht lassen*) I can't help it; (≈ *muss leider*) I have no choice; ***es***

sich (*Dat*) ~ ***überlegen*** to change one's mind **andersartig** *Adj* different **andersdenkend** *Adj* of a different opinion **Andersdenkende(r)** *mf* person of a different opinion; (≈ *Dissident*) dissident, dissenter **andersgeartet** *Adj* ~ ***sein als jd*** to be different from *od* to sb **andersgläubig** *Adj* ~ ***sein*** to have a different faith **andersherum** *Adv* the other way (a)round **anderslautend** *Adj* contrary **anderswo** *Adv* elsewhere **anderswohin** *Adv* elsewhere

anderthalb *Num* one and a half; ~ ***Stunden*** an hour and a half

Änderung *f* change; (*an Kleidungsstück, Gebäude*) alteration (*an +Dat* to) **Änderungsvorschlag** *m* ***einen*** ~ ***machen*** to suggest a change *od* an alteration

anderweitig **1.** *Adj* other **2.** *Adv* (≈ *anders*) otherwise; (≈ *an anderer Stelle*) elsewhere; ~ ***vergeben/besetzt werden*** to be given to/filled by someone else

andeuten **1.** *vt* (≈ *zu verstehen geben*) to hint, to intimate (*jdm etw* sth to sb); (≈ *kurz erwähnen*) *Problem* to mention briefly **2.** *vr* to be indicated; (*Gewitter*) to be looming **Andeutung** *f* (≈ *Anspielung, Anzeichen*) hint; (≈ *flüchtiger Hinweis*) brief mention; ***eine*** ~ ***machen*** to drop a hint **andeutungsweise** *Adv* by way of a hint; ***jdm*** ~ ***zu verstehen geben, dass ...*** to hint to sb that ...

Andorra *n* Andorra

Andrang *m* (≈ *Gedränge*) crowd, crush; (*von Blut*) rush

andrehen *vt* **a)** (≈ *anstellen*) to turn on; **b)** (*umg*) ***jdm etw*** ~ to palm sth off on sb

androhen *vt* to threaten (*jdm etw* sb with sth) **Androhung** *f* threat; ***unter*** ~ JUR under penalty (*von, +Gen* of)

anecken *vi* (*umg*) (***bei jdm/allen***) ~ to rub sb/everyone up the wrong way

aneignen *vt* ***sich*** (*Dat*) ***etw*** ~ (≈ *etw erwerben*) to acquire sth; (≈ *etw wegnehmen*) to appropriate sth; (≈ *sich mit etw vertraut machen*) to learn sth

aneinander *Adv* ~ ***denken*** to think of each other; ***sich*** ~ ***gewöhnen*** to get used to each other; ~ ***vorbeigehen*** to go past each other; ***die Häuser stehen zu dicht*** ~ the houses are built too close together **aneinandergeraten** *vi* to come to blows (*mit* with); (≈ *streiten*) to have words (*mit* with) **aneinandergrenzen** *vi* to border on each other **aneinanderreihen** *vt* to string together

Anekdote *f* anecdote

anekeln *vt* to disgust; → ***angeekelt***

Anemone *f* anemone

anerkannt *Adj* recognized; *Experte* acknowledged **anerkennen** *vt Staat, König, Rekord* to recognize; *Vaterschaft* to acknowledge; *Leistung, Bemühung* to appreciate; *Meinung* to respect; (≈ *loben*) to praise **anerkennenswert** *Adj* commendable **Anerkennung** *f* recognition; (*von Vaterschaft*) acknowledgement; (≈ *Würdigung*) appreciation; (*von Meinung*) respect; (≈ *Lob*) praise

anfahren **1.** *vi* (≈ *losfahren*) to start (up) **2.** *vt* **a)** (≈ *ansteuern*) *Ort, Hafen* to stop *od* call at; **b)** *Passanten, Baum etc* to hit; (*fig: ausschelten*) to shout at

Anfahrt *f* (≈ *Weg, Zeit*) journey; (≈ *Zufahrt*) approach; (≈ *Einfahrt*) drive

Anfall *m* attack; (≈ *Wutanfall, epileptischer Anfall*) fit; ***einen*** ~ ***haben/bekommen*** to have a fit **anfallen** **1.** *vt* (≈ *überfallen*) to attack **2.** *vi* (≈ *sich ergeben*) to arise; (*Zinsen*) to accrue; (≈ *sich anhäufen*) to accumulate **anfällig** *Adj* delicate; *Motor, Maschine* temperamental; ***für etw*** ~ ***sein*** to be susceptible to sth

Anfang *m* (≈ *Beginn*) beginning, start; (≈ *Ursprung*) beginnings *Pl*, origin; ***zu*** *od* ***am*** ~ to start with; (≈ *anfänglich*) at first; ~ ***fünfzig*** in one's early fifties; ~ ***Juni/1998*** *etc* at the beginning of June/1998 *etc*; ***von*** ~ ***an*** (right) from the beginning *od* start; ***von*** ~ ***bis Ende*** from start to finish; ***den*** ~ ***machen*** to start *od* begin; (≈ *den ersten Schritt tun*) to make the first move **anfangen** **1.** *vt* **a)** (≈ *beginnen*) to start; **b)** (≈ *anstellen, machen*) to do; ***damit kann ich nichts*** ~ (≈ *nützt mir nichts*) that's no good to me; (≈ *verstehe ich nicht*) it doesn't mean a thing to me; ***mit dir ist heute*** (***aber***) ***gar nichts anzufangen!*** you're no fun at all today! **2.** *vi* to begin, to start; ***wer fängt an?*** who's going to start *od* begin?; ***du***

hast angefangen! you started it!; ***es fing zu regnen an*** it started raining *od* to rain; ***mit etw ~*** to start sth **Anfänger(in)** *m(f)* beginner; AUTO learner; (*umg* ≈ *Nichtskönner*) amateur (*pej*) **Anfängerkurs** *m* beginners' course **anfänglich 1.** *Adj* initial **2.** *Adv* at first, initially **anfangs** *Adv* at first, initially **Anfangs-** initial **Anfangsbuchstabe** *m* first letter; ***kleine/große ~n*** small/large *od* capital initials **Anfangsgehalt** *n* initial *od* starting salary **Anfangsstadium** *n* initial stage **Anfangszeit** *f* starting time

anfassen 1. *vt* **a)** (≈ *berühren*) to touch; **b)** (≈ *bei der Hand nehmen*) ***jdn ~*** to take sb's hand; ***angefasst gehen*** to walk holding hands; **c)** (*fig*) (≈ *anpacken*) *Problem* to tackle; (≈ *behandeln*) *Menschen* to treat **2.** *vi* **a)** (≈ *berühren*) to feel; ***nicht ~!*** don't touch!; **b)** (≈ *mithelfen*) ***mit ~*** to lend a hand; **c)** (*fig*) ***zum Anfassen*** accessible

anfauchen *vt* (*Katze*) to spit at; (*fig umg*) to snap at

anfechtbar *Adj* contestable; (*moralisch*) questionable (*förml*) **anfechten** *vt* (≈ *nicht anerkennen*) to contest; *Urteil*, *Entscheidung* to appeal against **Anfechtung** *f* **a)** (≈ *das Nichtanerkennen*) contesting; (*von Urteil*, *Entscheidung*) appeal (+*Gen* against); **b)** (≈ *Versuchung*) temptation

anfeinden *vt* to treat with hostility **Anfeindung** *f* hostility

anfertigen *vt* to make; *Schriftstück* to draw up; *Hausaufgaben*, *Protokoll* to do **Anfertigung** *f* making; (*von Schriftstück*) drawing up; (*von Protokoll*, *Hausaufgaben*) doing

anfeuchten *vt* to moisten

anfeuern *vt* (*fig* ≈ *ermutigen*) to spur on

anflehen *vt* to implore (*um* for)

anfliegen 1. *vi* (*a.* **angeflogen kommen**) (*Flugzeug*) to come in to land; (*Vogel*, *Geschoss*) to come flying up **2.** *vt* (*Flugzeug*) to approach; ***diese Fluggesellschaft fliegt Bali an*** this airline flies to Bali **Anflug** *m* **a)** (≈ *das Heranfliegen*) approach; ***wir befinden uns im ~ auf Paris*** we are now approaching Paris; **b)** (≈ *Spur*) trace

anfordern *vt* to request, to ask for **Anforderung** *f* **a)** (≈ *Anspruch*) requirement; (≈ *Belastung*) demand; ***hohe/zu hohe ~en stellen*** to demand a lot/too much (*an* +*Akk* of); **b)** (≈ *das Anfordern*) request (+*Gen*, *von* for)

Anfrage *f auch* IT inquiry; PARL question **anfragen** *vi* to ask (*bei jdm* sb)

anfreunden *vr* to become friends; ***sich mit etw ~*** (*fig*) to get to like sth

anfügen *vt* to add

anfühlen *vtr* to feel

anführen *vt* **a)** (≈ *vorangehen*, *befehligen*) to lead; **b)** (≈ *zitieren*) to quote; *Einzelheiten*, *Grund*, *Beweis* to give; *Umstand* to cite; **c)** ***jdn ~*** (*umg*) to have sb on (*umg*) **Anführer(in)** *m(f)* (≈ *Führer*) leader; (*pej* ≈ *Anstifter*) ringleader **Anführungsstrich** *m*, **Anführungszeichen** *n* quotation mark, inverted comma

Angabe *f* **a)** (≈ *Aussage*) statement; (≈ *Zahl*, *Detail*) detail; ***~n über etw*** (*Akk*) ***machen*** to give details about sth; ***laut ~n*** (+*Gen*) according to; ***nach Ihren eigenen ~n*** by your own account; ***nach ~n des Zeugen*** according to (the testimony of) the witness; **b)** (≈ *Nennung*) giving; ***wir bitten um ~ der Einzelheiten/Preise*** please give details/prices; **c)** (*umg* ≈ *Prahlerei*) showing off; **d)** (SPORT ≈ *Aufschlag*) service, serve

angaffen *vt* (*pej*) to gape at

angeben 1. *vt* **a)** (≈ *nennen*) to give; (≈ *erklären*) to explain; (*beim Zoll*) to declare; (≈ *anzeigen*) *Preis*, *Temperatur etc* to indicate; (≈ *aussagen*) to state; (≈ *behaupten*) to maintain; **b)** (≈ *bestimmen*) *Tempo*, *Kurs* to set **2.** *vi* (≈ *prahlen*) to show off **Angeber(in)** *m(f)* (≈ *Prahler*) show-off **Angeberei** *f* (*umg*) **a)** (≈ *Prahlerei*) showing off (*mit* about); **b)** (≈ *Äußerung*) boast **angeberisch** *Adj Reden* boastful; *Aussehen*, *Benehmen*, *Tonfall* pretentious **angeblich 1.** *Adj* alleged **2.** *Adv* supposedly, allegedly; ***er ist ~ Musiker*** he says he's a musician

angeboren *Adj* innate; (MED, *fig umg*) congenital (*bei* to)

Angebot *n* offer; HANDEL, FINANZ supply (*an* +*Dat*, *von* of); ***im ~*** (*preisgünstig*) on special offer; ***~ und Nachfrage*** supply and demand

angebracht *Adj* appropriate; (≈ *sinn-*

voll) reasonable; → ***anbringen***
angebrannt *Adj* burned; → ***anbrennen***
angebrochen *Adj Packung, Flasche* open(ed); → ***anbrechen***
angebunden *Adj* ***kurz ~ sein*** (*umg*) to be abrupt *od* curt; → ***anbinden***
angeekelt *Adv* in disgust; → ***anekeln***
angegossen *Adv* ***wie ~ sitzen*** *od* ***passen*** to fit like a glove
angegraut *Adj* grey (*Brit*), gray (*US*)
angegriffen *Adj Gesundheit* weakened; *Mensch, Aussehen* frail; (≈ *erschöpft*) exhausted; → ***angreifen***
angehaucht *Adj* ***links/rechts ~ sein*** to have *od* show left-wing/right-wing tendencies; → ***anhauchen***
angeheitert *Adj* tipsy
angehen **1.** *vi* **a**) (*umg* ≈ *beginnen*) to start; (*Feuer*) to start burning; (*Radio, Licht*) to come on; **b**) (≈ *entgegentreten*) ***gegen jdn/etw ~*** to fight sb/sth **2.** *vt* **a**) (≈ *anpacken*) to tackle; *Gegner* to attack; **b**) (≈ *betreffen*) to concern; ***was mich angeht*** for my part; ***was geht das ihn an?*** (*umg*) what's that got to do with him? **3.** *vi unpers* ***das geht nicht an*** that's not on **angehend** *Adj Musiker etc* budding; *Lehrer, Vater* prospective
angehören *vi +Dat* to belong to **Angehörige(r)** *mf* **a**) (≈ *Mitglied*) member; **b**) (≈ *Familienangehörige*) relative; ***der nächste ~*** the next of kin
Angeklagte(r) *mf* accused, defendant
angeknackst *Adj Wirbel* damaged; (*umg*) *Selbstbewusstsein* weakened; → ***anknacksen***
Angel *f* **a**) (≈ *Türangel*) hinge; ***die Welt aus den ~n heben*** (*fig*) to turn the world upside down; **b**) (≈ *Fischfanggerät*) (fishing) rod and line (*Brit*), fishing pole (*US*)
Angelegenheit *f* matter; (*politisch, persönlich*) affair; ***sich um seine eigenen ~en kümmern*** to mind one's own business; ***in einer dienstlichen ~*** on official business
angelernt *Adj Arbeiter* semiskilled; → ***anlernen***
Angelhaken *m* fish-hook **angeln** **1.** *vi* to fish **2.** *vt Fisch* to fish for; (≈ *fangen*) to catch; ***sich*** (*Dat*) ***einen Mann ~*** (*umg*) to catch (oneself) a man (*umg*) **Angelpunkt** *m* crucial *od* central point; (≈ *Frage*) key *od* central issue **Angelrute** *f* fishing rod
Angelsachse *m*, **Angelsächsin** *f* Anglo-Saxon **angelsächsisch** *Adj* Anglo-Saxon
Angelschnur *f* fishing line
angemessen **1.** *Adj* appropriate (*+Dat* to, for); (≈ *adäquat*) adequate (*+Dat* for); *Preis* reasonable **2.** *Adv* appropriately
angenehm *Adj* pleasant; ***~e Reise!*** have a pleasant journey; (***sehr***) ***~!*** (*förml*) delighted (to meet you)
angenommen **1.** *Adj* assumed; *Kind* adopted **2.** *Konj* assuming; → ***annehmen***
angeregt **1.** *Adj* animated **2.** *Adv* ***sie unterhielten sich ~*** they had an animated conversation; → ***anregen***
angeschlagen *Adj* (*umg*) shattered (*umg*); *Gesundheit* poor (*umg*); *Ruf* tarnished; → ***anschlagen***
angeschrieben *Adj* (*umg*) ***bei jdm gut/schlecht ~ sein*** to be in sb's good/bad books; → ***anschreiben***
angesehen *Adj* respected; → ***ansehen***
angesichts *Präp +Gen* in the face of; (≈ *im Hinblick auf*) in view of
angespannt **1.** *Adj Nerven* strained; *Aufmerksamkeit* close; *politische Lage* tense **2.** *Adv zuhören* attentively; → ***anspannen***
angestellt *Adj* ***~ sein*** to be an employee (*bei* of); → ***anstellen*** **Angestelltenverhältnis** *n* ***im ~*** in non-tenured employment **Angestellte(r)** *mf* (salaried) employee
angestrengt **1.** *Adj Gesicht* strained **2.** *Adv diskutieren, nachdenken* carefully; → ***anstrengen***
angetan *Adj* ***von jdm/etw ~ sein*** to be taken with sb/sth; ***es jdm ~ haben*** to have made quite an impression on sb; → ***antun***
angetrunken *Adj* inebriated; → ***antrinken***
angewiesen *Adj* ***auf jdn/etw ~ sein*** to be dependent on sb/sth; ***auf sich selbst ~ sein*** to have to fend for oneself; → ***anweisen***
angewöhnen *vt* ***jdm etw ~*** to get sb used to sth; ***sich*** (*Dat*) ***etw ~*** to get into the habit of sth **Angewohnheit** *f* habit
Angina *f* MED tonsillitis; ***~ Pectoris*** an-

gina (pectoris)

Angina	≠	angina
Angina	=	tonsillitis
angina	=	Angina Pectoris

angleichen **1.** *vt* to bring into line (*+Dat*, *an +Akk* with) **2.** *vr* to grow closer together
Angler(in) *m(f)* angler (*bes Brit*), fisherman
Anglikaner(in) *m(f)* Anglican **anglikanisch** *Adj* Anglican
Anglist(in) *m(f)* Anglicist; (≈ *Student*) student of English **Anglistik** *f* English (language and literature) **Anglizismus** *m* anglicism
anglotzen *vt* (*umg*) to gawk at (*umg*)
Angola *n* Angola
angreifbar *Adj* open to attack **angreifen** **1.** *vt* **a)** to attack; **b)** (≈ *schwächen*) *Organismus* to weaken; *Gesundheit* to affect; (≈ *ermüden*, *anstrengen*) to strain; → ***angegriffen***; **c)** (*österr* ≈ *anfassen*) to touch **2.** *vi* (MIL, SPORT, *fig*) to attack **Angreifer(in)** *m(f)* attacker (*auch* SPORT, *fig*)
angrenzen *vi* ***an etw*** (*Akk*) ~ to border on sth **angrenzend** *Adj* adjacent (*an +Akk* to)
Angriff *m* attack (*gegen*, *auf +Akk* on); ***etw in ~ nehmen*** to tackle sth **Angriffsfläche** *f* target; ***eine ~ bieten*** to present a target **Angriffskrieg** *m* war of aggression **angriffslustig** *Adj* aggressive **Angriffswaffe** *f* offensive weapon
angrinsen *vt* to grin at
angst *Adj* ***ihr wurde ~ (und bange)*** she became worried *od* anxious **Angst** *f* (≈ *innere Unruhe*) anxiety (*um* about); (≈ *Sorge*) worry (*um* about); (≈ *Furcht*) fear (*um* for, *vor +Dat* of); ***(vor jdm/etw) ~ haben*** to be afraid *od* scared (of sb/sth); ***~ um jdn/etw haben*** to be worried *od* anxious about sb/sth; ***~ bekommen*** *od* ***kriegen*** to get scared; (≈ *erschrecken*) to take fright; ***das machte ihm ~*** that worried him; ***aus ~, etw zu tun*** for fear of doing sth; ***keine ~!*** don't be afraid; ***jdm ~ machen*** to scare sb; ***jdn in ~ und Schrecken versetzen*** to terrify sb; ***in tausend Ängsten schweben*** to be terribly worried *od* anxious **Angsthase** *m* (*umg*) scaredy-cat (*umg*)
ängstigen **1.** *vt* to frighten **2.** *vr* to be afraid; (≈ *sich sorgen*) to worry
ängstlich **1.** *Adj* (≈ *verängstigt*) anxious; (≈ *schüchtern*) timid **2.** *Adv* ***~ darauf bedacht sein, etw zu tun*** to be at pains to do sth **Ängstlichkeit** *f* anxiety; (≈ *Schüchternheit*) timidity **Angstschrei** *m* cry of fear **Angstschweiß** *m* ***mir brach der ~ aus*** I broke out in a cold sweat **Angstzustand** *m* state of panic; ***Angstzustände bekommen*** to get into a state of panic
angucken *vt* (*umg*) to look at
anhaben *vt* **a)** (≈ *angezogen haben*) to have on, to wear; **b)** (≈ *zuleide tun*) ***jdm etwas ~ wollen*** to want to harm sb; ***die Kälte kann mir nichts ~*** the cold doesn't bother me
anhalten **1.** *vi* **a)** (≈ *stehen bleiben*) to stop; **b)** (≈ *fortdauern*) to last; **c)** (≈ *werben*) ***um die Hand eines Mädchens ~*** to ask for a girl's hand in marriage **2.** *vt* **a)** (≈ *stoppen*) to stop; **b)** (≈ *anleiten*) to urge, to encourage **anhaltend** *Adj* continuous **Anhalter(in)** *m(f)* hitchhiker; ***per ~ fahren*** to hitchhike **Anhaltspunkt** *m* (≈ *Vermutung*) clue (*für* about); (*für Verdacht*) grounds *Pl*
anhand, **an Hand** *Präp +Gen* ***~ eines Beispiels*** with an example; ***~ dieses Berichts*** from this report
Anhang *m* **a)** (≈ *Nachtrag*) appendix; **b)** (*von E-Mail*) attachment; ***im ~ finden Sie ...*** please find attached ...; **c)** (≈ *Gefolgschaft*) following; (≈ *Angehörige*) family **anhängen** **1.** *vt* **a)** (≈ *ankuppeln*) to attach (*an +Akk* to); BAHN to couple on (*an +Akk* -to); (*fig* ≈ *anfügen*) to add (*+Dat*, *an +Akk* to); **b)** (*umg*) ***jdm etw ~*** (≈ *nachsagen*, *anlasten*) to blame sth on sb; *Verdacht*, *Schuld* to pin sth on sb **2.** *vr* (*fig*) to tag along (*+Dat*, *an +Akk* with) **Anhänger** *m* **a)** (≈ *Wagen*) trailer; **b)** (≈ *Schmuckstück*) pendant; **c)** (≈ *Kofferanhänger etc*) label **Anhänger(in)** *m(f)* supporter **anhänglich** *Adj* ***mein Sohn/Hund ist sehr ~*** my son/dog is very attached to me **Anhängsel** *n* (≈ *Überflüssiges*, *Mensch*) appendage (*an +Dat* to)

anhauchen *vt* to breathe on; → ***angehaucht***
anhauen *vt* (*umg* ≈ *ansprechen*) to accost (*um* for)
anhäufen **1.** *vt* to accumulate; *Vorräte, Geld* to hoard **2.** *vr* to accumulate
anheben *vt* (≈ *erhöhen*) to raise
anheizen *vt* **a)** *Ofen* to light; **b)** (*fig umg*) *Wirtschaft* to stimulate; *Inflation* to fuel
anheuern *vti* (SEEF, *fig*) to sign on *od* up
Anhieb *m* ***auf ~*** (*umg*) straight *od* right away; ***das kann ich nicht auf ~ sagen*** I can't say offhand
anhimmeln *vt* (*umg*) to worship
Anhöhe *f* hill
anhören **1.** *vt* to hear; *Konzert* to listen to; ***sich*** (*Dat*) ***etw ~*** to listen to sth; ***ich kann das nicht mehr mit ~*** I can't listen to that any longer; ***das hört man ihm aber nicht an!*** you can't tell that from hearing him speak **2.** *vr* (≈ *klingen*) to sound; ***das hört sich ja gut an*** (*umg*) that sounds good **Anhörung** *f* hearing
animalisch *Adj* animal; (*pej auch*) bestial
Animation *f* FILM animation **Animierdame** *f* nightclub hostess **animieren** *vt* (≈ *anregen*) to encourage
Animosität *f* hostility (*gegen* towards)
Anis *m* (≈ *Gewürz*) aniseed
Ank. *Abk von* ***Ankunft*** arr.
ankämpfen *vi* ***gegen etw ~*** to fight sth; ***gegen jdn ~*** to fight (against) sb
Ankauf *m* purchase
Anker *m* anchor; ***vor ~ gehen*** to drop anchor; ***vor ~ liegen*** to lie at anchor **ankern** *vi* (≈ *Anker werfen*) to anchor; (≈ *vor Anker liegen*) to be anchored
anketten *vt* to chain up (*an +Akk od Dat* to)
Anklage *f* **a)** JUR charge; (≈ *Anklagevertretung*) prosecution; ***gegen jdn ~ erheben*** to bring *od* prefer charges against sb; (***wegen etw***) ***unter ~ stehen*** to have been charged (with sth); **b)** (*fig* ≈ *Beschuldigung*) accusation **Anklagebank** *f* dock; ***auf der ~*** (***sitzen***) (to be) in the dock **anklagen** *vt* **a)** JUR to charge; ***jdn wegen etw ~*** to charge sb with sth; **b)** (*fig*) ***jdn ~, etw getan zu haben*** to accuse sb of having done sth **anklagend** **1.** *Adj Ton* accusing **2.** *Adv* reproachfully **Anklagepunkt** *m* charge **Ankläger(in)** *m(f)* JUR prosecutor **Anklageschrift** *f* indictment **Anklagevertreter(in)** *m(f)* counsel for the prosecution
Anklang *m* (≈ *Beifall*) approval; ***~*** (***bei jdm***) ***finden*** to meet with (sb's) approval; ***keinen ~ finden*** to be badly received
ankleben *vt* to stick up (*an +Akk od Dat* on)
Ankleidekabine *f* changing cubicle
anklicken *vt* IT to click on
anklopfen *vi* to knock (*an +Akk od Dat* at, on)
anknabbern *vt* (*umg*) to nibble (at)
anknacksen *vt* (*umg*) **a)** *Knochen* to crack; *Fuß, Gelenk etc* to crack a bone in; **b)** (*fig*) *Gesundheit* to affect; → ***angeknackst***
anknüpfen **1.** *vt* to tie on (*an +Akk od Dat* -to); *Beziehungen* to establish; *Gespräch* to start up **2.** *vi* ***an etw*** (*Akk*) ***~*** to take sth up
ankommen **1.** *vi* **a)** (≈ *eintreffen*) to arrive; **b)** (≈ *Anklang finden*) to go down well; (*Mode*) to catch on; ***mit deinem dummen Gerede kommst du bei ihm nicht an!*** you won't get anywhere with him with your stupid talk!; **c)** (≈ *sich durchsetzen*) ***gegen etw ~*** *gegen Gewohnheit, Sucht etc* to be able to fight sth; ***gegen jdn ~*** to be able to cope with sb **2.** *vi unpers* **a)** ***es kommt darauf an, dass wir ...*** what matters is that we ...; ***auf eine halbe Stunde kommt es jetzt nicht mehr an*** it doesn't matter about the odd half-hour; ***darauf soll es mir nicht ~*** that's not the problem; ***es kommt darauf an*** it (all) depends; ***es käme auf einen Versuch an*** we'd have to give it a try; **b)** (*umg*) ***es darauf ~ lassen*** to take a chance; ***lassen wirs darauf ~*** let's chance it
ankoppeln *vt* to hitch up (*an +Akk* to), to couple on (*an +Akk* -to); RAUMF to link up (*an +Akk* with, to)
ankotzen *vt* (*sl* ≈ *anwidern*) to make sick (*umg*)
ankratzen *vt* to scratch; (*fig*) *jds Ruf etc* to damage
ankreiden *vt* (*fig*) ***jdm etw ~*** to hold sth against sb
ankreuzen *vt Stelle, Fehler, Antwort* to

put a cross beside
ankündigen *vt* to announce; (*in Zeitung etc*) to advertise **Ankündigung** *f* announcement
Ankunft *f* arrival **Ankunftshalle** *f* arrivals lounge **Ankunftszeit** *f* time of arrival
ankurbeln *vt Maschine* to wind up; (*fig*) *Konjunktur* to reflate
Anl. *Abk von* ***Anlage*** encl.
anlächeln *vt* to smile at
anlachen *vt* to smile at; ***sich*** (*Dat*) ***jdn ~*** (*umg*) to pick sb up (*umg*)
Anlage *f* **a)** (≈ *Fabrikanlage*) plant; **b)** (≈ *Parkanlage*) (public) park; **c)** (≈ *Einrichtung*) installation(s *Pl*); (≈ *sanitäre Anlagen*) sanitary installations *Pl* (*förml*); (≈ *Sportanlage etc*) facilities *Pl*; **d)** (*umg* ≈ *Stereoanlage*) (stereo) system *od* equipment; (≈ *EDV-Anlage*) system; **e)** (≈ *Veranlagung*) talent (*zu* for); (≈ *Neigung*) tendency (*zu* to); **f)** (≈ *Kapitalanlage*) investment; **g)** (≈ *Beilage zu einem Schreiben*) enclosure; ***in der ~ erhalten Sie ...*** please find enclosed ... **Anlageberater(in)** *m(f)* investment advisor **Anlagekapital** *n* investment capital **Anlagevermögen** *n* fixed assets *Pl*
Anlass *m* **a)** (≈ *Veranlassung*) (immediate) cause (*zu* for); ***welchen ~ hatte er, das zu tun?*** what prompted him to do that?; ***es besteht ~ zur Hoffnung*** there is reason for hope; ***etw zum ~ nehmen, zu ...*** to use sth as an opportunity to ...; ***beim geringsten ~*** for the slightest reason; ***bei jedem ~*** at every opportunity; **b)** (≈ *Gelegenheit*) occasion; ***aus gegebenem ~*** in view of the occasion **anlassen 1.** *vt* **a)** *Motor, Wagen* to start (up); **b)** (*umg*) *Schuhe, Mantel* to keep on; *Licht* to leave on **2.** *vr* ***sich gut/schlecht ~*** to get off to a good/bad start **Anlasser** *m* AUTO starter **anlässlich** *Präp +Gen* on the occasion of
anlasten *vt* ***jdm etw ~*** to blame sb for sth
Anlauf *m* **a)** SPORT run-up; ***mit ~*** with a run-up; ***ohne ~*** from standing; ***~ nehmen*** to take a run-up; **b)** (*fig* ≈ *Versuch*) attempt, try **anlaufen 1.** *vi* **a)** (≈ *beginnen*) to begin, to start; (*Film*) to open; **b)** (*Brille, Spiegel etc*) to mist up; (*Metall*) to tarnish; ***rot/blau ~*** to turn *od* go red/blue **2.** *vt* SEEF *Hafen etc* to put into **Anlaufphase** *f* initial stage **Anlaufstelle** *f* shelter, refuge
anläuten *vti* (*dial* ≈ *anrufen*) ***jdn*** *od* ***bei jdm ~*** to call *od* phone sb
anlegen 1. *vt* **a)** *Leiter* to put up (*an +Akk* against); *Lineal* to position; ***das Gewehr ~*** to raise the gun to one's shoulder; **b)** *Kartei, Akte* to start; *Vorräte* to lay in; *Garten, Bericht* to lay out; *Liste, Plan* to draw up; **c)** *Geld, Kapital* to invest; **d)** ***es darauf ~, dass ...*** to be determined that ... **2.** *vi* SEEF to berth, to dock **3.** *vr* ***sich mit jdm ~*** to pick a fight with sb **Anlegeplatz** *m* berth **Anleger(in)** *m(f)* FINANZ investor **Anlegestelle** *f* mooring
anlehnen 1. *vt* to lean *od* rest (*an +Akk* against); ***angelehnt sein*** (*Tür, Fenster*) to be ajar **2.** *vr* (*wörtl*) to lean (*an +Akk* against); ***sich an etw*** (*Akk*) ***~*** (*fig*) to follow sth **Anlehnung** *f* (≈ *Imitation*) ***in ~ an jdn/etw*** following sb/sth
anleiern *vt* (*umg*) to get going
Anleihe *f* FINANZ loan
anleinen *vt* ***den Hund ~*** to put the dog on the lead (*bes Brit*) *od* leash
anleiten *vt* to teach; ***jdn zu etw ~*** to teach sb sth **Anleitung** *f* instructions *Pl*; ***unter der ~ seines Vaters*** under his father's guidance
anlernen *vt* to train; → ***angelernt***
anlesen *vt* **a)** *Buch, Aufsatz* to begin *od* start reading; **b)** (≈ *aneignen*) ***sich*** (*Dat*) ***etw ~*** to learn sth by reading
anliefern *vt* to deliver
anliegen *vi* **a)** (≈ *anstehen*) to be on; **b)** (*Kleidung*) to fit tightly (*an etw* (*Dat*) sth) **Anliegen** *n* (≈ *Bitte*) request **Anlieger(in)** *m(f)* neighbour (*Brit*), neighbor (*US*); (≈ *Anwohner*) (local) resident; ***~ frei*** residents only **Anliegerstaat** *m* ***die ~en des Schwarzen Meers*** the countries bordering (on) the Black Sea **Anliegerverkehr** *m* (local) residents' vehicles *Pl*
anlocken *vt* to attract
anlügen *vt* to lie to
anmachen *vt* **a)** (*umg* ≈ *befestigen*) to put up (*an +Akk od Dat* on); **b)** *Salat* to dress; **c)** *Radio, Licht etc* to put *od* turn on; *Feuer* to light; **d)** (*umg*) (≈ *ansprechen*) to chat up (*Brit umg*), to put the moves on (*US umg*); (≈

scharfmachen) to turn on (*umg*); (*sl* ≈ *belästigen*) to harass; ***mach mich nicht an*** leave me alone
anmalen 1. *vt* to paint **2.** *vr* (*pej* ≈ *schminken*) to paint one's face
anmaßen *vt* ***sich*** (*Dat*) ***etw ~*** *Recht* to claim sth (for oneself); *Macht* to assume sth; ***sich*** (*Dat*) ***~, etw zu tun*** to presume to do sth **anmaßend** *Adj* presumptuous **Anmaßung** *f* ***es ist eine ~ zu meinen, ...*** it is presumptuous to maintain that ...
Anmeldeformular *n* application form **Anmeldefrist** *f* registration period **anmelden 1.** *vt* **a)** *Besuch* to announce; **b)** (*bei Schule, Kurs etc*) to enrol (*Brit*), to enroll (*US*) (*bei* at, *zu* for); **c)** *Patent* to apply for; *Wohnsitz, Auto* to register (*bei* at); *Fernseher* to get a licence (*Brit*) *od* license (*US*) for; **d)** (≈ *vormerken lassen*) to make an appointment for; **e)** *Ansprüche* to declare; *Zweifel* to register; *Wünsche* to make known **2.** *vr* **a)** (*Besucher*) to announce one's arrival; ***sich bei jdm ~*** to tell sb one is coming; **b)** (*an Schule, zu Kurs etc*) to enrol (*Brit*) *od* enroll (*US*) (oneself) (*an +Dat* at, *zu* for); ***sich polizeilich ~*** to register with the police **Anmeldung** *f* **a)** (*von Besuch*) announcement; (*an Schule, zu Kurs etc*) enrolment (*Brit*), enrollment (*US*) (*an +Dat* at, *zu* for); (*bei Einwohnermeldeamt*) registration; ***nur nach vorheriger ~*** by appointment only; **b)** (*von Patent*) application (*von, +Gen* for); (*von Auto*) registration
anmerken *vt* (≈ *sagen*) to say; (≈ *anstreichen*) to mark; (*als Fußnote*) to note; ***jdm seine Verlegenheit*** *etc* ***~*** to notice sb's embarrassment *etc*; ***sich*** (*Dat*) ***etw ~ lassen*** to let sth show; ***man merkt ihm nicht an, dass ...*** you can't tell that he ... **Anmerkung** *f* (≈ *Erläuterung*) note; (≈ *Fußnote*) (foot)note
Anmut *f* grace; (≈ *Schönheit*) beauty **anmuten** *vi* ***es mutet sonderbar an*** it seems curious **anmutig** *Adj* (*geh*) graceful; (≈ *hübsch*) lovely
annähen *vt* to sew on (*an +Akk od Dat* -to)
annähern 1. *vt* to bring closer (*+Dat, an +Akk* to) **2.** *vr* (≈ *sich angleichen*) to come closer (*+Dat, an +Akk* to) **annähernd 1.** *Adj* (≈ *ungefähr*) approximate, rough **2.** *Adv* (≈ *etwa*) roughly; (≈ *fast*) almost; ***nicht ~ so viel*** not nearly *od* nothing like as much **Annäherung** *f* (*von Standpunkten*) convergence (*+Dat, an +Akk* with) **Annäherungsversuch** *m* overtures *Pl*
Annahme *f* **a)** (≈ *Vermutung*) assumption; ***in der ~, dass ...*** on the assumption that ...; ***gehe ich recht in der ~, dass ...?*** am I right in assuming that ...?; **b)** (≈ *das Annehmen*) acceptance; (*von Arbeit*) acceptance; (*von Angebot*) taking up; (≈ *Billigung*) approval; (*von Gesetz*) passing; (*von Resolution*) adoption **Annahmeschluss** *m* closing date **Annahmestelle** *f* (*für Pakete*) counter; (*für Wetten, Lotto, Toto etc*) place where bets *etc* are accepted
Annalen *Pl* annals *Pl*; ***in die ~ eingehen*** (*fig*) to go down in the annals *od* in history
annehmbar *Adj* acceptable; (≈ *nicht schlecht*) reasonable **annehmen 1.** *vt* **a)** (≈ *entgegennehmen, akzeptieren*) to accept; *Arbeit* to take on; **b)** (≈ *billigen*) to approve; *Gesetz* to pass; *Resolution* to adopt; **c)** (≈ *sich aneignen*) to adopt; *Gestalt, Namen* to take on; ***ein angenommener Name*** an assumed name; ***jdn an Kindes statt ~*** to adopt sb; **d)** (≈ *voraussetzen*) to assume; ***wir wollen ~, dass ...*** let us assume that ...; → ***angenommen***; **e)** SPORT to take **2.** *vr* ***sich jds ~*** to look after sb; ***sich einer Sache*** (*Gen*) **~** to see to a matter **Annehmlichkeit** *f* (≈ *Bequemlichkeit*) convenience **Annehmlichkeiten** *Pl* comforts *Pl*
annektieren *vt* to annex
anno *Adv* in (the year); ***~ dazumal*** in those days
Annonce *f* advertisement **annoncieren** *vti* to advertise
annullieren *vt* JUR to annul
Anode *f* anode
anöden *vt* (*umg*) to bore stiff (*umg*)
Anomalie *f* anomaly
anonym *Adj* anonymous **Anonymität** *f* anonymity
Anorak *m* anorak
anordnen *vt* **a)** (≈ *befehlen*) to order; **b)** (≈ *aufstellen*) to arrange **Anordnung** *f* **a)** (≈ *Befehl*) order; ***auf ~ des Arztes***

on doctor's orders; **b)** (≈ *Aufstellung*) arrangement
Anorexie *f* anorexia (nervosa)
anorganisch *Adj* CHEM inorganic
anpacken (*umg*) **1.** *vt* **a)** (≈ *anfassen*) to grab (hold of); **b)** *Problem, Thema* to tackle **2.** *vi* (≈ *helfen*) to lend a hand
anpassen 1. *vt* (≈ *angleichen*) ***etw einer Sache*** (*Dat*) ~ to bring sth into line with sth **2.** *vr* to adapt (oneself) (*+Dat* to); (*gesellschaftlich*) to conform **Anpassung** *f* adaptation (*an +Akk* to); (*an Gesellschaft*) conformity (*an +Akk* to) **anpassungsfähig** *Adj* adaptable **Anpassungsschwierigkeiten** *Pl* difficulties *Pl* in adapting
anpeilen *vt* (≈ *ansteuern*) to steer *od* head for; (*mit Funk etc*) to take a bearing on; ***etw*** ~ (*fig umg*) to set *od* have one's sights on sth
anpfeifen *vt* SPORT ***das Spiel*** ~ to start the game (by blowing one's whistle) **Anpfiff** *m* **a)** SPORT (starting) whistle; (FUSSB ≈ *Spielbeginn*) kickoff; **b)** (*umg*) bawling out (*umg*)
anpflanzen *vt* to plant; (≈ *anbauen*) to grow
anpöbeln *vt* (*umg*) to be rude to
anprangern *vt* to denounce
anpreisen *vt* to extol (*jdm etw* sth to sb)
Anprobe *f* fitting **anprobieren 1.** *vt* to try on **2.** *vi* ***kann ich mal ~?*** can I try this/it *etc* on?
anpumpen *vt* (*umg*) ***jdn um 50 Euro*** ~ to borrow 50 euros from sb
Anrainer(in) *m(f)* neighbour (*Brit*), neighbor (*US*)
anrechnen *vt* (≈ *in Rechnung stellen*) to charge for (*jdm* sb); ***jdm etw hoch*** ~ to think highly of sb for sth; ***jdm etw als Fehler*** ~ (*Lehrer*) to count sth as a mistake for sb; (*fig*) to consider sth as a fault on sb's part; ***ich rechne es ihr als Verdienst an, dass ...*** I think it is greatly to her credit that ...
Anrecht *n* (≈ *Anspruch*) right; ***ein ~ auf etw*** (*Akk*) ***haben*** *od* ***besitzen*** to be entitled to sth
Anrede *f* form of address **anreden** *vt* to address
anregen *vt* **a)** (≈ *ermuntern*) to prompt (*zu* to); **b)** (≈ *vorschlagen*) *Verbesserung* to propose; **c)** (≈ *beleben*) to stimulate; *Appetit* to sharpen; → ***angeregt*** **anregend** *Adj* stimulating; ***ein ~es Mittel*** a stimulant; ~ ***wirken*** to have a stimulating effect **Anregung** *f* **a)** (≈ *Vorschlag*) idea; ***auf ~ von*** *od +Gen* at *od* on the suggestion of; **b)** (≈ *Belebung*) stimulation
anreichern *vt* to enrich; (≈ *vergrößern*) *Sammlung* to increase; ***hoch angereichertes Uran*** high enriched uranium
Anreise *f* (≈ *Anfahrt*) journey there/here **anreisen** *vi* (≈ *eintreffen*) to come **Anreisetag** *m* day of arrival
anreißen *vt* **a)** (≈ *einreißen*) to tear, to rip; **b)** (≈ *kurz zur Sprache bringen*) to touch on
Anreiz *m* incentive
anrempeln *vt* (*absichtlich*) to jostle
anrennen *vi* ***gegen etw*** ~ *gegen Wind etc* to run against sth; (*fig* ≈ *bekämpfen*) to fight against sth; ***angerannt kommen*** (*umg*) to come running
Anrichte *f* (≈ *Schrank*) dresser; (≈ *Büfett*) sideboard **anrichten** *vt* **a)** *Speisen* to prepare; *Salat* to dress; ***es ist angerichtet*** (*förml*) dinner *etc* is served (*förml*); **b)** (*fig*) *Schaden, Unheil* to bring about
anrüchig *Adj Geschäfte, Lokal* disreputable
anrücken *vi* (*Truppen*) to advance; (*Polizei etc*) to move in
Anruf *m* TELEK (phone) call **Anrufbeantworter** *m* answering machine **anrufen 1.** *vt* **a)** TELEK to phone, to call; ***kann man Sie ~?*** (≈ *haben Sie Telefon?*) are you on the phone?; **b)** (*fig* ≈ *appellieren an*) to appeal to **2.** *vi* (≈ *telefonieren*) to phone; ***bei jdm*** ~ to phone sb; ***ins Ausland*** ~ to phone abroad **Anrufer(in)** *m(f)* caller
anrühren *vt* **a)** to touch; (*fig*) *Thema* to touch upon; **b)** (≈ *mischen*) *Farben* to mix; *Sauce* to blend
ans = ***an das***
Ansage *f* announcement; KARTEN bid; ***eine ~ auf dem Anrufbeantworter*** an answerphone message **ansagen** *vt* **a)** (≈ *ankündigen*) to announce; ***jdm den Kampf*** ~ to declare war on sb; **b)** KARTEN to bid; **c)** (*umg*) ***angesagt sein*** (≈ *erforderlich sein*) to be called for; (≈ *auf dem Programm stehen*) to be the order of the day **Ansager(in)** *m(f)* RADIO *etc* announcer
ansammeln 1. *vt* (≈ *anhäufen*) to accumulate; *Reichtümer* to amass; *Vorräte*

Anrede und Titel

Im Englischen hat man den Vorteil, dass man nicht zwischen „Sie" und „du" unterscheiden muss. Es kann jeder mit **you** angeredet werden.
Bei Erwachsenen sollten Sie in Briefen folgende Anrede benutzen:

bei Männern, egal ob verheiratet oder nicht:

Mr Harris [ˌmɪstˈhærɪs]	Herr Harris

bei verheirateten Frauen:

Mrs Williams [ˌmɪsɪzˈwɪlɪəmz]	Frau Williams

bei unverheirateten Frauen bzw. wenn man nicht weiß, ob sie verheiratet sind:

Ms Collins [ˌmɪzˈkɒlɪnz]	Frau Collins

Heutzutage gilt die Anrede **Miss** (= Fräulein), außer in der Schule, als diskriminierend und sollte deshalb nur bei unverheirateten (älteren) Frauen benutzt werden, wenn diese es ausdrücklich wünschen. Ansonsten ist die neutrale Bezeichnung **Ms** höflicher. Eine unverheiratete Frau sollten Sie nie mit **Mrs** anreden, da dies sachlich falsch wäre.
Bei akademischen Titeln gibt es einen wichtigen Unterschied zum Deutschen: Sie sollten den Titel (**Dr, Professor** usw.) nie zusammen mit der Anrede (**Mr, Mrs, Ms**) benutzen. Es heißt also:

Dr Marsden	Herr (bzw. Frau) Dr. Marsden
Professor Bond	Herr (bzw. Frau) Professor Bond

Für Ärzte gilt dies ebenfalls:

Good morning, Dr Hope!	Guten Morgen, Frau (bzw. Herr) Dr. Hope!
I've been feeling very dizzy lately, Doctor.	Mir ist in letzter Zeit immer so schwindlig, Herr (bzw. Frau) Doktor.

to build up **2.** *vr* **a)** (≈ *sich versammeln*) to gather; **b)** (≈ *sich aufhäufen*) to accumulate; (*Staub*) to collect; (*fig*: *Wut*) to build up **Ansammlung** *f* (≈ *Auflauf*) gathering

ansässig *Adj* (*förml*) resident; ***sich in London ~ machen*** to settle in London

Ansatz *m* **a)** (*von Hals etc*) base; **b)** (≈ *Anzeichen*) first sign(s *Pl*); (≈ *Versuch*) attempt (*zu etw* at sth); ***Ansätze zeigen, etw zu tun*** to show signs of doing sth; ***die ersten Ansätze*** the initial stages; ***im ~*** basically **Ansatzpunkt** *m* starting point

ansaugen *vt* to suck *od* draw in

anschaffen 1. *vt* (***sich*** *Dat*) ***etw ~*** to get oneself sth; (≈ *kaufen*) to buy sth; ***sich*** (*Dat*) ***Kinder ~*** (*umg*) to have children **2.** *vi* (*sl*: *durch Prostitution*) ***~ gehen*** to be on the game (*umg*) **Anschaffung** *f* acquisition; (*gekaufter Gegenstand*) purchase, buy **Anschaffungskosten** *Pl* cost *Sg* of purchase **Anschaffungspreis** *m* purchase price

anschalten *vt* to switch on

anschauen *vt* = ***ansehen*** **anschaulich 1.** *Adj* clear; (≈ *lebendig*) vivid; *Beispiel* concrete **2.** *Adv* clearly; (≈ *lebendig*) vividly **Anschauung** *f* (≈ *Meinung*) opinion **Anschauungsmaterial** *n* illustrative material

Anschein *m* appearance; (≈ *Eindruck*) impression; ***dem ~ nach*** apparently; ***den ~ erwecken, als ...*** to give the impression that ...; ***es hat den ~, als ob ...*** it appears that ... **anscheinend** **1.** *Adv* apparently **2.** *Adj* apparent

anschieben *vt Fahrzeug* to push

anschießen *vt* (≈ *verletzen*) to shoot (and wound)

Anschiss *m* (*umg*) bollocking (*Brit sl*), ass-kicking (*US sl*)

Anschlag *m* **a)** (≈ *Plakat*) poster; **b)** (≈ *Überfall*) attack (*auf* +*Akk* on); (≈ *Attentat*) attempt on sb's life; ***einen ~ auf jdn verüben*** to make an attempt on sb's life; ***einem ~ zum Opfer fallen*** to be assassinated; **c)** (≈ *Kostenanschlag*) estimate; (*bei Dateneingabe*) touch; ***200 Anschläge in der Minute*** ≈ 40 words per minute; **d)** TECH stop; ***etw bis zum ~ drehen*** to turn sth as far as it will go **anschlagen** **1.** *vt* **a)** (≈ *befestigen*) to fix on (*an* +*Akk* to); *Plakat* to put up (*an* +*Akk* on); **b)** *Taste* to strike; ***eine schnellere Gangart ~*** (*fig*) to speed up; **c)** (≈ *beschädigen*) *Geschirr* to chip; ***sich*** (*Dat*) ***den Kopf*** *etc* **~** to knock one's head *etc*; → ***angeschlagen*** **2.** *vi* **a)** (*Welle*) to beat (*an* +*Akk* against); **b)** (*beim Schwimmen*) to touch; **c)** (*Hund*) to give a bark; **d)** (≈ *wirken*: *Arznei etc*) to take effect; **e)** (*umg* ≈ *dick machen*) ***bei jdm ~*** to make sb put on weight

anschleichen *vr* ***sich an jdn/etw ~*** to creep up on sb/sth

anschleppen *vt* (*umg*) (≈ *mitbringen*) to bring along

anschließen **1.** *vt* **a)** (≈ *verbinden*) to connect; (*in Steckdose*) to plug in; **b)** (*fig* ≈ *hinzufügen*) to add; ***angeschlossen*** *Organisation etc* associated (*Dat* with) **2.** *vr* ***sich jdm*** *od* ***an jdn ~*** (≈ *folgen*) to follow sb; (≈ *zugesellen*) to join sb; (≈ *beipflichten*) to side with sb; ***an den Vortrag schloss sich ein Film an*** the lecture was followed by a film **3.** *vi* ***an etw*** (*Akk*) **~** to follow sth **anschließend** **1.** *Adv* afterwards **2.** *Adj* following **Anschluss** *m* **a)** (≈ *Verbindung*) connection; ***den ~ verpassen*** BAHN *etc* to miss one's connection; (*fig*) to miss the boat *od* bus; ***~ bekommen*** TELEK to get through; ***kein ~ unter dieser Nummer*** TELEK number unobtainable (*Brit*), this number is not in service (*US*); **b)** ***im ~ an*** (+*Akk*) (≈ *nach*) subsequent to, following; **c)** (*fig*) (≈ *Kontakt*) contact (*an* +*Akk* with); ***~ finden*** to make friends (*an* +*Akk* with); ***er sucht ~*** he wants to make friends **Anschlussflug** *m* connecting flight **Anschlusszug** *m* BAHN connection

anschmiegen *vr* ***sich an jdn/etw ~*** (*Kind, Hund*) to snuggle up to sb/sth **anschmiegsam** *Adj Wesen* affectionate; *Material* smooth

anschnallen **1.** *vr* AUTO, FLUG to fasten one's seat belt; ***bitte ~!*** fasten your seat belts, please! **2.** *vt Skier* to clip on **Anschnallpflicht** *f* mandatory wearing of seat belts

anschnauzen *vt* (*umg*) to yell at

anschneiden *vt* **a)** *Brot etc* to (start to) cut; **b)** (*fig*) *Thema* to touch on; **c)** AUTO *Kurve* to cut; SPORT *Ball* to cut

anschrauben *vt* to screw on (*an* +*Akk* -to)

anschreiben **1.** *vt* **a)** *Behörde etc* to write to; → ***angeschrieben***; **b)** (*umg* ≈ *in Rechnung stellen*) to chalk up (*umg*) **2.** *vi* (*umg*) ***sie lässt immer ~*** she always buys on tick (*Brit umg*) *od* on credit

anschreien *vt* to shout *od* yell at

Anschrift *f* address

Anschuldigung *f* accusation

anschwärzen *vt* (*fig umg*) ***jdn ~*** to blacken sb's name (*bei* with); (≈ *denunzieren*) to run sb down (*bei* to)

anschweigen *vt* ***sich gegenseitig ~*** to say nothing to each other

anschwellen *vi* to swell (up); (*Lärm*) to rise

anschwemmen *vt* to wash up

anschwindeln *vt* (*umg*) ***jdn ~*** to tell sb fibs (*umg*)

ansehen *vt* **a)** (≈ *betrachten*) to look at; ***sieh mal einer an!*** (*umg*) well, I never! (*umg*); **b)** (*fig*) to regard (*als, für* as); ***ich sehe es als meine Pflicht an*** I consider it to be my duty; → ***angesehen***; **c)** (***sich*** *Dat*) ***etw ~*** (≈ *besichtigen*) to (have a) look at sth; *Fernsehsendung* to watch sth; *Film, Stück, Sportveranstaltung* to see sth; **d)** ***das sieht man ihm an*** he looks it; ***das sieht man ihm nicht an*** he doesn't look it; ***man sieht ihm sein Alter nicht an*** he doesn't look his age; ***jeder konnte ihm sein Glück ~*** everyone could see that he was happy; **e)** ***etw (mit) ~*** to watch sth; ***ich kann das nicht länger mit ~*** I can't stand it any more **Ansehen** *n* (≈ *guter Ruf*) (good) reputation; ***großes ~ genießen*** to enjoy a good reputation; ***an ~ verlieren*** to lose credit *od* standing **ansehnlich** *Adj* (≈ *beträchtlich*) considerable; *Leistung* impressive

anseilen *vt* ***jdn/sich ~*** to rope sb/oneself up

ansetzen **1.** *vt* **a)** (≈ *anfügen*) to attach (*an +Akk* to); **b)** (≈ *in Stellung bringen*) to place in position; ***das Glas ~*** to raise the glass to one's lips; ***an welcher Stelle muss man den Wagenheber ~?*** where should the jack be put?; **c)** (≈ *festlegen*) *Kosten, Termin* to fix; (≈ *veranschlagen*) *Zeitspanne* to estimate; **d)** (≈ *einsetzen*) ***jdn auf jdn/etw ~*** to put sb on(to) sb/sth; ***Hunde (auf jdn/jds Spur) ~*** to put dogs on sb/sb's trail; **e)** ***Fett ~*** to put on weight; ***Rost ~*** to get rusty; **f)** (KOCH ≈ *vorbereiten*) to prepare **2.** *vi* (≈ *beginnen*) to start, to begin; ***zur Landung ~*** FLUG to come in to land; ***zum Sprung/Start ~*** to get ready to jump/start

Ansicht *f* **a)** view; **b)** (≈ *das Prüfen*) inspection; ***zur ~*** HANDEL for (your/our *etc*) inspection; **c)** (≈ *Meinung*) opinion, view; ***meiner ~ nach*** in my opinion *od* view; ***ich bin der ~, dass ...*** I am of the opinion that ...; ***ich bin ganz Ihrer ~*** I entirely agree with you **Ansichts(post)karte** *f* picture postcard **Ansichtssache** *f* ***das ist ~*** that is a matter of opinion

ansiedeln **1.** *vt* to settle; *Tierart* to introduce; *Industrie* to establish **2.** *vr* to settle; (*Industrie etc*) to get established

ansonsten *Adv* otherwise

anspannen *vt* **a)** (≈ *straffer spannen*) to tighten; *Muskeln* to tense; **b)** (≈ *anstrengen*) to strain, to tax; ***alle seine Kräfte ~*** to exert all one's energy; → ***angespannt*** **Anspannung** *f* (*fig*) strain

Anspiel *n* SPORT start of play **anspielen** **1.** *vt* SPORT to play the ball *etc* to; *Spieler* to pass to **2.** *vi* **a)** (≈ *Spiel beginnen*) to start; FUSSB to kick off; KARTEN to lead; SCHACH to open; **b)** ***auf jdn/etw ~*** to allude to sb/sth **Anspielung** *f* allusion (*auf +Akk* to); (*böse*) insinuation (*auf +Akk* regarding)

anspitzen *vt* *Bleistift etc* to sharpen

Ansporn *m* incentive **anspornen** *vt* to spur (on)

Ansprache *f* address; ***eine ~ halten*** to give an address **ansprechbar** *Adj* approachable; (≈ *gut gelaunt*) amenable; *Patient* responsive; ***er ist zurzeit nicht ~*** no-one can talk to him just now **ansprechen** **1.** *vt* **a)** (≈ *anreden*) to speak to; (≈ *mit Titel, Vornamen etc*) to address; ***damit sind Sie alle angesprochen*** this is directed at all of you; **b)** (≈ *gefallen*) to appeal to; **c)** (≈ *erwähnen*) to mention **2.** *vi* **a)** (≈ *reagieren*) to respond (*auf +Akk* to); **b)** (≈ *Anklang finden*) to go down well **ansprechend** *Adj* (≈ *reizvoll*) attractive; (≈ *angenehm*) pleasant **Ansprechpartner(in)** *m(f)* contact

anspringen **1.** *vt* (≈ *anfallen*) to jump; (*Raubtier*) to pounce (up)on; (*Hund*) to jump up at **2.** *vi* (*Motor*) to start

Anspruch *m* **a)** claim; (≈ *Recht*) right (*auf +Akk* to); ***~ auf etw*** (*Akk*) ***haben*** to be entitled to sth; ***~ auf Schadenersatz erheben*** to make a claim for damages; ***hohe Ansprüche stellen*** to be very demanding; **b)** ***etw in ~ nehmen*** *Recht* to claim sth; *jds Hilfe, Dienste* to enlist sth; *Zeit, Kräfte* to take up sth; ***jdn völlig in ~ nehmen*** to take up all of sb's time **anspruchslos** *Adj* undemanding; (*geistig*) lowbrow; ***~ leben*** to lead a modest life **anspruchsvoll** *Adj* demanding; (≈ *wählerisch*) discriminating; *Geschmack* highbrow; (≈ *kultiviert*) sophisticated

anspucken *vt* to spit at *od* on

anstacheln *vt* to spur (on)

Anstalt *f* **a)** institution; (≈ *Institut*) institute; ***eine ~ öffentlichen Rechts*** a public institution; **b)** ***~en/keine ~en machen, etw zu tun*** to make a/no move to do sth

Anstand *m* (≈ *Schicklichkeit*) decency, propriety; (≈ *Manieren*) (good) manners *Pl* **anständig** **1.** *Adj* decent; (≈ *ehrbar*) respectable; (*umg* ≈ *beträchtlich*) sizeable; ***eine ~e Tracht Prügel*** (*umg*) a good hiding **2.** *Adv* decently; ***sich ~ benehmen*** to behave oneself; ***jdn ~ bezahlen*** (*umg*) to pay sb well; ***~ essen/ausschlafen*** (*umg*) to have a

decent meal/sleep **Anstandsbesuch** *m* formal call; (*aus Pflichtgefühl*) duty visit **anstandshalber** *Adv* out of politeness **anstandslos** *Adv* without difficulty
anstarren *vt* to stare at
anstatt 1. *Präp +Gen* instead of **2.** *Konj* **~ zu arbeiten** instead of working
anstechen *vt Fass* to tap
anstecken 1. *vt* **a)** (≈ *befestigen*) to pin on; *Ring* to put on; **b)** (≈ *anzünden*) to light; **c)** (MED, *fig*) to infect; ***ich will dich nicht ~*** I don't want to give it to you **2.** *vr* ***sich*** (***mit etw***) **~** to catch sth (*bei* from) **3.** *vi* (MED, *fig*) to be infectious **ansteckend** *Adj* (MED, *fig*) infectious **Ansteckung** *f* MED infection **Ansteckungsgefahr** *f* risk of infection
anstehen *vi* **a)** (*in Schlange*) to queue (up) (*Brit*), to stand in line (*nach* for); **b)** (*Verhandlungspunkt*) to be on the agenda; ***~de Probleme*** problems facing us/them *etc*
ansteigen *vi* to rise
anstelle *Präp +Gen* instead of, in place of
anstellen 1. *vt* **a)** (≈ *anlehnen*) to lean (*an +Akk* against); **b)** (≈ *beschäftigen*) to employ; → ***angestellt***; **c)** (≈ *anmachen*) to turn on; (≈ *in Gang setzen*) to start; **d)** *Vermutung*, *Vergleich* to make; **e)** (≈ *machen*) to do; **f)** (*umg* ≈ *Unfug treiben*) to get up to; ***was hast du da wieder angestellt?*** what have you been up to now? **2.** *vr* **a)** (≈ *Schlange stehen*) to queue (up) (*Brit*), to stand in line; **b)** (*umg*) ***sich dumm/ungeschickt ~*** to be stupid/clumsy; ***stell dich nicht so an!*** don't make such a fuss!; (≈ *sich dumm anstellen*) don't act so stupid! **Anstellung** *f* employment **Anstellungsverhältnis** *n* ***im ~ sein*** to be under contract
Anstieg *m* (≈ *Aufstieg*) ascent; (*von Temperatur*, *Kosten*) rise (*+Gen* in)
anstiften *vt* (≈ *anzetteln*) to instigate; ***jdn zu etw ~*** to incite sb to (do) sth **Anstifter(in)** *m(f)* instigator (*+Gen*, *zu* of); (≈ *Anführer*) ringleader
anstimmen *vt* **a)** (*singen*) to begin singing; (*Kapelle*) to strike up; **b)** (*fig*) ***ein Geschrei/Proteste*** *etc* **~** to start crying/protesting *etc*
Anstoß *m* **a)** ***den*** (***ersten***) ***~ zu etw geben*** to initiate sth; ***jdm den ~ geben, etw zu tun*** to induce sb to do sth; **b)** SPORT kickoff; **c)** (≈ *Ärgernis*) annoyance (*für* to); ***~ erregen*** to cause offence (*Brit*) *od* offense (*US*) (*bei* to); ***ein Stein des ~es*** a bone of contention **anstoßen 1.** *vi* **a)** ***an etw*** (*Akk*) **~** to bump into sth; **b)** (***mit den Gläsern***) **~** to clink glasses; ***auf jdn/etw ~*** to drink to sb/sth; **c)** SPORT to kick off **2.** *vt jdn* to knock (into); (≈ *in Bewegung setzen*) to give a push; ***sich*** (*Dat*) ***den Kopf/Fuß*** *etc* **~** to bang one's head/foot *etc* **Anstößer(in)** *m(f)* (*schweiz* ≈ *Anwohner*) (local) resident **anstößig 1.** *Adj* offensive; *Kleidung* indecent **2.** *Adv* offensively; *gekleidet* shockingly
anstrahlen *vt* to floodlight; (*im Theater*) to spotlight; (≈ *strahlend ansehen*) to beam at
anstreben *vt* to strive for
anstreichen *vt* **a)** (*mit Farbe etc*) to paint; **b)** (≈ *markieren*) to mark; (***jdm***) ***etw als Fehler ~*** to mark sth wrong (for sb) **Anstreicher(in)** *m(f)* (house) painter
anstrengen 1. *vt* **a)** *Augen* to strain; *Muskel*, *Gehirn* to exert; *jdn* to tire out; → ***angestrengt***; **b)** JUR ***eine Klage/einen Prozess ~*** to institute proceedings **2.** *vr* to make an effort **anstrengend** *Adj* (*körperlich*) strenuous; (*geistig*) demanding; (≈ *erschöpfend*) exhausting **Anstrengung** *f* effort; (≈ *Strapaze*) strain; ***große ~en machen*** to make every effort; ***mit äußerster/letzter ~*** with very great/one last effort
Anstrich *m* painting; ***ein zweiter ~*** a second coat of paint
Ansturm *m* onslaught; (≈ *Andrang*) rush
Antagonismus *m* antagonism
antanzen *vi* (*fig umg*) to turn up (*umg*)
Antarktis *f* Antarctic **antarktisch** *Adj* antarctic
antasten *vt* **a)** *Ehre*, *Würde* to offend; *Rechte* to infringe; **b)** (≈ *berühren*) to touch
Anteil *m* **a)** *auch* FINANZ share; **b)** (≈ *Beteiligung*) **~ *an etw*** (*Dat*) ***haben*** (≈ *beitragen*) to make a contribution to sth; **c)** (≈ *Teilnahme*) sympathy

(*an +Dat* with); ***an etw*** (*Dat*) ***~ nehmen*** *an Leid etc* to be deeply sympathetic over sth; *an Freude etc* to share in sth; **d)** (≈ *Interesse*) interest (*an +Dat* in); ***regen ~ an etw*** (*Dat*) ***nehmen*** to take a lively interest in sth **anteilig**, **anteilmäßig** *Adv* proportionately **Anteilnahme** *f* (≈ *Beileid*) sympathy (*an +Dat* with) **Anteilschein** *m* FINANZ share certificate **Anteilseigner(in)** *m(f)* FINANZ shareholder

Antenne *f* RADIO aerial; ZOO feeler **Antennenkabel** *n* aerial *od* antenna (*bes US*) cable *od* lead

Anthrax *n* BIOL anthrax

Anthropologe *m*, **Anthropologin** *f* anthropologist

Antialkoholiker(in) *m(f)* teetota(l)ler **antiautoritär** *Adj* anti-authoritarian **Antibabypille** *f* (*umg*) contraceptive pill **Antibiotikum** *n* antibiotic **Antiblockier(brems)system** *n* AUTO antilock braking system **Antidepressivum** *n* antidepressant **Antifaschismus** *m* antifascism **Antifaschist(in)** *m(f)* antifascist **antifaschistisch** *Adj* antifascist **Antihistamin** *n* antihistamine

antik *Adj* **a)** HIST ancient; **b)** (HANDEL, *umg*) antique **Antike** *f* antiquity; ***die Kunst der ~*** the art of the ancient world

Antikörper *m* MED antibody

Antillen *Pl* ***die ~*** the Antilles

Antilope *f* antelope

Antipathie *f* antipathy (*gegen* to)

Antipode *m* antipodean

Antiquar(in) *m(f)* antiquarian *od* (*von moderneren Büchern*) second-hand bookseller **Antiquariat** *n* (≈ *Laden*) antiquarian *od* (*modernerer Bücher*) second-hand bookshop; ***modernes ~*** remainder bookshop **antiquarisch** *Adj* antiquarian; (*von moderneren Büchern*) second-hand **antiquiert** *Adj* (*pej*) antiquated **Antiquität** *f* antique **Antiquitätenhändler(in)** *m(f)* antique dealer

Antisemit(in) *m(f)* antisemite **antisemitisch** *Adj* anti-Semitic **Antisemitismus** *m* antisemitism **antiseptisch** *Adj* antiseptic **antistatisch** *Adj* antistatic **Antiterror-** antiterrorist **Antithese** *f* antithesis **Antivirenprogramm** *n* IT anti-virus program, virus checker

antörnen (*sl*) **1.** *vt* to turn on (*umg*) **2.** *vi* ***das törnt an*** it turns you on (*umg*)

Antrag *m* **a)** application; (≈ *Gesuch*) request; ***einen ~ auf etw*** (*Akk*) ***stellen*** to make an application for sth; ***auf ~*** *+Gen* at the request of; **b)** JUR petition; (≈ *Forderung bei Gericht*) claim; ***einen ~ auf etw*** (*Akk*) ***stellen*** to file a petition/claim for sth; **c)** PARL motion; **d)** (≈ *Heiratsantrag*) ***jdm einen ~ machen*** to propose (marriage) to sb **Antragsformular** *n* application form **Antragsteller(in)** *m(f)* claimant

antreffen *vt* to find

antreiben *vt* to drive; (*fig*) to urge

antreten **1.** *vt* *Reise*, *Strafe* to begin; *Stellung* to take up; *Erbe* to come into; ***den Beweis ~, dass ...*** to prove that ...; ***seine Amtszeit ~*** to take office **2.** *vi* **a)** (≈ *sich aufstellen*) to line up; **b)** (≈ *erscheinen*) to assemble; (*zum Dienst*) to report; **c)** (*zum Wettkampf*) to compete

Antrieb *m* **a)** impetus *kein Pl*; (*innerer*) drive; ***jdm ~ geben, etw zu tun*** to give sb the impetus to do sth; ***aus eigenem ~*** on one's own initiative; **b)** (≈ *Triebkraft*) drive; ***Auto mit elektrischem ~*** electrically powered car **Antriebsaggregat** *n* TECH drive unit **Antriebsschwäche** *f* MED lack of drive **Antriebswelle** *f* drive shaft

antrinken *vt* (*umg*) to start drinking; ***sich*** (*Dat*) ***einen ~*** to get (oneself) drunk; ***sich*** (*Dat*) ***Mut ~*** to give oneself Dutch courage; → ***angetrunken***

Antritt *m* (≈ *Beginn*) beginning; ***bei ~ der Reise*** when beginning one's journey; ***nach ~ der Stellung/des Amtes*** after taking up the position/assuming office **Antrittsbesuch** *m bes* POL (formal) first visit

antun *vt* ***jdm etw ~*** (≈ *erweisen*) to do sth for sb; (≈ *zufügen*) to do sth to sb; ***sich*** (*Dat*) ***etwas ~*** (*euph*) to do away with oneself; ***tu mir das nicht an!*** don't do this to me!; → ***angetan***

Antwerpen *n* GEOG Antwerp

Antwort *f* **a)** answer; ***etw zur ~ bekommen*** to receive sth as a response; **b)** (≈ *Reaktion*) response; ***als ~ auf etw*** (*Akk*) in response to sth **antworten** *vi* **a)** to answer, to reply; ***auf etw*** (*Akk*) ***~*** to answer sth, to reply to sth; ***jdm auf eine Frage ~*** to reply to

od answer sb's question; ***mit Ja/Nein ~*** to answer yes/no; **b)** (≈ *reagieren*) to respond **Antwortschein** *m* (international) reply coupon
anvertrauen **1.** *vt* ***jdm etw ~*** to entrust sth to sb; (≈ *vertraulich erzählen*) to confide sth to sb **2.** *vr* ***sich jdm ~*** (≈ *sich mitteilen*) to confide in sb; (≈ *sich in jds Schutz begeben*) to entrust oneself to sb
anwachsen *vi* **a)** (≈ *festwachsen*) to grow on; (*Pflanze etc*) to take root; **b)** (≈ *zunehmen*) to increase (*auf +Akk* to)
Anwalt *m*, **Anwältin** *f* **a)**; → ***Rechtsanwalt***; **b)** (*fig* ≈ *Fürsprecher*) advocate **Anwaltskammer** *f professional association of lawyers*, ≈ Law Society (*Brit*) **Anwaltskosten** *Pl* legal expenses *Pl* **Anwaltspraxis** *f* legal practice
Anwandlung *f* (≈ *Laune*) mood; ***aus einer ~ heraus*** on (an) impulse; ***in einer ~ von Freigebigkeit*** *etc* in a fit of generosity *etc*
anwärmen *vt* to warm up
Anwärter(in) *m(f)* (≈ *Kandidat*) candidate (*auf +Akk* for); SPORT contender (*auf +Akk* for) **Anwartschaft** *f* candidature; SPORT contention
anweisen *vt* **a)** (≈ *befehlen*) to instruct; **b)** (≈ *zuweisen*) to allocate; ***jdm einen Platz ~*** to show sb to a seat; **c)** *Geld* to transfer; → ***angewiesen*** **Anweisung** *f* **a)** FINANZ payment; (*auf Konto etc*) transfer; **b)** (≈ *Anordnung*) instruction; ***~ haben, etw zu tun*** to have instructions to do sth; **c)** (≈ *Zuweisung*) allocation
anwendbar *Adj Theorie, Regel* applicable (*auf +Akk* to); ***das ist in der Praxis nicht ~*** that is not practicable **anwenden** *vt Methode, Gewalt* to use (*auf +Akk* on); *Theorie, Regel* to apply (*auf +Akk* to) **Anwender(in)** *m(f)* IT user **Anwendung** *f* **a)** (≈ *Gebrauch*) use (*auf +Akk* on); **b)** (*von Theorie, Regel*) application (*auf +Akk* to); **c)** IT application
anwerben *vt* to recruit (*für* to)
anwerfen *vt* TECH to start up
Anwesen *n* (*geh*) estate
anwesend *Adj* present **Anwesende(r)** *mf* ***die ~n*** those present; ***alle ~n*** all those present; ***~ ausgenommen*** present company excepted **Anwesenheit** *f* presence; ***in ~*** *+Gen od* ***von*** in the presence of **Anwesenheitskontrolle** *f* (≈ *Namensaufruf*) roll call **Anwesenheitsliste** *f* attendance list
anwidern *vt* ***jdn ~*** to make sb feel sick
Anwohner(in) *m(f)* resident
Anzahl *f* number
anzahlen *vt* ***100 Euro ~*** to pay 100 euros as a deposit **Anzahlung** *f* deposit (*für, auf +Akk* on); ***eine ~ machen*** to pay a deposit
anzapfen *vt Fass* to broach; *Telefon, elektrische Leitung* to tap
Anzeichen *n* sign; ***alle ~ deuten darauf hin, dass ...*** all the signs are that ...
Anzeige *f* **a)** (*bei Behörde*) report (*wegen* of); ***gegen jdn ~ erstatten*** to report sb to the authorities; **b)** (*in Zeitung*) notice; (≈ *Relame*) advertisement **anzeigen** *vt* **a)** (≈ *angeben*) to show; **b)** (≈ *bekannt geben*) to announce; *Richtung* to indicate; **c)** IT to display; **d)** ***jdn ~*** (*bei der Polizei*) to report sb (to the police) **Anzeigenblatt** *n* advertiser, freesheet **Anzeigenteil** *m* advertisement section **Anzeiger** *m* TECH indicator **Anzeigetafel** *f* indicator board; SPORT scoreboard
anzetteln *vt* to instigate
anziehen **1.** *vt* **a)** *Kleidung* to put on; ***sich*** (*Dat*) ***etw ~*** to put sth on; ***angezogen*** dressed; **b)** (≈ *straffen*) to pull (tight); *Bremse* to put on; *Schraube* to tighten; **c)** (*Magnet, fig*) to attract; ***sich von etw angezogen fühlen*** to feel drawn by sth **2.** *vi* (≈ *beschleunigen*) to accelerate; (FINANZ: *Preise, Aktien*) to rise **3.** *vr* **a)** (≈ *sich kleiden*) to get dressed; **b)** (*fig, Gegensätze*) to attract **anziehend** *Adj* (≈ *ansprechend*) attractive **Anziehung** *f* attraction **Anziehungskraft** *f* PHYS force of attraction; (*fig*) attraction **Anziehungspunkt** *m* (≈ *Attraktion*) centre (*Brit*) *od* center (*US*) of attraction
Anzug *m* **a)** (≈ *Herrenanzug*) suit; **b)** ***im ~ sein*** to be coming; MIL to be advancing; (*fig*) (*Gewitter, Gefahr*) to be imminent
anzüglich *Adj* suggestive; ***~ werden*** to start making suggestive remarks
anzünden *vt Feuer* to light; ***das Haus*** *etc* ***~*** to set fire to the house *etc* **Anzünder** *m* lighter
anzweifeln *vt* to question

Aorta *f* aorta
apart 1. *Adj* distinctive 2. *Adv* (≈ *chic*) stylishly
Apartheid *f* apartheid
Apartment *n* flat (*Brit*), apartment **Apartmenthaus** *n* block of flats (*Brit*), apartment house (*bes US*) **Apartmentwohnung** *f* flat (*Brit*), apartment
Apathie *f* apathy; (*von Patienten*) listlessness **apathisch** 1. *Adj* apathetic 2. *Adv* apathetically
aper *Adj* (*schweiz, österr, südd*) snowless
Aperitif *m* aperitif
Apfel *m* apple; ***in den sauren ~ beißen*** (*fig umg*) to bite the bullet **Apfelbaum** *m* apple tree **Apfelkuchen** *m* apple cake **Apfelmus** *n* apple purée *od* (*als Beilage*) sauce **Apfelsaft** *m* apple juice **Apfelsine** *f* orange **Apfelstrudel** *m* apple strudel **Apfeltasche** *f* apple turnover **Apfelwein** *m* cider
Aphorismus *m* aphorism
Apokalypse *f* apocalypse
Apostel *m* apostle **Apostelbrief** *m* epistle **Apostelgeschichte** *f* Acts of the Apostles *Pl*
Apostroph *m* apostrophe
Apotheke *f* (dispensing) chemist's (*Brit*), pharmacy **apothekenpflichtig** *Adj* available only at a chemist's shop (*Brit*) *od* pharmacy **Apotheker(in)** *m(f)* pharmacist, (dispensing) chemist (*Brit*)
Apparat *m* **a)** apparatus *kein Pl*, appliance; (≈ *Gerät*) gadget; **b)** (≈ *Radio*) radio; (≈ *Fernseher*) set; (≈ *Rasierapparat*) razor; (≈ *Fotoapparat*) camera; **c)** (≈ *Telefon*) (tele)phone; (≈ *Anschluss*) extension; ***am ~*** on the phone; (*als Antwort*) speaking; ***bleiben Sie am ~!*** hold the line **Apparatur** *f* apparatus *kein Pl*
Appartement *n* **a)** (≈ *Wohnung*) flat (*Brit*), apartment; **b)** (≈ *Zimmerflucht*) suite
Appell *m* **a)** (≈ *Aufruf*) appeal (*an +Akk* to, *zu* for); **b)** MIL roll call **appellieren** *vi* to appeal (*an +Akk* to)
Appenzell *n* Appenzell
Appetit *m* appetite; ***~ auf etw*** (*Akk*) ***haben*** to feel like sth; ***guten ~!*** enjoy your meal; ***jdm den ~ verderben*** to spoil sb's appetite **appetitanregend** *Adj Speise etc* appetizing; ***~ wirken*** to stimulate the appetite **appetitlich** *Adj* (≈ *lecker*) appetizing; (*fig*) *Mädchen, Anblick* attractive **Appetitlosigkeit** *f* lack of appetite **Appetitzügler** *m* appetite suppressant

> **Guten Appetit**
>
> Während es im Deutschen höflich ist, vor dem Essen einen „Guten Appetit!" zu wünschen, ist im Englischen ein solches Startsignal zu Beginn der Mahlzeit nicht so üblich. Man hört aber gelegentlich Folgendes:
>
> **Bon appetit!** (*etwas förmlich*)
>
> **Enjoy your meal!** (*vorwiegend von Kellnerinnen und Kellnern verwendet*)
>
> **Enjoy!** (*besonders in den USA*)

applaudieren *vi* to applaud **Applaus** *m* applause
apportieren *vti* to retrieve
Approbation *f* (*von Arzt*) certificate (*enabling a doctor to practise*) **approbiert** *Adj Arzt* registered
Aprikose *f* apricot
April *m* April; ***~, ~!*** April fool!; ***jdn in den ~ schicken*** to make an April fool of sb; → ***März*** **Aprilscherz** *m* April fool's trick **Aprilwetter** *n* April weather
apropos *Adv* by the way; ***~ Afrika*** talking about Africa
Aquädukt *n* aqueduct **Aquajogging** *n* aquajogging **Aquamarin** *n* aquamarine **Aquaplaning** *n* AUTO aquaplaning **Aquarell** *n* watercolour (*Brit*) *od* watercolor (*US*) (painting) **Aquarellfarbe** *f* watercolour (*Brit*), watercolor (*US*) **Aquarium** *n* aquarium
Äquator *m* equator
Äquivalent *n* equivalent
Ära *f* era
Araber *m* (≈ *Pferd*) Arab **Araber(in)** *m(f)* Arab **Arabien** *n* Arabia **arabisch** *Adj* Arab; *Ziffer, Sprache* Arabic
Arbeit *f* **a)** work; POL, WIRTSCH labour (*Brit*), labor (*US*); ***Tag der ~*** Labo(u)r Day; ***bei der ~ mit Kindern*** when working with children; ***~ sparend*** labour-saving (*Brit*), labor-saving (*US*);

viel ~ machen to be a lot of work (*jdm* for sb); ***an*** *od* ***bei der ~ sein*** to be working; ***sich an die ~ machen*** to get down to work; ***etw ist in ~*** work on sth is in progress; **b)** (≈ *Mühe*) trouble; ***jdm ~ machen*** to put sb to trouble; **c)** (≈ *Berufstätigkeit*) work *kein unbest Artikel*; (≈ *Arbeitsverhältnis*) employment; (≈ *Position*) job; ***ohne ~ sein*** to be out of work; ***zur ~ gehen*** (*umg*) to go to work; **d)** (≈ *Produkt*) work; (*Prüfungsarbeit, wissenschaftlich*) paper **arbeiten 1.** *vi* to work; ***er arbeitet für zwei*** (*umg*) he does the work of two; ***die Anlage arbeitet elektrisch/mit Kohle*** the plant runs *od* operates on electricity/coal; ***~ gehen*** (≈ *zur Arbeit gehen*) to go to work **2.** *vr* ***sich krank/müde ~*** to make oneself ill/tire oneself out with work; ***sich zu Tode ~*** to work oneself to death; ***sich an die Spitze ~*** (*fig*) to work one's way (up) to the top **Arbeiter(in)** *m(f)* worker; (*im Gegensatz zum Angestellten*) blue-collar worker; (*auf Bau, Bauernhof*) labourer (*Brit*), laborer (*US*) **Arbeiterbewegung** *f* labour (*Brit*) *od* labor (*US*) movement **Arbeiterklasse** *f* working class(es *Pl*) **Arbeiterschaft** *f* workforce **Arbeiterviertel** *n* working-class area **Arbeitgeber(in)** *m(f)* employer **Arbeitgeberanteil** *m* employer's contribution **Arbeitgeberverband** *m* employers' federation **Arbeitnehmer(in)** *m(f)* employee **Arbeitnehmeranteil** *m* employee's contribution **Arbeitnehmerschaft** *f* employees *Pl* **Arbeitnehmervertreter(in)** *m(f)* employees' representative **Arbeitsablauf** *m* work routine; (*von Fabrik*) production *ohne Artikel* **Arbeitsagentur** *f* (State) Department of Employment **arbeitsam** *Adj* industrious **Arbeitsamt** *n* job centre (*Brit*), unemployment office (*US*) **Arbeitsaufwand** *m* ***mit geringem/großem ~*** with little/a lot of work **Arbeitsbeginn** *m* start of work **Arbeitsbeschaffungsmaßnahme** *f* VERW job creation scheme **Arbeitsbeschaffungsprogramm** *n* job creation scheme *od* program (*US*) **Arbeitseifer** *m* enthusiasm for one's work **Arbeitseinstellung** *f* (≈ *Arbeitsauffassung*) attitude to work **Arbeitserlaubnis** *f* (≈ *Bescheinigung*) work permit **Arbeitsessen** *n* (*mittags*) working lunch; (*abends*) working dinner **arbeitsfähig** *Adj Person* able to work; (≈ *gesund*) fit for work; *Regierung etc* viable **Arbeitsfläche** *f* work surface **Arbeitsgang** *m* (≈ *Arbeitsablauf*) work routine; (*von Fabrik*) production *ohne Artikel* **Arbeitsgebiet** *n* field of work **Arbeitsgemeinschaft** *f* team; SCHULE, UNI study group; (*in Namen*) association **Arbeitsgericht** *n* industrial tribunal (*Brit*), labor court (*US*) **Arbeitsgruppe** *f* team **arbeitsintensiv** *Adj* labour-intensive (*Brit*), labor-intensive (*US*) **Arbeitskampf** *m* industrial action **Arbeitskleidung** *f* working clothes *Pl* **Arbeitsklima** *n* work(ing) atmosphere **Arbeitskollege** *m*, **Arbeitskollegin** *f* colleague **Arbeitskraft** *f* **a)** capacity for work; **b)** (≈ *Arbeiter*) worker **Arbeitskräfte** *Pl* workforce **Arbeitskreis** *m* team; SCHULE, UNI study group **Arbeitsleistung** *f* (*quantitativ*) output, performance; (*qualitativ*) performance **Arbeitslohn** *m* wages *Pl*, earnings *Pl* **arbeitslos** *Adj Mensch* unemployed **Arbeitslosengeld** *n* earnings-related unemployment benefit **Arbeitslosenhilfe** *f* unemployment benefit **Arbeitslosenquote** *f* rate of unemployment **Arbeitslosenunterstützung** *f* (*veralt*) unemployment benefit, dole (money) (*Brit umg*) **Arbeitslosenversicherung** *f* ≈ National Insurance (*Brit*), ≈ social insurance (*US*) **Arbeitslose(r)** *mf* unemployed person/man/-woman *etc*; ***die ~n*** the unemployed **Arbeitslosigkeit** *f* unemployment **Arbeitsmangel** *m* lack of work **Arbeitsmarkt** *m* labour (*Brit*) *od* labor (*US*) market **Arbeitsmoral** *f* work ethic **Arbeitsniederlegung** *f* walkout **arbeitsparend** *Adj* → ***Arbeit*** **Arbeitsplatz** *m* **a)** (≈ *Arbeitsstätte*) workplace; ***am ~*** at work; **b)** (*in Fabrik*) work station; (*in Büro*) workspace; **c)** (≈ *Stelle*) job; ***freie Arbeitsplätze*** vacancies **Arbeitsplatzabbau** *m* job cuts *Pl* **Arbeitsplatzsicherung** *f* safeguarding of jobs **Arbeitsplatzteilung** *f* job sharing **Arbeitsproduktivität** *f* labour (*Brit*) *od* labor (*US*) efficiency **Arbeitsprozess** *m* work process **Arbeitsraum** *m* workroom; (*für geistige Arbeit*) study **Arbeitsrecht** *n* industrial law **arbeitsscheu** *Adj* workshy **Arbeitsschutzvorschriften** *Pl* health and safety regulations *Pl* **Arbeitssitzung** *f* working session **Arbeitsspeicher** *m* IT main memory **Arbeitsstelle** *f* **a)** place of work; **b)** (≈ *Stellung*) job **Arbeitsstunde** *f* man-hour **Arbeitssuche** *f* ***auf ~ sein*** to be looking for work *od* a job **Arbeitstag** *m* working day **Arbeitsteilung** *f* division of labour (*Brit*) *od* labor (*US*) **Arbeitstempo** *n* rate of work **Arbeitstier** *n* (*fig umg*) workaholic (*umg*) **Arbeitsuchende(r)** *mf* person/man/woman *etc* looking for work *od* a job **arbeitsunfähig** *Adj* unable to work; (≈ *krank*) unfit for work **Arbeitsunfall** *m* industrial accident **Arbeitsverbot** *n* prohibition from employment; ***er wurde mit ~ belegt*** he has been banned from working **Arbeitsverhältnis** *n* **a)** employee-employer relationship; ***ein ~ eingehen*** to enter employment; **b) Arbeitsverhältnisse** *Pl* working conditions *Pl* **Arbeitsvermittlung** *f* (≈ *Amt*) employment exchange; (*privat*) employment agency **Arbeitsvertrag** *m* contract of employment **Arbeitsweise** *f* (≈ *Praxis*) working method; (*von Maschine*) mode of operation **Arbeitszeit** *f* working hours *Pl*; ***eine wöchentliche ~ von 35 Stunden*** a working week of 35 hours **Arbeitszeitmodell** *n* working hours model *od* scheme **Arbeitszeitverkürzung** *f* reduction in working hours **Arbeitszeugnis** *n* reference from one's employer **Arbeitszimmer** *n* study

Archäologe *m*, **Archäologin** *f* archaeologist (*Brit*), archeologist (*US*) **Archäologie** *f* archaeology (*Brit*), archeology (*US*) **archäologisch** *Adj* archaeological (*Brit*), archeological (*US*)

Arche *f* ***die ~ Noah*** Noah's Ark

Archipel *m* archipelago

Architekt(in) *m(f)* architect **architektonisch** *Adj* architectural **Architektur** *f* architecture

Archiv *n* archives *Pl* **Archivbild** *n* photo from the archives **archivieren** *vt* to archive

Areal *n* area

Arena *f* arena; (≈ *Zirkusarena, Stierkampfarena*) ring

arg **1.** *Adj* (≈ *schlimm*) bad; *Verlust* terrible; *Enttäuschung* bitter; ***sein ärgster Feind*** his worst enemy; ***etw liegt im Argen*** sth is at sixes and sevens **2.** *Adv* (≈ *schlimm*) badly; ***es zu ~ treiben*** to go too far

Argentinien *n* Argentina **Argentinier(in)** *m(f)* Argentine, Argentinian **argentinisch** *Adj* Argentine, Argentinian

Ärger *m* **a)** annoyance; (*stärker*) anger; ***zu jds ~*** to sb's annoyance; **b)** (≈ *Unannehmlichkeiten*) trouble; (≈ *Sorgen*) worry; ***jdm ~ machen*** *od* ***bereiten*** to cause sb a lot of trouble; ***~ bekommen*** *od* ***kriegen*** (*umg*) to get into trouble; ***es gibt ~*** (*umg*) there'll be trouble **ärgerlich** *Adj* **a)** (≈ *verärgert*) annoyed; *Tonfall* angry; **b)** (≈ *unangenehm*) annoying **ärgern** **1.** *vt* (≈ *ärgerlich machen*) to annoy; (*stärker*) to make angry **2.** *vr* (≈ *ärgerlich sein/werden*) to be/get annoyed; (*stärker*) to be/get angry (*über jdn/etw* with sb/about sth) **Ärgernis** *n* (≈ *Anstoß*) offence (*Brit*), offense (*US*); ***~ erregen*** to cause offence (*Brit*) *od* offense (*US*); ***wegen Erregung öffentlichen ~ses angeklagt werden*** to be charged with offending public decency

arglistig **1.** *Adj* cunning, crafty; (≈ *böswillig*) malicious; ***~e Täuschung*** fraud **2.** *Adv* cunningly, craftily; (≈ *böswillig*) maliciously

Argument *n* argument **argumentieren** *vi* to argue

Argwohn *m* suspicion **argwöhnisch** **1.** *Adj* suspicious **2.** *Adv* suspiciously

Arie *f* MUS aria

Arier(in) *m(f)* Aryan

Aristokrat(in) *m(f)* aristocrat **Aristokratie** *f* aristocracy **aristokratisch** *Adj* aristocratic

Arithmetik *f* arithmetic **arithmetisch** *Adj* arithmetic

Arktis *f* Arctic **arktisch** *Adj* arctic

arm *Adj* poor; ***die Armen*** the poor *Pl*; ***~ an etw*** (*Dat*) ***sein*** to be somewhat lacking in sth; ***~ an Vitaminen*** low in vitamins; ***um 10 Euro ärmer sein*** to be 10 euros poorer; ***~ dran sein*** (*umg*) to have a hard time of it

Arm *m* (ANAT, TECH, *fig*) arm; (*von*

Fluss, Baum) branch; (≈ *Ärmel*) sleeve; ***jdn in die ~e nehmen*** to take sb in one's arms; ***sich in den ~en liegen*** to lie in each other's arms; ***jdn auf den ~ nehmen*** (*fig umg*) to pull sb's leg (*umg*); ***jdm unter die ~e greifen*** (*fig*) to help sb out; ***mit offenen ~en*** with open arms

Armaturenbrett *n* instrument panel; AUTO dashboard

Armband *n* bracelet; (*von Uhr*) (watch)strap **Armbanduhr** *f* wristwatch **Armbinde** *f* armband; MED sling **Armbruch** *m* MED broken *od* fractured arm

Armee *f* (MIL, *fig*) army; (≈ *Gesamtheit der Streitkräfte*) (armed) forces *Pl*

Ärmel *m* sleeve; ***etw aus dem ~ schütteln*** to produce sth just like that **Ärmelkanal** *m* (English) Channel **ärmellos** *Adj* sleeveless

Armenien *n* Armenia

Armenviertel *n* poor district

Armgelenk *n* elbow joint **Armlehne** *f* armrest **Armleuchter** *m* **a**) chandelier; **b**) (*pej umg*) twerp (*umg*)

ärmlich **1.** *Adj* poor; *Kleidung* shabby; ***aus ~en Verhältnissen*** from a poor family **2.** *Adv* poorly; ***~ leben*** to live in poor conditions

Armreif *m* bangle

armselig *Adj* miserable; (≈ *jämmerlich*) pathetic; ***für ~e zwei Euro*** for two paltry euros **Armut** *f* poverty **Armutsgrenze** *f* poverty line **Armutszeugnis** *n* (*fig*) ***jdm/sich (selbst) ein ~ ausstellen*** to show sb's/one's (own) shortcomings

Armvoll *m* armful; ***zwei ~ Holz*** two armfuls of wood

Aroma *n* **a**) (≈ *Geruch*) aroma; **b**) (≈ *Geschmack*) flavour (*Brit*), flavor (*US*) **Aromatherapie** *f* MED aromatherapy **aromatisch** *Adj* **a**) (≈ *wohlriechend*) aromatic; **b**) (≈ *wohlschmeckend*) savoury (*Brit*), savory (*US*)

Arrangement *n* arrangement **arrangieren** **1.** *vti* to arrange (*jdm* for sb) **2.** *vr* ***sich mit jdm ~*** to come to an arrangement with sb

Arrest *m* detention

arrogant **1.** *Adj* arrogant **2.** *Adv* arrogantly **Arroganz** *f* arrogance

Arsch *m* **a**) (*vulg*) arse (*Brit sl*), ass (*US sl*); ***jdm od jdn in den ~ treten*** to give sb a kick up the arse (*Brit sl*) *od* ass (*US sl*); ***leck mich am ~!*** (≈ *lass mich in Ruhe*) fuck off! (*vulg*); (≈ *verdammt noch mal*) bugger! (*Brit sl*), fuck it! (*vulg*); (*sl: überrascht*) fuck me! (*vulg*); ***jdm in den ~ kriechen*** (*umg*) to lick sb's arse (*Brit sl*) *od* ass (*US sl*); ***am ~ der Welt*** (*umg*) in the back of beyond; ***im*** *od* ***am ~ sein*** (*sl*) to be screwed up (*sl*); **b**) (*sl* ≈ *Mensch*) bastard (*sl*)

arschkalt *Adj* (*umg*) bloody (*Brit umg*) *od* damn (*umg*) cold **Arschkriecher(in)** *m(f)* (*vulg*) ass-kisser (*sl*) **Arschloch** *n* (*vulg*) **a**) (*wörtl*) arsehole (*Brit sl*), asshole (*US sl*); **b**) = ***Arsch*** b

Arsen *n* arsenic

Arsenal *n* (*wörtl, fig*) arsenal

Art *f* **a**) kind, sort; ***diese ~ Leute/Buch*** that kind *od* sort of person/book; ***aus der ~ schlagen*** not to take after anyone in the family; **b**) BIOL species; **c**) (≈ *Methode*) way; ***auf diese ~ und Weise*** in this way; **d**) (≈ *Wesen*) nature; ***das ist eigentlich nicht seine ~*** it's not like him; ***nach bayrischer ~*** Bavarian style; **e**) (≈ *Benehmen*) behaviour (*Brit*), behavior (*US*); ***das ist doch keine ~!*** that's no way to behave! **Artenreichtum** *m* BIOL diversity of species **Artenschutz** *m* protection of species

Arterie *f* artery **Arteriosklerose** *f* arteriosclerosis

Artgenosse *m*, **Artgenossin** *f* (≈ *Tier/Pflanze*) animal/plant of the same species; (≈ *Mensch*) person of the same type **artgerecht** *Adj* appropriate to the species

Arthritis *f* arthritis **Arthrose** *f* arthrosis

artig *Adj Kind, Hund etc* good; ***sei schön ~*** be good!

Artikel *m* article

artikulieren **1.** *vti* to articulate **2.** *vr* to express oneself

Artillerie *f* artillery

Artischocke *f* (globe) artichoke

Artist(in) *m(f)* (circus *od* (*im Varieté*) variety) performer **artistisch** *Adj* ***eine ~e Glanzleistung*** (*in Zirkus*) a miraculous feat of circus artistry

artverwandt *Adj* of the same type; BIOL species-related

Arznei *f* medicine **Arzneimittel** *n* drug **Arzneimittelmissbrauch** *m* drug abuse

Arzt *m*, **Ärztin** *f* doctor; (≈ *Facharzt*) specialist; ***praktischer ~*** general practitioner, GP **Ärzteschaft** *f* medical profession **Arzthelfer(in)** *m(f)* (doctor's) receptionist **Ärztin** *f* → ***Arzt*** **Arztkosten** *Pl* doctor's *od* medical fees *Pl* **ärztlich** **1.** *Adj* medical **2.** *Adv beraten, untersuchen* medically; ***er ließ sich ~ behandeln*** he went to a doctor for treatment **Arztpraxis** *f* doctor's practice **Arzttermin** *m* doctor's appointment **Arztwahl** *f* choice of doctor

As *n* → ***Ass***

Asbest *n* asbestos **asbestfrei** *Adj* free from *od* of asbestos, asbestos-free **asbesthaltig** *Adj* containing asbestos *präd* **Asbestose** *f* asbestosis

Asche *f* ashes *Pl*; (*von Zigarette, Vulkan*) ash **Aschenbahn** *f* cinder track **Aschenbecher** *m* ashtray **Aschenplatz** *m* FUSSB cinder pitch; TENNIS clay court **Aschenputtel** *n* Cinderella **Aschermittwoch** *m* Ash Wednesday

ASCII-Code *m* ASCII code **ASCII-Datei** *f* ASCII file

aseptisch **1.** *Adj* aseptic **2.** *Adv* aseptically

Aserbaidschan *n* Azerbaijan

Asiat(in) *m(f)* Asian **asiatisch** *Adj* Asian, Asiatic **Asien** *n* Asia

Asket(in) *m(f)* ascetic **asketisch** **1.** *Adj* ascetic **2.** *Adv* ascetically

Askorbinsäure *f* ascorbic acid

asozial **1.** *Adj* asocial **2.** *Adv* asocially **Asoziale(r)** *mf* (*pej*) antisocial person/man/woman *etc*

Aspekt *m* aspect

Asphalt *m* asphalt **asphaltieren** *vt* to asphalt

Aspik *m od* (*österr*) *n* aspic

Ass *n* ace

Assessor(in) *m(f) graduate civil servant who has completed his/her traineeship*

Assistent(in) *m(f)* assistant **Assistenzarzt** *m*, **Assistenzärztin** *f* junior doctor (*Brit*), intern (*US*) **assistieren** *vi* to assist (*jdm* sb)

Assoziation *f* association **assoziieren** (*geh*) *vt* to associate **assoziiert** *Adj* associated; *Mitgliedschaft* associate

Ast *m* branch

Aster *f* aster

Astgabel *f* fork (of a branch)

Ästhet(in) *m(f)* aesthete **ästhetisch** *Adj* aesthetic

Asthma *n* asthma **Asthmatiker(in)** *m(f)* asthmatic **asthmatisch** *Adj* asthmatic

astrein *Adj* **a)** (*fig umg* ≈ *moralisch einwandfrei*) above board; (≈ *echt*) genuine; **b)** (*veralt sl* ≈ *prima*) fantastic (*umg*)

Astrologe *m*, **Astrologin** *f* astrologer **Astrologie** *f* astrology **astrologisch** *Adj* astrological **Astronaut(in)** *m(f)* astronaut **Astronomie** *f* astronomy **astronomisch** *Adj* astronomical **Astrophysik** *f* astrophysics *Sg*

ASU *f*, *Abk von* ***Abgassonderuntersuchung***

Asyl *n* (≈ *politisches Asyl*) (political) asylum *ohne Artikel*; ***jdm ~ gewähren*** to grant sb (political) asylum **Asylant(in)** *m(f)* (*oft neg!*) asylum seeker **Asylantenwohnheim** *n* (*oft neg!*) hostel for asylum seekers **Asylbewerber(in)** *m(f)* asylum seeker **Asylpolitik** *f* policy on asylum **Asylrecht** *n* POL right of (political) asylum **Asylsuchende(r)** *mf* asylum seeker

asymmetrisch *Adj* asymmetric(al)

Atelier *n* studio

Atem *m* (≈ *Atemluft*) breath; ***~ holen*** (*wörtl*) to take a breath; (*fig*) to get one's breath back; ***den ~ anhalten*** to hold one's breath; ***außer ~ sein*** to be out of breath; ***wieder zu ~ kommen*** to get one's breath back; ***jdn in ~ halten*** to keep sb in suspense; ***das verschlug mir den ~*** that took my breath away **atemberaubend** **1.** *Adj* breathtaking **2.** *Adv* breathtakingly **Atembeschwerden** *Pl* trouble *Sg* in breathing **Atemgerät** *n* breathing apparatus; MED respirator **atemlos** *Adj* (*wörtl, fig*) breathless **Atemnot** *f* difficulty in breathing **Atempause** *f* (*fig*) breathing space **Atemschutzmaske** *f* breathing mask **Atemstillstand** *m* respiratory standstill, apnoea (*Brit*), apnea (*US*) **Atemübung** *f* MED breathing exercise **Atemwege** *Pl* ANAT respiratory tracts *Pl* **Atemzug** *m* breath; ***in einem/im selben ~*** (*fig*) in one/the same breath

Atheismus *m* atheism **Atheist(in)** *m(f)* atheist **atheistisch** *Adj* atheist(ic)

Athen *n* Athens
Äther *m* ether; RADIO air **ätherisch** *Adj* CHEM essential
Äthiopien *n* Ethiopia **äthiopisch** *Adj* Ethiopian
Athlet(in) *m(f)* athlete **Athletik** *f* athletics *Sg* **athletisch** *Adj* athletic
Atlantik *m* Atlantic **atlantisch** *Adj* Atlantic; ***der Atlantische Ozean*** the Atlantic Ocean
Atlas *m* atlas
atmen *vti* to breathe
Atmosphäre *f* (PHYS, *fig*) atmosphere **atmosphärisch** *Adj* atmospheric; ***~e Störungen*** atmospherics *Pl*
Atmung *f* breathing; MED respiration **atmungsaktiv** *Adj Material, Stoff* breathable **Atmungsorgane** *Pl* respiratory organs *Pl*
Ätna *m* GEOG Mount Etna
Atoll *n* atoll
Atom *n* atom **Atomantrieb** *m* ***ein U-Boot mit ~*** a nuclear-powered submarine **atomar** **1.** *Adj* atomic; *Drohung* nuclear **2.** *Adv* ***~ angetrieben*** nuclear-powered **Atomausstieg** *m* abandonment of nuclear energy **Atombombe** *f* atomic *od* atom (*bes Brit*) bomb **atombombensicher** *Adj* nuclear blast-proof **Atombunker** *m* nuclear blast-proof bunker **Atomenergie** *f* nuclear energy **Atomforscher(in)** *m(f)* nuclear scientist **Atomforschung** *f* nuclear research **atomgetrieben** *Adj* nuclear-powered **Atomgewicht** *n* atomic weight **atomisieren** *vt* to atomize **Atomkern** *m* atomic nucleus **Atomkraft** *f* nuclear power *od* energy **Atomkraftgegner(in)** *m(f)* anti-nuclear (power) protester **Atomkraftwerk** *n* nuclear power station **Atomkrieg** *m* nuclear war **Atommacht** *f* nuclear power **Atommüll** *m* nuclear waste **Atommülltransport** *m* transport of nuclear *od* radioactive waste **Atomphysik** *f* nuclear physics *Sg* **Atomreaktor** *m* nuclear reactor **Atomspaltung** *f* nuclear fission **Atomsperrvertrag** *m* nuclear weapons nonproliferation treaty **Atomsprengkopf** *m* nuclear warhead **Atomstopp** *m* nuclear ban **Atomstrom** *m* (*umg*) electricity generated by nuclear power **Atomtest** *m* nuclear test **Atomteststoppabkommen** *n* nuclear test ban treaty **Atom-U-Boot** *n* nuclear submarine **Atomversuch** *m* nuclear test **Atomwaffe** *f* nuclear weapon **atomwaffenfrei** *Adj* nuclear-free **Atomwaffensperrvertrag** *m* nuclear weapons nonproliferation treaty
Atrium *n* ARCHIT, ANAT atrium
ätsch *Interj* (*umg*) ha-ha
Attacke *f* attack **attackieren** *vt* to attack
Attentat *n* assassination; (≈ *Attentatsversuch*) assassination attempt; ***ein ~ auf jdn verüben*** to assassinate sb; (*bei gescheitertem Versuch*) to make an attempt on sb's life **Attentäter(in)** *m(f)* assassin
Attest *n* certificate **attestieren** *vt* (*förml*) to certify
Attraktion *f* attraction **attraktiv** *Adj* attractive **Attraktivität** *f* attractiveness
Attrappe *f* dummy
Attribut *n* attribute **attributiv** *Adj* GRAM attributive
atypisch *Adj* (*geh*) atypical
At-Zeichen *n* At sign
ätzen *vti* (*Säure*) to corrode **ätzend** *Adj* **a)** (*wörtl*) *Säure* corrosive; MED caustic; **b)** *Geruch* pungent; *Rauch* choking; *Spott, Kritik* caustic; **c)** (*umg* ≈ *furchtbar*) lousy (*umg*)
au *Interj* ow, ouch
Aubergine *f* aubergine, eggplant (*bes US*)
auch *Adv* **a)** (≈ *gleichfalls*) also, too; ***das ist ~ möglich*** that's also possible; ***ja, das ~*** yes, that too; ***~ gut*** that's OK too; ***du ~?*** you too?; ***~ nicht*** not ... either; ***das ist ~ nicht richtig*** that's not right either; ***er kommt — ich ~*** he's coming — so am I *od* me too; ***er kommt nicht — ich ~ nicht*** he's not coming — nor *od* neither am I; ***~ das noch!*** that's all I needed!; ***du siehst müde aus — das bin ich ~*** you look tired — (so) I am; **b)** (≈ *sogar*) even; ***ohne ~ nur zu fragen*** without even asking; **c)** (*emph*) ***so was Ärgerliches aber ~!*** it's really too annoying!; ***wozu ~?*** whatever for?; **d)** (≈ *auch immer*) ***wie dem ~ sei*** be that as it may; ***was er ~ sagen mag*** whatever he might say
Audienz *f* audience
Audio-CD *f* audio disc *od* CD **Audioguide** *m* audio guide **Audio-Kassette**

f audio cassette **audiovisuell** **1.** *Adj* audiovisual **2.** *Adv* audiovisually; *gestalten* using audiovisual aids
Auditorium *n* **a)** (≈ *Hörsaal*) lecture hall; **~ *maximum*** UNI main lecture hall; **b)** (≈ *Zuhörerschaft*) audience
Auerhahn *m* capercaillie
auf **1.** *Präp +Dat* on; ***~ einem Stuhl sitzen*** to sit on a chair; ***~ den Orkneyinseln*** in the Orkney Islands; ***~ See*** at sea; ***~ der Bank*** at the bank; ***mein Geld ist ~ der Bank*** my money is in the bank; ***~ der Straße*** on *od* in the street; ***etw ~ dem Klavier spielen*** to play sth on the piano; ***~ einem Ohr taub sein*** to be deaf in one ear; ***was hat es damit ~ sich?*** what does it mean? **2.** *Präp +Akk* **a)** (*Ort*) on; ***etw ~ etw stellen*** to put sth on(to) sth; ***er ist ~ die Orkneyinseln gefahren*** he has gone to the Orkney Islands; ***~ sein Zimmer/die Post gehen*** to go to one's room/the post office; ***~ eine Party/eine Hochzeit gehen*** to go to a party/wedding; **b)** (*Zeit*) ***~ drei Tage*** for three days; ***~ morgen/bald!*** see you tomorrow/soon!; **c)** (≈ *für*) ***~ 10 km*** for 10 km; ***~ eine Tasse Kaffee*** for a cup of coffee; **d)** (≈ *pro*) ***~ jeden kamen zwei Flaschen Bier*** there were two bottles of beer (for) each; **e)** ***~ ein glückliches Gelingen!*** here's to a great success!; ***~ deine Gesundheit!*** (your very) good health!; ***~ seinen Vorschlag/seine Bitte (hin)*** at his suggestion/request **3.** *Adv* **a)** (≈ *offen*) open; → ***auf sein***; ***Mund ~!*** open your mouth!; **b)** ***Helm ~!*** helmets on!; ***~ nach Chicago!*** let's go to Chicago; ***~ gehts!*** let's go!; ***~ und ab*** up and down; ***sie ist ~ und davon*** she has disappeared
Auf *n* ***das ~ und Ab*** the up and down; (*fig*) the ups and downs
aufarbeiten *vt* **a)** (≈ *erneuern*) to do up; *Möbel etc* to recondition; **b)** *Vergangenheit* to reappraise; **c)** (≈ *erledigen*) *Korrespondenz* to catch up with; **d)** PHYS *Brennelemente* to reprocess
aufatmen *vi* to breathe a sigh of relief; ***ein Aufatmen*** a sigh of relief
aufbacken *vt* to crisp up
aufbahren *vt Sarg* to lay on the bier; *Leiche* to lay out
Aufbau *m* **a)** (≈ *das Aufbauen*) construction; (*von Netzwerk, System*) setting up; ***der ~ Ost*** the rebuilding of East Germany; **b)** (≈ *Aufgebautes*) top; (*von Auto, Lkw*) body; **c)** (≈ *Struktur*) structure **aufbauen** **1.** *vt* **a)** (≈ *errichten*) to put up; *Verbindung, System* to set up; **b)** (*fig* ≈ *gestalten*) *Geschäft* to build up; *Zerstörtes* to rebuild; *Plan* to construct; ***sich (Dat) eine (neue) Existenz ~*** to build (up) a new life for oneself; **c)** (*fig*) *Star, Politiker* to promote; *Beziehung* to build; ***jdn/etw zu etw ~*** to build sb/sth up into sth; **d)** (≈ *strukturieren*) to construct; *Aufsatz, Rede, Organisation* to structure **2.** *vi* (≈ *sich gründen*) to be based *od* founded (*auf +Dat od Akk* on) **3.** *vr* **a)** (*umg* ≈ *sich postieren*) to take up position; ***sich vor jdm drohend ~*** to plant oneself in front of sb (*umg*); **b)** (≈ *bestehen aus*) ***sich aus etw ~*** to be composed of sth **Aufbauhilfe** *f* development(al) aid *od* assistance
aufbäumen *vr* (*Tier*) to rear; ***sich gegen jdn/etw ~*** (*fig*) to rebel *od* revolt against sb/sth
aufbauschen *vtr* to blow out; (*fig*) to blow up
Aufbaustudium *n* UNI course of further study
aufbegehren *vi* (*geh*) to revolt (*gegen* against)
aufbehalten *vt Hut, Brille etc* to keep on
aufbekommen *vt* (*umg*) **a)** (≈ *öffnen*) to get open; **b)** *Aufgabe* to get as homework
aufbereiten *vt* to process; *Daten* to edit; *Text etc* to work up **Aufbereitung** *f* processing; (*von Daten*) editing; (*von Texten*) working up
aufbessern *vt* to improve
aufbewahren *vt* to keep **Aufbewahrung** *f* (≈ *das Aufbewahren*) keeping; (*von Lebensmitteln*) storage; ***jdm etw zur ~ übergeben*** to give sth to sb for safekeeping
aufbieten *vt Menschen, Mittel* to muster; *Kräfte, Fähigkeiten* to summon (up); *Militär, Polizei* to call in **Aufbietung** *f* ***unter od bei ~ aller Kräfte ...*** summoning (up) all his/her *etc* strength ...
aufbinden *vt* **a)** (≈ *öffnen*) *Schuh etc* to

undo; **b)** ***lass dir doch so etwas nicht ~*** (*fig*) don't fall for that
aufblähen **1.** *vt* (*fig*) to inflate **2.** *vr* to blow out; MED to become swollen
aufblasbar *Adj* inflatable **aufblasen** **1.** *vt Ballon* to blow up **2.** *vr* (*fig pej*) to puff oneself up; → ***aufgeblasen***
aufbleiben *vi* **a)** (≈ *nicht schlafen gehen*) to stay up; **b)** (≈ *geöffnet bleiben*) to stay open
aufblenden **1.** *vi* FOTO to open up the lens; FILM to fade in; AUTO to turn the headlights on full (beam) **2.** *vt* AUTO *Scheinwerfer* to turn on full (beam)
aufblicken *vi* to look up; ***zu jdm/etw ~*** to look up to sb/sth
aufblitzen *vi* **a)** (*Licht, Augen*) to flash; **b)** (*fig*) (*Emotion*) to flare up
aufblühen *vi* **a)** (*Blume*) to bloom; **b)** (*fig*) (*Mensch*) to blossom out; ***das ließ die Stadt ~*** it allowed the town to flourish
aufbocken *vt Auto* to jack up
aufbrauchen *vt* to use up
aufbrausen *vi* **a)** (*Brandung etc*) to surge; (*fig: Beifall, Jubel*) to break out; **b)** (*fig: Mensch*) to flare up **aufbrausend** *Adj* irascible
aufbrechen **1.** *vt* to break open; *Auto* to break into; *Asphalt, Oberfläche* to break up **2.** *vi* **a)** (≈ *sich öffnen*) to break up; (*Knospen, Wunde*) to open; **b)** (≈ *sich auf den Weg machen*) to set off
aufbringen *vt* **a)** (≈ *beschaffen*) to find; **b)** (≈ *erzürnen*) to make angry; ***jdn gegen jdn/etw ~*** to set sb against sb/sth; → ***aufgebracht***
Aufbruch *m* departure; ***das Zeichen zum ~ geben*** to give the signal to set off **Aufbruch(s)stimmung** *f* ***hier herrscht schon ~*** (*bei Party etc*) it's (all) breaking up
aufbrühen *vt* to brew up
aufbürden *vt* (*geh*) ***jdm etw ~*** (*wörtl*) to load sth onto sb; (*fig*) to encumber sb with sth
aufdecken *vt* to uncover; *Spielkarten* to show; *Verbrechen* to expose; *Schwäche* to lay bare
aufdonnern *vr* (*pej umg*) to get tarted up (*Brit pej umg*), to deck oneself out (*US umg*); → ***aufgedonnert***
aufdrängen **1.** *vt* ***jdm etw ~*** to impose *od* force sth on sb **2.** *vr* to impose; ***dieser Gedanke drängte sich mir auf*** I couldn't help thinking that
aufdrehen **1.** *vt Wasser etc* to turn on; *Ventil* to open; *Lautstärke* to turn up **2.** *vi* (*umg*) (≈ *beschleunigen*) to put one's foot down hard; (*fig* ≈ *loslegen*) to get going; → ***aufgedreht***
aufdringlich *Adj Mensch* pushy (*umg*); *Farbe* loud; *Geruch* overpowering
Aufdruck *m* (≈ *Aufgedrucktes*) imprint **aufdrucken** *vt* ***etw auf etw*** (*Akk*) ***~*** to print sth on sth
aufdrücken *vt* **a)** ***etw auf etw*** *Akk* ***~*** to press sth on sth; (≈ *aufdrucken*) to stamp sth on sth; **b)** (≈ *öffnen*) *Tür etc* to push open
aufeinander *Adv* on (top of) each other; ***~ zufahren*** to drive toward(s) each other **Aufeinanderfolge** *f* sequence; ***in schneller ~*** in quick succession **aufeinanderfolgen** *vi* to follow each other; ***~d*** (*zeitlich*) successive **aufeinandertreffen** *vi* (*Gruppen etc*) to meet; (*Meinungen*) to clash
Aufenthalt *m* stay; *bes* BAHN stop; (*bei Anschluss*) wait; ***der Zug hat 20 Minuten ~*** the train stops for 20 minutes; ***wie lange haben wir ~?*** how long do we stop for? **Aufenthaltserlaubnis** *f* residence permit **Aufenthaltsort** *m* whereabouts *Sg od Pl*; JUR abode, residence **Aufenthaltsraum** *m* day room; (*auf Flughafen*) lounge
auferlegen *vt* (*geh*) to impose (*jdm* on sb)
auferstehen *vi* to rise from the dead; ***Christus ist auferstanden*** Christ is (a)risen **Auferstehung** *f* resurrection
aufessen *vt* to eat up
auffädeln *vt* to thread *od* string (together)
auffahren **1.** *vi* **a)** (≈ *aufprallen*) ***auf jdn/etw ~*** to run into sb/sth; **b)** (≈ *näher heranfahren*) to drive up; ***zu dicht ~*** to drive too close behind (the car in front); **c)** (≈ *aufschrecken*) to start; ***aus dem Schlaf ~*** to awake with a start **2.** *vt* (*umg*) *Getränke etc* to serve up; *Speisen, Argumente* to dish up (*umg*) **Auffahrt** *f* (≈ *Zufahrt*) approach (road); (*bei Haus etc*) drive; (≈ *Rampe*) ramp **Auffahrunfall** *m* (*von zwei Autos*) collision; (*von mehreren Autos*) pile-up

auffallen *vi* (≈ *sich abheben*) to stand out; (≈ *unangenehm auffallen*) to attract attention; ***angenehm/unangenehm*** **~** to make a good/bad impression; ***so etwas fällt doch nicht auf*** that will never be noticed; ***das muss dir doch aufgefallen sein!*** surely you must have noticed (it)! **auffallend** **1.** *Adj* noticeable; *Ähnlichkeit, Kleider* striking **2.** *Adv* noticeably; *schön* strikingly; ***stimmt*** **~*!*** (*hum*) too true! **auffällig** **1.** *Adj* conspicuous; *Kleidung* striking **2.** *Adv* conspicuously; ***sich*** **~** ***verhalten*** to get oneself noticed

auffangen *vt* to catch; *Aufprall etc* to cushion; *Verluste* to offset **Auffanglager** *n* reception camp

auffassen **1.** *vt* (≈ *interpretieren*) to interpret; ***etw falsch/richtig*** **~** to take sth the wrong way/in the right way **2.** *vi* to understand **Auffassung** *f* (≈ *Meinung*) opinion; (≈ *Begriff*) conception; ***nach meiner*** **~** in my opinion **Auffassungsgabe** *f* ***er hat eine leichte*** *od* ***schnelle*** **~** he is quick on the uptake

auffindbar *Adj* ***es ist nicht*** **~** it can't be found; ***es ist schwer*** **~** it's hard to find **auffinden** *vt* to find

auffischen *vt* to fish up; (*umg*) *Schiffbrüchige* to fish out

aufflackern *vi* to flare up

aufflammen *vi* (*Feuer, Unruhen etc*) to flare up

auffliegen *vi* **a)** (≈ *hochfliegen*) to fly up; (≈ *sich öffnen*) to fly open; **b)** (*fig umg, Rauschgiftring*) to be busted (*umg*); ***eine Konferenz*** **~** ***lassen*** to break up a meeting

auffordern *vt* to ask; (≈ *zum Tanz bitten*) to ask to dance **Aufforderung** *f* request; (*nachdrücklicher*) demand; (≈ *Einladung*) invitation

aufforsten *vt Gebiet* to reafforest; *Wald* to retimber

auffressen *vt* to eat up; ***er wird dich deswegen nicht gleich*** **~** (*umg*) he's not going to eat you (*umg*)

auffrischen **1.** *vt* to freshen (up); (*fig*) *Erinnerungen* to refresh; *Kenntnisse* to polish up; *persönliche Beziehungen* to renew **2.** *vi* (*Wind*) to freshen **Auffrischungskurs** *m* refresher course

aufführen **1.** *vt* **a)** *Drama, Oper* to stage; *Musikwerk* to perform; **b)** (≈ *auflisten*) to list; ***einzeln*** **~** to itemize **2.** *vr* to behave **Aufführung** *f* (*von Drama, Oper*) staging; (≈ *Vorstellung*) performance

auffüllen *vt* **a)** (≈ *vollständig füllen*) to fill up; (≈ *nachfüllen*) to top up; **b)** (≈ *ergänzen*) *Vorräte* to replenish

Aufgabe *f* **a)** (≈ *Arbeit, Pflicht*) job, task; ***sich*** (*Dat*) ***etw zur*** **~** ***machen*** to make sth one's business; **b)** (≈ *Funktion*) purpose; **c)** (*bes* SCHULE, *zur Übung*) exercise; (*mst Pl* ≈ *Hausaufgabe*) homework *kein Pl*; **d)** (*von Koffer, Gepäck*) registering; FLUG checking (in); (*von Anzeige*) placing *kein Pl*; **e)** MIL *etc* surrender; **f)** (*von Geschäft*) giving up

aufgabeln *vt* (*fig umg*) *jdn* to pick up (*umg*)

Aufgabenbereich *m* area of responsibility

Aufgang *m* **a)** (*von Sonne, Mond*) rising; **b)** (≈ *Treppenaufgang*) stairs *Pl*

aufgeben **1.** *vt* **a)** *Hausaufgaben* to give; *Problem* to pose (*jdm* for sb); **b)** *Koffer, Gepäck* to register; *Fluggepäck* to check in; *Brief, Paket* to post (*Brit*), to mail (*bes US*); *Anzeige, Bestellung* to place; **c)** *Kampf, Hoffnung etc* to give up **2.** *vi* (≈ *sich geschlagen geben*) to give up *od* in; MIL to surrender

aufgeblasen *Adj* (*fig*) self-important; → ***aufblasen***

Aufgebot *n* **a)** ***das*** **~** ***bestellen*** to give notice of one's intended marriage; KIRCHE to post the banns; **b)** (≈ *Ansammlung*) (*von Menschen*) contingent; (*von Material etc*) array

aufgebracht *Adj* outraged; → ***aufbringen***

aufgedonnert *Adj* (*pej umg*) tarted-up (*Brit pej umg*), decked-out (*US umg*); → ***aufdonnern***

aufgedreht *Adj* (*umg*) in high spirits; → ***aufdrehen***

aufgedunsen *Adj* bloated

aufgehen *vi* **a)** (*Sonne, Mond*) to come up; **b)** (≈ *sich öffnen*) to open; (*Knopf etc*) to come undone; **c)** KOCH to rise; **d)** (≈ *klar werden*) ***jdm geht etw auf*** sth dawns on sb; **e)** (MATHE: *Rechnung etc*) to work out; **f)** (≈ *seine Erfüllung finden*) ***in etw*** (*Dat*) **~** to be taken up with sth

aufgehoben *Adj* ***(bei jdm) gut/schlecht ~ sein*** to be/not to be in good hands (with sb); → ***aufheben***
aufgeklärt *Adj* enlightened; ***~ sein*** *(sexualkundlich)* to know the facts of life; → ***aufklären***
aufgekratzt *Adj (umg)* in high spirits; → ***aufkratzen***
aufgelegt *Adj* ***gut/schlecht*** *etc* ***~*** in a good/bad *etc* mood; ***(dazu) ~ sein, etw zu tun*** to feel like doing sth; → ***auflegen***
aufgelöst *Adj* (≈ *außer sich*) distraught; (≈ *bestürzt*) upset; ***in Tränen ~*** in tears; → ***auflösen***
aufgeregt 1. *Adj* (≈ *erregt*) excited; (≈ *nervös*) nervous **2.** *Adv* excitedly; → ***aufregen***
aufgeschlossen *Adj* (≈ *nicht engstirnig*) open-minded; (≈ *empfänglich*) open *(für, gegenüber* to); → ***aufschließen*** **Aufgeschlossenheit** *f* open-mindedness; (≈ *Empfänglichkeit*) openness *(für, gegenüber* to)
aufgeschmissen *Adj (umg)* stuck *(umg)*
aufgeweckt *Adj* bright; → ***aufwecken***
aufgewühlt *Adj (geh)* agitated; *Wasser, Meer* turbulent; → ***aufwühlen***
aufgießen *vt Kaffee, Tee* to make
aufgliedern 1. *vt* to split up **2.** *vr* to break down *(in +Akk* into)
aufgraben *vt* to dig up
aufgreifen *vt* **a)** (≈ *festnehmen*) to pick up; **b)** *Thema, Gedanken* to take up
aufgrund *Präp +Gen* on the basis of; ***~ einer Verwechslung*** because of a mistake
Aufguss *m* brew, infusion; *(fig pej)* rehash **Aufgussbeutel** *m* (≈ *Teebeutel*) tea bag
aufhaben 1. *vt* **a)** *Hut, Brille* to have on; **b)** (SCHULE: *als Hausaufgabe*) ***etw ~*** to have sth (to do) **2.** *vi* (*Laden etc*) to be open
aufhalsen *vt (umg)* ***jdm/sich etw ~*** to land sb/oneself with sth *(umg)*
aufhalten 1. *vt* **a)** to stop; (≈ *verlangsamen*) to hold up; (≈ *stören*) to hold back *(bei* from); ***ich will dich nicht länger ~*** I don't want to hold you back any longer; **b)** *(umg* ≈ *offen halten)* to keep open; ***die Hand ~*** to hold one's hand out **2.** *vr* **a)** (≈ *an einem Ort bleiben*) to stay; **b)** *(bei der Arbeit etc)* to take a long time *(bei* over); **c)** (≈ *sich befassen*) ***sich bei etw ~*** to dwell on sth
aufhängen 1. *vt* **a)** *Kleidung, Bild* to hang up; AUTO *Rad* to suspend; **b)** (≈ *töten*) to hang *(an +Dat* from) **2.** *vr* (≈ *sich töten*) to hang oneself *(an +Dat* from) **Aufhängung** *f* TECH suspension
aufhäufen *vtr* to accumulate
aufheben 1. *vt* **a)** *(vom Boden)* to pick up; **b)** (≈ *nicht wegwerfen*) to keep; → ***aufgehoben***; **c)** (≈ *ungültig machen*) to abolish; *Vertrag* to cancel; *Urteil* to quash; *Verlobung* to break off; **d)** (≈ *beenden*) *Blockade* to lift; **e)** (≈ *ausgleichen*) to offset **2.** *vr* (≈ *sich ausgleichen*) to offset each other **Aufheben** *n* fuss; ***viel ~(s) machen*** to make a lot of fuss *(von, um* about) **Aufhebung** *f* **a)** (≈ *Abschaffung*) abolition; *(von Vertrag)* cancellation; *(von Urteil)* quashing; *(von Verlobung)* breaking off; **b)** (≈ *Beendigung*) *(von Blockade etc)* lifting
aufheitern 1. *vt jdn* to cheer up **2.** *vr* *(Himmel)* to clear; *(Wetter)* to clear up
aufhellen 1. *vt* to brighten (up); *Haare* to lighten; *(fig* ≈ *klären)* to shed light upon **2.** *vr* to brighten (up)
aufhetzen *vt* to stir up; ***jdn zu etw ~*** to incite sb to (do) sth
aufheulen *vi* to howl *(vor* with); *(Sirene)* to (start to) wail; *(Motor, Menge)* to (give a) roar
aufholen 1. *vt* to make up; ***Versäumtes ~*** to make up for lost time **2.** *vi* to catch up
aufhorchen *vi* to sit up (and take notice)
aufhören *vi* to stop; *(bei Arbeitsstelle)* to finish; ***hör doch endlich auf!*** (will you) stop it!; ***mit etw ~*** to stop sth
aufkaufen *vt* to buy up
aufklappen *vt* to open up; *Klappe* to lift up; *Verdeck* to fold back
aufklaren *vi* *(Wetter)* to brighten (up); *(Himmel)* to clear
aufklären 1. *vt* **a)** to clear up; *Verbrechen, Rätsel* to solve; **b)** *jdn* to enlighten; ***Kinder ~*** *(sexualkundlich)* to tell children the facts of life; ***jdn über etw*** *(Akk)* ***~*** to inform sb about sth; → ***aufgeklärt*** **2.** *vr* *(Irrtum etc)* to resolve itself; *(Himmel)* to clear **Aufklä-**

rung *f* **a)** PHIL ***die ~*** the Enlightenment; **b)** (*von Missverständnis*) clearing up; (*von Verbrechen, Rätsel*) solution; **c)** ***(sexuelle) ~*** (*in Schulen*) sex education; **d)** MIL reconnaissance **Aufklärungsfilm** *m* sex education film **Aufklärungsflugzeug** *n* reconnaissance plane; (*klein*) scout (plane) **Aufklärungsquote** *f* (*in Kriminalstatistik*) percentage of cases solved **Aufklärungssatellit** *m* spy satellite

aufkleben *vt* to stick on **Aufkleber** *m* sticker

aufknöpfen *vt* (≈ *öffnen*) to unbutton, to undo; ***aufgeknöpft*** *Hemd* unbuttoned

aufkochen 1. *vt* to bring to the (*Brit*) *od* a (*US*) boil; (≈ *erneut kochen lassen*) to boil up again **2.** *vi* ***etw ~ lassen*** to bring sth to the (*Brit*) *od* a (*US*) boil

aufkommen *vi* **a)** (≈ *entstehen*) to arise; (*Wind*) to get up; (*Mode etc*) to appear (on the scene); ***etw ~ lassen*** (*fig*) *Zweifel, Kritik* to give rise to sth; **b)** ***~ für*** (≈ *Kosten tragen*) to bear the costs of; (≈ *Haftung tragen*) to be liable for; ***für den Schaden ~*** to pay for the damage; **c)** (≈ *auftreffen*) to land (*auf +Dat* on) **Aufkommen** *n* **a)** (≈ *das Auftreten*) appearance; **b)** (*von Steuern*) revenue (*aus, +Gen* from)

aufkratzen *vt* to scratch; *Wunde* to scratch open; → ***aufgekratzt***

aufkreuzen *vi* (*umg* ≈ *erscheinen*) to show up (*umg*)

aufkriegen *vt* (*umg*) = ***aufbekommen***

auflachen *vi* to (give a) laugh

Aufladegerät *n* → ***Ladegerät*** **aufladen 1.** *vt* **a)** ***etw (auf etw*** *Akk*) ***~*** to load sth on(to) sth; ***jdm/sich etw ~*** (*fig*) to saddle sb/oneself with sth; **b)** (*elektrisch*) to charge; (≈ *neu aufladen*) to recharge; *Geldkarte* to reload; *Karte von Prepaidhandy* to top up **2.** *vr* (*Batterie etc*) to be charged; (*neu*) to be recharged

Auflage *f* **a)** (≈ *Ausgabe*) edition; (*von Zeitung*) circulation; **b)** (≈ *Bedingung*) condition; ***jdm etw zur ~ machen*** to impose sth on sb as a condition **Auflage(n)höhe** *f* (*von Buch*) number of copies published; (*von Zeitung*) circulation

auflassen *vt* (*umg* ≈ *offen lassen*) to leave open; (≈ *aufbehalten*) *Hut* to keep on; ***das Kind länger ~*** to let the child stay up (longer)

auflauern *vi +Dat* to lie in wait for

Auflauf *m* **a)** (≈ *Menschenauflauf*) crowd; **b)** KOCH (baked) pudding **auflaufen** *vi* **a)** (*Schiff*) to run aground; ***jdn ~ lassen*** to drop sb in it (*umg*); **b)** (≈ *aufprallen*) ***auf jdn/etw ~*** to run into sb/sth **Auflaufform** *f* KOCH ovenproof dish

aufleben *vi* to revive; (≈ *munter werden*) to liven up; ***Erinnerungen wieder ~ lassen*** to revive memories

auflegen 1. *vt* **a)** *Tischdecke, CD* to put on; *Gedeck* to set; *Hörer* to replace; **b)** (≈ *herausgeben*) *Buch* to bring out; **c)** FINANZ *Aktien* to issue; *Fonds* to set up; **d)**; → ***aufgelegt*** **2.** *vi* (≈ *Telefonhörer auflegen*) to hang up

auflehnen *vr* ***sich gegen jdn/etw ~*** to rebel against sb/sth

auflesen *vt* to pick up

aufleuchten *vi* to light up

aufliegen *vi* (≈ *auf etw sein*) to lie on top; (*Hörer*) to be on

auflisten *vt* to list

auflockern 1. *vt* **a)** *Boden* to loosen (up); ***die Muskeln ~*** to loosen up (one's muscles); **b)** (≈ *abwechslungsreicher machen*) to make less monotonous; **c)** (≈ *entspannen*) *Verhältnis, Atmosphäre* to ease; ***in aufgelockerter Stimmung*** in a relaxed mood **2.** *vr* **a)** SPORT to limber up; **b)** (*Bewölkung*) to disperse

auflodern *vi* to flare up; (≈ *lodernd brennen*) to blaze

auflösen 1. *vt* **a)** (*in Flüssigkeit*) to dissolve; → ***aufgelöst***; **b)** *Widerspruch* to clear up; *Rätsel* to solve; **c)** *Wolken, Versammlung* to disperse; **d)** (≈ *aufheben*) to dissolve (*auch* PARL); *Einheit, Gruppe* to disband; *Firma* to wind up; *Verlobung* to break off; *Konto* to close; *Haushalt* to break up **2.** *vr* **a)** (*in Flüssigkeit*) to dissolve; **b)** (≈ *sich zerstreuen*) to disperse; **c)** (*Firma*) to cease trading; (≈ *sich formell auflösen: bes* PARL) to dissolve; **d)** ***sich in etw*** (*Akk*) ***~*** (≈ *verwandeln*) to turn into sth **Auflösung** *f* **a)** (*in Bestandteile*) resolution; (*von Firma*) winding up; (*von Parlament*) dissolution; **b)** (≈ *Lösung*) (*von Problem etc*) resolution; (*von Rätsel*) solution (*+Gen, von*

to); **c)** (FOTO, *von Bildschirm*) resolution
aufmachen **1.** *vt* **a)** (≈ *öffnen*) to open; (≈ *lösen*) to undo; *Haar* to loosen; **b)** (≈ *eröffnen, gründen*) to open (up); **c)** ***der Prozess wurde groß aufgemacht*** the trial was given a big spread **2.** *vi* (≈ *Tür öffnen*) to open up **3.** *vr* (≈ *aufbrechen*) to set out **Aufmacher** *m* PRESSE lead **Aufmachung** *f* **a)** (≈ *Kleidung*) turnout; ***in großer ~*** in full dress; **b)** (≈ *Gestaltung*) presentation; (*von Seite, Zeitschrift*) layout
aufmarschieren *vi* (≈ *heranmarschieren*) to march up; (≈ *vorbeimarschieren*) to march past
aufmerksam **1.** *Adj* **a)** *Zuhörer, Schüler* attentive; (≈ *scharf beobachtend*) observant; ***jdn auf etw*** (*Akk*) ***~ machen*** to draw sb's attention to sth; ***auf jdn/etw ~ werden*** to become aware of sb/sth; **b)** (≈ *zuvorkommend*) attentive; **(*das ist*) *sehr ~ von Ihnen*** (that's) most kind of you **2.** *Adv zusehen* carefully; *zuhören* attentively **Aufmerksamkeit** *f* **a)** attention; ***das ist meiner ~ entgangen*** that escaped my notice; **b)** (≈ *Zuvorkommenheit*) attentiveness; **c)** (≈ *Geschenk*) ***kleine ~en*** little gifts
aufmischen *vt* (*umg*) (≈ *in Unruhe versetzen*) to stir up; (≈ *verprügeln*) to beat up
aufmöbeln *vt* (*umg*) *Gegenstand* to do up (*umg*)
aufmuntern *vt* (≈ *aufheitern*) to cheer up; (≈ *beleben*) to liven up; ***ein ~des Lächeln*** an encouraging smile **Aufmunterung** *f* cheering up; (≈ *Belebung*) livening up
aufmüpfig *Adj* (*umg*) rebellious
aufnähen *vt* to sew on (*auf +Akk* -to)
Aufnahme *f* **a)** (≈ *Empfang*) reception; ***die ~ in ein Krankenhaus*** admission (in)to hospital; **b)** (*in Verein*) admission (*in +Akk* to); **c)** (*von Kapital*) raising; **d)** (*von Protokoll*) taking down; **e)** (*von Gespräch etc*) start; (*von Tätigkeit*) taking up; (*von Beziehung*) establishment; **f)** (≈ *das Filmen*) filming, shooting (*umg*); ***Achtung, ~!*** action!; **g)** (≈ *Fotografie*) photo(graph); (*auf Tonband*) recording **aufnahmefähig** *Adj* ***für etw ~ sein*** to be able to take sth in **Aufnahmegebühr** *f* enrolment (*Brit*) *od* enrollment (*US*) fee; (*in Verein*) admission fee **Aufnahmeprüfung** *f* entrance examination **aufnehmen** *vt* **a)** (*vom Boden*) to pick up; (≈ *heben*) to lift up; **b)** (≈ *empfangen*) to receive; **c)** (≈ *unterbringen*) to take (in); (≈ *fassen*) to take; **d)** (*in Verein, Schule etc*) to admit (*in +Akk* to); **e)** (≈ *absorbieren*) to absorb; ***etw in sich*** (*Dat*) ***~*** to take sth in; **f)** (≈ *beginnen*) to begin; *Tätigkeit, Studium* to take up; *Beziehung* to establish; **g)** *Kapital* to borrow; *Kredit* to take out; **h)** *Protokoll* to take down; **i)** (≈ *fotografieren*) to take (a photo (-graph) of); (≈ *filmen*) to film, to shoot (*umg*); (*auf Tonband*) to record; **j)** ***es mit jdm nicht ~ können*** to be no match for sb
aufnötigen *vt* ***jdm etw ~*** to force sth on sb
aufopfern *vr* to sacrifice oneself **aufopfernd** *Adj Mensch* self-sacrificing; *Liebe, Arbeit* devoted
aufpäppeln *vt* (*umg*) (*mit Nahrung*) to feed up
aufpassen *vi* **a)** (≈ *beaufsichtigen*) ***auf jdn/etw ~*** to keep an eye on sb/sth; **b)** (≈ *achtgeben*) to pay attention; ***pass auf!*** look, watch; (≈ *Vorsicht*) watch out **Aufpasser(in)** *m(f)* (*pej* ≈ *Spitzel*) spy (*pej*); (*für VIP etc*) minder; (≈ *Wächter*) guard
aufplatzen *vi* to burst open; (*Wunde*) to open up
aufplustern *vr* (*Vogel*) to puff itself up; (*Mensch*) to puff oneself up
aufpolieren *vt* to polish up
aufpoppen *vi* IT *Popup-Fenster etc* to pop up
Aufprall *m* impact **aufprallen** *vi* ***auf etw*** (*Akk*) ***~*** to strike sth; (*Fahrzeug*) to collide with sth
Aufpreis *m* extra charge; ***gegen ~*** for an extra charge
aufpumpen *vt Reifen, Ballon* to inflate; *Fahrrad* to pump up the tyres (*Brit*) *od* tires (*US*) of
aufputschen *vt* **a)** (≈ *aufwiegeln*) to rouse; *Gefühle* to stir up; **b)** (*durch Reizmittel*) to stimulate; ***~de Mittel*** stimulants **Aufputschmittel** *n* stimulant
aufraffen *vr* ***sich zu etw ~*** (*umg*) to rouse oneself to do sth

aufragen *vi* to rise
aufräumen **1.** *vt* to tidy up; ***aufgeräumt** Zimmer* tidy **2.** *vi* ***mit etw ~*** to do away with sth
aufrechnen *vt* **a)** ***jdm etw ~*** to charge sth to sb *od* to sb's account; **b)** ***etw gegen etw ~*** to offset sth against sth
aufrecht **1.** *Adj* upright **2.** *Adv* upright; ***~ sitzen*** to sit up(right) **aufrechterhalten** *vt* to maintain **Aufrechterhaltung** *f* maintenance; (*von Kontakten*) keeping up
aufregen **1.** *vt* (≈ *ärgerlich machen*) to annoy; (≈ *nervös machen*) to make nervous; (≈ *beunruhigen*) to agitate; (≈ *erregen*) to excite **2.** *vr* to get worked up (*umg*) (*über +Akk* about); → ***aufgeregt*** **aufregend** *Adj* exciting **Aufregung** *f* excitement *kein Pl*; (≈ *Beunruhigung*) agitation *kein Pl*; ***nur keine ~!*** don't get excited; ***jdn in ~ versetzen*** to get sb in a state (*umg*)
aufreiben *vt* **a)** (≈ *wund reiben*) *Haut etc* to chafe; **b)** (*fig* ≈ *zermürben*) to wear down **aufreibend** *Adj* (*fig*) wearing; (*stärker*) stressful
aufreihen **1.** *vt* (*in Linie*) to line up; *Perlen* to string **2.** *vr* to line up
aufreißen **1.** *vt* **a)** (≈ *aufbrechen*) to tear open; *Straße* to tear up; **b)** *Tür, Fenster* to fling open; *Augen, Mund* to open wide; **c)** (*umg*) *Mädchen* to pick up (*umg*) **2.** *vi* (*Naht*) to split; (*Wunde*) to tear open; (*Wolkendecke*) to break up
aufreizen *vt* **a)** (≈ *herausfordern*) to provoke; **b)** (≈ *erregen*) to excite **aufreizend** *Adj* provocative
aufrichten **1.** *vt* **a)** *Gegenstand* to set upright; *Oberkörper* to raise (up); **b)** (*fig: moralisch*) to lift **2.** *vr* (≈ *gerade stehen*) to stand up (straight); ***sich im Bett ~*** to sit up in bed **aufrichtig** **1.** *Adj* sincere (*zu, gegen* towards) **2.** *Adv* sincerely; *hassen* truly **Aufrichtigkeit** *f* sincerity (*zu, gegen* towards)
aufrollen *vt* **a)** (≈ *zusammenrollen*) to roll up; *Kabel* to wind up; **b)** (≈ *entrollen*) to unroll; *Fahne* to unfurl; *Kabel* to unwind; **c)** (*fig*) ***einen Fall/Prozess wieder ~*** to reopen a case/trial
aufrücken *vi* to move up; (≈ *befördert werden*) to be promoted
Aufruf *m* appeal (*an +Akk* to); ***einen ~ an jdn richten*** to appeal to sb; ***letzter ~ für Flug LH 1615*** last call for flight LH 1615 **aufrufen** **1.** *vt* **a)** to call; **b)** (≈ *auffordern*) ***jdn ~, etw zu tun*** to appeal to sb to do sth; ***Arbeiter zum Streik ~*** to call upon workers to strike; **c)** JUR *Zeugen* to summon **2.** *vi* ***zum Streik ~*** to call for a strike
Aufruhr *m* **a)** (≈ *Auflehnung*) rebellion; **b)** (≈ *Erregung*) turmoil; ***jdn in ~ versetzen*** to throw sb into turmoil **Aufrührer(in)** *m(f)* rabble-rouser **aufrührerisch** *Adj* **a)** (≈ *aufwiegelnd*) *Rede* rabble-rousing; **b)** (≈ *in Aufruhr*) rebellious; (≈ *meuternd*) mutinous
aufrunden *vt* to round up (*auf +Akk* to)
aufrüsten *vt* **a)** (*auch vi*, MIL) to arm; ***ein Land atomar ~*** to give a country nuclear arms; ***wieder ~*** to rearm; **b)** TECH *Gerät, Computer* to upgrade **Aufrüstung** *f* MIL arming
aufrütteln *vt* to rouse (*aus* from)
aufs = ***auf das***
aufsagen *vt Gedicht etc* to recite
aufsammeln *vt* to pick up
aufsässig *Adj* rebellious
Aufsatz *m* **a)** essay; **b)** (≈ *oberer Teil*) top part
aufsaugen *vt Flüssigkeit* to soak up; (*fig*) to absorb; ***etw mit dem Staubsauger ~*** to vacuum sth up
aufschichten *vt* to stack
aufschieben *vt Fenster, Tür* to slide open; (*fig* ≈ *verschieben*) to put off
Aufschlag *m* **a)** (≈ *das Aufschlagen*) impact; (≈ *Geräusch*) crash; **b)** TENNIS *etc* serve; ***wer hat ~?*** whose serve is it?; **c)** (≈ *Preisaufschlag*) surcharge; **d)** (≈ *Ärmelaufschlag*) cuff **aufschlagen** **1.** *vi* **a)** (≈ *auftreffen*) ***auf etw** (Dat) **~*** to hit sth; **b)** (*Preise*) to go up (*um* by); **c)** TENNIS *etc* to serve **2.** *vt* **a)** (≈ *öffnen*) to crack; *Eis* to crack a hole in; ***jdm/sich den Kopf ~*** to crack open sb's/one's head; **b)** (≈ *aufklappen*) to open; *Bett* to turn back; *Kragen etc* to turn up; ***schlagt Seite 111 auf*** open your books at page 111; **c)** (≈ *aufbauen*) *Zelt* to pitch, to put up; (*Nacht*)*lager* to set up; **d)** HANDEL ***10% auf etw** (Akk) **~*** to put 10% on sth
aufschließen **1.** *vt* (≈ *öffnen*) to unlock **2.** *vi* **a)** (≈ *öffnen*) (***jdm***) ***~*** to unlock

the door (for sb); **b)** (≈ *heranrücken*) to close up; SPORT to catch up (*zu* with); → ***aufgeschlossen***

aufschlitzen *vt* to rip (open)

Aufschluss *m* (≈ *Aufklärung*) information *kein Pl*; **~ über etw** (*Akk*) **verlangen** to demand an explanation of sth

aufschlüsseln *vt* to break down (*nach* into); (≈ *klassifizieren*) to classify (*nach* according to)

aufschlussreich *Adj* informative

aufschnappen *vt* to catch; (*umg*) *Wort etc* to pick up

aufschneiden **1.** *vt* **a)** to cut open; *Braten* to carve; MED *Geschwür* to lance; **b)** (≈ *in Scheiben schneiden*) to slice **2.** *vi* (*umg* ≈ *prahlen*) to boast **Aufschneider(in)** *m(f)* (*umg*) boaster **Aufschnitt** *m* (assorted) sliced cold meat

aufschnüren *vt* (≈ *lösen*) to untie

aufschrauben *vt* to unscrew; *Flasche etc* to take the top off

aufschrecken **1.** *vt* to startle; ***jdn aus dem Schlaf ~*** to rouse sb from sleep **2.** *vi* to be startled; ***aus dem Schlaf ~*** to wake up with a start

Aufschrei *m* yell; (*schriller Aufschrei*) scream

aufschreiben *vt* ***etw ~*** to write sth down; ***sich*** (*Dat*) ***etw ~*** to make a note of sth

aufschreien *vi* to yell out; (*schrill*) to scream out

Aufschrift *f* (≈ *Beschriftung*) inscription; (≈ *Etikett*) label

Aufschub *m* (≈ *Verzögerung*) delay; (≈ *Vertagung*) postponement

aufschürfen *vt* ***sich*** (*Dat*) ***die Haut/das Knie ~*** to graze oneself/one's knee

aufschütten *vt* **a)** *Flüssigkeit* to pour on; ***Kaffee ~*** to make coffee; **b)** (≈ *nachfüllen*) *Kohle* to put on (the fire)

aufschwatzen *vt* (*umg*) ***jdm etw ~*** to talk sb into taking sth

Aufschwung *m* **a)** (≈ *Antrieb*) lift; (*der Wirtschaft etc*) upturn (+*Gen* in); ***das gab ihr*** (***einen***) ***neuen ~*** that gave her a lift; **b)** TURNEN swing-up

aufsehen *vi* to look up **Aufsehen** *n* ***~ erregend*** sensational; ***großes ~ erregen*** to cause a sensation; ***ohne großes ~*** without any fuss **aufsehenerregend** *Adj* sensational **Aufseher(in)** *m(f)* supervisor; (*bei Prüfung*) invigilator; (≈ *Gefängnisaufseher*) warder (*Brit*), guard (*US*)

auf sein *vi* **a)** (≈ *aufgestanden*) to be up; **b)** (≈ *geöffnet*) to be open

aufseiten *Präp* +*Gen* on the part of

aufsetzen **1.** *vt* **a)** (≈ *auf etw setzen*) to put on; *Fuß* to put down; (*fig*) *Lächeln, Miene etc* to put on; **b)** (≈ *aufrichten*) *Kranken etc* to sit up; **c)** (≈ *verfassen*) to draft **2.** *vr* to sit up **3.** *vi* (*Flugzeug*) to touch down

aufseufzen *vi* (***tief/laut***) ***~*** to heave a (deep/loud) sigh

Aufsicht *f* **a)** (≈ *Überwachung*) supervision (*über* +*Akk* of); (≈ *Obhut*) charge; ***~ über jdn/etw führen*** to be in charge of sb/sth; ***bei einer Prüfung ~ führen*** to invigilate an exam; **b)** (≈ *Aufseher*) supervisor **Aufsichtsbehörde** *f* supervisory authority

Aufsichtsrat[1] *m* (supervisory) board; ***im ~ einer Firma sitzen*** to be on the board of a firm

Aufsichtsrat[2] *m*, **Aufsichtsrätin** *f* member of the board

aufsitzen *vi* **a)** (*auf Fahrzeug*) to get on; ***aufs Pferd ~*** to mount the horse; **b)** (*umg* ≈ *hereinfallen*) ***jdm/einer Sache ~*** to be taken in by sb/sth

aufspalten *vtr* to split

aufsparen *vt* to save (up)

aufsperren *vt* **a)** (*umg* ≈ *aufreißen*) *Tür, Schnabel* to open wide; ***die Ohren ~*** to prick up one's ears; **b)** (*südd, österr* ≈ *aufschließen*) *Tür etc* to unlock

aufspielen *vr* (*umg* ≈ *sich wichtigtun*) to give oneself airs; ***sich als Boss ~*** to play the boss

aufspießen *vt* to spear; (*mit Hörnern*) to gore; *Fleisch* (*mit Spieß*) to skewer; (*mit Gabel*) to prong

aufsprechen *vt* (TELEK: *auf Anrufbeantworter*) to record

aufspringen *vi* **a)** to jump up; ***auf etw*** (*Akk*) ***~*** to jump onto sth; **b)** (≈ *sich öffnen*: *Tür*) to burst open; (≈ *platzen*) to burst; (*Haut, Lippen etc*) to crack

aufspüren *vt* to track down

aufstacheln *vt* to spur (on)

aufstampfen *vi* to stamp; ***mit dem Fuß ~*** to stamp one's foot

Aufstand *m* rebellion **Aufständische(r)** *mf* rebel

aufstapeln *vt* to stack up
aufstauen **1.** *vt Wasser* to dam; ***etw in sich*** (*Dat*) ~ (*fig*) to bottle sth up inside (oneself) **2.** *vr* to accumulate; (*fig: Ärger*) to become bottled up
aufstehen *vi* **a)** (≈ *sich erheben*) to get up; **b)** (*umg* ≈ *offen sein*) to be open
aufsteigen *vi* **a)** (*auf Berg, Leiter*) to climb (up); (*Vogel*) to soar (up); (*Flugzeug*) to climb; (*Nebel, Gefühl*) to rise; ***auf ein Fahrrad/Motorrad*** ~ to get on(to) a bicycle/motorbike; ***auf ein Pferd*** ~ to mount a horse; **b)** (*fig: im Rang etc*) to rise (*zu* to); SPORT to be promoted (*in +Akk* to) **Aufsteiger(in)** *m(f)* (SPORT, *in höhere Liga*) promoted team; (***sozialer***) ~ social climber
aufstellen **1.** *vt* **a)** (≈ *aufbauen*) to put up (*auf +Dat* on); *Zelt* to pitch; *Maschine* to install; **b)** (*fig* ≈ *zusammenstellen*) *Truppe* to raise; SPORT *Mannschaft* to draw up; **c)** (≈ *benennen*) *Kandidaten* to nominate; **d)** (≈ *erzielen*) *Rekord* to set (up); **e)** *Forderung* to put forward; *Liste* to make **2.** *vr* to stand; (*hintereinander*) to line up; ***sich im Karree/Kreis*** *etc* ~ to form a square/circle *etc* **Aufstellung** *f* **a)** (≈ *das Aufstellen*) putting up; (*von Zelt*) pitching; (*von Maschine*) installation; **b)** (*von Truppen*) raising; (*von Mannschaft*) drawing up; **c)** (*von Kandidaten*) nominating; (*von Rekord*) setting; **d)** (*von Forderung*) putting forward; (*von Liste*) drawing up; **e)** (≈ *Liste*) list; (≈ *Tabelle*) table; (≈ *Inventar*) inventory; **f)** (≈ *Mannschaft*) line-up (*umg*), team
Aufstieg *m* **a)** (*auf Berg, von Flugzeug*) climb; **b)** (*fig*) rise; (*beruflich, politisch, sozial*) advancement; SPORT rise; (*in höhere Liga*) promotion (*in +Akk* to); **c)** (≈ *Weg*) way up (*auf etw* (*Akk*) sth) **Aufstiegschance** *f* prospect of promotion **Aufstiegsrunde** *f* SPORT qualifying round
aufstocken *vt* **a)** *Haus* to build another storey (*Brit*) *od* story (*US*) onto; **b)** *Kapital* to increase (*um* by)
aufstoßen **1.** *vt* (≈ *öffnen*) to push open **2.** *vi* **a)** ***auf etw*** (*Akk*) ~ to hit (on *od* against) sth; **b)** (≈ *rülpsen*) to burp; **c)** ***Radieschen stoßen mir auf*** radishes repeat on me
aufstrebend *Adj* (*fig*) *Land, Volk* aspiring; *Volkswirtschaft* rising
Aufstrich *m* (*auf Brot*) spread
aufstützen **1.** *vt Kranken etc* to prop up **2.** *vr* to support oneself
aufsuchen *vt Bekannten* to call on; *Arzt, Ort, Toilette* to go to
auftakeln *vt* SEEF to rig up; ***sich*** ~ (*pej umg*) to tart oneself up (*Brit pej umg*), to do oneself up (*bes US umg*)
Auftakt *m* (≈ *Beginn*) start; ***den*** ~ ***von*** *od* ***zu etw bilden*** to mark the beginning of sth
auftanken *vti* to fill up; FLUG to refuel
auftauchen *vi* **a)** (*aus dem Wasser*) to surface; **b)** (*fig*) to appear; (*Zweifel, Problem*) to arise; **c)** (*sich zeigen*) to turn up
auftauen *vti* to thaw
aufteilen *vt* **a)** (≈ *aufgliedern*) to divide up (*in +Akk* into); **b)** (≈ *verteilen*) to share out
auftischen *vt* to serve up; ***jdm Lügen*** *etc* ~ (*umg*) to tell sb a lot of lies *etc*
Auftrag *m* **a)** (≈ *Anweisung*) orders *Pl*; (≈ *zugeteilte Arbeit*) job; JUR brief; ***jdm den*** ~ ***geben, etw zu tun*** to instruct sb to do sth; ***in jds*** ~ (*Dat*) (≈ *für jdn*) on sb's behalf; (≈ *auf jds Anweisung*) on sb's instructions; **b)** HANDEL order (*über +Akk* for); ***etw in*** ~ ***geben*** to order sth (*bei* from) **auftragen** **1.** *vt* **a)** (≈ *servieren*) to serve; **b)** *Farbe, Schminke* to apply (*auf +Akk* to); **c)** ***jdm etw*** ~ to instruct sb to do sth **2.** *vi* (≈ *übertreiben*) ***dick*** *od* ***stark*** ~ (*umg*) to lay it on thick (*umg*) **Auftraggeber(in)** *m(f)* client; (*von Firma*) customer **Auftragnehmer(in)** *m(f)* HANDEL firm accepting the order; BAU contractor **Auftragsbestätigung** *f* confirmation of order **Auftragsbuch** *n* order book **Auftragseingang** *m* ***bei*** ~ on receipt of order **auftragsgemäß** *Adj, Adv* as instructed; HANDEL as per order **Auftragslage** *f* order situation
auftreffen *vi* ***auf etw*** (*Dat od Akk*) ~ to hit sth
auftreiben *vt* (*umg*) (≈ *beschaffen*) to get hold of; (≈ *ausfindig machen*) to find
auftrennen *vt* to undo
auftreten **1.** *vi* **a)** (*wörtl*) to tread; **b)** (≈ *erscheinen*) to appear; ***als Zeuge/Klä-***

ger ~ to appear as a witness/as plaintiff; ***er tritt zum ersten Mal in Köln auf*** he is appearing in Cologne for the first time; ***gegen jdn/etw ~*** to stand up against sb/sth; **c)** (*fig* ≈ *eintreten*) to occur; (*Schwierigkeiten etc*) to arise; **d)** (≈ *sich benehmen*) to behave; **e)** (≈ *handeln*) to act; ***als Vermittler ~*** to act as (an) intermediary **2.** *vt Tür etc* to kick open **Auftreten** *n* **a)** (≈ *Erscheinen*) appearance; **b)** (≈ *Benehmen*) manner

Auftrieb *m* **a)** PHYS buoyancy (force); FLUG lift; **b)** (*fig*) (≈ *Aufschwung*) impetus; ***das wird ihm ~ geben*** that will give him a lift

Auftritt *m* **a)** (≈ *Erscheinen*) entrance; **b)** (THEAT ≈ *Szene*) scene

auftrumpfen *vi* to be full of oneself (*umg*); ***~d sagte er ...*** ..., he crowed

auftun **1.** *vt* **a)** (*umg* ≈ *ausfindig machen*) to find; **b)** (≈ *öffnen*) to open; **c)** (*umg* ≈ *servieren*) ***jdm etw ~*** to help sb to sth **2.** *vr* to open up; (*Möglichkeiten, Probleme*) to arise

auftürmen **1.** *vt* to pile up **2.** *vr* (*Gebirge etc*) to tower up; (*Schwierigkeiten*) to mount up

aufwachen *vi* to wake up

aufwachsen *vi* to grow up

aufwallen *vi* to bubble up; KOCH to boil up; (*Leidenschaft etc*) to surge up

Aufwand *m* **a)** (*von Geld*) expenditure (*an +Dat* of); ***ein großer ~ (an Zeit/Energie/Geld)*** a lot of time/energy/money; **b)** (≈ *Luxus*) extravagance; ***(großen) ~ treiben*** to be (very) extravagant **aufwändig** *Adj, Adv* = ***aufwendig*** **Aufwandsentschädigung** *f* expense allowance

aufwärmen **1.** *vt* to heat up; (*umg* ≈ *wieder erwähnen*) to drag up (*umg*) **2.** *vr* to warm oneself up; SPORT to warm up

aufwärts *Adv* up, upward(s); ***mit seinen Leistungen geht es ~*** he's doing better **Aufwärtstrend** *m* upward trend

Aufwasch *m* (*dial*) = ***Abwasch*** **aufwaschen** (*dial*) **1.** *vt Geschirr* to wash **2.** *vi* to wash the dishes

aufwecken *vt* to wake (up); (*fig*) to rouse; → ***aufgeweckt***

aufweichen **1.** *vt* to make soft; *Doktrin, Gesetz* to water down **2.** *vi* to get soft

aufweisen *vt* to show; ***etw aufzuweisen haben*** to have sth to show for oneself

aufwenden *vt* to use; *Zeit, Energie* to expend; *Mühe* to take; *Geld* to spend

aufwendig **1.** *Adj* (≈ *teuer*) costly; (≈ *üppig*) lavish **2.** *Adv* extravagantly

Aufwendung *f* (≈ *Ausgaben*) **Aufwendungen** *Pl* expenditure

aufwerfen *vt Frage, Verdacht* to raise

aufwerten *vt* **a)** (*auch vi*) *Währung* to revalue; **b)** (*fig*) to increase the value of **Aufwertung** *f* (*von Währung*) revaluation; (*fig*) increase in value

aufwickeln *vt* (≈ *aufrollen*) to roll up

auf Wiedersehen *Interj* goodbye

aufwiegeln *vt* to stir up; ***jdn zum Streik ~*** to incite sb to strike

aufwiegen *vt* (*fig*) to offset

Aufwind *m* FLUG upcurrent; METEO upwind; ***einer Sache*** (*Dat*) ***~ geben*** (*fig*) to give sth impetus

aufwirbeln *vt* to swirl up; *Staub auch* to raise; ***(viel) Staub ~*** (*fig*) to cause a (big) stir

aufwischen *vt Wasser etc* to wipe up; *Fußboden* to wipe

aufwühlen *vt* (*wörtl*) *Erde, Meer* to churn (up); *Leidenschaften* to rouse; → ***aufgewühlt***

aufzählen *vt* to list **Aufzählung** *f* list

aufzehren *vt* to exhaust; (*fig*) to sap

aufzeichnen *vt* **a)** *Plan etc* to draw; **b)** (≈ *notieren*, RADIO, TV) to record **Aufzeichnung** *f* **a)** (≈ *Notiz*) note; (≈ *Niederschrift*) record; **b)** (≈ *Filmaufzeichnung etc*) recording

aufzeigen *vt* to show

aufziehen **1.** *vt* **a)** (≈ *hochziehen*) to pull up; *Flagge, Segel* to hoist; **b)** (≈ *öffnen*) *Reißverschluss* to undo; *Schublade* to (pull) open; *Gardinen* to draw (back); **c)** (≈ *aufspannen*) *Foto etc* to mount; *Saite, Reifen* to fit; **d)** (≈ *spannen*) *Uhr etc* to wind up; **e)** *Kind* to bring up; *Tier* to rear; **f)** (≈ *verspotten*) ***jdn ~*** (*umg*) to tease sb (*mit* about) **2.** *vi* (*dunkle Wolke*) to come up; (*Gewitter*) to gather **Aufzucht** *f* rearing

Aufzug *m* **a)** (≈ *Fahrstuhl*) lift (*Brit*), elevator (*US*); **b)** THEAT act; **c)** (*pej umg* ≈ *Kleidung*) get-up (*umg*)

aufzwingen *vt* ***jdm etw ~*** to force sth on sb

Augapfel *m* eyeball; ***jdn/etw wie seinen ~ hüten*** to cherish sb/sth like life itself

Auge *n* **a)** eye; ***gute/schlechte ~n haben*** to have good/bad eyesight; ***er hatte nur ~n für sie*** he only had eyes for her; ***ein ~ auf jdn/etw (geworfen) haben*** to have one's eye on sb/sth; ***da blieb kein ~ trocken*** (*hum: vor Lachen*) everyone laughed till they cried; ***große ~n machen*** to be wide-eyed; ***jdm schöne*** *od* ***verliebte ~n machen*** to make eyes at sb; ***jdm die ~n öffnen*** (*fig*) to open sb's eyes; ***so weit das ~ reicht*** as far as the eye can see; ***ein ~ riskieren*** (*hum*) to have a peep (*umg*); ***die ~n vor etw*** (*Dat*) ***verschließen*** to close one's eyes to sth; ***ein ~*** *od* ***beide ~n zudrücken*** (*umg*) to turn a blind eye; ***ich habe kein ~ zugetan*** I didn't sleep a wink; **b)** (*mit Präposition*) ***geh mir aus den ~n!*** get out of my sight!; ***sie ließen ihn nicht aus den ~n*** they didn't let him out of their sight; ***jdn im ~ behalten*** (≈ *beobachten*) to keep an eye on sb; ***dem Tod ins ~ sehen*** to look death in the eye; ***etw ins ~ fassen*** to contemplate sth; ***das springt*** *od* ***fällt einem gleich ins ~*** it strikes one immediately; ***das kann leicht ins ~ gehen*** (*fig umg*) it might easily go wrong; ***in den ~n der Öffentlichkeit*** in the eyes of the public; ***etw mit eigenen ~n gesehen haben*** to have seen sth with one's own eyes; ***mit bloßem*** *od* ***nacktem ~*** with the naked eye; ***jdm etw vor ~n führen*** (*fig*) to make sb aware of sth; ***vor aller ~n*** in front of everybody; **c)** (≈ *Knospenansatz*) eye; **d)** (≈ *Fettauge*) little globule of fat **Augenarzt** *m*, **Augenärztin** *f* ophthalmologist **Augenbinde** *f* (≈ *Augenklappe*) eye patch **Augenblick** *m* moment; ***alle ~e*** constantly; ***jeden ~*** any minute; ***einen ~, bitte*** one moment please!; ***im ~*** at the moment; ***im selben ~ ...*** at that moment ...; ***im letzten ~*** at the last moment; ***im ersten ~*** for a moment **augenblicklich** **1.** *Adj* **a)** (≈ *sofortig*) immediate; **b)** (≈ *gegenwärtig*) present; **c)** (≈ *vorübergehend*) temporary **2.** *Adv* **a)** (≈ *sofort*) immediately; **b)** (≈ *zurzeit*) at the moment **Augenbraue** *f* eyebrow **Augenfarbe** *f* colour (*Brit*) *od* color (*US*) of eyes **Augenheilkunde** *f* ophthalmology **Augenhöhe** *f* ***in ~*** at eye level **Augenklappe** *f* **a)** eye patch; **b)** (*für Pferde*) blinker, blinder (*US*) **Augenleiden** *n* eye complaint **Augenlicht** *n* (eye)sight **Augenlid** *n* eyelid **Augenmaß** *n* eye; ***ein ~ für etw haben*** (*fig*) to have an eye for sth **Augenmerk** *n* (≈ *Aufmerksamkeit*) attention; ***sein ~ auf etw*** (*Akk*) ***lenken*** *od* ***richten*** to direct sb's/one's attention to sth **Augenschein** *m* **a)** (≈ *Anschein*) appearance; ***dem ~ nach*** by all appearances; **b)** ***jdn/etw in ~ nehmen*** to look closely at sb/sth **augenscheinlich** *Adv* obviously **Augentropfen** *Pl* eye drops *Pl* **Augenweide** *f* feast for the eyes **Augenwischerei** *f* (*fig*) eyewash **Augenzeuge** *m*, **Augenzeugin** *f* eyewitness (*bei* to) **Augenzeugenbericht** *m* eyewitness account **Augenzwinkern** *n* winking **augenzwinkernd** *Adv* with a wink

August *m* August; → ***März***

Auktion *f* auction **Auktionator(in)** *m(f)* auctioneer **Auktionshaus** *n* auction house

Aula *f* SCHULE, UNI *etc* (assembly) hall

Au-pair-Mädchen *n* au pair (girl); ***als ~ arbeiten*** to work (as an) au pair **Au-pair-Stelle** *f* au pair job

aus **1.** *Präp +Dat* **a)** (*Herkunft*) from; ***~ guter Familie*** from a good family; **b)** (*Ursache*) out of; ***~ Hass/Gehorsam/Mitleid*** out of hatred/obedience/sympathy; ***~ Furcht vor/Liebe zu*** for fear/love of; ***~ Spaß*** for a laugh (*umg*); ***~ Versehen*** by mistake; **c)** (*zeitlich*) from; ***~ dem Barock*** from the Baroque period; **d)** (≈ *beschaffen aus*) (made out) of; **e)** ***einen anständigen Menschen ~ jdm machen*** to make sb into a decent person; ***was ist ~ ihm/dieser Sache geworden?*** what has become of him/this?; ***~ der Mode*** out of fashion **2.** *Adv* → ***aus sein*** **a)** SPORT out; **b)** (*umg* ≈ *zu Ende*) over; ***~ jetzt!*** that's enough!; **c)** (*an Geräten*) off; ***Licht ~!*** lights out!; **d)** ***vom Fenster ~*** from the window; ***von München ~*** from Munich; ***von sich ~*** of one's own accord; ***von ihm ~*** as far as he's concerned

Aus *n* **a)** ***ins ~ gehen*** to go out of play; ***ins politische ~ geraten*** to end up in the political wilderness; **b)** (≈ *Ende*) end

ausarbeiten *vt* to work out; (≈ *formulieren*) to formulate
ausarten *vi* (*Party etc*) to get out of control; **~ in** (+*Akk*) *od* **zu** to degenerate into
ausatmen *vti* to breathe out, to exhale
ausbaden *vt* (*fig umg*) to take the rap for (*umg*)
ausbalancieren (*wörtl, fig*) *vt* to balance (out)
Ausbau *m* (≈ *das Ausbauen*) removal; (≈ *Erweiterung*) extension (*zu* into); (≈ *Umbau*) conversion (*zu* (in)to); (≈ *Festigung: von Position*) consolidation **ausbauen** *vt* **a)** (≈ *herausmontieren*) to remove (*aus* from); **b)** (≈ *erweitern*) to extend (*zu* into); (≈ *umbauen*) to convert (*zu* (in)to); (≈ *festigen*) *Position* to consolidate **ausbaufähig** *Adj Geschäft, Markt* expandable; *Beziehungen* that can be built up **Ausbaustrecke** *f* VERKEHR *section of improved road*; **„Ende der ~"** ≈ "road narrows"
ausbedingen *vt* **sich** (*Dat*) **etw ~** to make sth a condition; **sich** (*Dat*) **das Recht ~, etw zu tun** to reserve the right to do sth
ausbessern *vt* to repair; *Fehler* to correct
ausbeulen *vt* **ausgebeult** *Kleidung* baggy; *Hut* battered; TECH to beat out
Ausbeute *f* (≈ *Gewinn*) profit; (≈ *Ertrag einer Grube etc*) yield (*an* +*Dat* in); (*fig*) result(s *Pl*); (≈ *Einnahmen*) proceeds *Pl* **ausbeuten** *vt* to exploit **Ausbeuter(in)** *m(f)* exploiter **Ausbeutung** *f* exploitation
ausbezahlen *vt Geld* to pay out; *Arbeitnehmer* to pay off; (≈ *abfinden*) *Erben etc* to buy out
ausbilden **1.** *vt* to train; (*akademisch*) to educate **2.** *vr* **sich in etw** (*Dat*) **~** to train in sth; (≈ *studieren*) to study sth **Ausbilder(in)** *m(f)* instructor **Ausbildung** *f* training; (*akademisch*) education **Ausbildungsbeihilfe** *f* (education) grant **Ausbildungsgang** *m* training **Ausbildungsplatz** *m* place to train; (≈ *Stelle*) training vacancy **Ausbildungszeit** *f* period of training
ausblasen *vt* to blow out
ausbleiben *vi* (≈ *fortbleiben*) to stay out; (*Schneefall*) to fail to appear; (*Erwartung*) to fail to materialize; **es konnte nicht ~, dass ...** it was inevitable that ... **Ausbleiben** *n* (≈ *Fehlen*) absence; (≈ *das Nichterscheinen*) nonappearance; **bei ~ der Periode** if your period doesn't come
Ausblick *m* **a)** view (*auf* +*Akk* of); **b)** (*fig*) prospect, outlook (*auf* +*Akk* for)
ausbooten *vt* (*umg*) *jdn* to kick *od* boot out (*umg*)
ausbrechen **1.** *vi* **a)** (*Krieg, Feuer*) to break out; (*Gewalt, Unruhen, Jubel*) to erupt; **in Gelächter/Tränen ~** to burst out laughing/into tears; **in Schweiß ~** to break out in a sweat; **aus dem Gefängnis ~** to escape from prison; **b)** (*Vulkan*) to erupt **2.** *vt* to break off; **sich** (*Dat*) **einen Zahn ~** to break a tooth
ausbreiten **1.** *vt* to spread; *Arme* to stretch out; (≈ *ausstellen*) to display **2.** *vr* (≈ *sich verbreiten*) to spread; (≈ *sich erstrecken*) to extend; (*umg* ≈ *sich breitmachen*) to spread oneself out; **sich über etw** (*Akk*) **~** (*fig*) to dwell on sth **Ausbreitung** *f* spreading
ausbrennen *vi* (≈ *zu Ende brennen*) to burn out; **ausgebrannt** *Brennstab* spent; → **ausgebrannt**
Ausbruch *m* **a)** escape; **b)** (≈ *Beginn*) outbreak; (*von Vulkan*) eruption; **c)** (*fig*) outburst
ausbrüten *vt* to hatch; (*fig umg*) *Plan etc* to cook up (*umg*)
ausbuddeln *vt* (*umg*) to dig up (*auch fig umg*)
ausbügeln *vt* to iron out
ausbürgern *vt* to expatriate **Ausbürgerung** *f* expatriation
ausbürsten *vt* to brush out (*aus* of); *Anzug* to brush
auschecken *vi* (*Flug, Hotel etc*) to check out (*aus* of)
Ausdauer *f* stamina; (*im Ertragen*) endurance; (≈ *Beharrlichkeit*) persistence **ausdauernd** *Adj Mensch* with stamina; (*im Ertragen*) with endurance; (≈ *beharrlich*) tenacious; (≈ *hartnäckig*) persistent
ausdehnen **1.** *vt* (≈ *vergrößern*) to expand; (≈ *dehnen*) to stretch **2.** *vr* **a)** (≈ *größer werden*) to expand; (*durch Dehnen*) to stretch; (≈ *sich erstrecken*) to extend (*bis* as far as); **b)** (*fig*) to extend (*über* +*Akk* over); → **ausgedehnt** **Ausdehnung** *f* **a)** (≈ *das Vergrößern*) expansion; (*fig, zeitlich*) ex-

tension; **b)** (≈ *Umfang*) expanse
ausdenken *vt* ***sich*** (*Dat*) ***etw ~*** (≈ *erfinden*) to think sth up; *Überraschung* to plan sth; (≈ *sich vorstellen*) to imagine sth; ***das ist nicht auszudenken*** (≈ *unvorstellbar*) it's inconceivable; (≈ *zu schrecklich etc*) it doesn't bear thinking about
ausdiskutieren *vt Thema* to discuss fully
ausdörren *vt* to dry up; *Kehle* to parch
Ausdruck[1] *m* (≈ *Gesichtsausdruck, Wort*) expression; (≈ *Fachausdruck*, MATHE) term; ***etw zum ~ bringen*** to express sth
Ausdruck[2] *m* (*von Computer etc*) printout **ausdrucken** *vt* IT to print out
ausdrücken **1.** *vt* **a)** (≈ *zum Ausdruck bringen*) to express (*jdm* to sb); ***anders ausgedrückt*** in other words; ***einfach ausgedrückt*** put simply; **b)** *Frucht, Schwamm* to squeeze out; *Tube, Pickel* to squeeze; *Zigarette* to stub out **2.** *vr* (*Mensch*) to express oneself
ausdrücklich **1.** *Adj Wunsch* express **2.** *Adv* expressly; (≈ *besonders*) particularly **ausdruckslos** *Adj* inexpressive **ausdrucksvoll** *Adj* expressive **Ausdrucksweise** *f* way of expressing oneself
Ausdünstung *f* (≈ *Geruch*) fume; (*von Tier*) scent; (*von Mensch*) smell
auseinander *Adv* apart; ***weit ~*** far apart; *Augen, Beine etc* wide apart; *Meinungen* very different **auseinanderbrechen** *vi* to break up **auseinanderfalten** *vt* to unfold **auseinandergehen** *vi* **a)** to part; (*Menge*) to disperse; (*Versammlung, Ehe etc*) to break up; **b)** (*fig: Ansichten etc*) to differ; **c)** (*umg* ≈ *dick werden*) to get fat **auseinanderhalten** *vt* to keep apart; (≈ *unterscheiden*) to tell apart **auseinanderleben** *vr* to drift apart **auseinandernehmen** *vt* to take apart; (*kritisch*) to tear to pieces **auseinanderschreiben** *vt Wörter* to write as two words **auseinandersetzen** **1.** *vt* **a)** ***zwei Kinder ~*** to separate two children; ***sich ~*** to sit apart; **b)** (*fig*) to explain (*jdm* to sb) **2.** *vr* ***sich mit etw ~*** (≈ *sich befassen*) to have a good look at sth; ***sich kritisch mit etw ~*** to have a critical look at sth **Auseinandersetzung** *f* **a)** (≈ *Diskussion*) discussion (*über +Akk* about, on); (≈ *Streit*) argument; **b)** (≈ *das Befassen*) examination (*mit* of)
auserwählen *vt* (*geh*) to choose **auserwählt** *Adj* (*geh*) chosen; (≈ *ausgesucht*) select
ausfahrbar *Adj* extendable; *Antenne, Fahrgestell, Klinge* retractable **ausfahren** *vt* **a)** (*im Kinderwagen, Rollstuhl*) to take for a walk; (*im Auto*) to take for a drive; **b)** (≈ *ausliefern*) *Waren* to deliver; **c)** (≈ *abnutzen*) *Weg* to wear out; **d)** ***ein Auto*** *etc* ***(voll) ~*** to drive a car *etc* at full speed; **e)** TECH to extend; *Fahrgestell etc* to lower **Ausfahrt** *f* **a)** (≈ *Spazierfahrt*) drive, ride; **b)** (≈ *Autobahnausfahrt*) exit; ***„Ausfahrt frei halten"*** "keep clear"
Ausfall *m* **a)** (≈ *Verlust*, MIL) loss; TECH, MED failure; (*von Motor*) breakdown; ***bei ~ des Stroms ...*** in case of a power failure ...; **b)** (*von Sitzung etc*) cancellation **ausfallen** *vi* **a)** (≈ *herausfallen*) to fall out; ***mir fallen die Haare aus*** my hair is falling out; **b)** (≈ *nicht stattfinden*) to be cancelled (*Brit*) *od* canceled (*US*); **c)** (≈ *nicht funktionieren*) to fail; (*Motor*) to break down; **d)** ***gut/schlecht*** *etc* ***~*** to turn out well/badly *etc*; **e)**; → ***ausgefallen*** **ausfallend** *Adj* abusive; ***~ werden*** to become abusive
ausfechten *vt* (*fig*) to fight (out)
ausfertigen *vt Dokument* to draw up; *Rechnung* to make out; *Pass* to issue **Ausfertigung** *f* (*förml*) **a)** (*von Dokument*) drawing up; (*von Rechnung*) making out; (*von Pass*) issuing; **b)** (≈ *Abschrift*) copy; ***in doppelter/dreifacher ~*** in duplicate/triplicate
ausfindig *Adj* ***~ machen*** to find
ausfliegen **1.** *vi* (*aus Gebiet etc*) to fly out (*aus* of); ***ausgeflogen sein*** (*fig umg*) to be out **2.** *vt* FLUG *Verwundete etc* to evacuate (by air) (*aus* from)
ausfließen *vi* (≈ *herausfließen*) to flow out (*aus* of)
ausflippen *vi* (*umg*) to freak out (*umg*); → ***ausgeflippt***
Ausflucht *f* excuse
Ausflug *m* trip, excursion; (≈ *Schulausflug*) outing **Ausflugsdampfer** *m* pleasure steamer
Ausfluss *m* **a)** (≈ *das Herausfließen*) outflow; **b)** (≈ *Ausflussstelle*) outlet;

c) MED discharge
ausforschen *vt* (≈ *erforschen*) to investigate
ausfragen *vt* to question (*nach* about); (*strenger*) to interrogate
ausfransen *vti* to fray
ausfressen *vt* (*umg* ≈ *anstellen*) ***etwas ~*** to do something wrong; ***was hat er denn wieder ausgefressen?*** what's he (gone and) done now? (*umg*)
Ausfuhr *f* (≈ *das Ausführen*) export; (≈ *Ausfuhrhandel*) exports *Pl* **ausführbar** *Adj Plan* feasible; ***schwer ~*** difficult to carry out **Ausfuhrbestimmungen** *Pl* export regulations *Pl* **ausführen** *vt* **a)** (*ins Theater etc*) to take out; *Hund* to take for a walk; **b)** (≈ *durchführen*) to carry out; SPORT *Freistoß etc* to take; **c)** (≈ *erklären*) to explain; **d)** HANDEL *Waren* to export **Ausfuhrgenehmigung** *f* HANDEL export licence (*Brit*) *od* license (*US*) **Ausfuhrgüter** *Pl* export goods *Pl* **Ausfuhrhandel** *m* export trade **Ausfuhrland** *n* exporting country **ausführlich** **1.** *Adj* detailed **2.** *Adv* in detail **Ausfuhrsperre** *f* export ban **Ausführung** *f* **a)** (≈ *Durchführung*) carrying out; (*von Freistoß*) taking; **b)** (≈ *Erklärung*) explanation; **c)** (*von Waren*) design; (≈ *Qualität*) quality; (≈ *Modell*) model
ausfüllen *vt* to fill; *Platz* to take up; *Formular* to fill in (*Brit*) *od* out; ***jdn*** (***voll*** *od* ***ganz***) ***~*** (≈ *befriedigen*) to satisfy sb (completely); ***ein ausgefülltes Leben*** a full life
Ausgabe *f* **a)** (≈ *Austeilung*) distribution; (*von Dokumenten etc*) issuing; (*von Essen*) serving; **b)** (*von Buch, Zeitung, Sendung*) edition; (*von Aktien*) issue; **c)** (≈ *Ausführung*) version; **d)** **Ausgaben** *Pl* (≈ *Kosten*) expenses *Pl*
Ausgang *m* **a)** (≈ *Weg nach draußen*) exit (*+Gen, von* from); FLUG gate; **b)** ***~ haben*** to have the day off; **c)** (≈ *Ende*) end; (*von Roman, Film*) ending; (≈ *Ergebnis*) outcome; ***ein Unfall mit tödlichem ~*** a fatal accident **Ausgangsbasis** *f* starting point **Ausgangsposition** *f* initial position **Ausgangspunkt** *m* starting point **Ausgangssperre** *f* ban on going out; (*bes bei Belagerungszustand*) curfew
ausgeben *vt* **a)** (≈ *austeilen*) to distribute; (≈ *aushändigen*) to issue; *Essen* to serve; **b)** *Geld* to spend (*für* on); ***eine Runde ~*** to stand a round (*umg*); ***ich gebe heute Abend einen aus*** (*umg*) it's my treat this evening; **c)** ***sich als jd/etw ~*** to pass oneself off as sb/sth
ausgebrannt *Adj* (*fig*) burned-out (*umg*); → ***ausbrennen***
ausgebucht *Adj* booked up
ausgedehnt *Adj* extensive; (*zeitlich*) lengthy; *Spaziergang* long; → ***ausdehnen***
ausgefallen *Adj* (≈ *ungewöhnlich*) unusual; (≈ *übertrieben*) extravagant; → ***ausfallen***
ausgeflippt *Adj* (*umg*) freaky (*umg*); → ***ausflippen***
ausgefuchst *Adj* (*umg*) clever; (≈ *listig*) crafty (*umg*)
ausgeglichen *Adj* balanced; *Spiel, Klima* even; → ***ausgleichen*** **Ausgeglichenheit** *f* balance
ausgehen *vi* **a)** (≈ *weggehen*) to go out; ***er geht selten aus*** he doesn't go out much; **b)** (≈ *herrühren*) to come (*von* from); ***gehen wir einmal davon aus, dass ...*** let us assume that ...; **c)** *bes* SPORT to end; (≈ *ausfallen*) to turn out; ***gut/schlecht ~*** to turn out well/badly; (*Film etc*) to end happily/unhappily; (*Abend, Spiel*) to end well/badly; ***straffrei ~*** to receive no punishment; ***leer ~*** (*umg*) to come away empty-handed; **d)** (≈ *zu Ende sein*: *Vorräte etc*) to run out; ***mir ging die Geduld aus*** I lost (my) patience; ***mir ging das Geld aus*** I ran out of money **ausgehend** *Adj* **a)** ***im ~en Mittelalter*** toward(s) the end of the Middle Ages; ***das ~e 20. Jahrhundert*** the end of the 20th century; **b)** ***die ~e Post*** the outgoing mail
ausgehungert *Adj* starved
ausgekocht *Adj* (*pej umg*) (≈ *durchtrieben*) cunning; → ***auskochen***
ausgelassen **1.** *Adj* (≈ *heiter*) lively; *Stimmung* happy; (≈ *wild*) *Kinder* boisterous **2.** *Adv* wildly; → ***auslassen***
ausgelastet *Adj Mensch* fully occupied; *Maschine, Anlage* working to capacity; → ***auslasten***
ausgemacht *Adj* **a)** (≈ *abgemacht*) agreed; ***es ist eine ~e Sache, dass***

... it is agreed that ...; **b)** *(umg ≈ vollkommen)* complete; → ***ausmachen***
ausgenommen *Konj* except; ***täglich ~ sonntags*** daily except for Sundays; → ***ausnehmen***
ausgeprägt *Adj* distinctive; *Interesse* marked
ausgerechnet *Adv* ***~ du*** you of all people; ***~ heute*** today of all days; → ***ausrechnen***
ausgeschlossen *Adj (≈ unmöglich)* impossible; *(≈ nicht infrage kommend)* out of the question; ***es ist nicht ~, dass ...*** it's just possible that ...; → ***ausschließen***
ausgeschnitten *Adj Bluse, Kleid* low-cut; → ***ausschneiden***
ausgespielt *Adj* ***~ haben*** to be finished; → ***ausspielen***
ausgesprochen **1.** *Adj Schönheit, Qualität, Vorliebe* definite; *Ähnlichkeit* marked; ***~es Pech haben*** to be really unlucky **2.** *Adv* really; → ***aussprechen***
ausgestorben *Adj Tierart* extinct; ***der Park war wie ~*** the park was deserted; → ***aussterben***
ausgesucht **1.** *Adj (≈ erlesen)* select **2.** *Adv (≈ überaus, sehr)* extremely; → ***aussuchen***
ausgewachsen *Adj* fully grown; *Skandal* huge
ausgewogen *Adj* balanced; *Maß* equal **Ausgewogenheit** *f* balance
ausgezeichnet **1.** *Adj* excellent **2.** *Adv* excellently; ***es geht mir ~*** I'm feeling marvellous *(Brit)* *od* marvelous *(US)*; → ***auszeichnen***
ausgiebig **1.** *Adj Mahlzeit etc* substantial; *Gebrauch* extensive **2.** *Adv* ***~ frühstücken*** to have a substantial breakfast; ***~ schlafen*** to have a (good) long sleep
ausgießen *vt (aus einem Behälter)* to pour out; *Behälter* to empty
Ausgleich *m (≈ Gleichgewicht)* balance; *(von Konto)* balancing; *(von Verlust)* compensation; ***zum*** *od* ***als ~ für etw*** in order to compensate for sth; ***er treibt zum ~ Sport*** he does sport for exercise **ausgleichen** **1.** *vt Unterschiede* to even out; *Konto* to balance; *Verlust, Fehler* to make good; *Mangel* to compensate for; ***~de Gerechtigkeit*** poetic justice; → ***ausgeglichen*** **2.** *vi* SPORT to equalize **3.** *vr* to balance out **Ausgleichssport** *m* keep-fit activity; ***als ~*** to keep fit **Ausgleichstor** *n*, **Ausgleichstreffer** *m* equalizer *(Brit)*, tying goal *(US)*
ausgraben *vt* to dig up; *Grube, Loch* to dig out; *Altertümer* to excavate **Ausgrabung** *f* excavation
ausgrenzen *vt* to exclude
Ausguss *m (≈ Becken)* sink; *(≈ Abfluss)* drain
aushaben *vt (umg) Buch, Essen etc* to have finished; *(≈ ausgezogen haben)* to have taken off
aushaken *vi (umg)* ***es hat bei ihm ausgehakt*** something in him snapped *(umg)*
aushalten *vt* **a)** *(≈ ertragen können)* to bear; *Druck* to stand; ***hier lässt es sich ~*** this is not a bad place; ***das ist nicht auszuhalten*** it's unbearable; ***er hält viel aus*** he can take a lot; **b)** *(umg)* ***sich von jdm ~ lassen*** to be kept by sb
aushandeln *vt* to negotiate
aushändigen *vt* ***jdm etw ~*** to hand sth over to sb
Aushang *m* notice **aushängen** **1.** *vt* **a)** *(≈ bekannt machen)* to put up; **b)** *Tür* to unhinge **2.** *vi* ***am Schwarzen Brett ~*** to be on the notice *(Brit)* *od* bulletin *(US)* board **Aushängeschild** *n* sign; *(fig ≈ Reklame)* advertisement
ausharren *vi (geh)* to wait
aushebeln *vt (fig) Gesetz etc* to annul, to cancel
ausheben *vt* **a)** *Tür etc* to take off its hinges; **b)** *Graben, Grab* to dig; **c)** *(fig) Diebesnest* to raid
aushecken *vt (umg) Plan* to cook up *(umg)*
ausheilen *vi (Krankheit)* to be cured; *(Organ, Wunde)* to heal
aushelfen *vi* to help out *(jdm* sb) **Aushilfe** *f* **a)** help; **b)** *(Mensch)* temporary worker; *(bes im Büro)* temp *(umg)* **Aushilfsjob** *m* temporary job; *(im Büro)* temping job **Aushilfskraft** *f* temporary worker; *(bes im Büro)* temp *(umg)* **aushilfsweise** *Adv* on a temporary basis
aushöhlen *vt* to hollow out; *Ufer, Steilküste* to erode
ausholen *vi (zum Schlag)* to raise one's hand/arm *etc*; *(zum Wurf)* to

reach back; ***weit ~*** (*fig*: *Redner*) to go far afield; ***zum Gegenschlag ~*** to prepare for a counterattack
aushorchen *vt* (*umg*) to sound out
auskennen *vr* (*an einem Ort*) to know one's way around; (*auf einem Gebiet*) to know a lot (*auf od in +Dat* about)
ausklammern *vt Problem* to leave aside
ausklappbar *Adj* folding **ausklappen** *vt* to open out
ausklingen *vi* (*Lied*) to finish; (*Abend, Feier etc*) to end (*in +Dat* with)
ausklopfen *vt Teppich* to beat; *Pfeife* to knock out
auskochen *vt* **a)** KOCH *Knochen* to boil; **b)** MED *Instrumente* to sterilize (*in boiling water*); → ***ausgekocht***
auskommen *vi* **a)** (≈ *genügend haben*) to get by (*mit* on); ***ohne jdn/etw ~*** to manage without sb/sth; **b)** ***mit jdm*** (***gut***) ***~*** to get on (well) with sb **Auskommen** *n* (≈ *Einkommen*) livelihood; ***sein ~ haben/finden*** to get by; ***mit ihr ist kein ~*** she's impossible to get on with
auskosten *vt* (≈ *genießen*) to make the most of; *Leben* to enjoy to the full
auskratzen *vt* to scrape out
auskugeln *vt* ***sich*** (*Dat*) ***den Arm/die Schulter ~*** to dislocate one's arm/shoulder
auskühlen *vi* to cool down; (*Körper, Menschen*) to chill through
auskundschaften *vt Weg, Lage* to find out; *Versteck* to spy out
Auskunft *f* **a)** (≈ *Mitteilung*) information *kein Pl*; ***jdm eine ~ erteilen*** to give sb some information; **b)** (≈ *Schalter*) information desk; TELEK directory inquiries *ohne Artikel* **Auskunftsbüro** *n* enquiry *od* information office
auskurieren (*umg*) *vt* to cure
auslachen *vt jdn* to laugh at
ausladen *vt* **a)** *Ware, Ladung* to unload; **b)** (*umg*) ***jdn ~*** to tell sb not to come **ausladend** *Adj Dach* projecting; *Bewegung* sweeping
Auslage *f* **a)** (*von Waren*) display; (≈ *Schaufenster*) (shop) window; (≈ *Schaukasten*) showcase; **b)** expense
Ausland *n* foreign countries *Pl*; ***ins/im ~*** abroad; ***aus dem*** *od* ***vom ~*** from abroad; ***Handel mit dem ~*** foreign trade **Ausländer(in)** *m(f)* foreigner; VERW, JUR alien **Ausländerbehörde** *f* ≈ immigration authority **ausländerfeindlich** **1.** *Adj* xenophobic; *Anschlag* on foreigners **2.** *Adv* ***~ motivierte Straftaten*** crimes with a racist motive **Ausländerfeindlichkeit** *f* xenophobia **Ausländergesetz** *n* JUR law on immigrants **Ausländerpolitik** *f* policy on immigrants **ausländisch** *Adj* foreign **Auslandsaufenthalt** *m* stay abroad **Auslandseinsatz** *m* (*von Soldaten, Journalisten etc*) deployment abroad **Auslandsgespräch** *n* international call **Auslandskorrespondent(in)** *m(f)* foreign correspondent **Auslandsreise** *f* journey *od* trip abroad **Auslandsschutzbrief** *m* international travel cover **Auslandsvertretung** *f* agency abroad; (*von Firma*) foreign branch
auslassen **1.** *vt* **a)** (≈ *weglassen*) to leave out; (≈ *versäumen*) *Chance* to miss; **b)** (≈ *abreagieren*) to vent (*an +Dat* on); **c)** *Butter, Fett* to melt; *Speck* to render (down); **d)**; → ***ausgelassen*** **2.** *vr* to talk (*über +Akk* about) **Auslassung** *f* (≈ *Weglassen*) omission
auslasten *vt* **a)** *Maschine* to make full use of; **b)** *jdn* to occupy fully; → ***ausgelastet***
Auslauf *m* (≈ *Bewegung*) exercise; (*für Kinder*) room to run about **auslaufen** *vi* **a)** (*Flüssigkeit*) to run out (*aus* of); (≈ *undicht sein*) to leak; **b)** (*Schiff*) to sail; **c)** (*Modell, Serie*) to be discontinued; **d)** (*Farbe, Stoff*) to run **Ausläufer** *m* **a)** (METEO, *von Hoch*) ridge; (*von Tief*) trough; **b)** (≈ *Vorberge*) foothill *mst Pl* **Auslaufmodell** *n* discontinued model
ausleben *vr* (*Mensch*) to live it up
auslecken *vt* to lick out
ausleeren *vt* to empty
auslegen *vt* **a)** (≈ *ausbreiten*) to lay out; *Waren etc* to display; *Kabel, Minen* to lay; **b)** (≈ *bedecken*) to cover; (≈ *auskleiden*) to line; ***den Boden*** (***mit Teppichen***) ***~*** to carpet the floor; **c)** (≈ *deuten*) to interpret; **d)** *Geld* to lend; ***sie hat die 5 Euro ausgelegt*** she paid the 5 euros **Ausleger** *m* (*von Kran etc*) jib, boom **Auslegung** *f* (≈ *Deutung*) interpretation
ausleiern *vi* to wear out
ausleihen *vt* (≈ *verleihen*) to lend (*jdm,*

an jdn to sb); (≈ *von jdm leihen*) to borrow; ***sich*** (*Dat*) ***etw ~*** to borrow sth (*bei, von* from)

auslernen *vi* ***man lernt nie aus*** (*Sprichw*) you live and learn (*Sprichw*)

Auslese *f* **a)** (≈ *Auswahl*) selection; **b)** (≈ *Elite*) ***die ~*** the élite; **c)** (≈ *Wein*) *high-quality wine made from selected grapes* **auslesen 1.** *vt* **a)** (≈ *auswählen*) to select; **b)** *Buch etc* to finish reading **2.** *vi* (≈ *zu Ende lesen*) to finish reading

ausliefern *vt* **a)** *Waren* to deliver; **b)** *jdn* to hand over (*an +Akk* to); (*an anderen Staat*) to extradite (*an +Akk* to); ***sich der Polizei ~*** to give oneself up to the police; ***jdm ausgeliefert sein*** to be at sb's mercy **Auslieferung** *f* **a)** (*von Ware*) delivery; **b)** (*von Menschen*) handing over; (*von Gefangenen*) extradition **Auslieferungsantrag** *m* JUR application for extradition

ausliegen *vi* (*Waren*) to be displayed; (*Zeitschriften, Liste etc*) to be available (to the public)

auslöffeln *vt Teller* to empty; ***etw ~ müssen*** (*umg*) to have to take the consequences of sth

ausloggen *vr* IT to log out

auslöschen *vt Feuer, Licht* to extinguish; *Erinnerung* to blot out

auslosen *vt* to draw lots for; *Gewinner* to draw

auslösen *vt Alarm, Reaktion* to trigger; *Bombe* to release; (*fig*) *Wirkung* to produce; *Begeisterung* to arouse **Auslöser** *m* trigger; (*für Bombe*) release button; FOTO shutter release

Auslosung *f* draw

ausloten *vt* (*fig*) to plumb; ***die Sache muss ich doch mal ~*** (*umg*) I'll have to try to get to the bottom of the matter

ausmachen *vt* **a)** *Feuer, Kerze* to put out; *Licht, Radio* to turn off; **b)** (≈ *sichten*) to make out; (≈ *ausfindig machen*) to locate; **c)** (≈ *vereinbaren*) to agree; ***einen Termin ~*** to agree (on) a time; → ***ausgemacht***; **d)** (≈ *betragen*) to come to; **e)** (≈ *bedeuten*) ***viel ~*** to make a big difference; ***das macht nichts aus*** that doesn't matter; **f)** (≈ *stören*) to matter (*jdm* to); ***macht es Ihnen etwas aus, wenn ...?*** would you mind if ...?

ausmalen *vt* ***sich*** (*Dat*) ***etw ~*** to imagine sth

Ausmaß *n* (*von Fläche*) size; (*von Katastrophe, Liebe*) extent; ***ein Verlust in diesem ~*** a loss on this scale; ***erschreckende ~e annehmen*** to assume alarming proportions

ausmergeln *vt Körper etc* to emaciate; *Boden* to exhaust

ausmerzen *vt* to eradicate

ausmessen *vt* to measure (out)

ausmisten *vt Stall* to muck out (*Brit*), to clear (*US*); (*fig umg*) *Zimmer etc* to clean out

ausmustern *vt Fahrzeug etc* to take out of service; (MIL ≈ *entlassen*) to discharge

Ausnahme *f* exception; ***mit ~ von*** *od +Gen* with the exception of; ***ohne ~*** without exception **Ausnahmefall** *m* exceptional case **Ausnahmezustand** *m* POL ***den ~ verhängen*** to declare a state of emergency **ausnahmslos** *Adv* without exception **ausnahmsweise** *Adv* ***darf ich das machen? — ~*** may I do that? — just this once

ausnehmen *vt* **a)** *Fisch* to gut; *Geflügel* to draw; **b)** (≈ *ausschließen*) *jdn* to make an exception of; (≈ *befreien*) to exempt; → ***ausgenommen***; **c)** (*umg: finanziell*) *jdn* to fleece (*umg*)

ausnüchtern *vtir* to sober up **Ausnüchterungszelle** *f* drying-out cell

ausnutzen *vt* to use; (≈ *ausbeuten*) to exploit; *Gelegenheit* to make the most of **Ausnutzung** *f* use; (≈ *Ausbeutung*) exploitation

auspacken 1. *vti Koffer* to unpack; *Geschenk* to unwrap **2.** *vi* (*umg*) (≈ *alles sagen*) to talk (*umg*)

auspeitschen *vt* to whip

auspfeifen *vt* to boo at

ausplaudern *vt* to let out

ausplündern *vt Dorf etc* to pillage

ausposaunen *vt* (*umg*) to broadcast (*umg*)

auspressen *vt Zitrone etc* to squeeze

ausprobieren *vt* to try out

Auspuff *m* exhaust

auspumpen *vt* (≈ *leeren*) to pump out

Ausputzer(in) *m(f)* FUSSB sweeper

ausquartieren *vt* to move out

ausquetschen *vt Saft etc* to squeeze out; (*umg* ≈ *ausfragen*) to grill (*umg*)

ausradieren *vt* to rub out; (*fig* ≈ *vernichten*) to wipe out
ausrangieren *vt* (*umg*) *Kleider* to throw out; *Maschine*, *Auto* to scrap
ausrasten *vi* (*hum umg* ≈ *zornig werden*) to do one's nut (*Brit umg*)
ausrauben *vt* to rob
ausräuchern *vt Zimmer* to fumigate; *Tiere*, *Bande* to smoke out
ausräumen *vt* to clear out; *Möbel* to move out; (*fig*) *Missverständnisse* to clear up
ausrechnen *vt* to work out; ***sich*** (*Dat*) ***große Chancen ~*** to reckon that one has a good chance; → ***ausgerechnet***
Ausrede *f* excuse **ausreden 1.** *vi* to finish speaking **2.** *vt* ***jdm etw ~*** to talk sb out of sth
ausreichen *vi* to be sufficient **ausreichend 1.** *Adj* sufficient; SCHULE satisfactory **2.** *Adv* sufficiently
Ausreise *f* ***bei der ~*** on leaving the country **ausreisen** *vi* to leave (the country); ***nach Frankreich ~*** to go to France
ausreißen 1. *vt Haare*, *Blatt* to tear out; *Unkraut*, *Zahn* to pull out **2.** *vi* (*umg* ≈ *davonlaufen*) to run away **Ausreißer(in)** *m*(*f*) (*umg*) runaway
ausreiten *vi* to go for a ride
ausrenken *vt* to dislocate; ***sich/jdm den Arm ~*** to dislocate one's/sb's arm
ausrichten *vt* **a)** (≈ *aufstellen*) to line up; **b)** (≈ *veranstalten*) to organize; **c)** (≈ *erreichen*) to achieve; ***ich konnte bei ihr nichts ~*** I couldn't get anywhere with her; **d)** (≈ *übermitteln*) to tell; ***kann ich etwas ~?*** can I give him/her *etc* a message?
Ausritt *m* ride (out)
ausrollen *vt Teig*, *Teppich* to roll out; *Kabel* to run out
ausrotten *vt* to wipe out; *Ideen* to stamp out
ausrücken *vi* **a)** MIL to move out; (*Polizei*, *Feuerwehr*) to turn out; **b)** (*umg* ≈ *ausreißen*) to make off
Ausruf *m* cry **ausrufen** *vt* to exclaim; (≈ *verkünden*) to call out; *Streik* to call; ***jdn zum*** *od* ***als König ~*** to proclaim sb king; ***jdn ~*** (***lassen***) (*über Lautsprecher etc*) to put out a call for sb; (*im Hotel*) to page sb **Ausrufezeichen** *n* exclamation mark (*Brit*), exclamation point (*US*)
ausruhen *vir* to rest; (*Mensch*) to have a rest
ausrüsten *vt* to equip; *Fahrzeug*, *Schiff* to fit out **Ausrüstung** *f* equipment; (≈ *bes Kleidung*) outfit
ausrutschen *vi* to slip **Ausrutscher** *m* (*umg*) slip; (≈ *schlechte Leistung*) slip-up
Aussaat *f* **a)** (≈ *das Säen*) sowing; **b)** (≈ *Saat*) seed **aussäen** *vt* to sow
Aussage *f* statement; (*eines Beschuldigten*, *Angeklagten*) statement, testimony; ***hier steht ~ gegen ~*** it's one person's word against another's; ***nach ~ seines Chefs*** according to his boss
aussagen 1. *vt* to say (*über +Akk* about); (≈ *behaupten*) to state **2.** *vi* JUR to give evidence; ***unter Eid ~*** to give evidence under oath
Aussätzige(r) *mf* leper
aussaugen *vt* to suck out
ausschaben *vt* to scrape out; MED to curette
ausschaffen *vt* (*schweiz förml*) to deport
ausschalten *vt* **a)** (≈ *abstellen*) to switch off; **b)** (*fig*) to eliminate
Ausschank *m* (≈ *Schankraum*) bar, pub (*Brit*); (≈ *Schanktisch*) bar
Ausschau *f* ***~ halten*** to look out **ausschauen** *vi* **a)** (*geh*) to look out (*nach* for); **b)** (*dial*) = ***aussehen***
ausscheiden 1. *vt* (≈ *aussondern*) to take out; PHYSIOL to excrete **2.** *vi* (*aus einem Amt*) to retire (*aus* from); (*aus Klub*, *Firma*) to leave (*aus etw* sth); SPORT to be eliminated; ***das/er scheidet aus*** that/he has to be ruled out **Ausscheidung** *f* **a)** PHYSIOL excretion; **b)** SPORT elimination **Ausscheidungskampf** *m* SPORT preliminary (round)
ausschenken *vti* to pour (out); (*am Ausschank*) to serve
ausscheren *vi* (*zum Überholen*) to pull out; (*fig*) to step out of line
ausschiffen 1. *vt* to disembark; *Ladung*, *Waren* to unload **2.** *vr* to disembark
ausschildern *vt* to signpost
ausschlachten *vt* **a)** *Tier*, *Beute* to dress; **b)** (*fig*) *Fahrzeuge*, *Maschinen etc* to cannibalize; **c)** (*fig umg* ≈ *ausnutzen*) to exploit
ausschlafen 1. *vt Rausch etc* to sleep

off **2.** *vir* to have a good sleep
Ausschlag *m* **a)** MED rash; **(*einen*) ~ *bekommen*** to come out in *od* get a rash; **b)** (*von Zeiger etc*) swing; (*von Kompassnadel*) deflection; ***den ~ geben*** (*fig*) to be the decisive factor **ausschlagen** **1.** *vt* **a)** ***jdm die Zähne ~*** to knock sb's teeth out; **b)** (≈ *verkleiden*) to line; **c)** (≈ *ablehnen*) to turn down **2.** *vi* **a)** (*Baum, Strauch*) to start to bud; **b)** (*Pferd*) to kick; **c)** (*Zeiger, Nadel*) to swing; (*Kompassnadel*) to be deflected **ausschlaggebend** *Adj* decisive
ausschließen *vt* **a)** (≈ *aussperren*) to lock out; **b)** (≈ *entfernen*) to exclude; (*aus Gemeinschaft*) to expel; SPORT to disqualify; ***die Öffentlichkeit ~*** JUR to exclude the public; → ***ausgeschlossen*** **ausschließlich** **1.** *Adj* exclusive; *Rechte auch* sole **2.** *Adv* exclusively **Ausschluss** *m* (≈ *Entfernung*) exclusion; (*aus Gemeinschaft*) expulsion; SPORT disqualification; ***unter ~ der Öffentlichkeit stattfinden*** to be closed to the public
ausschmücken *vt* to decorate; (*fig*) *Erzählung* to embellish
ausschneiden *vt* **a)** to cut out; **b)** IT to cut; ***~ und einfügen*** to cut and paste; → ***ausgeschnitten*** **Ausschnitt** *m* **a)** (≈ *Zeitungsausschnitt*) cutting; **b)** (≈ *Kleidausschnitt*) neck; ***ein tiefer ~*** a low neckline; **c)** (*aus einem Bild*) detail; (*aus einem Film*) clip
ausschöpfen *vt* **a)** *Wasser etc* to ladle out (*aus* of); (*aus Boot*) to bale out (*aus* of); **b)** (*fig*) to exhaust
ausschreiben *vt* **a)** to write out; *Rechnung etc* to make out; **b)** (≈ *bekannt machen*) to announce; *Wahlen* to call; *Stellen* to advertise; *Projekt* to invite tenders for
Ausschreitung *f* riot, rioting *kein Pl*
Ausschuss *m* **a)** HANDEL rejects *Pl*; (*fig umg*) trash; **b)** (≈ *Komitee*) committee **Ausschusssitzung** *f* committee meeting **Ausschussware** *f* HANDEL rejects *Pl*
ausschütteln *vt* to shake out
ausschütten **1.** *vt* **a)** (≈ *auskippen*) to tip out; *Eimer* to empty; ***jdm sein Herz ~*** (*fig*) to pour out one's heart to sb; **b)** (≈ *verschütten*) to spill; **c)** FINANZ *Dividende etc* to distribute **2.** *vr* ***sich* (*vor Lachen*) ~** (*umg*) to split one's sides laughing
ausschweifend *Adj Leben* dissipated; *Fantasie* wild **Ausschweifung** *f* (≈ *Maßlosigkeit*) excess; (*in Lebensweise*) dissipation
ausschweigen *vr* to remain silent
aussehen *vi* to look; ***gut ~*** to look good; (*hübsch*) to be good looking; (*gesund*) to look well; ***es sieht nach Regen aus*** it looks like rain; ***wie siehst du denn* (*bloß*) *aus?*** just look at you!; ***es soll nach etwas ~*** it's got to look good; ***es sieht so aus, als ob ...*** it looks as if ...; ***so siehst du* (*gerade*) *aus!*** (*umg*) that's what you think! **Aussehen** *n* appearance
aus sein **1.** *vi* (*umg*) **a)** (*Schule*) to have finished; (*Krieg, Stück*) to have ended; (*Feuer, Ofen*) to be out; (*Radio, Fernseher etc*) to be off; **b)** ***auf etw* (*Akk*) *~*** to be (only) after sth; ***auf jdn ~*** to be after sb (*umg*) **2.** *vi unpers* ***es ist aus* (*und vorbei*) *zwischen uns*** it's (all) over between us; ***es ist aus mit ihm*** he is finished
außen *Adv* ***von ~ sieht es gut aus*** on the outside it looks good; ***nach ~ hin*** (*fig*) outwardly; ***~ stehend*** *Beobachter etc* outside *attr* **Außenantenne** *f* outdoor aerial (*Brit*) *od* antenna (*bes US*) **Außenaufnahme** *f* outdoor shot **Außenbahn** *f* outside lane **Außenbezirk** *m* outlying district **Außenbordmotor** *m* outboard motor **Außendienst** *m* ***im ~ sein*** to work outside the office **Außenhandel** *m* foreign trade **Außenminister(in)** *m(f)* foreign secretary (*Brit*), secretary of state (*US*) **Außenministerium** *n* Foreign Office (*Brit*), State Department (*US*) **Außenpolitik** *f* (*Gebiet*) foreign politics *Sg*; (*bestimmte*) foreign policy **außenpolitisch** *Adj Debatte* on foreign affairs; ***~e Angelegenheiten*** foreign affairs **Außenseite** *f* outside **Außenseiter(in)** *m(f)* outsider **Außenspiegel** *m* AUTO outside mirror **Außenstände** *Pl bes* HANDEL outstanding debts *Pl* **außenstehend** *Adj* → ***außen*** **Außenstelle** *f* branch **Außenstürmer(in)** *m(f)* FUSSB wing **Außentemperatur** *f* outside temperature **Außenwand** *f* outer wall **Außenwelt** *f* outside world **Außenwirtschaft** *f* foreign

trade
außer 1. *Präp +Dat od (selten) +Gen* **a)** (*räumlich*) out of; **~ sich** (*Dat*) **sein** to be beside oneself; **b)** (≈ *ausgenommen*) except (for); (≈ *abgesehen von*) apart from; **c)** (≈ *zusätzlich zu*) in addition to **2.** *Konj* except; **~ wenn ...** except when... **außerdem** *Adv* besides; (≈ *dazu*) in addition **äußere(r, s)** *Adj* outer; *Schein, Eindruck* outward **Äußere(s)** *n* exterior **außergerichtlich** *Adj, Adv* out of court **außergewöhnlich** **1.** *Adj* unusual **2.** *Adv* (≈ *sehr*) extremely **außerhalb** **1.** *Präp +Gen* outside; **~ der Stadt** outside the town **2.** *Adv* (≈ *außen*) outside; (≈ *außerhalb der Stadt*) out of town; **von ~** from outside/out of town **außerirdisch** *Adj* extraterrestrial **Außerirdische(r)** *mf* extraterrestrial **äußerlich** **1.** *Adj* **a)** external; **„nur zur ~en Anwendung!"** for external use only; **b)** (*fig* ≈ *oberflächlich*) superficial **2.** *Adv* externally; **rein ~ betrachtet** on the face of it **Äußerlichkeit** *f* (*fig*) triviality; (≈ *Oberflächlichkeit*) superficiality **äußern** **1.** *vt* (≈ *sagen*) to say; *Wunsch etc* to express; *Kritik* to voice; **seine Meinung ~** to give one's opinion **2.** *vr* (*Mensch*) to speak; (*Krankheit*) to show itself; **ich will mich dazu nicht ~** I don't want to say anything about that **außerordentlich** **1.** *Adj* extraordinary; (≈ *ungewöhnlich*) remarkable; **Außerordentliches leisten** to achieve some remarkable things **2.** *Adv* (≈ *sehr*) exceptionally **außerparlamentarisch** *Adj* extraparliamentary **außerplanmäßig** *Adj* unscheduled; *Defizit* unplanned **außersinnlich** *Adj* **~e Wahrnehmung** extrasensory perception **äußerst** *Adv* extremely **außerstande** *Adv* (≈ *unfähig*) incapable; (≈ *nicht in der Lage*) unable **äußerste(r, s)** *Adj* (*räumlich*) furthest; *Schicht* outermost; *Norden etc* extreme; (*zeitlich*) latest possible; (*fig*) utmost; **mein ~s Angebot** my final offer; **im ~n Falle** if the worst comes to the worst; **mit ~r Kraft** with all one's strength; **von ~r Dringlichkeit** of (the) utmost urgency **Äußerste(s)** *n* **bis zum ~n gehen** to go to extremes; **er hat sein ~s gegeben** he gave his all; **ich bin auf das ~ gefasst** I'm prepared for the worst **Äußerung** *f* (≈ *Bemerkung*) remark
aussetzen **1.** *vt* **a)** *Kind, Haustier* to abandon; *Pflanzen* to plant out; SEEF *Boot* to lower; **b)** **jdm/einer Sache ausgesetzt sein** (≈ *ausgeliefert*) to be at the mercy of sb/sth; **c)** *Belohnung* to offer; **auf jds Kopf** (*Akk*) **1000 Dollar ~** to put 1,000 dollars on sb's head; **d)** (≈ *unterbrechen*) to interrupt; *Prozess* to adjourn; *Zahlung* to break off; **e)** **an jdm/etw etwas auszusetzen haben** to find fault with sb/sth; **daran ist nichts auszusetzen** there is nothing wrong with it **2.** *vi* (≈ *aufhören*) to stop; (*bei Spiel*) to sit out; (≈ *versagen*) to give out; **mit etw ~** to stop sth
Aussicht *f* **a)** (≈ *Blick*) view (*auf +Akk* of); **ein Zimmer mit ~ auf den Park** a room overlooking the park; **b)** (*fig*) prospect (*auf +Akk* of); **etw in ~ haben** to have good prospects of sth; **jdm etw in ~ stellen** to promise sb sth **aussichtslos** *Adj* hopeless; (≈ *zwecklos*) pointless; **eine ~e Sache** a lost cause **Aussichtsplattform** *f* viewing *od* observation platform *od* deck **aussichtsreich** *Adj* promising; *Stellung* with good prospects **Aussichtsturm** *m* observation *od* lookout tower
Aussiedler(in) *m(f)* (≈ *Auswanderer*) emigrant
aussitzen *vt Problem* to sit out
aussöhnen *vr* **sich mit jdm/etw ~** to become reconciled with sb/to sth **Aussöhnung** *f* reconciliation
aussondern *vt* (≈ *auslesen*) to select; *Schlechtes* to pick out
aussortieren *vt* to sort out
ausspannen **1.** *vt* **a)** (≈ *ausschirren*) to unharness; **b)** (*fig umg*) **jdm die Freundin** *etc* **~** to steal sb's girlfriend *etc* **2.** *vi* (≈ *sich erholen*) to have a break
aussparen *vt* (*fig*) to omit
aussperren *vt* to lock out **Aussperrung** *f* INDUSTRIE lockout
ausspielen **1.** *vt* **a)** *Karte* to play; (*am Spielanfang*) to lead with; **b)** (*fig*) **jdn gegen jdn ~** to play sb off against sb **2.** *vi* KARTEN to play a card; (*als Erster*) to lead; → **ausgespielt**
Aussprache *f* **a)** pronunciation; (≈ *Akzent*) accent; **b)** (≈ *Meinungsaus-*

tausch) discussion; (≈ *Gespräch*) talk
aussprechen **1.** *vt Wort, Urteil etc* to pronounce; *Scheidung* to grant **2.** *vr* ***sich mit jdm*** (***über etw*** *Akk*) **~** to have a talk with sb (about sth); ***sich gegen etw ~*** to declare oneself against sth **3.** *vi* (≈ *zu Ende sprechen*) to finish (speaking); → ***ausgesprochen*** **Ausspruch** *m* remark; (≈ *geflügeltes Wort*) saying
ausspucken **1.** *vt* to spit out **2.** *vi* to spit
ausspülen *vt* to rinse (out)
ausstaffieren *vt* (*umg*) to equip; *jdn* to rig out
Ausstand *m* **a)** (≈ *Streik*) strike; ***im ~ sein*** to be on strike; ***in den ~ treten*** to (go on) strike; **b)** ***seinen ~ geben*** to throw a leaving party
ausstatten *vt* to equip; (≈ *versorgen*) to provide; (≈ *möblieren*) to furnish **Ausstattung** *f* equipment; (*von Zimmer etc*) furnishings *Pl*; THEAT décor and costumes *Pl*
ausstechen *vt* **a)** *Pflanzen* to dig up; *Plätzchen* to cut out; **b)** *Augen* (*bes als Strafe*) to gouge out; **c)** (*fig* ≈ *übertreffen*) to outdo
ausstehen **1.** *vt* (≈ *ertragen*) to endure; *Angst* to go through; ***ich kann ihn nicht ~*** I can't bear him **2.** *vi* (≈ *fällig sein*) to be due; (*Antwort*) to be still to come; (*Entscheidung*) to be still to be taken
aussteigen *vi* to get out (*aus* of); (*fig: aus Gesellschaft*) to opt out **Aussteiger(in)** *m(f)* (*aus Gesellschaft*) person who opts out; (*aus Terroristenszene, Sekte*) dropout
ausstellen **1.** *vt* **a)** (≈ *zur Schau stellen*) to display; (*in Museum etc*) to exhibit; **b)** (≈ *behördlich ausgeben*) to issue; ***eine Rechnung über 500 Euro ~*** to make out a bill for 500 euros; **c)** (≈ *ausschalten*) to turn off **2.** *vi* to exhibit **Aussteller(in)** *m(f)* **a)** (*auf Messe*) exhibitor; **b)** (*von Dokument*) issuer **Ausstellung** *f* **a)** (≈ *Messe*) exhibition; (≈ *Blumenausstellung etc*) show; **b)** (*von Rezept, Rechnung*) making out; (*behördlich*) issuing **Ausstellungsdatum** *n* date of issue **Ausstellungsgelände** *n* exhibition site **Ausstellungshalle** *f* exhibition hall **Ausstellungsstück** *n* exhibit
ausstempeln *vi* (*bei Arbeitsende*) to clock out *od* off
aussterben *vi* to die out; → ***ausgestorben*** **Aussterben** *n* extinction; ***im ~ begriffen*** dying out
Aussteuer *f* dowry
Ausstieg *m* **a)** (*aus Bus, Zug etc*) getting off; (*fig: aus Gesellschaft*) opting out (*aus* of); ***der ~ aus der Kernenergie*** abandoning nuclear energy; **b)** (*a.* **Ausstiegluke**) escape hatch
ausstopfen *vt* to stuff
Ausstoß *m* (≈ *Produktion*) output **ausstoßen** *vt* **a)** (≈ *äußern*) to utter; *Schrei* to give; *Seufzer* to heave; **b)** (≈ *ausschließen*) to expel (*aus* from); ***jdn aus der Gesellschaft ~*** to banish sb from society; **c)** (≈ *herausstoßen*) to eject; *Gas etc* to give off; (≈ *herstellen*) to turn out
ausstrahlen *vt* to radiate; RADIO, TV to broadcast **Ausstrahlung** *f* radiation; (RADIO, TV) broadcast(ing); (*von Mensch*) charisma
ausstrecken **1.** *vt* to extend (*nach* towards) **2.** *vr* to stretch (oneself) out
ausstreichen *vt Geschriebenes* to cross out
ausströmen *vi* (≈ *herausfließen*) to stream out (*aus* of); (≈ *entweichen*) to escape (*aus* from)
aussuchen *vt* (≈ *auswählen*) to choose; → ***ausgesucht***
Austausch *m* exchange; (≈ *Ersatz*) replacement; SPORT substitution; ***im ~ für*** *od* ***gegen*** in exchange for **austauschbar** *Adj* exchangeable **austauschen** *vt* to exchange (*gegen* for); (≈ *ersetzen*) to replace (*gegen* with) **Austauschmotor** *m* replacement engine **Austauschstudent(in)** *m(f)* exchange student
austeilen *vt* to distribute (*unter +Dat, an +Akk* among); *Spielkarten* to deal (out); *Prügel* to administer
Auster *f* oyster **Austernbank** *f* oyster bed
austesten *vt* to test; IT *Programm etc* to debug
austoben *vr* (*Mensch*) to let off steam; (≈ *sich müde machen*) to tire oneself out
austragen **1.** *vt* **a)** *Wettkampf etc* to hold; ***einen Streit mit jdm ~*** to have it out with sb; **b)** *Post etc* to deliver; **c)** ***ein Kind ~*** to carry a child (through)

to full term **2.** *vr* to sign out **Austragungsort** *m* SPORT venue
Australien *n* Australia **Australier(in)** *m(f)* Australian **australisch** *Adj* Australian
austreiben *vt* (≈ *vertreiben*) to drive out; *Teufel etc* to exorcise
austreten 1. *vi* **a)** (≈ *herauskommen*) to come out (*aus* of); (*Gas etc*) to escape (*aus* from, through); **b)** (≈ *ausscheiden*) to leave (*aus etw* sth); **c)** (≈ *zur Toilette gehen*) to go to the toilet (*bes Brit*) **2.** *vt Spur, Feuer etc* to tread out; *Schuhe* to wear out of shape
austricksen *vt* (*umg*) to trick
austrinken *vti* to finish
Austritt *m* **a)** (*von Flüssigkeit*) outflow; (≈ *das Entweichen*) escape; **b)** (≈ *das Ausscheiden*) leaving *ohne Artikel* (*aus etc* sth)
austrocknen 1. *vi* to dry out; (*Fluss etc*) to dry up **2.** *vt* (≈ *trockenlegen*) *Sumpf* to drain
austüfteln *vt* (*umg*) to work out
ausüben *vt* **a)** *Beruf* to practise (*Brit*), to practice (*US*); *Funktion* to perform; *Amt* to hold; **b)** *Druck*, *Einfluss* to exert (*auf +Akk* on); *Macht* to exercise; ***einen Reiz auf jdn ~*** to have an attraction for sb
ausufern *vi* (*fig*) to get out of hand
Ausverkauf *m* (clearance) sale; ***etw im ~ kaufen*** to buy sth at the sale(s) **ausverkauft** *Adj* sold out; ***vor ~em Haus spielen*** to play to a full house
Auswahl *f* selection (*an +Dat* of); (≈ *Wahl*) choice; SPORT representative team; ***drei Bewerber stehen zur ~*** there are three applicants to choose from; ***eine ~ treffen*** to make a selection **auswählen** *vt* to select (*unter +Dat* from among); ***sich*** (*Dat*) ***etw ~*** to select sth (for oneself)
Auswanderer *m*, **Auswanderin** *f* emigrant **auswandern** *vi* to emigrate (*nach, in +Akk* to) **Auswanderung** *f* emigration
auswärtig *Adj* **a)** (≈ *nicht ansässig*) nonlocal; **b)** POL foreign; ***der ~e Dienst*** the foreign service; ***das Auswärtige Amt*** the Foreign Office (*Brit*), the State Department (*US*) **auswärts** *Adv* **a)** (≈ *nach außen*) outwards; **b)** (≈ *außerhalb der Stadt*) out of town; SPORT away; ***~ essen*** to eat out **Auswärtsniederlage** *f* SPORT away defeat **Auswärtssieg** *m* SPORT away win *od* victory **Auswärtsspiel** *n* SPORT away (game)
auswechseln *vt* to change; (*bes gegenseitig*) to exchange; (≈ *ersetzen*) to replace; SPORT to substitute (*gegen* for); ***sie ist wie ausgewechselt*** she's a different person **Auswechselspieler(in)** *m(f)* substitute **Auswechs(e)lung** *f* exchange; (≈ *Ersatz*) replacement; SPORT substitution
Ausweg *m* way out; ***der letzte ~*** a last resort **ausweglos** *Adj* (*fig*) hopeless
ausweichen *vi* to get out of the way (*+Dat* of); (≈ *Platz machen*) to make way (*+Dat* for); ***einer Sache*** (*Dat*) ***~*** (*wörtl*) to avoid sth; (*fig*) to evade sth; ***eine ~de Antwort*** an evasive answer **Ausweichmanöver** *n* evasive action *od* manoeuvre (*Brit*) *od* maneuver (*US*)
ausweinen 1. *vr* to have a (good) cry; ***sich bei jdm ~*** to have a cry on sb's shoulder **2.** *vt* ***sich*** (*Dat*) ***die Augen ~*** to cry one's eyes *od* heart out (*nach* over)
Ausweis *m* card; (≈ *Personalausweis*) identity card; ***~, bitte*** your papers please **ausweisen 1.** *vt* (*aus dem Lande*) to expel **2.** *vr* (*mit Ausweis*) to identify oneself; ***können Sie sich ~?*** do you have any means of identification? **Ausweiskontrolle** *f* identity check **Ausweispapiere** *Pl* identity papers *Pl* **Ausweisung** *f* expulsion
ausweiten 1. *vt* to widen; (*fig*) to expand (*zu* into) **2.** *vr* to widen; (*fig*) to expand (*zu* into); (≈ *sich verbreiten*) to spread
auswendig *Adv* by heart; ***etw ~ können/lernen*** to know/learn sth (off) by heart
auswerfen *vt Anker, Netz* to cast; *Lava, Asche* to throw out
auswerten *vt* (≈ *bewerten*) to evaluate; (≈ *analysieren*) to analyse **Auswertung** *f* (≈ *Bewertung*) evaluation; (≈ *Analyse*) analysis
auswickeln *vt* to unwrap
auswirken *vr* to have an effect (*auf +Akk* on); ***sich günstig/negativ ~*** to have a favourable (*Brit*) *od* favorable (*US*)/negative effect **Auswirkung** *f* (≈ *Folge*) consequence; (≈ *Wirkung*)

effect
auswischen *vt* to wipe out; ***jdm eins ~*** (*umg, aus Rache*) to get back at sb
auswringen *vt* to wring out
Auswuchs *m* (out)growth; (*fig*) product
auswuchten *vt Räder* to balance
auszahlen **1.** *vt Geld etc* to pay out; *Gläubiger* to pay off; *Miterben* to buy out **2.** *vr* (≈ *sich lohnen*) to pay (off)
auszählen *vt Stimmen* to count (up); BOXEN to count out
Auszahlung *f* (*von Geld*) paying out; (*von Gläubiger*) paying off
Auszählung *f* (*von Stimmen etc*) counting (up)
auszeichnen **1.** *vt* **a)** *Waren* to label; **b)** (≈ *ehren*) to honour (*Brit*), to honor (*US*); ***jdn mit einem Orden ~*** to decorate sb (with a medal); **c)** (≈ *hervorheben*) to distinguish **2.** *vr* to stand out (*durch* due to); → ***ausgezeichnet***
Auszeichnung *f* **a)** (*von Waren*) labelling (*Brit*), labeling (*US*); (*mit Preisschild*) pricing; **b)** (≈ *Ehrung*) honour (*Brit*), honor (*US*); (≈ *Orden*) decoration; (≈ *Preis*) award; ***mit ~ bestehen*** to pass with distinction
ausziehen **1.** *vt* **a)** *Kleider, Schuhe* to take off; *jdn* to undress; ***sich*** (*Dat*) ***etw ~*** to take off sth; **b)** (≈ *herausziehen*) to pull out **2.** *vr* to undress **3.** *vi* (*aus einer Wohnung*) to move (*aus* out of); ***auf Abenteuer ~*** to set off in search of adventure
Auszubildende(r) *mf* trainee
Auszug *m* **a)** (≈ *das Weggehen*) departure; (*zeremoniell*) procession; (*aus der Wohnung*) move; **b)** (≈ *Ausschnitt*) excerpt; (*aus Buch*) extract; (≈ *Kontoauszug*) statement **auszugsweise** *Adv* in extracts
autark *Adj* self-sufficient; WIRTSCH autarkic
authentisch *Adj* authentic
Autismus *m* autism **Autist(in)** *m(f)* autistic child/person **autistisch** **1.** *Adj* autistic **2.** *Adv* autistically
Auto *n* car; ***~ fahren*** (*selbst*) to drive (a car); ***mit dem ~ fahren*** to go by car **Autoabgase** *Pl* VERKEHR car emissions *Pl* **Autoatlas** *m* road atlas **Autobahn** *f* motorway (*Brit*), interstate (highway *od* freeway) (*US*); (*bes in Deutschland*) autobahn **Autobahnauffahrt** *f* motorway *etc* access road, freeway on-ramp (*US*) **Autobahnausfahrt** *f* motorway *etc* exit **Autobahndreieck** *n* motorway *etc* merging point **Autobahngebühr** *f* toll **Autobahnkreuz** *n* motorway *etc* intersection **Autobahnraststätte** *f* motorway service area (*Brit*), rest area (*US*) **Autobiografie** *f* autobiography **autobiografisch** **1.** *Adj* autobiographical **2.** *Adv* autobiographically **Autobombe** *f* car bomb **Autobus** *m* bus; (≈ *Reiseomnibus*) coach (*Brit*), bus **Autodidakt(in)** *m(f)* self-educated person **autodidaktisch** *Adj* self-taught *kein Adv* **Autodieb(in)** *m(f)* car thief **Autodiebstahl** *m* car theft **Autofähre** *f* car ferry **Autofahren** *n* driving (a car); (*als Mitfahrer*) driving in a car **Autofahrer(in)** *m(f)* (car) driver **autofrei** *Adj* car-free **Autofriedhof** *m* (*umg*) car dump **autogen** *Adj* autogenous; ***~es Training*** PSYCH relaxation through self-hypnosis **Autogramm** *n* autograph **Autohändler(in)** *m(f)* car *od* automobile (*US*) dealer **Autoimmunerkrankung** *f* MED autoimmune disease **Autokino** *n* drive-in cinema (*Brit*), drive-in movie theater (*US*) **Automat** *m* machine; (≈ *Verkaufsautomat*) vending machine; (≈ *Roboter*) robot; (≈ *Spielautomat*) slot machine
Automatik[1] *m* AUTO automatic
Automatik[2] *f* **a)** automatic mechanism; **b)** (≈ *Gesamtanlage*) automatic system; AUTO automatic transmission **Automatikwagen** *m* automatic **automatisch** **1.** *Adj* automatic **2.** *Adv* automatically
Automechaniker(in) *m(f)* car mechanic **Automobilausstellung** *f* motor show **Automobilindustrie** *f* automotive industry **autonom** *Adj* autonomous **Autonome(r)** *mf* POL independent **Autonomie** *f* autonomy (*auch fig*) **Autonummer** *f* (car) number **Autopilot** *m* FLUG autopilot
Autopsie *f* MED autopsy
Autor *m* author
Autoradio *n* car radio **Autoreifen** *m* car tyre (*Brit*) *od* tire (*US*) **Autorennen** *n* (motor) race **Autoreverse-Funktion** *f* auto-reverse (function)
Autorin *f* author, authoress

autoritär **1.** *Adj* authoritarian **2.** *Adv* in an authoritarian manner **Autorität** *f* authority
Autoschlange *f* queue (*Brit*) *od* line of cars **Autoschlosser(in)** *m(f)* panel beater **Autoschlüssel** *m* car key **Autoskooter** *m* bumper car **Autosport** *m* motor sport **Autostopp** *m* hitchhiking **Autostrich** *m* (*umg*) *prostitution to car drivers* **Autostunde** *f* hour's drive **Autounfall** *m* car accident **Autoverleih** *m*, **Autovermietung** *f* car hire (*bes Brit*) *od* rental (*bes US*); (≈ *Firma*) car hire (*bes Brit*) *od* rental (*bes US*) firm **Autoversicherung** *f* car insurance **Autowaschanlage** *f* car wash
Autowerkstatt *f* garage, car repair shop (*US*)
Auwald *m* riverside woods *Pl od* forest
Avantgarde *f* (*geh*) (KUNST) avant-garde; POL vanguard **avantgardistisch** *Adj* avant-garde
Aversion *f* aversion (*gegen* to)
Avocado *f* avocado
Axt *f* axe (*Brit*), ax (*US*)
Ayatollah *m* ayatollah
Azalee *f* azalea
Azoren *Pl* GEOG Azores *Pl* **Azorenhoch** *n* METEO high over the Azores
Azteke *m*, **Aztekin** *f* Aztec
Azubi *m*, *Abk von* ***Auszubildende(r)***

B

B, b *n* B, b
Baby *n* baby **Babyausstattung** *f* layette **Babyjahr** *n* maternity leave (*for one year*) **Babyklappe** *f anonymous drop-off point for unwanted babies*
Babynahrung *f* baby food
Babypause *f* (*der Mutter*) maternity leave; (*des Vaters*) paternity leave; ***eine ~ einlegen*** to take *od* go on maternity/paternity leave
babysitten *vi* to babysit
Babysitter(in) *m(f)* babysitter
Babytragetasche *f* carrycot (*Brit*), traveling baby bed (*US*)
Bach *m* stream; ***den ~ heruntergehen*** (*umg*: *Firma etc*) to go down the tubes (*umg*)
Backblech *n* baking tray (*Brit*), baking pan (*US*)
Backbord *n* SEEF port (side) **backbord(s)** *Adv* SEEF on the port side
Backe *f* **a)** (≈ *Wange*) cheek; **b)** (*umg* ≈ *Hinterbacke*) buttock
backen **1.** *vt* to bake; ***gebackener Fisch*** fried fish; (*im Ofen*) baked fish **2.** *vi* to bake
Backenzahn *m* molar
Bäcker(in) *m(f)* baker; ***zum ~ gehen*** to go to the baker's **Bäckerei** *f* **a)** (≈ *Bäckerladen*) baker's (shop); (≈ *Backstube*) bakery; **b)** (≈ *Gewerbe*) baking trade **backfertig** *Adj* oven-ready **Backfett** *n* cooking fat **Backform** *f* baking tin (*Brit*) *od* pan (*US*) **Backhähnchen** *n*, **Backhendl** *n* (*südd, österr*) roast chicken **Backmischung** *f* cake mix **Backobst** *n* dried fruit **Backofen** *m* oven **Backpflaume** *f* prune **Backpulver** *n* baking powder **Backrohr** *n* (*österr* ≈ *Backofen*) oven
Backslash *m* IT backslash
Backstein *m* brick **Backwaren** *Pl* bread, cakes and pastries *Pl*
Bad *n* **a)** bath; (*im Meer etc*) swim; ***ein ~ nehmen*** to have a bath; **b)** (≈ *Badezimmer*) bathroom; ***Zimmer mit ~*** room with (private) bath; **c)** (≈ *Schwimmbad*) (swimming) pool; **d)** (≈ *Heilbad*) spa **Badeanzug** *m* swimsuit, bathing suit (*bes US*) **Badehose** *f* (swimming *od* bathing) trunks *Pl* **Badekappe** *f* swimming cap **Bademantel** *m* bathrobe, dressing gown (*Brit*) **Bademeister(in)** *m(f)* (*im Schwimmbad*) (pool) attendant **baden** **1.** *vi* (*in der Badewanne*) to have a bath; (*im Meer, Schwimmbad etc*) to swim; ***warm/kalt ~*** to have a hot/cold bath; ***~ gehen*** to go swimming; (*umg*) to come a cropper (*umg*) **2.** *vt* **a)** *Kind etc* to bath (*Brit*), to bathe (*US*); ***in Schweiß gebadet*** bathed in sweat; **b)** *Augen, Wunde etc* to bathe
Baden-Württemberg *n* Baden-Württemberg
Badeort *m* (≈ *Kurort*) spa; (≈ *Seebad*)

(seaside) resort **Badesachen** *Pl* swimming gear **Badesalz** *n* bath salts *Pl* **Badeschaum** *m* bubble bath **Badetuch** *n* bath towel **Badewanne** *f* bath (-tub) **Badewasser** *n* bath water **Badezeug** *n* swimming gear **Badezimmer** *n* bathroom

Badminton *n* badminton

baff *Adj* (*umg*) **~ *sein*** to be flabbergasted

BAföG *n*, *Abk von* ***Bundesausbildungsförderungsgesetz*** *student financial assistance scheme*; ***er kriegt ~*** he gets a grant

Bagatelle *f* trifle **Bagatellsache** *f* JUR petty case **Bagatellschaden** *m* minor damage

Bagger *m* excavator **baggern** **1.** *vti Graben* to excavate **2.** *vi* (*sl* ≈ *anmachen*) to pick up (*umg*) **Baggersee** *m artificial lake in quarry etc*

Baguette *n* baguette

Bahamas *Pl* Bahamas *Pl*

Bahn *f* **a)** (≈ *Weg*) path; (≈ *Fahrbahn*) carriageway; ***~ frei!*** make way!; ***die ~ ist frei*** (*fig*) the way is clear; ***von der rechten ~ abkommen*** to stray from the straight and narrow; ***jdn aus der ~ werfen*** (*fig*) to shatter sb; **b)** (≈ *Eisenbahn*) railway (*Brit*), railroad (*US*); (≈ *Zug*) train; (≈ *Straßenbahn*) tram (*bes Brit*), streetcar (*US*); ***mit der*** *od* ***per ~*** by train *od* rail/tram (*bes Brit*) *od* streetcar (*US*); **c)** SPORT track; (*in Schwimmbecken*) pool; (≈ *Kegelbahn*) (bowling) alley; **d)** PHYS, ASTRON orbit; (≈ *Geschossbahn*) trajectory; **e)** (≈ *Stoffbahn, Tapetenbahn*) length **Bahnarbeiter(in)** *m(f)* rail worker, railroader (*US*) **bahnbrechend** *Adj* pioneering **BahnCard®** *f* ≈ railcard **bahnen** *vt Pfad* to clear; ***jdm einen Weg ~*** to clear a way for sb; (*fig*) to pave the way for sb **Bahnfahrt** *f* rail journey **Bahnfracht** *f* rail freight **Bahnhof** *m* (railway (*Brit*) *od* railroad (*US*)) station; ***auf dem ~*** at the station; ***ich verstehe nur ~*** (*hum umg*) it's as clear as mud (to me) (*Brit umg*) **Bahnhofshalle** *f* (station) concourse; ***in der ~*** in the station **Bahnhofsmission** *f charitable organization for helping needy passengers* **bahnlagernd** *Adj*, *Adv* HANDEL ***etw ~ schicken*** to send sth to be picked up at the station (*bes Brit*) **Bahnlinie** *f* (railway (*Brit*) *od* railroad (*US*)) line **Bahnpolizei** *f* railway (*Brit*) *od* railroad (*US*) police **Bahnsteig** *m* platform **Bahnübergang** *m* level (*Brit*) *od* grade (*US*) crossing **Bahnverbindung** *f* train service

Bahrain *n* Bahrain

Bahre *f* (≈ *Krankenbahre*) stretcher; (≈ *Totenbahre*) bier

Baiser *n* meringue

Baisse *f* BÖRSE fall; (*plötzliche*) slump

Bakterie *f* germ; **~n** *Pl* bacteria *Pl* **bakteriologisch** *Adj* bacteriological; *Krieg* biological

Balance *f* balance **Balanceakt** *m* balancing act **balancieren** *vti* to balance

bald *Adv* **a)** soon; **~ *darauf*** soon afterwards; ***möglichst ~*** as soon as possible; ***bis ~!*** see you soon; **b)** (≈ *fast*) almost

Baldachin *m* canopy

baldig *Adj* quick; *Antwort* early **baldmöglichst** *Adv* as soon as possible

Baldrian *m* valerian

Balearen *Pl* ***die ~*** the Balearic Islands *Pl*

Balg[1] *m* (≈ *Tierhaut*) pelt

Balg[2] *m od n* (*pej umg* ≈ *Kind*) brat (*pej umg*)

balgen *vr* to scrap (*um* over) **Balgerei** *f* scrap

Balkan *m* ***der ~*** the Balkans *Pl*; ***auf dem ~*** in the Balkans **Balkanländer** *Pl* Balkan States

Balken *m* **a)** beam; (≈ *Querbalken*) joist; **b)** (≈ *Strich*) bar; **c)** (*an Waage*) beam **Balkendiagramm** *n* bar chart

Balkon *m* balcony

Ball[1] *m* ball; ***am ~ bleiben*** (*wörtl*) to keep (possession of) the ball; (*fig*) to stay on the ball

Ball[2] *m* (≈ *Tanzfest*) ball

Ballade *f* ballad

Ballast *m* ballast; (*fig*) burden **Ballaststoffe** *Pl* MED roughage *Sg*

ballen **1.** *vt Faust* to clench; *Lehm etc* to press (into a ball); → ***geballt*** **2.** *vr* (*Menschenmenge*) to crowd; (*Wolken*) to gather; (*Verkehr*) to build up

Ballen *m* **a)** bale; **b)** ANAT ball

Ballerina *f* ballerina

ballern *vi* (*umg*) to shoot; ***gegen die Tür ~*** to hammer on the door

Ballett *n* ballet **Balletttänzer(in)** *m(f)*

ballet dancer
Ballistik *f* ballistics *Sg* **ballistisch** *Adj* ballistic
Balljunge *m* TENNIS ball boy **Ballkleid** *n* ball dress **Ballmädchen** *n* (*Tennis*) ball girl
Ballon *m* balloon
Ballsaal *m* ballroom **Ballspiel** *n* ball game
Ballungsgebiet *n*, **Ballungsraum** *m* conurbation
Ballwechsel *m* SPORT rally
Balsam *m* balsam; (*fig*) balm
Baltikum *n* ***das ~*** the Baltic States *Pl* **baltisch** *Adj* Baltic *attr*
Balz *f* courtship display; (≈ *Paarungszeit*) mating season **balzen** *vi* to perform the courtship display
Bambus *m* bamboo **Bambusrohr** *n* bamboo cane **Bambussprossen** *Pl* bamboo shoots *Pl*
Bammel *m* (*umg*) ***(einen) ~ vor jdm/etw haben*** to be scared of sb/sth
banal *Adj* banal **Banalität** *f* **a)** banality; **b)** (*Äußerung*) platitude
Banane *f* banana **Bananenrepublik** *f* (POL *pej*) banana republic **Bananenschale** *f* banana skin
Banause *m*, **Banausin** *f* (*pej*) peasant (*umg*)
Band[1] *n* **a)** (≈ *Seidenband etc*) ribbon; (≈ *Maßband, Zielband*) tape; (≈ *Haarband*) band; **b)** (≈ *Tonband*) tape; ***etw auf ~ aufnehmen*** to tape sth; **c)** (≈ *Fließband*) conveyor belt; (≈ *Montageband*) assembly line; ***am laufenden ~*** (*fig*) nonstop; **d)** RADIO wavelength; **e)** ANAT ligament
Band[2] *m* (≈ *Buchband*) volume; ***das spricht Bände*** that speaks volumes
Band[3] *f* MUS band
Bandage *f* bandage; ***mit harten ~n kämpfen*** (*fig umg*) to fight with no holds barred **bandagieren** *vt* to bandage (up)
Bandbreite *f* **a)** RADIO waveband; **b)** (*fig*) range
Bande[1] *f* gang; (*umg* ≈ *Gruppe*) bunch (*umg*)
Bande[2] *f* SPORT barrier; BILLARD cushion
Bänderriss *m* torn ligament **Bänderzerrung** *f* pulled ligament
bändigen *vt* (≈ *zähmen*) to tame; (≈ *niederhalten*) to subdue; (≈ *zügeln*) to control; *Naturgewalten* to harness
Bandit(in) *m(f)* bandit; ***einarmiger ~*** one-armed bandit
Bandmaß *n* tape measure **Bandnudeln** *Pl* ribbon noodles *Pl* **Bandscheibe** *f* ANAT (intervertebral) disc **Bandscheibenschaden** *m* slipped disc **Bandwurm** *m* tapeworm
bang(e) *Adj* (≈ *ängstlich*) scared; *Augenblicke auch* anxious **Bange** *f* (*bes nordd*) ***jdm ~ machen*** to scare sb; ***nur keine ~!*** (*umg*) don't worry **bangen** *vi* to worry (*um* about); ***um jds Leben ~*** to fear for sb's life
Bangladesch *n* Bangladesh
Banjo *n* banjo
Bank[1] *f* (≈ *Sitzbank*) bench; (≈ *Kirchenbank*) pew; (≈ *Parlamentsbank*) bench; ***(alle) durch die ~ (weg)*** (*umg*) the whole lot (of them) (*umg*); ***etw auf die lange ~ schieben*** (*umg*) to put sth off
Bank[2] *f* FINANZ bank; ***Geld auf der ~ (liegen) haben*** to have money in the bank; ***die ~ sprengen*** to break the bank **Bankautomat** *m* cash dispenser (*Brit*), ATM

Bank: bank oder bench?

Bank (≈ *Geldinstitut*)	**bank**
(Sitz)bank (≈ *Sitzgelegenheit*)	**bench**

She has some money <u>in</u> the bank.

I like sitting <u>on</u> a bench in Hyde Park.

Bankdrücken *n* SPORT bench press
Bänkelsänger *m* ballad singer
Banker(in) *m(f)* banker
Bankett[1] *n* (≈ *Festessen*) banquet
Bankett[2] *n*, **Bankette** *f* (*an Straßen*) verge (*Brit*), shoulder (*US*); (*an Autobahnen*) (hard) shoulder; ***„Bankette nicht befahrbar"*** "soft verges (*Brit*) *od* shoulder (*US*)"
Bankfach *n* **a)** (≈ *Beruf*) banking; **b)** (≈ *Schließfach*) safety-deposit box **Bankgebühr** *f* bank charge **Bankgeheimnis** *n* confidentiality in banking **Bankhalter(in)** *m(f)* (*bei Glücksspielen*) banker **Bankier** *m* banker **Bankkarte**

f bank card **Bankkauffrau** *f*, **Bankkaufmann** *m* (qualified) bank clerk **Bankkonto** *n* bank account **Bankleitzahl** *f* (bank) sort code (*Brit*) **Banknote** *f* banknote, bill (*US*) **Bankomat** *m* (*österr*) cash machine, ATM **Bankraub** *m* bank robbery **Bankräuber(in)** *m(f)* bank robber

bankrott *Adj* bankrupt; *Mensch*, *Politik* discredited **Bankrott** *m* bankruptcy; (*fig*) breakdown; **~ machen** to go bankrupt **bankrottgehen** *vi* to go bankrupt

Banküberfall *m* bank raid **Bankverbindung** *f* banking arrangements *Pl*; ***geben Sie bitte Ihre ~ an*** please give your account details **Bankwesen** *n* ***das ~*** banking

Bann *m* **a)** spell; ***im ~ eines Menschen stehen*** to be under sb's spell; **b)** (HIST ≈ *Kirchenbann*) excommunication **bannen** *vt* **a)** (*geh* ≈ *bezaubern*) to bewitch; **b)** *böse Geister* to exorcize; *Gefahr* to avert

Banner *n* banner (*auch* INTERNET)

Bantamgewicht *n* bantamweight

Baptist(in) *m(f)* Baptist

bar *Adj* **a)** cash; ***~es Geld*** cash; ***(in) ~ bezahlen*** to pay (in) cash; ***etw für ~e Münze nehmen*** (*fig*) to take sth at face value; **b)** (≈ *rein*) *Unsinn auch* utter

Bar *f* **a)** (≈ *Nachtlokal*) nightclub; **b)** (≈ *Theke*) bar

Bär *m* bear; ***der Große/Kleine ~*** ASTRON Ursa Major/Minor, the Big/Little Dipper; ***jdm einen ~en aufbinden*** (*umg*) to have (*Brit*) *od* put (*US*) sb on (*umg*)

Baracke *f* shack

Barbar(in) *m(f)* (*pej*) barbarian **Barbarei** *f* (*pej*) **a)** (≈ *Unmenschlichkeit*) barbarity; **b)** (≈ *Kulturlosigkeit*) barbarism **barbarisch** **1.** *Adj* (*pej*) (≈ *unmenschlich*) barbarous; (≈ *ungebildet*) barbaric **2.** *Adv quälen* brutally

Barbestand *m* HANDEL cash; (*in Buchführung*) cash in hand

Barbiturat *n* barbiturate

Barcode *m* barcode **Bardame** *f* barmaid **Bareinzahlung** *f* cash deposit

Bärenhunger *m* (*umg*) ***einen ~ haben*** to be famished (*umg*) **bärenstark** *Adj* **a)** strapping; **b)** (*umg*) terrific

barfuß, **barfüßig** barefooted

Bargeld *n* cash **bargeldlos** **1.** *Adj* cashless; ***~er Zahlungsverkehr*** payment by money transfer **2.** *Adv* without using cash **Barhocker** *m* (bar) stool

bärig (*österr umg*) **1.** *Adj* tremendous **2.** *Adv* tremendously

Bariton *m* baritone

Barkeeper *m* barman, bartender

Barkode *m* barcode

Bärlauch *m* BOT, KOCH bear's garlic

barmherzig *Adj* merciful; (≈ *mitfühlend*) compassionate **Barmherzigkeit** *f* mercy, mercifulness; (≈ *Mitgefühl*) compassion

Barmixer *m* barman

barock *Adj* baroque; *Einfälle* bizarre **Barock** *n od m* baroque

Barometer *n* barometer **Barometerstand** *m* barometer reading

Baron *m* baron **Baronin** *f* baroness

Barren *m* **a)** (≈ *Metallbarren*) bar; (≈ *bes Goldbarren*) ingot; **b)** SPORT parallel bars *Pl*

Barreserve *f* FINANZ cash reserve

Barriere *f* barrier

Barrikade *f* barricade; ***auf die ~n gehen*** to go to the barricades

barsch **1.** *Adj* brusque **2.** *Adv* brusquely

Barsch *m* bass; (≈ *Flussbarsch*) perch

Barscheck *m* uncrossed cheque (*Brit*), open check (*US*)

Bart *m* **a)** beard; (*von Katze, Robbe etc*) whiskers *Pl*; ***sich*** (*Dat*) ***einen ~ wachsen*** *od* ***stehen lassen*** to grow a beard; **b)** (*fig umg*) ***jdm um den ~ gehen*** to butter sb up (*umg*); ***der Witz hat einen ~*** that's an old chestnut; **c)** (≈ *Schlüsselbart*) bit **bärtig** *Adj* bearded **Bartstoppeln** *Pl* stubble *Sg*

Barverkauf *m* cash sales *Pl*; ***ein ~*** a cash sale **Barvermögen** *n* liquid assets *Pl* **Barzahlung** *f* payment in cash; ***(Verkauf) nur gegen ~*** cash (sales) only

Basar *m* bazaar; ***auf dem ~*** in the bazaar

Base *f* CHEM base

Baseballmütze *f* baseball cap **Baseballschläger** *m* baseball bat

Basel *n* Basle, Basel

basieren **1.** *vi* to be based (*auf* +*Dat* on) **2.** *vt* to base (*auf* +*Akk* on)

Basilika *f* basilica

Basilikum *n* basil

Basis *f* basis; ***auf breiter ~*** on a broad

basis; ***die ~*** (*umg*) the grass roots (level) **Basisdemokratie** *f* grass-roots democracy **Basislager** *n* base camp **Basisstation** *f* TELEK base station
Baskenland *n* Basque region **Baskenmütze** *f* beret
Basketball *m* basketball
baskisch *Adj* Basque
Bass *m* bass **Bassgitarre** *f* bass guitar
Bassin *n* (≈ *Schwimmbassin*) pool
Bassist *m* (≈ *Sänger*) bass (singer) **Bassist(in)** *m(f)* (*im Orchester etc*) bass player **Bassschlüssel** *m* bass clef **Bassstimme** *f* bass (voice); (≈ *Partie*) bass (part)
Bast *m* (*zum Binden, Flechten*) raffia; BOT bast
basta *Interj* **(und damit) *~!*** (and) that's that
Bastard *m* **a)** (*pej*) bastard; **b)** (BIOL ≈ *Kreuzung* ≈ *Pflanze*) hybrid; (≈ *Tier*) cross(breed)
Bastelei *f* (*umg*) handicraft **basteln** **1.** *vi* **a)** (*als Hobby*) to make things with one's hands; (≈ *Handwerksarbeiten herstellen*) to do handicrafts; ***sie kann gut ~*** she is good with her hands; **b)** ***an etw*** (*Dat*) ***~*** to make sth; (≈ *herumbasteln*) to mess around with sth **2.** *vt* to make **Basteln** *n* handicrafts *Pl*
Bastion *f* bastion
Bastler(in) *m(f)* (*von Möbeln etc*) do-it-yourselfer; ***ein guter ~ sein*** to be good with one's hands
Bataillon *n* (MIL, *fig*) battalion
Batik *f* batik
Batist *m* batiste
Batterie *f* battery **batteriebetrieben** *Adj* battery-powered
Bau *m* **a)** (≈ *das Bauen*) building; ***sich im ~ befinden*** to be under construction; ***mit dem ~ beginnen*** to begin building; **b)** (≈ *Aufbau*) structure; **c)** (≈ *Baustelle*) building site; ***auf dem ~ arbeiten*** to work on a building site; **d)** (≈ *Gebäude*) building; (≈ *Bauwerk*) construction; **e)** (≈ *Erdhöhle*) burrow; (≈ *Fuchsbau*) den; (≈ *Dachsbau*) set(t) **Bauarbeiten** *Pl* building work *Sg*; (≈ *Straßenbau*) roadworks *Pl* (*Brit*), road construction (*US*) **Bauarbeiter(in)** *m(f)* building worker **Baubranche** *f* building trade
Bauch *m* **a)** (*von Mensch*) stomach; ANAT abdomen; (*von Tier*) belly; (≈ *Fettbauch*) paunch; ***ihm tat der ~ weh*** he had stomach ache; ***sich*** (*Dat*) ***den ~ vollschlagen*** (*umg*) to stuff oneself (*umg*); ***ein voller ~ studiert nicht gern*** (*Sprichw*) you can't study on a full stomach; ***einen dicken ~ haben*** (*sl* ≈ *schwanger sein*) to have a bun in the oven (*umg*); ***etw aus dem ~ heraus entscheiden*** to decide sth according to (a gut) instinct; ***mit etw auf den ~ fallen*** (*umg*) to fall flat on one's face with sth (*umg*); **b)** (≈ *Wölbung, Hohlraum*) belly
Bauchansatz *m* beginning(s) of a paunch **Bauchfell** *n* ANAT peritoneum **Bauchfellentzündung** *f* peritonitis **bauchfrei** *Adj* ***~es Shirt*** *od* ***Top*** crop (-ped) top **Bauchgrimmen** *n* (*umg*) tummy ache (*umg*) **Bauchhöhle** *f* abdominal cavity **Bauchhöhlenschwangerschaft** *f* ectopic pregnancy **bauchig** *Adj Gefäß* bulbous **Bauchlandung** *f* (*umg*) (FLUG) belly landing; (*bei Sprung ins Wasser*) belly flop (*umg*) **Bauchmuskel** *m* stomach muscle **Bauchmuskulatur** *f* stomach muscles *Pl* **Bauchnabel** *m* navel, bellybutton (*umg*) **Bauchpressen** *Pl* SPORT crunches *Pl* **Bauchredner(in)** *m(f)* ventriloquist **Bauchschmerzen** *Pl* stomach ache; (*fig*) anguish; ***jdm ~ bereiten*** (*fig*) to cause sb major problems **Bauchspeicheldrüse** *f* pancreas **Bauchtanz** *m* belly dancing; (*einzelner Tanz*) belly dance **Bauchtänzerin** *f* belly dancer **Bauchweh** *n* stomach ache
Baudenkmal *n* historical monument
Baud-Rate *f* IT baud rate
bauen **1.** *vt* **a)** to build; ***sich*** (*Dat*) ***ein Haus ~*** to build oneself a house; → ***gebaut***; **b)** (*umg* ≈ *verursachen*) *Unfall* to cause **2.** *vi* **a)** to build; ***wir haben neu gebaut*** we built a new house; ***hier wird viel gebaut*** there is a lot of building going on around here; **b)** (≈ *vertrauen*) ***auf jdn/etw ~*** to rely on sb/sth
Bauer[1] *m* **a)** (≈ *Landwirt*) farmer; (*pej*) (country) bumpkin; **b)** SCHACH pawn; KARTEN jack, knave
Bauer[2] *n od m* (≈ *Käfig*) (bird)cage
Bäuerin *f* **a)** (≈ *Frau des Bauern*) farmer's wife; **b)** (≈ *Landwirtin*) farmer
bäuerlich *Adj* rural; (≈ *ländlich*) country *attr* **Bauernbrot** *n* coarse

rye bread **Bauernfänger(in)** *m(f)* (*umg*) con man/woman (*umg*) **Bauernhof** *m* farm **Bauernregel** *f* country saying **Bauersfrau** *f* farmer's wife

baufällig *Adj* dilapidated; *Decke* unsound **Baufälligkeit** *f* dilapidation **Baufirma** *f* building contractor **Baugenehmigung** *f* planning and building permission **Baugewerbe** *n* building and construction trade **Bauherr(in)** *m(f)* client (*for whom sth is being built*) **Bauholz** *n* building timber **Bauindustrie** *f* building and construction industry **Bauingenieur(in)** *m(f)* civil engineer **Baujahr** *n* year of construction; (*von Auto*) year of manufacture; ***VW ~ 98*** 1998 VW **Baukasten** *m* building kit **Baukastensystem** *n* TECH modular construction system **Bauklotz** *m* (building) brick **Bauland** *n* building land; (*für Stadtplanung*) development area **Bauleiter(in)** *m(f)* (building) site manager **baulich** **1.** *Adj* structural; ***in gutem/schlechtem ~em Zustand*** structurally sound/unsound **2.** *Adv* structurally **Baulücke** *f* empty site

Baum *m* tree; ***auf dem ~*** in the tree

Baumarkt *m* property market; (≈ *Geschäft für Heimwerker*) DIY superstore **Baumaterial** *n* building material

baumeln *vi* to dangle (*an +Dat* from)

Baumgrenze *f* tree line **baumhoch** *Adj* tree-high **Baumkrone** *f* treetop **baumlos** *Adj* treeless **Baumschere** *f* (tree) pruning shears *Pl* **Baumschule** *f* tree nursery **Baumstamm** *m* tree trunk **Baumwolle** *f* cotton; ***ein Hemd aus ~*** a cotton shirt **baumwollen** *Adj* cotton

Bauplan *m* building plan; (BIOL: *genetischer, biologischer etc*) blueprint **Bauplatz** *m* site (for building) **Baupolizei** *f* building control department (*Brit*), Board of Works (*US*) **Bausatz** *m* kit

Bausch *m* (≈ *Wattebausch*) ball; ***in ~ und Bogen*** lock, stock and barrel **bauschen** **1.** *vr* **a)** (≈ *sich aufblähen*) to billow (out); **b)** (*Kleidungsstück*) to puff out **2.** *vt Segel, Vorhänge* to fill, to swell **bauschig** *Adj Rock, Vorhänge* full; *Watte* fluffy

bausparen *vi* to save with a building society (*Brit*) *od* building and loan association (*US*) **Bausparer(in)** *m(f)* saver with a building society (*Brit*) *od* building and loan association (*US*) **Bausparkasse** *f* building society (*Brit*), building and loan association (*US*) **Bausparvertrag** *m* savings contract with a building society (*Brit*) *od* building and loan association (*US*)

Baustein *m* stone; (*Spielzeug*) brick; (≈ *elektronischer Baustein*) chip; (*fig* ≈ *Bestandteil*) building block; TECH module **Baustelle** *f* building site; (*bei Straßenbau*) roadworks *Pl* (*Brit*), road construction (*US*) **Baustil** *m* architectural style **Baustoff** *m* building material **Baustopp** *m* ***einen ~ verordnen*** to impose a halt on building (projects) **Bausubstanz** *f* fabric; ***die ~ ist gut*** the house is structurally sound **Bauteil** *n* (≈ *Bauelement*) component **Bauunternehmer(in)** *m(f)* building contractor **Bauweise** *f* type of construction; (≈ *Stil*) style **Bauwerk** *n* construction; (≈ *Gebäude auch*) edifice **Bauwirtschaft** *f* building and construction industry **Bauzaun** *m* hoarding, fence

Bayer(in) *m(f)* Bavarian **bay(e)risch** *Adj* Bavarian **Bayern** *n* Bavaria

Bazi *m* (*österr umg*) rascal

Bazille *f* (*umg* ≈ *Bazillus*) bacillus; (≈ *Krankheitserreger*) germ **Bazillenträger(in)** *m(f)* carrier

beabsichtigen *vt* to intend; ***das hatte ich nicht beabsichtigt*** I didn't mean it to happen; ***die beabsichtigte Wirkung*** the desired effect

beachten *vt* **a)** (≈ *befolgen*) to heed; *Vorschrift, Verkehrszeichen* to comply with; *Regel* to follow; **b)** (≈ *berücksichtigen*) ***es ist zu ~, dass ...*** it should be taken into consideration that ...; **c)** ***jdn nicht ~*** to ignore sb; ***von der Öffentlichkeit kaum beachtet*** scarcely noticed by the public **beachtenswert** *Adj* remarkable **beachtlich** *Adj* considerable; *Erfolg* notable; *Talent* remarkable; *Ereignis* significant **Beachtung** *f* **a)** (*von Vorschrift, Verkehrszeichen*) compliance (*+Gen* with); **b)** (≈ *Berücksichtigung*) consideration; **c)** ***jdm/einer Sache ~ schenken*** to pay attention to sb/sth; ***jdm keine ~ schenken*** to ignore sb

Beamer *m* TECH, OPT digital *od* LCD

projector
Beamtenapparat *m* bureaucracy **Beamtenschaft** *f* civil servants *Pl* **Beamtenverhältnis** *n* ***im ~ stehen*** to be a civil servant **Beamte(r)** *m*, **Beamtin** *f* official; (≈ *Staatsbeamte*) civil servant; (≈ *Zollbeamte*) official; (≈ *Polizeibeamte*) officer
beängstigen *vt* (*geh*) to alarm, to scare **beängstigend** *Adj* alarming
beanspruchen *vt* **a)** (≈ *fordern*) to claim; **b)** (≈ *erfordern*) to take; *Aufmerksamkeit* to demand; (≈ *benötigen*) to need; **c)** (≈ *ausnützen*) to use; *jds Hilfe* to ask for; **d)** ***ihr Beruf beansprucht sie ganz*** her job is extremely demanding
beanstanden *vt* to query; ***er hat an allem etwas zu ~*** he has complaints about everything **Beanstandung** *f* complaint (+*Gen* about); ***zu ~en Anlass geben*** (*förml*) to give cause for complaint
beantragen *vt* to apply for (*bei* to); JUR *Strafe* to demand; (≈ *vorschlagen*: *in Debatte etc*) to move
beantworten *vt* to answer; ***jdm eine Frage ~*** to answer sb's question **Beantwortung** *f* answer (+*Gen* to); (*von Anfrage*, *Brief auch*) reply (+*Gen* to)
bearbeiten *vt* **a)** (≈ *behandeln*) to work on; *Stein*, *Holz* to work; **b)** (≈ *sich befassen mit*) to deal with; *Fall* to handle; **c)** (≈ *redigieren*) to edit; (≈ *neu bearbeiten*) to revise; *Musikstück* to arrange; **d)** (*umg* ≈ *einreden auf*) *jdn* to work on **Bearbeitung** *f* **a)** (≈ *Behandlung*) working (on); (*von Stein*, *Holz*) dressing; **b)** (*von Antrag etc*) dealing with; (*von Fall*) handling; **c)** (≈ *Redigieren*) editing; (≈ *Neubearbeitung*) revising; (*von Musik*) arrangement; (≈ *bearbeitete Ausgabe etc*) edition, revision, arrangement **Bearbeitungsgebühr** *f* handling charge
beatmen *vt* ***jdn künstlich ~*** to keep sb breathing artificially **Beatmung** *f* artificial respiration
beaufsichtigen *vt* to supervise; *Kind* to look after
beauftragen *vt* **a)** (≈ *heranziehen*) to engage; *Firma* to hire; *Architekten* to commission; **b)** (≈ *anweisen*) ***wir sind beauftragt, das zu tun*** we have been instructed to do that **Beauftragte(r)** *mf* representative
bebauen *vt* **a)** *Grundstück* to develop; **b)** LANDW to cultivate; *Land* to farm
beben *vi* to shake **Beben** *n* (≈ *Zittern*) shaking; (≈ *Erdbeben*) earthquake
bebildern *vt* to illustrate
Becher *m* cup; (≈ *bes aus Porzellan*, *mit Henkel*) mug; (≈ *Joghurtbecher etc*) carton; (≈ *Eisbecher*) tub
Becken *n* **a)** basin; (≈ *Abwaschbecken*) sink; (≈ *Schwimmbecken*) pool; (≈ *Fischbecken*) pond; **b)** ANAT pelvis; ***ein breites ~*** broad hips; **c)** MUS cymbal
bedacht *Adj* **a)** (≈ *überlegt*) prudent; **b)** ***auf etw*** (*Akk*) ***~ sein*** to be concerned about sth; → ***bedenken*** **Bedacht** *m* (*geh*) ***mit ~*** (≈ *vorsichtig*) prudently; (≈ *absichtlich*) deliberately **bedächtig** *Adj* deliberate; (≈ *besonnen*) thoughtful
bedanken *vr* to say thank you; ***sich bei jdm (für etw) ~*** to thank sb (for sth); ***ich bedanke mich herzlich*** thank you very much; ***dafür*** *od* ***für dergleichen wird er sich ~*** (*iron umg*) he'll just love that (*iron*)
Bedarf *m* **a)** (≈ *Bedürfnis*) need (*an* +*Dat* for); ***bei ~*** as required; ***alles für den häuslichen ~*** all household requirements; ***an etw*** (*Dat*) ***~ haben*** to need sth; ***danke, kein ~*** (*iron umg*) no thank you; **b)** (HANDEL ≈ *Nachfrage*) demand (*an* +*Dat* for); (***je***) ***nach ~*** according to demand **Bedarfsgüter** *Pl* consumer goods *Pl* **Bedarfshaltestelle** *f* request (bus) stop
bedauerlich *Adj* regrettable **bedauerlicherweise** *Adv* regrettably **bedauern** *vt* **a)** to regret; ***wir ~, Ihnen mitteilen zu müssen, ...*** we regret to have to inform you ...; (***ich***) ***bedau(e)re!*** I am sorry; **b)** (≈ *bemitleiden*) to feel sorry for; ***sie ist zu ~*** one *od* you should feel sorry for her **Bedauern** *n* regret; (***sehr***) ***zu meinem ~*** (much) to my regret; ***mit ~ habe ich ...*** it is with regret that I ... **bedauernswert** *Adj Mensch* pitiful; *Zustand* deplorable
bedecken **1.** *vt* (≈ *zudecken*) to cover **2.** *vr* (*Himmel*) to become overcast **bedeckt** *Adj* **a)** (≈ *bewölkt*) overcast; **b)** ***sich ~ halten*** (*fig*) to keep a low

profile
bedenken *vt* **a)** (≈ *überlegen*) to consider; ***wenn man es recht bedenkt, ...*** if you think about it properly ...; **b)** (≈ *in Betracht ziehen*) to take into consideration; ***ich gebe zu ~, dass ...*** I would ask you to consider that ...; **c)** (*in Testament*) to remember; → ***bedacht*** **Bedenken** *n* (≈ *Zweifel*) doubt; ***~ haben*** to have one's doubts (*bei* about); ***ihm kommen ~*** he is having second thoughts **bedenkenlos** **1.** *Adj* **a)**; **b)** (≈ *skrupellos*) heedless of others; (≈ *unüberlegt*) thoughtless **2.** *Adv* (≈ *ohne Zögern*) unhesitatingly; (≈ *skrupellos*) unscrupulously; ***etw ~ tun*** (≈ *unüberlegt*) to do sth without thinking **bedenkenswert** *Adj* worth thinking about **bedenklich** **1.** *Adj* **a)** (≈ *zweifelhaft*) dubious; **b)** (≈ *besorgniserregend*) alarming; *Gesundheitszustand* serious; **c)** (≈ *besorgt*) apprehensive **2.** *Adv* ***~ zunehmen*** to rise alarmingly; ***jdn ~ stimmen*** to make sb (feel) apprehensive **Bedenkzeit** *f* ***jdm zwei Tage ~ geben*** to give sb two days to think about it
bedeuten *vt* to mean; MATHE, LING to stand for; ***was soll das ~?*** what does that mean?; ***das hat nichts zu ~*** it doesn't mean anything; (≈ *macht nichts aus*) it doesn't matter; ***Geld bedeutet mir nichts*** money means nothing to me **bedeutend** **1.** *Adj* **a)** (≈ *wichtig*) important; **b)** (≈ *groß*) *Summe, Erfolg* considerable **2.** *Adv* (≈ *beträchtlich*) considerably **bedeutsam** *Adj* **a)** (≈ *wichtig*) important; (≈ *folgenschwer*) significant (*für* for); **b)** (≈ *vielsagend*) meaningful **Bedeutung** *f* **a)** (≈ *Sinn*) meaning; **b)** (≈ *Wichtigkeit*) importance; (≈ *Tragweite*) significance; ***von ~ sein*** to be important; ***ohne ~*** of no importance; ***an ~ gewinnen/verlieren*** to gain/lose in importance **bedeutungslos** *Adj* **a)** (≈ *unwichtig*) insignificant; **b)** (≈ *nichts besagend*) meaningless **bedeutungsvoll** *Adj* = ***bedeutsam***
bedienen **1.** *vt* **a)** (*Verkäufer*) to serve; (*Kellner*) to wait on; ***werden Sie schon bedient?*** are you being served?; ***damit sind Sie sehr gut bedient*** that should serve you very well; ***ich bin bedient!*** (*umg*) I've had enough; **b)** (≈ *handhaben*) to operate; *Telefon* to answer **2.** *vi* (*in Geschäft, bei Tisch*) to serve **3.** *vr* (*bei Tisch*) ***bitte ~ Sie sich*** please help yourself **Bedienung** *f* (*in Restaurant etc*) service; (*von Maschinen*) operation; ***kommt denn hier keine ~?*** isn't anyone serving here? **Bedienungsanleitung** *f* operating instructions *Pl* **bedienungsfreundlich** *Adj* user-friendly
bedingen *vt* (≈ *bewirken*) to cause; (≈ *notwendig machen*) to necessitate; PSYCH, PHYSIOL to condition; ***sich gegenseitig ~*** to be mutually dependent **bedingt** **1.** *Adj* **a)** (≈ *eingeschränkt*) limited; **b)** (≈ *an Bedingung geknüpft*) *Straferlass* conditional **2.** *Adv* (≈ *eingeschränkt*) partly; ***~ tauglich*** MIL fit for limited duties; ***(nur) ~ gelten*** to be (only) partly valid **Bedingung** *f* **a)** (≈ *Voraussetzung*) condition; ***unter der ~, dass ...*** on condition that ...; ***unter keiner ~*** under no circumstances; ***etw zur ~ machen*** to make sth a condition; **b)** ***zu günstigen ~en*** HANDEL on favourable (*Brit*) *od* favorable (*US*) terms; **c)** **Bedingungen** *Pl* (≈ *Umstände*) conditions *Pl* **bedingungslos** **1.** *Adj Kapitulation* unconditional; *Gehorsam* unquestioning **2.** *Adv* unconditionally **Bedingungssatz** *m* conditional clause
bedrängen *vt Feind* to attack; (≈ *belästigen*) to plague; *Schuldner* to press (for payment); *Passanten, Mädchen* to pester; (≈ *bedrücken*: *Sorgen*) to beset; (≈ *heimsuchen*) to haunt
bedrohen *vt* to threaten; (≈ *gefährden*) to endanger; ***vom Aussterben bedroht*** in danger of becoming extinct **bedrohlich** **1.** *Adj* (≈ *gefährlich*) alarming; (≈ *Unheil verkündend*) menacing **2.** *Adv* dangerously; ***sich ~ verschlechtern*** to deteriorate alarmingly **Bedrohung** *f* threat (+*Gen* to)
bedrucken *vt* to print on; ***bedruckter Stoff*** printed fabric
bedrücken *vt* to depress; ***was bedrückt dich?*** what is (weighing) on your mind? **bedrückend** *Adj Anblick, Nachrichten* depressing; *Not* pressing
bedürfen *vi* +*Gen* (*geh*) to need; ***das bedarf keiner weiteren Erklärung*** there's no need for any further expla-

nation **Bedürfnis** *n* need; (≈ *Bedarf auch*) necessity; (*förml* ≈ *Anliegen*) wish; ***es war ihm ein ~, ...*** it was his wish to ... **bedürftig** *Adj* needy; ***einer Sache*** (*Gen*) ***~ sein*** (*geh*) to be in need of sth
Beefsteak *n* steak
beeiden *vt Aussage* to swear to **beeidigen** *vt* **a)** (≈ *beeiden*) to swear to; **b)** (JUR ≈ *vereidigen*) to swear in; ***beeidigte Dolmetscherin*** sworn interpreter
beeilen *vr* to hurry (up)
beeindrucken *vt* to impress **beeindruckend** *Adj* impressive
beeinflussen *vt* to influence; ***er ist schwer zu ~*** he is hard to influence **Beeinflussung** *f* influencing; (≈ *Einfluss*) influence (*durch* of)
beeinträchtigen *vt* **a)** (≈ *stören*) *Rundfunkempfang* to interfere with; **b)** (≈ *schädigen*) to damage; *Gesundheit* to impair; *Appetit, Wert* to reduce; **c)** (≈ *einschränken*) *Freiheit* to restrict **Beeinträchtigung** *f* **a)** (*von Rundfunkempfang*) interference (*+Gen* with); **b)** (*von Appetit*) reduction (*+Gen* of, in); (*von Gesundheit, Leistung*) impairment
beenden *vt* to end; *Arbeit etc* to finish; IT *Anwendung* to close; *Studium* to complete; ***etw vorzeitig ~*** to cut sth short **Beendigung** *f* ending; (≈ *Ende*) end; (≈ *Fertigstellung*) completion; (≈ *Schluss*) conclusion
beengen *vt* (*wörtl*) *Bewegung* to restrict; (*fig*) to stifle, to inhibit **beengt** **1.** *Adj* cramped, confined **2.** *Adv* ***~ wohnen*** to live in cramped conditions
beerben *vt* ***jdn ~*** to inherit sb's estate
beerdigen *vt* to bury **Beerdigung** *f* burial; (≈ *Beerdigungsfeier*) funeral
Beere *f* berry; (≈ *Weinbeere*) grape **Beerenauslese** *f* (≈ *Wein*) *wine made from specially selected grapes*
Beet *n* (≈ *Blumenbeet*) bed; (≈ *Gemüsebeet*) patch
befähigen *vt* to enable; (*Ausbildung*) to qualify **Befähigung** *f* (*durch Ausbildung*) qualifications *Pl*; (≈ *Können, Eignung*) capability
befahrbar *Adj Weg* passable; *Fluss* navigable; ***nicht ~ sein*** (*Straße*) to be closed (to traffic)
befahren[1] *vt Straße* to use; ***diese Straße wird stark/wenig ~*** this road is used a lot/isn't used much
befahren[2] *Adj* ***eine stark/wenig ~e Straße*** *etc* a much/little used road *etc*
befallen *vt* (≈ *infizieren*) to affect; (*Schädlinge*) to infest; (*Angst*) to grip
befangen *Adj* **a)** *Mensch* diffident; *Stille* awkward; **b)** (*bes* JUR ≈ *voreingenommen*) prejudiced; ***jdn als ~ ablehnen*** JUR to object to sb on grounds of suspected bias **Befangenheit** *f* **a)** (≈ *Verlegenheit*) diffidence; **b)** (≈ *Voreingenommenheit*) bias, prejudice
befassen *vr* ***sich mit jdm/etw ~*** to deal with sb/sth
Befehl *m* **a)** (≈ *Anordnung*) order (*an +Akk* to, *von* from); IT command; ***er gab (uns) den ~, ...*** he ordered us to ...; ***auf seinen ~ (hin)*** on his orders; ***~ ausgeführt!*** mission accomplished; ***~ ist ~*** orders are orders; ***dein Wunsch ist mir ~*** (*hum*) your wish is my command; **b)** (≈ *Befehlsgewalt*) command
befehlen **1.** *vt* to order **2.** *vi* (≈ *Befehle erteilen*) to give orders **befehligen** *vt* MIL to command **Befehlshaber(in)** *m(f)* commander **Befehlston** *m* peremptory tone **Befehlsverweigerung** *f* MIL refusal to obey orders
befestigen *vt* **a)** (≈ *anbringen*) to fasten (*an +Dat* to); ***etw an der Wand/Tür ~*** to attach sth to the wall/door; **b)** *Böschung* to reinforce; *Straße* to make up **Befestigung** *f* **a)** fastening; **b)** MIL fortification
befeuchten *vt* to moisten
befinden **1.** *vr* (≈ *sein*) to be; ***sich auf Reisen ~*** to be away **2.** *vt* (*förml* ≈ *erachten*) to deem (*förml*); ***etw für nötig ~*** to deem sth (to be) necessary; ***jdn für schuldig ~*** to find sb guilty **3.** *vi* (*geh* ≈ *entscheiden*) to decide; ***über etw ~*** to pass judgement on sth **Befinden** *n* (state of) health; (*eines Kranken*) condition **befindlich** *Adj* (*förml, an einem Ort*) situated; (*in Behälter*) contained; ***alle in der Bibliothek ~en Bücher*** all the books in the library
beflecken *vt* **a)** (*wörtl*) to stain; **b)** (*fig geh*) *Ruf, Ehre* to cast a slur on
beflügeln *vt* (*geh*) to inspire; ***der Gedanke an Erfolg beflügelte ihn*** the thought of success spurred him on
befolgen *vt Befehl etc* to obey; *Regel* to

follow; *Ratschlag* to take **Befolgung** *f* compliance (*+Gen* with); (*von Regel*) following; (*von Ratschlag*) taking; **~ der Vorschriften** obeying the rules

befördern *vt* **a)** *Waren* to transport; *Personen* to carry; *Post* to handle; **b)** (*dienstlich*) to promote; ***er wurde zum Major befördert*** he was promoted to (the rank of) major **Beförderung** *f* **a)** (≈ *Transport*) transportation; (*von Personen*) carriage; (*von Post*) handling; **b)** (*beruflich*) promotion

befrachten *vt* to load

befragen *vt* **a)** to question (*über +Akk, zu, nach* about); ***auf Befragen*** when questioned; **b)** (≈ *um Stellungnahme bitten*) to consult (*über +Akk, nach* about) **Befragung** *f* **a)** (≈ *das Befragen*) questioning; **b)** (*von Fachmann*) consultation (*+Gen* with *od* of); **c)** (≈ *Umfrage*) survey

befreien **1.** *vt* **a)** to free; *Volk, Land* to liberate; *Gefangenen, Tier* to set free; **b)** (*von Militärdienst, Steuern*) to exempt; **c)** (≈ *erlösen*: *von Schmerz etc*) to release; **d)** (*von Ungeziefer etc*) to rid (*von* of) **2.** *vr* to free oneself; (≈ *entkommen*) to escape (*von, aus* from) **Befreier(in)** *m(f)* liberator **befreit** *Adv* ***~ aufatmen*** to breathe a sigh of relief **Befreiung** *f* **a)** freeing; (*von Volk, Land*) liberation; (*von Gefangenen, Tieren*) setting free; **b)** (*von Militärdienst, Steuern*) exemption **Befreiungsbewegung** *f* liberation movement **Befreiungsfront** *f* liberation front **Befreiungskampf** *m* struggle for liberation **Befreiungskrieg** *m* war of liberation **Befreiungsorganisation** *f* liberation organization

befremden *vt* to disconcert; ***es befremdet mich, dass ...*** I'm rather taken aback that ... **Befremden** *n* disconcertment

befreunden *vr* **a)** (≈ *sich anfreunden*) to make *od* become friends; **b)** (*fig*) ***sich mit etw ~*** to get used to sth **befreundet** *Adj* ***wir/sie sind schon lange (miteinander) ~*** we/they have been friends for a long time; ***gut*** *od* ***eng ~ sein*** to be good *od* close friends; ***ein uns ~er Staat*** a friendly nation

befriedigen **1.** *vt* to satisfy; ***er ist leicht/schwer zu ~*** he's easily/not easily satisfied **2.** *vr* ***sich (selbst) ~*** to masturbate **befriedigend** **1.** *Adj* satisfactory; (*als Schulnote*) fair **2.** *Adv* satisfactorily **befriedigt** **1.** *Adj* satisfied **2.** *Adv* with satisfaction **Befriedigung** *f* satisfaction; ***zur ~ deiner Neugier ...*** to satisfy your curiosity ...

befristen *vt* to limit (*auf +Akk* to); *Projekt* to put a time limit on **befristet** *Adj Genehmigung* restricted (*auf +Akk* to); *Anstellung* temporary; ***auf zwei Jahre ~ sein*** (*Visum etc*) to be valid for two years **Befristung** *f* limitation (*auf +Akk* to)

befruchten *vt* **a)** (*wörtl*) *Eizelle* to fertilize; *Blüte* to pollinate; ***künstlich ~*** to inseminate artificially; **b)** (*fig* ≈ *geistig anregen*) to stimulate **Befruchtung** *f* fertilization; (*von Blüte*) pollination; ***künstliche ~*** artificial insemination

Befugnis *f* (*förml*) authority *kein Pl*; (≈ *Erlaubnis*) authorization *kein Pl* **befugt** *Adj* (*förml*) ***~ sein(, etw zu tun)*** to have the authority (to do sth)

Befund *m* results *Pl*; ***ohne ~*** MED (results) negative

befürchten *vt* to fear; ***es ist*** *od* ***steht zu ~, dass ...*** it is (to be) feared that ... **Befürchtung** *f* fear *mst Pl*

befürworten *vt* to approve **Befürworter(in)** *m(f)* supporter

begabt *Adj* talented; ***für etw ~ sein*** to be talented at sth **Begabung** *f* (≈ *Anlage*) talent; (*geistig, musisch*) gift; ***er hat ~ zum Lehrer*** he has a gift for teaching

Begattung *f bes* ZOO mating, copulation

begeben *vr* ***sich nach Hause ~*** to make one's way home; ***sich auf eine Reise ~*** to undertake a journey; ***sich an die Arbeit ~*** to commence work; ***sich in Gefahr ~*** to expose oneself to danger **Begebenheit** *f* occurrence, event

begegnen *vi +Dat* **a)** (≈ *treffen*) to meet; ***sich*** *od* ***einander*** (*geh*) ***~*** to meet; **b)** (≈ *stoßen auf*) ***einer Sache*** (*Dat*) ***~*** to encounter sth; **c)** (≈ *widerfahren*) ***jdm ist etw begegnet*** sth has happened to sb **Begegnung** *f* **a)** (≈ *Treffen*) meeting; **b)** SPORT encounter, match

begehbar *Adj Weg* passable; *Schrank*,

Skulptur walk-in *attr* **begehen** *vt* **a)** (≈ *verüben*) to commit; *Fehler* to make; ***einen Mord an jdm ~*** to murder sb; ***eine Dummheit ~*** to do something stupid; **b)** (≈ *entlanggehen*) *Weg* to use; **c)** (*geh* ≈ *feiern*) to celebrate

begehren *vt* (*geh*) to desire **begehrenswert** *Adj* desirable **begehrt** *Adj* much sought-after; *Ferienziel* popular

begeistern **1.** *vt jdn* to fill with enthusiasm; (≈ *inspirieren*) to inspire **2.** *vr* to be enthusiastic (*an +Dat*, *für* about) **begeistert** **1.** *Adj* enthusiastic (*von* about) **2.** *Adv* enthusiastically **Begeisterung** *f* enthusiasm (*über +Akk* about, *für* for); ***in ~ geraten*** to become enthusiastic

Begierde *f* (*geh*) desire (*nach* for); (≈ *Sehnsucht*) longing, yearning **begierig** **1.** *Adj* (≈ *voll Verlangen*) greedy; (≈ *gespannt*) eager; ***auf etw*** (*Akk*) ***~ sein*** to be eager for sth **2.** *Adv* (≈ *verlangend*) greedily; (≈ *gespannt*) eagerly

begießen *vt* **a)** (*mit Wasser*) to pour water on; *Blumen, Beet* to water; **b)** (*fig umg*) *Ereignis* to celebrate; ***das muss begossen werden!*** that calls for a drink!

Beginn *m* beginning; ***zu ~*** at the beginning **beginnen** **1.** *vi* to start; ***mit der Arbeit ~*** to start work; ***es beginnt zu regnen*** it's starting to rain **2.** *vt* to start, to begin

beglaubigen *vt Testament, Unterschrift* to witness; *Zeugnisabschrift* to authenticate; *Echtheit* to attest (to); ***etw notariell ~ lassen*** to have sth witnessed *etc* by a notary **Beglaubigung** *f* (*von Testament, Unterschrift*) witnessing; (*von Zeugnisabschrift*) authentication; (*von Echtheit*) attestation **Beglaubigungsschreiben** *n* credentials *Pl*

begleichen *vt* (*wörtl* ≈ *bezahlen*) to settle; (*fig*) *Schuld* to pay (off)

Begleitbrief *m* covering letter (*Brit*), cover letter (*US*) **begleiten** *vt* to accompany **Begleiter(in)** *m(f)* companion; (*zum Schutz*) escort; MUS accompanist **Begleiterscheinung** *f* concomitant (*förml*); MED side effect **Begleitperson** *f* escort **Begleitschreiben** *n* covering letter (*Brit*), cover letter (*US*) **Begleitumstände** *Pl* attendant circumstances *Pl* **Begleitung** *f* **a)** company; ***in ~ seines Vaters*** accompanied by his father; ***ich bin in ~ hier*** I'm with someone; ***ohne ~*** unaccompanied; **b)** MUS accompaniment

beglücken *vt **jdn ~*** to make sb happy; ***beglückt lächeln*** to smile happily **beglückwünschen** *vt* to congratulate (*zu* on)

begnadigen *vt* to reprieve; (≈ *Strafe erlassen*) to pardon **Begnadigung** *f* reprieve; (≈ *Straferlass*) pardon

begnügen *vr **sich mit etw ~*** to be content with sth

Begonie *f* begonia

begraben *vt* **a)** to bury; **b)** *Hoffnung* to abandon; *Streit* to end **Begräbnis** *n* burial; (≈ *Begräbnisfeier*) funeral

begradigen *vt* to straighten

begreifen **1.** *vt* **a)** (≈ *verstehen*) to understand; ***~, dass ...*** (≈ *einsehen*) to realize that ...; ***hast du mich begriffen?*** did you understand what I said?; ***es ist kaum zu ~*** it's almost incomprehensible; **b)** (≈ *auffassen*) to view, to see **2.** *vi* to understand; ***leicht/schwer ~*** to be quick/slow on the uptake; → ***begriffen*** **begreiflich** *Adj* understandable; ***ich habe ihm das ~ gemacht*** I've made it clear to him **begreiflicherweise** *Adv* understandably

begrenzen *vt* to restrict (*auf +Akk* to) **begrenzt** **1.** *Adj* (≈ *beschränkt*) restricted; (≈ *geistig beschränkt*) limited; ***eine genau ~e Aufgabe*** a clearly defined task **2.** *Adv* (*zeitlich*) for a limited time **Begrenzung** *f* **a)** (≈ *das Begrenzen*) (*von Gebiet, Straße etc*) demarcation; (*von Geschwindigkeit, Redezeit*) restriction; **b)** (≈ *Grenze*) boundary

Begriff *m* **a)** (≈ *Bedeutungsgehalt*) concept; (≈ *Terminus*) term; ***sein Name ist mir ein/kein ~*** his name means something/doesn't mean anything to me; **b)** (≈ *Vorstellung*) idea; ***sich*** (*Dat*) ***einen ~ von etw machen*** to imagine sth; ***du machst dir keinen ~*** (***davon***) (*umg*) you've no idea (about it) (*umg*); ***für meine ~e*** in my opinion; **c)** ***im ~ sein, etw zu tun*** to be on the point of doing sth; **d)** ***schwer/schnell von ~ sein*** (*umg*) to be slow/quick on the uptake **begriffen** *Adj **in etw*** (*Dat*) ***~ sein*** (*förml*) to be in the process of doing sth; → ***be-***

greifen **begriffsstutzig** *Adj (umg)* thick *(umg)*
begründen *vt* **a)** (≈ *Gründe anführen für*) to give reasons for; (*rechtfertigend*) to justify; *Verdacht* to substantiate; **b)** (≈ *gründen*) to establish **begründet** *Adj* well-founded; (≈ *berechtigt*) justified; ***es besteht ~e Hoffnung, dass ...*** there is reason to hope that ... **Begründung** *f* **a)** grounds *Pl* (*für, +Gen* for); ***etwas zur*** *od* ***als ~ sagen*** to say something in explanation; **b)** (≈ *Gründung*) establishment
begrünen *vt Hinterhöfe, Plätze* to green up
begrüßen *vt* **a)** *jdn* to greet; ***jdn herzlich ~*** to give sb a hearty welcome; **b)** (≈ *gut finden*) to welcome **begrüßenswert** *Adj* welcome; ***es wäre ~, wenn ...*** it would be desirable if ... **Begrüßung** *f* greeting; (*der Gäste*) welcoming; (≈ *Zeremonie*) welcome
begünstigen *vt* to favour (*Brit*), to favor (*US*); *Wachstum* to encourage **Begünstigte(r)** *mf* beneficiary **Begünstigung** *f* **a)** JUR aiding and abetting; **b)** (≈ *Bevorzugung*) preferential treatment; **c)** (≈ *Förderung*) favouring (*Brit*), favoring (*US*); (*von Wachstum*) encouragement
begutachten *vt* to give expert advice about; *Kunstwerk, Stipendiaten* to examine; *Leistung* to judge; ***etw ~ lassen*** to get expert advice about sth
behaart *Adj* hairy **Behaarung** *f* hairs *Pl*
behäbig *Adj Mensch* portly; (*fig*) *Sprache, Ton* complacent
behagen *vi* ***er behagt ihr nicht*** she doesn't like him **Behagen** *n* contentment; ***mit sichtlichem ~*** with obvious pleasure **behaglich** **1.** *Adj* cosy; (≈ *bequem*) comfortable; (≈ *zufrieden*) contented **2.** *Adv* (≈ *gemütlich*) comfortably; (≈ *genussvoll*) contentedly **Behaglichkeit** *f* cosiness; (≈ *Bequemlichkeit*) comfort; (≈ *Zufriedenheit*) contentment
behalten *vt* **a)** to keep; ***jdn bei sich ~*** to keep sb with one; ***etw für sich ~*** to keep sth to oneself; **b)** (≈ *nicht vergessen*) to remember **Behälter** *m* container
behandeln *vt* to treat; (≈ *verfahren mit*) to handle; *Thema, Problem* to deal with **Behandlung** *f* treatment; (*von Angelegenheit*) handling; ***bei wem sind Sie in ~?*** who's treating you?
beharren *vi* (≈ *hartnäckig sein*) to insist (*auf +Dat* on); (≈ *nicht aufgeben*) to persist (*bei* in) **beharrlich** **1.** *Adj* (≈ *hartnäckig*) insistent; (≈ *ausdauernd*) persistent **2.** *Adv* (≈ *hartnäckig*) insistently; (≈ *ausdauernd*) persistently **Beharrlichkeit** *f* (≈ *Hartnäckigkeit*) insistence; (≈ *Ausdauer*) persistence
behaupten **1.** *vt* **a)** (≈ *sagen*) to claim; ***steif und fest ~*** to insist; ***es wird behauptet, dass ...*** it is said that ...; **b)** *Recht* to maintain; *Meinung* to assert **2.** *vr* to assert oneself; (*bei Diskussion*) to hold one's own **Behauptung** *f* claim; (≈ *bes unerwiesene Behauptung*) assertion
Behausung *f* dwelling
beheben *vt* (≈ *beseitigen*) to remove; *Mängel* to rectify; *Schaden* to repair; *Störung* to clear
beheizbar *Adj* heatable; *Heckscheibe* heated **beheizen** *vt* to heat
Behelf *m* (≈ *Ersatz*) substitute; (≈ *Notlösung*) makeshift **behelfen** *vr* to manage; ***er weiß sich allein nicht zu ~*** he can't manage alone **behelfsmäßig** **1.** *Adj* makeshift **2.** *Adv* temporarily; ***etw ~ reparieren*** to make makeshift repairs to sth
behelligen *vt* to bother
beherbergen *vt* to house; *Gäste* to accommodate
beherrschen **1.** *vt* **a)** (≈ *herrschen über*) to rule; **b)** (*fig*) *Stadtbild, Markt* to dominate; **c)** (≈ *zügeln*) to control; **d)** (≈ *gut können*) to master **2.** *vr* to control oneself; ***ich kann mich ~!*** (*iron umg*) not likely! (*umg*) **beherrscht** *Adj* (*fig*) self-controlled **Beherrschung** *f* control; (≈ *Selbstbeherrschung*) self-control; (*des Markts*) domination; ***die ~ verlieren*** to lose one's temper
beherzigen *vt* to heed
behilflich *Adj* helpful; ***jdm (bei etw) ~ sein*** to help sb (with sth)
behindern *vt* to hinder; *Sicht* to impede; (*bei Sport, im Verkehr*) to obstruct **behindert** *Adj* disabled; ***geistig/körperlich ~*** mentally/physically handicapped **Behindertenausweis** *m disabled person card or ID* **behin-**

dertengerecht *Adj* ***etw ~ gestalten*** to design sth to fit the needs of the disabled **Behindertenolympiade** *f* Paralympics *Pl* **Behinderte(r)** *mf* disabled person; ***die ~n*** disabled people **Behinderung** *f* hindrance; (*im Sport, Verkehr*) obstruction; (*körperlich*) handicap

Behörde *f* authority *mst Pl*; ***die ~n*** the authorities

behüten *vt* to look after **behutsam** **1.** *Adj* cautious; (≈ *zart*) gentle **2.** *Adv* carefully; *streicheln* gently

bei *Präp +Dat* **a)** (*Nähe*) near; ***ich stand/saß ~ ihm*** I stood/sat beside him; ***ich bleibe ~ den Kindern*** I'll stay with the children; **b)** (*Aufenthalt*) at; ***ich war ~ meiner Tante*** I was at my aunt's; ***er wohnt ~ seinen Eltern*** he lives with his parents; ***~ Müller*** (*auf Briefen*) care of *od* c/o Müller; ***~ uns zu Hause*** (*im Haus*) at our house; ***~ jdm arbeiten*** to work for sb; ***er ist*** *od* ***arbeitet ~ der Post*** he works for the post office; ***~m Friseur*** at the hairdresser's; ***hast du Geld ~ dir?*** have you any money with you?; **c)** (*Teilnahme*) at; ***~ einer Hochzeit sein*** to be at a wedding; **d)** (*Zeit*) ***~ meiner Ankunft*** on my arrival; ***~m Erscheinen der Königin*** when the queen appeared; ***~ Nacht*** by night; **e)** (*Umstand*) ***~ Kerzenlicht essen*** to eat by candlelight; ***~ offenem Fenster schlafen*** to sleep with the window open; ***~ zehn Grad unter null*** when it's ten degrees below zero; **f)** (*Bedingung*) in case of; ***~ Feuer Scheibe einschlagen*** in case of fire break glass; **g)** (*Grund*) with; ***~ seinem Talent*** with his talent; ***~ solcher Hitze*** when it's as hot as this; **h)** (*Einschränkung*) in spite of, despite; ***~m besten Willen*** with the best will in the world

beibehalten *vt* to keep; *Richtung* to keep to; *Gewohnheit* to keep up

beibringen *vt* **a)** ***jdm etw ~*** (≈ *mitteilen*) to break sth to sb; (≈ *unterweisen in*) to teach sb sth; (≈ *zufügen*) to inflict sth on sb; **b)** (≈ *herbeischaffen*) to produce; *Beweis, Geld etc* to supply

Beichte *f* confession **beichten** *vti* to confess (*jdm etw* sth to sb) **Beichtgeheimnis** *n* seal of confession *od* of the confessional **Beichtstuhl** *m* confessional

beide *Pron* both; ***alle ~n Teller*** both plates; ***seine ~n Brüder*** both his brothers; ***ihr ~(n)*** the two of you; ***wer von uns ~n*** which of us (two); ***alle ~*** both (of them) **beiderlei** *Adj* both **beiderseitig** *Adj* on both sides; (≈ *gegenseitig*) *Abkommen etc* bilateral; *Einverständnis etc* mutual **beiderseits** **1.** *Adv* on both sides **2.** *Präp +Gen* on both sides of **beidhändig** *Adj* (≈ *gleich geschickt*) ambidextrous; (≈ *mit beiden Händen zugleich*) two-handed

beidrehen *vi* SEEF to heave to

beidseitig *Adj* (≈ *auf beiden Seiten*) on both sides; (≈ *gegenseitig*) mutual

beieinander *Adv* together **beieinander sein** *vi* (*umg*) (*gesundheitlich*) to be in good shape (*umg*); (*geistig*) to be all there (*umg*)

Beifahrer(in) *m(f)* AUTO (front-seat) passenger; SPORT co-driver **Beifahrerairbag** *m* AUTO passenger airbag **Beifahrersitz** *m* passenger seat

Beifall *m* (≈ *Zustimmung*) approval; (≈ *das Händeklatschen*) applause; ***~ spenden*** to applaud **beifällig** **1.** *Adj* approving; ***~e Worte*** words of approval **2.** *Adv* approvingly; ***er nickte ~ mit dem Kopf*** he nodded his head in approval **Beifallsruf** *m* cheer **Beifallssturm** *m* storm of applause

beifügen *vt* (≈ *mitschicken*) to enclose (*+Dat* with)

Beigabe *f* addition; (≈ *Beilage*) side dish; (HANDEL ≈ *Zugabe*) free gift

beige *Adj* beige

beigeben **1.** *vt* to add (*+Dat* to) **2.** *vi* ***klein ~*** (*umg*) to give in

Beigeschmack *m* aftertaste; (*fig: von Worten*) flavour (*Brit*), flavor (*US*)

Beihilfe *f* **a)** financial assistance *kein unbest Artikel*; (≈ *Zuschuss*) allowance; (≈ *Studienbeihilfe*) grant; (≈ *Subvention*) subsidy; **b)** JUR abetment; ***wegen ~ zum Mord*** because of acting as an accessory to the murder

Beijing *n* Beijing, Peking

beikommen *vi* ***jdm ~*** (≈ *zu fassen bekommen*) to get hold of sb; ***einer Sache*** (*Dat*) ***~*** (≈ *bewältigen*) to deal with sth

Beil *n* axe (*Brit*), ax (*US*); (*kleiner*) hatchet

Beilage *f* **a)** (≈ *Gedrucktes*) insert; (≈ *Beiheft*) supplement; **b)** KOCH side dish; (≈ *Gemüsebeilage*) vegetables *Pl*; (≈ *Salatbeilage*) side salad
beiläufig **1.** *Adj* casual **2.** *Adv erwähnen* in passing
beilegen *vt* **a)** (≈ *hinzulegen*) to insert (+*Dat* in); (*einem Brief, Paket*) to enclose (+*Dat* with, in); **b)** (≈ *schlichten*) to settle **Beilegung** *f* settlement
beileibe *Adv* **~ *nicht!*** certainly not; **~ *kein ...*** by no means a ...
Beileid *n* condolence(s), sympathy; ***jdm sein ~ aussprechen*** to offer sb one's condolences **Beileidsbekundung** *f* expression of sympathy **Beileidskarte** *f* condolence card
beiliegen *vi* to be enclosed (+*Dat* with, in); (*einer Zeitschrift etc*) to be inserted (+*Dat* in) **beiliegend** *Adj, Adv* enclosed; ***~ senden wir Ihnen ...*** please find enclosed ...
beim = ***bei dem***
beimengen *vt* to add (+*Dat* to)
beimessen *vt* ***jdm/einer Sache Bedeutung ~*** to attach importance to sb/sth
Bein *n* leg; ***sich kaum auf den ~en halten können*** to be hardly able to stay on one's feet; ***jdm ein ~ stellen*** to trip sb up; ***auf den ~en sein*** (≈ *in Bewegung*) to be on one's feet; (≈ *unterwegs*) to be out and about; ***jdm ~e machen*** (*umg*) (≈ *antreiben*) to make sb get a move on (*umg*); (≈ *wegjagen*) to make sb clear off (*umg*); ***mit einem ~ im Gefängnis stehen*** to be likely to end up in jail; ***auf eigenen ~en stehen*** (*fig*) to be able to stand on one's own two feet; ***wieder auf die ~e kommen*** (*fig*) to get back on one's feet again; ***etw auf die ~e stellen*** (*fig*) to get sth off the ground
beinah(e) *Adv* almost
Beinbruch *m* fracture of the leg; ***das ist kein ~*** (*fig umg*) it could be worse (*umg*) **Beinfreiheit** *f* legroom
beinhalten *vt* to comprise
Beinpresse *f* leg press
Beipackzettel *m* instruction leaflet
beipflichten *vi* ***jdm/einer Sache (in etw*** (*Dat*)) **~** to agree with sb/sth (on sth)
Beiried *n* (*österr* ≈ *Rostbraten*) ≈ roast
beirren *vt* to disconcert; ***sich nicht in etw*** (*Dat*) ***~ lassen*** not to let oneself be swayed in sth; ***er lässt sich nicht ~*** he won't be put off
beisammen *Adv* together **beisammenbleiben** *vi* to stay *od* remain together **Beisammensein** *n* get-together
Beischlaf *m* JUR sexual intercourse
Beisein *n* presence; ***in jds ~*** in sb's presence; ***ohne jds ~*** without sb being present
beiseite *Adv* aside; ***Spaß ~!*** joking aside! **beiseitelegen** *vt* to put aside; (≈ *weglegen*) to put away **beiseiteschaffen** *vt* ***jdn/etw beiseite schaffen*** to get rid of sb/hide sth away
Beisel *n* (*österr umg*) bar
beisetzen *vt* to bury **Beisetzung** *f* funeral
Beispiel *n* example; ***zum ~*** for example; ***jdm ein ~ geben*** to set sb an example; ***sich*** (*Dat*) ***ein ~ an jdm nehmen*** to take a leaf out of sb's book; ***mit gutem ~ vorangehen*** to set a good example **beispielhaft** **1.** *Adj* exemplary **2.** *Adv* exemplarily **beispiellos** *Adj* unprecedented; (≈ *unerhört*) outrageous **beispielsweise** *Adv* for example
beißen **1.** *vti* to bite; (≈ *brennen*) to sting; ***er wird dich schon nicht ~*** (*fig*) he won't bite you; ***etwas zu ~*** (*umg* ≈ *essen*) something to eat; ***an etw*** (*Dat*) ***zu ~ haben*** (*fig*) to have sth to chew over on **2.** *vr* (*Farben*) to clash **beißend** *Adj* biting; *Bemerkung* cutting; *Geruch* pungent; *Ironie* bitter
Beißzange *f* (pair of) pincers *Pl*; (*pej umg*) shrew
Beistand *m* (≈ *Hilfe*) help; (≈ *Unterstützung*) support; ***jdm ~ leisten*** to give sb help, to lend sb one's support
beistehen *vi* ***jdm ~*** to stand by sb
Beistelltisch *m* occasional table
beisteuern *vt* to contribute
Beitrag *m* contribution; (≈ *Versicherungsbeitrag*) premium; (≈ *Mitgliedsbeitrag*) fee (*Brit*), dues *Pl*; ***einen ~ zu etw leisten*** to make a contribution to sth **beitragen** *vti* to contribute (*zu* to)
Beitragserhöhung *f* increase in contributions **beitragsfrei** *Adj* noncontributory; *Person* not liable to pay contributions **beitragspflichtig** *Adj* **~ *sein*** (*Mensch*) to have to pay contri-

butions **Beitragszahler(in)** *m(f)* contributor
beitreten *vi +Dat* to join; *einem Vertrag* to accede to **Beitritt** *m* joining (*zu etw* sth); (*zu einem Vertrag*) accession (*zu* to); ***seinen ~ erklären*** to become a member
Beize *f* (≈ *Beizmittel*) corrosive fluid; (≈ *Holzbeize*) stain; (*zum Gerben*) lye; KOCH marinade
beizeiten *Adv* in good time
beizen *vt Holz* to stain; *Häute* to bate; KOCH to marinate
bejahen *vti* to answer in the affirmative; (≈ *gutheißen*) to approve of **bejahend** **1.** *Adj* positive **2.** *Adv* affirmatively
bejubeln *vt* to cheer; *Ereignis* to rejoice at
bekämpfen *vt* to fight; *Ungeziefer* to control **Bekämpfung** *f* fight (*von, +Gen* against); (*von Ungeziefer*) controlling; ***zur ~ der Terroristen*** to fight the terrorists
bekannt *Adj* well-known (*wegen* for); ***die ~eren Spieler*** the better-known players; ***er ist ~ dafür, dass er seine Schulden nicht bezahlt*** he is well-known for not paying his debts; ***das ist mir ~*** I know about that; ***sie ist mir ~*** I know her; ***jdn mit etw ~ machen*** *mit Aufgabe etc* to show sb how to do sth; *mit Gebiet, Fach etc* to introduce sb to sth; ***sich mit etw ~ machen*** to familiarize oneself with sth; → ***bekennen*** **Bekanntenkreis** *m* circle of acquaintances **Bekannte(r)** *mf* friend; (≈ *entfernter Bekannter*) acquaintance **Bekanntgabe** *f* announcement; (*in Zeitung etc*) publication **bekannt geben** *vt* to announce; (*in Zeitung etc*) to publish **bekanntlich** *Adv* ***~ gibt es ...*** it is known that there are ... **bekannt machen** *vt* to announce; (≈ *der Allgemeinheit mitteilen*) to publicize; → ***bekannt*** **Bekanntmachung** *f* announcement; (≈ *Veröffentlichung*) publicizing **Bekanntschaft** *f* acquaintance; ***jds ~ machen*** to make sb's acquaintance; ***mit etw ~ machen*** to come into contact with sth; ***bei näherer ~*** on closer acquaintance; ***meine ganze ~*** all my acquaintances **bekannt werden** *vi* to become known; (*Geheimnis*) to leak out
bekehren *vt* to convert (*zu* to) **Bekehrung** *f* conversion
bekennen **1.** *vt* to confess; *Wahrheit* to admit **2.** *vr* ***sich*** (***als*** *od* ***für***) ***schuldig ~*** to admit *od* confess one's guilt; ***sich zum Christentum ~*** to profess Christianity; ***sich zu jdm/etw ~*** to declare one's support for sb/sth **Bekennerbrief** *m*, **Bekennerschreiben** *n* letter claiming responsibility **Bekenntnis** *n* **a)** (≈ *Geständnis*) confession (*zu* of); ***sein ~ zum Sozialismus*** his declared belief in socialism; **b)** (REL ≈ *Konfession*) denomination
beklagen **1.** *vt* to lament; *Tod, Verlust* to mourn; ***Menschenleben sind nicht zu ~*** there are no casualties **2.** *vr* to complain (*über +Akk, wegen* about) **beklagenswert** *Adj Mensch* pitiful; *Zustand* lamentable; *Vorfall* regrettable **Beklagte(r)** *mf* JUR defendant
beklauen *vt* (*umg*) *jdn* to rob
bekleben *vt* ***etw*** (***mit Plakaten*** *etc*) ***~*** to stick posters *etc* on(to) sth
bekleckern (*umg*) **1.** *vt* to stain **2.** *vr* ***sich*** (***mit Saft*** *etc*) ***~*** to spill juice *etc* all down *od* over oneself; ***er hat sich nicht gerade mit Ruhm bekleckert*** (*umg*) he didn't exactly cover himself with glory
bekleidet *Adj* dressed (*mit* in) **Bekleidung** *f* (≈ *Kleider*) clothes *Pl*; (≈ *Aufmachung*) dress
beklemmen *vt* (*fig*) to oppress **beklemmend** *Adj* (≈ *beengend*) constricting; (≈ *beängstigend*) oppressive **Beklemmung** *f* feeling of oppressiveness; (≈ *Gefühl der Angst*) feeling of apprehension **beklommen** *Adj* apprehensive; *Schweigen* uneasy
bekloppt *Adj* (*umg*) *Mensch* mad (*umg*)
beknackt (*sl*) *Adj Mensch, Idee* stupid
beknien *vt* (*umg*) *jdn* to beg
bekommen **1.** *vt* to get; *ein Kind, Besuch* to have; ***ein Jahr Gefängnis ~*** to be given one year in prison; ***ich bekomme bitte ein Glas Wein*** I'll have a glass of wine, please; ***was ~ Sie dafür?*** how much is that?; ***was ~ Sie von mir?*** how much do I owe you?; ***jdn dazu ~, etw zu tun*** to get sb to do sth; ***Heimweh ~*** to get homesick; ***Hunger/Durst ~*** to get hungry/thirsty; ***Angst ~*** to get afraid; ***es mit jdm zu tun ~*** to get into

trouble with sb; ***etw geschenkt ~*** to be given sth (as a present); ***Lust ~, etw zu tun*** to feel like doing sth; ***es mit der Angst/Wut ~*** to become afraid/angry; ***Ärger ~*** to get into trouble **2.** *vi* (≈ *zuträglich sein*) ***jdm (gut) ~*** to do sb good; (*Essen*) to agree with sb; ***jdm nicht*** *od* ***schlecht ~*** not to do sb any good; (*Essen*) not to agree with sb; ***wohl bekomms!*** your health!

bekömmlich *Adj Speisen* (easily) digestible; *Luft, Klima* beneficial

bekräftigen *vt* to confirm; *Vorschlag* to back up

bekriegen *vt* to wage war on; (*fig*) to fight

bekümmern *vt* to worry **bekümmert** *Adj* worried (*über +Akk* about)

bekunden *vt* to show; (JUR ≈ *bezeugen*) to testify to

belächeln *vt* to smile at

beladen *vt Schiff, Zug* to load (up); (*fig*: *mit Sorgen etc*) *jdn* to burden

Belag *m* coating; (≈ *Schicht*) layer; (*auf Zahn*) film; (*auf Pizza, Brot*) topping; (*auf Tortenboden, zwischen zwei Brotscheiben*) filling; (≈ *Zungenbelag*) fur; (≈ *Fußbodenbelag*) covering; (≈ *Straßenbelag*) surface

belagern *vt* to besiege **Belagerung** *f* siege **Belagerungszustand** *m* state of siege

belämmert *Adj* (≈ *betreten*) sheepish; (≈ *niedergeschlagen*) miserable

Belang *m* importance; ***von/ohne ~ (für jdn/etw) sein*** to be of importance/of no importance (to sb/for *od* to sth); ***~e*** interests **belangen** *vt* JUR to prosecute (*wegen* for); (*wegen Beleidigung*) to sue **belanglos** *Adj* inconsequential; ***das ist für das Ergebnis ~*** that is irrelevant to the result **Belanglosigkeit** *f* triviality

belassen *vt* to leave; ***wir wollen es dabei ~*** let's leave it at that

belastbar *Adj* **a)** ***bis zu 50 Tonnen ~ sein*** to have a load-bearing capacity of 50 tons; ***weiter waren seine Nerven nicht ~*** his nerves could take no more; **b)** (≈ *beanspruchbar*, MED) resilient; **c)** ***wie hoch ist mein Konto ~?*** what is the limit on my account?; ***der Etat ist nicht unbegrenzt ~*** the budget is not unlimited **Belastbarkeit** *f* **a)** (*von Brücke, Aufzug*) load-bearing capacity; **b)** (*von Menschen, Nerven*) ability to cope with stress **belasten 1.** *vt* **a)** (*wörtl*) (*mit Gewicht*) to put weight on; (*mit Last*) to load; ***etw mit 50 Tonnen ~*** to put a 50 ton load on sth; **b)** (*fig*) ***jdn mit etw ~*** *mit Arbeit* to load sb with sth; *mit Sorgen* to burden sb with sth; ***jdn ~*** (≈ *anstrengen*) to put a strain on sb; (*Schuld etc*) to weigh upon sb's mind; ***jds Gewissen ~*** to weigh upon sb's conscience; **c)** (≈ *beanspruchen*) *Stromnetz etc* to put pressure on; *Atmosphäre* to pollute; MED to put a strain on; *Nerven* to strain; *Steuerzahler* to burden; **d)** JUR *Angeklagten* to incriminate; ***~des Material*** incriminating evidence; **e)** FINANZ *Konto* to charge; (*steuerlich*) *jdn* to burden; ***das Konto mit einem Betrag ~*** to debit a sum from the account; ***jdn mit den Kosten ~*** to charge the costs to sb **2.** *vr* **a)** ***sich mit etw ~*** *mit Arbeit* to take sth on; *mit Verantwortung* to take sth upon oneself; *mit Sorgen* to burden oneself with sth; **b)** JUR to incriminate oneself

belästigen *vt* to bother; (≈ *zudringlich werden*) to pester; (*körperlich*) to molest **Belästigung** *f* annoyance; (≈ *Zudringlichkeit*) pestering; ***etw als eine ~ empfinden*** to find sth a nuisance; ***sexuelle ~*** sexual harassment

Belastung *f* **a)** (≈ *Last, Gewicht*) weight; (*in Fahrzeug, Fahrstuhl etc*) load; ***maximale ~ des Fahrstuhls*** maximum load of the lift; **b)** (*fig*) (≈ *Anstrengung*) strain; (≈ *Last, Bürde*) burden; **c)** (≈ *Beeinträchtigung*) pressure (*+Gen* on); (*von Atmosphäre*) pollution (*+Gen* of); (*von Kreislauf, Magen*) strain (*+Gen* on); **d)** JUR incrimination; **e)** (FINANZ, *von Konto*) charge (*+Gen* on); (*steuerlich*) burden (*+Gen* on) **Belastungsmaterial** *n* JUR incriminating evidence **Belastungsprobe** *f* endurance test **Belastungszeuge** *m*, **Belastungszeugin** *f* JUR witness for the prosecution

belaufen *vr* ***sich auf etw*** (*Akk*) ***~*** to come to sth

belauschen *vt* to eavesdrop on

beleben *vt* **a)** (≈ *anregen*) to liven up; *Absatz, Konjunktur* to stimulate; **b)** (≈ *lebendiger gestalten*) to brighten up **belebend** *Adj* invigorating **belebt**

Adj Straße, Stadt etc busy
Beleg *m* **a)** (≈ *Beweis*) piece of evidence; (≈ *Quellennachweis*) reference; **b)** (≈ *Quittung*) receipt **belegen** *vt* **a)** (≈ *bedecken*) to cover; *Brote, Tortenboden* to fill; ***etw mit Fliesen/Teppich ~*** to tile/carpet sth; **b)** (≈ *besetzen*) *Wohnung, Hotelbett* to occupy; UNI *Fach* to take; *Vorlesung* to enrol (*Brit*) *od* enroll (*US*) for; ***den fünften Platz ~*** to take fifth place; **c)** (≈ *beweisen*) to verify **Belegschaft** *f* (≈ *Beschäftigte*) staff; (*bes in Fabriken etc*) workforce **belegt** *Adj Zunge* furred; *Stimme* hoarse; *Bett, Wohnung* occupied; ***~e Brote*** open (*Brit*) *od* open-faced (*US*) sandwiches
belehren *vt* to teach; (≈ *aufklären*) to inform (*über +Akk* of); ***jdn eines anderen ~*** to teach sb otherwise **Belehrung** *f* explanation, lecture (*umg*)
beleidigen *vt jdn* to insult; (*Anblick etc*) to offend; (JUR, *mündlich*) to slander; (*schriftlich*) to libel **beleidigend** *Adj* insulting; *Anblick etc* offending; (JUR, *mündlich*) slanderous; (*schriftlich*) libellous (*Brit*), libelous (*US*) **beleidigt** **1.** *Adj* insulted; (≈ *gekränkt*) offended; *Miene* hurt; ***jetzt ist er ~*** now he's in a huff (*umg*) **2.** *Adv* in a huff (*umg*), offended **Beleidigung** *f* insult; (JUR, *mündliche*) slander; (*schriftliche*) libel
belesen *Adj* well-read
beleuchten *vt* to light up; *Straße, Bühne etc* to light; (*fig* ≈ *betrachten*) to examine **Beleuchtung** *f* **a)** (≈ *das Beleuchten*) lighting; (≈ *das Bestrahlen*) illumination; **b)** (≈ *Licht*) light; (≈ *Lichter*) lights *Pl*
Belgien *n* Belgium **Belgier(in)** *m(f)* Belgian **belgisch** *Adj* Belgian
Belgrad *n* Belgrade
belichten *vt* FOTO to expose **Belichtung** *f* FOTO exposure **Belichtungsmesser** *m* light meter
Belieben *n* ***nach ~*** any way you *etc* want (to); ***das steht*** *od* ***liegt in Ihrem ~*** that is up to you **beliebig** **1.** *Adj* any; ***(irgend)eine/jede ~e Zahl*** any number at all *od* you like; ***jeder Beliebige*** anyone at all; ***in ~er Reihenfolge*** in any order whatever **2.** *Adv* as you *etc* like; ***Sie können ~ lange bleiben*** you can stay as long as you like **beliebt** *Adj* popular (*bei* with); ***sich bei jdm ~ machen*** to make oneself popular with sb **Beliebtheit** *f* popularity
beliefern *vt* to supply
bellen *vi* to bark
Belletristik *f* fiction and poetry
belobigen *vt* to commend **Belobigung** *f* (*förml*) commendation
belohnen *vt* to reward **Belohnung** *f* reward; ***zur*** *od* ***als ~ (für)*** as a reward (for)
belügen *vt* to lie to; ***sich selbst ~*** to deceive oneself
belustigen **1.** *vt* to amuse **2.** *vr* (*geh*) ***sich über jdn/etw ~*** to make fun of sb/sth **belustigt** **1.** *Adj* amused **2.** *Adv* in amusement
bemächtigen *vr* (*geh*) ***sich eines Menschen/einer Sache ~*** to seize hold of sb/sth
bemalen *vt* to paint **Bemalung** *f* painting
bemängeln *vt* to find fault with
bemannen *vt U-Boot, Raumschiff* to man **Bemannung** *f* manning
bemerkbar *Adj* noticeable; ***sich ~ machen*** (≈ *sich zeigen*) to become noticeable; (≈ *auf sich aufmerksam machen*) to draw attention to oneself **bemerken** *vt* **a)** (≈ *wahrnehmen*) to notice; **b)** (≈ *äußern*) to remark (*zu* on); ***er hatte einiges zu ~*** he had quite a few comments to make **bemerkenswert** **1.** *Adj* remarkable **2.** *Adv* remarkably **Bemerkung** *f* remark (*zu* on)
bemessen *vt* (≈ *zuteilen*) to allocate; (≈ *einteilen*) to calculate; ***reichlich ~*** generous; ***meine Zeit ist knapp ~*** my time is limited
bemitleiden *vt* to pity; ***er ist zu ~*** he is to be pitied
bemühen **1.** *vt* to bother; ***jdn zu sich ~*** to call in sb **2.** *vr* (≈ *sich Mühe geben*) to try hard; ***sich um jdn ~*** (*um Kranken etc*) to look after sb; (*um jds Gunst*) to court sb; ***bitte ~ Sie sich nicht*** please don't trouble yourself; ***sich zu jdm ~*** to go to sb **bemüht** *Adj* ***~ sein, etw zu tun*** to try hard to do sth **Bemühung** *f* effort
bemuttern *vt* to mother
benachbart *Adj* neighbouring *attr* (*Brit*), neighboring *attr* (*US*)
benachrichtigen *vt* to inform (*von* of)
Benachrichtigung *f* (≈ *Nachricht*)

notification; HANDEL advice note
benachteiligen *vt* to put at a disadvantage; (*wegen Rasse, Glauben etc*) to discriminate against; ***benachteiligt sein*** to be at a disadvantage **Benachteiligung** *f* (*wegen Rasse, Glauben*) discrimination (*+Gen* against)
benebeln *vt* (*umg*) ***jdn*** *od* ***jds Sinne ~*** to make sb's head swim; ***benebelt sein*** to be feeling dazed *od* (*von Alkohol*) woozy (*umg*)
Benefizspiel *n* benefit match **Benefizvorstellung** *f* charity performance
benehmen *vr* to behave; ***benimm dich!*** behave yourself!; ***sich schlecht ~*** to misbehave; → ***benommen*** **Benehmen** *n* behaviour (*Brit*), behavior (*US*); ***kein ~ haben*** to have no manners
beneiden *vt* to envy; ***jdn um etw ~*** to envy sb sth; ***er ist nicht zu ~*** I don't envy him **beneidenswert** *Adj* enviable
Beneluxländer *Pl* Benelux countries *Pl*
benennen *vt* to name
Bengel *m* boy; (≈ *frecher Junge*) rascal
Benimm *m* (*umg*) manners *Pl*
benommen *Adj* dazed; → ***benehmen*** **Benommenheit** *f* daze
benoten *vt* to mark (*Brit*), to grade (*bes US*)
benötigen *vt* to need
Benotung *f* mark (*Brit*), grade (*bes US*); (≈ *das Benoten*) marking (*Brit*), grading (*bes US*)
benutzbar *Adj* usable **benutzen** *vt* to use **Benutzer(in)** *m(f)* user **benutzerfreundlich** **1.** *Adj* user-friendly **2.** *Adv* ***etw ~ gestalten*** to make sth user-friendly **Benutzerfreundlichkeit** *f* user-friendliness **Benutzerhandbuch** *n* user's guide **Benutzeroberfläche** *f* IT user interface **Benutzung** *f* use **Benutzungsgebühr** *f* charge
Benzin *n* (*für Auto*) petrol (*Brit*), gas (*US*); (≈ *Reinigungsbenzin*) benzine; (≈ *Feuerzeugbenzin*) lighter fuel **Benzinfeuerzeug** *n* petrol lighter (*Brit*), gasoline lighter (*US*) **Benzinkanister** *m* petrol can (*Brit*), gasoline can (*US*) **Benzinpumpe** *f* AUTO fuel pump; (*an Tankstellen*) petrol pump (*Brit*), gasoline pump (*US*) **Benzinuhr** *f* fuel gauge **Benzinverbrauch** *m* fuel consumption
beobachten *vt* to observe; ***etw an jdm ~*** to notice sth in sb; ***jdn ~ lassen*** (*Polizei etc*) to put sb under surveillance **Beobachter(in)** *m(f)* observer **Beobachtung** *f* observation; (*polizeilich*) surveillance **Beobachtungsgabe** *f* talent for observation
bepflanzen *vt* to plant **Bepflanzung** *f* (≈ *das Bepflanzen*) planting; (≈ *Pflanzen*) plants *Pl*
bequatschen *vt* (*umg*) **a)** *etw* to talk over; **b)** (≈ *überreden*) *jdn* to persuade
bequem **1.** *Adj* (≈ *angenehm*) comfortable; (≈ *leicht, mühelos*) easy; ***es ~ haben*** to have an easy time of it; ***es sich*** (*Dat*) ***~ machen*** to make oneself comfortable **2.** *Adv* (≈ *leicht*) easily; (≈ *angenehm*) comfortably **Bequemlichkeit** *f* (≈ *Behaglichkeit*) comfort
beraten **1.** *vt* ***jdn ~*** to advise sb; ***jdn gut/schlecht ~*** to give sb good/bad advice **2.** *vr* (≈ *sich besprechen*) to discuss; ***sich mit jdm ~*** to consult (with) sb (*über +Akk* about) **beratend** *Adj* advisory; ***~es Gespräch*** consultation **Berater(in)** *m(f)* adviser **Beratertätigkeit** *f* consultancy work **Beratervertrag** *m* consultancy contract **Beratung** *f* **a)** advice; (*bei Rechtsanwalt etc*) consultation; **b)** (≈ *Besprechung*) discussion **Beratungsgespräch** *n* consultation
berauben *vt* to rob; ***jdn einer Sache*** (*Gen*) ***~*** to rob sb of sth; *seiner Freiheit* to deprive sb of sth
berauschen **1.** *vt* to intoxicate **2.** *vr* ***sich an etw*** (*Dat*) ***~*** *an Wein, Drogen* to become intoxicated with sth; *an Geschwindigkeit* to be exhilarated by sth **berauschend** *Adj* intoxicating; ***das war nicht sehr ~*** (*iron*) that wasn't very enthralling
berechenbar *Adj Kosten* calculable; *Verhalten etc* predictable **berechnen** *vt* **a)** (≈ *ausrechnen*) to calculate; (≈ *schätzen*) to estimate; **b)** (≈ *in Rechnung stellen*) to charge; ***das ~ wir Ihnen nicht*** we will not charge you for it **berechnend** *Adj* (*pej*) calculating **Berechnung** *f* **a)** (≈ *das Berechnen*) calculation; (≈ *Schätzung*) estimation; **b)** (*pej*) ***aus ~ handeln*** to act in a calculating manner
berechtigen *vti* to entitle; ***(jdn) zu etw***

~ to entitle sb to sth; ***das berechtigt zu der Annahme, dass ...*** this justifies the assumption that ... **berechtigt** *Adj* justifiable; *Frage, Anspruch* legitimate; ***~ sein, etw zu tun*** to be entitled to do sth **Berechtigung** *f* (≈ *Befugnis*) entitlement; (≈ *Recht*) right

bereden **1.** *vt* **a)** (≈ *besprechen*) to discuss; **b)** (≈ *überreden*) ***jdn zu etw ~*** to talk sb into sth **2.** *vr* ***sich mit jdm über etw*** (*Akk*) ~ to talk sth over with sb

Bereich *m* **a)** area; **b)** (≈ *Einflussbereich*) sphere; (≈ *Sektor*) sector; ***im ~ des Möglichen liegen*** to be within the realms of possibility

bereichern **1.** *vt* to enrich; (≈ *vergrößern*) to enlarge **2.** *vr* to make a lot of money (*an +Dat* out of) **Bereicherung** *f* enrichment; (≈ *Vergrößerung*) enlargement

Bereifung *f* AUTO set of tyres (*Brit*) *od* tires (*US*)

bereinigen *vt* to clear up **bereinigt** *Adj Statistik* adjusted

bereisen *vt ein Land* to travel around; HANDEL *Gebiet* to travel

bereit *Adj* **a)** (≈ *fertig*) ready; **b)** (≈ *willens*) willing; ***zu Verhandlungen ~ sein*** to be prepared to negotiate; ***~ sein, etw zu tun*** to be willing to do sth; ***sich ~ erklären, etw zu tun*** to agree to do sth **bereiten** *vt* **a)** (≈ *zubereiten*) to prepare; **b)** (≈ *verursachen*) to cause; *Freude, Kopfschmerzen* to give; ***das bereitet mir Schwierigkeiten*** it causes me difficulties **bereithaben** *vt* ***eine Antwort/Ausrede ~*** to have an answer/excuse ready **bereithalten** **1.** *vt Fahrkarten etc* to have ready; *Überraschung* to have in store **2.** *vr* ***sich ~*** to be ready **bereitlegen** *vt* to lay out ready **bereitliegen** *vi* to be ready **bereit machen** *vt* to get ready **bereits** *Adv* already; ***~ damals/damals, als ...*** even then/when ... **Bereitschaft** *f* readiness; ***in ~ sein*** to be ready; (*Polizei, Soldaten etc*) to be on stand-by; (*Arzt*) to be on call *od* (*im Krankenhaus*) on duty **Bereitschaftsdienst** *m* emergency service **Bereitschaftspolizei** *f* riot police **bereitstehen** *vi* to be ready; (*Truppen*) to stand by **bereitstellen** *vt* to get ready; *Material, Fahrzeug* to supply **Bereitstellung** *f* preparation; (*von Auto, Material*) supply **bereitwillig** **1.** *Adj* willing; (≈ *eifrig*) eager **2.** *Adv* willingly **Bereitwilligkeit** *f* willingness; (≈ *Eifer*) eagerness

bereuen *vt* to regret; *Schuld, Sünden* to repent of; ***das wirst du noch ~!*** you will be sorry (for that)!

Berg *m* hill; (*größer*) mountain; ***mit etw hinterm ~ halten*** (*fig*) to keep sth to oneself; ***über den ~ sein*** (*umg*) to be out of the woods; ***über alle ~e sein*** (*umg*) to be long gone; ***da stehen einem ja die Haare zu ~e*** it's enough to make your hair stand on end **bergab** *Adv* downhill; ***es geht mit ihm ~*** (*fig*) he is going downhill **Bergarbeiter(in)** *m(f)* miner **bergauf(wärts)** *Adv* uphill; ***es geht wieder ~*** (*fig*) things are looking up **Bergbahn** *f* mountain railway; (≈ *Seilbahn*) funicular *od* cable railway **Bergbau** *m* mining

bergen *vt* **a)** (≈ *retten*) *Menschen* to save; *Leichen* to recover; *Ladung, Fahrzeug* to salvage; **b)** (*geh* ≈ *enthalten*) to hold; → ***geborgen***

Bergführer(in) *m(f)* mountain guide **Berghütte** *f* mountain hut **bergig** *Adj* hilly; (≈ *mit hohen Bergen*) mountainous **Bergkamm** *m* mountain crest **Bergkette** *f* mountain range **Bergmann** *m* miner **Bergnot** *f* ***in ~ sein/geraten*** to be in/get into difficulties while climbing **Bergrücken** *m* mountain ridge **bergsteigen** *vi* to go mountaineering; (***das***) ***Bergsteigen*** mountaineering **Bergsteiger(in)** *m(f)* mountaineer **Bergtour** *f* trip round the mountains **Berg-und-Tal-Bahn** *f* roller coaster

Bergung *f* (*von Menschen*) rescue; (*von Leiche*) recovery; (*von Ladung, Fahrzeug*) salvage **Bergungsarbeit** *f* rescue work **Bergungstrupp** *m* rescue team

Bergwacht *f* mountain rescue service **Bergwand** *f* mountain face **Bergwanderung** *f* walk in the mountains **Bergwelt** *f* mountains *Pl* **Bergwerk** *n* mine

Bericht *m* report (*über +Akk* about, on); ***der ~ eines Augenzeugen*** an eyewitness account; (***über etw*** *Akk*) ***~ erstatten*** to report (on sth) **berichten** *vti* to report; ***jdm über etw*** (*Akk*) ~ (≈ *erzählen*) to tell sb about sth; ***gibt***

es Neues zu ~? has anything new happened?; ***sie hat bestimmt viel(es) zu ~*** she is sure to have a lot to tell us **Berichterstatter(in)** *m(f)* reporter; (≈ *Korrespondent*) correspondent **Berichterstattung** *f* reporting
berichtigen *vt* to correct **Berichtigung** *f* correction
beriechen *vt* to sniff at, to smell
berieseln *vt* **a)** (*mit Flüssigkeit*) to spray with water *etc*; (*durch Sprinkleranlage*) to sprinkle; **b)** (*fig umg*) ***von etw berieselt werden*** (*fig*) to be exposed to a constant stream of sth **Berieselungsanlage** *f* sprinkler (system)
Beringstraße *f* Bering Strait(s *Pl*)
Berlin *n* Berlin
Berliner[1] *Adj* Berlin
Berliner[2] *m* (*a.* **Berliner Pfannkuchen**) doughnut (*Brit*), donut (*US*)
Bermudadreieck *n* Bermuda triangle **Bermudainseln** *Pl* Bermuda *Sg*, *kein best Artikel* **Bermudashorts** *Pl* Bermuda shorts *Pl*
Bern *n* Bern(e)
Bernhardiner *m* Saint Bernard (dog)
Bernstein *m* amber
bersten *vi* (*geh*) to crack; (≈ *zerbrechen*) to break; (*fig: vor Wut etc*) to burst (*vor* with)
berüchtigt *Adj* notorious
berücksichtigen *vt* to take into account; *Antrag*, *Bewerber* to consider **Berücksichtigung** *f* consideration; ***unter ~ der Tatsache, dass ...*** in view of the fact that ...
Beruf *m* (≈ *Tätigkeit*) occupation; (*akademisch*) profession; (*handwerklicher*) trade; (≈ *Stellung*) job; ***was sind Sie von ~?*** what do you do for a living?; ***von ~s wegen*** on account of one's job
berufen[1] **1.** *vt* **a)** (≈ *ernennen*) to appoint; **b)** (*umg*) ***ich will es nicht ~, aber ...*** I don't want to tempt fate, but ... **2.** *vr* ***sich auf jdn/etw ~*** to refer to sb/sth
berufen[2] *Adj* **a)** (≈ *befähigt*) *Kritiker* competent; ***von ~er Seite*** from an authoritative source; **b)** (≈ *ausersehen*) ***zu etw ~ sein*** to have a vocation for sth
beruflich **1.** *Adj* professional; ***meine ~en Probleme*** my problems at work **2.** *Adv* professionally; ***er ist ~ viel unterwegs*** he is away a lot on business; ***was machen Sie ~?*** what do you do for a living? **Berufsausbildung** *f* training; (*für Handwerk*) vocational training **Berufsaussichten** *Pl* job prospects *Pl* **Berufsberater(in)** *m(f)* careers adviser **Berufsberatung** *f* careers guidance **Berufserfahrung** *f* (professional) experience **Berufsfachschule** *f* training college (*attended full-time*) **Berufsfeuerwehr** *f* fire service **Berufsgeheimnis** *n* professional secret **Berufskrankheit** *f* occupational disease **Berufsleben** *n* working life; ***im ~ stehen*** to be working **Berufsrisiko** *n* occupational hazard **Berufsschule** *f* vocational school, ≈ technical college (*Brit*) **Berufssoldat(in)** *m(f)* professional soldier **Berufsspieler(in)** *m(f)* professional player **berufstätig** *Adj* working; ***~ sein*** to be working, to work **Berufstätige(r)** *mf* working person **Berufstätigkeit** *f* occupation **berufsunfähig** *Adj* occupationally disabled **Berufsverbot** *n* ***jdm ~ erteilen*** to ban sb from a profession **Berufsverkehr** *m* commuter traffic
Berufung *f* **a)** JUR appeal; ***~ einlegen*** to appeal (*bei* to); **b)** (*in ein Amt etc*) appointment (*auf od an +Akk* to); **c)** (≈ *innerer Auftrag*) vocation; **d)** (*förml*) ***unter ~ auf etw*** (*Akk*) with reference to sth
beruhen *vi* to be based (*auf +Dat* on); ***etw auf sich ~ lassen*** to let sth rest
beruhigen **1.** *vt* to calm (down); (≈ *trösten*) to comfort; ***~d*** (*körperlich*) soothing; (≈ *tröstlich*) reassuring; ***~d wirken*** to have a calming effect **2.** *vr* to calm down; (*Verkehr*) to subside; (*Meer*) to become calm; (*Sturm*) to die down; ***beruhige dich doch!*** calm down! **Beruhigung** *f* (≈ *das Beruhigen*) calming (down); (≈ *das Trösten*) comforting; ***zu Ihrer ~ kann ich sagen ...*** you'll be reassured to know that ... **Beruhigungsmittel** *n* sedative **Beruhigungsspritze** *f* sedative (injection) **Beruhigungstablette** *f* tranquillizer (*Brit*), tranquilizer (*US*), downer (*umg*)
berühmt *Adj* famous; ***für etw ~ sein*** to be famous for sth **berühmt-berüchtigt** *Adj* notorious **Berühmtheit** *f* **a)** fame; ***~ erlangen*** to become famous; **b)**

(≈ *Mensch*) celebrity
berühren **1.** *vt* **a)** to touch; *Thema, Punkt* to touch on; ***Berühren verboten*** do not touch; **b)** (≈ *seelisch bewegen*) to move; (≈ *auf jdn wirken*) to affect; (≈ *betreffen*) to concern; ***das berührt mich gar nicht!*** that's nothing to do with me **2.** *vr* to touch **Berührung** *f* touch; (≈ *menschlicher Kontakt*) contact; (≈ *Erwähnung*) mention; ***mit jdm/etw in ~ kommen*** to come into contact with sb/sth **Berührungsangst** *f* reservation (*mit* about)
besagen *vt* to say; (≈ *bedeuten*) to mean; ***das besagt nichts*** that does not mean anything **besagt** *Adj* (*förml*) said (*förml*)
besänftigen *vt* to calm down; *Erregung* to soothe **Besänftigung** *f* calming (down); (*von Erregung*) soothing
Besatzer *m* occupying forces *Pl* **Besatzung** *f* **a)** (≈ *Mannschaft*) crew; **b)** (≈ *Besatzungsarmee*) occupying army **Besatzungsmacht** *f* occupying power
besaufen *vr* (*umg*) to get plastered (*umg*); → ***besoffen*** **Besäufnis** *n* (*umg*) booze-up (*umg*)
beschädigen *vt* to damage **Beschädigung** *f* damage (*von* to)
beschaffen[1] *vt* to get (hold of); ***jdm etw ~*** to get (hold of) sth for sb
beschaffen[2] *Adj* (*förml*) ***mit jdm/damit ist es gut/schlecht ~*** sb/it is in a good/bad way; ***so ~ sein wie ...*** to be the same as ... **Beschaffenheit** *f* composition; (*körperlich*) constitution; (*seelisch*) nature
Beschaffung *f* obtaining
beschäftigen **1.** *vr* ***sich mit etw ~*** to occupy oneself with sth; (≈ *sich befassen*) to deal with sth; ***sich mit jdm ~*** to devote one's attention to sb **2.** *vt* **a)** (≈ *innerlich beschäftigen*) ***jdn ~*** to be on sb's mind; **b)** (≈ *anstellen*) to employ; **c)** (≈ *eine Tätigkeit geben*) to occupy; ***jdn mit etw ~*** to give sb sth to do **beschäftigt** *Adj* **a)** busy; ***mit seinen Problemen ~ sein*** to be preoccupied with one's problems; **b)** (≈ *angestellt*) employed (*bei* by, at) **Beschäftigte(r)** *mf* employee **Beschäftigung** *f* **a)** (≈ *berufliche Arbeit*) work *kein unbest Artikel*, job; (≈ *Anstellung*) employment; ***einer ~ nachgehen*** (*förml*) to be employed; ***ohne ~ sein*** to be unemployed; **b)** (≈ *Tätigkeit*) activity **beschäftigungslos** *Adj* unoccupied; (≈ *arbeitslos*) unemployed **Beschäftigungstherapie** *f* occupational therapy
beschämen *vt* to shame; ***es beschämt mich, zu sagen ...*** I feel ashamed to have to say ...; ***beschämt*** ashamed **beschämend** *Adj* (≈ *schändlich*) shameful; (≈ *demütigend*) humiliating **Beschämung** *f* shame
beschatten *vt* (≈ *überwachen*) to tail; ***jdn ~ lassen*** to have sb tailed **Beschattung** *f* tailing
beschaulich *Adj Leben, Abend* quiet; *Charakter* pensive
Bescheid *m* **a)** (≈ *Auskunft*) information; (≈ *Nachricht*) notification; (≈ *Entscheidung*) decision; ***ich warte noch auf ~*** I am still waiting to hear; ***jdm ~ sagen*** to let sb know; ***jdm ordentlich ~ sagen*** (*umg*) to tell sb where to get off (*umg*); **b)** ***~ wissen*** to know; ***ich weiß hier nicht ~*** I don't know about things around here; ***er weiß gut ~*** he is well informed
bescheiden **1.** *Adj* modest; ***in ~en Verhältnissen leben*** to live modestly **2.** *Adv leben* modestly **Bescheidenheit** *f* modesty; ***falsche ~*** false modesty
bescheinigen *vt* to certify; *Empfang* to confirm; ***können Sie mir ~, dass ...*** can you give me written confirmation that ...; ***hiermit wird bescheinigt, dass ...*** this is to certify that ... **Bescheinigung** *f* certification; (≈ *Schriftstück*) certificate
bescheißen *vti* (*umg*) to cheat; → ***beschissen***
beschenken *vt jdn* to give presents/a present to; ***jdn mit etw ~*** to give sb sth (as a present)
Bescherung *f* **a)** (≈ *Feier*) giving out of Christmas presents; **b)** (*iron umg*) ***das ist ja eine schöne ~!*** this is a nice mess; ***da haben wir die ~!*** what did I tell you!
bescheuert (*umg*) *Adj* stupid
beschichten *vt* TECH to coat; ***PVC-beschichtet*** PVC-coated
beschießen *vt* to shoot at; (*mit Geschützen*) to bombard
beschildern *vt* to put a sign *od* notice on; (*mit Schildchen*) to label; (*mit Verkehrsschildern*) to signpost **Beschil-**

derung *f* (*mit Schildchen*) labelling (*Brit*), labeling (*US*); (*mit Verkehrsschildern*) signposting; (≈ *Schildchen*) labels *Pl*; (≈ *Verkehrsschilder*) signposts *Pl*

beschimpfen *vt jdn* to swear at, to abuse; ***jdn als Nazi ~*** to accuse sb of being a Nazi **Beschimpfung** *f* (≈ *Schimpfwort*) insult

Beschiss *m* (*umg*) rip-off (*umg*); ***das ist ~*** it's a swindle **beschissen** (*umg*) **1.** *Adj* lousy (*umg*), shitty (*umg*) **2.** *Adv* ***das schmeckt ~*** that tastes lousy (*umg*); ***mir gehts ~*** I feel shitty (*sl*); → ***bescheißen***

Beschlag *m* **a)** (*an Koffer, Truhe*) (ornamental) fitting; (*an Tür, Möbelstück*) (ornamental) mounting; (*von Pferd*) shoes *Pl*; **b)** (*auf Metall*) tarnish; (*auf Glas, Spiegel etc*) condensation; **c)** ***jdn/etw mit ~ belegen, jdn/etw in ~ nehmen*** to monopolize sb/sth

beschlagen[1] **1.** *vt Truhe, Möbel, Tür* to put (metal) fittings on; *Huftier* to shoe **2.** *vir* (*Brille, Glas*) to get steamed up; (*Silber etc*) to tarnish

beschlagen[2] *Adj* (≈ *erfahren*) well-versed; ***in etw*** (*Dat*) (***gut***) ***~ sein*** to be well-versed in sth

beschlagnahmen *vt* (≈ *konfiszieren*) to confiscate; *Vermögen, Drogen* to seize; *Kraftfahrzeug* to impound

beschleunigen *vtir* to accelerate **Beschleunigung** *f* acceleration

beschließen **1.** *vt* **a)** (≈ *Entschluss fassen*) to decide on; *Gesetz* to pass; ***~, etw zu tun*** to decide to do sth; **b)** (≈ *beenden*) to end **2.** *vi* ***über etw*** (*Akk*) ***~*** to decide on sth **beschlossen** *Adj* decided; ***das ist ~e Sache*** that's settled **Beschluss** *m* (≈ *Entschluss*) decision; ***einen ~ fassen*** to pass a resolution; ***auf ~ des Gerichts*** by order of the court **beschlussfähig** *Adj* ***~ sein*** to have a quorum **beschlussunfähig** *Adj* ***~ sein*** not to have a quorum

beschmieren **1.** *vt* **a)** ***Brot mit Butter ~*** to butter bread; **b)** *Kleidung, Wand* to smear **2.** *vr* to get (all) dirty

beschmutzen *vt* to (make *od* get) dirty; (*fig*) *Ruf, Namen* to sully; *Ehre* to stain

beschneiden *vt* **a)** (≈ *stutzen*) to trim; *Bäume* to prune; *Flügel* to clip; **b)** MED, REL to circumcise; **c)** (*fig* ≈ *beschränken*) to curtail **Beschneidung** *f* MED, REL circumcision

beschnüffeln **1.** *vt* to sniff at; (≈ *bespitzeln*) to spy out **2.** *vr* (*Hunde*) to have a sniff at each other; (*fig*) to size each other up

beschnuppern *vtr* = ***beschnüffeln***

beschönigen *vt* to gloss over

beschränken **1.** *vt* to limit, to restrict (*auf +Akk* to) **2.** *vr* (≈ *sich einschränken*) to restrict oneself

beschrankt *Adj Bahnübergang* with gates

beschränkt **1.** *Adj* limited; ***wir sind finanziell ~*** we have only a limited amount of money **2.** *Adv* ***~ leben*** to live on a limited income; ***~ wohnen*** to live in cramped conditions **Beschränkung** *f* restriction (*auf +Akk* to); ***jdm ~en auferlegen*** to impose restrictions on sb

beschreiben *vt* **a)** (≈ *darstellen*) to describe; ***nicht zu ~*** indescribable; **b)** (≈ *vollschreiben*) to write on **Beschreibung** *f* description

beschreiten *vt* (*fig*) to follow

beschriften *vt* to write on; *Grabstein* to inscribe; (*mit Aufschrift*) to label; *Umschlag* to address **Beschriftung** *f* (≈ *Aufschrift*) writing; (*auf Grabstein*) inscription; (≈ *Etikett*) label

beschuldigen *vt* to accuse **Beschuldigung** *f* accusation; *bes* JUR charge

beschummeln *vti* (*umg*) to cheat

Beschuss *m* MIL fire; ***jdn/etw unter ~ nehmen*** MIL to (start to) bombard *od* shell sb/sth; (*fig*) to attack sb/sth; ***unter ~ geraten*** (MIL, *fig*) to come under fire

beschützen *vt* to protect (*vor +Dat* from) **Beschützer(in)** *m(f)* protector

beschwatzen *vt* (*umg*) **a)** (≈ *überreden*) to talk over; ***sich zu etw ~ lassen*** to get talked into sth; **b)** (≈ *bereden*) to chat about

Beschwerde *f* **a)** (≈ *Klage*) complaint; JUR appeal; **b)** (≈ *Leiden*) **Beschwerden** *Pl* trouble; ***das macht mir immer noch ~n*** it's still giving me trouble **beschweren** **1.** *vt* (*mit Gewicht*) to weigh(t) down; (*fig* ≈ *belasten*) to weigh on **2.** *vr* (≈ *sich beklagen*) to complain **beschwerlich** *Adj* arduous

beschwichtigen *vt* to appease

beschwindeln *vt* (*umg* ≈ *belügen*) ***jdn***

~ to tell sb a lie *od* a fib (*umg*)
beschwingt *Adj* elated; *Musik* vibrant
beschwipst *Adj* (*umg*) tipsy
beschwören *vt* **a)** (≈ *beeiden*) to swear to; **b)** (≈ *anflehen*) to implore, to beseech; **c)** (≈ *erscheinen lassen*) to conjure up; *Schlangen* to charm
besehen *vt* (*a.* **sich** *Dat* **besehen**) to take a look at
beseitigen *vt* **a)** (≈ *entfernen*) to remove; *Abfall, Schnee* to clear (away); *Atommüll* to dispose of; *Fehler* to eliminate; *Missstände* to do away with; **b)** (*euph* ≈ *umbringen*) to get rid of **Beseitigung** *f* (≈ *das Entfernen*) removal; (*von Abfall, Schnee*) clearing (away); (*von Atommüll*) disposal; (*von Fehlern*) elimination; (*von Missständen*) doing away with
Besen *m* broom; ***ich fresse einen ~, wenn das stimmt*** (*umg*) if that's right, I'll eat my hat (*umg*); ***neue ~ kehren gut*** (*Sprichw*) a new broom sweeps clean (*Sprichw*) **besenrein** *Adv* ***eine Wohnung ~ verlassen*** to leave an apartment in a clean and tidy condition (for the next tenant) **Besenschrank** *m* broom cupboard **Besenstiel** *m* broomstick
besessen *Adj* (*von bösen Geistern*) possessed (*von* by); (*von einer Idee etc*) obsessed (*von* with); ***wie ~*** like a thing possessed; → ***besitzen*** **Besessenheit** *f* (*mit Idee etc*) obsession
besetzen *vt* **a)** (≈ *belegen*) to occupy; (≈ *reservieren*) to reserve; (≈ *füllen*) *Plätze* to fill; ***ist dieser Platz besetzt?*** is this place taken?; **b)** THEAT *Rolle* to cast; ***eine Stelle*** *etc* ***neu ~*** to find a new person to fill a job; **c)** *bes* MIL to occupy; (*Hausbesetzer*) to squat in **besetzt** *Adj Telefon* engaged (*Brit*), busy (*bes US*); *WC* occupied, engaged; *Abteil, Tisch* taken; *Gebiet* occupied; (*voll*) *Bus etc* full (up) **Besetztzeichen** *n* TELEK engaged (*Brit*) *od* busy (*bes US*) tone **Besetzung** *f* **a)** (≈ *das Besetzen*) (*von Stelle*) filling; (*von Rolle*) casting; (THEAT ≈ *Schauspieler*) cast; (SPORT ≈ *Mannschaft*) team, side; ***zweite ~*** THEAT understudy; **b)** (MIL, *durch Hausbesetzer*) occupation
besichtigen *vt Kirche, Stadt* to visit; *Betrieb* to have a look (a)round; (*zur Prüfung*) *Haus* to view **Besichtigung** *f* (*von Sehenswürdigkeiten*) sightseeing tour; (*von Museum, Kirche, Betrieb*) tour; (*zur Prüfung*) (*von Haus*) viewing
besiedeln *vt* to settle; (≈ *kolonisieren*) to colonize; ***dicht/dünn besiedelt*** densely/thinly populated **Besied(e)lung** *f* settlement; (≈ *Kolonisierung*) colonization
besiegen *vt* (≈ *schlagen*) to defeat; (≈ *überwinden*) to overcome
besinnen *vr* (≈ *überlegen*) to reflect; (≈ *erinnern*) to remember (*auf jdn/etw* sb/sth); ***sich anders*** *od* ***eines anderen ~*** to change one's mind; ***ohne langes Besinnen*** without a moment's thought; → ***besonnen*** **besinnlich** *Adj* contemplative; *Texte, Worte* reflective **Besinnlichkeit** *f* reflection **Besinnung** *f* **a)** (≈ *Bewusstsein*) consciousness; ***bei/ohne ~ sein*** to be conscious/unconscious; ***die ~ verlieren*** to lose consciousness; ***wieder zur ~ kommen*** to regain consciousness; (*fig*) to come to one's senses; ***jdn zur ~ bringen*** to bring sb to his senses; **b)** (≈ *das Nachdenken*) reflection **besinnungslos** *Adj* unconscious; (*fig*) *Wut* blind
Besitz *m* **a)** (≈ *das Besitzen*) possession; ***im ~ von etw sein*** to be in possession of sth; ***etw in ~ nehmen*** to take possession of sth; ***von etw ~ ergreifen*** to seize possession of sth; **b)** (≈ *Eigentum*) property; (≈ *Landgut*) estate **besitzanzeigend** *Adj* GRAM possessive **besitzen** *vt* to possess; *Wertpapiere, grüne Augen* to have; → ***besessen*** **Besitzer(in)** *m(f)* owner; (*von Führerschein etc*) holder; ***den ~ wechseln*** to change hands
besoffen *Adj* (*umg*) smashed (*umg*); → ***besaufen*** **Besoffene(r)** *mf* (*umg*) drunk
besohlen *vt* to sole; (≈ *neu besohlen*) to resole
Besoldung *f* pay
besondere(r, s) *Adj* special; (≈ *bestimmt*) particular; (≈ *hervorragend*) exceptional; ***ohne ~ Begeisterung*** without any particular enthusiasm; ***in diesem ~n Fall*** in this particular case **Besondere(s)** *n* ***etwas/nichts ~s*** something/nothing special; ***er möchte etwas ~s sein*** he thinks

he's something special; ***im ~n*** (≈ *vor allem*) in particular **Besonderheit** *f* unusual quality; (≈ *besondere Eigenschaft*) peculiarity **besonders** *Adv gut, teuer etc* particularly; (≈ *speziell*) *anfertigen etc* specially; ***das Essen/der Film war nicht ~*** (*umg*) the food/film was nothing special; ***wie gehts dir? — nicht ~*** (*umg*) how are you? — not too hot (*umg*)

besonnen **1.** *Adj* level-headed **2.** *Adv* in a careful and thoughtful manner; → ***besinnen*** **Besonnenheit** *f* level-headedness

besorgen *vt* **a)** (≈ *beschaffen*) to get; ***jdm/sich etw ~*** to get sth for sb/oneself; **b)** (≈ *erledigen*) to see to **Besorgnis** *f* anxiety, worry; ***~ erregend*** = ***besorgniserregend*** **besorgniserregend** **1.** *Adj* alarming **2.** *Adv* alarmingly **besorgt** **1.** *Adj* anxious (*wegen* about); ***um jdn/etw ~ sein*** to be concerned about sb/sth **2.** *Adv* anxiously **Besorgung** *f* **a)** (≈ *das Kaufen*) purchase; **b)** (≈ *Einkauf*) errand; ***~en machen*** to do some shopping

bespielen *vt Tonband* to record on

bespitzeln *vt* to spy on

besprechen *vt* (≈ *über etw sprechen*) to discuss; (≈ *rezensieren*) to review; ***wie besprochen*** as arranged **Besprechung** *f* **a)** (≈ *Unterredung*) discussion; (≈ *Konferenz*) meeting; **b)** (≈ *Rezension*) review **Besprechungsraum** *m* meeting room

bespritzen *vt* to spray; (≈ *beschmutzen*) to splash

besser **1.** *Adj* better; ***du willst wohl etwas Besseres sein!*** (*umg*) I suppose you think you're better than other people; ***~ werden*** to improve; ***das ist auch ~ so*** it's better that way; ***das wäre noch ~*** (*iron*) no way; ***jdn eines Besseren belehren*** to teach sb otherwise **2.** *Adv* **a)** better; ***~ ist ~*** (it is) better to be on the safe side; ***umso ~!*** (*umg*) so much the better!; ***~*** (***gesagt***) or rather; ***sie will immer alles ~ wissen*** she always thinks she knows better; ***es ~ haben*** to have a better life; **b)** (≈ *lieber*) ***das solltest du ~ nicht tun*** you had better not do that; ***du tätest ~ daran ...*** you would do better to ... **besser gehen** *vi unpers* ***es geht jdm besser*** sb is feeling better; ***jetzt gehts der Firma wieder besser*** the firm is doing better again now **bessergestellt** *Adj* better-off **bessern** **1.** *vt* (≈ *besser machen*) to improve **2.** *vr* to mend one's ways **Besserung** *f* improvement; (≈ *Genesung*) recovery; (***ich wünsche dir***) ***gute ~!*** I hope you get better soon; ***auf dem Wege der ~ sein*** to be getting better **Besserverdienende(r)** *mf* ***die ~n*** *pl* those earning more *od* on higher incomes **Besserwisser(in)** *m(f)* (*umg*) know-all (*Brit umg*), know-it-all (*US umg*) **besserwisserisch** (*umg*) *Adj* know(-it)-all *attr*

Bestand *m* **a)** (≈ *Fortdauer*) continued existence; ***von ~ sein, ~ haben*** to be permanent; **b)** (≈ *vorhandene Menge*) stock (*an +Dat* of); ***~ aufnehmen*** to take stock **beständig** **1.** *Adj* **a)** constant; *Wetter* settled; **b)** (≈ *widerstandsfähig*) resistant (*gegen* to); (≈ *dauerhaft*) lasting **2.** *Adv* **a)** (≈ *dauernd*) constantly; **b)** (≈ *gleichbleibend*) consistently **Beständigkeit** *f* **a)** (≈ *gleichbleibende Qualität*) constant standard; (*von Wetter*) settledness; **b)** (≈ *Widerstandsfähigkeit*) resistance; (≈ *Dauerhaftigkeit*) durability **Bestandsaufnahme** *f* stocktaking **Bestandteil** *m* component; (*fig*) integral part; ***etw in seine ~e zerlegen*** to take sth to pieces

bestärken *vt* to confirm; ***jdn in seinem Wunsch ~*** to make sb's desire stronger

bestätigen **1.** *vt* to confirm; JUR *Urteil* to uphold; HANDEL *Empfang, Brief* to acknowledge (receipt of); ***hiermit wird bestätigt, dass ...*** this is to certify that ... **2.** *vr* to be confirmed, to be proved true **Bestätigung** *f* confirmation; (JUR: *von Urteil*) upholding; (≈ *Beurkundung*) certification

bestatten *vt* to bury **Bestattung** *f* burial; (≈ *Feuerbestattung*) cremation; (≈ *Feier*) funeral **Bestattungsunternehmen** *n* undertaker's, mortician's (*US*)

bestäuben *vt* to dust; BOT to pollinate **Bestäubung** *f* dusting; BOT pollination

bestaunen *vt* to gaze at in admiration

beste; → ***beste(r, s)***

bestechen **1.** *vt* **a)** (*mit Geld etc*) to bribe; ***ich lasse mich nicht ~*** I'm not open to bribery; **b)** (≈ *beeindrucken*) to captivate **2.** *vi* (≈ *Eindruck* *machen)* to be impressive (*durch* because of) **bestechend** 1. *Adj Schönheit, Eindruck* captivating; *Angebot* tempting 2. *Adv* (≈ *beeindruckend*) impressively **bestechlich** *Adj* bribable, corruptible **Bestechlichkeit** *f* corruptibility **Bestechung** *f* bribery **Bestechungsgeld** *n* bribe

Besteck *n* **a)** (≈ *Essbesteck*) knives and forks *Pl*; ***ein silbernes ~*** a set of silver cutlery (*Brit*) *od* flatware (*US*); **b)** ***chirurgisches ~*** (set of) surgical instruments

bestehen 1. *vt* **a)** *Examen, Probe* to pass; **b)** (≈ *durchstehen*) *Schicksalsschläge* to withstand; *Gefahr* to overcome 2. *vi* **a)** (≈ *existieren*) to exist; ***~ bleiben*** (*Frage, Hoffnung etc*) to remain; ***es besteht die Aussicht, dass ...*** there is a prospect that ...; **b)** (≈ *Bestand haben*) to continue to exist; **c)** (≈ *sich zusammensetzen*) to consist (*aus* of); ***in etw*** (*Dat*) ***~*** to consist in sth; (*Aufgabe*) to involve sth; **d)** ***auf etw*** (*Dat*) ***~*** to insist on sth; ***ich bestehe darauf*** I insist **Bestehen** *n* **a)** (≈ *Vorhandensein, Dauer*) existence; ***seit ~ der Firma*** ever since the firm came into existence; **b)** (≈ *Beharren*) insistence (*auf +Dat* on); **c)** (*von Prüfung*) passing **bestehen bleiben** *vi* to last; (*Hoffnung*) to remain **bestehend** *Adj* existing; *Preise* current

bestehlen *vt* to rob; ***jdn um etw ~*** to rob sb of sth

besteigen *vt Berg, Turm, Leiter* to climb (up); *Fahrrad, Pferd* to get on(to); *Bus, Flugzeug* to get on; *Schiff* to go aboard; *Thron* to ascend

bestellen 1. *vt* **a)** (≈ *anfordern, in Restaurant*) to order; ***sich*** (*Dat*) ***etw ~*** to order sth; **b)** (≈ *reservieren*) to book; **c)** (≈ *ausrichten*) ***bestell ihm (von mir), dass ...*** tell him (from me) that ...; ***soll ich irgendetwas ~?*** can I take a message?; ***er hat nichts zu ~*** he doesn't have any say here; **d)** (≈ *kommen lassen*) *jdn* to send for, to summon; ***ich bin um*** *od* ***für 10 Uhr bestellt*** I have an appointment for *od* at 10 o'clock; **e)** (*fig*) ***es ist schlecht um ihn bestellt*** he is in a bad way; ***damit ist es schlecht bestellt*** that's rather difficult 2. *vi* to order **Besteller(in)** *m(f)* customer **Bestellkarte** *f* order form **Bestellnummer** *f* order number **Bestellschein** *m* order form **Bestellung** *f* **a)** (≈ *Anforderung*) order; **b)** (≈ *Nachricht*) message **Bestellzettel** *m* order form

bestenfalls *Adv* at best **bestens** *Adv* (≈ *sehr gut*) very well; ***sie lässt ~ grüßen*** she sends her best regards **beste(r, s)** 1. *Adj* **a)** best; ***im ~n Fall*** at (the) best; ***im ~n Alter*** in the prime of (one's) life; ***mit (den) ~n Wünschen*** with best wishes; ***in ~n Händen*** in the best of hands; **b)** ***der/die/das Beste*** the best; ***ich will nur dein Bestes*** I've your best interests at heart; ***sein Bestes tun*** to do one's best; ***wir wollen das Beste hoffen*** let's hope for the best; ***das Beste wäre, wir ...*** the best thing would be for us to ...; ***es steht nicht zum Besten*** it does not look too promising; ***etw zum Besten geben*** (≈ *erzählen*) to tell sth 2. *Adv* ***am ~n*** best; ***am ~n gehe ich jetzt*** I'd best be going now

besteuern *vt* to tax **Besteuerung** *f* taxation; (≈ *Steuersatz*) tax

Bestform *f bes* SPORT top form

bestialisch 1. *Adj* bestial; (*umg*) awful 2. *Adv* (*umg*) terribly; *stinken, zurichten* dreadfully **Bestie** *f* beast; (*fig*) animal

bestimmen 1. *vt* **a)** (≈ *festsetzen*) to determine; ***sie will immer alles ~*** she always wants to decide the way things are to be done; **b)** (≈ *prägen*) *Landschaft* to characterize; (≈ *beeinflussen*) *Preis, Anzahl* to determine; **c)** (≈ *vorsehen*) to intend, to mean (*für* for); ***wir waren füreinander bestimmt*** we were meant for each other 2. *vi* **a)** (≈ *entscheiden*) to decide (*über +Akk* on); ***du hast hier nicht zu ~*** you don't make the decisions here; **b)** (≈ *verfügen*) ***er kann über sein Geld allein ~*** it is up to him what he does with his money **bestimmt** 1. *Adj* **a)** (≈ *gewiss*) certain; (≈ *speziell*) particular; *Preis, Tag* fixed; GRAM *Artikel* definite; ***suchen Sie etwas Bestimmtes?*** are you looking for anything in particular?; **b)** (≈ *entschieden*) firm, decisive 2. *Adv* **a)** (≈ *sicher*) definitely; ***ich weiß ganz ~, dass ...*** I know for sure that ...; ***er schafft es ~ nicht*** he definitely won't manage it; **b)** (≈ *wahr-*

scheinlich) no doubt; ***das hat er ~ verloren*** he's bound to have lost it **Bestimmtheit** *f* (≈ *Sicherheit*) certainty; ***ich kann mit ~ sagen, dass …*** I can say definitely that … **Bestimmung** *f* **a**) (≈ *Vorschrift*) regulation; **b**) (≈ *Zweck*) purpose; **c**) (≈ *Schicksal*) destiny **Bestimmungshafen** *m* (port of) destination **Bestimmungsland** *n* (country of) destination

Bestleistung *f bes* SPORT best performance; ***seine persönliche ~*** his personal best **bestmöglich** *Adj* best possible; ***wir haben unser Bestmögliches getan*** we did our (level (*Brit*)) best

bestrafen *vt* to punish; JUR *jdn* to sentence (*mit* to); SPORT *Spieler, Foul* to penalize **Bestrafung** *f* punishment; JUR sentencing; SPORT penalization

bestrahlen *vt* to shine on; MED to give radiotherapy to; *Lebensmittel* to irradiate **Bestrahlung** *f* MED radiotherapy; (≈ *von Lebensmitteln*) irradiation

Bestreben *n* endeavour (*Brit*), endeavor (*US*) **bestrebt** *Adj* ***~ sein, etw zu tun*** to endeavour (*Brit*) *od* endeavor (*US*) to do sth **Bestrebung** *f* endeavour (*Brit*), endeavor (*US*), effort

bestreichen *vt* (*mit Salbe, Flüssigkeit*) to spread; (*mit Butter*) to butter; (*mit Farbe*) to paint; ***etw mit Butter/Salbe ~*** to spread butter/ointment on sth

bestreiken *vt* to boycott; ***bestreikt*** strikebound

bestreitbar *Adj* disputable, contestable **bestreiten** *vt* **a**) (≈ *abstreiten*) to dispute; (≈ *leugnen*) to deny; **b**) (≈ *finanzieren*) to pay for; *Kosten* to carry

bestreuen *vt* to cover (*mit* with); KOCH to sprinkle

Bestseller *m* bestseller **Bestsellerautor(in)** *m(f)* bestselling author **Bestsellerliste** *f* bestseller list

bestücken *vt* to fit, to equip; MIL to arm; *Lager* to stock

bestürmen *vt* to storm; (*mit Fragen, Bitten*) to bombard; (*mit Briefen, Anrufen*) to inundate

bestürzen *vt* to shake **bestürzend** **1.** *Adj* alarming **2.** *Adv hoch, niedrig* alarmingly **bestürzt** **1.** *Adj* filled with consternation **2.** *Adv* in consternation **Bestürzung** *f* consternation

Bestzeit *f bes* SPORT best time

Besuch *m* **a**) visit; (*von Schule, Veranstaltung*) attendance (*+Gen* at); ***bei jdm auf*** *od* ***zu ~ sein*** to be visiting sb; ***jdm einen ~ abstatten*** to pay sb a visit; **b**) (≈ *Besucher*) visitor, visitors *Pl*; ***er bekommt viel ~*** he has a lot of visitors **besuchen** *vt jdn* to visit; *Schule, Gottesdienst* to attend; *Kino, Theater* to go to **Besucher(in)** *m(f)* visitor; (*von Kino, Theater*) patron (*förml*) **Besuchszeit** *f* visiting time **besucht** *Adj* ***gut/schlecht ~ sein*** to be well/badly attended

Betablocker *m* MED beta-blocker

betagt *Adj* (*geh*) aged

betanken *vt Fahrzeug* to fill up; *Flugzeug* to refuel

betasten *vt* to feel

betätigen **1.** *vt Muskeln, Gehirn* to activate; *Bremse* to apply; *Hebel* to operate; *Taste* to press; *Schalter* to turn on **2.** *vr* to busy oneself; (*körperlich*) to get some exercise; ***sich politisch ~*** to be active in politics; ***sich sportlich ~*** to do sport; ***sich geistig und körperlich ~*** to stay active in body and mind **Betätigung** *f* **a**) (≈ *Tätigkeit*) activity; **b**) (≈ *Aktivierung*) operation; (*von Muskel, Gehirn*) activation; (*von Bremsen*) applying; (*von Knopf*) pressing; (*von Schalter*) turning on

betäuben *vt Körperteil* to (be)numb; *Nerv* to deaden; *Schmerzen* to kill; (*durch Narkose*) to anaesthetize; ***ein ~der Duft*** an overpowering smell **Betäubung** *f* **a**) (≈ *das Betäuben*) (be)numbing; (*von Nerv, Schmerz*) deadening; (*von Schmerzen*) killing; (*durch Narkose*) anaesthetization; **b**) (≈ *Narkose*) anaesthetic; ***örtliche*** *od* ***lokale ~*** local anaesthetic **Betäubungsmittel** *n* anaesthetic; (≈ *Droge*) narcotic **Betäubungsmittelgesetz** *n law concerning drug abuse*, narcotics law (*US*)

Bete *f* beet; ***Rote ~*** beetroot

beteiligen *vr* to participate (*an +Dat* in) **beteiligt** *Adj* ***an etw*** (*Dat*) ***~ sein/werden*** to be involved in sth; (*finanziell*) to have a share in sth; *am Gewinn* to have a slice of sth **Beteiligte(r)** *mf* person involved; (≈ *Teilhaber*) partner; JUR party; ***an alle ~n*** to all concerned **Beteiligung** *f* (≈ *Teilnahme*) (*an +Dat* in) participation; (*finanziell*) share;

(*an Unfall*) involvement
beten *vi* to pray
beteuern *vt* to declare; *Unschuld* to protest **Beteuerung** *f* declaration; (*von Unschuld*) protestation
betiteln *vt* to entitle
Beton *m* concrete
betonen *vt* **a)** (≈ *hervorheben*) to emphasize; → ***betont***; **b)** LING to stress
betonieren *vt* (*wörtl*) to concrete **Betonklotz** *m* (*pej*) concrete block **Betonmischmaschine** *f* concrete mixer
betont **1.** *Adj Höflichkeit* emphatic; *Kühle, Sachlichkeit* pointed **2.** *Adv knapp, kühl* pointedly; ***sich ~ einfach kleiden*** to dress with marked simplicity; → ***betonen*** **Betonung** *f* **a)** emphasis; **b)** (≈ *Akzent*) stress
betören *vt* to bewitch, to beguile
Betracht *m* ***etw außer ~ lassen*** to leave sth out of consideration; ***in ~ kommen*** to be considered; ***nicht in ~ kommen*** to be out of the question; ***etw in ~ ziehen*** to take sth into consideration **betrachten** *vt* to look at; ***bei näherem Betrachten*** on closer examination; ***als jdn/etw ~*** (≈ *halten für*) to regard as sb/sth **Betrachter(in)** *m(f)* observer
beträchtlich **1.** *Adj* considerable **2.** *Adv* considerably **Betrachtung** *f* (≈ *das Betrachten*) contemplation; ***bei näherer ~*** on closer examination
Betrag *m* amount **betragen** **1.** *vt* to be **2.** *vr* to behave **Betragen** *n* behaviour (*Brit*), behavior (*US*)
betrauen *vt* ***jdn mit etw ~*** to entrust sb with sth
betrauern *vt* to mourn
Betreff *m* (*förml*) **~: *Ihr Schreiben vom ...*** re your letter of ... **betreffen** *vt* (≈ *angehen*) to concern; ***was mich betrifft ...*** as far as I'm concerned ...; ***betrifft*** re; → ***betroffen*** **betreffend** *Adj* (≈ *erwähnt*) in question; (≈ *zuständig*) relevant **Betreffzeile** *f* (*in E-Mail etc*) subject line
betreiben *vt Gewerbe* to carry on; *Geschäft* to conduct; *Sport* to do; *Studium* to pursue; ***auf jds Betreiben*** (*Akk*) ***hin*** at sb's instigation **Betreiber(in)** *m(f)* operating authority
betreten[1] *vt* (≈ *hineingehen in*) to enter; *Rasen, Spielfeld etc* to walk on; ***„Betreten verboten!"*** "keep off"
betreten[2] **1.** *Adj* embarrassed **2.** *Adv* with embarrassment
betreuen *vt* to look after; ***betreutes Wohnen*** assisted living **Betreuer(in)** *m(f)* person who is in charge of *od* looking after sb; (≈ *Kinderbetreuer*) child minder (*Brit*), babysitter (*US*); (*von alten Leuten, Kranken*) nurse **Betreuung** *f* looking after; (*von Patienten etc*) care
Betrieb *m* **a)** (≈ *Firma*) business; (≈ *Fabrik*) factory, works *Sg od Pl*; **b)** (≈ *Tätigkeit*) work; (*von Maschine, Fabrik*) operation; ***außer ~*** out of order; ***die Maschinen sind in ~*** the machines are running; ***eine Maschine in ~ setzen*** to start a machine up; **c)** (≈ *Betriebsamkeit*) bustle; ***in den Geschäften herrscht großer ~*** the shops are very busy **betriebsam** *Adj* busy, bustling *kein Adv* **Betriebsamkeit** *f* bustle **Betriebsangehörige(r)** *mf* employee **Betriebsanleitung** *f*, **Betriebsanweisung** *f* operating instructions *Pl*; (≈ *Handbuch*) operating *od* user's manual **Betriebsausflug** *m* (annual) works (*Brit*) *od* company (*bes US*) outing **betriebsbereit** *Adj* operational **betriebsblind** *Adj* blind to the shortcomings of one's (own) company **Betriebsergebnis** *n* FINANZ trading result **Betriebsferien** *Pl* (annual) holiday (*bes Brit*), vacation close-down (*US*) **Betriebsgeheimnis** *n* trade secret **Betriebsklima** *n* atmosphere at work **Betriebskosten** *Pl* (*von Firma etc*) overheads *Pl*; (*von Maschine*) running costs *Pl* **Betriebsleiter(in)** *m(f)* (works *od* factory) manager **Betriebsleitung** *f* management
Betriebsrat[1] *m* (≈ *Gremium*) works *od* factory committee
Betriebsrat[2] *m*, **Betriebsrätin** *f* works *od* factory committee member **Betriebsstörung** *f* breakdown **Betriebssystem** *n* IT operating system **Betriebsunfall** *m* industrial accident; (*hum umg*) accident **Betriebsversammlung** *f* company meeting **Betriebswirt(in)** *m(f)* management expert **Betriebswirtschaft** *f* business management
betrinken *vr* to get drunk; → ***betrunken***
betroffen **1.** *Adj* **a)** affected (*von* by); **b)** (≈ *bestürzt*) sad **2.** *Adv* (≈ *bestürzt*) in

consternation; (≈ *betrübt*) in dismay; → ***betreffen*** **Betroffene(r)** *mf* person affected **Betroffenheit** *f* sadness

betrüben *vt* to sadden, to distress **betrüblich** **1.** *Adj* sad, distressing; *Zustände* deplorable **2.** *Adv* ***die Lage sieht ~ aus*** things look bad **betrübt** *Adj* saddened

Betrug *m* deceit, deception; JUR fraud **betrügen** **1.** *vt* to deceive; *Freund, Ehepartner* to be unfaithful to; JUR to defraud; ***jdn um etw ~*** to cheat sb out of sth; JUR to defraud sb of sth; ***sie betrügt mich mit meinem besten Freund*** she is having an affair with my best friend **2.** *vr* to deceive oneself **Betrüger(in)** *m(f)* (*beim Spiel*) cheat; (*geschäftlich*) swindler; JUR defrauder **betrügerisch** *Adj* deceitful; JUR fraudulent; ***in ~er Absicht*** with intent to defraud

betrunken *Adj* drunk *kein Adv*, drunken *attr*; → ***betrinken*** **Betrunkene(r)** *mf* drunk **Betrunkenheit** *f* drunkenness

Bett *n* bed; ***das ~ machen*** to make the bed; ***im ~*** in bed; ***ins*** *od* ***zu ~ gehen*** to go to bed; ***jdn ins*** *od* ***zu ~ bringen*** to put sb to bed **Bettbezug** *m* duvet cover **Bettcouch** *f* bed settee (*Brit*), pull-out couch (*US*) **Bettdecke** *f* blanket; (*gesteppt*) quilt

Bettelei *f* begging **betteln** *vi* to beg

Bettflasche *f* (*österr*) hot-water bottle **Bettgestell** *n* bedstead **bettlägerig** *Adj* bedridden **Bettlaken** *n* sheet

Bettler(in) *m(f)* beggar

Bettnässer(in) *m(f)* bed-wetter **Bettruhe** *f* confinement to bed, bed rest; ***der Arzt hat ~ verordnet*** the doctor ordered him *etc* to stay in bed **Betttuch** *n* sheet **Bettvorleger** *m* bedside rug **Bettwäsche** *f* bed linen **Bettzeug** *n* bedding

betucht *Adj* (*umg*) well-to-do

betupfen *vt* to dab; MED to swab

Beuge *f* bend **beugen** **1.** *vt* **a)** (≈ *krümmen*) to bend; ***das Recht ~*** to pervert the course of justice; ***von Kummer gebeugt*** bowed down with grief; → ***gebeugt***; **b)** GRAM to decline; *Verb* to conjugate **2.** *vr* to bend; (*fig*) to submit (*+Dat* to); ***sich aus dem Fenster ~*** to lean out of the window

Beule *f* (*von Stoß etc*) bump; (≈ *Delle*) dent

beunruhigen **1.** *vt* to worry; ***es ist ~d*** it's worrying **2.** *vr* to worry (oneself) (*über +Akk, um, wegen* about) **Beunruhigung** *f* concern, disquiet

beurkunden *vt* to certify; *Vertrag* to record

beurlauben *vt* to give leave (of absence); ***beurlaubt sein*** to be on leave; (≈ *suspendiert sein*) to have been relieved of one's duties **Beurlaubung** *f* leave (of absence); ***seine ~ vom Dienst*** (≈ *Suspendierung*) his being relieved of his duties

beurteilen *vt* to judge (*nach* by, from); ***etw falsch ~*** to misjudge sth; ***du kannst das doch gar nicht ~*** you are not in a position to judge **Beurteilung** *f* (≈ *das Beurteilen*) judging; (≈ *Urteil*) assessment

Beute *f* (≈ *Kriegsbeute*) spoils *Pl*; (≈ *Diebesbeute*) haul; (*von Raubtieren etc*) prey; (≈ *Jagdbeute*) bag

Beutel *m* (≈ *Behälter*) bag; (≈ *Tragetasche*) carrier bag; ZOO pouch **Beuteltier** *n* marsupial

bevölkern *vt* (≈ *bewohnen*) to inhabit; (≈ *besiedeln*) to populate; ***schwach/stark bevölkert*** sparsely/densely populated **Bevölkerung** *f* population **Bevölkerungsexplosion** *f* population explosion **Bevölkerungsschicht** *f* social class

bevollmächtigen *vt* to authorize (*zu etw* to do sth) **Bevollmächtigte(r)** *mf* authorized representative

bevor *Konj* before; ***~ Sie (nicht) die Rechnung bezahlt haben*** until you pay the bill **bevormunden** *vt* ***jdn ~*** to make sb's decisions (for him/her)

bevorstehen *vi* to be imminent; (*Winter etc*) to approach; ***jdm ~*** to be in store for sb **bevorstehend** *Adj* forthcoming; *Gefahr, Krise* imminent; *Winter* approaching **bevorzugen** *vt* to prefer; (≈ *begünstigen*) to favour (*Brit*), to favor (*US*) **bevorzugt** **1.** *Adj* preferred; *Behandlung* preferential; (≈ *privilegiert*) privileged **2.** *Adv* ***jdn ~ abfertigen/bedienen*** *etc* to give sb preferential treatment **Bevorzugung** *f* preference (*+Gen* for); (≈ *vorrangige Behandlung*) preferential treatment (*bei* in)

bewachen *vt* to guard **Bewachung** *f*

guarding; (≈ *Wachmannschaft*) guard **bewaffnen 1.** *vt* to arm **2.** *vr* to arm oneself **Bewaffnung** *f* **a)** (≈ *das Bewaffnen*) arming; **b)** (≈ *Waffen*) weapons *Pl*

bewahren *vt* **a)** (≈ *beschützen*) to protect (*vor +Dat* from); **b)** ***jdn/etw in guter Erinnerung ~*** to have happy memories of sb/sth; **c)** (≈ *beibehalten*) to keep

bewähren *vr* (*Mensch*) to prove oneself; (*Gerät etc*) to prove its worth; (*Methode, Fleiß*) to pay off

bewahrheiten *vr* to prove (to be) well-founded; (*Prophezeiung*) to come true

bewährt *Adj* proven; *Rezept* tried and tested; ***seit Langem ~*** well-established **Bewährung** *f* JUR probation; ***eine Strafe zur ~ aussetzen*** to impose a suspended sentence; ***ein Jahr Gefängnis mit ~*** a suspended sentence of one year; ***er hat noch ~*** he is still on probation **Bewährungsfrist** *f* JUR probation(ary) period **Bewährungshelfer(in)** *m(f)* probation officer **Bewährungsprobe** *f* test; ***etw einer ~ (Dat) unterziehen*** to put sth to the test **Bewährungsstrafe** *f* JUR suspended sentence

bewältigen *vt* *Problem* to cope with; *Strecke* to manage; *Erlebnis etc* to get over **Bewältigung** *f* ***die ~ der Probleme*** coping with the problems; ***die ~ eines Erlebnisses*** getting over an experience

bewandert *Adj* experienced; ***in etw (Dat) ~ sein*** to be familiar with *od* well-versed in sth

Bewandtnis *f* reason; ***damit hat es*** *od* ***das hat eine andere ~*** there's another reason for that

bewässern *vt* to irrigate; (*mit Sprühanlage*) to water **Bewässerungssystem** *n* irrigation system

bewegen[1] **1.** *vt* **a)** to move; ***~d*** moving; **b)** (≈ *bewirken, ändern*) to change **2.** *vr* **a)** to move; **b)** (≈ *Bewegung haben*) to get some exercise; **c)** (*fig* ≈ *variieren, schwanken*) to vary (*zwischen* between); **d)** (≈ *sich ändern*) to change

bewegen[2] *vt* ***jdn zu etw ~*** to persuade sb to do sth **Beweggrund** *m* motive **beweglich** *Adj* movable; (≈ *wendig*) agile; *Fahrzeug* manoeuvrable (*Brit*), maneuverable (*US*) **bewegt** *Adj* **a)** *Wasser, See* choppy; *Zeiten, Leben* eventful; **b)** *Stimme, Worte* emotional **Bewegung** *f* **a)** movement; ***keine ~!*** freeze! (*umg*); ***in ~ sein*** (*Fahrzeug*) to be moving; (*Menge*) to mill around; ***sich in ~ setzen*** to start moving; ***etw in ~ setzen*** *od* ***bringen*** to set sth in motion; **b)** (≈ *körperliche Bewegung*) exercise; **c)** (≈ *Entwicklung*) progress; **d)** (≈ *Ergriffenheit*) emotion; **e)** POL, KUNST *etc* movement **Bewegungsfreiheit** *f* freedom of movement; (*fig*) freedom of action **bewegungslos 1.** *Adj* motionless **2.** *Adv* without moving; *liegen, sitzen, stehen* motionless **bewegungsunfähig** *Adj* unable to move

beweinen *vt* to mourn (for)

Beweis *m* proof (*für* of); (≈ *Zeugnis*) evidence *kein Pl*; ***ein eindeutiger ~*** clear evidence; ***etw unter ~ stellen*** to prove sth **Beweisaufnahme** *f* JUR hearing of evidence **beweisbar** *Adj* provable **beweisen** *vt* **a)** (≈ *nachweisen*) to prove; **b)** (≈ *erkennen lassen*) to show **Beweisführung** *f* JUR presentation of one's case; (≈ *Argumentation*) line of argument **Beweislage** *f* JUR body of evidence **Beweismaterial** *n* (body of) evidence **Beweisstück** *n* exhibit

Englische Substantive, die immer im Singular stehen

Einige englische Substantive bilden keinen Plural und werden immer mit einem Verb im Singular verbunden, auch wenn ihre deutsche Entsprechung im Plural stehen kann:

Beweis(e)	**evidence**
Fortschritt(e)	**progress**
Hausaufgabe(n)	**homework**
Information(en)	**information**
Möbel	**furniture**

Nachricht(en)	**news** (trotz **s**!)
Rat(schlag), Ratschläge	**advice**
Wissen, Kenntnis(se)	**knowledge**

bewenden *vt unpers* ***es bei*** *od* ***mit etw ~ lassen*** to be content with sth
bewerben *vr* to apply (*um* for; ***sich bei einer Firma ~*** to apply to a firm (for a job) **Bewerber(in)** *m(f)* applicant **Bewerbung** *f* application **Bewerbungsgespräch** *n* (job) interview **Bewerbungsschreiben** *n* (letter of) application **Bewerbungsunterlagen** *Pl* application documents *Pl*
bewerfen *vt* ***jdn/etw mit etw ~*** to throw sth at sb/sth
bewerkstelligen *vt* to manage
bewerten *vt jdn* to judge; *Schularbeit* to assess; *Gegenstand* to value; ***etw zu hoch/niedrig ~*** to overvalue/undervalue sth **Bewertung** *f* judgement; (*von Schularbeit*) assessment; (*von Gegenstand*) valuation
bewilligen *vt* to allow; *Etat etc* to approve; *Stipendium* to award **Bewilligung** *f* allowing; (*von Etat*) approval; (*von Stipendium*) awarding
bewirken *vt* (≈ *verursachen*) to cause; ***~, dass etw passiert*** to cause sth to happen
bewirten *vt* ***jdn ~*** to feed sb; (*bei offiziellem Besuch etc*) to entertain sb
bewirtschaften *vt* **a)** *Betrieb etc* to manage; **b)** *Land* to farm **Bewirtschaftung** *f* **a)** (*von Betrieb*) management; **b)** (*von Land*) farming
Bewirtung *f* (≈ *das Bewirten*) hospitality; (*im Hotel*) (food and) service
bewohnbar *Adj* habitable **bewohnen** *vt* to live in; (*Volk*) to inhabit **Bewohner(in)** *m(f)* (*von Land, Gebiet*) inhabitant; (*von Haus etc*) occupier **bewohnt** *Adj* inhabited
bewölken *vr* to cloud over; ***bewölkt*** cloudy **Bewölkung** *f* (≈ *das Bewölken*) clouding over; ***wechselnde ~*** METEO variable amounts of cloud
Bewunderer *m*, **Bewunderin** *f* admirer **bewundern** *vt* to admire (*wegen* for); ***~d*** admiring **bewundernswert** **1.** *Adj* admirable **2.** *Adv* admirably **Bewunderung** *f* admiration
bewusst **1.** *Adj* **a)** conscious; ***sich*** (*Dat*) ***einer Sache*** (*Gen*) ***~ sein/werden*** to be/become aware of sth; ***es wurde ihm allmählich ~, dass ...*** he gradually realized (that) ...; **b)** (≈ *willentlich*) deliberate; **c)** (≈ *besagt*) in question **2.** *Adv* consciously; (≈ *willentlich*) deliberately **bewusstlos** **1.** *Adj* unconscious **2.** *Adv* ***jdn ~ schlagen*** to beat sb unconscious *od* senseless **Bewusstlosigkeit** *f* unconsciousness; ***bis zur ~*** (*umg*) ad nauseam **Bewusstsein** *n* consciousness; ***etw kommt jdm zu(m) ~*** sb becomes aware of sth; ***im ~, dass ...*** in the knowledge that ...; ***das ~ verlieren/wiedererlangen*** to lose/regain consciousness; ***bei ~ sein*** to be conscious; ***zu(m) ~ kommen*** to regain consciousness; ***bei vollem ~*** fully conscious
bezahlen **1.** *vt* to pay; *Leistung, Schaden* to pay for; ***er hat seinen Fehler mit dem Leben bezahlt*** he paid for his mistake with his life **2.** *vi* to pay **Bezahlfernsehen** *n* pay TV **bezahlt** *Adj* paid; ***sich ~ machen*** to be worth it **Bezahlung** *f* payment; (≈ *Lohn, Gehalt*) pay; ***gegen ~*** for payment
bezaubern *vt* (*fig*) to charm **bezaubernd** *Adj* enchanting
bezeichnen *vt* (≈ *kennzeichnen*) to mark; (≈ *genau beschreiben*) to describe; ***ich weiß nicht, wie man das bezeichnet*** I don't know what that's called **bezeichnend** *Adj* (*für* of) characteristic **Bezeichnung** *f* **a)** (≈ *Kennzeichnung*) marking; (≈ *Beschreibung*) description; **b)** (≈ *Ausdruck*) expression
bezeugen *vt* to testify to; ***~, dass ...*** to testify that ...
bezichtigen *vt* to accuse; ***jdn einer Sache*** (*Gen*) ***~*** to accuse sb of sth
beziehen **1.** *vt* **a)** *Polster* to (re)cover; *Kissen* to put a cover on; ***die Betten frisch ~*** to change the beds; **b)** (≈ *einziehen in*) *Wohnung* to move into; **c)** *Posten, Stellung* to take up; **d)** (≈ *erhalten*) to get; **e)** (≈ *in Beziehung setzen*) ***etw auf jdn/etw ~*** to apply sth to sb/sth **2.** *vr* **a)** (*Himmel*) to cloud over; **b)** (≈ *sich berufen*) ***sich auf jdn/etw ~*** to refer to sb/sth **Beziehung** *f* **a)** (≈ *Verhältnis*) relationship; **b)** (≈ *Kon-*

takt) relations *Pl*; ***diplomatische ~en*** diplomatic relations; ***menschliche ~en*** human relations; ***seine ~en spielen lassen*** to pull strings; ***~en haben*** to have connections; **c)** (≈ *Zusammenhang*) connection (*zu* with); ***etw zu etw in ~ setzen*** to relate sth to sth; ***in keiner ~ zueinander stehen*** to have no connection; **d)** (≈ *Hinsicht*) ***in einer/keiner ~*** in one/no respect; ***in jeder ~*** in every respect **Beziehungskiste** *f* (*umg*) relationship **beziehungsweise** *Konj* **a)** (≈ *oder aber*) or; **b)** (≈ *im anderen Fall*) and ... respectively; **c)** (≈ *genauer gesagt*) or rather

beziffern **1.** *vt* (≈ *mit Ziffern versehen*) to number; (≈ *angeben*) to estimate (*auf +Akk*, *mit* at) **2.** *vr* ***sich ~ auf*** (*+Akk*) (*Verluste, Gewinn*) to amount to; (*Teilnehmer*) to number

Bezirk *m* (≈ *Gebiet*) district; (*von Stadt*) ≈ district; (*von Land*) ≈ region

Bezug *m* **a)** (*für Kissen etc*) cover; (*für Kopfkissen*) pillowcase; **b)** (≈ *Erwerb*: *von Waren etc*) buying; **c)** **Bezüge** *Pl* (≈ *Einkünfte*) income; **d)** (≈ *Zusammenhang*) = **Beziehung** c; **e)** (*förml* ≈ *Berufung*) reference; ***~ nehmen auf*** (*+Akk*) to make reference to; ***mit*** *od* ***unter ~ auf*** (*+Akk*) with reference to; **f)** (≈ *Hinsicht*) ***in ~ auf*** (*+Akk*) regarding **bezüglich** *Präp +Gen* (*förml*) regarding, re (COMM) **Bezugnahme** *f* (*förml*) reference; ***unter ~ auf*** (*+Akk*) with reference to **bezugsfertig** *Adj* *Haus etc* ready to move into **Bezugsperson** *f* ***die wichtigste ~ des Kleinkindes*** the person to whom the small child relates most closely

bezuschussen *vt* to subsidize

bezwecken *vt* to aim at; ***etw mit etw ~*** (*Mensch*) to intend sth by sth

bezweifeln *vt* to doubt; ***das ist nicht zu ~*** that's beyond question

bezwingen *vt* to conquer; SPORT to beat; *Strecke* to do

BfA *f*, *Abk von* ***Bundesagentur für Arbeit***

BH *m*, *Abk von* ***Büstenhalter*** bra

Biathlon *n* SPORT biathlon

Bibel *f* (*wörtl*) Bible; (*fig*) bible **bibelfest** *Adj* well versed in the Bible

Bibeli *n* (*schweiz*) (≈ *Pickel*) spot; (≈ *Mitesser*) blackhead

Bibelwort *n* biblical saying

Biber *m* beaver **Biberbetttuch** *n* flannelette sheet (*bes Brit*) **Biberpelz** *m* beaver (fur)

Bibliografie *f* bibliography **Bibliothek** *f* library **Bibliothekar(in)** *m(f)* librarian

biblisch *Adj* biblical; ***ein ~es Alter*** a great age

Bidet *n* bidet

bieder *Adj* **a)** (≈ *rechtschaffen*) honest; **b)** (*pej*) conventional

biegen **1.** *vt* to bend; *Glieder* to flex; ***auf Biegen und Brechen*** (*umg*) by hook or by crook (*umg*) **2.** *vi* (*Wagen*) to turn **3.** *vr* to bend; ***sich vor Lachen ~*** (*fig*) to double up with laughter **biegsam** *Adj* flexible; *Glieder, Körper* supple; (*fig*) pliable **Biegung** *f* bend

Biene *f* bee **Bienenhaus** *n* apiary **Bienenhonig** *m* real honey **Bienenkönigin** *f* queen bee **Bienenschwarm** *m* swarm (of bees) **Bienenstich** *m* KOCH *cake coated with sugar and almonds and filled with custard or cream* **Bienenstock** *m* (bee)hive **Bienenvolk** *n* bee colony **Bienenwachs** *n* beeswax

Bier *n* beer; ***zwei ~, bitte!*** two beers, please; ***dunkles/helles ~*** dark/light beer; ***~ vom Fass*** draught (*Brit*) *od* draft (*US*) beer; ***das ist mein*** *etc* ***~*** (*fig umg*) that's my *etc* business **Bierbauch** *m* (*umg*) beer belly (*umg*) **Bierdeckel** *m* beer mat (*Brit*) *od* coaster (*US*) **Bierdose** *f* beer can **Bierfass** *n* keg **Bierflasche** *f* beer bottle **Biergarten** *m* beer garden **Bierglas** *n* beer glass **Bierkeller** *m* (≈ *Lager*) beer cellar; (≈ *Gaststätte auch*) bierkeller **Bierkrug** *m* tankard (*bes Brit*); (*aus Steingut*) (beer) stein **Bierwurst** *f* ham sausage **Bierzelt** *n* beer tent

Biest *n* (*pej umg*) **a)** (≈ *Tier*) creature; (≈ *Insekt*) bug; **b)** (≈ *Mensch*) (little) wretch; (≈ *Frau*) bitch (*sl*)

bieten **1.** *vt* **a)** (≈ *anbieten*) to offer (*jdm etw* sb sth, sth to sb); (*bei Auktion*) to bid; ***diese Stadt hat nichts zu ~*** this town has nothing to offer; **b)** (≈ *haben*) to have; *Problem* to present; **c)** (≈ *darbieten*) *Anblick, Bild* to present; *Film* to show; **d)** (≈ *zumuten*) ***sich*** (*Dat*) ***etw ~ lassen*** to stand for sth; → ***gebo-***

***ten* 2.** *vi* KARTEN to bid **3.** *vr* (*Gelegenheit, Anblick etc*) to present itself (*jdm* to sb) **Bieter(in)** *m(f)* bidder
Bigamie *f* bigamy
Biker(in) *m(f)* (*umg*) biker
Bikini *m* bikini
bikonvex *Adj* biconvex
Bilanz *f* **a)** (HANDEL ≈ *Lage*) balance; (≈ *Abrechnung*) balance sheet; ***eine ~ aufstellen*** to draw up a balance sheet; ***~ machen*** (*fig umg*) to check one's finances; **b)** (*fig* ≈ *Ergebnis*) end result; ***(die) ~ ziehen*** to take stock (*aus* of) **Bilanzbuchhalter(in)** *m(f)* company accountant (*who balances end-of-year accounts*) **Bilanzgewinn** *m* HANDEL, FINANZ declared profit **bilanzieren** *vti* to balance; (*fig*) to assess **Bilanzverlust** *m* HANDEL, FINANZ accumulated loss **Bilanzwert** *m* HANDEL, FINANZ book value
bilateral *Adj* bilateral
Bild *n* **a)** picture; (≈ *Fotografie* ≈ *Zeichnung*) drawing; (≈ *Gemälde*) painting; ***ein ~ machen*** to take a photo; ***ein ~ des Elends*** a picture of misery; **b)** (≈ *Abbild*) image; **c)** (≈ *Erscheinungsbild*) character; ***das äußere ~ der Stadt*** the appearance of the town; **d)** (*fig* ≈ *Vorstellung*) image, picture; ***im ~e sein*** to be in the picture (*über +Akk* about); ***jdn ins ~ setzen*** to put sb in the picture (*über +Akk* about); ***sich*** (*Dat*) ***von jdm/etw ein ~ machen*** to get an idea of sb/sth **Bildausfall** *m* TV loss of vision **Bildband** *m* illustrated book, coffee-table book
bilden 1. *vt* **a)** to form; *Körper, Figur* to shape; ***sich*** (*Dat*) ***ein Urteil ~*** to form a judgement; **b)** (≈ *ausmachen*) *Gefahr etc* to constitute; ***die Teile ~ ein Ganzes*** the parts make up a whole; **c)** (≈ *erziehen*) to educate **2.** *vr* **a)** (≈ *entstehen*) to form; **b)** (≈ *lernen*) to educate oneself; → ***gebildet*** **3.** *vi* to be educational **bildend** *Adj* ***die ~e Kunst*** art; ***die ~en Künste*** the fine arts
Bilderbuch *n* picture book **Bilderbuch-** (*fig*) perfect
Bilderrahmen *m* picture frame
Bilderrätsel *n* picture puzzle
Bildfläche *f* (*fig umg*) ***auf der ~ erscheinen*** to appear on the scene; ***von der ~ verschwinden*** to disappear (from the scene)
bildhaft 1. *Adj* pictorial; *Beschreibung, Sprache* vivid **2.** *Adv* vividly
Bildhauer(in) *m(f)* sculptor
Bildhauerei *f* sculpture
bildhübsch *Adj Mädchen* (as) pretty as a picture; *Kleid, Garten etc* really lovely
bildlich 1. *Adj* pictorial; *Ausdruck etc* metaphorical **2.** *Adv* pictorially; *verwenden* metaphorically
Bildqualität *f* TV, FILM picture quality
Bildschirm *m* TV, IT screen
Bildschirmarbeit *f* screen work
Bildschirmschoner *m* IT screen saver
Bildschirmtext *m* Viewdata® *Sg*, Prestel®
bildschön *Adj* beautiful
Bildstörung *f* TV interference (on the picture)
Bildung *f* **a)** (≈ *Erziehung*) education; (≈ *Kultur*) culture; ***höhere ~*** higher education; ***~ haben*** to be educated; ***zur ~ des Passivs*** to form the passive; **b)** (≈ *Entstehung: von Rost etc*) formation **Bildungsgang** *m* school (and university) career **Bildungsgrad** *m* level of education **Bildungslücke** *f* gap in one's education **Bildungspolitik** *f* education policy **Bildungspolitiker(in)** *m(f)* *politician with responsibility for education policy* **Bildungsreform** *f* educational reform **Bildungsstufe** *f* level of education **Bildungsurlaub** *m* educational holiday (*bes Brit*) *od* vacation (*US*) **Bildungsweg** *m* ***jds ~*** the course of sb's education; ***auf dem zweiten ~*** through night school **Bildungswesen** *n* education system
Billard *n* (≈ *Spiel*) billiards *Sg* **Billardkugel** *f* billiard ball **Billardtisch** *m* billiard table
Billett *n* (*schweiz*) **a)** (≈ *Fahrschein, Eintrittskarte*) ticket; **b)** (*schweiz*) = ***Führerschein***
Billiarde *f* million billion (*Brit*), thousand trillion (*US*)
billig *Adj* cheap; *Preis* low; ***~ abzugeben*** going cheap; ***~ davonkommen*** (*umg*) to get off lightly **Billiganbieter(in)** *m(f)* supplier of cheap goods **Billigangebot** *n* cut-price offer
billigen *vt* to approve
Billigflagge *f* SEEF flag of convenience **Billigflieger** *m* low-cost airline **Billig-**

flug *m* cheap flight **Billigjob** *m* low-paid job **Billiglohnland** *n* low-wage country
Billigung *f* approval; ***jds ~ finden*** to meet with sb's approval
Billion *f* thousand billion (*Brit*), trillion (*US*)
bimmeln *vi* (*umg*) to ring
Bimsstein *m* pumice stone
binär *Adj* binary **Binärcode** *m* binary code
Binde *f* **a)** MED bandage; (≈ *Schlinge*) sling; **b)** (≈ *Armbinde*) armband; (≈ *Augenbinde*) blindfold; **c)** (≈ *Monatsbinde*) (sanitary) towel *od* (*bes US*) napkin **Bindegewebe** *n* ANAT connective tissue **Bindeglied** *n* connecting link **Bindehaut** *f* ANAT conjunctiva **Bindehautentzündung** *f* conjunctivitis **binden** **1.** *vt* **a)** (≈ *zusammenbinden*) to tie; (≈ *festbinden*) to bind; **b)** *Strauß, Kranz* to make up; *Knoten etc* to tie; **c)** (≈ *zubinden*) *Schal* to tie; *Krawatte* to knot; **d)** (*fig*) *Menschen* to tie; *Geldmittel* to tie up; (*Versprechen, Vertrag, Eid etc*) to bind; ***mir sind die Hände gebunden*** (*fig*) my hands are tied; → ***gebunden***; **e)** *Farbe, Soße* to bind **2.** *vi* (*Mehl, Zement, Soße etc*) to bind; (*Klebstoff*) to bond; (*fig: Erlebnisse*) to create a bond **3.** *vr* (≈ *sich verpflichten*) to commit oneself (*an +Akk* to) **bindend** *Adj* binding (*für* on); *Zusage* definite **Bindestrich** *m* hyphen **Bindfaden** *m* string; ***ein (Stück) ~*** a piece of string; ***es regnet Bindfäden*** (*umg*) it's sheeting down (*Brit umg*), it's coming down in buckets (*US umg*) **Bindung** *f* **a)** (≈ *Beziehung*) relationship (*an +Akk* with); (≈ *Verbundenheit*) tie, bond (*an +Akk* with); (≈ *Verpflichtung*) commitment (*an +Akk* to); **b)** (≈ *Skibindung*) binding **Bindungsangst** *f* fear of commitment *kein Pl*
Bingo *n* bingo
binnen *Präp +Dat od* (*geh*) *+Gen* (*förml*) within; ***~ Kurzem*** shortly **Binnengewässer** *n* inland water **Binnenhafen** *m* river port **Binnenhandel** *m* domestic trade **Binnenmarkt** *m* home market; ***der europäische ~*** the European Single Market **Binnenschifffahrt** *f* inland navigation **Binnenwährung** *f* internal currency
Binse *f* rush; ***in die ~n gehen*** (*fig umg* ≈ *misslingen*) to be a washout (*umg*) **Binsenweisheit** *f* truism
Bio *f* (SCHULE *umg*) biol (*umg*), bio (*bes US umg*) **Bioabfall** *m* biological waste **bioaktiv** *Adj Waschmittel* biological **Biobauer** *m*, **Biobäuerin** *f* organic farmer; ***Gemüse vom ~n*** organic vegetables *Pl* **Biochemie** *f* biochemistry **biochemisch** **1.** *Adj* biochemical **2.** *Adv* biochemically **Biodiesel** *m* biodiesel **biodynamisch** **1.** *Adj* biodynamic **2.** *Adv* biodynamically **Biogas** *n* methane gas
Biograf(in) *m(f)* biographer **Biografie** *f* biography **biografisch** **1.** *Adj* biographical **2.** *Adv* biographically
Biokost *f* organic food **Bioladen** *m* wholefood shop **Biologe** *m*, **Biologin** *f* biologist **Biologie** *f* biology **biologisch** **1.** *Adj* biological; *Anbau* organic **2.** *Adv* biologically; *anbauen* organically **Biomasse** *f* CHEM organic substances *Pl* **Biomüll** *m* organic waste **Biophysik** *f* biophysics *Sg*
Biopsie *f* MED biopsy
Biorhythmus *m* biorhythm **Biosphäre** *f* biosphere **Biotechnik** *f* biotechnology **biotechnisch** *Adj* biotechnological **Bioterrorismus** *m* bioterrorism **Biotonne** *f* organic waste bin **Biotop** *n* biotope
Birke *f* birch
Birma *n* Burma **birmanisch** *Adj* Burmese
Birnbaum *m* (*Baum*) pear tree; (*Holz*) pear wood **Birne** *f* **a)** pear; **b)** (≈ *Glühlampe*) (light) bulb
bis **1.** *Präp +Akk* **a)** (*zeitlich*) until; (≈ *bis spätestens*) by; ***~ zu diesem Zeitpunkt*** up to this time; ***Montag ~ Freitag*** Monday to *od* through (*US*) Friday; ***~ einschließlich 5. Mai*** up to and including 5th May; ***~ bald/später/morgen!*** see you soon/later/tomorrow!; ***~ wann bleibt ihr hier?*** how long are you staying here?; ***~ wann ist das fertig?*** when will that be finished?; ***~ wann können Sie das machen?*** when can you do it by?; ***~ auf Weiteres*** until further notice; ***~ dahin** od **dann muss die Arbeit fertig sein*** the work must be finished by then; ***~ dann!*** see you then!; ***von ... ~ ...*** from ... to *od* through (*US*) ...; (*mit*

Uhrzeiten) from ... till ...; **b**) (*räumlich*) to; **~ an unsere Mauer** up to our wall; **~ wo/wohin?** how far?; **~ dort** *od* **dorthin** *od* **dahin** (to) there; **~ hierher** this far; **c**) **Kinder ~ sechs Jahre** children up to the age of six; **d**) **es sind alle gekommen, ~ auf Sandra** they all came, except Sandra **2.** *Konj* **a**) to; **zehn ~ zwanzig Stück** ten to twenty; **bewölkt ~ bedeckt** cloudy or overcast; **b**) (*zeitlich*) until, till; **ich warte noch, ~ es dunkel wird** I'll wait until it gets dark; **~ das einer merkt!** it'll be ages before anyone realizes (*umg*)

bis

Im Sinne von „spätestens um/am" heißt **bis** nicht **till** oder **until**, sondern **by**:

Ich habe heute Unterricht bis 17.00 Uhr.	**I've got lessons till / until 5 pm today.**
Anträge sind (spätestens) bis zum 15. Juni zu stellen.	**Applications must be submitted by 15 June (at the latest).**

Bischof *m*, **Bischöfin** *f* bishop **bischöflich** *Adj* episcopal

Biscuit *n od m* (*schweiz* ≈ *Keks*) biscuit (*Brit*), cookie (*US*)

bisexuell *Adj* bisexual

bisher *Adv* until now; (≈ *und immer noch*) up to now; **~ nicht** not until now **bisherig** *Adj* (≈ *vorherig*) previous; (≈ *momentan*) present

Biskaya *f* **die ~** (the) Biscay; **Golf von ~** Bay of Biscay

Biskuit *n od m* (fatless) sponge **Biskuitgebäck** *n* sponge cake/cakes **Biskuitteig** *m* sponge mixture

bislang *Adv* = **bisher**

Biss *m* bite; (*fig*) vigour (*Brit*), vigor (*US*); **~ haben** (*umg*) to have punch

bisschen **1.** *Adj* **ein ~ Geld/Liebe** a bit of money/love; **kein ~ ...** not one (little) bit; **das ~ Geld** that little bit of money **2.** *Adv* **ein ~** a bit, a little; **ein ~ wenig** not very much; **ein ~ viel** a bit much

Bissen *m* mouthful; (≈ *Imbiss*) bite (to eat) **bissfest** *Adj* firm; *Nudeln* al dente **bissig** *Adj* **a**) vicious; **„Vorsicht, ~er Hund"** "beware of the

Signalwörter für das present perfect

Bei Sätzen mit folgenden Ausdrücken wird im Englischen das **present perfect** verwendet:

bisher, bis jetzt	**up to now / until now / till now**
in letzter Zeit	**lately, of late**
noch (nicht); schon	**yet**

Very little has been done about this problem till now.
I haven't seen her lately.
She hasn't dared to ask him yet.
Has she called yet?

Kleine Mengen

Im Englischen gibt es verschiedene Möglichkeiten, kleine Mengen zu beschreiben:

Personen, zählbare Gegenstände:

a few	einige, ein paar
few	(nur) wenige

She's got a few books on painting.
Only very few people came to the event.

nicht zählbare Dinge:

a little, *umg* **a bit of**	ein bisschen, etwas
little	wenig, kaum
a bit	etwas

Could I have a little mustard with this?
There's little point in cheating.
Want some? I've got a bit left.

dog"; **b)** (≈ *übellaunig*) waspish **Bisswunde** *f* bite
Bistro *n* bistro
Bistum *n* diocese
Bit *n* IT bit
bitte *Interj* **a)** please; **~ nicht!** no, please!, please don't!; **ja ~?** yes?; **aber ~!** please do; **na ~!** there you are!; **b)** (*Dank erwidernd*) **~ sehr** *od* **schön** you're welcome, not at all (*Brit*); **c)** (*nachfragend*) (**wie**) **~?** (I beg your) pardon? (*auch iron*) **Bitte** *f* request; (*inständig*) plea; **auf seine ~ hin** at his request; **ich habe eine große ~ an dich** I have a (great) favour (*Brit*) *od* favor (*US*) to ask you **bitten 1.** *vt* **a)** *jdn* to ask; (*inständig*) to beg; **jdn um etw ~** to ask/beg sb for sth; **aber ich bitte dich!** not at all; **wenn ich ~ darf** (*förml*) if you wouldn't mind; **ich muss doch** (**sehr**) **~!** well I must say!; **b)** (≈ *bestellen*) **jdn zu sich ~** to ask sb to come and see one **2.** *vi* **a)** (≈ *eine Bitte äußern*) to ask; (*inständig*) to plead, to beg; **um etw ~** to ask (for) *od* request sth; (*inständig*) to plead for sth; **b)** (≈ *einladen*) **ich lasse ~** he/she can come in now

danke – bitte

Wenn sich im Deutschen jemand für etwas bedankt, sagt der/die andere oft „bitte". Im Englischen gibt es dafür unterschiedliche Entsprechungen, aber niemals **please**.

Bitte, keine Ursache, ist schon gut	**not at all**
Bitte, gern geschehen	**you're welcome** (*oft Gästen gegenüber*)
Bitte, machen Sie sich / mach dir keine Sorgen; schon gut	**that's all right / OK**

Auf „danke" ist im Englischen nicht unbedingt eine Antwort nötig. Es gilt keineswegs als unhöflich, nichts zu sagen.

bitter 1. *Adj* bitter; *Schokolade* plain; (*fig*) *Wahrheit, Lehre, Verlust* painful; *Zeit, Schicksal* hard; *Unrecht* grievous; *Ernst, Feind* deadly; *Spott* cruel; **bis zum ~en Ende** to the bitter end **2.** *Adv* (≈ *sehr*) *bereuen* bitterly; *bezahlen, büßen* dearly; **etw ~ nötig haben** to be in dire need of sth **bitterböse 1.** *Adj* furious **2.** *Adv* furiously **bitterernst** *Adj Situation etc* extremely serious **bitterkalt** *Adj* bitterly cold
Biwak *n* bivouac
bizarr 1. *Adj* bizarre **2.** *Adv* bizarrely
Bizeps *m* biceps
blabla *Interj* (*umg*) blah blah blah (*umg*)
Black-out *n od m* blackout
blähen 1. *vtr* to swell; *Nüstern* to flare **2.** *vi* to cause flatulence *od* wind **Blähung** *f* MED wind *kein Pl*
blamabel *Adj* shameful **Blamage** *f* disgrace **blamieren 1.** *vt* to disgrace **2.** *vr* to make a fool of oneself; (*durch Benehmen*) to disgrace oneself
blanchieren *vt* KOCH to blanch
blank 1. *Adj* **a)** shiny; **b)** (≈ *nackt*) bare; (*umg* ≈ *ohne Geld*) broke; **c)** (≈ *rein*) pure; *Hohn* utter **2.** *Adv scheuern, polieren* till it shines; **~ poliert** brightly polished
Blankoscheck *m* blank cheque (*Brit*) *od* check (*US*) **Blankovollmacht** *f* carte blanche
Bläschen *n* MED small blister **Blase** *f* **a)** (≈ *Seifenblase, Luftblase*) bubble; (≈ *Sprechblase*) balloon; **~n ziehen** (*Farbe*) to blister; **b)** MED blister; **c)** ANAT bladder **Blasebalg** *m* (pair of) bellows **blasen 1.** *vi* to blow **2.** *vt Melodie, Posaune etc* to play **Blasenentzündung** *f* cystitis **Blasenleiden** *n* bladder trouble *ohne Artikel* **Bläser(in)** *m(f)* MUS wind player; **die ~** the wind (section)
blasiert *Adj* (*pej geh*) blasé **Blasiertheit** *f* (*pej geh*) blasé attitude
Blasinstrument *n* wind instrument **Blaskapelle** *f* brass band **Blasmusik** *f* brass band music
blass *Adj* **a)** *Haut, Licht* pale; **~ vor Neid werden** to go green with envy; **b)** (*fig*) faint; **ich habe keinen ~en Schimmer** (*umg*) I haven't a clue (*umg*) **Blässe** *f* paleness; (*von Haut*) pallor

Blatt *n* **a)** BOT leaf; **b)** (*Papier etc*) sheet; ***ein ~ Papier*** a sheet of paper; **c)** (≈ *Seite*) page; ***das steht auf einem anderen ~*** (*fig*) that's another story; ***vom ~ singen/spielen*** to sight-read; **d)** (≈ *Zeitung*) paper; **e)** (*von Messer, Ruder*) blade; **f)** KARTEN hand; ***das ~ hat sich gewendet*** (*fig*) the tables have been turned **blättern** *vi* ***in etw*** (*Dat*) ~ to leaf *od* (*schnell*) flick through sth **Blätterteig** *m* puff pastry **Blattgemüse** *n* greens *Pl*, leaf vegetables *Pl* (*förml*) **Blattgold** *n* gold leaf **Blattgrün** *n* chlorophyll **Blattlaus** *f* greenfly **Blattsalat** *m* green salad **Blattspinat** *m* leaf spinach **Blattwerk** *n* foliage

blau *Adj* **a)** blue; ***Forelle*** *etc* ~ KOCH trout *etc* au bleu; ***ein ~es Auge*** (*umg*) a black eye; ***mit einem ~en Auge davonkommen*** (*fig*) to get off lightly; ***ein ~er Brief*** SCHULE *letter informing parents that their child must repeat a year*; (*von Hauswirt*) notice to quit; ***ein ~er Fleck*** a bruise; **b)** (*umg* ≈ *betrunken*) drunk **Blau** *n* blue **blauäugig** *Adj* blue-eyed; (*fig*) naïve **Blaubeere** *f* bilberry, blueberry (*bes US*) **blaublütig** *Adj* blue-blooded **Blaue(s)** *n* **a)** ***das ~ vom Himmel*** (***herunter***) ***lügen*** (*umg*) to tell a pack of lies; **b)** (*ohne Ziel*) ***ins ~ hinein*** (*umg*) at random; ***eine Fahrt ins ~*** a mystery tour **blaugrün** *Adj* blue-green **Blauhelm(soldat)** *m* UN soldier, blue helmet **Blaukraut** *n* (*südd, österr*) red cabbage **bläulich** *Adj* bluish **Blaulicht** *n* (*von Polizei etc*) flashing blue light; ***mit ~*** with its blue light flashing **blaumachen** (*umg*) **1.** *vi* to skip work **2.** *vt* ***den Freitag ~*** to skip work on Friday **Blaumeise** *f* bluetit **Blaupause** *f* blueprint **Blausäure** *f* prussic acid **Blauwal** *m* blue whale

Blazer *m*, **Blazerjacke** *f* blazer

Blech *n* **a)** (sheet) metal; **b)** (≈ *Blechstück*) metal plate; **c)** (≈ *Backblech*) baking sheet; **d)** (*umg* ≈ *Unsinn*) rubbish *ohne Artikel* (*umg*) **Blechdose** *f* tin container; (*bes für Konserven*) tin (*Brit*), can **blechen** *vti* (*umg*) to cough up (*umg*) **Blechinstrument** *n* brass instrument **Blechschaden** *m* damage to the bodywork **Blechtrommel** *f* tin drum

Blei *n* **a)** lead; **b)** (≈ *Lot*) plumb

Bleibe *f* ***eine/keine ~ haben*** to have somewhere/nowhere to stay **bleiben** *vi* **a)** to stay; ***unbeantwortet ~*** to be left unanswered; ***ruhig/still ~*** to keep calm/quiet; ***wach ~*** to stay awake; ***sitzen ~*** to remain seated; ***wo bleibt er so lange?*** (*umg*) where has he got to?; ***das bleibt unter uns*** that's (just) between ourselves; **b)** (≈ *übrig bleiben*) to be left; ***es blieb keine andere Wahl*** there was no other choice; ***und wo bleibe ich?*** and what about me?; ***sieh zu, wo du bleibst!*** you're on your own! (*umg*) **bleibend** *Adj Erinnerung etc* lasting; *Schaden* permanent **bleiben lassen** *vt* (*umg* ≈ *unterlassen*) ***etw ~*** to give sth a miss (*umg*); ***das wirst du ganz schön ~*** you'll do nothing of the sort!

bleich *Adj* pale **bleichen** *vt* to bleach **Bleichgesicht** *n* paleface **Bleichmittel** *n* bleach

bleiern *Adj* (≈ *aus Blei*) lead; (*fig*) leaden **bleifrei** *Adj Benzin etc* unleaded **bleihaltig** *Adj* containing lead; *Benzin etc* leaded **Bleikristall** *n* lead crystal **Bleistift** *m* pencil; (*zum Malen*) crayon **Bleistiftabsatz** *m* stiletto heel **Bleistiftspitzer** *m* pencil sharpener **Bleivergiftung** *f* lead poisoning

Blende *f* **a)** (≈ *Lichtschutz*) shade, screen; AUTO (sun) visor; (*an Fenster*) blind; **b)** (FOTO ≈ *Öffnung*) aperture **blenden** **1.** *vt* to dazzle; (≈ *blind machen*) to blind **2.** *vi* (*Licht*) to be dazzling; ***~d weiß*** dazzling white **blendend** **1.** *Adj* splendid; *Stimmung* sparkling **2.** *Adv* splendidly; ***es geht mir ~*** I feel wonderful **blendfrei** *Adj* dazzle-free (*bes Brit*) **Blendschutz** *m* (≈ *Vorrichtung*) antidazzle (*Brit*) *od* antiglare (*US*) device

Blick *m* **a)** look; (≈ *flüchtiger Blick*) glance; ***auf den ersten ~*** at first glance; ***Liebe auf den ersten ~*** love at first sight; ***mit einem ~*** at a glance; ***~e miteinander wechseln*** to exchange glances; ***einen ~ auf etw*** (*Akk*) ***tun*** *od* ***werfen*** to throw a glance at sth; **b)** (≈ *Ausblick*) view; ***ein Zimmer mit ~ auf den Park*** a room overlooking the park; ***etw aus dem ~ verlieren*** to lose sight of sth; **c)** (≈ *Verständnis*) ***einen*** (***guten***) ***~ für etw haben*** to have an eye *od* a good eye for sth **blicken** *vi* to look (*auf +Akk* at); (*flüchtig*) to glance (*auf +Akk* at); ***sich ~ lassen*** to put in an appearance; ***lass dich hier ja nicht mehr ~!*** don't show your face here again! **Blickkontakt** *m* eye contact **Blickpunkt** *m* ***im ~ der Öffentlichkeit stehen*** to be in the public eye **Blickwinkel** *m* angle of vision; (*fig*) viewpoint

blind **1.** *Adj* **a)** blind (*für* to); *Alarm* false; ***~ für etw sein*** (*fig*) to be blind to sth; ***~ geboren*** blind from birth; ***ein ~er Passagier*** a stowaway; **b)** (≈ *getrübt*) dull; *Spiegel* clouded **2.** *Adv* **a)** (≈ *wahllos*) at random; **b)** (≈ *ohne zu überlegen*) blindly; **c)** (≈ *ohne zu sehen*) ***~ landen*** FLUG to make a blind landing **Blindbewerbung** *f* unsolicited *od* speculative application **Blinddarm** *m* appendix **Blinddarmentzündung** *f* appendicitis **Blindenhund** *m* guide dog **Blindenschrift** *f* braille **Blinde(r)** *mf* blind person/man/-woman *etc*; ***die ~n*** the blind; ***das sieht doch ein ~r*** (*hum umg*) any fool can see that **Blindflug** *m* blind flight **Blindgänger** *m* MIL dud (shot) **Blindheit** *f* blindness; ***mit ~ geschlagen sein*** (*fig*) to be blind **Blindlandung** *f* blind landing **blindlings** *Adv* blindly **Blindschleiche** *f* slowworm **blindwütig** *Adj* in a blind rage

blinken *vi* (≈ *funkeln*) to gleam; (*Leuchtturm*) to flash; AUTO to indicate **Blinker** *m* AUTO indicator (*bes Brit*), turn signal (*US*) **Blinklicht** *n* flashing light; (*umg* ≈ *Blinkleuchte*) indicator (*bes Brit*), turn signal (*US*) **Blinkzeichen** *n* signal

blinzeln *vi* to blink; (≈ *zwinkern*) to wink; (*geblendet*) to squint

Blitz *m* **a)** lightning *kein Pl, kein unbest Artikel*; (≈ *Blitzstrahl*) flash of lightning; ***vom ~ getroffen werden*** to be struck by lightning; ***wie vom ~ getroffen*** (*fig*) thunderstruck; ***wie ein ~ aus heiterem Himmel*** (*fig*) like a bolt from the blue; ***wie der ~*** (*umg*) like lightning; **b)** (FOTO *umg*) flash **Blitzableiter** *m* lightning conductor **blitzartig** **1.** *Adj* lightning *attr* **2.** *Adv reagieren* like lightning; *verschwinden* in a flash **Blitzbesuch** *m* (*umg*) flying *od* lightning visit **blitzen** **1.** *vi unpers* ***es blitzt*** there is lightning **2.** *vi* (≈ *strahlen*) to flash; (*Gold, Zähne*) to sparkle; ***vor Sauberkeit ~*** to be sparkling clean **3.** *vt* (*umg: in Radarfalle*) to flash **Blitzkrieg** *m* blitzkrieg **Blitzlicht** *n* FOTO flash(light) **blitzsauber** *Adj* spick and span **Blitzschlag** *m* flash of lightning; ***vom ~ getroffen*** struck by lightning **blitzschnell** **1.** *Adj* lightning *attr* **2.** *Adv* like lightning; *verschwinden* in a flash **Blitzstrahl** *m* flash of lightning

Block *m* **a)** block; **b)** (≈ *Papierblock*) pad; (*von Fahrkarten*) book; **c)** (POL ≈ *Staatenblock*) bloc **Blockade** *f* (≈ *Absperrung*) blockade **Blockbuchstabe** *m* block capital **Blockflöte** *f* recorder **blockfrei** *Adj* nonaligned **Blockhaus** *n* log cabin **Blockhütte** *f* log cabin **blockieren** **1.** *vt* (≈ *sperren*) to block; *Verkehr* to obstruct; *Rad, Lenkung* to lock **2.** *vi* to jam; (*Bremsen, Rad etc*) to lock **Blockschrift** *f* block capitals *Pl*

blöd (*umg*) **1.** *Adj* (≈ *dumm*) stupid; *Wetter* terrible **2.** *Adv* (≈ *dumm*) stupidly; ***~ fragen*** to ask stupid questions **Blödelei** *f* (*umg*) (≈ *Albernheit*) messing around (*umg*); (≈ *dumme Streiche*) pranks *Pl* **blödeln** *vi* (*umg*) to mess around (*umg*); (≈ *Witze machen*) to make jokes **Blödheit** *f* (≈ *Dummheit*) stupidity **Blödmann** *m* (*umg*) stupid fool (*umg*) **Blödsinn** *m* (≈ *Unsinn*) nonsense; (≈ *Unfug*) stupid tricks *Pl*; ***~ machen*** to mess around **blödsinnig** *Adj* (≈ *dumm*) stupid, idiotic

Blog *n od m* INTERNET blog

blöken *vi* (*Schaf*) to bleat

blond *Adj Frau* blonde; *Mann* blond, fair(-haired) **blondieren** *vt* to bleach **Blondine** *f* blonde

bloß **1.** *Adj* **a)** (≈ *unbedeckt*) bare; ***mit ~en Füßen*** barefoot; **b)** (≈ *alleinig*) mere; *Neid* sheer; *Gedanke, Anblick* very **2.** *Adv* only; ***wie kann so etwas ~ geschehen?*** how on earth can something like that happen?; ***geh mir ~ aus dem Weg*** just get out of my way **Blöße** *f* (*geh*) bareness; (≈ *Nacktheit*) nakedness; ***sich*** (*Dat*) ***eine ~ geben*** (*fig*) to show one's ignorance **bloßstellen** *vt jdn* to show up; *Betrüger* to expose

Blouson *m od n* bomber jacket

Bluejeans *Pl* (pair of) (blue) jeans *Pl*

blühen *vi* (*Blume*) to (be in) bloom; (*Bäume*) to (be in) blossom; (*fig* ≈ *gedeihen*) to flourish, to thrive; ***das kann mir auch noch ~*** (*umg*) that may happen to me too **blühend** *Adj* blossoming; (*fig*) *Aussehen* radiant; *Geschäft, Stadt* flourishing, thriving; *Fantasie* vivid; *Unsinn* absolute; ***~e Landschaften*** green pastures

Blume *f* **a)** flower; **b)** (*von Wein*) bouquet **Blumenerde** *f* potting compost **Blumengeschäft** *n* florist's **Blumenhändler(in)** *m(f)* florist **Blumenkohl** *m* cauliflower **blumenreich** *Adj* (*fig*) *Stil etc* flowery **Blumenstrauß** *m* bouquet *od* bunch of flowers **Blumentopf** *m* flowerpot **Blumenzwiebel** *f* bulb **blumig** *Adj* flowery

Bluse *f* blouse

Blut *n* blood; ***er kann kein ~ sehen*** he can't stand the sight of blood; ***böses ~*** bad blood; ***blaues ~ haben*** (≈ *adelig sein*) to have blue blood; ***etw im ~ haben*** to have sth in one's blood; ***(nur) ruhig ~*** keep your shirt on (*umg*); ***jdn bis aufs ~ reizen*** (*umg*) to make sb's blood boil; ***frisches ~*** (*fig*) new blood; ***~ und Wasser schwitzen*** (*umg*) to sweat blood; ***~ stillend*** = ***blutstillend*** **Blutalkohol(gehalt)** *m* blood alcohol level **blutarm** *Adj* anaemic (*Brit*), anemic (*US*) **Blutarmut** *f* anaemia (*Brit*), anemia (*US*) **Blutbad** *n* bloodbath **Blutbank** *f* blood bank **Blutbild** *n* blood count **Blutdruck** *m* blood pressure **blutdrucksenkend** *Adj Mittel* antihypertensive

Blüte *f* **a)** (*von Blume*) flower, bloom; (*von Baum*) blossom; ***in (voller) ~ stehen*** to be in (full) bloom; (*Bäume*) to be in (full) blossom; (*Kultur, Geschäft*) to be flourishing; **b)** (*umg* ≈ *gefälschte Note*) dud (*umg*)

Blutegel *m* leech **bluten** *vi* to bleed (*an +Dat, aus* from); ***mir blutet das Herz*** my heart bleeds

Blütenblatt *n* petal **Blütenstaub** *m* pollen

Bluter *m* MED haemophiliac (*Brit*), hemophiliac (*US*) **Bluterguss** *m* haematoma (*Brit Fachw*), hematoma (*US Fachw*); (≈ *blauer Fleck*) bruise **Bluterkrankheit** *f* haemophilia (*Brit*), hemophilia (*US*)

Blütezeit *f* (*fig*) heyday

Blutfleck *m* bloodstain **Blutgefäß** *n* blood vessel **Blutgerinnsel** *n* blood clot **Blutgruppe** *f* blood group **blutig** *Adj* **a)** bloody; **b)** (*umg*) *Anfänger* absolute; *Ernst* unrelenting **blutjung** *Adj* very young **Blutkonserve** *f* unit of stored blood **Blutkörperchen** *n* blood corpuscle **Blutkreislauf** *m* blood circulation **Blutorange** *f* blood orange **Blutplasma** *n* blood plasma **Blutprobe** *f* blood test; (≈ *entnommenes Blut*) blood sample **blutrünstig** *Adj* bloodthirsty **Blutsauger(in)** *m(f)* bloodsucker **Blutsbruder** *m* blood brother **Blutsenkung** *f* MED sedimentation of the blood **Blutspende** *f* blood donation **Blutspender(in)** *m(f)* blood donor **Blutspur** *f* trail of blood; ***~en*** traces of blood **blutstillend** **1.** *Adj* styptic **2.** *Adv* ***~ wirken*** to have a styptic effect **Blutstropfen** *m* drop of blood **blutsverwandt** *Adj* related by blood **Blutsverwandte(r)** *mf* blood relation **Bluttat** *f* bloody deed **Bluttransfusion** *f* blood transfusion **Blutübertragung** *f* blood transfusion **Blutung** *f* bleeding *kein Pl*; (*starke*) haemorrhage (*Brit*), hemorrhage (*US*); (*monatliche*) period **blutunterlaufen** *Adj* suffused with blood; *Augen* bloodshot **Blutvergießen** *n* bloodshed *kein unbest Artikel* **Blutvergiftung** *f* blood poisoning *kein unbest Artikel* **Blutverlust** *m* loss of blood **Blutwurst** *f* blood sausage **Blutzucker** *m* blood sugar **Blutzuckerspiegel** *m* blood sugar level

BLZ *f, Abk von* ***Bankleitzahl***

BMX-Rad *n* BMX bike

Bö *f* gust (of wind); (*stärker, mit Regen*) squall

Bob *m* bob(sleigh) (*Brit*), bobsled

Bock[1] *m* **a)** buck; (≈ *Schafsbock*) ram; (≈ *Ziegenbock*) billy goat; ***sturer ~*** (*umg*) stubborn old devil (*umg*); **b)** (≈ *Gestell*) stand; (≈ *Sägebock*) sawhorse; **c)** (*sl* ≈ *Lust, Spaß*) ***null ~!*** I don't feel like it; ***~ auf etw*** (*Akk*) ***haben*** to fancy sth (*bes Brit umg*); ***~ haben, etw zu tun*** to fancy doing sth (*bes Brit umg*)

Bock[2] *n od m* bock (beer) (*type of strong beer*)

bocken *vi* **a)** (*Pferd*) to refuse; **b)** (*umg* ≈ *trotzen*) to act up (*umg*) **bockig** *Adj* (*umg*) awkward **Bockmist** *m* (*umg*) (≈ *dummes Gerede*) bullshit (*sl*); **~ machen** to make a big blunder (*umg*) **Bockshorn** *n* **sich von jdm ins ~ jagen lassen** to let sb upset one **Bockspringen** *n* leapfrog; SPORT vaulting **Bockwurst** *f* bockwurst (*type of sausage*)

Boden *m* **a)** (≈ *Erde*) ground; (≈ *Fußboden*) floor; (≈ *Grundbesitz*) land; **auf spanischem ~** on Spanish soil; **festen ~ unter den Füßen haben** to be on firm ground; **am ~ zerstört sein** (*umg*) to be devastated; **(an) ~ gewinnen/verlieren** (*fig*) to gain/lose ground; **etw aus dem ~ stampfen** (*fig*) to conjure sth up out of nothing; **auf fruchtbaren ~ fallen** (*fig*) to fall on fertile ground; **auf dem ~ der Tatsachen bleiben** to stick to the facts; **b)** (*von Behälter*) bottom; **c)** (≈ *Dachboden*) loft **Bodenbelag** *m* floor covering **Bodenfrost** *m* ground frost **bodengestützt** *Adj Flugkörper* ground-launched **Bodenhaftung** *f* AUTO road holding *kein unbest Artikel* **Bodenhaltung** *f* LANDW **„aus ~"** "free-range" **Bodenkontrolle** *f* RAUMF ground control **bodenlos** *Adj* bottomless; (*umg* ≈ *unerhört*) incredible **Bodennebel** *m* ground mist **Bodenpersonal** *n* FLUG ground personnel *Pl* **Bodenschätze** *Pl* mineral resources *Pl* **Bodensee** *m* **der ~** Lake Constance **bodenständig** *Adj* (≈ *lang ansässig*) long-established; (*fig* ≈ *unkompliziert*) down-to-earth **Bodenturnen** *n* floor exercises *Pl*

Body *m* body **Bodybuilding** *n* bodybuilding; **~ machen** to do bodybuilding exercises **Bodyguard** *m* (≈ *Leibwächter*) bodyguard

Bogen *m* **a)** (≈ *gekrümmte Linie*) curve; (≈ *Kurve*) bend; MATHE arc; MUS, SKI turn; **einen ~ machen** (*Fluss etc*) to curve; **einen großen ~ um jdn/etw machen** (≈ *meiden*) to keep well clear of sb/sth; **b)** ARCHIT arch; **c)** (≈ *Waffe, Geigenbogen*) bow; **den ~ überspannen** (*fig*) to go too far; **d)** (≈ *Papierbogen*) sheet (of paper) **Bogengang** *m* ARCHIT arcade **Bogenschießen** *n* archery **Bogenschütze** *m*, **Bogenschützin** *f* archer

Bohle *f* (thick) board; BAHN sleeper

Böhmen *n* Bohemia **böhmisch** *Adj* Bohemian; **das sind für mich ~e Dörfer** (*umg*) that's all Greek to me (*umg*)

Bohne *f* bean; **dicke/grüne/weiße ~n** broad/green *od* French *od* runner/haricot (*Brit*) *od* string *od* navy (*US*) beans; **nicht die ~** (*umg*) not one little bit **Bohneneintopf** *m* bean stew **Bohnenkaffee** *m* real coffee; **gemahlener ~** ground coffee **Bohnenstange** *f* bean support; (*fig umg*) beanpole (*umg*)

bohren **1.** *vt* to bore; (*mit Bohrer*) to drill **2.** *vi* **a)** to drill (*nach* for); **in der Nase ~** to pick one's nose; **b)** (*fig*) (≈ *drängen*) to keep on; (*Schmerz, Zweifel etc*) to gnaw **3.** *vr* **sich in/durch etw** (*Akk*) **~** to bore its way into/through sth **bohrend** *Adj* (*fig*) *Blick* piercing; *Schmerz, Zweifel* gnawing; *Frage* probing **Bohrer** *m* drill **Bohrinsel** *f* drilling rig **Bohrloch** *n* borehole; (*in Holz, Metall etc*) drill hole **Bohrmaschine** *f* drill **Bohrturm** *m* derrick **Bohrung** *f* **a)** (≈ *das Bohren*) boring; (*mit Bohrer*) drilling; **b)** (≈ *Loch*) bore(hole); (*in Holz, Metall etc*) drill hole

böig *Adj* gusty; (*stärker, mit Regen*) squally

Boiler *m* (hot-water) tank

Boje *f* buoy

Bolivien *n* Bolivia

Bolzen *m* TECH pin; (≈ *Geschoss*) bolt

Bolzplatz *m piece of ground where children play football*

bombardieren *vt* to bomb; (*fig*) to bombard **Bombardierung** *f* bombing; (*fig*) bombardment

bombastisch **1.** *Adj Sprache* bombastic; *Aufwand* ostentatious **2.** *Adv* (≈ *schwülstig*) bombastically; (≈ *pompös*) ostentatiously

Bombe *f* bomb; **wie eine ~ einschlagen** to come as a (real) bombshell **Bombenalarm** *m* bomb scare **Bombenangriff** *m* bomb attack **Bombenattentat** *n* bomb attempt **Bombendrohung** *f* bomb threat *od* scare **Bombenerfolg** *m* (*umg*) smash hit (*umg*) **Bombengeschäft** *n* (*umg*) **ein ~ machen** to do a roaring trade (*umg*) (*mit* in) **Bombenleger(in)** *m(f)* bomber **bombensicher** *Adj* **a)** MIL bombproof; **b)** (*umg*) dead certain (*umg*)

Bombenteppich *m* ***einen ~ legen*** to blanket-bomb an/the area **Bombentrichter** *m* bomb crater **Bomberjacke** *f* bomber jacket
Bon *m* voucher, coupon; (≈ *Kassenzettel*) receipt
Bonbon *n od m* sweet (*Brit*), candy (*US*)
Bond *m* FINANZ bond; ***festverzinsliche ~s*** *Pl* fixed-income bonds *Pl* **Bondmarkt** *m* FINANZ bond market
Bonus *m* bonus
Bonze *m* (*pej*) bigwig (*umg*)
Boom *m* boom **boomen** *vi* to boom
Boot *n* boat; ***~ fahren*** to go boating; ***wir sitzen alle in einem ~*** (*fig*) we're all in the same boat **Bootsfahrt** *f* boat trip **Bootsflüchtlinge** *Pl* boat people **Bootsverleih** *m* boat hire business
Bord[1] *m* ***an ~*** on board; ***alle Mann an ~!*** all aboard!; ***an ~ gehen*** to go on board; ***Mann über ~!*** man overboard!; ***über ~ werfen*** to throw overboard
Bord[2] *n* (≈ *Wandbrett*) shelf
Bordbuch *n* log(book) **Bordcomputer** *m* on-board computer
Bordell *n* brothel
Bordfunker(in) *m(f)* SEEF, FLUG radio operator **Bordkante** *f* kerb (*Brit*), curb (*US*) **Bordkarte** *f* boarding pass **Bordstein** *m* kerb (*Brit*), curb (*US*)
borgen *vti* **a)** (≈ *erhalten*) to borrow (*von* from); **b)** (≈ *geben*) to lend (*jdm etw* sb sth, sth to sb)
Borke *f* bark
borniert *Adj* bigoted
Börse *f* (≈ *Wertpapierhandel*) stock market; (*Ort*) stock exchange; ***an die ~ gehen*** to be floated on the stock exchange **Börsenaufsicht** *f* (*Behörde*) stock market regulator **Börsenbericht** *m* stock market report **Börsengang** *m* stock market flotation **Börsengeschäft** *n* (≈ *Wertpapierhandel*) stockbroking; (≈ *Transaktion*) stock market transaction **Börsenkrach** *m* stock market crash **Börsenkurs** *m* stock market price **Börsenmakler(in)** *m(f)* stockbroker **Börsenspekulation** *f* speculation on the stock market **Börsentendenz** *f* stock market trend **Börsenverkehr** *m* stock market dealings *Pl* **Börsianer(in)** *m(f)* (*umg*) (≈ *Makler*) broker; (≈ *Spekulant*) speculator
Borste *f* bristle **borstig** *Adj* bristly; (*fig*) snappish
Borte *f* braid trimming
bösartig *Adj Mensch, Wesen* malicious; *Tier* vicious; MED *Geschwür* malignant
Böschung *f* embankment; (*von Fluss*) bank
böse **1.** *Adj* **a)** bad; (*umg* ≈ *unartig*) naughty; *Überraschung* nasty; ***das war keine ~ Absicht*** there was no harm intended; ***~ Folgen*** dire consequences; **b)** (≈ *verärgert*) angry (+*Dat, auf* +*Akk, mit* with) **2.** *Adv* nastily; *verprügeln* badly; ***es sieht ~ aus*** it looks bad **Böse(r)** *mf* wicked *od* evil person; FILM, THEAT villain, baddy (*umg*) **Böse(s)** *n* evil; (≈ *Schaden, Leid*) harm; ***ich habe mir gar nichts ~s dabei gedacht*** I didn't mean any harm **Bösewicht** *m* (*hum*) villain **boshaft** **1.** *Adj* malicious **2.** *Adv grinsen* maliciously **Bosheit** *f* malice; (*Bemerkung*) malicious remark
Bosnien *n* Bosnia; ***~ und Herzegowina*** Bosnia-Herzegovina **Bosnier(in)** *m(f)* Bosnian **bosnisch** *Adj* Bosnian
Bosporus *m* ***der ~*** the Bosporus
Boss *m* (*umg*) boss (*umg*)
böswillig **1.** *Adj* malicious; ***in ~er Absicht*** with malicious intent **2.** *Adv* maliciously
botanisch *Adj* botanic
Bote *m*, **Botin** *f* messenger; (≈ *Kurier*) courier **Botschaft** *f* **a)** (≈ *Mitteilung*) message; (≈ *Neuigkeit*) (piece of) news; **b)** (POL ≈ *Vertretung*) embassy **Botschafter(in)** *m(f)* ambassador
Botsuana *n* Botswana
Bottich *m* tub
Botulismus *m* MED botulism
Bougainvillea *f* BOT bougainvillea
Bouillon *f* bouillon **Bouillonwürfel** *m* bouillon cube
Boulevard *m* boulevard **Boulevardblatt** *n* (*umg*) tabloid (*auch pej*) **Boulevardpresse** *f* (*umg*) popular press **Boulevardtheater** *n* light theatre (*Brit*) *od* theater (*US*) **Boulevardzeitung** *f* popular daily (*Brit*), tabloid (*auch pej*)
Boutique *f* boutique
Bowle *f* (≈ *Getränk*) punch
Bowling *n* (tenpin) bowling **Bowlingkugel** *f* bowl
Box *f* **a)** (≈ *abgeteilter Raum*) compart-

ment; (*für Pferde*) box; (*in Großgarage*) (partitioned-off) parking place; (*für Rennwagen*) pit; **b)** (≈ *Behälter*) box; **c)** (≈ *Lautsprecherbox*) speaker (unit)

boxen **1.** *vi* SPORT to box; ***gegen jdn ~*** to fight sb **2.** *vt* (≈ *schlagen*) to punch; ***sich nach oben ~*** (*fig umg*) to fight one's way up **Boxen** *n* SPORT boxing

Boxenstopp *m* pit stop

Boxer *m* (≈ *Hund*) boxer **Boxer(in)** *m(f)* (≈ *Sportler*) boxer **Boxershorts** *Pl* boxer shorts *Pl* **Boxhandschuh** *m* boxing glove **Boxkampf** *m* fight, bout **Boxring** *m* boxing ring

Boygroup *f* boy band, boy group (*bes US*)

Boykott *m* boycott **boykottieren** *vt* to boycott

Brachland *n* fallow (land) **brachliegen** *vi* to lie fallow; (*fig*) to be left unexploited

Branche *f* (≈ *Fach*) field; (≈ *Gewerbe*) trade; (≈ *Geschäftszweig*) area of business; (≈ *Wirtschaftszweig*) (branch of) industry **Branchenbuch** *n* classified directory, Yellow Pages® *Sg* **Branchenführer(in)** *m(f)* market leader **Branchenverzeichnis** *n* classified directory, Yellow Pages® *Sg*

Brand *m* **a)** (≈ *Feuer*) fire; ***in ~ geraten*** to catch fire; ***etw in ~ setzen od stecken*** to set fire to sth; ***einen ~ legen*** to set a fire; **b)** (*fig umg* ≈ *großer Durst*) raging thirst **Brandblase** *f* (burn) blister **Brandbombe** *f* firebomb, incendiary device

branden *vi* to surge (*auch fig*); ***an od gegen etw*** (*Akk*) ***~*** to break against sth

Brandenburg *n* Brandenburg

Brandfleck *m* burn **Brandgefahr** *f* danger of fire **Brandherd** *m* source of the fire; (*fig*) source **brandmarken** *vt* to brand; (*fig*) to denounce **brandneu** *Adj* (*umg*) brand-new **Brandschutz** *m* protection against fire **Brandstifter(in)** *m(f)* fire raiser (*bes Brit*), arsonist (*bes* JUR) **Brandstiftung** *f* arson

Brandung *f* surf

Brandwunde *f* burn; (*durch Flüssigkeit*) scald **Brandzeichen** *n* brand

Branntwein *m* spirits *Pl* **Branntweinbrennerei** *f* distillery **Branntweinsteuer** *f* tax on spirits

Brasilianer(in) *m(f)* Brazilian **brasilianisch** *Adj* Brazilian **Brasilien** *n* Brazil

Bratapfel *m* baked apple **braten** **1.** *vti* to roast; (*im Ofen*) to bake; (*in der Pfanne*) to fry **2.** *vi* (*umg*: *in der Sonne*) to roast (*umg*) **Braten** *m* ≈ pot roast meat *kein unbest Artikel, kein Pl*; (*im Ofen gebraten*) joint (*Brit*), roast; ***kalter ~*** cold meat; ***den ~ riechen*** (*umg*) to smell a rat (*umg*) **Bratensoße** *f* gravy **bratfertig** *Adj* oven-ready **Bratfisch** *m* fried fish **Brathähnchen** *n*, (*österr, südd*) **Brathendl** *n* roast chicken **Brathering** *m* fried herring (*sold cold*) **Brathuhn** *n* roast chicken; (≈ *Huhn zum Braten*) roasting chicken **Bratkartoffeln** *Pl* sauté potatoes *Pl* **Bratofen** *m* oven **Bratpfanne** *f* frying pan **Bratröhre** *f* oven **Bratrost** *m* grill

Bratsche *f* viola

Bratspieß *m* skewer; (≈ *Teil des Grills*) spit; (≈ *Gericht*) kebab **Bratwurst** *f*, **Bratwürstchen** *n* (fried) sausage

Brauch *m* custom, tradition; ***etw ist ~*** sth is traditional

brauchbar *Adj* (≈ *benutzbar*) useable; *Plan* workable; (≈ *nützlich*) useful

brauchen **1.** *vt* **a)** (≈ *nötig haben*) to need (*für, zu* for); ***Zeit ~*** to need time; ***wie lange braucht man, um ...?*** how long does it take to ...?; **b)** (*umg* ≈ *nützlich finden*) ***das könnte ich ~*** I could do with that; **c)** (≈ *benutzen, umg* ≈ *verbrauchen*) to use; → ***gebraucht*** **2.** *v/hilf* to need; ***du brauchst das nicht tun*** you don't have *od* need to do that **Brauchtum** *n* customs *Pl*, traditions *Pl*

Braue *f* (eye)brow

brauen *vt Bier* to brew **Brauer(in)** *m(f)* brewer **Brauerei** *f* brewery

braun *Adj* brown; ***~ gebrannt*** (sun)-tanned **Bräune** *f* (≈ *braune Färbung*) brown(ness); (*von Sonne*) (sun)tan **bräunen** **1.** *vt* KOCH to brown; (*Sonne etc*) to tan **2.** *vi* ***sich in der Sonne ~ lassen*** to get a (sun)tan **braungebrannt** *Adj* → ***braun*** **braunhaarig** *Adj* brown-haired; *Frau auch* brunette **Braunkohle** *f* brown coal **bräunlich** *Adj* brownish

Braunschweig *n* Brunswick

Brause *f* **a)** (≈ *Dusche*) shower; **b)** (*an Gießkanne*) rose; **c)** (≈ *Getränk*) pop;

(≈ *Limonade*) (fizzy) lemonade; (≈ *Brausepulver*) sherbet **brausen** *vi* **a)** (≈ *tosen*) to roar; (*Beifall*) to thunder; **b)** (≈ *rasen*) to race; **c)** (*auch vr* ≈ *duschen*) to (have a) shower **Brausepulver** *n* sherbet **Brausetablette** *f* effervescent tablet

Braut *f* **a)** bride; **b)** (*sl* ≈ *Frau*) bird (*bes Brit umg*), chick (*bes US umg*) **Bräutigam** *m* (bride)groom **Brautjungfer** *f* bridesmaid **Brautkleid** *n* wedding dress **Brautpaar** *n* bride and (bride)-groom

brav **1.** *Adj* **a)** (≈ *gehorsam*) good; ***sei schön ~!*** be a good boy/girl; **b)** (≈ *bieder*) plain **2.** *Adv* ***~ seine Pflicht tun*** to do one's duty without complaining

bravo *Interj* well done; (*für Künstler*) bravo **Bravoruf** *m* cheer

BRD *f*, *Abk von* ***Bundesrepublik Deutschland*** FRG

Break *n od m* TENNIS break

Brechbohnen *Pl* French beans *Pl* **Brecheisen** *n* crowbar **brechen** **1.** *vt* **a)** to break; *Widerstand* to overcome; *Licht* to refract; ***sich/jdm den Arm ~*** to break one's/sb's arm; **b)** (≈ *erbrechen*) to bring up **2.** *vi* **a)** to break; ***mir bricht das Herz*** it breaks my heart; ***~d voll sein*** to be full to bursting; **b)** ***mit jdm/etw ~*** to break with sb/sth; **c)** (≈ *sich erbrechen*) to be sick **3.** *vr* (*Wellen*) to break; (*Lichtstrahl*) to be refracted **Brechmittel** *n* emetic; ***er/das ist das reinste ~ (für mich)*** he/it makes me feel sick **Brechreiz** *m* nausea **Brechstange** *f* crowbar

Brei *m* mush, paste; (≈ *Haferbrei*) porridge; (≈ *Grießbrei*) semolina; ***jdn zu ~ schlagen*** (*umg*) to beat sb to a pulp (*umg*); ***um den heißen ~ herumreden*** (*umg*) to beat about (*Brit*) *od* around the bush (*umg*)

breit **1.** *Adj* broad; *Publikum*, *Angebot* wide; ***die ~e Masse*** the masses *Pl*; ***die ~e Öffentlichkeit*** the public at large **2.** *Adv* ***~ gebaut*** sturdily built; ***ein ~ gefächertes Angebot*** a wide range **Breitbandkabel** *n* broadband cable **Breitband(kommunikations)netz** *n* TELEK broadband (communications) network **breitbeinig** *Adv* with one's legs apart **Breite** *f* **a)** breadth; (*bes bei Maßangaben*) width; (*von Angebot*) breadth; ***in die ~ gehen*** (*umg* ≈ *dick werden*) to put on weight; **b)** GEOG latitude; ***in südlichere ~n fahren*** (*umg*) to travel to more southerly climes; ***20° nördlicher ~*** 20° north **breiten** *vtr* to spread **Breitengrad** *m* (degree of) latitude **Breitenkreis** *m* parallel **Breitensport** *m* popular sport **breitgefächert** *Adj* → ***breit*** **breitmachen** *vr* (*umg*: *Mensch*) to make oneself at home; (*Gefühl etc*) to spread; ***mach dich doch nicht so breit!*** don't take up so much room **breitschlagen** *vt* (*umg*) ***jdn (zu etw) ~*** to talk sb round (*Brit*) *od* around (*US*) (to sth); ***sich ~ lassen*** to let oneself be talked round (*Brit*) *od* around (*US*) **breitschult(e)rig** *Adj* broad-shouldered **Breitseite** *f* (SEEF, *fig*) broadside **breitspurig** **1.** *Adj Bahn* broad-gauge *attr*; *Straße* wide-laned **2.** *Adv* (*fig*) ***~ reden*** to speak in a showy manner **breittreten** *vt* (*umg*) to go on about (*umg*)

Bremsbelag *m* brake lining

Bremse[1] *f* (*bei Fahrzeugen*) brake

Bremse[2] *f* (≈ *Insekt*) horsefly

bremsen **1.** *vi* **a)** to brake; **b)** (*umg* ≈ *zurückstecken*) ***mit etw ~*** to cut down (on) sth **2.** *vt* **a)** *Fahrzeug* to brake; **b)** (*fig*) to restrict; *Entwicklung* to slow down; ***er ist nicht zu ~*** (*umg*) there's no stopping him **Bremsflüssigkeit** *f* brake fluid **Bremskraft** *f* braking power **Bremskraftverstärker** *m* servo brake **Bremslicht** *n* brake light **Bremspedal** *n* brake pedal **Bremsspur** *f* skid mark *mst Pl* **Bremsung** *f* braking **Bremsweg** *m* braking distance

brennbar *Adj* inflammable **Brennelement** *n* fuel element **brennen** **1.** *vi* to burn; (*Glühbirne etc*) to be on; (*Zigarette*) to be alight; (*Stich*) to sting; ***in den Augen ~*** to sting the eyes; ***das Licht ~ lassen*** to leave the light on; ***es brennt!*** fire, fire!; ***wo brennts denn?*** (*umg*) what's the panic?; ***darauf ~, etw zu tun*** to be dying to do sth **2.** *vt* to burn; *Branntwein* to distil (*Brit*), to distill (*US*); *Kaffee* to roast; *Ton* to fire; ***eine CD ~*** to burn a CD **brennend** **1.** *Adj* burning; *Zigarette* lighted **2.** *Adv* (*umg* ≈ *sehr*) terribly; *interessieren* really **Brenner** *m* TECH burner; (*für CDs*) CD burner **Brennerei** *f* distillery **Brennholz** *n* firewood

Brennnessel *f* stinging nettle **Brennofen** *m* kiln **Brennpunkt** *m* MATHE, OPT focus; ***im ~ des Interesses stehen*** to be the focal point **Brennstab** *m* fuel rod **Brennstoff** *m* fuel **Brennstoffzelle** *f* fuel cell

brenzlig *Adj* (*umg*) *Situation* precarious; ***die Sache wurde ihm zu ~*** things got too hot for him (*umg*)

Bretagne *f* ***die ~*** Brittany

Brett *n* **a)** board; (≈ *Regalbrett*) shelf; ***Schwarzes ~*** notice board (*Brit*), bulletin board (*US*); ***ich habe heute ein ~ vor dem Kopf*** (*umg*) I can't think straight today; **b)** (*fig*) **Bretter** *Pl* (≈ *Bühne*) stage, boards *Pl*; (≈ *Skier*) planks *Pl* (*umg*) **brettern** *vi* (*umg*) to race (along) **Bretterzaun** *m* wooden fence **Brettspiel** *n* board game

Brezel *f* pretzel

Brief *m* letter; BIBEL epistle **Briefbombe** *f* letter bomb

briefen *vt* (≈ *informieren*) to brief

Brieffreund(in) *m(f)* pen friend **Briefkasten** *m* (*am Haus*) letter box (*Brit*), mailbox (*US*); (*der Post*) postbox (*Brit*), mailbox (*US*); ***elektronischer ~*** IT electronic mailbox **Briefkopf** *m* letterhead **brieflich** *Adj*, *Adv* by letter **Briefmarke** *f* stamp **Briefmarkensammler(in)** *m(f)* stamp collector **Briefmarkensammlung** *f* stamp collection **Brieföffner** *m* letter opener **Briefpapier** *n* writing paper **Brieftasche** *f* **a)** wallet, billfold (*US*); **b)** (*österr* ≈ *Geldbörse*) purse (*Brit*), wallet (*US*) **Brieftaube** *f* carrier pigeon **Briefträger** *m* postman (*Brit*), mailman (*US*) **Briefträgerin** *f* postwoman (*Brit*), mailwoman (*US*) **Briefumschlag** *m* envelope **Briefwaage** *f* letter scales *Pl* **Briefwahl** *f* postal vote **Briefwechsel** *m* correspondence

Brieftasche ≠ briefcase

Brieftasche	= wallet, (*US*) billfold
briefcase	= Aktentasche

Brigade *f* MIL brigade

Brikett *n* briquette

brillant **1.** *Adj* brilliant **2.** *Adv* brilliantly **Brillant** *m* diamond **Brillantring** *m* diamond ring

Brille *f* **a)** OPT glasses *Pl*; (≈ *Schutzbrille*) goggles *Pl*; ***eine ~*** a pair of glasses; ***eine ~ tragen*** to wear glasses; **b)** (≈ *Klosettbrille*) (toilet) seat **Brillenetui** *n* glasses case **Brillenglas** *n* lens

bringen *vt* **a)** (≈ *herbringen*) to bring; ***sich*** (*Dat*) ***etw ~ lassen*** to have sth brought to one; ***etw an sich*** (*Akk*) ***~*** to acquire sth; **b)** (≈ *woanders hinbringen*) to take; ***jdn nach Hause ~*** to take sb home; ***etw hinter sich*** (*Akk*) ***~*** to get sth over and done with; **c)** (≈ *einbringen*) *Gewinn* to bring in, to make; ***(jdm) Glück/Unglück ~*** to bring (sb) luck/bad luck; ***das bringt nichts*** (*umg*) it's pointless; **d)** ***jdn zum Lachen/Weinen ~*** to make sb laugh/cry; ***jdn dazu ~, etw zu tun*** to get sb to do sth; **e)** (*Zeitung*) to print; (≈ *senden*) *Bericht etc* to broadcast; (≈ *aufführen*) *Stück* to do; **f)** (*sl* ≈ *schaffen, leisten*) ***das bringt er nicht*** he's not up to it; ***das Auto bringt 180 km/h*** (*umg*) the car can do 180 km/h; ***der Motor bringts nicht mehr*** the engine has had it (*umg*); **g)** ***es zu etwas/nichts ~*** to get somewhere/nowhere; ***er hat es bis zum Direktor gebracht*** he made it to director; ***jdn um etw ~*** to do sb out of sth; ***das bringt mich noch um den Verstand*** it's driving me crazy

bringen: take, bring oder get?

irgendwohin bringen; vom Standort des Sprechers weg	**take**
herbringen; zum Standort des Sprechers oder Entgegennehmenden hin	**bring**
holen, herbringen	**get, fetch**
Er wurde ins Krankenhaus gebracht.	**He was taken to (*US* to the) hospital.**

Bringen Sie mir bitte noch ein Glas Bier.	**Would you bring me another glass of beer, please?**
Würdest du mir bitte die Brille aus dem Schlafzimmer bringen?	**Would you fetch me my glasses from the bedroom, please?**

brisant *Adj* explosive **Brisanz** *f (fig)* explosive nature; ***ein Thema von äußerster ~*** an extremely explosive subject
Brise *f* breeze
Brite *m*, **Britin** *f* Briton, Brit *(umg)*; ***er ist ~*** he is British; ***die ~n*** the British **britisch** *Adj* British; ***die Britischen Inseln*** the British Isles
bröckelig *Adj* crumbly **bröckeln** *vi (Haus, Fassade)* to crumble; *(Preise, Kurse)* to tumble **Brocken** *m* lump, chunk; *(umg: Person)* lump *(umg)*; ***ein paar ~ Spanisch*** a smattering of Spanish; ***ein harter ~*** *(≈ Person)* a tough cookie *(umg)*; *(≈ Sache)* a tough nut to crack
brodeln *vi* to bubble; *(Dämpfe)* to swirl; ***es brodelt*** *(fig)* there is seething unrest
Brokat *m* brocade
Broker(in) *m(f)* BÖRSE (stock)broker
Brokkoli *Pl* broccoli *Sg*
Brom *n* bromine
Brombeere *f* blackberry, bramble
Bronchialkatarrh *m* bronchial catarrh **Bronchie** *f* bronchial tube **Bronchitis** *f* bronchitis
Bronze *f* bronze **Bronzemedaille** *f* bronze medal **Bronzezeit** *f* Bronze Age
Brosche *f* brooch
Broschüre *f* brochure
Brösel *m* crumb
Brot *n* bread; *(≈ Laib)* loaf (of bread); *(≈ Scheibe)* slice (of bread); *(≈ Butterbrot)* (slice of) bread and butter *ohne Artikel, kein Pl*; *(≈ Stulle)* sandwich; ***belegte ~e*** open *(Brit) od* open-face *(US)* sandwiches **Brotbelag** *m* topping *(for bread)* **Brötchen** *n* roll; ***(sich*** *Dat)* ***seine ~ verdienen*** *(umg)* to earn one's living **Brotkorb** *m* bread basket **Brotmesser** *n* bread knife **Brotrinde** *f* crust **Brotzeit** *f (südd ≈ Pause)* tea break *(Brit)*, snack break *(US)*
browsen *vi* IT to browse **Browser** *m* IT browser
Bruch *m* **a)** *(≈ Bruchstelle)* break; *(in Porzellan etc)* crack; ***zu ~ gehen*** to get broken; **b)** *(fig) (von Vertrag, Eid etc)* breaking; *(mit Vergangenheit, Partei)* break; *(des Vertrauens)* breach; ***in die Brüche gehen*** *(Ehe, Freundschaft)* to break up; **c)** MED fracture; *(≈ Eingeweidebruch)* hernia; **d)** MATHE fraction; **e)** *(sl ≈ Einbruch)* break-in **Bruchbude** *f (pej)* hovel **brüchig** *Adj Material, Knochen* brittle; *Mauerwerk* crumbling; *(fig) Stimme* cracked **Bruchlandung** *f* crash-landing; ***eine ~ machen*** to crash-land **Bruchrechnung** *f* fractions *Sg od Pl* **Bruchschaden** *m* HANDEL breakage **Bruchstelle** *f* break **Bruchstrich** *m* MATHE line (of a fraction) **Bruchstück** *n* fragment **bruchstückhaft** **1.** *Adj* fragmentary **2.** *Adv* in a fragmentary way **Bruchteil** *m* fraction; ***im ~ einer Sekunde*** in a split second
Brücke *f* **a)** bridge; ***alle ~n hinter sich*** *(Dat)* ***abbrechen*** *(fig)* to burn one's bridges; **b)** *(≈ Zahnbrücke)* bridge; **c)** *(≈ Teppich)* rug **Brückenkopf** *m* bridgehead **Brückentag** *m* extra day off *(taken between two public holidays or a public holiday and a weekend)*
Bruder *m* **a)** brother; ***unter Brüdern*** *(umg)* between friends; **b)** *(≈ Mönch)* friar, brother; **c)** *(umg ≈ Mann)* guy *(umg)* **brüderlich** **1.** *Adj* fraternal **2.** *Adv* like brothers; ***~ teilen*** to share and share alike **Brüderschaft** *f (≈ Freundschaft)* close friendship; ***mit jdm ~ trinken*** to agree over a drink to use the familiar "du"
Brühe *f (≈ Suppe)* (clear) soup; *(als Suppengrundlage)* stock; *(pej) (≈ schmutzige Flüssigkeit)* sludge; *(≈ Getränk)* muck *(umg)* **brühwarm** *Adv (umg)* ***er hat das sofort ~ weitererzählt*** he promptly went away and spread it around **Brühwürfel** *m* stock cube
brüllen **1.** *vi* to shout, to roar; *(pej ≈ laut weinen)* to bawl; ***er brüllte vor Schmerzen*** he screamed with pain; ***vor Lachen ~*** to roar with laughter;

das ist zum Brüllen (*umg*) it's a scream (*umg*) **2.** *vt* to shout, to roar **Brüller** (*umg*) ***ein ~ sein*** (*Witz, Film etc*) to be a scream (*umg*) *od* hoot (*umg*); (*Schlager*) to be brilliant *od* wicked (*Brit sl*)

brummen 1. *vi* **a)** (*Insekt*) to buzz; (*Motor*) to drone; ***mir brummt der Kopf*** my head is throbbing; **b)** (*Wirtschaft, Geschäft*) to boom **2.** *vt* (≈ *brummeln*) to mumble, to mutter **Brummer** *m* (≈ *Schmeißfliege*) bluebottle **Brummi** *m* (*umg* ≈ *Lastwagen*) lorry (*Brit*), truck **brummig** *Adj* grumpy **Brummschädel** *m* (*umg*) thick head (*umg*)

Brunch *m* brunch

brünett *Adj* dark(-haired); ***sie ist ~*** she is (a) brunette

Brunft *f* JAGD rut **Brunftschrei** *m* mating call

Brunnen *m* well; (≈ *Springbrunnen*) fountain **Brunnenkresse** *f* watercress **Brunnenschacht** *m* well shaft

brünstig *Adj männliches Tier* rutting; *weibliches Tier* on (*Brit*) *od* in (*bes US*) heat

brüsk 1. *Adj* brusque, abrupt **2.** *Adv* brusquely, abruptly **brüskieren** *vt* to snub

Brüssel *n* Brussels

Brust *f* **a)** (≈ *Körperteil*) chest; ***sich*** (*Dat*) ***jdn zur ~ nehmen*** to have a word with sb; ***schwach auf der ~ sein*** (*umg*) to have a weak chest; **b)** (≈ *weibliche Brust*) breast; ***einem Kind die ~ geben*** to breast-feed a baby; **c)** KOCH breast **Brustbein** *n* ANAT breastbone **Brustbeutel** *m* money bag (*worn around the neck*) **Brustdrüse** *f* mammary gland **brüsten** *vr* to boast (*mit* about) **Brustfell** *n* ANAT pleura **Brustfellentzündung** *f* pleurisy **Brustkasten** *m* (*umg*), **Brustkorb** *m* ANAT thorax **Brustkrebs** *m* breast cancer **Brustschwimmen** *n* breaststroke **Bruststück** *n* KOCH breast **Brustton** *m* ***im ~ der Überzeugung*** in a tone of utter conviction **Brustumfang** *m* chest measurement; (*von Frau*) bust measurement **Brüstung** *f* parapet; (≈ *Fensterbrüstung*) breast **Brustwarze** *f* nipple **Brustweite** *f* chest measurement; (*von Frau*) bust measurement

Brut *f* **a)** (≈ *das Brüten*) incubating; **b)** (≈ *die Jungen*) brood; (*pej*) mob (*umg*)

brutal 1. *Adj* brutal **2.** *Adv zuschlagen* brutally; *behandeln* cruelly **Brutalität** *f* brutality; (≈ *Gewalttat*) act of brutality

brüten *vi* to incubate; (*fig*) to ponder (*über +Dat* over); ***~de Hitze*** stifling heat **Brüter** *m* TECH breeder (reactor); ***Schneller ~*** fast-breeder (reactor) **Brutkasten** *m* MED incubator **Brutstätte** *f* breeding ground (*+Gen* for)

brutto *Adv* gross **Bruttoeinkommen** *n* gross income **Bruttogehalt** *n* gross salary **Bruttogewicht** *n* gross weight **Bruttolohn** *m* gross wage(s *Pl*) **Bruttoregistertonne** *f* register ton **Bruttosozialprodukt** *n* gross national product, GNP

Brutzeit *f* incubation (period)

brutzeln (*umg*) *vi* to sizzle (away)

BSE *Abk von* ***Bovine Spongiforme Enzephalopathie*** BSE

Bub *m* (*südd, österr, schweiz*) boy **Bube** *m* KARTEN jack

Buch *n* **a)** book; ***er redet wie ein ~*** (*umg*) he never stops talking; ***ein Tor, wie es im ~e steht*** a textbook goal; **b)** HANDEL books *Pl*; ***über etw*** (*Akk*) ***~ führen*** to keep a record of sth **Buchbesprechung** *f* book review **Buchdruck** *m* letterpress (printing) **Buchdrucker(in)** *m(f)* printer **Buchdruckerei** *f* (≈ *Betrieb*) printing works *Sg od Pl*; (≈ *Handwerk*) printing

Buche *f* (≈ *Baum*) beech (tree); (≈ *Holz*) beech(wood)

buchen *vt* **a)** HANDEL to enter; ***etw als Erfolg ~*** to put sth down as a success; **b)** (≈ *vorbestellen*) to book

Bücherbrett *n* bookshelf **Bücherei** *f* (lending) library **Bücherregal** *n* bookshelf **Bücherschrank** *m* bookcase **Bücherwand** *f* wall of book shelves; (*als Möbelstück*) (large) set of book shelves **Bücherwurm** *m* (*a. hum*) bookworm

Buchfink *m* chaffinch

Buchführung *f* book-keeping, accounting **Buchhalter(in)** *m(f)* book-keeper **Buchhaltung** *f* **a)** book-keeping, accounting; **b)** (*Abteilung einer Firma*) accounts department **Buchhandel** *m* book trade; ***im ~ erhältlich*** available in bookshops **Buchhänd-**

ler(in) *m(f)* bookseller **Buchhandlung** *f* bookshop, bookstore (*US*) **Buchladen** *m* bookshop, bookstore (*US*) **Buchmacher(in)** *m(f)* bookmaker, bookie (*umg*) **Buchmesse** *f* book fair **Buchprüfer(in)** *m(f)* auditor **Buchprüfung** *f* audit **Buchrücken** *m* spine

Buchse *f* ELEK socket; (TECH, *von Zylinder*) liner; (*von Lager*) bush

Büchse *f* **a)** tin; (≈ *Konservenbüchse*) can; (≈ *Sammelbüchse*) collecting box; **b)** (≈ *Gewehr*) rifle, (shot)gun

Buchstabe *m* letter; ***kleiner ~*** small letter; ***großer ~*** capital (letter) **buchstabieren** *vt* to spell **buchstäblich** **1.** *Adj* literal **2.** *Adv* literally **Buchstütze** *f* book end

Bucht *f* (*im Meer*) bay; (*kleiner*) cove

Buchtitel *m* (book) title **Buchumschlag** *m* dust jacket **Buchung** *f* HANDEL entry; (≈ *Reservierung*) booking **Buchweizen** *m* buckwheat **Buchwert** *m* HANDEL book value

Buckel *m* hump(back), hunchback; (*umg* ≈ *Rücken*) back; ***einen ~ machen*** (*Katze*) to arch its back; (*Mensch*) to hunch one's shoulders; ***seine 80 Jahre auf dem ~ haben*** (*umg*) to be 80 (years old) **buckelig** *Adj* hunchbacked, humpbacked

bücken *vr* to bend (down); ***sich nach etw ~*** to bend down to pick sth up; → ***gebückt***

bucklig *Adj etc* = ***buckelig***

Bückling *m* KOCH smoked herring

buddeln *vi* (*umg*) to dig

Buddhismus *m* Buddhism **Buddhist(in)** *m(f)* Buddhist **buddhistisch** *Adj* Buddhist(ic)

Bude *f* **a)** (≈ *Bretterbau*) hut; (≈ *Baubude*) (workmen's) hut; (≈ *Verkaufsbude*) stall; (≈ *Zeitungsbude*) kiosk; **b)** (*pej umg* ≈ *Lokal etc*) dump (*umg*); **c)** (*umg*) (≈ *Zimmer*) room; (≈ *Wohnung*) pad (*umg*)

Budget *n* budget

Büfett *n* **a)** (≈ *Geschirrschrank*) sideboard; **b)** ***kaltes ~*** cold buffet

Büffel *m* buffalo **büffeln** (*umg*) **1.** *vi* to cram (*umg*) **2.** *vt Lernstoff* to swot up (*Brit umg*), to bone up on (*US umg*)

Bug *m* (≈ *Schiffsbug*) bow *mst Pl*; (≈ *Flugzeugbug*) nose

Bügel *m* **a)** (≈ *Kleiderbügel*) (coat) hanger; **b)** (≈ *Steigbügel*) stirrup; **c)** (≈ *Brillenbügel*) side piece **Bügelbrett** *n* ironing board **Bügeleisen** *n* iron **Bügelfalte** *f* crease in one's trousers (*bes Brit*) *od* pants (*bes US*) **bügelfrei** *Adj* noniron **bügeln** *vti Wäsche* to iron; *Hose* to press

Buggy *m* buggy

bugsieren *vt* (*umg*) *Möbelstück etc* to manoeuvre (*Brit*), to maneuver (*US*); ***jdn aus dem Zimmer ~*** to steer sb out of the room

buh *Interj* boo **buhen** *vi* (*umg*) to boo

buhlen *vi* (*pej*) ***um jdn/jds Gunst ~*** to woo sb/sb's favour (*Brit*) *od* favor (*US*)

Buhmann *m* (*umg*) bogeyman (*umg*)

Bühne *f* **a)** stage; ***über die ~ gehen*** (*fig umg*) to go off; ***hinter der ~*** behind the scenes; **b)** (≈ *Theater*) theatre (*Brit*), theater (*US*) **Bühnenanweisung** *f* stage direction **Bühnenautor(in)** *m(f)* playwright **Bühnenbearbeitung** *f* stage adaptation **Bühnenbild** *n* (stage) set **Bühnenbildner(in)** *m(f)* set designer **bühnenreif** *Adj* ready for the stage

Buhruf *m* boo

Bulette *f* (*dial*) meat ball; ***ran an die ~n*** (*umg*) go right ahead!

Bulgare *m*, **Bulgarin** *f* Bulgarian **Bulgarien** *n* Bulgaria **bulgarisch** *Adj* Bulgarian

Bulimie *f* MED bulimia

Bullauge *n* SEEF porthole **Bulldogge** *f* bulldog **Bulldozer** *m* bulldozer

Bulle *m* **a)** bull; **b)** (*pej sl* ≈ *Polizist*) cop (*umg*)

Bulletin *n* bulletin

bullig *Adj* (*umg*) beefy (*umg*)

Bumerang *m* (*wörtl, fig*) boomerang

Bummel *m* stroll; (*durch Lokale*) tour (*durch* of); ***einen ~ machen*** to go for a stroll **Bummelant(in)** *m(f)* (*umg*) **a)** (≈ *Trödler*) dawdler; **b)** (≈ *Faulenzer*) loafer (*umg*) **bummeln** *vi* **a)** (≈ *spazieren gehen*) to stroll; **b)** (≈ *trödeln*) to dawdle; **c)** (≈ *faulenzen*) to fritter one's time away **Bummelstreik** *m* go-slow **Bummelzug** *m* (*umg*) slow train

Bums *m* (*umg* ≈ *Schlag*) bang, thump **bumsen** **1.** *vi unpers* (*umg* ≈ *dröhnen*) ***..., dass es bumste*** ... with a bang; ***es hat gebumst*** (*von Fahrzeugen*)

there's been a crash **2.** *vi* **a)** (≈ *schlagen*) to thump; **b)** (≈ *prallen, stoßen*) to bump, to bang; **c)** (*umg* ≈ *koitieren*) to do it (*umg*)

Bund[1] *m* **a)** (≈ *Vereinigung*) bond; (≈ *Bündnis*) alliance; ***den ~ der Ehe eingehen*** to enter (into) the bond of marriage; ***den ~ fürs Leben schließen*** to take the marriage vows; **b)** (≈ *Organisation*) association; (≈ *Staatenbund*) league, alliance; **c)** POL ***~ und Länder*** the Federal Government and the/its Länder; **d)** (*umg* ≈ *Bundeswehr*) ***der ~*** the army; **e)** (*an Kleidern*) waistband

Bund[2] *n* bundle; (*von Radieschen, Spargel etc*) bunch

Bündel *n* bundle, sheaf; (*von Banknoten*) wad; (*von Karotten etc*) bunch **bündeln** *vt Zeitungen etc* to bundle up

Bundesagentur *f* ***~ für Arbeit*** (State) Department of Employment **Bundesanstalt** *f* ***~ für Arbeit*** Federal Institute of Labour (*Brit*) *od* Labor (*US*) **Bundesausbildungsförderungsgesetz** *n law regarding grants for higher education* **Bundesbank** *f* (*D*) Federal bank **Bundesbehörde** *f* Federal authority **Bundesbürger(in)** *m(f)* (*D*) German, citizen of Germany **bundesdeutsch** *Adj* German **Bundesebene** *f* ***auf ~*** at a national level **bundeseinheitlich** **1.** *Adj* Federal, national **2.** *Adv* nationally; ***etw ~ regeln*** to regulate sth at national level **Bundesgebiet** *n* (*D*) Federal territory **Bundesgenosse** *m*, **Bundesgenossin** *f* ally **Bundesgerichtshof** *m* (*D*) Federal Supreme Court **Bundesgeschäftsführer(in)** *m(f)* (*von Partei, Verein*) general secretary **Bundesgrenzschutz** *m* (*D*) Federal Border Guard **Bundeshauptstadt** *f* Federal capital **Bundesheer** *n* (*österr*) services *Pl*, army **Bundeskanzler(in)** *m(f)* **a)** (*D, österr*) Chancellor; **b)** (*schweiz*) Head of the Federal Chancellery **Bundesland** *n* state; ***die neuen Bundesländer*** the former East German states; ***die alten Bundesländer*** the former West German states **Bundesliga** *f* (*D* SPORT) national league **Bundesminister(in)** *m(f)* (*D, österr*) Federal Minister **Bundesmittel** *Pl* Federal funds *Pl* **Bundesnachrichtendienst** *m* (*D*) Federal Intelligence Service **Bundespräsident(in)** *m(f)* (*D, österr*) (Federal) President; (*schweiz*) President of the Federal Council **Bundesrat**[1] *m* (*D*) Bundesrat, *upper house of the German Parliament*; (*schweiz*) Council of Ministers **Bundesrat**[2] *m*, **Bundesrätin** *f* (*schweiz*) Minister of State **Bundesregierung** *f* (*D, österr*) Federal Government **Bundesrepublik** *f* Federal Republic; ***~ Deutschland*** Federal Republic of Germany **Bundesstaat** *m* federal state **Bundestag** *m* (*D*) Bundestag, *lower house of the German Parliament* **Bundestagsabgeordnete(r)** *mf* member of the Bundestag **Bundestagsfraktion** *f* group *od* faction in the Bundestag **Bundestagspräsident(in)** *m(f)* President of the Bundestag **Bundestrainer(in)** *m(f)* (*D* SPORT) national coach **Bundesverdienstkreuz** *n* (*D*) order of the Federal Republic of Germany, ≈ OBE (*Brit*) **Bundesverfassungsgericht** *n* (*D*) Federal Constitutional Court **Bundesversammlung** *f* **a)** (*D, österr*) Federal Convention; **b)** (*schweiz*) Federal Assembly **Bundeswehr** *f* (*D*) services *Pl*, army **bundesweit** *Adj, Adv* nationwide

Bundfaltenhose *f* pleated trousers *Pl* (*bes Brit*) *od* pants *Pl* (*bes US*)

bündig *Adj* **a)** (≈ *kurz, bestimmt*) succinct; **b)** (≈ *in gleicher Ebene*) flush *präd*, level

Bündnis *n* alliance; (≈ *Nato*) (NATO) Alliance; ***~ für Arbeit*** *informal alliance between employers and unions to help create jobs*, alliance for jobs **Bündnispartner** *m* POL ally

Bundweite *f* waist measurement

Bungalow *m* bungalow

Bungee-Jumping *n* bungee jumping

Bunker *m* MIL, GOLF bunker; (≈ *Luftschutzbunker*) air-raid shelter

Bunsenbrenner *m* Bunsen burner

bunt **1.** *Adj* **a)** (≈ *farbig*) coloured (*Brit*), colored (*US*); (≈ *mehrfarbig*) colo(u)rful; (≈ *vielfarbig*) multicolo(u)red; **b)** (*fig* ≈ *abwechslungsreich*) varied; ***ein ~er Abend*** a social; (RADIO, TV) a variety programme (*Brit*) *od* program (*US*) **2.** *Adv* **a)** (≈ *farbig*) colourfully (*Brit*), colorfully (*US*); *bemalt* in bright colo(u)rs; ***~ gemischt*** *Programm* varied; *Team* diverse; **b)** (≈ *un-*

geordnet) ***es geht ~ durcheinander*** it's all a complete mess; **c**) (*umg* ≈ *wild*) ***jetzt wird es mir zu ~*** I've had enough of this; ***es zu ~ treiben*** to overstep the mark **Buntstift** *m* coloured (*Brit*) *od* colored (*US*) pencil **Buntwäsche** *f* coloureds *Pl* (*Brit*), coloreds *Pl* (*US*)

Bürde *f* (*geh*) load, weight; (*fig*) burden

Burg *f* castle

Bürge *m*, **Bürgin** *f* guarantor **bürgen** *vi* ***für etw ~*** to guarantee sth; ***für jdn ~*** FINANZ to stand surety for sb; (*fig*) to vouch for sb

Bürger(in) *m*(*f*) citizen; ***die ~ von Ulm*** the townsfolk of Ulm **Bürgerinitiative** *f* citizens' action group **Bürgerkrieg** *m* civil war **bürgerkriegsähnlich** *Adj* ***~e Zustände*** civil war conditions **bürgerlich** *Adj* **a**) *Ehe*, *Recht etc* civil; *Pflicht* civic; ***Bürgerliches Gesetzbuch*** Civil Code; **b**) (≈ *dem Bürgerstand angehörend*) middle-class **Bürgerliche(r)** *mf* commoner **Bürgermeister(in)** *m*(*f*) mayor **Bürgernähe** *f* populism **Bürgerpflicht** *f* civic duty **Bürgerrecht** *n* civil rights *Pl*; ***jdm die ~e aberkennen*** to strip sb of his/her civil rights **Bürgerrechtler(in)** *m*(*f*) civil rights campaigner **Bürgerrechtsbewegung** *f* civil rights movement **Bürgerschaft** *f* citizens *Pl* **Bürgersteig** *m* pavement (*Brit*), sidewalk (*US*) **Bürgertum** *n* HIST bourgeoisie (HIST)

Bürgin *f* → ***Bürge*** **Bürgschaft** *f* (JUR, *gegenüber Gläubigern*) surety; (≈ *Haftungssumme*) penalty; ***~ für jdn leisten*** to act as guarantor for sb

Burgund *n* Burgundy **burgunderrot** *Adj* burgundy (red)

Burma *n* Burma **burmesisch** *Adj* Burmese

Büro *n* office **Büroangestellte(r)** *mf* office worker **Büroarbeit** *f* office work **Büroartikel** *m* item of office equipment; (*Pl*) office supplies *Pl* **Bürobedarf** *m* office supplies *Pl* **Bürogebäude** *n* office building **Bürokauffrau** *f*, **Bürokaufmann** *m* office administrator **Büroklammer** *f* paper clip **Bürokraft** *f* (office) clerk **Bürokrat(in)** *m*(*f*) bureaucrat **Bürokratie** *f* bureaucracy **bürokratisch** **1.** *Adj* bureaucratic **2.** *Adv* bureaucratically **Büromaterial** *n* office supplies *Pl*; (≈ *Schreibwaren*) stationery *kein Pl* **Büromöbel** *Pl* office furniture **Büroschluss** *m* ***nach ~*** after office hours **Bürostunden** *Pl* office hours *Pl* **Bürozeit** *f* office hours *Pl*

Bursche *m* (*umg* ≈ *Kerl*) fellow; ***ein übler ~*** a shady character **Burschenschaft** *f* student fraternity **burschikos** *Adj* **a**) (≈ *jungenhaft*) (tom)boyish; **b**) (≈ *unbekümmert*) casual

Bürste *f* brush **bürsten** *vt* to brush **Bürstenhaarschnitt** *m* crew cut

Bus[1] *m* bus

Bus[2] *m* IT bus

Busbahnhof *m* bus station

Busch *m* bush; ***etwas ist im ~*** (*umg*) there's something up; ***mit etw hinter dem ~ halten*** (*umg*) to keep sth quiet **Büschel** *n* (*von Gras*, *Haaren*) tuft; (*von Heu*, *Stroh*) bundle **Buschfeuer** *n* (*wörtl*) bush fire; ***sich wie ein ~ ausbreiten*** to spread like wildfire **buschig** *Adj* bushy **Buschmann** *m* bushman **Buschmesser** *n* machete **Buschwerk** *n* bushes *Pl*

Busen *m* (*von Frau*) bust **Busenfreund(in)** *m*(*f*) (*iron*) bosom friend

Busfahrer(in) *m*(*f*) bus driver **Busfahrt** *f* bus ride **Bushaltestelle** *f* bus stop **Buslinie** *f* bus route

Bussard *m* buzzard

Buße *f* **a**) (REL ≈ *Reue*) repentance; (≈ *Bußauflage*) penance; ***~ tun*** to do penance; **b**) (JUR ≈ *Schadenersatz*) damages *Pl*; (≈ *Geldstrafe*) fine; ***jdn zu einer ~ verurteilen*** to fine sb **busseln**, **bussen** *vti* (*südd*, *österr*) to kiss **büßen** **1.** *vt* to pay for; *Sünden* to atone for; ***das wirst du mir ~*** I'll make you pay for that **2.** *vi* ***für etw ~*** to atone for sth; *für Leichtsinn etc* to pay for sth **busserln** *vti* (*österr*) to kiss **Bußgeld** *n* fine **Bußgeldbescheid** *m* notice of payment due (*for traffic violation etc*) **Bußgeldverfahren** *n* fining system

Bussi *n* (*südd umg*) kiss

Busspur *f* bus lane

Buß- und Bettag *m* day of prayer and repentance

Büste *f* bust; (≈ *Schneiderbüste*) tailor's dummy **Büstenhalter** *m* bra

Busverbindung *f* bus connection

Butan(gas) *n* butane (gas)

Butt *m* flounder, butt

C

Bütten(papier) *n* handmade paper (*with deckle edge*)
Butter *f* butter; ***alles (ist) in ~*** (*umg*) everything is hunky-dory (*umg*) **Butterblume** *f* buttercup **Butterbrot** *n* (slice of) bread and butter *ohne Artikel, kein Pl*; (*umg* ≈ *Sandwich*) sandwich **Butterbrotpapier** *n* greaseproof paper **Butterdose** *f* butter dish
Butterfly(stil) *m* butterfly (stroke)
Butterkeks *m* ≈ rich tea biscuit (*Brit*), ≈ butter cookie (*US*) **Buttermilch** *f* buttermilk **buttern** *vt* **a)** *Brot* to butter; **b)** (*umg* ≈ *investieren*) to put (*in +Akk* into) **butterweich** **1.** *Adj Frucht, Landung* beautifully soft; (SPORT *umg*) gentle **2.** *Adv landen* softly
Bypass *m* MED bypass **Bypass-Operation** *f* bypass operation
Byte *n* byte
bzgl. *Abk von* ***bezüglich***
bzw. *Abk von* ***beziehungsweise***

C

C, c *n* C, c
ca. *Abk von* ***circa*** approx
Cabrio *n* (AUTO *umg*) convertible
Café *n* café
Cafeteria *f* cafeteria
Caipirinha *m* caipirinha
Callboy *m* male prostitute **Callcenter** *n* call centre (*Brit*) *od* center (*US*) **Callgirl** *n* call girl
Camcorder *m* camcorder
Camembert *m* Camembert
Camion *m* (*schweiz*) lorry (*Brit*), truck
campen *vi* to camp **Camper(in)** *m(f)* camper **Camping** *n* camping *ohne Artikel* **Campingartikel** *Pl* camping equipment *Sg* **Campingbus** *m* camper **Campinggas** *n* camping gas **Campingplatz** *m* camp site
Campus *m* UNI campus
canceln *vt Flug, Buchung* to cancel
Cannabis *m* cannabis
Cape *n* cape
Capuccino *m* cappuccino
Caravan *m* caravan (*Brit*), trailer (*US*)
Cargo *m* cargo
Carport *m* carport
Cartoon *m od n* cartoon
Cashewnuss *f* cashew (nut)
Cäsium *n* caesium (*Brit*), cesium (*US*)
Casting *n* (*für Filmrolle etc*) casting session
Castor® *m* spent fuel rod container
catchen *vi* to do catch *od* all-in (*bes Brit*) wrestling **Catcher(in)** *m(f)* catch(-as-catch-can) wrestler, all-in wrestler (*bes Brit*)
Cayennepfeffer *m* cayenne (pepper)
CB-Funk *m* Citizens' Band, CB (radio)
CD *f, Abk von* ***Compact Disc*** CD **CD-Brenner** *m* CD burner **CD-Laufwerk** *n* CD drive **CD-Player** *n* CD player **CD-ROM** *f* CD-ROM **CD-Spieler** *m* CD player
CDU *f, Abk von* ***Christlich-Demokratische Union*** Christian Democratic Union
C-Dur *n* MUS C major
Cellist(in) *m(f)* cellist **Cello** *n* cello
Cellophanpapier *n* (*umg*) cellophane® (paper)
Celsius Celsius, centigrade
Cembalo *n* cembalo
Cent *m* cent
Center *n* (≈ *Einkaufscenter*) shopping centre (*Brit*) *od* center (*US*)
Chalet *n* chalet
Chamäleon *n* (*wörtl, fig*) chameleon
Champagner *m* champagne
Champignon *m* mushroom
Chance *f* **a)** chance; (*bei Wetten*) odds *Pl*; ***keine ~ haben*** not to stand a chance; ***die ~n stehen nicht schlecht, dass...*** there's a good chance that...; **b)** (≈ *Aussichten*) **Chancen** *Pl* prospects *Pl*; ***im Beruf ~n haben*** to have good career prospects; ***(bei jdm) ~n haben*** (*umg*) to stand a chance (with sb) **Chancengleichheit** *f* equal opportunities *Pl*
Chanson *n* (political/satirical) song **Chansonnier** *m* singer of political/satirical songs
Chaos *n* chaos; ***ein einziges ~ sein*** to be in utter chaos **Chaot(in)** *m(f)* (POL *pej*) anarchist (*pej*); (≈ *unordentlicher Mensch*) scatterbrain **chaotisch** *Adj*

C

chaotic; **~e Zustände** a state of (utter) chaos; **es geht ~ zu** there is utter chaos

Charakter *m* character; **er ist ein Mann von ~** he is a man of character; **der vertrauliche ~ dieses Gespräches** the confidential nature of this conversation **Charakterdarsteller(in)** *m(f)* character actor/actress **Charaktereigenschaft** *f* character trait **charakterfest** *Adj* of strong character **charakterisieren** *vt* to characterize **Charakteristik** *f* description; (≈ *typische Eigenschaften*) characteristics *Pl* **charakteristisch** *Adj* characteristic (*für* of) **charakterlich** **1.** *Adj* **~e Stärke** strength of character; **~e Mängel** character defects **2.** *Adv* in character; **sie hat sich ~ sehr verändert** her character has changed a lot **charakterlos** *Adj* **a)** (≈ *niederträchtig*) unprincipled; **b)** (≈ *ohne Prägung*) characterless **Charakterschauspieler(in)** *m(f)* character actor/actress **Charakterschwäche** *f* weakness of character **Charakterstärke** *f* strength of character **Charakterzug** *m* characteristic

Charge *f* **a)** (MIL, *fig* ≈ *Dienstgrad, Person*) rank; **die unteren ~n** the lower ranks; **b)** THEAT minor character part

Charisma *n* (REL, *fig*) charisma **charismatisch** *Adj* charismatic

charmant **1.** *Adj* charming **2.** *Adv* charmingly **Charme** *m* charm

Charta *f* charter; **Magna ~** Magna Carta

Charterflug *m* charter flight **Chartermaschine** *f* charter plane **chartern** *vt* to charter

Chassis *n* chassis

Chat *m* (INTERNET *umg*) chat **Chatforum** *n* chat(room) forum **Chatroom** *m* chatroom **chatten** *vi* (INTERNET *umg*) to chat

Chauffeur(in) *m(f)* chauffeur

Chauvi *m* (*umg*) male chauvinist pig (*pej umg*) **Chauvinismus** *m* chauvinism; (≈ *männlicher Chauvinismus*) male chauvinism **Chauvinist** *m* (≈ *männlicher Chauvinist*) male chauvinist (pig) **chauvinistisch** *Adj* **a)** POL chauvinist(ic); **b)** (≈ *männlich-chauvinistisch*) male chauvinist(ic)

checken *vt* **a)** (≈ *überprüfen*) to check; **b)** (*umg* ≈ *verstehen*) to get (*umg*); **c)** (*umg* ≈ *merken*) to catch on to (*umg*)

Check-in *n* check-in **Checkliste** *f* check list **Check-up** *m od n* MED checkup

Chef *m* boss; (*von Bande, Delegation etc*) leader; (*von Organisation*) head; (*der Polizei*) chief **Chefarzt** *m*, **Chefärztin** *f* senior consultant **Chefin** *f* boss; (*von Delegation etc*) head **Chefkoch** *m*, **Chefköchin** *f* chef **Chefredakteur(in)** *m(f)* editor in chief; (*einer Zeitung*) editor **Chefsache** *f* **das ist ~** it's a matter for the boss **Chefsekretär(in)** *m(f)* personal assistant

Chef

Obwohl man besonders in den USA das Wort **chief** (neben dem sehr geläufigen **boss**) salopp für einen Vorgesetzten, Abteilungsleiter bzw. Firmenchef verwendet, sollte man als „Nichtmuttersprachler" den Gebrauch dieses Wortes im Sinne von „Chef" vermeiden, denn **chief** bezeichnet in erster Linie einen „Häuptling" (bei den Indianern usw.). Nur in bestimmten Amtstiteln ist das Wort üblich, z. B. **Chief of Police** (Polizeipräsident), **Chief of Staff** (Generalstabschef). Ansonsten sollte man **boss** verwenden.

Chemie *f* chemistry **Chemiefaser** *f* synthetic fibre (*Brit*) *od* fiber (*US*) **Chemikalie** *f* chemical **Chemiker(in)** *m(f)* chemist **chemisch** **1.** *Adj* chemical **2.** *Adv* chemically; **etw ~ reinigen** to dry-clean sth **Chemotherapie** *f* chemotherapy

chic *Adj* smart; *Kleidung* chic; (*umg* ≈ *prima*) great **Chic** *m* style

Chicorée *f* chicory

Chiffre *f* (*in Zeitung*) box number **Chiffreanzeige** *f* advertisement with a box number **chiffrieren** *vti* to encipher; **chiffriert** coded

Chile *n* Chile **Chilene** *m*, **Chilenin** *f* Chilean **chilenisch** *Adj* Chilean

Chili *m* chil(l)i (pepper)

China *n* China **Chinakohl** *m* Chinese cabbage **Chinarestaurant** *n* Chinese restaurant **Chinese** *m*, **Chinesin** *f*

C

Chinese **chinesisch** *Adj* Chinese; ***die Chinesische Mauer*** the Great Wall of China
Chinin *n* quinine
Chip *m* **a)** (*mst Pl* ≈ *Kartoffelchip*) (potato) crisp (*Brit*), potato chip (*US*); **b)** IT chip **Chipkarte** *f* smart card

Chips	≠	(*Brit*) **chips**
Chips	=	crisps, (*US*) potato chips
(*Brit*) chips	=	Pommes frites

Chirurg(in) *m(f)* surgeon **Chirurgie** *f* surgery; ***er liegt in der ~*** he's in surgery **chirurgisch 1.** *Adj* surgical; ***ein ~er Eingriff*** surgery **2.** *Adv* surgically
Chlor *n* chlorine **chlorfrei** *Adj* chlorine-free **Chloroform** *n* chloroform **Chlorophyll** *n* chlorophyll
Cholera *f* cholera
Choleriker(in) *m(f)* choleric person; (*fig*) irascible person **cholerisch** *Adj* choleric
Cholesterin *n* cholesterol **Cholesterinspiegel** *m* cholesterol level
Chor *m* **a)** (≈ *Sängerchor*) choir; ***im ~*** in chorus; **b)** THEAT chorus; **c)** (ARCHIT ≈ *Altarraum*) chancel
Choreograf(in) *m(f)* choreographer **Choreografie** *f* choreography
Chorknabe *m* choirboy
Christ(in) *m(f)* Christian **Christbaum** *m* Christmas tree **Christbaumschmuck** *m* Christmas tree decorations *Pl* **Christdemokrat(in)** *m(f)* Christian Democrat **Christentum** *n* Christianity **Christkind** *n* baby Jesus; (*das Geschenke bringt*) ≈ Father Christmas **Christkindl** *n* (*dial*) **a)** = ***Christkind***; **b)** (*bes österr* ≈ *Geschenk*) Christmas present **christlich 1.** *Adj* Christian **2.** *Adv* like *od* as a Christian; ***~ handeln*** to act like a Christian
Christus *m* Christ; ***vor Christi Geburt*** before Christ, BC; ***nach Christi Geburt*** AD, Anno Domini; ***Christi Himmelfahrt*** the Ascension of Christ; (≈ *Himmelsfahrtstag*) Ascension Day
Chrom *n* chrome; CHEM chromium
Chromosom *n* chromosome
Chronik *f* chronicle **chronisch 1.** *Adj* chronic **2.** *Adv* chronically **chronologisch 1.** *Adj* chronological **2.** *Adv* chronologically
Chrysantheme *f* chrysanthemum
circa *Adv* about
City *f* city centre (*Brit*) *od* center (*US*)

City

City bedeutet ganz allgemein „Großstadt": **London, Birmingham, Edinburgh, Glasgow, Liverpool, Manchester** usw. sind **cities**. **The City** (mit großem „C") bzw. mit vollem Namen **the City of London** beschreibt das Londoner Finanzviertel, ein Gebiet von ca. 2,5 km², das tagsüber von Hunderttausenden von Pendlern wimmelt und nachts dagegen fast wie eine Geisterstadt wirkt.
Deutsch **City** für „Innenstadt" ist also nicht gleichbedeutend mit englisch **city** oder **City**! Deutsch **City** bedeutet im britischen Englisch **town centre** oder **city centre** bzw. im amerikanischen Englisch **downtown** [ˌdaʊn'taʊn].

clean *Adj* (*umg*) clean (*umg*)
Clematis *f* BOT clematis
clever 1. *Adj* clever; (≈ *raffiniert*) sharp; (≈ *gerissen*) crafty **2.** *Adv* (≈ *raffiniert*) sharply; (≈ *gerissen*) craftily **Cleverness** *f* cleverness; (≈ *Raffiniertheit*) sharpness; (≈ *Gerissenheit*) craftiness
Clinch *m* (BOXEN, *fig*) clinch; ***mit jdm im ~ liegen*** (*fig*) to be at loggerheads with sb
Clique *f* **a)** (≈ *Freundeskreis*) group, set; ***Thomas und seine ~*** Thomas and his set; **b)** (*pej*) clique
Clou *m* (*von Geschichte*) (whole) point; (*von Show*) highlight; (≈ *Witz*) real laugh (*umg*)
Clown *m* clown; ***den ~ spielen*** to clown around
Club *m* → ***Klub***
Cockpit *n* cockpit
Cocktail *m* (≈ *Getränk*, *fig*) cocktail; (≈ *Empfang*) reception **Cocktailkleid** *n* cocktail dress **Cocktailparty** *f* cock-

tail party **Cocktailtomate** *f* cherry tomato
Code *m* code **codieren** *vt* to (en)code **Codierung** *f* (en)coding
Cognac® *m* cognac
Coiffeur *m*, **Coiffeuse** *f* (*schweiz*) hairdresser
Cola *f od* (*schweiz*) *n* (*umg*) Coke® (*umg*) **Coladose** *f* Coke® can
Collage *f* collage
Collier *n* necklet
Comic *m* comic strip
Compact Disc *f*, **Compact Disk** *f* compact disc
Computer *m* computer; ***per ~*** by computer **Computerarbeitsplatz** *m* computer work station **computergesteuert** *Adj* controlled by computer **computergestützt** *Adj* computer-based; ***~es Design*** computer-aided design **Computergrafik** *f* computer graphics *Pl* **computerisieren** *vt* to computerize **computerlesbar** *Adj* machine-readable **Computerprogramm** *m* computer program **Computersatz** *m* computer typesetting **Computerspiel** *n* computer game **Computersprache** *f* computer language **computerunterstützt** *Adj Fertigung, Kontrolle* computer-aided
Conférencier *m* compère
Container *m* container; (≈ *Bauschuttcontainer*) skip; (≈ *Wohncontainer*) prefabricated hut **Containerbahnhof** *m* container depot **Containerhafen** *m* container port **Containerschiff** *n* container ship
Contergankind *n* (*umg*) thalidomide child
Cookie *n* IT cookie
cool *Adj* (*umg*) cool (*umg*); ***die Party war ~*** the party was (real) cool (*umg*)
Copyright *n* copyright **Copyshop** *m* copy shop
Cord *m* TEX cord, corduroy **Cordhose** *f* corduroy trousers *Pl* (*bes Brit*) *od* pants *Pl* (*bes US*), cords *Pl* (*umg*) **Cordjacke** *f* cord(uroy) jacket **Cordjeans** *f od Pl* cord(uroy) jeans *Pl*
Corner *m* (*österr, schweiz* SPORT) corner
Cornichon *n* gherkin
Corps *n* = ***Korps***
Costa Rica *n* Costa Rica
Côte d'Ivoire *f* Côte d'Ivoire
Couch *f* couch **Couchgarnitur** *f* three-piece suite **Couchtisch** *m* coffee table
Coup *m* coup; ***einen ~ landen*** to pull off a coup (*umg*)
Coupon *m* **a)** (≈ *Zettel*) coupon; **b)** FINANZ (interest) coupon
Cousin *m*, **Cousine** *f* cousin
Couvert *n* (*bes schweiz*) envelope
Cowboy *m* cowboy
Crack *n* (≈ *Droge*) crack
Cracker *m* (≈ *Keks*) cracker
Crash *m* (*umg* ≈ *Unfall*, IT) crash **Crashkurs** *m* crash course **Crashtest** *m* AUTO crash test
Creme *f* cream **Cremetorte** *f* cream gateau **cremig** **1.** *Adj* creamy **2.** *Adv* like cream; *rühren* until creamy
Creutzfeldt-Jakob-Krankheit *f* Creutzfeldt-Jakob disease
Crew *f* crew
Croissant *n* croissant
Cromargan® *n* stainless steel
Croupier *m* croupier
Crux *f* = ***Krux***
C-Schlüssel *m* alto clef
CSU *f*, *Abk von* ***Christlich-Soziale Union*** Christian Social Union
Curry *m od n* curry **Currywurst** *f* curried sausage
Cursor *m* IT cursor **Cursortaste** *f* cursor key
Cutter(in) *m(f)* editor
CVJM *m*, *Abk von* ***Christlicher Verein Junger Männer*** YMCA
Cyberspace *m* cyberspace

D

D, d *n* D, d
da **1.** *Adv* **a)** (*örtlich*) (≈ *dort*) there; (≈ *hier*) here; ***hier und da, da und dort*** here and there; ***die Frau da*** that woman (over) there; ***da bin ich*** here I am; ***da bist du ja!*** there you are!; ***da kommt er ja*** here he comes; ***wir sind gleich da*** we'll soon be there; ***da hast du dein Geld!*** (there you are,) there's your money; ***da, nimm schon!*** here,

D

take it!; **b)** (*zeitlich* ≈ *dann, damals*) then; ***da siehst du, was du angerichtet hast*** now see what you've done; **c)** (*umg* ≈ *in diesem Fall*) there; ***da haben wir aber Glück gehabt!*** we were lucky there!; ***was gibts denn da zu lachen?*** what's funny about that?; ***da kann man nur lachen*** you can't help laughing; ***da fragt man sich (doch), ob ...*** it makes you wonder if ...; ***da fällt mir gerade ein ...*** it's just occurred to me ... **2.** *Konj* (≈ *weil*) as, since

dabei *Adv* **a)** (*örtlich*) with it; ***ein Häuschen mit einem Garten ~*** a little house with a garden (attached to it); ***nahe ~*** nearby; **b)** (≈ *gleichzeitig*) at the same time; ***er aß weiter und blätterte ~ in dem Buch*** he went on eating, leafing through the book at the same time; **c)** (≈ *außerdem*) as well; ***sie ist schön und ~ auch noch klug*** she's pretty, and clever as well; **d)** (*während man etw tut*) in the process; *ertappen* at it; ***die ~ entstehenden Kosten*** the expenses arising from this/that; **e)** (≈ *in dieser Angelegenheit*) ***das Schwierigste ~*** the most difficult part of it; ***wichtig ~ ist ...*** the important thing here *od* about it is ...; ***~ kann man viel Geld verdienen*** there's a lot of money in that; **f)** (*einräumend* ≈ *doch*) (and) yet; ***er hat mich geschlagen, ~ hatte ich gar nichts gemacht*** he hit me and I hadn't even done anything; **g)** ***ich bleibe ~*** I'm not changing my mind; ***lassen wir es ~*** let's leave it at that!; ***was ist schon ~?*** so what? (*umg*), what of it? (*umg*); ***ich finde gar nichts ~*** I don't see any harm in it; ***was hast du dir denn ~ gedacht?*** what were you thinking of? **dabeibleiben** *vi* to stay with it; → ***dabei*** g **dabeihaben** *vt* (*umg*) to have with one **dabei sein** *vi* **a)** (≈ *anwesend sein*) to be there (*bei* at); (≈ *mitmachen*) to be involved (*bei* in); ***ich bin dabei!*** count me in!; **b)** (≈ *im Begriff sein*) ***~, etw zu tun*** to be just doing sth

dableiben *vi* to stay (on)

Dach *n* **a)** roof; ***mit jdm unter einem ~ wohnen*** to live under the same roof as sb; ***unter ~ und Fach sein*** (≈ *abgeschlossen*) to be all wrapped up; **b)** (*fig umg*) ***jdm eins aufs ~ geben*** (≈ *schlagen*) to smash sb on the head (*umg*); (≈ *ausschimpfen*) to give sb a (good) talking-to **Dachboden** *m* attic; (*von Scheune*) loft **Dachfenster** *n* skylight **Dachfirst** *m* ridge of the roof **Dachgarten** *m* roof garden **Dachgepäckträger** *m* AUTO roof rack **Dachgeschoss** *n*, **Dachgeschoß** (*österr*) *n* attic storey (*Brit*) *od* story (*US*); (≈ *oberster Stock*) top floor **Dachgiebel** *m* gable **Dachluke** *f* skylight **Dachpappe** *f* roofing paper **Dachrinne** *f* gutter

Dachs *m* ZOO badger

Dachschaden *m* (*umg*) ***einen (kleinen) ~ haben*** to have a slate loose (*umg*) **Dachterrasse** *f* roof terrace **Dachverband** *m* umbrella organization **Dachwohnung** *f* attic apartment **Dachziegel** *m* roofing tile

Dackel *m* dachshund

dadurch *Adv* **a)** (*örtlich*) through there; **b)** (*kausal* ≈ *auf diese Weise*) in this/that way; ***~, dass er das tat, hat er ...*** (≈ *durch diesen Umstand, diese Tat*) by doing that he ...; (≈ *deswegen, weil*) because he did that he ...

dafür *Adv* **a)** for that/it; ***der Grund ~ ist, dass ...*** the reason for that is (that) ...; ***~ stimmen*** to vote for it; **b)** (*als Ersatz*) instead; (*bei Tausch*) in exchange; (*als Gegenleistung*) in return; ***... ich mache dir ~ deine Hausaufgaben*** ... and I'll do your homework in return; ***~, dass er erst drei Jahre ist, ist er sehr klug*** considering that he's only three he's very clever; **c)** ***er interessiert sich nicht ~*** he's not interested in that/it; ***ein Beispiel ~ wäre ...*** an example of that would be ... **dafürkönnen** *vt* ***er kann nichts dafür, dass es kaputtgegangen ist*** it's not his fault that it broke

dag (*österr*) *Abk von* ***Dekagramm***

dagegen **1.** *Adv* **a)** against it; ***~ sein*** to be against it; ***etwas ~ haben*** to object; ***~ lässt sich nichts machen*** nothing can be done about it; **b)** (≈ *verglichen damit*) in comparison **2.** *Konj* (≈ *im Gegensatz dazu*) on the other hand **dagegenhalten** *vt* (≈ *vergleichen*) to compare it/them with **dagegensprechen** *vi* to be against it; ***was spricht dagegen?*** what is there against it?

daheim *Adv* (*bes südd, österr, schweiz*)

at home; ***bei uns ~*** back home (where I/we come from) **Daheim** *n* (*bes südd, österr, schweiz*) home

daher **1.** *Adv* **a)** (≈ *von dort*) from there; ***von ~*** from there; **b)** (≈ *durch diesen Umstand*) that is why; ***~ weiß ich das*** that's how *od* why I know that; ***~ kommt es, dass ...*** that is (the reason) why ... **2.** *Konj* (≈ *deshalb*) that is why **dahergelaufen** *Adj* ***jeder ~e Kerl*** any Tom, Dick or Harry **daherreden** **1.** *vi* ***red doch nicht so (dumm) daher!*** don't talk such nonsense! **2.** *vt* ***was er alles daherredet*** the things he comes out with! (*umg*)

dahin **1.** *Adv* **a)** (*räumlich*) there; (≈ *hierhin*) here; ***bis ~*** as far as there, up to that point; ***bis ~ dauert es noch zwei Stunden*** it'll take us another two hours to get there; **b)** (*fig* ≈ *so weit*) ***~ kommen*** to come to that; ***es ist ~ gekommen, dass ...*** things have got to the stage where ...; **c)** (≈ *in dem Sinne*) ***er äußerte sich ~ gehend, dass ...*** he said something to the effect that ...; **d)** (*zeitlich*) then **2.** *Adj* ***~ sein*** to have gone; ***das Auto ist ~*** (*hum umg*) the car has had it (*umg*) **dahingegen** *Adv* on the other hand **dahingestellt** *Adj* ***~ sein lassen, ob ...*** to leave it open whether ...; ***es bleibt*** *od* ***sei ~, ob ...*** it is an open question whether ...

dahinten *Adv* over there; (*hinter Sprecher*) back there

dahinter *Adv* behind (it/that/him *etc*); ***was sich wohl ~ verbirgt?*** I wonder what's behind that? **dahinter klemmen** *vr* (*umg*) to get one's finger out (*umg*) **dahinter kommen** *vi* (*umg*) to find out; (≈ *langsam verstehen*) to get it (*umg*) **dahinter stecken** *vi* (*umg*) to be behind it/that

dahinvegetieren *vi* to vegetate

Dahlie *f* dahlia

dalassen *vt* to leave (here/there) **daliegen** *vi* to lie there

dalli *Adv* (*umg*) ***~, ~!*** on the double! (*umg*)

Dalmatiner *m* (*Hund*) dalmatian

damalig *Adj* at that time **damals** *Adv* at that time; ***seit ~*** since then

Damast *m* damask

Dame *f* **a)** lady; ***meine ~n und Herren!*** ladies and gentlemen!; ***„Damen"*** (≈ *Toilette*) "Ladies"; ***Hundertmeterstaffel der ~n*** women's hundred metre (*Brit*) *od* meter (*US*) relay; **b)** (*Spiel*) draughts *Sg* (*Brit*), checkers *Sg* (*US*); (≈ *Doppelstein*) king; SCHACH, KARTEN queen **Damebrett** *n* draughtboard (*Brit*), checkerboard (*US*) **Damenbart** *m* facial hair **Damenbinde** *f* sanitary towel (*Brit*) *od* napkin (*US*) **Damendoppel** *n* TENNIS *etc* ladies' doubles *Sg* **Dameneinzel** *n* TENNIS *etc* ladies' singles *Sg* **damenhaft** **1.** *Adj* ladylike **2.** *Adv* in a ladylike way **Damenmannschaft** *m* SPORT women's team **Damenschneider(in)** *m(f)* dressmaker **Damentoilette** *f* (≈ *WC*) ladies' toilet *od* restroom (*US*) **Damenwahl** *f* ladies' choice **Damespiel** *n* draughts *Sg* (*Brit*), checkers *Sg* (*US*)

damit **1.** *Adv* **a)** with it/that; ***was will er ~?*** what does he want with that?; ***was soll ich ~?*** what am I meant to do with that?; ***ist Ihre Frage ~ beantwortet?*** does that answer your question?; ***weißt du, was er ~ meint?*** do you know what he means by that?; ***wie wäre es ~?*** how about it?; ***das/er hat gar nichts ~ zu tun*** that/he has nothing to do with it; ***was willst du ~ sagen?*** what's that supposed to mean?; ***weg ~!*** away with it; ***Schluss ~!*** that's enough (of that)!; **b)** ***~ kommen wir zum Ende des Programms*** that brings us to the end of our programmes (*Brit*) *od* programs (*US*) **2.** *Konj* so that; ***~ er nicht fällt*** so that he does not fall

dämlich (*umg*) **1.** *Adj* stupid **2.** *Adv* stupidly; ***~ fragen*** to ask dumb questions (*umg*)

Damm *m* **a)** (≈ *Deich*) dyke (*Brit*), dike (*bes US*); (≈ *Staudamm*) dam; (≈ *Uferdamm, Bahndamm*) embankment; (*fig*) barrier; **b)** (*fig umg*) ***wieder auf dem ~ sein*** to be back to normal; ***nicht recht auf dem ~ sein*** not to be up to the mark (*umg*) **dämmen** *vt* TECH *Wärme* to keep in; *Schall* to absorb

dämmerig *Adj Licht* dim; *Zimmer* gloomy **Dämmerlicht** *n* twilight; (≈ *Halbdunkel*) half-light **dämmern** **1.** *vi* **a)**; **b)** (≈ *im Halbschlaf sein*) to doze **2.** *vi unpers* ***es dämmert*** (*morgens*) dawn is breaking; (*abends*) dusk is falling; ***es dämmerte ihm, dass ...*** (*umg*)

he began to realize that ... **Dämmerung** *f* twilight; (≈ *Halbdunkel*) half-light
Dämmung *f* insulation
D
Dämon *m* demon **dämonisch** *Adj* demonic
Dampf *m* vapour (*Brit*), vapor (*US*); (≈ *Wasserdampf*) steam; **~ ablassen** to let off steam; **jdm ~ machen** (*umg*) to make sb get a move on (*umg*) **Dampfbad** *n* steam bath **Dampfbügeleisen** *n* steam iron **dampfen** *vi* to steam
dämpfen *vt* **a)** (≈ *abschwächen*) to muffle; *Farbe* to mute; *Licht* to lower; *Stimmung* to dampen; *Aufprall* to deaden; → **gedämpft**; **b)** KOCH to steam
Dampfer *m* steamer; **auf dem falschen ~ sein** *od* **sitzen** (*fig umg*) to have got the wrong idea
Dämpfer *m* **einer Sache** (*Dat*) **einen ~ aufsetzen** (*umg*) to put a damper on sth (*umg*)
Dampfkochtopf *m* pressure cooker **Dampflok** *f* (*umg*) steam engine **Dampfmaschine** *f* steam(-driven) engine **Dampfreiniger** *m* (*für Teppiche etc*) steam cleaner **Dampfschiff** *n* steamship **Dampfwalze** *f* steamroller
danach *Adv* **a)** (*zeitlich*) after that/it; **zehn Minuten ~** ten minutes later; **b)** (*örtlich*) behind (that/it/him/them *etc*; **c)** (≈ *dementsprechend*) accordingly; (≈ *laut diesem*) according to that; (≈ *im Einklang damit*) in accordance with that/it; **sie sieht nicht ~ aus** she doesn't look (like) it; **~ zu urteilen** judging by that; **mir war nicht ~ (zumute)** I didn't feel like it; **d) sie sehnte sich ~** she longed for that/it; **~ kann man nicht gehen** you can't go by that
Däne *m* Dane
daneben *Adv* **a)** (*räumlich*) next to him/her/that/it *etc*; **wir wohnen im Haus ~** we live in the house next door; **b)** (≈ *verglichen damit*) in comparison; **c)** (≈ *außerdem*) besides that; (≈ *gleichzeitig*) at the same time **danebenbenehmen** *vr* (*umg*) to make an exhibition of oneself **danebengehen** *vi* **a)** (*Schuss etc*) to miss; **b)** (*umg* ≈ *scheitern*) to go wrong **danebengreifen** *vi* **a)** (*beim Fangen*) to miss; **b)** (*fig umg, mit Schätzung etc*) to be wide of the mark; **im Ton ~** to strike the wrong note; **im Ausdruck ~** to put things the wrong way **danebenhalten** *vt* **jdn/etw ~** to compare him/her/it *etc* with sb/sth **danebenliegen** *vi* (*umg* ≈ *sich irren*) to be quite wrong **daneben sein** *vi* (*umg* ≈ *sich nicht wohlfühlen*) not to feel up to it (*umg*) **danebentreffen** *vi* to miss
Dänemark *n* Denmark **Dänin** *f* Dane **dänisch** *Adj* Danish
dank *Präp* +*Gen od* +*Dat* thanks to
Dank *m* (*ausgedrückt*) thanks *Pl*; (≈ *Gefühl der Dankbarkeit*) gratitude; **vielen ~** thank you very much; **als ~ für seine Dienste** in grateful recognition of his service; **zum ~ (dafür)** as a way of saying thank you **dankbar** *Adj* **a)** (≈ *dankerfüllt*) grateful; (≈ *erleichtert*) thankful; *Publikum* appreciative; **jdm ~ sein** to be grateful to sb (*für* for); **sich ~ zeigen** to show one's gratitude (*gegenüber* to); **ich wäre dir ~, wenn du ...** I would appreciate it if you ...; **b)** (≈ *lohnend*) *Aufgabe, Rolle* rewarding **Dankbarkeit** *f* gratitude **danke** *Interj* **a)** thank you, thanks (*umg*); (*ablehnend*) no thank you; **nein, ~** no thank you; **~ schön** *od* **sehr** thanks very much (*umg*); **~ vielmals** many thanks; (*iron*) thanks a million (*umg*); **b)** (*umg*) **mir gehts ~** I'm OK (*umg*) **danken 1.** *vi* **jdm ~** to thank sb (*für* for); **nichts zu ~** don't mention it; **na, ich danke** (*iron*) no thank you; **etw ~d annehmen/ablehnen** to accept/decline sth with thanks **2.** *vt* (≈ *dankbar sein für*) **man wird es dir nicht ~** you won't be thanked for it **dankenswert** *Adj Bemühung* commendable; *Hilfe* kind; (≈ *lohnenswert*) *Aufgabe* rewarding **Dankeschön** *n* thank you **Dankschreiben** *n* letter of thanks
dann *Adv* **a)** then; **~ und wann** now and then; **gerade ~, wenn ...** just when ...; **b)** then; **wenn ..., ~** if ..., (then); **erst ~, wenn ...** only when ...; **~ eben nicht** well, in that case (there's no more to be said); **also ~ bis morgen** see you tomorrow then; **c)** (≈ *außerdem*) **~ ... noch** on top of that ...
daran *Adv* **a)** (*räumlich*) on it/that; *lehnen, stellen* against it/that; *legen* next

to it/that; *befestigen* to it/that; ***nahe** od **dicht ~*** right up against it; ***nahe ~ sein, etw zu tun*** to be on the point of doing sth; ***~ vorbei*** past it; **b)** (*zeitlich*) ***im Anschluss ~, ~ anschließend*** following that/this; **c)** ***ich zweifle nicht ~*** I don't doubt it; ***wird sich etwas ~ ändern?*** will that change at all?; ***~ sieht man, wie ...*** there you (can) see how ...; ***das Beste** etc **~*** the best *etc* thing about it; ***es ist nichts ~*** (≈ *ist nicht fundiert*) there's nothing in it; (≈ *ist nichts Besonderes*) it's nothing special; → ***dran*** **darangehen** *vi **~, etw zu tun*** to set about doing sth **daranmachen** *vr* (*umg*) to get down to it; ***sich ~, etw zu tun*** to set about doing sth **daransetzen** *vt **seine ganzen Kräfte ~, etw zu tun*** to spare no effort to do sth

darauf *Adv* **a)** (*räumlich*) on it/that/them *etc*; **b)** (*Reihenfolge*) after that; ***~ folgte ...*** that was followed by ...; ***~ folgend** Tag etc* following; *Wagen etc* behind *präd*; ***am Tag ~*** the next day; **c)** (≈ *infolgedessen*) because of that; ***~ antworten*** to answer that; ***eine Antwort ~*** an answer to that; ***~ steht die Todesstrafe*** that carries the death penalty; ***~ freuen wir uns schon*** we're looking forward to it already **daraufflgend** *Adj* → ***darauf*** b **daraufhin** *Adv* **a)** (≈ *deshalb*) as a result (of that/this); (≈ *danach*) after that; **b)** (≈ *im Hinblick darauf*) with regard to that/this

daraus *Adv* **a)** (*räumlich*) out of that/it/them; **b)** ***~ kann man Wein herstellen*** you can make wine from that; ***~ ergibt sich/folgt, dass ...*** it follows from that that ...

darbieten *vt* (*geh*) **a)** (≈ *vorführen*) to perform; **b)** (≈ *anbieten*) to offer; *Speisen* to serve **Darbietung** *f* performance

darin *Adv* **a)** (*räumlich*) in there; **b)** (≈ *in dieser Beziehung*) in that respect; ***~ ist er ganz groß*** (*umg*) he's very good at that; ***der Unterschied liegt ~, dass ...*** the difference is that ...

darlegen *vt* to explain (*jdm* to sb) **Darlegung** *f* explanation

Darlehen *n* loan **Darlehensgeber(in)** *m(f)* lender **Darlehensnehmer(in)** *m(f)* borrower

Darm *m* intestine(s *Pl*), bowel(s *Pl*); (*für Wurst*) (sausage) skin; (*für Saiten etc*) gut **Darmausgang** *m* anus **Darmgrippe** *f* gastric flu **Darmkrebs** *m* cancer of the intestine **Darmleiden** *n* intestinal trouble *ohne Artikel* **Darmsaite** *f* gut string **Darmspiegelung** *f* enteroscopy; (*des Dickdarms*) colonoscopy

darstellen *vt* **a)** (≈ *abbilden*) to show; THEAT to portray; (≈ *beschreiben*) to describe; ***die ~den Künste*** (≈ *Theater*) the dramatic arts; (≈ *Malerei, Plastik*) the visual arts; ***sie stellt nichts dar*** (*fig*) she doesn't have much of an air about her; **b)** (≈ *bedeuten*) to constitute **Darsteller** *m* THEAT actor; ***der ~ des Hamlet*** the actor playing Hamlet **Darstellerin** *f* THEAT actress **darstellerisch** *Adj* dramatic; ***eine ~e Höchstleistung*** a magnificent piece of acting **Darstellung** *f* portrayal; (*durch Diagramm etc*) representation; (≈ *Beschreibung*) description; (≈ *Bericht*) account

darüber *Adv* **a)** (*räumlich*) over that/it/them; ***~ hinweg sein*** (*fig*) to have got over it; ***~ hinaus*** apart from this/that; **b)** (≈ *deswegen*) about that/it; ***wir wollen nicht ~ streiten, ob ...*** we don't want to argue about whether ...; **c)** (≈ *mehr*) ***21 Jahre und ~*** 21 years and above; ***~ hinaus*** over and above that **darüber liegen** *vi* (*fig*) to be higher **darüber stehen** *vi* (*fig*) to be above such things

darum *Adv* **a)** (*räumlich*) (a)round that/it/him/her/them; **b)** ***es geht ~, dass ...*** the thing is that ...; ***~ geht es gar nicht*** that isn't the point; ***~ geht es mir*** that's my point; ***~ geht es mir nicht*** that's not the point for me; **c)** (≈ *deshalb*) that's why, because ...; ***ach ~!*** so that's why!; ***warum willst du nicht mitkommen? — ~!*** (*umg*) why don't you want to come? — (just) 'cos! (*umg*)

darunter *Adv* **a)** (*räumlich*) under that/it/them; **b)** (≈ *weniger*) under that; ***Leute im Alter von 35 Jahren und ~*** people aged 35 and under; **c)** (≈ *dabei*) among them; **d)** ***was verstehen Sie ~?*** what do you understand by that/it?; → ***drunter***

das; → ***der***

D

da sein *vi* to be there; ***ist Post für mich da?*** is there any mail for me?; ***war der Briefträger schon da?*** has the postman (*Brit*) *od* mailman (*US*) been yet?; ***voll ~*** (*umg*) to be all there (*umg*); ***so etwas ist noch nie da gewesen*** it's quite unprecedented
Dasein *n* existence **Daseinsberechtigung** *f* right to exist
dasitzen *vi* to sit there; ***ohne Hilfe ~*** (*umg*) to be left without any help
dasjenige *Demonstrativpron* → ***derjenige***
dass *Konj* that; ***das kommt daher, ~ ...*** that comes because ...; ***das liegt daran, ~ ...*** that is because ...
dasselbe *Demonstrativpron* → ***derselbe***
dastehen *vi* **a)** (≈ *da sein*) to stand there; ***steh nicht so dumm da!*** don't just stand there looking stupid; **b)** (*fig*) ***gut/schlecht ~*** to be in a good/bad position; ***allein ~*** to be on one's own; ***jetzt stehe ich ohne Mittel da*** now I'm left with no money
Date *n* (*umg* ≈ *Verabredung, Person*) date; ***ein ~ haben*** to go out on a date
Datei *f* IT file **Dateimanager** *m* file manager **Dateiname** *m* file name **Dateiverwaltung** *f* file management
Daten *Pl* IT data *Sg* **Datenaustausch** *m* data exchange **Datenautobahn** *f* information highway **Datenbank** *f* database; (≈ *Zentralstelle*) data bank **Datenbestand** *m* database **Dateneingabe** *f* data input **Datenerfassung** *f* data capture **Datenkompressionsprogramm** *n* data compression program **Datenmissbrauch** *m* misuse of data **Datennetz** *n* data network **Datensatz** *m* record **Datenschutz** *m* data protection **Datenschutzbeauftragte(r)** *mf* data protection official **Datenschützer(in)** *m(f)* data protectionist **Datenspeicher** *m* data memory; (≈ *Speichermedium*) data storage medium **Datenträger** *m* data carrier **Datenübertragung** *f* data transmission **Datenverarbeitung** *f* data processing
datieren *vti* to date (*aus* from)
Dativ *m* GRAM dative (case) **Dativobjekt** *n* GRAM indirect object
dato *Adv* ***bis ~*** (HANDEL, *umg*) to date
Dattel *f* date
Datum *n* date; ***was für ein ~ haben wir heute?*** what is the date today?; ***das heutige ~*** today's date; ***~ des Poststempels*** date as postmark; ***ein Nachschlagewerk neueren/älteren ~s*** a recent/an old reference work
Dauer *f* (≈ *das Andauern*) duration; (≈ *Zeitspanne*) period; (≈ *Länge: einer Sendung etc*) length; ***für die ~ eines Monats*** for a period of one month; ***von ~ sein*** to be long-lasting; ***keine ~ haben*** to be short-lived; ***von langer ~ sein*** to last a long time; ***auf die ~*** in the long term; ***auf ~*** permanently
Dauerarbeitslose(r) *mf* ***die ~n*** the long-term unemployed **Dauerarbeitslosigkeit** *f* long-term unemployment
Dauerauftrag *m* FINANZ standing order **Dauerbelastung** *f* continual pressure *kein unbest Artikel*; (*von Maschine*) constant load **Dauerbetrieb** *m* continuous operation **Dauerbrenner** *m* (*umg*) (≈ *Dauererfolg*) long runner; (≈ *Dauerthema*) long-running issue **Dauerfrost** *m* freeze-up **Dauergast** *m* permanent guest; (≈ *häufiger Gast*) regular visitor **dauerhaft** **1.** *Adj Zustand* permanent; *Bündnis, Frieden* lasting *attr*, long-lasting **2.** *Adv* (≈ *für immer*) permanently **Dauerkarte** *f* season ticket **Dauerlauf** *m* SPORT jog; (≈ *das Laufen*) jogging **Dauerlutscher** *m* lollipop **dauern** *vi* **a)** (≈ *andauern*) to last; **b)** (≈ *Zeit benötigen*) to take a while; ***das dauert noch*** (*umg*) it'll be a while yet; ***das dauert mir zu lange*** it takes too long for me **dauernd** **1.** *Adj Frieden, Regelung* lasting; *Wohnsitz* permanent; (≈ *fortwährend*) constant **2.** *Adv* ***etw ~ tun*** to keep doing sth **Dauerparker(in)** *m(f)* long-stay (*Brit*) *od* long-term (*US*) parker **Dauerregen** *m* continuous rain **Dauerstellung** *f* permanent position **Dauerstress** *m* ***im ~ sein*** to be in a state of permanent stress **Dauerthema** *n* long-running issue **Dauerwelle** *f* perm **Dauerwurst** *f* German salami **Dauerzustand** *m* permanent state of affairs
Daumen *m* thumb; ***am ~ lutschen*** to suck one's thumb; ***jdm die ~ drücken*** to keep one's fingers crossed for sb
Daumenlutscher(in) *m(f)* thumb-sucker **Daumennagel** *m* thumbnail **Daumenregister** *n* thumb index

Daune *f* down feather; ***~n*** down *Sg* **Daunendecke** *f* (down-filled) duvet (*Brit*) *od* quilt

davon *Adv* **a)** (*räumlich*) from there; **b)** (*fig*) ***es unterscheidet sich ~*** it differs from it; ***... und ~ kommt das hohe Fieber*** ... and that's where the high temperature comes from; ***das kommt ~!*** that's what you get; ***~ stirbst du nicht*** it won't kill you; ***was habe ICH denn ~?*** what do I get out of it?; **c)** ***~ betroffen werden*** *od* ***sein*** to be affected by that/it/them; ***nehmen Sie doch noch etwas ~!*** do have some more!; **d)** (≈ *darüber*) *hören, sprechen* about that/it/them; *verstehen, halten* of that/it/them; ***genug ~!*** enough of this!; ***nichts ~ halten*** not to think much of it; ***ich halte viel ~*** I think it is quite good **davonfahren** *vi* (*Fahrer, Fahrzeug*) to drive away; (*Zug*) to pull away **davonfliegen** *vi* to fly away **davonjagen** *vt* to chase off *od* away **davonkommen** *vi* (≈ *entkommen*) to get away; (≈ *nicht bestraft werden*) to get away with it; ***mit dem Schrecken/dem Leben ~*** to escape with no more than a shock/with one's life; ***mit einer Geldstrafe ~*** to get off with a fine **davonlassen** *vt* ***die Hände*** *od* ***Finger ~*** (*umg*) to leave it/them well alone **davonlaufen** *vi* (≈ *weglaufen*) to run away (*jdm/vor jdm* from sb); (≈ *verlassen*) to walk out (*jdm* on sb) **davonmachen** *vr* to make off **davontragen** *vt Sieg, Ruhm* to win; *Schaden, Verletzung* to suffer

davor *Adv* **a)** (*räumlich*) in front (of that/it/them); **b)** (*zeitlich*) before that; **c)** ***ich habe Angst ~, das zu tun*** I'm afraid of doing that; ***ich warne Sie ~!*** I warn you! **davor stehen** *vi* to stand in front of it/them **davor stellen** *vr* to stand in front of it/them

DAX®, **Dax** *m*, *Abk von* ***Deutscher Aktienindex*** DAX index

dazu *Adv* **a)** (≈ *dabei, damit*) with it; ***noch ~*** as well, too; **b)** (≈ *dahin*) to that/it; ***er ist auf dem besten Wege ~*** he's well on the way to it; ***wie konnte es nur ~ kommen?*** how could that happen?; ***wie komme ich ~?*** (*empört*) why on earth should I?; ***... aber ich bin nicht ~ gekommen*** ... but I didn't get (a)round to it; **c)** (≈ *dafür, zu diesem Zweck*) for that/it; ***ich habe ihm ~ geraten*** I advised him to (do that); ***~ bereit sein, etw zu tun*** to be prepared to do sth; ***~ gehört viel Geld*** that takes a lot of money; ***~ ist er da*** that's what he's there for; **d)** (≈ *darüber, zum Thema*) about that/it; ***was sagst du ~?*** what do you say to that?; **e)** ***im Gegensatz ~*** in contrast to that; ***im Vergleich ~*** in comparison with that **dazugehören** *vi* to belong (to it/us *etc*); (≈ *eingeschlossen sein*) to be included (in it/them); ***das gehört mit dazu*** it's all part of it; ***es gehört schon einiges dazu*** that takes a lot **dazugehörig** *Adj* which goes/go with it/them **dazulernen** *vt* ***viel/nichts ~*** to learn a lot more/nothing new; ***man kann immer was ~*** there's always something to learn **dazusetzen** *vr* to join him/us *etc* **dazutun** *vt* (*umg*) to add **Dazutun** *n* ***ohne dein ~*** without your doing/saying anything **dazuverdienen** *vti* to earn something extra

dazwischen *Adv* (*räumlich, zeitlich*) in between **dazwischenkommen** *vi* (≈ *störend erscheinen*) to get in the way; ***... wenn nichts dazwischenkommt!*** ... if all goes well; ***mir ist leider etwas dazwischengekommen*** something has come up **dazwischenreden** *vi* (≈ *unterbrechen*) to interrupt (*jdm* sb)

DB *f*, *Abk von* ***Deutsche Bahn*** *German Railways*

DDR *f* HIST *Abk von* ***Deutsche Demokratische Republik*** GDR

deaktivieren *vt* IT to disable; *Kontrollkästchen* to uncheck

Deal *m* (*umg*) deal **dealen** (*umg*) **1.** *vi* ***mit etw ~*** to deal in sth **2.** *vt* to deal in; *Drogen* to push **Dealer(in)** *m(f)* (drug) dealer

Debakel *n* debacle

Debatte *f* debate; ***etw zur ~ stellen*** to put sth up for discussion *od* (PARL) debate; ***das steht hier nicht zur ~*** that's not the issue **debattieren** *vti* to debate; ***über etw*** (*Akk*) ***~*** to discuss sth

Debet *n* FINANZ debits *Pl* **Debetseite** *f* FINANZ debit side

debil *Adj* MED feeble-minded

debitieren *vt* FINANZ to debit

Debüt *n* debut; ***sein ~ als etw geben*** to make one's debut as sth

D

dechiffrieren *vt* to decode
Deck *n* deck; ***alle Mann an ~!*** all hands on deck!
Deckbett *n* feather quilt **Deckchen** *n* mat; (*auf Tablett*) tray cloth; (≈ *Tortendeckchen*) doily **Decke** *f* **a)** cloth; (≈ *Wolldecke*) blanket; (*kleiner*) rug; (≈ *Steppdecke*) quilt; (≈ *Bettdecke*) cover; ***mit jdm unter einer ~ stecken*** (*fig*) to be in league with sb; **b)** (≈ *Zimmerdecke*) ceiling; ***an die ~ gehen*** (*umg*) to hit the roof (*umg*); ***mir fällt die ~ auf den Kopf*** (*fig umg*) I don't like my own company
Deckel *m* lid; (*von Flasche*) top; ***jdm eins auf den ~ geben*** (*umg*) (≈ *schlagen*) to hit sb on the head; (≈ *ausschimpfen*) to give sb a (good) talking-to (*umg*)
decken **1.** *vt* **a)** (≈ *zudecken*) to cover; ***ein Dach mit Ziegeln ~*** to roof a building with tiles; → ***gedeckt***; **b)** *Tisch, Tafel* to set; **c)** (≈ *schützen*) to cover; FUSSB *Spieler* to mark; *Komplizen* to cover up for; **d)** *Kosten, Bedarf* to cover, to meet; ***mein Bedarf ist gedeckt*** (*fig umg*) I've had enough (to last me some time); **e)** (HANDEL, FINANZ ≈ *absichern*) *Scheck* to cover; *Defizit* to offset **2.** *vi* to cover; (FUSSB ≈ *Spieler decken*) to mark **3.** *vr* (*Interessen, Begriffe*) to coincide; (*Aussagen*) to correspond; (MATHE: *Figur*) to be congruent **Deckenfluter** *m* torchiere (lamp) **Deckfarbe** *f* opaque watercolour (*Brit*) *od* watercolor (*US*) **Deckmantel** *m* (*fig*) mask; ***unter dem ~ von ...*** under the guise of ... **Deckname** *m* assumed name; MIL code name **Deckung** *f* **a)** (≈ *Schutz*) cover; FUSSB, SCHACH defence (*Brit*), defense (*US*); BOXEN, FECHTEN guard; ***in ~ gehen*** to take cover; ***jdm ~ geben*** to cover sb; **b)** (HANDEL, FIN, *von Scheck*) cover; (*von Darlehen*) security; ***zur ~ seiner Schulden*** to cover his debts; ***eine ~ der Nachfrage ist unmöglich*** demand cannot possibly be met; **c)** (≈ *Übereinstimmung*) congruence **deckungsgleich** *Adj* MATHE congruent; ***~ sein*** (*fig*) to coincide; (*Aussagen*) to agree **Deckweiß** *n* opaque white
Decoder *m* decoder **decodieren** *vt* to decode
de facto *Adv* de facto
Defätismus *m* defeatism
defekt *Adj Gerät etc* faulty; *Gen* defective **Defekt** *m* fault; ***geistiger ~*** mental deficiency
defensiv **1.** *Adj* defensive; *Fahrweise* non-aggressive **2.** *Adv* defensively **Defensive** *f* defensive; ***in der ~ bleiben*** to remain on the defensive
definierbar *Adj* definable; ***schwer/leicht ~*** hard/easy to define **definieren** *vt* to define **Definition** *f* definition **definitiv** **1.** *Adj* definite **2.** *Adv* (≈ *bestimmt*) definitely
Defizit *n* (≈ *Fehlbetrag*) deficit; (≈ *Mangel*) deficiency (*an +Dat* of)
Deflation *f* WIRTSCH deflation
Deformation *f* deformation; (≈ *Missbildung*) deformity **deformieren** *vt* to deform
Defroster *m* AUTO heated windscreen (*Brit*), defroster (*US*)
deftig *Adj Mahlzeit* substantial; *Humor* ribald; *Lüge* huge; *Ohrfeige* cracking (*umg*); *Preis* extortionate
Degen *m* rapier; SPORT épée
Degeneration *f* degeneration
degenerieren *vi* to degenerate (*zu* into) **degeneriert** *Adj* degenerate
degradieren *vt* MIL to demote (*zu* to); (*fig* ≈ *herabwürdigen*) to degrade **Degradierung** *f* MIL demotion (*zu* to); (*fig*) degradation
dehnbar *Adj* elastic; (*fig*) flexible **dehnen** *vtr* to stretch; *Laut* to lengthen **Dehnung** *f* stretching; (*von Laut*) lengthening
dehydrieren *vt* CHEM to dehydrate
Deich *m* dyke (*Brit*), dike (*bes US*)
Deichsel *f* shaft, whiffletree (*US*)
deichseln *vt* (*umg*) to wangle (*umg*)
dein *Possessivpron* your; ***herzliche Grüße, Deine Elke*** with best wishes, yours *od* (*herzlicher*) love Elke **deiner** *Personalpron* of you; ***wir werden ~ gedenken*** we will remember you **deine(r, s)** *Possessivpron* (*substantivisch*) yours; ***der/die/das Deine*** (*geh*) yours; ***die Deinen*** (*geh*) your family, your people; ***das Deine*** (*geh* ≈ *Besitz*) what is yours **deinerseits** *Adv* (≈ *auf deiner Seite*) for your part; (≈ *von deiner Seite*) on your part **deinesgleichen** *Pron* people like you **deinetwegen** *Adv* (≈ *wegen dir*) because of you; (≈ *dir zuliebe*) for your sake **deinetwillen** *Adv*

um ~ for your sake
deinstallieren *vt Programm* to uninstall
Deka *n* (*österr*) = ***Dekagramm***
dekadent *Adj* decadent **Dekadenz** *f* decadence
Dekagramm *n* decagram(me)
Dekan(in) *m(f)* UNI, KIRCHE dean **Dekanat** *n* (≈ *Amtssitz*) (UNI) office of the dean; KIRCHE deanery
Deklaration *f* declaration **deklarieren** *vt* to declare
Deklination *f* GRAM declension **deklinierbar** *Adj* GRAM declinable **deklinieren** *vt* GRAM to decline
dekodieren *vt* to decode
Dekolleté *n*, **Dekolletee** *n* low-cut neckline **dekolletiert** *Adj Kleid* low-cut
dekomprimieren *vt* IT to decompress
dekontaminieren *vt* to decontaminate
Dekor *m od n* decoration; (≈ *Muster*) pattern **Dekorateur(in)** *m(f)* (≈ *Schaufensterdekorateur*) window-dresser; (*von Innenräumen*) interior designer **Dekoration** *f* **a**) (≈ *das Ausschmücken*) decorating; **b**) (≈ *Einrichtung*) décor *kein Pl*; (≈ *Fensterdekoration*) window-dressing; ***zur ~ dienen*** to be decorative **dekorativ** **1.** *Adj* decorative **2.** *Adv* decoratively **dekorieren** *vt* to decorate; *Schaufenster* to dress **Dekostoff** *m* furnishing fabric
Dekret *n* decree
Delegation *f* delegation **delegieren** *vt* to delegate (*an +Akk* to) **Delegierte(r)** *mf* delegate
Delfin[1] *m* ZOO dolphin
Delfin[2] *n* (≈ *Delfinschwimmen*) butterfly (stroke)
delikat *Adj* **a**) (≈ *wohlschmeckend*) exquisite; **b**) (≈ *behutsam, heikel*) delicate **Delikatesse** *f* (≈ *Leckerbissen, fig*) delicacy **Delikatessengeschäft** *n* delicatessen **Delikatesssenf** *m* (top-)quality mustard
Delikt *n* JUR offence (*Brit*), offense (*US*)
Delinquent(in) *m(f)* (*geh*) offender
Delirium *n* delirium; ***im ~ sein*** to be delirious; ***~ tremens*** the DT's
Delle *f* (*umg*) dent
Delphin = ***Delfin***
Delta *n* GEOG delta
dem **1.** *best Artikel* to the; ***wenn ~ so ist*** if that is the way it is; ***wie ~ auch sei*** be that as it may **2.** *Demonstrativpron* to that **3.** *Relativpron* to whom, that *od* who(m) ... to; (*von Sachen*) to which, which *od* that ... to
Demagoge *m*, **Demagogin** *f* demagogue **Demagogie** *f* demagoguery **demagogisch** *Adj Rede etc* demagogic
demaskieren *vt* to unmask, to expose; ***jdn als etw ~*** to expose sb as sth
Dementi *n* denial **dementieren** **1.** *vt* to deny **2.** *vi* to deny it
dementsprechend **1.** *Adv* correspondingly; (≈ *demnach*) accordingly **2.** *Adj* appropriate; *Gehalt* commensurate
Demenz *f* MED dementia
demnach *Adv* therefore; (≈ *dementsprechend*) accordingly **demnächst** *Adv* soon
Demo *f* (*umg*) demo (*umg*) **Demodiskette** *f* IT demo disk **Demografie** *f* demography **demografisch** *Adj* demographic **Demokrat(in)** *m(f)* democrat; (*US* POL) Democrat **Demokratie** *f* democracy **demokratisch** **1.** *Adj* democratic **2.** *Adv* democratically
demolieren *vt* to wreck
Demonstrant(in) *m(f)* demonstrator **Demonstration** *f* demonstration **Demonstrationsverbot** *n* ban on demonstrations **demonstrativ** **1.** *Adj* demonstrative; *Beifall* acclamatory; *Protest* pointed **2.** *Adv* pointedly; ***~ Beifall spenden*** to make a point of applauding **Demonstrativpronomen** *n* demonstrative pronoun **demonstrieren** *vti* to demonstrate
Demontage *f* dismantling **demontieren** *vt* to dismantle; *Räder* to take off
demoralisieren *vt* (≈ *entmutigen*) to demoralize
Demoskopie *f* (public) opinion research **demoskopisch** *Adj Daten, Erkenntnisse* opinion poll *attr*; ***~es Institut*** (public) opinion research institute; ***eine ~e Untersuchung*** a (public) opinion poll
Demut *f* humility **demütig** **1.** *Adj* humble **2.** *Adv* humbly **demütigen** *vt* to humiliate **Demütigung** *f* humiliation; ***jdm eine ~ zufügen*** to humiliate sb
demzufolge *Adv* therefore
Den Haag *n* The Hague
Denkanstoß *m* something to start one thinking; ***jdm Denkanstöße geben*** to give sb something to think about

D

D

Denkaufgabe *f* brain-teaser **denkbar** **1.** *Adj* conceivable; ***es ist durchaus ~, dass er kommt*** it's very possible that he'll come **2.** *Adv* extremely; (≈ *ziemlich*) rather; ***den ~ schlechtesten Eindruck machen*** to make the worst possible impression **denken** **1.** *vi* **a)** to think; ***das gibt einem zu ~*** it makes you think; ***solange ich ~ kann*** (for) as long as I can remember; ***wo ~ Sie hin!*** what an idea!; ***wie ~ Sie darüber?*** what do you think about it?; ***ich denke genauso*** I think the same (way); ***ich denke schon*** I think so; ***ich denke nicht*** I don't think so; **b)** ***~ an*** to think of *od* about; ***das Erste, woran ich dachte*** the first thing I thought of; ***daran ist gar nicht zu ~*** that's (quite) out of the question; ***ich denke nicht daran!*** no way! (*umg*); ***denk daran!*** don't forget! **2.** *vt* to think; ***sagen was man denkt*** to say what one thinks; ***was denkst du jetzt?*** what are you thinking (about)?; ***für jdn/etw gedacht sein*** (≈ *vorgesehen*) to be intended for sb/sth; ***so war das nicht gedacht*** that wasn't what I/he *etc* had in mind; ***wer hätte das (von ihr) gedacht!*** who'd have thought it (of her)!; ***ich habe mir nichts Böses dabei gedacht*** I meant no harm (by it); ***das kann ich mir ~*** I can imagine; ***das habe ich mir gleich gedacht*** I thought that from the first; ***das habe ich mir gedacht*** I thought so; ***ich denke mir mein Teil*** I have my own thoughts on the matter; ***sie denkt sich nichts dabei*** she thinks nothing of it; → ***gedacht*** **Denken** *n* (≈ *Gedankenwelt*) thought; (≈ *Denkweise*) thinking **Denker(in)** *m(f)* thinker **Denkfähigkeit** *f* ability to think **denkfaul** *Adj* (mentally) lazy; ***sei nicht so ~!*** get your brain working! **Denkfehler** *m* flaw in the/one's reasoning **Denkmal** *n* (≈ *Gedenkstätte*) monument (*für* to); (≈ *Standbild*) statue **denkmalgeschützt** *Adj Gebäude, Monument* listed; *Baum etc* protected; ***das ist ein ~es Haus*** this house is a listed building **Denkmal(s)pflege** *f* preservation of historical monuments **Denkmal(s)schutz** *m* ***unter ~ stehen*** to be classified as a historical monument **Denkmodell** *n* (≈ *Entwurf*) plan for further discussion **Denkpause** *f* break, adjournment; ***eine ~ einlegen*** to have a break to think things over **Denkprozess** *m* thought-process **Denkschrift** *f* memo (*umg*) **Denkvermögen** *n* capacity for thought **denkwürdig** *Adj* memorable **Denkzettel** *m* (*umg*) warning; ***jdm einen ~ verpassen*** to give sb a warning

denn **1.** *Konj* **a)** (*kausal*) because; **b)** (*geh: vergleichend*) than; ***schöner ~ je*** more beautiful than ever; **c)** (*konzessiv*) ***es sei ~, (dass)*** unless **2.** *Adv* (*verstärkend*) ***wann/wo ~?*** when/where?; ***warum ~ nicht?*** why not?; ***was soll das ~?*** what's all this then?

dennoch *Adv* nevertheless

Dental(laut) *m* LING dental

Denunziant(in) *m(f)* (*pej*) informer

denunzieren *vt* to denounce

Deo *n, Abk von* ***Deodorant*** **Deodorant** *n* deodorant **Deoroller** *m* roll-on (deodorant) **Deospray** *n od m* deodorant spray

Departement *n* (*bes schweiz*) department

deplatziert *Adj* out of place

Deponie *f* dump **deponieren** *vt* (*geh*) to deposit

Deportation *f* deportation **deportieren** *vt* to deport **Deportierte(r)** *mf* deportee

Depot *n* **a)** depot; (≈ *Wertpapierdepot*) depository; (≈ *Schließfach*) safety deposit box; **b)** (*schweiz* ≈ *Pfand*) deposit

Depp *m* (*pej*) twit (*umg*)

Depression *f* depression; ***~en haben*** to suffer from depression **depressiv** *Adj* depressive; WIRTSCH depressed

deprimieren *vt* to depress **deprimierend** *Adj* depressing **deprimiert** *Adj* depressed

der, die, das **1.** *best Artikel* the; ***der/die Arme!*** the poor man/woman *od* girl; ***die Engländer*** the English *Pl*; ***der Hans*** (*umg*) Hans; ***der Rhein*** the Rhine; ***er nimmt den Hut ab*** he takes his hat off; ***der und der Wissenschaftler*** such and such a scientist **2.** *Demonstrativpron* (*substantivisch*) he/she/it; (*Pl*) those, them (*umg*); ***der/die war es*** it was him/her; ***der/die mit der großen Nase*** the one *od* him/her (*umg*) with the big nose; ***der und schwimmen?*** him, swimming?; ***der/die da*** (*von Menschen*) he/she, that man/woman *etc*; (*von Gegenständen*) that (one); ***die hier/da*** *Pl* these/those; ***die so etwas tun, ...*** those who do that sort of thing ... **3.** *Relativpron* (*Mensch*) who, that; (*Gegenstand, Tier*) which, that

derart *Adv* (*Art und Weise*) in such a way; ***er hat sich ~ benommen, dass ...*** he behaved so badly that ...; ***ein ~ unzuverlässiger Mensch*** such an unreliable person **derartig** **1.** *Adj* such; **(*etwas*) *Derartiges*** something like that **2.** *Adv* = ***derart***

derb *Adj* **a)** (≈ *kräftig*) strong; **b)** (≈ *grob*) coarse; *Sprache* crude

Derby *n* horse race for three-year-olds, derby (*US*)

deregulieren *vt* WIRTSCH to deregulate

deren *Relativpron* **a)** (*Sg*) whose; **b)** (*Pl*) whose, of whom; (*von Sachen*) of which **derentwegen** *Adv* because of whom; (*von Sachen*) because of which

dergleichen *Demonstrativpron* **a)** (*adjektivisch*) of that kind; ***~ Dinge*** things of that kind; **b)** (*substantivisch*) that sort of thing; ***nichts ~*** nothing of that kind

Derivat *n* derivative

derjenige, **diejenige**, **dasjenige** *Demonstrativpron* (*substantivisch*) the one; (*Pl*) those

dermaßen *Adv* (*mit Adj*) so; (*mit Vb*) so much; ***ein ~ dummer Kerl*** such a stupid fellow

Dermatologe *m*, **Dermatologin** *f* dermatologist **Dermatologie** *f* dermatology

derselbe, **dieselbe**, **dasselbe** *Demonstrativpron* the same; ***noch mal dasselbe, bitte!*** (*umg*) same again, please; ***ein und ~ Mensch*** one and the same person

derzeit *Adv* (≈ *jetzt*) at present **derzeitig** *Adj* (≈ *jetzig*) present, current

Desaster *n* disaster

Deserteur(in) *m*(*f*) deserter **desertieren** *vi* to desert

desgleichen *Adv* (≈ *ebenso*) likewise

deshalb *Adv*, *Konj* therefore; (≈ *aus diesem Grunde*) because of that; ***~ bin ich hergekommen*** that is what I came here for; ***~ also!*** so that's why!; ***~ frage ich ja*** that's exactly why I'm asking

Design *n* design **designen** *vt* to design **Designer(in)** *m*(*f*) designer **Designerdroge** *f* designer drug **Designermöbel** *Pl* designer furniture *Sg* **Designermode** *f* designer fashion

designiert *Adj* ***der ~e Vorsitzende*** the chairman elect

Desinfektion *f* disinfection **Desinfektionsmittel** *n* disinfectant **desinfizieren** *vt* *Zimmer, Bett etc* to disinfect; *Spritze, Gefäß etc* to sterilize

Desinformation *f* POL disinformation *kein Pl*

Desinteresse *n* lack of interest (*an +Dat* in) **desinteressiert** *Adj* uninterested; *Gesicht* bored

deskriptiv *Adj* descriptive

Desktop-Publishing *n* desktop publishing

desolat *Adj* (*geh*) desolate; *Zustand* desperate

Despot(in) *m*(*f*) despot **despotisch** *Adj* despotic

dessen *Relativpron* whose; (*von Sachen*) of which, which ... of

Dessert *n* dessert

Dessin *n* TEX pattern

destabilisieren *vt* to destabilize **Destabilisierung** *f* destabilization

destillieren *vt* to distil (*Brit*), to distill (*US*)

desto *Konj* ***~ mehr/besser*** all the more/better; ***~ schneller*** all the faster; → ***je***

destruktiv *Adj* destructive

deswegen *Adv* = ***deshalb***

Detail *n* detail; ***ins ~ gehen*** to go into detail(s); ***im ~*** in detail; ***bis ins kleinste ~*** (right) down to the last detail **Detailfrage** *f* question of detail **detailgenau**, **detailgetreu** *Adj* accurate in every detail **detailliert** **1.** *Adj* detailed **2.** *Adv* in detail; ***~er*** in greater detail

Detektiv(in) *m*(*f*) private investigator **Detektivroman** *m* detective novel **Detektor** *m* TECH detector

Detonation *f* explosion **detonieren** *vi* to explode

Deut *m* ***um keinen ~*** not one iota **deuten** **1.** *vt* (≈ *auslegen*) to interpret; ***etw falsch ~*** to misinterpret sth **2.** *vi* (***mit dem Finger***) ***auf etw*** (*Akk*) ***~*** to point

D

(one's finger) at sth; ***alles deutet darauf, dass ...*** all the indications are that ... **deutlich** **1.** *Adj* clear; ***~ werden*** to make oneself clear; ***das war ~!*** (≈ *taktlos*) that was clear enough; ***muss ich ~er werden?*** have I not made myself clear enough? **2.** *Adv* clearly; ***~ zu sehen/hören*** easy to see/hear; ***jdm ~ zu verstehen geben, dass ...*** to make it clear to sb that ... **Deutlichkeit** *f* clarity; ***etw mit aller ~ sagen*** to make sth perfectly clear

deutsch *Adj* German; ***mit jdm ~ reden*** (*fig umg, deutlich*) to speak bluntly with sb **Deutsch** *n* German; ***~ sprechend*** German-speaking; ***sich auf ~ unterhalten*** to speak (in) German; ***auf gut ~ (gesagt)*** (*fig umg*) in plain English **deutsch-englisch** *Adj* POL Anglo-German; LING German-English **Deutsche(r)** *mf* ***er ist ~r*** he is (a) German; ***die ~n*** the Germans **deutschfeindlich** *Adj* anti-German **deutschfreundlich** *Adj* pro-German **Deutschland** *n* Germany **Deutschlehrer(in)** *m(f)* German teacher **deutschsprachig** *Adj Bevölkerung, Gebiete* German-speaking; *Zeitung* German language; *Literatur* German **Deutschstunde** *f* German lesson **Deutschunterricht** *m* German lessons *Pl*; (≈ *das Unterrichten*) teaching German

Deutung *f* interpretation

Devise *f* **a)** (≈ *Wahlspruch*) motto; **b)** FINANZ **Devisen** *Pl* foreign exchange **Devisenbestimmungen** *Pl* foreign exchange control regulations *Pl* **Devisenbörse** *f* foreign exchange market **Devisengeschäft** *n* foreign exchange dealing **Devisenhandel** *m* foreign exchange dealings *Pl* **Devisenhändler(in)** *m(f)* foreign exchange dealer **Devisenkurs** *m* exchange rate

Dezember *m* December; → ***März***

dezent **1.** *Adj* discreet; *Kleidung* subtle; *Einrichtung* refined **2.** *Adv andeuten* discreetly

dezentral **1.** *Adj* decentralized **2.** *Adv verwalten* decentrally **Dezentralisierung** *f* decentralization

Dezernat *n* VERW department

Dezibel *n* decibel **Dezigramm** *n* decigram(me) **Deziliter** *m od n* decilitre (*Brit*), deciliter (*US*) **dezimal** *Adj* decimal **Dezimalbruch** *m* decimal fraction **Dezimalstelle** *f* decimal place **Dezimalsystem** *n* decimal system **Dezimalzahl** *f* decimal number **Dezimeter** *m od n* decimetre (*Brit*), decimeter (*US*) **dezimieren** *vt* to decimate

> **Dezimalzahlen**
>
> Dezimalzahlen werden im Englischen anders geschrieben und gesprochen als im Deutschen. 7,2 (= sieben Komma zwei) wird zu **7.2** (= **seven point two**). Folgerichtig heißt das deutsche Komma bei Dezimalzahlen **decimal point** [ˌdesəml'pɔɪnt].

d. h. *Abk von **das heißt*** i.e.

Dia *n* FOTO slide

Diabetes *m* diabetes **Diabetiker(in)** *m(f)* diabetic **diabetisch** *Adj* diabetic

Diagnose *f* diagnosis; ***eine ~ stellen*** to make a diagnosis **diagnostisch** *Adj* diagnostic **diagnostizieren** *vti* (MED, *fig*) to diagnose

diagonal **1.** *Adj* diagonal **2.** *Adv* diagonally **Diagonale** *f* diagonal

Diagramm *n* diagram

Dialekt *m* dialect **Dialektik** *f* PHIL dialectics *Sg od Pl* **dialektisch** *Adj* PHIL dialectic(al)

Dialog *m* dialogue (*Brit*), dialog (*US*)

Dialyse *f* MED dialysis **Dialysegerät** *n* dialysis machine

Diamant *m* diamond **diamanten** *Adj* diamond; ***~e Hochzeit*** diamond wedding

diametral **1.** *Adj* diametral; (*fig*) **2.** *Adv* ***~ entgegengesetzt sein*** to be diametrically opposite

Diaphragma *n* TECH, MED diaphragm

Diapositiv *n* slide **Diaprojektor** *m* slide projector **Diarahmen** *m* slide frame

Diät *f* MED diet; ***~ kochen*** to cook according to a diet; ***~ halten*** to keep to a diet; ***jdn auf ~ setzen*** (*umg*) to put sb on a diet **Diätassistent(in)** *m(f)* dietician

Diäten *Pl* PARL parliamentary allowance

Diätkost *f* dietary foods *Pl*

Diavortrag *m* slide presentation

dich **1.** *Personalpron* you **2.** *Reflexiv-*

pron yourself; ***wie fühlst du ~?*** how do you feel?

dicht **1.** *Adj* **a)** *Haar, Hecke* thick; *Wald, Gewühl* dense; *Verkehr* heavy; *Gewebe* close; ***in ~er Folge*** in rapid succession; **b)** (≈ *wasserdicht*) watertight; (≈ *luftdicht*) airtight; ***~ machen*** to seal; ***er ist nicht ganz ~*** (*umg*) he's nuts (*umg*) **2.** *Adv* **a)** (≈ *nahe*) closely; (***~ an***) ***~ stehen*** to stand close together; **b)** (≈ *sehr stark*) *bevölkert* densely; ***~ behaart*** very hairy; ***~ bewölkt*** heavily overcast; ***~ gedrängt*** closely packed; *Programm* packed; **c)** ***~ an/bei*** close to; ***~ dahinter*** right behind; ***~ daneben*** close beside it; ***~ hintereinander*** close(ly) behind one another **Dichte** *f* **a)** (*von Haar, Hecke*) thickness; (*von Verkehr*) heaviness; **b)** PHYS density

dichten **1.** *vt* to write **2.** *vi* to write poems/a poem **Dichter(in)** *m(f)* poet; (≈ *Schriftsteller*) writer **dichterisch** *Adj* poetic; (≈ *schriftstellerisch*) literary; ***~e Freiheit*** poetic licence (*Brit*) *od* license (*US*)

dichtgedrängt *Adj* → ***dicht*** **dichthalten** *vi* (*umg*) to keep one's mouth shut (*umg*) **Dichtkunst** *f* art of poetry; (≈ *Schriftstellerei*) creative writing **dichtmachen** *vti* (*umg*) *Fabrik, Betrieb etc* to close down; (***den Laden***) ***~*** to shut up shop (and go home) (*umg*)

Dichtung[1] *f* **a)** (≈ *Dichtkunst*) literature; (*in Versform*) poetry; ***~ und Wahrheit*** (*fig*) fact and fiction; **b)** (≈ *Dichtwerk*) poem, literary work

Dichtung[2] *f* TECH seal; (*in Wasserhahn etc*) washer **Dichtungsring** *m* seal; (*in Wasserhahn*) washer

dick **1.** *Adj* **a)** thick; *Mensch, Buch, Brieftasche* fat; ***3 m ~e Wände*** walls 3 metres (*Brit*) *od* meters (*US*) thick; ***~ machen*** (*Speisen*) to be fattening; ***~ werden*** (*Mensch* ≈ *zunehmen*) to get fat; ***durch ~ und dünn*** through thick and thin; **b)** (*umg*) *Fehler* big; ***das ist ein ein ~es Lob*** that's high praise; ***das ist ein ~er Hund*** (*umg* ≈ *unerhört*) that's a bit much (*umg*); **c)** (≈ *geschwollen*) swollen; **d)** (*umg* ≈ *herzlich*) *Freundschaft* close **2.** *Adv* **a)** (≈ *reichlich*) thickly; ***etw ~ mit Butter bestreichen*** to spread butter thickly on sth; ***er hat es ~(e)*** (*umg* ≈ *hat es satt*) he's had enough of it; (≈ *hat viel*) he's got enough and to spare; **b)** (*umg* ≈ *eng*) ***mit jdm ~ befreundet sein*** to be thick with sb (*umg*) **dickbäuchig** *Adj Mensch* potbellied **Dickdarm** *m* ANAT colon **Dicke** *f* **a)** (≈ *Stärke, Durchmesser*) thickness; **b)** (*von Menschen, Körperteilen*) fatness **Dicke(r)** *mf* (*umg*) fatso (*umg*) **Dickerchen** *n* (*umg*) chubby **dickfellig** *Adj* (*umg*) thick-skinned **dickflüssig** *Adj* thick, viscous (TECH) **Dickhäuter** *m* pachyderm; (*fig*) thick-skinned person **Dickicht** *n* (≈ *Gebüsch*) thicket; (*fig*) jungle **Dickkopf** *m* **a)** (≈ *Starrsinn*) obstinacy; ***einen ~ haben*** to be obstinate; **b)** (≈ *Mensch*) mule (*umg*) **dickköpfig** *Adj* (*fig*) stubborn **Dickköpfigkeit** *f* stubbornness **dicklich** *Adj* plump **Dickmilch** *f* KOCH sour milk **Dickschädel** *m* (*umg*) = ***Dickkopf***

Didaktik *f* didactics *Sg* (*förml*), teaching methods *Pl* **didaktisch** **1.** *Adj* didactic **2.** *Adv* didactically

die; → ***der***

Dieb(in) *m(f)* thief; ***haltet den ~!*** stop thief! **Diebesbande** *f* gang of thieves **Diebesgut** *n* stolen property **diebisch** *Adj* **a)** thieving *attr*; **b)** (*umg*) *Freude* mischievous **Diebstahl** *m* theft; ***bewaffneter ~*** armed robbery; ***geistiger ~*** plagiarism **Diebstahlsicherung** *f* AUTO antitheft device

diejenige *Demonstrativpron* → ***derjenige***

Diele *f* **a)** (≈ *Fußbodenbrett*) floorboard; **b)** (≈ *Vorraum*) hall

dienen *vi* to serve (*jdm/einer Sache* sb/sth); (≈ *Militärdienst leisten*) to do (one's) military service; ***als/zu etw ~*** to serve as/for sth; ***es dient einem guten Zweck*** it serves a useful purpose; ***damit kann ich leider nicht ~*** I'm afraid I can't help you there; ***damit ist mir wenig gedient*** that's no use to me **Diener** *m* **a)** (≈ *Mensch*) servant; **b)** (*umg* ≈ *Verbeugung*) bow **Dienerin** *f* maid **dienlich** *Adj* useful; ***jdm/einer Sache ~ sein*** to be of use *od* help to sb/sth **Dienst** *m* service; ***diplomatischer/öffentlicher ~*** diplomatic/civil service; ***den ~ quittieren, aus dem ~ (aus)scheiden*** to resign one's post; MIL to leave the service; ***~ mit der Waffe*** MIL armed service; ***~ haben*** (*Arzt etc*) to be on duty; (*Apotheke*) to

D

be open; **~ habend = diensthabend**; **außer ~ sein** to be off duty; **~ nach Vorschrift** work to rule; **sich in den ~ der Sache stellen** to embrace the cause; **jdm einen schlechten ~ erweisen** to do sb a bad turn; **jdm gute ~e leisten** to serve sb well; **~ am Kunden** customer service

Dienstag *m* Tuesday; **am ~** on Tuesday; **hast du ~ Zeit?** have you time on Tuesday?; **jeden ~** every Tuesday; **ab nächsten ~** from next Tuesday; **~ in einer Woche** a week on Tuesday; **~ vor einer Woche** a week (ago) last Tuesday **Dienstagabend** *m* Tuesday evening **dienstagabends** *Adv* on Tuesday evenings **Dienstagmorgen** *m* Tuesday morning **Dienstagnachmittag** *m* Tuesday afternoon **dienstags** *Adv* on Tuesdays; **~ abends** on Tuesday evenings

Dienstalter *n* length of service **dienstbeflissen** *Adj* zealous **dienstbereit** *Adj Apotheke* open *präd*; *Arzt* on call *präd* **Dienstbote** *m*, **Dienstbotin** *f* servant **dienstfrei** *Adj* free; **~er Tag** day off, free day; **~ haben** to have a day off **Dienstgeheimnis** *n* official secret **Dienstgrad** *m* (MIL ≈ *Rangstufe*) rank **diensthabend** *Adj Arzt, Offizier etc* duty *attr*, on duty **Dienstherr(in)** *m(f)* employer **Dienstleister** *m* (≈ *Firma*) service company **Dienstleistung** *f* service **Dienstleistungsbetrieb** *m* service company **Dienstleistungsgewerbe** *n* services trade **dienstlich** **1.** *Adj Angelegenheiten* business *attr*; *Schreiben* official **2.** *Adv* on business **Dienstmädchen** *n* maid **Dienstplan** *m* duty roster **Dienstreise** *f* business trip **Dienstschluss** *m* end of work; **nach ~** after work **Dienststelle** *f* VERW department **Dienststunden** *Pl* working hours *Pl* **diensttauglich** *Adj* MIL fit for duty **diensttuend** *Adj Arzt* duty *attr*, on duty **Dienstwagen** *m* company car **Dienstweg** *m* **den ~ einhalten** to go through the proper channels *Pl*

dies *Demonstrativpron* this; (*Pl*) these; **~ sind** these are; **~ und das** this and that **diesbezüglich** (*förml*) *Adj* regarding this **diese** *Demonstrativpron* → **dieser**

Diesel *m* (*umg*) diesel

dieselbe *Demonstrativpron* → **derselbe**

Dieselmotor *m* diesel engine **Dieselöl** *n* diesel oil

dieser, **diese**, **dieses** *Demonstrativpron* this; (*Pl*) these; **diese(r, s) hier** this (one); **diese(r, s) da** that (one); **dieses und jenes** this and that; **~ und jener** this person and that; **am 5. dieses Monats** on the 5th of this month; **(nur) dieses eine Mal** just this/that once

diesig *Adj Wetter, Luft* hazy

diesjährig *Adj* this year's **diesmal** *Adv* this time **diesseits** *Präp +Gen* on this side of

Dietrich *m* skeleton key

diffamieren *vt* to defame **Diffamierung** *f* (≈ *das Diffamieren*) defamation (of character); (≈ *Bemerkung etc*) defamatory statement

Differential *n* = **Differenzial**

Differenz *f* **a)** difference; **b)** (≈ *Meinungsverschiedenheit*) difference (of opinion) **Differenzial** *n* MATHE, AUTO differential **differenzieren** *vi* to make distinctions (*bei* in); (≈ *den Unterschied verstehen*) to differentiate (*bei* in) **differenziert** *Adv gestalten* in a sophisticated manner; **ich sehe das etwas ~er** I think it's a bit more complex than that

diffus *Adj Gedanken* confused; *Rechtslage* unclear

digital **1.** *Adj* digital **2.** *Adv* digitally **Digitalfernsehen** *n* digital television **digitalisieren** *vt* to digitalize **Digitalisierung** *f* digitalization **Digitalkamera** *f* digital camera **Digitalrechner** *m* IT digital calculator **Digitaltechnik** *f* IT digital technology **Digitaluhr** *f* digital clock; (≈ *Armbanduhr*) digital watch

Diktat *n* dictation; **ein ~ schreiben** SCHULE to do (a) dictation; **etw nach ~ schreiben** to write sth from dictation **Diktator(in)** *m(f)* dictator **diktatorisch** *Adj* dictatorial **Diktatur** *f* dictatorship **diktieren** *vt* to dictate

Dilemma *n* dilemma

Dilettant(in) *m(f)* amateur **dilettantisch** **1.** *Adj* amateurish **2.** *Adv* amateurishly

Dill *m* BOT, KOCH dill

Dimension *f* dimension

Dimmer *m* dimmer (switch)

DIN® *f*, *Abk von* ***Deutsche Industrie-Norm*** German Industrial Standard; ***~ A4*** A4

Ding *n* **a)** thing; ***guter ~e sein*** (*geh*) to be in good spirits; ***berufliche ~e*** professional matters; ***so wie die ~e liegen*** as things are; ***vor allen ~en*** above all (things); **b)** (*umg*) ***das ist ein ~!*** now there's a thing! (*umg*); ***ein tolles ~!*** great! (*umg*); ***das war vielleicht ein ~*** (*umg*) that was quite something (*umg*) **Dings** *n*, **Dingsbums** *n* (*umg*) (≈ *Sache*) whatsit (*umg*)

Dinkel *m* BOT spelt

Dinosaurier *m* dinosaur

Diode *f* diode

Dioxid *n* dioxide

Diözese *f* diocese

Diphtherie *f* diphtheria

Diphthong *m* diphthong

Diplom *n* diploma **Diplomarbeit** *f* dissertation (*submitted for a diploma*)

Diplomat(in) *m(f)* diplomat **Diplomatie** *f* diplomacy **diplomatisch** (POL, *fig*) **1.** *Adj* diplomatic **2.** *Adv* diplomatically; ***sie hat sich nicht sehr ~ verhalten*** she wasn't very diplomatic

diplomiert *Adj* qualified **Diplom-Ingenieur(in)** *m(f)* qualified engineer **Diplom-Kauffrau** *f*, **Diplom-Kaufmann** *m* business school graduate

DIP-Schalter *m* IT dip switch

dir *Personalpron* to you

direkt **1.** *Adj* **a)** direct; ***eine ~e Verbindung*** (*mit Zug*) a through train; (*mit Flugzeug*) a direct flight; **b)** (≈ *genau*) *Antwort, Auskunft* clear **2.** *Adv* **a)** (≈ *unmittelbar*) directly; ***~ von/zu*** straight from/to; ***~ neben/unter*** right next to/under; ***~ übertragen*** *od* ***senden*** to transmit live; **b)** (≈ *unverblümt*) bluntly; ***jdm etw ~ ins Gesicht sagen*** to tell sb sth (straight) to his face; **c)** (*umg* ≈ *geradezu*) really; ***nicht ~*** not exactly **Direktflug** *m* direct flight

Direktion *f* (≈ *Leitung*) management

Direktive *f* (*geh*) directive

Direktkandidat(in) *m(f)* POL candidate seeking a direct mandate

Direktmandat *n* POL direct mandate

Direktor(in) *m(f)* director; (*von Schule*) headmaster/-mistress (*bes Brit*), principal (*bes US*) **Direktorium** *n* board of directors

Direktübertragung *f* (RADIO, TV) live transmission **Direktverbindung** *f* BAHN through train; FLUG direct flight **Direktvertrieb** *m* direct marketing

Dirigent(in) *m(f)* MUS conductor **dirigieren** *vt* **a)** (*auch vi*, MUS) to conduct; **b)** (≈ *leiten*) *Verkehr etc* to direct

Dirndl *n* **a)** (*a.* **Dirndlkleid**) dirndl; **b)** (*österr* ≈ *Mädchen*) girl

Dirne *f* prostitute

Discjockey *m* disc jockey **Disco** *f* disco

Discountladen *m* discount shop

Diskette *f* disk **Diskettenlaufwerk** *n* disk drive

Diskjockey *m* = ***Discjockey*** **Disko** *f* = ***Disco***

Diskont *m* FINANZ discount **diskontieren** *vt* FINANZ to discount **Diskontsatz** *m* FINANZ discount rate (*Brit*), bank rate (*US*)

Diskothek *f* (≈ *Tanzbar*) discotheque

diskreditieren *vt* (*geh*) to discredit

Diskrepanz *f* discrepancy

diskret **1.** *Adj* discreet; (≈ *vertraulich*) confidential **2.** *Adv* discreetly **Diskretion** *f* discretion; (≈ *vertrauliche Behandlung*) confidentiality; ***~ üben*** to be discreet

diskriminieren *vt* to discriminate against **diskriminierend** *Adj* discriminatory **Diskriminierung** *f* discrimination

Diskurs *m* (*geh*) discourse

Diskus *m* discus

Diskussion *f* discussion; ***zur ~ stehen*** to be under discussion **Diskussionsbedarf** *m* need for discussion **Diskussionsleiter(in)** *m(f)* moderator **Diskussionsrunde** *f* round of discussions; (≈ *Personen*) discussion group **Diskussionsteilnehmer(in)** *m(f)* participant (in a discussion)

Diskuswerfen *n* throwing the discus **Diskuswerfer(in)** *m(f)* discus thrower

diskutabel *Adj* worth discussing **diskutieren** *vti* to discuss; ***über etw*** (*Akk*) ***~*** to discuss sth; ***darüber lässt sich ~*** that's debatable

disponieren *vi* (*geh*) **a)** (≈ *verfügen*) ***über jdn ~*** to command sb's services (*förml*); ***über etw ~ können*** (≈ *zur Verfügung haben*) to have sth at one's disposal; **b)** (≈ *planen*) to make arrangements *od* plans

Disposition *f* (*geh*) ***zur ~ stehen*** to be up for consideration

Disput *m* (*geh*) dispute
Disqualifikation *f* disqualification **disqualifizieren** *vt* to disqualify
dissen (*sl*) *vt* to slag off (*Brit umg*), to diss (*bes US umg*)
Dissertation *f* dissertation; (≈ *Doktorarbeit*) (doctoral) thesis
Dissident(in) *m(f)* dissident
Dissonanz *f* MUS dissonance; (*fig*) (note of) discord
Distanz *f* distance; (≈ *Zurückhaltung*) reserve; ~ ***halten*** *od* ***wahren*** to keep one's distance; ***auf*** ~ ***gehen*** (*fig*) to distance oneself **distanzieren** *vr* ***sich von jdm/etw*** ~ to distance oneself from sb/sth **distanziert** **1.** *Adj Verhalten* distant **2.** *Adv* ~ ***wirken*** to seem distant
Distel *f* thistle
Disziplin *f* discipline; ~ ***halten*** (*Klasse*) to behave in a disciplined manner **disziplinarisch** **1.** *Adj* disciplinary **2.** *Adv* ***jdn*** ~ ***bestrafen*** to take disciplinary action against sb **Disziplinarstrafe** *f* punishment **Disziplinarverfahren** *n* disciplinary proceedings *Pl* **disziplinieren** *vt* to discipline **diszipliniert** **1.** *Adj* disciplined **2.** *Adv* in a disciplined manner **disziplinlos** *Adj* undisciplined **Disziplinlosigkeit** *f* lack *kein Pl* of discipline
dito *Adv* (HANDEL, *hum*) ditto
Diva *f* star
Divergenz *f* divergence **divergieren** *vi* to diverge
divers *Adj* various; ***„Diverses"*** "miscellaneous" **diversifizieren** *vti* to diversify
Dividende *f* FINANZ dividend **dividieren** *vti* to divide (*durch* by) **Division** *f* MATHE, MIL division
DNS *f, Abk von* ***Desoxyribonukleinsäure*** DNA **DNS-Code** *m* DNA code
doch **1.** *Konj* (≈ *aber*) but; ***und*** ~ ***hat er es getan*** but he still did it **2.** *Adv* **a)** (≈ *trotzdem*) anyway; ***du weißt es ja*** ~ ***besser*** you always know better than I do anyway; ***und*** ~, ... and yet ...; ***ja*** ~***!*** of course!; ***nein*** ~***!*** of course not!; ***also*** ~***!*** so it IS/so he DID! *etc*; **b)** (*als bejahende Antwort*) yes I do/it does *etc*; ***hat es dir nicht gefallen?*** — (~,) ~***!*** didn't you like it? — (oh) yes I did!; **c)** ***komm*** ~ do come; ***lass ihn*** ~***!*** just leave him!; ***nicht*** ~***!*** don't (do that)!; ***du hast*** ~ ***nicht etwa ...?*** you haven't ..., have you?; ***hier ist es*** ~ ***ganz nett*** it's actually quite nice here; ***Sie wissen*** ~, ***wie das so ist*** (well,) you know how it is, don't you?
Docht *m* wick
Dock *n* dock
Dogge *f* mastiff; ***Deutsche*** ~ Great Dane
Dogma *n* dogma **Dogmatiker(in)** *m(f)* dogmatist **dogmatisch** *Adj* dogmatic
Dohle *f* ORN jackdaw
Doktor(in) *m(f)* doctor; ***sie ist*** ~ she has a doctorate; ***seinen*** ~ ***machen*** to do a doctorate **Doktorand(in)** *m(f)* graduate student studying for a doctorate **Doktorarbeit** *f* doctoral *od* PhD thesis **Doktorprüfung** *f* examination for a/one's doctorate **Doktortitel** *m* doctorate **Doktorvater** *m* UNI supervisor
Doktrin *f* doctrine
Dokument *n* document; (*fig* ≈ *Zeugnis*) record **Dokumentarfilm** *m* documentary (film) **dokumentarisch** **1.** *Adj* documentary **2.** *Adv* ***etw*** ~ ***festhalten*** to document sth **Dokumentation** *f* documentation **dokumentieren** *vt* to document **Dokumentvorlage** *f* IT template
Dolch *m* dagger **Dolchstoß** (*bes fig*) *m* stab (*auch fig*)
Dole *f* (*schweiz* ≈ *Gully*) drain
Dollar *m* dollar; ***hundert*** ~ a hundred dollars **Dollarkurs** *m* dollar rate **Dollarzeichen** *n* dollar sign
dolmetschen *vti* to interpret; ***jdm*** *od* ***für jdn*** ~ to interpret for sb **Dolmetscher(in)** *m(f)* interpreter
Dolomiten *Pl* GEOG ***die*** ~ the Dolomites *Pl*
Dom *m* cathedral

Dom	≠	**dome**
Dom	=	cathedral
dome	=	Kuppel

Domäne *f* domain
dominant *Adj* dominant **dominieren** **1.** *vi* to be (pre)dominant; (*Mensch*) to dominate **2.** *vt* to dominate **dominierend** *Adj* dominating
dominikanisch *Adj* GEOG ***die Domini-***

kanische Republik the Dominican Republic
Domino *n* (≈ *Spiel*) dominoes *Sg* **Dominoeffekt** *m* domino effect **Dominospiel** *n* dominoes *Sg* **Dominostein** *m* domino
Domizil *n* domicile (*förml*)
Dompfaff *m* ORN bullfinch
Dompteur(in) *m(f)* trainer; (*von Raubtieren*) tamer
Donau *f* ***die ~*** the (river) Danube
Döner *m* doner kebab
Donner *m* thunder *kein unbest Artikel, kein Pl*; (≈ *Donnerschlag*) clap of thunder; ***wie vom ~ gerührt*** (*fig umg*) thunderstruck **donnern 1.** *vi unpers* to thunder; ***es donnerte in der Ferne*** there was (the sound of) thunder in the distance **2.** *vi* to thunder; ***gegen etw ~*** (≈ *prallen*) to crash into sth **donnernd** *Adj* (*fig*) thunderous **Donnerschlag** *m* clap of thunder
Donnerstag *m* Thursday; → ***Dienstag*** **donnerstags** *Adv* on Thursdays
Donnerwetter *n* (*fig umg* ≈ *Schelte*) row; ***~!*** (*umg*: *anerkennend*) my word!; ***(zum) ~!*** (*umg*: *zornig*) damn (it)! (*umg*)
doof (*umg*) *Adj* dumb (*umg*); ***~ fragen*** to ask a dumb question **Doofmann** *m* (*umg*) blockhead (*umg*)
dopen SPORT **1.** *vt* to dope **2.** *vir* to take drugs; → ***gedopt*** **Doping** *n* SPORT drug-taking; (*bei Pferden*) doping **Dopingkontrolle** *f* SPORT drug(s) test **Dopingtest** *m* SPORT drug(s) test **Dopingverdacht** *m* SPORT ***bei ihm besteht ~*** he is suspected of having taken drugs
Doppel *n* **a)** (≈ *Duplikat*) duplicate (copy); **b)** TENNIS *etc* doubles *Sg* **Doppelagent(in)** *m(f)* double agent **Doppelbett** *n* double bed; (≈ *zwei Betten*) twin beds *Pl* **Doppeldecker** *m* **a)** FLUG biplane; **b)** (*a.* **Doppeldeckerbus**) double-decker (bus) **doppeldeutig** *Adj* ambiguous **Doppeldeutigkeit** *f* ambiguity **Doppelfehler** *m* TENNIS double fault **Doppelfenster** *n* ***~ haben*** to have double glazing **Doppelfunktion** *f* dual function **Doppelgänger(in)** *m(f)* double **Doppelhaus** *n* semi (*Brit umg*), duplex (house) (*US*) **Doppelhaushälfte** *f* semidetached house (*Brit*), duplex (house) (*US*) **Doppelkinn** *n* double chin **Doppelklick** *m* IT double click (*auf +Akk* on) **doppelklicken** *vi* IT to double-click (*auf +Akk* on) **Doppelleben** *n* double life **Doppelmoral** *f* double (moral) standard(s *Pl*) **Doppelmord** *m* double murder **Doppelname** *m* (≈ *Nachname*) double-barrelled (*Brit*) *od* double-barreled (*US*) name **Doppelpack** *m* twin pack **Doppelpass** *m* **a)** FUSSB one--two; **b)** (*für doppelte Staatsbürgerschaft*) second passport **Doppelpunkt** *m* colon **Doppelrolle** *f* THEAT double role; (*fig*) dual capacity **doppelseitig** *Adj* two-sided; *Lungenentzündung* double; ***~e Anzeige*** double page spread; ***~e Lähmung*** diplegia **Doppelsieg** *m* double victory **Doppelspiel** *n* **a)** TENNIS (game of) doubles *Sg*; **b)** (*fig*) double game **Doppelstecker** *m* two-way adaptor **doppelstöckig** *Adj* *Haus* two-storey (*Brit*), two-story (*US*); *Bus* double-decker *attr*; ***ein ~es Bett*** bunk beds *Pl* **Doppelstunde** *f* *bes* SCHULE double period
doppelt 1. *Adj* double; *Staatsbürgerschaft* dual; ***die ~e Freude*** double the pleasure; ***~er Boden*** (*von Koffer*) false bottom; ***~e Moral*** double standards *Pl*; ***ein ~es Spiel spielen*** *od* ***treiben*** to play a double game **2.** *Adv* double; (≈ *zweimal*) twice; ***~ so schön*** twice as nice; ***die Karte habe ich ~*** I have two of these cards; ***~ gemoppelt*** (*umg*) saying the same thing twice over; ***~ und dreifach*** *sich entschuldigen* profusely; *prüfen* thoroughly; ***~ (genäht) hält besser*** (*Sprichw*) ≈ better safe than sorry (*Sprichw*) **Doppelte(s)** *n* double; ***um das ~ größer*** twice as large; ***das ~ bezahlen*** to pay twice as much **Doppelverdiener(in)** *m(f)* person with two incomes; (*Pl* ≈ *Paar*) double-income couple **Doppelzentner** *m* 100 kilos **Doppelzimmer** *n* double room
Dorf *n* village; ***auf dem ~(e)*** (≈ *auf dem Land*) in the country **Dorfbewohner(in)** *m(f)* villager **Dörfchen** *n* small village **dörflich** *Adj* village *attr*; (≈ *ländlich*) rural **Dorfplatz** *m* village square **Dorftrottel** *m* (*umg*) village idiot
Dorn *m* **a)** (BOT, *fig*) thorn; ***das ist mir ein ~ im Auge*** (*fig*) that is a thorn in my side (*bes Brit*); **b)** *Pl* (≈ *Sporn*)

spike; (*von Schnalle*) tongue **Dornenhecke** *f* thorn(y) hedge **dornenreich** *Adj* thorny; (*fig*) fraught with difficulty **dornig** *Adj* thorny **Dornröschen** *n* Sleeping Beauty

dörren *vti* to dry **Dörrfleisch** *n* dried meat **Dörrobst** *n* dried fruit

Dorsch *m* (≈ *Kabeljau*) cod(fish)

dort *Adv* there; **~ zu Lande = dortzulande** **dortbehalten** *vt* to keep there **dortbleiben** *vi* to stay there **dorther** *Adv* **von ~** from there **dorthin** *Adv* there **dorthinaus** *Adv* **frech bis ~** (*umg*) really cheeky (*Brit*) *od* fresh (*US umg*) **dortig** *Adj* there (*nachgestellt*) **dortzulande** *Adv* in that country

Dose *f* **a)** (≈ *Blechdose*) tin; (≈ *Konservendose, Bierdose*) can; (*für Schmuck, aus Holz*) box; **in ~n** (*Konserven*) canned; **b)** ELEK socket

dösen *vi* (*umg*) to doze

Dosenbier *n* canned beer **Dosenmilch** *f* canned *od* tinned (*Brit*) milk, condensed milk **Dosenöffner** *m* can-opener **Dosenpfand** *n* deposit on drink cans

dosieren *vt Arznei* to measure into doses; *Menge* to measure out **Dosierung** *f* (≈ *Dosis*) dose **Dosis** *f* dose; **in kleinen Dosen** in small doses

Dossier *n* dossier

Dotcom *f* (HANDEL *sl* ≈ *Internetfirma*) dotcom

dotieren *vt Posten* to remunerate (*mit* with); *Preis* to endow (*mit* with); **eine gut dotierte Stellung** a remunerative position **Dotierung** *f* endowment; (*von Posten*) remuneration

Dotter *m od n* yolk **dottergelb** *Adj* golden yellow

doubeln **1.** *vt jdn* to stand in for; *Szene* to shoot with a stand-in **2.** *vi* to stand in; (≈ *als Double arbeiten*) to work as a stand-in **Double** *n* FILM *etc* stand-in

down *Adj* (*umg*) **~ sein** to be (feeling) down

downloaden *vti* IT to download

Downsyndrom *n* MED Down's syndrome; **ein Kind mit ~** a Down's (syndrome) child

Dozent(in) *m(f)* lecturer (*für* in), (assistant) professor (*US*) (*für* of)

Drache *m* MYTH dragon **Drachen** *m* **a)** (≈ *Papierdrachen*) kite; (SPORT ≈ *Fluggerät*) hang-glider; **einen ~ steigen lassen** to fly a kite; **b)** (*pej umg*) dragon (*umg*) **Drachenfliegen** *n* SPORT hang-gliding **Drachenflieger(in)** *m(f)* SPORT hang-glider

Dragee *n*, **Dragée** *n* dragee; (≈ *Bonbon*) sugar-coated chocolate sweet

Draht *m* wire; **auf ~ sein** (*umg*) to be on the ball (*umg*) **Drahtbürste** *f* wire brush **Drahtgitter** *n* wire netting **Drahthaardackel** *m* wire-haired dachshund **drahtig** *Adj Haar, Mensch* wiry **drahtlos** *Adj* wireless; *Telefon* cordless **Drahtschere** *f* wire cutters *Pl* **Drahtseil** *n* wire cable; **Nerven wie ~e** (*umg*) nerves of steel **Drahtseilakt** *m* balancing act **Drahtseilbahn** *f* cable railway **Drahtzaun** *m* wire fence **Drahtzieher(in)** *m(f)* (*fig*) wirepuller (*bes US*)

drakonisch *Adj* Draconian

drall *Adj Mädchen, Arme* strapping; *Busen* ample

Drall *m* (*von Kugel, Ball*) spin; **einen ~ nach links haben** (*Auto*) to pull to the left

Drama *n* drama **Dramatik** *f* drama **Dramatiker(in)** *m(f)* dramatist **dramatisch** **1.** *Adj* dramatic **2.** *Adv* dramatically **dramatisieren** *vt* to dramatize **Dramaturg(in)** *m(f)* literary manager **dramaturgisch** *Adj* dramatic

dran *Adv* (*umg*) **a)** (≈ *an der Reihe*) **jetzt bist du ~** it's your turn now; (**wenn er erwischt wird,**) **dann ist er ~** (if he gets caught) he'll be for it (*umg*); **b)** **schlecht ~ sein** to be in a bad way; **gut ~ sein** to be well off; (*gesundheitlich*) to be well; **früh/spät ~ sein** to be early/late; **an den Gerüchten ist nichts ~** there's nothing in those rumours; → **daran** **dranbleiben** *vi* (*umg*: *am Apparat*) to hang on; **an der Arbeit ~** to stick at one's work

Drang *m* (≈ *Antrieb*) urge, impulse; (≈ *Sehnsucht*) yearning (*nach* for)

drangeben *vt* (*umg* ≈ *opfern*) to give up

Drängelei *f* (*umg*) pushing; (*im Verkehr*) jostling; (≈ *Bettelei*) pestering **drängeln** (*umg*) **1.** *vi* to push; (*im Verkehr*) to jostle **2.** *vti* (≈ *betteln*) to pester **3.** *vr* **sich nach vorne** *etc* **~** to push one's way to the front *etc* **drängen** **1.** *vi* to press; **darauf ~, eine Antwort zu er-**

halten, auf Antwort ~ to press for an answer; ***darauf ~, dass etw getan wird*** to press for sth to be done; ***die Zeit drängt*** time is pressing; ***es drängt nicht*** it's not pressing **2.** *vt* **a)** to push; **b)** (≈ *auffordern*) to urge **3.** *vr* (*Menge*) to throng; ***sich nach vorn ~*** to push one's way to the front; → ***gedrängt*** **Drängen** *n* urging; (≈ *Bitten*) requests *Pl* **drängend** *Adj* pressing **Drängler(in)** *m(f)* AUTO tailgater

drangsalieren *vt* (≈ *plagen*) to pester; (≈ *unterdrücken*) to oppress

dranhalten *vr* (*umg* ≈ *sich beeilen*) to get a move on (*umg*) **drankommen** *vi* (*umg* ≈ *an die Reihe kommen*) to have one's turn **drankriegen** *vt* (*umg*) ***jdn ~*** to get sb (*umg*) **drannehmen** *vt* (*umg*) *Schüler* to ask

drapieren *vt* to drape

drastisch **1.** *Adj* (≈ *derb*) drastic; (≈ *deutlich*) graphic **2.** *Adv* (≈ *energisch*) *kürzen* drastically; (≈ *deutlich*) explicitly; ***~ vorgehen*** to take drastic measures; ***sich ~ ausdrücken*** to use strong language

drauf *Adv* (*umg*) ***~ und dran sein, etw zu tun*** to be on the verge of doing sth; → ***darauf, drauf sein*** **Draufgänger(in)** *m(f)* daredevil; (≈ *Mann: bei Frauen*) predator **draufgängerisch** *Adj* daring; (*negativ*) reckless **draufgehen** *vi* (*umg*) (≈ *sterben*) to bite the dust (*umg*); (*Geld*) to disappear **draufhaben** *vt* (*umg*) *Sprüche* to come out with; ***zeigen, was man draufhat*** to show what one is made of; ***schwer was ~*** (*sl*) to know one's stuff (*umg*) **draufkriegen** *vt* (*umg*) ***eins ~*** to be told off; (≈ *geschlagen werden*) to be given a smack; (≈ *besiegt werden*) to be given a thrashing (*umg*) **drauflegen** (*umg*) **1.** *vt* ***20 Euro ~*** to lay out an extra 20 euros **2.** *vi* (≈ *mehr bezahlen*) to pay more **drauflos** *Adv* (***nur***) ***immer feste*** *od* ***munter ~!*** (just) keep at it! **drauflosgehen** *vi* (*umg*) (*auf ein Ziel*) to make straight for it; (*ohne Ziel*) to set off **drauflosreden** *vi* (*umg*) to talk away **drauflosschlagen** *vi* (*umg*) to hit out **draufmachen** *vt* (*umg*) ***einen ~*** to make a night of it (*umg*) **drauf sein** *vi* (*umg*) ***schlecht/gut ~*** to be in a bad/good mood **draufsetzen** *vt* (*fig umg*) ***eins*** *od* ***einen ~*** to go one step further **draufzahlen** *vti* (*umg*) → ***drauflegen***

draußen *Adv* outside; ***~ auf dem Lande/im Garten*** out in the country/in the garden; ***nach ~*** outside

Drechselbank *f* wood(turning) lathe **drechseln** *vt* to turn (*on a wood lathe*) **Drechslerei** *f* (≈ *Werkstatt*) (wood)-turner's workshop

Dreck *m* dirt; (*bes ekelhaft*) filth; (*fig* ≈ *Schund*) rubbish; ***mit ~ und Speck*** (≈ *ungewaschen*) unwashed; ***jdn wie den letzten ~ behandeln*** (*umg*) to treat sb like dirt; ***der letzte ~ sein*** (*umg: Mensch*) to be the lowest of the low; ***~ am Stecken haben*** (*fig*) to have a skeleton in the cupboard; ***etw in den ~ ziehen*** (*fig*) to drag sth through the mud; ***sich einen ~ um jdn/etw kümmern*** *od* ***scheren*** not to give a damn about sb/sth (*umg*) **Dreckarbeit** *f* (*umg*) dirty work **Dreckfinger** *Pl* (*umg*) dirty fingers *Pl* **dreckig** **1.** *Adj* dirty; (*stärker*) filthy **2.** *Adv* (*umg*) ***es geht mir ~*** I'm in a bad way; (*finanziell*) I'm badly off **Dreckloch** *n* (*pej*) hole (*umg*) **Drecksack** *m* (*pej umg*) dirty bastard (*sl*) **Drecksau** *f* (*vulg*) filthy swine (*umg*) **Dreckschwein** *n* (*umg*) dirty pig (*umg*) **Dreckskerl** *m* (*umg*) dirty swine (*umg*) **Dreckspatz** *m* (*umg*) (≈ *Kind*) grubby kid

Dreh *m* (≈ *List*) dodge; (≈ *Kunstgriff*) trick; ***den ~ heraushaben, etw zu tun*** to have got the knack of doing sth **Dreharbeiten** *Pl* FILM shooting *Sg* **Drehbank** *f* lathe **Drehbuch** *n* FILM (film) script **Drehbuchautor(in)** *m(f)* scriptwriter **drehen** **1.** *vt* to turn; *Zigaretten* to roll; *Film* to shoot; (*umg* ≈ *schaffen*) to fix (*umg*); ***ein Ding ~*** (*sl*) to play a prank; (*Verbrecher*) to pull a job (*umg*); ***wie man es auch dreht und wendet*** no matter how you look at it **2.** *vi* to turn; (*Wind*) to change; ***an etw*** (*Dat*) ***~*** to turn sth; ***daran ist nichts zu ~*** (*fig*) there are no two ways about it **3.** *vr* **a)** to turn (*um* about); (*sehr schnell: Kreisel*) to spin; (*Wind*) to change; ***sich um etw ~*** to revolve around sth; ***mir dreht sich alles im Kopf*** my head is spinning; ***sich ~ und winden*** (*fig*) to twist and turn; **b)** (≈ *betreffen*) ***sich um etw ~*** to concern sth; (*um zentrale Frage*)

D

to centre (*Brit*) *od* center (*US*) on sth; ***es dreht sich darum, dass ...*** the point is that ... **Dreher(in)** *m(f)* lathe operator **Dreherlaubnis** *f* FILM filming permission **Drehkreuz** *n* turnstile **Drehmoment** *n* torque **Drehorgel** *f* barrel organ **Drehort** *m* FILM location **Drehschalter** *m* rotary switch **Drehscheibe** *f* **a)** BAHN turntable; **b)** (≈ *Töpferscheibe*) potter's wheel **Drehstrom** *m* three-phase current **Drehstuhl** *m* swivel chair **Drehtag** *m* FILM day of shooting **Drehtür** *f* revolving door **Drehung** *f* turn; ***eine ~ um 180°*** a 180° turn **Drehzahl** *f* number of revolutions; (*pro Minute*) revs *Pl* per minute **Drehzahlmesser** *m* rev counter

drei *Num* three; ***aller guten Dinge sind ~!*** (*Sprichw*) all good things come in threes!; (*nach zwei missglückten Versuchen*) third time lucky!; ***sie sieht aus, als ob sie nicht bis ~ zählen könnte*** (*umg*) she looks pretty empty-headed; → ***vier*** **Drei** *f* three **dreibeinig** *Adj* three-legged **Dreibettzimmer** *n* three-bed room **Drei-D-** 3-D **dreidimensional** *Adj* three-dimensional **Dreieck** *n* triangle **dreieckig** *Adj* triangular **Dreiecksverhältnis** *n* (eternal) triangle **Dreieinigkeit** *f* Trinity **Dreierkonferenz** *f* TELEK three-way calling **Dreierpack** *n* three-pack **dreifach** **1.** *Adj* triple; ***die ~e Menge*** three times the amount **2.** *Adv* three times; → ***vierfach*** **Dreifache(s)** *n* ***das ~*** three times as much; ***auf das ~ steigen*** to treble **dreifarbig** *Adj* three-coloured (*Brit*), three-colored (*US*) **Dreifuß** *m* tripod **Dreigangschaltung** *f* three-speed gear **dreihundert** *Num* three hundred **Dreikäsehoch** *m* (*umg*) tiny tot (*umg*) **Dreiklang** *m* MUS triad **Dreikönigsfest** *n* (feast of) Epiphany **dreimal** *Adv* three times **Dreimeterbrett** *n* three-metre (*Brit*) *od* three-meter (*US*) board

dreinblicken *vi* ***traurig*** *etc* ***~*** to look sad *etc* **dreinreden** *vi* (*umg*) (≈ *dazwischenreden*) to interrupt

Dreirad *n* tricycle **Dreisatz** *m* MATHE rule of three **Dreisprung** *m* triple jump **dreispurig** *Adj* VERKEHR *Fahrbahn* three-lane *attr* **dreißig** *Num* thirty; → ***vierzig*** **dreißigjährig** *Adj* (≈ *dreißig Jahre alt*) thirty years old, thirty-year-old *attr*

dreist *Adj* bold

dreistellig *Adj* three-digit *attr*, with three digits

Dreistigkeit *f* boldness

dreistufig *Adj Rakete* three-stage *attr*, with three stages **Dreitagebart** *m* designer stubble **dreitägig** *Adj* three-day *attr*, three-day-long **dreiteilig** *Adj Kostüm etc* three-piece *attr* **dreiviertel** *Adj*, *Adv* → ***viertel***; → ***Viertel***[1] **Dreiviertel** *n* three-quarters **Dreivierteljahr** *n* nine months *Pl* **Dreiviertelstunde** *f* three-quarters of an hour *kein unbest Artikel* **Dreivierteltakt** *m* three-four time **Dreiweg-** ELEK three-way **Dreiwegekatalysator** *m* AUTO three-way catalytic converter **dreiwöchig** *Adj* three-week **dreizehn** *Num* thirteen; ***jetzt schlägts aber ~*** (*umg*) that's a bit much; → ***vierzehn*** **Dreizimmerwohnung** *f* three-room flat (*Brit*) *od* apartment

Dresche *f* (*umg*) thrashing **dreschen** *vt* **a)** *Korn* to thresh; (*umg*) *Phrasen* to bandy; ***Skat ~*** (*umg*) to play skat; **b)** (*umg* ≈ *prügeln*) to thrash

Dress *m* SPORT (sports) kit; (*für Fußball auch*) strip

dressieren *vt* to train; ***zu etw dressiert sein*** to be trained to do sth

Dressing *n* KOCH dressing

Dressman *m* male model

Dressur *f* training; (*für Dressurreiten*) dressage

dribbeln *vi* to dribble

driften *vi* to drift

Drill *m* drill **Drillbohrer** *m* drill **drillen** *vti* to drill; ***auf etw*** (*Akk*) ***gedrillt sein*** (*fig umg*) to be practised (*Brit*) *od* practiced (*US*) at doing sth

Drilling *m* triplet

drin *Adv* **a)** (*umg*) = ***darin***; **b)** (≈ *innen drin*) in it; ***er/es ist da ~*** he/it is in there; **c)** (*umg*) ***bis jetzt ist noch alles ~*** everything is still quite open; ***das ist doch nicht ~*** (≈ *geht nicht*) that's not on (*umg*)

dringen *vi* **a)** to penetrate; (*fig: Nachricht*) to get through (*an od in +Akk* to); ***an*** *od* ***in die Öffentlichkeit ~*** to leak out; **b)** ***auf etw*** (*Akk*) ***~*** to insist on sth **dringend** **1.** *Adj* (≈ *eilig*) urgent; (≈ *nachdrücklich*) strong; *Grün-*

de compelling **2.** *Adv* (≈ *unbedingt*) urgently; *warnen, empfehlen* strongly; **~ notwendig** urgently needed; **~ verdächtig** strongly suspected **dringlich** *Adj* urgent **Dringlichkeit** *f* urgency **Dringlichkeitsstufe** *f* priority; **~ 1** top priority

Drink *m* drink

drinnen *Adv* inside; **hier/dort ~** in here/there **drinstecken** *vi* (*umg*) to be (contained); **da steckt eine Menge Geld/Arbeit** *etc* **drin** a lot of money/work *etc* has gone into it; **er steckt bis über die Ohren drin** he's up to his ears in it

dritt *Adv* **wir kommen zu ~** three of us are coming together **Drittel** *n* third; → **Viertel**[1] **dritteln** *vt* to divide into three (parts) **drittens** *Adv* thirdly **Dritte(r)** *mf* third person/man/woman *etc*; (≈ *Unbeteiligter*) third party **dritte(r, s)** *Adj* third; **Menschen ~r Klasse** third-class citizens; → **vierte(r, s) Dritte-Welt-** Third World **drittgrößte(r, s)** *Adj* third-biggest **dritthöchste(r, s)** *Adj* third-highest **drittklassig** *Adj* third-rate (*pej*), third-class **drittletzte(r, s)** *Adj* third from last **Drittmittel** *Pl* FINANZ external funds *Pl* **drittrangig** *Adj* third-rate

Droge *f* drug **drogenabhängig** *Adj* addicted to drugs; **er ist ~** he's a drug addict **Drogenabhängige(r)** *mf* drug addict **Drogenabhängigkeit** *f* drug addiction *ohne Artikel* **Drogenbekämpfung** *f* fight against drugs **Drogenberatung** *f*, **Drogenberatungsstelle** *f* drugs advice centre (*Brit*) *od* center (*US*) **Drogenfahnder(in)** *m(f)* drugs squad officer (*Brit*), narcotics officer (*US*) **Drogenhandel** *m* drug trade **Drogenhändler(in)** *m(f)* drug trafficker *od* dealer **Drogenkonsum** *m* drug consumption **Drogenmissbrauch** *m* drug abuse *ohne Artikel* **Drogensucht** *f* drug addiction **drogensüchtig** *Adj* addicted to drugs; **er ist ~** he's a drug addict **Drogensüchtige(r)** *mf* drug addict **Drogenszene** *f* drugs scene **Drogentote(r)** *mf* **200 ~ pro Jahr** 200 drug deaths per year **Drogerie** *f* chemist's (shop) (*nondispensing*), drugstore (*US*) **Drogist(in)** *m(f)* chemist, druggist (*US*)

Drohbrief *m* threatening letter **drohen** *vi* to threaten (*jdm* sb); (*Streik, Krieg*) to be looming; **(*jdm*) mit etw ~** to threaten (sb with) sth; **jdm droht etw** sb is being threatened by sth; **es droht Gefahr** there is the threat of danger; **das Schiff drohte zu sinken** the ship was in danger of sinking **drohend** *Adj* threatening; *Gefahr, Krieg* imminent

Drohne *f* **a)** drone; (*fig pej auch*) parasite; **b)** MIL drone

dröhnen *vi* **a)** (*Motor, Straßenlärm*) to roar; (*Donner*) to rumble; (*Lautsprecher, Stimme*) to boom; **b)** (*Raum etc*) to resound; **mir dröhnt der Kopf** my head is ringing **dröhnend** *Adj Lärm, Applaus* resounding; *Stimme* booming

Drohung *f* threat

drollig *Adj* **a)** funny; **b)** (≈ *seltsam*) odd

Dromedar *n* dromedary

Drops *m od n* fruit drop

Drossel *f* ORN thrush

drosseln *vt Motor* to throttle; *Heizung* to turn down; *Strom* to reduce; *Tempo, Produktion etc* to cut down

drüben *Adv* over there; (≈ *auf der anderen Seite*) on the other side; **nach ~** over there; **von ~** from over there

Druck[1] *m* pressure; **unter ~ stehen** to be under pressure; **jdn unter ~ setzen** (*fig*) to put pressure on sb; **~ machen** (*umg*) to put the pressure on (*umg*); **durch einen ~ auf den Knopf** by pressing the button

Druck[2] *m* (≈ *das Drucken*) printing; (≈ *Schriftart, Kunstdruck*) print; **das Buch ist im ~** the book is being printed; **etw in ~ geben** to send sth to be printed

Druckausgleich *m* pressure balance **Druckbuchstabe** *m* printed character; **in ~n schreiben** to print

Drückeberger(in) *m(f)* (*pej umg*) shirker; (≈ *Feigling*) coward

drucken *vti* to print; → **gedruckt**

drücken **1.** *vt* **a)** to press; *Obst* to squeeze; **jdn ~** (≈ *umarmen*) to hug sb; **jdn zur Seite ~** to push sb aside; **b)** (*Schuhe etc*) to pinch; **jdn im Magen ~** (*Essen*) to lie heavily on sb's stomach; **c)** (≈ *verringern*) to force down; *Leistung, Niveau* to lower; (*umg*) *Stimmung* to dampen **2.** *vi* to press; (*Schuhe etc*) to pinch; **„bitte ~"**

"push"; ***auf die Stimmung ~*** to dampen one's mood; → ***gedrückt*** **3.** *vr* (≈ *sich quetschen*) to squeeze; (*Schutz suchend*) to huddle: (≈ *kneifen*) to shirk; (*vor Militärdienst*) to dodge; ***sich vor etw*** (*Dat*) ***~*** to shirk sth; ***sich*** (***um etw***) ***~*** to get out of sth **drückend** *Adj Last, Steuern* heavy; *Probleme* serious; *Hitze, Atmosphäre* oppressive

Drucker *m* printer

Drücker *m* (≈ *Knopf*) (push) button; (*von Klingel*) push; ***am ~ sein*** *od* ***sitzen*** (*fig umg*) to be in a key position; ***auf den letzten ~*** (*fig umg*) at the last minute

Druckerei *f* printing works *Pl*; (≈ *Firma*) printer's **Druckerschwärze** *f* printer's ink **Druckfehler** *m* misprint, typographical error **Druckkabine** *f* pressurized cabin **Druckknopf** *m* **a)** HAND press stud; **b)** TECH push button **Druckluft** *f* compressed air **Druckluftbremse** *f* air brake **Druckmesser** *m* pressure gauge **Druckmittel** *n* (*fig*) means of exerting pressure **druckreif** *Adj* ready for printing, passed for press; (*fig*) polished **Drucksache** *f* POST business letter; (≈ *Werbematerial*) circular; (*als Portoklasse*) printed matter **Druckschrift** *f* ***in ~ schreiben*** to print **Druckstelle** *f* (*auf Pfirsich, Haut*) bruise **Drucktaste** *f* push button **Druckverband** *m* MED pressure bandage **Druckverlust** *m* TECH loss of pressure **Druckwasserreaktor** *m* pressurized water reactor **Druckwelle** *f* shock wave

drum *Adv* (*umg*) (a)round; ***~*** (***he***)***rum*** all (a)round; ***mit allem Drum und Dran*** with all the bits and pieces (*umg*); *Mahlzeit* with all the trimmings *Pl*; → ***darum***

drunter *Adv* under(neath); ***~ und drüber*** upside down; ***es ging alles ~ und drüber*** everything was upside down; → ***darunter***

Drüse *f* gland **Drüsenfieber** *n* glandular fever

Dschungel *m* jungle **Dschungelkrieg** *m* jungle warfare

Dschunke *f* SEEF junk

DTP *n*, *Abk von* ***Desktop-Publishing*** DTP

du *Personalpron* you; ***mit jdm auf Du und Du stehen*** to be pals with sb; ***mit jdm per du sein*** to be on familiar terms with sb; ***du bist es*** it's you; ***du Glücklicher!*** lucky you; ***du Idiot!*** you idiot

dual *Adj* dual **Dualsystem** *n* MATHE binary system

Dübel *m* Rawlplug®; (≈ *Holzdübel*) dowel

dubios *Adj* (*geh*) dubious

Dublette *f* duplicate

ducken *vr* to duck; (*fig pej*) to cringe **Duckmäuser(in)** *m*(*f*) (*pej*) moral coward

Dudelsack *m* bagpipes *Pl*

Duell *n* duel (*um* over); ***jdn zum ~*** (***heraus***)***fordern*** to challenge sb to a duel **Duellant(in)** *m*(*f*) dueller **duellieren** *vr* to (fight a) duel

Duett *n* (MUS, *fig*) duet; ***im ~ singen*** to sing a duet

Duft *m* smell **dufte** *Adj, Adv* (*veralt umg*) great (*umg*) **duften** *vi* to smell; ***nach etw ~*** to smell of sth **duftend** *Adj Parfüm, Blumen etc* fragrant **duftig** *Adj Kleid, Stoff* gossamery **Duftkissen** *n* scented sachet **Duftmarke** *f* scent mark **Duftnote** *f* (*von Parfüm*) scent; (*von Mensch*) smell **Duftstoff** *m* scent; (*für Parfüm etc*) fragrance

dulden *vt* to tolerate; ***ich dulde das nicht*** I won't tolerate that; ***etw stillschweigend ~*** to connive at sth **duldsam** **1.** *Adj* tolerant (*gegenüber* of; (≈ *geduldig*) forbearing **2.** *Adv* tolerantly; (≈ *geduldig*) with forbearance **Duldsamkeit** *f* tolerance; (≈ *Geduld*) forbearance **Duldung** *f* toleration

dumm **1.** *Adj* **a)** stupid; ***~es Zeug*** (***reden***) (to talk) nonsense; ***jdn für ~ verkaufen*** (*umg*) to think sb is stupid; ***das ist gar nicht*** (***so***) ***~*** that's not a bad idea; ***jetzt wirds mir zu ~*** I've had enough; **b)** (≈ *ärgerlich*) annoying; ***es ist zu ~, dass er nicht kommen kann*** it's too bad that he can't come; ***so etwas Dummes*** what a nuisance **2.** *Adv* ***sich ~ anstellen*** to behave stupidly; ***sich ~ stellen*** to act stupid; ***~ fragen*** to ask a silly question; ***sich ~ und dämlich reden*** (*umg*) to talk till one is blue in the face (*umg*); ***jdm ~ kommen*** to get funny with sb (*umg*); ***das ist ~ gelaufen*** (*umg*) that hasn't gone to plan; ***~ gelaufen!*** (*umg*) that's life! **Dumme(r)**

mf (*umg*) fool; ***der/die ~ sein*** to be left to carry the can (*umg*) **dummerweise** *Adv* unfortunately; (≈ *aus Dummheit*) stupidly **Dummheit** *f* **a)** stupidity; **b)** (≈ *dumme Handlung*) stupid thing; ***mach bloß keine ~en!*** just don't do anything stupid **Dummkopf** *m* (*umg*) idiot

dumpf *Adj* **a)** *Ton* muffled; **b)** *Geruch etc* musty; **c)** *Gefühl, Erinnerung* vague; *Schmerz* dull; (≈ *bedrückend*) gloomy; **d)** (≈ *stumpfsinnig*) dull **Dumpfbacke** *f* (*sl*) nerd (*umg*)

Dumpingpreis *m* giveaway price

Düne *f* (sand) dune

Dung *m* dung **Düngemittel** *n* fertilizer **düngen** *vt* to fertilize **Dünger** *m* fertilizer

dunkel **1.** *Adj* **a)** dark; ***im Dunkeln*** in the dark; ***im Dunkeln tappen*** (*fig*) to grope (about) in the dark; **b)** (≈ *tief*) *Stimme, Ton* deep; **c)** (*pej* ≈ *zwielichtig*) shady (*umg*) **2.** *Adv* (≈ *in dunklen Farben*) in dark colours (*Brit*) *od* colors (*US*); ***~ gefärbt sein*** to be a dark colo(u)r; ***sich ~ erinnern*** to remember vaguely **Dunkel** *n* darkness

Dünkel *m* (*pej geh*) conceit

dunkelblau *Adj* dark blue **dunkelblond** *Adj* light brown **dunkelbraun** *Adj* dark brown **dunkelgrau** *Adj* dark grey (*Brit*), dark gray (*US*) **dunkelgrün** *Adj* dark green **dunkelhaarig** *Adj* dark-haired **dunkelhäutig** *Adj* dark-skinned **Dunkelheit** *f* darkness; ***bei Einbruch der ~*** at nightfall **Dunkelkammer** *f* FOTO darkroom **dunkelrot** *Adj* dark red **Dunkelziffer** *f estimated number of unreported/undetected cases*

dünn **1.** *Adj* thin; *Kaffee, Tee* weak; *Strümpfe* fine; ***sich ~ machen*** (*hum*) to breathe in; → ***dünnmachen*** **2.** *Adv bevölkert* sparsely; ***~ gesät*** (*fig*) few and far between **Dünndarm** *m* small intestine **Dünne** *f* thinness **dünnflüssig** *Adj* thin; *Honig* runny **dünnhäutig** *Adj* thin-skinned **dünnmachen** *vr* (*umg* ≈ *weglaufen*) to make oneself scarce **Dünnpfiff** *m* (*umg*) the runs (*umg*) **Dünnsäure** *f* dilute acid

Dunst *m* (≈ *leichter Nebel*) haze; (≈ *Dampf*) steam; ***jdm blauen ~ vormachen*** (*umg*) to throw dust in sb's eyes **Dunstabzugshaube** *f* extractor hood (*over a cooker*) **dünsten** *vt* to steam; *Obst* to stew **Dunstglocke** *f*, **Dunsthaube** *f* (≈ *Nebel*) haze; (≈ *Smog*) pall of smog **dunstig** *Adj* hazy **Dunstkreis** *m* atmosphere; (*von Mensch*) society **Dunstwolke** *f* cloud of smog

Duo *n* duo

Duplikat *n* duplicate (copy) **duplizieren** *vt* (*geh*) to duplicate

Dur *n* MUS major; ***in G-~*** in G major

durch **1.** *Präp +Akk* **a)** through; ***~ den Fluss waten*** to wade across the river; ***~ die ganze Welt reisen*** to travel all over the world; **b)** (≈ *mittels*) by; ***Tod ~ Ertrinken*** death by drowning; ***Tod ~ Herzschlag*** *etc* death from a heart attack *etc*; ***neun (geteilt) ~ drei*** nine divided by three; ***~ Zufall*** by chance; **c)** (≈ *aufgrund*) due to **2.** *Adv* **a)** (≈ *hindurch*) through; ***es ist 4 Uhr ~*** it's gone 4 o'clock; ***~ und ~*** through and through; *überzeugt* completely; ***~ und ~ nass*** wet through; **b)** (KOCH *umg*) *Steak* well-done

durcharbeiten **1.** *vt Buch, Stoff etc* to work through **2.** *vi* to work through **3.** *vr* ***sich durch etw ~*** to work one's way through sth

durchatmen *vi* to take deep breaths

durchaus *Adv* **a)** (*bekräftigend*) quite; *korrekt, möglich* perfectly; *passen* perfectly well; ***ich hätte ~ Zeit*** I would have time; ***es ist ~ anzunehmen, dass sie kommt*** it's highly likely that she'll be coming; **b)** ***~ nicht*** (*als Verstärkung*) by no means; (*als Antwort*) not at all; (*stärker*) absolutely not; ***das ist ~ kein Witz*** that's no joke at all

durchbeißen **1.** *vt* (*in zwei Teile*) to bite through **2.** *vr* (*umg*) to struggle through; (*mit Erfolg*) to win through

durchbekommen *vt* (*umg*) to get through

durchblättern *vt Buch etc* to leaf through

Durchblick *m* (≈ *Ausblick*) view (*auf +Akk* of); (*fig umg* ≈ *Überblick*) knowledge; ***den ~ haben*** (*umg*) to know what's what (*umg*) **durchblicken** *vi* **a)** (*wörtl*) to look through; **b)** (*fig*) ***etw ~ lassen*** to hint at sth; **c)** (*fig umg* ≈ *verstehen*) to understand; ***blickst du da durch?*** do you get it? (*umg*)

D

durchbluten *vt* to supply with blood **Durchblutung** *f* circulation (of the blood) (+*Gen* to) **Durchblutungsstörung** *f* circulatory disturbance
durchbohren *vt Wand, Brett* to drill through; (*Kugel*) to go through; ***jdn mit Blicken ~*** (*fig*) to look piercingly at sb; (*hasserfüllt*) to look daggers at sb **durchbohrend** *Adj* piercing
durchboxen (*fig umg*) *vr* to fight one's way through
durchbraten *vti* to cook through; → ***durchgebraten***
durchbrechen[1] **1.** *vt* (*in zwei Teile*) to break (in two) **2.** *vi* (*in zwei Teile*) to break (in two)
durchbrechen[2] *vt Schallmauer* (*fig*) to break; *Mauer etc* to break through
durchbrennen *vi* (*Sicherung, Glühbirne*) to blow; (*umg* ≈ *davonlaufen*) to run away
durchbringen **1.** *vt* **a**) (*durch Prüfung*) to get through; (*durch Krankheit*) to pull through; (≈ *für Unterhalt sorgen*) to provide for; **b**) *Geld* to get through **2.** *vr* to get by
Durchbruch *m* **a**) (*von Blinddarm etc*) perforation; ***zum ~ kommen*** (*fig*) (*Gewohnheit etc*) to assert itself; (*Natur*) to reveal itself; **b**) (*fig*) breakthrough; ***jdm zum ~ verhelfen*** to help sb on the road to success; **c**) (≈ *Öffnung*) opening
durchdacht *Adj* ***gut/schlecht ~*** well/badly thought-out **durchdenken** *vt* to think through
durchdiskutieren *vt* to talk through
durchdrehen **1.** *vt Fleisch etc* to mince **2.** *vi* (*umg: nervlich*) to crack up (*umg*); ***ganz durchgedreht sein*** (*umg*) to be really uptight (*umg*)
durchdringen[1] *vi* **a**) (≈ *hindurchkommen*) to penetrate; (*Sonne*) to come through; ***bis zu jdm ~*** (*fig*) to get as far as sb; **b**) (≈ *sich durchsetzen*) to get through; ***zu jdm ~*** to get through to sb
durchdringen[2] *vt Materie, Dunkelheit etc* to penetrate; (*Gefühl, Idee*) to pervade; → ***durchdrungen***
durchdringend *Adj* piercing; *Geruch* pungent
durchdrücken *vt* **a**) (*fig*) *Reformen etc* to push through; **b**) *Knie, Ellbogen etc* to straighten
durchdrungen *Adj* imbued (*von* with); → ***durchdringen***[2]
durcheinander **1.** *Adv* mixed up **2.** *Adj* ***~ sein*** (*umg*) (*Mensch*) to be confused; (≈ *aufgeregt*) to be in a state (*umg*); (*Zimmer, Papier*) to be in a mess **Durcheinander** *n* (≈ *Unordnung*) mess; (≈ *Wirrwarr*) confusion **durcheinanderbringen** *vt* to muddle up; (≈ *verwirren*) *jdn* to confuse **durcheinanderessen** *vt* ***alles ~*** to eat indiscriminately **durcheinandergeraten** *vi* to get mixed up **durcheinanderreden** *vi* to all speak at once **durcheinandertrinken** *vt* ***alles ~*** to drink indiscriminately **durcheinanderwerfen** *vt* (*fig umg* ≈ *verwechseln*) to mix up
durchfahren[1] *vi* **a**) to go through; **b**) (≈ *nicht anhalten*) to go straight through; ***die Nacht ~*** to travel through the night
durchfahren[2] *vt* to travel through; (*fig: Schreck etc*) to shoot through **Durchfahrt** *f* **a**) (≈ *Durchreise*) way through; ***auf der ~ sein*** to be passing through; **b**) (≈ *Passage*) thoroughfare
Durchfall *m* MED diarrhoea *ohne Artikel* (*Brit*), diarrhea *ohne Artikel* (*US*) **durchfallen** *vi* **a**) to fall through; **b**) (*umg* ≈ *nicht bestehen*) to fail; ***jdn ~ lassen*** to fail sb; ***beim Publikum ~*** to be a flop with the public **Durchfallquote** *f* SCHULE *etc* failure rate
durchfeiern *vi* to stay up all night celebrating
durchfinden *vir* to find one's way through (*durch etw* sth); ***ich finde (mich) hier nicht mehr durch*** (*fig*) I am simply lost
durchfliegen[1] *vi* **a**) (*mit Flugzeug*) to fly through; (*ohne Landung*) to fly nonstop; **b**) (*umg: durch Prüfung*) to fail (*durch etw, in etw Dat* (in) sth)
durchfliegen[2] *vt Luft, Wolken* to fly through; *Strecke* to cover; (≈ *flüchtig lesen*) to skim through
durchfließen *vi* to flow through
durchfluten *vt* (*geh*) (*Fluss*) to flow through; (*fig*) (*Licht, Sonne*) to flood; (*Wärme, Gefühl*) to flow *od* flood through
durchforschen *vt Gegend* to search
durchforsten *vt Wald* to thin out; (*fig*) *Bücher* to go through
durchfragen *vr* to ask one's way

Durchfuhr *f* transit
durchführbar *Adj* feasible **Durchführbarkeit** *f* feasibility
durchführen **1.** *vt* **a)** (≈ *durchleiten*) to lead through; ***jdn durch ein Haus ~*** to show sb (a)round a house; **b)** (≈ *verwirklichen*) to carry out; *Gesetz* to implement; *Test, Kurs* to run; *Reise* to undertake; *Wahl, Prüfung* to hold **2.** *vi* to lead through; ***unter etw*** (*Dat*) ***~*** to go under sth **Durchführung** *f* (≈ *das Verwirklichen*) carrying out; (*von Gesetz*) implementation; (*von Reise*) undertaking; (*von Kurs, Test*) running; (*von Wahl, Prüfung*) holding
durchfüttern *vt* (*umg*) to feed
Durchgabe *f* announcement; (*telefonisch*) message
Durchgang *m* **a)** (≈ *Weg*) way; (*schmal*) passage(way); ***~ verboten!*** no right of way; **b)** (*bei Arbeit*, PARL) stage; **c)** (*von Wahl, Sport*) round; (*beim Rennen*) heat **durchgängig** **1.** *Adj* universal **2.** *Adv* generally **Durchgangslager** *n* transit camp **Durchgangsstraße** *f* through road **Durchgangsverkehr** *m* VERKEHR through traffic
durchgeben *vt* **a)** (≈ *durchreichen*) to pass through; **b)** RADIO, TV *Nachricht* to announce; ***jdm etw telefonisch ~*** to let sb know sth by telephone
durchgebraten *Adj Fleisch etc* well-done *attr*, well done *präd*; → ***durchbraten***
durchgefroren *Adj Mensch* frozen stiff
durchgehen **1.** *vi* **a)** to go through; ***bitte ~!*** (*im Bus*) move right down (the bus) please!; **b)** (≈ *toleriert werden*) to be tolerated; ***jdm etw ~ lassen*** to let sb get away with sth; **c)** (*Pferd etc*) to bolt; (*umg* ≈ *sich davonmachen*) to run off; ***seine Frau ist ihm durchgegangen*** his wife has run off and left him; **d)** ***mit jdm ~*** (*Temperament, Nerven*) to get the better of sb **2.** *vt* (≈ *durchsprechen etc*) to go through **durchgehend** **1.** *Adj Straße* straight; *Zug* direct **2.** *Adv* throughout; ***~ geöffnet*** open 24 hours
durchgeschwitzt *Adj Mensch* bathed in sweat; *Kleidung* soaked in sweat
durchgreifen *vi* (*fig*) to resort to drastic measures **durchgreifend** *Adj Maßnahme* drastic; (≈ *weitreichend*) *Änderung* far-reaching
durchhalten **1.** *vt* (≈ *durchstehen*) *Kampf etc* to survive; *Streik* to see through; *Belastung* to (with)stand; SPORT *Strecke* to stay; *Tempo* to keep up **2.** *vi* to stick it out (*umg*); ***eisern ~*** to hold out grimly **Durchhalteparole** *f* rallying call **Durchhaltevermögen** *n* staying power
durchhängen *vi* to sag; (*fig umg* ≈ *deprimiert sein*) to be down (in the mouth) (*umg*) **Durchhänger** *m* (*umg* ≈ *schlechte Phase*) bad patch
durchhauen *vt* (≈ *spalten*) to split
durchkämmen *vt* (≈ *absuchen*) to comb (through)
durchkämpfen *vr* to fight one's way through; (*fig*) to struggle through
durchkommen *vi* **a)** to get through; (*Sonne etc*) to come through; (*Charakterzug*) to show through; **b)** (≈ *durchfahren*) to come through; **c)** (≈ *überleben*) to come through; ***mit etw ~*** *mit Forderungen etc* to succeed with sth; ***damit kommt er bei mir nicht durch*** he won't get away with that with me
durchkreuzen *vt* (*fig*) *Pläne etc* to thwart
durchkriechen *vi* to crawl through
durchladen *vti Gewehr* to reload
Durchlass *m* (≈ *Durchgang*) passage; (*für Wasser*) duct **durchlassen** *vt* (≈ *passieren lassen*) to allow through; *Licht, Wasser etc* to let through **durchlässig** *Adj Material* permeable; (≈ *porös*) porous; *Grenze* open; ***eine ~e Stelle*** (*fig*) a leak
Durchlauf *m* **a)** (≈ *das Durchlaufen*) flow; **b)** (TV, IT) run; **c)** SPORT heat
durchlaufen[1] **1.** *vt Sohlen* to wear through **2.** *vi* (*Flüssigkeit*) to run through
durchlaufen[2] *vt Gebiet* to run through; *Strecke* to cover; *Lehrzeit, Schule* to pass *od* go through; ***es durchlief mich heiß*** I felt hot all over
durchlaufend *Adj* continuous **Durchlauferhitzer** *m* continuous-flow water heater
durchleben *vt* to go through
durchleiten *vt* to lead through
durchlesen *vt* to read through
durchleuchten *vt Patienten* to X-ray; (*fig*) *Angelegenheit etc* to investigate

D

durchliegen *vt Matratze, Bett* to wear down (in the middle)
durchlöchern *vt* to make holes in; (*fig*) to undermine completely
durchlüften *vti* to air thoroughly
durchmachen **1.** *vt* **a**) (≈ *erdulden*) to go through; *Krankheit* to have; *Operation, Entwicklung* to undergo; ***sie hat viel durchgemacht*** she has been through a lot; **b**) (*umg*) ***eine ganze Nacht ~*** (≈ *durchfeiern*) to make a night of it (*umg*) **2.** *vi* (*umg* ≈ *durchfeiern*) to keep going all night
Durchmarsch *m* march(ing) through **durchmarschieren** *vi* to march through
Durchmesser *m* diameter
durchmogeln *vr* (*umg*) to wangle one's way through (*umg*)
durchmüssen *vi* (*umg*) to have to go through
durchnässen *vt* to soak; ***völlig durchnässt*** soaking wet
durchnehmen *vt* SCHULE to do (*umg*)
durchnummerieren *vt* to number consecutively
durchpeitschen *vt* to flog; (*fig*) to rush through
durchqueren *vt* to cross
durchrasseln *vi* (*umg*) to flunk (*umg*)
durchrechnen *vt* to calculate
durchregnen *vi unpers* **a**) (≈ *durchkommen*) ***hier regnet es durch*** the rain is coming through here; **b**) ***es hat die Nacht durchgeregnet*** it rained all night long
Durchreiche *f* (serving) hatch, pass-through (*US*)
Durchreise *f* journey through; ***auf der ~ sein*** to be passing through **durchreisen** *vt* to travel through
durchreißen *vti* to tear in two
durchringen *vr* ***sich zu einem Entschluss ~*** to force oneself to make a decision; ***sich dazu ~, etw zu tun*** to bring oneself to do sth
durchrosten *vi* to rust through
durchrutschen *vi* to slip through
durchrütteln *vt* to shake about
Durchsage *f* message; (*im Radio*) announcement **durchsagen** *vt* = ***durchgeben*** b
durchsägen *vt* to saw through
Durchsatz *m* INDUSTRIE, IT throughput
durchschaubar *Adj* (*fig*) *Hintergründe, Plan* clear; ***eine leicht ~e Lüge*** a lie that is easy to see through; ***schwer ~er Mensch*** inscrutable person
durchschauen *vt jdn, Spiel* to see through; *Sachlage* to see clearly; ***du bist durchschaut!*** I've/we've seen through you
durchscheinen *vi* to shine through **durchscheinend** *Adj* transparent
durchscheuern *vtr* to wear through
durchschieben *vt* to push through
durchschießen *vt* (*mit Kugeln*) to shoot through; ***ein Gedanke durchschoss mich*** a thought flashed through my mind
durchschimmern *vi* to shimmer through
durchschlafen *vi* to sleep through
Durchschlag *m* **a**) (≈ *Kopie*) carbon (copy); **b**) (≈ *Küchengerät*) sieve **durchschlagen** **1.** *vt* ***etw ~*** (≈ *entzweischlagen*) to chop through sth; KOCH to sieve sth **2.** *vi* **a**) (≈ *durchkommen*) to come through; ***bei ihm schlägt der Vater durch*** you can see his father in him; **b**) (≈ *Wirkung haben*) to catch on; ***auf etw*** (*Akk*) **~** to make one's/its mark on sth; ***auf jdn ~*** to rub off on sb **3.** *vr* to fight one's way through **durchschlagend** *Adj Sieg, Erfolg* sweeping; *Maßnahmen* effective; *Argument, Beweis* conclusive; ***eine ~e Wirkung haben*** to be totally effective **Durchschlagpapier** *n* copy paper; (≈ *Kohlepapier*) carbon paper **Durchschlagskraft** *f* (*von Geschoss*) penetration; (*fig*) (*von Argument*) decisiveness, conclusiveness
durchschleusen *vt* (≈ *durchschmuggeln*) to smuggle through; ***ein Schiff ~*** to pass a ship through a lock
durchschlüpfen *vi* to slip through
durchschmuggeln *vt* to smuggle through
durchschneiden *vt* to cut through; ***etw mitten ~*** to cut sth in two
Durchschnitt *m* average; ***im ~*** on average; ***im ~ 100 km/h fahren*** to average 100 kmph; ***über/unter dem ~*** above/below average **durchschnittlich** **1.** *Adj* average **2.** *Adv* on (an) average; ***~ begabt/groß*** *etc* of average ability/height *etc* **Durchschnittswert** *m* average value
Durchschrift *f* (carbon) copy

durchschwimmen *vt* to swim through; *Strecke* to swim
durchsehen **1.** *vi* (≈ *hindurchschauen*) to look through **2.** *vt* **a)** (≈ *überprüfen*) ***etw ~*** to look sth through; **b)** (*durch etw hindurch*) to see through
durchsetzen[1] **1.** *vt Maßnahmen, Plan* to carry through; *Forderung* to push through; *Ziel* to achieve; ***etw bei jdm ~*** to get sb to agree to sth; ***seinen Willen (bei jdm) ~*** to get one's (own) way (with sb) **2.** *vr* **a)** (*Mensch*) to assert oneself; (*Partei etc*) to win through; ***sich mit etw ~*** to be successful with sth; **b)** (*Neuheit*) to be (generally) accepted
durchsetzen[2] *vt* ***etw mit etw ~*** to intersperse sth with sth
Durchsetzung *f* (*von Maßnahmen, Plan*) carrying through; (*von Forderung*) pushing through; (*von Ziel*) achievement **Durchsetzungsvermögen** *n* ability to assert oneself
Durchseuchung *f* spread of infection
Durchsicht *f* examination; ***bei ~ der Bücher*** on checking the books **durchsichtig** *Adj* transparent
durchsickern *vi* to trickle through; (*fig*) to leak out; ***Informationen ~ lassen*** to leak information
durchspielen *vt Szene* to play through; *Rolle* to act through; (*fig*) to go through
durchsprechen *vt Problem* to talk over
durchstarten **1.** *vi* (AUTO: *beim Anfahren*) to rev up **2.** *vt Motor, Auto* to rev (up)
durchstechen *vt Ohren* to pierce
durchstecken *vt* to put through
durchstehen *vt Zeit, Prüfung* to get through; *Krankheit* to pull through; *Qualen* to (with)stand; *Situation* to get through
durchstellen *vt* to put through
durchstieren *vt* (*schweiz* ≈ *durchdrücken*) to push through
durchstöbern *vt* to rummage through (*nach* for)
durchstoßen[1] *vt* to break through
durchstoßen[2] *vt* ***etw (durch etw) ~*** to push sth through (sth)
durchstreichen *vt* to cross out
durchstreifen *vt* (*geh*) to roam *od* wander through
durchsuchen *vt* to search (*nach* for) **Durchsuchung** *f* search **Durchsuchungsbefehl** *m* search warrant
durchtrainieren *vt* to get fit; ***(gut) durchtrainiert*** *Sportler* completely fit
durchtrennen *vt Stoff* to tear (through); (≈ *schneiden*) to cut (through); *Nerv, Sehne* to sever
durchtreten **1.** *vt Pedal* to step on **2.** *vi* (AUTO ≈ *Gas geben*) to step on the accelerator; (*Radfahrer*) to pedal (hard)
durchtrieben *Adj* cunning
durchwachsen *Adj* **a)** *Speck* streaky; *Schinken* with fat running through (it); **b)** (*hum umg* ≈ *mittelmäßig*) so-so (*umg*)
Durchwahl *f* TELEK direct dialling **durchwählen** *vi* to dial direct; ***nach London ~*** to dial London direct **Durchwahlnummer** *f* dialling code (*Brit*), dial code (*US*); (*in Firma*) extension
durchwandern *vt Gegend* to walk through
durchweg *Adv* (≈ *ausnahmslos*) without exception; (≈ *in jeder Hinsicht*) in every respect
durchweichen *vt Kleidung, jdn* to soak; *Boden, Karton* to make soggy
durchwühlen *vt* to rummage through
durchziehen[1] **1.** *vt* **a)** to pull through; **b)** (*umg* ≈ *erledigen*) to get through **2.** *vi* (≈ *durchkommen*) to pass through; (*Truppe*) to march through **3.** *vr* to run through (*durch etw* sth)
durchziehen[2] *vt* (≈ *durchwandern*) to pass through; (*fig*: *Thema*) to run through; (*Geruch*) to fill
durchzucken *vt* (*Blitz*) to flash across; (*fig*: *Gedanke*) to flash through
Durchzug *m* (≈ *Luftzug*) draught (*Brit*), draft (*US*); ***~ machen*** (*zur Lüftung*) to get the air moving
durchzwängen *vr* to force one's way through
dürfen *vi, v/hilf* **a)** ***etw tun ~*** to be allowed to do sth; ***darf ich? — ja, Sie ~*** may I? — yes, you may; ***hier darf man nicht rauchen*** smoking is prohibited here; ***die Kinder ~ hier nicht spielen*** the children aren't allowed to play here; ***das darf doch nicht wahr sein!*** that can't be true!; **b)** ***darf ich Sie bitten, das zu tun?*** could I ask you to do that?; ***was darf es sein?*** can

I help you?; (*vom Gastgeber gesagt*) what can I get you?; ***ich darf wohl sagen, dass ...*** I think I can say that ...; ***man darf doch wohl fragen*** one can ask, surely?; ***das dürfte Emil sein*** that must be Emil; ***das dürfte reichen*** that should be enough

E

dürftig **1.** *Adj* **a)** (≈ *ärmlich*) wretched; *Essen* meagre (*Brit*), meager (*US*); **b)** (*pej* ≈ *unzureichend*) *Kenntnisse* sketchy; *Ersatz* poor *attr*; *Bekleidung* skimpy **2.** *Adv* (≈ *kümmerlich*) *beleuchtet* poorly; *gekleidet* scantily

dürr *Adj* **a)** (≈ *trocken*) dry; *Boden* arid; **b)** (*pej* ≈ *mager*) scrawny; **c)** (*fig* ≈ *knapp*) *Auskunft* meagre (*Brit*), meager (*US*) **Dürre** *f* drought **Dürreperiode** *f* (period of) drought; (*fig*) barren period

Durst *m* thirst (*nach* for); ***~ haben*** to be thirsty; ***~ bekommen*** to get thirsty; ***das macht ~*** that makes you thirsty; ***ein Glas über den ~ getrunken haben*** (*umg*) to have had one too many (*umg*) **dürsten** *vti unpers* (*geh*) ***es dürstet ihn nach ...*** he thirsts for ... **durstig** *Adj* thirsty **durstlöschend** *Adj* thirst-quenching **Durststrecke** *f* hard times *Pl*

Durtonleiter *f* major scale

Dusche *f* shower; ***unter der ~ sein*** *od* ***stehen*** to be in the shower **duschen** *vir* to have a shower; ***(sich) kalt ~*** to have a cold shower **Duschgel** *n* shower gel **Duschkabine** *f* shower (cubicle) **Duschvorhang** *m* shower curtain

Düse *f* nozzle

Dusel *m* (*umg* ≈ *Glück*) luck; ***~ haben*** to be lucky

düsen *vi* (*umg*) to dash; (*mit Flugzeug*) to jet **Düsenantrieb** *m* jet propulsion **Düsenflugzeug** *n* jet **Düsenjäger** *m* MIL jet fighter **Düsentriebwerk** *n* jet power-unit

Dussel *m* (*umg*) dope (*umg*) **duss(e)lig** (*umg*) *Adj* stupid; ***sich ~ verdienen*** to make a killing (*umg*); ***sich ~ arbeiten*** to work like a horse

düster *Adj* gloomy; *Miene*, *Stimmung* dark

Dutzend *n* dozen; ***zwei/drei ~*** two/three dozen; ***~(e) Mal*** dozens of times **dutzendfach** *Adv* in dozens of ways **Dutzendware** *f* (*pej*) ***~n*** (cheap) mass-produced goods **dutzendweise** *Adv* by the dozen

duzen *vt* to address with the familiar "du"-form; ***wir ~ uns*** we use "du" (to each other)

DVD *f*, *Abk von* ***Digital Versatile Disc*** DVD **DVD-Brenner** *m* DVD recorder *od* writer **DVD-Player** *m* DVD player **DVD-Rekorder**, **DVD-Recorder** *m* DVD recorder **DVD-Spieler** *m* DVD player

Dynamik *f* PHYS dynamics *Sg*; (*fig*) dynamism **Dynamiker(in)** *m(f)* go-getter **dynamisch** **1.** *Adj* dynamic; *Renten* ≈ index-linked **2.** *Adv* (≈ *schwungvoll*) dynamically

Dynamit *n* dynamite

Dynamo *m(f)* dynamo

Dynastie *f* dynasty

D-Zug *m* express train

E

E, e *n* E, e

Ebbe *f* low tide; ***~ und Flut*** the tides; ***es ist ~*** it's low tide; ***in meinem Geldbeutel ist ~*** my finances are at a pretty low ebb at the moment

eben **1.** *Adj* (≈ *glatt*) smooth; (≈ *gleichmäßig*) even; (≈ *gleich hoch*) level; (≈ *flach*) flat **2.** *Adv* **a)** (≈ *soeben*) just; ***ich gehe ~ zur Bank*** I'll just pop to (*Brit*) *od* by (*US*) the bank (*umg*); **b)** (*na*) ***~!*** exactly!; ***das ist es ja ~!*** that's just it!; ***nicht ~ billig/viel*** *etc* not exactly cheap/a lot *etc*; ***das reicht so ~ aus*** it's only just enough; **c)** (≈ *nun einmal, einfach*) just; ***dann bleibst du ~ zu Hause*** then you'll just have to stay at home **Ebenbild** *n* image; ***dein ~*** the image of you; ***das genaue ~ seines Vaters*** the spitting image of his father **ebenbürtig** *Adj* (≈ *gleichwertig*) equal; *Gegner* evenly matched; ***jdm an Kraft ~ sein*** to be sb's equal in strength; ***wir sind einander ~*** we are equal(s) **Ebene** *f* (≈ *Tiefebene*) plain;

(≈ *Hochebene*) plateau; MATHE, PHYS plane; (*fig*) level; ***auf höchster ~*** (*fig*) at the highest level **ebenerdig** *Adj* at ground level **ebenfalls** *Adv* likewise; (*bei Verneinungen*) either; ***danke, ~!*** thank you, the same to you! **Ebenholz** *n* ebony **ebenso** *Adv* (≈ *genauso*) just as; (≈ *auch, ebenfalls*) as well; ***ich mag sie ~ gern*** I like her just as much; ***~ gut*** (just) as well; ***~ oft*** just as often; ***~ sehr*** just as much

Eber *m* boar

Eberesche *f* rowan

ebnen *vt* to level (off); ***jdm den Weg ~*** (*fig*) to smooth the way for sb

Echo *n* echo; ***ein lebhaftes ~ finden*** (*fig*) to meet with a lively *od* positive response (*bei* from) **Echolot** *n* SEEF echo sounder; FLUG sonic altimeter

Echse *f* ZOO lizard

echt **1.** *Adj, Adv* real; *Unterschrift, Geldschein* genuine; ***das Gemälde war nicht ~*** the painting was a forgery; ***ein ~er Bayer*** a real Bavarian **2.** *Adv* **a)** (≈ *typisch*) typically; **b)** (*umg* ≈ *wirklich*) really; ***der spinnt doch ~*** he must be out of his mind **echtgolden** *Adj Ring* real gold *präd* **Echtheit** *f* genuineness **echtsilbern** *Adj Ring* real silver *präd* **Echtzeit** *f* IT real time

Eckball *m* SPORT corner; ***einen ~ geben*** to give a corner **Eckbank** *f* corner seat **Eckdaten** *Pl* key figures *Pl* **Ecke** *f* **a)** corner; (≈ *Kante*) edge; ***Kantstraße ~ Goethestraße*** at the corner of Kantstraße and Goethestraße; ***er wohnt gleich um die ~*** he lives just (a)round the corner; ***an allen ~n und Enden sparen*** to pinch and scrape (*umg*); ***jdn um die ~ bringen*** (*umg*) to bump sb off (*umg*); ***~n und Kanten*** (*fig*) rough edges; **b)** (*umg*) (≈ *Gegend*) corner; (*von Stadt*) area; ***eine ganze ~ entfernt*** quite a (long) way away **Eckfahne** *f* SPORT corner flag **eckig** *Adj* angular; *Tisch, Klammer* square; (≈ *spitz*) sharp **-eckig** *Adj* (*fünf- und mehreckig*) -cornered **Ecklohn** *m* basic rate of pay **Eckpfeiler** *m* corner pillar; (*fig*) cornerstone **Eckpfosten** *m* corner post **Eckstoß** *m* SPORT corner **Eckzahn** *m* canine tooth **Eckzins** *m* FINANZ base rate

E-Commerce *m* e-commerce

Economyklasse *f* economy class

Ecstasy *n* (≈ *Droge*) ecstasy

Ecuador *n* Ecuador

Edamer (Käse) *m* Edam (cheese)

edel *Adj* noble; (≈ *hochwertig*) precious; *Speisen, Wein* fine **Edelgas** *n* rare gas **Edelkitsch** *m* (*iron*) pretentious rubbish **Edelmetall** *n* precious metal **Edelstahl** *m* high-grade steel **Edelstein** *m* precious stone **Edelweiß** *n* edelweiss

editieren *vt* to edit **Editor** *m* IT editor

Edutainment *n* edutainment

EDV *f, Abk von* ***elektronische Datenverarbeitung*** EDP **EDV-Anlage** *f* EDP system

EEG *n, Abk von* ***Elektroenzephalogramm*** EEG

Efeu *m* ivy

Effeff *n* (*umg*) ***etw aus dem ~ können*** to be able to do sth standing on one's head (*umg*); ***etw aus dem ~ kennen*** to know sth inside out

Effekt *m* effect **Effekten** *Pl* FINANZ stocks and bonds *Pl* **Effektenbörse** *f* stock exchange **Effektenhandel** *m* stock dealing **Effektenmakler(in)** *m(f)* stockbroker **Effektenmarkt** *m* stock market **Effekthascherei** *f* (*umg*) cheap showmanship **effektiv** **1.** *Adj* effective; (≈ *tatsächlich*) actual **2.** *Adv* (≈ *bestimmt*) actually **Effektivität** *f* effectiveness **Effektivlohn** *m* actual wage **effektvoll** *Adj* effective

effizient **1.** *Adj* efficient **2.** *Adv* efficiently **Effizienz** *f* efficiency

EG *f, Abk von* ***Europäische Gemeinschaft*** EC

egal *Adj, Adv* ***das ist ~*** that doesn't matter; ***das ist mir ganz ~*** it's all the same to me; (≈ *es kümmert mich nicht*) I don't care; ***~ ob/wo/wie*** no matter whether/where/how; ***ihm ist alles ~*** he doesn't care about anything

Egel *m* ZOO leech

Egge *f* LANDW harrow

Ego *n* PSYCH ego **Egoismus** *m* ego(t)ism **Egoist(in)** *m(f)* ego(t)ist **egoistisch** **1.** *Adj* ego(t)istical **2.** *Adv* ego(t)istically **Egotrip** *m* (*umg*) ego trip (*umg*) **egozentrisch** *Adj* egocentric

eh **1.** *Interj* hey **2.** *Konj* = ***ehe*** **3.** *Adv* **a)** (≈ *früher, damals*) ***seit eh und je*** for ages (*umg*); ***wie eh und je*** just as before; **b)** (≈ *sowieso*) anyway

ehe *Konj* (≈ *bevor*) before

E

E

Ehe *f* marriage; ***er versprach ihr die ~*** he promised to marry her; ***eine glückliche ~ führen*** to have a happy marriage; ***die ~ brechen*** (*förml*) to commit adultery; ***sie hat drei Kinder aus erster ~*** she has three children from her first marriage; ***~ ohne Trauschein*** common-law marriage **eheähnlich** *Adj* (*förml*) ***in einer ~en Gemeinschaft leben*** to cohabit (*förml*) **Eheberater(in)** *m(f)* marriage guidance counsellor (*Brit*) *od* counselor (*US*) **Eheberatung** *f* (≈ *Stelle*) marriage guidance council **Ehebett** *n* marital bed **ehebrechen** *vi* to commit adultery **Ehebrecher** *m* adulterer **Ehebrecherin** *f* adulteress **Ehebruch** *m* adultery **Ehefrau** *f* wife **Ehekrach** *m* marital row **Ehekrise** *f* marital crisis **Eheleute** *Pl* (*förml*) married couple **ehelich** *Adj* marital; *Kind* legitimate

ehemalig *Adj* former; ***ein ~er Häftling*** an ex-convict; ***mein Ehemaliger/meine Ehemalige*** (*hum umg*) my ex (*umg*) **ehemals** *Adv* (*förml*) formerly

Ehemann *m* husband **Ehepaar** *n* (married) couple **Ehepartner(in)** *m(f)* (≈ *Ehemann*) husband; (≈ *Ehefrau*) wife; ***beide ~*** both partners (in the marriage)

eher *Adv* **a)** (≈ *früher*) earlier; ***je ~, desto lieber*** the sooner the better; **b)** (≈ *lieber*) rather; (≈ *wahrscheinlicher*) more likely; (≈ *leichter*) more easily; ***alles ~ als das!*** anything but that!; ***umso ~, als*** (all) the more because; **c)** (≈ *vielmehr*) more; ***er ist ~ faul als dumm*** he's more lazy than stupid

Ehering *m* wedding ring **Eheschließung** *f* marriage ceremony **Ehestand** *m* matrimony

eheste(r, s) *Adv* ***am ~n*** (≈ *am liebsten*) best of all; (≈ *am wahrscheinlichsten*) most likely; (≈ *am leichtesten*) the easiest; (≈ *zuerst*) first

Ehestreit *m* marital row **Ehevertrag** *m* prenuptial agreement

ehrbar *Adj* (≈ *achtenswert*) respectable; (≈ *ehrenhaft*) honourable (*Brit*), honorable (*US*); *Beruf* reputable **Ehre** *f* honour (*Brit*), honor (*US*); ***jdm ~ machen*** to do sb credit; ***sich*** (*Dat*) ***etw zur ~ anrechnen*** to count sth an hono(u)r; ***mit wem habe ich die ~?*** (*iron*, *förml*) with whom do I have the pleasure of speaking? (*förml*); ***es ist mir eine besondere ~, ...*** (*förml*) it is a great hono(u)r for me ...; ***zu ~n*** (+*Gen*) in hono(u)r of **ehren** *vt* to honour (*Brit*), to honor (*US*); ***etw ehrt jdn*** sth does sb credit; ***Ihr Vertrauen ehrt mich*** I am hono(u)red by your trust **Ehrenamt** *n* honorary office **ehrenamtlich** **1.** *Adj* honorary; *Helfer, Tätigkeit* voluntary **2.** *Adv* in an honorary capacity **Ehrenbürger(in)** *m(f)* honorary citizen; ***er wurde zum ~ der Stadt ernannt*** he was given the freedom of the city **Ehrendoktor(in)** *m(f)* honorary doctor **Ehrengast** *m* guest of honour (*Brit*) *od* honor (*US*) **ehrenhaft** *Adj* honourable (*Brit*), honorable (*US*) **Ehrenmal** *n* memorial **Ehrenmann** *m* man of honour (*Brit*) *od* honor (*US*) **Ehrenmitglied** *n* honorary member **Ehrenplatz** *m* place of honour (*Brit*) *od* honor (*US*) **Ehrenrechte** *Pl* JUR civil rights *Pl*; ***bürgerliche ~*** civil rights **Ehrenrettung** *f* retrieval of one's honour (*Brit*) *od* honor (*US*) **Ehrenrunde** *f* SPORT lap of honour (*Brit*) *od* honor (*US*) **Ehrensache** *f* matter of honour (*Brit*) *od* honor (*US*) **Ehrentitel** *m* honorary title **Ehrenwache** *f* guard of honour (*Brit*) *od* honor (*US*) **ehrenwert** *Adj* honourable (*Brit*), honorable (*US*) **Ehrenwort** *n* word of honour (*Brit*) *od* honor (*US*); ***(großes) ~!*** (*umg*) cross my heart (and hope to die)! (*umg*) **ehrerbietig** *Adj* respectful, deferential **Ehrfurcht** *f* great respect (*vor* +*Dat* for); (≈ *fromme Scheu*) reverence (*vor* +*Dat* for); ***vor jdm ~ haben*** to respect/revere sb; ***~ gebietend*** awe-inspiring **ehrfürchtig** *Adj* reverent; *Distanz* respectful **Ehrgefühl** *n* sense of honour (*Brit*) *od* honor (*US*) **Ehrgeiz** *m* ambition **ehrgeizig** *Adj* ambitious

ehrlich **1.** *Adj* honest; *Absicht* sincere; ***~ währt am längsten*** (*Sprichw*) honesty is the best policy (*Sprichw*) **2.** *Adv* **a)** ***~ verdientes Geld*** hard-earned money; ***~ teilen*** to share fairly; ***~ gesagt ...*** quite frankly ...; ***er meint es ~ mit uns*** he is being honest with us; **b)** (≈ *wirklich*) honestly; ***ich bin ~ begeistert*** I'm really thrilled; ***~!***

honestly! **Ehrlichkeit** *f* honesty; (*von Absicht*) sincerity **ehrlos** *Adj* dishonourable (*Brit*), dishonorable (*US*) **Ehrung** *f* honour (*Brit*), honor (*US*) **ehrwürdig** *Adj* venerable

Ei *n* **a)** egg; ***jdn wie ein rohes Ei behandeln*** (*fig*) to handle sb with kid gloves; ***wie auf Eiern gehen*** (*umg*) to step gingerly; ***sie gleichen sich wie ein Ei dem anderen*** they are as alike as two peas (in a pod); **b)** (*sl*) (≈ *Hoden*) **Eier** *Pl* balls *Pl* (*sl*)

Eibe *f* BOT yew

Eiche *f* oak

Eichel *f* **a)** BOT acorn; **b)** ANAT glans **Eichelhäher** *m* jay

eichen *vt* to calibrate

Eichenlaub *n* oak leaves *Pl*

Eichhörnchen *n*, *n* squirrel

Eichstrich *m* official calibration; (*an Gläsern*) line measure **Eichung** *f* calibration

Eid *m* oath; ***einen ~ ablegen*** *od* ***schwören*** to take *od* swear an oath; ***unter ~*** under oath

Eidechse *f* ZOO lizard

eidesstattlich **1.** *Adj* ***eine ~e Erklärung abgeben*** to make a declaration in lieu of an oath **2.** *Adv* ***etw ~ erklären*** to declare sth in lieu of an oath **Eidgenosse** *m*, **Eidgenossin** *f* confederate; (≈ *Schweizer Eidgenosse*) Swiss citizen **Eidgenossenschaft** *f* confederation; ***Schweizerische ~*** Swiss Confederation **eidgenössisch** *Adj* confederate; (≈ *schweizerisch*) Swiss **eidlich** **1.** *Adj* ***~e Erklärung*** declaration under oath **2.** *Adv* under oath

Eidotter *m od n* egg yolk **Eierbecher** *m* eggcup **Eierkocher** *m* egg boiler **Eierkopf** *m* (*hum umg* ≈ *Intellektueller*) egghead (*umg*), boffin (*bes Brit umg*) **Eierlaufen** *n* egg and spoon race **Eierlikör** *m* advocaat **Eierlöffel** *m* eggspoon **eiern** *vi* (*umg*) to wobble **Eierschale** *f* eggshell **eierschalenfarben** *Adj* off-white **Eierschwamm** *m*, **Eierschwammerl** *n* (*österr, schweiz* ≈ *Pfifferling*) chanterelle **Eierspeise** *f* egg dish **Eierstock** *m* ANAT ovary **Eieruhr** *f* egg timer

Eifer *m* (≈ *Begeisterung*) enthusiasm; (≈ *Eifrigkeit*) eagerness; ***mit ~*** enthusiastically; ***im ~ des Gefechts*** (*fig umg*) in the heat of the moment **Eifersucht** *f* jealousy (*auf +Akk* of); ***aus/vor ~*** out of/for jealousy **eifersüchtig** *Adj* jealous (*auf +Akk* of)

eiförmig *Adj* egg-shaped

eifrig **1.** *Adj* eager; *Leser, Sammler* keen **2.** *Adv* *üben* religiously; *an die Arbeit gehen* enthusiastically; ***~ bemüht sein*** to make a sincere effort

Eigelb *n* egg yolk

eigen *Adj* **a)** own; (≈ *selbstständig*) separate; ***Zimmer mit ~em Eingang*** room with its own entrance; ***sich*** (*Dat*) ***etw zu ~ machen*** to adopt sth; (≈ *zur Gewohnheit machen*) to make a habit of sth; **b)** (≈ *typisch*) typical; ***das ist ihm ~*** that is typical of him; **c)** (≈ *seltsam*) strange; **d)** (≈ *übergenau*) fussy; ***in Gelddingen ist er sehr ~*** he is very particular about money matters **Eigenart** *f* (≈ *Besonderheit*) peculiarity; (≈ *Eigenschaft*) characteristic **eigenartig** **1.** *Adj* peculiar **2.** *Adv* peculiarly; ***~ aussehen*** to look strange **eigenartigerweise** *Adv* strangely *od* oddly enough **Eigenbedarf** *m* (*von Mensch*) personal use; (*von Staat*) domestic requirements *Pl* **Eigenbeteiligung** *f* VERS own share, excess (*Brit*) **Eigenbrötler(in)** *m(f)* (*umg*) loner; (≈ *komischer Kauz*) queer fish (*umg*) **Eigengewicht** *n* (*von Lkw etc*) unladen weight; HANDEL net weight; NATURW dead weight **eigenhändig** **1.** *Adj* *Brief, Unterschrift etc* in one's own hand; *Übergabe* personal **2.** *Adv* oneself **Eigenheim** *n* one's own home **Eigenheit** *f* = **Eigenart** **Eigeninitiative** *f* initiative of one's own **Eigenkapital** *n* (*von Person*) personal capital; (*von Firma*) company capital **Eigenleben** *n* one's own life **eigenmächtig** **1.** *Adj* (≈ *selbstherrlich*) high-handed; (≈ *eigenverantwortlich*) taken/done *etc* on one's own authority; (≈ *unbefugt*) unauthorized **2.** *Adv* high-handedly, (entirely) on one's own authority, without any authorization **Eigenname** *m* proper name **Eigennutz** *m* self-interest **eigennützig** *Adj* selfish **eigens** *Adv* (e)specially **Eigenschaft** *f* (≈ *Attribut*) quality; CHEM, PHYS *etc* property; (≈ *Merkmal*) characteristic; (≈ *Funktion*) capacity **Eigenschaftswort** *n* adjective **Eigensinn** *m* stubbornness **eigensinnig**

E

Adj stubborn **eigenständig** *Adj* original; (≈ *unabhängig*) independent **Eigenständigkeit** *f* originality; (≈ *Unabhängigkeit*) independence
eigentlich 1. *Adj* (≈ *wirklich, tatsächlich*) real; *Wert* true; ***im ~en Sinne des Wortes ...*** in the original meaning of the word ... **2.** *Adv* actually; (≈ *tatsächlich, wirklich*) really; ***was willst du ~ hier?*** what do you want here anyway?; ***~ müsstest du das wissen*** you should really know that
Eigentor *n* (SPORT, *fig*) own goal; ***ein ~ schießen*** to score an own goal **Eigentum** *n* property **Eigentümer(in)** *m(f)* owner **eigentümlich** *Adj* (≈ *sonderbar, seltsam*) strange **Eigentümlichkeit** *f* **a)** (≈ *Besonderheit*) characteristic; **b)** (≈ *Eigenheit*) peculiarity **Eigentumsdelikt** *n* JUR *offence against property* **Eigentumsrecht** *n* right of ownership **Eigentumsverhältnisse** *Pl* distribution *Sg* of property **Eigentumswohnung** *f* owner-occupied flat (*Brit*), ≈ condominium (*US*) **eigenverantwortlich 1.** *Adj* autonomous **2.** *Adv* on one's own authority **Eigenverantwortung** *f* autonomy; ***in ~*** *entscheiden etc* on one's own responsibility **eigenwillig** *Adj* with a mind of one's own; (≈ *eigensinnig*) self-willed; (≈ *unkonventionell*) unconventional
eignen *vr* to be suitable (*für, zu* for, *als* as); ***er würde sich nicht zum Lehrer ~*** he wouldn't make a good teacher; → ***geeignet*** **Eignung** *f* suitability; (≈ *Befähigung*) aptitude **Eignungstest** *m* aptitude test
Eilauftrag *m* rush order **Eilbote** *m*, **Eilbotin** *f* messenger; ***per*** *od* ***durch ~n*** express **Eilbrief** *m* express letter **Eile** *f* hurry; ***in ~ sein*** to be in a hurry; ***damit hat es keine ~*** it's not urgent; ***in der ~*** in the hurry; ***nur keine ~!*** don't rush!
Eileiter *m* ANAT Fallopian tube
eilen 1. *vi* **a)** to rush, to hurry; ***eile mit Weile*** (*Sprichw*) more haste less speed (*Sprichw*); **b)** (≈ *dringlich sein*) to be urgent; ***eilt!*** (*auf Briefen etc*) urgent **2.** *vi unpers* ***es eilt*** it's urgent **eilends** *Adv* hurriedly **eilig** *Adj* **a)** (≈ *schnell*) hurried; ***es ~ haben*** to be in a hurry; **b)** (≈ *dringend*) urgent **Eilpaket** *n* express parcel **Eilsendung** *f* express delivery; ***~en*** *Pl* express mail **Eiltempo** *n* ***etw im ~ machen*** to do sth in a real rush
Eimer *m* bucket; (≈ *Mülleimer*) (rubbish) bin (*Brit*), garbage can (*US*); ***ein ~ (voll) Wasser*** a bucket(ful) of water; ***im ~ sein*** (*umg*) to be up the spout (*Brit umg*), to be down the drain (*US umg*) **eimerweise** *Adv* by the bucket(ful)
ein[1] *Adv* (*an Geräten*) ***Ein/Aus*** on/off; ***~ und aus gehen*** to come and go
ein[2], **eine**, **ein 1.** *Num* one; ***~ Uhr*** one (o'clock); ***~ für alle Mal*** once and for all; ***~ und derselbe*** one and the same; ***er ist ihr Ein und Alles*** he means everything to her; → ***eins*** **2.** *unbest Artikel* a; (*vor Vokalen*) an; → ***eine(r, s)***
Einakter *m* THEAT one-act play
einander *Pron* one another
einarbeiten 1. *vr* to get used to the work **2.** *vt* **a)** *jdn* to train; **b)** (≈ *einfügen*) to incorporate
einarmig *Adj* one-armed; ***~er Bandit*** one-armed bandit
einäschern *vt Leichnam* to cremate **Einäscherung** *f* (*von Leichnam*) cremation
einatmen *vti* to breathe in
einäugig *Adj* one-eyed
Einbahnstraße *f* one-way street
einbalsamieren *vt* to embalm
Einband *m* book cover
einbändig *Adj* one-volume *attr*, in one volume
Einbau *m* (≈ *das Einbauen*) installation **einbauen** *vt* to install; (*umg* ≈ *einfügen*) *Zitat etc* to work in; ***eingebaut*** built-in **Einbauküche** *f* (fully-)fitted kitchen **Einbaumöbel** *Pl* fitted furniture **Einbauschrank** *m* fitted cupboard
einbegriffen *Adj* included
einbehalten *vt* to keep back
einberufen *vt Parlament* to summon; *Versammlung* to convene; MIL to call up, to draft (*US*) **Einberufung** *f* **a)** (*einer Versammlung*) convention; (*des Parlaments*) summoning; **b)** MIL conscription **Einberufungsbescheid** *m*, **Einberufungsbefehl** *m* MIL call-up *od* draft (*US*) papers *Pl*
einbetonieren *vt* to cement in (*in +Akk* -to)
einbetten *vt* to embed (*in +Akk* in); →

eingebettet
Einbettzimmer *n* single room
einbeziehen *vt* to include (*in +Akk* in)
einbiegen *vi* to turn (off) (*in +Akk* into); ***du musst hier links ~*** you have to turn (off to the) left here
einbilden *vt* **a)** (≈ *sich vorstellen*) ***sich*** (*Dat*) ***etw ~*** to imagine sth; ***das bildest du dir nur ein*** that's just your imagination; ***bilde dir*** (***doch***) ***nichts ein!*** don't kid yourself! (*umg*); ***was bildest du dir eigentlich ein?*** what's got (*Brit*) *od* gotten (*US*) into you?; **b)** (≈ *stolz sein*) ***sich*** (*Dat*) ***viel auf etw*** (*Akk*) ***~*** to be conceited about sth; ***darauf können Sie sich etwas ~!*** that's something to be proud of!; ***darauf brauchst du dir nichts einzubilden!*** that's nothing to be proud of; → ***eingebildet*** **Einbildung** *f* **a)** (≈ *Vorstellung*) imagination; (≈ *irrige Vorstellung*) illusion; ***das ist alles nur ~*** it's all in the mind; **b)** (≈ *Dünkel*) conceit **Einbildungskraft** *f* (powers *Pl* of) imagination
einbinden *vt Buch* to bind; (*fig* ≈ *einbeziehen*) to integrate
einbläuen *vt* (*umg*) ***jdm etw ~*** (*durch Schläge*) to beat sth into sb; (≈ *einschärfen*) to drum sth into sb
einblenden FILM, TV, RADIO *vt* to insert; (*allmählich*) to fade in
Einblick *m* (*fig* ≈ *Kenntnis*) insight; ***~ in etw*** (*Akk*) ***gewinnen*** to gain an insight into sth
einbrechen **1.** *vt Tür, Wand etc* to break down **2.** *vi* **a)** (≈ *einstürzen*) to fall in; **b)** (≈ *Einbruch verüben*) to break in; ***bei mir ist eingebrochen worden*** I've had a break-in; **c)** (*Nacht*) to fall; (*Winter*) to set in **Einbrecher(in)** *m(f)* burglar
einbringen *vt* **a)** PARL *Gesetz* to introduce; **b)** (≈ *Ertrag bringen*) *Geld, Nutzen* to bring in; *Ruhm* to bring; *Zinsen* to earn; ***das bringt nichts ein*** (*fig*) it's not worth it; **c)** (≈ *beteiligen*) ***sich in etw*** (*Akk*) ***~*** to play a part in sth
einbrocken *vt* ***jdm/sich etwas ~*** (*umg*) to land sb/oneself in it (*umg*)
Einbruch *m* **a)** (≈ *Einbruchdiebstahl*) burglary (*in +Akk* in); ***der ~ in die Bank*** the bank break-in; **b)** (*von Wasser*) penetration; **c)** ***~ der Kurse/der Konjunktur*** FINANZ stock exchange/economic crash; **d)** (*der Nacht*) fall; (*des Winters*) onset; ***bei ~ der Nacht/Dämmerung*** at nightfall/dusk **einbruchsicher** *Adj* burglar-proof
einbürgern **1.** *vt Person* to naturalize **2.** *vr* (*Brauch, Fremdwort*) to become established **Einbürgerung** *f* (*von Menschen*) naturalization
Einbuße *f* loss (*an +Dat* to) **einbüßen** **1.** *vt* to lose; (*durch eigene Schuld*) to forfeit **2.** *vi* ***an Klarheit*** (*Dat*) ***~*** to lose some of its clarity
einchecken *vti* to check in (*an +Dat* at)
eincremen *vt* to put cream on
eindämmen *vt Fluss* to dam; (*fig*) (≈ *vermindern*) to check; (≈ *im Zaum halten*) to contain
eindecken **1.** *vr* ***sich*** (***mit etw***) ***~*** to stock up (with sth) **2.** *vt* (*umg* ≈ *überhäufen*) to inundate; ***mit Arbeit eingedeckt sein*** to be snowed under with work
eindeutig **1.** *Adj* clear; (≈ *nicht zweideutig*) unambiguous; *Witz* explicit **2.** *Adv* (≈ *klar*) clearly; (≈ *unmissverständlich*) unambiguously **Eindeutigkeit** *f* clearness; (≈ *Unzweideutigkeit*) unambiguity
eindeutschen *vt* to Germanize
eindimensional *Adj* one-dimensional
eindösen *vi* (*umg*) to doze off
eindringen *vi* **a)** (≈ *einbrechen*) ***in etw*** (*Akk*) ***~*** to force one's way into sth; **b)** (≈ *hineindringen*) ***in etw*** (*Akk*) ***~*** to go into sth; **c)** (≈ *bestürmen*) ***auf jdn ~*** to go for sb (*mit* with); (*mit Fragen, Bitten etc*) to besiege sb **eindringlich** **1.** *Adj* (≈ *nachdrücklich*) insistent; *Schilderung* vivid **2.** *Adv warnen* urgently **Eindringling** *m* intruder
Eindruck *m* impression; ***den ~ erwecken, als ob*** *od* ***dass ...*** to give the impression that ...; ***ich habe den ~, dass ...*** I have the impression that ...; ***großen ~ auf jdn machen*** to make a great impression on sb; ***er will ~*** (***bei ihr***) ***machen*** he's out to impress (her) **eindrücken** *vt Fenster* to break; *Tür, Mauer* to push down; (≈ *einbeulen*) to dent **eindrucksvoll** *Adj* impressive
eine; → ***ein***[2]; → ***eine***(***r, s***)
einebnen *vt* to level
eineiig *Adj Zwillinge* identical
eineinhalb *Num* one and a half; → ***anderthalb***

Eineltern(teil)familie *f* single-parent family
einengen *vt* (*wörtl*) to constrict; (*fig*) *Begriff, Freiheit* to restrict; ***jdn in seiner Freiheit ~*** to curb sb's freedom
Einer *m* **a)** MATHE unit; **b)** (≈ *Ruderboot*) single scull

E

eine(r, s) *Indefinitpron* **a)** one; (≈ *jemand*) somebody; ***und das soll ~r glauben!*** (*umg*) and we're/you're meant to believe that!; **b)** ***~s*** (*a.* **eins**) one thing; ***~s sag ich dir*** I'll tell you one thing
einerlei *Adj* (≈ *gleichgültig*) all the same; ***das ist mir ganz ~*** it's all the same to me **Einerlei** *n* monotony
einerseits *Adv* ***~ ... andererseits ...*** on the one hand ... on the other hand ...
einfach **1.** *Adj* simple; *Fahrkarte, Fahrt* one-way, single (*Brit*); *Essen* plain; ***das ist nicht so ~ zu verstehen*** that is not so easy to understand **2.** *Adv* **a)** (≈ *schlicht*) simply; **b)** (≈ *nicht doppelt*) once; **c)** (*verstärkend* ≈ *geradezu*) simply; **d)** (≈ *ohne Weiteres*) just **Einfachheit** *f* simplicity; ***der ~ halber*** for the sake of simplicity
einfädeln **1.** *vt* **a)** *Nadel, Faden* to thread (*in +Akk* through); **b)** (*umg*) *Intrige, Plan etc* to set up (*umg*) **2.** *vr* ***sich in eine Verkehrskolonne ~*** to filter into a stream of traffic
einfahren **1.** *vi* (*Zug, Schiff*) to come in (*in +Akk* -to) **2.** *vt* **a)** *Fahrgestell* to retract; **b)** (≈ *gewöhnen*) to break in; *Wagen* to run in (*Brit*), to break in (*US*); **c)** *Gewinne, Verluste* to make **Einfahrt** *f* **a)** (≈ *das Einfahren*) entry (*in +Akk* to); ***Vorsicht bei (der) ~ des Zuges!*** stand well back, the train is arriving; **b)** (≈ *Eingang*) entrance; (≈ *Toreinfahrt*) entry; ***„Einfahrt freihalten"*** "keep clear"
Einfall *m* **a)** (≈ *Gedanke*) idea; **b)** MIL invasion (*in +Akk* of) **einfallen** *vi* **a)** (*Gedanke*) ***jdm ~*** to occur to sb; ***jetzt fällt mir ein, wie/warum ...*** I've just thought of how/why ...; ***das fällt mir nicht im Traum ein!*** I wouldn't dream of it!; ***sich*** (*Dat*) ***etw ~ lassen*** to think of sth; ***was fällt Ihnen ein!*** what are you thinking of!; **b)** (≈ *in Erinnerung kommen*) ***jdm ~*** to come to sb; ***es fällt mir jetzt nicht ein*** I can't think of it at the moment; **c)** (≈ *einstürzen*) to collapse; → ***eingefallen***; **d)** (≈ *eindringen*) ***in ein Land ~*** to invade a country; **e)** (*Lichtstrahlen*) to fall; **f)** (≈ *mitreden*) to join in **einfallslos** *Adj* unimaginative **Einfallslosigkeit** *f* unimaginativeness **einfallsreich** *Adj* imaginative **Einfallsreichtum** *m* imaginativeness
Einfallswinkel *m* PHYS angle of incidence
einfältig *Adj* (≈ *arglos*) simple; (≈ *dumm*) simple(-minded) **Einfaltspinsel** *m* (*umg*) simpleton
Einfamilienhaus *n* single-family house
einfangen *vt* to catch, to capture
einfarbig *Adj* all one colour (*Brit*) *od* color (*US*)
einfassen *vt* *Beet, Grab* to border; *Kleid* to trim
einfetten *vt* to grease; *Haut, Gesicht* to rub cream into
einfinden *vr* to come; (≈ *eintreffen*) to arrive
einflechten *vt* (*fig*: *ins Gespräch etc*) to introduce (*in +Akk* in, into); ***darf ich kurz ~, dass ...*** I would just like to say that ...
einfliegen **1.** *vt* **a)** *Flugzeug* to test-fly; **b)** *Proviant, Truppen* to fly in (*in +Akk* -to) **2.** *vi* to fly in (*in +Akk* -to)
einfließen *vi* to flow in; ***er ließ nebenbei ~, dass ...*** he let it drop that ...
einflößen *vt* ***jdm etw ~*** *Medizin* to give sb sth; *Mut etc* to instil (*Brit*) *od* instill (*US*) sth into sb
Einflugschneise *f* FLUG approach path
Einfluss *m* influence; ***unter dem ~ von jdm/etw*** under the influence of sb/sth; ***~ auf jdn ausüben*** to exert an influence on sb; ***darauf habe ich keinen ~*** I can't influence that **Einflussbereich** *m* sphere of influence **Einflussnahme** *f* exertion of influence **einflussreich** *Adj* influential
einförmig *Adj* uniform; (≈ *eintönig*) monotonous
einfrieren **1.** *vi* to freeze; (*Wasserleitung*) to freeze up **2.** *vt* to freeze; POL *Beziehungen* to suspend
einfügen **1.** *vt* to fit (*in +Akk* into); IT to insert (*in +Akk* in) **2.** *vr* to fit in (*in +Akk* -to); (≈ *sich anpassen*) to adapt (*in +Akk* to) **Einfügetaste** *f* IT insert key
einfühlen *vr* ***sich in jdn ~*** to empathize with sb; ***sich in etw*** (*Akk*) ***~*** to under-

stand sth **einfühlsam 1.** *Adj* sensitive **2.** *Adv* sensitively **Einfühlungsvermögen** *n* capacity for understanding, empathy
Einfuhr *f* import; (≈ *das Einführen*) importing **Einfuhrartikel** *m* import **Einfuhrbeschränkung** *f* import restriction **einführen** *vt* **a)** (≈ *hineinstecken*) to insert (*in +Akk* into); **b)** (≈ *bekannt machen*) to introduce (*in +Akk* into); HANDEL *Firma, Artikel* to establish; ***jdn in sein Amt ~*** to install sb (in office); **c)** (*als Neuerung*) to introduce; **d)** HANDEL *Waren* to import **Einfuhrgenehmigung** *f* import permit **Einfuhrland** *n* importing country **Einfuhrlizenz** *f* import licence (*Brit*) *od* license (*US*) **Einführung** *f* introduction (*in +Akk* to) **Einführungskurs** *m* UNI *etc* introductory course **Einführungspreis** *m* introductory price **Einfuhrverbot** *n* ban on imports
einfüllen *vt* to pour in; ***etw in Flaschen ~*** to put sth into bottles, to bottle sth
Eingabe *f* **a)** (*förml* ≈ *Gesuch*) petition (*an +Akk* to); **b)** IT input **Eingabetaste** *f* IT enter key
Eingang *m* **a)** entrance (*in +Akk* to); (≈ *Zutritt, Aufnahme*) entry; ***„kein ~!"*** "no entrance"; **b)** (HANDEL ≈ *Wareneingang*) delivery; (≈ *Erhalt*) receipt; ***den ~*** *od* ***die Eingänge bearbeiten*** to deal with the incoming mail
eingängig *Adj Melodie, Spruch* catchy **eingangs** *Adv* at the start **Eingangsdatum** *n* date of receipt **Eingangsstempel** *m* HANDEL receipt stamp
eingeben *vt* **a)** (≈ *verabreichen*) to give; **b)** IT *Text, Befehl* to enter
eingebettet *Adj* embedded; → ***einbetten***
eingebildet *Adj* **a)** (≈ *hochmütig*) conceited; **b)** (≈ *imaginär*) imaginary; → ***einbilden***
eingeboren *Adj* (≈ *einheimisch*) native **Eingeborene(r)** *mf* native
Eingebung *f* inspiration
eingefallen *Adj Wangen* hollow; *Augen* deep-set; → ***einfallen***
eingefleischt *Adj* (≈ *überzeugt*) confirmed; (≈ *unverbesserlich*) dyed-in--the-wool; ***~er Junggeselle*** (*hum*) confirmed bachelor
eingehen 1. *vi* **a)** (*Briefe, Waren etc*) to arrive; (*Spenden, Bewerbungen*) to come in; ***~de Post/Waren*** incoming mail/goods; ***eingegangene Post/Spenden*** mail/donations received; **b)** (≈ *sterben*: *Tiere, Pflanze*) to die (*an +Dat* of); (*umg*: *Firma etc*) to fold; **c)** ***auf etw*** (*Akk*) ***~*** *auf Frage, Punkt etc* to go into sth; ***auf jdn/etw ~*** (≈ *sich widmen*) to give (one's) time and attention to sb/sth; ***auf einen Vorschlag/Plan ~*** (≈ *zustimmen*) to agree to a suggestion/plan **2.** *vt* (≈ *abmachen*) to enter into; *Risiko* to take; *Wette* to make **eingehend 1.** *Adj* (≈ *ausführlich*) detailed; (≈ *gründlich*) thorough; *Untersuchungen* in-depth *attr* **2.** *Adv* (≈ *ausführlich*) in detail; (≈ *gründlich*) thoroughly
Eingemachte(s) *n* bottled fruit/vegetables; (≈ *Marmelade*) preserves *Pl*; ***ans ~ gehen*** (*fig umg*) to dig deep into one's reserves
eingemeinden *vt* to incorporate (*in +Akk, nach* into)
eingenommen *Adj* ***für jdn/etw ~ sein*** to be taken with sb/sth; ***gegen jdn/etw ~ sein*** to be prejudiced against sb/sth; → ***einnehmen***
eingeschlossen *Adj* **a)** (≈ *umgeben*) *Grundstück, Haus etc* enclosed; **b)** (≈ *umzingelt*) surrounded, encircled; **c)** ***im Preis ~*** included in the price; → ***einschließen***
eingeschnappt *Adj* (*umg*) cross; ***~ sein*** to be in a huff; → ***einschnappen***
eingeschränkt *Adj* (≈ *eingeengt*) restricted; ***in ~en Verhältnissen leben*** to live in straitened circumstances; → ***einschränken***
eingeschrieben *Adj Brief* registered; → ***einschreiben***
eingespielt *Adj* ***aufeinander ~ sein*** to be used to one another; → ***einspielen***
Eingeständnis *n* admission, confession **eingestehen** *vt* to admit
eingestellt *Adj* ***links/rechts ~ sein*** to have leanings to the left/right; ***ich bin im Moment nicht auf Besuch ~*** I'm not prepared for visitors; → ***einstellen***
eingetragen *Adj Warenzeichen, Verein* registered; → ***eintragen***
Eingeweide *n* entrails *Pl* **Eingeweidebruch** *m* MED hernia
eingewöhnen *vr* to settle down (*in*

E

+*Dat* in)

eingießen *vt* (≈ *einschenken*) to pour (out)

eingleisig 1. *Adj* single-track **2.** *Adv* ***er denkt sehr ~*** he's completely single-minded

E

eingliedern 1. *vt Firma, Gebiet* to incorporate (+*Dat* into, with); *jdn* to integrate (*in +Akk* into) **2.** *vr* to fit in (*in +Akk* -to, in) **Eingliederung** *f* (*von Firma, Gebiet*) incorporation; (*von Behinderten, Straffälligen*) integration

eingraben 1. *vt Pfahl, Pflanze* to dig in (*in +Akk* -to) **2.** *vr* to dig oneself in (*auch* MIL)

eingravieren *vt* to engrave (*in +Akk* in)

eingreifen *vi* (≈ *einschreiten*, MIL) to intervene; ***in jds Rechte*** (*Akk*) ***~*** to intrude (up)on sb's rights; ***Eingreifen*** intervention **Eingreiftruppe** *f* strike force

eingrenzen *vt* (*wörtl*) to enclose; (*fig*) *Problem* to delimit

Eingriff *m* **a)** MED operation; **b)** (≈ *Übergriff*) intervention

Einhalt *m* ***jdm/einer Sache ~ gebieten*** to stop sb/sth **einhalten** *vt* (≈ *beachten*) to keep; *Spielregeln* to follow; *Diät, Vertrag* to keep to; *Verpflichtungen* to carry out **Einhaltung** *f* (≈ *Beachtung*) keeping (+*Gen* of); (*von Spielregeln*) following (+*Gen* of); (*von Diät, Vertrag*) keeping (+*Gen* to); (*von Verpflichtungen*) carrying out (+*Gen* of)

einhämmern *vt* ***jdm etw ~*** (*fig*) to hammer *od* drum sth into sb

einhandeln *vt* to trade (*gegen, für* for); ***sich*** (*Dat*) ***etw ~*** (*umg*) to get sth

einhändig *Adj* one-handed

einhängen 1. *vt Tür* to hang **2.** *vr* ***sich bei jdm ~*** to slip one's arm through sb's

einheimisch *Adj Mensch, Tier, Pflanze* native; *Industrie* local **Einheimische(r)** *mf* local

einheimsen *vt* (*umg*) to collect

Einheit *f* **a)** (*von Land etc*) unity; ***eine geschlossene ~ bilden*** to form an integrated whole; ***die*** (***deutsche***) ***~*** (German) unity; **b)** (MIL, NATURW, TELEK) unit **einheitlich 1.** *Adj* (≈ *gleich*) the same, uniform; (≈ *in sich geschlossen*) unified **2.** *Adv* uniformly; ***~ gekleidet*** dressed alike **Einheitlichkeit** *f* (≈ *Gleichheit*) uniformity; (≈ *innere Geschlossenheit*) unity **Einheitsbrei** *m* (*pej umg*) ***es ist so ein ~*** it's all so samey (*umg*) **Einheitspreis** *m* standard price

einheizen *vi* ***jdm*** (***tüchtig***) ***~*** (*umg*) (≈ *die Meinung sagen*) to haul sb over the coals; (≈ *zu schaffen machen*) to make things hot for sb

einhellig 1. *Adj* unanimous **2.** *Adv* unanimously

einher- *Präf* (≈ *entlang*) along; (≈ *hin und her*) up and down **einhergehen** *vi* ***mit etw ~*** (*fig*) to be accompanied by sth

einholen *vt* **a)** (≈ *einziehen*) *Boot, Netz* to pull in; *Fahne, Segel* to lower; **b)** *Erlaubnis* to obtain; ***bei jdm Rat ~*** to obtain advice from sb; **c)** (≈ *erreichen*) *Laufenden* to catch up; *Vorsprung* to make up; **d)** (*auch vi, dial*) = ***einkaufen***

Einhorn *n* unicorn

einhüllen *vt* to wrap (up); ***in Nebel eingehüllt*** shrouded in mist

einhundert *Num* (*förml*) = ***hundert***

einig *Adj* **a)** (≈ *geeint*) united; **b)** (≈ *einer Meinung*) agreed; ***sich*** (*Dat*) ***über etw*** (*Akk*) ***~ werden*** to agree on sth

einigen 1. *vt* to unite **2.** *vr* to reach (an) agreement (*über +Akk* about); ***sich auf einen Kompromiss ~*** to agree to a compromise

einige(r, s) *Indefinitpron* **a)** (≈ *etwas*) some; (≈ *ziemlich viel*) (quite) some; ***nach ~r Zeit*** after a while; ***das wird ~s kosten*** that will cost something; ***dazu gehört schon ~r Mut*** that takes some courage; **b)** *Pl* some; (≈ *mehrere*) several; (≈ *ein paar*) a few, some; ***~ Mal(e)*** a few times; ***an ~n Stellen*** in some places; ***in ~n Tagen*** in a few days **einigermaßen** *Adv* (≈ *ziemlich*) rather; (*vor Adj*) fairly; (≈ *ungefähr*) to some extent; ***wie gehts dir? — ~*** how are you? — all right

Einigkeit *f* (≈ *Eintracht*) unity; (≈ *Übereinstimmung*) agreement; ***in diesem Punkt herrschte ~*** there was agreement on this point **Einigung** *f* **a)** POL unification; **b)** (≈ *Übereinstimmung*) agreement; (JUR ≈ *Vergleich*) settlement; ***über etw*** (*Akk*) ***~ erzielen*** to come to an agreement on sth

einjagen *vt* ***jdm einen Schrecken ~*** to

give sb a fright
einjährig *Adj* one-year-old; *Pflanze* annual; *Amtszeit, Studium* one-year *attr*
einkalkulieren *vt* to reckon with; *Kosten* to include
Einkauf *m* **a)** purchase; ***Einkäufe machen*** to go shopping; ***sie packte ihre Einkäufe aus*** she unpacked her shopping; **b)** (HANDEL ≈ *Abteilung*) buying (department) **einkaufen** **1.** *vt* to buy **2.** *vi* to shop; HANDEL to buy; ***~ gehen*** to go shopping **Einkäufer(in)** *m(f)* HANDEL buyer **Einkaufsabteilung** *f* purchasing department **Einkaufsbummel** *m* ***einen ~ machen*** to go on a shopping spree **Einkaufskorb** *m* shopping basket **Einkaufsliste** *f* shopping list **Einkaufstasche** *f* shopping bag **Einkaufswagen** *m* shopping trolley (*Brit*) *od* cart (*US*) **Einkaufszentrum** *n* shopping centre (*Brit*) *od* center (*US*) **Einkaufszettel** *m* shopping list
einkehren *vi* **a)** (*in Gasthof*) to stop off (*in +Dat* at); **b)** (*Ruhe*) to come (*bei* to)
einkeilen *vt* to hem in
einkerben *vt* to notch; (≈ *schnitzen*) to cut **Einkerbung** *f* notch
einkesseln *vt* to encircle
einklagen *vt Schulden* to sue for (the recovery of)
einklammern *vt* to put in brackets
Einklang *m* **a)** MUS unison; **b)** (*fig*) harmony; ***in ~ bringen*** to bring into line; ***im ~ mit etw stehen*** to be in accord with sth
einkleiden *vt Soldaten* to fit out (with a uniform); ***sich neu ~*** to buy oneself a new wardrobe
einklemmen *vt* (≈ *quetschen*) to jam; *Finger etc* to catch
einkochen *vt Gemüse* to preserve; *Marmelade* to make
Einkommen *n* income **Einkommensgrenze** *f* income limit **Einkommensklasse** *f* income bracket **einkommensschwach** *Adj* low-income *attr* **einkommensstark** *Adj* high-income *attr* **Einkommen(s)steuer** *f* income tax **Einkommen(s)steuerbescheid** *m* income tax assessment **Einkommen(s)steuererklärung** *f* income tax return
einkreisen *vt* to surround; (*fig*) *Problem* to consider from all sides; POL to isolate
Einkünfte *Pl* income *Sg*
einladen *vt* **a)** *Waren* to load (*in +Akk* into); **b)** *jdn* to invite; ***jdn zu einer Party ~*** to invite sb to a party; ***jdn ins Kino ~*** to ask sb to the cinema; ***lass mal, ich lade dich ein*** come on, this one's on me **einladend** *Adj* inviting; *Speisen* appetizing **Einladung** *f* invitation
Einlage *f* **a)** (≈ *Zahneinlage*) temporary filling; **b)** (≈ *Schuheinlage*) insole; (*zum Stützen*) (arch) support; **c)** (≈ *Zwischenspiel*) interlude; **d)** (FINANZ ≈ *Kapitaleinlage*) investment
einlagern *vt* to store
Einlass *m* (≈ *Zutritt*) admission; ***jdm ~ gewähren*** to admit sb; ***sich*** (*Dat*) ***~ in etw*** (*Akk*) ***verschaffen*** to gain entry to sth **einlassen** **1.** *vt* **a)** (≈ *eintreten lassen*) to let in; **b)** (≈ *einlaufen lassen*) *Wasser* to run (*in +Akk* into) **2.** *vr* ***sich auf etw*** (*Akk*) ***~*** to get involved in sth; ***sich auf einen Kompromiss ~*** to agree to a compromise; ***darauf lasse ich mich nicht ein!*** I don't want anything to do with it; ***da habe ich mich aber auf etwas eingelassen!*** I've let myself in for something there!; ***sich mit jdm ~*** (*pej*) to get involved with sb
Einlauf *m* **a)** (SPORT: *am Ziel*) finish; **b)** MED enema **einlaufen** **1.** *vi* **a)** (≈ *hineinlaufen*) to come in (*in +Akk* -to); (*durchs Ziel*) to finish; **b)** (*Wasser*) to run in (*in +Akk* -to); **c)** (*Stoff*) to shrink **2.** *vt Schuhe* to wear in **3.** *vr* SPORT to warm up
einläuten *vt* to ring in; SPORT *Runde* to sound the bell for
einleben *vr* to settle down (*in od an +Dat* in)
Einlegearbeit *f* inlay work *kein Pl* **einlegen** *vt* **a)** (*in Holz etc*) to inlay; **b)** (≈ *hineintun*) to insert (*in +Akk* in); *Film* to load (*in +Akk* into); **c)** AUTO *Gang* to engage; **d)** *Protest* to register; ***ein gutes Wort für jdn ~*** to put in a good word for sb (*bei* with); **e)** KOCH *Heringe, Gurken etc* to pickle **Einlegesohle** *f* insole
einleiten *vt* **a)** (≈ *in Gang setzen*) to initiate; *Schritte* to introduce; JUR *Verfahren* to institute; MED *Geburt* to induce; **b)** (≈ *beginnen*) to start; **c)** *Abwässer etc* to discharge (*in +Akk* into) **einleitend** **1.** *Adj* introductory **2.** *Adv*

er sagte ~, dass ... he said by way of introduction that ... **Einleitung** *f* **a)** (≈ *Vorwort*) introduction; **b)** (≈ *das Einleiten*) initiation; (*von Schritten*) introduction; (*von Verfahren*) institution; (*von Geburt*) induction; **c)** (*von Abwässern*) discharge (*in +Akk* into)

E

einlenken *vi* (≈ *nachgeben*) to yield

einlesen **1.** *vr* ***sich in ein Gebiet*** *etc* **~** to get into a subject *etc* **2.** *vt Daten* to read in (*in +Akk* -to)

einleuchten *vi* to be clear (*jdm* to sb); ***das will mir nicht ~*** I just don't understand that **einleuchtend** *Adj* reasonable

einliefern *vt Waren* to deliver; ***jdn ins Krankenhaus ~*** to admit sb to hospital **Einlieferung** *f* (*ins Krankenhaus*) admission (*in +Akk* to); (*ins Gefängnis*) committal (*in +Akk* to) **Einlieferungsschein** *m* certificate of posting (*Brit*) *od* mailing (*bes US*)

Einliegerwohnung *f* granny annexe (*Brit*) *od* flat (*Brit*), in-law apartment (*US*)

einloggen *vr* IT to log in

einlösen *vt Pfand* to redeem; *Scheck* to cash (in); (*fig*) *Versprechen* to keep

einmachen *vt Obst* to preserve **Einmachglas** *n* bottling jar

einmal *Adv* **a)** (≈ *ein einziges Mal*) once; (≈ *erstens*) first of all, for a start; ***~ sagt er dies, ~ das*** sometimes he says one thing, sometimes another; ***auf ~*** (≈ *plötzlich*) suddenly; (≈ *zugleich*) at once; ***~ und nie wieder*** once and never again; ***noch ~*** again; ***noch ~ so groß wie*** as big again as; ***~ ist keinmal*** (*Sprichw*) once doesn't count; **b)** (≈ *früher*) once; (≈ *in Zukunft*) one day; ***waren Sie schon ~ in Rom?*** have you ever been to Rome?; ***es war ~ ...*** once upon a time there was ...; ***besuchen Sie mich doch ~!*** come and visit me some time!; **c)** ***nicht ~*** not even; ***auch ~*** also, too; ***wieder ~*** again; ***die Frauen sind nun ~ so*** that's the way women are **Einmaleins** *n* (multiplication) tables *Pl*; (*fig*) ABC, basics *Pl*; ***das kleine/große ~*** (multiplication) tables up to/over ten **Einmalhandtuch** *n* disposable towel **einmalig** *Adj* **a)** *Gelegenheit* unique; **b)** (≈ *nur einmal erforderlich*) single; *Zahlung* one-off *attr*; **c)** (*umg* ≈ *hervorragend*) fantastic

Einmarsch *m* (*in ein Land*) invasion (*in +Akk* of) **einmarschieren** *vi* to march in (*in +Akk* -to)

Einmeterbrett *n* one-metre (*Brit*) *od* one-meter (*US*) (diving) board

einmischen *vr* to interfere (*in +Akk* in) **Einmischung** *f* interference (*in +Akk* in)

einmotorig *Adj Flugzeug* single-engine(d)

einmotten *vt* to mothball

einmünden *vi* (*Fluss*) to flow in (*in +Akk* -to); (*Straße*) to run in (*in +Akk* -to); ***in etw*** (*Akk*) **~** (*fig*) to end up in sth

einmütig **1.** *Adj* unanimous **2.** *Adv* unanimously **Einmütigkeit** *f* unanimity

Einnahme *f* **a)** MIL seizure; **b)** (≈ *Ertrag*) receipt **Einnahmen** *Pl* income *Sg*; (≈ *Geschäftseinnahmen*) takings *Pl*; (*eines Staates*) revenue *Sg*; ***~n und Ausgaben*** income and expenditure **Einnahmequelle** *f* source of income; (*eines Staates*) source of revenue **einnehmen** *vt* **a)** *Geld* to take; (*Freiberufler*) to earn; *Steuern* to collect; **b)** (MIL ≈ *erobern*) to take; **c)** *Platz etc* to take (up); **d)** *Mahlzeit, Arznei* to take; **e)** ***jdn gegen sich ~*** to set sb against oneself; → ***eingenommen***

einnicken *vi* (*umg*) to doze *od* nod off

einnisten *vr* (*wörtl*) to nest; (*fig*) to park oneself (*bei* on)

einölen *vt* to oil

einordnen **1.** *vt* **a)** *Bücher etc* to (put in) order; *Akten* to file; **b)** (≈ *klassifizieren*) to classify **2.** *vr* **a)** (*in Gemeinschaft etc*) to fit in (*in +Akk* -to); **b)** AUTO ***sich links/rechts ~*** to get into the left/right lane

einpacken **1.** *vt* **a)** (≈ *einwickeln*) to wrap (up) (*in +Akk* in); **b)** (≈ *hineintun*) to pack (*in +Akk* in) **2.** *vi* to pack; ***dann können wir ~*** (*umg*) in that case we may as well pack it all in (*umg*)

einparken *vti* (***in eine Parklücke***) **~** to get into a parking space

einpassen *vt* to fit in (*in +Akk* -to)

Einpeitscher(in) *m(f)* POL whip (*Brit*), floor leader (*US*)

einpendeln *vr* (*fig*) to settle down

einpennen *vi* (*sl*) to drop off (*umg*)

Einpersonenhaushalt *m* single-person household
einpflanzen *vt* to plant (*in +Dat* in); MED to implant (*jdm* in(to) sb)
einphasig *Adj* single-phase
einplanen *vt* to plan (on); *Verluste* to allow for
einpolig *Adj* single-pole
einprägen **1.** *vt Inschrift* to stamp; ***sich*** (*Dat*) ***etw ~*** to remember sth; (≈ *auswendig lernen*) to memorize sth **2.** *vr* ***sich jdm ~*** to make an impression on sb **einprägsam** *Adj* catchy
einprogrammieren *vt Daten* to feed in
einprügeln *vi* (*umg*) ***auf jdn ~*** to lay into sb
einquartieren **1.** *vt* to quarter **2.** *vr* to be quartered (*bei* with); (*Gäste*) to stop (*bei* with) (*umg*)
einquetschen *vt* = ***einklemmen***
Einrad *n* unicycle
einrahmen *vt* to frame
einrasten *vti* to engage
einräumen *vt* **a)** *Wäsche, Bücher etc* to put away; *Wohnung, Zimmer* to arrange; **b)** (≈ *zugestehen*) to concede; *Recht* to give
einrechnen *vt* to include
einreden **1.** *vt* ***jdm etw ~*** to talk sb into believing sth; ***er will mir ~, dass ...*** he wants me to believe that ...; ***das redest du dir nur ein!*** you're only imagining it **2.** *vi* ***auf jdn ~*** to keep on and on at sb
einreiben *vt* ***er rieb sich*** (*Dat*) ***das Gesicht mit Creme ein*** he rubbed cream into his face
einreichen *vt Antrag* to submit (*bei* to); JUR *Klage* to file
einreihen *vr* ***sich in etw*** (*Akk*) ***~*** to join sth **Einreiher** *m* (≈ *Anzug*) single-breasted suit
Einreise *f* entry (*in +Akk* into, to); ***bei der ~ in die Schweiz*** when entering Switzerland **Einreisegenehmigung** *f* entry permit **einreisen** *vi* to enter the country **Einreiseverbot** *n* refusal of entry; ***~ haben*** to have been refused entry **Einreisevisum** *n* entry visa
einreißen **1.** *vt* **a)** *Papier, Stoff* to tear; **b)** *Gebäude, Zaun* to tear down **2.** *vi* (*Papier*) to tear; (*fig umg, Unsitte etc*) to catch on (*umg*)
einreiten *vt Pferd* to break in
einrenken **1.** *vt Gelenk* to put back in place; (*fig umg*) to sort out **2.** *vr* (*fig umg*) to sort itself out
einrichten **1.** *vt* **a)** (≈ *möblieren*) to furnish; (≈ *ausstatten*) to fit out; **b)** (≈ *eröffnen*) to set up; *Konto* to open; **c)** (*fig* ≈ *arrangieren*) to arrange; ***das lässt sich ~*** that can be arranged; ***auf Tourismus eingerichtet sein*** to be geared to tourism **2.** *vr* **a)** (≈ *sich möblieren*) ***sich ~*** to furnish one's house/one's flat (*Brit*) *od* apartment; **b)** (≈ *sich einstellen*) ***sich auf etw*** (*Akk*) ***~*** to prepare oneself for sth **Einrichtung** *f* **a)** (≈ *Wohnungseinrichtung*) furnishings *Pl*; (≈ *Geschäftseinrichtung etc*) fittings *Pl*; (≈ *Laboreinrichtung etc*) equipment *kein Pl*; **b)** (≈ *Eröffnung*) setting-up; (*von Konto*) opening; **c)** (*behördlich*) institution; (≈ *Schwimmbäder, Transportmittel etc*) facility **Einrichtungsgegenstand** *m* item of furniture; (≈ *Geschäftseinrichtung*) fixture
einrollen *vr* to roll up
einrosten *vi* to rust up; (*fig: Glieder*) to stiffen up
einrücken **1.** *vt Zeile* to indent **2.** *vi* MIL **a)** (*in ein Land*) to move in (*in +Akk* -to); **b)** (≈ *eingezogen werden*) to report for duty
einrühren *vt* to stir in (*in +Akk* -to)
eins *Num* one; ***~ zu ~*** SPORT one all; ***~ mit jdm sein*** to be one with sb; (≈ *übereinstimmen*) to be in agreement with sb; ***das ist doch alles ~*** (*umg*) it's all one; ***~ a*** (*umg*) A 1 (*umg*), first-rate (*umg*); → ***ein²***; → ***eine(r, s)***; → ***vier*** **Eins** *f* one; SCHULE *auch* A; ***eine ~ schreiben/bekommen*** to get an A *od* a one
einsacken *vt* **a)** (≈ *in Säcke füllen*) to put in sacks; **b)** (*umg*) (≈ *erbeuten*) to grab (*umg*); *Geld* to rake in (*umg*)
einsam **1.** *Adj* **a)** (≈ *allein*) lonely; (≈ *einzeln*) solitary; **b)** (≈ *abgelegen*) *Haus, Insel* secluded; **c)** (*umg*) ***~e Klasse*** *od* ***Spitze*** absolutely fantastic (*umg*) **2.** *Adv* **a)** (≈ *allein*) lonely; **b)** (≈ *abgelegen*) isolated; ***~ liegen*** to be secluded **Einsamkeit** *f* (≈ *Verlassenheit*) loneliness; (≈ *das Einzelnsein*) solitariness; ***er liebt die ~*** he likes solitude
einsammeln *vt* to collect (in)
Einsatz *m* **a)** (≈ *Einsatzteil*) inset; **b)** (≈ *Spieleinsatz*) stake; ***den ~ erhöhen*** to

E

raise the stakes; **c)** MUS entry; **d)** (≈ *Verwendung*) use; *bes* MIL deployment; ***im ~*** in use; ***unter ~ aller Kräfte*** by making a supreme effort; **e)** (≈ *Aktion*) operation; ***im ~*** in action; **f)** (≈ *Hingabe*) commitment; ***etw unter ~ seines Lebens tun*** to risk one's life to do sth **Einsatzbefehl** *m* order to go into action **einsatzbereit** *Adj* ready for use; MIL ready for action; *Rakete etc* operational **Einsatzleiter(in)** *m(f)* head of operations **Einsatzort** *m* place of action; (*von Diplomat etc*) posting **Einsatzwagen** *m* (*von Polizei*) police car; (*von Feuerwehr*) fire engine

einscannen *vt* to scan in

einschalten **1.** *vt* **a)** *Licht, Radio, Gerät* to switch on; *Sender* to tune in to; **b)** ***jdn ~*** to call sb in **2.** *vr* to intervene; (≈ *teilnehmen*) to join in **Einschaltquote** *f* (RADIO, TV) viewing figures *Pl*

einschärfen *vt* ***jdm etw ~*** to impress sth (up)on sb

einschätzen *vt* to assess; ***falsch ~*** to misjudge; ***wie ich die Lage einschätze*** as I see the situation **Einschätzung** *f* assessment; ***nach meiner ~*** in my estimation

einschenken *vt* to pour (out)

einschicken *vt* to send in (*an +Akk* to)

einschieben *vt* (≈ *einfügen*) to put in; ***eine Pause ~*** to have a break

einschießen **1.** *vt* **a)** (≈ *zertrümmern*) *Fenster* to shoot in; (*mit Ball etc*) to smash (in); **b)** *Fußball* to kick in **2.** *vi* SPORT to score; ***er schoss zum 1:0 ein*** he scored to make it 1-0

einschiffen *vr* to embark

einschlafen *vi* to fall asleep; (*Bein, Arm*) to go to sleep; (*euph* ≈ *sterben*) to pass away; (*fig: Gewohnheit*) to peter out; ***ich kann nicht ~*** I can't get to sleep **einschläfern** *vt* **a)** (≈ *zum Schlafen bringen*) to send to sleep; **b)** (≈ *narkotisieren*) to give a soporific; **c)** (≈ *töten*) *Tier* to put down **einschläfernd** *Adj* soporific; (≈ *langweilig*) monotonous

Einschlag *m* **a)** (*von Geschoss*) impact; (*von Blitz*) striking; **b)** (AUTO: *des Lenkrads*) lock; **c)** ***einen südländischen ~ haben*** to have more than a hint of the Mediterranean about it/him *etc* **einschlagen** **1.** *vt* **a)** *Nagel* to hammer in; *Pfahl* to drive in; **b)** (≈ *zertrümmern*) to smash (in); *Tür* to smash down; *Zähne* to knock out; ***mit eingeschlagenem Schädel*** with one's head bashed in (*umg*); **c)** (≈ *einwickeln*) *Ware* to wrap up; **d)** AUTO *Räder* to turn; **e)** *Weg* to take; *Kurs* (*wörtl*) to follow; (*fig*) to pursue **2.** *vi* (*in etw Akk*) ~ (*Geschoss, Blitz*) to strike (sth); ***auf jdn/etw ~*** to hit out at sb/sth; ***gut ~*** (*umg*) to be a big hit (*umg*) **einschlägig** **1.** *Adj* appropriate **2.** *Adv* ***er ist ~ vorbestraft*** JUR he has a previous conviction for a similar offence (*Brit*) *od* offense (*US*)

einschleichen *vr* to creep in (*in +Akk* -to); ***sich in jds Vertrauen ~*** (*fig*) to worm one's way into sb's confidence

einschleusen *vt* to smuggle in (*in +Akk, nach* -to)

einschließen *vt* **a)** (≈ *wegschließen*) to lock up (*in +Akk* in); **b)** (≈ *umgeben*) to surround; **c)** (*fig* ≈ *beinhalten*) to include; → ***eingeschlossen*** **einschließlich** **1.** *Präp +Gen* including **2.** *Adv* ***vom 1. bis ~ 31. Oktober*** from 1st to 31st October inclusive

einschmeicheln *vr* ***sich bei jdm ~*** to ingratiate oneself with sb; ***~de Stimme*** silky voice

einschmieren *vt* (*mit Fett*) to grease; (*mit Öl*) to oil; (*mit Creme*) to put cream on

einschmuggeln *vt* to smuggle in (*in +Akk* -to)

einschnappen *vi* **a)** (*Schloss, Tür*) to click shut; **b)** (*umg* ≈ *beleidigt sein*) to go into a huff (*umg*); → ***eingeschnappt***

einschneiden *vt* *Stoff, Papier* to cut **einschneidend** *Adj* (*fig*) drastic; *Folgen* far-reaching

einschneien *vi* ***eingeschneit sein*** to be snowed up

Einschnitt *m* cut; MED incision; (≈ *Zäsur*) break; (*im Leben*) decisive point

einschränken **1.** *vt* to reduce; *Recht* to restrict; *Wünsche* to moderate; *Behauptung* to qualify; ***~d möchte ich sagen, dass ...*** I'd like to qualify that by saying ...; ***das Rauchen ~*** to cut down on smoking **2.** *vr* (≈ *sparen*) to economize; → ***eingeschränkt*** **Einschränkung** *f* reduction; (*von Recht*)

restriction; (*von Behauptung*) qualification; (≈ *Vorbehalt*) reservation
einschreiben *vr* (*in Verein etc*) to enrol (*Brit*), to enroll (*US*); UNI to register; → ***eingeschrieben*** **Einschreiben** *n* recorded delivery (*Brit*) *od* certified (*US*) letter/parcel (*Brit*) *od* package; ***per ~ schicken*** to send recorded delivery (*Brit*) *od* certified mail (*US*) **Einschreibung** *f* enrolment (*Brit*), enrollment (*US*); UNI registration
einschreiten *vi* to take action (*gegen* against); (≈ *dazwischentreten*) to intervene **Einschreiten** *n* intervention
Einschub *m* insertion
einschüchtern *vt* to intimidate **Einschüchterung** *f* intimidation
einschulen *vt* ***eingeschult werden*** (*Kind*) to start school
Einschuss *m* (≈ *Einschussstelle*) bullet hole
einschweißen *vt* TECH to weld in (*in +Akk* -to); *Buch* to shrink-wrap
einschwenken *vi* ***links ~*** MIL to wheel left; ***auf etw*** (*Akk*) ***~*** (*fig*) to fall in with sth
einschwören *vt* ***jdn auf etw*** (*Akk*) ***~*** to swear sb to sth
einsehbar *Adj* (≈ *verständlich*) understandable **einsehen 1.** *vt* to see; ***das sehe ich nicht ein*** I don't see why; ***es ist nicht einzusehen, warum ...*** it is incomprehensible why ... **2.** *vi* **a)** ***in etw*** (*Akk*) ***~*** to see sth; **b)** (≈ *prüfen*) to look (*in +Akk* at) **Einsehen** *n* ***ein ~ haben*** to have some understanding (*mit, für* for); (≈ *Vernunft*) to see reason
einseifen *vt* to soap; (*umg* ≈ *betrügen*) to con (*umg*)
einseitig 1. *Adj* **a)** on one side; JUR, POL unilateral; ***~e Lähmung*** paralysis of one side of the body; **b)** *Zuneigung, Ausbildung* one-sided; *Bericht* biased; *Ernährung* unbalanced **2.** *Adv* **a)** (≈ *auf einer Seite*) on one side; **b)** (≈ *unausgewogen*) ***sich ~ ernähren*** to have an unbalanced diet; ***etw ~ schildern*** to portray sth one-sidedly
einsenden *vt* to send in (*an +Akk* to) **Einsender(in)** *m(f)* sender; (*bei Preisausschreiben*) competitor **Einsendeschluss** *m* closing date **Einsendung** *f* (≈ *das Einsenden*) submission
Einser *m* (*bes südd umg*, SCHULE) A (grade), one
einsetzen 1. *vt* **a)** (≈ *einfügen*) to put in (*in +Akk* -to); **b)** (≈ *ernennen*) to appoint; *Ausschuss* to set up; *Erben* to name; **c)** (≈ *verwenden*) to use; *Truppen, Polizei* to deploy; *Sonderzüge* to put on; **d)** (*beim Glücksspiel*) to stake **2.** *vi* (≈ *beginnen*) to start; MUS to come in **3.** *vr* ***sich*** (***voll***) ***~*** to show (complete) commitment (*in +Dat* to); ***sich für jdn ~*** to fight for sb; ***sich für etw ~*** to support sth
Einsicht *f* **a)** (*in Akten, Bücher*) ***~ in etw*** (*Akk*) ***nehmen*** to take a look at sth; ***sie legte ihm die Akte zur ~ vor*** she gave him the file to look at; **b)** (≈ *Vernunft*) sense; (≈ *Erkenntnis*) insight; (≈ *Verständnis*) understanding; ***zur ~ kommen*** to come to one's senses; ***jdn zur ~ bringen*** to bring sb to his/her senses **einsichtig** *Adj* (≈ *vernünftig*) reasonable; (≈ *verständnisvoll*) understanding **Einsichtnahme** *f* (*förml*) inspection
Einsiedler(in) *m(f)* hermit
einsilbig *Adj* **a)** monosyllabic; **b)** (*fig*) *Mensch* uncommunicative
einsinken *vi* to sink in (*in +Akk od Dat* -to); (*Boden etc*) to subside
einsitzen *vi* (*förml*) to serve a prison sentence
einspannen *vt* **a)** (*in Schraubstock*) to clamp in (*in +Akk* -to); **b)** *Pferde* to harness; **c)** (*fig* ≈ *arbeiten lassen*) to rope in (*für etw* to do sth)
Einspänner *m* **a)** one-horse carriage; **b)** (*österr*) *black coffee served in a glass with whipped cream*
einsparen *vt* to save; *Posten* to dispense with **Einsparung** *f* economy; (≈ *das Einsparen*) saving (*von* of); (*von Posten*) elimination
einspeisen *vt* to feed in (*in +Akk* -to)
einsperren *vt* to lock in (*in +Akk od Dat* -to); (*ins Gefängnis*) to lock up
einspielen 1. *vr* MUS, SPORT to warm up; (*Regelung*) to work out; ***sich aufeinander ~*** to become attuned to one another; → ***eingespielt*** **2.** *vt* FILM, THEAT to bring in; *Kosten* to recover
Einsprache *f* (*schweiz*) = ***Einspruch***
einsprachig *Adj* monolingual
einspringen *vi* (*umg* ≈ *aushelfen*) to stand in; (*mit Geld etc*) to help out
einspritzen *vt* AUTO, MED to inject **Ein-**

E

spritzmotor *m* AUTO fuel injection engine

Einspruch *m* objection (*auch* JUR); *~ einlegen* VERW to file an objection; *gegen etw ~ erheben* to object to sth; *~ abgelehnt!* JUR objection overruled!

E

einspurig *Adj* BAHN single-track; AUTO single-lane

einst *Adv* **a)** (≈ *früher*) once; **b)** (*geh* ≈ *in Zukunft*) one day

einstampfen *vt Papier* to pulp

Einstand *m* **a)** *er hat seinen ~ gegeben* he celebrated starting his new job; **b)** (*Tennis*) deuce

einstecken *vt* **a)** (≈ *in etw stecken*) to put in (*in +Akk* -to); *Gerät* to plug in; **b)** (*in die Tasche etc*) (*sich Dat*) *etw ~* to take sth; *ich habe kein Geld eingesteckt* I haven't any money on me; **c)** (*umg*) *Kritik etc* to take; *Beleidigung* to swallow; *Geld, Profit* to pocket (*umg*)

einstehen *vi für jdn ~* (≈ *sich verbürgen*) to vouch for sb; *für etw ~* (≈ *Ersatz leisten*) to make good sth

Einsteigekarte *f* FLUG boarding pass

einsteigen *vi* **a)** (*in ein Fahrzeug etc*) to get in (*in +Akk* -to); (*in Bus*) to get on (*in +Akk* -to); *~!* BAHN *etc* all aboard!; **b)** (*in ein Haus etc*) to climb in (*in +Akk* -to); **c)** (*umg*) *in die Politik ~* to go into politics **Einsteiger(in)** *m(f)* (*umg*) beginner; *ein Modell für PC-~* an entry-level PC

einstellbar *Adj* adjustable **einstellen** **1.** *vt* **a)** (≈ *hineinstellen*) to put in; **b)** (≈ *anstellen*) *Arbeitskräfte* to take on; **c)** (≈ *beenden*) to stop; *Suche* to call off; MIL *Feuer* to cease; JUR *Verfahren* to abandon; *die Arbeit ~* (*Kommission etc*) to stop work; (≈ *in den Ausstand treten*) to withdraw one's labour (*Brit*) *od* labor (*US*); **d)** (≈ *regulieren*) to adjust (*auf +Akk* to); *Wecker* to set (*auf +Akk* for); *Radio* to tune (in) (*auf +Akk* to); **e)** SPORT *Rekord* to equal **2.** *vr* **a)** (*Besucher etc, Folgen*) to appear; (*Fieber, Regen*) to set in; **b)** *sich auf jdn/etw ~* (≈ *sich richten nach*) to adapt oneself to sb/sth; (≈ *sich vorbereiten auf*) to prepare oneself for sb/sth; → *eingestellt*

einstellig *Adj Zahl* single-digit

Einstellung *f* **a)** (≈ *Anstellung*) employment; **b)** (≈ *Beendigung*) stopping; MIL cessation; JUR abandonment; **c)** (≈ *Regulierung*) adjustment; (*von Wecker*) setting; (*von Radio*) tuning (in); (FILM ≈ *Szene*) take; **d)** (≈ *Gesinnung*) attitude; (*politisch etc*) views *Pl*; *das ist doch keine ~!* what kind of attitude is that! **Einstellungsgespräch** *n* interview **Einstellungsstopp** *m* halt in recruitment

einstempeln *vi* (*bei Arbeitsantritt*) to clock in *od* on

Einstieg *m* **a)** (≈ *das Einsteigen*) getting in; (*in Bus*) getting on; **b)** (*von Bahn, von Bus*) door **Einstiegsdroge** *f* starter drug

einstig *Adj* former

einstimmen *vi* (*in ein Lied*) to join in; (*fig* ≈ *zustimmen*) to agree (*in +Akk* to)

einstimmig *Adj* **a)** *Lied* for one voice; **b)** (≈ *einmütig*) unanimous **Einstimmigkeit** *f* unanimity

einstöckig *Adj Haus* one-storey (*Brit*), one-story (*US*)

einstöpseln *vt* ELEK to plug in (*in +Akk* -to)

einstreichen *vt* (*umg*) *Geld, Gewinn* to pocket (*umg*)

einstreuen *vt* to sprinkle in (*in +Akk* -to); (*fig*) *Bemerkung etc* to slip in (*in +Akk* -to)

einströmen *vi* to pour in (*in +Akk* -to); *~de Kaltluft* a stream of cold air

einstudieren *vt Lied, Theaterstück* to rehearse

einstufen *vt* to classify **einstufig** *Adj* single-stage **Einstufung** *f* classification

einstündig *Adj* one-hour

einstürmen *vi auf jdn ~* MIL to storm sb; (*fig*) to assail sb; *mit Fragen auf jdn ~* to bombard sb with questions

Einsturz *m* collapse **einstürzen** *vi* to collapse; *auf jdn ~* (*fig*) to overwhelm sb **Einsturzgefahr** *f* danger of collapse

einstweilen *Adv* in the meantime; (≈ *vorläufig*) temporarily **einstweilig** *Adj* temporary; *~e Verfügung* JUR temporary injunction

eintägig *Adj* one-day **Eintagsfliege** *f* ZOO mayfly; (*fig*) nine-day wonder

eintauchen **1.** *vt* to dip (*in +Akk* in, into); (*völlig*) to immerse (*in +Akk* in) **2.** *vi* (*Schwimmer*) to dive in; (*U-Boot*)

E

to dive
eintauschen *vt* to exchange (*gegen, für* for)
eintausend *Num* (*förml*) = ***tausend***
einteilen *vt* **a)** (≈ *aufteilen*) to divide (up) (*in +Akk* into); *Zeit, Arbeit* to plan (out); *Geld* to budget; **b)** (≈ *dienstlich verpflichten*) to detail (*zu* for)
einteilig *Adj Badeanzug* one-piece *attr*
Einteilung *f* **a)** (≈ *das Aufteilen*) division; (*von Zeit, Arbeit*) planning; (*von Geld*) budgeting; **b)** (≈ *dienstliche Verpflichtung*) assignment
eintippen *vt* to type in (*in +Akk* -to)
eintönig **1.** *Adj* monotonous **2.** *Adv* monotonously **Eintönigkeit** *f* monotony
Eintopf *m* stew
Eintracht *f* harmony **einträchtig** **1.** *Adj* peaceable **2.** *Adv* peaceably
Eintrag *m* (*schriftlich*) entry (*in +Akk* in) **eintragen** **1.** *vt* to enter; (≈ *amtlich registrieren*) to register; ***jdm Hass ~*** to bring sb hatred; → ***eingetragen*** **2.** *vr* to sign; (≈ *sich vormerken lassen*) to put one's name down; ***er trug sich ins Gästebuch ein*** he signed the visitors' book **einträglich** *Adj* profitable
Eintragung *f* entry (*in +Akk* in)
eintreffen *vi* **a)** (≈ *ankommen*) to arrive; **b)** (*fig* ≈ *Wirklichkeit werden*) to come true
eintreiben *vt* to collect; *Schulden* to recover
eintreten **1.** *vi* **a)** (*ins Zimmer etc*) to go/come in (*in +Akk* -to); (*in Verein etc*) to join (*in etw* (*Akk*) sth); ***in eine Firma ~*** to join a firm; ***in Verhandlungen ~*** (*förml*) to enter into negotiations; ***bitte treten Sie ein!*** (*förml*) (please) do come in; **b)** ***auf jdn ~*** to kick sb; **c)** (≈ *sich ereignen*) (*Tod*) to occur; (*Zeitpunkt*) to come; ***bei Eintreten der Dunkelheit*** at nightfall; ***es ist eine Besserung eingetreten*** there has been an improvement; **d)** ***für jdn/etw ~*** to stand up for sb/sth **2.** *vt* (≈ *zertrümmern*) to kick in
eintrichtern (*umg*) ***jdm etw ~*** to drum sth into sb
Eintritt *m* **a)** (≈ *das Eintreten*) entry (*in +Akk* (in)to); (*in Verein etc*) joining (*in +Akk* of); ***seit seinem ~ in die Armee*** since joining the army; **b)** (≈ *Eintrittsgeld*) admission (*in +Akk* to); ***~ frei!*** admission free; ***„Eintritt verboten"*** "no admittance"; **c)** (*von Winter*) onset; ***der ~ des Todes*** the moment when death occurs **Eintrittsgeld** *n* entrance money **Eintrittskarte** *f* ticket (of admission) **Eintrittspreis** *m* admission charge
eintrüben *vr* METEO to cloud over
eintrudeln *vi* (*umg*) to drift in (*umg*)
einüben *vt* to practise (*Brit*), to practice (*US*); *Rolle etc* to rehearse
einverleiben *vt Gebiet, Land* to annex (*Dat* to)
Einvernahme *f* (*bes österr, schweiz*) = ***Vernehmung*** **einvernehmen** *vt* (JUR: *bes österr, schweiz*) = ***vernehmen*** **Einvernehmen** *n* (≈ *Eintracht*) harmony; ***in beiderseitigem ~*** by mutual agreement **einvernehmlich** (*förml*) **1.** *Adj Regelung, Lösung* consensual **2.** *Adv* consensually
einverstanden *Adj* ***~!*** agreed!; ***~ sein*** to agree; ***mit jdm/etw ~ sein*** to agree to sb/sth; (≈ *übereinstimmen*) to agree with sb/sth **Einverständnis** *n* agreement; (≈ *Zustimmung*) consent; ***in gegenseitigem ~*** by mutual consent
Einwahl *f* (TELEK: *ins Internet*) dial-up **einwählen** *vr* TELEK to dial in (*in +Akk* -to); ***sich in ein Telefonnetz ~*** to dial into a telephone network; ***sich ins Internet ~*** to log onto the Internet **Einwahlknoten** *m* TELEK, IT point of presence, POP
Einwand *m* objection; ***einen ~ erheben*** (*förml*) to raise an objection
Einwanderer *m*, **Einwanderin** *f* immigrant **einwandern** *vi* to immigrate **Einwanderung** *f* immigration (*nach, in +Akk* to) **Einwanderungsland** *n* immigration country
einwandfrei **1.** *Adj* **a)** (≈ *ohne Fehler*) perfect; *Benehmen* impeccable; **b)** (≈ *unzweifelhaft*) indisputable **2.** *Adv* **a)** (≈ *fehlerlos*) perfectly; *sich verhalten* impeccably; **b)** ***etw ~ beweisen*** to prove sth beyond doubt; ***es steht ~ fest, dass ...*** it is quite indisputable that ...
einwärts *Adv* inwards
einwechseln *vt Geld* to change (*in +Akk, gegen* into)
Einwegflasche *f* non-returnable bottle **Einwegpfand** *n* deposit on drink cans

and disposable bottles **Einwegspritze** *f* disposable syringe
einweichen *vt* to soak
einweihen *vt* **a)** (≈ *eröffnen*) to open (officially); (*fig*) to christen; **b)** ***jdn in etw*** (*Akk*) **~** to initiate sb into sth; ***er ist eingeweiht*** he knows all about it **Einweihung** *f* (official) opening
einweisen *vt* **a)** (*in Krankenhaus etc*) to admit (*in +Akk* to); **b)** (≈ *in Arbeit unterweisen*) ***jdn*** **~** to introduce sb to his/her job; **c)** AUTO to guide in (*in +Akk* -to) **Einweisung** *f* **a)** (*in Krankenhaus etc*) admission (*in +Akk* in); **b)** ***die ~ der neuen Mitarbeiter*** introducing new employees to their jobs
einwenden *vt* ***nichts gegen etw einzuwenden haben*** to have no objection to sth; ***dagegen lässt sich ~, dass ...*** one objection to this is that ...
einwerfen *vt* **a)** *Fensterscheibe etc* to break; **b)** SPORT *Ball* to throw in; **c)** *Brief* to post (*Brit*), to mail (*bes US*); *Münze* to insert; **d)** (*fig*) *Bemerkung* to make; ***er warf ein, dass ...*** he made the point that ...
einwickeln *vt* **a)** (≈ *einpacken*) to wrap (up); **b)** (*umg* ≈ *überlisten*) to fool (*umg*); (*durch Schmeicheleien*) to butter up (*umg*)
einwilligen *vi* to consent (*in +Akk* to) **Einwilligung** *f* consent (*in +Akk* to)
einwirken *vi* ***auf jdn/etw ~*** to have an effect on sb/sth; (≈ *beeinflussen*) to influence sb/sth; ***etw ~ lassen*** MED to let sth work in **Einwirkung** *f* influence; ***unter (der) ~ von Drogen*** *etc* under the influence of drugs *etc*
einwöchig *Adj* one-week *attr*
Einwohner(in) *m(f)* inhabitant **Einwohnermeldeamt** *n residents' registration office*; ***sich beim ~ (an)melden*** ≈ to register with the police **Einwohnerschaft** *f* population **Einwohnerzahl** *f* population
Einwurf *m* **a)** (*von Münze*) insertion; (*von Brief*) posting (*Brit*), mailing (*bes US*); **b)** SPORT throw-in; **c)** (≈ *Schlitz*) slot; **d)** (*fig*) interjection; (≈ *Einwand*) objection
Einzahl *f* singular
einzahlen *vt* to pay in; ***Geld auf ein Konto ~*** to pay money into an account **Einzahlung** *f* payment
einzäunen *vt* to fence in
einzeichnen *vt* to draw in; ***ist der Ort eingezeichnet?*** is the place marked?
Einzel *n* TENNIS singles *Sg* **Einzelbeispiel** *n* isolated *od* one-off example **Einzelbett** *n* single bed **Einzelfall** *m* individual case; (≈ *Sonderfall*) isolated case **Einzelgänger(in)** *m(f)* loner **Einzelhaft** *f* solitary confinement **Einzelhandel** *m* retail trade **Einzelhandelsgeschäft** *n* retail shop **Einzelhandelspreis** *m* retail price **Einzelhändler(in)** *m(f)* retailer, retail trader **Einzelhaus** *n* detached house (*Brit*), self-contained house (*US*) **Einzelheit** *f* detail; ***auf ~en eingehen*** to go into detail(s); ***etw in allen ~en schildern*** to describe sth in great detail **Einzelkämpfer(in)** *m(f)* **a)** MIL, SPORT single *od* solo combatant; **b)** (*fig*) lone wolf, loner **Einzelkind** *n* only child
Einzeller *m* BIOL single-cell(ed) *od* unicellular organism **einzellig** *Adj* single-cell(ed) *attr*
einzeln 1. *Adj* **a)** individual; (≈ *getrennt*) separate; **b)** (≈ *alleinstehend*) *Haus* single; ***~ stehend*** solitary; **c)** (≈ *einige*) some; METEO *Schauer* scattered **2.** *Adv* (≈ *separat*) separately; (≈ *nicht zusammen*) individually; ***wir kamen ~*** we came separately **Einzelne(r)** *mf* ***ein ~r*** an individual **Einzelne(s)** *n* ***~s*** some; ***jedes ~*** each one; ***etw im ~n besprechen*** to discuss sth in detail; ***bis ins ~*** right down to the last detail **Einzelperson** *f* single person **Einzelpreis** *m* price, unit price (COMM) **Einzelstück** *n* ***ein schönes ~*** a beautiful piece; ***~e verkaufen wir nicht*** we don't sell them singly **Einzelteil** *n* individual part; ***etw in seine ~e zerlegen*** to take sth to pieces **Einzelzelle** *f* single cell **Einzelzimmer** *n* single room
einziehen 1. *vt* **a)** *Gummiband* to thread; (*Kopiergerät*) *Papier* to take in; **b)** (≈ *zurückziehen*) *Krallen, Antenne* to retract; *Bauch* to pull in; *Periskop* to lower; ***den Kopf ~*** to duck (one's head); **c)** MIL *Personen* to conscript, to draft (*US*); *Fahrzeuge etc* to requisition; **d)** (≈ *kassieren*) *Steuern* to collect; (*fig*) *Erkundigungen* to make (*über +Akk* about); **e)** (≈ *aus dem Verkehr ziehen*) *Banknoten* to

withdraw (from circulation); *Führerschein* to take away **2.** *vi* **a)** (*in Wohnung, Haus*) to move in; ***ins Parlament ~*** (*Abgeordneter*) to take one's seat (in parliament); **b)** (≈ *einkehren*) to come (*in +Dat* to); ***Ruhe und Ordnung zogen wieder ein*** law and order returned

einzig **1.** *Adj* **a)** only; ***ich sehe nur eine ~e Möglichkeit*** I can see only one (single) possibility; ***kein ~es Mal*** not once; ***das Einzige*** the only thing; **b)** (≈ *einzigartig*) unique; ***es ist ~ in seiner Art*** it is quite unique **2.** *Adv* (≈ *allein*) only; ***die ~ mögliche Lösung*** the only possible solution; ***~ und allein*** solely; ***~ und allein deshalb hat er gewonnen*** he owes his victory solely to that **einzigartig** *Adj* unique; ***die Landschaft war ~ schön*** the scenery was astoundingly beautiful **Einzige(r)** *mf* ***der/die ~*** the only one; ***kein ~r wusste es*** not a single person knew

Einzimmerwohnung *f* one-room flat (*Brit*) *od* apartment

Einzug *m* **a)** (*in Haus etc*) move (*in +Akk* into); **b)** (≈ *Einmarsch*) entry (*in +Akk* into); **c)** (*von Steuern*) collection **Einzugsbereich** *m* catchment area (*Brit*), service area (*US*) **Einzugsermächtigung** *f* FINANZ direct debit instruction **Einzugsverfahren** *n* FINANZ direct debit

Eis *n* **a)** ice; ***zu ~ gefrieren*** to freeze; ***das ~ brechen*** (*fig*) to break the ice; ***etw auf ~ legen*** (*fig umg*) to put sth on ice; **b)** (≈ *Speiseeis*) ice (cream); ***~ am Stiel*** ice(d) lolly (*Brit*), Popsicle® (*US*); → ***eislaufen*** **Eisbahn** *f* ice rink **Eisbär** *m* polar bear **Eisbecher** *m* sundae **Eisbein** *n* KOCH knuckle of pork (*boiled and served with sauerkraut*) **Eisberg** *m* iceberg **Eisbergsalat** *m* iceberg lettuce **Eisbeutel** *m* ice pack

Eischnee *m* KOCH beaten white of egg

Eiscreme *f* ice (cream) **Eisdiele** *f* ice-cream parlour (*Brit*) *od* parlor (*US*)

Eisen *n* iron; ***~ verarbeitend*** iron-processing; ***zum alten ~ gehören*** (*fig*) to be on the scrap heap; ***man muss das ~ schmieden, solange es heiß ist*** (*Sprichw*) one must strike while the iron is hot (*Sprichw*) **Eisenbahn** *f* railway (*Brit*), railroad (*US*); (*umg* ≈ *Zug*) train **Eisenbahner(in)** *m(f)* railway employee (*Brit*), railroader (*US*) **Eisenbahnnetz** *n* railway (*Brit*) *od* railroad (*US*) network **Eisenbahnschiene** *f* railway (*Brit*) *od* railroad (*US*) track **Eisenbahnstrecke** *f* railway line (*Brit*), railroad (*US*) **Eisenbahnüberführung** *f* (railway (*Brit*) *od* railroad (*US*)) footbridge **Eisenbahnunterführung** *f* railway (*Brit*) *od* railroad (*US*) underpass **Eisenbahnwagen** *m* railway carriage (*Brit*), railroad car (*US*) **Eisenerz** *n* iron ore **eisenhaltig** *Adj* ***das Wasser ist ~*** the water contains iron **Eisenhütte** *f* ironworks *Pl od Sg* **Eisenindustrie** *f* iron industry **Eisenmangel** *m* iron deficiency **Eisenoxid** *n* ferric oxide **Eisenspäne** *Pl* iron filings *Pl* **Eisenträger** *m* iron girder **Eisenwaren** *Pl* hardware *Sg* **Eisenwarenhandlung** *f* hardware store **Eisenzeit** *f* HIST Iron Age **eisern** **1.** *Adj* **a)** iron; ***~e Gesundheit*** iron constitution; ***in etw*** (*Dat*) ***~ sein/bleiben*** to be/remain resolute about sth; **b)** (≈ *unantastbar*) *Reserve* emergency **2.** *Adv* resolutely; ***er schwieg ~*** he remained resolutely silent

Eiseskälte *f* icy cold **Eisfach** *n* freezer compartment **eisfrei** *Adj* ice-free *attr*, free of ice *präd* **eisgekühlt** *Adj* chilled **Eisglätte** *f* black ice **Eishockey** *n* ice hockey, hockey (*US*) **eisig** **1.** *Adj Lächeln, Empfang* frosty **2.** *Adv* (≈ *abweisend*) icily; ***~ lächeln*** to give a frosty smile **Eiskaffee** *m* iced coffee **eiskalt** **1.** *Adj* **a)** icy-cold; **b)** (*fig*) icy; (≈ *kalt und berechnend*) cold-blooded; (≈ *dreist*) cool **2.** *Adv* **a)** = ***eisig***; **b)** (≈ *kalt und berechnend*) cold-blooded **Eiskappe** *f* icecap **Eiskunstlauf** *m* figure skating **Eiskunstläufer(in)** *m(f)* figure skater **Eislauf** *m* ice-skating **eislaufen** *vi* to ice-skate **Eisläufer(in)** *m(f)* ice-skater **Eismeer** *n* polar sea; ***Nördliches/Südliches ~*** Arctic/Antarctic Ocean **Eispickel** *m* ice axe (*Brit*)

Eisprung *m* PHYSIOL ovulation *ohne Artikel*

Eisrevue *f* ice show **Eisriegel** *m* ice-cream bar **Eisschießen** *n* curling **Eisschnelllauf** *m* speed skating **Eisscholle** *f* ice floe **Eisschrank** *m* refrigerator **Eis(sport)stadion** *n* ice

E

rink **Eistanz** *m* ice-dancing **Eistee** *m* iced tea **Eisverkäufer(in)** *m(f)* ice--cream seller; (*Mann auch*) ice-cream man (*umg*) **Eiswein** *m sweet wine made from grapes which have been exposed to frost* **Eiswürfel** *m* ice cube **Eiszapfen** *m* icicle **Eiszeit** *f* Ice Age

E

eitel *Adj Mensch* vain **Eitelkeit** *f* (*von Mensch*) vanity

Eiter *m* pus **Eiterbeule** *f* boil; (*fig*) canker **eiterig** *Adj Ausfluss* purulent; *Wunde* festering **eitern** *vi* to fester

Eiweiß *n* (egg) white; CHEM protein **eiweißarm** *Adj* low in protein; ***~e Kost*** a low-protein diet **Eiweißmangel** *m* protein deficiency **eiweißreich** *Adj* rich in protein; ***~e Ernährung*** high--protein diet

Eizelle *f* BIOL egg cell

Ejakulation *f* ejaculation

Ekel[1] *m* disgust; (≈ *Übelkeit*) nausea; ***~ erregend*** disgusting; ***diese Heuchelei ist mir ein ~*** I find this hypocrisy nauseating

Ekel[2] *n* (*umg*) obnoxious person **ekelerregend** *Adj* disgusting **ekelhaft**, **ekelig** *Adj, Adv* disgusting **ekeln** **1.** *vt unpers* ***es ekelt mich vor diesem Geruch*** this smell is disgusting **2.** *vr* to be *od* feel disgusted; ***sich vor etw*** (*Dat*) ***~*** to find sth disgusting

EKG *n, Abk von* ***Elektrokardiogramm*** ECG

Eklat *m* (*geh*) (≈ *Aufsehen*) sensation, stir; (≈ *Zusammenstoß*) row; ***mit großem ~*** causing a great stir *od* sensation **eklatant** *Adj Fall* sensational; *Verletzung* flagrant

Ekstase *f* ecstasy; ***in ~ geraten*** to go into ecstasies

Ekzem *n* MED eczema

Elan *m* zest

Elast(h)an *f* elastane **elastisch** *Adj* elastic; *Binde* elasticated **Elastizität** *f* elasticity

Elch *m* elk, moose (*bes US*) **Elchtest** *m* (*umg*) (AUTO) high-speed swerve (*to test a car's roadholding*); (*fig* ≈ *entscheidender Test*) make-or-break test

Eldorado *n* eldorado

Elefant *m* elephant; ***wie ein ~ im Porzellanladen*** (*umg*) like a bull in a china shop (*Sprichw*) **Elefantenbaby** *n* (*umg*) baby elephant (*auch fig hum*) **Elefantenhochzeit** *f* (HANDEL *umg*) mega-merger (*umg*)

elegant **1.** *Adj* elegant **2.** *Adv* elegantly **Eleganz** *f* elegance

elektrifizieren *vt* to electrify **Elektrifizierung** *f* electrification **Elektrik** *f* (≈ *Anlagen*) electrical equipment **Elektriker(in)** *m(f)* electrician **elektrisch** **1.** *Adj* electric; *Entladung, Feld* electrical; ***~e Geräte*** electrical appliances; ***~er Strom*** electric current; ***der ~e Stuhl*** the electric chair **2.** *Adv* electrically; *kochen, heizen* with electricity **elektrisieren** *vt* to electrify **Elektrizität** *f* electricity **Elektrizitätswerk** *n* (electric) power station **Elektroantrieb** *m* electric drive **Elektroartikel** *m* electrical appliance **Elektroauto** *n* electric car **Elektrobohrer** *m* electric *od* power drill **Elektrode** *f* electrode **Elektroenzephalogramm** *n* MED electroencephalogram, EEG **Elektrogerät** *n* electrical appliance **Elektroherd** *m* electric cooker **Elektroingenieur(in)** *m(f)* electrical engineer **Elektrokardiogramm** *n* MED electrocardiogram, ECG **Elektrolyse** *f* electrolysis **Elektromagnet** *m* electromagnet **elektromagnetisch** *Adj* electromagnetic **Elektromotor** *m* electric motor **Elektron** *n* electron **Elektronenblitzgerät** *n* FOTO electronic flash **Elektronenmikroskop** *n* electron microscope **Elektronik** *f* electronics *Sg*; (≈ *elektronische Teile*) electronics *Pl* **elektronisch** **1.** *Adj* electronic; ***~er Briefkasten*** electronic mailbox **2.** *Adv* ***~ gesteuert*** electronically controlled **Elektroofen** *m* (≈ *Heizofen*) electric heater **Elektrorasierer** *m* electric shaver **Elektroschock** *m* MED electric shock **Elektroschockbehandlung** *f* electric shock treatment **elektrostatisch** **1.** *Adj* electrostatic **2.** *Adv* electrostatically **Elektrotechnik** *f* electrical engineering **Elektrotechniker(in)** *m(f)* electrician; (≈ *Ingenieur*) electrical engineer **Elektrotherapie** *f* MED electrotherapy

Element *n* element; ELEK cell, battery; ***kriminelle ~e*** (*pej*) criminal elements; ***in seinem ~ sein*** to be in one's element **elementar** *Adj* elementary; (≈ *naturhaft*) *Trieb* elemental **Elementarteilchen** *n* PHYS elementary particle

elend **1.** *Adj* (≈ *jämmerlich*, *pej* ≈ *gemein*) wretched; ***mir ist ganz ~*** I feel really awful (*umg*); ***mir wird ganz ~, wenn ich daran denke*** I feel quite ill when I think about it **2.** *Adv* (≈ *schlecht*) wretchedly; ***sich ~ fühlen*** to feel awful (*umg*) **Elend** *n* (≈ *Unglück*, *Not*) misery; (≈ *Armut*) poverty; ***ein Bild des ~s*** a picture of misery; ***jdn/sich (selbst) ins ~ stürzen*** to plunge sb/oneself into misery/poverty; ***es ist ein ~ mit ihm*** (*umg*) he makes you want to weep (*umg*) **elendig(lich)** *Adv* (*geh*) miserably; ***~ zugrunde gehen*** to come to a wretched end **Elendsviertel** *n* slums *Pl*

elf *Num* eleven; → ***vier***

Elf[1] *f* SPORT team, eleven

Elf[2] *m*, **Elfe** *f* elf

Elfenbein *n* ivory **elfenbeinern** **1.** *Adj* ivory **2.** *Adv* ivory-like **elfenbeinfarben** *Adj* ivory-coloured (*Brit*), ivory-colored (*US*) **Elfenbeinturm** *m* (*fig*) ivory tower

Elfmeter *m* FUSSB penalty (kick); ***einen ~ schießen*** to take a penalty **Elfmeterschießen** *n* FUSSB penalty shoot-out; ***durch ~ entschieden*** decided on penalties

elfte(r, s) *Adj* eleventh; → ***vierte(r, s)***

eliminieren *vt* to eliminate

elitär **1.** *Adj* elitist **2.** *Adv* in an elitist fashion **Elite** *f* elite **Elitetruppe** *f* MIL elite troops *Pl*

Elixier *n* tonic

Ellbogen *m* = ***Ellenbogen*** **Elle** *f* ANAT ulna (*Fachw*) **Ellenbogen** *m* elbow; ***die ~ gebrauchen*** (*fig*) to use one's elbows **Ellenbogenfreiheit** *f* (*fig*) elbow room **Ellenbogengesellschaft** *f* dog-eat-dog society **ellenlang** *Adj* (*fig umg*) incredibly long (*umg*)

Ellipse *f* MATHE ellipse **elliptisch** *Adj* MATHE elliptic(al)

eloquent (*geh*) **1.** *Adj* eloquent **2.** *Adv* eloquently

El Salvador *n* El Salvador

Elsass *n* ***das ~*** Alsace **elsässisch** *Adj* Alsatian **Elsass-Lothringen** *n* Alsace-Lorraine

Elster *f* magpie; ***eine diebische ~ sein*** (*fig*) to be a thief

elterlich *Adj* parental **Eltern** *Pl* parents *Pl*; ***nicht von schlechten ~ sein*** (*umg*) to be quite something (*umg*) **Elternabend** *m* SCHULE parents' evening **Elternbeirat** *m* ≈ PTA, parent-teacher association **Elternhaus** *n* (parental) home; ***aus gutem ~ stammen*** to come from a good home **elternlos** **1.** *Adj* orphaned **2.** *Adv* ***~ aufwachsen*** to grow up an orphan **Elternschaft** *f* parents *Pl* **Elternsprechtag** *m* open day (for parents) **Elternteil** *m* parent **Elternzeit** *f* (extended) parental leave

E

Email *n* enamel

E-Mail *f* IT E-mail, e-mail **E-Mail-Adresse** *f* IT E-mail *od* e-mail address

Emanze *f* (*mst pej*) women's libber (*umg*) **Emanzipation** *f* emancipation **emanzipatorisch** *Adj* emancipatory **emanzipieren** **1.** *vt* to emancipate **2.** *vr* to emancipate oneself

Embargo *n* embargo

Embolie *f* MED embolism

Embryo *m* (*österr auch n*) embryo **embryonal** *Adj* (BIOL, *fig*) embryonic

emeritieren *vt* UNI ***emeritierter Professor*** emeritus professor

Emigrant(in) *m(f)* emigrant **Emigration** *f* emigration; ***in die ~ gehen*** to emigrate **emigrieren** *vi* to emigrate

eminent (*geh*) **1.** *Adj Person* eminent; ***von ~er Bedeutung*** of the utmost significance **2.** *Adv* eminently; ***~ wichtig*** of the utmost importance

Emirat *n* emirate

Emission *f* **a)** FINANZ issue; **b)** PHYS emission

Emmentaler *m* (≈ *Käse*) Emmen-t(h)aler

Emoticon *n* IT, E-MAIL emoticon **Emotion** *f* emotion **emotional** **1.** *Adj* emotional; *Ausdrucksweise* emotive **2.** *Adv* emotionally **emotionalisieren** *vt* to emotionalize **Emotionalität** *f* emotionality **emotionell** *Adj* = ***emotional*** **emotionsfrei** *Adj*, *Adv* = ***emotionslos*** **emotionsgeladen** *Adj* emotionally charged **emotionslos** **1.** *Adj* unemotional **2.** *Adv* unemotionally

Empfang *m* reception; (*von Brief*, *Ware etc*) receipt; ***einen ~ geben*** to give *od* hold a reception; ***etw in ~ nehmen*** to receive sth; HANDEL to take delivery of sth; ***(zahlbar) nach/bei ~*** (payable) on receipt (of) **empfangen** *vt* to receive; (≈ *begrüßen*) to greet; (*herzlich*) to welcome **Empfänger** *m* RADIO receiver **Empfänger(in)** *m(f)* recipient; (≈ *Adressat*) addressee **empfänglich** *Adj* (≈ *aufnahmebereit*) receptive (*für* to); (≈ *anfällig*) susceptible (*für* to) **Empfängnis** *f* conception **empfängnisverhütend** *Adj* contraceptive; ***~e Mittel*** *Pl* contraceptives *Pl* **Empfängnisverhütung** *f* contraception **Empfangsbereich** *m* (RADIO, TV) reception area **Empfangsbescheinigung** *f* (acknowledgment of) receipt **Empfangschef(in)** *m(f)* (*von Hotel*) head porter **Empfangsdame** *f* receptionist

E

empfehlen **1.** *vt* to recommend; ***(jdm) etw/jdn ~*** to recommend sth/sb (to sb); → ***empfohlen*** **2.** *vr* ***es empfiehlt sich, das zu tun*** it is advisable to do that **empfehlenswert** *Adj* to be recommended **Empfehlung** *f* recommendation; (≈ *Referenz*) reference; ***auf ~ von*** on the recommendation of **Empfehlungsschreiben** *n* letter of recommendation

empfinden *vt* to feel; ***etw als kränkend ~*** to find sth insulting; ***viel/nichts für jdn ~*** to feel a lot/nothing for sb **Empfinden** *n* feeling; ***meinem ~ nach*** to my mind **empfindlich** **1.** *Adj* **a)** sensitive; *Gesundheit, Stoff* delicate; (≈ *leicht reizbar*) touchy (*umg*); ***~e Stelle*** sensitive spot; ***gegen etw ~ sein*** to be sensitive to sth; **b)** (≈ *spürbar*) *Verlust, Strafe, Niederlage* severe **2. a)** *Adv* (≈ *sensibel*) sensitively; ***~ reagieren*** to be sensitive (*auf* +*Akk* to); **b)** (≈ *spürbar*) severely; ***deine Kritik hat ihn ~ getroffen*** your criticism cut him to the quick (*bes Brit*) *od* bone (*US*); ***es ist ~ kalt*** it is bitterly cold **Empfindlichkeit** *f* sensitivity; (*von Gesundheit, Stoff*) delicateness; (≈ *leichte Reizbarkeit*) touchiness (*umg*) **empfindsam** *Adj* *Mensch, Seele, Musik* sensitive; (≈ *gefühlvoll*) sentimental **Empfindung** *f* feeling

empfohlen *Adj* recommended; → ***empfehlen***

emphatisch (*geh*) **1.** *Adj* emphatic **2.** *Adv* emphatically

Empiriker(in) *m(f)* empiricist **empirisch** *Adj* empirical

Empore *f* ARCHIT gallery

empören **1.** *vt* to fill with indignation; (*stärker*) to incense; → ***empört*** **2.** *vr* to be indignant (*über* +*Akk* at); (*stärker*) to be incensed (*über* +*Akk* at) **empörend** *Adj* outrageous

emporkommen *vi* (*geh*) to rise (up); (*fig*) (≈ *aufkommen*) to come to the fore **Emporkömmling** *m* (*pej*) upstart **emporragen** *vi* (*geh*) to tower (*über* +*Akk* above)

empört **1.** *Adj* outraged (*über* +*Akk* at) **2.** *Adv* indignantly; → ***empören*** **Empörung** *f* (≈ *Entrüstung*) indignation (*über* +*Akk* at)

emsig **1.** *Adj* busy; (≈ *eifrig*) eager **2.** *Adv* busily; (≈ *eifrig*) eagerly

Emu *m* emu

Emulsion *f* emulsion

E-Musik *f* serious music

Endabnehmer(in) *m(f)* end buyer **Endabrechnung** *f* final account **Endbenutzer(in)** *m(f)* end user **Endbetrag** *m* final amount **Ende** *n* end; (≈ *Ausgang*) outcome; (≈ *eines Films etc*) ending; ***~ Mai/der Woche*** at the end of May/the week; ***~ der Zwanzigerjahre*** in the late twenties; ***er ist ~ vierzig*** he is in his late forties; ***das ~ vom Lied*** the final outcome; ***Probleme ohne ~*** endless problems; ***letzten ~s*** when all is said and done; (≈ *am Ende*) in the end; ***damit muss es jetzt ein ~ haben*** this must stop now; ***das nimmt gar kein ~*** (*umg*) there's no end to it; ***ein böses ~ nehmen*** to come to a bad end; ***... und kein ~ ...*** without end; ***es ist noch ein gutes*** *od* ***ganzes ~*** (*umg*) there's still quite a way to go (yet); ***am ~*** at the end; (≈ *schließlich*) in the end; (*umg* ≈ *möglicherweise*) perhaps; ***am ~ sein*** (*fig*) to be at the end of one's tether (*Brit*) *od* rope (*US*); ***mit etw am ~ sein*** to have reached the end of sth; (*Vorrat*) to have run out of sth; ***meine Geduld ist am ~*** my patience is at an end; ***zu ~*** finished; ***etw zu ~ bringen*** *od* ***führen*** to finish (off) sth; ***zu ~ gehen*** to come to an end; (*Vorräte*) to run out; ***~ gut, alles gut*** (*Sprichw*) all's well that ends well (*Sprichw*) **Endeffekt** *m* ***im ~*** (*umg*) in the end **enden** *vi* to end; ***es endete damit, dass ...*** the outcome was that ...; ***er endete im Gefängnis*** he ended up in prison; ***wie wird das noch mit ihm ~?*** what will become of him?; ***das wird böse ~!*** no good will come of it! **Endergeb-**

nis *n* final result **Endgehalt** *n* final salary **Endgerät** *n* TELEK *etc* terminal **endgültig 1.** *Adj* final; *Antwort* definite **2.** *Adv* finally; ***damit ist die Sache ~ entschieden*** that settles the matter once and for all; ***sie haben sich jetzt ~ getrennt*** they've separated for good **Endgültigkeit** *f* finality **Endhaltestelle** *f* terminus, final stop (*US*)

Endivie *f* endive

Endlager *n* (*für Atommüll etc*) permanent (waste) disposal site **endlagern** *vt Atommüll etc* to dispose of permanently **endlich 1.** *Adv* finally; ***na ~!*** at (long) last!; ***hör ~ damit auf!*** will you stop that!; ***~ kam er doch*** he eventually came after all **2.** *Adj* MATHE finite

endlos 1. *Adj* endless **2.** *Adv* forever; ***ich musste ~ lange warten*** I had to wait for ages (*umg*)

endogen *Adj* endogenous

Endoskop *n* MED endoscope **Endoskopie** *f* MED endoscopy

Endphase *f* final stage(s *Pl*) **Endprodukt** *n* end product **Endrunde** *f* SPORT finals *Pl* **Endsilbe** *f* final syllable **Endspiel** *n* SPORT final; SCHACH end game **Endspurt** *m* (SPORT, *fig*) final spurt **Endstadium** *n* final *od* (MED) terminal stage **Endstation** *f* BAHN *etc* terminus, terminal; (*fig*) end of the line **Endung** *f* GRAM ending **Endverbraucher(in)** *m(f)* end user

Energie *f* energy; ***~ sparend*** energy-saving; ***mit aller*** *od* ***ganzer ~*** with all one's energy **Energiebedarf** *m* energy requirement **energiebewusst** *Adj* energy-conscious **Energieeinsparung** *f* energy saving **energiegeladen** *Adj* full of energy **Energiekrise** *f* energy crisis **energielos** *Adj* lacking in energy **Energielosigkeit** *f* lack of energy **Energiepolitik** *f* energy policy **Energiequelle** *f* energy source **energiesparend** *Adj* energy-saving **Energieverbrauch** *m* energy consumption **Energieverschwendung** *f* waste of energy **Energieversorgung** *f* supply of energy **Energiewirtschaft** *f* (≈ *Wirtschaftszweig*) energy industry

energisch 1. *Adj* (≈ *voller Energie*) energetic; *Maßnahmen* firm; *Worte* strong; ***~ werden*** to assert oneself **2.** *Adv dementieren* strongly; *verteidigen* vigorously; ***~ durchgreifen*** to take firm action

eng 1. *Adj* **a)** narrow; *Kleidung* tight; ***im ~eren Sinne*** in the narrow sense; **b)** (≈ *nah, dicht*) close; ***eine Feier im ~sten Kreise*** a small party for close friends **2.** *Adv* ***~ anliegend*** tight(-fitting); ***~ zusammengedrängt sein*** to be crowded together; ***~ beschrieben*** closely written; ***~ nebeneinander*** close together; ***~ befreundet sein*** to be close friends; ***das darfst du nicht so ~ sehen*** (*fig umg*) don't take it so seriously

Engagement *n* **a)** THEAT engagement; **b)** (≈ *politisches Engagement*) commitment (*für* to) **engagieren 1.** *vt* to engage **2.** *vr* to be/become committed (*für* to) **engagiert** *Adj* committed

enganliegend *Adj* → ***eng***

Enge *f* **a)** (*von Straße etc*) narrowness; (*von Kleid etc*) tightness; **b)** (≈ *Meerenge*) strait; (≈ *Engpass*) pass; ***jdn in die ~ treiben*** (*fig*) to drive sb into a corner

Engel *m* angel **Engelsgeduld** *f* ***sie hat eine ~*** she has the patience of a saint

England *n* England **Engländer** *m* **a)** Englishman, English boy; ***die ~*** *pl* the English, the Brits (*umg*); ***er ist ~*** he's English; **b)** TECH monkey wrench **Engländerin** *f* Englishwoman, English girl **englisch** *Adj* English; *Steak* rare; → ***deutsch*** **Englisch(e)** *n* English; → ***Deutsch*** **Englischlehrer(in)** *m(f)* English teacher **englischsprachig** *Adj Gebiet* English-speaking; *Zeitung* English-language *attr* **Englischunterricht** *m* **a)** English lessons *Pl*; **b)** (*das Unterrichten*) teaching of English; (*Privatunterricht*) English language tuition

engmaschig *Adj* close-meshed; (*fig*) close **Engpass** *m* (narrow) pass; (*fig*) bottleneck

en gros *Adv* wholesale; (*fig*) en masse

engstirnig *Adj* narrow-minded **Engstirnigkeit** *f* narrow-mindedness

Enkel *m* grandson **Enkelin** *f* granddaughter

Enklave *f* enclave

en masse *Adv* en masse

enorm 1. *Adj* (≈ *riesig*) enormous; (*umg* ≈ *herrlich, kolossal*) tremendous (*umg*) **2.** *Adv* (≈ *riesig*) enormously;

E

(*umg* ≈ *herrlich, kolossal*) tremendously
en passant *Adv* en passant
Ensemble *n* ensemble; (≈ *Besetzung*) cast
entarten *vi* to degenerate (*zu* into) **entartet** *Adj* degenerate
E
entbehren *vt* (≈ *vermissen*) to miss; (≈ *zur Verfügung stellen*) to spare; (≈ *verzichten*) to do without; ***wir können ihn heute nicht ~*** we cannot spare him/it today **entbehrlich** *Adj* dispensable **Entbehrung** *f* privation
entbinden **1.** *vt* **a)** *Frau* to deliver; ***sie ist von einem Sohn entbunden worden*** she has given birth to a son; **b)** (≈ *befreien*) to release (*von* from) **2.** *vi* (*Frau*) to give birth **Entbindung** *f* delivery; (*von Amt etc*) release **Entbindungsklinik** *f* maternity clinic **Entbindungsstation** *f* maternity ward
entblöden *vr* (*geh*) ***sich nicht ~, etw zu tun*** to have the effrontery to do sth
entblößen *vt* (*förml*) *Körperteil* to bare; (*fig*) *sein Innenleben* to lay bare
entdecken *vt* (≈ *finden*) to discover; (*in der Ferne, einer Menge*) to spot **Entdecker(in)** *m(f)* discoverer **Entdeckung** *f* discovery
Ente *f* duck; (PRESSE *umg*) canard
entehren *vt* to dishonour (*Brit*), to dishonor (*US*); (≈ *entwürdigen*) to degrade; ***~d*** degrading
enteignen *vt* to expropriate; *Besitzer* to dispossess **Enteignung** *f* expropriation; (*von Besitzer*) dispossession
enteisen *vt* to de-ice; *Kühlschrank* to defrost
Entenbraten *m* roast duck **Entenei** *n* duck's egg
Entente *f* POL entente
enterben *vt* to disinherit
Enterich *m* drake
entern *vt* (≈ *stürmen*) *Schiff, Haus* to storm
Entertainer(in) *m(f)* entertainer
Enter-Taste *f* IT enter key
entfallen *vi* **a)** (*fig: aus dem Gedächtnis*) ***jdm ~*** to slip sb's mind; **b)** (≈ *wegfallen*) to be dropped; **c)** ***auf jdn/etw ~*** (*Geld, Kosten*) to be allotted to sb/sth
entfalten **1.** *vt* to unfold; (*fig*) *Kräfte, Begabung* to develop; *Plan* to set out **2.** *vr* (*Blüte*) to open; (*fig*) to develop; ***hier kann ich mich nicht ~*** I can't make full use of my abilities here
Entfaltung *f* unfolding; (≈ *Entwicklung*) development; (*eines Planes*) setting out; ***zur ~ kommen*** to develop
entfernen **1.** *vt* to remove (*von, aus* from); IT to delete; ***jdn aus der Schule ~*** to expel sb from school **2.** *vr* **a)** ***sich (von od aus etw) ~*** to go away (from sth); ***sich von seinem Posten ~*** to leave one's post; **b)** (*fig: von jdm*) to become estranged; (*von Thema*) to digress **entfernt** **1.** *Adj Ort, Verwandter* distant; (≈ *abgelegen*) remote; (≈ *gering*) *Ähnlichkeit* vague; ***10 km ~ von*** 10 km (away) from; ***das Haus liegt 2 km ~*** the house is 2 km away **2.** *Adv* remotely; ***~ verwandt*** distantly related; ***nicht im Entferntesten!*** not in the slightest! **Entfernung** *f* **a)** distance; ***aus kurzer ~ (schießen)*** (to fire) at *od* from close range; ***in acht Kilometer(n) ~*** eight kilometres (*Brit*) *od* kilometers (*US*) away; **b)** (≈ *das Entfernen*) removal **Entfernungsmesser** *m* MIL, FOTO rangefinder
entfesseln *vt* (*fig*) to unleash **entfesselt** *Adj* unleashed; *Leidenschaft* unbridled; *Naturgewalten* raging
entfetten *vt* to remove the grease from
entflammbar *Adj* inflammable **entflammen** **1.** *vt* (*fig*) to (a)rouse; *Begeisterung* to fire **2.** *vi* to burst into flames; (*fig*) (*Zorn, Streit*) to flare up
entflechten *vt Konzern, Kartell etc* to break up
entfliehen *vi* to escape (*+Dat od aus* from)
entfremden **1.** *vt* to alienate **2.** *vr* to become alienated (*Dat* from) **Entfremdung** *f* estrangement; SOZIALW alienation
entfrosten *vt* to defrost **Entfroster** *m* defroster
entführen *vt jdn* to kidnap; *Flugzeug* to hijack **Entführer(in)** *m(f)* kidnapper; (*von Flugzeug*) hijacker **Entführung** *f* kidnapping; (*von Flugzeug*) hijacking
entgegen **1.** *Präp +Dat* contrary to; ***~ allen Erwartungen*** contrary to all expectation(s) **2.** *Adv* (*geh*) ***neuen Abenteuern ~!*** on to new adventures! **entgegenbringen** *vt* ***jdm etw ~*** (*fig*) *Freundschaft etc* to show sth for sb **entgegengehen** *vi +Dat* to go toward(s);

dem Ende ~ (*Leben, Krieg*) to draw to a close; **seinem Untergang ~** to be heading for disaster **entgegengesetzt** *Adj* opposite; **einander ~e Interessen/Meinungen** *etc* opposing interests/views *etc*; → **entgegensetzen**
entgegenhalten *vt +Dat* **jdm etw ~** (*wörtl*) to hold sth out toward(s) sb; **einer Sache ~, dass ...** (*fig*) to object to sth that ... **entgegenkommen** *vi +Dat* to come toward(s); (*fig*) to accommodate; **jdm auf halbem Wege ~** to meet sb halfway; **das kommt unseren Plänen sehr entgegen** that fits in very well with our plans **Entgegenkommen** *n* (≈ *Gefälligkeit*) kindness; (≈ *Zugeständnis*) concession **entgegenkommend** *Adj* **a)** *Fahrzeug* oncoming; **b)** (*fig*) obliging **entgegenlaufen** *vi +Dat* to run toward(s) **entgegennehmen** *vt* (≈ *empfangen*) to receive; (≈ *annehmen*) to accept **entgegensehen** *vi* (*fig*) **einer Sache** (*Dat*) **~** to await sth; (*freudig*) to look forward to sth; **einer Sache ~ müssen** to have to face sth **entgegensetzen** *vt +Dat* **etw einer Sache ~** to set sth against sth; **dem habe ich entgegenzusetzen, dass ...** against that I'd like to say that ...; → **entgegengesetzt** **entgegenstellen** **1.** *vt +Dat* = **entgegensetzen** **2.** *vr +Dat* **sich jdm/einer Sache ~** to oppose sb/sth **entgegentreten** *vi +Dat* to step up to; *einer Politik* to oppose; *Behauptungen* to counter; *einer Gefahr* to take steps against **entgegenwirken** *vi +Dat* to counteract
entgegnen *vti* to reply; (*kurz, barsch*) to retort (*auf +Akk* to) **Entgegnung** *f* reply
entgehen *vi +Dat* **a)** (≈ *entkommen*) *Verfolgern* to elude; *dem Schicksal, der Gefahr, Strafe* to escape; **b)** (*fig* ≈ *nicht bemerkt werden*) **dieser Fehler ist mir entgangen** I failed to notice this mistake; **ihr entgeht nichts** she doesn't miss a thing; **sich** (*Dat*) **etw ~ lassen** to miss sth
entgeistert *Adj* thunderstruck
Entgelt *n* (*förml*) **a)** (≈ *Bezahlung*) remuneration (*förml*); (≈ *Anerkennung*) reward; **b)** (≈ *Gebühr*) fee
entgiften *vt* to decontaminate; MED to detoxicate
entgleisen *vi* **a)** BAHN to be derailed; **b)** (*fig: Mensch*) to misbehave **Entgleisung** *f* derailment; (*fig*) faux pas
entgleiten *vi +Dat* to slip; **jdm ~** to slip from sb's grasp; (*fig*) to slip away from sb
entgräten *vt Fisch* to fillet
enthaaren *vt* to remove unwanted hair from **Enthaarungsmittel** *n* depilatory
enthalten **1.** *vt* to contain; **(mit) ~ sein in** (*+Dat*) to be included in **2.** *vr* **sich einer Sache** (*Gen*) **~** (*geh*) to abstain from sth; **sich (der Stimme) ~** to abstain
enthaltsam **1.** *Adj* abstemious; (*sexuell*) chaste **2.** *Adv* **~ leben** to be abstinent; (≈ *sexuell*) to be celibate **Enthaltsamkeit** *f* abstinence; (*sexuell*) chastity **Enthaltung** *f* abstinence; (≈ *Stimmenthaltung*) abstention
enthärten *vt Wasser* to soften
enthaupten *vt* to decapitate **Enthauptung** *f* decapitation
entheben *vt* **jdn einer Sache** (*Gen*) **~** to relieve sb of sth
enthemmen *vti* **jdn ~** to make sb lose his inhibitions
enthüllen *vt* to uncover; *Denkmal* to unveil; *Geheimnis* to reveal **Enthüllung** *f* uncovering; (*von Denkmal*) unveiling **Enthüllungsjournalismus** *m* investigative journalism
Enthusiasmus *m* enthusiasm **enthusiastisch** **1.** *Adj* enthusiastic **2.** *Adv* enthusiastically
entjungfern *vt* to deflower
entkalken *vt* to decalcify
entkernen *vt Kernobst* to core; *Steinobst* to stone
entkoffeiniert *Adj* decaffeinated
entkommen *vi* to escape (*+Dat, aus* from) **Entkommen** *n* escape
entkorken *vt Flasche* to uncork
entkräften *vt* to weaken; (≈ *erschöpfen*) to exhaust; (*fig* ≈ *widerlegen*) to refute **Entkräftung** *f* weakening; (≈ *Erschöpfung*) exhaustion; (*fig* ≈ *Widerlegung*) refutation
entkrampfen *vt* (*fig*) to relax; *Lage* to ease
entladen **1.** *vt* to unload; *Batterie etc* to discharge **2.** *vr* (*Gewitter*) to break; (*Schusswaffe*) to go off; (*Batterie etc*) to discharge; (*fig: Emotion*) to vent itself
entlang **1.** *Präp +Akk od +Dat od (sel-*

E

ten) +*Gen* along; **den Fluss ~** along the river **2.** *Adv* along; **hier ~** this way **entlanggehen** *vti* to walk along
entlarven *vt* (*fig*) *Spion* to unmask; *Betrug etc* to uncover
entlassen *vt* (≈ *kündigen*) to dismiss; (*aus dem Krankenhaus*) to discharge; (*aus dem Gefängnis*) to release **Entlassung** *f* dismissal; (*aus dem Krankenhaus*) discharge; (*aus dem Gefängnis*) release
entlasten *vt* to relieve; *Verkehr* to ease; JUR *Angeklagten* to exonerate; HANDEL *Vorstand* to approve the activities of **Entlastung** *f* relief; JUR exoneration; (HANDEL: *von Vorstand*) approval; ***zu seiner ~ führte der Angeklagte an, dass ...*** in his defence (*Brit*) *od* defense (*US*) the defendant stated that ... **Entlastungsmaterial** *n* JUR evidence for the defence (*Brit*) *od* defense (*US*) **Entlastungszeuge** *m*, **Entlastungszeugin** *f* JUR witness for the defence (*Brit*) *od* defense (*US*) **Entlastungszug** *m* relief train
Entlaubung *f* defoliation **Entlaubungsmittel** *n* defoliant
entlaufen *vi* to run away (+*Dat*, *von* from); ***ein ~es Kind*** a runaway child; ***ein ~er Sträfling*** an escaped convict; ***„Hund ~"*** "dog missing"
entledigen *vr* (*förml*) ***sich jds/einer Sache ~*** to rid oneself of sb/sth; ***sich seiner Kleidung ~*** to remove one's clothes
entleeren *vt* to empty **Entleerung** *f* emptying
entlegen *Adj* out-of-the-way
entlehnen *vt* (*fig*) to borrow (+*Dat*, *von* from)
Entlein *n* duckling
entlocken *vt* ***jdm/einer Sache etw ~*** to elicit sth from sb/sth
entlohnen *vt* to pay; (*fig*) to reward **Entlohnung** *f* pay(ment); (*fig*) reward
entlüften *vt* to ventilate; *Bremsen, Heizung* to bleed **Entlüftung** *f* ventilation; (*von Bremsen, Heizung*) bleeding
entmachten *vt* to deprive of power **Entmachtung** *f* deprivation of power
entmilitarisieren *vt* to demilitarize **Entmilitarisierung** *f* demilitarization
entmündigen *vt* JUR to (legally) incapacitate **Entmündigung** *f* (legal) incapacitation
entmutigen *vt* to discourage; ***sich nicht ~ lassen*** not to be discouraged **Entmutigung** *f* discouragement
Entnahme *f* (*förml*) removal; (*von Blut*) extraction; (*von Geld*) withdrawal **entnehmen** *vt* to take (from); (*fig* ≈ *erkennen*) to gather (from)
entnerven *vt* to unnerve; **~d** unnerving; (≈ *nervtötend*) nerve-racking
entpolitisieren *vt* to depoliticize
entpuppen *vr* ***sich als Betrüger*** *etc* **~** to turn out to be a cheat *etc*
entrahmen *vt* *Milch* to skim
enträtseln *vt* to solve; *Sinn* to work out; *Schrift* to decipher
entrechten *vt* ***jdn ~*** to deprive sb of his rights
entreißen *vt* ***jdm etw ~*** to snatch sth (away) from sb
entrichten *vt* (*förml*) to pay
entriegeln *vt* to unbolt; IT *etc Tastatur* to unlock
entrinnen *vi* +*Dat* (*geh*) to escape from; ***es gibt kein Entrinnen*** there is no escape
entrosten *vt* to derust **Entroster** *m* deruster
entrückt *Adj* (*geh*) (≈ *verzückt*) enraptured; (≈ *versunken*) lost in reverie
entrümpeln *vt* to clear out
entrüsten 1. *vt* to outrage **2.** *vr* ***sich ~ über*** (+*Akk*) to be outraged at **entrüstet 1.** *Adj* outraged **2.** *Adv* indignantly, outraged **Entrüstung** *f* indignation
entsaften *vt* to extract the juice from **Entsafter** *m* juice extractor
entsalzen *vt* to desalinate
entschädigen *vt* (*für* for) to compensate; (*für Dienste etc*) to reward; (*bes mit Geld*) to remunerate; (≈ *Kosten erstatten*) to reimburse **Entschädigung** *f* compensation; (*für Dienste*) reward; (*mit Geld*) remuneration; (≈ *Kostenerstattung*) reimbursement
entschärfen *vt* *Bombe, Krise* to defuse; *Argument* to neutralize
Entscheid *m* (*schweiz förml*) = ***Entscheidung*** **entscheiden 1.** *vt* to decide; ***das Spiel ist entschieden*** the game has been decided; ***den Kampf für sich ~*** to secure victory in the struggle; ***es ist noch nichts entschieden*** nothing has been decided (as) yet;

→ ***entschieden*** **2.** *vi* (*über +Akk*) to decide (on); ***darüber habe ich nicht zu ~*** that is not for me to decide **3.** *vr* (*Mensch*) to decide; (*Angelegenheit*) to be decided; ***sich für jdn/etw ~*** to decide in favour (*Brit*) *od* favor (*US*) of sb/sth; ***sich gegen jdn/etw ~*** to decide against sb/sth **entscheidend** **1.** *Adj* decisive; ***die ~e Stimme*** (*bei Wahlen etc*) the deciding vote; ***das Entscheidende*** the decisive factor **2.** *Adv schlagen, schwächen* decisively **Entscheidung** *f* decision **Entscheidungsfreiheit** *f* freedom to decide **Entscheidungskampf** *m* decisive encounter; SPORT deciding round/game *etc* **Entscheidungsträger(in)** *m(f)* decision-maker **entschieden** **1.** *Part Perf von* ***entscheiden*** **2.** *Adj* **a)** (≈ *entschlossen*) determined; *Befürworter* staunch; *Ablehnung* firm; **b)** (≈ *eindeutig*) decided **3.** *Adv* **a)** (≈ *strikt*) *ablehnen* firmly; *bekämpfen* resolutely; *zurückweisen* staunchly; **b)** (≈ *eindeutig*) definitely; ***das geht ~ zu weit*** that's definitely going too far **Entschiedenheit** *f* (≈ *Entschlossenheit*) determination; ***etw mit aller ~ dementieren*** to deny sth categorically

entschlacken *vt* METALL to remove the slag from; MED *Körper* to purify

entschließen *vr* to decide (*für, zu* on); ***sich anders ~*** to change one's mind; ***zu allem entschlossen sein*** to be ready for anything; → ***entschlossen*** **Entschließung** *f* resolution **entschlossen** **1.** *Part Perf von* ***entschließen*** **2.** *Adj* determined; ***ich bin fest ~*** I am absolutely determined **3.** *Adv* resolutely; ***kurz ~*** without further ado **Entschlossenheit** *f* determination **Entschluss** *m* (≈ *Entscheidung*) decision; ***seinen ~ ändern*** to change one's mind

entschlüsseln *vt* to decipher

entschlussfreudig *Adj* decisive **Entschlusskraft** *f* decisiveness

entschuldbar *Adj* excusable

entschulden *vt* to free of debt

entschuldigen **1.** *vt* to excuse; ***das lässt sich nicht ~!*** that is inexcusable!; ***einen Schüler ~ lassen*** *od* ***~*** to ask for a pupil to be excused; ***ich bitte mich zu ~*** I ask to be excused **2.** *vi* ***~ Sie (bitte)!*** (do *od* please) excuse me!, sorry!; (*bei Bitte, Frage etc*) excuse me (please), pardon me (*US*) **3.** *vr* ***sich (bei jdm) ~*** (≈ *um Verzeihung bitten*) to apologize (to sb); (≈ *sich abmelden*) to excuse oneself **Entschuldigung** *f* (≈ *Grund*) excuse; (≈ *Bitte um Entschuldigung*) apology; (SCHULE ≈ *Brief*) note; ***~!*** excuse me!; ***zu seiner ~ sagte er ...*** he said in his defence (*Brit*) *od* defense (*US*) that ...; ***(jdn) um ~ bitten*** to apologize (to sb)

Entschuldigung

Im englischsprachigen Raum entschuldigt man sich relativ häufig. Wenn man z. B. mit jemandem im Geschäft, auf der Straße usw. aus Versehen in Berührung kommt, passiert es gar nicht so selten, dass sich beide betroffene Personen gleichzeitig entschuldigen, egal wer an der „leichten Karambolage" schuld war.
So entschuldigt man sich im Allgemeinen auf Englisch:

Sorry.
I'm sorry
Excuse me (*US*).
etwas formeller:
I'm so sorry.
I (do) beg your pardon.
I do apologize.

bei Schluckauf, Magenknurren usw.:

Excuse me.

Als Auftakt zu einer Frage:

Excuse me, where's the nearest ...?

Pardon?, Pardon me?, *förmlicher* **I beg your pardon?** mit fragender Stimme heißt „Wie bitte?", wenn man etwas nicht verstanden hat.

Entschwefelungsanlage *f* desulphurization plant

entschwinden *vi* to vanish (*+Dat* from,

E

E

in +Akk into)
entsetzen **1.** *vt* to horrify **2.** *vr* ***sich über jdn/etw ~*** to be horrified at *od* by sb/sth; → ***entsetzt*** **Entsetzen** *n* horror; (≈ *Erschrecken*) terror; ***mit ~ sehen, dass ...*** to be horrified/terrified to see that ... **Entsetzensschrei** *m* cry of horror **entsetzlich** **1.** *Adj* dreadful **2.** *Adv* **a)** (≈ *schrecklich*) dreadfully; **b)** (*umg* ≈ *sehr*) awfully **entsetzt** **1.** *Adj* horrified (*über +Akk* at, by) **2.** *Adv* in horror; ***jdn ~ anstarren*** to give sb a horrified look; → ***entsetzen***
entseuchen *vt* to decontaminate **Entseuchung** *f* decontamination
entsichern *vt* ***eine Pistole ~*** to release the safety catch of a pistol
entsinnen *vr* to remember (*einer Sache (Gen), an etw (Akk)* sth); ***wenn ich mich recht entsinne*** if my memory serves me correctly
entsorgen *vt Abfälle etc* to dispose of **Entsorgung** *f* waste disposal
entspannen **1.** *vt* to relax; (*fig*) *Lage* to ease (up) **2.** *vr* to relax; (≈ *ausruhen*) to rest; (*Lage etc*) to ease **entspannt** *Adj* relaxed **Entspannung** *f* relaxation; (*von Lage*, FINANZ: *an der Börse*) easing(-up); POL easing of tension (*+Gen* in), détente **Entspannungspolitik** *f* policy of détente **Entspannungsübungen** *Pl* MED *etc* relaxation exercises *Pl*
entsprechen *vi +Dat* to correspond to; *der Wahrheit* to be in accordance with; *Anforderungen* to fulfil (*Brit*), to fulfill (*US*); *Erwartungen* to live up to; *einer Bitte etc* to meet **entsprechend** **1.** *Adj* corresponding; (≈ *zuständig*) relevant; (≈ *angemessen*) appropriate **2.** *Adv* accordingly; (≈ *ähnlich, gleich*) correspondingly; ***er wurde ~ bestraft*** he was suitably punished **3.** *Präp +Dat* in accordance with; ***er wird seiner Leistung ~ bezahlt*** he is paid according to output **Entsprechung** *f* (≈ *Äquivalent*) equivalent; (≈ *Gegenstück*) counterpart
entspringen *vi* (*Fluss*) to rise; (≈ *sich herleiten von, +Dat*) to arise from
entstammen *vi +Dat* to come from
entstehen *vi* to come into being; (≈ *seinen Ursprung haben*) to originate; (≈ *sich entwickeln*) to arise (*aus, durch* from); ***im Entstehen begriffen sein*** to be emerging **Entstehen** *n*, **Entstehung** *f* (≈ *das Werden*) genesis; (≈ *das Hervorkommen*) emergence; (≈ *Ursprung*) origin
entsteinen *vt* to stone
entstellen *vt* (≈ *verunstalten*) *Gesicht* to disfigure; (≈ *verzerren*) to distort
entstören *vt Radio, Telefon* to free from interference
enttarnen *vt Spion* to blow the cover of (*umg*); (*fig* ≈ *entlarven*) to expose **Enttarnung** *f* exposure
enttäuschen **1.** *vt* to disappoint; ***enttäuscht sein über*** (*+Akk*)/***von*** to be disappointed at/by *od* in **2.** *vi* ***unsere Mannschaft hat sehr enttäuscht*** our team were very disappointing **Enttäuschung** *f* disappointment
entthronen *vt* to dethrone
entvölkern *vt* to depopulate
entwaffnen *vt* to disarm **entwaffnend** *Adj* (*fig*) disarming
entwarnen *vi* to sound the all-clear **Entwarnung** *f* sounding of the all-clear; (≈ *Signal*) all-clear
entwässern *vt Keller* to drain; *Gewebe, Körper* to dehydrate **Entwässerung** *f* drainage; CHEM dehydration **Entwässerungsanlage** *f* drainage system
entweder *Konj* ***~ ... oder ...*** either ... or ...; ***~ oder!*** yes or no
entweichen *vi* to escape (*+Dat, aus* from)
entwenden *vt* (*förml*) ***jdm etw/etw aus etw ~*** to steal sth from sb/sth
entwerfen *vt* **a)** (≈ *gestalten*) to sketch; *Modell etc* to design; **b)** (≈ *ausarbeiten*) *Gesetz* to draft; *Plan* to devise; **c)** (*fig*) (≈ *darstellen*) *Bild* to depict
entwerten *vt* **a)** (≈ *im Wert mindern*) to devalue; **b)** *Briefmarke, Fahrschein* to cancel **Entwerter** *m* (ticket-)-cancelling (*Brit*) *od* (ticket-)canceling (*US*) machine
entwickeln **1.** *vt* to develop; *Mut, Energie* to show **2.** *vr* to develop (*zu* into); ***sie hat sich ganz schön entwickelt*** (*umg*) she's turned out really nicely **Entwickler** *m* FOTO developer **Entwicklung** *f* development; FOTO developing; ***das Flugzeug ist noch in der ~*** the plane is still in the development stage **Entwicklungsdienst** *m* voluntary service overseas (*Brit*), VSO (*Brit*), Peace Corps (*US*) **entwick-**

lungsfähig *Adj* capable of development **Entwicklungshelfer(in)** *m(f)* VSO worker (*Brit*), Peace Corps worker (*US*) **Entwicklungshilfe** *f* foreign aid **Entwicklungskosten** *Pl* development costs *Pl* **Entwicklungsland** *n* developing country **Entwicklungsstadium** *n*, **Entwicklungsstufe** *f* stage of development; (*der Menschheit etc*) evolutionary stage **Entwicklungszeit** *f* period of development; BIOL, PSYCH developmental period; FOTO developing time

entwirren *vt* to untangle

entwischen *vi* (*umg*) to get away (+*Dat*, *aus* from)

entwöhnen *vt* to wean (+*Dat*, *von* from)

entwürdigen *vt* to degrade **entwürdigend** *Adj* degrading **Entwürdigung** *f* degradation

Entwurf *m* **a**) (≈ *Skizze*, *Abriss*) outline; (≈ *Design*) design; (ARCHIT, *fig*) blueprint; **b**) (*von Plan*, *Gesetz etc*) draft (version); (PARL ≈ *Gesetzentwurf*) bill

entwurzeln *vt* to uproot

entziehen **1.** *vt* to withdraw (+*Dat* from); CHEM to extract; ***jdm die Rente** etc* **~** to stop sb's pension *etc*; ***dem Redner das Wort* ~** to ask the speaker to stop **2.** *vr* ***sich jdm/einer Sache* ~** to evade sb/sth; ***sich seiner Verantwortung* ~** to shirk one's responsibilities; ***sich den** od **jds Blicken* ~** to be hidden from sight **Entziehung** *f* withdrawal **Entziehungskur** *f* (*für Drogenabhängige*) cure for drug addiction; (*für Alkoholiker*) cure for alcoholism

entziffern *vt* to decipher; *Geheimschrift*, *DNS-Struktur* to decode

entzücken *vt* to delight **Entzücken** *n* delight; ***in* ~ *geraten*** to go into raptures **entzückend** *Adj* delightful

Entzug *m* withdrawal; ***er ist auf* ~** (MED *umg*, *Drogenabhängiger*) he is being treated for drug addiction; (*Alkoholiker*) he is being dried out (*umg*) **Entzugserscheinung** *f* withdrawal symptom

entzünden **1.** *vt Feuer* to light; (*fig*) *Streit etc* to spark off; *Hass* to inflame **2.** *vr* **a**) (≈ *zu brennen anfangen*) to catch fire, to ignite (*bes* NATURW, TECH); (*fig*) (*Streit*) to be sparked off; (*Hass*) to be inflamed; **b**) MED to become inflamed; ***entzündet*** inflamed **entzündlich** *Adj Gase* inflammable **Entzündung** *f* MED inflammation **entzündungshemmend** *Adj* anti-inflammatory **Entzündungsherd** *m* focus of inflammation

entzwei *Adj* in two (pieces); (≈ *kaputt*) broken **entzweibrechen** *vti* to break in two **entzweien** **1.** *vt* to turn against each other **2.** *vr* ***sich (mit jdm)* ~** to fall out (with sb)

Enzephalogramm *n* MED encephalogram

Enzian *m* gentian

Enzyklopädie *f* encyclop(a)edia **enzyklopädisch** *Adj* encyclop(a)edic

Enzym *n* enzyme

Epidemie *f* epidemic **Epidemiologe** *m*, **Epidemiologin** *f* epidemiologist **epidemisch** *Adj* epidemic

Epik *f* epic poetry **Epiker(in)** *m(f)* epic poet

Epilation *f* hair removal, epilation

Epilepsie *f* epilepsy **Epileptiker(in)** *m(f)* epileptic **epileptisch** *Adj* epileptic

epilieren *vt* to epilate **Epiliergerät** *n* epilator

Epilog *m* epilogue

episch *Adj* (*wörtl*, *fig*) epic

Episode *f* episode

Epizentrum *n* epicentre (*Brit*), epicenter (*US*)

epochal *Adj* epochal **Epoche** *f* epoch **epochemachend** *Adj* epoch-making

Epos *n* epic (poem)

er *Personalpron* he; (*von Dingen*) it; ***wenn ich er wäre*** if I were him; ***er ist es*** it's him

erachten *vt* (*geh*) ***jdn/etw für** od **als etw* ~** to consider sb/sth (to be) sth **Erachten** *n* ***meines* ~*s*** in my opinion

erarbeiten *vt Vermögen etc* to work for; *Wissen etc* to acquire **Erarbeitung** *f* (*von Wissen*) acquisition

Erbanlage *f* hereditary factor(s *Pl*)

erbarmen **1.** *vt* ***jdn* ~** to arouse sb's pity; ***das ist zum Erbarmen*** it's pitiful **2.** *vr* +*Gen* to have pity (on) **Erbarmen** *n* (≈ *Mitleid*) pity (*mit* on); (≈ *Gnade*) mercy (*mit* on); ***kein* ~ *kennen*** to show no mercy **erbarmenswert** *Adj* pitiable **erbärmlich** **1.** *Adj* wretched **2.** *Adv*

E

E

sich verhalten abominably; (*umg* ≈ *furchtbar*) *frieren, wehtun* terribly **erbarmungslos** **1.** *Adj* pitiless **2.** *Adv* pitilessly
erbauen *vt* **a)** (≈ *errichten*) to build; **b)** (*fig* ≈ *seelisch bereichern*) to uplift; ***wir waren von der Nachricht nicht gerade erbaut*** (*umg*) we weren't exactly delighted by the news **Erbauer(in)** *m(f)* builder
Erbe[1] *m* heir; ***jdn zum ~n einsetzen*** to appoint sb as one's heir
Erbe[2] *n* inheritance; (*fig*) heritage **erben** *vt* to inherit (*von* from) **Erbengemeinschaft** *f* community of heirs
erbetteln *vt* to get by begging
erbeuten *vt* (*Tier*) to carry off; (*Dieb*) to get away with; (*im Krieg*) to capture
Erbfaktor *m* BIOL (hereditary) factor **Erbfolge** *f* (line of) succession **Erbgut** *n* BIOL genetic make-up **Erbin** *f* heiress; → ***Erbe***[1]
erbitten *vt* to ask for
erbittert **1.** *Adj Widerstand, Gegner* bitter **2.** *Adv* bitterly
Erbkrankheit *f* hereditary disease
erblassen *vi* to (turn) pale
Erblasser(in) *m(f)* person who leaves an inheritance **Erblast** *f* negative inheritance *od* heritage; (≈ *Probleme*) inherited problems *Pl* **erblich** *Adj* hereditary; ***etw ist ~ bedingt*** sth is an inherited condition
erblicken *vt* (*geh*) to see; (≈ *erspähen*) to spot
erblinden *vi* to go blind **Erblindung** *f* loss of sight
erblühen *vi* (*geh*) to bloom
Erbmasse *f* estate; BIOL genetic make-up **Erbonkel** *m* (*umg*) rich uncle
erbosen (*geh*) **1.** *vt* ***erbost sein über*** (+*Akk*) to be infuriated at **2.** *vr* ***sich ~ über*** (+*Akk*) to become furious *od* infuriated about
erbrechen *vtir* (***sich***) **~** MED to vomit; ***etw bis zum Erbrechen tun*** (*fig*) to do sth ad nauseam
erbringen *vt* to produce
Erbrochene(s) *n* vomit
Erbschaft *f* inheritance; ***eine ~ machen*** *od* ***antreten*** to come into an inheritance **Erbschaftssteuer** *f* death duties *Pl*, inheritance tax (*Brit*)
Erbse *f* pea **Erbsensuppe** *f* pea soup
Erbstück *n* heirloom **Erbtante** *f* (*umg*) rich aunt **Erbteil** *n od m* JUR (portion of an/the) inheritance
Erdachse *f* earth's axis
erdacht *Adj Geschichte* made-up
Erdanziehung *f* gravitational pull of the earth **Erdapfel** *m* (*bes österr*) potato **Erdatmosphäre** *f* earth's atmosphere **Erdbahn** *f* earth's orbit **Erdbeben** *n* earthquake **Erdbebengebiet** *n* earthquake area **erdbebensicher** *Adj Gebäude etc* earthquake-proof **Erdbeere** *f* strawberry **Erdbestattung** *f* burial **Erdbewohner(in)** *m(f)* inhabitant of the earth **Erdboden** *m* ground; ***etw dem ~ gleichmachen*** to raze sth to the ground; ***vom ~ verschwinden*** to disappear off the face of the earth **Erde** *f* **a)** (≈ *Welt*) earth, world; ***auf der ganzen ~*** all over the world; **b)** (≈ *Boden*) ground; ***unter der ~*** underground; ***über der ~*** above ground; **c)** (≈ *Erdreich*) soil, earth (*auch* CHEM); **d)** (ELEK ≈ *Erdung*) earth, ground (*US*) **erden** *vt* ELEK to earth, to ground (*US*)
erdenklich *Adj* conceivable; ***alles Erdenkliche tun*** to do everything conceivable
Erderwärmung *f* global warming **Erdgas** *n* natural gas **Erdgeschichte** *f* geological history **Erdgeschoss** *n*, **Erdgeschoß** (*österr*) *n* ground floor, first floor (*US*)
erdichten *vt* to invent
erdig *Adj* earthy **Erdinnere(s)** *n* bowels *Pl* of the earth **Erdkreis** *m* globe **Erdkrümmung** *f* curvature of the earth **Erdkugel** *f* globe **Erdkunde** *f* geography **Erdleitung** *f* ELEK earth *od* ground (*US*) (connection); (≈ *Kabel*) underground wire **Erdnuss** *f* peanut **Erdnussbutter** *f* peanut butter **Erdoberfläche** *f* surface of the earth **Erdöl** *n* (mineral) oil; ***~ exportierend*** oil-exporting
erdolchen *vt* to stab (to death)
Erdölleitung *f* oil pipeline **Erdreich** *n* soil
erdreisten *vr* ***sich ~, etw zu tun*** to have the audacity to do sth
erdrosseln *vt* to strangle
erdrücken *vt* to crush (to death); (*fig* ≈ *überwältigen*) to overwhelm
Erdrutsch *m* landslide **Erdrutschsieg** *m* landslide (victory) **Erdschicht** *f* lay-

er (of the earth) **Erdstoß** *m* (seismic) shock **Erdteil** *m* continent
erdulden *vt* to suffer
Erdumdrehung *f* rotation of the earth **Erdumkreisung** *f* (*durch Satelliten*) orbit(ing) of the earth **Erdumlaufbahn** *f* earth orbit **Erdumrundung** *f* (*durch Satelliten*) orbit(ing) of the earth **Erdung** *f* ELEK earth(ing), ground(ing) (*US*)
ereifern *vr* to get excited (*über +Akk* about)
ereignen *vr* to occur **Ereignis** *n* event, occurrence; (≈ *Vorfall*) incident; (*besonderes*) occasion **ereignislos** *Adj* uneventful **ereignisreich** *Adj* eventful
Erektion *f* PHYSIOL erection
erfahren[1] **1.** *vt* **a)** *Nachricht etc* to find out; (≈ *hören*) to hear (*von* about, of); **b)** (≈ *erleben*) to experience **2.** *vi* to hear (*von* about, of)
erfahren[2] *Adj* experienced **Erfahrung** *f* experience; ***nach meiner ~*** in my experience; ***~en sammeln*** to gain experience; ***etw in ~ bringen*** to learn sth; ***ich habe die ~ gemacht, dass ...*** I have found that ...; ***mit dieser neuen Maschine haben wir nur gute ~en gemacht*** we have found this new machine (to be) completely satisfactory; ***durch ~ wird man klug*** (*Sprichw*) one learns by experience **Erfahrungsaustausch** *m* POL exchange of experiences **erfahrungsgemäß** *Adv* ***~ ist es ...*** experience shows ...
erfassen *vt* **a)** (≈ *mitreißen: Auto, Strömung*) to catch; ***Angst erfasste sie*** she was seized by fear; **b)** (≈ *begreifen*) to grasp; **c)** (≈ *registrieren*) to record, to register; *Daten* to capture **Erfassung** *f* registration, recording; (*von Daten*) capture
erfinden *vt* to invent; ***das hat sie glatt erfunden*** she made it all up **Erfinder(in)** *m(f)* inventor **erfinderisch** *Adj* inventive **Erfindung** *f* invention **erfindungsreich** *Adj* = ***erfinderisch*** **Erfindungsreichtum** *m* ingenuity
Erfolg *m* success; (≈ *Ergebnis, Folge*) result; ***mit ~*** successfully; ***ohne ~*** unsuccessfully; ***viel ~!*** good luck!; ***~ haben*** to be successful; ***keinen ~ haben*** to be unsuccessful; ***~ versprechend*** promising; ***ein voller ~*** a great success
erfolgen *vi* (*förml* ≈ *sich ergeben*) to result; (≈ *stattfinden*) to take place; ***nach erfolgter Zahlung*** after payment has been made
erfolglos **1.** *Adj* unsuccessful **2.** *Adv* unsuccessfully **Erfolglosigkeit** *f* lack of success **erfolgreich** **1.** *Adj* successful **2.** *Adv* successfully **Erfolgsaussicht** *f* prospect of success **Erfolgserlebnis** *n* feeling of success **Erfolgskurs** *m* ***auf ~ liegen*** to be on course for success **Erfolgsquote** *f* success rate **Erfolgsrezept** *n* recipe for success **erfolgversprechend** *Adj* → ***Erfolg***
erforderlich *Adj* necessary; ***unbedingt ~*** (absolutely) essential **erfordern** *vt* to require **Erfordernis** *n* requirement
erforschen *vt* to explore; *Thema etc* to research **Erforschung** *f* (*von Thema*) researching
erfragen *vt Weg* to ask; *Einzelheiten etc* to obtain
erfreuen **1.** *vt* to please; ***über jdn/etw erfreut sein*** to be pleased about sb/sth **2.** *vr* ***sich an etw*** (*Dat*) ***~*** to enjoy sth **erfreulich** *Adj* pleasant; *Besserung etc* welcome; (≈ *befriedigend*) gratifying **erfreulicherweise** *Adv* happily
erfrieren **1.** *vi* to freeze to death; (*Pflanzen*) to be killed by frost; ***erfrorene Glieder*** frostbitten limbs **2.** *vt* ***sich*** (*Dat*) ***die Füße ~*** to suffer frostbite in one's feet **Erfrierung** *f* frostbite *kein Pl*
erfrischen **1.** *vt* to refresh **2.** *vi* to be refreshing **3.** *vr* to refresh oneself; (≈ *sich waschen*) to freshen up **erfrischend** **1.** *Adj* refreshing **2.** *Adv* refreshingly **Erfrischung** *f* refreshment **Erfrischungsgetränk** *n* refreshment **Erfrischungsraum** *m* cafeteria **Erfrischungstuch** *n* refreshing towel
erfüllen **1.** *vt* **a)** *Raum etc* to fill; ***Hass erfüllte ihn*** he was filled with hate; ***ein erfülltes Leben*** a full life; **b)** (≈ *einhalten*) to fulfil (*Brit*), to fulfill (*US*); *Soll* to achieve; *Zweck* to serve **2.** *vr* (*Wunsch*) to be fulfilled **Erfüllung** *f* fulfilment (*Brit*), fulfillment (*US*); ***in ~ gehen*** to be fulfilled
ergänzen *vt* to supplement; (≈ *vervollständigen*) to complete; ***seine Sammlung ~*** to add to one's collection; ***einander*** *od* ***sich ~*** to complement one another **Ergänzung** *f* **a)** (≈ *das Ergänzen*) supplementing; (≈ *Vervollständi-*

E

gung) completion; **b)** (≈ *Zusatz: zu Buch etc*) supplement

Ergänzungsspieler(in) *m(f)* FUSSB squad player

ergattern *vt* (*umg*) to get hold of

ergeben[1] **1.** *vt* to yield; (≈ *zum Ergebnis haben*) to result in; *Betrag, Summe* to amount to **2.** *vr* **a)** (≈ *kapitulieren*) to surrender (+*Dat* to); **b)** (≈ *sich hingeben*) ***sich einer Sache*** (*Dat*) **~** to give oneself up to sth; **c)** (≈ *folgen*) to result (*aus* from); **d)** (≈ *sich herausstellen*) to come to light

ergeben[2] *Adj* (≈ *treu*) devoted; (≈ *demütig*) humble

Ergebnis *n* result; ***zu einem ~ kommen*** to come to a conclusion **ergebnislos** **1.** *Adj* unsuccessful **2.** *Adv* ***~ bleiben*** to come to nothing

ergehen **1.** *vi* **a)** (*förml* ≈ *erlassen werden*) to go out; (*Einladung*) to be sent; **b)** (≈ *erdulden*) ***etw über sich*** (*Akk*) ***~ lassen*** to let sth wash over one (*Brit*), to let sth roll off one's back (*US*) **2.** *vi unpers* ***es ist ihm schlecht/gut ergangen*** he fared badly/well **3.** *vr* (*fig*) ***sich in etw*** (*Dat*) **~** to indulge in sth

ergiebig *Adj* productive; *Geschäft* lucrative; (≈ *sparsam im Verbrauch*) economical

ergo *Konj* therefore

ergonomisch **1.** *Adj* ergonomic **2.** *Adv* ergonomically

ergötzen *vr* ***sich an etw*** (*Dat*) **~** to take delight in sth

ergreifen *vt* **a)** (≈ *packen*) to seize; **b)** (*fig*) *Gelegenheit, Macht* to seize; *Beruf* to take up; *Maßnahmen* to take; ***von Furcht ergriffen werden*** to be seized with fear **ergreifend** *Adj* (*fig*) touching (*auch iron*) **ergriffen** *Adj* (*fig*) moved **Ergriffenheit** *f* emotion

ergründen *vt Sinn etc* to fathom; *Ursache* to discover

Erguss *m* effusion; (≈ *Samenerguss*) ejaculation; (*fig*) outpouring

erhaben **1.** *Adj* **a)** *Druck* embossed; **b)** (*fig*) *Stil* lofty; *Anblick* sublime; **c)** (≈ *überlegen*) superior; ***über etw*** (*Akk*) **~** (***sein***) (to be) above sth **2.** *Adv* ***~ lächeln*** to smile in a superior way

Erhalt *m* receipt **erhalten** **1.** *vt* **a)** (≈ *bekommen*) to get; **b)** (≈ *bewahren*) *Gebäude, Natur* to preserve; ***jdn am Leben ~*** to keep sb alive; ***er hat sich*** (*Dat*) ***seinen Optimismus ~*** he kept up his optimism; ***gut ~*** well preserved (*auch hum umg*) **2.** *vr* (*Brauch etc*) to be preserved, to remain **erhältlich** *Adj* available; ***schwer ~*** hard to come by

Erhaltung *f* (≈ *Bewahrung*) preservation

erhängen *vt* to hang

erhärten **1.** *vt* to harden **2.** *vr* (*fig: Verdacht*) to harden

erhaschen *vt* to catch

erheben **1.** *vt* **a)** (≈ *hochheben*) to raise; ***den Blick ~*** to look up; **b)** *Gebühren* to charge **2.** *vr* to rise; (*Wind etc*) to arise; (≈ *sich auflehnen*) to rise (up) (in revolt); ***sich über andere ~*** to place oneself above others **erhebend** *Adj* elevating; (≈ *erbaulich*) edifying **erheblich** **1.** *Adj* considerable; (≈ *relevant*) relevant **2.** *Adv* considerably; *verletzen* severely **Erhebung** *f* **a)** (≈ *Bodenerhebung*) elevation; **b)** (≈ *Aufstand*) uprising; **c)** (*von Gebühren*) levying; **d)** (≈ *Umfrage*) survey; ***~en machen über*** (+*Akk*) to make inquiries about *od* into

erheitern *vt* to cheer (up) **Erheiterung** *f* amusement; ***zur allgemeinen ~*** to the general amusement

erhellen **1.** *vt* to light up; *Geheimnis* to shed light on **2.** *vr* to brighten

erhitzen **1.** *vt* to heat (up) (*auf* +*Akk* to); ***die Gemüter ~*** to inflame passions **2.** *vr* to get hot; (*fig* ≈ *sich erregen*) to become heated (*an* +*Dat* over); ***die Gemüter erhitzten sich*** feelings were running high

erhoffen *vt* to hope for; ***sich*** (*Dat*) ***etw ~*** to hope for sth (*von* from)

erhöhen **1.** *vt* to raise; *Produktion* to increase; *Wirkung* to heighten; *Spannung* to increase; ***erhöhte Temperatur haben*** to have a temperature **2.** *vr* to rise, to increase **Erhöhung** *f* **a)** (≈ *das Erhöhen*) raising; (*von Preis, Produktion*) increase; (*von Wirkung*) heightening; (*von Spannung*) intensification; **b)** (≈ *Lohnerhöhung*) rise (*Brit*), raise (*US*)

erholen *vr* to recover (*von* from); ***du siehst sehr erholt aus*** you look very rested **erholsam** *Adj* restful **Erholung** *f* recovery; (≈ *Entspannung*) relaxation; ***sie braucht dringend ~*** she bad-

erinnern: remind oder remember?

Bei **remind** sind mindestens zwei Personen beteiligt: A erinnert B an etwas.
Remember ist ein Vorgang, den eine Person oder eine Personengruppe nur selbst tun kann: sich erinnern bzw. an etwas denken.

Bitte erinnere mich an Toms Geburtstag.	**Please remind me about Tom's birthday.**
Tom erinnert mich an meinen Vater.	**Tom reminds me of my father.**
Erinnerst du dich an unsere letzten gemeinsamen Ferien?	**Do you remember our last holiday together?**

ly needs a break **erholungsbedürftig** *Adj* in need of a rest **Erholungsgebiet** *n* recreation area **Erholungspause** *f* break

erhören *vt* to hear

erigiert *Adj* erect

Erika *f* BOT heather

erinnern **1.** *vt* ***jdn an etw*** (*Akk*) ~ to remind sb of sth **2.** *vr* ***sich an jdn/etw ~*** to remember sb/sth; ***soviel ich mich ~ kann*** as far as I remember **3.** *vi* ***~ an*** (+*Akk*) to be reminiscent of **Erinnerung** *f* memory; (≈ *Andenken*) memento; ***zur ~ an*** (+*Akk*) in memory of; (*an Ereignis*) in commemoration of; ***jdn in guter ~ behalten*** to have pleasant memories of sb **Erinnerungen** *Pl* LITERATUR memoirs *Pl*; ***~en austauschen*** to reminisce **Erinnerungsstück** *n* keepsake (*an* +*Akk* from)

erkalten *vi* to cool (down *od* off), to go cold

erkälten *vr* to catch a cold **erkältet** *Adj* (***stark***) ***~ sein*** to have a (bad) cold **Erkältung** *f* cold

erkämpfen *vt* to win; ***sich*** (*Dat*) ***etw ~*** to win sth; ***hart erkämpft*** hard-won

erkennbar *Adj* recognizable; (≈ *sichtbar*) visible **erkennen** **1.** *vt* to recognize (*an* +*Dat* by); (≈ *wahrnehmen*) to see; ***jdn für schuldig ~*** JUR to find sb guilty; ***jdm zu ~ geben, dass ...*** to give sb to understand that ...; ***sich zu ~ geben*** to reveal oneself (*als* to be); ***~ lassen*** to show **2.** *vi* ***~ auf*** (+*Akk*) JUR *auf Freispruch* to grant; *auf Strafe* to impose; SPORT *auf Freistoß etc* to award **erkenntlich** *Adj* ***sich*** (***für etw***) ***~ zeigen*** to show one's gratitude (for sth) **Erkenntnis** *f* (≈ *Wissen*) knowledge *kein Pl*; (≈ *das Erkennen*) recognition; (≈ *Einsicht*) insight; ***zu der ~ gelangen, dass ...*** to come to the realization that ... **Erkennung** *f* recognition **Erkennungsdienst** *m* police records department **erkennungsdienstlich** *Adv* ***jdn ~ behandeln*** to fingerprint and photograph sb **Erkennungszeichen** *n* identification; (MIL ≈ *Abzeichen*) badge

Erker *m* bay **Erkerfenster** *n* bay window

erklärbar *Adj* explicable, explainable; ***schwer ~*** hard to explain; ***nicht ~*** inexplicable **erklären** **1.** *vt* **a)** (≈ *erläutern*) to explain (*jdm etw* sth to sb); ***ich kann mir nicht ~, warum ...*** I can't understand why ...; **b)** (≈ *äußern*) to declare (*als* to be); *Rücktritt* to announce; ***einem Staat den Krieg ~*** to declare war on a country; ***jdn für schuldig ~*** to pronounce sb guilty **2.** *vr* (*Sache*) to be explained; ***sich für/gegen jdn ~*** to declare oneself for/against sb; → ***erklärt*** **erklärend** *Adj* explanatory **erklärlich** *Adj* **a)** = ***erklärbar***; **b)** (≈ *verständlich*) understandable **erklärt** *Adj* professed; → ***erklären***

erklärtermaßen, **erklärterweise** *Adv* avowedly **Erklärung** *f* **a)** explanation; **b)** (≈ *Mitteilung*) declaration; ***eine ~ abgeben*** to make a statement **erklärungsbedürftig** *Adj* in need of (an) explanation **Erklärungsversuch** *m* attempted explanation

erklettern *vt* to climb

erklingen *vi* (*geh*) to ring out

E

erkranken *vi* (≈ *krank werden*) to be taken ill (*Brit*), to get sick (*bes US*) (*an* +*Dat* with); (*Organ, Pflanze, Tier*) to become diseased (*an* +*Dat* with); ***erkrankt sein*** (≈ *krank sein*) to be ill/diseased **Erkrankung** *f* illness; (*von Organ, Pflanze, Tier*) disease

erkunden *vt bes* MIL to reconnoitre (*Brit*), to reconnoiter (*US*); (≈ *feststellen*) to find out

erkundigen *vr* ***sich ~*** to inquire; ***sich nach jdm ~*** to ask after (*Brit*) *od* about sb; ***sich bei jdm (nach etw) ~*** to ask sb (about sth); ***ich werde mich ~*** I'll find out **Erkundigung** *f* inquiry

Erkundung *f* MIL reconnaissance

erlahmen *vi* to tire; (*fig: Eifer*) to flag

erlangen *vt* to achieve

Erlass *m* **a)** (≈ *Verfügung*) decree; (*der Regierung*) enactment; **b)** (≈ *das Erlassen*) remission **erlassen** *vt* **a)** *Verfügung* to pass; *Gesetz* to enact; **b)** *Strafe, Schulden etc* to remit; *Gebühren* to waive; ***jdm etw ~*** *Schulden etc* to release sb from sth

erlauben *vt* **a)** (≈ *gestatten*) to allow; ***jdm etw ~*** to allow sb (to do) sth; ***es ist mir nicht erlaubt*** I am not allowed; ***~ Sie?*** (*förml*) may I?; ***~ Sie mal!*** do you mind!; ***soweit es meine Zeit erlaubt*** (*förml*) time permitting; **b)** ***sich*** (*Dat*) ***etw ~*** (≈ *sich gönnen*) to allow oneself sth; (≈ *sich leisten*) to afford sth; ***sich*** (*Dat*) ***Frechheiten ~*** to take liberties; ***was ~ Sie sich (eigentlich)!*** how dare you! **Erlaubnis** *f* permission; (≈ *Schriftstück*) permit

erläutern *vt* to explain; ***etw anhand von Beispielen ~*** to illustrate sth with examples **Erläuterung** *f* explanation

Erle *f* alder

erleben *vt* to experience; *schwere Zeiten, Sturm* to go through; *Niederlage* to suffer; ***im Ausland habe ich viel erlebt*** I had an eventful time abroad; ***etwas Angenehmes*** *etc* ***~*** to have a pleasant *etc* experience; ***das werde ich nicht mehr ~*** I won't live to see that; ***sie möchte mal etwas ~*** she wants to have a good time; ***na, der kann was ~!*** (*umg*) he's going to be (in) for it! (*umg*) **Erlebnis** *n* experience; (≈ *Abenteuer*) adventure **erlebnisreich** *Adj* eventful

erledigen **1.** *vt* **a)** *Angelegenheit* to deal with; *Auftrag* to carry out; (≈ *beenden*) *Arbeit* to finish off; *Sache* to settle; ***ich habe noch einiges zu ~*** I've still got a few things to do; ***er ist für mich erledigt*** I'm finished with him; ***das ist (damit) erledigt*** that's settled; ***schon erledigt!*** I've already done it; **b)** (*umg*) (≈ *ermüden*) to wear out; (≈ *k.o. schlagen*) to knock out **2.** *vr* ***das hat sich erledigt*** that's all settled; ***sich von selbst ~*** to take care of itself

erledigt *Adj* (*umg*) (≈ *erschöpft*) shattered (*Brit umg*), all in (*umg*); (≈ *ruiniert*) finished **Erledigung** *f* (*einer Sache*) settlement; ***einige ~en in der Stadt*** a few things to do in town; ***die ~ meiner Korrespondenz*** dealing with my correspondence

erlegen *vt Wild* to shoot

erleichtern *vt* to make easier; (*fig* ≈ *beruhigen, lindern*) to relieve; *Gewissen* to unburden; ***jdm etw ~*** to make sth easier for sb; ***jdn um etw ~*** (*hum*) to relieve sb of sth; ***erleichtert aufatmen*** to breathe a sigh of relief **Erleichterung** *f* (≈ *Beruhigung*) relief

erleiden *vt* to suffer

erlernen *vt* to learn

erlesen *Adj* exquisite; ***ein ~er Kreis*** a select circle

erleuchten *vt* to light (up), to illuminate; (*fig*) to enlighten; ***hell erleuchtet*** brightly lit **Erleuchtung** *f* (≈ *Eingebung*) inspiration

erliegen *vi* +*Dat* (*wörtl, fig*) to succumb to; *einem Irrtum* to be the victim of; ***zum Erliegen kommen*** to come to a standstill

erlogen *Adj* not true *präd*; (≈ *erfunden*) made-up *attr*, made up *präd*; ***das ist erstunken und ~*** (*umg*) that's a rotten lie (*umg*)

Erlös *m* proceeds *Pl*

erlöschen *vi* (*Feuer*) to go out; (*Gefühle*) to die; (*Vulkan*) to become extinct; (*Garantie*) to expire

erlösen *vt* (≈ *retten*) to save (*aus, von* from); REL to redeem **Erlösung** *f* release; (≈ *Erleichterung*) relief; REL redemption

ermächtigen *vt* to authorize **ermächtigt** *Adj* authorized **Ermächtigung** *f* authorization

ermahnen *vt* to admonish; (*warnend*) to warn; JUR to caution **Ermahnung**

f admonition; (*warnend*) warning; JUR caution **Ermangelung** *f* (*geh*) ***in ~*** *+Gen* because of the lack of **ermäßigen** *vt* to reduce **ermäßigt** *Adj* reduced; ***zu ~en Preisen*** at reduced prices **Ermäßigung** *f* reduction
ermessen *vt* (≈ *einschätzen*) to gauge; (≈ *begreifen können*) to appreciate **Ermessen** *n* (≈ *Urteil*) judgement; (≈ *Gutdünken*) discretion; ***nach meinem ~*** in my estimation; ***nach menschlichem ~*** as far as anyone can judge **Ermessensfrage** *f* matter of discretion
ermitteln **1.** *vt* to determine, to ascertain; *Person* to trace; *Tatsache* to establish **2.** *vi* to investigate; ***gegen jdn ~*** to investigate sb **Ermittler(in)** *m(f)* investigator **Ermittlung** *f bes* JUR investigation; ***~en anstellen*** to make inquiries (*über +Akk* about) **Ermittlungsverfahren** *n* JUR preliminary proceedings *Pl*
ermöglichen *vt* to facilitate; ***jdm etw ~*** to make sth possible for sb
ermorden *vt* to murder; (*bes aus politischen Gründen*) to assassinate **Ermordung** *f* murder; (*bes politisch*) assassination
ermüden *vti* to tire **ermüdend** *Adj* tiring **Ermüdung** *f* fatigue
ermuntern *vt* (≈ *ermutigen*) to encourage (*jdn zu etw* sb to do sth)
ermutigen *vt* (≈ *ermuntern*) to encourage **Ermutigung** *f* encouragement
ernähren **1.** *vt* to feed; (≈ *unterhalten*) to support; ***gut ernährt*** well-nourished **2.** *vr* to eat; ***sich gesund ~*** to have a healthy diet; ***sich von etw ~*** to live on sth **Ernährer(in)** *m(f)* breadwinner **Ernährung** *f* (≈ *das Ernähren*) feeding; (≈ *Nahrung*) food; ***falsche ~*** the wrong diet **ernährungsbewusst** *Adj* nutrition-conscious
ernennen *vt* to appoint **Ernennung** *f* appointment (*zu* as)
erneuerbar *Adj* renewable **erneuern** *vt* to renew; (≈ *auswechseln*) *Öl* to change; *Maschinenteile* to replace **Erneuerung** *f* renewal; (≈ *Auswechslung*) (*von Öl*) changing; (*von Maschinenteil*) replacement **erneuerungsbedürftig** *Adj* in need of renewal; *Maschinenteil* in need of replacement **erneut** **1.** *Adj* renewed **2.** *Adv* (once) again
erniedrigen *vt* (≈ *demütigen*) to humiliate; (≈ *herabsetzen*) to degrade **Erniedrigung** *f* humiliation; (≈ *Herabsetzung*) degradation; MUS flattening
ernst **1.** *Adj* serious; (≈ *ernsthaft*) *Mensch* earnest; (≈ *feierlich*) solemn; ***~e Absichten haben*** (*umg*) to have honourable (*Brit*) *od* honorable (*US*) intentions; ***es ist nichts Ernstes*** it's nothing serious **2.** *Adv* ***es (mit etw) ~ meinen*** to be serious (about sth); ***~ gemeint*** serious; ***jdn/etw ~ nehmen*** to take sb/sth seriously **Ernst** *m* seriousness; (≈ *Ernsthaftigkeit*) earnestness; ***im ~*** seriously; ***allen ~es*** quite seriously; ***das kann doch nicht dein ~ sein!*** you can't be serious!; ***mit etw ~ machen*** to put sth into action; ***damit wird es jetzt ~*** now it's serious **Ernstfall** *m* ***im ~*** in case of emergency **ernstgemeint** *Adj* → ***ernst*** **ernsthaft** **1.** *Adj* serious **2.** *Adv* seriously **Ernsthaftigkeit** *f* seriousness **ernstlich** **1.** *Adj* serious **2.** *Adv* ***~ besorgt um*** seriously concerned about
Ernte *f* **a)** (≈ *das Ernten*) harvest(ing); **b)** (≈ *Ertrag*) harvest (*an +Dat* of); (*von Äpfeln, fig*) crop **Ernte(dank)fest** *n* harvest festival **ernten** *vt Getreide* to harvest; *Äpfel* to pick; (*fig*) to reap; *Undank, Spott* to get **Erntezeit** *f* harvest (time)
ernüchtern *vt* (*fig*) to bring down to earth; ***~d*** sobering **Ernüchterung** *f* (*fig*) disillusionment
Eroberer *m*, **Eroberin** *f* conqueror **erobern** *vt* to conquer; (*fig*) *Sympathie etc* to win **Eroberung** *f* conquest; ***eine ~ machen*** (*fig umg*) to make a conquest
eröffnen *vt* **a)** (≈ *beginnen*) to open; **b)** (*hum*) ***jdm etw ~*** to disclose sth to sb **Eröffnung** *f* **a)** (≈ *Beginn*) opening; (*von Konkursverfahren*) institution; **b)** (*hum*) disclosure; ***jdm eine ~ machen*** to disclose sth to sb **Eröffnungsfeier** *f* opening ceremony **Eröffnungsrede** *f* opening speech *od* address
erogen *Adj* erogenous
erörtern *vt* to discuss (in detail)
Erosion *f* erosion
Erotik *f* eroticism **erotisch** *Adj* erotic
erpicht *Adj* ***auf etw (Akk) ~ sein*** to be keen (*Brit*) *od* bent (*US*) on sth

E

erpressbar *Adj* **~ sein** to be susceptible to blackmail **erpressen** *vt Geld etc* to extort (*von* from); *jdn* to blackmail **Erpresser(in)** *m(f)* blackmailer **Erpressung** *f* (*von Geld*) extortion; (*eines Menschen*) blackmail

erproben *vt* to test **erprobt** *Adj* tried and tested; (≈ *erfahren*) experienced **Erprobung** *f* testing

erraten *vt* to guess

erregbar *Adj* excitable **erregen** **1.** *vt* **a)** to excite; (≈ *erzürnen*) to infuriate; **b)** (≈ *hervorrufen*) to arouse; *Aufsehen, Heiterkeit* to cause; *Aufmerksamkeit* to attract **2.** *vr* to get excited (*über +Akk* about); (≈ *sich ärgern*) to get annoyed (*über +Akk* at) **Erreger** *m* MED cause; (≈ *Bazillus etc*) pathogene (*Fachw*) **Erregung** *f* **a)** (≈ *Erzeugung*) arousing; (*von Aufsehen, Heiterkeit*) causing; **b)** (≈ *Zustand*) excitement; (≈ *Wut*) rage; **in ~ geraten** to get excited/into a rage

erreichbar *Adj* reachable; (≈ *nicht weit*) within reach; *Ziel* attainable; **zu Fuß ~** within walking distance; **sind Sie zu Hause ~?** can I get in touch with you at home? **erreichen** *vt* to reach; *Zug* to catch; *Absicht* to achieve; (≈ *einholen*) to catch up with; **wann kann ich Sie morgen ~?** when can I get in touch with you tomorrow?; **wir haben nichts erreicht** we achieved nothing

errichten *vt* to put up; (*fig* ≈ *gründen*) to establish

erringen *vt* to gain; **ein hart errungener Sieg** a hard-won victory

erröten *vi* to flush; (*bes aus Verlegenheit*) to blush

Errungenschaft *f* achievement

Ersatz *m* substitute; (*für Altes*) replacement; **als ~ für jdn einspringen** to stand in for sb **Ersatzbank** *f* SPORT substitutes' bench **Ersatzdienst** *m* MIL alternative service **Ersatzdroge** *f* substitute drug **Ersatzkasse** *f* state health insurance scheme **ersatzlos** **1.** *Adj* **~e Streichung** (*von Stelle*) abolition **2.** *Adv* **etw ~ streichen** *Stelle* to abolish sth **Ersatzreifen** *m* AUTO spare tyre (*Brit*) *od* tire (*US*) **Ersatzspieler(in)** *m(f)* SPORT substitute **Ersatzteil** *n* spare (part)

ersaufen *vi* (*umg*) (≈ *ertrinken*) to drown **ersäufen** *vt* to drown

erschaffen *vt* to create **Erschaffung** *f* creation

erscheinen *vi* to appear; (*Buch*) to come out; **es erscheint (mir) wünschenswert** it seems desirable (to me) **Erscheinen** *n* appearance; (*von Buch*) publication **Erscheinung** *f* **a)** (≈ *das Erscheinen*) appearance; **in ~ treten** (*Merkmale*) to appear; (*Gefühle*) to show themselves; **b)** (≈ *Alterserscheinung*) symptom; **c)** (≈ *Gestalt*) figure; **seiner äußeren ~ nach** judging by his appearance; **d)** (≈ *Geistererscheinung*) apparition **Erscheinungsform** *f* manifestation

erschießen **1.** *vt* to shoot (dead) **2.** *vr* to shoot oneself; → **erschossen** **Erschießung** *f* shooting; (JUR: *als Todesstrafe*) execution; **Tod durch ~** JUR death by firing squad **Erschießungskommando** *n* firing squad

erschlaffen *vi* (≈ *ermüden*) to tire; (≈ *schlaff werden*) to go limp; (*Interesse, Eifer*) to wane

erschlagen[1] *vt* to kill; **vom Blitz ~ werden** to be struck (dead) by lightning

erschlagen[2] *Adj* **~ sein** (*umg*) (≈ *todmüde*) to be worn out

erschließen *vt Gebiet, Absatzmarkt* to develop

erschöpfen *vt* to exhaust **erschöpfend** **1.** *Adj* **a)** (≈ *ermüdend*) exhausting; **b)** (≈ *ausführlich*) exhaustive **2.** *Adv* exhaustively **Erschöpfung** *f* exhaustion; **bis zur ~ arbeiten** to work to the point of exhaustion **Erschöpfungszustand** *m* state of exhaustion *kein Pl*

erschossen *Adj* (*umg*) (**völlig**) **~ sein** to be dead beat (*Brit umg*), to be beat (*bes US umg*); → **erschießen**

erschrecken **1.** *vt* to frighten; (≈ *bestürzen*) to startle **2.** *vir* to be frightened (*vor +Dat* by); (≈ *bestürzt sein*) to be startled **erschreckend** *Adj* alarming; **~ aussehen** to look dreadful **erschrocken** *Adj* frightened; (≈ *bestürzt*) startled

erschüttern *vt Gebäude, Vertrauen etc* to shake; **jdn in seinem Glauben ~** to shake sb's faith; **über etw** (*Akk*) **erschüttert sein** to be shattered by sth (*umg*); **ihn kann nichts ~** he always keeps his cool (*umg*) **erschütternd** *Adj* shattering (*umg*) **Erschütterung** *f* (*des Bodens etc*) tremor; (≈ *seelische Ergriffenheit*) emotion

erschweren *vt* to make more difficult; ***es kommt noch ~d hinzu, dass ...*** to compound matters, ...

erschwinglich *Adj* ***das Haus ist für uns nicht ~*** the house is not within our means

ersehen *vt* (*förml*) ***etw aus etw ~*** to see sth from sth

ersehnt *Adj* longed-for

ersetzbar *Adj* replaceable **ersetzen** *vt* to replace

ersichtlich *Adj* obvious; ***ohne ~en Grund*** for no apparent reason

ersinnen *vt* to devise; (≈ *erfinden*) to invent

ersparen *vt Kosten, Zeit* to save; ***jdm/sich etw ~*** to spare sb/oneself sth; ***ihr blieb auch nichts erspart*** she was spared nothing; ***das Ersparte*** the savings *Pl* **Ersparnis** *f* **a)** (*an Zeit etc*) saving (*an +Dat* of); **b)** savings *Pl*

erst *Adv* **a)** first; (≈ *anfänglich*) at first; ***mach ~ (ein)mal die Arbeit fertig*** finish your work first; **b)** (≈ *bloß*) only; (≈ *nicht früher als*) not until; ***eben*** *od* ***gerade ~*** just; ***~ gestern*** only yesterday; ***~ jetzt*** only just; ***~ morgen*** not until *od* before tomorrow; ***~ später*** not until later; ***~ wenn*** only if *od* when, not until; **c)** ***da fange ich ~ gar nicht an*** I simply won't (bother to) begin; ***das macht es ~ recht schlimm*** that makes it even worse

erstarren *vi* (*Finger*) to grow stiff; (*Flüssigkeit*) to solidify; (*Zement etc*) to set; (*Blut, Fett etc*) to congeal; (*fig*) (*Blut*) to run cold; (*Lächeln*) to freeze; (*vor Schrecken etc*) to be paralyzed (*vor +Dat* with)

erstatten *vt* **a)** *Unkosten* to refund; **b)** (*förml*) ***(Straf)anzeige gegen jdn ~*** to report sb; ***Bericht ~*** to (give a) report (*über +Akk* on) **Erstattung** *f* (*von Unkosten*) refund

Erstaufführung *f* THEAT first performance, premiere

erstaunen *vti* to astonish **Erstaunen** *n* astonishment **erstaunlich** **1.** *Adj* astonishing **2.** *Adv* astonishingly **erstaunt** **1.** *Adj* astonished (*über +Akk* about) **2.** *Adv* in astonishment

Erstausgabe *f* first edition **erstbeste(r, s)** *Adj* ***er hat das ~ Auto gekauft*** he bought the first car he saw

erstechen *vt* to stab to death

erstehen *vt* (*umg* ≈ *kaufen*) to buy

ersteigen *vt* to climb

ersteigern *vt* to buy at an auction

erstellen *vt* **a)** (≈ *bauen*) to construct; **b)** *Liste etc* to draw up

erstens *Adv* first(ly) **Erste(r)** *mf* first; ***die drei ~n*** the first three; ***der ~ des Monats*** the first (day) of the month; ***vom nächsten ~n an*** as of the first of next month; ***er kam als ~r*** he was the first to come **erste(r, s)** *Adj* first; ***~r Stock, ~ Etage*** first floor, second floor (*US*); ***zum ~n Mal*** for the first time; ***~ Qualität*** top quality; ***Erste Hilfe*** first aid; ***an ~r Stelle*** in the first place; ***in ~r Linie*** first and foremost; → ***vierte(r, s)*** **Erste(s)** *mf* ***das ~*** the first thing; ***als ~s*** first of all

ersticken **1.** *vt jdn* to suffocate; *Feuer* to smother; *Geräusche* to stifle; *Aufruhr etc* to suppress **2.** *vi* to suffocate; (*Feuer*) to die; ***an einer Gräte ~*** to choke (to death) on a fish bone; ***in der Arbeit ~*** (*umg*) to be up to one's neck in work (*umg*) **Erstickung** *f* suffocation

erstklassig **1.** *Adj* first-class **2.** *Adv spielen* excellently; ***~ schmecken*** to taste excellent **Erstkläss(l)er(in)** *m(f)* first-year pupil (*Brit*), first-grader (*US*) **erstmalig** **1.** *Adj* first **2.** *Adv* for the first time **erstmals** *Adv* for the first time

erstreben *vt* to strive for **erstrebenswert** *Adj* desirable

erstrecken *vr* to extend (*auf, über +Akk* over)

Erstschlag *m* (*mit Atomwaffen*) first strike **Erstsemester** *n* first-year student **Erststimme** *f* first vote

ersuchen *vt* (*förml*) to request (*jdm um etw* sth of sb)

ertappen *vt* to catch; ***ich habe ihn dabei ertappt*** I caught him at it

erteilen *vt* to give; *Lizenz* to issue; ***Unterricht ~*** to teach

ertönen *vi* (*geh*) to sound

Ertrag *m* (*von Acker*) yield; (≈ *Einnahmen*) proceeds *Pl*; ***~ abwerfen*** to bring in a return **ertragen** *vt* to bear; ***das ist nicht mehr zu ~*** it's unbearable **er-**

E

träglich *Adj* bearable
ertränken *vt* to drown
erträumen *vt* to dream of; ***sich*** (*Dat*) ***etw ~*** to dream of sth
ertrinken *vi* to drown **Ertrinken** *n* drowning

E

erübrigen 1. *vt Zeit, Geld* to spare **2.** *vr* to be superfluous
eruieren *vt* (*förml*) *Sachverhalt* to investigate
erwachen *vi* to awake; (*aus Ohnmacht etc*) to come to (*aus* from); (*fig: Gefühle*) to be aroused; ***ein böses Erwachen*** (*fig*) a rude awakening
erwachsen 1. *vi* (*geh*) to arise; (*Vorteil, Kosten etc*) to result **2.** *Adj* grown-up, adult **Erwachsenenbildung** *f* adult education **Erwachsene(r)** *mf* adult
erwägen *vt* to consider **Erwägung** *f* consideration; ***etw in ~ ziehen*** to consider sth
erwähnen *vt* to mention **erwähnenswert** *Adj* worth mentioning **Erwähnung** *f* mention (*+Gen* of)
erwärmen 1. *vt* to warm **2.** *vr* to warm up; ***sich für jdn/etw ~*** (*fig*) to take to sb/sth **Erwärmung** *f* warming; ***globale ~*** global warming
erwarten *vt Gäste, Ereignis* to expect; ***etw von jdm/etw ~*** to expect sth from *od* of sb/sth; ***ein Kind ~*** to be expecting a child; ***das war zu ~*** that was to be expected; ***sie kann den Sommer kaum noch ~*** she can hardly wait for the summer; ***es steht zu ~, dass ...*** (*förml*) it is to be expected that ... **Erwartung** *f* expectation; (≈ *Ungeduld*) anticipation; ***den ~en gerecht werden*** to come up to expectations; (≈ *Voraussetzung erfüllen*) to meet the requirements; ***hinter den ~en zurückbleiben*** not to come up to expectations **erwartungsgemäß** *Adv* as expected **Erwartungshaltung** *f* expectations *Pl* **erwartungsvoll** *Adj* expectant
erwecken *vt* (*fig*) *Hoffnungen, Zweifel* to raise; *Erinnerungen* to bring back
erweichen *vt* to soften; ***jds Herz ~*** to touch sb's heart; ***sich nicht ~ lassen*** to be unmoved
erweisen 1. *vt* **a)** (≈ *nachweisen*) to prove; ***eine erwiesene Tatsache*** a proven fact; **b)** ***jdm einen Dienst ~*** to do sb a service **2.** *vr* ***sich als etw ~*** to prove to be sth; ***es hat sich erwiesen, dass ...*** it turned out that ...
erweitern *vtr* to widen; *Geschäft* to expand; MED to dilate; (*fig*) *Kenntnisse etc* to broaden **Erweiterung** *f* widening; (*von Geschäft*) expansion; MED dilation; (*fig*) (*von Kenntnissen etc*) broadening
Erwerb *m* acquisition; (≈ *Kauf*) purchase **erwerben** *vt* to acquire; *Vertrauen* to earn; *Titel, Pokal* to win; (*käuflich*) to purchase; ***er hat sich*** (*Dat*) ***große Verdienste um die Firma erworben*** he has done great service for the firm **erwerbsfähig** *Adj* (*förml*) capable of gainful employment **Erwerbsleben** *n* working life **erwerbslos** *Adj* = ***arbeitslos*** **erwerbstätig** *Adj* (gainfully) employed **Erwerbstätige(r)** *mf* person in gainful employment **Erwerbstätigkeit** *f* gainful employment **erwerbsunfähig** *Adj* (*förml*) incapable of gainful employment **Erwerbung** *f* acquisition
erwidern *vt* **a)** (≈ *antworten*) to reply (*auf +Akk* to); ***auf meine Frage erwiderte sie, dass ...*** in reply to my question, she said that ...; **b)** *Feuer, Besuch* to return **Erwiderung** *f* (≈ *Antwort*) reply
erwirtschaften *vt* ***Gewinne ~*** to make profits
erwischen *vt* (*umg*) (≈ *erreichen, ertappen*) to catch; ***jdn beim Stehlen ~*** to catch sb stealing; ***du darfst dich nicht ~ lassen*** you mustn't get caught; ***ihn hats erwischt!*** (*verliebt*) he's got it bad (*umg*); (*krank*) he's got it; (*gestorben*) he's had it (*umg*)
erwünscht *Adj Wirkung etc* desired; *Eigenschaft* desirable; ***du bist hier nicht ~!*** you're not welcome here!
erwürgen *vt* to strangle
Erz *n* ore
erzählen 1. *vt* **a)** to tell; ***jdm etw ~*** to tell sth to sb; ***man erzählt sich, dass ...*** people say that ...; ***erzähl mal, was/wie ...*** tell me/us what/how ...; ***das kannst du einem anderen ~*** (*umg*) tell that to the marines (*umg*); **b)** LITERATUR to narrate; ***~de Dichtung*** narrative fiction **2.** *vi* **a)** to tell (*von* about); ***er kann gut ~*** he's a good storyteller; **b)** LITERATUR to narrate **Erzähler(in)** *m(f)* narrator; (≈ *Geschichtenerzäh-*

ler) storyteller; (≈ *Schriftsteller*) narrative writer **Erzählung** *f* LITERATUR story; (≈ *Schilderung*) account
Erzbergwerk *n* ore mine **Erzbischof** *m* archbishop **Erzengel** *m* archangel
erzeugen *vt* CHEM, ELEK, PHYS to generate; HANDEL *Produkt* to manufacture; *Wein etc* to produce; (*fig* ≈ *bewirken*) to cause **Erzeuger(in)** *m(f)* HANDEL manufacturer; (*von Naturprodukten*) producer **Erzeugerland** *n* country of origin **Erzeugerpreis** *m* manufacturer's price **Erzeugnis** *n* product; LANDW produce *kein unbest Artikel, kein Pl* **Erzeugung** *f* CHEM, ELEK, PHYS generation
Erzfeind(in) *m(f)* arch-enemy **Erzherzog** *m* archduke
erziehbar *Adj Kind* educable; *Tier* trainable; ***schwer ~*** *Kind* difficult; *Hund* difficult to train **erziehen** *vt Kind* to bring up; *Tier* to train; (≈ *ausbilden*) to educate; ***ein gut/schlecht erzogenes Kind*** a well-brought-up/-badly-brought-up child **Erzieher(in)** *m(f)* educator; (*in Kindergarten*) nursery school teacher **erzieherisch** *Adj* educational **Erziehung** *f* upbringing; (≈ *Ausbildung*) education; (≈ *das Erziehen*) bringing up; (*von Tieren*) training; (≈ *Manieren*) (good) breeding **Erziehungsberatung** *f* educational guidance **erziehungsberechtigt** *Adj* having parental authority **Erziehungsberechtigte(r)** *mf* parent or (legal) guardian **Erziehungsgeld** *n* ≈ child benefit **Erziehungsurlaub** *m* parental leave **Erziehungswissenschaft** *f* education
erzielen *vt Erfolg, Ergebnis* to achieve; *Einigung* to reach; *Gewinn* to make; *Preis* to fetch; SPORT *Tor, Punkte* to score; *Rekord* to set
erzkonservativ *Adj* ultraconservative
erzürnen *vt* (*geh*) to anger
erzwingen *vt* to force; (*gerichtlich*) to enforce
es *Personalpron* it; (*auf männliches Wesen bezogen*) (*Nom*) he; (*Akk*) him; (*auf weibliches Wesen bezogen*) (*Nom*) she; (*Akk*) her; ***es ist kalt/8 Uhr/Sonntag*** it's cold/8 o'clock/Sunday; ***ich hoffe es*** I hope so; ***es gefällt mir*** I like it; ***es klopft*** there's a knock (at the door); ***es regnet*** it's raining; ***es geschah ein Unglück*** there was an accident; ***es gibt viel Arbeit*** there's a lot of work; ***es kamen viele Leute*** a lot of people came
Escape-Taste *f* IT escape key
Esche *f* ash-tree; (≈ *Holz*) ash
Esel *m* donkey; (*umg* ≈ *Dummkopf*) (silly) ass; ***ich ~!*** silly (old) me!; ***störrisch wie ein ~*** as stubborn as a mule **Eselsbrücke** *f* (≈ *Gedächtnishilfe*) mnemonic **Eselsohr** *n* (*fig*) dog-ear
Eskalation *f* escalation **eskalieren** *vti* to escalate
Eskapade *f* (*fig*) escapade
Eskimo *m* Eskimo
Eskorte *f* MIL escort **eskortieren** *vt* to escort
Esoterik *f* esotericism **Esoteriker(in)** *m(f)* esoteric **esoterisch** *Adj* esoteric
Espe *f* aspen **Espenlaub** *n* ***zittern wie ~*** to shake like a leaf
Esperanto *n* Esperanto
Espresso *m* espresso
Esprit *m* wit; ***ein Mann mit ~*** a witty man
Essay *m od n* LITERATUR essay
essbar *Adj* edible; ***nicht ~*** inedible **Essecke** *f* eating area **essen** *vti* to eat; ***da isst es sich gut*** the food is good there; ***warm/kalt ~*** to have a hot/cold meal; ***sich satt ~*** to eat one's fill; ***~ Sie gern Äpfel?*** do you like apples?; ***beim Essen sein*** to be in the middle of eating; ***~ gehen*** (*auswärts*) to eat out; ***das Thema ist schon lange gegessen*** (*fig umg*) the subject is dead and buried **Essen** *n* (≈ *Mahlzeit*) meal; (≈ *Nahrung*) food; (≈ *Küche*) cooking; (≈ *Mittagessen*) lunch; (≈ *Abendessen*) dinner; ***das ~ kochen*** (*umg*) to cook the meal; ***jdn zum ~ einladen*** to invite sb for a meal **Essen(s)marke** *f* meal voucher (*Brit*) *od* ticket (*US*) **Essen(s)zeit** *f* mealtime
essentiell *Adj* = ***essenziell***
Essenz *f* essence **essenziell** *Adj* essential
Essig *m* vinegar **Essiggurke** *f* (pickled) gherkin **Essigsäure** *f* acetic acid
Esskastanie *f* sweet chestnut **Esslöffel** *m* (*für Suppe*) soup spoon; (*in Rezept*) tablespoon **Essstäbchen** *Pl* chopsticks *Pl* **Essstörung** *f* eating disorder **Esstisch** *m* dining table **Esszimmer** *n*

E

dining room
Establishment *n* SOZIALW, PRESSE establishment
Estland *n* Est(h)onia
Estragon *m* tarragon
Estrich *m* **a)** stone floor; **b)** (*schweiz* ≈ *Dachboden*) attic
etablieren *vr* to establish oneself **etabliert** *Adj* established **Etablissement** *n* establishment
Etage *f* floor; ***in** od **auf der 2.** ~* on the 2nd *od* 3rd (*US*) floor **Etagenbett** *n* bunk bed **Etagenheizung** *f heating system which covers one floor of a building*
Etappe *f* stage **Etappensieg** *m* SPORT stage win **etappenweise** *Adv* stage by stage
Etat *m* budget **Etatjahr** *n* financial year **etatmäßig** *Adj* VERW budgetary **Etatposten** *m* item in the budget
etepetete *Adj* (*umg*) fussy
Ethik *f* ethics *Pl*; (≈ *Fach*) ethics *Sg* **Ethikkommission** *f* ethics committee **Ethikunterricht** *m* SCHULE (teaching of) ethics **ethisch** *Adj* ethical
ethnisch *Adj* ethnic; ***~e Säuberung*** ethnic cleansing **Ethnologe** *m*, **Ethnologin** *f* ethnologist **Ethnologie** *f* ethnology
Ethos *n* ethos; (≈ *Berufsethos*) professional ethics *Pl*
Etikett *n* label **Etikette** *f* etiquette **etikettieren** *vt* to label
etliche(r, s) *Indefinitpron* **a)** quite a lot of; ***~ Mal*** quite a few times; **b) etliche** *Pl* quite a few; **c) etliches** *Sg* (*substantivisch*) quite a lot
Etüde *f* MUS étude
Etui *n* case
etwa *Adv* **a)** (≈ *ungefähr*) about; ***~ so*** more or less like this; **b)** (≈ *zum Beispiel*) for instance; **c)** ***soll das ~ heißen, dass ...?*** is that supposed to mean ...?; ***willst du ~ schon gehen?*** (surely) you don't want to go already!; ***sind Sie ~ nicht einverstanden?*** do you mean to say that you don't agree?; ***ist das ~ wahr?*** (surely) it's not true!
etwaig *Adj* possible; ***bei ~en Beschwerden*** in the event of (any) complaints
etwas *Indefinitpron* **a)** (*substantivisch*) something; (*fragend, verneinend*) anything; (*Teil einer Menge*) some, any; ***kannst du mir ~ (davon) leihen?*** can you lend me some (of it)?; ***~ anderes*** something else; ***aus ihm wird nie ~*** (*umg*) he'll never become anything; ***da ist ~ Wahres dran*** there is some truth in that; **b)** (*adjektivisch*) some; ***~ Salz?*** some salt?; ***~ Nettes*** something nice **Etwas** *n* something; ***das gewisse ~*** that certain something
Etymologie *f* etymology **etymologisch** *Adj* etymological
Et-Zeichen *n* ampersand
EU *f*, *Abk von* **Europäische Union** EU
euch *Personalpron* you; (*reflexiv*) yourselves; ***ein Freund von ~*** a friend of yours; ***setzt ~!*** sit (yourselves (*umg*)) down!
Eucharistie *f* KIRCHE Eucharist
euer *Possessivpron* your; ***viele Grüße, Euer Hans*** best wishes, yours, Hans; ***das sind eure Bücher*** those are your books **euere(r, s)** *Possessivpron* = **eure(r, s)**
Eukalyptus *m* (≈ *Baum*) eucalyptus (tree); (≈ *Öl*) eucalyptus oil
EU-Konvent *m* European Convention
Eule *f* owl
Eunuch *m* eunuch
euphemistisch **1.** *Adj* euphemistic **2.** *Adv* euphemistically
Euphorie *f* euphoria **euphorisch** *Adj* euphoric
EUR *Abk von* **Euro** EUR, euro
eure(r, s) *Possessivpron* **a)** (*substantivisch*) yours; ***der/die/das ~*** *od* ***Eure*** (*geh*) yours; ***tut ihr das ~*** *od* ***Eure*** (*geh*) you do your bit (*Brit*) *od* part (*US*); **b)** (*adjektivisch*) → ***euer*** **eurerseits** *Adv* for your part **euresgleichen** *Pron* people like you **euretwegen** *Adv* (≈ *wegen euch*) because of you **euretwillen** *Adv* ***um ~*** for your sake
Euro *m* (≈ *Währung*) euro; ***das kostet zehn ~*** that's ten euros; ***mit jedem ~ rechnen müssen*** to have to count every penny **Euro-City-Zug** *m* European Inter-City train **Eurokrat(in)** *m(f)* Eurocrat **Euroland** *n* **a)** (*umg* ≈ *Eurozone*) Euroland (*umg*); **b)** (≈ *EWU-Mitgliedsstaat*) euro country **Euronorm** *f* European standard
Europa *n* Europe **Europacup** *m* European cup **Europäer(in)** *m(f)* European **europäisch** *Adj* European; ***Euro-***

päischer Gerichtshof European Court of Justice; ***Europäische Union*** European Union; ***Europäische Zentralbank*** European Central Bank **Europameister(in)** *m(f)* SPORT European champion; (≈ *Team, Land*) European champions *Pl* **Europameisterschaft** *f* European championship **Europaparlament** *n* European Parliament **Europapokal** *m* SPORT European cup **Europapolitik** *f* policy toward(s) Europe **Europarat** *m* Council of Europe **europaweit** **1.** *Adj* Europe-wide **2.** *Adv* throughout Europe

Eurovision *f* Eurovision **Eurowährung** *f* eurocurrency **Eurozeichen** *n* euro symbol **Eurozone** *f* euro zone

Euter *n* udder

Euthanasie *f* euthanasia

evakuieren *vt* to evacuate **Evakuierung** *f* evacuation

evangelisch *Adj* Protestant **Evangelist(in)** *m(f)* evangelist **Evangelium** *n* Gospel; (*fig*) gospel

Eventualität *f* eventuality **eventuell** **1.** *Adj* possible **2.** *Adv* possibly; ***~ rufe ich Sie später an*** I may possibly call you later

eventuell ≠ eventually		
eventuell	=	possibly
eventually	=	schließlich

Evolution *f* evolution

ewig **1.** *Adj* eternal; *Eis, Schnee* perpetual; (*umg*) *Nörgelei etc* never-ending **2.** *Adv* for ever; ***auf ~*** for ever; ***das dauert ja ~, bis …*** it'll take ages until … (*umg*) **Ewigkeit** *f* eternity; (*umg*) ages; ***bis in alle ~*** for ever; ***es dauert eine ~, bis …*** (*umg*) it'll take absolutely ages until … (*umg*)

Ex *m od f* (*umg*) ex (*umg*)

exakt **1.** *Adj* exact **2.** *Adv* exactly; ***~ arbeiten*** to work accurately **Exaktheit** *f* exactness

Examen *n* exam; UNI final examinations *Pl*; ***~ machen*** to do one's exams *od* finals

exekutieren *vt* to execute **Exekution** *f* execution **Exekutive** *f*, **Exekutivgewalt** *f* executive

Exempel *n* (*geh*) ***die Probe aufs ~ machen*** to put it to the test

Exemplar *n* specimen; (≈ *Buchexemplar, Zeitschriftenexemplar*) copy **exemplarisch** *Adj* exemplary; ***jdn ~ bestrafen*** to punish sb as an example (to others)

exerzieren *vti* to drill

Exfrau *f* ex-wife **Exfreund(in)** *m(f)* ex-boyfriend/girlfriend

Exhibitionist(in) *m(f)* exhibitionist

Exil *n* exile; ***im ~ leben*** to live in exile

existent *Adj* (*geh*) existing **Existenz** *f* existence; (≈ *Auskommen*) livelihood; ***eine gescheiterte ~*** (*umg*) a failure; ***sich eine (neue) ~ aufbauen*** to make a (new) life for oneself **Existenzangst** *f* PHIL angst; (*wirtschaftlich*) fear for one's livelihood **Existenzberechtigung** *f* right to exist **Existenzgrundlage** *f* basis of one's livelihood **Existenzgründung** *f* **a)** establishing one's livelihood; WIRTSCH founding of a new business; **b)** (WIRTSCH ≈ *neu gegründete Firma*) start-up (business) **Existenzialismus** *m* existentialism **Existenzialist(in)** *m(f)* existentialist **existenziell** *Adj* (*geh*) existential; ***von ~er Bedeutung*** of vital significance **Existenzkampf** *m* struggle for survival **Existenzminimum** *n* subsistence level; (≈ *Lohn*) minimal living wage **existieren** *vi* to exist

exklusiv *Adj* exclusive **exklusive** *Präp +Gen* excluding **Exklusivität** *f* exclusiveness

Exkrement *n* (*geh*) excrement *kein Pl*

Exkursion *f* (study) trip

Exmann *m* ex-husband

Exmatrikulation *f* UNI being taken off the university register **exmatrikulieren** *vt* UNI to take off the university register

Exodus *m* (BIBEL, *fig*) exodus

Exorzist(in) *m(f)* exorcist

Exot(in) *m(f)* exotic animal/plant *etc*; (*Mensch*) exotic foreigner **exotisch** *Adj* exotic

Expander *m* SPORT chest expander **expandieren** *vi* to expand **Expansion** *f* PHYS, POL expansion

Expedition *f* expedition

Experiment *n* experiment; ***~e machen*** to carry out experiments **Experimentalfilm** *m* experimental film **experi-**

mentell *Adj* experimental **experimentieren** *vi* to experiment (*mit* with)
Experte *m*, **Expertin** *f* expert (*für* in) **Expertenkommission** *f* think tank **Expertenmeinung** *f* expert opinion
explizit (*geh*) **1.** *Adj* explicit **2.** *Adv* explicitly
explodieren *vi* to explode **Explosion** *f* explosion; ***etw zur ~ bringen*** to detonate sth **explosionsartig** **1.** *Adj* explosive; *Wachstum* phenomenal **2.** *Adv* ***das Gerücht verbreitete sich ~*** the rumour (*Brit*) *od* rumor (*US*) spread like wildfire **Explosionsgefahr** *f* danger of explosion **explosiv** *Adj* explosive
Exponent *m* MATHE exponent
exponieren *vt* to expose
Export *m* export (*an +Dat* of); (≈ *Exportwaren*) exports *Pl* **Exportabteilung** *f* export department **Exportartikel** *m* export **Exporteur(in)** *m(f)* exporter **Exportgeschäft** *n* export business **Exporthandel** *m* export business **exportieren** *vti* to export **Exportkauffrau** *f*, **Exportkaufmann** *m* exporter **Exportware** *f* export **Exportzoll** *m* export duty
Expressgut *n* express goods *Pl*
Expressionismus *m* expressionism **Expressionist(in)** *m(f)* expressionist **expressionistisch** *Adj* expressionist *kein Adv*, expressionistic **expressiv** *Adj* expressive
extern *Adj* external **Externgespräch** *n* TELEK external call
extra **1.** *Adj* (*umg*) extra **2.** *Adv* (e)specially; (≈ *gesondert*) separately; (≈ *zusätzlich*) extra; (*umg* ≈ *absichtlich*) on purpose **Extra** *n* extra
extrahieren *vt* to extract **Extrakt** *m* extract
Extratour *f* (*fig umg*) special favour (*Brit*) *od* favor (*US*) **extravagant** **1.** *Adj* extravagant **2.** *Adv* extravagantly **Extravaganz** *f* extravagance **extravertiert** *Adj* PSYCH extrovert **Extrawurst** *f* (*umg*) ***jdm eine ~ braten*** to make an exception for sb
extrem **1.** *Adj* extreme **2.** *Adv* extremely; *sich verbessern, sich verschlechtern* radically **Extrem** *n* extreme **Extremfall** *m* extreme (case) **Extremismus** *m* extremism **Extremist(in)** *m(f)* extremist **extremistisch** *Adj* extremist **Extremität** *f* extremity **Extremsituation** *f* extreme situation **Extremsport** *m* extreme sport
extrovertiert *Adj* PSYCH extrovert
Exzellenz *f* Excellency
exzentrisch *Adj* eccentric
Exzess *m* excess; ***bis zum ~*** excessively **exzessiv** *Adj* excessive
Eyeliner *m* eyeliner
EZB *f*, *Abk von* ***Europäische Zentralbank*** ECB

F

F, f *n* F, f
Fabel *f* fable **fabelhaft** **1.** *Adj* splendid **2.** *Adv* splendidly **Fabeltier** *n* mythical creature **Fabelwesen** *n* mythical creature
Fabrik *f* factory **Fabrikanlage** *f* factory premises *Pl* **Fabrikant(in)** *m(f)* (≈ *Fabrikbesitzer*) industrialist; (≈ *Hersteller*) manufacturer **Fabrikat** *n* (≈ *Marke*) make; (≈ *Produkt*) product; (≈ *Ausführung*) model **Fabrikation** *f* manufacture **Fabrikationsfehler** *m* manufacturing fault **Fabrikgelände** *n* factory site **Fabrikverkauf** *m* (≈ *Center*) factory outlet **fabrizieren** *vt* (*umg*) to make; *Alibi, Lügen* to concoct

Fabrik ≠ fabric

Fabrik	=	factory
fabric	=	Stoff, Gewebe

Facette *f* facet **facettenartig** *Adj* facet(t)ed **Facettenauge** *n* compound eye
Fach *n* **a)** compartment; (*in Regal etc*) shelf; (*für Briefe etc*) pigeonhole; **b)** (≈ *Sachgebiet*) subject; (≈ *Gebiet*) field; (≈ *Handwerk*) trade; ***ein Mann vom ~*** an expert **Facharbeiter(in)** *m(f)* skilled worker **Facharzt** *m*, **Fachärztin** *f* specialist (*für* in) **fachärztlich** *Adj* specialist *attr*; *Behand-*

lung by a specialist **Fachausdruck** *m* technical term **Fachbereich** *m* (≈ *Fachgebiet*) (special) field; UNI faculty **Fachbuch** *n* reference book **Fachbuchhandlung** *f* specialist bookshop
Fächer *m* fan; (*fig*) range **fächerförmig** **1.** *Adj* fan-shaped **2.** *Adv* like a fan **fächern** **1.** *vt* to fan (out); (*fig*) to diversify; ***gefächert*** diverse **2.** *vr* to fan out
Fachfrau *f* expert **Fachgebiet** *n* (special) field **fachgerecht** **1.** *Adj* expert; *Ausbildung* specialist *attr* **2.** *Adv* expertly **Fachgeschäft** *n* specialist shop, specialty store (*US*) **Fachhandel** *m* specialist shops *Pl*, specialty stores *Pl* (*US*) **Fachhochschule** *f higher education institution* **Fachidiot(in)** *m(f)* (*umg*) *person who can think of nothing but his/her subject* **Fachjargon** *m* technical jargon **Fachkenntnisse** *Pl* specialized knowledge
Fachkraft *f* qualified employee **Fachkräftemangel** *m* lack of qualified personnel
Fachkreise *Pl* ***in ~n*** among experts
fachkundig **1.** *Adj* informed; (≈ *fachmännisch*) proficient **2.** *Adv* ***jdn ~ beraten*** to give sb informed advice
Fachlehrer(in) *m(f)* specialist subject teacher
fachlich *Adj* technical; *Ausbildung* specialist *attr*; (≈ *beruflich*) professional
Fachliteratur *f* specialist literature
Fachmann *m* expert
fachmännisch **1.** *Adj* expert **2.** *Adv* expertly; ***~ ausgeführt*** expertly done
Fachoberschule *f* College of Further Education
Fachrichtung *f* subject area
Fachschule *f* technical college
fachsimpeln *vi* (*umg*) to talk shop
Fachsprache *f* technical terminology
Fachwelt *f* experts *Pl*
Fachwerkhaus *n* half-timbered house
Fachwissen *n* (specialized) knowledge of the/one's subject
Fachwort *n* specialist term
Fachwörterbuch *n* specialist dictionary
Fachzeitschrift *f* specialist journal; (*für Berufe*) trade journal
Fackel *f* torch **fackeln** *vi* (*umg*) ***nicht lange gefackelt!*** no shillyshallying! (*bes Brit umg*)

fad *Adj* (*bes österr, schweiz*) = ***fade***
fade **1.** *Adj* **a)** *Geschmack* insipid; *Essen* tasteless; **b)** (*fig* ≈ *langweilig*) dull **2.** *Adv* ***~ schmecken*** to have not much of a taste
Faden *m* thread; (*an Marionetten*) string; MED stitch; ***den ~ verlieren*** (*fig*) to lose the thread; ***er hält alle Fäden (fest) in der Hand*** he holds the reins; ***keinen guten ~ an jdm/etw lassen*** (*umg*) to tear sb/sth to shreds (*umg*) **Fadenkreuz** *n* crosshair **Fadennudeln** *Pl* vermicelli *Pl* **fadenscheinig** *Adj* (*wörtl*) threadbare; (*fig*) *Argument* flimsy; *Ausrede* transparent
fadisieren *vr* (*österr*) = ***langweilen***
Fagott *n* bassoon
fähig *Adj* **a)** (≈ *tüchtig*) capable; **b)** ***(dazu) ~ sein, etw zu tun*** to be capable of doing sth; ***zu allem ~ sein*** to be capable of anything **Fähigkeit** *f* (≈ *Begabung*) ability; (≈ *praktisches Können*) skill; ***die ~ haben, etw zu tun*** to be capable of doing sth
fahl *Adj* pale **Fahlheit** *f* paleness
fahnden *vi* to search (*nach* for) **Fahnder(in)** *m(f)* investigator **Fahndung** *f* search
Fahne *f* **a)** flag; ***etw auf seine ~ schreiben*** (*fig*) to take up the cause of sth; ***mit fliegenden ~n untergehen*** to go down with all flags flying; **b)** (*umg*) ***eine ~ haben*** to reek of alcohol; **c)** TYPO galley (proof) **Fahnenflucht** *f* desertion **Fahnenmast** *m*, **Fahnenstange** *f* flagpole
Fahrausweis *m* ticket **Fahrbahn** *f* roadway; (≈ *Fahrspur*) lane **fahrbar** *Adj* mobile; ***~er Untersatz*** (*hum*) wheels *Pl* (*hum*)
Fähre *f* ferry
Fahreigenschaft *f* handling characteristic; ***der Wagen hat hervorragende ~en*** the car handles excellently
fahren **1.** *vi* **a)** (≈ *sich fortbewegen*) to go; (*Autofahrer*) to drive; (*Zweiradfahrer*) to ride; (*Schiff*) to sail; ***mit dem Auto/Zug ~*** to go by car/train; ***mit dem Rad ~*** to cycle; ***mit dem Aufzug ~*** to take the lift (*Brit*), to ride the elevator (*US*); ***links/rechts ~*** to drive on the left/right; ***zweiter Klasse ~*** to travel second class; ***gegen einen Baum ~*** to drive into a tree; ***der Wagen fährt sehr ruhig*** the car is very

F

quiet; **b)** (≈ *verkehren*) **~ *da keine Züge?*** don't any trains go there?; ***der Bus fährt alle fünf Minuten*** there's a bus every five minutes; **c)** ***was ist (denn) in dich gefahren?*** what's got into you?; ***(mit jdm) gut ~*** to get on well (with sb); ***(bei etw) gut/schlecht ~*** to do well/badly (with sth); **d)** (≈ *streichen*) ***jdm/sich durchs Haar ~*** to run one's fingers through sb's/one's hair **2.** *vt* **a)** *Auto, Bus, Zug etc* to drive; *Fahrrad, Motorrad* to ride; **b)** (≈ *benutzen*: *Straße, Strecke etc*) to take; ***ich fahre lieber Autobahn*** I prefer (driving on) motorways (*Brit*) *od* freeways (*US*); **c)** (≈ *befördern*) to take; (≈ *hierherfahren*) to bring; *Personen* to drive; ***ich fahre dich nach Hause*** I'll take you home; **d)** *Geschwindigkeit* to do; ***in der Stadt darf man nur Tempo 50 ~*** in town the speed limit is 50 km/h **3.** *vr* ***mit diesem Wagen fährt es sich gut*** it's good driving this car; ***der neue Wagen fährt sich gut*** the new car is nice to drive **fahrend** *Adj* itinerant; *Zug, Auto* in motion

Fahrenheit Fahrenheit

Fahrer(in) *m(f)* driver **Fahrerei** *f* driving **Fahrerflucht** *f* hit-and-run driving; ***~ begehen*** to fail to stop after causing an accident **fahrerflüchtig** *Adj* (*förml*) hit-and-run *attr* **Fahrerhaus** *n* (driver's) cab **Fahrerlaubnis** *f* (*förml*) driving licence (*Brit*), driver's license (*US*) **Fahrersitz** *m* driver's seat **Fahrgast** *m* passenger **Fahrgeld** *n* fare **Fahrgemeinschaft** *f* carpool **Fahrgestell** *n* AUTO chassis; FLUG undercarriage (*bes Brit*)

fahrig *Adj* nervous; (≈ *unkonzentriert*) distracted

Fahrkarte *f* ticket **Fahrkartenautomat** *m* ticket machine **Fahrkartenkontrolle** *f* ticket inspection **Fahrkartenschalter** *m* ticket office **fahrlässig** **1.** *Adj* negligent (*auch* JUR) **2.** *Adv* negligently; ***~ handeln*** to be guilty of negligence **Fahrlässigkeit** *f* negligence (*auch* JUR) **Fahrlehrer(in)** *m(f)* driving instructor **Fahrplan** *m* timetable (*bes Brit*), schedule (*US*); (*fig*) schedule **fahrplanmäßig** **1.** *Adj* scheduled *attr*, *präd* **2.** *Adv verkehren* on schedule; ***es verlief alles ~*** everything went according to schedule **Fahrpreis** *m* fare **Fahrpreisermäßigung** *f* fare reduction **Fahrprüfung** *f* driving test **Fahrrad** *n* bike (*umg*) **Fahrradfahrer(in)** *m(f)* cyclist **Fahrradtaxi** *ny* cycle cab **Fahrradweg** *m* cycle path **Fahrrinne** *f* SEEF shipping channel **Fahrschein** *m* ticket **Fahrscheinautomat** *m* ticket machine **Fahrschule** *f* driving school **Fahrschüler(in)** *m(f)* (*bei Fahrschule*) learner (driver) (*Brit*), student (driver) (*US*) **Fahrschullehrer(in)** *m(f)* driving instructor **Fahrstuhl** *m* lift (*Brit*), elevator (*US*) **Fahrstunde** *f* driving lesson **Fahrt** *f* **a)** journey; ***nach zwei Stunden ~*** after travelling (*Brit*) *od* traveling (*US*) for two hours; ***gute ~!*** safe journey!; **b)** ***jdn in ~ bringen*** to get sb going; ***in ~ kommen*** to get going; **c)** (≈ *Ausflug*) trip; ***eine ~ machen*** to go on a trip; **d)** SEEF voyage; (≈ *Überfahrt*) crossing **Fahrtdauer** *f* time for the journey

Fährte *f* tracks *Pl*; (≈ *Witterung*) scent; (≈ *Spuren*) trail; ***auf der richtigen/falschen ~ sein*** (*fig*) to be on the right/wrong track

Fahrtenbuch *n* (≈ *Kontrollbuch*) driver's log **Fahrtenschreiber** *m* tachograph (*Brit*), trip recorder **Fahrtkosten** *Pl* travelling (*Brit*) *od* traveling (*US*) expenses *Pl* **Fahrtrichtung** *f* direction of travel; ***entgegen der ~*** facing backwards; ***in ~*** facing the front **Fahrtrichtungsanzeiger** *m* AUTO indicator (*Brit*), turn signal (*US*) **fahrtüchtig** *Adj* fit to drive; *Wagen etc* roadworthy **Fahrtüchtigkeit** *f* fitness to drive; (*von Wagen etc*) roadworthiness **Fahrtunterbrechung** *f* break in the journey **Fahrtwind** *m* airstream **Fahrverbot** *n* driving ban; ***jdn mit ~ belegen*** to ban sb from driving **Fahrwasser** *n* **a)** SEEF shipping channel; **b)** (*fig*) ***in ein gefährliches ~ geraten*** to get onto dangerous ground **Fahrweise** *f* ***seine ~*** his driving **Fahrwerk** *n* FLUG undercarriage (*bes Brit*); AUTO chassis **Fahrzeit** *f* = **Fahrtdauer** **Fahrzeug** *n* vehicle; (≈ *Luftfahrzeug*) aircraft; (≈ *Wasserfahrzeug*) vessel **Fahrzeugbrief** *m* registration document **Fahrzeughalter(in)** *m(f)* keeper of the vehicle **Fahrzeugpapiere** *Pl* vehicle documents *Pl* **Fahrzeugpark** *m* (*förml*) fleet

Faible *n* (*geh*) liking

fair **1.** *Adj* fair (*gegen* to) **2.** *Adv* fairly **Fairness** *f* fairness

Fäkalien *Pl* faeces *Pl* (*Brit*), feces *Pl* (*US*)

Fakir *m* fakir

Fakt *n od m* fact **faktisch** **1.** *Adj* actual **2.** *Adv* in actual fact **Faktor** *m* factor

Fakultät *f* UNI faculty **fakultativ** *Adj* (*geh*) optional

Falke *m* falcon; (*fig*) hawk

Fall[1] *m* (≈ *das Fallen*) fall; (*fig*) (*von Regierung*) downfall; ***zu ~ kommen*** (*wörtl geh*) to fall; ***über die Affäre ist er zu ~ gekommen*** (*fig*) the affair was his downfall; ***zu ~ bringen*** (*wörtl geh*) to trip up; (*fig*) *Menschen* to cause the downfall of; *Regierung* to bring down

Fall[2] *m* **a)** (≈ *Umstand*) ***gesetzt den ~*** assuming (that); ***für den ~, dass ich ...*** in case I ...; ***für alle Fälle*** just in case; ***auf jeden ~*** at any rate; ***auf keinen ~*** on no account; ***auf alle Fälle*** in any case; ***für solche Fälle*** for such occasions; ***im günstigsten/schlimmsten ~(e)*** at best/worst; **b)** (≈ *Sachverhalt*, JUR, MED, GRAM) case; ***klarer ~!*** (*umg*) you bet! (*umg*); ***ein hoffnungsloser ~*** a hopeless case; ***der erste/zweite/dritte/vierte ~*** the nominative/genitive/dative/accusative case

Falle *f* **a)** trap; ***~n legen*** *od* ***stellen*** to set traps; ***jdm in die ~ gehen*** to walk *od* fall into sb's trap; ***in der ~ sitzen*** to be trapped; **b)** (*umg* ≈ *Bett*) bed

fallen *vi* **a)** (≈ *hinabfallen, umfallen*) to fall; (*Gegenstand*) to drop; ***etw ~ lassen*** to drop sth; ***über etw*** (*Akk*) ***~*** to trip over sth; ***durch eine Prüfung*** *etc* ***~*** to fail an exam *etc*; → ***fallen lassen***; **b)** (≈ *sinken*) to drop; ***im Kurs ~*** to go down; **c)** to fall; ***gefallen*** killed in action; **d)** (*Weihnachten, Datum etc*) to fall (*auf +Akk* on); **e)** (*Entscheidung*) to be made; (*Urteil*) to be passed; (*Schuss*) to be fired; (SPORT: *Tor*) to be scored; **f)** (≈ *sein*) ***das fällt ihm leicht/schwer*** he finds that easy/difficult

fällen *vt* **a)** (≈ *umschlagen*) to fell; **b)** (*fig*) *Entscheidung* to make; *Urteil* to pass

fallen lassen *vt* **a)** (≈ *aufgeben*) *Plan* to drop; **b)** (≈ *äußern*) *Bemerkung* to let drop; → ***fallen***

fällig *Adj* due *präd*; ***längst ~*** long overdue; ***~ werden*** to become due

Fallobst *n* windfalls *Pl* **Fallrückzieher** *m* FUSSB overhead kick

falls *Konj* (≈ *wenn*) if; (≈ *für den Fall, dass*) in case; ***~ möglich*** if possible

Fallschirm *m* parachute **Fallschirmjäger(in)** *m(f)* MIL paratrooper **Fallschirmspringen** *n* parachuting **Fallschirmspringer(in)** *m(f)* parachutist **Fallstrick** *m* (*fig*) trap **Fallstudie** *f* case study **Falltür** *f* trapdoor

falsch **1.** *Adj* **a)** wrong; ***wahr oder ~*** true or false; ***~er Alarm*** false alarm; ***Sie sind hier ~*** you're in the wrong place; **b)** (≈ *unecht*) *Zähne etc* false; *Pass etc* forged; *Geld* counterfeit; **c)** ***eine ~e Schlange*** (*umg*) a snake-in-the-grass; ***ein ~es Spiel (mit jdm) treiben*** to play (sb) false **2.** *Adv* (≈ *nicht richtig*) wrongly; ***alles ~ machen*** to do everything wrong; ***jdn ~ verstehen*** to misunderstand sb; ***jdn ~ informieren*** to misinform sb; ***die Uhr geht ~*** the clock is wrong; ***~ spielen*** MUS to play off key; ***~ verbunden sein*** to have the wrong number; → ***falschliegen***; → ***falschspielen*** **Falschaussage** *f* JUR (***uneidliche***) ***~*** false statement **fälschen** *vt* to forge; HANDEL *Bücher* to falsify; ***gefälscht*** forged **Fälscher(in)** *m(f)* forger **Falschfahrer(in)** *m(f)* ghost-driver (*bes US umg*), *person driving the wrong way on the motorway* **Falschgeld** *n* counterfeit money **fälschlich** **1.** *Adj* false **2.** *Adv* wrongly, falsely **fälschlicherweise** *Adv* wrongly, falsely **falschliegen** *vi* (*umg*) to be wrong (*bei, in +Dat* about, *mit* in) **Falschmeldung** *f* PRESSE false report **Falschparker(in)** *m(f)* parking offender **falschspielen** *vi* KARTEN *etc* to cheat **Falschspieler(in)** *m(f)* KARTEN cheat; (*professionell*) cardsharp(er) **Fälschung** *f* forgery **fälschungssicher** *Adj* forgery-proof; *Fahrtenschreiber* tamper-proof

Faltblatt *n* leaflet **Faltboot** *n* collapsible boat **Falte** *f* **a)** (*in Stoff, Papier*) fold; (≈ *Bügelfalte*) crease; **b)** (*in Haut*) wrinkle **falten** *vtr* to fold **Faltenrock** *m* pleated skirt **Falter** *m* (≈ *Tagfalter*) butterfly; (≈ *Nachtfalter*) moth

F

faltig *Adj* (≈ *zerknittert*) creased; *Gesicht*, *Stirn*, *Haut* wrinkled **Faltkarte** *f* folding map

Falz *m* (≈ *Kniff*, *Faltlinie*) fold

familiär *Adj* **a)** family *attr*; **b)** (≈ *zwanglos*) informal; (≈ *freundschaftlich*) close **Familie** *f* family; **~ Müller** the Müller family; **eine ~ gründen** to start a family; **~ haben** (*umg*) to have a family; **es liegt in der ~** it runs in the family; **zur ~ gehören** to be one of the family **Familienangehörige(r)** *mf* family member **Familienangelegenheit** *m* family matter; **dringende ~en** urgent family business *kein Pl* **Familienbetrieb** *m* family business **Familienfest** *n* family party **Familienkreis** *m* family circle **Familienmitglied** *n* member of the family **Familienname** *m* surname, family name (*US*) **Familienpackung** *f* family(-size) pack **Familienplanung** *f* family planning **Familienstand** *m* marital status **Familienunternehmen** *n* family business **Familienvater** *m* father (of a family) **Familienverhältnisse** *Pl* family background *Sg*

Fan *m* fan; FUSSB *auch* supporter **Fanatiker(in)** *m(f)* fanatic **fanatisch** **1.** *Adj* fanatical **2.** *Adv* fanatically **Fanatismus** *m* fanaticism

Fanfare *f* MUS fanfare

Fang *m* **a)** (≈ *das Fangen*) hunting; (≈ *Fischen*) fishing; **b)** (≈ *Beute*) catch; **einen guten ~ machen** to make a good catch; **c)** (JAGD) (≈ *Kralle*) talon; (≈ *Reißzahn*) fang **Fangarm** *m* ZOO tentacle

Fangemeinde *f* fan club *od* community

fangen **1.** *vt* to catch **2.** *vi* to catch **3.** *vr* **a)** (*in einer Falle*) to get caught; **b)** (≈ *das Gleichgewicht wiederfinden*) to steady oneself; (*seelisch*) to get on an even keel again **Fänger(in)** *m(f)* SPORT catcher **Fangfrage** *f* trick question **Fangquote** *f* (fishing) quota **Fangschaltung** *f* TELEK interception circuit

Fanklub *m* fan club

Fantasie *f* **a)** (≈ *Einbildung*) imagination; **seiner ~ freien Lauf lassen** to give free rein to one's imagination; **b)** (≈ *Trugbild*) fantasy **fantasielos** *Adj* lacking in imagination **fantasiereich** *Adj*, *Adv* = **fantasievoll** **fantasieren** **1.** *vi* to fantasize (*von* about); MED to be delirious **2.** *vt Geschichte* to dream up **fantasievoll** **1.** *Adj* highly imaginative **2.** *Adv reden*, *antworten* imaginatively **Fantast(in)** *m(f)* dreamer, visionary **fantastisch** **1.** *Adj* fantastic **2.** *Adv* fantastically; **~ klingen** to sound fantastic **Fantasyfilm** *m* fantasy film

Farbaufnahme *f* colo(u)r photo(-graph) **Farbbild** *n* FOTO colo(u)r photo(graph) **Farbdisplay** *n* IT colo(u)r display **Farbdruck** *m* colo(u)r print **Farbdrucker** *m* colo(u)r printer **Farbe** *f* **a)** colour (*Brit*), color (*US*); **in ~** in colo(u)r; **b)** (≈ *Malerfarbe*) paint; (≈ *Druckfarbe*) ink; **c)** KARTEN suit; **~ bekennen** (*fig*) to nail one's colo(u)rs to the mast **farbecht** *Adj* colourfast (*Brit*), colorfast (*US*) **färben** **1.** *vt* to colour (*Brit*), to color (*US*); *Stoff*, *Haar* to dye; → **gefärbt** **2.** *vr* to change colo(u)r; **sich grün/blau** *etc* **~** to turn green/blue *etc* **farbenblind** *Adj* colo(u)r-blind **Farbenblindheit** *f* colo(u)r-blindness **farbenfreudig**, **farbenfroh** *Adj* colo(u)rful **farbenprächtig** *Adj* gloriously colo(u)rful **Farbfernsehen** *n* colo(u)r television **Farbfernsehgerät** *n* colo(u)r television (set) **Farbfilm** *m* colo(u)r film **Farbfoto** *n* colo(u)r photo(graph) **farbig** **1.** *Adj* coloured (*Brit*), colored (*US*); (*fig*) *Schilderung* vivid **2.** *Adv* (≈ *in Farbe*) in a colo(u)r **Farbige(r)** *mf* coloured (*Brit*) *od* colored (*US*) man/woman/person *etc*; **die ~n** colo(u)red people *Pl* **Farbkasten** *m* paintbox **Farbkombination** *f* colo(u)r combination; (≈ *Farbzusammenstellung*) colo(u)r scheme **Farbkopierer** *m* colo(u)r copier **farblich** *Adj* colo(u)r *attr* **farblos** *Adj* colo(u)rless **Farbstift** *m* colo(u)red pen; (≈ *Buntstift*) crayon, colo(u)red pencil **Farbstoff** *m* (≈ *Lebensmittelfarbstoff*) (artificial) colo(u)ring; (≈ *Hautfarbstoff*) pigment; (*für Textilien etc*) dye **Farbton** *m* shade, hue; (≈ *Tönung*) tint **Färbung** *f* colouring (*Brit*), coloring (*US*); (≈ *Tönung*) tinge; (*fig*) slant

Farce *f* **a)** (THEAT, *fig*) farce; **b)** KOCH stuffing

Farm *f* farm **Farmer(in)** *m(f)* farmer

Farn *m*, **Farnkraut** *n* fern
Fasan *m* pheasant
faschieren *vt* (*österr* KOCH) to mince; ***Faschiertes*** mince
Fasching *m* carnival **Faschingszeit** *f* carnival period
Faschismus *m* fascism **Faschist(in)** *m(f)* fascist **faschistisch** *Adj* fascist
faseln *vi* (*pej*) to drivel (*umg*)
Faser *f* fibre (*Brit*), fiber (*US*) **faserig** *Adj* fibrous; *Fleisch, Spargel* stringy (*pej*) **fasern** *vi* to fray **Faserschreiber** *m* (≈ *Stift*) felt-tip pen
Fass *n* barrel; (≈ *kleines Bierfass*) keg; (*zum Gären, Einlegen*) vat; (*für Öl, Benzin, Chemikalien*) drum; ***vom ~ Bier*** on draught (*Brit*) *od* draft (*US*); ***ein ~ ohne Boden*** (*fig*) a bottomless pit; ***das schlägt dem ~ den Boden aus*** (*umg*) that beats everything!
Fassade *f* façade
fassbar *Adj* comprehensible; ***das ist doch nicht ~!*** that's incomprehensible!
Fassbier *n* draught (*Brit*) *od* draft (*US*) beer **Fässchen** *n* cask
fassen **1.** *vt* **a)** (≈ *ergreifen*) to take hold of; (*kräftig*) to grab; (≈ *festnehmen*) *Einbrecher etc* to apprehend (*förml*); ***jdn beim*** *od* ***am Arm ~*** to take/grab sb by the arm; ***fass!*** seize!; **b)** (*fig*) *Entschluss* to make; *Mut* to take; ***den Vorsatz ~, etw zu tun*** to make a resolution to do sth; **c)** (≈ *begreifen*) to grasp; ***es ist nicht zu ~*** it's unbelievable; **d)** (≈ *enthalten*) to hold; **e)** (≈ *einfassen*) *Edelsteine* to set; *Bild* to frame; ***in Worte ~*** to put into words **2.** *vi* **a)** (≈ *nicht abrutschen*) to grip; (*Zahnrad*) to bite; **b)** (≈ *greifen*) ***an/in etw*** (*Akk*) ***~*** to feel sth; (≈ *berühren*) to touch sth **3.** *vr* (≈ *sich beherrschen*) to compose oneself; → ***gefasst***
Fassette *etc f* = **Facette** *etc*
Fasson *f* (*von Kleidung*) style; (*von Frisur*) shape; ***aus der ~ geraten*** (*wörtl*) to go out of shape
Fassung *f* **a)** (*von Juwelen*) setting; (*von Bild*) frame; ELEK holder; **b)** (≈ *Bearbeitung, Wortlaut*) version; **c)** (≈ *Besonnenheit*) composure; ***die ~ bewahren*** to maintain one's composure; ***die ~ verlieren*** to lose one's composure; ***jdn aus der ~ bringen*** to throw sb (*umg*) **fassungslos** **1.** *Adj* stunned **2.** *Adv* in bewilderment **Fassungsvermögen** *n* capacity
fast *Adv* almost; ***~ nie*** hardly ever; ***~ nichts*** hardly anything
fasten *vi* to fast **Fastenzeit** *f* period of fasting; KIRCHE Lent
Fast Food *n* fast food
Fastnacht *f* (≈ *Fasching*) *Shrovetide carnival* **Fasttag** *m* day of fasting
Faszination *f* fascination **faszinieren** *vti* to fascinate (*an +Dat* about); ***~d*** fascinating
fatal *Adj* (*geh*) (≈ *verhängnisvoll*) fatal; (≈ *peinlich*) embarrassing
Fata Morgana *f* mirage
fauchen *vti* to hiss
faul *Adj* **a)** (≈ *verfault*) bad; *Lebensmittel* off präd (*Brit*), bad präd; *Eier, Obst, Holz* rotten; *Geschmack, Geruch, Wasser* foul; **b)** (≈ *verdächtig*) fishy (*umg*), suspicious; *Ausrede* flimsy; *Kompromiss* uneasy; ***hier ist etwas ~*** (*umg*) there's something fishy here (*umg*); **c)** (≈ *träge*) lazy **faulen** *vi* to rot; (*Zahn*) to decay; (*Lebensmittel*) to go bad **faulenzen** *vi* to laze around **Faulenzer(in)** *m(f)* layabout **Faulheit** *f* laziness **faulig** *Adj* going bad; *Wasser* stale; *Geruch, Geschmack* foul **Fäulnis** *f* rot; (*von Zahn*) decay **fäulniserregend** *Adj* putrefactive **Faulpelz** *m* (*umg*) lazybones *Sg* (*umg*) **Faultier** *n* sloth; (*umg* ≈ *Mensch*) lazybones *Sg* (*umg*)
Fauna *f* fauna
Faust *f* fist; ***die (Hand zur) ~ ballen*** to clench one's fist; ***das passt wie die ~ aufs Auge*** (≈ *passt nicht*) it's all wrong; (≈ *passt gut*) it's just the thing (*umg*); ***auf eigene ~*** (*fig*) on one's own initiative; *reisen* under one's own steam **Fäustchen** *n* ***sich*** (*Dat*) ***ins ~ lachen*** to laugh up (*Brit*) *od* in (*US*) one's sleeve **faustdick** (*umg*) **1.** *Adj* ***eine ~e Lüge*** a whopping (great) lie (*umg*) **2.** *Adv* ***er hat es ~ hinter den Ohren*** he's a sly one (*umg*); ***~ auftragen*** to lay it on thick (*umg*) **faustgroß** *Adj* the size of a fist **Fausthandschuh** *m* mitt(en) **Faustregel** *f* rule of thumb **Faustschlag** *m* punch
Fauteuil *n* (*österr* ≈ *Sessel*) armchair
favorisieren *vt* to favour (*Brit*), to favor (*US*) **Favorit(in)** *m(f)* favourite (*Brit*), favorite (*US*)

Fax *n* fax **Faxabruf** *m* fax polling **faxen** *vt* to fax
Faxen *Pl* (*umg* ≈ *Alberei*) fooling around; **~ *machen*** to fool around
Faxgerät *n* fax machine **Faxnummer** *f* fax number
Fazit *n* ***das ~ war ...*** on balance the result was ...; ***das ~ ziehen*** to take stock
FCKW *m*, *Abk von* ***Fluorchlorkohlenwasserstoff*** CFC **FCKW-frei** *Adj* CFC-free

F

Feber *m* (*österr*) February; → ***März*** **Februar** *m* February; → ***März***
fechten *vi* SPORT to fence; (*geh* ≈ *kämpfen*) to fight **Fechter(in)** *m(f)* fencer **Fechtsport** *m* fencing
Feder *f* **a**) feather; (≈ *lange Hutfeder*) plume; ***~n lassen müssen*** (*umg*) not to escape unscathed; ***raus aus den ~n!*** (*umg*) rise and shine! (*umg*); **b**) TECH spring **Federball** *m* (≈ *Ball*) shuttlecock; (≈ *Spiel*) badminton **Federbett** *n* continental quilt **federführend** *Adj Behörde etc* in overall charge (*für* of) **Federgewicht** *n* SPORT featherweight (class) **Federhalter** *m* (dip) pen; (≈ *Füllfederhalter*) (fountain) pen **federleicht** *Adj* light as a feather **Federlesen** *n* ***nicht viel ~s mit jdm/etw machen*** to make short work of sb/sth **Federmäppchen** *n* pencil case **federn** **1.** *vi* **a**) (*Eigenschaft*) to be springy; **b**) (≈ *zurückfedern*) to spring back; (*Springer*, *Turner*) to bounce **2.** *vt* to spring; *Auto* to fit with suspension **Federung** *f* springs *Pl*; AUTO *auch* suspension **Federvieh** *n* poultry **Federweiße(r)** *m* (*dial*) new wine
Fee *f* fairy
Feedback *n*, **Feed-back** *n* feedback
Fegefeuer *n* ***das ~*** purgatory
fegen **1.** *vt* to sweep; (≈ *auffegen*) to sweep up **2.** *vi* **a**) (≈ *ausfegen*) to sweep (up); **b**) (*umg* ≈ *jagen*) to sweep
fehl *Adj* ***~ am Platz(e)*** out of place **Fehlanzeige** *f* (*umg*) dead loss (*umg*); ***~!*** wrong! **fehlbar** *Adj* fallible; (*schweiz*) guilty **Fehlbesetzung** *f* miscasting **Fehlbestand** *m* deficiency **Fehlbetrag** *m* (*förml*) deficit **Fehldiagnose** *f* wrong diagnosis **Fehleinschätzung** *f* misjudgement **fehlen** **1.** *vi* **a**) (≈ *mangeln*) to be lacking; (≈ *nicht vorhanden sein*) to be missing; (*in der Schule etc*) to be absent (*in +Dat* from); ***etwas fehlt*** there's something missing; ***jdm fehlt etw*** sb lacks sth; (≈ *wird schmerzlich vermisst*) sb misses sth; ***mir ~ 20 Cent am Fahrgeld*** I'm 20 cents short for my fare; ***mir ~ die Worte*** words fail me; ***der/das hat mir gerade noch gefehlt!*** (*umg*) he/that was all I needed (*iron*); **b**) (≈ *los sein*) ***fehlt dir (et)was?*** is something the matter (with you)? **2.** *vi unpers* ***es fehlt etw*** *od* ***an etw*** (*Dat*) there is a lack of sth; (*völlig*) there is no sth; ***es fehlt jdm an etw*** (*Dat*) sb lacks sth; ***wo fehlt es?*** what's the trouble?; ***es fehlte nicht viel und ich hätte ihn verprügelt*** I almost hit him **3.** *vt* ***weit gefehlt!*** (*fig*) you're way out! (*umg*); (*ganz im Gegenteil*) far from it! **Fehlentscheidung** *f* wrong decision **Fehlentwicklung** *f* mistake; ***~en vermeiden*** to stop things taking a wrong turn **Fehler** *m* **a**) mistake; SPORT fault; ***einen ~ machen*** to make a mistake; **b**) (≈ *Mangel*) fault; ***das ist nicht mein ~*** that's not my fault **fehlerfrei** *Adj* perfect; *Rechnung* correct **fehlerhaft** *Adj* MECH, TECH faulty; *Ware* substandard; *Messung*, *Rechnung* incorrect **fehlerlos** *Adj* = ***fehlerfrei*** **Fehlermeldung** *f* IT error message **Fehlerquelle** *f* cause of the fault; (*in Statistik*) source of error **Fehlerquote** *f* error rate **Fehlersuche** *f* troubleshooting **Fehlgeburt** *f* miscarriage **Fehlgriff** *m* mistake; ***einen ~ tun*** to make a mistake **Fehlkonstruktion** *f* bad design; ***der Stuhl ist eine ~*** this chair is badly designed **Fehlleistung** *f* slip, mistake; ***freudsche ~*** Freudian slip **Fehlschlag** *m* (*fig*) failure **fehlschlagen** *vi* to go wrong **Fehlschluss** *m* false conclusion **Fehlstart** *m* false start **Fehltritt** *m* (*fig*) (≈ *Vergehen*) slip; (≈ *Affäre*) indiscretion **Fehlurteil** *n* miscarriage of justice **Fehlverhalten** *n* inappropriate behaviour (*Brit*) *od* behavior (*US*) **Fehlzeiten** *Pl* working hours *Pl* lost **Fehlzündung** *f* misfiring *kein Pl*; ***eine ~*** a backfire
Feier *f* celebration; (≈ *Party*) party; (≈ *Zeremonie*) ceremony; ***zur ~ des Tages*** in honour (*Brit*) *od* honor (*US*) of the occasion **Feierabend** *m* (≈ *Arbeitsschluss*) finishing time; ***~ machen***

Fehler

Bei der Übersetzung des deutschen Worts „Fehler" gibt es eine ganze Reihe möglicher Entsprechungen: **mistake, error, fault** und andere mehr. Wann nimmt man was?

Fehler, Irrtum	**mistake**

Dies ist die häufigste Entsprechung für das deutsche Wort „Fehler". Es gibt verschiedene Arten von **mistakes**:

Rechtschreibfehler	**spelling mistake**
Du hast einen Rechenfehler gemacht.	**You've made a mistake in your calculations.**
Deine Englischübersetzung ist voller Fehler.	**Your English translation is full of mistakes.**
Fehler, Irrtum	**error** ['erə]

Error klingt ein bisschen gehobener als **mistake**; **error** wird auch in feststehenden Ausdrücken wie **typing error** (Tippfehler) und **printing error** (Druckfehler) verwendet.

Fehler, Defekt	**fault** [fɔːlt]
In der Software ist ein Fehler.	**There's a fault in the software.**
Es ist nicht mein Fehler (= ich bin nicht schuld).	**It's not my fault.**

Fault bezeichnet bei einer Sache oft den qualitativen Fehler im Sinne von Defekt – oder Schuld, wenn sich das Wort auf eine Person bezieht.

to finish work; ***nach ~*** after work; ***schönen ~!*** have a nice evening! **feierlich** *Adj* (≈ *ernsthaft*) solemn; (≈ *festlich*) festive; (≈ *förmlich*) ceremonial **Feierlichkeit** *f* (≈ *Veranstaltungen*) celebrations *Pl* **feiern 1.** *vt* **a)** *Ereignis* to celebrate; *Party* to hold; ***das muss gefeiert werden!*** that calls for a celebration; **b)** (≈ *umjubeln*) to fête; → ***gefeiert* 2.** *vi* (≈ *eine Feier abhalten*) to celebrate **Feierstunde** *f* ceremony **Feiertag** *m* holiday

feige *Adj* cowardly

Feige *f* fig **Feigenbaum** *m* fig tree **Feigenblatt** *n* fig leaf

Feigheit *f* cowardice **Feigling** *m* coward

Feile *f* file **feilen** *vti* to file

feilschen *vi* (*pej*) to haggle (*um* over)

fein 1. *Adj* **a)** (≈ *nicht grob*) fine; *Humor* delicate; *Unterschied* subtle; **b)** (≈ *erlesen*) excellent; *Geschmack* delicate; (≈ *prima*) great (*umg*); (*iron*) fine; ***vom Feinsten sein*** to be first-rate; **c)** (≈ *scharf*) *Gehör, Gefühl* acute; **d)** (≈ *vornehm*) refined; ***dazu ist sie sich*** (*Dat*) ***zu ~*** that's beneath her **2.** *Adv* **a)** (≈ *nicht grob*) finely; **b)** (≈ *gut*) ***~ säuberlich*** (nice and) neat; **c)** (≈ *elegant*) ***sie hat sich ~ gemacht*** she's all dolled up (*umg*)

Feind(in) *m(f)* enemy; ***sich*** (*Dat*) ***~e schaffen*** to make enemies **Feindbild** *n* concept of an/the enemy **feindlich 1.** *Adj* **a)** MIL enemy; **b)** (≈ *feindselig*) hostile **2.** *Adv* ***jdm ~ gegenüberstehen*** to be hostile to sb **Feindschaft** *f* hostility **feindselig** *Adj* hostile **Feindseligkeit** *f* hostility

feinfühlig *Adj* sensitive; (≈ *taktvoll*) tactful **Feingefühl** *n* sensitivity; (≈ *Takt*) tact(fulness) **Feingold** *n* refined gold **Feinheit** *f* **a)** (≈ *Zartheit*) fineness; **b)** (≈ *Erlesenheit*) excellence; **c)** (≈ *Schärfe*) keenness; **d)** (≈ *Vornehmheit*) refinement; **e)** **Feinheiten**

Pl niceties *Pl*; (≈ *Nuancen*) subtleties *Pl* **Feinkostgeschäft** *n* delicatessen **Feinmechanik** *f* precision engineering **Feinschmecker(in)** *m(f)* gourmet; (*fig*) connoisseur **Feinsilber** *n* refined silver **Feinstaub** *m* fine dust, fine particulates *Pl* (*Fachw*) **Feinwäsche** *f* delicates *Pl* **Feinwaschmittel** *n* mild(-action) detergent

F

feist *Adj* fat

Feld *n* field; (*auf Spielbrett*) square; (*an Zielscheibe*) ring; ***gegen jdn/etw zu ~e ziehen*** (*fig*) to crusade against sb/sth; ***das ~ räumen*** (*fig*) to bow out **Feldarbeit** *f* LANDW work in the fields; NATURW, SOZIALW fieldwork **Feldflasche** *f* canteen (MIL), water bottle **Feldforschung** *f* field work *od* research **Feldhase** *m* European hare **Feldherr(in)** *m(f)* commander **Feldmaus** *f* field mouse **Feldsalat** *m* lamb's lettuce **Feldstecher** *m* (pair of) binoculars **Feldversuch** *m* field test **Feld-Wald-und-Wiesen-** (*umg*) run-of-the-mill **Feldwebel(in)** *m(f)* sergeant **Feldweg** *m* track across the fields **Feldzug** *m* campaign

Felge *f* **a)** TECH (wheel) rim; **b)** SPORT circle **Felgenbremse** *f* calliper brake

Fell *n* **a)** fur; (*von Schaf*) fleece; (*von toten Tieren*) skin; **b)** (*fig umg* ≈ *Menschenhaut*) skin; ***ein dickes ~ haben*** to be thick-skinned; ***jdm das ~ über die Ohren ziehen*** to pull the wool over sb's eyes

Fels *m* rock; (≈ *Klippe*) cliff **Felsblock** *m* boulder **Felsen** *m* rock; (≈ *Klippe*) cliff **felsenfest** **1.** *Adj* firm **2.** *Adv* ***~ überzeugt sein*** to be absolutely convinced **felsig** *Adj* rocky **Felsspalte** *f* crevice **Felswand** *f* rock face

feminin *Adj* feminine **Feminismus** *m* feminism **Feminist(in)** *m(f)* feminist **feministisch** *Adj* feminist; ***~ orientiert sein*** to have feminist tendencies

Fenchel *m* fennel

Fenster *n* window (*auch* COMPUT); ***weg vom ~*** (*umg*) out of the game (*umg*), finished **Fensterbank** *f*, **Fensterbrett** *n* windowsill, window ledge **Fensterglas** *n* window glass **Fensterladen** *m* shutter **Fensterleder** *n* chamois *od* shammy (leather) **fensterln** *vi* (*südd, österr*) to climb through one's sweetheart's bedroom window **Fensterplatz** *m* window seat **Fensterputzer(in)** *m(f)* window cleaner **Fensterrahmen** *m* window frame **Fensterscheibe** *f* window pane **Fensterumschlag** *m* window envelope

Ferien *Pl* holidays *Pl* (*Brit*), vacation *Sg* (*US*, UNIV); (≈ *Parlamentsferien*, JUR) recess *Sg*; ***die großen ~*** the summer holidays (*bes Brit*), the long vacation (*US*, UNIV); ***~ machen*** to have *od* take a holiday (*bes Brit*) *od* vacation (*US*); ***in die ~ fahren*** to go on holiday (*bes Brit*) *od* vacation (*US*) **Feriendorf** *n* holiday village **Ferienhaus** *n* holiday home **Ferienlager** *n* holiday (*bes Brit*) *od* vacation (*US*) camp **Ferienort** *m* holiday (*bes Brit*) *od* vacation (*US*) resort **Ferienwohnung** *f* holiday flat (*Brit*), vacation apartment (*US*) **Ferienzeit** *f* holiday period

Ferkel *n* piglet; (*fig*) (*unsauber*) pig, mucky pup (*Brit umg*); (*unanständig*) dirty pig (*umg*)

Fermentation *f* fermentation **fermentieren** *vt* to ferment

fern **1.** *Adj* **a)** (*räumlich*) distant, faraway; ***~ von hier*** far away from here; ***der Ferne Osten*** the Far East; **b)** (*zeitlich entfernt*) far-off; ***in nicht (all)zu ~er Zeit*** in the not-too-distant future **2.** *Präp +Gen* far (away) from **fernab** *Adv* far away **Fernabfrage** *f* TELEK remote control facility **Fernbedienung** *f* remote control **fernbleiben** *vi* to stay away (*+Dat, von* from) **Fernbleiben** *n* absence (*von* from); (≈ *Nichtteilnahme*) non-attendance **Fernblick** *m* good view **Ferne** *f* **a)** (*räumlich*) distance; ***in der ~*** in the distance; ***aus der ~*** from a distance; **b)** (≈ *Zukunft*) future; ***in weiter ~ liegen*** to be a long time off **ferner** **1.** *Adj* further **2.** *Adv* further; ***unter ~ liefen rangieren*** (*umg*) to be among the also-rans **Fernfahrer(in)** *m(f)* long-distance lorry (*Brit*) *od* truck driver, trucker (*US*) **Fernflug** *m* long-distance *od* long-haul flight **Ferngespräch** *n* trunk (*Brit*) *od* long-distance call **ferngesteuert** *Adj* remote-controlled **Fernglas** *n* (pair of) binoculars *Pl* **fernhalten** *vtr* to keep away **Fernlaster** *m* long-distance lorry (*Brit*) *od* truck **Fernlastverkehr** *m* long-distance goods traffic **Fernlicht**

n AUTO full *od* high (*bes US*) beam **fernliegen** *vi* (*fig*) (***jdm***) **~** to be far from sb's mind; ***es liegt mir fern, das zu tun*** far be it from me to do that **Fernmeldesatellit** *m* communications satellite **Fernmeldetechnik** *f* telecommunications engineering; (≈ *Telefontechnik*) telephone engineering **fernmündlich** (*förml*) **1.** *Adj* telephone *attr* **2.** *Adv* by telephone **Fernost** ***aus/in/nach*** **~** from/in/to the Far East **Fernreise** *f* long-haul journey **Fernrohr** *n* telescope **Fernschreiben** *n* telex

Fernsehansager(in) *m(f)* television announcer **Fernsehansprache** *f* television speech **Fernsehantenne** *f* television *od* TV aerial *od* antenna **Fernsehapparat** *m* television *od* TV set **fernsehen** *vi* to watch television *od* TV **Fernsehen** *n* television, TV, telly (*Brit umg*); ***vom ~ übertragen werden*** to be televised; ***im ~*** on television *etc* **Fernseher** *m* (*umg* ≈ *Gerät*) television, TV, telly (*Brit umg*) **Fernseher(in)** *m(f)* (*umg* ≈ *Zuschauer*) (television) viewer **Fernsehgebühr** *f* television *od* TV licence fee (*Brit*) **Fernsehgerät** *n* television *od* TV set **Fernsehkamera** *f* television *od* TV camera **Fernsehprogramm** *n* **a**) (≈ *Sendung*) programme (*Brit*), program (*US*); **b**) (≈ *Fernsehzeitschrift*) (television) program(me) guide, TV guide **Fernsehpublikum** *n* viewers *Pl*, viewing public **Fernsehsatellit** *m* TV satellite **Fernsehsender** *m* television transmitter **Fernsehsendung** *f* television programme (*Brit*) *od* program (*US*) **Fernsehspiel** *n* television play **Fernsehteilnehmer(in)** *m(f)* (*förml*) television viewer **Fernsehübertragung** *f* television broadcast **Fernsehwerbung** *f* television advertising **Fernsehzeitschrift** *f* TV guide **Fernsehzuschauer(in)** *m(f)* (television) viewer

Fernsicht *f* clear view **Fernsprechnetz** *n* telephone system **Fernsprechverkehr** *m* telephone traffic **fernstehen** *vi* ***jdm/einer Sache ~*** to have no connection with sb/sth **Fernsteuerung** *f* remote control **Fernstraße** *f* trunk *od* major road, highway (*US*) **Fernstudium** *n* correspondence degree course (*with radio, TV etc*), ≈ Open University course (*Brit*) **Ferntourismus** *m* long-haul tourism **Fernverkehr** *m* long-distance traffic **Fernwärme** *f* district heating (*Fachw*) **Fernweh** *n* wanderlust **Fernziel** *n* long-term goal

Ferse *f* heel; ***jdm*** (***dicht***) ***auf den ~n sein*** to be hard *od* close on sb's heels

fertig **1.** *Adj* **a**) (≈ *vollendet*) finished; (≈ *ausgebildet*) qualified; (≈ *reif*) *Mensch, Charakter* mature; ***mit der Ausbildung ~ sein*** to have completed one's training; **b**) (≈ *zu Ende*) finished; ***mit etw ~ sein*** to have finished sth; ***mit jdm ~ sein*** (*fig*) to be finished with sb; ***mit jdm/etw ~ werden*** to cope with sb/sth; **c**) (≈ *bereit*) ready; **d**) (*umg*) (≈ *erschöpft*) shattered (*Brit umg*), all in (*umg*); (≈ *ruiniert*) finished; (≈ *erstaunt*) knocked for six (*Brit umg*) *od* for a loop (*US umg*); ***mit den Nerven ~ sein*** to be at the end of one's tether (*Brit*) *od* rope (*US*) **2.** *Adv* ***etw ~ kaufen*** to buy sth ready-made; *Essen* to buy sth ready-prepared; ***~ ausgebildet*** fully qualified **Fertigbau** *m* BAU prefabricated building, prefab **fertig bringen, fertigbringen** *vt* (≈ *vollenden*) to get done **fertigbringen** *vt* (≈ *imstande sein*) to manage; (*iron*) to be capable of **fertigen** *vt* (*förml*) to manufacture **Fertiggericht** *n* ready-to-serve meal **Fertighaus** *n* prefabricated house

Fertigkeit *f* skill

fertig machen, fertigmachen *vt* **a**) (≈ *vollenden*) to finish; **b**) (≈ *bereit machen*) to get ready; ***sich ~*** to get ready **fertigmachen** *vt* (*umg*) ***jdn ~*** (≈ *erledigen*) to do for sb; (≈ *ermüden*) to take it out of sb; (≈ *deprimieren*) to get sb down; (≈ *abkanzeln*) to lay into sb (*umg*) **fertigstellen, fertig stellen** *vt* to complete **Fertigstellung** *f* completion **Fertigung** *f* production **Fertigungskosten** *Pl* production costs *Pl*

fesch *Adj* **a**) (*bes österr: umg* ≈ *modisch*) smart; (≈ *hübsch*) attractive; **b**) (*österr* ≈ *nett*) nice; ***sei ~!*** (≈ *sei brav*) be good

Fessel *f* fetter, shackle; (≈ *Kette*) chain

fesseln *vt* **a**) to tie (up), to bind; (*mit Handschellen*) to handcuff; (*mit Ketten*) to chain (up); ***jdn ans Bett ~*** (*fig*) to confine sb to (his/her) bed;

b) (≈ *faszinieren*) to grip **fesselnd** *Adj* gripping

fest 1. *Adj* a) (≈ *hart*) solid; b) (≈ *stabil*) solid; *Schuhe* tough, sturdy; HANDEL, FINANZ stable; c) (≈ *entschlossen*) firm; *Plan* firm, definite; ***eine ~e Meinung von etw haben*** to have definite views on sth; d) (≈ *nicht locker*) tight; *Griff* firm; (*fig*) *Schlaf* sound; e) (≈ *ständig*) regular; *Freund(in)* steady; *Stellung, Mitarbeiter* permanent 2. *Adv* a) (≈ *kräftig*) *anpacken* firmly; *drücken* tightly; b) (≈ *nicht locker*) *anziehen, schließen* tight; ***die Handbremse ~ anziehen*** to put the handbrake on firmly; ***er hat schon ~ geschlafen*** he was sound asleep; c) *versprechen* faithfully; *zusagen* definitely; ***~ entschlossen sein*** to be absolutely determined; d) (≈ *dauerhaft*) permanently; ***~ befreundet sein*** to be good friends; ***~ angestellt*** employed on a regular basis; ***Geld ~ anlegen*** to tie up money

Fest *n* a) (≈ *Feier*) celebration; (≈ *Party*) party; b) (*kirchlich*) feast, festival; (≈ *Weihnachtsfest*) Christmas; ***frohes ~!*** Merry *od* Happy (*bes Brit*) Christmas! **Festakt** *m* ceremony

festangestellt *Adj* → ***fest***

Festbeleuchtung *f* festive lighting *od* lights *Pl*; (*umg*: *im Haus*) blazing lights *Pl*

festbinden *vt* to tie up; ***jdn/etw an etw*** (*Dat*) ~ to tie sb/sth to sth

Festessen *n* banquet

festfahren *vr* (*fig*) to get bogged down **festfressen** *vr* to seize up **Festgeld** *n* FINANZ time deposit **festhalten** 1. *vt* a) (*mit den Händen*) to hold on to; b) (≈ *inhaftieren*) to hold, to detain; c) ***etw schriftlich ~*** to record sth 2. *vi* ***an etw*** (*Dat*) ~ to hold *od* stick (*umg*) to sth 3. *vr* to hold on (*an +Dat* to); ***halt dich fest!*** (*wörtl*) hold tight! **festhängen** *vi* to be stuck (*an +Dat* on, *in +Dat* in)

festigen 1. *vt* to strengthen; → ***gefestigt*** 2. *vr* to become stronger **Festiger** *m* setting lotion **Festigkeit** *f* (*von Material*) strength; (*fig*) steadfastness **Festigung** *f* strengthening

Festival *n* festival

festklammern 1. *vt* to clip on (*an +Dat* to) 2. *vr* to cling (*an +Dat* to) **festklemmen** *vt* to wedge fast; (*mit Klammer*) to clip **Festkörper** *m* PHYS solid

Festland *n* (*nicht Insel*) mainland; (*nicht Meer*) dry land **festlegen** 1. *vt* a) (≈ *festsetzen*) to fix (*auf +Akk, bei* for); *Regelung, Arbeitszeiten* to lay down; b) ***jdn auf etw*** (*Akk*) ~ to tie sb (down) to sth 2. *vr* a) (≈ *sich verpflichten*) to commit oneself (*auf +Akk* to); b) (≈ *sich entschließen*) to decide (*auf +Akk* on)

festlich 1. *Adj* festive; (≈ *feierlich*) solemn 2. *Adv geschmückt* festively; ***etw ~ begehen*** to celebrate sth

festliegen *vi* a) (≈ *festgesetzt sein*) to have been fixed; b) (≈ *nicht weiterkönnen*) to be stuck **festmachen** *vt* a) (≈ *befestigen*) to fix on (*an +Dat* -to); (≈ *festbinden*) to fasten (*an +Dat* (on)to); SEEF to moor; b) (≈ *vereinbaren*) to arrange **festnageln** *vt* a) *Gegenstand* to nail (down/up/on); b) (*fig umg*) *jdn* to tie down (*auf +Akk* to) **Festnahme** *f* arrest **festnehmen** *vt* to arrest; ***vorläufig ~*** to take into custody; ***Sie sind festgenommen*** you are under arrest **Festnetz** *n* TELEK fixed-line network; (*a.* **Festnetzanschluss**) landline **Festplatte** *f* IT hard disk **Festplattenlaufwerk** *n* hard disk drive **Festpreis** *m* HANDEL fixed price

Festrede *f* speech **Festredner(in)** *m(f)* (main) speaker **Festsaal** *m* hall; (≈ *Speisesaal*) banqueting hall; (≈ *Tanzsaal*) ballroom

festschrauben *vt* to screw (in/on/-down/up) tight

festsetzen 1. *vt* a) (≈ *bestimmen*) to fix (*bei, auf +Akk* at); b) (≈ *inhaftieren*) to detain 2. *vr* (*Staub, Schmutz*) to collect; (*Rost*) to get a foothold

Festsetzung *f* a) fixing; (*von Frist*) setting; b) (≈ *Inhaftierung*) detention

festsitzen *vi* (≈ *klemmen, haften*) to be stuck

Festspeicher *m* IT read-only memory, ROM

Festspiele *Pl* festival *Sg*

feststehen *vi* (≈ *sicher sein*) to be certain; (≈ *unveränderlich sein*) to be definite; ***so viel steht fest*** this *od* so much is certain **feststehend** *Adj* (≈ *bestimmt*) definite; *Redewendung* set; *Brauch* (well-)established **feststellen** *vt* a) MECH to lock (fast); b)

(≈ *ermitteln*) to ascertain, to find out; *Personalien, Sachverhalt* to establish; *Schaden* to assess; **c)** (≈ *erkennen*) to tell (*an +Dat* from); *Fehler, Unterschied* to find, to detect; (≈ *bemerken*) to discover; **d)** (≈ *aussprechen*) to stress, to emphasize **Feststelltaste** *f* (*von Tastatur*) caps lock **Feststellung** *f* **a)** (≈ *Ermittlung*) ascertainment; (*von Personalien, Sachverhalt*) establishment; (*von Schaden*) assessment; **b)** (≈ *Erkenntnis*) conclusion; **c)** (≈ *Wahrnehmung*) observation; ***die ~ machen, dass ...*** to realize that ...; **d)** (≈ *Bemerkung*) remark, comment

Festtag *m* **a)** (≈ *Ehrentag*) special *od* red-letter day; **b)** (≈ *Feiertag*) holiday, feast (day) (ECCL)

Festung *f* fortress

festverzinslich *Adj* fixed-interest *attr*

Festwertspeicher *m* IT read-only memory

Festwoche *f* festival week **Festzelt** *n* carnival marquee

festziehen *vt* to pull tight; *Schraube* to tighten (up) **Festzins** *m* fixed interest

Festzug *m* carnival procession

Fete *f* party

Fetisch *m* fetish **Fetischismus** *m* fetishism **Fetischist(in)** *m(f)* fetishist

fett 1. *Adj* **a)** *Speisen* fatty; **b)** (≈ *dick*) fat; TYPO bold; **c)** (≈ *üppig*) *Beute, Gewinn* fat **2.** *Adv* **a)** ***~ essen*** to eat fatty food; **b)** ***~ gedruckt*** TYPO in bold(face)

Fett *n* fat; (*zum Schmieren*) grease; ***tierische/pflanzliche ~e*** animal/vegetable fats; ***~ ansetzen*** to get fat; ***sein ~ bekommen*** (*umg*) to get what is coming to one (*umg*) **Fettabsaugung** *f* MED liposuction **fettarm 1.** *Adj Speisen* low-fat **2.** *Adv* ***~ essen*** to eat foods which are low in fat **Fettauge** *n* globule of fat **Fettbauch** *m* paunch **Fettcreme** *f* skin cream with oil **Fettdruck** *m* TYPO bold type **fetten** *vt* to grease **Fettfilm** *m* greasy film **Fettfleck** *m* grease spot, greasy mark **fettfrei** *Adj* fat-free; *Milch* non-fat; *Kost* non-fatty **fettgedruckt** *Adj* → ***fett*** **Fettgehalt** *m* fat content **fetthaltig** *Adj* fatty **fettig** *Adj* greasy **fettleibig** *Adj* (*geh*) obese, corpulent **Fettleibigkeit** *f* (*geh*) obesity, corpulence **fettlos** *Adj* fat-free **Fettnäpfchen** *n* (*umg*) ***ins ~ treten*** to put one's foot in it (*bei jdm* with sb) **Fettpolster** *n* (*hum umg*) padding *kein Pl* **Fettsack** *m* (*umg*) fatso (*umg*) **Fettschicht** *f* layer of fat **Fettsucht** *f* MED obesity **fettsüchtig** *Adj* MED obese **Fettwanst** *m* (*pej*) potbelly; (≈ *Mensch*) fatso (*umg*) **Fettzelle** *f* PHYSIOL fat cell, adipose cell (*Fachw*)

Fetzen *m* (*abgerissen*) shred; (≈ *Stofffetzen, Papierfetzen*) scrap; (≈ *Kleidung*) rag; ***..., dass die ~ fliegen*** (*umg*) ... like crazy (*umg*)

F

feucht *Adj* damp; (≈ *schlüpfrig*) moist; (≈ *feuchtheiß*) *Klima* humid; *Hände* sweaty; *Tinte, Farbe* wet **feuchtfröhlich** *Adj* (*hum*) merry, convivial **feuchtheiß** *Adj* hot and damp, muggy **Feuchtigkeit** *f* **a)** dampness; (*von Klima*) humidity; **b)** (≈ *Flüssigkeit*) moisture; (≈ *Luftfeuchtigkeit*) humidity **Feuchtigkeitscreme** *f* moisturizer, moisturizing cream

feudal *Adj* **a)** POL, HIST feudal; **b)** (*umg* ≈ *prächtig*) plush (*umg*); *Mahlzeit* lavish **Feudalherrschaft** *f* feudalism **Feudalismus** *m* feudalism **feudalistisch** *Adj* feudalistic

Feuer *n* **a)** fire; ***~!*** fire!; ***~ legen*** to start a fire; ***~ fangen*** to catch fire; ***~ frei!*** open fire!; ***das ~ einstellen*** to cease firing; ***mit dem ~ spielen*** (*fig*) to play with fire; **b)** (≈ *Funkfeuer*) beacon; (*von Leuchtturm*) light; **c)** (*für Zigarette etc*) light; ***haben Sie ~?*** do you have a light?; **d)** (≈ *Schwung*) passion; ***~ und Flamme sein*** (*umg*) to be very enthusiastic (*für* about) **Feueralarm** *m* fire alarm **feuerbeständig** *Adj* fire-resistant **Feuerbestattung** *f* cremation **Feuereifer** *m* zeal; ***mit ~ diskutieren*** to discuss with zest **feuerfest** *Adj* fireproof; *Geschirr* heat-resistant **Feuergefahr** *f* fire hazard *od* risk **feuergefährlich** *Adj* (highly) (in)flammable *od* combustible **Feuergefecht** *n* gun fight, shoot-out (*umg*) **Feuerleiter** *f* (*am Haus*) fire escape **Feuerlöscher** *m* fire extinguisher **Feuermelder** *m* fire alarm **feuern** *vt* **a)** *Ofen* to light; **b)** (*umg*) (≈ *werfen*) to fling (*umg*); FUSSB *Ball* to slam (*umg*); **c)** (*umg* ≈ *entlassen*) to fire (*umg*), to sack (*umg*) **Feuerpause** *f* break in the firing; (*vereinbart*) ceasefire **Feuerprobe** *f* (*fig*) ***die ~ bestehen*** to pass the (acid) test; ***das war seine ~*** that was the acid test for him **feuerrot** *Adj* fiery red **Feuerschutz** *m* **a)** (≈ *Vorbeugung*) fire prevention; **b)** (MIL ≈ *Deckung*) covering fire **Feuerstein** *m* flint **Feuerstelle** *f* campfire site; (≈ *Herd*) fireplace **Feuertaufe** *f* baptism of fire **Feuertreppe** *f* fire escape **Feuertür** *f* fire door **Feuerwache** *f* fire station **Feuerwaffe** *f* firearm **Feuerwechsel** *m* exchange of fire **Feuerwehr** *f* fire brigade (*Brit*), fire department (*US*); **~ spielen** (*fig* ≈ *Schlimmes verhindern*) to act as a troubleshooter **Feuerwehrauto** *n* fire engine **Feuerwehrleute** *Pl* firemen *Pl*, firefighters *Pl* **Feuerwehrmann** *m* fireman **Feuerwerk** *n* fireworks *Pl*; (*fig*) cavalcade **Feuerwerkskörper** *m* firework **Feuerzange** *f* fire tongs *Pl* **Feuerzangenbowle** *f* red wine punch **Feuerzeug** *n* (cigarette) lighter

Feuilleton *n* PRESSE feature section

feurig *Adj* fiery

Fiaker *m* (*österr*) **a)** (≈ *Kutsche*) (hackney) cab; **b)** (≈ *Kutscher*) cab driver, cabby (*umg*)

Fiasko *n* (*umg*) fiasco

Fibel *f* SCHULE primer

Fiber *f* fibre (*Brit*), fiber (*US*)

Fichte *f* BOT spruce **Fichtenzapfen** *m* spruce cone

ficken *vti* (*vulg*) to fuck (*vulg*); **mit jdm ~** to fuck sb (*vulg*)

fidel *Adj* jolly, merry

Fieber *n* temperature; (*sehr hoch*) fever; **~ haben** to have a temperature, to be feverish; **(jdm) das ~ messen** to take sb's temperature **Fieberanfall** *m* bout of fever **fieberfrei** *Adj* free of fever **fieberhaft** **1.** *Adj* feverish **2.** *Adv* feverishly **Fieberkurve** *f* temperature curve **Fiebermittel** *n* anti-fever drug **fiebern** *vi* **a)** (*Kranker*) to have a temperature; (*schwer*) to be feverish; **b)** (*fig*) **nach etw ~** to long feverishly for sth; **vor Erregung** (*Dat*) **~** to be in a fever of excitement **fiebersenkend** *Adj* fever-reducing **Fieberthermometer** *n* (clinical) thermometer

Fiedel *f* fiddle

fies (*umg*) **1.** *Adj* nasty, horrible **2.** *Adv* (≈ *gemein*) in a nasty way; **~ aussehen** to look horrible **Fiesling** *m* (*umg*) bastard (*sl*)

Figur *f* **a)** figure; (*umg* ≈ *Mensch*) character; **auf seine ~ achten** to watch one's figure; **b)** (≈ *Romanfigur etc*) character **figurativ** **1.** *Adj* figurative **2.** *Adv* figuratively **figürlich** *Adj* figurative

Fiktion *f* fiction **fiktiv** *Adj* fictitious

Filet *n* KOCH fillet; (≈ *Rinderfilet*) fillet steak; (*zum Braten*) piece of sirloin *od* tenderloin (*US*) **filetieren** *vt* to fillet **Filetstück** *n* KOCH piece of sirloin *od* tenderloin (*US*)

Filiale *f* branch **Filialleiter(in)** *m(f)* branch manager/manageress

Film *m* film; (≈ *Spielfilm auch*) movie (*bes US*); **in einen ~ gehen** to go and see a film; **zum ~ gehen** to go into films *od* movies (*bes US*) **Filmaufnahme** *f* (*Einzelszene*) shot, take; **~n** *pl* shooting **Filmbericht** *m* film report **Filmemacher(in)** *m(f)* film-maker, movie-maker (*bes US*) **filmen** *vti* to film **Filmfestival** *n*, **Filmfestspiele** *Pl* film festival **Filmgeschäft** *n* film industry, movie industry (*bes US*) **filmisch** **1.** *Adj* cinematic **2.** *Adv* cinematically **Filmkamera** *f* film *od* movie (*bes US*) camera **Filmkritik** *f* (≈ *Artikel*) film *od* movie (*bes US*) review **Filmkunst** *f* cinematic art **Filmmusik** *f* film music, movie soundtrack (*bes US*) **Filmpreis** *m* film *od* movie (*bes US*) award **Filmproduzent(in)** *m(f)* film *od* movie (*bes US*) producer **Filmregisseur(in)** *m(f)* film *od* movie (*bes US*) director **Filmriss** *m* (*fig umg*) mental blackout (*umg*) **Filmschauspieler** *m* film *od* movie (*bes US*) actor **Filmschauspielerin** *f* film *od* movie (*bes US*) actress **Filmstar** *m* filmstar, movie star (*bes US*) **Filmstudio** *n* film *od* movie (*bes US*) studio **Filmverleih** *m* film *od* movie (*bes US*) distributors *Pl*

Filter *n od m* filter; **eine Zigarette mit ~** a (filter-)tipped cigarette **Filterkaffee** *m* filter *od* drip (*US*) coffee **filtern** *vti* to filter **Filterpapier** *n* filter paper **Filtertüte** *f* filter bag

Filterung *f* filtering

Filterzigarette *f* tipped *od* filter (-tipped) cigarette

Filtrat *n* filtrate

filtrieren *vt* to filter

Filz *m* **a)** TEX felt; **grüner ~** green baize; **b)** (*umg*) (≈ *Korruption*) corruption;

(POL *pej*) sleaze (*umg*) **filzen 1.** *vi* TEX to felt, to go felty **2.** *vt* (*umg*) (≈ *durchsuchen*) to search; (≈ *berauben*) to do over (*umg*) **Filzhut** *m* felt hat **Filzokratie** *f* (POL *pej*) web of patronage and nepotism, spoils system (*US*) **Filzpantoffel** *m* (carpet) slipper **Filzschreiber, Filzstift** *m* felt(-tip) pen, felt-tip

Fimmel *m* (*umg*) **a)** (≈ *Tick*) mania; **b)** (≈ *Spleen*) obsession (*mit* about)

Finale *n* MUS finale; SPORT final, finals *Pl* **Finalgegner** *m* SPORT opponent in the final

Finanzamt *n* tax office **Finanzbeamte(r)** *m*, **Finanzbeamtin** *f* tax official **Finanzbehörde** *f* tax authority **Finanzbuchhalter(in)** *m(f)* financial accountant **Finanzen** *Pl* finances *Pl* **finanziell 1.** *Adj* financial **2.** *Adv* financially **finanzierbar** *Adj* ***es ist nicht ~*** it cannot be funded **finanzieren** *vt* to finance, to fund **Finanzierung** *f* financing **Finanzierungsgesellschaft** *f* finance company **Finanzjahr** *n* financial year **finanzkräftig** *Adj* financially strong **Finanzkrise** *f* financial crisis **Finanzlage** *f* financial situation **Finanzmärkte** *Pl* financial *od* finance markets *Pl* **Finanzminister(in)** *m(f)* ≈ Chancellor of the Exchequer (*Brit*), ≈ Treasury Secretary (*US*), finance minister **Finanzministerium** *n* Ministry of Finance, Treasury (*Brit*), Treasury Department (*US*) **Finanzpolitik** *f* financial policy; (≈ *Wissenschaft, Disziplin*) politics of finance **finanzschwach** *Adj* financially weak **finanzstark** *Adj* financially strong **Finanzwelt** *f* financial world **Finanzwesen** *n* financial system

finden 1. *vt* **a)** to find; ***es ließ sich niemand ~*** there was nobody to be found; ***etwas an jdm ~*** to see something in sb; ***nichts dabei ~*** to think nothing of it; → ***gefunden***; **b)** (≈ *betrachten*) to think; ***es kalt ~*** to find it cold; ***etw gut ~*** to think (that) sth is good; ***jdn nett ~*** to think (that) sb is nice; ***wie findest du das?*** what do you think? **2.** *vi* ***er findet nicht nach Hause*** he can't find his *od* the way home; ***zu sich selbst ~*** to sort oneself out **3.** *vti* (≈ *meinen*) to think; ***~ Sie (das)?*** do you think so?; ***ich finde (das) nicht*** I don't think so **4.** *vr* **a)** (≈ *zum Vorschein kommen*) to be found; ***das wird sich (alles) ~*** it will (all) turn up; (≈ *sich herausstellen*) it'll all come out (*umg*); **b)** (*Mensch* ≈ *zu sich finden*) to sort oneself out; **c)** (≈ *sich treffen*) (*wörtl*) to find each other; (*fig*) to meet **Finder(in)** *m(f)* finder **Finderlohn** *m* reward for the finder **findig** *Adj* resourceful

Finesse *f* (≈ *Feinheit*) refinement; (≈ *Kunstfertigkeit*) finesse; ***mit allen ~n*** with every refinement

Finger *m* finger; ***mit ~n auf jdn zeigen*** (*fig*) to look askance at sb; ***jdm eins auf die ~ geben*** to give sb a rap across the knuckles; ***(nimm/lass die) ~ weg!*** (get/keep your) hands off!; ***er hat überall seine ~ drin*** (*umg*) he has a finger in every pie (*umg*); ***die ~ von jdm/etw lassen*** (*umg*) to keep away from sb/sth; ***sich*** (*Dat*) ***an etw*** (*Dat*) ***die ~ verbrennen*** to get one's fingers burned in sth; ***jdm (scharf) auf die ~ sehen*** to keep an eye *od* a close eye on sb; ***sich*** (*Dat*) ***etw aus den ~n saugen*** to dream sth up; ***keinen ~ krumm machen*** (*umg*) not to lift a finger (*umg*); ***jdn um den kleinen ~ wickeln*** to twist sb (a)round one's little finger **Fingerabdruck** *m* fingerprint; ***genetischer ~*** genetic fingerprint **Fingerfertigkeit** *f* dexterity **Fingerfood** *n*, **Finger-Food** *n* finger food **Fingergelenk** *n* finger joint **Fingerhakeln** *n* finger-wrestling **Fingerhandschuh** *m* glove **Fingerhut** *m* **a)** HAND thimble; **b)** BOT foxglove **Fingerkuppe** *f* fingertip **fingern 1.** *vi* ***an*** *od* ***mit etw*** (*Dat*) ***~*** to fiddle with sth; ***nach etw ~*** to fumble (around) for sth **2.** *vt* (≈ *manipulieren*) to fiddle (*umg*) **Fingernagel** *m* fingernail **Fingerspitze** *f* fingertip, tip of one's finger **Fingerspitzengefühl** *n* (≈ *Einfühlungsgabe*) instinctive feel; (*im Umgang mit Menschen*) tact and sensitivity **Fingerzeig** *m* hint; ***etw als ~ Gottes/des Schicksals empfinden*** to regard sth as a sign from God/as meant

fingieren *vt* (≈ *vortäuschen*) to fake; (≈ *erdichten*) to fabricate **fingiert** *Adj* (≈ *vorgetäuscht*) bogus; (≈ *erfunden*) fictitious

Finish *n* **a)** (≈ *Endverarbeitung*) finish; **b)** (SPORT ≈ *Endspurt*) final spurt

F

finit *Adj* GRAM finite
Fink *m* finch
Finne[1] *f* (≈ *Rückenflosse*) fin
Finne[2] *m* Finn, Finnish man/boy **Finnin** *f* Finn, Finnish woman/girl **finnisch** *Adj* Finnish **Finnland** *n* Finland
Finnwal *m* finback
finster **1.** *Adj* **a)** dark; ***im Finstern*** in the dark; **b)** (≈ *dubios*) shady; **c)** (≈ *mürrisch, düster*) grim; **d)** (≈ *unheimlich*) sinister **2.** *Adv* (≈ *mürrisch*) grimly; ***es sieht ~ aus*** (*fig*) things look bleak **Finsternis** *f* **a)** darkness; **b)** ASTRON eclipse
Firewall *f* IT firewall
Firlefanz *m* (*umg*) **a)** (≈ *Kram*) frippery; **b)** (≈ *Albernheit*) clowning *od* fooling around
firm *Adj* ***in einem Fachgebiet ~ sein*** to have a sound knowledge of an area
Firma *f* company, firm; (≈ *Kleinbetrieb*) business
Firmament *n* (*lit*) heavens *Pl* (*lit*)
Firmenchef(in) *m(f)* head of the company, (company) president (*bes US*) **Firmeninhaber(in)** *m(f)* owner of the company **Firmenleitung** *f* (company) management **Firmenname** *m* company name **Firmenregister** *n* register of companies **Firmensitz** *m* company headquarters *Sg od Pl* **Firmenstempel** *m* company stamp **Firmenwagen** *m* company car **Firmenzeichen** *n* trademark **firmieren** *vi* ***als*** *od* ***mit ... ~*** (HANDEL, *fig*) to trade under the name of ...
Firmung *f* REL confirmation
Firn *m* névé, firn
Firnis *m* (≈ *Ölfirnis*) oil; (≈ *Lackfirnis*) varnish
First *m* (≈ *Dachfirst*) (roof) ridge
Fis *n*, **fis** *n* MUS F sharp
Fisch *m* **a)** fish; ***~e/drei ~e fangen*** to catch fish/three fish(es); ***ein großer*** *od* ***dicker ~*** (*fig umg*) a big fish; ***ein kleiner ~*** one of the small fry; ***weder ~ noch Fleisch*** neither fish nor fowl; **b)** ASTROL Pisces; ***ein ~ sein*** to be Pisces *od* a Piscean **fischarm** *Adj Gewässer* low in fish **Fischbecken** *n* fishpond **Fischbestand** *m* fish population **fischen** *vti* to fish; (***auf***) ***Heringe ~*** to fish for herring **Fischer(in)** *m(f)* fisherman/-woman **Fischerboot** *n* fishing boat **Fischerdorf** *n* fishing village **Fischerei** *f* **a)** (≈ *das Fangen*) fishing; **b)** (≈ *Fischereigewerbe*) fishing industry **Fischereigrenze** *f* fishing limit **Fischereihafen** *m* fishing port **Fischernetz** *n* fishing net **Fischfang** *m* ***vom ~ leben*** to live by fishing **Fischfarm** *f* fish farm **Fischfilet** *n* fish fillet **Fischfrikadelle** *f* fishcake **Fischfutter** *n* fish food **Fischgeschäft** *n* fishmonger's (shop) (*Brit*), fish shop (*Brit*) *od* dealer (*US*) **Fischgräte** *f* fish bone **Fischgrätenmuster** *n* herringbone (pattern) **Fischhändler(in)** *m(f)* fishmonger (*Brit*), fish dealer (*US*) **Fischkutter** *m* fishing cutter **Fischmarkt** *m* fish market **Fischmehl** *n* fish meal **Fischotter** *m* otter **fischreich** *Adj Gewässer* rich in fish **Fischstäbchen** *n* fish finger (*Brit*), fish stick (*US*) **Fischsterben** *n* death of fish **Fischsuppe** *f* KOCH fish soup **Fischwirtschaft** *f* fishing industry **Fischzucht** *f* fish-farming
fiskalisch *Adj* fiscal **Fiskus** *m* (*fig* ≈ *Staat*) Treasury
Fisolen *Pl* (*österr*) green beans *Pl*
Fistelstimme *f* falsetto (voice)
fit *Adj* fit; ***sich ~ halten/machen*** to keep/get fit **Fitness** *f* physical fitness **Fitnesscenter** *n* fitness centre (*Brit*) *od* center (*US*) **Fitnesslehrer(in)** *m(f)*, **Fitnesstrainer(in)** *m(f)* fitness instructor
Fittich *m* ***jdn unter seine ~e nehmen*** (*hum*) to take sb under one's wing (*fig*)
fix **1.** *Adj* **a)** (*umg*) (≈ *flink*) quick; (≈ *intelligent*) bright, smart; **b)** (*umg*) ***~ und fertig sein*** (≈ *nervös*) to be at the end of one's tether (*Brit*) *od* rope (*US*); (≈ *erschöpft*) to be done in (*umg*), to be all in (*umg*); (*emotional*) to be shattered; **c)** (≈ *feststehend*) fixed; ***~e Idee*** obsession, idée fixe **2.** *Adv* (*umg* ≈ *schnell*) quickly; ***das geht ganz ~*** that won't take long at all
fixen *vi* (*umg* ≈ *Drogen spritzen*) to fix (*umg*), to shoot (up) (*umg*) **Fixer(in)** *m(f)* (*umg*) junkie (*umg*) **Fixerstube** *f* (*umg*) junkies' centre (*Brit*) *od* center (*US, umg*)
fixieren *vt* **a)** (≈ *anstarren*) ***jdn/etw*** (***mit seinen Augen***) ***~*** to fix one's eyes on sb/sth; **b)** (≈ *festlegen*) to specify, to define; *Gehälter etc* to set (*auf +Akk* for); (≈ *schriftlich niederlegen*) to re-

cord; ***er ist zu stark auf seine Mutter fixiert*** PSYCH he has a mother fixation **Fixierung** *f* PSYCH fixation

Fixing *n* FINANZ fixing **Fixkosten** *Pl* fixed costs *Pl*

Fixpunkt *m* fixed point

Fixstern *m* fixed star

Fjord *m* fiord

FKK *Abk von* ***Freikörperkultur***; ***~-Anhänger(in) sein*** to be a nudist *od* naturist **FKK-Strand** *m* nudist beach

flach 1. *Adj* **a)** flat; *Abhang* gentle; ***auf dem ~en Land*** in the middle of the country; **b)** (≈ *untief, oberflächlich*) shallow **2.** *Adv* ***~ atmen*** to take shallow breaths; ***sich ~ hinlegen*** to lie down **Flachbau** *m* low building **Flachbildschirm** *m* TV flat screen **flachbrüstig** *Adj* flat-chested **Flachdach** *n* flat roof

Fläche *f* area; (≈ *Oberfläche*) surface **Flächenbrand** *m* extensive fire **flächendeckend** *Adj* extensive **Flächeninhalt** *m* area **Flächenmaß** *n* unit of square measure

flachfallen *vi* (*umg*) not to come off; (*Regelung*) to end **Flachheit** *f* flatness; (≈ *Oberflächlichkeit*) shallowness **Flachland** *n* lowland; (≈ *Tiefland*) plains *Pl* **Flachmann** *m* (*umg*) hip flask

Flachs *m* **a)** BOT, TEX flax; **b)** (*umg* ≈ *Witzelei*) kidding (*umg*); (≈ *Bemerkung*) joke **flachsen** *vi* (*umg*) to kid around (*umg*)

flackern *vi* to flicker

Fladen *m* **a)** KOCH round flat dough-cake; **b)** (*umg* ≈ *Kuhfladen*) cowpat (*Brit*), cow dung **Fladenbrot** *n* unleavened bread

Flädlisuppe *f* (*schweiz*) pancake soup

Flagge *f* flag **flaggen** *vi* to fly flags/a flag **Flaggschiff** *n* flagship

Flair *n od* (*selten*) *m* (*geh*) aura; (*bes schweiz* ≈ *Gespür*) flair

Flak *f* **a)** anti-aircraft gun; **b)** (≈ *Einheit*) anti-aircraft unit

Flakon *n od m* bottle, flacon

flambieren *vt* KOCH to flambé

Flamingo *m* flamingo

flämisch *Adj* Flemish

Flamme *f* flame; ***in ~n aufgehen*** to go up in flames; ***in (hellen) ~n stehen*** to be ablaze; ***etw auf kleiner ~ kochen*** to cook sth on a low flame **Flammenmeer** *n* sea of flames **Flammenwerfer** *m* flame-thrower

Flanell *m* flannel

Flanke *f* **a)** flank; (*von Bus etc*) side; **b)** (SPORT) (TURNEN) flank-vault; FUSSB cross **flanken** *vi* FUSSB to centre (*Brit*), to center (*US*) **flankieren** *vt* to flank; ***~de Maßnahmen*** supporting measures

Flansch *m* flange

flapsig *Adj* (*umg*) *Benehmen* cheeky (*Brit*), fresh (*US*); *Bemerkung* offhand

Fläschchen *n* bottle **Flasche** *f* **a)** bottle; ***mit der ~ aufziehen*** to bottle-feed; ***eine ~ Wein/Bier*** *etc* a bottle of wine/beer *etc*; ***aus der ~ trinken*** to drink (straight) out of *od* from the bottle; **b)** (*umg* ≈ *Versager*) complete loser (*umg*) **Flaschenbier** *n* bottled beer **flaschengrün** *Adj* bottle-green **Flaschenhals** *m* neck of a bottle; (*fig*) bottleneck **Flaschenkind** *n* bottle-fed baby **Flaschenöffner** *m* bottle opener **Flaschenpfand** *n* deposit on bottles **Flaschenpost** *f* message in a/the bottle **Flaschenwein** *m* bottled wine **Flaschenzug** *m* block and tackle

flatterhaft *Adj* fickle **flattern** *vi* to flutter; (*Fahne, Segel*) to flap; (*Haar*) to stream

flau *Adj* **a)** *Wind* slack; **b)** *Geschmack* insipid; *Stimmung* flat; **c)** (≈ *übel*) queasy; (*vor Hunger*) faint; ***mir ist ~ (im Magen)*** I feel queasy; **d)** HANDEL *Markt* slack

Flaum *m* (≈ *Flaumfedern, auf Obst*) down

flauschig *Adj* fleecy; (≈ *weich*) soft

Flausen *Pl* (*umg*) (≈ *Unsinn*) nonsense; (≈ *Illusionen*) fancy ideas *Pl* (*umg*)

Flaute *f* **a)** METEO calm; **b)** (*fig*) (HANDEL) lull, slack period

Flechte *f* BOT, MED lichen

flechten *vt Haar* to plait (*Brit*), to braid (*bes US*); *Kranz, Korb* to weave; *Seil* to make

Fleck *m* **a)** (≈ *Schmutzfleck*) stain; **b)** (≈ *Farbfleck*) splotch; (*auf Obst*) blemish; **c)** (≈ *Stelle*) spot, place; ***sich nicht vom ~ rühren*** not to move *od* budge (*umg*); ***nicht vom ~ kommen*** not to get any further; ***vom ~ weg*** right away **Fleckchen** *n* ***ein schönes***

~ (***Erde***) a lovely little spot **fleckenlos** *Adj* spotless **Fleckentferner** *m* stain-remover **fleckig** *Adj* marked; *Obst* blemished
Fledermaus *f* bat
Flegel *m* **a)** (≈ *Lümmel*) lout, yob (*Brit umg*); (≈ *Kind*) brat (*umg*); **b)** (≈ *Dreschflegel*) flail **Flegelalter** *n* awkward adolescent phase **flegelhaft** *Adj* uncouth **flegeln** *vr* to loll, to sprawl
flehen *vi* (*geh*) to plead (*um* for, *zu* with) **flehentlich** **1.** *Adj* imploring, pleading **2.** *Adv* imploringly, pleadingly; ***jdn ~ bitten*** to plead with sb
Fleisch *n* **a)** (≈ *Gewebe*) flesh; ***sich*** (*Dat od Akk*) ***ins eigene ~ schneiden*** to cut off one's nose to spite one's face; ***sein eigen ~ und Blut*** (*geh*) his own flesh and blood; ***jdm in ~ und Blut übergehen*** to become second nature to sb; **b)** (≈ *Nahrungsmittel*) meat; (≈ *Fruchtfleisch*) flesh; ***~ fressend*** = ***fleischfressend***; ***~ verarbeitend*** meat-processing **Fleischbrühe** *f* (≈ *Gericht*) bouillon; (≈ *Fond*) meat stock **Fleischer(in)** *m(f)* butcher **Fleischerei** *f* butcher's (shop) (*Brit*), butcher (shop) (*US*) **fleischfarben** flesh-coloured (*Brit*), flesh-colored (*US*) **fleischfressend** *Adj* carnivorous; ***Fleisch fressende Tiere*** carnivores, carnivorous animals **Fleischhauer(in)** *m(f)* (*österr*) butcher **Fleischhauerei** *f* (*österr*) = ***Fleischerei*** **fleischig** *Adj* fleshy **Fleischkäse** *m* meat loaf **Fleischkloß** *m* meatball **Fleischküchle** *n* (*südd*), **Fleischlaiberl** *n* (*österr*) (≈ *Frikadelle*) meatball **fleischlich** *Adj Speisen*, *Kost* meat **fleischlos** **1.** *Adj* (≈ *ohne Fleisch*) meatless; *Kost*, *Ernährung* vegetarian **2.** *Adv* ***~ essen*** to eat no meat **Fleischpflanzerl** *n* (*südd* ≈ *Frikadelle*) meatball **Fleischsalat** *m* diced meat salad with mayonnaise **Fleischtomate** *f* beef tomato **Fleischvergiftung** *f* food poisoning (*from meat*) **Fleischwolf** *m* mincer (*Brit*), meat grinder (*bes US*); ***jdn durch den ~ drehen*** (*umg*) to put sb through the mill **Fleischwunde** *f* flesh wound **Fleischwurst** *f* pork sausage
Fleiß *m* diligence; (≈ *Beharrlichkeit*) application; (*als Charaktereigenschaft*) industriousness; ***mit ~ kann es jeder zu etwas bringen*** anybody can succeed if they work hard; ***mit ~ bei der Sache sein*** to work hard; ***ohne ~ kein Preis*** (*Sprichw*) no pain, no gain **fleißig** **1.** *Adj* **a)** (≈ *arbeitsam*) hard-working *kein Adv*, industrious; **b)** (≈ *Fleiß zeigend*) diligent, painstaking **2.** *Adv* ***~ studieren/arbeiten*** to study/work hard

Fleisch: meat oder flesh?	
das zum Verzehr bestimmte Fleisch	**meat**
(menschliches) Fleisch	**flesh**
Ich esse kein Fleisch. Ich bin Vegetarier.	**I don't eat meat. I'm a vegetarian.**
Fleischwunde	**flesh wound**
Der Geist ist willig, aber das Fleisch ist schwach.	**The spirit is willing but the flesh is weak.**

flektieren *vt* to inflect (*förml*); *Substantiv*, *Adjektiv* to decline; *Verb* to conjugate
flennen *vi* (*pej umg*) to blub(ber) (*umg*)
fletschen *vt* ***die Zähne ~*** to bare one's teeth
flexibel **1.** *Adj* flexible **2.** *Adv* flexibly **Flexibilität** *f* flexibility
Flexion *f* GRAM inflection
flicken *vt* to mend; (*mit Flicken*) to patch **Flicken** *m* patch **Flickenteppich** *m* rag rug **Flickwerk** *n* ***die Reform war reinstes ~*** the reform had been carried out piecemeal **Flickzeug** *n* HAND sewing kit; (*für Reifen*) (puncture) repair kit
Flieder *m* lilac
Fliege *f* **a)** fly; ***wie die ~n*** like flies; ***er tut keiner ~ etwas zuleide*** (*fig*) he wouldn't hurt a fly; ***zwei ~n mit einer Klappe schlagen*** (*Sprichw*) to kill two birds with one stone (*Sprichw*); ***die ~ machen*** (*sl*) to beat it (*umg*); **b)** (≈ *Schlips*) bow tie **fliegen** **1.** *vi* **a)** to fly; ***die Zeit fliegt*** time flies;

auf jdn/etw ~ (*umg*) to be crazy about sb/sth (*umg*); **b)** (*umg*) ***von der Leiter ~*** to fall off the ladder; ***durchs Examen ~*** to fail *od* flunk (*umg*) one's exam; ***aus der Firma ~*** to get the sack (*umg*); ***von der Schule ~*** to be chucked out of school (*umg*); **c)** ***geflogen kommen*** to come flying; ***in den Papierkorb ~*** to go into the wastepaper basket **2.** *vt* to fly **fliegend** *Adj* flying; ***~er Händler*** travelling (*Brit*) *od* traveling (*US*) hawker; ***~er Teppich*** flying carpet; ***~e Hitze*** hot flushes *Pl* (*Brit*) *od* flashes *Pl* (*US*) **Fliegenfänger** *m* (≈ *Klebestreifen*) flypaper **Fliegengewicht** *n* flyweight **Fliegengitter** *n* fly screen **Fliegenklatsche** *f* fly swat **Fliegenpilz** *m* fly agaric **Flieger** *m* **a)** (≈ *Pilot*) airman; (MIL: *Rang*) aircraftman (*Brit*), airman basic (*US*); **b)** (*umg* ≈ *Flugzeug*) plane **Fliegeralarm** *m* MIL air-raid warning **Fliegerangriff** *m* MIL air raid **Fliegerin** *f* (≈ *Pilotin*) airwoman **Fliegerjacke** *f* bomber jacket

fliehen *vi* to flee (*vor +Dat* from); (≈ *entkommen*) to escape (*aus* from); ***vor jdm ~*** to flee from sb; ***aus dem Lande ~*** to flee the country

fliehend *Adj Kinn* receding; *Stirn* sloping

Fliese *f* tile; ***~n legen*** to lay tiles **Fliesenleger(in)** *m(f)* tiler

Fließband *n* conveyor belt; (*als Einrichtung*) assembly *od* production line; ***am ~ arbeiten*** to work on the assembly *od* production line **fließen** *vi* to flow; (*Tränen*) to run; ***es ist genug Blut geflossen*** enough blood has been shed **fließend** **1.** *Adj* flowing; *Leitungswasser* running; *Verkehr* moving; *Rede, Sprache* fluent; *Grenze, Übergang* fluid **2.** *Adv sprechen* fluently **Fließheck** *n* fastback

flimmerfrei *Adj* OPT, FOTO flicker-free **flimmern** *vi* to shimmer; FILM, TV to flicker

flink **1.** *Adj* (≈ *geschickt*) nimble; (≈ *schnell*) quick **2.** *Adv arbeiten* quickly; *springen* nimbly; ***ein bisschen ~!*** (*umg*) get a move on! (*umg*)

Flinte *f* (≈ *Schrotflinte*) shotgun; ***die ~ ins Korn werfen*** (*fig*) to throw in the towel

Flipchart

Flip-Chart *f* flip chart

Flipper *m* pinball machine **flippern** *vi* to play pinball

Flirt *m* (≈ *Flirten*) flirtation **flirten** *vi* to flirt

Flittchen *n* (*pej umg*) slut

Flitterwochen *Pl* honeymoon *Sg*; ***in die ~ fahren/in den ~ sein*** to go/be on one's honeymoon

flitzen *vi* (*umg*) **a)** (≈ *sich schnell bewegen*) to dash; **b)** (≈ *nackt rennen*) to streak; **(*das*) *Flitzen*** streaking

floaten *vti* FINANZ to float; ***~ (lassen)*** to float

Flocke *f* flake; (≈ *Schaumflocke*) blob (of foam); (≈ *Staubflocke*) ball (of fluff) **flockig** *Adj* (*wörtl*) fluffy; (*fig*) lively

Floh *m* ZOO flea; ***jdm einen ~ ins Ohr setzen*** (*umg*) to put an idea into sb's head; ***die Flöhe husten hören*** (*umg*) to imagine things **Flohmarkt** *m* flea market **Flohzirkus** *m* flea circus

Flop *m* flop (*umg*)

Flora *f* flora

Florenz *n* Florence

Florett *n* (≈ *Waffe*) foil

florieren *vi* to flourish **Florist(in)** *m(f)* florist

Floskel *f* set phrase **floskelhaft** *Adj Stil, Rede* cliché-ridden; *Ausdrucksweise* stereotyped

Floß *n* raft

Flosse *f* **a)** (≈ *Fischflosse*) fin; (≈ *Walflosse, Robbenflosse, Taucherflosse*) flipper; **b)** (FLUG, SEEF ≈ *Leitwerk*) fin

Floßfahrt *f* raft trip

Flöte *f* **a)** pipe; (≈ *Querflöte, Orgelflöte*) flute; (≈ *Blockflöte*) recorder; **b)** (≈ *Kelchglas*) flute glass **flöten** **1.** *vi* MUS to play the flute; (≈ *Blockflöte spielen*) to play the recorder **2.** *vti* (*Vogel, fig, umg*) to warble **flöten gehen** *vi* (*umg*) to go to the dogs (*umg*) **Flötenkessel** *m* whistling kettle **Flötist(in)** *m(f)* piper; (*von Querflöte*) flautist

flott **1.** *Adj* **a)** (≈ *zügig*) *Fahrt* quick; *Tempo* brisk; *Bedienung* speedy (*umg*); (≈ *schwungvoll*) *Musik* lively; **b)** (≈ *chic*) smart; **c)** ***wieder ~ sein*** (*Schiff*) to be afloat again; (*Mensch: finanziell*) to be in funds again; (*Unternehmen*) to be back on its feet **2.** *Adv* **a)** (≈ *zügig*) quickly, speedily;

ich komme ~ voran I'm making speedy progress; **b)** (≈ *chic*) stylishly
Flotte *f* SEEF, FLUG fleet **Flottenstützpunkt** *m* naval base
Flöz *n* BERGB seam
Fluch *m* curse **fluchen** *vi* to curse (and swear); ***auf*** *od* ***über jdn/etw ~*** to curse sb/sth
Flucht *f* **a)** flight (*vor +Dat* from); ***die ~ ergreifen*** to take flight; ***auf der ~ sein*** to be fleeing; (*Gesetzesbrecher*) to be on the run; ***jdm zur ~ verhelfen*** to help sb to escape; **b)** (≈ *Häuserflucht*) row; (≈ *Fluchtlinie*) alignment **fluchtartig** **1.** *Adj* hasty, hurried **2.** *Adv* hastily, hurriedly **Fluchtauto** *n* escape car; (*von Gesetzesbrecher*) getaway car **flüchten** *vi* (≈ *davonlaufen*) to flee (*vor +Dat* from); ***vor der Wirklichkeit ~*** to escape reality; ***sich in (den) Alkohol ~*** to take refuge in alcohol; ***sich in Ausreden ~*** to resort to excuses **Fluchtfahrzeug** *n* escape vehicle; (*von Gesetzesbrecher*) getaway vehicle **Fluchtgefahr** *f* risk of escape, risk of an escape attempt **Fluchthelfer(in)** *m(f)* escape helper **flüchtig** **1.** *Adj* **a)** (≈ *geflüchtet*) fugitive; ***~ sein*** to be still at large; **b)** (≈ *kurz*) fleeting, brief; *Gruß* brief; **c)** (≈ *oberflächlich*) cursory, sketchy **2.** *Adv* **a)** (≈ *kurz*) fleetingly, briefly; ***~ erwähnen*** to mention in passing; **b)** (≈ *oberflächlich*) cursorily, superficially; ***etw ~ lesen*** to skim through sth; ***jdn ~ kennen*** to have met sb briefly **Flüchtigkeitsfehler** *m* careless mistake **Flüchtling** *m* refugee **Flüchtlingslager** *n* refugee camp **Fluchtversuch** *m* escape attempt *od* bid **Fluchtweg** *m* escape route
Flug *m* flight; ***im ~(e)*** in the air; ***wie im ~(e)*** (*fig*) in a flash **Flugabwehr** *f* air defence (*Brit*) *od* defense (*US*) **Flugabwehrrakete** *f* anti-aircraft missile **Flugangst** *f* fear of flying **Flugbahn** *f* flight path; (≈ *Kreisbahn*) orbit **Flugbegleiter(in)** *m(f)* flight attendant **flugbereit** *Adj* ready for takeoff **Flugblatt** *n* leaflet **Flugdatenschreiber** *m* flight recorder **Flugdauer** *f* flying time
Flügel *m* **a)** wing; (*von Hubschrauber, Ventilator*) blade; (≈ *Fensterflügel*) casement (*förml*), side; (≈ *Lungenflügel*) lung; (≈ *Nasenflügel*) nostril; ***einem Vogel/jdm die ~ stutzen*** to clip a bird's/sb's wings; **b)** (≈ *Konzertflügel*) grand piano, grand (*umg*) **Flügelhorn** *n* MUS flugelhorn **Flügelkampf** *m* POL factional dispute **Flügelspanne** *f* wing span **Flügelstürmer** *m* SPORT wing forward **Flügeltür** *f* leaved door (*förml*); (*mit zwei Flügeln*) double door
Flugente *f* KOCH muscovy duck **Fluggast** *m* (airline) passenger
flügge *Adj* fully-fledged; ***~ werden*** (*wörtl*) to be able to fly; (*fig*) to leave the nest
Fluggepäck *n* baggage **Fluggesellschaft** *f* airline (company) **Flughafen** *m* airport; ***auf dem ~*** at the airport **Flughafenbus** *m* airport bus **Flughafensteuer** *f* airport tax **Flughöhe** *f* FLUG altitude **Flugkapitän(in)** *m(f)* captain (of an/the aircraft) **Flugkörper** *m* flying object **Fluglärm** *m* aircraft noise **Fluglehrer(in)** *m(f)* flying instructor **Fluglinie** *f* (≈ *Fluggesellschaft*) airline (company) **Fluglotse** *m*, **Fluglotsin** *f* air-traffic *od* flight controller **Flugmeile** *f* air mile **Flugnummer** *f* flight number **Flugobjekt** *n* ***ein unbekanntes ~*** an unidentified flying object **Flugpersonal** *n* flight personnel *Pl* **Flugplan** *m* flight schedule **Flugplatz** *m* airfield; (*größer*) airport **Flugpreis** *m* air fare **Flugreise** *f* flight **Flugrettungsdienst** *m* air rescue service **Flugroute** *f* air route **Flugschein** *m* **a)** pilot's licence (*Brit*) *od* license (*US*); **b)** (≈ *Flugticket*) plane *od* air ticket **Flugschreiber** *m* flight recorder **Flugschrift** *f* pamphlet **Flugschüler(in)** *m(f)* trainee pilot **Flugsicherheit** *f* air safety **Flugsicherung** *f* air traffic control **Flugsimulator** *m* flight simulator **Flugsteig** *m* gate **Flugstunde** *f* **a)** flying hour; ***zehn ~n entfernt*** ten hours away by air; **b)** (≈ *Unterricht*) flying lesson **flugtauglich** *Adj Pilot* fit to fly; *Flugzeug* airworthy **Flugticket** *n* plane ticket **flugtüchtig** *Adj* airworthy **fluguntauglich** *Adj Pilot* unfit to fly; *Flugzeug* not airworthy **Fluguntererbrechung** *f* stop **fluguntüchtig** *Adj* not airworthy **Flugverbindung** *f* air connection **Flugverbot** *n* flying ban **Flug-**

verkehr *m* air traffic **Flugzeit** *f* flying time **Flugzeug** *n* aircraft, (aero)plane (*Brit*), (air)plane (*US*); ***mit dem ~*** by air *od* plane **Flugzeugabsturz** *m* plane crash **Flugzeugbesatzung** *f* air crew, plane crew **Flugzeugentführer(in)** *m(f)* (aircraft) hijacker, skyjacker **Flugzeugentführung** *f* (aircraft) hijacking, skyjacking **Flugzeughalle** *f* (aircraft) hangar **Flugzeugträger** *m* aircraft carrier **Flugzeugunglück** *n* plane crash **Flugziel** *n* destination

Fluidum *n* (*fig*) aura; (*von Städten, Orten*) atmosphere

Fluktuation *f* fluctuation (*+Gen* in) **fluktuieren** *vi* to fluctuate

Flunder *f* flounder

flunkern (*umg*) **1.** *vi* to tell stories **2.** *vt* to make up

Fluor *n* fluorine; (≈ *Fluorverbindung*) fluoride **Fluorchlorkohlenwasserstoff** *m* chlorofluorocarbon **fluoreszieren** *vi* to be luminous

Flur *m* corridor; (≈ *Hausflur*) hall **Flurschaden** *m damage to an agricultural area*; (*fig*) damage

Fluse *f* bit of fluff; (≈ *Wollfluse*) bobble

Fluss *m* **a)** (≈ *Gewässer*) river; ***am ~*** by the river; **b)** (≈ *Verlauf*) flow; ***etw kommt in ~*** sth gets underway; ***im ~ sein*** (≈ *sich verändern*) to be in a state of flux **flussab(wärts)** *Adv* downstream, downriver **flussaufwärts** *Adv* upstream, upriver **Flussbett** *n* riverbed **Flüsschen** *n* little river **Flussdiagramm** *n* flow chart *od* diagram **flüssig** **1.** *Adj* **a)** (≈ *nicht fest*) liquid; *Honig, Lack* runny; (≈ *geschmolzen*) *Metall* molten; **b)** (≈ *fließend*) *Stil, Spiel* fluid; **c)** (≈ *verfügbar*) *Geld* available; ***ich bin im Moment nicht ~*** (*umg*) I'm out of funds at the moment **2.** *Adv* **a)** ***~ ernährt werden*** to be fed on liquids; **b)** (≈ *fließend*) fluently; ***~ lesen/schreiben*** to read/write fluently **Flüssiggas** *n* liquid gas **Flüssigkeit** *f* **a)** (≈ *flüssiger Stoff*) liquid; **b)** (*von Metall etc*) liquidity; (*von Geldern*) availability; (*von Stil*) fluidity **Flüssigkristall** *m* liquid crystal **Flüssigkristallanzeige** *f* liquid-crystal display **Flüssigseife** *f* liquid soap **Flusskrebs** *m* crayfish (*Brit*), crawfish (*US*) **Flusslauf** *m* course of a/the river **Flussmündung** *f* river mouth; (*von Gezeitenfluss*) estuary **Flusspferd** *n* hippopotamus

Flüsse

Manche Flussnamen lauten auf Englisch ganz anders als im Deutschen. Andere haben eine etwas andere Schreibweise bzw. Aussprache. Hier einige Beispiele:

Amazonas	**Amazon** ['æməzn]
Donau	**Danube** ['dænju:b]
Etsch	**Adige** ['ɑ:dɪdʒeɪ]
Euphrat	**Euphrates** [ju:'freɪti:z]
Ganges	**Ganges** ['gændʒi:z]
Mosel	**Moselle** [məʊ'zel]
Nil	**Nile** [naɪl]
Rhein	**Rhine** [raɪn]
Themse	**Thames** [temz]
Weichsel	**Vistula** ['vɪstjʊlə]
Wolga	**Volga** ['vɒlgə]

flüstern *vti* to whisper **Flüsterpropaganda** *f* underground rumours (*Brit*) *od* rumors (*US*) *Pl*

Flut *f* **a)** (≈ *ansteigender Wasserstand*) incoming *od* flood tide; (≈ *angestiegener Wasserstand*) high tide; ***die ~ geht zurück*** the tide has turned *od* started to go out; **b)** (≈ *Wassermasse*) waters *Pl*; **c)** (*fig* ≈ *Menge*) flood **Flutkatastrophe** *f* flood disaster **Flutlicht** *n* floodlight **Flutwelle** *f* tidal wave

Föderalismus *m* federalism **föderalistisch** *Adj* federalist **Föderation** *f* federation **föderativ** *Adj* federal

Fohlen *n* foal

Föhn *m* **a)** (≈ *Wind*) foehn, föhn; **b)** (≈ *Haartrockner*) hairdryer **föhnen** *vt* to dry

Föhre *f* Scots pine (tree)

Folge *f* **a)** (≈ *Reihenfolge*) order; (≈ *Aufeinanderfolge*) succession; MATHE sequence; (≈ *Fortsetzung*) instalment (*Brit*), installment (*US*); TV, RADIO episode; (≈ *Serie*) series; **b)** (≈ *Ergebnis*) consequence; (≈ *unmittelbare Folge*) result; (≈ *Auswirkung*) effect; ***als ~ davon*** as a result (of that); ***dies hatte zur ~, dass ...*** the consequence *od* result of this was that ...; ***an den ~n eines Unfalls sterben*** to die as a result of an accident; **c)** (*förml*) ***einem Befehl ~ leisten*** to comply with an order **Folgeerscheinung** *f* result, consequence **Folgekosten** *Pl* subsequent costs *Pl* **folgen** *vi* to follow; ***auf etw*** (*Akk*) ***~*** to follow sth, to come after sth; ***~ Sie mir*** (***bitte***)***!*** come with me please; ***wie folgt*** as follows; ***können Sie mir ~?*** (≈ *verstehen*) do you follow (me)?; ***was folgt daraus für die Zukunft?*** what are the consequences of this for the future? **folgend** *Adj* following; ***Folgendes*** the following; ***im Folgenden*** in the following; ***es handelt sich um Folgendes*** it's like this; (*schriftlich*) it concerns the following **folgendermaßen** *Adv* like this **folgenlos** *Adj* without consequences; (≈ *wirkungslos*) ineffective **folgenreich** *Adj* (≈ *bedeutsam*) momentous; (≈ *folgenschwer*) serious **folgenschwer** *Adj* serious **folgerichtig** *Adj* (logically) consistent **folgern** *vt* to conclude **Folgerung** *f* conclusion **Folgeschaden** *m* consequential damages **Folgezeit** *f* following period, period following **folglich** *Adv*, *Konj* consequently, therefore **folgsam** *Adj* obedient

Folie *f* (≈ *Plastikfolie*) film; (*für Projektor*) transparency; (≈ *Metallfolie*, KOCH) foil **Folienkartoffel** *f* KOCH jacket (*Brit*) *od* baked potato (*baked in foil*) **Folienschreiber** *m* marker pen (*for overhead projector transparencies*)

Folklore *f* folklore; (≈ *Volksmusik*) folk music **folkloristisch** *Adj* folkloric; ***~e Musik*** folk music

Folsäure *f* CHEM folic acid

Folter *f* torture; ***jdn auf die ~ spannen*** (*fig*) to keep sb on tenterhooks **Folterbank** *f* rack **Folterer** *m*, **Folterin** *f* torturer **Folterinstrument** *n* instrument of torture **Folterkammer** *f* torture chamber **foltern** **1.** *vt* to torture **2.** *vi* to use torture **Folterung** *f* torture **Folterwerkzeug** *n* instrument of torture

Fon *n* phon

Fön® *m* hairdryer

Fond *m* **a)** (*geh* ≈ *Wagenfond*) back, rear; **b)** (KOCH ≈ *Fleischsaft*) meat juices *Pl*

Fonds *m* **a)** (≈ *Geldreserve*) fund; **b)** (FINANZ ≈ *Schuldverschreibung*) government bond

Fondue *n* fondue

fönen *vt* → ***föhnen***

Fono- = ***Phono-***

Fontäne *f* jet; (*geh* ≈ *Springbrunnen*) fountain

foppen *vt* (*umg*) ***jdn ~*** to pull sb's leg (*umg*)

forcieren *vt* to push; *Tempo* to force; *Produktion* to push *od* force up **forciert** *Adj* forced

Förderband *n* conveyor belt **Förderer** *m*, **Förderin** *f* sponsor; (≈ *Gönner*) patron **Förderkorb** *m* mine cage **Förderkurs** *m* SCHULE special classes *Pl* **förderlich** *Adj* beneficial (*+Dat* to) **Fördermittel** *Pl* aid *Sg*

fordern *vt* **a)** (≈ *verlangen*) to demand; **b)** (*fig* ≈ *kosten*) *Opfer* to claim; **c)** (≈ *herausfordern*) to challenge

fördern *vt* **a)** (≈ *unterstützen*) to support; (≈ *propagieren*) to promote; (*finanziell*) *Projekt* to sponsor; *jds Talent* to encourage, to foster; *Verdauung* to aid; *Appetit* to stimulate; **b)** (≈ *steigern*) *Wachstum* to promote; *Umsatz* to boost, to increase; **c)** *Bodenschätze* to extract; *Kohle*, *Erz* to mine **Förderturm** *m* BERGB winding tower; (*auf Bohrstelle*) derrick

Forderung *f* **a)** (≈ *Verlangen*) demand (*nach* for); ***~en an jdn stellen*** to make demands on sb; **b)** (HANDEL ≈ *Anspruch*) claim (*an +Akk*, *gegen* on, against); **c)** (≈ *Herausforderung*) challenge

Förderung *f* **a)** (≈ *Unterstützung*) support; (*finanziell*) sponsorship; (*von Talent*) encouragement, fostering; (*von Verdauung*) aid (*Gen* to); **b)** (*umg* ≈ *Förderungsbetrag*) grant; **c)** (≈ *Gewinnung*) extraction

Forelle *f* trout

forensisch *Adj* forensic

Form *f* **a)** form; (≈ *Gestalt*, *Umriss*) shape; ***in ~ eines Dreiecks*** in the shape of a triangle; ***aus der ~ geraten*** to lose its shape; ***feste ~ annehmen***

(*fig*) to take shape; **b)** **Formen** *Pl* (≈ *Umgangsformen*) manners *Pl*; ***die ~ wahren*** to observe the proprieties; ***in aller ~*** formally; **c)** (≈ *Kondition*) form; ***in ~ bleiben*** to keep (oneself) fit *od* in condition; (*Sportler*) to keep in form; **d)** (≈ *Gießform*) mould (*Brit*), mold (*US*); (≈ *Kuchenform, Backform*) baking tin (*Brit*) *od* pan (*US*) **formal** **1.** *Adj* formal **2.** *Adv* formally

Formaldehyd *m* formaldehyde

Formalie *f* formality **formalistisch** *Adj* formalistic **Formalität** *f* formality

Format *n* **a)** size; (*von Zeitung, Buch*) format; ***im ~ DIN A4*** in A4 (format); **b)** (≈ *Rang*) stature; **c)** (*fig* ≈ *Niveau*) class (*umg*), quality **formatieren** *vti* IT to format **Formatierung** *f* IT formatting **Formation** *f* formation; (≈ *Gruppe*) group **Formatvorlage** *f* IT style (sheet)

Formblatt *n* form

Formel *f* formula; (*von Eid etc*) wording; (≈ *Floskel*) set phrase **Formel-1-Rennen** *n* Formula-1 race

formell **1.** *Adj* formal **2.** *Adv* (≈ *offiziell*) formally, officially

formen *vt* to form, to shape; *Eisen* to mould (*Brit*), to mold (*US*) **Formfehler** *m* irregularity **formgerecht** *Adj* correct, proper **formieren** *vr* to form up **förmlich** **1.** *Adj* **a)** (≈ *formell*) formal; **b)** (≈ *regelrecht*) positive **2.** *Adv* **a)** (≈ *formell*) formally; **b)** (≈ *regelrecht*) positively **Förmlichkeit** *f* **a)** (*von Benehmen*) formality; **b)** (≈ *Äußerlichkeit*) social convention **formlos** *Adj* **a)** (≈ *ohne Form*) shapeless; **b)** (≈ *zwanglos*) informal, casual; **c)** VERW *Antrag* unaccompanied by a form/any forms **Formsache** *f* matter of form **formschön** *Adj* elegant, elegantly proportioned **Formschwäche** *f* poor form; ***~n zeigen*** to be on poor form **Formtief** *n* loss of form; ***sich in einem ~ befinden*** to be badly off form

Formular *n* form **formulieren** *vt* to phrase, to formulate **Formulierung** *f* wording, formulation

Formung *f* (≈ *Formen*) forming, shaping; (*von Eisen*) moulding (*Brit*), molding (*US*) **formvollendet** *Adj* perfect; *Gedicht* perfectly structured

forsch **1.** *Adj* brash **2.** *Adv* brashly

forschen *vi* **a)** (≈ *suchen*) to search (*nach* for); **b)** (≈ *Forschung betreiben*) to research; ***über etw*** (*Akk*) **~** to research into sth **forschend** **1.** *Adj Blick* searching **2.** *Adv* searchingly; ***jdn ~ ansehen*** to give sb a searching look

Forscher(in) *m(f)* **a)** researcher; (*in Naturwissenschaften*) research scientist; **b)** (≈ *Forschungsreisender*) explorer

F

Forschheit *f* brashness

Forschung *f* research *kein Pl*; ***~ und Lehre*** research and teaching; ***~ und Entwicklung*** research and development, R&D **Forschungsauftrag** *m* research assignment **Forschungsgebiet** *n* field of research **Forschungsprojekt** *n* research project **Forschungsreise** *f* expedition **Forschungsreisende(r)** *mf* explorer **Forschungssatellit** *m* research satellite **Forschungszentrum** *n* research centre (*Brit*) *od* center (*US*)

Forst *m* forest **Forstamt** *n* forestry office **Förster(in)** *m(f)* forest warden **Forsthaus** *n* forester's lodge **Forstrevier** *n* forestry district **Forstschaden** *m* forest damage *kein Pl* **Forstwirtschaft** *f* forestry

Forsythie *f* forsythia

fort *Adv* **a)** (≈ *weg*) away; (≈ *verschwunden*) gone; ***es war plötzlich ~*** it suddenly disappeared; ***er ist ~*** he has left *od* gone; ***von zu Hause ~*** away from home; **b)** (≈ *weiter*) on; ***und so ~*** and so on, and so forth; ***das ging immer so weiter und so ~ und so ~*** (*umg*) that went on and on and on; ***in einem ~*** incessantly

Fort *n* fort

Fortbestand *m* continuance; (*von Institution*) continued existence; (*von Gattung etc*) survival **fortbestehen** *vi* to continue; (*Institution*) to continue in existence **fortbewegen** **1.** *vt* to move away **2.** *vr* to move **Fortbewegung** *f* locomotion **Fortbewegungsmittel** *n* means *Sg* of locomotion **fortbilden** *vt* ***jdn/sich ~*** to continue sb's/one's education **Fortbildung** *f* further education; ***berufliche ~*** further vocational training **Fortbildungskurs** *m* in-service training course **fortbleiben** *vi* to stay away **Fortbleiben** *n* absence **Fortdauer** *f* continuation **fortdauern** *vi* to

F

continue **fortdauernd** **1.** *Adj* continuing **2.** *Adv* constantly, continuously **fortfahren** *vi* **a)** (≈ *abfahren*) to leave, to go; **b)** (≈ *weitermachen*) to continue; **~, etw zu tun** to continue doing sth *od* to do sth **fortfallen** *vi* to cease to exist, to be discontinued; (≈ *abgeschafft werden*) to be abolished **fortführen** *vt* (≈ *fortsetzen*) to continue, to carry on **Fortführung** *f* continuation **Fortgang** *m* (≈ *Verlauf*) progress; **seinen ~ nehmen** to progress **fortgehen** *vi* (≈ *weggehen*) to leave **fortgeschritten** *Adj* advanced **Fortgeschrittene(r)** *mf* advanced student **fortgesetzt** *Adj* continual, constant; *Betrug* repeated; → **fortsetzen** **fortjagen** *vt Menschen* to throw out (*aus, von* of); *Tier, Kinder* to chase out (*aus, von* of) **fortlaufen** *vi* to run away **fortlaufend** **1.** *Adj Handlung* ongoing; *Zahlungen* regular; (≈ *andauernd*) continual **2.** *Adv* (≈ *andauernd*) continually; **~ nummeriert** *Geldscheine* serially numbered; *Seiten* consecutively numbered **fortpflanzen** *vr* to reproduce; (*Schall, Wellen*) to travel; (*Gerücht*) to spread **Fortpflanzung** *f* reproduction; (*von Pflanzen*) propagation **Fortpflanzungsorgan** *n* reproductive organ **Fortpflanzungstrieb** *m* reproductive instinct **fortrennen** *vi* to race off *od* away **Fortsatz** *m* ANAT process **fortschaffen** *vt* to remove **fortschreiten** *vi* to progress; (≈ *weitergehen*) to continue **fortschreitend** *Adj* progressive; *Alter* advancing **Fortschritt** *m* advance; *bes* POL progress *kein Pl*; **gute ~e machen** to make good progress; **~e in der Medizin** advances in medicine; **dem ~ dienen** to further progress **fortschrittlich** **1.** *Adj* progressive **2.** *Adv* progressively **fortschrittsfeindlich** *Adj* anti-progressive **fortsetzen** **1.** *vt* to continue; → **fortgesetzt** **2.** *vr* (*zeitlich*) to continue; (*räumlich*) to extend

Fortsetzung *f* **a)** (≈ *das Fortsetzen*) continuation; **b)** RADIO, TV episode; (*eines Romans*) instalment (*Brit*), installment (*US*); **„Fortsetzung folgt"** "to be continued"

Fortsetzungsroman *m* serialized novel

fortwährend **1.** *Adj* constant, continual **2.** *Adv* constantly, continually

Forum *n* forum

fossil *Adj* fossilized; *Brennstoff* fossil *attr* **Fossil** *n* fossil

Foto *n* photo(graph); **ein ~ machen** to take a photo(graph) **Fotoalbum** *n* photograph album **Fotoapparat** *m* camera **Fotoautomat** *m* (*für Passfotos*) photo booth **Fotofinish** *n* SPORT photo finish **fotogen** *Adj* photogenic **Fotograf(in)** *m(f)* photographer **Fotografie** *f* photography; (≈ *Bild*) photo (-graph) **fotografieren** **1.** *vt* to photograph **2.** *vi* to take photos *od* photographs **fotografisch** **1.** *Adj* photographic **2.** *Adv* photographically **Fotohandy** *n* camera phone **Fotokopie** *f* photocopy **fotokopieren** *vt* to photocopy **Fotokopierer** *m* photocopier **Fotolabor** *n* photo lab **Fotomodell** *n* photographic model **Fotomontage** *f* photomontage **Fotosynthese** *f* → **Photosynthese** **Fototermin** *m* photo call

Fötus *m* foetus (*Brit*), fetus (*US*)

fotzen *vt* (*österr* ≈ *ohrfeigen*) **jdn ~** to give sb a smack on the ear

Foul *n* SPORT foul **Foulelfmeter** *m* FUSSB penalty (kick) **foulen** *vti* SPORT to foul **Foulspiel** *n* SPORT foul play

Foyer *n* foyer

FPÖ *f, Abk von* **Freiheitliche Partei Österreichs**

Fracht *f* freight *kein Pl* **Frachtbrief** *m* consignment note, waybill **Frachter** *m* freighter **Frachtflugzeug** *n* cargo *od* freight plane **frachtfrei** *Adj, Adv* carriage paid *od* free **Frachtgut** *n* (ordinary) freight *kein Pl* **Frachtkosten** *Pl* freight charges *Pl* **Frachtraum** *m* hold; (≈ *Ladefähigkeit*) cargo space **Frachtschiff** *n* cargo ship, freighter **Frachtverkehr** *m* goods traffic

Frack *m* tails *Pl*, tail coat

Frage *f* question; **jdm eine ~ stellen** to ask sb a question; **sind noch ~n?** are there any further questions?; **das steht außer ~** there's no question *od* doubt about it; **ohne ~** without question *od* doubt; **eine ~ des Geldes** a question *od* matter of money; **in ~ kommen/stellen**; → **infrage** **Fragebogen** *m* questionnaire; (≈ *Formular*) form **fragen** **1.** *vti* to ask; **nach jdm ~** to ask after sb; (*in Hotel etc*) to ask for sb; ***nach dem Weg ~*** to ask the way; ***er fragte nicht danach, ob ...*** he didn't bother *od* care whether ...; ***wegen etw ~*** to ask about sth; ***frag nicht so dumm!*** don't ask silly questions; ***du fragst zu viel*** you ask too many questions; ***da fragst du mich zu viel*** (*umg*) I really couldn't say; ***man wird ja wohl noch ~ dürfen*** (*umg*) I was only asking (*umg*); ***wenn ich (mal) ~ darf*** if I may *od* might ask; ***ohne lange zu ~*** without asking a lot of questions; → ***gefragt*** **2.** *vr* to wonder; ***das frage ich mich*** I wonder; ***es fragt sich, ob ...*** it's debatable *od* questionable whether *od* if ...; ***ich frage mich, wie/wo ...*** I'd like to know how/where ... **fragend** **1.** *Adj Blick* questioning **2.** *Adv* ***jdn ~ ansehen*** to give sb a questioning look **Fragerei** *f* questions *Pl* **Fragesatz** *m* GRAM interrogative sentence; (≈ *Nebensatz*) interrogative clause **Fragestellung** *f* ***das ist eine falsche ~*** the question is wrongly formulated **Fragestunde** *f* PARL question time *ohne Artikel* (*Brit*) **Fragewort** *n* interrogative (particle) **Fragezeichen** *n* question mark **fraglich** *Adj* **a)** (≈ *zweifelhaft*) uncertain; (≈ *fragwürdig*) doubtful, questionable; **b)** (≈ *betreffend*) in question; *Angelegenheit* under discussion **fraglos** *Adv* undoubtedly, unquestionably

Fragment *n* fragment **fragmentarisch** *Adj* fragmentary

fragwürdig *Adj* dubious **Fragwürdigkeit** *f* dubious nature

Fraktion *f* **a)** POL ≈ parliamentary *od* congressional (*US*) party; (≈ *Sondergruppe*) group, faction; **b)** CHEM fraction **Fraktionsführer(in)** *m(f)* party whip, floor leader (*US*) **fraktionslos** *Adj Abgeordneter* independent **Fraktionssitzung** *f* party meeting **Fraktionsvorsitzende(r)** *mf* party whip, floor leader (*US*) **Fraktionszwang** *m* requirement to vote in accordance with party policy

Fraktur *f* **a)** TYPO Gothic print; ***(mit jdm) ~ reden*** (*umg*) to be blunt (with sb); **b)** MED fracture

Franken[1] *n* Franconia

Franken[2] *m* ***(Schweizer) ~*** (Swiss) franc

frankieren *vt* to stamp; (*mit Maschine*) to frank

franko *Adv* HANDEL carriage paid

Frankreich *n* France

Franse *f* (*lose*) (loose) thread **fransen** *vi* to fray (out)

Franzose *m* Frenchman/French boy; ***die ~n*** the French **Französin** *f* Frenchwoman/French girl **französisch** *Adj* French; ***die ~e Schweiz*** French-speaking Switzerland; ***~es Bett*** double bed; → ***deutsch***

Fräse *f* (≈ *Werkzeug*) milling cutter; (*für Holz*) moulding (*Brit*) *od* molding (*US*) cutter **fräsen** *vt* to mill; *Holz* to mould (*Brit*), to mold (*US*)

Fraß *m* food; (*pej umg*) muck (*umg*) *kein unbest Artikel*; ***jdn den Kritikern zum ~ vorwerfen*** to throw sb to the critics

Fratze *f* **a)** grotesque face; **b)** (≈ *Grimasse*) grimace; (*umg* ≈ *Gesicht*) face

Frau *f* **a)** woman; **b)** (≈ *Ehefrau*) wife; **c)** (≈ *Anrede*) madam; (*mit Namen*) Mrs; (*für eine unverheiratete Frau*) Miss, Ms **Frauenarzt** *m*, **Frauenärztin** *f* gynaecologist (*Brit*), gynecologist (*US*) **Frauenberuf** *m* career for women **Frauenbewegung** *f* women's (*auch* HIST) *od* feminist movement **Frauenfeind** *m* misogynist **frauenfeindlich** *Adj* anti-women *präd* **Frauenhaus** *n* women's refuge **Frauenheilkunde** *f* gynaecology (*Brit*), gynecology (*US*) **Frauenheld** *m* lady-killer **Frauenkrankheit** *f*, **Frauenleiden** *n* gynaecological (*Brit*) *od* gynecological (*US*) disorder **Frauenquote** *f* quota for women **Frauenrechtler(in)** *m(f)* feminist **Frauenzeitschrift** *f* women's magazine **Fräulein** *n* (*veralt*) **a)** young lady; **b)** (≈ *Anrede*) Miss; **c)** (≈ *Verkäuferin*) assistant; (≈ *Kellnerin*) waitress; ***~!*** Miss! **fraulich** *Adj* feminine; (≈ *reif*) womanly *kein Adv*

Freak *m* (*umg*) freak (*umg*) **freakig** *Adj* (*umg*) freaky (*umg*)

frech **1.** *Adj* **a)** (≈ *unverschämt*) cheeky (*bes Brit*), fresh *präd* (*bes US*); *Lüge* bare-faced *kein Adv*; **b)** (≈ *herausfordernd*) *Kleidung, Texte etc* saucy (*umg*) **2.** *Adv lachen* impudently; *anlügen* brazenly **Frechdachs** *m* (*umg*) cheeky monkey (*Brit*), smart aleck **Frechheit** *f* impudence; ***die ~ haben*** *od* ***besitzen, ... zu ...*** to have the cheek

F

(*bes Brit*) *od* impudence to ...
Fregatte *f* frigate
frei **1.** *Adj* **a)** free; **~ von etw** free of sth; **die Straße ~ machen** to clear the road; **ich bin so ~** (*förml*) may I?; **jdm ~e Hand lassen** to give sb free rein; **aus ~en Stücken** of one's own free will; **~er Zutritt** unrestricted access; **b) ~er Beruf** independent profession; **~er Mitarbeiter** freelancer; **die ~e Wirtschaft** private enterprise; **Mittwoch ist ~** Wednesday is a holiday; **Eintritt ~** admission free; **c)** (≈ *unbesetzt*) *Zimmer, Toilette* vacant; **ist dieser Platz noch ~?** is anyone sitting here?, is this seat free?; **„frei"** (*an Taxi*) "for hire"; (*an Toilettentür*) "vacant"; **„Zimmer ~"** "vacancies"; **haben Sie noch etwas ~?** (*in Hotel*) do you have any vacancies?; **einen Platz für jdn ~ lassen** to keep a seat for sb **2.** *Adv* **a)** (≈ *ungehindert*) freely; *sprechen* openly; **~ beweglich** free-moving; **~ erfunden** purely fictional; **der Verbrecher läuft immer noch ~ herum** the criminal is still at large; **~ laufend** *Hunde, Katzen* feral; *Huhn* free-range; **Eier von ~ laufenden Hühnern** free-range eggs; **~ stehen** (*Haus*) to stand by itself; (≈ *leer stehen*) to stand empty; **ein ~ stehendes Gebäude** a free-standing building; **~ nach** based on; **b)** (≈ *ohne Hilfsmittel*) unaided, without help; **~ sprechen** to speak without notes **Freibad** *n* open-air (swimming) pool **freibekommen** *vt* **a)** (≈ *befreien*) **jdn ~** to get sb freed *od* released; **b) einen Tag ~** to get a day off **Freiberufler(in)** *m(f)* freelancer **freiberuflich** **1.** *Adj* freelance **2.** *Adv* **~ arbeiten** to work freelance **Freibetrag** *m* tax allowance **Freibier** *n* free beer
Freiburg *n* (*in der Schweiz: Kanton, Stadt*) Fribourg
Freier *m* (*umg: von Dirne*) (prostitute's) client, john (*US umg*)
Freie(s) *n* **im ~n** in the open (air); **im ~n übernachten** to sleep out in the open **Freiexemplar** *n* free copy **Freigabe** *f* release; (*von Wechselkursen*) lifting of control (*+Gen* on); (*von Straße, Strecke*) opening **Freigang** *m* (*von Strafgefangenen*) day release **freigeben** **1.** *vt* to release (*an +Akk* to); *Wechselkurse* to decontrol; *Straße, Strecke, Flugbahn* to open; *Film* to pass; **jdm den Weg ~** to let sb past *od* by **2.** *vi* **jdm ~** to give sb a holiday (*Brit*), to give sb vacation (*US*); **jdm zwei Tage ~** to give sb two days off **freigebig** *Adj* generous **Freigebigkeit** *f* generosity **Freigepäck** *n* baggage allowance **Freigrenze** *f* (*bei Steuer*) tax exemption limit **freihaben** *vi* to have a holiday (*Brit*), to have vacation (*US*); **ich habe heute frei** I have today off **Freihafen** *m* free port **frei halten** *vt* **a)** (≈ *nicht besetzen*) to keep free; **b)** (≈ *reservieren*) to keep **Freihandelszone** *f* free trade area **freihändig** *Adj, Adv Zeichnung* freehand; *Radfahren* (with) no hands **Freiheit** *f* freedom *kein Pl*; (≈ *persönliche Freiheit als politisches Ideal*) liberty; **in ~ (*Dat*) sein** to be free; **in ~ leben** (*Tier*) to live in the wild; **dichterische ~** poetic licence (*Brit*) *od* license (*US*); **sich (*Dat*) zu viele ~en erlauben** to take too many liberties **freiheitlich** *Adj* liberal; *Demokratie* free; **die ~-demokratische Grundordnung** the free democratic constitutional structure **Freiheitsberaubung** *f* JUR wrongful deprivation of personal liberty **Freiheitsbewegung** *f* liberation movement **Freiheitsentzug** *m* imprisonment **Freiheitskampf** *m* fight for freedom **Freiheitskämpfer(in)** *m(f)* freedom fighter **Freiheitsstatue** *f* Statue of Liberty **Freiheitsstrafe** *f* prison sentence **freiheraus** *Adv* candidly, frankly **Freikarte** *f* free *od* complimentary ticket **freikaufen** *vt* **jdn/sich ~** to buy sb's/one's freedom **Freiklettern** *n* free climbing **freikommen** *vi* (≈ *entkommen*) to get out (*aus* of) **Freikörperkultur** *f* nudism, naturism **Freilandhaltung** *f* **Eier/Hühner aus ~** free-range eggs/chickens **freilassen** *vt* to set free, to free **Freilassung** *f* release **freilegen** *vt* to expose; *Ruinen* to uncover; (*fig*) to lay bare **freilich** *Adv* **a)** (≈ *allerdings*) admittedly; **b)** (≈ *selbstverständlich*) of course **Freilichtbühne** *f* open-air theatre (*Brit*) *od* theater (*US*) **frei machen** *vr* **a)** (≈ *freie Zeit einplanen*) to arrange to be free; **b)** (≈ *sich entkleiden*) to take one's clothes off **frei-**

machen *vt Brief* to stamp **Freimaurer** *m* Mason, Freemason **Freimaurerloge** *f* Masonic Lodge **Freimut** *m* frankness **freimütig 1.** *Adj* frank **2.** *Adv* frankly **freinehmen** *vt* ***einen Tag ~*** to take a day off **Freiraum** *m* (*fig*) freedom *ohne Artikel, kein Pl* (*zu* for) **freischaffend** *Adj* freelance **Freischaffende(r)** *mf* freelancer **freischalten** *vt* TELEK *Leitung* to clear; *Handy* to connect, to enable **Freischärler(in)** *m(f)* guerrilla **freischwimmen** *vr* SPORT *to pass a test by swimming for 15 minutes* **freisetzen** *vt* to release; (*euph*) *Arbeitskräfte* to make redundant; (*vorübergehend*) to lay off **freispielen** SPORT **1.** *vr* to get into space **2.** *vt* ***jdn ~*** to play sb clear, to create space for sb **Freisprechanlage** *f* hands-free (headset); (*im Auto*) hands-free (car kit) **freisprechen** *vt Angeklagten* to acquit; ***jdn von einer Schuld ~*** JUR to find sb not guilty; ***jdn von einem Verdacht ~*** to clear sb of suspicion **Freispruch** *m* acquittal **Freistaat** *m* free state **freistehen** *vi* (≈ *überlassen sein*) ***es steht jdm frei, etw zu tun*** sb is free *od* at liberty to do sth; ***das steht Ihnen völlig frei*** that is completely up to you; → ***frei*** **freistellen** *vt* (≈ *anheimstellen*) ***jdm etw ~*** to leave sth (up) to sb **Freistil** *m* freestyle **Freistoß** *m* FUSSB free kick (*für* to, for) **Freistunde** *f* free hour; SCHULE free period

Freitag *m* Friday; → ***Dienstag*** **freitags** *Adv* on Fridays, on a Friday

Freitod *m* suicide; ***den ~ wählen*** to decide to put an end to one's life **Freitreppe** *f* (flight of) steps (+*Gen* leading up to) **Freiumschlag** *m* stamped addressed envelope, s.a.e. **Freiwild** *n* (*fig*) fair game **freiwillig 1.** *Adj* voluntary; (≈ *freigestellt*) *Unterricht* optional **2.** *Adv* voluntarily; ***sich ~ melden*** to volunteer (*zu, für* for) **Freiwillige(r)** *mf* volunteer **Freiwilligkeit** *f* voluntary nature, voluntariness **Freizeichen** *n* TELEK ringing tone **Freizeit** *f* spare *od* leisure time **Freizeitangebot** *n* leisure activity **Freizeitausgleich** *m* time off in lieu (*Brit*), time off instead of pay (*US*) **Freizeitbeschäftigung** *f* leisure pursuit *od* activity **Freizeitdroge** *f* recreational drug **Freizeitgestaltung** *f* organization of one's leisure time **Freizeitpark** *m* amusement park **Freizeitverhalten** *n* recreational behaviour (*Brit*) *od* behavior (*US*), recreational patterns *Pl* **freizügig 1.** *Adj* **a)** (≈ *reichlich*) liberal; **b)** (*in moralischer Hinsicht*) permissive **2.** *Adv* **a)** (≈ *reichlich*) freely, liberally; **b)** (≈ *moralisch locker*) ***~ gekleidet*** provocatively dressed **Freizügigkeit** *f* **a)** (≈ *Großzügigkeit*) liberality; **b)** (*in moralischer Hinsicht*) permissiveness; **c)** (≈ *Beweglichkeit*) freedom of movement

F

fremd *Adj* **a)** (≈ *andern gehörig*) someone else's; *Bank, Firma* different; ***ohne ~e Hilfe*** without help from anyone else/outside; ***~es Eigentum*** someone else's property; **b)** (≈ *fremdländisch*) foreign; **c)** (≈ *andersartig, unvertraut*) strange; ***jdm ~ sein*** (≈ *unbekannt*) to be unknown to sb; (≈ *unverständlich*) to be alien to sb; ***ich bin hier ~*** I'm a stranger here; ***sich*** *od* ***einander*** (*Dat*) ***~ werden*** to grow apart; ***sich ~ fühlen*** to feel like a stranger; ***~ tun*** to be reserved **Fremdarbeiter(in)** *m(f)* (*neg!*) foreign worker **fremdartig** *Adj* strange; (≈ *exotisch*) exotic **fremdenfeindlich** *Adj* hostile to strangers; (≈ *ausländerfeindlich*) hostile to foreigners, xenophobic **Fremdenfeindlichkeit** *f* xenophobia **Fremdenführer(in)** *m(f)* (tourist) guide **Fremdenhass** *m* xenophobia **Fremdenlegion** *f* Foreign Legion **Fremdenverkehr** *m* tourism *kein best Artikel* **Fremdenverkehrsamt** *n* tourist office **Fremde(r)** *mf* (≈ *Unbekannter*) stranger; (≈ *Ausländer*) foreigner; (≈ *Tourist*) visitor **fremdgehen** *vi* (*umg*) to be unfaithful **Fremdkörper** *m* foreign body; (*fig*) alien element **Fremdsprache** *f* foreign language **Fremdsprachenkorrespondent(in)** *m(f)*, **Fremdsprachensekretär(in)** *m(f)* bilingual secretary **Fremdsprachenunterricht** *m* language teaching **fremdsprachig** *Adj* in a foreign language **fremdsprachlich** *Adj* foreign; ***~er Unterricht*** language teaching **Fremdwort** *n* borrowed *od* foreign word

frenetisch 1. *Adj* frenetic, frenzied; *Beifall* wild **2.** *Adv* wildly

frequentieren *vt* (*geh*) to frequent **Fre-**

quenz *f* **a)** (≈ *Häufigkeit*) frequency; MED (pulse) rate; **b)** (≈ *Stärke*) numbers *Pl*; (≈ *Verkehrsdichte*) volume of traffic **Frequenzbereich** *m* RADIO frequency range

Fressalien *Pl* (*umg*) grub *Sg* (*sl*) **Fresse** *f* (*vulg*) (≈ *Mund*) trap (*umg*), gob (*umg*); (≈ *Gesicht*) mug (*umg*); ***die ~ halten*** to shut one's trap (*umg*) **fressen 1.** *vi* to feed, to eat; (*sl*: *Menschen*) to eat; (*gierig*) to guzzle (*umg*) **2.** *vt* **a)** to eat; (≈ *sich ernähren von*) to feed *od* live on; (*sl* ≈ *gierig essen*) to guzzle (*umg*); **b)** ***Kilometer ~*** to burn up the kilometres (*Brit*) *od* kilometers (*US*); ***ich habe dich zum Fressen gern*** (*umg*) you're good enough to eat (*umg*); ***jdn/etw gefressen haben*** (*umg*) to have had one's fill of sb/sth; **c)** (≈ *verbrauchen*) to eat *od* gobble up; *Zeit* to take up **3.** *vr* (≈ *sich bohren*) to eat one's way (*in +Akk* into, *durch* through) **Fressen** *n* food; (*sl*) grub (*sl*); (*sl* ≈ *Schmaus*) blow-out (*umg*) **Fresssucht** *f* (*umg*) gluttony; (*krankhaft*) craving for food

Frettchen *n* ferret

Freude *f* pleasure; (*innig*) joy (*über +Akk* at); ***~ an etw*** (*Dat*) ***haben*** to get *od* derive pleasure from sth; ***~ am Leben haben*** to enjoy life; ***vor ~*** with joy; ***es ist mir eine ~, zu ...*** it's a real pleasure for me to ...; ***jdm ~ machen*** to give sb pleasure; ***jdm eine ~ machen*** to make sb happy; ***zu meiner großen ~*** to my great delight; ***aus ~ an der Sache*** for the love of it **Freudenfest** *n* celebration **Freudensprung** *m* ***einen ~ machen*** to jump for joy **freudestrahlend** *Adj*, *Adv* beaming with delight **freudig 1.** *Adj* **a)** (≈ *froh gestimmt*) joyful; (≈ *begeistert*) enthusiastic; **b)** (≈ *beglückend*) happy; ***eine ~e Nachricht*** some good news; ***ein ~es Ereignis*** (*euph*) a happy event (*euph*) **2.** *Adv* happily, joyfully; ***~ überrascht sein*** to be pleasantly surprised **freuen 1.** *vr* **a)** (≈ *froh sein*) to be glad *od* pleased (*über +Akk* about); ***sich riesig ~*** (*umg*) to be delighted (*über +Akk* about); ***sich für jdn ~*** to be glad *od* pleased for sb; **b)** ***sich auf jdn/etw ~*** to look forward to seeing sb/to sth **2.** *vt unpers* to please; ***es freut mich, dass ...*** I'm pleased *od* glad that ...; ***das freut mich*** I'm really pleased

Freund *m* **a)** friend; (≈ *Liebhaber*) boyfriend; **b)** (*fig*) (≈ *Anhänger*) lover; ***ein ~ der Kunst*** an art-lover; ***ich bin kein ~ von so etwas*** I'm not one for that sort of thing **Freundeskreis** *m* circle of friends; ***etw im engsten ~ feiern*** to celebrate sth with one's closest friends **Freundin** *f* **a)** friend; (≈ *Liebhaberin*) girlfriend; **b)** (*fig* ≈ *Anhängerin*) → ***Freund*** b **freundlich 1.** *Adj* **a)** (≈ *wohlgesinnt*) friendly *kein Adv*; ***bitte recht ~!*** say cheese! (*umg*), smile please!; ***mit ~en Grüßen*** (with) best wishes; **b)** (≈ *liebenswürdig*) kind (*zu* to); ***würden Sie bitte so ~ sein und das tun?*** would you be so kind *od* good as to do that?; **c)** (≈ *ansprechend*) *Aussehen*, *Wetter etc* pleasant; *Farben* cheerful **2.** *Adv bitten*, *fragen* nicely; ***jdn ~ behandeln*** to be friendly toward(s) sb **freundlicherweise** *Adv* kindly **Freundlichkeit** *f* **a)** (≈ *Wohlgesonnenheit*) friendliness; (≈ *Liebenswürdigkeit*) kindness; **b)** (≈ *Gefälligkeit*) kindness, favour (*Brit*), favor (*US*); (≈ *freundliche Bemerkung*) kind remark **Freundschaft** *f* friendship; ***mit jdm ~ schließen*** to make *od* become friends with sb; ***da hört die ~ auf*** (*umg*) friendship doesn't go that far **freundschaftlich 1.** *Adj* friendly *kein Adv* **2.** *Adv* ***jdm ~ verbunden sein*** to be friends with sb; ***jdm ~ gesinnt sein*** to feel friendly toward(s) sb **Freundschaftspreis** *m* (special) price for a friend **Freundschaftsspiel** *n* SPORT friendly game *od* match, friendly (*umg*)

Freund(in)

Freund(in), gute(r) Bekannter	**friend**
Freund, Partner, mit dem man eine Liebesbeziehung hat	**boyfriend**
Freundin, Partnerin, mit der man eine Liebesbeziehung hat	**girlfriend**

Beim Vorstellen eines Freundes / einer Freundin:

Dies ist mein Freund Peter. (*Liebesbeziehung*)
This is Peter, my boyfriend.

Dies ist meine Freundin Lisa. (*Liebesbeziehung*)
This is Lisa, my girlfriend.

Aber:

Dies ist mein Freund Hans. (*ein Bekannter*)
This is Hans, a friend of mine.

Dies ist meine Freundin Gabi. (*eine Bekannte*)
This is Gabi, a friend of mine.

Frieden *m* peace; ***im ~*** in peacetime; ***~ schließen*** to make one's peace; POL to conclude (*förml*) *od* make peace; ***sozialer ~*** social harmony; ***jdn in ~ lassen*** to leave sb in peace; ***um des lieben ~s willen*** (*umg*) for the sake of peace and quiet **Friedensappell** *m* call for peace **Friedensbewegung** *f* peace movement **Friedensinitiative** *f* peace initiative **Friedenskonferenz** *f* peace conference **Friedensnobelpreis** *m* Nobel peace prize **Friedenstaube** *f* dove of peace **Friedenstruppen** *Pl* peacekeeping forces *Pl* **Friedensverhandlungen** *Pl* peace negotiations *Pl* **Friedensvertrag** *m* peace treaty **friedfertig** *Adj Mensch* peaceable **Friedhof** *m* (≈ *Kirchhof*) graveyard; (≈ *Stadtfriedhof etc*) cemetery **friedlich 1.** *Adj* peaceful; (≈ *friedfertig*) *Mensch* peaceable **2.** *Adv* (≈ *in Frieden*) peacefully; ***~ sterben*** to die peacefully **friedliebend** *Adj* peace-loving

frieren 1. *vi* **a)** (*auch vt unpers* ≈ *sich kalt fühlen*) to be cold; ***ich friere, mich friert*** I'm cold; **b)** (≈ *gefrieren*) to freeze **2.** *vi unpers* ***heute Nacht hat es gefroren*** it was below freezing last night

Fries *m* ARCHIT, TEX frieze

friesisch *Adj* Fri(e)sian; → ***deutsch***

frigid, **frigide** *Adj* frigid **Frigidität** *f* frigidity

Frikadelle *f* KOCH rissole

Frikassee *n* KOCH fricassee

Frisbee® *n* Frisbee®; ***~ spielen*** to play Frisbee® **Frisbeescheibe** *f* Frisbee®

frisch 1. *Adj* **a)** (≈ *neu*) fresh; *Kleidung* clean; (≈ *feucht*) *Farbe* wet; ***~es Obst*** fresh fruit; ***~e Eier*** new-laid (*Brit*) *od* freshly-laid eggs; ***sich ~ machen*** to freshen up; ***mit ~en Kräften*** with renewed vigour (*Brit*) *od* vigor (*US*); ***~e Luft schöpfen*** to get some fresh air; **b)** (≈ *munter*) *Wesen*, *Art* bright, cheery; *Farbe* cheerful; *Gesichtsfarbe* fresh; ***~ und munter sein*** (*umg*) to be bright and lively; **c)** (≈ *kühl*) cool, chilly; ***es weht ein ~er Wind*** (*wörtl*) there's a fresh wind **2.** *Adv* (≈ *neu*) freshly; ***Bier ~ vom Fass*** beer (straight) from the tap; ***~ gestrichen*** newly *od* freshly painted; (*auf Schild*) wet paint; ***~ gebacken*** (*umg*) *Ehepaar* newly-wed; *Diplom-Ingenieur etc* newly-qualified; ***das Bett ~ beziehen*** to change the bed **Frische** *f* (*von Wesen*) brightness, cheeriness; (*von Farbe*) cheerfulness; (≈ *gesundes Aussehen*) freshness; ***in alter ~*** (*umg*) as always **Frischei** *n* new-laid (*Brit*) *od* freshly-laid egg **Frischfisch** *m* fresh fish **Frischfleisch** *n* fresh meat **Frischhaltefolie** *f* clingfilm **Frischkäse** *m* cream cheese **Frischluft** *f* fresh air **Frischmilch** *f* fresh milk **Frischzelle** *f* MED live cell **Frischzellentherapie** *f* MED cellular *od* live-cell therapy

Friseur(in) *m(f)* hairdresser; (≈ *Geschäft*) hairdresser's **Friseursalon** *m* hairdressing salon **Friseuse** *f* (female) hairdresser **frisieren 1.** *vt* **a)** (≈ *kämmen*) ***jdn ~*** to do sb's hair; **b)** (*umg* ≈ *abändern*) *Abrechnung* to fiddle; *Bericht* to doctor (*umg*); ***die Bilanzen ~*** to cook the books (*umg*); **c)** (*umg*) *Auto*, *Motor* to soup up (*umg*) **2.** *vr* to do one's hair

Frist *f* **a)** (≈ *Zeitraum*) period; ***innerhalb kürzester ~*** without delay; **b)** (≈ *Zeitpunkt*) deadline (*zu* for); (*bei Rechnung*) last date for payment; **c)** (≈ *Aufschub*) extension, period of grace **fristen** *vt* ***sein Leben*** *od* ***Dasein ~*** to eke out an existence **fristgemäß**, **fristgerecht** *Adj*, *Adv* within the period stipulated; ***fristgerecht kündigen*** to give proper notice **fristlos** *Adj*, *Adv* without notice

Frisur *f* hairstyle

Frittatensuppe *f* (*österr*) pancake soup

Fritten *Pl* (*umg*) chips *Pl* (*Brit*), fries *Pl* (*bes US umg*) **Frittenbude** *f* (*umg*) chip shop (*Brit*), ≈ hotdog stand **Fritteuse** *f* chip pan (*Brit*), deep-fat fryer **frittieren** *vt* to (deep-)fry

frivol *Adj* (≈ *leichtfertig*) frivolous; (≈ *anzüglich*) *Witz, Bemerkung* suggestive **Frivolität** *f* **a**) (≈ *Leichtfertigkeit*) frivolity; **b**) (≈ *Bemerkung*) risqué remark

F

froh *Adj* happy; (≈ *dankbar, erfreut*) glad, pleased; ***(darüber) ~ sein, dass ...*** to be glad *od* pleased that ... **fröhlich** **1.** *Adj* happy, cheerful **2.** *Adv* (≈ *unbekümmert*) merrily **Fröhlichkeit** *f* happiness; (≈ *gesellige Stimmung*) merriment

fromm *Adj* (≈ *gläubig*) religious; (≈ *scheinheilig*) pious, sanctimonious; ***das ist ja wohl nur ein ~er Wunsch*** that's just a pipe dream

frönen *vi +Dat* (*geh*) to indulge in

Fronleichnam (the Feast of) Corpus Christi

Front *f* front; ***~ gegen jdn/etw machen*** to make a stand against sb/sth **frontal** **1.** *Adj Angriff* frontal; *Zusammenstoß* head-on **2.** *Adv angreifen* MIL from the front; (*fig*) head-on; *zusammenstoßen* head-on **Frontalzusammenstoß** *m* head-on collision **Frontantrieb** *m* AUTO front-wheel drive **Frontlader** *m* (≈ *Waschmaschine*) front loader

Frosch *m* frog; (≈ *Feuerwerkskörper*) (fire)cracker; ***einen ~ in der Kehle haben*** (*umg*) to have a frog in one's throat **Froschlaich** *m* frogspawn **Froschmann** *m* frogman **Froschschenkel** *m* frog's leg

Frost *m* frost; ***~ vertragen (können)*** to be able to stand (the) frost **frostbeständig** *Adj* frost-resistant **Frostbeule** *f* chilblain **frösteln** **1.** *vi* to shiver **2.** *vt unpers* ***es fröstelte mich*** I shivered **frostig** **1.** *Adj* frosty **2.** *Adv* ***jdn ~ empfangen*** to give sb a frosty reception **Frostschaden** *m* frost damage **Frostschutzmittel** *n* AUTO antifreeze

Frottee *n od m* terry towelling (*Brit*), terry-cloth toweling (*US*) **Frotteehandtuch** *n* (terry) towel (*Brit*), terry-cloth towel (*US*) **frottieren** *vt Haut* to rub; *jdn, sich* to rub down

Frucht *f* fruit; (≈ *Getreide*) crops *Pl*; ***Früchte*** (≈ *Obst*) fruit *Sg*; ***Früchte tragen*** to bear fruit **fruchtbar** *Adj* **a**) fertile; **b**) (*fig* ≈ *viel schaffend*) prolific; **c**) (*fig* ≈ *nutzbringend*) fruitful **Fruchtbarkeit** *f* **a**) fertility; **b**) (*fig* ≈ *Nutzen*) fruitfulness **Fruchtbecher** *m* fruit sundae; BOT cupule (*Fachw*), cup **fruchten** *vi* to bear fruit; ***nichts ~*** to be fruitless **Früchtetee** *m* fruit tea **fruchtig** *Adj* fruity **Fruchtkapsel** *f* BOT capsule **fruchtlos** *Adj* (*fig*) fruitless **Fruchtsaft** *m* fruit juice **Fruchtwasser** *n* PHYSIOL amniotic fluid **Fruchtzucker** *m* fructose

früh **1.** *Adj* early; ***am ~en Morgen*** early in the morning, in the early morning; ***der ~e Goethe*** the young Goethe **2.** *Adv* **a**) early; (≈ *in jungen Jahren*) young; (*in Entwicklung*) early on; ***von ~ auf*** from an early age; ***von ~ bis spät*** from morning till night; ***zu ~ starten*** to start too soon; **b**) ***morgen ~*** tomorrow morning; ***heute ~*** this morning **Frühaufsteher(in)** *m(f)* early riser, early bird (*umg*) **früher** **1.** *Adj* **a**) earlier; **b**) (≈ *ehemalig*) former; (≈ *vorherig*) *Besitzer* previous **2.** *Adv* earlier; ***~ oder später*** sooner or later; ***ich habe ihn ~ mal gekannt*** I used to know him; ***~ war alles besser*** things were better in the old days; ***genau wie ~*** just as it/he *etc* used to be; ***Erinnerungen an ~*** memories of times gone by; ***ich kenne ihn von ~*** I've known him some time; ***meine Freunde von ~*** my old friends **Früherkennung** *f* MED early diagnosis **frühestens** *Adv* at the earliest **früheste(r, s)** *Adj* earliest **Frühgeburt** *f* premature birth; (≈ *Kind*) premature baby **Frühjahr** *n* spring **Frühjahrsmüdigkeit** *f* springtime lethargy **Frühjahrsputz** *m* spring-cleaning **Frühling** *m* spring; ***im ~*** in spring **Frühlingsanfang** *m* first day of spring **frühlingshaft** *Adj* springlike **Frühlingsrolle** *f* KOCH spring roll **Frühlingszwiebel** *f* spring onion (*Brit*), green onion (*US*) **frühmorgens** *Adv* early in the morning **Frühnebel** *m* early morning mist **frühreif** *Adj* precocious **Frührentner(in)** *m(f)* person who has retired early **Frühschicht** *f* early shift **Frühschoppen** *m* morning *od* (*mittags*) lunchtime drinking **Frühsport** *m* early morning exercise **Frühstück**

n breakfast; ***was isst du zum ~?*** what do you have for breakfast? **frühstücken** **1.** *vi* to have breakfast, to breakfast **2.** *vt* to breakfast on **Frühstücksfernsehen** *n* breakfast television **Frühstückspause** *f* morning *od* coffee break **Frühwarnsystem** *n* early warning system **frühzeitig** *Adj*, *Adv* early

Frust *m* (*umg*) frustration *ohne Artikel* **Frustessen** *n* (*umg*) comfort eating **Frustkauf** *m* (*umg*) retail therapy *kein Pl* (*umg*) **Frustration** *f* frustration **frustrieren** *vt* to frustrate

Fuchs *m* **a)** (≈ *Tier*) fox; ***er ist ein schlauer ~*** (*umg*) he's a cunning old devil (*umg*) *od* fox (*umg*); **b)** (≈ *Pferd*) chestnut **Fuchsbau** *m* fox's den **fuchsen** *vt* (*umg*) to annoy

Fuchsie *f* BOT fuchsia

fuchsig *Adj* (*umg* ≈ *wütend*) mad (*umg*) **Füchsin** *f* vixen **Fuchsjagd** *f* fox-hunting; (≈ *einzelne Jagd*) fox hunt **Fuchspelz** *m* fox fur **fuchsrot** *Adj Fell* red; *Pferd* chestnut; *Haar* ginger **Fuchsschwanz** *m* **a)** fox's tail; **b)** (TECH ≈ *Säge*) handsaw **fuchsteufelswild** *Adj* (*umg*) hopping mad (*umg*)

Fuchtel *f* (*fig umg*) ***unter jds*** (*Dat*) ***~*** under sb's thumb **fuchteln** *vi* (*umg*) (***mit den Händen***) ***~*** to wave one's hands about (*umg*)

Fudschijama *m* Fujiyama

Fug *m* (*geh*) ***mit ~ und Recht*** with complete justification

Fuge *f* **a)** joint; (≈ *Ritze*) gap, crack; ***die Welt ist aus den ~n geraten*** (*geh*) the world is out of joint (*lit*); **b)** MUS fugue **fugen** *vt* to joint

fügen **1.** *vt* (≈ *einfügen*) to put, to place; ***der Zufall fügte es, dass ...*** fate decreed that ... **2.** *vr* (≈ *sich unterordnen*) to be obedient, to obey; ***sich dem Schicksal ~*** to accept one's fate **fügsam** *Adj* obedient **Fügung** *f* (≈ *Bestimmung*) chance, stroke of fate; ***eine glückliche ~*** a stroke of good fortune

fühlbar *Adj* (≈ *spürbar*) perceptible; (≈ *beträchtlich*) marked **fühlen** **1.** *vti* to feel; *Puls* to take **2.** *vr* to feel; ***sich verantwortlich ~*** to feel responsible; ***wie ~ Sie sich?*** how are you feeling?, how do you feel? **Fühler** *m* ZOO feeler, antenna; ***seine ~ ausstrecken*** (*fig umg*) to put out feelers (*nach* towards) **Fühlung** *f* contact; ***mit jdm in ~ bleiben*** to remain *od* stay in contact *od* touch with sb

Fuhre *f* (≈ *Ladung*) load

führen **1.** *vt* **a)** (≈ *geleiten*) to take; (≈ *vorangehen*, *-fahren*) to lead; ***er führte uns durch das Schloss*** he showed us (a)round the castle; **b)** (≈ *leiten*) *Betrieb etc* to run; *Gruppe etc* to lead, to head; **c)** ***was führt Sie zu mir?*** (*förml*) what brings you to me?; ***ein Land ins Chaos ~*** to reduce a country to chaos; **d)** *Kraftfahrzeug* to drive; *Flugzeug* to fly; *Kran* to operate; **e)** (≈ *transportieren*) to carry; (≈ *haben*) *Namen*, *Titel* to have; **f)** (≈ *im Angebot haben*) to stock **2.** *vi* **a)** (≈ *in Führung liegen*) to lead; ***die Mannschaft führt mit 10 Punkten Vorsprung*** the team has a lead of *od* is leading by 10 points; **b)** (≈ *verlaufen*) (*Straße*) to go; (*Kabel etc*) to run; (*Spur*) to lead; **c)** (≈ *als Ergebnis haben*) ***zu etw ~*** to lead to sth, to result in sth; ***das führt zu nichts*** that will come to nothing **führend** *Adj* leading *attr* **Führer** *m* (≈ *Buch*) guide **Führer(in)** *m(f)* **a)** (≈ *Leiter*) leader; (≈ *Oberhaupt*) head; **b)** (≈ *Fremdenführer*) guide; **c)** (*förml* ≈ *Lenker*) driver; (*von Flugzeug*) pilot; (*von Kran*) operator **Führerausweis** *m* (*schweiz*) = ***Führerschein*** **Führerhaus** *n* cab **Führerschein** *m* (*für Auto*) driving licence (*Brit*), driver's license (*US*); ***den ~ machen*** AUTO to learn to drive; (≈ *die Prüfung ablegen*) to take one's (driving) test; ***jdm den ~ entziehen*** to disqualify sb from driving

Fuhrpark *m* fleet (of vehicles)

Führung *f* **a)** guidance, direction; (*von Partei*, *Expedition etc*) leadership; MIL command; (*eines Unternehmens etc*) management; **b)** (≈ *die Führer*) leaders *Pl*, leadership *Sg*; MIL commanders *Pl*; (*eines Unternehmens etc*) directors *Pl*; **c)** (≈ *Besichtigung*) guided tour (*durch* of); **d)** (≈ *Vorsprung*) lead; ***in ~ gehen/liegen*** to go into/be in the lead; **e)** (≈ *Betragen*) conduct; **f)** MECH guide, guideway **Führungsaufgabe** *f* executive duty **Führungskraft** *f* executive **Führungsriege** *f* leadership; (*von Firma*) management team **Führungsschwäche** *f* weak leadership

F

Führungsspitze *f* (*eines Unternehmens etc*) top management **Führungsstärke** *f* strong leadership **Führungsstil** *m* style of leadership; HANDEL *auch* management style **Führungszeugnis** *n* → ***polizeilich***

Fuhrunternehmen *n* haulage business **Fuhrunternehmer(in)** *m(f)* haulier (*Brit*), haulage contractor **Fuhrwerk** *n* wagon; (≈ *Pferdefuhrwerk*) horse and cart

F

Fülle *f* **a**) (≈ *Körpermasse*) portliness; **b**) (≈ *Stärke*) fullness; ***eine ~ von Fragen*** a whole host of questions; ***in ~*** in abundance **füllen** **1.** *vt* to fill; KOCH to stuff; ***etw in Flaschen ~*** to bottle sth; ***etw in Säcke ~*** to put sth into sacks; → ***gefüllt*** **2.** *vr* to fill up **Füller** *m*, **Füllfederhalter** *m* fountain pen **füllig** *Adj Mensch* portly; *Figur* generous **Füllung** *f* filling; (≈ *Fleischfüllung etc*) stuffing; (*von Pralinen*) centre (*Brit*), center (*US*) **Füllwort** *n* filler (word)

fummeln *vi* (*umg*) to fiddle; (≈ *hantieren*) to fumble; (*erotisch*) to pet, to grope (*umg*)

Fund *m* find; (≈ *das Entdecken*) discovery; ***einen ~ machen*** to make a find

Fundament *n* foundation (*mst Pl*) **fundamental** **1.** *Adj* fundamental **2.** *Adv* fundamentally **Fundamentalismus** *m* fundamentalism **Fundamentalist(in)** *m(f)* fundamentalist **fundamentalistisch** *Adj* fundamentalist

Fundbüro *n* lost property office (*Brit*), lost and found (*US*) **Fundgrube** *f* (*fig*) treasure trove

fundieren *vt* (*fig*) to back up **fundiert** *Adj* sound; ***schlecht ~*** unsound

fündig *Adj* ***~ werden*** (*fig*) to strike it lucky **Fundort** *m* ***der ~ von etw*** (the place) where sth was found **Fundstelle** *f* = ***Fundort***

fünf *Num* five; ***seine ~ Sinne beieinanderhaben*** to have all one's wits about one; → ***vier*** **Fünf** *f* five **Fünfeck** *n* pentagon **fünfeckig** *Adj* pentagonal, five-cornered **fünffach** *Adj* fivefold; → ***vierfach*** **Fünfgangschaltung** *f* five-speed gears *Pl* **fünfhundert** *Num* five hundred **Fünfjahresplan** *m* five-year plan **fünfjährig** *Adj Amtszeit etc* five-year; *Kind* five-year-old; → ***vierjährig*** **Fünfkampf** *m* SPORT pentathlon **Fünfling** *m* quintuplet **fünfmal** *Adv* five times **Fünfprozentklausel** *f* five-percent rule **fünftägig** *Adj* five-day *attr* **fünftausend** *Num* five thousand **Fünftel** *n* fifth; → ***Viertel***[1] **fünftens** *Adv* fifth(ly) **fünfte(r, s)** *Adj* fifth; → ***vierte(r, s)*** **fünfzehn** *Num* fifteen **fünfzig** *Num* fifty; → ***vierzig*** **Fünfziger** *m* (*umg*) (≈ *Fünfzigeuroschein*) fifty-euro note (*Brit*) *od* bill (*US*); (≈ *Fünfzigcentstück*) fifty-cent piece **fünfzigjährig** *Adj Person* fifty-year-old *attr*

fungieren *vi* to function (*als* as a)

Funk *m* radio; ***per ~*** by radio

Fünkchen *n* ***ein ~ Wahrheit*** a grain of truth **Funke** *m* **a**) spark; ***~n sprühen*** to spark, to emit sparks; ***arbeiten, dass die ~n fliegen*** *od* ***sprühen*** (*umg*) to work like crazy (*umg*); **b**) (*von Hoffnung*) gleam, glimmer **funkeln** *vi* to sparkle; (*Augen*) (*vor Freude*) to twinkle; (*vor Zorn*) to glitter **funkelnagelneu** *Adj* (*umg*) brand-new

funken **1.** *vt Signal* to radio; ***SOS ~*** to send out an SOS **2.** *vi unpers* ***endlich hat es bei ihm gefunkt*** (*umg*) it finally clicked (with him) (*umg*)

Funken *m* = ***Funke***

Funker(in) *m(f)* radio *od* wireless operator **Funkgerät** *n* (≈ *Sprechfunkgerät*) radio set, walkie-talkie **Funkhaus** *n* broadcasting centre (*Brit*) *od* center (*US*) **Funkkontakt** *m* radio contact **Funkloch** *n* TELEK dead spot **Funkruf** *m* TELEK (radio) paging **Funksprechgerät** *n* radio telephone; (*tragbar*) walkie-talkie **Funksprechverkehr** *m* radiotelephony **Funkspruch** *m* (≈ *Mitteilung*) radio message **Funkstation** *f* radio station **Funkstille** *f* radio silence; (*fig*) silence **Funkstreife** *f* police radio patrol **Funktelefon** *n* radio telephone

Funktion *f* function; (≈ *Tätigkeit*) functioning; (≈ *Amt*) office; (≈ *Stellung*) position; ***in ~ sein*** to be in operation **Funktionär(in)** *m(f)* functionary **funktionell** *Adj* functional **funktionieren** *vi* to work **funktionsfähig** *Adj* able to work; *Maschine* in working order **Funktionsleiste** *f* IT toolbar **Funktionsstörung** *f* MED malfunction **Funktionstaste** *f* IT function key

Funkturm *m* radio tower **Funkuhr** *f* radio-controlled clock **Funkverbindung** *f* radio contact **Funkverkehr** *m* radio communication *od* traffic

für *Präp +Akk* for; **~ mich** for me; (≈ *meiner Ansicht nach*) in my opinion *od* view; **~ zwei arbeiten** (*fig*) to do the work of two people; **~ einen Deutschen ...** for a German ...; **sich ~ etw entscheiden** to decide in favo(u)r of sth; **das hat was ~ sich** it's not a bad thing; **~ jdn einspringen** to stand in for sb; **Tag ~ Tag** day after day; **Schritt ~ Schritt** step by step; **etw ~ sich behalten** to keep sth to oneself **Für** *n* **das ~ und Wider** the pros and cons *Pl*

Furche *f* furrow; (≈ *Wagenspur*) rut

Furcht *f* fear; **aus ~ vor jdm/etw** for fear of sb/sth; **~ vor jdm/etw haben** to fear sb/sth; **jdm ~ einflößen** to frighten *od* scare sb; **~ erregend** terrifying **furchtbar 1.** *Adj* terrible, awful; **ich habe einen ~en Hunger** I'm terribly hungry (*umg*) **2.** *Adv* terribly (*umg*), awfully (*umg*) **fürchten 1.** *vt* **jdn/etw ~** to be afraid of sb/sth, to fear sb/sth; **das Schlimmste ~** to fear the worst; → **gefürchtet 2.** *vr* to be afraid (*vor +Dat* of) **3.** *vi* **um jds Leben ~** to fear for sb's life; **zum Fürchten aussehen** to look frightening *od* terrifying; **jdn das Fürchten lehren** to put the fear of God into sb **fürchterlich** *Adj, Adv* = **furchtbar furchterregend** *Adj* terrifying **furchtlos** *Adj* fearless **Furchtlosigkeit** *f* fearlessness **furchtsam** *Adj* timorous

füreinander *Adv* for each other, for one another

Furie *f* MYTH fury; (*fig*) hellcat (*bes Brit*), termagant **furios** *Adj* high-energy, dynamic

Furnier *n* veneer

Furore *f* sensation; **~ machen** (*umg*) to cause a sensation

Fürsorge *f* **a)** (≈ *Betreuung*) care; (≈ *Sozialfürsorge*) welfare; **b)** (*umg* ≈ *Sozialamt*) welfare services *Pl*; **c)** (*umg* ≈ *Sozialunterstützung*) social security (*Brit*), welfare (*US*); **von der ~ leben** to live on social security (*Brit*) *od* welfare (*US*) **fürsorglich** *Adj* caring **Fürsprache** *f* recommendation; **auf ~ von jdm** on sb's recommendation **Fürsprecher(in)** *m(f)* advocate

Fürst *m* prince; (≈ *Herrscher*) ruler **Fürstentum** *n* principality **fürstlich 1.** *Adj* princely *kein Adv* **2.** *Adv* **jdn ~ bewirten** to entertain sb right royally; **jdn ~ belohnen** to reward sb handsomely; **~ leben** to live like a king *od* lord

Furunkel *n od m* boil

Fürwort *n* GRAM pronoun

Furz *m* (*umg*) fart (*umg*) **furzen** *vi* (*umg*) to fart (*umg*)

Fusel *m* (*pej*) rotgut (*umg*), hooch (*bes US umg*)

Fusion *f* amalgamation; (*von Unternehmen*) merger; (*von Atomkernen, Zellen*) fusion **fusionieren** *vti* to amalgamate; (*Unternehmen*) to merge

Fuß *m* **a)** foot; **zu ~** on *od* by foot; **er ist gut/schlecht zu ~** he is steady/not so steady on his feet; **das Publikum lag ihr zu Füßen** she had the audience at her feet; **kalte Füße bekommen** to get cold feet; **bei ~!** heel!; **jdn mit Füßen treten** (*fig*) to walk all over sb; **etw mit Füßen treten** (*fig*) to treat sth with contempt; **(festen) ~ fassen** to gain a foothold; (≈ *sich niederlassen*) to settle down; **auf eigenen Füßen stehen** (*fig*) to stand on one's own two feet; **jdn auf freien ~ setzen** to release sb, to set sb free; **b)** (*von Gegenstand*) base; (≈ *Tisch-, Stuhlbein*) leg; **auf schwachen Füßen stehen** to be built on sand; **c)** DICHTUNG foot; **d)** (*Längenmaß*) foot; **12 ~ lang** 12 foot *od* feet long **Fußabdruck** *m* footprint **Fußangel** *f* (*wörtl*) mantrap; (*fig*) catch, trap **Fußbad** *n* foot bath **Fußball** *m* **a)** (≈ *Fußballspiel*) football (*bes Brit*), soccer; **b)** (≈ *Ball*) football (*bes Brit*), soccer ball **Fußballer(in)** *m(f)* (*umg*) footballer (*bes Brit*), soccer player **Fußball-Länderspiel** *n* international football (*bes Brit*) *od* soccer match **Fußballmannschaft** *f* football (*bes Brit*) *od* soccer team **Fußballplatz** *m* football pitch (*bes Brit*), soccer field (*US*) **Fußballspieler(in)** *m(f)* football (*bes Brit*) *od* soccer player **Fußballstadion** *n* football (*bes Brit*) *od* soccer (*US*) stadium **Fußballstar** *n* football (*bes Brit*) *od* soccer star **Fußballverein** *m* football (*bes Brit*) *od* soccer club **Fußballweltmeister** *m* World Cup holders *Pl* **Fußballweltmeisterschaft**

f World Cup **Fußboden** *m* floor **Fußbodenbelag** *m* floor covering **Fußbodenheizung** *f* (under)floor heating **Fußbremse** *f* foot brake

Fussel *f* fluff *kein Pl*; ***ein(e)*** **~** a bit of fluff **fusseln** *vi* to give off fluff

fußen *vi* to rest (*auf +Dat* on)

Fußende *n* (*von Bett*) foot **Fußfessel** *f* ***~n*** *pl* shackles *Pl*; ***elektronische*** **~** electronic tag **Fußgänger(in)** *m(f)* pedestrian **Fußgängerüberweg** *m* pedestrian crossing (*Brit*), crosswalk (*US*) **Fußgängerunterführung** *f* underpass, pedestrian subway (*Brit*) **Fußgängerzone** *f* pedestrian precinct *od* zone **Fußgelenk** *n* ankle **Fußmarsch** *m* walk; MIL march **Fußmatte** *f* doormat **Fußnote** *f* footnote **Fußpflege** *f* chiropody **Fußpfleger(in)** *m(f)* chiropodist **Fußpilz** *m* MED athlete's foot **Fußsohle** *f* sole of the foot **Fußspur** *f* footprint **Fußstapfe** *f*, **Fußstapfen** *m* footprint; ***in jds*** (*Akk*) ***~n treten*** (*fig*) to follow in sb's footsteps **Fußstütze** *f* footrest **Fußtritt** *m* footstep; (≈ *Stoß*) kick; ***einen ~ bekommen*** (*fig*) to be kicked out (*umg*) **Fußweg** *m* **a**) (≈ *Pfad*) footpath; **b**) (≈ *Entfernung*) ***es sind nur 15 Minuten ~*** it's only 15 minutes' walk

Futter *n* **a**) (animal) food *od* feed; (*bes für Kühe, Pferde etc*) fodder; **b**) (≈ *Kleiderfutter*) lining **Futteral** *n* case

futtern (*hum umg*) **1.** *vi* to stuff oneself (*umg*) **2.** *vt* to scoff (*Brit umg*), to scarf *od* chow (*US umg*) **füttern** *vt* **a**) to feed; ***„Füttern verboten"*** "do not feed the animals"; **b**) *Kleidungsstück* to line **Futternapf** *m* bowl **Futterneid** *m* (*fig*) green-eyed monster (*hum*), jealousy **Fütterung** *f* feeding

Futur *n* GRAM future (tense) **futuristisch** *Adj* (≈ *zukunftsweisend*) futuristic **Futurologie** *f* futurology

G

G, g *n* G, g

Gabe *f* (≈ *Begabung*) gift

Gabel *f* fork; (≈ *Heugabel, Mistgabel*) pitchfork; TELEK rest, cradle **gabeln** *vr* to fork **Gabelstapler** *m* fork-lift truck **Gabelung** *f* fork

Gabentisch *m table for Christmas or birthday presents*

Gabun *n* Gabon

gackern *vi* to cackle

gaffen *vi* to gape (*nach* at) **Gaffer(in)** *m(f)* gaper

Gag *m* (≈ *Filmgag*) gag; (≈ *Werbegag*) gimmick; (≈ *Witz*) joke; (*umg* ≈ *Spaß*) laugh

Gage *f bes* THEAT fee; (≈ *regelmäßige Gage*) salary

gähnen *vi* to yawn; ***~de Leere*** total emptiness; ***ein ~des Loch*** a gaping hole

Gala *f* formal *od* evening *od* gala dress; MIL full *od* ceremonial *od* gala dress **Galaabend** *m* gala evening **Galaempfang** *m* formal reception

galaktisch *Adj* galactic

galant (*veralt*) **1.** *Adj* gallant **2.** *Adv* gallantly

Galauniform *f* MIL full dress uniform **Galavorstellung** *f* THEAT gala performance

Galaxis *f* ASTRON galaxy; (≈ *Milchstraße*) Galaxy, Milky Way

Galeere *f* galley

Galerie *f* gallery; ***auf der ~*** in the gallery

Galgen *m* gallows *Pl*, gibbet; FILM boom **Galgenfrist** *f* (*umg*) reprieve **Galgenhumor** *m* gallows humour (*Brit*) *od* humor (*US*)

Galionsfigur *f* figurehead

gälisch *Adj* Gaelic

Galle *f* (ANAT ≈ *Organ*) gall bladder; (≈ *Flüssigkeit*) bile; BOT, VET gall; (*fig* ≈ *Bosheit*) virulence; ***bitter wie ~*** bitter as gall; ***jdm kommt die ~ hoch*** sb's blood begins to boil **Gallenblase** *f* gall bladder **Gallenkolik** *f* gallstone colic **Gallenstein** *m* gallstone

Gallier(in) *m(f)* Gaul **gallisch** *Adj* Gallic

Gallone *f* gallon

Galopp *m* gallop; ***im ~*** (*wörtl*) at a gallop; (*fig*) at top speed; ***langsamer ~*** canter **galoppieren** *vi* to gallop; ***~de***

Inflation galloping inflation
Gamasche *f* gaiter; (≈ *Wickelgamasche*) puttee
Gambe *f* viola da gamba
Gameboy® *m* Gameboy® **Gameshow** *f* game show
Gammastrahlen *Pl* gamma rays *Pl*
gammelig *Adj* (*umg*) *Lebensmittel* old; *Kleidung* tatty (*umg*) **gammeln** *vi* (*umg*) to loaf around (*umg*) **Gammler(in)** *m(f)* long-haired layabout (*Brit*) *od* bum (*umg*)
Gamsbart *m*, *m tuft of hair from a chamois worn as a hat decoration*, shaving brush (*hum umg*) **Gamsbock** *m*, *m* chamois buck **Gämse** *f* chamois
gang *Adj* ***~ und gäbe sein*** to be quite usual
Gang *m* **a**) (≈ *Gangart*) walk, gait; **b**) (≈ *Besorgung*) errand; (≈ *Spaziergang*) walk; ***einen ~ zur Bank machen*** to pay a visit to the bank; **c**) (≈ *Ablauf*) course; ***der ~ der Ereignisse/der Dinge*** the course of events/things; ***seinen (gewohnten) ~ gehen*** (*fig*) to run its usual course; ***etw in ~ bringen*** *od* ***setzen*** to get *od* set sth going; ***etw in ~ halten*** to keep sth going; ***in ~ kommen*** to get going; ***in ~ sein*** to be going; (*fig*) to be under way; ***in vollem ~*** in full swing; ***es ist etwas im ~(e)*** (*umg*) something's up (*umg*); **d**) (≈ *Arbeitsgang*) operation; (*eines Essens*) course; ***ein Essen mit vier Gängen*** a four-course meal; **e**) (≈ *Verbindungsgang*) passage(way); (*in Gebäuden*) corridor; (≈ *Hausflur*) hallway; (*zwischen Sitzreihen*) aisle; **f**) MECH gear; ***den ersten ~ einlegen*** to engage first (gear); ***in die Gänge kommen*** (*fig*) to get started *od* going **Gangart** *f* walk; (*von Pferd*) gait, pace; ***eine harte ~*** (*fig*) a tough stance *od* line **gangbar** *Adj* (*wörtl*) *Weg, Brücke etc* passable; (*fig*) *Lösung, Weg* practicable
gängeln *vt* (*fig*) ***jdn ~*** to treat sb like a child; (*Mutter*) to keep sb tied to one's apron strings
gängig *Adj* (≈ *üblich*) common; (≈ *aktuell*) current
Gangschaltung *f* gears *Pl*
Gangster *m* gangster **Gangsterbande** *f* gang of criminals **Gangstermethoden** *Pl* strong-arm tactics *Pl*
Gangway *f* SEEF gangway; FLUG steps *Pl*
Ganove *m* (*umg*) crook; (*hum* ≈ *listiger Kerl*) sly old fox
Gans *f* goose; ***wie die Gänse schnattern*** to cackle away **Gänseblümchen** *n* daisy **Gänsebraten** *m* roast goose **Gänsefüßchen** *Pl* (*umg*) inverted commas *Pl* (*Brit*), quotation marks *Pl* **Gänsehaut** *f* (*fig*) goose pimples *Pl od* flesh (*Brit*), goose bumps *Pl*; ***eine ~ bekommen*** *od* ***kriegen*** (*umg*) to get goose pimples *etc* **Gänseleberpastete** *f* pâté de foie gras, goose-liver pâté **Gänsemarsch** *m* ***im ~*** in single *od* Indian file **Gänserich** *m* gander
ganz **1.** *Adj* **a**) whole, entire; (≈ *vollständig*) complete; ***~ England/London*** the whole of England/London (*Brit*), all (of) England/London; ***die ~e Zeit*** all the time, the whole time; ***sein ~es Geld*** all his money; ***seine ~e Kraft*** all his strength; ***ein ~er Mann*** a real man; ***im (Großen und) Ganzen*** on the whole; **b**) (*umg* ≈ *unbeschädigt*) intact; ***etw wieder ~ machen*** to mend sth **2.** *Adv* (≈ *völlig*) quite; (≈ *vollständig*) completely; (≈ *ziemlich*) quite; (≈ *sehr*) really; (≈ *genau*) exactly, just; ***~ hinten/vorn*** right at the back/front; ***nicht ~*** not quite; ***~ gewiss!*** most certainly, absolutely; ***ein ~ billiger Trick*** a really cheap trick; ***~ allein*** all alone; ***~ wie Sie meinen*** just as you think (best); ***~ und gar*** completely, utterly; ***~ und gar nicht*** not at all; ***ein ~ klein wenig*** just a little *od* tiny bit; ***das mag ich ~ besonders gerne*** I'm particularly *od* especially fond of that **Ganze(s)** *n* whole; ***etw als ~s sehen*** to see sth as a whole; ***das ~ kostet ...*** altogether it costs ...; ***aufs ~ gehen*** (*umg*) to go all out; ***es geht ums ~*** everything's at stake **Ganzheit** *f* (≈ *Einheit*) unity; (≈ *Vollständigkeit*) entirety; ***in seiner ~*** in its entirety **ganzheitlich** *Adj* (≈ *umfassend einheitlich*) integral; *Lernen* integrated; *Medizin* holistic **ganzjährig** *Adj*, *Adv* all (the) year round **gänzlich** *Adv* completely, totally **ganzseitig** *Adj Anzeige etc* full-page **ganztägig** *Adj* all-day; *Arbeit, Stelle* full-time; ***~ geöffnet*** open all day **ganztags** *Adv arbeiten* full-time **Ganztagsbeschäftigung** *f* full-time occupation **Ganztagsschule** *f* all-

G

-day school

gar 1. *Adv* ~ ***keines*** none at all *od* whatsoever; ~ ***nichts*** nothing at all *od* whatsoever; ~ ***nicht schlecht*** not bad at all 2. *Adj Speise* done *präd*, cooked

Garage *f* garage

Garant(in) *m(f)* guarantor **Garantie** *f* guarantee; (*auf Auto*) warranty; ***die Uhr hat ein Jahr*** ~ the watch is guaranteed for a year; ***unter*** ~ under guarantee **garantieren** 1. *vt* to guarantee (*jdm etw* sb sth) 2. *vi* to give a guarantee; ***für etw*** ~ to guarantee sth **garantiert** *Adv* guaranteed; (*umg*) I bet (*umg*); ***er kommt*** ~ ***nicht*** I bet he won't come (*umg*) **Garantieschein** *m* guarantee, certificate of guarantee (*förml*); (*für Auto*) warranty

Garbe *f* (≈ *Korngarbe*) sheaf

Garde *f* guard; ***die alte/junge*** ~ (*fig*) the old/young guard

Garderobe *f* **a)** (≈ *Kleiderbestand*) wardrobe (*Brit*); **b)** (≈ *Kleiderablage*) hall stand; (*im Theater, Kino etc*) cloakroom (*Brit*), checkroom (*US*); **c)** (THEAT ≈ *Umkleideraum*) dressing room **Garderobenfrau** *f* cloakroom (*Brit*) *od* checkroom (*US*) attendant **Garderobenmarke** *f* cloakroom (*Brit*) *od* checkroom (*US*) ticket **Garderobenständer** *m* hat stand (*Brit*), hat tree (*US*)

Gardine *f* curtain (*Brit*), drape (*US*); (≈ *Scheibengardine*) net (*Brit*) *od* café (*US*) curtain **Gardinenpredigt** *f* (*umg*) talking-to; ***jdm eine*** ~ ***halten*** to give sb a talking-to **Gardinenstange** *f* curtain rail; (*zum Ziehen*) curtain rod

garen KOCH *vti* to cook; (*auf kleiner Flamme*) to simmer

gären *vi* to ferment; ***in ihm gärt es*** he is in a state of inner turmoil

Garn *n* thread; ***ein*** ~ ***spinnen*** (*fig*) to spin a yarn

Garnele *f* ZOO prawn; (≈ *Granat*) shrimp

garnieren *vt* to decorate; *Gericht Reden etc* to garnish

Garnison *f* MIL garrison

Garnitur *f* **a)** (≈ *Satz*) set; ***die erste*** ~ (*fig*) the pick of the bunch; ***erste/zweite*** ~ ***sein*** to be first-rate *od* first-class/second-rate; **b)** (≈ *Besatz*) trimming

Garten *m* garden; (≈ *Obstgarten*) orchard; ***botanischer*** ~ botanic(al) gardens *Pl* **Gartenarbeit** *f* gardening *kein Pl* **Gartenbau** *m* horticulture **Gartengerät** *n* gardening tool *od* implement **Gartenhaus** *n* summer house **Gartenlokal** *n* beer garden; (≈ *Restaurant*) garden café **Gartenmöbel** *Pl* garden furniture **Gartenschere** *f* secateurs *Pl* (*Brit*), pruning shears *Pl*; (≈ *Heckenschere*) shears *Pl* **Gartenzaun** *m* garden fence **Gartenzwerg** *m* garden gnome **Gärtner(in)** *m(f)* gardener **Gärtnerei** *f* **a)** market garden (*Brit*), truck farm (*US*); **b)** (≈ *Gartenarbeit*) gardening **gärtnern** *vi* to garden

Gärung *f* fermentation

Garzeit *f* cooking time

Gas *n* gas; (AUTO ≈ *Gaspedal*) accelerator, gas pedal (*bes US*); ~ ***geben*** AUTO to accelerate; (*auf höhere Touren bringen*) to rev up **Gasbehälter** *m* gas holder, gasometer **Gasexplosion** *f* gas explosion **Gasfeuerzeug** *n* gas lighter **Gasflasche** *f* bottle of gas, gas canister **gasförmig** *Adj* gaseous, gasiform **Gashahn** *m* gas tap **Gasheizung** *f* gas (central) heating **Gasherd** *m* gas cooker **Gaskammer** *f* gas chamber **Gaskocher** *m* camping stove **Gasleitung** *f* (≈ *Rohr*) gas pipe; (≈ *Hauptrohr*) gas main **Gasmann** *m* gasman **Gasmaske** *f* gas mask **Gasometer** *m* gasometer **Gaspedal** *n* AUTO accelerator (pedal), gas pedal (*bes US*) **Gasrohr** *n* gas pipe; (≈ *Hauptrohr*) gas main

Gasse *f* lane; (≈ *Durchgang*) alley (-way) **Gassenjunge** *m* (*pej*) street urchin **Gassi** *Adv* (*umg*) ~ ***gehen*** to go walkies (*Brit umg*), to go for a walk

Gast *m* guest; (≈ *Tourist*) visitor; (*in einer Gaststätte*) customer; ***wir haben heute Abend Gäste*** we're having company this evening; ***bei jdm zu*** ~ ***sein*** to be sb's guest(s) **Gastarbeiter(in)** *m(f)* (*neg!*) immigrant *od* foreign worker **Gastdozent(in)** *m(f)* visiting *od* guest lecturer **Gästebett** *n* spare *od* guest bed **Gästebuch** *n* visitors' book **Gästehandtuch** *n* guest towel **Gästehaus** *n* guest house **Gästeliste** *f* guest list **Gäste-WC** *n* guest toilet **Gästezimmer** *n* guest *od* spare room **gastfreundlich** *Adj* hospitable **Gastfreundlichkeit** *f*, **Gastfreundschaft** *f* hospitality **gastgebend** *Adj Land*, *Theater* host *attr*; *Mannschaft* home *attr* **Gastgeber** *m* host **Gastgeberin** *f* hostess **Gasthaus** *n*, **Gasthof** *m* inn **Gasthörer(in)** *m(f)* UNI observer, auditor (*US*) **gastieren** *vi* to guest **Gastland** *n* host country **gastlich** *Adj* hospitable **Gastlichkeit** *f* hospitality **Gastrecht** *n* right to hospitality

Gastritis *f* gastritis

Gastronom(in) *m(f)* (≈ *Gastwirt*) restaurateur; (≈ *Koch*) cuisinier, cordon bleu cook (*bes Brit*) **Gastronomie** *f* (*förml* ≈ *Gaststättengewerbe*) catering trade; (*geh* ≈ *Kochkunst*) gastronomy **gastronomisch** *Adj* gastronomic

Gastspiel *n* THEAT guest performance; SPORT away match **Gaststätte** *f* (≈ *Restaurant*) restaurant; (≈ *Trinklokal*) pub (*Brit*), bar **Gaststättengewerbe** *n* catering trade **Gaststube** *f* lounge

Gasturbine *f* gas turbine

Gastwirt *m* (*Besitzer*) restaurant owner *od* proprietor; (*Pächter*) restaurant manager; (*von Kneipe*) landlord **Gastwirtin** *f* (*Besitzerin*) restaurant owner *od* proprietress; (*Pächterin*) restaurant manageress; (*von Kneipe*) landlady **Gastwirtschaft** *f* = ***Gaststätte***

Gasuhr *f* gas meter **Gasvergiftung** *f* gas poisoning **Gasversorgung** *f* (≈ *System*) gas supply (+*Gen* to) **Gaswerk** *n* gasworks *Sg od Pl* **Gaszähler** *m* gas meter

Gatte *m* (*förml*) husband, spouse (*förml*)

Gatter *n* (≈ *Tür*) gate; (≈ *Zaun*) fence; (≈ *Rost*) grating, grid

Gattin *f* (*förml*) wife, spouse (*förml*)

Gattung *f* BIOL genus; LITERATUR, MUS, KUNST genre; (*fig* ≈ *Sorte*) type, kind **Gattungsbegriff** *m* generic concept

GAU *m*, *Abk von* ***größter anzunehmender Unfall*** MCA, maximum credible accident; (*fig umg*) worst-case scenario

Gaudi *n* (*umg*) fun

Gaukler(in) *m(f)* (*lit*) travelling (*Brit*) *od* traveling (*US*) entertainer; (*fig*) storyteller

Gaul *m* (*pej*) nag, hack

Gaumen *m* palate

Gauner *m* rogue, scoundrel; (≈ *Betrüger*) crook; (*umg* ≈ *gerissener Kerl*) cunning devil (*umg*) **Gaunerin** *f* rascal; (≈ *Betrügerin*) crook **Gaunersprache** *f* underworld jargon

Gazastreifen *m* Gaza Strip

Gaze *f* gauze

Gazelle *f* gazelle

geartet *Adj* ***gutmütig ~ sein*** to be good-natured; ***freundlich ~ sein*** to have a friendly nature

Geäst *n* branches *Pl*

Gebäck *n* (≈ *Kekse*) biscuits *Pl* (*Brit*), cookies *Pl* (*US*); (≈ *süße Teilchen*) pastries *Pl*

Gebälk *n* timbers *Pl*

geballt *Adj* (≈ *konzentriert*) concentrated; ***die Probleme treten jetzt ~ auf*** the problems are piling up now; → ***ballen***

Gebärde *f* gesture **gebärden** *vr* to behave **Gebärdensprache** *f* gestures *Pl*; (≈ *Zeichensprache*) sign language

Gebaren *n* behaviour (*Brit*), behavior (*US*); (HANDEL ≈ *Geschäftsgebaren*) conduct

gebären **1.** *vt* to give birth to; ***geboren werden*** to be born; ***wo sind Sie geboren?*** where were you born?; → ***geboren*** **2.** *vi* to give birth **Gebärmutter** *f* ANAT womb, uterus **Gebärmutterhals** *m* cervix **Gebärmutterkrebs** *m* cervical cancer

Gebarung *f* (*österr* HANDEL ≈ *Geschäftsgebaren*) conduct

Gebäude *n* building; (*fig* ≈ *Gefüge*) structure **Gebäudekomplex** *m* building complex

gebaut *Adj* built; ***gut ~ sein*** to be well-built; → ***bauen***

Gebell *n* barking

geben **1.** *vt* **a)** to give; ***was darf ich Ihnen ~?*** what can I get you?; ***~ Sie mir bitte zwei Flaschen Bier*** I'd like two bottles of beer, please; ***~ Sie mir bitte Herrn Lang*** TELEK can I speak to Mr Lang please?; ***ich gäbe viel darum, zu ...*** I'd give a lot to ...; ***gibs ihm (tüchtig)!*** (*umg*) let him have it! (*umg*); ***das Buch hat mir viel gegeben*** I got a lot out of the book; → ***gegeben***; **b)** (≈ *übergeben*) ***ein Auto in Reparatur ~*** to have a car repaired; ***ein Kind in Pflege ~*** to put a child in care; **c)** (≈ *veranstalten*) *Konzert*, *Fest* to give; ***was wird heute im Thea-***

ter gegeben? what's on at the theatre (*Brit*) *od* theater (*US*) today?; **d)** (≈ *unterrichten*) to teach; ***er gibt Nachhilfeunterricht*** he does tutoring; **e)** ***viel/nicht viel auf etw*** (*Akk*) **~** to set great/little store by sth; ***ich gebe nicht viel auf seinen Rat*** I don't think much of his advice; ***etw von sich ~*** *Laut, Worte, Flüche* to utter; *Meinung* to express **2.** *vi* **a)** KARTEN to deal; ***wer gibt?*** whose turn is it to deal?; **b)** (SPORT ≈ *Aufschlag haben*) to serve **3.** *vi unpers* ***es gibt*** there is; (+*Pl*) there are; ***gibt es einen Gott?*** is there a God?; ***es wird noch Ärger ~*** there'll be trouble (yet); ***was gibts zum Mittagessen?*** what's for lunch?; ***es gibt gleich Mittagessen!*** it's nearly time for lunch!; ***was gibts?*** what's the matter?, what is it?; ***das gibts doch nicht!*** I don't believe it!; ***das hat es ja noch nie gegeben!*** it's unbelievable!; ***so was gibts bei uns nicht!*** (*umg*) that's just not on! (*umg*); ***gleich gibts was!*** (*umg*) there's going to be trouble! **4.** *vr* ***sich ~*** (≈ *nachlassen, Regen*) to ease off; (*Schmerzen*) to ease; (*Begeisterung*) to cool; (*freches Benehmen*) to lessen; (≈ *sich erledigen*) to sort itself out; (≈ *aufhören*) to stop; ***das wird sich schon ~*** it'll all work out; ***nach außen gab er sich heiter*** outwardly he seemed quite cheerful **Geber(in)** *m(f)* giver; KARTEN dealer

Gebet *n* prayer; ***jdn ins ~ nehmen*** (*fig*) to take sb to task; (*iron*: *bei Polizeiverhör etc*) to put pressure on sb **Gebetbuch** *n* prayer book

gebeugt *Adj Haltung* stooped; *Kopf* bowed; → ***beugen***

Gebiet *n* **a)** area, region; (≈ *Staatsgebiet*) territory; **b)** (*fig* ≈ *Fach*) field; (≈ *Teilgebiet*) branch; ***auf diesem ~*** in this field **gebieten** (*geh*) **1.** *vt* (≈ *verlangen*) to demand; ***jdm etw ~*** to command sb to do sth **2.** *vi* ***über etw*** (*Akk*) ***~*** *über Geld etc* to have sth at one's disposal; → ***geboten*** **Gebietsanspruch** *m* territorial claim **gebietsweise** *Adv* in some areas

Gebilde *n* (≈ *Ding*) thing; (≈ *Gegenstand*) object; (≈ *Bauwerk*) construction

gebildet *Adj* educated; (≈ *gelehrt*) learned; (≈ *kultiviert*) cultured; → ***bilden***

Gebinde *n* (≈ *Blumengebinde*) arrangement; (≈ *Blumenkranz*) wreath

Gebirge *n* mountains *Pl*, mountain range **gebirgig** *Adj* mountainous **Gebirgskette** *f* mountain range **Gebirgslandschaft** *f* (≈ *Gegend*) mountainous region; (≈ *Ausblick*) mountain scenery **Gebirgszug** *m* mountain range

Gebiss *n* (≈ *die Zähne*) (set of) teeth *Pl*; (≈ *künstliches Gebiss*) dentures *Pl*

Gebläse *n* blower

geblümt *Adj* flowered

Geblüt *n* (*geh*) (≈ *Abstammung*) descent; (*fig* ≈ *Blut*) blood; ***von edlem ~*** of noble blood

gebongt *Adj* (*umg*) ***das ist ~*** okey-doke (*umg*)

geboren *Adj* born; ***er ist blind ~*** he was born blind; ***~er Engländer sein*** to be English by birth; ***er ist der ~e Erfinder*** he's a born inventor; ***Hanna Schmidt ~e Müller*** Hanna Schmidt, née Müller

geborgen *Adj* ***sich ~ fühlen*** to feel secure **Geborgenheit** *f* security

Gebot *n* **a)** (≈ *Gesetz*) law; (≈ *Vorschrift*) rule; BIBEL commandment; **b)** (*geh* ≈ *Erfordernis*) requirement; ***das ~ der Stunde*** the needs of the moment; **c)** (HANDEL: *bei Auktionen*) bid

geboten *Adj* (*geh*) (≈ *ratsam*) advisable; (≈ *notwendig*) necessary; (≈ *dringend geboten*) imperative; → ***bieten, gebieten*** **Gebotsschild** *n* sign giving orders

gebrannt *Adj* ***~e Mandeln*** *pl* burnt (*Brit*) *od* baked (*US*) almonds *Pl*; ***~er Ton*** fired clay; ***~es Kind scheut das Feuer*** (*Sprichw*) once bitten, twice shy (*Sprichw*)

Gebrauch *m* (≈ *Benutzung*) use; (*eines Wortes*) usage; (≈ *Anwendung*) application; (≈ *Brauch*) custom; ***von etw ~ machen*** to make use of sth; ***in ~ sein*** to be in use **gebrauchen** *vt* (≈ *benutzen*) to use; (≈ *anwenden*) to apply; ***sich zu etw ~ lassen*** to be useful for sth; (≈ *missbrauchen*) to be used as sth; ***nicht mehr zu ~ sein*** to be useless; ***er/das ist zu nichts zu ~*** he's/that's absolutely useless; ***das kann ich gut ~*** I can really use that; ***ich könnte ein neues Kleid ~*** I could use a new dress **gebräuchlich** *Adj*

(≈ *verbreitet*) common; (≈ *gewöhnlich*) usual, customary **Gebrauchsanweisung** *f* (*für Arznei*) directions *Pl*; (*für Geräte etc*) instructions *Pl* (for use) **Gebrauchsartikel** *m* article for everyday use; (*Pl*: *bes* HANDEL) basic consumer goods *Pl* **Gebrauchsgegenstand** *m* commodity; (≈ *Werkzeug*, *Küchengerät*) utensil **Gebrauchsgut** *n* consumer item **Gebrauchsmuster** *n* registered pattern *od* design **gebraucht** **1.** *Adj* second-hand; *Verpackung* used **2.** *Adv* ***etw ~ kaufen*** to buy sth second-hand; → ***brauchen*** **Gebrauchtwagen** *m* used *od* second-hand car **Gebrauchtwagenhändler(in)** *m(f)* used *od* second-hand car dealer

gebräunt *Adj* (≈ *braun gebrannt*) (sun-)tanned; → ***bräunen***

Gebrechen *n* (*geh*) affliction **gebrechlich** *Adj* frail; (≈ *altersschwach*) infirm **gebrochen** **1.** *Adj* broken; ***~e Zahl*** MATHE fraction; ***mit ~em Herzen*** broken-hearted **2.** *Adv* ***~ Deutsch sprechen*** to speak broken German

Gebrüder *Pl* HANDEL Brothers *Pl*; ***~ Müller*** Müller Brothers

Gebrüll *n* (*von Löwe*) roar; (*von Mensch*) yelling

gebückt **1.** *Adj* ***eine ~e Haltung*** a stoop **2.** *Adv* ***~ gehen*** to stoop; → ***bücken***

Gebühr *f* **a)** charge; (≈ *Postgebühr*) postage *kein Pl*; (≈ *Studiengebühr*) fees *Pl*; (≈ *Vermittlungsgebühr*) commission; (≈ *Straßenbenutzungsgebühr*) toll; ***~en erheben*** to make a charge; ***~ (be)zahlt Empfänger*** postage to be paid by addressee; **b)** (≈ *Angemessenheit*) ***nach ~*** suitably, properly; ***über ~*** excessively **gebühren** (*geh*) **1.** *vi* ***das gebührt ihm*** (≈ *steht ihm zu*) it is his (just) due; (≈ *gehört sich für ihn*) it befits him **2.** *vr* to be proper; ***wie es sich gebührt*** as is proper **gebührend** **1.** *Adj* (≈ *verdient*) due; (≈ *angemessen*) suitable; (≈ *geziemend*) proper **2.** *Adv* duly, suitably; ***etw ~ feiern*** to celebrate sth in a fitting manner **Gebühreneinheit** *f* TELEK (tariff) unit **Gebührenerhöhung** *f* increase in charges **gebührenfrei** **1.** *Adj* free of charge; *Telefonnummer* Freefone® (*Brit*), toll-free (*US*) **2.** *Adv* free of charge **Gebührenordnung** *f* scale of charges **gebührenpflichtig** **1.** *Adj* subject to a charge; *Autobahnbenutzung* subject to a toll; ***~e Verwarnung*** JUR fine; ***~e Autobahn*** toll road (*Brit*), turnpike (*US*) **2.** *Adv* ***jdn ~ verwarnen*** to fine sb

gebunden *Adj* tied (*an +Akk* to); (*durch Verpflichtungen etc*) tied down; *Kapital* tied up; LING, PHYS, CHEM bound; *Buch* cased, hardback; *Wärme* latent; MUS legato; ***vertraglich ~ sein*** to be bound by contract

Geburt *f* birth; ***von ~*** by birth; ***von ~ an*** from birth; ***bei der ~ sterben*** (*Mutter*) to die in childbirth; (*Kind*) to die at birth; ***das war eine schwere ~!*** (*fig umg*) that took some doing (*umg*) **Geburtendefizit** *n* birth deficit **Geburtenkontrolle** *f*, **Geburtenregelung** *f* birth control **Geburtenrate** *f* birthrate **Geburtenrückgang** *m* drop in the birthrate **geburtenschwach** *Adj Jahrgang* with a low birthrate **geburtenstark** *Adj Jahrgang* with a high birthrate **Geburtenüberschuss** *m* excess of births over deaths **Geburtenziffer** *f* birthrate **gebürtig** *Adj* ***~er Londoner sein*** to have been born in London **Geburtsanzeige** *f* birth announcement **Geburtsdatum** *n* date of birth **Geburtshaus** *n* ***das ~ Kleists*** the house where Kleist was born **Geburtshelfer(in)** *m(f)* (MED ≈ *Arzt*) obstetrician; (≈ *Hebamme*) midwife **Geburtsjahr** *n* year of birth **Geburtsname** *m* birth name; (*von Frau auch*) maiden name **Geburtsort** *m* birthplace **Geburtstag** *m* birthday; (*auf Formularen*) date of birth; ***jdm zum ~ gratulieren*** to wish sb (a) happy birthday; ***heute habe ich ~*** it's my birthday today **Geburtstagsfeier** *f* birthday party **Geburtstagskind** *n* birthday boy/girl **Geburtsurkunde** *f* birth certificate

Gebüsch *n* bushes *Pl*; (≈ *Unterholz*) undergrowth, brush

gedacht *Adj Linie*, *Fall* imaginary **Gedächtnis** *n* memory; ***etw aus dem ~ hersagen*** to recite sth from memory; ***jdm im ~ bleiben*** to stick in sb's mind; ***etw im ~ behalten*** to remember sth **Gedächtnislücke** *f* gap in one's memory **Gedächtnisschwund** *m* amnesia

gedämpft *Adj* **a)** (≈ *vermindert*) *Ge-*

G

räusch muffled; *Farben*, *Stimmung* muted; *Optimismus* cautious; *Licht*, *Freude* subdued; ***mit ~er Stimme*** in a low voice; **b)** KOCH steamed; → ***dämpfen***

Gedanke *m* thought (*über +Akk* on, about); (≈ *Idee*, *Plan*) idea; (≈ *Konzept*) concept; ***der bloße ~ an ...*** the mere thought of ...; ***in ~n vertieft sein*** to be deep in thought; ***jdn auf andere ~n bringen*** to take sb's mind off things; ***sich*** (*Dat*) ***über etw*** (*Akk*) ***~n machen*** to think about sth; (≈ *sich sorgen*) to worry about sth; ***etw ganz in ~n*** (*Dat*) ***tun*** to do sth (quite) without thinking; ***jds ~n lesen*** to read sb's mind *od* thoughts; ***auf dumme ~n kommen*** (*umg*) to get up to mischief; ***mit dem ~n spielen, etw zu tun*** to toy with the idea of doing sth **Gedankenaustausch** *m* POL exchange of ideas **gedankenlos** *Adj* (≈ *unüberlegt*) unthinking; (≈ *zerstreut*) absent-minded; (≈ *rücksichtslos*) thoughtless **Gedankenlosigkeit** *f* (≈ *Unüberlegtheit*) lack of thought; (≈ *Zerstreutheit*) absent-mindedness; (≈ *Rücksichtslosigkeit*) thoughtlessness **Gedankenspiel** *n* intellectual game; (*als psychologische Taktik*) mind game **Gedankenstrich** *m* dash **Gedankenübertragung** *f* telepathy **gedanklich** *Adj* intellectual; (≈ *vorgestellt*) imaginary

Gedeck *n* **a)** (≈ *Tischgedeck*) cover; ***ein ~ auflegen*** to lay (*Brit*) *od* set a place; **b)** (≈ *Menü*) set meal, table d'hôte; **c)** (*im Nachtklub*) cover charge **gedeckt** *Adj Farben* muted; *Tisch* set *od* laid (*Brit*) for a meal; → ***decken***

Gedeih *m* ***auf ~ und Verderb*** for better or (for) worse **gedeihen** *vi* to thrive; (*geh* ≈ *sich entwickeln*) to develop; (*fig* ≈ *vorankommen*) to make progress

gedenken *vi +Gen* **a)** (*geh*) (≈ *denken an*) to remember; **b)** (≈ *feiern*) to commemorate **Gedenken** *n* memory (*an +Akk* of); ***zum*** *od* ***im ~ an jdn*** in memory of sb **Gedenkfeier** *f* commemoration **Gedenkminute** *f* minute's silence **Gedenkmünze** *f* commemorative coin **Gedenkstätte** *f* memorial **Gedenkstunde** *f* hour of commemoration **Gedenktafel** *f* plaque **Gedenktag** *m* commemoration day

Gedicht *n* poem; ***der Nachtisch ist ein ~*** (*umg*) the dessert is sheer poetry **Gedichtband** *m* book of poems *od* poetry

gediegen *Adj* **a)** *Metall* pure; **b)** (*von guter Qualität*) high-quality; (≈ *geschmackvoll*) tasteful; (≈ *rechtschaffen*) upright; *Kenntnisse* sound

gedopt *Adj* ***er war ~*** he had taken drugs; → ***dopen***

Gedränge *n* (≈ *Menschenmenge*) crowd, crush; (≈ *Drängeln*) jostling; RUGBY scrum(mage); ***ins ~ kommen*** (*fig*) to get into a fix (*umg*) **Gedrängel** *n* (*umg*) (≈ *Drängeln*) shoving (*umg*) **gedrängt 1.** *Adj* packed; (*fig*) *Stil* terse **2.** *Adv* ***~ voll*** packed full; ***~ stehen*** to be crowded together; → ***drängen***

gedruckt *Adj* printed; ***lügen wie ~*** (*umg*) to lie right, left and centre (*Brit umg*) *od* center (*US umg*); → ***drucken***

gedrückt *Adj Stimmung* depressed; ***~er Stimmung sein*** to feel depressed; → ***drücken***

gedrungen *Adj Gestalt* stocky

Geduld *f* patience; ***mit jdm/etw ~ haben*** to be patient with sb/sth; ***ich verliere die ~*** my patience is wearing thin **gedulden** *vr* to be patient **geduldig 1.** *Adj* patient **2.** *Adv* patiently **Geduldsprobe** *f* ***das war eine harte ~*** it was enough to try anyone's patience

geehrt *Adj* honoured (*Brit*), honored (*US*); ***sehr ~e Damen und Herren*** Ladies and Gentlemen; (*in Briefen*) Dear Sir or Madam; → ***ehren***

geeignet *Adj* (≈ *passend*) suitable; (≈ *richtig*) right; ***er ist zu dieser Arbeit nicht ~*** he's not suited to this work; ***er wäre zum Lehrer gut ~*** he would make a good teacher; → ***eignen***

Gefahr *f* **a)** danger (*für* to, for); (≈ *Bedrohung*) threat (*für* to, for); ***in ~ sein*** to be in danger; (≈ *bedroht*) to be threatened; ***außer ~*** out of danger; ***sich einer ~ aussetzen*** to put oneself in danger; **b)** (≈ *Risiko*) risk (*für* to, for); ***auf eigene ~*** at one's own risk *od* (*stärker*) peril; ***auf die ~ hin, etw zu tun*** at the risk of doing sth; ***~ laufen, etw zu tun*** to run the risk of doing sth **gefährden** *vt* to endanger; (≈ *bedrohen*) to threaten; (≈ *aufs Spiel setzen*) to put at risk **gefährdet** *Adj Tierart* endangered; *Ehe*, *Bevölkerungs-*

gruppe, *Gebiet* at risk *präd* **Gefährdung** *f* **a)** (≈ *das Gefährden*) endangering; (≈ *das Riskieren*) risking; **b)** (≈ *Gefahr*) danger (+*Gen* to) **Gefahrenherd** *m* danger area **Gefahrenzulage** *f* danger money **gefährlich 1.** *Adj* dangerous **2.** *Adv* dangerously **Gefährlichkeit** *f* dangerousness **gefahrlos 1.** *Adj* safe; (≈ *harmlos*) harmless **2.** *Adv* safely; (≈ *harmlos*) harmlessly

Gefährte *m*, **Gefährtin** *f* (*geh*) companion

Gefälle *n* **a)** (*von Fluss*) drop, fall; (*von Land*, *Straße*) slope; (≈ *Neigungsgrad*) gradient; ***ein ~ von 10%*** a gradient of 10%; **b)** (*fig* ≈ *Unterschied*) difference; ***das Nord-Süd-~*** the North-South divide

gefallen *vi* to please (*jdm* sb); ***es gefällt mir (gut)*** I like it (very much *od* a lot); ***das gefällt mir gar nicht*** I don't like it at all; ***das gefällt mir schon besser*** (*umg*) that's more like it (*umg*); ***er gefällt mir gar nicht*** (*umg*: *gesundheitlich*) I don't like the look of him (*umg*); ***sich (Dat) etw ~ lassen*** (≈ *dulden*) to put up with sth

Gefallen[1] *n* (*geh*) pleasure; ***an etw (Dat) ~ finden*** to get pleasure from sth

Gefallen[2] *m* favour (*Brit*), favor (*US*); ***jdn um einen ~ bitten*** to ask sb a favo(u)r; ***jdm einen ~ tun*** to do sb a favo(u)r

Gefallene(r) *mf* soldier killed in action

gefällig *Adj* **a)** (≈ *hilfsbereit*) obliging; ***jdm ~ sein*** to oblige sb; **b)** (≈ *ansprechend*) pleasing; (≈ *freundlich*) pleasant; **c)** ***Zigarette ~?*** (*förml*) would you care for a cigarette? **Gefälligkeit** *f* **a)** (≈ *Gefallen*) favour (*Brit*), favor (*US*); ***jdm eine ~ erweisen*** to do sb a favo(u)r; **b)** ***etw aus ~ tun*** to do sth out of the kindness of one's heart **gefälligst** *Adv* (*umg*) kindly; ***sei ~ still!*** kindly keep your mouth shut! (*umg*)

Gefangenenlager *n* prison camp **Gefangene(r)** *mf* captive; (≈ *Sträfling*, *fig*) prisoner **gefangen halten** *vt* to hold prisoner; *Geiseln* to hold; *Tiere* to keep in captivity; (*fig*) to captivate **Gefangennahme** *f* capture; (≈ *Verhaftung*) arrest **gefangen nehmen** *vt* to take captive; (≈ *verhaften*) to arrest; MIL to take prisoner; (*fig*) to captivate **Gefangenschaft** *f* captivity; ***in ~ geraten*** to be taken prisoner **Gefängnis** *n* prison, jail; (≈ *Gefängnisstrafe*) imprisonment; ***zwei Jahre ~ bekommen*** to get two years in prison **Gefängnisstrafe** *f* prison sentence; ***eine ~ von zehn Jahren*** ten years' imprisonment **Gefängniswärter(in)** *m(f)* warder (*Brit*), prison officer *od* guard **Gefängniszelle** *f* prison cell

gefärbt *Adj* dyed; *Lebensmittel* artificially coloured (*Brit*) *od* colored (*US*); ***konservativ ~ sein*** to have a conservative bias; → ***färben***

Gefasel *n* (*pej*) drivel (*umg*)

Gefäß *n* vessel (*auch* ANAT, BOT); (≈ *Behälter*) receptacle

gefasst 1. *Adj* (≈ *ruhig*) composed, calm; *Stimme* calm; ***sich auf etw (Akk) ~ machen*** to prepare oneself for sth; ***er kann sich auf etwas ~ machen*** (*umg*) I'll give him something to think about (*umg*) **2.** *Adv* (≈ *beherrscht*) calmly; → ***fassen***

Gefecht *n* battle; ***jdn außer ~ setzen*** to put sb out of action; ***im Eifer des ~s*** (*fig*) in the heat of the moment **gefechtsbereit** *Adj* ready for battle; (≈ *einsatzfähig*) (fully) operational **Gefechtskopf** *m* warhead

gefeiert *Adj* celebrated; → ***feiern***

gefeit *Adj* ***gegen etw ~ sein*** to be immune to sth

gefestigt *Adj* established; *Charakter* steady; → ***festigen***

Gefieder *n* plumage **gefiedert** *Adj* feathered; *Blatt* pinnate

Geflecht *n* network; (≈ *Gewebe*) weave; (≈ *Rohrgeflecht*) wickerwork

gefleckt *Adj* spotted; *Vogel* speckled; *Haut* blotchy

Geflügel *n* poultry *kein Pl* **Geflügelfleisch** *n* poultry **Geflügelschere** *f* poultry shears *Pl* **geflügelt** *Adj* winged; ***~e Worte*** standard quotations **Geflügelzucht** *f* poultry farming

Geflüster *n* whispering

Gefolge *n* retinue, entourage; (≈ *Trauergefolge*) cortege; (*fig*) wake; ***im ~*** in the wake (+*Gen* of) **Gefolgschaft** *f* **a)** (≈ *die Anhänger*) following; **b)** (≈ *Treue*) allegiance **Gefolgsmann** *m* follower

gefragt *Adj* *Waren*, *Sänger etc* in de-

mand *präd*; → ***fragen***
gefräßig *Adj* gluttonous; (*fig geh*) voracious **Gefräßigkeit** *f* gluttony; (*fig geh*) voracity
Gefreite(r) *mf* MIL private; FLUG aircraftman first class (*Brit*), airman first class (*US*)
gefreut *Adj* (*schweiz* ≈ *angenehm*) pleasant
Gefrierbeutel *m* freezer bag **gefrieren** *vi* to freeze **Gefrierfach** *n* freezer compartment, icebox (*bes US*) **gefriergetrocknet** *Adj* freeze-dried **Gefrierkost** *f* frozen food **Gefrierpunkt** *m* freezing point; (*von Thermometer*) zero; ***auf dem ~ stehen*** to be at freezing point/zero **Gefrierschrank** *m* (upright) freezer **Gefriertruhe** *f* freezer
Gefüge *n* structure
gefügig *Adj* (≈ *willfährig*) submissive; (≈ *gehorsam*) obedient; ***jdn ~ machen*** to make sb bend to one's will
Gefühl *n* feeling; (≈ *Emotionalität*) sentiment; ***etw im ~ haben*** to have a feel for sth; ***ich habe das ~, dass ...*** I have the feeling that ...; ***jds ~e verletzen*** to hurt sb's feelings; ***ein ~ für Gerechtigkeit*** a sense of justice **gefühllos** *Adj* insensitive; (≈ *mitleidlos*) callous; *Glieder* numb **Gefühllosigkeit** *f* insensitivity; (≈ *Mitleidlosigkeit*) callousness; (*von Gliedern*) numbness **gefühlsarm** *Adj* unemotional **Gefühlsausbruch** *m* emotional outburst **gefühlsbedingt** *Adj* emotional **gefühlsbetont** *Adj* emotional **Gefühlsduselei** *f* (*pej*) mawkishness **Gefühlslage** *f* emotional state **Gefühlsleben** *n* emotional life **gefühlsmäßig 1.** *Adj* instinctive **2.** *Adv* instinctively **Gefühlsmensch** *m* emotional person **Gefühlssache** *f* matter of feeling **gefühlvoll 1.** *Adj* **a)** (≈ *empfindsam*) sensitive; (≈ *ausdrucksvoll*) expressive; **b)** (≈ *liebevoll*) loving **2.** *Adv* with feeling; (≈ *ausdrucksvoll*) expressively
gefüllt *Adj Paprikaschoten etc* stuffed; *Brieftasche* full; ***~e Pralinen*** chocolates with soft centres (*Brit*), candies with soft centers (*US*); → ***füllen***
gefunden *Adj* ***das war ein ~es Fressen für ihn*** that was handing it to him on a plate
gefürchtet *Adj* dreaded *mst attr*; → ***fürchten***
gegeben *Adj* given; ***bei der ~en Situation*** given this situation; ***etw als ~ voraussetzen*** to assume sth; ***zu ~er Zeit*** in due course **gegebenenfalls** *Adv* should the situation arise; (≈ *wenn nötig*) if need be; (≈ *eventuell*) possibly; VERW if applicable **Gegebenheit** *f* (actual) fact; (≈ *Realität*) actuality; (≈ *Zustand*) condition; ***sich mit den ~en abfinden*** to come to terms with the facts as they are
gegen *Präp +Akk* **a)** (≈ *wider*) against; ***X ~ Y*** SPORT, JUR X versus Y; ***haben Sie ein Mittel ~ Schnupfen?*** do you have anything for colds?; ***etwas/nichts ~ jdn/etw haben*** to have something/nothing against sb/sth; **b)** (≈ *in Richtung auf*) towards, toward (*US*); (≈ *nach*) to; ***~ einen Baum rennen*** to run into a tree; **c)** (≈ *ungefähr*) round about, around; ***~ 5 Uhr*** around 5 o'clock; **d)** (≈ *gegenüber*) towards, to; ***sie ist immer fair ~ mich gewesen*** she's always been fair to me; **e)** (≈ *im Austausch für*) for; ***~ bar*** for cash; ***~ Quittung*** against a receipt; **f)** (≈ *verglichen mit*) compared with **Gegenangebot** *n* counteroffer **Gegenangriff** *m* counterattack **Gegenanzeige** *f* MED contraindication **Gegenargument** *n* counterargument **Gegenbeispiel** *n* counterexample **Gegenbeweis** *m* counterevidence *kein unbest Artikel, kein Pl*; ***den ~ zu etw antreten*** to produce evidence to counter sth
Gegend *f* area; (≈ *geografisches Gebiet*) region; ***hier in der ~*** (a)round here
Gegendarstellung *f* reply
gegeneinander *Adv* against each other *od* one another **gegeneinanderprallen** *vi* to collide **gegeneinanderstellen** *vt* (*fig*) to compare
Gegenfahrbahn *f* oncoming lane **Gegenfrage** *f* counterquestion **Gegengewicht** *n* counterbalance **Gegengift** *n* antidote (*gegen* to) **Gegenkandidat(in)** *m(f)* rival candidate **Gegenleistung** *f* service in return; ***als ~ für etw*** in return for sth **Gegenlicht** *n* ***bei ~ Auto fahren*** to drive with the light in one's eyes; ***etw bei*** *od* ***im ~ aufnehmen*** FOTO to take a backlit photo (-graph) of sth **Gegenliebe** *f* (*fig* ≈ *Zustimmung*) approval **Gegenmaßnah-**

me *f* countermeasure **Gegenmittel** *n* MED antidote (*gegen* to) **Gegenoffensive** *f* counteroffensive **Gegenpol** *m* counterpole; (*fig*) antithesis (*zu* of, to) **Gegenprobe** *f* crosscheck **Gegenrichtung** *f* opposite direction

Gegensatz *m* contrast; (≈ *Gegenteil*) opposite; (≈ *Unvereinbarkeit*) conflict; ***Gegensätze*** (≈ *Meinungsverschiedenheiten*) differences *Pl*; ***im ~ zu*** unlike, in contrast to; ***einen krassen ~ zu etw bilden*** to contrast sharply with sth; ***im ~ zu etw stehen*** to conflict with sth **gegensätzlich** **1.** *Adj* (≈ *konträr*) contrasting; (≈ *widersprüchlich*) opposing; (≈ *unterschiedlich*) different; (≈ *unvereinbar*) conflicting **2.** *Adv* ***sie verhalten sich völlig ~*** they behave in totally different ways

Gegenschlag *m* MIL reprisal; (*fig*) retaliation *kein Pl*; ***zum ~ ausholen*** to prepare to retaliate **Gegenseite** *f* other side **gegenseitig** **1.** *Adj* mutual **2.** *Adv* each other, one another; ***sich ~ ausschließen*** to be mutually exclusive **Gegenseitigkeit** *f* mutuality; ***ein Vertrag auf ~*** a reciprocal treaty; ***das beruht auf ~*** the feeling is mutual **Gegenspieler(in)** *m(f)* opponent; LITERATUR antagonist **Gegensprechanlage** *f* (two-way) intercom

Gegenstand *m* (≈ *Ding*) object, thing; (WIRTSCH ≈ *Artikel*) article; (≈ *Thema*) subject; ***~ des Gespötts*** object of ridicule **gegenständlich** *Adj* concrete; KUNST representational; (≈ *anschaulich*) graphic(al) **gegenstandslos** *Adj* (≈ *überflüssig*) redundant, unnecessary; (≈ *grundlos*) unfounded; (≈ *hinfällig*) irrelevant; KUNST abstract

gegensteuern *vi* AUTO to steer in the opposite direction; (*fig*) to take countermeasures **Gegenstimme** *f* PARL vote against; ***der Antrag wurde ohne ~n angenommen*** the motion was carried unanimously **Gegenstück** *n* opposite; (≈ *passendes Gegenstück*) counterpart

Gegenteil *n* opposite (*von* of); ***im ~!*** on the contrary!; ***ganz im ~*** quite the reverse; ***ins ~ umschlagen*** to swing to the other extreme **gegenteilig** **1.** *Adj Ansicht, Wirkung* opposite, contrary; ***eine ~e Meinung*** a contrary opinion **2.** *Adv* ***sich ~ entscheiden*** to come to a different decision

Gegentor *n* (*bes* FUSSB, SPORT) ***ein ~ hinnehmen müssen*** to concede a goal; ***ein ~ erzielen*** to score

gegenüber **1.** *Präp +Dat* **a)** (*örtlich*) opposite; ***er saß mir genau ~*** he sat directly opposite me; **b)** (≈ *zu*) to; (≈ *in Bezug auf*) with regard to, as regards; (≈ *angesichts, vor*) in the face of; (≈ *im Vergleich zu*) compared with; ***mir ~ hat er das nicht geäußert*** he didn't say that to me **2.** *Adv* opposite; ***der Park ~*** the park opposite **Gegenüber** *n* (*bei Kampf*) opponent; (*bei Diskussion*) opposite number; ***mein ~ am Tisch*** the person (sitting) opposite me at (the) table **gegenüberliegen** *vi +Dat* to be opposite, to face; ***sich*** (*Dat*) ***~*** to face each other **gegenüberliegend** *Adj* opposite **gegenübersehen** *vr +Dat* ***sich einer Aufgabe ~*** to be faced with a task **gegenüberstehen** *vi +Dat* to be opposite, to face; *jdm* to stand opposite; ***jdm feindlich ~*** to have a hostile attitude toward(s) sb **gegenüberstellen** *vt* (≈ *konfrontieren mit*) to confront (*+Dat* with); (*fig* ≈ *vergleichen*) to compare (*+Dat* with) **Gegenüberstellung** *f* confrontation; (*fig* ≈ *Vergleich*) comparison **gegenübertreten** *vi* ***jdm ~*** to face sb

Gegenverkehr *m* oncoming traffic **Gegenvorschlag** *m* counterproposal

Gegenwart *f* **a)** present; ***die Literatur der ~*** contemporary literature; **b)** (≈ *Anwesenheit*) presence; ***in ~*** *+Gen* in the presence of **gegenwärtig** **1.** *Adj* **a)** (≈ *jetzig*) present; ***der ~e Preis*** the current price; **b)** (*geh* ≈ *anwesend*) present *präd* **2.** *Adv* (≈ *augenblicklich*) at present **gegenwartsnah** *Adj* relevant (to the present)

Gegenwehr *f* resistance **Gegenwert** *m* equivalent **Gegenwind** *m* headwind **gegenzeichnen** *vt* to countersign **Gegenzug** *m* countermove; ***im ~ zu etw*** as a countermove to sth

gegliedert *Adj* jointed; (*fig*) structured; (≈ *organisiert*) organized; → ***gliedern***

Gegner(in) *m(f)* opponent; (≈ *Rivale*) rival; (≈ *Feind*) enemy; ***ein ~ der Todesstrafe sein*** to be against capital

punishment **gegnerisch** *Adj* opposing; (MIL ≈ *feindlich*) enemy *attr*
Gehabe *n* (*umg*) affected behaviour (*Brit*) *od* behavior (*US*)
Gehackte(s) *n* mince (*Brit*), ground meat (*US*)
Gehalt[1] *m* **a**) (≈ *Anteil*) content; **b**) (*fig*) (≈ *Inhalt*) content; (≈ *Substanz*) substance
Gehalt[2] *n od* (*österr*) *m* salary
gehalten *Adj* **~ sein, etw zu tun** (*förml*) to be required to do sth

G

gehaltlos *Adj* (*fig*) empty; (≈ *oberflächlich*) shallow
Gehaltsabrechnung *f* salary statement **Gehaltsanspruch** *m* salary claim **Gehaltsempfänger(in)** *m*(*f*) salary-earner; **~ sein** to receive a salary **Gehaltserhöhung** *f* salary increase; (*regelmäßig*) increment **Gehaltsforderung** *f* salary claim **Gehaltsfortzahlung** *f* continued payment of salary **Gehaltsliste** *f* payroll **Gehaltszulage** *f* (≈ *Gehaltserhöhung*) salary increase; (≈ *Extrazulage*) salary bonus
gehaltvoll *Adj Speise* nourishing; (*fig*) rich in content
gehandicapt *Adj* handicapped (*durch* by)
geharnischt *Adj Brief, Abfuhr etc* strong; *Antwort* sharp, sharply-worded
gehässig **1.** *Adj* spiteful **2.** *Adv* spitefully **Gehässigkeit** *f* spite(fulness); ***jdm* ~en sagen** to be spiteful to sb
gehäuft **1.** *Adj Löffel* heaped **2.** *Adv* in large numbers; → **häufen**
Gehäuse *n* **a**) (*von Gerät*) case; (≈ *Lautsprechergehäuse*) box; (≈ *Radiogehäuse*) cabinet; **b**) (≈ *Schneckengehäuse*) shell; **c**) (≈ *Obstgehäuse*) core
gehbehindert *Adj* unable to walk properly **Gehbehinderte(r)** *mf* person who has difficulty walking
Gehbock *m* walking frame
Gehege *n* reserve; (*im Zoo*) enclosure; (≈ *Wildgehege*) preserve; ***jdm* ins ~ kommen** (*fig umg*) to get under sb's feet (*umg*)
geheim **1.** *Adj* secret; **seine ~sten Gedanken** his innermost thoughts; **streng ~** top secret; **im Geheimen** in secret, secretly **2.** *Adv* secretly; **~ abstimmen** to vote by secret ballot **Geheimagent(in)** *m*(*f*) secret agent **Geheimakte** *f* classified document **Geheimdienst** *m* secret service **Geheimfach** *n* secret compartment; (≈ *Schublade*) secret drawer **geheim halten** *vt* **etw (vor jdm) ~** to keep sth a secret (from sb) **Geheimhaltung** *f* secrecy **Geheimkonto** *n* private *od* secret account **Geheimnis** *n* secret; (*rätselhaft*) mystery; **ein offenes ~** an open secret **Geheimniskrämerei** *f* (*umg*) secretiveness **Geheimnisträger(in)** *m*(*f*) bearer of secrets **geheimnisvoll** *Adj* mysterious; **~ tun** to be mysterious **Geheimnummer** *f* secret number (*auch* TELEC); (≈ *PIN*) PIN (number) **Geheimpolizei** *f* secret police **Geheimtipp** *m* (personal) tip **Geheimtür** *f* secret door **Geheimzahl** *f* PIN (number)
gehemmt *Adj Mensch* inhibited; *Benehmen* self-conscious; → **hemmen**
gehen **1.** *vi* **a**) to go; **~ wir!** let's go!; **schwimmen/tanzen ~** to go swimming/dancing; **schlafen ~** to go to bed; **b**) (≈ *zu Fuß gehen*) to walk; **das Kind lernt ~** the baby is learning to walk; **am Stock ~** to walk with a stick; **er ging im Zimmer auf und ab** he walked up and down the room; **c**) (*mit Präposition*) **er ging an den Tisch** he went to the table; **sie gingen auf den Berg** they went up the mountain; **sie ging auf die Straße** she went out into the street; **das Fenster geht auf den Hof** the window overlooks the yard; **diese Tür geht auf den Balkon** this door leads onto the balcony; **das Bier geht auf mich** (*umg*) the beer's on me; **sie ging aus dem Zimmer** she went out of the room; **er ging bis zur Straße** he went as far as the street; **das geht gegen meine Überzeugung** it's against my principles; **geh mal in die Küche** go into the kitchen; **in die Industrie/Politik ~** to go into industry/politics; **in diesen Saal ~ 300 Leute** this hall holds 300 people; **in die Tausende ~** to run into (the) thousands; **in sich** (*Akk*) **~** to stop and think; **mit jdm ~** to go with sb; (≈ *befreundet sein*) to go out with sb; **er ging nach München** he went to Munich; **über die Straße ~** to cross the road; **nichts geht über** (+*Akk*) ...

there's nothing to beat ...; ***unter Menschen ~*** to mix with people; ***zur Post ~*** to go to the post office; ***zur Schule ~*** to go to school; ***zum Militär ~*** to join the army; ***zum Theater ~*** to go on the stage; **d)** (≈ *funktionieren*) to work; (*Auto, Uhr*) to go; ***die Uhr geht falsch/richtig*** the clock is wrong/right; ***so geht das*** this is the way to do it; **e)** (≈ *florieren, Geschäft*) to do well; (≈ *verkauft werden*) to sell; ***wie ~ die Geschäfte?*** how's business?; **f)** (≈ *dauern*) to go on; ***wie lange geht das denn noch?*** how much longer is it going to go on?; **g)** (≈ *aufgehen, Hefeteig*) to rise; **h)** (≈ *betreffen*) ***das Buch ging um ...*** the book was about ...; ***die Wette geht um 100 Euro*** the bet is for 100 euros; **i)** (≈ *möglich, gut sein*) to be all right, to be OK (*umg*); ***Montag geht*** Monday's all right; ***das geht doch nicht*** that's not on (*Brit*) *od* not OK (*umg*) **2.** *vt* ***er ging eine Meile*** he walked a mile; ***ich gehe immer diesen Weg*** I always go this way **3.** *vi unpers* **a)** (≈ *ergehen*) ***wie geht es Ihnen?*** how are you?; (*zu Patient*) how are you feeling?; ***wie gehts?*** how are things?; (*bei Arbeit etc*) how's it going?; ***danke, es geht*** (*umg*) all right *od* not too bad (*umg*), thanks; ***es geht ihm gut/schlecht*** he's fine/not well; ***sonst gehts dir gut?*** (*iron*) are you sure you're feeling all right? (*iron*); ***mir ist es genauso gegangen*** it was just the same for me; ***lass es dir gut ~*** take care of yourself; **b)** (≈ *möglich sein*) ***es geht*** it is possible; (≈ *funktioniert*) it works; ***geht es?*** (*ohne Hilfe*) can you manage?; ***es geht nicht*** (≈ *ist nicht möglich*) it's impossible; (≈ *kommt nicht infrage*) it's not on; ***so geht es nicht*** that's not the way to do it; (*entrüstet*) it just won't do; ***morgen geht es nicht*** tomorrow's no good; **c)** ***es geht das Gerücht*** the rumour (*Brit*) *od* rumor (*US*) is going (a)round; ***es geht auf 9 Uhr*** it is approaching 9 o'clock; ***worum gehts denn?*** what's it about?; ***es geht um Leben und Tod*** it's a matter of life and death; ***es geht um meinen Ruf*** my reputation is at stake; ***darum geht es mir nicht*** (≈ *habe ich nicht gemeint*) that's not my point; (≈ *spielt keine Rolle für mich*) that doesn't matter to me; ***wenn es nach mir ginge ...*** if it were *od* was up to me ... **Gehen** *n* walking **gehen lassen** *vr* (≈ *sich nicht beherrschen*) to lose control of oneself **Geher(in)** *m(f)* SPORT walker

gehetzt *Adj* harassed; → ***hetzen***

geheuer *Adj* ***nicht ~*** (≈ *beängstigend*) scary (*umg*); (≈ *spukhaft*) eerie, creepy (*umg*); (≈ *verdächtig*) dubious; (≈ *unwohl*) uneasy; ***mir ist es hier nicht ~*** this place gives me the creeps (*umg*)

G

Geheul *n* howling

Gehhilfe *m* (*Gestell etc*) walking aid

Gehilfe *m*, **Gehilfin** *f* **a)** (≈ *kaufmännischer Gehilfe*) trainee; **b)** JUR accomplice

Gehirn *n* brain; (≈ *Geist*) mind **Gehirnblutung** *f* brain haemorrhage (*Brit*) *od* hemorrhage (*US*) **Gehirnerschütterung** *f* concussion **Gehirnhautentzündung** *f* MED meningitis **Gehirnschlag** *m* stroke **Gehirnschwund** *m* atrophy of the brain **Gehirntod** *m* MED brain death **Gehirntumor** *m* MED brain tumour (*Brit*) *od* tumor (*US*) **Gehirnwäsche** *f* brainwashing *kein Pl*; ***jdn einer ~ unterziehen*** to brainwash sb

gehoben *Adj Sprache* elevated; (≈ *anspruchsvoll*) sophisticated; *Stellung* senior; *Stimmung* elated; ***~er Dienst*** professional and executive levels of the civil service

Gehöft *n* farm(stead)

Gehör *n* **a)** (≈ *Hörvermögen*) hearing; MUS ear; ***nach dem ~ singen/spielen*** to sing/play by ear; ***absolutes ~*** perfect pitch; **b)** ***jdm kein ~ schenken*** not to listen to sb; ***sich*** (*Dat*) ***~ verschaffen*** to obtain a hearing; (≈ *Aufmerksamkeit*) to gain attention

gehorchen *vi* to obey (*jdm* sb)

gehören 1. *vi* **a)** ***jdm ~*** (≈ *jds Eigentum sein*) to belong to sb, to be sb's; ***das Haus gehört ihm*** he owns the house; ***das gehört nicht hierher*** (*Gegenstand*) it doesn't go here; (*Vorschlag*) it is irrelevant here; ***das gehört nicht zum Thema*** that is off the point; ***er gehört ins Bett*** he should be in bed; **b)** ***~ zu*** (≈ *zählen zu*) to be amongst, to be one of; (≈ *Bestandteil sein von*) to be part of; (≈ *Mitglied sein* *von)* to belong to; ***zur Familie ~*** to be one of the family; ***dazu gehört Mut*** that takes courage; ***dazu gehört nicht viel*** it doesn't take much **2.** *vr* to be (right and) proper; ***das gehört sich einfach nicht*** that's just not done

gehörig 1. *Adj* **a)** *(geh)* ***jdm/zu etw ~*** belonging to sb/sth; **b)** (≈ *gebührend)* proper; *(umg ≈ beträchtlich)* good *attr*; ***eine ~e Tracht Prügel*** a good thrashing **2.** *Adv (umg ≈ ordentlich) ausschimpfen* severely; ***jdn ~ verprügeln*** to give sb a good beating; ***da hast du dich ~ getäuscht!*** you're badly mistaken

G

gehörlos *Adj (förml)* deaf **Gehörlose(r)** *mf (förml)* deaf person

gehorsam 1. *Adj* obedient **2.** *Adv* obediently **Gehorsam** *m* obedience; ***jdm den ~ verweigern*** to refuse to obey sb

Gehörsinn *m* sense of hearing **Gehörsturz** *m* (temporary) loss of hearing

Gehsteig *m* pavement *(Brit)*, sidewalk *(US)* **Gehversuch** *m* attempt at walking **Gehwagen** *m* walking frame **Gehweg** *m* footpath

Geier *m* vulture; ***weiß der ~!*** *(umg)* God knows!

geifern *vi* ***gegen jdn/etw ~*** to revile sb/sth

Geige *f* violin, fiddle *(umg)*; ***die erste/zweite ~ spielen*** *(wörtl)* to play first/second violin; *(fig)* to call the tune/play second fiddle **geigen 1.** *vi* to play the violin, to (play the) fiddle *(umg)* **2.** *vt Lied* to play on a/the violin *od* fiddle *(umg)* **Geigenbauer(in)** *m(f)* violin-maker **Geigenbogen** *m* violin bow **Geigenkasten** *m* violin case **Geiger(in)** *m(f)* violinist, fiddler *(umg)*

Geigerzähler *m* Geiger counter

geil 1. *Adj* **a)** horny; *(pej ≈ lüstern)* lecherous; ***auf jdn ~ sein*** to be lusting after sb; **b)** *(sl ≈ prima)* brilliant *(umg)*, wicked *(sl)* **2.** *Adv (sl ≈ prima) spielen, tanzen* brilliantly; ***~ aussehen*** to look cool *(umg)*

Geisel *f* hostage; ***jdn als ~ nehmen*** to take sb hostage; ***~n stellen*** to produce hostages **Geiseldrama** *n* hostage crisis **Geiselnahme** *f* hostage-taking **Geiselnehmer(in)** *m(f)* hostage-taker

Geiß *f (südd, österr, schweiz ≈ Ziege)* (nanny-)goat **Geißbock** *m (südd, österr, schweiz ≈ Ziegenbock)* billy goat

Geißel *f* scourge; (≈ *Peitsche)* whip **geißeln** *vt* **a)** (≈ *peitschen)* to whip; **b)** *(fig ≈ anprangern)* to castigate

Geist *m* **a)** (REL ≈ *Seele)* spirit; (≈ *Gespenst)* ghost; ***~ und Körper*** mind and body; ***seinen ~ aufgeben*** to give up the ghost; ***der Heilige ~*** the Holy Ghost *od* Spirit; ***gute/böse ~er*** good/evil spirits; ***von allen guten ~ern verlassen sein*** *(umg)* to have taken leave of one's senses *(umg)*; ***jdm auf den ~ gehen*** *(umg)* to get on sb's nerves; **b)** (≈ *Intellekt)* intellect, mind; *(fig ≈ Denker, Genie)* mind; ***das geht über meinen ~*** *(umg)* that's beyond me *(umg)*; ***hier scheiden sich die ~er*** this is the parting of the ways; **c)** (≈ *Wesen, Sinn, Gesinnung)* spirit; ***in jds*** *(Dat)* ***~ handeln*** to act in the spirit of sb; **d)** (≈ *Vorstellung)* mind; ***etw im ~(e) vor sich*** *(Dat)* ***sehen*** to see sth in one's mind's eye; ***im ~e bin ich bei euch*** I am with you in spirit **Geisterbahn** *f* ghost train **Geisterfahrer(in)** *m(f) (umg)* ghost-driver *(US umg)*, *person driving the wrong way on the motorway* **geisterhaft** *Adj* ghostly *kein Adv*; (≈ *übernatürlich)* supernatural **Geisterhand** *f* ***wie von ~*** as if by magic **Geisterhaus** *n* (≈ *Spukhaus)* haunted house **Geisterstadt** *f* ghost town **Geisterstunde** *f* witching hour **geistesabwesend 1.** *Adj* absent-minded **2.** *Adv* absent-mindedly; ***jdn ~ ansehen*** to give sb an absent-minded look **Geistesabwesenheit** *f* absent-mindedness **Geistesblitz** *m* brainwave *(Brit)*, brainstorm *(US)* **Geistesgegenwart** *f* presence of mind **geistesgegenwärtig 1.** *Adj* quick-witted **2.** *Adv* quick-wittedly **geistesgestört** *Adj* mentally disturbed *od (stärker)* deranged **Geistesgestörte(r)** *mf* mentally disturbed *od* deranged person **geisteskrank** *Adj* mentally ill **Geisteskranke(r)** *mf* mentally ill person **Geisteskrankheit** *f* mental illness; (≈ *Wahnsinn)* insanity **Geisteswissenschaft** *f* arts subject; ***die ~en*** the arts; *(als Studium)* the humanities **Geisteswissenschaftler(in)** *m(f)* arts scholar; (≈ *Student)* arts student **geisteswissenschaftlich** *Adj Fach, Fakultät* arts *attr* **Geisteszu-**

stand *m* mental condition; ***jdn auf seinen ~ untersuchen*** to give sb a psychiatric examination **geistig** **1.** *Adj* **a)** (≈ *unkörperlich*) spiritual; **b)** (≈ *intellektuell*) intellectual; PSYCH mental; ***~er Diebstahl*** plagiarism *kein Pl*; ***~es Eigentum*** intellectual property; **c)** (≈ *imaginär*) ***etw vor seinem ~en Auge sehen*** to see sth in one's mind's eye **2.** *Adv* (≈ *intellektuell*) intellectually; MED mentally; ***~ behindert/zurückgeblieben*** mentally handicapped/retarded **geistlich** *Adj* spiritual; (≈ *religiös*) religious; (≈ *kirchlich*) ecclesiastical **Geistliche** *f* woman priest; (*von Freikirchen*) woman minister **Geistliche(r)** *m* clergyman; (≈ *Priester*) priest; (≈ *Pastor, von Freikirchen*) minister **Geistlichkeit** *f* clergy; (≈ *Priester*) priesthood **geistlos** *Adj* (≈ *dumm*) stupid; (≈ *einfallslos*) unimaginative; (≈ *trivial*) inane **Geistlosigkeit** *f* **a)** (≈ *Dummheit*) stupidity; (≈ *Einfallslosigkeit*) unimaginativeness; (≈ *Trivialität*) inanity; **b)** (≈ *geistlose Äußerung*) inane remark **geistreich** *Adj* (≈ *witzig*) witty; (≈ *klug*) intelligent; (≈ *einfallsreich*) ingenious; (≈ *schlagfertig*) quick-witted **geisttötend** *Adj* soul-destroying

Geiz *m* meanness (*bes Brit*), stinginess (*umg*) **geizen** *vi* to be mean (*bes Brit*) *od* stingy (*umg*); (*mit Worten, Zeit*) to be sparing; ***mit etw ~*** to be mean *etc* with sth **Geizhals** *m* miser **geizig** *Adj* mean (*bes Brit*), stingy (*umg*) **Geizkragen** *m* (*umg*) skinflint

Gejammer *n* moaning (and groaning)

Gekicher *n* giggling; (*spöttisch*) sniggering, snickering

Gekläff *n* yapping (*auch fig pej*)

Geklapper *n* clatter(ing)

Geklirr *n* clinking; (*von Fensterscheiben*) rattling

geknickt *Adj* (*umg*) dejected; → ***knicken***

gekonnt **1.** *Adj* masterly **2.** *Adv* in a masterly fashion

Gekritzel *n* scribbling, scrawling

gekühlt **1.** *Adj* *Getränke* chilled **2.** *Adv* ***etw ~ servieren*** to serve sth chilled; → ***kühlen***

gekünstelt **1.** *Adj* artificial **2.** *Adv* affectedly; ***er spricht sehr ~*** his speech is very affected

Gel *n* gel

Gelaber *n* (*umg*) jabbering (*umg*), prattling (*umg*)

Gelächter *n* laughter; ***in ~ ausbrechen*** to burst into laughter

geladen *Adj* loaded; (PHYS, *fig*) *Atmosphäre* charged; (*umg* ≈ *wütend*) (hopping (*umg*)) mad; ***mit Spannung ~*** charged with tension

Gelage *n* feast, banquet; (≈ *Zechgelage*) carouse

gelagert *Adj* ***ähnlich ~*** similar; ***in anders ~en Fällen*** in different cases; ***anders ~ sein*** to be different; → ***lagern***

gelähmt *Adj* paralysed; ***er ist an beiden Beinen ~*** he is paralysed in both legs; ***vor Angst wie ~ sein*** to be petrified

Gelände *n* **a)** (≈ *Land*) open country; (MIL ≈ *Terrain*) ground; ***offenes ~*** open country; ***schwieriges ~*** difficult terrain; **b)** (≈ *Gebiet*) area; **c)** (≈ *Schulgelände etc*) grounds *Pl*; (≈ *Baugelände*) site **Geländefahrzeug** *n* cross-country vehicle **geländegängig** *Adj* *Fahrzeug* suitable for cross-country driving

Geländer *n* railing(s *Pl*); (≈ *Treppengeländer*) banister(s *Pl*)

Geländewagen *m* cross-country vehicle

gelangen *vi* ***an/auf etw*** (*Akk*)***/zu etw ~*** to reach sth; (≈ *erwerben*) to acquire sth; ***zum Ziel ~*** to reach one's goal; ***in jds Besitz*** (*Akk*) ***~*** to come into sb's possession; ***in die falschen Hände ~*** to fall into the wrong hands; ***zu Ruhm ~*** to acquire fame; ***an die Macht ~*** to come to power

gelangweilt **1.** *Adj* bored **2.** *Adv* ***die Zuschauer saßen ~ da*** the audience sat there looking bored; → ***langweilen***

gelassen **1.** *Adj* calm **2.** *Adv* calmly **Gelassenheit** *f* calmness

Gelatine *f* gelatine

geläufig *Adj* (≈ *üblich*) common; (≈ *vertraut*) familiar; ***das ist mir nicht ~*** I'm not familiar with that **Geläufigkeit** *f* (≈ *Häufigkeit*) frequency; (≈ *Leichtigkeit*) ease

gelaunt *Adj* ***gut/schlecht ~*** in a good/bad mood; ***wie ist er ~?*** what sort of mood is he in?

gelb *Adj* yellow; (*bei Verkehrsampel*)

amber; ***Gelbe Karte*** FUSSB yellow card; ***die Gelben Seiten*** the Yellow Pages®; ***~ vor Neid*** green with envy **Gelb** *n* yellow; (*von Verkehrsampel*) amber; ***die Ampel stand auf ~*** the lights were (at) amber **Gelbe(s)** *n* (*vom Ei*) yolk; ***das ist nicht gerade das ~ vom Ei*** (*umg*) it's not exactly brilliant **gelblich** *Adj* yellowish; *Gesichtsfarbe* sallow **Gelbsucht** *f* jaundice **gelbsüchtig** *Adj* jaundiced

G

Geld *n* **a)** money; ***bares ~*** cash; ***zu ~ machen*** to sell off; *Aktien* to cash in; ***(mit etw) ~ machen*** (*umg*) to make money (from sth); ***um ~ spielen*** to play for money; ***im ~ schwimmen*** (*umg*) to be rolling in it (*umg*); ***er hat ~ wie Heu*** (*umg*) he's got stacks of money (*umg*); ***mit ~ um sich werfen*** (*umg*) to chuck one's money around (*umg*); ***sie/das ist nicht mit ~ zu bezahlen*** (*umg*) she/that is priceless; **b) Gelder** *Pl* (≈ *Geldsummen*) money; ***öffentliche ~er*** public funds *Pl* **Geldangelegenheit** *f* financial matter **Geldanlage** *f* (financial) investment **Geldautomat** *m* cash machine, ATM **Geldbetrag** *m* amount *od* sum (of money) **Geldbeutel** *m* wallet, billfold (*US*) **Geldbörse** *f* wallet, billfold (*US*); (*für Münzen*) purse (*Brit*), wallet (*US*) **Geldbuße** *f* JUR fine; ***eine hohe ~*** a heavy fine **Geldeinwurf** *m* (≈ *Schlitz*) slot **Geldentwertung** *f* (≈ *Inflation*) currency depreciation; (≈ *Abwertung*) currency devaluation **Geldgeber(in)** *m(f)* financial backer; (*bes* RADIO, TV) sponsor **Geldgeschäft** *n* financial transaction **Geldgeschenk** *n* gift of money **Geldgier** *f* avarice **geldgierig** *Adj* avaricious **Geldinstitut** *n* financial institution **Geldmangel** *m* lack of money **Geldmarkt** *m* money market **Geldmenge** *f* money supply **Geldmittel** *Pl* funds *Pl* **Geldnot** *f* (≈ *Geldmangel*) lack of money; (≈ *Geldschwierigkeiten*) financial difficulties *Pl* **Geldpolitik** *f* financial policy **Geldquelle** *f* source of income **Geldschein** *m* banknote (*bes Brit*), bill (*US*) **Geldschrank** *m* safe **Geldsorgen** *Pl* financial *od* money worries *Pl* **Geldspende** *f* donation **Geldspielautomat** *m* slot machine **Geldstrafe** *f* fine; ***jdn zu einer ~ verurteilen*** to fine sb **Geldstück** *n* coin **Geldverlegenheit** *f* financial embarrassment *kein Pl*; ***in ~ sein*** to be short of money **Geldverschwendung** *f* waste of money **Geldwaschanlage** *f* money-laundering outfit **Geldwäsche** *f* money laundering **Geldwechsel** *m* exchange of money; ***„Geldwechsel“*** “bureau de change” (*Brit*), “exchange counter” (*US*) **Geldwert** *m* cash value; (FINANZ ≈ *Kaufkraft*) (currency) value

Gelee *m od n* jelly

gelegen 1. *Adj* **a)** (≈ *befindlich*) *Haus, Ort* situated; **b)** (≈ *passend*) opportune; ***zu ~er Zeit*** at a convenient time; **c)** (≈ *wichtig*) ***mir ist viel daran ~*** it matters a great deal to me **2.** *Adv* ***es kommt mir sehr ~*** it comes just at the right time **Gelegenheit** *f* **a)** opportunity; ***bei passender ~*** when the opportunity arises; ***bei der ersten (besten) ~*** at the first opportunity; **b)** (≈ *Anlass*) occasion; ***bei dieser ~*** on this occasion **Gelegenheitsarbeit** *f* casual work *kein Pl* **Gelegenheitsarbeiter(in)** *m(f)* casual labourer (*Brit*) *od* laborer (*US*) **Gelegenheitsjob** *m* casual job **Gelegenheitskauf** *m* bargain **gelegentlich 1.** *Adj* occasional **2.** *Adv* (≈ *manchmal*) occasionally; (≈ *bei Gelegenheit*) some time (or other)

gelehrig *Adj* quick and eager to learn **gelehrt** *Adj Mensch* learned, erudite; → ***lehren*** **Gelehrte(r)** *mf* scholar

Geleise *n* (*geh, österr*) = ***Gleis***

Geleit *n* MIL, SEEF escort; ***freies*** *od* ***sicheres ~*** safe-conduct; ***jdm das ~ geben*** to escort sb **Geleitschutz** *m* escort

Gelenk *n* joint; (≈ *Kettengelenk*) link **Gelenkbus** *m* articulated bus **Gelenkentzündung** *f* arthritis **gelenkig** *Adj* agile; (≈ *geschmeidig*) supple **Gelenkigkeit** *f* agility; (≈ *Geschmeidigkeit*) suppleness

gelernt *Adj* trained; *Arbeiter* skilled; → ***lernen***

geliebt *Adj* dear; → ***lieben*** **Geliebte** *f* sweetheart; (≈ *Mätresse*) mistress **Geliebte(r)** *m* sweetheart; (≈ *Liebhaber*) lover

geliefert *Adj* ***~ sein*** (*umg*) to have had it (*umg*); ***jetzt sind wir ~*** that's the end

(*umg*); → ***liefern***
gelieren *vi* to gel **Geliermittel** *n* gelling agent **Gelierzucker** *m* preserving sugar
gelinde *Adv* **~ *gesagt*** to put it mildly
gelingen *vi* (≈ *glücken*) to succeed; (≈ *erfolgreich sein*) to be successful; ***es gelang ihm, das zu tun*** he succeeded in doing it; ***es gelang ihm nicht, das zu tun*** he failed to do it; ***das Bild ist ihr gut gelungen*** her picture turned out well; → ***gelungen*** **Gelingen** *n* (≈ *Glück*) success
gellend *Adj* piercing
geloben *vt* (*geh*) to vow; ***das Gelobte Land*** BIBEL the Promised Land **Gelöbnis** *n* (*geh*) vow; ***ein ~ ablegen*** to take a vow
gelt *Interj* (*südd, österr*) right
gelten **1.** *vi* **a)** (≈ *gültig sein*) to be valid; (*Gesetz*) to be in force; ***die Wette gilt!*** the bet's on!; ***was ich sage, gilt!*** what I say goes!; ***das gilt nicht!*** that doesn't count!; (≈ *ist nicht erlaubt*) that's not allowed!; **b)** (+*Dat* ≈ *bestimmt sein für*) to be meant for; **c)** (≈ *zutreffen*) ***das Gleiche gilt auch für ihn*** the same goes for him too; **d)** ***~ als*** (*selten*) to be regarded as; ***es gilt als sicher, dass ...*** it seems certain that ...; ***~ lassen*** to accept; ***das lasse ich ~!*** I accept that! **2.** *vti unpers* (*geh*) ***es gilt, ... zu ...*** it is necessary to ... **3.** *vt* (≈ *wert sein*) to be worth **geltend** *Adj Preise, Tarife* current; *Gesetz* in force; *Meinung etc* prevailing; ***~ machen*** (*förml*) to assert; ***~es Recht sein*** to be the law of the land **Geltung** *f* (≈ *Gültigkeit*) validity; (≈ *Wert*) value, worth; (≈ *Einfluss*) influence; (≈ *Ansehen*) prestige; ***an ~ verlieren*** to lose prestige; ***einer Sache*** (*Dat*) ***~ verschaffen*** to enforce sth; ***zur ~ kommen*** to show to advantage; (*durch Kontrast*) to be set off **Geltungsbedürfnis** *n* need for admiration **geltungsbedürftig** *Adj* desperate for admiration **Geltungsdauer** *f* (*einer Fahrkarte etc*) period of validity
Gelübde *n* vow
gelungen *Adj* **a)** (≈ *geglückt*) successful; **b)** (*umg* ≈ *drollig*) priceless (*umg*); → ***gelingen***
Gelüst *n* desire; (≈ *Sucht*) craving (*auf* +*Akk*, *nach* for)
gemächlich **1.** *Adj* leisurely; *Mensch* unhurried **2.** *Adv* leisurely
gemacht *Adj* made; ***für etw ~ sein*** to be made for sth; ***ein ~er Mann sein*** to be made; → ***machen***
Gemahl *m* (*förml*) spouse (*alt, förml*), husband **Gemahlin** *f* (*förml*) spouse (*alt, förml*), wife
Gemälde *n* painting **Gemäldegalerie** *f* picture gallery
gemäß **1.** *Präp* +*Dat* in accordance with; ***~ § 209*** under § 209 **2.** *Adj* appropriate (+*Dat* to)
gemäßigt *Adj* moderate; *Klima* temperate; → ***mäßigen***
Gemäuer *n* (*geh*) walls *Pl*; (≈ *Ruine*) ruins *Pl*
gemein **1.** *Adj* **a)** (≈ *gemeinsam*) ***etw ~ mit jdm/etw haben*** to have sth in common with sb/sth; ***nichts mit jdm ~ haben wollen*** to want nothing to do with sb; ***das ist beiden ~*** it is common to both of them; **b)** (≈ *üblich*) common; ***das ~e Volk*** the common people; **c)** (≈ *niederträchtig*) mean; *Lüge* contemptible; ***das war ~ von dir!*** that was mean of you **2.** *Adv behandeln* meanly; *betrügen* despicably; ***das hat ~ wehgetan*** it hurt terribly
Gemeinde *f* **a)** (≈ *Kommune*) municipality; (≈ *Gemeindebewohner*) community; **b)** (≈ *Pfarrgemeinde*) parish; (*beim Gottesdienst*) congregation
Gemeinderat[1] *m* local council
Gemeinderat[2] *m*, **Gemeinderätin** *f* local councillor (*Brit*), councilman/-woman (*US*) **Gemeindewahl** *f* local election
gemeingefährlich *Adj* dangerous to the public; ***ein ~er Verbrecher*** a dangerous criminal **Gemeingut** *n* common property
Gemeinheit *f* **a)** (≈ *Niedertracht*) nastiness; **b)** (≈ *Tat*) dirty trick; ***das war eine ~*** (≈ *Bemerkung*) that was a mean thing to say
gemeinhin *Adv* generally **Gemeinkosten** *Pl* overheads *Pl* **gemeinnützig** *Adj* of benefit to the public *präd*; (≈ *wohltätig*) charitable **Gemeinplatz** *m* commonplace **gemeinsam** **1.** *Adj* common; *Konto, Nutzung* joint; *Freund* mutual; ***sie haben vieles ~*** they have a great deal in common; ***der Gemeinsame Markt*** the Common

G

Market; ***mit jdm ~e Sache machen*** to make common cause with sb **2.** *Adv* together; ***etw ~ haben*** to have sth in common **Gemeinsamkeit** *f* (≈ *gemeinsame Interessen etc*) common ground *kein Pl* **Gemeinschaft** *f* community; (≈ *Gruppe*) group; ***in ~ mit*** jointly *od* together with **gemeinschaftlich** *Adj* = ***gemeinsam*** **Gemeinschaftsantenne** *f* block *od* party aerial (*Brit*) *od* antenna (*bes US*) **Gemeinschaftsarbeit** *f* teamwork **Gemeinschaftskunde** *f* social studies *Pl* **Gemeinschaftspraxis** *f* joint practice **Gemeinschaftsproduktion** *f* RADIO, TV, FILM co-production **Gemeinschaftswährung** *f* common *od* single currency; (*in EU*) single European currency **Gemeinsinn** *m* public spirit **Gemeinwesen** *n* community; (≈ *Staat*) polity **Gemeinwohl** *n* public welfare; ***das dient dem ~*** it is in the public interest

Gemenge *n* (≈ *Gewühl*) bustle

Gemetzel *n* bloodbath

gemieden; → ***meiden***

Gemisch *n* mixture (*aus* of) **gemischt** *Adj* mixed; ***mit ~en Gefühlen*** with mixed feelings; ***~es Doppel*** SPORT mixed doubles *Pl*; → ***mischen***

Gemse *f* → ***Gämse***

Gemurmel *n* murmuring

Gemüse *n* vegetables *Pl*; ***ein ~*** a vegetable **Gemüse(an)bau** *m* vegetable-growing **Gemüsebanane** *f* plantain **Gemüsebeilage** *f* vegetables *Pl* **Gemüsebrühe** *f* vegetable broth; (≈ *Brühwürfel*) vegetable stock **Gemüseeintopf** *m* vegetable stew **Gemüsegarten** *m* vegetable *od* kitchen garden **Gemüsehändler(in)** *m(f)* greengrocer (*bes Brit*), vegetable salesman/saleswoman (*US*) **Gemüsesuppe** *f* vegetable soup **Gemüsezwiebel** *f* Spanish onion

gemustert *Adj* patterned; → ***mustern***

Gemüt *n* (≈ *Geist*) mind; (≈ *Charakter*) nature, disposition; (≈ *Seele*) soul; (≈ *Gefühl*) feeling; ***sich*** (*Dat*) ***etw zu ~e führen*** (*hum umg*) *Glas Wein, Speise, Buch etc* to indulge in sth **gemütlich** **1.** *Adj* **a)** (≈ *behaglich*) comfortable; (≈ *freundlich*) friendly *kein Adv*; (≈ *zwanglos*) informal; *Beisammensein etc* cosy (*Brit*), cozy (*US*); ***wir verbrachten einen ~en Abend*** we spent a very pleasant evening; **b)** *Mensch* pleasant; (≈ *gelassen*) easy-going *kein Adv*; **c)** (≈ *gemächlich*) leisurely **2.** *Adv* **a)** (≈ *behaglich*) leisurely; *einrichten* comfortably; ***es sich ~ machen*** to make oneself comfortable; **b)** (≈ *gemächlich*) leisurely **Gemütlichkeit** *f* **a)** (≈ *Behaglichkeit*) comfort; (≈ *Freundlichkeit*) friendliness; (≈ *Zwanglosigkeit*) informality; (≈ *Intimität*) cosiness (*Brit*), coziness (*US*); **b)** (*von Mensch*) pleasantness; (≈ *Gelassenheit*) easy-going nature; **c)** (≈ *Gemächlichkeit*) leisureliness; ***in aller ~*** at one's leisure **Gemütsart** *f* disposition, nature **Gemütsbewegung** *f* emotion **gemütskrank** *Adj* emotionally disturbed **Gemütskrankheit** *f* emotional disorder **Gemütslage** *f* mood; ***je nach ~*** as the mood takes me/him *etc* **Gemütsmensch** *m* good-natured, phlegmatic person **Gemütsruhe** *f* calmness; ***in aller ~*** (*umg*) (as) cool as a cucumber (*umg*); (≈ *gemächlich*) at a leisurely pace; (≈ *aufreizend langsam*) as if there were all the time in the world **Gemütszustand** *m* frame *od* state of mind

Gen *n* gene **Gen-** genetic; (≈ *genmanipuliert*) genetically modified *od* engineered

genau **1.** *Adj* exact; ***Genaueres*** further details *Pl*; ***man weiß nichts Genaues über ihn*** no-one knows anything definite about him **2.** *Adv* ***~!*** (*umg*) exactly!, precisely!; ***~ dasselbe*** just *od* exactly the same; ***~ in der Mitte*** right in the middle; ***etw ~ wissen*** to know sth for certain; ***etw ~ nehmen*** to take sth seriously; ***~ genommen*** strictly speaking; ***er nimmt es sehr ~*** he's very particular (*mit etw* about sth); ***~estens, aufs Genaueste*** (right) down to the last (little) detail; ***~ entgegengesetzt*** diametrically opposed **Genauigkeit** *f* (≈ *Exaktheit*) exactness; (≈ *Richtigkeit*) accuracy; (≈ *Präzision*) precision; (≈ *Sorgfalt*) meticulousness **genauso** *Adv* (*vor Adjektiv*) just as; (*alleinstehend*) just *od* exactly the same

Genbank *f* gene bank

Gendarm *m* (*österr*) policeman

Gendatei *f* DNA profile

genehm *Adj* (*geh*) acceptable **genehmigen** *vt* to approve; (≈ *erlauben*) to sanction; *Aufenthalt* to authorize; (≈ *zugestehen*) to grant; ***sich*** (*Dat*) ***etw ~*** to indulge in sth **Genehmigung** *f* (≈ *Erlaubnis*) approval; (≈ *Lizenz*) licence (*Brit*), license (*US*); (≈ *Berechtigungsschein*) permit; ***mit freundlicher ~ von*** by kind permission of
geneigt *Adj* (*geh*) *Publikum* willing; ***~ sein, etw zu tun*** to be inclined to do sth; → ***neigen***
General(in) *m(f)* general **Generalamnestie** *f* general amnesty **Generaldirektor(in)** *m(f)* chairman/-woman, president (*US*), CEO **Generalleutnant** *m* MIL lieutenant-general (*Brit*), lieutenant general (*US*); FLUG air marshal (*Brit*), lieutenant general (*US*) **Generalmajor(in)** *m(f)* MIL major-general (*Brit*), major general (*US*); FLUG air vice marshal (*Brit*), major general (*US*) **Generalprobe** *f* (THEAT, *fig*) dress rehearsal; MUS final rehearsal **Generalsekretär(in)** *m(f)* secretary-general **Generalstab** *m* general staff **generalstabsmäßig** *Adv planen* with military precision **Generalstreik** *m* general strike **generalüberholen** *vt* ***etw ~*** to give sth a general overhaul **Generalvertretung** *f* sole agency
Generation *f* generation **Generationenvertrag** *m* WIRTSCH *system whereby old people receive a pension from contributions being made by current working population* **Generationskonflikt** *m* generation gap
Generator *m* generator
generell 1. *Adj* general **2.** *Adv* in general; (≈ *normalerweise*) normally
generieren *vt* to generate
genesen *vi* (*geh*) to convalesce **Genesung** *f* convalescence
Genetik *f* genetics *Sg* **Genetiker(in)** *m(f)* geneticist **genetisch 1.** *Adj* genetic; *Vater* biological **2.** *Adv* genetically
Genf *n* Geneva **Genfer** *Adj* Genevan; ***der ~ See*** Lake Geneva; ***~ Konvention*** Geneva Convention
Genfood *n* GM foods *Pl* **Genforscher(in)** *m(f)* genetic researcher **Genforschung** *f* genetic research
genial *Adj* brilliant; (≈ *erfinderisch*) ingenious; ***ein ~es Werk*** a work of genius; ***das war eine ~e Idee*** that idea was a stroke of genius **Genialität** *f* genius; (*von Idee, Lösung etc*) brilliance; (≈ *Erfindungsreichtum*) ingenuity
Genick *n* neck; ***sich*** (*Dat*) ***das ~ brechen*** to break one's neck; (*fig*) to kill oneself **Genickschuss** *m* shot in the neck
Genie *n* genius
genieren 1. *vr* to be embarrassed; ***~ Sie sich nicht!*** don't be shy!; ***ich geniere mich, das zu sagen*** I don't like to say it **2.** *vt* ***jdn ~*** (≈ *peinlich berühren*) to embarrass sb; ***das geniert mich wenig!*** that doesn't bother me
genießbar *Adj* (≈ *essbar*) edible; (≈ *trinkbar*) drinkable **genießen** *vt* **a)** (≈ *sich erfreuen an*) to enjoy; ***er ist heute nicht zu ~*** (*umg*) he is unbearable today; **b)** (≈ *essen*) to eat; (≈ *trinken*) to drink; ***kaum zu ~*** scarcely edible **Genießer(in)** *m(f)* connoisseur; (≈ *Feinschmecker*) gourmet
Genitalbereich *m* genital area **Genitalien** *Pl* genitals *Pl*, genitalia *Pl* (*förml*)
Genitiv *m* genitive; ***im ~*** in the genitive
Genmais *m* GM maize **Genmanipulation** *f* genetic manipulation **genmanipuliert** *Adj* genetically engineered *od* modified
Genom *n* genome
Genosse *m*, **Genossin** *f* comrade; (*pej* ≈ *Kumpan*) pal (*umg*) **Genossenschaft** *f* cooperative **genossenschaftlich** *Adj* cooperative
genötigt *Adj* ***sich ~ sehen, etw zu tun*** to feel (oneself) obliged to do sth
Genozid *m od n* (*geh*) genocide
Genre *n* genre
Gentechnik *f* genetic engineering **gentechnikfrei** *Adj Lebensmittel etc* GM-free **gentechnisch 1.** *Adj Fortschritte etc* in genetic engineering **2.** *Adv manipulieren* genetically; *produzieren* by means of genetic engineering; ***~ veränderte Organismen*** genetically manipulated organisms **Gentest** *m* DNA test **Gentherapie** *f* gene therapy
Genua *n* Genoa
genug *Adv* enough; ***~ davon*** enough of that; (***von etw***) ***~ haben*** to have enough (of sth); (≈ *einer Sache überdrüssig sein*) to have had enough (of sth) **Genüge** *f* ***zur ~*** enough **genügen** *vi* **a)** (≈ *ausreichen*) to be enough *od*

G

sufficient (*+Dat* for); ***das genügt (mir)*** that's enough *od* sufficient (for me); **b)** (*+Dat*) *den Anforderungen* to satisfy; *jds Wünschen* to fulfil (*Brit*), to fulfill (*US*) **genügend** **1.** *Adj* **a)** (≈ *ausreichend*) enough, sufficient; **b)** (≈ *befriedigend*) satisfactory **2.** *Adv* (≈ *reichlich*) enough **genügsam** **1.** *Adj* undemanding **2.** *Adv leben* modestly; ***sich ~ ernähren*** to have a simple diet **Genugtuung** *f* satisfaction (*über +Akk* at); ***ich hörte mit ~, dass ...*** it gave me great satisfaction to hear that ...

G

Genus *n* BIOL genus; GRAM gender
Genuss *m* **a)** (≈ *das Zusichnehmen*) consumption; (*von Drogen*) use; (*von Tabak*) smoking; ***nach dem ~ der Pilze*** after eating the mushrooms; **b)** (≈ *Vergnügen*) pleasure; ***etw mit ~ essen*** to eat sth with relish; **c)** (≈ *Nutznießung*) ***in den ~ von etw kommen*** to enjoy sth; *von Rente etc* to be in receipt of sth **genüsslich** *Adv* with pleasure **Genussmittel** *n semi-luxury foods and tobacco* **genusssüchtig** *Adj* pleasure-seeking
Geografie, **Geographie** *f* geography **geografisch**, **geographisch** *Adj* geographic(al)
Geologe *m*, **Geologin** *f* geologist **Geologie** *f* geology **geologisch** *Adj* geological
Geometrie *f* geometry **geometrisch** *Adj* geometric
Geophysik *f* geophysics *Sg*
geopolitisch *Adj* geopolitical
geordnet *Adj Zustände* well-ordered; ***in ~en Verhältnissen leben*** to live a well-ordered life; → ***ordnen***
Gepäck *n* luggage *kein Pl* (*Brit*), baggage *kein Pl* **Gepäckabfertigung** *f* (≈ *Vorgang*) (*am Bahnhof*) luggage *etc* processing; (*am Flughafen*) checking-in of luggage *etc*; (≈ *Stelle*) (*am Bahnhof*) luggage *etc* office; (*am Flughafen*) luggage *etc* check-in **Gepäckannahme** *f* (≈ *Vorgang*) checking-in of luggage (*Brit*) *etc*; (*a.* **Gepäckannahmestelle**) (*am Bahnhof, zur Beförderung*) luggage (*Brit*) *od* baggage office; (*zur Aufbewahrung*) left-luggage office (*Brit*), baggage checkroom (*US*); (*am Flughafen*) luggage *etc* check-in **Gepäckaufbewahrung** *f* (*a.* **Gepäckaufbewahrungsstelle**) left-luggage office (*Brit*), baggage checkroom (*US*) **Gepäckausgabe** *f* (*a.* **Gepäckausgabestelle**) (*am Bahnhof*) luggage *etc* office; (*am Flughafen*) luggage *etc* reclaim **Gepäckkontrolle** *f* luggage *etc* control *od* check **Gepäcknetz** *n* luggage *etc* rack **Gepäckschein** *m* luggage *etc* ticket **Gepäckstück** *n* piece *od* item of luggage *etc* **Gepäckträger** *m* (*am Fahrrad*) carrier **Gepäckträger(in)** *m(f)* porter (*Brit*), baggage handler (*Brit*) *od* carrier
Gepard *m* cheetah
gepfeffert *Adj* (*umg*) (≈ *hoch*) *Preise* steep; (≈ *schwierig*) *Fragen* tough; (≈ *hart*) *Kritik* biting; → ***pfeffern***
gepflegt **1.** *Adj* **a)** (≈ *nicht vernachlässigt*) well-looked-after; *Äußeres* well--groomed; → ***pflegen***; **b)** (≈ *kultiviert*) civilized; *Atmosphäre* sophisticated; *Sprache, Stil* cultured; *Umgangsformen* refined; (≈ *angenehm*) *Abend* pleasant; **c)** (≈ *erstklassig*) *Speisen, Weine* excellent **2.** *Adv* (≈ *kultiviert*) ***sich ~ unterhalten*** to have a civilized conversation; ***sehr ~ wohnen*** to live in style
Gepflogenheit *f* (*geh*) (≈ *Gewohnheit*) habit; (≈ *Verfahrensweise*) practice; (≈ *Brauch*) custom, tradition
Geplänkel *n* skirmish; (*fig*) squabble
Geplapper *n* babbling
Gepolter *n* (≈ *Krach*) din; (*an Tür etc*) banging
gepunktet *Adj Linie* dotted; *Stoff, Kleid* spotted
gequält *Adj Lächeln* forced; *Miene* pained; *Stimme* strained; → ***quälen***
Gequassel *n* (*pej umg*) chattering
gerade **1.** *Adj* straight; *Zahl* even; (≈ *aufrecht*) *Haltung* upright **2.** *Adv* **a)** just; ***wo Sie ~ da sind*** just while you're here; ***er wollte ~ aufstehen*** he was just about to get up; ***~ erst*** only just; ***~ noch*** only just; ***~ noch zur rechten Zeit*** just in time; ***~ deshalb*** that's just why; ***das ist es ja ~!*** that's just it!; **b)** (≈ *speziell*) especially; ***~, weil ...*** just because ...; ***sie ist nicht ~ eine Schönheit*** she's not exactly a beauty; ***warum ~ das?*** why that of all things?; ***warum ~ heute?*** why today of all days?; ***warum ~ ich?*** why me of all people? **Ge-**

rade *f* **a**) MATHE straight line; **b**) (SPORT, *von Rennbahn*) straight; BOXEN straight left/right **geradeaus** *Adv* straight ahead **geradeheraus** *Adv* (*umg*) frankly; **~ gesagt** quite frankly
gerädert *Adj* (*umg*) ***sich wie ~ fühlen*** to be *od* feel (absolutely) whacked (*umg*)
geradestehen *vi* ***für jdn/etw ~*** (*fig*) to be answerable for sb/sth **geradezu** *Adv* (≈ *beinahe*) virtually; (≈ *wirklich*) really; ***das ist ja ~ lächerlich!*** that is absolutely ridiculous! **geradlinig** *Adj* straight; *Entwicklung etc* linear
gerammelt *Adv* ***~ voll*** (*umg*) chock-a--block (*umg*); → ***rammeln***
Gerangel *n* (≈ *Balgerei*) scrapping; (*fig* ≈ *zäher Kampf*) wrangling
Geranie *f* geranium
Gerät *n* piece of equipment; (≈ *Vorrichtung*) device; (≈ *Apparat*) gadget; (≈ *elektrisches Gerät*) appliance; (≈ *Radiogerät, Fernsehgerät, Telefon*) set; (≈ *Messgerät*) instrument; (≈ *Werkzeug*) tool; (≈ *Turngerät*) piece of apparatus
geraten *vi* **a**) ***an jdn ~*** to come across sb; ***an etw*** (*Akk*) ***~*** to come by sth; ***an den Richtigen/Falschen ~*** to come to the right/wrong person; ***in Bewegung ~*** to begin to move; ***ins Stocken ~*** to come to a halt; ***in Brand ~*** to catch fire; ***in Angst/Schwierigkeiten ~*** to get scared/into difficulties; ***aus der Form ~*** to lose one's shape; **b**) (≈ *sich entwickeln*) to turn out; ***ihm gerät einfach alles*** everything he does turns out well; ***nach jdm ~*** to take after sb
Geräteschuppen *m* tool shed **Geräteturnen** *n* apparatus gymnastics *kein Pl*
Geratewohl *n* ***aufs ~*** on the off-chance; (*auswählen etc*) at random
geraum *Adj* ***vor ~er Zeit*** some time ago; ***seit ~er Zeit*** for some time **geräumig** *Adj* spacious, roomy
Geräusch *n* sound; (*bes unangenehm*) noise **geräuscharm** *Adj* quiet **geräuschlos** **1.** *Adj* silent **2.** *Adv* silently, without a sound **Geräuschpegel** *m* sound level **geräuschvoll** **1.** *Adj* (≈ *laut*) loud; (≈ *lärmend*) noisy **2.** *Adv* (≈ *laut*) loudly; (≈ *lärmend*) noisily
gerben *vt* to tan
Gerbera *f* BOT gerbera
gerecht **1.** *Adj* just; ***~ gegen jdn sein*** to be fair *od* just to sb; ***jdm/einer Sache ~ werden*** to do justice to sb/sth **2.** *Adv* fairly; (≈ *rechtgemäß*) justly **gerechterweise** *Adv* to be fair **gerechtfertigt** *Adj* justified **Gerechtigkeit** *f* justice; (≈ *Unparteilichkeit*) fairness
Gerede *n* talk; (≈ *Klatsch*) gossip(ing); ***ins ~ kommen*** to get oneself talked about
geregelt *Adj* regular; *Leben* well-ordered; → ***regeln***
gereizt *Adj* (≈ *verärgert*) irritated; (≈ *reizbar*) irritable, touchy; (≈ *nervös*) edgy; → ***reizen*** **Gereiztheit** *f* (≈ *Verärgertheit*) irritation; (≈ *Reizbarkeit*) irritability, touchiness; (≈ *Nervosität*) edginess
Geriatrie *f* geriatrics *Sg*
Gericht[1] *n* (≈ *Speise*) dish
Gericht[2] *n* **a**) (≈ *Behörde*) court (of justice); (≈ *Gebäude*) court(house), law courts *Pl*; (≈ *die Richter*) court, bench; ***vor ~ aussagen*** to testify in court; ***vor ~ stehen*** to stand trial; ***mit etw vor ~ gehen*** to take legal action about sth; **b**) ***das Jüngste ~*** the Last Judgement; ***über jdn zu ~ sitzen*** (*fig*) to sit in judgement on sb; ***mit jdm (scharf) ins ~ gehen*** (*fig*) to judge sb harshly **gerichtlich** **1.** *Adj* judicial; ***~e Schritte gegen jdn einleiten*** to initiate legal proceedings against sb **2.** *Adv* ***~ gegen jdn vorgehen*** to take legal action against sb; ***~ angeordnet*** ordered by the courts **Gerichtsbarkeit** *f* jurisdiction **Gerichtsbeschluss** *m* court decision **Gerichtshof** *m* court (of justice), law court; ***Oberster ~*** Supreme Court (of Justice) **Gerichtskosten** *Pl* court costs *Pl* **Gerichtsmedizin** *f* forensic medicine **Gerichtsmediziner(in)** *m(f)* forensic doctor **Gerichtssaal** *m* courtroom **Gerichtsschreiber(in)** *m(f)* clerk of the court (*Brit*), registrar (*US*) **Gerichtsstand** *m* (*förml*) court of jurisdiction **Gerichtsverfahren** *n* court *od* legal proceedings *Pl* **Gerichtsverhandlung** *f* trial; (*zivil*) hearing **Gerichtsvollzieher(in)** *m(f)* bailiff **Gerichtsweg** *m* ***auf dem ~*** through the courts
gering **1.** *Adj* **a**) (≈ *niedrig*) low; *Menge, Vorrat, Betrag, Entfernung* small; *Wert* little *attr*; (≈ *kurz*) *Zeit, Entfernung* short; **b**) (≈ *unerheblich*) slight;

G

Chance slim; *Rolle* minor; ***das ist meine ~ste Sorge*** that's the least of my worries; ***nicht das Geringste*** nothing at all; ***nicht im Geringsten*** not in the least *od* slightest; **c)** (≈ *unzulänglich*) *Kenntnisse* poor **2.** *Adv* (≈ *abschätzig*) ***~ von jdm sprechen*** to speak badly of sb **geringfügig 1.** *Adj* (≈ *unwichtig*) insignificant; *Unterschied* slight; *Verletzung* minor; *Betrag* small; ***~e Beschäftigung*** part-time employment **2.** *Adv* slightly **gering schätzen** *vt* (≈ *verachten*) to think little of; *Erfolg, menschliches Leben* to place little value on; (≈ *missachten*) *Gefahr* to disregard **geringschätzig 1.** *Adj* contemptuous **2.** *Adv* contemptuously **Geringschätzung** *f* (≈ *Ablehnung*) disdain; (≈ *schlechte Meinung*) low opinion (*für, +Gen* of)

gerinnen *vi* to coagulate; (*Blut*) to clot; (*Milch*) to curdle **Gerinnsel** *n* (≈ *Blutgerinnsel*) clot **Gerinnung** *f* coagulation

Gerippe *n* skeleton **gerippt** *Adj* ribbed *kein Adv*

gerissen *Adj* cunning **Gerissenheit** *f* cunning

Germ *m od f* (*österr*) baker's yeast

Germane *m*, **Germanin** *f* Teuton **germanisch** *Adj* Germanic **Germanist(in)** *m(f)* Germanist **Germanistik** *f* German (studies *Pl*)

Germknödel *m* (*südd, österr*) doughnut (*Brit*), donut (*US*)

gern, gerne *Adv* (≈ *freudig*) with pleasure; (≈ *bereitwillig*) with pleasure, willingly; (***aber***) ***~!*** of course!; ***ja, ~!*** (yes) please; ***kommst du mit? — ja, ~*** are you coming too? – oh yes, I'd like to; ***~ geschehen!*** you're welcome! (*bes US*), not at all!; ***etw ~ tun*** to like doing sth *od* to do sth (*bes US*); ***etw ~ sehen*** to like sth; ***das wird nicht ~ gesehen*** that's frowned (up)on; ***ein ~ gesehener Gast*** a welcome visitor; ***das glaube ich ~*** I can well believe it; ***ich hätte*** *od* ***möchte ~ ...*** I would like ...; ***wie hätten Sies*** (***denn***) ***~?*** how would you like it?; → ***gernhaben***

Gernegroß *m* (*hum*) ***er war schon immer ein kleiner ~*** he always did like to act big (*umg*) **gernhaben** *vt* to like; ***er kann mich mal ~!*** (*umg*) he can go to hell! (*umg*), screw him (*sl*)

Geröll *n* detritus *kein Pl*; (*im Gebirge*) scree *kein Pl*; (*größeres*) boulders *Pl*

Gerste *f* barley **Gerstenkorn** *n* **a)** barleycorn; **b)** MED stye

Gerte *f* switch **gertenschlank** *Adj* slim and willowy

Geruch *m* smell, odour (*Brit*), odor (*US*) (*nach* of); (*unangenehm*) stench (*nach* of); (≈ *Duft*) fragrance, perfume (*nach* of) **geruchlos** *Adj* odourless (*Brit*), odorless (*US*) **geruchsempfindlich** *Adj* sensitive to smell **Geruchsnerv** *m* olfactory nerve **Geruchssinn** *m* sense of smell

Gerüche

neutral:	**smell**
angenehm:	**scent** [sent] (= Duft) **fragrance** ['freɪgrəns] (= Duft) **aroma** (= Aroma, *bes von Essen*)
unangenehm:	**smell** (= schlechter Geruch) **odour** ['əʊdə] (= Geruch, Gestank) **stink** (= Gestank) **stench** [stenʃ] (= penetranter Gestank) *umg* **pong** (= Mief)

Mit **smell** verbindet man – wenn es nicht näher bezeichnet wird – einen neutralen oder auch unangenehmen Geruch. Es kann aber auch näher bestimmt werden: **pleasant / nice / lovely smell** *oder auch* **horrible / nasty / bad smell**

Gerücht *n* rumour (*Brit*), rumor (*US*); ***es geht das ~, dass ...*** there's a rumo(u)r (going (a)round) that ...

geruhsam 1. *Adj* peaceful; *Spaziergang etc* leisurely **2.** *Adv* leisurely

Gerümpel *n* junk

Gerundium *n* gerund

Gerüst *n* scaffolding *kein Pl*; (≈ *Gestell*) trestle; (*fig* ≈ *Gerippe*) framework (*zu* of)

gerüttelt 1. *Adj* ***ein ~es Maß von*** *od* ***an etw*** (*Dat*) a fair amount of sth 2. *Adv* ***~ voll*** jam-packed (*umg*)
gesalzen *Adj* (*fig umg*) *Preis* steep
gesammelt *Adj Kraft* collective; *Werke* collected; → ***sammeln***
gesamt *Adj* whole, entire; ***die ~en Kosten*** the total costs **Gesamtausgabe** *f* complete edition **Gesamtbetrag** *m* total (amount) **Gesamteindruck** *m* general impression **Gesamteinkommen** *n* total income **Gesamtergebnis** *n* overall result **Gesamtheit** *f* totality; ***die ~ der ...*** all the ...; (≈ *die Summe*) the totality of ...; ***die ~*** (***der Bevölkerung***) the population (as a whole) **Gesamthochschule** *f* ≈ polytechnic (*Brit*), ≈ college **Gesamtkosten** *Pl* total costs *Pl* **Gesamtnote** *f* SCHULE overall mark (*Brit*) *od* grade (*US*) **Gesamtschule** *f* comprehensive school **Gesamtsumme** *f* total amount **Gesamtwerk** *n* complete works *Pl* **Gesamtwert** *m* total value **Gesamtwertung** *f* SPORT overall placings *Pl* **Gesamtzahl** *f* total number
Gesandte(r) *m*, **Gesandtin** *f* envoy, legate **Gesandtschaft** *f* legation
Gesang *m* **a)** (≈ *Lied*) song; **b)** (≈ *das Singen*) singing **Gesangbuch** *n* KIRCHE hymnbook
Gesäß *n* seat, bottom **Gesäßbacke** *f* buttock, cheek **Gesäßtasche** *f* back pocket
Geschäft *n* **a)** (≈ *Gewerbe, Handel*) business *kein Pl*; (≈ *Geschäftsabschluss*) (business) deal *od* transaction; ***~ ist ~*** business is business; ***wie geht das ~?*** how's business?; ***mit jdm ~e machen*** to do business with sb; ***ein gutes/schlechtes ~ machen*** to make a good/bad deal; ***dabei hat er ein ~ gemacht*** he made a profit by it; **b)** (≈ *Firma*) business; (≈ *Laden*) shop (*Brit*), store; (*umg* ≈ *Büro*) office; ***im ~*** at work, in the office; (≈ *im Laden*) in the shop **Geschäftemacher(in)** *m(f)* (*pej*) profiteer **geschäftig** *Adj* (≈ *betriebsam*) busy; ***~es Treiben*** hustle and bustle **Geschäftigkeit** *f* busyness; (≈ *geschäftiges Treiben*) (hustle and) bustle **geschäftlich** 1. *Adj* business *attr* 2. *Adv* (≈ *in Geschäften*) on business; (≈ *wegen Geschäften*) because of business; ***sie hat morgen ~ in Berlin zu tun*** she has to be in Berlin on business tomorrow; ***~ verreist*** away on business **Geschäftsabschluss** *m* business deal **Geschäftsadresse** *f* business address **Geschäftsbedingungen** *Pl* terms *Pl* of business **Geschäftsbereich** *m* PARL responsibilities *Pl*; ***Minister ohne ~*** minister without portfolio **Geschäftsbericht** *m* report; (*einer Gesellschaft*) company report **Geschäftsbeziehungen** *Pl* business connections *Pl* (*zu* with) **Geschäftsessen** *n* business lunch/dinner **geschäftsfähig** *Adj* JUR capable of contracting (*förml*), competent (*förml*) **Geschäftsfähigkeit** *f* JUR (legal) competence **Geschäftsfrau** *f* businesswoman **Geschäftsfreund(in)** *m(f)* business associate **geschäftsführend** *Adj* executive; (≈ *stellvertretend*) acting **Geschäftsführer(in)** *m(f)* (*von Laden*) manager/manageress; (*von Unternehmen*) managing director, CEO; (*von Verein*) secretary **Geschäftsführung** *f* management **Geschäftsinhaber(in)** *m(f)* owner (of a business); (*von Laden, Restaurant*) proprietor/proprietress **Geschäftsjahr** *n* financial year **Geschäftskosten** *Pl* business expenses *Pl*; ***das geht alles auf ~*** it's all on expenses **Geschäftslage** *f* (≈ *Wirtschaftslage*) business situation **Geschäftsleitung** *f* management **Geschäftsmann** *m* businessman **geschäftsmäßig** *Adj, Adv* businesslike **Geschäftsordnung** *f* standing orders *Pl*; ***eine Frage zur ~*** a question on a point of order **Geschäftspartner(in)** *m(f)* business partner; (≈ *Geschäftsfreund*) business associate **Geschäftsreise** *f* business trip; ***auf ~ sein*** to be on a business trip **geschäftsschädigend** *Adj* bad for business **Geschäftsschädigung** *f* conduct *ohne Artikel* injurious to the interests of the company (*förml*) **Geschäftsschluss** *m* close of business; (*von Läden*) closing time; ***nach ~*** out of office *od* working hours/after closing time **Geschäftssitz** *m* place of business **Geschäftsstelle** *f* offices *Pl* **Geschäftsstraße** *f* shopping street **Geschäftsstunden** *Pl* office *od* working hours *Pl*; (*von Läden*) opening hours *Pl* **geschäfts-**

G

tüchtig *Adj* business-minded **Geschäftsverbindung** *f* business connection **Geschäftsverkehr** *m* business *ohne Artikel* **Geschäftszeiten** *Pl* business hours *Pl*; (*von Büros*) office hours *Pl*

geschehen *vi* to happen (*jdm* to sb); ***es wird ihm nichts ~*** nothing will happen to him; ***das geschieht ihm (ganz) recht*** it serves him right; ***er wusste nicht, wie ihm geschah*** he didn't know what was going on; ***was soll mit ihm/damit ~?*** what is to be done with him/it?; ***es muss etwas ~*** something must be done **Geschehen** *n* (*selten*) events *Pl* **Geschehnis** *n* (*geh*) event

gescheit *Adj* clever; *Mensch, Idee* bright; (≈ *vernünftig*) sensible

Geschenk *n* present, gift; ***jdm ein ~ machen*** to give sb a present; ***jdm etw zum ~ machen*** to give sb sth (as a present); ***ein ~ seiner Mutter*** a present from his mother **Geschenkartikel** *m* gift **Geschenkgutschein** *m* gift voucher **Geschenkpackung** *f* gift pack *od* box **Geschenkpapier** *n* wrapping paper; ***etw in ~ einwickeln*** to giftwrap sth

Geschichte *f* **a**) (≈ *Historie*) history; ***~ machen*** to make history; **b**) (≈ *Erzählung*) story; ***~n erzählen*** to tell stories; **c**) (*umg* ≈ *Sache*) affair, business *kein Pl*; ***die ganze ~*** the whole business; ***eine schöne ~!*** (*iron*) a fine how-do-you-do! (*umg*) **geschichtlich** **1.** *Adj* (≈ *historisch*) historical; (≈ *bedeutungsvoll*) historic **2.** *Adv* historically **Geschichtsbuch** *n* history book **Geschichtsforscher(in)** *m(f)* historian **Geschichtskenntnis** *f* knowledge of history *kein Pl* **Geschichtslehrer(in)** *m(f)* history teacher **Geschichtsschreibung** *f* historiography **geschichtsträchtig** *Adj Ort, Stadt* steeped in history; *Ereignis* historic **Geschichtsunterricht** *f* history lessons *Pl*

Geschick[1] *n* (*geh*) (≈ *Schicksal*) fate

Geschick[2] *n* (≈ *Geschicklichkeit*) skill **Geschicklichkeit** *f* skill, skilfulness (*Brit*), skillfulness (*US*); (≈ *Beweglichkeit*) agility **geschickt** **1.** *Adj* skilful (*Brit*), skillful (*US*); (≈ *beweglich*) agile **2.** *Adv* (≈ *clever*) cleverly; ***~ agieren*** to be clever **Geschicktheit** *f* = ***Geschicklichkeit***

geschieden *Adj* divorced

Geschirr *n* **a**) crockery (*Brit*), tableware; (≈ *Küchengeschirr*) pots and pans *Pl*, kitchenware; (≈ *Teller etc*) china; (*zu einer Mahlzeit benutzt*) dishes *Pl*; ***(das) ~ (ab)spülen*** to wash up; **b**) (*von Zugtieren*) harness **Geschirrschrank** *m* china cupboard (*Brit*) *od* cabinet (*US*) **Geschirrspülen** *n* washing-up **Geschirrspüler** *m*, **Geschirrspülmaschine** *f* dishwasher **Geschirrspülmittel** *n* washing-up liquid (*Brit*), dishwashing liquid (*US*) **Geschirrtuch** *n* tea towel (*Brit*), dishtowel (*US*)

Geschlecht *n* sex; GRAM gender; ***das andere ~*** the opposite sex **geschlechtlich** **1.** *Adj* sexual **2.** *Adv* ***mit jdm ~ verkehren*** to have sexual intercourse with sb **Geschlechtsakt** *m* sex(ual) act **Geschlechtsgenosse** *m*, **Geschlechtsgenossin** *f* person of the same sex; ***jds ~n*** those *od* people of the same sex as sb **Geschlechtshormon** *n* sex hormone **geschlechtskrank** *Adj* suffering from a sexually transmitted disease **Geschlechtskrankheit** *f* sexually transmitted disease **Geschlechtsleben** *n* sex life **geschlechtslos** *Adj* asexual (*auch* BIOL), sexless **Geschlechtsmerkmal** *n* sex(ual) characteristic **Geschlechtsorgan** *n* sex(ual) organ **geschlechtsreif** *Adj* sexually mature **Geschlechtsteil** *n* genitals *Pl* **Geschlechtstrieb** *m* sex(ual) drive **Geschlechtsumwandlung** *f* sex change **Geschlechtsverkehr** *m* sexual intercourse **Geschlechtswort** *n* GRAM article

geschliffen *Adj Manieren, Ausdrucksweise* polished

geschlossen **1.** *Adj* closed; (≈ *vereint*) united, unified; ***in sich*** (*Dat*) ***~*** self-contained; *Systeme* closed; ***ein ~es Ganzes*** a unified whole; ***~e Gesellschaft*** closed society; (≈ *Fest*) private party **2.** *Adv* ***~ für etw sein/stimmen*** to be/vote unanimously in favour (*Brit*) *od* favor (*US*) of sth; ***~ hinter jdm stehen*** to stand solidly behind sb **Geschlossenheit** *f* unity

Geschmack *m* taste; (≈ *Geschmacks-*

sinn) sense of taste; ***je nach ~*** to one's own taste; ***an etw*** (*Dat*) ***~ finden*** to acquire a taste for sth; ***auf den ~ kommen*** to acquire a taste for it; ***sie hat einen guten ~*** (*fig*) she has good taste; ***für meinen ~*** for my taste; ***das ist nicht nach meinem ~*** that's not to my taste; ***über ~ lässt sich*** (***nicht***) ***streiten*** (*Sprichw*) there's no accounting for taste(s) (*Sprichw*) **geschmacklich** *Adj* as regards taste **geschmacklos** *Adj* tasteless **Geschmacklosigkeit** *f* **a**) tastelessness, lack of taste; **b**) (≈ *Bemerkung*) remark in bad taste; ***das ist eine ~!*** that is the most appalling bad taste! **Geschmacksfrage** *f* question of (good) taste **Geschmacksrichtung** *f* taste **Geschmackssache** *f* matter of taste; ***das ist ~*** it's (all) a matter of taste **Geschmackssinn** *m* sense of taste **Geschmacksverirrung** *f* ***unter ~ leiden*** (*iron*) to have no taste **Geschmacksverstärker** *m* CHEM, KOCH flavour (*Brit*) *od* flavor (*US*) enhancer **geschmackvoll** **1.** *Adj* tasteful **2.** *Adv* tastefully

geschmeidig *Adj Leder, Haut, Bewegung* supple; *Fell* sleek; *Handtuch, Haar* soft

Geschnatter *n* (*wörtl*) cackle, cackling; (*fig*) jabber, jabbering

Geschöpf *n* (≈ *Lebewesen*) creature

Geschoss[1] *n* projectile (*förml*); (≈ *Rakete etc auch*) missile

Geschoss[2] *n*, **Geschoß**[2] (*österr*) *n* (≈ *Stockwerk*) floor, storey (*Brit*), story (*US*)

Geschrei *n* shouts *Pl*, shouting; (*von Babys, Popfans*) screams *Pl*, screaming; ***viel ~ um etw machen*** to make a big fuss about sth

Geschütz *n* gun; ***schweres ~*** heavy artillery; ***schweres ~ auffahren*** (*fig*) to bring up one's big guns

geschützt *Adj Winkel, Ecke* sheltered; *Pflanze, Tier* protected; → ***schützen***

Geschwader *n* squadron

Geschwafel *n* (*umg*) waffle (*Brit umg*), blather (*umg*)

Geschwätz *n* (*pej*) prattle; (≈ *Klatsch*) gossip **geschwätzig** *Adj* garrulous; (≈ *klatschsüchtig*) gossipy **Geschwätzigkeit** *f* garrulousness; (≈ *Klatschsucht*) constant gossiping

geschweige *Konj* ~ (**denn**) let alone, never mind

Geschwindigkeit *f* speed; ***mit einer ~ von ...*** at a speed of ...; ***mit höchster ~*** at top speed **Geschwindigkeitsbegrenzung** *f*, **Geschwindigkeitsbeschränkung** *f* speed limit **Geschwindigkeitsüberschreitung** *f* speeding

Geschwister *Pl* brothers and sisters *Pl*, siblings *Pl*; ***haben Sie noch ~?*** do you have any brothers or sisters? **geschwisterlich** **1.** *Adj* brotherly/sisterly **2.** *Adv* in a brotherly/sisterly way **Geschwisterpaar** *n* brother and sister *Pl*

geschwollen (*pej*) **1.** *Adj* pompous **2.** *Adv* pompously

Geschworenenbank *f* jury box; (≈ *die Geschworenen*) jury **Geschworenengericht** *n* = ***Schwurgericht*** **Geschworene(r)** *mf* juror; ***die ~n*** the jury *Sg od Pl*

Geschwulst *f* growth

geschwungen *Adj* curved; ***~e Klammer*** TYPO curly bracket

Geschwür *n* ulcer; (≈ *Furunkel*) boil

gesegnet *Adj* (*geh*) ***mit etw ~ sein*** to be blessed with sth

Geselchte(s) *n* (*südd, österr*) *salted and smoked meat*

Geselle *m* (≈ *Handwerksgeselle*) journeyman **gesellen** *vr* ***sich zu jdm ~*** to join sb **gesellig** *Adj* sociable; *Tier* gregarious; ***~es Beisammensein*** social gathering **Geselligkeit** *f* sociability, conviviality; (*von Tieren*) gregariousness; ***die ~ lieben*** to be sociable **Gesellin** *f* (≈ *Handwerksgesellin*) journeyman

Gesellschaft *f* **a**) SOZIALW society; ***die ~ verändern*** to change society; **b**) (≈ *Vereinigung*) society; HANDEL company; **c**) (≈ *Abendgesellschaft*) party; ***eine erlesene ~*** a select group of people; **d**) (≈ *Begleitung*) company; ***da befindest du dich in guter ~*** then you're in good company; ***jdm ~ leisten*** to keep sb company **Gesellschafter(in)** *m(f)* (HANDEL ≈ *Teilhaber*) shareholder; (≈ *Partner*) partner **gesellschaftlich** *Adj* social **Gesellschaftsanzug** *m* formal dress **gesellschaftsfähig** *Adj* socially acceptable **Gesellschaftsform** *f* social system **Gesellschaftsordnung** *f* social system **gesellschaftspolitisch** *Adj* sociopolitical **Gesellschafts-**

G

Gesellschaftsschicht *f* social stratum **Gesellschaftsspiel** *n* party game **Gesellschaftssystem** *n* social system **Gesellschaftstanz** *m* ballroom dance

gesettelt *Adj* (*sl* ≈ *sesshaft, etabliert*) settled

Gesetz *n* law; (≈ *Gesetzbuch*) statute book; (PARL ≈ *Vorlage*) bill; (*nach Verabschiedung*) act; ***nach dem ~*** under the law (*über +Akk* on); ***vor dem ~*** in (the eyes of the) law; ***ein ungeschriebenes ~*** an unwritten rule **Gesetzblatt** *n* law gazette **Gesetzbuch** *n* statute book **Gesetzentwurf** *m* (draft) bill **Gesetzesänderung** *f* change in the law **Gesetzesbrecher(in)** *m(f)* law-breaker **Gesetzeskraft** *f* the force of law; ***~ erlangen*** to become law; ***~ haben*** to be law **Gesetzeslage** *f* legal position **gesetzestreu** *Adj Person* law-abiding **gesetzgebend** *Adj* legislative; ***die ~e Gewalt*** the legislature **Gesetzgeber** *m* legislative body **Gesetzgebung** *f* legislation *kein Pl* **gesetzlich** **1.** *Adj Verpflichtung* legal; *Feiertag* statutory **2.** *Adv* legally **gesetzlos** *Adj* lawless **gesetzmäßig** *Adj* (≈ *gesetzlich*) legal; (≈ *rechtmäßig*) lawful

gesetzt **1.** *Adj* (≈ *reif*) sedate, sober; ***ein Herr im ~en Alter*** a man of mature years; → ***setzen*** **2.** *Konj* ***~ den Fall, ...*** assuming (that) ...

gesetzwidrig **1.** *Adj* illegal; (*unrechtmäßig*) unlawful **2.** *Adv* illegally; (≈ *unrechtmäßig*) unlawfully

gesichert *Adj Existenz* secure; *Fakten* definite; → ***sichern***

Gesicht *n* face; ***ein trauriges/wütendes ~ machen*** to look sad/angry; ***ein langes ~ machen*** to make a long face; ***jdm ins ~ sehen*** to look sb in the face; ***den Tatsachen ins ~ sehen*** to face facts; ***jdm etw ins ~ sagen*** to tell sb sth to his face; ***sein wahres ~ zeigen*** to show (oneself in) one's true colours (*Brit*) *od* colors (*US*); ***jdm wie aus dem ~ geschnitten sein*** to be the spitting image of sb; ***das ~ verlieren*** to lose face; ***das ~ wahren*** to save face; ***das gibt der Sache ein neues ~*** that puts a different complexion on the matter *od* on things; ***etw aus dem ~ verlieren*** to lose sight of sth; ***jdn/etw zu ~ bekommen*** to set eyes on sb/sth **Gesichtsausdruck** *m* (facial) expression **Gesichtscreme** *f* face cream **Gesichtsfarbe** *f* complexion **Gesichtskreis** *m* **a)** (*veralt*) (≈ *Umkreis*) field of vision; ***jdn aus dem ~ verlieren*** to lose sight of sb; **b)** (*fig*) horizons *Pl*, outlook **Gesichtsmaske** *f* face mask **Gesichtsmuskel** *m* facial muscle **Gesichtspackung** *f* face pack **Gesichtspunkt** *m* (≈ *Betrachtungsweise*) point of view, standpoint; (≈ *Einzelheit*) point **Gesichtsverlust** *m* loss of face **Gesichtszüge** *Pl* features *Pl*

Gesindel *n* (*pej*) riffraff *Pl*

gesinnt *Adj* ***jdm freundlich/feindlich ~ sein*** to be friendly/hostile to(wards) sb; ***sozial ~ sein*** to be socially minded

Gesinnung *f* (≈ *Charakter*) cast of mind; (≈ *Ansichten*) views *Pl*, way of thinking; ***eine liberale ~*** liberal-mindedness; ***seiner ~ treu bleiben*** to remain loyal to one's basic convictions **Gesinnungsgenosse** *m*, **Gesinnungsgenossin** *f* like-minded person **gesinnungslos** (*pej*) *Adj* unprincipled **Gesinnungswandel** *m*, **Gesinnungswechsel** *m* conversion

gesittet *Adj* **a)** (≈ *wohlerzogen*) well-mannered; **b)** (≈ *kultiviert*) civilized

Gesöff *n* (*umg*) muck (*umg*)

gesondert **1.** *Adj* separate **2.** *Adv* separately

gesonnen *Adj* ***~ sein, etw zu tun*** to be of a mind to do sth

gespalten *Adj Bewusstsein* split; *Zunge* forked; *Gesellschaft* divided; ***die Meinungen sind ~*** opinions are divided

Gespann *n* **a)** (≈ *Zugtiere*) team; **b)** (≈ *Pferdegespann*) horse and cart; ***ein gutes ~ abgeben*** to make a good team **gespannt** **1.** *Adj* **a)** *Seil* taut; **b)** (*fig*) tense; (≈ *neugierig*) curious; ***ich bin ~, wie er darauf reagiert*** I wonder how he'll react to that; ***da bin ich aber ~!*** I'm looking forward to that; (*iron*) (oh really?) that I'd like to see! **2.** *Adv* intently; ***~ zuhören/zusehen*** to be engrossed with what's going on; → ***spannen*** **Gespanntheit** *f* tension; (≈ *Neugierde*) eager anticipation

Gespenst *n* ghost; (*fig* ≈ *Gefahr*) spectre (*Brit*), specter (*US*) **gespenster-**

haft *Adj* ghostly *kein Adv*; (*fig*) eerie, eery **gespenstisch** *Adj, Adv* **a)** = ***gespensterhaft***; **b)** (*fig ≈ bizarr, unheimlich*) eerie, eery
gespielt *Adj* feigned
Gespött *n* mockery; (≈ *Gegenstand des Spotts*) laughing stock; ***zum ~ werden*** to become a laughing stock
Gespräch *n* **a)** (≈ *Unterhaltung*) conversation; (≈ *Diskussion*) discussion; (≈ *Dialog*) dialogue (*Brit*), dialog (*US*); ***~e*** POL talks; ***das ~ auf etw*** (*Akk*) ***bringen*** to steer the conversation *etc* (a)round to sth; ***im ~ sein*** to be being talked about; ***mit jdm ins ~ kommen*** to get into conversation with sb; (*fig*) to establish a dialogue (*Brit*) *od* dialog (*US*) with sb; **b)** (TELEK ≈ *Anruf*) (telephone) call; ***ein ~ für dich*** a call for you **gesprächig** *Adj* talkative; (≈ *mitteilsam*) communicative **gesprächsbereit** *Adj bes* POL ready to talk **Gesprächsbereitschaft** *f bes* POL readiness to talk **Gesprächsgegenstand** *m* topic **Gesprächsguthaben** *n* (TELEK: *von Prepaidhandy*) credit minutes *Pl* **Gesprächspartner(in)** *m(f)* interlocutor (*förml*); ***mein ~ bei den Verhandlungen*** my opposite number at the talks; ***wer war dein ~?*** who did you talk with? **Gesprächsrunde** *f* discussion(s *Pl*); POL round of talks **Gesprächsstoff** *m* topics *Pl*
gespreizt *Adj* (*fig*) affected; → ***spreizen***
gesprenkelt *Adj* speckled; → ***sprenkeln***
Gespür *n* feel(ing)
Gestalt *f* **a)** form; ***in ~ von*** (*fig*) in the form of; ***(feste) ~ annehmen*** to take shape; **b)** (≈ *Wuchs*) build; **c)** (≈ *Person*) figure; (*pej* ≈ *Mensch*) character **gestalten 1.** *vt Text, Wohnung* to lay out; *Programm, Abend* to arrange; *Freizeit* to organize; *Zukunft, Gesellschaft, Politik* to shape **2.** *vr* (≈ *werden*) to become; (≈ *sich entwickeln*) to turn (*zu* into); ***sich schwierig ~*** (*Verhandlungen etc*) to run into difficulties **gestalterisch** *Adj* creative **Gestaltung** *f* (≈ *das Gestalten*) shaping, forming (*zu* into); (*von Wohnung*) layout; (*von Abend, Programm*) arrangement; (*von Freizeit*) structuring

gestanden *Adj Fachmann etc* experienced; ***ein ~er Mann*** a mature and experienced man **geständig** *Adj* ***~ sein*** to have confessed **Geständnis** *n* confession; ***ein ~ ablegen*** to make a confession; ***jdm ein ~ machen*** to make a confession to sb
Gestank *m* stink
gestatten 1. *vt* to allow; ***jdm etw ~*** to allow sb sth **2.** *vi* ***~ Sie, dass ich ...?*** may I ...?, would you mind if I ...?; ***wenn Sie ~ ...*** with your permission ...
Geste *f* gesture
Gesteck *n* flower arrangement
gestehen *vti* to confess (*jdm etw* sth to sb); ***offen gestanden ...*** to be frank ...
Gestein *n* rock(s *Pl*); (≈ *Schicht*) rock stratum
Gestell *n* stand; (≈ *Regal*) shelf; (≈ *Ablage*) rack; (≈ *Rahmen, Brillengestell*) frame; (*auf Böcken*) trestle
gestelzt *Adj* stilted
gestern *Adv* yesterday; ***~ Abend*** yesterday evening; (*spät*) last night; ***die Zeitung von ~*** yesterday's paper; ***er ist nicht von ~*** (*umg*) he wasn't born yesterday
Gestik *f* gestures *Pl* **gestikulieren** *vi* to gesticulate
gestimmt *Adj* ***froh ~*** in a cheerful mood; → ***stimmen***
Gestirn *n* heavenly body
Gestöber *n* (*leicht*) snow flurry; (*stark*) snowstorm
gestochen 1. *Adj Handschrift* clear, neat **2.** *Adv* ***~ scharfe Fotos*** needle-sharp photographs; ***wie ~ schreiben*** to write clearly
gestohlen *Adj* ***der/das kann mir ~ bleiben*** (*umg*) he/it can go hang (*umg*)
gestört *Adj* disturbed; ***geistig ~ sein*** to be (mentally) disturbed; → ***stören***
Gestotter *n* stuttering, stammering
gestreift *Adj* striped; → ***streifen***
gestrichen 1. *Adj* ***ein ~er Teelöffel voll*** a level teaspoon(ful) **2.** *Adv* ***~ voll*** level; (≈ *sehr voll*) full to the brim
gestrig *Adj* yesterday's; ***unser ~es Gespräch*** our conversation (of) yesterday
Gestrüpp *n* undergrowth; (*fig*) jungle
gestuft *Adj* (≈ *in Stufen*) terraced; *Haarschnitt* layered; (*zeitlich*) staggered; → ***stufen***

G

G

Gestüt *n* stud
Gesuch *n* petition (*auf +Akk*, *um* for); (≈ *Antrag*) application (*auf +Akk*, *um* for) **gesucht** *Adj* (≈ *begehrt*) sought after; ***sehr ~*** (very) much sought after; → ***suchen***
gesund **1.** *Adj* healthy; ***wieder ~ werden*** to get better; ***Äpfel sind ~*** apples are good for you; ***bleib ~!*** look after yourself **2.** *Adv* ***~ leben*** to have a healthy lifestyle; ***sich ~ ernähren*** to have a healthy diet; ***~ essen*** to eat healthily; ***jdn ~ pflegen*** to nurse sb back to health **Gesundheit** *f* health; (≈ *Zuträglichkeit*) healthiness; ***bei guter ~*** in good health; ***~!*** bless you; ***auf Ihre ~!*** your (very good) health **gesundheitlich** **1.** *Adj* ***~e Schäden*** damage to one's health; ***sein ~er Zustand*** (the state of) his health; ***aus ~en Gründen*** for health reasons **2.** *Adv* ***wie geht es Ihnen ~?*** how is your health? **Gesundheitsamt** *n* public health department **Gesundheitsapostel** *m* (*iron*) health freak (*umg*) **gesundheitsbewusst** *Adj* health-conscious **Gesundheitsdienst** *m* health service **Gesundheitsfarm** *f* health farm **gesundheitshalber** *Adv* for health reasons **Gesundheitsminister(in)** *m(f)* health minister, Health Secretary (*Brit*), Secretary of Health (*US*) **Gesundheitspolitik** *f* health policy **gesundheitsschädlich** *Adj* unhealthy **Gesundheitswesen** *n* health service **Gesundheitszeugnis** *n* certificate of health **Gesundheitszustand** *m* state of health **gesundschreiben** *vt* ***jdn ~*** to certify sb (as) fit **gesundschrumpfen** **1.** *vt* (*fig*) to streamline **2.** *vr* to be streamlined **gesundstoßen** *vr* (*sl*) to line one's pockets (*umg*) **Gesundung** *f* recovery; (≈ *Genesung*) convalescence, recuperation
getan *Adj* ***nach ~er Arbeit*** when the day's work is done
getigert *Adj* (*mit Streifen*) striped; ***~e Katze*** tabby (cat)
getönt *Adj* *Glas*, *Brille* tinted; → ***tönen²***
Getöse *n* din; (*von Auto*, *Beifall etc*) roar
Getränk *n* drink **Getränkeautomat** *m* drinks (*Brit*) *od* beverage (*US*) machine **Getränkekarte** *f* (*in Café*) list of beverages; (*in Restaurant*) wine list **Getränkemarkt** *m* drinks cash-and--carry (*Brit*), beverage store (*US*)
getrauen *vr* to dare; ***getraust du dich das?*** (*umg*) do you dare do that?
Getreide *n* grain **Getreide(an)bau** *m* cultivation of grain *od* cereals **Getreideflocke** *f* cereal **Getreidesilo** *n od m*, **Getreidespeicher** *m* silo
getrennt **1.** *Adj* separate **2.** *Adv* ***~ wohnen*** not to live together; ***~ leben*** to live apart; → ***trennen***
getreu **1.** *Adj* (≈ *entsprechend*) faithful, true *kein Adv* **2.** *Präp +Dat* true to
Getriebe *n* **a)** TECH gears *Pl*; (≈ *Getriebekasten*) gearbox; **b)** (≈ *lebhaftes Treiben*) bustle **Getriebeschaden** *m* gearbox trouble *kein unbest Artikel*
getrost *Adv* confidently; ***du kannst dich ~ auf ihn verlassen*** you need have no fears about relying on him
getrübt *Adj* ***ein ~es Verhältnis zu jdm haben*** to have an unhappy relationship with sb; → ***trüben***
Getto *n* ghetto **Gettoblaster** *m* (*umg*) ghetto blaster (*umg*), boom box (*bes US umg*)
Getue *n* (*pej*) to-do (*umg*)
geübt *Adj* *Auge*, *Ohr* practised (*Brit*), practiced (*US*); *Fahrer etc* proficient; ***~ sein*** to be experienced; → ***üben***
Gewächs *n* **a)** (≈ *Pflanze*) plant; **b)** MED growth **gewachsen** *Adj* **a)** (≈ *von allein entstanden*) evolved; **b)** ***jdm ~ sein*** to be a match for sb; ***einer Sache*** (*Dat*) ***~ sein*** to be up to sth **Gewächshaus** *n* greenhouse; (≈ *Treibhaus*) hothouse
gewagt *Adj* **a)** (≈ *kühn*) daring; (≈ *gefährlich*) risky; **b)** (≈ *anzüglich*) risqué; → ***wagen***
gewählt **1.** *Adj* *Sprache* elegant **2.** *Adv* ***sich ~ ausdrücken*** to express oneself elegantly; → ***wählen***
Gewähr *f* guarantee; ***keine ~ für etw bieten*** to offer no guarantee for sth; ***die Angabe erfolgt ohne ~*** this information is supplied without liability; ***für etw ~ leisten*** to guarantee sth **gewähren** *vt* to grant; *Rabatt*, *Schutz* to give; ***jdn ~ lassen*** (*geh*) not to stop sb **gewährleisten** *vt* (≈ *sicherstellen*) to ensure (*jdm etw* sb sth); (≈ *garantieren*) to guarantee (*jdm etw* sb sth)

Gewahrsam *m* **a)** (≈ *Verwahrung*) safekeeping; ***etw in ~ nehmen*** to take sth into safekeeping; **b)** (≈ *Haft*) custody

Gewährung *f* granting; (*von Rabatt*) giving; (*von Schutz*) affording

Gewalt *f* **a)** (≈ *Macht*) power; ***die gesetzgebende/richterliche ~*** the legislature/judiciary; ***elterliche ~*** parental authority; ***jdn/etw in seine ~ bringen*** to bring sb/sth under one's control; ***jdn in seiner ~ haben*** to have sb in one's power; ***in jds ~*** (*Dat*) ***sein*** *od* ***stehen*** to be in sb's power; ***die ~ über etw*** (*Akk*) ***verlieren*** to lose control of sth; **b)** (≈ *Zwang, Heftigkeit*) force; (≈ *Gewalttätigkeit*) violence; ***~ anwenden*** to use force; ***höhere ~*** acts/an act of God; ***mit ~*** by force; ***mit aller ~*** (*umg*) for all one is worth **Gewaltakt** *m* act of violence **Gewaltanwendung** *f* use of force **gewaltbereit** *Adj* ready to use violence **Gewaltenteilung** *f* separation of powers **gewaltfrei** *Adj, Adv* = ***gewaltlos*** **Gewaltherrschaft** *f* tyranny **gewaltig** **1.** *Adj* **a)** (≈ *heftig*) *Sturm etc* violent; **b)** (≈ *riesig*) colossal; *Anblick* tremendous; *Stimme* powerful; *Summe* huge **2.** *Adv* (*umg* ≈ *sehr*) enormously; ***sich ~ irren*** to be very much mistaken **gewaltlos** **1.** *Adj* non-violent **2.** *Adv* (≈ *ohne Gewaltanwendung*) without violence **Gewaltlosigkeit** *f* non-violence **gewaltsam** **1.** *Adj* forcible; *Tod* violent **2.** *Adv* forcibly, by force **Gewalttat** *f* act of violence **Gewalttäter(in)** *m(f)* violent criminal **gewalttätig** *Adj* violent **Gewalttätigkeit** *f* (≈ *Brutalität*) violence; (≈ *Handlung*) act of violence **Gewaltverbrechen** *n* crime of violence

Gewand *n* **a)** (*geh* ≈ *Kleidungsstück*) garment; (*weites, langes*) robe, gown; **b)** (*österr* ≈ *Kleidung*) clothes *Pl*

gewandt **1.** *Adj* skilful (*Brit*), skillful (*US*); (*körperlich*) nimble; (≈ *geschickt*) deft; *Auftreten, Stil* elegant **2.** *Adv* elegantly

Gewässer *n* stretch of water

Gewebe *n* (≈ *Stoff*) fabric, material; (≈ *Gewebeart*) weave; BIOL tissue; (*fig*) web **Gewebeprobe** *f* MED tissue sample

Gewehr *n* (≈ *Flinte*) rifle; (≈ *Schrotbüchse*) shotgun **Gewehrlauf** *m* (*von Flinte*) rifle barrel; (*von Schrotbüchse*) barrel of a shotgun

Geweih *n* antlers *Pl*; ***das ~*** the antlers

Gewerbe *n* trade; ***ein ~ ausüben*** to practise (*Brit*) *od* practice (*US*) a trade **Gewerbeaufsicht** *f* ≈ health and safety control **Gewerbebetrieb** *m* commercial enterprise **Gewerbegebiet** *n* industrial area; (*eigens angelegt*) trading estate (*bes Brit*) **Gewerbeschein** *m* trading licence (*Brit*) *od* license (*US*) **Gewerbesteuer** *f* trade tax **Gewerbetreibende(r)** *mf* trader **gewerblich** **1.** *Adj* commercial; *Genossenschaft* trade *attr*; (≈ *industriell*) industrial **2.** *Adv* ***~ genutzt*** used for commercial purposes **gewerbsmäßig** **1.** *Adj* professional **2.** *Adv* professionally, for gain

Gewerkschaft *f* (trade *od* trades *od* labor (*US*)) union **Gewerkschafter(in)** *m(f)* trade *od* labor (*US*) unionist **gewerkschaftlich** **1.** *Adj* (trade *od* labor (*US*)) union *attr*; ***~er Vertrauensmann*** (*im Betrieb*) shop steward (*bes Brit*) **2.** *Adv* ***~ organisierter Arbeiter*** union member; ***~ tätig sein*** to be active in the union **Gewerkschaftsbund** *m* federation of trade *od* labor (*US*) unions, ≈ Trades Union Congress (*Brit*), ≈ Federation of Labor (*US*) **Gewerkschaftsführer(in)** *m(f)* (trade *od* labor (*US*)) union leader

Gewicht *n* weight; ***dieser Stein hat ein ~ von 100 kg*** this rock weighs 100 kg; ***spezifisches ~*** specific gravity; ***~ haben*** (*wörtl*) to be heavy; (*fig*) to carry weight; ***ins ~ fallen*** to be crucial; ***nicht ins ~ fallen*** to be of no consequence; ***auf etw*** (*Akk*) ***~ legen*** to set (great) store by sth **gewichten** *vt* STATISTIK to weight; (*fig*) to evaluate **Gewichtheben** *n* SPORT weightlifting **Gewichtheber(in)** *m(f)* weightlifter **gewichtig** *Adj* (*fig*) weighty **Gewichtsklasse** *f* SPORT weight (category) **Gewichtsverlust** *m* weight loss **Gewichtszunahme** *f* increase in weight

gewieft *Adj* (*umg*) crafty (*in +Dat* at)

gewillt *Adj* ***~ sein, etw zu tun*** to be willing to do sth

Gewimmel *n* swarm; (≈ *Menge*) crush

Gewinde *n* TECH thread

Gewinn *m* **a)** (≈ *Ertrag*) profit; **~ *abwerfen* od *bringen*** to make a profit; **~ *bringend*** = ***gewinnbringend***; ***etw mit ~ verkaufen*** to sell sth at a profit; **b)** (≈ *Preis*) prize; (*bei Wetten*) winnings *Pl*; **c)** (*fig* ≈ *Vorteil*) gain **Gewinnanteil** *m* HANDEL dividend **Gewinnausschüttung** *f* prize draw **Gewinnbeteiligung** *f* **a)** INDUSTRIE profit-sharing; **b)** (≈ *Dividende*) dividend **gewinnbringend** **1.** *Adj* (*wörtl*, *fig*) profitable **2.** *Adv* profitably; ***~ wirtschaften*** to make a profit **Gewinnchance** *f* chance of winning; ***~n*** (*beim Wetten*) odds **gewinnen** **1.** *vt* **a)** to win; ***jdn (für etw) ~*** to win sb over (to sth); ***Zeit ~*** to gain time; ***was ist damit gewonnen?*** what good is that?; **b)** (≈ *erzeugen*) to produce, to obtain; *Erze etc* to mine, to extract; (*aus Altmaterial*) to reclaim **2.** *vi* **a)** (≈ *Sieger sein*) to win (*bei*, *in +Dat* at); **b)** (≈ *profitieren*) to gain; ***an Bedeutung ~*** to gain (in) importance; ***an Geschwindigkeit ~*** to pick up *od* gain speed **gewinnend** *Adj* (*fig*) winning, winsome **Gewinner(in)** *m(f)* winner **Gewinnmaximierung** *f* maximization of profit(s) **Gewinnschwelle** *f* WIRTSCH breakeven point **Gewinnspanne** *f* profit margin **Gewinnspiel** *n* competition; TV game show **Gewinnung** *f* (*von Kohle*, *Öl*) extraction; (*von Energie*, *Plutonium*) production **Gewinnwarnung** *f* HANDEL profit warning **Gewinnzahl** *f* winning number **Gewinnzone** *f* ***in der ~ sein*** to be in profit; ***in die ~ kommen*** to move into profit

Gewirr *n* tangle; (*fig* ≈ *Durcheinander*) jumble; (*von Straßen*) maze

gewiss **1.** *Adj* certain (*+Gen* of); ***ich bin dessen ~*** (*geh*) I'm certain of it; ***nichts Gewisses*** nothing certain; ***in ~em Maße*** to some *od* a certain extent **2.** *Adv* (*geh*) certainly; ***eins ist (ganz) ~*** one thing is certain; ***(ja) ~!*** certainly, sure (*bes US*); ***(aber) ~ (doch)!*** (but) of course

Gewissen *n* conscience; ***ein schlechtes ~*** a guilty conscience; ***jdn/etw auf dem ~ haben*** to have sb/sth on one's conscience; ***jdm ins ~ reden*** to have a serious talk with sb **gewissenhaft** **1.** *Adj* conscientious **2.** *Adv* conscientiously **Gewissenhaftigkeit** *f* conscientiousness **gewissenlos** *Adj* unscrupulous; (≈ *verantwortungslos*) irresponsible **Gewissenlosigkeit** *f* unscrupulousness; (≈ *Verantwortungslosigkeit*) irresponsibility **Gewissensbisse** *Pl* pangs *Pl* of conscience; ***~ bekommen*** to get a guilty conscience **Gewissensentscheidung** *f* question of conscience **Gewissensfrage** *f* matter of conscience **Gewissenskonflikt** *m* moral conflict

gewissermaßen *Adv* (≈ *sozusagen*) so to speak **Gewissheit** *f* certainty; ***mit ~*** with certainty

Gewitter *n* thunderstorm; (*fig*) storm **Gewitterfront** *f* METEO storm front **gewittern** *vi unpers* ***es gewittert*** it's thundering **Gewitterschauer** *m* thundery shower **Gewitterwolke** *f* thundercloud; (*fig umg*) storm cloud **gewittrig** *Adj* thundery

gewitzt *Adj* crafty, cunning

gewogen *Adj* (*geh*) well-disposed (*+Dat* towards)

gewöhnen **1.** *vt* ***jdn an etw*** (*Akk*) ***~*** to accustom sb to sth; ***an jdn/etw gewöhnt sein*** to be used to sb/sth; ***daran gewöhnt sein, etw zu tun*** to be used to doing sth; ***das bin ich gewöhnt*** I'm used to it **2.** *vr* ***sich an jdn/etw ~*** to get used to sb/sth **Gewohnheit** *f* habit; ***aus (lauter) ~*** from (sheer) force of habit; ***die ~ haben, etw zu tun*** to have a habit of doing sth; ***sich*** (*Dat*) ***etw zur ~ machen*** to make a habit of sth **gewohnheitsmäßig** *Adj* habitual **Gewohnheitsmensch** *m* creature of habit **Gewohnheitssache** *f* question of habit **Gewohnheitstäter(in)** *m(f)* habitual *od* persistent offender **Gewohnheitstier** *n* ***der Mensch ist ein ~*** (*umg*) man is a creature of habit **gewöhnlich** **1.** *Adj* **a)** (≈ *üblich*) usual; (≈ *normal*) normal; (≈ *durchschnittlich*) ordinary; (≈ *alltäglich*) everyday; **b)** (*pej* ≈ *ordinär*) common **2.** *Adv* normally; ***wie ~*** as usual **gewohnt** *Adj* usual; ***etw ~ sein*** to be used to sth **Gewöhnung** *f* (≈ *das Sichgewöhnen*) habituation (*an +Akk* to); (≈ *das Angewöhnen*) training (*an +Akk* in); (≈ *Sucht*) habit, addiction **gewöhnungsbedürftig** *Adj* ***die neue Software ist ~*** the new software takes some time to get used to

Gewölbe *n* vault **gewölbt** *Adj Stirn* domed; *Decke* vaulted; → ***wölben***
gewollt *Adj* **a)** (≈ *gekünstelt*) forced; **b)** (≈ *erwünscht*) desired; → ***wollen***[2]
Gewühl *n* (≈ *Gedränge*) crowd, throng; (≈ *Verkehrsgewühl*) chaos, snarl-up (*Brit umg*)
gewunden *Adj Weg, Fluss etc* winding; *Erklärung* tortuous
Gewürz *n* spice; (≈ *Pfeffer, Salz*) condiment **Gewürzbord** *n* spice rack **Gewürzgurke** *f* pickled gherkin **Gewürzmischung** *f* mixed herbs *Pl*; (≈ *Gewürzsalz*) herbal salt **Gewürznelke** *f* clove

Gewürze

Basilikum	**basil** ['bæzl]
Chili	**chil(l)i**
Dill	**dill**
Estragon	**tarragon** ['tærəgən]
Ingwer	**ginger**
Knoblauch	**garlic**
Koriander	**coriander** [ˌkɒrɪ'ændə]
Lorbeer(blätter)	**bay (leaves)**
Majoran	**marjoram** ['mɑːdʒərəm]
Minze	**mint**
Muskat	**nutmeg**
Nelke	**clove** [kləʊv]
Oregano	**oregano** [ˌɒrɪ'gɑːnəʊ]
Paprika	**paprika** ['pæprɪkə, pə'priːkə]
Petersilie	**parsley** ['pɑːslɪ]
Pfeffer	**pepper**
Piment	**allspice, pimento** [pɪ'mentəʊ]
Rosmarin	**rosemary** ['rəʊzmərɪ]
Safran	**saffron** ['sæfrən]
Salbei	**sage**
Schnittlauch	**chives** [tʃaɪvz]
Thymian	**thyme** [taɪm]
Zimt	**cinnamon** ['sɪnəmən]

Geysir *m* geyser
gezackt *Adj Fels* jagged; → ***zacken***
gezahnt, **gezähnt** *Adj auch* BOT serrated; TECH cogged; *Briefmarke* perforated
gezeichnet *Adj* marked; ***vom Tode ~ sein*** to have the mark of death on one; → ***zeichnen***
Gezeiten *Pl* tides *Pl* **Gezeitenkraftwerk** *n* tidal power plant **Gezeitenwechsel** *m* turn of the tide
gezielt **1.** *Adj* purposeful; *Schuss* well-aimed; *Frage, Maßnahme etc* specific; *Indiskretion* deliberate **2.** *Adv vorgehen* directly; *planen* specifically; ***~ schießen*** to shoot to kill; ***er hat sehr ~ gefragt*** he asked very specific questions; → ***zielen***
geziert **1.** *Adj* affected **2.** *Adv* affectedly; → ***zieren***
gezwungen **1.** *Adj* (≈ *nicht entspannt*) forced; *Atmosphäre* strained; *Stil, Benehmen* stiff **2.** *Adv* stiffly; ***~ lachen*** to give a forced *od* strained laugh **gezwungenermaßen** *Adv* of necessity; ***etw ~ tun*** to be forced to do sth
Ghana *n* Ghana
Ghetto *n* ghetto
Gicht *f* MED, BOT gout
Giebel *m* gable **Giebeldach** *n* gabled roof
Gier *f* greed (*nach* for) **gierig** **1.** *Adj* greedy; (*nach Geld*) avaricious; ***~ nach etw sein*** to be greedy for sth **2.** *Adv* greedily
gießen **1.** *vt* **a)** *Flüssigkeit* to pour; *Pflanzen* to water; **b)** *Glas* to found (*zu* (in)to); *Metall* to cast (*zu* into) **2.** *vi unpers* to pour; ***es gießt in Strömen*** it's pouring down **Gießerei** *f* (≈ *Werkstatt*) foundry **Gießkanne** *f* watering can
Gift *n* poison; (≈ *Bakteriengift*) toxin; (*fig* ≈ *Bosheit*) venom; ***darauf kannst du ~ nehmen*** (*umg*) you can bet your

life on that (*umg*) **Giftfass** *n* toxic waste drum **giftfrei** *Adj* non-toxic **Giftgas** *n* poison gas **Giftgaswolke** *f* cloud of poison gas **giftgrün** *Adj* bilious green **giftig** *Adj* **a**) (≈ *Gift enthaltend*) poisonous; *Chemikalien* toxic; **b**) (*fig*) (≈ *boshaft, hasserfüllt*) venomous **Giftmischer(in)** *m(f)* (*fig*) troublemaker, stirrer (*umg*); (*hum* ≈ *Apotheker*) chemist **Giftmord** *m* poisoning **Giftmüll** *m* toxic waste **Giftpilz** *m* poisonous toadstool **Giftschlange** *f* poisonous snake **Giftstoff** *m* poisonous substance **Giftzahn** *m* fang

G

Gigabyte *n* IT gigabyte

Gigant(in) *m(f)* giant **gigantisch** *Adj* gigantic

Gilde *f* guild

Gin *m* gin; ~ ***Tonic*** gin and tonic

Ginseng *m* BOT ginseng **Ginsengwurzel** *f* BOT ginseng root

Ginster *m* BOT broom; (≈ *Stechginster*) gorse

Gipfel *m* **a**) (≈ *Bergspitze*) peak; **b**) (*fig* ≈ *Höhepunkt*) height; ***das ist der ~!*** (*umg*) that's the limit; **c**) (≈ *Gipfelkonferenz*) summit **Gipfelkonferenz** *f* POL summit conference **gipfeln** *vi* to culminate (*in +Dat* in) **Gipfelpunkt** *m* (*wörtl*) zenith; (*fig*) high point **Gipfeltreffen** *n* POL summit (meeting)

Gips *m* plaster **Gipsabdruck** *m* plaster cast **Gipsbein** *n* (*umg*) leg in a cast **Gipsverband** *m* MED plaster cast

Giraffe *f* giraffe

Girlande *f* garland (*aus* of)

Girokonto *n* current account **Giroverkehr** *m* giro system; (≈ *Girogeschäft*) giro transfer (business)

Gischt *m* spray

Gitarre *f* guitar **Gitarrist(in)** *m(f)* guitarist

Gitter *n* bars *Pl*; (*vor Türen, Schaufenstern*) grille; (*für Gewächse etc*) lattice, trellis; (≈ *feines Drahtgitter*) (wire-) mesh; ELEK, GEOG grid; ***hinter ~n*** (*fig umg*) behind bars **Gitterfenster** *n* barred window **Gitternetz** *n* GEOG grid **Gitterrost** *m* grid, grating **Gitterstab** *m* bar

Glace *f* (*schweiz*) ice (cream)

Glacéhandschuh *m* kid glove; ***jdn mit ~en anfassen*** (*fig*) to handle sb with kid gloves

Gladiator *m* gladiator

Gladiole *f* BOT gladiolus

glamourös *Adj* glamorous

Glanz *m* gleam; (≈ *Funkeln*) sparkle, glitter; (*von Haaren, Seide*) sheen; (*von Farbe*) gloss; (*fig, von Ruhm, Erfolg*) glory; (≈ *Pracht*) splendour (*Brit*), splendor (*US*) **Glanzabzug** *m* FOTO glossy print **glänzen** *vi* to shine; (≈ *glitzern*) to glisten; (≈ *funkeln*) to sparkle **glänzend** **1.** *Adj* shining; (≈ *strahlend*) radiant; (≈ *blendend*) dazzling; (≈ *glitzernd*) glistening; (≈ *funkelnd*) sparkling, glittering; *Papier* glossy, shiny; (*fig*) brilliant; (≈ *erstklassig*) marvellous (*Brit*), marvelous (*US*) **2.** *Adv* (≈ *sehr gut*) brilliantly; ***wir haben uns ~ amüsiert*** we had a great time (*umg*); ***mir geht es ~*** I'm just fine **Glanzlack** *m* gloss (paint) **Glanzleistung** *f* brilliant achievement **Glanzlicht** *n* (KUNST, *fig*) highlight **glanzlos** *Adj* dull; *Lack, Oberfläche* matt **Glanznummer** *f* big number, pièce de résistance **Glanzpapier** *n* glossy paper **Glanzstück** *n* pièce de résistance **glanzvoll** *Adj* (*fig*) brilliant; (≈ *prachtvoll*) glittering **Glanzzeit** *f* heyday

Glas *n* **a**) glass; (≈ *Konservenglas*) jar; **b**) (≈ *Brillenglas*) lens *Sg* **Glasbläser(in)** *m(f)* glass-blower **Glascontainer** *m* bottle bank **Glaser(in)** *m(f)* glazier **Glaserei** *f* (≈ *Werkstatt*) glazier's workshop **gläsern** *Adj* glass; (*fig* ≈ *durchschaubar*) transparent **Glasfaser** *f* fibreglass (*Brit*), fiberglass (*US*) **Glasfaserkabel** *n* optical fibre (*Brit*) *od* fiber (*US*) cable **Glasfiber** *f* glass fibre (*Brit*) *od* fiber (*US*) **Glasfiberstab** *m* SPORT glass fibre (*Brit*) *od* fiber (*US*) pole **Glashaus** *n* ***wer (selbst) im ~ sitzt, soll nicht mit Steinen werfen*** (*Sprichw*) people who live in glass houses shouldn't throw stones (*Sprichw*) **glasieren** *vt* to glaze; *Kuchen* to ice (*Brit*), to frost (*bes US*) **glasig** *Adj Blick* glassy; KOCH *Kartoffeln* waxy; *Speck, Zwiebeln* transparent **Glaskeramikkochfeld** *n* glass hob **glasklar** *Adj* (*wörtl*) clear as glass; (*fig*) crystal-clear **Glasmalerei** *f* glass painting **Glasnudel** *f* fine Chinese noodle **Glasperle** *f* glass bead **Glasreiniger** *m* (≈ *Reinigungsmittel*) glass cleaner **Glasscheibe** *f* sheet of glass;

(*von Fenster*) pane of glass **Glasscherbe** *f* fragment of glass; ***~n*** broken glass **Glassplitter** *m* splinter of glass **Glasur** *f* glaze; METALL enamel; (≈ *Zuckerguss*) icing (*Brit*), frosting (*bes US*)

glatt **1.** *Adj* **a)** (≈ *eben*) smooth; *Haar* straight; MED *Bruch* clean; *Stoff* (≈ *faltenlos*) uncreased; **b)** (≈ *schlüpfrig*) slippery; **c)** (*fig*) *Landung, Ablauf* smooth **2.** *Adv* **a)** (≈ *eben*) *bügeln, hobeln* (till) smooth; *polieren* highly; ***~ rasiert*** *Mann, Kinn* clean-shaven; **b)** (≈ *problemlos*) smoothly; **c)** (*umg* ≈ *einfach*) completely; *leugnen, ablehnen* flatly; *vergessen* clean; ***das ist doch ~ gelogen*** that's a downright lie **Glätte** *f* **a)** (≈ *Ebenheit*) smoothness; **b)** (≈ *Schlüpfrigkeit*) slipperiness **Glatteis** *n* ice; ***„Vorsicht ~!"*** "danger, black ice"; ***jdn aufs ~ führen*** (*fig*) to take sb for a ride **Glatteisgefahr** *f* danger of black ice **glätten** **1.** *vt* (≈ *glatt machen*) to smooth out; (*bes schweiz* ≈ *bügeln*) to iron; (*fig* ≈ *stilistisch glätten*) to polish up **2.** *vr* to smooth out; (*Meer, fig*) to subside **glattgehen** *vi* to go smoothly **glattweg** *Adv* (*umg*) simply, just like that (*umg*)

Glatze *f* bald head; ***eine ~ bekommen/haben*** to go/be bald **Glatzkopf** *m* bald head; (*umg* ≈ *Mann mit Glatze*) baldie (*umg*) **glatzköpfig** *Adj* bald(-headed)

Glaube *m* faith (*an +Akk* in); (≈ *Überzeugung*) belief (*an +Akk* in); ***in gutem ~n*** in good faith; ***den ~n an jdn/etw verlieren*** to lose faith in sb/sth; ***jdm ~n schenken*** to believe sb **glauben** *vti* to believe (*an +Akk* in); (≈ *meinen, vermuten*) to think; ***jdm ~*** to believe sb; ***das glaube ich dir gerne/nicht*** I quite/don't believe you; ***d(a)ran ~ müssen*** (*umg* ≈ *sterben*) to cop it (*Brit umg*), to bite the dust (*US umg*); ***das glaubst du doch selbst nicht!*** you can't be serious; ***wers glaubt, wird selig*** (*iron*) a likely story (*iron*); ***wer hätte das je geglaubt!*** who would have thought it?; ***es ist nicht*** *od* ***kaum zu ~*** it's unbelievable; ***ich glaube, ja*** I think so; ***ich glaube, nein*** I don't think so **Glaubensbekenntnis** *n* creed **Glaubensfreiheit** *f* freedom of worship, religious freedom **Glaubensgemeinschaft** *f* religious sect; (*christliche auch*) denomination **Glaubensrichtung** *f* (religious) persuasion, religious orientation **glaubhaft** **1.** *Adj* credible; (≈ *einleuchtend*) plausible; ***(jdm) etw ~ machen*** to substantiate sth (to sb) **2.** *Adv* credibly **gläubig** *Adj Katholik etc* devout **Gläubige(r)** *mf* believer; ***die ~n*** the faithful **Gläubiger(in)** *m(f)* HANDEL creditor **glaubwürdig** *Adj* credible **Glaubwürdigkeit** *f* credibility

G

gleich **1.** *Adj* **a)** (≈ *identisch*) same; ***der/die/das ~e ... wie*** the same ... as; ***es ist genau das Gleiche*** it's exactly the same; ***es ist mir (alles*** *od* ***ganz) ~*** it's all the same to me; ***Gleiches mit Gleichem vergelten*** to pay sb back in kind; ***ganz ~ wer/was*** *etc* no matter who/what *etc*; **b)** (≈ *gleichwertig*) equal; ***zu ~en Teilen*** in equal parts; ***zwei mal zwei (ist) ~ vier*** two twos are four; ***jdm (an etw*** *Dat****) ~ sein*** to be sb's equal (in sth) **2.** *Adv* **a)** (≈ *ohne Unterschied*) equally; (≈ *auf gleiche Weise*) alike, the same; ***~ gekleidet*** dressed alike; ***sie sind ~ groß/alt*** they are the same size/age; **b)** (*räumlich*) right, just; ***~ hinter dem Haus*** just behind the house; **c)** (*zeitlich* ≈ *sofort*) immediately; (≈ *bald*) in a minute; ***ich komme ~*** I'm just coming; ***ich komme ~ wieder*** I'll be right back; ***es muss nicht ~ sein*** there's no hurry; ***es ist ~ drei Uhr*** it's almost three o'clock; ***~ danach*** straight afterwards; ***das habe ich mir ~ gedacht*** I thought that straight away; ***warum nicht ~ so?*** why didn't you say/do that in the first place?; ***wann machst du das? — ~!*** when are you going to do it? — right away; ***bis ~!*** see you later! **gleichaltrig** *Adj* (of) the same age **gleichartig** **1.** *Adj* of the same kind (*+Dat* as); (≈ *ähnlich*) similar (*+Dat* to) **2.** *Adv* in the same way, similarly **gleichauf** *Adv bes* SPORT equal **gleichbedeutend** *Adj* synonymous (*mit* with); (≈ *so gut wie*) tantamount (*mit* to) **Gleichbehandlung** *f* equal treatment **gleichberechtigt** *Adj* ***~ sein*** to have equal rights **Gleichberechtigung** *f* equal rights *Sg od Pl*, equality (*+Gen* for) **gleich bleiben** *vi* to stay the same; ***das bleibt sich gleich*** it

G

doesn't matter **gleichbleibend** *Adj Kurs* constant; *Temperatur* steady; **~ gute Qualität** consistent(ly) good quality **gleichen** *vi* **jdm/einer Sache ~** to be like sb/sth; **sich ~** to be alike; **jdm an Schönheit ~** to equal sb in beauty **gleichermaßen** *Adv* equally **gleichfalls** *Adv* (≈ *ebenfalls*) likewise; (≈ *auch*) also; **danke ~!** thank you, (and) the same to you **gleichfarbig** *Adj* (of) the same colour (*Brit*) *od* color (*US*) **gleichförmig** *Adj* uniform **Gleichförmigkeit** *f* uniformity **gleichgeschlechtlich** *Adj* **a)** (≈ *homosexuell*) homosexual; **b)** BIOL, ZOO of the same sex, same-sex *attr*; BOT homogamous **Gleichgewicht** *n* (*wörtl*) balance; (≈ *seelisches Gleichgewicht*) equilibrium; **das ~ verlieren**, **aus dem ~ kommen** to lose one's balance *od* equilibrium (*auch fig*); **jdn aus dem ~ bringen** to throw sb off balance; **das ~ der Kräfte** the balance of power **Gleichgewichtsstörung** *f* impaired balance **gleichgültig** *Adj* indifferent (*gegen* to, towards); (≈ *uninteressiert*) apathetic (*gegenüber*, *gegen* towards); (≈ *unwesentlich*) unimportant; **~, was er tut** no matter what he does; **es ist mir ~, was er tut** I don't care what he does **Gleichgültigkeit** *f* indifference (*gegen* to, towards) **Gleichheit** *f* (≈ *gleiche Stellung*) equality; (≈ *Übereinstimmung*) correspondence **Gleichheitszeichen** *n* MATHE equals sign **gleichkommen** *vi* +*Dat* **a)** (≈ *die gleiche Leistung etc erreichen*) to equal (*an* +*Dat* for), to match (*an* +*Dat* for, in); **b)** (≈ *gleichbedeutend sein mit*) to amount to **gleichlautend** *Adj* identical **gleichmäßig** **1.** *Adj* regular; *Proportionen* symmetrical **2.** *Adv* **a)** (≈ *regelmäßig*) regularly; **b)** (≈ *in gleicher Stärke*) evenly **Gleichmäßigkeit** *f* regularity; (*von Proportionen*) symmetry **Gleichmut** *m* equanimity, serenity, composure **gleichmütig** *Adj* serene, composed; *Stimme* calm **gleichnamig** *Adj* of the same name **Gleichnis** *n* LITERATUR simile; (≈ *Allegorie*) allegory; BIBEL parable **gleichrangig** *Adj Beamte etc* equal in rank (*mit* to); *Probleme etc* equally important **Gleichrichter** *m* ELEK rectifier **gleichsam** *Adv* (*geh*) as it were **Gleichschritt** *m* MIL marching in step; **im ~, marsch!** forward march! **gleichseitig** *Adj Dreieck* equilateral **gleichsetzen** *vt* (≈ *als dasselbe ansehen*) to equate (*mit* with); (≈ *als gleichwertig ansehen*) to treat as equivalent (*mit* to) **Gleichsetzung** *f* **die ~ der Arbeiter mit den Angestellten** treating workers as equivalent to office employees **Gleichstand** *m* SPORT **den ~ erzielen** to draw level **gleichstellen** *vt* **a)** (*rechtlich etc*) to treat as equal; **b)** = **gleichsetzen** **Gleichstellung** *f* (*rechtlich etc*) equality (+*Gen* of, for), equal status (+*Gen* of, for) **Gleichstrom** *m* ELEK direct current, DC **gleichtun** *vt unpers* **es jdm ~** to equal sb **Gleichung** *f* equation **gleichwertig** *Adj* of the same value; *Leistung*, *Qualität* equal (+*Dat* to); *Gegner* evenly matched **gleichzeitig** **1.** *Adj* simultaneous **2.** *Adv* at the same time **gleichziehen** *vi* (*umg*) to catch up (*mit* with)

Gleis *n* BAHN line, track, rails *Pl*; (≈ *einzelne Schiene*) rail; (≈ *Bahnsteig*) platform; (*fig*) rut; **~ 6** platform *od* track (*US*) 6; **aus dem ~ kommen** (*fig*) to go off the rails (*Brit umg*), to get off the track (*US umg*)

gleiten *vi* to glide; (*Hand*) to slide; **ein Lächeln glitt über ihr Gesicht** a smile flickered across her face; **sein Auge über etw** (*Akk*) **~ lassen** to cast an eye over sth **gleitend** *Adj* **~e Löhne** *od* **Lohnskala** sliding wage scale; **~e Arbeitszeit** flex(i)time; **~er Übergang** gradual transition **Gleitflug** *m* glide **Gleitflugzeug** *n* glider **Gleitklausel** *f* HANDEL escalator clause **Gleitkomma** *n* floating point **Gleitmittel** *n* MED lubricant **Gleitschirm** *m* paraglider **Gleitschirmfliegen** *n* paragliding **Gleitschirmflieger(in)** *m(f)* paraglider **Gleitsegeln** *n* hang-gliding **Gleitsegler** *m* (*Fluggerät*) hang-glider **Gleitsegler(in)** *m(f)* hang-glider **Gleitsichtbrille** *f* varifocals *Pl* **Gleitsichtgläser** *Pl* varifocals *Pl*, multifocals *Pl* **Gleittag** *m* flexiday **Gleitzeit** *f* flex(i)time

Gletscher *m* glacier **Gletscherspalte** *f* crevasse

Glied *n* **a)** (≈ *Körperteil*) limb; (≈ *Fingerglied*, *Zehenglied*) joint; **an allen**

~ern zittern to be shaking all over; **b)** (≈ *Penis*) penis, organ; **c)** (≈ *Kettenglied, fig*) link **gliedern** **1.** *vt* **a)** (≈ *ordnen*) to structure; **b)** (≈ *unterteilen*) to (sub)divide (*in +Akk* into); → ***gegliedert*** **2.** *vr* (≈ *zerfallen in*) ***sich ~ in*** (*+Akk*) to (sub)divide into; (≈ *bestehen aus*) to consist of **Gliederreißen** *n* rheumatic pains *Pl* **Gliederung** *f* (≈ *Aufbau*) structure; (≈ *Unterteilung, von Organisation*) subdivision **Gliedmaßen** *Pl* limbs *Pl* **Gliedstaat** *m* member *od* constituent state

glimmen *vi* to glow

Glimmer *m* BERGB mica

Glimmstängel *m* (*veralt umg*) fag (*Brit umg*), cigarette, butt (*US umg*)

glimpflich **1.** *Adj* (≈ *mild*) mild, light; *Folgen* negligible **2.** *Adv bestrafen* mildly; ***~ davonkommen*** to get off lightly; ***mit jdm ~ umgehen*** to treat sb leniently; ***~ ablaufen*** to pass (off) without serious consequences

glitschig *Adj* (*umg*) slippy (*umg*)

glitzern *vi* to glitter; (*Stern auch*) to twinkle

global **1.** *Adj* **a)** (≈ *weltweit*) global; ***~e Erwärmung*** global warming; **b)** (≈ *pauschal*) general **2.** *Adv* (≈ *weltweit*) world-wide **globalisieren** *vt* to globalize **Globalisierung** *f* globalization **Globalisierungsgegner(in)** *m(f)* anti-globalization protester, antiglobalist **Globetrotter(in)** *m(f)* globetrotter **Globus** *m* globe

Glöckchen *n* (little) bell **Glocke** *f* bell; ***etw an die große ~ hängen*** (*umg*) to shout sth from the rooftops **Glockenblume** *f* bellflower, campanula **glockenförmig** *Adj* bell-shaped **Glockengeläut** *n* (peal of) bells *Pl* **Glockenschlag** *m* stroke (of a/the bell); ***es ist mit dem ~ 6 Uhr*** on the stroke it will be 6 o'clock; ***auf den ~*** on the stroke of eight/nine *etc*; (≈ *genau pünktlich*) on the dot **Glockenspiel** *n* (*in Turm*) chimes *Pl*; (≈ *Instrument*) glockenspiel **Glockenturm** *m* belfry **Glöckner(in)** *m(f)* bell-ringer

Gloria *n* KIRCHE gloria, Gloria **glorifizieren** *vt* to glorify **glorios** *Adj* glorious **glorreich** **1.** *Adj* glorious **2.** *Adv* ***~ siegen*** to have a glorious victory

Glossar *n* glossary

Glosse *f* PRESSE *etc* commentary **Glossen** *Pl* (*umg*) snide *od* sneering comments

Glotzauge *n* (*mst Pl*: *umg*) goggle eye (*umg*); ***~n machen*** to gawp **Glotze** *f* (*umg* ≈ *Fernseher*) gogglebox (*Brit umg*), boob tube (*US umg*) **glotzen** *vi* (*pej umg*) to gawp (*auf +Akk* at)

Glück *n* **a)** luck; ***~/kein ~ haben*** to be lucky/unlucky; ***auf gut ~*** (≈ *aufs Geratewohl*) on the off chance; (≈ *unvorbereitet*) trusting to luck; (≈ *wahllos*) at random; ***ein ~, dass ...*** it is/was lucky that ...; ***du hast ~ im Unglück gehabt*** it could have been a great deal worse (for you); ***viel ~ (bei ...)!*** good luck (with ...)!; ***~ bei Frauen haben*** to be successful with women; ***jdm zum Geburtstag ~ wünschen*** to wish sb (a) happy birthday; ***zum ~*** luckily; ***mehr ~ als Verstand haben*** to have more luck than brains; ***sein ~ machen*** to make one's fortune; ***sein ~ versuchen*** to try one's luck; ***er kann von ~ sagen, dass ...*** he can count himself lucky that ...; **b)** (≈ *Freude*) happiness

Glucke *f* (≈ *Bruthenne*) broody hen; (*mit Jungen*) mother hen **glucken** *vi* (≈ *brüten*) to brood; (≈ *brüten wollen*) to go broody; (*fig umg*) to sit around

glücken *vi* to be a success; ***ihm glückt alles/nichts*** everything/nothing he does is a success; ***geglückt*** successful; *Überraschung* real; ***es wollte nicht ~*** it wouldn't go right

gluckern *vi* to glug

glücklich **1.** *Adj* **a)** (≈ *erfolgreich*) lucky; ***er kann sich ~ schätzen(, dass ...)*** he can count himself lucky (that ...); **b)** (≈ *froh*) happy; ***~ machen*** to bring happiness; ***jdn ~ machen*** to make sb happy **2.** *Adv* **a)** (≈ *mit Glück*) by *od* through luck; **b)** (≈ *froh*) happily **glücklicherweise** *Adv* luckily **glücklos** *Adj* hapless **Glücksbringer** *m* lucky charm **glückselig** *Adj* blissfully happy, blissful **Glückseligkeit** *f* bliss **Glücksfall** *m* stroke of luck **Glücksfee** *f* (*fig hum*) good fairy, fairy godmother **Glücksgefühl** *n* feeling of happiness **Glücksgöttin** *f* goddess of luck **Glückspilz** *m* lucky devil (*umg*) **Glückssache** *f* ***das ist ~*** it's a matter of luck **Glücksspiel** *n* game of chance **Glücksspieler(in)** *m(f)* gambler **Glückssträhne** *f* lucky streak; ***eine ~***

G

haben to be on a lucky streak **glückstrahlend** *Adj* beaming with happiness **Glückstreffer** *m* stroke of luck; (*beim Schießen*, FUSSB) fluke (*umg*) **Glückszahl** *f* lucky number **Glückwunsch** *m* congratulations *Pl* (*zu* on); ***herzlichen ~*** congratulations; ***herzlichen ~ zum Geburtstag!*** happy birthday **Glückwunschkarte** *f* greetings card

Glühbirne *f* (electric) light bulb **glühen** *vi* to glow **glühend** **1.** *Adj* glowing; (≈ *heiß glühend*) *Metall* red-hot; *Hitze* blazing; (*fig* ≈ *leidenschaftlich*) ardent; *Hass* burning **2.** *Adv* ***~ heiß*** scorching; ***jdn ~ verehren*** to worship sb **Glühlampe** *f* (*förml*) electric light bulb **Glühwein** *m* mulled wine, glogg (*US*) **Glühwürmchen** *n* glow-worm; (*fliegend*) firefly

Glukose *f* glucose

Glut *f* (≈ *glühende Masse*, *Kohle*) embers *Pl*; (≈ *Tabaksglut*) burning ash; (≈ *Hitze*) heat

glutenfrei *Adj Lebensmittel* gluten-free **glutenhaltig** *Adj Lebensmittel* gluten-containing, containing gluten *präd*

Gluthitze *f* sweltering heat

Glyzerin *n* CHEM glycerin(e)

Gnade *f* mercy; (≈ *Gunst*) favour (*Brit*), favor (*US*); (≈ *Verzeihung*) pardon; ***um ~ bitten*** to ask for mercy; ***~ vor Recht ergehen lassen*** to temper justice with mercy **Gnadenbrot** *n* ***jdm das ~ geben*** to keep sb in his/her old age **Gnadenfrist** *f* (temporary) reprieve; ***eine ~ von 24 Stunden*** a 24 hour(s') reprieve, 24 hours' grace **Gnadengesuch** *n* plea for clemency **gnadenlos** **1.** *Adj* merciless **2.** *Adv* mercilessly **Gnadenstoß** *m* coup de grâce **gnädig** **1.** *Adj* (≈ *barmherzig*) merciful; (≈ *gunstvoll*, *herablassend*) gracious; *Strafe* lenient; ***~e Frau*** (*förml*) madam, ma'am **2.** *Adv* (≈ *milde*) *urteilen* leniently; (≈ *herablassend*) *lächeln* graciously; ***es ~ machen*** to be lenient

Gnom *m* gnome

Gnu *n* ZOO gnu

Gobelin *m* tapestry, Gobelin

Gokart *m* go-cart

Gold *n* gold; ***nicht mit ~ zu bezahlen sein*** to be worth one's weight in gold; ***es ist nicht alles ~, was glänzt*** (*Sprichw*) all that glitters is not gold (*Sprichw*) **Goldader** *f* vein of gold **Goldbarren** *m* gold ingot **Goldbarsch** *m* (≈ *Rotbarsch*) redfish **golden** **1.** *Adj* golden; (≈ *aus Gold*) gold; ***die ~e Mitte wählen*** to strike a happy medium; ***~e Hochzeit*** golden wedding (anniversary) **2.** *Adv* like gold **Goldfisch** *m* goldfish **goldgelb** *Adj* golden brown **Goldgräber(in)** *m(f)* gold-digger **Goldgrube** *f* gold mine **Goldhamster** *m* (golden) hamster **goldig** *Adj* (*fig umg*) sweet **Goldklumpen** *m* gold nugget **Goldküste** *f* GEOG Gold Coast **Goldmedaille** *f* gold medal **Goldmedaillengewinner(in)** *m(f)* gold medallist (*Brit*) *od* medalist (*US*) **Goldmine** *f* gold mine **Goldmünze** *f* gold coin **Goldpreis** *m* gold price **Goldrand** *m* gold edge **Goldrausch** *m* gold fever **Goldregen** *m* BOT laburnum **Goldreserve** *f* FINANZ gold reserves *Pl* **goldrichtig** (*umg*) **1.** *Adj* absolutely right **2.** *Adv* exactly right; *sich verhalten* perfectly **Goldschmied(in)** *m(f)* goldsmith **Goldschnitt** *m* gilt edging **Goldstück** *n* piece of gold; (≈ *Münze*) gold coin; (*fig umg*) treasure **Goldsucher(in)** *m(f)* gold-hunter **Goldwaage** *f* ***jedes Wort auf die ~ legen*** to weigh one's words **Goldwährung** *f* gold standard **Goldzahn** *m* gold tooth

Golf[1] *m* (≈ *Meerbusen*) gulf; ***der (Persische) ~*** the (Persian) Gulf

Golf[2] *n* SPORT golf **Golfer(in)** *m(f)* (*umg*) golfer **Golfklub** *m* golf club

Golfkrieg *m* Gulf War

Golfplatz *m* golf course **Golfschläger** *m* golf club **Golfspiel** *n* ***das ~*** golf **Golfspieler(in)** *m(f)* golfer

Golfstaaten *Pl* ***die ~*** the Gulf States *Pl*

Golfstrom *m* GEOG Gulf Stream

Gondel *f* gondola

Gong *m* gong; (*bei Boxkampf etc*) bell **gongen** **1.** *vi unpers* ***es hat gegongt*** the gong has gone *od* sounded **2.** *vi* to ring *od* sound the gong **Gongschlag** *m* stroke of the gong

gönnen *vt* ***jdm etw ~*** not to (be)grudge sb sth; ***jdm etw nicht ~*** to (be)grudge sb sth; ***sich*** (*Dat*) ***etw ~*** to allow oneself sth; ***das sei ihm gegönnt*** I don't (be)grudge him that **Gönner(in)** *m(f)* patron **gönnerhaft** (*pej*) **1.** *Adj* patronizing **2.** *Adv* patronizingly **Gönnermiene** *f* (*pej*) patronizing air

Gonorrhö(e) *f* MED gonorrhoea (*Brit*), gonorrhea (*US*)

Göre *f* (≈ *kleines Mädchen*) little miss

Gorgonzola *m* gorgonzola (cheese)

Gorilla *m* gorilla

Gosche *f* (*pej*) gob (*sl*), mouth

Goschen *f* (*südd, österr: pej*) ≈ Gosche

Gosse *f* gutter; ***in der ~ landen*** to end up in the gutter

Gotik *f* KUNST Gothic (style); (≈ *Epoche*) Gothic period **gotisch** *Adj* Gothic

Gott *m* **a)** god; (*als Name*) God; ***der liebe ~*** the good Lord; ***er ist ihr ~*** she worships him like a god; ***ein Anblick*** *od* ***Bild für die Götter*** (*hum umg*) a sight for sore eyes; ***das wissen die Götter*** (*umg*) God (only) knows; ***er hat ~ weiß was erzählt*** (*umg*) he said God knows what (*umg*); ***ich bin weiß ~ nicht prüde, aber ...*** God knows I'm no prude but ...; ***dann mach es eben in ~es Namen*** just do it then; ***leider ~es*** unfortunately; **b)** (*in Ausrufen*) ***grüß ~!*** (*bes südd, österr*) hello, good morning/afternoon/evening; ***ach*** (***du lieber***) ***~!*** (*umg*) oh Lord! (*umg*); ***mein ~!*** (my) God!; ***großer ~!*** good Lord!; ***um ~es willen!*** for God's sake!; ***~ sei Dank!*** thank God! **Götterspeise** *f* KOCH jelly (*Brit*), Jell-O® (*US*) **Gottesdienst** *m* KIRCHE service **Gotteshaus** *n* place of worship **Gotteskrieger(in)** *m(f)* religious terrorist **Gotteslästerer** *m*, **Gotteslästerin** *f* blasphemer **gotteslästerlich** **1.** *Adj* blasphemous **2.** *Adv* blasphemously **Gotteslästerung** *f* blasphemy **Gottesmutter** *f* REL Mother of God **Gottheit** *f* **a)** (≈ *Göttlichkeit*) divinity; **b)** (*bes heidnisch*) deity **Göttin** *f* goddess **göttlich** *Adj* divine **gottlob** *Interj* thank God **gottlos** *Adj* godless; (≈ *verwerflich*) ungodly **Gottvater** *m* God the Father **gottverdammt** *Adj* (*umg*) goddamn(ed) (*umg*) **gottverlassen** *Adj* godforsaken **Gottvertrauen** *n* faith in God

Götze *m* idol **Götzenbild** *n* idol, graven image (BIBL)

Gourmet *m* gourmet

Gouverneur(in) *m(f)* governor

Grab *n* grave; (≈ *Gruft*) tomb; ***er würde sich im ~e umdrehen, wenn ...*** he would turn in his grave if ...; ***du bringst mich noch ins ~!*** you'll be the death of me yet (*umg*); ***mit einem Bein im ~e stehen*** (*fig*) to have one foot in the grave; ***sich*** (*Dat*) ***selbst sein eigenes ~ graben*** (*fig*) to dig one's own grave

graben **1.** *vt* to dig **2.** *vi* to dig; ***nach Gold/Erz ~*** to dig for gold/ore **3.** *vr* ***sich in etw*** (*Akk*) ***~*** (*Zähne, Krallen*) to sink into sth; ***sich durch etw ~*** to dig one's way through sth **Graben** *m* ditch; MIL trench; (≈ *Burggraben*) moat **Grabenkrieg** *m* MIL trench warfare *kein Pl, kein unbest Artikel*

Gräberfeld *n* cemetery **Grabgewölbe** *n* vault; (*von Kirche, Dom*) crypt **Grabinschrift** *f* epitaph **Grabkammer** *f* burial chamber **Grabmal** *n* monument; (≈ *Grabstein*) gravestone **Grabrede** *f* funeral oration **Grabschändung** *f* defilement of graves **Grabstätte** *f* grave; (≈ *Gruft*) tomb **Grabstein** *m* gravestone

Grabung *f* ARCHÄOL excavation

Gracht *f* canal

Grad *m* (NATURW, UNI, *fig*) degree; MIL rank; ***4 ~ Kälte*** 4 degrees below freezing; ***20 ~ Celsius*** 20 (degrees) centigrade; ***ein Verwandter zweiten/dritten ~es*** a relative once/twice removed; ***Verbrennungen ersten/zweiten ~es*** MED first-/second-degree burns; ***bis zu einem gewissen ~*** up to a certain point; ***in hohem ~*** to a great extent; ***im höchsten ~*** extremely

Gradeinteilung *f* calibration **Gradmesser** *m* (*fig*) gauge (+*Gen, für* of) **graduell** **1.** *Adj* (≈ *allmählich*) gradual; (≈ *gering*) slight **2.** *Adv* (≈ *geringfügig*) slightly; (≈ *allmählich*) gradually **graduieren** **1.** *vt* **a)** (≈ *in Grade einteilen*) to calibrate; **b)** UNI ***graduierter Ingenieur*** engineering graduate **2.** *vi* UNI to graduate **Graduierte(r)** *mf* graduate

Graf *m* count; (*britischer Graf*) earl

Graffiti *n* graffiti

Grafik *f* **a)** KUNST graphic arts *Pl*; (≈ *Technik*) graphics *Sg*; **b)** (KUNST ≈ *Darstellung*) graphic; (≈ *Druck*) print; (≈ *Schaubild*) illustration; (≈ *technisches Schaubild*) diagram **Grafiker(in)** *m(f)* graphic artist; (≈ *Illustra-*

G

tor) illustrator; (≈ *Gestalter*) (graphic) designer **grafikfähig** *Adj* IT **~ sein** to be able to do graphics **Grafikkarte** *f* IT graphics card **Grafikmodus** *m* IT graphics mode

Gräfin *f* countess

grafisch *Adj* graphic

Grafit *m* graphite

Grafschaft *f* earldom; VERW county

Gram *m* (*geh*) grief, sorrow **grämen** *vr* **sich über jdn/etw ~** to grieve over sb/sth

G

Gramm *n* gram(me); **100 ~ Mehl** 100 gram(me)s of flour

Grammatik *f* grammar **grammatikalisch**, **grammatisch** **1.** *Adj* grammatical **2.** *Adv* grammatically

Grammel *f* (*südd*, *österr*) = ***Griebe***

Grammofon *n* gramophone

Granatapfel *m* pomegranate

Granate *f* (MIL ≈ *Geschoss*) shell; (≈ *Handgranate*) grenade **Granatsplitter** *m* shell/grenade splinter **Granatwerfer** *m* mortar

grandios *Adj* magnificent; (*hum*) fantastic (*umg*)

Granit *m* granite

Grant *m* (*umg*: *südd*, *österr*) **einen ~ haben** to be cross (*wegen* about, *auf jdn* at sb) **granteln** *vi* (*umg*: *südd*, *österr*) **a**) (≈ *schlechte Laune haben*) to be grumpy; **b**) (≈ *meckern*) to grumble **grantig** (*umg*) *Adj* grumpy **Grantler(in)** *m*(*f*) (*umg*: *südd*, *österr*) (old) grouch

Granulat *n* granules *Pl*

Grapefruit *f* grapefruit **Grapefruitsaft** *n* grapefruit juice

Graphik *etc* = ***Grafik***

Gras *n* grass; **ins ~ beißen** (*umg*) to bite the dust (*umg*); **das ~ wachsen hören** to be highly perceptive; (≈ *zu viel hineindeuten*) to read too much into things; **über etw** (*Akk*) **~ wachsen lassen** (*fig*) to let the dust settle on sth **grasbedeckt** *Adj* grassy **Grasbüschel** *n* tuft of grass **grasen** *vi* to graze **Grasfläche** *f* grassland; (≈ *Rasen*) patch of grass **grasgrün** *Adj* grass-green **Grashalm** *m* blade of grass **Grashüpfer** *m* (*umg*) grasshopper **grasig** *Adj* grassy **Grasnarbe** *f* turf **Grassamen** *m* grass seed

grassieren *vi* to be rife

grässlich **1.** *Adj* **a**) hideous; **b**) (≈ *unangenehm*) dreadful; *Mensch* horrible **2.** *Adv* **a**) (≈ *schrecklich*) horribly; **b**) (*umg* ≈ *äußerst*) dreadfully

Grat *m* (≈ *Berggrat*) ridge; TECH burr; ARCHIT hip (*of roof*)

Gräte *f* (fish) bone

Gratifikation *f* bonus

gratinieren *vt* KOCH to brown (the top of)

gratis *Adv* free; HANDEL free (of charge) **Gratisprobe** *f* free sample

Grätsche *f* SPORT straddle **grätschen** **1.** *vi* to do a straddle (vault) **2.** *vt Beine* to straddle

Gratulant(in) *m*(*f*) well-wisher **Gratulation** *f* congratulations *Pl* **gratulieren** *vi* **jdm (zu einer Sache) ~** to congratulate sb (on sth); **jdm zum Geburtstag ~** to wish sb many happy returns (of the day); **(ich) gratuliere!** congratulations!

Gratwanderung *f* (*wörtl*) ridge walk; (*fig*) tightrope walk

grau **1.** *Adj* grey (*Brit*), gray (*US*); (≈ *trostlos*) gloomy; **~ werden** (*umg*) to go grey (*Brit*) *od* gray (*US*); **er malte die Lage ~ in ~** (*fig*) he painted a gloomy picture of the situation; **der ~e Alltag** the daily grind **2.** *Adv anstreichen* grey (*Brit*), gray (*US*); *sich kleiden* in grey (*Brit*) *od* gray (*US*); **~ meliert** *Haar* greying (*Brit*), graying (*US*) **Graubrot** *n bread made from more than one kind of flour*

Graubünden *n* GEOG the Grisons

Gräuel *m* (≈ *Abscheu*) horror; (≈ *Gräueltat*) atrocity; **es ist mir ein ~** I loathe it; **es ist mir ein ~, das zu tun** I loathe doing that **Gräuelmärchen** *n* horror story **Gräueltat** *f* atrocity

grauen *vi unpers* **es graut mir vor etw** (*Dat*) I dread sth; **mir graut vor ihm** I'm terrified of him **Grauen** *n* horror (*vor +Dat* of) **grauenerregend** *Adj* atrocious **grauenhaft**, **grauenvoll** *Adj* atrocious; *Schmerz* terrible

grauhaarig *Adj* grey-haired (*Brit*), gray-haired (*US*)

gräulich[1] *Adj* = ***grässlich***

gräulich[2] *Adj* (≈ *Farbe*) greyish (*Brit*), grayish (*US*)

Graupel *f* (small) hailstone **graupelig** *Adj Schauer* of soft hail

Graupen *Pl* pearl barley *Sg*

Graus *m* horror **grausam** **1.** *Adj* **a)** (≈ *gefühllos*) cruel (*gegen, zu* to); **b)** (*umg*) terrible **2.** *Adv* **a)** (≈ *auf schreckliche Weise*) cruelly; ***sich ~ für etw rächen*** to take (a) cruel revenge for sth; **b)** (*umg* ≈ *furchtbar*) terribly **Grausamkeit** *f* **a)** cruelty; **b)** (≈ *grausame Tat*) (act of) cruelty; (*stärker*) atrocity
Grauschleier *m* (*von Wäsche*) grey(-ness) (*Brit*), gray(ness) (*US*); (*fig*) veil
grausen *vi unpers* ***mir graust vor der Prüfung*** I am dreading the exam **grausig** *Adj, Adv* = ***grauenhaft***
Grauton *m* grey colour (*Brit*), gray color (*US*) **Grauwal** *m* grey (*Brit*) *od* gray (*US*) whale **Grauzone** *f* (*fig*) grey (*Brit*) *od* gray (*US*) area
Graveur(in) *m(f)* engraver **gravieren** *vt* to engrave **gravierend** *Adj* serious **Gravierung** *f* engraving **Gravitation** *f* gravitational pull **Gravur** *f* engraving **graziös** **1.** *Adj* graceful; (≈ *lieblich*) charming **2.** *Adv* gracefully
Greencard *f*, **Green Card** *f* green card
greifbar *Adj* (≈ *konkret*) tangible; (≈ *erhältlich*) available; ***~ nahe*** within reach **greifen** **1.** *vt* (≈ *packen*) to take hold of; (≈ *grapschen*) to seize, to grab; ***diese Zahl ist zu hoch/zu niedrig gegriffen*** (*fig*) this figure is too high/low; ***zum Greifen nahe sein*** (*Sieg*) to be within reach; ***aus dem Leben gegriffen*** taken from life **2.** *vi* **a)** (≈ *fassen*) ***hinter sich*** (*Akk*) ***~*** to reach behind one; ***um sich ~*** (*fig*) to spread; ***in etw*** (*Akk*) ***~*** to put one's hand into sth; ***zu etw ~*** *zu Pistole* to reach for sth; *zu Methoden* to turn to sth; **b)** (≈ *einrasten*) to grip; (*fig*) (≈ *wirksam werden*) to take effect; (≈ *zum Ziel/Erfolg führen*) to achieve its ends; (≈ *zutreffen*) (*Gesetz*) to apply **Greifer** *m* TECH grab **Greifvogel** *m* bird of prey **Greifzange** *f* (pair of) tongs *Pl*
Greis *m* old man **Greisenalter** *n* extreme old age **greisenhaft** *Adj* aged *attr* **Greisin** *f* old lady
grell **1.** *Adj Schrei, Ton* shrill; *Licht, Sonne* dazzling; *Farbe* garish **2.** *Adv* (≈ *sehr hell*) *scheinen* brightly; (≈ *schrill*) shrilly; ***~ erleuchtet*** dazzlingly bright
Gremium *n* body; (≈ *Ausschuss*) committee
Grenzbereich *m* border zone; (*fig*) limits *Pl*; ***im ~ liegen*** (*fig*) to lie at the limits **Grenzbewohner(in)** *m(f)* inhabitant of the/a border zone **Grenze** *f* border; (*zwischen Grundstücken*) boundary; (*fig: zwischen Begriffen*) dividing line; (*fig* ≈ *Schranke*) limits *Pl*; ***die ~ zu Österreich*** the Austrian border; ***über die ~ gehen*** to cross the border; ***(bis) zur äußersten ~ gehen*** (*fig*) to go as far as one can; ***einer Sache*** (*Dat*) ***~n setzen*** to set a limit *od* limits to sth; ***seine ~n kennen*** to know one's limitations; ***sich in ~n halten*** (*fig*) to be limited; ***die oberste/unterste ~*** (*fig*) the upper/lower limit **grenzen** *vi* ***an etw*** (*Akk*) ***~*** to border on sth **grenzenlos** *Adj* boundless **Grenzfall** *m* borderline case **Grenzfluss** *m* river forming a/the border *od* frontier **Grenzgänger(in)** *m(f)* (≈ *Arbeiter*) international commuter (*across a local border*); (≈ *heimlicher Grenzgänger*) illegal border crosser
Grenzgebiet *n* border zone; (*fig*) border(ing) area **Grenzkonflikt** *m* border dispute **Grenzkontrolle** *f* border control **Grenzlinie** *f* border; SPORT line **Grenzposten** *m* border guard **Grenzschutz** *m* **a)** protection of the border(s); **b)** (≈ *Truppen*) border guard(s) **Grenzstadt** *f* border town **Grenzstein** *m* boundary stone **Grenzübergang** *m* (≈ *Stelle*) border crossing(-point) **grenzüberschreitend** *Adj* HANDEL, JUR cross-border **Grenzübertritt** *m* crossing of the border **Grenzverkehr** *m* border traffic **Grenzverlauf** *m* boundary line (*between countries*) **Grenzwert** *m* limit **Grenzzwischenfall** *m* border incident
Greuel *m* → ***Gräuel*** **greulich** *Adj, Adv* → ***gräulich***[1]
Griebe *f* ≈ crackling *kein unbest Artikel, kein Pl* (*Brit*), ≈ cracklings *Pl* (*US*)
Grieche *m*, **Griechin** *f* Greek; ***zum ~n gehen*** to go to a/the Greek restaurant **Griechenland** *n* Greece **griechisch** *Adj* Greek; ***~-römisch*** Graeco-Roman, Greco-Roman (*bes US*); → ***deutsch***
Griesgram *m* grouch (*umg*) **griesgrämig** *Adj* grumpy

G

Grieß *m* semolina **Grießbrei** *m* semolina **Grießklößchen** *n* semolina dumpling **Grießnockerl** *n* (*südd, österr* KOCH) semolina dumpling

Griff *m* **a)** ***der ~ nach etw*** reaching for sth; ***der ~ nach der Macht*** the bid for power; **b)** (≈ *Handgriff*) grip, grasp; (*beim Ringen*) hold; (*beim Turnen*) grip; ***mit festem ~*** firmly; ***jdn/etw im ~ haben*** (*fig*) to have sb/sth under control; ***jdn/etw in den ~ bekommen*** (*fig*) to gain control of sb/sth; (*geistig*) to get a grasp of sth; ***einen guten ~ tun*** to make a wise choice; **c)** (≈ *Stiel, Knauf*) handle; (≈ *Pistolengriff*) butt

griffbereit *Adj* handy; ***etw ~ halten*** to keep sth handy

Griffel *m* slate pencil; BOT style

griffig *Adj Boden, Fahrbahn etc* that has a good grip; *Rad, Sohle, Profil* that grips well; (*fig*) *Slogan* pithy

Grill *m* grill **Grillabend** *m* barbecue *od* BBQ night

Grille *f* ZOO cricket

grillen *vt* to grill **Grillfest** *n* barbecue party **Grillkohle** *f* charcoal **Grillparty** *f* barbecue **Grillstube** *f* grillroom

Grimasse *f* grimace; ***~n schneiden*** to grimace

grimmig **1.** *Adj* **a)** (≈ *zornig*) furious; *Gegner* fierce; *Miene, Humor* grim; **b)** (≈ *heftig*) *Kälte, Spott etc* severe **2.** *Adv* furiously, grimly; ***~ lächeln*** to smile grimly

grinsen *vi* to grin **Grinsen** *n* grin

grippal *Adj* MED ***~er Infekt*** influenza infection **Grippe** *f* flu **grippekrank** *Adj* down with *od* having the flu **Grippekranke(r)** *mf* flu sufferer **Grippe(schutz)impfung** *f* influenza vaccination **Grippevirus** *n od m* flu virus **Grippewelle** *f* wave of flu

Grips *m* (*umg*) brains *Pl* (*umg*)

grob **1.** *Adj* **a)** (≈ *nicht fein*) coarse; *Arbeit* dirty *attr*; **b)** (≈ *ungefähr*) rough; ***in ~en Umrissen*** roughly; **c)** (≈ *schlimm, groß*) gross (*auch* JUR); ***ein ~er Fehler*** a bad mistake; ***wir sind aus dem Gröbsten heraus*** we're out of the woods (now); ***~e Fahrlässigkeit*** gross negligence; **d)** (≈ *brutal, derb*) rough; (*fig* ≈ *derb*) coarse; *Antwort* rude; (≈ *unhöflich*) ill-mannered; ***~ gegen jdn werden*** to become offensive (towards sb) **2.** *Adv* **a)** (≈ *nicht fein*) coarsely; **b)** (≈ *ungefähr*) ***~ geschätzt*** approximately, roughly; ***etw ~ umreißen*** to give a rough idea of sth; **c)** (≈ *schlimm*) ***~ fahrlässig handeln*** to commit an act of gross negligence; **d)** (≈ *brutal*) roughly; (≈ *unhöflich*) rudely **Grobheit** *f* **a)** (≈ *Beschimpfung*) foul language *kein Pl*; **b)** (*von Material*) coarseness **Grobian** *m* brute **grobkörnig** *Adj* coarse-grained **grobmaschig** *Adj* large-meshed; (≈ *grob gestrickt*) loose-knit *attr* **grobschlächtig** *Adj* coarse; *Mensch* heavily built; (*fig*) unrefined

Grog *m* grog

groggy *Adj* (*umg* ≈ *erschöpft*) all-in (*umg*)

grölen *vti* (*pej*) to bawl; ***~de Menge*** raucous crowd

Groll *m* (≈ *Zorn*) anger; (≈ *Erbitterung*) resentment **grollen** *vi* (*geh*) **a)** (≈ *dröhnen*) to rumble; **b)** (≈ *böse sein*) **(*jdm*)** ~ to be annoyed (with sb)

Grönland *n* Greenland

grooven *vi* (MUS *sl*) ***das groovt*** it's grooving

Gros *n* (≈ *Mehrzahl*) major part

Groschen *m* **a)** (HIST, *österr*) groschen; **b)** (*fig*) penny, cent (*US*); ***der ~ ist gefallen*** (*hum umg*) the penny has dropped (*umg*) **Groschenroman** *m* (*pej*) cheap *od* dime-store (*US*) novel

groß **1.** *Adj* **a)** big; *Fläche, Raum auch Packung etc* large; TYPO *Buchstabe* capital; ***die Wiese ist 10 Hektar ~*** the field measures 10 hectares; ***~es Geld*** notes *Pl* (*Brit*), bills *Pl* (*US*); ***im Großen und Ganzen*** by and large; **b)** (≈ *hochgewachsen*) tall; ***wie ~ bist du?*** how tall are you?; ***du bist ~ geworden*** you've grown; **c)** (≈ *älter*) *Bruder, Schwester* big; ***mit etw ~ geworden sein*** to have grown up with sth; **d)** (≈ *wichtig, bedeutend*) great; *Katastrophe* terrible; *Summe* large; *Geschwindigkeit* high; ***er hat Großes geleistet*** he has achieved great things; ***~en Durst haben*** to be very thirsty; ***ich bin kein ~er Redner*** (*umg*) I'm no great speaker; ***jds ~e Stunde*** sb's big moment; ***eine größere Summe*** a biggish sum; ***~e Worte*** big words; **e)** (*in Eigennamen*) Great; ***Friedrich der Große*** Frederick the Great **2.** *Adv* ***~ gewachsen*** tall; ***~ gemustert***

with a large print; ~ ***daherreden*** (*umg*) to talk big (*umg*); ~ ***einkaufen gehen*** to go on a spending spree; ~ ***feiern*** to have a big celebration; ~ ***aufgemacht*** elaborately dressed; ~ ***angelegt*** large-scale; ~ ***und breit*** (*fig umg*) at great length; ***jdn ~ anblicken*** to give sb a hard stare; ~ ***in Mode sein*** to be all the rage (*umg*); ***ganz ~ rauskommen*** (*umg*) to make the big time (*umg*) **Großabnehmer(in)** *m(f)* HANDEL bulk purchaser **Großaktionär(in)** *m(f)* major shareholder **großartig** **1.** *Adj* wonderful; *Erfolg* tremendous **2.** *Adv* wonderfully **Großaufnahme** *f* FOTO, FILM close-up **Großbaustelle** *f* construction site **Großbetrieb** *m* large concern **Großbildschirm** *m* large screen **Großbrand** *m* major *od* big fire **Großbritannien** *n* (Great) Britain **Großbuchstabe** *m* capital (letter), upper case letter (TYP) **Größe** *f* **a)** ***er hat ~ 48*** he takes *od* is size 48; **b)** (≈ *Körpergröße*) height; MATHE, PHYS quantity; ***eine unbekannte ~*** an unknown quantity; **c)** (≈ *Ausmaß*) extent; (≈ *Bedeutsamkeit*) significance; **d)** (≈ *bedeutender Mensch*) important figure **Großeinkauf** *m* bulk purchase **Großeinsatz** *m* ~ ***der Feuerwehr/Polizei*** *etc* large-scale operation by the fire brigade/police *etc* **Großeltern** *Pl* grandparents *Pl* **Großenkel** *m* great-grandchild; (≈ *Junge*) great-grandson **Großenkelin** *f* great-granddaughter **Größenordnung** *f* scale; (≈ *Größe*) magnitude; MATHE order (of magnitude) **großenteils** *Adv* mostly **Größenunterschied** *m* difference in size; (*im Wuchs*) difference in height **Größenverhältnis** *n* proportions *Pl* (+*Gen* between); (≈ *Maßstab*) scale; ***im ~ 1:100*** on the scale 1:100 **Größenwahn(sinn)** *m* megalomania **größenwahnsinnig** *Adj* megalomaniac(al) **Großfahndung** *f* large-scale manhunt **Großfamilie** *f* extended family **großflächig** *Adj* extensive; *Gemälde, Muster etc* covering a large area **Großformat** *n* large size **großformatig** *Adj* large-size **großgewachsen** *Adj* tall **Großgrundbesitzer(in)** *m(f)* big landowner **Großhandel** *m* wholesale trade; ***etw im ~ kaufen*** to buy sth wholesale **Großhandelskaufmann** *m* wholesaler **Großhandelspreis** *m* wholesale price **Großhändler(in)** *m(f)* wholesaler **Großhandlung** *f* wholesale business **großherzig** *Adj* generous, magnanimous **Großherzog** *m* grand duke **Großhirn** *n* cerebrum **Grossist(in)** *m(f)* wholesaler **Großkapitalist(in)** *m(f)* big capitalist **Großkaufmann** *m* wholesale merchant **großkotzig** (*pej umg*) *Adj* swanky (*umg*) **Großküche** *f* canteen kitchen **Großkunde** *m*, **Großkundin** *f* HANDEL major client **Großkundgebung** *f* mass rally **Großmacht** *f* POL great power **Großmarkt** *m* hypermarket (*Brit*), large supermarket **Großmaul** *n* (*pej umg*) bigmouth (*umg*) **Großmut** *f* magnanimity **großmütig** **1.** *Adj* magnanimous **2.** *Adv* magnanimously **Großmutter** *f* grandmother **Großonkel** *m* great-uncle **Großraum** *m* (*einer Stadt*) ***der ~ München*** the Munich area **Großraumbüro** *n* open-plan office **großräumig** **1.** *Adj* **a)** (≈ *mit großen Räumen*) with large rooms; ~ ***sein*** to have large rooms; **b)** (≈ *mit viel Platz, geräumig*) roomy; **c)** (≈ *über große Flächen*) extensive **2.** *Adv* ***Ortskundige sollten den Bereich ~ umfahren*** local drivers should find an alternative route well away from the area **Großrechner** *m* mainframe (computer) **Großreinemachen** *n* ≈ spring-cleaning **groß schreiben** *vt* ***groß geschrieben werden*** (*fig umg*) to be stressed **großschreiben** *vt* ***ein Wort ~*** to write a word with a capital/in capitals **Großschreibung** *f* capitalization **großsprecherisch** *Adj* (*pej*) boastful **großspurig** (*pej*) **1.** *Adj* flashy (*umg*) **2.** *Adv* ~ ***reden*** to speak flamboyantly; ***sich ~ benehmen*** to be flashy **Großstadt** *f* city **Großstädter(in)** *m(f)* city dweller **großstädtisch** *Adj* big-city *attr* **Großstadtmensch** *m* city dweller **Großtante** *f* great-aunt **Großtat** *f* great feat; ***eine medizinische ~*** a great medical feat **Großteil** *m* large part; ***zum ~*** in the main **größtenteils** *Adv* in the main **größte(r, s)**; → **groß** **größtmöglich** *Adj* greatest possible **großtun** (*pej*) **1.** *vi* to show off **2.** *vr* ***sich mit etw ~*** to boast about sth **Großvater** *m* grandfather **Großveranstaltung** *f* big event; (≈ *Großkundge-*

G

bung) mass rally **Großverdiener(in)** *m*(*f*) big earner **Großwetterlage** *f* general weather situation; ***die politische ~*** the general political climate **Großwild** *n* big game **großziehen** *vt* to raise; *Tier* to rear **großzügig** **1.** *Adj* generous; (≈ *weiträumig*) spacious **2.** *Adv* generously; (≈ *spendabel*) magnanimously; ***~ gerechnet*** at a generous estimate **Großzügigkeit** *f* generosity; (≈ *Weiträumigkeit*) spaciousness

G

grotesk *Adj* grotesque
Grotte *f* (≈ *Höhle*) grotto
Grübchen *n* dimple
Grube *f* pit; (*klein*) hole; BERGB mine
Grübelei *f* brooding *kein Pl* **grübeln** *vi* to brood (*über +Akk* about, over)
Grubenunglück *n* mining accident *od* disaster
Grübler(in) *m*(*f*) brooder **grüblerisch** *Adj* pensive
grüezi *Interj* (*schweiz*) hello, hi (*umg*)
Gruft *f* tomb, vault; (*in Kirchen*) crypt
Grufti *m* **a)** (*umg* ≈ *älterer Mensch*) old fogey (*umg*); **b)** (*sl* ≈ *Okkultist*) ≈ goth
grün **1.** *Adj* green; ***~er Salat*** lettuce; ***ein ~er Junge*** (*umg*) a greenhorn (*umg*); ***~es Licht*** (***für etw***) ***geben/haben*** (*fig*) to give/have got the green light (for sth); ***im ~en Bereich*** (*fig*) all clear; ***vom ~en Tisch aus*** from a bureaucratic ivory tower; ***~e Minna*** (*umg*) Black Maria (*Brit umg*), paddy wagon (*US umg*); ***Grüner Punkt*** *symbol for recyclable packaging*; ***die ~e Tonne*** container for recyclable waste; ***~e Welle*** phased traffic lights; ***auf keinen ~en Zweig kommen*** (*fig umg*) to get nowhere; ***die beiden sind sich gar nicht ~*** (*umg*) there's no love lost between them **2.** *Adv gekleidet* (in) green; *streichen* green; ***sich ~ und gelb ärgern*** (*umg*) to be furious; ***jdn ~ und blau schlagen*** (*umg*) to beat sb black and blue **Grün** *n* green; (≈ *Grünflächen*) green spaces *Pl*; ***die Ampel steht auf ~*** the light is (at (*Brit*)) green; ***das ist dasselbe in ~*** (*umg*) it's (one and) the same (thing) **Grünanlage** *f* green space
Grund *m* **a)** (≈ *Erdboden*) ground; ***~ und Boden*** land; ***in ~ und Boden*** (*fig*) *sich blamieren, schämen* utterly; *verdammen* outright; **b)** (*von Gefäßen*) bottom; (≈ *Meeresgrund*) (sea)bed; **c)** (≈ *Fundament*) foundation(s *Pl*); ***von ~ auf*** completely; *ändern* fundamentally; *neu gebaut* from scratch; ***den ~ zu etw legen*** to lay the foundations of *od* for sth; ***einer Sache*** (*Dat*) ***auf den ~ gehen*** (*fig*) to get to the bottom of sth; ***im ~e seines Herzens*** in one's heart of hearts; ***im ~e*** (***genommen***) basically; **d)** (≈ *Ursache*) reason; ***aus gesundheitlichen*** *etc* ***Gründen*** for health *etc* reasons; ***einen ~ zum Feiern haben*** to have good cause for (a) celebration; ***jdm ~*** (***zu etw***) ***geben*** to give sb good reason (for sth); ***aus diesem ~*** for this reason; ***mit gutem ~*** with good reason; ***aus Gründen*** *+Gen* for reasons of; ***auf ~*** = ***aufgrund***; ***zu ~e*** = ***zugrunde*** **grundanständig** *Adj* thoroughly decent **Grundanstrich** *m* first coat **Grundausbildung** *f* MIL basic training **Grundausstattung** *f* basic equipment **Grundbedeutung** *f* LING primary *od* basic meaning **Grundbegriff** *m* basic concept **Grundbesitz** *m* land **Grundbesitzer(in)** *m*(*f*) landowner **Grundbuch** *n* land register **grundehrlich** *Adj* thoroughly honest **gründen** **1.** *vt* to found; *Argument etc* to base (*auf +Akk* on); *Geschäft* to set up; ***gegründet 1857*** founded in 1857; ***eine Familie ~*** to get married (and have a family) **2.** *vr* ***sich auf etw*** (*Akk*) ***~*** to be based on sth **Gründer(in)** *m*(*f*) founder **grundfalsch** *Adj* utterly wrong **Grundfarbe** *f* primary colour (*Brit*) *od* color (*US*) **Grundform** *f* basic form **Grundgebühr** *f* basic charge **Grundgedanke** *m* basic idea **Grundgesetz** *n* ***das ~*** the (German) Constitution **grundieren** *vt* to undercoat **Grundierfarbe** *f* undercoat **Grundierung** *f* (≈ *Farbe*) undercoat **Grundkapital** *n* share capital; (≈ *Anfangskapital*) initial capital **Grundkenntnisse** *Pl* basic knowledge (*in +Dat* of), basics *Pl* **Grundkurs** *m* SCHULE, UNI basic course **Grundlage** *f* basis; ***auf der ~ von*** *od* *+Gen* on the basis of; ***jeder ~ entbehren*** to be completely unfounded **grundlegend** **1.** *Adj* fundamental (*für* to); *Textbuch* standard **2.** *Adv* fundamentally

gründlich **1.** *Adj* thorough; *Arbeit* painstaking **2.** *Adv* thoroughly; ***jdm ~ die Meinung sagen*** to give sb a real piece of one's mind; ***da haben Sie sich ~ getäuscht*** you're completely mistaken there
Gründlichkeit *f* thoroughness
Grundlinie *f* MATHE, SPORT baseline
Grundlohn *m* basic pay
grundlos **1.** *Adj* (*fig* ≈ *unbegründet*) unfounded **2.** *Adv* (*fig*) without reason
Grundmauer *f* foundation wall
Grundnahrungsmittel *n* basic food (-stuff)
Gründonnerstag *m* Maundy Thursday
Grundprinzip *n* basic principle **Grundrechenart** *f* basic arithmetical operation **Grundrecht** *n* basic *od* fundamental right **Grundregel** *f* basic rule; (*fürs Leben etc*) maxim **Grundriss** *m* (*von Gebäude*) ground *od* floor plan; (≈ *Abriss*) outline, sketch **Grundsatz** *m* principle **Grundsatzentscheidung** *f* decision of general principle **grundsätzlich** **1.** *Adj* fundamental; *Verbot* absolute; *Frage* of principle **2.** *Adv* (≈ *im Prinzip*) in principle; (≈ *aus Prinzip*) on principle; ***das ist ~ verboten*** it is absolutely forbidden **Grundschule** *f* primary (*Brit*) *od* elementary school **Grundschüler(in)** *m*(*f*) primary (*Brit*) *od* elementary(-school) pupil **Grundstein** *m* foundation stone; ***den ~ zu etw legen*** (*fig*) to lay the foundations of *od* for sth **Grundsteuer** *f* (local) property tax **Grundstock** *m* basis, foundation **Grundstoff** *m* basic material; (≈ *Rohstoff*) raw material; CHEM element **Grundstück** *n* plot (of land); (*bebaut*) property; (≈ *Anwesen*) estate **Grundstückspreis** *m* land price **Grundstudium** *n* UNI basic course **Grundstufe** *f* first stage; SCHULE ≈ junior (*Brit*) *od* grade (*US*) school **Grundton** *m* (MUS, *eines Akkords*) root; (*einer Tonleiter*) tonic keynote **Grundübel** *n* basic *od* fundamental evil; (≈ *Nachteil*) basic problem **Gründung** *f* founding; (*von Geschäft*) setting up; ***die ~ einer Familie*** getting married (and having a family) **grundverkehrt** *Adj* completely wrong **grundverschieden** *Adj* totally different **Grundwasser** *n* ground water **Grundwasserspiegel** *m* water table **Grundwehrdienst** *m* national (*Brit*) *od* selective (*US*) service **Grundwissen** *n* basic knowledge (*in +Dat* of) **Grundwortschatz** *m* basic vocabulary **Grundzug** *m* essential feature
Grüne(r) *mf* POL Green; ***die ~n*** the Greens **Grüne(s)** *n* (≈ *Farbe*) green; (≈ *Gemüse*) greens *Pl*; ***ins ~ fahren*** to go to the country **Grünfläche** *f* green space **Grünfutter** *n* green fodder **Grüngürtel** *m* green belt **Grünkohl** *m* (curly) kale **grünlich** *Adj* greenish **Grünschnabel** *m* (*umg*) (little) whippersnapper (*umg*); (≈ *Neuling*) greenhorn (*umg*) **Grünspan** *m* verdigris **Grünspecht** *m* green woodpecker **Grünstreifen** *m* central reservation (*Brit*), median (strip) (*US*, *austral*); (*am Straßenrand*) grass verge
grunzen *vti* to grunt
Grünzeug *n* greens *Pl*
Gruppe *f* group **Gruppenarbeit** *f* teamwork **Gruppenbild** *n* group portrait **Gruppenführer(in)** *m*(*f*) group leader; MIL squad leader **Gruppenreise** *f* group travel *kein Pl* **Gruppensex** *m* group sex **Gruppentherapie** *f* group therapy **Gruppenunterricht** *m* group learning **gruppenweise** *Adv* in groups **gruppieren** **1.** *vt* to group **2.** *vr* to form a group/groups **Gruppierung** *f* grouping; (≈ *Gruppe*) group; POL faction
Gruselfilm *m* horror film **gruselig** *Adj* horrifying; *Geschichte, Film* spine--chilling **gruseln** **1.** *vti unpers* ***mich*** *od* ***mir gruselt auf Friedhöfen*** cemeteries give me the creeps **2.** *vr* ***sie gruselt sich vor Schlangen*** snakes give her the creeps
Gruß *m* **a**) greeting; (≈ *Grußgeste*, MIL) salute; ***viele Grüße*** best wishes (*an +Akk* to); ***sag ihm einen schönen ~*** say hello to him (from me); **b**) (*als Briefformel*) ***mit besten Grüßen*** yours; ***mit freundlichen Grüßen*** (*bei Anrede Mr/Mrs/Miss X*) Yours sincerely, Yours truly (*bes US*); (*bei Anrede Sir(s)/Madam*) Yours faithfully, Yours truly (*bes US*) **grüßen** **1.** *vt* to greet; MIL to salute; ***grüß dich!*** (*umg*) hi! (*umg*); ***Otto lässt dich (schön) ~*** Otto sends his regards; ***ich soll Sie von ihm ~*** he sends his regards *etc*; ***grüß deine Mutter von mir!*** give my regards to your mother **2.** *vi* to

G

say hello; MIL to salute; ***Otto lässt ~*** Otto sends his regards; → *Gott* **Grußformel** *f* form of greeting; (*am Briefanfang*) salutation; (*am Briefende*) complimentary close **Grußwort** *n* greeting

Grütze *f* **a**) (≈ *Brei*) gruel; ***rote ~*** *type of red fruit jelly*; **b**) (*umg* ≈ *Verstand*) brains *Pl* (*umg*)

gschamig *Adj* (*österr umg*) bashful

gucken **1.** *vi* (≈ *sehen*) to look (*zu* at); (≈ *hervorschauen*) to peep (*aus* out of); ***lass mal ~!*** let's have a look **2.** *vt* (*umg*) ***Fernsehen ~*** to watch television **Guckloch** *n* peephole

Guerilla *m* (≈ *Guerillakämpfer*) guerilla **Guerillakrieg** *m* guerilla war

Gugelhupf *m* (*südd*, *österr*), **Gugelhopf** *m* (*schweiz*) (KOCH) gugelhupf

Guillotine *f* guillotine

Guinea *n* GEOG Guinea

Gulasch *n od m* goulash **Gulaschsuppe** *f* goulash soup

Gülle *f* (*südd*, *schweiz*) liquid manure

Gully *m od n* drain

gültig *Adj* valid; ***~ werden*** to become valid; (*Gesetz*, *Vertrag*) to come into force **Gültigkeit** *f* validity; (*von Gesetz*) legal force

Gummi *n od m* (≈ *Material*) rubber; (≈ *Gummiarabikum*) gum; (≈ *Radiergummi*) rubber (*Brit*), eraser; (≈ *Gummiband*) rubber band; (*in Kleidung etc*) elastic; (*umg* ≈ *Kondom*) rubber (*bes US umg*), Durex® **gummiartig** **1.** *Adj* rubbery **2.** *Adv* like rubber **Gummiband** *n* rubber band; (*in Kleidung*) elastic **Gummibärchen** *n* ≈ jelly baby (*Brit*), gummi bear **Gummibaum** *m* rubber plant **Gummiboot** *n* rubber dinghy **Gummierung** *f* (≈ *gummierte Fläche*) gum **Gummihandschuh** *m* rubber glove **Gummiknüppel** *m* rubber truncheon **Gummiparagraf**, **Gummiparagraph** *m* (*umg*) ambiguous clause **Gummireifen** *m* rubber tyre (*Brit*) *od* tire (*US*) **Gummisohle** *f* rubber sole **Gummistiefel** *m* rubber boot; wellington (boot) (*Brit*) **Gummistrumpf** *m* elastic stocking **Gummizelle** *f* padded cell **Gummizug** *m* (piece of) elastic

Gunst *f* favour (*Brit*), favor (*US*); ***zu meinen/deinen ~en*** in my/your favo(u)r; ***zu ~en*** = ***zugunsten*** **günstig** **1.** *Adj* favourable (*Brit*), favorable (*US*); (*zeitlich*) convenient; ***bei ~er Witterung*** weather permitting; ***im ~sten Fall(e)*** with luck **2.** *Adv kaufen*, *verkaufen* for a good price; ***die Stadt liegt ~*** (***für***) the town is well situated (for) **günstigenfalls** *Adv* at best **günstigstenfalls** *Adv* at the very best

Günstling *m* (*pej*) favourite (*Brit*), favorite (*US*)

Gurgel *f* throat; (≈ *Schlund*) gullet; ***jdm die ~ zuschnüren*** to strangle sb **gurgeln** *vi* (≈ *den Rachen spülen*) to gargle

Gurke *f* cucumber; (≈ *Essiggurke*) gherkin; ***saure ~n*** pickled gherkins **Gurkensalat** *m* cucumber salad

gurren *vi* to coo

Gurt *m* belt; (≈ *Riemen*) strap

Gürtel *m* belt; (≈ *Absperrkette*) cordon; ***den ~ enger schnallen*** to tighten one's belt **Gürtellinie** *f* waist; ***ein Schlag unter die ~*** (*wörtl*) a blow below the belt **Gürtelreifen** *m* radial (tyre (*Brit*) *od* tire (*US*)) **Gürtelrose** *f* MED shingles *Sg od Pl* **Gürtelschnalle** *f* belt buckle **Gürteltasche** *f* belt bag **Gürteltier** *n* armadillo

Gurtpflicht *f*, **Gurtzwang** *m* ***es besteht ~*** the wearing of seat belts is compulsory

Guru *m* guru

Guss *m* **a**) (METALL ≈ *das Gießen*) casting; (≈ *Gussstück*) cast; (***wie***) ***aus einem ~*** (*fig*) a unified whole; **b**) (≈ *Strahl*) stream; (*umg* ≈ *Regenguss*) downpour **Gusseisen** *n* cast iron **gusseisern** *Adj* cast-iron **Gussform** *f* mould (*Brit*), mold (*US*)

gut **1.** *Adj* good; ***das ist ~ gegen Husten*** it's good for coughs; ***wozu ist das ~?*** (*umg*) what's that for?; ***würden Sie so ~ sein und ...*** would you be good enough to ...; ***dafür ist er sich zu ~*** he wouldn't stoop to that sort of thing; ***sind die Bilder ~ geworden?*** did the pictures turn out all right?; ***es wird alles wieder ~!*** everything will be all right; ***wie ~, dass ...*** it's good that ...; ***lass mal ~ sein!*** (≈ *ist genug*) that's enough; (≈ *ist erledigt*) just leave it; ***jetzt ist aber ~!*** (*umg*) that's enough; ***~e Besserung!*** get well soon; ***schon ~!*** (it's) all right; ***du bist ~!*** (*umg*) you're a fine one! **2.** *Adv* well; ~

schmecken/riechen to taste/smell good; ***du hast es ~!*** you've got it made; ***das kann ~ sein*** that may well be; ***so ~ wie nichts*** next to nothing; ***es dauert ~(e) drei Stunden*** it lasts a good three hours; ***~ aussehend*** good-looking; ***~ bezahlt*** *Person, Job* highly-paid; ***~ gehend*** flourishing; ***~ gelaunt*** cheerful; ***~ gemeint*** well--meaning, well-meant; ***~ verdienend*** with a good salary; ***~ und gern*** easily; ***machs ~!*** (*umg*) cheers! (*Brit*); (*stärker*) take care

Gut *n* **a)** (≈ *Eigentum*) property; (≈ *Besitztum*) possession; **b)** (≈ *Ware*) item; ***Güter*** goods; **c)** (≈ *Landgut*) estate

Gutachten *n* report **Gutachter(in)** *m(f)* expert; (JUR: *in Prozess*) expert witness **gutartig** *Adj Kind, Hund etc* good-natured; *Geschwulst* benign **gutaussehend** *Adj* → ***gut*** **gutbürgerlich** *Adj* solid middle-class; *Küche* good plain **Gutdünken** *n* discretion; ***nach (eigenem) ~*** as one sees fit

Güte *f* **a)** goodness; ***ein Vorschlag zur ~*** a suggestion; ***ach du liebe ~!*** (*umg*) oh my goodness!; **b)** (*einer Ware*) quality **Güteklasse** *f* HANDEL grade

Gutenachtkuss *m* goodnight kiss

Güterbahnhof *m* freight depot **Gütergemeinschaft** *f* JUR community of property **Gütertrennung** *f* JUR separation of property **Güterverkehr** *m* freight traffic **Güterwagen** *m* BAHN freight car **Güterzug** *m* freight train

Gute(s) *n* ***~s tun*** to do good; ***alles ~!*** all the best!; ***des ~n zu viel tun*** to overdo things; ***das ~ daran*** the good thing about it; ***das ~ im Menschen*** the good in man; ***im ~n*** *sich trennen* amicably

Gütesiegel *n* HANDEL stamp of quality **Gütezeichen** *n* mark of quality

gut gehen **1.** *vi unpers* ***es geht ihm gut*** he is doing well; (≈ *er ist gesund*) he is well **2.** *vi* to go (off) well; ***das ist noch einmal gut gegangen*** it turned out all right; ***das konnte ja nicht ~*** it was bound to go wrong **gutgehend** *Adj* → ***gut*** **gutgläubig** *Adj* trusting **Gutgläubigkeit** *f* trusting nature **Guthaben** *n* (FINANZ ≈ *Bankguthaben*) credit

gutheißen *vt* to approve of; (≈ *genehmigen*) to approve **gutherzig** *Adj* kind-hearted

gütig *Adj* kind; (≈ *edelmütig*) generous

gütlich **1.** *Adj* amicable **2.** *Adv* amicably; ***sich ~ einigen*** to come to an amicable agreement

gutmachen *vt Fehler* to put right; *Schaden* to make good **gutmütig** *Adj* good-natured **Gutmütigkeit** *f* good nature

Gutsbesitzer(in) *m(f)* lord/lady of the manor; (*als Klasse*) landowner

Gutschein *m* voucher **gutschreiben** *vt* to credit (+*Dat* to) **Gutschrift** *f* (≈ *Bescheinigung*) credit note; (≈ *Betrag*) credit (item)

Gutsherr *m* squire **Gutsherrin** *f* lady of the manor **Gutshof** *m* estate **Gutsverwalter(in)** *m(f)* steward

guttun *vi* ***jdm ~*** to do sb good; ***das tut gut*** that's good **gutunterrichtet** *Adj* → ***unterrichtet*** **gutwillig** *Adj* willing; (≈ *entgegenkommend*) obliging; (≈ *wohlwollend*) well-meaning **Gutwilligkeit** *f* willingness; (≈ *Entgegenkommen*) obliging ways *Pl*; (≈ *Wohlwollen*) well-meaningness

GVO *Abk von* ***genetisch veränderte Organismen*** GMO

gymnasial *Adj* ***die ~e Oberstufe*** ≈ the sixth form (*Brit*), ≈ the twelfth grade (*US*) **Gymnasiast(in)** *m(f)* ≈ grammar school pupil (*Brit*), ≈ high school student (*US*) **Gymnasium** *n* SCHULE ≈ grammar school (*Brit*), ≈ high school (*US*)

Gymnastik *f* keep-fit exercises *Pl*; (≈ *Turnen*) gymnastics *Sg* **Gymnastikanzug** *m* leotard **Gymnastikball** *m* exercise ball **Gymnastiklehrer(in)** *m(f)* gymnastics teacher **gymnastisch** *Adj* gymnastic

Gynäkologe *m*, **Gynäkologin** *f* gynaecologist (*Brit*), gynecologist (*US*) **Gynäkologie** *f* gynaecology (*Brit*), gynecology (*US*) **gynäkologisch** *Adj* gynaecological (*Brit*), gynecological (*US*)

Gyros *n* ≈ doner kebab

G

H

H, h *n* H, h

Haar *n* hair; ***sich*** (*Dat*) ***die ~e schneiden lassen*** to get one's hair cut; ***jdm kein ~ krümmen*** not to harm a hair on sb's head; ***darüber lass dir keine grauen ~e wachsen*** don't worry your head about it; ***sie gleichen sich*** (*Dat*) ***aufs ~*** they are the spitting image of each other; ***das ist an den ~en herbeigezogen*** that's rather far-fetched; ***an jdm/etw kein gutes ~ lassen*** to pull sb/sth to pieces; ***sich*** (*Dat*) ***in die ~e geraten*** to quarrel; ***um kein ~ besser*** not a bit better; ***um ein ~*** very nearly **Haarausfall** *m* hair loss **haaren** *vi* (*Tier*) to moult (*Brit*), to molt (*US*); (*Pelz etc*) to shed (hair) **Haaresbreite** *f* (**nur**) ***um ~*** very nearly; *verfehlen* by a hair's breadth **Haarfarbe** *f* hair colour (*Brit*) *od* color (*US*) **Haarfestiger** *m* (hair) setting lotion **Haargel** *n* hair gel **haargenau** **1.** *Adj* exact; *Übereinstimmung* total **2.** *Adv* exactly **haarig** *Adj* hairy **Haarklammer** *f* (≈ *Klemme*) hairgrip (*Brit*), bobby pin (*US*); (≈ *Spange*) hair slide (*Brit*), barrette (*US*) **haarklein** (*umg*) **1.** *Adj Beschreibung* detailed **2.** *Adv* in great detail **Haarnadelkurve** *f* hairpin bend **Haarpflege** *f* hair care **Haarriss** *m* hairline crack **haarscharf** **1.** *Adj Beschreibung* exact; *Beobachtung* very close **2.** *Adv treffen* exactly; *folgern* precisely **Haarschleife** *f* hair ribbon **Haarschnitt** *m* haircut **Haarspalterei** *f* splitting hairs *kein unbest Artikel, kein Pl* **Haarspange** *f* hair slide (*Brit*), barrette (*US*) **Haarspliss** *m* split ends *Pl* **Haarspray** *n od m* hairspray **Haarspülung** *f* (hair) conditioner **haarsträubend** *Adj* hair-raising; (≈ *empörend*) shocking; *Frechheit* incredible **Haarteil** *n* hairpiece **Haartönung** *f* tinting **Haartrockner** *m* hairdryer **Haarwäsche** *f* washing one's hair *ohne Artikel* **Haarwaschmittel** *n* shampoo **Haarwasser** *n* hair lotion **Haarwuchs** *m* growth of hair

Hab *n* ***~ und Gut*** possessions, worldly goods *all Pl* **Habe** *f* (*geh*) belongings *Pl* **haben** **1.** *v/hilf* ***ich habe/hatte gerufen*** I have/had called; ***du hättest den Brief früher schreiben können*** you could have written the letter earlier **2.** *vt* **a**) to have; ***wir ~ ein Haus/Auto*** we've got a house/car; ***sie hatte blaue Augen*** she had blue eyes; ***er hat eine große Nase*** he's got a big nose; ***was möchten Sie ~?*** what would you like?; ***da hast du 10 Euro*** there's 10 euros; ***wie hätten Sie es gern?*** how would you like it?; ***Schule/Unterricht ~*** to have school/lessons; ***heute ~ wir 10°*** it's 10° today; ***wie viel Uhr ~ wir?*** what's the time?; ***was für ein Datum ~ wir heute?*** what's today's date?; ***Zeit ~, etw zu tun*** to have the time to do sth; ***was hat er denn?*** what's the matter with him?; ***hast du was?*** is something the matter?; ***ich habe nichts*** I'm all right; ***ein Meter hat 100 cm*** there are 100 cm in a metre (*Brit*) *od* meter (*US*); **b**) (*mit Präposition*) ***das hat er/sie/es so an sich*** (*Dat*) that's just the way he/she/it is; ***es am Herzen ~*** (*umg*) to have heart trouble; ***das hat etwas für sich*** there's something to be said for that; ***etwas gegen jdn/etw ~*** to have something against sb/sth; ***es in den Beinen ~*** (*umg* ≈ *leiden*) to have trouble with one's legs; ***das hat es in sich*** (*umg*) (≈ *schwierig*) that's a tough one; ***etwas mit jdm ~*** (*euph*) to have a thing with sb (*umg*); ***etwas von etw ~*** (*umg*) to get something out of sth; ***das hast du jetzt davon!*** now see what's happened!; ***das hat er von seinem Leichtsinn*** that's what comes of his foolishness; ***nichts von etw ~*** to get nothing out of sth; ***sie hat viel von ihrem Vater*** she's very like her father; **c**) ***es gut/bequem ~*** to have it good/easy; ***es schlecht ~*** to have a bad time; ***er hat es nicht leicht mit ihr*** he has a hard time with her; ***nichts mehr zu essen ~*** to have nothing left to eat; ***du hast zu gehorchen*** you have to obey; ***etw ist zu ~*** (≈ *erhältlich*) sth is to be had; ***jd ist zu ~*** (≈ *nicht verheiratet*) sb is single; (*sexuell*) sb is available; ***für etw zu ~ sein*** to be

ready for sth; ***ich habs!*** (*umg*) I've got it!; ***wie gehabt*** as before **3.** *v unpers* ***damit hat es noch Zeit*** it can wait; ***und damit hat es sich*** (*umg*) and that's that **4.** *vr* ***sich ~*** (≈ *sich anstellen, umg*) to make a fuss **Haben** *n* credit **Habenichts** *m* have-not **Habenseite** *f* credit side **Habgier** *f* greed **habgierig** *Adj* greedy
Habicht *m* hawk
Habilitation *f* postdoctoral lecturing qualification **habilitieren** *vr* to qualify as a professor
Habitat *n* ZOO habitat
Habseligkeiten *Pl* belongings *Pl*
Habsucht *f* greed, acquisitiveness **habsüchtig** *Adj* greedy, acquisitive
Hachse *f* KOCH leg (joint); (*südd umg* ≈ *Fuß*) foot; (≈ *Bein*) leg
Hackbraten *m* meat loaf
Hacke[1] *f* (*dial*, MIL ≈ *Absatz*) heel; ***die ~n zusammenschlagen*** MIL to click one's heels
Hacke[2] *f* (≈ *Pickel*) pickaxe (*Brit*), pickax (*US*); (≈ *Gartenhacke*) hoe **hacken** **1.** *vt* **a)** (≈ *zerkleinern*) to chop; **b)** *Erdreich* to hoe; **c)** (*mit spitzem Gegenstand*) *Loch* to hack; (*Vogel*) to peck **2.** *vi* **a)** (*mit dem Schnabel*) to peck; (*mit spitzem Gegenstand*) to hack; ***nach jdm/etw ~*** to peck at sth/sb; **b)** IT to hack (*in +Akk* into)
Hacken *m* (≈ *Ferse*) heel
Hacker(in) *m(f)* IT hacker
Hackfleisch *n* mince (*Brit*), ground meat (*US*); ***aus jdm ~ machen*** (*umg*) to make mincemeat of sb (*umg*); (≈ *verprügeln*) to beat sb up **Hackordnung** *f* pecking order
Hafen *m* harbour (*Brit*), harbor (*US*); (≈ *Handelshafen*) port; (≈ *Jachthafen*) marina; (≈ *Hafenanlagen*) docks *Pl* **Hafenarbeiter(in)** *m(f)* dockworker **Hafenrundfahrt** *f* (boat-)trip round the harbo(u)r **Hafenstadt** *f* port
Hafer *m* oats *Pl*; ***ihn sticht der ~*** (*umg*) he's feeling his oats (*umg*) **Haferbrei** *m* porridge **Haferflocken** *Pl* rolled oats *Pl*
Haferl *n*, **Häferl** *n* (*österr* ≈ *große Tasse*) mug
Haferschleim *m* gruel
Haft *f* (*vor dem Prozess*) custody; (≈ *Haftstrafe*) imprisonment; (*politisch*) detention; ***sich in ~ befinden*** to be in custody/prison/detention; ***in ~ nehmen*** to take into custody **Haftanstalt** *f* detention centre (*Brit*) *od* center (*US*)
haftbar *Adj* (*für jdn*) legally responsible; (*für etw*) (legally) liable; ***jdn für etw ~ machen*** to make sb liable for sth **Haftbefehl** *m* warrant; ***einen ~ gegen jdn ausstellen*** to issue a warrant for sb's arrest
haften[1] *vi* JUR ***für jdn ~*** to be (legally) responsible for sb; ***für etw ~*** to be (legally) liable for sth
haften[2] *vi* **a)** (≈ *kleben*) to stick (*an +Dat* to); ***an jdm ~*** (*fig*: *Makel etc*) to stick to sb; **b)** (*Erinnerung*) to stick (in one's mind); (*Blick*) to become fixed **haften bleiben** *vi* to stick (*an od auf +Dat* to)
Häftling *m* prisoner
Haftnotiz *f* Post-it® **Haftpflicht** *f* (legal) liability **haftpflichtig** *Adj* liable **haftpflichtversichert** *Adj* ***~ sein*** to have personal *od* public (*US*) liability insurance; (*Autofahrer*) ≈ to have third-party insurance **Haftpflichtversicherung** *f* personal *od* public (*US*) liability insurance *kein unbest Artikel*; (*von Autofahrer*) ≈ third-party insurance **Haftstrafe** *f* prison sentence **Haftung** *f* **a)** JUR (legal) liability; (*für Personen*) (legal) responsibility; **b)** (TECH, PHYS, *von Reifen*) adhesion **Hafturlaub** *m* parole
Hagebutte *f* rose hip
Hagel *m* hail; (*von Vorwürfen*) stream **Hagelkorn** *n* hailstone **hageln** *vi unpers* ***es hagelt*** it's hailing
hager *Adj* gaunt
Häher *m* jay
Hahn *m* **a)** (≈ *Vogel*) cock; ***~ im Korb sein*** (≈ *Mann unter Frauen*) to be cock of the walk; ***danach kräht kein ~ mehr*** (*umg*) no one cares two hoots about that any more (*umg*); **b)** TECH tap, faucet (*US*); **c)** (≈ *Abzug*) trigger **Hähnchen** *n* chicken **Hahnenfuß** *m* BOT buttercup
Hai *m*, **Haifisch** *m* shark
Häkchen *n* **a)** HAND (small) hook; **b)** (≈ *Zeichen*) tick (*Brit*), check (*US*); (*auf Buchstaben*) accent
Häkelarbeit *f* crochet (work) *kein unbest Artikel*; (≈ *Gegenstand*) piece of crochet (work) **häkeln** *vti* to crochet **Häkelnadel** *f* crochet hook

H

haken 1. *vi* ***es hakt*** (*fig*) there are sticking points **2.** *vt* (≈ *befestigen*) to hook (*an +Akk* to) **Haken** *m* **a)** hook; ***~ und Öse*** hook and eye; **b)** (*umg* ≈ *Schwierigkeit*) snag; ***die Sache hat einen ~*** there's a snag **Hakenkreuz** *n* swastika **Hakennase** *f* hooked nose

halb 1. *Adj* **a)** half; ***ein ~er Meter*** half a metre (*Brit*) *od* meter (*US*); ***eine ~e Stunde*** half an hour; ***auf ~em Wege, auf ~er Strecke*** (*wörtl*) halfway; (*fig*) halfway through; ***zum ~en Preis*** (at) half price; **b)** MUS ***eine ~e Note*** a minim (*Brit*), a half-note (*US*); ***ein ~er Ton*** a semitone; **c)** ***~ zehn*** half past nine; ***um fünf Minuten nach ~*** at twenty-five to; ***~ Deutschland/London*** half of Germany/London; **d)** (≈ *stückhaft*) ***~e Arbeit leisten*** to do a bad job; ***die ~e Wahrheit*** part of the truth; ***mit ~em Ohr*** with half an ear; ***keine ~en Sachen machen*** not to do things by halves; **e)** (*umg* ≈ *großer Teil*) ***die ~e Stadt/Welt*** half the town/world **2.** *Adv* half; ***~ links*** SPORT (at) inside left; ***~ rechts*** SPORT (at) inside right; ***~ voll*** half-full; ***~ verdaut*** half-digested; ***~ so gut*** half as good; ***das ist ~ so schlimm*** it's not as bad as all that; (*Zukünftiges*) that won't be too bad; ***~ fertig*** half-finished; INDUSTRIE semi-finished; ***~ nackt*** half-naked; ***~ tot*** (*wörtl*) half dead; ***~ lachend, ~ weinend*** half laughing, half crying; ***mit jdm ~e-~e machen*** (*umg*) to go 50/50 with sb **halbamtlich** *Adj* semi-official **halbautomatisch** *Adj* semi-automatic **halbbitter** *Adj Schokolade* semi-sweet **Halbblut** *n* (≈ *Mensch*) half-caste; (≈ *Tier*) crossbreed **Halbblüter** *m* crossbreed **Halbbruder** *m* half-brother **Halbe** *f* (*bes südd*) = ***Halbe(r)*** **Halbedelstein** *m* semi-precious stone **Halbe(r)** *m* half a litre (*Brit*) *od* liter (*US*) (of beer) **halbfertig** *Adj* → ***halb*** **halbfest** *Adj Zustand, Materie* semi-solid **halbfett** *Adj* **a)** TYPO secondary bold; **b)** *Lebensmittel* medium-fat **Halbfinale** *n* semi-final **Halbgott** *m* demigod **halbherzig 1.** *Adj* half-hearted **2.** *Adv* half-heartedly **halbieren** *vt* to halve; (≈ *in zwei schneiden*) to cut in half; ***eine Zahl ~*** to divide a number by two **Halbinsel** *f* peninsula **Halbjahr** *n* half-year, six months; ***im ersten/zweiten ~*** in the first/last six months of the year **Halbjahresbilanz** *f* half-yearly figures *Pl* **Halbjahreszeugnis** *n* SCHULE half-yearly report **halbjährig** *Adj Kind* six-month-old; *Lehrgang etc* six-month **halbjährlich** *Adj* half-yearly, six-monthly **Halbkreis** *m* semicircle **Halbkugel** *f* hemisphere **halblang** *Adj Kleid, Rock* mid-calf length; ***nun mach mal ~!*** (*umg*) now wait a minute! **Halbleiter** *m* PHYS semiconductor **halbmast** *Adv* at half-mast; ***~ flaggen*** to fly flags/a flag at half-mast **Halbmesser** *m* radius **Halbmond** *m* half-moon; (≈ *Symbol*) crescent; ***bei ~*** when there is a half-moon **halbnackt** *Adj* → ***halb*** **Halbpension** *f* half-board **Halbschatten** *m* half shadow **Halbschlaf** *m* light sleep; ***im ~ sein*** to be half asleep **Halbschuh** *m* shoe **Halbschwester** *f* half-sister **halbseiden** *Adj* (*wörtl*) fifty per cent (*Brit*) *od* percent (*US*) silk; (*fig*) *Dame* fast; (≈ *zweifelhaft*) dubious; ***~es Milieu, ~e Kreise*** demimonde **halbseitig 1.** *Adj Anzeige etc* half-page; ***~e Lähmung*** one-sided paralysis **2.** *Adv* ***~ gelähmt*** paralyzed on one side **Halbstarke(r)** *m* young hooligan **halbstündig** *Adj* half-hour *attr*, lasting half an hour **halbstündlich 1.** *Adj* half-hourly **2.** *Adv* every half an hour, half-hourly

halbtags *Adv* (≈ *morgens*) in the mornings; (≈ *nachmittags*) in the afternoons; (*in Bezug auf Angestellte*) part-time

Halbtagsbeschäftigung *f* half-day job

Halbtagskraft *f* worker employed for half-days only

Halbton *m* MUS semitone

halbtrocken *Adj Wein* medium-dry

halbvoll *Adj* → ***halb***

halbwegs *Adv* partly; *gut* reasonably; *annehmbar* halfway

Halbwelt *f* demimonde

Halbwert(s)zeit *f* PHYS half-life

Halbwissen *n* (*pej*) superficial knowledge

Halbzeit *f* (SPORT) (≈ *Hälfte*) half; (≈ *Pause*) half-time

Halbzeitstand *m* half-time score

Halde *f* (BERGB ≈ *Abbauhalde*) slag heap; (*fig*) mountain; ***etw auf ~ legen*** *Ware, Vorräte* to stockpile sth; *Pläne etc* to shelve sth

Halfpipe *f* SPORT half-pipe
Hälfte *f* **a)** half; ***die ~ der Kinder*** half the children; ***Rentner zahlen die ~*** pensioners pay half price; ***um die ~ mehr*** half as much again; ***um die ~ steigen*** to increase by half; ***um die ~ größer*** half as big again; ***es ist zur ~ fertig*** it is half finished; ***meine bessere ~*** (*hum umg*) my better half (*hum umg*); **b)** (≈ *Mitte: einer Fläche*) middle; ***auf der ~ des Weges*** halfway
Halfter[1] *m od n* (*für Tiere*) halter
Halfter[2] *f* (≈ *Pistolenhalfter*) holster
Hall *m* echo
Halle *f* hall; (≈ *Hotelhalle*) lobby; (≈ *Sporthalle*) (sports) hall, gym(nasium); (≈ *Schwimmhalle*) indoor swimming pool
halleluja *Interj* halleluja(h)
hallen *vi* to echo
Hallenbad *n* indoor swimming pool **Hallenturnier** *n* SPORT indoor tournament
hallo *Interj* hello
Halluzination *f* hallucination **halluzinieren** *vi* to hallucinate
Halm *m* stalk; (≈ *Grashalm*) blade of grass; (≈ *Strohhalm*) straw
Halogen *n* halogen **Halogen(glüh)lampe** *f* halogen lamp **Halogenscheinwerfer** *m* halogen headlamp
Hals *m* **a)** neck; ***jdm um den ~ fallen*** to fling one's arms (a)round sb's neck; ***sich jdm an den ~ werfen*** (*fig umg*) to throw oneself at sb; ***sich*** (*Dat*) ***den ~ brechen*** (*umg*) to break one's neck; ***~ über Kopf*** in a rush; ***jdn am ~ haben*** (*umg*) to be saddled with sb (*umg*); **b)** (≈ *Kehle*) throat; ***sie hat es am*** *od* ***im ~*** (*umg*) she has a sore throat; ***aus vollem ~(e)*** at the top of one's voice; ***aus vollem ~(e) lachen*** to roar with laughter; ***es hängt mir zum ~ heraus*** (*umg*) I'm sick and tired of it; ***sie hat es in den falschen ~ bekommen*** (*umg* ≈ *falsch verstehen*) she took it wrongly; ***er kann den ~ nicht voll (genug) kriegen*** (*fig umg*) he is never satisfied **Halsabschneider(in)** *m(f)* (*pej umg*) shark (*umg*) **Halsband** *n* (≈ *Hundehalsband*) collar; (≈ *Schmuck*) necklace **halsbrecherisch** *Adj* dangerous; *Tempo* breakneck **Halsentzündung** *f* sore throat **Halskette** *f* necklace **Hals-Nasen-Ohren-Arzt** *m*, **Hals-Nasen-Ohren-Ärztin** *f* ear, nose and throat specialist **Halsschlagader** *f* carotid (artery) **Halsschmerzen** *Pl* sore throat *Sg* **halsstarrig** *Adj* obstinate **Halstuch** *n* scarf **Hals- und Beinbruch** *Interj* good luck **Halsweh** *n* sore throat
halt[1] *Interj* stop
halt[2] *Adv* (*dial*) → ***eben*** 2c
Halt *m* **a)** (*für Festigkeit*) hold; (≈ *Stütze*) support; ***jdm/einer Sache ~ geben*** to support sb/sth; ***keinen ~ haben*** to have no hold/support; ***ohne inneren ~*** insecure; **b)** (*geh* ≈ *Anhalten*) stop; ***~ machen*** = ***haltmachen***
haltbar *Adj* **a)** ***~ sein*** (*Lebensmittel*) to keep (well); ***etw ~ machen*** to preserve sth; ***~ bis 6.11.*** use by 6 Nov; **b)** (≈ *widerstandsfähig*) durable; *Stoff* hard-wearing; *Beziehung* long-lasting; **c)** *Behauptung* tenable; *Zustand, Lage* tolerable; ***diese Position ist nicht mehr ~*** this position can't be maintained any longer; **d)** SPORT stoppable **Haltbarkeit** *f* **a)** (*von Lebensmitteln*) ***eine längere ~ haben*** to keep longer; **b)** (≈ *Widerstandsfähigkeit*) durability; **c)** (*von Behauptung*) tenability **Haltbarkeitsdatum** *n* best-before date, use-by date **Haltbarkeitsdauer** *f length of time for which food may be kept*; ***eine kurze/lange ~ haben*** to be/not to be perishable
Haltebucht *f* VERKEHR lay-by, rest stop (*US*) **Haltegriff** *m* **a)** handle; (*in Bus*) strap; (*an Badewanne*) handrail; **b)** SPORT hold **halten** **1.** *vt* **a)** (≈ *festhalten*) to hold; ***etw gegen das Licht ~*** to hold sth up to the light; **b)** (≈ *tragen*) ***die drei Pfeiler ~ die Brücke*** the three piers support the bridge; **c)** (≈ *aufhalten*) to hold; SPORT to save; ***die Wärme/Feuchtigkeit ~*** to retain heat/moisture; ***ich konnte es gerade noch ~*** I just managed to grab hold of it; ***haltet den Dieb!*** stop thief!; ***sie ist nicht zu ~*** (*fig*) there's no holding her back; ***es hält mich hier nichts mehr*** there's nothing to keep me here any more; **d)** (≈ *behalten*) *Rekord* to hold; *Position* to hold (on to); **e)** (≈ *besitzen*) *Haustier* to keep; *Auto* to run; ***sich*** (*Dat*) ***eine Geliebte ~*** to keep a mistress; **f)** (≈ *erfüllen*) to keep; ***ein Ver-***

H

H

sprechen ~ to keep a promise; **g)** (≈ *aufrechterhalten*) *Niveau* to keep up; *Tempo, Temperatur* to maintain; *Kurs* to keep to; ***das Gleichgewicht ~*** to keep one's balance; **(*mit jdm*) *Verbindung ~*** to keep in touch (with sb); ***Abstand ~!*** keep your distance!; ***etw sauber ~*** to keep sth clean; ***viel Sport hält schlank*** doing a lot of sport keeps you slim; **h)** (≈ *handhaben*) ***das kannst du*** **(*so*) *~, wie du willst*** that's entirely up to you; ***wir ~ es mit den Abrechnungen anders*** we deal with invoices in a different way; **i)** (≈ *veranstalten*) *Fest* to give; *Rede* to make; ***Selbstgespräche ~*** to talk to oneself; ***Unterricht ~*** to teach; ***Mittagsschlaf ~*** to have an afternoon nap; **j)** (≈ *einschätzen*) ***jdn/etw für etw ~*** to think sb/sth sth; ***etw für angebracht ~*** to think sth appropriate; ***wofür ~ Sie mich?*** what do you take me for?; ***das halte ich nicht für möglich*** I don't think that is possible; ***etw von jdm/etw ~*** to think sth of sb/sth; ***nicht viel von jdm/etw ~*** not to think much of sb/sth; ***ich halte nichts davon, das zu tun*** I'm not in favour (*Brit*) *od* favor (*US*) of (doing) that; ***viel auf etw*** (*Akk*) ***~*** to consider sth very important **2.** *vi* **a)** (≈ *festhalten*) to hold; (≈ *haften bleiben*) to stick; SPORT to make a save; **b)** (≈ *haltbar sein*) to last; (*Konserven*) to keep; (*Frisur*) to hold; (*Stoff*) to be hard-wearing; ***Rosen ~ länger, wenn ...*** roses last longer if ...; **c)** (≈ *anhalten*) to stop; ***zum Halten bringen*** to bring to a standstill; ***auf sich*** (*Akk*) ***~*** (≈ *auf sein Äußeres achten*) to take a pride in oneself; (≈ *selbstbewusst sein*) to be self-confident; ***an sich*** (*Akk*) ***~*** (≈ *sich beherrschen*) to control oneself; ***zu jdm ~*** (≈ *beistehen*) to stand by sb **3.** *vr* **a)** (≈ *sich festhalten*) to hold on (*an +Dat* to); **b)** ***sich*** **(*nach*)** ***links ~*** to keep (to the) left; ***sich nach Westen ~*** to keep going westwards; ***ich halte mich an die alte Methode*** I'll stick to the old method; ***sich an ein Versprechen ~*** to keep a promise; ***sich an die Tatsachen ~*** to keep to the facts; **c)** (≈ *sich nicht verändern, Lebensmittel, Blumen*) to keep; (*Wetter*) to last; (*Geruch, Rauch*) to linger; (*Preise*) to hold; **d)** (≈ *seine Position behaupten*) to hold on; (*in Kampf*) to hold out; ***sich gut ~*** (*in Prüfung, Spiel etc*) to do well; **e)** ***sich an jdn ~*** (≈ *sich richten nach*) to follow sb; ***ich halte mich lieber an den Wein*** I'd rather stick to wine; ***er hält sich für besonders klug*** he thinks he's very clever **Halter** *m* **a)** (≈ *Halterung*) holder; **b)** (≈ *Sockenhalter*) garter; (≈ *Strumpfhalter, Hüfthalter*) suspender (*Brit*) *od* garter (*US*) belt **Halter(in)** *m(f)* JUR owner **Halterung** *f* mounting; (*für Regal etc*) support **Halteschild** *n* stop sign **Haltestelle** *f* stop **Halteverbot** *n* (≈ *Stelle*) no-stopping zone; ***hier ist ~*** there's no stopping here **Halteverbot(s)schild** *n* no-stopping sign **haltlos** *Adj* (≈ *schwach*) insecure; (≈ *hemmungslos*) unrestrained; (≈ *unbegründet*) groundless **haltmachen** *vi* to stop; ***vor nichts ~*** (*fig*) to stop at nothing; ***vor niemandem ~*** (*fig*) to spare no-one **Haltung** *f* **a)** (≈ *Körperhaltung*) posture; (≈ *Stellung*) position; ***~ annehmen*** *bes* MIL to stand to attention; **b)** (*fig* ≈ *Einstellung*) attitude; **c)** (≈ *Beherrschtheit*) composure; ***~ bewahren*** to keep one's composure; **d)** (*von Tieren, Fahrzeugen*) keeping

Halunke *m* scoundrel; (*hum*) rascal

Hämatom *n* haematoma (*Brit*), hematoma (*US*)

Hamburger *m* KOCH hamburger

hamburgisch *Adj* Hamburg *attr*

hämisch **1.** *Adj* malicious **2.** *Adv* maliciously

Hammel *m* **a)** ZOO wether; **b)** KOCH mutton **Hammelfleisch** *n* mutton **Hammelkeule** *f* KOCH leg of mutton

Hammer *m* hammer; ***unter den ~ kommen*** to come under the hammer **hämmern** **1.** *vi* to hammer; (*mit den Fäusten etc*) to pound **2.** *vt* to hammer; *Blech etc* to beat **Hammerwerfen** *n* SPORT hammer(-throwing) **Hammerwerfer(in)** *m(f)* SPORT hammer-thrower

Hammondorgel *f* electric organ

Hämoglobin *n* haemoglobin (*Brit*), hemoglobin (*US*) **Hämophilie** *f* haemophilia (*Brit*), hemophilia (*US*) **Hämorrhoiden** *Pl*, **Hämorriden** *Pl* piles *Pl*, haemorrhoids *Pl* (*Brit*), hemorrhoids *Pl* (*US*)

Hampelmann *m* jumping jack; ***jdn zu einem ~ machen*** (*umg*) to walk all over sb

Hamster *m* hamster **Hamsterkauf** *m* panic buying *kein Pl*; ***Hamsterkäufe machen*** to buy in order to hoard; (*bei Knappheit*) to panic-buy **hamstern** *vti* (≈ *ansammeln*) to hoard

Hand *f* **a**) hand; ***jdm die ~ geben*** to give sb one's hand; ***Hände hoch!*** (put your) hands up!; ***~ aufs Herz*** hand on heart; ***~ breit*** = ***Handbreit***; **b**) (SPORT, *umg* ≈ *Handspiel*) handball; **c**) (*mit Adjektiv*) ***ein Auto aus erster ~*** a car which has had one previous owner; ***etw aus erster ~ wissen*** to have first-hand knowledge of sth; ***in festen Händen sein*** (*fig*) to be spoken for; ***bei etw eine glückliche ~ haben*** to be lucky with sth; ***in guten Händen sein*** to be in good hands; ***mit leeren Händen*** empty-handed; ***letzte ~ an etw*** (*Akk*) ***legen*** to put the finishing touches to sth; ***linker ~, zur linken ~*** on the left-hand side; ***aus*** *od* ***von privater ~*** privately; ***das Geld mit vollen Händen ausgeben*** to spend money hand over fist (*umg*); ***aus zweiter ~*** second hand; **d**) (*mit Präposition*) ***jdn an die*** *od* ***bei der ~ nehmen*** to take sb by the hand; ***an ~ von*** *od* *+Gen* = ***anhand***; ***das liegt auf der ~*** (*umg*) that's obvious; ***aus der ~*** *zeichnen* freehand; ***jdm etw aus der ~ nehmen*** to take sth from sb; ***etw aus der ~ geben*** to let sth out of one's hands; ***mit etw schnell bei der ~ sein*** (*umg*) to be ready with sth; ***~ in ~*** hand in hand; ***etw in der ~ haben*** to have sth; ***etw gegen jdn in der ~ haben*** to have sth on sb; ***etw in die ~ nehmen*** to pick sth up; (*fig*) to take sth in hand; (***bei etw***) ***mit ~ anlegen*** to lend a hand (with sth); ***sich mit Händen und Füßen gegen etw wehren*** to fight sth tooth and nail; ***um jds ~ bitten*** *od* ***anhalten*** to ask for sb's hand (in marriage); ***unter der ~*** (*fig*) on the quiet; ***von ~ geschrieben*** handwritten; ***die Arbeit ging ihr leicht von der ~*** she found the work easy; ***etw lässt sich nicht von der ~ weisen*** sth is undeniable; ***von der ~ in den Mund leben*** to live from hand to mouth; ***zur ~ sein*** to be at hand; ***etw zur ~ haben*** to have sth to hand; ***jdm zur ~ gehen*** to lend sb a (helping) hand; ***zu Händen von jdm*** for the attention of sb; **e**) (*mit Verb*) ***darauf gaben sie sich die ~*** they shook hands on it; ***eine ~ wäscht die andere*** you scratch my back, I'll scratch yours; ***die Hände überm Kopf zusammenschlagen*** to throw up one's hands in horror; ***alle Hände voll zu tun haben*** to have one's hands full; ***~ und Fuß haben*** to make sense; ***die ~ für jdn ins Feuer legen*** to vouch for sb

Handarbeit *f* **a**) work done by hand; (*Gegenstand*) handmade article; ***etw in ~ herstellen*** to produce sth by hand; **b**) (≈ *Nähen, Sticken etc*) needlework *kein Pl*; ***diese Tischdecke ist ~*** this tablecloth is handmade; **c**) (*kunsthandwerklich*) handicraft *kein Pl*; ***eine ~*** a piece of handicraft work

Handball *m* (≈ *Spiel*) handball **Handballer(in)** *m(f)* handball player **Handbetrieb** *m* hand operation; ***mit ~*** hand-operated **Handbewegung** *f* sweep of the hand; (≈ *Geste, Zeichen*) gesture **Handbohrer** *m* gimlet **Handbohrmaschine** *f* (hand) drill **Handbreit** *f* ***eine ~*** ≈ six inches **Handbremse** *f* handbrake (*Brit*), parking brake (*US*) **Handbuch** *n* handbook; (*technisch*) manual **Händchen** *n* ***~ halten*** (*umg*) to hold hands; ***für etw ein ~ haben*** (*umg*) to be good at sth **Händedruck** *m* handshake

Handel *m* **a**) (≈ *das Handeln*) trade; (*bes mit illegaler Ware*) traffic; ***~ mit etw*** trade in sth; **b**) (≈ *Warenmarkt*) market; ***im ~ sein*** to be on the market; ***etw aus dem ~ ziehen*** to take sth off the market; (***mit jdm***) ***~ (be)treiben*** to trade (with sb); ***~ treibend*** trading; **c**) (≈ *Abmachung*) deal

Handelfmeter *m* penalty for a handball

handeln **1.** *vi* **a**) (≈ *Handel treiben*) to trade; ***er handelt mit Gemüse*** he's in the vegetable trade; ***er handelt mit Drogen*** he traffics in drugs; **b**) (≈ *feilschen*) to haggle (*um* over); ***ich lasse schon mit mir ~*** I'm open to persuasion; (*in Bezug auf Preis*) I'm open to offers; **c**) (≈ *tätig werden*) to act; **d**) (≈ *zum Thema haben*) ***von etw ~, über etw*** (*Akk*) ***~*** to deal with sth **2.** *vr unpers* **a**) ***es handelt sich hier um ein Verbrechen*** it's a crime

H

we are dealing with here; ***bei dem Festgenommenen handelt es sich um X*** the person arrested is X; **b)** (≈ *betreffen*) ***sich um etw ~*** to be about sth **3.** *vt* (≈ *verkaufen*) to sell (*für* at, for); (*an der Börse*) to quote (*mit* at) **Handeln** *n* **a)** (≈ *Feilschen*) bargaining, haggling; **b)** (≈ *das Handeltreiben*) trading; **c)** (≈ *Verhalten*) behaviour (*Brit*), behavior (*US*); **d)** (≈ *das Tätigwerden*) action **Handelsabkommen** *n* trade agreement **Handelsbank** *f* merchant bank **Handelsbeziehungen** *Pl* trade relations *Pl* **Handelsbilanz** *f* balance of trade; ***aktive/passive ~*** balance of trade surplus/deficit **Handelsdefizit** *n* trade deficit **handelseinig** *Adj* ***~ werden/sein*** to agree terms **Handelsembargo** *n* trade embargo **Handelsflotte** *f* merchant fleet **Handelsgesellschaft** *f* commercial company **Handelsgesetz** *n* commercial law **Handelsgut** *n* commodity **Handelshafen** *m* trading port **Handelskammer** *f* chamber of commerce **Handelsklasse** *f* grade; ***Heringe der ~ 1*** grade 1 herring **Handelsmarine** *f* merchant navy **Handelsmarke** *f* trade name **Handelsname** *m* trade name **Handelsniederlassung** *f* branch (of a trading organization) **Handelspartner(in)** *m(f)* trading partner **Handelspolitik** *f* trade policy **Handelsrecht** *n* commercial law *kein best Artikel, kein Pl* **Handelsregister** *n* register of companies **Handelsreisende(r)** *mf* commercial traveller (*Brit*) *od* traveler (*US*) **Handelsschiff** *n* trading ship **Handelsschifffahrt** *f* merchant shipping *kein best Artikel* **Handelsschranke** *f* trade barrier **Handelsschule** *f* commercial school *od* college **Handelsspanne** *f* profit margin **handelsüblich** *Adj* usual (in the trade *od* in commerce); *Ware* standard **Handelsverkehr** *m* trade **Handelsvertreter(in)** *m(f)* commercial traveller (*Brit*) *od* traveler (*US*) **Handelsvertretung** *f* trade mission **Handelsware** *f* commodity **Handelszentrum** *n* trading centre (*Brit*) *od* center (*US*) **Handelszweig** *m* branch **handeltreibend** *Adj* trading

händeringend *Adv* wringing one's hands; (*fig*) *um etw bitten* imploringly **Händetrockner** *m* hand drier **Handfeger** *m* hand brush **handfest** *Adj* **a)** *Essen* substantial; **b)** (*fig*) *Schlägerei* violent; *Skandal* huge; *Argument* well-founded; *Beweis* solid; *Lüge* flagrant, blatant **Handfeuerwaffe** *f* handgun **Handfläche** *f* palm (of the/one's hand) **Handfunkgerät** *n* walkie-talkie **handgearbeitet** *Adj* handmade **Handgelenk** *n* wrist; ***aus dem ~*** (*fig umg* ≈ *ohne Mühe*) effortlessly; (≈ *improvisiert*) off the cuff **handgemacht** *Adj* handmade **Handgemenge** *n* scuffle **Handgepäck** *n* hand luggage *kein Pl od* baggage *kein Pl* **handgeschrieben** *Adj* handwritten **handgestrickt** *Adj* hand-knitted; (*fig*) homespun **Handgranate** *f* hand grenade **handgreiflich** *Adj Streit* violent; ***~ werden*** to become violent **Handgreiflichkeit** *f* violence *kein Pl* **Handgriff** *m* **a)** (≈ *Bewegung*) movement; ***keinen ~ tun*** not to lift a finger; ***mit einem ~*** *öffnen* with one flick of the wrist; ***mit ein paar ~en*** in next to no time; **b)** (≈ *Gegenstand*) handle **Handhabe** *f* (*fig*) ***ich habe gegen ihn keine ~*** I have no hold on him **handhaben** *vt* to handle; *Gesetz* to implement **Handhabung** *f* handling; (*von Gesetz*) implementation

Handheld *n* **a)** IT handheld (computer); **b)** FOTO handheld camera **Handheld-PC** *m* handheld PC

Handicap, **Handikap** *n* handicap

Handkarren *m* handcart **Handkoffer** *m* (small) suitcase **Handkuss** *m* kiss on the hand; ***mit ~*** (*fig umg*) with pleasure **Handlanger(in)** *m(f)* (*fig*) dogsbody (*Brit umg*), drudge (*US*); (*pej* ≈ *Gehilfe*) henchman

Händler(in) *m(f)* trader; (≈ *Autohändler*) dealer; (≈ *Ladenbesitzer*) shopkeeper (*Brit*), store owner (*US*) **Händlerrabatt** *m* trade discount

handlich *Adj Gerät*, *Format* handy; *Gepäckstück* manageable; *Auto* manoeuvrable (*Brit*), maneuverable (*US*)

Handlung *f* action; (≈ *Tat*, *Akt*) act; (≈ *Handlungsablauf*) plot; ***der Ort der ~*** the scene of the action **Handlungsbedarf** *m* need for action **Handlungsbevollmächtigte(r)** *mf* authorized agent **handlungsfähig** *Adj Regierung* capable of acting; JUR authorized to act; ***ei-***

H

ne ~e Mehrheit a working majority **Handlungsfähigkeit** *f* (*von Regierung*) ability to act; JUR power to act **Handlungsspielraum** *m* scope (of action) **handlungsunfähig** *Adj Regierung* incapable of acting; JUR without power to act **Handlungsvollmacht** *f* proxy **Handlungsweise** *f* conduct *kein Pl*

Handout, **Hand-out** *n* handout **Handpflege** *f* care of one's hands **Handpuppe** *f* glove (*Brit*) *od* hand (*US*) puppet **Handreichung** *f* (≈ *Hilfe*) helping hand *kein Pl* **Handrücken** *m* back of the/one's hand **Handschelle** *f* handcuff; ***jdm ~n anlegen*** to handcuff sb **Handschlag** *m* **a)** (≈ *Händedruck*) handshake; ***per ~*** with a handshake; **b)** ***keinen ~ tun*** not to do a stroke (of work) **Handschrift** *f* **a)** handwriting; ***etw trägt jds ~*** (*fig*) sth bears sb's (trade)mark; **b)** (≈ *Text*) manuscript **handschriftlich** **1.** *Adj* handwritten **2.** *Adv korrigieren* by hand **Handschuh** *m* glove; (≈ *Fausthandschuh*) mitten, mitt (*umg*) **Handschuhfach** *n* AUTO glove compartment **Handspiel** *n* SPORT handball **Handstand** *m* SPORT handstand **Handstreich** *m* ***in*** *od* ***durch einen ~*** in a surprise coup **Handtasche** *f* handbag (*Brit*), purse (*US*) **Handtuch** *n* towel; ***das ~ werfen*** to throw in the towel **Handtuchautomat** *m* towel dispenser **Handtuchhalter** *m* towel rail (*Brit*) *od* rack (*US*) **Handumdrehen** *n* (*fig*) ***im ~*** in the twinkling of an eye **handverlesen** *Adj Obst etc* hand-graded; (*fig*) hand-picked **Handwagen** *m* handcart **Handwaschbecken** *n* wash-hand basin **Handwäsche** *f* washing by hand; (≈ *Wäschestücke*) hand wash

Handwerk *n* trade; (≈ *Kunsthandwerk*) craft; ***sein ~ verstehen*** (*fig*) to know one's job; ***jdm ins ~ pfuschen*** (*fig*) to tread on sb's toes; ***jdm das ~ legen*** (*fig*) to put a stop to sb's game (*umg*) *od* to sb **Handwerker(in)** *m(f)* tradesman/-woman, (skilled) manual worker; (≈ *Kunsthandwerker*) craftsman/-woman **handwerklich** *Adj Ausbildung* as a manual worker/craftsman/craftswoman; ***~er Beruf*** skilled trade; ***~es Können*** craftsmanship; ***~e Fähigkeiten*** manual skills **Handwerksberuf** *m* skilled trade **Handwerksbetrieb** *m* workshop **Handwerkskammer** *f* trade corporation **Handwerksmeister(in)** *m(f)* master craftsman/-woman **Handwerkszeug** *n* tools *Pl*; (*fig*) tools *Pl* of the trade, equipment

Handwurzel *f* ANAT carpus **Handzettel** *m* handout, leaflet

Handy *n* TELEK mobile (phone), cell phone (*US*) **Handynummer** *f* TELEK mobile (phone) number, cell phone number (*US*)

Handy ≠ handy		
Handy	=	mobile (phone), cell(ular) phone (*US*), cell (*umg*)
handy	=	handlich, praktisch

Handzeichen *n* signal; (*bei Abstimmung*) show of hands

hanebüchen *Adj* (*geh*) outrageous

Hanf *m* hemp

Hang *m* **a)** (≈ *Abhang*) slope; **b)** (≈ *Neigung*) tendency

Hängebauch *m* drooping belly (*umg*) **Hängebrücke** *f* suspension bridge **Hängebrust** *f*, **Hängebusen** *m* (*pej*) sagging breasts *Pl* **Hängematte** *f* hammock **hängen** **1.** *vi* **a)** to hang; ***die Vorhänge ~ schief*** the curtains don't hang straight; ***ihre Haare ~ bis auf die Schultern*** her hair comes down to her shoulders; ***das Bild hängt an der Wand*** the picture is hanging on the wall; ***mit ~den Schultern*** with drooping shoulders; ***den Kopf ~ lassen*** (*fig*) to be downcast; ***eine Gefahr hängt über uns*** danger is hanging over us; **b)** (≈ *festhängen*) to be caught (*an +Dat* on); (≈ *kleben*) to be stuck (*an +Dat* to); ***ihre Blicke hingen an dem Sänger*** her eyes were fixed on the singer; **c)** (≈ *sich aufhalten*, *umg*) to hang around (*umg*); ***sie hängt ständig in Discos*** she hangs around discos; **d)** (*gefühlsmäßig*) ***an jdm/etw ~*** (≈ *lieben*) to love sb/sth; ***ich hänge am Leben*** I love life; ***es hängt an ihm, ob …*** it depends on him whether … **2.** *vt* (≈ *aufhängen*, *henken*) to hang; ***das Bild an die***

Wand ~ to hang the picture on the wall **3.** *vr* ***sich an etw*** (*Akk*) ~ (≈ *sich festhalten*) to hang on to sth; (≈ *sich festsetzen*) to stick to sth; (*gefühlsmäßig*) to be fixated on sth; ***sich an jdn*** ~ (≈ *anschließen*) to tag on to sb (*umg*); (*gefühlsmäßig*) to become attached to sb; (≈ *verfolgen*) to go after sb **Hängen** *n* ***mit ~ und Würgen*** (*umg*) by the skin of one's teeth **hängen bleiben** *vi* (≈ *sich verfangen*) to get caught (*an +Dat* on); (≈ *nicht durch-, weiterkommen*) not to get through; (≈ *sich aufhalten*) to stay on; (≈ *haften bleiben*) to get stuck (*in, an +Dat* on); ***der Verdacht ist an ihm hängen geblieben*** suspicion rested on him **hängen lassen** **1.** *vt* **a**) (≈ *vergessen*) to leave behind; **b**) (*umg* ≈ *im Stich lassen*) to let down **2.** *vr* to let oneself go; ***lass dich nicht so hängen!*** don't let yourself go like this! **Hängeschrank** *m* wall cupboard

Hannover *n* Hanover

Hansaplast® *n* (sticking) plaster

Hanse *f* HIST Hanseatic League **hanseatisch** *Adj* Hanseatic

hänseln *vt* to tease

Hansestadt *f* Hansa *od* Hanseatic town

Hanswurst *m* clown

Hantel *f* SPORT dumbbell

hantieren *vi* **a**) (≈ *arbeiten*) to be busy; **b**) (≈ *umgehen mit*) ***mit etw*** ~ to handle sth; **c**) (≈ *herumhantieren*) to tinker about (*an +Dat* with, on)

hapern *vi unpers* (*umg*) ***es hapert an etw*** (*Dat*) (≈ *fehlt*) there is a shortage of sth; ***es hapert bei jdm mit etw*** (≈ *fehlt*) sb is short of sth

Häppchen *n* morsel; (≈ *Appetithappen*) titbit (*Brit*), tidbit (*US*) **häppchenweise** *Adv* (*umg*) bit by bit **Happen** *m* (*umg*) mouthful; (≈ *kleine Mahlzeit*) bite **happig** *Adj* (*umg*) steep (*umg*)

Happy End *n*, **Happyend** *n* happy ending

Harass *m* (*schweiz* ≈ *Kasten, Kiste*) crate

Härchen *n* little hair

Hardcover *n*, **Hard Cover** *n* hardcover

Hardliner(in) *m(f)* POL hardliner

Hardware *f* IT hardware

Harem *m* harem

Harfe *f* harp **Harfenist(in)** *m(f)* harpist

Harke *f* rake; ***jdm zeigen, was eine ~ ist*** (*fig umg*) to show sb what's what (*umg*) **harken** *vti* to rake

harmlos *Adj* harmless; *Kurve* easy **Harmlosigkeit** *f* harmlessness

Harmonie *f* harmony **harmonieren** *vi* to harmonize **Harmonika** *f* harmonica; (≈ *Ziehharmonika*) accordion **harmonisch** *Adj* MUS harmonic; (≈ *wohlklingend*) harmonious; ~ ***verlaufen*** to be harmonious; ***sie leben ~ zusammen*** they live together in harmony **harmonisieren** *vt* to harmonize **Harmonisierung** *f* harmonization

Harn *m* urine; ~ ***lassen*** to urinate **Harnblase** *f* bladder **Harnleiter** *m* ureter **Harnröhre** *f* urethra

Harpune *f* harpoon

harsch *Adj* (≈ *barsch*) harsh

hart **1.** *Adj* **a**) hard; *Ei* hard-boiled; **b**) (≈ *scharf*) *Konturen, Formen* sharp; *Klang, Ton* harsh; **c**) (≈ *rau*) *Spiel* rough; (*fig*) *Getränke* strong; *Droge* hard; *Porno* hard-core; **d**) (≈ *streng, robust*) tough; *Strafe, Kritik* severe; ~ ***bleiben*** to stand firm; ***es geht ~ auf ~*** it's a tough fight **2.** *Adv* hard; ~ ***gefroren*** frozen solid *präd*; ~ ***gekocht*** *Ei* hard-boiled; ~ ***klingen*** (*Sprache*) to sound hard; (*Bemerkung*) to sound harsh; ***etw trifft jdn ~*** sth hits sb hard; ~ ***spielen*** SPORT to play rough; ~ ***durchgreifen*** to take tough action; ***jdn ~ anfassen*** to be hard on sb; ***das ist ~ an der Grenze der Legalität*** that's on the very limits of legality; ~ ***am Wind*** (***segeln***) SEEF (to sail) close to the wind **Härte** *f* hardness; (*von Aufprall*) violence; (≈ *Härtegrad*) degree (of hardness); (*von Konturen, Formen*) sharpness; (*von Klang, Akzent*) harshness; (*von Spiel*) roughness *kein Pl*; (*von Währung*) stability; (*von Strafe, Kritik*) severity; ***soziale ~n*** social hardships; ***das ist die ~*** (*sl* ≈ *Zumutung*) that's a bit much (*umg*) **Härtefall** *m* case of hardship; (*umg* ≈ *Mensch*) hardship case **härten** *vt* to harden; *Stahl* to temper **Härtetest** *m* endurance test; (*fig*) acid test **Hartfaserplatte** *f* hardboard, fiberboard (*US*) **Hartgummi** *m od n* hard rubber **hartherzig** *Adj* hard-hearted **Hartherzigkeit** *f* hard-heartedness **Hartholz** *n* hardwood **hartnäckig** **1.** *Adj* stubborn; *Lügner, Husten* persistent **2.** *Adv* (≈ *beharrlich*) persistently; (≈ *stur*) stubbornly **Hartnäckigkeit** *f* stubbornness; (≈ *Beharrlichkeit*) doggedness **Hartweizengrieß** *m* semolina

Harz[1] *n* resin

Harz[2] *m* GEOG Harz Mountains *Pl*

harzig *Adj Holz, Geschmack* resinous

Hasch *n* (*umg*) hash (*umg*)

Haschee *n* KOCH hash

Häschen *n* **a)** young hare; **b)** (*umg* ≈ *Kaninchen*) bunny (*umg*); **c)** (≈ *Kosename*) sweetheart

Hascherl *n* (*österr umg*) poor soul

Haschisch *n od m* hashish

Hase *m* hare; ***falscher ~*** KOCH meat loaf; ***sehen, wie der ~ läuft*** (*fig umg*) to see which way the wind blows; ***alter ~*** (*fig umg*) old hand; ***da liegt der ~ im Pfeffer*** (*umg*) that's the crux of the matter

Haselnuss *f* hazelnut

Hasenpfeffer *m* KOCH ≈ jugged hare **hasenrein** *Adj* ***jd/etw ist nicht (ganz) ~*** (*umg*) sb/sth is not (quite) above board **Hasenscharte** *f* MED harelip **Häsin** *f* female hare

Hass *m* hatred (*auf +Akk, gegen* of); ***Liebe und ~*** love and hate; ***einen ~ (auf jdn) haben*** (*umg*) to be really sore (with sb) (*umg*) **hassen** *vti* to hate **hassenswert** *Adj* hateful **hässlich** **1.** *Adj* **a)** (≈ *scheußlich*) ugly; **b)** (≈ *gemein, unerfreulich*) nasty **2.** *Adv* **a)** (≈ *gemein*) ***sich ~ benehmen*** to be nasty; **b)** (≈ *nicht schön*) hideously **Hässlichkeit** *f* **a)** (≈ *Scheußlichkeit*) ugliness; **b)** (≈ *Gemeinheit*) nastiness **Hassliebe** *f* love-hate relationship (*für* with)

Hast *f* haste **hasten** *vi* (*geh*) to hasten (*förml*) **hastig** **1.** *Adj* hasty **2.** *Adv* hastily; ***nicht so ~!*** not so fast!

hätscheln *vt* (≈ *zu weich behandeln*) to pamper

hatschen *vi* (*österr umg* ≈ *mühsam gehen*) to trudge along; (≈ *hinken*) to hobble

hatschi *Interj* atishoo (*Brit*), achoo

Hattrick *m* SPORT hat-trick; (*fig*) masterstroke

Haube *f* **a)** (≈ *Kopfbedeckung*) bonnet; (*von Krankenschwester etc*) cap; ***unter die ~ kommen*** (*hum*) to get married; **b)** (*allgemein* ≈ *Bedeckung*) cover; (≈ *Trockenhaube*) (hair) dryer, drying hood (*US*); (≈ *Motorhaube*) bonnet (*Brit*), hood (*US*)

Hauch *m* **a)** (*geh* ≈ *Atem*) breath; (≈ *Luftzug*) breeze; **b)** (≈ *Andeutung*) hint **hauchdünn** *Adj* extremely thin; *Scheiben* wafer-thin; (*fig*) *Mehrheit* extremely narrow; *Sieg* extremely close **hauchen** *vti* to breathe

Haue *f* **a)** (*südd, österr*) (≈ *Pickel*) pickaxe (*Brit*), pickax (*US*); (≈ *Gartenhacke*) hoe; **b)** (*umg* ≈ *Prügel*) ***~ kriegen*** to get a good hiding (*umg*) **hauen** **1.** *vt* **a)** (*umg* ≈ *schlagen*) to hit; **b)** (≈ *meißeln*) *Statue* to carve; **c)** (*dial* ≈ *zerhacken*) *Holz* to chop (up) **2.** *vi* (*umg* ≈ *schlagen*) to hit; ***jdm auf die Schulter ~*** to slap sb on the shoulder **3.** *vr* (*umg* ≈ *sich prügeln*) to scrap **Hauer** *m* ZOO tusk

Häufchen *n* small heap; ***ein ~ Unglück*** a picture of misery **Haufen** *m* **a)** heap; ***jdn/ein Tier über den ~ fahren*** *etc* (*umg*) to knock sb/an animal down; ***jdn über den ~ schießen*** (*umg*) to shoot sb down; ***etw*** (*Akk*) ***über den ~ werfen*** (*umg*) (≈ *verwerfen*) to throw *od* chuck (*umg*) sth out; (≈ *durchkreuzen*) to mess sth up (*umg*); ***der Hund hat da einen ~ gemacht*** the dog has made a mess there (*umg*); **b)** (*umg* ≈ *große Menge*) load (*umg*); ***ein ~ Unsinn*** a load of (old) rubbish (*umg*); ***ein ~ Zeit*** loads of time (*umg*); ***ich hab noch einen ~ zu tun*** I still have loads to do (*umg*); **c)** (≈ *Schar*) crowd **häufen** **1.** *vt* to pile up; (≈ *sammeln*) to accumulate; → ***gehäuft*** **2.** *vr* (≈ *sich ansammeln*) to mount up; (≈ *zahlreicher werden*) to occur increasingly often **haufenweise** *Adv* (≈ *in Haufen*) in heaps; ***etw ~ haben*** to have heaps of sth (*umg*) **Haufenwolke** *f* cumulus (cloud) **häufig** **1.** *Adj* frequent **2.** *Adv* often **Häufigkeit** *f* frequency **Häufung** *f* **a)** (*fig* ≈ *das Anhäufen*) accumulation; **b)** (≈ *das Sichhäufen*) increasing number

Haupt *n* head; ***eine Reform an ~ und Gliedern*** a total reform **Hauptaktionär(in)** *m(f)* main shareholder **Hauptakzent** *m* **a)** LING primary accent *od* stress; **b)** (*fig*) main emphasis **hauptamtlich** **1.** *Adj* full-time; ***~e Tätigkeit***

H

full-time office **2.** *Adv* (on a) full-time (basis); **~ *tätig sein*** to work full-time **Hauptanschluss** *m* TELEK main extension **Hauptarbeit** *f* main (part of the) work **Hauptattraktion** *f* main attraction **Hauptaufgabe** *f* main *od* chief task **Hauptaugenmerk** *f* ***sein ~ auf etw*** (*Akk*) ***richten*** to focus one's attention on sth **Hauptausgang** *m* main exit **Hauptbahnhof** *m* main station **hauptberuflich 1.** *Adj* full-time; ***~e Tätigkeit*** main occupation **2.** *Adv* full-time; ***~ tätig sein*** to be employed full-time **Hauptbeschäftigung** *f* main occupation **Hauptbetrieb** *m* **a)** (≈ *Zentralbetrieb*) headquarters *Sg od Pl*; **b)** (≈ *geschäftigste Zeit*) peak period; (≈ *Hauptverkehrszeit*) rush hour **Hauptbuch** *n* HANDEL ledger **Hauptdarsteller** *m* leading man **Hauptdarstellerin** *f* leading lady **Haupteingang** *m* main entrance **Häuptelsalat** *m* (*österr*) lettuce **Hauptfach** *n* SCHULE, UNI main subject, major (*US*); ***etw im ~ studieren*** to study sth as one's main subject, to major in sth (*US*) **Hauptfeld** *n* (*bei Rennen*) (main) pack **Hauptfeldwebel(in)** *m(f)* sergeant major **Hauptfigur** *f* central figure **Hauptgericht** *n* main course **Hauptgeschäftsstelle** *f* head office, headquarters *Sg od Pl* **Hauptgeschäftszeit** *f* peak (shopping) period **Hauptgewicht** *n* (*fig*) main emphasis **Hauptgewinn** *m* first prize **Hauptgrund** *m* main *od* principal reason **Haupthahn** *m* mains cock, mains tap (*Brit*) **Hauptlast** *f* main load, major part of the load; (*fig*) main burden **Hauptleitung** *f* mains *Pl* **Häuptling** *m* chief(tain); (*fig, umg* ≈ *Boss*) chief (*umg*) **Hauptmahlzeit** *f* main meal **Hauptmann** *m* MIL captain; FLUG flight lieutenant (*Brit*), captain (*US*) **Hauptmenü** *n* IT main menu **Hauptmieter(in)** *m(f)* main tenant **Hauptnahrungsmittel** *n* staple food **Hauptperson** *f* central figure **Hauptpostamt** *n* main post office **Hauptquartier** *n* headquarters *Sg od Pl* **Hauptreisezeit** *f* peak travelling (*Brit*) *od* traveling (*US*) time(s *Pl*) **Hauptrolle** *f* FILM, THEAT leading role, lead; ***die ~ spielen*** (*fig*) to be all-important; (≈ *wichtigste Person sein*) to play the main role **Hauptsache** *f* main thing; ***in der ~*** in the main; ***~, du bist glücklich*** the main thing is that you're happy **hauptsächlich 1.** *Adv* mainly **2.** *Adj* main **Hauptsaison** *f* peak season; ***~ haben*** to have its/their peak season **Hauptsatz** *m* (GRAM, *übergeordnet*) main clause **Hauptschlagader** *f* aorta **Hauptschulabschluss** *m* ***den ~ haben*** ≈ to have completed secondary school *od* junior high (school) (*US*) **Hauptschuldige(r)** *mf* person mainly to blame *od* at fault, main offender (*bes* JUR) **Hauptschule** *f* ≈ secondary school, ≈ junior high (school) (*US*) **Hauptschüler(in)** *m(f)* ≈ secondary school *od* junior high (school) (*US*) pupil **Hauptspeicher** *m* IT main memory **Hauptstadt** *f* capital (city) **hauptstädtisch** *Adj* metropolitan **Hauptstraße** *f* main road; (*im Stadtzentrum etc*) main street **Hauptstudium** *n* UNI main course (of studies) **Hauptteil** *m* main part **Haupttreffer** *m* top prize, jackpot (*umg*) **Haupttribüne** *f* main stand **Hauptverkehrsstraße** *f* (*in Stadt*) main street; (≈ *Durchgangsstraße*) main thoroughfare **Hauptverkehrszeit** *f* peak traffic times *Pl*; (*in Stadt*) rush hour **Hauptversammlung** *f* general meeting **Hauptwäsche** *f*, **Hauptwaschgang** *m* main wash **Hauptwohnsitz** *m* main place of residence **Hauptwort** *n* GRAM noun **Hauptzeuge** *m*, **Hauptzeugin** *f* principal witness

hau ruck *Interj* heave-ho **Hauruckverfahren** *n* ***etw im ~ tun*** to do sth in a great hurry

Haus *n* house; ***mit jdm ~ an ~ wohnen*** to live next door to sb; ***~ und Hof verlieren*** to lose the roof over one's head; ***aus dem ~ sein*** to be away from home; ***außer ~ essen*** to eat out; ***im ~e meiner Schwester*** at my sister's (house); ***ins ~ stehen*** (*fig*) to be on the way; ***jdn nach ~e bringen*** to take sb home; ***bei jdm zu ~e*** in sb's house; ***bei uns zu ~e*** at home; ***sich wie zu ~e fühlen*** to feel at home; ***fühl dich wie zu ~e!*** make yourself at home!; ***er ist nicht im ~e*** (≈ *in der Firma*) he's not in; ***ein Freund des ~es*** a friend of the family; ***aus gutem/bürgerlichem ~(e)*** from a good/middle-class family; ***von ~e aus*** (≈ *ursprünglich*) originally; (≈

von Natur aus) naturally; ***das ~ Windsor*** the House of Windsor; ***vor vollem ~ spielen*** THEAT to play to a full house; ***Hohes ~!*** PARL ≈ honourable (*Brit*) *od* honorable (*US*) members (of the House)! **Hausapotheke** *f* medicine cupboard **Hausarbeit** *f* **a)** housework *kein Pl*; **b)** SCHULE homework *kein unbest Artikel, kein Pl*, piece of homework, assignment (*bes US*) **Hausarrest** *m* (*im Internat*) detention; JUR house arrest; ***~ haben*** to be in detention/under house arrest **Hausarzt** *m*, **Hausärztin** *f* GP; (*von Anstalt*) resident doctor **Hausaufgabe** *f* SCHULE homework *Sg, kein unbest Artikel*; ***seine ~n machen*** to do one's homework **hausbacken** *Adj* (*fig*) homespun, homely (*US*) **Hausbau** *m* (≈ *das Bauen*) building of a/the house **Hausbesetzer(in)** *m(f)* squatter **Hausbesetzung** *f* squatting **Hausbesitzer(in)** *m(f)* house-owner; (≈ *Hauswirt*) landlord/landlady **Hausbesuch** *m* home visit **Hausbewohner(in)** *m(f)* (house) occupant **Hausboot** *n* houseboat **Häuschen** *n* (*fig umg*) ***ganz aus dem ~ sein vor ...*** to be out of one's mind with ... (*umg*); ***ganz aus dem ~ geraten*** to go berserk (*umg*) **Hausdetektiv(in)** *m(f)* house detective; (*von Kaufhaus*) store detective **Hauseigentümer(in)** *m(f)* homeowner **Hauseingang** *m* (house) entrance **Häusel** *n* (*österr umg* ≈ *Toilette*) smallest room (*Brit hum umg*), bathroom (*US*) **hausen** *vi* **a)** (≈ *wohnen*) to live; **b)** (≈ *wüten*) (***übel*** *od* ***schlimm***) ~ to wreak havoc **Häuserblock** *m* block (of houses) **Häuserflucht** *f* row of houses **Häuserreihe** *f* row of houses; (*aneinandergebaut*) terrace **Hausflur** *m* (entrance) hall, hallway **Hausfrau** *f* housewife **Hausfriedensbruch** *m* JUR trespass (*in sb's house*) **hausgemacht** *Adj* home-made; (*fig*) *Problem etc* of one's own making **Hausgemeinschaft** *f* household (community) **Haushalt** *m* **a)** household; (≈ *Haushaltsführung*) housekeeping; ***den ~ führen*** to run the household; ***jdm den ~ führen*** to keep house for sb; **b)** (≈ *Etat*) budget **haushalten** *vi* ***mit etw ~*** *mit Geld, Zeit* to be economical with sth **Haushälter(in)** *m(f)* housekeeper **Haushaltsartikel** *m* household item **Haushaltsdebatte** *f* PARL budget debate **Haushaltsdefizit** *n* POL budget deficit **Haushaltsentwurf** *m* POL draft budget, budget proposals *Pl* **Haushaltsführung** *f* housekeeping **Haushaltsgeld** *n* housekeeping money **Haushaltshilfe** *f* domestic *od* home help **Haushaltsjahr** *n* POL, WIRTSCH financial year **Haushaltswaren** *Pl* household goods *Pl* **Haushaltungsvorstand** *m* (*förml*) head of the household **Hausherr** *m* head of the household; (≈ *Gastgeber*, SPORT) host **Hausherrin** *f* lady of the house; (≈ *Gastgeberin*) hostess **haushoch** **1.** *Adj* (as) high as a house/houses; (*fig*) *Sieg* crushing; ***der haushohe Favorit*** the hot favourite (*Brit umg*) *od* favorite (*US umg*) **2.** *Adv* ***~ gewinnen*** to win hands down; ***jdm ~ überlegen sein*** to be head and shoulders above sb **hausieren** *vi* to hawk (*mit etw* sth); ***mit etw ~ gehen*** (*fig*) *mit Plänen etc* to hawk sth about **Hausierer(in)** *m(f)* hawker, peddler **Hauskatze** *f* domestic cat **Hauskauf** *m* house-buying *ohne Artikel*, house purchase **Häusl** *n* = ***Häusel*** **häuslich** **1.** *Adj* domestic; *Pflege* home *attr*; (≈ *das Zuhause liebend*) home-loving **2.** *Adv* ***sich ~ niederlassen*** to make oneself at home; ***sich ~ einrichten*** to settle in **Häuslichkeit** *f* domesticity **Hausmacherart** *f* ***Wurst*** *etc* ***nach ~*** home-made-style sausage *etc* **Hausmacherkost** *f* home cooking **Hausmann** *m* househusband **Hausmannskost** *f* plain cooking *od* fare; (*fig*) plain fare **Hausmeister** *m* caretaker **Hausmittel** *n* household remedy **Hausmusik** *f* music at home, family music **Hausmüll** *m* domestic refuse **Hausnummer** *f* house number **Hausordnung** *f* house rules *Pl od* regulations *Pl* **Hausputz** *m* house cleaning **Hausrat** *m* household equipment **Hausratversicherung** *f* (household) contents insurance **Haussammlung** *f* house-to-house *od* door-to-door collection **Hausschlüssel** *m* front-door key **Hausschuh** *m* slipper

Hausse *f* WIRTSCH boom (*an +Dat* in)

Haussegen *m* ***bei ihnen hängt der ~ schief*** (*hum*) they're a bit short on domestic bliss (*umg*) **Hausstand** *m* household; ***einen ~ gründen*** to set up house **Haussuchung** *f* house search **Haussuchungsbefehl** *m* search warrant **Haustier** *n* pet **Haustür** *f* front door **Hausverbot** *n* ***jdm ~ erteilen*** to ban sb from the house **Hausverwalter(in)** *m(f)* (house) supervisor **Hausverwaltung** *f* property management **Hauswart(in)** *m(f)* caretaker, janitor **Hauswirt** *m* landlord **Hauswirtin** *f* landlady **Hauswirtschaft** *f* **a)** (≈ *Haushaltsführung*) housekeeping; **b)** SCHULE home economics *Sg* **Hauswurfsendung** *f* (house-to-house) circular

H

Haut *f* skin; (≈ *Schale von Obst etc*) peel; ***nass bis auf die ~*** soaked to the skin; ***nur ~ und Knochen sein*** to be nothing but skin and bone(s); ***mit ~ und Haar(en)*** (*umg*) completely; ***in seiner ~ möchte ich nicht stecken*** I wouldn't like to be in his shoes; ***ihm ist nicht wohl in seiner ~*** (*umg*) he feels uneasy; ***sich auf die faule ~ legen*** (*umg*) to sit back and do nothing **Hautarzt** *m*, **Hautärztin** *f* dermatologist **Hautausschlag** *m* (skin) rash **Häutchen** *n* (*auf Flüssigkeit*) skin; ANAT, BOT membrane; (*an Fingernägeln*) cuticle **häuten 1.** *vt Tiere* to skin **2.** *vr* (*Tier*) to shed its skin **hauteng** *Adj* skintight

Hautevolee *f* upper crust

Hautfarbe *f* skin colour (*Brit*) *od* color (*US*) **hautfarben** *Adj* flesh-coloured (*Brit*), flesh-colored (*US*) **Hautkrankheit** *f* skin disease **Hautkrebs** *m* MED skin cancer **hautnah 1.** *Adj* **a)** (≈ *sehr eng*, SPORT) (very) close; **b)** (*fig umg*) *Problem* that affects us/him *etc* directly; *Darstellung* deeply affecting **2.** *Adv* ***~ in Kontakt mit jdm/etw kommen*** to come into (very) close contact with sb/sth; ***etw ~ erleben*** to experience sth at close quarters **Hautpflege** *f* skin care **hautschonend** *Adj* kind to the skin **Hauttransplantation** *f* skin graft

Havarie *f* (≈ *Unfall*) accident; (≈ *Schaden*) damage *kein unbest Artikel, kein Pl*

Hawaii *n* Hawaii

Haxe *f* → ***Hachse***

H-Bombe *f* H-bomb

he *Interj* hey; (*fragend*) eh

Hebamme *f* midwife

Hebebühne *f* hydraulic ramp

Hebel *m* (≈ *Griff*) lever; (*fig*) leverage; ***alle ~ in Bewegung setzen*** (*umg*) to move heaven and earth; ***am längeren ~ sitzen*** (*umg*) to have the whip hand

heben 1. *vt* **a)** to lift; ***er hebt gern einen*** (*umg*) he likes a drink; → ***gehoben***; **b)** (≈ *verbessern*) to heighten; *Ertrag* to increase; *Stimmung* to improve; ***jds Stimmung ~*** to cheer sb up **2.** *vr* to rise; (*Nebel*, *Deckel*) to lift; ***da hob sich seine Stimmung*** that cheered him up **3.** *vi* SPORT to do weightlifting

Heber *m* TECH (hydraulic) jack

hebräisch *Adj* Hebrew

Hebriden *Pl* ***die ~*** the Hebrides *Pl*

Hebung *f* **a)** (*von Schatz*, *Wrack etc*) recovery, raising; **b)** (*fig* ≈ *Verbesserung*) improvement

hecheln *vi* (≈ *keuchen*) to pant

Hecht *m* ZOO pike; ***er ist (wie) ein ~ im Karpfenteich*** (*fig* ≈ *sorgt für Unruhe*) he's a stirrer (*umg*) **hechten** *vi* (*umg*) to dive; (*beim Turnen*) to do a forward dive

Heck *n* SEEF stern; FLUG tail; AUTO rear

Hecke *f* hedge **Heckenrose** *f* dog rose **Heckenschere** *f* hedge clippers *Pl* **Heckenschütze** *m*, **Heckenschützin** *f* sniper

Heckklappe *f* AUTO tailgate **hecklastig** *Adj* tail-heavy **Heckscheibe** *f* AUTO rear windscreen (*Brit*) *od* windshield (*US*) **Heckscheibenheizung** *f* rear windscreen (*Brit*) *od* windshield (*US*) heater **Heckscheibenwischer** *m* rear windscreen (*Brit*) *od* windshield (*US*) wiper **Hecktür** *f* AUTO tailgate

Heer *n* army

Hefe *f* yeast **Hefegebäck** *n* yeast-risen pastry **Hefeteig** *m* yeast dough

Heft[1] *n* **a)** (≈ *Schreibheft*) exercise book; **b)** (≈ *Zeitschrift*) magazine; (≈ *Comicheft*) comic; (≈ *Nummer*) issue

Heft[2] *n* (*von Messer*) handle; (*von Schwert*) hilt; ***das ~ in der Hand haben*** (*fig*) to hold the reins; ***das ~ aus der Hand geben*** (*fig*) to hand over control

Heftchen *n* **a)**; **b)** (*pej* ≈ *Comicheftchen*) rag (*pej umg*); **c)** (≈ *Briefmarkenheftchen*) book of stamps **heften**

1. *vt* **a)** (≈ *nähen*) *Saum, Naht* to tack (up); *Buch* to sew; (≈ *klammern*) to clip (*an +Akk* to); (*mit Heftmaschine*) to staple (*an +Akk* to); **b)** (≈ *befestigen*) to pin, to fix **2.** *vr* **a)** (*Blick, Augen*) ***sich auf jdn/etw ~*** to fix onto sb/sth; **b)** ***sich an jdn ~*** to latch on to sb; ***sich an jds Fersen ~*** (*fig*) (≈ *jdn verfolgen*) to dog sb's heels **Hefter** *m* **a)** (loose-leaf) file; **b)** (≈ *Heftapparat*) stapler

heftig **1.** *Adj* (≈ *stark*) violent; *Fieber, Frost, Erkältung* severe; *Schmerz, Abneigung Sehnsucht* intense; *Widerstand* vehement; *Regen* heavy; *Wind, Ton* fierce; *Worte* violent; ***~ werden*** to fly into a passion **2.** *Adv regnen, zuschlagen* hard; *kritisieren* severely; *schütteln* vigorously; *schimpfen* vehemently; *verliebt* passionately; ***sich ~ streiten*** to have a violent argument **Heftigkeit** *f* (≈ *Stärke*) violence; (*von Frost*) severity; (*von Schmerz, Abneigung*) intensity; (*von Widerstand*) vehemence; (*von Wind*) ferocity; (*von Regen*) heaviness

Heftklammer *f* staple **Heftmaschine** *f* stapler **Heftpflaster** *n* (sticking) plaster **Heftzwecke** *f* drawing pin (*Brit*), thumb tack (*US*)

Hegemonie *f* hegemony

hegen *vt* **a)** (≈ *pflegen*) to care for; ***jdn ~ und pflegen*** to lavish care and attention on sb; **b)** *Hass, Verdacht* to harbour (*Brit*), to harbor (*US*); *Misstrauen* to feel; *Zweifel* to entertain; *Wunsch* to cherish; ***ich hege den starken Verdacht, dass ...*** I have a strong suspicion that ...

Hehl *n od m* ***kein*** *od* ***keinen ~ aus etw machen*** to make no secret of sth

Hehler(in) *m(f)* receiver (of stolen goods) **Hehlerei** *f* receiving (stolen goods)

Heide[1] *f* moor; (≈ *Heideland*) moorland

Heide[2] *m*, **Heidin** *f* heathen

Heidekraut *n* heather **Heideland** *n* moorland

Heidelbeere *f* bilberry, blueberry (*bes US*)

Heidenangst *f* ***eine ~ vor etw*** (*Dat*) ***haben*** (*umg*) to be scared stiff of sth (*umg*) **Heidenlärm** *m* (*umg*) unholy din (*umg*) **Heidenspaß** *m* (*umg*) terrific fun

heidnisch *Adj* heathen

heikel *Adj* **a)** (≈ *schwierig*) tricky; **b)** (*dial, in Bezug aufs Essen*) fussy

heil **1.** *Adj* **a)** (≈ *unverletzt*) *Mensch* unhurt; *Glieder* unbroken; *Haut* undamaged; ***wieder ~ werden*** (≈ *wieder gesund*) to get better again; (*Wunde*) to heal up; (*Knochen*) to mend; ***mit ~er Haut davonkommen*** to escape unscathed; **b)** (*umg* ≈ *ganz*) intact; ***die ~e Welt*** an ideal world **2.** *Adv* (≈ *unverletzt*) all in one piece **Heil** **1.** *n* **a)** (≈ *Wohlergehen*) wellbeing; **b)** (KIRCHE, *fig*) salvation; ***sein ~ in etw*** (*Dat*) ***suchen*** to seek one's salvation in sth **2.** *Interj* ***Ski ~!*** good skiing!

Heiland *m* Saviour (*Brit*), Savior (*US*)

Heilanstalt *f* nursing home; (*für Sucht- oder Geisteskranke*) home **heilbar** *Adj* curable

Heilbutt *m* halibut

heilen **1.** *vi* (*Wunde, Bruch*) to heal (up); (*Entzündung*) to clear up **2.** *vt Kranke* to cure; *Wunde* to heal; ***jdn von etw ~*** to cure sb of sth

heilfroh *Adj* (*umg*) really glad

heilig *Adj* **a)** holy; ***jdm ~ sein*** to be sacred to sb; ***der ~e Augustinus*** Saint Augustine; ***Heiliger Abend*** Christmas Eve; ***der Heilige Geist*** the Holy Spirit; ***das Heilige Land*** the Holy Land; ***die Heilige Schrift*** the Holy Scriptures *Pl*; **b)** (*fig* ≈ *ernst*) *Eid, Pflicht* sacred; ***~e Kuh*** sacred cow **Heiligabend** *m* Christmas Eve **Heiligenschein** *m* halo **Heilige(r)** *mf* saint **Heiligkeit** *f* holiness **heiligsprechen** *vt* to canonize **Heiligtum** *n* (≈ *Stätte*) shrine; (≈ *Gegenstand*) (holy) relic; ***jds ~ sein*** (*umg*) to be sacrosanct to sb

Heilkraft *f* healing power **heilkräftig** *Adj Pflanze, Tee* medicinal **Heilkraut** *n* medicinal herb **heillos** *Adj* unholy (*umg*); *Schreck* terrible, frightful; ***die Partei war ~ zerstritten*** the party was hopelessly divided **Heilmethode** *f* cure **Heilmittel** *n* remedy; (≈ *Medikament*) medicine **Heilpflanze** *f* medicinal plant **Heilpraktiker(in)** *m(f)* non-medical practitioner **heilsam** *Adj* (*fig* ≈ *förderlich*) salutary **Heilsarmee** *f* Salvation Army **Heilung** *f* healing; (*von Kranken*) curing; (≈ *das Gesundwerden*) cure

heim *Adv* home **Heim** *n* home; (≈ *Obdachlosenheim*) hostel; (≈ *Studentenwohnheim*) hall of residence, dormitory (*US*) **Heimarbeit** *f* INDUSTRIE homework *kein unbest Artikel*, outwork *kein unbest Artikel* **Heimarbeiter(in)** *m(f)* INDUSTRIE homeworker

Heimat *f* home **Heimatanschrift** *f* home address **Heimatfilm** *m sentimental film in idealized regional setting* **Heimatkunde** *f* SCHULE local history **Heimatland** *n* native country **heimatlich** *Adj* native; *Bräuche* local; *Gefühle* nostalgic; *Klänge* of home **heimatlos** *Adj* homeless **Heimatlose(r)** *mf* homeless person; ***die ~n*** the homeless **Heimatmuseum** *n* museum of local history **Heimatstadt** *f* home town **Heimatvertriebene(r)** *mf* displaced person, expellee

H

Heimbewohner(in) *m(f)* resident (of a/the home) **heimbringen** *vt* (≈ *nach Hause bringen*) to bring home; (≈ *heimbegleiten*) to take home **Heimchen** *n* ZOO house cricket; ***~ (am Herd)*** (*pej* ≈ *Hausfrau*) housewife **heimelig** *Adj* cosy (*Brit*), cozy (*US*) **heimfahren** *vti* to drive home **Heimfahrt** *f* journey home; SEEF voyage home **heimfinden** *vi* to find one's way home **heimisch** *Adj* **a)** (≈ *einheimisch*) indigenous (*in +Akk* to); (≈ *national*) domestic; (≈ *regional*) regional; **b)** (≈ *vertraut*) familiar; ***sich ~ fühlen*** to feel at home; ***~ werden*** to settle in (*an, in +Dat* to) **Heimkehr** *f* homecoming **heimkehren** *vi* to return home (*aus* from) **heimkommen** *vi* to come home **Heimleiter(in)** *m(f)* head of a/the home/hostel

heimlich **1.** *Adj* secret; *Bewegungen* furtive **2.** *Adv* secretly; *lachen* inwardly; ***sich ~ entfernen*** to steal away; ***~, still und leise*** (*umg*) quietly, on the quiet **Heimlichkeit** *f* secrecy; (≈ *Geheimnis*) secret **Heimlichtuer(in)** *m(f)* secretive person **Heimlichtuerei** *f* secretiveness

Heimniederlage *f* SPORT home defeat **Heimreise** *f* journey home; SEEF voyage home **heimreisen** *vi* to travel home **Heimservice** *m* home delivery service **Heimsieg** *m* SPORT home win *od* victory **Heimspiel** *n* SPORT home match *od* game **heimsuchen** *vt* to strike; (*für längere Zeit*) to plague; (*Krankheit*) to afflict; (*Schicksal*) to overtake; (*umg* ≈ *besuchen*) to descend on (*umg*); ***von Krieg heimgesucht*** war-torn **Heimtrainer** *m* exercise machine; (≈ *Fahrrad*) exercise bike

Heimtücke *f* insidiousness; (≈ *Boshaftigkeit*) maliciousness **heimtückisch** **1.** *Adj* insidious; (≈ *boshaft*) malicious **2.** *Adv überfallen, verraten* treacherously

Heimvorteil *m* (SPORT, *fig*) home advantage **heimwärts** *Adv* (≈ *nach Hause zu*) home; ***~ ziehen*** to go homewards **Heimweg** *m* way home; ***sich auf den ~ machen*** to set out for home **Heimweh** *n* homesickness *ohne Artikel*; ***~ haben*** to be homesick (*nach* for) **Heimwerker(in)** *m(f)* do-it-yourself *od* DIY enthusiast **heimzahlen** *vt* ***jdm etw ~*** to pay sb back for sth

Heini *m* (*umg*) guy (*umg*); (≈ *Dummkopf*) fool

Heirat *f* marriage **heiraten** **1.** *vt* to marry **2.** *vi* to get married **Heiratsantrag** *m* proposal (of marriage); ***jdm einen ~ machen*** to propose to sb **Heiratsanzeige** *f* (≈ *Bekanntgabe*) announcement of a forthcoming marriage **Heiratsschwindler(in)** *m(f) person who makes a marriage proposal under false pretences* **Heiratsurkunde** *f* marriage certificate

heiser **1.** *Adj* hoarse **2.** *Adv* ***sich ~ schreien/reden*** to shout/talk oneself hoarse **Heiserkeit** *f* hoarseness

heiß **1.** *Adj* **a)** hot; ***jdm ist/wird ~*** sb is/is getting hot; ***etw ~ machen*** to heat sth up; **b)** (≈ *heftig*) heated; *Wunsch* burning; **c)** (≈ *aufreizend, gefährlich*) ***jdn ~ machen*** (*umg*) to turn sb on (*umg*); ***ein ~es Eisen*** a hot potato; **d)** (*umg*) ***~er Draht*** hotline; ***~e Spur*** firm lead; ***~ sein*** (≈ *brünstig*) to be on heat **2.** *Adv* **a)** ***etw ~ trinken*** to drink sth hot; ***~ baden*** to have a hot bath; ***~ duschen*** to take a hot shower; ***~ laufen*** (*Motor*) to overheat; (*Telefonleitungen*) to buzz; **b)** (≈ *heftig*) ***~ ersehnt*** much longed for; ***~ geliebt*** dearly beloved; ***es ging ~ her*** things got heated; ***~ umkämpft*** fiercely fought over; *Markt* fiercely contested; ***~ umstritten*** *Frage* hotly debated; *Künstler etc* highly controversial

heißen 1. *vt* (≈ *nennen*) to call; ***jdn willkommen ~*** to bid sb welcome 2. *vi* a) to be called (*Brit*) *od* named; ***wie ~ Sie?*** what are you called?, what's your name?; ***ich heiße Müller*** I'm called *od* my name is Müller; ***wie heißt das?*** what is that called?; b) (≈ *bestimmte Bedeutung haben*) to mean; ***was heißt „gut" auf Englisch?*** what is the English (word) for "gut"?; ***ich weiß, was es heißt, allein zu sein*** I know what it means to be alone; c) ***das heißt*** that is; (≈ *in anderen Worten*) that is to say 3. *vi unpers* a) ***es heißt, dass ...*** (≈ *es geht die Rede*) they say that ...; b) (≈ *zu lesen sein*) ***in der Bibel heißt es, dass ...*** the Bible says that ...; ***nun heißt es handeln*** now it's time to act **heißgeliebt** *Adj* → ***heiß*** **Heißhunger** *m* ravenous appetite; ***etw mit ~ essen*** to eat sth ravenously **heißlaufen** *vi* → ***heiß*** **Heißluft** *f* hot air **Heißluftballon** *m* hot-air balloon **Heißluftherd** *m* fan-assisted oven **heißumkämpft** *Adj* → ***heiß***

heiter *Adj* (≈ *fröhlich*) cheerful; (≈ *amüsant*) amusing; (≈ *hell, klar*) bright; *Wetter* fine; METEO fair; ***das kann ja ~ werden!*** (*iron*) that sounds great (*iron*); ***aus ~em Himmel*** (*fig*) out of the blue **Heiterkeit** *f* (≈ *Fröhlichkeit*) cheerfulness; (≈ *heitere Stimmung*) merriment; ***allgemeine ~ hervorrufen*** to cause general amusement

heizen 1. *vi* (≈ *die Heizung anhaben*) to have the/one's heating on; ***mit Strom etc ~*** to use electricity *etc* for heating 2. *vt* (≈ *warm machen*) to heat; (≈ *verbrennen*) to burn **Heizkessel** *m* boiler **Heizkissen** *n* electric heat pad **Heizkörper** *m* (≈ *Gerät*) heater; (*von Zentralheizung*) radiator; (≈ *Element*) heating element **Heizkosten** *Pl* heating costs *Pl* **Heizkraft** *f* heating power **Heizlüfter** *m* fan heater **Heizöl** *n* fuel oil **Heizung** *f* heating

Hektar *n od m* hectare

Hektik *f* (≈ *Hast*) hectic rush; (*von Großstadt etc*) hustle and bustle; (*von Leben etc*) hectic pace; ***nur keine ~*** take it easy **hektisch** 1. *Adj* hectic; *Arbeiten* frantic 2. *Adv* hectically; ***es geht ~ zu*** things are hectic; ***nur mal nicht so ~*** take it easy

Hektoliter *m od n* hectolitre (*Brit*), hectoliter (*US*)

Held *m* hero **heldenhaft** 1. *Adj* heroic 2. *Adv* heroically **Heldenmut** *m* heroic courage **Heldentat** *f* heroic deed **Heldentum** *n* heroism **Heldin** *f* heroine

helfen *vi* to help (*jdm* sb); ***jdm bei etw ~*** to help sb with sth; ***ihm ist nicht zu ~*** he is beyond help; ***ich kann mir nicht ~, ich muss es tun*** I can't help doing it; ***er weiß sich*** (*Dat*) ***zu ~*** he is very resourceful; ***man muss sich*** (*Dat*) ***nur zu ~ wissen*** (*Sprichw*) you just have to use your head; ***er weiß sich*** (*Dat*) ***nicht mehr zu ~*** he is at his wits' end; ***es hilft nichts*** it's no use; ***das hilft mir wenig*** that's not much help to me; ***was hilfts?*** what's the use?; ***diese Arznei hilft gegen Kopfweh*** this medicine helps to relieve headaches **Helfer(in)** *m(f)* helper; (≈ *Mitarbeiter*) assistant; (*von Verbrecher*) accomplice; ***ein ~ in der Not*** a friend in need **Helfershelfer(in)** *m(f)* accomplice

Helgoland *n* Heligoland

Helikopter *m* helicopter

Helium *n* helium

hell 1. *Adj* a) (*optisch*) light; *Licht* bright; *Kleidungsstück* light-coloured (*Brit*), light-colored (*US*); *Haar, Teint* fair; ***es wird ~*** it's getting light; ***~es Bier*** ≈ lager (*bes Brit*); b) (*akustisch*) *Ton* high(-pitched); c) (*umg* ≈ *klug*) *Junge* bright; d) (≈ *stark, groß*) great; *Verzweiflung, Unsinn* sheer, utter; *Neid* pure; ***seine ~e Freude an etw*** (*Dat*) ***haben*** to find great joy in sth 2. *Adv* a) (≈ *licht*) brightly; b) ***von etw ~ begeistert sein*** to be very enthusiastic about sth **hellauf** *Adv* completely; ***~ begeistert sein*** to be wildly enthusiastic **hellblau** *Adj* light blue **hellblond** *Adj* very fair, blonde **helle** *Adj* (*umg*) bright

Heller *m* HIST heller; ***das ist keinen ~ wert*** that isn't worth a brass farthing (*Brit*), that's worth nothing; ***auf ~ und Pfennig*** (down) to the penny (*bes Brit*)

Helle(s) *n* (≈ *Bier*) ≈ lager (*bes Brit*)

hellgrün *Adj* light green **hellhörig** *Adj* ARCHIT poorly soundproofed; ***~ sein*** (*fig: Mensch*) to have sharp ears

Helligkeit *f* lightness; (*von Licht*) brightness; (*von Haar, Teint*) fairness

H

Helligkeitsregler *m* brightness control **helllicht** *Adj* ***am ~en Tage*** in broad daylight **hellrot** *Adj* bright red **hellsehen** *vi* ***~ können*** to be clairvoyant **Hellseher(in)** *m(f)* clairvoyant **hellwach** *Adj* (*wörtl*) wide-awake; (*fig*) alert

Helm *m* helmet

Hemd *n* (≈ *Oberhemd*) shirt; (≈ *Unterhemd*) vest (*Brit*), undershirt (*US*); ***jdn bis aufs ~ ausziehen*** (*fig umg*) to fleece sb (*umg*) **Hemdsärmel** *m* shirtsleeve; ***in ~n*** in one's shirtsleeves **hemdsärmelig** *Adj* shirt-sleeved; (*fig umg*) casual

H

Hemisphäre *f* hemisphere

hemmen *vt Entwicklung* to hinder; (≈ *verlangsamen*) to slow down; *Wasserlauf* to stem; PSYCH to inhibit; → ***gehemmt*** **Hemmnis** *n* hindrance, impediment (*für* to) **Hemmschuh** *m* brake shoe; (*fig*) hindrance (*für* to) **Hemmschwelle** *f* inhibition level; ***eine ~ überwinden*** to overcome one's inhibitions **Hemmung** *f* **a)** PSYCH inhibition; (≈ *Bedenken*) scruple; ***keine ~en kennen*** to have no inhibitions; ***nur keine ~en*** don't feel inhibited; **b)** (*von Entwicklung*) hindering **hemmungslos 1.** *Adj* (≈ *rückhaltlos*) unrestrained; (≈ *skrupellos*) unscrupulous **2.** *Adv jubeln, weinen* without restraint; *sich hingeben* wantonly **Hemmungslosigkeit** *f* (≈ *Rückhaltlosigkeit*) lack *kein Pl* of restraint; (≈ *Skrupellosigkeit*) unscrupulousness *kein Pl*

Hendl *n* (*südd, österr*) chicken

Hengst *m* stallion

Henkel *m* handle

Henker *m* hangman; (≈ *Scharfrichter*) executioner

Henna *f* henna

Henne *f* hen

Hepatitis *f* hepatitis

her *Adv* ***von der Kirche ~*** from the church; ***~ zu mir!*** come here (to me); ***von weit ~*** from a long way off *od* away; ***~ mit dem Geld!*** hand over your money!; ***~ damit!*** give me that; ***von der Idee ~*** as for the idea; ***vom finanziellen Standpunkt ~*** from the financial point of view; ***ich kenne ihn von früher ~*** I know him from before

herab *Adv* down; ***die Treppe ~*** down the stairs **herabblicken** *vi* to look down (*auf +Akk* on) **herablassen 1.** *vt* to let down **2.** *vr* to lower oneself; ***sich zu etw ~*** to deign to do sth **herablassend 1.** *Adj* condescending **2.** *Adv* condescendingly **herabmindern** *vt* (≈ *schlecht machen*) to belittle **herabsehen** *vi* to look down (*auf +Akk* on) **herabsetzen** *vt* to reduce; *Niveau* to lower; *Fähigkeiten, jdn* to belittle; ***zu stark herabgesetzten Preisen*** at greatly reduced prices **Herabsetzung** *f* reduction; (*von Niveau*) lowering; (*von Fähigkeiten*) belittling; (≈ *Kränkung*) slight **herabsteigen** *vi* to descend **herabwürdigen 1.** *vt* to belittle **2.** *vr* to degrade oneself **Herabwürdigung** *f* belittling, disparagement

Heraldik *f* heraldry

heran *Adv* ***bis an etw*** (*Akk*) ***~*** close to sth, right by sth; (*mit Bewegungsverb*) right up to sth **heranbilden** *vt* to train (up) **heranführen** *vt jdn* to lead up; ***jdn an etw*** (*Akk*) ***~*** to lead sb up to sth **herangehen** *vi* ***an jdn ~*** (*wörtl*) to go up to sb; (*fig*) *an Gegner* to set about sb; ***an etw ~*** (*fig*) *an Problem, Aufgabe* to tackle *od* approach sth **herankommen** *vi* **a)** (*räumlich, zeitlich*) to approach (*an etw* (*Akk*) sth); **b)** (≈ *erreichen*) ***an den Chef kommt man nicht heran*** you can't get hold of the boss; **c)** (≈ *grenzen an*) ***an etw*** (*Akk*) ***~*** to verge on sth **heranmachen** *vr* (*umg*) ***sich an etw*** (*Akk*) ***~*** to get down to sth; ***sich an jdn ~*** to approach sb; *an Mädchen* to chat sb up (*bes Brit umg*), to flirt with sb **herannahen** *vi* (*geh*) to approach **heranpirschen** *vr* ***sich an jdn/etw ~*** to stalk up on sb/sth **heranreichen** *vi* ***an jdn/etw ~*** (*wörtl*) (*Mensch*) to reach sb/sth; (*Weg, Gelände etc*) to reach (up to) sth; (*fig* ≈ *sich messen können mit*) to come near sb/sth **heranreifen** *vi* (*geh*) (*Obst*) to ripen; (*fig*) (*Jugendliche*) to mature; (*Plan, Entschluss, Idee*) to mature, to ripen **heranrücken** *vi* (≈ *sich nähern*) to approach (*an etw* (*Akk*) sth); (≈ *dicht aufrücken*) to move nearer (*an +Akk* to) **heranschleichen** *vi/r* to creep up (*an etw* (*Akk*) to sth, *an jdn* on sb) **herantragen** *vt* ***etw an jdn ~*** (*fig*) to take sth to sb, to go to sb with sth **herantreten** *vi* (*wörtl*) to move up (*an +Akk* to); ***näher ~*** to move nearer; ***an jdn ~*** (*fig*) to confront sb; ***mit etw an jdn ~*** (≈ *sich wenden an*) to approach sb with sth **heranwachsen** *vi* (*geh*) to grow; (*Kind*) to grow up **Heranwachsende(r)** *mf* JUR adolescent **heranwagen** *vr* ***sich an etw*** (*Akk*) ***~*** (*wörtl*) to venture near sth, to dare to go near sth; (*fig*) to venture to tackle sth **heranziehen** *vt* **a)** (≈ *zu Hilfe holen*) to call in; *Literatur* to consult; **b)** (≈ *einsetzen*) *Arbeitskräfte* to bring in

herauf **1.** *Adv* up; ***von unten ~*** up from below **2.** *Präp +Akk* up; ***den Berg/die Treppe ~*** up the mountain/stairs **heraufbeschwören** *vt* **a)** (≈ *wachrufen*) to evoke; **b)** (≈ *herbeiführen*) to cause **heraufbringen** *vt* to bring up **heraufkommen** *vi* to come up **heraufsetzen** *vt Preise etc* to increase **heraufsteigen** *vi* (≈ *heraufklettern*) to climb up **heraufziehen** **1.** *vt* to pull up **2.** *vi* (*Gewitter, Unheil etc*) to approach

heraus *Adv* out; ***~ da!*** (*umg*) get out of there!; ***~ mit ihm*** (*umg*) get him out!; ***~ damit!*** (*umg*) (≈ *gib her*) hand it over!; (≈ *heraus mit der Sprache!*) out with it! (*umg*); ***zum Fenster ~*** out of the window **herausarbeiten** *vt* (*aus Stein, Holz*) to carve (*aus* out of); (*fig*) to bring out **herausbekommen** *vt* **a)** *Fleck, Nagel etc* to get out (*aus* of); **b)** *Ursache, Geheimnis* to find out (*aus jdm* from sb); **c)** *Wechselgeld* to get back **herausboxen** *vt* (*umg*) *jdn* to bail out (*umg*) **herausbringen** *vt* **a)** = ***herausbekommen***; **b)** (*auf den Markt bringen*) to bring out; ***jdn/etw ganz groß ~*** to launch sb/sth in a big way; **c)** (≈ *hervorbringen*) *Worte* to utter **herausfahren** **1.** *vi* (*aus* of) to come out; (*Zug*) to pull out **2.** *vt* SPORT ***eine gute Zeit ~*** to make good time **herausfallen** *vi* to fall out (*aus* of); (*fig, aus Liste etc*) to drop out (*aus* of) **herausfinden** **1.** *vt* to find out **2.** *vir* to find one's way out (*aus* of) **Herausforderer** *m*, **Herausforderin** *f* challenger **herausfordern** **1.** *vt* to challenge (*zu* to); (≈ *provozieren*) to provoke (*zu etw* to do sth); *Kritik, Protest* to invite; *Gefahr* to court; ***das Schicksal ~*** to tempt fate **2.** *vi* ***zu etw ~*** (≈ *provozieren*) to invite sth **herausfordernd** **1.** *Adj* provocative; *Haltung, Blick* challenging **2.** *Adv* (≈ *aggressiv*) provocatively; (≈ *lockend*) invitingly **Herausforderung** *f* challenge; (≈ *Provokation*) provocation **Herausgabe** *f* **a)** (≈ *Rückgabe*) return; **b)** (*von Buch etc*) publication **herausgeben** **1.** *vt* **a)** (≈ *zurückgeben*) to return, to hand back; **b)** (≈ *veröffentlichen, erlassen*) to issue; *Buch, Zeitung* to publish; (≈ *bearbeiten*) to edit; **c)** (≈ *Wechselgeld geben*) *Betrag* to give in *od* as change **2.** *vi* (≈ *Wechselgeld geben*) to give change (*auf +Akk* for); ***können Sie (mir) ~?*** can you give me change? **Herausgeber(in)** *m(f)* (≈ *Verleger*) publisher; (≈ *Redakteur*) editor **herausgehen** *vi* (*aus* of) to go out; (*Fleck*) to come out; ***aus sich ~*** (*fig*) to come out of one's shell (*fig*) **heraushaben** *vt* (*umg* ≈ *begriffen haben*) to have got (*umg*); (≈ *gelöst haben*) to have solved **heraushalten** **1.** *vt* (≈ *nicht verwickeln*) to keep out (*aus* of) **2.** *vr* to keep out of it; ***sich aus etw ~*** to keep out of sth **herausholen** *vt* **a)** (*wörtl*) to get out (*aus* of); **b)** *Vorteil* to gain; *Vorsprung, Sieg* to achieve; *Gewinn* to make; *Herstellungskosten* to recoup; ***alles aus sich ~*** to get the best from oneself; **c)** (≈ *herauspauken*) to get off the hook (*umg*) **heraushören** *vt* to hear; (≈ *fühlen*) to sense (*aus* in) **herauskommen** *vi* **a)** to come out (*aus* of); ***er kam aus dem Staunen nicht heraus*** he couldn't get over his astonishment; ***er kam aus dem Lachen nicht heraus*** he couldn't stop laughing; **b)** (*aus bestimmter Lage*) to get out (*aus* of); ***aus seinen Schwierigkeiten ~*** to get over one's difficulties; **c)** (≈ *auf den Markt kommen*) to come out; (*Gesetz*) to come into force; ***ganz groß ~*** (*umg*) to make a big splash (*umg*); **d)** (≈ *Resultat haben*) ***bei etw ~*** to come of sth; ***und was soll dabei ~?*** and what is that supposed to achieve?; ***es kommt auf dasselbe heraus*** it comes (down) to the same thing **herauskriegen** *vt* (*umg*) = ***herausbekommen*** **herauslassen** *vt* to let out (*aus* of) **herauslesen** *vt* (≈ *erkennen*) to gather (*aus* from) **herauslocken** *vt* (*aus* of) to entice out; ***etw***

H

aus jdm ~ to get sth out of sb; ***jdn aus seiner Reserve ~*** to draw sb out of his shell **herausnehmbar** *Adj* removable **herausnehmen** *vt* **a)** (≈ *entfernen*) to take out (*aus* of); ***sich*** (*Dat*) ***die Mandeln ~ lassen*** to have one's tonsils out; **b)** (*umg* ≈ *sich erlauben*) ***es sich*** (*Dat*) ***~, etw zu tun*** to have the nerve to do sth (*umg*); ***sich*** (*Dat*) ***Freiheiten ~*** to take liberties **herausragen** *vi* = ***hervorragen*** **herausreden** *vr* to talk one's way out of it (*umg*) **herausreißen** *vt* **a)** (*wörtl*) (*aus* of) to tear out; ***jdn aus etw ~*** *aus Umgebung* to tear sb away from sth; *aus Schlaf* to startle sb out of sth; **b)** (*umg*: *aus Schwierigkeiten*) ***jdn ~*** to get sb out of it (*umg*) **herausrücken** **1.** *vt* (*umg* ≈ *hergeben*) *Geld* to cough up (*umg*); *Beute, Gegenstand* to hand over **2.** *vi* (*umg*) **a)** (≈ *hergeben*) ***mit etw ~*** *mit Geld* to cough sth up (*umg*); *mit Beute* to hand sth over; **b)** (≈ *aussprechen*) ***mit etw ~*** to come out with sth; ***mit der Sprache ~*** to come out with it **herausrutschen** *vi* to slip out (*aus* of); ***das ist mir nur so herausgerutscht*** it just slipped out somehow **herausschlagen** *vt* **a)** (*wörtl*) to knock out (*aus* of); **b)** (*umg* ≈ *erreichen*) *Geld* to make; *Gewinn, Vorteil* to get; *Zeit* to gain **herausschneiden** *vt* to cut out (*aus* of) **herausschreien** *vt* to shout out

heraus sein *vi* (*umg*) to be out; (≈ *bekannt sein*) to be known; ***aus dem Schlimmsten ~*** to have got past the worst (part); (*bei Krise, Krankheit*) to be over the worst

herausspringen *vi* (*aus* of) **a)** (*wörtl*) to jump out; **b)** (≈ *sich lösen*) to come out; **c)** (*umg*) ***dabei springt nichts heraus*** there's nothing to be got out of it

herausstellen **1.** *vt* **a)** (*wörtl*) to put outside; **b)** (*fig* ≈ *hervorheben*) to emphasize; *jdn* to give prominence to **2.** *vr* (*Wahrheit*) to come to light; ***sich als falsch ~*** to prove (to be) wrong; ***es stellte sich heraus, dass ...*** it emerged that ...

heraussuchen *vt* to pick out

herauswachsen *vi* to grow out (*aus* of)

herauswagen *vr* to dare to come out (*aus* of)

herauswinden *vr* (*fig*) to wriggle out of it

herauswirtschaften *vt* to make (*aus* out of)

herausziehen *vt* to pull out (*aus* of)

herb *Adj* **a)** *Geruch Geschmack* sharp; *Wein* dry; **b)** *Enttäuschung etc* bitter; *Wahrheit* cruel; **c)** (≈ *streng*) *Züge, Gesicht* severe, harsh; *Art, Charakter* dour; **d)** *Worte, Kritik* harsh

Herbarium *n* herbarium, herbary

herbei *Adv* (*geh*) here **herbeieilen** *vi* (*geh*) to hurry *od* rush over **herbeiführen** *vt* (≈ *bewirken*) to bring about; (≈ *verursachen*) to cause **herbeischaffen** *vt* to bring; *Geld* to get; *Beweise* to produce **herbeisehnen** *vt* to long for **herbeiströmen** *vi* (*geh*) to come in (their) crowds **herbeiwünschen** *vt* (***sich*** *Dat*) ***etw ~*** to long for sth

herbekommen *vt* (*umg*) to get **herbemühen** (*geh*) **1.** *vt* ***jdn ~*** to trouble sb to come here **2.** *vr* to take the trouble to come here

Herberge *f* **a)** (≈ *Unterkunft*) lodging *kein unbest Artikel*; **b)** (≈ *Jugendherberge*) (youth) hostel **Herbergsmutter** *f*, **Herbergsvater** *m* (youth hostel) warden

herbestellen *vt* to ask to come

Herbheit *f* **a)** (*von Geruch, Geschmack*) sharpness; (*von Wein*) dryness; **b)** (*von Enttäuschung*) bitterness; **c)** (≈ *Strenge*) (*von Gesicht, Zügen*) severity, harshness; (*von Art, Charakter*) dourness; **d)** (*von Worten, Kritik*) harshness

Herbizid *n* herbicide

herbringen *vt* to bring (here); → ***hergebracht***

Herbst *m* autumn, fall (*US*); ***im ~*** in autumn, in the fall (*US*) **Herbstanfang** *m* beginning of autumn *od* fall (*US*) **Herbstferien** *Pl* autumn holiday(s *Pl*) (*bes Brit*) *od* vacation (*US*) **herbstlich** **1.** *Adj* autumn *attr*; (≈ *wie im Herbst*) autumnal; ***das Wetter wird schon ~*** autumn *od* fall (*US*) is in the air **2.** *Adv* ***~ kühles Wetter*** cool autumn *od* fall (*US*) weather **Herbstzeitlose** *f* meadow saffron

Herd *m* **a)** (≈ *Küchenherd*) cooker, stove; **b)** MED focus; (GEOL: *von Erdbeben*) epicentre (*Brit*), epicenter (*US*)

Herde *f* (*wörtl*) herd; (*von Schafen, fig*

geh ≈ *Gemeinde*) flock **Herdentier** *n* gregarious animal **Herdentrieb** *m* herd instinct

Herdplatte *f* (*von Elektroherd*) hotplate

herein *Adv* in; ***herein!*** come in!; ***hier ~!*** in here!; ***von (dr)außen ~*** from outside **hereinbekommen** *vt* (*umg*) *Waren* to get in; *Radiosender* to get; *Unkosten etc* to recover **hereinbitten** *vt* to ask (to come) in **hereinbrechen** *vi* (*Wasser, Flut*) to gush in; ***über jdn/etw ~*** to descend upon sb/sth **hereinbringen** *vt* **a**) to bring in; **b**) (*umg* ≈ *wettmachen*) to make good **hereinfahren** *vti* to drive in **hereinfallen** *vi* (*umg*) to fall for it (*umg*); (≈ *betrogen werden*) to be had (*umg*); ***auf jdn/etw ~*** to be taken in by sb/sth **hereinführen** *vt* to show in **hereinholen** *vt* to bring in (*in +Akk* -to) **hereinkommen** *vi* to come in (*in +Akk* -to) **hereinlassen** *vt* to let in (*in +Akk* -to) **hereinlegen** *vt* (*umg*) ***jdn ~*** (≈ *betrügen*) to take sb for a ride (*umg*); (≈ *anführen*) to take sb in **hereinplatzen** *vi* (*umg*) to burst in (*in +Akk* to) **hereinregnen** *vi unpers* ***es regnet herein*** the rain is coming in **hereinschneien** *vi* (*umg*) to drop in (*umg*) **hereinströmen** *vi* to pour in (*in +Akk* -to)

herfahren **1.** *vi* to come *od* get here; ***hinter jdm ~*** to drive *od* (*mit Rad*) ride (along) behind sb **2.** *vt* to drive here **Herfahrt** *f* journey here; ***auf der ~*** on the way here **herfallen** *vi* ***über jdn ~*** to attack sb; (≈ *kritisieren*) to pull sb to pieces; ***über etw*** (*Akk*) ***~*** *über Essbares etc* to pounce upon sth **herfinden** *vi* to find one's way here **herführen** *vt* ***was führt Sie her?*** what brings you here? **Hergang** *m* course; ***der ~ des Unfalls*** the way the accident happened **hergeben** **1.** *vt* (≈ *weggeben*) to give away; (≈ *aushändigen*) to hand over; (≈ *zurückgeben*) to give back; ***wenig ~*** (*umg*) not to be much use; ***seinen Namen für etw ~*** to lend one's name to sth **2.** *vr* ***sich zu*** *od* ***für etw ~*** to be (a) party to sth **hergebracht** *Adj* (≈ *traditionell*) traditional; → ***herbringen*** **hergehen** **1.** *vi* ***neben jdm ~*** to walk (along) beside sb **2.** *vi unpers* (*umg*) (≈ *zugehen*) ***es ging heiß her*** things got heated (*umg*); ***hier geht es hoch her*** there's plenty going on here **hergehören** *vi* to belong here **herhaben** *vt* (*umg*) ***wo hat er das her?*** where did he get that from? **herhalten** *vi* to suffer (for it); ***für etw ~*** to pay for sth; ***als Entschuldigung für etw ~*** to be used as an excuse for sth **herholen** *vt* (*umg*) to fetch; ***weit hergeholt sein*** (*fig*) to be far-fetched **herhören** *vi* (*umg*) to listen; ***alle mal ~!*** everybody listen (to me)

Hering *m* **a**) herring; **b**) (≈ *Zeltpflock*) (tent) peg

herkommen *vi* to come here; (≈ *sich nähern*) to come; (≈ *herstammen*) to come from; ***komm her!*** come here!; ***von jdm/etw ~*** (≈ *stammen*) to come from sb/sth **herkömmlich** *Adj* conventional **Herkunft** *f* origin; (*soziale*) background; ***er ist britischer ~*** (*Gen*) he is of British descent **Herkunftsland** *n* HANDEL country of origin **herlaufen** *vi* to come running; ***hinter jdm ~*** to run after sb **herleiten** *vt* (≈ *folgern*) to derive (*aus* from) **hermachen** (*umg*) **1.** *vr* ***sich über etw*** (*Akk*) ***~*** *über Arbeit, Essen* to get stuck into sth (*umg*); *über Eigentum* to pounce (up)on sth; ***sich über jdn ~*** to lay into sb (*umg*) **2.** *vt* ***viel ~*** to look impressive

Hermelin[1] *n* ZOO ermine

Hermelin[2] *m* (≈ *Pelz*) ermine

hermetisch **1.** *Adj* hermetic **2.** *Adv* ***~ abgeriegelt*** completely sealed off

hernehmen *vt* (≈ *beschaffen*) to get; ***wo soll ich das ~?*** where am I supposed to get that from?

Heroin *n* heroin **heroinabhängig**, **heroinsüchtig** *Adj* addicted to heroin **Heroinabhängige(r)**, **Heroinsüchtige(r)** *mf* heroin addict

heroisch (*geh*) **1.** *Adj* heroic **2.** *Adv* heroically

Herpes *m* MED herpes

Herr *m* **a**) (≈ *Gebieter*) lord, master; (≈ *Herrscher*) ruler (*über +Akk* of); ***sein eigener ~ sein*** to be one's own master; ***~ einer Sache*** (*Gen*) ***werden*** to get sth under control; ***~ der Lage sein*** to be master of the situation; **b**) (≈ *Gott*) Lord; **c**) (≈ *Mann*) gentleman; ***4x100-m-Staffel der ~en*** men's 4 x 100m relay; ***„Herren“*** (≈ *Toilette*) “gents”; **d**) (*vor Eigennamen*) Mr;

(mein) ~! sir!; **~ Professor Schmidt** Professor Schmidt; **~ Doktor** doctor; **~ Präsident** Mr President; **sehr geehrter ~ Bell** (*in Brief*) Dear Mr Bell; **sehr geehrte ~en** (*in Brief*) Dear Sirs (*Brit*), to whom it may concern (*US*) **Herrchen** *n* (*umg: von Hund*) master
Herreise *f* journey here
Herrenausstatter(in) *m(f)* gents' outfitter **Herrenbekleidung** *f* menswear **Herrendoppel** *n* TENNIS *etc* men's doubles *Sg* **Herreneinzel** *n* TENNIS *etc* men's singles *Sg* **Herrenfahrrad** *n* man's bicycle *od* bike (*umg*) **Herrenfriseur(in)** *m(f)* men's hairdresser, barber **herrenlos** *Adj* abandoned; *Hund etc* stray **Herrenmode** *f* men's fashion **Herrenschneider(in)** *m(f)* gentlemen's tailor **Herrentoilette** *f* men's toilet *od* restroom (*US*), gents *Sg*
Herrgott *m* **der ~** God, the Lord (God); **~ noch mal!** (*umg*) damn it all! (*umg*) **Herrgottsfrühe** *f* **in aller ~** (*umg*) at the crack of dawn
herrichten *vt* **a)** (≈ *vorbereiten*) to get ready (+*Dat*, *für* for); *Tisch* to set; **b)** (≈ *ausbessern*) to do up (*umg*)
herrisch *Adj* imperious
herrlich 1. *Adj* marvellous (*Brit*), marvelous (*US*); *Kleid* gorgeous, lovely; **das ist ja ~** (*iron*) that's great **2.** *Adv* **wir haben uns ~ amüsiert** we had a marvel(l)ous time; **~ schmecken** to taste absolutely delicious **Herrlichkeit** *f* (≈ *Pracht*) magnificence
Herrschaft *f* **a)** (≈ *Macht*) power; (≈ *Staatsgewalt*) rule; **unter der ~** under the rule (+*Gen*, *von* of); **b)** (≈ *Kontrolle*) control; **c) die ~en** (≈ *Damen und Herren*) the ladies and gentlemen; **(meine) ~en!** ladies and gentlemen! **herrschaftlich** *Adj* (≈ *vornehm*) grand **herrschen 1.** *vi* **a)** (≈ *Macht haben*) to rule; (*König*) to reign; (*fig*) (*Mensch*) to dominate; **b)** (≈ *vorherrschen*) to prevail; (*Betriebsamkeit*) to be prevalent; (*Nebel, Kälte*) to be predominant; (*Krankheit*, *Not*) to be rampant; (*Meinung*) to predominate; **überall herrschte Freude** there was joy everywhere; **hier herrscht Ordnung** things are orderly (a)round here **2.** *vi unpers* **es herrschte Schweigen** silence reigned; **es herrscht Ungewissheit darüber, ob ...** there is uncertainty about whether ... **herrschend** *Adj Partei, Klasse* ruling; *König* reigning; *Bedingungen* prevailing; *Mode* current **Herrscher(in)** *m(f)* ruler **Herrschsucht** *f* domineeringness **herrschsüchtig** *Adj* domineering
herrühren *vi* **von etw ~** to be due to sth
hersagen *vt* to recite **hersehen** *vi* (≈ *hierhersehen*) to look here; **hinter jdm ~** to follow sb with one's eyes **her sein** *vi* **a)** (*zeitlich*) **das ist schon 5 Jahre her** that was 5 years ago; **b) hinter jdm/etw ~** to be after sb/sth
herstellen *vt* **a)** (≈ *erzeugen*) to produce; (*bes industriell*) to manufacture; **in Deutschland hergestellt** made in Germany; **b)** (≈ *zustande bringen*) to establish; TELEK *Verbindung* to make **Hersteller(in)** *m(f)* (≈ *Produzent*) manufacturer **Herstellung** *f* **a)** (≈ *Erzeugung*) production; (*bes industriell*) manufacture; **b)** (≈ *das Zustandebringen*) establishment **Herstellungskosten** *Pl* manufacturing costs *Pl* **Herstellungsland** *n* country of manufacture
Hertz *n* PHYS, RADIO hertz
herüber *Adv* over here; (*über Fluss, Grenze etc*) across; **da ~** over/across there **herüberbringen** *vt* to bring over/across (*über etw* (*Akk*) sth) **herüberkommen** *vi* to come over/across (*über etw* (*Akk*) sth); (*umg: zu Nachbarn*) to pop round (*Brit umg*), to call round **herübersehen** *vi* to look over (*über etw* (*Akk*) sth); **zu jdm ~** to look over/across to sb
herum *Adv* **a) um ... ~** (a)round; **links/rechts ~** (a)round to the left/right; **oben/unten ~ fahren** to take the top/lower road; **b)** (≈ *ungefähr*) **um ... ~** (*Mengenangabe*) about, around; (*Zeitangabe*) (at) about *od* around; → **herum sein** **herumalbern** *vi* (*umg*) to fool around **herumärgern** *vr* (*umg*) **sich mit jdm/etw ~** to keep struggling with sb/sth **herumballern** *vi* to fire in all directions *od* all over the place **herumbekommen** *vt* (*umg*) *jdn* to talk round (*bes Brit*) *od* around (*bes US*) **herumbringen** *vt* (*umg*) *Zeit* to get through **herumdrehen 1.** *vt Schlüssel* to turn; (≈ *wenden*) to turn (over) **2.** *vr* to turn (a)round; (*im Liegen*) to turn over he-

rumfahren *vi* **a)** (≈ *umherfahren*) to go *od* (*mit Auto*) drive (a)round; ***in der Stadt ~*** to go/drive (a)round the town; **b)** (≈ *um etw herumfahren*) to go *od* (*mit Auto*) drive (a)round **herumführen 1.** *vt* to lead (a)round (*um etw* sth); (*bei Besichtigung*) to show (a)round; ***jdn in einer Stadt ~*** to show sb (a)round a town **2.** *vi* ***um etw ~*** to go (a)round sth **herumgehen** *vi* (*umg*) **a)** (≈ *um etw herumgehen*) to walk (a)round (*um etw* sth); **b)** (≈ *ziellos umhergehen*) to wander (a)round (*in etw* (*Dat*) sth); ***es ging ihm im Kopf herum*** it went round and round in his head; **c)** (≈ *herumgereicht werden*) to be passed (a)round; (≈ *weitererzählt werden*) to go (a)round (*in etw* (*Dat*) sth); ***etw ~ lassen*** to circulate sth; **d)** (*zeitlich* ≈ *vorbeigehen*) to pass **herumhängen** *vi* (*umg*) **a)** (≈ *sich lümmeln*) to loll around; **b)** (≈ *ständig zu finden sein*) to hang out (*umg*) **herumirren** *vi* to wander (a)round **herumkommandieren** (*umg*) *vt* to order about **herumkommen** *vi* (*umg*) **a)** (*um eine Ecke etc*) to come (a)round (*um etw* sth); **b)** (≈ *herumkönnen*) to get (a)round (*um etw* sth); **c)** (≈ *vermeiden können*) ***um etw ~*** to get out of sth; ***wir kommen um die Tatsache nicht herum, dass ...*** we cannot get away from the fact that ...; **d)** (≈ *reisen*) to get (a)round (*in etw* (*Dat*) sth) **herumkriegen** *vt* (*umg*) = ***herumbekommen*** **herumlaufen** *vi* (*umg*) to run (a)round (*um etw* sth); ***so kannst du doch nicht ~*** (*fig umg*) you can't go (a)round (looking) like that **herumliegen** *vi* (*umg*) to lie (a)round (*um etw* sth) **herumlungern** *vi* (*umg*) to hang (a)round **herumreden** *vi* (*umg*) to talk away; ***um etw ~*** (*ausweichend*) to talk around sth **herumreichen** *vt* (≈ *herumgeben*) to pass (a)round **herumreisen** *vi* to travel (a)round **herumreiten** *vi* (*fig umg*) ***auf etw ~*** to keep on about sth **herumschlagen** *vr* (*umg*) ***sich mit jdm ~*** (*wörtl*) to fight with sb; (*fig*) to fight a running battle with sb; ***sich mit etw ~*** (*fig*) to keep struggling with sth **herumschreien** *vi* (*umg*) to shout out loud **herum sein** *vi* (*umg*) **a)** (≈ *vorüber sein*) to be past; **b)** (≈ *in jds Nähe sein*) ***um jdn ~*** to be around sb **herumsprechen** *vr* to get (a)round **herumstehen** *vi* **a)** (*Sachen*) to be lying around; **b)** (*Menschen*) to stand (a)round (*um jdn/etw* sb/sth) **herumstöbern** *vi* (*umg* ≈ *suchen*) to rummage around **herumstreiten** *vr* to squabble **herumtreiben** *vr* (*umg*) to hang (a)round (*in +Dat* in) (*umg*) **Herumtreiber(in)** *m(f)* (*pej*) tramp; (≈ *Streuner*) vagabond **herumwerfen 1.** *vt* (≈ *achtlos werfen*) to throw around (*in etw* (*Dat*) sth) **2.** *vi* (*umg*) ***mit Geld etc ~*** to throw one's money *etc* around **herumzeigen** *vt* to show (a)round **herumziehen** *vi* (≈ *von Ort zu Ort ziehen*) to move around

herunter *Adv* down; ***~!*** get down!; ***da/hier ~*** down there/here; ***vom Berg ~*** down the mountain; ***bis ins Tal ~*** down into the valley **herunterbekommen** *vt* = ***herunterkriegen*** **herunterdrücken** *vt Hebel, Pedal* to press down **herunterfahren 1.** *vi* to go down **2.** *vt* to bring down; IT to shut down **herunterfallen** *vi* to fall down; ***von etw ~*** to fall off sth **heruntergehen** *vi* to go down; ***von etw ~*** (*umg*) to get off sth; ***auf etw*** (*Akk*) ***~*** (*Preise*) to go down to sth; (*Geschwindigkeit*) to slow down to sth; ***mit den Preisen ~*** to lower one's prices **heruntergekommen** *Adj Haus* dilapidated; *Stadt* run-down; *Mensch* down-at-heel **herunterhandeln** *vt* (*umg*) *Preis* to beat down; ***jdn*** (***auf etw*** *Akk*) ***~*** to knock sb down (to sth) **herunterhauen** *vt* (*umg*) ***jdm eine ~*** to slap sb on the side of the head **herunterholen** *vt* to fetch down; (*umg*) *Flugzeug* to bring down **herunterklappen** *vt* to turn down; *Sitz* to fold down **herunterkommen** *vi* **a)** to come down; (*umg* ≈ *herunterkönnen*) to get down; **b)** (*fig umg* ≈ *verfallen*) (*Stadt, Firma*) to go downhill; (*Wirtschaft*) to go to rack and ruin; (*gesundheitlich*) to become run-down; **c)** (*fig umg* ≈ *wegkommen*) ***vom Alkohol ~*** to kick the habit (*umg*) **herunterkriegen** *vt* (*umg*) to get down; (≈ *abmachen können*) to get off **herunterladen** *vt* IT to download (*auf +Akk* onto) **herunterleiern** *vt* (*umg*) to reel off **heruntermachen** *vt* (*umg*) **a)** (≈ *schlechtmachen*) to run down; **b)** (≈ *zurechtweisen*) to tell off **herunterputzen** *vt* (*umg*) ***jdn ~*** to give sb an earful (*umg*) **herunterreichen** **1.** *vt* to pass down **2.** *vi* to reach down **herunterschrauben** *vt* (*fig*) *Ansprüche* to lower **heruntersehen** *vi* to look down; ***auf jdn ~*** (*fig*) to look down on sb **herunter sein** *vi* (*umg*) to be down; ***mit den Nerven ~*** (*umg*) to be at the end of one's tether (*Brit*) *od* rope (*US*) **herunterspielen** *vt* (*umg ≈ verharmlosen*) to play down **herunterwirtschaften** *vt* (*umg*) to bring to the brink of ruin **herunterziehen** *vt* (≈ *nach unter ziehen*) to pull down

hervor *Adv* ***aus etw ~*** out of sth; ***hinter dem Tisch ~*** out from behind the table **hervorbringen** *vt* (≈ *entstehen lassen*) to produce; *Worte* to utter **hervorgehen** *vi* **a)** (≈ *sich ergeben*) to follow; ***daraus geht hervor, dass ...*** from this it follows that ...; **b)** ***als Sieger ~*** to emerge victorious; ***aus etw ~*** to come out of sth **hervorheben** *vt* to emphasize **hervorholen** *vt* to bring out **hervorragen** *vi* **a)** (*Felsen, Stein etc*) to jut out; **b)** (*fig ≈ sich auszeichnen*) to stand out **hervorragend** **1.** *Adj* (*fig ≈ ausgezeichnet*) excellent **2.** *Adv* very well; ***etw ~ beschreiben*** to give an excellent description of sth; ***~ schmecken*** to taste exquisite **hervorrufen** *vt* (≈ *bewirken*) to cause; *Bewunderung* to arouse; *Eindruck* to create **hervorstechen** *vi* to stand out **hervortreten** *vi* **a)** (≈ *heraustreten*) to step out, to emerge; (*Backenknochen*) to protrude; (*Adern*) to bulge; **b)** (≈ *sichtbar werden*) to stand out; (*fig*) to become evident **hervortun** *vr* to distinguish oneself; (*umg ≈ sich wichtigtun*) to show off (*mit etw* sth)

herwagen *vr* to dare to come **Herweg** *m* way here; ***auf dem ~*** on the way here

Herz *n* heart; (≈ *Spielkartenfarbe*) hearts *Pl*; ***sein ~ schlug höher*** his heart leapt; ***im ~en der Stadt*** in the heart of the city; ***im Grund meines ~ens*** in my heart of hearts; ***ein ~ und eine Seele sein*** to be the best of friends; ***mit ganzem ~en*** wholeheartedly; ***jdm von ganzem ~en danken*** to thank sb with all one's heart; ***ein gutes ~ haben*** (*fig*) to have a good heart; ***schweren ~ens*** with a heavy heart; ***aus tiefstem ~en*** from the bottom of one's heart; ***es liegt mir am ~en*** I am very concerned about it; ***dieser Hund ist mir ans ~ gewachsen*** I have become attached to this dog; ***ich lege es dir ans ~, das zu tun*** I would ask you particularly to do that; ***etw auf dem ~en haben*** to have sth on one's mind; ***jdn auf ~ und Nieren prüfen*** to examine sb very thoroughly; ***er hat sie in sein ~ geschlossen*** he has grown fond of her; ***ohne ~*** heartless; ***es wurde ihr leichter ums ~*** she felt relieved; ***von ~en*** with all one's heart; ***etw von ~en gern tun*** to love doing sth; ***jdn von ~en gernhaben*** to love sb dearly; ***sich*** (*Dat*) ***etw vom ~en reden*** to get sth off one's chest; ***sich*** (*Dat*) ***etw zu ~en nehmen*** to take sth to heart; ***alles, was das ~ begehrt*** everything one's heart desires; ***jds ~ brechen*** to break sb's heart; ***hast du denn (gar) kein ~?*** how can you be so heartless? **Herzanfall** *m* heart attack **Herzass** *n* ace of hearts **Herzbeschwerden** *Pl* heart trouble *Sg* **Herzchirurg(in)** *m(f)* heart surgeon

herzeigen *vt* to show; ***zeig (mal) her!*** let's see

Herzensbrecher(in) *m(f)* (*fig umg*) heartbreaker **herzensgut** *Adj* good-hearted **Herzenslust** *f* ***nach ~*** to one's heart's content **Herzenswunsch** *m* dearest wish **herzerfrischend** *Adj* refreshing **herzergreifend** *Adj* heart-rending **herzerweichend** *Adj* heart-rending **Herzfehler** *m* heart defect **Herzflattern** *n* palpitations *Pl* (of the heart) **Herzflimmern** *n* heart flutter **herzförmig** *Adj* heart-shaped **Herzgegend** *f* cardiac region **herzhaft** *Adj* **a)** (≈ *kräftig*) hearty; *Geschmack* strong; **b)** (≈ *nahrhaft*) *Essen* substantial

herziehen **1.** *vt* ***jdn/etw hinter sich*** (*Dat*) ***~*** to pull sb/sth (along) behind one **2.** *vi* **a)** ***vor jdm ~*** to march along in front of sb; **b)** ***über jdn/etw ~*** (*umg*) to knock sb/sth (*umg*)

herzig *Adj* sweet **Herzinfarkt** *m* heart attack **Herzkammer** *f* ventricle **Herzklappe** *f* cardiac valve **Herzklappenfehler** *m* valvular heart defect **Herzklopfen** *n* ***ich hatte/bekam ~*** my heart was/started pounding; ***mit ~*** with a pounding heart **herzkrank** *Adj* ~

sein/werden to have/get a heart condition **Herzkranzgefäß** *n* coronary (blood) vessel **Herz-Kreislauf-Erkrankung** *f* cardiovascular disease *od* condition **herzlich** **1.** *Adj Empfang etc* warm; *Bitte* sincere; ***mit ~en Grüßen*** kind regards; ***~en Dank!*** many thanks; ***~es Beileid!*** you have my sincere sympathy **2.** *Adv* (≈ *freundlich*) warmly; *sich bedanken* sincerely; ***jdm ~ gratulieren*** to congratulate and wish sb all the best; ***~ schlecht*** pretty awful; ***~ wenig*** precious little; ***~ gern!*** with the greatest of pleasure! **Herzlichkeit** *f* (*von Empfang*) warmth **herzlos** *Adj* heartless **Herzlosigkeit** *f* heartlessness *kein Pl* **Herz-Lungen-Maschine** *f* heart-lung machine **Herzmassage** *f* heart massage **Herzmittel** *n* cardiac drug

Herzog *m* duke **Herzogin** *f* duchess **Herzogtum** *n* duchy

Herzoperation *f* heart operation **Herzrhythmus** *m* heart rhythm **Herzrhythmusstörung** *f* palpitations *Pl* **Herzschlag** *m* **a)** (*einzelner*) heartbeat; **b)** (≈ *Herzstillstand*) heart failure *kein unbest Artikel, kein Pl* **Herzschrittmacher** *m* pacemaker **Herzschwäche** *f* a weak heart **Herzstillstand** *m* cardiac arrest **Herzstück** *n* (*fig geh*) heart **Herzversagen** *n* heart failure **herzzerreißend** **1.** *Adj* heartbreaking **2.** *Adv* ***~ weinen*** to weep distressingly

Hesse *m*, **Hessin** *f* Hessian **Hessen** *n* Hesse **hessisch** *Adj* Hessian

Hete *f* (*sl* ≈ *Heterosexuelle(r)*) hetero (*umg*); ***er ist eine ~*** he's straight (*umg*)

hetero *Adj* (*umg*) hetero (*umg*), straight (*umg*) **heterogen** *Adj* (*geh*) heterogeneous **Heterosexualität** *f* heterosexuality **heterosexuell** *Adj* heterosexual **Heterosexuelle(r)** *mf* heterosexual

Hetz *f* (*österr umg*) laugh (*umg*); ***aus*** *od* ***zur ~*** for a laugh

Hetze *f* **a)** (≈ *Hast*) (mad) rush; **b)** (*pej* ≈ *Aufreizung*) rabble-rousing propaganda **hetzen** **1.** *vt* **a)** (≈ *jagen*) to hound; ***die Hunde auf jdn/etw ~*** to set the dogs on(to) sb/sth; **b)** (*umg* ≈ *antreiben*) to rush **2.** *vi* **a)** (≈ *sich beeilen*) to rush; ***hetz nicht so*** don't be in such a rush; **b)** (*pej* ≈ *Hass schüren*) to agitate; ***gegen jdn/etw ~*** to stir up hatred against sb/sth; → ***gehetzt*** **Hetzjagd** *f* (*wörtl, fig*) hounding (*auf +Akk* of) **Hetzkampagne** *f* malicious campaign

Heu *n* hay

Heuchelei *f* hypocrisy **heucheln** **1.** *vi* to be a hypocrite **2.** *vt Mitleid etc* to feign **Heuchler(in)** *m(f)* hypocrite **heuchlerisch** *Adj* hypocritical

heuer *Adv* (*südd, österr, schweiz*) this year

Heuer *f* SEEF pay **heuern** *vt* to hire

heulen *vi* **a)** (*umg* ≈ *weinen*) to bawl (*umg*), to wail; (*vor Schmerz*) to scream; (*vor Wut*) to howl; ***es ist einfach zum Heulen*** it's enough to make you weep; **b)** (*Motor*) to roar; (*Tiere*) to howl; (*Sirene*) to wail **Heulsuse** *f* crybaby (*umg*)

heurig *Adj* (*südd, österr*) this year's **Heurige(r)** *m* (*bes österr*) new wine

Heuschnupfen *m* hay fever **Heuschrecke** *f* grasshopper; (*in heißen Ländern*) locust

heute *Adv* today; ***~ Morgen*** this morning; ***~ Abend*** this evening, tonight; ***bis ~*** (≈ *bisher*) to this day; ***~ in einer Woche*** a week today, today week; ***~ vor acht Tagen*** a week ago today; ***die Zeitung von ~*** today's paper; ***von ~ auf morgen*** overnight; ***die Frau von ~*** today's women; ***die Jugend von ~*** the young people of today **heutig** *Adj* today's; (≈ *gegenwärtig*) contemporary; ***am ~en Abend*** this evening; ***unser ~es Schreiben*** HANDEL our letter of today('s date); ***bis zum ~en Tage*** to date, to this day **heutzutage** *Adv* nowadays

Hexe *f* witch; (*umg* ≈ *altes Weib*) old hag **hexen** *vi* to practise (*Brit*) *od* practice (*US*) witchcraft; ***ich kann doch nicht ~*** (*umg*) I can't work miracles **Hexenjagd** *f* witch-hunt **Hexenkessel** *m* (*fig*) pandemonium *ohne Artikel* **Hexenmeister** *m* sorcerer **Hexenprozess** *m* witch trial **Hexenschuss** *m* MED lumbago **Hexenverfolgung** *f* witch-hunt **Hexerei** *f* witchcraft *kein Pl*; (*von Zaubertricks*) magic *kein Pl*

Hibiskus *m* hibiscus

Hickhack *m od n* squabbling *kein Pl*

Hieb *m* **a)** blow; ***auf einen ~*** (*umg*) in one go; **b)** **Hiebe** *Pl* (*veralt* ≈ *Prügel*)

hiding; **c)** (*fig*) dig, cutting remark
hiebfest *Adj* ***hieb- und stichfest*** (*fig*) watertight
hier *Adv* (*räumlich*) here; ***das Haus ~*** this house; ***dieser ~*** this one (here); ***~ entlang*** along here; ***~ oben/unten*** up/down here; ***~ spricht Dr. Müller*** TELEK this is Dr Müller (speaking); ***von ~ aus*** from here; ***~ und da*** (*zeitlich*) (every) now and then; ***das steht mir bis ~*** (*umg*) I've had it up to here (with it) (*umg*) **hieran** *Adv* ***wenn ich ~ denke*** when I think of *od* about this; ***~ erkenne ich es*** I recognize it by this

H

Hierarchie *f* hierarchy **hierarchisch** **1.** *Adj* hierarchic(al) **2.** *Adv* hierarchically
hierauf *Adv* on this; (≈ *daraufhin*) hereupon **hieraus** *Adv* out of this, from here; ***~ folgt, dass ...*** from this it follows that ... **hierbei** *Adv* **a)** (*wörtl* ≈ *währenddessen*) doing this; **b)** (*fig*) (≈ *bei dieser Gelegenheit*) on this occasion; (≈ *in diesem Zusammenhang*) in this connection **hierbleiben** *vi* to stay here **hierdurch** *Adv* **a)** (*wörtl*) through here; **b)** (*fig*) through this **hierfür** *Adv* for this **hierher** *Adv* here; (***komm***) ***~!*** come here; ***bis ~*** (*örtlich*) up to here; (*zeitlich*) up to now **hierherbringen** *vt* to bring (over) here **hierher gehören** *vi* to belong here; (*fig* ≈ *relevant sein*) to be relevant **hierhin** *Adv* here **hierin** *Adv* in this **hierlassen** *vt* to leave here **hiermit** *Adv* with this; ***~ erkläre ich ...*** (*förml*) I hereby declare ... (*förml*); ***~ wird bescheinigt, dass ...*** this is to certify that ...
Hieroglyphe *f* hieroglyphic
Hiersein *n* ***während meines ~s*** during my stay **hierüber** *Adv* **a)** (*wörtl*) over this *od* here; **b)** (*fig*) about this; ***~ ärgere ich mich*** this makes me angry **hierum** *Adv* **a)** (*wörtl*) (a)round this *od* here; **b)** (*fig*) about this **hierunter** *Adv* **a)** (*wörtl*) under this *od* here; **b)** (*fig*) by this *od* that; ***~ fallen auch die Sonntage*** this includes Sundays **hiervon** *Adv* (*wörtl*) from this; ***~ habe ich nichts gewusst*** I knew nothing about this; ***~ abgesehen*** apart from this **hierzu** *Adv* **a)** (≈ *dafür*) for this; **b)** (≈ *außerdem*) in addition to this; (≈ *zu diesem Punkt*) about this **hierzulande** *Adv* in these parts
hiesig *Adj* local; ***meine ~en Verwandten*** my relatives here
hieven *vt* to heave
Hi-Fi-Anlage *f* hi-fi system
high *Adj* (*umg*) high (*umg*) **Highlife** *n* **High Life** *n* high life; ***Highlife machen*** (*umg*) to live it up (*umg*) **Highlight** *n* highlight **highlighten** *vt* IT *Textpassagen etc* to highlight **High Society** *f* high society **Hightech** *n* high tech **Hightechindustrie** *f* high-tech industry
Hilfe *f* help; (*finanzielle*) aid, assistance; (*für Notleidende*) relief; ***um ~ rufen*** to call for help; ***jdm zu ~ kommen*** to come to sb's aid; ***jdm ~ leisten*** to help sb; ***~ suchend*** *Mensch* seeking help; *Blick* imploring; ***ohne ~*** (≈ *selbstständig*) unaided; ***etw zu ~ nehmen*** to use sth; ***mit ~*** = ***mithilfe*** **Hilfefunktion** *f* IT help function **Hilfeleistung** *f* assistance **Hilferuf** *m* call for help **Hilfestellung** *f* support **Hilfetaste** *f* IT help key **hilflos** **1.** *Adj* helpless **2.** *Adv* helplessly **Hilflosigkeit** *f* helplessness **hilfreich** *Adj* helpful, useful **Hilfsaktion** *f* relief action **Hilfsarbeiter(in)** *m(f)* labourer (*Brit*), laborer (*US*); (*in Fabrik*) unskilled worker **hilfsbedürftig** *Adj* in need of help; (≈ *Not leidend*) needy, in need *präd* **hilfsbereit** *Adj* helpful, ready to help *präd* **Hilfsbereitschaft** *f* helpfulness, readiness to help **Hilfsdienst** *m* emergency service; (*bei Katastrophenfall*) (emergency) relief service **Hilfsfonds** *m* relief fund **Hilfskraft** *f* assistant; (≈ *Aushilfe*) temporary worker; ***wissenschaftliche ~*** research assistant **Hilfsmittel** *n* aid **Hilfsorganisation** *f* relief organization **Hilfsprogramm** *n* **a)** (*zur Hungerhilfe etc*) relief programme (*Brit*) *od* program (*US*); **b)** IT utility program **Hilfssheriff** *m* deputy sheriff **Hilfsverb** *n* auxiliary *od* helping (*US*) verb **Hilfswerk** *n* relief organization
Himalaja *m* ***der ~*** the Himalayas *Pl*
Himbeere *f* raspberry **Himbeergeist** *m* (white) raspberry brandy **Himbeersaft** *m* raspberry juice
Himmel *m* (*poetisch*) **a)** sky; ***am ~*** in the sky; ***jdn/etw in den ~ loben*** to praise sb/sth to the skies; **b)** (REL ≈ *Himmelreich*) heaven; ***im ~*** in heaven; ***in den ~***

kommen to go to heaven; ***der ~ auf Erden*** heaven on earth; ***(das) weiß der ~!*** (*umg*) God (only) knows; ***das schreit zum ~*** it's a scandal; ***es stinkt zum ~*** (*umg*) it stinks to high heaven (*umg*); ***(ach) du lieber ~!*** (*umg*) good Heavens!; ***um(s) ~s willen*** (*umg*) for Heaven's sake (*umg*) **Himmelbett** *n* four-poster (bed) **himmelblau** *Adj* sky-blue **Himmelfahrt** *f* **a)** REL ***Christi ~*** the Ascension of Christ; ***Mariä ~*** the Assumption of the Virgin Mary; **b)** (*ohne Artikel ≈ Feiertag*) Ascension Day **Himmelfahrtskommando** *n* (MIL *umg*) suicide squad *od* (*Unternehmung*) mission **Himmelreich** *n* REL Kingdom of Heaven **himmelschreiend** *Adj Unrecht* scandalous; *Verhältnisse* appalling **Himmelskörper** *m* heavenly body **Himmelsrichtung** *f* direction; ***die vier ~en*** the four points of the compass **himmelweit** (*fig umg*) **1.** *Adj* ***ein ~er Unterschied*** a world of difference **2.** *Adv* ***~ voneinander entfernt*** (*fig*) poles apart **himmlisch** **1.** *Adj* heavenly **2.** *Adv schmecken* heavenly; *bequem* wonderfully; ***~ schön*** just heavenly

hin *Adv* **a)** (*räumlich*) ***bis zum Haus ~*** up to the house; ***geh doch ~ zu ihr!*** go to her; ***nach außen ~*** (*fig*) outwardly; ***bis zu diesem Punkt ~*** up to this point; **b)** ***~ und her*** to and fro; (*≈ hin und zurück*) there and back; ***etw ~ und her überlegen*** to weigh sth up; ***nach langem Hin und Her*** eventually; ***~ und zurück*** there and back; ***einmal London ~ und zurück*** a return *od* round trip ticket (*bes US*) to London; ***~ und wieder*** (every) now and then; **c)** (*zeitlich*) ***noch weit ~*** a long way off; ***über die Jahre ~*** over the years; **d)** (*fig*) ***auf meine Bitte ~*** at my request; ***auf meinen Anruf ~*** on account of my phone call; ***auf seinen Rat ~*** on his advice; ***etw auf etw*** (*Akk*) ***~ prüfen*** to check sth for sth; → ***hin sein***

hinab *Adv*, *Präf* = ***hinunter***

hinarbeiten *vi* ***auf etw*** (*Akk*) ***~*** *auf ein Ziel* to work toward(s) sth

hinauf *Adv* up; ***den Berg ~*** up the mountain **hinaufarbeiten** *vr* to work one's way up **hinaufblicken** *vi* to look up **hinaufbringen** *vt* to take up **hinaufgehen** *vi* to go up **hinaufsteigen** *vi* to climb up

hinaus *Adv* **a)** (*räumlich*) out; ***~ (mit dir)!*** (get) out!; ***aus dem*** *od* ***zum Fenster ~*** out of the window; **b)** (*zeitlich*) ***auf Jahre ~*** for years to come; **c)** (*fig*) ***über*** (*+Akk*) ***~*** over and above; ***darüber ~*** over and above this; → ***hinaus sein*** **hinausbegleiten** *vt* to see out (*aus* of) **hinausfliegen** *vi* (*aus* of) **a)** (*≈ fortfliegen*) to fly out; **b)** (*umg ≈ hinausgeworfen werden*) to get kicked out (*umg*) **hinausgehen** *vi* **a)** (*≈ nach draußen gehen*) to go out(side); **b)** ***auf etw*** (*Akk*) ***~*** (*Tür, Zimmer*) to open onto sth; **c)** (*fig ≈ überschreiten*) ***über etw*** (*Akk*) ***~*** to go beyond sth; ***über seine Befugnisse ~*** to overstep one's authority **hinauslaufen** *vi* (*aus* of) **a)** (*wörtl*) to run out; **b)** (*fig*) ***auf etw*** (*Akk*) ***~*** to amount to sth; ***es läuft auf dasselbe hinaus*** it comes to the same thing **hinauslehnen** *vr* to lean out (*aus* of); ***sich zum Fenster ~*** to lean out of the window **hinausschmeißen** *vt* (*umg*) to kick out (*umg*) (*aus* of) **hinaus sein** *vi* (*fig*) ***über etw*** (*Akk*) ***~*** to be past sth **hinaussteigen** *vi* to climb out (*aus* of) **hinausstürmen** *vi* to storm out (*aus* of) **hinausstürzen** (*aus* of) *vi* (*≈ hinauseilen*) to rush out **hinauswachsen** *vi* ***über etw*** (*Akk*) ***~*** (*fig*) to outgrow sth; ***er wuchs über sich selbst hinaus*** he surpassed himself **hinauswagen** *vr* to venture out (*aus* of) **hinauswerfen** *vt* (*umg*) (*≈ entfernen*) to chuck out (*umg*) (*aus* of); ***das ist hinausgeworfenes Geld*** it's money down the drain **hinauswollen** *vi* to want to go *od* get out (*aus* of); ***worauf willst du hinaus?*** (*fig*) what are you getting at?; ***hoch ~*** to aim high **hinauszögern** **1.** *vt* to delay **2.** *vr* to be delayed

hinbekommen *vt* (*umg*) = ***hinkriegen***

hinbiegen *vt* (*fig umg ≈ in Ordnung bringen*) to arrange; (*≈ deichseln*) to wangle (*umg*); ***das werden wir schon ~*** we'll sort it out somehow **Hinblick** *m* ***im ~ auf*** (*+Akk*) (*≈ angesichts*) in view of; (*≈ mit Bezug auf*) with regard to **hinbringen** *vt* **a)** *jdn, etw* to take there; **b)** = ***hinkriegen*** **hindenken** *vi* ***wo denkst du hin?*** whatever are you

H

thinking of!
hinderlich *Adj* ~ ***sein*** to be in the way; ***einer Sache*** (*Dat*) ~ ***sein*** to be a hindrance to sth **hindern** **1.** *vt* **a)** *Fortschritte* to impede; *jdn* to hinder (*bei* in); **b)** (≈ *abhalten von*) to prevent (*an* +*Dat* from), to stop **2.** *vi* (≈ *stören*) to be a hindrance (*bei* to) **Hindernis** *n* **a)** obstacle; (≈ *Behinderung*) hindrance; ***eine Reise mit*** ~***sen*** a journey full of hitches; **b)** (SPORT ≈ *Hürde*) hurdle **Hindernislauf** *m* SPORT, **Hindernisrennen** *n* steeplechase **Hinderung** *f* **a)** (≈ *Behinderung*) hindrance; **b)** (≈ *Störung*) obstruction **Hinderungsgrund** *m* obstacle
hindeuten *vi* to point (*auf* +*Akk*, *zu* at)
Hindu *m* Hindu **Hinduismus** *m* Hinduism **hinduistisch** *Adj* Hindu
hindurch *Adv* through; ***dort*** ~ through there; ***mitten*** ~ straight through; ***das ganze Jahr*** ~ throughout the year; ***den ganzen Tag*** ~ all day (long)
hinein *Adv* in; ***da*** ~ in there; ***in etw*** (*Akk*) ~ into sth; ***bis tief in die Nacht*** ~ far into the night **hineinbekommen** *vt* (*umg*) to get in (*in* +*Akk* -to) **hineindenken** *vr* ***sich in jdn*** ~ to put oneself in sb's position **hineingehen** *vi* (≈ *hineinpassen*) to go in (*in* +*Akk* -to); ***in den Bus gehen 50 Leute hinein*** the bus holds 50 people **hineingeraten** *vi* ***in etw*** (*Akk*) ~ to get into sth **hineingucken** *vi* (*umg*) to look in (*in* +*Akk* -to) **hineinklettern** *vi* to climb in (*in* +*Akk* -to) **hineinknien** *vr* (*fig umg*) ***sich in etw*** (*Akk*) ~ to get into sth (*umg*) **hineinkriegen** *vt* (*umg*) to get in (*in* +*Akk* -to) **hineinpassen** *vi* ***in etw*** (*Akk*) ~ to fit into sth; (*fig*) to fit in with sth **hineinplatzen** *vi* (*fig umg*) to burst in (*in* +*Akk* -to) **hineinreden** *vi* (*wörtl* ≈ *unterbrechen*) to interrupt (*jdm* sb); ***jdm in seine Angelegenheiten*** ~ to meddle in sb's affairs **hineinregnen** *vi unpers* ***es regnet*** (***ins Zimmer***) ***hinein*** (the) rain is coming in(to) the room **hineinspielen** *vi* (≈ *beeinflussen*) to have a part to play (*in* +*Akk* in) **hineinstecken** *vt* to put in (*in* +*Akk* -to); ***Geld/Arbeit*** *etc* ***in etw*** (*Akk*) ~ to put money/some work *etc* into sth **hineinsteigern** *vr* to get worked up; ***sich in seine Wut*** ~ to work oneself up into a rage **hineinströmen** *vi* to flood in (*in* +*Akk* -to) **hineinstürzen** **1.** *vi* to plunge in (*in* +*Akk* -to); (≈ *hineineilen*) to rush in (*in* +*Akk* -to) **2.** *vr* ***sich in die Arbeit*** ~ to throw oneself into one's work **hineinversetzen** *vr* ***sich in jdn*** *od* ***in jds Lage*** ~ to put oneself in sb's position **hineinziehen** *vt* to pull in (*in* +*Akk* -to); ***jdn in einen Streit*** ~ to drag sb into a quarrel
hinfahren **1.** *vi* to go there **2.** *vt* to drive there **Hinfahrt** *f* journey there; BAHN outward journey **hinfallen** *vi* to fall (down) **hinfällig** *Adj* **a)** *Mensch* frail; **b)** (*fig* ≈ *ungültig*) invalid **hinfinden** *vi* (*umg*) to find one's way there **hinfliegen** *vi* to fly there **Hinflug** *m* outward flight **hinführen** **1.** *vt* ***jdn zu etw*** ~ (*fig*) to lead sb to sth **2.** *vi* to lead there; ***wo soll das*** ~***?*** (*fig*) where is this leading to?
Hingabe *f* (*fig*) (≈ *Begeisterung*) dedication; (≈ *Selbstlosigkeit*) devotion; ***mit*** ~ ***singen*** to sing with abandon **hingeben** **1.** *vt* to give up; *Leben* to sacrifice **2.** *vr* ***sich einer Sache*** (*Dat*) ~ *der Arbeit* to devote oneself to sth; *dem Laster, der Verzweiflung* to abandon oneself to sth; ***sich einer Illusion*** ~ to labour (*Brit*) *od* labor (*US*) under an illusion **hingebungsvoll** **1.** *Adj* (≈ *selbstlos*) devoted; (≈ *begeistert*) abandoned **2.** *Adv* (≈ *selbstlos*) devotedly; (≈ *begeistert*) with abandon; *lauschen* raptly
hingegen *Konj* (*geh*) however
hingehen *vi* **a)** (≈ *dorthin gehen*) to go (there); ***wo gehst du hin?*** where are you going?; ***wo geht es hier hin?*** where does this go?; **b)** (*Zeit*) to pass; **c)** (*fig* ≈ *tragbar sein*) ***das geht gerade noch hin*** that will just about do **hingehören** *vi* to belong; ***wo gehört das hin?*** where does this belong? **hingerissen** **1.** *Adj* enraptured; ***hin- und hergerissen sein*** to be torn (*zwischen* between) **2.** *Adv* with rapt attention; → ***hinreißen*** **Hingucker** *m* (*umg*) (≈ *Mensch*) looker (*umg*); (≈ *Sache*) eye-catcher (*umg*) **hinhalten** *vt* **a)** (≈ *entgegenstrecken*) to hold out (*jdm* to sb); **b)** (*fig*) *jdn* to put off **Hinhaltetaktik** *f* delaying tactics *Pl* **hinhauen** (*umg*) **1.** *vt* **a)** (≈ *nachlässig ma-*

chen) to knock off (*umg*); **b**) (≈ *hinwerfen*) to slam down **2.** *vi* **a**) (≈ *zuschlagen*) to hit hard; **b**) (≈ *gut gehen*) ***es hat hingehauen*** I/we *etc* just managed it; ***das wird schon ~*** it will be OK (*umg*); **c**) (≈ *klappen*) to work **3.** *vr* (*umg* ≈ *sich schlafen legen*) to crash out (*umg*) **hinhören** *vi* to listen

hinken *vi* **a**) to limp; **b**) (*fig*) (*Beispiel*) to be inappropriate; (*Vergleich*) to be misleading

hinknien *vir* to kneel (down) **hinkommen** *vi* **a**) (≈ *an einen Ort hinkommen*) (***da***) ~ to get there; ***wie komme ich zu dir hin?*** how do I get to your place?; **b**) (≈ *an bestimmten Platz gehören*) to go; ***wo kämen wir denn hin, wenn ...*** (*umg*) where would we be if ...; **c**) (*umg* ≈ *auskommen*) to manage; ***wir kommen (damit) hin*** we will manage; **d**) (*umg* ≈ *stimmen*) to be right **hinkriegen** *vt* (*umg* ≈ *fertigbringen*) to manage; ***das hast du gut hingekriegt*** you've made a nice job of it **hinlangen** *vi* (*umg* ≈ *zupacken*) to grab him/her/it *etc*; (≈ *zuschlagen*) to take a (good) swipe (*umg*); (≈ *sich bedienen*) to help oneself to a lot **hinlänglich** **1.** *Adj* (≈ *ausreichend*) adequate **2.** *Adv* (≈ *ausreichend*) adequately; (≈ *zu Genüge*) sufficiently **hinlegen** **1.** *vt* **a**) (≈ *hintun*) to put down; *Zettel* to leave (*jdm* for sb); (*umg* ≈ *bezahlen müssen*) to fork out (*umg*); **b**) (*umg* ≈ *glänzend darbieten*) to perform **2.** *vr* to lie down **hinnehmen** *vt* (≈ *ertragen*) to take; *Beleidigung* to swallow; ***etw als selbstverständlich ~*** to take sth for granted **hinreichend** **1.** *Adj* (≈ *ausreichend*) adequate; (≈ *genug*) sufficient; (≈ *reichlich*) ample; ***keine ~en Beweise*** insufficient evidence **2.** *Adv informieren* adequately **Hinreise** *f* outward journey **hinreißen** *vt* (*fig*) **a**) (≈ *begeistern*) to thrill; → ***hingerissen***; **b**) (≈ *überwältigen*) ***jdn zu etw ~*** to force sb into sth; ***sich ~ lassen*** to let oneself be carried away **hinreißend** *Adj* fantastic; *Anblick* enchanting; *Schönheit* captivating **hinrichten** *vt* to execute **Hinrichtung** *f* execution **hinschauen** *vi* (*dial*) = ***hinsehen*** **hinschmeißen** *vt* (*umg*) (≈ *hinwerfen*) to fling down (*umg*); (*fig* ≈ *aufgeben*) *Arbeit etc* to chuck in (*umg*) **hinschreiben** *vt* to write; (≈ *flüchtig niederschreiben*) to scribble down (*umg*) **hinsehen** *vi* to look; ***bei genauerem Hinsehen*** on looking more carefully **hin sein** *vi* (*umg*) **a**) (≈ *kaputt sein*) to have had it; **b**) (≈ *erschöpft sein*) to be exhausted; **c**) (≈ *verloren sein*) to be lost; **d**) (≈ *begeistert sein*) (***von etw***) ***hin*** (***und weg***) ***sein*** to be mad about sth **hinsetzen** **1.** *vt* to put *od* set down; *Kind* to sit down **2.** *vr* (*wörtl*) to sit down

Hinsicht *f* ***in dieser ~*** in this respect; ***in gewisser ~*** in some respects; ***in finanzieller ~*** financially **hinsichtlich** *Präp +Gen* (≈ *bezüglich*) with regard to; (≈ *in Anbetracht*) in view of

Hinspiel *n* SPORT first leg **hinstellen** **1.** *vt* **a**) (≈ *niederstellen*) to put down; (*an bestimmte Stelle*) to put; **b**) (≈ *auslegen*) ***jdn/etw als jdn/etw ~*** (≈ *bezeichnen*) to make sb/sth out to be sb/sth **2.** *vr* to stand; (*Fahrer*) to park; ***sich vor jdn** od **jdm ~*** to stand in front of sb

hintanstellen *vt* (≈ *zurückstellen*) to put last; (≈ *vernachlässigen*) to neglect

hinten *Adv* **a**) behind; ***von ~*** from the back; ***~ im Buch*** at the back of the book; ***sich ~ anstellen*** to join the end of the queue (*Brit*) *od* line (*US*); ***von ~ anfangen*** to begin from the end; ***~ im Auto/Bus*** in the back of the car/bus; ***ein Blick nach ~*** a look behind; ***nach ~*** to the back; *fallen, ziehen* backwards; ***das Auto da ~*** the car back there; **b**) (*fig*) ***~ und vorn*** *betrügen* left, right and centre (*Brit*) *od* center (*US*); ***das stimmt ~ und vorn nicht*** that is absolutely untrue; ***das reicht ~ und vorn nicht*** that's nowhere near enough **hintenherum** *Adv* (≈ *von der hinteren Seite*) from the back; (≈ *auf Umwegen*) in a roundabout way; (≈ *illegal*) under the counter

hinter *Präp +Dat od +Akk* **a**) (*räumlich*) behind; ***~ jdm/etw her*** behind sb/sth; ***~ etw** (Akk) **kommen*** (*fig* ≈ *herausfinden*) to get to the bottom of sth; ***sich ~ jdn stellen*** (*wörtl*) to stand behind sb; (*fig*) to support sb; ***jdn weit ~ sich** (Dat) **lassen*** to leave sb far behind; **b**) (*+Dat* ≈ *nach*) after; ***vier Kilometer ~ der Grenze*** four kilometres (*Brit*) *od* kilometers (*US*) beyond the border; **c**) ***etw ~ sich** (Dat) **haben***

(≈ *überstanden haben*) to have got sth over (and done) with; *Krankheit, Zeit* to have been through sth; ***sie hat viel ~ sich*** she has been through a lot; ***das Schlimmste haben wir ~ uns*** we are over the worst; ***etw ~ sich*** (*Akk*) ***bringen*** to get sth over (and done) with **Hinterachse** *f* rear axle **Hinterausgang** *m* back exit **Hinterbänkler(in)** *m(f)* (POL *pej*) backbencher **Hinterbein** *n* hind leg; ***sich auf die ~e stellen*** *od* ***setzen*** (*fig umg* ≈ *sich anstrengen*) to pull one's socks up (*umg*) **Hinterbliebene(r)** *mf* surviving dependent; ***die ~n*** the bereaved family **hintereinander** *Adv* (*räumlich*) one behind the other; (≈ *in Reihenfolge*) one after the other; ***~ hereinkommen*** to come in one by one; ***zwei Tage ~*** two days running; ***dreimal ~*** three times in a row **Hintereingang** *m* rear entrance **hintere(r, s)** *Adj* back; (*von Gebäude auch*) rear; ***die Hinteren*** those at the back; ***am ~n Ende*** at the far end **hinterfragen** *vt* to question **Hintergedanke** *m* ulterior motive **hintergehen** *vt* to deceive **Hintergrund** *m* background; ***im ~*** in the background; ***im ~ bleiben/stehen*** to stay/be in the background; ***in den ~ treten*** (*fig*) to be pushed into the background **hintergründig** *Adj* cryptic **Hintergrundinformation** *f* background information *kein Pl* (*über +Akk* about, on) **Hintergrundprogramm** *n* IT background program **Hinterhalt** *m* ambush; ***jdn aus dem ~ überfallen*** to ambush sb; ***im ~ lauern*** *od* ***liegen*** to lie in wait *od* (*bes* MIL) ambush **hinterhältig 1.** *Adj* devious **2.** *Adv* in an underhand way, deviously **hinterher** *Adv* (*räumlich*) behind; (*zeitlich*) afterwards **hinterherfahren** *vi* to drive behind (*jdm* sb) **hinterherlaufen** *vi* to run behind (*jdm* sb); ***jdm ~*** (*fig umg*) to run after sb **hinterher sein** *vi* (*umg*) (*wörtl* ≈ *verfolgen*) to be after (*jdm* sb); ***~, dass ...*** to see to it that ... **Hinterhof** *m* back yard **Hinterkopf** *m* back of one's head; ***etw im ~ haben*** (*umg*) to have sth in the back of one's mind **Hinterland** *n* hinterland **hinterlassen** *vt* to leave **Hinterlassenschaft** *f* estate; (*fig*) legacy **hinterlegen** *vt* **a)** (≈ *verwahren lassen*) to deposit; **b)** (≈ *als Pfand hinterlegen*) to leave **Hinterlegung** *f* deposit **Hinterlist** *f* **a)** (≈ *Tücke*) craftiness; **b)** (≈ *Trick, List*) ruse **hinterlistig 1.** *Adj* (≈ *tückisch*) crafty; (≈ *betrügerisch*) deceitful **2.** *Adv* (≈ *tückisch*) cunningly; (≈ *betrügerisch*) deceitfully **Hintermann** *m* person behind; (≈ *Auto*) car behind; ***die Hintermänner des Skandals*** the men behind the scandal **Hintern** *m* (*umg*) backside (*umg*); ***sich auf den ~ setzen*** (≈ *eifrig arbeiten*) to buckle down to work; ***jdm in den ~ kriechen*** to suck up to sb **Hinterrad** *n* rear wheel **Hinterradantrieb** *m* rear wheel drive **hinterrücks** *Adv* from behind; (*fig* ≈ *heimtückisch*) behind sb's back **Hinterseite** *f* back **hinterste(r, s)** *Adj* very back; (≈ *entlegenste*) remotest; ***die Hintersten*** those at the very back; ***das ~ Ende*** the very end *od* (*von Saal*) back **Hinterteil** *n* (*umg*) backside (*umg*) **Hintertreffen** *n* ***im ~ sein*** to be at a disadvantage; ***ins ~ geraten*** to fall behind **hintertreiben** *vt* (*fig*) to foil; *Gesetz* to block **Hintertreppe** *f* back stairs *Pl* **Hintertür** *f* back door; (*fig umg* ≈ *Ausweg*) loophole; ***durch die ~*** (*fig*) through the back door **hinterziehen** *vt Steuern* to evade **Hinterziehung** *f* (*von Steuern*) evasion **Hinterzimmer** *n* back room

hintreten *vi* ***vor jdn ~*** to go up to sb **hintun** *vt* (*umg*) to put; ***ich weiß nicht, wo ich ihn ~ soll*** (*fig*) I can't (quite) place him

hinüber *Adv* over; (*über Grenze, Fluss auch*) across; ***quer ~*** right across; → ***hinüber sein*** **hinüberführen** *vi* (≈ *verlaufen*: *Straße, Brücke*) to go across (*über etw* (*Akk*) sth) **hinübergehen** *vi* to go across; (*zu jdm*) to go over (*über etw* (*Akk*) sth) **hinüberretten** *vt* to bring to safety; (*fig*) *Tradition* to keep alive **hinüber sein** *vi* (*umg* ≈ *verdorben sein*) to be off; (≈ *kaputt, tot sein*) to have had it (*umg*); (≈ *ruiniert sein*) to be done for (*umg*) **hinüberwechseln** *vi* to change over (*zu, in +Akk* to)

Hin- und Rückfahrt *f* return journey **Hin- und Rückflug** *m* return flight **Hin- und Rückweg** *m* round trip

hinunter *Adv* down; ***ins Tal ~*** down into the valley **hinunterfließen** *vi* to flow down **hinuntergehen** *vi* to go down

hinunterschlucken *vt* to swallow (down) **hinunterstürzen 1.** *vi* **a)** (≈ *hinunterfallen*) to tumble down; **b)** (≈ *eilig hinunterlaufen*) to rush down **2.** *vt jdn* to throw down **3.** *vr* to throw oneself down **hinunterwerfen** *vt* to throw down

hinweg *Adv* **a)** ***über jdn/etw ~*** over sb *od* sb's head/sth; **b)** (*zeitlich*) ***über eine Zeit ~*** over a period of time

Hinweg *m* way there; ***auf dem ~*** on the way there

hinweggehen *vi* ***über etw*** (*Akk*) **~** to pass over sth **hinwegkommen** *vi* (*fig*) ***über etw*** (*Akk*) **~** (≈ *verwinden*) to get over sth **hinwegsehen** *vi* ***über jdn/etw ~*** (*wörtl*) to see over sb *od* sb's head/sth; (*fig*) (≈ *ignorieren*) to ignore sb/sth; (≈ *unbeachtet lassen*) to overlook sb/sth **hinwegsetzen** *vr* (*fig*) ***sich über etw*** (*Akk*) **~** (≈ *nicht beachten*) to disregard sth; (≈ *überwinden*) to overcome sth **hinwegtäuschen** *vt* ***jdn über etw*** (*Akk*) **~** to mislead sb about sth; ***darüber ~, dass ...*** to hide the fact that ...

Hinweis *m* **a)** (≈ *Rat*) piece of advice; (≈ *Bemerkung*) comment; (*amtlich*) notice; ***~e für den Benutzer*** notes for the user; **b)** (≈ *Anhaltspunkt*) indication; (*bes von Polizei*) clue **hinweisen 1.** *vt* ***jdn auf etw*** (*Akk*) **~** to point sth out to sb **2.** *vi* ***auf jdn/etw ~*** to point to sb/sth; (≈ *verweisen*) to refer to sb/sth; ***darauf ~, dass ...*** to point out that ... **Hinweisschild** *n* sign

hinwerfen *vt* **a)** to throw down; (≈ *fallen lassen*) to drop; ***jdm etw ~*** to throw sth to sb; ***eine hingeworfene Bemerkung*** a casual remark; **b)** (*umg* ≈ *aufgeben*) *Arbeit* to give up **hinwirken** *vi* ***auf etw*** (*Akk*) **~** to work toward(s) sth **hinwollen** *vi* (*umg*) to want to go **hinziehen 1.** *vt* **a)** (≈ *zu sich ziehen*) to draw (*zu* towards); **b)** (*fig* ≈ *in die Länge ziehen*) to draw out **2.** *vi* to move (*über +Akk* across, *zu* towards) **3.** *vr* **a)** (≈ *lange dauern*) to drag on; (≈ *sich verzögern*) to be delayed; **b)** (≈ *sich erstrecken*) to stretch **hinzielen** *vi* ***auf etw*** (*Akk*) **~** to aim at sth; (*Pläne etc*) to be aimed at sth

hinzu *Adv* ***~ kommt noch, dass ich ...*** moreover I ... **hinzufügen** *vt* to add (*+Dat* to); (≈ *beilegen*) to enclose **hinzukommen** *vi* ***zu etw ~*** to be added to sth; ***es kommt noch hinzu, dass ...*** there is also the fact that ... **hinzutun** *vt* (*umg*) to add **hinzuzählen** *vt* to add **hinzuziehen** *vt* to consult

Hiobsbotschaft *f* bad tidings *Pl*

Hippie *m* hippie

Hipsters *Pl* (≈ *Hüfthose*) hipsters *Pl*, hiphuggers *Pl* (*US*)

Hirn *n* **a)** ANAT brain; **b)** (*umg*) (≈ *Kopf*) head; (≈ *Verstand*) brains *Pl*, mind; ***sich*** (*Dat*) ***das ~ zermartern*** to rack one's brain(s); **c)** KOCH brains *Pl* **Hirngespinst** *n* fantasy **Hirnhaut** *f* ANAT meninges *Pl* **Hirnhautentzündung** *f* MED meningitis **hirnlos** *Adj* brainless **hirnrissig** *Adj* hare-brained **Hirntod** *m* MED brain death **hirntot** *Adj* braindead **Hirntumor** *m* brain tumour (*Brit*) *od* tumor (*US*) **hirnverbrannt** *Adj* hare-brained

Hirsch *m* (≈ *Rothirsch*) red deer; (*männlich*) stag; KOCH venison **Hirschjagd** *f* stag hunt **Hirschkalb** *n* (male) fawn **Hirschkeule** *f* haunch of venison **Hirschkuh** *f* hind **Hirschleder** *n* buckskin

Hirse *f* millet

Hirt *m* herdsman; (≈ *Schafhirt*) shepherd **Hirtin** *f* herdswoman; (≈ *Schafhirtin*) shepherdess

hissen *vt* to hoist

Histamin *n* histamine

Historiker(in) *m(f)* historian **historisch 1.** *Adj* historical; *Gestalt, Ereignis* historic **2.** *Adv* historically; ***das ist ~ belegt*** there is historical evidence for this

Hit *m* (MUS, IT, *fig umg*) hit **Hitliste** *f* charts *Pl* **Hitparade** *f* hit parade; ***in der ~*** MUS in the charts

Hitze *f* **a)** heat; **b)** (*fig*) passion; ***in der ~ des Gefecht(e)s*** (*fig*) in the heat of the moment **hitzebeständig** *Adj* heat-resistant **hitzeempfindlich** *Adj* sensitive to heat **Hitzefrei** *n* ***~ haben*** *to have time off from school on account of excessively hot weather* **Hitzeperiode** *f* hot spell **Hitze(schutz)schild** *m* heat shield **Hitzewelle** *f* heat wave **hitzig** *Adj* (≈ *aufbrausend*) *Mensch* hot-headed; (≈ *leidenschaftlich*) passionate; ***~ werden*** (*Debatte*) to grow heated **Hitzschlag** *m* MED heatstroke

HIV-negativ *Adj* HIV-negative **HIV-positiv** *Adj* HIV-positive **HIV-Virus** *n* HIV-virus

H-Milch *f* long-life milk

HNO-Arzt *m*, **HNO-Ärztin** *f* ENT specialist

Hobby *n* hobby **Hobbyfotograf(in)** *m(f)* amateur photographer **Hobbyraum** *m* workroom

Hobel *m* TECH plane **Hobelbank** *f* carpenter's *od* joiner's bench **hobeln** *vti* TECH to plane; ***wo gehobelt wird, da fallen Späne*** (*Sprichw*) you can't make an omelette without breaking eggs (*Sprichw*) **Hobelspan** *m* shaving

H

hoch 1. *Adj* high; *Baum, Mast* tall; *Summe* large; *Strafe* heavy; *Schaden* extensive; ***hohe Verluste*** heavy losses; ***in hohem Maße verdächtig*** highly suspicious; ***in hohem Maße gefährdet*** in grave danger; ***mit hoher Wahrscheinlichkeit*** in all probability; ***das hohe C*** MUS top C; ***das ist mir zu ~*** (*fig umg*) that's (well) above (*bes Brit*) *od* over my head; ***ein hohes Tier*** (*fig umg*) a big fish (*umg*); ***das Hohe Haus*** PARL the House **2.** *Adv* **a)** (≈ *oben*) high; ***~ oben*** high up; ***zwei Treppen ~ wohnen*** to live two floors up; ***er sah zu uns ~*** (*umg*) he looked up to us; MATHE ***7 ~ 3*** 7 to the power of 3; **b)** (≈ *sehr*) *angesehen, entwickelt* highly; *zufrieden, erfreut* very; ***~ beglückt*** = ***hochbeglückt***; **c)** ***~ begabt*** = ***hochbegabt***; ***~ empfindlich*** = ***hochempfindlich***; ***~ qualifiziert*** highly qualified; ***das rechne ich ihm ~ an*** (I think) that is very much to his credit; ***~ gewinnen*** to win handsomely; ***~ hinauswollen*** to be ambitious; ***wenn es ~ kommt*** (*umg*) at (the) most; ***~ schätzen*** (≈ *verehren*) to respect highly; ***~ verlieren*** to lose heavily; ***die Polizei rückte an, 50 Mann ~*** (*umg*) the police arrived, 50 strong; ***~!*** cheers!; ***~ und heilig versprechen*** to promise faithfully **Hoch** *n* **a)** (≈ *Ruf*) ***ein (dreifaches) ~ für*** *od* ***auf jdn ausbringen*** to give three cheers for sb; **b)** (METEO, *fig*) high **Hochachtung** *f* deep respect; ***bei aller ~ vor jdm/etw*** with (the greatest) respect for sb/sth **hochachtungsvoll** *Adv* (*Briefschluss*) (*bei Anrede mit Sir/Madam*) yours faithfully (*Brit*), sincerely yours (*US*); (*bei Anrede mit Namen*) yours sincerely (*Brit*), sincerely yours (*US*) **Hochadel** *m* high nobility **hochaktuell** *Adj* highly topical **Hochaltar** *m* high altar **hochanständig** *Adj* very decent **hocharbeiten** *vr* to work one's way up **hochauflösend** *Adj* IT, TV high-resolution **Hochbahn** *f* elevated railway (*Brit*) *od* railroad (*US*), el (*US umg*) **Hochbau** *m* structural engineering **hochbegabt** *Adj* highly gifted *od* talented **Hochbegabte(r)** *mf* gifted person *od* child **hochbeglückt** *Adj* highly delighted **hochbetagt** *Adj* aged *attr*, advanced in years **Hochbetrieb** *m* (*in Geschäft etc*) peak period; (≈ *Hochsaison*) high season **hochbringen** *vt* (*umg*) **a)** (≈ *nach oben bringen*) to bring *od* take up; **b)** (*umg* ≈ *hochheben können*) to (manage to) get up **Hochburg** *f* (*fig*) stronghold **hochdeutsch** *Adj* standard *od* High German **Hochdeutsch(e)** *n* standard *od* High German **Hochdruck** *m* METEO high pressure; MED high blood pressure; ***mit ~ arbeiten*** to work at full stretch **Hochdruckgebiet** *n* METEO high-pressure area **Hochebene** *f* plateau **hochempfindlich** *Adj* TECH highly sensitive; *Film* fast; *Stoff* very delicate **hochfahren 1.** *vi* **a)** (≈ *nach oben fahren*) to go up; (*in Auto*) to drive *od* go up; **b)** (*erschreckt*) to start (up) **2.** *vt* to take up; TECH to start up; *Computer* to boot up; (*fig*) *Produktion* to increase **hochfahrend** *Adj* (≈ *überheblich*) arrogant **Hochfinanz** *f* high finance **hochfliegen** *vi* to fly up; (≈ *in die Luft geschleudert werden*) to be thrown up **hochfliegend** *Adj Pläne* ambitious **Hochform** *f* top form **Hochformat** *n* vertical format **Hochfrequenz** *f* ELEK high frequency **Hochgarage** *f* multistorey car park (*Brit*), multistory parking garage (*US*) **Hochgebirge** *n* high mountains *Pl* **hochgehen** *vi* **a)** (≈ *hinaufgehen*) to go up; **b)** (*umg* ≈ *explodieren*) to blow up; (*Bombe*) to go off; ***etw ~ lassen*** to blow sth up; **c)** (*umg* ≈ *wütend werden*) to go through the roof; **d)** (*umg* ≈ *gefasst werden*) to get nabbed (*umg*); ***jdn ~ lassen*** to bust sb (*umg*) **hochgeistig** *Adj* highly intellectual **Hochgenuss** *m* special treat; (≈ *großes Vergnügen*) great pleasure **Hochgeschwindigkeitszug** *m* high-speed train **hochgesteckt** *Adj (fig) Ziele* ambitious **hochgestellt** *Adj Ziffer* superscript, superior **hochgestochen** *Adj (pej umg)* highbrow; *Stil* pompous; (≈ *eingebildet*) stuck-up (*umg*) **hochgewachsen** *Adj* tall **hochgezüchtet** *Adj (mst pej) Motor* souped-up (*umg*); *Tiere, Pflanzen* overbred **Hochglanz** *m* high polish *od* shine; FOTO gloss **Hochglanzpapier** *n* high gloss paper **hochgradig** **1.** *Adj* extreme; (*umg*) *Unsinn etc* absolute, utter **2.** *Adv* extremely **hochhalten** *vt* **a)** (≈ *in die Höhe halten*) to hold up; **b)** (≈ *in Ehren halten*) to uphold **Hochhaus** *n* high-rise building **hochheben** *vt Hand, Arm* to lift, to raise; *Kind, Last* to lift up **hochinteressant** *Adj* very *od* most interesting **hochkant** *Adv* **a)** (*wörtl*) on end; ~ ***stellen*** to put on end; **b)** (*fig umg, a.* **hochkantig**) ~ ***hinausfliegen*** to be chucked out (*umg*) **hochkarätig** *Adj* **a)** *Gold* high-carat; **b)** (*fig*) top-class **hochklappen** *vt Tisch, Stuhl* to fold up; *Sitz* to tip up; *Deckel* to lift (up) **hochkommen** *vi* to come up; (≈ *aufstehen können*) to (manage to) get up; (*umg: beruflich*) to come up in the world **Hochkonjunktur** *f* boom **hochkonzentriert** *Adj Säure* highly concentrated **hochkrempeln** *vt* to roll up **hochkriegen** *vt* (*umg*) = ***hochbekommen*** **hochladen** *vt* IT to upload **Hochland** *n* highland **hochleben** *vi* ***jdn ~ lassen*** to give three cheers for sb; ***er lebe hoch!*** three cheers (for him)! **Hochleistung** *f* first-class performance **Hochleistungssport** *m* top-class sport **Hochleistungssportler(in)** *m(f)* top athlete **hochmodern** *Adj* very modern **Hochmoor** *n* moor **Hochmut** *m* arrogance **hochmütig** *Adj* arrogant **hochnäsig** (*umg*) *Adj* snooty (*umg*) **hochnehmen** *vt* **a)** (≈ *heben*) to lift; *Kind, Hund* to pick *od* lift up; **b)** (*umg* ≈ *necken*) ***jdn ~*** to pull sb's leg; **c)** (*umg* ≈ *verhaften*) to pick up (*umg*) **Hochofen** *m* blast furnace **hochprozentig** *Adj alkoholische Getränke* high-proof **hochqualifiziert** *Adj* → ***hoch*** **hochrechnen** **1.** *vt* to project **2.** *vi* to make a projection **Hochrechnung** *f* projection **Hochruf** *m* cheer **Hochsaison** *f* high season **hochschlagen** *vt Kragen* to turn up **hochschnellen** *vi* to leap up **Hochschulabschluss** *m* degree **Hochschulabsolvent(in)** *m(f)* graduate **Hochschul(aus)bildung** *f* university education **Hochschule** *f* college; (≈ *Universität*) university; ***Technische ~*** technical college **Hochschüler(in)** *m(f)* student **Hochschullehrer(in)** *m(f)* college/university teacher, lecturer (*Brit*) **hochschwanger** *Adj* well advanced in pregnancy **Hochsee** *f* high sea **Hochseefischerei** *f* deep-sea fishing **Hochseeschifffahrt** *f* deep-sea shipping **hochsehen** *vi* to look up **hochsensibel** *Adj* highly sensitive **Hochsicherheitstrakt** *m* high-security wing **Hochsitz** *m* JAGD (raised) hide **Hochsommer** *m* midsummer *ohne Artikel* **hochsommerlich** *Adj* very summery **Hochspannung** *f* (ELEK, *fig*) high tension; ***„Vorsicht ~"*** "danger - high voltage" **Hochspannungsleitung** *f* high-tension line **Hochspannungsmast** *m* pylon **hochspielen** *vt* (*fig*) to play up; ***etw*** (***künstlich***) ~ to blow sth (up) out of all proportion **Hochsprache** *f* standard language **hochspringen** *vi* to jump up **Hochspringer(in)** *m(f)* high jumper **Hochsprung** *m* (≈ *Disziplin*) high jump

höchst *Adv* (≈ *überaus*) extremely, most **Höchstalter** *n* maximum age

Hochstapelei *f* JUR fraud **Hochstapler(in)** *m(f)* confidence trickster

Höchstbetrag *m* maximum amount **höchstenfalls** *Adv* at (the) most **höchstens** *Adv* not more than; (≈ *bestenfalls*) at the most, at best **höchste(r, s)** **1.** *Adj* highest; *Baum, Mast* tallest; *Summe* largest; *Strafe* heaviest; *Not, Gefahr, Wichtigkeit* utmost, greatest; ***im ~n Grade/Maße*** extremely; ***im ~n Fall(e)*** at the most; ***~ Zeit*** *od* ***Eisenbahn*** (*umg*) high time; ***aufs Höchste erfreut*** *etc* highly *od* greatly *od* tremendously (*umg*) pleased *etc*; ***die ~ Instanz*** the supreme court of appeal **2.** *Adv* ***am ~n*** highest; *verehren* most (of all); *begabt* most; *besteuert* (the) most heavily **Höchstfall** *m* ***im ~*** (≈ *nicht mehr als*) not more than; (≈ *bestenfalls*) at the most, at best

H

Höchstform *f* SPORT top form **Höchstgebot** *n* highest bid **Höchstgeschwindigkeit** *f* top *od* maximum speed; ***zulässige ~*** speed limit **Höchstgrenze** *f* upper limit **Höchstleistung** *f* best performance; (*bei Produktion*) maximum output **Höchstmaß** *n* maximum amount (*an +Dat* of) **höchstpersönlich** *Adv* personally **Höchstpreis** *m* top *od* maximum price **Höchststand** *m* highest level **Höchststrafe** *f* maximum penalty

Hochstuhl *m* highchair

höchstwahrscheinlich *Adv* most probably *od* likely **Höchstwert** *m* maximum value **höchstzulässig** *Adj* maximum (permissible)

Hochtechnologie *f* high technology **Hochtemperaturreaktor** *m* high temperature reactor **Hochtour** *f* ***auf ~en arbeiten*** (*Maschinen*) to run at full speed; (*Fabrik etc*) to work at full steam; ***etw auf ~en bringen*** *Motor* to rev sth up to full speed; *Produktion, Kampagne* to get sth into full swing **hochtourig** **1.** *Adj Motor* high-revving **2.** *Adv* ***~ fahren*** to drive at high revs **hochtrabend** (*pej*) *Adj* pompous **hoch treiben** *vt* **a**) (≈ *hinauftreiben*) to drive up; **b**) (*fig*) *Preise, Kosten* to force up **Hoch- und Tiefbau** *m* structural and civil engineering **Hochverrat** *m* high treason **Hochwasser** *n* **a**) (≈ *von Flut*) high tide; **b**) (≈ *in Flüssen, Seen*) high water; (≈ *Überschwemmung*) flood; ***~ haben*** (*Fluss*) to be in flood **hochwerfen** *vt* to throw up **hochwertig** *Adj* high-quality; *Nahrungsmittel* highly nutritious **Hochwild** *n* big game **Hochzahl** *f* exponent

Hochzeit *f* wedding; ***etw zur ~ geschenkt bekommen*** to get sth as a wedding present; ***silberne ~*** silver wedding (anniversary) **Hochzeitskleid** *n* wedding dress **Hochzeitsnacht** *f* wedding night **Hochzeitsreise** *f* honeymoon **Hochzeitstag** *m* wedding day; (≈ *Jahrestag*) wedding anniversary

hochziehen **1.** *vt* **a**) *Gegenstand* to pull up; **b**) (*umg* ≈ *bauen*) to throw up (*umg*) **2.** *vr* to pull oneself up

Hocke *f* squatting position; (≈ *Übung*) squat; ***in die ~ gehen*** to squat (down) **hocken** *vi* to squat, to crouch; (*umg* ≈ *sitzen*) to sit **Hocker** *m* (≈ *Stuhl*) stool; ***jdn vom ~ hauen*** (*fig umg*) to bowl sb over (*umg*)

Höcker *m* hump; (*auf Schnabel*) knob

Hockey *n* hockey (*Brit*), field hockey (*US*) **Hockeyschläger** *m* (field (*US*)) hockey stick **Hockeyspieler(in)** *m(f)* (field (*US*)) hockey player

Hoden *m* testicle **Hodensack** *m* scrotum

Hof *m* **a**) (≈ *Platz*) yard; (≈ *Innenhof*) courtyard; (≈ *Schulhof*) playground; **b**) (≈ *Bauernhof*) farm; **c**) (≈ *Fürstenhof*) court; ***~ halten*** to hold court; **d**) (*um Sonne, Mond*) halo

hoffen **1.** *vi* to hope; ***auf jdn ~*** to set one's hopes on sb; ***auf etw*** (*Akk*) ***~*** to hope for sth; ***ich will nicht ~, dass er das macht*** I hope he doesn't do that **2.** *vt* to hope for; ***~ wir das Beste!*** let's hope for the best!; ***ich hoffe es*** I hope so; ***das will ich (doch wohl) ~*** I should hope so **hoffentlich** *Adv* hopefully; ***hoffentlich!*** I hope so; ***~ nicht*** I/we hope not **Hoffnung** *f* hope; ***sich*** (*Dat*) ***~en machen*** to have hopes; ***sich*** (*Dat*) ***keine ~en machen*** not to hold out any hopes; ***mach dir keine ~(en)!*** I wouldn't even think about it; ***jdm ~en machen*** to raise sb's hopes; ***jdm auf etw*** (*Akk*) ***~en machen*** to lead sb to expect sth; ***die ~ aufgeben*** to abandon hope **hoffnungslos** **1.** *Adj* hopeless **2.** *Adv* hopelessly **Hoffnungslosigkeit** *f* hopelessness; (≈ *Verzweiflung*) despair **Hoffnungsschimmer** *m* glimmer of hope **Hoffnungsträger(in)** *m(f)* person on whom hopes are pinned **hoffnungsvoll** **1.** *Adj* hopeful; (≈ *viel versprechend*) promising **2.** *Adv* full of hope

Hofhund *m* watchdog

hofieren *vt* (*veralt*) to court

höflich **1.** *Adj* polite; (≈ *zuvorkommend*) courteous **2.** *Adv* politely **Höflichkeit** *f* **a**) politeness; (≈ *Zuvorkommenheit*) courteousness; **b**) (≈ *höfliche Bemerkung*) compliment **Höflichkeitsbesuch** *m* courtesy visit

hohe *Adj* → **hoch**

Höhe *f* **a**) height; ***an ~ gewinnen*** FLUG to gain height, to climb; ***in einer ~ von*** at a height of; ***in die ~ gehen*** (*fig: Preise etc*) to go up; **b**) (≈ *Anhöhe*) hill;

(≈ *Gipfel*) top, summit; ***sich nicht auf der ~ fühlen*** (*gesundheitlich*) to feel below par; (*leistungsfähig*) not to be up to scratch; ***das ist doch die ~!*** (*fig umg*) that's the limit!; **c)** (≈ *Ausmaß, Größe*) level; (*von Summe, Gewinn, Verlust*) size, amount; (*von Schaden*) extent; ***ein Betrag in ~ von*** an amount of; ***bis zu einer ~ von*** up to a maximum of; **d)** (MUS: *von Stimme*) pitch; RADIO treble *kein Pl*

Hoheit *f* **a)** (≈ *Staatshoheit*) sovereignty (*über +Akk* over); **b)** (*als Anrede*) Highness **hoheitlich** *Adj* sovereign **Hoheitsgebiet** *n* sovereign territory **Hoheitsgewalt** *f* (national) jurisdiction **Hoheitsgewässer** *Pl* territorial waters *Pl* **Hoheitsrecht** *n* sovereign jurisdiction *od* rights *Pl*

Höhenangst *f* fear of heights **Höhenflug** *m* high-altitude flight; ***geistiger ~*** intellectual flight (of fancy) **Höhenkrankheit** *f* MED altitude sickness **Höhenlage** *f* altitude **Höhenmesser** *m* FLUG altimeter **Höhensonne®** *f* (≈ *Lampe*) sunray lamp **Höhenunterschied** *m* difference in altitude **Höhenzug** *m* mountain range **Höhepunkt** *m* highest point; (*von Tag, Leben*) high spot; (*von Veranstaltung*) highlight; (*von Karriere etc*) height, peak; (*eines Stücks* ≈ *Orgasmus*) climax; ***den ~ erreichen*** to reach a *od* its/one's climax; (*Krankheit*) to reach *od* come to a crisis **höher 1.** *Adj* higher; ***~e Schule*** secondary school, high school (*bes US*); ***~e Gewalt*** an act of God; ***in ~em Maße*** to a greater extent **2.** *Adv* higher; ***ihre Herzen schlugen ~*** their hearts beat faster

hohe(r, s) *Adj* → ***hoch***

höhergestellt *Adj* higher, more senior **höherschrauben** *vt* (*fig*) to increase; *Preise* to force *od* push up **höherstufen** *vt Person* to upgrade

hohl *Adj* hollow; ***in der ~en Hand*** in the hollow of one's hand **Höhle** *f* cave; (*fig* ≈ *schlechte Wohnung*) hovel **Höhlenbewohner(in)** *m(f)* cave dweller, troglodyte **Höhlenforscher(in)** *m(f)* cave explorer **Höhlenforschung** *f* speleology **Höhlenmensch** *m* caveman **Hohlheit** *f* hollowness **Hohlkörper** *m* hollow body **Hohlkreuz** *n* MED hollow back **Hohlmaß** *n* measure of capacity **Hohlraum** *m* hollow space; BAU cavity **Höhlung** *f* hollow

Hohn *m* scorn, derision; ***nur ~ und Spott ernten*** to get nothing but scorn and derision; ***das ist der reine*** *od* ***reinste ~*** it's an utter mockery **höhnen** *vi* to jeer, to sneer (*über +Akk* at) **Hohngelächter** *n* scornful *od* derisive laughter **höhnisch 1.** *Adj* scornful, sneering **2.** *Adv* scornfully; ***~ grinsen*** to sneer

Hokuspokus *m* (≈ *Zauberformel*) hey presto; (*fig* ≈ *Täuschung*) hocus-pocus (*umg*)

Holdinggesellschaft *f* HANDEL holding company

holen *vt* **a)** (≈ *holen gehen*) to fetch, to get; ***jdn ~ lassen*** to send for sb; **b)** (≈ *abholen*) to fetch, to pick up; **c)** (≈ *kaufen*) to get, to pick up (*umg*); **d)** (≈ *sich zuziehen*) *Krankheit* to catch, to get; ***sonst wirst du dir etwas ~*** or you'll catch something; ***sich*** (*Dat*) ***eine Erkältung ~*** to catch a cold; **e)** ***sich*** (*Dat*) ***etw ~*** to get (oneself) sth; ***bei ihm ist nichts zu ~*** (*umg*) you *etc* won't get anything out of him

Holland *n* Holland, the Netherlands *Pl* **Holländer** *m* Dutchman; ***die ~*** the Dutch (people) **Holländerin** *f* Dutchwoman, Dutch girl **holländisch** *Adj* Dutch

Hölle *f* hell; ***in der ~*** in hell; ***die ~ auf Erden*** hell on earth; ***zur ~ mit...*** to hell with ... (*umg*); ***in die ~ kommen*** to go to hell; ***ich werde ihm die ~ heiß machen*** (*umg*) I'll give him hell (*umg*); ***er machte ihr das Leben zur ~*** he made her life (a) hell (*umg*) **Höllenangst** *f* (*umg*) terrible fear; ***eine ~ haben*** to be scared stiff (*umg*)

Holler *m* (*österr* ≈ *Holunderbeeren*) elderberries *Pl*

höllisch 1. *Adj* **a)** (≈ *die Hölle betreffend*) infernal, of hell; **b)** (*umg* ≈ *außerordentlich*) dreadful, hellish (*umg*); ***eine ~e Angst haben*** to be scared stiff (*umg*) **2.** *Adv* (*umg*) like hell (*umg*), hellishly (*umg*)

Holm *m* (*von Barren*) bar

Holocaust *m* holocaust

Holografie *f* holography **Hologramm** *n* hologram

holperig *Adj* **a)** *Weg* bumpy; **b)** *Rede*

H

stumbling **holpern** *vi* to bump, to jolt **Holunder** *m* elder; (≈ *Früchte*) elderberries *Pl* **Holunderbeere** *f* elderberry

Holz *n* wood; (*bes zum Bauen*) timber, lumber (*bes US*); ***aus ~*** made of wood, wooden; ***~ fällen*** to fell trees; ***~ verarbeitend*** wood-processing; ***aus hartem** od **härterem ~ geschnitzt sein*** (*fig*) to be made of stern *od* sterner stuff; ***aus demselben ~ geschnitzt sein*** (*fig*) to be cast in the same mould (*Brit*) *od* mold (*US*) **Holzbearbeitung** *f* woodworking; (*im Sägewerk*) timber processing **Holzbein** *n* wooden leg **Holzbläser(in)** *m(f)* woodwind player **Holzboden** *m* (≈ *Fußboden*) wooden floor **hölzern** **1.** *Adj* wooden **2.** *Adv* (*fig*) woodenly, stiffly **Holzfäller(in)** *m(f)* woodcutter, lumberjack (*bes US*) **Holzfaserplatte** *f* (wood) fibreboard (*Brit*) *od* fiberboard (*US*) **holzfrei** *Adj Papier* wood-free **Holzhacker(in)** *m(f)* (*bes österr*) woodcutter, lumberjack (*bes US*) **Holzhammer** *m* mallet; ***jdm etw mit dem ~ beibringen*** to hammer sth into sb (*umg*) **Holzhaus** *n* wooden *od* timber house **holzig** *Adj* woody **Holzklotz** *m* block of wood, log **Holzkohle** *f* charcoal **Holzkopf** *m* (*fig umg*) blockhead (*umg*) **Holzschnitt** *m* wood engraving **Holzschnitzer(in)** *m(f)* wood carver **Holzschuh** *m* wooden shoe, clog **Holzschutzmittel** *n* wood preservative **Holzstich** *m* wood engraving **Holzstoß** *m* pile of wood **Holztäfelung** *f* wood(en) panelling (*Brit*) *od* paneling (*US*) **Holzweg** *m* ***auf dem ~ sein*** (*fig umg*) to be on the wrong track (*umg*) **Holzwolle** *f* wood-wool **Holzwurm** *m* woodworm

Homebanking *n* home banking **Homepage** *f* (IT, *im Internet*) home page **Homeshopping** *n* home shopping **Hometrainer** *m* = ***Heimtrainer***

Homo *m* (*veralt umg*) homo (*veralt umg*), queer (*umg*) **Homo-Ehe**, **Homoehe** *f* (*umg*) gay marriage **homogen** *Adj* homogeneous **homogenisieren** *vt* to homogenize

Homöopath(in) *m(f)* homoeopath **Homöopathie** *f* homoeopathy **homöopathisch** *Adj* homoeopathic

Homosexualität *f* homosexuality **homosexuell** *Adj* homosexual **Homosexuelle(r)** *mf* homosexual

Honduras *n* Honduras

Hongkong *n* Hong Kong

Honig *m* honey **Honigbiene** *f* honeybee **Honigkuchen** *m* honey cake **Honiglecken** *n* (*fig*) ***das ist kein ~*** it's no picnic **Honigmelone** *f* honeydew melon **honigsüß** *Adj* as sweet as honey; (*fig*) *Worte, Ton* honeyed; *Lächeln* sickly sweet

Honorar *n* fee; (≈ *Autorenhonorar*) royalty **Honoratioren** *Pl* dignitaries *Pl* **honorieren** *vt* **a)** (≈ *bezahlen*) to pay; FINANZ *Wechsel, Scheck* to honour (*Brit*), to honor (*US*), to meet; **b)** (≈ *belohnen*) *Bemühungen* to reward

honoris causa *Adv* ***Dr. ~*** honorary doctor

Hooligan *m* hooligan

Hopfen *m* BOT hop; (*beim Brauen*) hops *Pl*; ***bei** od **an ihm ist ~ und Malz verloren*** (*umg*) he's a hopeless case

hopp *Interj* quick; ***mach mal ein bisschen ~!*** (*umg*) chop, chop! (*umg*) **hoppeln** *vi* (*Hase*) to lollop **hoppla** *Interj* whoops, oops **hops** *Adj* (*umg*) ***~ sein*** (≈ *verloren*) to be lost; (*Geld*) to be down the drain (*umg*) **hopsen** *vi* (*umg*) (≈ *hüpfen*) to hop; (≈ *springen*) to jump **hopsgehen** *vi* (*umg* ≈ *verloren gehen*) to get lost; (*umg* ≈ *sterben*) to croak (*umg*) **hopsnehmen** *vt* ***jdn ~*** (*umg* ≈ *verhaften*) to nab sb (*umg*)

hörbar *Adj* audible **hörbehindert** *Adj* partially deaf, with impaired hearing **Hörbuch** *n* talking book

horchen *vi* to listen (*+Dat, auf +Akk* to); (*heimlich*) to eavesdrop **Horcher(in)** *m(f)* eavesdropper

Horde *f* horde

hören *vti* **a)** to hear; ***ich höre dich nicht*** I can't hear you; ***schwer ~*** to be hard of hearing; ***du hörst wohl schwer!*** (*umg*) you must be deaf!; ***hört, hört!*** (*Zustimmung*) hear! hear!; ***das lässt sich ~*** (*fig*) that doesn't sound bad; ***na ~ Sie mal!*** wait a minute!; ***von etw/jdm ~*** to hear of sth/from sb; ***Sie werden noch von mir ~*** (*umg* ≈ *Drohung*) you'll be hearing from me; ***nie gehört!*** (*umg*) never heard of him/it *etc*; ***nichts von sich***

~ lassen not to get in touch; **ich lasse von mir ~** I'll be in touch; **b)** (≈ *sich nach etw richten*) to listen, to pay attention; (≈ *gehorchen*) to obey, to listen; **auf jdn/etw ~** to listen to *od* heed sb/sth **Hörensagen** *n* **vom ~** from *od* by hearsay **Hörer** *m* TELEK receiver **Hörer(in)** *m(f)* RADIO listener; UNI student (attending lectures) **Hörerschaft** *f* RADIO listeners *Pl*, audience; UNI number of students (attending a lecture) **Hörfehler** *m* MED hearing defect; **das war ein ~** I/he *etc* misheard it **Hörgerät** *n*, **Hörhilfe** *f* hearing aid **hörgeschädigt** *Adj* partially deaf, with impaired hearing **hörig** *Adj* dependent (+*Dat* on); **jdm (sexuell) ~ sein** to be (sexually) dependent on sb **Hörigkeit** *f* dependence; (*sexuell*) sexual dependence

Horizont *m* horizon; **am ~** on the horizon; **das geht über meinen ~** (*fig*) that is beyond me **horizontal** **1.** *Adj* horizontal **2.** *Adv* horizontally **Horizontale** *f* MATHE horizontal (line)

Hormon *n* hormone **hormonal** **1.** *Adj* hormone *attr*, hormonal **2.** *Adv behandeln* with hormones; *gesteuert* by hormones; **~ bedingt sein** to be caused by hormones **Hormonbehandlung** *f* hormone treatment

Hörmuschel *f* TELEK earpiece

Horn *n* **a)** horn; **sich** (*Dat*) **die Hörner abstoßen** (*umg*) to sow one's wild oats; **jdm Hörner aufsetzen** (*umg*) to cuckold sb; **b)** MUS horn; MIL bugle; **ins gleiche ~ blasen** to chime in **Hornbrille** *f* horn-rimmed glasses *Pl* **Hörnchen** *n* **a)** (≈ *Gebäck*) croissant; **b)** ZOO squirrel

Hörnerv *m* auditory nerve

Hornhaut *f* callus; (*des Auges*) cornea

Hornisse *f* hornet

Hornist(in) *m(f)* horn player; MIL bugler

Horoskop *n* horoscope

horrend *Adj* horrendous

Hörrohr *n* **a)** ear trumpet; **b)** MED stethoscope

Horror *m* horror (*vor* +*Dat* of) **Horrorfilm** *m* horror film **Horrorszenario** *n* horror scenario **Horrortrip** *m* (*umg*) horror trip (*umg*)

Hörsaal *m* UNI lecture theatre (*Brit*) *od* theater (*US*) **Hörspiel** *n* RADIO radio play

Horst *m* (≈ *Nest*) nest; (≈ *Adlerhorst*) eyrie

Hörsturz *m* hearing loss

Hort *m* **a)** (*geh* ≈ *Zufluchtsstätte*) refuge, shelter; **ein ~ der Freiheit** a stronghold of liberty; **b)** (≈ *Kinderhort*) ≈ after-school club (*Brit*), ≈ after-school daycare (*US*) **horten** *vt* to hoard; *Rohstoffe etc* to stockpile

Hortensie *f* hydrangea

Hörweite *f* hearing range; **in/außer ~** within/out of hearing *od* earshot

Höschen *n* (≈ *Unterhose*) (pair of) panties *Pl* **Hose** *f* trousers *Pl* (*bes Brit*), pants *Pl* (*bes US*); **eine ~** a pair of trousers *etc*; **die ~n anhaben** (*fig umg*) to wear the trousers (*Brit*) *od* pants (*umg*); **sich** (*Dat*) **in die ~n machen** (*wörtl*) to dirty oneself; (*fig umg*) to shit oneself (*sl*); **in die ~ gehen** (*umg*) to be a complete flop (*umg*); **tote ~** (*umg*) nothing doing (*umg*) **Hosenanzug** *m* trouser suit (*Brit*), pantsuit (*US*) **Hosenbein** *n* trouser (*bes Brit*) *od* pant (*bes US*) leg **Hosenboden** *m* seat (of trousers (*bes Brit*) *od* pants (*bes US*)); **sich auf den ~ setzen** (*umg*) (≈ *arbeiten*) to get stuck in (*umg*) **Hosenbund** *m* waistband **Hosenschlitz** *m* flies *Pl*, fly **Hosentasche** *f* trouser pocket (*Brit*), pant(s) *od* trousers pocket (*US*) **Hosenträger** *Pl* (pair of) braces *Pl* (*Brit*) *od* suspenders *Pl* (*US*)

Hospiz *n* hospice

Host *m* IT host

Hostess *f* hostess

Hostie *f* KIRCHE host, consecrated wafer

Hotdog *n od m*, **Hot Dog** *n od m* KOCH hot dog

Hotel *n* hotel **Hotelboy** *m* bellboy (*US*), bellhop (*US*) **Hotelfach** *n* hotel management **Hotelfachschule** *f* college of hotel management **Hotelführer** *m* hotel guide **Hotelportier** *m* hotel porter **Hotelzimmer** *n* hotel room

Hotkey *m* IT hot key **Hotline** *f* helpline

Hub *m* TECH **a)** (≈ *Kolbenhub*) (piston) stroke; **b)** (≈ *Leistung*) lifting *od* hoisting capacity

Hubbel *m* (*umg*) bump

hüben *Adv* **~ und drüben** on both sides

Hubraum *m* AUTO cubic capacity

hübsch **1.** *Adj* pretty; *Geschenk* lovely,

H

delightful; (*umg* ≈ *nett*) lovely, nice; ***ein ~es Sümmchen*** (*umg*) a tidy sum **2.** *Adv* **a)** (≈ *nett*) *einrichten, sich kleiden* nicely; ***~ aussehen*** to look pretty; **b)** (*umg*) ***~ artig*** nice and good; ***das wirst du ~ bleiben lassen!*** don't you dare

Hubschrauber *m* helicopter **Hubschrauberlandeplatz** *m* heliport

Hucke *f* (*umg*) ***jdm die ~ vollhauen*** to give sb a good thrashing (*umg*); ***jdm die ~ volllügen*** to tell sb a pack of lies **huckepack** *Adv* piggy-back **Huckepackverkehr** *m* BAHN piggy-back transport (*US*), motorail service

H

hudeln *vi* (*bes südd, österr: umg*) to work sloppily

Huf *m* hoof **Hufeisen** *n* horseshoe **hufeisenförmig** *Adj* horseshoe-shaped **Hüferl** *n* (*österr* KOCH: *von Rind*) haunch **Huflattich** *m* BOT coltsfoot **Hufschmied(in)** *m(f)* blacksmith

Hüftbein *n* hipbone **Hüfte** *f* hip; (*von Tieren*) haunch **Hüftgelenk** *n* hip joint **Hüfthalter** *m* girdle **hüfthoch** *Adj Pflanzen etc* waist-high; *Wasser etc* waist-deep; ***wir standen ~ im Schlamm*** we stood up to the waist in mud

Huftier *n* hoofed animal

Hüftknochen *m* hipbone **Hüftleiden** *n* hip trouble

Hügel *m* hill; (≈ *Erdhaufen*) mound **hügelig** *Adj* hilly

Huhn *n* **a)** chicken; ***da lachen ja die Hühner*** (*umg*) what a joke; **b)** (*fig umg*) ***ein verrücktes ~*** a strange *od* odd character; ***ein dummes ~*** a silly goose **Hühnchen** *n* (young) chicken, pullet; (≈ *Brathühnchen*) (roast) chicken; ***mit jdm ein ~ zu rupfen haben*** (*umg*) to have a bone to pick with sb (*umg*) **Hühnerauge** *n* MED corn **Hühnerbrust** *f* KOCH chicken breast **Hühnerei** *n* hen's egg **Hühnerfarm** *f* chicken farm **Hühnerfrikassee** *n* chicken fricassee **Hühnerfutter** *n* chicken feed **Hühnerhof** *m* chicken run **Hühnerklein** *n* KOCH chicken trimmings *Pl* **Hühnerleiter** *f* chicken ladder **Hühnerstall** *m* henhouse, chicken coop **Hühnerzucht** *f* chicken breeding *od* farming

hui *Interj* whoosh

huldigen *vi* +*Dat* (*lit*) **a)** *einem Künstler, Lehrmeister etc* to pay homage to; **b)** *einer Ansicht* to subscribe to; *einem Glauben etc* to embrace; *einem Laster* to indulge in **Huldigung** *f* (*lit* ≈ *Verehrung, Beifall*) homage; ***jdm seine ~ darbringen*** to pay homage to sb

Hülle *f* **a)** cover; (*für Ausweiskarten etc*) holder, case; ***die sterbliche ~*** the mortal remains *Pl*; **b)** ***in ~ und Fülle*** in abundance; ***Whisky/Frauen*** *etc* ***in ~ und Fülle*** whisky/women *etc* galore **hüllen** *vt* (*geh*) to wrap; ***in Dunkel gehüllt*** shrouded in darkness; ***sich in Schweigen ~*** to remain silent

Hülse *f* **a)** (≈ *Schale*) hull, husk; (≈ *Schote*) pod; **b)** (≈ *Etui, Kapsel*) case; (*von Geschoss*) case **Hülsenfrucht** *f* pulse

human **1.** *Adj* humane **2.** *Adv* humanely **Humanismus** *m* humanism **Humanist(in)** *m(f)* humanist; (≈ *Altsprachler*) classicist **humanistisch** *Adj* humanist(ic); (≈ *altsprachlich*) classical; ***~e Bildung*** classical education **humanitär** *Adj* humanitarian **Humanität** *f* humaneness, humanity **Humankapital** *n* WIRTSCH human resources *Pl*, human capital **Humanmedizin** *f* (human) medicine

Humbug *m* (*umg*) humbug (*umg*)

Hummel *f* bumblebee

Hummer *m* lobster

Humor *m* humour (*Brit*), humor (*US*); ***er hat keinen (Sinn für) ~*** he has no sense of humo(u)r; ***sie nahm die Bemerkung mit ~ auf*** she took the remark in good humo(u)r **Humorist(in)** *m(f)* humorist; (≈ *Komiker*) comedian **humoristisch** *Adj* humorous **humorlos** *Adj* humourless (*Brit*), humorless (*US*) **Humorlosigkeit** *f* humourlessness (*Brit*), humorlessness (*US*) **humorvoll** **1.** *Adj* humorous, amusing **2.** *Adv* humorously, amusingly

humpeln *vi* to hobble

Humpen *m* tankard, mug; (*aus Ton*) stein

Humus *m* humus **Humusboden** *m*, **Humuserde** *f* humus soil

Hund *m* dog; (*bes Jagdhund*) hound; ***junger ~*** puppy, pup; ***wie ~ und Katze leben*** to live like cat and dog; ***er ist bekannt wie ein bunter ~*** (*umg*) everybody knows him; ***da liegt der ~ begraben*** (*umg*) (so) that's what is/was behind it all; (*Haken, Problem etc*) that's the problem; ***er ist ein armer ~*** he's a poor soul; ***auf den ~ kommen*** (*umg*) to go to the dogs (*umg*); ***vor die ~e gehen*** (*umg*) to go to the dogs (*umg*); (≈ *sterben*) to die; ***du gemeiner ~*** (*umg*) you rotten bastard (*sl*); ***du gerissener ~*** (*umg*) you crafty devil (*umg*); ***kein ~*** (*umg*) not a (damn (*umg*)) soul; ***schlafende ~e soll man nicht wecken*** (*Sprichw*) let sleeping dogs lie (*Sprichw*) **hundeelend** *Adj* (*umg*) ***mir ist ~*** I feel lousy (*umg*) **Hundeführer(in)** *m(f)* dog handler **Hundefutter** *n* dog food **Hundehalsband** *n* dog collar **Hundehalter(in)** *m(f)* (*förml*) dog owner **Hundehütte** *f* (dog) kennel **hundekalt** *Adj* (*umg*) freezing cold **Hundekuchen** *m* dog biscuit **Hundeleine** *f* dog lead (*Brit*) *od* leash **Hundemarke** *f* dog licence (*Brit*) *od* license (*US*) disc, dog tag (*US*) **hundemüde** *Adj, Adv* (*umg*) dog-tired **Hunderasse** *f* breed (of dog)

hundert *Num* a *od* one hundred **Hundert** *n* hundred; ***~e von Menschen*** hundreds of people; ***zu ~en*** by the hundred **Hunderter** *m* **a)** (*von Zahl*) (the) hundred; **b)** (≈ *Geldschein*) hundred(-euro/-pound/-dollar *etc* note (*Brit*) *od* bill (*US*)) **hundertfach** **1.** *Adj* hundredfold **2.** *Adv* a hundred times **hundertjährig** *Adj* (one-) hundred-year-old **hundertmal** *Adv* a hundred times **Hundertmeterlauf** *m* SPORT ***der/ein ~*** the/a 100 metres (*Brit*) *od* meters (*US*) *Sg* **hundertpro** *Adv* (*umg*) definitely; ***bist du dir sicher? — ~*** are you sure? — I'm positive **hundertprozentig** **1.** *Adj* (a *od* one) hundred per cent (*Brit*) *od* percent (*US*); *Alkohol* pure **2.** *Adv* one hundred per cent (*Brit*) *od* percent (*US*); ***Sie haben ~ recht*** you're absolutely right; ***das weiß ich ~*** that's a fact **hundertstel** *Adj* hundredth; ***eine ~ Sekunde*** a hundredth of a second **Hundertstel** *n* hundredth **Hundertstelsekunde** *f* hundredth of a second **hundertste(r, s)** *Adj* hundredth **hunderttausend** *Num* a *od* one hundred thousand

Hundesalon *m* dog parlour (*Brit*) *od* parlor (*US*) **Hundeschlitten** *m* dog sled(ge) *od* sleigh **Hundeschnauze** *f* nose, snout **Hundestaffel** *f* dog branch **Hundesteuer** *f* dog licence (*Brit*) *od* license (*US*) fee **Hündin** *f* bitch **hündisch** *Adj* (*fig*) sycophantic **hundsgemein** (*umg*) **1.** *Adj* shabby; (≈ *schwierig*) fiendishly difficult **2.** *Adv* ***es tut ~ weh*** it hurts like hell (*umg*) **Hundstage** *Pl* dog days *Pl*

Hüne *m* giant

Hunger *m* hunger (*nach* for); (≈ *Hungersnot*) famine; (*nach Sonne etc*) yearning; ***~ bekommen/haben*** to get/be hungry; ***~ auf etw*** (*Akk*) ***haben*** to feel like (eating) sth; ***~ leiden*** (*geh*) to go hungry, to starve; ***ich sterbe vor ~*** (*umg*) I'm starving (*umg*) **Hungerkur** *f* starvation diet **Hungerlohn** *m* starvation wages *Pl*; (*fig auch*) pittance **hungern** **1.** *vi* **a)** (≈ *Hunger leiden*) to go hungry, to starve; **b)** (≈ *fasten*) to go without food **2.** *vr* ***sich zu Tode ~*** to starve oneself to death **hungernd** *Adj* hungry, starving **Hungersnot** *f* famine **Hungerstreik** *m* hunger strike **Hungertod** *m* death from starvation; ***den ~ sterben*** to die of hunger *od* starvation **Hungertuch** *n* ***am ~ nagen*** (*fig*) to be starving **hungrig** *Adj* hungry (*nach* for); ***~ nach etw*** *od* ***auf etw*** (*Akk*) ***sein*** to feel like (eating) sth

Hupe *f* horn **hupen** *vi* to sound *od* hoot the horn

Hüpfburg *f* bouncy castle® **hüpfen** *vi* to hop; (*Ball*) to bounce

Hupton *m* sound of a horn **Hupzeichen** *n* AUTO hoot

Hürde *f* hurdle; ***eine ~ nehmen*** to clear a hurdle **Hürdenlauf** *m* (≈ *Sportart*) hurdling; (≈ *Wettkampf*) hurdles *Pl od Sg* **Hürdenläufer(in)** *m(f)* hurdler

Hure *f* whore **Hurenbock** *m* (*vulg*) whoremonger **Hurensohn** *m* (*vulg*) bastard (*sl*), son of a bitch (*sl*)

hurra *Interj* hurray, hurrah **Hurraruf** *m* cheer

Hurrikan *m* hurricane

husch *Interj* **a)** (*aufscheuchend*) shoo; **b)** (≈ *schnell*) quick; ***er macht seine Arbeit immer ~ ~*** (*umg*) he always whizzes through his work (*umg*) **huschen** *vi* to dart; (*Lächeln*) to flash, to flit; (*Licht*) to flash

hüsteln *vi* to cough slightly **husten** **1.** *vi*

H

to cough; ***auf etw*** (*Akk*) ~ (*umg*) not to give a damn for sth (*umg*) **2.** *vt* to cough; *Blut* to cough (up); ***denen werde ich was ~*** (*umg*) I'll tell them where they can get off (*umg*) **Husten** *m* cough; ***~ haben*** to have a cough **Hustenanfall** *m* coughing fit **Hustenbonbon** *m od n* cough sweet (*Brit*) *od* drop **Hustenmittel** *n* cough medicine **Hustenreiz** *m* tickle in one's throat **Hustensaft** *m* cough syrup *od* mixture **hustenstillend** *Adj* cough-relieving **Hustentropfen** *Pl* cough drops *Pl*

Hut[1] *m* hat; (*von Pilz*) cap; ***den ~ aufsetzen/abnehmen*** to put on/take off one's hat; ***~ ab!*** I take my hat off to him/you *etc*; ***das kannst du dir an den ~ stecken!*** (*umg*) you can keep it (*umg*); ***unter einen ~ bringen*** to reconcile; *Termine* to fit in; ***den od seinen ~ nehmen (müssen)*** (*umg*) to (have to) go; ***das ist doch ein alter ~!*** (*umg*) that's old hat! (*umg*); ***eins auf den ~ kriegen*** (*umg*) to get an earful (*umg*); ***damit habe ich nichts am ~*** (*umg*) I don't want to have anything to do with that

Hut[2] *f* **a)** (*geh*) ***in meiner ~*** in my keeping; (*Kinder*) in my care; **b)** ***auf der ~ sein*** to be on one's guard (*vor +Dat* against) **hüten** **1.** *vt* to look after, to mind; ***das Bett ~*** to stay in bed **2.** *vr* to (be on one's) guard (*vor +Dat* against); ***ich werde mich ~!*** not likely!; ***ich werde mich ~, ihm das zu erzählen*** there's no chance of me telling him that **Hüter(in)** *m(f)* guardian, custodian; (≈ *Viehhüter*) herdsman; ***die ~ der Ordnung*** (*hum*) the custodians of the law

Hutgeschäft *n* hat shop, hatter's (shop); (*für Damen auch*) milliner's (shop) **Hutmacher(in)** *m(f)* hat maker **Hutschachtel** *f* hatbox

Hütte *f* **a)** hut; (*hum* ≈ *Haus*) humble abode; (≈ *Holzhütte, Blockhütte*) cabin; **b)** (TECH ≈ *Hüttenwerk*) iron and steel works *Pl od Sg* **Hüttenindustrie** *f* iron and steel industry **Hüttenkäse** *m* cottage cheese

hutzelig *Adj Mensch* wizened **Hutzelmännchen** *n* gnome

Hyäne *f* hyena; (*fig*) wildcat

Hyazinthe *f* hyacinth

hybrid *Adj* BIOL, LING hybrid **Hybride** *f* BIOL hybrid

Hydrant *m* hydrant **Hydrat** *n* hydrate **Hydraulik** *f* hydraulics *Sg*; (≈ *Antrieb*) hydraulics *Pl* **hydraulisch** **1.** *Adj* hydraulic **2.** *Adv* hydraulically **Hydrokultur** *f* BOT hydroponics *Sg* **Hydrolyse** *f* CHEM hydrolysis **Hydrotherapie** *f* MED hydrotherapy

Hygiene *f* hygiene **hygienisch** **1.** *Adj* hygienic **2.** *Adv* hygienically

Hymne *f* hymn; (≈ *Nationalhymne*) (national) anthem

Hype *m* (≈ *Werbung, Täuschung*) hype *kein Pl*

hyperaktiv *Adj* hyperactive **Hyperbel** *f* MATHE hyperbola; RHETORIK hyperbole **Hyperlink** *m od n* IT hyperlink **hypermodern** *Adj* (*umg*) ultramodern **Hypertext** *m* IT hypertext

Hypnose *f* hypnosis; ***unter ~ stehen*** to be under hypnosis **hypnotisch** *Adj* hypnotic **Hypnotiseur(in)** *m(f)* hypnotist **hypnotisieren** *vt* to hypnotize

Hypochonder *m* hypochondriac

Hypotenuse *f* MATHE hypotenuse

Hypothek *f* mortgage; ***eine ~ aufnehmen*** to raise a mortgage; ***etw mit einer ~ belasten*** to mortgage sth **Hypothekenbank** *f bank specializing in mortgages* **Hypothekenbrief** *m* mortgage deed *od* certificate **hypothekenfrei** *Adj* unmortgaged **Hypothekenschuld** *f* mortgage debt **Hypothekenschuldner(in)** *m(f)* mortgagor, mortgager **Hypothekenzinsen** *Pl* mortgage interest

Hypothese *f* hypothesis **hypothetisch** **1.** *Adj* hypothetical **2.** *Adv* hypothetically

Hysterie *f* hysteria **hysterisch** *Adj* hysterical; ***einen ~en Anfall bekommen*** (*fig*) to go into *od* have hysterics

I

I, i *n* I, i
i *Interj* (*umg*) ugh (*umg*)
iberisch *Adj* Iberian
ich *Personalpron* I; ***immer ~!*** (it's) always me!; ***~ Idiot!*** what an idiot I am!; ***wer hat den Schlüssel? — ~ nicht!*** who's got the key? — not me!; ***~ selbst*** I myself; ***wer hat gerufen? — ~!*** who called? — (it was) me, I did!; ***~ bins!*** it's me! **Ich** *n* self; PSYCH ego; ***mein anderes*** *od* ***zweites ~*** (≈ *selbst*) my other self; (≈ *andere Person*) my alter ego **Ichform** *f* first person
Icon *n* IT icon
ideal *Adj* ideal **Ideal** *n* ideal **idealerweise** *Adv* ideally **Idealfall** *m* ideal case; ***im ~*** ideally **idealisieren** *vt* to idealize **Idealismus** *m* idealism **Idealist(in)** *m(f)* idealist **idealistisch** *Adj* idealistic **Idealvorstellung** *f* ideal
Idee *f* **a)** idea; ***wie kommst du denn auf DIE ~?*** whatever gave you that idea?; ***ich kam auf die ~, sie zu fragen*** I hit on the idea of asking her; **b)** (≈ *ein wenig*) shade, trifle; ***eine ~ Salz*** a hint of salt **ideell** *Adj Wert, Ziele* non-material; *Unterstützung* spiritual **ideenreich** *Adj* (≈ *einfallsreich*) full of ideas; (≈ *fantasiereich*) imaginative, full of imagination
Identifikation *f* identification **identifizieren** **1.** *vt* to identify **2.** *vr* ***sich ~ mit*** to identify (oneself) with **Identifizierung** *f* identification
identisch *Adj* identical (*mit* with) **Identität** *f* identity **Identitätskrise** *f* identity crisis **Identitätsnachweis** *m* proof of identity
Ideologe *m*, **Ideologin** *f* ideologist **Ideologie** *f* ideology **ideologisch** **1.** *Adj* ideological **2.** *Adv* ideologically
Idiom *n* idiom **idiomatisch** **1.** *Adj* idiomatic **2.** *Adv* idiomatically
Idiot(in) *m(f)* idiot **Idiotenhügel** *m* (*hum umg*) nursery *od* beginners' slope **idiotensicher** (*umg*) **1.** *Adj* foolproof *kein Adv* **2.** *Adv* ***~ gestaltet sein*** to be designed to be foolproof **Idiotie** *f* idiocy; (*umg*) lunacy **idiotisch** *Adj* idiotic
Idol *n* idol
Idyll *n* idyll; (≈ *Gegend*) idyllic place *od* spot **Idylle** *f* idyll **idyllisch** **1.** *Adj* idyllic **2.** *Adv* idyllically
Igel *m* zoo hedgehog
igitt(igitt) *Interj* (*umg*) ugh! (*umg*)
Iglu *m od n* igloo
ignorant *Adj* ignorant **Ignoranz** *f* ignorance **ignorieren** *vt* to ignore
ihm *Personalpron* (*bei Personen*) to him; (*bei Tieren und Dingen*) to it; (*nach Präpositionen*) him/it; ***ich gab es ~*** I gave it (to) him; ***ich gab ~ den Brief*** I gave him the letter, I gave the letter to him; ***ein Freund von ~*** a friend of his, one of his friends
ihn *Personalpron* him; (*bei Tieren und Dingen*) it
ihnen *Personalpron* to them; (*nach Präpositionen*) them; → ***ihm***
Ihnen *Personalpron* to you; (*nach Präpositionen*) you; → ***ihm***
ihr **1.** *Personalpron* **a)** you; **b)** (*bei Personen*) to her; (*bei Tieren und Dingen*) to it; (*nach Präpositionen*) her/it; → ***ihm*** **2.** *Possessivpron* **a)** (*einer Person*) her; (*eines Tiers, Dinges*) its; **b)** (*von mehreren*) their
Ihr *Possessivpron* your; ***~ Franz Müller*** (*Briefschluss*) yours, Franz Müller
ihrerseits *Adv* (*bei einer Person*) for her part; (*bei mehreren*) for their part **Ihrerseits** *Adv* for your part **ihresgleichen** *Pron* (*von einer Person*) people like her; (*von mehreren*) people like them **Ihresgleichen** *Pron* people like you **ihretwegen**, **ihretwillen** *Adv* (*Sg*) because of her; (*Pl*) because of them **Ihretwegen**, **Ihretwillen** *Adv* because of you
Ikone *f* (*auch fig*) icon
illegal **1.** *Adj* illegal **2.** *Adv* illegally; ***sich ~ betätigen*** to engage in illegal activities **Illegalität** *f* illegality **illegitim** *Adj* illegitimate
Illusion *f* illusion; ***sich*** (*Dat*) ***~en machen*** to delude oneself; ***darüber macht er sich keine ~en*** he doesn't have any illusions about it **illusorisch** *Adj* illusory
Illustration *f* illustration; ***zur ~ von etw***

as an illustration of sth **illustrativ 1.** *Adj* (≈ *anschaulich*) illustrative **2.** *Adv* (≈ *anschaulich*) vividly **illustrieren** *vt* to illustrate (*jdm etw* sth for sb) **Illustrierte** *f* magazine

Iltis *m* polecat

im *Präp* in the; ***im Bett*** in bed; ***im letzten/nächsten Jahr*** last/next year; ***etw im Liegen tun*** to do sth lying down

Image *n* image **Imagekampagne** *f* image-building campaign **Imagepflege** *f* image building

imaginär *Adj* imaginary

Imbiss *m* snack **Imbisshalle** *f* snack bar **Imbissstube** *f* café; (*in Kaufhaus etc*) cafeteria

Imitation *f* imitation **imitieren** *vt* to imitate

I

Imker(in) *m(f)* beekeeper **Imkerei** *f* beekeeping

immateriell *Adj Vermögenswerte* immaterial

Immatrikulation *f* matriculation (*förml*) **immatrikulieren 1.** *vt* to register (*at university*) (*an +Dat* at) **2.** *vr* to matriculate (*förml*)

immens 1. *Adj* immense, huge **2.** *Adv* immensely

immer *Adv* **a)** always; ***schon ~*** always; ***für ~*** for ever, for always; ***~ diese Probleme!*** all these problems!; ***~, wenn ...*** whenever ..., every time that ...; ***~ geradeaus gehen*** to keep going straight on; ***~ (schön) mit der Ruhe*** (*umg*) take it easy; ***noch ~*** still; ***~ noch nicht*** still not (yet); ***~ wieder*** again and again; ***etw ~ wieder tun*** to keep on doing sth; ***wie ~*** as usual; **b)** (*+Komp*) ***~ besser*** better and better; ***~ häufiger*** more and more often; ***~ mehr*** more and more; **c)** ***wer (auch) ~*** whoever; ***wie (auch) ~*** however; ***wann (auch) ~*** whenever; ***wo (auch) ~*** wherever; ***was (auch) ~*** whatever **immergrün** *Adj* evergreen **immerhin** *Adv* all the same, anyhow, at any rate; (≈ *wenigstens*) at least; (≈ *schließlich*) after all

Immigrant(in) *m(f)* immigrant **Immigration** *f* immigration **immigrieren** *vi* to immigrate

Immissionsschutz *m* air pollution control

immobil *Adj* immoveable **Immobilie** *f* **a)** ***eine ~*** a property; **b) Immobilien** *Pl* real estate *Sg*; (*in Zeitungsannoncen*) property *Sg* **Immobilienmakler(in)** *m(f)* (real) estate agent (*Brit*), Realtor® (*US*)

immun *Adj* immune (*gegen* to) **immunisieren** *vt* (*förml*) to immunize (*gegen* against) **Immunität** *f* immunity **Immunologe** *m*, **Immunologin** *f* immunologist **Immunschwäche** *f* immunodeficiency **Immunschwächekrankheit** *f* immune deficiency disease *od* syndrome **Immunsystem** *n* immune system **Immuntherapie** *f* MED immunotherapy

Imperativ *m* imperative

Imperfekt *n* GRAM imperfect (tense)

Imperialismus *m* imperialism **imperialistisch** *Adj* imperialistic **Imperium** *n* (≈ *Gebiet*) empire

impfen *vt* to vaccinate **Impfpass** *m* vaccination card **Impfschein** *m* certificate of vaccination **Impfschutz** *m* protection given by vaccination **Impfstoff** *m* vaccine, serum **Impfung** *f* vaccination

Implantat *n* implant **Implantation** *f* MED implantation **implantieren** *vt* to implant

implementieren *vt* (*geh*) to implement

Implikation *f* implication **implizieren** *vt* to imply **implizit** *Adv* (*geh*) by implication

implodieren *vi* to implode **Implosion** *f* implosion

imponieren *vi* to impress (*jdm* sb) **imponierend** *Adj* impressive **Imponiergehabe** *n* (*fig pej*) exhibitionism

Import *m* import **Importbeschränkung** *f* import quota **Importeur(in)** *m(f)* importer **importieren** *vt* to import **Importland** *n* importing country **Importlizenz** *f* import licence (*Brit*) *od* license (*US*) **Importzoll** *m* import duty *od* tariff

imposant *Adj* imposing; *Leistung* impressive

impotent *Adj* impotent **Impotenz** *f* impotence

imprägnieren *vt* to impregnate; (≈ *wasserdicht machen*) to (water)proof

Impression *f* impression (*über +Akk* of) **Impressionismus** *m* impressionism **Impressionist(in)** *m(f)* impressionist **impressionistisch** *Adj* impressionistic **Impressum** *n* imprint

Improvisation *f* improvisation **impro-**

visieren *vti* to improvise
Impuls *m* impulse; ***etw aus einem ~ heraus tun*** to do sth on impulse **impulsiv** **1.** *Adj* impulsive **2.** *Adv* impulsively
imstande *Adj* ***~ sein, etw zu tun*** (≈ *fähig*) to be capable of doing sth
in **1.** *Präp* **a)** (*räumlich*) (*wo? +Dat*) in; (*wohin? +Akk*) in, into; ***in der Schweiz*** in Switzerland; ***in die Schweiz*** to Switzerland; ***in die Schule/Kirche gehen*** to go to school/church; ***er ist in der Schule/Kirche*** he's at *od* in school/church; ***er ging ins Konzert*** he went to the concert; **b)** (*zeitlich: wann? +dat*) in; ***in diesem Jahr*** (*laufendes Jahr*) this year; ***heute in zwei Wochen*** two weeks today; **c)** ***das ist in Englisch*** it's in English; ***ins Englische übersetzen*** to translate into English; ***sie hat es in sich*** (*Dat*) (*umg*) she's quite a girl; → ***im*** **2.** *Adj* (*umg*) ***in sein*** to be in (*umg*)
inaktiv *Adj* inactive; *Mitglied* non-active
inakzeptabel *Adj* unacceptable
Inanspruchnahme *f* (*förml*) **a)** (≈ *Beanspruchung*) demands *Pl*, claims *Pl* (+*Gen* on); **b)** (*von Einrichtungen etc*) utilization
Inbegriff *m* perfect example, embodiment; ***sie war der ~ der Schönheit*** she was beauty personified **inbegriffen** *Adj* included; ***die Mehrwertsteuer ist im Preis ~*** the price is inclusive of VAT
Inbetriebnahme *f* commissioning; (*von Gebäude, U-Bahn etc*) inauguration
Inbrunst *f* fervour (*Brit*), fervor (*US*) **inbrünstig** **1.** *Adj* fervent, ardent **2.** *Adv* fervently, ardently
Inbusschlüssel® *m* TECH Allen key®
indem *Konj* **a)** (≈ *während*) while; **b)** (≈ *dadurch, dass*) ***~ man etw macht*** by doing sth
Inder(in) *m(f)* Indian; ***zum ~ gehen*** to go to a/the Indian restaurant
indessen *Adv* **a)** (*zeitlich*) meanwhile, (in the) meantime; **b)** (*adversativ*) however
Index *m* index **indexieren** *vti* to index
Indianer(in) *m(f)* American Indian, Native American; (*in Western*) (Red) Indian **indianisch** *Adj* American Indian, Native American; (*in Western*) (Red) Indian
Indien *n* India
Indikation *f* MED indication **Indikativ** *m* GRAM indicative **Indikator** *m* indicator
indirekt **1.** *Adj* indirect; ***~e Rede*** indirect *od* reported speech **2.** *Adv* indirectly
indisch *Adj* Indian; ***der Indische Ozean*** the Indian Ocean
indiskret *Adj* indiscreet **Indiskretion** *f* indiscretion
indiskutabel *Adj* out of the question
Individualismus *m* individualism **Individualist(in)** *m(f)* individualist **Individualität** *f* individuality **Individualverkehr** *m* VERKEHR private transport **individuell** **1.** *Adj* individual **2.** *Adv* individually; ***etw ~ gestalten*** to give sth a personal note; ***es ist ~ verschieden*** it differs from person to person
Individuum *n* individual
Indiz *n* **a)** JUR clue; (*als Beweismittel*) piece of circumstantial evidence; **b)** (≈ *Anzeichen*) sign (*für* of) **Indizienbeweis** *m* circumstantial evidence *kein Pl* **indizieren** *vt* MED to indicate; IT to index
Indochina *n* Indochina **Indonesien** *n* Indonesia **Indonesier(in)** *m(f)* Indonesian **indonesisch** *Adj* Indonesian
indossieren *vt* HANDEL to endorse
industrialisieren *vt* to industrialize **Industrialisierung** *f* industrialization
Industrie *f* industry; ***in der ~ arbeiten*** to work in industry **Industrieabfälle** *Pl* industrial waste **Industrieanlage** *f* industrial plant *od* works *Pl* **Industriegebiet** *n* industrial area; (≈ *Gewerbegebiet*) industrial estate **Industriegelände** *n* industrial site **Industriegewerkschaft** *f* industrial union **Industriekauffrau** *f*, **Industriekaufmann** *m* industrial clerk **Industrieland** *n* industrialized country **industriell** **1.** *Adj* industrial **2.** *Adv* industrially **Industrielle(r)** *mf* industrialist **Industriemüll** *m* industrial waste **Industriestaat** *m* industrial nation **Industriestadt** *f* industrial town **Industrie- und Handelskammer** *f* chamber of commerce **Industriezweig** *m* branch of industry
ineffektiv *Adj* ineffective, ineffectual
ineinander *Adv sein, liegen etc* in(side) one another *od* each other; ***~ überge-***

hen to merge (into one another *od* each other); ***sich ~ verlieben*** to fall in love (with each other) **ineinanderfließen** *vi* to merge **ineinandergreifen** *vi* (*wörtl*) to interlock; (*fig*: *Ereignisse etc*) to overlap **ineinanderschieben** *vtr* to telescope

infam *Adj* infamous

Infanterie *f* infantry

infantil *Adj* infantile

Infarkt *m* MED infarct (*Fachw*); (≈ *Herzinfarkt*) coronary (thrombosis)

Infektion *f* infection **Infektionsgefahr** *f* danger of infection **Infektionsherd** *m* focus of infection **Infektionskrankheit** *f* infectious disease **Infektionsrisiko** *n* risk of infection **infektiös** *Adj* infectious

Inferno *n* inferno

Infinitiv *m* infinitive

infizieren **1.** *vt* to infect **2.** *vr* to get infected (*bei* by)

in flagranti *Adv* in the act

Inflation *f* inflation **inflationär** *Adj* inflationary; (*fig*) over-extensive **Inflationsrate** *f* rate of inflation

inflexibel *Adj* inflexible

Info *f* (*umg* ≈ *Information*) info (*umg*)

infolge *Präp +Gen* as a result of **infolgedessen** *Adv* consequently, as a result

Infomaterial *n* (*umg*) info (*umg*) **Informant(in)** *m*(*f*) (≈ *Denunziant*) informer **Informatik** *f* informatics *Sg*; (≈ *Schulfach*) computer studies *Pl* **Informatiker(in)** *m*(*f*) computer *od* information scientist

Information *f* **a**) information *kein Pl* (*über +Akk* about, on); ***eine ~*** (a piece of) information; ***~en weitergeben*** to pass on information; ***zu Ihrer ~*** for your information; **b**) (≈ *Stelle*) information desk **Informationsaustausch** *m* exchange of information **Informationsgesellschaft** *f* information society **Informationsmaterial** *n* information **Informationsquelle** *f* source of information **Informationsstand** *m* **a**) information stand; **b**) (≈ *Wissensstand*) level of information **Informationstechnik** *f* **Informationstechnologie** *f* information technology **Informationszentrum** *n* information centre (*Brit*) *od* center (*US*) **informativ** *Adj* informative

informell **1.** *Adj* informal **2.** *Adv* informally

informieren **1.** *vt* to inform (*über +Akk*, *von* about, of); ***da bist du falsch informiert*** you've been misinformed **2.** *vr* to find out, to inform oneself (*über +Akk* about) **Infostand** *m* (*umg*) information stand **Infotainment** *n* infotainment **Infotelefon** *n* information line

infrage, **in Frage** *Adv* ***~ kommen*** to be possible; ***~ kommend*** possible; *Bewerber* worth considering; ***das kommt (überhaupt) nicht ~!*** that's (quite) out of the question!; ***etw ~ stellen*** to question sth, to call sth into question

infrarot *Adj* infrared **Infraschall** *m* infrasonic waves *Pl* **Infrastruktur** *f* infrastructure

Infusion *f* infusion

Ingenieur(in) *m*(*f*) engineer

Ingwer *m* ginger

Inhaber(in) *m*(*f*) owner; (*von Konto, Rekord*) holder; (*von Scheck, Pass*) bearer

inhaftieren *vt* to take into custody **Inhaftierung** *f* (≈ *das Inhaftieren*) arrest; (≈ *Haft*) imprisonment

inhalieren *vti* (MED, *umg*) to inhale

Inhalt *m* **a**) contents *Pl*; **b**) (MATHE ≈ *Flächeninhalt*) area; (≈ *Rauminhalt*) volume **inhaltlich** *Adj*, *Adv* as regards content **Inhaltsangabe** *f* summary **inhaltslos** *Adj* empty; *Buch, Vortrag* lacking in content **Inhaltsverzeichnis** *n* list *od* table of contents

inhuman *Adj* inhuman; (≈ *unbarmherzig*) inhumane

Initiale *f* (*geh*) initial

initiativ *Adj* ***~ werden*** to take the initiative **Initiative** *f* initiative; ***aus eigener ~*** on one's own initiative; ***die ~ ergreifen*** to take the initiative; ***auf jds ~ (Akk) hin*** on sb's initiative **Initiator(in)** *m*(*f*) (*geh*) initiator **initiieren** *vt* (*geh*) to initiate

Injektion *f* injection **Injektionsspritze** *f* hypodermic (syringe) **injizieren** *vt* (*förml*) to inject (*jdm etw* sb with sth)

Inkasso *n* FINANZ collection

inklusive *Präp +Gen* inclusive of

inkognito *Adv* incognito

inkompatibel *Adj* incompatible

inkompetent *Adj* incompetent **Inkompetenz** *f* incompetence

inkontinent *Adj* MED incontinent **Inkontinenz** *f* MED incontinence
inkorrekt 1. *Adj* incorrect **2.** *Adv* incorrectly; *gekleidet* inappropriately
Inkubationszeit *f* incubation period
Inland *n* **a)** (*als Staatsgebiet*) home; ***im In- und Ausland*** at home and abroad; **b)** (≈ *Inneres eines Landes*) inland; ***im ~*** inland **inländisch** *Adj* domestic; GEOG inland **Inlandsflug** *m* domestic *od* internal flight **Inlandsmarkt** *m* home *od* domestic market **Inlandsporto** *n* inland postage
Inliner *Pl* = ***Inlineskates*** **inlinern** *vi* to inline-skate **Inlineskater(in)** *m(f)* in--line skater **Inlineskates** *Pl* in-line skates *Pl*
inmitten *Präp +Gen* in the middle *od* midst of
innehaben *vt* (*förml*) to hold **innehalten** *vi* to pause
innen *Adv* inside; ***nach ~*** inwards; ***von ~*** from (the) inside **Innenansicht** *f* interior view **Innenarchitekt(in)** *m(f)* interior designer **Innenarchitektur** *f* interior design **Innenaufnahme** *f* indoor photo(graph); FILM indoor shot *od* take **Innenausstattung** *f* interior décor *kein Pl* **Innenbahn** *f* SPORT inside lane **Innendienst** *m* office duty; ***im ~ sein*** to work in the office **Inneneinrichtung** *f* (interior) furnishings *Pl* **Innenfläche** *f* (≈ *innere Fläche*) inside; (*der Hand*) palm **Innenhof** *m* inner courtyard **Innenleben** *n* (*umg: seelisch*) inner life **Innenminister(in)** *m(f)* minister of the interior; (*in GB*) Home Secretary; (*in den USA*) Secretary of the Interior **Innenministerium** *n* ministry of the interior; (*in GB*) Home Office; (*in den USA*) Department of the Interior **Innenpolitik** *f* domestic policy; (≈ *innere Angelegenheiten*) home *od* domestic affairs *Pl* **innenpolitisch** *Adj* domestic, internal; *Sprecher* on domestic policy **Innenraum** *m* **a)** ***Innenräume*** inner rooms *Pl*; **b)** room inside; (*von Wagen*) interior **Innenseite** *f* inside **Innenspiegel** *m* AUTO interior mirror **Innenstadt** *f* town centre (*Brit*) *od* center (*US*); (*einer Großstadt*) city centre (*Brit*) *od* center (*US*) **Innentasche** *f* inside pocket **Innentemperatur** *f* inside temperature; (*in einem Gebäude*) indoor temperature
innerbetrieblich *Adj* in-house **Innereien** *Pl* innards *Pl* **innere(r, s)** *Adj* inner; (≈ *im Körper befindlich, inländisch*) internal; ***die ~n Angelegenheiten eines Landes*** the home *od* domestic affairs of a country; ***im innersten Herzen*** in one's heart of hearts; ***vor meinem ~n Auge*** in my mind's eye **Innere(s)** *n* inside; (*von Kirche, Wagen*) interior; (≈ *Mitte*) middle, centre (*Brit*), center (*US*); ***ins ~ des Landes*** into the heart of the country **innerhalb 1.** *Präp +Gen* **a)** (*örtlich*) inside, within; **b)** (*zeitlich*) within **2.** *Adv* inside; (*eines Landes*) inland **innerlich 1.** *Adj* **a)** (≈ *körperlich*) internal; **b)** (≈ *geistig, seelisch*) inward, inner *kein Adv* **2.** *Adv* **a)** (≈ *im Körper*) internally; **b)** (≈ *gemütsmäßig*) inwardly, inside; ***~ lachen*** to laugh inwardly *od* to oneself **innerparteilich** *Adj* within the party **innerstaatlich** *Adj* domestic, internal **innerstädtisch** *Adj* urban, inner-city *attr* **innerste(r, s)** *Adj* innermost, inmost **Innerste(s)** *n* (*wörtl*) innermost part, heart; (*fig*) heart; ***bis ins ~ getroffen*** deeply hurt
innert *Präp +Gen od +Dat* (*schweiz*) within, inside (of)
innewohnen *vi +Dat* to be inherent in
innig 1. *Adj Grüße, Beileid* heartfelt; *Freundschaft* intimate; ***mein ~ster Wunsch*** my dearest wish **2.** *Adv* deeply, profoundly; ***jdn ~ lieben*** to love sb dearly
Innovation *f* innovation **innovativ 1.** *Adj* innovative **2.** *Adv* innovatively
Innung *f* (trade) guild
inoffiziell 1. *Adj* unofficial **2.** *Adv* unofficially
inopportun *Adj* inopportune
in petto; → ***petto***
in puncto; → ***puncto***
Input *m od n* input
Inquisition *f* Inquisition
Insasse *m*, **Insassin** *f* (*von Fahrzeug*) passenger; (*von Anstalt*) inmate
insbesondere *Adv* particularly, in particular
Inschrift *f* inscription
Insekt *n* insect **Insektenbekämpfungsmittel** *n* insecticide **Insektenschutzmittel** *n* insect repellent **Insektenspray** *n* insect spray **Insektenstich**

m insect bite; (*von Bienen, Wespen*) (insect) sting **Insektizid** *n* (*förml*) insecticide

Insel *f* island; ***die Britischen ~n*** the British Isles **Inselbewohner(in)** *m(f)* islander **Inselgruppe** *f* group of islands **Inselstaat** *m* island state **Inselvolk** *n* island nation *od* race *od* people **Inselwelt** *f* island world

Inserat *n* advertisement **Inserent(in)** *m(f)* advertiser **inserieren** *vti* to advertise

insgeheim *Adv* secretly

insgesamt *Adv* altogether; (≈ *im Großen und Ganzen*) all in all; ***ein Verdienst von ~ 2.000 Euro*** earnings totalling (*Brit*) *od* totaling (*US*) 2,000 euros

Insider(in) *m(f)* insider **Insiderwissen** *n* inside knowledge

insofern *Adv* in this respect; ***~ als*** in so far as

insolvent *Adj* HANDEL insolvent **Insolvenz** *f* HANDEL insolvency

insoweit *Adv, Konj* = ***insofern***

in spe *Adj* (*umg*) to be

Inspekteur(in) *m(f)* MIL Chief of Staff **Inspektion** *f* inspection; AUTO service **Inspektor(in)** *m(f)* inspector

Inspiration *f* inspiration **inspirieren** *vt* to inspire; ***sich von etw ~ lassen*** to get one's inspiration from sth

inspizieren *vt* to inspect

instabil *Adj* unstable **Instabilität** *f* instability

Installateur(in) *m(f)* plumber; (≈ *Elektroinstallateur*) electrician; (≈ *Gasinstallateur*) gas fitter **Installation** *f* installation **installieren** **1.** *vt* to install **2.** *vr* to install oneself

instand *Adj* ***etw ~ halten*** to maintain sth; ***etw ~ setzen*** to get sth into working order **Instandhaltung** *f* maintenance **Instandsetzung** *f* (*von Gerät*) overhaul; (*von Gebäude*) restoration; (≈ *Reparatur*) repair

Instanz *f* **a)** (≈ *Behörde*) authority; **b)** JUR court; ***Verhandlung in erster/letzter ~*** first/final court case; ***er ging durch alle ~en*** he went through all the courts

Instinkt *m* instinct; ***aus ~*** instinctively **instinktiv** **1.** *Adj* instinctive **2.** *Adv* instinctively **instinktlos** *Adj Bemerkung* insensitive

Institut *n* institute **Institution** *f* institution **institutionell** *Adj* institutional

instruieren *vt* to instruct; (*über Plan etc*) to brief **Instruktion** *f* instruction

Instrument *n* instrument **instrumental** *Adj* MUS instrumental **Instrumentarium** *n* (*wörtl*) equipment, instruments *Pl*; MUS instruments *Pl*; (*fig*) apparatus **Instrumentenbrett** *n* instrument panel **Instrumententafel** *f* control panel

Insuffizienz *f* insufficiency

Insulaner(in) *m(f)* (*mst hum*) islander

Insulin *n* insulin

inszenieren *vt* **a)** THEAT to direct; (RADIO, TV) to produce; **b)** (*fig*) to stage-manage; ***einen Streit ~*** to start an argument **Inszenierung** *f* production

intakt *Adj* intact

integer (*geh*) *Adj* ***~ sein*** to be full of integrity

integral *Adj* integral **Integral** *n* integral **Integralrechnung** *f* integral calculus

Integration *f* integration **integrieren** *vt* to integrate; ***integrierte Gesamtschule*** ≈ comprehensive (school) (*Brit*), ≈ high school (*US*) **Integrität** *f* (*geh*) integrity

Intellekt *m* intellect **intellektuell** *Adj* intellectual **Intellektuelle(r)** *mf* intellectual

intelligent **1.** *Adj* intelligent **2.** *Adv* cleverly, ingeniously; *sich verhalten* intelligently **Intelligenz** *f* intelligence; (≈ *Personengruppe*) intelligentsia *Pl*; ***künstliche ~*** artificial intelligence **Intelligenzquotient** *m* intelligence quotient, IQ **Intelligenztest** *m* intelligence test

Intendant(in) *m(f)* director; THEAT theatre (*Brit*) *od* theater (*US*) manager

Intensität *f* intensity **intensiv** **1.** *Adj* intensive; *Beziehungen* deep, very close; *Farbe, Geruch, Geschmack, Blick* intense **2.** *Adv* ***jdn ~ beobachten*** to watch sb intently; ***sich ~ bemühen*** to try hard; ***~ nach etw schmecken*** to taste strongly of sth **intensivieren** *vt* to intensify **Intensivierung** *f* intensification **Intensivkurs** *m* intensive course **Intensivstation** *f* intensive care unit

Intention *f* intention, intent

interaktiv **1.** *Adj* interactive **2.** *Adv* interactively; ***~ gestaltet*** designed for

I

interactive use **Intercity(zug)** *m* intercity (train) **interdisziplinär** *Adj* interdisciplinary
interessant **1.** *Adj* interesting; ***zu diesem Preis ist das nicht ~ für uns*** HANDEL we are not interested at that price **2.** *Adv* ***~ klingen*** to sound interesting; ***~ erzählen*** to tell interesting stories **interessanterweise** *Adv* interestingly enough **Interesse** *n* interest; ***~ an jdm/etw haben*** to be interested in sb/sth; ***im ~*** *+Gen* in the interests of; ***es liegt in Ihrem eigenen ~*** it's in your own interest(s); ***die ~n eines Staates wahrnehmen*** to look after the interests of a state **interessehalber** *Adv* out of interest **interesselos** *Adj* indifferent **Interessengebiet** *n* field of interest **Interessengemeinschaft** *f* group of people sharing interests; WIRTSCH syndicate **Interessent(in)** *m(f)* interested person *od* party *(förml)*; (≈ *Bewerber*) applicant **Interessenvertretung** *f* representation of interests; (≈ *Personen*) group representing one's interests **interessieren** **1.** *vt* to interest *(für, an +Dat* in); ***das interessiert mich (gar) nicht!*** I'm not (the least *od* slightest bit) interested **2.** *vr* to be interested *(für* in) **interessiert** **1.** *Adj* interested *(an +Dat* in); ***vielseitig ~ sein*** to have a wide range of interests; ***politisch ~*** interested in politics **2.** *Adv* with interest; ***sich an etw*** *(Dat)* ***~ zeigen*** to show an interest in sth
Interface *n* IT interface
Interimsregierung *f* caretaker *od* provisional government
Interjektion *f* interjection **interkontinental** *Adj* intercontinental **Interkontinentalrakete** *f* intercontinental missile **interkulturell** *Adj* intercultural **Intermezzo** *n* MUS intermezzo; *(fig)* interlude
intern **1.** *Adj* internal **2.** *Adv* internally
Internat *n* boarding school
international **1.** *Adj* international **2.** *Adv* internationally **Internationale** *f* Internationale **internationalisieren** *vt* to internationalize **Internationalisierung** *f* internationalization
Internatsschüler(in) *m(f)* boarder
Internet *n* IT Internet; ***im ~ surfen*** to surf the Internet **Internetadresse** *f* Internet address **Internetanschluss** *m* Internet connection **Internetauktion** *f* online auction **Internetcafé** *n* Internet café **Internethandel** *m* Internet trading, e-commerce **Internetnutzer(in)** *m(f)* Internet user **Internetprovider** *m* Internet provider **Internetseite** *f* web page **Internetzugang** *m*, **Internetzugriff** *m* Internet access
internieren *vt* to intern **Internierung** *f* internment **Internierungslager** *n* internment camp
Internist(in) *m(f)* internist
Interpol *f* Interpol
Interpret(in) *m(f)* interpreter *(of music, art etc)*; ***Lieder verschiedener ~en*** songs by various singers **Interpretation** *f* interpretation **interpretieren** *vt* to interpret
Interpunktion *f* punctuation
Interrogativpronomen *n* interrogative pronoun
Intervall *n* interval *(auch* MUS) **Intervallschaltung** *f* interval switch
intervenieren *vi* to intervene **Intervention** *f* intervention
Interview *n* interview **interviewen** *vt* to interview *(jdn zu etw* sb about sth) **Interviewer(in)** *m(f)* interviewer
intim *Adj* intimate; ***ein ~er Kenner von etw sein*** to have an intimate knowledge of sth **Intimbereich** *m* **a)** ANAT genital area; **b)** *(fig)* = ***Intimsphäre*** **Intimität** *f* intimacy; ***~en austauschen*** to kiss and pet **Intimpartner(in)** *m(f)* *(förml)* sexual partner **Intimsphäre** *f* private life; ***jds ~ verletzen*** to invade sb's privacy **Intimverkehr** *m* intimacy; ***~ mit jdm haben*** to be intimate with sb
intolerant *Adj* intolerant **Intoleranz** *f* intolerance
Intranet *n* IT Intranet
intransitiv *Adj* intransitive
intravenös *Adj* intravenous
Intrigant(in) *m(f)* schemer **Intrige** *f* scheme **intrigieren** *vi* to intrigue, to scheme
introvertiert *Adj* introverted
Intuition *f* intuition **intuitiv** **1.** *Adj* intuitive **2.** *Adv* intuitively
intus *Adj* *(umg)* ***etw ~ haben*** (≈ *wissen*) to get *od* have got *(Brit)* sth into one's head *(umg)*; *Essen, Alkohol* to have sth down *(umg)* *od* inside one *(umg)*
Invalide *m*, **Invalidin** *f* disabled person,

I

invalid **Invalidität** *f* disability
Invasion *f* invasion
Inventar *n* **a)** (≈ *Verzeichnis*) inventory; HANDEL assets and liabilities *Pl*; ***das ~ aufnehmen*** to do the inventory; **b)** (≈ *Einrichtung*) fittings *Pl* (*Brit*), equipment; (≈ *Maschinen*) equipment *kein Pl*, plant *kein Pl*; ***er gehört schon zum ~*** (*fig*) he's part of the furniture
Inventur *f* stocktaking; ***~ machen*** to stocktake
investieren *vti* to invest **Investition** *f* investment **Investitionsgut** *n* item of capital expenditure; ***Investitionsgüter*** capital goods *Pl* **Investment** *n* investment **Investmentbank** *f* investment bank **Investmentfonds** *m* investment fund **Investmentgesellschaft** *f* investment trust **Investor(in)** *m(f)* investor
In-vitro-Fertilisation *f* in vitro fertilization
involvieren *vt* to involve
inwendig *Adv* (*umg*) ***jdn/etw in- und auswendig kennen*** to know sb/sth inside out
inwiefern, **inwieweit** *Adv* (*im Satz*) to what extent; (*alleinstehend*) in what way
Inzest *m* incest *kein Pl* **inzestuös** *Adj* incestuous
Inzucht *f* inbreeding
inzwischen *Adv* (in the) meantime, meanwhile; ***er hat sich ~ verändert*** he's changed since (then)
Ion *n* ion
i-Punkt *m* dot on the i
Irak *m* **(der)** ~ Iraq **Iraker(in)** *m(f)* Iraqi **irakisch** *Adj* Iraqi
Iran *m* **(der)** ~ Iran **Iraner(in)** *m(f)* Iranian **iranisch** *Adj* Iranian
irdisch *Adj* earthly *kein Adv*
Ire *m* Irishman, Irish boy; ***die ~n*** the Irish
irgend **1.** *Adv* at all; ***wenn ~ möglich*** if it's at all possible **2.** ***~ so ein Tier*** some animal **irgendein** *Indefinitpron* some; (*fragend, verneinend*) any; ***ich will nicht ~ Buch*** I don't want just any (old (*umg*)) book; ***haben Sie noch ~en Wunsch?*** is there anything else you would like? **irgendeine(r, s)** *Indefinitpron* (*nominal*) (*bei Personen*) somebody, someone; (*bei Dingen*) something; (*fragend, verneinend*) anybody, anything **irgendetwas** *Indefinitpron* something; (*fragend, verneinend*) anything **irgendjemand** *Indefinitpron* somebody; (*fragend, verneinend*) anybody; ***ich bin nicht ~*** I'm not just anybody **irgendwann** *Adv* some time **irgendwas** *Indefinitpron* (*umg*) → ***irgendetwas*** **irgendwelche(r, s)** *Indefinitpron* some; (*fragend, verneinend*) any **irgendwer** *Indefinitpron* (*umg*) → ***irgendjemand***
irgendwie *Adv* somehow (or other); ***ist es ~ möglich?*** is it at all possible?; ***kannst du dir das ~ vorstellen?*** can you possibly imagine it? **irgendwo** *Adv* somewhere (or other), someplace (*bes US umg*); (*fragend, verneinend*) anywhere, any place (*bes US umg*) **irgendwoher** *Adv* from somewhere (or other), from someplace (*bes US umg*); (*fragend, verneinend*) from anywhere *od* any place (*bes US umg*) **irgendwohin** *Adv* somewhere (or other), someplace (*bes US umg*); (*fragend, verneinend*) anywhere, any place (*bes US umg*)
Irin *f* Irishwoman, Irish girl; ***sie ist ~*** she is Irish
Iris *f* iris
irisch *Adj* Irish **Irland** *n* Ireland; (≈ *Republik Irland*) Eire **irländisch** *Adj* Irish
Ironie *f* irony **ironisch** **1.** *Adj* ironic, ironical **2.** *Adv* ironically
irrational **1.** *Adj* irrational **2.** *Adv* irrationally **Irrationalität** *f* irrationality
irre **1.** *Adj* **a)** (≈ *geistesgestört*) mad; ***~s Zeug reden*** (*fig*) to say crazy things; **b)** (≈ *verwirrt*) confused; **c)** (*veralt umg*) *Party, Hut* wild (*umg*) **2.** *Adv* (*veralt umg* ≈ *sehr*) incredibly (*umg*); ***~ gut*** brilliant (*umg*) **Irre** *f* ***jdn in die ~ führen*** to lead sb astray
irreal *Adj* unreal
irreführen *vt* to mislead; ***sich ~ lassen*** to be misled **irreführend** *Adj* misleading
irrelevant *Adj* irrelevant (*für* for, to)
irremachen *vt* to confuse, to muddle **irren** **1.** *vi* **a)** (≈ *sich täuschen*) to be mistaken *od* wrong; ***Irren ist menschlich*** (*Sprichw*) to err is human (*Sprichw*); **b)** (≈ *umherschweifen*) to wander **2.** *vr* to be mistaken *od* wrong; ***sich in jdm ~*** to be mistaken *od* wrong about

I

sb; ***wenn ich mich nicht irre …*** if I'm not mistaken …
irreparabel *Adj* irreparable
Irre(r) *mf* lunatic
Irrfahrt *f* wandering **Irrgarten** *m* maze, labyrinth **Irrglaube(n)** *m* heresy; (≈ *irrige Ansicht*) mistaken belief **irrig** *Adj* incorrect **irrigerweise** *Adv* wrongly
Irritation *f* irritation **irritieren** *vt* (≈ *verwirren*) to confuse; (≈ *ärgern*) to irritate
Irrsinn *m* madness **irrsinnig** **1.** *Adj* crazy, insane; (*umg* ≈ *stark*) terrific; ***wie ein Irrsinniger*** like a madman **2.** *Adv* like crazy (*umg*); ***~ viel*** a hell of a lot (*umg*) **Irrtum** *m* mistake; ***ein ~ von ihm*** a mistake on his part; ***im ~ sein*** to be wrong; ***~ vorbehalten!*** HANDEL errors excepted **irrtümlich** **1.** *Adj* erroneous **2.** *Adv* erroneously; (≈ *aus Versehen*) by mistake **irrtümlicherweise** *Adv* erroneously; (≈ *aus Versehen*) by mistake **Irrweg** *m* (*fig*) ***auf dem ~ sein*** to be on the wrong track; ***auf ~e geraten*** to go astray
Ischias *m od n* sciatica **Ischiasnerv** *m* sciatic nerve
ISDN-Anlage *f* TELEK ISDN connection **ISDN-Netz** *n* TELEK ISDN network
Islam *m* Islam **islamisch** *Adj* Islamic **Islamisierung** *f* Islamization
Island *n* Iceland **Isländer(in)** *m(f)* Icelander **isländisch** *Adj* Icelandic
Isolation *f* **a)** isolation; **b)** ELEK *etc* insulation **Isolationshaft** *f* solitary confinement **Isolierband** *n* insulating tape, friction tape (*US*) **isolieren** **1.** *vt* **a)** to isolate; ***völlig isoliert leben*** to live in complete isolation; **b)** *elektrische Leitungen, Fenster* to insulate **2.** *vr* to isolate oneself **Isolierkanne** *f* Thermos® flask, vacuum flask **Isolierstation** *f* isolation ward **Isoliertheit** *f* isolatedness **Isolierung** *f* = ***Isolation***
Isomatte *f* foam mattress
Isotop *n* isotope
Israel *n* Israel **Israeli** *mf* Israeli **israelisch** *Adj* Israeli
Istbestand *m* (≈ *Geld*) cash in hand; (≈ *Waren*) actual stock **Istzustand** *m* actual state *od* status
Italien *n* Italy **Italiener(in)** *m(f)* Italian; ***zum ~ gehen*** to go to an/the Italian restaurant **italienisch** *Adj* Italian
i-Tüpfelchen *n* dot (on the/an i); ***bis aufs ~*** (*fig*) (right) down to the last (little) detail

J

J, j *n* J, j
ja *Adv* yes; (*bei Trauung*) I do; ***ich glaube ja*** (yes,) I think so; ***wenn ja*** if so; ***ich habe gekündigt — ja?*** I've quit — really?; ***ja, bitte?*** yes?; ***aber ja!*** but of course; ***ach ja!*** oh yes; ***sei ja vorsichtig!*** be careful; ***vergessen Sie es JA nicht!*** don't forget, whatever you do!; ***sie ist ja erst fünf*** (after all) she's only five; ***das ist ja richtig, aber …*** that's (certainly) right, but …; ***da kommt er ja*** there he is; ***das ist es ja*** that's just it; ***das sag ich ja!*** that's just what I say; ***Sie wissen ja, dass …*** as you know …; ***das ist ja fürchterlich*** that's (just) terrible; ***du rufst mich doch an, ja?*** you'll give me a call, won't you? **Ja** *n* yes; ***mit Ja antworten/stimmen*** to answer/vote yes
Jacht *f* yacht
Jacke *f* jacket, coat (*bes US*); (≈ *Wolljacke*) cardigan; ***das ist ~ wie Hose*** (*umg*) it's six of one and half a dozen of the other (*umg*)
Jacketkrone *f* jacket crown
Jackett *n* jacket, coat (*bes US*)
Jackpot *m* (*im Lotto etc*) rollover jackpot
Jade *m od f* jade
Jagd *f* hunt; (≈ *das Jagen*) hunting; (*fig*) chase (*nach* after); ***auf die ~ (nach etw) gehen*** to go hunting (for sth); ***die ~ nach Geld*** the pursuit of money **Jagdgebiet** *n* hunting ground **Jagdgewehr** *n* hunting rifle **Jagdhund** *m* hunting dog **Jagdhütte** *f* hunting lodge **Jagdrevier** *n* shoot **Jagdschein** *m* hunting licence (*Brit*) *od* license (*US*) **Jagdschloss** *n* hunting lodge **Jagdverbot** *n* ban on hunt-

ing **Jagdwild** *n* game **Jagdzeit** *f* hunting *od* shooting season **jagen 1.** *vt* **a)** to hunt; **b)** (≈ *hetzen*) to chase; ***jdn in die Flucht ~*** to put sb to flight; ***jdn aus dem Haus ~*** to drive sb out of the house; ***mit diesem Essen kannst du mich ~*** (*umg*) I wouldn't eat this if you paid me **2.** *vi* **a)** to hunt; **b)** (≈ *rasen*) to race; ***nach etw ~*** to chase after sth **Jäger** *m* **a)** hunter, huntsman; **b)** (≈ *Jagdflugzeug*) fighter (plane) **Jägerei** *f* hunting **Jägerin** *f* huntress, huntswoman **Jägerschnitzel** *n veal or pork cutlet with mushrooms and peppers*

Jaguar *m* jaguar

jäh 1. *Adj* **a)** (≈ *plötzlich*) sudden; **b)** (≈ *steil*) sheer **2.** *Adv* **a)** (≈ *plötzlich*) suddenly; *enden* abruptly; **b)** (≈ *steil*) steeply

J

Jahr *n* year; ***ein halbes ~*** six months *Sg od Pl*; ***ein drei viertel ~*** nine months *Sg od Pl*; ***im ~(e) 1066*** in (the year) 1066; ***die sechziger ~e*** the sixties *Sg od Pl*; ***alle ~e*** every year; ***alle ~e wieder*** year after year; ***pro ~*** a year; ***noch nach ~en*** years later; ***nach ~ und Tag*** after (many) years; ***mit den ~en*** over the years; ***zwischen den ~en*** (*umg*) between Christmas and New Year; ***er ist zehn ~e (alt)*** he is ten years old; ***Personen über 18 ~e*** people over (the age of) 18; ***in die ~e kommen*** (*umg*) to be getting on (in years); ***in den besten ~en sein*** to be in the prime of one's life; ***mit den ~en*** as one gets older **jahraus** *Adv* ***~, jahrein*** year in, year out **Jahrbuch** *n* yearbook; (≈ *Kalender*) almanac **jahrelang 1.** *Adj* years of **2.** *Adv* for years **jähren** *vr* ***heute jährt sich der Tag, an dem ...*** it's a year ago today that ... **Jahresabschluss** *m* HANDEL annual accounts *Pl* **Jahresanfang** *m*, **Jahresbeginn** *m* beginning of the year **Jahresbeitrag** *m* annual subscription **Jahresbericht** *m* annual report **Jahresdurchschnitt** *m* annual *od* yearly average **Jahreseinkommen** *n* annual income **Jahresende** *n* end of the year **Jahreshauptversammlung** *f* HANDEL annual general meeting, AGM **Jahresring** *m* (*eines Baumes*) annual ring **Jahresrückblick** *m* review of the year's events **Jahrestag** *m* anniversary **Jahreswechsel** *m* new year **Jahreszahl** *f* date, year **Jahreszeit** *f* season **Jahrgang** *m* **a)** year; ***er ist ~ 1980*** he was born in 1980; ***er ist mein ~*** we were born in the same year; **b)** (*von Wein*) vintage **Jahrhundert** *n* century **jahrhundertealt** *Adj* centuries-old **jahrhundertelang 1.** *Adj* centuries of **2.** *Adv* for centuries **Jahrhundertwende** *f* turn of the century **jährlich 1.** *Adj* annual, yearly **2.** *Adv* every year; HANDEL per annum; ***zweimal ~*** twice a year **Jahrmarkt** *m* (fun-)fair **Jahrtausend** *n* millennium **Jahrtausendwende** *f* millennium **Jahrzehnt** *n* decade **jahrzehntelang 1.** *Adj* decades of; ***eine ~e Entwicklung*** a development lasting decades **2.** *Adv* for decades

Jähzorn *m* violent temper **jähzornig** *Adj* irascible; (≈ *erregt*) furious

Jakobsmuschel *f* scallop

Jalousie *f* venetian blind

Jalta *n* Yalta

Jamaika *n* Jamaica

Jammer *m* (≈ *Elend*) misery; ***es wäre ein ~, wenn ...*** (*umg*) it would be a crying shame if ... (*umg*) **Jammerlappen** *m* (*sl*) wet (*umg*) **jämmerlich 1.** *Adj* pitiful; (*umg*) *Entschuldigung etc* pathetic (*umg*); *Feigling* terrible **2.** *Adv* *sterben etc* pitifully; *versagen* miserably **jammern** *vi* to wail (*über +Akk* over) **jammerschade** *Adj* ***es ist ~*** (*umg*) it's a terrible pity

Janker *m* (*bes österr*) Tyrolean jacket; (≈ *Strickjacke*) cardigan

Jänner *m* (*österr, schweiz*) January

Januar *m* January; → ***März***

Japan *n* Japan **Japaner(in)** *m(f)* Japanese (man/woman) **japanisch** *Adj* Japanese

japsen *vi* (*umg*) to pant

Jargon *m* jargon

Jasager *m* yes man **Jasagerin** *f* yes woman

Jasmin *m* jasmine

Jastimme *f* vote in favour (*Brit*) *od* favor (*US*) (of)

jäten *vti* to weed

Jauche *f* liquid manure **Jauchegrube** *f* cesspool; LANDW liquid manure pit

jauchzen *vi* (*geh*) to rejoice (*lit*)

jaulen *vi* to howl; (*wörtl*) to yowl

Jause *f* (*österr*) break (for a snack);

(≈ *Proviant*) snack
jausnen *vi* (*österr*) to stop for a snack; (*auf Arbeit*) to have a tea (*Brit*) *od* coffee (*bes US*) break
Java *n* Java **javanisch** *Adj* Javanese
jawohl *Adv*, *Adv* yes; MIL yes, sir; SEEF aye, aye, sir
Jawort *n* ***jdm das ~ geben*** to say yes to sb; (*bei Trauung*) to say "I do"
Jazz *m* jazz **Jazzband** *f* jazz band **Jazzkeller** *m* jazz club
je 1. *Adv* **a)** (≈ *jemals*) ever; **b)** (≈ *jeweils*) every, each; ***für je drei Stück zahlst du einen Euro*** you pay one euro for (every) three; ***ich gebe euch je zwei Äpfel*** I'll give you two apples each **2.** *Konj* **a)** ***je eher, desto besser*** the sooner the better; ***je länger, je lieber*** the longer the better; **b)** ***je nach*** according to, depending on; ***je nachdem*** it all depends
Jeans *Pl* jeans *Pl* **Jeansanzug** *m* denim suit **Jeanshose** *f* = ***Jeans*** **Jeansjacke** *f* denim jacket **Jeansstoff** *m* denim
jedenfalls *Adv* in any case; (≈ *zumindest*) at least
jede(r, s) *Indefinitpron* **a)** (*adjektivisch*) (≈ *einzeln*) each; (*bes von zweien*) either; (≈ *jeder von allen*) every; (≈ *jeder beliebige*) any; ***~s Mal*** every time; **b)** (*substantivisch*) (≈ *einzeln*) each (one); (≈ *jeder von allen*) everyone; (≈ *jeder Beliebige*) anyone; ***~r von uns*** each (one)/every one/any one of us; ***~r Zweite*** every other *od* second one; ***~r für sich*** everyone for himself; ***das kann ~r*** anyone can do that; ***das kann nicht ~r*** not everyone can do that **jedermann** *Indefinitpron* everyone, everybody; (≈ *jeder Beliebige auch*) anyone, anybody; ***das ist nicht ~s Sache*** it's not everyone's cup of tea (*umg*) **jederzeit** *Adv* at any time
jedoch *Konj*, *Adv* however
jegliche(r, s) *Indefinitpron* (*adjektivisch*) any; (*substantivisch*) each (one)
jeher *Adv* ***von od seit ~*** always
jein *Adv* (*hum*) yes and no
jemals *Adv* ever
jemand *Indefinitpron* somebody; (*bei Fragen, Negation*) anybody; ***~ Neues*** somebody new; ***~ anders*** somebody else
Jemen *m* ***der ~*** Yemen
jene(r, s) *Demonstrativpron* (*geh*) **a)** (*adjektivisch*) that; (*Pl*) those; ***in ~r Zeit*** at that time, in those times; **b)** (*substantivisch*) that one; (*Pl*) those (ones)
jenseits 1. *Präp +Gen* on the other side of; ***2 km ~ der Grenze*** 2 kms beyond the border **2.** *Adv* ***~ von*** on the other side of **Jenseits** *n* hereafter, next world
Jesuit *m* Jesuit
Jesus *m* Jesus; ***~ Christus*** Jesus Christ
Jet *m* (*umg*) jet **Jetlag** *m* jetlag
Jeton *m* chip
Jetset *m* (*umg*) jet set **jetten** *vi* (*umg*) to jet (*umg*)
jetzig *Adj* present *attr*, current; ***in der ~en Zeit*** in present times **jetzt** *Adv* now; ***bis ~*** so far; ***~ gleich*** right now; ***~ noch?*** (what) now?; ***~ oder nie!*** (it's) now or never! **Jetzt** *n* (*geh*) present
jeweilig *Adj* respective; (≈ *vorherrschend*) prevailing; ***die ~e Regierung*** the government of the day **jeweils** *Adv* at a time, at any one time; (≈ *jedes Mal*) each time; ***~ am Monatsletzten*** on the last day of each month
jiddisch *Adj* Yiddish
Job *m* (*umg*) job **jobben** *vi* (*umg*) to work **Jobsharing** *n* job sharing **Jobsuche** *f* job hunting; ***auf ~ sein*** to be looking for a job
Joch *n* yoke **Jochbein** *n* cheekbone
Jockey *m* jockey
Jod *n* iodine
jodeln *vti* to yodel
jodiert *Adj* ***~es Speisesalz*** iodized table salt **Jodsalz** *n* iodized salt
Joga *m od n* yoga
joggen *vi* to jog **Jogger(in)** *m(f)* jogger **Jogging** *n* jogging **Jogginganzug** *m* jogging suit
Jog(h)urt *m od n* yog(h)urt **Jog(h)urtbereiter** *m* yog(h)urt maker
Johannisbeere *f* ***Rote ~*** redcurrant; ***Schwarze ~*** blackcurrant **Johanniskraut** *n* St. John's wort
johlen *vi* to howl
Joint *m* (*umg*) joint (*umg*)
Joint Venture *n* HANDEL joint venture
Jo-Jo *n* yo-yo **Jo-Jo-Effekt** *m* yo-yo effect
Joker *m* KARTEN joker; (*fig*) trump card
Jongleur(in) *m(f)* juggler **jonglieren** *vi*

J

(*wörtl*, *fig*) to juggle
Jordanien *n* Jordan **Jordanier(in)** *m(f)* Jordanian (man/woman) **jordanisch** *Adj* Jordanian
Joule *n* joule
Journal *n* HANDEL daybook **Journalismus** *m* journalism **Journalist(in)** *m(f)* journalist **journalistisch** **1.** *Adj* journalistic **2.** *Adv* **~ arbeiten** to work as a journalist; **etw ~ aufbereiten** to edit sth for journalistic purposes
jovial **1.** *Adj* jovial **2.** *Adv* jovially **Jovialität** *f* joviality
Joystick *m* IT joystick
Jubel *m* jubilation; (≈ *Jubelrufe*) cheering; **~, Trubel, Heiterkeit** laughter and merriment **jubeln** *vi* to cheer **Jubilar(in)** *m(f)* *person celebrating an anniversary* **Jubiläum** *n* jubilee; (≈ *Jahrestag*) anniversary **Jubiläumsfeier** *f* jubilee/anniversary celebrations *Pl*
jucken **1.** *vti* to itch; **es juckt mich am Rücken** my back itches; **es juckt mich, das zu tun** (*umg*) I'm itching to do it (*umg*); **das juckt mich doch nicht** (*umg*) I don't care **2.** *vr* (≈ *kratzen*) to scratch **Juckreiz** *m* itching
Jude *m* Jew; **er ist ~** he is a Jew **judenfeindlich** *Adj* anti-Semitic **Judentum** *n* **a)** (≈ *Judaismus*) Judaism; **b)** (≈ *Gesamtheit der Juden*) Jews *Pl* **Judenverfolgung** *f* persecution of (the) Jews **Jüdin** *f* Jew, Jewish woman **jüdisch** *Adj* Jewish
Judo[2] *n* judo
Jugend *f* youth; **von ~ an** *od* **auf** from one's youth; **die ~ von heute** young people *od* the youth of today **Jugendalter** *n* adolescence **Jugendamt** *n* youth welfare department **Jugendarbeit** *f* (≈ *Jugendfürsorge*) youth work **Jugendarbeitslosigkeit** *f* youth unemployment **Jugendarrest** *m* JUR detention **Jugendbande** *f* gang of youths **Jugendbuch** *n* book for young people **jugendfrei** *Adj* suitable for young people; *Film* U(-certificate) (*Brit*), G (*US*) **Jugendfreund(in)** *m(f)* friend of one's youth **jugendgefährdend** *Adj* liable to corrupt the young **Jugendgericht** *n* juvenile court **Jugendgruppe** *f* youth group **Jugendherberge** *f* youth hostel **Jugendherbergsausweis** *m* youth hostelling card (*Brit*), youth hostel ID (*US*) **Jugendhilfe** *f* VERW help for young people **Jugendjahre** *Pl* days *Pl* of one's youth **Jugendklub** *m* youth club **Jugendkriminalität** *f* juvenile delinquency **jugendlich** **1.** *Adj* (≈ *jung*) young; (≈ *jung wirkend*) youthful; **ein ~er Täter** a young offender; **~er Leichtsinn** youthful frivolity **2.** *Adv* youthfully; **sich ~ geben** to appear youthful **Jugendliche(r)** *mf* adolescent; (*männlich auch*) youth **Jugendlichkeit** *f* youthfulness **Jugendliebe** *f* **a)** young love; **b)** (≈ *Geliebter*) love of one's youth **Jugendmannschaft** *f* youth team **Jugendpflege** *f* youth welfare **Jugendrecht** *n* law relating to young persons **Jugendrichter(in)** *m(f)* JUR magistrate (*in a juvenile court*) **Jugendschutz** *m* protection of children and young people **Jugendstil** *m* KUNST Art Nouveau **Jugendstrafe** *f* detention *ohne Artikel* in a young offenders' (*Brit*) *od* juvenile correction (*US*) institution **Jugendsünde** *f* youthful misdeed **Jugendtraum** *m* youthful dream **Jugendzeit** *f* youth, younger days *Pl* **Jugendzentrum** *n* youth centre (*Brit*) *od* center (*US*)
Jugoslawien *n* HIST Yugoslavia **jugoslawisch** *Adj* HIST Yugoslav(ian)
Juli *m* July; → **März**
Jumbo(jet) *m* jumbo (jet)
jung *Adj* young; **Jung und Alt** (both) young and old; **von ~ auf** from one's youth; **~ aussehen** to look young; **~ sterben** to die young **Junge** *m* boy; **Junge, Junge!** (*umg*) boy oh boy (*umg*); **alter ~** (*umg*) my old pal (*umg*) **jungenhaft** *Adj* boyish **Jungenschule** *f* boys' school **Jungenstreich** *m* boyish prank **Junge(r)** *mf* (*umg*) **die ~n** the young ones **jünger** *Adj* **a)** younger; **Holbein der Jüngere** Holbein the Younger; **b)** *Geschichte etc* recent; **sie sieht ~ aus, als sie ist** she looks younger than she is, she doesn't look her age
Jünger *m* (BIBEL, *fig*) disciple **Jüngerin** *f* (*fig*) disciple
Junge(s) *n* ZOO young one; (*von Hund*) pup(py); (*von Katze*) kitten; (*von Wolf, Löwe, Bär*) cub; (*von Vogel*) young bird; **die ~n** the young **Jungfer** *f* **eine alte ~** an old maid **Jungfern-**

fahrt *f* maiden voyage **Jungfernflug** *m* maiden flight **Jungfernhäutchen** *n* ANAT hymen **Jungfrau** *f* virgin; ASTRON, ASTROL Virgo *ohne Artikel*; ***ich bin ~*** I am a virgin; ASTROL I am (a) Virgo **jungfräulich** *Adj* virgin **Jungfräulichkeit** *f* virginity **Junggeselle** *m* bachelor **Junggesellenbude** *f* (*umg*) bachelor pad (*umg*) **Junggesellendasein** *n* bachelor's life **Junggesellenzeit** *f* bachelor days *Pl* **Junggesellin** *f* single woman **Junglehrer(in)** *m(f)* student teacher **Jüngling** *m* (*lit, hum*) youth **jüngste(r, s)** *Adj* **a**) youngest; **b**) *Werk, Ereignis* latest, (most) recent; *Zeit, Vergangenheit* recent; ***in der ~n Zeit*** recently; ***das Jüngste Gericht*** the Last Judgement; ***der Jüngste Tag*** Doomsday, the Day of Judgement; ***sie ist auch nicht mehr die Jüngste*** she's no (spring) chicken (*umg*) **Jungtier** *n* young animal **Jungunternehmer(in)** *m(f)* young entrepreneur, young businessman/-woman **Jungverheiratete(r)** *mf* newly-wed **Jungwähler(in)** *m(f)* young voter

Tiere und ihre Jungen

Ente – Entenküken	**duck – duckling**
Huhn – Küken	**chicken – chick**
Hund – Welpe	**dog – pup(py)**
Katze – Katzenjunges	**cat – kitten**
Kuh – Kalb	**cow – calf** [kɑːf]
Pferd – Fohlen	**horse – foal**
Schaf – Lamm	**sheep – lamb** [læm]
Schwan – junger Schwan	**swan – cygnet** ['sɪgnɪt]
Schwein – Ferkel	**pig – piglet**
Ziege – Kitz	**goat – kid**

Bei den anderen Tieren kann man beim Jungen meistens **baby** voransetzen, z. B. **baby camel** ['kæml], **baby frog** etc.

Juni *m* June; → ***März***

junior *Adj* ***Franz Schulz ~*** Franz Schulz, Junior **Junior** *m* **a**) junior; **b**) (*a.* **Juniorchef**) son of the boss **Juniorchef** *m* boss's son, son of the boss **Juniorin** *f* SPORT junior **Juniorpass** *m* BAHN ≈ young person's railcard (*Brit*), ≈ youth railroad pass (*US*)

Junkfood *n* (*umg*) junk food **Junkie** *m* (*umg*) junkie (*umg*) **Junkmail** *f* junk mail

Junta *f* POL junta

Jupe *m* (*schweiz*) skirt

Jura UNI law

jurassisch *Adj* GEOL Jurassic

Jurist(in) *m(f)* jurist; (≈ *Student*) law student **Juristendeutsch** *n* legalese (*pej*), legal jargon **juristisch** **1.** *Adj* legal; ***die ~e Fakultät*** the Faculty of Law **2.** *Adv* legally; ***etw ~ betrachten*** to consider the legal aspects of sth **Juror(in)** *m(f)* member of the jury **Jury** *f* jury *Sg od Pl*

Jus *n* (*bes österr, schweiz*) = ***Jura***

justieren *vt* to adjust; TYPO, IT to justify **Justierung** *f* adjustment; TYPO, IT justification

Justiz *f* (*als Prinzip*) justice; (*als Institution*) judiciary; (≈ *die Gerichte*) courts *Pl* **Justizbeamte(r)** *m*, **Justizbeamtin** *f* judicial officer **Justizbehörde** *f* legal authority **Justizirrtum** *m* miscarriage of justice, judicial error (*bes US*) **Justizminister(in)** *m(f)* minister of justice, justice minister **Justizministerium** *n* ministry of justice, ≈ Department of Justice (*US*)

Jute *f* jute

Juwel *m od n* jewel; ***~en*** (≈ *Schmuck*) jewellery (*Brit*), jewelry (*US*) **Juwelier(in)** *m(f)* jeweller (*Brit*), jeweler (*US*); (≈ *Geschäft*) jewel(l)er's (shop) **Juweliergeschäft** *n* jeweller's (*Brit*) *od* jeweler's (*US*) (shop)

Jux *m* (*umg*) ***etw aus ~ tun*** to do sth as a joke; ***sich*** (*Dat*) ***einen ~ aus etw machen*** to make a joke (out) of sth **juxen** *vi* (*umg*) to joke

J

K

K, k *n* K, k
Kabarett *n* cabaret; (≈ *Darbietung*) cabaret (show); ***ein politisches ~*** a satirical political revue **Kabarettist(in)** *m(f)* cabaret artist
kabbeln *vir* (*umg*) to bicker
Kabel *n* ELEK wire; (≈ *Telefonkabel*) cord; (≈ *Stromleitung*) cable **Kabelanschluss** *m* TV cable connection **Kabelfernsehen** *n* cable television
Kabeljau *m* cod
Kabelkanal *m* TV cable channel
Kabine *f* (≈ *Umkleidekabine, Duschkabine*) cubicle; SEEF, FLUG cabin
Kabinett *n* POL cabinet **Kabinettsbeschluss** *m* cabinet decision **Kabinettsumbildung** *f* cabinet reshuffle
Kabis *m* (*schweiz*) = ***Kohl***
Kabrio(lett) *n* AUTO convertible
Kachel *f* (glazed) tile; ***etw mit ~n auslegen*** to tile sth **kacheln** *vt* to tile **Kachelofen** *m* tiled stove
Kacke *f* (*vulg*) crap (*sl*), shit (*sl*); ***so 'ne ~*** shit (*sl*) **kacken** *vi* (*vulg*) to crap (*sl*)
Kadaver *m* carcass
Kader *m* MIL, POL cadre; SPORT squad
Kadett(in) *m(f)* MIL cadet
Kadi *m* (*veralt umg*) ***jdn vor den ~ schleppen*** to take sb to court
Kadmium *n* cadmium
Käfer *m* beetle
Kaff *n* (*umg*) dump (*umg*)
Kaffee *m* coffee; ***zwei ~, bitte!*** two coffees, please; ***~ kochen*** to make coffee; ***das ist kalter ~*** (*umg*) that's old hat (*umg*); ***~ und Kuchen*** coffee and cakes, ≈ afternoon tea (*Brit*) **Kaffeeautomat** *m* coffee machine *od* dispenser **Kaffeebohne** *f* coffee bean **Kaffeehaus** *n* café **Kaffeekanne** *f* coffeepot **Kaffeeklatsch** *m* (*umg*) coffee klatsch (*US*), ≈ coffee morning (*Brit*) **Kaffeelöffel** *m* coffee spoon **Kaffeemaschine** *f* coffee machine **Kaffeemühle** *f* coffee grinder **Kaffeepause** *f* coffee break **Kaffeesahne** *f* (coffee) cream **Kaffeesatz** *m* coffee grounds *Pl* **Kaffeeservice** *n* coffee set **Kaffeetasse** *f* coffee cup
Käfig *m* cage
kahl *Adj* bald; (≈ *kahl geschoren*) shaved; *Wand, Raum, Baum* bare; *Landschaft* barren; ***eine ~e Stelle*** a bald patch; ***~ werden*** (*Mensch*) to go bald; (*Baum*) to lose its leaves **Kahlheit** *f* baldness; (*von Wand, Raum, Baum*) bareness; (*von Landschaft*) barrenness **Kahlkopf** *m* bald head; (≈ *Mensch*) bald person; ***ein ~ sein*** to be bald **kahlköpfig** *Adj* bald-headed **Kahlschlag** *m* **a**) deforestation; **b**) (*umg* ≈ *Abriss*) demolition
Kahn *m* **a**) (small) boat; (≈ *Stechkahn*) punt; ***~ fahren*** to go boating/punting; **b**) (≈ *Lastschiff*) barge **Kahnfahrt** *f* row; (*in Stechkahn*) punt
Kai *m* quay **Kaimauer** *f* quay wall
Kairo *n* Cairo
Kaiser *m* emperor; ***der deutsche ~*** the Kaiser **Kaiserin** *f* empress **Kaiserkrone** *f* imperial crown **kaiserlich** *Adj* imperial **Kaiserreich** *n* empire **Kaiserschmarren** *m*, **Kaiserschmarrn** *m* (*südd, österr*) *sugared, cut-up pancake with raisins* **Kaiserschnitt** *m* Caesarean (section)
Kajak *m od n* kayak **Kajakfahren** *n* kayaking
Kajalstift *m* kohl eye pencil
Kajüte *f* cabin
Kakadu *m* cockatoo
Kakao *m* cocoa; ***jdn durch den ~ ziehen*** (*umg*) (≈ *veralbern*) to make fun of sb **Kakaobohne** *f* cocoa bean **Kakaopulver** *n* cocoa powder
Kakerlak *m*, **Kakerlake** *f* cockroach
kaki *Adj* khaki
Kaktee *f*, **Kaktus** *m* cactus
Kalauer *m* corny joke; (≈ *Wortspiel*) corny pun
Kalb *n* calf **kalben** *vi* to calve **Kalbfleisch** *n* veal **Kalbsbraten** *m* roast veal **Kalbsfell** *n* (≈ *Fell*) calfskin **Kalbshaxe** *f* KOCH knuckle of veal **Kalbsleder** *n* calfskin **Kalbsschnitzel** *n* veal cutlet
Kaleidoskop *n* kaleidoscope
Kalender *m* calendar; (≈ *Terminkalender*) diary **Kalenderjahr** *n* calendar year
Kali *n* potash
Kaliber *n* calibre (*Brit*), caliber (*US*)

Kalifornien *n* California
Kalium *n* potassium
Kalk *m* lime; (*zum Tünchen*) whitewash; ANAT calcium; ***gebrannter ~*** quicklime **Kalkboden** *m* chalky soil **kalken** *vt* (≈ *tünchen*) to whitewash **Kalkgrube** *f* lime pit **kalkhaltig** *Adj Boden* chalky; *Wasser* hard **Kalkmangel** *m* MED calcium deficiency **Kalkstein** *m* limestone
Kalkulation *f* calculation **kalkulierbar** *Adj* calculable **kalkulieren** *vt* to calculate
Kalorie *f* calorie **kalorienarm** **1.** *Adj* low-calorie **2.** *Adv* ***sich ~ ernähren*** to have a low-calorie diet; ***~ essen*** to eat low-calorie food **kalorienreich** *Adj* high-calorie; ***sich ~ ernähren*** to have a high-calorie diet
kalt **1.** *Adj* cold; ***mir ist/wird ~*** I am/I'm getting cold; ***jdm die ~e Schulter zeigen*** to give sb the cold shoulder; ***~es Grausen überkam mich*** my blood ran cold; ***der Kalte Krieg*** the Cold War **2.** *Adv* ***~ duschen*** to take a cold shower; ***etw ~ stellen*** to put sth to chill; ***~ gepresst*** *Öl* cold-pressed; ***da kann ich nur ~ lächeln*** (*umg*) that makes me laugh; ***jdn ~ erwischen*** to shock sb **kaltbleiben** *vi* (*fig*) to remain unmoved **Kaltblüter** *m* ZOO cold-blooded animal **kaltblütig** **1.** *Adj* (*fig*) cold-blooded; (≈ *gelassen*) cool **2.** *Adv* cold-bloodedly **Kaltblütigkeit** *f* (*fig*) cold-bloodedness; (≈ *Gelassenheit*) cool(ness) **Kälte** *f* **a)** (*von Wetter etc*) cold; (≈ *Kälteperiode*) cold spell; ***fünf Grad ~*** five degrees below freezing; **b)** (*fig*) coldness, coolness **kältebeständig** *Adj* cold-resistant **Kälteeinbruch** *m* (sudden) cold spell; (*für kurze Zeit*) cold snap **kälteempfindlich** *Adj* sensitive to cold **Kältegefühl** *n* feeling of cold(ness) **Kälteperiode** *f* cold spell **Kältetechnik** *f* refrigeration technology **Kältetod** *m* ***den ~ sterben*** to freeze to death **kälteunempfindlich** *Adj* insensitive to cold **Kältewelle** *f* cold spell **Kaltfront** *f* METEO cold front **kaltgepresst** *Adj* → ***kalt*** **kaltherzig** *Adj* cold-hearted **Kaltherzigkeit** *f* cold-heartedness **kaltlassen** *vt* (*fig*) ***jdn ~*** to leave sb cold **Kaltluft** *f* METEO cold air **kaltmachen** *vt* (*sl*) to do in (*umg*) **Kaltmiete** *f* rent exclusive of heating **kaltschnäuzig** (*umg*) **1.** *Adj* (≈ *gefühllos*) callous; (≈ *unverschämt*) insolent **2.** *Adv* (≈ *gefühllos*) callously; (≈ *unverschämt*) insolently **Kaltstart** *m* AUTO, IT cold start
Kalzium *n* calcium
Kambodscha *n* Cambodia **Kambodschaner(in)** *m(f)* Cambodian (man/woman) **kambodschanisch** *Adj* Cambodian
Kamel *n* camel; ***ich ~!*** (*umg*) silly me!
Kamelle *f* (*umg*) ***das sind doch alte*** *od* ***olle ~n*** that's old hat (*umg*)
Kamera *f* camera
Kamerad(in) *m(f)* MIL *etc* comrade; (≈ *Gefährte*) companion **Kameradschaft** *f* camaraderie **kameradschaftlich** *Adj* comradely
Kamerafrau *f* camerawoman **Kameraführung** *f* camera work **Kameramann** *m* cameraman
Kamerun *n* the Cameroons *Pl*
Kamikaze *m* kamikaze **Kamikazeflieger(in)** *m(f)* kamikaze pilot
Kamille *f* camomile **Kamillentee** *m* camomile tea
Kamin *m od* (*dial*) *n* **a)** (≈ *Schornstein*) chimney; (≈ *Abzugsschacht*) flue; **b)** (≈ *Feuerstelle*) fireplace; ***wir saßen am ~*** we sat by *od* in front of the fire **Kaminsims** *m od n* mantelpiece
Kamm *m* **a)** comb; ***alle/alles über einen ~ scheren*** (*fig*) to lump everyone/everything together; **b)** (≈ *Gebirgskamm*) crest **kämmen** **1.** *vt* to comb **2.** *vr* to comb one's hair
Kammer *f* **a)** PARL chamber; (≈ *Ärztekammer etc*) professional association; **b)** (≈ *Zimmer*) (small) room **Kammerdiener** *m* valet **Kammerjäger(in)** *m(f)* (≈ *Schädlingsbekämpfer*) pest controller (*Brit*), exterminator (*US*) **Kammermusik** *f* chamber music **Kammerorchester** *n* chamber orchestra **Kammerzofe** *f* chambermaid
Kammgarn *n* worsted **Kammmuschel** *f* scallop
Kampagne *f* campaign
Kampf *m* fight (*um* for); (MIL ≈ *Gefecht*) battle; (≈ *Boxkampf*) fight; ***jdm/einer Sache den ~ ansagen*** (*fig*) to declare war on sb/sth; ***die Kämpfe einstellen*** to stop fighting; ***der ~ ums Dasein*** the struggle for existence; ***der ~ um die Macht*** the battle

K

for power; ***ein ~ auf Leben und Tod*** a fight to the death **Kampfabstimmung** *f* vote **Kampfansage** *f* declaration of war **Kampfanzug** *m* MIL *etc* battle dress *ohne Artikel*, battle uniform **Kampfausbildung** *f* MIL combat training **kampfbereit** *Adj* ready for battle **kämpfen 1.** *vi* to fight (*um, für* for); ***gegen etw ~*** to fight (against) sth; ***mit dem Tode ~*** to fight for one's life; ***mit den Tränen ~*** to fight back one's tears; ***ich hatte mit schweren Problemen zu ~*** I had difficult problems to contend with; ***ich habe lange mit mir ~ müssen, ehe ...*** I had a long battle with myself before ... **2.** *vt* (*mst fig*) *Kampf* to fight

Kampfer *m* camphor

Kämpfer(in) *m(f)* fighter **kämpferisch 1.** *Adj* aggressive **2.** *Adv* aggressively; ***sich ~ einsetzen*** to fight hard **Kampfflugzeug** *n* fighter (plane) **Kampfgeist** *m* fighting spirit **Kampfhandlung** *f* clash *mst Pl* **Kampfhubschrauber** *m* helicopter gunship **Kampfhund** *m* fighting dog **kampflos 1.** *Adj* peaceful; *Sieg* uncontested **2.** *Adv* peacefully, without a fight; ***sich ~ ergeben*** to surrender without a fight **kampflustig** *Adj* belligerent **Kampfrichter(in)** *m(f)* SPORT referee **Kampfsport** *m* martial art **Kampfstoff** *m* weapon **kampfunfähig** *Adj* MIL unfit for action; *Boxer* unfit to fight; ***einen Panzer ~ machen*** to put a tank out of action

kampieren *vi* to camp (out)

Kanada *n* Canada **Kanadier** *m* SPORT Canadian canoe **Kanadier(in)** *m(f)* Canadian **kanadisch** *Adj* Canadian

Kanal *m* **a)** (≈ *Schifffahrtsweg*) canal; (≈ *Wasserlauf*) channel; (*für Abwässer*) sewer; **b)** RADIO, TV channel **Kanaldeckel** *m* drain cover **Kanalinseln** *Pl* ***die ~*** (*im Ärmelkanal*) the Channel Islands *Pl* **Kanalisation** *f* **a)** (*für Abwässer*) sewerage system; **b)** (*von Flusslauf*) canalization **kanalisieren** *vt Fluss* to canalize; (*fig*) *Energie* to channel; *Gebiet* to install sewers in **Kanaltunnel** *m* Channel Tunnel

Kanarienvogel *m* canary **Kanarische Inseln** *Pl* Canary Islands *Pl*

Kandare *f* (curb) bit; ***jdn an die ~ nehmen*** (*fig*) to take sb in hand

Kandidat(in) *m(f)* candidate **Kandidatur** *f* candidacy **kandidieren** *vi* POL to stand, to run (*für* for); ***für das Amt des Präsidenten ~*** to run for president

kandiert *Adj Frucht* candied **Kandis(zucker)** *m* rock candy

Känguru *n* kangaroo

Kaninchen *n* rabbit **Kaninchenstall** *m* rabbit hutch

Kanister *m* can; (≈ *Blechkanister*) jerry can

Kännchen *n* (*für Milch*) jug; (*für Kaffee*) pot; ***ein ~ Kaffee*** a pot of coffee **Kanne** *f* can; (≈ *Teekanne, Kaffeekanne*) pot; (≈ *Gießkanne*) watering can

Kannibale *m*, **Kannibalin** *f* cannibal **Kannibalismus** *m* cannibalism

Kanon *m* canon

Kanone *f* **a)** gun; HIST cannon; (*sl* ≈ *Pistole*) shooter (*umg*); **b)** (*fig umg* ≈ *Könner*) ace (*umg*); **c)** (*umg*) ***das ist unter aller ~*** that defies description

Kantate *f* MUS cantata

Kante *f* edge; (≈ *Rand*) border; ***Geld auf die hohe ~ legen*** (*umg*) to put money away **kantig** *Adj Holz* edged; *Gesicht* angular

Kantine *f* canteen **Kantinenessen** *n* canteen food

Kanton *m* canton **kantonal** *Adj* cantonal

Kanu *n* canoe

Kanüle *f* MED cannula

Kanute *m*, **Kanutin** *f* canoeist

Kanzel *f* **a)** pulpit; **b)** FLUG cockpit

Kanzlei *f* (≈ *Dienststelle*) office; (≈ *Büro eines Rechtsanwalts, Notars etc*) chambers *Pl*

Kanzler(in) *m(f)* **a)** (≈ *Regierungschef*) chancellor; **b)** UNI vice chancellor **Kanzleramt** *n* (≈ *Gebäude*) chancellery; (≈ *Posten*) chancellorship **Kanzlerkandidat(in)** *m(f)* candidate for the position of chancellor

Kap *n* cape; ***~ der Guten Hoffnung*** Cape of Good Hope; ***~ Hoorn*** Cape Horn

Kapazität *f* capacity; (*fig* ≈ *Experte*) expert

Kapelle *f* **a)** (≈ *kleine Kirche etc*) chapel; **b)** MUS orchestra

Kaper *f* BOT, KOCH caper

kapern *vt* SEEF *Schiff* to seize; (≈ *mit Beschlag belegen*) to collar (*umg*)

K

kapieren *(umg)* **1.** *vt* to get *(umg)* **2.** *vi* to get it *(umg)*; ***kapiert?*** got it? *(umg)*
kapital *Adj* **a)** JAGD *Hirsch* royal; **b)** (≈ *grundlegend) Missverständnis etc* major
Kapital *n* **a)** FINANZ capital *kein Pl*; (≈ *angelegtes Kapital)* capital investments *Pl*; **b)** *(fig)* asset; ***aus etw ~ schlagen*** to capitalize on sth **Kapitalanlage** *f* capital investment **Kapitalertrag(s)steuer** *f* capital gains tax **Kapitalflucht** *f* flight of capital **kapitalisieren** *vt* to capitalize **Kapitalisierung** *f* capitalization **Kapitalismus** *m* capitalism **Kapitalist(in)** *m(f)* capitalist **kapitalistisch** *Adj* capitalist **kapitalkräftig** *Adj* financially strong **Kapitalmarkt** *m* capital market **Kapitalverbrechen** *n* serious crime; *(mit Todesstrafe)* capital crime
Kapitän(in) *m(f)* captain **Kapitänleutnant** *m* lieutenant commander
Kapitel *n* chapter; ***das ist ein anderes ~*** that's another story
Kapitell *n* capital
Kapitulation *f* capitulation *(vor +Dat* to, in the face of) **kapitulieren** *vi* (≈ *sich ergeben)* to surrender; *(fig* ≈ *aufgeben)* to give up *(vor +Dat* in the face of)
Kaplan *m (in Pfarrei)* curate
Kappe *f* cap; ***das geht auf meine ~*** *(umg)* (≈ *ich bezahle)* that's on me; (≈ *ich übernehme die Verantwortung)* that's my responsibility
kappen *vt* SEEF *Leine* to cut; *(fig umg) Finanzmittel* to cut (back)
Käppi *n* cap
Kapriole *f* capriole; *(fig)* caper
Kapsel *f* (≈ *Etui)* container; BOT, PHARM, RAUMF *etc* capsule
kaputt *Adj (umg)* broken; (≈ *erschöpft) Mensch* shattered *(Brit umg)*; *Ehe* broken; *Gesundheit* ruined; *Nerven* shattered; *Firma* bust *präd (umg)*; ***mein ~es Bein*** my bad leg; *(gebrochen)* my broken leg; ***ein ~er Typ*** a wreck *(umg)* **kaputt fahren** *vt (umg)* (≈ *überfahren)* to run over; *Auto* to run into the ground; *(durch Unfall)* to smash (up) **kaputtgehen** *vi (umg)* to break; *(Ehe)* to break up *(an +Dat* because of); *(Gesundheit, Nerven)* to be ruined; *(Firma)* to go bust *(umg)*; *(Kleidung)* to come to pieces **kaputtkriegen** *vt (umg)* ***das Auto ist nicht kaputtzukriegen*** this car just goes on for ever **kaputtlachen** *vr (umg)* to die laughing *(umg)* **kaputt machen kaputtmachen** *(umg)* **1.** *vt* to ruin; *Zerbrechliches* to break, to smash; (≈ *erschöpfen) jdn* to wear out **2.** *vr* ***sich ~*** *(fig)* to wear oneself out
Kapuze *f* hood; (≈ *Mönchskapuze)* cowl **Kapuzenjacke** *f* hooded jacket **Kapuzenpulli** *f* hooded jumper *od* sweater
Karabiner *m* **a)** (≈ *Gewehr)* carbine; **b)** *(a.* **Karabinerhaken**) karabiner
Karacho *n* ***mit ~*** *(umg)* at full tilt
Karaffe *f* carafe; *(mit Stöpsel)* decanter
Karambolage *f* AUTO collision; BILLARD cannon
Karamell *m* caramel *kein Pl* **Karamelle** *f* caramel (toffee)
Karaoke *n* karaoke
Karat *n* carat
Karate *n* karate
Karawane *f* caravan
Kardanwelle *f* prop(eller) shaft
Kardinal *m* KIRCHE cardinal **Kardinalfehler** *m* cardinal error **Kardinalfrage** *f (geh)* cardinal *od* crucial question **Kardinalzahl** *f* cardinal (number)
Kardiologe *m*, **Kardiologin** *f* cardiologist **kardiologisch** *Adj* cardiological
Karenztag *m* unpaid day of sick leave **Karenzzeit** *f* waiting period
Karfiol *m (österr)* cauliflower
Karfreitag *m* Good Friday
karg 1. *Adj* **a)** (≈ *spärlich)* meagre *(Brit)*, meager *(US)*; *Boden* barren; **b)** (≈ *geizig)* mean, sparing **2.** *Adv* (≈ *knapp)* ***~ ausfallen/bemessen sein*** to be meagre *(Brit) od* meager *(US)*; ***etw ~ bemessen*** to be stingy with sth *(umg)* **Kargheit** *f* meagreness *(Brit)*, meagerness *(US)*; *(von Boden)* barrenness **kärglich** *Adj* meagre *(Brit)*, meager *(US)*, sparse; *Mahl* frugal
Kargo *m* cargo
Karibik *f* ***die ~*** the Caribbean **karibisch** *Adj* Caribbean; ***die Karibischen Inseln*** the Caribbean Islands
kariert *Adj Stoff, Muster* checked, checkered *(bes US)*; *Papier* squared
Karies *f* caries
Karikatur *f* caricature **Karikaturist(in)**

K

m(f) cartoonist **karikieren** *vt* to caricature
karitativ **1.** *Adj* charitable **2.** *Adv* **~ *tätig sein*** to do charitable work
Karma *n* karma
Karneval *m* carnival **Karnevalszug** *m* carnival procession
Kärnten *n* Carinthia
Karo *n* **a)** (≈ *Quadrat*) square; (*Muster*) check; **b)** (KARTEN, *einzelne Karte*) diamond; (≈ *Spielkartenfarbe*) diamonds *Pl* **Karoass** *n* ace of diamonds **Karomuster** *n* checked *od* checkered (*bes US*) pattern
Karosse *f* (*fig* ≈ *großes Auto*) limousine
Karosserie *f* bodywork
Karotte *f* carrot
Karpfen *m* carp
Karre *f* **a)** = ***Karren***; **b)** (*umg* ≈ *klappriges Auto*) (old) crate (*umg*)
Karree *n* **a)** (≈ *Viereck*) rectangle; (≈ *Quadrat*) square; **b)** (≈ *Häuserblock*) block; ***einmal ums ~ gehen*** to walk round the block
karren *vt* to cart **Karren** *m* **a)** (≈ *Wagen*) cart; (*bes für Baustelle*) (wheel)barrow; ***ein ~ voll Obst*** a cartload of fruit; **b)** (*fig umg*) ***den ~ in den Dreck fahren*** to get things in a mess; ***den ~ wieder flottmachen*** to get things sorted out
Karriere *f* (≈ *Laufbahn*) career; ***~ machen*** to make a career for oneself **Karrierefrau** *f* career woman **Karriereleiter** *f* career ladder; ***die ~ erklimmen*** to rise up the ladder **Karrieremacher(in)** *m(f)* careerist
Karte *f* card; (≈ *Fahrkarte, Eintrittskarte*) ticket; (≈ *Landkarte*) map; (≈ *Speisekarte*) menu; (≈ *Weinkarte*) wine list; (≈ *Spielkarte*) (playing) card; ***alles auf eine ~ setzen*** (*fig*) to put all one's eggs in one basket (*Sprichw*); ***gute ~n haben*** to have a good hand; (*fig*) to be in a strong position
Kartei *f* card index **Karteikarte** *f* index card **Karteikasten** *m* file-card box
Kartell *n* **a)** HANDEL cartel; **b)** (≈ *Interessenvereinigung*) alliance; (*pej*) cartel **Kartellamt** *n* ≈ Monopolies and Mergers Commission (*Brit*), anti-trust commission (*bes US*)
Kartenhaus *n* house of cards **Karteninhaber(in)** *m(f)* cardholder **Kartenspiel** *n* **a)** (≈ *das Spielen*) card-playing; (≈ *ein Spiel*) card game; **b)** (≈ *Karten*) pack (of cards) **Kartentelefon** *n* cardphone **Kartenverkauf** *m* sale of tickets; (≈ *Stelle*) box office **Kartenvorverkauf** *m* advance sale of tickets; (≈ *Stelle*) advance booking office
Kartoffel *f* potato; ***jdn fallen lassen wie eine heiße ~*** (*umg*) to drop sb like a hot potato **Kartoffelbrei** *m* mashed potatoes *Pl* **Kartoffelchips** *Pl* potato crisps *Pl* (*Brit*), potato chips *Pl* (*US*) **Kartoffelgratin** *n* KOCH gratiné(e) potatoes *Pl* **Kartoffelkäfer** *m* Colorado beetle **Kartoffelkloß** *n*, **Kartoffelknödel** *m* (*bes südd, österr* KOCH) potato dumpling **Kartoffelpuffer** *m* *fried grated potato cakes* **Kartoffelpüree** *n* mashed potatoes *Pl* **Kartoffelsalat** *m* potato salad **Kartoffelschalen** *Pl* (*abgeschält*) potato peel *Sg*; KOCH potato skins *Pl* **Kartoffelschäler** *m* potato peeler **Kartoffelstock** *m* (*schweiz* KOCH) mashed potatoes *Pl* **Kartoffelsuppe** *f* potato soup
Kartografie *f* cartography
Karton *m* **a)** (≈ *Pappe*) cardboard; **b)** (≈ *Schachtel*) cardboard box **kartonieren** *vt Bücher* to bind in board; ***kartoniert*** paperback

Karton	≠	**carton**
Karton	=	(cardboard) box
carton (of milk; of cigarettes)	=	Milchtüte; Stange Zigaretten

Karussell *n* merry-go-round, carousel; ***~ fahren*** to have a ride on the merry-go-round *etc*
Karwoche *f* KIRCHE Holy Week
karzinogen MED *Adj* carcinogenic **Karzinom** *n* MED carcinoma, malignant growth
Kasachstan *n* Kazakhstan
kaschieren *vt* (*fig* ≈ *überdecken*) to conceal
Kaschmir *m* TEX cashmere
Käse *m* **a)** cheese; **b)** (*umg* ≈ *Unsinn*) twaddle (*umg*) **Käseauflauf** *m* KOCH cheese soufflé **Käseblatt** *n* (*umg*) local rag (*umg*) **Käsebrot** *n* bread and cheese **Käsebrötchen** *n* cheese roll

Käsegebäck *n* cheese savouries *Pl* (*Brit*) *od* savories *Pl* (*US*) **Käseglocke** *f* cheese cover; (*fig*) dome **Käsekuchen** *m* cheesecake

Kaserne *f* barracks *Pl*

Käsestange *f* cheese straw (*Brit*), cheese stick (*US*) **käseweiß** *Adj* (*umg*) white (as a ghost) **käsig** *Adj* (*fig umg*) *Haut* pasty; (*vor Schreck*) pale

Kasino *n* **a)** (≈ *Spielbank*) casino; **b)** (≈ *Offizierskasino*) (officers') mess

Kaskoversicherung *f* (AUTO ≈ *Teilkaskoversicherung*) ≈ third party, fire and theft insurance; (≈ *Vollkaskoversicherung*) fully comprehensive insurance

Kasper *m* **a)** (*im Puppenspiel*) Punch (*bes Brit*); **b)** (*umg*) clown (*umg*) **Kasperletheater** *n* Punch and Judy (show) (*bes Brit*), puppet show

Kaspisches Meer *n* Caspian Sea

Kassa *f* (*österr*) = ***Kasse*** **Kassageschäft** *n* HANDEL cash transaction; BÖRSE spot transaction

Kasse *f* **a)** (≈ *Zahlstelle*) cash desk (*Brit*) *od* point, cash register (*US*); THEAT *etc* box office; (*in Bank*) bank counter; (*in Supermarkt*) checkout; ***an der ~*** (*in Geschäft*) at the desk (*bes Brit*), at the (checkout) counter (*bes US*); **b)** (≈ *Geldkasten*) cash box; (*in Läden*) cash register; (*bei Spielen*) kitty; (*in einer Spielbank*) bank; ***die ~n klingeln*** the money is really rolling in; **c)** (≈ *Bargeld*) cash; ***gegen ~*** for cash; ***bei ~ sein*** (*umg*) to be in the money (*umg*); ***knapp bei ~ sein*** (*umg*) to be short of cash; ***jdn zur ~ bitten*** to ask sb to pay up; **d)** (*umg* ≈ *Sparkasse*) (savings) bank; **e)** = ***Krankenkasse***

Kasseler *n lightly smoked pork loin*

Kassenarzt *m*, **Kassenärztin** *f* ≈ National Health general practitioner (*Brit*) **Kassenbeleg** *m* sales receipt *od* check (*US*) **Kassenbestand** *m* cash balance, cash in hand **Kassenbon** *m* sales slip **Kassenbrille** *f* (*pej umg*) NHS specs *Pl* (*Brit umg*), standard-issue glasses *Pl* **Kassenpatient(in)** *m(f)* ≈ National Health patient (*Brit*) **Kassenprüfung** *f* audit **Kassenschlager** *m* (*umg*) (THEAT *etc*) box-office hit; (*Ware*) big seller **Kassensturz** *m* ***~ machen*** to check one's finances; HANDEL to cash up (*Brit*), to count up the earnings (*US*) **Kassenwart(in)** *m(f)* treasurer **Kassenzettel** *m* sales slip

Kasserolle *f* saucepan; (*mit Henkeln*) casserole

Kassette *f* **a)** (≈ *Kästchen*) case; **b)** (*für Bücher*) slipcase; (≈ *Tonbandkassette*) cassette **Kassettendeck** *n* cassette deck **Kassettenrekorder** *m* cassette recorder

kassieren 1. *vt* **a)** *Gelder etc* to collect (up); (*umg*) *Abfindung, Finderlohn* to pick up (*umg*); **b)** (*umg* ≈ *wegnehmen*) to take away; **c)** (*umg* ≈ *verhaften*) to nab (*umg*) **2.** *vi* ***bei jdm ~*** to collect money from sb; ***darf ich ~, bitte?*** would you like to pay now? **Kassierer(in)** *m(f)* cashier; (≈ *Bankkassierer*) clerk

Kastagnette *f* castanet

Kastanie *f* chestnut **Kastanienbaum** *m* chestnut tree **kastanienbraun** *Adj* maroon; *Pferd, Haar* chestnut

Kästchen *n* **a)** (≈ *kleiner Kasten*) small box; (*für Schmuck*) casket; **b)** (*auf kariertem Papier*) square

Kaste *f* caste

Kasten *m* **a)** box; (≈ *Kiste*) crate; (≈ *Truhe*) chest; (*österr* ≈ *Schrank*) cupboard; (≈ *Briefkasten*) postbox (*Brit*), letter box (*Brit*), mailbox (*US*); **b)** (*umg*) (≈ *alter Wagen*) crate (*umg*); (≈ *Fernsehapparat etc*) box (*umg*); **c)** (*umg*) ***sie hat viel auf dem ~*** she's brainy (*umg*)

Kastilien *n* Castille

Kastration *f* castration **kastrieren** *vt* (*wörtl, fig*) to castrate

Kasus *m* GRAM case

Kat *m* AUTO *Abk von* ***Katalysator*** cat

Katalog *m* catalogue (*Brit*), catalog (*US*)

Katalysator *m* catalyst; AUTO catalytic converter **Katalysatorauto** *n* car fitted with a catalytic converter

Katamaran *m* catamaran

Katapult *n od m* catapult **katapultieren** *vt* to catapult

Katarrh *m*, **Katarr** *m* catarrh

Katasteramt *n* land registry

katastrophal 1. *Adj* disastrous **2.** *Adv* disastrously; ***sich ~ auswirken*** to have catastrophic effects **Katastrophe** *f* disaster **Katastrophenabwehr** *f* disas-

K

ter prevention **Katastrophenalarm** *m* emergency alert **Katastrophengebiet** *n* disaster area **Katastrophenschutz** *m* disaster control; (*im Voraus*) disaster prevention

Kategorie *f* category **kategorisch** **1.** *Adj* categorical **2.** *Adv* categorically; ***ich weigerte mich ~*** I refused outright **kategorisieren** *vt* to categorize

Kater *m* **a)** tom(cat); **b)** (*nach Alkoholgenuss*) hangover **Katerstimmung** *f* depression

Kathedrale *f* cathedral

Katheter *m* MED catheter

Kathode *f* PHYS cathode

Katholik(in) *m(f)* (Roman) Catholic **katholisch** *Adj* (Roman) Catholic **Katholizismus** *m* (Roman) Catholicism

katzbuckeln *vi* (*pej umg*) to grovel **Kätzchen** *n* **a)** kitten; **b)** BOT catkin **Katze** *f* cat; ***meine Arbeit war für die Katz*** (*fig*) my work was a waste of time; ***Katz und Maus mit jdm spielen*** to play cat and mouse with sb; ***wie die ~ um den heißen Brei herumschleichen*** to beat about the bush; ***die ~ im Sack kaufen*** to buy a pig in a poke (*Sprichw*) **Katzenjammer** *m* (*umg*) **a)** (≈ *Kater*) hangover; **b)** (≈ *jämmerliche Stimmung*) depression, the blues *Pl* (*umg*) **Katzenklo** *n* (*umg*) cat litter tray (*Brit*) *od* box (*US*) **Katzensprung** *m* (*umg*) stone's throw **Katzenstreu** *f* cat litter **Katzentür** *f* cat flap **Katz-und-Maus-Spiel** *n* cat-and-mouse game

K

Kauderwelsch *n* (*pej*) (≈ *Fachsprache*) jargon; (*unverständlich*) gibberish

kauen **1.** *vt* to chew; *Nägel* to bite **2.** *vi* to chew; ***an etw*** (*Dat*) ***~*** to chew (on) sth; ***an den Nägeln ~*** to bite one's nails

kauern *vir* to crouch (down); (*ängstlich*) to cower

Kauf *m* (≈ *das Kaufen*) buying *kein Pl*; (≈ *das Gekaufte*) buy; ***das war ein günstiger ~*** that was a good buy; ***etw zum ~ anbieten*** to offer sth for sale; ***etw in ~ nehmen*** (*fig*) to accept sth **Kaufangebot** *n* WIRTSCH bid **kaufen** **1.** *vt* **a)** (*a.* **sich** (*Dat*) **kaufen**) to buy; ***dafür kann ich mir nichts ~*** (*iron*) what use is that to me!; **b)** ***sich*** (*Dat*) ***jdn ~*** (*umg*) to give sb a piece of one's mind (*umg*); (*tätlich*) to fix sb (*umg*) **2.** *vi* to buy; (≈ *Einkäufe machen*) to shop **Käufer(in)** *m(f)* buyer; (≈ *Kunde*) customer **Kauffrau** *f* businesswoman **Kaufhaus** *n* department store **Kaufkraft** *f* (*von Geld*) purchasing power; (*vom Käufer*) spending power **kaufkräftig** *Adj* ***~e Kunden*** customers with money to spend **käuflich** **1.** *Adj* **a)** (≈ *zu kaufen*) for sale; ***~e Liebe*** (*geh*) prostitution; ***Freundschaft ist nicht ~*** friendship cannot be bought; **b)** (*fig* ≈ *bestechlich*) venal; ***ich bin nicht ~*** you cannot buy me! **2.** *Adv* ***etw ~ erwerben*** (*förml*) to purchase sth **Kaufmann** *m* **a)** (≈ *Geschäftsmann*) businessman; (≈ *Händler*) trader; **b)** (≈ *Einzelhandelskaufmann*) small shopkeeper, grocer; ***zum ~ gehen*** to go to the grocer's **kaufmännisch** **1.** *Adj* commercial; ***~er Angestellter*** office worker **2.** *Adv* ***sie ist ~ tätig*** she is a businesswoman **Kaufpreis** *m* purchase price **Kaufvertrag** *m* bill of sale **Kaufzwang** *m* obligation to buy; ***ohne ~*** without obligation

Kaugummi *m od n* chewing gum

Kaukasus *m* ***der ~*** (the) Caucasus

Kaulquappe *f* tadpole

kaum **1.** *Adv* (≈ *noch nicht einmal*) hardly, scarcely; ***~ jemand*** hardly anyone; ***es ist ~ zu glauben, wie ...*** it's hardly believable *od* to be believed how ...; ***wohl ~, ich glaube ~*** I hardly think so **2.** *Konj* hardly, scarcely; ***~ dass wir das Meer erreicht hatten ...*** no sooner had we reached the sea than ...

kausal *Adj* causal **Kausalität** *f* causality **Kausalsatz** *m* causal clause **Kausalzusammenhang** *m* causal connection

Kaution *f* **a)** JUR bail; ***~ stellen*** to stand bail; ***gegen ~*** on bail; **b)** HANDEL security; **c)** (*für Miete*) deposit; ***zwei Monatsmieten ~*** two months' deposit

Kautschuk *m* (India) rubber

Kauz *m* **a)** screech owl; **b)** (≈ *Sonderling*) ***ein komischer ~*** an odd bird **kauzig** *Adj* odd

Kavalier *m* (≈ *galanter Mann*) gentleman **Kavaliersdelikt** *n* trivial offence (*Brit*) *od* offense (*US*)

Kavallerie *f* MIL cavalry

Kaviar *m* caviar

Kebab *m* kebab

keck *Adj* (≈ *frech*) cheeky (*Brit*), fresh

(*US*) **Keckheit** *f* (≈ *Frechheit*) cheekiness (*Brit*), impudence
Kefir *m* kefir, *milk product similar to yoghurt*
Kegel *m* **a)** (≈ *Spielfigur*) skittle; (*bei Bowling*) pin; **b)** (*Geometrie*) cone **Kegelbahn** *f* skittle alley; (*automatisch*) bowling alley **kegelförmig** **1.** *Adj* conical **2.** *Adv* conically **Kegelklub** *m* skittles club; (*für Bowling*) bowling club **Kegelkugel** *f* bowl **kegeln** *vi* to play skittles; (*bei Bowling*) to play bowls
Kehle *f* (≈ *Gurgel*) throat; ***er hat das in die falsche ~ bekommen*** (*fig*) he took it the wrong way; ***aus voller ~*** at the top of one's voice **Kehlkopf** *m* larynx **Kehlkopfentzündung** *f* laryngitis **Kehlkopfkrebs** *m* cancer of the throat **Kehllaut** *m* guttural (sound)
Kehrbesen *m* broom **Kehrblech** *n* (*südd*) shovel
Kehre *f* **a)** (sharp) bend; **b)** (≈ *Turnübung*) rear vault
kehren[1] **1.** *vt* **a)** (≈ *drehen*) to turn; ***in sich*** (*Akk*) ***gekehrt*** (≈ *versunken*) pensive; (≈ *verschlossen*) introspective; **b)** (≈ *kümmern*) to bother; ***was kehrt mich das?*** what do I care about that? **2.** *vr* **a)** (≈ *sich drehen*) to turn; **b)** (≈ *sich kümmern*) ***er kehrt sich nicht daran, was die Leute sagen*** he doesn't care what people say **3.** *vi* to turn (round); (*Wind*) to turn
kehren[2] *vti* (*bes südd* ≈ *fegen*) to sweep
Kehricht *m od n* **a)** (*alt, förml*) sweepings *Pl*; **b)** (*südd, schweiz* ≈ *Müll*) rubbish (*Brit*), trash (*US*)
Kehrreim *m* chorus
Kehrschaufel *f* shovel
Kehrseite *f* (*von Münze*) reverse; (*fig* ≈ *Nachteil*) drawback; (*fig* ≈ *Schattenseite*) other side; ***die ~ der Medaille*** the other side of the coin **kehrtmachen** *vi* to turn round; (≈ *zurückgehen*) to turn back; MIL to about-turn **Kehrtwende** *f*, **Kehrtwendung** *f* about-turn
keifen *vi* to bicker
Keil *m* wedge
Keile *Pl* (*umg*) thrashing; ***~ bekommen*** to get *od* to be given a thrashing **keilen** *vr* (*dial umg* ≈ *sich prügeln*) to fight
Keiler *m* wild boar
Keilerei *f* (*umg*) punch-up (*umg*)
keilförmig **1.** *Adj* wedge-shaped **2.** *Adv* ***sich ~ zuspitzen*** to form a wedge
Keilriemen *m* drive belt; AUTO fan belt
Keim *m* **a)** (≈ *kleiner Trieb*) shoot; **b)** (≈ *Embryo, fig*) embryo, germ; (≈ *Krankheitskeim*) germ; ***etw im ~ ersticken*** to nip sth in the bud; **c)** (*fig*) seed *mst Pl*; ***den ~ zu etw legen*** to sow the seeds of sth **keimen** *vi* **a)** (*Saat*) to germinate; (*Pflanzen*) to put out shoots; **b)** (*Verdacht*) to be aroused **keimfrei** *Adj* germ-free, free of germs *präd*; MED sterile; ***~ machen*** to sterilize **Keimling** *m* **a)** (≈ *Embryo*) embryo; **b)** (≈ *Keimpflanze*) shoot **keimtötend** *Adj* germicidal; ***~es Mittel*** germicide **Keimzelle** *f* germ cell; (*fig*) nucleus
kein, **keine**, **kein** *Indefinitpron* **a)** no; ***ich sehe da ~en Unterschied*** I don't see any difference; ***sie hatte ~e Chance*** she didn't have a *od* any chance; ***~e schlechte Idee*** not a bad idea; ***~ bisschen*** not a bit; ***~ einziges Mal*** not a single time; ***in ~ster Weise*** not in the least; **b)** (≈ *nicht einmal*) less than; ***~e Stunde/drei Monate*** less than an hour/three months; ***~e 5 Euro*** under 5 euros **keine(r, s)** *Indefinitpron* (≈ *niemand*) nobody, no-one; (*von Gegenstand*) none; ***es war ~r da*** there was nobody there; (*Gegenstand*) there wasn't one there; ***ich habe ~s*** I haven't got one; ***~r von uns*** none of us; ***~s der*** (***beiden***) ***Kinder*** neither

kein: no statt not any

Für das deutsche **kein** wird im Englischen anstelle von **not … any** auch **no** verwendet. Am Satzanfang muss **no …** stehen:

Wir haben keinen Grund zur Beschwerde.	**We don't have any complaints. / We have no complaints.**
Kein Schüler wusste die Antwort.	**No pupil knew the answer.**

⚠ Beachten Sie die Zusammensetzungen **nobody** (not … anybody), **nothing** (not … anything) usw.

K

of the children **keinerlei** *Adj* no ... what(so)ever *od* at all; ***dafür gibt es ~ Beweise*** there is no proof of it what(so)ever **keinesfalls** *Adv* under no circumstances; ***das bedeutet jedoch ~, dass ...*** however, in no way does this mean that ... **keineswegs** *Adv* not at all; (*als Antwort*) not in the least **keinmal** *Adv* never once, not once

Keks *m* biscuit (*Brit*), cookie (*US*); ***jdm auf den ~ gehen*** (*umg*) to get on sb's nerves

Kelch *m* **a)** (≈ *Trinkglas*) goblet; KIRCHE chalice; **b)** BOT calyx **Kelchglas** *n* goblet

Kelle *f* **a)** (≈ *Suppenkelle etc*) ladle; **b)** (≈ *Maurerkelle*) trowel; **c)** (≈ *Signalstab*) signalling (*Brit*) *od* signaling (*US*) disc

Keller *m* cellar; (≈ *Geschoss*) basement; ***im ~ sein*** (*fig*) to be at rock-bottom **Kellerassel** *f* woodlouse **Kellerei** *f* (≈ *Weinkellerei*) wine producer's; (≈ *Lagerraum*) cellar(s *Pl*) **Kellergeschoss** *n*, **Kellergeschoß** (*österr*) *n* basement **Kellerlokal** *n* cellar bar **Kellermeister(in)** *m(f)* vintner; (*in Kloster*) cellarer **Kellerwohnung** *f* basement flat (*Brit*) *od* apartment

Kellner *m* waiter **Kellnerin** *f* waitress **kellnern** *vi* (*umg*) to work as a waiter/waitress, to wait on tables (*US*)

Kellnerin

Will man eine Kellnerin herbeirufen, so zieht man in Großbritannien üblicherweise die Aufmerksamkeit durch Augenkontakt und Handzeichen auf sich. Wenn sie in der Nähe ist und einen nicht sieht, kann man auch **„Excuse me"** sagen. Gelegentlich wird sie auch mit **„waitress"** angeredet.

Kelte *m*, **Keltin** *f* Celt

Kelter *f* winepress; (≈ *Obstkelter*) press **keltern** *vt* *Trauben, Wein* to press

keltisch *Adj* Celtic

Kenia *n* Kenya

kennen *vt* to know; ***er kennt keine Müdigkeit*** he never gets tired; ***so was ~ wir hier nicht!*** we don't have that sort of thing here; ***~ Sie sich schon?*** do you know each other (already)?; ***das ~ wir*** (***schon***) (*iron*) we know all about that; ***kennst du mich noch?*** do you remember me?; ***wie ich ihn kenne ...*** if I know him (at all) ...; ***da kennt er gar nichts*** (*umg*) (≈ *hat keine Hemmungen*) he has no scruples whatsoever; (≈ *ihm ist alles egal*) he doesn't give a damn (*umg*) **kennenlernen** *vt*, **kennen lernen** *vt* to get to know; (≈ *zum ersten Mal treffen*) to meet; ***sich ~*** to get to know each other, to meet each other; ***ich freue mich, Sie kennenzulernen*** (*förml*) (I am) pleased to meet you; ***der soll mich noch ~*** (*umg*) he'll have me to reckon with (*umg*) **Kenner(in)** *m(f)* **a)** (≈ *Sachverständiger*) expert (*von, +Gen* on *od* in), authority (*von, +Gen* on); **b)** (≈ *Weinkenner etc*) connoisseur **Kennerblick** *m* expert's eye **kennerhaft** *Adj* like a connoisseur; ***mit ~em Blick*** with the eye of an expert **Kennermiene** *f* ***mit ~ betrachtete er ...*** he looked at ... like a connoisseur

kenntlich *Adj* (≈ *zu erkennen*) recognizable (*an +Dat* by); (≈ *deutlich*) clear; ***etw ~ machen*** to identify sth (clearly) **Kenntnis** *f* **a)** (≈ *Wissen*) knowledge *kein Pl*; ***über ~se von etw verfügen*** to know about sth; **b)** (*förml*) ***etw zur ~ nehmen*** to note sth; ***jdn von etw in ~ setzen*** to inform sb about sth; ***das entzieht sich meiner ~*** I have no knowledge of it **Kenntnisnahme** *f* (*förml*) ***zur ~ an ...*** for the attention of ... **Kennwort** *n* (≈ *Chiffre*) codename; (≈ *Losungswort*) password, codeword **Kennzeichen** *n* **a)** AUTO number plate (*Brit*), license plate (*US*); FLUG markings *Pl*; ***amtliches ~*** registration number (*Brit*), license number (*US*); **b)** (≈ *Markierung*) mark; ***unveränderliche ~*** distinguishing marks; **c)** (≈ *Eigenart*) (typical) characteristic (*für, +Gen* of); (*für Qualität*) hallmark; (≈ *Erkennungszeichen*) mark, sign **kennzeichnen** *vt* **a)** (≈ *markieren*) to mark; (*durch Etikett*) to label; **b)** (≈ *charakterisieren*) to characterize **Kennziffer** *f* (code) number; HANDEL reference number; (*bei Zeitungsinserat*) box number

kentern *vi* (*Schiff*) to capsize

kennenlernen

Wenn man jemanden neu kennenlernt, sagt man **meet**:

Where did you meet?
Wo habt ihr euch kennengelernt?

Lernt man jemanden über einen längeren Zeitraum hin besser kennen, sagt man **get to know**:

I got to know him while I was working in London.
Ich lernte ihn (näher) kennen, als ich in London arbeitete.

Keramik *f* **a)** KUNST ceramics *Pl*; (*als Gebrauchsgegenstände*) pottery; **b)** (≈ *Kunstgegenstand*) ceramic; (≈ *Gebrauchsgegenstand*) piece of pottery **keramisch** *Adj* ceramic

Kerbe *f* notch; (*kleiner*) nick; ***in dieselbe ~ hauen*** (*fig umg*) to take the same line

Kerbel *m* chervil

kerben *vt Inschrift, Namen* to carve **Kerbholz** *n* (*fig umg*) ***etwas auf dem ~ haben*** to have done something wrong

Kerker *m* **a)** HIST dungeon (*bes* HIST), prison; (≈ *Strafe*) imprisonment; **b)** (*österr*) = ***Zuchthaus***

Kerl *m* (*umg*) guy (*umg*); (*pej*) character; ***du gemeiner ~!*** you mean thing (*umg*); ***ein ganzer ~*** a real man

Kern *m* (*von Obst*) pip; (*von Steinobst*) stone; (≈ *Nusskern*) kernel; PHYS, BIOL nucleus; (*fig*) (*von Problem, Sache*) heart; (*von Gruppe*) core; ***in ihr steckt ein guter ~*** there's some good in her somewhere; ***der harte ~*** (*fig*) the hard core **Kernarbeitszeit** *f* core time **Kernbrennstab** *m* nuclear fuel rod **Kernbrennstoff** *m* nuclear fuel **Kernenergie** *f* nuclear energy **Kernexplosion** *f* nuclear explosion **Kernfach** *n* SCHULE core subject **Kernfamilie** *f* SOZIALW nuclear family **Kernforscher(in)** *m(f)* nuclear scientist **Kernforschung** *f* nuclear research **Kernfrage** *f* central issue **Kernfusion** *f* nuclear fusion **Kerngedanke** *m* central idea **Kerngehäuse** *n* core **Kerngeschäft** *n* WIRTSCH core (business) activity **kerngesund** *Adj* completely fit; (*fig*) *Firma, Land* very healthy **kernig** *Adj* (*fig*) *Ausspruch* pithy; (≈ *urwüchsig*) earthy; (≈ *kraftvoll*) robust **Kernkraft** *f* nuclear power **Kernkraftgegner(in)** *m(f)* opponent of nuclear power **Kernkraftwerk** *n* nuclear power station **kernlos** *Adj* seedless **Kernobst** *n* pomes *Pl* (*Fachw*) **Kernphysik** *f* nuclear physics *Sg* **Kernphysiker(in)** *m(f)* nuclear physicist **Kernpunkt** *m* central point **Kernreaktor** *m* nuclear reactor **Kernschmelze** *f* meltdown **Kernseife** *f* washing soap **Kernspaltung** *f* nuclear fission **Kernspin-Tomograf** *m* MRI scanner **Kernspintomografie** *f* magnetic resonance imaging **Kernstück** *n* (*fig*) centrepiece (*Brit*), centerpiece (*US*); (*von Theorie etc*) crucial part **Kerntechnik** *f* nuclear technology **Kernwaffe** *f* nuclear weapon **kernwaffenfrei** *Adj* nuclear-free **Kernwaffenversuch** *m* nuclear (weapons) test **Kernzeit** *f* core time

Kerne und Steine im Obst

Apfelkern	**apple pip**
Orangen- / Zitronen- / Grapefruitkern	**orange / lemon / grapefruit pip**
Traubenkern	**grape seed / pip**
Birnenkern	**pear seed**
Pfirsich- / Aprikosen- / Pflaumen- / Kirschkern	**peach / apricot / plum / cherry stone**
Nusskern	**kernel**

Kerosin *n* kerosene

Kerze *f* **a)** candle; **b)** AUTO plug; **c)** TURNEN shoulder-stand **kerzengerade** *Adj* perfectly straight **Kerzenhalter** *m* candlestick **Kerzenleuchter** *m* candlestick **Kerzenlicht** *n* candlelight **Kerzenständer** *m* candlestick; (*für mehrere Kerzen*) candelabra

Kescher *m* fishing net; (≈ *Hamen*) landing net

kess *Adj* (≈ *flott*) saucy; (≈ *vorwitzig*)

K

cheeky (*Brit*), fresh (*US*); (≈ *frech*) impudent

Kessel *m* **a)** (≈ *Teekessel*) kettle; (≈ *Kochkessel*) pot; (*für offenes Feuer*) cauldron; (≈ *Dampfkessel*) boiler; **b)** MIL encircled area **Kesselpauke** *f* kettle drum **Kesselstein** *m* scale **Kesseltreiben** *n* (*fig*) witch-hunt

Ketchup *m od n*, **Ketschup** *m od n* ketchup

Kette *f* chain; (*fig*) line; (*von Unfällen etc*) string; ***eine ~ von Ereignissen*** a chain of events **ketten** *vt* to chain (*an +Akk* to); ***sich an jdn/etw ~*** (*fig*) to tie oneself to sb/sth **Kettenbrief** *m* chain letter **Kettenfahrzeug** *n* tracked vehicle **Kettenglied** *n* (chain-)link **Kettenraucher(in)** *m(f)* chain-smoker **Kettenreaktion** *f* chain reaction

Ketzer(in) *m(f)* (KIRCHE, *fig*) heretic **Ketzerei** *f* heresy **ketzerisch** *Adj* heretical

keuchen *vi* (≈ *schwer atmen*) to pant; (*Asthmatiker etc*) to wheeze **Keuchhusten** *m* whooping cough

Keule *f* club; SPORT (Indian) club; KOCH leg

keusch *Adj* chaste **Keuschheit** *f* chastity **Keuschheitsgürtel** *m* chastity belt

Keyboard *n* MUS keyboard **Keyboardspieler(in)** *m(f)* MUS keyboards player

Kfz *n* (*förml*) *Abk von* ***Kraftfahrzeug*** motor vehicle **Kfz-Kennzeichen** *n* (vehicle) registration **Kfz-Steuer** *f* motor vehicle tax, road tax (*Brit*) **Kfz-Versicherung** *f* car insurance

khaki *Adj* khaki

Kibbuz *m* kibbutz

Kiberer *m* (*österr umg* ≈ *Polizist*) copper (*umg*)

Kichererbse *f* chickpea **kichern** *vi* to giggle

Kick *m* (*fig umg* ≈ *Nervenkitzel*) kick (*umg*) **Kickboard®** *n* micro-scooter **Kickboxen** *n* kick boxing **kicken** (FUSSB *umg*) **1.** *vt* to kick **2.** *vi* to play football (*Brit*) *od* soccer **Kicker(in)** *m(f)* (FUSSB *umg*) player

Kid *n* (*umg* ≈ *Jugendlicher*) kid (*umg*)

kidnappen *vt* to kidnap **Kidnapper(in)** *m(f)* kidnapper

Kiebitz *m* ORN lapwing; (KARTEN *umg*) kibitzer

Kiefer[1] *f* pine (tree); (≈ *Holz*) pine (-wood)

Kiefer[2] *m* jaw; (≈ *Kieferknochen*) jawbone **Kieferbruch** *m* broken *od* fractured jaw **Kieferchirurg(in)** *m(f)* oral surgeon **Kieferhöhle** *f* ANAT maxillary sinus

Kiefernzapfen *m* pine cone

Kieferorthopäde *m*, **Kieferorthopädin** *f* orthodontist

Kieker *m* ***jdn auf dem ~ haben*** (*umg*) to have it in for sb (*umg*)

Kiel *m* (≈ *Schiffskiel*) keel **Kielwasser** *n* wake; ***in jds ~*** (*Dat*) ***segeln*** (*fig*) to follow in sb's wake

Kieme *f* gill

Kies *m* gravel

Kiesel *m* pebble **Kieselerde** *f* silica **Kieselsäure** *f* CHEM silicic acid; (≈ *Siliziumdioxyd*) silica **Kieselstein** *m* pebble **Kieselstrand** *m* pebble beach

Kiesgrube *f* gravel pit

Kiez *m* (*dial*) **a)** (≈ *Stadtgegend*) district; **b)** (*umg* ≈ *Bordellgegend*) red-light district

kiffen *vi* (*umg*) to smoke pot (*umg*) **Kiffer(in)** *m(f)* (*umg*) pot-smoker (*umg*)

killen (*sl*) **1.** *vt* to bump off (*umg*) **2.** *vi* to kill **Killer(in)** *m(f)* (*umg*) killer; (*gedungener*) hit man/woman **Killerspiel** *n* (*umg*) killer game

Kilo *n* kilo **Kilobyte** *n* kilobyte **Kilogramm** *n* kilogram(me) **Kilohertz** *n* kilohertz **Kilojoule** *n* kilojoule **Kilokalorie** *f* kilocalorie **Kilometer** *m* kilometre (*Brit*), kilometer (*US*) **Kilometerbegrenzung** *f* (*bei Mietwagen*) mileage limit **Kilometergeld** *n* mileage (allowance) **kilometerlang** **1.** *Adj* miles long **2.** *Adv* for miles (and miles) **Kilometerpauschale** *f* mileage allowance (against tax) **Kilometerstand** *m* mileage **Kilometerzähler** *m* mileage indicator **Kilowatt** *n* kilowatt **Kilowattstunde** *f* kilowatt hour

Kimme *f* (*von Gewehr*) back sight

Kimono *m* kimono

Kind *n* child, kid (*umg*); (≈ *Kleinkind*) baby; ***ein ~ erwarten*** to be expecting a baby; ***ein ~ bekommen*** to have a baby; ***von ~ an hat er ...*** since he was a child he has ...; ***sich freuen wie ein ~*** to be as pleased as Punch; ***das weiß doch jedes ~!*** any five-year-old would tell you that!; ***mit ~ und Kegel*** (*hum* *umg*) with the whole family; ***das ~ mit dem Bade ausschütten*** (*prov*) to throw out the baby with the bathwater (*Sprichw*) **Kinderarbeit** *f* child labour (*Brit*) *od* labor (*US*) **Kinderarzt** *m*, **Kinderärztin** *f* paediatrician (*Brit*), pediatrician (*US*) **Kinderbeihilfe** *f* (*österr*) *benefit paid for having children* **Kinderbekleidung** *f* children's wear **Kinderbetreuung** *f* childcare **Kinderbett** *n* cot **Kinderbuch** *n* children's book **Kinderchor** *m* children's choir **Kinderdorf** *n* children's village **Kinderei** *f* childishness *kein Pl* **Kindererziehung** *f* bringing up of children; (*durch Schule*) education of children **Kinderfahrkarte** *f* child's ticket **Kinderfahrrad** *n* child's bicycle **kinderfeindlich** *Adj* anti-child; ***eine ~e Gesellschaft*** a society hostile to children **Kinderfernsehen** *n* children's television **Kinderfest** *n* children's party **Kinderfreibetrag** *m* child allowance **kinderfreundlich** *Adj Mensch* fond of children; *Gesellschaft* child-orientated **Kindergarten** *m* ≈ nursery school, ≈ kindergarten **Kindergärtner(in)** *m(f)* ≈ nursery-school teacher **Kindergeld** *n benefit paid for having children* **Kinderheilkunde** *f* paediatrics *Sg* (*Brit*), pediatrics *Sg* (*US*) **Kinderheim** *n* children's home **Kinderhort** *m* day-nursery (*Brit*), daycare centre (*Brit*) *od* center (*US*) **Kinderkleidung** *f* children's clothes *Pl* **Kinderkram** *m* (*umg*) kids' stuff (*umg*) **Kinderkrankheit** *f* childhood illness; (*fig*) teething troubles *Pl* **Kinderkrippe** *f* = ***Kinderhort*** **Kinderlähmung** *f* polio **kinderleicht** **1.** *Adj* dead easy (*umg*) **2.** *Adv* easily **kinderlieb** *Adj* fond of children **Kinderlied** *n* nursery rhyme **kinderlos** *Adj* childless **Kindermädchen** *f* nanny **Kindermord** *m* child murder; JUR infanticide **Kinderpfleger(in)** *m(f)* paediatric (*Brit*) *od* pediatric (*US*) nurse **Kinderpornografie** *f* child pornography **Kinderprostitution** *f* child prostitution **kinderreich** *Adj* with many children; *Familie* large **Kinderreim** *m* nursery rhyme **Kinderschar** *f* swarm of children **Kinderschuh** *m* child's shoe; ***etw steckt noch in den ~en*** (*fig*) sth is still in its infancy **Kinderschutz** *m* protection of children **Kinderschutzbund** *m* child protection agency, ≈ NSPCC (*Brit*) **kindersicher** **1.** *Adj* childproof **2.** *Adv aufbewahren* out of reach of children **Kindersicherung** *f* AUTO child lock **Kindersitz** *m* child's seat; (*im Auto*) child seat **Kinderspiel** *n* children's game; (*fig*) child's play *ohne Artikel* **Kinderspielplatz** *m* children's playground **Kinderspielzeug** *n* (children's) toys *Pl* **Kinderstation** *f* children's ward **Kindersterblichkeit** *f* infant mortality **Kinderstube** *f* (*fig*) upbringing **Kindertagesstätte** *f* day nursery (*Brit*), daycare centre (*Brit*) *od* center (*US*) **Kinderteller** *m* (*in Restaurant*) children's portion **Kindervers** *m* nursery rhyme **Kinderwagen** *m* pram (*Brit*), baby carriage (*US*); (≈ *Sportwagen*) pushchair (*Brit*), (baby-)stroller (*bes US*) **Kinderzimmer** *n* child's/children's room **Kindesalter** *n* childhood **Kindesbeine** *Pl* ***von ~n an*** from childhood **Kindesmissbrauch** *m*, **Kindesmisshandlung** *f* child abuse **kindgemäß** **1.** *Adj* suitable for children/a child **2.** *Adv* appropriately for children/a child **kindgerecht** *Adj* suitable for children/a child **Kindheit** *f* childhood; (≈ *früheste Kindheit*) infancy **Kindheitstraum** *m* childhood dream **kindisch** (*pej*) **1.** *Adj* childish **2.** *Adv* childishly; ***sich ~ über etw*** (*Akk*) ***freuen*** to be as pleased as Punch about sth **kindlich** **1.** *Adj* childlike **2.** *Adv* like a child **Kindskopf** *m* (*umg*) big kid (*umg*) **Kindstod** *m* ***plötzlicher ~*** cot death (*Brit*), crib death (*US*)

Kinetik *f* kinetics *Sg* **kinetisch** *Adj* kinetic

Kinkerlitzchen *Pl* (*umg*) knick-knacks *Pl* (*umg*)

Kinn *n* chin **Kinnhaken** *m* hook to the chin **Kinnlade** *f* jaw(-bone)

Kino *n* cinema; ***ins ~ gehen*** to go to the cinema **Kinobesucher(in)** *m(f)* cinemagoer (*Brit*), moviegoer (*US*) **Kinocenter** *n* cinema complex **Kinogänger(in)** *m(f)* cinemagoer (*Brit*), moviegoer (*US*) **Kinohit** *m* blockbuster

Kiosk *m* kiosk

Kipferl *n* (*südd, österr*) croissant

Kippe *f* **a)** SPORT spring; **b)** ***auf der ~ stehen*** (*Gegenstand*) to be balanced

K

precariously; ***es steht auf der ~, ob ...*** (*fig*) it's touch and go whether ...; **c)** (*umg*) (≈ *Zigarettenstummel*) cigarette stub; (≈ *Zigarette*) fag (*Brit umg*), butt (*US umg*); **d)** (≈ *Müllkippe*) tip **kippen** **1.** *vt* **a)** *Behälter* to tilt; (*fig* ≈ *umstoßen*) *Urteil* to overturn; *Regierung* to topple; **b)** (≈ *schütten*) to tip **2.** *vi* to tip over; (*Fahrzeug*) to overturn **Kippfenster** *n* tilt window **Kippschalter** *m* toggle switch

Kirche *f* church; ***zur ~ gehen*** to go to church; ***die ~ im Dorf lassen*** (*fig*) not to get carried away **Kirchenbank** *f* (church) pew **Kirchenchor** *m* church choir **Kirchendiener(in)** *m(f)* sexton **Kirchenglocke** *f* church bell **Kirchenlied** *n* hymn **Kirchenmaus** *f* ***arm wie eine ~*** poor as a church mouse **Kirchensteuer** *f* church tax **Kirchentag** *m* Church congress **Kirchgänger(in)** *m(f)* churchgoer **Kirchhof** *m* churchyard; (≈ *Friedhof*) graveyard **kirchlich** *Adj* church *attr*; *Zustimmung* by the church; *Gebot* ecclesiastical; ***sich ~ trauen lassen*** to get married in church **Kirchturm** *m* church steeple **Kirchturmspitze** *f* church spire **Kirchweih** *f* fair

Kirgisien *n* Kirghizia

Kirmes *f* (*dial*) fair

Kirschbaum *m* cherry tree; (≈ *Holz*) cherry (wood) **Kirsche** *f* cherry; ***mit ihm ist nicht gut ~n essen*** (*fig*) it's best not to tangle with him **Kirschkern** *m* cherry stone **Kirschkuchen** *m* cherry cake **Kirschlikör** *m* cherry brandy **kirschrot** *Adj* cherry(-red) **Kirschtomate** *f* cherry tomato **Kirschtorte** *f* cherry gateau (*Brit*) *od* cake (*US*); ***Schwarzwälder ~*** Black Forest gateau (*Brit*) *od* cake (*US*) **Kirschwasser** *n* kirsch

Kirtag *m* (*österr*) fair

Kissen *n* cushion; (≈ *Kopfkissen*) pillow **Kissenbezug** *m* cushion cover; (*von Kopfkissen*) pillow case **Kissenschlacht** *f* pillow fight

Kiste *f* **a)** box; (*für Wein etc*) case; (≈ *Lattenkiste*) crate; (≈ *Truhe*) chest; **b)** (*umg*) (≈ *Auto*) crate (*umg*); (≈ *Fernsehen*) box (*umg*)

Kita *f* → ***Kindertagesstätte***

Kitchenette *f* kitchenette

Kitsch *m* kitsch **kitschig** *Adj* kitschy

Kitt *m* (≈ *Fensterkitt*) putty; (*für Porzellan etc*) cement

Kittchen *n* (*umg*) clink (*umg*)

Kittel *m* **a)** (≈ *Arbeitskittel*) overall; (*von Arzt etc*) (white) coat; **b)** (*österr* ≈ *Damenrock*) skirt

kitten *vt* to cement; *Fenster* to putty; (*fig*) to patch up

Kitz *n* (≈ *Rehkitz*) fawn; (≈ *Ziegenkitz*) kid

Kitzel *m* tickle; (*fig*) thrill **kitzelig** *Adj* ticklish **kitzeln** *vti* to tickle *vt unpers* ***es kitzelt mich, das zu tun*** I'm itching to do it **Kitzler** *m* ANAT clitoris

Kiwi[1] *f* (≈ *Frucht*) kiwi

Kiwi[2] *m* ORN kiwi

Klacks *m* (*umg*) **a)** (*von Kartoffelbrei, Sahne etc*) dollop (*umg*); **b)** (*fig*) ***das ist ein ~*** (≈ *einfach*) that's a piece of cake (*umg*); ***500 Euro sind für ihn ein ~*** 500 euros is peanuts to him (*umg*)

klaffen *vi* to gape; ***zwischen uns beiden klafft ein Abgrund*** (*fig*) we are poles apart

kläffen *vi* to yap

Klage *f* **a)** (≈ *Beschwerde*) complaint; ***über jdn/etw ~ führen*** to lodge a complaint about sb/sth; ***~n (über jdn/etw) vorbringen*** to make complaints (about sb/sth); **b)** (≈ *Äußerung von Trauer*) lament(ation) (*um, über* +*Akk* for); **c)** JUR action; (≈ *Klageschrift*) charge; ***eine ~ gegen jdn erheben*** to institute proceedings against sb; ***eine ~ auf etw*** (*Akk*) an action for sth **Klagelaut** *m* plaintive cry **Klagelied** *n* lament **Klagemauer** *f* ***die ~*** the Wailing Wall **klagen** **1.** *vi* **a)** (≈ *jammern*) to moan; **b)** (≈ *trauern*) to lament (*um jdn/etw* sb/sth), to wail; **c)** (≈ *sich beklagen*) to complain; ***über etw*** (*Akk*) ***~*** to complain about sth; ***ich kann nicht ~*** (*umg*) mustn't grumble (*umg*); **d)** JUR to sue (*auf* +*Akk* for) **2.** *vt* ***jdm sein Leid ~*** to pour out one's sorrow to sb **Kläger(in)** *m(f)* JUR plaintiff **Klageschrift** *f* JUR charge; (*bei Scheidung*) petition **kläglich** **1.** *Adj* pitiful; *Niederlage* pathetic; *Rest* miserable **2.** *Adv scheitern* miserably; *betteln* pitifully; ***~ versagen*** to fail miserably **klaglos** *Adv* ***etw ~ hinnehmen*** to accept sth without complaint

Klamauk *m* (*umg*) (≈ *Alberei*) horseplay; ~ ***machen*** (≈ *albern*) to fool about

klamm *Adj* **a)** (≈ *steif vor Kälte*) numb; **b)** (≈ *feucht*) damp

Klammer *f* **a)** (≈ *Wäscheklammer*) peg; (≈ *Hosenklammer*) clip; (≈ *Büroklammer*) paperclip; (≈ *Heftklammer*) staple; **b)** (≈ *Zahnklammer*) brace; **c)** (*in Text*) bracket; ~ ***auf/zu*** open/close brackets; ***in ~n*** in brackets; ***runde/eckige/spitze ~n*** round/square/pointed brackets; ***geschweifte ~n*** braces **Klammeraffe** *m* (TYPO, *umg*) at-sign, "@" **klammern 1.** *vt Wäsche* to peg; *Papier etc* to staple; TECH to clamp **2.** *vr* ***sich an jdn/etw ~*** to cling to sb/sth

klammheimlich (*umg*) **1.** *Adj* clandestine **2.** *Adv* on the quiet

Klamotte *f* **a)** (*umg*) (≈ *Kleider*) **Klamotten** *Pl* gear *Sg* (*umg*); **b)** (*pej* ≈ *Theaterstück*, *Film*) rubbishy old play/film *etc*

Klang *m* sound; (≈ *Tonqualität*) tone; ***Klänge*** *pl* (≈ *Musik*) sounds **Klangfarbe** *f* tone colour (*Brit*) *od* color (*US*) **klanglos** *Adj* toneless **klangtreu** *Adj Wiedergabe* faithful; *Ton* true **Klangtreue** *f* fidelity **klangvoll** *Adj Stimme* sonorous; *Melodie* tuneful; (*fig*) *Name* fine-sounding

Klappbett *n* folding bed **Klappe** *f* **a)** flap; (*an Lastwagen*) tailgate; (*seitlich*) side-gate; (≈ *Klappdeckel*) (hinged) lid; FILM clapperboard; **b)** (≈ *Hosenklappe*, *an Tasche*) flap; (≈ *Augenklappe*) patch; **c)** (≈ *Fliegenklappe*) (fly) swat; **d)** (≈ *Herzklappe*) valve; **e)** (*umg* ≈ *Mund*) trap (*umg*); ***die ~ halten*** to shut one's trap (*umg*); ***eine große ~ haben*** to have a big mouth (*umg*) **klappen 1.** *vt* ***etw nach oben/unten ~*** *Sitz*, *Bett* to fold sth up/down; *Kragen* to turn sth up/down; ***etw nach vorn/hinten ~*** *Sitz* to tip sth forward/back **2.** *vi* (*fig umg* ≈ *gelingen*) to work; (≈ *gut gehen*) to work (out); ***wenn das mal klappt*** if that works out; ***hat es mit dem Job geklappt?*** did you get the job OK (*umg*)?; ***mit dem Flug hat alles geklappt*** the flight went all right **Klappentext** *m* TYPO blurb

Klapper *f* rattle **klappern** *vi* to clatter; (*Fenster*) to rattle; ***er klapperte vor Angst mit den Zähnen*** his teeth were chattering with fear **Klapperschlange** *f* ZOO rattlesnake; (*fig*) rattletrap

Klappfahrrad *n* folding bicycle **Klapphandy** *n* clamshell phone, flip phone (*bes US*) **Klappmesser** *n* flick knife (*Brit*), switchblade (*US*) **Klapprad** *n* folding bicycle *od* bike (*umg*)

klapprig *Adj* rickety; (*fig umg*) *Mensch* shaky

Klappsitz *m* folding seat **Klappstuhl** *m* folding chair **Klapptisch** *m* folding table

Klaps *m* (≈ *Schlag*) smack **Klapsmühle** *f* (*pej umg*) nut house (*umg*)

klar 1. *Adj* clear; (≈ *fertig*) ready; ~ ***zum Einsatz*** MIL ready for action; ***ein ~er Fall von ...*** (*umg*) a clear case of ...; ***das ist doch ~!*** (*umg*) of course; ***alles ~?*** everything all right *od* OK? (*umg*); ***jetzt ist*** *od* ***wird mir alles ~!*** now I understand; ***bei ~em Verstand sein*** to be in full possession of one's faculties; ***sich*** (*Dat*) ***über etw*** (*Akk*) ***im Klaren sein*** to be aware of sth; ***sich*** (*Dat*) ***darüber im Klaren sein, dass ...*** to realize that ... **2.** *Adv* clearly; ~ ***denkend*** clear-thinking; ***na ~!*** (*umg*) of course!; ***jdm etw ~ und deutlich sagen*** to tell sb sth straight (*umg*); ~ ***auf der Hand liegen*** to be perfectly obvious **Kläranlage** *f* sewage plant; (*von Fabrik*) purification plant **klären 1.** *vt* to clear; *Wasser* to purify; *Abwasser* to treat; *Sachlage* to clarify; *Frage* to settle **2.** *vi* SPORT to clear (the ball) **3.** *vr* (*Wasser*) to clear; (*Wetter*) to clear up; (*Sachlage*) to become clear; (*Frage*) to be settled **Klare(r)** *m* (*umg*) schnapps **klargehen** *vi* (*umg*) to be OK (*umg*) **Klärgrube** *f* cesspit **Klarheit** *f* clarity; ***sich*** (*Dat*) ~ ***über etw*** (*Akk*) ***verschaffen*** to get clear about sth; *über Sachlage* to clarify sth

Klarinette *f* clarinet **Klarinettist(in)** *m(f)* clarinettist

klarkommen *vi* (*umg*) to manage; ***mit jdm/etw ~*** to be able to cope with sb/sth **klarmachen** *vt* to make clear; *Schiff* to get ready; *Flugzeug* to clear; ***jdm etw ~*** to make sth clear to sb **Klärschlamm** *m* sludge **Klarsichtfolie** *f* clear film **Klarsichtpackung** *f* see-through pack **klarspülen** *vti* to rinse **klarstellen** *vt* (≈ *klären*) to clear up; (≈

K

klarmachen) to make clear **Klarstellung** *f* clarification **Klartext** *m* **im ~** (*fig umg*) in plain English; ***mit jdm ~ reden*** (*fig umg*) to give sb a piece of one's mind **Klärung** *f* purification; (*fig*) clarification **klar werden** *vi* ***jdm wird etw klar*** sth becomes clear to sb; ***sich*** (*Dat*) (***über etw*** *Akk*) **~** to get (sth) clear in one's mind **Klärwerk** *n* sewage treatment works *Pl*

klasse (*umg*) **1.** *Adj* great (*umg*) **2.** *Adv* brilliantly **Klasse** *f* class; (≈ *Spielklasse*) league; (≈ *Güteklasse*) grade; ***ein Fahrschein zweiter ~*** a second-class ticket; ***das ist große ~!*** (*umg*) that's great! (*umg*) **Klassenarbeit** *f* (written) class test **Klassenbeste(r)** *mf* best pupil (in the class) **Klassenbuch** *n* (class-)register **Klassenfahrt** *f* SCHULE class trip **Klassenkamerad(in)** *m(f)* classmate **Klassenkampf** *m* class struggle **Klassenlehrer(in)** *m(f)* class teacher **klassenlos** *Adj Gesellschaft* classless **Klassensprecher(in)** *m(f)* SCHULE class representative, ≈ form captain (*Brit*) **Klassentreffen** *n* SCHULE class reunion **Klassenunterschied** *m* class difference **Klassenzimmer** *n* classroom **klassifizieren** *vt* to classify **Klassifizierung** *f* classification

Klassik *f* classical period; (*umg* ≈ *klassische Musik/Literatur*) classical music/literature **Klassiker(in)** *m(f)* classic; ***ein ~ des Jazz*** a jazz classic **klassisch** **1.** *Adj* **a)** (≈ *die Klassik betreffend*) classical; **b)** (≈ *typisch, vorbildlich*) classic **2.** *Adv* classically **Klassizismus** *m* classicism **klassizistisch** *Adj* classical

Klasslehrer(in) *m(f)* (*südd, österr*) = ***Klassenlehrer(in)***

Klatsch *m* **a)** (*Geräusch*) splash; **b)** (*pej umg* ≈ *Tratsch*) gossip **Klatschbase** *f* (*pej umg*) gossip **klatschen** **1.** *vi* **a)** (≈ *Geräusch machen*) to clap; ***in die Hände ~*** to clap one's hands; **b)** (≈ *aufschlagen*) to go smack; (*Flüssigkeiten*) to splash; **c)** (*pej umg*) (≈ *tratschen*) to gossip **2.** *vt* **a)** (≈ *schlagen*) to clap; ***jdm Beifall ~*** to applaud sb; **b)** (≈ *knallen*) to smack; (≈ *werfen*) to throw **Klatschmohn** *m* (corn) poppy **klatschnass** *Adj* (*umg*) sopping wet (*umg*) **Klatschspalte** *f* (PRESSE *umg*) gossip column

Klaue *f* claw; (≈ *Hand*) talons *Pl* (*pej umg*); (≈ *Schrift*) scrawl (*pej*); ***in den ~n der Verbrecher*** *etc* in the clutches of the criminals *etc* **klauen** (*umg*) **1.** *vt* to pinch (*umg*) (*jdm etw* sth from sb) **2.** *vi* to steal

Klausel *f* clause; (≈ *Vorbehalt*) proviso

Klaustrophobie *f* PSYCH claustrophobia

Klausur *f* (UNI: *a.* **Klausurarbeit**) exam

Klaviatur *f* keyboard

Klavier *n* piano; ***~ spielen*** to play the piano **Klavierbegleitung** *f* piano accompaniment **Klavierkonzert** *n* (≈ *Musik*) piano concerto; (≈ *Vorstellung*) piano recital **Klavierlehrer(in)** *m(f)* piano teacher **Klavierspieler(in)** *m(f)* pianist **Klavierstimmer(in)** *m(f)* piano tuner **Klavierstunde** *f* piano lesson

Klebeband *n* adhesive tape **Klebefolie** *f* adhesive film; (*für Lebensmittel*) clingfilm **kleben** **1.** *vi* (≈ *festkleben*) to stick; ***an etw*** (*Dat*) **~** (*wörtl*) to stick to sth **2.** *vt* to stick; ***jdm eine ~*** (*umg*) to belt sb (one) (*umg*) **Kleber** *m* (*umg* ≈ *Klebstoff*) glue **Klebestift** *m* glue stick **klebrig** *Adj* sticky; (≈ *klebfähig*) adhesive **Klebstoff** *m* adhesive **Klebstreifen** *m* adhesive tape

kleckern **1.** *vt* to spill **2.** *vi* (≈ *Kleckse machen*) to make a mess; (≈ *tropfen*) to spill; ***nicht ~, sondern klotzen*** (*umg*) to do things in a big way (*umg*) **kleckerweise** *Adv* in dribs and drabs

Klecks *m* (≈ *Tintenklecks*) (ink)blot; (≈ *Farbklecks*) blob; (≈ *Fleck*) stain **klecksen** *vi* to make blots/a blot

Klee *m* clover; ***jdn über den grünen ~ loben*** to praise sb to the skies **Kleeblatt** *n* cloverleaf; ***vierblättriges ~*** four-leaf clover

Kleid *n* **a)** (≈ *Damenkleid*) dress; **b)** (≈ *Kleidung*) **Kleider** *Pl* clothes *Pl*, clothing *Sg* (*bes* HANDEL); ***~er machen Leute*** (*Sprichw*) fine feathers make fine birds (*Sprichw*) **kleiden** **1.** *vr* to dress; ***gut gekleidet sein*** to be well dressed **2.** *vt* (*geh*) **a)** (≈ *mit Kleidern versehen*) to clothe, to dress; ***etw in schöne Worte ~*** to dress sth up in fancy words; **b)** (≈ *jdm stehen*) ***jdn ~*** to suit sb **Kleiderbügel** *m* coat hanger **Kleiderbürste** *f* clothes brush **Klei-**

K

derhaken *m* coat hook **Kleiderschrank** *m* wardrobe **Kleidung** *f* clothes *Pl*, clothing (*bes* HANDEL) **Kleidungsstück** *n* garment

Kleie *f* bran

klein 1. *Adj* small; *Finger* little; ***die Kleinen Antillen*** *etc* the lesser Antilles *etc*; ***haben Sie es nicht ~er?*** do you not have anything smaller?; ***ein ~ bisschen*** *od* ***wenig*** a little (bit); ***ein ~es Bier*** a small beer, ≈ half a pint (*Brit*); ***~es Geld*** small change; ***mein ~er Bruder*** my little brother; ***als ich (noch) ~ war*** when I was little; ***sich ~ machen*** (≈ *sich bücken*) to bend down low; ***ganz ~ werden*** (*umg*) to look humiliated *od* deflated; ***im Kleinen*** in miniature; ***bis ins Kleinste*** right down to the smallest detail; ***von ~ an*** *od* ***auf*** (≈ *von Kindheit an*) from his childhood; ***der ~e Mann*** the man in the street; ***ein ~er Ganove*** a petty crook; ***sein Vater war (ein) ~er Beamter*** his father was a minor civil servant **2.** *Adv* small; ***~ gedruckt*** in small print; ***~ gemustert*** small-patterned; ***~ kariert*** *Stoff* finely checked; ***~ anfangen*** to start off in a small way; ***~ beigeben*** (*umg*) to give in; ***etw ~ halten*** *Kosten* to keep sth down **Kleinaktionär(in)** *m(f)* small shareholder **Kleinanzeige** *f* classified advertisement **Kleinarbeit** *f* detailed work; ***in mühseliger ~*** with painstaking attention to detail **Kleinasien** *n* Asia Minor **Kleinauto** *n* small car **Kleinbetrieb** *m* small business **Kleinbildkamera** *f* 35mm camera **Kleinbuchstabe** *m* small letter **Kleinbürger(in)** *m(f)* petty bourgeois **kleinbürgerlich** *Adj* lower middle-class **Kleinbus** *m* minibus **Kleine(r)** *mf* little one *od* child; (≈ *Junge*) little boy; (≈ *Mädchen*) little girl; (≈ *Säugling*) baby; ***unser ~r*** (≈ *Jüngster*) our youngest (child); ***die Katze mit ihren ~n*** the cat with its kittens *od* babies (*umg*) **Kleinfamilie** *f* SOZIALW nuclear family **Kleingedruckte(s)** *n* small print **Kleingeist** *m* (*pej*) small-minded person **Kleingeld** *n* (small) change; ***das nötige ~ haben*** (*fig*) to have the necessary wherewithal (*umg*) **Kleingewerbe** *n* small business **Kleinhirn** *n* ANAT cerebellum **Kleinholz** *n* firewood; ***~ aus jdm machen*** (*umg*) to make mincemeat out of sb (*umg*) **Kleinigkeit** *f* little *od* small thing; (≈ *Bagatelle*) trifle; (≈ *Einzelheit*) minor detail; ***eine ~ essen*** to have a bite to eat; ***jdm eine ~ schenken*** to give sb a little something; ***wegen jeder ~*** for the slightest reason; ***das wird eine ~ dauern*** it will take a little while **kleinkariert** *Adj* (*fig*) small-time (*umg*); ***~ denken*** to think small **Kleinkind** *n* small child, toddler (*umg*) **Kleinkram** *m* (*umg*) odds and ends *Pl*; (≈ *Trivialitäten*) trivialities *Pl* **kleinkriegen** *vt* (*umg*) (≈ *gefügig machen*) to bring into line (*umg*); (*körperlich*) to tire out; ***er ist einfach nicht kleinzukriegen*** he just won't be beaten; ***unser altes Auto ist einfach nicht kleinzukriegen*** our old car just goes on for ever **Kleinkunst** *f* cabaret **Kleinkunstbühne** *f* cabaret **kleinlaut 1.** *Adj* subdued, meek **2.** *Adv fragen* meekly; ***~ um Verzeihung bitten*** to apologize rather sheepishly **kleinlich** *Adj* petty; (≈ *knauserig*) mean (*bes Brit*), stingy (*umg*); (≈ *engstirnig*) narrow-minded **klein machen** *vt* **a)** (≈ *zerkleinern*) to chop up; **b)** (*umg*) *Geld* (≈ *wechseln*) to change **Kleinod** *n* gem **klein schneiden** *vt* to cut up small **kleinschreiben** *vt* ***ein Wort ~*** to write a word without a capital **Kleinstaat** *m* small state **Kleinstadt** *f* small town **kleinstädtisch** *Adj* provincial (*pej*) **kleinstmöglich** *Adj* smallest possible **Kleintier** *n* small animal **Kleintierpraxis** *f* small animal (veterinary) practice **Kleinvieh** *n* ***~ macht auch Mist*** (*Sprichw*) every little helps **Kleinwagen** *m* small car **kleinwüchsig** *Adj* (*geh*) small

Kleister *m* (≈ *Klebstoff*) paste **kleistern** *vt* (≈ *kleben*) to paste

Klementine *f* clementine

Klemmbrett *n* clipboard **Klemme** *f* **a)** (≈ *Haarklemme, für Papiere etc*) clip; ELEK crocodile clip; **b)** (*fig umg*) ***in der ~ sitzen*** *od* ***sein*** to be in a jam (*umg*); ***jdm aus der ~ helfen*** to help sb out of a jam (*umg*) **klemmen 1.** *vt Draht etc* to clamp; ***sich*** (*Dat*) ***den Finger in etw*** (*Dat*) ***~*** to catch one's finger in sth; ***sich*** (*Dat*) ***etw unter den Arm ~*** to stick sth under one's arm **2.** *vr* to

K

catch oneself (*in +Dat* in); **sich hinter etw** (*Akk*) ~ (*umg*) to get stuck into sth (*umg*) **3.** *vi* (*Tür, Schloss etc*) to stick **Klemmlampe** *f* clamp-on lamp
Klempner(in) *m(f)* plumber **Klempnerei** *f* (≈ *Werkstatt*) plumber's workshop
Kleptomane *m*, **Kleptomanin** *f* kleptomaniac
Klerus *m* clergy
Klette *f* BOT burdock; (≈ *Blütenkopf*) bur(r); **sich wie eine ~ an jdn hängen** to cling to sb like a limpet
Kletterer *m*, **Kletterin** *f* climber **Klettergerüst** *n* climbing frame **klettern** *vi* to climb; (*mühsam*) to clamber **Kletterpflanze** *f* climbing plant **Kletterrose** *f* climbing rose **Kletterstange** *f* climbing pole
Klettverschluss *m* Velcro® fastener
Klick *m* IT click **klicken** *vi* to click
K
Klient(in) *m(f)* client **Klientel** *f* clients *Pl*
Kliff *n* cliff
Klima *n* climate **Klimaanlage** *f* air conditioning (system); **mit ~** air-conditioned **Klimaforscher(in)** *m(f)* climatologist **Klimagipfel** *m* (*umg*) climate conference *od* summit **Klimakatastrophe** *f* climatic disaster **Klimaschutz** *m* climate protection **Klimaschutzabkommen** *n* agreement on climate change **klimatisch** *Adj* climatic; **~ bedingt sein** (*Wachstum*) to be dependent on the climate; (*Krankheit*) to be caused by climatic conditions **klimatisieren** *vt* to air-condition **Klimaveränderung** *f*, **Klimawechsel** *m* (*wörtl, fig*) climate change, change in the climate
Klimbim *m* (*umg*) odds and ends *Pl*; (≈ *Umstände*) fuss (and bother)
Klimmzug *m* SPORT pull-up
klimpern *vi* to tinkle; (≈ *stümperhaft klimpern*) to plonk away (*umg*)
Klinge *f* blade
Klingel *f* bell **Klingelbeutel** *m* collection bag **Klingelknopf** *m* bell button *od* push **klingeln** *vi* to ring; **es hat geklingelt** (*Telefon*) the phone just rang; (*an Tür*) somebody just rang the doorbell **Klingelton** *m* TELEK ring tone, ringtone
klingen *vi* to sound; (*Glocke*) to ring; (*Glas*) to clink; **nach etw ~** to sound like sth
Klinik *f* clinic **Klinikum** *n* UNI medical centre (*Brit*) *od* center (*US*) **klinisch** *Adj* clinical; **~ tot** clinically dead
Klinke *f* (≈ *Türklinke*) (door) handle
Klinker *m* (≈ *Ziegelstein*) clinker brick
klipp *Adv* **~ und klar** clearly, plainly; (≈ *offen*) frankly
Klippe *f* (≈ *Felsklippe*) cliff; (*im Meer*) rock; (*fig*) hurdle **Klippenküste** *f* rocky coast **klippenreich** *Adj* rocky
klirren *vi* to clink; (*Fensterscheiben*) to rattle; (*Waffen*) to clash; (*Ketten*) to jangle; **~de Kälte** crisp cold
Klischee *n* (*fig*) cliché **klischeehaft** **1.** *Adj* (*fig*) stereotyped **2.** *Adv* stereotypically **Klischeevorstellung** *f* cliché, stereotype
Klitoris *f* clitoris
klitschnass *Adj* (*umg*) drenched
klitzeklein *Adj* (*umg*) tiny
Klo *n* (*umg*) loo (*Brit umg*), john (*US umg*)
Kloake *f* sewer; (*fig*) cesspool
klobig *Adj* hefty (*umg*), bulky; *Schuhe* clumpy; *Benehmen* boorish
Klobrille *f* (*umg*) toilet *od* loo (*Brit umg*) seat **Klobürste** *f* (*umg*) toilet brush
Klon *m* clone **klonen** *vti* to clone
klönen *vi* (*umg*) to (have a) chat
Klopapier *n* (*umg*) toilet *od* loo (*Brit umg*) paper
klopfen **1.** *vt* to knock; *Fleisch, Teppich* to beat **2.** *vi* to knock; (*Herz*) to beat; (*vor Aufregung*) to pound; (*Puls*) to throb; **es hat geklopft** there's someone knocking at the door **Klopfer** *m* (≈ *Türklopfer*) (door) knocker; (≈ *Fleischklopfer*) (meat) mallet; (≈ *Teppichklopfer*) carpet beater
Klöppel *m* (≈ *Glockenklöppel*) clapper; (≈ *Spitzenklöppel*) bobbin **klöppeln** *vi* to make (pillow) lace
Klops *m* KOCH meatball
Kloschüssel *f* (*umg*) loo (*Brit umg*) *od* toilet bowl, lavatory pan (*Brit*) **Klosett** *n* toilet **Klosettbrille** *f* toilet seat **Klosettpapier** *n* toilet paper
Kloß *m* dumpling; (≈ *Fleischkloß*) meatball; (≈ *Bulette*) rissole; **einen ~ im Hals haben** (*fig*) to have a lump in one's throat
Kloster *n* (≈ *Mönchskloster*) monastery; (≈ *Nonnenkloster*) convent

Klotz *m* (≈ *Holzklotz*) block (of wood); (*pej* ≈ *Betonklotz*) concrete block; ***jdm ein ~ am Bein sein*** to be a hindrance to sb **Klötzchen** *n* (building) block **klotzen** *vi* (*sl*) (≈ *hart arbeiten*) to slog (away) (*umg*) **klotzig** (*umg*) **1.** *Adj* huge **2.** *Adv* (≈ *klobig*) massively; ***~ wirken*** to seem bulky

Klub *m* club **Klubhaus** *n* clubhouse **Klubjacke** *f* blazer **Kluburlaub** *m* club holiday

Kluft *f* **a**) (≈ *Erdspalte*) cleft; (≈ *Abgrund*) chasm; **b**) (*fig*) gulf, gap; **c**) (*umg* ≈ *Kleidung*) gear (*umg*)

klug *Adj* clever; (≈ *vernünftig*) *Rat* wise, sound; *Überlegung* prudent; ***ein ~er Kopf*** a capable person; ***ich werde daraus nicht ~*** I cannot make head or tail (*Brit*) *od* heads or tails (*US*) of it; ***aus ihm werde ich nicht ~*** I can't make him out; ***der Klügere gibt nach*** (*Sprichw*) discretion is the better part of valour (*Brit*) *od* valor (*US*, *Sprichw*) **klugerweise** *Adv* (very) wisely **Klugheit** *f* cleverness; (≈ *Vernünftigkeit*: *von Rat*) wisdom, soundness **Klugscheißer(in)** *m*(*f*) (*umg*) smart aleck (*umg*), smart-ass (*bes US sl*)

klumpen *vi* (*Sauce*) to go lumpy **Klumpen** *m* lump; (≈ *Blutklumpen*) clot; ***~ bilden*** (*Mehl etc*) to go lumpy; (*Blut*) to clot **Klumpfuß** *m* club foot **klumpig** *Adj* lumpy

Klüngel *m* (*umg* ≈ *Clique*) clique **Klüngelwirtschaft** *f* (*umg*) nepotism *kein Pl*

knabbern *vti* to nibble; ***daran wirst du noch zu ~ haben*** (*fig umg*) it will really give you something to think about

Knabe *m* (*lit*) boy, lad (*bes Brit umg*) **Knabenchor** *m* boys' choir **knabenhaft** *Adj* boyish

Knackarsch *m* (*sl*) pert bum (*umg*), bubble butt (*US sl*) **Knäckebrot** *n* crispbread **knacken** **1.** *vt* **a**) *Nüsse* to crack; **b**) (*umg*) *Auto* to break into; *Geldschrank Rätsel*, *Code* to crack; *Tabu* to break **2.** *vi* **a**) (≈ *brechen*) to crack, to snap; (*Holz* ≈ *knistern*) to crackle; ***an etw*** (*Dat*) ***zu ~ haben*** (*umg*) to have sth to think about; **b**) (*umg* ≈ *schlafen*) to sleep **Knacker** *m* **a**) = ***Knackwurst***; **b**) (*pej umg*) ***alter ~*** old fog(e)y (*umg*) **Knacki** *m* (*umg* ≈ *Knastbruder*) jailbird (*umg*) **knackig** *Adj* crisp; *Salat*, *Gemüse* crunchy; (*umg*) *Mädchen* tasty (*umg*); *Figur* sexy **Knackpunkt** *m* (*umg*) crunch (*umg*) **Knacks** *m* **a**) crack; **b**) (*umg*) ***der Fernseher hat einen ~*** there is something wrong with the television; ***er hat einen ~ weg*** he's a bit screwy (*umg*) **Knackwurst** *f type of frankfurter*

Knall *m* bang; (*mit Peitsche*) crack; (*bei Tür*) slam; ***~ auf Fall*** (*umg*) all of a sudden; ***einen ~ haben*** (*umg*) to be crazy (*umg*) **Knallbonbon** *n* (Christmas) cracker **knallbunt** *Adj* (*umg*) brightly coloured (*Brit*) *od* colored (*US*) **knallen** **1.** *vi* **a**) (≈ *krachen*) to bang; (≈ *explodieren*) to explode; (*Schuss*) to ring out; (*Peitsche*) to crack; (*Tür etc*) to slam; ***die Korken ~ lassen*** (*fig*) to pop a cork; **b**) (*umg*: *Sonne*) to beat down **2.** *vt* to bang; *Tür* to slam; *Peitsche* to crack; ***jdm eine ~*** (*umg*) to belt sb (one) (*umg*) **knalleng** *Adj* (*umg*) skintight **Knaller** *m* (*umg*) **a**) (≈ *Knallkörper*) banger (*Brit*), firecracker (*bes US*); **b**) (*fig* ≈ *Sensation*) sensation **Knallerbse** *f* toy torpedo **knallgelb** *Adj* (*umg*) bright yellow **knallhart** (*umg*) **1.** *Adj Film* brutal; *Job*, *Wettbewerb* really tough; *Schlag* really hard **2.** *Adv* brutally **knallig** (*umg*) **1.** *Adj Farben* loud **2.** *Adv* ***~ gelb*** gaudy yellow; ***~ bunt*** gaudy **Knallkopf** *m* (*umg*) fathead (*umg*) **Knallkörper** *m* firecracker **knallrot** *Adj* (*umg*) bright red **knallvoll** *Adj* (*umg*) **a**) (≈ *total überfüllt*) jam-packed (*umg*); **b**) (≈ *völlig betrunken*) completely plastered (*umg*), paralytic (*Brit umg*)

knapp **1.** *Adj* **a**) *Vorräte*, *Geld* scarce; *Gehalt* low; **b**) *Mehrheit*, *Sieg* narrow; *Kleidungsstück etc* (≈ *eng*) tight; *Bikini* scanty; **c**) (≈ *nicht ganz*) almost; ***ein ~es Pfund Mehl*** just under a pound of flour; ***seit einem ~en Jahr*** for almost a year; **d**) (≈ *kurz und präzis*) *Stil*, *Worte* concise; **e**) (≈ *gerade so eben*) just; ***mit ~er Not*** only just **2.** *Adv* ***mein Geld/meine Zeit ist ~ bemessen*** I am short of money/time; ***wir haben ~ verloren/gewonnen*** we only just lost/won; ***aber nicht zu ~*** (*umg*) and how!; ***~ zwei Wochen*** not quite two

K

weeks **Knappheit** *f* shortage
knapsen *vi* (*umg*) to scrimp (*mit, an +Dat* on); ***an etw*** (*Dat*) ***zu ~ haben*** to have a rough time getting over sth
Knarre *f* (*sl* ≈ *Gewehr*) shooter (*umg*)
knarren *vi* to creak
Knast *m* (*umg*) clink (*umg*), can (*US sl*)
knatschig *Adj* (*umg*) (≈ *verärgert*) miffed (*umg*); (≈ *schlecht gelaunt*) grumpy (*umg*)
knattern *vi* (*Motorrad*) to roar; (*Maschinengewehr*) to rattle
Knäuel *m od n* ball; (*wirres*) tangle; (*von Menschen*) group
Knauf *m* (≈ *Türknauf*) knob; (*von Schwert etc*) pommel
Knauser(in) *m(f)* (*umg*) scrooge (*umg*) **Knauserei** *f* (*umg*) meanness (*bes Brit*) **knauserig** *Adj* (*umg*) mean (*bes Brit*) **knausern** *vi* (*umg*) to be mean (*bes Brit*) (*mit* with)
knautschen *vti* (*umg*) to crumple (up)
Knautschzone *f* AUTO crumple zone
Knebel *m* gag **knebeln** *vt jdn, Presse* to gag **Knebelvertrag** *m* oppressive contract
Knecht *m* servant; (*beim Bauern*) farm worker **Knechtschaft** *f* slavery
kneifen **1.** *vt* to pinch; ***jdn in den Arm ~*** to pinch sb's arm **2.** *vi* **a**) (≈ *zwicken*) to pinch; **b**) (*umg*) (≈ *ausweichen*) to back out (*vor +Dat* of) **Kneifzange** *f* pliers *Pl*; (*kleine*) pincers *Pl*; ***eine ~*** (a pair of) pliers/pincers
Kneipe *f* (*umg* ≈ *Lokal*) pub (*Brit*), bar
Kneipenbummel *m* pub crawl (*Brit*), bar hop (*US*)
Knete *f* (*veralt sl* ≈ *Geld*) dough (*umg*)
kneten *vt Teig* to knead; *Ton* to work; (≈ *formen*) to form **Knetgummi** *m od n* Plasticine® **Knetmasse** *f* modelling (*Brit*) *od* modeling (*US*) clay
Knick *m* **a**) (≈ *Falte*) crease; (≈ *Biegung*) (sharp) bend; ***einen ~ machen*** to bend sharply; **b**) (*fig: in Karriere etc*) downturn **knicken** **1.** *vi* to snap **2.** *vt* to snap; *Papier* to fold; **„*nicht ~!*"** "do not bend *od* fold"; → ***geknickt***
knickerig *Adj* (*umg*) stingy (*umg*) **Knickerigkeit** *f* (*umg*) stinginess (*umg*)
Knicks *m* bob; (*tiefer*) curts(e)y; ***einen ~ machen*** to curts(e)y (*vor +Dat* to)
knicksen *vi* to curts(e)y (*vor +Dat* to)
Knie *n* **a**) knee; ***auf ~n*** on one's knees; ***jdn auf ~n bitten*** to go down on bended knees to sb (and beg); ***in die ~ gehen*** to kneel; (*fig*) to be brought to one's knees; ***jdn in die ~ zwingen*** to bring sb to his/her knees; ***jdn übers ~ legen*** (*umg*) to put sb across one's knee; ***etw übers ~ brechen*** (*fig*) to rush (at) sth; **b**) (≈ *Flussknie*) sharp bend; TECH elbow **Kniebeuge** *f* SPORT knee bend; ***in die ~ gehen*** to bend one's knees **kniefrei** *Adj Rock* above the knee **Kniegelenk** *n* knee joint **Kniekehle** *f* back of the knee **knielang** *Adj* knee-length **knien** **1.** *vi* to kneel; ***im Knien*** on one's knees, kneeling **2.** *vr* to kneel (down); ***sich in die Arbeit ~*** (*fig*) to get down to one's work **Kniescheibe** *f* kneecap **Knieschoner** *m*, **Knieschützer** *m* kneeguard **Kniestrumpf** *m* knee sock **knietief** *Adj* knee-deep
Kniff *m* (*umg*) trick
knipsen **1.** *vt* **a**) *Fahrschein* to punch; **b**) (FOTO *umg*) to snap (*umg*) **2.** *vi* (FOTO *umg*) to take pictures
Knirps *m* (≈ *Junge*) whippersnapper; (*pej*) squirt
knirschen *vi* to crunch; (*Getriebe*) to grind; ***mit den Zähnen ~*** to grind one's teeth
knistern *vi* (*Feuer*) to crackle; (*Papier, Seide*) to rustle
Knitterfalte *f* crease, wrinkle (*bes US*)
knitterfrei *Adj Stoff, Kleid* non-crease
knittern *vti* to crease
Knobelbecher *m* dice cup **knobeln** *vi* **a**) (≈ *würfeln*) to play dice; **b**) (≈ *nachdenken*) to puzzle (*an +Dat* over)
Knoblauch *m* garlic **Knoblauchbrot** *n* garlic bread **Knoblauchbutter** *f* garlic butter **Knoblauchpresse** *f* garlic press **Knoblauchzehe** *f* clove of garlic
Knöchel *m* (≈ *Fußknöchel*) ankle; (≈ *Fingerknöchel*) knuckle
Knochen *m* bone; ***er ist bis auf die ~ abgemagert*** he is just (a bag of) skin and bones; ***ihr steckt die Angst in den ~*** (*umg*) she's scared stiff (*umg*); ***der Schreck fuhr ihr in die ~*** she was paralyzed with shock; ***nass bis auf die ~*** (*umg*) soaked to the skin
Knochenarbeit *f* hard graft (*umg*)
Knochenbau *m* bone structure **Knochenbruch** *m* fracture **Knochengerüst** *n* skeleton **knochenhart** (*umg*) *Adj* rock-hard; (*fig*) *Job, Kerl* really

tough **Knochenmark** *n* bone marrow **Knochenmehl** *n* bone meal **knochentrocken** (*umg*) *Adj* bone-dry (*umg*); (*fig*) *Humor etc* very dry **knöchern** *Adj* bone *attr*, of bone **knochig** *Adj* bony

Knödel *m* dumpling

Knöllchen *n* (*umg* ≈ *Strafzettel*) (parking) ticket **Knolle** *f* BOT nodule, tubercule; (*von Kartoffel*) tuber **Knollen** *m* (≈ *Klumpen*) lump

Knopf *m* button; (*an Tür*) knob **Knopfdruck** *m* ***auf ~*** at the touch of a button; (*fig*) at the flick of a switch **Knopfloch** *n* buttonhole **Knopfzelle** *f* round cell battery

Knorpel *m* ANAT, ZOO cartilage; KOCH gristle **knorpelig** *Adj* ANAT cartilaginous; *Fleisch* gristly

Knorren *m* (*im Holz*) knot **knorrig** *Adj Baum* gnarled; *Holz* knotty

Knospe *f* bud; ***~n treiben*** to bud

knoten *vt Seil etc* to (tie into a) knot **Knoten** *m* **a**) knot; (MED ≈ *Geschwulst*) lump; PHYS, BOT node; (*fig* ≈ *Verwicklung*) plot; **b**) SEEF knot; **c**) (≈ *Haarknoten*) bun; **d**) = ***Knotenpunkt*** **Knotenpunkt** *m* (VERKEHR, BAHN) junction; (*fig*) centre (*Brit*), center (*US*) **Knöterich** *m* knotgrass **knotig** *Adj* knotty, full of knots; *Äste, Hände* gnarled

Know-how *n* know-how

Knubbel *m* (*umg*) lump

knuddelig *Adj* (*umg* ≈ *niedlich*) cuddly **knuddeln** *vt* (*dial*) to kiss and cuddle

knüllen *vt* to crumple **Knüller** *m* (*umg*) sensation; PRESSE scoop

knüpfen **1.** *vt Knoten* to tie; *Band* to knot, to tie (up); *Teppich* to knot; *Netz* to mesh; *Freundschaft* to form; ***etw an etw*** (*Akk*) ***~*** (*wörtl*) to tie sth to sth; (*fig*) *Bedingungen* to attach sth to sth; *Hoffnungen* to pin sth on sth; ***Kontakte ~*** (***zu*** *od* ***mit***) to establish contact (with) **2.** *vr* ***sich an etw*** (*Akk*) ***~*** to be linked to sth

Knüppel *m* **a**) (≈ *Stock*) stick; (≈ *Waffe*) cudgel, club; (≈ *Polizeiknüppel*) truncheon; ***jdm*** (***einen***) ***~ zwischen die Beine werfen*** (*fig*) to put a spoke in sb's wheel (*Brit*); **b**) FLUG joystick; AUTO gear stick (*Brit*), gearshift (*US*) **knüppeln** **1.** *vi* to use one's truncheon **2.** *vt* to club

knurren *vi* (*Hund etc*) to growl; (*wütend*) to snarl; (*Magen*) to rumble; (*fig* ≈ *sich beklagen*) to groan (*über* +*Akk* about) **knurrig** *Adj* grumpy

knuspern *vti* to crunch; ***etwas zum Knuspern*** something to nibble **knusprig** *Adj* crisp; ***~ braun*** *Hähnchen* crispy brown

knutschen (*umg*) **1.** *vt* to smooch with (*umg*) **2.** *vir* to smooch (*umg*) **Knutschfleck** *m* (*umg*) lovebite (*umg*)

k. o. *Adj* SPORT knocked out; (*fig umg*) whacked (*umg*); ***jdn ~ schlagen*** to knock sb out **K. o.** *m* knockout, K.O.; ***Sieg durch ~*** victory by a knockout

Koala(bär) *m* koala (bear)

koalieren *vi bes* POL to form a coalition (*mit* with) **Koalition** *f bes* POL coalition **Koalitionsgespräch** *n* coalition talks *Pl* **Koalitionspartner(in)** *m*(*f*) coalition partner

Kobalt *n* cobalt **kobaltblau** *Adj* cobalt blue

Kobold *m* goblin

Kobra *f* cobra

Koch *m*, **Köchin** *f* cook; (*von Restaurant etc*) chef; ***viele Köche verderben den Brei*** (*Sprichw*) too many cooks spoil the broth (*Sprichw*) **Kochanleitung** *f* cooking instructions *Pl* **Kochbeutel** *m* ***Reis im ~*** boil-in-the-bag rice **Kochbuch** *n* cookery book **kochecht** *Adj* TEX *Farbe* fast at 100°; *Wäsche etc* suitable for boiling **köcheln** *vi* to simmer **kochen** **1.** *vi* **a**) (*Flüssigkeit*) to boil; ***etw zum Kochen bringen*** to bring sth to the boil; ***er kochte vor Wut*** (*umg*) he was boiling with rage; **b**) (≈ *Speisen zubereiten*) to cook; (≈ *als Koch fungieren*) to do the cooking; ***er kocht gut*** he's a good cook **2.** *vt* **a**) *Flüssigkeit, Wäsche* to boil; ***etw auf kleiner Flamme ~*** to simmer sth over a low heat; **b**) (≈ *zubereiten*) *Essen* to cook; *Kaffee, Tee* to make **3.** *vi unpers* (*fig*) to be boiling; ***es kocht in ihr*** she is boiling with rage; → *Info nächste Seite*; **kochend** *Adj* boiling; ***~ heiß sein*** to be boiling hot; (*Suppe etc*) to be piping hot **Kocher** *m* (≈ *Herd*) cooker; (≈ *Campingkocher*) (Primus®) stove

Köcher *m* (*für Pfeile*) quiver

K

kochen: cook, make oder boil?

kochen oder zubereiten von Speisen allgemein	**cook**
to cook a meal	**love / hate cooking**
eine bestimmte Mahlzeit / ein bestimmtes Gericht kochen oder zubereiten	**make**
to make breakfast / lunch / dinner / Irish stew	
Flüssigkeit: kochen; Flüssigkeiten zum Kochen bringen oder etwas in Flüssigkeit kochen	**boil**
the water / soup is boiling	
to boil a piece of meat / eggs / potatoes	
⚠ **The kettle is boiling** bedeutet, dass das (Tee)wasser kocht, nicht der Kessel!	

Kochfeld *n* ceramic hob **kochfest** *Adj* TEX = ***kochecht*** **Kochgelegenheit** *f* cooking facilities *Pl* **Kochherd** *m* cooker **Köchin** *f* → ***Koch*** **Kochkunst** *f* culinary art **Kochlöffel** *m* cooking spoon **Kochnische** *f* kitchenette **Kochplatte** *f* (≈ *Herdplatte*) hotplate **Kochrezept** *n* recipe **Kochsalz** *n* CHEM sodium chloride; KOCH cooking salt **Kochtopf** *m* (cooking) pot; (*mit Stiel*) saucepan **Kochwäsche** *f* washing that can be boiled

Kode *m* code

Köder *m* bait **ködern** *vt* (*wörtl*) to lure; (*fig*) to tempt; ***jdn für etw ~*** to rope sb into sth (*umg*); ***sich von jdm/etw nicht ~ lassen*** not to be tempted by sb/sth

Kodex *m* codex; (*fig*) (moral) code

kodieren *etc* = ***codieren*** *etc*

Koeffizient *m* coefficient

Koexistenz *f* coexistence

Koffein *n* caffeine **koffeinfrei** *Adj* decaffeinated **koffeinhaltig** *Adj* caffeinated, containing caffeine

Koffer *m* (suit)case; (≈ *Schrankkoffer*) trunk; ***die ~ packen*** to pack one's bags **Kofferanhänger** *m* luggage label **Kofferkuli** *m* (luggage) trolley (*Brit*), cart (*US*) **Kofferradio** *n* portable radio **Kofferraum** *m* AUTO boot (*Brit*), trunk (*US*); (≈ *Volumen*) luggage space

Kognak *m* brandy

Kohl *m* **a)** cabbage; ***das macht den ~ auch nicht fett*** (*umg*) that's not much help; **b)** (*umg* ≈ *Unsinn*) nonsense **Kohldampf** *m* (*umg*) ***~ haben*** to be starving

Kohle *f* **a)** coal; ***glühende ~n*** (*wörtl*) (glowing) embers; (***wie***) ***auf*** (***heißen***) ***~n sitzen*** to be like a cat on a hot tin roof; ***die ~n aus dem Feuer holen*** (*fig*) to pull the chestnuts out of the fire; **b)** (≈ *Verkohltes, Holzkohle*) charcoal; **c)** TECH carbon; **d)** (*umg* ≈ *Geld*) dough (*umg*) **Kohlefilter** *m* charcoal filter **Kohlehydrat** *n* carbohydrate **Kohlekraftwerk** *n* coal-fired power station **Kohlenbergwerk** *n* coal mine **Kohlendioxid** *n* carbon dioxide **Kohlenherd** *m* range **Kohlenmonoxid** *n* carbon monoxide **Kohlenpott** *m* (*umg* ≈ *Ruhrgebiet*) Ruhr (basin *od* valley) **Kohlenrevier** *n* coal-mining area **Kohlensäure** *f* **a)** CHEM carbonic acid; **b)** (*in Getränken*) fizz (*umg*) **kohlensäurehaltig** *Adj Getränke* carbonated **Kohlenstoff** *m* carbon **Kohlenwasserstoff** *m* hydrocarbon **Kohlepapier** *n* carbon paper **Kohlestift** *m* KUNST piece of charcoal **Kohlezeichnung** *f* charcoal drawing

Kohlkopf *m* cabbage **Kohlmeise** *f* great tit **kohlrabenschwarz** *Adj Haar* jet black; *Nacht* pitch-black **Kohlrabi** *m* kohlrabi **Kohlroulade** *f* KOCH stuffed cabbage leaves *Pl* **Kohlrübe** *f* BOT swede (*Brit*), rutabaga (*US*) **Kohlsprosse** *f* (*österr*) (Brussels) sprout **Kohlweißling** *m* cabbage white (butterfly)

Koitus *m* coitus

Koje *f bes* SEEF bunk, berth; ***sich in die ~ hauen*** (*umg*) to hit the sack (*umg*)

Kojote *m* coyote

Kokain *n* cocaine **kokainsüchtig** *Adj* addicted to cocaine

kokett *Adj* coquettish **Koketterie** *f* coquetry **kokettieren** *vi* to flirt

Kokon *m* ZOO cocoon
Kokosfett *n* coconut oil **Kokosflocken** *Pl* desiccated coconut **Kokosmilch** *f* coconut milk **Kokosnuss** *f* coconut **Kokospalme** *f* coconut palm *od* tree **Kokosraspeln** *Pl* desiccated coconut
Koks[1] *m* coke
Koks[2] *m od n* (*umg* ≈ *Kokain*) coke (*umg*)
Kolben *m* **a**) (≈ *Gewehrkolben*) butt; (TECH ≈ *Pumpenkolben*) piston; (CHEM ≈ *Destillierkolben*) retort; **b**) (≈ *Maiskolben*) cob **Kolbenfresser** *m* (*umg*) piston seizure **Kolbenhub** *m* AUTO piston stroke
Kolibakterien *Pl* E.coli *Pl*
Kolibri *m* humming bird
Kolik *f* colic
kollabieren *vi* to collapse
Kollaborateur(in) *m(f)* POL collaborator **Kollaboration** *f* collaboration **kollaborieren** *vi* to collaborate
Kollaps *m* collapse; ***einen ~ erleiden*** to collapse
Kollateralschaden *m* collateral damage *kein Pl*
Kolleg *n* **a**) (UNI ≈ *Vorlesung*) lecture; **b**) SCHULE college
Kollege *m*, **Kollegin** *f* colleague **kollegial 1.** *Adj* ***das war nicht sehr ~ von ihm*** that wasn't what you would expect from a colleague **2.** *Adv* loyally; ***sich ~ verhalten*** to be a good colleague
Kollegium *n* (≈ *Lehrerkollegium etc*) staff; (≈ *Ausschuss*) working party
Kollegmappe *f* document case
Kollekte *f* KIRCHE collection **Kollektion** *f* collection; (*auch* MODE ≈ *Sortiment*) range **kollektiv 1.** *Adj* collective **2.** *Adv* collectively **Kollektiv** *n* collective **Kollektivschuld** *f* collective guilt **Kollektor** *m* ELEK collector; (≈ *Sonnenkollektor*) solar collector
Koller *m* (*umg*) (≈ *Anfall*) funny mood; (≈ *Wutanfall*) rage; ***einen ~ bekommen*** to fly into a rage
kollidieren *vi* (*geh*, *Fahrzeuge*) to collide
Kollier *n* necklet
Kollision *f* (*geh*) (≈ *Zusammenstoß*) collision; (≈ *Streit*) conflict, clash **Kollisionskurs** *m* SEEF, FLUG collision course; ***auf ~ gehen*** (*fig*) to be heading for trouble
Kollokation *f* LING collocation
Kolloquium *n* colloquium
Köln *n* Cologne **Kölner** *Adj* Cologne; ***der ~ Dom*** Cologne Cathedral **kölnisch** *Adj* Cologne *attr*; ***er spricht Kölnisch*** he speaks (the) Cologne dialect **Kölnischwasser** *n* eau de Cologne
Kolonialherrschaft *f* colonial rule **Kolonialismus** *m* colonialism **Kolonialmacht** *f* colonial power **Kolonialzeit** *f* colonial times *Pl* **Kolonie** *f* colony; (≈ *Ferienkolonie*) camp **Kolonisation** *f* (*von Land*) colonization **kolonisieren** *vt Land* to colonize
Kolonne *f* column; *bes* MIL convoy; (≈ *Arbeitskolonne*) gang; ***~ fahren*** to drive in (a) convoy
Koloratur *f* coloratura
kolorieren *vt* to colour (*Brit*), to color (*US*) **Kolorit** *n* KUNST colouring (*Brit*), coloring (*US*); MUS (tone) colour (*Brit*) *od* color (*US*); (LITERATUR, *fig*) atmosphere
Koloss *m* colossus **kolossal 1.** *Adj* colossal; *Glück* tremendous; *Dummheit* crass **2.** *Adv* (*umg*) tremendously, enormously **Kolossalgemälde** *n* (*umg*) spectacular painting **Kolosseum** *n* ***das ~*** the Colosseum
kölsch *Adj* = ***kölnisch*** **Kölsch** *n* **a**) (≈ *Bier*) ≈ (strong) lager; **b**) (≈ *Dialekt*) ***er spricht ~*** he speaks (the) Cologne dialect
kolumbianisch *Adj* Colombian **Kolumbien** *n* Colombia
Kolumne *f* TYPO, PRESSE column
Koma *n* MED coma; ***im ~ liegen*** to be in a coma
Kombi *m* AUTO estate (car) (*Brit*), station wagon (*bes US*) **Kombination** *f* **a**) combination; (SPORT ≈ *Zusammenspiel*) concerted move, (piece of) teamwork; ***nordische ~*** SKI Nordic combination; **b**) (≈ *Schlussfolgerung*) deduction; **c**) (≈ *Kleidung*) suit, ensemble **Kombinationsgabe** *f* powers *Pl* of deduction **kombinieren 1.** *vt* to combine **2.** *vi* (≈ *folgern*) to deduce; ***ich kombiniere: ...*** I conclude: ...
Kombiwagen *m* estate (car) (*Brit*), station wagon (*bes US*) **Kombizange** *f* combination pliers *Pl*
Kombüse *f* SEEF galley
Komet *m* comet **kometenhaft** *Adj* (*fig*)

K

Karriere meteoric; *Aufschwung* rapid
Komfort *m* (*von Hotel etc*) luxury; (*von Möbel etc*) comfort; (*von Wohnung*) amenities *Pl*, mod cons *Pl* (*Brit umg*); ***ein Auto mit allem ~*** a luxury car **komfortabel** **1.** *Adj* (≈ *mit Komfort ausgestattet*) luxurious, luxury *attr*; *Wohnung* well-appointed; (≈ *bequem*) *Sessel, Bett* comfortable; (≈ *praktisch*) *Bedienung* convenient **2.** *Adv* (≈ *bequem*) comfortably; (≈ *mit viel Komfort*) luxuriously
Komik *f* (≈ *das Komische*) comic; (≈ *komische Wirkung*) comic effect **Komiker(in)** *m(f)* comedian; (*fig auch*) joker (*umg*); ***Sie ~*** you must be joking
komisch **1.** *Adj* funny; THEAT *Rolle, Oper* comic; ***das Komische daran*** the funny thing about it; ***mir ist/wird so ~*** (*umg*) I feel funny; ***er war so ~ zu mir*** he acted so strangely towards (*Brit*) *od* toward (*US*) me **2.** *Adv* strangely; *riechen, schmecken, sich fühlen* strange; ***jdm ~ vorkommen*** to seem strange to sb **komischerweise** *Adv* funnily enough
Komitee *n* committee
Komma *n* comma; MATHE decimal point; ***fünf ~ drei*** five point three
Kommandant(in) *m(f)* MIL commanding officer; SEEF captain **Kommandeur(in)** *m(f)* commander **kommandieren** **1.** *vt* **a)** (≈ *befehligen*) to command; **b)** (≈ *befehlen*) ***jdn an einen Ort ~*** to order sb to a place; ***sich von jdm ~ lassen*** to let oneself be ordered about by sb **2.** *vi* **a)** (≈ *Befehlsgewalt haben*) to be in command; ***~der General*** commanding general; **b)** (≈ *Befehle geben*) to command; ***er kommandiert gern*** he likes ordering people about
Kommanditgesellschaft *f* HANDEL ≈ limited partnership
Kommando *n* command; ***der Hund gehorcht auf ~*** the dog obeys on command; ***das ~ führen*** to be in *od* have command (*über +Akk* of) **Kommandobrücke** *f* SEEF bridge **Kommandokapsel** *f* RAUMF command module **Kommandoraum** *m* control room
kommen **1.** *vi* **a)** to come; ***ich komme (schon)*** I'm (just) coming; ***er wird gleich ~*** he'll be here right away; ***wann soll der Zug ~?*** when's the train due?; ***da kann ja jeder ~ und sagen ...*** anybody could come along and say ...; ***das Baby kam zu früh*** the baby arrived early; ***nach Hause ~*** (≈ *ankommen*) to get home; (≈ *zurückkehren*) to come home; ***von der Arbeit ~*** to get home from work; ***ins Gefängnis ~*** to go to prison; ***in die Schule ~*** to start school; **b)** (≈ *hingehören*) to go; ***das Buch kommt ins oberste Fach*** the book goes on the top shelf; ***das kommt unter „Sonstiges"*** that comes under "miscellaneous"; ***das Lied kommt als Nächstes*** that song is next; ***ich komme zuerst an die Reihe*** I'm first; ***jetzt muss bald die Grenze ~*** we should soon be at the border; ***das Schlimmste kommt noch*** the worst is yet to come; **c)** (≈ *gelangen*) to get; (*mit Hand etc*) to reach; ***durch den Zoll ~*** to get through customs; ***in das Alter ~, wo ...*** to reach the age when ...; **d)** TV, RADIO, THEAT *etc* to be on; ***was kommt im Fernsehen?*** what's on TV?; **e)** (≈ *geschehen, sich zutragen*) to happen; ***egal, was kommt*** whatever happens; ***komme, was da wolle*** come what may; ***das musste ja so ~*** it had to happen; ***das kommt davon, dass ...*** that's because ...; ***das kommt davon!*** see what happens?; **f)** (≈ *geraten*) ***in Bewegung ~*** to start moving; ***zum Stillstand ~*** to come to a halt *od* standstill; **g)** (*umg* ≈ *einen Orgasmus haben*) to come (*sl*); **h)** (*mit Dativ*) ***ihm kamen Zweifel*** he started to have doubts; ***jdm ~ die Tränen*** tears come to sb's eyes; ***mir kommt eine Idee*** I've just had a thought; ***du kommst mir gerade recht*** (*iron*) you're just what I need; ***das kommt mir gerade recht*** that's just fine; ***jdm frech ~*** to be cheeky (*Brit*) *od* fresh (*US*) to sb; **i)** (*mit Verb*) ***da kommt ein Vogel geflogen*** there's a bird; ***jdn besuchen ~*** to come and see sb; ***jdn ~ sehen*** to see sb coming; ***ich habe es ja ~ sehen*** I saw it coming; ***jdn ~ lassen*** to send for sb; ***etw ~ lassen*** *Taxi* to order sth; **j)** (*mit Präposition*) ***auf etw*** (*Akk*) ***~*** (≈ *sich erinnern*) to think of sth; ***auf eine Idee ~*** to get an idea; ***wie kommst du darauf?*** what makes you think that?; ***darauf bin ich nicht gekommen*** I didn't

K

think of that; ***auf ihn lasse ich nichts ~*** (*umg*) I won't hear a word against him; ***hinter etw*** (*Akk*) ***~*** (≈ *herausfinden*) to find sth out, to find out sth; ***mit einer Frage ~*** to have a question; ***damit kann ich ihm nicht ~*** (*mit Entschuldigung*) I can't give him that; (*mit Bitte*) I can't ask him that; ***um etw ~*** (≈ *verlieren*) to lose sth; *um Essen, Schlaf* to go without sth; ***zu etw ~*** (≈ *Zeit finden für*) to get round to sth; (≈ *erhalten*) to come by sth; (≈ *erben*) to come into sth; ***zu einem Entschluss ~*** to come to a conclusion; ***zu nichts ~*** (*zeitlich*) not to get (a)round to anything; (≈ *erreichen*) to achieve nothing; ***zu sich ~*** (≈ *Bewusstsein wiedererlangen*) to come round; (≈ *aufwachen*) to come to one's senses **2.** *vi unpers* ***so weit kommt es*** (***noch***) that'll be the day (*umg*); ***ich wusste, dass es so ~ würde*** I knew that would happen; ***wie kommt es, dass du ...?*** how come you ...? (*umg*); ***es kam zum Streit*** there was a quarrel; ***und so kam es, dass ...*** and that is how it came about that ... **Kommen** *n* coming; ***etw ist im ~*** sth is on the way in; ***jd ist im ~*** sb is on his/her way up **kommend** *Adj* coming; *Ereignisse* future; ***(am) ~en Montag*** next Monday; ***in den ~en Jahren*** in the years to come; ***er ist der ~e Mann in der Partei*** he is the rising star in the party

Kommentar *m* comment; PRESSE commentary; ***kein ~!*** no comment **kommentarlos** *Adv* without comment **Kommentator(in)** *m(f)* commentator **kommentieren** *vt* PRESSE *etc* to comment on

Kommerz *m* (*pej*) commercialism; ***nur auf ~ aus sein*** to have purely commercial interests, to be out for profit **Kommerzialisierung** *f* commercialization **kommerziell** **1.** *Adj* commercial **2.** *Adv* commercially

Kommilitone *m*, **Kommilitonin** *f* fellow student

Kommissar(in) *m(f)* VERW commissioner; (≈ *Polizeikommissar*) inspector

kommissarisch **1.** *Adj* temporary **2.** *Adv* temporarily

Kommission *f* **a)** (≈ *Ausschuss*) committee; (*zur Untersuchung*) commission; **b)** HANDEL commission; ***etw in ~ nehmen*** to take sth on commission

Kommode *f* chest of drawers

kommunal *Adj* local; (≈ *städtisch*) municipal **Kommunalabgaben** *Pl* local rates and taxes *Pl* **Kommunalpolitik** *f* local government politics *Sg od Pl* **Kommunalpolitiker(in)** *m(f)* local politician **Kommunalwahlen** *Pl* local (government) elections *Pl* **Kommune** *f* **a)** local authority district; **b)** (≈ *Wohngemeinschaft*) commune

Kommunikation *f* communication **Kommunikationsmittel** *n* means *Sg* of communication **Kommunikationsschwierigkeiten** *Pl* communication difficulties *Pl* **Kommunikationssystem** *n* communications system **Kommunikationswissenschaften** *Pl* communication studies *Pl* **kommunikativ** *Adj* communicative **Kommunikee** *n* communiqué

K

Kommunion *f* KIRCHE (Holy) Communion

Kommuniqué *n* communiqué

Kommunismus *m* communism **Kommunist(in)** *m(f)* Communist **kommunistisch** *Adj* communist

kommunizieren *vi* to communicate

Komödiant(in) *m(f)* **a)** (*alt*) actor/actress; **b)** (*fig*) play-actor **Komödie** *f* comedy; ***~ spielen*** (*fig*) to put on an act

Kompagnon *m* HANDEL partner, associate; (*iron*) pal (*umg*)

kompakt *Adj* compact **Kompaktkamera** *f* compact camera

Kompanie *f* MIL company

Komparativ *m* GRAM comparative

Komparse *m*, **Komparsin** *f* FILM extra; THEAT supernumerary

Kompass *m* compass **Kompassnadel** *f* compass needle

kompatibel *Adj* compatible **Kompatibilität** *f* compatibility

Kompensation *f* compensation **kompensieren** *vt* to compensate for

kompetent **1.** *Adj* competent **2.** *Adv* competently **Kompetenz** *f* (area of) competence; ***da hat er ganz eindeutig seine ~en überschritten*** he has quite clearly exceeded his authority here **Kompetenzbereich** *m* area of competence **Kompetenzstreitigkei-**

ten *Pl* dispute over respective areas of responsibility

komplementär *Adj* complementary **Komplementärfarbe** *f* complementary colour (*Brit*) *od* color (*US*)

komplett 1. *Adj* complete **2.** *Adv* completely **komplettieren** *vt* (*geh*) to complete

komplex *Adj* complex **Komplex** *m* (≈ *Gebäudekomplex*, PSYCH) complex; (≈ *Themenkomplex*) issues **Komplexität** *f* complexity

Komplikation *f* complication

Kompliment *n* compliment; ***jdm ~e machen*** to compliment sb (*wegen* on)

Komplize *m*, **Komplizin** *f* accomplice

komplizieren *vt* to complicate **kompliziert** *Adj* complicated; MED *Bruch* compound **Kompliziertheit** *f* complexity

Komplott *n* plot, conspiracy; ***ein ~ schmieden*** to hatch a plot

K

Komponente *f* component

komponieren *vti* to compose **Komponist(in)** *m(f)* composer **Komposition** *f* composition

Kompost *m* compost **kompostieren** *vt* to compost

Kompott *n* stewed fruit, compote

Kompresse *f* compress **Kompression** *f* TECH compression **Kompressionsprogramm** *n* IT compression program

Kompressor *m* compressor **komprimieren** *vt* to compress; (*fig*) to condense

Kompromiss *m* compromise; ***einen ~ schließen*** to (make a) compromise **kompromissbereit** *Adj* willing to compromise **Kompromissbereitschaft** *f* willingness to compromise **kompromissfähig** *Adj* able to compromise **kompromisslos** *Adj* uncompromising **Kompromissvorschlag** *m* compromise proposal **kompromittieren 1.** *vt* to compromise **2.** *vr* to compromise oneself

Kondensat *n* condensate; (*fig*) distillation, condensation **Kondensation** *f* condensation **Kondensator** *m* AUTO, CHEM condenser; ELEK *auch* capacitor **kondensieren** *vti* to condense **Kondensmilch** *f* evaporated milk **Kondensstreifen** *m* FLUG vapour (*Brit*) *od* vapor (*US*) trail **Kondenswasser** *n* condensation

Kondition *f* condition; (≈ *Durchhaltevermögen*) stamina; ***er hat überhaupt keine ~*** he is completely unfit; (*fig*) he has absolutely no stamina **Konditionalsatz** *m* conditional clause **konditionieren** *vt* to condition **Konditionsschwäche** *f* lack *kein Pl* of fitness **konditionsstark** *Adj* very fit **Konditionstraining** *n* fitness training

Konditor(in) *m(f)* pastry cook (*Brit*), confectioner (*US*) **Konditorei** *f* cake shop (*Brit*), confectioner's shop (*US*); (*mit Café*) café

Kondolenzbuch *n* book of condolence **Kondolenzschreiben** *n* (≈ *Kondolenzbrief*) letter of condolence **kondolieren** *vi* (**jdm**) ~ to offer one's condolences (to sb)

Kondom *m od n* condom

Kondukteur *m* (*schweiz*) conductor

Kondukteurin *f* (*schweiz*) conductress

Konfekt *n* confectionery

Konfektion *f* (≈ *Bekleidung*) ready-to-wear clothes *Pl od* clothing (*Brit*) **Konfektionsgröße** *f* (clothing) size **Konfektionsware** *f* ready-to-wear clothing

Konferenz *f* conference; (≈ *Besprechung*) meeting **Konferenzdolmetscher(in)** *m(f)* conference interpreter **Konferenzraum** *m* conference room **Konferenzschaltung** *f* (RADIO, TV) (television/radio) linkup **Konferenzteilnehmer(in)** *m(f)* person attending a conference/meeting **konferieren** *vi* to confer (*über +Akk* on *od* about), to have *od* hold a conference (*über +Akk* on *od* about)

Konfession *f* (religious) denomination **konfessionell** *Adj* denominational **konfessionslos** *Adj* nondenominational **Konfessionsschule** *f* denominational school

Konfetti *n* confetti

Konfiguration *f* configuration **konfigurieren** *vt* to configure

Konfirmand(in) *m(f)* KIRCHE confirmand **Konfirmation** *f* KIRCHE confirmation **konfirmieren** *vt* KIRCHE to confirm

Konfiserie *f* (*schweiz* ≈ *Konfekt*) confectionery

konfiszieren *vt* to confiscate

Konfitüre *f* jam

Konflikt *m* conflict; ***mit etw in ~ gera-***

ten to come into conflict with sth **konfliktgeladen** *Adj* conflict-ridden; *Situation* explosive **konfliktscheu** *Adj* ***~ sein*** to be afraid of conflict **Konfliktstoff** *m* cause for conflict

konform **1.** *Adj Ansichten etc* concurring **2.** *Adv* ***mit jdm/etw ~ gehen*** to agree with sb/sth (*in +Dat* about) **Konformismus** *m* conformism **Konformist(in)** *m(f)* (*pej*) conformist **konformistisch** *Adj* conformist, conforming

Konfrontation *f* confrontation **Konfrontationskurs** *m* ***auf ~ gehen*** to be heading for a confrontation **konfrontieren** *vt* to confront (*mit* with)

konfus *Adj* confused **Konfusion** *f* confusion

Konglomerat *n* (≈ *Ansammlung*) conglomeration

Kongo *m* Congo **kongolesisch** *Adj* Congolese

Kongress *m* **a)** POL congress; (*fachlich*) convention; **b)** (*in USA*) Congress **Kongresshalle** *f* congress *od* conference hall **Kongressteilnehmer(in)** *m(f)* person attending a congress *od* conference **Kongresszentrum** *n* congress *od* conference centre (*Brit*) *od* center (*US*)

kongruent *Adj* MATHE congruent; (*geh*) *Ansichten* concurring **Kongruenz** *f* MATHE congruence; (*geh: von Ansichten*) concurrence

Konifere *f* conifer

König *m* king **Königin** *f auch* ZOO queen **Königinmutter** *f* queen mother **Königinpastete** *f* vol-au-vent **königlich** **1.** *Adj* royal; *Gehalt* princely; ***Seine Königliche Hoheit*** His Royal Highness **2.** *Adv* **a)** (*umg*) ***sich ~ amüsieren*** to have the time of one's life (*umg*); **b)** (≈ *fürstlich*) *bewirten* like royalty; *belohnen* richly **Königreich** *n* kingdom **Königshaus** *n* royal dynasty **Königtum** *n* **a)** kingship; **b)** (≈ *Reich*) kingdom

Konjugation *f* conjugation **konjugieren** *vt* to conjugate

Konjunktion *f* conjunction

Konjunktiv *m* GRAM subjunctive **Konjunktivsatz** *m* GRAM subjunctive clause

Konjunktur *f* economic situation, economy; (≈ *Hochkonjunktur*) boom **Konjunkturabschwächung** *f*, **Konjunkturabschwung** *m* economic downturn **Konjunkturaufschwung** *m* economic upturn **konjunkturbedingt** *Adj* influenced by *od* due to economic factors **Konjunkturbelebung** *f* business revival; (≈ *aktives Beleben der Konjunktur*) stimulation of the economy **konjunkturell** **1.** *Adj* economic **2.** *Adv* economically; ***~ bedingt*** caused by economic factors **Konjunkturflaute** *f* economic slowdown **Konjunkturklima** *n* economic *od* business climate **Konjunkturpolitik** *f* economic (stabilization) policy **Konjunkturrückgang** *m* slowdown in the economy **Konjunkturschwäche** *f* weakness in the economy

konkav *Adj* concave

konkret *Adj* concrete; ***ich kann dir nichts Konkretes sagen*** I can't tell you anything concrete; ***drück dich etwas ~er aus*** would you put that in rather more concrete terms **konkretisieren** *vt* to put in concrete form *od* terms

Konkubine *f* concubine

Konkurrent(in) *m(f)* rival; HANDEL *auch* competitor **Konkurrenz** *f* (≈ *Wettbewerb*) competition; (≈ *Konkurrenzbetrieb*) competitors *Pl*; (≈ *Gesamtheit der Konkurrenten*) competition; ***jdm ~ machen*** to compete with sb; ***zur ~ (über)gehen*** to go over to the competition **konkurrenzfähig** *Adj* competitive **Konkurrenzkampf** *m* competition **konkurrenzlos** *Adj* without competition

konkurrieren *vi* to compete

Konkurs *m* bankruptcy; ***in ~ gehen*** to go bankrupt; ***~ machen*** (*umg*) to go bust (*umg*) **Konkursmasse** *f* bankrupt's estate **Konkursverfahren** *n* bankruptcy proceedings *Pl* **Konkursverwalter(in)** *m(f)* receiver; (*von Gläubigern bevollmächtigt*) trustee

können *vti, v/hilf* **a)** (≈ *vermögen*) to be able to; ***ich kann das machen*** I can do it, I am able to do it; ***ich kann das nicht machen*** I cannot *od* can't do it, I am not able to do it; ***morgen kann ich nicht*** I can't (manage) tomorrow; ***das hättest du gleich sagen ~*** you could have said that straight away; ***ich kann nicht mehr*** I can't go on; (*ertragen*) I can't take any more; (*essen*) I

K

can't manage any more; ***so schnell er konnte*** as fast as he could *od* was able to; **b)** (≈ *beherrschen*) *Sprache* to (be able to) speak; *Schach* to be able to play; *lesen, schwimmen etc* to be able to, to know how to; ***was du alles kannst!*** the things you can do!; ***er kann gut Englisch*** he speaks English well; ***er kann nicht schwimmen*** he can't swim; → ***gekonnt***; **c)** (≈ *dürfen*) to be allowed to; ***kann ich jetzt gehen?*** can I go now?; ***könnte ich ...?*** could I ...?; ***er kann mich (mal)*** (*umg*) he can go to hell (*umg*); **d)** ***Sie könnten recht haben*** you could *od* might *od* may be right; ***er kann jeden Augenblick kommen*** he could *od* might *od* may come any minute; ***das kann nicht sein*** that can't be true; ***es kann sein, dass er dabei war*** he could *od* might *od* may have been there; ***kann sein*** maybe, could be; ***ich kann nichts dafür*** it's not my fault **Können** *n* ability, skill **Könner(in)** *m(f)* expert

K

Konsekutivsatz *m* consecutive clause

Konsens *m* agreement

konsequent **1.** *Adj* consistent **2.** *Adv befolgen* strictly; *ablehnen* emphatically; *eintreten für* rigorously; *argumentieren* consistently; ***~ handeln*** to be consistent; ***wir werden ~ durchgreifen*** we will take rigorous action **konsequenterweise** *Adv* to be consistent **Konsequenz** *f* consequence; ***die ~en tragen*** to take the consequences; ***(aus etw) die ~en ziehen*** to come to the obvious conclusion

konservativ **1.** *Adj* conservative; (*Brit* POL) Conservative, Tory **2.** *Adv* conservatively **Konservative(r)** *mf* conservative; (*Brit* POL) Conservative, Tory

Konservatorium *n* conservatory

Konserve *f* preserved food; (*in Dosen*) tinned (*Brit*) *od* canned food; (≈ *Konservendose*) tin (*Brit*), can; (MED ≈ *Blutkonserve etc*) stored blood *etc*, blood bottle; (≈ *Tonkonserve*) recorded music **Konservenbüchse** *f*, **Konservendose** *f* tin (*Brit*), can **konservieren** *vt* to preserve **Konservierung** *f* preservation **Konservierungsmittel** *n* preservative

konsistent **1.** *Adj* **a)** (*fest*) *Masse* solid; **b)** *Politik* consistent **2.** *Adv behaupten* consistently **Konsistenz** *f* consistency; (*von Gewebe*) texture

konsolidieren *vtr* to consolidate **Konsolidierung** *f* consolidation

Konsonant *m* consonant

Konsortium *n* HANDEL consortium

Konspiration *f* conspiracy, plot **konspirativ** *Adj* conspiratorial; ***~e Wohnung*** safe house

konstant **1.** *Adj* constant **2.** *Adv gut, hoch* consistently **Konstante** *f* constant

Konstellation *f* constellation

konstituieren *vt* to constitute, to set up; ***~de Versammlung*** constituent assembly **Konstituierung** *f* (≈ *Gründung*) constitution **Konstitution** *f* constitution **konstitutionell** *Adj* constitutional

konstruieren *vt* to construct; ***ein konstruierter Fall*** a hypothetical case **Konstrukteur(in)** *m(f)* designer **Konstruktion** *f* construction **Konstruktionsbüro** *n* drawing office **Konstruktionsfehler** *m* (*im Entwurf*) design fault; (*im Aufbau*) structural defect **konstruktiv** **1.** *Adj* constructive **2.** *Adv* constructively

Konsul(in) *m(f)* consul **Konsulat** *n* consulate

Konsultation *f* (*förml*) consultation **konsultieren** *vt* (*förml*) to consult

Konsum *m* (≈ *Verbrauch*) consumption **Konsumartikel** *m* consumer item **Konsument(in)** *m(f)* consumer **Konsumgesellschaft** *f* consumer society **Konsumgut** *n* consumer item; ***Konsumgüter*** *pl* consumer goods *Pl* **konsumieren** *vt* to consume **Konsumverzicht** *m* non-consumption

Kontakt *m* contact; ***mit jdm/etw in ~ kommen*** to come into contact with sb/sth; ***mit jdm ~ aufnehmen*** to get in contact *od* touch with sb **Kontaktadresse** *f* ***er hinterließ eine ~*** he left behind an address where he could be contacted **Kontaktanzeige** *f* personal ad **kontaktarm** *Adj* ***er ist ~*** he lacks contact with other people **Kontaktarmut** *f* lack of human contact **Kontaktfrau** *f* (≈ *Agentin*) contact **kontaktfreudig** *Adj* sociable, outgoing **Kontaktlinse** *f* contact lens **Kontaktmangel** *m* lack of contact **Kontaktmann**

m (≈ *Agent*) contact **Kontaktperson** *f* contact **kontaktscheu** *Adj* shy
Kontamination *f* contamination **kontaminieren** *vi* to contaminate
Konter *m* (*Boxen*) counter(punch); (*Ballspiele*) counterattack, break **Konterangriff** *m* counterattack
Konterfei *n* (*alt, hum*) likeness, portrait
konterkarieren *vt* to counteract; *Aussage* to contradict **kontern** *vti* to counter **Konterrevolution** *f* counter-revolution
Kontext *m* context
Kontinent *m* continent **kontinental** *Adj* continental **Kontinentaleuropa** *n* the Continent
Kontingent *n* contingent; HANDEL quota, share
kontinuierlich **1.** *Adj* continuous **2.** *Adv* continuously **Kontinuität** *f* continuity
Konto *n* account; ***auf meinem ~*** in my account; ***das geht auf mein ~*** (*umg*) (≈ *ich bin schuldig*) I am to blame for this **Kontoauszug** *m* (bank) statement **Kontobewegung** *f* transaction **kontoführend** *Adj Bank* where an account is held **Kontoführungsgebühr** *f* bank charge **Kontoinhaber(in)** *m(f)* account holder **Kontokorrent** *n* current account, cheque account (*Brit*), checking account (*US*) **Kontonummer** *f* account number **Kontostand** *m* balance
kontra *Präp +Akk* against; JUR versus
Kontra *n* KARTEN double; ***jdm ~ geben*** (*fig*) to contradict sb **Kontrabass** *m* double bass **Kontrahent(in)** *m(f)* (≈ *Gegner*) adversary **Kontraindikation** *f* MED contraindication
Kontraktion *f* MED contraction
kontraproduktiv *Adj* counterproductive **Kontrapunkt** *m* MUS counterpoint
konträr *Adj* (*geh*) *Meinungen* contrary, opposite
Kontrast *m* contrast **kontrastarm** *Adj* ***~ sein*** to be lacking in contrast **Kontrastbrei** *m* MED barium meal **kontrastieren** *vi* to contrast **Kontrastmittel** *n* MED contrast medium **Kontrastprogramm** *n* alternative programme (*Brit*) *od* program (*US*) **kontrastreich** *Adj* ***~ sein*** to be full of contrast
Kontrollabschnitt *m* HANDEL counterfoil, stub **Kontrolle** *f* **a)** control; ***über etw die ~ verlieren*** to lose control of sth; ***jdn unter ~ haben*** to have sb under control; ***der Brand geriet außer ~*** the fire got out of control; **b)** (≈ *Nachprüfung*) check (*+Gen* on); (≈ *Aufsicht*) supervision; ***jdn/etw einer ~ unterziehen*** to check sb/sth; ***~n durchführen*** to carry out checks; **c)** (≈ *Stelle*) checkpoint **Kontrolleur(in)** *m(f)* inspector **Kontrollgang** *m* (inspection) round **kontrollierbar** *Adj* controllable **kontrollieren** *vt* **a)** to control; **b)** (≈ *nachprüfen*) to check; (≈ *Aufsicht haben über*) to supervise; ***jdn/etw nach etw ~*** to check sb/sth for sth; ***Gemüse aus kontrolliert biologischem Anbau*** organically grown vegetables; ***staatlich kontrolliert*** state-controlled **Kontrolllampe** *f* pilot lamp; (AUTO: *für Ölstand*) warning light **Kontrollpunkt** *m* checkpoint **Kontrollturm** *m* control tower **Kontrollzentrum** *n* control centre (*Brit*) *od* center (*US*)
kontrovers **1.** *Adj* controversial **2.** *Adv* ***(etw) ~ diskutieren*** to have a controversial discussion (about sth) **Kontroverse** *f* controversy
Kontur *f* outline, contour; ***~en annehmen*** to take shape
Konvent *m* **a)** (≈ *Versammlung*) convention; **b)** (≈ *Kloster*) convent; (≈ *Mönchskonvent*) monastery **Konvention** *f* convention **Konventionalstrafe** *f* penalty (for breach of contract) **konventionell** **1.** *Adj* conventional **2.** *Adv* conventionally
Konvergenz *f* convergence
Konversation *f* conversation **Konversationslexikon** *n* encyclopaedia (*Brit*), encyclopedia (*US*)
Konversion *f* conversion **konvertieren** *vt* to convert (*in +Akk* to)
konvex **1.** *Adj* convex **2.** *Adv* convexly
Konvoi *m* convoy
Konzentrat *n* concentrate **Konzentration** *f* concentration (*auf +Akk* on) **Konzentrationsfähigkeit** *f* powers *Pl* of concentration **Konzentrationslager** *n* concentration camp **Konzentrationsschwäche** *f* weak *od* poor concentration **konzentrieren** *vtr* to concentrate (*auf +Akk* on) **konzentriert** **1.** *Adj* concentrated **2.** *Adv arbeiten* intently; *nachdenken* intensely **konzen-**

K

trisch 1. *Adj* concentric 2. *Adv* concentrically
Konzept *n* (≈ *Rohentwurf*) draft; (≈ *Plan, Programm* ≈ *Plan*) plan; (≈ *Vorstellung*) concept; ***jdn aus dem ~ bringen*** to put sb off (*bes Brit*); (*umg*: *aus dem Gleichgewicht*) to upset sb; ***aus dem ~ geraten*** to lose one's thread; ***jdm das ~ verderben*** to spoil sb's plans **Konzeption** *f* **a)** MED conception; **b)** (*geh*) (≈ *Gedankengang*) idea
Konzeptpapier *n* rough paper
Konzern *m* combine
Konzert *n* concert **Konzerthalle** *f* concert hall **konzertiert** *Adj* ***~e Aktion*** FINANZ, POL concerted action **Konzertsaal** *m* concert hall, auditorium
Konzession *f* **a)** (≈ *Gewerbeerlaubnis*) concession, licence (*Brit*), license (*US*); **b)** (≈ *Zugeständnis*) concession (*an +Akk* to) **Konzessivsatz** *m* GRAM concessive clause

K

Konzil *n* council
konziliant 1. *Adj* (≈ *versöhnlich*) conciliatory; (≈ *entgegenkommend*) generous 2. *Adv* ***sich ~ geben*** to be conciliatory
konzipieren *vt* to conceive
Kooperation *f* cooperation **Kooperationspartner(in)** *m(f)* cooperative partner, joint venture partner **kooperativ** 1. *Adj* cooperative 2. *Adv* cooperatively **Kooperative** *f* WIRTSCH cooperative **kooperieren** *vi* to cooperate
Koordinate *f* MATHE coordinate **Koordinatenkreuz** *n*, **Koordinatensystem** *n* coordinate system **Koordination** *f* coordination **Koordinator(in)** *m(f)* coordinator **koordinieren** *vt* to coordinate **Koordinierung** *f* coordination
Kopf *m* **a)** head; (≈ *Sinn*) head, mind; (≈ *Denker*) thinker; (≈ *leitende Persönlichkeit*) leader; (≈ *Bandenführer*) brains *Sg*; ***~ oder Zahl?*** heads or tails?; ***~ hoch!*** chin up!; ***von ~ bis Fuß*** from head to foot; ***ein kluger ~*** an intelligent person; ***die besten Köpfe*** the best brains; ***seinen eigenen ~ haben*** (*umg*) to have a mind of one's own; **b)** (*mit Präposition*) ***~ an ~*** SPORT neck and neck; ***jdm Beleidigungen an den ~ werfen*** (*umg*) to hurl insults at sb; ***sich*** (*Dat*) ***an den ~ fassen*** (*verständnislos*) to be left speechless; ***auf dem ~ stehen*** to stand on one's head; ***sie ist nicht auf den ~ gefallen*** she's no fool; ***etw auf den ~ stellen*** to turn sth upside down; ***jdm etw auf den ~ zusagen*** to tell sb sth to his/her face; ***der Gedanke will mir nicht aus dem ~*** I can't get the thought out of my head; ***sich*** (*Dat*) ***etw aus dem ~ schlagen*** to put sth out of one's mind; ***sich*** (*Dat*) ***etw durch den ~ gehen lassen*** to think about sth; ***etw im ~ haben*** to have sth in one's head; ***nichts als Fußball im ~ haben*** to think of nothing but football; ***andere Dinge im ~ haben*** to have other things on one's mind; ***er ist nicht ganz richtig im ~*** (*umg*) he is not quite right in the head (*umg*); ***das hältst du ja im ~ nicht aus!*** (*umg*) it's absolutely incredible! (*umg*); ***es will mir nicht in den ~*** I can't figure it out; ***sie hat es sich*** (*Dat*) ***in den ~ gesetzt, das zu tun*** she's dead set on doing it; ***mit dem ~ durch die Wand wollen*** (*umg*) to be hell-bent on getting one's own way(, regardless); ***es muss ja nicht immer alles nach deinem ~ gehen*** you can't have things your own way all the time; ***5 Euro pro ~*** 5 euros each; ***das Einkommen pro ~*** the per capita income; ***jdm über den ~ wachsen*** (*wörtl*) to outgrow sb; (*fig*) (*Sorgen etc*) to be more than sb can cope with; ***ich war wie vor den ~ geschlagen*** I was dumbfounded; ***(jdm) zu ~(e) steigen*** to go to sb's head; **c)** (*mit Verb*) ***einen kühlen ~ behalten*** to keep a cool head; ***seinen ~ durchsetzen*** to get one's own way; ***den ~ hängen lassen*** (*fig*) to be despondent; ***den ~ für jdn/etw hinhalten*** (*umg*) to take the rap for sb/sth (*umg*); ***für etw ~ und Kragen riskieren*** to risk one's neck for sth; ***ich weiß schon gar nicht mehr, wo mir der ~ steht*** I don't know if I'm coming or going; ***jdm den ~ verdrehen*** to turn sb's head; ***den ~ nicht verlieren*** not to lose one's head; ***jdm den ~ waschen*** (*fig umg*) to give sb a telling-off; ***sich*** (*Dat*) ***über etw*** (*Akk*) ***den ~ zerbrechen*** to rack one's brains over sth **Kopf-an-Kopf-Rennen** *n* neck-and-neck race **Kopfbahnhof** *m* terminal (station) **Kopfball** *m* FUSSB header **Kopfballtor** *n* FUSSB headed goal **Kopfbedeckung** *f* headgear

Köpfchen *n* **~ *haben*** to be brainy (*umg*) **köpfen** *vt* **a)** *jdn* to behead; (*hum*) *Flasche Wein* to crack (open); ***ein Ei ~*** to cut the top off an egg; **b)** FUSSB to head **Kopfende** *n* head **Kopfgeld** *n* bounty (*on sb's head*) **Kopfgeldjäger** *m* bounty hunter **kopfgesteuert** *Adj Person, Handeln etc* rational **Kopfhaut** *f* scalp **Kopfhörer** *m* headphone **Kopfjäger(in)** *m(f)* head-hunter **Kopfkissen** *n* pillow **Kopfkissenbezug** *m* pillow case *od* slip **kopflastig** *Adj* top-heavy **Kopflaus** *f* head louse **Köpfler** *m* (*österr* ≈ *Kopfsprung, Kopfball*) header **kopflos 1.** *Adj* (*fig*) in a panic; (*wörtl*) headless **2.** *Adv* **~ *handeln/reagieren*** to lose one's head **Kopfprämie** *f* reward **Kopfrechnen** *n* mental arithmetic **Kopfsalat** *m* lettuce **kopfscheu** *Adj* timid, shy; ***jdn ~ machen*** to intimidate sb **Kopfschmerzen** *Pl* headache; **~ *haben*** to have a headache; ***sich*** (*Dat*) ***wegen etw ~ machen*** (*fig*) to worry about sth **Kopfschmerztablette** *f* headache tablet **Kopfschuss** *m* shot in the head **Kopfschütteln** *n* ***mit einem ~*** with a shake of one's head **kopfschüttelnd** *Adj, Adv* shaking one's head **Kopfschutz** *m* (≈ *Kopfschützer*) headguard **Kopfsprung** *m* dive; ***einen ~ machen*** to dive (headfirst) **Kopfstand** *m* headstand; ***einen ~ machen*** to stand on one's head **Kopfsteinpflaster** *n* cobblestones *Pl* **Kopfsteuer** *f* poll tax **Kopfstütze** *f* headrest; AUTO head restraint **Kopftuch** *n* (head)scarf **kopfüber** *Adv* headfirst **Kopfverletzung** *f* head injury **Kopfweh** *n* headache; **~ *haben*** to have a headache **Kopfwunde** *f* head wound **Kopfzerbrechen** *n* ***jdm ~ machen*** to be a headache for sb (*umg*)

Kopie *f* copy; (≈ *Ablichtung*) photocopy; FOTO print; (*fig*) carbon copy **kopieren** *vt* to copy; (≈ *nachahmen*) to imitate; (≈ *ablichten*) to photocopy **Kopierer** *m* copier **Kopiergerät** *n* photocopier **Kopierstift** *m* indelible pencil

Kopilot(in) *m(f)* copilot

Koppel *f* **a)** (≈ *Weide*) paddock; **b)** (≈ *Pferdekoppel*) string

koppeln *vt* (≈ *verbinden*) to couple (*etw an etw Akk* sth to sth); *Raumschiffe* to link up; *Ziele* to combine **Kopp(e)lung** *f* (≈ *Verbindung*) coupling; (*von Raumschiffen*) linkup

Koproduktion *f* coproduction **Koproduzent(in)** *m(f)* coproducer

Koralle *f* coral **Korallenriff** *n* coral reef **korallenrot** *Adj* coral(-red)

Koran *m* Koran **Koranschule** *f* Koranic school

Korb *m* **a)** basket; **b)** (≈ *Korbgeflecht*) wicker; **c)** (*umg*) ***einen ~ bekommen*** to be turned down; ***jdm einen ~ geben*** to turn sb down **Korbball** *m* basketball **Korbblütler** *m* BOT composite (flower) **Körbchen** *n* **a)** (*von Hund*) basket; **b)** (*von Büstenhalter*) cup **Korbflasche** *f* demijohn **Korbmacher(in)** *m(f)* basket maker **Korbsessel** *m* wicker(-work) *od* basket(work) chair

Kord *etc m* = ***Cord*** *etc*

Kordel *f* cord

Kordhose *f* corduroy trousers *Pl* (*bes Brit*) *od* pants *Pl* (*bes US*), cords *Pl* (*umg*) **Kordjacke** *f* cord(uroy) jacket **Kordjeans** *f od Pl* cord(uroy) jeans *Pl*

Korea *n* Korea **Koreaner(in)** *m(f)* Korean **koreanisch** *Adj* Korean

Korfu *n* Corfu

Koriander *m* coriander

Korinthe *f* currant

Kork *m* BOT cork **Korkeiche** *f* cork oak *od* tree **Korken** *m* cork; (*aus Plastik*) stopper **Korkenzieher** *m* corkscrew **korkig** *Adj* corky

Kormoran *m* cormorant

Korn[1] *n* **a)** (≈ *Samenkorn*) seed, grain; (≈ *Pfefferkorn*) corn; (≈ *Salzkorn, Sandkorn*, TECH) grain; (≈ *Hagelkorn*) stone; **b)** (≈ *Getreide*) grain, corn (*Brit*)

Korn[2] *m* (≈ *Kornbranntwein*) corn schnapps

Korn[3] *n* (*am Gewehr*) front sight, bead; ***jdn aufs ~ nehmen*** (*fig*) to start keeping tabs on sb

Kornblume *f* cornflower **Körnchen** *n* small grain, granule; ***ein ~ Wahrheit*** a grain of truth **Körnerfresser(in)** *m(f)* (*umg*) health food freak (*umg*) **Körnerfutter** *n* grain *od* corn (*Brit*) (for animal feeding) **Kornfeld** *n* cornfield (*Brit*), grain field **körnig** *Adj* granular, grainy **Kornkammer** *f* granary

K

Körper *m* body; ~ ***und Geist*** mind and body; ***am ganzen ~ zittern*** to tremble all over **Körperbau** *m* physique, build **körperbehindert** *Adj* physically handicapped **Körperbehinderte(r)** *mf* physically handicapped person **Körperbehinderung** *f* (physical) disability *od* handicap **Körpergeruch** *m* body odour (*Brit*) *od* odor (*US*), BO (*umg*) **Körpergewicht** *n* weight **Körpergröße** *f* height **Körperhaltung** *f* posture, bearing **Körperkontakt** *m* physical *od* bodily contact **körperlich** **1.** *Adj* physical; (≈ *stofflich*) material; ***~e Arbeit*** manual work **2.** *Adv* physically **Körperpflege** *f* personal hygiene **Körperschaft** *f* corporation, (corporate) body; ***gesetzgebende ~*** legislative body **Körperschaft(s)steuer** *f* corporation tax **Körpersprache** *f* body language **Körperteil** *m* part of the body **Körpertemperatur** *f* body temperature **Körperverletzung** *f* JUR physical injury

K

Korporal(in) *m(f)* corporal **Korps** *n* MIL corps

korpulent *Adj* corpulent

Korpus *n* LING corpus

korrekt **1.** *Adj* correct; ***politisch ~*** politically correct **2.** *Adv* correctly; *gekleidet* appropriately; *darstellen* accurately **Korrektheit** *f* correctness; ***politische ~*** political correctness **Korrektor(in)** *m(f)* TYPO proofreader **Korrektur** *f* correction; TYPO proofreading; ***~ lesen*** to proofread (*bei etw* sth) **Korrekturfahne** *f* galley (proof) **Korrekturflüssigkeit** *f* correction fluid, White-Out® (*US*) **Korrekturzeichen** *n* proofreader's mark

Korrespondent(in) *m(f)* correspondent **Korrespondenz** *f* correspondence **korrespondieren** *vi* to correspond

Korridor *m* corridor; (≈ *Flur*) hall

korrigieren *vt* to correct; *Meinung* to change

korrodieren *vti* to corrode **Korrosion** *f* corrosion **korrosionsbeständig** *Adj* corrosion-resistant **Korrosionsschutz** *m* corrosion prevention

korrumpieren *vt* to corrupt **korrupt** *Adj* corrupt **Korruptheit** *f* corruptness **Korruption** *f* corruption

Korse *m*, **Korsin** *f* Corsican

Korsett *n* corset

Korsika *n* Corsica **korsisch** *Adj* Corsican

Korso *m* (≈ *Umzug*) parade, procession

Kortison *n* MED cortisone

Koryphäe *f* genius; (*auf einem Gebiet*) eminent authority

koscher *Adj* kosher

Kosename *m* pet name **Kosewort** *n* term of endearment

K.-o.-Sieg *m* knockout victory

Kosinus *m* MATHE cosine

Kosmetik *f* beauty culture; (≈ *Kosmetika*, *fig*) cosmetics *Pl* **Kosmetiker(in)** *m(f)* beautician, cosmetician **Kosmetikkoffer** *m* vanity case **Kosmetiksalon** beauty parlour (*Brit*) *od* parlor (*US*) **Kosmetiktuch** *n* paper tissue **kosmetisch** **1.** *Adj* cosmetic **2.** *Adv behandeln* cosmetically

kosmisch *Adj* cosmic **Kosmonaut(in)** *m(f)* cosmonaut **kosmopolitisch** *Adj* cosmopolitan **Kosmos** *m* cosmos

Kosovare *m* Kosovar **Kosovarin** *f* Kosovar (woman/girl) **Kosovo** *m* GEOG (***der***) ~ Kosovo

Kost *f* **a)** (≈ *Nahrung*) fare; ***vegetarisch ~*** vegetarian diet; **b)** ***~ und Logis*** board and lodging

kostbar *Adj* (≈ *wertvoll*) valuable, precious; (≈ *luxuriös*) luxurious, sumptuous **Kostbarkeit** *f* (≈ *Gegenstand*) precious object; (≈ *Leckerbissen*) delicacy

kosten[1] *vt* **a)** to cost; ***was kostet das?*** how much *od* what does it cost?; ***koste es, was es wolle*** whatever the cost; ***jdn sein Leben/den Sieg ~*** to cost sb his life/the victory; **b)** (≈ *in Anspruch nehmen*) *Zeit, Geduld etc* to take

kosten[2] *vti* (≈ *probieren*) to taste; ***von etw ~*** to taste *od* try sth

Kosten *Pl* cost(s); (≈ *Unkosten*) expenses *Pl*; ***die ~ tragen*** to bear the cost(s *Pl*); ***auf ~ von*** *od +Gen* (*fig*) at the expense of; ***auf seine ~ kommen*** to cover one's expenses; (*fig*) to get one's money's worth **kostenbewusst** *Adj* cost-conscious **Kostenbewusstsein** *n* cost-consciousness, cost-awareness **Kostendämpfung** *f* curbing cost expansion **kostendeckend** **1.** *Adj* ***~e Preise*** prices that cover one's costs **2.** *Adv* cost-effectively; ~

arbeiten to cover one's costs **Kostendeckung** *f* cost-effectiveness **kostengünstig** **1.** *Adj* economical **2.** *Adv produzieren* economically **kostenintensiv** *Adj* WIRTSCH cost-intensive **kostenlos** *Adj*, *Adv* free (of charge) **Kosten-Nutzen-Analyse** *f* cost-benefit analysis **kostenpflichtig** *Adj* liable to pay costs; ***eine Klage ~ abweisen*** to dismiss a case with costs **Kostenrechnung** *f* calculation of costs **Kostensenkung** *f* reduction in costs **kostensparend** *Adj* cost-saving **Kostensteigerung** *f* increase in costs **Kostenstelle** *f* cost centre (*Brit*) *od* center (*US*) **Kostenträger(in)** *m(f)* **(*der*) *~ sein*** to bear the cost **Kostenvoranschlag** *m* (costs) estimate

köstlich **1.** *Adj* **a)** *Wein*, *Speise* exquisite; **b)** (≈ *amüsant*) priceless **2.** *Adv* **a)** (≈ *gut*) *schmecken* delicious; **b)** ***sich ~ amüsieren*** to have a great time **Köstlichkeit** *f* (≈ *köstliche Sache*) treat; ***eine kulinarische ~*** a culinary delicacy

Kostprobe *f* (*von Wein*, *Käse etc*) taste; (*fig*) sample

kostspielig *Adj* costly

Kostüm *n* **a)** THEAT costume; **b)** (≈ *Maskenkostüm*) fancy dress; **c)** (≈ *Damenkostüm*) suit **Kostümball** *m* fancy-dress ball **Kostümbildner(in)** *m(f)* costume designer **kostümieren** *vr* to dress up **Kostümprobe** *f* THEAT dress rehearsal

Kot *m* (*förml*) excrement

Kotelett *n* chop

Kotelette *f* sideburn

Köter *m* (*pej*) damn dog (*umg*)

Kotflügel *m* AUTO wing

kotzen *vi* (*sl*) to throw up (*umg*), to puke (*sl*); ***das ist zum Kotzen*** it makes you sick **kotzübel** *Adj* (*umg*) ***mir ist ~*** I feel like throwing up (*umg*)

Krabbe *f* (ZOO, *klein*) shrimp; (*größer*) prawn

krabbeln *vi* to crawl

Krabbencocktail *m* prawn cocktail

Krach *m* **a)** (≈ *Lärm*) noise, din; ***~ machen*** to make a noise *od* din; **b)** (*umg* ≈ *Streit*) row (*umg*) (*um* about); ***mit jdm ~ haben*** to have a row with sb (*umg*); ***~ schlagen*** to make a fuss **krachen** **1.** *vi* **a)** to crash; (*Holz*) to creak; (*Schuss*) to ring out; ***gleich krachts*** (*umg*) there's going to be trouble; ***es hat gekracht*** (*umg*: *Zusammenstoß*) there's been a crash; **b)** (*umg*) (≈ *brechen*) to break; (*Eis*) to crack **2.** *vr* (*umg*) to have a row (*umg*) **Kracher** *m* banger (*Brit*), firecracker (*US*) **Kracherl** *n* (*österr* ≈ *Limonade*, *Sprudel*) (fizzy) pop **Krachmacher(in)** *m(f)* (*umg*) (*wörtl*) noisy person; (*fig*) troublemaker

krächzen *vi* to croak

Kräcker *m* (≈ *Keks*) cracker

kraft *Präp* +*Gen* (*förml*) ***~ meines Amtes*** by virtue of my office

Kraft *f* **a)** (*körperlich*, *sittlich*) strength *kein Pl*; (*geistig*) powers *Pl*; (*von Stimme*) power; (≈ *Energie*) energy, energies *Pl*; ***die Kräfte* (*mit jdm*) *messen*** to try one's strength (against sb); (*fig*) to pit oneself against sb; ***mit letzter ~*** with one's last ounce of strength; ***das geht über meine Kräfte*** it's too much for me; ***ich bin am Ende meiner ~*** I can't take any more; ***mit aller ~*** with all one's might; ***aus eigener ~*** by oneself; ***nach* (*besten*) *Kräften*** to the best of one's ability; ***wieder zu Kräften kommen*** to regain one's strength; ***die treibende ~*** (*fig*) the driving force; ***volle ~ voraus!*** SEEF full speed ahead; **b)** (JUR ≈ *Geltung*) force; ***in ~ sein/treten*** to be in/come into force; ***außer ~ sein*** to be no longer in force; **c)** (≈ *Arbeitskraft*) employee, worker; (≈ *Haushaltskraft*) domestic help **Kraftakt** *m* strongman act; (*fig*) show of strength **Kraftanstrengung** *f* exertion **Kraftaufwand** *m* effort **Kraftausdruck** *m* swearword **Kraftbrühe** *f* beef tea **Kräfteverhältnis** *n* POL balance of power; (*von Mannschaften etc*) relative strength **Kraftfahrer(in)** *m(f)* (*förml*) driver **Kraftfahrzeug** *n* motor vehicle **Kraftfahrzeugbrief** *m* (vehicle) registration document **Kraftfahrzeugkennzeichen** *n* (vehicle) registration **Kraftfahrzeugmechaniker(in)** *m(f)* motor mechanic **Kraftfahrzeugschein** *m* (vehicle) registration document **Kraftfahrzeugsteuer** *f* motor vehicle tax, road tax (*Brit*) **Kraftfahrzeugversicherung** *f* car insurance **Kraftfeld** *n* PHYS force field **kräftig** **1.** *Adj* strong; *Pflanze* healthy; *Schlag* hard; *Händedruck* firm; *Essen* nourishing; ***eine ~e Tracht Prügel*** a good beating **2.** *Adv gebaut* strongly, powerfully; *zuschlagen, drücken* hard; *lachen* heartily; *fluchen* violently; ***etw ~ schütteln*** to give sth a good shake; ***jdn ~ verprügeln*** to give sb a thorough beating; ***die Preise sind ~ gestiegen*** prices have really gone up **kräftigen** *vt* to strengthen **kraftlos** *Adj* (≈ *schwach*) weak; (≈ *machtlos*) powerless **Kraftlosigkeit** *f* weakness **Kraftprobe** *f* test of strength **Kraftprotz** *m* (*umg*) muscle man (*umg*) **Kraftstoff** *m* fuel **Kraftstoffverbrauch** *m* fuel consumption **kraftstrotzend** *Adj* vigorous **Krafttraining** *n* power training **kraftvoll 1.** *Adj Stimme* powerful **2.** *Adv* powerfully **Kraftwagen** *m* motor vehicle **Kraftwerk** *n* power station

Kragen *m* collar; ***jdn beim ~ packen*** to grab sb by the collar; (*fig umg*) to collar sb; ***mir platzte der ~*** (*umg*) I blew my top (*umg*); ***jetzt gehts ihm an den ~*** (*umg*) he's (in) for it now (*umg*) **Kragenweite** *f* (*wörtl*) collar size; ***das ist nicht meine ~*** (*fig umg*) that's not my cup of tea (*umg*)

K

Krähe *f* crow **krähen** *vi* to crow **Krähenfüße** *Pl* (*an den Augen*) crow's feet *Pl*

Krake *m* octopus; MYTH Kraken

krakeelen *vi* (*umg*) to make a racket (*umg*)

Krakel *m* (*umg*) scrawl, scribble **Krakelei** *f* (*umg*) scrawl, scribble **krak(e)lig** *Adj* scrawly **krakeln** *vti* to scrawl, to scribble

Kralle *f* claw; (≈ *Parkkralle*) wheel clamp (*Brit*), Denver boot (*US*); ***jdn/etw in seinen ~n haben*** (*fig umg*) to have sb/sth in one's clutches **krallen** *vr* ***sich an jdn/etw ~*** to cling to sb/sth

Kram *m* (*umg*) (≈ *Gerümpel*) junk; (≈ *Zeug*) stuff (*umg*); (≈ *Angelegenheit*) business; ***das passt mir nicht in den ~*** it's a confounded nuisance **kramen 1.** *vi* (≈ *wühlen*) to rummage about (*in +Dat* in, *nach* for) **2.** *vt* ***etw aus etw ~*** to fish sth out of sth **Kramladen** *m* (*pej umg*) junk shop

Krampf *m* **a)** (≈ *Zustand*) cramp; (≈ *Zuckung*) spasm; (*wiederholt*) convulsion(s *Pl*); (≈ *Anfall, Lachkrampf*) fit; **b)** (*umg*) (≈ *Getue*) palaver (*umg*); (≈ *Unsinn*) nonsense **Krampfader** *f* varicose vein **krampfartig 1.** *Adj* convulsive **2.** *Adv* convulsively **krampfhaft 1.** *Adj Zuckung* convulsive; (*umg* ≈ *verzweifelt*) desperate; *Lachen* forced *kein Adv* **2.** *Adv* ***sich ~ bemühen*** to try desperately hard; ***sich ~ an etw*** (*Dat*) ***festhalten*** to cling desperately to sth **krampflösend** *Adj* antispasmodic (*Fachw*)

Krampus *m* (*österr*) *conmpanion of St Nicholas*

Kran *m* **a)** crane; **b)** (*dial* ≈ *Hahn*) tap (*bes Brit*), faucet (*US*) **Kranführer(in)** *m(f)* crane driver *od* operator

Kranich *m* ORN crane

krank *Adj* (≈ *nicht gesund*) ill *mst präd*, sick (*auch fig*); (≈ *leidend*) invalid; *Organ* diseased; *Zahn, Bein* bad; ***~ werden*** to fall ill *od* sick; ***schwer ~*** seriously ill; ***du machst mich ~!*** (*umg*) you get on my nerves! (*umg*) **kränkeln** *vi* to be ailing **kranken** *vi* to suffer (*an +Dat* from) **kränken** *vt* ***jdn ~*** to hurt sb('s feelings); ***sie war sehr gekränkt*** she was very hurt **Krankenbesuch** *m* visit (to a sick person); (*von Arzt*) (sick) call **Krankenbett** *n* sickbed **Krankengeld** *n* sickness benefit; (*von Firma*) sick pay **Krankengymnast(in)** *m(f)* physiotherapist **Krankengymnastik** *f* physiotherapy **Krankenhaus** *n* hospital **Krankenhausaufenthalt** *m* stay in hospital **krankenhausreif** *Adj* ***jdn ~ schlagen*** to beat the hell out of sb (*umg*) **Krankenkasse** *f*, **Krankenkassa** (*österr*) *f* medical insurance company **Krankenpflege** *f* nursing **Krankenpfleger** *m* orderly; (*mit Schwesternausbildung*) male nurse **Krankenschein** *m* medical insurance record card **Krankenschwester** *f* nurse **Krankenversicherung** *f* medical insurance **Krankenwagen** *m* ambulance **krankfeiern** *vi* (*umg*) to take a sickie (*umg*) **krankhaft** *Adj* **a)** diseased; *Aussehen* sickly; **b)** (*seelisch*) pathological **Krankheit** *f* illness; (*von Pflanzen*) disease; ***wegen ~*** due to illness; ***nach langer ~*** after a long illness; ***während/seit meiner ~*** during/since my illness **Krankheitsbild** *n* symptoms *Pl* **Krankheitserreger** *m* pathogen **kranklachen** *vr* (*umg*) to kill oneself (laughing) (*umg*) **kränklich** *Adj* sickly **krankmelden** *vr* (*telefonisch*) to phone in sick; *bes* MIL to report sick **Krankmeldung** *f* notification of illness **krankschreiben** *vt* ***jdn ~*** to give sb a medical certificate; *bes* MIL to put sb on the sick list **Kränkung** *f* insult

Kranz *m* **a)** wreath; **b)** (≈ *kreisförmig Angeordnetes*) ring, circle **Kränzchen** *n* (*fig* ≈ *Kaffeekränzchen*) coffee circle

Krapfen *m* (*dial* KOCH) ≈ doughnut (*Brit*), ≈ donut (*US*)

krass **1.** *Adj* **a)** (≈ *auffallend*) glaring; *Unterschied Fall* extreme; *Ungerechtigkeit, Lüge* blatant; *Außenseiter* rank; **b)** (*sl* ≈ *toll*) wicked (*sl*) **2.** *Adv sich ausdrücken* crudely; *schildern* garishly; *kontrastieren* sharply; ***~ gesagt*** to put it bluntly

Krater *m* crater **Kraterlandschaft** *f* crater(ed) landscape

Kratzbürste *f* wire brush; (*umg*) prickly character **kratzbürstig** *Adj* (*umg*) prickly **Krätze** *f* MED scabies **kratzen** **1.** *vt* **a)** to scratch; (≈ *abkratzen*) to scrape (*von* off); **b)** (*umg* ≈ *stören*) to bother; ***das kratzt mich nicht*** (*umg*) I couldn't care less (about that) **2.** *vi* to scratch; ***es kratzt (mir) im Hals*** my throat feels rough; ***an etw*** (*Dat*) ***~*** (*fig*) to scratch away at sth **3.** *vr* to scratch oneself **Kratzer** *m* (≈ *Schramme*) scratch **kratzfest** *Adj* non-scratch *attr*, scratchproof **kratzig** *Adj* (*umg*) scratchy (*umg*) **Kratzwunde** *f* scratch

Kraul *n* (*Schwimmen*) crawl

kraulen[1] SPORT **1.** *vi* to do the crawl **2.** *vt* ***er hat*** *od* ***ist 100 m gekrault*** he did a 100m crawl

kraulen[2] *vt* to fondle

kraus *Adj* crinkly; *Haar* frizzy; *Stirn* wrinkled; (*fig* ≈ *verworren*) muddled, confused **Krause** *f* **a)** (≈ *Halskrause*) ruff; (*an Ärmeln etc*) ruffle, frill; **b)** (*umg* ≈ *Frisur*) frizzy hair **kräuseln** **1.** *vt Haar* to make frizzy; HAND to gather; TEX to crimp; *Stirn* to knit; *Nase* to screw up; *Wasseroberfläche* to ruffle **2.** *vr* (*Haare*) to go frizzy; (*Stirn, Nase*) to wrinkle up **Krauskopf** *m* (≈ *Mensch*) curly-head **krausziehen** *vt* ***die Stirn ~*** to knit one's brow; (*missbilligend*) to frown

Kraut *n* **a)** herb; ***dagegen ist kein ~ gewachsen*** (*fig*) there is no remedy for that; ***wie ~ und Rüben durcheinanderliegen*** (*umg*) to lie (around) all over the place (*umg*); **b)** (≈ *Sauerkraut*) sauerkraut; (*südd, österr* ≈ (*Weiß*)*kohl*) cabbage **Kräuterbutter** *f* herb butter **Kräuteressig** *m* aromatic vinegar **Kräuterkäse** *m* herb cheese **Kräuterlikör** *m* herbal liqueur **Kräutertee** *m* herb(al) tea **Krautkopf** *m* (*südd, österr*) cabbage **Krautsalat** *m* ≈ coleslaw **Krautwickel** *m* (*südd, österr:* KOCH) stuffed cabbage leaves *Pl*

Krawall *m* (≈ *Aufruhr*) riot; (*umg*) (≈ *Lärm*) racket (*umg*); ***~ machen*** (*umg*) to make a racket (*umg*); (*a.* **Krawall schlagen** ≈ *sich beschweren*) to kick up a fuss **Krawallbruder** *m* (*umg*) hooligan; (≈ *Krakeeler*) rowdy (*umg*)

Krawatte *f* tie, necktie (*bes US*)

kraxeln *vi* (*bes südd, österr*) to clamber (up)

Kreatin *n* MED creatine

Kreation *f* MODE *etc* creation **kreativ** **1.** *Adj* creative **2.** *Adv* creatively; ***~ begabt*** creative **Kreativität** *f* creativity **Kreatur** *f* **a)** creature; **b)** (≈ *alle Lebewesen*) ***die ~*** all creation

Krebs *m* **a)** (≈ *Taschenkrebs*) crab; (≈ *Flusskrebs*) crayfish, crawfish (*US*); ***rot wie ein ~*** red as a lobster; **b)** ASTROL Cancer; **c)** MED cancer; ***~ erregend*** *od* ***auslösend*** carcinogenic **krebsen** *vi* (*umg* ≈ *sich abmühen*) to struggle **krebserregend** *Adj* carcinogenic **krebsfördernd** *Adj* cancer-inducing; ***~ wirken*** to increase the risk of (getting) cancer **Krebsforschung** *f* cancer research **Krebsgeschwür** *n* MED cancerous ulcer; (*fig*) cancer **Krebsklinik** *f* cancer clinic **krebskrank** *Adj* suffering from cancer; ***~ sein*** to have cancer **Krebskranke(r)** *mf* cancer victim; (≈ *Patient*) cancer patient **krebsrot** *Adj* red as a lobster **Krebstiere** *Pl* crustaceans *Pl*, crustacea *Pl* **Krebsvorsorgeuntersuchung** *f* cancer checkup

Kredit *m* credit; ***auf ~*** on credit; ***~ haben*** (*fig*) to have standing **Kreditanstalt** *f* credit institution **Kreditaufnahme** *f* borrowing **Kreditbrief** *m* letter of credit **kreditfähig** *Adj* creditworthy **Kreditgeber(in)** *m(f)* creditor **Kreditgeschäft** *n* credit transaction **Kredithai** *m* (*umg*) loan shark (*umg*) **kreditieren** *vt* ***jdm einen Betrag ~*** to credit sb with an amount **Kreditinstitut** *n*

K

bank **Kreditkarte** *f* credit card **Kreditlimit** *n* credit limit **Kreditnehmer(in)** *m(f)* borrower **Kreditpolitik** *f* lending policy **Kreditrahmen** *m* credit range **Kreditwirtschaft** *f* banking industry **kreditwürdig** *Adj* creditworthy **Kreditwürdigkeit** *f* creditworthiness

Kreide *f* chalk; ***bei jdm in der ~ stehen*** to be in debt to sb **kreidebleich** *Adj* (as) white as a sheet **Kreidefelsen** *m* chalk cliff **kreideweiß** *Adj* = ***kreidebleich*** **Kreidezeichnung** *f* chalk drawing

kreieren *vt* to create

Kreis *m* **a)** circle; ***(weite) ~e ziehen*** (*fig*) to have (wide) repercussions; ***sich im ~ bewegen*** (*fig*) to go (a)round in circles; ***der ~ schließt sich*** (*fig*) we've *etc* come full circle; ***weite ~e der Bevölkerung*** wide sections of the population; ***im ~e seiner Familie*** with his family; ***eine Feier im kleinen ~e*** a celebration for a few close friends and relatives; ***das kommt in den besten ~en vor*** that happens even in the best of circles; **b)** (ELEK ≈ *Stromkreis*) circuit; **c)** (≈ *Stadtkreis, Landkreis*) district **Kreisbahn** *f* ASTRON, RAUMF orbit **Kreisbewegung** *f* rotation, circular motion

kreischen *vi* to screech

Kreisdiagramm *n* pie chart **Kreisel** *m* (≈ *Spielzeug*) (spinning) top; (*umg*: *im Verkehr*) roundabout (*Brit*), traffic circle (*US*), rotary (*US*) **kreisen** *vi* to circle (*um* (a)round, *über +Dat* over); (*Satellit, Planet*) to orbit (*um etw* sth); (*fig*: *Gedanken*) to revolve (*um* around); ***die Arme ~ lassen*** to swing one's arms around (in a circle) **kreisförmig 1.** *Adj* circular **2.** *Adv* ***sich ~ bewegen*** to move in a circle; ***~ angelegt*** arranged in a circle **Kreislauf** *m* circulation; (*der Natur*) cycle **Kreislaufkollaps** *m* circulatory collapse **Kreislaufstörungen** *Pl* circulatory trouble *Sg* **Kreissäge** *f* circular saw

Kreißsaal *m* delivery room

Kreisstadt *f* district town, ≈ county town (*Brit*) **Kreisumfang** *m* circumference (of a/the circle) **Kreisverkehr** *m* roundabout (*Brit*), traffic circle (*US*), rotary (*US*) **Kreiswehrersatzamt** *n* district recruiting office

Krematorium *n* crematorium

Krempe *f* (≈ *Hutkrempe*) brim

Krempel *m* (*umg*) (≈ *Sachen*) stuff (*umg*); (≈ *wertloses Zeug*) junk

Kren *m* (*österr*) horseradish

krepieren *vi* **a)** (≈ *platzen*) to explode; **b)** (*umg*) (≈ *sterben*) to croak (it) (*umg*)

Krepp *m* crepe **Krepppapier** *n* crepe paper **Kreppsohle** *f* crepe sole

Kresse *f* cress

Kreta *n* Crete **kretisch** *Adj* Cretan

kreuz *Adv* ***~ und quer*** all over; ***~ und quer durch die Gegend*** all over the place **Kreuz** *n* **a)** cross; (*als Anhänger etc*) crucifix; ***es ist ein ~ mit ihm/damit*** he's/it's an awful problem; **b)** ANAT small of the back; ***ich habe Schmerzen im ~*** I've got (a) backache; **c)** MUS sharp; **d)** (≈ *Autobahnkreuz*) intersection; **e)** (KARTEN ≈ *Farbe*) clubs *Pl* **Kreuzband** *n* ANAT cruciate ligament **Kreuzbein** *n* ANAT sacrum; (*von Tieren*) rump-bone **kreuzen 1.** *vt* to cross **2.** *vr* to cross; (*Interessen*) to clash; ***die Briefe haben sich gekreuzt*** the letters crossed in the post (*Brit*) *od* mail **Kreuzer** *m* SEEF cruiser **Kreuzfahrt** *f* SEEF cruise; ***eine ~ machen*** to go on a cruise **Kreuzfeuer** *n* crossfire; ***ins ~ (der Kritik) geraten*** (*fig*) to come under fire (from all sides) **Kreuzgang** *m* cloister **kreuzigen** *vt* to crucify **Kreuzigung** *f* crucifixion **Kreuzkümmel** *m* cumin **Kreuzotter** *f* ZOO adder, viper **Kreuzschlitzschraubenzieher** *m* Phillips® screwdriver **Kreuzschlüssel** *m* wheel brace **Kreuzung** *f* **a)** (≈ *Straßenkreuzung*) crossroads *Sg*; **b)** (≈ *das Kreuzen*) crossing; **c)** (≈ *Rasse*) hybrid; (≈ *Tiere*) cross, crossbreed **Kreuzverhör** *n* cross-examination; ***jdn ins ~ nehmen*** to cross-examine sb **Kreuzweg** *m* crossroads *Sg* **kreuzweise** *Adv* crosswise; ***du kannst mich ~!*** (*umg*) (you can) get stuffed! (*Brit umg*), you can kiss my ass! (*US sl*) **Kreuzworträtsel** *n* crossword puzzle **Kreuzzug** *m* crusade

Krevette *f* shrimp

kribbelig *Adj* (*umg*) edgy (*umg*) **kribbeln 1.** *vt* (≈ *kitzeln*) to tickle; (≈ *jucken*) to make itch **2.** *vi* (≈ *jucken*) to itch; (≈ *prickeln*) to tingle; ***es kribbelt mir in den Fingern, etw zu tun***

(*umg*) I'm itching to do sth
kriechen *vi* to creep, to crawl; (*fig: Zeit*) to creep by; (*fig* ≈ *unterwürfig sein*) to grovel (*vor +Dat* before), to crawl (*vor +Dat* to); ***auf allen vieren ~*** to crawl on all fours **Kriecher(in)** *m(f)* (*umg*) groveller (*Brit*), groveler (*US*), crawler (*Brit umg*) **kriecherisch** (*umg*) *Adj* grovelling (*Brit*), groveling (*US*) **Kriechspur** *f* crawler lane **Kriechtier** *n* ZOO reptile
Krieg *m* war; ***einer Partei*** *etc* ***den ~ erklären*** (*fig*) to declare war on a party *etc*; ***~ führen*** (***mit*** *od* ***gegen***) to wage war (on); ***~ führend*** warring; ***sich im ~ befinden*** (***mit***) to be at war (with)
kriegen *vt* (*umg*) to get; *Zug auch* to catch; ***sie kriegt ein Kind*** she's going to have a baby; ***dann kriege ich zu viel*** then it gets too much for me
Krieger(in) *m(f)* warrior **Kriegerdenkmal** *n* war memorial **kriegerisch** *Adj* warlike *kein Adv*; *Haltung* belligerent; ***~e Auseinandersetzung*** military conflict **kriegführend** *Adj* warring **Kriegführung** *f* warfare *ohne Artikel* **Kriegsausbruch** *m* outbreak of war; ***es kam zum ~*** war broke out **kriegsbedingt** *Adj* caused by (the) war **Kriegsbeginn** *m* start of the war **Kriegsbeil** *n* tomahawk; ***das ~ begraben*** (*fig*) to bury the hatchet **Kriegsbemalung** *f* war paint **Kriegsberichterstatter(in)** *m(f)* war correspondent **Kriegsbeschädigte(r)** *mf* war-disabled person **Kriegsdienst** *m* military service **Kriegsdienstverweigerer** *m*, **Kriegsdienstverweigerin** *f* conscientious objector **Kriegsende** *n* end of the war **Kriegserklärung** *f* declaration of war **Kriegsfall** *m* (eventuality of a) war; ***dann träte der ~ ein*** then war would break out **Kriegsfilm** *m* war film **Kriegsfreiwillige(r)** *mf* (wartime) volunteer **Kriegsfuß** *m* (*umg*) ***mit jdm auf ~ stehen*** to be at odds with sb **Kriegsgebiet** *n* war zone **Kriegsgefahr** *f* danger of war **Kriegsgefangene(r)** *mf* prisoner of war, P.O.W. **Kriegsgefangenschaft** *f* captivity; ***in ~ sein*** to be a prisoner of war **Kriegsgegner(in)** *m(f)* opponent of a/the war; (≈ *Pazifist*) pacifist **Kriegsgericht** *n* (wartime) court martial; ***jdn vor ein ~ stellen*** to court-martial sb **Kriegsherr(in)** *m(f)* warlord **Kriegskamerad(in)** *m(f)* fellow soldier **Kriegsopfer** *n* war victim **Kriegsrecht** *n* conventions of war *Pl*; MIL martial law **Kriegsschauplatz** *m* theatre (*Brit*) *od* theater (*US*) of war **Kriegsschiff** *n* warship **Kriegsspiel** *n* war game **Kriegsspielzeug** *n* war toy **Kriegstreiber(in)** *m(f)* (*pej*) warmonger **Kriegsverbrechen** *n* war crime **Kriegsverbrecher(in)** *m(f)* war criminal **Kriegsversehrte(r)** *mf* war-disabled person **Kriegszeit** *f* wartime; ***in ~en*** in times of war **Kriegszustand** *m* state of war; ***im ~*** at war
Krim *f* ***die ~*** the Crimea
Krimi *m* (*umg*) (crime) thriller; (*rätselhaft*) whodunnit (*umg*) **Kriminalfilm** *m* crime film, crime movie (*bes US*); (*rätselhaft*) murder mystery **kriminalisieren** *vt* to criminalize **Kriminalist(in)** *m(f)* criminologist **Kriminalistik** *f* criminology **kriminalistisch** *Adj* criminological **Kriminalität** *f* crime; (≈ *Ziffer*) crime rate **Kriminalkommissar(in)** *m(f)* detective superintendent **Kriminalpolizei** *f* criminal investigation department **Kriminalpolizist(in)** *m(f)* detective **Kriminalroman** *m* (crime) thriller **kriminell** *Adj* criminal; ***~ werden*** to become a criminal; ***~e Energie*** criminal resolve **Kriminelle(r)** *mf* criminal
Krimskrams *m* (*umg*) odds and ends *Pl*
Kringel *m* (*der Schrift*) squiggle **kringelig** *Adj* crinkly
Kripo *f* (*umg*) ***die ~*** the cops *Pl* (*umg*)
Krippe *f* **a)** (≈ *Futterkrippe*) (hay)rack; **b)** (≈ *Weihnachtskrippe*) crib; BIBEL crib, manger; **c)** (≈ *Kinderhort*) crèche (*Brit*), daycare centre (*Brit*) *od* center (*US*) **Krippenspiel** *n* nativity play **Krippentod** *m* cot death (*Brit*), crib death (*US*)
Krise *f* crisis; ***er hatte eine schwere ~*** he was going through a difficult crisis; ***die ~ kriegen*** (*umg*) to go crazy (*umg*) **kriseln** *vi unpers* (*umg*) ***es kriselt*** trouble is brewing **krisenanfällig** *Adj* crisis-prone **krisenfest** *Adj* stable **Krisengebiet** *n* crisis area **Krisenherd** *m* flash point, trouble spot **Krisenmanagement** *n* crisis management **Krisenplan** *m* contingency plan **Krisen-**

K

region *f* trouble spot **krisensicher** *Adj* stable **Krisensituation** *f* crisis (situation) **Krisensitzung** *f* emergency session **Krisenstimmung** *f* crisis mood, mood of crisis

Kristall[1] *m* crystal

Kristall[2] *n* (≈ *Kristallglas*) crystal (glass); (≈ *Kristallwaren*) crystalware **Kristallglas** *n* crystal glass **kristallisieren** *vi/r* to crystallize **kristallklar** *Adj* crystal-clear **Kristallleuchter** *m* crystal chandelier

Kriterium *n* criterion

Kritik *f* **a)** criticism (*an +Dat* of); ***an jdm/etw ~ üben*** to criticize sb/sth; ***unter aller ~ sein*** (*umg*) to be beneath contempt; **b)** (≈ *Rezension*) review **Kritiker(in)** *m(f)* critic **kritikfähig** *Adj* able to criticize **kritiklos** *Adj* uncritical; ***etw ~ hinnehmen*** to accept sth without criticism **Kritikpunkt** *m* point of criticism **kritisch** **1.** *Adj* critical **2.** *Adv sich äußern* critically; ***die Lage ~ beurteilen*** to make a critical appraisal of the situation; ***jdm ~ gegenüberstehen*** to be critical of sb **kritisieren** *vti* to criticize **kritteln** *vi* to find fault (*an +Dat, über +Akk* with)

Kritik ≠ critic

Kritik = criticism

critic = Kritiker(in)

Nur als Sammelbegriff für die Kritiker im Allgemeinen übersetzt man **die Kritik** mit **the critics** (*Pl*).

Kritzelei *f* scribble **kritzeln** *vti* to scribble, to scrawl

Kroate *m*, **Kroatin** *f* Croat, Croatian **Kroatien** *n* Croatia **kroatisch** *Adj* Croat, Croatian

Krokant *m* KOCH cracknel

Krokette *f* KOCH croquette

Krokodil *n* crocodile **Krokodilleder** *n* crocodile skin **Krokodilstränen** *Pl* crocodile tears *Pl*

Krokus *m* crocus

Krone *f* **a)** crown; ***die ~ der Schöpfung*** the pride of creation; ***das setzt doch allem die ~ auf*** (*umg*) that beats everything; ***einen in der ~ haben*** (*umg*) to be tipsy; **b)** (≈ *Währungseinheit*) crown; (*in Dänemark, Norwegen*) krone; (*in Schweden, Island*) krona **krönen** *vt* to crown; ***jdn zum König ~*** to crown sb king; ***von Erfolg gekrönt sein*** to be crowned with success **Kronerbe** *m* heir to the crown **Kronerbin** *f* heiress to the crown **Kronjuwelen** *Pl* crown jewels *Pl* **Kronkolonie** *f* crown colony **Kronkorken** *m* crown cap **Kronleuchter** *m* chandelier **Kronprinz** *m* crown prince; (*in Großbritannien auch*) Prince of Wales **Kronprinzessin** *f* crown princess **Krönung** *f* coronation; (*fig, von Veranstaltung*) high point **Kronzeuge** *m*, **Kronzeugin** *f* JUR ***als ~ auftreten*** to turn King's/Queen's evidence (*Brit*) *od* State's evidence (*US*); (≈ *Hauptzeuge sein*) to appear as principal witness

Kropf *m* **a)** (*von Vogel*) crop; **b)** MED goitre (*Brit*), goiter (*US*)

kross (*nordd*) **1.** *Adj* crisp **2.** *Adv backen, braten* until crisp

Kröte *f* ZOO toad

Krücke *f* crutch; ***an ~n*** (*Dat*) ***gehen*** to walk on crutches

Krug *m* (≈ *Milchkrug etc*) jug; (≈ *Bierkrug*) (beer) mug

Krümel *m* (≈ *Brotkrümel etc*) crumb **krümelig** *Adj* crumbly **krümeln** *vti* to crumble

krumm **1.** *Adj* **a)** crooked; *Beine* bandy; *Rücken* hunched; ***etw ~ biegen*** to bend sth; ***sich ~ und schief lachen*** (*umg*) to fall about laughing (*umg*); **b)** (*umg* ≈ *unehrlich*) ***ein ~es Ding drehen*** (*sl*) to do something crooked; ***etw auf die ~e Tour versuchen*** to try to wangle sth (*umg*) **2.** *Adv* ***~ stehen/sitzen*** to slouch; ***~ gehen*** to walk with a stoop; ***~ gewachsen*** crooked; ***keinen Finger ~ machen*** (*umg*) not to lift a finger **krümmen** **1.** *vt* to bend; ***gekrümmte Oberfläche*** curved surface **2.** *vr* to bend; (*Fluss*) to wind; (*Straße*) to curve; ***sich vor Schmerzen*** (*Dat*) ***~*** to double up with pain **krummlachen** *vr* (*umg*) to double up with laughter **krummnehmen** *vt* (*umg*) (***jdm***) ***etw ~*** to take offence (*Brit*) *od* offense (*US*) at sth **Krümmung** *f* (*von Weg, Fluss*) turn; MATHE, MED curvature; OPT curvature

Krüppel *m* cripple; ***jdn zum ~ machen*** to cripple sb

Kruste *f* crust; (*von Schweinebraten*) crackling; (*von Braten*) crisped outside **Krustentier** *n* crustacean **krustig** *Adj* crusty

Krux *f* (≈ *Schwierigkeit*) trouble, problem; ***die ~ bei der Sache ist, ...*** the trouble *od* problem (with that) is ...

Kruzifix *n* crucifix

kryptisch *Adj Bemerkung* cryptic **Kryptogramm** *n* cryptogram

Kuba *n* Cuba **Kubaner(in)** *m(f)* Cuban **kubanisch** *Adj* Cuban

Kübel *m* bucket; (*für Pflanzen*) tub; ***es regnet wie aus ~n*** it's bucketing down (*Brit*), it's coming down in buckets (*US*) **Kübelpflanze** *f* container plant

Kubik *n* (AUTO *umg* ≈ *Hubraum*) cc **Kubikmeter** *m od n* cubic metre (*Brit*) *od* meter (*US*) **Kubikwurzel** *f* cube root **Kubikzahl** *f* cube number **Kubikzentimeter** *m od n* cubic centimetre (*Brit*) *od* centimeter (*US*) **kubisch** *Adj* cubic(al) **Kubismus** *m* KUNST cubism

Küche *f* **a)** kitchen; (*klein*) kitchenette; **b)** (≈ *Kochkunst*) ***chinesische ~*** Chinese cooking; **c)** (≈ *Speisen*) dishes *Pl*, food; ***warme/kalte ~*** hot/cold food

Kuchen *m* cake; (*mit Obst gedeckt*) (fruit) flan

Küchenchef(in) *m(f)* chef

Kuchenform *f* cake tin (*Brit*) *od* pan (*US*) **Kuchengabel** *f* pastry fork

Küchengerät *n* kitchen utensil; (*elektrisch*) kitchen appliance **Küchenherd** *m* cooker (*Brit*), range (*US*) **Küchenhilfe** *f* kitchen help **Küchenmaschine** *f* food processor **Küchenmesser** *n* kitchen knife **Küchenpersonal** *n* kitchen staff **Küchenschabe** *f* ZOO cockroach **Küchenschrank** *m* (kitchen) cupboard

Kuchenteig *m* cake mixture; (≈ *Hefeteig*) dough **Kuchenteller** *m* cake plate

Küchentisch *m* kitchen table **Küchentuch** *n* kitchen towel

Kuckuck *m* **a)** cuckoo; **b)** (*umg* ≈ *Siegel des Gerichtsvollziehers*) bailiff's seal (for distraint of goods); **c)** (*umg*) ***zum ~ (noch mal)!*** hell's bells! (*umg*); ***(das) weiß der ~*** heaven (only) knows (*umg*) **Kuckucksuhr** *f* cuckoo clock

Kuddelmuddel *m od n* (*umg*) muddle

Kufe *f* (*von Schlitten etc*) runner; (*von Flugzeug*) skid

Küfer(in) *m(f)* cellarman/-woman; (*südd, schweiz* ≈ *Böttcher*) cooper

Kugel *f* ball; (*geometrische Figur*) sphere; (≈ *Erdkugel*) globe; (≈ *Kegelkugel*) bowl; (≈ *Gewehrkugel*) bullet; (*für Luftgewehr*) pellet; (≈ *Kanonenkugel*) (cannon)ball; (SPORT ≈ *Stoßkugel*) shot; ***eine ruhige ~ schieben*** (*umg*) to have a cushy number (*umg*) **Kugelblitz** *m* METEO ball lightning **kugelförmig** *Adj* spherical **Kugelhagel** *m* hail of bullets **Kugelkopf** *m* golf ball **Kugellager** *n* ball bearing **kugeln** **1.** *vi* (≈ *rollen, fallen*) to roll **2.** *vr* to roll (around); ***sich (vor Lachen) ~*** (*umg*) to double up (laughing) **kugelrund** *Adj* as round as a ball **Kugelschreiber** *m* ballpoint (pen), Biro® (*Brit*) **kugelsicher** *Adj* bullet-proof **Kugelstoßen** *n* shot-putting **Kugelstoßer(in)** *m(f)* shot-putter

Kuh *f* cow; ***heilige ~*** sacred cow **Kuhdorf** *n* (*pej umg*) one-horse town (*umg*) **Kuhfladen** *m* cowpat **Kuhglocke** *f* cowbell **Kuhhandel** *m* (*pej umg*) horse-trading *kein Pl* (*umg*) **Kuhhaut** *f* cowhide; ***das geht auf keine ~*** (*umg*) that is absolutely staggering

kühl **1.** *Adj* cool; ***mir wird etwas ~*** I'm getting rather chilly; ***einen ~en Kopf bewahren*** to keep a cool head **2.** *Adv* ***etw ~ lagern*** to store sth in a cool place; ***„kühl servieren"*** "serve chilled" **Kühlaggregat** *n* refrigeration unit **Kühlanlage** *f* refrigeration plant **Kühlbecken** *n* (*für Brennelemente*) cooling pond **Kühlbox** *f* cooler

Kuhle *f* (*nordd*) hollow; (≈ *Grube*) pit

Kühle *f* coolness **kühlen** **1.** *vt* to cool; (*auf Eis*) to chill; → ***gekühlt*** **2.** *vi* to be cooling **Kühler** *m* TECH cooler; AUTO radiator; (*umg* ≈ *Kühlerhaube*) bonnet (*Brit*), hood (*US*) **Kühlerfigur** *f* AUTO radiator mascot (*Brit*), hood ornament (*US*) **Kühlerhaube** *f* AUTO bonnet (*Brit*), hood (*US*) **Kühlfach** *n* freezer compartment (*Brit*), deep freeze **Kühlhaus** *n* cold storage depot **Kühlmittel** *n* TECH coolant **Kühlraum** *m* cold storage room **Kühlschrank** *m* fridge (*Brit*), refrigerator **Kühltasche** *f* cold bag **Kühltruhe** *f* (chest) freezer **Kühlturm** *m* TECH cooling tow-

er **Kühlung** *f* cooling; ***zur ~ des Motors*** to cool the engine **Kühlwasser** *n* coolant; AUTO radiator water
Kuhmilch *f* cow's milk **Kuhmist** *m* cow dung
kühn 1. *Adj* bold **2.** *Adv* boldly **Kühnheit** *f* boldness
k. u. k. (*österr* HIST) *Abk von* ***kaiserlich und königlich*** imperial and royal
Küken *n* (≈ *Huhn*) chick; (*umg* ≈ *jüngste Person*) baby
Kukuruz *m* (*österr*) maize, corn
kulant 1. *Adj* accommodating; *Bedingungen* fair **2.** *Adv* accommodatingly **Kulanz** *f* ***aus ~*** as a courtesy
Kuli *m* **a)** (≈ *Lastträger*) coolie; **b)** (*umg* ≈ *Kugelschreiber*) ballpoint (pen), Biro® (*Brit*)
kulinarisch *Adj* culinary
Kulisse *f* scenery *kein Pl*; (*an den Seiten*) wing; (≈ *Hintergrund*) backdrop; ***hinter den ~n*** (*fig*) behind the scenes
kullern *vti* (*umg*) to roll
Kult *m* cult; (≈ *Verehrung*) worship; ***einen ~ mit jdm/etw treiben*** to make a cult out of sb/sth **Kultfigur** *f* cult figure **Kultfilm** *m* cult film **kultig** *Adj* (*sl*) cult *attr*, culty (*sl*) **kultivieren** *vt* to cultivate **kultiviert 1.** *Adj* cultivated, refined **2.** *Adv speisen*, *sich einrichten* stylishly; *sich ausdrücken* in a refined manner **Kultstätte** *f* place of worship **Kultur** *f* **a)** culture; ***er hat keine ~*** he is uncultured; **b)** (≈ *Lebensform*) civilization **Kulturangebot** *n* programme (*Brit*) *od* program (*US*) of cultural events; ***Münchens vielfältiges ~*** Munich's rich and varied cultural life **Kulturbanause** *m*, **Kulturbanausin** *f* (*umg*) philistine **Kulturbetrieb** *m* (*umg*) culture industry **Kulturbeutel** *m* sponge *od* toilet bag (*Brit*), washbag **kulturell 1.** *Adj* cultural **2.** *Adv* culturally **Kulturerbe** *n* cultural heritage **Kulturgeschichte** *f* history of civilization **kulturgeschichtlich** *Adj* historico-cultural **Kulturhauptstadt** *f* cultural capital **Kulturhoheit** *f* independence in matters of education and culture **Kulturkreis** *m* culture group *od* area **Kulturkritik** *f* critique of (our) culture **kulturlos** *Adj* lacking culture **Kulturminister(in)** *m(f)* minister of education and the arts **Kulturpflanze** *f* cultivated plant **Kulturpolitik** *f* cultural and educational policy **kulturpolitisch** *Adj* politico-cultural **Kulturprogramm** *n* cultural programme (*Brit*) *od* program (*US*) **Kulturrevolution** *f* cultural revolution **Kulturschock** *m* culture shock **Kultursprache** *f* language of the civilized world **Kulturstätte** *f* place of cultural interest **Kulturvolk** *n* civilized people *Sg* **Kulturzentrum** *n* **a)** (≈ *Stadt*) cultural centre (*Brit*) *od* center (*US*); **b)** (≈ *Anlage*) arts centre (*Brit*) *od* center (*US*) **Kultusminister(in)** *m(f)* minister of education and the arts **Kultusministerium** *n* ministry of education and the arts
Kümmel *m* **a)** (≈ *Gewürz*) caraway (seed); **b)** (*umg* ≈ *Schnaps*) kümmel
Kummer *m* (≈ *Betrübtheit*) sorrow; (≈ *Ärger*) problems *Pl*; ***jdm ~ machen*** to cause sb worry; ***wir sind (an) ~ gewöhnt*** (*umg*) it happens all the time
kümmerlich 1. *Adj* **a)** (≈ *armselig*) miserable; *Lohn*, *Mahlzeit* paltry; **b)** (≈ *schwächlich*) puny; *Vegetation* stunted **2.** *Adv sich entwickeln* poorly; ***sich ~ ernähren*** to live on a meagre (*Brit*) *od* meager (*US*) diet
kümmern 1. *vt* to concern; ***was kümmert mich das?*** what's that to me? **2.** *vr* ***sich um jdn/etw ~*** to look after sb/sth; ***sich darum ~, dass ...*** to see to it that ...; ***er kümmert sich nicht darum, was die Leute denken*** he doesn't care (about) what people think
Kumpan(in) *m(f)* (*veralt umg*) pal (*umg*) **Kumpel** *m* **a)** (BERGB ≈ *Bergmann*) miner; **b)** (*umg* ≈ *Kamerad*) pal (*umg*) **kumpelhaft** *Adj* (*umg*) pally (*umg*)
kündbar *Adj Vertrag* terminable; *Anleihe* redeemable; ***Beamte sind nicht ohne Weiteres ~*** civil servants cannot be dismissed just like that
Kunde *m*, **Kundin** *f* customer **Kundenberatung** *f* customer advisory service **Kundendienst** *m* customer service; (≈ *Abteilung*) service department **Kundenfang** *m* (*pej*) ***auf ~ sein*** to be touting for customers **Kundenkarte** *f* (*von Firma*, *Organisation*) charge card; (*von Kaufhaus etc*) (department (*US*)) store card; (*von Bank*) bank card **Kundenkreis** *m* customers *Pl*, clientele **kundenorientiert** *Adj* custom-

er-oriented **Kundenservice** *m* customer service
Kundgebung *f* POL rally
kundig *Adj* (*geh*) knowledgeable; (≈ *sachkundig*) expert
kündigen **1.** *vt Abonnement, Mitgliedschaft* to cancel; ***jdm die Wohnung ~*** to give sb notice to quit his/her flat (*Brit*) *od* to vacate his/her apartment (*US*); ***die Stellung ~*** to hand in one's notice; ***jdm die Stellung ~*** to give sb his/her notice; ***jdm die Freundschaft ~*** to break off a friendship with sb **2.** *vi* (*Arbeitnehmer*) to hand in one's notice; (*Mieter*) to give in one's notice; ***jdm ~*** (*Arbeitgeber*) to give sb his/her notice; (*Vermieter*) to give sb notice to quit (*Brit*) *od* to vacate his apartment (*US*) **Kündigung** *f* (≈ *Mitteilung*) (*von Vermieter*) notice to quit (*Brit*) *od* to vacate one's apartment (*US*); (*von Mieter, Stellung*) notice; (*von Vertrag*) termination; (*von Mitgliedschaft, Abonnement*) (letter of) cancellation; ***ich drohte (dem Chef) mit der ~*** I threatened to hand in my notice (to my boss); ***Vertrag mit vierteljährlicher ~*** contract with three months' notice on either side **Kündigungsfrist** *f* period of notice **Kündigungsgrund** *m* grounds *Pl* for giving notice **Kündigungsschreiben** *n* written notice; (*von Arbeitgeber*) letter of dismissal **Kündigungsschutz** *m* protection against wrongful dismissal
Kundin *f* → ***Kunde*** **Kundschaft** *f* customers *Pl*
kundschaften *vi* MIL to reconnoitre (*Brit*), to reconnoiter (*US*) **Kundschafter(in)** *m(f)* spy; MIL scout **kundtun** *vt* (*geh*) to make known
künftig **1.** *Adj* future; ***meine ~e Frau*** my wife-to-be **2.** *Adv* in future
Kungelei *f* (*umg*) scheming
Kunst *f* **a)** art; ***die schönen Künste*** fine art *Sg*, the fine arts; **b)** (≈ *Fertigkeit*) art, skill; ***die ~ besteht darin, ...*** the art is in ...; ***ärztliche ~*** medical skill; ***das ist keine ~!*** it's a piece of cake (*umg*); ***das ist die ganze ~*** that's all there is to it; **c)** (*umg*) ***das ist eine brotlose ~*** there's no money in that; ***was macht die ~?*** how are things? **Kunstakademie** *f* art college **Kunstausstellung** *f* art exhibition **Kunstbanause** *m*, **Kunstbanausin** *f* (*pej*) philistine **Kunstdruck** *m* art print **Kunstdünger** *m* chemical fertilizer **Kunstfaser** *f* synthetic fibre (*Brit*) *od* fiber (*US*) **Kunstfehler** *m* professional error; (*weniger ernst*) slip **kunstfertig** (*geh*) **1.** *Adj* skilful (*Brit*), skillful (*US*) **2.** *Adv* skilfully (*Brit*), skillfully (*US*) **Kunstflug** *m* aerobatics *Sg*, stunt flying **Kunstfreund(in)** *m(f)* art lover **Kunstgegenstand** *m* objet d'art; (*Gemälde*) work of art **kunstgemäß**, **kunstgerecht** **1.** *Adj* (≈ *fachmännisch*) proficient **2.** *Adv* proficiently **Kunstgeschichte** *f* history of art **Kunstgewerbe** *n* arts and crafts *Pl* **kunstgewerblich** *Adj* ***~e Gegenstände*** craft objects **Kunstgriff** *m* trick **Kunsthandel** *m* art trade **Kunsthändler(in)** *m(f)* art dealer **Kunsthandwerk** *n* craft industry **Kunstherz** *n* artificial heart **Kunsthistoriker(in)** *m(f)* art historian **Kunsthochschule** *f* art college **Kunstleder** *n* imitation leather **Künstler(in)** *m(f)* **a)** artist; (≈ *Unterhaltungskünstler*) artiste; ***bildender ~*** visual artist; **b)** (≈ *Könner*) genius (*in +Dat* at) **künstlerisch** **1.** *Adj* artistic **2.** *Adv* artistically **Künstlername** *m* pseudonym **Künstlerpech** *n* (*umg*) hard luck **Künstlerviertel** *n* artists' quarter **künstlich** **1.** *Adj* artificial; *Zähne, Fingernägel* false; *Faserstoffe* synthetic; ***~e Intelligenz*** artificial intelligence **2.** *Adv* **a)** artificially; **b)** ***jdn ~ ernähren*** MED to feed sb artificially **Kunstliebhaber(in)** *m(f)* art lover **Kunstmaler(in)** *m(f)* artist, painter **Kunstpause** *f* (*als Spannungsmoment*) dramatic pause, pause for effect; (*iron: beim Stocken*) awkward pause **Kunstraub** *m* art theft **Kunstsammlung** *f* art collection **Kunstschätze** *Pl* art treasures *Pl* **Kunstseide** *f* artificial silk **Kunstspringen** *n* diving **Kunststoff** *m* man-made material **Kunststoffflasche** *f* plastic bottle **Kunststück** *n* trick; ***das ist kein ~*** (*fig*) there's nothing to it; (≈ *keine große Leistung*) that's nothing to write home about **Kunstturnen** *n* gymnastics *Sg* **kunstvoll** **1.** *Adj* artistic; (≈ *kompliziert*) elaborate **2.** *Adv* elaborately **Kunstwerk** *n* work of art
kunterbunt *Adj Sammlung etc* motley

K

attr; *Programm* varied; *Leben* chequered (*Brit*), checkered (*US*); **~ durcheinander** all jumbled up
Kupfer *n* copper **Kupferdraht** *m* copper wire **Kupfergeld** *n* coppers *Pl* **kupferrot** *Adj* copper-red **Kupferstich** *m* copperplate (engraving)
Kupon *m* = **Coupon**
Kuppe *f* (≈ *Bergkuppe*) (rounded) hilltop; (≈ *Fingerkuppe*) tip
Kuppel *f* dome
Kuppelei *f* JUR procuring **kuppeln** **1.** *vt* = **koppeln** **2.** *vi* **a)** AUTO to operate the clutch; **b)** (*umg* ≈ *Paare zusammenführen*) to match-make **Kuppler(in)** *m(f)* matchmaker (+*Gen* for); JUR procurer/procuress **Kupplung** *f* **a)** TECH coupling; AUTO *etc* clutch; **b)** (≈ *das Koppeln*) coupling **Kupplungspedal** *n* clutch pedal
Kur *f* (*in Badeort*) (health) cure; (≈ *Haarkur etc*) treatment *kein Pl*; (≈ *Schlankheitskur*) diet; **in ~ fahren** to go to a spa; **eine ~ machen** to take a cure; (≈ *Schlankheitskur*) to diet
Kür *f* SPORT free section
Kuraufenthalt *m* stay at a spa **Kurbad** *n* spa
Kurbel *f* crank; (*an Rollläden etc*) winder **Kurbelwelle** *f* crankshaft
Kürbis *m* pumpkin
Kurde *m*, **Kurdin** *f* Kurd **kurdisch** *Adj* Kurdish **Kurdistan** *n* Kurdistan
Kurfürst *m* Elector, electoral prince
Kurgast *m* (*Patient*) patient at a spa; (*Tourist*) visitor to a spa
Kurie *f* KIRCHE Curia
Kurier(in) *m(f)* courier; HIST messenger **Kurierdienst** *m* courier service
kurieren *vt* to cure (*von* of)
kurios *Adj* (≈ *merkwürdig*) strange, curious **Kuriosität** *f* **a)** (*Gegenstand*) curio(sity); **b)** (≈ *Eigenart*) peculiarity
Kurort *m* spa **Kurpark** *m* spa gardens *Pl*
Kurpfuscher(in) *m(f)* (*pej umg*) quack (doctor)
Kurs *m* **a)** course; (POL ≈ *Richtung*) line; **~ nehmen auf** (+*Akk*) to set course for; **den ~ ändern** to change (one's) course; **b)** (FINANZ ≈ *Wechselkurs*) exchange rate; (≈ *Aktienkurs*) price; **zum ~ von** at the rate of; **hoch im ~ stehen** (*Aktien*) to be high; (*fig*) to be popular (*bei* with); **c)** (≈ *Lehrgang*) course (*in* +*Dat*, *für* in) **Kursänderung** *f* change of course **Kursanstieg** *m* BÖRSE rise in (market) prices **Kursbuch** *n* BAHN (railway) timetable
Kürschner(in) *m(f)* furrier
Kurseinbruch *m* FINANZ sudden fall in prices **Kurseinbuße** *f* decrease in value **Kursentwicklung** *f* FINANZ price trend **Kurserholung** *f* FINANZ rally in prices **Kursgewinn** *m* profit (on the stock exchange market) **kursieren** *vi* to circulate **Kursindex** *m* BÖRSE stock exchange index
kursiv **1.** *Adj* italic **2.** *Adv* in italics
Kurskorrektur *f* course correction **Kursleiter(in)** *m(f)* course tutor (*bes Brit*) **Kursnotierung** *f* quotation **Kursrückgang** *m* fall in prices **Kursschwankung** *f* fluctuation in exchange rates; BÖRSE fluctuation in market rates **Kursverlust** *m* FINANZ loss (on the stock exchange) **Kurswagen** *m* BAHN through coach **Kurswechsel** *m* change of direction
Kurtaxe *f* visitors' tax (at spa)
Kurve *f* curve; (≈ *Straßenkurve*) bend; (*an Kreuzung*) corner; **die Straße macht eine ~** the road bends; **die ~ kratzen** (*umg* ≈ *schnell weggehen*) to make tracks (*umg*) **kurven** *vi* to circle; **durch Italien ~** (*umg*) to drive around Italy **kurvenreich** *Adj* *Strecke* winding; **„kurvenreiche Strecke"** "(series of) bends"
kurz **1.** *Adj* short; *Blick*, *Folge* quick; **etw kürzer machen** to make sth shorter; **ich will es ~ machen** I'll make it brief; **den Kürzeren ziehen** (*fig umg*) to come off worst **2.** *Adv* **a)** **eine Sache ~ abtun** to dismiss sth out of hand; **zu ~ kommen** to come off badly; **~ entschlossen** without a moment's hesitation; **~ gesagt** in a nutshell; **sich ~ fassen** to be brief; **~ gefasst** concise; **~ und bündig** concisely, tersely (*pej*); **~ und gut** in a word; **~ und schmerzlos** (*umg*) short and sweet; **etw ~ und klein hauen** to smash sth to pieces; **b)** (≈ *für eine kurze Zeit*) briefly; **ich bleibe nur ~** I'll only stay for a short while; **ich muss mal ~ weg** I'll just have to go for a moment; **~ bevor/nachdem** shortly before/after; **über ~ oder lang** sooner or later; **(bis) vor Kurzem** (until) recently **Kurzarbeit** *f* short time **kurzar-**

K

beiten *vi* to be on short time **Kurzarbeiter(in)** *m(f)* short-time worker **kurzärmelig** *Adj* short-sleeved **kurzatmig** *Adj* MED short of breath **Kurzbericht** *m* brief report; (≈ *Zusammenfassung*) summary **Kurzbesuch** *m* brief *od* flying visit **Kürze** *f* shortness; (*fig*) (≈ *Bündigkeit*) brevity, conciseness; ***in ~*** (≈ *bald*) shortly; ***in aller ~*** very briefly; ***in der ~ liegt die Würze*** (*Sprichw*) brevity is the soul of wit **Kürzel** *n* (≈ *stenografisches Zeichen*) shorthand symbol; (≈ *Abkürzung*) abbreviation **kürzen** *vt* to shorten; *Gehalt, Ausgaben* to cut (back) **Kurze(r)** *m* (*umg*) **a)** (≈ *Schnaps*) short; **b)** (≈ *Kurzschluss*) short (circuit) **kurzerhand** *Adv* without further ado; *entlassen* on the spot; ***etw ~ ablehnen*** to reject sth out of hand **kurzfassen** *vr* to be brief **Kurzfassung** *f* abridged version **Kurzfilm** *m* short (film) **kurzfristig** **1.** *Adj* short-term; *Wettervorhersage* short-range **2.** *Adv* (≈ *auf kurze Sicht*) for the short term; (≈ *für kurze Zeit*) for a short time; ***~ seine Pläne ändern*** to change one's plans at short notice **Kurzgeschichte** *f* short story **Kurzhaardackel** *m* short-haired dachshund **kurzhaarig** *Adj* short-haired **kurzhalten** *vt* ***jdn ~*** to keep sb short **Kurzhantel** *f* dumbbell **Kurzinformation** *f* information summary *kein Pl*; (≈ *Blatt*) information sheet **kurzlebig** *Adj* short-lived **kürzlich** **1.** *Adv* recently; ***erst ~*** only *od* just recently **2.** *Adj* recent **Kurzmeldung** *f* newsflash **Kurznachricht** *f* **a)** (≈ *Information*) ***Kurznachrichten*** *pl* the news headlines *Pl*; **b)** (≈ *SMS*) text message **Kurzparker** *m* ***„nur für ~"*** "short-stay (*Brit*) *od* short-term parking only" **Kurzparkzone** *f* short-stay (*Brit*) *od* short-term parking zone **kurzschließen** **1.** *vt* to short-circuit **2.** *vr* (≈ *in Verbindung treten*) to get in contact (*mit* with) **Kurzschluss** *m* **a)** ELEK short circuit; **b)** (*fig*: *a.* **Kurzschlusshandlung**) rash action **Kurzschlussreaktion** *f* knee-jerk reaction **kurzsichtig** **1.** *Adj* short-sighted **2.** *Adv* short-sightedly **Kurzsichtigkeit** *f* short-sightedness **Kurzstrecke** *m* short distance; (*in Laufwettbewerb*) sprint distance **Kurzstreckenflugzeug** *n* short-haul aircraft **Kurzstreckenrakete** *f* short-range missile **Kurztrip** *m* (*umg*) short holiday **kurzum** *Adv* in short **Kürzung** *f* shortening; (*von Gehältern etc*) cut (+*Gen* in) **Kurzurlaub** *m* short holiday (*bes Brit*) *od* vacation (*US*); MIL short leave **Kurzwahl** *f* TELEK one-touch dialling (*Brit*) *od* dialing (*US*), speed dial **Kurzwahlspeicher** *m* TELEK speed-dial number memory **Kurzwaren** *Pl* haberdashery (*Brit*), notions *Pl* (*US*) **kurzweilig** *Adj* entertaining **Kurzwelle** *f* RADIO short wave **Kurzzeitgedächtnis** *n* short-term memory **kurzzeitig** **1.** *Adj* (≈ *für kurze Zeit*) short, brief **2.** *Adv* for a short time, briefly **Kurzzeitspeicher** *m* short-term memory

kuschelig (*umg*) *Adj* cosy (*Brit*), cozy (*US*) **kuscheln** **1.** *vi* to cuddle (*mit* with) **2.** *vr* ***sich an jdn ~*** to snuggle up to sb; ***sich in etw*** (*Akk*) ***~*** to snuggle up in sth **Kuschelrock** *m* (MUS *umg*) soft rock **Kuschelsex** *m* loving sex **Kuscheltier** *n* cuddly toy

kuschen *vi* (*Hund etc*) to get down; (*fig*) to knuckle under

Kusine *f* cousin

Kuss *m* kiss **küssen** **1.** *vti* to kiss **2.** *vr* to kiss (each other) **Kusshand** *f* ***jdm eine ~ zuwerfen*** to blow sb a kiss

Küste *f* coast; (≈ *Ufer*) shore **Küstengebiet** *n* coastal area **Küstengewässer** *Pl* coastal waters *Pl* **Küstenschifffahrt** *f* coastal shipping **Küstenwache** *f*, **Küstenwacht** *f* coastguard

Kutsche *f* coach; (*umg* ≈ *Auto*) jalopy (*umg*) **Kutscher(in)** *m(f)* driver **kutschieren** **1.** *vi* to drive **2.** *vt* to drive; ***jdn im Auto durch die Gegend ~*** to drive sb around

Kutte *f* habit

Kuttel *f* (*südd, österr, schweiz*) entrails *Pl*

Kutter *m* SEEF cutter

Kuvert *n* (≈ *Briefkuvert*) envelope

Kuwait *n* Kuwait **kuwaitisch** *Adj* Kuwaiti

Kybernetik *f* cybernetics *Sg* **kybernetisch** *Adj* cybernetic

kyrillisch *Adj* Cyrillic

K

L

L, l *n* L, l
Label *n* label
labern (*umg*) **1.** *vi* to prattle (on *od* away) (*umg*) **2.** *vt* to talk
labil *Adj* unstable; *Gesundheit* delicate; *Kreislauf* poor **Labilität** *f* instability
Labor *n* laboratory **Laborant(in)** *m(f)* lab(oratory) technician
Labrador *m* zoo labrador
Labyrinth *n* labyrinth
Lachanfall *m* laughing fit
Lache[1] *f* (≈ *Pfütze*) puddle
Lache[2] *f* (*umg*) laugh **lächeln** *vi* to smile; ***freundlich ~*** to give a friendly smile **Lächeln** *n* smile **lachen** **1.** *vi* to laugh (*über +Akk* at); ***jdn zum Lachen bringen*** to make sb laugh; ***zum Lachen sein*** (≈ *lustig*) to be hilarious; (≈ *lächerlich*) to be laughable; ***mir ist nicht zum Lachen (zumute)*** I'm in no laughing mood; ***dass ich nicht lache!*** (*umg*) don't make me laugh! (*umg*); ***du hast gut ~!*** it's all right for you to laugh! (*umg*); ***wer zuletzt lacht, lacht am besten*** (*Sprichw*) he who laughs last, laughs longest (*Sprichw*); ***ihm lachte das Glück*** fortune smiled on him **2.** *vt* ***da gibt es gar nichts zu ~*** that's nothing to laugh about; ***was gibt es denn da zu ~?*** what's so funny about that?; ***er hat bei seiner Frau nichts zu ~*** (*umg*) he has a hard time of it with his wife; ***das wäre doch gelacht*** it would be ridiculous **Lachen** *n* laughter; (≈ *Art des Lachens*) laugh **Lacher** *m* **a)** ***die ~ auf seiner Seite haben*** to have the last laugh; **b)** (*umg* ≈ *Lache*) laugh **Lacherfolg** *m* ***ein ~ sein*** to make everybody laugh **lächerlich** *Adj* **a)** ridiculous; (≈ *komisch*) comical; ***jdn/etw ~ machen*** to make sb/sth look silly; ***jdn/sich ~ machen*** to make a fool of sb/oneself; ***etw ins Lächerliche ziehen*** to make fun of sth; **b)** (≈ *geringfügig*) *Anlass* trivial; *Preis* ridiculously low **Lächerlichkeit** *f* **a)** absurdity; ***jdn der ~ preisgeben*** to make a laughing stock of sb; **b)** (≈ *Geringfügigkeit*) triviality **Lachgas** *n* laughing gas **lachhaft** *Adj* ridiculous **Lachkrampf** *m* ***einen ~ bekommen*** to go (off) into fits of laughter
Lachs *m* salmon **lachsfarben** *Adj* salmon pink **Lachsforelle** *f* salmon *od* sea trout **Lachsschinken** *m* *smoked, rolled fillet of ham*
Lack *m* varnish; (≈ *Autolack*) paint; (*für Lackarbeiten*) lacquer **Lackarbeit** *f* lacquerwork **Lackfarbe** *f* gloss paint **lackieren** *vti Holz* to varnish; *Fingernägel auch* to paint; *Auto* to spray **Lackierer(in)** *m(f)* varnisher; (*von Autos*) sprayer **Lackiererei** *f* (≈ *Autolackiererei*) paint shop **Lackierung** *f* (*von Auto*) paintwork; (≈ *Holzlackierung*) varnish; (*für Lackarbeiten*) lacquer **Lackleder** *n* patent leather
Lackmuspapier *n* litmus paper
ladbar *Adj* IT loadable **Ladefläche** *f* load area **Ladegerät** *n* battery charger
Ladehemmung *f* ***das Gewehr hat ~*** the gun is jammed
laden[1] **1.** *vt* to load; (≈ *wieder aufladen*) *Batterie, Akku* to recharge; PHYS to charge; ***der Lkw hat zu viel geladen*** the lorry is overloaded; ***Verantwortung auf sich*** (*Akk*) ***~*** to saddle oneself with responsibility; → ***geladen*** **2.** *vi* **a)** to load (up); **b)** PHYS to charge
laden[2] *vt* **a)** (*lit* ≈ *einladen*) to invite; ***nur für geladene Gäste*** by invitation only; **b)** (*förml: vor Gericht*) to summon
Laden[1] *m* (≈ *Geschäft*) shop (*bes Brit*), store (*US*); ***der ~ läuft*** (*umg*) business is good; ***den ~ schmeißen*** (*umg*) to run the show; ***den (ganzen) ~ hinschmeißen*** (*umg*) to chuck the whole thing in (*umg*)
Laden[2] *m* (≈ *Fensterladen*) shutter
Ladendieb(in) *m(f)* shoplifter **Ladendiebstahl** *m* shoplifting **Ladenhüter** *m* non-seller **Ladenkette** *f* chain of shops (*bes Brit*) *od* stores **Ladenpreis** *m* shop (*bes Brit*) *od* store (*US*) price **Ladenschluss** *m* ***um fünf Uhr ist ~*** the shops (*bes Brit*) *od* stores (*US*) shut at five o'clock **Ladenschlusszeit** *f* (shop (*bes Brit*) *od* store (*US*)) closing time **Ladentisch** *m* shop counter; ***über den/unter dem ~*** over/under the counter

L

Ladeplatz *m* loading bay **Laderampe** *f* loading ramp **Laderaum** *m* load room; FLUG, SEEF hold
lädieren *vt* to damage; *Körperteil* to injure; ***sein lädiertes Image*** his tarnished image
Ladung *f* **a)** load; (*von Sprengstoff*) charge; ***eine geballte ~ von Schimpfwörtern*** a whole torrent of abuse; **b)** (≈ *Vorladung*) summons *Sg*
Lage *f* **a)** (≈ *geografische Lage*) situation; ***in günstiger ~*** well-situated; ***eine gute/ruhige ~ haben*** to be in a good/quiet location; **b)** (≈ *Art des Liegens*) position; **c)** (≈ *Situation*) situation; ***in der ~ sein, etw zu tun*** (*befähigt sein*) to be able to do sth; ***dazu bin ich nicht in der ~*** I'm not in a position to do that; ***nach ~ der Dinge*** as things stand; **d)** (≈ *Schicht*) layer; **e)** (≈ *Runde*) round **Lagebericht** *m* report; MIL situation report
Lagenschwimmen *n* SPORT individual medley **Lagenstaffel** *f* SPORT medley relay; (≈ *Mannschaft*) medley relay team
Lageplan *m* ground plan
Lager *n* **a)** (≈ *Unterkunft*) camp; ***sein ~ aufschlagen*** to set up camp; **b)** (*fig*) (≈ *Partei*) camp; ***ins andere ~ überwechseln*** to change camps; **c)** (≈ *Vorratsraum*) store(room); (*von Laden*) stockroom; (≈ *Lagerhalle*) warehouse; ***am ~ sein*** to be in stock; ***etw auf ~ haben*** to have sth in stock; (*fig*) *Witz etc* to have sth on tap (*umg*); **d)** TECH bearing **Lagerfeuer** *n* campfire **Lagergebühr** *f*, **Lagergeld** *n* storage charge **Lagerhalle** *f* warehouse **Lagerhaus** *n* warehouse **Lagerleben** *n* camp life **Lagerleiter(in)** *m(f)* camp commander; (*in Ferienlager etc*) camp leader **lagern** **1.** *vt* **a)** (≈ *aufbewahren*) to store; ***kühl ~!*** keep in a cool place; **b)** (≈ *hinlegen*) *jdn* to lay down; *Bein etc* to rest; ***das Bein hoch ~*** to put one's leg up; → ***gelagert*** **2.** *vi* **a)** (*Waren etc*) to be stored; **b)** (*Truppen etc*) to camp, to be encamped **Lagerraum** *m* storeroom; (*in Geschäft*) stockroom **Lagerstätte** *f* GEOL deposit
Lagerung *f* storage
Lagune *f* lagoon
lahm *Adj* **a)** (≈ *gelähmt*) lame; ***er ist auf dem linken Bein ~*** he is lame in his left leg; **b)** (*umg* ≈ *langweilig*) dreary; *Ausrede* lame; *Geschäftsgang* slow **Lahmarsch** *m* (*umg*) slowcoach (*Brit umg*), slowpoke (*US umg*) **lahmarschig** *Adj* (*umg*) bloody (*Brit umg*) *od* damn (*umg*) slow **lahmen** *vi* to be lame (*auf +Dat* in) **lähmen** *vt* to paralyze; *Verhandlungen, Verkehr* to hold up; → ***gelähmt*** **lahmlegen** *vt Verkehr* to bring to a standstill; *Stromversorgung* to paralyze **Lähmung** *f* (*wörtl*) paralysis; (*fig*) immobilization
Laib *m* (*bes südd*) loaf
Laibchen *n*, **Laiberl** *n* (*österr*) (≈ *Teiggebäck*) round loaf; (≈ *Fleischspeise*) ≈ (ham)burger
Laich *m* spawn **laichen** *vi* to spawn
Laie *m* layman **Laiendarsteller(in)** *m(f)* amateur actor/actress **laienhaft** **1.** *Adj Arbeit* amateurish **2.** *Adv spielen* amateurishly
Lakai *m* lackey
Lake *f* brine
Laken *n* sheet
lakonisch **1.** *Adj* laconic **2.** *Adv* laconically
Lakritz *m* (*dial*), **Lakritze** *f* liquorice (*Brit*), licorice
lallen *vti* to babble
Lama[1] *n* ZOO llama
Lama[2] *m* REL lama
Lamelle *f* **a)** BIOL lamella; **b)** (*von Jalousien*) slat
lamentieren *vi* to moan, to complain
Lametta *n* lametta
Laminat *n* laminate
Lamm *n* lamb **Lammbraten** *m* roast lamb **Lammfell** *n* lambskin **Lammfleisch** *n* lamb **lammfromm** *Adj Miene* innocent
Lampe *f* light; (≈ *Stehlampe, Tischlampe*) lamp; (≈ *Glühlampe*) bulb **Lampenfieber** *n* stage fright **Lampenschirm** *m* lampshade **Lampion** *m* Chinese lantern
lancieren *vt Produkt* to launch; *Nachricht* to put out
Land *n* **a)** (≈ *Gelände, Festland*) land; (≈ *Landschaft*) country, landscape; ***an ~ gehen*** to go ashore; ***etw an ~ ziehen*** to pull sth ashore; ***einen Auftrag an ~ ziehen*** (*umg*) to land an order; ***~ in Sicht!*** land ahoy!; ***bei uns zu ~e*** in our country; **b)** (≈ *ländliches Gebiet*) country; ***auf dem ~(e)*** in the country;

c) (≈ *Staat*) country; (≈ *Bundesland*) (*in BRD*) Land, state; (*in Österreich*) province **Landammann** *m* (*schweiz*) *highest official in a Swiss canton* **Landarbeiter(in)** *m(f)* agricultural worker **Landarzt** *m*, **Landärztin** *f* country doctor **Landbesitz** *m* landholding **Landbesitzer(in)** *m(f)* landowner **Landbevölkerung** *f* rural population

Landeanflug *m* approach **Landebahn** *f* runway **Landebrücke** *f* jetty **Landeerlaubnis** *f* permission to land **Landefähre** *f* RAUMF landing module **landen** **1.** *vi* to land; (*umg*) (≈ *enden*) to land up; ***weich ~*** to make a soft landing **2.** *vt* to land

Landenge *f* isthmus

Landepiste *f* landing strip **Landeplatz** *m* (*für Flugzeuge*) landing strip; (*für Schiffe*) landing place **Landerecht** *n* FLUG landing rights *Pl*

Ländereien *Pl* estates *Pl* **Länderkampf** *m* SPORT international contest; (≈ *Länderspiel*) international (match) **Länderspiel** *n* international (match) **Landesebene** *f* ***auf ~*** at state level **Landesgrenze** *f* (*von Staat*) national boundary; (*von Bundesland*) state *od* (*österr*) provincial boundary **Landeshauptfrau** *f*, **Landeshauptmann** *m* (*österr*) *head of the government of a province* **Landesinnere(s)** *n* interior **Landeskunde** *f* knowledge of the/a country **Landesregierung** *f* government of a Land; (*österr*) provincial government **Landessprache** *f* national language **Landesteil** *m* region **landesüblich** *Adj* customary **Landesverrat** *m* treason **Landesverteidigung** *f* national defence (*Brit*) *od* defense (*US*) **Landeswährung** *f* national *od* local currency **Landeszentralbank** *f* State Central Bank

Landeverbot *n* ***~ erhalten*** to be refused permission to land

Landflucht *f* migration from the land **Landfriedensbruch** *m* JUR breach of the peace **Landgang** *m* shore leave **Landgericht** *n* district court **landgestützt** *Adj Raketen* land-based **Landgut** *n* estate **Landhaus** *n* country house **Landkarte** *f* map **Landklima** *n* continental climate **Landkreis** *m* administrative district **landläufig** **1.** *Adj* popular; ***entgegen der ~en Meinung*** contrary to popular opinion **2.** *Adv* commonly **Landleben** *n* country life **ländlich** *Adj* rural; *Tanz* country *attr*, folk *attr* **Landluft** *f* country air **Landmine** *f* land mine **Landplage** *f* plague; (*fig umg*) pest

Landrat[1] *m* (*schweiz*) *cantonal parliament*

Landrat[2] *m*, **Landrätin** *f* (*D*) *head of the administration of a Landkreis*

Landratte *f* (*hum*) landlubber **Landregen** *m* steady rain **Landschaft** *f* scenery *kein Pl*; (≈ *ländliche Gegend*) countryside; (*Gemälde*, *fig*) landscape; ***die politische ~*** the political scene **landschaftlich** *Adj Schönheiten etc* scenic; *Besonderheiten* regional **Landschaftsbild** *n* view; (*Gemälde*) landscape (painting); (*Fotografie*) landscape (photograph) **Landschaftsgärtner(in)** *m(f)* landscape gardener **Landschaftsschutz** *m* protection of the countryside **Landschaftsschutzgebiet** *n* nature reserve **Landsitz** *m* country seat **Landsmann** *m*, **Landsmännin** *f* compatriot **Landstraße** *f* country road **Landstreicher(in)** *m(f)* (*pej*) tramp **Landstreitkräfte** *Pl* land forces *Pl* **Landstrich** *m* area **Landtag** *m* Landtag (*state parliament*) **Landtagswahlen** *Pl* German regional elections *Pl*

Landung *f* landing **Landungsbrücke** *f* jetty **Landungssteg** *m* landing stage

Landurlaub *m* shore leave **Landvermessung** *f* land surveying **Landweg** *m* ***auf dem ~*** by land **Landwein** *m* homegrown wine **Landwirt(in)** *m(f)* farmer **Landwirtschaft** *f* agriculture; (*Betrieb*) farm; ***~ betreiben*** to farm **landwirtschaftlich** *Adj* agricultural **Landzunge** *f* spit (of land), promontory

lang **1.** *Adj* **a)** long; ***vor ~er Zeit*** a long time ago; **b)** (*umg* ≈ *groß*) *Mensch* tall **2.** *Adv* ***der ~ erwartete Regen*** the long-awaited rain; ***~ gehegt*** *Wunsch* long-cherished; ***~ gestreckt*** long; ***zwei Stunden ~*** for two hours; ***mein ganzes Leben ~*** all my life **langärmelig** *Adj* long-sleeved **langatmig** **1.** *Adj* long-winded **2.** *Adv* in a long-winded way **lange** *Adv* **a)** (*zeitlich*) a long time; ***wie ~ bist du schon hier?***

L

how long have you been here (for)?; ***es ist noch gar nicht ~ her, dass ...*** it's not long since we ...; ***je länger, je lieber*** the more the better; (*zeitlich*) the longer the better; **b)** (*umg* ≈ *längst*) ***noch ~ nicht*** not by any means **Länge** *f* **a)** length; (*umg: von Mensch*) height; ***eine ~ von 10 Metern haben*** to be 10 metres (*Brit*) *od* meters (*US*) long; ***der ~ nach hinfallen*** to fall flat; ***in die ~ schießen*** to shoot up; ***etw in die ~ ziehen*** to drag sth out (*umg*); ***sich in die ~ ziehen*** to go on and on; ***(jdm) um ~n voraus sein*** (*fig*) to be streets ahead (of sb); **b)** GEOG longitude; **c)** (*in Buch*) long-drawn-out passage; (*in Film*) long-drawn-out scene **langen** (*dial umg*) **1.** *vi* **a)** (≈ *sich erstrecken, greifen*) to reach (*nach* for, *in +Akk* in, into); **b)** (≈ *fassen*) to touch (*an etw* (*Akk*) sth); **c)** (≈ *ausreichen*) to be enough; ***mir langt es*** I've had enough; ***das Geld langt nicht*** there isn't enough money **2.** *vt* (≈ *reichen*) ***jdm etw ~*** to give sb sth; ***jdm eine ~*** to give sb a clip on the ear (*umg*) **Längengrad** *m* degree of longitude; (*a.* **Längenkreis**) meridian **Längenmaß** *n* measure of length **längerfristig** **1.** *Adj* longer-term **2.** *Adv* in the longer term

Langeweile *f* boredom; ***~ haben*** to be bored

langfristig **1.** *Adj* long-term **2.** *Adv* in the long term **langgehen** **1.** *vi* **a)** (*Weg etc*) ***wo gehts hier lang?*** where does this (road *etc*) go?; **b)** ***sie weiß, wo es langgeht*** she knows what's what **2.** *vt* to go along **langgestreckt** *Adj* long **langhaarig** *Adj* long-haired **Langhantel** *f* barbell **langjährig** *Adj Freundschaft, Gewohnheit* long-standing; *Erfahrung* many years of; *Mitarbeiter* of many years' standing **Langlauf** *m* SKI cross-country (skiing) **Langläufer(in)** *m(f)* SKI cross-country skier **langlebig** *Adj* long-lasting; *Gerücht* persistent; *Mensch, Tier* long-lived **länglich** *Adj* long **Langmut** *f* forbearance **langmütig** *Adj* forbearing **längs** **1.** *Adv* lengthways; ***~ gestreift*** *Stoff* with lengthways stripes **2.** *Präp +Gen* along; ***~ des Flusses*** along the river **Längsachse** *f* longitudinal axis

langsam **1.** *Adj* slow **2.** *Adv* slowly; ***~, aber sicher*** slowly but surely; ***es wird ~ Zeit, dass ...*** it's high time that ...; ***ich muss jetzt ~ gehen*** I must be getting on my way; ***~ reicht es mir*** I've just about had enough **Langsamkeit** *f* slowness

Langschläfer(in) *m(f)* late-riser **längsgestreift** *Adj* → ***längs***

Langspielplatte *f* long-playing record

längst *Adv* (≈ *schon lange*) for a long time; (≈ *vor langer Zeit*) a long time ago; ***als wir ankamen, war der Zug ~ weg*** when we arrived the train had long since gone **längstens** *Adv* **a)** (≈ *höchstens*) at the most; **b)** (≈ *spätestens*) at the latest **längste(r, s)**; → ***lang***

Langstreckenflugzeug *n* long-range aircraft **Langstreckenlauf** *m* (*Disziplin*) long-distance running; (*Wettkampf*) long-distance race **Langstreckenrakete** *f* long-range missile

Languste *f* crayfish, crawfish (*US*)

langweilen **1.** *vt* to bore **2.** *vr* to be bored; ***sich zu Tode ~*** to be bored to death; → ***gelangweilt*** **Langweiler(in)** *m(f)* bore; (≈ *langsamer Mensch*) slowcoach (*Brit umg*), slowpoke (*US umg*) **langweilig** *Adj* boring

Langwelle *f* long wave **langwierig** **1.** *Adj* long **2.** *Adv* over a long period **Langzeitarbeitslose(r)** *mf* ***die ~n*** the long-term unemployed **Langzeitarbeitslosigkeit** *f* long-term unemployment **Langzeitgedächtnis** *n* long-term memory

Lanolin *n* lanolin

Lanze *f* (≈ *Waffe*) lance

La Ola *f*, **La-Ola-Welle** *f* SPORT Mexican wave

Laos *n* Laos **laotisch** *Adj* Laotian

lapidar **1.** *Adj* succinct **2.** *Adv* succinctly

Lappalie *f* trifle

Lappe *m*, **Lappin** *f* Lapp, Lapplander

Lappen *m* (≈ *Stück Stoff*) cloth; (≈ *Waschlappen*) face cloth (*Brit*), washcloth (*US*); ***jdm durch die ~ gehen*** (*umg*) to slip through sb's fingers

läppern *vr unpers* (*umg*) ***es läppert sich*** it (all) mounts up

läppisch *Adj* silly

Lappland *n* Lapland

Lapsus *m* mistake; (*gesellschaftlich*) faux pas

L

Laptop *m* IT laptop
Lärche *f* larch
Lärm *m* noise; (≈ *Aufsehen*) fuss; **~ *schlagen*** (*fig*) to kick up a fuss; ***viel ~ um jdn/etw machen*** to make a big fuss about sb/sth **Lärmbekämpfung** *f* noise abatement **Lärmbelästigung** *f* noise pollution **lärmen** *vi* to make a noise; ***~d*** noisy **Lärmschutz** *m* noise prevention **Lärmschutzwall** *m*, **Lärmschutzwand** *f* sound barrier
Larve *f* (≈ *Tierlarve*) larva
Lasagne *Pl* lasagne *Sg*
lasch (*umg*) **1.** *Adj Gesetz*, *Kontrolle*, *Eltern* lax; *Vorgehen* feeble **2.** *Adv* (≈ *nicht streng*) in a lax way; *vorgehen* feebly
Lasche *f* (≈ *Schlaufe*) loop; (≈ *Schuhlasche*) tongue; TECH splicing plate
Laser *m* laser **Laserchirurgie** *f* laser surgery **Laserdrucker** *m* TYPO laser (printer) **Laserpistole** *f* laser gun; (*bei Geschwindigkeitskontrollen*) radar gun **Laserstrahl** *m* laser beam **Lasertechnik** *f* laser technology **Laserwaffe** *f* laser weapon
lasieren *vt Bild*, *Holz* to varnish; *Glas* to glaze
lassen 1. *v/hilf* **a)** (≈ *veranlassen*) ***etw tun ~*** to have sth done; ***jdm mitteilen ~, dass ...*** to let sb know that ...; ***er lässt Ihnen mitteilen, dass ...*** he wants you to know that ...; ***jdn rufen*** *od* ***kommen ~*** to send for sb; **b)** (≈ *zulassen*) ***warum hast du das Licht brennen ~?*** why did you leave the light on?; ***jdn warten ~*** to keep sb waiting; **c)** (≈ *erlauben*) to let; ***jdn etw sehen ~*** to let sb see sth; ***ich lasse mich nicht zwingen*** I won't be coerced; ***lass mich machen!*** let me do it!; ***lass das sein!*** don't (do it)!; (≈ *hör auf*) stop it!; ***das Fenster lässt sich leicht öffnen*** the window opens easily; ***das Wort lässt sich nicht übersetzen*** the word can't be translated; ***das lässt sich machen*** that can be done; ***daraus lässt sich schließen, dass ...*** one can conclude from this that ...; **d)** (*im Imperativ*) ***lass uns gehen!*** let's go!; ***lass es dir gut gehen!*** take care of yourself!; ***lass ihn nur kommen!*** just let him come! **2.** *vt* **a)** (≈ *unterlassen*) to stop; (≈ *momentan aufhören*) to leave; ***lass das!*** don't do it!; (≈ *hör auf*) stop that!; ***~ wir das!*** let's leave it!; ***er kann das Trinken nicht ~*** he can't stop drinking; **b)** (≈ *belassen*) to leave; ***jdn allein ~*** to leave sb alone; ***lass mich (los)!*** let me go!; ***lass mich (in Ruhe)!*** leave me alone!; ***das muss man ihr ~*** (≈ *zugestehen*) you've got to give her that; ***etw ~, wie es ist*** to leave sth (just) as it is **3.** *vi* ***von jdm/etw ~*** (≈ *ablassen*) to give sb/sth up; ***lass mal, ich mach das schon*** leave it, I'll do it
lässig 1. *Adj* (≈ *ungezwungen*) casual; (≈ *nachlässig*) careless; (*umg* ≈ *gekonnt*) cool (*umg*) **2.** *Adv* (≈ *ungezwungen*) casually; (*umg* ≈ *leicht*) easily
Lasso *m od n* lasso
Last *f* **a)** load; (≈ *Gewicht*) weight; **b)** (*fig* ≈ *Bürde*) burden; ***jdm zur ~ fallen/werden*** to be/become a burden on sb; ***die ~ des Amtes*** the weight of office; ***jdm etw zur ~ legen*** to accuse sb of sth; ***das geht zu ~en der Sicherheit im Lande*** that is detrimental to national security; **c) Lasten** *Pl* (≈ *Kosten*) costs; (*des Steuerzahlers*) charges **lasten** *vi* to weigh heavily (*auf +Dat* on); ***auf ihm lastet die ganze Verantwortung*** all the responsibility rests on him **Lastenaufzug** *m* hoist
Laster[1] *m* (*umg* ≈ *Lastwagen*) truck
Laster[2] *n* (≈ *Untugend*) vice **lasterhaft** *Adj* depraved **lästerlich** *Adj* malicious; (≈ *gotteslästerlich*) blasphemous **lästern** *vi* to bitch (*umg*); ***über jdn/etw ~*** to bitch about sb/sth (*umg*)
lästig *Adj* tiresome; *Husten etc* troublesome; ***jdm ~ sein*** to bother sb; ***etw als ~ empfinden*** to think sth is annoying
Lastkahn *m* barge **Lastkraftwagen** *m* (*förml*) heavy goods vehicle
Last-Minute-Angebot *m* late deal
Last-Minute-Flug *m* standby flight
Lastschiff *n* freighter **Lastschrift** *f* debit; (*Eintrag*) debit entry **Lastschriftverfahren** *n* direct debit **Lastwagen** *m* truck **Lastwagenfahrer(in)** *m(f)* truck driver **Lastzug** *m* truck-trailer (*US*), juggernaut (*Brit umg*)
Lasur *f* (*auf Holz*) varnish; (*auf Glas*) glaze
Latein *n* Latin; ***mit seinem ~ am Ende sein*** to be stumped (*umg*) **Lateiname-**

L

rika *n* Latin America **Lateinamerikaner(in)** *m(f)* Latin American **lateinamerikanisch** *Adj* Latin-American **lateinisch** *Adj* Latin

latent *Adj* latent

Laterne *f* lantern; (≈ *Straßenlaterne*) streetlight **Laternenpfahl** *m* lamppost

Latino *m* Latin American, Latino (*bes US*) **Latinum** *n* ***kleines/großes ~*** basic/advanced Latin exam

latschen *vi* (*umg*) to wander **Latschen** *m* (*umg*) (≈ *Hausschuh*) slipper; (*pej* ≈ *Schuh*) worn-out shoe

Latte *f* **a)** (≈ *schmales Brett*) slat; **b)** SPORT bar; FUSSB (cross)bar; **c)** (*umg* ≈ *Liste*) ***eine (ganze) ~ von Vorstrafen*** a whole string of previous convictions **Lattenrost** *m* duckboards *Pl*; (*in Bett*) slatted frame **Lattenschuss** *m* FUSSB shot against the bar **Lattenzaun** *m* wooden fence

Latz *m* (≈ *Lätzchen*) bib; (≈ *Hosenlatz*) (front) flap; ***jdm eins vor den ~ knallen*** (*umg*) to sock sb one (*umg*) **Lätzchen** *n* bib **Latzhose** *f* (pair of) dungarees *Pl* (*Brit*) *od* overalls *Pl* (*US*)

lau **1.** *Adj* **a)** (≈ *mild*) *Wind* mild; **b)** (≈ *lauwarm*) tepid; (*fig*) lukewarm **2.** *Adv* (≈ *mild*) *wehen* gently

Laub *n* leaves *Pl* **Laubbaum** *m* deciduous tree

Laube *f* **a)** (≈ *Gartenhäuschen*) summerhouse; **b)** (≈ *Gang*) arbour (*Brit*), arbor (*US*), pergola

Laubfrosch *m* (European) tree frog **Laubsäge** *f* fret saw **Laubwald** *m* deciduous wood *od* (*größer*) forest

Lauch *m* (*bes südd* ≈ *Porree*) leek

Laudatio *f* eulogy

Lauer *f* ***auf der ~ sein*** *od* ***liegen*** to lie in wait **lauern** *vi* to lurk, to lie in wait (*auf +Akk* for)

Lauf *m* **a)** (≈ *schneller Schritt*) run; SPORT race; **b)** (≈ *Verlauf*) course; ***im ~e der Zeit*** in the course of time; ***seiner Fantasie freien ~ lassen*** to give free rein to one's imagination; ***den Dingen ihren ~ lassen*** to let things take their course; ***das ist der ~ der Dinge*** that's the way things go; **c)** (≈ *Gang, Arbeit*) running, operation; **d)** (≈ *Flusslauf*) course; **e)** (≈ *Gewehrlauf*) barrel **Laufbahn** *f* career **Laufband** *n* (*in Flughafen etc*) travelator (*Brit*), moving sidewalk (*US*); (≈ *Sportgerät*) treadmill **laufen** **1.** *vi* **a)** (≈ *rennen*) to run; (*umg*) (≈ *gehen*) to go; (≈ *zu Fuß gehen*) to walk; ***das Laufen lernen*** to learn to walk; **b)** (≈ *fließen*) to run; **c)** (*Wasserhahn*) to leak; (*Wunde*) to weep; **d)** (≈ *in Betrieb sein*) to run; (*Uhr*) to go; (≈ *funktionieren*) to work; ***ein Programm ~ lassen*** IT to run a program; **e)** (≈ *gezeigt werden, Film, Stück*) to be on; ***etw läuft gut/schlecht*** sth is going well/badly; ***die Sache ist gelaufen*** (*umg*) it's in the bag (*umg*) **2.** *vt* **a)** SPORT *Rekordzeit* to run; *Rekord* to set; **b)** (≈ *zu Fuß gehen*) to walk; (*schnell*) to run **3.** *vr* ***sich warm ~*** to warm up; ***sich müde ~*** to tire oneself out **laufend** **1.** *Adj* (≈ *ständig*) regular; (≈ *regelmäßig*) *Monat, Jahr* current; ***~e Nummer*** serial number; (*von Konto*) number; ***jdn auf dem Laufenden halten*** to keep sb up-to-date *od* informed; ***mit etw auf dem Laufenden sein*** to be up-to-date on sth **2.** *Adv* continually **laufen lassen** *vt* (*umg*) ***jdn ~*** to let sb go **Läufer** *m* **a)** SCHACH bishop; **b)** (*Teppich*) rug **Läufer(in)** *m(f)* SPORT runner **Lauferei** *f* (*umg*) running about *kein Pl* **Lauffeuer** *n* ***sich wie ein ~ verbreiten*** to spread like wildfire **läufig** *Adj* in heat **Laufkundschaft** *f* occasional customers *Pl* **Laufmasche** *f* ladder (*Brit*), run **Laufpass** *m* ***jdm den ~ geben*** (*umg*) to give sb his marching orders (*umg*) **Laufschritt** *m* trot; ***im ~*** MIL at the double **Laufschuh** *m* (*umg*) walking shoe **Laufstall** *m* playpen; (*für Tiere*) pen **Laufsteg** *m* catwalk **Laufwerk** *n* IT drive **Laufzeit** *f* **a)** (*von Vertrag*) term; (*von Kredit*) period; **b)** (*von Maschine* ≈ *Betriebszeit*) running time

Lauge *f* CHEM lye; (≈ *Seifenlauge*) soapy water **Laugenbrezel** *f* pretzel stick

Lauheit *f* (*von Wind, Abend*) mildness

Laune *f* **a)** (≈ *Stimmung*) mood; ***(je) nach (Lust und) ~*** just as the mood takes one; ***gute/schlechte ~ haben*** to be in a good/bad mood; **b)** (≈ *Grille, Einfall*) whim; ***etw aus einer ~ heraus tun*** to do sth on a whim **launenhaft, launisch** *Adj* moody; (≈ *unberechenbar*) capricious; *Wetter* changea-

L

ble
Laus *f* louse; ***ihm ist (wohl) eine ~ über die Leber gelaufen*** (*umg*) something's eating at him (*umg*)
Lauschangriff *m* bugging operation (*gegen* on) **lauschen** *vi* **a)** (*geh*) to listen (+*Dat*, *auf* +*Akk* to); **b)** (≈ *heimlich zuhören*) to eavesdrop
lausen *vt* to delouse; ***ich glaub, mich laust der Affe!*** (*umg*) well I'll be blowed! (*Brit umg*) **lausig** (*umg*) **1.** *Adj* lousy (*umg*); *Kälte* freezing **2.** *Adv* awfully
laut[1] **1.** *Adj* loud; (≈ *lärmend*) noisy; ***er wird immer gleich ~*** he always gets obstreperous; ***etw ~ werden lassen*** (≈ *bekannt*) to make sth known **2.** *Adv* loudly; ***~ auflachen*** to laugh out loud; ***~ nachdenken*** to think aloud; ***das kannst du aber ~ sagen*** (*fig umg*) you can say that again
laut[2] *Präp* +*Gen od* +*Dat* (*geh*) according to
Laut *m* sound **lauten** *vi* to be; (*Rede*) to go; (*Schriftstück*) to read; ***auf den Namen ... ~*** (*Pass*) to be in the name of ...
läuten *vti* to ring; (*Wecker*) to go (off); ***es hat geläutet*** the bell rang; ***er hat davon (etwas) ~ hören*** (*umg*) he has heard something about it
lauter[1] *Adj unv* (≈ *nur*) nothing but; ***~ Unsinn*** pure nonsense; ***vor ~ Rauch kann man nichts sehen*** you can't see anything for all the smoke
lauter[2] *Adj* (*geh* ≈ *aufrichtig*) honourable (*Brit*), honorable (*US*); ***~er Wettbewerb*** fair competition
lauthals *Adv* at the top of one's voice
lautlos **1.** *Adj* silent **2.** *Adv* silently **Lautmalerei** *f* onomatopoeia **lautmalerisch** *Adj* onomatopoeic **Lautschrift** *f* phonetics *Pl* **Lautsprecher** *m* (loud)speaker **Lautsprecheranlage** *f* ***öffentliche ~*** PA system **lautstark** **1.** *Adj* loud; *Protest* vociferous **2.** *Adv* loudly; *protestieren auch* vociferously **Lautstärke** *f* **a)** loudness; **b)** RADIO, TV *etc* volume **Lautstärkeregler** *m* RADIO, TV volume control
lauwarm *Adj* slightly warm; *Flüssigkeit* lukewarm; (*fig*) lukewarm
Lava *f* lava
Lavabo *n* (*schweiz*) washbasin
Lavendel *m* lavender
Lawine *f* avalanche **lawinenartig** *Adj* like an avalanche; ***~ anwachsen*** to snowball **Lawinengefahr** *f* danger of avalanches **lawinensicher** *Adv gebaut* to withstand avalanches **Lawinenwarnung** *f* avalanche warning
lax **1.** *Adj* lax **2.** *Adv* laxly **Laxheit** *f* laxity
Layout *n*, **Lay-out** *n* layout **Layouter(in)** *m(f)* designer
Lazarett *n* (MIL, *in Kaserne etc*) sickbay; (≈ *Krankenhaus*) hospital
LCD-Anzeige *f* LCD display
Leadsänger(in) *m(f)* lead singer
leasen *vt* HANDEL to lease **Leasing** *n* HANDEL leasing
leben **1.** *vi* to live; (≈ *am Leben sein*) to be alive; ***er lebt noch*** he is still alive; ***er lebt nicht mehr*** he is no longer alive; ***von etw ~*** to live on sth; ***wie geht es dir? — man lebt (so)*** (*umg*) how are you? – surviving; ***genug zu ~ haben*** to have enough to live on; ***~ und ~ lassen*** to live and let live; ***allein ~*** to live alone **2.** *vt* to live **Leben** *n* life; ***das ~*** life; ***am ~ bleiben*** to stay alive; ***solange ich am ~ bin*** as long as I live; ***jdm das ~ retten*** to save sb's life; ***es geht um ~ und Tod*** it's a matter of life and death; ***mit dem ~ davonkommen*** to escape with one's life; ***etw ins ~ rufen*** to bring sth into being; ***ums ~ kommen*** to die; ***sich*** (*Dat*) ***das ~ nehmen*** to take one's (own) life; ***etw für sein ~ gern tun*** to love doing sth; ***ein ~ lang*** one's whole life (long); ***nie im ~!*** never!; ***ein Film nach dem ~*** a film from real life; ***das ~ geht weiter*** life goes on; ***~ in etw*** (*Akk*) ***bringen*** (*umg*) to liven sth up **lebend** *Adj* live *attr*, alive *präd*; *Sprache* living **Lebendgewicht** *n* live weight **lebendig** **1.** *Adj* **a)** (≈ *nicht tot*) live *attr*, alive *präd*; *Wesen* living; ***bei ~em Leibe*** alive; **b)** (*fig* ≈ *lebhaft*) lively *kein Adv*; *Darstellung* vivid **2.** *Adv* (≈ *lebend*) alive; (*fig* ≈ *lebhaft*) vividly **Lebendigkeit** *f* liveliness **Lebensabend** *m* old age **Lebensabschnitt** *m* phase in *od* of one's life **Lebensalter** *n* age **Lebensarbeitszeit** *f* working life **Lebensart** *f* **a)** (≈ *Lebensweise*) way of life; **b)** (≈ *Manieren*) manners *Pl*; (≈ *Stil*) style **Lebensauffassung** *f* attitude to life **Lebensaufgabe** *f* life's work **Lebensbedingungen** *Pl* living

conditions *Pl* **lebensbedrohend**, **lebensbedrohlich** *Adj* life-threatening **Lebensberechtigung** *f* right to exist **Lebensbereich** *m* area of life **Lebensdauer** *f* life(span); (*von Maschine*) life **Lebensende** *n* end (of sb's/one's life); ***bis an ihr ~*** till the day she died **Lebenserfahrung** *f* experience of life **lebenserhaltend** *Adj* life-preserving; *Geräte* life-support *attr* **Lebenserinnerungen** *Pl* memoirs *Pl* **Lebenserwartung** *f* life expectancy **lebensfähig** *Adj* viable **Lebensfähigkeit** *f* viability **Lebensfreude** *f* joie de vivre **lebensfroh** *Adj* merry **Lebensführung** *f* lifestyle **Lebensgefahr** *f* (mortal) danger; ***„Lebensgefahr!"*** "danger!"; ***er schwebt in ~*** his life is in danger; (*Patient*) he is in a critical condition; ***außer ~ sein*** to be out of danger **lebensgefährlich** **1.** *Adj* highly dangerous; *Krankheit*, *Verletzung* critical **2.** *Adv verletzt* critically **Lebensgefährte** *m*, **Lebensgefährtin** *f* partner **Lebensgefühl** *n* awareness of life, feeling of being alive; ***ein ganz neues ~ haben*** to feel (like) a different person **Lebensgemeinschaft** *f* long-term relationship; ***eingetragene ~*** registered partnership **Lebensgeschichte** *f* life story, life history **lebensgroß** *Adj*, *Adv* life-size **Lebensgröße** *f* life-size; ***etw in ~ malen*** to paint sth life-size **Lebensgrundlage** *f* (basis for one's) livelihood **Lebenshaltung** *f* **a**) (≈ *Unterhaltskosten*) cost of living; **b**) (≈ *Lebensführung*) lifestyle **Lebenshaltungsindex** *m* cost-of-living index **Lebenshaltungskosten** *Pl* cost of living *Sg* **Lebensjahr** *n* year of (one's) life; ***nach Vollendung des 18. ~es*** on attaining the age of 18 **Lebenskraft** *f* vitality **Lebenslage** *f* situation **lebenslang** *Adj Freundschaft* lifelong; *Haft* life *attr*, for life **lebenslänglich** **1.** *Adj Rente*, *Strafe* for life; ***sie hat ~ bekommen*** (*umg*) she got life (*umg*) **2.** *Adv* for life **Lebenslauf** *m* life; (*bei Bewerbungen*) curriculum vitae (*Brit*), résumé (*US*) **Lebenslust** *f* zest for life **lebenslustig** *Adj* in love with life **Lebensmittel** *Pl* food *Sg* **Lebensmittelchemie** *f* food chemistry **Lebensmittelgeschäft** *n* grocer's (shop) **Lebensmittelvergiftung** *f* food poisoning **lebensmüde** *Adj* weary of life; ***ich bin doch nicht ~!*** (*umg ≈ verrückt*) I'm not completely mad! (*umg*) **lebensnotwendig** *Adj* essential **Lebenspartner(in)** *m(f)* long-term partner **Lebenspartnerschaft** *f* long-term relationship; ***eingetragene ~*** registered *od* civil (*Brit*) partnership **Lebensqualität** *f* quality of life **Lebensretter(in)** *m(f)* rescuer **Lebensstandard** *m* standard of living **Lebensstil** *m* lifestyle **Lebensumstände** *Pl* circumstances *Pl* **lebensunfähig** *Adj Lebewesen*, *System* nonviable **Lebensunterhalt** *m* ***seinen ~ verdienen*** to earn one's living; ***für jds ~ sorgen*** to support sb **lebensverlängernd** *Adj Maßnahme* life-prolonging **Lebensversicherung** *f* life insurance **Lebenswandel** *m* way of life **Lebensweise** *f* way of life **Lebensweisheit** *f* maxim; (≈ *Lebenserfahrung*) wisdom **Lebenswerk** *n* life's work **lebenswert** *Adj* worth living **lebenswichtig** *Adj* essential; *Organ* vital **Lebenswille** *m* will to live **Lebenszeichen** *n* sign of life **Lebenszeit** *f* life(time); ***auf ~*** for life

Leber *f* liver; ***frei*** *od* ***frisch von der ~ weg reden*** (*umg*) to speak out **Leberfleck** *m* mole **Leberkäse** *m* ≈ meat loaf **Leberknödel** *m* liver dumpling **Leberkrebs** *m* cancer of the liver **Leberpastete** *f* liver pâté **Lebertran** *m* cod-liver oil **Leberwurst** *f* liver sausage

Lebewesen *n* living thing **Lebewohl** *n* (*lit*) farewell (*lit*); ***jdm ~ sagen*** to bid sb farewell **lebhaft** **1.** *Adj* lively *kein Adv*; *Gespräch* animated; HANDEL *Geschäfte*, *Nachfrage* brisk; *Erinnerung* vivid; *Farbe* bright **2.** *Adv reagieren* strongly; ***~ diskutieren*** to have a lively discussion; ***das Geschäft geht ~*** business is brisk; ***ich kann mir ~ vorstellen, dass ...*** I can (very) well imagine that ... **Lebhaftigkeit** *f* liveliness; (*von Erinnerung*) vividness; (*von Farbe*) brightness

Lebkuchen *m* gingerbread

leblos *Adj* lifeless; ***~er Gegenstand*** inanimate object **Lebzeiten** *Pl* ***zu jds ~*** in sb's lifetime; (≈ *Zeit*) in sb's day

lechzen *vi* to pant; ***nach etw ~*** to thirst for sth

leck *Adj* leaky; **~ *sein*** to leak **Leck** *n* leak
lecken[1] *vi* (≈ *undicht sein*) to leak
lecken[2] *vti* to lick; ***an jdm/etw ~*** to lick sb/sth
lecker 1. *Adj Speisen* delicious **2.** *Adv zubereitet* deliciously; ***~ schmecken*** to taste delicious **Leckerbissen** *m* (*Speise*) delicacy, titbit (*Brit*), tidbit (*US*) **Leckerei** *f* **a**) (≈ *Leckerbissen*) delicacy, titbit (*Brit*), tidbit (*US*); **b**) (≈ *Süßigkeit*) dainty
Leder *n* leather; ***zäh wie ~*** as tough as old boots (*Brit umg*), as tough as shoe leather (*US*) **Ledergarnitur** *f* leather-upholstered suite **Lederhose** *f* leather trousers *Pl* (*bes Brit*) *od* pants *Pl* (*bes US*); (*kurz*) lederhosen *Pl* **Lederjacke** *f* leather jacket **Ledermantel** *m* leather coat **ledern** *Adj* **a**) leather; **b**) (≈ *zäh*) leathery **Lederwaren** *Pl* leather goods *Pl*
ledig *Adj* (≈ *unverheiratet*) single **Ledige(r)** *mf* single person
lediglich *Adv* merely
leer 1. *Adj* empty; *Blick* blank; ***mit ~en Händen*** (*fig*) empty-handed **2.** *Adv* ***etw ~ machen*** to empty sth; **(*wie*) *~ gefegt*** *Straßen* deserted; ***etw ~ trinken*** to empty sth; ***~ stehen*** to stand empty; ***~ stehend*** empty **Leere** *f* emptiness **leeren** *vtr* to empty **Leergewicht** *n* unladen weight; (*von Behälter*) empty weight **Leergut** *n* empties *Pl* **Leerlauf** *m* AUTO neutral; (*von Fahrrad*) freewheel; ***im ~ fahren*** to coast **leerlaufen** *vi* **a**) (*Fass etc*) to run dry; **b**) (*Motor*) to idle; (*Maschine*) to run idle **Leertaste** *f* space-bar **Leerung** *f* emptying; ***nächste ~ 18 Uhr*** (*an Briefkasten*) next collection (*Brit*) *od* pickup (*US*) 6 p.m. **Leerzeichen** *n* IT blank *od* space (character) **Leerzeile** *f* TYPO blank line; ***zwei ~n lassen*** to leave two lines free *od* blank, to leave two empty lines
legal 1. *Adj* legal **2.** *Adv* legally **legalisieren** *vt* to legalize **Legalisierung** *f* legalization **Legalität** *f* legality; **(*etwas*) *außerhalb der ~*** (*euph*) (slightly) outside the law
Legasthenie *f* dyslexia **Legastheniker(in)** *m*(*f*) dyslexic
Legebatterie *f* hen battery **Legehenne** *f* laying hen **legen 1.** *vt* **a**) (≈ *lagern*) to lay down; (*mit Adv*) to lay; **b**) (≈ *verlegen*) to lay; *Bomben* to plant; ***Feuer ~*** to start a fire **2.** *vti* (*Huhn*) to lay **3.** *vr* **a**) (≈ *hinlegen*) to lie down (*auf +Akk* on); ***sich in die Sonne ~*** to lie in the sun; ***sich auf die Seite ~*** to lie on one's side; **b**) (≈ *abnehmen*) (*Lärm*) to die down; (*Rauch, Nebel*) to clear; (*Zorn, Nervosität*) to wear off
legendär *Adj* legendary **Legende** *f* legend
leger 1. *Adj Kleidung, Ausdruck Typ* casual; *Atmosphäre* relaxed **2.** *Adv* casually; *sich ausdrücken* informally
Leggin(g)s *Pl* leggings *Pl*
legieren *vt Metall* to alloy **Legierung** *f* alloy; (*Verfahren*) alloying
Legion *f* legion **Legionär** *m* legionary, legionnaire
Legislative *f* legislature **Legislaturperiode** *f* parliamentary term (*Brit*), legislative period (*US*)
legitim *Adj* legitimate **Legitimation** *f* identification; (≈ *Berechtigung*) authorization **legitimieren 1.** *vt* to legitimize; (≈ *berechtigen*) to entitle; (≈ *Erlaubnis geben*) to authorize **2.** *vr* (≈ *sich ausweisen*) to identify oneself **Legitimierung** *f* legitimization; (≈ *Berechtigung*) justification **Legitimität** *f* legitimacy
Leguan *m* iguana
Lehm *m* loam; (≈ *Ton*) clay **Lehmboden** *m* clay soil **lehmig** *Adj* loamy; (≈ *tonartig*) claylike
Lehne *f* (≈ *Armlehne*) arm(rest); (≈ *Rückenlehne*) back (rest) **lehnen 1.** *vtr* to lean (*an +Akk* against) **2.** *vi* to be leaning (*an +Dat* against) **Lehnstuhl** *m* easy chair **Lehnwort** *n* LING loan word
Lehramt *n* ***das ~*** the teaching profession; (≈ *Lehrerposten*) teaching post (*bes Brit*) *od* position **Lehrauftrag** *m* UNI ***einen ~ für etw haben*** to give lectures on sth **Lehrbeauftragte(r)** *mf* UNI ***~ für etw sein*** to give lectures on sth **Lehrbuch** *n* textbook **Lehre** *f* **a**) (≈ *das Lehren*) teaching; **b**) (*von Christus etc*) teachings *Pl*; (≈ *Lehrmeinung*) doctrine; **c**) (≈ *negative Erfahrung*) lesson; (*einer Fabel*) moral; ***jdm eine ~ erteilen*** to teach sb a lesson; ***lass dir das eine ~ sein*** let that be a lesson to you!; **d**) (≈ *Berufslehre*)

L

Lehnwörter

So wie sich die deutsche Sprache gerne englischer Lehnwörter bedient, so trifft man auch – jedoch in weitaus geringerem Ausmaß – deutsche Wörter in der englischen Sprache an. Sie werden meist etwas anders ausgesprochen. Hier einige Beispiele:

angst	[æŋst, ɑːŋst]
rucksack	['rʌksæk]
wanderlust	['wɒndəlʌst]
muesli	['mjuːzlɪ]
kindergarten	['kɪndəˌgɑːtn]
gemütlich	[gə'mjuːtlɪk]
schadenfreude	['ʃɑːdnˌfrɔɪdə]
realpolitik	[reɪ'ɑːlpɒlɪˌtiːk]
zeitgeist	['zaɪtgaɪst, 'tsaɪtgaɪst]

apprenticeship; (*in nicht handwerklichem Beruf*) training; ***eine ~ machen*** to train; (*in Handwerk*) to do an apprenticeship **lehren** *vti* to teach; → ***gelehrt*** **Lehrer(in)** *m(f)* teacher; (≈ *Fahrlehrer etc*) instructor/instructress **Lehrerausbildung** *f* teacher training **Lehrerkollegium** *n* (teaching) staff **Lehrerzimmer** *n* staff (*bes Brit*) *od* teachers' room **Lehrfach** *n* subject **Lehrgang** *m* course (*für* in) **Lehrgeld** *n* ***~ für etw zahlen müssen*** (*fig*) to pay dearly for sth **Lehrjahr** *n* year as an apprentice **Lehrkörper** *m* (*förml*) teaching staff **Lehrkraft** *f* (*förml*) teacher **Lehrling** *m* apprentice; (*in nicht handwerklichem Beruf*) trainee **Lehrmeister(in)** *m(f)* master **Lehrmethode** *f* teaching method **Lehrmittel** *n* teaching aid **Lehrplan** *m* (teaching) curriculum; (*für ein Schuljahr*) syllabus **lehrreich** *Adj* (≈ *informativ*) instructive; *Erfahrung* educational **Lehrsatz** *m* MATHE, PHIL theorem; KIRCHE dogma **Lehrstelle** *f* position as an apprentice/a trainee **Lehrstoff** *m* subject; (*eines Jahres*) syllabus **Lehrstuhl** *m* UNI chair (*für* of) **Lehrtochter** *f* (*schweiz*) apprentice **Lehrveranstaltung** *f* (UNI ≈ *Vorlesung*) lecture; (≈ *Seminar*) seminar **Lehrzeit** *f* apprenticeship

Leib *m* (≈ *Körper*) body; ***mit ~ und Seele*** heart and soul; *wünschen* with all one's heart; ***mit ~ und Seele dabei sein*** to put one's heart and soul into it; ***etw am eigenen ~(e) erfahren*** to experience sth for oneself; ***am ganzen ~(e) zittern*** to be shaking all over; ***halt ihn mir vom ~*** keep him away from me **Leibchen** *n* (*österr, schweiz*), **Leiberl** *n* (*österr*) (≈ *Unterhemd*) vest (*Brit*), undershirt (*US*); (≈ *T-Shirt*) T-shirt; (≈ *Trikot*) shirt, jersey **Leibeskraft** *f* ***aus Leibeskräften schreien*** *etc* to shout *etc* with all one's might (and main) **Leibesübung** *f* ***~en*** (*Schulfach*) physical education *kein Pl* **Leibgericht** *n* favourite (*Brit*) *od* favorite (*US*) meal **leibhaftig** **1.** *Adj* personified; ***die ~e Güte*** *etc* goodness *etc* personified **2.** *Adv* in person **leiblich** *Adj* **a)** (≈ *körperlich*) physical, bodily; ***für das ~e Wohl sorgen*** to take care of our/their *etc* bodily needs; **b)** *Mutter, Vater* natural; *Kind* by birth; *Bruder, Schwester* full **Leibschmerzen** *Pl* (*alt, dial*) stomach pains *Pl* **Leibwache** *f* bodyguard **Leibwächter(in)** *m(f)* bodyguard

Leiche *f* corpse; ***er geht über ~n*** (*umg*) he'd stop at nothing; ***nur über meine ~!*** (*umg*) over my dead body! **Leichenbestatter(in)** *m(f)* undertaker, mortician (*US*) **leichenblass** *Adj* deathly pale **Leichenhalle** *f*, **Leichenhaus** *n* mortuary **Leichenschau** *f* postmortem (examination) **Leichenschauhaus** *n* morgue **Leichenstarre** *f* rigor mortis *ohne Artikel* **Leichenwagen** *m* hearse **Leichnam** *m* (*förml*) body

leicht **1.** *Adj* (≈ *nicht schwer*) light; *Koffer* lightweight; (≈ *geringfügig*) slight; JUR *Vergehen etc* petty; (≈ *einfach*) easy; ***mit ~er Hand*** (*fig*) effortlessly; ***mit dem werden wir (ein) ~es Spiel haben*** he'll be no problem **2.** *Adv* **a)** (≈ *einfach*) easily; ***es sich*** (*Dat*) ***(bei etw) ~ machen*** not to make much of an effort (with sth); ***man hats nicht ~*** (*umg*) it's a hard life; ***~ zu beantwor-***

ten easy to answer; ***das ist ~er gesagt als getan*** that's easier said than done; ***du hast ~ reden*** it's all very well for you; → ***leicht machen*** *etc*; **b)** (≈ *schnell*) easily; ***er wird ~ böse*** *etc* he is quick to get angry *etc*; ***~ zerbrechlich*** very fragile; ***~ verderblich*** highly perishable; ***das ist ~ möglich*** that's quite possible; ***~ entzündlich*** *Brennstoff etc* highly (in)flammable; ***das passiert mir so ~ nicht wieder*** I won't let that happen again in a hurry (*umg*); **c)** (≈ *schwach*) *regnen* not hard; ***~ bekleidet sein*** to be scantily clad; ***~ gekleidet sein*** to be (dressed) in light clothes; ***~ gewürzt/gesalzen*** lightly seasoned/salted **Leichtathlet(in)** *m(f)* (track and field) athlete **Leichtathletik** *f* (track and field) athletics *Sg* **leichtfallen** *vi* to be easy (*jdm* for sb) **leichtfertig 1.** *Adj* thoughtless **2.** *Adv* thoughtlessly; ***~ handeln*** to act without thinking **Leichtfertigkeit** *f* thoughtlessness **Leichtgewicht** *n* lightweight **leichtgläubig** *Adj* credulous; (≈ *leicht zu täuschen*) gullible **Leichtgläubigkeit** *f* credulity; (≈ *Arglosigkeit*) gullibility **leichthin** *Adv* lightly **Leichtigkeit** *f* **a)** (≈ *Mühelosigkeit*) ease; ***mit ~*** with no trouble (at all); **b)** (≈ *Unbekümmertheit*) light-heartedness **leichtlebig** *Adj* happy-go-lucky **leicht machen** *vt*, **leichtmachen** *vt* ***(jdm) etw ~*** to make sth easy (for sb); ***sich*** (*Dat*) ***etw ~*** to make things easy for oneself with sth; (≈ *nicht gewissenhaft sein*) to take it easy with sth **Leichtmetall** *n* light metal **leichtnehmen** *vt* ***etw ~*** (≈ *nicht ernsthaft behandeln*) to take sth lightly; (≈ *sich keine Sorgen machen*) not to worry about sth **Leichtsinn** *m* (≈ *unvorsichtige Haltung*) foolishness; (≈ *Sorglosigkeit*) thoughtlessness; ***sträflicher ~*** criminal negligence **leichtsinnig 1.** *Adj* foolish; (≈ *unüberlegt*) thoughtless **2.** *Adv handeln* thoughtlessly; ***~ mit etw umgehen*** to be careless with sth **Leichtverletzte(r)** *mf* ***die ~n*** the slightly injured **Leichtwasserreaktor** *m* light water reactor

leid *Adj* (≈ *überdrüssig*) ***jdn/etw ~ sein*** to be tired of sb/sth **Leid** *n* **a)** (≈ *Kummer*) sorrow, grief *kein unbest Artikel*; (≈ *Schaden*) harm; ***viel ~ erfahren*** to suffer a great deal; ***jdm sein ~ klagen*** to tell sb one's troubles; ***zu ~e*** = ***zuleide***; **b)** (*schweiz* ≈ *Begräbnis*) funeral; **c)** (*schweiz* ≈ *Trauerkleidung*) mourning **leiden 1.** *vt* **a)** (≈ *ertragen müssen*) to suffer; **b)** ***jdn/etw ~ können*** to like sb/sth **2.** *vi* to suffer (*an +Dat, unter +Dat* from) **Leiden** *n* **a)** suffering; **b)** (≈ *Krankheit*) illness **leidend** *Adj* (≈ *kränklich*) ailing; (*umg*) *Miene* long-suffering **Leidenschaft** *f* passion; ***ich koche mit großer ~*** cooking is a great passion of mine **leidenschaftlich 1.** *Adj* passionate **2.** *Adv* passionately; ***etw ~ gern tun*** to be mad about doing sth (*umg*) **leidenschaftslos 1.** *Adj* dispassionate **2.** *Adv* dispassionately **Leidensgefährte** *m*, **Leidensgefährtin** *f* fellow-sufferer **Leidensgeschichte** *f* tale of woe; ***die ~ (Christi)*** BIBEL Christ's Passion **Leidensweg** *m* life of suffering; ***seinen ~ gehen*** to bear one's cross **leider** *Adv* unfortunately **leidgeprüft** *Adj* sorely afflicted **leidig** *Adj* tiresome **leidlich 1.** *Adj* reasonable **2.** *Adv* reasonably; ***wie gehts? — danke, ~!*** how are you? – not too bad, thanks **Leidtragende(r)** *mf* **a)** (≈ *Hinterbliebener*) ***die ~n*** the bereaved; **b)** (≈ *Benachteiligter*) ***der/die ~*** the one to suffer **leidtun** *vi* ***etw tut jdm leid*** sb is sorry about *od* for sth; ***tut mir leid!*** (I'm) sorry!; ***es tut uns leid, Ihnen mitteilen zu müssen ...*** we regret to have to inform you ...; ***er/sie tut mir leid*** I'm sorry for him/her, I pity him/her; ***das wird dir noch ~*** you'll be sorry **Leierkasten** *m* barrel organ **Leierkastenfrau** *f*, **Leierkastenmann** *m* organ-grinder

Leiharbeit *f* subcontracted work **Leiharbeiter(in)** *m(f)* subcontracted worker **Leihbibliothek** *f*, **Leihbücherei** *f* lending library **leihen** *vt* to lend; (≈ *entleihen*) to borrow; (≈ *mieten*) to hire **Leihgabe** *f* loan **Leihgebühr** *f* hire *od* rental charge; (*für Buch*) lending charge **Leihhaus** *n* pawnshop **Leihmutter** *f* surrogate mother **Leihwagen** *m* hire(d) car (*Brit*), rental (car) (*US*) **leihweise** *Adv* on loan

Leim *m* glue; ***jdm auf den ~ gehen*** *od* ***kriechen*** (*umg*) to be taken in by sb;

L

aus dem ~ gehen (*umg*) (*Sache*) to fall apart **leimen** *vt* (≈ *kleben*) to glue (together); ***jdn ~*** (*umg*) to take sb for a ride (*umg*); ***der Geleimte*** the mug (*umg*)
Lein *m* flax
Leine *f* cord; (≈ *Schnur*) string; (≈ *Angelleine, Wäscheleine*) line; (≈ *Hundeleine*) leash
leinen *Adj* linen; (*grob*) canvas; *Bucheinband* cloth **Leinen** *n* linen; (*grob*) canvas; (*als Bucheinband*) cloth
Leinsamen *m* linseed **Leinwand** *f* canvas; (*für Dias*) screen
leise **1.** *Adj* **a)** quiet; *Stimme* soft; ***... sagte er mit ~r Stimme*** ... he said in a low voice; **b)** (≈ *gering*) slight; *Schlaf, Regen, Wind* light; ***nicht die ~ste Ahnung haben*** not to have the slightest idea **2.** *Adv* (≈ *nicht laut*) quietly; ***das Radio (etwas) ~r stellen*** to turn the radio down (slightly); ***sprich doch ~r!*** keep your voice down a bit
Leiste *f* (≈ *Holzleiste etc*) strip (of wood *etc*); (≈ *Zierleiste*) trim; (≈ *Umrandung*) border
leisten *vt* **a)** (≈ *erreichen*) to achieve; *Arbeit* to do; (*Maschine*) to manage; (≈ *ableisten*) *Wehrdienst etc* to complete; ***etwas ~*** (*Mensch*) (≈ *arbeiten*) to do something; (≈ *vollbringen*) to achieve something; (*Maschine*) to be quite good; (*Auto, Motor etc*) to be quite powerful; ***gute Arbeit ~*** to do a good job; ***jdm Hilfe ~*** to give sb some help; ***jdm gute Dienste ~*** (*Gegenstand*) to serve sb well; (*Mensch*) to be useful to sb; **b)** (≈ *sich erlauben*) ***sich*** (*Dat*) ***etw ~*** to allow oneself sth; (≈ *sich gönnen*) to treat oneself to sth; ***sich*** (*Dat*) ***etw ~ können*** (*finanziell*) to be able to afford sth; ***er hat sich tolle Sachen geleistet*** he got up to the craziest things
Leistenbruch *m* MED hernia **Leistengegend** *f* groin
Leistung *f* **a)** (≈ *Geleistetes*) performance; (*großartige, gute*) achievement; (≈ *Ergebnis*) result(s); (≈ *geleistete Arbeit*) work *kein Pl*; ***eine große ~ vollbringen*** to achieve a great success; ***das ist keine besondere ~*** that's nothing special; ***seine schulischen ~en haben nachgelassen*** his school work has deteriorated; ***schwache ~!*** that's not very good; **b)** (≈ *Leistungsfähigkeit*) capacity; (*von Motor*) power; **c)** (≈ *Zahlung*) payment; **d)** (≈ *Dienstleistung*) service **Leistungsdruck** *m* pressure (to do well) **leistungsfähig** *Adj* (≈ *konkurrenzfähig*) competitive; (≈ *produktiv*) efficient; *Motor* powerful; *Maschine* productive; FINANZ solvent **Leistungsfähigkeit** *f* (≈ *Konkurrenzfähigkeit*) competitiveness; (≈ *Produktivität*) efficiency; (*von Motor*) power(fulness); (*von Maschine*) capacity; FINANZ ability to pay, solvency; ***das übersteigt meine ~*** that's beyond my capabilities **leistungsgerecht** *Adj Bezahlung* performance-related **Leistungsgesellschaft** *f* meritocracy, achievement-orientated society (*pej*) **Leistungsgrenze** *f* upper limit **Leistungskontrolle** *f* SCHULE, UNI assessment; (*in der Fabrik*) productivity check **Leistungskurs** *m advanced course in specialist subjects* **leistungsorientiert** *Adj Gesellschaft* competitive; *Lohn* performance-related **Leistungsprämie** *f* productivity bonus **Leistungsprinzip** *n* achievement principle **leistungsschwach** *Adj* (≈ *nicht konkurrenzfähig*) uncompetitive; (≈ *nicht produktiv*) inefficient, unproductive; *Motor* low-powered; *Maschine* low-performance **Leistungssport** *m* competitive sport **leistungsstark** *Adj* (≈ *konkurrenzfähig*) highly competitive; (≈ *produktiv*) highly efficient *od* productive; *Motor* very powerful; *Maschine* highly productive **Leistungssteigerung** *f* increase in performance **Leistungstest** *m* SCHULE achievement test; TECH performance test **Leistungsträger(in)** *m(f)* **a)** SPORT key player; **b)** (*von Sozialleistungen etc*) service provider **Leistungsvermögen** *n* capabilities *Pl* **Leistungszuschlag** *m* productivity bonus
Leitartikel *m* leader (*Brit*), editorial **Leitartikler(in)** *m(f)* leader writer (*Brit*), editorial writer **Leitbild** *n* model **leiten** *vt* **a)** to lead; (*fig*) *Leser, Schüler etc* to guide; *Verkehr* to route; *Gas, Wasser* to conduct; (≈ *umleiten*) to divert; **b)** (≈ *verantwortlich sein für*) to be in charge of; *Partei, Diskussion* to lead; (*als Vorsitzender*) to

L

chair; *Theater, Orchester* to run; **c)** PHYS *Wärme, Licht* to conduct **leitend** *Adj* leading; *Idee* central; *Position* managerial; PHYS conductive; ***~e(r) Angestellte(r)*** executive
Leiter *f* ladder; (≈ *Stehleiter*) steps *Pl*
Leiter(in) *m(f)* leader; (*von Hotel, Geschäft*) manager/manageress; (≈ *Abteilungsleiter, in Firma*) head; (*von Schule*) head (*bes Brit*), principal (*bes US*); (*von Orchester, Chor etc*) director **Leiterplatte** *f* IT circuit board **Leiterwagen** *m* handcart **Leitfaden** *m* (*Fachbuch*) introduction; (≈ *Gebrauchsanleitung*) manual **leitfähig** *Adj* PHYS conductive **Leitfigur** *f* (≈ *Vorbild*) (role) model **Leitgedanke** *m* central idea **Leitidee** *f* central idea **Leitmotiv** *n* (LITERATUR, *fig*) leitmotif **Leitplanke** *f* crash barrier **Leitsatz** *m* basic principle **Leitspruch** *m* motto **Leitstelle** *f* headquarters *Pl*; (≈ *Funkleitstelle*) control centre (*Brit*) *od* center (*US*) **Leitung** *f* **a)** (*von Menschen, Organisationen*) running; (*von Partei, Regierung*) leadership; (*von Betrieb*) management; (*von Schule*) headship (*bes Brit*), principalship (*bes US*); ***unter der ~ von jdm*** MUS conducted by sb; **b)** (≈ *die Leitenden*) leaders *Pl*; (*eines Betriebes etc*) management *Sg od Pl*; **c)** (*für Gas, Wasser bis zum Haus*) main; (*im Haus*) pipe; (≈ *Draht*) wire; (*dicker*) cable; (TELEK ≈ *Verbindung*) line; ***eine lange ~ haben*** (*hum umg*) to be slow on the uptake **Leitungsmast** *m* ELEK (electricity) pylon **Leitungswasser** *n* tap water **Leitwährung** *f* reserve currency **Leitwerk** *n* FLUG tail unit **Leitzins** *m* base rate
Lektion *f* lesson; ***jdm eine ~ erteilen*** (*fig*) to teach sb a lesson **Lektor(in)** *m(f)* UNI foreign language assistant; (≈ *Verlagslektor*) editor **Lektüre** *f* (≈ *das Lesen*) reading; (≈ *Lesestoff*) reading matter
Lemming *m* lemming
Lende *f* ANAT, KOCH loin **Lendengegend** *f* lumbar region **Lendenschurz** *m* loincloth **Lendenstück** *n* piece of loin **Lendenwirbel** *m* lumbar vertebra
lenkbar *Adj* TECH steerable; *Rakete* guided **lenken 1.** *vt* **a)** (≈ *leiten*) to direct; *Sprache, Presse etc* to influence; **b)** (≈ *steuern*) *Auto etc* to steer; **c)** (*fig*) *Schritte, Gedanken, Blick* to direct (*auf +Akk* to); *jds Aufmerksamkeit, Blicke* to draw (*auf +Akk* to); *Gespräch* to steer **2.** *vi* (≈ *steuern*) to steer **Lenker** *m* (≈ *Fahrradlenker etc*) handlebars *Pl* **Lenkrad** *n* (steering) wheel **Lenksäule** *f* steering column **Lenkstange** *f* (*von Fahrrad etc*) handlebars *Pl* **Lenkung** *f* TECH steering
Lenz *m* (*lit* ≈ *Frühling*) spring(time)
Leopard *m* leopard
Lepra *f* leprosy
Lerche *f* lark
lernbar *Adj* learnable **lernbehindert** *Adj* with learning difficulties **Lernbehinderte(r)** *mf* child/person *etc* with learning difficulties **Lerneffekt** *m* pedagogical benefit **lernen 1.** *vt* to learn; ***lesen/schwimmen*** *etc* **~** to learn to read/swim *etc*; ***jdn lieben/schätzen ~*** to come to love/appreciate sb; ***das will gelernt sein*** it's a question of practice; → ***gelernt*** **2.** *vi* to learn; (≈ *arbeiten*) to study; ***von ihm kannst du noch (was) ~!*** he could teach you a thing or two **Lernende(r)** *mf*, **Lerner(in)** *m(f)* learner **Lernerfolg** *m* learning success **lernfähig** *Adj* capable of learning **Lernmittel** *Pl* schoolbooks and equipment *Pl* **Lernprogramm** *n* (IT, *für Software*) tutorial program; (*didaktisches Programm*) learning program **Lernprozess** *m* learning process **lernwillig** *Adj* willing to learn **Lernziel** *n* learning goal
Lesart *f* version **lesbar 1.** *Adj* (≈ *leserlich*) legible; IT readable **2.** *Adv* (≈ *leserlich*) legibly
Lesbe *f* (*umg*) lesbian **Lesbierin** *f* lesbian **lesbisch** *Adj* lesbian
Lese *f* (≈ *Ernte*) harvest
Lesebrille *f* reading glasses *Pl* **Lesebuch** *n* reader **Lesekopf** *m* IT read head **Leselampe** *f* reading lamp
lesen[1] *vti* **a)** to read; ***die Schrift ist kaum zu ~*** the writing is scarcely legible; ***etw in jds Augen*** (*Dat*) **~** to see sth in sb's eyes; **b)** UNI to lecture
lesen[2] *vt Trauben, Beeren* to pick; *Ähren* to glean; *Erbsen etc* to sort
lesenswert *Adj* worth reading **Leser(in)** *m(f)* reader **Leseratte** *f* (*umg*) bookworm (*umg*) **Leserbrief** *m* (reader's) letter; ***„Leserbriefe"*** "letters to the editor" **leserlich 1.**

Adj legible **2.** *Adv* legibly **Leserschaft** *f* readership **Lesesaal** *m* reading room **Lesespeicher** *m* IT read-only memory, ROM **Lesezeichen** *n* bookmark(er) **Lesung** *f* reading

Lethargie *f* lethargy

Lette *m*, **Lettin** *f* Lett, Latvian **lettisch** *Adj* Lettish, Latvian **Lettland** *n* Latvia

Letzt *f* ***zu guter ~*** in the end **letztendlich** *Adv* at (long) last; (≈ *letzten Endes*) at the end of the day **Letzte(r)** *mf* ***der ~ des Monats*** the last (day) of the month; ***~(r) werden*** to be last; ***als ~(r) (an)kommen*** to be the last to arrive; ***er wäre der ~, dem ich ...*** he would be the last person I'd ... **letzte(r, s)** *Adj* **a)** last; ***auf dem ~n Platz liegen*** to be (lying) last; ***mein ~s Geld*** the last of my money; ***das ~ Mal*** (the) last time; ***zum ~n Mal*** (for) the last time; ***in ~r Zeit*** recently; ***der Letzte Wille*** the last will and testament; **b)** (≈ *neueste*) *Mode etc* latest; **c)** (≈ *schlechtester*) ***das ist der ~ Schund*** *od* ***Dreck*** that's absolute trash; ***jdn wie den ~n Dreck behandeln*** to treat sb like dirt **Letzte(s)** *n* last thing; ***sein ~s (her)geben*** to give one's all; ***das ist ja das ~!*** (*umg*) that really is the limit; ***bis aufs ~*** completely, totally; ***bis ins ~*** (right) down to the last detail **letztgenannt** *Adj* last-named **letztlich** *Adv* in the end; ***das ist ~ egal*** it comes down to the same thing in the end **letztmals** *Adv* for the last time

Leuchtanzeige *f* illuminated display **Leuchtdiode** *f* light-emitting diode **Leuchte** *f* light; (*umg: Mensch*) genius **leuchten** *vi* (*Licht*) to shine; (*Feuer, Zifferblatt*) to glow; (≈ *aufleuchten*) to flash; ***mit einer Lampe in/auf etw*** (*Akk*) ***~*** to shine a lamp into/onto sth **leuchtend 1.** *Adj* shining; *Farbe* bright; ***etw in den ~sten Farben schildern*** to paint sth in glowing colours (*Brit*) *od* colors (*US*); ***ein ~es Vorbild*** a shining example **2.** *Adv rot, gelb* bright **Leuchter** *m* (≈ *Kerzenleuchter*) candlestick; (≈ *Kronleuchter*) chandelier **Leuchtfarbe** *f* fluorescent colour (*Brit*) *od* color (*US*); (≈ *Anstrichfarbe*) fluorescent paint **Leuchtfeuer** *n* navigational light **Leuchtpistole** *f* flare pistol **Leuchtrakete** *f* signal rocket **Leuchtreklame** *f* neon sign **Leuchtstift** *m* highlighter **Leuchtturm** *m* lighthouse

leugnen 1. *vt* to deny; ***~, etw getan zu haben*** to deny having done sth; ***es ist nicht zu ~, dass ...*** it cannot be denied that ... **2.** *vi* to deny everything

Leukämie *f* leukaemia (*Brit*), leukemia (*US*)

Leumund *m* reputation, name **Leumundszeugnis** *n* character reference

Leute *Pl* people *Pl*; ***alle ~*** everybody; ***vor allen ~n*** in front of everybody; ***was sollen denn die ~ davon denken?*** what will people think?; ***etw unter die ~ bringen*** (*umg*) *Gerücht* to spread sth around; *Geld* to spend sth; ***dafür brauchen wir mehr ~*** we need more people for that

Leutnant *m* second lieutenant; (*bei der Luftwaffe*) pilot officer (*Brit*), second lieutenant (*US*); ***~ zur See*** acting sublieutenant (*Brit*), ensign (*US*)

Leviten *Pl* ***jdm die ~ lesen*** (*umg*) to haul sb over the coals

lexikalisch *Adj* lexical **Lexikograf(in)** *m(f)* lexicographer **Lexikon** *n* encyclopedia; (≈ *Wörterbuch*) dictionary, lexicon

Libanese *m*, **Libanesin** *f* Lebanese **libanesisch** *Adj* Lebanese **Libanon** *m* ***der ~*** the Lebanon

Libelle *f* ZOO dragonfly

liberal *Adj* liberal **Liberale(r)** *mf* POL Liberal **liberalisieren** *vt* to liberalize **Liberalisierung** *f* liberalization

Liberia *n* GEOG Liberia

Libero *m* FUSSB sweeper

Libido *f* PSYCH libido

Libretto *n* libretto

Libyen *n* Libya **Libyer(in)** *m(f)* Libyan **libysch** *Adj* Libyan

licht *Adj* **a)** (≈ *hell*) light; **b)** *Wald, Haar* sparse **Licht** *n* light; ***~ machen*** (≈ *anschalten*) to switch *od* put on a light; ***etw gegen das ~ halten*** to hold sth up to the light; ***bei ~e besehen*** (*fig*) in the cold light of day; ***das ~ der Welt erblicken*** (*geh*) to (first) see the light of day; ***etw ans ~ bringen*** to bring sth out into the open; ***ans ~ kommen*** to come to light; ***jdn hinters ~ führen*** to pull the wool over sb's eyes; ***ein schiefes/schlechtes ~ auf jdn/etw werfen*** to show sb/sth in the wrong/a bad light **Lichtbild** *n* (≈ *Dia*) slide;

L

(*förml* ≈ *Foto*) photograph **Lichtbildervortrag** *m* illustrated lecture **Lichtblick** *m* (*fig*) ray of hope **lichtdurchlässig** *Adj* pervious to light; *Stoff* that lets the light through **lichtecht** *Adj* non-fade **lichtempfindlich** *Adj* sensitive to light **Lichtempfindlichkeit** *f* sensitivity to light; FOTO film speed

lichten[1] **1.** *vt Wald* to thin (out) **2.** *vr* to thin (out); (*Nebel, Wolken*) to lift; (*Bestände*) to go down

lichten[2] *vt Anker* to weigh

Lichterkette *f* (*an Weihnachtsbaum*) fairy lights *Pl* **lichterloh** *Adv* **~ brennen** (*wörtl*) to be ablaze **Lichtgeschwindigkeit** *f* the speed of light **Lichthupe** *f* AUTO flash (of the headlights) **Lichtjahr** *n* light year **Lichtmangel** *m* lack of light **Lichtmaschine** *f* (*für Gleichstrom*) dynamo; (*für Drehstrom*) alternator **Lichtquelle** *f* source of light **Lichtschalter** *m* light switch **Lichtschein** *m* gleam of light **lichtscheu** *Adj* averse to light; (*fig*) *Gesindel* shady **Lichtschranke** *f* photoelectric barrier **Lichtschutzfaktor** *m* protection factor **Lichtstrahl** *m* ray of light; (*fig*) ray of sunshine **lichtundurchlässig** *Adj* opaque **Lichtung** *f* clearing **Lichtverhältnisse** *Pl* lighting conditions *Pl*

Lid *n* eyelid **Lidschatten** *m* eye shadow **Lidstrich** *m* eyeliner

lieb **1.** *Adj* **a**) (≈ *liebenswürdig, hilfsbereit*) kind; (≈ *nett, reizend*) nice; (≈ *niedlich*) sweet; (≈ *artig*) *Kind* good; ***~e Grüße an deine Eltern*** give my best wishes to your parents; ***würdest du (bitte) so ~ sein und das Fenster aufmachen?*** would you do me a favour (*Brit*) *od* favor (*US*) and open the window?; ***sich bei jdm ~ Kind machen*** (*pej*) to suck up to sb (*umg*); **b**) (≈ *angenehm*) ***es wäre mir ~, wenn ...*** I'd like it if ...; ***es wäre ihm ~er*** he would prefer it; → ***lieber***; → ***liebste(r, s)***; **c**) (≈ *geliebt, in Briefanrede*) dear; ***der ~e Gott*** the Good Lord; ***~er Gott*** (*Anrede*) dear God *od* Lord; ***(mein) Liebes*** (my) love; ***er ist mir ~ und teuer*** he's very dear to me; ***~ geworden*** well-loved; ***den ~en langen Tag*** (*umg*) the whole livelong day; ***das ~e Geld!*** the money, the money!; ***(ach) du ~er Himmel!*** (*umg*) good heavens *od* Lord!; **d**) ***~ste(r, s)*** favourite (*Brit*), favorite (*US*); ***sie ist mir die Liebste von allen*** she is my favo(u)rite **2.** *Adv* **a**) (≈ *liebenswürdig*) *danken, grüßen* sweetly, nicely; ***jdm ~ schreiben*** to write a sweet letter to sb; ***sich ~ um jdn kümmern*** to be very kind to sb; **b**) (≈ *artig*) nicely **liebäugeln** *vi* ***mit etw ~*** to have one's eye on sth **Liebe** *f* **a**) love (*zu jdm, für jdn* for *od* of sb, *zu etw* of sth); ***etw mit viel ~ tun*** to do sth with loving care; ***bei aller ~*** with the best will in the world; ***~ macht blind*** (*Sprichw*) love is blind (*Sprichw*); **b**) (≈ *Sex*) sex; ***eine Nacht der ~*** a night of love; **c**) (≈ *Geliebte(r)*) love, darling **Liebelei** *f* (*umg*) flirtation, affair **lieben** **1.** *vt* to love; (*als Liebesakt*) to make love (*jdn* to sb); ***etw nicht ~*** not to like sth; ***sich ~*** to love one another *od* each other; (*euph*) to make love; → ***geliebt*** **2.** *vi* to love **Liebende(r)** *mf* lover **liebenswert** *Adj* lovable **liebenswürdig** *Adj* kind; (≈ *liebenswert*) charming **Liebenswürdigkeit** *f* (≈ *Höflichkeit*) politeness; (≈ *Freundlichkeit*) kindness **lieber** *Adv* (≈ *vorzugsweise*) rather, sooner; ***das tue ich ~*** I would *od* I'd rather do that; ***ich trinke ~ Wein als Bier*** I prefer wine to beer; ***bleibe ~ im Bett*** you had *od* you'd better stay in bed; ***sollen wir gehen? — ~ nicht!*** should we go? — better not **Liebe(r)** *mf* dear; ***meine ~n*** my dears **Liebesabenteuer** *n* amorous adventure **Liebesbeziehung** *f* (sexual) relationship **Liebesbrief** *m* love letter **Liebeserklärung** *f* declaration of love **Liebesgeschichte** *f* LITERATUR love story **Liebesheirat** *f* love match **Liebeskummer** *m* lovesickness; ***~ haben*** to be lovesick **Liebesleben** *n* love life **Liebeslied** *n* love song **Liebespaar** *n* lovers *Pl* **Liebesroman** *m* romantic novel **liebevoll** **1.** *Adj* loving; *Umarmung* affectionate **2.** *Adv* lovingly; *umarmen* affectionately **lieb gewinnen** *vt* to grow fond of **liebgeworden** *Adj* → **lieb** **lieb haben** *vt* **liebhaben** *vt* to love; (*weniger stark*) to be (very) fond of **Liebhaber(in)** *m(f)* **a**) lover; **b**) (≈ *Interessent*) enthusiast; (≈ *Sammler*) collector; ***ein ~ von etw*** a lover of sth; ***das ist ein***

Wein für ~ that is a wine for connoisseurs **Liebhaberei** *f* (*fig* ≈ *Hobby*) hobby **liebkosen** *vt* (*lit*) to caress, to fondle **Liebkosung** *f* (*lit*) caress **lieblich** *Adj* lovely, delightful; *Wein* sweet **Liebling** *m* darling; (≈ *bevorzugter Mensch*) favourite (*Brit*), favorite (*US*) **Lieblings-** favourite (*Brit*), favorite (*US*) **lieblos** *Adj Eltern* unloving; *Behandlung* unkind; *Benehmen* inconsiderate **Liebschaft** *f* affair **Liebste(r)** *mf* sweetheart **liebste(r, s)** *Adv* ***am ~n*** best; ***am ~n hätte ich ...*** what I'd like most would be (to have) ...; ***am ~n gehe ich ins Kino*** best of all I like going to the cinema; ***das würde ich am ~n tun*** that's what I'd like to do best

Liechtenstein *n* Liechtenstein

Lied *n* song; ***es ist immer das alte ~*** (*umg*) it's always the same old story (*umg*); ***davon kann ich ein ~ singen*** I could tell you a thing or two about that (*umg*) **Liederbuch** *n* songbook

liederlich 1. *Adj* (≈ *schlampig*) slovenly *attr*, *präd*; (≈ *unmoralisch*) dissolute **2.** *Adv* (≈ *schlampig*) sloppily

Liedermacher(in) *m(f)* singer-songwriter

Lieferant(in) *m(f)* supplier; (≈ *Auslieferer*) deliveryman/-woman **lieferbar** *Adj* (≈ *vorrätig*) available; ***die Ware ist sofort ~*** the article can be supplied/delivered at once **Lieferfirma** *f* supplier; (≈ *Zusteller*) delivery firm **Lieferfrist** *f* delivery period **liefern 1.** *vt* **a)** *Waren* to supply; (≈ *zustellen*) to deliver (*an +Akk* to); **b)** *Beweise, Informationen* to provide; *Ergebnis* to produce; ***jdm einen Vorwand ~*** to give sb an excuse; → ***geliefert*** **2.** *vi* to supply; (≈ *zustellen*) to deliver **Lieferschein** *m* delivery note **Liefertermin** *m* delivery date **Lieferung** *f* (≈ *Versand*) delivery; (≈ *Versorgung*) supply; ***bei ~ zu bezahlen*** payable on delivery **Liefervertrag** *m* contract of sale **Lieferwagen** *m* delivery van *od* truck (*US*); (*offen*) pick-up **Lieferzeit** *f* delivery period, lead time (COMM)

Liege *f* couch; (≈ *Campingliege*) camp bed (*Brit*), cot (*US*); (*für Garten*) lounger (*Brit*), lounge chair (*US*) **liegen** *vi* **a)** to lie; ***im Bett/Krankenhaus ~*** to be in bed/hospital; ***die Stadt lag in dichtem Nebel*** thick fog hung over the town; ***der Schnee bleibt nicht ~*** the snow isn't lying (*bes Brit*) *od* sticking (*US*); ***etw ~ lassen*** to leave sth (there); **b)** (≈ *sich befinden*) to be; ***die Preise ~ zwischen 60 und 80 Euro*** the prices are between 60 and 80 euros; ***so, wie die Dinge jetzt ~*** as things stand at the moment; ***damit liegst du (gold)richtig*** (*umg*) you're (dead (*umg*)) right there; ***nach Süden ~*** to face south; ***in Führung ~*** to be in the lead; ***die Verantwortung/Schuld dafür liegt bei ihm*** the responsibility/blame for that lies with him; ***das liegt ganz bei dir*** that is completely up to you; **c)** (≈ *passen*) ***das liegt mir nicht*** it doesn't suit me; (*Beruf*) it doesn't appeal to me; **d)** ***es liegt mir viel daran*** (≈ *ist mir wichtig*) that matters a lot to me; ***es liegt mir wenig/nichts daran*** that doesn't matter much/at all to me; ***es liegt mir viel an ihm*** he is very important to me; ***woran liegt es?*** why is that?; ***das liegt daran, dass ...*** that is because... **liegen bleiben** *vi* **a)** (≈ *nicht aufstehen*) to remain lying (down); (***im Bett***) ~ to stay in bed; **b)** (≈ *vergessen werden*) to get left behind; **c)** (≈ *nicht ausgeführt werden*) not to get done; **d)** (*Schnee*) to lie (*bes Brit*), to stick (*US*) **liegen lassen** *vt* (≈ *nicht erledigen*) to leave; (≈ *vergessen*) to leave (behind) **Liegerad** *n* recumbent (bicycle) **Liegesitz** *m* reclining seat; (*auf Boot*) couchette **Liegestuhl** *m* (*mit Holzgestell*) deck chair; (*mit Metallgestell*) lounger (*Brit*), lounge chair (*US*) **Liegestütz** *m* SPORT press-up (*Brit*), push-up (*US*) **Liegewagen** *m* BAHN couchette coach (*Brit*) *od* car (*bes US*)

Lift *m* (≈ *Personenlift*) lift (*Brit*), elevator (*bes US*); (≈ *Güterlift*) lift (*Brit*), hoist **Liftboy** *m* liftboy (*Brit*), elevator boy (*US*) **liften** *vt* to lift; ***sich*** (*Dat*) ***das Gesicht ~ lassen*** to have a face-lift

Liga *f* league

light *Adj* light; ***Limo ~*** diet lemonade, low-calorie lemonade

Likör *m* liqueur

lila *Adj* purple

Lilie *f* lily

Liliputaner(in) *m(f)* midget
Limette *f* sweet lime
limitieren *vt* to limit
Limonade *f* lemonade
Limone *f* lime
Limousine *f* saloon (*Brit*), sedan (*US*)
Linde *f* (≈ *Baum*) linden *od* lime (tree); (≈ *Holz*) limewood **Lindenblütentee** *m* lime blossom tea
lindern *vt* to ease **Linderung** *f* easing
lindgrün *Adj* lime green
Lineal *n* ruler
linear *Adj* linear
Linguist(in) *m(f)* linguist **Linguistik** *f* linguistics *Sg* **linguistisch** *Adj* linguistic
Linie *f* **a)** line; ***sich in einer ~ aufstellen*** to line up; ***auf der gleichen ~*** along the same lines; ***auf der ganzen ~*** (*fig*) all along the line; ***auf die (schlanke) ~ achten*** to watch one's figure; **b)** (≈ *Verkehrsverbindung*) route; ***fahren Sie mit der ~ 2*** take the (number) 2 **Linienblatt** *n* ruled (*bes Brit*) *od* lined sheet (*placed under writing paper*) **Linienbus** *m* public service bus **Liniendienst** *m* regular service; FLUG scheduled service **Linienflug** *m* scheduled flight **Linienmaschine** *f* ***mit einer ~*** on a scheduled flight **Linienrichter(in)** *m(f)* linesman/-woman; TENNIS line judge **linientreu** *Adj* ***~ sein*** to follow *od* toe the party line **linieren, liniieren** *vt* to rule (*bes Brit*) *od* draw lines on; ***lini(i)ert*** lined
link (*umg*) *Adj Typ* underhanded, double-crossing; *Masche, Tour* dirty; ***ein ganz ~er Hund*** (*pej*) a nasty piece of work (*pej umg*)
Link *m* INTERNET link
Linke *f* **a)** (*Hand*) left hand; (*Seite*) left (-hand) side; BOXEN left; ***zur ~n (des Königs) saß ...*** to the left (of the king) sat ...; **b)** POL ***die ~*** the Left
linken *vt* (*umg* ≈ *hereinlegen*) to con (*umg*)
Linke(r) *mf* POL left-winger **linke(r, s)** *Adj* left; *Rand, Spur etc* left(-hand); POL left-wing; ***die ~ Seite*** the left (-hand) side; (*von Stoff*) the wrong side; ***zwei ~ Hände haben*** (*umg*) to have two left hands (*umg*)
linkisch 1. *Adj* clumsy **2.** *Adv* clumsily
links 1. *Adv* **a)** on the left; *abbiegen* (to the) left; ***nach ~*** (to the) left; ***von ~*** from the left; ***~ von etw*** (to the *od* on the) left of sth; ***~ von jdm*** to *od* on sb's left; ***weiter ~*** further to the left; ***jdn ~ liegen lassen*** (*fig umg*) to ignore sb; ***mit ~*** (*umg*) just like that; **b)** (≈ *verkehrt*) *tragen* wrong side out; ***~ stricken*** to purl **2.** *Präp +Gen* on *od* to the left of **Linksabbieger** *m* motorist/car *etc* turning left **Linksaußen** *m* FUSSB outside left **linksbündig 1.** *Adj* TYPO ranged left **2.** *Adv* flush left **Linksextremist(in)** *m(f)* left-wing extremist **Linkshänder(in)** *m(f)* left-hander, left-handed person; ***~ sein*** to be left-handed **linkshändig** *Adj, Adv* left-handed **Linkskurve** *f* left-hand bend **linksradikal** *Adj* POL radically left-wing **linksrheinisch** *Adj, Adv* to *od* on the left of the Rhine **Linksverkehr** *m* driving on the left *kein best Artikel*; ***in Großbritannien ist ~*** they drive on the left in Britain
Linoleum *n* linoleum, lino **Linolschnitt** *m* KUNST linocut
Linse *f* **a)** BOT, KOCH lentil; **b)** OPT lens
Lippe *f* lip; ***das bringe ich nicht über die ~n*** I can't bring myself to say it; ***er brachte kein Wort über die ~n*** he couldn't say a word **Lippenbekenntnis** *n* lip service **Lippenstift** *m* lipstick
Liquidation *f* **a)** liquidation; **b)** (≈ *Rechnung*) account **liquide** *Adj* WIRTSCH *Geld, Mittel* liquid; *Firma* solvent **liquidieren** *vt* **a)** *Geschäft* to put into liquidation; *Betrag* to charge; **b)** *Firma* to liquidate; *jdn* to eliminate
lispeln *vti* to lisp; (≈ *flüstern*) to whisper
Lissabon *n* Lisbon
List *f* (≈ *Täuschung*) cunning; (≈ *trickreicher Plan*) ruse
Liste *f* list; (≈ *Wählerliste*) register **Listenpreis** *m* list price
listig 1. *Adj* cunning **2.** *Adv* cunningly
Litauen *n* Lithuania **litauisch** *Adj* Lithuanian
Liter *m od n* litre (*Brit*), liter (*US*)
literarisch *Adj* literary; ***~ interessiert*** interested in literature **Literaturangabe** *f* bibliographical reference; ***~n*** (≈ *Bibliografie*) bibliography **Literaturgeschichte** *f* history of literature **Literaturkritik** *f* literary criticism **Literaturkritiker(in)** *m(f)* literary critic **Lite-**

raturwissenschaft *f* literary studies *Pl* **Literaturwissenschaftler(in)** *m(f)* literature specialist

Literflasche *f* litre (*Brit*) *od* liter (*US*) bottle **literweise** *Adv* (*wörtl*) by the litre (*Brit*) *od* liter (*US*)

Litfaßsäule *f* advertisement pillar

Lithografie *f* **a)** (*Verfahren*) lithography; **b)** (*Druck*) lithograph

Litschi *f* lychee, litchi

Liturgie *f* liturgy

Litze *f* braid; ELEK flex

live *Adj präd, Adv* (RADIO, TV) live **Livemittschnitt** *m* live recording **Livemusik** *f* live music **Livesendung** *f* live broadcast **Liveübertragung** *f* live transmission

Lizenz *f* licence (*Brit*), license (*US*); ***etw in ~ herstellen*** to manufacture sth under licence (*Brit*) *od* license (*US*) **Lizenzausgabe** *f* licensed edition **Lizenzgeber(in)** *m(f)* licenser; (*Behörde*) licensing authority **Lizenzgebühr** *f* licence (*Brit*) *od* license (*US*) fee; (*im Verlagswesen*) royalty **Lizenzinhaber(in)** *m(f)* licensee **Lizenznehmer(in)** *m(f)* licensee

Lkw *m*, **LKW** *m* = ***Lastkraftwagen*** **Lkw-Fahrer(in)** *m(f)* lorry (*Brit*) *od* truck (*US*) driver **Lkw-Maut** *f* lorry (*Brit*) *od* truck (*US*) toll

Lob *n* praise; ***(viel) ~ für etw bekommen*** to be (highly) praised for sth

Lobby *f* lobby **Lobbyist(in)** *m(f)* lobbyist

loben *vt* to praise; ***jdn/etw ~d erwähnen*** to commend sb/sth; ***das lob ich mir*** that's what I like (to see/hear *etc*) **lobenswert** *Adj* laudable **löblich** *Adj* commendable **Loblied** *n* song of praise; ***ein ~ auf jdn/etw anstimmen*** *od* ***singen*** (*fig*) to sing sb's praises/the praises of sth **Lobrede** *f* eulogy; ***eine ~ auf jdn halten*** (*wörtl*) to make a speech in sb's honour (*Brit*) *od* honor (*US*); (*fig*) to eulogize sb

Loch *n* hole; (*in Reifen*) puncture; (*fig umg ≈ elende Wohnung*) dump (*umg*); (*umg ≈ Gefängnis*) clink (*umg*); ***jdm ein ~*** *od* ***Löcher in den Bauch fragen*** (*umg*) to pester sb to death (with all one's questions) (*umg*); ***ein großes ~ in jds (Geld)beutel*** (*Akk*) ***reißen*** (*umg*) to make a big hole in sb's pocket **lochen** *vt* to punch holes/a hole in; (*≈ perforieren*) to perforate; *Fahrkarte* to punch **Locher** *m* (*≈ Gerät*) punch **löcherig** *Adj* full of holes **löchern** *vt* (*umg*) to pester (to death) with questions (*umg*) **Lochkarte** *f* punch card **Lochstreifen** *m* (punched) paper tape **Lochung** *f* punching; (*≈ Perforation*) perforation

Locke *f* (*Haar*) curl; ***~n haben*** to have curly hair

locken[1] *vtr Haar* to curl; ***gelockt*** *Haar* curly; *Mensch* curly-haired

locken[2] *vt* **a)** *Tier* to lure; **b)** *jdn* to tempt; ***das Angebot lockt mich sehr*** I'm very tempted by the offer **lockend** *Adj* tempting

Lockenkopf *m* curly hairstyle; (*Mensch*) curly-head **Lockenstab** *m* (electric) curling tongs *Pl* (*Brit*), (electric) curling iron (*US*) **Lockenwickler** *m* (hair) curler

locker **1.** *Adj* loose; *Kuchen* light; (*≈ nicht gespannt*) slack; *Haltung* relaxed; (*umg ≈ unkompliziert*) laid-back (*umg*); ***eine ~e Hand haben*** (*fig ≈ schnell zuschlagen*) to be quick to hit out **2.** *Adv* (*≈ nicht stramm*) loosely; ***bei ihm sitzt das Messer ~*** he'd pull a knife at the slightest excuse; ***etw ~ sehen*** to be relaxed about sth; ***das mache ich ganz ~*** (*umg*) I can do it just like that (*umg*) **lockerlassen** *vi* (*umg*) ***nicht ~*** not to let up **lockermachen** *vt* (*umg*) *Geld* to shell out (*umg*) **lockern** **1.** *vt* **a)** (*≈ locker machen*) to loosen; *Boden* to break up; *Griff* to relax; *Seil* to slacken; **b)** (*≈ entspannen*) *Muskeln* to loosen up; (*fig*) *Vorschriften, Atmosphäre* to relax **2.** *vr* to work itself loose; (*Verkrampfung*) to ease off; (*Atmosphäre*) to become more relaxed **Lockerung** *f* **a)** loosening; (*von Griff*) relaxation, loosening; (*von Seil*) slackening; **b)** (*von Muskeln*) loosening up; (*von Atmosphäre*) relaxation **Lockerungsübung** *f* loosening-up exercise

lockig *Adj Haar* curly

Lockmittel *n* lure **Lockruf** *m* call **Lockung** *f* lure; (*≈ Versuchung*) temptation **Lockvogel** *m* decoy (bird); (*fig*) decoy **Lockvogelangebot** *n* inducement

Lodenmantel *m* loden (coat)

lodern *vi* to blaze

Löffel *m* spoon; (*als Maßangabe*) spoonful; ***den ~ abgeben*** (*umg*) to kick the bucket (*umg*); ***ein paar hinter die ~ kriegen*** (*umg*) to get a clip (a)round the ear **Löffelbagger** *m* excavator **Löffelbiskuit** *m od n* sponge finger, ladyfinger (*US*) **löffeln** *vt* to spoon **löffelweise** *Adv* by the spoonful

Logarithmentafel *f* log table **Logarithmus** *m* logarithm, log

Logbuch *n* log(book)

Loge *f* **a**) THEAT box; **b**) (≈ *Freimaurerloge*) lodge

Logik *f* logic **logisch** **1.** *Adj* logical; ***gehst du auch hin? — ~*** are you going too? — of course **2.** *Adv* logically; ***~ denken*** to think logically **logischerweise** *Adv* logically **Logistik** *f* logistics *Sg* **logistisch** *Adj* logistic

Logo *n* (≈ *Firmenlogo*) logo

Logopäde *m*, **Logopädin** *f* speech therapist **Logopädie** *f* speech therapy

Lohn *m* **a**) wage(s *Pl*), pay *kein Pl*, *kein unbest Artikel*; ***2% mehr ~ verlangen*** to demand a 2% pay rise (*Brit*) *od* pay raise (*US*); **b**) (*fig*) (≈ *Belohnung*) reward; (≈ *Strafe*) punishment; ***als od zum ~ für ...*** as a reward/punishment for ... **Lohnabhängige(r)** *mf* wage earner **Lohnabschluss** *m* wage *od* pay agreement **Lohnarbeit** *f* labour (*Brit*), labor (*US*) **Lohnausgleich** *m* ***bei vollem ~*** with full pay **Lohnbuchhalter(in)** *m(f)* wages clerk (*Brit*), pay clerk **Lohnbuchhaltung** *f* wages accounting; (≈ *Büro*) wages office (*Brit*), pay(roll) office **Lohnbüro** *n* wages office (*Brit*), pay(roll) office **Lohnempfänger(in)** *m(f)* wage earner **lohnen** **1.** *vir* to be worth it *od* worthwhile; ***es lohnt (sich), etw zu tun*** it is worth(while) doing sth; ***die Mühe lohnt sich*** it is worth the effort; ***das lohnt sich nicht für mich*** it's not worth my while **2.** *vt* **a**) (≈ *es wert sein*) to be worth; **b**) (≈ *danken*) ***jdm etw ~*** to reward sb for sth

löhnen *vti* (*umg*) to shell out (*umg*)

lohnend *Adj* rewarding; (≈ *nutzbringend*) worthwhile; (≈ *einträglich*) profitable **lohnenswert** *Adj* worthwhile **Lohnerhöhung** *f* (wage *od* pay) rise (*Brit*), (wage *od* pay) raise (*US*) **Lohnforderung** *f* wage demand *od* claim **Lohnfortzahlung** *f* continued payment of wages **Lohngruppe** *f* wage group **Lohnkosten** *Pl* wage costs *Pl* (*Brit*), labor costs *Pl* (*US*) **Lohnkürzung** *f* wage *od* pay cut **Lohnliste** *f* payroll **Lohnnebenkosten** *Pl* additional wage costs *Pl* (*Brit*) *od* labor costs *Pl* (*US*) **Lohnniveau** *n* wage level **Lohnpolitik** *f* pay policy **Lohnrunde** *f* pay round **Lohnsteuer** *f* income tax (*paid on earned income*) **Lohnsteuerjahresausgleich** *m* annual adjustment of income tax **Lohnsteuerkarte** *f* (income) tax card **Lohnstreifen** *m* pay slip **Lohntüte** *f* pay packet **Lohnverzicht** *m* ***~ üben*** to take a cut in wages *od* pay

Loipe *f* cross-country ski run

Lok *f* engine

lokal *Adj* (≈ *örtlich*) local **Lokal** *n* (≈ *Gaststätte*) pub (*bes Brit*), bar; (≈ *Restaurant*) restaurant **Lokalfernsehen** *n* local television **lokalisieren** *vt* **a**) (≈ *Ort feststellen*) to locate; **b**) MED to localize **Lokalkolorit** *n* local colour (*Brit*) *od* color (*US*) **Lokalmatador(in)** *m(f)* local hero/heroine **Lokalnachrichten** *Pl* local news *Sg* **Lokalpatriotismus** *m* local patriotism **Lokalsender** *m* local radio/TV station **Lokalteil** *m* local section **Lokaltermin** *m* JUR visit to the scene of the crime **Lokalverbot** *n* ban; ***~ haben*** to be barred from a pub (*bes Brit*) *od* bar **Lokalzeitung** *f* local (news)paper

Lokführer(in) *m(f)* engine driver **Lokomotive** *f* locomotive, (railway) engine **Lokomotivführer(in)** *m(f)* engine driver

Lolli *m* (*umg*) lollipop, lolly (*bes Brit*)

Lombard *m od n* FINANZ loan on security **Lombardsatz** *m* rate for loans on security

London *n* London **Londoner** *Adj* London

Lorbeer *m* **a**) (*wörtl: Gewächs*) laurel; (*als Gewürz*) bay leaf; **b**) (*fig*) ***sich auf seinen ~en ausruhen*** (*umg*) to rest on one's laurels; ***damit kannst du keine ~en ernten*** that's no great achievement **Lorbeerblatt** *n* bay leaf **Lorbeerkranz** *m* laurel wreath

Lore *f* BAHN truck; (≈ *Kipplore*) tipper

los **1.** *Adj* **a**) (≈ *nicht befestigt*) loose; **b**) (≈ *frei*) ***jdn/etw ~ sein*** (*umg*) to be rid of sb/sth; ***ich bin mein ganzes Geld ~*** (*umg*) I'm cleaned out (*umg*); **c)** (*umg*) ***es ist nichts ~*** (≈ *geschieht*) there's nothing going on; ***mit jdm ist nichts (mehr) ~*** (*umg*) sb isn't up to much (any more); ***was ist denn hier/da ~?*** what's going on here/there (then)?; ***was ist ~?*** what's up?; ***wo ist denn hier was ~?*** where's the action here (*umg*)? **2.** *Adv* **a)** (*Aufforderung*) ***~!*** come on!; ***nichts wie ~!*** let's get going; **b)** (≈ *weg*) ***wir wollen früh ~*** we want to leave early

Los *n* **a)** (*für Entscheidung*) lot; (*in der Lotterie, auf Jahrmarkt etc*) ticket; ***das große ~ gewinnen*** *od* ***ziehen*** (*wörtl, fig*) to hit the jackpot; ***etw durch das ~ entscheiden*** to decide sth by drawing lots; **b)** (≈ *Schicksal*) lot

lösbar *Adj* soluble

losbinden *vt* to untie (*von* from) **losbrechen 1.** *vt* to break off **2.** *vi* (*Gelächter etc*) to break out; (*Sturm, Gewitter*) to break

Löschblatt *n* sheet of blotting paper **löschen 1.** *vt* **a)** *Feuer, Kerze* to put out; *Licht* to turn out *od* off; *Durst* to quench; *Tonband etc* to erase; IT *Speicher* to clear; *Festplatte* to wipe; *Daten, Information* to delete; **b)** SEEF *Ladung* to unload **2.** *vi* (*Feuerwehr etc*) to put out a/the fire **Löschfahrzeug** *n* fire engine **Löschmannschaft** *f* team of firefighters **Löschpapier** *n* (piece of) blotting paper **Löschtaste** *f* IT delete key **Löschung** *f* **a)** (IT: *von Daten*) deletion; **b)** (SEEF: *von Ladung*) unloading

lose *Adj* loose; *Seil* slack; ***etw ~ verkaufen*** to sell sth loose

Lösegeld *n* ransom (money)

loseisen (*umg*) **1.** *vt* to get *od* prise away (*bei* from) **2.** *vr* to get away (*bei* from); (*von Verpflichtung etc*) to get out (*von* of)

losen *vi* to draw lots (*um* for)

lösen 1. *vt* **a)** (≈ *abtrennen*) to remove (*von* from); *Knoten, Fesseln* to undo; *Handbremse* to let off; *Husten, Krampf* to ease; *Muskeln* to loosen up; (≈ *lockern*) to loosen; **b)** (≈ *klären*) *Aufgabe, Problem* to solve; *Konflikt* to resolve; **c)** (≈ *annullieren*) *Vertrag* to cancel; *Verlobung* to break off; *Ehe* to dissolve; **d)** (≈ *kaufen*) *Karte* to buy **2.** *vr* **a)** (≈ *sich losmachen*) to detach oneself (*von* from); (≈ *sich ablösen*) to come off (*von etw* sth); (*Knoten*) to come undone; (*Schuss*) to go off; (*Husten, Krampf, Spannung*) to ease; (*Atmosphäre*) to relax; (*Muskeln*) to loosen up; (≈ *sich lockern*) to (be)come loose; ***sich von jdm ~*** to break away from sb (*auch* SPORT); **b)** (≈ *sich aufklären*) to be solved; **c)** (≈ *zergehen*) to dissolve

Losentscheid *m* drawing (of) lots; ***durch Lostentscheid*** by drawing lots

losfahren *vi* (≈ *abfahren*) to set off; (*Auto*) to drive off **losgehen** *vi* **a)** (≈ *weggehen*) to set off; (*Schuss, Bombe etc*) to go off; ***(mit dem Messer) auf jdn ~*** to go for sb (with a knife); **b)** (*umg* ≈ *anfangen*) to start; ***gleich gehts los*** it's just about to start; ***jetzt gehts los!*** here we go!; (*Vorstellung*) it's starting!; (*Rennen*) they're off! **loshaben** *vt* (*umg*) ***etwas/nichts ~*** to be pretty clever (*umg*)/pretty stupid (*umg*) **loskaufen** *vt* to buy out; *Entführten* to ransom **loskommen** *vi* to get away (*von* from); (≈ *sich befreien*) to free oneself; ***von einer Sucht ~*** to get free of an addiction **loslachen** *vi* to burst out laughing **loslassen** *vt* to let go of; ***der Gedanke lässt mich nicht mehr los*** I can't get the thought out of my mind; ***die Hunde auf jdn ~*** to put *od* set the dogs on(to) sb **loslegen** *vi* (*umg*) to get going

löslich *Adj* soluble; ***~er Kaffee*** instant coffee

loslösen 1. *vt* to remove (*von* from); (≈ *lockern*) to loosen **2.** *vr* to detach oneself (*von* from); ***sich von jdm ~*** to break away from sb **losmachen** *vt* (≈ *befreien*) to free; (≈ *losbinden*) to untie

Losnummer *f* ticket number

losreißen *vr* ***sich (von etw) ~*** (*Hund etc*) to break loose (from sth); (*fig*) to tear oneself away (from sth) **lossagen** *vr* ***sich von etw ~*** to renounce sth; ***sich von jdm ~*** to dissociate oneself from *od* break with sb **losschießen** *vi* (≈ *zu schießen anfangen*) to open fire; ***schieß los!*** (*fig umg*) fire away! (*umg*) **losschlagen 1.** *vi* to hit out; MIL to (launch one's) attack; ***aufeinander ~*** to go for one another *od* each

L

other **2.** *vt* (*umg* ≈ *verkaufen*) to get rid of **losschrauben** *vt* to unscrew
Losung *f* **a)** (≈ *Devise*) motto; **b)** (≈ *Kennwort*) password
Lösung *f* solution; (*eines Konfliktes*) resolving; (*einer Verlobung*) breaking off; (*einer Verbindung*) severance; (*einer Ehe*) dissolving **Lösungsmittel** *n* solvent **Lösungswort** *n* answer
loswerden *vt* to get rid of; *Geld* (*beim Spiel etc*) to lose; (≈ *ausgeben*) to spend **losziehen** *vi* **a)** (≈ *aufbrechen*) to set out *od* off (*in +Akk, nach* for); **b)** ***gegen jdn/etw ~*** (*umg*) to lay into sb/sth (*umg*)
Lot *n* (≈ *Senkblei*) plumb line; SEEF sounding line; MATHE perpendicular; ***die Sache ist wieder im ~*** things have been straightened out
löten *vti* to solder
Lothringen *n* Lorraine **lothringisch** *Adj* of Lorraine, Lorrainese
Lotion *f* lotion
Lötkolben *m* soldering iron **Lötlampe** *f* blowlamp **Lötmetall** *n* solder
lotrecht *Adj* perpendicular
Lotse *m*, **Lotsin** *f* SEEF pilot; (≈ *Fluglotse*) air-traffic *od* flight controller; (*fig*) guide **lotsen** *vt* to guide; ***jdn irgendwohin ~*** (*umg*) to drag sb somewhere (*umg*)
Lotterie *f* lottery; (≈ *Tombola*) raffle **Lotteriegewinn** *m* lottery/raffle prize *od* (*Geld*) winnings *Pl* **Lotterielos** *n* lottery/raffle ticket **Lotto** *n* lottery, ≈ National Lottery (*Brit*); ***(im) ~ spielen*** to do (*Brit*) *od* play the lottery **Lottogewinn** *m* lottery win; (*Geld*) lottery winnings *Pl* **Lottoschein** *m* lottery coupon **Lottozahlen** *Pl* winning lottery numbers *Pl*
Löwe *m* lion; ***der ~*** ASTROL Leo; ***~ sein*** to be (a) Leo **Löwenanteil** *m* (*umg*) lion's share **Löwenmähne** *f* (*fig*) flowing mane **Löwenmaul** *n*, **Löwenmäulchen** *n* snapdragon, antirrhinum **Löwenzahn** *m* dandelion **Löwin** *f* lioness
loyal **1.** *Adj* loyal **2.** *Adv* loyally; ***sich jdm gegenüber ~ verhalten*** to be loyal to(wards) sb **Loyalität** *f* loyalty (*jdm gegenüber* to sb)
Luchs *m* lynx; ***Augen wie ein ~ haben*** (*umg*) to have eyes like a hawk
Lücke *f* gap; (*auf Formularen etc*) space; ***~n (im Wissen) haben*** to have gaps in one's knowledge **Lückenbüßer(in)** *m(f)* (*umg*) stopgap **lückenhaft** **1.** *Adj* full of gaps; *Versorgung* deficient **2.** *Adv sich erinnern* vaguely; *informieren* sketchily **lückenlos** **1.** *Adj* complete; *Überwachung* thorough; *Kenntnisse* perfect **2.** *Adv* completely **Lückentest** *m*, **Lückentext** *m* SCHULE completion test (*Brit*), fill-in-the-gaps test
Luder *n* (*umg*) minx; ***armes/dummes ~*** poor/stupid creature
Luft *f* **a)** air *kein Pl*; ***dicke ~*** (*umg*) a bad atmosphere; ***an od in die/der (frischen) ~*** in the fresh air; ***(frische) ~ schnappen*** (*umg*) to get some fresh air; ***die ~ ist rein*** (*umg*) the coast is clear; ***aus der ~*** from the air; ***die ~ ist raus*** (*fig umg*) the fizz has gone; ***jdn an die (frische) ~ setzen*** (*umg*) to show sb the door; ***etw in die ~ jagen*** (*umg*) to blow sth up; ***er geht gleich in die ~*** (*fig*) he's about to blow his top; ***es liegt etwas in der ~*** there's something in the air; ***in der ~ hängen*** (*Sache*) to be (very much) up in the air; ***die Behauptung ist aus der ~ gegriffen*** this statement is (a) pure invention; ***jdn wie ~ behandeln*** to treat sb as though he/she just didn't exist; ***er ist ~ für mich*** I'm not speaking to him; **b)** (≈ *Atem*) breath; ***nach ~ schnappen*** to gasp for breath; ***die ~ anhalten*** (*wörtl*) to hold one's breath; ***nun halt mal die ~ an!*** (*umg*) (≈ *rede nicht*) hold your tongue!; (≈ *übertreibe nicht*) come on! (*umg*); ***keine ~ mehr kriegen*** not to be able to breathe; ***tief ~ holen*** to take a deep breath; ***mir blieb vor Schreck/Schmerz die ~ weg*** I was breathless with shock/pain; ***seinem Herzen ~ machen*** (*fig*) to get everything off one's chest; ***seinem Zorn ~ machen*** to give vent to one's anger; **c)** (*fig* ≈ *Spielraum, Platz*) space, room **Luftabwehr** *f* MIL anti-aircraft defence (*Brit*) *od* defense (*US*) **Luftabwehrrakete** *f* anti-aircraft missile **Luftangriff** *m* air raid (*auf +Akk* on) **Luftaufnahme** *f* aerial photo(-graph) **Luftballon** *m* balloon **Luftbild** *n* aerial picture **Luftblase** *f* air bubble **Luftbrücke** *f* airlift **Lüftchen** *n* breeze **luftdicht** **1.** *Adj* airtight *kein Adv* **2.** *Adv* ***die Ware ist ~ verpackt***

the article is in airtight packaging **Luftdruck** *m* air pressure **lüften** **1.** *vt* **a)** to air; (*systematisch*) to ventilate; **b)** (≈ *hochheben*) to raise; ***das Geheimnis war gelüftet*** the secret was out **2.** *vi* (≈ *Luft hereinlassen*) to let some air in **Luftfahrt** *f* aeronautics *Sg*; (*mit Flugzeugen*) aviation *ohne Artikel* **Luftfahrtgesellschaft** *f* airline (company) **Luftfeuchtigkeit** *f* (atmospheric) humidity **Luftfilter** *n od m* air filter **Luftflotte** *f* air fleet **Luftfracht** *f* air freight **Luftfrachtbrief** *m* air consignment note (*Brit*) **luftgekühlt** *Adj* air-cooled **luftgestützt** *Adj Flugkörper* air-launched **luftgetrocknet** *Adj* air-dried **Luftgewehr** *n* air rifle, air gun **Lufthoheit** *f* air sovereignty **luftig** *Adj Zimmer* airy; *Kleidung* light **Luftkampf** *m* air battle **Luftkissenboot** *n*, **Luftkissenfahrzeug** *n* hovercraft **Luftkrieg** *m* aerial warfare **Luftkühlung** *f* air-cooling **Luftkurort** *m* (climatic) health resort **Luftlandetruppe** *f* airborne troops *Pl* **luftleer** *Adj* **(*völlig*) *~ sein*** to be a vacuum; ***~er Raum*** vacuum **Luftlinie** *f* ***200 km*** *etc* ~ 200 km *etc* as the crow flies **Luftloch** *n* air hole; FLUG air pocket **Luftmatratze** *f* air bed (*Brit*), Lilo® (*Brit*), air mattress (*bes US*) **Luftpirat(in)** *m(f)* (aircraft) hijacker, skyjacker (*bes US*) **Luftpolster** *n* air cushion **Luftpost** *f* airmail; ***mit ~*** by airmail **Luftpumpe** *f* pneumatic pump; (*für Fahrrad*) (bicycle) pump **Luftraum** *m* airspace **Luftrettungsdienst** *m* air rescue service **Luftröhre** *f* ANAT windpipe, trachea **Luftschacht** *m* ventilation shaft **Luftschiff** *n* airship **Luftschlacht** *f* air battle **Luftschlange** *f* (paper) streamer **Luftschloss** *n* (*fig*) castle in the air **Luftschutzbunker** *m*, **Luftschutzkeller** *m* air-raid shelter **Luftspiegelung** *f* mirage **Luftsprung** *m* ***vor Freude einen ~ machen*** to jump for joy **Luftstreitkräfte** *Pl* air force *Sg* **Luftstrom** *m* stream of air **Luftstützpunkt** *m* air base **Lüftung** *f* airing; (*systematisch*) ventilation **Lüftungsschacht** *m* ventilation shaft **Luftveränderung** *f* change of air **Luftverkehr** *m* air traffic **Luftverschmutzung** *f* air pollution **Luftwaffe** *f* MIL air force; ***die (deutsche) ~*** the Luftwaffe **Luftwaffenstützpunkt** *m* air-force base **Luftweg** *m* (≈ *Flugweg*) air route; (≈ *Atemweg*) respiratory tract; ***etw auf dem ~ befördern*** to transport sth by air **Luftzug** *m* (mild) breeze; (*in Gebäude*) draught (*Brit*), draft (*US*)

Lüge *f* lie, falsehood; ***das ist alles ~*** that's all lies; ***jdn/etw ~n strafen*** to give the lie to sb/sth **lügen** **1.** *vi* to lie; ***wie gedruckt ~*** (*umg*) to lie like mad (*umg*) **2.** *vt* ***das ist gelogen!*** that's a lie! **Lügendetektor** *m* lie detector **Lügengeschichte** *f* pack of lies **Lügenmärchen** *n* tall story **Lügner(in)** *m(f)* liar **lügnerisch** *Adj Mensch, Worte* untruthful

Luke *f* hatch; (≈ *Dachluke*) skylight

lukrativ *Adj* lucrative

Lümmel *m* (*pej*) oaf; ***du ~, du*** you rogue you **lümmelhaft** (*pej*) *Adj* ill-mannered **lümmeln** *vr* (*umg*) to sprawl; (≈ *sich hinlümmeln*) to flop down

Lump *m* (*pej*) rogue **lumpen** *vt* (*umg*) ***sich nicht ~ lassen*** to splash out (*umg*) **Lumpen** *m* rag **Lumpenpack** *n* (*pej umg*) riffraff *Pl* (*pej*) **Lumpensammler** *m* (≈ *Lumpenhändler*) rag-and-bone man **lumpig** *Adj* **a)** *Kleidung* ragged, tattered; **b)** *Gesinnung, Tat* shabby; **c)** (*umg* ≈ *geringfügig*) measly (*umg*)

Lunchpaket *n* lunchbox, packed lunch

Lunge *f* lungs *Pl*; (≈ *Lungenflügel*) lung; ***sich*** (*Dat*) ***die ~ aus dem Hals schreien*** (*umg*) to yell till one is blue in the face (*umg*) **Lungenbraten** *m* (*österr*) loin roast (*Brit*), porterhouse (steak) **Lungenentzündung** *f* pneumonia **Lungenflügel** *m* lung **lungenkrank** *Adj* ***~ sein*** to have a lung disease **Lungenkrebs** *m* lung cancer **Lungenzug** *m* deep drag (*umg*)

Lunte *f* ***~ riechen*** (≈ *Verdacht schöpfen*) to smell a rat (*umg*)

Lupe *f* magnifying glass; ***jdn/etw unter die ~ nehmen*** (*umg* ≈ *prüfen*) to examine sb/sth closely **lupenrein** *Adj* flawless; *Englisch* perfect; ***das Geschäft war nicht ganz ~*** the deal wouldn't stand close scrutiny *od* wasn't quite all above board

Lupine *f* lupin

Lurch *m* amphibian

Lust *f* **a)** (≈ *Freude*) pleasure, joy; ***da***

kann einem die* (*ganze*) *od* *alle ~ vergehen, da vergeht einem die ganze ~ it puts you off; ***jdm die ~ an etw*** (*Dat*) ***nehmen*** to take all the fun out of sth for sb; **b)** (≈ *Neigung*) inclination; ***zu etw ~ haben*** to feel like sth; ***ich habe ~, das zu tun*** I'd like to do that; (≈ *bin dazu aufgelegt*) I feel like doing that; ***ich habe jetzt keine ~*** I'm not in the mood just now; ***hast du ~?*** how about it?; ***auf etw*** (*Akk*) ***~ haben*** to feel like sth; ***ganz*** *od* ***je nach ~ und Laune*** (*umg*) just depending on how I/you *etc* feel; **c)** (≈ *sinnliche Begierde*) desire **lustbetont** *Adj* pleasure-orientated; *Beziehung, Mensch* sensual
Lüsterklemme *f* ELEK connector
Lustgewinn *m* pleasure **lustig** *Adj* (≈ *munter*) merry; (≈ *humorvoll*) funny, amusing; ***das kann ja ~ werden!*** (*iron*) that's going to be fun (*iron*); ***sich über jdn/etw ~ machen*** to make fun of sb/sth **Lustigkeit** *f* (≈ *Munterkeit*) merriness (*veralt*); (*von Mensch*) joviality; (*von Geschichte*) funniness **Lüstling** *m* lecher **lustlos 1.** *Adj* unenthusiastic; FINANZ *Börse* slack **2.** *Adv* unenthusiastically **Lustmörder(in)** *m(f)* sex killer **Lustobjekt** *n* sex object **Lustprinzip** *n* PSYCH pleasure principle **Lustspiel** *n* comedy **lustvoll 1.** *Adj* full of relish **2.** *Adv* with relish
lutschen *vti* to suck (*an etw* (*Dat*) sth) **Lutscher** *m* lollipop
Luxemburg *n* Luxembourg
luxuriös 1. *Adj* luxurious; ***ein ~es Leben*** a life of luxury **2.** *Adv* luxuriously **Luxus** *m* luxury; (*pej* ≈ *Überfluss*) extravagance; ***den ~ lieben*** to love luxury **Luxusartikel** *m* luxury article; (*Pl*) luxury goods *Pl* **Luxusausführung** *f* de luxe model **Luxusdampfer** *m* luxury cruise ship **Luxushotel** *n* luxury hotel **Luxusklasse** *f* ***der ~*** de luxe *attr*, luxury *attr*
Luzern *n* Lucerne
Lychee *f* lychee, litchi
Lymphdrüse *f* lymph(atic) gland **Lymphe** *f* lymph **Lymphknoten** *m* lymph node
lynchen *vt* (*wörtl*) to lynch; (*fig*) to kill **Lynchjustiz** *f* lynch law **Lynchmord** *m* lynching
Lyrik *f* lyric poetry *od* verse **Lyriker(in)** *m(f)* lyric poet **lyrisch 1.** *Adj* lyrical; *Dichtung* lyric **2.** *Adv* lyrically

M

M, m *n* M, m
M.A. UNI *Abk von* ***Magister Artium*** MA, M.A. (*US*)
Machart *f* make; (≈ *Stil*) style **machbar** *Adj* feasible **Machbarkeitsstudie** *f* feasibility study **Mache** *f* (*umg*) **a)** (≈ *Vortäuschung*) sham; **b)** ***etw in der ~ haben*** (*umg*) to be working on sth; ***in der ~ sein*** (*umg*) to be in the making **machen 1.** *vt* **a)** (≈ *tun*) to do; ***ich mache das schon*** (≈ *bringe das in Ordnung*) I'll see to that; (≈ *erledige das*) I'll do that; ***er macht, was er will*** he does what he likes; ***das lässt sich ~*** that can be done; (***da ist***) ***nichts zu ~*** (≈ *geht nicht*) (there's) nothing to be done; (≈ *kommt nicht infrage*) nothing doing; ***das lässt er nicht mit sich ~*** he won't stand for that; ***was machst du da?*** what are you doing (there)?; ***was macht die Arbeit?*** how's the work going?; ***was macht dein Bruder*** (***beruflich***)***?*** what does your brother do (for a living)?; ***was macht dein Bruder?*** (≈ *wie geht es ihm?*) how's your brother doing?; ***machs gut!*** all the best!; → ***gemacht***; **b)** (≈ *anfertigen*) to make; ***aus Holz gemacht*** made of wood; ***sich/jdm etw ~ lassen*** to have sth made for oneself/sb; **c)** (≈ *verursachen*) *Schwierigkeiten* to make (*jdm* for sb); *Mühe, Schmerzen* to cause (*jdm* for sb); ***jdm Angst ~*** to make sb afraid; ***jdm Hoffnung ~*** to give sb hope; ***mach, dass er gesund wird!*** make him better!; ***etw leer ~*** to empty sth; ***etw kürzer ~*** to shorten sth; ***jdn alt/jung ~*** (≈ *aussehen lassen*) to make sb look old/young; ***er macht es sich*** (*Dat*) ***nicht leicht*** he doesn't make it easy for himself; **d)** (*umg* ≈ *ergeben*) to make;

Summe, Preis to be; ***drei und fünf macht acht*** three and five makes eight; ***was macht das (alles zusammen)?*** how much is that altogether?; **e)** (≈ *ordnen, säubern*) to do; ***die Küche muss mal wieder gemacht werden*** (≈ *gereinigt, gestrichen*) the kitchen needs doing again; ***das Bett ~*** to make the bed; **f)** ***etwas aus sich ~*** to make something of oneself; ***jdn/etw zu etw ~*** (≈ *verwandeln in*) to turn sb/sth into sth; ***jdn zum Wortführer ~*** to make sb spokesman; ***macht nichts!*** it doesn't matter!; ***der Regen macht mir nichts*** I don't mind the rain; ***die Kälte macht dem Motor nichts*** the cold doesn't hurt the engine; ***sich*** (*Dat*) ***viel aus jdm/etw ~*** to like sb/sth; ***sich*** (*Dat*) ***wenig aus jdm/etw ~*** not to be very keen on (*bes Brit*) *od* thrilled with (*bes US*) sb/sth; ***mach dir nichts draus!*** don't let it bother you! **2.** *vi* **a)** ***lass ihn nur ~*** (≈ *hindre ihn nicht*) just let him do it; (≈ *verlass dich auf ihn*) just leave it to him; ***lass mich mal ~*** let me do it; (≈ *ich bringe das in Ordnung*) let me see to that; ***das Kleid macht schlank*** that dress makes you look slim; **b)** (≈ *sich beeilen, umg*) to get a move on (*umg*); ***ich mach ja schon!*** I'm being as quick as I can!; ***mach, dass du hier verschwindest!*** (you just) get out of here!; **c)** (*umg*) ***jetzt macht sie auf große Dame*** she's playing the grand lady now; ***sie macht auf gebildet*** she's doing her cultured bit (*umg*); ***er macht in Politik*** he's in politics **3.** *vr* **a)** (≈ *sich entwickeln*) to come on; **b)** ***sich an etw*** (*Akk*) ***~*** to get down to sth; ***sich zum Fürsprecher ~*** to make oneself spokesman; ***sich bei jdm beliebt ~*** (*umg*) to make oneself popular with sb **Machenschaften** *Pl* wheelings and dealings *Pl*, machinations *Pl* **Macher(in)** *m(f)* (*umg*) man/woman of action

Machete *f* machete

Macho *m* macho (*umg*)

Macht *f* power; ***die ~ der Gewohnheit*** the force of habit; ***alles, was in unserer ~ steht*** everything (with)in our power; ***mit aller ~*** with all one's might; ***die ~ ergreifen/erringen*** to seize/gain power; ***an die ~ kommen*** to come to power; ***jdn an die ~ bringen*** to bring sb to power; ***an der ~ sein/bleiben*** to be/remain in power; ***die ~ übernehmen*** to assume power **Machtapparat** *m* POL machinery of power **Machtbereich** *m* sphere of control **machtbesessen** *Adj* power-crazed **Machtergreifung** *f* seizure of power **Machterhalt** *m* retention of power **Machthaber(in)** *m(f)* ruler; (*pej*) dictator **mächtig** **1.** *Adj* (≈ *einflussreich*) powerful; (≈ *sehr groß*) mighty; (*umg* ≈ *enorm*) *Hunger, Durst* terrific (*umg*); ***~e Angst haben*** (*umg*) to be scared stiff (*umg*) **2.** *Adv* (*umg* ≈ *sehr*) terrifically (*umg*); *sich beeilen* like mad (*umg*); ***sich ~ anstrengen*** to make a terrific effort (*umg*); ***darüber hat sie sich ~ geärgert*** she got really angry about it **Machtkampf** *m* power struggle **machtlos** *Adj* powerless; (≈ *hilflos*) helpless **Machtlosigkeit** *f* powerlessness; (≈ *Hilflosigkeit*) helplessness **Machtmissbrauch** *m* abuse of power **Machtpolitik** *f* power politics *Pl* **Machtprobe** *f* trial of strength **Machtübernahme** *f* takeover (*durch* by) **Machtverhältnisse** *Pl* balance *Sg* of power **Machtverlust** *m* loss of power **machtvoll** **1.** *Adj* powerful **2.** *Adv* powerfully; *eingreifen* decisively **Machtwechsel** *m* changeover of power **Machtwort** *n* ***ein ~ sprechen*** to exercise one's authority

Machwerk *n* (*pej*) sorry effort; ***das ist ein ~ des Teufels*** that is the work of the devil

Macke *f* (*umg*) **a)** (≈ *Tick, Knall*) quirk; ***eine ~ haben*** (*umg*) to be cracked (*umg*); **b)** (≈ *Fehler, Schadstelle*) fault

Mädchen *n* girl; ***ein ~ für alles*** (*umg*) a dogsbody (*Brit umg*), a gofer **mädchenhaft** **1.** *Adj* girlish **2.** *Adv aussehen* like a (young) girl **Mädchenname** *m* **a)** (*Vorname*) girl's name; **b)** (*von verheirateter Frau*) maiden name

Made *f* maggot; ***wie die ~ im Speck leben*** (*umg*) to live in clover

Mädel *n* (*dial*) lass (*dial*), girl

madig *Adj* maggoty

madigmachen *vt* (*umg*) ***jdm etw madig machen*** to put sb off sth

Madl *n* (*österr*) lass (*dial*), girl; → ***Mädchen***

Madonna *f* Madonna

M

Mafia *f* Mafia **Mafioso** *m* mafioso
Magazin *n* **a)** (≈ *Lager*) storeroom; (≈ *Bibliotheksmagazin*) stockroom; **b)** (*am Gewehr*) magazine; **c)** (≈ *Zeitschrift*) magazine
Magd *f* (*alt*) (≈ *Dienstmagd*) maid; (≈ *Landarbeiterin*) farm girl
Magen *m* stomach; ***auf nüchternen ~*** on an empty stomach; ***etw liegt jdm (schwer) im ~*** (*umg*) sth lies heavily on sb's stomach; (*fig*) sth preys on sb's mind; ***sich*** (*Dat*) ***den ~ verderben*** to get an upset stomach **Magenbeschwerden** *Pl* stomach *od* tummy (*umg*) trouble *Sg* **Magenbitter** *m* bitters *Pl* **Magen-Darm-Katarrh** *m* gastroenteritis **Magengegend** *f* stomach region **Magengeschwür** *n* stomach ulcer **Magengrube** *f* pit of the stomach **Magenkrampf** *m* stomach cramp **Magenkrebs** *m* cancer of the stomach **Magenleiden** *n* stomach disorder **Magenschleimhaut** *f* stomach lining **Magenschleimhautentzündung** *f* gastritis **Magenschmerzen** *Pl* stomachache *Sg* **Magensonde** *f* stomach probe **Magenverstimmung** *f* upset stomach, stomach upset
mager 1. *Adj* **a)** (≈ *fettarm*) *Fleisch* lean; *Kost* low-fat; **b)** (≈ *dünn*) thin, skinny (*umg*); (≈ *abgemagert*) emaciated; TYPO *Druck* roman; **c)** (≈ *dürftig*) meagre (*Brit*), meager (*US*); *Ergebnis* poor **2.** *Adv* (≈ *fettarm*) ***~ essen*** to be on a low-fat diet; ***~ kochen*** to cook low-fat meals **Magermilch** *f* skimmed milk **Magerquark** *m* low-fat cottage cheese (*US*) *od* curd cheese **Magersucht** *f* MED anorexia **magersüchtig** *Adj* MED anorexic
Magie *f* magic **Magier(in)** *m(f)* magician **magisch** *Adj* magic(al); ***von jdm/etw ~ angezogen werden*** to be attracted to sb/sth as if by magic
Magister *m* ***~ (Artium)*** UNI M.A., Master of Arts
Magistrat *m* municipal authorities *Pl*
Magnesium *n* magnesium
Magnet *m* magnet **Magnetbahn** *f* magnetic railway **Magnetband** *n* magnetic tape **magnetisch** *Adj* magnetic; ***von etw ~ angezogen werden*** (*fig*) to be drawn to sth like a magnet **Magnetismus** *m* magnetism **Magnetkarte** *f* magnetic card **Magnetnadel** *f* magnetic needle **Magnetstreifen** *m* magnetic strip
Magnolie *f* magnolia
Mahagoni *n* mahogany
Mähdrescher *m* combine (harvester) **mähen** *vt Gras* to cut; *Getreide* to reap; *Rasen* to mow
Mahl *n* (*lit*) meal, repast (*förml*); (≈ *Gastmahl*) banquet
mahlen *vti* to grind
Mahlzeit *f* meal; ***(prost) ~!*** (*iron umg*) that's just great (*umg*)
Mahnbescheid *m*, **Mahnbrief** *m* reminder
Mähne *f* mane
mahnen 1. *vt* **a)** (≈ *erinnern*) to remind (*wegen, an +Akk* of); (*warnend*) to admonish (*wegen, an +Akk* on account of); **b)** (≈ *auffordern*) ***jdn zur Eile/Geduld ~*** to urge sb to hurry/be patient **2.** *vi* **a)** (*wegen Schulden etc*) to send a reminder; **b)** ***zur Eile/Geduld ~*** to urge haste/patience **Mahnmal** *n* memorial **Mahnschreiben** *n* reminder **Mahnung** *f* **a)** (≈ *Ermahnung*) exhortation; (*warnend*) admonition; **b)** (≈ *warnende Erinnerung* ≈ *Mahnbrief*) reminder **Mahnverfahren** *n* collection proceedings *Pl*
Mai *m* May; ***der Erste ~*** May Day; → ***März*** **Maibaum** *m* maypole **Maifeiertag** *m* (*förml*) May Day *ohne Artikel* **Maiglöckchen** *n* lily of the valley **Maikäfer** *m* cockchafer
Mail *f* IT e-mail; ***eine ~ an jdn schicken*** to e-mail sb **Mailbox** *f* IT mailbox **mailen** *vti* IT to e-mail **Mailing** *n* mailing
Mais *m* maize, (Indian) corn (*bes US*) **Maisflocken** *Pl* cornflakes *Pl* **Maiskolben** *m* corn cob; (*Gericht*) corn on the cob **Maismehl** *n* maize *od* corn (*bes US*) meal
Maisonette(-Wohnung) *f* maisonette, duplex (apartment) (*bes US*)
Majestät *f* (*Titel*) Majesty; ***Seine/Ihre ~*** His/Her Majesty **majestätisch 1.** *Adj* majestic **2.** *Adv* majestically
Majo *f* (*umg* ≈ *Mayonnaise*) mayo (*umg*) **Majonäse** *f* mayonnaise
Major(in) *m(f)* MIL major
Majoran *m* marjoram
Majorität *f* majority
makaber *Adj* macabre; *Witz, Geschichte* sick
Makel *m* **a)** (≈ *Schandfleck*) stigma; **b)**

(≈ *Fehler*) blemish; (*von Charakter, bei Waren*) flaw **makellos** **1.** *Adj Reinheit* spotless; *Charakter* unimpeachable; *Figur* perfect; *Kleidung, Haare* immaculate; *Alibi* watertight; *Englisch, Deutsch* flawless **2.** *Adv rein* spotlessly; ***~ gekleidet sein*** to be impeccably dressed; ***~ weiß*** spotless white **mäkeln** *vi* (*umg*) (≈ *nörgeln*) to carp (*an +Dat* at)

Make-up *n* make-up

Makkaroni *Pl* macaroni *Sg*

Makler(in) *m(f)* broker; (≈ *Grundstücksmakler*) estate agent (*Brit*), real-estate agent (*US*) **Maklergebühr** *f* brokerage

Makrele *f* mackerel

Makro *n* IT macro **makrobiotisch** *Adj* macrobiotic **Makrokosmos** *m* macrocosm

mal[1] *Adv* MATHE times; ***zwei ~ zwei*** MATHE two times two

mal[2] *Adv* (*umg*) = ***einmal***

Mal[1] *n* **a**) (≈ *Fleck*) mark; **b**) SPORT base; (≈ *Malfeld*) touch

Mal[2] *n* time; ***nur das eine ~*** just (the) once; ***das eine oder andere ~*** now and then *od* again; ***kein einziges ~*** not once; ***ein für alle ~(e)*** once and for all; ***das vorige ~*** the time before; ***beim ersten ~(e)*** the first time; ***zum ersten/letzten*** *etc* ***~*** for the first/last *etc* time; ***zu wiederholten ~en*** time and again; ***von ~ zu ~*** each *od* every time; ***für dieses ~*** for now; ***mit einem ~(e)*** all at once

Malaise *f od* (*schweiz*) *n*) malaise

Malaria *f* malaria

Malaysia *n* Malaysia **malaysisch** *Adj* Malaysian

Malediven *Pl* Maldives *Pl*, Maldive Islands *Pl*

malen *vti* to paint; (≈ *zeichnen*) to draw; ***etw rosig/schwarz*** *etc* ***~*** (*fig*) to paint a rosy/black *etc* picture of sth **Maler(in)** *m(f)* painter; (≈ *Kunstmaler auch*) artist **Malerei** *f* **a**) (≈ *Malkunst*) art; **b**) (≈ *Bild*) painting **Malerfarbe** *f* paint **malerisch** *Adj* **a**) *Talent* as a painter; **b**) (≈ *pittoresk*) picturesque

Malheur *n* mishap

Malkasten *m* paintbox

Mallorca *n* Majorca, Mallorca

malnehmen *vti* to multiply (*mit* by)

Maloche *f* (*umg*) hard work **malochen** *vi* (*umg*) to work hard

malträtieren *vt* to ill-treat, to maltreat

Malve *f* BOT mallow; (≈ *Stockrose*) hollyhock

Malz *n* malt **Malzbier** *n* malt beer, ≈ stout (*Brit*) **Malzbonbon** *n od m* malt lozenge **Malzkaffee** *m coffee substitute made from barley malt*

Mama *f* (*umg*) mummy (*Brit*), mommy (*US*)

Mammografie *f* mammography

Mammut *n* mammoth **Mammutbaum** *m* sequoia, giant redwood **Mammutprogramm** *n* huge programme (*Brit*) *od* program (*US*); (*lange dauernd*) marathon programme (*Brit*) *od* program (*US*) **Mammutprozess** *m* marathon trial

mampfen *vti* (*umg*) to munch

man *Indefinitpron* **a**) you, one; (≈ *ich*) one; (≈ *wir*) we; ***~ kann nie wissen*** you *od* one can never tell; ***das tut ~ nicht*** that's not done; **b**) (≈ *jemand*) somebody, someone; ***~ hat mir erklärt, dass ...*** it was explained to me that ...; **c**) (≈ *die Leute*) they *Pl*, people *Pl*; ***früher glaubte ~, dass ...*** people used to believe that ...

Management *n* management **managen** *vt* (*umg*) to manage **Manager(in)** *m(f)* manager **Managertyp** *m* management *od* executive type

manch *Indefinitpron* **a**) many a; ***~ eine(r)*** many a person; **b**) (*adjektivisch*) ***~e(r, s)*** quite a few *+Pl*, many a *+Sg*; (*Pl* ≈ *einige*) some *+Pl*; ***~er, der ...*** many a person who ...; **c**) (*substantivisch*) ***~e(r)*** a good many people *Pl*; (*Pl* ≈ *einige*) some (people); ***~er lernts nie*** some people never learn; ***in ~em hat er recht*** he's right about a lot of/some things **mancherlei** *Adj* (*adjektivisch*) various, a number of; (*substantivisch*) various things *Pl*, a number of things **manchmal** *Adv* sometimes

Mandant(in) *m(f)* JUR client

Mandarine *f* mandarin (orange), tangerine

Mandat *n* mandate; (*von Anwalt*) brief; (PARL ≈ *Abgeordnetensitz*) seat; ***sein ~ niederlegen*** PARL to resign one's seat

Mandatar(in) *m(f)* (*österr*) member of parliament, representative

Mandel *f* **a)** almond; **b)** ANAT tonsil **Mandelbaum** *m* almond tree **Mandelentzündung** *f* tonsillitis

Mandoline *f* mandolin

Manege *f* ring, arena

Mangan *n* manganese

Mangel[1] *f* mangle; (≈ *Heißmangel*) rotary iron; ***durch die ~ drehen*** (*fig umg*) to put through it (*umg*); ***jdn in die ~ nehmen*** (*fig umg*) to give sb a going-over (*umg*)

Mangel[2] *m* **a)** (≈ *Fehler*) fault; (≈ *Unzulänglichkeit*) shortcoming; (≈ *Charaktermangel*) flaw; **b)** (≈ *das Fehlen*) lack (*an +Dat* of); (≈ *Knappheit*) shortage (*an +Dat* of); MED deficiency (*an +Dat* of); ***wegen ~s an Beweisen*** for lack of evidence; ***~ an etw*** (*Dat*) ***haben*** to lack sth **Mangelerscheinung** *f* MED deficiency symptom; ***eine ~ sein*** (*fig*) to be in short supply (*bei* with) **mangelhaft 1.** *Adj* (≈ *schlecht*) poor; *Informationen, Interesse* insufficient; (≈ *fehlerhaft*) *Sprachkenntnisse, Ware* faulty; (*Schulnote*) poor **2.** *Adv* poorly; ***er spricht nur ~ Englisch*** he doesn't speak English very well **Mängelhaftung** *f* JUR liability for faults

mangeln[1] *vt Wäsche* to (put through the) mangle; (≈ *heiß mangeln*) to iron

mangeln[2] **1.** *vi unpers* ***es mangelt an etw*** (*Dat*) there is a lack of sth; ***es mangelt jdm an etw*** (*Dat*) sb lacks sth; ***~des Selbstvertrauen*** *etc* a lack of self-confidence *etc* **2.** *vi* ***etw mangelt jdm/einer Sache*** sb/sth lacks sth **mangels** *Präp +Gen* (*förml*) for lack of **Mangelware** *f* scarce commodity; ***~ sein*** (*fig*) to be a rare thing; (*Ärzte, gute Lehrer etc*) not to grow on trees

Mango *f* mango

Manie *f* mania

Manier *f* **a)** (≈ *Art und Weise*) manner; (*eines Künstlers etc*) style; **b) Manieren** *Pl* (≈ *Umgangsformen*) manners; ***was sind das für ~en?*** (*umg*) that's no way to behave **manierlich** *Adj* **a)** *Kind* well-mannered; *Benehmen* good; **b)** (*umg* ≈ *einigermaßen gut*) reasonable

Manifest *n* manifesto

Maniküre *f* (≈ *Handpflege*) manicure **maniküren** *vt* to manicure

Manipulation *f* manipulation **manipulieren** *vt* to manipulate

manisch *Adj* manic; ***~-depressiv*** manic-depressive

Manko *n* **a)** (HANDEL ≈ *Fehlbetrag*) deficit; ***~ machen*** (*umg*: *bei Verkauf*) to make a loss; **b)** (*fig* ≈ *Nachteil*) shortcoming

Mann *m* **a)** man; ***etw an den ~ bringen*** (*umg*) to get rid of sth; ***seinen ~ stehen*** to hold one's own; ***pro ~*** per head; ***ein Gespräch von ~ zu ~*** a man-to--man talk; **b)** (≈ *Ehemann*) husband; ***~ und Frau werden*** to become man and wife; **c)** (*umg*: *als Interjektion*) (my) God (*umg*); ***mach schnell, ~!*** hurry up, man!; ***~, oh ~!*** oh boy! (*umg*) **Männchen** *n* **a)** little man; (≈ *Zwerg*) man(n)ikin; ***~ malen*** ≈ to doodle; **b)** BIOL male; (≈ *Vogelmännchen*) male, cock; **c)** ***~ machen*** (*Hund*) to (sit up and) beg **Manndeckung** *f* SPORT man-to-man marking, one-on-one defense (*US*)

Mannequin *n* (fashion) model

Männerberuf *m* male profession **Männerchor** *m* male-voice choir **Männerfang** *m* ***auf ~ ausgehen*** to go looking for a man **Männerfreundschaft** *f* friendship between men **Männersache** *f* (*Angelegenheit*) man's business; (*Arbeit*) job for a man; ***Fußball war früher ~*** football used to be a male preserve **Mannesalter** *n* manhood *ohne Artikel*; ***im besten ~ sein*** to be in one's prime

mannigfach *Adj* manifold **mannigfaltig** *Adj* diverse

männlich *Adj* male; *Wort, Auftreten* masculine **Männlichkeit** *f* (*fig*) manliness; (*von Auftreten*) masculinity **Mannloch** *n* TECH manhole **Mannschaft** *f* team; SEEF, FLUG crew **Mannschaftsgeist** *m* team spirit **Mannschaftskapitän** *m* SPORT (team) captain, skipper (*umg*) **Mannschaftsraum** *m* SPORT team quarters *Pl*; SEEF crew's quarters *Pl* **mannshoch** *Adj* as high as a man; ***der Schnee liegt ~*** the snow is six feet deep **mannstoll** *Adj* man-mad (*bes Brit umg*) **Mannweib** *n* (*pej*) mannish woman

Manometer *n* TECH pressure gauge; ***~!*** (*umg*) wow! (*umg*)

Manöver *n* manoeuvre (*Brit*), maneuver (*US*) **Manöverkritik** *f* (*fig*) post-mortem **manövrieren** *vti* to manoeu-

M

vre (*Brit*), to maneuver (*US*) **manövrierfähig** *Adj* manoeuvrable (*Brit*), maneuverable (*US*); (*fig*) flexible **manövrierunfähig** *Adj* disabled

Mansarde *f* garret; (*Boden*) attic

Manschette *f* **a**) (≈ *Ärmelaufschlag*) cuff; **b**) ***~n haben*** (*umg*) to be scared stupid (*umg*) **Manschettenknopf** *m* cufflink

Mantel *m* coat; (≈ *Umhang*) cloak **Manteltarifvertrag** *m* INDUSTRIE general agreement on conditions of employment

Mantra *n* mantra

manuell **1.** *Adj* manual **2.** *Adv* manually **Manuskript** *n* manuscript; RADIO, FILM, TV script

Mappe *f* (≈ *Aktenhefter*) file; (≈ *Aktentasche*) briefcase; (≈ *Schulmappe*) (school) bag; (≈ *Bleistiftmappe*) pencil case

Marathonlauf *m* marathon **Marathonläufer(in)** *m(f)* marathon runner

Märchen *n* fairy tale; (*umg*) tall story **Märchenbuch** *n* book of fairy tales **Märchenerzähler(in)** *m(f)* teller of fairy tales; (*fig*) storyteller **märchenhaft** **1.** *Adj* fairy-tale *attr*, fabulous; (*fig*) fabulous **2.** *Adv reich* fabulously; *singen* beautifully; ***~ schön*** incredibly beautiful **Märchenprinz** *m* Prince Charming **Märchenprinzessin** *f* fairy-tale princess

Marder *m* marten

Margarine *f* margarine

Marge *f* HANDEL margin

Mariä Himmelfahrt *f* Assumption **Marienkäfer** *m* ladybird (*Brit*), ladybug (*US*)

Marihuana *n* marijuana

Marille *f* (*österr*) apricot

Marinade *f* KOCH marinade

Marine *f* navy **marineblau** *Adj* navy-blue **Marineoffizier** *m* naval officer

marinieren *vt Fisch, Fleisch* to marinate

Marionette *f* marionette; (*fig*) puppet **Marionettenregierung** *f* puppet government **Marionettenspieler(in)** *m(f)* puppeteer **Marionettentheater** *n* puppet theatre (*Brit*) *od* theater (*US*)

maritim *Adj* maritime

Mark[1] *n* (≈ *Knochenmark*) marrow; (≈ *Fruchtfleisch*) purée; ***bis ins ~*** (*fig*) to the core; ***es geht mir durch ~ und Bein*** (*umg*) it goes right through me

Mark[2] *f* HIST mark; ***Deutsche ~*** Deutschmark

markant *Adj* (≈ *ausgeprägt*) clear-cut; *Schriftzüge* clearly defined; *Persönlichkeit* striking

Marke *f* **a**) (*bei Genussmitteln*) brand; (*bei Industriegütern*) make; **b**) (≈ *Briefmarke*) stamp; (≈ *Essenmarke*) voucher; (≈ *Rabattmarke*) (trading) stamp; (≈ *Lebensmittelmarke*) coupon; **c**) (≈ *Rekordmarke*) record; (≈ *Wasserstandsmarke*) watermark; (≈ *Stand, Niveau*) level **Markenartikel** *m* proprietary article **Markenbutter** *f* nonblended butter, best quality butter **Markenname** *m* brand *od* proprietary name **Markenpiraterie** *f* brand name piracy **Markenschutz** *m* protection of trademarks **Markenware** *f* proprietary goods *Pl* **Markenzeichen** *n* trademark

Marker *m* (≈ *Markierstift*) highlighter

Marketing *n* marketing

markieren *vt* to mark; (*umg* ≈ *vortäuschen*) to play; ***den starken Mann ~*** to play the strong man **Markierstift** *m* highlighter **Markierung** *f* marking; (≈ *Zeichen*) mark **markig** *Adj Spruch, Worte* pithy

Markise *f* awning

Markklößchen *n* KOCH bone marrow dumpling **Markknochen** *m* KOCH marrowbone

Markt *m* **a**) market; (≈ *Jahrmarkt*) fair; (≈ *Warenverkehr*) trade; ***auf dem*** *od* ***am ~*** on the market; ***auf den ~ kommen*** to come on the market; **b**) (≈ *Marktplatz*) marketplace **Marktanalyse** *f* market analysis **Marktanteil** *m* market share **marktbeherrschend** *Adj* ***~ sein*** to control *od* dominate the market **Marktbude** *f* market stall **Marktchance** *f* sales opportunity **Marktforscher(in)** *m(f)* market researcher **Marktforschung** *f* market research **Marktfrau** *f* (woman) stallholder **Marktführer(in)** *m(f)* market leader **marktgerecht** *Adj* in line with *od* geared to market requirements **Markthalle** *f* covered market **Marktlage** *f* state of the market **Marktlücke** *f* gap in the market; ***in eine ~ stoßen*** to fill a gap in the market **Marktplatz** *m* market square **Marktsegment** *n* market segment *od* sector **Marktstudie** *f* market survey **Markttag** *m* market day **marktüblich** *Adj Preis* current; ***zu ~en Konditionen*** at usual market terms **Marktwert** *m* market value **Marktwirtschaft** *f* market economy

Marmelade *f* jam (*Brit*), jelly (*US*)

Marmor *m* marble **marmorieren** *vt* to marble **Marmorkuchen** *m* marble cake **marmorn** *Adj* marble

Marokkaner(in) *m(f)* Moroccan **marokkanisch** *Adj* Moroccan **Marokko** *n* Morocco

Marone[1] *f*, **Maroni** *f* (sweet *od* Spanish) chestnut

Marone[2] *f* (≈ *Pilz*) chestnut boletus

Marotte *f* quirk

Mars *m* MYTH, ASTRON Mars

marsch *Interj* **a)** MIL march; **b)** ***~ ins Bett!*** (*umg*) off to bed with you at the double! (*umg*) **Marsch** *m* march; (≈ *Wanderung*) hike; ***einen ~ machen*** to go on a march/hike; ***jdm den ~ blasen*** (*umg*) to give sb a rocket (*umg*) **Marschbefehl** *m* MIL marching orders *Pl* **marschbereit** *Adj* ready to move **Marschflugkörper** *m* cruise missile **Marschgepäck** *n* pack **marschieren** *vi* to march; (*fig*) to march off **Marschkolonne** *f* column **Marschmusik** *f* military marches *Pl* **Marschrichtung** *f*, **Marschroute** *f* (*wörtl*) route of march; (*fig*) line of approach **Marschverpflegung** *f* rations *Pl*; MIL field rations *Pl*

martern (*lit*) *vt* to torture, to torment **Marterpfahl** *m* stake

Martinshorn *n* siren

Märtyrer(in) *m(f)* martyr

Marxismus *m* Marxism **Marxist(in)** *m(f)* Marxist **marxistisch** *Adj* Marxist

März *m* March; ***im ~*** in March; ***im Monat ~*** in the month of March; ***heute ist der zweite ~*** today is March the second *od* March second (*US*); (*geschrieben*) today is 2nd March *od* March 2nd; ***Berlin, den 4. ~ 2006*** (*in Brief*) Berlin, March 4th, 2006, Berlin, 4th March 2006; ***am Mittwoch, dem*** *od* ***den 4. ~*** on Wednesday the 4th of March; ***im Laufe des ~*** during March; ***Anfang/Ende ~*** at the beginning/end of March

Marzipan *n* marzipan

Masche *f* **a)** (≈ *Strickmasche*) stitch; ***die ~n eines Netzes*** the mesh *Sg* of a net; ***durch die ~n des Gesetzes schlüpfen*** to slip through a loophole in the law; **b)** (*umg*) (≈ *Trick*) trick; (≈ *Eigenart*) fad; ***die ~ raushaben*** to know how to do it; ***das ist seine neueste ~*** that's his latest (fad *od* craze)

Maschendraht *m* wire netting

Maschine *f* machine; (≈ *Motor*) engine; (≈ *Flugzeug*) plane; (≈ *Schreibmaschine*) typewriter; (*umg* ≈ *Motorrad*) bike; ***etw in der ~ waschen*** to machine-wash sth; ***etw auf*** *od* ***mit der ~ schreiben*** to type sth; ***~ schreiben*** to type **maschinell** **1.** *Adj Herstellung* mechanical, machine *attr*; *Anlage*, *Übersetzung* machine *attr* **2.** *Adv* mechanically **Maschinenbau** *m* mechanical engineering **Maschinenbauer(in)** *m(f)*, **Maschinenbauingenieur(in)** mechanical engineer **Maschinenfabrik** *f* engineering works *Sg od Pl* **maschinengeschrieben** *Adj* typewritten **Maschinengewehr** *n* machine gun **maschinenlesbar** *Adj* machine-readable **Maschinenöl** *n* lubricating oil **Maschinenpark** *m* plant **Maschinenpistole** *f* submachine gun **Maschinenraum** *m* plant room; SEEF engine room **Maschinenschaden** *m* mechanical fault; FLUG *etc* engine fault **Maschinenschlosser(in)** *m(f)* machine fitter **Maschinenstürmer** *m* Luddite

Maser *f* vein **maserig** *Adj* grained

Masern *Pl* measles *Sg*; ***die ~ haben*** to have (the) measles

Maserung *f* grain

Maske *f* **a)** mask; ***die ~ fallen lassen*** (*fig*) to throw off one's mask; **b)** (THEAT ≈ *Aufmachung*) make-up **Maskenball** *m* masked ball **Maskenbildner(in)** *m(f)* make-up artist **Maskerade** *f* costume **maskieren** **1.** *vt* **a)** (≈ *verkleiden*) to dress up; **b)** (≈ *verbergen*) to disguise **2.** *vr* to dress up; (≈ *sich unkenntlich machen*) to disguise oneself **maskiert** *Adj* masked **Maskierung** *f* (≈ *Verkleidung*) fancy-dress costume; (*von Spion etc*) disguise **Maskottchen** *n* (lucky) mascot

maskulin *Adj* masculine **Maskulinum** *n* masculine noun

M

Masochismus *m* masochism **Masochist(in)** *m(f)* masochist **masochistisch** *Adj* masochistic

Maß[1] *n* **a)** (≈ *Maßeinheit*) measure (*für* of); (≈ *Zollstock*) rule; (≈ *Bandmaß*) tape measure; ***~e und Gewichte*** weights and measures; ***das ~ aller Dinge*** (*fig*) the measure of all things; ***mit zweierlei ~ messen*** (*fig*) to operate a double standard; ***das ~ ist voll*** (*fig*) enough's enough; ***in reichem ~(e)*** abundantly; **b)** (≈ *Abmessung*) measurement; ***sich*** (*Dat*) ***etw nach ~ anfertigen lassen*** to have sth made to measure; ***bei jdm ~ nehmen*** to take sb's measurements; ***Hemden nach ~*** shirts made to measure, custom-made shirts; **c)** (≈ *Ausmaß*) extent; ***ein gewisses ~ an von ...*** a certain degree of ...; ***in hohem ~(e)*** to a high degree; ***in vollem ~e*** fully; ***in höchstem ~e*** extremely; **d)** (≈ *Mäßigung*) moderation; ***~ halten*** = ***maßhalten***; ***in*** *od* ***mit ~en*** in moderation; ***ohne ~ und Ziel*** immoderately

Maß[2] *f* (*südd, österr*) litre (*Brit*) *od* liter (*US*) (tankard) of beer

Massage *f* massage **Massageöl** *n* massage oil **Massagesalon** *m* (*euph*) massage parlour (*Brit*) *od* parlor (*US*)

Massaker *n* massacre **massakrieren** *vt* (*veralt umg*) to massacre

Maßangabe *f* measurement **Maßanzug** *m* made-to-measure *od* custom-made suit **Maßarbeit** *f* (*umg*) ***das war ~*** that was a neat bit of work

Masse *f* **a)** (≈ *Stoff*) mass; KOCH mixture; **b)** (≈ *große Menge*) heaps *Pl* (*umg*); (*von Besuchern etc*) host; ***die*** (***breite***) ***~ der Bevölkerung*** the bulk of the population; ***eine ganze ~*** (*umg*) a lot; **c)** (≈ *Menschenmenge*) crowd

Maßeinheit *f* unit of measurement

Massenandrang *m* crush **Massenarbeitslosigkeit** *f* mass unemployment **Massenartikel** *m* mass-produced article **Massendemonstration** *f* mass demonstration **Massenentlassung** *f* mass redundancy **Massenfabrikation** *f*, **Massenfertigung** *f* mass production **Massenflucht** *f* mass exodus **Massengrab** *n* mass grave **massenhaft** *Adv* on a huge scale; *kommen, austreten* in droves **Massenkarambolage** *f* pile-up (*umg*) **Massenmedien** *Pl* mass media *Pl* **Massenmord** *m* mass murder **Massenmörder(in)** *m(f)* mass murderer **Massenproduktion** *f* mass production **Massenvernichtungswaffe** *f* weapon of mass destruction **Massenware** *f* mass-produced article **massenweise** *Adv* = ***massenhaft***

Masseur *m* masseur **Masseurin** *f* masseuse **Masseuse** *f* masseuse

Maßgabe *f* (*förml*) stipulation; ***mit der ~, dass ...*** with the proviso that ..., on (the) condition that ...; ***nach ~*** (+*Gen*) according to **maßgebend** *Adj Einfluss* decisive; *Meinung* definitive; *Fachmann* authoritative; (≈ *zuständig*) competent **maßgeblich** **1.** *Adj Einfluss* decisive; *Person* leading; ***~en Anteil an etw*** (*Dat*) ***haben*** to make a major contribution to sth **2.** *Adv* decisively; ***~ an etw*** (*Dat*) ***beteiligt sein*** to play a substantial role in sth **maßgeschneidert** *Adj Anzug* made-to-measure, custom-made; (*fig*) *Lösung, Produkte* tailor-made **Maßhalteappell** *m* appeal for moderation

maßhalten *vi* to be moderate

massieren[1] *vt Körper, Haut* to massage

massieren[2] *vt Truppen* to mass

massig **1.** *Adj* massive, huge **2.** *Adv* (*umg*) ***~ Arbeit/Geld*** *etc* masses of work/money *etc* (*umg*)

mäßig **1.** *Adj* (≈ *bescheiden*) moderate; *Schulnote etc* mediocre **2.** *Adv* (≈ *nicht viel*) moderately; ***~ essen*** to eat with moderation **mäßigen** **1.** *vt Anforderungen* to moderate; *Zorn* to curb; → ***gemäßigt*** **2.** *vr* to restrain oneself; ***sich im Ton ~*** to moderate one's tone **Mäßigung** *f* restraint

massiv **1.** *Adj* **a)** (≈ *stabil*) solid; **b)** (≈ *heftig*) *Beleidigung* gross; *Drohung, Kritik* serious; *Anschuldigung* severe; *Protest* strong **2.** *Adv gebaut* massively; *protestieren* strongly; *verstärken* greatly; *behindern* severely; ***sich ~ verschlechtern*** to deteriorate sharply **Massiv** *n* GEOL massif

Maßkrug *m* litre (*Brit*) *od* liter (*US*) beer mug; (≈ *Steinkrug*) stein **maßlos** **1.** *Adj* extreme; (*im Essen etc*) immoderate **2.** *Adv* (≈ *äußerst*) extremely; *übertreiben* grossly; ***er raucht/trinkt ~***

M

he smokes/drinks to excess **Maßlosigkeit** *f* extremeness; (*im Essen etc*) lack of moderation **Maßnahme** *f* measure; ***~n gegen jdn/etw treffen*** *od* ***ergreifen*** to take measures against sb/sth **maßregeln** *vt* (≈ *zurechtweisen*) to reprimand, to rebuke; (≈ *bestrafen*) to discipline **Maßregelung** *f* (≈ *Rüge*) reprimand, rebuke; (*von Beamten*) disciplinary action **Maßschneider(in)** *m(f)* bespoke *od* custom (*US*) tailor **Maßstab** *m* **a)** (≈ *Kartenmaßstab, Ausmaß*) scale; ***im ~ 1:1000*** on a scale of 1:1000; ***Klimaverschiebungen im großen ~*** large-scale climate changes; **b)** (*fig* ≈ *Kriterium*) standard; ***für jdn als ~ dienen*** to serve as a model for sb **maßstab(s)gerecht** *Adj, Adv* (true) to scale **maßvoll 1.** *Adj* moderate **2.** *Adv* moderately

Mast[1] *m* mast; (≈ *Stange*) pole; ELEK pylon

Mast[2] *f* (≈ *das Mästen*) fattening; (≈ *Futter*) feed **mästen 1.** *vt* to fatten **2.** *vr* (*umg*) to stuff (*umg*) oneself

Masturbation *f* masturbation **masturbieren** *vti* to masturbate

M

Match *n od* (*schweiz*) *m* match **Matchball** *m* TENNIS match point

Material *n* material; (≈ *Baumaterial, Gerät*) materials *Pl* **Materialfehler** *m* material defect **Materialismus** *m* materialism **Materialist(in)** *m(f)* materialist **materialistisch** *Adj* materialistic **Materialkosten** *Pl* cost of materials *Sg* **Materie** *f* matter *ohne Artikel*; (≈ *Stoff, Thema*) subject matter *kein unbest Artikel* **materiell 1.** *Adj* material; (≈ *gewinnsüchtig*) materialistic **2.** *Adv* (≈ *finanziell*) financially; ***~ eingestellt sein*** (*pej*) to be materialistic

Mathe *f* (SCHULE *umg*) maths *Sg* (*Brit umg*), math (*US umg*) **Mathematik** *f* mathematics *Sg ohne Artikel* **Mathematiker(in)** *m(f)* mathematician **mathematisch** *Adj* mathematical

Matinee *f* matinée

Matratze *f* mattress

Matriarchat *n* matriarchy

Matrix *f* matrix

Matrose *m*, **Matrosin** *f* sailor; (*als Rang*) ordinary seaman **Matrosenanzug** *m* sailor suit

Matsch *m* (*umg*) mush; (≈ *Schlamm*) mud; (≈ *Schneematsch*) slush **matschig** *Adj* (*umg*) *Obst* mushy; *Weg* muddy; *Schnee* slushy

matt 1. *Adj* **a)** (≈ *schwach*) *Kranker* weak; *Glieder* weary; **b)** (≈ *glanzlos*) *Metall, Farbe* dull; *Foto* mat(t); (≈ *trübe*) *Licht* dim; *Glühbirne* pearl; **c)** SCHACH (check)mate; ***jdn ~ setzen*** to checkmate sb **2.** *Adv* **a)** (≈ *schwach*) weakly; **b)** ***~ glänzend*** dull **Matt** *n* SCHACH (check)mate

Matte[1] *f* mat; ***auf der ~ stehen*** (*umg* ≈ *bereit sein*) to be there and ready for action

Matte[2] *f* (*schweiz*) alpine meadow

Mattheit *f* (≈ *Schwäche*) weakness; (*von Gliedern*) weariness **Mattlack** *m* dull *od* mat(t) lacquer **Mattscheibe** *f* **a)** (*umg* ≈ *Fernseher*) telly (*Brit umg*), tube (*US umg*); **b)** (*umg*) ***eine ~ haben/kriegen*** (≈ *nicht klar denken können*) to have/get a mental block

Matura *f* (*österr, schweiz*) → ***Abitur*** **Maturand(in)** *m(f)* (*schweiz*) → ***Abiturient(in)***

maturieren *vi* (*österr* ≈ *Abitur machen*) to take one's school-leaving exam (*Brit*), to graduate (from high school) (*US*)

Mätzchen *n* (*umg*) antic; ***~ machen*** to fool around (*umg*)

Mauer *f* wall **mauern 1.** *vi* **a)** (≈ *Maurerarbeit machen*) to build, to lay bricks; **b)** KARTEN to hold back; (*fig*) to stonewall **2.** *vt* to build **Mauerwerk** *n* (≈ *Steinmauer*) stonework; (≈ *Ziegelmauer*) brickwork

Maul *n* mouth; (*umg: von Menschen*) gob (*Brit umg*), trap (*bes US sl*); ***ein großes ~ haben*** (*umg*) to be a bigmouth (*umg*); ***den Leuten aufs ~ schauen*** (*umg*) to listen to what people really say; ***halts ~!*** (*vulg*) shut your face (*sl*) **maulen** *vi* (*umg*) to moan **Maulesel** *m* mule **maulfaul** *Adj* (*umg*) uncommunicative **Maulheld(in)** *m(f)* (*pej*) show-off **Maulkorb** *m* muzzle; ***jdm einen ~ umhängen*** to muzzle sb **Maultier** *n* mule **Maul- und Klauenseuche** *f* VET foot-and-mouth disease (*Brit*), hoof-and-mouth disease (*US*) **Maulwurf** *m* mole **Maulwurfshaufen** *m* molehill

Maurer(in) *m(f)* bricklayer

Maus *f* mouse (*auch* COMPUT); ***eine graue ~*** (*fig umg*) a mouse (*umg*)

Mauschelei *f* (*umg* ≈ *Korruption*) swindle **mauscheln** *vti* (≈ *manipulieren*) to fiddle (*umg*)
mäuschenstill *Adj* dead quiet **Mausefalle** *f* mousetrap **Mauseloch** *n* mousehole **mausen** *vi* to catch mice
Mauser *f* ORN moult (*Brit*), molt (*US*); ***in der ~ sein*** to be moulting (*Brit*) *od* molting (*US*) **mausern** *vr* ORN to moult (*Brit*), to molt (*US*)
mausetot *Adj* (*umg*) stone-dead **Mausklick** *m* IT mouse click; ***per ~*** by clicking the mouse **Mausmatte** *f*, **Mauspad** *n* IT mouse mat *od* pad **Maustaste** *f* IT mouse button
Maut *f* toll **Mautschranke** *f* toll barrier (*Brit*), turnpike (*US*) **Mautstraße** *f* toll road, turnpike (*US*)
maximal **1.** *Adj* maximum **2.** *Adv* (≈ *höchstens*) at most **Maxime** *f* LITERATUR, PHIL maxim **maximieren** *vt* to maximize **Maximum** *n* maximum (*an* +*Dat* of)
Mayonnaise *f* mayonnaise
Mazedonien *n* Macedonia
Mäzen(in) *m(f)* patron
Mechanik *f* PHYS mechanics *Sg* **Mechaniker(in)** *m(f)* mechanic **mechanisch** **1.** *Adj* mechanical **2.** *Adv* mechanically **Mechanismus** *m* mechanism
Meckerei *f* (*umg*) grumbling **Meckerer** *m*, **Meckerin** *f* (*umg*) grumbler **meckern** *vi* (*Ziege*) to bleat; (*umg: Mensch*) to moan; ***über jdn/etw*** (*Akk*) **~** (*umg*) to moan about sb/sth
Mecklenburg-Vorpommern *n* Mecklenburg-West Pomerania
Medaille *f* medal **Medaillon** *n* **a)** (≈ *Bildchen*) medallion; (≈ *Schmuckkapsel*) locket; **b)** KOCH médaillon
Mediathek *f* multimedia centre (*Brit*) *od* center (*US*) **Medien** *Pl* media *Pl* **Medienberater(in)** *m(f)* press adviser **Mediengesellschaft** *f* media society **Medienlandschaft** *f* media landscape **Medienpolitik** *f* (mass) media policy **medienwirksam** **1.** *Adj* ***eine ~e Kampagne*** a campaign geared toward(s) the media **2.** *Adv* ***etw ~ präsentieren*** to gear sth toward(s) the media
Medikament *n* medicine **medikamentenabhängig** *Adj* ***~ sein*** to be addicted to medical drugs **Medikamentenmissbrauch** *m* drug abuse
Mediothek *f* multimedia centre (*Brit*) *od* center (*US*)
Meditation *f* meditation **meditieren** *vi* to meditate
Medium *n* medium
Medizin *f* medicine **Medizinball** *m* SPORT medicine ball **Mediziner(in)** *m(f)* doctor; UNI medic (*umg*) **medizinisch** **1.** *Adj* **a)** (≈ *ärztlich*) medical; ***~e Fakultät*** faculty of medicine; ***~-technische Assistentin, ~-technischer Assistent*** medical technician; **b)** *Kräuter, Bäder* medicinal; *Shampoo* medicated **2.** *Adv* medically; ***jdn ~ behandeln*** to treat sb (medically); ***~ wirksame Kräuter*** medicinal herbs **Medizinmann** *m* medicine man
Meer *n* sea; (≈ *Weltmeer*) ocean; ***am ~(e)*** by the sea; ***ans ~ fahren*** to go to the sea(side) **Meerbusen** *m* gulf, bay **Meerenge** *f* straits *Pl*, strait
Meeresboden *m* seabed
Meeresfisch *m* saltwater fish
Meeresfrüchte *Pl* seafood *Sg*
Meeresgrund *m* seabed, bottom of the sea
Meeresklima *n* maritime climate
Meereskunde *f* oceanography
Meeresspiegel *m* sea level; ***über/unter dem ~*** above/below sea level
Meeresufer *n* coast
Meerjungfrau *f* mermaid
Meerrettich *m* horseradish
Meersalz *n* sea salt
Meerschweinchen *n* guinea pig
Meerwasser *n* sea water
Meeting *n* meeting
Megabit *n* megabit **Megabyte** *n* megabyte **Megafon** *n* megaphone **Megahertz** *n* megahertz **Megahit** *m* huge *od* smash (*umg*) hit, megahit **Megaphon** *n* = ***Megafon*** **Megatonne** *f* megaton **Megawatt** *n* megawatt
Mehl *n* flour; (*gröber*) meal; (≈ *Pulver*) powder **mehlig** *Adj Äpfel, Kartoffeln* mealy **Mehlschwitze** *f* KOCH roux **Mehlspeise** *f* **a)** (≈ *Gericht*) flummery; **b)** (*österr*) (≈ *Nachspeise*) dessert; (≈ *Kuchen*) pastry **Mehltau** *m* BOT mildew
mehr **1.** *Indefinitpron unv* more **2.** *Adv* **a)** more; ***immer ~*** more and more; ***~ oder weniger*** more or less; **b)** ***ich habe kein Geld ~*** I haven't *od* I don't have any more money; ***du bist doch kein Kind ~!*** you're no longer a child!;

es besteht keine Hoffnung ~ there's no hope left; ***kein Wort ~!*** not another word!; ***es war niemand ~ da*** there was no-one left; ***nicht ~*** not any longer, no longer; ***nicht ~ lange*** not much longer; ***nichts ~*** nothing more; ***nie ~*** never again **Mehrarbeit** *f* extra work **Mehraufwand** *m* additional expenditure **Mehrausgabe** *f* additional expense(s *Pl*) **mehrbändig** *Adj* in several volumes **Mehrbedarf** *m* greater need (*an +Dat* of, for); HANDEL increased demand (*an +Dat* for) **Mehrbelastung** *f* excess load; (*fig*) additional burden **Mehrbereichsöl** *n* AUTO multigrade oil **mehrdeutig** **1.** *Adj* ambiguous **2.** *Adv* ambiguously **Mehrdeutigkeit** *f* ambiguity **Mehreinnahme** *f* additional revenue **mehrere** *Indefinitpron* several **mehrfach** **1.** *Adj* multiple; (≈ *wiederholt*) repeated; ***ein ~er Millionär*** a multimillionaire **2.** *Adv* (≈ *öfter*) many times; (≈ *wiederholt*) repeatedly **Mehrfache(s)** *n* ***das ~*** *od* ***ein ~s des Kostenvoranschlags*** several times the estimated cost **Mehrfachsteckdose** *f* ELEK multiple socket **Mehrfachstecker** *m* ELEK multiple adaptor **Mehrfahrtenkarte** *f* multi-journey ticket **Mehrfamilienhaus** *n* house for several families **mehrfarbig** *Adj* multicoloured (*Brit*), multicolored (*US*) **Mehrheit** *f* majority; ***die absolute ~*** an absolute majority; ***die ~ haben/gewinnen*** to have/win *od* gain a majority; ***mit zwei Stimmen ~*** with a majority of two (votes) **mehrheitlich** *Adv* ***wir sind ~ der Ansicht, dass ...*** the majority of us think(s) that ... **Mehrheitsbeschluss** *m* majority decision **mehrheitsfähig** *Adj* capable of winning a majority **Mehrheitswahlrecht** *n* first-past-the-post system **mehrjährig** *Adj* of several years **Mehrkosten** *Pl* additional costs *Pl* **mehrmalig** *Adj* repeated **mehrmals** *Adv* several times **Mehrparteiensystem** *n* multiparty system **Mehrplatzrechner** *m* IT multi-user system **mehrsilbig** *Adj* polysyllabic **mehrsprachig** *Adj Person, Wörterbuch* multilingual; ***~ aufwachsen*** to grow up multilingual **mehrstellig** *Adj Zahl, Betrag* multidigit **mehrstimmig** *Adj* MUS for several voices; ***~ singen*** to sing in harmony **mehrstöckig** *Adj* multistorey (*Brit*), multistory (*US*) **mehrstufig** *Adj* multistage **mehrstündig** *Adj Verhandlungen* lasting several hours **mehrtägig** *Adj Konferenz* lasting several days; ***nach ~er Abwesenheit*** after several days' absence **Mehrverbrauch** *m* additional consumption **Mehrwegflasche** *f* returnable bottle **Mehrwegverpackung** *f* reusable packaging **Mehrwert** *m* WIRTSCH added value **Mehrwertsteuer** *f* value added tax **mehrwöchig** *Adj* lasting several weeks; *Abwesenheit* of several weeks **Mehrzahl** *f* **a)** GRAM plural; **b)** (≈ *Mehrheit*) majority **Mehrzweckhalle** *f* multipurpose room

meiden *vt* to avoid

Meile *f* mile **Meilenstein** *m* milestone **meilenweit** *Adv* for miles; ***~ entfernt*** miles away

Meiler *m* (≈ *Kohlenmeiler*) charcoal kiln; (≈ *Atommeiler*) (atomic) pile

mein *Possessivpron* my

Meineid *m* perjury *kein unbest Artikel*; ***einen ~ leisten*** to perjure oneself

meinen **1.** *vi* (≈ *denken*) to think; ***wie Sie ~!*** as you wish; ***wenn du meinst!*** if you like **2.** *vt* **a)** (≈ *der Ansicht sein*) to think; ***was ~ Sie dazu?*** what do you think *od* say?; ***~ Sie das im Ernst?*** are you serious about that?; ***das will ich ~!*** I quite agree!; **b)** (≈ *beabsichtigen*) to mean; (*umg* ≈ *sagen*) to say; ***wie ~ Sie das?*** what do you mean?; (*drohend*) (just) what do you mean by that?; ***so war es nicht gemeint*** it wasn't meant like that; ***sie meint es gut*** she means well

meine(r, s) *Possessivpron* (*substantivisch*) mine; ***das Meine*** (*geh*) mine; (≈ *Besitz*) what is mine; ***die Meinen*** (*geh* ≈ *Familie*) my people, my family **meinerseits** *Adv* as far as I'm concerned; ***ganz ~!*** the pleasure's (all) mine **meinesgleichen** *Pron* (≈ *meiner Art*) people like me *od* myself; (≈ *gleichrangig*) my own kind **meinetwegen** *Adv* **a)** (≈ *wegen mir*) because of me; (≈ *mir zuliebe*) for my sake; **b)** (≈ *von mir aus*) as far as I'm concerned; ***~!*** if you like **meinetwillen** *Adv* ***um ~*** (≈ *mir zuliebe*) for my sake; (≈ *wegen mir*) on my account **meins** *Possessivpron* mine

Meinung *f* opinion; ***nach meiner ~,***

M

meiner ~ nach in my opinion; ***ich bin der ~, dass ...*** I'm of the opinion that ...; ***eine hohe ~ von jdm/etw haben*** to think highly of sb/sth; ***einer ~ sein*** to share the same opinion; ***ganz meine ~!*** I completely agree!; ***jdm die ~ sagen*** (*umg*) to give sb a piece of one's mind (*umg*) **Meinungsaustausch** *m* exchange of views (*über +Akk* on, about) **Meinungsbildung** *f* formation of opinion **Meinungsforscher(in)** *m(f)* (opinion) pollster **Meinungsforschung** *f* (public) opinion polling **Meinungsfreiheit** *f* freedom of speech **Meinungsumfrage** *f* (public) opinion poll **Meinungsverschiedenheit** *f* difference of opinion

Meise *f* tit

Meißel *m* chisel **meißeln** *vti* to chisel

Meißener *Adj* ***~ Porzellan*** Dresden *od* Meissen china

meist *Adv* = ***meistens*** **meistbietend** *Adj* highest bidding; ***~ versteigern*** to sell to the highest bidder **meisten** ***am ~*** *Adv* the most; ***am ~ bekannt*** best known **meistens** *Adv* mostly

Meister *m* (≈ *Handwerksmeister*) master (craftsman); (*in Fabrik*) foreman; SPORT champion; (*Mannschaft*) champions *Pl*; ***seinen ~ machen*** to take one's master craftsman's diploma

meiste(r, s) *Indefinitpron* **a)** (*adjektivisch*) ***die ~n Leute*** most people; **b)** (*substantivisch*) ***die ~n*** most people; ***die ~n (von ihnen)*** most (of them); ***das ~*** most of it

Meisterbrief *m* master craftsman's diploma **meisterhaft** **1.** *Adj* masterly **2.** *Adv* brilliantly **Meisterin** *f* (≈ *Handwerksmeisterin*) master craftswoman; (*in Fabrik*) forewoman; SPORT champion **Meisterleistung** *f* masterly performance; (*iron*) brilliant achievement **meistern** *vt* to master; *Schwierigkeiten* to overcome **Meisterprüfung** *f* examination for master craftsman's diploma **Meisterschaft** *f* **a)** SPORT championship; (*Veranstaltung*) championships *Pl*; **b)** (≈ *Können*) mastery **Meisterstück** *n* (*von Handwerker*) *work done to qualify as master craftsman*; (*fig*) masterpiece; (≈ *geniale Tat*) master stroke **Meisterwerk** *n* masterpiece

Meistgebot *n* highest bid **meistgefragt** *Adj* most in demand **meistgekauft** *Adj* best-selling

Mekka *n* Mecca

Melancholie *f* melancholy **melancholisch** *Adj* melancholy

Melange *f* (*österr* ≈ *Milchkaffee*) coffee with milk

Melanom *n* MED melanoma

Melanzani *f* (*österr*) aubergine

Melasse *f* molasses

Meldeamt *n* registration office **Meldebehörde** *f* registration authorities *Pl* **Meldefrist** *f* registration period **melden** **1.** *vt* **a)** (≈ *anzeigen, berichten*) ***eine Geburt*** (***der Behörde*** *Dat*) ***~*** to notify the authorities of a birth; ***wie soeben gemeldet wird*** (RADIO, TV) according to reports just coming in; ***(bei jdm) nichts zu ~ haben*** (*umg*) to have no say; **b)** (≈ *ankündigen*) to announce; ***wen darf ich ~?*** who(m) shall I say (is here)? **2.** *vr* **a)** (≈ *antreten*) to report (*zu* for); ***sich zum Dienst ~*** to report for work; ***sich zu*** *od* ***für etw ~*** *bes* MIL to volunteer for sth; (*für Arbeitsplatz*) to apply for sth; ***sich auf eine Anzeige ~*** to answer an advertisement; **b)** (*durch Handaufheben*) to put one's hand up; **c)** (*bes* TELEK ≈ *antworten*) to answer; ***es meldet sich niemand*** there's no answer; **d)** (≈ *von sich hören lassen*) to get in touch (*bei* with); ***melde dich wieder*** keep in touch **Meldepflicht** *f* **a)** (*beim Ordnungsamt*) compulsory registration (*when moving house*); ***polizeiliche ~*** obligation to register with the police; **b)** ***~ des Arztes*** the doctor's obligation to notify the authorities (*of people with certain contagious diseases*) **meldepflichtig** *Adj Krankheit* notifiable **Meldung** *f* **a)** (≈ *Mitteilung*) announcement; **b)** PRESSE, RADIO, TV report (*über +Akk* on, about); ***~en vom Sport*** sports news *Sg*; **c)** (*dienstlich, bei Polizei*) report; ***(eine) ~ machen*** to make a report

meliert *Adj Haar* greying (*Brit*), graying (*US*)

melken *vt* **a)** *Kuh, Ziege etc* to milk; **b)** (*fig umg*) to fleece (*umg*)

Melodie *f* melody **melodiös** (*geh*) *Adj* melodious **melodisch** *Adj* melodic **melodramatisch** *Adj* melodramatic (*auch fig*)

Melone *f* **a)** melon; **b)** (*Hut*) bowler

(*Brit*), derby (*US*)
Membran(e) *f* **a)** ANAT membrane; **b)** PHYS, TECH diaphragm
Memme *f* (*umg*) sissy (*umg*)
Memo *n* memo **Memoiren** *Pl* memoirs *Pl*
Menge *f* **a)** (≈ *Quantum*) quantity; **b)** (*umg*) ***eine ~*** a lot, lots (*umg*); ***eine ~ Zeit/Häuser*** a lot of time/houses; ***jede ~*** loads *Pl* (*umg*); ***eine ganze ~*** quite a lot; **c)** (≈ *Menschenmenge*) crowd; (*pej* ≈ *Pöbel*) mob; **d)** MATHE set
mengen 1. *vt* (*geh*) to mix (*unter +Akk* with) **2.** *vr* to mingle (*unter +Akk* with)
Mengenangabe *f* quantity **Mengenlehre** *f* MATHE set theory **Mengenrabatt** *m* bulk discount
Menorca *n* Minorca
Mensa *f* UNI canteen, refectory (*Brit*)
Mensch *m* **a)** (≈ *Person*) person, man/woman; ***es war kein ~ da*** there was nobody there; ***als ~*** as a person; ***das konnte kein ~ ahnen!*** no-one (on earth) could have foreseen that!; **b)** (*als Gattung*) ***der ~*** man; ***die ~en*** man *Sg*, human beings *Pl*; ***~ bleiben*** (*umg*) to stay human; ***ich bin auch nur ein ~!*** I'm only human; **c)** (≈ *die Menschheit*) ***die ~en*** mankind, man; ***alle ~en*** everyone; **d)** (*umg: als Interjektion*) hey; ***~, da habe ich mich aber getäuscht*** boy, was I wrong! (*umg*)
Menschenaffe *m* ape **Menschenauflauf** *m* crowd (of people) **menschenfeindlich** *Adj Mensch* misanthropic; *Landschaft etc* inhospitable; *Politik, Gesellschaft* inhumane **Menschenfresser(in)** *m(f)* (*umg*) (≈ *Kannibale*) cannibal; (≈ *Raubtier*) man-eater **menschenfreundlich** *Adj Mensch* philanthropic, benevolent; *Gegend* hospitable; *Politik, Gesellschaft* humane **Menschenführung** *f* leadership **Menschengedenken** *n* ***der kälteste Winter seit ~*** the coldest winter in living memory **Menschenhand** *f* human hand; ***von ~ geschaffen*** fashioned by the hand of man **Menschenhandel** *m* slave trade; JUR trafficking (in human beings) **Menschenjagd** *f* ***eine ~*** a manhunt **Menschenkenner(in)** *m(f)* judge of character **Menschenkenntnis** *f* knowledge of human nature **Menschenkette** *f* human chain **Menschenleben** *n* human life; ***Verluste an ~*** loss of human life **menschenleer** *Adj* deserted **Menschenmenge** *f* crowd (of people) **menschenmöglich** *Adj* humanly possible; ***das Menschenmögliche tun*** to do all that is humanly possible **Menschenrecht** *n* human right **menschenscheu** *Adj* afraid of people **Menschenseele** *f* human soul; ***keine ~*** (*fig*) not a (living) soul **Menschenskind** *Interj* heavens above **menschenunwürdig 1.** *Adj* beneath human dignity; *Behausung* unfit for human habitation **2.** *Adv behandeln* inhumanely; *hausen, unterbringen* under inhuman conditions **menschenverachtend** *Adj* inhuman **Menschenverstand** *m* ***gesunder ~*** common sense **Menschenwürde** *f* human dignity *ohne Artikel* **menschenwürdig 1.** *Adj Behandlung* humane; *Lebensbedingungen* fit for human beings; *Unterkunft* fit for human habitation **2.** *Adv behandeln* humanely; *wohnen* in decent conditions **Menschheit** *f* ***die ~*** mankind, humanity
menschlich 1. *Adj* **a)** human; **b)** (≈ *human*) *Behandlung etc* humane **2.** *Adv* **a)** (≈ *human*) humanely; **b)** (*umg* ≈ *zivilisiert*) decently **Menschlichkeit** *f* humanity *ohne Artikel*; ***aus reiner ~*** on purely humanitarian grounds; ***Verbrechen gegen die ~*** crimes against humanity
Menstruation *f* menstruation **menstruieren** *vi* to menstruate
Mentalität *f* mentality
Menthol *n* menthol
Mentor(in) *m(f)* **a)** (*veralt*) mentor; **b)** SCHULE ≈ tutor
Menü *n* **a)** (≈ *Tagesmenü*) set meal, table d'hôte (*förml*); **b)** IT menu **Menübefehl** *m* IT menu command **menügesteuert** *Adj* menu-driven **Menüleiste** *f* menu bar **Menüzeile** *f* menu line
Meridian *m* ASTRON, GEOG meridian
merkbar 1. *Adj* (≈ *wahrnehmbar*) noticeable **2.** *Adv* noticeably **Merkblatt** *n* leaflet **merken** *vt* **a)** (≈ *wahrnehmen*) to notice; (≈ *spüren*) to feel; (≈ *erkennen*) to realize; ***davon habe ich nichts gemerkt*** I didn't notice anything; ***du merkst auch alles!*** (*iron*) nothing escapes you, does it?; **b)** (≈

M

im Gedächtnis behalten) to remember; ***sich*** (*Dat*) ***jdn/etw ~*** to remember sb/sth; ***das werde ich mir ~!*** I won't forget that; ***merk dir das!*** mark my words! **merklich** **1.** *Adj* noticeable **2.** *Adv* noticeably **Merkmal** *n* characteristic **Merkspruch** *m* mnemonic (*förml*)

Merkur *m* ASTRON Mercury

merkwürdig **1.** *Adj* strange **2.** *Adv* strangely; ***~ riechen*** to have a strange smell **Merkwürdigkeit** *f* **a)** (≈ *Seltsamkeit*) strangeness; **b)** (≈ *Eigentümlichkeit*) peculiarity **Merkzettel** *m* (reminder) note

messbar **1.** *Adj* measurable **2.** *Adv* measurably **Messbecher** *m* KOCH measuring jug **Messdaten** *Pl* readings *Pl*

Messe[1] *f* KIRCHE, MUS mass

Messe[2] *f* (trade) fair

Messe[3] *f* SEEF, MIL mess

Messegelände *n* exhibition centre (*Brit*) *od* center (*US*) **Messehalle** *f* fair pavilion

messen **1.** *vt* to measure; ***jds Blutdruck ~*** to take sb's blood pressure; ***er misst 1,90 m*** he is 1.90 m tall; ***seine Kräfte mit jdm ~*** to match one's strength against sb's **2.** *vi* to measure **3.** *vr* ***sich mit jdm ~*** (*geh: im Wettkampf*) to compete with sb; ***sich mit jdm/etw nicht ~ können*** to be no match for sb/sth

Messer *n* knife; ***unters ~ kommen*** (MED *umg*) to go under the knife; ***jdm das ~ an die Kehle setzen*** to hold a knife to sb's throat; ***damit würden wir ihn ans ~ liefern*** (*fig*) that would be putting his head on the block; ***ein Kampf bis aufs ~*** (*fig*) a fight to the finish; ***auf des ~s Schneide stehen*** (*fig*) to be on a razor's edge **messerscharf** *Adj* razor-sharp; *Folgerung* clear-cut **Messerstecherei** *f* stabbing, knife fight

Messfühler *m* probe; METEO gauge **Messgerät** *n* (*für Öl, Druck etc*) measuring instrument

Messias *m* Messiah

Messing *n* brass **Messingschild** *n* brass plate

Messinstrument *n* gauge **Messlatte** *f* measuring stick; (*fig* ≈ *Maßstab*) threshold **Messstab** *m* (AUTO ≈ *Ölmessstab etc*) dipstick **Messtechnik** *f* measurement technology **Messtischblatt** *n* ordnance survey map **Messung** *f* **a)** (≈ *das Messen*) measuring; **b)** (≈ *Messergebnis*) measurement **Messwert** *m* measurement

Metall *n* metal; ***~ verarbeitend*** metal-processing *attr*, metal-working *attr* **Metallarbeiter(in)** *m(f)* metalworker **metallen** **1.** *Adj* metal; (*geh*) *Klang, Stimme* metallic **2.** *Adv glänzen* metallically; ***~ klingen*** to sound tinny **metallhaltig** *Adj* metalliferous **metallic** *Adj* metallic **Metallindustrie** *f* metal industry **Metallurgie** *f* metallurgy **metallverarbeitend** *Adj* → ***Metall*** **Metallverarbeitung** *f* metal processing

Metamorphose *f* metamorphosis

Metapher *f* metaphor

Metastase *f* metastasis

Meteor *m od n* meteor **Meteorit** *m* meteorite **Meteorologe** *m*, **Meteorologin** *f* meteorologist; (*im Wetterdienst*) weather forecaster **Meteorologie** *f* meteorology **meteorologisch** *Adj* meteorological

Meter *m od n* metre (*Brit*), meter (*US*) **meterhoch** *Adj* metres (*Brit*) *od* meters (*US*) high **meterlang** *Adj* metres (*Brit*) *od* meters (*US*) long **Metermaß** *n* (≈ *Bandmaß*) tape measure **Meterware** *f* TEX piece goods **meterweise** *Adv* by the metre (*Brit*) *od* meter (*US*)

Methadon *n* methadone

Methangas *n* methane

Methode *f* **a)** method; **b)** **Methoden** *Pl* (≈ *Sitten*) behaviour (*Brit*), behavior (*US*) **methodisch** **1.** *Adj* methodical **2.** *Adv* methodically

Methodist(in) *m(f)* Methodist

Methylalkohol *m* methyl alcohol

Metier *n* job, profession; ***sich auf sein ~ verstehen*** to be good at one's job

Metrik *f* DICHTUNG, MUS metrics *Sg* **metrisch** *Adj* metric

Metronom *n* MUS metronome

Metropole *f* (≈ *Zentrum*) centre (*Brit*), center (*US*)

metrosexuell *Adj* metrosexual

Mettwurst *f* (smoked) pork/beef sausage

Metzelei *f* butchery **metzeln** *vt* to slaughter **Metzger(in)** *m(f)* butcher **Metzgerei** *f* butcher's (shop)

Meute *f* pack (of hounds); (*fig pej*) mob

Meuterei *f* mutiny **meutern** *vi* to mutiny

Mexikaner(in) *m(f)* Mexican **mexikanisch** *Adj* Mexican **Mexiko** *n* Mexico

miau *Interj* miaow (*Brit*), meow **miauen** *vi* to meow

mich 1. *Personalpron* me **2.** *Reflexivpron* myself

mick(e)rig *Adj* (*umg*) pathetic

Miederhöschen *n* panty girdle **Miederwaren** *Pl* corsetry *Sg*

Mief *m* (*umg*) fug; (*muffig*) stale air; (≈ *Gestank*) stink

Miene *f* expression; ***eine finstere ~ machen*** to look grim

mies (*umg*) **1.** *Adj* rotten (*umg*); *Qualität* poor **2.** *Adv* badly **Miesepeter** *m* (*umg*) grouch (*umg*) **mies machen** *vt* (*umg*) to run down **Miesmacher(in)** *m(f)* (*umg*) killjoy

Miesmuschel *f* mussel

Mietauto *n* hire(d) car **Miete** *f* (*für Wohnung*) rent; (*für Gegenstände*) rental; ***zur ~ wohnen*** to live in rented accommodation **mieten** *vt* to rent; *Boot, Auto* to rent, to hire (*bes Brit*) **Mieter(in)** *m(f)* tenant; (≈ *Untermieter*) lodger **Mieterhöhung** *f* rent increase **Mieterschaft** *f* tenants *Pl* **Mieterschutz** *m* rent control **mietfrei** *Adj, Adv* rent-free **Mietpreis** *m* rent; (*für Sachen*) rental (fee *od* rate (*US*)) **Mietrückstände** *Pl* rent arrears *Pl* **Mietshaus** *n* block of (rented) flats (*Brit*), apartment house (*US*) **Mietverhältnis** *n* tenancy **Mietvertrag** *m* lease; (*von Auto*) rental agreement **Mietwagen** *m* hire(d) car (*Brit*), rental (car) (*US*) **Mietwohnung** *f* rented flat (*Brit*) *od* apartment

Mieze *f* (*umg* ≈ *Katze*) pussy(-cat) (*umg*)

Migräne *f* migraine

Migrant(in) *m(f)* migrant **Migration** *f* migration

Mikrobe *f* microbe

Mikrochip *m* microchip **Mikroelektronik** *f* microelectronics *Sg* **Mikrofaser** *f* microfibre (*Brit*), microfiber (*US*) **Mikrofon** *n* microphone **Mikrokosmos** *m* microcosm **Mikroorganismus** *m* microorganism **Mikrophon** *n* = ***Mikrofon*** **Mikroprozessor** *m* microprocessor **Mikroskop** *n* microscope **mikroskopisch 1.** *Adj* microscopic **2.** *Adv* ***etw ~ untersuchen*** to examine sth under the microscope; ***~ klein*** (*fig*) microscopically small **Mikrowelle** *f* microwave **Mikrowellenherd** *m* microwave (oven)

Milbe *f* mite

Milch *f* milk **Milchdrüse** *f* mammary gland **Milchflasche** *f* milk bottle **Milchgeschäft** *n* dairy **Milchglas** *n* frosted glass **milchig** *Adj* milky; ***~ trüb*** opaque **Milchkaffee** *m* milky coffee **Milchkanne** *f* milk can; (*größer*) (milk) churn **Milchkuh** *f* milk cow **Milchladen** *m* dairy **Milchmädchenrechnung** *f* (*umg*) naïve fallacy **Milchmixgetränk** *n* milk shake **Milchprodukt** *n* milk product **Milchpulver** *n* powdered milk **Milchreis** *m* round-grain rice; (*als Gericht*) rice pudding **Milchstraße** *f* Milky Way **Milchtüte** *f* milk carton **Milchzahn** *m* milk tooth

mild, milde 1. *Adj Wetter, Käse, Zigarette* mild; (≈ *nachsichtig*) lenient **2.** *Adv* mildly; (≈ *nachsichtig*) leniently; ***~e gesagt*** to put it mildly; ***~ schmecken*** to taste mild **Milde** *f* mildness; (≈ *Nachsichtigkeit*) leniency; ***~ walten lassen*** to be lenient **mildern 1.** *vt* (*geh*) *Schmerz* to soothe; *Kälte* to alleviate; *Angst* to calm; *Strafe, Urteil* to mitigate; *Konflikt, Problem* to reduce; *Ausdrucksweise* to moderate; ***~de Umstände*** JUR mitigating circumstances **2.** *vr* (*Wetter*) to become milder; (*Schmerz*) to ease **Milderung** *f* (*von Schmerz*) easing, soothing; (*von Ausdruck, Strafe*) moderation

Milieu *n* (≈ *Umwelt*) environment; (≈ *Lokalkolorit*) atmosphere **milieugeschädigt, milieugestört** *Adj* maladjusted (*due to adverse social factors*)

militant *Adj* militant **Militanz** *f* militancy

Militär *n* military *Pl*; ***beim ~ sein*** (*umg*) to be in the forces; ***zum ~ gehen*** to join the army **Militärarzt** *m*, **Militärärztin** *f* army doctor; (≈ *Offizier*) medical officer **Militärdienst** *m* military service; ***(seinen) ~ ableisten*** to do national service **Militärgericht** *n* military court **militärisch** *Adj* military **Militarismus** *m* militarism **militaristisch** *Adj* militaristic **Military** *f* SPORT three-day event **Militärzeit** *f* army days *Pl* **Miliz** *f* militia

M

Milliardär(in) *m(f)* billionaire **Milliarde** *f* thousand millions (*Brit*), billion (*US*)
Millibar *n* millibar **Milligramm** *n* milligram(me) **Milliliter** *m* millilitre (*Brit*), milliliter (*US*) **Millimeter** *m od n* millimetre (*Brit*), millimeter (*US*) **Millimeterpapier** *n* graph paper
Million *f* million; ***zwei ~en Einwohner*** two million inhabitants; ***~en Mal*** a million times **Millionär** *m* millionaire **Millionärin** *f* millionairess **millionenfach** *Adj* millionfold **Millionengeschäft** *n* multi-million-pound/dollar *etc* industry **Millionenstadt** *f* town with over a million inhabitants **Millionstel** *n* millionth part
Milz *f* spleen **Milzbrand** *m* MED, VET anthrax
mimen *vt* ***er mimt den Kranken*** (*umg*) he's pretending to be sick
Mimose *f* mimosa; ***empfindlich wie eine ~ sein*** to be oversensitive **mimosenhaft** *Adj* (*fig*) oversensitive
Minarett *n* minaret
minder *Adv* less; ***mehr oder ~*** more or less **minderbegabt** *Adj* less gifted **Mindereinnahmen** *Pl* decrease *Sg* in receipts **mindere(r, s)** *Adj* lesser; *Güte, Qualität* inferior **Minderheit** *f* minority **Minderheitsregierung** *f* minority government **minderjährig** *Adj* who is (still) a minor **Minderjährige(r)** *mf* minor **Minderjährigkeit** *f* minority **mindern 1.** *vt Ansehen* to diminish; *Rechte* to erode; *Vergnügen* to lessen; *Risiko, Chancen* to reduce **2.** *vr* (*Ansehen, Wert*) to diminish; (*Vergnügen*) to lessen **Minderung** *f* (≈ *Herabsetzung*) diminishing *kein unbest Artikel*; (*von Wert*) reduction (*+Gen* in); (*von Vergnügen*) lessening **minderwertig** *Adj* inferior **Minderwertigkeit** *f* inferiority **Minderwertigkeitskomplex** *m* inferiority complex **Minderzahl** *f* minority; ***in der ~ sein*** to be in the minority
Mindestalter *n* minimum age **mindestens** *Adv* at least **mindeste(r, s)** *Adj* least, slightest; ***nicht die ~ Angst*** not the slightest trace of fear; ***das Mindeste*** the (very) least; ***nicht im Mindesten*** not in the least **Mindestgebot** *n* (*bei Auktionen*) reserve price **Mindestlohn** *m* minimum wage **Mindestmaß** *n* minimum
Mine *f* **a)** BERGB, MIL mine; **b)** (≈ *Bleistiftmine*) lead; (≈ *Kugelschreibermine*) refill **Minenfeld** *n* MIL minefield **Minensuchboot** *n* minesweeper
Mineral *n* **a)** mineral; **b)** (*österr, schweiz*) mineral water **Mineralbad** *n* mineral bath; (≈ *Ort*) spa; (≈ *Schwimmbad*) *swimming pool fed from a mineral spring* **Mineralöl** *n* (mineral) oil **Mineralquelle** *f* mineral spring **Mineralwasser** *n* mineral water
Mini *m* (*umg* ≈ *Minirock*) mini **Miniatur** *f* miniature **Minibar** *f* (*im Hotel etc*) minibar **Minibus** *m* minibus **Minidisc, Minidisk** *f* (≈ *Tonträger*) Minidisc®; IT minidisk **Minigolf** *n* crazy golf (*Brit*), putt-putt golf (*US*) **Minijob** *m* minijob
minimal 1. *Adj* minimal; *Gewinn, Chance* very small; *Gehalt* very low; ***mit ~er Anstrengung*** with a minimum of effort **2.** *Adv* (≈ *wenigstens*) at least **minimieren** *vt* to minimize **Minimum** *n* minimum (*an +Dat* of) **Minirock** *m* miniskirt
Minister(in) *m(f)* POL minister (*Brit*) (*für* of), secretary (*für* for) **Ministerium** *n* ministry (*Brit*), department **Ministerkonferenz** *f* conference of ministers **Ministerpräsident(in)** *m(f)* prime minister; (*eines Bundeslandes*) leader of a Federal German state **Ministerrat** *m* council of ministers
Ministrant(in) *m(f)* KIRCHE server
Minnesang *m* minnesong **Minnesänger** *m* minnesinger
minus 1. *Präp +Gen* minus **2.** *Adv* minus; ***~ 10 Grad*** minus 10 degrees; ***~ machen*** (*umg*) to make a loss **Minus** *n* (≈ *Fehlbetrag*) deficit; (*auf Konto*) overdraft; (*fig* ≈ *Nachteil*) bad point **Minuspol** *m* negative pole **Minuspunkt** *m* minus point; ***ein ~ für jdn sein*** to count against sb **Minustemperatur** *f* temperature below freezing **Minuszeichen** *n* minus sign
Minute *f* minute; ***auf die ~ (genau)*** (right) on the dot; ***in letzter ~*** at the last minute **minutenlang 1.** *Adj* several minutes of **2.** *Adv* for several minutes **Minutenzeiger** *m* minute hand
minutiös, minuziös (*geh*) **1.** *Adj* meticulous; *Fragen* detailed **2.** *Adv* meticulously; *erklären* in great detail
Minze *f* BOT mint
mir *Personalpron* to me; (*nach Präposi-*

M

tionen) me; ***ein Freund von ~*** a friend of mine; ***von ~ aus!*** (*umg*) I don't mind; ***du bist ~ vielleicht einer!*** (*umg*) you're a right one, you are! (*umg*)

Mirabelle *f* mirabelle

Mischbatterie *f* mixer tap **Mischehe** *f* mixed marriage **mischen 1.** *vt* to mix; *Karten* to shuffle; → ***gemischt*** **2.** *vr* (≈ *sich vermengen*) to mix; ***sich unter jdn/etw ~*** to mix with sb/sth; ***sich in etw*** (*Akk*) ***~*** to meddle in sth **3.** *vi* KARTEN to shuffle **Mischgemüse** *n* mixed vegetables *Pl* **Mischling** *m* **a)** (*Mensch*) mixed race person; **b)** ZOO half-breed **Mischmasch** *m* (*umg*) mishmash (*aus* of) **Mischmaschine** *f* cement-mixer **Mischpult** *n* (RADIO, TV) mixing desk; (*von Band*) sound mixer **Mischung** *f* **a)** (≈ *das Mischen*) mixing; **b)** (≈ *Gemischtes*) mixture; (*von Tee etc*) blend **Mischungsverhältnis** *n* ratio (of a mixture) **Mischwald** *m* mixed (deciduous and coniferous) woodland

miserabel (*umg*) **1.** *Adj* lousy (*umg*); *Gesundheit* miserable; *Gefühl* ghastly; *Benehmen* dreadful; *Qualität* poor **2.** *Adv* dreadfully; ***~ schmecken*** to taste lousy (*umg*) **Misere** *f* (*von Wirtschaft etc*) plight; ***jdn aus einer ~ herausholen*** to get sb out of trouble

Mispel *f* medlar (tree)

missachten *vt* **a)** (≈ *ignorieren*) *Warnung* to ignore; *Gesetz* to flout; **b)** (≈ *gering schätzen*) *jdn* to despise **Missachtung** *f* **a)** (≈ *Ignorieren*) disregard (*Gen* for); (*von Gesetz*) flouting (*Gen* of); **b)** (≈ *Geringschätzung*) disrespect (+*Gen* for) **Missbildung** *f* deformity **missbilligen** *vt* to disapprove of **missbilligend 1.** *Adj* disapproving **2.** *Adv* disapprovingly **Missbilligung** *f* disapproval **Missbrauch** *m* abuse; (*von Notbremse, Kreditkarte*) improper use **missbrauchen** *vt Vertrauen* to abuse; (*geh* ≈ *vergewaltigen*) to assault; ***jdn für*** *od* ***zu etw ~*** to use sb for sth **missbräuchlich 1.** *Adj* incorrect **2.** *Adv* incorrectly **missdeuten** *vt* to misinterpret

missen *vt* (*geh*) to do without; *Erfahrung* to miss

Misserfolg *m* failure **Missernte** *f* crop failure **missfallen** *vi* +*Dat* to displease; ***es missfällt mir, wie er ...*** I dislike the way he ... **Missfallen** *n* displeasure (*über* +*Akk* at) **Missfallensäußerung** *f* expression of disapproval **Missfallenskundgebung** *f* demonstration of disapproval **missgebildet** *Adj* deformed **Missgeburt** *f* deformed person/animal; (*fig umg*) failure **Missgeschick** *n* mishap; (≈ *Unglück*) misfortune **missglücken** *vi* to fail; ***das ist ihr missglückt*** she failed; ***der Kuchen ist*** (***mir***) ***missglückt*** the cake didn't turn out **missgönnen** *vt* ***jdm etw ~*** to (be)grudge sb sth **Missgriff** *m* mistake **Missgunst** *f* enviousness (*gegenüber* of) **missgünstig 1.** *Adj* envious (*auf* +*Akk* of) **2.** *Adv* enviously **misshandeln** *vt* to ill-treat **Misshandlung** *f* ill-treatment

Mission *f* mission; (≈ *Gruppe*) delegation **Missionar(in)** *m*(*f*) missionary **missionarisch** *Adj* missionary

Missklang *m* discord **Misskredit** *m* discredit; ***jdn/etw in ~ bringen*** to discredit sb/sth **misslich** *Adj* (*geh*) *Lage* awkward **missliebig** *Adj* unpopular **misslingen** *vi untr* = ***missglücken*** **missmutig 1.** *Adj* sullen, morose; (≈ *unzufrieden*) discontented; *Äußerung* disgruntled **2.** *Adv* sullenly, morosely; (≈ *unzufrieden*) discontentedly; *sagen* disgruntledly

missraten[1] *vi* to go wrong; (*Kind*) to become wayward; ***der Kuchen ist*** (***mir***) ***~*** the cake didn't turn out

missraten[2] *Adj Kind* wayward **Missstand** *m* disgrace *kein Pl*, deplorable state of affairs *kein Pl*; (≈ *Ungerechtigkeit*) abuse **Missstimmung** *f* **a)** (≈ *Uneinigkeit*) discord; **b)** (≈ *Missmut*) ill feeling *kein unbest Artikel* **misstrauen** *vi* +*Dat* to mistrust **Misstrauen** *n* mistrust, distrust (*gegenüber* of); ***einer Sache ~ entgegenbringen*** to mistrust sth **Misstrauensantrag** *m* PARL motion of no confidence **Misstrauensvotum** *n* PARL vote of no confidence **misstrauisch 1.** *Adj* mistrustful; (≈ *argwöhnisch*) suspicious **2.** *Adv* sceptically (*Brit*), skeptically (*US*) **Missverhältnis** *n* discrepancy **missverständlich 1.** *Adj* unclear; ***~e Ausdrücke*** expressions which could be misunderstood **2.** *Adv* unclearly; ***ich habe mich ~ ausgedrückt*** I didn't express myself clearly **Missverständnis** *n* misunderstanding **missverstehen** *vt* to misunderstand; ***Sie dürfen mich nicht ~*** please do not misunderstand me

Misswahl *f* beauty contest

Misswirtschaft *f* maladministration

Mist *m* (≈ *Kuhmist etc*) dung; (≈ *Dünger*) manure; (*umg*) (≈ *Unsinn*) rubbish (*bes Brit*); ***~!*** blast! (*umg*); ***da hat er ~ gebaut*** he really messed that up (*umg*); ***mach keinen ~!*** don't be a fool!

Mistel *f* mistletoe *kein Pl*

Mistgabel *f* pitchfork (*used for shifting manure*) **Misthaufen** *m* manure heap **Mistkäfer** *m* dung beetle **Mistkerl** *m* (*umg*) dirty *od* rotten pig (*umg*) **Mistkübel** *m* (*österr*) dirty *od* rotten pig (*umg*), rubbish bin (*Brit*), garbage can (*US*) **Miststück** *n* (*umg*), **Mistvieh** *n* (*umg*) (≈ *Mann*) bastard (*sl*); (≈ *Frau*) bitch (*sl*) **Mistwetter** *n* (*umg*) lousy weather

mit **1.** *Präp +Dat* with; ***~ der Bahn/dem Bus*** by train/bus; ***~ Bleistift schreiben*** to write in pencil; ***~ dem nächsten Bus kommen*** to come on the next bus; ***~ achtzehn Jahren*** at (the age of) eighteen; ***~ 1 Sekunde Vorsprung gewinnen*** to win by 1 second; ***~ 80 km/h*** at 80 km/h; ***~ 4:2 gewinnen*** to win 4-2; ***du ~ deinen dummen Ideen*** (*umg*) you and your stupid ideas **2.** *Adv* ***er war ~ dabei*** he went *od* came too; ***er ist ~ der Beste der Gruppe*** he is one of the best in the group; ***etw ~ in Betracht ziehen*** to consider sth as well

Mitarbeit *f* cooperation; ***~ bei*** *od* ***an etw*** (*Dat*) work on sth; ***unter ~ von*** in collaboration with **mitarbeiten** *vi* to cooperate (*bei* on); (*bei Projekt etc*) to collaborate; ***an*** *od* ***bei etw ~*** to work on sth **Mitarbeiter(in)** *m(f)* (≈ *Betriebsangehöriger*) employee; (≈ *Kollege*) colleague; (*an Projekt etc*) collaborator; ***freier ~*** freelance **Mitarbeiterstab** *m* staff

mitbekommen *vt* (*umg*) (≈ *verstehen*) to get (*umg*); (≈ *bemerken*) to realize; ***hast du das noch nicht ~?*** (≈ *erfahren*) you mean you didn't know that?

mitbenutzen *vt* to share (the use of)

Mitbesitzer(in) *m(f)* co-owner

mitbestimmen *vi* to have a say (*bei* in) **Mitbestimmung** *f* co-determination, participation (*bei* in); ***~ am Arbeitsplatz*** worker participation

Mitbewerber(in) *m(f)* (fellow) competitor; (*für Stelle*) (fellow) applicant

Mitbewohner(in) *m(f)* (fellow) occupant

mitbringen *vt* **a)** *Geschenk etc* to bring; *Freund, Begleiter* to bring along; ***jdm etw ~*** to bring sth for sb; ***jdm etw von*** *od* ***aus der Stadt ~*** to bring sb sth back from town; ***was sollen wir der Gastgeberin ~?*** what should we take our hostess?; ***etw in die Ehe ~*** to have sth when one gets married; **b)** (*fig*) *Befähigung etc* to have **Mitbringsel** *n* (*Geschenk*) small present; (*Andenken*) souvenir

Mitbürger(in) *m(f)* fellow citizen

mitdürfen *vi* ***wir durften nicht mit*** we weren't allowed to go along

miteinander *Adv* with each other; (≈ *gemeinsam*) together; ***alle ~!*** all together **Miteinander** *n* cooperation

miterleben *vt* to experience; (*im Fernsehen*) to watch

Mitesser *m* blackhead

mitfahren *vi* to go (with sb); ***sie fährt mit*** she is going too; (***mit jdm***) ***~*** to go with sb; ***kann ich*** (***mit Ihnen***) ***~?*** can you give me a lift *od* a ride (*bes US*)? **Mitfahrer(in)** *m(f)* fellow passenger **Mitfahrgelegenheit** *f* lift

mitfühlen *vi* ***mit jdm ~*** to feel for sb **mitfühlend** **1.** *Adj* sympathetic **2.** *Adv* sympathetically

mitführen *vt Papiere, Waffen etc* to carry (with one)

mitgeben *vt* ***jdm etw ~*** to give sb sth to take with them

Mitgefühl *n* sympathy

mitgehen *vi* **a)** (≈ *mit anderen gehen*) to go too; ***mit jdm ~*** to go with sb; ***gehen Sie mit?*** are you going (too)?; **b)** (*fig: Publikum etc*) to respond (favourably (*Brit*) *od* favorably (*US*)) (*mit* to); **c)** (*umg*) ***etw ~ lassen*** to steal sth

Mitgift *f* dowry **Mitgiftjäger** *m* (*umg*) dowry-hunter (*Brit*), fortune-hunter

Mitglied *n* member (*+Gen, bei, in +Dat* of) **Mitgliederversammlung** *f* general meeting **Mitgliedsausweis** *m* membership card **Mitgliedsbeitrag** *m* membership fee, membership dues

Pl **Mitgliedschaft** *f* membership **Mitgliedsstaat** *m* member state

mithalten *vi* (≈ *bei Tempo etc*) (*mit* with) to keep up; (*bei Versteigerung*) to stay in the bidding

mithelfen *vi* to help **mithilfe**, **mit Hilfe** *Präp +Gen* with the help (*+Gen* of) **Mithilfe** *f* assistance, aid

mithören *vt* to listen to (too); *Gespräch* to overhear; (*heimlich*) to listen in on; ***ich habe alles mitgehört*** I heard everything

Mitinhaber(in) *m(f)* joint owner

mitkommen *vi* **a)** to come along (*mit* with); ***kommst du auch mit?*** are you coming too?; ***ich kann nicht ~*** I can't come; **b)** (*umg*) (≈ *mithalten*) to keep up; (≈ *verstehen*) to follow; ***da komme ich nicht mit*** that's beyond me

mitkriegen *vt* (*umg*) = ***mitbekommen***

Mitläufer(in) *m(f)* (POL, *pej*) fellow traveller (*Brit*) *od* traveler (*US*)

Mitlaut *m* consonant

Mitleid *n* pity (*mit* for); (≈ *Mitgefühl*) sympathy (*mit* with, for); ***~ erregend*** pitiful **Mitleidenschaft** *f* ***jdn/etw in ~ ziehen*** to affect sb/sth (detrimentally) **mitleiderregend** *Adj* pitiful **mitleidig** *Adj* pitying; (≈ *mitfühlend*) sympathetic

mitmachen *vti* **a)** (≈ *teilnehmen*) *Spiel* to join in; *Reise* to go on; *Kurs* to do; *Mode* to follow; *Wettbewerb* to take part in; (***bei***) ***etw ~*** to join in sth; ***er macht alles mit*** he always joins in (all the fun); ***da mache ich nicht mit*** (≈ *ohne mich*) count me out!; ***das mache ich nicht mehr mit*** (*umg*) I've had quite enough (of that); **b)** (≈ *erleben*) to live through; (≈ *erleiden*) to go through; ***sie hat viel mitgemacht*** she has been through a lot in her time

Mitmensch *m* fellow man *od* creature

mitmischen *vi* (*umg*) (≈ *sich beteiligen*) to be involved (*in +Dat*, *bei* in)

mitnehmen *vt* **a)** to take (with one); (≈ *ausleihen*) to borrow; (≈ *kaufen*) to take; ***jdn*** (***im Auto***) ***~*** to give sb a lift *od* ride (*bes US*); **b)** (≈ *erschöpfen*) *jdn* to exhaust; ***mitgenommen aussehen*** to look the worse for wear; **c)** (*umg*) *Sehenswürdigkeit* to take in

mitreden **1.** *vi* (≈ *mitbestimmen*) to have a say (*bei* in); ***da kann er nicht ~*** he wouldn't know anything about that **2.** *vt* ***Sie haben hier nichts mitzureden*** this is none of your concern

Mitreisende(r) *mf* fellow passenger

mitreißen *vt* (*Fluss*, *Lawine*) to sweep away; (*Fahrzeug*) to carry along; ***sich ~ lassen*** (*fig*) to allow oneself to be carried away **mitreißend** *Adj Rhythmus*, *Enthusiasmus* infectious; *Reden*, *Musik* rousing; *Film*, *Fußballspiel* thrilling

mitsamt *Präp +Dat* together with

mitschicken *vt* (*in Brief etc*) to enclose

mitschneiden *vt* to record **Mitschnitt** *m* recording

mitschreiben *vi* to take notes

Mitschuld *f* ***ihn trifft eine ~*** a share of the blame falls on him; (*an Verbrechen*) he is implicated (*an +Dat* in)

mitschuldig *Adj* (*an Verbrechen*) implicated (*an +Dat* in); (*an Unfall*) partly responsible (*an +Dat* for) **Mitschuldige(r)** *mf* accomplice; (≈ *Helfershelfer*) accessory

Mitschüler(in) *m(f)* school-friend; (*in derselben Klasse*) classmate

mitsingen **1.** *vt* to join in (singing) **2.** *vi* to join in the singing

mitspielen *vi* **a)** (≈ *auch spielen*) to play too; (*in Mannschaft etc*) to play (*bei* in); ***in einem Film ~*** to be in a film; **b)** (*fig umg* ≈ *mitmachen*) to play along (*umg*); (≈ *sich beteiligen*) to be involved in; ***wenn das Wetter mitspielt*** if the weather's OK (*umg*); **c)** (≈ *Schaden zufügen*) ***er hat ihr übel*** *od* ***hart mitgespielt*** he has treated her badly **Mitspieler(in)** *m(f)* SPORT player; THEAT member of the cast

Mitsprache *f* a say **Mitspracherecht** *n* ***jdm ein ~ einräumen*** to allow *od* grant sb a say (*bei* in)

Mittag *m* **a)** midday; ***gestern/heute ~*** at midday yesterday/today; ***zu ~ essen*** to have lunch *od* dinner; **b)** (*umg*: *Pause*) lunch hour, lunch-break; ***~ machen*** to take one's lunch hour *od* lunch-break **Mittagessen** *n* lunch **mittags** *Adv* at lunchtime; (***um***) ***12 Uhr ~*** at 12 noon, at 12 o'clock midday **Mittagspause** *f* lunch hour **Mittagsruhe** *f* period of quiet (after lunch) **Mittagsschlaf** *m* afternoon nap **Mittagszeit** *f* lunchtime; ***in der ~*** at lunchtime

Mittäter(in) *m(f)* accomplice **Mittäterschaft** *f* complicity
Mitte *f* **a)** middle; (*von Kreis, Stadt*) centre (*Brit*), center (*US*); **~ August** in the middle of August; **er ist ~ vierzig** he's in his mid-forties; **b)** POL centre (*Brit*), center (*US*); **rechts/links von der ~** right/left of centre (*Brit*) *od* center (*US*); **c)** (*von Gruppe*) **einer aus unserer ~** one of us; **in unserer ~** in our midst
mitteilen *vt* **jdm etw ~** to tell sb sth; (≈ *bekannt geben*) to announce sth to sb **mitteilsam** *Adj* communicative **Mitteilung** *f* (≈ *Bekanntgabe*) announcement; (≈ *Benachrichtigung*) notification; (*an Mitarbeiter etc*) memo
Mittel *n* **a)** (≈ *Durchschnitt*) average; **b)** (≈ *Mittel zum Zweck, Transportmittel etc*) means *Sg*; (≈ *Methode*) way; **~ und Wege finden** to find ways and means; **~ zum Zweck** a means to an end; **als letztes** *od* **äußerstes ~** as a last resort; **ihm ist jedes ~ recht** he will do anything (to achieve his ends); **etw mit allen ~n verhindern** to do one's utmost to prevent sth; **c)** *Pl* (≈ *Geldmittel*) resources *Pl*; **d)** (≈ *Medizin*) medicine; (≈ *Putzmittel*) cleaning agent; **welches ~ nimmst du?** what do you use?; **das beste ~ gegen etw** the best cure for sth **Mittelalter** *n* Middle Ages *Pl* **mittelalterlich** *Adj* medieval **Mittelamerika** *n* Central America (and the Caribbean) **mittelamerikanisch** *Adj* Central American **mittelbar 1.** *Adj* indirect **2.** *Adv* indirectly **mitteldeutsch** *Adj* GEOG, LING Central German **Mittelding** *n* (≈ *Mischung*) cross (*zwischen +Dat, aus* between) **Mitteleuropa** *n* Central Europe **Mitteleuropäer(in)** *m(f)* Central European **mitteleuropäisch** *Adj* Central European; **~e Zeit** Central European Time **Mittelfeld** *n* SPORT midfield **Mittelfinger** *m* middle finger **mittelfristig 1.** *Adj Finanzplanung, Kredite* medium-term **2.** *Adv* in the medium term **Mittelgebirge** *n* low mountain range **Mittelgewicht** *n* middleweight **mittelgroß** *Adj* medium-sized **Mittelklasse** *f* **a)** HANDEL middle of the market; **ein Wagen der ~** a mid-range car; **b)** SOZIALW middle classes *Pl* **Mittelklassewagen** *m* mid-range car **Mittellinie** *f* centre (*Brit*) *od* center (*US*) line **mittellos** *Adj* without means; (≈ *arm*) impoverished **Mittelmaß** *n* mediocrity *ohne Artikel*; **~ sein** to be average **mittelmäßig 1.** *Adj* mediocre **2.** *Adv begabt, gebildet* moderately; *ausgestattet* modestly **Mittelmäßigkeit** *f* mediocrity **Mittelmeer** *n* Mediterranean (Sea) **Mittelmeerraum** *m* Mediterranean (region), Med (*umg*) **Mittelohrentzündung** *f* inflammation of the middle ear **Mittelpunkt** *m* centre (*Brit*), center (*US*); (*fig: visuell*) focal point; **er muss immer im ~ stehen** he always has to be the centre (*Brit*) *od* center (*US*) of attention **mittels** *Präp +Gen od +Dat* (*geh*) by means of **Mittelschicht** *f* SOZIALW middle class **Mittelschule** *f* (*schweiz* ≈ *Fachoberschule*) ≈ College of Further Education **Mittelsmann** *m* intermediary **Mittelstand** *m* middle classes *Pl* **mittelständisch** *Adj* middle-class; *Betrieb* medium-sized **Mittelstreckenrakete** *f* intermediate-range *od* medium-range missile **Mittelstreifen** *m* central reservation (*Brit*), median (strip) (*US*) **Mittelstufe** *f* SCHULE middle school (*Brit*), junior high (*US*) **Mittelstürmer(in)** *m(f)* SPORT centre-forward (*Brit*), center-forward (*US*) **Mittelweg** *m* middle course; **der goldene ~** the happy medium; **einen ~ gehen** to steer a middle course **Mittelwelle** *f* RADIO medium wave(band) **mitten** *Adv* **~ an etw** (*Dat*)/**in etw** (*Dat*) (right) in the middle of sth; **~ durch etw** (right) through the middle of sth; **~ in der Luft** in mid-air; **~ im Leben** in the middle of life; **~ unter uns** (right) in our midst **mittendrin** *Adv* (right) in the middle of it **mittendurch** *Adv* (right) through the middle **Mitternacht** *f* midnight *ohne Artikel* **mitternächtlich** *Adj* midnight **mittlere(r, s)** *Adj* **a)** middle; **der Mittlere Osten** the Middle East; **b)** (≈ *den Mittelwert bildend*) medium; (≈ *durchschnittlich*) average; MATHE mean; (≈ *von mittlerer Größe*) *Betrieb* medium-sized; **~n Alters** middle-aged; **~ Reife** SCHULE *first public examination in secondary school*, ≈ GCSEs *Pl* (*Brit*) **mittlerweile** *Adv* in the meantime **Mittsommer** *m* midsummer **Mittsommernacht** *f* Midsum-

M

mer's Night **Mittwoch** *m* Wednesday; → ***Dienstag*** **mittwochs** *Adv* on Wednesdays; → ***dienstags***
mitunter *Adv* from time to time
mitverantwortlich *Adj* jointly responsible *präd* **Mitverantwortung** *f* share of the responsibility
mitverdienen *vi* to (go out to) work as well
mitwirken *vi* to play a part (*an +Dat, bei* in); (≈ *beteiligt sein*) to be involved (*an +Dat, bei* in); (*Schauspieler, Diskussionsteilnehmer*) to take part (*an +Dat, bei* in); (*in Film*) to appear (*an +Dat* in) **Mitwirkende(r)** *mf* participant (*an +Dat, bei* in); (≈ *Mitspieler*) performer (*an +Dat, bei* in); (≈ *Schauspieler*) actor (*an +Dat, bei* in); ***die ~n*** THEAT the cast *Pl* **Mitwirkung** *f* (≈ *Beteiligung*) involvement (*an +Dat, bei* in); (*an Buch, Film*) collaboration (*an +Dat, bei* on); (*an Projekt*) participation (*an +Dat, bei* in); (*von Schauspieler*) appearance (*an +Dat, bei* in); ***unter ~ von*** with the assistance of
Mitwisser(in) *m(f)* JUR accessory (*+Gen* to); ***~ sein*** to know about it
mitzählen *vti* to count; *Betrag* to count in
Mix *m* mixture **Mixbecher** *m* (cocktail) shaker **mixen** *vt* to mix **Mixer** *m* (≈ *Küchenmixer*) blender; (≈ *Rührmaschine*) mixer **Mixer(in)** *m(f)* **a)** (≈ *Barmixer*) cocktail waiter/waitress; **b)** FILM, RADIO, TV mixer **Mixtur** *f* mixture
MMS *m, Abk von* ***Multimedia Messaging Service*** MMS, picture messaging **MMS-Handy** *n* TELEK MMS-enabled mobile *od* cell phone (*US*)
Mob *m* (*pej*) mob **mobben** *vt* to bully (at work) **Mobbing** *n* workplace bullying
Möbel *n* (≈ *Möbelstück*) piece of furniture; ***~*** *pl* furniture *Sg* **Möbelpacker(in)** *m(f)* furniture packer **Möbelschreiner(in)** *m(f)* cabinet-maker **Möbelspedition** *f* removal firm (*Brit*), moving company (*US*) **Möbelstück** *n* piece of furniture **Möbelwagen** *m* removal van (*Brit*), moving van (*US*)
mobil *Adj* **a)** mobile; (≈ *mitnehmbar*) portable; ***~ machen*** MIL to mobilize; **b)** (*umg* ≈ *munter*) lively **Mobilfunk** *m* cellular radio **Mobilfunknetz** *n* cellular network
Mobiliar *n* furnishings *Pl*
mobilisieren *vt* to mobilize; HANDEL *Kapital* to make liquid **Mobilität** *f* mobility **Mobilmachung** *f* MIL mobilization **Mobiltelefon** *n* mobile phone
möblieren *vt* to furnish; ***neu ~*** to refurnish; ***möbliert wohnen*** to live in furnished accommodation
Möchtegern- (*iron*) would-be
modal *Adj* GRAM modal **Modalität** *f* (*von Vertrag etc*) arrangement; (*von Verfahren*) procedure **Modalverb** *n* modal verb
Mode *f* fashion; ***~ sein*** to be fashionable; ***in ~/aus der ~ kommen*** to come into/go out of fashion **modebewusst** *Adj* fashion-conscious **Modedesigner(in)** *m(f)* fashion designer **Modekrankheit** *f* fashionable complaint
Model *n* MODE model **Modell** *n* model; ***zu etw ~ stehen*** to be the model for sth; ***jdm ~ stehen/sitzen*** to sit for sb **Modelleisenbahn** *f* model railway (*bes Brit*) *od* railroad (*US*); (*als Spielzeug*) train set **Modellflugzeug** *n* model aeroplane (*Brit*) *od* airplane (*US*) **modellieren** *vti* to model **modeln** *vi* MODE to model
Modem *n* modem
Modenschau *f* fashion show
moderat **1.** *Adj* moderate, reasonable **2.** *Adv* moderately **Moderation** *f* (RADIO, TV) presentation **Moderator(in)** *m(f)* presenter **moderieren** *vti* (RADIO, TV) to present
moderig *Adj Geruch* musty
modern[1] *vi* to rot
modern[2] **1.** *Adj* modern *kein Adv*; (≈ *modisch*) fashionable; ***~ werden*** to come into fashion **2.** *Adv sich kleiden* fashionably; *denken* open-mindedly; ***~ wohnen*** to live in modern housing **Moderne** *f* (*geh*) modern age **modernisieren** *vt* to modernize **Modernisierung** *f* modernization **Modesalon** *m* fashion house **Modeschmuck** *m* costume jewellery (*Brit*) *od* jewelry (*US*) **Modeschöpfer(in)** *m(f)* fashion designer **Modewort** *n* in-word, buzz word **Modezeichner(in)** *m(f)* fashion illustrator **Modezeitschrift** *f* fashion magazine
Modifikation *f* modification **modifizieren** *vt* to modify

M

modisch 1. *Adj* stylish 2. *Adv* fashionably, stylishly **Modistin** *f* milliner
Modul *n* IT module **modular** 1. *Adj* modular 2. *Adv* of modules **Modulation** *f* modulation
Modus *m* a) way; ~ ***Vivendi*** (*geh*) modus vivendi; b) GRAM mood; c) IT mode
Mofa *n* small moped
mogeln *vi* to cheat **Mogelpackung** *f* misleading packaging; (*fig*) sham
mögen 1. *vt* to like; ***sie mag das (gern)*** she (really) likes that; ***was möchten Sie, bitte?*** what would you like?; (*Verkäufer*) what can I do for you? 2. *vi* (≈ *etw tun mögen*) to like to; ***ich mag nicht mehr*** I've had enough; (≈ *bin am Ende*) I can't take any more; ***ich möchte lieber in die Stadt*** I would prefer to go into town 3. *v/hilf* a) (*Wunsch*) to like to *+Inf*; ***möchten Sie etwas essen?*** would you like something to eat?; ***wir möchten (gern) etwas trinken*** we would like something to drink; ***ich möchte dazu nichts sagen*** I don't want to say anything about that; b) (*einschränkend*) ***man möchte meinen, dass ...*** you would think that ...; ***ich möchte fast sagen ...*** I would almost say ...; c) (*geh: Einräumung*) ***es mag wohl sein, dass er recht hat, aber ...*** he may well be right, but ...; ***mag kommen was da will*** come what may; d) (*Vermutung*) ***sie mag/mochte etwa zwanzig sein*** she must be/have been about twenty
Mogler(in) *m(f)* cheat
möglich *Adj* a) possible; ***alles Mögliche*** everything you can think of; ***er tat sein Möglichstes*** he did his utmost; ***so bald wie ~*** as soon as possible; ***das ist doch nicht ~!*** that's impossible; b) (*attr* ≈ *eventuell*) *Kunden* potential, possible **möglicherweise** *Adv* possibly **Möglichkeit** *f* a) possibility; ***es besteht die ~, dass ...*** there is a possibility that ...; ***ist denn das die ~?*** (*umg*) it's impossible!; b) (≈ *Aussicht*) chance; (≈ *Gelegenheit*) opportunity; ***das Land der unbegrenzten ~en*** the land of unlimited opportunity
möglichst *Adv* ~ ***genau/schnell/oft*** as accurately/quickly/often as possible
Mohammedaner(in) *m(f)* (*veralt, neg!*) Mohammedan (*veralt*) **mohammedanisch** *Adj* (*veralt, neg!*) Mohammedan (*veralt*)
Mohn *m* poppy; (≈ *Mohnsamen*) poppy seed **Mohnblume** *f* poppy
Möhre *f*, **Mohrrübe** *f* carrot
mokieren *vr* to sneer (*über +Akk* at)
Mokka *m* mocha
Molch *m* salamander; (≈ *Wassermolch*) newt
Molekül *n* molecule **molekular** *Adj* molecular
Molke *f* (*dial*) whey **Molkerei** *f* dairy **Molkereibutter** *f* blended butter **Molkereiprodukt** *n* dairy product
Moll *n* MUS minor (key); ***a-~*** A minor
mollig (*umg*) *Adj* a) cosy (*Brit*), cozy (*US*); (≈ *warm, behaglich*) snug; b) (≈ *rundlich*) plump
Molltonleiter *f* minor scale
Molotowcocktail *m* Molotov cocktail
Moment[1] *m* moment; ***jeden ~*** any time *od* minute; ***einen ~, bitte*** one moment please; ~ ***mal!*** just a minute!; ***im ~*** at the moment
Moment[2] *n* a) (≈ *Bestandteil*) element; b) (≈ *Umstand*) fact; (≈ *Faktor*) factor; c) PHYS momentum
momentan 1. *Adj* a) (≈ *vorübergehend*) momentary; b) (≈ *augenblicklich*) present *attr* 2. *Adv* a) (≈ *vorübergehend*) for a moment; b) (≈ *augenblicklich*) at the moment
Monarch(in) *m(f)* monarch **Monarchie** *f* monarchy
Monat *m* month; ***der ~ Mai*** the month of May; ***sie ist im sechsten ~ (schwanger)*** she's five months pregnant; ***was verdient er im ~?*** how much does he earn a month?; ***am 12. dieses ~s*** on the 12th (of this month); ***auf ~e hinaus*** months ahead
monatelang 1. *Adj Verhandlungen, Kämpfe* which go on for months; ***nach ~em Warten*** after waiting for months; ***mit ~er Verspätung*** months late 2. *Adv* for months **monatlich** 1. *Adj* monthly 2. *Adv* every month **Monatsanfang** *m* beginning of the month **Monatsende** *n* end of the month **Monatsgehalt** *n* monthly salary; ***ein ~*** one month's salary **Monatskarte** *f* monthly season ticket **Monatsrate** *f* monthly instalment (*Brit*) *od* installment (*US*)
Mönch *m* monk

M

Mond *m* moon; ***auf dem ~ leben*** (*umg*) to be behind the times
mondän *Adj* chic
Mondaufgang *m* moonrise **Mondfinsternis** *f* eclipse of the moon, lunar eclipse **mondhell** *Adj* moonlit **Mondlandefähre** *f* RAUMF lunar module **Mondlandung** *f* moon landing **Mondlicht** *n* moonlight **Mondschein** *m* moonlight **Mondsichel** *f* crescent moon **Mondsonde** *f* RAUMF lunar probe **Mondumlaufbahn** *f* RAUMF lunar orbit **Monduntergang** *f* moonset
monetär *Adj* monetary **Monetarismus** *m* WIRTSCH monetarism
Mongole *m*, **Mongolin** *f* Mongolian **Mongolei** *f* ***die ~*** Mongolia; ***die Innere/Äußere ~*** Inner/Outer Mongolia **mongolisch** *Adj* Mongolian **Mongolismus** *m* (*neg!*) mongolism **mongoloid** *Adj* (*neg!*) Mongol; MED mongoloid
monieren *vt* to complain about
Monitor *m* monitor
monochrom *Adj* monochrome **monogam** **1.** *Adj* monogamous **2.** *Adv leben* monogamously **Monogamie** *f* monogamy **Monografie** *f* monograph **Monogramm** *n* monogram **Monolog** *m* monologue; (≈ *Selbstgespräch*) soliloquy **Monopol** *n* monopoly (*auf +Akk*, *für* on) **monopolisieren** *vt* (*wörtl*, *fig*) to monopolize **Monopolstellung** *f* monopoly **monoton** **1.** *Adj* monotonous **2.** *Adv* monotonously **Monotonie** *f* monotony
Monster, **Monstrum** *n* (≈ *Ungeheuer*) monster; (*umg* ≈ *schweres Möbel*) hulking great piece of furniture (*umg*)
Monsun *m* monsoon
Montag *m* Monday; → ***Dienstag***
Montage *f* **a)** (TECH ≈ *Aufstellung*) installation; (*von Gerüst*) erection; (≈ *Zusammenbau*) assembly; ***auf ~*** (*Dat*) ***sein*** to be away on a job; **b)** KUNST montage; FILM editing **Montageband** *n* assembly line **Montagehalle** *f* assembly shop
montags *Adv* on Mondays; → ***dienstags***
Monteur(in) *m(f)* TECH fitter **montieren** *vt* TECH to install; (≈ *zusammenbauen*) to assemble; (≈ *befestigen*) *Bauteil* to fit (*auf +Akk*, *an +Akk* to); *Dachantenne* to put up
Monument *n* monument **monumental** *Adj* monumental
Moor *n* bog; (≈ *Hochmoor*) moor **Moorbad** *n* mud bath **Moorboden** *m* marshy soil **Moorhuhn** *n* grouse **moorig** *Adj* boggy
Moos *n* moss
Moped *n* moped
Mopp *m* mop
Mops *m* **a)** (*Hund*) pug (dog); **b)** **Möpse** *Pl* (*sl* ≈ *Busen*) tits *Pl* (*sl*)
Moral *f* **a)** (≈ *Sittlichkeit*) morals *Pl*; ***die ~ sinkt*** moral standards are declining; ***eine doppelte ~*** double standards *Pl*; ***~ predigen*** to moralize (*jdm* to sb); **b)** (≈ *Lehre*) moral; ***und die ~ von der Geschicht': ...*** and the moral of this story is ...; **c)** (≈ *Ethik*) ethics *Pl*; **d)** (≈ *Disziplin*) morale **moralisch** **1.** *Adj* moral **2.** *Adv* morally **Moralist(in)** *m(f)* moralist **Moralpredigt** *f* sermon; ***jdm eine ~ halten*** to give sb a sermon
Moräne *f* GEOL moraine
Morast *m* mire
Moratorium *n* moratorium
Morchel *f* BOT morel
Mord *m* murder, homicide (*US*) (*an +Dat* of); (*an Politiker etc*) assassination (*an +Dat* of) **Mordanschlag** *m* assassination attempt (*auf +Akk* on); ***einen ~ auf jdn verüben*** to try to assassinate sb; (*erfolgreich*) to assassinate sb **Morddrohung** *f* murder *od* death threat **morden** *vti* (*lit*) to murder, to kill **Mörder(in)** *m(f)* murderer (*auch* JUR), killer; (≈ *Attentäter*) assassin **mörderisch** **1.** *Adj* (*wörtl*) *Anschlag* murderous; (*fig*) (≈ *schrecklich*) dreadful; *Konkurrenzkampf* cutthroat **2.** *Adv* (*umg*) (≈ *entsetzlich*) dreadfully; *stinken* like hell (*umg*); *wehtun* like crazy (*umg*) **Mordfall** *m* murder *od* homicide (*US*) (case) **Mordinstrument** *n* murder weapon **Mordkommission** *f* murder squad, homicide squad (*US*) **Mordsgeld** *n* (*umg*) fantastic amount of money **Mordskerl** *m* (*umg*) hell of a guy (*umg*) **mordsmäßig** (*umg*) *Adj* incredible; ***ich habe einen ~en Hunger*** I could eat a horse (*umg*) **Mordswut** *f* (*umg*) ***eine ~ im Bauch haben*** to be in a hell of a temper (*umg*) **Mordverdacht** *m* suspicion of murder; ***unter ~*** (*Dat*) ***stehen*** to be suspected of murder **Mordwaffe** *f*

M

murder weapon
morgen *Adv* tomorrow; **~ *früh/Abend*** tomorrow morning/evening, a week (from) tomorrow; ***~ um diese** od **dieselbe Zeit*** this time tomorrow; ***bis ~!*** see you tomorrow
Morgen[1] *m* morning; ***am ~*** in the morning; ***gestern ~*** yesterday morning; ***heute ~*** this morning; ***guten ~!*** good morning
Morgen[2] *m* (*Land*) ≈ acre
Morgendämmerung *f* dawn, daybreak **morgendlich** **1.** *Adj* morning *attr*; ***die ~e Stille*** the quiet of the early morning **2.** *Adv* ***es war ~ kühl*** it was cool as it often is in the morning **Morgenessen** *n* (*schweiz* ≈ *Frühstück*) breakfast **Morgengrauen** *n* dawn **Morgenmantel** *m* dressing gown **Morgenrock** *m* housecoat **Morgenrot** *n* sunrise; (*fig*) dawn(ing) **morgens** *Adv* in the morning; **(*um*) *drei Uhr ~*** at three o'clock in the morning; ***von ~ bis abends*** from morning to night **Morgenstunde** *f* morning hour; ***bis in die frühen ~n*** into the early hours **morgig** *Adj* tomorrow's; ***der ~e Tag*** tomorrow
Morphium *n* morphine
morsch *Adj* rotten; *Knochen* brittle
Morsealphabet *n* Morse (code); ***im ~*** in Morse (code)
Mörser *m* mortar (*auch* MIL)
Morsezeichen *n* Morse signal
Mörtel *m* (*zum Mauern*) mortar; (≈ *Putz*) stucco
Mosaik *n* (*wörtl, fig*) mosaic
Moschee *f* mosque
Moschus *m* musk
Mosel *f* GEOG Moselle
mosern *vi* (*umg*) to gripe (*umg*)
Moskau *n* Moscow
Moskito *m* mosquito
Moslem(in) *m(f)* Moslem **moslemisch** *Adj* Moslem
Most *m* (unfermented) fruit juice; (*für Wein*) must
Motel *n* motel
Motiv *n* **a**) motive; ***aus welchem ~ heraus?*** for what motive?; **b**) KUNST, LITERATUR subject; (≈ *Leitmotiv*, MUS) motif **Motivation** *f* motivation **motivieren** *vt* **a**) *Mitarbeiter* to motivate; ***politisch motiviert*** politically motivated; **b**) (≈ *begründen*) ***etw*** **(*jdm gegenüber*)** **~** to give (sb) reasons for sth
Motor *m* motor; (*von Fahrzeug*) engine **Motorboot** *n* motorboat **Motorenöl** *n* engine oil **Motorhaube** *f* bonnet (*Brit*), hood (*US*) **motorisieren** *vt* to motorize **Motoröl** *n* engine oil **Motorrad** *n* motorbike **Motorradfahrer(in)** *m(f)* motorcyclist **Motorsäge** *f* power saw **Motorschaden** *m* engine trouble *kein Pl* **Motorsport** *m* motor sport
Motte *f* moth **Mottenkugel** *f* mothball
Motto *n* (≈ *Wahlspruch*) motto
motzen *vi* (*umg*) to beef (*umg*)
Mountainbike *n* mountain bike
Möwe *f* seagull
MP3 *n* IT MP3 **MP3-Player** *m* MP3 player
Mücke *f* (≈ *Insekt*) mosquito, midge (*Brit*); ***aus einer ~ einen Elefanten machen*** (*umg*) to make a mountain out of a molehill
Mucken *Pl* (*umg*) moods *Pl*; **(*seine*) *~ haben*** to be moody; (*Sache*) to be temperamental
Mückenstich *m* mosquito bite, midge bite (*Brit*)
Mucks *m* (*umg*) sound; ***keinen ~ sagen*** not to make a sound; ***ohne einen ~*** (≈ *widerspruchslos*) without a murmur **mucksmäuschenstill** *Adj*, *Adv* (*umg*) (as) quiet as a mouse
müde **1.** *Adj* tired; ***einer Sache*** (*Gen*) ***~ sein*** to be tired of sth **2.** *Adv* **a**) (≈ *erschöpft*) ***sich ~ reden*** to tire oneself out talking; **b**) (≈ *gelangweilt*) ***~ lächeln*** to give a weary smile **Müdigkeit** *f* (≈ *Schlafbedürfnis*) tiredness; (≈ *Schläfrigkeit*) sleepiness; ***nur keine ~ vorschützen!*** (*umg*) don't (you) tell me you're tired
Muffe *f* TECH sleeve
Muffel *m* (*umg* ≈ *Mensch*) grouch (*umg*), griper (*umg*) **muffelig** (*umg*) *Adj* grumpy **Muffensausen** *n* (*umg*) ***~ kriegen/haben*** to get/be scared stiff (*umg*) **muffig** *Adj* **a**) *Geruch*, *Zimmer* musty; **b**) (*umg*) *Gesicht* grumpy
Mühe *f* trouble; ***nur mit ~*** only just; ***mit Müh und Not*** (*umg*) with great difficulty; ***mit jdm/etw seine ~ haben*** to have a great deal of trouble with sb/sth; ***er hat sich*** (*Dat*) ***große ~ gegeben*** he has taken a lot of trouble; ***gib dir keine ~!*** (≈ *hör auf*) don't bother; ***sich*** (*Dat*) ***die ~ machen,***

M

etw zu tun to take the trouble to do sth; ***wenn es Ihnen keine ~ macht*** if it isn't too much trouble; ***verlorene ~*** a waste of effort **mühelos** **1.** *Adj* effortless **2.** *Adv* effortlessly **mühevoll** **1.** *Adj* laborious; *Leben* arduous **2.** *Adv* with difficulty; ***~ verdientes Geld*** hard-earned money

Mühle *f* **a)** mill; **b)** (*fig*) (≈ *Routine*) treadmill; ***die ~n der Justiz*** the wheels of justice; **c)** (≈ *Mühlespiel*) nine men's morris (*bes Brit*) **Mühlrad** *n* millwheel **Mühlstein** *m* millstone

mühsam **1.** *Adj* arduous **2.** *Adv* with difficulty; ***~ verdientes Geld*** hard-earned money **mühselig** *Adj* arduous

Mulch *m* LANDW mulch

Mulde *f* (≈ *Geländesenkung*) hollow

Mull *m* (≈ *Gewebe*) muslin; MED gauze

Müll *m* rubbish, garbage (*bes US*); (≈ *Industriemüll*) waste **Müllabfuhr** *f* refuse *od* garbage (*US*) collection **Müllabladeplatz** *m* dump **Müllbeutel** *m* bin liner (*Brit*), garbage bag (*US*)

Mullbinde *f* gauze bandage

Müllcontainer *m* rubbish skip, dumpster® (*US*) **Mülldeponie** *f* waste disposal site (*förml*), sanitary (land)fill (*US förml*) **Mülleimer** *m* rubbish bin (*Brit*), garbage can (*US*) **Müllentsorgung** *f* waste disposal

Müller *m* miller

Müllkippe *f* rubbish *od* garbage (*US*) dump **Müllmann** *m* (*umg*) dustman (*Brit*), garbage man (*US*) **Müllschlucker** *m* refuse chute **Mülltonne** *f* dustbin (*Brit*), trash can (*US*) **Mülltrennung** *f* waste separation **Mülltüte** *f* bin liner (*Brit*), trash-can liner (*US*) **Müllverbrennungsanlage** *f* incinerating plant **Müllverwertung** *f* refuse utilization **Müllwagen** *m* dust-cart (*Brit*), garbage truck (*US*)

mulmig *Adj* (*umg* ≈ *bedenklich*) uncomfortable; ***mir war ~ zumute*** (*wörtl*) I felt queasy; (*fig*) I had butterflies (in my tummy) (*umg*)

Multi *m* (*umg*) multinational (organization) **multikulturell** *Adj* multicultural **multilateral** **1.** *Adj* multilateral **2.** *Adv* multilaterally **Multimedia** *Pl* multimedia *Pl* **multimediafähig** *Adj PC* capable of multimedia **multimedial** *Adj* multimedia *attr* **Multimillionär(in)** *m(f)* multimillionaire **multinational** *Adj* multinational **multipel** *Adj* multiple; ***multiple Sklerose*** multiple sclerosis **Multiplex-Kino** *n* multiplex (cinema) **Multiplikation** *f* multiplication

Multiplikator[1] *m* MATHE multiplier

Multiplikator[2](in) *m(f)* (*fig*) disseminator **multiplizieren** *vt* to multiply (*mit* by) **Multivitaminsaft** *m* multivitamin juice

Mumie *f* mummy **mumifizieren** *vt* to mummify

Mumm *m* (*umg*) **a)** (≈ *Kraft*) strength; **b)** (≈ *Mut*) guts *Pl* (*umg*)

Mumps *m od* (*inf*) *f* (the) mumps *Sg*

München *n* Munich

Mund *m* mouth; ***den ~ aufmachen*** to open one's mouth; (*fig* ≈ *seine Meinung sagen*) to speak up; ***jdm den ~ verbieten*** to order sb to be quiet; ***halt den ~!*** shut up! (*umg*); ***jdm den ~ stopfen*** (*umg*) to shut sb up (*umg*); ***in aller ~e sein*** to be on everyone's lips; ***Sie nehmen mir das Wort aus dem ~(e)*** you've taken the (very) words out of my mouth; ***sie ist nicht auf den ~ gefallen*** (*umg*) she's never at a loss for words; ***den ~ (zu) voll nehmen*** (*umg*) to talk (too) big (*umg*) **Mundart** *f* dialect **mundartlich** *Adj* dialect(al)

Mündel *n* ward **mündelsicher** BÖRSE **1.** *Adj* ≈ gilt-edged *kein Adv* **2.** *Adv anlegen* in secure gilt-edged investments

münden *vi* (*Fluss*) to flow (*in +Akk* into); (*Straße, Gang*) to lead (*in +Akk, auf +Akk* into)

mundfaul *Adj* (*umg*) too lazy to say much **Mundgeruch** *m* bad breath **Mundharmonika** *f* mouth organ

mündig *Adj* of age; (*fig*) mature; ***~ werden*** to come of age

mündlich **1.** *Adj* verbal; *Prüfung, Leistung* oral; ***~e Verhandlung*** JUR hearing **2.** *Adv testen* orally; *besprechen* personally; ***alles Weitere ~!*** I'll tell you the rest when I see you **Mundpflege** *f* oral hygiene *ohne Artikel* **Mundpropaganda** *f* verbal propaganda **Mundschutz** *m* mask (over one's mouth) **Mundstück** *n* (*von Pfeife, Blasinstrument*) mouthpiece; (*von Zigarette*) tip **mundtot** *Adj* (*umg*) ***jdn ~ machen*** to silence sb

Mündung *f* (*von Fluss, Rohr*) mouth;

(≈ *Trichtermündung*) estuary; (≈ *Gewehrmündung*) muzzle

Mundwasser *n* mouthwash **Mundwerk** *n* (*umg*) ***ein böses ~ haben*** to have a vicious tongue (in one's head); ***ein loses ~ haben*** to have a big mouth (*umg*); ***ein großes ~ haben*** to talk big (*umg*) **Mundwinkel** *m* corner of one's mouth **Mund-zu-Mund-Beatmung** *f* mouth-to-mouth resuscitation

Munition *f* ammunition

munkeln *vti* ***es wird gemunkelt, dass ...*** it's rumoured (*Brit*) *od* rumored (*US*) that ...

Münster *n* minster, cathedral

munter **1.** *Adj* **a)** (≈ *lebhaft*) lively *kein Adv*; *Farben* bright; (≈ *fröhlich*) cheerful; ***~ werden*** to liven up; **b)** (≈ *wach*) awake **2.** *Adv* (≈ *unbekümmert*) blithely; ***~ drauflosreden*** to prattle away merrily **Munterkeit** *f* (≈ *Lebhaftigkeit*) liveliness; (≈ *Fröhlichkeit*) cheerfulness **Muntermacher** *m* (MED *umg*) pick-me-up (*umg*)

Münzanstalt *f* mint **Münzautomat** *m* slot machine **Münze** *f* **a)** (≈ *Geldstück*) coin; **b)** (≈ *Münzanstalt*) mint **münzen** *vt* to mint; ***das war auf ihn gemünzt*** (*fig*) that was aimed at him **Münzfernsprecher** *m* (*förml*) pay phone **Münzsammlung** *f* coin collection **Münzspielautomat** *m* slot machine **Münztankstelle** *f* coin-operated petrol (*Brit*) *od* gas (*US*) station **Münztelefon** *n* pay phone **Münzwechsler** *m* change machine

mürbe *Adj* crumbly; (≈ *zerbröckelnd*) crumbling; *Holz* rotten; ***jdn ~ machen*** to wear sb down **Mürbeteig** *m* short (-crust) pastry

Murks *m* (*umg*) ***~ machen*** to bungle things (*umg*); ***das ist ~!*** that's a botch-up (*umg*)

Murmel *f* marble **murmeln** *vti* to murmur; (*undeutlich*) to mumble **Murmeltier** *n* marmot

murren *vi* to grumble (*über +Akk* about) **mürrisch** *Adj* (≈ *abweisend*) sullen; (≈ *schlecht gelaunt*) grumpy

Mus *n od m* mush; (≈ *Apfelmus*) puree

Muschel *f* **a)** mussel (*auch* COOK); (*Schale*) shell; **b)** (TELEK ≈ *Sprechmuschel*) mouthpiece; (≈ *Hörmuschel*) ear piece

Muscleshirt *n* muscle shirt

Museum *n* museum

Musical *n* musical

Musik *f* music; ***die ~ lieben*** to love music **musikalisch** **1.** *Adj* musical **2.** *Adv begabt* musically **Musikant(in)** *m(f)* musician **Musikautomat** *m* (≈ *Musikbox*) jukebox **Musikbegleitung** *f* musical accompaniment **Musikbox** *f* jukebox **Musiker(in)** *m(f)* musician **Musikhochschule** *f* college of music **Musikinstrument** *n* musical instrument **Musikkapelle** *f* band **Musikkassette** *f* music cassette **Musikliebhaber(in)** *m(f)* music-lover **Musikrichtung** *f* kind of music, musical genre **Musiksaal** *m* music room **Musikschule** *f* music school **Musiksendung** *f* music programme (*Brit*) *od* program (*US*) **Musikstück** *n* piece of music **Musikstunde** *f* music lesson **Musikunterricht** *m* music lessons *Pl*; SCHULE music

musisch **1.** *Adj Fächer* (fine) arts *attr*; *Begabung* for the arts; *Veranlagung* artistic **2.** *Adv* ***~ begabt/interessiert*** gifted/interested in the (fine) arts; ***~ veranlagt*** artistically inclined

musizieren *vi* to play a musical instrument

Muskat *m* nutmeg **Muskatnuss** *f* nutmeg

Muskel *m* muscle; ***seine ~n spielen lassen*** to flex one's muscles **Muskelfaser** *f* muscle fibre (*Brit*) *od* fiber (*US*) **Muskelkater** *m* aching muscles *Pl*; ***~ haben*** to be stiff **Muskelkraft** *f* physical strength **Muskelkrampf** *m* muscle cramp *kein unbest Artikel* **Muskelprotz** *m* (*umg*) muscleman **Muskelriss** *m* torn muscle **Muskelschwund** *m* muscular atrophy **Muskelzerrung** *f* pulled muscle **Muskulatur** *f* muscular system **muskulös** *Adj* muscular; ***~ gebaut sein*** to have a muscular build

Müsli *n* muesli

Muslim *m* Moslem **Muslime** *f* Moslem **muslimisch** *Adj* Muslim

Muss *n* ***es ist ein/kein ~*** it's/it's not a must

Muße *f* leisure

Mussehe *f* (*umg*) shotgun wedding (*umg*) **müssen** **1.** *v/hilf* **a)** (*Zwang*) to have to; (*Notwendigkeit*) to need to; ***muss er?*** does he have to?; ***ich***

M

muss jetzt gehen I must be going now; ***muss das (denn) sein?*** is that (really) necessary?; ***das musste (ja so) kommen*** that had to happen; **b)** (≈ *sollen*) ***das müsstest du eigentlich wissen*** you ought to know that, you should know that; **c)** (*Vermutung*) ***es muss geregnet haben*** it must have rained; ***er müsste schon da sein*** he should be there by now; ***so muss es gewesen sein*** that's how it must have been; **d)** (*Wunsch*) ***(viel) Geld müsste man haben!*** if only I were rich! **2.** *vi* (*umg* ≈ *austreten müssen*) ***ich muss mal*** I need to go to the loo (*Brit umg*) *od* bathroom (*bes US*)

Mußestunde *f* hour of leisure **müßig** *Adj* (≈ *untätig*) idle; *Leben* of leisure; (≈ *unnütz*) futile

Muster *n* **a)** (≈ *Vorlage*) pattern; (*für Brief, Bewerbung etc*) specimen; **b)** (≈ *Probestück*) sample; ***~ ohne Wert*** sample of no commercial value; **c)** (*fig* ≈ *Vorbild*) model (*an +Dat* of) **Musterbeispiel** *n* classic example **Musterexemplar** *n* fine specimen **mustergültig** *Adj* exemplary; ***sich ~ benehmen*** to be a model of good behaviour (*Brit*) *od* behavior (*US*) **musterhaft** **1.** *Adj* exemplary **2.** *Adv* exemplarily **mustern** *vt* **a)** (≈ *betrachten*) to scrutinize; ***jdn von oben bis unten ~*** to look sb up and down; **b)** (MIL: *für Wehrdienst*) ***jdn ~*** to give sb his/her medical; **c)** TEX → ***gemustert*** **Musterpackung** *f* sample pack **Musterprozess** *m* test case **Musterschüler(in)** *m(f)* model pupil; (*fig*) star pupil **Musterung** *f* **a)** (≈ *Muster*) pattern; **b)** (MIL, *von Rekruten*) medical examination for military service

Mut *m* courage (*zu +Dat* for); (≈ *Zuversicht*) heart; ***~ fassen*** to pluck up courage; ***nur ~!*** cheer up!; ***den ~ verlieren*** to lose heart; ***wieder ~ bekommen*** to take heart; ***jdm ~ machen*** to encourage sb; ***mit dem ~ der Verzweiflung*** with the courage born of desperation; ***zu ~e*** = ***zumute***

Mutation *f* mutation **mutieren** *vi* to mutate

mutig **1.** *Adj* courageous **2.** *Adv* courageously **mutlos** *Adj* (≈ *niedergeschlagen*) discouraged *kein Adv*, disheartened *kein Adv*; (≈ *bedrückt*) despondent, dejected **Mutlosigkeit** *f* (≈ *Niedergeschlagenheit*) discouragement; (≈ *Bedrücktheit*) despondency, dejection

mutmaßen *vti* to conjecture **mutmaßlich** *Adj Vater* presumed; *Täter, Terrorist* suspected **Mutmaßung** *f* conjecture

Mutprobe *f* test of courage

Mutter[1] *f* mother; ***sie ist ~ von drei Kindern*** she's a mother of three

Mutter[2] *f* TECH nut

Muttererde *f* topsoil **Muttergesellschaft** *f* HANDEL parent company **Muttergottes** *f* Mother of God; (*Abbild*) Madonna **Mutterinstinkt** *m* maternal instinct **Mutterkuchen** *m* ANAT placenta **Mutterland** *n* mother country **mütterlich** **1.** *Adj* maternal; ***die ~en Pflichten*** one's duties as a mother **2.** *Adv* like a mother; ***jdn ~ umsorgen*** to mother sb **mütterlicherseits** *Adv* on his/her *etc* mother's side; ***sein Großvater ~*** his maternal grandfather **Mutterliebe** *f* motherly love **Muttermal** *n* birthmark **Muttermilch** *f* mother's milk **Muttermund** *m* ANAT cervix **Mutterschaft** *f* motherhood; (*nach Entbindung*) maternity **Mutterschaftsgeld** *n* maternity pay (*bes Brit*) **Mutterschaftsurlaub** *m* maternity leave **Mutterschiff** *n* RAUMF mother ship **Mutterschutz** *m* legal protection of expectant and nursing mothers **mutterseelenallein** *Adj, Adv* all alone **Muttersöhnchen** *n* (*pej*) mummy's boy (*Brit*), mommy's boy (*US*) **Muttersprache** *f* native language, mother tongue **Muttersprachler(in)** *m(f)* native speaker **Muttertag** *m* Mother's Day **Mutterwitz** *m* natural wit **Mutti** *f* (*umg*) mummy (*Brit umg*), mommy (*US umg*)

mutwillig **1.** *Adj* (≈ *böswillig*) malicious **2.** *Adv zerstören etc* wilfully

Mütze *f* cap; (≈ *Pudelmütze*) hat

Myrrhe *f*, **Myrre** *f* myrrh

mysteriös **1.** *Adj* mysterious **2.** *Adv* mysteriously **Mystik** *f* mysticism *ohne Artikel* **mystisch** *Adj* mystic(al); (*fig* ≈ *geheimnisvoll*) mysterious

mythisch *Adj* mythical **Mythologie** *f* mythology **mythologisch** *Adj* mythologic(al) **Mythos** *m* myth

N

N, **n** *n* N, n; ***n-te*** nth

na *Interj* (*umg*) ***na, kommst du mit?*** well, are you coming?; ***na du?*** hey, you!; ***na ja*** well; ***na gut*** all right; ***na also!, na eben!*** (well,) there you are (then)!; ***na, endlich!*** about time!; ***na (na)!*** now, now!; ***na warte!*** just you wait!; ***na so was!*** well, I never!; ***na und?*** so what?

Nabe *f* hub

Nabel *m* ANAT navel; ***der ~ der Welt*** (*fig*) the hub of the universe **nabelfrei** **1.** *Adj* ***~es T-Shirt*** crop top **2.** *Adv* ***~ gehen*** to wear a crop top **Nabelschnur** *f* ANAT umbilical cord

nach **1.** *Präp +Dat* **a)** (*örtlich*) to; ***ich nahm den Zug ~ Mailand*** (≈ *bis*) I took the train to Milan; (≈ *in Richtung*) I took the Milan train; ***er ist schon ~ London abgefahren*** he has already left for London; ***~ Osten*** eastward(s); ***~ links/rechts*** (to the) left/right; ***~ hinten/vorn*** to the back/front; **b)** (*zeitlich, Reihenfolge*) after; ***fünf (Minuten) ~ drei*** five (minutes) past *od* after (*US*) three; ***~ zehn Minuten war sie wieder da*** she was back ten minutes later; ***die dritte Straße ~ dem Rathaus*** the third road after the town hall; ***(bitte) ~ Ihnen!*** after you!; **c)** (≈ *laut, entsprechend*) according to; (≈ *im Einklang mit*) in accordance with; ***~ Artikel 142c*** under article 142c; ***etw ~ Gewicht kaufen*** to buy sth by weight; ***die Uhr ~ dem Radio stellen*** to put a clock right by the radio; ***ihrer Sprache ~ (zu urteilen)*** judging by her language; ***~ allem, was ich gehört habe*** from what I've heard **2.** *Adv* (*zeitlich*) ***~ und ~*** little by little; ***~ wie vor*** still

nachahmen *vt* to imitate; (≈ *kopieren*) to copy **Nachahmung** *f* imitation; (≈ *Kopie*) copy

Nachbar(in) *m(f)* neighbour (*Brit*), neighbor (*US*) **Nachbarhaus** *n* house next door **Nachbarland** *n* neighbouring (*Brit*) *od* neighboring (*US*) country **nachbarlich** *Adj* (≈ *freundlich*) neighbourly *kein Adv* (*Brit*), neighborly *kein Adv* (*US*); (≈ *benachbart*) neighbo(u)ring *kein Adv* **Nachbarschaft** *f* (≈ *Gegend*) neighbourhood (*Brit*), neighborhood (*US*); (≈ *Nachbarn*) neighbo(u)rs *Pl*; (≈ *Nähe*) vicinity

Nachbeben *n* aftershock

nachbehandeln *vt* MED ***jdn ~*** to give sb follow-up treatment **Nachbehandlung** *f* MED follow-up treatment *kein unbest Artikel*

nachbessern **1.** *vt Lackierung* to retouch; *Gesetz* to amend; *Angebot* to improve **2.** *vi* to make improvements **Nachbesserung** *f* (*von Gesetz*) amendment; ***~en vornehmen*** to make improvements

nachbestellen *vt* to order some more; HANDEL to reorder **Nachbestellung** *f* repeat order (*Gen* for)

nachbeten *vt* (*umg*) to repeat parrot-fashion

nachbezahlen *vt* to pay; (*später*) to pay later; ***Steuern ~*** to pay back-tax

Nachbildung *f* copy; (*exakt*) reproduction

nachdatieren *vt* to postdate

nachdem *Konj* **a)** (*zeitlich*) after; **b)** (*südd* ≈ *da, weil*) since

nachdenken *vi* to think (*über +Akk* about); ***denk mal scharf nach!*** think carefully! **Nachdenken** *n* thought; ***nach langem ~*** after (giving the matter) considerable thought **nachdenklich** *Adj Mensch, Miene* thoughtful; *Worte* thought-provoking; ***jdn ~ stimmen*** *od* ***machen*** to set sb thinking

Nachdruck *m* **a)** (≈ *Betonung*) stress; ***einer Sache*** (*Dat*) ***~ verleihen*** to lend weight to sth; ***mit ~*** vigorously; ***etw mit ~ sagen*** to say sth emphatically; **b)** (≈ *das Nachgedruckte*) reprint **nachdrucken** *vt* to reprint **nachdrücklich** **1.** *Adj* emphatic **2.** *Adv* firmly; ***jdn ~ warnen*** to give sb a firm warning

nacheifern *vi* ***jdm/einer Sache ~*** to emulate sb/sth

nacheinander *Adv* one after another; ***zweimal ~*** twice in a row; ***kurz ~*** shortly after each other

nachempfinden *vt Stimmung* to feel;

N

(≈ *nachvollziehen*) to understand; ***das kann ich ihr ~*** I can understand how she feels

nacherzählen *vt* to retell **Nacherzählung** *f* retelling; SCHULE (story) reproduction

Nachfahr(in) *m(f)* (*lit*) descendant

nachfahren *vi* ***jdm ~*** to follow sb

nachfeiern *vti* (≈ *später feiern*) to celebrate later

Nachfolge *f* succession; ***jds ~ antreten*** to succeed sb **nachfolgen** *vi* ***jdm ~*** to follow sb; ***jdm im Amt ~*** to succeed sb in office **nachfolgend** *Adj* following **Nachfolgeorganisation** *f* successor organization **Nachfolger(in)** *m(f)* (*im Amt etc*) successor

nachforschen *vi* to try to find out; (*polizeilich etc*) to carry out an investigation (+*Dat* into) **Nachforschung** *f* enquiry; (*polizeilich etc*) investigation; ***~en anstellen*** to make inquiries

Nachfrage *f* **a)** HANDEL demand (*nach, in* +*Dat* for); ***danach besteht keine ~*** there is no demand for it; **b)** (≈ *Erkundigung*) inquiry; ***danke der ~*** (*umg*) nice of you to ask **nachfragen** *vi* to ask, to inquire

N

nachfühlen *vt* = ***nachempfinden***

nachfüllen *vt leeres Glas etc* to refill; *halb leeres Glas* to top up (*Brit*) *od* off (*US*)

nachgeben *vi* **a)** (*Boden*) to give way (+*Dat* to); (≈ *federn*) to give; (*fig*) (*Mensch*) to give in (+*Dat* to); **b)** (HANDEL, *Preise, Kurse*) to drop

Nachgebühr *f* excess (postage)

nachgehen *vi* **a)** (+*Dat* ≈ *hinterhergehen*) to follow; *jdm* to go after; **b)** (*Uhr*) to be slow; **c)** (+*Dat* ≈ *ausüben*) *Beruf* to practise (*Brit*), to practice (*US*); *Studium, Interesse etc* to pursue; *Geschäften* to go about; ***seiner Arbeit ~*** to do one's job; **d)** (+*Dat* ≈ *erforschen*) to investigate

nachgemacht *Adj Gold, Leder etc* imitation; *Geld* counterfeit; → ***nachmachen***

Nachgeschmack *m* aftertaste

nachgiebig *Adj Material* pliable; *Boden, Mensch, Haltung* soft; (≈ *entgegenkommend*) accommodating; ***sie behandelt die Kinder zu ~*** she's too soft with the children **Nachgiebigkeit** *f* (*von Material*) pliability; (*von Boden, Mensch, Haltung*) softness; (≈ *Entgegenkommen*) compliance

nachhaken *vi* (*umg*) to dig deeper

nachhallen *vi* to reverberate

nachhaltig **1.** *Adj* lasting; *Wachstum* sustained; ***~e Nutzung*** (*von Energie, Rohstoffen etc*) sustainable use **2.** *Adv* **a)** (≈ *mit langer Wirkung*) with lasting effect; ***etw ~ beeinflussen*** to have a profound effect on sth; **b)** (≈ *ökologisch bewusst*) with a view to sustainability **Nachhaltigkeit** *f* sustainability

nachhause *Adv* home **Nachhauseweg** *m* way home

nachhelfen *vi* to help; ***jdm ~*** to help sb; ***sie hat ihrer Schönheit etwas nachgeholfen*** she has given nature a helping hand; ***jds Gedächtnis*** (*Dat*) ***~*** to jog sb's memory

nachher *Adv* (≈ *danach*) afterwards; (≈ *später*) later; ***bis ~*** see you later!

Nachhilfe *f* SCHULE private coaching *od* tuition *od* tutoring (*US*) **Nachhilfelehrer(in)** *m(f)* private tutor **Nachhilfestunde** *f* private lesson **Nachhilfeunterricht** *m* private tuition *od* tutoring (*US*)

Nachhinein *Adv* ***im ~*** afterwards; (*rückblickend*) in retrospect

Nachholbedarf *m* ***einen ~ an etw*** (*Dat*) ***haben*** to have a lot to catch up on in the way of sth **nachholen** *vt* **a)** (≈ *aufholen*) *Versäumtes* to make up; ***den Schulabschluss ~*** to sit one's school exams as an adult; **b)** ***jdn ~*** (≈ *nachkommen lassen*) to get sb to join one

nachjagen *vi* +*Dat* to chase (after)

nachkaufen *vt* to buy later; ***kann man diese Knöpfe auch ~?*** is it possible to buy replacements for these buttons?

nachklingen *vi* (*Ton, Echo*) to go on sounding; (*Worte, Erinnerung*) to linger

Nachkomme *m* descendant **nachkommen** *vi* **a)** (≈ *später kommen*) to come (on) later; ***jdm ~*** to follow sb; ***wir kommen gleich nach*** we'll follow in just a couple of minutes; **b)** (≈ *Schritt halten*) to keep up; **c)** (+*Dat* ≈ *erfüllen*) *seiner Pflicht* to carry out; *einer Anordnung, einem Wunsch* to comply with

Nachkriegsdeutschland *n* post-war Germany

nachladen *vti* to reload
Nachlass *m* **a)** (≈ *Preisnachlass*) discount (*auf +Akk* on); **b)** (≈ *Erbschaft*) estate **nachlassen 1.** *vt Preis, Summe* to reduce; ***10% vom Preis ~*** to give a 10% discount **2.** *vi* to decrease; (*Regen, Hitze*) to ease off; (*Leistung, Geschäfte*) to drop off; (*Preise*) to fall; ***nicht ~!*** keep it up!; ***er hat in letzter Zeit sehr nachgelassen*** he hasn't been nearly as good recently; ***sobald die Kälte nachlässt*** as soon as it gets a bit warmer **nachlässig 1.** *Adj* careless; (≈ *unachtsam*) thoughtless **2.** *Adv* carelessly; (≈ *unachtsam*) thoughtlessly **Nachlässigkeit** *f* carelessness; (≈ *Unachtsamkeit*) thoughtlessness
nachlaufen *vi +Dat* ***jdm/einer Sache ~*** to run after sb/sth
nachlesen *vt* (*in einem Buch*) to read; (≈ *nachschlagen*) to look up; (≈ *nachprüfen*) to check up; ***man kann das in der Bibel ~*** it says so in the Bible
nachliefern *vt* (≈ *später liefern*) to deliver at a later date; (*fig*) *Begründung etc* to give later; ***könnten Sie noch 25 Stück ~?*** could you deliver another 25?
nachlösen 1. *vi* to pay on the train; (*zur Weiterfahrt*) to pay the extra **2.** *vt Fahrkarte* to buy on the train
nachmachen *vt* **a)** (≈ *nachahmen*) to copy; (≈ *nachäffen*) to mimic; ***sie macht mir alles nach*** she copies everything I do; ***das soll erst mal einer ~!*** I'd like to see anyone else do that!; **b)** (≈ *fälschen*) to forge; (≈ *imitieren*) to copy; → ***nachgemacht***
nachmessen 1. *vt* to measure again; (≈ *prüfen*) to check **2.** *vi* to check
Nachmieter(in) *m(f)* next tenant; ***wir müssen einen ~ finden*** we have to find someone to take over the apartment *etc*
Nachmittag *m* afternoon; ***am ~*** in the afternoon; ***gestern/heute ~*** yesterday/this afternoon **nachmittags** *Adv* in the afternoon; ***dienstags ~*** every Tuesday afternoon
Nachnahme *f* cash *od* collect (*US*) on delivery, COD; ***etw per ~ schicken*** to send sth COD
Nachname *m* surname; ***wie heißt du mit ~n?*** what is your surname?
Nachporto *n* excess (postage)
nachprüfbar *Adj* verifiable **nachprüfen 1.** *vt Tatsachen* to verify **2.** *vi* to check **Nachprüfung** *f* **a)** (*von Tatsachen*) check (*+Gen* on); **b)** (≈ *nochmalige Prüfung*) re-examination; (*Termin*) resit
nachrechnen *vti* to check
Nachrede *f* ***üble ~*** JUR defamation of character
nachreichen *vt* to hand in later
nachreisen *vi* ***jdm ~*** to follow sb
Nachricht *f* (≈ *Mitteilung*) message; (≈ *Meldung*) (piece of) news *Sg*; ***die ~en*** the news *Sg*; ***das sind aber schlechte ~en*** that's bad news; ***~ erhalten, dass ...*** to receive (the) news that ...; ***wir geben Ihnen ~*** we'll let you know **Nachrichtenagentur** *f* news agency **Nachrichtendienst** *m* **a)** RADIO, TV news service; **b)** POL, MIL intelligence (service) **Nachrichtenmagazin** *n* news magazine **Nachrichtensender** *m* news station; TV *auch* news channel **Nachrichtensperre** *f* news blackout **Nachrichtensprecher(in)** *m(f)* newsreader **Nachrichtentechnik** *f* telecommunications *Sg*
nachrücken *vi* to move up; (*auf Posten*) to succeed (*auf +Akk* to); MIL to advance **Nachrücker(in)** *m(f)* successor
Nachruf *m* obituary **nachrufen** *vti +Dat* to shout after
nachrüsten 1. *vi* MIL to deploy new arms; (≈ *modernisieren*) to modernize **2.** *vt Kraftwerk etc* to modernize **Nachrüstung** *f* **a)** MIL deployment of new arms; **b)** TECH modernization
nachsagen *vt* **a)** (≈ *wiederholen*) to repeat; ***jdm alles ~*** to repeat everything sb says; **b)** (≈ *behaupten*) ***jdm etw ~*** to attribute sth to sb; ***man kann ihr nichts ~*** you can't say anything against her; ***ihm wird nachgesagt, dass ...*** it's said that he ...
Nachsaison *f* off season
nachsalzen *vi* to add more salt
Nachsatz *m* (≈ *Nachschrift*) postscript; (≈ *Nachtrag*) afterthought
nachschauen *vti* (*bes dial*) = ***nachsehen***
nachschenken *vti* ***jdm etw ~*** to top sb up (*Brit*) *od* off (*US*) with sth
nachschicken *vt* to forward
Nachschlag *m* (*umg*) second helping
nachschlagen 1. *vt Zitat, Wort* to look

N

up **2.** *vi* (*in Lexikon*) to look **Nachschlagewerk** *n* reference book
Nachschlüssel *m* duplicate key; (≈ *Dietrich*) skeleton key
Nachschub *m* MIL supplies *Pl* (*an +Dat* of); (*Material*) reinforcements *Pl*
nachsehen 1. *vi* **a)** ***jdm ~*** to follow sb with one's eyes; (≈ *hinterherschauen*) to gaze after sb/sth; **b)** (≈ *gucken*) to look and see; (≈ *nachschlagen*) to (have a) look **2.** *vt* **a)** to (have a) look at; (≈ *prüfen*) to check; (≈ *nachschlagen*) to look up; **b)** (≈ *verzeihen*) ***jdm etw ~*** to forgive sb (for) sth **Nachsehen** *n* ***das ~ haben*** to be left standing; (≈ *nichts bekommen*) to be left empty-handed
nachsenden *vt* to forward
Nachsicht *f* (≈ *Milde*) leniency; (≈ *Geduld*) forbearance; ***er kennt keine ~*** he knows no mercy; ***~ üben*** to be lenient; ***mit jdm keine ~ haben*** to make no allowances for sb **nachsichtig, nachsichtsvoll 1.** *Adj* (≈ *milde*) lenient; (≈ *geduldig*) forbearing (*gegen, mit* with) **2.** *Adv* leniently; ***jdn ~ behandeln*** to be lenient with sb
Nachsilbe *f* suffix
nachsitzen *vi* SCHULE ***~ (müssen)*** to be kept in; ***jdn ~ lassen*** to keep sb in
Nachsommer *m* Indian summer
Nachsorge *f* MED aftercare
Nachspann *m* credits *Pl*
Nachspeise *f* dessert; ***als ~*** for dessert
Nachspiel *n* THEAT epilogue (*Brit*), epilog (*US*); (*fig*) sequel; ***das wird noch ein (unangenehmes) ~ haben*** that will have (unpleasant) consequences; ***ein gerichtliches ~ haben*** to have legal repercussions **nachspielen 1.** *vt* to play **2.** *vi* SPORT to play stoppage time (*Brit*) *od* overtime (*US*); (*wegen Verletzungen*) to play injury time (*Brit*) *od* injury overtime (*US*); ***der Schiedsrichter ließ ~*** the referee allowed stoppage time/injury time (*Brit*), the referee allowed (injury) overtime (*US*) **Nachspielzeit** *f* SPORT stoppage time; (*wegen Verletzungen*) injury time
nachspionieren *vi* (*umg*) ***jdm ~*** to spy on sb
nachsprechen *vt* to repeat; ***jdm etw ~*** to repeat sth after sb
nächstbeste(r, s) *Adj* ***der ~ Zug/Job*** the first train/job that comes along
nachstehen *vi* ***keinem ~*** to be second to none (*in +Dat* in); ***jdm in nichts ~*** to be sb's equal in every way **nachstehend 1.** *Adj* following; ***im Nachstehenden*** below, in the following **2.** *Adv* (≈ *weiter unten*) below
nachstellen 1. *vt* **a)** (TECH ≈ *neu einstellen*) to adjust; **b)** ***eine Szene ~*** to recreate a scene **2.** *vi* ***jdm ~*** to follow sb; (≈ *aufdringlich umwerben*) to pester sb
Nächstenliebe *f* brotherly love; (≈ *Barmherzigkeit*) compassion **nächstens** *Adv* (≈ *das nächste Mal*) (the) next time; (≈ *bald einmal*) some time soon **Nächste(r)** *mf* **a)** next one; ***der ~, bitte*** next please; **b)** (*fig* ≈ *Mitmensch*) neighbour (*Brit*), neighbor (*US*); ***jeder ist sich selbst der ~*** (*Sprichw*) charity begins at home (*Sprichw*) **nächste(r, s)** *Adj* **a)** (≈ *nächstgelegen*) nearest; ***in ~r Nähe*** in the immediate vicinity; ***aus ~r Nähe*** from close by; *sehen, betrachten* at close quarters; *schießen* at close range; **b)** (*zeitlich*) next; ***~s Mal*** next time; ***am ~n Morgen/Tag(e)*** (the) next morning/day; ***bei ~r Gelegenheit*** at the earliest opportunity; ***in den ~n Jahren*** in the next few years; ***in ~r Zeit*** some time soon; **c)** *Angehörige* closest; ***die ~n Verwandten*** the immediate family; ***der ~ Angehörige*** the next of kin **Nächste(s)** *n* ***das ~*** the next thing; (≈ *das Erste*) the first thing; ***als ~s*** next/first **nächstgelegen** *Adj* nearest **nächstliegend** *Adj* (*wörtl*) nearest; (*fig*) most obvious; ***das Nächstliegende*** the most obvious thing (to do)
nachsuchen *vi* (*förml* ≈ *beantragen*) ***um etw ~*** to request sth (*bei jdm* of sb)
Nacht *f* night; ***heute ~*** tonight; (≈ *letzte Nacht*) last night; ***in der ~*** at night; ***in der ~ zum Dienstag*** during Monday night; ***über ~*** overnight; ***die ~ zum Tage machen*** to stay up all night (working *etc*); ***eines ~s*** one night; ***letzte ~*** last night; ***die ganze ~ (lang)*** all night long; ***gute ~!*** good night!; ***bei ~ und Nebel*** (*umg*) at dead of night **Nachtarbeit** *f* night-work **nachtblind** *Adj* nightblind **Nachtcreme** *f* night cream **Nachtdienst** *m* (*von Person*) night duty; (*von Apotheke*) all-night service

Nachteil *m* disadvantage; ***im ~ sein*** to be at a disadvantage (*jdm gegenüber* with sb); ***er hat sich zu seinem ~ verändert*** he has changed for the worse; ***das soll nicht Ihr ~ sein*** you won't lose by it; ***zu jds ~*** to sb's disadvantage **nachteilig** **1.** *Adj* (≈ *ungünstig*) disadvantageous; (≈ *schädlich*) detrimental **2.** *Adv behandeln* unfavourably (*Brit*), unfavorably (*US*); ***sich ~ auf etw*** (*Akk*) ***auswirken*** to have a detrimental effect on sth

nächtelang *Adv* for nights (on end) **Nachtessen** *n* (*südd, schweiz*) supper **Nachteule** *f* (*fig umg*) night owl **Nachtfalter** *m* moth **Nachtflug** *m* night flight **Nachtfrost** *m* night frost **Nachthemd** *n* (*für Damen*) nightdress; (*für Herren*) nightshirt

Nachtigall *f* nightingale

Nachtisch *m* dessert

Nachtklub *m* night club **Nachtleben** *n* night life **nächtlich** *Adj* (≈ *jede Nacht*) nightly; ***zu ~er Stunde*** at a late hour **Nachtlokal** *n* night club **Nachtmahl** *n* (*südd, österr*) supper **Nachtmensch** *m* night person **Nachtportier** *m* night porter **Nachtquartier** *n* ***ein ~*** a place to sleep

Nachtrag *m* postscript; (*zu einem Buch*) supplement **nachtragen** *vt* **a)** ***jdm etw ~*** (*fig*) to hold sth against sb; **b)** (≈ *hinzufügen*) to add **nachtragend** *Adj* unforgiving; ***er war nicht ~*** he didn't bear a grudge **nachträglich** **1.** *Adj* (≈ *zusätzlich*) additional; (≈ *später*) later; (≈ *verspätet*) belated **2.** *Adv* (≈ *zusätzlich*) additionally; (≈ *später*) later; (≈ *verspätet*) belatedly **Nachtragshaushalt** *m* POL supplementary budget

nachtrauern *vi* +*Dat* to mourn

Nachtruhe *f* night's rest **nachts** *Adv* at night; ***dienstags ~*** (on) Tuesday nights **Nachtschicht** *f* night shift **nachtschlafend** *Adj* ***bei*** *od* ***zu ~er Zeit*** in the middle of the night **Nachtschwärmer(in)** *m(f)* (*hum*) night owl **Nachtschwester** *f* night nurse **Nachtspeicherofen** *m* storage heater **nachtsüber** *Adv* by night **Nachttisch** *m* bedside table **Nachttischlampe** *f* bedside lamp **Nachttopf** *m* chamber pot **Nachttresor** *m* night safe (*Brit*), night depository (*US*) **Nacht-und-Nebel-Aktion** *f* cloak-and-dagger operation **Nachtvogel** *m* nocturnal bird **Nachtwache** *f* night watch; (*im Krankenhaus*) night duty **Nachtwächter(in)** *m(f)* (*in Betrieben etc*) night watchman **Nachtzeit** *f* night-time **Nachtzug** *m* night train

nachvollziehen *vt* to understand

Nachwahl *f* POL ≈ by-election

Nachwehen *Pl* after-pains *Pl*; (*fig*) painful aftermath *Sg*

Nachweis *m* (≈ *Beweis*) proof (+*Gen*, *für, über* +*Akk* of); (≈ *Zeugnis*) certificate; ***als*** *od* ***zum ~*** as proof; ***den ~ für etw erbringen*** to furnish proof of sth **nachweisbar** *Adj* (≈ *beweisbar*) provable; *Fehler* demonstrable; TECH, CHEM detectable **nachweisen** *vt* (≈ *beweisen*) to prove; TECH, MED to detect; ***die Polizei konnte ihm nichts ~*** the police could not prove anything against him **nachweislich** **1.** *Adj* provable; *Fehler* demonstrable **2.** *Adv falsch* demonstrably; ***er war ~ in London*** it can be proved (*Brit*) *od* proven that he was in London

Nachwelt *f* ***die ~*** posterity

nachwirken *vi* to continue to have an effect **Nachwirkung** *f* aftereffect; (*fig*) consequence

Nachwort *n* epilogue (*Brit*), epilog (*US*)

Nachwuchs *m* **a)** (*fig* ≈ *junge Kräfte*) young people *Pl*; ***es mangelt an ~*** there's a lack of young blood; ***der wissenschaftliche ~*** the new generation of academics; **b)** (*hum* ≈ *Nachkommen*) offspring *Pl*

nachzahlen *vti* to pay extra; (≈ *später zahlen*) to pay later

nachzählen *vti* to check

nachzeichnen *vt Linie, Umriss* to go over

nachziehen **1.** *vt* **a)** *Linie, Umriss* to go over; *Lippen* to paint in; *Augenbrauen* to pencil in; **b)** *Schraube* to tighten (up) **2.** *vi* **a)** (+*Dat* ≈ *folgen*) to follow; **b)** (*umg* ≈ *gleichtun*) to follow suit

Nachzügler(in) *m(f)* latecomer, late arrival (*auch fig*)

Nacken *m* (nape of the) neck; ***jdn im ~ haben*** (*umg*) to have sb after one; ***jdm im ~ sitzen*** (*umg*) to breathe down sb's neck **Nackenrolle** *f* bolster

nackt **1.** *Adj* naked, nude (*bes* KUNST);

Haut, Wand Tatsachen, Zahlen bare **2.** *Adv baden, schlafen* in the nude **Nacktbaden** *n* nude bathing **Nacktbadestrand** *m* nudist beach **Nacktheit** *f* nakedness; (≈ *Kahlheit*) bareness **Nacktkultur** *f* nudism **Nacktschnecke** *f* slug

Nadel *f* needle; (*von Plattenspieler*) stylus; (≈ *Stecknadel, Haarnadel*) pin; ***nach einer ~ im Heuhaufen suchen*** (*fig*) to look for a needle in a haystack **Nadelbaum** *m* conifer **Nadeldrucker** *m* dot-matrix printer **nadeln** *vi* (*Baum*) to shed (its needles) **Nadelöhr** *n* eye of a needle; (*fig*) narrow passage **Nadelstich** *m* prick **Nadelstreifen** *Pl* pinstripes *Pl* **Nadelstreifenanzug** *m* pinstripe(d) suit **Nadelwald** *m* coniferous forest

Nagel *m* nail; ***sich*** (*Dat*) ***etw unter den ~ reißen*** (*umg*) to swipe sth (*umg*); ***etw an den ~ hängen*** (*fig*) to chuck sth in (*umg*); ***den ~ auf den Kopf treffen*** (*fig*) to hit the nail on the head; ***Nägel mit Köpfen machen*** (*umg*) to do the job properly **Nagelbürste** *f* nailbrush **Nagelfeile** *f* nailfile **Nagelhaut** *f* cuticle **Nagellack** *m* nail varnish **Nagellackentferner** *m* nail varnish remover **nageln** *vt* to nail (*an +Akk, auf +Akk* (on)to) **nagelneu** *Adj* (*umg*) brand new **Nagelprobe** *f* (*fig*) acid test **Nagelschere** *f* (pair of) nail scissors *Pl*

nagen **1.** *vi* to gnaw (*an +Dat* at); (≈ *knabbern*) to nibble (*an +Dat* at) **2.** *vt* to gnaw **nagend** *Adj Hunger* gnawing; *Zweifel* nagging **Nager** *m*, **Nagetier** *n* rodent

nah *Adj, Adv* = ***nahe*** **Nahaufnahme** *f* FOTO close-up **nahe** **1.** *Adj* **a)** near *präd*, close *präd*, nearby; ***der Nahe Osten*** the Middle East; ***von Nahem*** at close quarters; **b)** (≈ *eng*) *Freund, Beziehung etc* close; ***~ Verwandte*** close relatives **2.** *Adv* **a)** near, close; ***~ an*** near to; ***~ beieinander*** close together; ***~ liegend*** (*fig*) = ***naheliegend***; ***~ vor*** right in front of; ***von nah und fern*** from near and far; ***jdm zu ~ treten*** (*fig*) to offend sb; ***~ bevorstehend*** approaching; **b)** (≈ *eng*) closely; ***~ verwandt*** closely-related **3.** *Präp +Dat* near (to), close to; ***dem Wahnsinn ~ sein*** to be on the verge of madness

Nähe *f* **a)** (*örtlich*) nearness, closeness; (≈ *Umgebung*) vicinity, neighbourhood (*Brit*), neighborhood (*US*); ***in unmittelbarer ~*** (*+Gen*) right next to; ***aus der ~*** from close to; **b)** (*zeitlich, emotional etc*) closeness **nahebringen** *vt +Dat* (*fig*) ***jdm etw ~*** to bring sth home to sb **nahegehen** *vi +Dat* (*fig*) to upset **nahekommen** *vi +Dat* (*fig*) ***jdm/einer Sache ~*** (≈ *fast gleichen*) to come close to sb/sth; ***sich ~*** to become close **nahelegen** *vt* (*fig*) ***jdm etw ~*** to suggest sth to sb; ***jdm ~, etw zu tun*** to advise sb to do sth **naheliegen** *vi* (*fig*) to suggest itself; ***der Verdacht liegt nahe, dass ...*** it seems reasonable to suspect that ... **naheliegend** *Adj Gedanke, Lösung* which suggests itself; *Vermutung* natural **nahen** *vi r* (*lit*) to approach (*jdm/einer Sache* sb/sth)

nähen **1.** *vt* to sew; *Kleid* to make; *Wunde* to stitch (up) **2.** *vi* to sew

näher **1.** *Adj* **a)** closer; ***jdm/einer Sache ~*** closer to sb/sth; ***die ~e Umgebung*** the immediate vicinity; **b)** (≈ *genauer*) *Einzelheiten* further *attr* **2.** *Adv* **a)** closer; ***bitte treten Sie ~*** just step up!; **b)** (≈ *genauer*) more closely; *besprechen* in more detail; ***jdn/etw ~ kennenlernen*** to get to know sb/sth better; ***ich kenne ihn nicht ~*** I don't know him well **Nähere(s)** *n* details *Pl*; ***~s erfahren Sie von ...*** further details from ... **Naherholungsgebiet** *n* recreational area (*close to a town*) **näherkommen** *vi* (*fig*) ***jdm ~*** to get closer to sb **nähern** *vr* ***sich (jdm/einer Sache) ~*** to approach (sb/sth) **nahestehen** *vi +Dat* (*fig*) to be close to; POL to sympathize with; ***sich ~*** to be close **nahezu** *Adv* nearly

Nähgarn *n* (sewing) thread

Nahkampf *m* MIL close combat

Nähkästchen *n* sewing box; ***aus dem ~ plaudern*** (*umg*) to give away private details **Nähmaschine** *f* sewing machine **Nähnadel** *f* needle

Nahost *m* ***in/aus ~*** in/from the Middle East **nahöstlich** *Adj* Middle East(ern)

Nährboden *m* (*wörtl*) fertile soil; (*fig*) breeding-ground **nähren** (*geh*) **1.** *vt* to feed; (*fig* ≈ *haben*) *Hoffnungen, Zweifel* to nurture; ***er sieht gut genährt aus*** he looks well-fed **2.** *vr* to feed

oneself; (*Tiere*) to feed **nahrhaft** *Adj Kost* nourishing **Nährstoff** *m* nutrient
Nahrung *f* food; ***geistige ~*** intellectual stimulation; ***einer Sache*** (*Dat*) (***neue***) ***~ geben*** to help to nourish sth **Nahrungsaufnahme** *f* eating, ingestion (of food) (*förml*); ***die ~ verweigern*** to refuse food *od* sustenance **Nahrungskette** *f* BIOL food chain **Nahrungsmittel** *n* food(stuff) **Nahrungsquelle** *f* source of food **Nährwert** *m* nutritional value
Nähseide *f* silk thread
Naht *f* seam; MED stitches *Pl*; ***aus allen Nähten platzen*** to be bursting at the seams **nahtlos** *Adj* (*wörtl*) seamless; (*fig*) *Übergang* smooth; ***sich ~ in etw*** (*Akk*) ***einfügen*** to fit right in with sth
Nahverkehr *m* local traffic; ***der öffentliche ~*** local public transport **Nahverkehrsmittel** *Pl* means *Pl* of local transport **Nahverkehrszug** *m* local train
Nähzeug *n* sewing kit
naiv **1.** *Adj* naive **2.** *Adv* naively **Naivität** *f* naivety
Name *m* name; ***dem ~n nach*** by name; ***auf jds ~n*** (*Akk*) in sb's name; ***er nannte seinen ~n*** he gave his name; ***einen ~n haben*** (*fig*) to have a name; ***sich*** (*Dat*) (***mit etw***) ***einen ~n machen*** to make a name for oneself (with sth); ***die Sache beim ~n nennen*** (*fig*) to call a spade a spade; ***im ~n*** (*+Gen*) on behalf of; ***im ~n des Volkes*** in the name of the people **namens** *Adv* (≈ *mit Namen*) by the name of, called **Namensschild** *n* nameplate **Namensschwester** *f* namesake **Namenstag** *m* Saint's day **Namensvetter** *m* namesake **namentlich** **1.** *Adj* by name; ***~e Abstimmung*** roll call vote **2.** *Adv* **a)** (≈ *insbesondere*) (e)specially; **b)** (≈ *mit Namen*) by name **namhaft** *Adj* **a)** (≈ *bekannt*) famous; ***~ machen*** (*förml*) to identify; **b)** (≈ *beträchtlich*) considerable
Namibia *n* Namibia **Namibier(in)** *m(f)* Namibian **namibisch** *Adj* Namibian
nämlich *Adv* (≈ *und zwar*) namely; (*geschrieben*) viz; (≈ *genauer gesagt*) to be exact
Nanotechnologie *f* nanotechnology
nanu *Interj* well I never; ***~, wer ist das denn?*** hello (hello), who's this?
Napf *m* bowl
Nappa(leder) *n* nappa leather
Narbe *f* scar **narbig** *Adj* scarred
Narkose *f* anaesthesia (*Brit*), anesthesia (*US*); ***unter ~*** under an(a)esthetic **Narkosearzt** *m*, **Narkoseärztin** *f* anaesthetist (*Brit*), anesthesiologist (*US*) **narkotisch** *Adj* narcotic **narkotisieren** *vt* to drug
Narr *m*, **Närrin** *f* fool; (≈ *Teilnehmer am Karneval*) carnival reveller (*Brit*) *od* reveler (*US*); ***jdn zum ~en halten*** to make a fool of sb **Narrenhaus** *n* madhouse **narrensicher** *Adj*, *Adv* foolproof **Narrheit** *f* **a)** folly; **b)** (≈ *dumme Tat*) stupid thing to do **närrisch** *Adj* foolish; (≈ *verrückt*) mad; ***die ~en Tage*** *Fasching and the period leading up to it*; ***ganz ~ auf jdn/etw sein*** (*umg*) to be crazy about sb/sth (*umg*)
Narzisse *f* narcissus **Narzissmus** *m* narcissism **narzisstisch** *Adj* narcissistic
nasal *Adj* nasal **Nasallaut** *m* nasal (sound)
naschen **1.** *vi* to eat sweet things; ***an etw*** (*Dat*) ***~*** to pinch (*Brit*) *od* snitch (*bes US*) a bit of sth (*umg*) **2.** *vt* to nibble; ***hast du was zum Naschen?*** have you got something for my sweet tooth? **naschhaft** *Adj* fond of sweet things **Naschkatze** *f* (*umg*) guzzler (*umg*)
Nase *f* nose; ***sich*** (*Dat*) ***die ~ putzen*** (≈ *sich schnäuzen*) to blow one's nose; (***immer***) ***der ~ nachgehen*** (*umg*) to follow one's nose; ***eine gute ~ für etw haben*** (*umg*) to have a good nose for sth; ***jdm etw unter die ~ reiben*** (*umg*) to rub sb's nose in sth (*umg*); ***die ~ rümpfen*** to turn up one's nose (*über +Akk* at); ***jdm auf der ~ herumtanzen*** (*umg*) to act up with sb (*umg*); ***ich sah es ihm an der ~ an*** (*umg*) I could see it written all over his face (*umg*); ***der Zug fuhr ihm vor der ~ weg*** (*umg*) he missed the train by seconds; ***die ~ vollhaben*** (*umg*) to be fed up (*umg*); ***jdn an der ~ herumführen*** to give sb the runaround (*umg*); (*als Scherz*) to pull sb's leg; ***jdm etw auf die ~ binden*** (*umg*) to tell sb all about sth **näselnd** *Adj Stimme, Ton* nasal
Nasenbluten *n* ***~ haben*** to have a

N

nosebleed **Nasenflügel** *m* side of the nose **Nasenhöhle** *f* nasal cavity **Nasenloch** *n* nostril **Nasenschleimhaut** *f* mucous membrane (of the nose) **Nasenspitze** *f* tip of the/sb's nose **Nasenspray** *m od n* nasal spray **Nasentropfen** *Pl* nose drops *Pl* **naseweis** *Adj* cheeky (*Brit*), fresh (*US*); (≈ *vorlaut*) forward; (≈ *neugierig*) nosy (*umg*)

Nashorn *n* rhinoceros

nass *Adj* wet; ***etw ~ machen*** to wet sth; ***durch und durch ~*** wet through **Nässe** *f* wetness; ***„vor ~ schützen"*** "keep dry"; ***vor ~ triefen*** to be dripping wet **nässen** *vi* (*Wunde*) to weep **nasskalt** *Adj* cold and damp **Nassrasur** *f **eine ~*** a wet shave **Nasszelle** *f* wet cell

Nastuch *n* (*bes schweiz*) handkerchief

Natel® *n* (*schweiz*) mobile (phone)

Nation *f* nation **national** *Adj* national **Nationalelf** *f* national (football) team **Nationalfeiertag** *m* national holiday **Nationalflagge** *f* national flag **Nationalgericht** *n* national dish **Nationalheld** *m* national hero **Nationalheldin** *f* national heroine **Nationalhymne** *f* national anthem **Nationalismus** *m* nationalism **Nationalist(in)** *m(f)* nationalist **nationalistisch** *Adj* nationalist, nationalistic (*mst pej*) **Nationalität** *f* nationality **Nationalitätskennzeichen** *n* nationality sticker *od* (*aus Metall*) plate **Nationalmannschaft** *f* national team **Nationalpark** *m* national park

Nationalrat[1] *m* (*Gremium*) (*schweiz*) National Council; (*österr*) National Assembly

Nationalrat[2] *m*, **Nationalrätin** *f* (*schweiz*) member of the National Council, ≈ MP; (*österr*) deputy of the National Assembly, ≈ MP **Nationalsozialismus** *m* National Socialism **Nationalsozialist(in)** *m(f)* National Socialist **nationalsozialistisch** *Adj* National Socialist **Nationalspieler(in)** *m(f)* international (footballer *etc*)

NATO *f*, **Nato** *f **die ~*** NATO

Natrium *n* sodium

Natron *n* bicarbonate of soda

Natter *f* adder; (*fig*) snake

Natur *f* nature; ***in der freien ~*** in the open countryside; ***sie sind von ~ so gewachsen*** they grew that way naturally; ***ich bin von ~ (aus) schüchtern*** I am shy by nature; ***sein Haar ist von ~ aus blond*** his hair is naturally blond; ***nach der ~ zeichnen/malen*** to draw/paint from nature; ***die menschliche ~*** human nature; ***es liegt in der ~ der Sache*** it is in the nature of things; ***das geht gegen meine ~*** it goes against the grain **Naturalien** *Pl* natural produce; ***in ~ bezahlen*** to pay in kind **naturalisieren** *vt* JUR to naturalize **Naturalismus** *m* naturalism **naturalistisch** *Adj* naturalistic **naturbelassen** *Adj Lebensmittel, Material* natural **Naturell** *n* temperament **Naturereignis** *n* (impressive) natural phenomenon **Naturfaser** *f* natural fibre (*Brit*) *od* fiber (*US*) **Naturforscher(in)** *m(f)* natural scientist **Naturfreund(in)** *m(f)* nature-lover **naturgegeben** *Adj* natural **naturgemäß** *Adv* naturally **Naturgesetz** *n* law of nature **naturgetreu** *Adj Darstellung* lifelike; (≈ *in Lebensgröße*) life-size; ***etw ~ wiedergeben*** to reproduce sth true to life **Naturgewalt** *f* element **Naturheilkunde** *f* nature healing **Naturheilverfahren** *n* natural cure **Naturkatastrophe** *f* natural disaster **Naturkost** *f* health food(s *Pl*) **Naturkostladen** *m* health-food shop **Naturlandschaft** *f* natural landscape **natürlich 1.** *Adj* natural; ***eines ~en Todes sterben*** to die of natural causes **2.** *Adv* naturally; ***~!*** naturally!, of course! **Natürlichkeit** *f* naturalness **Naturpark** *m* ≈ national park **Naturprodukt** *n* natural product; ***~e*** *pl* natural produce *Sg* **naturrein** *Adj* natural **Naturschutz** *m* conservation; ***unter (strengem) ~ stehen*** (*Pflanze, Tier*) to be a protected species **Naturschützer(in)** *m(f)* conservationist **Naturschutzgebiet** *n* conservation area **Naturtalent** *n **sie ist ein ~*** she is a natural **naturtrüb** *Adj Saft* (naturally) cloudy **naturverbunden** *Adj* nature-loving **Naturvolk** *n* primitive people **Naturwissenschaft** *f* natural sciences *Pl*; (*Zweig*) natural science **Naturwissenschaftler(in)** *m(f)* (natural) scientist **naturwissenschaftlich 1.** *Adj* scientific **2.** *Adv* scientifically **Naturwunder** *n* miracle of nature **Naturzustand** *m* natural state

nautisch *Adj* navigational

Nationalitäten

Englische Nationalitätenbezeichnungen, die mit dem unbestimmten Artikel **a, an** verwendet werden, beziehen sich in der Regel ausschließlich auf männliche Personen. Ist nichts Näheres über die Person bekannt, nimmt man in einem Satz wie dem folgenden an, dass ein Mann gemeint ist:

An American asked me the way to the station.	Ein Amerikaner fragte mich nach dem Weg zum Bahnhof.

Wenn es sich um eine Frau gehandelt hätte, hätte es im Englischen geheißen:

An American woman asked me the way to the station.	Eine Amerikanerin fragte mich nach dem Weg zum Bahnhof.

Wird durch das Personalpronomen **he** bzw. **she** klar, dass es sich um einen Mann bzw. eine Frau handelt, genügt die Bezeichnung **American, German**, usw. Sie können dann sagen:

She's an American (a German).	Sie ist Amerikanerin (Deutsche). *oder*
She's American (German).	Sie ist Amerikanerin (Deutsche).

Wenn Sie selbst englisch schreiben oder sprechen, sollten Sie an diese Möglichkeit denken. Wollen Sie betonen, dass es sich z. B. um eine Amerikaner<u>in</u> und nicht um einen Amerikan<u>er</u> handelt, dann können Sie das im Englischen durch die Bezeichnungen **woman** oder **lady** bzw. **girl** ausdrücken. „Eine Amerikanerin" ist also im Englischen **an American woman** oder **an American lady** bzw. – wenn sie jünger ist – **an American girl**, „eine Polin" **a Polish woman, a Polish lady, a Polish girl**, „eine Griechin" **a Greek woman, a Greek lady, a Greek girl** usw.

Verschiedene Nationalitätenbezeichnungen gelten im Englischen als unschön, wenn sie nur mit dem unbestimmten Artikel **a, an** verwendet werden. Das gilt insbesondere für solche Wörter, die auf **-ese** enden. So würde man heute statt **a Japanese** oder **a Chinese** oder **a Dane** eher **a Japanese man** bzw. **woman, a Chinese man** bzw. **woman, a Danish man** bzw. **woman** sagen. Andererseits sagt man auch heute im modernen Englisch **the Chinese** für „die Chinesen", **the Japanese** für „die Japaner" usw. Insgesamt geht die Tendenz in Richtung *Adjektiv + Personenbezeichnung*. Für die Person kann z. B. *neutral* **woman – man, girl – boy,** *gehoben* **lady – gentleman** oder *umgangssprachlich* **guy, bloke** usw. stehen:

an Italian lady	*statt*	**an Italian**
a Spanish guy	*statt*	**a Spaniard**
a Greek bloke	*statt*	**a Greek**

Sollten Sie einmal nicht wissen, wie das von einem Ländernamen abgeleitete Adjektiv auf Englisch heißt, können Sie immer auch sagen **he's from China (Portugal, Hong Kong** usw.).

N

Navelorange *f* navel orange **Navigation** *f* navigation **Navigationsgerät** *n* navigation system **Navigator(in)** *m(f)* FLUG navigator **navigieren** *vti* to navigate
Nazi *m* Nazi **Naziregime** *n* Nazi regime **Nazismus** *m* (*pej* ≈ *Nationalsozialismus*) Nazism **nazistisch** (*pej*) *Adj* Nazi **Naziverbrechen** *n* Nazi crime
Neandertaler *m* Neanderthal man
Neapel *n* Naples
Nebel *m* mist; (*dichter*) fog; (*fig*) mist, haze **Nebelbank** *f* fog bank **nebelhaft** *Adj* (*fig*) vague **Nebelhorn** *n* SEEF foghorn **nebelig** *Adj* misty; (*bei dichterem Nebel*) foggy **Nebelleuchte** *f* AUTO rear fog light **Nebelscheinwerfer** *m* AUTO fog lamp **Nebelschlussleuchte** *f* AUTO rear fog light
neben *Präp* **a)** (*örtlich*) beside, next to; ***er ging ~ ihr*** he walked beside her; **b)** (≈ *außer*) apart from, aside from (*bes US*); ***~ anderen Dingen*** along with *od* amongst other things; **c)** (≈ *verglichen mit*) compared with **nebenamtlich** **1.** *Adj Tätigkeit* secondary **2.** *Adv* as a second job **nebenan** *Adv* next door **Nebenanschluss** *m* TELEK extension **Nebenausgabe** *f* incidental expense; ***~n*** incidentals *Pl* **Nebenausgang** *m* side exit **nebenbei** *Adv* **a)** (≈ *außerdem*) in addition; **b)** (≈ *beiläufig*) incidentally; ***~ bemerkt*** by the way **Nebenbemerkung** *f* aside **Nebenberuf** *m* second job, sideline **nebenberuflich** **1.** *Adj* extra **2.** *Adv* as a second job **Nebenbeschäftigung** *f* (≈ *Zweitberuf*) second job, sideline **Nebenbuhler(in)** *m(f)* rival **Nebendarsteller(in)** *m(f)* supporting actor/actress **Nebeneffekt** *m* side effect **nebeneinander** *Adv* **a)** (*räumlich*) side by side; **b)** (*zeitlich*) simultaneously **nebeneinandersitzen** *vi* to sit side by side **nebeneinanderstellen** *vt* to place *od* put side by side; (*fig* ≈ *vergleichen*) to compare **Nebeneingang** *m* side entrance **Nebeneinkünfte** *Pl*, **Nebeneinnahmen** *Pl* additional income **Nebenerscheinung** *f* (*von Medikament*) side effect; (*von Tourismus etc*) knock-on effect **Nebenfach** *n* SCHULE, UNI subsidiary (subject), minor (*US*) **Nebenfigur** *f* minor character **Nebenfluss** *m* tributary **Nebengebäude** *n* (≈ *Zusatzgebäude*) annex, outbuilding; (≈ *Nachbargebäude*) neighbouring (*Brit*) *od* neighboring (*US*) building **Nebengeräusch** *n* RADIO, TELEK interference **Nebenhaus** *n* house next door **nebenher** *Adv* **a)** (≈ *zusätzlich*) in addition; **b)** (≈ *gleichzeitig*) at the same time **Nebenjob** *m* (*umg*) second job, sideline **Nebenkosten** *Pl* additional costs *Pl* **Nebenprodukt** *n* by-product **Nebenraum** *m* (*benachbart*) adjoining room **Nebenrolle** *f* supporting role; (*fig*) minor role **Nebensache** *f* minor matter; ***das ist (für mich) ~*** that's not the point (as far as I'm concerned) **nebensächlich** *Adj* minor, trivial **Nebensaison** *f* low season **Nebensatz** *m* GRAM subordinate clause **Nebenstelle** *f* TELEK extension; HANDEL branch **Nebenstraße** *f* (*in der Stadt*) side street; (≈ *Landstraße*) minor road **Nebenverdienst** *m* secondary income **Nebenwirkung** *f* side effect **Nebenzimmer** *n* next room
neblig *Adj* = ***nebelig***
nebulös *Adj* vague
Necessaire *n* (≈ *Kulturbeutel*) toilet bag (*Brit*), washbag (*US*); (*zur Nagelpflege*) manicure case
necken *vt* to tease **neckisch** *Adj* (≈ *scherzhaft*) teasing; *Einfall* amusing; *Spielchen* mischievous
nee *Adv* (*umg*) no, nope (*umg*)
Neffe *m* nephew
Negation *f* negation **negativ** **1.** *Adj* negative **2.** *Adv* (≈ *ablehnend*) *antworten* negatively; ***ich beurteile seine Arbeit sehr ~*** I have a very negative view of his work; ***die Untersuchung verlief ~*** the examination proved negative; ***sich ~ auf etw*** (*Akk*) ***auswirken*** to be detrimental to sth **Negativ** *n* FOTO negative **Negativbeispiel** *n* negative example **Negativliste** *f* **a)** black list; **b)** PHARM drug exclusion list
Neger *m* (*neg!*) Negro (*pej*) **Negerin** *f* (*neg!*) Negro woman (*pej*) **Negerkuss** *m chocolate marshmallow with biscuit base*
negieren *vt* (≈ *verneinen*) *Satz* to negate; (≈ *bestreiten*) *Tatsache* to deny
Negligé *n*, **Negligee** *n* negligee
nehmen *vti* to take; *Schmerz* to take away; (≈ *versperren*) *Blick*, *Sicht* to block; (≈ *berechnen*) to charge; (≈

N

auswählen) Essen to have; ***etw an sich*** *(Akk)* **~** *(≈ aufbewahren)* to take care *od* charge of sth; *(≈ sich aneignen)* to take sth (for oneself); ***jdm etw ~*** to take sth (away) from sb; ***er ließ es sich*** *(Dat)* ***nicht ~, mich persönlich hinauszubegleiten*** he insisted on showing me out himself; ***diesen Erfolg lasse ich mir nicht ~*** I won't be robbed of this success; ***sie ~ sich*** *(Dat)* ***nichts*** *(umg)* one's as good as the other; ***~ Sie sich doch bitte!*** please help yourself; ***man nehme ...*** KOCH take ...; ***sich*** *(Dat)* ***einen Anwalt ~*** to get a lawyer; ***wie viel ~ Sie dafür?*** how much will you take for it?; ***jdn zu sich ~*** to take sb in; ***jdn ~, wie er ist*** to take sb as he is; ***etw auf sich*** *(Akk)* **~** to take sth upon oneself; ***etw zu sich ~*** to take sth; ***wie mans nimmt*** *(umg)* depending on your point of view

Neid *m* envy *(auf +Akk* of); ***aus ~*** out of envy; ***nur kein ~!*** don't be envious!; ***grün (und gelb) vor ~*** *(umg)* green with envy; ***das muss ihm der ~ lassen*** *(umg)* you have to say that much for him; ***vor ~ platzen*** *(umg)* to die of envy **neiden** *vt* ***jdm etw ~*** to envy sb (for) sth **neiderfüllt** *Adj Blick* filled with envy **Neidhammel** *m (umg)* envious person **neidisch 1.** *Adj* jealous, envious; ***auf jdn/etw ~ sein*** to be jealous of sb/sth **2.** *Adv* enviously **neidlos 1.** *Adj* ungrudging, without envy **2.** *Adv* graciously

Neige *f (geh ≈ Ende)* ***zur ~ gehen*** to draw to an end **neigen 1.** *vt (≈ beugen) Kopf, Körper* to bend; *(zum Gruß)* to bow; *(≈ kippen) Glas* to tip **2.** *vr* to bend; *(Ebene)* to slope; *(Gebäude etc)* to lean; *(Schiff)* to list **3.** *vi* ***zu etw ~*** to tend toward(s) sth; *(≈ für etw anfällig sein)* to be susceptible to sth; ***zu der Ansicht ~, dass ...*** to tend toward(s) the view that ...; → ***geneigt*** **Neigetechnik** *f* BAHN tilting technology **Neigung** *f* **a)** *(≈ Gefälle)* incline; *(≈ Schräglage)* tilt; *(von Schiff)* list; **b)** *(≈ Tendenz,* MED *≈ Anfälligkeit)* proneness, tendency; *(≈ Veranlagung)* leaning *mst Pl*; *(≈ Hang, Lust)* inclination; **c)** *(≈ Zuneigung)* affection

nein *Adv* no; ***da sage ich nicht Nein*** I wouldn't say no to that; ***~, so was!*** well I never! **Nein** *n* no; ***bei seinem ~ bleiben*** to stick to one's refusal

Nektar *m* nectar **Nektarine** *f* nectarine

Nelke *f* **a)** pink; *(gefüllt)* carnation; **b)** *(Gewürz)* clove

nennen 1. *vt* **a)** *(≈ bezeichnen)* to call; ***jdn nach jdm ~*** to name sb after *(Brit) od* for *(US)* sb; ***das nennst du schön?*** you call that beautiful?; **b)** *(≈ angeben)* to name; *Beispiel, Grund* to give; *(≈ erwähnen)* to mention **2.** *vr* to call oneself; ***und so was nennt sich Liebe*** *(umg)* and they call that love **nennenswert** *Adj* considerable, not inconsiderable; ***nicht ~*** not worth mentioning **Nenner** *m* MATHE denominator; ***kleinster gemeinsamer ~*** lowest common denominator; ***etw auf einen (gemeinsamen) ~ bringen*** to reduce sth to a common denominator **Nennung** *f (≈ das Nennen)* naming **Nennwert** *m* FINANZ nominal value; ***zum ~*** at par; ***über/unter dem ~*** above/below par

Neofaschismus *m* neo-fascism

Neon *n* neon

Neonazi *m* neo-Nazi

Neonlicht *n* neon light **Neonröhre** *f* neon tube

Neopren® *n* neoprene®

neppen *vt (umg)* to rip off *(umg)* **Nepplokal** *n (umg)* clip joint *(umg)*

Nerv *m* nerve; ***(leicht) die ~en verlieren*** to lose one's nerve easily; ***er hat trotz allem die ~en behalten*** in spite of everything he kept his cool *(umg)*; ***die ~en sind (mit) ihm durchgegangen*** he lost his cool *(umg)*; ***der hat (vielleicht) ~en!*** *(umg)* he's got a nerve! *(umg)*; ***er hat ~en wie Drahtseile*** he has nerves of steel; ***es geht*** *od* ***fällt mir auf die ~en*** *(umg)* it gets on my nerves; ***das kostet ~en*** it's a strain on the nerves **nerven** *(umg)* **1.** *vt* ***jdn (mit etw) ~*** to get on sb's nerves (with sth); ***genervt sein*** *(≈ nervös sein)* to be worked up; *(≈ gereizt sein)* to be irritated **2.** *vi* ***das nervt*** it gets on your nerves; ***du nervst!*** *(umg)* you're bugging me! *(umg)* **Nervenarzt** *m*, **Nervenärztin** *f* neurologist **nervenaufreibend** *Adj* nerve-racking **Nervenbelastung** *f* strain on the nerves **Nervenbündel** *n (fig umg)* bag of nerves *(umg)* **Nervengas** *n* MIL nerve gas **Nervengift** *n* neurotoxin **Nerven-**

heilanstalt *f* psychiatric hospital **Nervenheilkunde** *f* neurology **Nervenkitzel** *m* (*fig*) thrill **Nervenklinik** *f* psychiatric clinic **nervenkrank** *Adj* (*geistig*) mentally ill; (*körperlich*) suffering from a nervous disease **Nervenkrankheit** *f* (*geistig*) mental illness; (*körperlich*) nervous disease **Nervenkrieg** *m* (*fig*) war of nerves **Nervenprobe** *f* trial **Nervensache** *f* (*umg*) question of nerves **Nervensäge** *f* (*umg*) pain (in the neck) (*umg*) **nervenstark** *Adj Mensch* with strong nerves; ***er ist ~*** he has strong nerves **Nervenstärke** *f* strong nerves *Pl* **Nervensystem** *n* nervous system **Nervenzentrum** *n* (*a. fig*) nerve centre (*Brit*) *od* center (*US*) **Nervenzusammenbruch** *m* nervous breakdown **nervig** *Adj* (*umg* ≈ *irritierend*) irritating **nervlich** *Adj Belastung* nervous; ***~ bedingt*** nervous **nervös** *Adj* nervous; ***jdn ~ machen*** to make sb nervous; (≈ *ärgern*) to get on sb's nerves **Nervosität** *f* nervousness **nervtötend** (*umg*) *Adj* nerve-racking; *Arbeit* soul-destroying

Nerz *m* mink **Nerzmantel** *m* mink coat

Nessel *f* BOT nettle; ***sich in die ~n setzen*** (*umg*) to put oneself in a spot (*umg*)

N

Nessessär *n* → ***Necessaire***

Nest *n* **a)** nest; ***da hat er sich ins gemachte ~ gesetzt*** (*umg*) he's got it made (*umg*); **b)** (*fig umg* ≈ *Bett*) bed; **c)** (*pej umg*, *Ort*) (*schäbig*) dump (*umg*); (*klein*) little place **Nestbeschmutzer(in)** *m(f)* (*pej*) denigrator of one's family/country **Nesthäkchen** *n* baby of the family **Nestwärme** *f* (*fig*) happy home life

Netiquette *f* INTERNET netiquette

nett 1. *Adj* nice; ***sei so ~ und räum auf!*** would you mind clearing up?; ***~, dass Sie gekommen sind!*** nice of you to come **2.** *Adv* nicely, nice; ***wir haben uns ~ unterhalten*** we had a nice chat; ***~ aussehen*** to be nice-looking **netterweise** *Adv* kindly **Nettigkeit** *f* **a)** (≈ *nette Art*) kindness; **b)** **Nettigkeiten** *Pl* (≈ *nette Worte*) kind words, nice things

netto *Adv* HANDEL net **Nettoeinkommen** *n* net income **Nettogehalt** *n* net salary **Nettogewicht** *n* net weight **Nettolohn** *m* take-home pay **Nettopreis** *m* net price **Nettoverdienst** *m* net income *Sg*

Netz *n* **a)** net; (≈ *Spinnennetz*) web; (≈ *Gepäcknetz*) (luggage) rack; ***ins ~ gehen*** FUSSB to go into the (back of the) net; ***jdm ins ~ gehen*** (*fig*) to fall into sb's trap; **b)** (≈ *System*) network; (≈ *Stromnetz*) mains *Sg od Pl*; (≈ *Überlandnetz*) (national) grid; IT network; ***das soziale ~*** the social security net; ***ans ~ gehen*** (*Kraftwerk*) to be connected to the grid; **c)** (≈ *Internet*) ***das ~*** the Net **Netzanschluss** *m* ELEK mains connection **Netzball** *m* TENNIS *etc* net ball **Netzbetreiber** *m* TELEK network operator **Netzhaut** *f* retina **Netzhautentzündung** *f* retinitis **Netzhemd** *n* string vest (*Brit*), mesh undershirt (*US*) **Netzroller** *f* TENNIS, VOLLEYBALL *etc* net cord **Netzspannung** *f* mains voltage **Netzstecker** *m* mains plug **Netzstrümpfe** *Pl* fishnet stockings *Pl* **Netzteil** *n* mains adaptor **Netzwerk** *n* network **Netzzugang** *m* IT, TELEK network access

neu 1. *Adj* new; (≈ *frisch gewaschen*) clean; ***die ~(e)ste Mode*** the latest fashion; ***die ~esten Nachrichten*** the latest news; ***die ~eren Sprachen*** modern languages; ***ein ganz ~er Wagen*** a brand-new car; ***das ist mir ~!*** that's new(s) to me; ***seit ~(e)stem*** recently; ***aufs Neue*** (*geh*) afresh, anew; ***der/die Neue*** the newcomer; ***weißt du schon das Neu(e)ste?*** have you heard the latest (news)?; ***was gibts Neues?*** (*umg*) what's new?; ***von Neuem*** (≈ *von vorn*) afresh; (≈ *wieder*) again **2.** *Adv* ***~ anfangen*** to start all over (again); ***sich/jdn ~ einkleiden*** to buy oneself/sb a new set of clothes; ***~ geschaffen*** newly created; ***Mitarbeiter ~ einstellen*** to hire new employees; ***~ bearbeiten*** to revise; ***ein Zimmer ~ einrichten*** to refurnish a room; ***~ ordnen*** to reorganize; ***die Rollen ~ besetzen*** to recast the roles; ***~ gewählt*** newly elected; ***~ eröffnet*** newly-opened; ***~ vermählt*** newly married **Neuanfang** *m* new beginning **neuartig** *Adj* new; ***ein ~es Wörterbuch*** a new type of dictionary **Neuauflage** *f* reprint; (*mit Verbesserungen*) new edition **Neubau** *m* new house/building **Neubaugebiet** *n* development area **Neu-**

bausiedlung *f* new housing estate **Neubauwohnung** *f* newly-built apartment **Neubearbeitung** *f* revised edition; (≈ *das Neubearbeiten*) revision **Neubeginn** *m* new beginning(s *Pl*) **Neuentdeckung** *f* rediscovery **Neuentwicklung** *f* new development **neuerdings** *Adv* recently **Neuerscheinung** *f* (*Buch*) new *od* recent publication; (*CD*) new release **Neuerung** *f* innovation; (≈ *Reform*) reform **neuestens** *Adv* lately **Neufundland** *n* Newfoundland **neugeboren** *Adj* newborn; ***sich wie ~ fühlen*** to feel (like) a new man/woman **Neugeborene(s)** *n* newborn child **neugeschaffen** *Adj* → ***neu***, **Neugier(de)** *f* curiosity (*auf +Akk* about) **neugierig** *Adj* curious (*auf +Akk* about); (*pej*) nosy (*umg*); (≈ *gespannt*) curious to know; *Blick* inquisitive; ***jdn ~ machen*** to excite *od* arouse sb's curiosity; ***ich bin ~, ob*** I wonder if **neugriechisch** *Adj* Modern Greek **Neuguinea** *n* New Guinea **Neuheit** *f* **a)** (≈ *das Neusein*) novelty; **b)** (≈ *neue Sache*) innovation, new thing/idea **Neuigkeit** *f* **a)** (piece of) news; **b)** (≈ *das Neusein*) novelty **Neujahr** *n* New Year **Neujahrstag** *m* New Year's Day **Neuland** *n* (*fig*) new ground; ***~ betreten*** to break new ground **neulich** *Adv* recently; ***~ abends*** the other evening **Neuling** *m* newcomer **neumodisch** (*pej*) *Adj* new-fangled (*pej*); ***sich ~ ausdrücken*** to use new-fangled words **Neumond** *m* new moon

neun *Num* nine; ***alle ~(e)!*** (*beim Kegeln*) strike!; → ***vier*** **Neun** *f* nine **neunhundert** *Num* nine hundred **neunmal** *Adv* nine times **Neuntel** *n* ninth; → ***Viertel***[1] **neuntens** *Adv* ninth(ly), in the ninth place **neunte(r, s)** *Adj* ninth; → ***vierte(r, s)*** **neunzehn** *Num* nineteen **neunzehnte(r, s)** *Adj* nineteenth; → ***vierte(r, s)*** **neunzig** *Num* ninety; → ***vierzig*** **Neunziger(in)** *m(f)* (*Mensch*) ninety-year-old

Neuordnung *f* reorganization; (≈ *Reform*) reform **Neuphilologie** *f* modern languages *Sg od Pl*

Neuralgie *f* neuralgia **neuralgisch** *Adj* neuralgic; ***ein ~er Punkt*** a trouble area

Neuregelung *f* revision **neureich** *Adj* nouveau riche **Neureiche(r)** *mf* nouveau riche

Neurochirurgie *f* neurosurgery **Neurologe** *m*, **Neurologin** *f* neurologist **Neurologie** *f* neurology **neurologisch** *Adj* neurological **Neurose** *f* neurosis **Neurotiker(in)** *m(f)* neurotic **neurotisch** *Adj* neurotic

Neuschnee *m* fresh snow **Neuseeland** *n* New Zealand **Neuseeländer(in)** *m(f)* New Zealander **neuseeländisch** *Adj* New Zealand **neusprachlich** *Adj* modern language *attr*; ***~es Gymnasium*** ≈ grammar school (*Brit*), ≈ high school (*bes US, schott, stressing modern languages*) **Neustart** *m* IT restart, reboot

neutral *Adj* neutral **neutralisieren** *vt* to neutralize **Neutralität** *f* neutrality

Neutron *n* neutron **Neutronenbombe** *f* neutron bomb

Neutrum *n* (GRAM, *fig*) neuter

neuvermählt *Adj* newly married **Neuwagen** *m* new car **Neuwahl** *f* POL new election; ***es gab vorgezogene ~en*** the elections were brought forward **Neuwert** *m* value when new **neuwertig** *Adj* as new **Neuzeit** *f* modern era, modern times *Pl* **neuzeitlich** *Adj* modern

nicht *Adv* not; ***~ leitend*** non-conducting; ***~ rostend*** rustproof; *Stahl* stainless; ***~ amtlich*** unofficial; ***~ öffentlich*** not open to the public, private; ***er raucht ~*** (*augenblicklich*) he isn't smoking; (*gewöhnlich*) he doesn't smoke; ***~ (ein)mal*** not even; ***~ berühren!*** do not touch; ***~ rauchen!*** no smoking; ***~!*** don't!, no!; ***~ doch!*** stop it!, don't!; ***bitte ~!*** please don't; ***er kommt, ~ (wahr)?*** he's coming, isn't he *od* is he not (*bes Brit*)?; ***er kommt ~, ~ wahr?*** he isn't coming, is he?; ***was ich ~ alles durchmachen muss!*** the things I have to go through! **nichtamtlich** *Adj* → ***nicht*** **Nichtangriffspakt** *m* non-aggression pact **Nichtbeachtung** *f* non-observance

Nichte *f* niece

Nichteinhaltung *f* non-compliance (*+Gen* with) **Nichteinmischung** *f* POL non-intervention **Nichtgefallen** *n* ***bei ~ (zurück)*** if not satisfied (return) **nichtig** *Adj* **a)** (JUR ≈ *ungültig*) invalid; ***etw für ~ erklären*** to declare

N

sth invalid; **b)** (≈ *unbedeutend*) trifling; *Versuch* vain; *Drohung* empty **Nichtigkeit** *f* (JUR ≈ *Ungültigkeit*) invalidity **Nichtmitglied** *n* non-member **nichtöffentlich** *Adj* → ***nicht*** **Nichtraucher(in)** *m(f)* non-smoker; ***ich bin ~*** I don't smoke **Nichtraucherzone** *f* no-smoking area **nichts** *Indefinitpron* nothing; ***ich weiß ~*** I know nothing, I don't know anything; ***~ als*** nothing but; ***~ anderes als*** not ... anything but *od* except; ***~ ahnend*** unsuspecting; ***~ sagend*** meaningless; ***~ zu danken!*** don't mention it; ***das ist ~ für mich*** that's not my thing (*umg*); ***~ zu machen*** nothing doing (*umg*); ***ich weiß ~ Genaues*** I don't know any details; ***er ist zu ~ zu gebrauchen*** he's useless **Nichts** *n* PHIL nothingness; (≈ *Leere*) emptiness; (≈ *Kleinigkeit*) trifle; ***vor dem ~ stehen*** to be left with nothing **nichtsahnend** *Adj* → ***nichts*** **Nichtschwimmer(in)** *m(f)* non-swimmer **Nichtschwimmerbecken** *n* pool for non-swimmers **nichtsdestotrotz** *Adv* nonetheless **nichtsdestoweniger** *Adv* nevertheless **Nichtsesshafte(r)** *mf* (*förml*) person of no fixed abode (*förml*) **Nichtskönner(in)** *m(f)* washout (*umg*) **Nichtsnutz** *m* good-for-nothing **nichtsnutzig** *Adj* useless; (≈ *unartig*) good-for-nothing **nichtssagend** *Adj* meaningless **nichtstaatlich** *Adj* non-governmental **Nichtstuer(in)** *m(f)* idler, loafer **Nichtstun** *n* idleness; (≈ *Muße*) leisure **Nichtverbreitung** *f* (*von Kernwaffen etc*) non-proliferation **Nichtvorhandensein** *n* absence **Nichtwissen** *n* ignorance (*um* about) **Nichtzutreffende(s)** *n* ***~s (bitte) streichen!*** (please) delete as applicable

Nickel *n* nickel **Nickelbrille** *f* metal-rimmed glasses *Pl*

nicken *vi* to nod; ***mit dem Kopf ~*** to nod one's head **Nickerchen** *n* (*umg*) snooze (*umg*)

Nidel *m od f* (*schweiz* ≈ *Sahne*) cream

nie *Adv* never; ***~ und nimmer*** never ever; ***~ wieder*** never again

nieder **1.** *Adj* **a)** *Instinkt*, *Motiv* low, base; *Arbeit* menial; *Kulturstufe* primitive; **b)** (≈ *weniger bedeutend*) lower; *Geburt*, *Herkunft* lowly **2.** *Adv* down; ***auf und ~*** up and down; ***~ mit dem Kaiser!*** down with the Kaiser! **niederbrennen** *vti* to burn down **niederbrüllen** *vt Redner* to shout down **niederdeutsch** *Adj* **a)** GEOG North German; **b)** LING Low German **Niedergang** *m* (*fig* ≈ *Verfall*) decline, fall **niedergehen** *vi* to descend; (*Bomben*, *Regen*) to fall; (*Gewitter*) to break **niedergeschlagen** *Adj* dejected; → ***niederschlagen*** **niederknien** *vi* to kneel down **Niederlage** *f* defeat **Niederlande** *Pl* ***die ~*** the Netherlands *Sg od Pl* **Niederländer** *m* Dutchman; ***die ~*** the Dutch **Niederländerin** *f* Dutchwoman **niederländisch** *Adj* Dutch, Netherlands **niederlassen** *vr* **a)** (≈ *sich setzen*) to sit down; (≈ *sich niederlegen*) to lie down; (*Vögel*) to land; **b)** (≈ *Wohnsitz nehmen*) to settle (down); ***sich als Arzt/Rechtsanwalt ~*** to set up (a practice) as a doctor/lawyer **Niederlassung** *f* **a)** (≈ *das Niederlassen*) settling, settlement; (*eines Arztes etc*) establishment; **b)** (≈ *Siedlung*) settlement; **c)** HANDEL registered office; (≈ *Zweigstelle*) branch **niederlegen** **1.** *vt* **a)** (≈ *hinlegen*) to lay *od* put down; *Blumen* to lay; *Waffen* to lay down; **b)** (≈ *aufgeben*) *Amt* to resign (from); ***die Arbeit ~*** (≈ *streiken*) to down tools; **c)** (≈ *schriftlich festlegen*) to write down **2.** *vr* to lie down **Niederlegung** *f* **a)** (*von Waffen*) laying down; **b)** (*von Amt*) resignation (from) **niedermachen** *vt* **a)** (≈ *töten*) to massacre; **b)** (*fig* ≈ *heftig kritisieren*) to run down **Niederösterreich** *n* Lower Austria **niederreißen** *vt* to pull down; (*fig*) *Schranken* to tear down **Niederrhein** *m* Lower Rhine **niederrheinisch** *Adj* lower Rhine **Niedersachsen** *n* Lower Saxony **niedersächsisch** *Adj* of Lower Saxony **Niederschlag** *m* METEO precipitation (*förml*); CHEM precipitate; (≈ *Bodensatz*) sediment, dregs *Pl*; ***radioaktiver ~*** (radioactive) fallout; ***für morgen sind heftige Niederschläge gemeldet*** tomorrow there will be heavy rain/hail/snow **niederschlagen** **1.** *vt jdn* to knock down; *Aufstand* to suppress; *Augen*, *Blick* to lower; → ***niedergeschlagen*** **2.** *vr* (*Flüssigkeit*) to condense; CHEM to precipitate; ***sich in etw*** (*Dat*) ***~*** (*Erfahrungen etc*) to find expression in

N

sth **niederschlagsreich** *Adj Wetter* very rainy/snowy **niederschmettern** *vt* to smash down; (*fig*) to shatter **niederschmetternd** *Adj* shattering **niederschreiben** *vt* to write down **Niederschrift** *f* notes *Pl*; (≈ *Protokoll*) minutes *Pl*; JUR record **Niederspannung** *f* ELEK low voltage **niederstechen** *vt* to stab **Niedertracht** *f* despicableness; (*als Rache*) malice; (≈ *niederträchtige Tat*) despicable act **niederträchtig** *Adj* despicable; (≈ *rachsüchtig*) malicious **Niederträchtigkeit** *f* = ***Niedertracht*** **niederwerfen** **1.** *vt* to throw down; *Aufstand* to suppress **2.** *vr* to throw oneself down

niedlich *Adj* cute

niedrig **1.** low; *Herkunft, Geburt* low(ly) **2.** *Adv* low; ***etw ~er berechnen*** to charge less for sth; ***etw ~ einstufen*** to give sth a low classification; ***jdn ~ einschätzen*** to have a low opinion of sb **Niedriglohn** *m* low wages *Pl* **Niedriglohnland** *n* low-wage country **Niedrigwasser** *n* SEEF low tide

niemals *Adv* never

niemand *Indefinitpron* nobody; ***~ anders kam*** nobody else came; ***herein kam ~ anders als der Kanzler selbst*** in came none other than the Chancellor himself; ***er hat es ~(em) gesagt*** he hasn't told anyone, he has told no-one **Niemand** *m* ***er ist ein ~*** he's a nobody **Niemandsland** *n* no-man's-land

Niere *f* kidney; ***künstliche ~*** kidney machine; ***es geht mir an die ~n*** (*umg*) it gets me down (*umg*) **Nierenbecken** *n* pelvis of the kidney **Nierenentzündung** *f* nephritis (*Fachw*) **nierenförmig** *Adj* kidney-shaped **Nierenkrankheit** *f*, **Nierenleiden** *n* kidney disease **Nierenschale** *f* kidney dish **Nierenschützer** *m* kidney belt **Nierenspender(in)** *m(f)* kidney donor **Nierenstein** *m* kidney stone **Nierentransplantation** *f* kidney transplant

nieseln *vi unpers* to drizzle **Nieselregen** *m* drizzle

niesen *vi* to sneeze **Niespulver** *n* sneezing powder

Niet *m*, **Niete**[1] *f* rivet; (*auf Kleidung*) stud

Niete[2] *f* (≈ *Los*) blank; (*umg* ≈ *Mensch*) dead loss (*umg*)

nieten *vt* to rivet **Nietenhose** *f* (pair of) studded jeans *Pl* **niet- und nagelfest** *Adj* (*umg*) nailed *od* screwed down

nigelnagelneu *Adj* (*umg*) brand spanking new (*umg*)

Nigeria *n* Nigeria **nigerianisch** *Adj* Nigerian

Nihilismus *m* nihilism **Nihilist(in)** *m(f)* nihilist **nihilistisch** *Adj* nihilistic

Nikolaus *m* St Nicholas; (≈ *Nikolaustag*) St Nicholas' Day

Nikotin *n* nicotine **nikotinarm** *Adj* low-nicotine **nikotinfrei** *Adj* nicotine-free **Nikotinpflaster** *n* nicotine patch

Nil *m* Nile **Nilpferd** *n* hippopotamus

Nimbus *m* (≈ *Heiligenschein*) halo; (*fig*) aura

Nimmersatt *m* glutton; ***ein ~ sein*** to be insatiable **Nimmerwiedersehen** *n* (*umg*) ***auf ~!*** I never want to see you again; ***auf ~ verschwinden*** to disappear never to be seen again

Nippel *m* **a)** TECH nipple; **b)** (*umg* ≈ *Brustwarze*) nipple

nippen *vti* ***am*** *od* ***vom Wein ~*** to sip (at) the wine

Nippes *Pl* ornaments *Pl*, knick-knacks *Pl*

nirgends, **nirgendwo** *Adv* nowhere, not ... anywhere **nirgendwohin** *Adv* nowhere, not ... anywhere

Nische *f* niche; (≈ *Kochnische etc*) recess

nisten *vi* to nest **Nistkasten** *m* nest(ing) box **Nistplatz** *m* nesting place

Nitrat *n* nitrate **Nitroglyzerin** *n* nitroglycerine

Niveau *n* level; ***diese Schule hat ein hohes ~*** this school has high standards; ***unter ~*** below par; ***unter meinem ~*** beneath me; ***~/kein ~ haben*** to be of a high/low standard; (*Mensch*) to be cultured/not at all cultured; ***ein Hotel mit ~*** a hotel with class **niveaulos** *Adj Film etc* mediocre; *Unterhaltung* mindless

Nixe *f* water nymph

Nizza *n* Nice

N.N. *Abk von* ***nomen nescio*** N.N., name unkown

nobel **1.** *Adj* (≈ *edelmütig*) noble; (*umg*) (≈ *großzügig*) lavish; (≈ *elegant*) posh (*umg*) **2.** *Adv* (≈ *edelmütig*) nobly; (≈ *großzügig*) generously; ***~ wohnen*** to live in posh surroundings **Nobelherberge** *f* (*umg*) posh hotel

(*umg*)
Nobelpreis *m* Nobel prize **Nobelpreisträger(in)** *m(f)* Nobel prizewinner
Nobelviertel *n* (*umg, mst iron*) posh *od* upmarket (*US*) area
noch **1.** *Adv* **a)** still; **~ *nicht*** not yet; ***immer ~, ~ immer*** still; ***~ nie*** never; ***ich möchte gerne ~ bleiben*** I'd like to stay on longer; ***das kann ~ passieren*** that might still happen; ***er wird ~ kommen*** he'll come (yet); ***ich habe ihn ~ vor zwei Tagen gesehen*** I saw him only two days ago; ***er ist ~ am selben Tag gestorben*** he died the very same day; ***ich tue das ~ heute*** *od* ***heute ~*** I'll do it today; ***gerade ~*** (only) just; **b)** (≈ *außerdem, zusätzlich*) ***wer war ~ da?*** who else was there?; (***gibt es***) ***~ etwas?*** (is there) anything else?; ***~ etwas Fleisch*** some more meat; ***~ ein Bier*** another beer; ***~ einmal*** *od* ***mal*** (once) again, once more; **c)** (*bei Vergleichen*) even, still; ***das ist ~ viel wichtiger als ...*** that is far more important still than ...; ***und wenn du auch ~ so bittest ...*** however much you ask ... **2.** *Konj* (*weder ... noch ...*) nor **nochmalig** *Adj* renewed **nochmals** *Adv* again

N

Nockenwelle *f* camshaft
Nockerl *n* (*österr* KOCH) dumpling; ***Salzburger ~n*** *type of sweet whipped pudding eaten hot*
Nomade *m*, **Nomadin** *f* nomad **Nomadenvolk** *n* nomadic tribe *od* people **nomadisch** *Adj* nomadic
Nominallohn *m* nominal wages *Pl*
Nominativ *m* nominative **nominell** *Adj, Adv* in name only **nominieren** *vt* to nominate **Nominierung** *f* nomination
No-Name-Produkt *n* WIRTSCH own-label *od* house-brand (*US*) product
Nonne *f* nun **Nonnenkloster** *n* convent
Nonsens *m* nonsense
nonstop *Adv* non-stop **Nonstop-Flug** *m* **Nonstopflug** *m* non-stop flight
Noppe *f* (≈ *Gumminoppe*) nipple, knob
Nordafrika *n* North Africa **Nordamerika** *n* North America **Nordatlantik** *m* North Atlantic **Nordatlantikpakt** *m* North Atlantic Treaty **norddeutsch** *Adj* North German **Norddeutschland** *n* North(ern) Germany **Norden** *m* north; (*von Land*) North; ***aus dem ~*** from the north; ***im ~ des Landes*** in the north of the country **Nordeuropa** *n* Northern Europe **Nordic Walking** *n* Nordic Walking **nordirisch** *Adj* Northern Irish **Nordirland** *n* Northern Ireland **nordisch** *Adj Wälder* northern; *Völker, Sprache* Nordic; SKI nordic; ***~e Kombination*** SKI nordic combined **Nordkap** *n* North Cape **Nordkorea** *n* North Korea **nördlich** **1.** *Adj* northern; *Wind, Richtung* northerly *Adv* (to the) north; ***~ von Köln*** (***gelegen***) north of Cologne **2.** *Präp +Gen* (to the) north of **Nordlicht** *n* northern lights *Pl*, aurora borealis; (*fig hum, Mensch*) Northerner **Nordosten** *m* north-east; (*von Land*) North East **nordöstlich** **1.** *Adj Gegend* northeastern; *Wind* northeast(erly) **2.** *Adv* (to the) north-east **Nord-Ostsee-Kanal** *m* Kiel Canal **Nordpol** *m* North Pole **Nordrhein-Westfalen** *n* North Rhine-Westphalia **Nordsee** *f* North Sea **Nord-Süd-Gefälle** *n* north-south divide **Nordwand** *f* (*von Berg*) north face **nordwärts** *Adv* north (-wards) **Nordwesten** *m* north-west; (*von Land*) North West **nordwestlich** **1.** *Adj Gegend* north-western; *Wind* north-west(erly) **2.** *Adv* (to the) north-west **Nordwind** *m* north wind
Nörgelei *f* moaning; (≈ *Krittelei*) nit-picking (*umg*) **nörgeln** *vi* to moan; (≈ *kritteln*) to niggle (*an +Dat, über +Akk* about) **Nörgler(in)** *m(f)* grumbler, moaner; (≈ *Krittler*) niggler, nit-picker (*umg*)
Norm *f* norm; ***die ~ sein*** to be (considered) normal **normal** **1.** *Adj* normal; *Format, Maß* standard; ***bist du noch ~?*** (*umg*) have you gone mad? **2.** *Adv* normally; ***er ist ~ groß*** his height is normal; ***benimm dich ganz ~*** act naturally **Normalbenzin** *n* regular (petrol (*Brit*) *od* gas (*US*)) **Normalbürger(in)** *m(f)* average citizen **normalerweise** *Adv* normally **Normalfall** *m* ***im ~*** normally, usually **Normalgewicht** *n* normal weight; (*genormt*) standard weight **normalisieren** **1.** *vt* to normalize **2.** *vr* to get back to normal **Normalisierung** *f* normalization **Normalität** *f* normality **Normalverbraucher(in)** *m(f)* average consumer; ***Otto ~*** (*umg*) the man in the street

Normalzustand *m* normal state **normen** *vt* to standardize
Norwegen *n* Norway **Norweger(in)** *m(f)* Norwegian **norwegisch** *Adj* Norwegian
Nostalgie *f* nostalgia **nostalgisch** *Adj* nostalgic
Not *f* **a)** (≈ *Elend*) need(iness), poverty; ***aus ~*** out of poverty; ***~ leiden*** to suffer deprivation; ***~ leidend*** *Bevölkerung, Land* impoverished; *Wirtschaft* ailing; ***~ macht erfinderisch*** (*Sprichw*) necessity is the mother of invention (*Sprichw*); **b)** (≈ *Bedrängnis*) distress *kein Pl*, affliction; (≈ *Problem*) problem; ***in seiner ~*** in his hour of need; ***in ~ sein*** to be in distress; ***wenn ~ am Mann ist*** in an emergency; ***in höchster ~ sein*** to be in dire straits; **c)** (≈ *Sorge, Mühe*) difficulty; ***er hat seine liebe ~ mit ihr*** he really has problems with her; **d)** (≈ *Notwendigkeit*) necessity; ***ohne ~*** without good cause; ***zur ~*** if necessary; (≈ *gerade noch*) just about; ***aus der ~ eine Tugend machen*** to make a virtue (out) of necessity
Notar(in) *m(f)* notary public **Notariat** *n* notary's office **notariell** JUR **1.** *Adj* notarial **2.** *Adv* ***~ beglaubigt*** legally certified
Notarzt *m*, **Notärztin** *f* emergency doctor **Notaufnahme** *f* casualty (unit) (*Brit*), emergency room (*US*) **Notausgang** *m* emergency exit **Notbehelf** *m* stopgap (measure) **Notbremse** *f* emergency brake; ***die ~ ziehen*** (*wörtl*) to pull the emergency brake; (*fig*) to put the brakes on **Notbremsung** *f* emergency stop **Notdienst** *m* ***~ haben*** (*Apotheke*) to be open 24 hours; (*Arzt etc*) to be on call **notdürftig** **1.** *Adj* (≈ *behelfsmäßig*) makeshift *kein Adv*; *Kleidung* scanty **2.** *Adv bekleidet* scantily; *reparieren* in a makeshift way; *versorgen* poorly
Note *f* **a)** MUS, POL note; **b)** SCHULE, SPORT mark; **c)** (≈ *Banknote*) (bank)-note, bill (*US*); **d)** (≈ *Eigenart*) note; (*in Bezug auf Atmosphäre*) tone, character; (*in Bezug auf Einrichtung, Kleidung*) touch
Notebook *m od n* notebook (computer)
Notenbank *f* issuing bank **Notenblatt** *n* sheet of music **Notendurchschnitt** *m* SCHULE average mark *od* grade (*bes US*) **Notenständer** *m* music stand

Noten

Im Gegensatz zum deutschen Schulnotensystem wird im englischsprachigen Raum nicht mit Nummern, sondern mit Buchstaben benotet, wobei sich die Notensysteme nicht direkt entsprechen:

A	*etwa* **1**
B	*etwa* **2**
C	*etwa* **3**
D	*etwa* **4**
E	*etwa* **5**
F	*etwa* **6**

Ähnlich wie im Deutschen werden die Noten mit + und – näher bestimmt, z. B. **B**+ oder **A**–.

Notepad *n* IT notepad
Notfall *m* emergency; ***im ~*** if necessary; ***bei einem ~*** in case of emergency **notfalls** *Adv* if necessary **notgedrungen** *Adv* of necessity; ***ich muss mich ~ dazu bereit erklären*** I'm forced to agree
Notgroschen *m* nest egg
notieren **1.** *vti* **a)** (≈ *Notizen machen*) to note down; ***ich notiere (mir) den Namen*** I'll make a note of the name; **b)** (BÖRSE ≈ *festlegen*) to quote (*mit* at) **2.** *vi* (BÖRSE ≈ *wert sein*) to be quoted (*auf +Akk* at) **Notierung** *f* BÖRSE quotation
nötig **1.** *Adj* necessary; ***wenn ~*** if necessary; ***etw ~ haben*** to need sth; ***er hat das natürlich nicht ~*** (*iron*) but, of course, he's different; ***das habe ich nicht ~!*** I don't need that; ***das Nötigste*** the (bare) necessities **2.** *Adv* (≈ *dringend*) ***etwas ~ brauchen*** to need something urgently **nötigen** *vt* (≈ *zwingen*) to force, to compel; JUR to coerce; (≈ *auffordern*) to urge; ***sich ~ lassen*** to need prompting **Nötigung** *f* (≈ *Zwang*) compulsion; JUR coercion; ***sexuelle ~*** sexual assault
Notiz *f* **a)** (≈ *Vermerk*) note; (≈ *Zeitungsnotiz*) item; ***sich*** (*Dat*) ***~en machen*** to make notes; **b)** ***~ nehmen***

von to take notice of; ***keine ~ nehmen von*** to ignore **Notizblock** *m* notepad **Notizbuch** *n* notebook

Notlage *f* crisis; (≈ *Elend*) plight **notlanden** *vi* to make an emergency landing **Notlandung** *f* emergency landing **notleidend** *Adj* → ***Not*** **Notlösung** *f* compromise solution; (*provisorisch*) temporary solution **Notlüge** *f* white lie **Notoperation** *f* emergency operation

notorisch *Adj* **a)** (≈ *gewohnheitsmäßig*) habitual; **b)** (≈ *allbekannt*) notorious

Notruf *m* (TELEK, *Nummer*) emergency number **Notrufnummer** *f* emergency number **Notrufsäule** *f* emergency telephone **Notrutsche** *f* FLUG escape chute **notschlachten** *vt* to put down **Notsitz** *m* foldaway *od* tip-up seat **Notstand** *m* crisis; POL state of emergency; JUR emergency; ***den ~ ausrufen*** to declare a state of emergency **Notstandsgebiet** *n* (*wirtschaftlich*) deprived area; (*bei Katastrophen*) disaster area **Notstandsgesetze** *Pl* POL emergency laws *Pl* **Notstromaggregat** *n* emergency power generator **Notunterkunft** *f* emergency accommodation **Notwehr** *f* self-defence (*Brit*), self-defense (*US*); ***in*** *od* ***aus ~*** in self-defence (*Brit*) *od* self-defense (*US*) **notwendig** *Adj* necessary; ***ich habe alles Notwendige erledigt*** I've done everything (that's) necessary **notwendigerweise** *Adv* of necessity, necessarily **Notwendigkeit** *f* necessity

> **Notrufnummer**
>
> Die Notrufnummer in Großbritannien lässt sich leicht merken: **999 (nine, nine, nine)**. Wählt man sie, wird man nach der gewünschten Notdienststelle gefragt: **police** (Polizei), **ambulance** (Krankenwagen/Notarzt) oder **fire brigade** (Feuerwehr). Die entsprechende einheitliche Notrufnummer in den USA ist **911 (nine, one, one)**.

Nougat *m od n* nougat

Novelle *f* **a)** novella; **b)** POL amendment

November *m* November; → ***März***

Novize *m*, *f*, **Novizin** *f* novice

Novum *n* novelty

NRW *Abk von* ***Nordrhein-Westfalen***

NS-Verbrechen *n* Nazi crime

Nu *m* ***im Nu*** in no time

Nuance *f* (≈ *kleiner Unterschied*) nuance; (≈ *Kleinigkeit*) shade; ***um eine ~ zu laut*** a shade too loud

Nubuk *n*, **Nubukleder** *n* nubuk

nüchtern **1.** *Adj* **a)** (*ohne Essen*) ***mit ~em/auf ~en Magen*** with/on an empty stomach; **b)** (≈ *nicht betrunken*) sober; ***wieder ~ werden*** to sober up; **c)** (≈ *sachlich, vernünftig*) down-to-earth *kein Adv*, rational; *Tatsachen* bare, plain **2.** *Adv* (≈ *sachlich*) unemotionally

Nudel *f* **a)** (*als Beilage*) pasta *kein Pl*; (*als Suppeneinlage*) noodle; **b)** (*umg*: *Mensch, dick*) dumpling (*umg*); (*komisch*) character **Nudelsalat** *m* pasta salad

Nudist(in) *m(f)* nudist

Nugat *m od n* nougat

nuklear *Adj* nuclear

null *Num* zero; (*umg* ≈ *kein*) zero (*umg*); TELEK O (*Brit*), zero; SPORT nil; TENNIS love; ***~ Komma eins*** (nought) point one; ***es steht ~ zu ~*** there's no score; ***das Spiel wurde ~ zu ~ beendet*** the game was a goalless (*Brit*) *od* no-score draw; ***eins zu ~*** one-nil; ***~ und nichtig*** JUR null and void; ***Temperaturen unter ~*** sub-zero temperatures; ***in ~ Komma nichts*** (*umg*) in less than no time **Null** *f* **a)** (*Zahl*) nought, naught (*US*), zero; **b)** (*umg*: *Mensch*) dead loss (*umg*) **nullachtfünfzehn** *Adj* (*umg*) run-of-the-mill (*umg*) **Nulldiät** *f* starvation diet **Nulllösung** *f* POL zero option **Nullnummer** *f* (*von Zeitung etc*) pilot **Nullpunkt** *m* zero; ***auf den ~ sinken, den ~ erreichen*** to hit rock-bottom **Nullrunde** *f* ***in diesem Jahr gab es eine ~ für Beamte*** there has been no pay increase this year for civil servants **Nullsummenspiel** *n* zero-sum game **Nulltarif** *m* (*für Verkehrsmittel*) free travel; (≈ *freier Eintritt*) free admission; ***zum ~*** (*hum*) free of charge **Nullwachstum** *n* POL zero growth

numerisch *Adj* numeric(al) **Nummer** *f* number; (≈ *Größe*) size; (*umg*:

Mensch) character; (*umg* ≈ *Koitus*) screw (*sl*); **er hat** *od* **schiebt eine ruhige ~** (*umg*) he's onto a cushy number (*umg*); **auf ~ sicher gehen** (*umg*) to play (it) safe; **dieses Geschäft ist eine ~ zu groß für ihn** this business is out of his league **nummerieren** *vt* to number **Nummerierung** *f* numbering **Nummernblock** *m* (*auf Tastatur*) numeric keypad **Nummerngirl** *n* ring card girl **Nummernkonto** *n* FINANZ numbered account **Nummernschild** *n* AUTO number plate (*Brit*), license plate (*US*) **Nummernspeicher** *m* TELEK memory

nun *Adv* **a)** (≈ *jetzt*) now; **was ~?** what now?; **er will ~ mal nicht** he simply doesn't want to; **das ist ~ (ein)mal so** that's just the way things are; **~ ja** well yes; **~ gut** (well) all right; **~ erst recht!** just for that (I'll do it)!; **b)** (*Aufforderung*) come on; **c)** (*bei Fragen*) well; **~?** well?

nur *Adv* only; **alle, ~ ich nicht** everyone except me; **nicht ~ ..., sondern auch** not only ... but also; **alles, ~ das nicht!** anything but that!; **ich hab das ~ so gesagt** I was just talking; **was hat er ~?** what on earth is the matter with him? (*umg*); **wenn er ~ (erst) käme** if only he would come; **geh ~!** just go; **~ zu!** go on; **Sie brauchen es ~ zu sagen** just say (the word)

Nürnberg *n* Nuremberg

nuscheln *vti* (*umg*) to mutter

Nuss *f* **a)** nut; **eine harte ~ zu knacken haben** (*fig*) to have a tough nut to crack; **b)** (*umg: Mensch*) **eine doofe ~** a stupid clown (*umg*) **Nussbaum** *m* (*Baum*) walnut tree; (*Holz*) walnut **Nussknacker** *m* nutcracker **Nussschale** *f* nutshell; (*fig: Boot*) cockleshell

Nüster *f* nostril

Nut *f*, **Nute** *f* groove

Nutte *f* (*umg*) tart (*umg*)

nutzbar *Adj* us(e)able; *Boden* productive; *Bodenschätze* exploitable; **~ machen** to make us(e)able; *Sonnenenergie* to harness; *Bodenschätze* to exploit **nutzbringend 1.** *Adj* profitable **2.** *Adv* profitably; **etw ~ anwenden** to use sth profitably **nütze** *Adj* **zu etw ~ sein** to be useful for sth; **zu nichts ~ sein** to be no use for anything

nutzen 1. *vi* to be of use, to be useful (*jdm zu etw* to sb for sth); **es nutzt nichts** it's no use; **da nutzt alles nichts** there's nothing to be done; **das nutzt (mir/dir) nichts** that won't help (me/you) **2.** *vt* to make use of, to use; *Gelegenheit* to take advantage of; *Bodenschätze*, *Energien* to use **Nutzen** *m* **a)** use; (≈ *Nützlichkeit*) usefulness; **jdm von ~ sein** to be useful to sb; **b)** (≈ *Vorteil*) advantage, benefit; (≈ *Gewinn*) profit; **aus etw ~ ziehen** to reap the benefits of sth **nützen** *vti* = **nutzen** **Nutzer(in)** *m(f)* user **Nutzfahrzeug** *n* farm/military *etc* vehicle; HANDEL commercial vehicle **Nutzfläche** *f* us(e)able floor space; **(landwirtschaftliche) ~** LANDW (agriculturally) productive land **Nutzholz** *n* (utilizable) timber **Nutzlast** *f* payload **nützlich** *Adj* useful; **sich ~ machen** to make oneself useful **Nützlichkeit** *f* usefulness **nutzlos** *Adj* **a)** useless; (≈ *vergeblich*) futile *attr*, in vain *präd*; **b)** (≈ *unnötig*) needless **Nutzlosigkeit** *f* uselessness; (≈ *Vergeblichkeit*) futility **Nutznießer(in)** *m(f)* beneficiary; JUR usufructuary **Nutzung** *f* use; (≈ *das Ausnutzen*) exploitation; **jdm etw zur ~ überlassen** to give sb the use of sth

Nylon® *n* nylon

Nymphe *f* MYTH nymph; (*fig*) sylph

Nymphomanin *f* nymphomaniac

O

O, o *n* O, o

o *Interj* oh

Oase *f* oasis; (*fig*) haven

ob *Konj* **a)** (*indirekte Frage*) if, whether; **ob reich, ob arm** whether rich or poor; **ob er (wohl) morgen kommt?** I wonder if he'll come tomorrow?; **b)** **und ob** (*umg*) you bet (*umg*); **als**

ob as if; (***so***) ***tun als ob*** (*umg*) to pretend

Obacht *f* **~ *geben auf*** (+*Akk*) (≈ *aufmerken*) to pay attention to; (≈ *bewachen*) to keep an eye on

ÖBB *Abk von* ***Österreichische Bundesbahnen*** *Austrian Railways*

Obdach *n* (*geh*) shelter **obdachlos** *Adj* homeless; **~ *werden*** to be made homeless **Obdachlosenasyl** *n* hostel for the homeless **Obdachlose(r)** *mf* homeless person; ***die ~n*** the homeless **Obdachlosigkeit** *f* homelessness

Obduktion *f* postmortem (examination) **obduzieren** *vt* to carry out a postmortem on

O-Beine *Pl* (*umg*) bow legs *Pl* **o-beinig** *Adj* bow-legged

Obelisk *m* obelisk

oben *Adv* **a)** (≈ *am oberen Ende*) at the top; (*im Hause*) upstairs; (≈ *in der Höhe*) up; ***rechts ~*** (***in der Ecke***) in the top right-hand corner; ***der ist ~ nicht ganz richtig*** (*umg*) he's not quite right up top (*umg*); ***~ ohne gehen*** (*umg*) to be topless; ***ganz ~*** right at the top; ***hier/dort ~*** up here/there; ***hoch ~*** high (up) above; ***~ auf dem Berg*** on top of the mountain; ***~ am Himmel*** up in the sky; ***~ im Norden*** up (in the) north; ***nach ~*** up, upwards; (*im Hause*) upstairs; ***der Weg nach ~*** (*fig*) the road to the top; ***von ~ bis unten*** from top to bottom; (*von Mensch*) from top to toe; ***jdn von ~ bis unten mustern*** to look sb up and down; ***jdn von ~ herab behandeln*** to be condescending to sb; ***weiter ~*** further up; ***der Befehl kommt von ~*** it's orders from above; **b)** (≈ *vorher*) above; ***siehe ~*** see above; ***~ erwähnt*** *attr* above-mentioned **Oben-ohne-** topless

Ober *m* (≈ *Kellner*) waiter; ***Herr ~!*** waiter!

Oberarm *m* upper arm **Oberarzt** *m*, **Oberärztin** *f* senior physician; (≈ *Vertreter des Chefarztes*) assistant medical director **Oberaufsicht** *f* supervision; ***die ~ führen*** to be in *od* have overall control (*über* +*Akk* of) **Oberbefehl** *m* MIL supreme command **Oberbegriff** *m* generic term **Oberbürgermeister** *m* Lord Mayor **Oberbürgermeisterin** *f* mayoress **Oberdeck** *n* upper deck **obere(r, s)** *Adj* upper; → ***oberste(r, s)*** **Oberfläche** *f* surface; TECH, MATHE surface area; ***an der ~ schwimmen*** to float **oberflächlich** **1.** *Adj* superficial; ***~e Verletzung*** surface wound; ***bei ~er Betrachtung*** at a quick glance; ***nach ~er Schätzung*** at a rough estimate **2.** *Adv* superficially; ***etw*** (***nur***) ***~ kennen*** to have (only) a superficial knowledge of sth **Obergeschoss** *n*, **Obergeschoß** (*österr*) *n* upper floor; (*bei zwei Stockwerken*) top floor **Obergrenze** *f* upper limit **oberhalb** **1.** *Präp* +*Gen* above **2.** *Adv* above; ***weiter ~*** further up **Oberhand** *f* (*fig*) upper hand; ***die ~ über jdn/etw gewinnen*** to gain the upper hand over sb/sth, to get the better of sb/sth **Oberhaupt** *n* (≈ *Repräsentant*) head; (≈ *Anführer*) leader **Oberhaus** *n* POL upper house; (*in GB*) House of Lords **Oberhemd** *n* shirt

Oberin *f* **a)** (*im Krankenhaus*) matron; **b)** KIRCHE Mother Superior

oberirdisch *Adj, Adv* above ground **Oberkellnerin** *f* head waitress **Oberkiefer** *m* upper jaw **Oberkommando** *n* (≈ *Oberbefehl*) Supreme Command **Oberkörper** *m* upper part of the body; ***den ~ freimachen*** to strip to the waist **Oberlauf** *m* upper reaches *Pl* **Oberleder** *n* (leather) uppers *Pl* **Oberleitung** *f* **a)** (≈ *Führung*) direction; **b)** ELEK overhead cable **Oberlippe** *f* upper lip **oberrheinisch** *Adj* upper Rhine

Obers *n* (*österr*) cream

Oberschenkel *m* thigh **Oberschenkelhalsbruch** *m* femoral neck fracture **Oberschicht** *f* top layer; SOZIALW upper strata (of society) *Pl* **Oberschwester** *f* senior nursing officer **Oberseite** *f* top (side) **Oberst** *m* **a)** (*Heer*) colonel; **b)** (*Luftwaffe*) group captain (*Brit*), colonel (*US*) **Oberstaatsanwalt** *m*, **Oberstaatsanwältin** *f* public prosecutor, procurator fiscal (*schott*), district attorney (*US*) **oberste(r, s)** *Adj* **a)** *Stockwerk, Schicht* uppermost, very top; **b)** *Gebot, Prinzip* supreme; *Dienstgrad* highest, most senior; ***Oberster Gerichtshof*** supreme court **Oberstufe** *f* upper school **Oberteil** *n od m* upper part, top **Oberwasser** *n* (*fig umg*) ***~ haben*** to feel better **Oberweite** *f* bust measurement

obgleich *Konj* although

Obhut *f* (*geh*) (≈ *Aufsicht*) care; (≈ *Verwahrung*) keeping; ***jdn in ~ nehmen*** to take care of sb; ***unter jds ~*** (*Dat*) ***sein*** to be in sb's care
obige(r, s) *Adj* above
Objekt *n* object; (HANDEL ≈ *Grundstück etc*) property; FOTO subject **objektiv 1.** *Adj* objective **2.** *Adv* objectively **Objektiv** *n* (object) lens **Objektivität** *f* objectivity **Objektschutz** *m* protection of property **Objektträger** *m* slide
Oblate *f* wafer; KIRCHE host
Obligation *f auch* FINANZ obligation **obligatorisch** *Adj* obligatory; *Fächer* compulsory
Oboe *f* oboe **Oboist(in)** *m(f)* oboist
Obrigkeit *f* authority; ***die ~*** the authorities *Pl*
Observatorium *n* observatory **observieren** *vt* (*förml*) to observe
obskur *Adj* obscure; (≈ *verdächtig*) suspect
Obst *n* fruit **Obstbau** *m* fruit-growing **Obstbaum** *m* fruit tree **Obstgarten** *m* orchard **Obstkuchen** *m* fruit flan; (*gedeckt*) fruit tart **Obstler** *m* (*dial*) fruit schnapps
Obstruktion *f* obstruction
Obstsaft *m* fruit juice **Obstsalat** *m* fruit salad **Obsttorte** *f* fruit flan; (*gedeckt*) fruit tart **Obstwasser** *n* fruit schnapps
obszön *Adj* obscene **Obszönität** *f* obscenity
obwohl *Konj* although
Occasion *f* (*schweiz*) (≈ *Gelegenheitskauf*) (second-hand) bargain; (≈ *Gebrauchtwagen*) second-hand car
Ochs *m*, **Ochse** *m* **a)** ox; **b)** (*umg* ≈ *Dummkopf*) dope (*umg*) **Ochsenschwanzsuppe** *f* oxtail soup
Ocker *m od n* ochre (*Brit*), ocher (*US*)
Ode *f* ode
öde *Adj* **a)** (≈ *verlassen*) deserted; (≈ *unbewohnt*) desolate; (≈ *unbebaut*) waste; **b)** (*fig* ≈ *fade*) dull; *Dasein* dreary; (*umg* ≈ *langweilig*) grim (*umg*)
Ödem *n* oedema, edema
oder *Konj* or; ***~ so*** (*am Satzende*) or something; ***so wars doch, ~ (etwa) nicht?*** that was what happened, wasn't it?; ***lassen wir es so, ~?*** let's leave it at that, OK?
Ödipuskomplex *m* Oedipus complex
Ofen *m* **a)** (≈ *Heizofen*) heater; (≈ *Kohleofen*) stove; ***jetzt ist der ~ aus*** (*umg*) that's it (*umg*); **b)** (≈ *Herd, Backofen*) oven; **c)** TECH furnace; (≈ *Brennofen*) kiln **Ofenkartoffel** *f* baked potato **Ofenrohr** *n* stovepipe
offen 1. *Adj* **a)** open; *Flamme, Licht* naked; *Haare* loose; *Rechnung* outstanding; ***~er Wein*** wine by the carafe/glass; ***auf ~er Strecke*** (*Straße*) on the open road; ***Tag der ~en Tür*** open day; ***ein ~es Wort mit jdm reden*** to have a frank talk with sb; **b)** (≈ *frei*) *Stelle* vacant; ***~e Stellen*** vacancies **2.** *Adv* openly; (≈ *freimütig*) candidly; (≈ *deutlich*) clearly; ***~ gestanden*** *od* ***gesagt*** quite honestly; ***seine Meinung ~ sagen*** to speak one's mind; ***die Haare ~ tragen*** to wear one's hair loose *od* down **offenbar 1.** *Adj* obvious; ***~ werden*** to become obvious **2.** *Adv* (≈ *vermutlich*) apparently; ***da haben Sie sich ~ geirrt*** you seem to have made a mistake **offenbaren 1.** *vt* to reveal **2.** *vr* (≈ *erweisen*) to show *od* reveal itself/oneself **Offenbarung** *f* revelation **Offenbarungseid** *m* JUR oath of disclosure; ***den ~ leisten*** (*wörtl*) to swear an oath of disclosure; (*fig*) to admit defeat **offen bleiben, offenbleiben** (*fig*) *vi* ***alle offengebliebenen Probleme*** all remaining problems **offen halten, offenhalten** (*fig*) *vt* to keep open **Offenheit** *f* (*gegenüber* about) openness, candour (*Brit*), candor (*US*); ***in aller*** *od* ***schöner ~*** quite openly **offenkundig 1.** *Adj* obvious; *Beweise* clear **2.** *Adv* blatantly **offen lassen, offenlassen** *vt* to leave open **offenlegen** *vt* (*fig*) to disclose **offensichtlich 1.** *Adj* obvious **2.** *Adv* obviously
offensiv 1. *Adj* offensive **2.** *Adv* offensively **Offensive** *f* offensive; ***in die ~ gehen*** to take the offensive
offen stehen *vi* (*Tür, Fenster*) to be open **offenstehen** *vi* (*fig*) **a)** (HANDEL: *Rechnung*) to be outstanding; **b)** ***jdm ~*** (*fig* ≈ *zugänglich sein*) to be open to sb; ***es steht ihr offen, sich uns anzuschließen*** she's free to join us
öffentlich 1. *Adj* public; ***die ~e Meinung/Moral*** public opinion/morality; ***die ~e Ordnung*** law and order; ***~es***

O

Recht JUR public law; ***~e Schule*** state school, public school (*US*); ***der ~e Dienst*** the civil service **2.** *Adv* publicly; ***sich ~ äußern*** to voice one's opinion in public; ***etw ~ bekannt machen*** to make sth public **Öffentlichkeit** *f* (≈ *Allgemeinheit*) (general) public; ***in*** *od* ***vor aller ~*** in public; ***unter Ausschluss der ~*** in secret *od* private; JUR in camera; ***mit etw an die ~ treten*** to bring sth to public attention; ***im Licht der ~ stehen*** to be in the public eye **Öffentlichkeitsarbeit** *f* public relations work **öffentlich-rechtlich** *Adj* (under) public law; ***~er Rundfunk*** ≈ public-service broadcasting

Offerte *f* HANDEL offer

offiziell **1.** *Adj* official **2.** *Adv* officially

Offizier(in) *m(f)* officer

offline *Adv* IT off line **Offlinebetrieb** *m* IT off-line mode

öffnen **1.** *vti* to open **2.** *vr* to open; (≈ *weiter werden*) to open out; ***sich jdm ~*** to confide in sb **Öffner** *m* opener **Öffnung** *f* opening **Öffnungszeiten** *Pl* hours *Pl* of business

Offsetdruck *m* offset (printing)

oft *Adv* often; (≈ *in kurzen Abständen*) frequently; ***des Öfteren*** quite often **öfter(s)** *Adv* (every) once in a while; (≈ *wiederholt*) from time to time

oh *Interj* oh

Ohm *n* ohm

ohne **1.** *Präp +Akk* without; ***~ mich!*** count me out!; ***er ist nicht ~*** (*umg*) he's not bad (*umg*); ***~ Mehrwertsteuer*** excluding VAT; ***ich hätte das ~ Weiteres getan*** I'd have done it without a second thought; ***er hat den Brief ~ Weiteres unterschrieben*** he signed the letter just like that; ***das lässt sich ~ Weiteres arrangieren*** that can easily be arranged **2.** *Konj* ***~ zu zögern*** without hesitating **ohnegleichen** *Adj* unparalleled; ***seine Frechheit ist ~*** I've never known anybody have such a nerve **ohnehin** *Adv* anyway; ***es ist ~ schon spät*** it's late enough as it is

Ohnmacht *f* **a)** MED faint; ***in ~ fallen*** to faint; **b)** (≈ *Machtlosigkeit*) powerlessness **ohnmächtig** **1.** *Adj* **a)** (≈ *bewusstlos*) unconscious; ***~ werden*** to faint; **b)** (≈ *machtlos*) powerless; ***~e Wut*** impotent rage **2.** *Adv* (≈ *hilflos*) helplessly; ***~ zusehen*** to look on helplessly

Ohr *n* ear; ***auf taube/offene ~en stoßen*** to fall on deaf/sympathetic ears; ***ein offenes ~ für jdn haben*** to be ready to listen to sb; ***mir klingen die ~en*** my ears are burning; ***jdm die ~en volljammern*** (*umg*) to keep (going) on at sb; ***ganz ~ sein*** (*hum*) to be all ears; ***sich aufs ~ legen*** *od* ***hauen*** (*umg*) to turn in (*umg*); ***jdm die ~en lang ziehen*** (*umg*) to tweak sb's ear(s); ***ein paar hinter die ~en kriegen*** (*umg*) to get a smack on the ear; ***schreib es dir hinter die ~en*** (*umg*) has that sunk in? (*umg*); ***jdm (mit etw) in den ~en liegen*** to badger sb (about sth); ***jdn übers ~ hauen*** to take sb for a ride (*umg*); ***bis über beide ~en verliebt sein*** to be head over heels in love; ***viel um die ~en haben*** (*umg*) to have a lot on (one's plate) (*umg*); ***es ist mir zu ~en gekommen*** it has come to my ears (*förml*)

Öhr *n* eye

Ohrenarzt *m*, **Ohrenärztin** *f* ear specialist **ohrenbetäubend** *Adj* (*fig*) deafening **Ohrensausen** *n* MED buzzing in one's ears **Ohrenschmalz** *n* earwax **Ohrenschmerzen** *Pl* earache **Ohrenschützer** *Pl* earmuffs *Pl* **Ohrenzeuge** *m*, **Ohrenzeugin** *f* earwitness

Ohrfeige *f* slap (on *od* round (*Brit*) the face); (*als Strafe*) smack on the ear; ***eine ~ bekommen*** to get a slap round (*Brit*) *od* in (*US*) the face **ohrfeigen** *vt* ***jdn ~*** to slap *od* hit sb; (*als Strafe*) to give sb a smack on the ear **Ohrläppchen** *n* (ear)lobe **Ohrmuschel** *f* (outer) ear **Ohrring** *m* earring **Ohrstecker** *m* stud earring **Ohrstöpsel** *m* earplug **Ohrwurm** *m* ZOO earwig; ***der Schlager ist ein richtiger ~*** (*umg*) that's a really catchy record (*umg*)

oje *Interj* oh dear

Okkupation *f* occupation

Ökobauer *m*, **Ökobäuerin** *f* (*umg*) ecologically-minded farmer **Ökoladen** *m* wholefood shop **Ökologe** *m*, **Ökologin** *f* ecologist **Ökologie** *f* ecology **ökologisch** **1.** *Adj* ecological, environmental **2.** *Adv* ecologically; *anbauen* organically **Ökonom(in)** *m(f)* economist **Ökonomie** *f* **a)** economy; **b)** (≈ *Wirtschaftswissenschaft*) economics *Sg*

O

ökonomisch 1. *Adj* a) economic; b) (≈ *sparsam*) economic(al) 2. *Adv* economically; ~ ***wirtschaften*** to be economical **Ökopapier** *n* recycled paper **Ökosiegel** *n* eco-label **Ökosphäre** *f* ecosphere **Ökosteuer** *f* ecotax, green tax (*umg*) **Ökosystem** *n* ecosystem
Oktaeder *n* octahedron
Oktanzahl *f* octane number
Oktave *f* octave
Oktober *m* October; → ***März*** **Oktoberfest** *n Munich beer festival*
ökumenisch *Adj* ecumenical
Öl *n* oil; ***in Öl malen*** to paint in oils; ***Öl auf die Wogen gießen*** (*Sprichw*) to pour oil on troubled waters **Ölbild** *n* oil painting
Oldie *m* (*umg* ≈ *Schlager*) (golden) oldie (*umg*) **Oldtimer** *m* (≈ *Auto*) veteran car
Oleander *m* oleander
Ölembargo *n* oil embargo **ölen** *vt* to oil; ***wie geölt*** (*umg*) like clockwork (*umg*) **Ölexport** *m* oil exports *Pl* **Ölfarbe** *f* oil-based paint; KUNST oil (paint *od* colour (*Brit*) *od* color (*US*)) **Ölfeld** *n* oil field **Ölfilm** *m* film of oil **Ölförderland** *n* oil-producing country **Ölförderung** *f* oil production **Ölgemälde** *n* oil painting **Ölheizung** *f* oil-fired central heating **ölig** *Adj* oily
oliv *Adj* olive(-green) **Olive** *f* olive **Olivenbaum** *m* olive tree **Olivenhain** *m* olive grove **Olivenöl** *n* olive oil **olivgrün** *Adj* olive-green
Ölkanne *f*, **Ölkännchen** *n* oil can **Ölkrise** *f* oil crisis **Öllieferant(in)** *m(f)* oil producer **Ölmessstab** *m* AUTO dipstick **Ölmühle** *f* oil mill **Ölofen** *m* oil heater **Ölplattform** *f* oil rig **Ölpreis** *m* oil price **Ölquelle** *f* oil well **Ölsardine** *f* sardine **Ölschicht** *f* layer of oil **Ölstand** *m* oil level **Ölstandsanzeiger** *m* oil pressure gauge **Öltanker** *m* oil tanker **Ölteppich** *m* oil slick **Ölverbrauch** *m* oil consumption **Ölvorkommen** *n* oil deposit **Ölwanne** *f* AUTO sump (*Brit*), oil pan (*US*) **Ölwechsel** *m* oil change
Olymp *m* (*Berg*) Mount Olympus **Olympiade** *f* (≈ *Olympische Spiele*) Olympic Games *Pl* **Olympiamannschaft** *f* Olympic team **Olympiasieger(in)** *m(f)* Olympic champion **Olympiastadion** *n* Olympic stadium **Olympiateilnehmer(in)** *m(f)* participant in the Olympic Games **olympisch** *Adj* a) (≈ *den Olymp betreffend*) Olympian (*auch fig*); b) (≈ *die Olympiade betreffend*) Olympic; ***die Olympischen Spiele*** the Olympic Games
Ölzeug *n* oilskins *Pl*
Oma *f* (*umg*) granny (*umg*)
Ombudsfrau *f* ombudswoman **Ombudsmann** *m* ombudsman
Omelett *n* omelette
Omen *n* omen
ominös (*geh*) 1. *Adj* ominous, sinister 2. *Adv* ominously
Omnibus *m* bus
onanieren *vi* to masturbate
Onkel *m* uncle
Onkologe *m*, **Onkologin** *f* oncologist **Onkologie** *f* MED oncology
online *Adj* IT on line **Online-Anbieter** *m* on-line (service) provider **Onlinebanking** *n* on-line *od* Internet banking **Onlinebetrieb** *m* on-line mode **Onlinedatenbank** *f* on-line database **Onlinedienst** *m*, **Onlineservice** *m* on-line service **Onlineshop** *f* on-line store
Opa *m* (*umg*) grandpa (*umg*); (*fig*) old grandpa (*umg*)
Opal *m* opal
Open Air *n*, **Open-Air-Festival** *n* open-air festival **Open-Air-Konzert** *n* open-air concert
Oper *f* opera
Operation *f* operation **Operationssaal** *m* operating theatre (*Brit*) *od* room (*US*) **Operationsschwester** *f* theatre sister (*Brit*), operating room nurse (*US*) **operativ** 1. *Adj* MED operative, surgical; MIL, WIRTSCH strategic, operational 2. *Adv* MED surgically **Operator(in)** *m(f)* (computer) operator
Operette *f* operetta
operieren 1. *vt* to operate on; ***jdn am Magen ~*** to operate on sb's stomach 2. *vi* to operate; ***sich ~ lassen*** to have an operation
Opernball *m* opera ball **Opernführer** *m* (≈ *Buch*) opera guide **Opernglas** *n* opera glasses *Pl* **Opernhaus** *n* opera house **Opernsänger(in)** *m(f)* opera singer
Opfer *n* a) (≈ *Opfergabe*) sacrifice; ***jdm etw als ~ darbringen*** to offer sth as a

O

sacrifice to sb; ***ein ~ bringen*** to make a sacrifice; **b)** (≈ *Geschädigte*) victim; ***jdm/einer Sache zum ~ fallen*** to be (the) victim of sb/sth; ***das Erdbeben forderte viele ~*** the earthquake claimed many victims **opferbereit** *Adj* ready *od* willing to make sacrifices **Opfergabe** *f* offering **opfern** **1.** *vt* **a)** (≈ *als Opfer darbringen*) to sacrifice; **b)** (*fig* ≈ *aufgeben*) to give up **2.** *vi* to make a sacrifice **3.** *vr* ***sich*** *od* ***sein Leben für jdn/etw ~*** to sacrifice oneself *od* one's life for sb/sth **Opferstock** *m* offertory box **Opferung** *f* (≈ *das Opfern*) sacrifice

Opium *n* opium **Opiumhöhle** *f* opium den

Opponent(in) *m(f)* opponent **opponieren** *vi* to oppose (*gegen jdn/etw* sb/sth)

opportun *Adj* (*geh*) opportune **Opportunismus** *m* opportunism **Opportunist(in)** *m(f)* opportunist **opportunistisch** *Adj* opportunistic, opportunist

Opposition *f* opposition; ***in die ~ gehen*** POL to go into opposition **Oppositionsführer(in)** *m(f)* POL opposition leader **Oppositionspartei** *f* POL opposition, opposition party

optieren *vi* (*förml*) ***~ für*** to opt for

Optik *f* **a)** PHYS optics; **b)** (≈ *Linsensystem*) lens system; **c)** (≈ *Sehweise*) point of view; ***das ist eine Frage der ~*** (*fig*) it depends on your point of view **Optiker(in)** *m(f)* optician

optimal **1.** *Adj* optimal, optimum *attr* **2.** *Adv* perfectly; ***etw ~ nutzen*** to put sth to the best possible use **optimieren** *vt* to optimize **Optimismus** *m* optimism **Optimist(in)** *m(f)* optimist **optimistisch** **1.** *Adj* optimistic **2.** *Adv* optimistically; ***etw ~ sehen*** to be optimistic about sth **Optimum** *n* optimum

Option *f* option **Optionshandel** *m* options trading

optisch **1.** *Adj* visual; ***~e Täuschung*** optical illusion **2.** *Adv* (≈ *vom Eindruck her*) optically, visually

opulent (*geh*) *Adj Kostüme, Geldsumme* lavish; *Mahl* sumptuous

Opus *n* work; MUS opus; (≈ *Gesamtwerk*) (complete) works *Pl*

Orakel *n* oracle **orakeln** *vi* (*über die Zukunft*) to prophesy

oral **1.** *Adj* oral **2.** *Adv* orally **Oralsex** *m* oral sex

orange *Adj* orange **Orange** *f* (*Frucht*) orange **Orangeade** *f* orangeade (*bes Brit*), orange juice **Orangeat** *n* candied (orange) peel **Orangenhaut** *f* MED orange-peel skin **Orangensaft** *m* orange juice

Orang-Utan *m* orang-utan

Orchester *n* orchestra **Orchestergraben** *m* orchestra pit

Orchidee *f* orchid

Orden *m* **a)** (*Gemeinschaft*) (holy) order; **b)** (≈ *Ehrenzeichen*) decoration; MIL medal; ***einen ~ bekommen*** to be decorated **Ordensbruder** *m* KIRCHE monk **Ordensschwester** *f* nun; (≈ *Krankenschwester*) (nursing) sister

ordentlich **1.** *Adj* **a)** *Mensch, Zimmer* tidy; **b)** (≈ *ordnungsgemäß*) ***~es Gericht*** court of law; ***~es Mitglied*** full member; **c)** (≈ *anständig*) respectable; **d)** (*umg* ≈ *tüchtig*) ***ein ~es Frühstück*** a proper breakfast; ***eine ~e Tracht Prügel*** a proper hiding (*umg*); **e)** (≈ *annehmbar*) *Preis, Leistung* reasonable **2.** *Adv* **a)** (≈ *geordnet*) neatly; **b)** (≈ *ordnungsgemäß*) *regeln* correctly; (≈ *anständig*) *sich benehmen* appropriately; *aufhängen* properly; **c)** (*umg* ≈ *tüchtig*) ***~ essen*** to eat (really) well; ***jdn ~ verprügeln*** to give sb a real beating; ***es hat ~ geregnet*** it really rained; ***~ Geld verdienen*** to make a pile of money (*umg*)

Order *f* order **ordern** *vt* HANDEL to order

Ordinalzahl *f* ordinal number

ordinär *Adj* **a)** (≈ *gemein*) vulgar; **b)** (≈ *alltäglich*) ordinary

Ordinariat *n* UNI chair **Ordinarius** *m* UNI professor (*für* of) **Ordination** *f* **a)** KIRCHE ordination; **b)** (*österr*) (≈ *Arztpraxis*) (doctor's) practice; (≈ *Sprechstunde*) consultation (hour), surgery (*Brit*)

ordnen *vt Gedanken, Material* to organize; *Sammlung* to sort out; *Finanzen, Privatleben* to put in order; (≈ *sortieren*) to order; → ***geordnet*** **Ordner** *m* (≈ *Aktenordner*) folder (*a.* IT) **Ordner(in)** *m(f)* steward **Ordnung** *f* order; ***~ halten*** to keep things tidy; ***für ~ sorgen*** to put things in order; ***etw in ~ halten*** to keep sth in order; ***etw in ~ bringen*** (≈ *reparieren*) to fix sth; (≈ *herrichten*) to put sth in order; (≈ *bereinigen*) to clear sth up; ***(das ist) in ~!*** (*umg*) (that's) OK (*umg*) !; ***geht in ~*** (*umg*) sure (*umg*); ***der ist in ~*** (*umg*) he's OK (*umg*); ***da ist etwas nicht in ~*** there's something wrong there; ***jdn zur ~ rufen*** to call sb to order; ***jdn zur ~ anhalten*** to tell sb to be tidy; ***~ muss sein!*** we must have order!; ***ich frage nur der ~ halber*** I'm only asking as a matter of form; ***das war ein Skandal erster ~*** (*umg*) that was a scandal of first order **Ordnungsamt** *n* ≈ town clerk's office **ordnungsgemäß 1.** *Adj* according to the regulations, proper **2.** *Adv* correctly **ordnungshalber** *Adv* as a matter of form **Ordnungshüter(in)** *m(f)* (*hum*) custodian of the law (*hum*) **ordnungsliebend** *Adj* tidy, tidy-minded **Ordnungsstrafe** *f* fine; ***jdn mit einer ~ belegen*** to fine sb **ordnungswidrig 1.** *Adj* irregular; *Parken* illegal **2.** *Adv parken* illegally **Ordnungswidrigkeit** *f* infringement **Ordnungszahl** *f* MATHE ordinal number

Oregano *m* BOT oregano

Organ *n* **a)** organ; (*umg* ≈ *Stimme*) voice; **b)** ***die ausführenden ~e*** the executors **Organbank** *f* MED organ bank **Organentnahme** *f* MED organ removal **Organhandel** *m* trade in transplant organs

Organisation *f* organization **Organisationstalent** *n* talent for organization; ***er ist ein ~*** he has a talent for organization **Organisator(in)** *m(f)* organizer **organisatorisch** *Adj* organizational; ***er ist ein ~es Talent*** he has a talent for organization

organisch 1. *Adj* organic; *Leiden* physical **2.** *Adv* MED organically, physically

organisieren 1. *vti* to organize; ***etw neu ~*** to reorganize sth **2.** *vr* to organize

Organismus *m* organism

Organist(in) *m(f)* MUS organist

Organizer *m* IT organizer

Organspende *f* organ donation **Organspender(in)** *m(f)* donor (*of an organ*) **Organspenderausweis** *m* donor card **Organverpflanzung** *f* transplant (-ation) (*of organs*)

Orgasmus *m* orgasm

Orgel *f* MUS organ **Orgelkonzert** *n* organ recital; (≈ *Werk*) organ concerto **Orgelmusik** *f* organ music

Orgie *f* orgy

Orient *m* **a)** (*lit* ≈ *der Osten*) Orient; **b)** (≈ *arabische Welt*) ≈ Middle East; ***der Vordere ~*** the Near East **orientalisch** *Adj* Middle Eastern

orientieren 1. *vt* **a)** (≈ *unterrichten*) ***jdn ~*** to put sb in the picture (*über +Akk* about); **b)** (≈ *ausrichten*) to orientate (*nach, auf +Akk* to, towards); ***links orientiert sein*** to tend to the left **2.** *vr* **a)** (≈ *sich unterrichten*) to inform oneself (*über +Akk* about, on); **b)** (≈ *sich zurechtfinden*) to orientate oneself (*an +Dat, nach* by); **c)** (≈ *sich ausrichten*) to be orientated (*nach, an +Dat* towards); ***sich nach Norden ~*** to bear north **Orientierung** *f* **a)** (≈ *Unterrichtung*) information; ***zu Ihrer ~*** for your information; **b)** (≈ *das Zurechtfinden, Ausrichtung*) orientation; ***die ~ verlieren*** to lose one's bearings **Orientierungssinn** *m* sense of direction **Orientierungsstufe** *f* SCHULE *mixed ability class(es) intended to foster the particular talents of each pupil*

Orientteppich *m* Oriental carpet

Origano *m* BOT oregano

original *Adj* original **Original** *n* **a)** original; **b)** (*Mensch*) character **Originalfassung** *f* original (version); ***in der englischen ~*** in the original English **originalgetreu** *Adj* true to the original **Originalität** *f* **a)** (≈ *Echtheit*) authenticity; **b)** (≈ *Urtümlichkeit*) originality **Originalton** *m* **(im) *~ Schröder*** (*fig*) in Schröder's own words **Originalverpackung** *f* original packaging

originell *Adj Idee* original; (≈ *geistreich*) witty

Orkan *m* **a)** hurricane; **b)** (*fig*) storm **orkanartig** *Adj Wind* gale-force **Orkanstärke** *f* hurricane force **Orkantief** *n* hurricane-force depression *od* cyclone *od* low

Ornament *n* decoration, ornament **ornamental** *Adj* ornamental

Ornithologe *m*, **Ornithologin** *f* ornithologist

Ort[1] *m* **a)** (≈ *Stelle*) place; ***~ der Handlung*** THEAT scene of the action; ***an ~ und Stelle*** on the spot; **b)** (≈ *Ortschaft*) place; (≈ *Dorf*) village; (≈ *Stadt*) town; ***er ist im ganzen ~ be-***

kannt the whole village/town *etc* knows him; ***das beste Hotel am ~*** the best hotel in town

Ort[2] *m* BERGB coal face; ***vor ~*** at the (coal) face; (*fig*) on the spot

Örtchen *n* (≈ *kleiner Ort*) small place; ***das*** (***stille***) ***~*** (*umg*) the smallest room (*umg*) **orten** *vt* to locate

orthodox **1.** *Adj* orthodox **2.** *Adv* (≈ *starr*) *denken* conventionally

Orthografie *f* orthography **orthografisch** **1.** *Adj* orthographic(al) **2.** *Adv* orthographically; ***er schreibt nicht immer ~ richtig*** his spelling is not always correct

Orthopäde *m*, **Orthopädin** *f* orthopaedic (*Brit*) *od* orthopedic (*US*) specialist **Orthopädie** *f* **a**) (≈ *Wissenschaft*) orthopaedics *Pl* (*Brit*), orthopedics *Pl* (*US*); **b**) (*umg* ≈ *Abteilung*) orthopaedic (*Brit*) *od* orthopedic (*US*) department **orthopädisch** *Adj* orthopaedic (*Brit*), orthopedic (*US*)

örtlich **1.** *Adj* local **2.** *Adv* locally; ***das ist ~ verschieden*** it varies from place to place; ***jdn ~ betäuben*** to give sb a local anaesthetic (*Brit*) *od* anesthetic (*US*) **Örtlichkeit** *f* locality; ***sich mit den ~en vertraut machen*** to get to know the place **Ortsausgang** *m* way out of the village/town **Ortschaft** *f* village; (*größer*) town; ***geschlossene ~*** built-up area **Ortseingang** *m* way into the village/town **ortsfremd** *Adj* non-local; ***ich bin hier ~*** I'm a stranger here **ortsgebunden** *Adj* local; (≈ *stationär*) stationary; *Person* tied to the locality **Ortsgespräch** *n* TELEK local call **ortskundig** *Adj* ***nehmen Sie sich einen ~en Führer*** get a guide who knows his way around **Ortsname** *m* place name **Ortsnetz** *n* TELEK local (telephone) exchange area **Ortsnetzkennzahl** *f* TELEK dialling code (*Brit*), area code (*US*) **Ortsschild** *n* place name sign **ortsüblich** *Adj* local; ***~e Mieten*** standard local rents; ***das ist hier ~*** it is usual here **Ortsverkehr** *m* local traffic **Ortszeit** *f* local time **Ortung** *f* locating

öS *Abk von* ***österreichischer Schilling*** Austrian schilling

O-Saft *m* (*umg*) orange juice, O-J (*US umg*)

Öse *f* loop; (*an Kleidung*) eye

Osmose *f* osmosis

Ossi *m* (*umg*) East German

Ost- East **Ostalgie** *f* (*umg*) *nostalgia for the former GDR* **ostdeutsch** *Adj* East German **Ostdeutsche(r)** *mf* East German **Ostdeutschland** *n* GEOG East (-ern) Germany **Osten** *m* east; (*von Land*) East; ***der Ferne ~*** the Far East; ***der Nahe od Mittlere ~*** the Middle East; ***aus dem ~*** from the east; ***im ~ des Landes*** in the east of the country

Osteoporose *f* MED osteoporosis

Osterei *n* Easter egg **Osterferien** *Pl* Easter holidays *Pl* **Osterfest** *n* Easter **Osterglocke** *f* daffodil **Osterhase** *m* Easter bunny **österlich** *Adj* Easter **Ostermontag** *m* Easter Monday **Ostern** *n* Easter; ***frohe ~!*** Happy Easter!; ***zu ~*** at Easter

Österreich *n* Austria **Österreicher(in)** *m(f)* Austrian **österreichisch** *Adj* Austrian

Ostersonntag *m* Easter Sunday

Osterweiterung *f* (*von NATO, EU*) eastward expansion

Osterwoche *f* Easter week

Osteuropa *n* East(ern) Europe **Osteuropäer(in)** *m(f)* East(ern) European **osteuropäisch** *Adj* East(ern) European **östlich** **1.** *Adj Richtung, Winde* easterly; *Gebiete* eastern **2.** *Adv* ***~ von Hamburg*** (to the) east of Hamburg **3.** *Präp +Gen* (to the) east of **Ostpreußen** *n* East Prussia

Östrogen *n* oestrogen (*Brit*), estrogen (*US*)

Ostsee *f* ***die ~*** the Baltic (Sea) **ostwärts** *Adv* eastwards **Ostwind** *m* east wind

Oszillograf *m* oscillograph

Otter[1] *m* otter

Otter[2] *f* viper

outen (*umg*) **1.** *vt* (*als Homosexuellen*) to out (*umg*); (*als Trinker, Spitzel etc*) to expose **2.** *vr* (*als Homosexueller*) to come out (*umg*)

outsourcen *vti* to outsource **Outsourcing** *n* outsourcing

Ouvertüre *f* overture

oval *Adj* oval

Ovation *f* ovation (*für jdn/etw* for sb/sth); ***stehende ~en*** standing ovations

Overheadfolie *f* transparency **Overheadprojektor** *m* overhead projector

ÖVP *f, Abk von* ***Österreichische Volkspartei***

O

Ovulation *f* ovulation
Oxid *n*, **Oxyd** *n* oxide **Oxidation** *f*, **Oxydation** *f* oxidation **oxidieren**, **oxydieren** *vti* to oxidize
Ozean *m* ocean **ozeanisch** *Adj Klima* oceanic **Ozeanografie** *f* oceanography
Ozelot *m* ocelot
Ozon *n od (inf) m* ozone
Ozonalarm *m* ozone warning **Ozongehalt** *m* ozone content **Ozonhülle** *f* ozone layer **Ozonkonzentration** *f* ozone concentration **Ozonloch** *n* hole in the ozone layer **Ozonschicht** *f* ozone layer **Ozonschild** *m* ozone shield **Ozonwert** *m* ozone level

P

P, p *n* P, p
paar *Adj* ***ein ~*** a few; (≈ *zwei oder drei auch*) a couple of; ***ein ~ Mal(e)*** a few times, a couple of times **Paar** *n* pair; (≈ *Mann und Frau auch*) couple; ***ein ~ Schuhe*** a pair of shoes **paaren** *vr* (*Tiere*) to mate; (*fig*) to be combined **Paarhufer** *m* ZOO cloven-hoofed animal **Paarlauf** *m* pairs *Pl* **Paarung** *f* (≈ *Kopulation*) mating **paarweise** *Adv* in pairs
Pacht *f* lease; (*Entgelt*) rent; ***etw zur ~ haben*** to have sth on lease **pachten** *vt* to lease; ***du hast das Sofa doch nicht für dich gepachtet*** (*umg*) don't hog the sofa (*umg*) **Pächter(in)** *m(f)* tenant, leaseholder **Pachtvertrag** *m* lease
Pack[1] *m* (*von Zeitungen, Büchern*) stack; (*zusammengeschnürt*) bundle
Pack[2] *n* (*pej*) rabble *Pl* (*pej*)
Päckchen *n* package; POST small packet; (≈ *Packung*) packet, pack; ***ein ~ Zigaretten*** a packet *od* pack (*bes US*) of cigarettes **Packeis** *n* pack ice **packen** **1.** *vt* **a)** *Koffer* to pack; *Paket* to make up; ***Sachen in ein Paket ~*** to make things up into a parcel; **b)** (≈ *fassen*) to grab (hold of); (*Gefühle*) to grip; ***von der Leidenschaft gepackt*** in the grip of passion; **c)** (*umg* ≈ *schaffen*) to manage; ***du packst das schon*** you'll manage it OK **2.** *vi* **a)** (≈ *den Koffer packen*) to pack; **b)** (*fig* ≈ *mitreißen*) to thrill **3.** *vr* (*umg* ≈ *abhauen*) to clear out (*umg*) **Packen** *m* heap, stack; (*zusammengeschnürt*) bundle **packend** **1.** *Adj* (≈ *mitreißend*) gripping, riveting **2.** *Adv* ***der Roman ist ~ erzählt*** the novel is *od* makes exciting reading **Packerl** *n* (*österr* ≈ *Schachtel, Paket*) packet; (*für flüssige Lebensmittel*) carton **Packesel** *m* packmule; (*fig*) packhorse **Packpapier** *n* brown paper **Packung** *f* **a)** (≈ *Schachtel*) packet; (*von Pralinen*) box; ***eine ~ Zigaretten*** a packet *od* pack (*bes US*) of cigarettes; **b)** MED compress; (*Kosmetik*) face pack **Packungsbeilage** *f* package insert; (*bei Medikamenten*) patient information leaflet
Pädagoge *m*, **Pädagogin** *f* educationalist **Pädagogik** *f* educational theory **pädagogisch** **1.** *Adj* educational; ***~e Hochschule*** college of education; ***seine ~en Fähigkeiten*** his teaching ability **2.** *Adv* educationally; ***~ falsch*** wrong from an educational point of view
Paddel *n* paddle **Paddelboot** *n* canoe **paddeln** *vi* to paddle; (*als Sport*) to canoe
Pädiatrie *f* paediatrics *Sg* (*Brit*), pediatrics *Sg* (*US*) **Pädophile(r)** *mf* paedophile (*Brit*), pedophile (*US*)
paffen (*umg*) **1.** *vi* **a)** (≈ *heftig rauchen*) to puff away; **b)** (≈ *nicht inhalieren*) to puff **2.** *vt* to puff (away) at
Page *m* (≈ *Hotelpage*) bellboy, bellhop (*US*) **Pagenkopf** *m* page-boy (hairstyle *od* haircut)
Paket *n* (≈ *Bündel*) pile; (*zusammengeschnürt*) bundle; (≈ *Packung*) packet; POST parcel; (*fig: von Angeboten*) package **Paketannahme** *f* parcels office; (≈ *Schalter*) parcels counter **Paketbombe** *f* parcel bomb **Paketkarte** *f* dispatch form **Paketpost** *f* parcel post **Paketschalter** *m* parcels counter **Paketschnur** *f* parcel string, twine
Pakistan *n* Pakistan **Pakistaner(in)** *m(f)*, **Pakistani** *m* Pakistani **pakista-**

nisch *Adj* Pakistani
Pakt *m* pact
Palais *n* palace
Palast *m* palace
Palästina *n* Palestine **Palästinenser(in)** *m(f)* Palestinian **palästinensisch** *Adj* Palestinian
Palatschinke *f (österr)* stuffed pancake
Palaver *n* palaver *(umg)* **palavern** *vi (umg)* to palaver *(umg)*
Palette *f* **a)** MALEREI palette; *(fig)* range; **b)** (≈ *Stapelplatte*) pallet
paletti *Adv (umg)* OK *(umg)*
Palisade *f* palisade
Palme *f* palm; ***jdn auf die ~ bringen*** *(umg)* to make sb see red *(umg)*
Palmsonntag *m* Palm Sunday
Palmtop *m* palmtop
Pampe *f* paste; *(pej)* mush *(umg)*
Pampelmuse *f* grapefruit
Pampers® *Pl* (disposable) nappies *Pl (Brit) od* diapers *Pl (US)*
Pamphlet *n* lampoon
pampig *(umg) Adj* **a)** (≈ *breiig*) gooey *(umg)*; *Kartoffeln* soggy; **b)** (≈ *frech*) stroppy *(Brit umg)*, bad-tempered; ***jdm ~ kommen*** to be stroppy *(Brit umg) od* bad-tempered with sb
Panama *n* Panama **Panamakanal** *m* Panama Canal
Panda *m*, **Pandabär** *m* panda
Pandemie *f* MED pandemic
Paneel *n (förml) (einzeln)* panel; (≈ *Täfelung*) panelling *(Brit)*, paneling *(US)*

P

Panflöte *f* panpipes *Pl*, Pan's pipes *Pl*
panieren *vt* to bread **Paniermehl** *n* breadcrumbs *Pl*
Panik *f* panic; ***(eine) ~ brach aus*** panic broke out *od* spread; ***in ~ geraten*** to panic; ***jdn in ~ versetzen*** to throw sb into a state of panic; ***nur keine ~!*** don't panic! **Panikkauf** *m* HANDEL panic buying **Panikmache** *f (umg)* panicmongering *(Brit)*, inciting panic **Panikstimmung** *f* state of panic **panisch 1.** *Adj* panic-stricken; ***~e Angst*** terror; ***sie hat ~e Angst vor Schlangen*** she's terrified of snakes **2.** *Adv* in panic, frantically; ***~ reagieren*** to panic
Panne *f* **a)** (≈ *technische Störung*) hitch *(umg)*, breakdown; (≈ *Reifenpanne*) puncture, flat (tyre *(Brit) od* tire *(US)*); ***mein Auto hatte eine ~*** my car broke down; **b)** *(fig umg)* slip *(bei etw* with sth); ***mit jdm/etw eine ~ erleben*** to have (a bit of) trouble with sb/sth; ***uns ist eine ~ passiert*** we've slipped up **Pannendienst** *m*, **Pannenhilfe** *f* breakdown service
Panorama *n* panorama
panschen *vt* to adulterate; (≈ *verdünnen*) to water down
Panther *m*, **Panter** *m* panther
Pantoffel *m* slipper; ***unterm ~ stehen*** *(umg)* to be henpecked *(umg)*
Pantomime[1] *f* mime
Pantomime[2] *m*, **Pantomimin** *f* mime **pantomimisch** *Adj, Adv* in mime
pantschen *vti* = ***panschen***
Panzer *m* **a)** MIL tank; **b)** (HIST ≈ *Rüstung*) armour *kein unbest Artikel (Brit)*, armor *kein unbest Artikel (US)*, suit of armo(u)r; **c)** *(von Schildkröte, Insekt)* shell; **d)** *(fig)* shield **Panzerabwehr** *f* anti-tank defence *(Brit) od* defense *(US)*; *(Truppe)* anti-tank unit **Panzerfaust** *f* bazooka **Panzerglas** *n* bulletproof glass **panzern** *vt* to armour-plate *(Brit)*, to armor-plate *(US)*; ***gepanzerte Fahrzeuge*** armoured *(Brit) od* armored *(US)* vehicles **Panzerschrank** *m* safe
Papa *m (umg)* daddy *(umg)*
Papagei *m* parrot **Papageientaucher** *m* puffin
Papamobil *n (umg)* Popemobile *(umg)*
Paparazzo *m (umg)* paparazzo
Papaya *f* papaya
Papier *n* **a)** paper; ***ein Blatt ~*** a sheet of paper; ***etw zu ~ bringen*** to put sth down on paper; **b)** **Papiere** *Pl* (identity) papers *Pl*; (≈ *Urkunden*) documents *Pl*; ***er hatte keine ~e bei sich*** he had no means of identification on him; ***seine ~e bekommen*** (≈ *entlassen werden*) to get one's cards; **c)** (FINANZ ≈ *Wertpapier*) security **Papiereinzug** *m* paper feed **Papierfabrik** *f* paper mill **Papiergeld** *n* paper money **Papierkorb** *m* (waste)paper basket **Papierkrieg** *m (umg)* ***einen ~ (mit jdm) führen*** to go through a lot of red tape (with sb) **Papiertaschentuch** *n* paper hankie, tissue **Papiertiger** *m (fig)* paper tiger **Papiertonne** *f* paper recycling bin **Papiertüte** *f* paper bag **Papiervorschub** *m* paper feed **Papierwaren** *Pl* stationery *kein Pl* **Pa-**

pierwarengeschäft *n* stationer's (shop) **Papierzufuhr** *f* (*von Drucker*) paper tray
Pappbecher *m* paper cup **Pappdeckel** *m* (thin) cardboard **Pappe** *f* (≈ *Pappdeckel*) cardboard; ***dieser linke Haken war nicht von ~*** (*umg*) that was a mean left hook
Pappel *f* poplar
päppeln *vt* (*umg*) to nourish
pappig *Adj* (*umg*) sticky; *Brot* doughy
Pappkarton *m* (≈ *Schachtel*) cardboard box **Pappmaschee** *n*, **Pappmaché** *n* papier-mâché **Pappschachtel** *f* cardboard box **Pappteller** *m* paper plate
Paprika *m* (≈ *Gewürz*) paprika; (≈ *Paprikaschote*) pepper **Paprikaschote** *f* pepper; ***gefüllte ~n*** stuffed peppers
Papst *m* pope **päpstlich** *Adj* papal
Papua *m* Papuan **Papua-Neuguinea** *n* Papua New Guinea
Parabel *f* **a**) LITERATUR parable; **b**) MATHE parabola
Parabolantenne *f* satellite dish **Parabolspiegel** *m* parabolic reflector
Parade *f* parade **Paradebeispiel** *n* prime example
Paradeiser *m* (*österr*) tomato
Paradies *n* paradise; ***das ~ auf Erden*** heaven on earth **paradiesisch** *Adj* (*fig*) heavenly
paradox *Adj* paradoxical **Paradox** *n* paradox **paradoxerweise** *Adv* paradoxically
Paraffin *n* (≈ *Paraffinöl*) (liquid) paraffin
Paragraf *m* JUR section; (≈ *Abschnitt*) paragraph
parallel *Adj* parallel; ***~ schalten*** ELEK to connect in parallel **Parallele** *f* (*wörtl*) parallel (line); (*fig*) parallel; ***eine ~ zu etw ziehen*** (*wörtl*) to draw a line parallel to sth; (*fig*) to draw a parallel to sth **Parallelogramm** *n* parallelogram
Paralympics *Pl* Paralympics *Pl* **Paralytiker(in)** *m(f)* MED paralytic **paralytisch** *Adj* paralytic
Parameter *m* parameter
paramilitärisch *Adj* paramilitary
paranoid *Adj* paranoid
Paranuss *f* BOT Brazil nut
paraphieren *vt* POL to initial
Parapsychologie *f* parapsychology
Parasit *m* (BIOL, *fig*) parasite **parasitär, parasitisch** *Adj* parasitic(al)
parat *Adj Antwort, Beispiel etc* ready; *Werkzeug etc* handy; ***halte dich ~*** be ready; ***er hatte immer eine Ausrede ~*** he always had an excuse ready
Pärchen *n* (courting) couple **pärchenweise** *Adv* in pairs
Parcours *m* REITEN showjumping course; (*Sportart*) showjumping; (≈ *Rennstrecke*) course
pardon *Interj* sorry **Pardon** *m od n* **a**) pardon; ***jdn um ~ bitten*** to ask sb's pardon; **b**) (*umg*) ***kein ~ kennen*** to be ruthless
Parfüm *n* perfume **parfümieren** *vt* to perfume
parieren 1. *vt* (FECHTEN, *fig*) to parry **2.** *vi* to obey; ***aufs Wort ~*** to jump to it
Pariser *m* **a**) Parisian; **b**) (*umg* ≈ *Kondom*) French letter (*umg*) **Pariserin** *f* Parisienne
Parität *f* parity **paritätisch 1.** *Adj* equal; ***~e Mitbestimmung*** equal representation **2.** *Adv* equally
Park *m* park
Parka *m* parka
Parkanlage *f* park **Parkausweis** *m* parking permit **Parkbank** *f* park bench **Parkbucht** *f* parking bay **Parkdeck** *n* parking level **parken** *vti* to park; ***ein ~des Auto*** a parked car; ***„Parken verboten!"*** "No Parking"
Parkett *n* **a**) (≈ *Fußboden*) parquet (flooring); ***ein Zimmer mit ~ auslegen*** to lay parquet (flooring) in a room; ***auf dem internationalen ~*** in international circles; **b**) (≈ *Tanzfläche*) (dance) floor; ***eine tolle Nummer aufs ~ legen*** (*umg*) to put on a great show; **c**) THEAT stalls *Pl*, parquet (*US*) **Parkett(fuß)boden** *m* parquet floor
Parkgebühr *f* parking fee **Parkhaus** *n* multi-storey (*Brit*) *od* multi-story (*US*) car park **parkieren** *vti* (*schweiz*) = ***parken***
parkinsonsche Krankheit *f* Parkinson's disease
Parkkralle *f* wheel clamp (*Brit*), Denver boot (*US*) **Parklicht** *n* parking light **Parklücke** *f* parking space **Parkplatz** *m* car park, parking lot (*bes US*); (*für Einzelwagen*) (parking) space (*Brit*) *od* spot (*US*) **Parkscheibe** *f* parking disc **Parkschein** *m* car-park-

ing ticket **Parkscheinautomat** *m* VERKEHR ticket machine (*for parking*) **Parksünder(in)** *m(f)* parking offender (*Brit*), illegal parker **Parkuhr** *f* parking meter **Parkverbot** *n* parking ban; ***im ~ stehen*** to be parked illegally **Parkwächter(in)** *m(f)* (*auf Parkplatz*) car-park attendant; (*von Anlagen*) park keeper

Parlament *n* parliament **Parlamentarier(in)** *m(f)* parliamentarian **parlamentarisch** *Adj* parliamentary; ***~ vertreten sein*** to be represented in parliament **Parlamentsausschuss** *m* parliamentary committee **Parlamentsbeschluss** *m* vote of parliament **Parlamentsferien** *Pl* recess **Parlamentsmitglied** *n* member of parliament **Parlamentswahl** *f* parliamentary election(s *Pl*)

Parmaschinken *m* Parma ham

Parmesan(käse) *m* Parmesan (cheese)

Parodie *f* parody (*auf +Akk* on, *zu* of)

parodieren *vt* to parody

Parodontose *f* periodontosis (*Fachw*)

Parole *f* **a)** MIL password; **b)** (*fig ≈ Wahlspruch*) motto; POL slogan

Paroli *n* ***jdm ~ bieten*** (*geh*) to defy sb

Parsing *n* IT parsing

Partei *f* **a)** POL, JUR party; **b)** (*fig*) ***für jdn ~ ergreifen*** to take sb's side; ***gegen jdn ~ ergreifen*** to take sides against sb; **c)** (*im Mietshaus*) tenant **Parteibasis** *f* (party) rank and file, grassroots (members) *Pl* **Parteibuch** *n* party membership book **Parteichef(in)** *m(f)* party leader **Parteiführer(in)** *m(f)* party leader **Parteiführung** *f* leadership of a party; (*Vorstand*) party leaders *Pl* **Parteigenosse** *m*, **Parteigenossin** *f* party member **parteiisch** **1.** *Adj* biased (*Brit*), biassed **2.** *Adv* ***~ urteilen*** to be biased (in one's judgement) **Parteilichkeit** *f* partiality **Parteilinie** *f* party line **parteilos** *Adj Abgeordneter* independent **Parteilose(r)** *mf* independent **Parteimitglied** *n* party member **Parteinahme** *f* partisanship **parteipolitisch** *Adj* party political **Parteiprogramm** *n* (party) manifesto, (party) program (*US*) **Parteitag** *m* party conference *od* convention (*bes US*) **Parteivorsitzende(r)** *mf* party leader **Parteivorstand** *m* party executive

parterre *Adv* on the ground (*bes Brit*) *od* first (*US*) floor **Parterre** *n* (*von Gebäude*) ground floor (*bes Brit*), first floor (*US*)

Partie *f* **a)** (≈ *Teil*, THEAT, MUS) part; **b)** SPORT game; ***eine ~ Schach spielen*** to play a game of chess; ***eine gute/schlechte ~ liefern*** to give a good/bad performance; **c)** HANDEL lot; **d)** (*umg*) ***eine gute ~ (für jdn) sein*** to be a good catch (for sb) (*umg*); ***eine gute ~ machen*** to marry (into) money; **e)** ***mit von der ~ sein*** to be in on it; ***da bin ich mit von der ~*** count me in

partiell *Adj* partial

Partikel *f* GRAM, PHYS particle

Partisan(in) *m(f)* partisan

Partitur *f* MUS score

Partizip *n* GRAM participle; ***~ Präsens*** present participle; ***~ Perfekt*** past participle

Partner(in) *m(f)* partner **Partnerlook** *m* matching clothes *Pl* **Partnerschaft** *f* partnership **partnerschaftlich** **1.** *Adj* ***~es Verhältnis*** (relationship based on) partnership; ***~e Zusammenarbeit*** working together as partners **2.** *Adv* ***~ zusammenarbeiten*** to work in partnership **Partnerstadt** *f* twin town (*Brit*), sister city (*US*) **Partnersuche** *f* finding the right partner; ***auf ~ sein*** to be looking for a partner **Partnervermittlung** *f* dating agency

Party *f* party; ***auf einer ~*** at a party; ***auf eine ~ gehen*** to go to a party **Partyraum** *m* party room **Partyservice** *m* party catering service **Partyzelt** *n* party tent, marquee

Parzelle *f* plot

Pascha *m* pasha

Pass *m* **a)** passport; **b)** (*im Gebirge etc*) pass; **c)** SPORT pass

passabel **1.** *Adj* passable **2.** *Adv* reasonably well; *schmecken* passable; ***mir gehts ganz ~*** I'm all right

Passage *f* passage; (≈ *Ladenstraße*) arcade

Passagier(in) *m(f)* passenger **Passagierdampfer** *m* passenger steamer **Passagierflugzeug** *n* passenger aircraft, airliner **Passagierliste** *f* passenger list

Passamt *n* passport office

Passant(in) *m(f)* passer-by

Passat(wind) *m* trade wind

Passbild *n* passport photo(graph) **Passbildautomat** *m* photo booth

passé, passee *Adj* passé; ***die Sache ist längst ~*** that's all in the past

passen[1] *vi* **a)** to fit; **b)** (≈ *harmonieren*) ***zu etw ~*** to go with sth; (*im Ton*) to match sth; ***zu jdm ~*** (*Mensch*) to suit sb; ***das Rot passt da nicht*** the red is all wrong there; ***ins Bild ~*** to fit the picture; **c)** (≈ *genehm sein*) to suit; ***er passt mir (einfach) nicht*** I (just) don't like him; ***Sonntag passt uns nicht/gut*** Sunday is no good for us/ suits us fine; ***das passt mir gar nicht*** (≈ *gefällt mir nicht*) I don't like that at all; ***das könnte dir so ~!*** (*umg*) you'd like that, wouldn't you?

passen[2] *vi* (KARTEN, *fig*) to pass; ***(ich) passe!*** (I) pass!

passend *Adj* **a)** (*in Größe, Form*) ***gut/ schlecht ~*** well-/ill-fitting; **b)** (*in Farbe, Stil*) matching; **c)** (≈ *genehm*) *Zeit, Termin* convenient; **d)** (≈ *angemessen*) *Benehmen, Kleidung* suitable, appropriate; *Wort* right, proper; ***bei jeder ~en und unpassenden Gelegenheit*** at every opportunity, whether appropriate or not; **e)** *Geld* exact; ***haben Sie es ~?*** have you got the right money?

Passepartout *m od n* passe-partout

Passform *f* fit

Passfoto *n* passport photo(graph)

passierbar *Adj Brücke* passable; *Fluss* negotiable **passieren** **1.** *vi* **a)** (≈ *sich ereignen*) to happen (*mit* to); ***was ist denn passiert?*** what's the matter?; ***es wird dir schon nichts ~*** nothing is going to happen to you; ***es ist ein Unfall passiert*** there has been an accident; ***so was ist mir noch nie passiert!*** that's never happened to me before!; (*empört*) I've never known anything like it!; **b)** (≈ *durchgehen*) to pass; (*Gesetz*) to be passed **2.** *vt* **a)** (≈ *vorbeigehen an*) to pass; ***die Grenze ~*** to cross (over); **b)** KOCH to strain **Passierschein** *m* pass

Passion *f* passion; (*religiös*) Passion **passioniert** *Adj* enthusiastic **Passionsfrucht** *f* passion fruit **Passionsspiel** *n* Passion play

passiv *Adj* passive; ***~es Mitglied*** non-active member; ***~es Rauchen*** passive smoking **Passiv** *n* GRAM passive (voice) **Passiva** *Pl*, **Passiven** *Pl* HANDEL liabilities *Pl* **Passivität** *f* passivity **Passivposten** *m* HANDEL debit entry **Passivrauchen** *n* passive smoking

Passkontrolle *f* passport control; ***~!*** (your) passports please! **Passstraße** *f* (mountain) pass

Passus *m* passage

Passwort *n* IT password **Passwortschutz** *m* password protection

Paste *f* paste

Pastell *n* pastel **Pastellfarbe** *f* pastel (crayon); (*Farbton*) pastel (shade) **Pastellstift** *m* pastel (crayon) **Pastellton** *m* pastel shade

Pastetchen *n* vol-au-vent **Pastete** *f* **a)** (≈ *Schüsselpastete*) pie; **b)** (≈ *Leberpastete etc*) pâté

pasteurisieren *vt* to pasteurize

Pastille *f* pastille

Pastor(in) *m(f)* → ***Pfarrer***

Pate *m* (≈ *Taufzeuge*) godfather; (≈ *Mafiaboss*) godfather; ***bei etw ~ gestanden haben*** (*fig*) to be the force behind sth **Patenkind** *n* godchild **Patenonkel** *m* godfather **Patenschaft** *f* godparenthood **Patensohn** *m* godson **Patenstadt** *f* twin(ned) town (*Brit*), sister city (*US*)

patent *Adj* ingenious; ***ein ~er Kerl*** a great guy/girl (*umg*)

Patent *n* patent (*für etw* for sth, *auf etw* on sth); ***etw zum ~ anmelden*** to apply for a patent on *od* for sth **Patentamt** *n* Patent Office

Patentante *f* godmother

patentieren *vt* to patent; ***sich*** (*Dat*) ***etw ~ lassen*** to have sth patented **Patentlösung** *f* (*fig*) easy answer

Patentochter *f* goddaughter

Patentrezept *n* (*fig*) = ***Patentlösung*** **Patentschutz** *m* protection by (letters) patent

Pater *m* KIRCHE Father

pathetisch **1.** *Adj* emotional **2.** *Adv* dramatically

Pathologe *m*, **Pathologin** *f* pathologist **Pathologie** *f* pathology **pathologisch** (MED, *fig*) *Adj* pathological **Pathos** *n* emotiveness; ***mit viel ~ in der Stimme*** in a voice charged with emotion

Patience *f* patience *kein Pl*; ***~n legen*** to play patience

Patient(in) *m(f)* patient

Patin *f* godmother

Patina *f* patina
Patriarch *m* patriarch **patriarchalisch** *Adj* patriarchal **Patriarchat** *n* patriarchy
Patriot(in) *m(f)* patriot **patriotisch** **1.** *Adj* patriotic **2.** *Adv reden, denken* patriotically **Patriotismus** *m* patriotism
Patrone *f* (MIL, *von Füller, von Drucker*) cartridge
Patrouille *f* patrol; ***(auf)* ~ *gehen*** to patrol **patrouillieren** *vi* to patrol
Patsche *f* (*umg*) ***in der ~ sitzen*** *od* ***stecken*** to be in a jam (*umg*); ***jdm aus der ~ helfen*** to get sb out of a jam (*umg*) **patschen** *vi* (*mit Flüssigkeit*) to splash **patschnass** *Adj* (*umg*) soaking wet
Patt *n* stalemate
patzen *vi* (*umg*) to slip up **Patzer** *m* (*umg ≈ Fehler*) slip **patzig** (*umg*) *Adj* snotty (*umg*)
Pauke *f* MUS kettledrum; ***mit ~n und Trompeten durchfallen*** (*umg*) to fail miserably; ***auf die ~ hauen*** (*umg*) (≈ *angeben*) to brag; (≈ *feiern*) to paint the town red **pauken** **1.** *vi* (*umg ≈ lernen*) to swot (*Brit umg*), to cram (*umg*) **2.** *vt* to study up on **Paukenschlag** *m* drum beat; ***wie ein ~*** (*fig*) like a thunderbolt **Pauker(in)** *m(f)* **a)** (*umg ≈ Paukenspieler*) timpanist; **b)** (SCHULE, *umg ≈ Lehrer*) teacher **Paukerei** *f* (SCHULE, *umg*) swotting (*Brit umg*), cramming (*umg*) **Paukist(in)** *m(f)* timpanist

P

pausbäckig *Adj* chubby-cheeked
pauschal **1.** *Adj* **a)** (≈ *einheitlich*) flat-rate *nur attr*; **b)** (*fig*) *Urteil* sweeping **2.** *Adv* **a)** (≈ *nicht spezifiziert*) at a flat rate; ***die Gebühren werden ~ bezahlt*** the charges are paid in a lump sum; **b)** (≈ *nicht differenziert*) *abwerten* categorically **Pauschalbetrag** *m* lump sum; (≈ *Preis*) inclusive price **Pauschale** *f* (≈ *Einheitspreis*) flat rate; (≈ *vorläufig geschätzter Betrag*) estimated amount **Pauschalgebühr** *f* (≈ *Einheitsgebühr*) flat rate (charge) **Pauschalreise** *f* package holiday (*bes Brit*) *od* tour **Pauschalsumme** *f* lump sum **Pauschaltarif** *m* flat rate **Pauschalurlaub** *m* package holiday **Pauschalurteil** *n* sweeping statement **Pauschbetrag** *m* flat rate
Pause *f* (≈ *Unterbrechung*) break; (≈ *Rast*) rest; (≈ *das Innehalten*) pause; THEAT interval; SCHULE break, recess (*US*); ***(eine) ~ machen*** (≈ *sich entspannen*) to have a break; (≈ *rasten*) to rest; (≈ *innehalten*) to pause; ***ohne ~ arbeiten*** to work nonstop; ***die große ~*** SCHULE (the) break (*Brit*), recess (*US*); (*in Grundschule*) playtime **Pausenbrot** *n* something to eat at break **Pausenclown** *m* (*umg*) ***ich bin doch hier nicht der ~!*** I'm not going to play the clown **Pausenfüller** *m* stopgap **pausenlos** **1.** *Adj* nonstop **2.** *Adv* continuously; ***er arbeitet ~*** he works nonstop **pausieren** *vi* to (take a) break
Pavian *m* baboon
Pavillon *m* pavilion
Pay-TV *n* pay TV
Pazifik *m* Pacific **pazifisch** *Adj* Pacific; ***der Pazifische Ozean*** the Pacific (Ocean) **Pazifismus** *m* pacifism **Pazifist(in)** *m(f)* pacifist **pazifistisch** *Adj* pacifist
PC *m* PC **PC-Benutzer(in)** *m(f)* PC user
Pech *n* **a)** (*Stoff*) pitch; ***die beiden halten zusammen wie ~ und Schwefel*** (*umg*) the two are as thick as thieves (*Brit*) *od* are inseparable; **b)** (*umg ≈ Missgeschick*) bad luck; ***bei etw ~ haben*** to be unlucky in *od* with sth; ***~ gehabt!*** tough! (*umg*); ***sie ist vom ~ verfolgt*** bad luck follows her around **pech(raben)schwarz** *Adj* (*umg*) pitch-black; *Haar* jet-black **Pechsträhne** *f* (*umg*) run of bad luck **Pechvogel** *m* (*umg*) unlucky person
Pedal *n* pedal
Pedant(in) *m(f)* pedant **Pedanterie** *f* pedantry **pedantisch** **1.** *Adj* pedantic **2.** *Adv* pedantically
Peddigrohr *n* cane
Pediküre *f* **a)** (≈ *Fußpflege*) pedicure; **b)** (≈ *Fußpflegerin*) chiropodist
Peepshow *f* peep show
Pegel *m* (*in Flüssen, Meer*) water depth gauge **Pegelstand** *m* water level
peilen *vt Wassertiefe* to sound; *U-Boot, Sender* to get a fix on; (≈ *entdecken*) to detect; ***die Lage ~*** (*umg*) to see how the land lies; ***über den Daumen gepeilt*** (*umg*) at a rough estimate
peinigen *vt* to torture; (*fig*) to torment
peinlich **1.** *Adj* **a)** (≈ *unangenehm*) (painfully) embarrassing; *Überra-*

schung nasty; ***es war ihm ~(, dass ...)*** he was embarrassed (because ...); ***es ist mir sehr ~, aber ich muss es Ihnen einmal sagen*** I don't know how to put it, but you really ought to know; ***das ist mir ja so ~*** I feel awful about it; **b)** (≈ *gewissenhaft*) meticulous; *Sparsamkeit* careful **2.** *Adv* **a)** (≈ *unangenehm*) ***~ berührt sein*** (*hum*) to be profoundly shocked (*iron*); ***~ wirken*** to be embarrassing; **b)** (≈ *gründlich*) painstakingly; *sauber* meticulously; ***der Koffer wurde ~ genau untersucht*** the case was gone through very thoroughly **Peinlichkeit** *f* (≈ *Unangenehmheit*) awkwardness

Peitsche *f* whip **peitschen** *vti* to whip; (*fig*) to lash

Pekinese *m* pekinese

Pelargonie *f* BOT pelargonium

Pelikan *m* pelican

Pelle *f* (*umg*) skin; (*abgeschält*) peel; ***er geht mir nicht von der ~*** (*umg*) he won't stop pestering me **pellen** (*umg*) **1.** *vt Kartoffeln, Wurst* to skin, to peel; *Ei* to take the shell off **2.** *vr* (*Körperhaut*) to peel **Pellkartoffeln** *Pl* potatoes *Pl* boiled in their jackets

Pelz *m* fur **pelzig** *Adj* furry **Pelzmantel** *m* fur coat **Pelztierzucht** *f* fur farming **Pelzwaren** *Pl* furs *Pl*

Penalty *m* SPORT penalty

Pendant *n* counterpart

Pendel *n* pendulum **pendeln** *vi* **a)** (≈ *schwingen*) to swing (to and fro); **b)** (*Zug, Fähre etc*) to shuttle; (*Mensch*) to commute **Pendeltür** *f* swing door **Pendelverkehr** *m* shuttle service; (≈ *Berufsverkehr*) commuter traffic **Pendler(in)** *m(f)* commuter

penetrant *Adj* **a)** *Gestank* penetrating, overpowering; ***das schmeckt ~ nach Knoblauch*** you can't taste anything for garlic; **b)** (*fig* ≈ *aufdringlich*) insistent; ***ein ~er Kerl*** a nuisance **Penetranz** *f* (*von Geruch*) pungency; (*fig* ≈ *Aufdringlichkeit*) pushiness **Penetration** *f* penetration **penetrieren** *vt* to penetrate

penibel *Adj* (≈ *gründlich, genau*) precise

Penis *m* penis

Penizillin *n* penicillin

Pennbruder *m* (*umg*) tramp **Penne** *f* (SCHULE *umg*) school **pennen** *vi* (*umg* ≈ *schlafen*) to sleep **Penner(in)** *m(f)* (*umg*) **a)** tramp, bum (*umg*); **b)** (≈ *Blödmann*) plonker (*umg*)

Pension *f* **a)** (≈ *Fremdenheim*) guesthouse; **b)** (≈ *Verpflegung*) board; ***halbe/volle ~*** half/full board; **c)** (≈ *Ruhegehalt*) pension; **d)** (≈ *Ruhestand*) retirement; ***in ~ gehen*** to retire; ***in ~ sein*** to be retired **Pensionär(in)** *m(f)* (*Pension beziehend*) pensioner; (*im Ruhestand befindlich*) retired person **pensionieren** *vt* to pension off; ***sich ~ lassen*** to retire **Pensionierung** *f* pensioning-off; (≈ *Ruhestand*) retirement **Pensionsalter** *n* retirement age **Pensionsanspruch** *m* right to a pension **pensionsberechtigt** *Adj* entitled to a pension **Pensionsgast** *m* paying guest

Pensum *n* workload; ***tägliches ~*** daily quota

Pentium® *m* IT Pentium® PC

Peperoni *Pl* chillies *Pl* (*Brit*), chilies *Pl*

peppig (*umg*) *Adj Musik, Show* lively

per *Präp* (≈ *mittels, durch*) by; ***mit jdm ~ du sein*** (*umg*) to be on first-name terms with sb

Perestroika *f* POL perestroika

perfekt **1.** *Adj* **a)** (≈ *vollkommen*) perfect; **b)** (≈ *abgemacht*) settled; ***etw ~ machen*** to settle sth; ***der Vertrag ist ~*** the contract is all settled **2.** *Adv* (≈ *sehr gut*) perfectly; ***~ Englisch sprechen*** to speak perfect English **Perfekt** *n* perfect (tense) **Perfektion** *f* perfection; ***etw* (*bis*) *zur ~ entwickeln*** *Ausreden etc* to get sth down to a fine art **perfektionieren** *vt* to perfect **Perfektionist(in)** *m(f)* perfectionist

perforieren *vt* to perforate

Pergament *n* **a)** parchment; **b)** (*a.* **Pergamentpapier**) greaseproof paper

Pergola *f* arbour (*Brit*), arbor (*US*)

Periode *f* period; ELEK cycle; ***0,33 ~*** 0.33 recurring **periodisch** **1.** *Adj* periodic(al); (≈ *regelmäßig*) regular **2.** *Adv* periodically

Peripherie *f* periphery; (*von Stadt*) outskirts *Pl* **Peripheriegerät** *n* peripheral

Periskop *n* periscope

Perle *f* pearl; (≈ *Glasperle, Wasserperle, Schweißperle*) bead **perlen** *vi* (≈ *sprudeln*) to bubble; (*Champagner*) to fizz; (≈ *fallen, rollen*) to trickle; ***der***

Schweiß perlte ihm von der Stirn beads of sweat were running down his forehead **Perlenkette** *f* string of pearls **Perlentaucher(in)** *m(f)* pearl diver **Perlhuhn** *n* guinea fowl **Perlmutt** *n*, **Perlmutter** *f* mother-of-pearl **Perlwein** *m* sparkling wine

permanent **1.** *Adj* permanent **2.** *Adv* constantly

perplex *Adj* dumbfounded

Perron *m* (*schweiz* BAHN) platform

Perser *m* (*umg*) (≈ *Teppich*) Persian carpet; (≈ *Brücke*) Persian rug **Perser²(in)** *m(f)* Persian **Persianer** *m* Persian lamb

Persilschein *m* (*hum umg*) clean bill of health (*umg*); ***jdm einen ~ ausstellen*** (*hum umg*) to absolve sb of all responsibility

persisch *Adj* Persian; ***Persischer Golf*** Persian Gulf

Perso *m* (*umg*: *Personalausweis*) ID card

Person *f* person; LITERATUR, THEAT character; ***~en*** people; ***pro ~*** per person; ***ich für meine ~ ...*** I for my part ...; ***jdn zur ~ vernehmen*** JUR to question sb concerning his identity; ***Angaben zur ~ machen*** to give one's personal details; ***sie ist die Geduld in ~*** she's patience personified; ***das Verb steht in der ersten ~ Plural*** the verb is in the first person plural **Personal** *n* personnel **Personalabbau** *m* staff cuts *Pl* **Personalabteilung** *f* personnel (department) **Personalausweis** *m* identity card **Personalbestand** *m* number of staff **Personalchef(in)** *m(f)* personnel manager **Personal Computer** *m* personal computer **Personalkosten** *Pl* personnel costs *Pl* **Personalleiter(in)** *m(f)* personnel manager **Personalplanung** *f* staff planning **Personalpronomen** *n* personal pronoun **personell** **1.** *Adj* staff *attr*, personnel *attr*; *Konsequenzen* for staff **2.** *Adv* ***die Abteilung wird ~ aufgestockt*** more staff will be taken on in the department **Personenaufzug** *m* (passenger) lift (*Brit*), elevator (*US*) **Personenbeschreibung** *f* (personal) description **personenbezogen** *Adj Daten* personal **Personengesellschaft** *f* partnership **Personenkreis** *m* group of people **Personenkult** *m* personality cult **Personenschaden** *m* injury to persons; ***es gab keine Personenschäden*** no-one was injured **Personenschutz** *m* personal security **Personenverkehr** *m* passenger services *Pl* **Personenwaage** *f* scales *Pl* **Personenwagen** *m* AUTO car, automobile (*US*) **Personenzug** *m* (*Gegensatz: Schnellzug*) slow train; (*Gegensatz: Güterzug*) passenger train **personifizieren** *vt* to personify **Personifizierung** *f* personification **persönlich** **1.** *Adj* personal; *Atmosphäre* friendly; ***~es Fürwort*** personal pronoun **2.** *Adv* personally; (*auf Briefen*) private (and confidential); ***etw ~ nehmen*** to take sth personally **Persönlichkeit** *f* personality; ***~en des öffentlichen Lebens*** public figures

Perspektive *f* KUNST, OPT perspective; (≈ *Blickpunkt*) angle; (≈ *Gesichtspunkt*) point of view; (*fig* ≈ *Zukunftsausblick*) prospects *Pl*; ***das eröffnet ganz neue ~n für uns*** that opens new horizons for us **perspektivisch** *Adj* perspective *attr*; ***die Zeichnung ist nicht ~*** the drawing is not in perspective **perspektivlos** *Adj* without prospects

Peru *n* Peru **Peruaner(in)** *m(f)* Peruvian **peruanisch** *Adj* Peruvian

Perücke *f* wig

pervers *Adj* perverted **Perversion** *f* perversion **Perversität** *f* perversion **pervertieren** *vt* to pervert

Pessar *n* pessary; (*zur Empfängnisverhütung*) diaphragm

Pessimismus *m* pessimism **Pessimist(in)** *m(f)* pessimist **pessimistisch** *Adj* pessimistic

Pest *f* plague; ***jdn/etw wie die ~ hassen*** (*umg*) to loathe (and detest) sb/sth; ***jdn wie die ~ meiden*** (*umg*) to avoid sb like the plague; ***wie die ~ stinken*** (*umg*) to stink to high heaven (*umg*)

Pestizid *n* pesticide

Petersilie *f* parsley

Petition *f* petition

Petrochemie *f* petrochemistry **petrochemisch** *Adj* petrochemical **Petrodollar** *m* petrodollar **Petroleum** *n* paraffin (oil) (*Brit*), kerosene (*bes US*) **Petroleumlampe** *f* paraffin (*Brit*) *od* kerosene (*bes US*) lamp

Petting *n* petting

P

petto *Adv* ***etw in ~ haben*** (*umg*) to have sth up one's sleeve (*umg*)
petzen (*umg*) **1.** *vt* ***der petzt alles*** he always tells **2.** *vi* to tell (tales) (*bei* to) **Petzer(in)** *m(f)* (SCHULE *umg*) snitch (*umg*)
Pfad *m auch* IT path **Pfadfinder** *m* (Boy) Scout **Pfadfinderin** *f* Girl Guide (*Brit*), Girl Scout (*US*)
Pfahl *m* post; (≈ *Brückenpfahl*) pile; (≈ *Marterpfahl*) stake **Pfahlbau** *m* (*Bauweise*) building on stilts
Pfalz *f* **a**) (≈ *Rheinpfalz*) Rhineland *od* Lower Palatinate; **b**) (≈ *Oberpfalz*) Upper Palatinate **pfälzisch** *Adj* Palatine
Pfand *n* security; (*beim Pfänderspiel*) forfeit; (≈ *Verpackungspfand*) deposit; ***ich gebe mein Wort als ~*** I pledge my word; ***auf dem Glas ist ~*** there's a deposit on the glass **pfändbar** *Adj* JUR distrainable (*förml*) **Pfandbrief** *m* (*von Bank, Regierung*) bond **pfänden** *vt* JUR to impound; *Konto, Gehalt* to seize; ***jdn ~*** to impound some of sb's possessions **Pfänderspiel** *n* (game of) forfeits **Pfandflasche** *f* returnable bottle **Pfandleihe** *f* (≈ *Pfandhaus*) pawnshop **Pfandleiher(in)** *m(f)* pawnbroker **Pfandschein** *m* pawn ticket **Pfändung** *f* seizure
Pfanne *f* KOCH pan; ANAT socket; ***jdn in die ~ hauen*** (*umg*) to do the dirty on sb (*umg*); (≈ *vernichtend schlagen*) to wipe the floor with sb (*umg*); ***etwas auf der ~ haben*** (*umg: geistig*) to have it up there (*umg*) **Pfannengericht** *n* KOCH fry-up **Pfannkuchen** *m* (≈ *Eierpfannkuchen*) pancake; (≈ *Berliner*) (jam) doughnut (*Brit*) *od* donut (*US*)
Pfarrei *f* (≈ *Gemeinde*) parish **Pfarrer(in)** *m(f)* parish priest; (*von Freikirchen*) minister **Pfarrgemeinde** *f* parish **Pfarrkirche** *f* parish church
Pfau *m* peacock
Pfeffer *m* pepper **Pfeffergurke** *f* gherkin **Pfefferkorn** *n* peppercorn **Pfefferkuchen** *m* gingerbread **Pfefferminz** *n*, **Pfefferminzbonbon** *n od m* peppermint **Pfefferminze** *f* peppermint **Pfeffermühle** *f* pepper mill **pfeffern** *vt* **a**) KOCH to season with pepper; (*fig*) to pepper; → ***gepfeffert***; **b**) (*umg*) ***jdm eine ~*** to clout sb one (*Brit umg*) **Pfefferstreuer** *m* pepper pot
Pfeife *f* **a**) whistle; (≈ *Orgelpfeife*) pipe; ***nach jds ~ tanzen*** to dance to sb's tune; **b**) (*zum Rauchen*) pipe; **c**) (*umg* ≈ *Versager*) wash-out (*umg*)
pfeifen **1.** *vi* to whistle; ***ich pfeife auf seine Meinung*** (*umg*) I couldn't care less about what he thinks **2.** *vt* to whistle; MUS to pipe; (SPORT *umg*) *Spiel* to ref (*umg*); *Abseits, Foul* to give **Pfeifer(in)** *m(f)* piper **Pfeifkessel** *m* whistling kettle **Pfeifkonzert** *n* barrage *od* hail of catcalls *od* whistles
Pfeil *m* arrow; (≈ *Wurfpfeil*) dart; ***~ und Bogen*** bow and arrow
Pfeiler *m* pillar; (*von Hängebrücke*) pylon; (≈ *Stützpfeiler*) buttress
pfeilförmig *Adj* V-shaped **pfeilgerade** *Adj* as straight as a die; ***eine ~ Linie*** a dead straight line **Pfeilspitze** *f* arrowhead **Pfeiltaste** *f* IT arrow key
Pfennig *m* HIST pfennig, *one hundredth of a mark*; ***er hat keinen ~ (Geld)*** he hasn't got a penny to his name; ***es ist keinen ~ wert*** (*fig*) it's not worth a thing *od* a red cent (*US*); ***mit dem od jedem ~ rechnen müssen*** (*fig*) to have to watch every penny **Pfennigabsatz** *m* stiletto heel **Pfennigfuchser(in)** *m(f)* (*umg*) miser (*umg*)
Pferch *m* fold **pferchen** *vt* to cram
Pferd *n* horse; SCHACH knight; ***zu ~(e)*** on horseback; ***aufs falsche ~ setzen*** to back the wrong horse; ***wie ein ~ arbeiten*** *od* ***schuften*** (*umg*) to work like a Trojan; ***keine zehn ~e brächten mich dahin*** (*umg*) wild horses couldn't drag me there; ***mit ihm kann man ~e stehlen*** (*umg*) he's a great sport (*umg*); ***er ist unser bestes ~ im Stall*** he's our best man **Pferdefliege** *f* horsefly **Pferdefuhrwerk** *n* horse and cart **Pferdegebiss** *n* horsey teeth **Pferdekoppel** *f* paddock **Pferderennbahn** *f* race course **Pferderennen** *n* (*Sportart*) (horse) racing; (*einzelnes Rennen*) (horse) race **Pferdeschwanz** *m* horse's tail; (*Frisur*) ponytail **Pferdesport** *m* equestrian sport **Pferdestall** *m* stable **Pferdestärke** *f* horse power *kein Pl*, hp *abbr* **Pferdezucht** *f* horse breeding; (≈ *Gestüt*) stud farm
Pfiff *m* **a**) whistle; **b**) (≈ *Reiz*) style; ***der Soße fehlt noch der letzte ~*** the sauce still needs that extra something; ***eine Inneneinrichtung mit ~*** a stylish inte-

rior
Pfifferling *m* chanterelle; ***keinen ~ wert*** (*umg*) not worth a thing
pfiffig **1.** *Adj* smart **2.** *Adv* cleverly
Pfingsten *n* Whitsun (*Brit*), Pentecost **Pfingstmontag** *m* Whit Monday (*Brit*), Pentecost Monday (*US*) **Pfingstrose** *f* peony **Pfingstsonntag** *m* Whit Sunday (*Brit*), Pentecost **Pfingstwoche** *f* Whit week (*Brit*), the week of the Pentecost holiday (*US*)
Pfirsich *m* peach **Pfirsichblüte** *f* peach blossom
Pflanz *m* (*österr umg* ≈ *Betrug*) con (*umg*) **Pflanze** *f* **a)** (≈ *Gewächs*) plant; ***~n fressend*** herbivorous; **b)** (*umg: Mensch*) ***sie ist eine seltsame ~*** she is a strange fish (*umg*) **pflanzen** *vt* **a)** to plant; **b)** (*österr umg* ≈ *auf den Arm nehmen*) ***jdn ~*** to take the mickey out of sb (*umg*) **Pflanzenfaser** *f* plant fibre (*Brit*) *od* fiber (*US*) **Pflanzenfett** *n* vegetable fat **pflanzenfressend** *Adj* herbivorous **Pflanzenfresser** *m* herbivore **Pflanzenkunde** *f*, **Pflanzenlehre** *f* botany **Pflanzenmargarine** *f* vegetable margarine **Pflanzenöl** *n* vegetable oil **Pflanzenschutzmittel** *n* pesticide **pflanzlich** **1.** *Adj Fette, Nahrung* vegetable *attr*; *Organismen* plant *attr* **2.** *Adv* ***sich rein ~ ernähren*** to eat no animal products; (*Tier*) to be a herbivore **Pflanzung** *f* (≈ *Plantage*) plantation
P
Pflaster *n* **a)** (≈ *Heftpflaster*) (sticking) plaster (*Brit*), adhesive tape (*US*); **b)** (≈ *Straßenpflaster*) (road) surface; ***ein gefährliches ~*** (*umg*) a dangerous place **pflastern** *vt Straße, Hof* to surface; (*mit Steinplatten*) to pave; ***eine Straße neu ~*** to resurface a road **Pflasterstein** *m* paving stone
Pflaume *f* **a)** plum; ***getrocknete ~*** prune; **b)** (*umg: Mensch*) dope (*umg*) **Pflaumenbaum** *m* plum tree **Pflaumenkuchen** *m* plum tart **Pflaumenmus** *n* plum jam
Pflege *f* care; (*von Beziehungen*) cultivation; (*von Maschinen, Gebäuden*) maintenance; ***jdn/etw in ~ nehmen*** to look after sb/sth; ***jdn/etw in ~ geben*** to have sb/sth looked after; ***ein Kind in ~ nehmen*** to foster a child; ***ein Kind in ~ geben*** to have a child fostered; ***der Garten braucht viel ~*** the garden needs a lot of care and attention **pflegebedürftig** *Adj* in need of care (and attention) **Pflegeberuf** *m* caring profession **Pflegedienst** *m* home nursing service **Pflegeeltern** *Pl* foster parents *Pl* **Pflegefall** *m* ***sie ist ein ~*** she needs constant care **Pflegegeld** *n* (*für Pflegekinder*) boarding-out allowance; (*für Kranke*) attendance allowance **Pflegeheim** *n* nursing home **Pflegekind** *n* foster child **Pflegekosten** *Pl* nursing fees *Pl* **Pflegekostenversicherung** *f* private nursing insurance **pflegeleicht** *Adj* easy-care **Pflegemutter** *f* foster mother **pflegen** **1.** *vt* to look after; *Beziehungen* to cultivate; *Maschinen, Gebäude* to maintain; → ***gepflegt*** **2.** *vi* (≈ *gewöhnlich tun*) to be in the habit (*zu* of); ***sie pflegte zu sagen*** she used to say; ***wie man zu sagen pflegt*** as they say **3.** *vr* (≈ *sein Äußeres pflegen*) to care about one's appearance **Pfleger** *m* (*im Krankenhaus*) orderly; (*voll qualifiziert*) (male) nurse **Pflegerin** *f* nurse **Pflegesohn** *m* foster son **Pflegestation** *f* nursing ward **Pflegetochter** *f* foster daughter **Pflegevater** *m* foster father **Pflegeversicherung** *f* nursing care insurance **pfleglich** **1.** *Adj* careful **2.** *Adv behandeln* carefully, with care
Pflicht *f* **a)** (≈ *Verpflichtung*) duty (*zu* to); ***Rechte und ~en*** rights and responsibilities; ***jdn in die ~ nehmen*** to remind sb of his duty; ***die ~ ruft*** duty calls; ***ich habe es mir zur ~ gemacht*** I've taken it upon myself; ***das ist ~*** you have to do that, it's compulsory; **b)** SPORT compulsory section **pflichtbewusst** *Adj* conscientious **Pflichtbewusstsein** *n* sense of duty **Pflichterfüllung** *f* fulfilment (*Brit*) *od* fulfillment (*US*) of one's duty **Pflichtfach** *n* compulsory subject **Pflichtgefühl** *n* sense of duty **pflichtgemäß** **1.** *Adj* dutiful **2.** *Adv* dutifully **Pflichtübung** *f* compulsory exercise **pflichtversichert** *Adj* compulsorily insured **Pflichtversicherte(r)** *mf* compulsorily insured person **Pflichtversicherung** *f* compulsory insurance
Pflock *m* peg; (*für Tiere*) stake
pflücken *vt* to pick **Pflücker(in)** *m(f)* picker

Pflug *m* plough (*Brit*), plow (*US*) **pflügen** *vti* to plough (*Brit*), to plow (*US*)
Pforte *f* (≈ *Tor*) gate **Pförtner(in)** *m(f)* porter; (*von Fabrik*) gateman/-woman; (*von Behörde*) doorman/-woman
Pfosten *m* post; (≈ *Fensterpfosten*) (window) jamb; (≈ *Türpfosten*) doorpost; FUSSB (goal)post
Pfote *f* paw; ***sich*** (*Dat*) ***die ~n verbrennen*** (*umg*) to burn one's fingers
Pfropf *m* (≈ *Stöpsel*) stopper; (≈ *Kork*) cork; (*von Fass*) bung; (MED ≈ *Blutpfropf*) (blood) clot; (*verstopfend*) blockage **pfropfen** *vt* **a)** *Flasche* to bung, to stop up; **b)** (*umg* ≈ *hineinzwängen*) to cram; ***gepfropft voll*** jam-packed (*umg*) **Pfropfen** *m* = ***Pfropf***
pfui *Interj* (*Ekel*) ugh; (*zu Hunden*) oy; (*Buhruf*) boo; ***~ Teufel*** (*umg*) ugh
Pfund *n* **a)** (≈ *Gewicht*) pound; ***drei ~ Äpfel*** three pounds of apples; **b)** (≈ *Währungseinheit*) pound; ***in ~*** in pounds **Pfundskerl** *m* (*umg*) great guy (*umg*) **pfundweise** *Adv* by the pound
Pfusch *m* **a)** (*umg*) = ***Pfuscherei***; **b)** (*österr* ≈ *Schwarzarbeit*) moonlighting (*umg*) **pfuschen** *vi* **a)** (≈ *schlecht arbeiten*) to bungle; (≈ *einen Fehler machen*) to slip up; **b)** SCHULE to cheat; **c)** (*österr* ≈ *schwarzarbeiten*) to moonlight (*umg*) **Pfuscher(in)** *m(f)* (*umg*) bungler **Pfuscherei** *f* (≈ *das Pfuschen*) bungling *kein Pl*; (≈ *gepfuschte Arbeit*) botch-up (*umg*)
Pfütze *f* puddle
Phallus *m* phallus **Phallussymbol** *n* phallic symbol
Phänomen *n* phenomenon **phänomenal** **1.** *Adj* phenomenal **2.** *Adv* phenomenally (well)
Phantasie *f* = ***Fantasie*** **phantastisch** *Adj, Adv* = ***fantastisch***
Phantom *n* (≈ *Trugbild*) phantom **Phantombild** *n* Identikit® (picture), Photofit® (picture)
Pharmaindustrie *f* pharmaceuticals industry **Pharmakologe** *m*, **Pharmakologin** *f* pharmacologist **Pharmakologie** *f* pharmacology **pharmakologisch** *Adj* pharmacological **Pharmaunternehmen** *n* pharmaceuticals company **Pharmazeut(in)** *m(f)* pharmacist, druggist (*US*) **pharmazeutisch** *Adj* pharmaceutical **Pharmazie** *f* pharmacy, pharmaceutics *Sg*
Phase *f* phase
Philatelie *f* philately **Philatelist(in)** *m(f)* philatelist
Philharmonie *f* (≈ *Orchester*) philharmonic (orchestra); (≈ *Konzertsaal*) philharmonic hall **Philharmoniker(in)** *m(f)* (≈ *Musiker*) member of a philharmonic orchestra
Philippinen *Pl* Philippines *Pl* **philippinisch** *Adj* Filipino
Philologe *m*, **Philologin** *f* philologist **Philologie** *f* philology **philologisch** *Adj* philological
Philosoph(in) *m(f)* philosopher **Philosophie** *f* philosophy **philosophieren** *vi* to philosophize (*über +Akk* about) **philosophisch** **1.** *Adj* philosophical **2.** *Adv* philosophically
Phlegma *n* apathy **Phlegmatiker(in)** *m(f)* apathetic person **phlegmatisch** **1.** *Adj* apathetic **2.** *Adv* apathetically
Phobie *f* phobia (*vor +Dat* about)
Phon *n* phon **Phonetik** *f* phonetics *Sg* **phonetisch** *Adj* phonetic; ***~e Schrift*** phonetic transcription **Phonotypist(in)** *m(f)* audiotypist **Phonstärke** *f* decibel
Phosphat *n* phosphate **phosphatfrei** *Adj* phosphate-free **phosphathaltig** *Adj* containing phosphates **Phosphor** *m* phosphorus **phosphoreszieren** *vi* to phosphoresce
Photo *n* = ***Foto*** **Photosynthese** *f* photosynthesis **Photozelle** *f* photoelectric cell
Phrase *f* phrase; (*pej*) empty phrase; ***abgedroschene ~*** cliché, hackneyed phrase (*Brit*); ***~n dreschen*** (*umg*) to churn out one cliché after another **Phrasendrescher(in)** *m(f)* (*pej*) windbag (*umg*) **phrasenhaft** *Adj* empty, hollow
pH-Wert *m* pH value
Physik *f* physics *Sg* **physikalisch** **1.** *Adj* physical **2.** *Adv* physically **Physiker(in)** *m(f)* physicist **Physiksaal** *m* physics lab **Physikum** *n* UNI *preliminary examination in medicine* **physiologisch** **1.** *Adj* physiological **2.** *Adv* physiologically **Physiotherapeut(in)** *m(f)* physiotherapist **Physiotherapie** *f* physiotherapy **physisch** **1.** *Adj* phys-

P

ical **2.** *Adv* physically
Pianist(in) *m(f)* pianist
Piccolo *m* **a)** (*a.* **Piccoloflasche**) quarter bottle of champagne; **b)** (MUS: *a.* **Piccoloflöte**) piccolo
picheln *vi* (*umg*) to booze (*umg*)
Pichelsteiner *m*, **Pichelsteiner Topf** *m* KOCH meat and vegetable stew
Pick *m* (*österr* ≈ *Klebstoff*) glue
Pickel *m* **a)** spot; **b)** (≈ *Spitzhacke*) pick (-axe) (*Brit*), pick(ax) (*US*); (≈ *Eispickel*) ice axe (*Brit*), ice ax (*US*) **pick(e)lig** *Adj* spotty
picken *vti* **a)** to peck (*nach* at); **b)** (*österr* ≈ *kleben*) to stick
Pickerl *n* (*österr*) **a)** (≈ *Aufkleber*) sticker; **b)** (≈ *Autobahnvignette*) motorway (*Brit*) *od* tollway (*US*) permit (*in the form of a windscreen sticker*)
Picknick *n* picnic; **~ machen** to have a picnic **picknicken** *vi* to (have a) picnic **Picknickkorb** *m* picnic basket; (*größer*) picnic hamper
picobello *Adv* (*umg*) **~ gekleidet** immaculately dressed; **~ sauber** absolutely spotless
Piefke *m* (*österr pej* ≈ *Deutscher*) Kraut (*pej*)
pieken *vti* (*umg*) to prick **piekfein** (*umg*) *Adj* posh (*umg*); **~ eingerichtet sein** to have classy furnishings
piepen *vi* (*Vogel*) to cheep; (*Maus*) to squeak; (*Funkgerät etc*) to bleep; **bei dir piepts wohl!** (*umg*) are you off your rocker? (*umg*); **es war zum Piepen!** (*umg*) it was a scream! (*umg*) **Piepser** *m* (*umg*, TELEK) bleeper **Piepton** *m* bleep
Pier *m* jetty
piercen *vt* to pierce; **sich** (*Dat*) **die Zunge ~ lassen** to get one's tongue pierced **Piercing** *n* **a)** body piercing; **b)** (*Körperschmuck*) piece of body jewellery (*Brit*) *od* jewelry (*US*)
piesacken *vt* (*umg* ≈ *quälen*) to torment
Pietät *f* (≈ *Ehrfurcht*) reverence *kein Pl*; (≈ *Achtung*) respect **pietätlos** *Adj* irreverent; (≈ *ohne Achtung*) lacking in respect
Pigment *n* pigment
Pik *n* (KARTEN) (*Farbe*) spades *Pl*
pikant *Adj* piquant; **~ gewürzt** well-seasoned
Pike *f* pike; **etw von der ~ auf lernen** (*fig*) to learn sth starting from the bottom
pikiert (*umg*) *Adj* put out; **sie machte ein ~es Gesicht** she looked put out
Pikkolo *m* = **Piccolo**
Piktogramm *n* pictogram
Pilates *n* pilates
Pilger(in) *m(f)* pilgrim **Pilgerfahrt** *f* pilgrimage **pilgern** *vi* to make a pilgrimage; (*umg* ≈ *gehen*) to make one's way
Pille *f* pill; **sie nimmt die ~** she's on the pill; **das war eine bittere ~ für ihn** (*fig*) that was a bitter pill for him (to swallow)
Pilot(in) *m(f)* pilot **Pilotfilm** *m* pilot film **Pilotprojekt** *n* pilot scheme
Pils *n*, **Pilsner** *n* Pils
Pilz *m* **a)** fungus; (*giftig*) toadstool; (*essbar*) mushroom; **~e sammeln** to go mushroom-picking; **wie ~e aus dem Boden schießen** to spring up like mushrooms; **b)** (≈ *Hautpilz*) fungal skin infection **Pilzkrankheit** *f* fungal disease **Pilzvergiftung** *f* fungus poisoning
Pin *m* (*von Stecker*) pin
pingelig *Adj* (*umg*) finicky (*umg*)
Pinguin *m* penguin
Pinie *f* pine
pink *Adj* shocking pink
Pinkel *m* (*umg*) **ein feiner ~** a swell, His Highness (*umg*) **pinkeln** *vi* (*umg*) to pee (*umg*)
Pinnwand *f* (notice) board
Pinscher *m* pinscher
Pinsel *m* brush **pinseln** *vti* (*umg* ≈ *streichen*) to paint (*auch* MED); (*pej* ≈ *malen*) to daub
Pinzette *f* (pair of) tweezers *Pl*
Pionier(in) *m(f)* **a)** MIL sapper; **b)** (*fig*) pioneer **Pionierarbeit** *f* pioneering work **Pioniergeist** *m* pioneering spirit
Pipeline *f* pipeline
Pipette *f* pipette
Pipi *n od m* (*Kindspr*) wee(-wee) (*Kindspr*); **~ machen** to do a wee (-wee)
Pirat(in) *m(f)* pirate **Piratenschiff** *n* pirate ship **Piratensender** *m* pirate radio station **Piraterie** *f* (*wörtl*, *fig*) piracy
Pirsch *f* stalk; **auf (die) ~ gehen** to go stalking
PISA-Studie *f* SCHULE PISA study

P

pissen *vi* (*vulg*) to (take a) piss (*sl*); (*sl* ≈ *regnen*) to pour down (*umg*)

Pistazie *f* pistachio

Piste *f* SKI piste; (≈ *Rennbahn*) track; FLUG runway

Pistole *f* pistol; ***jdm die ~ auf die Brust setzen*** (*fig*) to hold a pistol to sb's head; ***wie aus der ~ geschossen*** (*fig*) like a shot (*umg*)

Pit-Bull-Terrier *m* pit bull terrier

pittoresk *Adj* picturesque

Pixel *n* IT pixel

Pizza *f* pizza **Pizzabäcker(in)** *m*(*f*) pizza chef **Pizzagewürz** *n* pizza spice **Pizzeria** *f* pizzeria

Pjöngjang *n* Pyongyang

Pkw *m* car

Placebo *n* placebo

Plackerei *f* (*umg*) grind (*umg*)

plädieren *vi* to plead (*für, auf +Akk* for) **Plädoyer** *n* JUR summation (*US*), summing up; (*fig*) plea

Plafond *m* (*bes südd, schweiz: a. fig*) ceiling

Plage *f* **a**) plague; **b**) (*fig* ≈ *Mühe*) nuisance; ***sie hat ihre ~ mit ihm*** he's a trial for her **plagen** **1.** *vt* to plague; ***ein geplagter Mann*** a harassed man **2.** *vr* **a**) (≈ *leiden*) to be troubled (*mit* by); **b**) (≈ *sich abrackern*) to slave away (*umg*)

Plagiat *n* **a**) (≈ *geistiger Diebstahl*) plagiarism; **b**) (*Buch, Film etc*) book/film *etc* resulting from plagiarism; ***dieses Buch ist ein ~*** this book is plagiarism **plagiieren** *vti* to plagiarize

Plakat *n* (*an Litfaßsäulen etc*) poster; (*aus Pappe*) placard **plakatieren** *vt* to placard; (*fig*) to broadcast **Plakatwerbung** *f* poster advertising

Plakette *f* (≈ *Abzeichen*) badge

Plan[1] *m* **a**) plan; ***wir haben den ~, ...*** we're planning to ...; **b**) (≈ *Stadtplan*) (street) map; (≈ *Bauplan*) plan; (≈ *Zeittafel*) schedule

Plan[2] *m* ***auf den ~ treten*** (*fig*) to arrive *od* come on the scene; ***jdn auf den ~ rufen*** (*fig*) to bring sb into the arena

Plane *f* tarpaulin; (≈ *Schutzdach*) canopy

planen *vti* to plan **Planer(in)** *m*(*f*) planner

Planet *m* planet **planetarisch** *Adj* planetary **Planetarium** *n* planetarium

Planfeststellungsverfahren *n* BAU planning permission hearings *Pl*

planieren *vt Boden* to level (off); *Werkstück* to planish **Planierraupe** *f* bulldozer

Planke *f* plank; (≈ *Leitplanke*) crash barrier

Plänkelei *f* (*fig*) squabble **plänkeln** *vi* (*fig*) to squabble

Plankton *n* plankton

planlos **1.** *Adj* unmethodical; (≈ *ziellos*) random **2.** *Adv umherirren* aimlessly; *vorgehen* without any clear direction **Planlosigkeit** *f* lack of planning **planmäßig** **1.** *Adj* (≈ *wie geplant*) as planned; (≈ *pünktlich*) on schedule; ***~e Ankunft/Abfahrt*** scheduled time of arrival/departure **2.** *Adv* **a**) (≈ *systematisch*) systematically; **b**) (≈ *fahrplanmäßig*) on schedule

Planschbecken *n* paddling pool (*Brit*), wading pool (*US*) **planschen** *vi* to splash around

Planspiel *n* experimental game; MIL map exercise

Planstelle *f* post

Plantage *f* plantation

Planung *f* planning; ***diese Straße ist noch in ~*** this road is still being planned **Planwirtschaft** *f* planned economy

Plappermaul *n* (*umg*) (≈ *Mund*) big mouth (*umg*); (≈ *Schwätzer*) windbag (*umg*) **plappern** *vi* to chatter; (≈ *Geheimnis verraten*) to blab (*umg*)

plärren *vti* (*umg* ≈ *weinen*) to howl; (*Radio*) to blare (out); (≈ *schreien*) to yell

Plasma *n* plasma

Plastik[1] *n* (≈ *Kunststoff*) plastic

Plastik[2] *f* (≈ *Skulptur*) sculpture

Plastikbeutel *m* plastic bag **Plastikflasche** *f* plastic bottle **Plastikfolie** *f* plastic film **Plastikgeld** *n* (*umg*) plastic money **Plastiksack** *m* (large) plastic bag **Plastiksprengstoff** *m* plastic explosive **Plastiktüte** *f* plastic bag **plastisch** **1.** *Adj* **a**) (≈ *dreidimensional*) three-dimensional, 3-D; (*fig: anschaulich*) vivid; **b**) KUNST plastic; ***die ~e Kunst*** plastic art; **c**) MED *Chirurgie* plastic **2.** *Adv* **a**) (*räumlich*) three-dimensionally; **b**) (*fig: anschaulich*) ***etw ~ schildern*** to give a graphic description of sth; ***das kann ich mir ~ vorstellen*** I can just imagine it

Platane *f* plane tree
Plateau *n* **a**) plateau; **b**) (*von Schuh*) platform **Plateausohle** *f* platform sole
Platin *n* platinum
Platine *f* IT circuit board
platonisch *Adj* Platonic; (≈ *nicht sexuell*) platonic
platschen *vi* (*umg*) to splash
plätschern *vi* (*Bach*) to babble; (*Brunnen*) to splash; (*Regen*) to patter
platt 1. *Adj* **a**) (≈ *flach*) flat; ***einen Platten haben*** (*umg*) to have a flat tyre (*Brit*) *od* tire (*US*); **b**) (*umg* ≈ *verblüfft*) ***~ sein*** to be flabbergasted (*umg*) **2.** *Adv walzen* flat; ***etw ~ drücken*** to press sth flat **Platt** *n* (*umg*) Low German, Plattdeutsch **plattdeutsch** *Adj* Low German **Platte** *f* **a**) (≈ *Holzplatte*) piece of wood, board; (*zur Wandverkleidung*) panel; (≈ *Glasplatte/Metallplatte/Plastikplatte*) piece of glass/metal/plastic; (≈ *Steinplatte*) slab; (≈ *Kachel*, *Fliese*) tile; (≈ *Grabplatte*) gravestone; (≈ *Herdplatte*) hotplate; (≈ *Tischplatte*) (table) top; FOTO plate; (≈ *Gedenktafel*) plaque; IT disk; **b**) (≈ *Schallplatte*) record; **c**) (*umg*) (≈ *Glatze*) bald head **plätten** *vt* (*dial*) to iron **Plattenlaufwerk** *n* IT disk drive **Plattensammlung** *f* record collection **Plattenspieler** *m* record player **Plattenteller** *m* turntable **Plattfisch** *m* flatfish **Plattform** *f* platform; (*fig* ≈ *Grundlage*) basis **Plattfuß** *m* flat foot **Plattheit** *f* **a**) (≈ *Flachheit*) flatness; **b**) (≈ *Redensart etc*) platitude, cliché **Plättli** *n* (*schweiz* ≈ *Fliese*, *Kachel*) tile **plattmachen** *vt* (*umg*) to level; (≈ *töten*) to do in (*umg*)
Platz *m* **a**) (≈ *freier Raum*) room; ***~ für jdn/etw schaffen*** to make room for sb/sth; ***~ einnehmen*** to take up room; ***~ raubend*** = ***platzraubend***; ***~ sparend*** = ***platzsparend***; ***jdm den (ganzen) ~ wegnehmen*** to take up all the room; ***jdm ~ machen*** to make room for sb; (≈ *vorbeigehen lassen*) to make way for sb (*auch fig*); ***~ machen*** to get out of the way (*umg*); ***mach mal ein bisschen ~*** make a bit of room; **b**) (≈ *Sitzplatz*) seat; ***~ nehmen*** to take a seat; ***ist hier noch ein ~ frei?*** is it okay to sit here?; ***dieser ~ ist belegt*** *od* ***besetzt*** this seat's taken; ***~!*** (*zum Hund*) (lie) down!; **c**) (≈ *Stelle*, *Standort*) place; ***das Buch steht nicht an seinem ~*** the book isn't in (its) place; ***etw (wieder) an seinen ~ stellen*** to put sth (back) in (its) place; ***fehl*** *od* ***nicht am ~(e) sein*** to be out of place; ***auf die Plätze, fertig, los!*** (*beim Sport*) on your marks, get set, go!; ***den ersten ~ einnehmen*** (*fig*) to take first place; ***auf ~ zwei*** in second place; **d**) (≈ *umbaute Fläche*) square; **e**) (≈ *Sportplatz*) playing field; FUSSB pitch; (≈ *Tennisplatz*) court; (≈ *Golfplatz*) (golf) course; ***einen Spieler vom ~ verweisen*** to send a player off (*Brit*), to eject a player (*US*); ***auf gegnerischem ~*** away; ***auf eigenem ~*** at home; **f**) (≈ *Ort*) town, place; ***das erste Hotel am ~(e)*** the best hotel in town **Platzangst** *f* (*umg* ≈ *Beklemmung*) claustrophobia **Platzanweiser** *m* usher **Platzanweiserin** *f* usherette

> **Platz (Sitzplatz)**
>
> Unterschiedliche Sichtweisen und Formulierungskonventionen in verwandten Sprachen: Im Englischen fragt man eher, ob ein Sitzplatz schon besetzt ist (**taken**), statt ob er noch frei ist (**free**).

Plätzchen *n* (*Gebäck*) biscuit (*Brit*), cookie (*US*)
platzen *vi* **a**) (≈ *aufreißen*) to burst; (*Naht*, *Haut*) to split; (≈ *explodieren*) to explode; (≈ *einen Riss bekommen*) to crack; ***mir ist unterwegs ein Reifen geplatzt*** I had a blowout on the way (*umg*); ***ins Zimmer ~*** (*umg*) to burst into the room; ***jdm ins Haus ~*** (*umg*) to descend on sb; ***(vor Wut/Ungeduld) ~*** (*umg*) to be bursting (with rage/impatience); **b**) (*umg* ≈ *scheitern*, *Plan*, *Vertrag*) to fall through; (*Freundschaft*, *Koalition*) to break up; (*Wechsel*) to bounce (*umg*); ***die Verlobung ist geplatzt*** the engagement is (all) off; ***etw ~ lassen*** *Plan*, *Vertrag* to make sth fall through; *Verlobung* to break sth off; *Koalition* to break sth up

P

Platzhalter *m* place marker **Platzhirsch** *m* dominant male **platzieren** **1.** *vt* **a)** to put, to place; TENNIS to seed; **b)** (≈ *zielen*) *Ball* to place; *Schlag* to land **2.** *vr* **a)** (*umg* ≈ *sich setzen etc*) to plant oneself (*umg*); **b)** SPORT to be placed; ***der Läufer konnte sich gut ~*** the runner was well-placed **Platzierung** *f* (*bei Rennen*) order; TENNIS seeding; (≈ *Platz*) place **Platzkarte** *f* BAHN seat reservation (ticket) **Platzmangel** *m* shortage of space **Platzpatrone** *f* blank (cartridge) **platzraubend** *Adj* space-consuming **Platzregen** *m* cloudburst **platzsparend** *Adj* space-saving *attr*; *bauen, unterbringen* (in order) to save space **Platzverweis** *m* sending-off (*Brit*), ejection (*US*) **Platzwart(in)** *m(f)* SPORT groundsman **Platzwunde** *f* cut

Plauderei *f* chat **Plauderer** *m*, **Plauderin** *f* conversationalist **plaudern** *vi* to chat (*über +Akk, von* about); (≈ *verraten*) to talk

plausibel **1.** *Adj Erklärung* plausible **2.** *Adv* plausibly; ***jdm etw ~ machen*** to explain sth to sb

Play-back *n*, **Playback** *n* (≈ *Band*) (*bei Musikaufnahme*) backing track; ***~ singen*** to mime **Playboy** *m* playboy **Playgirl** *n* playgirl

Plazenta *f* placenta

plazieren *vt* → ***platzieren***

Plebiszit *n* plebiscite

pleite *Adj, Adv* (*umg*) *Mensch* broke (*umg*) **Pleite** *f* (*umg*) bankruptcy; (*fig*) flop (*umg*); ***~ machen*** to go bankrupt; ***~ gehen*** to go bust **pleitegehen** *vi* (*umg*) to go bust

Plenarsaal *m* chamber **Plenarsitzung** *f* plenary session **Plenum** *n* plenum

Pleuelstange *f* connecting rod

Plissee *n* pleats *Pl* **Plisseerock** *m* pleated skirt **plissieren** *vt* to pleat

Plombe *f* **a)** (≈ *Siegel*) lead seal; **b)** (≈ *Zahnplombe*) filling **plombieren** *vt* **a)** (≈ *versiegeln*) to seal; **b)** *Zahn* to fill

Plotter *m* IT plotter

plötzlich **1.** *Adj* sudden **2.** *Adv* suddenly; ***aber ein bisschen ~!*** (*umg*) (and) make it snappy! (*umg*) **Plötzlichkeit** *f* suddenness

plump **1.** *Adj Figur* ungainly *kein Adv*; *Ausdruck* clumsy; *Benehmen* crass; *Lüge, Trick* obvious **2.** *Adv sich bewegen* awkwardly; *sich ausdrücken* clumsily **Plumpheit** *f* (*von Figur*) ungainliness; (*von Ausdruck*) clumsiness; (*von Benehmen*) crassness; (*von Lüge, Trick*) obviousness

plumps *Interj* bang; (*lauter*) crash **Plumps** *m* (*umg*) (≈ *Fall*) fall; (*Geräusch*) bump **plumpsen** *vi* (*umg*) (≈ *fallen*) to tumble

plumpvertraulich *Adj* overly chummy (*umg*)

Plunder *m* junk

Plünderer *m*, **Plünderin** *f* looter, plunderer **plündern** *vti* to loot; (≈ *ausrauben*) to raid **Plünderung** *f* looting

Plural *m* plural; ***im ~ stehen*** to be (in the) plural **Pluralismus** *m* pluralism **pluralistisch** *Adj* pluralistic (*förml*)

plus **1.** *Präp +Gen* plus **2.** *Adv* plus; ***bei ~ 5 Grad*** at 5 degrees (above freezing); ***~ minus 10*** plus or minus 10 **Plus** *n* **a)** (≈ *Pluszeichen*) plus (sign); **b)** (*bes* HANDEL ≈ *Zuwachs*) increase; (≈ *Gewinn*) profit; (≈ *Überschuss*) surplus; **c)** (*fig* ≈ *Vorteil*) advantage; ***das ist ein ~ für dich*** that's a point in your favour (*Brit*) *od* favor (*US*)

Plüsch *m* plush **Plüschtier** *n* ≈ soft toy

Pluspol *m* ELEK positive pole **Pluspunkt** *m* SPORT point; (*fig*) advantage **Plusquamperfekt** *n* pluperfect **Pluszeichen** *n* plus sign

Pluto *m* ASTRON Pluto

Plutonium *n* plutonium

Pneu *m* (*bes schweiz*) tyre (*Brit*), tire (*US*) **pneumatisch** **1.** *Adj* pneumatic **2.** *Adv* pneumatically

Po *m* (*umg*) bottom

Pöbel *m* rabble **pöbelhaft** *Adj* uncouth, vulgar **pöbeln** *vi* to swear

pochen *vi* to knock; (*Herz*) to pound; ***auf etw*** (*Akk*) ***~*** (*fig*) to insist on sth

Pocke *f* **a)** pock; **b)** **Pocken** *Pl* smallpox **Pockennarbe** *f* pockmark **Pocken(schutz)impfung** *f* smallpox vaccination

Podest *n od m* pedestal; (≈ *Podium*) platform

Podium *n* platform; (*des Dirigenten*) podium **Podiumsdiskussion** *f* panel discussion

Poesie *f* poetry **Poesiealbum** *n* autograph book **Poetik** *f* poetics *Sg* **poetisch** **1.** *Adj* poetic **2.** *Adv* poetically

Pogrom *n od m* pogrom

P

Pointe *f* (*eines Witzes*) punch line; (*einer Geschichte*) point **pointiert** **1.** *Adj* pithy **2.** *Adv* pithily
Pokal *m* (*zum Trinken*) goblet; SPORT cup **Pokalfinale** *n* cup final **Pokalrunde** *f* round (of the cup) **Pokalsieger(in)** *m(f)* cup winners *Pl* **Pokalspiel** *n* cup tie
Pökelfleisch *n* salt meat **pökeln** *vt Fleisch* to salt
Poker *n* poker **pokern** *vi* to play poker; (*fig*) to gamble; ***hoch ~*** (*fig*) to take a big risk
Pol *m* pole; ***der ruhende ~*** (*fig*) the calming influence **polar** *Adj* polar **Polareis** *n* polar ice **polarisieren** *vtr* to polarize **Polarisierung** *f* polarization **Polarkreis** *m* ***nördlicher/südlicher ~*** Arctic/Antarctic circle **Polarmeer** *n* ***Nördliches/Südliches ~*** Arctic/Antarctic Ocean
Polaroidkamera® *f* Polaroid® camera
Polarstern *m* Pole Star
Pole *m* Pole
Polemik *f* polemics *Sg* (*gegen* against) **Polemiker(in)** *m(f)* controversialist, polemicist **polemisch** *Adj* polemic(al) **polemisieren** *vi* to polemicize; ***~ gegen*** to inveigh against
Polen *n* Poland
Polenta *f* KOCH polenta
Police *f* (insurance) policy
polieren *vt* to polish
Poliklinik *f* clinic (*for outpatients only*)
Polin *f* Pole
Polio *f* polio
Politbüro *n* Politburo
Politesse *f* (woman) traffic warden
Politik *f* **a)** politics *Sg*; (≈ *politischer Standpunkt*) politics *Pl*; ***in die ~ gehen*** to go into politics; **b)** (≈ *bestimmte Politik*) policy; ***eine ~ verfolgen*** to pursue a policy **Politiker(in)** *m(f)* politician **politisch** **1.** *Adj* political **2.** *Adv* politically; ***sich ~ betätigen*** to be involved in politics; ***~ interessiert sein*** to be interested in politics **politisieren** **1.** *vi* to politicize **2.** *vt* to politicize; *jdn* to make politically aware **Politologe** *m*, **Politologin** *f* political scientist **Politologie** *f* political science
Politur *f* polish
Polizei *f* police *Pl*; ***zur ~ gehen*** to go to the police; ***er ist bei der ~*** he's in the police (force) **Polizeiaufgebot** *n* police presence **Polizeiauto** *n* police car **Polizeibeamte(r)** *m*, **Polizeibeamtin** *f* police official; (≈ *Polizist*) police officer **Polizeidienststelle** *f* (*förml*) police station **Polizeieinsatz** *m* police action *od* intervention **Polizeifunk** *m* police radio **Polizeikette** *f* police cordon **Polizeiknüppel** *m* truncheon **Polizeikontrolle** *f* police check; (≈ *Kontrollpunkt*) police checkpoint **polizeilich** **1.** *Adj* police *attr*; ***~es Führungszeugnis*** *certificate issued by the police, stating that the holder has no criminal record* **2.** *Adv ermittelt werden* by the police; ***~ überwacht werden*** to be under police surveillance; ***sie wird ~ gesucht*** the police are looking for her; ***sich ~ melden*** to register with the police **Polizeirevier** *n* **a)** (≈ *Polizeiwache*) police station; **b)** (*Bezirk*) (police) district, precinct (*US*) **Polizeischutz** *m* police protection **Polizeistaat** *m* police state **Polizeistreife** *f* police patrol **Polizeistunde** *f* closing time **Polizeiwache** *f* police station **Polizist** *m* policeman **Polizistin** *f* policewoman

> ### Politik: politics oder policy?
>
> **Politics** ist der abstrakte Begriff, **a policy** die konkrete Politik, z. B. Außen- oder Sozialpolitik.
>
> | | |
> |---|---|
> | Sie hat sich schon immer für Politik interessiert. | **She has always been interested in politics.** |
> | Parteipolitik | **party politics** |
> | die Außenpolitik der Bundesregierung | **the Federal Government's foreign policy** |

Pollen *m* pollen **Pollenflug** *m* pollen count **Pollenwarnung** *f* pollen warning
polnisch *Adj* Polish
Polo *n* polo **Polohemd** *n* sports shirt
Polster *n od* (*österr*) *m* **a)** cushion; (≈ *Polsterung*) upholstery *kein Pl*; **b)** (*fig*) (≈ *Fettpolster*) flab *kein Pl* (*umg*); (≈ *Reserve*) reserve **Polstergarnitur** *f* three-piece suite **Polster-**

P

möbel *Pl* upholstered furniture *Sg* **polstern** *vt* to upholster; *Kleidung* to pad; ***sie ist gut gepolstert*** she's well-padded **Polstersessel** *m* armchair, easy chair **Polsterung** *f* (≈ *Polster*) upholstery

Polterabend *m party on the eve of a wedding, at which old crockery is smashed to bring good luck* **Poltergeist** *m* poltergeist **poltern** *vi* **a)** (≈ *Krach machen*) to crash about; ***es fiel ~d zu Boden*** it crashed to the floor; **b)** (*umg* ≈ *schimpfen*) to rant (and rave); **c)** (*umg* ≈ *Polterabend feiern*) *to celebrate on the eve of a wedding*

Polyacryl *n* **a)** CHEM polyacrylics *sing*; **b)** TEX acrylics *Sg* **Polyamid®** *n* polyamide **Polyester** *m* polyester **polygam** *Adj* polygamous **Polygamie** *f* polygamy

Polynesien *n* Polynesia **polynesisch** *Adj* Polynesian

Polyp *m* **a)** ZOO polyp; **b)** MED ***~en*** adenoids

Polytechnikum *n* polytechnic

Pomade *f* hair cream

Pommern *n* Pomerania

Pommes *Pl* (*umg*) chips *Pl* (*Brit*), (French) fries *Pl* **Pommesbude** *f* (*umg*) fast food stand **Pommes frites** *Pl* chips *Pl* (*Brit*), French fries *Pl*

Pomp *m* pomp **pompös** **1.** *Adj* grandiose **2.** *Adv* grandiosely

Pontius *m* ***von ~ zu Pilatus*** from one place to another

Pony[1] *n* pony

Pony[2] *m* (*Frisur*) fringe (*Brit*), bangs *Pl* (*US*)

Pool(billard) *n* pool

Pop *m* MUS pop; KUNST pop art

Popcorn *n* popcorn

Popel *m* (*umg*) (≈ *Nasenpopel*) bogey (*Brit umg*), booger (*US umg*) **popelig** (*umg*) *Adj* **a)** (≈ *knauserig*) stingy (*umg*); ***~e zwei Euro*** a lousy two euros (*umg*); **b)** (≈ *dürftig*) crummy (*umg*)

Popeline *f* poplin

popeln *vi* (*umg*) (***in der Nase***) ~ to pick one's nose

Popgruppe *f* pop group **Popkonzert** *n* pop concert **Popmusik** *f* pop music

Popo *m* (*umg*) bottom

poppig (*umg*) *Adj Kleidung* loud and trendy; *Farben* bright and cheerful

Popsänger(in) *m(f)* pop singer **Popstar** *m* pop star **Popszene** *f* pop scene

populär *Adj* popular (*bei* with) **Popularität** *f* popularity **populistisch** **1.** *Adj* populist **2.** *Adv* in a populist way

Pore *f* pore

Porno *m* (*umg*) porn (*umg*) **Pornofilm** *m* porn movie **Pornografie** *f* pornography **pornografisch** *Adj* pornographic **Pornoheft** *n* porn magazine

porös *Adj* (≈ *durchlässig*) porous; (≈ *brüchig*) *Leder* perished

Porree *m* leek

Port *m* IT port

Portal *n* portal

Portemonnaie *n* purse

Portier *m* = ***Pförtner***

Portion *f* (*beim Essen*) portion, helping; ***eine halbe ~*** (*fig umg*) a half pint (*umg*); ***er besitzt eine gehörige ~ Mut*** he's got a fair amount of courage

Portmonee *n* purse

Porto *n* postage *kein Pl* (*für* on, for) **portofrei** *Adj*, *Adv* postage paid **Portokasse** *f* ≈ petty cash (*for postal expenses*)

Porträt *n* portrait **porträtieren** *vt* (*fig*) to portray; ***jdn ~*** to paint sb's portrait

Portugal *n* Portugal **Portugiese** *m*, **Portugiesin** *f* Portuguese **portugiesisch** *Adj* Portuguese

Portwein *m* port

Porzellan *n* china

Posaune *f* trombone; (*fig*) trumpet **Posaunist(in)** *m(f)* trombonist

Pose *f* pose **posieren** *vi* to pose **Position** *f* position; (HANDEL ≈ *Posten einer Liste*) item **positionieren** *vt* to position **Positionierung** *f* positioning

positiv **1.** *Adj* positive; ***eine ~e Antwort*** an affirmative (answer) **2.** *Adv* positively; ***~ denken*** to think positively; ***~ zu etw stehen*** to be in favour (*Brit*) *od* favor (*US*) of sth

Positur *f* posture; ***sich in ~ setzen/stellen*** to take up a posture

Posse *f* farce

possessiv *Adj* possessive **Possessivpronomen** *n* possessive pronoun

possierlich *Adj* comical

Post *f* post (*Brit*), mail; ***die ~®*** the Post Office; ***etw mit der ~ schicken*** to send sth by mail; ***mit gleicher ~*** by the same post (*Brit*), in the same mail (*US*); ***mit getrennter ~*** under separate cover **postalisch** **1.** *Adj* postal **2.** *Adv* by

P

mail (*Brit*) **Postamt** *n* post office **Postanschrift** *f* postal address **Postanweisung** *f* ≈ money order (*Brit*) **Postausgang** *m* outgoing mail; INTERNET out mail **Postbank** *f* Post Office Savings Bank **Postbeamte(r)** *m*, **Postbeamtin** *f* post office official **Postbote** *m* postman, mailman (*US*) **Postbotin** *f* postwoman, mailwoman (*US*) **Postdienst** *m* postal service, the mail (*US*) **Posteingang** *m* incoming mail

Posten *m* **a)** (≈ *Anstellung*) position; **b)** (MIL ≈ *Wachmann*) guard; (≈ *Stelle*) post; ***~ stehen*** to stand guard; **c)** (*fig*) ***auf dem ~ sein*** (≈ *aufpassen*) to be awake; (≈ *gesund sein*) to be fit; ***nicht ganz auf dem ~ sein*** to be (a bit) under the weather; **d)** (≈ *Streikposten*) picket; **e)** (HANDEL ≈ *Warenmenge*) quantity; **f)** (HANDEL: *im Etat*) item

Poster *n* poster

Postfach *n* PO box **Postfachnummer** *f* (PO *od* post office) box number **postfrisch** *Adj Briefmarke* mint **Postgeheimnis** *n* secrecy of the post (*Brit*) *od* mail **Postgirokonto** *n* Post Office Giro account (*Brit*), state-owned bank account (*US*) **Posthorn** *n* post horn

posthum *Adj, Adv* = ***postum***

postieren 1. *vt* to post, to station **2.** *vr* to position oneself

Postkarte *f* postcard **postlagernd** *Adj, Adv* poste restante (*Brit*), general delivery (*US*) **Postleitzahl** *f* post(al) code, Zip code (*US*) **Postler(in)** *m(f)*, **Pöstler(in)** *m(f)* (*schweiz umg*) post office worker

postmodern *Adj* postmodern **Postomat** *m* (*schweiz*) cash machine, ATM **Postskript** *n* postscript, PS

Postsparbuch *n* Post Office savings book **Poststempel** *m* postmark; ***Datum des ~s*** date as postmark

Postulat *n* (≈ *Annahme*) postulate **postulieren** *vt* to postulate

postum 1. *Adj* posthumous **2.** *Adv* posthumously

postwendend *Adv* by return mail; (*fig*) straight away **Postwertzeichen** *n* (*förml*) postage stamp (*förml*) **Postwurfsendung** *f* direct-mail advertising

potent *Adj* **a)** (*sexuell*) potent; **b)** (≈ *stark*) *Gegner, Waffe* powerful; **c)** (≈ *zahlungskräftig*) financially powerful **Potential** *n* = ***Potenzial*** **potentiell** *Adj, Adv* = ***potenziell*** **Potenz** *f* **a)** MED potency; (*fig*) ability; **b)** MATHE power; ***zweite ~*** square; ***dritte ~*** cube **Potenzial** *n* potential **potenziell 1.** *Adj* potential **2.** *Adv* potentially

Potpourri *n* potpourri (*aus* +*Dat* of)

Pott *m* (*umg*) pot; (≈ *Schiff*) ship **potthässlich** (*umg*) *Adj* ugly as sin **Pottwal** *m* sperm whale

Poulet *n* (*schweiz*) chicken

Powerfrau *f* (*umg*) high-powered career woman

Powidl *m* (*österr* ≈ *Pflaumenmus*) plum jam

Präambel *f* preamble (+*Gen* to)

Pracht *f* splendour (*Brit*), splendor (*US*); ***es ist eine wahre ~*** it's (really) fantastic **Prachtbau** *m* magnificent building **Prachtexemplar** *n* prime specimen; (*fig*: *Mensch*) fine specimen **prächtig 1.** *Adj* (≈ *prunkvoll*) splendid; (≈ *großartig*) marvellous (*bes Brit*), marvelous (*US*) **2.** *Adv* **a)** (≈ *prunkvoll*) magnificently; **b)** (≈ *großartig*) marvellously (*bes Brit*), marvelously (*US*) **Prachtkerl** *m* (*umg*) great guy (*umg*) **Prachtstraße** *f* boulevard **Prachtstück** *n* = ***Prachtexemplar*** **prachtvoll** *Adj, Adv* = ***prächtig***

prädestinieren *vt* to predestine (*für* for)

Prädikat *n* **a)** GRAM predicate; **b)** (≈ *Bewertung*) ***Wein mit ~*** special quality wine **Prädikatswein** *m* top quality wine

Präfix *n* prefix

Prag *n* Prague

prägen *vt* **a)** *Münzen* to mint; *Leder, Papier, Metall* to emboss; (≈ *erfinden*) *Wörter* to coin; **b)** (*fig* ≈ *formen*) *Charakter* to shape; (*Erfahrungen*) *jdn* to leave its/their mark on; ***ein vom Leid geprägtes Gesicht*** a face marked by suffering; **c)** (≈ *kennzeichnen*) to characterize

PR-Agentur *f* PR agency

Pragmatiker(in) *m(f)* pragmatist **pragmatisch 1.** *Adj* pragmatic **2.** *Adv* pragmatically

prägnant 1. *Adj Worte* succinct; *Beispiel* striking **2.** *Adv* succinctly **Präg-**

P

nanz *f* succinctness
Prägung *f* **a)** (*auf Münzen*) strike; (*auf Leder, Metall, Papier*) embossing; **b)** (≈ *Eigenart*) character; ***Kommunismus sowjetischer ~*** soviet-style communism
prähistorisch *Adj* prehistoric
prahlen *vi* to boast (*mit* about) **Prahlerei** *f* (≈ *Großsprecherei*) boasting *kein Pl*; (≈ *das Zurschaustellen*) showing-off; ***~en*** boasts **prahlerisch** **1.** *Adj* (≈ *großsprecherisch*) boastful, bragging *attr*; (≈ *großtuerisch*) flashy (*umg*) **2.** *Adv* boastfully; ***~ reden*** to brag
Praktik *f* (≈ *Methode*) procedure; (*mst Pl* ≈ *Kniff*) practice **praktikabel** *Adj* practicable **Praktikant(in)** *m(f)* *student doing a period of practical training* **Praktikum** *n* (period of) practical training **praktisch** **1.** *Adj* practical; ***~er Arzt*** general practitioner; ***~es Beispiel*** concrete example **2.** *Adv* (≈ *in der Praxis*) in practice; (≈ *so gut wie*) practically **praktizieren** *vi* to practise (*Brit*), to practice (*US*); ***sie praktiziert als Ärztin*** she is a practising (*Brit*) *od* practicing (*US*) doctor
Praline *f* chocolate, chocolate candy (*US*)
prall **1.** *Adj Sack, Brieftasche* bulging; *Segel* full; *Tomaten* firm; *Euter* swollen; *Brüste, Hintern* well-rounded; *Arme, Schenkel* big strong *attr*; *Sonne* blazing **2.** *Adv* ***~ gefüllt*** *Tasche, Kasse etc* full to bursting **Prall** *m* collision (*gegen* with) **prallen** *vi* ***gegen etw ~*** to collide with sth; (*Ball*) to bounce against sth; ***die Sonne prallte auf die Fenster*** the sun beat down on the windows **prallvoll** *Adj* full to bursting; *Brieftasche* bulging
Prämie *f* premium; (≈ *Belohnung*) bonus; (≈ *Preis*) prize **prämienbegünstigt** *Adj* carrying a premium **prämieren** *vt* (≈ *auszeichnen*) to give an award; (≈ *belohnen*) to give a bonus; ***der prämierte Film*** the award-winning film
Prämisse *f* premise
pränatal *Adj Diagnostik* prenatal; *Untersuchung* antenatal, prenatal (*bes US*)
Pranger *m* stocks *Pl*; ***jdn/etw an den ~ stellen*** (*fig*) to pillory sb/sth
Pranke *f* paw
Präparat *n* preparation; (*für Mikroskop*) slide preparation **präparieren** *vt* **a)** (≈ *konservieren*) to preserve; *Tier* to prepare; **b)** (MED ≈ *zerlegen*) to dissect; **c)** (*geh* ≈ *vorbereiten*) to prepare
Präposition *f* preposition
Prärie *f* prairie
Präsens *n* present (tense) **präsent** *Adj* (≈ *anwesend*) present; (≈ *geistig rege*) alert; ***etw ~ haben*** to have sth at hand **präsentabel** *Adj* presentable **Präsentation** *f* presentation **präsentieren** *vt* to present; ***jdm etw ~*** to present sb with sth **Präsentkorb** *m* gift basket; (*mit Lebensmitteln*) (food) hamper **Präsenz** *f* (*geh*) presence **Präsenzdiener(in)** *m(f)* (*österr*) conscript (*Brit*), draftee (*US*) **Präsenzdienst** *m* (*österr*) military service
Präservativ *n* condom
Präsident(in) *m(f)* president **Präsidentschaft** *f* presidency **Präsidentschaftskandidat(in)** *m(f)* presidential candidate
Präsidium *n* (≈ *Vorsitz*) presidency; (≈ *Führungsgruppe*) committee; (≈ *Polizeipräsidium*) (police) headquarters *Pl*
prasseln *vi* **a)** to clatter; (*Regen*) to drum; (*fig*: *Vorwürfe*) to rain down; **b)** (*Feuer*) to crackle
prassen *vi* (≈ *schlemmen*) to feast; (≈ *in Luxus leben*) to live the high life
Präteritum *n* preterite
Prävention *f* prevention (*gegen* of) **präventiv** **1.** *Adj* prevent(at)ive **2.** *Adv* prevent(at)ively; ***etw ~ bekämpfen*** to use prevent(at)ive measures against sth **Präventivkrieg** *m* prevent(at)ive war **Präventivmedizin** *f* prevent(at)ive medicine **Präventivschlag** *m* MIL pre-emptive strike
Praxis *f* **a)** practice; (≈ *Erfahrung*) experience; ***in der ~*** in practice; ***etw in die ~ umsetzen*** to put sth into practice; ***ein Beispiel aus der ~*** an example from real life; **b)** (*eines Arztes, Rechtsanwalts*) practice; (≈ *Behandlungsräume*) surgery (*Brit*), doctor's office (*US*); (≈ *Anwaltsbüro*) office; **c)** (≈ *Sprechstunde*) consultation (hour), surgery (*Brit*) **Praxisgebühr** *f* MED practice (*Brit*) *od* office (*US*) fee **praxisorientiert** *Adj Ausbildung*

P

practically orientated
Präzedenzfall *m* precedent
präzis(e) **1.** *Adj* precise **2.** *Adv* precisely; ***sie arbeitet sehr ~*** her work is very precise **Präzision** *f* precision
predigen **1.** *vt* REL to preach **2.** *vi* to give a sermon **Prediger(in)** *m(f)* preacher **Predigt** *f* sermon
Preis *m* **a)** price (*für* of); ***etw unter ~ verkaufen*** to sell sth off cheap; ***zum halben ~*** half-price; ***um jeden ~*** (*fig*) at all costs; ***ich gehe um keinen ~ hier weg*** (*fig*) I'm not leaving here at any price; **b)** (*bei Wettbewerben*) prize; (≈ *Auszeichnung*) award; **c)** (≈ *Belohnung*) reward; ***einen ~ auf jds Kopf aussetzen*** to put a price on sb's head **Preisabsprache** *f* price-fixing *kein Pl* **Preisänderung** *f* price change **Preisanstieg** *m* rise in prices **Preisausschreiben** *n* competition **preisbewusst** *Adj* price-conscious; ***~ einkaufen*** to shop around **Preisbindung** *f* price fixing
Preiselbeere *f* cranberry
preisen *vt* (*geh*) to extol, to praise; ***sich glücklich ~*** to consider *od* count oneself lucky
Preisentwicklung *f* price trend **Preiserhöhung** *f* price increase **Preisfrage** *f* **a)** question of price; **b)** (*beim Preisausschreiben*) prize question; (*umg* ≈ *schwierige Frage*) big question
preisgeben *vt* (*geh*) **a)** (≈ *ausliefern*) to expose; **b)** (≈ *aufgeben*) to abandon; **c)** (≈ *verraten*) to betray
Preisgefälle *n* price gap **Preisgefüge** *n* price structure **preisgekrönt** *Adj* award-winning **Preisgericht** *n* jury **preisgünstig** *Adj* inexpensive; ***etw ~ bekommen*** to get sth at a low price **Preisklasse** *f* price range **Preiskrieg** *m* price war **Preislage** *f* price range; ***in der mittleren ~*** in the medium-priced range **Preis-Leistungs-Verhältnis** *n* cost-effectiveness **preislich** *Adj* price *attr*, in price; ***~ vergleichbar*** similarly priced **Preisliste** *f* price list **Preisnachlass** *m* price reduction **Preisrichter(in)** *m(f)* judge (*in a competition*) **Preisschild** *n* price tag **Preissenkung** *f* price cut **Preissturz** *m* sudden drop in prices **Preisträger(in)** *m(f)* prizewinner **Preistreiberei** *f* forcing up of prices; (≈ *Wucher*) profiteering **Preisvergleich** *m* price comparison; ***einen ~ machen*** to shop around **Preisverleihung** *f* presentation (of prizes) **preiswert** **1.** *Adj* good value *präd*; ***ein (sehr) ~es Angebot*** a (real) bargain; ***ein ~es Kleid*** a dress which is good value (for money) **2.** *Adv* inexpensively
prekär *Adj* (≈ *peinlich*) awkward; (≈ *schwierig*) precarious
prellen **1.** *vt* **a)** *Körperteil* to bruise; (≈ *anschlagen*) to hit; **b)** (*fig umg* ≈ *betrügen*) to swindle **2.** *vr* to bruise oneself **Prellung** *f* bruise
Premier *m* premier **Premiere** *f* premiere **Premierminister(in)** *m(f)* prime minister
Prepaidhandy *n* prepaid mobile (phone) (*Brit*) *od* cell phone (*US*) **Prepaidkarte** *f* (*im Handy*) prepaid card
preschen *vi* (*umg*) to tear
Presse *f* **a)** (≈ *Druckmaschine*) press; ***frisch aus der ~*** hot from the press; **b)** (≈ *Zeitungen*) press; ***eine gute/schlechte ~ haben*** to get a good/bad press; ***von der ~ sein*** to be (a member of the) press **Presseagentur** *f* press agency **Presseausweis** *m* press card **Pressebericht** *m* press report **Presseerklärung** *f* statement to the press; (*schriftlich*) press release **Pressefotograf(in)** *m(f)* press photographer **Pressefreiheit** *f* freedom of the press **Pressekonferenz** *f* press conference **Pressemeldung** *f* press report **pressen** *vt* to press; *Obst, Saft* to squeeze; (*fig* ≈ *zwingen*) to force (*in +Akk, zu* into); ***frisch gepresster Orangensaft*** freshly squeezed orange juice **Pressesprecher(in)** *m(f)* press officer
pressieren (*südd, österr, schweiz*) **1.** *vi* to be in a hurry **2.** *vi unpers* ***es pressiert*** it's urgent
Pressluft *f* compressed air **Pressluftbohrer** *m* pneumatic drill **Presslufthammer** *m* pneumatic hammer
Prestige *n* prestige
Preuße *m*, **Preußin** *f* Prussian **Preußen** *n* Prussia **preußisch** *Adj* Prussian
prickeln *vi* (≈ *kribbeln*) to tingle; (≈ *kitzeln*) to tickle **prickelnd** *Adj* (≈ *kribbelnd*) tingling; (≈ *kitzelnd*) tickling; (*fig* ≈ *erregend*) *Gefühl* tingling
Priester *m* priest **Priesterin** *f* (woman)

P

priest; HIST priestess **Priesterschaft** *f* priesthood **Priesterweihe** *f* ordination (to the priesthood)

prima 1. *Adj* a) (*umg*) fantastic (*umg*), great *kein Adv* (*umg*); b) HANDEL first-class 2. *Adv* (*umg* ≈ *sehr gut*) fantastically **Primadonna** *f* prima donna **Primar** *m*, **Primarius** *m*, **Primaria** *f* (*österr* ≈ *Chefarzt*) senior consultant **primär** 1. *Adj* primary 2. *Adv* primarily **Primararzt** *m*, **Primarärztin** *f* (*österr*) = ***Primar*** **Primärenergie** *f* primary energy **Primarschule** *f* (*schweiz*) primary *od* junior school **Primat** *m* ZOO primate

Primel *f* (≈ *Waldprimel*) (wild) primrose; (≈ *farbige Gartenprimel*) primula

primitiv 1. *Adj* primitive 2. *Adv* primitively **Primitivität** *f* primitiveness

Primzahl *f* prime (number)

Printmedium *n* printed medium

Prinz *m* prince **Prinzessin** *f* princess **Prinzgemahl** *m* prince consort

Prinzip *n* principle; ***aus ~*** on principle; ***im ~*** in principle; ***er ist ein Mann mit ~ien*** he is a man of principle **prinzipiell** 1. *Adj* (≈ *im Prinzip*) in principle; (≈ *aus Prinzip*) on principle 2. *Adv möglich* theoretically; *dafür/dagegen sein* basically; ***~ bin ich einverstanden*** I agree in principle; ***das tue ich ~ nicht*** I won't do that on principle **Prinzipienfrage** *f* matter of principle **Prinzipienreiter(in)** *m(f)* (*pej*) stickler for one's principles

Priorität *f* priority; ***~en setzen*** to establish one's priorities **Prioritätsaktie** *f* BÖRSE preference share

Prise *f* a) (≈ *kleine Menge*) pinch; ***eine ~ Salz*** a pinch of salt; ***eine ~ Humor*** a touch of humour (*Brit*) *od* humor (*US*); b) SEEF prize

Prisma *n* prism

privat 1. *Adj* private; ***aus ~er Hand*** from private individuals 2. *Adv* privately; ***~ ist der Chef sehr freundlich*** the boss is very friendly out(side) of work; ***~ ist er ganz anders*** he's quite different socially; ***ich sagte es ihm ganz ~*** I told him in private; ***~ versichert sein*** to be privately insured; ***~ behandelt werden*** to have private treatment **Privatadresse** *f* private *od* home address **Privatangelegenheit** *f* private matter **Privatbesitz** *m* private property; ***viele Gemälde sind in ~*** many paintings are privately owned **Privatdetektiv(in)** *m(f)* private investigator **Privateigentum** *n* private property **Privatfernsehen** *n* commercial television **Privatgespräch** *n* private conversation *od* talk; (*am Telefon*) private call **privatisieren** *vt* to privatize **Privatisierung** *f* privatization **Privatleben** *n* private life **Privatpatient(in)** *m(f)* private patient **Privatsache** *f* private matter; ***das ist meine ~*** that's my own business **Privatschule** *f* private school **Privatunterricht** *m* private tuition **Privatversicherung** *f* private insurance **Privatwirtschaft** *f* private industry

Privileg *n* privilege **privilegieren** *vt* to favour (*Brit*), to favor (*US*); ***steuerlich privilegiert sein*** to enjoy tax privileges

pro *Präp* per; ***~ Tag/Stunde*** a *od* per day/hour; ***~ Jahr*** a *od* per year; ***~ Person*** per person; ***~ Stück*** each **Pro** *n* (***das***) ***~ und*** (***das***) ***Kontra*** the pros and cons *Pl*

Probe *f* a) (≈ *Prüfung*) test; ***er ist auf ~ angestellt*** he's employed for a probationary period; ***ein Auto ~ fahren*** to test-drive a car; ***jdn/etw auf die ~ stellen*** to put sb/sth to the test; ***zur ~*** to try out; b) THEAT, MUS rehearsal; c) (≈ *Teststück, Beispiel*) sample **Probebohrung** *f* test drill, probe **Probeexemplar** *n* specimen (copy) **Probefahrt** *f* test drive **probehalber** *Adv* for a test **Probejahr** *n* probationary year **proben** *vti* to rehearse **Probenummer** *f* trial copy **Probestück** *n* sample, specimen **probeweise** *Adv* on a trial basis **Probezeit** *f* probationary *od* trial period **probieren** 1. *vt* to try; ***lass (es) mich mal ~!*** let me have a try! (*Brit*) 2. *vi* a) (≈ *versuchen*) to try; ***Probieren geht über Studieren*** (*Sprichw*) the proof of the pudding is in the eating (*Sprichw*); b) (≈ *kosten*) to have a taste; ***probier mal*** try some

Problem *n* problem **Problematik** *f* a) (≈ *Schwierigkeit*) problem (+*Gen* with); b) (≈ *Fragwürdigkeit*) problematic nature **problematisch** *Adj* problematic; (≈ *fragwürdig*) questionable **Problembewusstsein** *n* appreciation

P

of the difficulties **Problemkind** *n* problem child **problemlos** **1.** *Adj* trouble-free, problem-free **2.** *Adv* without any problems; **~ ablaufen** to go smoothly

Produkt *n* product; ***landwirtschaftliche ~e*** agricultural produce *kein Pl*; ***ein ~ seiner Fantasie*** a figment of his imagination **Produktion** *f* production **Produktionsanlagen** *Pl* production plant **Produktionskosten** *Pl* production costs *Pl* **Produktionsmittel** *Pl* means of production *Pl* **Produktionsrückgang** *m* drop in production **Produktionsstätte** *f* production centre (*Brit*) *od* center (*US*) **Produktionssteigerung** *f* increase in production **produktiv** *Adj* productive **Produktivität** *f* productivity **Produktpalette** *f* product spectrum **Produzent(in)** *m(f)* producer **produzieren** **1.** *vt* **a)** (*auch vi*) to produce; **b)** (*umg* ≈ *hervorbringen*) *Lärm* to make; *Entschuldigung* to come up with (*umg*) **2.** *vr* (*pej*) to show off

profan *Adj* (≈ *weltlich*) secular; (≈ *gewöhnlich*) mundane

Professionalität *f* professionalism **professionell** **1.** *Adj* professional **2.** *Adv* professionally **Professor(in)** *m(f)* **a)** (≈ *Hochschulprofessor*) professor; **b)** (*österr, südd* ≈ *Gymnasiallehrer*) teacher **Professur** *f* chair (*für* in, of) **Profi** *m* (*umg*) pro (*umg*)

Profil *n* **a)** profile; (*fig* ≈ *Ansehen*) image; ***im ~*** in profile; ***~ haben*** (*fig*) to have a (distinctive) image; **b)** (*von Reifen*) tread **profilieren** *vr* (≈ *sich ein Image geben*) to create a distinctive image for oneself; (≈ *Besonderes leisten*) to distinguish oneself **profiliert** *Adj* (*fig* ≈ *scharf umrissen*) clear-cut *kein Adv*; (*fig* ≈ *hervorstechend*) distinctive; ***ein ~er Politiker*** a politician who has made his mark **Profilneurose** *f* (*hum*) image neurosis **Profilsohle** *f* treaded sole

Profisport *m* professional sport (*Brit*) *od* sports *Pl* (*US*)

Profit *m* profit; ***~ aus etw schlagen*** (*wörtl*) to make a profit from sth; (*fig*) to profit from sth; ***~ machen*** to make a profit; ***ohne/mit ~ arbeiten*** to work unprofitably/profitably **profitabel** *Adj* profitable **profitieren** *vti* to profit (*von* from, by); ***dabei kann ich nur ~*** I only stand to gain from it **Profitmaximierung** *f* maximization of profit(s)

pro forma *Adv* as a matter of form **Pro-forma-Rechnung** *f* pro forma invoice

profund (*geh*) *Adj* profound, deep

Prognose *f* prognosis; (≈ *Wetterprognose*) forecast **prognostizieren** *vt* to predict, to prognosticate (*förml*)

Programm *n* **a)** programme (*Brit*), program (*US*); (≈ *Tagesordnung*) agenda; (TV ≈ *Sender*) channel; (≈ *Sendefolge*) program(me)s *Pl*; (≈ *gedrucktes TV-Programm*) TV guide; (≈ *Sortiment*) range; ***auf dem ~ stehen*** to be on the program(me)/agenda; ***ein volles ~ haben*** to have a full schedule; **b)** IT program **programmatisch** *Adj* programmatic **programmgemäß** *Adj, Adv* according to plan *od* programme (*Brit*) *od* program (*US*) **Programmhinweis** *m* (RADIO, TV) programme (*Brit*) *od* program (*US*) announcement **programmierbar** *Adj* programmable **programmieren** *vt* (*auch vi*) to programme (*Brit*), to program (*US*); IT to program; (*fig*) ***auf etw*** (*Akk*) ***programmiert sein*** (*fig*) to be conditioned to sth **Programmierer(in)** *m(f)* programmer (*Brit*), programer (*US*) **Programmiersprache** *f* programming (*Brit*) *od* programing (*US*) language **Programmierung** *f* programming (*Brit*), programing (*US*) **Programmkino** *n* arts *od* repertory (*US*) cinema **Programmpunkt** *m* item on the agenda **Programmzeitschrift** *f* TV guide

Progression *f* progression **progressiv** **1.** *Adj* progressive **2.** *Adv* (≈ *fortschrittlich*) progressively

Progymnasium *n* (*schweiz*) secondary school (*for pupils up to 16*)

Projekt *n* project **projektieren** *vt* (≈ *entwerfen, planen*) to project **Projektion** *f* projection **Projektleiter(in)** *m(f)* project leader **Projektor** *m* projector **projizieren** *vt* to project

Proklamation *f* proclamation **proklamieren** *vt* to proclaim

Pro-Kopf-Einkommen *n* per capita income **Pro-Kopf-Verbrauch** *m* per capita consumption

Prokura *f* (*förml*) procuration (*förml*)

Prokurist(in) *m(f)* holder of a general power of attorney

Prolet(in) *m(f)* (*pej*) prole (*bes Brit pej umg*) **Proletariat** *n* proletariat **Proletarier(in)** *m(f)* proletarian **proletarisch** *Adj* proletarian **proletenhaft** (*pej*) *Adj* plebeian (*pej*)

Prolog *m* prologue (*Brit*), prolog (*US*)

prolongieren *vt* to prolong

Promenade *f* (≈ *Spazierweg*) promenade

Promi *m* (*umg*) VIP

Promille *n* (*umg* ≈ *Alkoholspiegel*) alcohol level; ***er hat zu viel ~ (im Blut)*** he has too much alcohol in his blood **Promillegrenze** *f* legal (alcohol) limit

prominent *Adj* prominent **Prominente(r)** *mf* prominent figure, VIP **Prominenz** *f* VIPs *Pl*, prominent figures *Pl*

promisk *Adj* promiscuous **Promiskuität** *f* promiscuity

Promotion *f* UNI doctorate **promovieren** *vi* to do a doctorate (*über +Akk* in)

prompt **1.** *Adj* prompt **2.** *Adv* promptly

Pronomen *n* pronoun

Propaganda *f* propaganda **Propagandafeldzug** *m* propaganda campaign; (≈ *Werbefeldzug*) publicity campaign **propagandistisch** *Adj* propagandist(ic); ***etw ~ ausnutzen*** to use sth as propaganda **propagieren** *vt* to propagate

Propangas *n* propane gas

Propeller *m* propeller **Propellermaschine** *f* propeller-driven plane

Prophet *m* prophet **Prophetin** *f* prophetess **prophetisch** *Adj* prophetic **prophezeien** *vt* to prophesy **Prophezeiung** *f* prophecy

prophylaktisch **1.** *Adj* preventative **2.** *Adv* as a preventative measure **Prophylaxe** *f* prophylaxis

Proportion *f* proportion **proportional** **1.** *Adj* proportional; ***umgekehrt ~*** MATHE in inverse proportion **2.** *Adv* proportionally **Proportionalschrift** *f* proportionally spaced font **proportioniert** *Adj* proportioned **Proporz** *m* proportional representation *ohne Artikel*

Prorektor(in) *m(f)* UNI deputy vice chancellor

Prosa *f* prose **prosaisch** **1.** *Adj* prosaic **2.** *Adv* (≈ *nüchtern*) prosaically

prosit *Interj* your health; ***~ Neujahr!*** Happy New Year! **Prosit** *n* toast; ***auf jdn ein ~ ausbringen*** to toast sb

Prospekt *m* (≈ *Reklameschrift*) brochure (*+Gen* about); (≈ *Werbezettel*) leaflet; (≈ *Verzeichnis*) catalogue (*Brit*), catalog (*US*)

Prospekt ≠ prospect		
Prospekt	=	brochure
prospect	=	*Zukunft*: Aussicht

prost *Interj* cheers; ***na denn ~!*** (*iron umg*) that's just great (*umg*); ***~ Neujahr!*** (*umg*) Happy New Year!

Prostata *f* prostate gland

prostituieren *vr* to prostitute oneself **Prostituierte(r)** *mf* prostitute **Prostitution** *f* prostitution

Protagonist(in) *m(f)* protagonist

Protein *n* protein

Protektion *f* (≈ *Schutz*) protection; (≈ *Begünstigung*) patronage **Protektionismus** *m* WIRTSCH protectionism **protektionistisch** *Adj* protectionist **Protektorat** *n* (≈ *Schirmherrschaft*) patronage; (≈ *Schutzgebiet*) protectorate

Protest *m* protest; ***(gegen etw) ~ einlegen*** to register a protest (about sth); ***unter ~*** protesting; (*gezwungen*) under protest **Protestant(in)** *m(f)* Protestant **protestantisch** *Adj* Protestant **protestieren** *vi* to protest **Protestkundgebung** *f* (protest) rally **Protestmarsch** *m* protest march **Protestwähler(in)** *m(f)* protest voter

Prothese *f* artificial limb *od* (*Gelenk*) joint; (≈ *Gebiss*) set of dentures

Protokoll *n* **a)** (≈ *Niederschrift*) record; (≈ *Bericht*) report; (*von Sitzung*) minutes *Pl*; (*bei Polizei*) statement; (*bei Gericht*) transcript; ***(das) ~ führen*** (*bei Sitzung*) to take the minutes; ***etw zu ~ geben*** to have sth put on record; (*bei Polizei*) to say sth in one's statement; ***etw zu ~ nehmen*** to take sth down; **b)** (*diplomatisch*) protocol; **c)** (≈ *Strafzettel*) ticket **protokollarisch** *Adj* **a)** (≈ *protokolliert*) on record; (*in Sitzung*) minuted; **b)** (≈ *zeremoniell*) ***~e Vorschriften*** rules of protocol **protokollieren** **1.** *vi* (*bei Sitzung*) to take the minutes (down); (*bei Polizei*) to take a/the statement (down) **2.** *vt* to take down; *Sitzung* to minute; *Unfall, Verbrechen* to take (down) statements about; *Vorgang* to keep a record of

Proton *n* proton

Prototyp *m* prototype

protzen *vi* (*umg*) to show off; ***mit etw ~*** to show sth off **protzig** (*umg*) *Adj* showy (*umg*)

Proviant *m* provisions *Pl*; (≈ *Reiseproviant*) food for the journey

Provinz *f* province; (*im Gegensatz zur Stadt*) provinces *Pl* (*auch pej*); ***das ist finsterste ~*** (*pej*) it's so provincial **provinziell** *Adj* provincial **Provinzler(in)** *m(f)* (*pej*) provincial **Provinznest** *n* (*pej umg*) provincial backwater, hick town (*US umg*)

Provision *f* commission; ***auf ~*** on commission **Provisionsbasis** *f* commission basis

provisorisch 1. *Adj* provisional; ***~e Regierung*** caretaker government; ***Straßen mit ~em Belag*** roads with a temporary surface **2.** *Adv* temporarily; ***ich habe den Stuhl ~ repariert*** I've fixed the chair up for the time being **Provisorium** *n* stopgap

Provokateur(in) *m(f)* troublemaker; POL agent provocateur **Provokation** *f* provocation **provozieren** *vti* to provoke

P

Prozedur *f* **a)** (≈ *Vorgang*) procedure; **b)** (*pej*) carry-on (*umg*); ***die ~ beim Zahnarzt*** the ordeal at the dentist's

Prozent *n* (*nach Zahlenangaben*) per cent *kein Pl* (*Brit*), percent *kein Pl* (*US*); ***wie viel ~?*** what percentage?; ***zu zehn ~*** at ten per cent (*Brit*) *od* percent (*US*); ***zu hohen ~en*** at a high percentage; ***~e bekommen*** (≈ *Rabatt*) to get a discount **Prozentpunkt** *m* point **Prozentrechnung** *f* percentage calculation **Prozentsatz** *m* percentage **prozentual 1.** *Adj* percentage *attr*; ***~er Anteil*** percentage **2.** *Adv* ***sich an einem Geschäft ~ beteiligen*** to have a percentage (share) in a business; ***~ gut abschneiden*** to get a good percentage **Prozentzeichen** *n* percent sign

Prozess *m* **a)** (≈ *Strafprozess*) trial (*wegen* for; *um* in the matter of); ***einen ~ gewinnen/verlieren*** to win/lose a case; ***gegen jdn einen ~ anstrengen*** to institute legal proceedings against sb; ***jdm den ~ machen*** (*umg*) to take sb to court; ***mit jdm/etw kurzen ~ machen*** (*fig umg*) to make short work of sb/sth (*umg*); **b)** (≈ *Vorgang*) process **prozessieren** *vi* to go to court; ***gegen jdn ~*** to bring an action against sb **Prozession** *f* procession **Prozesskosten** *Pl* legal costs *Pl*

Prozessor *m* IT processor

prüde *Adj* prudish **Prüderie** *f* prudishness

prüfen *vt* **a)** (*auch vi*, SCHULE, UNI) to examine, to test; ***jdn in etw*** (*Dat*) ***~*** to examine sb in sth; ***schriftlich geprüft werden*** to have a written examination; ***ein staatlich geprüfter Dolmetscher*** a state-certified interpreter; **b)** (≈ *überprüfen*) to check (*auf +Akk* for); *Lebensmittel* to inspect; ***wir werden die Beschwerde ~*** we'll look into the complaint; **c)** (≈ *erwägen*) to consider; ***etw nochmals ~*** to reconsider sth; **d)** (≈ *mustern*) to scrutinize; ***ein ~der Blick*** a searching look **Prüfer(in)** *m(f)* examiner; (≈ *Wirtschaftsprüfer*) inspector **Prüfling** *m* examinee **Prüfstand** *m* test bed; ***auf dem ~ stehen*** to be being tested **Prüfstein** *m* (*fig*) touchstone (*für* of, for) **Prüfung** *f* **a)** SCHULE, UNI exam; ***eine ~ machen*** to take *od* do an exam; **b)** (≈ *Überprüfung*) checking *kein unbest Artikel*; (≈ *Untersuchung*) examination; (*von Geschäftsbüchern*) audit; (*von Lebensmitteln, Wein*) testing *kein unbest Artikel*; ***jdn/etw einer ~ unterziehen*** to subject sb/sth to an examination; ***nach ~ Ihrer Beschwerde*** after looking into your complaint; **c)** (≈ *Erwägung*) consideration **Prüfungsangst** *f* exam nerves *Pl* **Prüfungsaufgabe** *f* exam(ination) question **Prüfungsausschuss** *m* board of examiners **Prüfungskommission** *f* board of examiners **Prüfverfahren** *n* test procedure

Prügel *m* **a)** (≈ *Stock*) club; **b)** *Pl* (*umg* ≈ *Schläge*) beating; ***~ bekommen*** to get a beating **Prügelei** *f* (*umg*) fight **Prügelknabe** *m* (*fig*) whipping boy **prügeln 1.** *vti* to beat **2.** *vr* to fight; ***sich mit jdm ~*** to fight sb; ***sich um etw*** (*Akk*) ***~*** to fight over sth **Prügelstrafe** *f* corporal punishment

Prunk *m* (≈ *Pracht*) splendour (*Brit*), splendor (*US*) **Prunkbau** *m* magnificent building **Prunksaal** *m* sumptuous room **Prunkstück** *n* showpiece **prunkvoll** *Adj* splendid
prusten *vi* (*umg*) to snort; ***vor Lachen ~*** to snort with laughter
PS *n* hp
Psalm *m* psalm
pseudo- pseudo **Pseudonym** *n* pseudonym
pst *Interj* psst; (≈ *Ruhe!*) sh
Psyche *f* psyche **Psychiater(in)** *m(f)* psychiatrist **Psychiatrie** *f* psychiatry **psychiatrisch** *Adj* psychiatric; ***~ behandelt werden*** to be under psychiatric treatment **psychisch** **1.** *Adj Belastung* emotional; *Phänomen*, *Erscheinung* psychic; *Vorgänge* psychological; ***~e Erkrankung*** mental illness **2.** *Adv abnorm* psychologically; *gestört* mentally; ***~ belastet sein*** to be under psychological pressure **Psychoanalyse** *f* psychoanalysis **Psychoanalytiker(in)** *m(f)* psychoanalyst **Psychodrama** *n* psychodrama **Psychogramm** *n* profile (*auch fig*) **Psychologe** *m*, **Psychologin** *f* psychologist **Psychologie** *f* psychology **psychologisch** **1.** *Adj* psychological **2.** *Adv* psychologically **Psychopath(in)** *m(f)* psychopath **Psychopharmakon** *n* psychiatric drug **Psychose** *f* psychosis **psychosomatisch** **1.** *Adj* psychosomatic **2.** *Adv* psychosomatically **Psychoterror** *m* psychological terror **Psychotherapeut(in)** *m(f)* psychotherapist **Psychotherapie** *f* psychotherapy **Psychothriller** *m* psychological thriller **psychotisch** *Adj* psychotic
pubertär *Adj* adolescent **Pubertät** *f* puberty **pubertieren** *vi* to reach puberty
Publicity *f* publicity **publik** *Adj* ***~ werden*** to become public knowledge; ***etw ~ machen*** to make sth public **Publikation** *f* publication **Publikum** *n* public; (≈ *Zuschauer*, *Zuhörer*) audience; (≈ *Leser*) readers *Pl*; SPORT crowd **Publikumserfolg** *m* success with the public **Publikumsmagnet** *m* crowd puller **publikumswirksam** **1.** *Adj* ***~ sein*** to have public appeal **2.** *Adv* ***ein Stück ~ inszenieren*** to produce a play with a view to public appeal **publizieren** *vti* **a)** (≈ *veröffentlichen*) to publish; **b)** (≈ *publik machen*) to publicize **Publizist(in)** *m(f)* publicist; (≈ *Journalist*) journalist **Publizistik** *f* journalism
Pudding *m thick custard-based dessert often tasting of vanilla, chocolate etc* **Puddingpulver** *n* custard powder
Pudel *m* poodle **Pudelmütze** *f* bobble cap **pudelwohl** *Adj* (*umg*) ***sich ~ fühlen*** to feel completely contented
Puder *m od* (*inf*) *n* powder **Puderdose** *f* (*für Gesichtspuder*) (powder) compact **pudern** **1.** *vt* to powder **2.** *vr* (≈ *Puder auftragen*) to powder oneself **Puderzucker** *m* icing sugar
Puff[1] *m* **a)** (≈ *Stoß*) thump; (*in die Seite*) prod; **b)** (*Geräusch*) phut (*umg*)
Puff[2] *m od n* (*umg*) brothel
Puffärmel *m* puff(ed) sleeve
puffen *vt* to hit; (*in die Seite*) to prod
Puffer *m* **a)** BAHN, IT buffer; **b)** (KOCH ≈ *Kartoffelpuffer*) potato fritter **Pufferstaat** *m* buffer state **Pufferzone** *f* buffer zone
Puffreis *m* puffed rice
Pull-down-Menü *n* pull-down menu
Pulle *f* (*umg*) bottle; ***volle ~ fahren/arbeiten*** (*umg*) to drive/work flat out (*bes Brit*)
Pulli *m* (*umg*), **Pullover** *m* jumper (*Brit*), sweater **Pullunder** *m* tank top
Puls *m* pulse; ***jdm den ~ fühlen*** (*wörtl*) to feel sb's pulse; (*fig*) to take sb's pulse **Pulsader** *f* artery; ***sich*** (*Dat*) ***die ~(n) aufschneiden*** to slash one's wrists **pulsieren** *vi* to pulsate **Pulsschlag** *m* pulse beat; (*fig*) pulse; (≈ *das Pulsieren*) throbbing, pulsation
Pult *n* desk
Pulver *n* powder; ***sein ~ verschossen haben*** (*fig*) to have shot one's bolt **Pulverfass** *n* powder keg; **(*wie*) *auf einem ~ sitzen*** (*fig*) to be sitting on (top of) a volcano **pulverig** *Adj* powdery *kein Adv* **pulverisieren** *vt* to pulverize **Pulverkaffee** *m* instant coffee **Pulverschnee** *m* powder snow
Puma *m* puma
pummelig *Adj* (*umg*) chubby
Pump *m* (*umg*) credit; ***etw auf ~ kaufen*** to buy sth on credit
Pumpe *f* **a)** pump; **b)** (*umg* ≈ *Herz*) ticker (*umg*) **pumpen** *vt* **a)** (*mit Pumpe*) to pump; **b)** (*umg* ≈ *entleihen*) to borrow; (≈ *verleihen*) to lend
Pumpernickel *m* pumpernickel

Pumps *m* pump
puncto *Präp +Gen* ***in ~*** with regard to
Punk *m* punk **Punker(in)** *m(f)* punk
Punkt *m* **a)** point; ***~ 12 Uhr*** at 12 o'clock on the dot; ***bis zu einem gewissen ~*** up to a certain point; ***nach ~en siegen/führen*** to win/lead on points; ***in diesem ~*** on this point; ***etw auf den ~ bringen*** to get to the heart of sth; **b)** (≈ *Satzzeichen*) full stop (*Brit*), period (*bes US*); (*auf dem i, von Punktlinie,* IT) dot; ***nun mach aber mal einen ~!*** (*umg*) come off it! (*umg*) **Pünktchen** *n* little dot **punkten** *vi* SPORT to score (points); (*fig* ≈ *Erfolg haben*) to score a hit; → ***gepunktet***
punktgleich 1. *Adj* SPORT level (*mit* with) **2.** *Adv* ***die beiden Mannschaften liegen ~*** the two teams are even; ***der Boxkampf ging ~ aus*** the fight ended in a draw *od* was a draw **punktieren** *vt* **a)** MED to aspirate; **b)** (≈ *mit Punkten versehen*) to dot; ***punktierte Linie*** dotted line **Punktlandung** *f* precision landing **pünktlich 1.** *Adj* punctual **2.** *Adv* on time **Pünktlichkeit** *f* punctuality **Punktniederlage** *f* defeat on points **Punktrichter(in)** *m(f)* judge **Punktsieg** *m* win on points **Punktspiel** *n* league game, game decided on points **punktuell 1.** *Adj Streik* selective; *Zusammenarbeit* on certain points; ***~e Verkehrskontrollen*** spot checks on traffic **2.** *Adv kritisieren* in a few points
P
Punsch *m* (hot) punch
Pupille *f* pupil
Puppe *f* **a)** doll; (≈ *Marionette*) puppet; (≈ *Schaufensterpuppe*) dummy; (*umg* ≈ *Mädchen*) doll (*umg*); ***die ~n tanzen lassen*** (*umg*) to live it up (*umg*); ***bis in die ~n schlafen*** (*umg*) to sleep to all hours; **b)** ZOO pupa **Puppenhaus** *n* doll's house (*Brit*), dollhouse (*US*) **Puppenspiel** *n* puppet show **Puppenspieler(in)** *m(f)* puppeteer **Puppenstube** *f* doll's house (*Brit*), dollhouse (*US*) **Puppentheater** *n* puppet theatre (*Brit*) *od* theater (*US*) **Puppenwagen** *m* doll's pram (*Brit*), toy baby carriage (*US*)
pur 1. *Adj* (≈ *rein*) pure; (≈ *unverdünnt*) neat; (≈ *bloß, völlig*) sheer; ***~er Unsinn*** absolute nonsense; ***~er Zufall*** sheer coincidence; ***Whisky ~*** straight whisky **2.** *Adv anwenden* pure; *trinken* straight
Püree *n* puree **pürieren** *vt* to puree **Pürierstab** *m* masher
Puritaner(in) *m(f)* Puritan **puritanisch** *Adj* HIST Puritan; (*pej*) puritanical
Purpur *m* crimson
purpurrot *Adj* crimson (red)
Purzelbaum *m* somersault; ***einen ~ schlagen*** to turn a somersault **purzeln** *vi* to tumble
puschen, pushen *vt* (*umg*) to push **Push-up-BH** *m* push-up bra
Pusselarbeit *f* (*umg*) fiddly *od* finicky work **pusseln** *vi* (*umg* ≈ *herumbasteln*) to fiddle around (*an etw* (*Dat*) with sth)
Puste *f* (*umg*) puff (*umg*); ***außer ~ geraten*** to get out of breath; ***außer ~ sein*** to be out of puff (*umg*) **Pusteblume** *f* (*umg*) dandelion clock **Pustekuchen** *Interj* (*umg*) fiddlesticks (*veralt umg*); **(*ja*) *~!*** (*umg*) no chance! (*umg*)
Pustel *f* (≈ *Pickel*) spot; MED pustule
pusten (*umg*) *vi* to puff
Pute *f* turkey (hen); ***dumme ~*** (*umg*) silly goose (*umg*) **Putenschnitzel** *n* KOCH turkey breast in breadcrumbs **Puter** *m* turkey (cock) **puterrot** *Adj* scarlet, bright red; ***~ werden*** to go bright red
Putsch *m* putsch **putschen** *vi* to rebel **Putschist(in)** *m(f)* rebel **Putschversuch** *m* attempted coup (d'état)
Putte *f* KUNST cherub
Putz *m* **a)** BAU plaster; (≈ *Rauputz*) roughcast; **b)** ***auf den ~ hauen*** (*umg*) (≈ *angeben*) to show off; (≈ *ausgelassen feiern*) to have a rave-up (*umg*) **Putzdienst** *m* cleaning duty; (≈ *Dienstleistung*) cleaning service; ***~ haben*** to be on cleaning duty **putzen 1.** *vt* (≈ *säubern*) to clean; (≈ *polieren*) to polish; (≈ *wischen*) to wipe; ***Fenster ~*** to clean the windows; ***~ gehen*** to work as a cleaner **2.** *vr* (≈ *sich säubern*) to wash oneself **Putzfimmel** *m* (*umg*) ***einen ~ haben*** to be a cleaning maniac **Putzfrau** *f* cleaner **putzig** (*umg*) *Adj* (≈ *komisch*) funny; (≈ *niedlich*) cute **Putzkolonne** *f* team of cleaners **Putzlappen** *m* cloth **Putzmittel** *n* (*zum Scheuern*) cleanser; (*zum Polieren*) polish **putzmunter**

Adj (*umg*) full of beans (*Brit umg*), lively **Putztuch** *n* (≈ *Staubtuch*) duster; (≈ *Wischlappen*) cloth **Putzzeug** *n* cleaning things *Pl*
Puzzle *n* jigsaw (puzzle)
Pygmäe *m*, **Pygmäin** *f* Pygmy
Pyjama *m* pair of pyjamas (*Brit*) *od* pajamas (*US*) *Sg*
Pyramide *f* pyramid **pyramidenförmig** *Adj* pyramid-shaped *kein Adv*
Pyrenäen *Pl* ***die*** ~ the Pyrenees *Pl* **Pyrenäenhalbinsel** *f* Iberian Peninsula
Pyromane *m*, **Pyromanin** *f* pyromaniac **Pyrotechnik** *f* pyrotechnics *Sg* **pyrotechnisch** *Adj* pyrotechnic
Python *m* python

Q

Q, q *n* Q, q
Quacksalber(in) *m(f)* (*pej*) quack (doctor) **Quacksalberei** *f* quackery
Quadrat *n* **a)** (*Fläche*) square; ***drei Meter im ~*** three metres (*Brit*) *od* meters (*US*) square; **b)** (*Potenz*) square; ***vier zum ~*** four squared **quadratisch** *Adj Form* square; MATHE *Gleichung* quadratic **Quadratkilometer** *m* square kilometre (*Brit*) *od* kilometer (*US*) **Quadratmeter** *m od n* square metre (*Brit*) *od* meter (*US*) **Quadratur** *f* quadrature; ***die ~ des Kreises*** the squaring of the circle **Quadratwurzel** *f* square root **Quadratzahl** *f* square number **quadrieren** *vt Zahl* to square
Quai *m od n* **a)** quay; **b)** (*schweiz*) (*an Fluss*) riverside road; (*an See*) lakeside road
quaken *vi* (*Frosch*) to croak; (*Ente*) to quack
quäken *vti* (*umg*) to screech
Quäker(in) *m(f)* Quaker
Qual *f* agony; ***~en leiden*** to suffer agonies; ***unter großen ~en sterben*** to die in agony; ***die letzten Monate waren für mich eine (einzige) ~*** the last few months have been sheer agony for me; ***er machte ihr das Leben zur ~*** he made her life a misery **quälen** **1.** *vt* to torment; (*mit Bitten etc*) to pester; ***jdn zu Tode ~*** to torture sb to death; → ***gequält*** **2.** *vr* **a)** (*seelisch*) to torture oneself; (≈ *leiden*) to suffer; **b)** (≈ *sich abmühen*) to struggle **quälend** *Adj* agonizing **Quälerei** *f* (≈ *Grausamkeit*) torture *kein Pl*; (≈ *seelische Belastung*) agony; ***das ist doch eine ~ für das Tier*** that is cruel to the animal **Quälgeist** *m* (*umg*) pest (*umg*)
Quali *f*, *Abk von* ***Qualifikation*** (SPORT *umg*) qualification; (≈ *Runde*) qualifying round **Qualifikation** *f* qualification; (≈ *Ausscheidungswettkampf*) qualifying round **qualifizieren** *vr* to qualify **qualifiziert** *Adj* **a)** *Arbeiter* qualified; *Arbeit* expert; **b)** POL *Mehrheit* requisite **Qualifizierung** *f* **a)** qualification; **b)** (≈ *Einordnung*) classification
Qualität *f* quality **qualitativ** **1.** *Adj* qualitative **2.** *Adv* qualitatively; ***~ hochwertige Produkte*** high-quality products **Qualitätsarbeit** *f* quality work **Qualitätskontrolle** *f* quality check **Qualitätsware** *f* quality goods *Pl* **Qualitätswein** *m wine of certified origin and quality*
Qualle *f* jellyfish
Qualm *m* (thick *od* dense) smoke **qualmen** *vi* **a)** (*Feuer*) to give off smoke; ***es qualmt aus dem Schornstein*** clouds of smoke are coming from the chimney; **b)** (*umg: Mensch*) to smoke **qualmig** *Adj* smoky
qualvoll **1.** *Adj* painful; *Gedanke* agonizing; *Anblick* harrowing **2.** *Adv* ***~ sterben*** to die an agonizing death
Quantenphysik *f* quantum physics *Sg* **Quantensprung** *m* quantum leap **Quantentheorie** *f* quantum theory **quantifizieren** *vt* to quantify **Quantität** *f* quantity **quantitativ** **1.** *Adj* quantitative **2.** *Adv* quantitatively **Quantum** *n* (≈ *Menge*) quantum; (≈ *Anteil*) quota (*an +Dat* of)
Quarantäne *f* quarantine; ***unter ~ stellen*** to put in quarantine; ***unter ~ stehen*** to be in quarantine
Quark *m* **a)** (≈ *Käse*) quark; **b)** (*umg*) (≈ *Unsinn*) rubbish (*Brit*), nonsense
Quartal *n* quarter **Quartal(s)säufer(in)**

Q

m(f) (*umg*) periodic heavy drinker **quartal(s)weise** **1.** *Adj* quarterly **2.** *Adv* quarterly **Quartett** *n* **a)** MUS quartet; **b)** (KARTEN) (≈ *Spiel*) ≈ happy families; (≈ *Karten*) set of four cards

Quartier *n* **a)** (≈ *Unterkunft*) accommodation (*Brit*), accommodations *Pl* (*US*); **b)** MIL quarters *Pl*

Quarz *m* quartz **Quarzuhr** *f* quartz clock; (≈ *Armbanduhr*) quartz watch

quasi **1.** *Adv* virtually **2.** *Präf* quasi

Quasselei *f* (*umg*) gabbing (*umg*) **quasseln** *vti* to blather (*umg*)

Quaste *f* (≈ *Troddel*) tassel; (*von Pinsel*) bristles *Pl*

Quatsch *m* (*umg*) nonsense; ***ohne ~!*** (≈ *ehrlich*) no kidding! (*umg*); ***so ein ~!*** what (a load of) nonsense (*Brit*); ***lass den ~*** cut it out! (*umg*); ***~ machen*** to mess about (*umg*); ***mach damit keinen ~*** don't do anything stupid with it **quatschen** (*umg*) **1.** *vti* (≈ *dummes Zeug reden*) to gab (away) (*umg*), to blather (*umg*) **2.** *vi* **a)** (≈ *plaudern*) to blather (*umg*); **b)** (≈ *etw ausplaudern*) to squeal (*umg*) **Quatschkopf** *m* (*pej umg*) (≈ *Schwätzer*) windbag (*umg*); (≈ *Dummkopf*) fool

Quecksilber *n* mercury

Quelle *f* **a)** spring; (≈ *Erdölquelle*) well; **b)** (*fig*) (≈ *Ursprung, Informant*) source; (*für Waren*) supplier; ***die ~ allen Übels*** the root of all evil; ***aus zuverlässiger ~*** from a reliable source; ***an der ~ sitzen*** (*fig*) to be well-placed **quellen** *vi* **a)** (≈ *herausfließen*) to pour (*aus* out of); **b)** (*Erbsen*) to swell; ***lassen Sie die Bohnen über Nacht ~*** leave the beans to soak overnight **Quellenangabe** *f* reference **Quellensteuer** *f* WIRTSCH tax at source **Quellwasser** *n* spring water

Quengelei *f* (*umg*) whining **quengelig** *Adj* whining **quengeln** *vi* (*umg*) to whine

quer *Adv* (≈ *schräg*) crossways, diagonally; (≈ *rechtwinklig*) at right angles; ***~ gestreift*** horizontally striped; ***er legte sich ~ aufs Bett*** he lay down across the bed; ***~ über etw*** (*Akk*) ***gehen*** to cross sth **Querdenker(in)** *m(f)* open-minded thinker **Quere** *f* ***jdm in die ~ kommen*** (≈ *begegnen*) to cross sb's path; (*a. fig* ≈ *in den Weg geraten*) to get in sb's way

Querele *f* (*geh*) dispute

querfeldein *Adv* across country **Querfeldeinrennen** *n* cross-country; (*Motorradrennen*) motocross **Querflöte** *f* (transverse) flute **Querformat** *n* landscape format **quergestreift** *Adj* → ***quer*** **Querlatte** *f* crossbar **querlegen** *vr* (*fig umg*) to be awkward **Querpass** *m* cross **Querschläger** *m* ricochet (shot) **Querschnitt** *m* cross section **querschnitt(s)gelähmt** *Adj* paraplegic **Querschnitt(s)gelähmte(r)** *mf* paraplegic **Querschnitt(s)lähmung** *f* paraplegia **querstellen** *vr* (*fig umg*) to be awkward **Querstraße** *f* (≈ *Nebenstraße*) side street; (≈ *Abzweigung*) turning **Querstreifen** *m* horizontal stripe **Quersumme** *f* MATHE sum of digits (of a number) **Quertreiber(in)** *m(f)* (*umg*) troublemaker **Querulant(in)** *m(f)* grumbler **Querverweis** *m* cross-reference

quetschen **1.** *vt* (≈ *drücken*) to squash; (*aus einer Tube*) to squeeze; ***etw in etw*** (*Akk*) ***~*** to squeeze sth into sth **2.** *vr* (≈ *sich zwängen*) to squeeze (oneself) **Quetschung** *f*, **Quetschwunde** *f* MED bruise

Quiche *f* KOCH quiche

quicklebendig *Adj* (*umg*) lively

quieken *vi* to squeal **quietschen** *vi* to squeak; (*Reifen, Mensch*) to squeal; *Bremsen* to screech **quietschvergnügt** *Adj* (*umg*) happy as a sandboy

Quintett *n* quintet

Quirl *m* KOCH whisk, beater **quirlig** *Adj Mensch, Stadt* lively, exuberant

quitt *Adj* ***~ sein*** (***mit jdm***) to be quits (with sb); ***jdn/etw ~ sein*** (*dial*) to be rid of sb/sth

Quitte *f* quince

quittieren **1.** *vt* **a)** (≈ *bestätigen*) to give a receipt for; ***lassen Sie sich*** (*Dat*) ***die Rechnung ~*** get a receipt for the bill; **b)** (≈ *beantworten*) to counter (*mit* with); **c)** (≈ *verlassen*) *Dienst* to quit **2.** *vi* (≈ *bestätigen*) to sign **Quittung** *f* **a)** receipt; ***gegen ~*** on production of a receipt; ***jdm eine ~ für etw ausstellen*** to give sb a receipt for sth; **b)** (*fig*) ***die ~ für etw bekommen*** *od* ***erhalten*** to pay the penalty for sth **Quittungsblock** *m* receipt book

Quiz *n* quiz **Quizfrage** *f* quiz question

Q

Quizmaster(in) *m(f)* quizmaster **Quizsendung** *f* quiz show; (*mit Spielen*) gameshow

Quote *f* (≈ *Anteilsziffer*) proportion; (≈ *Rate*) rate; TV *etc* ratings *Pl* **Quotenregelung** *f* quota system **Quotient** *m* quotient

R

R, r *n* R, r

Rabatt *m* discount (*auf* on) **Rabattaktion** *n* sale

Rabauke *m* (*umg*) hooligan

Rabbi *m* rabbi **Rabbiner(in)** *m(f)* rabbi

Rabe *m* raven **Rabeneltern** *Pl* (*umg*) bad parents *Pl* **Rabenmutter** *f* (*umg*) bad mother **rabenschwarz** *Adj Nacht* pitch-black; *Haare* jet-black; (*fig*) *Humor* black **Rabenvater** *m* (*umg*) bad father

rabiat 1. *Adj Kerl* violent; *Umgangston* aggressive; *Methoden, Konkurrenz* ruthless **2.** *Adv* (≈ *rücksichtslos*) roughly; *vorgehen* ruthlessly; (≈ *aggressiv*) violently

Rache *f* revenge; **~ schwören** to swear vengeance; **(an jdm) ~ nehmen** *od* **üben** to take revenge (on *od* upon sb); **etw aus ~ tun** to do sth in revenge; **~ ist süß** (*Sprichw*) revenge is sweet (*Sprichw*) **Racheakt** *m* act of revenge *od* vengeance

Rachen *m* throat; (*von großen Tieren*) jaws *Pl*; (*fig*) jaws *Pl*, abyss; **jdm etw in den ~ werfen** (*umg*) to shove sth down sb's throat (*umg*)

rächen 1. *vt jdn, Untat* to avenge (*etw an jdm* sth on sb) **2.** *vr* (*Mensch*) to get one's revenge (*an jdm für etw* on sb for sth); **deine Faulheit wird sich ~** you'll pay for being so lazy

Rachitis *f* rickets **rachitisch** *Adj Kind* with rickets

Rachsucht *f* vindictiveness **rachsüchtig** *Adj* vindictive

Racker *m* (*umg: Kind*) rascal (*umg*) **rackern** *vir* (*umg*) to slave (away) (*umg*)

Rad *n* **a)** wheel; **ein ~ schlagen** SPORT to do a cartwheel; **nur ein ~ im Getriebe sein** (*fig*) to be only a cog in the works; **unter die Räder kommen** (*umg*) to get into bad ways; **das fünfte ~ am Wagen sein** (*umg*) to be in the way; **b)** (≈ *Fahrrad*) bicycle, bike (*umg*); **~ fahren** to cycle; (*pej umg* ≈ *kriechen*) to suck up (*umg*)

Radar *m od n* radar **Radarfalle** *f* speed trap **Radarkontrolle** *f* radar speed check **Radarschirm** *m* radar screen, radarscope **Radarstation** *f* radar station **Radarüberwachung** *f* radar monitoring

Radau *m* (*umg*) racket (*umg*); **~ machen** to kick up a row; (≈ *Unruhe stiften*) to cause trouble; (≈ *Lärm machen*) to make a racket

Raddampfer *m* paddle steamer

radebrechen *vt* **Englisch/Deutsch ~** to speak broken English/German

radeln *vi* (*umg*) to cycle

Rädelsführer(in) *m(f)* ringleader

radfahren *vi* → **Rad** **Radfahrer(in)** *m(f)* **a)** cyclist; **b)** (*pej umg*) crawler (*Brit umg*), brown-noser (*bes US sl*) **Radfahrweg** *m* cycleway; (*in der Stadt*) cycle lane **Radgabel** *f* fork **Radhelm** *m* cycle helmet

Radi *m* (*südd, österr*) white radish

radial 1. *Adj* radial **2.** *Adv* radially

Radiator *m* radiator

radieren *vti* **a)** (*mit Radiergummi*) to erase; **b)** KUNST to etch **Radiergummi** *m* rubber (*Brit*), eraser (*bes US, förml*) **Radierung** *f* KUNST etching

Radieschen *n* radish

radikal 1. *Adj* radical **2.** *Adv* radically; *verneinen* categorically; **etw ~ ablehnen** to refuse sth flatly; **~ gegen etw vorgehen** to take radical steps against sth **Radikale(r)** *mf* radical **radikalisieren** *vt* to radicalize **Radikalisierung** *f* radicalization **Radikalismus** *m* POL radicalism **Radikalkur** *f* (*umg*) drastic remedy

Radio *n od* (*schweiz, südd auch*) *m* radio; **~ hören** to listen to the radio; **im ~** on the radio **radioaktiv** *Adj* radioactive; **~er Niederschlag** (radioactive) fallout; **~ verseucht** contaminated

R

with radioactivity **Radioaktivität** *f* radioactivity **Radioapparat** *m* radio (set) **Radiografie** *f* radiography **Radiologe** *m*, **Radiologin** *f* MED radiologist **Radiologie** *f* MED radiology **radiologisch** *Adj* radiological **Radiorekorder** *m* radio recorder **Radiosender** *m* (≈ *Rundfunkanstalt*) radio station **Radiotherapie** *f* radiotherapy **Radiowecker** *m* radio alarm (clock)

Radium *n* radium

Radius *m* radius

Radkappe *f* hubcap **Radlager** *n* wheel bearing **Radler(in)** *m(f)* (*umg*) cyclist **Radrennbahn** *f* cycle (racing) track **Radrennen** *n* cycle race **Radrennsport** *m* cycle racing **Radsport** *m* cycling **Radsportler(in)** *m(f)* cyclist **Radtour** *f* bike ride; (*länger*) cycling tour **Radwandern** *n* cycling tours *Pl* **Radwechsel** *m* wheel change **Radweg** *m* cycleway

raffen *vt* **a)** ***er will immer nur (Geld) ~*** he's always after money; ***etw an sich*** (*Akk*) ***~*** to grab sth; **b)** *Stoff* to gather; **c)** (*zeitlich*) to shorten; **d)** (*sl* ≈ *verstehen*) to get (*umg*) **Raffgier** *f* greed, avarice

Raffinade *f* (*Zucker*) refined sugar **Raffinerie** *f* refinery **Raffinesse** *f* **a)** (≈ *Feinheit*) refinement; **b)** (≈ *Schlauheit*) cunning *kein Pl* **raffinieren** *vt* to refine **raffiniert** *Adj* **a)** *Zucker, Öl* refined; **b)** *Methoden* sophisticated; (*umg*) *Kleidung* stylish; **c)** (≈ *schlau*) clever; (≈ *durchtrieben*) crafty

Rafting *n* SPORT (white-water) rafting

Rage *f* (≈ *Wut*) rage; ***jdn in ~ bringen*** to infuriate sb

ragen *vi* to rise, to loom

Ragout *n* ragout

Rahm *m* (*südd, österr*) cream

rahmen *vt* to frame; *Dias* to mount **Rahmen** *m* **a)** frame; **b)** (*fig*) framework; (≈ *Atmosphäre*) setting; (≈ *Größe*) scale; ***den ~ für etw bilden*** to provide a backdrop for sth; ***im ~*** within the framework (+*Gen* of); ***im ~ des Möglichen*** within the bounds of possibility; ***sich im ~ halten*** to keep within the limits; ***aus dem ~ fallen*** to be strikingly different; ***musst du denn immer aus dem ~ fallen!*** do you always have to show yourself up?; ***den ~ von etw sprengen*** to go beyond the scope of sth; ***in größerem/kleinerem ~*** on a large/small scale **Rahmenbedingung** *f* basic condition **Rahmenvertrag** *m* INDUSTRIE general agreement

rahmig *Adj* (*dial*) creamy **Rahmspinat** *m* creamed spinach (*with sour cream*)

räkeln *vr* = ***rekeln***

Rakete *f* rocket; MIL *auch* missile **Raketenabschussbasis** *f* MIL missile base; RAUMF launch site (*Brit*) **Raketenabwehr** *f* antimissile defence (*Brit*) *od* defense (*US*) **Raketenstützpunkt** *m* missile base **Raketenwerfer** *m* rocket launcher

Rallye *f* rally **Rallyefahrer(in)** *m(f)* rally driver

RAM *n* IT RAM

Ramadan *m* Ramadan

rammeln **1.** *vt* → ***gerammelt*** **2.** *vi* JAGD to mate; (*sl*) to do it (*umg*)

rammen *vt* to ram

Rampe *f* **a)** ramp; **b)** THEAT forestage **Rampenlicht** *n* THEAT footlights *Pl*; (*fig*) limelight

ramponieren *vt* (*umg*) to ruin; *Möbel* to bash about (*umg*)

Ramsch *m* (*umg*) junk

ran *Interj* (*umg*) come on (*umg*); ***~ an die Arbeit!*** down to work; → ***heran***

Rand *m* **a)** edge; (*von Gefäß, Tasse*) top, rim; (*von Abgrund*) brink; ***voll bis zum ~*** full to the brim; ***am ~e*** *erwähnen* in passing; *interessieren* marginally; *miterleben* from the sidelines; ***am ~e des Wahnsinns*** on the verge of madness; ***am ~e eines Krieges*** on the brink of war; ***am ~e der Gesellschaft*** on the fringes of society; **b)** (≈ *Umrandung*) border; (≈ *Brillenrand*) rim; (*von Hut*) brim; (≈ *Buchrand*) margin; ***etw an den ~ schreiben*** to write sth in the margin; **c)** (≈ *Schmutzrand*) ring; (*um Augen*) circle; **d)** (*fig*) ***sie waren außer ~ und Band*** they were going wild; ***zu ~e*** = ***zurande***

Randale *f* rioting; ***~ machen*** to riot **randalieren** *vi* to rampage (about); ***~de Studenten*** rioting students **Randalierer(in)** *m(f)* hooligan **Randbemerkung** *f* (*schriftlich: auf Seite*) note in the margin; (*mündlich, fig*) (passing) comment **Randerscheinung** *f* marginal matter **Randfigur** *f* minor figure **Randgruppe** *f* fringe

R

group **randlos** **1.** *Adj Brille* rimless **2.** *Adv* IT *drucken* without margins **randvoll** *Adj Glas* full to the brim; *Behälter* full to the top; (*fig*) *Programm* packed

Rang *m* **a)** MIL rank; (*in Firma, gesellschaftlich, in Wettbewerb*) place; ***alles, was ~ und Namen hat*** everybody who is anybody; ***jdm den ~ streitig machen*** (*fig*) to challenge sb's position; ***jdm den ~ ablaufen*** (*fig*) to outstrip sb; ***ein Künstler/Wissenschaftler von ~*** an artist/scientist of standing; ***von hohem ~*** high-class; **b)** THEAT circle; ***erster/zweiter ~*** dress/upper circle, first/second circle (*US*); **c) Ränge** *Pl* (SPORT ≈ *Tribünenränge*) stands *Pl*

rangehen *vi* (*umg*) to get stuck in (*umg*); ***geh ran!*** go on!

Rangelei *f* (*umg*) = ***Gerangel*** **rangeln** (*umg*) *vi* to scrap; (*um Posten*) to wrangle (*um* for)

Rangfolge *f* order of rank (*bes* MIL) *od* standing; (*in Sport, Wettbewerb*) order of placing; (*von Prioritäten etc*) order of importance **ranghoch** *Adj* senior; MIL high-ranking **Rangierbahnhof** *m* marshalling (*Brit*) *od* marshaling (*US*) yard **rangieren** **1.** *vt* BAHN to shunt (*Brit*), to switch (*US*) **2.** *vi* (*umg* ≈ *Rang einnehmen*) to rank; ***an erster/letzter Stelle ~*** to come first/last **Rangliste** *f* (SPORT, *fig*) (results) table **rangmäßig** **1.** *Adj* according to rank **2.** *Adv höher* in rank **Rangordnung** *f* hierarchy; MIL (order of) ranks

ranhalten *vr* (*umg*) **a)** (≈ *sich beeilen*) to get a move on (*umg*); **b)** (≈ *schnell zugreifen*) to get stuck in (*umg*)

Ranke *f* tendril; (*von Erdbeeren*) stalk **ranken** *vr* ***sich um etw ~*** to entwine itself around sth

rankommen *vi* (*umg*) ***an etw*** (*Akk*) ***~*** to get at sth; → ***herankommen*** **ranlassen** *vt* (*umg*) ***jdn ~*** (*an Aufgabe etc*) to let sb have a try **rannehmen** *vt* (*umg*) **a)** (≈ *fordern*) ***jdn ~*** to put sb through his/her paces; **b)** (≈ *aufrufen*) *Schüler* to pick on

Ranzen *m* (≈ *Schulranzen*) satchel

ranzig *Adj* rancid

Rap *m* MUS rap

rapid(e) **1.** *Adj* rapid **2.** *Adv* rapidly

Rappe *m* black horse

Rappel *m* (*umg* ≈ *Fimmel*) craze; ***einen ~ kriegen*** to go completely crazy; (≈ *Wutanfall*) to throw a fit

rappen *vi* MUS to rap

Rappen *m* (*schweiz*) centime

Rapper(in) *m(f)* MUS rapper

Rapport *m* report; ***sich zum ~ melden*** to report

Raps *m* BOT rape **Rapsöl** *n* rape(seed) oil

rar *Adj* rare; ***sich ~ machen*** = ***rarmachen*** **Rarität** *f* rarity **rarmachen** *vr* (*umg, umg*) to make oneself scarce

rasant **1.** *Adj Tempo* terrific, lightning *attr* (*umg*); *Auto* fast; *Karriere* meteoric; *Wachstum* rapid **2.** *Adv* **a)** (≈ *sehr schnell*) fast; **b)** (≈ *stürmisch*) dramatically

rasch **1.** *Adj* **a)** (≈ *schnell*) quick; *Tempo* great; **b)** (≈ *übereilt*) rash **2.** *Adv* (≈ *schnell*) quickly; ***~ machen*** to hurry (up)

rascheln *vi* to rustle

rasen *vi* **a)** (≈ *wüten*) to rave; (*Sturm*) to rage; ***er raste vor Wut*** he was mad with rage; **b)** (≈ *sich schnell bewegen*) to race; ***ras doch nicht so!*** (*umg*) don't go so fast!

Rasen *m* lawn, grass *kein unbest Artikel, kein Pl*; (*von Sportplatz*) turf

rasend **1.** *Adj* **a)** (≈ *enorm*) terrific; *Beifall* rapturous; *Eifersucht* burning; ***~e Kopfschmerzen*** a splitting headache; **b)** (≈ *wütend*) furious; ***er macht mich noch ~*** he'll drive me crazy (*umg*) **2.** *Adv* (*umg*) terrifically; *schnell* incredibly; *wehtun* like mad (*umg*); *verliebt sein* madly (*umg*)

Rasenmäher *m* lawn mower **Rasenplatz** *m* FUSSB *etc* field; TENNIS grass court **Rasensprenger** *m* (lawn) sprinkler

Raser(in) *m(f)* (*umg*) speed maniac (*bes Brit umg*), speed demon (*US umg*) **Raserei** *f* **a)** (≈ *Wut*) fury; **b)** (*umg* ≈ *schnelles Fahren, Gehen*) mad rush

Rasierapparat *m* razor; (*elektrisch auch*) shaver **Rasiercreme** *f* shaving cream **rasieren** **1.** *vt Haare* to shave; ***sich ~ lassen*** to get a shave; ***sie rasiert sich*** (*Dat*) ***die Beine*** she shaves her legs **2.** *vr* to (have a) shave **Rasierer** *m* (*umg*) (electric) razor *od* shaver **Rasierklinge** *f* razor blade **Rasiermesser** *n* (open) razor **Rasierpinsel**

m shaving brush **Rasierschaum** *m* shaving foam **Rasierseife** *f* shaving soap **Rasierwasser** *n* aftershave (lotion) **Rasierzeug** *n* shaving things *Pl*

Räson *f* ***jdn zur ~ bringen*** to make sb listen to reason; ***zur ~ kommen*** to see reason

Raspel *f* KOCH grater **raspeln** *vt* to grate; *Holz* to rasp

Rasse *f* (≈ *Menschenrasse*) race; (≈ *Tierrasse*) breed **Rassehund** *m* pedigree dog

Rassel *f* rattle **rasseln** *vi* **a)** (≈ *Geräusch erzeugen*) to rattle; **b)** (*umg*) ***durch eine Prüfung ~*** to flunk an exam (*umg*)

Rassendiskriminierung *f* racial discrimination **Rassenhass** *m* race hatred **Rassenkonflikt** *m* racial conflict **Rassenkrawall** *m* race riot **Rassenpolitik** *f* racial policy **Rassenschranke** *f* racial barrier; (*Farbige betreffend*) colour (*Brit*) *od* color (*US*) bar **Rassentrennung** *f* racial segregation **Rassenunruhen** *Pl* racial disturbances *Pl* **rassig** *Adj Pferd, Auto* sleek; *Gesichtszüge* striking; *Südländer* fiery **rassisch** *Adj* racial **Rassismus** *m* racism **Rassist(in)** *m(f)* racist **rassistisch** *Adj* racist

Rast *f* rest; ***~ machen*** to stop (for a rest)

Raste *f* notch

rasten *vi* to rest

Raster *n* (FOTO ≈ *Gitter*) screen; TV raster; (*fig*) framework **Rasterfahndung** *f* computer search

Rasthaus *n* (travellers' (*Brit*) *od* travelers' (*US*)) inn; (*an Autobahn*: *a.* **Rasthof**) service area (*including motel*) **rastlos** **1.** *Adj* (≈ *unruhig*) restless; (≈ *unermüdlich*) tireless **2.** *Adv* tirelessly **Rastplatz** *m* resting place; (*an Autostraßen*) picnic area **Raststätte** *f* VERKEHR service area

Rasur *f* shave; (≈ *das Rasieren*) shaving

Rat¹ *m* **a)** (≈ *Empfehlung*) advice *kein Pl*; ***jdm einen ~ geben*** to give sb a piece of advice; ***jdm den ~ geben, etw zu tun*** to advise sb to do sth; ***jdn um ~ fragen*** to ask sb's advice; ***sich ~ suchend an jdn wenden*** to turn to sb for advice; ***auf jds ~*** (*Akk*) (***hin***) on *od* following sb's advice; ***zu ~e*** = ***zurate***; **b)** (≈ *Abhilfe*) ***~ (für etw) wissen*** to know what to do (about sth); ***sie wusste sich*** (*Dat*) ***keinen ~ mehr*** she was at her wits' end; **c)** (≈ *Körperschaft*) council

Rat² *m*, **Rätin** *f* (≈ *Titel*) Councillor (*Brit*), Councilor (*US*)

Rate *f* **a)** (≈ *Geldbetrag*) instalment (*Brit*), installment (*US*); ***auf ~n kaufen*** to buy on hire purchase (*Brit*) *od* on the installment plan (*US*); ***in ~n zahlen*** to pay in instal(l)ments; **b)** (≈ *Verhältnis*) rate

raten *vti* **a)** (≈ *Ratschläge geben*) to advise; ***jdm ~*** to advise sb; (***jdm***) ***zu etw ~*** to recommend sth (to sb); ***das würde ich dir nicht ~*** I wouldn't advise it; ***was od wozu ~ Sie mir?*** what do you advise?; **b)** (≈ *erraten*) to guess; *Kreuzworträtsel etc* to solve; ***rate mal!*** (have a) guess; ***dreimal darfst du ~*** I'll give you three guesses (*auch iron*)

Ratenkauf *m* (≈ *Kaufart*) HP (*Brit umg*), the installment plan (*US*) **ratenweise** *Adv* in instalments (*Brit*) *od* installments (*US*) **Ratenzahlung** *f* payment by instalments (*Brit*) *od* installments (*US*)

Ratespiel *n* guessing game; TV quiz

Ratgeber *m* (*Buch etc*) guide **Rathaus** *n* town hall; (*einer Großstadt*) city hall

ratifizieren *vt* to ratify **Ratifizierung** *f* ratification

Ration *f* ration **rational** **1.** *Adj* rational **2.** *Adv* rationally **rationalisieren** *vti* to rationalize **Rationalisierung** *f* rationalization **Rationalisierungsmaßnahme** *f* rationalization measure **rationell** **1.** *Adj Methode etc* efficient **2.** *Adv* efficiently **rationieren** *vt* to ration

ratlos **1.** *Adj* helpless; ***ich bin völlig ~(, was ich tun soll)*** I just don't know what to do **2.** *Adv* helplessly; ***einer Sache*** (*Dat*) ***~ gegenüberstehen*** to be at a loss when faced with sth **Ratlosigkeit** *f* helplessness

rätoromanisch *Adj* Rhaetian; *Sprache* Rhaeto-Romanic

ratsam *Adj* advisable **Ratschlag** *m* piece of advice; ***Ratschläge*** advice; ***drei Ratschläge*** three pieces of advice

Rätsel *n* riddle; (≈ *Kreuzworträtsel*) crossword (puzzle); (≈ *Silbenrätsel, Bilderrätsel etc*) puzzle; ***vor einem ~ stehen*** to be baffled; ***es ist mir ein***

~, wie ... it's a mystery to me how ... **rätselhaft** *Adj* mysterious; ***auf ~e Weise*** mysteriously **Rätselheft** *n* puzzle book **rätseln** *vi* to puzzle (over sth) **Rätselraten** *n* guessing game; (≈ *Rätseln*) guessing

Ratte *f* rat **Rattenfänger(in)** *m(f)* rat-catcher; ***der ~ von Hameln*** the Pied Piper of Hamelin **Rattengift** *n* rat poison

rattern *vi* to rattle; (*Maschinengewehr*) to chatter

ratzfatz *Adv* (*umg: sehr schnell*) in no time, in a flash

rau *Adj* **a)** rough; *Ton, Behandlung* harsh; ***er ist ~, aber herzlich*** he's a rough diamond; **b)** *Hals, Kehle* sore; *Stimme* husky; (≈ *heiser*) hoarse; **c)** (≈ *streng*) *Wetter* inclement; *Wind, Luft* raw; *See* rough; *Klima, Winter* harsh; ***(die) ~e Wirklichkeit*** harsh reality; **d)** (*umg*) ***in ~en Mengen*** galore (*umg*)

Raub *m* **a)** (≈ *das Rauben*) robbery; (≈ *Diebstahl*) theft; **b)** (≈ *Entführung*) abduction; **c)** (≈ *Beute*) booty, spoils *Pl* **Raubbau** *m* overexploitation (of natural resources); ***~ an etw*** (*Dat*) ***treiben*** to overexploit sth; ***mit seiner Gesundheit ~ treiben*** to ruin one's health **Raubdruck** *m* pirate(d) copy **rauben** *vt* (≈ *wegnehmen*) to steal; (≈ *entführen*) to abduct; ***jdm etw ~*** to rob sb of sth; ***jdm den Schlaf ~*** to rob sb of his/her sleep; ***jdm den Atem ~*** to take sb's breath away **Räuber(in)** *m(f)* robber; (≈ *Wegelagerer*) highwayman **räuberisch** *Adj* rapacious; ***~e Erpressung*** JUR armed robbery; ***in ~er Absicht*** with intent to rob **Raubfisch** *m* predatory fish **Raubkatze** *f* (predatory) big cat **Raubkopie** *f* pirate(d) copy **Raubmord** *m* robbery with murder **Raubmörder(in)** *m(f)* robber and murderer **Raubtier** *n* predator, beast of prey **Raubüberfall** *m* robbery **Raubvogel** *m* bird of prey **Raubzug** *m* series *Sg* of robberies; (≈ *Plünderung*) raid (*auf +Akk* on)

Rauch *m* smoke; ***sich in ~ auflösen*** (*fig*) to go up in smoke **Rauchbombe** *f* smoke bomb **rauchen** *vti* to smoke; ***„Rauchen verboten"*** "no smoking"; ***sich*** (*Dat*) ***das Rauchen abgewöhnen*** to give up smoking; ***viel*** *od* ***stark ~*** to be a heavy smoker **Raucher(in)** *m(f)* smoker **Raucherabteil** *n* smoking compartment **Raucherecke** *f* smokers' corner **Raucherhusten** *m* smoker's cough **Räucherkerze** *f* incense cone **Räucherlachs** *m* smoked salmon **Räuchermännchen** *n wooden figure containing an incense cone* **räuchern** *vt* to smoke **Räucherschinken** *m* smoked ham **Räucherstäbchen** *n* joss stick **Raucherzone** *f* smoking area **Rauchfahne** *f* trail of smoke **Rauchfleisch** *n* smoked meat **rauchfrei** *Adj Zone* smokeless **rauchig** *Adj* smoky **rauchlos** *Adj* smokeless **Rauchmelder** *m* smoke alarm **Rauchschwaden** *Pl* drifts *Pl* of smoke **Rauchsignal** *n* smoke signal **Rauchverbot** *n* smoking ban; ***hier herrscht ~*** smoking is not allowed here **Rauchvergiftung** *f* fume poisoning **Rauchwaren**[1] *Pl* tobacco (products *Pl*) **Rauchwaren**[2] *Pl* (≈ *Pelze*) furs *Pl* **Rauchwolke** *f* cloud of smoke **Rauchzeichen** *n* smoke signal

Räude *f* VET mange **räudig** *Adj* mangy

rauf *Adv* (*umg*) → ***herauf***; → ***hinauf***

Raufasertapete *f* woodchip paper

Raufbold *m* (*veralt*) ruffian, roughneck

raufen 1. *vt* ***sich*** (*Dat*) ***die Haare ~*** to tear (at) one's hair **2.** *vir* to scrap; ***sich um etw ~*** to fight over sth **Rauferei** *f* scrap

rauh *Adj* → ***rau***

Rauhaardackel *m* wire-haired dachshund **rauhaarig** *Adj* coarse-haired

Rauheit *f* roughness; (*von Hals, Kehle*) soreness; (*von Stimme*) huskiness; (≈ *Heiserkeit*) hoarseness; (*von Wind, Luft*) rawness; (*von Klima, Winter*) harshness

Raum *m* **a)** (≈ *Platz*) room, space; ***~ sparend*** space-saving *attr*; *bauen* to save space; ***auf engstem ~ leben*** to live in a very confined space; **b)** (≈ *Spielraum*) scope; **c)** (≈ *Zimmer*) room; **d)** (≈ *Gebiet, Bereich*) area; (*größer*) region; (*fig*) sphere; **e)** PHYS, RAUMF space *ohne Artikel* **Raumanzug** *m* spacesuit

räumen *vt* **a)** (≈ *verlassen*) *Gebäude, Posten* to vacate; (MIL: *Truppen*) to withdraw from; **b)** (≈ *leeren*) *Gebäude, Straße* to clear (*von* of); **c)** (≈ *woanders hinbringen*) to shift; (≈ *entfernen*)

R

Schnee, Schutt to clear (away); *Minen* to clear
Raumfähre *f* space shuttle **Raumfahrt** *f* space travel *ohne Artikel od* flight *ohne Artikel* **Raumfahrttechnik** *f* space technology
Räumfahrzeug *n* bulldozer; (*für Schnee*) snow-clearer
Raumflug *m* space flight **Raumforschung** *f* space research **Raumgestaltung** *f* interior design **Rauminhalt** *m* volume **Raumkapsel** *f* space capsule **Raumklima** *n* indoor climate, room temperature and air quality **räumlich** **1.** *Adj* **a)** (≈ *den Raum betreffend*) spatial; **~e Verhältnisse** physical conditions; **~e Entfernung** physical distance; **b)** (≈ *dreidimensional*) three-dimensional **2.** *Adv* **a)** (≈ *platzmäßig*) **~ beschränkt sein** to have very little room; **b)** (≈ *dreidimensional*) **~ sehen** to see in three dimensions **Räumlichkeit** *f* (≈ *Zimmer*) room; **~en** *pl* premises *Pl* **Raummaß** *n* unit of volume **Raumpfleger(in)** *m(f)* cleaner **Raumschiff** *n* spaceship **Raumsonde** *f* space probe **raumsparend** *Adj* → **Raum** **Raumstation** *f* space station
Räumung *f* clearing; (*von Gebäude, Posten*) vacation; (*von Lager*) clearance **Räumungsklage** *f* action for eviction **Räumungsverkauf** *m* clearance sale
raunen *vti* (*lit*) to whisper
raunzen *vi* (*österr* ≈ *nörgeln*) to moan
Raupe *f* caterpillar **Raupenfahrzeug** *n* caterpillar® (vehicle) **Raupenkette** *f* caterpillar® track
Rauputz *m* roughcast **Raureif** *m* hoarfrost
raus *Adv* (*umg*) **~!** (get) out!; → **heraus**; → **hinaus**
Rausch *m* (≈ *Trunkenheit*) intoxication; (≈ *Drogenrausch*) high (*umg*); **sich** (*Dat*) **einen ~ antrinken** to get drunk; **seinen ~ ausschlafen** to sleep it off **rauschen** *vi* (*Wasser*) to roar; (*sanft*) to murmur; (*Baum, Wald*) to rustle; (*Wind*) to murmur; (*Lautsprecher etc*) to hiss **rauschend** *Adj Fest* grand; *Beifall, Erfolg* resounding **Rauschgift** *n* drug, narcotic; (≈ *Drogen*) drugs *Pl*; **~ nehmen** to take drugs **Rauschgiftdezernat** *n* narcotics *od* drug squad **Rauschgifthandel** *m* drug trafficking **Rauschgifthändler(in)** *m(f)* drug trafficker **rauschgiftsüchtig** *Adj* drug-addicted; **er ist ~** he's addicted to drugs **Rauschgiftsüchtige(r)** *mf* drug addict
rausfliegen *vi* (*umg*) to be chucked out (*umg*)
räuspern *vr* to clear one's throat
rausreißen *vt* (*umg*) **jdn ~** to save sb **rausschmeißen** *vt* (*umg*) to chuck out (*umg*); *Geld* to chuck away (*umg*) **Rausschmeißer(in)** *m(f)* (*umg*) bouncer **Rausschmiss** *m* (*umg*) booting out (*umg*)
Raute *f* MATHE rhombus **rautenförmig** *Adj* rhomboid
Ravioli *Pl* ravioli *Sg*
Razzia *f* raid (*gegen* on)
Re *n* KARTEN redouble
Reagenzglas *n* CHEM test tube
reagieren *vi* to react (*auf +Akk* to; *mit* with) **Reaktion** *f* reaction (*auf +Akk* to) **reaktionär** (POL *pej*) *Adj* reactionary **Reaktionsfähigkeit** *f* ability to react; CHEM, PHYSIOL reactivity **reaktionsschnell** *Adj* with fast reactions; **~ sein** to have fast reactions **Reaktionszeit** *f* reaction time
reaktivieren *vt* NATURW to reactivate; (*fig*) to revive
Reaktor *m* reactor **Reaktorblock** *m* reactor block **Reaktorkern** *m* reactor core **Reaktorsicherheit** *f* reactor safety **Reaktorunglück** *n* nuclear disaster
real **1.** *Adj* real; (≈ *wirklichkeitsbezogen*) realistic **2.** *Adv sinken, steigen* actually **Realeinkommen** *n* real income **realisierbar** *Adj Idee, Projekt* feasible **realisieren** *vt* **a)** *Pläne, Ideen* to carry out; **b)** (≈ *erkennen*) to realize **Realismus** *m* realism **Realist(in)** *m(f)* realist **realistisch** **1.** *Adj* realistic **2.** *Adv* realistically **Realität** *f* reality **Realitätssinn** *m* sense of realism **Reality-TV** *n* reality TV **Reallohn** *m* real wages *Pl* **Realpolitik** *f* political realism, Realpolitik **realpolitisch** *Adj* pragmatic **Realsatire** *f* real-life satire **Realschule** *f* ≈ secondary school, ≈ secondary modern school (*Brit*)
Rebe *f* (≈ *Ranke*) shoot; (≈ *Weinstock*) vine
Rebell(in) *m(f)* rebel **rebellieren** *vi* to rebel **Rebellion** *f* rebellion **rebellisch** *Adj* rebellious

Rebhuhn *n* (common) partridge **Rebstock** *m* vine

Rechaud *m od n* hotplate; (*für Fondue*) spirit burner (*Brit*), ethanol burner (*US*)

Rechen *m* (≈ *Harke*) rake

Rechenart *f* ***die vier ~en*** the four arithmetical operations **Rechenaufgabe** *f* sum (*bes Brit*), (arithmetical) problem **Rechenfehler** *m* miscalculation **Rechenmaschine** *f* adding machine

Rechenschaft *f* account; ***jdm über etw*** (*Akk*) ***~ ablegen*** to account to sb for sth; ***jdm ~ schuldig sein*** to have to account to sb; ***jdn (für etw) zur ~ ziehen*** to call sb to account (for *od* over sth) **Rechenschaftsbericht** *m* report

Rechenschieber *m* slide rule **Rechenzentrum** *n* computer centre (*Brit*) *od* center (*US*)

Recherche *f* investigation **recherchieren** *vti* to investigate

rechnen **1.** *vt* **a)** (≈ *addieren etc*) to work out; ***rund gerechnet*** in round figures; **b)** (≈ *einstufen*) to count; ***jdn zu etw ~*** to count sb among sth; **c)** (≈ *veranschlagen*) to estimate; ***wir hatten nur drei Tage gerechnet*** we were only reckoning on three days; ***das ist zu hoch/niedrig gerechnet*** that's too high/low (an estimate) **2.** *vi* **a)** (≈ *addieren etc*) to do a calculation/calculations; *bes* SCHULE to do sums (*bes Brit*) *od* adding; ***falsch ~*** to make a mistake (in one's calculations); ***gut/schlecht ~ können*** to be good/bad at arithmetic; *bes* SCHULE to be good/bad at sums (*bes Brit*) *od* adding; ***mit Variablen/Zahlen ~*** to do (the) calculations using variables/numbers; **b)** (≈ *sich verlassen*) ***auf jdn/etw ~*** to count on sb/sth; **c)** ***mit jdm/etw ~*** to reckon with sb/sth; ***es wird damit gerechnet, dass ...*** it is reckoned that ...; ***damit hatte ich nicht gerechnet*** I wasn't expecting that; ***mit dem Schlimmsten ~*** to be prepared for the worst **3.** *vr* to pay off; ***etw rechnet sich nicht*** sth is not economical **Rechnen** *n* arithmetic **Rechner** *m* (≈ *Elektronenrechner*) computer; (≈ *Taschenrechner*) calculator **rechnergesteuert** *Adj* computer-controlled **rechnergestützt** *Adj* computer-aided **rechnerisch** *Adj* arithmetical; POL *Mehrheit* numerical

Rechnung *f* **a)** (≈ *Berechnung*) calculation; (*als Aufgabe*) sum; ***die ~ geht nicht auf*** (*wörtl*) the sum doesn't work out; (*fig*) it won't work (out); **b)** (≈ *schriftliche Kostenforderung*) bill (*Brit*), check (*US*); (*bes von Firma*) invoice; ***das geht auf meine ~*** this one's on me; ***auf ~ kaufen*** to buy on account; ***auf eigene ~*** on one's own account; ***(jdm) etw in ~ stellen*** to charge (sb) for sth; ***aber er hatte die ~ ohne den Wirt gemacht*** (*umg*) but there was one thing he hadn't reckoned with **Rechnungsbetrag** *m* (total) amount of a bill (*Brit*) *od* check (*US*)/an invoice/account **Rechnungsjahr** *n* financial *od* fiscal year **Rechnungspreis** *m* invoice price **Rechnungsprüfung** *f* audit

recht **1.** *Adj* **a)** (≈ *richtig*) right; ***es soll mir ~ sein, mir solls ~ sein*** (*umg*) it's OK (*umg*) by me; ***ganz ~!*** quite right; ***alles, was ~ ist*** (*empört*) there is a limit; ***hier geht es nicht mit ~en Dingen zu*** there's something not right here; ***nach dem Rechten sehen*** to see that everything's OK (*umg*); **b)** ***~ haben*** to be right; ***er hat ~ bekommen*** he was right; ***~ behalten*** to be right; ***jdm ~ geben*** to agree with sb, to admit that sb is right **2.** *Adv* **a)** (≈ *richtig*) properly; (≈ *wirklich*) really; ***verstehen Sie mich ~*** don't get me wrong (*umg*); ***wenn ich Sie ~ verstehe*** if I understand you rightly; ***das geschieht ihm ~*** it serves him right; ***jetzt mache ich es erst ~*** now I'm definitely going to do it; ***gehe ich ~ in der Annahme, dass ...?*** am I right in assuming that ...?; ***man kann ihm nichts ~ machen*** you can't do anything right for him; ***~ daran tun, zu ...*** to be right to ...; **b)** (≈ *ziemlich, ganz*) quite; ***~ viel*** quite a lot **Recht** *n* **a)** (≈ *Rechtsordnung*) law; (≈ *Gerechtigkeit*) justice; ***~ sprechen*** to administer justice; ***nach geltendem ~*** in law; ***nach englischem ~*** under *od* according to English law; ***von ~s wegen*** legally; (*umg* ≈ *eigentlich*) by rights (*umg*); **b)** (≈ *Anspruch*) right (*auf +Akk* to, *zu* to); ***zu seinem ~ kommen*** (*wörtl*) to gain one's rights; (*fig*) to come into one's own; ***gleiches ~ für alle!*** equal rights for all!; ***mit*** *od* ***zu*** ~ rightly; ***im*** ~ ***sein*** to be in the right; ***das ist mein gutes*** ~ it's my right; ***mit welchem*** ~? by what right?; **c)** ~ ***haben*** *etc*; → ***recht***

Rechte *f* **a)** (*Hand*) right hand; (*Seite*) right(-hand) side; BOXEN right; **b)** POL ***die*** ~ the Right **Rechteck** *n* rectangle **rechteckig** *Adj* rectangular **rechte(r, s)** *Adj* **a)** right; ***auf der*** ~***n Seite*** on the right-hand side; **b)** ***ein*** ~***r Winkel*** a right angle; **c)** (≈ *konservativ*) right-wing, rightist

rechtfertigen **1.** *vt* to justify **2.** *vr* to justify oneself **Rechtfertigung** *f* justification; ***etw zur*** ~ ***vorbringen*** to say sth to justify oneself **rechthaberisch** *Adj* know-all *attr* (*Brit umg*), know-it-all *attr* (*US umg*) **rechtlich** **1.** *Adj* (≈ *gesetzlich*) legal **2.** *Adv* (≈ *gesetzlich*) legally; ~ ***zulässig*** permissible in law; ***jdn*** ~ ***belangen*** to take legal action against sb **rechtlos** *Adj* **a)** without rights; **b)** *Zustand* lawless **rechtmäßig** **1.** *Adj* (≈ *legitim*) legitimate; (≈ *dem Gesetz entsprechend*) legal **2.** *Adv* legally; ***jdm*** ~ ***zustehen*** to belong to sb legally **Rechtmäßigkeit** *f* (≈ *Legitimität*) legitimacy; (≈ *Legalität*) legality

rechts **1.** *Adv* on the right; ***nach*** ~ (to the) right; ***von*** ~ from the right; ~ ***von etw*** (on *od* to the) right of sth; ~ ***von jdm*** to sb's right; ~ ***stricken*** to knit (plain) **2.** *Präp +Gen* on the right of **Rechtsabbieger** *m*, **Rechtsabbiegerin** *f* motorist/car *etc* turning right

Rechtsanspruch *m* legal right **Rechtsanwalt** *m*, **Rechtsanwältin** *f* lawyer, attorney (*US*)

R

Rechtsaußen *m* FUSSB outside-right; (POL *umg*) extreme right-winger

Rechtsbehelf *m* legal remedy **Rechtsbeistand** *m* legal advice; (*Mensch*) legal adviser **Rechtsberater(in)** *m(f)* legal adviser **Rechtsberatung** *f* **a)** legal advice; **b)** (*a.* **Rechtsberatungsstelle**) ≈ citizens' advice bureau (*Brit*), ≈ ACLU (*US*) **Rechtsbeugung** *f* perversion of the course of justice **Rechtsbrecher(in)** *m(f)* lawbreaker **Rechtsbruch** *m* breach *od* infringement of the law

rechtsbündig TYPO **1.** *Adj* right-aligned **2.** *Adv* aligned right

rechtschaffen *Adj* (≈ *ehrlich*) honest **Rechtschaffenheit** *f* honesty, uprightness **rechtschreiben** *vi* to spell **Rechtschreibfehler** *m* spelling mistake **Rechtschreibkontrolle** *f*, **Rechtschreibprüfung** *f* IT spell check; (≈ *Programm*) spellchecker **Rechtschreibprogramm** *n* IT spellchecker **Rechtschreibreform** *f* spelling reform **Rechtschreibung** *f* spelling

Rechtsextremist(in) *m(f)* right-wing extremist

Rechtsfrage *f* legal question *od* issue **Rechtsgeschäft** *n* legal transaction **rechtsgültig** *Adj* legally valid, legal

Rechtshänder(in) *m(f)* right-handed person, right-hander; ~ ***sein*** to be right-handed **rechtshändig** *Adj*, *Adv* right-handed

Rechtskraft *f* (*von Gesetz, Urteil*) legal force, force of law; (*von Vertrag etc*) legal validity **rechtskräftig** **1.** *Adj* having the force of law; *Urteil* final; *Vertrag* legally valid **2.** *Adv* ~ ***verurteilt sein*** to be issued with a final sentence

Rechtskurve *f* right-hand bend

Rechtslage *f* legal position **Rechtsmittel** *n* means *Sg* of legal redress; ~ ***einlegen*** to lodge an appeal **Rechtsordnung** *f* ***die*** ~ the law **Rechtspflege** *f* administration of justice **Rechtsprechung** *f* (≈ *Rechtspflege*) administration of justice; (≈ *Gerichtsbarkeit*) jurisdiction

rechtsradikal *Adj* radical right-wing **rechtsrheinisch** *Adj* on the right of the Rhine

Rechtssache *f* legal matter; (≈ *Fall*) case **Rechtsschutz** *m* legal protection **Rechtsschutzversicherung** *f* legal costs insurance **Rechtssicherheit** *f* legal certainty; ~ ***schaffen*** to create legal certainty **Rechtsspruch** *m* verdict **Rechtsstaat** *m* state under the rule of law **rechtsstaatlich** *Adj* of a state under the rule of law **Rechtsstreit** *m* lawsuit **Rechtssystem** *n* judicial system **Rechtsunsicherheit** *f* legal uncertainty **rechtsverbindlich** *Adj* legally binding

Rechtsverkehr *m* driving on the right *kein best Artikel*; ***in Deutschland ist*** ~ in Germany they drive on the right

Rechtsweg *m* legal action; ***den*** ~ ***beschreiten*** to take legal action; ***der*** ~

ist ausgeschlossen ≈ the judges' decision is final **rechtswidrig** **1.** *Adj* illegal **2.** *Adv* illegally **Rechtswidrigkeit** *f* **a)** illegality; **b)** (*Handlung*) illegal act

rechtwinklig *Adj* right-angled

rechtzeitig **1.** *Adj* (≈ *früh genug*) timely; (≈ *pünktlich*) punctual **2.** *Adv* (≈ *früh genug*) in (good) time; (≈ *pünktlich*) on time

Reck *n* SPORT horizontal bar **recken** **1.** *vt* ***den Kopf*** *od* ***Hals ~*** to crane one's neck; ***die Arme in die Höhe ~*** to raise one's arms in the air **2.** *vr* to stretch (oneself)

Recorder *m* → ***Rekorder***

recycelbar, **recyclebar** *Adj* recyclable **recyceln** *vt* to recycle **Recycling** *n* recycling **Recyclinghof** *m* transfer facility for recyclable waste **Recyclingpapier** *n* recycled paper

Redakteur(in) *m(f)* editor **Redaktion** *f* **a)** (≈ *das Redigieren*) editing; **b)** (≈ *Personal*) editorial staff; **c)** (≈ *Büro*) editorial office(s) **redaktionell** **1.** *Adj* editorial **2.** *Adv überarbeiten* editorially; ***etw ~ bearbeiten*** to edit sth

Rede *f* **a)** speech; (≈ *Ansprache*) address; ***eine ~ halten*** to make a speech; ***direkte/indirekte ~*** direct/indirect speech *od* discourse (*US*); **b)** (≈ *Äußerungen, Worte*) words *Pl*, language *kein Pl*; ***große ~n führen*** to talk big (*umg*); ***das ist nicht der ~ wert*** it's not worth mentioning; **c)** (≈ *Gespräch*) conversation; ***aber davon war doch nie die ~*** but no-one was ever talking about that; ***davon kann keine ~ sein*** it's out of the question; **d)** (≈ *Rechenschaft*) ***(jdm) ~ (und Antwort) stehen*** to justify oneself (to sb); ***jdn zur ~ stellen*** to take sb to task **Redefreiheit** *f* freedom of speech **redegewandt** *Adj* eloquent **Redegewandtheit** *f* eloquence **reden** **1.** *vi* (≈ *sprechen*) to talk, to speak; ***so lasse ich nicht mit mir ~!*** I won't be spoken to like that!; ***mit jdm über jdn/etw ~*** to talk to sb about sb/sth; ***(viel) von sich ~ machen*** to become (very much) a talking point; ***du hast gut ~!*** it's all very well for you (to talk); ***ich habe mit Ihnen zu ~!*** I would like a word with you; ***darüber lässt sich ~*** that's a possibility; ***er lässt mit sich ~*** (≈ *gesprächsbereit*) he's open to discussion; ***schlecht von jdm ~*** to speak ill of sb **2.** *vt* (≈ *sagen*) to talk; *Worte* to say; ***sich*** (*Dat*) ***etw vom Herzen ~*** to get sth off one's chest; ***Schlechtes über jdn ~*** to say bad things about sb **3.** *vr* ***sich heiser ~*** to talk oneself hoarse; ***sich in Wut ~*** to talk oneself into a fury **Redensart** *f* (≈ *Phrase*) cliché; (≈ *Redewendung*) expression; (≈ *Sprichwort*) saying **Redeverbot** *n* ban on speaking; ***jdm ~ erteilen*** to ban sb from speaking **Redewendung** *f* idiom

redigieren *vt* to edit

redlich **1.** *Adj* honest **2.** *Adv* (≈ *ehrlich*) honestly; ***~ (mit jdm) teilen*** to share (things) equally (with sb) **Redlichkeit** *f* honesty

Redner(in) *m(f)* speaker; (≈ *Rhetoriker*) orator **Rednerpult** *n* lectern **redselig** *Adj* talkative

reduzieren **1.** *vt* to reduce (*auf +Akk* to) **2.** *vr* to decrease **Reduzierung** *f* reduction

Reede *f* SEEF roads *Pl* **Reeder(in)** *m(f)* shipowner **Reederei** *f* shipping company

reell *Adj* **a)** (≈ *ehrlich*) honest, on the level (*umg*); HANDEL *Geschäft, Firma* sound; *Preis* fair; **b)** (≈ *echt*) *Chance* real

Reetdach *n* thatched roof

Referat *n* **a)** UNI seminar paper; SCHULE project; (≈ *Vortrag*) paper; **b)** (VERW ≈ *Ressort*) department **Referendar(in)** *m(f)* trainee (in civil service); (≈ *Studienreferendar*) student teacher; (≈ *Gerichtsreferendar*) articled clerk (*Brit*), legal intern (*US*) **Referendariat** *n probationary training period* **Referendum** *n* referendum **Referent(in)** *m(f)* (≈ *Sachbearbeiter*) expert; (≈ *Redner*) speaker **Referenz** *f* reference; ***jdn als ~ angeben*** to give sb as a referee **Referenzkurs** *m* WIRTSCH reference rate **referieren** *vi* to (give a) report (*über +Akk* on)

reflektieren **1.** *vt* **a)** (*widerspiegeln*) to reflect; **b)** (*überdenken*) to reflect on **2.** *vi* **a)** PHYS to reflect; **b)** (≈ *nachdenken*) to reflect (*über +Akk* (up)on) **Reflektor** *m* reflector **Reflex** *m* **a)** PHYS reflection; **b)** PHYSIOL reflex **Reflexbewegung** *f* reflex action **reflexiv** *Adj* GRAM reflexive **Reflexivprono-**

R

men *n* reflexive pronoun **Reflexzonenmassage** *f* reflexology
Reform *f* reform **reformbedürftig** *Adj* in need of reform **Reformhaus** *n* health-food shop **reformieren** *vt* to reform **reformiert** *Adj* KIRCHE Reformed; (*schweiz*) Protestant **Reformkurs** *m* policy of reform **Reformstau** *m* POL reform bottleneck
Refrain *m* MUS chorus
Regal *n* (≈ *Bord*) shelves *Pl* **Regalwand** *f* wall unit; (≈ *Regale*) wall-to--wall shelving
Regatta *f* regatta
rege *Adj* **a)** (≈ *betriebsam*) busy; *Handel* flourishing; ***ein ~s Treiben*** a hustle and bustle; **b)** (≈ *lebhaft*) lively; *Fantasie* vivid
Regel *f* **a)** (≈ *Norm*) rule; (≈ *Verordnung*) regulation; ***nach allen ~n der Kunst*** (*fig*) thoroughly; **b)** (≈ *Gewohnheit*) habit; ***sich*** (*Dat*) ***etw zur ~ machen*** to make a habit of sth; ***zur ~ werden*** to become a habit; **c)** (≈ *Monatsblutung*) period **Regelarbeitszeit** *f* core working hours *Pl* **regelbar** *Adj* (≈ *steuerbar*) adjustable **Regelblutung** *f* (monthly) period **Regelfall** *m* rule; ***im ~*** as a rule **regelmäßig** **1.** *Adj* regular **2.** *Adv* regularly; ***das Herz schlägt ~*** the heartbeat is normal; ***~ spazieren gehen*** to take regular walks; ***er kommt ~ zu spät*** he's always late **Regelmäßigkeit** *f* regularity **regeln** **1.** *vt* **a)** (≈ *regulieren*) *Prozess, Temperatur* to regulate; *Verkehr* to control; → ***geregelt***; **b)** (≈ *erledigen*) to see to; *Problem etc* to sort out; *Nachlass* to settle; *Finanzen* to put in order; ***das werde ich schon ~*** I'll see to it; ***gesetzlich geregelt sein*** to be laid down by law **2.** *vr* to sort itself out **regelrecht** **1.** *Adj* real; *Betrug etc* downright **2.** *Adv* really; *unverschämt* downright; (≈ *buchstäblich*) literally **Regelung** *f* **a)** (≈ *Regulierung*) regulation; **b)** (≈ *Erledigung*) settling; **c)** (≈ *Abmachung*) arrangement; (≈ *Bestimmung*) ruling; ***gesetzliche ~en*** legal *od* statutory regulations **Regelwerk** *n* rules (and regulations) *Pl*, set of rules **regelwidrig** *Adj* against the rules; ***~es Verhalten im Verkehr*** breaking the traffic regulations **Regelwidrigkeit** *f* irregularity

R

regen **1.** *vt* (≈ *bewegen*) to move; ***keinen Finger (mehr) ~*** (*fig*) not to lift a finger (any more) **2.** *vr* to stir; ***er kann sich kaum ~*** he is hardly able to move
Regen *m* rain; (*fig*: *von Schimpfwörtern etc*) shower; ***ein warmer ~*** (*fig*) a windfall; ***jdn im ~ stehen lassen*** (*fig*) to leave sb out in the cold; ***vom ~ in die Traufe kommen*** (*Sprichw*) to jump out of the frying pan into the fire (*Sprichw*) **regenarm** *Adj Jahreszeit, Gegend* dry **Regenbogen** *m* rainbow **Regenbogenfarben** *Pl* colours *Pl* (*Brit*) *od* colors *Pl* (*US*) of the rainbow **Regenbogenforelle** *f* rainbow trout **Regenbogenpresse** *f* trashy (*umg*) magazines *Pl*
Regeneration *f* regeneration **regenerieren** **1.** *vr* BIOL to regenerate; (*fig*) to revitalize oneself/itself **2.** *vt* to regenerate
Regenfall *m* (fall of) rain; ***heftige Regenfälle*** heavy rain **Regenguss** *m* downpour **Regenmantel** *m* raincoat, mac (*Brit umg*) **regenreich** *Adj Jahreszeit, Region* rainy, wet **Regenrinne** *f* gutter **Regenschauer** *m* shower (of rain) **Regenschirm** *m* umbrella
Regent(in) *m(f)* sovereign; (≈ *Stellvertreter*) regent
Regentag *m* rainy day **Regentonne** *f* rain barrel **Regentropfen** *m* raindrop **Regenwald** *m* GEOG rain forest **Regenwasser** *n* rainwater **Regenwetter** *n* rainy weather **Regenwolke** *f* rain cloud **Regenwurm** *m* earthworm **Regenzeit** *f* rainy season
Reggae *m* reggae
Regie *f* **a)** (≈ *künstlerische Leitung*) direction; THEAT, RADIO, TV production; ***die ~ bei etw führen*** to direct/produce sth; (*fig*) to be in charge of sth; ***unter der ~ von*** directed/produced by; **b)** (≈ *Verwaltung*) management; ***unter jds ~*** (*Dat*) under sb's control **Regieanweisung** *f* (stage) direction **Regieassistent(in)** *m(f)* assistant director; THEAT, RADIO, TV *auch* assistant producer
regieren **1.** *vi* (≈ *herrschen*) to rule; (*fig*) to reign **2.** *vt Staat* to rule (over); GRAM to govern; ***SPD-regierte Länder*** states governed by the SPD **Regierung** *f* government; (*von Monarch*) reign; ***an die ~ kommen*** to come to

power; ***jdn an die ~ bringen*** to put sb into power **Regierungsbezirk** *m* ≈ region (*Brit*), ≈ county (*US*) **Regierungschef(in)** *m(f)* head of a/the government **Regierungserklärung** *f* inaugural speech; (*in GB*) King's/Queen's Speech **regierungsfeindlich** *Adj* anti-government *kein Adv* **Regierungsform** *f* form of government **Regierungskrise** *f* government(al) crisis **Regierungssitz** *m* seat of government **Regierungssprecher(in)** *m(f)* government spokesperson **Regierungsumbildung** *f* cabinet reshuffle **Regierungswechsel** *m* change of government

Regime *n* (*pej*) regime **Regimegegner(in)** *m(f)* opponent of the regime **Regimekritiker(in)** *m(f)* critic of the regime

Regiment *n* MIL regiment

Region *f* region **regional** **1.** *Adj* regional **2.** *Adv* regionally; ***~ verschieden sein*** to vary from one region to another **Regionalbahn** *f* BAHN local railway (*Brit*) *od* railroad (*US*) **Regionalverkehr** *m* regional transport *od* transportation (*bes US*) **Regionalzug** *m* local train

Regisseur(in) *m(f)* THEAT, TV producer

Register *n* **a)** (≈ *amtliche Liste*) register; **b)** (≈ *Stichwortverzeichnis*) index; **c)** MUS register; (*von Orgel*) stop; ***alle ~ ziehen*** (*fig*) to pull out all the stops **Registertonne** *f* SEEF register ton **registrieren** *vt* **a)** (≈ *erfassen*) to register; **b)** (≈ *feststellen*) to note **Registrierkasse** *f* cash register **Registrierung** *f* registration

reglementieren *vt* to regulate; ***staatlich reglementiert*** state-regulated

Regler *m* regulator; (*an Fernseher etc*) control; (*von Fernsteuerung*) control (-ler)

reglos *Adj, Adv* motionless

regnen *vti unpers* to rain; ***es regnet Proteste*** protests are pouring in; ***es regnete Vorwürfe*** reproaches hailed down **regnerisch** *Adj* rainy

Regress *m* JUR recourse; ***~ anmelden*** to seek recourse **regresspflichtig** *Adj* liable for compensation

regsam *Adj* active; ***geistig ~*** mentally active

regulär *Adj* (≈ *üblich*) normal; (≈ *vorschriftsmäßig*) proper; *Arbeitszeit* normal; ***die ~e Spielzeit*** SPORT normal time **regulierbar** *Adj* regul(at)able, adjustable **regulieren** *vt* (≈ *einstellen*) to regulate; (≈ *nachstellen*) to adjust **Regulierung** *f* regulation; (≈ *Nachstellung*) adjustment **Regulierungsbehörde** *f* regulatory body

Regung *f* (≈ *Bewegung*) movement; (*des Gewissens etc*) stirring; ***ohne jede ~*** without a flicker (of emotion) **regungslos** *Adj, Adv* motionless

Reh *n* deer; (*im Gegensatz zu Hirsch etc*) roe deer

Rehabilitation *f* rehabilitation; (*von Ruf, Ehre*) vindication **Rehabilitationsklinik** *f* rehabilitation clinic **rehabilitieren** **1.** *vt* to rehabilitate **2.** *vr* to rehabilitate oneself

Rehbock *m* roebuck **Rehbraten** *m* roast venison **Rehkeule** *f* KOCH haunch of venison **Rehrücken** *m* KOCH saddle of venison

Reibach *m* (*umg*) ***einen ~ machen*** (*umg*) to make a killing (*umg*)

Reibe *f* KOCH grater **Reibekuchen** *m* (KOCH *dial*) ≈ potato fritter **reiben** **1.** *vt* **a)** (≈ *frottieren*) to rub; ***sich*** (*Dat*) ***die Augen ~*** to rub one's eyes; **b)** (≈ *zerkleinern*) to grate **2.** *vi* **a)** ***an etw*** (*Dat*) ***~*** to rub sth; **b)** (≈ *zerkleinern*) to grate **3.** *vr* to rub oneself (*an +Dat* on, against); (≈ *sich verletzen*) to scrape oneself (*an +Dat* on) **Reiberei** *f* (*umg*) friction *kein Pl*; (***kleinere***) ***~en*** (short) periods of friction **Reibung** *f* **a)** (≈ *das Reiben*) rubbing; PHYS friction; **b)** (*fig*) friction *kein Pl* **reibungslos** **1.** *Adj* frictionless; (*fig umg*) trouble-free **2.** *Adv* (≈ *problemlos*) smoothly; ***~ verlaufen*** to go off smoothly

reich **1.** *Adj* rich; (≈ *vielfältig*) copious; *Auswahl* wide; ***in ~em Maße vorhanden sein*** to abound **2.** *Adv* ***~ heiraten*** (*umg*) to marry (into) money; ***jdn ~ belohnen*** to reward sb well; ***~ illustriert*** richly illustrated **Reich** *n* **a)** (≈ *Imperium*) empire; (≈ *Königreich*) realm; ***das Dritte ~*** the Third Reich; **b)** (≈ *Gebiet*) realm; ***das ~ der Tiere*** the animal kingdom; ***das ist mein ~*** (*fig*) that is my domain **reichen** **1.** *vi* **a)** (≈ *sich erstrecken*) to reach (*bis zu etw* sth); ***der Garten reicht bis***

R

ans Ufer the garden stretches right down to the riverbank; ***so weit ~ meine Fähigkeiten nicht*** my skills are not that wide-ranging; **b)** (≈ *langen*) to be enough; ***der Zucker reicht nicht*** there won't be enough sugar; ***reicht das Licht zum Lesen?*** is there enough light to read by?; ***mir reichts*** (*umg*) (≈ *habe die Nase voll*) I've had enough (*umg*); ***jetzt reichts (mir aber)!*** that's the last straw! **2.** *vt* (≈ *entgegenhalten*) to hand; (≈ *anbieten*) to serve; ***jdm die Hand ~*** to hold out one's hand to sb **reichhaltig** *Adj* extensive; *Auswahl* wide, large; *Essen* rich; *Programm* varied **reichlich** **1.** *Adj* ample, large; *Vorrat* plentiful; *Portion* generous; *Zeit, Geld, Platz* plenty of; *Belohnung* ample **2.** *Adv* **a)** *belohnen* amply; *verdienen* richly; ***jdn ~ beschenken*** to give sb lots of presents; ***~ Trinkgeld geben*** to tip generously; ***~ Zeit/Geld haben*** to have plenty of *od* ample time/money; ***~ vorhanden sein*** to abound; **b)** (*umg* ≈ *ziemlich*) pretty **Reichstag** *m* Parliament **Reichtum** *m* **a)** wealth *kein Pl*; (≈ *Besitz*) riches *Pl*; ***zu ~ kommen*** to become rich; **b)** (*fig* ≈ *Fülle*) wealth (*an +Dat* of); ***der ~ an Fischen*** the abundance of fish **Reichweite** *f* range; (≈ *greifbare Nähe*) reach; (*fig* ≈ *Einflussbereich*) scope; ***außer ~*** out of range; (*fig*) out of reach

reif *Adj Früchte* ripe; *Mensch* mature; ***in ~(er)em Alter*** in one's mature(r) years; ***die Zeit ist ~*** the time is ripe; ***eine ~e Leistung*** (*umg*) a brilliant achievement; ***für etw ~ sein*** (*umg*) to be ready for sth

R

Reif[1] *m* (≈ *Raureif*) hoarfrost

Reif[2] *m* (≈ *Stirnreif*) circlet; (≈ *Armreif*) bangle

Reife *f* (≈ *das Reifen*) ripening; (≈ *das Reifsein*) ripeness; FIG maturity **reifen** *vi* (*Obst*) to ripen; (*Mensch*) to mature

Reifen *m* tyre (*Brit*), tire (*US*); (*von Fass*) hoop **Reifendruck** *m* tyre (*Brit*) *od* tire (*US*) pressure **Reifenpanne** *f* puncture (*Brit*), flat (*umg*); (*geplatzt auch*) blowout (*umg*) **Reifenwechsel** *m* tyre (*Brit*) *od* tire (*US*) change

Reifeprüfung *f* SCHULE → ***Abitur*** **Reifezeugnis** *n* SCHULE *Abitur certificate*, ≈ A Level certificate (*Brit*), ≈ high school diploma (*US*)

Reifglätte *f* VERKEHR slippery frost

reiflich **1.** *Adj* thorough; ***nach ~er Überlegung*** after careful consideration **2.** *Adv* ***sich*** (*Dat*) ***etw ~ überlegen*** to consider sth carefully

Reigen *m* round dance; (*fig geh*) round; ***den ~ eröffnen*** (*fig geh*) to lead off; ***ein bunter ~ von Melodien*** a varied selection of melodies

Reihe *f* **a)** row; ***sich in einer ~ aufstellen*** to line up; ***aus der ~ tanzen*** (*fig umg*) to be different; (≈ *gegen Konventionen verstoßen*) to step out of line; ***in den eigenen ~n*** within our/their *etc* own ranks; ***er ist an der ~*** it's his turn; ***der ~ nach*** in order, in turn; ***außer der ~*** out of order; (≈ *zusätzlich*) out of the usual way of things; **b)** (≈ *Serie*) series *Sg*; **c)** (≈ *unbestimmte Anzahl*) number; ***eine ganze ~ (von)*** a whole lot (of); **d)** (*umg* ≈ *Ordnung*) ***aus der ~ kommen*** (≈ *in Unordnung geraten*) to get out of order; ***jdn aus der ~ bringen*** to confuse sb; ***in die ~ bringen*** to put in order; ***etw auf die ~ kriegen*** (*umg*) to handle sth **reihen** **1.** *vt* ***Perlen auf eine Schnur ~*** to string beads (on a thread) **2.** *vr* ***etw reiht sich an etw*** (*Akk*) sth follows (after) sth **Reihenfolge** *f* order; (≈ *notwendige Aufeinanderfolge*) sequence; ***alphabetische ~*** alphabetical order **Reihenhaus** *n* terraced house (*Brit*), town house (*bes US*) **Reihenuntersuchung** *f* mass screening **reihenweise** *Adv* **a)** (≈ *in Reihen*) in rows; **b)** (*fig* ≈ *in großer Anzahl*) by the dozen

Reiher *m* heron

reihum *Adv* round; ***etw ~ gehen lassen*** to pass sth round

Reim *m* rhyme; ***sich*** (*Dat*) ***einen ~ auf etw*** (*Akk*) ***machen*** (*umg*) to make sense of sth **reimen** **1.** *vt* to rhyme (*auf +Akk, mit* with) **2.** *vi* to make up rhymes **3.** *vr* to rhyme (*auf +Akk, mit* with)

rein[1] *Adv* (*umg*) = ***herein, hinein***

rein[2] **1.** *Adj* **a)** pure; (≈ *völlig*) sheer; *Wahrheit* plain; *Gewissen* clear; ***das ist die ~ste Freude/der ~ste Hohn*** *etc* it's sheer joy/mockery *etc*; ***er ist der ~ste Künstler*** he's a real artist; **b)** (≈ *sauber*) clean; *Haut* clear; ***etw***

~ machen to clean sth; **etw ins Reine schreiben** to write out a fair copy of sth; **etw ins Reine bringen** to clear sth up; **mit etw im Reinen sein** to have got sth straightened out **2.** *Adv* **a)** (≈ *ausschließlich*) purely; **b)** (*umg* ≈ *völlig*) absolutely; **~ gar nichts** absolutely nothing

Rein *f* (*südd, österr*) casserole (dish)

reinbeißen *vt* (*umg*) to bite into (*in* +*Akk*); **zum Reinbeißen aussehen** to look scrumptious

Reindl *f* (*südd, österr*) (small) casserole (dish)

Reineclaude *f* greengage

Reinemachefrau *f* cleaner

Reinerlös *m* net profit(s *Pl*)

Reinfall *m* (*umg*) disaster (*umg*)

Reingewicht *n* net(t) weight **Reingewinn** *m* net(t) profit **Reinhaltung** *f* keeping clean **Reinheit** *f* purity; (≈ *Sauberkeit*) cleanness; (*von Haut*) clearness **reinigen** *vt* to clean; **etw chemisch ~** to dry-clean sth; **ein ~des Gewitter** (*fig umg*) a row which clears the air **Reiniger** *m* cleaner **Reinigung** *f* **a)** cleaning; **b)** (≈ *chemische Reinigung*) (*Anstalt*) (dry) cleaner's **Reinigungsmilch** *f* cleansing milk **Reinigungsmittel** *n* cleansing agent

Reinkarnation *f* reincarnation

Reinkultur *f* BIOL pure culture; **Kitsch in ~** (*umg*) pure unadulterated kitsch

reinlegen *vt* (*umg*) = **hereinlegen, hineinlegen**

reinlich *Adj* **a)** cleanly; **b)** (≈ *ordentlich*) tidy **Reinlichkeit** *f* cleanliness; (≈ *Ordentlichkeit*) tidiness **reinrassig** *Adj* pure-blooded; *Tier* thoroughbred **Reinschrift** *f* (*Geschriebenes*) fair copy; **etw in ~ schreiben** to write out a fair copy of sth **reinseiden** *Adj* pure silk

Reis *m* rice

Reise *f* journey, trip; (≈ *Schiffsreise*, RAUMF) voyage; (≈ *Geschäftsreise*) trip; **eine ~ machen** to go on a journey; **auf ~n sein** to be away (travelling (*Brit*) *od* traveling (*US*)); **er ist viel auf ~n** he does a lot of travelling (*Brit*) *od* traveling (*US*); **wohin geht die ~?** where are you off to?; **gute ~!** have a good journey! **Reiseandenken** *n* souvenir **Reiseapotheke** *f* first-aid kit **Reisebegleiter(in)** *m(f)* travelling (*Brit*) *od* traveling (*US*) companion; (≈ *Reiseleiter*) courier **Reisebekanntschaft** *f* acquaintance made while travelling (*Brit*) *od* traveling (*US*) **Reisebericht** *m* report *od* account of one's journey; (*Buch*) travel story; (*Film*) travelogue (*Brit*), travelog (*US*) **Reisebeschreibung** *f* description of one's travels; FILM travelogue (*Brit*), travelog (*US*) **Reisebüro** *n* travel agency **Reisebus** *m* coach (*Brit*), bus (*US*) **reisefertig** *Adj* ready (to go *od* leave) **Reisefieber** *n* (*fig*) travel nerves *Pl* **Reiseführer** *m* (*Buch*) guidebook **Reiseführer(in)** *m(f)* tour guide **Reisegeschwindigkeit** *f* cruising speed **Reisegesellschaft** *f* (tourist) party; (*umg* ≈ *Veranstalter*) tour operator **Reisegruppe** *f* tourist group *od* party **Reisekosten** *Pl* travelling (*Brit*) *od* traveling (*US*) expenses *Pl* **Reisekrankheit** *f* travel sickness **Reiseleiter(in)** *m(f)* tour guide **Reiselust** *f* wanderlust **reiselustig** *Adj* fond of travel *od* travelling (*Brit*) *od* traveling (*US*) **reisen** *vi* to travel; **in den Urlaub ~** to go away on holiday (*bes Brit*) *od* vacation (*US*) **Reisende(r)** *mf* traveller (*Brit*), traveler (*US*); (≈ *Fahrgast*) passenger **Reisepass** *m* passport **Reiseproviant** *m* food for the journey **Reiseruf** *m* personal message **Reisescheck** *m* traveller's cheque (*Brit*), traveler's check (*US*) **Reisetasche** *f* holdall **Reiseunterlagen** *Pl* travel documents *Pl* **Reiseveranstalter(in)** *m(f)* tour operator **Reiseverkehr** *m* holiday (*bes Brit*) *od* vacation (*US*) traffic **Reiseversicherung** *f* travel insurance **Reisewecker** *m* travelling (*Brit*) *od* traveling (*US*) alarm clock **Reisewetterbericht** *m* holiday (*Brit*) *od* travel weather forecast **Reisezeit** *f* (≈ *Saison*) holiday (*bes Brit*) *od* vacation (*US*) season; (≈ *Fahrzeit*) travel time **Reiseziel** *n* destination

Reisfeld *n* paddy field

Reisig *n* brushwood

Reiskocher *m* rice cooker **Reiskorn** *n* grain of rice **Reispapier** *n* KUNST, KOCH rice paper

Reißaus *m* **~ nehmen** (*umg*) to clear off *od* out (*umg*) **Reißbrett** *n* drawing board **reißen 1.** *vt* **a)** to tear, to rip; (≈ *mitreißen, zerren*) to pull, to drag; **jdn**

zu Boden ~ to pull *od* drag sb to the ground; ***jdm etw aus der Hand*** ~ to snatch sth out of sb's hand; ***jdn aus dem Schlaf/seinen Träumen*** ~ to wake sb from his sleep/dreams; ***jdn in den Tod*** ~ to claim sb's life; (*Flutwelle, Lawine*) to sweep sb to his/her death; ***hin und her gerissen werden/sein*** (*fig*) to be torn; ***etw an sich*** (*Akk*) ~ to seize sth; **b)** (SPORT, *Gewichtheben*) to snatch; (*Hochsprung*) to knock down; **c)** (≈ *töten*) to kill; **d)**; → ***gerissen*** **2.** *vi* **a)** to tear; (≈ *Risse bekommen*) to crack; ***mir ist die Kette gerissen*** my chain has broken; ***da riss mir die Geduld*** then my patience gave out; ***wenn alle Stricke*** ~ (*fig umg*) if all else fails; **b)** (≈ *zerren*) to pull, to tug (*an +Dat* at); **c)** (*Hochsprung*) to knock the bar off **3.** *vr* (*umg*) ***sich um jdn/etw*** ~ to scramble to get sb/sth **reißend** *Adj Fluss* raging; *Schmerzen* searing; *Verkauf, Absatz* massive **Reißer** *m* (*umg*) (THEAT, *Film, Buch*) thriller; (*Ware*) big seller **reißerisch** *Adj Bericht, Titel* sensational **reißfest** *Adj* tear-proof **Reißleine** *f* ripcord **Reißnagel** *m* drawing pin (*Brit*), thumbtack (*US*) **Reißverschluss** *m* zip (fastener) (*Brit*), zipper (*US*); ***den*** ~ ***an etw*** (*Dat*) ***zumachen*** to zip sth up; ***den*** ~ ***an etw*** (*Dat*) ***aufmachen*** to unzip sth **Reißwolf** *m* shredder **Reißzahn** *m* fang **Reißzwecke** *f* drawing pin (*Brit*), thumbtack (*US*)

reiten **1.** *vi* to ride; ***auf etw*** (*Dat*) ~ to ride (on) sth **2.** *vt* to ride; ***Schritt/Trab/Galopp*** ~ to ride at a walk/trot/gallop **Reiter(in)** *m(f)* rider **Reithose** *f* riding breeches *Pl*; JAGD, SPORT jodhpurs *Pl* **Reitkunst** *f* horsemanship **Reitpeitsche** *f* riding whip **Reitpferd** *n* mount **Reitsattel** *m* (riding) saddle **Reitschule** *f* riding school **Reitsport** *m* (horse-)riding **Reitstall** *m* riding stable **Reitstiefel** *m* riding boot **Reitturnier** *n* horse show; (*Geländereiten*) point-to-point **Reitunterricht** *m* riding lessons *Pl* **Reitweg** *m* bridle path

R

Reiz *m* **a)** PHYSIOL stimulus; **b)** (≈ *Verlockung*) attraction, appeal; (≈ *Zauber*) charm; ***(auf jdn) einen*** ~ ***ausüben*** to have great attraction (for sb); ***diese Idee hat auch ihren*** ~ this idea also has its attractions; ***den*** ~ ***verlieren*** to lose all one's/its charm; ***weibliche*** ~***e*** feminine charms **reizbar** *Adj* (≈ *empfindlich*) touchy (*umg*); (≈ *erregbar*) irritable **Reizbarkeit** *f* (≈ *Empfindlichkeit*) touchiness (*umg*); (≈ *Erregbarkeit*) irritability **reizen** **1.** *vt* **a)** PHYSIOL to irritate; (≈ *stimulieren*) to stimulate; **b)** (≈ *verlocken*) to appeal to; ***es würde mich ja sehr*** ~, ... I'd love to ...; ***Ihr Angebot reizt mich sehr*** I find your offer very tempting; ***was reizt Sie daran?*** what do you like about it?; **c)** (≈ *ärgern*) to annoy; *Tier* to tease; (≈ *herausfordern*) to provoke; ***jdn bis aufs Blut*** ~ to push sb to breaking point; → ***gereizt*** **2.** *vi* **a)** MED to irritate; (≈ *stimulieren*) to stimulate; **b)** KARTEN to bid; ***hoch*** ~ to make a high bid **reizend** **1.** *Adj* charming; ***das ist ja*** ~ (*iron*) (that's) charming **2.** *Adv einrichten* attractively; ~ ***aussehen*** to look charming **Reizhusten** *m* chesty (*Brit*) *od* deep (*US*) cough; (*nervös*) nervous cough **Reizklima** *n* bracing climate; (*fig*) charged atmosphere **reizlos** *Adj* dull, uninspiring **Reizschwelle** *f* PHYSIOL stimulus *od* absolute threshold **Reizthema** *n* controversial issue **Reizung** *f* MED stimulation; (*krankhaft*) irritation **reizvoll** *Adj* delightful; *Aufgabe* attractive **Reizwäsche** *f* (*umg*) sexy underwear **Reizwort** *n* emotive word

rekapitulieren *vt* to recapitulate

rekeln *vr* (*umg*) (≈ *sich herumlümmeln*) to loll around; (≈ *sich strecken*) to stretch

Reklamation *f* query; (≈ *Beschwerde*) complaint **Reklame** *f* **a)** advertising; ~ ***für jdn/etw machen*** to advertise sb/sth; **b)** (≈ *Einzelwerbung*) advertisement; *bes* TV, RADIO commercial **Reklameschild** *n* advertising sign **reklamieren** **1.** *vi* (≈ *Einspruch erheben*) to complain; ***bei jdm wegen etw*** ~ to complain to sb about sth **2.** *vt* **a)** (≈ *bemängeln*) to complain about (*etw bei jdm* sth to sb); **b)** (≈ *in Anspruch nehmen*) to claim; ***jdn/etw für sich*** ~ to lay claim to sb/sth

rekonstruieren *vt* to reconstruct **Rekonstruktion** *f* reconstruction

Rekord *m* record; ***einen*** ~ ***aufstellen*** to

set a record

Rekorder *m* (cassette) recorder

Rekordgewinn *m* HANDEL record profit **Rekordinhaber(in)** *m(f)* record holder **Rekordverlust** *m* HANDEL record losses *Pl* **Rekordzeit** *f* record time

Rekrut(in) *m(f)* MIL recruit **rekrutieren** **1.** *vt* to recruit **2.** *vr* (*fig*) ***sich ~ aus*** to be recruited from

Rektor(in) *m(f)* SCHULE head teacher, principal (*bes US*); UNI vice chancellor (*Brit*), rector (*US*); (*von Fachhochschule*) principal **Rektorat** *n* (SCHULE ≈ *Amt, Amtszeit*) headship, principalship (*bes US*); (≈ *Zimmer*) head teacher's study, principal's room (*bes US*); UNI vice chancellorship (*Brit*), rectorship (*US*), vice chancellor's (*Brit*) *od* rector's (*US*) office

Relais *n* ELEK relay

Relation *f* relation; ***in einer/keiner ~ zu etw stehen*** to bear some/no relation to sth **relational** *Adj* IT relational **relativ** **1.** *Adj* relative **2.** *Adv* relatively **relativieren** (*geh*) *vt Behauptung etc* to qualify **Relativität** *f* relativity **Relativitätstheorie** *f* theory of relativity **Relativpronomen** *n* relative pronoun **Relativsatz** *m* relative clause

relaxen *vi* (*umg*) to take it easy (*umg*)

relaxt *Adj* (*umg*) laid-back (*umg*)

relevant *Adj* relevant **Relevanz** *f* relevance

Relief *n* relief

Religion *f* religion; (*Schulfach*) religious instruction *od* education **Religionsfreiheit** *f* freedom of worship **Religionsunterricht** *m* religious education *od* instruction; SCHULE RE *od* RI lesson **Religionszugehörigkeit** *f* religious affiliation, religion **religiös** *Adj* religious

Relikt *n* relic

Reling *f* SEEF (deck) rail

Reliquie *f* relic

Remake *n* remake

Reminiszenz *f* (*geh* ≈ *Erinnerung*) memory (*an +Akk* of)

remis *Adj* drawn; ***~ spielen*** to draw **Remis** *n* SCHACH, SPORT draw

Remittende *f* HANDEL return

Remmidemmi *n* (*umg*) (≈ *Krach*) rumpus (*umg*); (≈ *Trubel*) to-do (*umg*)

Remoulade *f*, **Remouladensoße** *f* KOCH remoulade

rempeln *vt* (*umg*) to barge (*jdn* into sb) (*umg*); (≈ *foulen*) to push

Ren *n* reindeer

Renaissance *f* **a)** HIST renaissance; **b)** (*fig auch*) revival

Rendezvous *n* rendezvous, date (*umg*); RAUMF rendezvous

Rendite *f* FINANZ yield, return on capital

Reneklode *f* greengage

renitent *Adj* defiant **Renitenz** *f* defiance

Rennbahn *f* (race)track **Rennboot** *n* powerboat **rennen** **1.** *vi* to run; ***um die Wette ~*** to have a race; ***er rannte mit dem Kopf gegen ...*** he bumped his head against ... **2.** *vt* SPORT to run; ***jdn zu Boden ~*** to knock sb over **Rennen** *n* race; ***totes ~*** dead heat; ***gut im ~ liegen*** to be well-placed; ***das ~ machen*** to win (the race) **Renner** *m* (*umg* ≈ *Verkaufsschlager*) winner **Rennerei** *f* (*umg*) running around; (≈ *Hetze*) mad chase (*umg*) **Rennfahrer(in)** *m(f)* (≈ *Radrennfahrer*) racing cyclist; (≈ *Motorradrennfahrer*) racing motorcyclist; (≈ *Autorennfahrer*) racing driver **Rennpferd** *n* racehorse **Rennrad** *n* racing bicycle **Rennsport** *m* racing **Rennstall** *m* (*Tiere, Zucht*) stable **Rennstrecke** *f* (≈ *Rennbahn*) (race)track; (≈ *zu laufende Strecke*) course, distance **Rennwagen** *m* racing car

Renommee *n* reputation, name **renommiert** *Adj* famous (*wegen* for)

renovieren *vt* to renovate; (≈ *tapezieren etc*) to redecorate **Renovierung** *f* renovation

rentabel **1.** *Adj* profitable **2.** *Adv* profitably; ***~ wirtschaften*** to show a profit **Rentabilität** *f* profitability

Rente *f* pension; (*aus Versicherung*) annuity; (*aus Vermögen*) income; ***in ~ gehen*** to start drawing one's pension; ***in ~ sein*** to be on a pension **Rentenalter** *n* retirement age **Rentenanspruch** *m* pension entitlement **Rentenbeitrag** *m* pension contribution **Rentenempfänger(in)** *m(f)* pensioner **Rentenfonds** *m* fixed-income fund **Rentenmarkt** *m* market in fixed-interest securities **Rentenreform** *f* reform of pensions **Rentenversicherung** *f* pension scheme (*Brit*), retirement

R

plan (*US*)
Rentier *n* zoo reindeer
rentieren *vr* to be worthwhile; ***das rentiert sich nicht*** it's not worth it
Rentner(in) *m(f)* pensioner
Reorganisation *f* reorganization **reorganisieren** *vt* to reorganize
reparabel *Adj* repairable **Reparatur** *f* repair; ***~en am Auto*** car repairs; ***in ~*** being repaired; ***etw in ~ geben*** to have sth repaired **reparaturanfällig** *Adj* prone to break down **Reparaturarbeiten** *Pl* repairs *Pl*, repair work *kein Pl* **reparaturbedürftig** *Adj* in need of repair **Reparaturkosten** *Pl* repair costs *Pl* **Reparaturwerkstatt** *f* workshop; (≈ *Autowerkstatt*) garage, auto repair shop (*US*) **reparieren** *vt* to repair
repatriieren *vt* to repatriate
Repertoire *n* repertoire
Report *m* report **Reportage** *f* report **Reporter(in)** *m(f)* reporter
Repräsentant(in) *m(f)* representative **Repräsentantenhaus** *n* (*US* POL) House of Representatives **Repräsentation** *f* (≈ *Vertretung*) representation **repräsentativ** **1.** *Adj* **a**) (≈ *typisch*) representative (*für* of); **b**) *Haus, Auto* prestigious; *Erscheinung* presentable **2.** *Adv bauen* prestigiously **repräsentieren** *vt* to represent
Repressalie *f* reprisal **Repression** *f* repression
Reproduktion *f* reproduction **reproduzieren** *vt* to reproduce
Reptil *n* reptile
Republik *f* republic; ***die ~ Österreich*** the Republic of Austria **Republikaner(in)** *m(f)* republican; POL Republican **republikanisch** *Adj* republican
Reputation *f* (good) reputation
Requiem *n* requiem
Requisit *n* equipment *kein Pl*; ***~en*** THEAT props
resch *Adj* (*österr*) (≈ *knusprig*) *Brötchen etc* crispy; (*fig* ≈ *lebhaft*) *Frau* dynamic
Reservat *n* **a**) (≈ *Naturschutzgebiet*) reserve; **b**) (*für Indianer, Ureinwohner etc*) reservation **Reserve** *f* **a**) (≈ *Vorrat*) reserve(s *Pl*) (*an +Dat* of); (≈ *angespartes Geld*) savings *Pl*; MIL, SPORT reserves *Pl*; ***(noch) etw/jdn in ~ haben*** to have sth/sb (still) in reserve; **b**) (≈ *Zurückhaltung*) reserve; (≈ *Bedenken*) reservation; ***jdn aus der ~ locken*** to bring sb out of his/her shell **Reservebank** *f* SPORT substitutes *od* reserves bench **Reservefonds** *m* reserve fund **Reservekanister** *m* spare can **Reserverad** *n* spare (wheel) **Reservespieler(in)** *m(f)* SPORT reserve **reservieren** *vt* to reserve **reserviert** *Adj Platz, Mensch* reserved **Reservierung** *f* reservation **Reservist(in)** *m(f)* reservist
Reservoir *n* reservoir
Reset-Taste *f* IT reset key
Residenz *f* (≈ *Wohnung*) residence **residieren** *vi* to reside
Resignation *f* (*geh*) resignation **resignieren** *vi* to give up; ***resigniert*** resigned
resistent *Adj* resistant (*gegen* to) **Resistenz** *f* resistance (*gegen* to)
Reskription *f* treasury bond
resolut **1.** *Adj* resolute **2.** *Adv* resolutely **Resolution** *f* (POL ≈ *Beschluss*) resolution
Resonanz *f* **a**) resonance; **b**) (*fig*) response (*auf +Akk* to); ***große ~ finden*** to get a good response
resozialisieren *vt* to rehabilitate
Respekt *m* (≈ *Achtung*) respect; ***jdm ~ einflößen*** to command respect from sb; ***bei allem ~*** with all due respect; ***vor jdm/etw ~ haben*** (*Achtung*) to have respect for sb/sth; (*Angst*) to be afraid of sb/sth; ***sich*** (*Dat*) ***~ verschaffen*** to make oneself respected **respektabel** *Adj* respectable **respektieren** *vt* to respect **respektlos** *Adj* disrespectful **respektvoll** **1.** *Adj* respectful **2.** *Adv* respectfully
Ressentiment *n* resentment *kein Pl* (*gegen* towards)
Ressort *n* department
Ressource *f* resource
Rest *m* **a**) rest; ***die ~e einer Kirche*** the remains of a church; ***der letzte ~*** the last bit; ***der ~ ist für Sie*** (*beim Bezahlen*) keep the change; ***jdm/einer Sache den ~ geben*** (*umg*) to finish sb/sth off; **b**) **Reste** *Pl* (≈ *Essensreste*) leftovers *Pl*; **c**) (≈ *Stoffrest*) remnant **Restalkohol** *m* residual alcohol
Restaurant *n* restaurant
restaurieren *vt* to restore **Restaurierung** *f* restoration
Restbestand *m* remaining stock; (*fig*)

R

remnant **Restbetrag** *m* balance **restlich** *Adj* remaining, rest of the ...; ***die ~e Welt*** the rest of the world **restlos** **1.** *Adj* complete **2.** *Adv* completely; ***ich war ~ begeistert*** I was completely bowled over (*umg*) **Restmüll** *m* residual waste **Restposten** *m* HANDEL remaining stock

restriktiv (*geh*) **1.** *Adj* restrictive **2.** *Adv* restrictively

Restrisiko *n* residual risk

Resultat *n* result **resultieren** *vi* (*geh*) to result (*in +Dat* in); ***aus etw ~*** to result from sth

Resümee *n* (*geh*) résumé **resümieren** *vti* (*geh*) to summarize

Retorte *f* CHEM retort; ***aus der ~*** (*fig umg*) synthetic **Retortenbaby** *n* test-tube baby

Retourkutsche *f* (*umg*) (*Worte*) retort; (*Handlung*) retribution

Retrospektive *f* retrospective **Retrovirus** *n od m* retrovirus

retten **1.** *vt* to save; (≈ *befreien*) to rescue; ***jdn vor etw ~*** to save sb from sth; ***jdm das Leben ~*** to save sb's life; ***ein ~der Gedanke*** a bright idea that saved the situation; ***bist du noch zu ~?*** (*umg*) are you out of your mind? (*umg*) **2.** *vr* ***sich vor jdm/etw ~*** to escape (from) sb/sth; ***sich vor etw nicht mehr ~ können*** (*fig*) to be swamped with sth; ***rette sich, wer kann!*** (it's) every man for himself! **Retter(in)** *m(f)* (*aus Notlage*) rescuer; ***der ~ des Unternehmens*** the saviour (*Brit*) *od* savior (*US*) of the business

Rettich *m* radish

Rettung *f* **a)** (*aus Notlage*) rescue; (≈ *Erhaltung*) saving; ***das war meine ~*** that saved me; ***das war meine letzte ~*** that was my last hope; (≈ *hat mich gerettet*) that was my salvation; **b)** (*österr* ≈ *Rettungsdienst*) rescue service; (≈ *Krankenwagen*) ambulance **Rettungsaktion** *f* rescue operation **Rettungsanker** *m* sheet anchor; (*fig*) anchor **Rettungsboot** *n* lifeboat **Rettungsdienst** *m* rescue service **Rettungshubschrauber** *m* rescue helicopter **rettungslos** **1.** *Adj* beyond saving; *Lage* irretrievable; *Verlust* irrecoverable **2.** *Adv verloren* irretrievably **Rettungsmannschaft** *f* rescue party **Rettungsring** *m* life belt; (*hum* ≈ *Bauch*) spare tyre (*Brit hum*), spare tire (*US hum*) **Rettungssanitäter(in)** *m(f)* paramedic **Rettungsschwimmer(in)** *m(f)* lifesaver; (*an Strand, Pool*) lifeguard **Rettungswagen** *m* ambulance

retuschieren *vt* FOTO to retouch

Reue *f* remorse (*über +Akk* at, about), repentance (*auch* REL) (*über +Akk* of) **reuevoll**, **reumütig** **1.** *Adj* (≈ *voller Reue*) remorseful, repentant; *Sünder* contrite, penitent **2.** *Adv gestehen, bekennen* full of remorse

Reuse *f* fish trap

Revanche *f* revenge (*für* for); (≈ *Revanchepartie*) return match (*Brit*), rematch (*US*) **revanchieren** *vr* **a)** (≈ *sich rächen*) to get one's revenge (*bei jdm für etw* on sb for sth); **b)** (≈ *sich erkenntlich zeigen*) to reciprocate; ***sich bei jdm für eine Einladung ~*** to return sb's invitation **Revanchismus** *m* revanchism **Revanchist(in)** *m(f)* revanchist **revanchistisch** *Adj* revanchist

Revers *n od* (*österr*) *m* (*an Kleidung*) lapel

revidieren *vt* to revise

Revier *n* **a)** (≈ *Polizeidienststelle*) (police) station; (≈ *Dienstbereich*) beat, district; (*von Prostituierter*) patch (*umg*); **b)** (ZOO ≈ *Gebiet*) territory; **c)** (JAGD ≈ *Jagdrevier*) hunting ground; **d)** (BERGB ≈ *Kohlenrevier*) coalfields *Pl*

Revision *f* **a)** (*von Meinung etc*) revision; **b)** (HANDEL ≈ *Prüfung*) audit; **c)** (JUR ≈ *Urteilsanfechtung*) appeal (*an +Akk* to); ***~ einlegen*** to lodge an appeal **revisionistisch** *Adj* POL revisionist **Revisor(in)** *m(f)* HANDEL auditor

Revolte *f* revolt **revoltieren** *vi* to revolt, to rebel (*gegen* against); (*fig: Magen*) to rebel

Revolution *f* revolution **revolutionär** *Adj* revolutionary **Revolutionär(in)** *m(f)* revolutionary **revolutionieren** *vt* to revolutionize **Revoluzzer(in)** *m(f)* (*pej*) would-be revolutionary

Revolver *m* revolver **Revolverheld(in)** *m(f)* (*pej*) gunslinger

Revue *f* THEAT revue; ***etw ~ passieren lassen*** (*fig*) to let sth parade before one

R

Rezensent(in) *m(f)* reviewer **rezensieren** *vt* to review **Rezension** *f* review
Rezept *n* **a)** MED prescription; ***auf ~*** on prescription; **b)** (KOCH, *fig* ≈ *Anleitung*) recipe (*zu* for) **rezeptfrei** **1.** *Adj* available without prescription **2.** *Adv* without a prescription **Rezeptgebühr** *f* prescription charge
Rezeption *f* (*von Hotel* ≈ *Empfang*) reception
Rezeptpflicht *f* ***der ~ unterliegen*** to be available only on prescription **rezeptpflichtig** *Adj* available only on prescription
Rezession *f* WIRTSCH recession
reziprok *Adj* reciprocal
rezitieren *vti* to recite
R-Gespräch *n* reverse charge call (*Brit*), collect call (*US*)
Rhabarber *m* rhubarb
Rhein *m* Rhine **rheinab(wärts)** *Adv* down the Rhine **rheinauf(wärts)** *Adv* up the Rhine **rheinisch** *Adj* Rhenish **Rheinländer(in)** *m(f)* Rhinelander **rheinländisch** *Adj* Rhineland **Rheinland-Pfalz** *n* Rhineland-Palatinate **Rheinwein** *m* Rhine wine; (*weißer auch*) hock
Rhesusaffe *m* rhesus monkey **Rhesusfaktor** *m* MED rhesus *od* Rh factor
Rhetorik *f* rhetoric **rhetorisch** *Adj* rhetorical
Rheuma *n* rheumatism **rheumatisch** *Adj* rheumatic; ***~ bedingte Schmerzen*** rheumatic pains **Rheumatismus** *m* rheumatism
Rhinozeros *n* rhinoceros, rhino (*umg*)
Rhododendron *m od n* rhododendron
Rhombus *m* rhombus
rhythmisch *Adj* rhythmic(al) **Rhythmus** *m* rhythm
Ribisel *f* (*österr* ≈ *Johannisbeere*, *rot*) redcurrant; (*schwarz*) blackcurrant
richten **1.** *vt* **a)** (≈ *lenken*) to direct (*auf* +*Akk* towards); **b)** (≈ *ausrichten*) ***etw nach jdm/etw ~*** to suit *od* fit sth to sb/sth; *Verhalten* to orientate sth to sb/sth; **c)** (≈ *adressieren*) to address (*an* +*Akk* to); *Kritik*, *Vorwurf* to direct (*gegen* at, against); **d)** (≈ *reparieren*) to fix; (≈ *einstellen*) to set **2.** *vr* **a)** (≈ *sich hinwenden*) to be directed (*auf* +*Akk* towards, *gegen* at); **b)** (≈ *sich wenden*) to consult (*an jdn* sb); (*Vorwurf etc*) to be directed (*gegen* at); **c)** (≈ *sich anpassen*) to follow (*nach jdm/etw* sb/sth); ***sich nach den Vorschriften ~*** to go by the rules; ***sich nach jds Wünschen ~*** to comply with sb's wishes; ***ich richte mich nach dir*** I'll fit in with you; ***sich nach der Wettervorhersage ~*** to go by the weather forecast; **d)** (≈ *abhängen von*) to depend (*nach* on); **e)** (*bes südd* ≈ *sich zurechtmachen*) to get ready **3.** *vi* (*lit* ≈ *urteilen*) to pass judgement (*über* +*Akk* on) **Richter(in)** *m(f)* judge **richterlich** *Adj* judicial
Richterskala *f* GEOL Richter scale
Richterspruch *m* **a)** JUR ≈ judgement; **b)** SPORT judges' decision
Richtfest *n* topping-out ceremony **Richtfunk** *m* directional radio **Richtgeschwindigkeit** *f* recommended speed
richtig **1.** *Adj* **a)** right *no comp*; (≈ *zutreffend*) correct, right; ***nicht ganz ~ (im Kopf) sein*** (*umg*) to be not quite right (in the head) (*umg*); ***bin ich hier ~ bei Müller?*** (*umg*) is this right for the Müllers?; **b)** (≈ *wirklich*, *echt*) real; ***der ~e Vater*** the real father **2.** *Adv* (≈ *korrekt*) right; *passen*, *funktionieren* properly, correctly; ***~ gehend*** *Uhr*, *Waage* accurate; ***die Uhr geht ~*** the clock is right *od* correct; ***das ist doch Paul! — ach ja, ~*** that's Paul — oh yes, so it is **Richtige(r)** *mf* right person, right man/woman *etc*; ***du bist mir der ~!*** (*iron*) you're a fine one (*umg*); ***sechs ~ im Lotto*** six right in the lottery **Richtige(s)** *n* right thing; ***das ist das ~*** that's right; ***ich habe nichts ~s gegessen*** I haven't had a proper meal; ***ich habe noch nicht das ~ gefunden*** I haven't found anything suitable **richtiggehend** *Adj* (*umg* ≈ *regelrecht*) real, proper; → ***richtig*** **Richtigkeit** *f* correctness **richtigstellen** *vt* to correct **Richtigstellung** *f* correction
Richtlinie *f* guideline **Richtpreis** *m* (***unverbindlicher***) ***~*** recommended price
Richtung *f* **a)** direction; ***in ~ Hamburg*** towards (*Brit*) *od* toward (*US*) Hamburg; ***in ~ Süden*** in a southerly direction; ***der Zug ~ Hamburg*** the Hamburg train; ***eine neue ~ bekommen***

to take a new turn; ***ein Schritt in die richtige ~*** a step in the right direction; ***irgendetwas in dieser ~*** something along those lines; **b)** (≈ *Tendenz*) trend; (≈ *die Vertreter einer Richtung*) movement; (≈ *Denkrichtung*) school of thought **Richtungskampf** *m* POL factional dispute **richtungslos** *Adj* lacking a sense of direction **Richtungsstreit** *m* POL factional dispute **Richtungswechsel** *m* change of direction **richtung(s)weisend** *Adj* ***~ sein*** to point the way (ahead)

riechen **1.** *vt* to smell; ***ich kann das nicht ~*** (*umg*) I can't stand the smell of it; (*fig* ≈ *nicht leiden*) I can't stand it; ***jdn nicht ~ können*** (*umg*) not to be able to stand sb; ***das konnte ich doch nicht ~!*** (*umg*) how was I (supposed) to know? **2.** *vi* **a)** (≈ *Geruchssinn haben*) ***Hunde können gut ~*** dogs have a good sense of smell; **b)** (≈ *bestimmten Geruch haben*) to smell; ***gut/schlecht ~*** to smell good/bad; ***nach etw ~*** to smell of sth; ***aus dem Mund ~*** to have bad breath; ***das riecht nach Betrug/Verrat*** (*fig umg*) that smacks of deceit/treachery; **c)** (≈ *schnüffeln*) to sniff; ***an jdm/etw ~*** to sniff (at) sb/sth **3.** *vi unpers* to smell; ***es riecht nach Gas*** there's a smell of gas **Riecher** *m* (*umg*) ***einen ~ (für etw) haben*** to have a nose (for sth)

Ried *n* (≈ *Schilf*) reeds *Pl*

Riege *f* team

Riegel *m* **a)** (≈ *Verschluss*) bolt; ***einer Sache*** (*Dat*) ***einen ~ vorschieben*** (*fig*) to put a stop to sth; **b)** (≈ *Schokoladenriegel*, *Seifenstück*) bar

Riemen[1] *m* (≈ *Treibriemen*, *Gürtel*) belt; (*an Gepäck*) strap; ***den ~ enger schnallen*** (*fig*) to tighten one's belt; ***sich am ~ reißen*** (*fig umg*) to get a grip on oneself

Riemen[2] *m* SPORT oar; ***sich in die ~ legen*** to put one's back into it

Riese *m* giant; (*sl* ≈ *Geldschein*) big one (*umg*)

rieseln *vi* (*Wasser*, *Sand*) to trickle; (*Regen*) to drizzle; (*Schnee*) to flutter down; (*Staub*) to fall down; ***der Kalk rieselt von der Wand*** lime is crumbling off the wall

Riesenerfolg *m* gigantic success; THEAT, FILM smash hit **Riesengebirge** *n* GEOG Sudeten Mountains *Pl* **riesengroß**, **riesenhaft** *Adj* = ***riesig*** **Riesenhunger** *m* (*umg*) enormous appetite **Riesenrad** *n* big wheel, Ferris wheel **Riesenschlange** *f* boa **Riesenschritt** *m* giant step **Riesenslalom** *m* giant slalom **riesig** **1.** *Adj* **a)** enormous, huge; *Spaß* tremendous; **b)** (*umg* ≈ *toll*) fantastic (*umg*) **2.** *Adv* (*umg* ≈ *sehr*, *überaus*) incredibly

Riff[1] *n* (≈ *Felsklippe*) reef

Riff[2] *m* MUS riff

rigoros **1.** *Adj* rigorous **2.** *Adv ablehnen* rigorously; *kürzen* drastically

Rigorosum *n* UNI (doctoral *od* PhD) viva (*Brit*) *od* oral

Rikscha *f* rickshaw

Rille *f* groove; (*in Säule*) flute

Rind *n* **a)** (≈ *Tier*) cow; (≈ *Bulle*) bull; ***~er*** cattle *Pl*; **b)** (*umg* ≈ *Rindfleisch*) beef

Rinde *f* (≈ *Baumrinde*) bark; (≈ *Brotrinde*) crust; (≈ *Käserinde*) rind

Rinderbraten *m* (*roh*) joint of beef; (*gebraten*) roast beef *kein unbest Artikel* **Rinderfilet** *n* fillet of beef **Rinderherde** *f* herd of cattle **Rinderlende** *f* beef tenderloin **Rinderseuche** *f* epidemic cattle disease; (≈ *BSE*) mad cow disease **Rinderwahn(sinn)** *m* mad cow disease **Rinderzucht** *f* cattle farming **Rindfleisch** *n* beef **Rindsleder** *n* cowhide **Rindsuppe** *f* (*österr*) consommé **Rindvieh** *n* (*umg* ≈ *Idiot*) ass (*umg*)

Ring *m* ring; (*von Menschen*) circle; (≈ *Ringstraße*) ring road; ***~e*** (*Turnen*) rings **Ringbuch** *n* ring binder **Ringbucheinlage** *f* loose-leaf pad **Ringelblume** *f* marigold **ringeln** **1.** *vt* (*Pflanze*) to (en)twine **2.** *vr* to curl **Ringelnatter** *f* grass snake **Ringelschwanz** *m* (*umg*) curly tail **Ringelspiel** *n* (*österr*) merry-go-round

ringen **1.** *vt* ***die Hände ~*** to wring one's hands **2.** *vi* **a)** (≈ *kämpfen*) to wrestle (*mit* with); ***mit den Tränen ~*** to struggle to keep back one's tears; **b)** (≈ *streben*) ***nach*** *od* ***um etw ~*** to struggle for sth **Ringen** *n* SPORT wrestling; (*fig*) struggle **Ringer(in)** *m(f)* wrestler

Ringfahndung *f* dragnet **Ringfinger** *m* ring finger **ringförmig** **1.** *Adj* ring-like **2.** *Adv* in a ring *od* circle **Ringhefter** *m* ring binder **Ringkampf** *m* fight; SPORT

R

wrestling match **Ringkämpfer(in)** *m(f)* wrestler **Ringordner** *m* ring binder **Ringrichter(in)** *m(f)* SPORT referee **rings** *Adv* (all) around **ringsherum** *Adv* all (the way) around **Ringstraße** *f* ring road **ringsum** *Adv* (all) around **ringsumher** *Adv* around

Rinne *f* (≈ *Rille*) groove; (≈ *Furche, Abflussrinne*) channel; (≈ *Dachrinne* ≈ *Rinnstein*) gutter **rinnen** *vi* (≈ *fließen*) to run **Rinnsal** *n* rivulet **Rinnstein** *m* (≈ *Gosse*) gutter

Rippchen *n* KOCH *slightly cured pork rib* **Rippe** *f* **a)** rib; ***er hat nichts auf den ~n*** (*umg*) he's just skin and bone(s); **b)** (*von Heizkörper etc*) fin **Rippenbruch** *m* broken *od* fractured rib **Rippenfell** *n* pleura **Rippenfellentzündung** *f* pleurisy **Rippenshirt** *n* ribbed shirt **Rippenstück** *n* KOCH *joint of meat including ribs*

Risiko *n* risk; ***auf eigenes ~*** at one's own risk; ***die Sache ist ohne ~*** there's no risk involved **Risikobereitschaft** *f* readiness to take risks **Risikofaktor** *m* risk factor **risikofreudig** *Adj* prepared to take risks **Risikogeburt** *f* MED high-risk birth **Risikogruppe** *f* (high-)risk group **Risikokapital** *n* FINANZ risk *od* venture capital **risikoreich** *Adj* risky, high-risk *attr* **Risikostaat** *m* state of concern

riskant *Adj* risky **riskieren** *vt* to risk; ***etwas/nichts ~*** to take risks/no risks; ***sein Geld ~*** to put one's money at risk

Risotto *m od n* risotto

Rispe *f* BOT panicle

Riss *m* (*in Stoff, Papier etc*) tear, rip; (*in Erde*) fissure; (≈ *Sprung: in Wand, Behälter etc*) crack; (≈ *Hautriss*) chap; (*fig* ≈ *Kluft*) rift, split **rissig** *Adj Boden, Leder* cracked; *Haut, Hände, Lippen* chapped **Risswunde** *f* laceration

Ritt *m* ride

Ritter *m* (*im Mittelalter*) knight; (*fig, hum* ≈ *Kämpfer*) champion; ***jdn zum ~ schlagen*** to knight sb **ritterlich** *Adj* (*wörtl*) knightly; (*fig*) chivalrous **Ritterorden** *m* order of knights **Ritterrüstung** *f* knight's armour (*Brit*) *od* armor (*US*) **Rittersporn** *m* BOT larkspur, delphinium **Ritterstand** *m* knighthood

rittlings *Adv* astride (*auf etw* (*Dat*) sth)

Ritual *n* ritual **rituell** *Adj* ritual **Ritus** *m* rite; (*fig*) ritual

Ritze *f* crack; (≈ *Fuge*) gap

Ritzel *n* TECH pinion

ritzen *vt* to scratch

Rivale *m*, **Rivalin** *f* rival **rivalisieren** *vi* ***mit jdm (um etw) ~*** to compete with sb (for sth) **Rivalität** *f* rivalry

Riviera *f* Riviera

Rizinus *m* (*a.* **Rizinusöl**) castor oil

Robbe *f* seal **robben** *vi* MIL to crawl **Robbenjagd** *f* sealing, seal hunting

Robe *f* **a)** (≈ *Abendkleid*) evening gown; **b)** (≈ *Amtstracht*) robes *Pl*

Roboter *m* robot **Robotertechnik** *f* robotics *Sg od Pl*

robust *Adj* robust; *Material* tough **Robustheit** *f* robustness; (*von Material*) toughness

röcheln *vi* to groan; (*Sterbender*) to give the death rattle

Rochen *m* ray

Rock[1] *m* (≈ *Damenrock*) skirt; (*schweiz* ≈ *Kleid*) dress

Rock[2] *m* MUS rock **Rockband** *f* rock band **rocken** *vi* MUS to rock **rockig** *Adj Musik* which sounds like (hard) rock **Rockkonzert** *n* rock concert **Rockmusik** *f* rock music

Rocksaum *m* hem of a/the skirt

Rockstar *m* rock star

Rodel *m* (*südd, österr*) *f* toboggan **Rodelbahn** *f* toboggan run **rodeln** *vi* to toboggan **Rodelschlitten** *m* toboggan

roden *vt Wald, Land* to clear

Rodler(in) *m(f)* tobogganer; *bes* SPORT tobogganist

Rodung *f* clearing

Rogen *m* roe

Roggen *m* rye **Roggenbrot** *n* rye bread

roh **1.** *Adj* **a)** (≈ *ungekocht*) raw; **b)** (≈ *unbearbeitet*) *Bretter, Stein etc* rough; *Diamant* uncut; *Metall* crude; **c)** (≈ *brutal*) rough; ***~e Gewalt*** brute force **2.** *Adv* **a)** (≈ *ungekocht*) raw; **b)** (≈ *grob*) roughly; **c)** (≈ *brutal*) brutally **Rohbau** *m* shell (of a/the building) **Rohdiamant** *m* rough *od* uncut diamond **Roheisen** *n* pig iron **Rohentwurf** *m* rough draft **Rohgewinn** *m* gross profit **Rohheit** *f* **a)** (*Eigenschaft*) roughness; (≈ *Brutalität*) brutality; **b)** (*Tat*) brutality **Rohkost** *f* raw fruit and vegetables *Pl* **Rohleder** *n* untanned leather, rawhide (*US*) **Rohling** *m* **a)**

(≈ *Grobian*) brute; **b)** TECH blank; ***CD-~*** blank CD **Rohmaterial** *n* raw material **Rohöl** *n* crude oil

Rohr *n* **a)** (≈ *Schilfrohr*) reed; (*für Stühle etc*) cane, wicker *kein Pl*; **b)** TECH pipe; (≈ *Geschützrohr*) (gun) barrel; ***aus allen ~en feuern*** (*wörtl*) to fire with all its guns; (*fig*) to use all one's fire power; ***volles ~*** (*umg*) flat out (*Brit*), at full speed; **c)** (*südd, österr* ≈ *Backröhre*) oven **Rohrbruch** *m* burst pipe **Röhrchen** *n* tube; (*umg: zur Alkoholkontrolle*) Breathalyzer®; ***ins ~ blasen*** (*umg*) to be breathalyzed **Röhre** *f* **a)** (≈ *Backröhre*) oven; ***in die ~ gucken*** (*umg*) to be left out; **b)** (≈ *Neonröhre*) (neon) tube; (≈ *Elektronenröhre*) valve (*Brit*), tube (*US*); (≈ *Fernsehröhre*) tube; **c)** (≈ *Hohlkörper*) tube **röhren** *vi* JAGD to bell; (*Motorrad*) to roar **röhrenförmig** *Adj* tubular **Rohrgeflecht** *n* wickerwork, basketwork **Rohrleitung** *f* conduit **Rohrmöbel** *Pl* cane (*bes Brit*) *od* wicker furniture *Sg* **Rohrpost** *f* pneumatic dispatch system **Rohrstock** *m* cane **Rohrzange** *f* pipe wrench **Rohrzucker** *m* cane sugar

Rohseide *f* wild silk **Rohstoff** *m* raw material **rohstoffarm** *Adj Land* lacking in raw materials **rohstoffreich** *Adj Land* rich in raw materials **Rohzustand** *m* natural state *od* condition

Rollbahn *f* FLUG taxiway; (≈ *Start-, Landebahn*) runway **Rolle** *f* **a)** (≈ *Zusammengerolltes*) roll; (≈ *Garnrolle*) reel; ***eine ~ Toilettenpapier*** a toilet roll; **b)** (≈ *Walze*) roller; (*an Möbeln*) caster, castor; ***von der ~ sein*** (*fig umg*) to have lost it (*umg*); **c)** SPORT roll; **d)** (THEAT, FILM, *fig*) role, part; SOZIALW role; ***bei*** *od* ***in etw*** (*Dat*) ***eine ~ spielen*** to play a part in sth; ***es spielt keine ~, (ob) ...*** it doesn't matter (whether) ...; ***bei ihm spielt Geld keine ~*** with him money is no object; ***aus der ~ fallen*** (*fig*) to do/say the wrong thing **rollen** **1.** *vi* to roll; (*Flugzeug*) to taxi; ***etw ins Rollen bringen*** (*fig*) to set *od* start sth rolling **2.** *vt* to roll; *Teig* to roll out **Rollenbesetzung** *f* THEAT, FILM casting **Rollenlager** *n* roller bearings *Pl* **Rollenspiel** *n* role play **Rollentausch** *m* exchange of roles **Roller** *m* (≈ *Motorroller, für Kinder*) scooter **Rollfeld** *n* runway **Rollgeld** *n* freight charge **rollig** *Adj* (*umg*) *Katze* on (*Brit*) *od* in heat **Rollkommando** *n* raiding party **Rollkragen** *m* polo neck **Rollkragenpullover** *m* polo-neck sweater **Rollladen** *m* (*an Fenster, Tür etc*) (roller) shutters *Pl* **Rollmops** *m* rollmops **Rollo** *n* (roller) blind **Rollschuh** *m* roller skate; ***~ laufen*** to roller-skate **Rollschuhlaufen** *n* roller-skating **Rollschuhläufer(in)** *m(f)* roller skater **Rollsplitt** *m* loose chippings *Pl* **Rollstuhl** *m* wheelchair **Rollstuhlfahrer(in)** *m(f)* wheelchair user **Rolltreppe** *f* escalator

Rom *n* Rome

ROM *n* IT ROM

Roma *Pl* Romanies *Pl*

Roman *m* novel **Romanheld** *m* hero of a/the novel **Romanheldin** *f* heroine of a/the novel

Romanik *f* ARCHIT, KUNST Romanesque period **romanisch** *Adj Volk, Sprache* Romance; KUNST, ARCHIT Romanesque **Romanist(in)** *m(f)* UNI student of *od* (*Wissenschaftler*) expert on Romance languages and literature **Romanistik** *f* UNI Romance languages and literature

Romantik *f* **a)** LITERATUR, KUNST, MUS Romanticism; (*Epoche*) Romantic period; **b)** (*fig*) romance **Romantiker(in)** *m(f)* LITERATUR, KUNST, MUS Romantic; (*fig*) romantic **romantisch** **1.** *Adj* romantic; LITERATUR *etc* Romantic **2.** *Adv* romantically **Romanze** *f* romance

Römer(in) *m(f)* Roman **Römertopf®** *m* KOCH clay casserole dish **römisch** *Adj* Roman **römisch-katholisch** *Adj* Roman Catholic

Rommé *n*, **Rommee** *n* rummy

röntgen *vt* to X-ray **Röntgenaufnahme** *f* X-ray (plate) **Röntgenbild** *n* X-ray **Röntgenologe** *m*, **Röntgenologin** *f* radiologist **Röntgenologie** *f* radiology **Röntgenstrahlen** *Pl* X-rays *Pl* **Röntgenuntersuchung** *f* X-ray examination

rosa *Adj* pink; ***in ~(rotem) Licht*** in a rosy light

Röschen *n* (little) rose; (*von Brokkoli, Blumenkohl*) floret; (*von Rosenkohl*) sprout **Rose** *f* (*Blume*) rose

rosé *Adj* pink **Rosé** *m* rosé (wine)

Rosengarten *m* rose garden **Rosen-**

holz *n* rosewood **Rosenkohl** *m* Brussel(s) sprouts *Pl* **Rosenkranz** *m* KIRCHE rosary **Rosenmontag** *m Monday preceding Ash Wednesday* **Rosenstrauch** *m* rosebush

Rosette *f* rosette

Roséwein *m* rosé wine

rosig *Adj* rosy

Rosine *f* raisin; (***große***) ***~n im Kopf haben*** (*umg*) to have big ideas; ***sich*** (*Dat*) ***die ~n*** (***aus dem Kuchen***) ***herauspicken*** (*umg*) to take the pick of the bunch

Rosmarin *m* rosemary

Ross *n* (*südd, österr, schweiz*) horse; ***~ und Reiter nennen*** (*fig geh*) to name names; ***auf dem hohen ~ sitzen*** (*fig*) to be on one's high horse **Rosshaar** *n* horsehair **Rosskastanie** *f* horse chestnut **Rosskur** *f* (*hum*) kill-or-cure remedy

Rost[1] *m* rust; ***~ ansetzen*** to start to rust

Rost[2] *m* (≈ *Ofenrost*) grill; (≈ *Gitterrost*) grating, grille **Rostbraten** *m* KOCH ≈ roast **Rostbratwurst** *f* barbecue sausage **rostbraun** *Adj* russet; *Haar* auburn

rosten *vi* to rust

rösten *vt* to roast; *Brot* to toast

Rostfleck *m* patch of rust **rostfrei** *Adj Stahl* stainless

röstfrisch *Adj Kaffee* freshly roasted

Rösti *Pl fried grated potatoes*

rostig *Adj* rusty

Röstkartoffeln *Pl* sauté potatoes *Pl*

Rostschutz *m* antirust protection **Rostschutzfarbe** *f* antirust paint **Rostschutzmittel** *n* rustproofer

rot **1.** *Adj* red; ***Rote Karte*** FUSSB red card; ***das Rote Kreuz*** the Red Cross; ***der Rote Halbmond*** the Red Crescent; ***das Rote Meer*** the Red Sea; ***~e Zahlen schreiben*** to be in the red; ***~ werden*** to blush, to go red **2.** *Adv* **a)** *anmalen* red; *anstreichen* in red; ***sich*** (*Dat*) ***etw ~*** (***im Kalender***) ***anstreichen*** (*umg*) to make sth a red-letter day; **b)** *glühen, leuchten* a bright red; ***~ glühend*** *Metall* red-hot **Rot** *n* red; ***bei ~*** at red; ***die Ampel stand auf ~*** the lights were (at) red

Rotation *f* rotation

Rotbarsch *m* rosefish **rotblond** *Adj Haar* sandy; *Mann* sandy-haired; *Frau* strawberry blonde **rotbraun** *Adj* reddish brown **Röte** *f* redness, red **Röteln** *Pl* German measles *Sg* **röten** **1.** *vt* to make red; ***gerötete Augen*** red eyes **2.** *vr* to turn *od* become red **rotglühend** *Adj* → ***rot*** **rotgrün** *Adj* red-green; ***die ~e Koalition*** the Red-Green coalition **rothaarig** *Adj* red-haired

rotieren *vi* to rotate; ***am Rotieren sein*** (*umg*) to be in a flap (*umg*)

Rotkäppchen *n* LITERATUR Little Red Riding Hood **Rotkehlchen** *n* robin **Rotkohl** *m* (*südd, österr*), **Rotkraut** *n* red cabbage **rötlich** *Adj* reddish **Rotlicht** *n* red light **Rotlichtviertel** *n* red-light district **rotsehen** *vi* (*umg*) to see red (*umg*) **Rotstift** *m* red pencil; ***den ~ ansetzen*** (*fig*) to cut back drastically **Rottanne** *f* Norway spruce

Rottweiler *m* Rottweiler

Rötung *f* reddening **Rotwein** *m* red wine **Rotwild** *n* red deer

Rotz *m* (*umg*) snot (*umg*) **rotzfrech** (*umg*) *Adj* cocky (*umg*) **Rotznase** *f* **a)** (*umg*) snotty nose (*umg*); **b)** (*umg* ≈ *Kind*) snotty-nosed brat (*umg*)

Rouge *n* blusher

Roulade *f* KOCH ≈ beef olive

Rouleau *n* (roller) blind

Roulette *n*, **Roulett** *n* roulette

Route *f* route

Routine *f* (≈ *Erfahrung*) experience; (≈ *Gewohnheit*) routine **Routineangelegenheit** *f* routine matter **routinemäßig** *Adj* routine; ***das wird ~ überprüft*** it's checked as a matter of routine **Routinesache** *f* routine matter **routiniert** **1.** *Adj* experienced **2.** *Adv* expertly

Rowdy *m* hooligan; (*zerstörerisch*) vandal; (*lärmend*) rowdy (type)

Rubbelkarte *f*, **Rubbellos** *n* scratch card **rubbeln** *vti* to rub; *Los* to scratch

Rübe *f* **a)** turnip; ***Gelbe ~*** carrot; ***Rote ~*** beetroot (*Brit*), beet (*US*); **b)** (*umg* ≈ *Kopf*) nut (*umg*) **Rübensaft** *m*, **Rübenkraut** *n* sugar beet syrup **Rübenzucker** *m* beet sugar

rüber- (*umg*) → ***herüber-, hinüber-***

Rubin *m* ruby

Rubrik *f* **a)** (≈ *Kategorie*) category; **b)** (≈ *Zeitungsrubrik*) section

Ruck *m* jerk; POL swing; ***auf einen*** *od* ***mit einem ~*** in one go; ***sich*** (*Dat*) ***einen ~ geben*** (*umg*) to make an effort

R

Rückantwort *f* reply, answer
ruckartig **1.** *Adj* jerky **2.** *Adv* jerkily; ***er stand ~ auf*** he shot to his feet
rückbestätigen *vt* to reconfirm **Rückblende** *f* flashback **Rückblick** *m* look back (*auf +Akk* at); ***im ~ auf etw*** (*Akk*) looking back on sth **rückblickend** *Adv* in retrospect **rückdatieren** *vt* to backdate
rücken **1.** *vi* to move; (≈ *Platz machen*) to move up *od* (*zur Seite auch*) over; ***näher ~*** to move closer; ***an jds Stelle*** (*Akk*) ***~*** to take sb's place; ***in weite Ferne ~*** to recede into the distance **2.** *vt* to move
Rücken *m* back; (≈ *Nasenrücken*) ridge; (≈ *Bergrücken*) crest; (≈ *Buchrücken*) spine; ***mit dem ~ zur Wand stehen*** (*fig*) to have one's back to the wall; ***hinter jds ~*** (*Dat*) (*fig*) behind sb's back; ***jdm/einer Sache den ~ kehren*** to turn one's back on sb/sth; ***jdm in den ~ fallen*** (*fig*) to stab sb in the back; ***jdm den ~ decken*** (*fig umg*) to back sb up (*umg*); ***jdm den ~ stärken*** (*fig umg*) to give sb encouragement **Rückendeckung** *f* (*fig*) backing **Rückenflosse** *f* dorsal fin **rückenfrei** *Adj Kleid* backless, low-backed **Rückenlage** *f* supine position; ***er schläft in ~*** he sleeps on his back **Rückenlehne** *f* back (rest) **Rückenmark** *n* spinal cord **Rückenschmerzen** *Pl* backache, back pain **rückenschwimmen** *vi* to swim on one's back **Rückenschwimmen** *n* backstroke **Rückenwind** *m* tailwind **Rückenwirbel** *m* dorsal vertebra
rückerstatten *vt* to refund; *Ausgaben* to reimburse **Rückerstattung** *f* refund; (*von Ausgaben*) reimbursement **Rückfahrkarte** *f* return ticket (*Brit*), round-trip ticket (*US*) **Rückfahrt** *f* return journey **Rückfall** *m* relapse; JUR repetition of an/the offence (*Brit*) *od* offense (*US*) **rückfällig** *Adj* ***~ werden*** MED to have a relapse; (*fig*) to relapse; JUR to lapse back into crime **Rückflug** *m* return flight **Rückfrage** *f* question; ***auf ~ wurde uns erklärt ...*** when we queried this, we were told ... **rückfragen** *vi* to check **Rückführung** *f* (*von Menschen*) repatriation, return **Rückgabe** *f* return **Rückgang** *m* fall, drop (*+Gen* in) **rückgängig** *Adj* ***~ machen*** (≈ *widerrufen*) to undo; *Bestellung, Termin* to cancel; *Entscheidung* to go back on; *Verlobung* to call off **Rückgewinnung** *f* recovery; (*von Land, Gebiet*) reclamation **Rückgrat** *n* spine, backbone **Rückhalt** *m* **a)** (≈ *Unterstützung*) support; **b)** (≈ *Einschränkung*) ***ohne ~*** without reservation **rückhaltlos** **1.** *Adj* complete **2.** *Adv* completely; ***sich ~ zu etw bekennen*** to proclaim one's total allegiance to sth **Rückhand** *f* SPORT backhand **Rückkauf** *m* repurchase **Rückkaufsrecht** *n* right of repurchase **Rückkehr** *f* return; ***bei seiner ~*** on his return **Rücklage** *f* (FINANZ ≈ *Reserve*) reserve, reserves *Pl* **rückläufig** *Adj* declining; *Tendenz* downward **Rücklicht** *n* tail-light, rear light **rücklings** *Adv* (≈ *rückwärts*) backwards; (≈ *von hinten*) from behind; (≈ *auf dem Rücken*) on one's back **Rückmeldung** *f* UNI re-registration **Rücknahme** *f* taking back **Rückporto** *n* return postage **Rückreise** *f* return journey **Rückreiseverkehr** *m* homebound traffic **Rückruf** *m* **a)** (*am Telefon*) ***Herr X hat angerufen und bittet um ~*** Mr X called and asked you to call (him) back; **b)** (*von Botschafter, Waren*) recall

Körperteile und wem sie gehören

Im Gegensatz zum Deutschen steht im Englischen bei Körperteilen meistens das Possessivpronomen, das anzeigt, zu wem der Körperteil gehört.

Mir tut der Rücken weh.	**My back hurts.**
Sie hat sich den Knöchel verstaucht.	**She's sprained her ankle.**
Ihr fiel ein Holzbrett auf den Kopf.	**A plank fell on her head.**

Nach Präpositionen folgt allerdings der Artikel, wenn die betroffene Person schon erwähnt worden ist:

Ich bin am Bein getroffen worden!	**I've been hit in the leg!**
Er schlug mir mit der Faust auf die Nase.	**He punched me on the nose.**

Rucksack *m* rucksack **Rucksacktourist(in)** *m(f)* backpacker
Rückschau *f* ***~ halten*** to reminisce, to reflect **Rückschein** *m* ≈ recorded delivery slip **Rückschlag** *m* (*fig*) setback; (*bei Patient*) relapse **Rückschluss** *m* conclusion; ***Rückschlüsse ziehen*** to draw one's own conclusions (*aus* from) **Rückschritt** *m* (*fig*) step backwards **rückschrittlich** *Adj* reactionary; *Entwicklung* retrograde **Rückseite** *f* back; (*von Buchseite, Münze*) reverse; (*von Zeitung*) back page; ***siehe ~*** see over(leaf) **Rücksendung** *f* return

Rückseite ≠ (*Brit*) **backside**		
Rückseite	=	back, reverse
(*Brit*) backside	=	Hintern

Rücksicht *f* (≈ *Nachsicht*) consideration; ***aus*** *od* ***mit ~ auf jdn/etw*** out of consideration for sb/sth; ***ohne ~ auf jdn/etw*** with no consideration for sb/sth; ***ohne ~ auf Verluste*** (*umg*) regardless; ***auf jdn/etw ~ nehmen*** to show consideration for sb/sth **Rücksichtnahme** *f* consideration **rücksichtslos 1.** *Adj* **a)** inconsiderate; (*im Verkehr*) reckless; **b)** (≈ *unbarmherzig*) ruthless **2.** *Adv* **a)** (≈ *ohne Nachsicht*) inconsiderately; **b)** (≈ *schonungslos*) ruthlessly **Rücksichtslosigkeit** *f* lack of consideration; (≈ *Unbarmherzigkeit*) ruthlessness **rücksichtsvoll 1.** *Adj* considerate, thoughtful (*gegenüber, gegen* towards) **2.** *Adv* considerately, thoughtfully
Rücksitz *m* (*von Fahrrad, Motorrad*) pillion; (*von Auto*) back seat **Rückspiegel** *m* AUTO rear(-view) mirror; (*außen*) outside mirror **Rückspiel** *n* SPORT return match (*Brit*), rematch (*US*) **Rücksprache** *f* consultation; ***nach ~ mit Herrn Müller ...*** after consulting Mr Müller ... **Rückstand** *m* **a)** (≈ *Überrest*) remains *Pl*; (≈ *Bodensatz*) residue; **b)** (≈ *Verzug*) delay; (*bei Aufträgen*) backlog; ***im ~ sein*** to be behind; ***mit 0:2 (Toren) im ~ sein*** to be 2-0 down; ***seinen ~ aufholen*** to catch up **rückständig** *Adj* **a)** (≈ *überfällig*) *Betrag* overdue; **b)** (≈ *zurückgeblieben*) backward **Rückständigkeit** *f* backwardness **Rückstau** *m* (*von Wasser*) backwater; (*von Autos*) tailback **Rückstrahler** *m* reflector **Rücktaste** *f* (*an Tastatur*) backspace key **Rücktritt** *m* **a)** (≈ *Amtsniederlegung*) resignation; (*von König*) abdication; **b)** (JUR: *von Vertrag*) withdrawal (*von* from) **Rücktrittbremse** *f* backpedal brake **Rücktrittsangebot** *n* offer of resignation **Rücktrittsdrohung** *f* threat to resign; (*von König*) threat to abdicate **Rücktrittsrecht** *n* right of withdrawal **rückübersetzen** *vt* to translate back into the original language **Rückumschlag** *m* reply-paid *od* business reply (*US*) envelope; ***adressierter und frankierter ~*** stamped addressed envelope **Rückvergütung** *f* refund **rückversichern 1.** *vti* to reinsure **2.** *vr* to check (up *od* back) **Rückversicherung** *f* reinsurance **Rückwand** *f* back wall; (*von Möbelstück etc*) back **rückwärtig** *Adj* back **rückwärts** *Adv* backwards; ***Rolle ~*** backward roll; ***Salto ~*** back somersault; ***~ einparken*** to reverse into a parking space **Rückwärtsgang** *m* AUTO reverse gear; ***den ~ einlegen*** to change (*Brit*) *od* shift (*US*) into reverse **Rückweg** *m* way back; ***den ~ antreten*** to set off back
ruckweise *Adv* jerkily
rückwirkend *Adj* JUR retrospective; *Lohnerhöhung* backdated **Rückwirkung** *f* repercussion **rückzahlbar** *Adj* repayable **Rückzahlung** *f* repayment **Rückzieher** *m* (*umg*) ***einen ~ machen*** to back down
ruck, zuck *Adv* in a flash; ***das geht ~*** it won't take a second
Rückzug *m* MIL retreat; (*fig*) withdrawal
rüde 1. *Adj* impolite; *Antwort* curt; *Methoden* crude **2.** *Adv* rudely

Rüde *m* (≈ *Männchen*) male
Rudel *n* (*von Hunden, Wölfen*) pack; (*von Hirschen*) herd
Ruder *n* (*von Ruderboot*) oar; (SEEF, FLUG ≈ *Steuerruder*) rudder; (*fig* ≈ *Führung*) helm; ***das ~ fest in der Hand haben*** (*fig*) to be in control of the situation; ***am ~ sein*** to be at the helm; ***ans ~ kommen*** to take over (at) the helm; ***das ~ herumreißen*** (*fig*) to change tack **Ruderboot** *n* rowing boat (*Brit*), rowboat (*US*) **Ruderer** *m* oarsman **Ruderin** *f* oarswoman **rudern** *vti* to row **Ruderregatta** *f* rowing regatta **Rudersport** *m* rowing *kein best Artikel*
rudimentär *Adj* rudimentary
Ruf *m* **a)** call (*nach* for); (*lauter*) shout; (≈ *Schrei*) cry; **b)** (≈ *Ansehen*) reputation; ***einen guten ~ haben*** (*geh*) to enjoy a good reputation; ***eine Firma von ~*** a firm with a good reputation; ***jdn/etw in schlechten ~ bringen*** to give sb/sth a bad name; **c)** (UNI ≈ *Berufung*) offer of a chair; **d)** (≈ *Fernruf*) telephone number; ***„Ruf: 2785"*** "Tel 2785" **rufen 1.** *vi* to call; (≈ *laut rufen*) to shout; ***um Hilfe ~*** to call for help; ***die Arbeit ruft*** my/your *etc* work is waiting; ***nach jdm/etw ~*** to call for sb/sth **2.** *vt* (≈ *laut sagen*) **a)** to call; (≈ *ausrufen*) to cry; (≈ *laut rufen*) to shout; ***sich*** (*Dat*) ***etw in Erinnerung ~*** to recall sth; **b)** (≈ *kommen lassen*) to send for; *Arzt, Polizei, Taxi* to call; ***jdn zu sich ~*** to send for sb; ***jdn zu Hilfe ~*** to call on sb to help; ***du kommst wie gerufen*** you're just the man/woman I wanted
Rüffel *m* (*umg*) telling-off (*umg*)
Rufmord *m* character assassination **Rufmordkampagne** *f* smear campaign **Rufname** *m* forename (by which one is generally known) **Rufnummer** *f* telephone number **Rufnummernanzeige** *f* TELEK caller ID display **Rufnummernspeicher** *m* (*von Telefon*) memory **Rufumleitung** *f* TELEK call diversion **Rufweite** *f* ***in ~*** within earshot; ***außer ~*** out of earshot **Rufzeichen** *n* TELEK call sign; (*von Telefon*) ringing tone
Rugby *n* rugby
Rüge *f* (≈ *Verweis*) reprimand; ***jdm eine ~ erteilen*** to reprimand sb (*für, wegen* for) **rügen** *vt* (*förml*) *jdn* to reprimand (*wegen, für* for); *etw* to reprehend
Ruhe *f* **a)** (≈ *Stille*) quiet; ***~!*** quiet!, silence!; ***sich*** (*Dat*) ***~ verschaffen*** to get quiet; ***~ halten*** to keep quiet; ***~ und Frieden*** peace and quiet; ***die ~ vor dem Sturm*** (*fig*) the calm before the storm; **b)** (≈ *Frieden*) peace; ***in ~ und Frieden leben*** to live a quiet life; ***~ und Ordnung*** law and order; ***lass mich in ~!*** leave me in peace; ***jdm keine ~ lassen*** *od* ***gönnen*** (*Mensch*) not to give sb any peace; ***keine ~ geben*** to keep on and on; ***das lässt ihm keine ~*** he can't stop thinking about it; ***zur ~ kommen*** to get some peace; (≈ *solide werden*) to settle down; **c)** (≈ *Erholung*) rest; ***angenehme ~!*** sleep well!; ***sich zur ~ setzen*** to retire; **d)** (≈ *Gelassenheit*) calm(ness); ***die ~ weghaben*** (*umg*) to be unflappable (*umg*); ***~ bewahren*** to keep calm; ***jdn aus der ~ bringen*** to throw sb (*umg*); ***sich nicht aus der ~ bringen lassen*** not to (let oneself) get worked up; ***in aller ~*** calmly; ***immer mit der ~*** (*umg*) don't panic **ruhelos** *Adj* restless **ruhen** *vi* **a)** (≈ *ausruhen*) to rest; ***nicht (eher) ~, bis ...*** (*fig*) not to rest until ...; **b)** (≈ *stillstehen*) to stop; (*Maschinen*) to stand idle; (*Verkehr*) to be at a standstill; (≈ *unterbrochen sein: Verfahren, Verhandlung*) to be suspended; **c)** (≈ *tot und begraben sein*) to be buried; ***„hier ruht ..."*** "here lies ..."; ***„ruhe in Frieden!"*** "Rest in Peace" **ruhend** *Adj* resting; *Kapital* dormant; *Verkehr* stationary **ruhen lassen** *vt Vergangenheit, Angelegenheit* to let rest **Ruhepause** *f* break; ***eine ~ einlegen*** to take a break **Ruhestand** *m* retirement; ***im ~ sein*** *od* ***leben*** to be retired; ***in den ~ treten*** to retire; ***jdn in den ~ versetzen*** to retire sb **Ruhestätte** *f* resting place **Ruhestörer(in)** *m(f)* disturber of the peace **Ruhestörung** *f* JUR disturbance of the peace **Ruhetag** *m* day off; (*von Geschäft etc*) closing day; ***„Mittwoch ~"*** "closed (on) Wednesdays" **ruhig 1.** *Adj* (≈ *still*) quiet; *Wetter, Meer* calm; (≈ *geruhsam*) quiet; (≈ *ohne Störung*) *Verlauf* smooth; (≈ *gelassen*) calm; (≈ *sicher*) *Hand* steady; ***seid ~!*** be quiet!;

nur ~ (Blut)! keep calm **2.** *Adv* **a)** (*≈ still*) *sitzen, dastehen* still; **b)** (*umg*) ***du kannst ~ hier bleiben*** feel free to stay here; ***ihr könnt ~ gehen, ich passe schon auf*** you just go and I'll look after things; ***wir können ~ darüber sprechen*** we can talk about it if you want; **c)** (*≈ beruhigt*) *schlafen* peacefully; ***du kannst ~ ins Kino gehen*** go ahead, go to the cinema

Ruhm *m* glory; (*≈ Berühmtheit*) fame; (*≈ Lob*) praise **rühmen** **1.** *vt* (*≈ preisen*) to praise **2.** *vr* ***sich einer Sache*** (*Gen*) ***~*** (*≈ prahlen*) to boast about sth; (*≈ stolz sein*) to pride oneself on sth **rühmlich** *Adj* praiseworthy; *Ausnahme* notable

Ruhr *f* (*Krankheit*) dysentery

Rührei *n* scrambled egg **rühren** **1.** *vi* **a)** (*≈ umrühren*) to stir; **b)** ***von etw ~*** to stem from sth; ***das rührt daher, dass ...*** that is because ... **2.** *vt* **a)** (*≈ umrühren*) to stir; **b)** (*≈ bewegen*) to move; ***er rührte keinen Finger, um mir zu helfen*** (*umg*) he didn't lift a finger to help me (*umg*); ***das kann mich nicht ~!*** that leaves me cold; (*≈ stört mich nicht*) that doesn't bother me; ***sie war äußerst gerührt*** she was extremely moved **3.** *vr* (*≈ sich bewegen*) to stir; (*Körperteil*) to move; ***kein Lüftchen rührte sich*** the air was still **rührend** **1.** *Adj* touching **2.** *Adv* ***sie kümmert sich ~ um das Kind*** it's touching how she looks after the child

Ruhrgebiet *n* Ruhr (area)

rührig *Adj* active

Rührkuchen *m* stirred cake

Ruhrpott *m* (*umg*) Ruhr (Basin *od* Valley)

R

rührselig *Adj* (*pej*) tear-jerking (*pej umg*); *Person* weepy; *Stimmung* sentimental **Rührseligkeit** *f* sentimentality

Rührteig *m* sponge mixture **Rührung** *f* emotion

Ruin *m* ruin; ***jdn in den ~ treiben*** to ruin sb **Ruine** *f* ruin **ruinieren** *vt* to ruin

rülpsen *vi* to belch; ***das Rülpsen*** belching **Rülpser** *m* (*umg*) belch

Rum *m* rum

Rumäne *m*, **Rumänin** *f* Romanian **Rumänien** *n* Romania **rumänisch** *Adj* Romanian

rumhängen *vi* (*umg*) to hang around (*in +Dat* in)

Rummel *m* **a)** (*umg*) (*≈ Betrieb*) (hustle and) bustle; (*≈ Getöse*) racket (*umg*); (*≈ Aufheben*) fuss (*umg*); ***großen ~ um jdn/etw machen*** *od* ***veranstalten*** to make a great fuss about sb/sth (*umg*); **b)** (*≈ Rummelplatz*) fair **Rummelplatz** *m* (*umg*) fairground

rumoren **1.** *vi* to make a noise; (*Magen*) to rumble **2.** *vi unpers* ***es rumort in meinem Magen*** *od* ***Bauch*** my stomach's rumbling

Rumpelkammer *f* (*umg*) junk room (*umg*) **rumpeln** *vi* (*≈ Geräusch machen*) to rumble

Rumpf *m* trunk; (*von Statue*) torso; (*von Schiff*) hull; (*von Flugzeug*) fuselage

rümpfen *vt* ***die Nase ~*** to turn up one's nose (*über +Akk* at)

Rumpsteak *n* rump steak

Rumtopf *m* rumpot (*soft fruit in rum*)

rund **1.** *Adj* round; ***~e 50 Jahre/500 Euro*** a good 50 years/500 euros; ***~er Tisch*** round table **2.** *Adv* **a)** (*≈ herum*) (a)round; ***~ um*** right (a)round; ***~ um die Uhr*** right (a)round the clock; **b)** (*≈ ungefähr*) (round) about; ***~ gerechnet 200*** call it 200 **Rundblick** *m* panorama **Rundbrief** *m* circular **Runde** *f* **a)** (*≈ Gesellschaft*) company; (*von Teilnehmern*) circle; **b)** (*≈ Rundgang*) walk; (*von Briefträger etc*) round; ***die/seine ~ machen*** to do the/one's rounds; ***das Gerücht machte die ~*** the rumour (*Brit*) *od* rumor (*US*) went around; ***eine ~ machen*** to go for a walk; **c)** SPORT round; (*bei Rennen*) lap; ***über die ~n kommen*** to pull through; **d)** (*von Getränken*) round; ***eine ~ spendieren*** *od* ***schmeißen*** (*umg*) to buy a round (*Brit*) **runden** **1.** *vt Lippen* to round; ***nach oben/unten ~*** MATHE to round up/down **2.** *vr* (*wörtl ≈ rund werden*) to become round; (*fig ≈ konkrete Formen annehmen*) to take shape **runderneuern** *vt* to remould (*Brit*), to remold (*US*); ***runderneuerte Reifen*** remo(u)lds

Rundfahrt *f* tour; ***eine ~ machen*** to go on a tour **Rundfrage** *f* survey (*an +Akk, unter +Dat* of) **Rundfunk** *m* broadcasting; (*≈ Hörfunk*) radio; ***im ~*** on the radio **Rundfunkanstalt** *f* (*förml*) broadcasting corporation **Rundfunkgebühr** *f* radio licence

(*Brit*) *od* license (*US*) fee **Rundfunkgerät** *n* radio **Rundfunksender** *m* **a)** (≈ *Sendeanlage*) radio transmitter; **b)** (≈ *Sendeanstalt*) radio station **Rundfunksendung** *f* radio programme (*Brit*) *od* program (*US*) **Rundfunksprecher(in)** *m(f)* radio announcer **Rundgang** *m* (≈ *Spaziergang*) walk; (*zur Besichtigung*) tour (*durch* of) **rundgehen** *vi* (*umg*) ***jetzt gehts rund*** this is where the fun starts (*umg*); ***es geht rund im Büro*** there's a lot (going) on at the office **rundheraus** *Adv* straight out; ***~ gesagt*** frankly **rundherum** *Adv* all around; (*fig umg* ≈ *völlig*) totally **rundlich** *Adj Mensch* plump; *Form* roundish **Rundreise** *f* tour (*durch* of) **Rundschreiben** *n* circular **rundum** *Adv* all around; (*fig*) completely **Rundung** *f* curve **rundweg** *Adv* = ***rundheraus***

Rune *f* rune

runter *Adv* (*umg*) = ***herunter***, ***hinunter***

Runzel *f* wrinkle; (*auf Stirn auch*) line **runzelig** *Adj* wrinkled **runzeln** *vt Stirn* to wrinkle; *Brauen* to knit

Rüpel *m* lout **rüpelhaft** *Adj* loutish

rupfen *vt Geflügel* to pluck; *Unkraut* to pull up

ruppig **1.** *Adj* (≈ *grob*) rough; *Antwort* gruff **2.** *Adv behandeln* gruffly; ***~ antworten*** to give a gruff answer

Rüsche *f* ruche

Ruß *m* soot; (*von Kerze*) smoke

Russe *m*, **Russin** *f* Russian

Rüssel *m* snout; (*von Elefant*) trunk

rußen *vi* (*Öllampe, Kerze*) to smoke; (*Ofen*) to produce soot **Rußflocke** *f* soot particle **rußig** *Adj* sooty

Russin *f* Russian **russisch** *Adj* Russian; ***~es Roulette*** Russian roulette; ***~e Eier*** KOCH egg(s) mayonnaise

Russland *n* Russia

rüsten **1.** *vi* MIL to arm; ***zum Krieg/Kampf ~*** to arm for war/battle; ***gut/schlecht gerüstet sein*** to be well/badly armed; (*fig*) to be well/badly prepared **2.** *vr* to prepare (*zu* for)

rüstig *Adj* sprightly

rustikal *Adj Möbel* rustic; *Speisen* country-style

Rüstung *f* **a)** (≈ *das Rüsten*) armament; (≈ *Waffen*) arms *Pl*, weapons *Pl*; **b)** (≈ *Ritterrüstung*) armour (*Brit*), armor (*US*) **Rüstungsausgaben** *Pl* defence (*Brit*) *od* defense (*US*) spending *Sg* **Rüstungsbegrenzung** *f* arms limitation **Rüstungsindustrie** *f* armaments industry **Rüstungskontrolle** *f* arms control

Rüstzeug *n* **a)** (≈ *Handwerkszeug*) tools *Pl*; **b)** (*fig*) skills *Pl*

Rute *f* **a)** (≈ *Gerte*) switch; (*zum Züchtigen*) rod; **b)** (≈ *Wünschelrute*) divining rod; (≈ *Angelrute*) fishing rod

Rutsch *m* slip, fall; (≈ *Erdrutsch*) landslide; (*fig*) (POL) shift, swing; FINANZ slide, fall; ***guten ~!*** (*umg*) have a good New Year!; ***in einem ~*** in one go **Rutschbahn** *f*, **Rutsche** *f* MECH chute; (≈ *Kinderrutschbahn*) slide **rutschen** *vi* **a)** (≈ *gleiten*) to slide; (≈ *ausrutschen*) to slip; AUTO to skid; ***ins Rutschen kommen*** to start to slip; **b)** (*umg* ≈ *rücken*) to move up (*umg*) **rutschfest** *Adj* nonslip **rutschig** *Adj* slippery

rütteln **1.** *vt* to shake; → ***gerüttelt*** **2.** *vi* to shake; (*Fahrzeug*) to jolt; ***an etw*** (*Dat*) ***~*** *an Tür, Fenster etc* to rattle (at) sth; (*fig*) *an Grundsätzen etc* to call sth into question; ***daran ist nicht zu ~*** (*umg*) there's no doubt about that

S

S

S, s *n* S, s

Saal *m* hall

Saar *f* Saar **Saarland** *n* Saarland **saarländisch** *Adj* (of the) Saarland

Saat *f* **a)** (≈ *das Säen*) sowing; **b)** (≈ *Samen*) seed(s *Pl*) **Saatgut** *n* seed(s *Pl*) **Saatkartoffel** *f* seed potato **Saatzeit** *f* sowing time

Sabbat *m* Sabbath

sabbern *vi* (*umg*) to slobber

Säbel *m* sabre (*Brit*), saber (*US*) **Säbelrasseln** *n* sabre-rattling (*Brit*), saber-rattling (*US*)

Sabotage *f* sabotage (*an +Dat* of) **Sa-**

botageakt *m* act of sabotage **Saboteur(in)** *m(f)* saboteur **sabotieren** *vt* to sabotage

Sa(c)charin *n* saccharin

Sachbearbeiter(in) *m(f)* specialist; (≈ *Beamter*) official in charge (*für* of) **Sachbereich** *m* (specialist) area **Sachbeschädigung** *f* damage to property **sachbezogen** *Adj Fragen, Angaben* relevant **Sachbuch** *n* non-fiction book **sachdienlich** *Adj Hinweise* useful **Sache** *f* **a**) thing; (≈ *Gegenstand*) object; **b**) **Sachen** *Pl* (*umg* ≈ *Zeug*) things *Pl*; JUR property; ***seine ~n packen*** to pack ones bags; **c**) (≈ *Angelegenheit*) matter; (≈ *Fall*) case; (≈ *Vorfall*) business; (≈ *Anliegen*) cause; (≈ *Aufgabe*) job; ***es ist ~ der Polizei, das zu tun*** it's up to the police to do that; ***das ist eine ganz tolle ~*** it's really fantastic; ***ich habe mir die ~ anders vorgestellt*** I had imagined things differently; ***das ist meine/seine ~*** that's my/his affair; ***er macht seine ~ gut*** he's doing very well; (*beruflich*) he's doing a good job; ***das ist so eine ~*** (*umg*) it's a bit tricky; ***solche ~n liegen mir nicht*** I don't like things like that; ***mach keine ~n!*** (*umg*) don't be silly!; ***was machst du bloß für ~n!*** (*umg*) the things you do!; ***zur ~ kommen*** to come to the point; ***das tut nichts zur ~*** that doesn't matter; ***bei der ~ sein*** to be on the ball (*umg*); ***sie war nicht bei der ~*** her mind was elsewhere; ***jdm sagen, was ~ ist*** (*umg*) to tell sb what's what; **d**) (≈ *Tempo*) ***mit 60/100 ~n*** (*umg*) at 60/100 **Sachgebiet** *n* subject area **sachgemäß, sachgerecht** **1.** *Adj* proper; ***bei ~er Anwendung*** if used properly **2.** *Adv* properly **Sachkenntnis** *f* (*in Bezug auf Wissensgebiet*) knowledge of the/one's subject; (*in Bezug auf Sachlage*) knowledge of the facts **sachkundig** *Adj* (well-) informed; *Beratung* expert **Sachlage** *f* situation **sachlich** **1.** *Adj* (≈ *faktisch*) factual; *Grund* practical; (≈ *sachbezogen*) *Frage, Wissen* relevant; (≈ *objektiv*) *Kritik* objective; (≈ *nüchtern*) matter-of-fact **2.** *Adv* (≈ *faktisch*) *unzutreffend* factually; (≈ *objektiv*) objectively **sächlich** *Adj* GRAM neuter **Sachregister** *n* subject index **Sachschaden** *m* damage (to property); ***es entstand ~ in Höhe von ...*** there was damage amounting to ...

Sachse *m*, **Sächsin** *f* Saxon **Sachsen** *n* Saxony **Sachsen-Anhalt** *n* Saxony-Anhalt **sächsisch** *Adj* Saxon

sacht(e) **1.** *Adj* (≈ *leise*) soft; (≈ *sanft*) gentle; (≈ *vorsichtig*) careful; (≈ *allmählich*) gentle **2.** *Adv* softly, gently; (≈ *vorsichtig*) carefully

Sachverhalt *m* facts *Pl* (of the case) **Sachverstand** *m* expertise **Sachverständige(r)** *mf* expert; JUR expert witness **Sachwert** *m* real *od* intrinsic value; ***~e*** *pl* material assets *Pl* **Sachzwang** *m* practical constraint

Sack *m* **a**) sack; (*aus Papier, Plastik*) bag; ***mit ~ und Pack*** (*umg*) with bag and baggage; **b**) (*vulg* ≈ *Hoden*) balls *Pl* (*sl*); **c**) (*umg* ≈ *Kerl, Bursche*) bastard (*sl*) **Sackbahnhof** *m* terminus **sacken** *vi* to sink; (≈ *durchhängen*) to sag **Sackgasse** *f* dead end, cul-de-sac (*bes Brit*); (*fig*) dead end; ***in einer ~ stecken*** (*fig*) to be (stuck) up a blind alley; (*mit Bemühungen etc*) to have come to a dead end **Sackhüpfen** *n* sack race **Sackkarre** *f* barrow

Sadismus *m* sadism **Sadist(in)** *m(f)* sadist **sadistisch** **1.** *Adj* sadistic **2.** *Adv* sadistically

säen *vti* to sow; ***dünn gesät*** (*fig*) thin on the ground

Safari *f* safari **Safaripark** *m* safari park

Safe *m od n* safe **Safer Sex** *m* safe sex

Safran *m* saffron

Saft *m* juice; (≈ *Pflanzensaft*) sap; (≈ *Flüssigkeit*) liquid; ***ohne ~ und Kraft*** (*fig*) wishy-washy (*umg*) **saftig** *Adj* **a**) *Obst, Fleisch* juicy; *Wiese, Grün* lush; **b**) (*umg*) *Rechnung, Strafe, Ohrfeige* hefty (*umg*) **Saftladen** *m* (*pej umg*) dump (*pej umg*) **Saftsack** *m* (*umg*) stupid bastard (*sl*)

Saga *f* saga

Sage *f* legend

Säge *f* **a**) (*Werkzeug*) saw; **b**) (*österr* ≈ *Sägewerk*) sawmill **Sägeblatt** *n* saw blade **Sägefisch** *m* sawfish **Sägemehl** *n* sawdust **Sägemesser** *n* serrated knife

sagen *vt* **a**) to say; ***wie gesagt*** as I say; ***was ~ Sie dazu?*** what do you think about it?; ***was Sie nicht ~!*** you don't say!; ***das kann man wohl ~!*** you can

S

say that again!; ***wie man so sagt*** as the saying goes; ***das ist nicht gesagt*** that's by no means certain; ***leichter gesagt als getan*** easier said than done; ***gesagt, getan*** no sooner said than done; ***jdm etw ~*** to say sth to sb, to tell sb sth; ***wem ~ Sie das!*** you don't need to tell ME that!; **b)** (≈ *bedeuten*) to mean; ***das hat nichts zu ~*** that doesn't mean anything; ***sagt dir der Name etwas?*** does the name mean anything to you?; ***ich will damit nicht ~, dass ...*** I don't mean to imply that ...; ***sein Gesicht sagte alles*** it was written all over his face; **c)** (≈ *befehlen*) to tell; ***jdm ~, er solle etw tun*** to tell sb to do sth; ***du hast hier (gar) nichts zu ~*** you're not the boss; ***hat er im Betrieb etwas zu ~?*** does he have a say in the firm?; ***das Sagen haben*** to be the boss; **d)** ***ich habe mir ~ lassen, ...*** (≈ *ausrichten lassen*) I've been told ...; ***lass dir von mir gesagt sein, ...*** let me tell you ...; ***er lässt sich (Dat) nichts ~*** he won't be told; ***im Vertrauen gesagt*** in confidence; ***unter uns gesagt*** between you and me; ***genauer gesagt*** to put it more precisely; ***sag das nicht!*** (*umg*) don't you be so sure!; ***sage und schreibe 800 Euro*** 800 euros, would you believe it; ***sag mal, willst du nicht endlich Schluss machen?*** come on, isn't it time to stop?

sägen *vti* to saw

sagenhaft *Adj* legendary; *Summe* fabulous; (*umg* ≈ *hervorragend*) fantastic (*umg*)

Sägespäne *Pl* wood shavings *Pl* **Sägewerk** *n* sawmill

Sahara *f* Sahara (Desert)

Sahne *f* cream; ***(aller)erste ~ sein*** (*umg*) to be top-notch (*umg*) **Sahnebonbon** *m od n* toffee **Sahnequark** *m* creamy quark **Sahnetorte** *f* cream gateau **sahnig** *Adj* creamy; ***etw ~ schlagen*** to beat sth until creamy

Saison *f* season **Saisonarbeit** *f* seasonal work **Saisonarbeiter(in)** *m(f)* seasonal worker **saisonbedingt** *Adj* seasonal **saisonbereinigt** *Adj Zahlen etc* seasonally adjusted

Saite *f* MUS string; ***andere ~n aufziehen*** (*umg*) to get tough **Saiteninstrument** *n* string(ed) instrument

Sakko *m od n* sports jacket (*bes Brit*), sport coat (*US*)

sakral *Adj* sacred **Sakrament** *n* sacrament **Sakrileg** *n* (*geh*) sacrilege **Sakristei** *f* sacristy

säkular *Adj* (≈ *weltlich*) secular

Salamander *m* salamander

Salami *f* salami **Salamitaktik** *f* (*umg*) policy of small steps

Salär *n* (*schweiz*) salary

Salat *m* **a)** (≈ *Kopfsalat*) lettuce; **b)** (≈ *Gericht*) salad; ***da haben wir den ~!*** (*umg*) now we're in a fine mess **Salatbesteck** *n* salad servers *Pl* **Salatgurke** *f* cucumber **Salatkopf** *m* (head of) lettuce **Salatöl** *n* salad oil **Salatplatte** *f* salad **Salatschüssel** *f* salad bowl **Salatsoße** *f* salad dressing

Salbe *f* ointment

Salbei *m* sage

salbungsvoll (*pej*) *Adj Worte, Ton* unctuous (*pej*)

Saldo *m* FINANZ balance; ***per saldo*** on balance

Salmiak *m od n* sal ammoniac **Salmiakgeist** *m* (liquid) ammonia

Salmonellen *Pl* salmonellae *Pl* **Salmonellenvergiftung** *f* salmonella (poisoning)

Salon *m* **a)** (≈ *Gesellschaftszimmer*) drawing room; SEEF saloon; **b)** (≈ *Friseursalon, Modesalon etc*) salon **salonfähig** *Adj* (*iron*) socially acceptable; *Aussehen* presentable

salopp **1.** *Adj* **a)** (≈ *nachlässig*) sloppy, slovenly; *Manieren* slovenly; *Sprache* slangy; **b)** (≈ *ungezwungen*) casual **2.** *Adv sich kleiden, sich ausdrücken* casually

Salpeter *m* saltpetre (*Brit*), saltpeter (*US*), nitre (*Brit*), niter (*US*) **Salpetersäure** *f* nitric acid

Salto *m* somersault

Salut *m* MIL salute; ***~ schießen*** to fire a salute **salutieren** *vti* MIL to salute

Salve *f* salvo, volley; (≈ *Ehrensalve*) salute

Salz *n* salt **salzarm** **1.** *Adj* KOCH low-salt **2.** *Adv* ***~ essen*** to eat low-salt food; ***~ kochen*** to use very little salt in one's cooking **Salzbergwerk** *n* salt mine **salzen** *vt* to salt; → ***gesalzen*** **salzfrei** *Adj* salt-free **Salzgebäck** *n* savoury (*Brit*) *od* savory (*US*) biscuits *Pl* **Salzgurke** *f* pickled gherkin, pickle (*US*)

salzhaltig *Adj Luft, Wasser* salty **Salzhering** *m* salted herring **salzig** *Adj Speise, Wasser* salty **Salzkartoffeln** *Pl* boiled potatoes *Pl* **Salzkorn** *n* grain of salt **salzlos** *Adj* salt-free **Salzlösung** *f* saline solution **Salzsäule** *f* ***zur ~ erstarren*** (*fig*) to stand as though rooted to the spot **Salzsäure** *f* hydrochloric acid **Salzsee** *m* salt lake **Salzstange** *f* pretzel stick **Salzstreuer** *m* salt shaker, saltcellar (*bes Brit*) **Salzwasser** *n* salt water

Samariter *m* BIBEL Samaritan

Sambia *n* Zambia **sambisch** *Adj* Zambian

Samen *m* **a)** (BOT, *fig*) seed; **b)** (≈ *Menschensamen, Tiersamen*) sperm **Samenbank** *f* sperm bank **Samenerguss** *m* ejaculation **Samenkorn** *n* seed **Samenspender** *m* sperm donor

sämig *Adj Soße* thick

Sammelalbum *n* (collector's) album **Sammelband** *m* anthology **Sammelbecken** *n* collecting tank; (*fig*) melting pot (*von* for) **Sammelbestellung** *f* joint order **Sammelbüchse** *f* collecting tin **Sammelfahrschein** *m*, **Sammelkarte** *f* (*für mehrere Fahrten*) multi-journey ticket; (*für mehrere Personen*) group ticket **Sammelmappe** *f* folder **sammeln** **1.** *vt* to collect; *Pilze etc* to pick; *Truppen* to assemble **2.** *vr* **a)** (≈ *zusammenkommen*) to gather; (≈ *sich anhäufen*: *Wasser etc*) to accumulate; **b)** (≈ *sich konzentrieren*) to collect oneself; → ***gesammelt*** **3.** *vi* to collect (*für* for) **Sammelsurium** *n* conglomeration **Sammler(in)** *m(f)* collector **Sammlung** *f* **a)** collection; **b)** (*fig* ≈ *Konzentration*) composure

Samstag *m* Saturday; → ***Dienstag*** **samstags** *Adv* on Saturdays

samt **1.** *Präp +Dat* along *od* together with **2.** *Adv* ***~ und sonders*** the whole lot (of them/us/you), the whole bunch (*umg*)

Samt *m* velvet **samtartig** *Adj* velvety **Samthandschuh** *m* velvet glove; ***jdn mit ~en anfassen*** (*umg*) to handle sb with kid gloves (*umg*)

sämtlich **1.** *Adj* (≈ *alle*) all; (≈ *vollständig*) complete; ***Schillers ~e Werke*** the complete works of Schiller; ***~e Anwesenden*** all those present **2.** *Adv* all

Sanatorium *n* sanatorium (*Brit*), sanitarium (*US*)

Sand *m* sand; ***das/die gibts wie ~ am Meer*** (*umg*) there are heaps of them (*umg*); ***jdm ~ in die Augen streuen*** (*fig*) to throw dust (*Brit*) *od* dirt (*US*) in sb's eyes; ***im ~e verlaufen*** (*umg*) to come to nothing; ***etw in den ~ setzen*** (*umg*) *Projekt* to blow sth (*umg*); *Geld* to squander sth

Sandale *f* sandal

Sandbank *f* sandbank **Sanddorn** *m* BOT sea buckthorn **Sandgrube** *f* sandpit (*bes Brit*), sandbox (*US*); GOLF bunker **sandig** *Adj* sandy **Sandkasten** *m* sandpit (*bes Brit*), sandbox (*US*); MIL sand table **Sandkorn** *n* grain of sand **Sandpapier** *n* sandpaper **Sandplatz** *m* TENNIS clay court **Sandsack** *m* sandbag; (*Boxen*) punchbag (*Brit*), punching bag (*US*) **Sandstein** *m* sandstone **Sandstrahl** *m* jet of sand **sandstrahlen** *vti* to sandblast **Sandstrahlgebläse** *n* sandblasting equipment *kein unbest Artikel, kein Pl* **Sandstrand** *m* sandy beach **Sandsturm** *m* sandstorm **Sanduhr** *f* hourglass; (≈ *Eieruhr*) egg timer

sanft **1.** *Adj* gentle; *Haut* soft; *Tod* peaceful; ***mit ~er Gewalt*** gently but firmly; ***mit ~er Hand*** with a gentle hand **2.** *Adv* softly; *hinweisen* gently; ***~ mit jdm umgehen*** to be gentle with sb; ***er ist ~ entschlafen*** he passed away peacefully **Sanftheit** *f* gentleness; (*von Haut*) softness

Sang *m* ***mit ~ und Klang*** (*fig iro*) *durchfallen* catastrophically **Sänger(in)** *m(f)* singer

Sangria *f* sangria

sang- und klanglos *Adv* (*umg*) without any ado; ***sie ist ~ verschwunden*** she just simply disappeared

sanieren **1.** *vt* **a)** *Gebäude* to renovate; *Stadtteil* to redevelop; *Fluss* to clean up; **b)** WIRTSCH to put (back) on its feet, to rehabilitate; *Haushalt* to turn (a)round **2.** *vr* (*Industrie*) to put itself (back) in good shape **Sanierung** *f* **a)** (*von Gebäude*) renovation; (*von Stadtteil*) redevelopment; (*von Fluss*) cleaning-up; **b)** WIRTSCH rehabilitation **Sanierungsgebiet** *n* redevelopment area **Sanierungskosten** *Pl* redevelopment costs *Pl*

sanitär *Adj* sanitary; ***~e Anlagen*** sani-

tation (facilities), sanitary facilities
Sanitäter(in) *m(f)* first-aid attendant; MIL (medical) orderly; (*in Krankenwagen*) ambulanceman/-woman
Sankt *Adj* saint; REL St *od* Saint Nicholas
Sanktion *f* sanction **sanktionieren** *vt* to sanction
Saphir *m* sapphire
Sardelle *f* anchovy
Sardine *f* sardine **Sardinenbüchse** *f* sardine tin; ***wie in einer ~*** (*fig umg*) like sardines (*umg*)
Sardinien *n* Sardinia
Sarg *m* coffin, casket (*US*) **Sargdeckel** *m* coffin lid, casket lid (*US*)
Sarin *n* CHEM sarin
Sarkasmus *m* sarcasm **sarkastisch** **1.** *Adj* sarcastic **2.** *Adv* sarcastically
Sarkom *n* MED sarcoma
Sarkophag *m* sarcophagus
SARS *n*, *Abk von* ***severe acute respiratory syndrome*** SARS
Satan *m* Satan **satanisch** *Adj* satanic **Satanismus** *m* Satanism
Satellit *m* satellite **Satellitenantenne** *f* TV satellite dish **Satellitenbild** *n* TV satellite picture **Satellitenfernsehen** *n* satellite television **Satellitenfoto** *n* satellite picture **Satellitenschüssel** *f* (TV *umg*) satellite dish **Satellitensender** *m* satellite (TV) station **Satellitenstadt** *f* satellite town **Satellitenübertragung** *f* (RADIO, TV) satellite transmission
Satin *m* satin
Satire *f* satire (*auf +Akk* on) **Satiriker(in)** *m(f)* satirist **satirisch** **1.** *Adj* satirical **2.** *Adv* satirically
satt *Adj* **a)** (≈ *gesättigt*) *Mensch* full (up); ***~ sein*** to have had enough (to eat), to be full (up) (*umg*); ***~ werden*** to have enough to eat; ***sich*** (***an etw*** *Dat*) ***~ essen*** to eat one's fill (of sth); **b)** (≈ *kräftig*, *voll*) *Farben*, *Klang* rich; (*umg*) *Mehrheit* comfortable; **c)** (*umg* ≈ *im Überfluss*) ***... ~ ...*** galore
Sattel *m* saddle; ***fest im ~ sitzen*** (*fig*) to be firmly in the saddle **Satteldach** *n* saddle roof **sattelfest** *Adj* ***~ sein*** (*Reiter*) to have a good seat; ***in etw*** (*Dat*) ***~ sein*** (*fig*) to have a firm grasp of sth **satteln** *vt Pferd* to saddle (up) **Sattelschlepper** *m* articulated lorry (*Brit*), semitrailer (*US*) **Satteltasche** *f* saddlebag
satthaben *vt* ***jdn/etw ~*** to be fed up with sb/sth (*umg*) **Sattheit** *f* **a)** (*Gefühl*) full feeling; **b)** (*von Farben*, *Klang*) richness **satthören** *vr* ***sie konnte sich an der Musik nicht ~*** she could not get enough of the music
sättigen **1.** *vt* **a)** *Hunger*, *Neugier* to satisfy; *jdn* to make replete; (≈ *ernähren*) to feed; **b)** HANDEL, CHEM to saturate **2.** *vi* to be filling **sättigend** *Adj Essen* filling **Sättigung** *f* **a)** (*geh* ≈ *Sattsein*) repletion; **b)** CHEM saturation **Sättigungsgrad** *m* degree of saturation **Sättigungspunkt** *m* saturation point
Sattler(in) *m(f)* saddler; (≈ *Polsterer*) upholsterer
sattsam *Adv* amply; *bekannt* sufficiently **sattsehen** *vr* ***er konnte sich an ihr nicht ~*** he could not see enough of her
Saturn *m* ASTRON Saturn
Satz *m* **a)** sentence; (≈ *Teilsatz*) clause; (≈ *Lehrsatz*) proposition; MATHE theorem; ***mitten im ~*** in mid-sentence; **b)** (TYPO) (≈ *das Setzen*) setting; (≈ *das Gesetzte*) type *kein Pl*; ***in ~ gehen*** to go for setting; **c)** (MUS ≈ *Abschnitt*) movement; **d)** (≈ *Bodensatz*) dregs *Pl*; (≈ *Kaffeesatz*) grounds *Pl*; (≈ *Teesatz*) leaves *Pl*; **e)** (≈ *Zusammengehöriges*) set; (≈ *Tarifsatz*) charge; (≈ *Zinssatz*) rate; **f)** (≈ *Sprung*) leap; ***einen ~ machen*** to leap **Satzball** *m* SPORT set point **Satzbau** *m* sentence construction **Satzteil** *m* part of a/the sentence
Satzung *f* constitution; (*von Verein*) rules *Pl*
Satzzeichen *n* punctuation mark
Sau *f* **a)** sow; (*umg* ≈ *Schwein*) pig; **b)** (*umg*) ***du ~!*** you dirty swine! (*umg*); ***dumme ~*** stupid cow (*umg*); ***die ~ rauslassen*** to let it all hang out (*umg*); ***wie eine gesengte ~*** like a maniac (*umg*); ***jdn zur ~ machen*** to bawl sb out (*umg*); ***unter aller ~*** bloody (*Brit*) *od* goddamn awful (*umg*)
sauber **1.** *Adj* **a)** clean; ***~ sein*** (*Hund etc*) to be house-trained; (*Kind*) to be (potty-)trained; **b)** (≈ *ordentlich*) neat, tidy **2.** *Adv* **a)** (≈ *rein*) ***etw ~ putzen*** to clean sth; **b)** (≈ *sorgfältig*) very thoroughly **Sauberkeit** *f* **a)** (≈ *Hy-*

giene, Ordentlichkeit) cleanliness; (≈ *Reinheit*) (*von Wasser, Luft etc*) cleanness; (*von Tönen*) accuracy; **b**) (≈ *Anständigkeit*) honesty; (*im Sport*) fair play **säuberlich** **1.** *Adj* neat and tidy **2.** *Adv* neatly; *trennen* clearly **sauber machen** *vt* to clean **Saubermann** *m* (*fig umg, in Politik etc*) squeaky-clean man (*umg*); ***die Saubermänner*** the squeaky-clean brigade (*umg*) **säubern** *vt* **a**) (≈ *reinigen*) to clean; **b**) (*fig euph*) *Partei* to purge (*von* of); MIL *Gegend* to clear (*von* of) **Säuberung** *f* **a**) (≈ *Reinigung*) cleaning; **b**) (*fig: von Partei*) purging; (*von Gegend*) clearing; (POL: *Aktion*) purge

saublöd *Adj* (*umg*) bloody (*Brit*) *od* damn stupid (*umg*) **Saubohne** *f* broad bean

Sauce *f* sauce; (≈ *Bratensoße*) gravy

Saudi *m* Saudi **Saudi-Arabien** *n* Saudi Arabia **saudi-arabisch** *Adj* Saudi *attr*, Saudi Arabian **saudisch** *Adj* Saudi *attr*, Saudi Arabian

saudumm (*umg*) *Adj* damn stupid (*umg*)

sauer **1.** *Adj* **a**) (≈ *nicht süß*) sour; *Wein* acid(ic); *Gurke, Hering* pickled; *Sahne* soured; **b**) (≈ *verdorben*) off *präd* (*Brit*), bad; *Milch* sour; ***~ werden*** to go off (*Brit*) *od* sour; **c**) CHEM acid(ic); ***saurer Regen*** acid rain; **d**) (*umg* ≈ *schlecht gelaunt*) mad (*umg*), cross; ***eine ~e Miene machen*** to look annoyed **2.** *Adv* **a**) (≈ *mühselig*) ***das habe ich mir ~ erworben*** I got that the hard way; ***mein ~ erspartes Geld*** money I had painstakingly saved; **b**) (*umg* ≈ *übel gelaunt*) ***~ reagieren*** to get annoyed **Sauerampfer** *m* sorrel **Sauerbraten** *m* braised beef (marinaded in vinegar), sauerbraten (*US*)

Sauerei *f* (*umg*) **a**) (≈ *Gemeinheit*) ***das ist eine ~!, so eine ~!*** it's a downright disgrace; **b**) (≈ *Dreck, Unordnung*) mess

Sauerkirsche *f* sour cherry **Sauerkraut** *n* sauerkraut **säuerlich** *Adj* sour **Sauermilch** *f* sour milk **Sauerrahm** *m* thick sour(ed) cream **Sauerstoff** *m* oxygen **Sauerstoffflasche** *f* oxygen cylinder *od* (*kleiner*) bottle **Sauerstoffgerät** *n* breathing apparatus; (MED) (*für künstliche Beatmung*) respirator; (*für Erste Hilfe*) resuscitator **Sauerstoffmangel** *m* lack of oxygen; (*akut*) oxygen deficiency **Sauerstoffmaske** *f* oxygen mask **Sauerstoffzelt** *n* oxygen tent **Sauerteig** *m* sour dough

saufen *vti* **a**) (*Tiere*) to drink; **b**) (*umg: Mensch*) to booze (*umg*) **Säufer(in)** *m(f)* (*umg*) boozer (*umg*) **Sauferei** *f* (*umg*) **a**) (≈ *Trinkgelage*) booze-up (*umg*); **b**) (≈ *Trunksucht*) boozing (*umg*) **Saufgelage** *n* (*pej umg*) drinking bout *od* binge, booze-up (*umg*)

saugen *vti* to suck; ***an etw*** (*Dat*) ***~*** to suck sth **säugen** *vt* to suckle **Sauger** *m* (*auf Flasche*) teat (*Brit*), nipple (*US*) **Säugetier** *n* mammal **saugfähig** *Adj* absorbent **Säugling** *m* baby, infant **Säuglingsalter** *n* babyhood **Säuglingspflege** *f* babycare **Säuglingssterblichkeit** *f* infant mortality

Sauhaufen *m* (*umg*) bunch of slobs **saukalt** *Adj* (*umg*) damn cold (*umg*) **Saukerl** *m* (*umg*) bastard (*sl*)

Säule *f* column; (*fig* ≈ *Stütze*) pillar **Säulendiagramm** *n* bar chart, histogram **Säulengang** *m* colonnade **Säulenhalle** *f* columned hall

Saum *m* (≈ *Stoffumschlag*) hem; (≈ *Naht*) seam

saumäßig (*umg*) *Adj* lousy (*umg*); (*zur Verstärkung*) hell of a (*umg*)

säumen *vt* HAND to hem; (*fig geh*) to line

säumig *Adj* (*geh*) *Schuldner* defaulting

Sauna *f* sauna

Säure *f* acid; (≈ *saurer Geschmack*) sourness; (*von Wein, Bonbons*) acidity **Saure-Gurken-Zeit** *f* bad time; (*in den Medien*) silly season (*Brit*), off season (*US*) **säurehaltig** *Adj* acidic

Saurier *m* dinosaur

Saus *m* ***in ~ und Braus leben*** to live like a king **säuseln** *vi* (*Wind*) to murmur; (*Mensch*) to purr; ***mit ~der Stimme*** in a purring voice **sausen** *vi* **a**) (*Ohren*) to buzz; (*Wind*) to whistle; (*Sturm*) to roar; **b**) (*Geschoss*) to whistle; **c**) (*umg: Mensch*) to tear (*umg*); (*Fahrzeug*) to roar; ***durch eine Prüfung ~*** to fail *od* flunk (*umg*) an exam

Saustall *m* (*umg*) (*unordentlich*) pigsty (*bes Brit umg*); (*chaotisch*) mess **Sauwetter** *n* (*umg*) damn awful weather (*umg*) **sauwohl** *Adj* (*umg*) ***ich fühle mich ~*** I feel really good

Savanne *f* savanna(h)

Saxofon *n* saxophone, sax (*umg*) **Saxofonist(in)** *m(f)* saxophonist
S-Bahn *f*, *Abk von* **Stadtbahn**
SBB *f*, *Abk von* **Schweizerische Bundesbahnen**
Scampi *Pl* scampi *Pl*
scannen *vt* to scan **Scanner** *m* scanner
Schabe *f* cockroach **schaben** *vt* to scrape **Schaber** *m* scraper
Schabernack *m* practical joke
schäbig 1. *Adj* **a)** (≈ *unansehnlich*) shabby; **b)** (≈ *niederträchtig*) mean; (≈ *geizig*) stingy (*umg*) **2.** *Adv* **a)** **~ aussehen** to look shabby; **b)** (≈ *gemein*) **jdn ~ behandeln** to treat sb shabbily
Schablone *f* stencil; (≈ *Muster*) template; **in ~n denken** to think in a stereotyped way
Schach *n* chess; (≈ *Stellung im Spiel*) check; **~ (und) matt** checkmate; **im ~ stehen** *od* **sein** to be in check; **jdn in ~ halten** (*fig*) to keep sb in check; (*mit Pistole etc*) to cover sb **Schachbrett** *n* chessboard **schachbrettartig** *Adj* chequered (*Brit*), checkered (*US*)
schachern *vi* (*pej*) **um etw ~** to haggle over sth
Schachfigur *f* chesspiece; (*fig*) pawn **schachmatt** *Adj* (*wörtl*) (check)mated; (*fig* ≈ *erschöpft*) exhausted; **jdn ~ setzen** (*wörtl*) to (check)mate sb; (*fig*) to snooker sb (*umg*) **Schachspiel** *n* (≈ *Spiel*) game of chess; (≈ *Brett und Figuren*) chess set **Schachspieler(in)** *m(f)* chess player
Schacht *m* shaft; (≈ *Kanalisationsschacht*) drain
Schachtel *f* **a)** box; (≈ *Zigarettenschachtel*) packet; **eine ~ Pralinen** a box of chocolates; **b)** (*umg* ≈ *Frau*) **alte ~** old bag (*umg*)
schächten *vt* to slaughter according to religious rites
Schachzug *m* (*fig*) move
schade *Adj* **(das ist aber) ~!** what a pity *od* shame; **es ist ~ um jdn/etw** it's a pity *od* shame about sb/sth; **sich** (*Dat*) **für etw zu ~ sein** to consider oneself too good for sth
Schädel *m* skull; **jdm den ~ einschlagen** to beat sb's skull in **Schädelbruch** *m* fractured skull
schaden *vi +Dat* to damage; *einem Menschen* to harm, to hurt; *jds Ruf* to damage; **das/Rauchen schadet Ihrer Gesundheit/Ihnen** that/smoking is bad for your health/you; **das schadet nichts** it does no harm; (≈ *macht nichts*) that doesn't matter; **das kann nicht(s) ~** that won't do any harm
Schaden *m* **a)** (≈ *Beschädigung*) damage (*an +Dat* to); (≈ *Personenschaden*) injury; (≈ *Verlust*) loss; (≈ *Unheil, Leid*) harm; **einen ~ verursachen** to cause damage; **zu ~ kommen** to suffer; (*physisch*) to be hurt *od* injured; **jdm ~ zufügen** to harm sb; **einer Sache** (*Dat*) **~ zufügen** to damage sth; **b)** (≈ *Defekt*) fault; (≈ *körperlicher Mangel*) defect; **Schäden aufweisen** to be defective; (*Organ*) to be damaged **Schadenersatz** *m* = **Schadensersatz** **Schadenfreiheitsrabatt** *m* no-claims bonus **Schadenfreude** *f* gloating **schadenfroh 1.** *Adj* gloating **2.** *Adv* with malicious delight; *sagen* gloatingly
Schadensersatz *m* damages *Pl*, compensation; **jdn auf ~ verklagen** to sue sb for damages *etc*; **~ leisten** to pay damages *etc*
schadensersatzpflichtig *Adj* liable for damages *etc*
Schadensfall *m* **im ~** in the event of damage
schadhaft *Adj* faulty, defective; (≈ *beschädigt*) damaged
schädigen *vt* to damage; *jdn* to hurt, to harm
Schädigung *f* damage; (*von Menschen*) hurt, harm
schädlich *Adj* harmful; *Wirkung* damaging; **~ für etw sein** to be damaging to sth
Schädlichkeit *f* harmfulness
Schädling *m* pest
Schädlingsbekämpfung *f* pest control *ohne Artikel*
Schädlingsbekämpfungsmittel *n* pesticide
schadlos *Adj* **a) sich an jdm/etw ~ halten** to take advantage of sb/sth; **b) etw ~ überstehen** to survive sth unharmed
Schadstoff *m* harmful substance
schadstoffarm *Adj* **~ sein** to contain a low level of harmful substances; **ein ~es Auto** a clean-air car
Schadstoffausstoß *m* noxious emis-

sion; (*von Auto*) exhaust emission
schadstoffbelastet *Adj* polluted
Schadstoffbelastung *f* (*von Umwelt*) pollution
schadstofffrei *Adj* **~ *sein*** to contain no harmful substances
Schaf *n* sheep; (*umg* ≈ *Dummkopf*) dope (*umg*) **Schafbock** *m* ram **Schäfchen** *n* lamb, little sheep; ***sein ~ ins Trockene bringen*** (*Sprichw*) to look after number one (*umg*) **Schäfchenwolken** *Pl* cotton wool clouds *Pl* **Schäfer** *m* shepherd **Schäferhund** *m* Alsatian (dog) (*Brit*), German shepherd (dog) **Schäferin** *f* shepherdess **Schaffell** *n* sheepskin
schaffen[1] *vt* (≈ *hervorbringen*) to create; ***dafür ist er wie geschaffen*** he's just made for it; ***Probleme ~*** to create problems; ***Klarheit ~*** to provide clarification
schaffen[2] **1.** *vt* **a)** (≈ *bewältigen*) *Aufgabe*, *Hürde*, *Portion etc* to manage; *Prüfung* to pass; ***wir habens geschafft*** we've managed it; (≈ *Arbeit erledigt*) we've done it; (≈ *gut angekommen*) we've made it; **b)** (*umg* ≈ *überwältigen*) *jdn* to see off (*umg*); ***das hat mich geschafft*** it took it out of me; (*nervlich*) it got on top of me; ***geschafft sein*** to be exhausted; **c)** (≈ *bringen*) to put sth in sth; ***wie sollen wir das in den Keller ~?*** how will we manage to get that into the cellar? **2.** *vi* **a)** (≈ *tun*) to do; ***sich*** (*Dat*) ***an etw*** (*Dat*) ***zu ~ machen*** to fiddle around with sth; **b)** (≈ *zusetzen*) ***jdm*** (***schwer***) ***zu ~ machen*** to cause sb (a lot of) trouble; **c)** (*südd* ≈ *arbeiten*) to work
Schaffen *n* ***sein künstlerisches ~*** his artistic creations *Pl* **Schaffenskraft** *f* creativity
Schaffleisch *n* mutton
Schaffner(in) *m(f)* (*im Bus*) conductor/conductress; (*im Zug*) guard (*Brit*), conductor (*US*); (≈ *Fahrkartenkontrolleur*) ticket inspector
Schaffung *f* creation
Schafherde *f* flock of sheep
Schafott *n* scaffold
Schafskäse *m* sheep's milk cheese **Schafsmilch** *f* sheep's milk
Schaft *m* shaft; (*von Stiefel*) leg **Schaftstiefel** *Pl* high boots *Pl*; MIL jackboots *Pl*
Schafwolle *f* sheep's wool **Schafzucht** *f* sheep breeding *ohne Artikel*
Schakal *m* jackal
schäkern *vi* to flirt; (≈ *necken*) to play around
schal *Adj* *Getränk* flat; *Geschmack* stale
Schal *m* scarf; (≈ *Umschlagtuch*) shawl
Schale[1] *f* bowl; (*flach*, *zum Servieren etc*) dish; (*von Waage*) pan
Schale[2] *f* (*von Obst*) skin; (*abgeschält*) peel *kein Pl*; (*von Nuss*, *Ei*, *Muschel*) shell; (*von Getreide*) husk, hull; ***sich in ~ werfen*** (*umg*) to get dressed up
schälen **1.** *vt* to peel; *Tomate*, *Mandel* to skin; *Erbsen*, *Eier*, *Nüsse* to shell; *Getreide* to husk **2.** *vr* to peel
Schalk *m* joker; ***ihm sitzt der ~ im Nacken*** he's in a devilish mood
Schall *m* sound **Schalldämmung** *f* soundproofing **schalldämpfend** *Adj* *Wirkung* sound-muffling; *Material* soundproofing **Schalldämpfer** *m* sound absorber; (*von Auto*) silencer (*Brit*), muffler (*US*); (*von Gewehr etc*) silencer **schalldicht** **1.** *Adj* soundproof **2.** *Adv* ***~ abgeschlossen*** fully soundproofed **schallen** *vi* to sound; (*Stimme*, *Glocke*) to ring (out); (≈ *widerhallen*) to resound **schallend** *Adj* *Beifall*, *Ohrfeige* resounding; *Gelächter* ringing; ***~ lachen*** to roar with laughter **Schallgeschwindigkeit** *f* speed of sound **Schallgrenze** *f* sound barrier **Schallmauer** *f* sound barrier **Schallplatte** *f* record **Schallwelle** *f* sound wave
Schalotte *f* shallot
Schaltbild *n* circuit *od* wiring diagram
schalten **1.** *vt* **a)** *Gerät* to switch, to turn; ***etw auf „2" ~*** to turn *od* switch sth to "2"; **b)** *Anzeige* to place **2.** *vi* **a)** (*Gerät*, *Ampel*) to switch (*auf +Akk* to); AUTO to change (*bes Brit*) *od* shift (*US*) gear; ***in den 2. Gang ~*** to change (*bes Brit*) *od* shift (*US*) into 2nd gear; **b)** (*fig* ≈ *handeln*) ***~ und walten*** to bustle around; ***jdn frei ~ und walten lassen*** to give sb a free hand; **c)** (*umg*) (≈ *begreifen*) to get it (*umg*)
Schalter *m* **a)** ELEK *etc* switch; **b)** (*in Post*, *Bank*, *Amt*) counter; (*im Bahnhof*) ticket window **Schalterdienst** *m* counter duty **Schalterhalle** *f* (*in*

S

Post) hall; (*im Bahnhof*) ticket hall **Schalterstunden** *Pl* hours *Pl* of business **Schaltfläche** *f* IT button **Schaltgetriebe** *n* manual transmission, stick shift (*US*) **Schalthebel** *m* switch lever; AUTO gear lever (*Brit*), gear shift (*US*); ***an den ~n der Macht sitzen*** to hold the reins of power **Schaltjahr** *n* leap year **Schaltknüppel** *m* AUTO gear lever (*Brit*), gear shift (*US*); FLUG joystick **Schaltkreis** *m* TECH (switching) circuit **Schaltplan** *m* circuit *od* wiring diagram **Schaltpult** *n* control desk **Schalttag** *m* leap day **Schaltung** *f* switching; ELEK wiring; AUTO gear change (*Brit*), gearshift (*US*)

Scham *f* shame; ***aus falscher ~*** from a false sense of shame; ***ohne ~*** unashamedly **schämen** *vr* to be ashamed; ***du solltest dich ~!*** you ought to be ashamed of yourself!; ***sich einer Sache*** (*Gen*) *od* ***für etw ~*** to be ashamed of sth; ***sich für jdn ~*** to be ashamed for sb; ***schäme dich!*** shame on you! **Schamfrist** *f* decent interval **Schamhaar** *n* pubic hair **Schamlippen** *Pl* labia *Pl* **schamlos** *Adj* shameless; *Lüge* brazen **Schamlosigkeit** *f* shamelessness **Schamröte** *f* flush of shame; ***die ~ stieg ihr ins Gesicht*** her face flushed with shame

Schande *f* disgrace; ***das ist eine*** (***wahre***) ***~!*** this is a(n absolute) disgrace!; ***jdm ~ machen*** to be a disgrace to sb **schänden** *vt* to violate; *Sabbat etc* to desecrate; *Ansehen* to dishonour (*Brit*), to dishonor (*US*) **Schandfleck** *m* blot (*in +Dat* on) **schändlich** **1.** *Adj* shameful **2.** *Adv* shamefully; *behandeln* disgracefully **Schandtat** *f* scandalous deed; (*hum*) escapade; ***zu jeder ~ bereit sein*** (*umg*) to be always ready for mischief **Schändung** *f* violation; (*von Sabbat*) desecration; (*von Ansehen*) dishonouring (*Brit*), dishonoring (*US*)

Schänke *f* inn **Schankkonzession** *f* licence (*of publican*) (*Brit*), excise license (*US*) **Schankstube** *f* (public) bar (*bes Brit*), saloon (*US veralt*) **Schanktisch** *m* bar

Schanze *f* SPORT (ski) jump

Schar *f* crowd; (*von Vögeln*) flock; ***die Fans verließen das Stadion in*** (***hellen***) ***~en*** the fans left the stadium in droves **scharen** **1.** *vt* ***Menschen um sich ~*** to gather people around one **2.** *vr* ***sich um jdn/etw ~*** to gather around sb/sth **scharenweise** *Adv* (*in Bezug auf Menschen*) in droves

scharf **1.** *Adj* **a**) sharp; *Wind, Kälte* biting; *Luft, Frost* keen; ***ein Messer ~ machen*** to sharpen a knife; ***mit ~em Blick*** (*fig*) with penetrating insight; **b**) (≈ *stark gewürzt*) hot; *Geruch, Geschmack* pungent; (≈ *ätzend*) *Waschmittel, Lösung* caustic; **c**) (≈ *streng*) *Maßnahmen* severe; (*umg*) *Prüfung, Lehrer* tough; *Bewachung* close; *Hund* fierce; *Kritik* harsh; *Protest* strong; *Auseinandersetzung* bitter; **d**) (≈ *echt*) *Munition, Schuss* live; **e**) (*umg* ≈ *geil*) randy (*Brit umg*), horny (*umg*) **2.** *Adv* **a**) (≈ *intensiv*) ***~ nach etw riechen*** to smell strongly of sth; ***~ würzen*** to season highly; **b**) (≈ *heftig*) *kritisieren* sharply; *ablehnen* adamantly; *protestieren* emphatically; **c**) (≈ *präzise*) *bewachen, zuhören* closely; ***~ beobachten*** to be very observant; ***~ aufpassen*** to pay close attention; ***~ nachdenken*** to have a good think; **d**) (≈ *genau*) ***etw ~ einstellen*** *Bild etc* to bring sth into focus; *Sender* to tune sth in (properly); ***~ sehen/hören*** to have sharp eyes/ears; **e**) (≈ *abrupt*) *bremsen* hard; **f**) (≈ *hart*) ***~ durchgreifen*** to take decisive action; ***etw ~ bekämpfen*** to take strong measures against sth; **g**) MIL ***~ schießen*** to shoot with live ammunition **Scharfblick** *m* (*fig*) keen insight **Schärfe** *f* **a**) sharpness; (*von Wind, Frost*) keenness; **b**) (*von Essen*) spiciness; (*von Geruch, Geschmack*) pungency; **c**) (≈ *Strenge*) severity; (*von Kritik*) harshness; (*von Protest*) strength; (*von Auseinandersetzung*) bitterness **schärfen** *vt* to sharpen **scharfmachen** *vt* (*umg*) (≈ *aufstacheln*) to stir up; (≈ *aufreizen*) to turn on (*umg*) **Scharfmacher(in)** *m(f)* (*umg*) rabble-rouser **Scharfrichter** *m* executioner **Scharfschütze** *m* marksman **Scharfschützin** *f* markswoman **Scharfsinn** *m* astuteness **scharfsinnig** **1.** *Adj* astute **2.** *Adv* astutely

Scharlach *m* **a**) (*Farbe*) scarlet; **b**) (≈ *Scharlachfieber*) scarlet fever **scharlachrot** *Adj* scarlet (red)

S

Scharlatan *m* charlatan
Scharnier *n* hinge
Schärpe *f* sash
scharren *vti* to scrape; (*Pferd, Hund*) to paw; (*Huhn*) to scratch; ***mit den Füßen ~*** to shuffle one's feet
Scharte *f* nick
Schaschlik *n* (shish) kebab
schassen *vt* (*umg*) to chuck out (*umg*)
Schatten *m* shadow; (≈ *schattige Stelle*) shade; ***40 Grad im ~*** 40 degrees in the shade; ***in jds ~*** (*Dat*) ***stehen*** (*fig*) to be in sb's shadow; ***jdn/etw in den ~ stellen*** (*fig*) to put sb/sth in the shade; ***nur noch ein ~ (seiner selbst) sein*** to be (only) a shadow of one's former self **Schattenboxen** *n* shadow-boxing **Schattendasein** *n* shadowy existence **schattenhaft 1.** *Adj* shadowy **2.** *Adv erkennen* vaguely; *sichtbar* barely **Schattenkabinett** *n* POL shadow cabinet **Schattenmorelle** *f* morello cherry **schattenreich** *Adj* shady **Schattenriss** *m* silhouette **Schattenseite** *f* shady side; (*fig* ≈ *Nachteil*) drawback **Schattenwirtschaft** *f* black economy **schattieren** *vt* to shade **Schattierung** *f* shade; (≈ *das Schattieren*) shading; ***in allen ~en*** (*fig*) of every shade **schattig** *Adj* shady
Schatulle *f* casket
Schatz *m* **a)** treasure; ***du bist ein ~!*** (*umg*) you're a (real) treasure *od* gem!; **b)** (≈ *Liebling*) sweetheart **Schatzamt** *n* Treasury
schätzbar *Adj* assessable; ***schwer ~*** difficult to estimate
Schätzchen *n* darling
schätzen *vt* **a)** (≈ *veranschlagen*) to estimate; *Gemälde etc* to value, to appraise; (≈ *annehmen*) to reckon; ***wie alt ~ Sie mich denn?*** how old do you reckon I am then?; **b)** (≈ *würdigen*) to value; ***jdn ~*** to think highly of sb; ***etw zu ~ wissen*** to appreciate sth; ***sich glücklich ~*** to consider oneself lucky **Schätzung** *f* estimate; (*von Wertgegenstand*) valuation **schätzungsweise** *Adv* (≈ *ungefähr*) approximately; (≈ *so schätze ich*) I reckon **Schätzwert** *m* estimated value
Schau *f* **a)** (≈ *Vorführung*) show; (≈ *Ausstellung*) display, exhibition; ***etw zur ~ stellen*** (≈ *ausstellen*) to put sth on show; (*fig*) to make a show of sth; (≈ *protzen mit*) to show off sth; **b)** (*umg*) ***eine ~ abziehen*** to put on a display; ***das ist nur ~*** it's only show; ***jdm die ~ stehlen*** to steal the show from sb **Schaubild** *n* diagram; (≈ *Kurve*) graph
Schauder *m* shudder **schauderhaft** *Adj* terrible **schaudern** *vi* to shudder; ***mit Schaudern*** with a shudder
schauen *vi* to look; ***auf etw*** (*Akk*) ***~*** to look at sth; ***um sich ~*** to look around (one); ***da schaust du aber!*** there, see!; ***da schau her!*** (*südd umg*) well, well!; ***schau, dass du ...*** see *od* mind (that) you ...
Schauer *m* **a)** (≈ *Regenschauer*) shower; **b)** = ***Schauder*** **Schauergeschichte** *f* horror story **schauerlich** *Adj* horrible; (≈ *gruselig*) eerie **schauern** *vi* (≈ *schaudern*) to shudder
Schaufel *f* shovel; (*kleiner: für Mehl, Zucker*) scoop; (*von Wasserrad, Turbine*) vane **schaufeln** *vti* to shovel; *Grab, Grube* to dig
Schaufenster *n* shop window **Schaufensterauslage** *f* window display **Schaufensterbummel** *m* window-shopping expedition; ***einen ~ machen*** to go window-shopping **Schaufensterpuppe** *f* display dummy
Schaugeschäft *n* show business **Schaukampf** *m* exhibition fight **Schaukasten** *m* showcase
Schaukel *f* swing **schaukeln 1.** *vi* **a)** (*mit Schaukel*) to swing; (*im Schaukelstuhl*) to rock; **b)** (≈ *sich hin und her bewegen*) to sway (back and forth); (*Schiff*) to pitch and toss **2.** *vt* to rock; ***wir werden die Sache schon ~*** (*umg*) we'll manage it **Schaukelpferd** *n* rocking horse **Schaukelstuhl** *m* rocking chair
Schaulaufen *n* exhibition skating; (*Veranstaltung*) skating display **schaulustig** *Adj* curious **Schaulustige** *Pl* (curious) onlookers *Pl*
Schaum *m* foam, froth; (≈ *Seifenschaum*) lather; (*zum Feuerlöschen*) foam; (*von Bier*) head, froth; ***~ vor dem Mund haben*** to foam at the mouth **Schaumbad** *n* bubble *od* foam bath **schäumen** *vi* to foam, to froth; (*Seife, Waschmittel*) to lather (up); (*Limonade, Wein*) to bubble **Schaumfestiger** *m* mousse **Schaumgummi** *n*

S

od m foam rubber **schaumig** *Adj* foamy, frothy; ***ein Ei ~ schlagen*** to beat an egg until frothy **Schaumkrone** *f* whitecap **Schaumschläger(in)** *m(f)* (*fig umg*) man/woman full of hot air (*umg*) **Schaumstoff** *m* foam material **Schaumwein** *m* sparkling wine

Schauplatz *m* scene; ***am ~ sein*** to be at the scene **Schauprozess** *m* show trial

schaurig *Adj* gruesome

Schauspiel *n* THEAT drama, play; (*fig*) spectacle **Schauspieler** *m* actor; (*fig*) (play-)actor **Schauspielerin** *f* actress; (*fig*) (play-)actress **schauspielerisch** *Adj* acting *attr*; *Talent* for acting **schauspielern** *vi* to act; (*fig*) to (play-)act **Schauspielhaus** *n* playhouse **Schauspielschule** *f* drama school

Schausteller(in) *m(f)* showman

Scheck *m* cheque (*Brit*), check (*US*); ***mit (einem)*** *od* ***per ~ bezahlen*** to pay by cheque *etc* **Scheckbetrug** *m* cheque (*Brit*) *od* check (*US*) fraud **Scheckheft** *n* chequebook (*Brit*), checkbook (*US*)

scheckig *Adj* spotted; *Pferd* dappled

Scheckkarte *f* cheque card (*Brit*), check card (*US*)

scheel 1. *Adj* (≈ *abschätzig*) disparaging; ***ein ~er Blick*** a dirty look **2.** *Adv* ***jdn ~ ansehen*** to give sb a dirty look; (≈ *abschätzig*) to look askance at sb

Scheffel *m* ***sein Licht unter den ~ stellen*** (*umg*) to hide one's light under a bushel **scheffeln** *vt Geld* to rake in (*umg*)

Scheibe *f* **a)** disc (*bes Brit*), disk; (≈ *Schießscheibe*) target; (*Eishockey*) puck; (≈ *Wählscheibe*) dial; (≈ *Töpferscheibe*) wheel; **b)** (≈ *abgeschnittene Scheibe*) slice; ***etw in ~n schneiden*** to slice sth (up); **c)** (≈ *Glasscheibe*) (window)pane; (≈ *Fenster*) window **Scheibenbremse** *f* disc (*bes Brit*) *od* disk brake **Scheibenwaschanlage** *f* windscreen (*Brit*) *od* windshield (*US*) washers *Pl* **Scheibenwischer** *m* windscreen (*Brit*) *od* windshield (*US*) wiper

Scheich *m* sheik(h) **Scheichtum** *n* sheik(h)dom

Scheide *f* sheath; (≈ *Vagina*) vagina **scheiden 1.** *vt* **a)** (≈ *auflösen*) *Ehe* to dissolve; *Eheleute* to divorce; ***sich ~ lassen*** to get divorced; → ***geschieden***; **b)** (*geh* ≈ *trennen*) to separate **2.** *vr* (*Wege*) to divide; (*Meinungen*) to diverge **Scheideweg** *m* (*fig*) ***am ~ stehen*** to be at a crossroads **Scheidung** *f* **a)** (≈ *das Scheiden*) separation; **b)** (≈ *Ehescheidung*) divorce; ***in ~ leben*** to be in the middle of divorce proceedings; ***die ~ einreichen*** to file a petition for divorce **Scheidungsgrund** *m* grounds *Pl* for divorce

Schein[1] *m* **a)** (≈ *Licht*) light; (*matt*) glow; **b)** (≈ *Anschein*) appearances *Pl*; ***~ und Sein*** appearance and reality; ***der ~ trügt*** appearances are deceptive; ***den ~ wahren*** to keep up appearances; ***etw nur zum ~ tun*** only to pretend to do sth

Schein[2] *m* (≈ *Geldschein*) note, bill (*US*); (≈ *Bescheinigung*) certificate; ***~e machen*** UNI to get credits

Scheinasylant(in) *m(f)* (*oft neg!*) bogus asylum-seeker **scheinbar 1.** *Adj* apparent, seeming *attr* **2.** *Adv* apparently, seemingly **Scheinehe** *f* sham marriage **scheinen** *vi* **a)** (≈ *leuchten*) to shine; **b)** (*auch vi unpers* ≈ *den Anschein geben*) to seem, to appear; ***mir scheint, (dass) ...*** it seems to me that ... **Scheingefecht** *n* sham fight **Scheingeschäft** *n* fictitious *od* artificial transaction **scheinheilig** *Adj* hypocritical **Scheinheiligkeit** *f* hypocrisy; (≈ *vorgetäuschte Arglosigkeit*) feigned innocence **scheintot** *Adj* seemingly dead; (*fig*) *Mensch, Partei* on one's/its last legs **Scheinwerfer** *m* (*zum Beleuchten*) floodlight; (*im Theater*) spotlight; (≈ *Suchscheinwerfer*) searchlight; AUTO (head)light **Scheinwerferlicht** *n* floodlight(ing); (*im Theater*) spotlight; (*fig*) limelight

Scheiß *m* (*sl*) shit (*sl*), crap (*sl*); ***~ machen*** (≈ *herumalbern*) to mess around (*umg*) **Scheißdreck** *m* (*vulg* ≈ *Kot*) shit (*sl*), crap (*sl*); ***wegen jedem ~*** about every effing (*sl*) *od* bloody (*Brit umg*) little thing; ***das geht dich einen ~ an*** it's none of your effing (*sl*) *od* bloody (*Brit umg*) business **Scheiße** *f* (*vulg*) shit (*sl*); ***in der ~ sitzen*** (*umg*) to be up shit creek (*sl*); ***~ bauen*** (*umg*) to screw up (*sl*) **scheißegal** *Adj* (*umg*) ***das ist mir doch ~!*** I don't give a shit (*sl*) *od* a damn (*umg*) **scheißen** *vi* (*vulg*) to shit (*sl*), to crap (*sl*); ***auf jdn/etw*** (*Akk*) **~** (*fig sl*) not to give a shit about sb/sth (*sl*) **Scheißhaus** *n* (*sl*) shithouse (*sl*) **Scheißkerl** *m* (*umg*) bastard (*sl*)

Scheit *m* piece of wood

Scheitel *m* (≈ *Haarscheitel*) parting (*Brit*), part (*US*); ***vom ~ bis zur Sohle*** (*fig*) through and through **scheiteln** *vt* to part **Scheitelpunkt** *m* vertex

Scheiterhaufen *m* (funeral) pyre; (HIST: *zur Hinrichtung*) stake

scheitern *vi* to fail; (*Verhandlungen, Ehe*) to break down **Scheitern** *n* failure; (*von Verhandlungen, Ehe*) breakdown; ***zum ~ verurteilt*** doomed to failure

Schelle *f* **a)** bell; **b)** TECH clamp; **c)** (≈ *Handschelle*) handcuff

Schellfisch *m* haddock

schelmisch *Adj Blick, Lächeln* mischievous

Schelte *f* scolding; (≈ *Kritik*) attack **schelten** *vt* to scold

Schema *n* scheme; (≈ *Darstellung*) diagram; (≈ *Vorlage*) plan; (≈ *Muster*) pattern; ***nach ~ F*** in the same (old) way

schematisch **1.** *Adj* schematic **2.** *Adv* ***etw ~ darstellen*** to show sth schematically; **~ *vorgehen*** to work methodically

Schemel *m* stool

schemenhaft *Adj* shadowy; *Erinnerungen* hazy

Schenke *f* inn

Schenkel *m* **a)** (ANAT) (≈ *Oberschenkel*) thigh; (≈ *Unterschenkel*) lower leg; **b)** (MATHE: *von Winkel*) side **Schenkelhalsbruch** *m* fracture of the neck of the femur

schenken *vt* **a)** (≈ *Geschenk geben*) ***jdm etw ~*** to give sb sth *od* give sth to sb (as a present *od* gift); ***etw geschenkt bekommen*** to get sth as a present *od* gift; ***das ist (fast) geschenkt!*** (*umg* ≈ *billig*) that's a give-away (*umg*); ***jdm seine Aufmerksamkeit ~*** to give sb one's attention; **b)** (≈ *erlassen*) ***jdm etw ~*** to let sb off sth; ***deine Komplimente kannst du dir ~!*** you can keep your compliments (*umg*) **Schenkung** *f* JUR gift **Schenkungsurkunde** *f* deed of gift

Scherbe *f* fragment; (≈ *Glasscherbe*) broken piece of glass; ***in ~n gehen*** to shatter; (*fig*) to go to pieces

Schere *f* **a)** (*Werkzeug*) (*klein*) scissors *Pl*; (*groß*) shears *Pl*; ***eine ~*** a pair of scissors/shears; **b)** ZOO pincer

scheren[1] *vt* to clip; *Schaf* to shear

scheren[2] *vtr* (≈ *kümmern*) ***sich nicht um jdn/etw ~*** not to care about sb/sth; ***was schert mich das?*** what do I care (about that)?

Scherenschnitt *m* silhouette

Schererei *f* (*umg*) trouble *kein Pl*

Scherflein *n* ***sein ~ (zu etw) beitragen*** (*Geld*) to pay one's bit (towards sth); (*fig*) to do one's bit (for sth) (*umg*)

Schermaus *f* (*schweiz* ≈ *Maulwurf*) mole

Scherz *m* joke; ***aus*** *od* ***zum ~*** as a joke; ***im ~*** in jest; ***mach keine ~e!*** (*umg*) you're joking!; ***~ beiseite!*** joking aside **Scherzartikel** *m* joke (article) **scherzen** *vi* to joke, to jest; ***mit jdm/etw ist nicht zu ~*** one can't trifle with sb/sth **Scherzfrage** *f* riddle **scherzhaft** *Adj* jocular; *Angelegenheit* joking; ***etw ~ meinen*** to mean sth as a joke

scheu *Adj* (≈ *schüchtern*) shy; (≈ *zaghaft*) *Versuche* cautious **Scheu** *f* fear (*vor +Dat* of); (≈ *Schüchternheit*) shyness; (*von Reh, Tier*) timidity; (≈ *Hemmung*) inhibition **scheuchen** *vt* to shoo (away); (≈ *verscheuchen*) to scare off **scheuen** **1.** *vt Kosten, Arbeit* to shy away from; *Menschen, Licht* to shun; ***weder Mühe noch Kosten ~*** to spare neither trouble nor expense **2.** *vr* ***sich vor etw*** (*Dat*) **~** (≈ *Angst haben*) to be afraid of sth; (≈ *zurückschrecken*) to shy away from sth **3.** *vi* (*Pferd etc*) to shy (*vor +Dat* at)

Scheuerlappen *m* floorcloth **scheuern** **1.** *vti* **a)** (≈ *putzen*) to scour; (*mit Bürste*) to scrub; **b)** (≈ *reiben*) to chafe **2.** *vt* (*umg*) ***jdm eine ~*** to smack sb (one) (*umg*)

Scheuklappe *f* blinker (*Brit*), blinder (*US*)

Scheune *f* barn

Scheusal *n* monster

scheußlich *Adj* dreadful; (≈ *abstoßend hässlich*) hideous; **~ *schmecken*** to taste terrible

Schi *m* = ***Ski***

S

Schicht *f* **a)** (≈ *Lage*) layer; (≈ *dünne Schicht*) film; (≈ *Farbschicht*) coat; ***breite ~en der Bevölkerung*** large sections of the population; **b)** (≈ *Arbeitsabschnitt*) shift; ***er muss ~ arbeiten*** he has to work shifts **Schichtarbeit** *f* shiftwork **Schichtarbeiter(in)** *m(f)* shiftworker **schichten** *vt* to layer; *Holz* to stack **Schichtwechsel** *m* change of shifts

schick *Adj, Adv* = ***chic*** **Schick** *m* style

schicken **1.** *vti* to send; ***(jdm) etw ~*** to send sth (to sb), to send (sb) sth **2.** *vr unpers* (≈ *sich ziemen*) to be fitting

Schickeria *f* (*iron*) in-crowd (*umg*)

Schicksal *n* fate; ***(das ist) ~*** (*umg*) that's life; ***jdn seinem ~ überlassen*** to abandon sb to his fate **schicksalhaft** *Adj* fateful **Schicksalsschlag** *m* great misfortune

Schiebedach *n* sunroof **Schiebefenster** *n* sliding window **schieben** **1.** *vt* **a)** (≈ *bewegen*) to push; ***etw von sich*** (*Dat*) ***~*** (*fig*) *Schuld* to reject sth; ***etw vor sich her ~*** (*fig*) to put sth off; ***die Schuld auf jdn ~*** to put the blame on sb; ***die Verantwortung auf jdn ~*** to place the responsibility at sb's door; **b)** (*umg* ≈ *handeln mit*) to traffic in; *Drogen* to push (*umg*) **2.** *vi* **a)** (≈ *schubsen*) to push; **b)** (*umg*) ***mit etw ~*** to traffic in sth; ***mit Drogen ~*** to push drugs (*umg*) **Schiebetür** *f* sliding door **Schiebung** *f* (≈ *Begünstigung*) string-pulling *kein Pl*; SPORT rigging; ***das war doch ~*** that was a fix

schiech *Adj* (*österr* ≈ *hässlich*) ugly

Schiedsgericht *n* court of arbitration **Schiedsrichter(in)** *m(f)* arbitrator, arbiter; (*Fußball, Boxen*) referee; (*Tennis*) umpire; (≈ *Preisrichter*) judge **schiedsrichtern** *vi* (*umg*) to arbitrate/referee/umpire/judge **Schiedsspruch** *m* (arbitral) award **Schiedsstelle** *f* arbitration service

schief **1.** *Adj* crooked, not straight *präd*; *Winkel* oblique; *Bild* distorted; ***~e Ebene*** PHYS inclined plane **2.** *Adv* (≈ *schräg*) *halten, wachsen* crooked; ***das Bild hängt ~*** the picture is crooked *od* isn't straight; ***jdn ~ ansehen*** (*fig*) to look askance at sb

Schiefer *m* (*Gesteinsart*) slate **Schieferdach** *n* slate roof **schiefergrau** *Adj* slate-grey (*Brit*), slate-gray (*US*) **Schiefertafel** *f* slate

schiefgehen *vi* to go wrong **schiefgewickelt** *Adj* (*umg*) on the wrong track; ***da bist du ~*** you're in for a surprise there (*umg*) **schieflachen** *vr* (*umg*) to kill oneself (laughing) (*umg*) **schiefliegen** *vi* (*umg*) to be wrong

schielen *vi* to squint, to be cross-eyed; ***auf einem Auge ~*** to have a squint in one eye; ***nach jdm/etw ~*** (*umg*) to look at sb/sth out of the corner of one's eye; (*begehrlich*) to look sb/sth up and down; (*heimlich*) to sneak a look at sb/sth

Schienbein *n* shin; (≈ *Schienbeinknochen*) shinbone **Schiene** *f* **a)** rail; MED splint; **b)** ***Schienen*** *Pl* BAHN track *Sg*, rails *Pl*; ***aus den ~n springen*** to leave the rails **schienen** *vt* to splint **Schienenersatzverkehr** *m* BAHN alternative transport (*when trains or trams are not running*) **Schienenfahrzeug** *n* track vehicle **Schienennetz** *n* BAHN rail network

schier *Adj* (≈ *rein*) pure; (*fig*) sheer

Schießbefehl *m* order to fire *od* shoot **Schießbude** *f* shooting gallery **schießen** **1.** *vt* to shoot; *Kugel, Rakete* to fire; FUSSB *etc* to kick; *Tor* to score **2.** *vi* **a)** (*mit Waffe, Ball*) to shoot; ***auf jdn/etw ~*** to shoot at sb/sth; ***aufs Tor ~*** to shoot at goal; ***das ist zum Schießen*** (*umg*) that's a scream (*umg*); **b)** (≈ *in die Höhe schießen*) to shoot up; (*Flüssigkeit*) to shoot; (≈ *spritzen*) to spurt; ***er ist*** *od* ***kam um die Ecke geschossen*** he shot (a)round the corner **Schießerei** *f* shoot-out; (≈ *das Schießen*) shooting **Schießplatz** *m* (shooting *od* firing) range **Schießpulver** *n* gunpowder **Schießscheibe** *f* target **Schießstand** *m* shooting range; (≈ *Schießbude*) shooting gallery

Schiff *n* **a)** ship; **b)** ARCHIT (≈ *Mittelschiff*) nave; (≈ *Seitenschiff*) aisle **schiffbar** *Adj Gewässer* navigable **Schiffbau** *m* shipbuilding **Schiffbruch** *m* ***~ erleiden*** (*wörtl*) to be shipwrecked; (*fig*) to fail **schiffbrüchig** *Adj* shipwrecked **Schiffchen** *n* **a)** little boat; **b)** MIL forage cap **Schiffeversenken** *n* (≈ *Spiel*) battleships *Sg* **Schifffahrt** *f* shipping; (≈ *Schifffahrtskunde*) navigation **Schifffahrtsgesell-**

schaft *f* shipping company **Schifffahrtsstraße** *f*, **Schifffahrtsweg** *m* (≈ *Kanal*) waterway; (≈ *Schifffahrtslinie*) shipping route **Schiffschaukel** *f* swingboat **Schiffsjunge** *m* ship's boy **Schiffsladung** *f* shipload **Schiffsrumpf** *m* hull **Schiffsverkehr** *m* shipping

Schiit(in) *m(f)* Shiite **schiitisch** *Adj* Shiite

Schikane *f* **a)** harassment *kein Pl*; (*von Mitschülern*) bullying *kein Pl*; **b)** ***mit allen ~n*** (*umg*) with all the trimmings **schikanieren** *vt* to harass; *Mitschüler* to bully

Schikoree *f* chicory

Schild[1] *m* shield; (*von Schildkröte*) shell; ***etwas im ~e führen*** (*fig*) to be up to something

Schild[2] *n* sign; (≈ *Wegweiser*) signpost; (≈ *Namensschild*) nameplate; (≈ *Preisschild*) ticket; (≈ *Etikett*) label; (≈ *Plakette*) badge; (≈ *Plakat*) placard; (*an Haus*) plaque

Schildbürgerstreich *m* foolish act

Schilddrüse *f* thyroid gland

schildern *vt Ereignisse* to describe; (≈ *skizzieren*) to outline **Schilderung** *f* (≈ *Beschreibung*) description; (≈ *Bericht*) account

Schildkröte *f* (≈ *Landschildkröte*) tortoise; (≈ *Wasserschildkröte*) turtle **Schildkrötensuppe** *f* turtle soup

Schildlaus *f* scale insect

Schilf *n* reed; (≈ *mit Schilf bewachsene Fläche*) reeds *Pl*

schillern *vi* to shimmer **schillernd** *Adj Farben* shimmering; (*fig*) *Charakter* enigmatic

Schilling *m* shilling; (*österr*) schilling

Schimmel[1] *m* (≈ *Pferd*) grey (*Brit*), gray (*US*)

S

Schimmel[2] *m* (*auf Nahrungsmitteln*) mould (*Brit*), mold (*US*); (*auf Leder etc*) mildew **schimmelig** *Adj Nahrungsmittel* mouldy (*Brit*), moldy (*US*); *Leder etc* mildewy **schimmeln** *vi* (*Nahrungsmittel*) to go mouldy (*Brit*) *od* moldy (*US*); (*Leder etc*) to go mildewy **Schimmelpilz** *m* mould (*Brit*), mold (*US*)

Schimmer *m* glimmer; (*von Metall*) gleam; (*im Haar*) sheen; ***keinen (blassen) ~ von etw haben*** (*umg*) not to have the faintest idea about sth (*umg*) **schimmern** *vi* to glimmer; (*Metall*) to gleam

Schimpanse *m*, **Schimpansin** *f* chimpanzee, chimp (*umg*)

schimpfen *vi* to get angry; (≈ *sich beklagen*) to moan; (≈ *fluchen*) to curse; ***mit jdm ~*** to tell sb off; ***auf*** *od* ***über jdn/etw ~*** to curse (about *od* at) sb/sth **Schimpfwort** *n* swearword

Schindel *f* shingle

schinden **1.** *vt* **a)** (≈ *quälen*) to maltreat; (≈ *ausbeuten*) to overwork, to drive hard; ***jdn zu Tode ~*** to work sb to death; **b)** (*umg* ≈ *herausschlagen*) *Arbeitsstunden* to pile up; ***Zeit ~*** to play for time; ***(bei jdm) Eindruck ~*** to make a good impression (on sb) **2.** *vr* (≈ *hart arbeiten*) to struggle; (≈ *sich quälen*) to strain **Schindluder** *n* (*umg*) ***mit etw ~ treiben*** to misuse sth; *mit Gesundheit* to abuse sth

Schinken *m* **a)** ham; **b)** (*pej umg*) (≈ *großes Buch*) tome; (≈ *großes Bild*) great daub (*pej umg*) **Schinkenspeck** *m* bacon **Schinkenwurst** *f* ham sausage

Schippe *f* shovel; ***jdn auf die ~ nehmen*** (*fig umg*) to pull sb's leg (*umg*)

Schirm *m* **a)** (≈ *Regenschirm*) umbrella; (≈ *Sonnenschirm*) sunshade; (*von Pilz*) cap; **b)** (≈ *Mützenschirm*) peak; **c)** (≈ *Lampenschirm*) shade **Schirmherr(in)** *m(f)* patron **Schirmherrschaft** *f* patronage **Schirmmütze** *f* peaked cap **Schirmständer** *m* umbrella stand

Schiss *m* (*sl*) ***(fürchterlichen) ~ haben*** to be scared to death (*vor +Dat* of) (*umg*); ***~ kriegen*** to get scared

schizophren *Adj* MED schizophrenic **Schizophrenie** *f* MED schizophrenia

Schlacht *f* battle **schlachten** *vt* to slaughter **Schlachtenbummler(in)** *m(f)* (SPORT *umg*) away supporter **Schlachter(in)** *m(f)* (*bes nordd*), **Schlächter(in)** *m(f)* (*dial, fig*) butcher **Schlachterei** *f* (*bes nordd*) butcher's (shop) **Schlachtfeld** *n* battlefield **Schlachtfest** *n country feast to eat up meat from freshly slaughtered pigs* **Schlachthaus** *n*, **Schlachthof** *m* slaughterhouse **Schlachtplan** *m* battle plan; (*für Feldzug*) campaign plan; (*fig*) plan of action **Schlachtvieh** *n* animals *Pl* for slaughter

Schlacke *f* (≈ *Verbrennungsrückstand*) clinker *kein Pl* **schlackern** *vi* (*umg*) to tremble; (*Kleidung*) to hang loosely
Schlaf *m* sleep; ***einen leichten/tiefen ~ haben*** to be a light/deep sleeper; ***jdn um seinen ~ bringen*** to keep sb awake; ***im ~ reden*** to talk in one's sleep; ***es fällt mir nicht im ~(e) ein, das zu tun*** I wouldn't dream of doing that; ***das kann er (wie) im ~*** (*fig umg*) he can do that in his sleep **Schlafanzug** *m* pyjamas *Pl* (*Brit*), pajamas *Pl* (*US*)
Schlafdefizit *n* sleep deficit
Schläfe *f* temple
schlafen *vi* to sleep; (*umg* ≈ *nicht aufpassen*) to be asleep; ***~ gehen*** to go to bed; ***schläfst du schon?*** are you asleep?; ***schlaf gut*** sleep well; ***bei jdm ~*** to stay overnight with sb; ***mit jdm ~*** (*euph*) to sleep with sb
Schläfenlocke *f* sidelock
Schlafenszeit *f* bedtime **Schläfer(in)** *m(f)* **a)** sleeper; (*fig*) dozy person (*umg*); **b)** (≈ *Terrorist in Wartestellung*) sleeper
schlaff *Adj* limp; (≈ *locker*) *Seil* slack; *Haut, Muskeln* flabby; (≈ *energielos*) listless
Schlafgelegenheit *f* place to sleep **Schlaflied** *n* lullaby **schlaflos** *Adj* sleepless; ***~ liegen*** to lie awake **Schlaflosigkeit** *f* sleeplessness, insomnia **Schlafmittel** *n* sleeping drug; (*fig iron*) soporific **Schlafraum** *m* dormitory, dorm (*umg*) **schläfrig** *Adj* sleepy **Schläfrigkeit** *f* sleepiness **Schlafsaal** *m* dormitory **Schlafsack** *m* sleeping bag **Schlafstadt** *f* dormitory town **Schlafstörung** *f* sleeplessness, insomnia **Schlaftablette** *f* sleeping pill **schlaftrunken** (*geh*) *Adj* drowsy **Schlafwagen** *m* sleeping car **schlafwandeln** *vi* to sleepwalk **Schlafwandler(in)** *m(f)* sleepwalker **Schlafzimmer** *n* bedroom
Schlag *m* **a)** blow (*gegen* against); (*mit der Handfläche*) smack, slap; (≈ *Handkantenschlag*) chop (*umg*); (≈ *Ohrfeige*) cuff; (≈ *Glockenschlag*) chime; (≈ *Gehirnschlag, Schlaganfall*) stroke; (≈ *Herzschlag, Pulsschlag*) beat; (≈ *Donnerschlag*) clap; (≈ *Stromschlag*) shock; (≈ *Militärschlag*) strike; ***zum entscheidenden ~ ausholen*** (*fig*) to strike the decisive blow; ***~ auf ~*** (*fig*) one after the other; ***jdm einen schweren ~ versetzen*** (*fig*) to deal a severe blow to sb; ***ein ~ ins Gesicht*** a slap in the face; ***ein ~ ins Wasser*** (*umg*) a letdown (*umg*); ***auf einen ~*** (*umg*) all at once; ***wie vom ~ gerührt*** *od* ***getroffen sein*** to be flabbergasted (*umg*); **b)** (*umg* ≈ *Wesensart*) type (of person *etc*); ***vom alten ~*** of the old school; **c)** (*österr* ≈ *Schlagsahne*) cream; **d)** (≈ *Hosenschlag*) flare; ***eine Hose mit ~*** flares *Pl* (*umg*) **Schlagabtausch** *m* (*Boxen*) exchange of blows; (*fig*) (verbal) exchange **Schlagader** *f* artery **Schlaganfall** *m* stroke **schlagartig** **1.** *Adj* sudden **2.** *Adv* suddenly **Schlagbaum** *m* barrier **Schlagbohrer** *m* hammer drill **schlagen** **1.** *vti* **a)** to hit; (≈ *hauen*) to beat; (*mit der flachen Hand*) to slap, to smack; (*mit der Faust*) to punch; (*mit Hammer, Pickel etc*) *Loch* to knock; ***jdn bewusstlos ~*** to knock sb out; (*mit vielen Schlägen*) to beat sb unconscious; ***jdm ins Gesicht ~*** to hit/slap/punch sb in the face; ***na ja, ehe ich mich ~ lasse!*** (*hum umg*) I suppose you could twist my arm (*hum umg*); **b)** (≈ *läuten*) to chime; *Stunde* to strike; ***eine geschlagene Stunde*** a full hour **2.** *vt* **a)** (≈ *besiegen*) to beat; ***sich geschlagen geben*** to admit defeat; **b)** KOCH to beat; (*mit Schneebesen*) to whisk; *Sahne* to whip **3.** *vi* **a)** (*Herz, Puls*) to beat; (*heftig*) to pound; **b)** (≈ *auftreffen*) ***mit dem Kopf auf/gegen etw*** (*Akk*) ***~*** to hit one's head on/against sth; **c)** (*Regen*) to beat; (*Wellen*) to pound; (*Blitz*) to strike (*in etw Akk* sth); **d)** (*Flammen*) to shoot out (*aus* of); (*Rauch*) to pour out (*aus* of); **e)** (*umg* ≈ *ähneln*) ***er schlägt sehr nach seinem Vater*** he takes after his father a lot **4.** *vr* (≈ *sich prügeln*) to fight; ***sich um etw ~*** to fight over sth; ***sich auf jds Seite*** (*Akk*) ***~*** to side with sb; (≈ *die Fronten wechseln*) to go over to sb **Schlager** *m* **a)** MUS pop song; (*erfolgreich*) hit (song); **b)** (*umg*) (≈ *Erfolg*) hit; (≈ *Verkaufsschlager*) bestseller **Schläger** *m* (≈ *Tennisschläger, Federballschläger*) racquet (*Brit*), racket (*US*); (≈ *Hockeyschläger, Eishockeyschläger*)

S

stick; (≈ *Golfschläger*) club; (≈ *Baseballschläger, Tischtennisschläger*) bat **Schläger(in)** *m(f)* (≈ *Raufbold*) thug **Schlägerei** *f* brawl **Schlagermusik** *f* pop music **Schlagersänger(in)** *m(f)* pop singer **schlagfertig 1.** *Adj Antwort* quick and clever; ***er ist ein ~er Mensch*** he is always ready with a quick(-witted) reply **2.** *Adv* ***~ antworten*** to be quick with an answer **Schlagfertigkeit** *f* (*von Mensch*) quick-wittedness; (*von Antwort*) cleverness **Schlaghose** *f* flares *Pl* (*umg*) **Schlaginstrument** *n* percussion instrument **schlagkräftig** *Adj Boxer, Argumente* powerful **Schlagloch** *n* pothole **Schlagmann** *m* (*Rudern*) stroke; (*Baseball*) batter **Schlagobers** *n* (*österr*) (whipping) cream; (*geschlagen*) whipped cream **Schlagring** *m* **a)** knuckle-duster; **b)** MUS plectrum **Schlagsahne** *f* (whipping) cream; (*geschlagen*) whipped cream **Schlagseite** *f* SEEF list; ***~ haben*** SEEF to be listing; (*hum umg* ≈ *betrunken sein*) to be three sheets to the wind (*umg*) **Schlagstock** *m* (*förml*) baton **Schlagwort** *n* **a)** (≈ *Stichwort*) headword; **b)** (≈ *Parole*) slogan **Schlagzeile** *f* headline; ***~n machen*** (*umg*) to hit the headlines **Schlagzeug** *n* drums *Pl*; (*in Orchester*) percussion *kein Pl* **Schlagzeuger(in)** *m(f)* drummer; (*in Orchester*) percussionist

Schlamassel *m od n* (*umg*) (≈ *Durcheinander*) mix-up; (≈ *missliche Lage*) mess (*umg*)

Schlamm *m* mud **schlammig** *Adj* muddy **Schlammschlacht** *f* (*umg*) mud bath

Schlampe *f* (*pej umg*) slut (*umg*) **schlampen** *vi* (*umg*) to be sloppy (in one's work) **Schlamperei** *f* (*umg*) sloppiness; (≈ *schlechte Arbeit*) sloppy work **schlampig 1.** *Adj* sloppy; (≈ *unordentlich*) untidy **2.** *Adv* (≈ *nachlässig*) carelessly; (≈ *ungepflegt*) slovenly

Schlange *f* **a)** snake; ***eine falsche ~*** a snake in the grass; **b)** (≈ *Menschenschlange, Autoschlange*) queue (*Brit*), line (*US*); ***~ stehen*** to queue (up) (*Brit*), to stand in line (*US*); **c)** TECH coil **schlängeln** *vr* (*Weg, Menschenmenge*) to wind (its way); (*Fluss auch*) to meander; ***eine geschlängelte Linie*** a wavy line **Schlangenbiss** *m* snakebite **Schlangengift** *n* snake venom **Schlangenhaut** *f* snake's skin; (≈ *Leder*) snakeskin **Schlangenleder** *n* snakeskin **Schlangenlinie** *f* wavy line; ***(in) ~n fahren*** to swerve about

schlank *Adj* **a)** slim; ***~ werden*** to slim; ***ihr Kleid macht sie ~*** her dress makes her look slim; **b)** (*fig* ≈ *effektiv*) lean **Schlankheit** *f* slimness **Schlankheitskur** *f* diet; MED course of slimming treatment; ***eine ~ machen*** to be on a diet

schlapp *Adj* (*umg*) (≈ *erschöpft*) worn-out; (≈ *energielos*) listless; (*nach Krankheit etc*) run-down **Schlappe** *f* (*umg*) setback; *bes* SPORT defeat; ***eine ~ einstecken (müssen)*** to suffer a setback/defeat **schlappmachen** *vi* (*umg*) to wilt; (≈ *ohnmächtig werden*) to collapse **Schlappschwanz** *m* (*pej umg*) wimp (*umg*)

schlau 1. *Adj* smart; (≈ *gerissen*) cunning; ***ein ~er Bursche*** a crafty devil (*umg*); ***ich werde nicht ~ aus ihm/dieser Sache*** I can't make him/it out **2.** *Adv* cleverly

Schlauch *m* hose; MED tube; (≈ *Fahrradschlauch, Autoschlauch*) (inner) tube; ***auf dem ~ stehen*** (*umg*) (≈ *nicht begreifen*) not to have a clue (*umg*); (≈ *nicht weiterkommen*) to be stuck (*umg*) **Schlauchboot** *n* rubber dinghy **schlauchen** (*umg*) **1.** *vt jdn* (*Reise, Arbeit etc*) to wear out **2.** *vi* (*umg* ≈ *Kraft kosten*) to take it out of you/one *etc* (*umg*); ***das schlaucht echt!*** it really takes it out of you (*umg*)

Schlaufe *f* loop; (≈ *Aufhänger*) hanger

Schlauheit *f* **a)** cleverness; (*von Mensch, Idee auch*) shrewdness; (≈ *Gerissenheit*) cunning; **b)** (≈ *Bemerkung*) clever remark **schlaumachen** *vr* (*umg*) ***sich über etw*** (*Akk*) ***~*** to inform oneself about sth **Schlaumeier** *m* smart aleck (*umg*)

schlecht 1. *Adj* **a)** bad; *Gesundheit* poor; ***sich zum Schlechten wenden*** to take a turn for the worse; ***nur Schlechtes von jdm*** *od* ***über jdn sagen*** not to have a good word to say for sb; ***jdm ist (es) ~*** sb feels ill; ***~ aussehen*** to look bad; ***mit jdm/etw sieht es ~ aus*** sb/sth looks in a bad way; **b)** (≈

S

ungenießbar) off *präd* (*Brit*), bad; **~ werden** to go off (*Brit*) *od* bad **2.** *Adv* badly; *lernen* with difficulty; ***~ über jdn sprechen/von jdm denken*** to speak/think ill of sb; ***~ gelaunt*** bad-tempered; ***heute geht es ~*** today is not very convenient; ***er ist ~ zu verstehen*** he is hard to understand; ***ich kann sie ~ sehen*** I can't see her very well; ***auf jdn/etw ~ zu sprechen sein*** not to have a good word to say for sb/sth **schlechterdings** *Adv* (≈ *völlig*) absolutely; (≈ *nahezu*) virtually **schlecht gehen** *vi*, **schlechtgehen** *vi unpers* ***es geht jdm schlecht*** sb is in a bad way; (*finanziell*) sb is doing badly **schlechthin** *Adv* (≈ *vollkommen*) quite; (≈ *als solches, in seiner Gesamtheit*) per se **Schlechtigkeit** *f* **a**) badness; **b**) (≈ *schlechte Tat*) misdeed **schlechtmachen** *vt* (≈ *herabsetzen*) to denigrate **Schlechtwettergeld** *n* bad-weather pay

schlecken (*österr, südd*) *vti* = ***lecken***[2]

Schlehe *f* sloe

schleichen 1. *vi* to creep; (*Fahrzeug, Zeit*) to crawl **2.** *vr* **a**) (≈ *leise gehen*) to creep; ***sich in jds Vertrauen*** (*Akk*) **~** to worm one's way into sb's confidence; **b**) (*südd, österr* ≈ *weggehen*) to go away; ***schleich dich!*** get lost! (*umg*) **schleichend** *Adj* creeping; *Krankheit, Gift* insidious **Schleichweg** *m* secret path; ***auf ~en*** (*fig*) on the quiet

Schleie *f* ZOO tench

Schleier *m* veil **Schleiereule** *f* barn owl **schleierhaft** *Adj* (*umg*) baffling; ***es ist mir völlig ~*** it's a complete mystery to me

Schleife *f* **a**) loop; (≈ *Straßenschleife*) twisty bend; **b**) (*von Band*) bow; (≈ *Fliege*) bow tie; (≈ *Kranzschleife*) ribbon

schleifen[1] **1.** *vt* to drag; ***jdn vor Gericht ~*** (*fig*) to drag sb into court **2.** *vi* **a**) to trail, to drag; **b**) (≈ *reiben*) to rub; ***die Kupplung ~ lassen*** AUTO to slip the clutch; ***die Zügel ~ lassen*** to slacken the reins

schleifen[2] *vt Messer* to sharpen; *Werkstück, Linse* to grind; *Parkett* to sand; *Glas* to cut; → ***geschliffen*** **Schleifmaschine** *f* grinding machine **Schleifpapier** *n* abrasive paper **Schleifstein** *m* grinding stone, grindstone

Schleim *m* **a**) slime; MED mucus; (*in Atemorganen*) phlegm; **b**) KOCH gruel **Schleimer(in)** *m(f)* (*umg*) crawler (*umg*) **Schleimhaut** *f* mucous membrane **schleimig** *Adj* slimy; MED mucous **schleimlösend** *Adj* expectorant

schlemmen *vi* (≈ *üppig essen*) to feast; (≈ *üppig leben*) to live it up **Schlemmer(in)** *m(f)* bon vivant

schlendern *vi* to stroll **Schlendrian** *m* (*umg*) casualness; (≈ *Trott*) rut

schlenkern *vti* to swing, to dangle; ***mit den Armen ~*** to swing *od* dangle one's arms

Schleppe *f* (*von Kleid*) train **schleppen 1.** *vt* (≈ *tragen*) *Gepäck* to lug; (≈ *zerren*) to drag; *Auto* to tow; *Flüchtlinge* to smuggle **2.** *vr* to drag oneself; (*Verhandlungen etc*) to drag on **schleppend** *Adj Gang* shuffling; *Bedienung, Geschäft* sluggish; ***nur ~ vorankommen*** to progress very slowly **Schlepper(in)** *m(f)* **a**) (*sl*: *für Lokal*) tout; **b**) (≈ *Fluchthelfer*) people smuggler **Schleppkahn** *m* (canal) barge **Schlepplift** *m* ski tow **Schleppnetz** *n* trawl (net) **Schlepptau** *n* SEEF tow rope; ***jdn ins ~ nehmen*** to take sb in tow

Schlesien *n* Silesia **Schlesier(in)** *m(f)* Silesian **schlesisch** *Adj* Silesian

Schleswig-Holstein *n* Schleswig-Holstein

Schleuder *f* **a**) (*Waffe*) sling; (≈ *Wurfmaschine*) catapult; **b**) (≈ *Zentrifuge*) centrifuge; (*für Honig*) extractor; (≈ *Wäscheschleuder*) spin-dryer **Schleudergefahr** *f* VERKEHR risk of skidding; ***„Achtung ~"*** "slippery road ahead"

schleudern 1. *vti* **a**) (≈ *werfen*) to hurl; **b**) TECH to centrifuge; *Honig* to extract; *Wäsche* to spin-dry **2.** *vi* AUTO to skid; ***ins Schleudern geraten*** to go into a skid; (*fig umg*) to run into trouble **Schleuderpreis** *m* giveaway price **Schleudersitz** *m* FLUG ejector seat; (*fig*) hot seat

schleunigst *Adv* straight away; ***verschwinde, aber ~!*** beat it, on the double!

Schleuse *f* (*für Schiffe*) lock; (*zur Regulierung des Wasserlaufs*) sluice; ***die ~n öffnen*** (*fig*) to open the floodgates **schleusen** *vt Schiffe* to pass through a

S

lock; *Wasser* to channel; (*langsam*) *Menschen* to filter; *Antrag* to channel; (*fig: heimlich*) *Flüchtlinge* to smuggle

Schlich *m* ruse; ***jdm auf die ~e kommen*** to catch on to sb

schlicht **1.** *Adj* simple; ***~ und einfach*** plain and simple **2.** *Adv* **a)** (≈ *einfach*) simply; **b)** (≈ *glattweg*) *erfunden* simply; *vergessen* completely

schlichten **1.** *vt Streit* (≈ *beilegen*) to settle **2.** *vi* to mediate, to arbitrate (*bes* INDUSTRIE) **Schlichter(in)** *m(f)* mediator; INDUSTRIE arbitrator

Schlichtheit *f* simplicity

Schlichtung *f* (≈ *Vermittlung*) mediation, arbitration (*bes* INDUSTRIE); (≈ *Beilegung*) settlement

schlichtweg *Adv* → ***schlechthin***

Schlick *m* silt, ooze; (≈ *Ölschlick*) slick

Schliere *f* streak

Schließe *f* fastening **schließen** **1.** *vt* **a)** (≈ *zumachen, beenden*) to close; (≈ *Betrieb einstellen*) to close down; **b)** (≈ *eingehen*) *Vertrag* to conclude; *Frieden* to make; *Bündnis* to enter into; *Freundschaft* to form **2.** *vr* (≈ *zugehen*) to close **3.** *vi* **a)** (≈ *zugehen, enden*) to close; (≈ *Betrieb einstellen*) to close down; ***„geschlossen"*** "closed"; **b)** (≈ *schlussfolgern*) to infer; ***auf etw*** (*Akk*) ***~ lassen*** to indicate sth; → ***geschlossen*** **Schließfach** *n* locker; (≈ *Bankschließfach*) safe-deposit box

schließlich *Adv* (≈ *endlich*) in the end, eventually; (≈ *immerhin*) after all **Schließung** *f* (≈ *das Schließen*) closing; (≈ *Betriebseinstellung*) closure

Schliff *m* (*von Glas, Edelstein*) cut; (*fig* ≈ *Umgangsformen*) polish; ***jdm den letzten ~ geben*** (*fig*) to perfect sb

schlimm **1.** *Adj* bad; *Krankheit, Wunde* nasty; *Nachricht* awful; ***es gibt Schlimmere als ihn*** there are worse than him; ***das finde ich nicht ~*** I don't find that so bad; ***eine ~e Zeit*** bad times *Pl*; ***das ist halb so ~!*** that's not so bad!; ***wenn es nichts Schlimmeres ist!*** if that's all it is!; ***es gibt Schlimmeres*** it could be worse; ***im ~sten Fall*** if (the) worst comes to (the) worst **2.** *Adv zurichten* horribly; ***wenn es ganz ~ kommt*** if things get really bad; ***es steht ~*** (***um ihn***) things aren't looking too good (for him)

schlimmstenfalls *Adv* at (the) worst

Schlinge *f* loop; (*an Galgen*) noose; (MED ≈ *Armbinde*) sling; (≈ *Falle*) snare

Schlingel *m* rascal

schlingen[1] (*geh*) **1.** *vt* (≈ *binden*) *Knoten* to tie; (≈ *umbinden*) *Schal etc* to wrap (*um +Akk* around) **2.** *vr* ***sich um etw ~*** to coil (itself) around sth

schlingen[2] *vi* to gobble

schlingern *vi* (*Schiff*) to roll; ***ins Schlingern geraten*** AUTO *etc* to go into a skid

Schlips *m* tie, necktie (*US*)

schlitteln *vi* (*schweiz*) to toboggan

Schlitten *m* **a)** sledge, sled; (≈ *Pferdeschlitten*) sleigh; (≈ *Rodelschlitten*) toboggan; (≈ *Rennschlitten*) bobsleigh; ***mit jdm ~ fahren*** (*umg*) to bawl sb out (*umg*); **b)** (*umg* ≈ *Auto*) big car

Schlittenfahrt *f* sledge ride; (*mit Rodelschlitten*) toboggan ride; (*mit Pferdeschlitten etc*) sleigh ride **schlittern** *vi* (≈ *ausrutschen*) to slip; (*Wagen*) to skid; (*fig*) to slide, to stumble; ***in den Konkurs ~*** to slide into bankruptcy **Schlittschuh** *m* (ice) skate; ***~ laufen*** to (ice-)skate **Schlittschuhlaufen** *n* (ice-)skating **Schlittschuhläufer(in)** *m(f)* (ice-)skater

Schlitz *m* slit; (≈ *Einwurfschlitz*) slot; (≈ *Hosenschlitz*) fly, flies *Pl* (*Brit*)

Schlitzauge *n* slant eye **schlitzäugig** *Adj* slant-eyed **schlitzen** *vt* to slit

Schlitzohr *n* (*fig*) sly fox

Schlögel *m* (*südd, österr* KOCH ≈ *Keule*) leg

Schloss *n* **a)** (≈ *Gebäude*) castle; (≈ *Palast*) palace; (≈ *großes Herrschaftshaus*) mansion; **b)** (≈ *Türschloss etc*) lock; (≈ *Vorhängeschloss*) padlock; ***hinter ~ und Riegel sitzen/bringen*** to be/put behind bars

Schlosser(in) *m(f)* locksmith

Schlot *m* (≈ *Schornstein*) chimney (stack); ***rauchen wie ein ~*** (*umg*) to smoke like a chimney (*umg*)

schlottern *vi* **a)** (*vor* with) (≈ *zittern*) to shiver; (*vor Angst*) to tremble; ***ihm schlotterten die Knie*** his knees were knocking; **b)** (*Kleider*) to hang loose

Schlucht *f* gorge

schluchzen *vti* to sob

Schluck *m* drink; (≈ *ein bisschen*) drop; (≈ *das Schlucken*) swallow; (*großer*) gulp; (*kleiner*) sip; ***einen ~ aus der Flasche nehmen*** to take a drink from the bottle **Schluckauf** *m* hiccups *Pl*; ***einen ~ haben*** to have (the) hiccups **schlucken** **1.** *vt* **a**) to swallow; ***Pillen ~*** (*sl*) to pop pills (*umg*); **b**) (HANDEL, *umg* ≈ *absorbieren*) to swallow up; *Benzin*, *Öl* to guzzle **2.** *vi* to swallow; ***daran hatte er schwer zu ~*** (*fig*) he found that difficult to swallow **Schlucker** *m* (*umg*) ***armer ~*** poor devil **Schluckimpfung** *f* oral vaccination

schlud(e)rig (*umg*) **1.** *Adj Arbeit* sloppy **2.** *Adv* sloppily **schludern** (*umg*) **1.** *vt* to skimp **2.** *vi* to do sloppy work **Schludrigkeit** *f* (*umg*) sloppiness

schlummern *vi* (*geh*) to slumber (*lit*)

Schlund *m* ANAT pharynx; (*fig lit*) maw (*lit*)

schlüpfen *vi* to slip; (*Küken*) to hatch (out) **Schlüpfer** *m* panties *Pl*, knickers *Pl* (*Brit*) **Schlupfloch** *n* hole, gap; (≈ *Versteck*) hideout; (*fig*) loophole **schlüpfrig** *Adj* **a**) slippery; **b**) (*fig*) *Bemerkung* suggestive

schlurfen *vi* to shuffle

schlürfen *vti* to slurp

Schluss *m* **a**) (≈ *Ende*) end; ***~ damit!*** stop it!; ***nun ist aber ~!*** that's enough now!; ***bis zum ~ bleiben*** to stay to the end; ***~ machen*** (*umg*) (≈ *aufhören*) to finish; (≈ *zumachen*) to close; (≈ *Selbstmord begehen*) to end it all; (≈ *Freundschaft beenden*) to break it off; ***ich muss ~ machen*** (*am Telefon*) I'll have to go now; **b**) (≈ *Folgerung*) conclusion; ***zu dem ~ kommen, dass ...*** to come to the conclusion that ... **Schlussabrechnung** *f* final statement **Schlussakkord** *m* final chord

Schlüssel *m* key (*zu* to); TECH spanner (*Brit*), wrench; (≈ *Verteilungsschlüssel*) ratio (of distribution); MUS clef **Schlüsselbein** *n* collarbone **Schlüsselblume** *f* cowslip **Schlüsselbund** *m od n* bunch of keys **Schlüsseldienst** *m* key cutting service **Schlüsselerlebnis** *n* PSYCH crucial experience **Schlüsselfigur** *f* key figure **Schlüsselkind** *n* (*umg*) latchkey kid (*umg*) **Schlüsselloch** *n* keyhole **Schlüsselposition** *f* key position

schlussfolgern *vi* to conclude **Schlussfolgerung** *f* conclusion **Schlussformel** *f* (*in Brief*) complimentary close **schlüssig** **1.** *Adj Beweis* conclusive; *Konzept* logical **2.** *Adv begründen* conclusively **Schlusslicht** *n* tail-light; (*umg*: *bei Rennen etc*) back marker; ***~ der Tabelle sein*** to be bottom of the table **Schlussnotierung** *f* BÖRSE closing quotation **Schlusspfiff** *m* final whistle **Schlussstrich** *m* (*fig*) ***einen ~ unter etw*** (*Akk*) ***ziehen*** to consider sth finished **Schlussverkauf** *m* (end-of-season) sale (*Brit*), season close-out sale (*US*)

Schmach *f* (*geh*) disgrace **schmachten** *vi* (*geh* ≈ *leiden*) to languish **schmächtig** *Adj* slight

schmackhaft *Adj* (≈ *wohlschmeckend*) tasty; ***jdm etw ~ machen*** (*fig*) to make sth palatable to sb

schmähen *vt* (*geh*) to abuse **schmählich** (*geh*) **1.** *Adj* ignominious; (≈ *demütigend*) humiliating **2.** *Adv* shamefully; *versagen* miserably

schmal *Adj* **a**) narrow; *Hüfte*, *Taille* slender, narrow; *Lippen* thin; **b**) (*fig* ≈ *karg*) meagre (*Brit*), meager (*US*) **schmälern** *vt* to diminish **Schmalfilm** *m* cine film (*Brit*), movie film (*US*) **Schmalspur** *f* BAHN narrow gauge **Schmalspur-** (*pej*) small-time

Schmalz[1] *n* **a**) fat; (≈ *Schweineschmalz*) lard; (≈ *Bratenschmalz*) dripping (*Brit*), drippings *Pl* (*US*); **b**) (≈ *Ohrenschmalz*) earwax

Schmalz[2] *m* (*pej umg*) schmaltz (*umg*) **schmalzig** (*pej umg*) *Adj* schmaltzy (*umg*)

Schmankerl *n* (*südd*, *österr* ≈ *Speise*) delicacy

schmarotzen *vi* to sponge, to scrounge (*bei* off); BIOL to be parasitic (*bei* on) **Schmarotzer** *m* BIOL parasite **Schmarotzer(in)** *m(f)* (*fig*) sponger

Schmarr(e)n *m* **a**) (*südd*, *österr*: KOCH) *pancake cut up into small pieces*; **b**) (*umg* ≈ *Quatsch*) rubbish (*Brit*)

schmatzen *vi* (*beim Essen*) to eat noisily, to smack (*US*)

schmecken **1.** *vi* to taste (*nach* of); (≈ *gut schmecken*) to be good, to taste good; ***ihm schmeckt es*** (≈ *gut finden*) he likes it; (≈ *Appetit haben*) he likes his food; ***das schmeckt ihm nicht*** he doesn't like it; ***nach etw ~*** (*fig*) to smack of sth; ***das schmeckt nach nichts*** it's tasteless; ***schmeckt es (Ih-***

S

nen)? do you like it?; ***es sich*** (*Dat*) **~** ***lassen*** to tuck in; ***sich*** (*Dat*) ***etw*** **~** ***lassen*** to tuck into sth **2.** *vt* to taste

Schmeichelei *f* flattery **schmeichelhaft** *Adj* flattering **schmeicheln** *vi* **a)** ***jdm*** **~** to flatter sb; **b)** (≈ *verschönen*) to flatter; ***das Bild ist aber geschmeichelt!*** the picture is very flattering **Schmeichler(in)** *m(f)* flatterer; (≈ *Kriecher*) sycophant **schmeichlerisch** *Adj* flattering

schmeißen (*umg*) **1.** *vt* **a)** (≈ *werfen*) to sling (*umg*), to chuck (*umg*); **b)** (*umg*) ***eine Party*** **~** to throw a party; ***den Laden*** **~** to run the (whole) show; **c)** (≈ *aufgeben*) to chuck in (*umg*) **2.** *vi* (≈ *werfen*) to throw; ***mit Steinen*** **~** to throw stones **Schmeißfliege** *f* bluebottle

Schmelze *f* **a)** METALL, GEOL melt; **b)** (≈ *Schmelzen*) melting; **c)** (≈ *Schmelzhütte*) smelting plant **schmelzen 1.** *vi* to melt; (*Reaktorkern*) to melt down **2.** *vt* to melt; *Erz* to smelt **Schmelzkäse** *m* cheese spread **Schmelzofen** *m* melting furnace; (*für Erze*) smelting furnace **Schmelzpunkt** *m* melting point **Schmelztiegel** *m* melting pot **Schmelzwasser** *n* melted snow and ice; GEOG, PHYS meltwater

Schmerz *m* pain *Pl selten*; (≈ *Kummer*) grief *kein Pl*; ***~en haben*** to be in pain; ***wo haben Sie ~en?*** where does it hurt?; ***jdm ~en bereiten*** to cause sb pain; ***unter ~en*** while in pain; (*fig*) regretfully **schmerzempfindlich** *Adj* *Mensch* sensitive to pain **schmerzen** *vti* to hurt; ***es schmerzt*** it hurts; ***eine ~de Stelle*** a painful spot **Schmerzensgeld** *n* JUR damages *Pl* **schmerzfrei** *Adj* free of pain; *Operation* painless **Schmerzgrenze** *f* pain barrier **schmerzhaft** *Adj* painful **schmerzlindernd** *Adj* pain-relieving, analgesic (MED) **schmerzlos** *Adj* painless **Schmerzmittel** *n* painkiller **schmerzstillend** *Adj* pain-killing, analgesic (MED); ***~es Mittel*** painkiller **Schmerztablette** *f* painkiller **schmerzverzerrt** *Adj* *Gesicht* distorted with pain **schmerzvoll** *Adj* painful

Schmetterball *m* smash **Schmetterling** *m* butterfly **schmettern** *vt* **a)** (≈ *schleudern*) to smash; **b)** *Lied, Arie* to bellow out

Schmied(in) *m(f)* (black)smith **Schmiede** *f* forge **Schmiedeeisen** *n* wrought iron **schmiedeeisern** *Adj* wrought-iron **schmieden** *vt* to forge (*zu* into); (≈ *ersinnen*) *Plan, Komplott* to hatch

schmiegen *vr* ***sich an jdn*** **~** to cuddle up to sb **schmiegsam** *Adj* supple; *Stoff* soft; (*fig* ≈ *anpassungsfähig*) adaptable

Schmiere *f* **a)** (*umg*) grease; (≈ *Salbe*) ointment; **b)** (*umg*) **~** ***stehen*** to be the look-out **schmieren** *vt* **a)** (≈ *streichen*) to smear; *Butter, Aufstrich* to spread; *Brot* (*mit Butter*) to butter; *Salbe* to rub in (*in +Akk* -to); (≈ *einfetten*) to grease; TECH to lubricate; ***sie schmierte sich ein Brot*** she made herself a sandwich; ***es geht*** *od* ***läuft wie geschmiert*** it's going like clockwork; ***jdm eine*** **~** (*umg*) to smack sb one (*umg*); **b)** (*pej* ≈ *schreiben*) to scrawl; (≈ *malen*) to daub; **c)** (*umg* ≈ *bestechen*) ***jdn*** **~** to grease sb's palm (*umg*) **Schmiererei** *f* (*pej umg*) (≈ *Geschriebenes*) scrawl; (≈ *Parolen etc*) graffiti *Pl*; (≈ *Malerei*) daubing **Schmierfett** *n* (lubricating) grease **Schmierfink** *m* (*pej*) **a)** (≈ *Autor, Journalist*) hack; (≈ *Skandaljournalist*) muckraker (*umg*); **b)** (≈ *Schüler*) messy writer **Schmiergeld** *n* bribe **Schmierheft** *n* notebook **schmierig** *Adj* greasy; (*fig*) (≈ *unanständig*) filthy; (≈ *schleimig*) smarmy (*Brit umg*) **Schmiermittel** *n* lubricant **Schmieröl** *n* lubricating oil **Schmierpapier** *n* jotting paper (*Brit*), scratch paper (*US*) **Schmierseife** *f* soft soap

Schminke *f* make-up **schminken 1.** *vt* to make up; ***sich*** (*Dat*) ***die Lippen/Augen*** **~** to put on lipstick/eye make-up **2.** *vr* to put on make-up

schmirgeln *vti* to sand **Schmirgelpapier** *n* sandpaper

Schmöker *m* book (*of light literature*); (*dick*) tome **schmökern** (*umg*) *vi* to bury oneself in a book/magazine *etc*

schmollen *vi* to pout; (≈ *gekränkt sein*) to sulk **Schmollmund** *m* pout; ***einen*** **~** ***machen*** to pout

Schmorbraten *m* pot roast **schmoren 1.** *vt* to braise **2.** *vi* KOCH to braise; (*umg* ≈ *schwitzen*) to roast; ***jdn*** (***im eigenen Saft***) **~** ***lassen*** to leave sb to

S

stew (in his/her own juice)
Schmuck *m* **a)** (≈ *Schmuckstücke*) jewellery (*Brit*) *kein Pl*, jewelry (*US*) *kein Pl*; **b)** (≈ *Verzierung*) decoration; (*fig*) embellishment **schmücken** **1.** *vt* to decorate; *Rede* to embellish **2.** *vr* ***sich mit etw ~*** to adorn oneself with sth **schmucklos** *Adj* plain; *Einrichtung, Stil* simple **Schmuckstück** *n* (≈ *Ring etc*) piece of jewellery; (*fig* ≈ *Prachtstück*) gem
schmuddelig *Adj* messy; (≈ *schmierig*) filthy
Schmuggel *m* smuggling; ***~ treiben*** to smuggle **Schmuggelei** *f* smuggling *kein Pl* **schmuggeln** *vti* (*wörtl, fig*) to smuggle; ***mit etw ~*** to smuggle sth **Schmuggelware** *f* smuggled goods *Pl* **Schmuggler(in)** *m(f)* smuggler
schmunzeln *vi* to smile **Schmunzeln** *n* smile
schmusen *vi* (*umg*) (≈ *zärtlich sein*) to cuddle; ***mit jdm ~*** to cuddle sb **schmusig** *Adj* (*umg*) smoochy (*umg*)
Schmutz *m* **a)** dirt; **b)** (*fig*) filth; ***jdn/etw in den ~ ziehen*** to drag sb/sth through the mud **schmutzen** *vi* to get dirty **Schmutzfink** *m* (*umg*) (≈ *unsauberer Mensch*) dirty slob (*umg*); (≈ *Kind*) mucky pup (*Brit umg*), messy thing (*bes US umg*); (*fig*) (≈ *Mann*) dirty old man **Schmutzfleck** *m* dirty mark **Schmutzfracht** *f* dirty cargo **schmutzig** *Adj* dirty; ***sich ~ machen*** to get oneself dirty
Schnabel *m* **a)** (≈ *Vogelschnabel*) beak, bill; **b)** (*von Kanne*) spout; **c)** (*umg* ≈ *Mund*) mouth; ***halt den ~!*** shut your mouth! (*umg*)
schnacken *vi* (*nordd*) to chat
Schnake *f* **a)** (*umg* ≈ *Stechmücke*) gnat, midge (*Brit*); **b)** (≈ *Weberknecht*) daddy-longlegs
Schnalle *f* **a)** (≈ *Schuhschnalle, Gürtelschnalle*) buckle; **b)** (*an Handtasche*) clasp **schnallen** *vt* **a)** (≈ *befestigen*) to strap; *Gürtel* to fasten; **b)** (*umg* ≈ *begreifen*) ***etw ~*** to catch on to sth
Schnäppchen *n* bargain; ***ein ~ machen*** to get a bargain **Schnäppchenpreis** *m* (*umg*) bargain price **schnappen** **1.** *vi* ***nach jdm/etw ~*** to snap at sb/sth; (≈ *greifen*) to snatch at sb/sth; ***die Tür schnappt ins Schloss*** the door clicks shut **2.** *vt* (*umg*) **a)** (≈ *ergreifen*) to grab; ***sich*** (*Dat*) ***jdn/etw ~*** to grab sb/sth (*umg*); **b)** (≈ *fangen*) to catch **Schnappschuss** *m* (≈ *Foto*) snap (-shot)
Schnaps *m* (≈ *klarer Schnaps*) schnapps; (*umg*) (≈ *Branntwein*) spirits *Pl* **Schnapsbrennerei** *f* (*Gebäude*) distillery **Schnapsidee** *f* (*umg*) crazy idea
schnarchen *vi* to snore
schnattern *vi* (*Gans*) to gabble; (*Ente*) to quack; (*umg* ≈ *schwatzen*) to natter (*umg*)
schnauben *vi* **a)** (*Tier*) to snort; **b)** ***vor Wut ~*** to snort with rage
schnaufen *vi* (≈ *schwer atmen*) to wheeze; (≈ *keuchen*) to puff **Schnauferl** *n* (*hum* ≈ *Oldtimer*) veteran car
Schnauz *m* (*schweiz*), **Schnauzbart** *m* moustache (*Brit*), mustache (*US*) **Schnauze** *f* **a)** (*von Tier*) snout; **b)** (*umg*) (≈ *Mund*) gob (*Brit umg*), trap (*umg*); (***halt die***) ***~!*** shut your trap! (*umg*); ***jdm die ~ einschlagen*** *od* ***polieren*** to smash sb's face in (*sl*); ***die ~*** (***gestrichen***) ***vollhaben*** to be fed up (to the back teeth) (*umg*); ***eine große ~ haben*** to have a big mouth **schnäuzen** *vtr* ***sich ~***, (***sich***) ***die Nase ~*** to blow one's nose **Schnauzer** *m* (≈ *Hundeart*) schnauzer
Schnecke *f* **a)** (ZOO, *fig*) snail; (≈ *Nacktschnecke*) slug; KOCH escargot; ***jdn zur ~ machen*** (*umg*) to bawl sb out (*umg*); **b)** (KOCH: *Gebäck*) ≈ Chelsea bun **Schneckenhaus** *n* snail shell **Schneckenpost** *f* (*umg*) snail mail (*umg*) **Schneckentempo** *n* (*umg*) ***im ~*** at a snail's pace
Schnee *m* **a)** snow; ***das ist ~ von gestern*** (*umg*) that's old hat; **b)** (≈ *Eischnee*) whisked egg white; ***Eiweiß zu ~ schlagen*** to whisk the egg white(s) till stiff; **c)** (*umg* ≈ *Heroin, Kokain*) snow (*sl*) **Schneeball** *m* snowball **Schneeballprinzip** *n* snowball effect **Schneeballschlacht** *f* snowball fight **Schneeballsystem** *n* accumulative process **schneebedeckt** *Adj* snow-covered **Schneebesen** *m* KOCH whisk **schneeblind** *Adj* snow-blind **Schneebrille** *f* snow goggles *Pl* **Schneedecke** *f* blanket *od* covering of snow **Schneefall** *m* snowfall, fall of snow **Schneeflocke** *f* snowflake

schneefrei *Adj Gebiet* free of snow **Schneegestöber** *n* (*leicht*) snow flurry; (*stark*) snowstorm **Schneeglätte** *f* hard-packed snow *kein Pl* **Schneeglöckchen** *n* snowdrop **Schneegrenze** *f* snow line **Schneekette** *f* AUTO snow chain **Schneemann** *m* snowman **Schneematsch** *m* slush **Schneepflug** *m* TECH, SKI snowplough (*Brit*), snowplow (*US*) **Schneeregen** *m* sleet **Schneeschaufel** *f* snow shovel, snowpusher (*US*) **Schneeschmelze** *f* thaw **Schneeschuh** *m* snowshoe; (*veralt* SKI) ski **Schneesturm** *m* snowstorm; (*stärker*) blizzard **Schneetreiben** *n* driving snow **Schneeverhältnisse** *Pl* snow conditions *Pl* **Schneeverwehung** *f* snowdrift **Schneewehe** *f* snowdrift **schneeweiß** *Adj* snow-white; *Hände* lily-white **Schneewittchen** *n* Snow White

Schneid *m* (*umg*) guts *Pl* (*umg*) **Schneidbrenner** *m* TECH cutting torch **Schneide** *f* (sharp *od* cutting) edge; (*von Messer*) blade **schneiden 1.** *vi* to cut **2.** *vt* **a**) to cut; (≈ *klein schneiden*) *Gemüse etc* to chop; SPORT *Ball* to slice; MATHE to intersect with; (*Weg*) to cross; ***jdn ~*** (*beim Überholen*) to cut in on sb; (≈ *ignorieren*) to cut sb dead (*Brit*) *od* off; **b**) *Film, Tonband* to edit; **c**) (*fig* ≈ *meiden*) to cut **3.** *vr* **a**) (*Mensch*) to cut oneself; ***sich in den Finger ~*** to cut one's finger; **b**) (*umg* ≈ *sich täuschen*) ***da hat er sich aber geschnitten!*** he's made a big mistake; **c**) (*Linien, Straßen etc*) to intersect **schneidend** *Adj* biting; *Ton* piercing **Schneider** *m* (*Gerät*) cutter; ***aus dem ~ sein*** (*fig*) to be out of the woods **Schneider(in)** *m(f)* tailor **Schneiderei** *f* (≈ *Werkstatt*) tailor's **schneidern 1.** *vi* (*beruflich*) to be a tailor; (*als Hobby*) to do dressmaking **2.** *vt* to make **Schneidersitz** *m* ***im ~ sitzen*** to sit cross-legged **Schneidezahn** *m* incisor **schneidig** *Adj Mensch* dashing; *Musik, Rede* rousing; *Tempo* fast

schneien 1. *vi unpers* to snow **2.** *vt unpers* ***es schneite Konfetti*** confetti rained down **3.** *vi* (*fig*) to rain down; ***jdm ins Haus ~*** (*umg*) (*Besuch*) to drop in on sb; (*Rechnung, Brief*) to arrive in the post

Schneise *f* break; (≈ *Waldschneise*) lane

schnell 1. *Adj* quick; *Auto, Zug, Strecke* fast; *Hilfe* speedy **2.** *Adv* quickly; *arbeiten, handeln* fast; ***nicht so ~!*** not so fast!; ***das geht ~*** (*grundsätzlich*) it doesn't take long; ***das ging ~*** that was quick; ***mach ~/~er!*** hurry up!; ***das ging alles viel zu ~*** it all happened much too quickly *od* fast; ***das werden wir ~ erledigt haben*** we'll soon have that finished; ***sie wird ~ böse*** she loses her temper quickly; ***das werde ich so ~ nicht wieder tun*** I won't do that again in a hurry **Schnellboot** *n* speedboat **Schnelle** *f* **a**) (≈ *Schnelligkeit*) speed; ***etw auf die ~ machen*** to do sth quickly *od* in a rush; **b**) (≈ *Stromschnelle*) rapids *Pl* **schnellen** *vi* to shoot; ***in die Höhe ~*** to shoot up **Schnellhefter** *m* spring folder **Schnelligkeit** *f* speed; (*von Hilfe*) speediness **Schnellimbiss** *m* **a**) (*Essen*) (quick) snack; **b**) (*Raum*) snack bar **Schnellkochtopf** *m* (≈ *Dampfkochtopf*) pressure cooker **schnelllebig** *Adj Zeit* fast-moving **Schnellreinigung** *f* express cleaning service **schnellstens** *Adv* as quickly as possible **Schnellstraße** *f* expressway **Schnellzug** *m* fast train

Schnepfe *f* snipe; (*pej umg*) silly cow (*umg*)

schneuzen *vtr* → ***schnäuzen***

Schnippchen *n* (*umg*) ***jdm ein ~ schlagen*** to play a trick on sb **schnippen** *vi* ***mit den Fingern ~*** to snap one's fingers **schnippisch 1.** *Adj* saucy **2.** *Adv* saucily **Schnipsel** *m od n* (*umg*) scrap; (≈ *Papierschnipsel*) scrap of paper

Schnitt *m* **a**) cut; (*von Gesicht*) shape; MED incision; (≈ *Schnittmuster*) pattern; **b**) FILM editing *kein Pl*; **c**) (MATHE) (≈ *Schnittpunkt*) (point of) intersection; (≈ *Schnittfläche*) section; (*umg* ≈ *Durchschnitt*) average; ***im ~*** on average **Schnittblumen** *Pl* cut flowers *Pl* **Schnitte** *f* slice; (*belegt*) open sandwich; (*zusammengeklappt*) sandwich **schnittig** *Adj* smart **Schnittlauch** *m* chives *Pl* **Schnittmuster** *n* HAND (paper) pattern **Schnittpunkt** *m* intersection **Schnittstelle** *f* cut; (IT, *fig*) interface **Schnitt-**

S

winkel *m* angle of intersection **Schnittwunde** *f* cut; (*tief*) gash
Schnitzel[1] *n od m* (≈ *Papierschnitzel*) bit of paper; (≈ *Holzschnitzel*) shaving
Schnitzel[2] *n* KOCH veal/pork cutlet
Schnitzeljagd *f* paper chase **schnitzeln** *vt Gemüse* to shred
schnitzen *vti* to carve **Schnitzer** *m* (*umg*) (*in Benehmen*) blunder; (≈ *Fehler*) howler (*Brit umg*), blooper (*US umg*) **Schnitzer(in)** *m(f)* woodcarver **Schnitzerei** *f* (wood)carving
schnodd(e)rig *Adj* (*umg*) *Mensch, Bemerkung* brash
schnöde *Adj* (≈ *niederträchtig*) despicable; *Ton* contemptuous; ***~s Geld*** filthy lucre
Schnorchel *m* snorkel **schnorcheln** *vi* to go snorkelling (*Brit*) *od* snorkeling (*US*)
Schnörkel *m* flourish; (*an Möbeln, Säulen*) scroll; (*fig* ≈ *Unterschrift*) squiggle (*hum*)
schnorren *vti* (*umg*) to scrounge (*umg*) (*bei* from) **Schnorrer(in)** *m(f)* (*umg*) scrounger (*umg*)
Schnösel *m* (*umg*) snotty(-nosed) little upstart (*umg*) **schnöselig** (*umg*) *Adj Benehmen* snotty (*umg*)
schnuckelig *Adj* (*umg* ≈ *gemütlich*) snug, cosy; (≈ *niedlich*) cute
schnüffeln **1.** *vi* **a)** to sniff; ***an etw*** (*Dat*) ***~*** to sniff (at) sth; **b)** (*fig umg* ≈ *spionieren*) to snoop around (*umg*) **2.** *vt* to sniff **Schnüffler(in)** *m(f)* (*umg*) (*fig*) snooper (*umg*); (≈ *Detektiv*) private eye (*umg*)
Schnuller *m* (*umg*) dummy (*Brit*), pacifier (*US*)
Schnulze *f* (*umg*) schmaltzy film/book/song (*umg*) **schnulzig** (*umg*) *Adj* slushy (*umg*)
Schnupfen *m* cold; ***(einen) ~ bekommen*** to catch a cold **Schnupftabak** *m* snuff
schnuppe *Adj* (*umg*) ***jdm ~ sein*** to be all the same to sb
Schnupperkurs *m* (*umg*) taster course **schnuppern** **1.** *vi* to sniff; ***an etw*** (*Dat*) ***~*** to sniff (at) sth **2.** *vt* to sniff; (*fig*) *Atmosphäre etc* to sample
Schnur *f* (≈ *Bindfaden*) string; (≈ *Kordel*) cord **Schnürchen** *n* ***es läuft alles wie am ~*** everything's going like clockwork **schnüren** *vt Paket* to tie up; *Schuhe* to lace (up) **schnurgerade** *Adj* (dead) straight **Schnürl** *n* (*österr*) (piece of) string **schnurlos** *Adj* cordless **Schnürlregen** *m* (*österr*) pouring rain **Schnürlsamt** *m* (*österr*) corduroy
Schnurrbart *m* moustache (*Brit*), mustache (*US*) **schnurren** *vi* (*Katze*) to purr; (*Spinnrad etc*) to hum
Schnürschuh *m* lace-up shoe **Schnürsenkel** *m* shoelace **schnurstracks** *Adv* straight
schnurz(egal) *Adj* (*umg*) ***das ist ihm ~*** he couldn't give a damn (about it) (*umg*)
Schock *m* shock; ***unter ~ stehen*** to be in (a state of) shock **schocken** *vt* (*umg*) to shock **schockieren** *vti* to shock; (*stärker*) to scandalize; ***~d*** shocking; ***schockiert sein*** to be shocked (*über +Akk* at)
schofel, **schofelig** (*umg*) *Adj Behandlung* rotten *kein Adv* (*umg*); *Geschenk* miserable
Schöffe *m*, **Schöffin** *f* ≈ juror **Schöffengericht** *n* court (*with jury*)
Schokolade *f* chocolate **Schokoriegel** *m* chocolate bar
Scholle[1] *f* (*Fisch*) plaice
Scholle[2] *f* (≈ *Eisscholle*) (ice) floe; (≈ *Erdscholle*) clod (of earth)
schon *Adv* **a)** already; ***er ist ~ hier!*** he's (already) here!; ***es ist ~ 11 Uhr*** it's (already) 11 o'clock; ***das habe ich dir doch ~ hundertmal gesagt*** I've told you that a hundred times; ***~ damals*** even then; ***~ im 13. Jahrhundert*** as early as the 13th century; ***~ am nächsten Tag*** the very next day; ***ich bin ~ lange fertig*** I've been ready for ages; ***~ immer*** always; ***ich habe das ~ mal gehört*** I've heard that before; ***warst du ~ (ein)mal dort?*** have you ever been there?; **b)** (≈ *bereits*) ever; ***warst du ~ dort?*** have you been there (yet)?; (≈ *je*) have you (ever) been there?; ***ist er ~ hier?*** is he here yet?; ***musst du ~ gehen?*** must you go so soon?; ***wie lange wartest du ~?*** how long have you been waiting?; **c)** (≈ *bloß*) just; ***allein ~ der Gedanke, dass ...*** just the thought that ...; ***wenn ich das ~ sehe!*** if I even see that!; **d)** (≈ *bestimmt*) all right; ***du wirst ~ sehen*** you'll see (all right); ***das wirst du ~ noch lernen***

you'll learn that one day; **e)** ***das ist ~ möglich*** that's quite possible; ***hör ~ auf damit!*** will you stop that!; ***nun sag ~!*** come on, tell me/us *etc*!; ***mach ~!*** get a move on! (*umg*); ***ja ~, aber ...*** (*umg*) yes (well), but ...; ***was macht das ~, wenn ...*** what does it matter if ...; ***~ gut!*** okay! (*umg*); ***ich verstehe ~*** I understand; ***ich weiß ~*** I know

schön **1.** *Adj* **a)** beautiful; *Mann* handsome; **b)** (≈ *nett, angenehm*) good; *Gelegenheit* great; (*umg* ≈ *gut*) nice; ***die ~en Künste*** the fine arts; ***eines ~en Tages*** one fine day; ***~e Ferien!*** have a good holiday (*bes Brit*) *od* vacation (*US*); ***zu ~, um wahr zu sein*** (*umg*) too good to be true; ***na ~*** fine, okay; ***~ und gut, aber ...*** that's all very well but ...; **c)** (*iron*) *Unordnung* fine; *Überraschung* lovely; ***du bist mir ein ~er Freund*** a fine friend you are; ***das wäre ja noch ~er*** (*umg*) that's (just) too much!; **d)** (≈ *beträchtlich*) *Erfolg* great; ***eine ganz ~e Leistung*** quite an achievement; ***eine ganz ~e Menge*** quite a lot **2.** *Adv* **a)** (≈ *gut*) well; *schreiben* beautifully; ***sich ~ anziehen*** to get dressed up; ***~ weich/warm/stark*** nice and soft/warm/strong; ***schlaf ~*** sleep well; ***erhole dich ~*** have a good rest; **b)** (*umg*) (≈ *brav, lieb*) nicely; (≈ *sehr, ziemlich*) really; ***sei ~ brav*** be a good boy/girl; ***ganz ~ teuer/kalt*** pretty expensive/cold; ***ganz ~ lange*** quite a while

Schonbezug *m* (*für Matratzen*) mattress cover; (*für Möbel*) loose cover; (*für Autositz*) seat cover **schonen** **1.** *vt Gesundheit* to look after; *Ressourcen* to conserve; *Umwelt* to protect; *jds Nerven* to spare; *Gegner* to be easy on; *Bremsen, Batterie* to go easy on; ***er muss den Arm noch ~*** he still has to be careful with his arm **2.** *vr* to look after oneself; ***er schont sich für das nächste Rennen*** he's saving himself for the next race

Schöne *f* (*lit, hum* ≈ *Mädchen*) beauty

schönen *vt Zahlen* to dress up

schonend **1.** *Adj* gentle; (≈ *rücksichtsvoll*) considerate; *Waschmittel* mild **2.** *Adv* ***jdm etw ~ beibringen*** to break sth to sb gently; ***etw ~ behandeln*** to treat sth with care

Schönfärberei *f* (*fig*) glossing things over **Schöngeist** *m* aesthete **schöngeistig** *Adj* aesthetic; ***~e Literatur*** belletristic literature **Schönheit** *f* beauty **Schönheitschirurgie** *f* cosmetic surgery **Schönheitsfarm** *f* beauty farm **Schönheitsfehler** *m* blemish; (*von Gegenstand*) flaw **Schönheitskönigin** *f* beauty queen **Schönheitsoperation** *f* cosmetic surgery **Schönheitspflege** *f* beauty care **Schönheitswettbewerb** *m* beauty contest

Schonkost *f* light diet; (≈ *Spezialdiät*) special diet

schön machen, schönmachen **1.** *vt Kind* to dress up; *Wohnung* to decorate **2.** *vr* to get dressed up; (≈ *sich schminken*) to make (oneself) up

Schönschrift *f* ***in ~*** in one's best (hand)writing

Schonung *f* **a)** (≈ *Waldbestand*) (protected) forest plantation area; **b)** (≈ *das Schonen*) (*von Ressourcen*) saving; (*von Umwelt*) protection; ***zur ~ meiner Gefühle*** to spare my feelings; **c)** (≈ *Nachsicht*) mercy **schonungslos** **1.** *Adj* ruthless; *Wahrheit* blunt; *Offenheit* brutal; *Kritik* savage **2.** *Adv* ruthlessly **Schonzeit** *f* close season; (*fig*) honeymoon period

Schopf *m* **a)** (shock of) hair; ***eine Gelegenheit beim ~ ergreifen*** to seize an opportunity with both hands; **b)** (*österr* ≈ *Schuppen*) shed

schöpfen *vt* **a)** (*auch vi*) (*aus* from) *Wasser* to scoop; *Suppe* to ladle; **b)** *Kraft* to summon up; *Hoffnung* to find; ***Hoffnung*** *etc* ***aus etw ~*** to draw hope *etc* from sth; **c)** (*auch vi* ≈ *schaffen*) *Kunstwerk* to create; *neuen Ausdruck* to coin **Schöpfer(in)** *m(f)* creator; (≈ *Gott*) Creator **schöpferisch** **1.** *Adj* creative **2.** *Adv* creatively; ***sie ist ~ veranlagt*** she is creative; (≈ *künstlerisch*) she is artistic **Schöpfkelle** *f*, **Schöpflöffel** *m* ladle **Schöpfung** *f* creation

Schorf *m* crust; (≈ *Wundschorf*) scab

Schorle *f, n* spritzer

Schornstein *m* chimney; (*von Schiff, Lokomotive*) funnel, (smoke)stack **Schornsteinfeger(in)** *m(f)* chimney sweep

Schoß *m* **a)** lap; ***die Hände in den ~ legen*** (*fig*) to sit back (and take it easy);

S

b) (*lit*) (≈ *Mutterleib*) womb; ***im ~e der Familie*** in the bosom of one's family **Schoßhund** *m* lapdog
Schössling *m* BOT shoot
Schote *f* BOT pod
Schotte *m* Scot **Schottenmuster** *n* tartan **Schottenrock** *m* (≈ *Kilt*) kilt
Schotter *m* gravel; (*im Straßenbau*) (road) metal; BAHN ballast
Schottin *f* Scot **schottisch** *Adj* Scottish **Schottland** *n* Scotland
schraffieren *vt* to hatch **Schraffierung** *f* hatching
schräg **1.** *Adj* **a)** (≈ *schief, geneigt*) sloping; *Kante* bevelled (*Brit*), beveled (*US*); **b)** (*umg*) (≈ *verdächtig*) fishy (*umg*) **2.** *Adv* (≈ *geneigt*) at an angle; (≈ *krumm*) slanting; *gestreift* diagonally; ***~ gegenüber*** diagonally opposite; ***den Kopf ~ halten*** to hold one's head at an angle; ***jdn ~ ansehen*** (*fig*) to look askance at sb **Schrägbank** *f* SPORT incline bench **Schräge** *f* (≈ *schräge Fläche*) slope; (≈ *schräge Kante*) bevel; (*im Zimmer*) sloping ceiling **Schrägkante** *f* bevelled (*Brit*) *od* beveled (*US*) edge **Schrägstrich** *m* oblique
Schramme *f* scratch **schrammen** *vt* to scratch
Schrank *m* cupboard (*Brit*), closet (*US*); (≈ *Kleiderschrank*) wardrobe (*Brit*), closet (*US*)
Schranke *f* barrier; (*fig*) (≈ *Grenze*) limit; ***sich in ~n halten*** to keep within reasonable limits **schrankenlos** *Adj* (*fig*) unbounded, boundless; *Forderungen* unrestrained **Schrankenwärter(in)** *m(f)* attendant (*at level crossing*)
schrankfertig *Adj Wäsche* washed and ironed **Schrankkoffer** *m* clothes trunk **Schrankwand** *f* wall unit
Schraubdeckel *m* screw(-on) lid **Schraube** *f* screw; ***bei ihr ist eine ~ locker*** (*umg*) she's got a screw loose (*umg*) **schrauben** *vti* to screw; ***etw in die Höhe ~*** (*fig*) *Preise* to push sth up; *Ansprüche* to raise **Schraubendreher** *m* screwdriver **Schraubenmutter** *f* nut **Schraubenschlüssel** *m* spanner (*Brit*), wrench (*US*) **Schraubenzieher** *m* screwdriver **Schraubstock** *m* vice **Schraubverschluss** *m* screw top

Schrebergarten *m* allotment (*Brit*), garden plot
Schreck *m* fright; ***vor ~*** in fright; *zittern* with fright; ***einen ~(en) bekommen*** to get a fright; ***mit dem ~(en) davonkommen*** to get off with no more than a fright; ***ach du ~!*** (*umg*) blast! (*umg*) **schrecken** **1.** *vt* (≈ *ängstigen*) to frighten; (*stärker*) to terrify; ***jdn aus dem Schlaf ~*** to startle sb out of his sleep **2.** *vr* (*österr*) to get a fright
Schrecken *m* **a)** = ***Schreck***; **b)** (≈ *Entsetzen*) terror; ***jdn in Angst und ~ versetzen*** to frighten and terrify sb **schreckensblass**, **schreckensbleich** *Adj* as white as a sheet **Schreckensnachricht** *f* terrible news *kein Pl* **Schreckgespenst** *n* nightmare **schreckhaft** *Adj* easily startled **schrecklich** **1.** *Adj* terrible **2.** *Adv* **a)** (≈ *entsetzlich*) horribly; ***~ schimpfen*** to swear dreadfully; **b)** (*umg* ≈ *sehr*) terribly; ***~ viel*** an awful lot (of); ***~ wenig*** very little **Schreckschuss** *m* warning shot **Schrecksekunde** *f* moment of shock
Schredder *m* shredder
Schrei *m* cry; (*brüllender*) yell; (*gellender*) scream; (*kreischender*) shriek; ***ein ~ der Entrüstung*** an (indignant) outcry; ***der letzte ~*** (*umg*) the latest thing
Schreibblock *m* (writing) pad **schreiben** **1.** *vt* **a)** to write; *Klassenarbeit* to do; ***schwarze/rote Zahlen ~*** HANDEL to be in the black/red; ***wo steht das geschrieben?*** where does it say that?; **b)** (*orthografisch*) to spell; ***wie schreibt man das?*** how do you spell that? **2.** *vi* to write; ***jdm ~*** to write to sb, to write sb (*US*); ***an einem Roman*** *etc* ***~*** to be working on *od* writing a novel *etc* **3.** *vr* **a)** (≈ *korrespondieren*) to write (to each other); **b)** (≈ *geschrieben werden*) to be spelt (*bes Brit*) *od* spelled; ***wie schreibt er sich?*** how does he spell his name? **Schreiben** *n* (≈ *Mitteilung*) communication (*förml*); (≈ *Brief*) letter **Schreiber** *m* (*umg* ≈ *Schreibgerät*) ***keinen ~ haben*** to have nothing to write with **Schreiber(in)** *m(f)* writer; (≈ *Gerichtsschreiber*) clerk/clerkess; (*pej*, *Schriftsteller*) scribbler **schreibfaul** *Adj* lazy (about letter writing)

Schreibfehler *m* (spelling) mistake; (*aus Flüchtigkeit*) slip of the pen **schreibgeschützt** *Adj* IT write-protected **Schreibheft** *n* exercise book **Schreibkraft** *f* typist **Schreibmaschine** *f* typewriter; ***mit der ~ geschrieben*** typewritten **Schreibmaschinenpapier** *n* typing paper **Schreibschutz** *m* IT write protection **Schreibtisch** *m* desk **Schreibtischlampe** *m* desk lamp **Schreibtischtäter(in)** *m(f)* mastermind behind the scenes (of a/the crime) **Schreibung** *f* spelling; ***falsche ~*** misspelling **Schreibwaren** *Pl* stationery *Sg* **Schreibwarenhändler(in)** *m(f)* stationer **Schreibwarenhandlung** *f* stationer's (shop) **Schreibweise** *f* (≈ *Stil*) style; (≈ *Rechtschreibung*) spelling

schreien 1. *vi* to shout; (*gellend*) to scream; (*kreischend*) to shriek; (≈ *brüllen*) to yell; (≈ *weinen*: *Kind*) to howl; ***es war zum Schreien*** (*umg*) it was a scream (*umg*) **2.** *vr* ***sich heiser ~*** to shout oneself hoarse **Schreihals** *m* (*umg*) (≈ *Baby*) bawler (*umg*); (≈ *Unruhestifter*) noisy troublemaker

Schrein *m* (*geh*) shrine

Schreiner(in) *m(f)* (*bes südd*) carpenter

schreiten *vi* (*geh*) (≈ *schnell gehen*) to stride; (≈ *feierlich gehen*) to walk; (≈ *stolzieren*) to strut; ***zu etw ~*** (*fig*) to get down to sth; ***zur Abstimmung ~*** to proceed to a vote

Schrift *f* **a)** writing; TYPO type; **b)** (≈ *Schriftstück*) document; **c)** (≈ *Broschüre*) leaflet; (≈ *kürzere Abhandlung*) paper; ***die (Heilige) ~*** the (Holy) Scriptures *Pl* **Schriftart** *f* TYPO typeface **Schriftbild** *n* script **Schriftdeutsch** *n* written German; (*nicht Dialekt*) standard German **Schriftführer(in)** *m(f)* secretary **Schriftgrad** *m* type size **schriftlich 1.** *Adj* written; ***in ~er Form*** in writing; ***die ~e Prüfung*** the written exam **2.** *Adv* in writing; ***etw ~ festhalten*** to put sth down in writing; ***das kann ich Ihnen ~ geben*** (*fig umg*) I can tell you that for free (*umg*) **Schriftsatz** *m* **a)** JUR legal document; **b)** TYPO form(e) **Schriftsetzer(in)** *m(f)* typesetter **Schriftsprache** *f* written language; (≈ *nicht Dialekt*) standard language **Schriftsteller** *m* author **Schriftstellerin** *f* author(ess) **schriftstellerisch 1.** *Adj Arbeit, Talent* literary **2.** *Adv* ***~ tätig sein*** to write; ***er ist ~ begabt*** he has talent as a writer **Schriftstück** *n* paper; JUR document **Schriftverkehr** *m*, **Schriftwechsel** *m* correspondence

schrill 1. *Adj Ton, Stimme* shrill; *Farbe, Outfit* garish **2.** *Adv* shrilly; *gekleidet* loudly

Schritt *m* **a)** step (*zu* towards); (*weit ausholend*) stride; (*hörbar*) footstep; (≈ *Gang*) walk; (≈ *Tempo*) pace; ***einen ~ machen*** to take a step; ***den ersten ~ tun*** (*fig*) to make the first move; ***~e gegen jdn/etw unternehmen*** to take steps against sb/sth; ***auf ~ und Tritt*** wherever one goes; ***~ für ~*** step by step; ***~ halten*** to keep up; **b)** (≈ *Schrittgeschwindigkeit*) walking pace; ***„Schritt fahren"*** "dead slow" (*Brit*), "slow"; **c)** (≈ *Hosenschritt*) crotch **Schrittmacher** *m* MED pacemaker **Schrittmacher(in)** *m(f)* SPORT pacemaker (*bes Brit*), pacer **Schritttempo** *n* walking speed **schrittweise 1.** *Adv* gradually **2.** *Adj* gradual

schroff 1. *Adj* (≈ *barsch*) curt; (≈ *krass*) abrupt; (≈ *steil, jäh*) precipitous **2.** *Adv* **a)** (≈ *barsch*) curtly; **b)** (≈ *steil*) steeply

schröpfen *vt* ***jdn ~*** (*fig*) to rip sb off (*umg*)

Schrot *m od n* **a)** grain; (≈ *Weizenschrot*) ≈ wholemeal (*Brit*), ≈ whole-wheat (*US*); ***vom alten ~ und Korn*** (*fig*) of the old school; **b)** JAGD shot **Schrotflinte** *f* shotgun **Schrotkugel** *f* pellet **Schrotladung** *f* round of shot

Schrott *m* scrap metal; (*fig*) rubbish (*Brit*), garbage **Schrotthändler(in)** *m(f)* scrap dealer *od* merchant **Schrotthaufen** *m* (*wörtl*) scrap heap; (*fig* ≈ *Auto*) pile of scrap **Schrottplatz** *m* scrap yard **schrottreif** *Adj* ready for the scrap heap **Schrottwert** *m* scrap value

schrubben *vti* to scrub **Schrubber** *m* (long-handled) scrubbing (*Brit*) *od* scrub (*US*) brush

Schrulle *f* quirk **schrullig** *Adj* odd

schrump(e)lig *Adj* (*umg*) wrinkled

schrumpfen *vi* to shrink; (*Leber, Niere*) to atrophy; (*Muskeln*) to waste, to atrophy; (*Exporte, Interesse*) to dwindle; (*Industriezweig*) to decline **Schrumpfung** *f* shrinking; (≈ *Raumverlust*) shrinkage; MED atrophy(ing); (*von Exporten*) dwindling, diminution; (*von Industriezweig etc*) decline

Schub *m* **a)** (≈ *Stoß*) push, shove; **b)** PHYS thrust; (*fig* ≈ *Impuls*) impetus; **c)** (≈ *Anzahl*) batch **Schubfach** *n* drawer **Schubkarre** *f* wheelbarrow **Schubkraft** *f* PHYS thrust **Schublade** *f* drawer; (*fig*) pigeonhole, compartment **Schubs** *m* (*umg*) shove (*umg*), push **schubsen** *vti* (*umg*) to shove (*umg*), to push **schubweise** *Adv* in batches

schüchtern **1.** *Adj* shy **2.** *Adv* shyly **Schüchternheit** *f* shyness

Schuft *m* heel (*umg*) **schuften** *vi* (*umg*) to slave away **Schufterei** *f* (*umg*) graft (*umg*)

Schuh *m* shoe; ***jdm etw in die ~e schieben*** (*umg*) to put the blame for sth on sb **Schuhbürste** *f* shoe brush **Schuhcreme** *f* shoe polish **Schuhgröße** *f* shoe size **Schuhlöffel** *m* shoehorn **Schuhmacher(in)** *m(f)* shoemaker; (≈ *Flickschuster*) cobbler **Schuhnummer** *f* (*umg*) shoe size **Schuhputzer(in)** *m(f)* bootblack, shoeshine boy/girl (*US*) **Schuhsohle** *f* sole (of a/one's shoe) **Schuhwerk** *n* footwear

Schulabgänger(in) *m(f)* school-leaver (*Brit*), graduate (*US*) **Schulabschluss** *m* school-leaving qualification, ≈ high school diploma (*US*) **Schulalter** *n* school age; ***im ~*** of school age **Schularbeit** *f* **a)**, **Schulaufgaben** *Pl* homework *kein Pl*; **b)** (*österr*) test **Schulausflug** *m* school trip, field trip (*US*) **Schulbank** *f* school desk; ***die ~ drücken*** (*umg*) to go to school **Schulbeispiel** *n* (*fig*) classic example (*für* of) **Schulbesuch** *m* school attendance **Schulbildung** *f* (school) education **Schulbuch** *n* schoolbook **Schulbus** *m* school bus

schuld *Adj* ***~ sein*** to be to blame (*an* +*Dat* for); ***er war ~ an dem Streit*** the argument was his fault; ***du bist selbst ~*** that's your own fault **Schuld** *f* **a)** (≈ *Verantwortlichkeit*) ***~ haben*** to be to blame (*an* +*Dat* for); ***du hast selbst ~*** that's your own fault; ***die ~ auf sich*** (*Akk*) ***nehmen*** to take the blame; ***jdm die ~ geben*** to blame sb; ***das ist meine/deine ~*** that is my/your fault; ***durch meine/deine ~*** because of me/you; ***jdm ~ geben*** to blame sb; **b)** (≈ *Schuldgefühl*) guilt; (≈ *Unrecht*) wrong; ***ich bin mir keiner ~ bewusst*** I'm not aware of having done anything wrong; **c)** (≈ *Zahlungsverpflichtung*) debt; ***~en machen*** to run up debts; ***~en haben*** to be in debt **schuldbewusst** *Adj Mensch* feeling guilty; *Gesicht* guilty **schulden** *vt* to owe; ***das schulde ich ihm*** I owe it to him; ***jdm Dank ~*** to owe sb a debt of gratitude **Schuldenberg** *m* mountain of debts **schuldenfrei** *Adj* free of debt(s); *Besitz* unmortgaged **Schuldenlast** *f* debts *Pl* **schuldfähig** *Adj* JUR criminally responsible **Schuldfrage** *f* question of guilt **Schuldgefühl** *n* sense *kein Pl od* feeling of guilt **schuldhaft** JUR **1.** *Adj* culpable **2.** *Adv* culpably

Schuldienst *m* (school)teaching *ohne Artikel*; ***im ~ (tätig) sein*** to be a teacher

schuldig *Adj* **a)** guilty; (≈ *verantwortlich*) to blame *präd* (*an* +*Dat* for); ***einer Sache*** (*Gen*) ***~ sein*** to be guilty of sth; ***jdn ~ sprechen*** to find sb guilty; ***sich ~ bekennen*** to admit one's guilt; JUR to plead guilty; **b)** (≈ *verpflichtet*) ***jdm etw*** (*Akk*) ***~ sein*** to owe sb sth; ***was bin ich Ihnen ~?*** how much do I owe you? **Schuldige(r)** *mf* guilty person; (*zivilrechtlich*) guilty party

Schuldirektor(in) *m(f)* headteacher (*bes Brit*), principal

schuldlos *Adj* (*an Verbrechen*) innocent (*an* +*Dat* of); (*an Unglück etc*) blameless **Schuldner(in)** *m(f)* debtor **Schuldschein** *m* IOU **Schuldspruch** *m* verdict of guilty **schuldunfähig** *Adj* JUR not criminally responsible

Schule *f* school; ***in die od zur ~ gehen*** to go to school; ***in der ~*** at school; ***die ~ ist aus*** school is over; ***~ machen*** to become the accepted thing; ***aus der ~ plaudern*** to tell tales **schulen** *vt* to train **Schulenglisch** *n* ***mein ~*** the English I learned at school **Schüler(in)** *m(f)* schoolboy/-girl; (*einer bestimmten Schule*) pupil; (≈ *Jünger*) follower **Schüleraustausch** *m* school

S

Schule in Großbritannien

In Großbritannien gibt es für England, Schottland*, Wales und Nordirland faktisch getrennte Schulsysteme, die aber nur geringfügig voneinander abweichende Merkmale aufweisen. Alle Kinder im Alter von 5 bis 16 Jahren sind schulpflichtig.
Die Mehrheit der Schüler besucht **state schools**, die vom Staat finanziert werden und daher gebührenfrei sind. Die Ausbildung in der **secondary education** (Sekundarstufen I–II) erfolgt überwiegend an **comprehensive schools**. In diesen Ganztagsschulen beginnt der Unterricht um 9 Uhr mit der **assembly** und dem Schulgebet und endet je nach Alter zwischen 15 und 16 Uhr oder später. Seit 1988 gibt es für alle staatlichen Schulen einen verbindlichen Lehrplan (**national curriculum**). Ansonsten obliegen wichtige Entscheidungen weiterhin der jeweiligen **Local Education Authority**. Die Prüfungen sind losgelöst vom Schulsystem und werden von unabhängigen Prüfungsausschüssen gestellt. Das Notenspektrum reicht von **A** („sehr gut") bis **F** („ungenügend").
Ein kleiner Teil der Schüler besucht **independent schools**, die v. a. durch Schulgebühren finanziert werden und größtenteils Internate sind. Dazu zählen auch die **public schools**, traditionelle, exklusive und teurere Privatschulen, wie z. B. **Eton** oder **Harrow**.
Traditionell wird an britischen Schulen großer Wert auf Persönlichkeitsbildung gelegt. Erst in jüngster Zeit erhielt die Wissensvermittlung Vorrang.

state schools

Alter		Schultyp	Abschluss
5–7	infant school	**primary school**	national test
8–11	junior school	(**R**eading, w**R**iting, a**R**ithmetic)	national test
12–16		**secondary school** (science and technology)	national test / GCSE / GNVQ
17–18		**further education** (Kurse in mind. 3 Fächern)	A levels* / AVCE

* In Schottland gibt es keine A levels.

exchange **Schülerausweis** *m* (school) student card **Schülerlotse** *m*, **Schülerlotsin** *f* lollipop man/lady (*Brit umg*), crossing guard (*US*) **Schülerschaft** *f* pupils *Pl* **Schulfach** *n* school subject **Schulferien** *Pl* school holidays *Pl* (*Brit*) *od* vacation (*US*) **schulfrei** *Adj* ***die Kinder haben morgen ~*** the children don't have to go to school tomorrow **Schulfreund(in)** *m(f)* schoolfriend **Schulgelände** *n* school grounds *Pl* **Schulgeld** *n* school fees *Pl* **Schulheft** *n* exercise book **Schulhof** *m* school playground, schoolyard **schulisch** *Adj Leistungen* at school; *Bildung* school *attr* **Schuljahr** *n* school year; (≈ *Klasse*) year **Schuljunge** *m* schoolboy **Schulka-**

S

Schule in den USA

In den USA liegt die Bildungshoheit bei den Bundesstaaten. Die Hauptverantwortung für das Schulwesen liegt bei den lokalen Schulbehörden (**local school boards**), es gibt keinen allgemein verbindlichen Lehrplan. Durch das System der **property tax** – die Schulbehörde erhebt Steuern von den örtlichen Haushalten und Unternehmen – ist die Ausstattung der Schulen sehr unterschiedlich und selbst bei starker Bezuschussung durch die Bundesregierung in hohem Maße abhängig von der Finanzkraft der Bevölkerung in den jeweiligen Schulbezirken. Die allgemeine, 12-jährige Schulpflicht beginnt mit 6 Jahren, wobei häufig ein Besuch von **pre-school** oder **kindergarten** vorangeht. Die **elementary school** und die **high school** sind ganztägige Gesamtschulen mit einer Unterrichtszeit von 8 bis 15 Uhr. Die wachsende Kritik an diesem Schulsystem richtet sich u. a. gegen die sinkenden Bildungsstandards sowie die zunehmende Gewalt an Schulen. Kostspielige Ausweichmöglichkeiten für eine kleine Schülerschaft stellen **private schools** dar, zum Teil in kirchlicher Trägerschaft als sog. **parochial schools**, oder **home schooling** – Eltern unterrichten ihre Kinder selbst. Im Gegensatz zu Großbritannien werden in den USA mit **public schools** die allgemeinbildenden Schulen bezeichnet.

public schools

Alter	Schultyp	Alter	Schultyp
6–11	**elementary school**	6–13	**elementary school**
12–14	**junior high school**	14–17	**high school**
15–17	**senior high school**		

Abschluss:
high school diploma

merad(in) *m(f)* schoolfriend **Schulkind** *n* schoolchild **Schulklasse** *f* (school) class **Schulleiter** *m* headmaster, principal **Schulleiterin** *f* headmistress, principal **Schulmädchen** *n* schoolgirl **Schulmedizin** *f* orthodox medicine **Schulmeinung** *f* received opinion **Schulpflicht** *f* ***es besteht ~*** school attendance is compulsory **schulpflichtig** *Adj Kind* required to attend school; ***im ~en Alter*** of school age **Schulpolitik** *f* education policy **Schulranzen** *m* (school) satchel **Schulrat** *m*, **Schulrätin** *f* schools inspector (*Brit*), ≈ school board superintendent (*US*) **Schulschiff** *n* training ship **Schulschluss** *m* end of school; (*vor den Ferien*) end of term; ***kurz nach ~*** just after school finishes **Schulstunde** *f* (school) period **Schulsystem** *n* school system **Schultasche** *f* schoolbag

Schulter *f* shoulder; ***jdm auf die ~ klopfen*** to give sb a slap on the back; (*lobend*) to pat sb on the back; ***~ an ~*** (≈ *dicht gedrängt*) shoulder to shoulder; (≈ *solidarisch*) side by side; ***die od mit den ~n zucken*** to shrug one's shoulders; ***etw auf die leichte ~ nehmen*** to take sth lightly **Schulterblatt** *n* shoulder blade **Schultergelenk** *n* shoulder joint **schulterlang** *Adj* shoulder-length **schultern** *vt* to shoulder **Schulterschluss** *m* solidarity

Schulung *f* (≈ *Ausbildung*) training; POL political instruction **Schuluni-**

S

form *f* school uniform **Schulunterricht** *m* school lessons *Pl* **Schulweg** *m* way to school **Schulwesen** *n* school system **Schulzeit** *f* (≈ *Schuljahre*) school days *Pl* **Schulzeugnis** *n* school report

schummeln *vi* (*umg*) to cheat

schumm(e)rig *Adj Beleuchtung* dim

Schund *m* (*pej*) trash, rubbish (*Brit*)

schunkeln *vi* to link arms and sway from side to side

Schuppe *f* **a)** scale; ***es fiel mir wie ~n von den Augen*** the scales fell from my eyes; **b) Schuppen** *Pl* (≈ *Kopfschuppen*) dandruff *Sg* **schuppen 1.** *vt Fische* to scale **2.** *vr* to flake

Schuppen *m* **a)** shed; **b)** (*umg*) (≈ *übles Lokal*) dive (*umg*)

Schur *f* (≈ *das Scheren*) shearing

schüren *vt* **a)** *Feuer, Glut* to rake; **b)** (*fig*) to stir up; *Zorn, Hass* to fan the flames of

schürfen 1. *vi* BERGB to prospect (*nach* for); ***tief ~*** (*fig*) to dig deep **2.** *vt Bodenschätze* to mine **3.** *vr* to graze oneself; ***sich am Knie ~*** to graze one's knee **Schürfwunde** *f* graze

Schürhaken *m* poker

Schurke *m*, **Schurkin** *f* (*veralt*) villain **Schurkenstaat** *m* POL rogue state *od* nation

Schurwolle *f* virgin wool

Schürze *f* apron; (≈ *Kittelschürze*) overall **Schürzenjäger** *m* (*umg*) philanderer

Schuss *m* **a)** shot; (≈ *Schuss Munition*) round; ***einen ~ auf jdn/etw abgeben*** to fire a shot at sb/sth; ***weit (ab) vom ~ sein*** (*fig umg*) to be miles from where the action is (*umg*); ***der ~ ging nach hinten los*** it backfired; **b)** FUSSB kick; (*bes zum Tor*) shot; **c)** (≈ *Spritzer*) dash; (*von Humor etc*) touch; **d)** (*umg: mit Rauschgift*) shot; (***sich*** *Dat*) ***einen ~ setzen*** to shoot up (*umg*); **e)** (*umg*) ***in ~ sein/kommen*** to be in/get into (good) shape **Schussbereich** *m* (firing) range

Schussel *m* (*umg*) dolt (*umg*); (*zerstreut*) scatterbrain (*umg*)

Schüssel *f* bowl; (≈ *Satellitenschüssel*) dish; (≈ *Waschschüssel*) basin

schusselig *Adj* (≈ *zerstreut*) scatterbrained (*umg*)

Schusslinie *f* firing line **Schussverletzung** *f* bullet wound **Schusswaffe** *f* firearm **Schusswechsel** *m* exchange of shots **Schussweite** *f* range (of fire); ***in/außer ~*** within/out of range **Schusswunde** *f* bullet wound

Schuster(in) *m(f)* shoemaker; (≈ *Flickschuster*) cobbler

Schutt *m* (≈ *Trümmer*) rubble; GEOL debris; ***„Schutt abladen verboten"*** "no tipping" (*Brit*), "no dumping" (*US*); ***in ~ und Asche liegen*** to be in ruins **Schuttabladeplatz** *m* dump

Schüttelfrost *m* MED shivering fit **schütteln 1.** *vt* to shake; (≈ *rütteln*) to shake about; ***den Kopf ~*** to shake one's head **2.** *vr* (*vor Kälte*) to shiver (*vor* with); (*vor Ekel*) to shudder (*vor* with, in)

schütten 1. *vt* to tip; *Flüssigkeiten* to pour; (≈ *verschütten*) to spill **2.** *vi unpers* (*umg*) ***es schüttet*** it's pouring (with rain)

schütter *Adj Haar* thin

Schutthaufen *m* pile of rubble

Schüttstein *m* (*schweiz* ≈ *Spülbecken*) sink

Schutz *m* protection (*vor +Dat, gegen* against, from); (*bes* MIL ≈ *Deckung*) cover; ***im ~(e) der Nacht*** under cover of night; ***jdn in ~ nehmen*** (*fig*) to take sb's part **Schutzanzug** *m* protective clothing *kein unbest Artikel, kein Pl* **schutzbedürftig** *Adj* in need of protection **Schutzblech** *n* mudguard **Schutzbrille** *f* protective goggles *Pl*

Schütze *m* **a)** marksman; (≈ *Schießsportler*) rifleman; (FUSSB ≈ *Torschütze*) scorer; **b)** ASTROL Sagittarius *ohne Artikel*; ***sie ist ~*** she's Sagittarius

schützen 1. *vt* to protect (*vor +Dat, gegen* from, against); (*bes* MIL ≈ *Deckung geben*) to cover; ***vor Hitze/Sonnenlicht ~!*** keep away from heat/sunlight; ***vor Nässe ~!*** keep dry; → **geschützt 2.** *vr* to protect oneself (*vor +Dat, gegen* from, against) **schützend 1.** *Adj* protective; ***ein ~es Dach*** (*gegen Wetter*) a shelter; ***seine ~e Hand über jdn halten*** to take sb under one's wing **2.** *Adv* protectively **Schutzengel** *m* guardian angel **Schützenhilfe** *f* (*fig*) support; ***jdm ~ geben*** to back sb up

Schützenverein *m* shooting club

Schutzfilm *m* protective layer *od* coating **Schutzfolie** *f* protective film

S

Schutzgebiet *n* POL protectorate **Schutzgebühr** *f* (token) fee **Schutzgeld** *n* protection money **Schutzhaft** *f* JUR protective custody; POL preventive detention **Schutzheilige(r)** *mf* patron saint **Schutzhelm** *m* safety helmet **Schutzherr** *m* patron **Schutzherrin** *f* patron, patroness **Schutzhülle** *f* protective cover; (≈ *Buchumschlag*) dust cover **Schutzimpfung** *f* vaccination, inoculation

Schützin *f* markswoman; (≈ *Schießsportlerin*) riflewoman; (≈ *Torschützin*) scorer

Schutzkleidung *f* protective clothing **Schützling** *m* protégé; (*bes Kind*) charge **schutzlos** **1.** *Adj* (≈ *wehrlos*) defenceless (*Brit*), defenseless (*US*) **2.** *Adv* ***jdm ~ ausgeliefert sein*** to be at the mercy of sb **Schutzmacht** *f* POL protecting power **Schutzmann** *m* policeman **Schutzmaske** *f* (protective) mask **Schutzmaßnahme** *f* precaution; (*vorbeugend*) preventive measure **Schutzpatron(in)** *m(f)* patron saint **Schutzraum** *m* shelter **Schutzschicht** *f* protective layer; (≈ *Überzug*) protective coating **Schutztruppe** *f* protection force; HIST colonial army **Schutzumschlag** *m* dust cover **Schutzwall** *m* protective wall (*gegen* to keep out)

schwabbelig *Adj* (*umg*) *Körperteil* flabby; *Gelee* wobbly

Schwabe *m*, **Schwäbin** *f* Swabian **Schwaben** *n* Swabia **schwäbisch** *Adj* Swabian; ***die Schwäbische Alb*** the Swabian mountains *Pl*

schwach **1.** *Adj* weak; *Gesundheit, Gehör* poor; *Hoffnung* faint; *Licht* dim; *Wind* light; HANDEL *Nachfrage* slack; ***das ist ein ~es Bild*** (*umg*) *od* ***eine ~e Leistung*** (*umg*) that's a poor show (*umg*); ***ein ~er Trost*** cold comfort; ***auf ~en Beinen*** *od* ***Füßen stehen*** (*fig*) to be on shaky ground; (*Theorie*) to be shaky; ***schwächer werden*** to grow weaker; (*Stimme*) to grow fainter; (*Licht*) to (grow) dim; (*Ton*) to fade **2.** *Adv* weakly; (≈ *spärlich*) *besucht* poorly; ***~ bevölkert*** sparsely populated; ***~ radioaktiv*** with low-level radioactivity **Schwäche** *f* weakness; (*von Stimme*) feebleness; (*von Licht*) dimness; (*von Wind*) lightness **Schwächeanfall** *m* sudden feeling of weakness **schwächeln** *vi* (*umg*) to weaken slightly; ***der Dollar schwächelt*** the dollar is showing signs of weakness **schwächen** *vt* to weaken **Schwachkopf** *m* (*umg*) dimwit (*umg*) **schwächlich** *Adj* weakly **Schwächling** *m* weakling **schwachmachen** *vt* (*umg*) ***jdn ~*** to soften sb up; ***mach mich nicht schwach!*** don't say that! (*umg*) **Schwachpunkt** *m* weak point **Schwachsinn** *m* MED mental deficiency; (*fig umg* ≈ *unsinnige Tat*) idiocy *kein unbest Artikel*; (≈ *Quatsch*) rubbish (*Brit umg*), garbage **schwachsinnig** *Adj* MED mentally deficient; (*fig umg*) idiotic **Schwachstelle** *f* weak point **Schwachstrom** *m* ELEK low-voltage current **Schwächung** *f* weakening

Schwaden *m* (≈ *Dunst*) cloud

schwafeln (*pej umg*) **1.** *vi* to drivel (on) (*umg*); (*in einer Prüfung*) to waffle (*umg*) **2.** *vt* ***dummes Zeug ~*** to talk drivel (*umg*) **Schwafler(in)** *m(f)* (*pej umg*) windbag (*umg*)

Schwager *m* brother-in-law **Schwägerin** *f* sister-in-law

Schwalbe *f* swallow; ***eine ~ machen*** (FUSSB *sl*) to take a dive; ***eine ~ macht noch keinen Sommer*** (*Sprichw*) one swallow doesn't make a summer (*Sprichw*)

Schwall *m* flood

Schwamm *m* **a)** sponge; ***~ drüber!*** (*umg*) (let's) forget it!; **b)** (*dial* ≈ *Pilz*) fungus; (*essbar*) mushroom; (*giftig*) toadstool; **c)** (≈ *Hausschwamm*) dry rot **Schwammerl** *n* (*bes österr* ≈ *Pilz*) fungus; (*essbar*) mushroom; (*giftig*) toadstool **schwammig** **1.** *Adj* **a)** (*wörtl*) spongy; **b)** (*fig*) *Gesicht, Hände* puffy; (≈ *vage*) *Begriff* woolly **2.** *Adv* (≈ *vage*) vaguely

Schwan *m* swan **schwanen** *vi unpers* ***ihm schwante etwas*** he sensed something might happen; ***mir schwant nichts Gutes*** I don't like it **Schwanengesang** *m* (*fig*) swan song

schwanger *Adj* pregnant **Schwangere** *f* pregnant woman **schwängern** *vt* to make pregnant **Schwangerschaft** *f* pregnancy **Schwangerschaftsabbruch** *m* termination of pregnancy **Schwangerschaftstest** *m* pregnancy

S

test
Schwank *m* THEAT farce; ***ein ~ aus der Jugendzeit*** (*hum*) a tale of one's youthful exploits **schwanken** *vi* **a)** (≈ *wanken*) to sway; (*Schiff*) (*auf und ab*) to pitch; (*seitwärts*) to roll; (*Angaben*) to vary; PHYS, MATHE to fluctuate; ***ins Schwanken kommen*** (*Preise, Kurs, Temperatur etc*) to start to fluctuate; (*Überzeugung etc*) to begin to waver; **b)** (≈ *wechseln*) to alternate; (≈ *zögern*) to hesitate; ***~, ob*** to hesitate as to whether **schwankend** *Adj* **a)** (≈ *wankend*) swaying; *Gang* rolling; *Schritt* unsteady; **b)** (≈ *unschlüssig*) uncertain; (≈ *zögernd*) hesitant; (≈ *unbeständig*) unsteady **Schwankung** *f* (*von Preisen, Temperatur etc*) fluctuation (+*Gen* in); ***seelische ~en*** mental ups and downs (*umg*) **Schwankungsbereich** *m* range
Schwanz *m* **a)** tail; (*umg: von Zug*) (tail) end; ***das Pferd*** *od* ***den Gaul beim*** *od* ***am ~ aufzäumen*** to do things back to front; **b)** (*sl* ≈ *Penis*) prick (*sl*) **schwänzen** (*umg*) **1.** *vt Stunde, Vorlesung* to skip (*umg*); *Schule* to play truant (*bes Brit*) *od* hooky (*bes US umg*) from **2.** *vi* to play truant (*bes Brit umg*) *od* hooky (*bes US umg*) **Schwanzflosse** *f* tail fin
schwappen *vi* **a)** (*Flüssigkeit*) to slosh around; **b)** (≈ *überschwappen*) to splash; (*fig*) to spill
Schwarm *m* **a)** swarm; **b)** (*umg* ≈ *Angebeteter*) idol; (≈ *Vorliebe*) passion **schwärmen** *vi* **a)** to swarm; **b)** (≈ *begeistert reden*) to enthuse (*von* about); ***für jdn/etw ~*** to be crazy about sb/sth (*umg*); ***ins Schwärmen geraten*** to go into raptures **Schwärmer(in)** *m(f)* (≈ *Begeisterter*) enthusiast; (≈ *Fantast*) dreamer **Schwärmerei** *f* (≈ *Begeisterung*) enthusiasm; (≈ *Leidenschaft*) passion; (≈ *Verzückung*) rapture **schwärmerisch** *Adj* (≈ *begeistert*) enthusiastic; (≈ *verliebt*) infatuated
Schwarte *f* **a)** (≈ *Speckschwarte*) rind; **b)** (*umg*) (≈ *Buch*) tome (*hum*); (≈ *Gemälde*) daub(ing) (*pej*)
schwarz **1.** *Adj* **a)** black; ***~er Humor*** black humour (*Brit*) *od* humor (*US*); ***~e Liste*** blacklist; ***~e Magie*** black magic; ***das Schwarze Meer*** the Black Sea; ***das ~e Schaf (in der Familie)*** the black sheep (of the family); ***etw ~ auf weiß haben*** to have sth in black and white; ***in den ~en Zahlen sein, ~e Zahlen schreiben*** HANDEL to be in the black; ***sich ~ ärgern*** to get extremely annoyed; ***da kannst du warten, bis du ~ wirst*** (*umg*) you can wait till the cows come home (*umg*); **b)** (*umg* ≈ *ungesetzlich*) illicit; ***der ~e Markt*** the black market; ***~es Konto*** secret account **2.** *Adv* **a)** black; *einrichten, sich kleiden* in black; **b)** (≈ *illegal*) *erwerben* illegally; ***etw ~ verdienen*** to earn sth on the side (*umg*) **Schwarz** *n* black; ***in ~ gehen*** to wear black
Schwarzarbeit *f* illicit work; (*nach Feierabend*) moonlighting (*umg*) **schwarzarbeiten** *vi* to do illicit work; (*nach Feierabend*) to moonlight (*umg*) **Schwarzarbeiter(in)** *m(f)* person doing illicit work; (*nach Feierabend*) moonlighter (*umg*) **schwarzbraun** *Adj* dark brown **Schwarzbrot** *n* (*braun*) brown rye bread; (*schwarz, wie Pumpernickel*) black bread
Schwarze *f* black woman/girl
Schwärze *f* **a)** (≈ *Dunkelheit*) blackness; **b)** (≈ *Druckerschwärze*) printer's ink **schwärzen** *vtr* to blacken
Schwarze(r) *m* black **Schwarze(s)** *n* black; (*auf Zielscheibe*) bull's-eye; ***das kleine ~*** (*umg*) one's/a little black dress; ***ins ~ treffen*** to score a bull's-eye **schwarzfahren** *vi* (*ohne zu zahlen*) to travel without paying **Schwarzfahrer(in)** *m(f)* fare dodger (*umg*)
Schwarzgeld *n* illegal earnings *Pl*
schwarzhaarig *Adj* black-haired
Schwarzhandel *m* black market; (≈ *Tätigkeit*) black marketeering; ***im ~*** on the black market **Schwarzhändler(in)** *m(f)* black marketeer
schwärzlich *Adj* blackish; *Haut* dusky **schwarz malen** *vi* to be pessimistic **Schwarzmalerei** *f* pessimism
Schwarzmarkt *m* black market
Schwarzpulver *n* black (gun)powder
schwarz sehen *vi* to be pessimistic
schwarzsehen *vi* TV to watch TV without a licence (*Brit*) *od* license (*US*) **Schwarztee** *m* black tea
Schwarzwald *m* Black Forest
Schwarzwälder *Adj* Black Forest; ***~ Kirschtorte*** Black Forest gateau

(*Brit*) *od* cake (*US*) **schwarz-weiß**, **schwarzweiß** *Adj* black and white **Schwarz-Weiß-Foto** *n* black-and--white (photo) **Schwarzwild** *n* wild boars *Pl* **Schwarzwurzel** *f* KOCH salsify

Schwatz *m* (*umg*) chat **schwatzen 1.** *vi* to talk; (*pej*) (*unaufhörlich*) to chatter; (≈ *klatschen*) to gossip **2.** *vt* to talk; ***dummes Zeug ~*** to talk a lot of rubbish (*bes Brit umg*) **schwätzen** *vti* (*südd, österr*) = ***schwatzen*** **Schwätzer(in)** *m*(*f*) (*pej*) chatterbox (*umg*); (≈ *Schwafler*) windbag (*umg*); (≈ *Klatschmaul*) gossip **Schwätzerei** *f* (*pej*) (≈ *Gerede*) chatter; (≈ *Klatsch*) gossip **schwatzhaft** *Adj* (≈ *geschwätzig*) talkative, garrulous; (≈ *klatschsüchtig*) gossipy

Schwebe *f* ***in der ~ sein*** (*fig*) to be in the balance; JUR to be pending **Schwebebahn** *f* suspension railway **Schwebebalken** *m* SPORT beam **schweben** *vi* **a)** (*Nebel, Rauch*) to hang; (*Wolke*) to float; ***etw schwebt jdm vor Augen*** (*fig*) sb has sth in mind; ***in großer Gefahr ~*** to be in great danger; **b)** (≈ *durch die Luft gleiten*) to float; (≈ *hochschweben*) to soar; (≈ *niederschweben*) to float down; (≈ *sich leichtfüßig bewegen*) to glide **schwebend** *Adj* TECH, CHEM suspended; (*fig*) *Fragen etc* unresolved; JUR *Verfahren* pending

Schwede *m*, **Schwedin** *f* Swede **Schweden** *n* Sweden **schwedisch** *Adj* Swedish; ***hinter ~en Gardinen*** (*umg*) behind bars

Schwefel *m* sulphur (*Brit*), sulfur (*US*) **schwefelhaltig** *Adj* containing sulphur (*Brit*) *od* sulfur (*US*) **Schwefelsäure** *f* sulphuric (*Brit*) *od* sulfuric (*US*) acid **schweflig** *Adj* sulphurous (*Brit*), sulfurous (*US*)

Schweif *m auch* ASTRON tail **schweifen** *vi* to roam; ***seinen Blick ~ lassen*** to let one's eyes wander (*über etw* (*Akk*) over sth)

Schweigegeld *n* hush money **Schweigemarsch** *m* silent march (of protest) **Schweigeminute** *f* one minute('s) silence **schweigen** *vi* to be silent; ***kannst du ~?*** can you keep a secret?; ***zu etw ~*** to make no reply to sth; ***ganz zu ~ von ...*** to say nothing of ... **Schweigen** *n* silence; ***jdn zum ~ bringen*** to silence sb (*auch euph*) **schweigend 1.** *Adj* silent **2.** *Adv* in silence; ***~ über etw*** (*Akk*) ***hinweggehen*** to pass over sth in silence **Schweigepflicht** *f* pledge of secrecy; ***die ärztliche ~*** medical confidentiality **schweigsam** *Adj* silent; (*als Charaktereigenschaft*) taciturn; (≈ *verschwiegen*) discreet

Schwein *n* **a)** pig, hog (*US*); (*Fleisch*) pork; **b)** (*umg: Mensch*) pig (*umg*), swine; ***ein armes/faules ~*** a poor/lazy bastard (*sl*); ***kein ~*** nobody; **c)** (*umg* ≈ *Glück*) ***~ haben*** to be lucky **Schweinebauch** *m* KOCH belly of pork **Schweinebraten** *m* joint of pork; (*gekocht*) roast pork **Schweinefleisch** *n* pork **Schweinegeld** *n* (*umg*) ***ein ~*** a packet (*Brit umg*), a fistful (*US umg*) **Schweinehund** *m* (*umg*) bastard (*sl*) **Schweinepest** *f* VET swine fever **Schweinerei** *f* (*umg*) **a)** mess; **b)** (≈ *Skandal*) scandal; (≈ *Gemeinheit*) dirty trick (*umg*); (***so eine***) ***~!*** what a dirty trick! (*umg*); (≈ *unzüchtige Handlung*) indecent act; ***~en machen*** to do dirty things **Schweinestall** *m* pigsty, pigpen (*bes US*) **Schweinezucht** *f* pig-breeding; (*Hof*) pig farm **schweinisch** (*umg*) *Adj Benehmen* piggish (*umg*); *Witz* dirty **Schweinkram** *m* (*umg*) dirt, filth **Schweinshaxe** *f* (*südd* KOCH) knuckle of pork **Schweinsleder** *n* pigskin

Schweiß *m* sweat **Schweißausbruch** *m* sweating *kein unbest Artikel, kein Pl* **schweißbedeckt** *Adj* covered in sweat **Schweißbrenner** *m* TECH welding torch **Schweißdrüse** *f* ANAT sweat gland **schweißen** *vti* TECH to weld **Schweißer(in)** *m*(*f*) TECH welder **schweißgebadet** *Adj* bathed in sweat **Schweißgeruch** *m* smell of sweat **schweißig** *Adj* sweaty **Schweißnaht** *f* TECH weld **schweißnass** *Adj* sweaty **Schweißperle** *f* bead of perspiration **Schweißstelle** *f* weld **schweißtreibend** *Adj Tätigkeit* that makes one sweat **Schweißtropfen** *m* drop of sweat **schweißüberströmt** *Adj* streaming with sweat

Schweiz *f* ***die ~*** Switzerland; ***die deutsche/französische/italienische ~*** German/French/Italian-speaking Switzerland **Schweizer** *Adj* Swiss; ***~ Käse*** Swiss cheese **Schweizer(in)**

S

m(f) Swiss **schweizerdeutsch** *Adj* Swiss-German **schweizerisch** *Adj* Swiss **Schweizermesser** *n* Swiss army knife

Schwelbrand *m* smouldering (*Brit*) *od* smoldering (*US*) fire **schwelen** *vi* to smoulder (*Brit*), to smolder (*US*)

schwelgen *vi* to indulge oneself (*in +Dat* in); ***in Erinnerungen ~*** to indulge in reminiscences

Schwelle *f* **a)** threshold; ***an der ~ des Todes*** at death's door; **b)** BAHN sleeper (*Brit*), cross-tie (*US*) **schwellen** **1.** *vi* to swell; → ***geschwollen*** **2.** *vt* (*geh*) *Segel* to swell (out) **Schwellenangst** *f* PSYCH fear of entering a place; (*fig*) fear of embarking on something new **Schwellenland** *n* fast-developing nation **Schwellung** *f* swelling

Schwemme *f* **a)** (*für Tiere*) watering place; **b)** (≈ *Überfluss*) glut (*an +Dat* of); **c)** (≈ *Kneipe*) bar **schwemmen** *vt* (≈ *treiben*) *Sand etc* to wash; ***etw an(s) Land ~*** to wash sth ashore

Schwengel *m* (≈ *Glockenschwengel*) clapper; (≈ *Pumpenschwengel*) handle

Schwenk *m* (≈ *Drehung*) wheel; FILM pan; (*fig*) about-turn **Schwenkarm** *m* swivel arm **schwenkbar** *Adj* swivelling (*Brit*), swiveling (*US*) **schwenken** **1.** *vt* **a)** (≈ *schwingen*) to wave; (≈ *herumfuchteln mit*) to brandish; **b)** *Lampe etc* to swivel; *Kran* to swing; *Kamera* to pan; **c)** KOCH *Kartoffeln, Nudeln* to toss **2.** *vi* to swing; (*Kolonne von Soldaten, Autos etc*) to wheel; (*Geschütz*) to traverse; (*Kamera*) to pan **Schwenkung** *f* swing; MIL wheel; (*von Kran*) swing; (*von Kamera*) pan (-ning)

S

schwer **1.** *Adj* **a)** heavy; (≈ *massiv*) *Fahrzeug, Maschine* powerful; ***ein 10 kg ~er Sack*** a sack weighing 10 kgs; **b)** (≈ *ernst*) serious, grave; *Zeit, Schicksal* hard; *Leiden, Strafe* severe; ***~e Verluste*** heavy losses; ***das war ein ~er Schlag für ihn*** it was a hard blow for him; **c)** (≈ *hart, anstrengend*) hard; *Geburt* difficult **2.** *Adv* **a)** *beladen, bewaffnet* heavily; ***~ auf jdm/etw liegen/lasten*** to lie/weigh heavily on sb/sth; **b)** *arbeiten* hard; *bestrafen* severely; ***~ verdientes Geld*** hard-earned money; ***es mit jdm ~ haben*** to have a hard time with sb; **c)** (≈ *ernstlich*) seriously; *behindert* severely; *kränken* deeply; ***~ beschädigt*** severely disabled; ***~ erkältet sein*** to have a bad cold; ***~ verunglücken*** to have a serious accident; **d)** (≈ *nicht einfach*) ***~ zu sehen/sagen*** hard to see/say; ***~ hören*** to be hard of hearing; ***ein ~ erziehbares Kind*** a maladjusted child; ***~ verdaulich*** indigestible; ***~ verständlich*** difficult to understand; **e)** (*umg* ≈ *sehr*) really; ***da musste ich ~ aufpassen*** I really had to watch out **Schwerarbeit** *f* heavy labour (*Brit*) *od* labor (*US*) **Schwerarbeiter(in)** *m(f)* labourer (*Brit*), laborer (*US*) **Schwerathletik** *f weightlifting sports, boxing, wrestling etc* **Schwerbehinderte(r)** *mf* severely disabled person **schwerbeschädigt** *Adj* severely disabled **Schwere** *f* **a)** heaviness; **b)** (≈ *Ernsthaftigkeit, von Krankheit*) seriousness; **c)** (≈ *Schwierigkeit*) difficulty **schwerelos** *Adj* weightless **Schwerelosigkeit** *f* weightlessness **schwererziehbar** *Adj* → ***schwer*** **schwerfallen** *vi* to be difficult (*jdm* for sb) **schwerfällig** **1.** *Adj* (≈ *unbeholfen*) *Gang* heavy (in one's movements); (≈ *langsam*) *Verstand* slow; *Stil* ponderous **2.** *Adv* heavily; *sprechen* ponderously; *sich bewegen* with difficulty **Schwergewicht** *n* **a)** (SPORT, *fig*) heavyweight; **b)** (≈ *Nachdruck*) stress **schwerhörig** *Adj* hard of hearing **Schwerhörigkeit** *f* hardness of hearing **Schwerindustrie** *f* heavy industry **Schwerkraft** *f* gravity **schwerlich** *Adv* hardly **schwer machen** *vt* **a)** ***jdm das Leben ~*** to make life difficult for sb; **b)** ***es jdm/sich ~*** to make it *od* things difficultfor sb/oneself **Schwermetall** *n* heavy metal **Schwermut** *f* melancholy **schwermütig** *Adj* melancholy **schwernehmen** *vt* ***etw ~*** to take sth hard **Schwerpunkt** *m* PHYS centre (*Brit*) *od* center (*US*) of gravity; (*fig*) (≈ *Zentrum*) centre (*Brit*), center (*US*); (≈ *Hauptgewicht*) main emphasis *od* stress; ***~e setzen*** to set priorities **schwerreich** *Adj* (*umg*) stinking rich (*umg*)

Schwert *n* sword **Schwertfisch** *m* swordfish **Schwertlilie** *f* BOT iris

schwertun *vr* (*umg*) ***sich*** (*Dat*) ***mit*** *od* ***bei etw ~*** to make a big deal of sth (*umg*) **Schwerverbrecher(in)** *m(f)* criminal, felon (*bes* JUR) **schwerverdaulich** *Adj* → ***schwer*** **Schwerverkehr** *m* heavy goods traffic **Schwerverletzte(r)** *mf* serious casualty **schwerwiegend** *Adj* (*fig*) *Fehler, Mängel, Folgen* serious

Schwester *f* sister; (≈ *Krankenschwester*) nurse; (≈ *Ordensschwester*) nun **Schwesterfirma** *f* sister company **schwesterlich** *Adj* sisterly **Schwesternheim** *n* nurses' home **Schwesternhelfer(in)** *m(f)* nursing auxiliary (*Brit*) *od* assistant (*US*) **Schwesterschiff** *n* sister ship

Schwiegereltern *Pl* parents-in-law *Pl* **Schwiegermutter** *f* mother-in-law **Schwiegersohn** *m* son-in-law **Schwiegertochter** *f* daughter-in-law **Schwiegervater** *m* father-in-law

Schwiele *f* callus; (≈ *Vernarbung*) welt **schwielig** *Adj Hände* callused

schwierig 1. *Adj* difficult **2.** *Adv* ***~ zu übersetzen*** difficult to translate **Schwierigkeit** *f* difficulty; ***in ~en geraten*** to get into difficulties; ***jdm ~en machen*** to make trouble for sb; ***jdn in ~en*** (*Akk*) ***bringen*** to create difficulties for sb **Schwierigkeitsgrad** *m* degree of difficulty

Schwimmbad *n* swimming pool; (≈ *Hallenbad*) swimming baths *Pl* **Schwimmbecken** *n* (swimming) pool **schwimmen 1.** *vi* **a)** to swim; ***in Fett*** (*Dat*) ***~*** to be swimming in fat; ***im Geld ~*** to be rolling in it (*umg*); **b)** (*fig* ≈ *unsicher sein*) to be at sea **2.** *vt* SPORT to swim **Schwimmen** *n* swimming; ***ins ~ geraten*** (*fig*) to begin to flounder **Schwimmer** *m* TECH, ANGELN float **Schwimmer(in)** *m(f)* swimmer **Schwimmflosse** *f* fin **Schwimmhaut** *f* ORN web **Schwimmlehrer(in)** *m(f)* swimming instructor **Schwimmvogel** *m* water bird **Schwimmweste** *f* life jacket

Schwindel *m* **a)** (≈ *Gleichgewichtsstörung*) dizziness; ***~ erregend*** = ***schwindelerregend***; **b)** (≈ *Lüge*) lie; (≈ *Betrug*) swindle, fraud; **c)** (*umg* ≈ *Kram*) ***der ganze ~*** the whole (kit and) caboodle (*umg*) **Schwindelanfall** *m* dizzy turn **Schwindelei** *f* (*umg*) (≈ *leichte Lüge*) fib (*umg*); (≈ *leichter Betrug*) swindle **schwindelerregend** *Adj Höhe* dizzy; *Tempo* dizzying; (*umg*) *Preise* astronomical **schwindelfrei** *Adj* ***Wendy ist nicht ~*** Wendy can't stand heights; ***sie ist völlig ~*** she has a good head for heights **schwindelig** *Adj* dizzy; ***mir ist*** *od* ***ich bin ~*** I feel dizzy **schwindeln 1.** *vi* (*umg* ≈ *lügen*) to fib (*umg*) **2.** *vt* (*umg*) ***das ist alles geschwindelt*** it's all lies

schwinden *vi* (≈ *abnehmen*) to dwindle; (*Schönheit*) to fade; (*Ton*) to fade (away); (*Erinnerung*) to fade away; (*Kräfte*) to fail; ***sein Mut schwand*** his courage failed him

Schwindler(in) *m(f)* swindler; (≈ *Hochstapler*) con man; (≈ *Lügner*) liar, fraud **schwindlerisch** *Adj* fraudulent **schwindlig** *Adj* = ***schwindelig***

schwingen 1. *vt Schläger* to swing; (*drohend*) *Stock etc* to brandish; *Fahne* to wave; → ***geschwungen*** **2.** *vr* ***sich auf etw*** (*Akk*) ***~*** to leap onto sth; ***sich über etw*** (*Akk*) ***~*** to vault across sth **3.** *vi* to swing; (≈ *vibrieren, Saite*) to vibrate **Schwingtür** *f* swing door **Schwingung** *f* vibration

Schwips *m* (*umg*) ***einen (kleinen) ~ haben*** to be (slightly) tipsy

schwirren *vi* to whizz (*Brit*), to whiz; (*Fliegen etc*) to buzz; ***mir schwirrt der Kopf*** my head is buzzing

Schwitze *f* KOCH roux **schwitzen** *vi* to sweat *vr* ***sich nass ~*** to get drenched in sweat **Schwitzen** *n* sweating; ***ins ~ kommen*** to break out in a sweat; (*fig*) to get into a sweat

schwofen *vi* (*umg*) to dance

schwören 1. *vt* to swear; ***ich hätte geschworen, dass ...*** I could have sworn that ...; ***jdm/sich etw ~*** to swear sth to sb/oneself **2.** *vi* to swear; ***auf jdn/etw ~*** (*fig*) to swear by sb/sth

schwul *Adj* (*umg*) gay, queer (*pej umg*)

schwül *Adj Wetter, Tag etc* sultry, muggy **Schwüle** *f* sultriness

Schwule(r) *mf* gay **Schwulenszene** *f* gay scene

Schwulität *f* (*umg*) trouble *kein unbest Artikel*, difficulty; ***in ~en geraten*** to get in a fix (*umg*)

Schwulst *m* (*pej*) bombast **schwülstig** (*pej*) *Adj* bombastic

Schwund *m* **a)** (≈ *Abnahme*) decrease (*+Gen* in); **b)** (*von Material*) shrinkage; **c)** MED atrophy

Schwung *m* **a)** swing; (≈ *Sprung*) leap; **b)** (*wörtl* ≈ *Antrieb*) momentum; (*fig* ≈ *Elan*) verve; ***in ~ kommen*** (*wörtl*) to gain momentum; (*fig*) to get going; ***jdn/etw in ~ bringen*** to get sb/sth going; ***in ~ sein*** (*wörtl*) to be going at full speed; (*fig*) to be in full swing; **c)** (*umg* ≈ *Menge*) stack **schwunghaft** **1.** *Adj Handel* flourishing **2.** *Adv* ***sich ~ entwickeln*** to grow hand over fist **schwungvoll** **1.** *Adj* **a)** *Linie, Handschrift* sweeping; **b)** (≈ *mitreißend*) *Rede* lively **2.** *Adv* (≈ *mit Schwung*) energetically; *werfen* powerfully

Schwur *m* (≈ *Eid*) oath; (≈ *Gelübde*) vow **Schwurgericht** *n court with a jury*

Science-Fiction, **Sciencefiction** *f* science fiction, sci-fi (*umg*)

scrollen *vti* IT to scroll

sechs *Num* six; → ***vier*** **Sechseck** *n* hexagon **sechseckig** *Adj* hexagonal **Sechserpack** *m* six-pack **sechshundert** *Num* six hundred **sechsmal** *Adv* six times **Sechstagerennen** *n* six-day (bicycle) race **sechstägig** *Adj* six-day **sechstausend** *Num* six thousand **Sechstel** *n* sixth; → ***Viertel***[1] **sechste(r, s)** *Adj* sixth; ***den ~n Sinn haben*** to have a sixth sense (for sth); → ***vierte(r, s)*** **sechzehn** *Num* sixteen **sechzig** *Num* sixty; → ***vierzig***

Secondhandladen *m* second-hand shop

See[1] *f* sea; ***an der ~*** by the sea; ***an die ~ fahren*** to go to the sea(side); ***auf hoher ~*** on the high seas; ***auf ~*** at sea; ***in ~ stechen*** to put to sea

See[2] *m* lake

Seeaal *m* ZOO conger (eel) **Seebad** *n* (≈ *Kurort*) seaside resort **Seebär** *m* (*hum umg*) seadog (*umg*) **Seebeben** *n* seaquake **See-Elefant** *m* sea elephant **Seefahrer(in)** *m(f)* seafarer **Seefahrt** *f* **a)** (≈ *Fahrt*) (sea) voyage; (≈ *Vergnügungsseefahrt*) cruise; **b)** (≈ *Schifffahrt*) seafaring *ohne Artikel* **Seefisch** *m* saltwater fish **Seefischerei** *f* sea fishing **Seefrachtbrief** *m* HANDEL bill of lading **Seegang** *m* swell; ***starker od hoher ~*** heavy *od* rough seas **seegestützt** *Adj* MIL sea-based **Seehafen** *m* seaport **Seehund** *m* seal **seekrank** *Adj* seasick; ***Paul wird leicht ~*** Paul is a bad sailor **Seekrankheit** *f* seasickness **Seekrieg** *m* naval war **Seelachs** *m* KOCH pollack

Seele *f* soul; (≈ *Herzstück*) life and soul; ***von ganzer ~*** with all one's heart (and soul); ***jdm aus der ~ sprechen*** to express exactly what sb feels; ***das liegt mir auf der ~*** it weighs heavily on my mind; ***sich*** (*Dat*) ***etw von der ~ reden*** to get sth off one's chest; ***das tut mir in der ~ weh*** I am deeply distressed; ***eine ~ von Mensch*** an absolute dear **Seelenheil** *n* spiritual salvation; (*fig*) spiritual welfare **Seelenleben** *n* inner life **seelenlos** *Adj* soulless **Seelenruhe** *f* calmness; ***in aller ~*** calmly; (≈ *kaltblütig*) as cool as ice **seelenruhig** **1.** *Adj* calm; (≈ *kaltblütig*) as cool as ice **2.** *Adv* calmly; (≈ *kaltblütig*) callously **seelenverwandt** *Adj* congenial (*lit*); ***sie waren ~*** they were kindred spirits **Seelenzustand** *m* psychological state

Seelilie *f* sea lily

seelisch **1.** *Adj* REL spiritual; (≈ *geistig*) *Gleichgewicht* mental; *Schaden* psychological; *Erschütterung* emotional **2.** *Adv* psychologically; ***~ krank*** mentally ill

Seelöwe *m* sea lion

Seelsorge *f* spiritual welfare **Seelsorger(in)** *m(f)* pastor

Seeluft *f* sea air **Seemacht** *f* naval *od* maritime power **Seemann** *m* sailor **seemännisch** *Adj* nautical **Seemannsgarn** *n* (*umg*) sailor's yarn **Seemeile** *f* sea mile **Seemöwe** *f* seagull

Seengebiet *n* lakeland district

Seenot *f* distress; ***in ~ geraten*** to get into distress **Seeotter** *m* sea otter, **Seepferd(chen)** *n* sea horse **Seeräuber(in)** *m(f)* pirate **Seeräuberei** *f* piracy **Seereise** *f* (sea) voyage; (≈ *Kreuzfahrt*) cruise **Seerose** *f* water lily **Seeschifffahrt** *f* maritime shipping **Seeschlacht** *f* sea battle **Seestern** *m* ZOO starfish **Seestreitkräfte** *Pl* naval forces *Pl* **Seetang** *m* seaweed **Seeteufel** *m* ZOO monkfish **seetüchtig** *Adj* seaworthy **seeuntüchtig** *Adj* unseaworthy **Seeverkehr** *m* maritime traffic **Seevogel** *m* sea bird **Seeweg** *m* sea route; ***auf dem ~ reisen*** to go by sea **Seezunge** *f* sole

Segel *n* sail; ***die ~ setzen*** to set the sails

S

Segelboot *n* sailing boat (*Brit*), sailboat (*US*) **segelfliegen** *vi* to glide **Segelfliegen** *n* gliding **Segelflieger(in)** *m(f)* glider pilot **Segelflug** *m* (≈ *Segelfliegerei*) gliding; (≈ *Flug*) glider flight **Segelflugzeug** *n* glider **Segeljacht** *f* (sailing) yacht, sailboat (*US*) **Segelklub** *m* sailing club **segeln** **1.** *vti* to sail; **~ gehen** to go for a sail **2.** *vi* (*umg*) **durch eine Prüfung ~** to fail an exam **Segeln** *n* sailing **Segelregatta** *f* sailing *od* yachting regatta **Segelschiff** *n* sailing ship **Segelsport** *m* sailing *ohne Artikel* **Segeltuch** *n* canvas

Segen *m* blessing; **es ist ein ~, dass ...** it is a blessing that ...; **er hat meinen ~** he has my blessing; **~ bringend** beneficent

Segler(in) *m(f)* (≈ *Segelsportler*) yachtsman/-woman, sailor

Segment *n* segment

segnen *vt* REL to bless; → **gesegnet** **Segnung** *f* REL blessing

sehbehindert *Adj* partially sighted **sehen** **1.** *vt* to see; (≈ *ansehen*) to look at; **gut zu ~ sein** to be clearly visible; **schlecht zu ~ sein** to be difficult to see; **da gibt es nichts zu ~** there is nothing to see; **darf ich das mal ~?** can I have a look at that?; **jdn/etw zu ~ bekommen** to get to see sb/sth; **etw in jdm ~** to see sb as sth; **ich kann den Mantel nicht mehr ~** (≈ *nicht mehr ertragen*) I can't stand the sight of that coat any more; **sich ~ lassen** to put in an appearance; **er lässt sich kaum noch bei uns ~** he hardly ever comes to see us now; **also, wir ~ uns morgen** right, I'll see you tomorrow; **da sieht man es mal wieder!** that's typical!; **du siehst das/ihn nicht richtig** you've got it/him wrong; **rein menschlich gesehen** from a purely personal point of view **2.** *vr* **sich getäuscht ~** to see oneself deceived; **sich gezwungen ~, zu ...** to find oneself obliged to ... **3.** *vi* to see; **er sieht gut/schlecht** he can/cannot see very well; **siehe oben/unten** see above/below; **siehst du (wohl)!, siehste!** (*umg*) you see!; **~ Sie mal!** look!; **lass mal ~** let me see, let me have a look; **Sie sind beschäftigt, wie ich sehe** I can see you're busy; **mal ~!** (*umg*) we'll see; **auf etw** (*Akk*) **~** (≈ *hinsehen*) to look at sth; (≈ *achten*) to consider sth important; **darauf ~, dass ...** to make sure (that) ...; **nach jdm ~** (≈ *betreuen*) to look after sb; (≈ *besuchen*) to go to see sb; **nach der Post ~** to see if there are any letters **Sehen** *n* seeing; (≈ *Sehkraft*) sight; **ich kenne ihn nur vom ~** I only know him by sight **sehenswert** *Adj* worth seeing **Sehenswürdigkeit** *f* sight **Sehfehler** *m* visual defect **Sehkraft** *f* (eye)sight

Sehne *f* **a)** ANAT tendon; **b)** (≈ *Bogensehne*) string

sehnen *vr* **sich nach jdm/etw ~** to long for sb/sth

Sehnenzerrung *f* pulled tendon

Sehnerv *m* optic nerve

sehnlich **1.** *Adj Wunsch* ardent; *Erwartung* eager **2.** *Adv hoffen, wünschen* ardently **Sehnsucht** *f* longing (*nach* for) **sehnsüchtig** **1.** *Adj* longing; *Wunsch etc* ardent **2.** *Adv hoffen* ardently; **~ auf etw** (*Akk*) **warten** to long for sth

sehr *Adv* **a)** (*mit Adj, Adv*) very; **er ist ~ dagegen** he is very much against it; **es geht ihm ~ viel besser** he is very much better; **b)** (*mit Vb*) very much, a lot; **so ~** so much; **wie ~** how much; **sich ~ anstrengen** to try very hard; **regnet es ~?** is it raining a lot?; **freust du dich darauf? — ja, ~** are you looking forward to it? — yes, very much; **zu ~** too much

Sehschwäche *f* poor eyesight **Sehstörung** *f* visual defect **Sehtest** *m* eye test **Sehvermögen** *n* powers *Pl* of vision

seicht *Adj* shallow

Seide *f* silk **seiden** *Adj* (≈ *aus Seide*) silk **Seidenpapier** *n* tissue paper **Seidenraupe** *f* silkworm **seidenweich** *Adj* soft as silk **seidig** *Adj* (≈ *wie Seide*) silky

Seife *f* soap **Seifenblase** *f* soap bubble; (*fig*) bubble **Seifenlauge** *f* (soap)suds *Pl* **Seifenoper** *f* (*umg*) soap (opera) **Seifenpulver** *n* soap powder **Seifenschale** *f* soap dish **Seifenschaum** *m* lather **seifig** *Adj* soapy

seihen *vt* (≈ *sieben*) to sieve

Seil *n* rope; (≈ *Hochseil*) tightrope, high wire **Seilbahn** *f* cable railway **seilspringen** *vi* to skip **Seiltanz** *m* tightrope act **Seiltänzer(in)** *m(f)* tightrope walker

sein[1] **1.** *vi* **a)** to be; ***sei/seid so nett und ...*** be so kind as to ...; ***das wäre gut*** that would be a good thing; ***es wäre schön gewesen*** it would have been nice; ***er ist Lehrer*** he is a teacher; ***wenn ich Sie wäre*** if I were *od* was you; ***er war es nicht*** it wasn't him; ***das kann schon ~*** that may well be; ***ist da jemand?*** is (there) anybody there?; ***er ist aus Genf*** he comes from Geneva; ***wo warst du so lange?*** where have you been all this time?; **b)** ***was ist?*** what's the matter?, what's up (*umg*); ***das kann nicht ~*** that can't be (true); ***wie wäre es mit ...?*** how about ...?; ***mir ist kalt*** I'm cold **2.** *v/hilf* to have; ***er ist geschlagen worden*** he has been beaten

sein[2] *Possessivpron* (*adjektivisch*) (*bei Männern*) his; (*bei Dingen, Abstrakta*) its; (*bei Mädchen*) her; (*bei Tieren*) its, his/her; (*bei Ländern, Städten*) its, her; (*auf „man" bezüglich*) one's, his (*US*), your; ***jeder hat ~e Probleme*** everybody has their problems

Sein *n* being *ohne Artikel*; (≈ *Existenz auch*) existence *ohne Artikel*; ***~ und Schein*** appearance and reality

seine(r, s) *Possessivpron* (*substantivisch*) his; ***er hat das Seine getan*** (*geh*) he did his bit; ***jedem das Seine*** each to his own (*Brit*), to each his own; ***die Seinen*** (*geh*) his family **seinerseits** *Adv* (≈ *von ihm*) on his part; (≈ *er selbst*) for his part **seinerzeit** *Adv* at that time **seinesgleichen** *Pron* (*gleichgestellt*) his equals *Pl*; (*auf „man" bezüglich*) one's *od* his (*US*) equals; (*gleichartig*) his kind *Pl*, of one's own kind; (*pej*) the likes of him *Pl* **seinetwegen** *Adv* **a)** (≈ *wegen ihm*) because of him; (≈ *ihm zuliebe*) for his sake; (≈ *für ihn*) on his behalf; **b)** (≈ *von ihm aus*) as far as he is concerned **seinetwillen** *Adv* ***um ~*** for his sake

sein lassen *vt* ***etw ~*** (≈ *aufhören*) to stop sth/doing sth; (≈ *nicht tun*) to leave sth; ***lass das sein!*** stop that!

seismisch *Adj* seismic **Seismograf** *m* seismograph **Seismologe** *m*, **Seismologin** *f* seismologist

seit **1.** *Präp* +*Dat* since; (*in Bezug auf Zeitdauer*) for, in (*bes US*); ***~ wann?*** since when?; ***~ Jahren*** for years; ***wir warten schon ~ zwei Stunden*** we've been waiting (for) two hours; ***~ etwa einer Woche*** since about a week ago, for about a week **2.** *Konj* since **seitdem** **1.** *Adv* since then **2.** *Konj* since

Seite *f* **a)** side; ***~ an ~*** side by side; ***zur ~ gehen*** *od* ***treten*** to step aside; ***jdm zur ~ stehen*** (*fig*) to stand by sb's side; ***das Recht ist auf ihrer ~*** she has right on her side; ***etw auf die ~ legen*** to put sth aside; ***jdn zur ~ nehmen*** to take sb aside; ***auf der einen ~..., auf der anderen (~) ...*** on the one hand ..., on the other (hand) ...; ***sich von seiner besten ~ zeigen*** to show oneself at one's best; ***von allen ~n*** from all sides; ***auf ~n*** +*Gen* = ***aufseiten***; ***von ~n*** +*Gen* = ***vonseiten***; **b)** (≈ *Buchseite etc*) page **Seitenairbag** *m* AUTO side-impact airbag **Seitenansicht** *f* side view; TECH side elevation **Seitenaufprallschutz** *m* AUTO side impact protection system **Seitenausgang** *m* side exit **Seitenblick** *m* sidelong glance; ***mit einem ~ auf*** (+*Akk*) (*fig*) with one eye on **Seiteneingang** *m* side entrance **Seitenflügel** *m* side wing; (*von Altar*) wing **Seitenhieb** *m* (*fig*) sideswipe **seitenlang** *Adj* several pages long **Seitenlinie** *f* **a)** BAHN branch line; **b)** FUSSB *etc* touchline (*Brit*), sideline **seitens** *Präp* +*Gen* (*förml*) on the part of **Seitenspiegel** *m* AUTO wing mirror **Seitensprung** *m* (*fig*) bit on the side (*umg*) *kein Pl* **Seitenstechen** *n* stitch; ***~ haben/bekommen*** to have/get a stitch **Seitenstraße** *f* side street **Seitenstreifen** *m* verge; (*der Autobahn*) hard shoulder (*Brit*), shoulder (*US*) **seitenverkehrt** *Adj, Adv* the wrong way round **Seitenwechsel** *m* SPORT changeover **Seitenwind** *m* crosswind **Seitenzahl** *f* **a)** page number; **b)** (≈ *Gesamtzahl*) number of pages

seither *Adv* since then

seitlich **1.** *Adj* lateral (*bes* NATURW, TECH), side *attr* **2.** *Adv* at the side; (≈ *von der Seite*) from the side; ***~ von*** at the side of

Sekret *n* PHYSIOL secretion

Sekretär *m* (≈ *Schreibschrank*) bureau (*Brit*), secretary desk (*US*)

S

Sekretär(in) *m(f)* secretary **Sekretariat** *n* office
Sekt *m* sparkling wine, champagne
Sekte *f* sect
Sektglas *n* champagne glass
Sektierer(in) *m(f)* sectarian **sektiererisch** *Adj* sectarian
Sektion *f* section; (≈ *Abteilung*) department **Sektor** *m* sector; (≈ *Sachgebiet*) field
Sektschale *f* champagne glass
sekundär *Adj* secondary **Sekundärliteratur** *f* secondary literature **Sekundarschule** *f* (*schweiz*) secondary school **Sekundarstufe** *f* secondary *od* high (*bes US*) school level
Sekunde *f* second; ***auf die ~ genau*** to the second **Sekundenkleber** *m* superglue®, instant glue **sekundenschnell** *Adj Reaktion, Entscheidung* split-second *attr*; *Antwort* quick-fire *attr* **Sekundenzeiger** *m* second hand
selber *Demonstrativpron* = ***selbst*** 1 **Selbermachen** *n* ***Möbel zum ~*** do-it-yourself furniture **selbst** **1.** *Demonstrativpron* **a)** ***ich ~*** I myself; ***er ~*** he himself; ***sie ist die Güte/Tugend ~*** she's kindness/virtue itself; **b)** (≈ *ohne Hilfe*) by oneself/himself/yourself *etc*; ***das regelt sich alles von ~*** it'll sort itself out (by itself); ***er kam ganz von ~*** he came of his own accord **2.** *Adv* **a)** (≈ *eigen*) ***~ ernannt*** self-appointed; (*in Bezug auf Titel*) self-styled; ***~ gebacken*** home-baked, home-made; ***~ gebaut*** home-made; *Haus* self-built; ***~ gemacht*** home-made; ***~ verdientes Geld*** money one has earned oneself; **b)** (≈ *sogar*) even; ***~ Gott*** even God (himself); ***~ wenn*** even if **Selbstachtung** *f* self-respect **selbständig** *etc Adj, Adv* = ***selbstständig*** *etc* **Selbstanzeige** *f* **a)** (*steuerlich*) voluntary declaration; **b)** ***~ erstatten*** to come forward oneself **Selbstbedienung** *f* self-service **Selbstbefriedigung** *f* masturbation **Selbstbeherrschung** *f* self-control; ***die ~ wahren/verlieren*** to keep/lose one's self-control **Selbstbestätigung** *f* self-affirmation **Selbstbestimmungsrecht** *n* right of self-determination **Selbstbeteiligung** *f* VERS (percentage) excess **Selbstbetrug** *m* self-deception **selbstbewusst** **1.** *Adj* (≈ *selbstsicher*) self-assured **2.** *Adv* self-confidently **Selbstbewusstsein** *n* self-confidence **Selbstbildnis** *n* self-portrait **Selbstdisziplin** *f* self-discipline **Selbsterhaltungstrieb** *m* survival instinct **Selbsterkenntnis** *f* self-knowledge **selbstgebacken** *Adj* → ***selbst*** **selbstgefällig** **1.** *Adj* self-satisfied **2.** *Adv* smugly **Selbstgefälligkeit** *f* smugness, complacency **selbstgemacht** *Adj* home-made **selbstgerecht** **1.** *Adj* self-righteous **2.** *Adv* self-righteously **Selbstgerechtigkeit** *f* self-righteousness **Selbstgespräch** *n* ***~e führen*** to talk to oneself **selbstherrlich** (*pej*) **1.** *Adj* (≈ *eigenwillig*) high-handed; (≈ *selbstgefällig*) arrogant **2.** *Adv* (≈ *eigenwillig*) high-handedly; (≈ *selbstgefällig*) arrogantly **Selbsthilfe** *f* self-help; ***zur ~ greifen*** to take matters into one's own hands **Selbsthilfegruppe** *f* self-help group **selbstklebend** *Adj* self-adhesive **Selbstkosten** *Pl* WIRTSCH prime costs *Pl* **Selbstkostenpreis** *m* cost price; ***zum ~*** at cost **Selbstkritik** *f* self-criticism **selbstkritisch** **1.** *Adj* self-critical **2.** *Adv* self-critically **Selbstläufer** *m* (*umg* ≈ *eigenständiger Erfolg*) sure-fire success (*umg*) **Selbstlaut** *m* vowel **selbstlos** **1.** *Adj* selfless **2.** *Adv* selflessly **Selbstlosigkeit** *f* selflessness **Selbstmitleid** *n* self-pity **Selbstmord** *m* suicide **Selbstmordanschlag** *m* suicide attack **Selbstmordattentäter(in)** *m(f)* suicide attacker *od* bomber **Selbstmörder(in)** *m(f)* suicide **selbstmörderisch** *Adj* suicidal; ***in ~er Absicht*** intending to commit suicide **selbstmordgefährdet** *Adj* suicidal **Selbstmordversuch** *m* attempted suicide **Selbstporträt** *n* self-portrait **Selbstschutz** *m* self-protection **selbstsicher** **1.** *Adj* self-assured **2.** *Adv* self-confidently **Selbstsicherheit** *f* self-assurance **selbstständig** *Adj* **1.** *Adj* independent; ***~ sein*** (*beruflich*) to be self-employed; ***sich ~ machen*** (*beruflich*) to set up on one's own; (*hum*) to go off on its own **2.** *Adv* independently; ***das entscheidet er ~*** he decides that on his own **Selbstständige(r)** *mf* self-employed person **Selbstständigkeit** *f* independence; (*beruflich*) self-employment **Selbst-**

S

studium *n* private study **Selbstsucht** *f* egoism **selbstsüchtig** *Adj* egoistic **selbsttätig 1.** *Adj* **a)** (≈ *automatisch*) automatic; **b)** (≈ *eigenständig*) independent **2.** *Adv* (≈ *automatisch*) automatically **Selbsttäuschung** *f* self-deception **Selbsttest** *m* (*von Maschine*) self-test **selbstverdient** *Adj* → ***selbst*** **selbstvergessen** *Adj* absent-minded; *Blick* faraway **Selbstverpflegung** *f* self-catering **selbstverschuldet** *Adj Unfälle, Notlagen* for which one is oneself responsible; ***der Unfall war ~*** the accident was his/her own fault **Selbstversorger(in)** *m(f)* **a)** ***~ sein*** to be self-sufficient; **b)** (*im Urlaub etc*) sb who is self-catering (*Brit*); ***Appartements für ~*** self-catering apartments (*Brit*), condominiums (*US*) **selbstverständlich 1.** *Adj Freundlichkeit* natural; *Wahrheit* self-evident; ***das ist doch ~!*** that goes without saying; ***das ist keineswegs ~*** it cannot be taken for granted **2.** *Adv* of course **Selbstverständlichkeit** *f* ***das war doch eine ~, dass wir ...*** it was only natural that we ...; ***etw für eine ~ halten*** to take sth as a matter of course **Selbstverteidigung** *f* self-defence (*Brit*), self-defense (*US*) **Selbstvertrauen** *n* self-confidence **Selbstverwaltung** *f* self-administration **Selbstwahrnehmung** *f* self-perception **Selbstwertgefühl** *n* self-esteem **selbstzufrieden 1.** *Adj* self-satisfied **2.** *Adv* complacently, smugly **Selbstzweck** *m* end in itself

selchen *vti* (*südd, österr*) *Fleisch* to smoke

Selektion *f* selection **selektiv 1.** *Adj* selective **2.** *Adv* selectively

selig *Adj* **a)** REL blessed; **b)** (≈ *überglücklich*) overjoyed; *Lächeln* blissful **Seligkeit** *f* **a)** REL salvation; **b)** (≈ *Glück*) (supreme) happiness, bliss

Sellerie *m* celeriac; (≈ *Stangensellerie*) celery

selten 1. *Adj* rare **2.** *Adv* (≈ *nicht oft*) rarely **Seltenheit** *f* rarity **Seltenheitswert** *m* rarity value

Selter(s)wasser *n* soda (water)

seltsam *Adj* strange **seltsamerweise** *Adv* strangely enough

Semantik *f* semantics *Sg* **semantisch** *Adj* semantic

S

Sellerie ist nicht immer celery

(Knollen)-sellerie	=	celeriac
celery	=	(Stangen)-sellerie

Semester *n* UNI semester (*bes US*), term (*of a half-year's duration*); ***im 7./8. ~ sein*** to be in one's 4th year **Semesterferien** *Pl* vacation *Sg*

Semifinale *n* SPORT semifinal(s) **Semikolon** *n* semicolon

Seminar *n* **a)** UNI department; (≈ *Seminarübung*) seminar; **b)** (≈ *Priesterseminar*) seminary; **c)** (≈ *Lehrerseminar*) teacher training college

Semit(in) *m(f)* Semite **semitisch** *Adj* Semitic

Semmel *f* (*dial*) roll **Semmelknödel** *m* (*südd, österr*) bread dumpling

sempern *vi* (*österr* ≈ *nörgeln*) to moan

Senat *m* **a)** POL, UNI senate; **b)** JUR Supreme Court **Senator(in)** *m(f)* senator

Sendebereich *m* transmission range **Sendefolge** *f* **a)** (≈ *Sendung in Fortsetzungen*) series *Sg*; **b)** (≈ *Programmfolge*) programmes *Pl* (*Brit*), programs *Pl* (*US*) **Sendemast** *m* radio *od* transmitter mast, broadcasting tower (*US*) **senden**[1] **1.** *vt* to send (*an +Akk* to) **2.** *vi* ***nach jdm ~*** to send for sb **senden**[2] *vti* (RADIO, TV) to broadcast; *Signal etc* to transmit **Sendepause** *f* interval **Sender** *m* transmitter; RADIO station; TV channel (*bes Brit*), station (*bes US*) **Senderaum** *m* studio **Sendereihe** *f* (radio/television) series **Sendeschluss** *m* (RADIO, TV) close-down **Sendezeit** *f* broadcasting time; ***in der besten ~*** in prime time **Sendung** *f* **a)** (≈ *das Senden*) sending; **b)** (≈ *Postsendung*) letter; (≈ *Paket*) parcel; HANDEL consignment; **c)** TV programme (*Brit*), program (*US*); RADIO broadcast; ***auf ~ sein*** to be on the air

Senegal *n* Senegal **Senegalese** *m*, **Senegalesin** *f* Senegalese

Senf *m* mustard; ***seinen ~ dazugeben*** (*umg*) to have one's say **Senfgas** *n* CHEM mustard gas **Senfgurke** *f gher-*

kin pickled with mustard seeds **Senfkorn** *n* mustard seed
sengen **1.** *vt* to singe **2.** *vi* to scorch
senil *Adj* (*pej*) senile **Senilität** *f* senility
Senior(in) *m(f)* **a)** (*a.* **Seniorchef(in)**) boss; **b)** SPORT senior player; ***die ~en*** the seniors; **c)** **Senioren** *Pl* senior citizens *Pl* **seniorengerecht** *Adj* (suitable) for the elderly; ***~e Wohnungen*** housing for the elderly **Seniorenpass** *m* senior citizen's travel pass **Senioren(wohn)heim** *n* old people's home
Senkblei *n* plumb line; (≈ *Gewicht*) plummet **senken** **1.** *vt* to lower; *Kopf* to bow; ***den Blick ~*** to lower one's gaze **2.** *vr* to sink; (*Haus, Boden*) to subside; (*Stimme*) to drop **senkrecht** **1.** *Adj* vertical; MATHE perpendicular; (*in Kreuzworträtsel*) down **2.** *Adv* vertically, perpendicularly; *aufsteigen* straight up **Senkrechte** *f* vertical; MATHE perpendicular **Senkrechtstarter** *m* FLUG vertical takeoff aircraft **Senkrechtstarter(in)** *m(f)* (*fig umg*) whiz(z) kid (*umg*) **Senkung** *f* **a)** lowering; **b)** (≈ *Vertiefung*) hollow; **c)** MED = ***Blutsenkung***
Sennerei *f* (*südd, österr*) Alpine dairy
Sensation *f* sensation **sensationell** *Adj* sensational **Sensationsblatt** *n* sensational paper **Sensationslust** *f* desire for sensation **sensationslüstern** *Adj* sensation-seeking **Sensationsnachricht** *f* sensational news *Sg* **Sensationspresse** *f* sensational papers *Pl*
Sense *f* **a)** scythe; **b)** (*umg*) ***jetzt/dann ist ~!*** that's the end!
sensibel **1.** *Adj* sensitive **2.** *Adv* sensitively **sensibilisieren** *vt* to sensitize **Sensibilität** *f* sensitivity **Sensor** *m* sensor

sensibel	≠	**sensible**
sensibel	=	sensitive
sensible	=	vernünftig

sentimental *Adj* sentimental **Sentimentalität** *f* sentimentality
separat **1.** *Adj* separate; *Wohnung* self-contained **2.** *Adv* separately
September *m* September; → ***März***
Sequenz *f* sequence
Serbe *m*, **Serbin** *f* Serb, Serbian **Serbien** *n* Serbia **serbisch** *Adj* Serb, Serbian
Serenade *f* serenade
Serie *f* series *Sg*; ***13 Siege in ~*** 13 wins in a row; ***in ~ gehen*** to go into production; ***in ~ hergestellt werden*** to be mass-produced **seriell** *Adj Herstellung* series *attr*; IT serial **Serienbrief** *m* IT mail-merge letter **serienmäßig** **1.** *Adj Autos* production *attr*; *Ausstattung* standard; *Herstellung* series *attr* **2.** *Adv herstellen* in series **Serienmörder(in)** *m(f)* serial killer **serienweise** *Adv produzieren* in series; (*umg* ≈ *in Mengen*) wholesale
seriös *Adj* serious; (≈ *anständig*) respectable; *Firma* reputable; ***~ auftreten*** to appear respectable **Seriosität** *f* seriousness; (≈ *Anständigkeit*) respectability; (*von Firma*) integrity
Serpentine *f* winding road, zigzag
Serum *n* serum
Server *m* IT server
Service[1] *n* (≈ *Essgeschirr*) dinner service; (≈ *Kaffee-/Teeservice*) coffee/tea service; (≈ *Gläserservice*) set
Service[2] *m od n* HANDEL service; SPORT service, serve **servieren** **1.** *vt* to serve; (*umg* ≈ *anbieten*) to serve up (*umg*) (*jdm* for sb) **2.** *vi* to serve **Serviererin** *f* waitress **Serviertochter** *f* (*schweiz*) waitress **Serviette** *f* napkin
Servobremse *f* power brake **Servolenkung** *f* power steering
servus *Interj* (*südd, österr*) (*beim Treffen*) hello; (*beim Abschied*) cheerio (*Brit umg*), see ya (*bes US umg*)
Sesam *m* sesame
Sessel *m* easy chair; (≈ *Polstersessel*) armchair; (*österr* ≈ *Stuhl*) chair **Sessellift** *m* chairlift **sesshaft** *Adj* settled; (≈ *ansässig*) resident; ***~ werden*** to settle down
Set[1] *m od n* **a)** (TENNIS ≈ *Satz*) set; **b)** (≈ *Deckchen*) place mat
Set[2] *m* TV, FILM set
Setter *m* setter
Setup *n* IT setup **Setupprogramm** *n* IT setup program
setzen **1.** *vt* **a)** (≈ *hintun*) to put, to set; (≈ *sitzen lassen*) to sit, to place, to put; ***jdn an Land ~*** to put sb ashore; ***etw in die Zeitung ~*** to put sth in the paper;

sich (*Dat*) ***etw in den Kopf*** ~ (*umg*) to take sth into one's head; ***seine Hoffnung in jdn/etw*** ~ to put one's hopes in sb/sth; **b)** SEEF *Segel* to set; TYPO to set; **c)** *Preis, Summe* to put (*auf* +*Akk* on); ***Geld auf ein Pferd*** ~ to put money on a horse; **d)** (≈ *schreiben*) *Komma, Punkt* to put; **e)** (≈ *bestimmen*) *Ziel, Preis etc* to set; ***jdm eine Frist*** ~ to set sb a deadline; **f)** (≈ *einstufen*) *Sportler* to place; TENNIS to seed; ***der an Nummer eins gesetzte Spieler*** TENNIS the top seed; **g)**; → ***gesetzt*** **2.** *vr* **a)** (≈ *Platz nehmen*) to sit down; ***sich ins Auto*** ~ to get into the car; ***sich zu jdm*** ~ to sit with sb; ***bitte*** ~ ***Sie sich*** please take a seat; **b)** (*Kaffee, Tee, Lösung*) to settle **3.** *vi* (*bei Wetten*) to bet; ***auf ein Pferd*** ~ to bet on a horse **Setzer(in)** *m(f)* TYPO typesetter **Setzerei** *f* (≈ *Firma*) typesetter's

Seuche *f* epidemic; (*fig pej*) scourge **Seuchenbekämpfung** *f* epidemic control **Seuchengebiet** *n* epidemic area **Seuchengefahr** *f* danger of epidemic

seufzen *vti* to sigh **Seufzer** *m* sigh

Sex *m* sex **Sex-Appeal** *m* sex appeal **Sexbombe** *f* (*umg*) sex bomb (*umg*) **Sexfilm** *m* sex film **Sexismus** *m* sexism **Sexist(in)** *m(f)* sexist **sexistisch** *Adj* sexist

Sextett *n* MUS sextet(te)

Sextourismus *m* sex tourism **Sexualerziehung** *f* sex education **Sexualität** *f* sexuality **Sexualkunde** *f* SCHULE sex education **Sexualleben** *n* sex life **Sexualpartner(in)** *m(f)* sexual partner **Sexualstraftäter(in)** *m(f)* sex offender **Sexualverbrechen** *n* sex(ual) offence (*Brit*) *od* offense (*US*) **sexuell** **1.** *Adj* sexual **2.** *Adv* sexually **sexy** *Adj* (*umg*) sexy (*umg*)

S

Seychellen *Pl* GEOG Seychelles *Pl*

sezieren *vti* (*wörtl, fig*) to dissect

s-förmig, S-förmig *Adj* S-shaped

sfr *Abk von* ***Schweizer Franken*** sfr

Shampoo *n* shampoo

Shareware *f* IT shareware

Sherry *m* sherry

Shetlandinseln *Pl* Shetland Islands *Pl*

Shift-Taste *f* IT shift key

shoppen *vi* (*umg*) to shop; ~ ***gehen*** to go shopping **Shopping** *n* shopping **Shoppingcenter** *n* shopping centre (*Brit*) *od* center (*US*)

Shorts *Pl* (pair of) shorts *Pl*

Show *f* show; ***eine*** ~ ***abziehen*** (*umg*) to put on a show (*umg*) **Showeinlage** *f* entertainment section **Showgeschäft** *n* show business **Showmaster(in)** *m(f)* compère, emcee (*US*)

Shuttlebus *m* shuttle bus

siamesisch *Adj* ~***e Zwillinge*** Siamese twins

Sibirien *n* Siberia **sibirisch** *Adj* Siberian

sich *Reflexivpron* **a)** (*Akk*) oneself; (*3. Pers Sg*) himself, herself, itself; (*Höflichkeitsform Sg*) yourself; (*Höflichkeitsform Pl*) yourselves; (*3. Pers Pl*) themselves; ***nur an*** ~ (*Akk*) ***denken*** to think only of oneself; **b)** (*Dat*) to oneself; (*3. Pers Sg*) to himself, to herself, to itself; (*Höflichkeitsform Sg*) to yourself; (*Höflichkeitsform Pl*) to yourselves; (*3. Pers Pl*) to themselves; ~ ***die Haare waschen*** to wash one's hair; **c)** (≈ *einander*) each other

sich

Es gibt eine Reihe von Verben im Deutschen mit „sich", die im Englischen ohne Reflexivpronomen (**himself, myself, ourselves** *usw.*) wiedergegeben werden. Hier eine Auswahl der wichtigsten Verben in alphabetischer Reihenfolge:

sich ändern	**change**
sich anziehen	**get dressed**
sich ärgern	**be annoyed, get annoyed**
sich ausziehen	**get undressed**
sich beeilen	**hurry up**
sich beschweren	**complain**
sich (ver)bessern	**improve**
sich bewegen	**move**
sich entspannen	**relax**
sich entwickeln	**develop**

sich erinnern (an)	**remember**
sich freuen	**be pleased**
sich freuen auf	**look forward to**
sich hinlegen	**lie down**
sich hinsetzen	**sit down**
sich interessieren für	**be interested in**
sich konzentrieren	**concentrate**
sich rasieren	**shave, get shaved**
sich treffen (mit)	**meet**
sich trennen	**split up, separate**
sich verlaufen	**get lost**
sich verstecken	**hide**
sich waschen	**wash, get washed**

Sichel *f* sickle; (≈ *Mondsichel*) crescent

sicher 1. *Adj* **a)** (≈ *gewiss*) certain; ***(sich** Dat**) einer Sache** (Gen) **~ sein*** to be sure of sth; **b)** (≈ *gefahrlos*) safe; (≈ *geborgen*) secure; ***vor jdm/etw ~ sein*** to be safe from sb/sth; ***~ ist ~*** you can't be too sure; **c)** (≈ *zuverlässig*) reliable; (≈ *fest*) *Gefühl, Zusage* definite; *Einkommen* steady; *Stellung* secure; **d)** (≈ *selbstbewusst*) (self-)confident **2.** *Adv* **a)** *fahren, aufbewahren etc* safely; **b)** (≈ *selbstbewusst*) ***~ auftreten*** to give an impression of (self-)confidence; **c)** (≈ *natürlich*) of course; ***~!*** sure (*bes US*); **d)** (≈ *bestimmt*) ***das wolltest du ~ nicht sagen*** surely you didn't mean that; ***du hast dich ~ verrechnet*** you must have counted wrong; ***das ist ganz ~ das Beste*** it's quite certainly the best; ***das hat er ~ vergessen*** I'm sure he's forgotten it **sichergehen** *vi* to be sure **Sicherheit** *f* **a)** (≈ *Gewissheit*) certainty; ***das ist mit ~ richtig*** that is definitely right; ***das lässt sich nicht mit ~ sagen*** that cannot be said with any degree of certainty; **b)** (≈ *Schutz*) safety; (*als Aufgabe von Sicherheitsbeamten etc*) security; ***die öffentliche ~*** public safety; ***innere ~*** internal security; ***jdn/etw in ~ bringen*** to get sb/sth to safety; ***~ im Straßenverkehr*** road safety; ***in ~ sein*** to be safe; **c)** (≈ *Selbstsicherheit*) (self-)confidence; **d)** HANDEL, FINANZ security; (≈ *Pfand*) surety; ***~ leisten*** HANDEL, FINANZ to offer security; JUR to stand bail **Sicherheitsabstand** *m* safe distance **Sicherheitsbeamte(r)** *m*, **Sicherheitsbeamtin** *f* security officer **Sicherheitsbestimmungen** *Pl* safety regulations *Pl* **Sicherheitsglas** *n* safety glass **Sicherheitsgurt** *m* seat belt **sicherheitshalber** *Adv* to be on the safe side **Sicherheitskopie** *f* IT backup copy **Sicherheitskräfte** *Pl* security forces *Pl* **Sicherheitslücke** *f* security gap **Sicherheitsmaßnahme** *f* safety precaution; POL *etc* security measure **Sicherheitsnadel** *f* safety pin **Sicherheitsrat** *m* security council **Sicherheitsrisiko** *n* security risk **Sicherheitsstandard** *m* standard of security **sicherlich** *Adv* = ***sicher*** 2 c, d **sichern 1.** *vt* **a)** to safeguard; (≈ *absichern*) to protect; (≈ *sicher machen*) *Wagen, Unfallstelle* to secure; IT *Daten* to save; ***eine Feuerwaffe ~*** to put the safety catch of a firearm on; **b)** ***jdm/sich etw ~*** to secure sth for sb/oneself **2.** *vr* to protect oneself **sicherstellen** *vt* **a)** *Waffen, Drogen* to take possession of; *Beweismittel* to secure; **b)** (≈ *garantieren*) to guarantee **Sicherung** *f* **a)** (≈ *das Sichern*) safeguarding; (≈ *Absicherung*) protection; **b)** (≈ *Schutz*) safeguard; **c)** ELEK fuse; (*von Waffe*) safety catch **Sicherungskopie** *f* IT backup copy **Sicherungsverwahrung** *f* JUR preventive detention

Sicht *f* **a)** (≈ *Sehweite*) visibility; ***in ~ sein/kommen*** to be in/come into sight; ***aus meiner ~*** (*fig*) as I see it; ***aus heutiger ~*** from today's perspective; ***auf lange/kurze ~*** (*fig*) in the long/short term; **b)** (≈ *Ausblick*) view; **c)** HANDEL ***auf** od **bei ~*** at sight **sichtbar 1.** *Adj* visible; ***~ werden*** (*fig*) to become apparent **2.** *Adv altern* visibly;

S

sich verändern noticeably **sichten** *vt* **a)** (≈ *erblicken*) to sight; **b)** (≈ *durchsehen*) to look through **Sichtgerät** *n* monitor; IT VDU **sichtlich 1.** *Adj* obvious **2.** *Adv* obviously; *beeindruckt* visibly **Sichtverhältnisse** *Pl* visibility *Sg* **Sichtvermerk** *m* endorsement; (*im Pass*) visa stamp **Sichtweite** *f* visibility *ohne Artikel*; ***außer ~*** out of sight

sickern *vi* to seep; (*fig*) to leak out

sie *Personalpron* **a)** (*Sg*, *Nom*) she; (*Akk*) her; (*von Dingen*) it; ***~ ist es*** it's her; ***wer hat das gemacht? — ~*** who did that? – she did *od* her!; **b)** *Pl* (*Nom*) they; (*Akk*) them; ***~ sind es*** it's them

Sie 1. *Personalpron* you **2.** *n* polite *od* "Sie" form of address; ***jdn mit ~ anreden*** to use the polite form of address to sb

Sieb *n* sieve; (≈ *Teesieb*) strainer; (≈ *Gemüsesieb*) colander; ***ein Gedächtnis wie ein ~ haben*** to have a memory like a sieve

sieben[1] *vt* to pass through a sieve; KOCH to sieve

sieben[2] *Num* seven; → ***vier*** **Sieben** *f* seven **siebenhundert** *Num* seven hundred **siebenjährig** *Adj* seven--year-old **Siebensachen** *Pl* (*umg*) belongings *Pl*, things *Pl* **siebentausend** *Num* seven thousand **Siebtel** *n* seventh **siebte(r, s)** *Adj* seventh; → ***vierte(r, s)*** **siebzehn** *Num* seventeen; ***Siebzehn und Vier*** KARTEN pontoon **siebzig** *Num* seventy; → ***vierzig***

Siechtum *n* (*lit*) infirmity; (*fig: von Wirtschaft etc*) ailing state

sieden *vi* to boil; ***~d heiß*** boiling hot **Siedepunkt** *m* (PHYS, *fig*) boiling point

Siedler(in) *m(f)* settler **Siedlung** *f* **a)** (≈ *Ansiedlung*) settlement; **b)** (≈ *Wohnsiedlung*) housing estate (*Brit*) *od* development (*US*)

Sieg *m* victory (*über +Akk* over)

Siegel *n* seal; ***unter dem ~ der Verschwiegenheit*** under the seal of secrecy **Siegellack** *m* sealing wax **Siegelring** *m* signet ring

siegen *vi* to be victorious; (*in Wettkampf*) to win; ***über jdn/etw ~*** (*fig*) to triumph over sb/sth; (*in Wettkampf*) to beat sb/sth **Sieger(in)** *m(f)* victor; (*in Wettkampf*) winner **Siegerehrung** *f* SPORT presentation ceremony **Siegermacht** *f* POL victorious power **Siegerpodest** *n* SPORT winners' podium *od* rostrum **siegesbewusst** *Adj* confident of victory **siegessicher 1.** *Adj* certain of victory **2.** *Adv* confidently **Siegeszug** *m* triumphal march **siegreich** *Adj* triumphant; (*in Wettkampf*) winning *attr*, successful

siezen *vt* ***jdn/sich ~*** to address sb/each other as "Sie"

Siff *m* (*sl*) (≈ *Dreck*) filth; (≈ *Zustand*) mess

Signal *n* signal **Signalanlage** *f* signals *Pl* **signalisieren** *vt* to signal

Signatur *f* **a)** signature; **b)** (≈ *Bibliothekssignatur*) shelf mark **signieren** *vt* to sign

Silbe *f* syllable; ***er hat es mit keiner ~ erwähnt*** he didn't say a word about it **Silbentrennung** *f* syllabification; TYPO, IT hyphenation

Silber *n* silver **Silberbesteck** *n* silver (-ware) **Silberblick** *m* (*umg*) squint **Silberfischchen** *n* silverfish **Silbergeld** *n* silver **Silberhochzeit** *f* silver wedding (anniversary) **Silbermedaille** *f* silver medal **silbern** *Adj* silver; (*lit*) *Stimme*, *Haare* silvery (*lit*); ***~e Hochzeit*** silver wedding (anniversary) **Silberstreifen** *m* (*fig*) ***es zeichnete sich ein Silberstreif(en) am Horizont ab*** you/they *etc* could see light at the end of the tunnel **Silbertanne** *f* noble fir **silbrig 1.** *Adj* silvery **2.** *Adv* ***~ schimmern/glänzen*** to shimmer/gleam like silver

Silhouette *f* silhouette

Silikon *n* silicone

Silizium *n* silicon

Silo *m* silo

Silvester *m od n* New Year's Eve, Hogmanay (*bes schott*)

Simbabwe *n* Zimbabwe

simpel *Adj* simple; (≈ *vereinfacht*) simplistic

Sims *m od n* (≈ *Fenstersims*) (window)-sill; (≈ *Gesims*) ledge; (≈ *Kaminsims*) mantlepiece

simsen *vti* (TELEK: *umg*) to text

Simulant(in) *m(f)* malingerer **Simulation** *f* simulation **Simulator** *m* NATURW simulator **simulieren 1.** *vi* (≈ *sich krank stellen*) to feign illness **2.** *vt* **a)** NATURW, TECH to simulate; **b)** (≈ *vorge-*

Simsen statt Telefonieren

Angeblich benutzen schon mehr Handybesitzer ihre Geräte, um SMS-Nachrichten zu versenden als zum Telefonieren. „SMS" ist eine Abkürzung aus dem Englischen und bedeutet **short message service** oder **short messaging system**. Im Deutschen werden für den Vorgang, eine Textnachricht per Handy zu verschicken, „eine SMS schicken", „SiMSen" oder „simsen" verwendet. Im Englischen dagegen spricht man von **to text**:

I'll text you the exact title of the novel. (Ich schicke dir den genauen Titel des Romans als SMS.)

ben) Krankheit to feign
simultan **1.** *Adj* simultaneous **2.** *Adv* simultaneously **Simultandolmetscher(in)** *m(f)* simultaneous translator
Sinfonie *f* symphony **Sinfonieorchester** *n* symphony orchestra **sinfonisch** *Adj* symphonic
singen **1.** *vi* **a)** (*wörtl*, *fig*) to sing; **b)** (*umg* ≈ *gestehen*) to squeal (*umg*) **2.** *vt* to sing
Single[1] *f* (≈ *CD*) single
Single[2] *m* (≈ *Alleinlebender*) single
Singular *m* GRAM singular
Singvogel *m* songbird
sinken *vi* **a)** to sink; ***den Kopf ~ lassen*** to let one's head drop; **b)** (*Boden*) to subside; **c)** (*Wasserspiegel*, *Temperatur*, *Preise etc*) to fall; **d)** (≈ *schwinden*) to diminish; ***den Mut ~ lassen*** to lose courage; ***in jds Achtung*** (*Dat*) **~** to go down in sb's estimation **Sinkflug** *m* FLUG descent
Sinn *m* **a)** (≈ *Wahrnehmungsfähigkeit*) sense; **b)** **Sinne** *Pl* (≈ *Bewusstsein*) senses *Pl*; ***er war von ~en*** he was out of his mind; ***wie von ~en*** like one demented; ***bist du noch bei ~en?*** have you taken leave of your senses?; **c)** (≈ *Gedanken*) mind; ***das will mir einfach nicht in den ~*** I just can't understand it; ***jdm durch den ~ gehen*** to occur to sb; ***etw im ~ haben*** to have sth in mind; ***mit etw nichts im ~ haben*** to want nothing to do with sth; **d)** (≈ *Verständnis*) feeling; ***~ für Gerechtigkeit*** *etc* ***haben*** to have a sense of justice *etc*; **e)** (≈ *Geist*) spirit; ***im ~e des Gesetzes*** according to the spirit of the law; ***das ist nicht in seinem ~e*** that is not what he himself would have wished; ***das wäre nicht im ~e unserer Kunden*** it would not be in the interests of our customers; **f)** (≈ *Zweck*) point; ***das ist nicht der ~ der Sache*** that is not the point; ***der ~ des Lebens*** the meaning of life; ***das hat keinen ~*** there is no point in that; **g)** (≈ *Bedeutung*) meaning; ***im übertragenen ~*** in the figurative sense; ***das macht keinen/wenig ~*** that makes no/little sense **Sinnbild** *n* symbol **sinnbildlich** *Adj* symbolic(al) **sinnen** (≈ *planen*) ***auf etw*** (*Akk*) **~** to think of sth; ***auf Abhilfe ~*** to think up a remedy; → ***gesonnen*** **sinnentstellend** *Adj* **~ *sein*** to distort the meaning **Sinnesorgan** *n* sense organ **Sinnestäuschung** *f* hallucination **Sinneswandel** *m* change of mind **sinnfällig** *Adj Beispiel*, *Symbol* manifest, obvious **sinngemäß** *Adv* ***etw ~ wiedergeben*** to give the gist of sth **sinnieren** *vi* to brood (*über +Akk* over) **sinnlich** *Adj* **a)** *Empfindung*, *Eindrücke* sensory; **b)** (≈ *sinnenfroh*) sensuous; (≈ *erotisch*) sensual **Sinnlichkeit** *f* (≈ *Erotik*) sensuality **sinnlos** **1.** *Adj* **a)** (≈ *unsinnig*) meaningless; *Verhalten*, *Töten* senseless; **b)** (≈ *zwecklos*) futile; ***das ist völlig ~*** there's no sense in that **2.** *Adv* **a)** *zerstören*, *morden* senselessly; **b)** (≈ *äußerst*) **~ *betrunken*** blind drunk **Sinnlosigkeit** *f* (≈ *Unsinnigkeit*) meaninglessness; (*von Verhalten*) senselessness; (≈ *Zwecklosigkeit*) futility **sinnvoll** **1.** *Adj* **a)** *Satz* meaningful; **b)** (*fig*) (≈ *vernünftig*) sensible; (≈ *nützlich*) useful **2.** *Adv* ***sein Geld ~ anlegen*** to invest one's money sensibly
Sintflut *f* BIBEL Flood **sintflutartig** *Adj* ***~e Regenfälle*** torrential rain
Sinto *m* Sinto (gypsy); ***Sinti und Roma*** Sinti and Romanies
Sinus *m* **a)** MATHE sine; **b)** ANAT sinus
Siphon *m* siphon
Sippe *f* (extended) family; (*umg* ≈ *Ver-*

wandtschaft) clan (*umg*) **Sippschaft** *f* (*pej umg*) tribe (*umg*)
Sirene *f* siren
Sirup *m* syrup
Sitte *f* **a**) (≈ *Brauch*) custom; (≈ *Mode*) practice; ***~n und Gebräuche*** customs and traditions; **b**) (≈ *gutes Benehmen*) manners *Pl*; (≈ *Sittlichkeit*) morals *Pl* **Sittenpolizei** *f* vice squad **sittenwidrig** *Adj* (*förml*) immoral
Sittich *m* parakeet
sittlich *Adj* moral **Sittlichkeit** *f* morality **Sittlichkeitsverbrechen** *n* sex crime **Sittlichkeitsverbrecher(in)** *m*(*f*) sex offender
Situation *f* situation **Situationskomik** *f* situation comedy, sitcom (*umg*)
situiert *Adj* ***gut ~*** well-off
Sitz *m* **a**) seat; (≈ *Wohnsitz*) residence; (*von Firma*) headquarters *Pl*; **b**) (*von Kleidungsstück*) sit; ***einen guten ~ haben*** to sit well **Sitzbank** *f* bench **Sitzblockade** *f* sit-in **Sitzecke** *f* corner seating unit **sitzen** *vi* **a**) to sit; ***hier sitzt man sehr bequem*** it's very comfortable sitting here; ***etw im Sitzen tun*** to do sth sitting down; ***beim Frühstück ~*** to be having breakfast; ***über einer Arbeit ~*** to sit over a piece of work; ***locker ~*** to be loose; ***deine Krawatte sitzt nicht richtig*** your tie isn't straight; **b**) (≈ *seinen Sitz haben*) to sit; (*Firma*) to have its headquarters; **c**) (*umg* ≈ *im Gefängnis sitzen*) to do time (*umg*), to be inside (*umg*); **d**) (≈ *im Gedächtnis sitzen*) to have sunk in; **e**) (*umg* ≈ *treffen*) to hit home; ***das saß!*** that hit home **sitzen bleiben** *vi* (*umg*) **a**) (≈ *nicht aufstehen*) to remain seated; **b**) SCHULE to have to repeat a year; **c**) ***auf einer Ware ~*** to be left with a product **sitzen lassen** *vt* (*umg*) ***jdn ~*** (≈ *im Stich lassen*) to leave sb in the lurch **Sitzgelegenheit** *f* seats *Pl* **Sitzheizung** *f* AUTO seat heating **Sitzkissen** *n* (floor) cushion **Sitzordnung** *f* seating plan **Sitzplatz** *m* seat **Sitzung** *f* (≈ *Konferenz*) meeting; (≈ *Gerichtsverhandlung*) session; (≈ *Parlamentssitzung*) sitting
Sizilien *n* Sicily
Skala *f* scale
Skalpell *n* scalpel **skalpieren** *vt* to scalp
Skandal *m* scandal **skandalös** *Adj* scandalous
Skandinavien *n* Scandinavia **Skandinavier(in)** *m*(*f*) Scandinavian **skandinavisch** *Adj* Scandinavian
Skateboard *n* skateboard
Skelett *n* skeleton
Skepsis *f* scepticism (*Brit*), skepticism (*US*) **Skeptiker(in)** *m*(*f*) sceptic (*Brit*), skeptic (*US*) **skeptisch** **1.** *Adj* sceptical (*Brit*), skeptical (*US*) **2.** *Adv* sceptically (*Brit*), skeptically (*US*)
Sketch *m* KUNST, THEAT sketch
Ski *m* ski; ***~ fahren*** to ski **Skianzug** *m* ski suit **Skiausrüstung** *f* skiing gear **Skibrille** *f* ski goggles *Pl* **Skifahren** *n* skiing **Skifahrer(in)** *m*(*f*) skier **Skigebiet** *n* ski(ing) area **Skigymnastik** *f* skiing exercises *Pl* **Skihose** *f* (pair of) ski pants *Pl* **Skikurs** *m* skiing course **Skilauf** *m* skiing **Skiläufer(in)** *m*(*f*) skier **Skilehrer** *m* ski instructor **Skilift** *m* ski lift
Skinhead *m* skinhead
Skipass *m* ski pass **Skipiste** *f* ski run **Skischuh** *m* ski boot **Skischule** *f* ski school **Skisport** *m* skiing **Skispringen** *n* ski jumping **Skistock** *m* ski stick
Skizze *f* sketch; (*fig* ≈ *Grundriss*) outline **skizzieren** *vt* to sketch; (*fig*) *Plan etc* to outline
Sklave *m*, **Sklavin** *f* slave **Sklavenhandel** *m* slave trade **Sklaventreiber(in)** *m*(*f*) slave-driver **Sklaverei** *f* slavery *ohne Artikel* **sklavisch** **1.** *Adj* slavish **2.** *Adv* slavishly
Sklerose *f* sclerosis
Skonto *n od m* cash discount
Skorpion *m* ZOO scorpion; ASTROL Scorpio
Skrupel *m* scruple; ***keine ~ kennen*** to have no scruples **skrupellos** **1.** *Adj* unscrupulous **2.** *Adv* unscrupulously **Skrupellosigkeit** *f* unscrupulousness
Skulptur *f* sculpture
S-Kurve *f* S-bend
Slalom *m* slalom
Slang *m* slang
Slawe *m*, **Slawin** *f* Slav **slawisch** *Adj* Slavonic, Slavic
Slip *m* (pair of) briefs *Pl* **Slipeinlage** *f* panty liner
Slipper *m* slip-on shoe
Slogan *m* slogan
Slowake *m*, **Slowakin** *f* Slovak **Slowa-**

S

kei *f* ***die ~*** Slovakia **slowakisch** *Adj* Slovakian, Slovak
Slowene *m*, **Slowenin** *f* Slovene **Slowenien** *n* Slovenia **slowenisch** *Adj* Slovenian, Slovene
Slum *m* slum
Smaragd *m* emerald
Smog *m* smog **Smogalarm** *m* smog alert
Smoking *m* dinner jacket (*bes Brit*), tuxedo (*bes US*)
SMS *f*, *Abk von* ***Short Message Service*** SMS **SMS-Nachricht** *f* text message
Snack *m* snack (meal)
Snob *m* snob **Snobismus** *m* snobbishness **snobistisch** *Adj* snobbish
Snowboard *n* snowboard
so **1.** *Adv* **a)** (*mit Adj*, *Adv*) so; (*mit Vb* ≈ *so sehr*) so much; ***so groß*** *etc* so big *etc*; ***so groß*** *etc* ***wie ...*** as big *etc* as ...; **b)** (≈ *auf diese Weise*) like this/that, this/that way; ***mach es nicht so, sondern so*** don't do it like this but like that; ***so ist sie nun einmal*** that's the way she is; ***sei doch nicht so*** don't be like that; ***so ist es nicht gewesen*** that's not how it was; ***so oder so*** either way; ***das habe ich nur so gesagt*** I didn't really mean it; ***so genannt*** = ***sogenannt***; **c)** (*umg* ≈ *umsonst*) for nothing; **d)** ***so mancher*** quite a few people *Pl*; ***so ein Idiot!*** what an idiot!; ***na so was!*** well I never!; ***so einer wie ich/er*** somebody like me/him **2.** *Konj* ***so dass*** so that **3.** *Interj* so; (≈ *wirklich*) oh, really; (*abschließend*) well, right; ***so, so!*** well, well
sobald *Konj* as soon as
Socke *f* sock; ***sich auf die ~n machen*** (*umg*) to get going (*umg*)
Sockel *m* base; (*von Statue*) plinth, pedestal; ELEK socket
Soda *f* soda
sodass *Konj* so that
Sodawasser *n* soda water
Sodbrennen *n* heartburn
soeben *Adv* just (this moment); ***~ erschienen*** just published
Sofa *n* sofa
sofern *Konj* provided (that); ***~ ... nicht*** if ... not
sofort *Adv* immediately; ***(ich) komme ~!*** (I'm) just coming!; (*Kellner etc*) I'll be right with you **Sofortbildkamera** *f* Polaroid® camera **sofortig** *Adj* immediate **Sofortmaßnahme** *f* immediate measure
Softeis *n* soft ice cream **Softie** *m* (*umg*) caring type **Software** *f* IT software **Softwareentwickler(in)** *m(f)* software developer **Softwarepaket** *n* software package
Sog *m* suction; (*von Strudel*) vortex
sogar *Adv* even
sogenannt *Adj* (≈ *angeblich*) so-called
Sohle *f* **a)** (≈ *Fußsohle etc*) sole; (≈ *Einlage*) insole; **b)** (≈ *Boden*) bottom **sohlen** *vt* to sole
Sohn *m* son
Soja *f* soya (*bes Brit*), soy **Sojabohne** *f* soya bean (*bes Brit*), soybean **Sojabohnenkeime** *Pl* bean sprouts *Pl* **Sojasoße** *f* soya (*bes Brit*) *od* soy sauce **Sojasprossen** *Pl* bean sprouts *Pl*
solange *Konj* as *od* so long as
Solaranlage *f* (≈ *Kraftwerk*) solar power plant **Solarenergie** *f* solar energy **Solarium** *n* solarium **Solarstrom** *m* solar electricity **Solarzelle** *f* solar cell
solch *Adj*, **solche(r, s)** *Adj* such; ***~es Glück*** such luck; ***wir haben ~e Angst*** we're so afraid; ***der Mensch als ~er*** man as such
Sold *m* MIL pay **Soldat(in)** *m(f)* soldier **Söldner(in)** *m(f)* mercenary
Solei *n* pickled egg
Solidargemeinschaft *f* (mutually) supportive society; (≈ *Beitragszahler*) contributors *Pl* **solidarisch** **1.** *Adj* showing solidarity; ***sich mit jdm ~ erklären*** to declare one's solidarity with sb **2.** *Adv* ***~ mit jdm handeln*** to act in solidarity with sb **solidarisieren** *vr* ***sich ~ mit*** to show (one's) solidarity with **Solidarität** *f* solidarity; ***~ üben*** to show solidarity **Solidaritätszuschlag** *m* FINANZ solidarity surcharge on income tax (*for the reconstruction of eastern Germany*)
solide **1.** *Adj* solid; *Arbeit*, *Wissen* sound; *Mensch*, *Leben* respectable; *Preise* reasonable **2.** *Adv* **a)** (≈ *stabil*) ***~ gebaut*** solidly built; **b)** (≈ *gründlich*) *arbeiten* thoroughly
Solist(in) *m(f)* MUS soloist
Soll *n* (≈ *Schuld*) debit; ***~ und Haben*** debit and credit **sollen** **1.** *v/hilf* **a)** (*Verpflichtung*) ***was soll ich/er tun?*** what should I/he do?; ***du weißt, dass du***

das nicht tun sollst you know that you're not supposed to do that; ***er weiß nicht, was er tun soll*** he doesn't know what to do; ***sie sagte ihm, er solle draußen warten*** she told him (that he was) to wait outside; ***es soll nicht wieder vorkommen*** it won't happen again; ***er soll reinkommen*** tell him to come in; ***der soll nur kommen!*** just let him come!; ***niemand soll sagen, dass ...*** let no-one say that ...; ***ich soll Ihnen sagen, dass ...*** I've been asked to tell you that ...; **b)** (*konjunktivisch*) ***das hättest du nicht tun ~*** you shouldn't have done that; **c)** (*konditional*) ***sollte das passieren, ...*** if that should happen ..., should that happen ...; **d)** (*Vermutung*) to be supposed *od* meant to; ***sie soll krank sein*** apparently she's ill; **e)** (≈ *können*) ***so etwas soll es geben*** these things happen; ***man sollte glauben, dass ...*** you would think that ... **2.** *vi* ***was soll das?*** what's all this?; (≈ *warum denn das*) what's that for?; ***was solls!*** (*umg*) what the hell! (*umg*); ***was soll ich dort?*** what would I do there? **3.** *vt* ***das sollst/solltest du nicht*** you shouldn't do that **Sollseite** *f* FINANZ debit side

solo *Adv* MUS solo; (*fig umg*) on one's own **Solo** *n* solo **Solotänzer(in)** *m(f)* solo dancer; (*im Ballett*) principal dancer

solvent *Adj* FINANZ solvent

Somalia *n* Somalia **somalisch** *Adj* Somali

somit *Adv* consequently, therefore

Sommer *m* summer; ***im ~*** in (the) summer; ***im nächsten ~*** next summer **Sommeranfang** *m* beginning of summer **Sommerfahrplan** *m* summer timetable **Sommerferien** *Pl* summer holidays *Pl* (*Brit*) *od* vacation (*US*); JUR, PARL summer recess **Sommerfest** *n* summer party **Sommerkleid** *n* **a)** (*Kleidungsstück*) summer dress; **b)** (≈ *Sommerfell*) summer coat **Sommerkleidung** *f* summer clothing; *bes* HANDEL summerwear **sommerlich** **1.** *Adj* summery **2.** *Adv* ***es ist ~ warm*** it's as warm as it is in summer; ***~ gekleidet sein*** to be in summer clothes **Sommerloch** *n* (*umg*) silly season (*Brit*), off season (*US*) **Sommerolympiade** *f* Summer Olympics *Pl* **Sommerpause** *f* summer break; JUR, PARL summer recess **Sommerreifen** *m* normal tyre (*Brit*) *od* tire (*US*) **Sommerschlussverkauf** *m* summer sale **Sommersemester** *n* UNI summer semester, ≈ summer term (*Brit*) **Sommersonnenwende** *f* summer solstice **Sommerspiele** *Pl* ***die Olympischen ~*** the Summer Olympics, the Summer Olympic Games **Sommersprosse** *f* freckle **Sommerzeit** *f* summer time *ohne Artikel*

Sonate *f* sonata

Sonde *f* RAUMF, MED probe; METEO sonde

Sonderangebot *n* special offer; ***im ~ sein*** to be on special offer **Sonderausgabe** *f* **a)** special edition; **b)** **Sonderausgaben** *Pl* FINANZ additional *od* extra expenses *Pl* **sonderbar** *Adj* strange **sonderbarerweise** *Adv* strangely enough **Sonderbeauftragte(r)** *mf* POL special emissary **Sonderfall** *m* special case; (≈ *Ausnahme*) exception **sondergleichen** *Adj* ***eine Geschmacklosigkeit ~*** the height of bad taste; ***mit einer Arroganz ~*** with unparalleled arrogance **sonderlich** **1.** *Adj* particular, especial **2.** *Adv* particularly, especially **Sondermüll** *m* hazardous waste **sondern** *Konj* but; ***nicht nur ..., ~ auch*** not only ... but also **Sonderschicht** *f* special shift; (*zusätzlich*) extra shift **Sonderschule** *f* special school **Sonderwünsche** *Pl* special requests *Pl* **Sonderzeichen** *n* IT special character **Sonderzug** *m* special train

sondieren **1.** *vt* to sound out; ***die Lage ~*** to find out how the land lies **2.** *vi* ***~, ob ...*** to try to sound out whether ... **Sondierungsgespräch** *n* exploratory talk

Sonett *n* sonnet

Sonnabend *m* Saturday; → ***Dienstag*** **sonnabends** *Adv* on Saturdays, on a Saturday; → ***dienstags***

Sonne *f* sun; ***an*** *od* ***in die ~ gehen*** to go out in the sun(shine) **sonnen** *vr* to sun oneself; ***sich in etw*** (*Dat*) ***~*** (*fig*) to bask in sth **Sonnenanbeter(in)** *m(f)* sun worshipper **Sonnenaufgang** *m* sunrise **Sonnenbad** *n* sunbathing *kein Pl*; ***ein ~ nehmen*** to sunbathe **son-**

S

nenbaden *vi* to sunbathe **Sonnenbank** *f* sun bed **Sonnenblume** *f* sunflower **Sonnenblumenöl** *n* sunflower oil **Sonnenbrand** *m* sunburn *ohne Artikel* **Sonnenbrille** *f* (pair of) sunglasses *Pl* **Sonnencreme** *f* suntan cream **Sonnenenergie** *f* solar energy **Sonnenfinsternis** *f* solar eclipse **Sonnenhut** *m* sunhat **Sonnenkollektor** *m* solar panel **Sonnenkraftwerk** *n* solar power station **Sonnenlicht** *n* sunlight **Sonnenöl** *n* suntan oil **Sonnenrollo** *n* sun blind **Sonnenschein** *m* sunshine; ***bei ~*** in the sunshine **Sonnenschirm** *m* sunshade **Sonnenschutzfaktor** *m* protection factor **Sonnenschutzmittel** *n* sunscreen **Sonnenstich** *m* sunstroke *ohne Artikel* **Sonnenstrahl** *m* ray of sunshine; (*bes* ASTRON, PHYS) sun ray **Sonnenstudio** *n* tanning salon (*bes US*) *od* studio **Sonnensystem** *n* solar system **Sonnenuhr** *f* sundial **Sonnenuntergang** *m* sunset **Sonnenwende** *f* solstice **sonnig** *Adj* sunny

Sonntag *m* Sunday; → ***Dienstag*** **sonntäglich** *Adj* Sunday *attr* **sonntags** *Adv* on Sundays, on a Sunday; → ***dienstags*** **Sonntagsarbeit** *f* Sunday working **Sonntagsfahrer(in)** *m(f)* (*pej*) Sunday driver **Sonntagszeitung** *f* Sunday paper **sonn- und feiertags** *Adv* on Sundays and public holidays

sonst **1.** *Adv* **a)** (≈ *außerdem*) else; (*mit s*) other; ***~ noch Fragen?*** any other questions?; ***wer/wie*** *etc* ***(denn) ~?*** who/how *etc* else?; ***~ niemand*** nobody else; ***er und ~ keiner*** nobody else but he; ***~ wann*** (*umg*) some other time; ***er denkt, er ist ~ wer*** (*umg*) he thinks he's somebody special; ***~ noch etwas?*** is that all?, anything else?; ***~ wie*** (*umg*) (in) some other way; ***~ wo*** (*umg*) somewhere else; ***~ wohin*** (*umg*) somewhere else; **b)** (≈ *andernfalls, im Übrigen*) otherwise; ***wie gehts ~?*** how are things otherwise?; **c)** (≈ *gewöhnlich*) usually; ***genau wie ~*** the same as usual; ***alles war wie ~*** everything was as it always used to be **2.** *Konj* otherwise, or (else) **sonstig** *Adj* other

sooft *Konj* whenever

Sopran *m* soprano **Sopranistin** *f* soprano

Sorbet *m od n* KOCH sorbet

Sorge *f* worry; (≈ *Ärger*) trouble; ***keine ~!*** (*umg*) don't (you) worry!; ***~n haben*** to have problems; ***deine ~n möchte ich haben!*** (*umg*) you think you've got problems!; ***jdm ~n machen*** *od* ***bereiten*** (≈ *Kummer bereiten*) to cause sb a lot of worry; (≈ *beunruhigen*) to worry sb; ***es macht mir ~n, dass ...*** it worries me that ...; ***sich*** (*Dat*) ***~n machen*** to worry; ***lassen Sie das meine ~ sein*** let me worry about that; ***das ist nicht meine ~*** that's not my problem **Sorgeberechtigte(r)** *mf* person having custody **sorgen** **1.** *vr* to worry; ***sich ~ um*** to be worried about **2.** *vi* ***~ für*** (≈ *sich kümmern um*) to take care of; (≈ *vorsorgen für*) to provide for; (≈ *herbeischaffen*) to provide; ***für Aufsehen ~*** to cause a sensation; ***dafür ist gesorgt*** that's taken care of **sorgenfrei** *Adj* carefree; ***~ leben*** to live a carefree life **Sorgenkind** *n* (*umg*) problem child **Sorgerecht** *n* JUR custody **Sorgfalt** *f* care; ***ohne ~ arbeiten*** to work carelessly **sorgfältig** **1.** *Adj* careful **2.** *Adv* carefully **sorglos** **1.** *Adj* (≈ *unbekümmert*) carefree; (≈ *nachlässig*) careless **2.** *Adv* in a carefree way, carelessly **Sorglosigkeit** *f* (≈ *Unbekümmertheit*) carefreeness; (≈ *Leichtfertigkeit*) carelessness **sorgsam** **1.** *Adj* careful **2.** *Adv* carefully

Sorte *f* **a)** sort, type; (≈ *Klasse*) grade; (≈ *Marke*) brand; **b)** FINANZ foreign currency **sortieren** *vt* to sort **Sortiment** *n* **a)** assortment; (≈ *Sammlung*) collection; **b)** (≈ *Buchhandel*) retail book trade

SOS *n* SOS; ***~ funken*** to put out an SOS

sosehr *Konj* however much

Soße *f* sauce; (≈ *Bratensoße*) gravy

Souffleur *m*, **Souffleuse** *f* THEAT prompter **soufflieren** *vti* THEAT to prompt

Soundkarte *f* IT sound card

soundso *Adv* ***~ lange*** for such and such a time; ***~ groß*** of such and such a size; ***~ viele*** so and so many

Soundtrack *m* (*umg*) soundtrack

Souvenir *n* souvenir

souverän **1.** *Adj* sovereign *kein Adv*; (≈ *überlegen*) (most) superior *kein Adv*; *Sieg* commanding **2.** *Adv* (≈ *überlegen*) *handhaben* supremely well; ***etw***

~ meistern to resolve sth masterfully **Souveränität** *f* sovereignty; (*fig* ≈ *Überlegenheit*) superiority
soviel 1. *Adv* → ***viel*** 2. *Konj* as *od* so far as; ***~ ich weiß, nicht!*** not as *od* so far as I know
soweit 1. *Adv* → ***weit*** 2. *Konj* as *od* so far as; (≈ *insofern*) in so far as
sowenig *Konj* however little; ***~ ich auch ...*** however little I ...
sowie *Konj* **a**) (≈ *sobald*) as soon as; **b**) (≈ *und auch*) as well as **sowieso** *Adv* anyway, anyhow
sowjetisch *Adj* HIST Soviet **Sowjetunion** *f* HIST Soviet Union
sowohl *Konj* ***~ ... als*** *od* ***wie (auch)*** both ... and, ... as well as
sozial 1. *Adj* social; ***die ~en Berufe*** the caring professions; ***~er Wohnungsbau*** ≈ council (*Brit*) *od* public (*US*) housing; ***~e Marktwirtschaft*** social market economy 2. *Adv* ***~ eingestellt sein*** to be public-spirited; ***~ denken*** to be socially minded **Sozialabbau** *m* cuts *Pl* in social services **Sozialabgaben** *Pl* social security (*Brit*) *od* social welfare (*US*) contributions *Pl* **Sozialamt** *n* social security (*Brit*) *od* social welfare (*US*) office **Sozialarbeit** *f* social work **Sozialarbeiter(in)** *m(f)* social worker **Sozialdemokrat(in)** *m(f)* social democrat **sozialdemokratisch** *Adj* social democratic **Sozialeinrichtungen** *Pl* social facilities *Pl* **Sozialexperte** *m*, **Sozialexpertin** *f* social affairs expert **Sozialfall** *m* hardship case **Sozialhilfe** *f* income support (*Brit*), welfare (aid) (*US*) **Sozialhilfeempfänger(in)** *m(f)* person receiving income support (*Brit*) *od* welfare (aid) (*US*) **sozialisieren** *vt* to socialize; (POL ≈ *verstaatlichen*) to nationalize **Sozialismus** *m* socialism **Sozialist(in)** *m(f)* socialist **sozialistisch** *Adj* socialist **Sozialkunde** *f* SCHULE social studies *Pl* **Sozialleistungen** *Pl* employers' contribution (*sometimes including pension scheme payments*) **Sozialpartner** *Pl* unions and management *Pl* **Sozialplan** *m* redundancy payments scheme **Sozialpolitik** *f* social policy **sozialpolitisch** *Adj* socio-political **Sozialstaat** *m* welfare state **Sozialversicherung** *f* national insurance (*Brit*), social security (*US*) **Sozialwohnung** *f* state-subsidized apartment, ≈ council flat (*Brit*) **Soziologe** *m*, **Soziologin** *f* sociologist **Soziologie** *f* sociology **soziologisch** *Adj* sociological
Soziussitz *m* pillion (seat)
sozusagen *Adv* so to speak
Spachtel *m* (*Werkzeug*) spatula **spachteln** 1. *vt Mauerfugen, Ritzen* to fill (in), to smooth over 2. *vi* (*umg* ≈ *essen*) to tuck in (*umg*), to dig in (*US umg*)
Spagat *m od n* (*wörtl*) splits *Pl*; (*fig*) balancing act; ***~ machen*** to do the splits
Spaghetti *Pl*, **Spagetti** *Pl* spaghetti *Sg*
spähen *vi* to peer; ***nach jdm/etw ~*** to look out for sb/sth
Spalier *n* **a**) trellis; **b**) (*von Menschen*) row; (*zur Ehrenbezeigung*) guard of honour (*Brit*), honor guard (*US*); ***~ stehen*** to form a guard of honour (*Brit*) *od* honor guard (*US*)
Spalt *m* **a**) (≈ *Öffnung*) gap; (≈ *Riss*) crack; **b**) (*fig* ≈ *Kluft*) split **spaltbar** *Adj* PHYS *Material* fissile **Spalte** *f* **a**) *bes* GEOL fissure; (≈ *Felsspalte*) crevice; (≈ *Gletscherspalte*) crevasse; **b**) TYPO, PRESSE column **spalten** *vt* to split; → ***gespalten*** **Spaltung** *f* splitting; (*in Partei etc*) split
Spam *m* IT spam **spammen** *vi* to spam **Spamming** *n* spamming
Span *m* shaving; (≈ *Metallspan*) filing
Spanferkel *n* sucking pig
Spange *f* clasp; (≈ *Haarspange*) hair slide (*Brit*), barrette (*US*); (≈ *Schuhspange*) strap; (≈ *Schnalle*) buckle; (≈ *Armspange*) bracelet
Spaniel *m* spaniel
Spanien *n* Spain **Spanier(in)** *m(f)* Spaniard **spanisch** *Adj* Spanish; ***~e Wand*** (folding) screen; ***das kommt mir ~ vor*** (*umg*) that seems odd to me
Spann *m* instep **Spannbetttuch** *n* fitted sheet **Spanne** *f* (*geh* ≈ *Zeitspanne*) while; (≈ *Verdienstspanne*) margin
spannen 1. *vt Saite, Seil* to tighten; *Bogen* to draw; *Muskeln* to tense, to flex; *Gewehr* to cock; *Werkstück* to clamp; *Wäscheleine* to put up; *Netz* to stretch; → ***gespannt*** 2. *vr* (*Haut*) to become taut; (*Muskeln*) to tense; ***sich über etw*** (*Akk*) ***~*** (*Brücke*) to span sth 3. *vi* (*Kleidung*) to be (too) tight; (*Haut*) to be taut **spannend**

Adj exciting; (*stärker*) thrilling; ***machs nicht so ~!*** (*umg*) don't keep me/us in suspense **Spanner** *m* (*umg* ≈ *Voyeur*) Peeping Tom **Spannkraft** *f* (*von Muskel*) tone; (*fig*) vigour (*Brit*), vigor (*US*) **Spannung** *f* **a**) (*von Seil, Muskel etc*) tautness; MECH stress; **b**) ELEK voltage; ***unter ~ stehen*** to be live; **c**) (*fig*) excitement; (≈ *Spannungsgeladenheit*) suspense; ***etw mit ~ erwarten*** to await sth full of suspense; **d**) (*nervlich*) tension; **e**) (≈ *Feindseligkeit*) tension *kein Pl* **Spannungsgebiet** *n* POL flash point **Spannungsmesser** *m* ELEK voltmeter **Spannungsprüfer** *m* voltage detector **Spannweite** *f* MATHE range; ARCHIT span; (FLUG, *von Vogelflügeln*) (wing)-span

Spanplatte *f* chipboard

Sparbuch *n* savings book **Spardose** *f* piggy bank **Spareinlage** *f* savings deposit **sparen** **1.** *vt* to save; ***keine Kosten/Mühe ~*** to spare no expense/effort; ***spar dir deine guten Ratschläge!*** (*umg*) you can keep your advice! **2.** *vi* to save; (≈ *sparsam sein*) to economize; ***an etw*** (*Dat*) ***~*** to be sparing with sth; (≈ *mit etw Haus halten*) to economize on sth; ***bei etw ~*** to save on sth; ***auf etw*** (*Akk*) ***~*** to save up for sth **Sparer(in)** *m*(*f*) (*bei Bank etc*) saver **Sparflamme** *f* ***auf ~*** (*fig umg*) just ticking over (*Brit umg*) *od* coming along (*US*)

Spargel *m* asparagus **Spargelcremesuppe** *f* cream of asparagus soup

Sparguthaben *n* savings account **Sparkasse** *f* savings bank **Sparkonto** *n* savings account **Sparkurs** *m* economy drive (*Brit*), budget (*US*); ***einen strikten ~ einhalten*** to be on a strict economy drive (*Brit*) *od* budget (*US*)

spärlich **1.** *Adj* sparse; *Einkünfte, Kenntnisse* sketchy; *Beleuchtung* poor; *Kleidung* scanty; *Mahl* meagre (*Brit*), meager (*US*) **2.** *Adv bevölkert, eingerichtet* sparsely; *beleuchtet* poorly; ***~ bekleidet*** scantily clad *od* dressed

Sparmaßnahme *f* economy (*Brit*) *od* budgeting (*US*) measure **Sparpaket** *n* savings package; POL package of austerity measures **Sparprämie** *f* savings premium

Sparring *n* BOXEN sparring

sparsam **1.** *Adj Mensch* thrifty; (≈ *wirtschaftlich*) *Motor, Verbrauch* economical **2.** *Adv leben, essen* economically; *verwenden* sparingly; ***mit etw ~ umgehen*** to be economical with sth **Sparsamkeit** *f* thrift; (≈ *sparsames Haushalten*) economizing **Sparschwein** *n* piggy bank

spartanisch *Adj* spartan; ***~ leben*** to lead a spartan life

Sparte *f* (≈ *Branche*) line of business; (≈ *Teilgebiet*) area

Spass *m* (*österr*) = ***Spaß***

Spaß *m* (≈ *Vergnügen*) fun; (≈ *Scherz*) joke; (≈ *Streich*) prank; ***~ beiseite*** joking apart; ***viel ~!*** have fun! (*auch iron*); ***an etw*** (*Dat*) ***~ haben*** to enjoy sth; ***wenns dir ~ macht*** if it turns you on (*umg*); ***~/keinen ~ machen*** to be fun/no fun; (***nur so,***) ***aus ~*** (just) for fun; ***etw im ~ sagen*** to say sth as a joke; ***da hört der ~ auf*** that's going beyond a joke; ***er versteht keinen ~*** he has no sense of humour (*Brit*) *od* humor (*US*); ***da verstehe ich keinen ~!*** I won't stand for any nonsense; ***das war ein teurer ~*** (*umg*) that was an expensive business (*umg*) **Spaßbad** *n* leisure pool **spaßeshalber** *Adv* for fun **spaßhaft, spaßig** *Adj* funny **Spaßverderber(in)** *m*(*f*) spoilsport **Spaßvogel** *m* joker

Spastiker(in) *m*(*f*) spastic **spastisch** *Adj* spastic; ***~ gelähmt*** suffering from spastic paralysis

spät **1.** *Adj* late; ***am ~en Nachmittag*** in the late afternoon **2.** *Adv* late; ***~ in der Nacht*** late at night; ***wie ~ ist es?*** what's the time?; ***zu ~*** too late; ***wir sind ~ dran*** we're late

Spaten *m* spade

später **1.** *Adj* later; (≈ *zukünftig*) future **2.** *Adv* later (on); ***~ als*** later than; ***an ~ denken*** to think of the future; ***bis ~!*** see you later! **spätestens** *Adv* at the latest **Spätfolge** *f* late effect **Spätherbst** *m* late autumn, late fall (*US*) **Spätlese** *f* late vintage **Spätschaden** *m* long-term damage **Spätschicht** *f* late shift **Spätsommer** *m* late summer

Spatz *m* sparrow **Spatzenhirn** *n* (*pej*) birdbrain (*umg*)

spazieren *vi* to stroll; ***wir waren ~*** we went for a stroll **spazieren fahren** **1.** *vi* to go for a ride **2.** *vt* ***jdn ~*** to take sb for a drive **spazieren gehen** *vi* to go for a walk **Spazierfahrt** *f* ride; ***eine ~ machen*** to go for a ride **Spaziergang** *m* walk; ***einen ~ machen*** to go for a walk **Spaziergänger(in)** *m(f)* stroller **Spazierstock** *m* walking stick

SPD *f, Abk von* ***Sozialdemokratische Partei Deutschlands***

Specht *m* woodpecker

Speck *m* bacon; (*umg: bei Mensch*) flab (*umg*); ***mit ~ fängt man Mäuse*** (*Sprichw*) you have to use a sprat to catch a mackerel (*Sprichw*) **speckig** *Adj Kleidung, Haar* greasy **Speckscheibe** *f* (bacon) rasher **Speckschwarte** *f* bacon rind

Spediteur(in) *m(f)* haulier (*Brit*), hauler (*US*); (≈ *Umzugsfirma*) furniture remover **Spedition** *f* **a)** (≈ *das Spedieren*) transporting; **b)** (≈ *Firma*) haulier (*Brit*), hauler (*US*); (≈ *Umzugsfirma*) furniture remover

Speer *m* spear; SPORT javelin **Speerwerfen** *n* SPORT ***das ~*** the javelin

Speiche *f* **a)** spoke; **b)** ANAT radius

Speichel *m* saliva

Speicher *m* (≈ *Lagerhaus*) storehouse; (*im Haus*) loft, attic; (≈ *Wasserspeicher*) tank; IT memory, store **Speicherchip** *m* IT memory chip **Speicherdichte** *f* IT storage density **Speicherkapazität** *f* storage capacity; IT memory capacity **speichern** *vt* to store; (≈ *abspeichern*) to save **Speicherofen** *m* storage heater **Speicherplatte** *f* IT storage disk **Speicherplatz** *m* IT storage space **Speicherung** *f* storage **Speicherverwaltung** *f* IT memory management

speien **1.** *vt* to spit; *Lava, Feuer* to spew (forth); *Wasser* to spout; (≈ *erbrechen*) to vomit **2.** *vi* (≈ *sich übergeben*) to vomit

S

Speise *f* (≈ *Gericht*) dish; ***~n und Getränke*** meals and beverages; ***kalte und warme ~n*** hot and cold meals **Speiseeis** *n* ice cream **Speisekammer** *f* pantry **Speisekarte** *f* menu **speisen** **1.** *vi* (*geh*) to eat **2.** *vt* **a)** (*geh* ≈ *essen*) to eat; **b)** TECH to feed **Speiseplan** *m* menu plan; ***auf dem ~ stehen*** to be on the menu **Speiseröhre** *f* ANAT gullet **Speisesaal** *m* dining hall; (*in Hotel etc*) dining room **Speisewagen** *m* BAHN dining *od* restaurant car

Spektakel *m* (*umg*) rumpus (*umg*); (≈ *Aufregung*) palaver (*umg*) **spektakulär** *Adj* spectacular

Spektrum *n* spectrum

Spekulant(in) *m(f)* speculator **Spekulation** *f* speculation; ***~en anstellen*** to speculate **Spekulationsgewinn** *m* speculative profit **Spekulationsobjekt** *n* object of speculation

Spekulatius *m* spiced biscuit (*Brit*) *od* cookie (*US*)

spekulativ *Adj* speculative **spekulieren** *vi* to speculate; ***auf etw*** (*Akk*) ***~*** (*umg*) to have hopes of sth

Spelunke *f* (*pej umg*) dive (*umg*)

spendabel *Adj* (*umg*) generous **Spende** *f* donation; (≈ *Beitrag*) contribution **spenden** *vt* to donate, to give; (≈ *beitragen*) *Geld* to contribute; *Schatten* to offer; *Trost* to give **Spendenaffäre** *f* donations scandal **Spendenkonto** *n* donations account **Spender** *m* (≈ *Seifenspender etc*) dispenser **Spender(in)** *m(f)* donator; (≈ *Beitragsleistender*) contributor; MED donor **Spenderherz** *n* donor heart **spendieren** *vt* to buy (*jdm etw* sb sth, sth for sb)

Spengler(in) *m(f)* (*südd, österr* ≈ *Klempner*) plumber

Sperling *m* sparrow

Sperma *n* sperm

sperrangelweit *Adv* (*umg*) ***~ offen*** wide open **Sperre** *f* **a)** barrier; (≈ *Polizeisperre*) roadblock; TECH locking device; **b)** (≈ *Verbot*) ban; (≈ *Blockierung*) blockade; HANDEL embargo; **c)** PSYCH mental block **sperren** **1.** *vt* **a)** (≈ *schließen*) to close; TECH to lock; **b)** HANDEL *Konto, Gelder* to block; *Scheck, Kreditkarte* to stop; IT *Daten, Zugriff* to lock; ***jdm den Strom/das Telefon ~*** to disconnect sb's electricity/telephone; **c)** (SPORT ≈ *ausschließen*) to ban; **d)** (≈ *einschließen*) ***jdn in etw*** (*Akk*) ***~*** to shut sb in sth; **e)** TYPO to space out **2.** *vr* ***sich*** (***gegen etw***) ***~*** to ba(u)lk (at sth) **Sperrfrist** *f* waiting period (*auch* JUR) **Sperrgebiet** *n* prohibited area *od* zone **Sperrholz** *n* plywood **sperrig** *Adj* bulky; (≈ *unhandlich*) unwieldy **Sperrkonto** *n* blocked account **Sperrmüll** *m* bulky refuse **Sperrstunde** *f* closing time **Sperrung**

f (≈ *Schließung*) closing; TECH locking; (*von Konto*) blocking

Spesen *Pl* expenses *Pl*; ***auf ~ reisen*** to travel on expenses

Spezi[1] *m* (*südd, österr umg*) pal (*umg*)

Spezi®[2] *n* (*Getränk*) cola and orangeade

Spezialausbildung *f* specialized training **Spezialeffekt** *m* special effect **Spezialfall** *m* special case **Spezialgebiet** *n* special field **spezialisieren** *vr* ***sich*** (***auf etw*** *Akk*) ***~*** to specialize (in sth) **Spezialisierung** *f* specialization **Spezialist(in)** *m(f)* specialist (*für* in) **Spezialität** *f* speciality (*Brit*), specialty (*US*) **speziell** **1.** *Adj* special **2.** *Adv* (e)specially **Spezifikation** *f* specification **spezifisch** **1.** *Adj* specific **2.** *Adv* specifically **spezifizieren** *vt* to specify

Sphäre *f* (*wörtl, fig*) sphere

spicken **1.** *vt* KOCH *Braten* to baste; ***mit Zitaten gespickt*** peppered with quotations (*bes Brit*) **2.** *vi* (SCHULE *umg*) to copy (*bei* off, from) **Spickzettel** *m* crib (*Brit*), cheat sheet (*US*)

Spiegel *m* **a)** mirror; **b)** (≈ *Wasserspiegel etc*) level **Spiegelbild** *n* (*wörtl, fig*) reflection; (≈ *seitenverkehrtes Bild*) mirror image **Spiegelei** *n* fried egg **spiegelfrei** *Adj Brille, Bildschirm etc* nonreflecting **spiegelglatt** *Adj Fahrbahn, Meer etc* glassy **spiegeln** **1.** *vi* (≈ *reflektieren*) to reflect (the light); (≈ *glitzern*) to shine **2.** *vt* to reflect **3.** *vr* to be reflected **Spiegelreflexkamera** *f* reflex camera **Spiegelschrift** *f* mirror writing **Spiegelung** *f* reflection; (≈ *Luftspiegelung*) mirage

Spiel *n* **a)** game; (≈ *Wettkampfspiel*) match; (THEAT ≈ *Stück*) play; ***ein ~ spielen*** to play a game; **b)** KARTEN deck, pack; (*Satz*) set; **c)** TECH (free) play; (≈ *Spielraum*) clearance; **d)** (*fig*) ***leichtes ~ haben*** to have an easy job of it; ***das ~ ist aus*** the game's up; ***die Finger im ~ haben*** to have a hand in it; ***jdn/etw aus dem ~ lassen*** to leave sb/sth out of it; ***etw aufs ~ setzen*** to put sth at stake; ***auf dem ~(e) stehen*** to be at stake; ***sein ~ mit jdm treiben*** to play games with sb **Spielautomat** *m* gambling *od* gaming machine; (*zum Geldgewinnen*) fruit machine **Spielball** *m* (*Tennis*) game point; (*Billard*) cue ball; (*fig*) plaything **Spielbank** *f* casino **spielen** **1.** *vt* to play; ***Klavier/Flöte ~*** to play the piano/the flute; ***den Beleidigten ~*** to act all offended; ***was wird hier gespielt?*** (*umg*) what's going on here? **2.** *vi* to play; (*Schauspieler*) to act; (*beim Glücksspiel*) to gamble; ***seine Beziehungen ~ lassen*** to bring one's connections into play; → ***gespielt*** **spielend** **1.** *Adj* playing **2.** *Adv* easily **Spieler(in)** *m(f)* player; (≈ *Glücksspieler*) gambler **Spielerei** *f* (≈ *das Spielen*) playing; (*beim Glücksspiel*) gambling; (≈ *das Herumspielen*) playing around; (≈ *Kinderspiel*) child's play *ohne Artikel* **spielerisch** *Adj* **a)** (≈ *verspielt*) playful; **b)** SPORT playing; THEAT acting; ***~es Können*** playing/acting ability **Spielfeld** *n* field; (*Tennis, Basketball*) court **Spielfigur** *f* piece **Spielfilm** *m* feature film **Spielgeld** *n* (≈ *unechtes Geld*) play money **Spielhalle** *f* amusement arcade (*Brit*), arcade **Spielhölle** *f* gambling den **Spielkamerad(in)** *m(f)* playmate **Spielkarte** *f* playing card; → *Info nächste Seite*; **Spielkasino** *n* (gambling) casino **Spielklasse** *f* division **Spielkonsole** *f* game(s) console **Spielleiter(in)** *m(f)* (≈ *Regisseur*) director **Spielmacher(in)** *m(f)* key player **Spielplan** *m* THEAT, FILM programme (*Brit*), program (*US*) **Spielplatz** *m* (*für Kinder*) playground **Spielraum** *m* room to move; (*fig*) scope; (*zeitlich*) time; (*bei Planung etc*) leeway; TECH (free) play **Spielregel** *f* rule of the game **Spielsachen** *Pl* toys *Pl* **Spielschuld** *f* gambling debt **Spielshow** *f* game show **Spielstand** *m* score **Spieltisch** *m* games table; (*beim Glückspiel*) gaming *od* gambling table **Spieluhr** *f* music box **Spielverderber(in)** *m(f)* spoilsport **Spielverlauf** *m* play **Spielwaren** *Pl* toys *Pl* **Spielwarengeschäft** *n*, **Spielwarenhandlung** *f* toy shop (*bes Brit*) *od* store (*bes US*) **Spielzeit** *f* **a)** (≈ *Saison*) season; **b)** (≈ *Spieldauer*) playing time **Spielzeug** *n* toys *Pl*; (*einzelnes*) toy **Spielzeugeisenbahn** *f* (toy) train set

Spieß *m* (≈ *Stich- und Wurfwaffe*) spear; (≈ *Bratspieß*) spit; (*kleiner*) skewer; ***den ~ umdrehen*** (*fig*) to turn

(französische) Spielkarten	
Kartenfarben	
Kreuz	**clubs**
Pik	**spades**
Herz	**hearts**
Karo	**diamonds**
Kartenbilder	
Ass	**ace**
König	**king**
Dame	**queen**
Bube	**jack**

the tables **Spießbürger(in)** *m(f)* (*pej*) (petit) bourgeois **spießbürgerlich** (*pej*) *Adj* (petit) bourgeois **spießen** *vt* ***etw auf etw*** (*Akk*) ~ (*auf Pfahl etc*) to impale sth on sth; (*auf Gabel etc*) to skewer sth on sth; (*auf Nadel*) to pin sth on sth **Spießer(in)** *m(f)* (*pej*) = ***Spießbürger(in)*** **spießig** *Adj, Adv* (*pej*) = ***spießbürgerlich*** **Spießrute** *f* ***~n laufen*** (*fig*) to run the gauntlet

Spikes *Pl* spikes *Pl*

Spinat *m* spinach

Spind *m od n* MIL, SPORT locker

Spindel *f* spindle

Spinne *f* spider **spinnen 1.** *vt* to spin **2.** *vi* (*umg*) (≈ *leicht verrückt sein*) to be crazy; (≈ *Unsinn reden*) to talk garbage (*umg*); ***spinnst du?*** you must be crazy! **Spinnennetz** *n* cobweb, spider's web **Spinner(in)** *m(f)* **a)** TEX spinner; **b)** (*umg*) nutcase (*umg*) **Spinnerei** *f* **a)** (≈ *Spinnwerkstatt*) spinning mill; **b)** (*umg*) crazy behaviour (*Brit*) *od* behavior (*US*) *kein Pl*; (≈ *Unsinn*) garbage (*umg*) **Spinngewebe** *n* cobweb, spider's web **Spinnrad** *n* spinning wheel

Spion *m* (*umg*) (≈ *Guckloch*) spyhole **Spion(in)** *m(f)* spy **Spionage** *f* spying, espionage **Spionageabwehr** *f* counterintelligence *od* counterespionage (service) **Spionagesatellit** *m* spy satellite **spionieren** *vi* to spy; (*fig umg* ≈ *nachforschen*) to snoop around (*umg*)

Spirale *f* spiral; MED coil

Spiritismus *m* spiritualism **spiritistisch** *Adj* ***~e Sitzung*** seance

Spirituosen *Pl* spirits *Pl*

Spiritus *m* (≈ *Alkohol*) spirit

Spital *n* (*österr, schweiz* ≈ *Krankenhaus*) hospital

spitz 1. *Adj* **a)** pointed; (≈ *nicht stumpf*) *Bleistift, Nadel etc* sharp; MATHE *Winkel* acute; ***~e Klammern*** angle brackets; **b)** (≈ *gehässig*) barbed; *Zunge* sharp **2.** *Adv* (≈ *spitzzüngig*) *kontern, antworten* sharply

Spitz *m* (*Hunderasse*) spitz **Spitzbart** *m* goatee **Spitze** *f* **a)** top; (≈ *von Kinn*) point; (≈ *Schuhspitze*) toe; (≈ *Fingerspitze, Nasenspitze*) tip; (≈ *Haarspitze*) end; ***etw auf die ~ treiben*** to carry sth to extremes; **b)** (≈ *vorderes Ende*) front; (≈ *Tabellenspitze*) top; ***an der ~ stehen*** to be at the head; (*auf Tabelle*) to be (at the) top (of the table); ***an der ~ liegen*** (SPORT, *fig*) to be in the lead; **c)** (*fig* ≈ *Stichelei*) dig (*bes Brit*), cut (*US*); **d)** (*Gewebe*) lace; **e)** (*umg* ≈ *prima*) great (*umg*); ***das war einsame ~!*** that was really great! (*umg*)

Spitzel *m* (≈ *Informant*) informer; (≈ *Spion*) spy; (≈ *Schnüffler*) snooper; (≈ *Polizeispitzel*) police informer

spitzen *vt Bleistift* to sharpen; *Lippen* to purse; (*zum Küssen*) to pucker (up); *Ohren* to prick up **Spitzengehalt** *n* top salary **Spitzengeschwindigkeit** *f* top speed **Spitzenhöschen** *n* lace panties *Pl* **Spitzenkandidat(in)** *m(f)* top candidate **Spitzenklasse** *f* top class; ***ein Auto*** *etc* ***der ~*** a top-class car *etc* **Spitzenleistung** *f* top performance; (*fig* ≈ *ausgezeichnete Leistung*) top-class performance **Spitzenlohn** *m* top wage(s *Pl*) **Spitzenposition** *f* leading *od* top position **Spitzenreiter** *m* (*Ware*) top seller; (*Film, Stück etc*) hit; (≈ *Schlager*) number one **Spitzensportler(in)** *m(f)* top(-class) sportsman/-woman **Spitzenstellung** *f* leading position **Spitzentechnologie** *f* state-of-the-art technology **Spitzenverdiener(in)** *m(f)* top earner **Spitzenverkehrszeit** *f* peak period

Spitzer *m* (*umg*) (pencil) sharpener

spitzfindig *Adj* over(ly)-subtle **Spitzfindigkeit** *f* over-subtlety; (≈ *Haarspalterei*) nit-picking *kein Pl* (*umg*)

Spitzhacke *f* pickaxe (*Brit*), pickax (*US*) **Spitzname** *m* nickname **spitzwinklig** *Adj* MATHE *Dreieck* acute-angled

Spleen *m* (*umg*) (≈ *Idee*) crazy idea (*umg*); (≈ *Fimmel*) obsession

Spliss *m* **a)** (*dial* ≈ *Splitter*) splinter; **b)** (≈ *gespaltene Haarspitzen*) split ends *Pl*

Splitt *m* stone chippings *Pl*; (≈ *Streumittel*) grit **Splitter** *m* splinter **Splittergruppe** *f* POL splinter group **splitternackt** *Adj* stark-naked

SPÖ *f*, *Abk von* ***Sozialdemokratische Partei Österreichs***

Spoiler *m* spoiler

sponsern *vt* to sponsor **Sponsor(in)** *m(f)* sponsor

spontan **1.** *Adj* spontaneous **2.** *Adv* spontaneously **Spontaneität** *f* spontaneity

sporadisch **1.** *Adj* sporadic **2.** *Adv* sporadically

Sport *m* sport; ***treiben Sie ~?*** do you do any sport? **Sportart** *f* (kind of) sport **Sportarzt** *m*, **Sportärztin** *f* sports physician **sportbegeistert** *Adj* keen on sport, sports-mad (*Brit umg*), crazy about sports (*US umg*) **Sportfest** *n* sports festival **Sporthalle** *f* sports hall **Sportkleidung** *f* sportswear **Sportler** *m* sportsman **Sportlerin** *f* sportswoman **sportlich** **1.** *Adj* **a)** sporting; *Mensch, Auto* sporty; (≈ *durchtrainiert*) athletic; **b)** *Kleidung* casual; (≈ *sportlich-schick*) smart but casual **2.** *Adv* **a)** ***sich ~ betätigen*** to do sport; **b)** (≈ *leger*) casually; ***~ gekleidet*** casually dressed **Sportmedizin** *f* sports medicine **Sportnachrichten** *Pl* sports news *mit Sg vb* **Sportplatz** *m* sports field; (*in der Schule*) playing field(s *Pl*) **Sportreporter(in)** *m(f)* sports reporter **Sportschuh** *m* casual shoe **Sportsfreund(in)** *m(f)* (*fig umg*) pal (*umg*) **Sportskanone** *f* (*umg*) sporting ace (*umg*) **Sportunfall** *m* sporting accident **Sportveranstaltung** *f* sporting event **Sportverein** *m* sports club **Sportwagen** *m* sports car; (*für Kind*) pushchair (*Brit*), (baby) stroller (*US*)

Spott *m* mockery; ***seinen ~ mit jdm treiben*** to make fun of sb **spottbillig** *Adj* (*umg*) dirt-cheap (*umg*) **Spöttelei** *f* (≈ *das Spotten*) mocking; (≈ *ironische Bemerkung*) mocking remark **spötteln** *vi* to mock (*über jdn/etw* sb/sth) **spotten** *vi* (≈ *sich lustig machen*) to mock; ***über jdn/etw ~*** to mock sb/sth; ***das spottet jeder Beschreibung*** that simply defies description **Spötter(in)** *m(f)* mocker; (≈ *satirischer Mensch*) satirist **spöttisch** **1.** *Adj* mocking **2.** *Adv* mockingly **Spottpreis** *m* ridiculously low price

sprachbegabt *Adj* linguistically talented **Sprache** *f* language; (≈ *das Sprechen*) speech; (≈ *Fähigkeit, zu sprechen*) power of speech; ***in französischer*** *etc* ***~*** in French *etc*; ***mit der ~ herausrücken*** to come out with it; ***die ~ auf etw*** (*Akk*) ***bringen*** to bring the conversation (a)round to sth; ***zur ~ kommen*** to be brought up; ***etw zur ~ bringen*** to bring sth up; ***mir blieb die ~ weg*** I was speechless **Sprachenschule** *f* language school **Spracherkennung** *f* IT speech recognition **Sprachfehler** *m* speech impediment **Sprachführer** *m* phrase book **Sprachgebrauch** *m* (linguistic) usage **Sprachgefühl** *n* feeling for language **sprachgesteuert** *Adj* IT voice-activated **sprachgewandt** *Adj* articulate, fluent **Sprachkenntnisse** *Pl* knowledge *Sg* of languages/the language/a language; ***mit englischen ~n*** with a knowledge of English **Sprachkurs** *m* language course **Sprachlabor** *n* language laboratory **Sprachlehre** *f* grammar **sprachlich** **1.** *Adj* linguistic; *Schwierigkeiten* language *attr*; *Fehler* grammatical **2.** *Adv* linguistically; ***~ falsch/richtig*** grammatically incorrect/correct **sprachlos** *Adj* speechless **Sprachlosigkeit** *f* speechlessness **Sprachrohr** *n* (*fig*) mouthpiece **Sprachunterricht** *m* language teaching **Sprachwissenschaft** *f* linguistics *Sg*; (≈ *Philologie*) philology; ***vergleichende ~en*** comparative linguistics/philology **Sprachwissenschaftler(in)** *m(f)* linguist; (≈ *Philologe*) philologist **sprachwissenschaftlich** **1.** *Adj* linguistic **2.** *Adv* linguistically

Spray *m od n* spray **Spraydose** *f* aerosol (can) **sprayen** *vti* to spray **Sprayer(in)** *m(f)* sprayer

Sprechanlage *f* intercom **Sprechblase** *f* balloon **sprechen** **1.** *vi* to speak;

S

(≈ *reden*) to talk; ***viel ~*** to talk a lot; ***nicht gut auf jdn/etw zu ~ sein*** not to have a good thing to say about sb/sth; ***mit jdm ~*** to speak *od* talk to sb; ***mit wem spreche ich?*** to whom am I speaking, please?; ***auf jdn/etw zu ~ kommen*** to get to talking about sb/sth; ***es spricht für jdn/etw(, dass ...)*** it says something for sb/sth (that ...); ***das spricht für sich (selbst)*** that speaks for itself; ***es spricht vieles dafür/dagegen*** there's a lot to be said for/against it; ***ganz allgemein gesprochen*** generally speaking **2.** *vt* **a)** *Sprache* to speak; (≈ *aufsagen*) *Gebet* to say; ***~ Sie Japanisch?*** do you speak Japanese?; **b)** *Urteil* to pronounce; **c)** ***kann ich bitte Herrn Kurz ~?*** may I speak to Mr Kurz, please?; ***er ist nicht zu ~*** he can't see anybody; ***kann ich Sie kurz ~?*** can I have a quick word?; ***wir ~ uns noch!*** you haven't heard the last of this! **sprechend** *Adj Augen, Gebärde* eloquent **Sprecher(in)** *m(f)* speaker; (≈ *Nachrichtensprecher*) newscaster; (≈ *Ansager*) announcer; (≈ *Wortführer*) spokesperson **Sprechfunk** *m* radiotelephone system **Sprechfunkgerät** *n* radiotelephone; (*tragbar auch*) walkie-talkie **Sprechstunde** *f* consultation (hour); (*von Arzt*) surgery (*Brit*), consultation (*US*) **Sprechstundenhilfe** *f* (*neg!*) (doctor's) receptionist **Sprechtaste** *f* "talk" button **Sprechweise** *f* way of speaking **Sprechzimmer** *n* consulting room

spreizen 1. *vt* to spread; → ***gespreizt*** **2.** *vr* (≈ *sich sträuben*) to kick up (*umg*) **Spreizfuß** *m* splayfoot

sprengen *vt* **a)** (*mit Sprengstoff*) to blow up; *Fels* to blast; ***etw in die Luft ~*** to blow sth up; **b)** *Tresor* to break open; *Fesseln* to burst; *Versammlung* to break up; (*Spiel*)*bank* to break; **c)** (≈ *bespritzen*) to sprinkle; *Beete, Rasen* to water **Sprengkopf** *m* warhead **Sprengkörper** *m* explosive device **Sprengkraft** *f* explosive force **Sprengladung** *f* explosive charge **Sprengsatz** *m* explosive device **Sprengstoff** *m* explosive; (*fig*) dynamite **Sprengstoffanschlag** *m* bomb attack **Sprengung** *f* blowing-up; (*von Felsen*) blasting

sprenkeln *vt Farbe* to sprinkle spots of; → ***gesprenkelt***

Spreu *f* chaff; ***die ~ vom Weizen trennen*** *od* ***sondern*** (*fig*) to separate the wheat from the chaff

Sprichwort *n* proverb **sprichwörtlich** *Adj* (*wörtl, fig*) proverbial

sprießen *vi* (*aus der Erde*) to come up; (*Knospen, Blätter*) to shoot

Springbrunnen *m* fountain **springen** *vi* **a)** to jump; (*bes mit Schwung*) to leap; (*beim Stabhochsprung*) to vault; **b)** ***etw ~ lassen*** (*umg*) to fork out for sth (*umg*); *Runde* to stand sth; *Geld* to fork out sth (*umg*); **c)** (*Glas, Porzellan*) to break; (≈ *Risse bekommen*) to crack **springend** *Adj* ***der ~e Punkt*** the crucial point **Springer** *m* SCHACH knight **Springer(in)** *m(f)* **a)** jumper; (≈ *Stabhochspringer*) vaulter; **b)** INDUSTRIE stand-in **Springerstiefel** *Pl* Doc Martens® (boots) *Pl* **Springflut** *f* spring tide **Springreiten** *n* show jumping **Springrollo** *n* roller blind **Springseil** *n* skipping-rope (*Brit*), jump rope (*US*)

Sprinkler *m* sprinkler **Sprinkleranlage** *f* sprinkler system

Sprint *m* sprint **sprinten** *vti* to sprint

Sprit *m* (*umg* ≈ *Benzin*) gas (*umg*)

Spritze *f* syringe; (≈ *Injektion*) injection; ***eine ~ bekommen*** to have an injection **spritzen 1.** *vt* **a)** to spray; (≈ *verspritzen*) *Wasser etc* to splash; **b)** (≈ *injizieren*) to inject; (≈ *eine Injektion geben*) to give injections/an injection; ***sich*** (*Dat*) ***Heroin ~*** to inject (oneself with) heroin **2.** *vi* to spray; (*heißes Fett*) to spit **Spritzer** *m* splash **Spritzfahrt** *f* (*umg*) spin (*umg*); ***eine ~ machen*** to go for a spin (*umg*) **spritzig** *Adj Wein* tangy; *Auto, Aufführung* lively; (≈ *witzig*) witty **Spritzpistole** *f* spray gun

spröde *Adj* brittle; *Haut* rough; (≈ *abweisend*) *Mensch* aloof; *Worte* offhand; *Charme* austere

Sprosse *f* rung **Sprossenfenster** *n* lattice window **Sprossenwand** *f* SPORT wall bars *Pl* **Sprössling** *m* shoot; (*fig hum*) offspring *Pl*

Sprotte *f* sprat

Spruch *m* **a)** saying; (≈ *Wahlspruch*) motto; ***Sprüche klopfen*** (*umg*) to talk posh (*umg*); (≈ *angeben*) to talk big (*umg*); **b)** (≈ *Richterspruch*) judge-

S

ment; (≈ *Schiedsspruch*) ruling **Spruchband** *n* banner **spruchreif** *Adj* (*umg*) ***die Sache ist noch nicht ~*** it's not definite yet so we'd better not talk about it

Sprudel *m* mineral water; (≈ *süßer Sprudel*) fizzy drink **Sprudelbad** *n* whirlpool (bath) **sprudeln** *vi* to bubble; (*Sekt, Limonade*) to fizz; (*fig*) **sprudelnd** *Adj* (*wörtl*) *Getränke* fizzy; *Quelle* bubbling; (*fig*) *Witz* bubbly

Sprühdose *f* spray (can) **sprühen** **1.** *vi* **a)** to spray; (*Funken*) to fly; **b)** (*fig*) (*vor Witz, Ideen etc*) to bubble over (*vor +Dat* with); (*Augen*) (*vor Freude etc*) to sparkle (*vor +Dat* with); (*vor Zorn etc*) to flash (*vor +Dat* with) **2.** *vt* to spray **Sprühregen** *m* fine rain

Sprung *m* **a)** jump; (*schwungvoll*) leap; (≈ *Satz*) bound; (*von Raubtier*) pounce; (≈ *Stabhochsprung*) vault; (*Wassersport*) dive; ***einen ~ machen*** to jump; ***damit kann man keine großen Sprünge machen*** (*umg*) you can't exactly live it up on that (*umg*); ***jdm auf die Sprünge helfen*** to give sb a (helping) hand; **b)** (*umg* ≈ *kurze Strecke*) stone's throw (*umg*); ***auf einen ~ bei jdm vorbeikommen*** to drop in to see sb (*umg*); **c)** (≈ *Riss*) crack; ***einen ~ haben*** to be cracked **Sprungbrett** *n* (*wörtl, fig*) springboard **Sprungfeder** *f* spring **sprunghaft** **1.** *Adj* **a)** *Mensch* volatile; **b)** (≈ *rapide*) rapid **2.** *Adv ansteigen* by leaps and bounds **Sprungschanze** *f* SKI ski jump **Sprungturm** *m* diving platform

Spucke *f* (*umg*) spit; ***da bleibt einem die ~ weg!*** (*umg*) it's flabbergasting (*umg*) **spucken** **1.** *vt* to spit; (*umg* ≈ *erbrechen*) to throw up (*umg*); *Lava* to spew (out) **2.** *vi* to spit; ***in die Hände ~*** (*wörtl*) to spit on one's hands; (*fig*) to roll up one's sleeves

spuken *vi* to haunt; ***hier spukt es*** this place is haunted

Spülbecken *n* sink

Spule *f* spool; INDUSTRIE bobbin; ELEK coil

Spüle *f* sink

spulen *vt* to spool (*auch* COMPUT)

spülen **1.** *vt* **a)** (≈ *ausspülen*) *Mund* to rinse; *Wunde* to wash; *Darm* to irrigate; (≈ *abwaschen*) *Geschirr* to wash up; **b)** (*Wellen etc*) to wash; ***etw an Land ~*** to wash sth ashore **2.** *vi* (*Waschmaschine*) to rinse; (≈ *Geschirr spülen*) to wash up; (*auf der Toilette*) to flush; ***du spülst und ich trockne ab*** you wash and I'll dry **Spüllappen** *m* dishcloth **Spülmaschine** *f* (automatic) dishwasher **spülmaschinenfest** *Adj* dishwasher-proof **Spülmittel** *n* washing-up liquid **Spülschüssel** *f* washing-up bowl **Spülung** *f* rinsing; (≈ *Wasserspülung*) flush; (≈ *Haarspülung*) conditioner; (MED ≈ *Darmspülung*) irrigation

Spund *m* stopper; (*Holztechnik*) tongue

Spur *f* **a)** (≈ *Abdruck im Boden etc*) track; (≈ *hinterlassenes Zeichen*) trace; (≈ *Bremsspur*) skidmarks *Pl*; (≈ *Blutspur etc, Fährte*) trail; ***von den Tätern fehlt jede ~*** there is no clue as to the whereabouts of the persons responsible; ***auf der richtigen/falschen ~ sein*** to be on the right/wrong track; ***jdm auf die ~ kommen*** to get onto sb; ***~en hinterlassen*** (*fig*) to leave one's/its mark; **b)** (*fig* ≈ *kleine Menge*) trace; (*von Talent etc*) scrap; ***von Anstand keine ~*** (*umg*) no decency at all; ***keine ~!*** (*umg*) not at all; **c)** (≈ *Fahrbahn*) lane; **d)** IT track

spürbar **1.** *Adj* noticeable, perceptible **2.** *Adv* noticeably, perceptibly

spuren *vi* (*umg*) to obey; (≈ *sich fügen*) to toe the line

spüren *vt* to feel; ***davon ist nichts zu ~*** there is no sign of it; ***etw zu ~ bekommen*** (*wörtl*) to feel sth; (*fig*) to feel the (full) force of sth

Spurenelement *n* trace element **Spurensicherung** *f* securing of evidence

Spürhund *m* tracker dog; (*umg: Mensch*) sleuth

spurlos *Adj, Adv* without trace; ***das ist nicht ~ an ihm vorübergegangen*** it left its mark on him **Spurrille** *f* VERKEHR rut

Spürsinn *m* (JAGD, *fig*) nose; (*fig* ≈ *Gefühl*) feel

Spurt *m* spurt; ***zum ~ ansetzen*** to make a final spurt **spurten** *vi* SPORT to spurt; (*umg* ≈ *rennen*) to sprint, to dash

Spurwechsel *m* VERKEHR lane change

Spurweite *f* BAHN gauge; AUTO track

S

Squash *n* squash
Staat *m* **a)** state; (≈ *Land*) country; ***die ~en*** (*umg*) the States (*umg*); ***von ~s wegen*** on a governmental level; **b)** (≈ *Ameisenstaat etc*) colony; **c)** (*fig*) (≈ *Pracht*) pomp; (≈ *Kleidung, Schmuck*) finery; ***~ machen (mit etw)*** to make a show (of sth); ***damit ist kein ~ zu machen*** that's nothing to write home about (*umg*) **Staatenbund** *m* confederation (of states) **Staatengemeinschaft** *f* community of states **staatenlos** *Adj* stateless **Staatenlose(r)** *mf* stateless person **staatlich 1.** *Adj* state *attr*; (≈ *staatlich geführt*) state-run **2.** *Adv* by the state; ***~ geprüft*** state-certified **Staatsakt** *m* state occasion **Staatsaktion** *f* major operation **Staatsangehörige(r)** *mf* national **Staatsangehörigkeit** *f* nationality **Staatsanleihe** *f* government bond **Staatsanwalt** *m*, **Staatsanwältin** *f* district attorney (*US*), public prosecutor (*bes Brit*) **Staatsausgaben** *Pl* public expenditure *Sg* **Staatsbeamte(r)** *m*, **Staatsbeamtin** *f* public servant **Staatsbegräbnis** *n* state funeral **Staatsbesuch** *m* state visit **Staatsbürger(in)** *m(f)* citizen **staatsbürgerlich** *Adj Pflicht* civic; *Rechte* civil **Staatsbürgerschaft** *f* nationality; ***doppelte ~*** dual nationality **Staatschef(in)** *m(f)* head of state **Staatsdienst** *m* civil service **staatseigen** *Adj* state-owned **Staatsempfang** *m* state reception **Staatsexamen** *n university degree required for the teaching profession* **Staatsfeind(in)** *m(f)* enemy of the state **staatsfeindlich** *Adj* hostile to the state **Staatsform** *f* type of state **Staatsgeheimnis** *n* state secret **Staatsgrenze** *f* state frontier *od* border **Staatshaushalt** *m* national budget **Staatshoheit** *f* sovereignty **Staatskosten** *Pl* public expenses *Pl*; ***auf ~*** at the public expense **Staatsmann** *m* statesman **staatsmännisch 1.** *Adj* statesmanlike **2.** *Adv* in a statesmanlike manner **Staatsoberhaupt** *n* head of state **Staatspräsident(in)** *m(f)* president **Staatsschuld** *f* FINANZ national debt **Staatssekretär(in)** *m(f)* (≈ *Beamter*) ≈ permanent secretary (*Brit*), ≈ undersecretary (*US*) **Staatsstreich** *m* coup (d'état) **Staatstrauer** *f* national mourning **Staatsverbrechen** *n* political crime; (*fig*) major crime **Staatsverschuldung** *f* national debt
Stab *m* **a)** rod; (≈ *Gitterstab*) bar; (≈ *Dirigentenstab, für Staffellauf etc*) baton; (*für Stabhochsprung*) pole; (≈ *Zauberstab*) wand; ***den ~ über jdn brechen*** (*fig*) to condemn sb; **b)** (≈ *Mitarbeiterstab*, MIL) staff; (*von Experten*) panel; (MIL ≈ *Hauptquartier*) headquarters *Sg od Pl* **Stäbchen** *n* (≈ *Essstäbchen*) chopstick **Stabhochspringer(in)** *m(f)* pole-vaulter **Stabhochsprung** *m* pole vault
stabil *Adj Möbel* sturdy; *Währung, Beziehung* stable; *Gesundheit* sound **stabilisieren** *vtr* to stabilize **Stabilität** *f* stability
Stablampe *f* (electric) torch (*Brit*), flashlight
Stachel *m* (*von Rosen etc*) thorn; (*von Kakteen, Igel*) spine; (*auf Stacheldraht*) barb; (≈ *Giftstachel*: *von Bienen etc*) sting **Stachelbeere** *f* gooseberry **Stacheldraht** *m* barbed wire **Stacheldrahtzaun** *m* barbed-wire fence **stachelig** *Adj Rosen etc* thorny; *Kaktus etc* spiny; (≈ *sich stachelig anfühlend*) prickly; *Kinn, Bart* bristly **Stachelschwein** *n* porcupine
Stadel *m* (*südd, österr, schweiz*) barn
Stadion *n* stadium
Stadium *n* stage
Stadt *f* **a)** town; (≈ *Großstadt*) city; ***die ~ Paris*** the city of Paris; ***in die ~ gehen*** to go into town; **b)** (≈ *Stadtverwaltung*) council **stadtauswärts** *Adv* out of town **Stadtautobahn** *f* urban motorway (*Brit*) *od* freeway (*US*) **Stadtbad** *n* municipal swimming pool **Stadtbahn** *f* suburban railway (*Brit*), city railroad (*US*) **Stadtbücherei** *f* public library **Stadtbummel** *m* stroll through town **Städtchen** *n* small town **Städtebau** *m* urban development **stadteinwärts** *Adv* into town **Städtepartnerschaft** *f* town twinning (*Brit*), sister city agreement (*US*) **Städter(in)** *m(f)* town resident; (≈ *Großstädter*) city resident **städtisch** *Adj* municipal, town *attr*; (≈ *einer Großstadt auch*) city *attr*; (≈ *nach Art einer Stadt*) urban **Stadtkern** *m* town/city centre (*Brit*) *od* center (*US*) **Stadtmauer** *f*

S

city wall **Stadtmitte** *f* town/city centre (*Brit*) *od* center (*US*) **Stadtplan** *m* (street) map (of a/the town/city) **Stadtplanung** *f* town planning **Stadtpolizei** *f* (*österr, schweiz*) urban police (force) **Stadtpräsident(in)** *m(f)* (*schweiz* ≈ *Bürgermeister*) mayor/mayoress **Stadtrand** *m* outskirts *Pl* (of a/the town/city)

Städte

Manche europäische Städtenamen lauten im Englischen ganz anders als im Deutschen. Hier einige Beispiele:

Athen	**Athens** ['æθɪnz]
Brügge	**Bruges** [bruːʒ]
Brüssel	**Brussels** ['brʌslz]
Den Haag	**The Hague** [ðə'heɪg]
Lissabon	**Lisbon** ['lɪzbən]
Genf	**Geneva** [dʒɪ'niːvə]
Lüttich	**Liège** [lɪ'eɪʒ]
Mailand	**Milan** [mɪ'læn]
Moskau	**Moscow** ['mɒskəʊ]
München	**Munich** ['mjuːnɪk]
Nürnberg	**Nuremberg** ['njʊərəmbɜːg]
Sevilla	**Seville** [sə'vɪl]
Venedig	**Venice** ['venɪs]
Warschau	**Warsaw** ['wɔːsɔː]
Wien	**Vienna** [vɪ'enə]

Stadtrat[1] *m* (town/city) council **Stadtrat**[2] *m*, **Stadträtin** *f* (town/city) councillor (*Brit*) *od* councilor (*US*) **Stadtrundfahrt** *f* ***eine ~ machen*** to go on a (sightseeing) tour of a/the town/city **Stadtstreicher(in)** *m(f)* (town/city) tramp **Stadtteil** *m* district **Stadtverwaltung** *f* (town/city) council **Stadtviertel** *n* district, part of town/city **Stadtzentrum** *n* town/city centre (*Brit*) *od* center (*US*)

Staffel *f* **a)** (≈ *Formation*) echelon; (FLUG ≈ *Einheit*) squadron; **b)** SPORT relay (race); (≈ *Mannschaft*) relay team; (*fig*) relay; ***~ laufen*** to run in a relay (race) **Staffelei** *f* easel **Staffellauf** *m* relay (race) **staffeln** *vt Gehälter, Tarife* to grade; *Anfangszeiten* to stagger **Staffelung** *f* (*von Gehältern, Tarifen*) grading; (*von Zeiten*) staggering

Stagnation *f* stagnation **stagnieren** *vi* to stagnate

Stahl *m* steel; ***Nerven wie ~*** nerves of steel **Stahlbeton** *m* reinforced concrete **stahlblau** *Adj* steel-blue **stählern** *Adj* steel; (*fig*) *Wille* of iron, iron *attr*; *Nerven* of steel; *Blick* steely **Stahlhelm** *m* MIL steel helmet **Stahlrohr** *n* tubular steel; (*Stück*) steel tube **Stahlträger** *m* steel girder **Stahlwolle** *f* steel wool

Stalagmit *m* stalagmite **Stalaktit** *m* stalactite

stalinistisch *Adj* Stalinist

Stall *m* stable; (≈ *Kuhstall*) cowshed; (≈ *Schweinestall*) (pig)sty, (pig)pen (*US*)

Stamm *m* **a)** (≈ *Baumstamm*) trunk; **b)** LING stem; **c)** (≈ *Volksstamm*) tribe; **d)** (≈ *Kunden*) regular customers *Pl*; (*von Mannschaft*) regular team members *Pl*; (≈ *Arbeiter*) permanent workforce; (≈ *Angestellte*) permanent staff *Pl*; ***ein fester ~ von Kunden*** regular customers **Stammaktie** *f* BÖRSE ordinary share **Stammbaum** *m* family tree; (*von Zuchttieren*) pedigree **Stammbuch** *n book recording family events with some legal documents*

stammeln *vti* to stammer

stammen *vi* to come (*von, aus* from); (*zeitlich*) to date (*von, aus* from) **Stammform** *f* base form **Stammgast** *m* regular **Stammhalter** *m* son and heir **stämmig** *Adj* (≈ *gedrungen*) stocky; (≈ *kräftig*) sturdy **Stammkapital** *n* FINANZ ordinary share (*Brit*) *od* common stock (*US*) capital **Stammkneipe** *f* (*umg*) local (*Brit umg*), local bar **Stammkunde** *m*, **Stammkundin** *f* regular (customer) **Stammkundschaft** *f* regulars *Pl* **Stammplatz** *m* usual seat **Stammsitz** *m* (*von Firma*) headquarters *Sg od Pl*; (*von Geschlecht*) ancestral seat; (*im Theater etc*) regular seat **Stammtisch** *m* (≈ *Tisch in Gasthaus*) table reserved for the regulars; (≈ *Stammtischrunde*) group of regulars **Stammwähler(in)** *m(f)* POL staunch supporter **Stammzelle** *f* stem cell; ***embryonale ~n*** embryonic stem cells

stampfen **1.** *vi* **a)** (≈ *laut auftreten*) to stamp; ***mit dem Fuß ~*** to stamp one's foot; **b)** (*Schiff*) to pitch, to toss **2.** *vt* **a)** (≈ *festtrampeln*) *Lehm, Sand* to stamp; *Trauben* to press; **b)** (*mit Stampfer*) to mash

Stand *m* **a)** (≈ *das Stehen*) standing position; ***aus dem ~*** from a standing position; ***ein Sprung aus dem ~*** a standing jump; ***bei jdm einen schweren ~ haben*** (*fig*) to have a hard time with sb; **b)** (≈ *Marktstand etc*) stand; (≈ *Taxistand*) rank; **c)** (≈ *Lage*) state; (≈ *Zählerstand etc*) reading; (≈ *Kontostand*) balance; (SPORT ≈ *Spielstand*) score; ***beim jetzigen ~ der Dinge*** the way things stand at the moment; ***der neueste ~ der Forschung*** the latest developments in research; ***auf dem neuesten ~ der Technik sein*** (*Gerät*) to be state-of-the-art technology; ***außer~e*** = ***außerstande***; ***im~e*** = ***imstande***; ***in ~*** = ***instand***; ***zu ~e*** = ***zustande***; **d)** (≈ *soziale Stellung*) status; (≈ *Klasse*) class; (≈ *Beruf*) profession

Standard *m* standard **standardisieren** *vt* to standardize **Standardisierung** *f* standardization

Stand-by-Betrieb *m* IT stand-by

Stand-by-Ticket *n* FLUG stand-by ticket

Ständer *m* stand; (*umg* ≈ *Erektion*) hard-on (*sl*)

Ständerat *m* (*schweiz* PARL) upper chamber

Standesamt *n* registry office (*Brit*) **standesamtlich** **1.** *Adj* ***~e Trauung*** civil wedding **2.** *Adv* ***sich ~ trauen lassen*** to get married in a registry office (*Brit*), to have a civil wedding **Standesbeamte(r)** *m*, **Standesbeamtin** *f* registrar **standesgemäß** **1.** *Adj* befitting one's rank **2.** *Adv* in a manner befitting one's rank **Standesunterschied** *m* class difference **standfest** *Adj* stable; (*fig*) steadfast **standhaft** **1.** *Adj* steadfast **2.** *Adv* ***er weigerte sich ~*** he steadfastly refused **Standhaftigkeit** *f* steadfastness **standhalten** *vi* (*Mensch*) to stand firm; (*Brücke etc*) to hold; ***jdm ~*** to stand up to sb; ***einer Prüfung ~*** to stand up to close examination **ständig** **1.** *Adj* **a)** (≈ *dauernd*) permanent; **b)** (≈ *unaufhörlich*) constant **2.** *Adv* (≈ *andauernd*) constantly; ***sie beklagt sich ~*** she's always complaining; ***sie ist ~ krank*** she's always ill **Standl** *n* (*österr* ≈ *Verkaufsstand*) stand **Standleitung** *f* TELEK direct line **Standlicht** *n* sidelights *Pl*; ***mit ~ fahren*** to drive on sidelights **Standort** *m* location; (*von Schiff etc*) position; (*von Industriebetrieb*) site **Standpunkt** *m* (≈ *Meinung*) point of view; ***auf dem ~ stehen, dass ...*** to take the view that ... **Standspur** *f* AUTO hard shoulder (*Brit*), shoulder (*US*) **Standuhr** *f* grandfather clock

Stange *f* **a)** pole; (≈ *Querstab*) bar; (≈ *Gardinenstange*) rod; (≈ *Vogelstange*) perch; **b)** ***ein Anzug von der ~*** a suit off the peg (*Brit*) *od* rack (*US*); ***jdn bei der ~ halten*** (*umg*) to keep sb; ***bei der ~ bleiben*** (*umg*) to stick at it (*umg*); ***jdm die ~ halten*** (*umg*) to stand up for sb; ***eine (schöne) ~ Geld*** (*umg*) a tidy sum (*umg*) **Stängel** *m* stem **Stangenbohne** *f* runner (*Brit*) *od* pole (*US*) bean **Stangenbrot** *n* French bread; (≈ *Laib*) French loaf **Stangensellerie** *m od f* celery

stänkern *vi* (*umg* ≈ *Unfrieden stiften*) to stir things up (*umg*)

Stanniolpapier *n* silver paper

Stanze *f* (*für Prägestempel*) die; (≈ *Lochstanze*) punch **stanzen** *vt* to press; (≈ *prägen*) to stamp; *Löcher* to punch

Stapel *m* **a)** (≈ *Haufen*) stack; **b)** SEEF stocks *Pl*; ***vom ~ laufen*** to be launched; ***vom ~ lassen*** to launch; (*fig*) to come out with (*umg*) **Stapelbox** *f* stacking box **Stapellauf** *m* SEEF launching **stapeln** **1.** *vt* to stack; (≈ *lagern*) to store **2.** *vr* to pile up **Stapelverarbeitung** *f* IT batch processing **stapelweise** *Adv* in piles

stapfen *vi* to trudge
Star[1] *m* ORN starling
Star[2] *m* MED ***grauer ~*** cataract; ***grüner ~*** glaucoma
Star[3] *m* FILM *etc* star **Starbesetzung** *f* star cast
Starenkasten *m* (AUTO *umg* ≈ *Überwachungsanlage*) police camera
Stargage *f* top fee **Stargast** *m* star guest
stark 1. *Adj* **a)** strong; ***sich für etw ~ machen*** (*umg*) to stand up for sth; ***das ist seine ~e Seite*** that is his strong point; ***das ist ~*** *od* ***ein ~es Stück!*** (*umg*) that's a bit much!; **b)** (≈ *dick*) thick; **c)** (≈ *heftig*) *Schmerzen, Kälte* intense; *Frost* severe; *Regen, Verkehr, Raucher, Trinker* heavy; *Sturm* violent; *Erkältung* bad; *Wind, Eindruck* strong; *Beifall* loud; *Fieber* high; **d)** (≈ *leistungsfähig*) *Motor* powerful; **e)** (≈ *zahlreich*) *Nachfrage* great; ***zehn Mann ~*** ten strong; ***300 Seiten ~*** 300 pages long; **f)** (*umg* ≈ *hervorragend*) *Leistung* great (*umg*) **2.** *Adv* (*mit Vb*) a lot; (*mit Adj, Part Perf*) very; *applaudieren* loudly; *pressen* hard; *regnen* heavily; *vergrößert, verkleinert* greatly; *beschädigt, entzündet etc* badly; *bluten* profusely; ***~ wirkend*** *Medikament* potent; ***~ gewürzt*** highly spiced **Starkbier** *n* strong beer
Stärke[1] *f* **a)** strength; **b)** (≈ *Dicke*) thickness; **c)** (≈ *Heftigkeit*) (*von Strömung, Wind*) strength; (*von Schmerzen*) intensity; (*von Regen, Verkehr*) heaviness; (*von Sturm*) violence; **d)** (≈ *Leistungsfähigkeit*) (*von Motor*) power; **e)** (≈ *Anzahl*) size; (*von Nachfrage*) level
Stärke[2] *f* CHEM starch **Stärkemehl** *n* KOCH ≈ cornflour (*Brit*), ≈ cornstarch (*US*)
stärken 1. *vt* **a)** (≈ *kräftigen*) to strengthen; *Gesundheit* to improve; **b)** *Wäsche* to starch **2.** *vi* to be fortifying; ***~des Mittel*** tonic **3.** *vr* to fortify oneself **Starkstrom** *m* ELEK heavy current **Stärkung** *f* **a)** strengthening; **b)** (≈ *Erfrischung*) refreshment **Stärkungsmittel** *n* MED tonic
starr 1. *Adj* **a)** stiff; (≈ *unbeweglich*) rigid; ***~ vor Frost*** stiff with frost; **b)** (≈ *unbewegt*) *Blick* fixed; **c)** (≈ *regungslos*) paralyzed; ***~ vor Schrecken*** paralyzed with fear; **d)** (≈ *nicht flexibel*) inflexible **2.** *Adv* ***jdn ~ ansehen*** to stare at sb; ***~ an etw*** (*Dat*) ***festhalten*** to cling to sth **Starre** *f* stiffness **starren** *vi* **a)** (≈ *starr blicken*) to stare (*auf +Akk* at); ***vor sich*** (*Akk*) ***hin ~*** to stare straight ahead; **b)** ***vor Dreck ~*** to be covered with dirt; (*Kleidung*) to be stiff with dirt **Starrheit** *f* **a)** (*von Gegenstand*) rigidity; **b)** (≈ *Sturheit*) inflexibility **starrköpfig 1.** *Adj* stubborn **2.** *Adv* stubbornly **Starrsinn** *m* stubbornness **starrsinnig 1.** *Adj* stubborn **2.** *Adv* stubbornly
Start *m* **a)** start; **b)** (≈ *Startlinie*) start(-ing line); (*bei Autorennen*) (starting) grid; **c)** FLUG takeoff; (≈ *Raketenstart*) launch **Startbahn** *f* FLUG runway **Startblock** *m* SPORT starting block **starten 1.** *vi* to start; FLUG to take off; (≈ *zum Start antreten*) to take part **2.** *vt* to start; *Satelliten, Rakete* to launch; ***den Computer neu ~*** to restart the computer **Starter** *m* AUTO starter **Starterlaubnis** *f* FLUG clearance for takeoff **Starthilfe** *f* (*fig*) initial aid; ***jdm ~ geben*** to help sb get off the ground **Starthilfekabel** *n* jump leads *Pl* (*Brit*), jumper cables *Pl* (*US*) **Startkapital** *n* starting capital **startklar** *Adj* FLUG clear(ed) for takeoff; (SPORT, *fig*) ready to start **Startschuss** *m* SPORT starting signal; (*fig*) signal (*zu* for); ***den ~ geben*** to fire the (starting) pistol; (*fig*) to give the go-ahead **Startseite** *f* (*im Internet*) start page **Startverbot** *n* FLUG ban on takeoff; SPORT ban
Statik *f* **a)** NATURW statics *Sg*; **b)** BAU structural engineering **Statiker(in)** *m(f)* TECH structural engineer
Station *f* **a)** station; (≈ *Haltestelle*) stop; (*fig: von Leben*) phase; ***~ machen*** to stop off; **b)** (≈ *Krankenstation*) ward **stationär 1.** *Adj* stationary; MED *Behandlung* inpatient *attr*; ***~er Patient*** inpatient **2.** *Adv* ***jdn ~ behandeln*** to treat sb in hospital *od* as an inpatient **stationieren** *vt* *Truppen* to station; *Atomwaffen etc* to deploy **Stationierung** *f* (*von Truppen*) stationing; (*von Atomwaffen etc*) deployment **Stationsarzt** *m*, **Stationsärztin** *f* ward doctor **Stationsschwester** *f* senior nurse (*in a ward*)

S

statisch 1. *Adj* static 2. *Adv* ***meine Haare haben sich ~ aufgeladen*** my hair is full of static electricity
Statist(in) *m(f)* FILM extra; *(fig)* cipher
Statistik *f* statistics *Sg* **Statistiker(in)** *m(f)* statistician **statistisch** *Adj* statistical; ***~ gesehen*** statistically
Stativ *n* tripod
statt 1. *Präp +Gen od (umg) +Dat* instead of; ***an Kindes ~ annehmen*** JUR to adopt 2. *Konj* instead of **stattdessen** *Adv* instead
Stätte *f* place
stattfinden *vi* to take place **stattgeben** *vi +Dat (förml)* to grant **statthaft** *Adj* permitted **stattlich** *Adj* **a)** (≈ *ansehnlich) Gebäude, Anwesen* magnificent; *Bursche* strapping; *Erscheinung* imposing; **b)** (≈ *umfangreich) Sammlung* impressive; *Familie* large; (≈ *beträchtlich)* handsome
Statue *f* statue
Statur *f* build
Status *m* status; ***~ quo*** status quo **Statussymbol** *n* status symbol **Statuszeile** *f* IT status line
Stau *m* (≈ *Wasserstauung)* build-up; (≈ *Verkehrsstauung)* traffic jam; ***ein ~ von 3 km*** a 3km tailback *(Brit)*, a 3km backup (of traffic) *(US)*
Staub *m* dust; BOT pollen; ***~ saugen*** to vacuum, to hoover® *(Brit)*; ***~ wischen*** to dust; ***sich aus dem ~(e) machen*** *(umg)* to clear off *(umg)*
Staubecken *n* reservoir
staubig *Adj* dusty **Staublappen** *m* duster **staubsaugen** *vi* to vacuum, to hoover® *(Brit)* **Staubsauger** *m* vacuum cleaner, Hoover® *(Brit)* **Staubschicht** *f* layer of dust **Staubtuch** *n* duster **Staubwolke** *f* cloud of dust
Staudamm *m* dam
Staude *f* GARTEN herbaceous perennial (plant); (≈ *Busch)* shrub
stauen 1. *vt Wasser, Fluss* to dam (up); *Blut* to stop the flow of 2. *vr* (≈ *sich anhäufen)* to pile up; *(Verkehr, Wasser, fig)* to build up; *(Blut)* to accumulate
staunen *vi* to be astonished *(über +Akk* at); ***da kann man nur noch ~*** it's just amazing; ***da staunst du, was?*** *(umg)* you didn't expect that, did you! **Staunen** *n* astonishment *(über +Akk* at); ***jdn in ~ versetzen*** to amaze sb **staunenswert** *Adj* astonishing
Stausee *m* reservoir **Stauung** *f* **a)** (≈ *Stockung)* pile-up; *(in Lieferungen, Post etc)* hold-up; *(von Menschen)* jam; *(von Verkehr)* tailback *(Brit)*, backup *(US)*; **b)** *(von Wasser)* build-up (of water) **Stauwarnung** *f* warning of traffic congestion
Steak *n* steak
stechen 1. *vi* **a)** *(Dorn, Stachel etc)* to prick; *(Wespe, Biene)* to sting; *(Mücken, Moskitos)* to bite; *(mit Messer etc)* to (make a) stab *(nach* at); *(Sonne)* to beat down; *(mit Stechkarte) (bei Ankunft)* to clock in; *(bei Weggang)* to clock out; **b)** KARTEN to trump 2. *vt* **a)** *(Dorn, Stachel etc)* to prick; *(Wespe, Biene)* to sting; *(Mücken, Moskitos)* to bite; *(mit Messer etc)* to stab; *Löcher* to pierce; **b)** KARTEN to trump; **c)** *Spargel, Torf, Rasen* to cut; **d)** (≈ *gravieren)* to engrave; → ***gestochen*** 3. *vr* to prick oneself *(an +Dat* on, *mit* with); ***sich*** *(Akk od Dat)* ***in den Finger ~*** to prick one's finger **Stechen** *n* **a)** SPORT play-off; *(bei Springreiten)* jump-off; **b)** (≈ *Schmerz)* sharp pain **stechend** *Adj* piercing; *Sonne* scorching; *Schmerz* sharp; *Geruch* pungent **Stechkarte** *f* clocking-in card **Stechmücke** *f* gnat, midge *(Brit)* **Stechpalme** *f* holly **Stechuhr** *f* time clock
Steckbrief *m* "wanted" poster; *(fig)* personal description **steckbrieflich** *Adv* ***~ gesucht werden*** to be wanted
Steckdose *f* ELEK (wall) socket **stecken** 1. *vi* **a)** (≈ *festsitzen)* to be stuck; *(Nadel, Splitter etc)* to be (sticking); ***der Stecker steckt in der Dose*** the plug is in the socket; ***der Schlüssel steckt*** the key is in the lock; **b)** (≈ *verborgen sein)* to be (hiding); ***wo steckt er?*** where has he got to?; ***darin steckt viel Mühe*** a lot of work has gone into that; ***zeigen, was in einem steckt*** to show what one is made of; **c)** (≈ *strotzen vor)* ***voll*** *od* ***voller Fehler/Nadeln ~*** to be full of mistakes/pins; **d)** (≈ *verwickelt sein in)* ***in Schwierigkeiten ~*** to be in difficulties; ***in einer Krise ~*** to be in the throes of a crisis 2. *vt* **a)** (≈ *hineinstecken)* to put; ***jdn ins Bett ~*** *(umg)* to put sb to bed *(umg)*; **b)** HAND to pin; **c)** *(umg* ≈ *investieren) Geld, Mühe* to put *(in +Akk* into); *Zeit*

S

to devote (*in +Akk* to); **d)** (*sl ≈ aufgeben*) to jack in (*Brit umg*), to chuck (*umg*); **e)** ***jdm etw ~*** (*umg*) to tell sb sth **Stecken** *m* stick **stecken bleiben** *vi* to stick fast; (*Kugel*) to be lodged; (*in der Rede*) to falter **stecken lassen** *vt* to leave; ***den Schlüssel ~*** to leave the key in the lock **Steckenpferd** *n* hobbyhorse **Stecker** *m* ELEK plug **Steckkarte** *f* IT expansion card **Stecknadel** *f* pin; ***etw mit ~n befestigen*** to pin sth (*an +Dat* to); ***eine ~ im Heuhaufen suchen*** (*fig*) to look for a needle in a haystack **Steckplatz** *m* IT (expansion) slot **Steckrübe** *f* swede (*Brit*), rutabaga (*US*) **Steckschloss** *n* bicycle lock

Steg *m* **a)** (≈ *Brücke*) footbridge; (≈ *Landungssteg*) landing stage; **b)** (≈ *Brillensteg*) bridge

Stegreif *m* ***aus dem ~ spielen*** THEAT to improvise; ***eine Rede aus dem ~ halten*** to make an impromptu speech

Stehaufmännchen *n* (*Spielzeug*) tumbler; ***er ist ein richtiges ~*** he always bounces back **stehen 1.** *vi* **a)** to stand; (≈ *warten*) to wait; ***fest/sicher ~*** to stand firm(ly)/securely; (*Mensch*) to have a firm/safe foothold; ***vor der Tür stand ein Fremder*** there was a stranger (standing) at the door; ***ich kann nicht mehr ~*** I can't stay on my feet any longer; ***mit jdm/etw ~ und fallen*** to depend on sb/sth; ***sein Hemd steht vor Dreck*** (*umg*) his shirt is stiff with dirt; **b)** (≈ *sich befinden*) to be; ***die Vase steht auf dem Tisch*** the vase is on the table; ***meine alte Schule steht noch*** my old school is still standing; ***unter Schock ~*** to be in a state of shock; ***unter Drogen/Alkohol ~*** to be under the influence of drugs/alcohol; ***vor einer Entscheidung ~*** to be faced with a decision; ***ich tue, was in meinen Kräften steht*** I'll do everything I can; **c)** (≈ *geschrieben, gedruckt sein*) to be; ***was steht da/in dem Brief?*** what does it/the letter say?; ***es stand im „Kurier"*** it was in the "Courier"; **d)** (≈ *angehalten haben*) to have stopped; ***meine Uhr steht*** my watch has stopped; ***der ganze Verkehr steht*** traffic is at a complete standstill; **e)** (≈ *bewertet werden, Währung*) to be (*auf +Dat* at); ***wie steht das Pfund?*** what's the exchange rate for the pound?; ***das Pfund steht auf EUR 1,60*** the pound stands at EUR 1.60; **f)** (≈ *in bestimmter Position sein, Rekord*) to stand (*auf +Dat* at); ***der Zeiger steht auf 4 Uhr*** the clock says 4 (o'clock); ***wie steht das Spiel?*** what is the score?; ***es steht 2:1 für München*** the score is *od* it is 2-1 to Munich; **g)** (≈ *passen zu*) ***jdm ~*** to suit sb; **h)** (*grammatikalisch*) ***nach „in" steht der Akkusativ oder der Dativ*** "in" takes the accusative or the dative; **i)**; → ***gestanden***; **j)** ***die Sache steht*** (*umg*) the whole business is settled; ***es steht mir bis hier*** (*umg*) I've had it up to here with it (*umg*); ***für etw ~*** to stand for sth; ***auf jdn/etw ~*** (*umg*) to be mad about sb/sth (*umg*); ***zu jdm ~*** to stand by sb; ***zu seinem Versprechen ~*** to stand by one's promise; ***wie ~ Sie dazu?*** what are your views on that? **2.** *vt* ***Posten ~*** to stand guard; ***Wache ~*** to mount watch **3.** *vr* ***sich gut/schlecht ~*** to be well/badly off; ***sich mit jdm gut/schlecht ~*** to get on well/badly with sb **4.** *v unpers* ***wie stehts?*** how are *od* how's things?; ***wie steht es damit?*** how about it?; ***es steht schlecht/gut um jdn*** (*gesundheitlich, finanziell*) sb is doing badly/well **Stehen** *n* **a)** standing; ***etw im ~ tun*** to do sth standing up; **b)** (≈ *Halt*) stop, standstill; ***zum ~ kommen*** to stop **stehen bleiben** *vi* **a)** (≈ *anhalten*) to stop; (≈ *nicht weitergehen*) to stay; (*Zeit*) to stand still; ***~!*** stop!; MIL halt!; **b)** (≈ *unverändert bleiben*) to be left (in); ***soll das so ~?*** should that stay as it is? **stehend** *Adj Fahrzeug* stationary; *Gewässer* stagnant; ***~e Redensart*** stock phrase **stehen lassen** *vt* to leave; ***alles stehen und liegen lassen*** to drop everything; (*Flüchtlinge etc*) to leave everything behind; ***jdn einfach ~*** to leave sb standing (there); ***sich*** (*Dat*) ***einen Bart ~*** to grow a beard **Stehimbiss** *m* stand-up snack bar **Stehkneipe** *f* stand-up bar **Stehlampe** *f* standard lamp

stehlen 1. *vti* to steal; ***jdm die Zeit ~*** to waste sb's time **2.** *vr* to steal; ***sich aus der Verantwortung ~*** to evade one's responsibility; → ***gestohlen***

Stehparty *f* buffet party **Stehplatz** *m*

ich bekam nur noch einen ~ I had to stand; ***Stehplätze*** standing room *Sg*
Stehvermögen *n* staying power
Steiermark *f* Styria
steif 1. *Adj* **a)** stiff; *Penis* hard; ***sich ~ (wie ein Brett) machen*** to go rigid; **b)** (≈ *förmlich*) stiff; *Empfang*, *Begrüßung*, *Abend* formal **2.** *Adv* ***das Eiweiß ~ schlagen*** to beat the egg white until stiff; ***sie behauptete ~ und fest, dass ...*** she insisted that ...; ***etw ~ und fest glauben*** to be convinced of sth **steifen** *vt* to stiffen; *Wäsche* to starch **Steifheit** *f* stiffness
Steigbügel *m* stirrup **Steigeisen** *n* climbing iron *mst Pl*; (*Bergsteigen*) crampon **steigen 1.** *vi* **a)** (≈ *klettern*) to climb; ***auf einen Berg ~*** to climb (up) a mountain; ***aufs Pferd ~*** to get on(to) the/one's horse; ***aus dem Zug/Bus ~*** to get off the train/bus; **b)** (≈ *sich aufwärtsbewegen*) to rise; (*Flugzeug*, *Straße*) to climb; (≈ *sich erhöhen*) (*Preis*, *Fieber*) to go up; (≈ *zunehmen*) (*Chancen etc*) to increase; ***Drachen ~ lassen*** to fly kites; ***in jds Achtung*** (*Dat*) ***~*** to rise in sb's estimation; **c)** (*österr* ≈ *treten*) to step; **d)** (*umg* ≈ *stattfinden*) ***steigt die Demo oder nicht?*** is the demo on or not? **2.** *vt Treppen*, *Stufen* to climb (up)
steigern 1. *vt* **a)** (≈ *erhöhen*) to increase (*auf +Akk* to, *um* bei); *Übel*, *Zorn* to aggravate; *Leistung* to improve; **b)** GRAM *Adjektiv* to compare **2.** *vi* to bid (*um* for) **3.** *vr* (≈ *sich erhöhen*) to increase; (≈ *sich verbessern*) to improve **Steigerung** *f* **a)** (≈ *das Steigern*) increase (*+Gen* in); (≈ *Verbesserung*) improvement; **b)** GRAM comparative **steigerungsfähig** *Adj* improvable
Steigung *f* (≈ *Hang*) slope; (*von Hang*, *Straße*, MATHE) gradient (*Brit*), grade (*bes US*)
steil 1. *Adj* **a)** *Abhang*, *Treppe*, *Anstieg* steep; ***eine ~e Karriere*** (*fig*) a rapid rise; **b)** SPORT ***~e Vorlage***, ***~er Pass*** through ball **2.** *Adv* steeply **Steilhang** *m* steep slope **Steilheit** *f* steepness **Steilküste** *f* steep coast; (≈ *Klippen*) cliffs *Pl* **Steilpass** *m* SPORT through ball **Steilwand** *f* steep face
Stein *m* stone; (*in Uhr*) jewel; (≈ *Spielstein*) piece; (≈ *Ziegelstein*) brick; ***mir fällt ein ~ vom Herzen!*** (*fig*) that's a load off my mind!; ***bei jdm einen ~ im Brett haben*** (*fig umg*) to be well in with sb (*umg*); ***ein Herz aus ~*** (*fig*) a heart of stone; ***~ und Bein schwören*** (*fig umg*) to swear to God (*umg*) **Steinadler** *m* golden eagle **Steinbock** *m* **a)** ZOO ibex; **b)** ASTROL Capricorn **Steinbruch** *m* quarry **steinern** *Adj* stone; (*fig*) stony **Steinfrucht** *f* stone fruit **Steingarten** *m* rockery **Steingut** *n* stoneware **steinhart** *Adj* (as) hard as a rock **steinig** *Adj* stony **steinigen** *vt* to stone **Steinkohle** *f* hard coal **Steinkrug** *m* (≈ *Kanne*) stoneware jug **Steinmetz(in)** *m(f)* stonemason **Steinobst** *n* stone fruit **Steinpilz** *m* boletus edulis (*Fachw*) **steinreich** *Adj* (*umg*) stinking rich (*Brit umg*) **Steinschlag** *m* rockfall; ***„Achtung ~"*** "danger falling stones" **Steinwurf** *m* (*fig*) stone's throw **Steinzeit** *f* Stone Age **steinzeitlich** *Adj* Stone Age *attr*
Steiß *m* ANAT coccyx; (*hum umg*) tail (*umg*) **Steißbein** *n* ANAT coccyx **Steißlage** *f* MED breech presentation
Stellage *f* (≈ *Gestell*) rack, frame **Stelle** *f* **a)** place; (*in Tabelle*, *Hierarchie*) position; (*in Text*, *Musikstück*) passage; ***an erster ~*** in the first place; ***eine schwache ~*** a weak spot; ***auf der ~ treten*** (*wörtl*) to mark time; (*fig*) not to make any progress; ***auf der ~*** (*fig* ≈ *sofort*) on the spot; *kommen*, *gehen* straight away; ***nicht von der ~ kommen*** not to make any progress; ***sich nicht von der ~ rühren*** *od* ***bewegen*** to refuse to budge (*umg*); ***zur ~ sein*** to be on the spot; (≈ *bereit*, *etw zu tun*) to be at hand; **b)** (≈ *Zeitpunkt*) point; ***an passender ~*** at an appropriate moment; **c)** MATHE figure; (*hinter Komma*) place; **d)** ***an ~ von*** in place of; ***ich möchte jetzt nicht an seiner ~ sein*** I wouldn't like to be in his position now; ***an deiner ~ würde ich ...*** if I were you I would ...; → ***anstelle***; **e)** (≈ *Posten*) job; ***eine freie*** *od* ***offene ~*** a vacancy; **f)** (≈ *Dienststelle*) office; (≈ *Behörde*) authority; ***da bist du bei mir/uns an der richtigen ~!*** (*umg*) you've come to the right place **stellen 1.** *vt* **a)** (≈ *hinstellen*) to put; (≈ *an bestimmten Platz legen*) to place; ***auf sich*** (*Akk*) ***selbst*** *od* ***allein gestellt***

S

sein (*fig*) to have to fend for oneself; **b)** (≈ *anordnen, arrangieren*) to arrange; ***gestellt*** *Bild, Foto* posed; ***die Szene war gestellt*** they posed for the scene; ***eine gestellte Pose*** a pose; **c)** (≈ *erstellen*) ***(jdm) eine Diagnose ~*** to make a diagnosis (for sb); **d)** (≈ *einstellen*) to set (*auf +Akk* at); ***das Radio lauter/leiser ~*** to turn the radio up/down; **e)** (*finanziell*) ***gut/besser/schlecht gestellt sein*** to be well/better/badly off; **f)** (≈ *erwischen*) to catch; **g)** *Aufgabe, Thema* to set (*jdm* sb); *Frage* to put (*jdm, an jdn* to sb); *Antrag, Forderung* to make; ***jdn vor ein Problem/eine Aufgabe*** *etc* ***~*** to confront sb with a problem/task *etc* **2.** *vr* **a)** (≈ *sich hinstellen*) to (go and) stand (*an +Akk* at, by); (≈ *sich aufstellen, sich einordnen*) to position oneself; (≈ *sich aufrecht hinstellen*) to stand up; ***sich auf den Standpunkt ~, ...*** to take the view ...; ***sich gegen jdn/etw ~*** (*fig*) to oppose sb/sth; ***sich hinter jdn/etw ~*** (*fig*) to support *od* back sb/sth; **b)** (*fig* ≈ *sich verhalten*) ***sich positiv/anders zu etw ~*** to have a positive/different attitude toward(s) sth; ***wie stellst du dich zu ...?*** what do you think of ...?; ***sich gut mit jdm ~*** to put oneself on good terms with sb; **c)** (*umg: finanziell*) ***sich gut/schlecht ~*** to be well/badly off; **d)** (≈ *sich ausliefern*) to give oneself up (*jdm* to sb); ***sich den Fragen der Journalisten ~*** to be prepared to answer reporters' questions; ***sich einer Herausforderung ~*** to take up a challenge; **e)** (≈ *sich verstellen*) ***sich krank/schlafend*** *etc* ***~*** to pretend to be ill/asleep *etc*; **f)** (*fig* ≈ *entstehen*) to arise (*für* for); ***es stellt sich die Frage, ob ...*** the question arises whether ... **Stellenabbau** *m* staff cuts *Pl od* reductions *Pl* **Stellenangebot** *n* job offer; ***„Stellenangebote"*** "vacancies" **Stellenanzeige** *f*, **Stellenausschreibung** *f* job advertisement **Stellenbeschreibung** *f* job description **Stelleneinsparung** *f* job cut **Stellengesuch** *n* advertisement seeking employment; ***„Stellengesuche"*** "situations wanted" (*Brit*), "employment wanted" **Stellenmarkt** *m* job market; (*in Zeitung*) appointments section **Stellenvermittlung** *f* employment bureau **stellenweise** *Adv* in places **Stellenwert** *m* MATHE place value; (*fig*) status; ***einen hohen ~ haben*** to play an important role **Stellplatz** *m* (*für Auto*) parking space **Stellschraube** *f* TECH adjusting screw **Stellung** *f* position; ***die ~ halten*** MIL to hold one's position; (*hum*) to hold the fort; ***~ beziehen*** (*fig*) to declare one's position; ***zu etw ~ nehmen*** *od* ***beziehen*** to comment on sth; ***gesellschaftliche ~*** social status; ***bei jdm in ~ sein*** to be in sb's employment **Stellungnahme** *f* statement (*zu* on); ***eine ~ zu etw abgeben*** to make a statement on sth **Stellungssuche** *f* search for employment; ***auf ~ sein*** to be looking for employment **Stellungswechsel** *m* change of job **stellvertretend** **1.** *Adj* (*von Amts wegen*) deputy *attr*; (≈ *vorübergehend*) acting *attr* **2.** *Adv* ***~ für jdn*** for sb; (*Rechtsanwalt*) on behalf of sb; ***~ für jdn handeln*** to deputize for sb **Stellvertreter(in)** *m(f)* (acting) representative; (*von Amts wegen*) deputy; (*von Arzt*) locum **Stellvertretung** *f* (≈ *Stellvertreter*) representative; (*von Amts wegen*) deputy; (*von Arzt*) locum; ***die ~ für jdn übernehmen*** to represent sb; (*von Amts wegen*) to stand in for sb **Stellwerk** *n* BAHN signal box (*Brit*), signal *od* switch tower (*US*)

Stelze *f* **a)** stilt; **b)** ORN wagtail

Stemmbogen *m* SKI stem turn **Stemmeisen** *n* crowbar **stemmen** **1.** *vt* **a)** (≈ *stützen*) to press; **b)** (≈ *hochstemmen*) to lift (above one's head) **2.** *vr* ***sich gegen etw ~*** to brace oneself against sth; (*fig*) to oppose sth

Stempel *m* **a)** stamp; (≈ *Poststempel*) postmark; (≈ *Viehstempel*) brand; (*auf Silber, Gold*) hallmark; ***jdm/einer Sache*** (*Dat*) ***seinen ~ aufdrücken*** (*fig*) to make one's mark on sth; **b)** (TECH) (≈ *Prägestempel*) die; **c)** BOT pistil **Stempelkarte** *f* punch card **Stempelkissen** *n* ink pad **stempeln** **1.** *vt* to stamp; *Brief* to postmark; *Briefmarke* to frank; ***jdn zum Lügner/Verbrecher ~*** (*fig*) to brand sb (as) a liar/criminal **2.** *vi* (*umg*) **a)** ***~ gehen*** (≈ *arbeitslos sein*) to be on the dole (*Brit umg*), to be on welfare

(*US*); **b)** (≈ *Stempeluhr betätigen*) (*beim Hereinkommen*) to clock in; (*beim Hinausgehen*) to clock out **Stempeluhr** *f* time clock
Stengel *m* → ***Stängel***
Steno *f* (*umg*) shorthand **Stenografie** *f* shorthand **stenografieren 1.** *vt* to take down in shorthand **2.** *vi* to take shorthand; ***können Sie ~?*** can you take shorthand? **Stenogramm** *n* text in shorthand; ***ein ~ aufnehmen*** to take shorthand **Stenotypist(in)** *m(f)* shorthand typist
Stent *m* MED stent
Steppdecke *f* quilt
Steppe *f* steppe
steppen[1] *vti* to (machine-)stitch; *wattierten Stoff* to quilt
steppen[2] *vi* to tap-dance
Stepper *m* SPORT step machine **Steppjacke** *f* quilted jacket **Stepptanz** *m* tap dance
Sterbebett *n* deathbed; ***auf dem ~ liegen*** to be on one's deathbed **Sterbefall** *m* death **Sterbehilfe** *f* (≈ *Euthanasie*) euthanasia **sterben** *vti* to die; ***eines natürlichen/gewaltsamen Todes ~*** to die a natural/violent death; ***an einer Krankheit/Verletzung ~*** to die of an illness/from an injury; ***daran wirst du nicht ~!*** (*hum*) it won't kill you!; ***vor Angst/Durst/Hunger ~*** to die of fright/thirst/hunger; ***gestorben sein*** to be dead; (*fig*: *Projekt*) to be over and done with; ***er ist für mich gestorben*** (*fig umg*) he doesn't exist as far as I'm concerned **Sterben** *n* death; ***im ~ liegen*** to be dying **Sterbeurkunde** *f* death certificate **sterblich** *Adj* mortal; ***jds ~e Hülle*** sb's mortal remains *Pl* **Sterbliche(r)** *mf* mortal **Sterblichkeit** *f* mortality
stereo *Adv* (in) stereo **Stereoanlage** *f* stereo (*umg*) **Stereogerät** *n* stereo unit **Stereoskop** *n* stereoscope **Stereoturm** *m* hi-fi stack **stereotyp** *Adj* (*fig*) stereotyped, stereotypical
steril *Adj* sterile **Sterilisation** *f* sterilization **sterilisieren** *vt* to sterilize
Stern *m* star; ***in den ~en (geschrieben) stehen*** (*fig*) to be (written) in the stars; ***das steht (noch) in den ~en*** (*fig*) it's in the lap of the gods; ***unter einem guten*** *od* ***glücklichen ~ stehen*** to be blessed with good fortune; ***unter einem unglücklichen ~ stehen*** to be ill-fated; ***ein Hotel mit drei ~en*** a three-star hotel **Sternbild** *n* ASTRON constellation; ASTROL sign (of the zodiac) **Sternchen** *n* **a)** TYPO asterisk; **b)** FILM starlet **Sternenbanner** *n* Stars and Stripes *Sg* **sternenbedeckt** *Adj* starry **Sternenhimmel** *m* starry sky **Sternfrucht** *f* star fruit **sternhagelvoll** *Adj* (*umg*) roaring drunk (*umg*) **sternklar** *Adj Himmel, Nacht* starry *attr*, starlit **Sternkunde** *f* astronomy **Sternmarsch** *m* POL *protest march with marchers converging on assembly point from different directions* **Sternschnuppe** *f* shooting star **Sternsinger** *Pl* carol singers *Pl* **Sternstunde** *f* great moment; ***das war meine ~*** that was a great moment in my life **Sternwarte** *f* observatory **Sternzeichen** *n* ASTROL sign of the zodiac; ***im ~ der Jungfrau*** under the sign of Virgo
Steroid *n* steroid
stet *Adj* constant; ***~er Tropfen höhlt den Stein*** (*Sprichw*) constant dripping wears away the stone
Stethoskop *n* stethoscope
stetig 1. *Adj* steady; ***~es Meckern*** constant moaning **2.** *Adv* steadily **stets** *Adv* always
Steuer[1] *n* SEEF helm; AUTO (steering) wheel; FLUG controls *Pl*; ***am ~ sein*** (*fig*) to be at the helm; ***am ~ sitzen*** *od* ***sein*** AUTO to be at the wheel, to drive; FLUG to be at the controls; ***das ~ übernehmen*** to take over; ***das ~ fest in der Hand haben*** (*fig*) to be firmly in control
Steuer[2] *f* (≈ *Abgabe*) tax; (*an Gemeinde*) council tax (*Brit*), local tax (*US*); (*von Firmen*) rates *Pl* (*Brit*), corporate property tax (*US*); ***~n*** tax; ***~n zahlen*** to pay tax; ***Gewinn vor/nach ~n*** pre-/-after-tax profit **Steueraufkommen** *n* tax revenue **steuerbar** *Adj* (≈ *versteuerbar*) taxable **Steuerbeamte(r)** *m*, **Steuerbeamtin** *f* tax officer **steuerbegünstigt** *Adj* tax-deductible; *Waren* taxed at a lower rate **Steuerbelastung** *f* tax burden **Steuerberater(in)** *m(f)* tax consultant **Steuerbescheid** *m* tax assessment **Steuerbord** *n* SEEF starboard **Steuereinnahmen** *Pl* revenue from taxation **Steuerentlastung** *f*, **Steuerermäßigung** *f* tax relief

S

Steuererhöhung *f* tax increase **Steuererklärung** *f* tax return **Steuerflucht** *f* tax evasion (*by leaving the country*) **Steuerflüchtling** *m* tax exile **Steuerfrau** *f* (*Rudersport*) cox(swain) **steuerfrei** *Adj* tax-free **Steuerfreibetrag** *m* tax-exempt income **Steuergelder** *Pl* taxes *Pl* **Steuergerät** *n* tuner-amplifier **Steuerhinterziehung** *f* tax evasion **Steuerjahr** *n* tax year **Steuerklasse** *f* tax bracket **Steuerknüppel** *m* control column **steuerlich** **1.** *Adj* tax *attr*; ***~e Belastung*** tax burden **2.** *Adv* ***es ist ~ günstiger ...*** for tax purposes it is better ...; ***~ abzugsfähig*** tax-deductible **Steuermann** *m* helmsman; (*als Rang*) (first) mate; (*Rudersport*) cox(swain); ***Zweier mit/ohne ~*** coxed/coxless pairs **Steuermarke** *f* revenue stamp **steuermindernd** **1.** *Adj* tax-reducing **2.** *Adv* ***sich ~ auswirken*** to have the effect of reducing tax **Steuermittel** *Pl* tax revenue(s *Pl*) **steuern** **1.** *vt* **a)** to steer; *Flugzeug* to pilot; (*fig*) *Wirtschaft, Politik* to run; IT to control; **b)** (≈ *regulieren*) to control **2.** *vi* to head; AUTO to drive; SEEF to make for, to steer **Steueroase** *f*, **Steuerparadies** *n* tax haven **Steuerpflicht** *f* liability to tax; ***der ~ unterliegen*** to be liable to tax **steuerpflichtig** *Adj* taxable **Steuerpflichtige(r)** *mf* taxpayer **Steuerpolitik** *f* tax *od* taxation policy **Steuerprüfer(in)** *m(f)* tax inspector, tax auditor (*bes US*) **Steuerrad** *n* FLUG control wheel; AUTO (steering) wheel **Steuerreform** *f* tax reform **Steuersatz** *m* rate of taxation **Steuerschuld** *f* tax(es *Pl*) owing *kein unbest Artikel* **Steuersenkung** *f* tax cut **Steuersünder(in)** *m(f)* tax evader **Steuerung** *f* **a)** (≈ *das Steuern*) steering; (*von Flugzeug*) piloting; (*fig*) (*von Politik, Wirtschaft*) running; IT control; (≈ *Regulierung*) regulation; (≈ *Bekämpfung*) control; **b)** (≈ *Steuervorrichtung*) FLUG controls *Pl*; TECH steering apparatus; (*elektronisch*) control **Steuerveranlagung** *f* tax assessment **Steuervergünstigung** *f* tax relief **Steuerzahler(in)** *m(f)* taxpayer **Steuerzeichen** *n* IT control character

Steward *m* SEEF, FLUG steward **Stewardess** *f* stewardess

Stich *m* **a)** (≈ *Insektenstich*) sting; (≈ *Mückenstich*) bite; (≈ *Nadelstich*) prick; (≈ *Messerstich*) stab; **b)** (≈ *Stichwunde*) (*von Messer etc*) stab wound; **c)** (≈ *stechender Schmerz*) stabbing pain; (≈ *Seitenstich*) stitch; **d)** HAND stitch; **e)** (≈ *Kupferstich, Stahlstich*) engraving; **f)** (≈ *Schattierung*) tinge (*in +Akk* of); (≈ *Tendenz*) hint (*in +Akk* of); ***ein ~ ins Rote*** a tinge of red; **g)** KARTEN trick; **h)** ***jdn im ~ lassen*** to let sb down; (≈ *verlassen*) to abandon sb; ***etw im ~ lassen*** to abandon sth **Stichel** *m* KUNST gouge **Stichelei** *f* (*pej umg*) snide (*umg*) *od* sneering remark **sticheln** *vi* (*pej umg*) to make snide remarks (*umg*); ***gegen jdn ~*** to make digs (*Brit*) *od* pokes (*US*) at sb **Stichflamme** *f* tongue of flame **stichhaltig** **1.** *Adj* valid; *Beweis* conclusive; ***sein Alibi ist nicht ~*** his alibi doesn't hold water **2.** *Adv* conclusively **Stichling** *m* ZOO stickleback **Stichprobe** *f* spot check; SOZIALW (random) sample survey; ***~n machen*** to carry out spot checks; SOZIALW to carry out a (random) sample survey **Stichsäge** *f* fret saw **Stichtag** *m* qualifying date **Stichwaffe** *f* stabbing weapon **Stichwahl** *f* POL final ballot, runoff (*US*) **Stichwort** *n* **a)** (*in Nachschlagewerken*) headword; **b)** (THEAT, *fig*) cue **Stichwortkatalog** *m* classified catalogue (*Brit*) *od* catalog (*US*) **Stichwortverzeichnis** *n* index **Stichwunde** *f* stab wound

sticken *vti* to embroider **Sticker** *m* (*umg* ≈ *Aufkleber*) sticker **Stickerei** *f* embroidery **Stickgarn** *n* embroidery thread **stickig** *Adj* *Luft, Zimmer* stuffy; *Klima* sticky; (*fig*) *Atmosphäre* oppressive **Sticknadel** *f* embroidery needle **Stickoxid** *n* nitric oxide **Stickstoff** *m* nitrogen

Stiefbruder *m* stepbrother

Stiefel *m* boot **Stiefelette** *f* (≈ *Frauenstiefelette*) bootee; (≈ *Männerstiefelette*) half-boot **Stiefelknecht** *m* bootjack

Stiefeltern *Pl* step-parents *Pl* **Stiefkind** *n* stepchild; (*fig*) poor cousin **Stiefmutter** *f* stepmother **Stiefmütterchen** *n* BOT pansy **stiefmütterlich** *Adv* (*fig*) ***jdn/etw ~ behandeln*** to pay little attention to sb/sth **Stiefschwester** *f* stepsister **Stiefsohn** *m* stepson **Stief-**

tochter *f* stepdaughter **Stiefvater** *m* stepfather
Stiege *f* (≈ *schmale Treppe*) (narrow) flight of stairs
Stieglitz *m* goldfinch
Stiel *m* (≈ *Griff*) handle; (≈ *Pfeifenstiel*, *Glasstiel*, *Blütenstiel*) stem; (≈ *Stängel*) stalk; (≈ *Blattstiel*) leafstalk **Stielaugen** *Pl* (*fig umg*) **~ machen** to gawp **Stielglas** *n* stemmed glass
stier **1.** *Adj Blick* vacant **2.** *Adv starren* vacantly
Stier *m* **a)** bull; (≈ *junger Stier*) bullock; **den ~ bei den Hörnern packen** *od* **fassen** (*Sprichw*) to take the bull by the horns (*Sprichw*); **b)** ASTROL Taurus *ohne Artikel*; **ich bin (ein) ~** I'm (a) Taurus
stieren *vi* to stare (*auf +Akk* at)
Stierkampf *m* bullfight **Stierkampfarena** *f* bullring **Stierkämpfer(in)** *m(f)* bullfighter
Stift[1] *m* **a)** (≈ *Metallstift*) pin; (≈ *Holzstift*) peg; (≈ *Nagel*) tack; **b)** (≈ *Bleistift*) pencil; (≈ *Buntstift*) crayon; (≈ *Filzstift*) felt-tipped pen; (≈ *Kugelschreiber*) ballpoint (pen); **c)** (*umg* ≈ *Lehrling*) apprentice (boy)
Stift[2] *n* (≈ *Domstift*) cathedral chapter; (≈ *Theologiestift*) seminary
stiften *vt* **a)** (≈ *gründen*) to found; (≈ *spenden*, *spendieren*) to donate; *Preis*, *Stipendium etc* to endow; **b)** *Verwirrung*, *Unfrieden*, *Unheil* to cause; *Frieden* to bring about **Stifter(in)** *m(f)* (≈ *Gründer*) founder; (≈ *Spender*) donator **Stiftung** *f* foundation; (≈ *Schenkung*) donation; (*Stipendium etc*) endowment
Stiftzahn *m* post crown
Stigma *n* stigma
Stil *m* style; (≈ *Eigenart*) way; **im großen ~** in a big way; **... alten ~s** old-style ...; **das ist schlechter ~** (*fig*) that is bad form **Stilblüte** *f* (*hum*) stylistic howler (*Brit umg*) *od* blooper (*US umg*) **Stilbruch** *m* stylistic incongruity; (*in Roman etc*) abrupt change in style **Stilebene** *f* style level **stilisieren** *vt* to stylize **Stilistik** *f* LITERATUR stylistics *Sg*; (≈ *Handbuch*) guide to good style **stilistisch** *Adj* stylistic; **etw ~ ändern/verbessern** to change/improve the style of sth
still **1.** *Adj* **a)** (≈ *ruhig*) quiet; *Gebet*, *Vorwurf*, *Beobachter* silent; **~ werden** to go quiet; **um ihn/darum ist es ~ geworden** you don't hear anything about him/it any more; **in ~em Gedenken** in silent tribute; **im Stillen** without saying anything; **ich dachte mir im Stillen** I thought to myself; **sei doch ~!** be quiet; **b)** (≈ *unbewegt*) *Luft* still; *See* calm; (≈ *ohne Kohlensäure*) *Mineralwasser* still; **der Stille Ozean** the Pacific (Ocean); **~e Wasser sind tief** (*Sprichw*) still waters run deep (*Sprichw*); **c)** (≈ *heimlich*) secret; **im Stillen** in secret; **d)** HANDEL *Teilhaber* sleeping (*Brit*), silent (*US*); *Reserven*, *Rücklagen* secret **2.** *Adv* **a)** (≈ *leise*) quietly; *leiden* in silence; *auseinandergehen*, *weggehen* silently; **~ lächeln** to give a quiet smile; **ganz ~ und leise** *erledigen* discreetly; **b)** (≈ *unbewegt*) still; **~ halten** to keep still; **~ sitzen** to sit still **Stille** *f* **a)** (≈ *Ruhe*) quiet(ness); (≈ *Schweigen*) silence; **in aller ~** quietly; **b)** (≈ *Unbewegtheit*) calm(ness); (*der Luft*) stillness; **c)** (≈ *Heimlichkeit*) secrecy; **in aller ~** secretly **stillen** **1.** *vt* **a)** (≈ *zum Stillstand bringen*) *Tränen* to stop; *Schmerzen* to ease; *Blutung* to staunch; **b)** (≈ *befriedigen*) to satisfy; *Durst* to quench; **c)** *Säugling* to breast-feed **2.** *vi* to breast-feed **Stillhalteabkommen** *n* (FINANZ, *fig*) moratorium **stillhalten** *vi* (*fig*) to keep quiet **Stillleben** *n* still life **stilllegen** *vt* to close down **Stilllegung** *f* closure
stillos *Adj* lacking in style; (≈ *fehl am Platze*) incongruous **Stillosigkeit** *f* lack of style *kein Pl*
stillschweigen *vi* to remain silent **Stillschweigen** *n* silence; **jdm ~ auferlegen** to swear sb to silence; **beide Seiten haben ~ vereinbart** both sides have agreed not to say anything **stillschweigend** **1.** *Adj* silent; *Einverständnis* tacit **2.** *Adv* tacitly; **über etw** (*Akk*) **~ hinweggehen** to pass over sth in silence; **etw ~ hinnehmen** to accept sth silently **stillsitzen** *vi* to sit still **Stillstand** *m* standstill; (*vorübergehend*) interruption; (*in Entwicklung*) halt; **zum ~ kommen** to come to a standstill; (*Maschine*, *Motor*, *Herz*, *Blutung*) to stop; (*Entwicklung*) to come to a halt; **etw zum ~**

S

bringen to bring sth to a standstill; *Maschine, Motor, Blutung* to stop sth; *Entwicklung* to bring sth to a halt **stillstehen** *vi* **a)** to be at a standstill; (*Fabrik, Maschine*) to be idle; (*Herz*) to have stopped; **b)** (≈ *stehen bleiben*) to stop; (*Maschine*) to stop working

Stilmittel *n* stylistic device **Stilmöbel** *Pl* period furniture *Sg* **Stilrichtung** *f* style **stilvoll 1.** *Adj* stylish **2.** *Adv* stylishly **Stilwörterbuch** *n* dictionary of correct usage

Stimmabgabe *f* voting **Stimmband** *n* vocal chord **stimmberechtigt** *Adj* entitled to vote **Stimmbruch** *m* = ***Stimmwechsel*** **Stimmbürger(in)** *m(f)* (*schweiz*) voter **Stimme** *f* **a)** (*wörtl, fig*) voice; (MUS ≈ *Part*) part; ***mit leiser/lauter ~*** in a soft/loud voice; ***die ~n mehren sich, die ...*** there is a growing number of people calling for ...; ***der ~ des Gewissens folgen*** to act according to one's conscience; **b)** (≈ *Wahlstimme*) vote; ***eine ~ haben*** to have the vote; (≈ *Mitspracherecht*) to have a say; ***keine ~ haben*** not to be entitled to vote; (≈ *Mitspracherecht*) to have no say; ***seine ~ abgeben*** to cast one's vote **stimmen 1.** *vi* **a)** (≈ *richtig sein*) to be right; ***stimmt es, dass ...?*** is it true that ...?; ***das stimmt*** that's right; ***das stimmt nicht*** that's not right, that's wrong; ***hier stimmt was nicht!*** there's something wrong here; ***stimmt so!*** keep the change; **b)** (≈ *zusammenpassen*) to go (together); **c)** (≈ *wählen*) to vote; ***für/gegen jdn/etw ~*** to vote for/against sb/sth **2.** *vt Instrument* to tune; ***jdn froh/traurig ~*** to make sb (feel) cheerful/sad; → ***gestimmt*** **Stimmenfang** *m* (*umg*) canvassing; ***auf ~ sein/gehen*** to be/go canvassing **Stimmengleichheit** *f* tie **Stimmenmehrheit** *f* majority (of votes) **Stimmenthaltung** *f* abstention **Stimmgabel** *f* tuning fork **stimmhaft** LING **1.** *Adj* voiced **2.** *Adv* ***~ ausgesprochen werden*** to be voiced **stimmig** *Adj Argumente* coherent **Stimmlage** *f* MUS voice, register **stimmlos** LING **1.** *Adj* voiceless **2.** *Adv* ***~ ausgesprochen werden*** not to be voiced **Stimmrecht** *n* right to vote **Stimmung** *f* **a)** mood; (≈ *Atmosphäre*) atmosphere; (*unter den Arbeitern*) morale; ***in (guter) ~*** in a good mood; ***in schlechter ~*** in a bad mood; ***in ~ kommen*** to liven up; ***für ~ sorgen*** to make sure there is a good atmosphere; **b)** (≈ *Meinung*) opinion; ***~ gegen/für jdn/etw machen*** to stir up (public) opinion against/in favour (*Brit*) *od* favor (*US*) of sb/sth **Stimmungsmache** *f* (*pej*) cheap propaganda **stimmungsvoll** *Adj Bild* idyllic; *Atmosphäre* tremendous; *Beschreibung* atmospheric **Stimmungswandel** *m* change of atmosphere; POL change in (public) opinion **Stimmwechsel** *m* ***er ist im ~*** his voice is breaking **Stimmzettel** *m* ballot paper

Stimulation *f* stimulation **stimulieren** *vt* to stimulate

Stinkbombe *f* stink bomb **Stinkefinger** *m* (*umg*) ***jdm den ~ zeigen*** to give sb the finger (*umg*) *od* the bird (*US umg*) **stinken** *vi* **a)** to stink (*nach* of); ***wie die Pest ~*** (*umg*) to stink to high heaven (*umg*); **b)** (*fig umg*) ***er stinkt nach Geld*** he's stinking rich (*umg*); ***das stinkt zum Himmel*** it's an absolute scandal; ***an der Sache stinkt etwas*** there's something fishy about it (*umg*); ***mir stinkts (gewaltig)!*** (*umg*) I'm fed up to the back teeth (with it) (*Brit umg*) *od* to the back of my throat (with it) (*US umg*) **stinkfaul** *Adj* (*umg*) bone idle (*Brit*) **stinkig** *Adj* (*umg*) stinking (*umg*); (≈ *verärgert*) pissed off (*sl*) **stinklangweilig** *Adj* (*umg*) deadly boring **stinknormal** *Adj* (*umg*) boringly normal **stinkreich** *Adj* (*umg*) stinking rich (*Brit umg*), rolling in it (*umg*) **stinksauer** *Adj* (*sl*) pissed off (*umg*) **Stinktier** *n* skunk **Stinkwut** *f* (*umg*) ***eine ~ (auf jdn) haben*** to be livid (with sb)

Stipendium *n* (*als Auszeichnung etc erhalten*) scholarship; (*zur allgemeinen Unterstützung des Studiums*) grant

Stippvisite *f* (*umg*) flying visit

Stirn *f* forehead; ***die ~ runzeln*** to wrinkle one's brow; ***es steht ihm auf der ~ geschrieben*** it is written all over his face; ***die ~ haben, zu ...*** to have the effrontery to ...; ***jdm/einer Sache die ~ bieten*** (*geh*) to defy sb/sth **Stirnband** *n* headband **Stirnhöhle** *f* frontal sinus **Stirnhöhlenkatarrh** *m* sinusitis **Stirnrunzeln** *n* frown

stöbern *vi* to rummage (*in +Dat* in, *durch* through)
stochern *vi* to poke (*in +Dat* at); (*im Essen*) to pick (*in +Dat* at); ***sich*** (*Dat*) ***in den Zähnen ~*** to pick one's teeth
Stock *m* **a)** stick; (≈ *Rohrstock*) cane; (≈ *Taktstock*) baton; (≈ *Zeigestock*) pointer; (≈ *Billardstock*) cue; ***am ~ gehen*** to walk with (the aid of) a stick; (*fig umg*) to be in a bad way; **b)** (*Pflanze*) (≈ *Rebstock*) vine; (≈ *Blumenstock*) pot plant; **c)** (≈ *Stockwerk*) floor; ***im ersten ~*** on the first floor (*Brit*), on the second floor (*US*) **stockbesoffen** (*umg*) *Adj* dead drunk (*umg*) **stockdunkel** *Adj* (*umg*) pitch-dark **stocken** *vi* (*Herz, Puls*) to skip a beat; (*Worte*) to falter; (≈ *nicht vorangehen*) (*Arbeit, Entwicklung*) to make no progress; (*Unterhaltung*) to flag; (*Verhandlungen*) to grind to a halt; (*Geschäfte*) to stagnate; (*Verkehr*) to be held up; ***ihm stockte der Atem*** he caught his breath; ***ihre Stimme stockte*** she *od* her voice faltered **stockend** *Adj* faltering; *Verkehr* stop-go; ***der Verkehr kam nur ~ voran*** traffic was stop and go **Stockente** *f* mallard **Stockerl** *n* (*österr* ≈ *Hocker*) stool **Stockfisch** *m* dried cod; (*pej*: *Mensch*) stick-in-the-mud (*pej umg*)
Stockholm *n* Stockholm
stockkonservativ *Adj* (*umg*) archconservative **stocknüchtern** *Adj* (*umg*) stone-cold sober (*umg*) **stocksauer** *Adj* (*umg*) pissed off (*umg*) **Stockschirm** *m* stick umbrella **stocktaub** *Adj* (*umg*) as deaf as a post **Stockung** *f* **a)** (≈ *vorübergehender Stillstand*) interruption (*+Gen, in +Dat* in); (≈ *Verkehrsstockung*) congestion; **b)** (*von Verhandlungen*) breakdown (*+Gen* of, in); (*von Geschäften*) slackening off (*+Gen* in) **Stockwerk** *n* floor; ***im 5. ~*** on the 5th (*Brit*) *od* 6th (*US*) floor **Stockzahn** *n* floor; (*österr*) molar (tooth)
Stoff *m* **a)** material; (*als Materialart*) cloth; **b)** (≈ *Materie*) matter; **c)** (≈ *Substanz*, CHEM) substance; ***tierische ~e*** animal substance; ***pflanzliche ~e*** vegetable matter; **d)** (≈ *Thema*) subject (matter); (≈ *Diskussionsstoff*) topic; ***~ für ein*** *od* ***zu einem Buch sammeln*** to collect material for a book; **e)** (*umg* ≈ *Rauschgift*) dope (*umg*)
Stoffel *m* (*pej umg*) lout (*umg*)
stofflich *Adj* **a)** PHIL, CHEM material; **b)** (≈ *den Inhalt betreffend*) as regards subject matter **Stoffpuppe** *f* rag doll **Stoffrest** *m* remnant **Stofftier** *n* soft toy **Stoffwechsel** *m* metabolism **Stoffwechselkrankheit** *f* metabolic disease
stöhnen *vi* to groan; ***~d*** with a groan
stoisch *Adj* PHIL Stoic; (*fig*) stoic(al)
Stollen *m* **a)** BERGB, MIL gallery; **b)** KOCH stollen; **c)** (≈ *Schuhstollen*) stud
stolpern *vi* to stumble (*über +Akk* over); (*fig* ≈ *zu Fall kommen*) to come unstuck (*bes Brit umg*); ***jdn zum Stolpern bringen*** (*wörtl*) to trip sb up; (*fig*) to be sb's downfall **Stolperstein** *m* (*fig*) stumbling block
stolz 1. *Adj* **a)** proud (*auf +Akk* of); ***darauf kannst du ~ sein*** that's something to be proud of; **b)** (≈ *imposant*) *Bauwerk, Schiff* majestic; (*iron* ≈ *stattlich*) *Preis* princely **2.** *Adv* proudly **Stolz** *m* pride; ***sein Garten ist sein ganzer ~*** his garden is his pride and joy **stolzieren** *vi* to strut; (*hochmütig*) to stalk
stopfen 1. *vt* **a)** (≈ *ausstopfen, füllen*) to stuff; *Pfeife, Loch* to fill; ***jdm den Mund ~*** (*umg*) to silence sb; **b)** (≈ *ausbessern*) to mend; (*fig*) *Haushaltslöcher etc* to plug **2.** *vi* **a)** (*Speisen*) (≈ *verstopfen*) to cause constipation; (≈ *sättigen*) to be filling; **b)** (≈ *flicken*) to darn **Stopfgarn** *n* darning cotton *od* thread
stopp *Interj* stop **Stopp** *m* stop; (≈ *Lohnstopp*) freeze
Stoppel *f* stubble **Stoppelbart** *m* stubbly beard **Stoppelfeld** *n* stubble field **stopp(e)lig** *Adj* stubbly
stoppen 1. *vt* **a)** (≈ *anhalten*) to stop; **b)** (≈ *Zeit abnehmen*) to time **2.** *vi* (≈ *anhalten*) to stop **Stoppschild** *n* stop sign **Stoppstraße** *f road with stop signs*, stop street (*US*) **Stoppuhr** *f* stopwatch
Stöpsel *m* plug; (≈ *Pfropfen*) stopper; (≈ *Korken*) cork
Stör *m* ZOO sturgeon
Störaktion *f* disruptive action *kein Pl*
störanfällig *Adj* *Technik, Kraftwerk*

S

susceptible to faults; *Gerät*, *Verkehrsmittel* liable to break down; (*fig*) *Verhältnis* shaky

Storch *m* stork

stören **1.** *vt* **a)** (≈ *beeinträchtigen*) to disturb; *Verhältnis*, *Harmonie* to spoil; *Rundfunkempfang* to interfere with; (*absichtlich*) to jam; ***jds Pläne ~*** to interfere with sb's plans; → ***gestört***; **b)** *Prozess*, *Feier* to disrupt; **c)** (≈ *unangenehm berühren*) to disturb; ***was mich an ihm/daran stört*** what I don't like about him/it; ***entschuldigen Sie, wenn ich Sie störe*** I'm sorry if I'm disturbing you; ***stört es Sie, wenn ich rauche?*** do you mind if I smoke?; ***das stört mich nicht*** that doesn't bother me; ***sie lässt sich durch nichts ~*** she doesn't let anything bother her **2.** *vr* ***sich an etw*** (*Dat*) ***~*** to be bothered about sth **3.** *vi* (≈ *lästig sein*) to get in the way; (≈ *unterbrechen*) to interrupt; (≈ *Belästigung darstellen*) to be disturbing; ***bitte nicht ~!*** please do not disturb!; ***störe ich?*** am I disturbing you?; ***etw als ~d empfinden*** to find sth bothersome; ***eine ~de Begleiterscheinung*** a troublesome side effect **Störenfried** *m*, **Störer(in)** *m(f)* troublemaker **Störfaktor** *m* source of friction, disruptive factor **Störfall** *m* (*in Kernkraftwerk etc*) malfunction, accident **Störmanöver** *n* disruptive action

stornieren *vti* HANDEL *Auftrag*, *Flug* to cancel; *Buchungsfehler* to reverse **Stornierung** *f* (HANDEL, *von Auftrag*) cancellation; (*von Buchung*) reversal **Storno** *m od n* (HANDEL) (*von Buchungsfehler*) reversal; (*von Auftrag*) cancellation

störrisch *Adj* obstinate; *Kind*, *Haare* unmanageable; *Pferd* refractory; ***sich ~ verhalten*** to act stubborn

Störsender *m* RADIO jamming transmitter **Störung** *f* **a)** disturbance; **b)** (*von Ablauf*, *Verhandlungen etc*) disruption; **c)** (≈ *Verkehrsstörung*) hold-up; **d)** TECH fault; **e)** RADIO interference; (*absichtlich*) jamming; ***atmosphärische ~en*** atmospherics *Pl*; **f)** MED disorder **störungsfrei** *Adj* trouble-free; RADIO free from interference **Störungsstelle** *f* TELEK faults service

Story *f* story

Stoß *m* **a)** push; (*leicht*) poke; (*mit Faust*) punch; (*mit Fuß*) kick; (*mit Ellbogen*) nudge; (≈ *Dolchstoß etc*) stab; (*Fechten*) thrust; (≈ *Schwimmstoß*) stroke; (≈ *Atemstoß*) gasp; ***sich*** (*Dat*) ***einen ~ geben*** to pluck up courage; **b)** (≈ *Anprall*) impact; (≈ *Erdstoß*) tremor; **c)** (≈ *Stapel*) pile, stack

Stoßdämpfer *m* AUTO shock absorber

stoßen **1.** *vt* **a)** (≈ *einen Stoß versetzen*) to push; (*leicht*) to poke; (*mit Faust*) to punch; (*mit Fuß*) to kick; (*mit Ellbogen*) to nudge; (≈ *stechen*) *Dolch* to thrust; ***jdn von sich ~*** to push sb away; (*fig*) to cast sb aside; **b)** (≈ *werfen*) to push; SPORT *Kugel* to put; **c)** (≈ *zerkleinern*) *Zimt*, *Pfeffer* to pound **2.** *vr* to bump *od* bang oneself; ***sich an etw*** (*Dat*) ***~*** (*wörtl*) to bump *etc* oneself on sth; (*fig*) to take exception to sth **3.** *vi* **a)** (≈ *treffen*, *prallen*) to run into (*auch fig*); ***gegen etw ~*** to run into sth; ***zu jdm ~*** to meet up with sb; ***auf jdn ~*** to bump into sb; ***auf etw*** (*Akk*) ***~*** (*Straße*) to lead into *od* onto sth; (*Schiff*) to hit sth; (*fig* ≈ *entdecken*) to come upon sth; ***auf Erdöl ~*** to strike oil; ***auf Widerstand ~*** to meet with resistance; **b)** (*Gewichtheben*) to jerk **stoßfest** *Adj* shock-proof **Stoßseufzer** *m* deep sigh **Stoßstange** *f* AUTO bumper **Stoßzahn** *m* tusk **Stoßzeit** *f* (*im Verkehr*) rush hour; (*in Geschäft etc*) peak period

Stotterer *m*, **Stotterin** *f* stutterer **stottern** *vti* to stutter; (*Motor*) to splutter; ***ins Stottern kommen*** to start stuttering

Stövchen *n* (teapot *etc*) warmer

Strafanstalt *f* prison **Strafantrag** *m* action, legal proceedings *Pl*; ***~ stellen*** to institute legal proceedings **Strafanzeige** *f* ***~ gegen jdn erstatten*** to bring a charge against sb **Strafarbeit** *f* SCHULE punishment; (*schriftlich*) lines *Pl* **Strafbank** *f* SPORT penalty bench **strafbar** *Adj* *Vergehen* punishable; ***~e Handlung*** punishable offence (*Brit*) *od* offense (*US*); ***sich ~ machen*** to commit an offence (*Brit*) *od* offense (*US*) **Strafbefehl** *m* JUR order of summary punishment **Strafe** *f* punishment; JUR, SPORT penalty; (≈ *Geldstrafe*) fine; (≈ *Gefängnisstrafe*) sentence; ***es ist bei ~ verboten, ...*** it is a punishable offence (*Brit*) *od* offense (*US*) ...; ***unter ~ stehen*** to be a punishable offence (*Brit*) *od* offense (*US*); ***eine ~ von drei Jahren Gefängnis*** a three--year prison sentence; ***100 Dollar ~ zahlen*** to pay a 100 dollar fine; ***zur ~*** as a punishment; ***seine gerechte ~ bekommen*** to get one's just deserts **strafen** *vt* to punish; ***mit etw gestraft sein*** to be cursed with sth **strafend** *Adj* punitive; *Blick, Worte* reproachful; ***jdn ~ ansehen*** to give sb a reproachful look **Straferlass** *m* remission (of sentence)

straff **1.** *Adj Seil* taut; *Haut* smooth; *Busen* firm; (≈ *straff sitzend*) *Hose etc* tight; (*fig* ≈ *streng*) *Disziplin, Politik* strict **2.** *Adv* (≈ *stramm*) tightly; (≈ *streng*) *reglementieren* strictly; ***~ sitzen*** to fit tightly

straffällig *Adj* ***~ werden*** to commit a criminal offence (*Brit*) *od* offense (*US*) **Straffällige(r)** *mf* offender

straffen **1.** *vt* to tighten; (≈ *raffen*) *Handlung, Darstellung* to tighten up; ***die Zügel ~*** (*fig*) to tighten the reins **2.** *vr* to tighten; (*Haut*) to become smooth

straffrei *Adj, Adv* not subject to prosecution; ***~ bleiben*** *od* ***ausgehen*** to go unpunished **Straffreiheit** *f* immunity from prosecution **Strafgebühr** *f* surcharge **Strafgefangene(r)** *mf* detainee, prisoner **Strafgericht** *n* criminal court; ***ein ~ abhalten*** to hold a trial **Strafgesetz** *n* criminal law **Strafgesetzbuch** *n* Penal Code **Strafkammer** *f* division for criminal matters (of a court) **sträflich** **1.** *Adj* criminal **2.** *Adv vernachlässigen etc* criminally **Sträfling** *m* prisoner **Strafmandat** *n* ticket **Strafmaß** *n* sentence **strafmildernd** *Adj* extenuating **Strafprozess** *m* criminal proceedings *Pl* **Strafprozessordnung** *f* code of criminal procedure **Strafpunkt** *m* SPORT penalty point **Strafraum** *m* SPORT penalty area *od* (FUSSB *auch*) box **Strafrecht** *n* criminal law **strafrechtlich** **1.** *Adj* criminal **2.** *Adv* ***jdn/etw ~ verfolgen*** to prosecute sb/sth **Strafregister** *n* police records *Pl*; (*hum umg*) record; ***er hat ein langes ~*** he has a long (criminal) record **Strafschuss** *m* SPORT penalty (shot) **Strafstoß** *m* FUSSB *etc* penalty (kick) **Straftat** *f* criminal offence (*Brit*) *od* offense (*US*) **Straftäter(in)** *m(f)* offender **Strafverfahren** *n* criminal proceedings *Pl* **strafversetzen** *vt Beamte* to transfer for disciplinary reasons **Strafverteidiger(in)** *m(f)* defence (*Brit*) *od* defense (*US*) counsel *od* lawyer **Strafvollzug** *m* penal system; ***offener ~*** non-confinement **Strafvollzugsanstalt** *f* (*förml*) penal institution **Strafzettel** *m* JUR ticket

Strahl *m* **a)** ray; (≈ *Sonnenstrahl*) shaft of light; (≈ *Radiostrahl, Laserstrahl etc*) beam; **b)** (≈ *Wasserstrahl*) jet **strahlen** *vi* **a)** (*Sonne, Licht etc*) to shine; (*Sender*) to beam; (≈ *glühen*) to glow (*vor +Dat* with); (*radioaktiv*) to give off radioactivity; **b)** (≈ *leuchten*) to gleam; (*fig*) (*Gesicht*) to beam; (*Augen*) to shine; ***das ganze Haus strahlte vor Sauberkeit*** the whole house was sparkling clean; ***er strahlte vor Freude*** he was beaming with happiness **Strahlenbehandlung** *f* MED ray treatment **Strahlenbelastung** *f* radiation **strahlend** *Adj* radiant; *Wetter, Tag* glorious; *Farben* brilliant; ***mit ~em Gesicht*** with a beaming face; ***es war ein ~ schöner Tag*** it was a glorious day **Strahlendosis** *f* dose of radiation **strahlenförmig** *Adj* radial; ***sich ~ ausbreiten*** to radiate out **strahlengeschädigt** *Adj* suffering from radiation damage **Strahlenkrankheit** *f* radiation sickness **Strahlenschäden** *Pl* radiation injuries *Pl* **Strahlenschutz** *m* radiation protection **Strahlentherapie** *f* radiotherapy **Strahlentod** *m* death through radiation **strahlenverseucht** *Adj* contaminated (with radiation) **Strahlung** *f* radiation **strahlungsarm** *Adj Monitor* low-radiation

Strähnchen *n* streak **Strähne** *f* (≈ *Haarsträhne*) strand **strähnig** *Adj Haar* straggly

stramm **1.** *Adj* (≈ *straff*) tight; *Haltung* erect; *Mädchen, Junge* strapping; *Beine* sturdy; *Brust* firm; (*umg*) *Tempo* brisk; (≈ *überzeugt*) staunch; ***~e Haltung annehmen*** to stand to attention **2.** *Adv binden* tightly; ***~ sitzen*** to be tight; ***~ arbeiten*** (*umg*) to work hard; ***~ marschieren*** (*umg*) to march hard;

S

~ konservativ (*umg*) staunchly conservative **strammstehen** *vi* (MIL *umg*) to stand to attention

Strampelhöschen *n* rompers *Pl* **strampeln** *vi* **a**) (*mit Beinen*) to flail about; (*Baby*) to thrash about; **b**) (*umg* ≈ *Rad fahren*) to pedal; **c**) (*umg* ≈ *sich abrackern*) to (sweat and) slave

Strand *m* (≈ *Meeresstrand*) beach; (≈ *Seeufer*) shore; **am ~** (≈ *am Meer*) on the beach; (≈ *am Seeufer*) on the shore **Strandbad** *n* (seawater) swimming pool; (≈ *Badeort*) bathing resort **stranden** *vi* to be stranded; (*fig*) to fail **Strandgut** *n* (*wörtl*, *fig*) flotsam and jetsam **Strandkorb** *m* wicker beach chair with a hood **Strandläufer** *m* ORN sandpiper **Strandpromenade** *f* promenade

Strang *m* (≈ *Nervenstrang*, *Muskelstrang*) cord; (≈ *DNA-Strang*) strand; (≈ *Wollstrang*) hank; **der Tod durch den ~** death by hanging; **am gleichen ~ ziehen** (*fig*) to pull together; **über die Stränge schlagen** (*umg*) to run wild (*umg*) **strangulieren** *vt* to strangle

Strapaze *f* strain **strapazieren** **1.** *vt* to be a strain on; *Schuhe*, *Kleidung* to be hard on; *Nerven* to strain; *Geduld* to try **2.** *vr* to tax oneself **strapazierfähig** *Adj Schuhe*, *Kleidung*, *Material* hard-wearing; (*fig umg*) *Nerven* strong **strapaziös** *Adj* exhausting

Straps *m* suspender belt (*Brit*), garter belt (*US*)

Straßburg *n* Strasbourg

Straße *f* **a**) road; (*in Stadt*, *Dorf*) street; (≈ *kleine Landstraße*) lane; **an der ~** by the roadside; **auf die ~ gehen** (*wörtl*) to go out on the street; (*als Demonstrant*) to take to the streets; (*als Prostituierte*) to go on the streets; **auf die ~ gesetzt werden** (*umg*) to be turned out (onto the streets); (*als Arbeiter*) to be sacked (*Brit umg*); **über die ~ gehen** to cross (the road/street); **etw über die ~ verkaufen** to sell sth to take away (*Brit*) *od* to take out (*US*); **das Geld liegt nicht auf der ~** money doesn't grow on trees; **der Mann auf der ~** (*fig*) the man in the street; **b**) (≈ *Meerenge*) strait(s *Pl*); **die ~ von Dover** *etc* the Straits of Dover *etc*; **c**) (TECH ≈ *Fertigungsstraße*) (production) line **Straßenarbeiten** *Pl* roadworks *Pl* **Straßenarbeiter(in)** *m(f)* roadworker **Straßenbahn** *f* (≈ *Wagen*) tram (*bes Brit*), streetcar (*US*); (≈ *Netz*) tramway(s) (*bes Brit*), streetcar system (*US*); **mit der ~** by tram (*bes Brit*) *od* streetcar (*US*) **Straßenbahnhaltestelle** *f* tram (*bes Brit*) *od* streetcar (*US*) stop **Straßenbahnlinie** *f* tramline (*bes Brit*), streetcar line (*US*) **Straßenbahnwagen** *m* tram (*bes Brit*), streetcar (*US*) **Straßenbau** *m* road construction **Straßenbauarbeiten** *Pl* roadworks *Pl* **Straßenbelag** *m* road surface **Straßenbeleuchtung** *f* street lighting **Straßenbenutzungsgebühr** *f* (road) toll **Straßencafé** *n* pavement café (*Brit*), sidewalk café (*US*) **Straßenfeger(in)** *m(f)* road sweeper **Straßenfest** *n* street party **Straßenführung** *f* route **Straßenglätte** *f* slippery road surface **Straßengraben** *m* ditch **Straßenjunge** *m* (*pej*) street urchin **Straßenkampf** *m* street fighting *kein Pl*; **ein ~** a street fight *od* battle **Straßenkarte** *f* road map **Straßenkehrer(in)** *m(f)* road sweeper **Straßenkreuzer** *m* (*umg*) limo (*umg*) **Straßenkreuzung** *f* crossroads *Sg od Pl*, intersection (*US*) **Straßenlage** *f* AUTO road holding **Straßenlaterne** *f* streetlamp **Straßenmädchen** *n* prostitute **Straßenmusikant(in)** *m(f)* street musician **Straßennetz** *n* road network **Straßenrand** *m* roadside **Straßenreinigung** *f* street cleaning **Straßenschild** *n* street sign **Straßenschlacht** *f* street battle **Straßensperre** *f* roadblock **Straßenstrich** *m* (*umg*) walking the streets; (*Gegend*) red-light district **Straßentransport** *m* road transport *od* haulage; **im ~** by road **Straßenverhältnisse** *Pl* road conditions *Pl* **Straßenverkauf** *m* street trading; (≈ *Außerhausverkauf*) takeaway (*Brit*) *od* takeout (*US*) sales *Pl* **Straßenverkehr** *m* traffic **Straßenverkehrsordnung** *f* ≈ Highway Code (*Brit*), traffic rules and regulations *Pl* **Straßenverzeichnis** *n* street directory **Straßenzustand** *m* road conditions *Pl* **Straßenzustandsbericht** *m* road report

Stratege *m*, **Strategin** *f* strategist **Strategie** *f* strategy **strategisch** **1.** *Adj*

S

strategic **2.** *Adv* strategically
Stratosphäre *f* stratosphere
sträuben **1.** *vr* **a)** (*Haare, Fell*) to stand on end; (*Gefieder*) to become ruffled; ***da ~ sich einem die Haare*** it's enough to make your hair stand on end; **b)** (*fig*) to resist (*gegen etw* sth) **2.** *vt Gefieder* to ruffle
Strauch *m* bush **Strauchtomate** *f* vine-ripened tomato **Strauchwerk** *n* (≈ *Gebüsch*) bushes *Pl*; (≈ *Gestrüpp*) undergrowth
Strauß[1] *m* ostrich; ***wie der Vogel ~*** like an ostrich
Strauß[2] *m* bunch; (≈ *Blumenstrauß*) bunch of flowers
strawanzen *vi* (*österr* ≈ *sich herumtreiben*) to hang around (*umg*)
Streamer *m* IT streamer
Strebe *f* brace; (≈ *Deckenstrebe*) joist
streben *vi* (*geh*) **a)** (≈ *sich bemühen*) to strive (*nach, an +Akk, zu* for); (SCHULE *pej*) to swot (*umg*); ***danach ~, etw zu tun*** to strive to do sth; ***in die Ferne ~*** to be drawn to distant parts; **b)** (≈ *sich bewegen*) ***nach** od **zu etw ~*** to make one's way to sth **Streben** *n* (≈ *Drängen*) striving (*nach* for); (*nach Ruhm, Geld*) aspiration (*nach* to); (≈ *Bemühen*) efforts *Pl* **Strebepfeiler** *m* buttress **Streber(in)** *m(f)* (*pej umg*) pushy person; SCHULE swot (*Brit umg*), grind (*US umg*) **strebsam** *Adj* assiduous
Strecke *f* **a)** (≈ *Entfernung zwischen zwei Punkten*, SPORT) distance; MATHE line (*between two points*); ***eine ~ zurücklegen*** to cover a distance; **b)** (≈ *Abschnitt*) (*von Straße, Fluss*) stretch; (*von Bahnlinie*) section; **c)** (≈ *Weg, Route, Flugstrecke*) route; (≈ *Straße*) road; (≈ *Bahnlinie*) track; (*fig* ≈ *Passage*) passage; ***auf** od **an der ~ Paris-Brüssel*** on the way from Paris to Brussels; ***auf freier** od **offener ~*** *bes* BAHN on the open line; ***auf weite ~n (hin)*** for long stretches; ***auf der ~ bleiben*** (*bei Rennen*) to drop out of the running; (*in Konkurrenzkampf*) to fall by the wayside; **d)** (JAGD ≈ *Jagdbeute*) kill; ***zur ~ bringen*** to kill; (*fig*) *Verbrecher* to hunt down **strecken** **1.** *vt* **a)** *Arme, Beine* to stretch; *Hals* to crane; **b)** (*umg*) *Vorräte, Geld* to eke out; *Arbeit* to drag out (*umg*); *Essen, Suppe* to make go further; (≈ *verdünnen*) to thin down, to dilute **2.** *vr* **a)** (≈ *sich recken*) to stretch; **b)** (≈ *sich hinziehen*) to drag on **Streckenabschnitt** *m* BAHN track section **Streckenführung** *f* BAHN route **Streckennetz** *n* rail network **streckenweise** *Adv* in parts **Streckverband** *m* MED *bandage used in traction*
Streetball *m* streetball **Streetworker(in)** *m(f)* outreach worker
Streich *m* (≈ *Schabernack*) prank, trick; ***jdm einen ~ spielen*** (*wörtl*) to play a trick on sb; (*fig: Gedächtnis etc*) to play tricks on sb
Streicheleinheiten *Pl* (≈ *Zärtlichkeit*) tender loving care *Sg* **streicheln** *vti* to stroke; (≈ *liebkosen*) to caress **streichen** **1.** *vt* **a)** (*mit der Hand*) to stroke; ***etw glatt ~*** to smooth sth (out); **b)** (≈ *auftragen*) *Butter, Marmelade etc* to spread; *Salbe, Farbe etc* to apply; **c)** (≈ *anstreichen: mit Farbe*) to paint; ***frisch gestrichen!*** wet (*Brit*) *od* fresh (*US*) paint; **d)** (≈ *tilgen*) *Zeile, Satz* to delete; *Auftrag, Plan etc* to cancel; *Schulden* to write off; *Zuschuss, Gelder, Arbeitsplätze etc* to cut; ***jdn/etw von** od **aus der Liste ~*** to take sb/sth off the list; **e)** SEEF *Segel, Flagge, Ruder* to strike; **f)**; → ***gestrichen*** **2.** *vi* **a)** (≈ *über etw hinfahren*) to stroke; ***mit der Hand über etw** Akk **~*** to stroke sth (with one's hand); **b)** (≈ *streifen*) to brush past (*an +Dat* sth); (*Wind*) to waft; ***um/durch etw ~*** (≈ *herumstreichen*) to prowl around/through sth; **c)** (≈ *malen*) to paint **Streicher** *Pl* MUS strings *Pl* **Streichholz** *n* match **Streichholzschachtel** *f* matchbox **Streichinstrument** *n* string(ed) instrument; ***die ~e*** the strings **Streichkäse** *m* cheese spread **Streichorchester** *n* string orchestra **Streichquartett** *n* string quartet **Streichquintett** *n* string quintet **Streichung** *f* (*von Zeile, Satz*) deletion; (≈ *Kürzung*) cut; (*von Auftrag, Plan etc*) cancellation; (*von Schulden*) writing off; (*von Zuschüssen, Arbeitsplätzen etc*) cutting **Streichwurst** *f* ≈ meat paste
Streife *f* (≈ *Patrouille*) patrol; ***auf ~ gehen/sein*** to go/be on patrol **streifen** **1.** *vt* **a)** (≈ *flüchtig berühren*) to touch, to

brush (against); (*Kugel*) to graze; (*Auto*) to scrape; ***jdn mit einem Blick ~*** to glance fleetingly at sb; **b)** (*fig ≈ flüchtig erwähnen*) to touch (up)on; **c)** ***die Butter vom Messer ~*** to scrape the butter off the knife; ***den Ring vom Finger ~*** to slip the ring off one's finger; ***sich*** (*Dat*) ***die Handschuhe über die Finger ~*** to pull on one's gloves **2.** *vi* (*geh*) **a)** (≈ *wandern*) to roam; **b)** ***sie ließ ihren Blick über die Menge ~*** she scanned the crowd **Streifen** *m* **a)** strip; (≈ *Speckstreifen*) rasher; **b)** (≈ *Strich*) stripe; (≈ *Farbstreifen*) streak; (≈ *Lochstreifen, Klebestreifen etc*) tape; **c)** FILM film **Streifendienst** *m* patrol duty **Streifenpolizist(in)** *m(f)* policeman/-woman on patrol **Streifenwagen** *m* patrol car **Streifschuss** *m* graze **Streifzug** *m* raid; (≈ *Bummel*) expedition

Streik *m* strike; ***zum ~ aufrufen*** to call a strike; ***in (den) ~ treten*** to go on strike **Streikaufruf** *m* strike call **Streikbrecher(in)** *m(f)* strikebreaker, scab (*pej*) **streiken** *vi* to strike; (*hum umg*) (≈ *nicht funktionieren*) to pack up (*umg*); (*Magen*) to protest; (*Gedächtnis*) to fail; ***da streike ich*** (*umg*) I refuse! **Streikende(r)** *mf* striker **Streikgeld** *n* strike pay **Streikkasse** *f* strike fund **Streikposten** *m* picket

Streit *m* argument (*um, über +Akk* about, over); (*leichter*) quarrel, squabble; (≈ *Auseinandersetzung*) dispute; ***~ haben*** to be arguing; ***wegen einer Sache ~ bekommen*** to get into an argument over sth **streitbar** *Adj* (≈ *streitlustig*) pugnacious **streiten** **1.** *vi* (≈ *eine Auseinandersetzung haben*) to argue (*um, über +Akk* about, over); (*leichter*) to quarrel; ***darüber lässt sich ~*** that's a debatable point **2.** *vr* to argue; (*leichter*) to quarrel; ***wir wollen uns deswegen nicht ~!*** don't let's fall out over that! **Streiterei** *f* (*umg*) arguing *kein Pl*; ***eine ~*** an argument **Streitfall** *m* dispute, conflict; JUR case **Streitfrage** *f* dispute **Streitgespräch** *n* debate **streitig** *Adj* ***jdm das Recht auf etw*** (*Akk*) ***~ machen*** to dispute sb's right to sth **Streitigkeiten** *Pl* quarrels *Pl* **Streitkräfte** *Pl* forces *Pl* **Streitmacht** *f* armed forces *Pl* **Streitpunkt** *m* contentious issue **streitsüchtig** *Adj* quarrelsome **Streitwert** *m* JUR amount in dispute

Strelitzie *f* BOT bird of paradise (flower)

streng **1.** *Adj* **a)** strict; *Maßnahmen* stringent; *Bestrafung, Richter* severe; *Anforderungen* rigorous; *Ausdruck, Blick, Gesicht* stern; *Stillschweigen* absolute; *Kritik, Urteil* harsh; **b)** *Geruch, Geschmack* pungent; *Frost, Winter* severe; **c)** *Katholik, Moslem etc* strict **2.** *Adv* **a)** (≈ *unnachgiebig*) *befolgen, einhalten* strictly; *tadeln, bestrafen* severely; *vertraulich* strictly; ***~ genommen*** strictly speaking; (≈ *eigentlich*) actually; ***~ gegen jdn/etw vorgehen*** to deal severely with sb/sth; ***~ geheim*** top secret; ***~(stens) verboten!*** strictly prohibited; **b)** (≈ *intensiv*) ***~ riechen/schmecken*** to have a pungent smell/taste **Strenge** *f* **a)** strictness; (*von Regel, Maßnahmen*) stringency; (*von Bestrafung, Richter*) severity; (*von Ausdruck, Blick*) sternness; (*von Kritik, Urteil*) harshness; **b)** (*von Geruch, Geschmack*) pungency; (*von Frost, Winter*) severity **strenggenommen** *Adv* → ***streng*** **strenggläubig** *Adj* strict

Stress *m* stress; ***(voll) im ~ sein*** to be under (a lot of) stress **Stressball** *m* stress ball **stressen** *vt* to put under stress; ***gestresst sein*** to be under stress **stressfrei** *Adj* stress-free **stressgeplagt** *Adj* under stress; ***~e Manager*** highly stressed executives

stressig *Adj* (*umg*) stressful

Stretchhose *f* stretch trousers *Pl* **Stretchlimousine** *f* stretch limousine

Streu *f* straw; (*aus Sägespänen*) sawdust **streuen** **1.** *vt* to scatter; *Dünger, Sand* to spread; *Gewürze, Zucker etc* to sprinkle; *Straße etc* (*mit Sand*) to grit; (*mit Salz*) to salt **2.** *vi* (≈ *Streumittel anwenden*) to grit, to put down salt **Streuer** *m* shaker; (≈ *Salzstreuer*) cellar; (≈ *Pfefferstreuer*) pot **Streufahrzeug** *n* gritter

streunen *vi* to roam about; (*Hund, Katze*) to stray; ***durch etw/in etw*** (*Dat*) ***~*** to roam through/around sth

Streusalz *n* salt (*for icy roads*) **Streusand** *m* sand; (*für Straße*) grit

Streuselkuchen *m thin sponge cake with crumble topping*

Strich *m* **a)** line; (≈ *Querstrich*) dash;

S

(≈ *Schrägstrich*) oblique; (≈ *Pinselstrich*) stroke; (*von Land*) stretch; ***jdm einen ~ durch die Rechnung machen*** to thwart sb's plans; ***einen ~ (unter etw*** *Akk*) ***ziehen*** (*fig*) to forget sth; ***unterm ~*** at the final count; **b)** (*von Teppich, Samt*) pile; (*von Gewebe*) nap; (*von Fell, Haar*) direction of growth; ***es geht (mir) gegen den ~*** (*umg*) it goes against the grain; ***nach ~ und Faden*** (*umg*) thoroughly; **c)** (MUS ≈ *Bogenstrich*) stroke; **d)** (*umg*) (≈ *Prostitution*) prostitution *ohne Artikel*; (≈ *Bordellgegend*) red-light district; ***auf den ~ gehen*** to be on the game (*Brit umg*), to be a prostitute **Strichcode** *m* bar code (*Brit*), universal product code (*US*) **stricheln** *vt* to sketch in; (≈ *schraffieren*) to hatch; ***eine gestrichelte Linie*** a broken line **Strichjunge** *m* (*umg*) rent boy (*Brit*), boy prostitute **Strichkode** *m* = ***Strichcode*** **Strichliste** *f* check list **Strichmädchen** *n* (*umg*) hooker (*bes US umg*) **strichweise** *Adv auch* METEO here and there; ***~ Regen*** rain in places

Strick *m* rope; ***jdm aus etw einen ~ drehen*** to use sth against sb; ***am gleichen*** *od* ***an einem ~ ziehen*** (*fig*) to pull together

stricken *vti* to knit; (*fig*) to construct; ***an etw*** (*Dat*) ***~*** to work on sth **Strickjacke** *f* cardigan **Strickkleid** *n* knitted dress **Strickleiter** *f* rope ladder **Strickmaschine** *f* knitting machine **Strickmuster** *n* (*wörtl*) knitting pattern; (*fig*) pattern **Stricknadel** *f* knitting needle **Strickwaren** *Pl* knitwear *Sg* **Strickzeug** *n* knitting

striegeln *vt Tier* to curry(comb)

Strieme *f*, **Striemen** *m* weal

strikt **1.** *Adj* strict; *Ablehnung* categorical **2.** *Adv* strictly; *ablehnen* categorically; ***~ gegen etw sein*** to be totally opposed to sth

String *m*, **Stringtanga** *m* G-string, thong

Strip *m* (*umg*) strip(tease)

Strippe *f* (*umg*) **a)** (≈ *Bindfaden*) string; ***die ~n ziehen*** (*fig*) to pull the strings; **b)** (≈ *Telefonleitung*) phone; ***an der ~ hängen*** to be on the phone; ***jdn an der ~ haben*** to have sb on the line

strippen *vi* to strip

Strippenzieher(in) *m(f)* (*umg*) ***er war der ~*** he was the one pulling the strings

Stripper(in) *m(f)* (*umg*) stripper **Striptease** *m od n* striptease **Stripteasetänzer(in)** *m(f)* stripper

strittig *Adj* contentious; ***noch ~*** still in dispute

Stroboskoplampe *f* strobe light

Stroh *n* straw; (≈ *Dachstroh*) thatch **Strohballen** *m* bale of straw **strohblond** *Adj Mensch* flaxen-haired; *Haare* flaxen **Strohblume** *f* strawflower **Strohdach** *n* thatched roof **strohdumm** *Adj* thick (*umg*) **Strohfeuer** *n* ***ein ~ sein*** (*fig*) to be a passing fancy **Strohfrau** *f* (*fig*) front woman **Strohhalm** *m* straw; ***sich an einen ~ klammern*** to clutch at straws **Strohhut** *m* straw hat **Strohmann** *m* (*fig*) front man **Strohwitwe** *f* grass widow **Strohwitwer** *m* grass widower

Strolch *m* (*veralt*) rascal **Strolchenfahrt** *f* (*schweiz*) joyride

Strom *m* **a)** (large) river; (≈ *Strömung*) current; (*von Schweiß, Blut*) river; (*von Besuchern, Flüchen etc*) stream; ***ein reißender ~*** a raging torrent; ***es regnet in Strömen*** it's pouring (with rain); ***der Wein floss in Strömen*** the wine flowed like water; ***mit dem/gegen den ~ schwimmen*** (*fig*) to swim *od* go with/against the tide; **b)** ELEK current; (≈ *Elektrizität*) electricity; ***unter ~ stehen*** (*wörtl*) to be live; (*fig*) to be high (*umg*) **stromabwärts** *Adv* downstream **Stromanschluss** *m* ***~ haben*** to be connected to the electricity mains **stromauf(wärts)** *Adv* upstream **Stromausfall** *m* power failure **strömen** *vi* to stream; (*Gas*) to flow; (*Menschen*) to pour (*in* into, *aus* out of); ***bei ~dem Regen*** in (the) pouring rain **Stromkabel** *n* electric cable **Stromkreis** *m* (electrical) circuit **Stromleitung** *f* electric cables *Pl* **stromlinienförmig** *Adj* streamlined **Stromnetz** *n* electricity supply system **Strompreis** *m* electricity price **Stromschnelle** *f* rapids *Pl* **Stromsperre** *f* power cut **Stromstärke** *f* strength of the/an electric current **Strömung** *f* current **Stromverbrauch** *m* electricity consumption **Stromversorger(in)** *m(f)* electricity supplier **Stromver-**

S

sorgung *f* electricity supply **Stromzähler** *m* electricity meter
Strontium *n* strontium
Strophe *f* verse
strotzen *vi* to be full (*von, vor +Dat* of); (*von Kraft, Gesundheit*) to be bursting (*von* with); ***von Schmutz ~*** to be covered with dirt
Strudel *m* **a)** whirlpool; **b)** KOCH strudel
Struktur *f* structure; (*von Stoff etc*) texture; (≈ *Webart*) weave **Strukturanalyse** *f* structural analysis **strukturell** **1.** *Adj* structural **2.** *Adv* ***~ bedingt*** structurally **strukturieren** *vt* to structure **Strukturierung** *f* structuring **Strukturkrise** *f* structural crisis **strukturschwach** *Adj* lacking in infrastructure **Strukturschwäche** *f* lack of infrastructure **Strukturwandel** *m* structural change (*+Gen* in)
Strumpf *m* sock; (≈ *Damenstrumpf*) stocking; ***ein Paar Strümpfe*** a pair of socks/stockings **Strumpfband** *n* garter **Strumpfhalter** *m* suspender (*Brit*), garter (*US*) **Strumpfhose** *f* tights *Pl* (*Brit*), pantyhose (*US*); ***eine ~*** a pair of tights (*Brit*), a pantyhose (*US*) **Strumpfmaske** *f* stocking mask **Strumpfwaren** *Pl* hosiery *Sg*
Strunk *m* stalk
struppig *Adj* unkempt; *Tier* shaggy
Stube *f* (*veralt*) room; (*dial* ≈ *Wohnzimmer*) lounge; (*in Kaserne*) barrack room (*Brit*), quarters **Stubenfliege** *f* (common) housefly **Stubenhocker(in)** *m(f)* (*pej umg*) stay-at-home **stubenrein** *Adj Katze, Hund* house-trained; (*hum*) *Witz* clean
Stuck *m* stucco; (*zur Zimmerverzierung*) moulding (*Brit*), molding (*US*)
Stück *n* **a)** piece; (*von Vieh, Wild*) head; (*von Zucker*) lump; (≈ *Seifenstück*) bar; (≈ *abgegrenztes Land*) plot; ***ich nehme fünf ~*** I'll take five; ***drei Euro das ~*** three euros each; ***im od am ~*** in one piece; ***aus einem ~*** in one piece; **b)** (*von Buch, Rede, Reise etc*) part; (*von Straße etc*) stretch; ***~ für ~*** (≈ *einen Teil um den andern*) bit by bit; ***etw in ~e schlagen*** to smash sth to pieces; ***ich komme ein ~ (des Weges) mit*** I'll come part of the way with you; **c)** ***ein gutes ~ weiterkommen*** to make considerable progress; ***das ist (doch) ein starkes ~!*** (*umg*) that's a bit much (*umg*); ***große ~e auf etw*** (*Akk*) ***halten*** to be very proud of sth; ***aus freien ~en*** of one's own free will; **d)** (≈ *Bühnenstück*) play; (≈ *Musikstück*) piece **Stückarbeit** *f* piecework
Stuckdecke *f* stucco(ed) ceiling
stückeln *vt* to patch **Stückelung** *f* (≈ *Aufteilung*) splitting up; (*von Geld, Aktien*) denomination **Stückgut** *n* ***etw als ~ schicken*** to send sth as a parcel (*Brit*) *od* package **Stücklohn** *m* piece(work) rate **Stückpreis** *m* unit price **Stückwerk** *n* unfinished work; ***~ sein/bleiben*** to be/remain unfinished **Stückzahl** *f* number of pieces
Student *m* student; (*österr* ≈ *Schüler*) schoolboy; (*einer bestimmten Schule*) pupil **Studentenausweis** *m* student (ID) card **Studentenfutter** *n* nuts and raisins *Pl* **Studentenheim** *n* hall of residence (*Brit*), dormitory (*US*) **Studentenschaft** *f* students *Pl* **Studentenwerk** *n* student administration **Studentenwohnheim** *n* hall of residence (*Brit*), dormitory (*US*) **Studentin** *f* student; (*österr* ≈ *Schülerin*) schoolgirl; (*einer bestimmten Schule*) pupil **studentisch** *Adj* student *attr*; ***~e Hilfskraft*** student assistant **Studie** *f* study (*über +Akk* of); (≈ *Abhandlung*) essay (*über +Akk* on) **Studienabbrecher(in)** *m(f)* dropout **Studienanfänger(in)** *m(f)* first year (student), freshman (*US*), fresher (*Brit*) **Studienberatung** *f* course guidance service **Studienfach** *n* subject **Studienfahrt** *f* study trip; SCHULE educational trip **Studiengang** *m* course of studies **Studiengebühren** *Pl* tuition fees *Pl* **Studienjahr** *n* academic year **Studienplatz** *m* university/college place **Studienrat** *m*, **Studienrätin** *f* teacher at a secondary school **Studienreferendar(in)** *m(f)* student teacher **Studienreise** *f* study trip; SCHULE educational trip **Studienzeit** *f* **a)** student days *Pl*; **b)** (≈ *Dauer*) duration of a/one's course of studies **studieren** **1.** *vi* to study; (≈ *Student sein*) to be a student; ***ich studiere an der Universität Bonn*** I am (a student) at Bonn University; ***wo haben Sie studiert?*** what university/college did you go to? **2.** *vt* to study; (≈ *genau betrachten*) to scruti-

nize
Studio *n* studio
Studium *n* study; (≈ *Hochschulstudium*) studies *Pl*; ***das ~ hat fünf Jahre gedauert*** the course (of study) lasted five years; ***während seines ~s*** while he is/was *etc* a student; ***er ist noch im ~*** he is still a student; ***seine Studien zu etw machen*** to study sth
Stufe *f* **a)** step; (*im Haar*) layer; (*von Rakete*) stage; **b)** (*fig*) (≈ *Phase*) stage; (≈ *Niveau*) level; (≈ *Rang*) grade; (GRAM ≈ *Steigerungsstufe*) degree; ***eine ~ höher als ...*** a step up from ...; ***mit jdm auf gleicher ~ stehen*** to be on a level with sb **stufen** *vt Schüler, Preise, Gehälter* to grade; *Haare* to layer; *Land etc* to terrace; → ***gestuft***
Stufenbarren *m* asymmetric bar **stufenförmig** **1.** *Adj* (*wörtl*) stepped; *Landschaft* terraced; (*fig*) gradual **2.** *Adv* (*wörtl*) in steps; *angelegt* in terraces; (*fig*) in stages **Stufenheck** *n* ***ein Auto mit ~*** a saloon car **Stufenleiter** *f* (*fig*) ladder (*+Gen* to) **stufenlos** *Adj Schaltung, Regelung* infinitely variable; (*fig* ≈ *gleitend*) smooth **stufenweise** **1.** *Adv* step by step **2.** *Adj* gradual
Stuhl *m* **a)** chair; ***zwischen zwei Stühlen sitzen*** (*fig*) to fall between two stools; ***ich wäre fast vom ~ gefallen*** (*umg*) I nearly fell off my chair (*umg*); ***der Heilige*** *od* ***Päpstliche ~*** the Holy *od* Papal See; **b)** (≈ *Stuhlgang*) bowel movement; (≈ *Kot*) stool
Stuhlgang *m* bowel movement; ***regelmäßig ~ haben*** to have regular bowels **Stuhllehne** *f* back of a chair
Stulle *f* (*nordd*) slice of bread and butter; (≈ *Doppelstulle*) sandwich
stülpen *vt* ***etw auf/über etw*** (*Akk*) ***~*** to put sth on/over sth; ***etw nach innen/außen ~*** to turn sth to the inside/outside; ***sich*** (*Dat*) ***den Hut auf den Kopf ~*** to put on one's hat
stumm **1.** *Adj* **a)** dumb; **b)** (≈ *schweigend*) mute; *Anklage, Blick, Gebet* silent; **c)** GRAM mute **2.** *Adv* (≈ *schweigend*) silently
Stummel *m* (≈ *Zigarettenstummel*) end; (≈ *Kerzenstummel*) stub; (*von Gliedmaßen, Zahn*) stump
Stummfilm *m* silent film
Stümper(in) *m(f)* (*pej*) **a)** amateur; **b)** (≈ *Pfuscher*) bungler **Stümperei** *f* (*pej*) **a)** amateur work; **b)** (≈ *Pfuscherei*) bungling; (≈ *stümperhafte Arbeit*) botched job (*umg*) **stümperhaft** (*pej*) **1.** *Adj* (≈ *nicht fachmännisch*) amateurish **2.** *Adv ausführen, malen* crudely; *arbeiten* poorly
stumpf **1.** *Adj* **a)** *Messer* blunt; **b)** (*fig*) *Haar, Farbe, Mensch* dull; *Blick, Sinne* dulled; **c)** MATHE *Winkel* obtuse; *Kegel etc* truncated **2.** *Adv ansehen* dully **Stumpf** *m* stump; (≈ *Bleistiftstumpf*) stub; ***etw mit ~ und Stiel ausrotten*** to eradicate sth root and branch **Stumpfheit** *f* bluntness; (*fig*) dullness **Stumpfsinn** *m* mindlessness; (≈ *Langweiligkeit*) monotony **stumpfsinnig** *Adj* mindless; (≈ *langweilig*) monotonous **stumpfwinklig** *Adj* MATHE obtuse
Stunde *f* **a)** hour; ***eine halbe ~*** half an hour; ***von ~ zu ~*** hourly; ***130 Kilometer in der ~*** 130 kilometres (*Brit*) *od* kilometers (*US*) per *od* an hour; **b)** (≈ *Augenblick, Zeitpunkt*) time; ***zu später ~*** at a late hour; ***zur ~*** at present; ***bis zur ~*** as yet; ***seine ~ hat geschlagen*** (*fig*) his hour has come; ***die ~ der Entscheidung/Wahrheit*** the moment of decision/truth; **c)** (≈ *Unterricht*) lesson; ***~n geben/nehmen*** to give/have *od* take lessons **stunden** *vt* ***jdm etw ~*** to give sb time to pay sth **Stundengeschwindigkeit** *f* speed per hour **Stundenkilometer** *Pl* kilometres *Pl* (*Brit*) *od* kilometers *Pl* (*US*) per *od* an hour **stundenlang** **1.** *Adj* lasting several hours; ***nach ~em Warten*** after hours of waiting **2.** *Adv* for hours
Stundenlohn *m* hourly wage **Stundenplan** *m* SCHULE timetable **stundenweise** *Adv* (≈ *pro Stunde*) by the hour; (≈ *stündlich*) every hour **Stundenzeiger** *m* hour hand **stündlich** **1.** *Adj* hourly **2.** *Adv* every hour
Stunk *m* (*umg*) stink (*umg*); ***~ machen*** to kick up a stink (*umg*)
Stunt *m* stunt **Stuntman** *m* stunt man **Stuntwoman** *f* stunt woman
stupid, stupide *Adj* (*geh*) mindless
Stups *m* nudge **stupsen** *vt* to nudge **Stupsnase** *f* snub nose
stur **1.** *Adj* pig-headed; ***sich ~ stellen*** (*umg*) to dig one's heels in **2.** *Adv beharren, bestehen* stubbornly; ***er fuhr ~***

S

geradeaus he just carried straight on **Sturheit** *f* pig-headedness

Sturm *m* **a)** storm; ***ein ~ im Wasserglas*** (*fig*) a storm in a teacup (*Brit*), a tempest in a teapot (*US*); ***~ läuten*** to keep one's finger on the doorbell; (≈ *Alarm schlagen*) to ring the alarm bell; ***ein ~ der Begeisterung/Entrüstung*** a wave of enthusiasm/indignation; **b)** (≈ *Angriff*) attack (*auf* on); (SPORT ≈ *Stürmerreihe*) forward line; ***etw im ~ nehmen*** to take sth by storm; ***gegen etw ~ laufen*** (*fig*) to be up in arms against sth **stürmen 1.** *vi* **a)** (*Meer*) to rage; (*Wind auch*) to blow; MIL to attack (*gegen etw* sth); **b)** (SPORT ≈ *als Stürmer spielen*) to play forward; (≈ *angreifen*) to attack; **c)** (≈ *rennen*) to storm **2.** *vi unpers* to be blowing a gale **3.** *vt* to storm; *Bank etc* to make a run on **Stürmer(in)** *m(f)* SPORT forward; FUSSB *auch* striker **Sturmflut** *f* storm tide **stürmisch** *Adj* **a)** *Meer, Überfahrt* rough; *Wetter, Tag* blustery; (*mit Regen*) stormy; **b)** (*fig*) tempestuous; (≈ *aufregend*) *Zeit* stormy; *Entwicklung* rapid; *Liebhaber* passionate; *Jubel, Beifall* tumultuous; ***nicht so ~*** take it easy **Sturmschaden** *m* storm damage *kein Pl* **Sturmtief** *n* METEO deep depression **Sturmwarnung** *f* gale warning

Sturz *m* **a)** fall; **b)** (*in Temperatur, Preis*) drop; (*von Börsenkurs*) slump; **c)** (*von Regierung, Minister*) fall; (*durch Coup, von König*) overthrow; **d)** ARCHIT lintel **stürzen 1.** *vi* **a)** (≈ *fallen, abgesetzt werden*) to fall; ***ins Wasser ~*** to plunge into the water; ***er ist schwer gestürzt*** he had a heavy fall; **b)** (≈ *rennen*) to rush; ***sie kam ins Zimmer gestürzt*** she burst into the room **2.** *vt* **a)** (≈ *werfen*) to fling; ***jdn ins Unglück ~*** to bring disaster to sb; ***jdn/etw in eine Krise ~*** to plunge sb/sth into a crisis; **b)** (≈ *kippen*) to turn upside down; *Pudding* to turn out; ***„nicht ~!"*** "this side up"; **c)** (≈ *absetzen*) *Regierung, Minister* to bring down; (*durch Coup*) to overthrow; *König* to depose **3.** *vr* ***sich auf jdn/etw ~*** to pounce on sb/sth; *auf Essen* to fall on sth; *auf den Feind* to attack sb/sth; ***sich ins Wasser ~*** to fling oneself into the water; ***sich in Schulden ~*** to plunge into debt; ***sich ins Unglück ~*** to plunge headlong into disaster; ***sich ins Vergnügen ~*** to fling oneself into a round of pleasure; ***sich in Unkosten ~*** to go to great expense **Sturzflug** *m* (nose) dive **Sturzhelm** *m* crash helmet

Stuss *m* (*umg*) nonsense

Stute *f* mare

Stutz *m* (*schweiz*) **a)** (*umg* ≈ *Franken*) (Swiss) franc; **b)** (≈ *Abhang*) slope

Stützbalken *m* beam; (*in Decke*) joist; (*quer*) crossbeam **Stütze** *f* **a)** support; (≈ *Pfeiler*) pillar; **b)** (*fig*) (≈ *Hilfe*) help (*für* to); ***die ~n der Gesellschaft*** the pillars of society; **c)** (*umg* ≈ *Arbeitslosengeld*) dole (*Brit umg*), welfare (*US*); ***~ bekommen*** to be on the dole (*Brit umg*), to be on welfare (*US*)

stutzen[1] *vi* (≈ *zögern*) to hesitate

stutzen[2] *vt* to trim; *Flügel, Ohren, Hecke* to clip; *Schwanz* to dock

Stutzen *m* (≈ *Rohrstück*) connecting piece; (≈ *Endstück*) nozzle

stützen 1. *vt* to support; *Gebäude, Mauer* to shore up; ***einen Verdacht auf etw*** (*Akk*) ***~*** to found a suspicion on sth; ***die Ellbogen auf den Tisch ~*** to prop one's elbows on the table; ***den Kopf in die Hände ~*** to hold one's head in one's hands **2.** *vr* ***sich auf jdn/etw ~*** (*wörtl*) to lean on sb/sth; (*fig*) to count on sb/sth; (*Beweise, Theorie etc*) to be based on sb/sth

stutzig *Adj* ***~ werden*** (≈ *argwöhnisch*) to become suspicious; (≈ *verwundert*) to begin to wonder; ***jdn ~ machen*** to make sb suspicious

Stützpunkt *m* base

stylen *vt Wagen, Wohnung* to design; *Frisur* to style **Styling** *n* styling

Styropor® *n* polystyrene

Subjekt *n* **a)** subject; **b)** (*pej* ≈ *Mensch*) customer (*umg*) **subjektiv 1.** *Adj* subjective **2.** *Adv* subjectively **Subjektivität** *f* subjectivity

Subkontinent *m* subcontinent **Subkultur** *f* subculture **suboptimal** *Adj* (*umg*) less than ideal; ***das ist ~*** it leaves something to be desired

Subskription *f* subscription (*+Gen, auf +Akk* to)

Substantiv *n* noun **substantivieren** *vt* to nominalize **substantivisch 1.** *Adj* nominal **2.** *Adv verwenden* nominally

S

Substanz *f* **a)** substance; (≈ *Wesen*) essence; ***etw in seiner ~ treffen*** to affect the substance of sth; **b)** FINANZ capital assets *Pl*; ***von der ~ zehren*** to live on one's capital **substanziell** **1.** *Adj* **a)** (≈ *bedeutsam*) fundamental; **b)** (≈ *nahrhaft*) substantial, solid **2.** *Adv* (≈ *wesentlich*) substantially

subtil (*geh*) **1.** *Adj* subtle **2.** *Adv* subtly

subtrahieren *vti* to subtract **Subtraktion** *f* subtraction **Subtraktionszeichen** *n* subtraction sign

Subtropen *Pl* subtropics *Pl* **subtropisch** *Adj* subtropical

Subunternehmer(in) *m(f)* subcontractor

Subvention *f* subsidy **subventionieren** *vt* to subsidize

subversiv **1.** *Adj* subversive **2.** *Adv* ***sich ~ betätigen*** to engage in subversive activities

Suchaktion *f* search operation **Suchanfrage** *f* IT search enquiry **Suchbefehl** *m* IT search command **Suchdauer** *f* IT search time **Suche** *f* search (*nach* for); ***sich auf die ~ nach jdm/etw machen*** to go in search of sb/sth; ***auf der ~ nach etw sein*** to be looking for sth **suchen** **1.** *vt* **a)** (*um zu finden*) to look for; (*stärker, intensiv*) to search for (*auch* COMPUT); ***Verkäufer(in) gesucht*** sales person wanted; ***Streit/Ärger (mit jdm) ~*** to be looking for trouble/a quarrel (with sb); ***Schutz vor etw*** (*Dat*) ***~*** to seek shelter from sth; ***Zuflucht ~ bei jdm*** to seek refuge with sb; ***du hast hier nichts zu ~*** you have no business being here; → ***gesucht***; **b)** (≈ *streben nach*) to seek; (≈ *versuchen*) to strive; ***ein Gespräch ~*** to try to have a talk **2.** *vi* to search; ***nach etw ~*** to look for sth; (*stärker*) to search for sth; ***nach Worten ~*** to search for words; (≈ *sprachlos sein*) to be at a loss for words; ***Suchen und Ersetzen*** IT search and replace **Sucher** *m* FOTO viewfinder **Suchergebnis** *n* IT search result **Suchfunktion** *f* IT search function **Suchlauf** *m* (*bei Hi-Fi-Geräten*) search **Suchmannschaft** *f* search party **Suchmaschine** *f* IT search engine **Suchscheinwerfer** *m* searchlight

Sucht *f* addiction (*nach* to); (*fig*) obsession (*nach* with); ***~ erzeugend*** addictive; ***an einer ~ leiden*** to be an addict **Suchtdroge** *f* addictive drug **Suchtgefahr** *f* danger of addiction **süchtig** *Adj* addicted (*nach* to); ***von od nach etw ~ werden/sein*** to get/be addicted to sth; ***~ machen*** (*Droge*) to be addictive **Süchtige(r)** *mf* addict **Suchtkranke(r)** *mf* addict **Suchtkrankheit** *f* addictive illness **Suchtmittel** *n* addictive drug

Suchtrupp *m* search party

Südafrika *n* South Africa **Südafrikaner(in)** *m(f)* South African **südafrikanisch** *Adj* South African **Südamerika** *n* South America **Südamerikaner(in)** *m(f)* South American **südamerikanisch** *Adj* South American

Sudan *m* ***der ~*** the Sudan **Sudanese** *m*, **Sudanesin** *f* Sudanese **sudanesisch** *Adj* Sudanese

süddeutsch *Adj* South German **Süddeutschland** *n* South(ern) Germany **Süden** *m* south; (*von Land*) South; ***aus dem ~*** from the south; ***im ~ des Landes*** in the south of the country **Südfrüchte** *Pl* citrus and tropical fruit(s *Pl*) **Südkorea** *n* South Korea **Südländer(in)** *m(f)* southerner; (≈ *Italiener, Spanier etc*) Mediterranean type **südländisch** *Adj* southern; (≈ *italienisch, spanisch etc*) Mediterranean; *Temperament* Latin **südlich** **1.** *Adj* **a)** southern; *Kurs, Wind, Richtung* southerly; **b)** (≈ *mediterran*) Mediterranean; *Temperament* Latin **2.** *Adv* (to the) south; ***~ von Wien (gelegen)*** (to the) south of Vienna **3.** *Präp +Gen* (to the) south of **Südlicht** *n* southern lights *Pl*; (*fig hum, Mensch*) Southerner

Sudoku *n* sudoku

Südosten *m* southeast; (*von Land*) South East **südöstlich** **1.** *Adj Gegend* southeastern; *Wind* southeast(erly) **2.** *Adv* (to the) southeast (*von* of) **Südpol** *m* South Pole **Südsee** *f* South Pacific **Südtirol** *n* South(ern) Tyrol **Südwand** *f* (*von Berg*) south face **südwärts** *Adv* south(wards) **Südwesten** *m* southwest; (*von Land*) South West **südwestlich** **1.** *Adj Gegend* southwestern; *Wind* southwest(erly) **2.** *Adv* (to the) southwest (*von* of) **Südwind** *m* south wind

Sueskanal *m* Suez Canal

Suff *m* (*umg*) ***dem ~ verfallen sein*** to

S

be on the bottle (*umg*); ***im ~*** while under the influence (*umg*) **süffig** *Adj Wein* drinkable
süffisant **1.** *Adj* smug **2.** *Adv* smugly
Suffix *n* suffix
suggerieren *vt* to suggest; ***jdm ~, dass ...*** to get sb to believe that ... **Suggestion** *f* suggestion **suggestiv** **1.** *Adj* suggestive **2.** *Adv* suggestively **Suggestivfrage** *f* leading question
suhlen *vr* to wallow
Sühne *f* atonement **sühnen** *vt Unrecht* to atone for
Suite *f* suite; (≈ *Gefolge*) retinue
Suizid *m od n* (*förml*) suicide
Sulfat *n* sulphate (*Brit*), sulfate (*US*)
Sultan *m* sultan
Sultanine *f* (≈ *Rosine*) sultana
Sülze *f* brawn
summarisch *Adj auch* JUR summary **Summe** *f* sum; (*fig*) sum total
summen **1.** *vt Melodie etc* to hum **2.** *vi* to buzz; (*Mensch*, *Motor*) to hum **Summer** *m* buzzer
summieren **1.** *vt* to sum up **2.** *vr* to mount up; ***das summiert sich*** it (all) adds up
Sumpf *m* marsh; (≈ *Morast*) mud; (*in tropischen Ländern*) swamp; (*fig*) morass **sumpfig** *Adj* marshy **Sumpfpflanze** *f* marsh plant
Sünde *f* sin **Sündenbock** *m* (*umg*) scapegoat **Sündenregister** *n* (*fig*) list of sins **Sünder(in)** *m(f)* sinner **sündhaft** **1.** *Adj* (*wörtl*) sinful; (*fig umg*) *Preise* wicked **2.** *Adv* (*umg*) ***~ teuer*** wickedly expensive **sündigen** *vi* to sin (*an +Dat* against); (*hum*) to indulge
super (*umg*) *Adj* super (*umg*), great (*umg*) **Super** *n* (≈ *Benzin*) ≈ four-star (petrol) (*Brit*), ≈ premium (*US*) **Superfrau** *f* superwoman **Superlativ** *m* superlative **Supermacht** *f* superpower **Supermann** *m* superman **Supermarkt** *m* supermarket **Superstar** *m* (*umg*) superstar **Superzahl** *f* (*Lotto*) additional number
Suppe *f* soup; ***klare ~*** consommé; ***jdm ein schöne ~ einbrocken*** (*fig umg*) to get sb into a pickle (*umg*); ***du musst die ~ auslöffeln, die du dir eingebrockt hast*** (*umg*) you've made your bed, now you must lie on it (*Sprichw*) **Suppengrün** *n* herbs and vegetables *Pl* for making soup **Suppenhuhn** *n* boiling fowl **Suppenkelle** *f* soup ladle **Suppenlöffel** *m* soup spoon **Suppenschüssel** *f* tureen **Suppenteller** *m* soup plate **Suppenwürfel** *m* stock cube
Surfbrett *n* surfboard **surfen** *vi* to surf; ***im Internet ~*** to surf the Internet **Surfer(in)** *m(f)* surfer **Surfing** *n* SPORT surfing
Surrealismus *m* surrealism **surrealistisch** *Adj* surrealist(ic)
surren *vi* (*Projektor*, *Computer*) to hum; (*Ventilator*, *Kamera*) to whir(r); (*Insekt*) to buzz
Sushi *n* sushi
suspekt *Adj* suspicious
suspendieren *vt* to suspend
süß **1.** *Adj* sweet; ***das ~e Leben*** the good life **2.** *Adv sagen* sweetly; ***gern ~ essen*** to have a sweet tooth; ***~ aussehen*** to look sweet **Süße** *f* sweetness **süßen** *vt* to sweeten; (*mit Zucker*) to sugar **Süßigkeit** *f* **a)** sweetness; **b)** ***~en*** *Pl* sweets *Pl* (*Brit*), candy (*US*) **Süßkartoffel** *f* sweet potato **süßlich** *Adj* **a)** (≈ *leicht süß*) slightly sweet; (≈ *unangenehm süß*) sickly (sweet); **b)** (*fig*) *Worte* sweet; *Lächeln* sugary; (≈ *kitschig*) mawkish, tacky **süßsauer** *Adj* sweet-and-sour; *Gurken etc* pickled; (*fig*) *Lächeln* forced **Süßspeise** *f* sweet dish **Süßstoff** *m* sweetener **Süßwasser** *n* freshwater **Süßwasserfisch** *m* freshwater fish
Sweatshirt *n* sweatshirt
Swimmingpool *m* swimming pool
Swing *m* MUS, FINANZ swing
Symbiose *f* symbiosis
Symbol *n* symbol **Symbolfigur** *f* symbolic figure **Symbolik** *f* symbolism **symbolisch** **1.** *Adj* symbolic(al) (*für* of) **2.** *Adv* symbolically **symbolisieren** *vt* to symbolize **Symbolleiste** *f* IT toolbar **symbolträchtig** *Adj* heavily symbolic
Symmetrie *f* symmetry **Symmetrieachse** *f* axis of symmetry **symmetrisch** **1.** *Adj* symmetric(al) **2.** *Adv* symmetrically
Sympathie *f* (≈ *Zuneigung*) liking; (≈ *Mitgefühl*) sympathy; ***diese Maßnahmen haben meine volle ~*** I sympathize completely with these measures; ***~n gewinnen*** to win favour (*Brit*) *od* favor (*US*) **Sympathisant(in)** *m(f)*

sympathizer **sympathisch** *Adj* **a)** nice; ***er/es ist mir ~*** I like him/it; **b)** ANAT, PHYSIOL sympathetic **sympathisieren** *vi* to sympathize
symphonisch *Adj* = ***sinfonisch***
Symptom *n* symptom **symptomatisch** *Adj* symptomatic (*für* of)
Synagoge *f* synagogue
synchron *Adj* synchronous **Synchrongetriebe** *n* AUTO synchromesh gearbox **Synchronisation** *f* synchronization; (≈ *Übersetzung*) dubbing **synchronisieren** *vt* to synchronize; (≈ *übersetzen*) *Film* to dub
Syndrom *n* syndrome
Synergie *f* synergy **Synergieeffekt** *m* CHEM, PHYS synergistic effect; (*fig*) synergy effect
Synode *f* KIRCHE synod
synonym *Adj* synonymous **Synonym** *n* synonym
syntaktisch 1. *Adj* syntactic(al) **2.** *Adv* ***das ist ~ falsch*** the syntax (of this) is wrong **Syntax** *f* syntax
Synthese *f* synthesis **Synthesizer** *m* synthesizer **synthetisch 1.** *Adj* synthetic **2.** *Adv* ***etw ~ herstellen*** to make sth synthetically
Syphilis *f* syphilis
Syrer(in) *m(f)* Syrian **Syrien** *n* Syria **Syrier(in)** *m(f)* Syrian **syrisch** *Adj* Syrian
System *n* system; ***etw mit ~ machen*** to do sth systematically; ***hinter dieser Sache steckt ~*** there's method behind it **Systemabsturz** *m* IT system crash **Systemanalyse** *f* systems analysis **Systemanalytiker(in)** *m(f)* systems analyst **Systematik** *f* system **systematisch 1.** *Adj* systematic **2.** *Adv* systematically **systembedingt** *Adj* determined by the system **Systemdiskette** *f* systems disk **Systemfehler** *m* IT system error **Systemkritiker(in)** *m(f)* critic of the system **systemkritisch** *Adj* critical of the system **Systemsoftware** *f* systems software **Systemsteuerung** *f* IT control panel **Systemtechniker(in)** *m(f)* IT systems engineer **Systemzwang** *m* obligation to conform to the system
Szenario *n* scenario **Szene** *f* scene; (≈ *Bühnenausstattung*) set; ***etw in ~ setzen*** to stage sth; ***sich in ~ setzen*** (*fig*) to play to the gallery; ***jdm eine ~ machen*** to make a scene in front of sb **Szenekneipe** *f* (*umg*) hip bar (*umg*) **Szenerie** *f* scenery
Szintigramm *n* scintigram

T

T, t *n* T, t
Tabak *m* tobacco **Tabakladen** *m* tobacconist's **Tabaksteuer** *f* duty on tobacco
tabellarisch 1. *Adj* tabular **2.** *Adv* in tabular form **Tabelle** *f* table; (≈ *Diagramm*) chart; SPORT (league) table **Tabellenführer(in)** *m(f)* SPORT league leaders *Pl*; ***~ sein*** to be at the top of the (league) table **Tabellenkalkulation** *f* IT spreadsheet **Tabellenplatz** *m* SPORT position in the league **Tabellenstand** *m* SPORT league situation
Tablett *n* tray
Tablette *f* tablet **Tablettenmissbrauch** *m* pill abuse **tablettensüchtig** *Adj* addicted to pills
tabu *Adj* taboo **Tabu** *n* taboo **tabuisieren** *vt* to make taboo
Tabulator *m* tabulator
Tacho *m* (*umg*) speedo (*Brit umg*) **Tachometer** *m od n* speedometer
Tacker *m* (*umg*) stapler
Tadel *m* (≈ *Verweis*) reprimand; (≈ *Vorwurf*) reproach; (≈ *Kritik*) criticism **tadellos 1.** *Adj* perfect; (*umg*) splendid **2.** *Adv* perfectly; *gekleidet* immaculately **tadeln** *vt jdn* to rebuke; *jds Benehmen* to criticize
Tafel *f* **a)** (≈ *Platte*) slab; (≈ *Holztafel*) panel; (≈ *Tafel Schokolade etc*) bar; (≈ *Gedenktafel*) plaque; (≈ *Wandtafel*) (black)board; (≈ *Schiefertafel*) slate; (ELEK ≈ *Schalttafel*) control panel; (≈ *Anzeigetafel*) board; **b)** (≈ *Speisetisch*) table; (≈ *Festmahl*) meal **Tafelgeschirr** *n* tableware **Tafelland** *n* plateau **täfeln** *vt Wand* to wainscot;

T

Decke, *Raum* to panel **Tafelobst** *n* (dessert) fruit **Tafelsalz** *n* table salt **Tafelsilber** *n* silver **Täfelung** *f* (*von Wand*) wainscoting; (*von Decke*) (wooden) panelling (*Brit*) *od* paneling (*US*) **Tafelwasser** *n* mineral water **Tafelwein** *m* table wine

Taft *m* taffeta

Tag *m* **a**) day; ***am ~*** during the day; ***auf den ~ (genau)*** to the day; ***auf ein paar ~e*** for a few days; ***bei ~ und Nacht*** night and day; ***bis die ~e!*** (*umg*) so long (*umg*); ***den ganzen ~ (lang)*** all day long; ***eines ~es*** one day; ***eines schönen ~es*** one fine day; ***~ für ~*** day by day; ***von ~ zu ~*** from day to day; ***guten ~!*** hello (*umg*); (*bes bei Vorstellung*) how-do-you-do; ***~!*** (*umg*) hi (*umg*); ***zweimal pro ~*** twice a day; ***von einem ~ auf den anderen*** overnight; ***in den ~ hinein leben*** to live from day to day; ***bei ~(e)*** *ankommen* while it's light; *arbeiten*, *reisen* during the day; ***es wird schon ~*** it's getting light already; ***an den ~ kommen*** (*fig*) to come to light; ***etw an den ~ bringen*** to bring sth to light; ***zu ~e = zutage***; **b**) (*umg* ≈ *Menstruation*) ***meine/ihre ~e*** my/her period; **c**) BERGB ***über ~e arbeiten*** to work above ground; ***unter ~e arbeiten*** to work underground **Tagebau** *m* BERGB opencast mining **Tagebuch** *n* diary; (***über etw*** *Akk*) ***~ führen*** to keep a diary (of sth) **Tagegeld** *n* daily allowance **tagein** *Adv* ***~, tagaus*** day in, day out **tagelang** **1.** *Adj* lasting for days **2.** *Adv* for days **tagen** *vi* (*Parlament*, *Gericht*) to sit **Tagesablauf** *m* day **Tagesanbruch** *m* daybreak **Tagescreme** *f* day cream **Tagesdecke** *f* bedspread **Tagesgeschehen** *n* events *Pl* of the day **Tageskarte** *f* **a**) (≈ *Speisekarte*) menu of the day (*Brit*), specialties *Pl* of the day (*US*); **b**) (≈ *Fahr-*, *Eintrittskarte*) day ticket **Tageskurs** *m* BÖRSE current price; (*von Devisen*) current rate **Tageslicht** *n* daylight; ***ans ~ kommen*** (*fig*) to come to light **Tageslichtprojektor** *m* overhead projector **Tagesmutter** *f* child minder (*Brit*), nanny **Tagesordnung** *f* agenda; ***auf der ~ stehen*** to be on the agenda; ***zur ~ übergehen*** (≈ *wie üblich weitermachen*) to carry on as usual; ***an der ~ sein*** (*fig*) to be the order of the day **Tagessatz** *m* daily rate **Tageszeit** *f* time (of day); ***zu jeder Tages- und Nachtzeit*** at all hours of the day and night **Tageszeitung** *f* daily (paper) **tageweise** *Adv* for a few days at a time

taggen *vt* IT to tag

taghell **1.** *Adj* (as) bright as day **2.** *Adv* ***etw ~ erleuchten*** to light sth up very brightly **täglich** **1.** *Adj* daily; (*attr* ≈ *gewöhnlich*) everyday **2.** *Adv* every day; ***einmal ~*** once a day **tags** *Adv* ***~ zuvor*** the day before; ***~ darauf*** the next day **Tagschicht** *f* day shift **tagsüber** *Adv* during the day **tagtäglich** **1.** *Adj* daily **2.** *Adv* every (single) day **Tagtraum** *m* daydream **Tagung** *f* conference; (*von Ausschuss*) sitting

Tai Chi *n* t'ai chi

Taifun *m* typhoon

Taille *f* waist; ***auf seine ~ achten*** to watch one's waistline **Taillenweite** *f* waist measurement **tailliert** *Adj* waisted, fitted

Taiwan *n* Taiwan **taiwanesisch** *Adj* Taiwan(ese)

Takelage *f* SEEF rigging

Takt *m* **a**) MUS bar; (≈ *Rhythmus*) time; ***im ~ singen/tanzen*** to sing/dance in time (with the music); ***den ~ angeben*** (*wörtl*) to give the beat; (*fig*) to call the tune; **b**) AUTO stroke; **c**) INDUSTRIE phase; **d**) (≈ *Taktgefühl*) tact; **e**) (≈ *Taktverkehr*) ***im ~ fahren*** to go at regular intervals **takten** *vt* IT to clock **Taktgefühl** *n* sense of tact **taktieren** *vi* (≈ *Taktiken anwenden*) to manoeuvre (*Brit*), to maneuver (*US*) **Taktik** *f* tactics *Pl*; ***man muss mit ~ vorgehen*** you have to use tactics **Taktiker(in)** *m*(*f*) tactician **taktisch** **1.** *Adj* tactical **2.** *Adv* tactically; ***~ vorgehen*** to use tactics; ***~ klug*** good tactics **taktlos** **1.** *Adj* tactless **2.** *Adv* tactlessly **Taktlosigkeit** *f* tactlessness **Taktstock** *m* baton **taktvoll** **1.** *Adj* tactful **2.** *Adv* tactfully

Tal *n* valley **talab(wärts)** *Adv* down into the valley **talauf(wärts)** *Adv* up the valley

Talent *n* **a**) (≈ *Begabung*) talent (*zu* for); ***ein großes ~ haben*** to be very talented; **b**) (≈ *begabter Mensch*) talented person; ***junge ~e*** young talent

talentiert *Adj* talented **talentlos** *Adj* untalented **Talentsuche** *f* search for talent
Talfahrt *f* descent
Talg *m* tallow; KOCH suet; (≈ *Hautabsonderung*) sebum **Talgdrüse** *f* PHYSIOL sebaceous gland
Talisman *m* talisman; (≈ *Maskottchen*) mascot
talken *vi* (*umg*) to talk **Talkmaster(in)** *m(f)* talk show host **Talkshow** *f* TV talk show
Talsohle *f* bottom of a/the valley; (*fig*) rock bottom **Talsperre** *f* dam
Tamburin *n* tambourine
Tampon *m* tampon **tamponieren** *vt* to plug
Tamtam *n* (*umg*) (≈ *Wirbel*) fuss; (≈ *Lärm*) row
Tandem *n* tandem
Tandler(in) *m(f)* (*österr*) **a)** (≈ *Trödler*) second-hand dealer; **b)** (≈ *langsamer Mensch*) slowcoach (*Brit umg*), slowpoke (*US umg*)
Tang *m* seaweed
Tanga *m* thong
Tangente *f* MATHE tangent; (≈ *Straße*) ring road (*Brit*), expressway **tangieren** *vt* **a)** MATHE to be tangent to; **b)** (≈ *berühren*) *Problem* to touch on; **c)** (≈ *betreffen*) to affect
Tango *m* tango
Tank *m* tank **Tankdeckel** *m* filler cap (*Brit*), gas cap (*US*) **tanken** **1.** *vi* (*Autofahrer*) to get petrol (*Brit*) *od* gas (*US*); (*Rennfahrer, Flugzeug*) to refuel; ***hier kann man billig ~*** you can get cheap petrol (*Brit*) *od* gas (*US*) here **2.** *vt Super, Diesel* to get; ***ich tanke bleifrei*** I use unleaded; ***er hat einiges getankt*** (*umg*) he's had a few **Tanker** *m* SEEF tanker **Tankfahrzeug** *n* AUTO tanker **Tanklaster** *m* tanker **Tanksäule** *f* petrol pump (*Brit*), gas(oline) pump (*US*) **Tankschiff** *n* tanker **Tankstelle** *f* filling (*Brit*) *od* gas(oline) (*US*) station **Tankuhr** *f* fuel gauge **Tankverschluss** *m* petrol (*Brit*) *od* gas (*US*) cap **Tankwagen** *m* tanker; BAHN tank wagon **Tankwart(in)** *m(f)* petrol pump (*Brit*) *od* gas station (*US*) attendant
Tanne *f* fir; (*Holz*) pine **Tannenbaum** *m* **a)** fir tree; **b)** (≈ *Weihnachtsbaum*) Christmas tree **Tannennadel** *f* fir needle **Tannenzapfen** *m* fir cone
Tansania *n* Tanzania
Tante *f* **a)** (*Verwandte*) aunt; **b)** (*Kindspr*) ***~ Monika*** aunty Monika
Tante-Emma-Laden *m* (*umg*) corner shop
Tantieme *f* percentage (of the profits); (*für Künstler*) royalty
Tanz *m* dance **Tanzabend** *m* dance **tanzen** **1.** *vi* to dance; ***~ gehen*** to go dancing **2.** *vt* to dance **Tänzer(in)** *m(f)* dancer **Tanzfläche** *f* dance floor **Tanzkapelle** *f* dance band **Tanzkurs** *m* dancing course **Tanzlokal** *n* café with dancing **Tanzmusik** *f* dance music **Tanzorchester** *n* dance orchestra **Tanzpartner(in)** *m(f)* dancing partner **Tanzschule** *f* dancing school **Tanzsport** *m* competitive dancing **Tanzstunde** *f* dancing lesson **Tanztheater** *n* dance theatre (*Brit*) *od* theater (*US*) **Tanzturnier** *n* dancing *od* dance contest
Tapet *n* (*umg*) ***etw aufs ~ bringen*** to bring sth up
Tapete *f* wallpaper **Tapetenwechsel** *m* (*umg*) change of scenery **tapezieren** *vt* to (wall)paper; ***neu ~*** to repaper **Tapezierer(in)** *m(f)* paperhanger, decorator (*Brit*) **Tapeziertisch** *m* trestle table
tapfer **1.** *Adj* brave **2.** *Adv* bravely; ***sich ~ schlagen*** (*umg*) to put on a brave show **Tapferkeit** *f* bravery
tapsen *vi* (*umg*) (*Kind*) to toddle; (*Kleintier*) to waddle **tapsig** (*umg*) *Adj* awkward
Tarantel *f* tarantula; ***wie von der ~ gestochen*** as if stung by a bee
Tarif *m* rate; (≈ *Fahrpreis*) fare; ***über/unter ~ bezahlen*** to pay above/below the (union) rate(s) **Tarifabschluss** *m* wage settlement **Tarifautonomie** *f* (right to) free collective bargaining **Tarifgehalt** *n* union rates *Pl* **Tarifgruppe** *f* grade **tariflich** **1.** *Adj Arbeitszeit* agreed **2.** *Adv* ***die Gehälter sind ~ festgelegt*** there are fixed rates for salaries **Tariflohn** *m* standard wage **Tarifpartner(in)** *m(f)* party to the wage *od* (*für Gehälter*) salary agreement; ***die ~*** union and management **Tarifrunde** *f* pay round **Tarifverhandlungen** *Pl* negotiations *Pl* on pay **Tarifvertrag** *m* pay agreement
tarnen **1.** *vt* to camouflage; (*fig*) *Ab-*

T

sichten etc to disguise; ***als Polizist getarnt*** disguised as a policeman **2.** *vr* (*Tier*) to camouflage itself; (*Mensch*) to disguise oneself **Tarnfarbe** *f* camouflage colour (*Brit*) *od* color (*US*) **Tarnkappe** *f* magic hat **Tarnung** *f* camouflage; (*von Agent etc*) disguise

Tasche *f* **a)** (≈ *Handtasche*) bag (*Brit*), purse (*US*); (≈ *Reisetasche etc*) bag; (≈ *Aktentasche*) case; **b)** (*bei Kleidungsstücken*) pocket; ***etw in der ~ haben*** (*umg*) to have sth in the bag (*umg*); ***jdm das Geld aus der ~ ziehen*** to get sb to part with his money; ***etw aus der eigenen ~ bezahlen*** to pay for sth out of one's own pocket; ***jdm auf der ~ liegen*** (*umg*) to live off sb; ***jdn in die ~ stecken*** (*umg*) to put sb in the shade (*umg*) **Taschenausgabe** *f* pocket edition **Taschenbuch** *n* paperback (book) **Taschendieb(in)** *m(f)* pickpocket **Taschendiebstahl** *m* pickpocketing **Taschenformat** *n* pocket size **Taschengeld** *n* pocket money **Taschenlampe** *f* torch, flashlight **Taschenmesser** *n* pocketknife **Taschenrechner** *m* pocket calculator **Taschentuch** *n* hanky (*umg*) **Taschenuhr** *f* pocket watch

Tasse *f* cup; (≈ *Henkeltasse*) mug; ***eine ~ Kaffee*** a cup of coffee

Tastatur *f* keyboard **Taste** *f* key; (≈ *Knopf*) button; ***„Taste drücken"*** "push button" **tasten** **1.** *vi* to feel; ***nach etw ~*** to feel for sth; ***~de Schritte*** tentative steps **2.** *vr* to feel one's way **Tastenfeld** *n* IT keypad **Tasteninstrument** *n* MUS keyboard instrument **Tastentelefon** *n* push-button telephone

Tat *f* action; (≈ *Einzeltat auch*) act; (≈ *Leistung*) feat; (≈ *Verbrechen*) crime; ***ein Mann der ~*** a man of action; ***eine gute/böse ~*** a good/wicked deed; ***etw in die ~ umsetzen*** to put sth into action; ***in der ~*** indeed

Tatar(beefsteak) *n* steak tartare

Tatbestand *m* JUR facts *Pl* (of the case); (≈ *Sachlage*) facts *Pl* (of the matter) **Tatendrang** *m* thirst for action **tatenlos** **1.** *Adj* idle **2.** *Adv* ***wir mussten ~ zusehen*** we could only stand and watch **Tatenlosigkeit** *f* inaction **Täter(in)** *m(f)* culprit; JUR perpetrator (*förml*); ***jugendliche ~*** young offenders **Täterschaft** *f* guilt; ***die ~ leugnen*** to deny one's guilt **tätig** *Adj* **a)** active; ***in einer Sache ~ werden*** (*förml*) to take action in a matter; **b)** (≈ *arbeitend*) ***als was sind Sie ~?*** what do you do?; ***er ist im Bankwesen ~*** he's in banking **tätigen** *vt* HANDEL to conclude; (*geh*) *Einkäufe* to carry out **Tätigkeit** *f* activity; (≈ *Beschäftigung*) occupation; (≈ *Arbeit*) work; (≈ *Beruf*) job **Tätigkeitsbereich** *m* field of activity **Tatkraft** *f* energy, drive **tatkräftig** **1.** *Adj* energetic; *Hilfe* active **2.** *Adv* actively; ***etw/jdn ~ unterstützen*** to actively support sth/sb **tätlich** **1.** *Adj* violent; ***gegen jdn ~ werden*** to assault sb **2.** *Adv* ***jdn ~ angreifen*** to attack sb physically **Tätlichkeit** *f* violent act; ***~en*** violence *Sg*; ***es kam zu ~en*** there was violence **Tatmotiv** *n* motive (for the crime) **Tatort** *m* scene of the crime

tätowieren *vt* to tattoo; ***sich ~ lassen*** to have oneself tattooed **Tätowierung** *f* tattoo

Tatsache *f* fact; ***das ist ~*** (*umg*) that's a fact; ***jdn vor vollendete ~n stellen*** to present sb with a fait accompli **tatsächlich** **1.** *Adj* real **2.** *Adv* actually, in fact; ***~?*** really?

tätscheln *vt* to pat

Tattoo *m od n* (≈ *Tätowierung*) tattoo

Tatverdacht *m* suspicion (*of having committed a crime*); ***unter ~ stehen*** to be under suspicion **Tatverdächtige(r)** *mf* suspect **Tatwaffe** *f* weapon (used in the crime); (≈ *bei Mord*) murder weapon

Tatze *f* paw

Tau[1] *m* dew

Tau[2] *n* (≈ *Seil*) rope

taub *Adj* deaf; *Glieder* numb; *Nuss* empty; ***für etw ~ sein*** (*fig*) to be deaf to sth

Taube *f* ZOO pigeon; (*fig*) dove **Taubenschlag** *m* (*fig*) ***hier geht es zu wie im ~*** it's mobbed here (*umg*)

Taube(r) *mf* deaf person *od* man/woman *etc*; ***die ~n*** the deaf **Taubheit** *f* **a)** deafness; **b)** (*von Körperteil*) numbness **taubstumm** *Adj* deaf-mute **Taubstumme(r)** *mf* deaf-mute

Tauchboot *n* submersible **tauchen** **1.** *vi* to dive (*nach* for); (≈ *kurz tauchen*) to duck under; (*U-Boot*) to dive **2.** *vt* (≈ *kurz tauchen*) to dip; *Menschen, Kopf*

to duck; (≈ *eintauchen*) to immerse **Tauchen** *n* diving **Taucher(in)** *m(f)* diver **Taucheranzug** *m* diving (*Brit*) *od* dive (*US*) suit **Taucherbrille** *f* diving (*Brit*) *od* dive (*US*) goggles *Pl* **Taucherflosse** *f* (diving (*Brit*) *od* dive (*US*)) flipper **Taucherglocke** *f* diving (*Brit*) *od* dive (*US*) bell **Tauchsieder** *m* immersion coil (*for boiling water*) **Tauchsport** *m* (skin) diving **Tauchstation** *f* ***auf ~ gehen*** (*U-Boot*) to dive; (*fig* ≈ *sich verstecken*) to make oneself scarce

tauen *vti* (*vi*) to melt, to thaw; ***es taut*** it is thawing

Taufbecken *n* font **Taufe** *f* baptism; (*bes von Kindern*) christening; ***etw aus der ~ heben*** *Firma* to start sth up; *Projekt* to launch sth **taufen** *vt* to baptize; (≈ *nennen*) *Kind, Schiff* to christen; ***sich ~ lassen*** to be baptized **Täufling** *m* child/person to be baptized **Taufpate** *m* godfather **Taufpatin** *f* godmother

taufrisch *Adj* (*fig*) fresh

taugen *vi* **a)** (≈ *geeignet sein*) to be suitable (*zu, für* for); ***er taugt zu gar nichts*** he is useless; **b)** (≈ *wert sein*) ***etwas ~*** to be good *od* all right; ***nicht viel ~*** to be not much good *od* no good; **c)** (*österr* ≈ *gefallen*) ***das taugt mir*** I like it **tauglich** *Adj* suitable (*zu* for); MIL fit (*zu* for) **Tauglichkeit** *f* suitability; MIL fitness (for service)

taumeln *vi* to stagger; (*zur Seite*) to sway

Tausch *m* exchange; ***im ~ gegen*** *od* ***für etw*** in exchange for sth; ***einen guten/schlechten ~ machen*** to get a good/bad deal **Tauschbörse** *f* barter exchange **tauschen** **1.** *vt* to exchange; *Güter* to barter; *Münzen etc* to swap; *Geld* to change (*in +Akk* into); (*umg* ≈ *umtauschen*) *Gekauftes* to change; ***die Rollen ~*** to swap roles **2.** *vi* to swap; (*in Handel*) to barter; ***wollen wir ~?*** shall we swap?; ***ich möchte nicht mit ihm ~*** I wouldn't like to change places with him

täuschen **1.** *vt* to deceive; ***wenn mich nicht alles täuscht*** unless I'm completely wrong; ***sie lässt sich leicht ~*** she is easily fooled (*durch* by) **2.** *vr* to be wrong (*in +Dat, über +Akk* about); ***dann hast du dich getäuscht!*** then you are mistaken **3.** *vi* (≈ *irreführen*) (*Aussehen etc*) to be deceptive; ***der Eindruck täuscht*** things are not what they seem **täuschend** **1.** *Adj Ähnlichkeit* remarkable **2.** *Adv* ***jdm ~ ähnlich sehen*** to look remarkably like sb; ***eine ~ echte Fälschung*** a remarkably convincing fake

Tauschgeschäft *n* exchange; (≈ *Handel*) barter (deal) **Tauschhandel** *m* barter

Täuschung *f* **a)** (≈ *das Täuschen*) deception; **b)** (≈ *Irrtum*) mistake; (≈ *Irreführung*) deceit; (≈ *falsche Wahrnehmung*) illusion; (≈ *Selbsttäuschung*) delusion

tausend *Num* a thousand; ***~ Dank*** a thousand thanks **Tausender** *m* (≈ *Geldschein*) thousand (euro/dollar *etc* note *od* bill) **Tausendfüßler** *m* centipede **tausendjährig** *Adj* thousand-year-old; (≈ *tausend Jahre lang*) thousand-year(-long) **tausendmal** *Adv* a thousand times **Tausendstel** *n* thousandth **tausendste(r, s)** *Adj* thousandth

Tautropfen *m* dewdrop **Tauwetter** *n* thaw **Tauziehen** *n* tug-of-war

Taxcard *f* (*schweiz* ≈ *Telefonkarte*) phonecard

Taxe *f* **a)** (≈ *Gebühr*) charge; (≈ *Kurtaxe etc*) tax; **b)** (*dial*) = ***Taxi***

Taxi *n* taxi

taxieren *vt* **a)** *Preis, Wert* to estimate (*auf +Akk* at); *Haus etc* to value (*auf +Akk* at); **b)** (*geh* ≈ *einschätzen*) *Situation* to assess

Taxifahrer(in) *m(f)* taxi *od* cab driver, cabby (*umg*) **Taxistand** *m* taxi rank (*Brit*) *od* stand

Tb(c) *f* TB

Teakholz *n* teak

Team *n* team **Teamarbeit** *f* teamwork

Technik *f* **a)** (≈ *Technologie*) technology; (*bes als Studienfach*) engineering; **b)** (≈ *Verfahren*) technique; **c)** (*von Auto, Motor etc*) mechanics *Pl* **Techniker(in)** *m(f)* engineer; (≈ *Labortechniker*) technician **technisch** **1.** *Adj* technical; (≈ *technologisch*) technological; (≈ *mechanisch*) mechanical; ***~e Hochschule*** technological university; ***~er Leiter*** technical director; ***~e Daten*** specifications **2.** *Adv* technically; ***er ist ~ begabt*** he is technically

T

minded **technisieren** *vt* to mechanize **Techno** *m* MUS techno **Technokrat(in)** *m(f)* technocrat **technokratisch** *Adj* technocratic **Technologie** *m* technology **Technologietransfer** *m* technology transfer **technologisch 1.** *Adj* technological **2.** *Adv* technologically

Tee *m* tea; ***einen im ~ haben*** (*umg*) to be tipsy (*umg*) **Teebeutel** *m* tea bag **Teeblatt** *n* tea leaf **Tee-Ei** *n* (tea) infuser (*bes Brit*), tea ball (*bes US*) **Teefilter** *m* tea filter **Teeglas** *n* tea glass **Teekanne** *f* teapot **Teekessel** *m* kettle **Teeküche** *f* kitchenette **Teelicht** *n* night-light **Teelöffel** *m* teaspoon; (*Menge*) teaspoonful

Teenager *m* teenager

Teer *m* tar **teeren** *vt* to tar

Teeservice *n* tea set **Teesieb** *n* tea strainer **Teestube** *f* tearoom **Teetasse** *f* teacup **Teewagen** *m* tea trolley

Teflon® *n* Teflon®

Teheran *n* Teh(e)ran

Teich *m* pond

Teig *m* dough; (≈ *Pfannkuchenteig*) batter **Teigwaren** *Pl* (≈ *Nudeln*) pasta *Sg*

Teil[1] *m* **a)** part; ***zum größten ~*** for the most part; ***der dritte/vierte/fünfte*** *etc* **~** a third/quarter/fifth *etc* (*von* of); **b)** (≈ *Anteil*) share; ***er hat sein(en) ~ dazu beigetragen*** he did his bit; ***sich*** (*Dat*) ***sein(en) ~ denken*** (*umg*) to draw one's own conclusions

Teil[2] *n* part; (≈ *Bestandteil*) component; ***etw in seine ~e zerlegen*** *Motor, Möbel etc* to take sth apart **teilbar** *Adj* divisible (*durch* by) **Teilbereich** *m* part; (*in Abteilung*) section **Teilbetrag** *m* part (of an amount); (*auf Rechnung*) item **Teilchen** *n* particle; (*dial* ≈ *Gebäckstück*) cake **teilen 1.** *vt* **a)** (≈ *zerlegen*) to divide; ***27 geteilt durch 9*** 27 divided by 9; ***darüber sind die Meinungen geteilt*** opinions differ on that; **b)** (≈ *aufteilen*) to share (out); ***etw mit jdm ~*** to share sth with sb; ***sich*** (*Dat*) ***etw ~*** to share sth; ***sie teilten das Zimmer mit ihm*** they shared the room with him **2.** *vr* **a)** (*in Gruppen*) to split up; **b)** (*Straße, Fluss*) to fork; (*Vorhang*) to part; ***in diesem Punkt ~ sich die Meinungen*** opinion is divided on this **Teiler** *m* MATHE factor **Teilerfolg** *m* partial success **Teilgebiet** *n* area **teilhaben** *vi* (*geh* ≈ *mitwirken*) to participate (*an +Dat* in) **Teilhaber(in)** *m(f)* HANDEL partner **Teilkaskoversicherung** *f* third party, fire and theft **Teilnahme** *f* **a)** (≈ *Anwesenheit*) attendance (*an +Dat* at); (≈ *Beteiligung*) participation (*an +Dat* in); ***seine ~ absagen*** to withdraw; **b)** (≈ *Interesse*) interest (*an +Dat* in); (≈ *Mitgefühl*) sympathy **teilnahmslos 1.** *Adj* (≈ *gleichgültig*) indifferent **2.** *Adv* indifferently; (≈ *stumm leidend*) listlessly **Teilnahmslosigkeit** *f* indifference **teilnahmsvoll** *Adj* compassionate **teilnehmen** *vi* ***an etw*** (*Dat*) **~** to take part in sth; (≈ *anwesend sein*) to attend sth; ***am Unterricht ~*** to attend classes; ***an einem Kurs ~*** to do a course **Teilnehmer(in)** *m(f)* **a)** participant; (*bei Wettbewerb etc*) competitor, contestant; (≈ *Kursteilnehmer*) student; ***alle ~ an dem Ausflug*** all those going on the outing; **b)** TELEK subscriber **teils** *Adv* partly; **~ ... ~ ...** partly ... partly ...; (*umg* ≈ *sowohl ... als auch*) both ... and ...; ***~ heiter, ~ wolkig*** cloudy with sunny periods **Teilung** *f* division **teilweise 1.** *Adv* partly; ***der Film war ~ gut*** the film was good in parts; ***~ bewölkt*** cloudy in parts **2.** *Adj* partial **Teilzahlung** *f* hire-purchase (*Brit*), installment plan (*US*); ***auf ~*** on hire-purchase (*Brit*) *od* (an) installment plan (*US*) **Teilzeitarbeit** *f* part-time work **Teilzeitarbeitsplatz** *m* part-time job **teilzeitbeschäftigt** *Adj* employed part time **Teilzeitbeschäftigte(r)** *mf* part-time employee **Teilzeitbeschäftigung** *f* part-time work **Teilzeitjob** *m* (*umg*) part-time job **Teilzeitkraft** *f* part-time worker

Teint *m* complexion

Telearbeit *f* telecommuting **Telearbeiter(in)** *m(f)* telecommuter **Telearbeitsplatz** *m* job for telecommuters **Telebanking** *n* telebanking **Telefax** *n* (≈ *Kopie, Gerät*) fax **Telefon** *n* (tele)phone; ***~ haben*** to be on the phone; ***ans ~ gehen*** to answer the phone **Telefonat** *n* (tele)phone call **Telefonbanking** *n* telephone banking **Telefonbuch** *n* (tele)phone book **Telefongebühr** *f* call charge; (≈ *Grundgebühr*) telephone rental **Telefongespräch** *n* (tele)phone call; (≈ *Unterhaltung*)

Telefonieren und Anrufbeantworter

Telefonieren

Wenn man in Großbritannien das Telefon abnimmt, sagt man nicht unbedingt seinen Namen. Es ist üblich, sich einfach mit **Hello?** oder mit seiner Nummer, z. B. **589 29 30** (gesprochen **five eight nine / two nine / three o**), zu melden.

Bei einer Firma ist es anders – hier sagt man eher den Namen der Firma bzw. auch seinen eigenen Namen:

Good morning, Hutchinson Cleaning Services, Clare speaking, can I help you?

Wenn man die Person am Apparat nicht kennt, ist es nicht so unhöflich wie in Deutschland, einfach nach dem gewünschten Gesprächspartner zu fragen. Höflicher ist es natürlich, wenn man den eigenen Namen erwähnt:

Hello, could I speak to John, please?
Hello, this is Henry Richards from Richards Electrical Systems. Could I speak to Elizabeth Turner in Accounts, please?
Hello, it's Anna here. Is Rebecca at home?

Hat der Gesprächspartner seinen eigenen Namen nicht genannt, kann man herausfinden, mit wem man spricht, indem man fragt:

Who am I speaking to?

Es könnte sein, dass man bei einer Firma nach der Durchwahl (**extension number**) gefragt wird. Danach kommt man oft in eine Warteschleife (**be put on hold**). Dabei hört man meistens eine Variante der folgenden Ansagen:

Please hold the line.
Your call is being diverted. Please hold.
Your call is being held in a queue and will be answered shortly.

Am Ende des Gesprächs kann man sich als Anrufer mit **Thanks for your help** und **Goodbye** verabschieden. Eine freundliche Erwiderung darauf wäre dann **Thanks for calling**.

Anrufbeantworter

T

Oft erreicht man nicht den gewünschten Gesprächspartner, sondern nur seinen Anrufbeantworter oder Voicemail. Die Ansagen könnten ungefähr so klingen, je nachdem, ob es sich um eine Privatperson oder eine Firma handelt:

Hi, this is Jim. I'm not at home right now, but leave a message after the beep and I'll get back to you; or call my mobile on 07798 567143. Thanks.

Hello, you''ve reached Sarah and Michael on 020 8547 3616. There's

no one here to answer your call. Please leave a message after the tone and we'll call you back.

You have reached the answering machine of Hotshot Computer Systems. Unfortunately you've called outside our normal office hours. These are Monday to Friday from 9 am to 6 pm. If you have a query or would like to place an order, please leave your name and number and one of our staff will call you back as soon as possible. Thank you.

Thank you for calling Anglia Banking. If you know which extension you require, please key it in now. For account queries, please press 1. For credit enquiries, please press 2. To make a transfer, please press 3. For operator assistance, please press zero.

telephone conversation **Telefonhörer** *m* (telephone) receiver **telefonieren** *vi* to make a (tele)phone call; ***mit jdm ~*** to speak to sb on the phone; ***bei jdm ~*** to use sb's phone; ***ins Ausland ~*** to make an international call; ***er telefoniert den ganzen Tag*** he is on the phone all day long **telefonisch** 1. *Adj* telephonic; ***eine ~e Mitteilung*** a (tele)phone message 2. *Adv Auskunft geben* over the phone; ***jdm etw ~ mitteilen*** to tell sb sth over the phone; ***ich bin ~ erreichbar*** I can be contacted by phone **Telefonkabine** *f* (*schweiz*) (tele)phone box (*Brit*) *od* booth **Telefonkarte** *f* phonecard **Telefonkonferenz** *f* telephone conference **Telefonleitung** *f* telephone line **Telefonnetz** *n* telephone network **Telefonnummer** *f* (tele)phone number **Telefonrechnung** *f* (tele)phone bill **Telefonseelsorge** *f* ≈ Samaritans *Pl* (*Brit*), ≈ advice hotline (*US*) **Telefonsex** *m* telephone sex **Telefonverbindung** *f* telephone line; (*zwischen Orten*) telephone link **Telefonwertkarte** *f* (*österr*) phonecard **Telefonzelle** *f* (tele)phone box (*Brit*) *od* booth **Telefonzentrale** *f* (telephone) switchboard **telegen** *Adj* telegenic **Telegramm** *n* telegram **Telekom** *f* ***die ~*** *German telecommunications service* **Telekommunikation** *f* telecommunications *Pl od* (*als Fachgebiet*) *Sg* **Telekopie** *f* fax **Telekopierer** *m* fax machine **Teleobjektiv** *n* FOTO telephoto lens **Telepathie** *f* telepathy **telepathisch** *Adj* telepathic **Teleshopping** *n* teleshopping **Teleskop** *n* telescope

Telex *n* telex

Teller *m* plate; ***ein ~ Suppe*** a plate of soup **Tellerwäscher(in)** *m(f)* dishwasher

Tempel *m* temple

Temperament *n* **a)** (≈ *Wesensart*) temperament; ***ein hitziges ~ haben*** to be hot-tempered; **b)** (≈ *Lebhaftigkeit*) vitality; ***sein ~ ist mit ihm durchgegangen*** he lost his temper **temperamentlos** *Adj* lifeless **Temperamentlosigkeit** *f* lifelessness **temperamentvoll** 1. *Adj* vivacious 2. *Adv* exuberantly

Temperatur *f* temperature; ***erhöhte ~ haben*** to have a temperature; ***bei ~en von bis zu 42 Grad Celsius*** in temperatures of up to 42°C **Temperaturanstieg** *m* rise in temperature **Temperaturregler** *m* thermostat **Temperaturrückgang** *m* fall in temperature **Temperaturschwankung** *f* variation in temperature **Temperatursturz** *m* sudden drop in temperature

Tempo *n* **a)** speed; ***~!*** (*umg*) hurry up!; ***bei jdm ~ machen*** (*umg*) to make sb get a move on (*umg*); ***~ 100*** speed limit (of) 100 km/h; ***aufs ~ drücken*** (*umg*) to step on the gas (*umg*); **b)** MUS tempo; ***das ~ angeben*** to set the tempo; (*fig*) to set the pace **Tempolimit** *n* speed limit **temporär** (*geh*) *Adj* temporary **Temposünder(in)** *m(f)* person caught for speeding **Tempus** *n* GRAM tense

Tendenz *f* trend; (≈ *Neigung*) tendency; (≈ *Absicht*) intention; ***die ~ haben, zu ...*** to have a tendency to ... **tendenziös** *Adj* tendentious **tendieren** *vi* **a)** ***dazu ~, etw zu tun*** (≈ *neigen*) to tend

T

to do sth; (≈ *beabsichtigen*) to be moving toward(s) doing sth; **b)** FINANZ, BÖRSE to tend; ***fester/schwächer ~*** to show a stronger/weaker tendency
Teneriffa *n* Tenerife
Tennis *n* tennis **Tennisball** *m* tennis ball **Tennisplatz** *m* tennis court **Tennisschläger** *m* tennis racket **Tennisspieler(in)** *m(f)* tennis player
Tenor[1] *m* tenor
Tenor[2] *m* MUS tenor
Teppich *m* carpet; ***etw unter den ~ kehren*** to sweep sth under the carpet; ***bleib auf dem ~!*** (*umg*) be reasonable! **Teppichboden** *m* carpet(ing); ***das Zimmer ist mit ~ ausgelegt*** the room has a fitted carpet **Teppichklopfer** *m* carpet-beater
Termin *m* date; (*für Fertigstellung*) deadline; (*bei Arzt, Besprechung etc*) appointment; SPORT fixture; (JUR ≈ *Verhandlung*) hearing; ***sich*** (*Dat*) ***einen ~ geben lassen*** to make an appointment
Terminal *n od m* terminal
Terminbörse *f* futures market **Termingeld** *n* fixed-term deposit **termingemäß**, **termingerecht** *Adj*, *Adv* on schedule **Terminhandel** *m* BÖRSE forward *od* futures trading **Terminkalender** *m* (appointments) diary **terminlich** *Adj* ***aus ~en Gründen absagen*** to cancel because of problems with one's schedule **Terminmarkt** *m* BÖRSE futures market
Terminologie *f* terminology **terminologisch 1.** *Adj* terminological **2.** *Adv* terminologically
Terminplan *m* (≈ *Kalender*) appointments list; (≈ *Programm*) agenda **Terminplaner** *m* appointments calendar
Terminus *m* term; ***~ technicus*** technical term
Termite *f* termite
Terpentin *n od* (*österr*) *m* turpentine; (*umg* ≈ *Terpentinöl*) turps (*umg*)
Terrain *n* terrain; (*fig*) territory; ***das ~ sondieren*** (*fig*) to see how the land lies
Terrarium *n* terrarium
Terrasse *f* **a)** GEOG terrace; **b)** (≈ *Veranda*) patio; (≈ *Dachterrasse*) roof garden **terrassenartig**, **terrassenförmig 1.** *Adj* terraced **2.** *Adv* in terraces
terrestrisch *Adj* terrestrial
Terrier *m* terrier
Terror *m* terror; (≈ *Terrorismus*) terrorism; (≈ *Terrorherrschaft*) reign of terror; ***~ machen*** (*umg*) to raise hell (*umg*) **Terrorakt** *m* act of terrorism **Terrorangriff** *m* terrorist raid **Terroranschlag** *m* terrorist attack **terrorisieren** *vt* to terrorize **Terrorismus** *m* terrorism **Terrorismusbekämpfung** *f* counterterrorism **Terrorismusexperte** *m*, **Terrorismusexpertin** *f* expert on terrorism **Terrorist(in)** *m(f)* terrorist **terroristisch** *Adj* terrorist *attr*
tertiär *Adj* tertiary **Terz** *f* MUS third; (*Fechten*) tierce
Tesafilm® *m* adhesive tape
Tessin *n* ***das ~*** Ticino
Test *m* test
Testament *n* **a)** JUR will; (*fig*) legacy; ***das ~ eröffnen*** to read the will; ***sein ~ machen*** to make one's will; **b)** BIBEL ***Altes/Neues ~*** Old/New Testament **testamentarisch 1.** *Adj* testamentary; ***eine ~e Verfügung*** an instruction in the will **2.** *Adv* in one's will; ***etw ~ festlegen*** to write sth in one's will **Testamentseröffnung** *f* reading of the will **Testamentsvollstrecker(in)** *m(f)* executor; (*Frau auch*) executrix
Testbild *n* TV test card **testen** *vt* to test (*auf +Akk* for) **Tester(in)** *m(f)* tester **Testlauf** *m* TECH trial run **Testperson** *f* subject (of a test) **Testpilot(in)** *m(f)* test pilot **Testreihe** *f*, **Testserie** *f* series of tests **Teststopp** *m* test ban **Teststoppabkommen** *n* test ban treaty
Tetanus *m* tetanus
teuer 1. *Adj* expensive; (*fig*) dear; ***teurer werden*** to go up (in price) **2.** *Adv* expensively; ***etw ~ kaufen/verkaufen*** to buy/sell sth for a high price; ***das wird ihn ~ zu stehen kommen*** (*fig*) that will cost him dear; ***etw ~ bezahlen*** (*fig*) to pay a high price for sth **Teuerung** *f* rise in prices **Teuerungsrate** *f* rate of price increases **Teuerungszulage** *f* cost of living bonus
Teufel *m* **a)** devil; **b)** (*umg*) ***scher dich zum ~*** go to hell! (*umg*); ***der ~ soll ihn holen!*** to hell with him (*umg*); ***jdn zum ~ jagen*** to send sb packing (*umg*); ***wer zum ~?*** who the devil? (*umg*); ***zum ~ mit dem Ding!*** to hell

T

with the thing! (*umg*); ***den ~ an die Wand malen*** to tempt fate; ***wenn man vom ~ spricht*** (*Sprichw*) talk (*Brit*) *od* speak of the devil (*umg*); ***dann kommst du in ~s Küche*** then you'll be in a hell of a mess (*umg*); ***wie der ~*** like hell (*umg*); ***auf ~ komm raus*** like crazy (*umg*); ***da ist der ~ los*** all hell's been let loose (*umg*); ***der ~ steckt im Detail*** the devil is in the detail **Teufelsaustreibung** *f* exorcism **Teufelskreis** *m* vicious circle **teuflisch** *Adj* fiendish

Text *m* text; (*eines Gesetzes*) wording; (*von Lied*) words *Pl*; (*von Schlager*) lyrics *Pl*; (*von Film*) script; (*unter Bild*) caption; ***weiter im ~*** (*umg*) (let's) get on with it **Textbaustein** *m* IT template **texten** *vti* to write; (*mit Handy*) to text **Texter(in)** *m(f)* (*für Schlager*) songwriter; (*für Werbesprüche*) copywriter **Texterfasser(in)** *m(f)* keyboarder

Textilarbeiter(in) *m(f)* textile worker **Textilfabrik** *f* textile factory **Textilien** *Pl* textiles *Pl* **Textilindustrie** *f* textile industry

Textnachricht *f* TELEK text message **Textspeicher** *m* IT memory **Textstelle** *f* passage **Textverarbeitung** *f* word processing **Textverarbeitungsprogramm** *n* word processor, word processing program **Textverarbeitungssystem** *n* word processor

Thai *mf* Thai **Thailand** *n* Thailand **thailändisch** *Adj* Thai

Theater *n* **a)** theatre (*Brit*), theater (*US*); ***zum ~ gehen*** to go on the stage; ***ins ~ gehen*** to go to the theatre (*Brit*) *od* theater (*US*); ***~ spielen*** (*wörtl*) to act; (*fig*) to put on an act; ***das ist doch alles nur ~*** (*fig*) it's all just play-acting; **b)** (*fig*) to-do (*umg*), fuss; ***(ein) ~ machen*** to make a (big) fuss **Theaterbesuch** *m* visit to the theatre **Theaterbesucher(in)** *m(f)* theatregoer (*Brit*), theatergoer (*US*) **Theaterfestival** *n* drama festival **Theaterkarte** *f* theatre ticket **Theaterkasse** *f* theatre box office **Theaterstück** *n* (stage) play **theatralisch** **1.** *Adj* theatrical **2.** *Adv* theatrically

Theke *f* (≈ *Schanktisch*) bar; (≈ *Ladentisch*) counter

Thema *n* (≈ *Gegenstand*) subject; (≈ *Leitgedanke, auch* MUS) theme; ***beim ~ bleiben*** to stick to the subject; ***das ~ wechseln*** to change the subject; ***kein ~ sein*** not to be an issue **Thematik** *f* topic **thematisch** *Adj* thematic; ***~ geordnet*** arranged according to subject **Themenabend** *m* TV *etc* theme evening **Themenbereich** *m*, **Themenkreis** *m* topic **Themenpark** *m* theme park

Themse *f* ***die ~*** the Thames

Theologe *m*, **Theologin** *f* theologian **Theologie** *f* theology **theologisch** *Adj* theological

Theoretiker(in) *m(f)* theoretician **theoretisch** **1.** *Adj* theoretical **2.** *Adv* theoretically; ***~ gesehen*** theoretically **Theorie** *f* theory

Therapeut(in) *m(f)* therapist **therapeutisch** *Adj* therapeutic(al) **Therapie** *f* therapy; (≈ *Behandlungsmethode*) (method of) treatment (*gegen* for) **therapieren** *vt* to give therapy to

Thermalbad *n* thermal bath; (*Gebäude*) thermal baths *Pl*; (≈ *Badeort*) spa **Thermalquelle** *f* thermal spring **thermisch** *Adj* PHYS thermal **Thermodrucker** *m* thermal printer **Thermodynamik** *f* thermodynamics *Sg* **thermodynamisch** *Adj* thermodynamic **Thermometer** *n* thermometer **Thermopapier** *n* thermal paper **Thermosflasche®** *f* vacuum flask **Thermostat** *m* thermostat

These *f* hypothesis; (*umg* ≈ *Theorie*) theory

Thon *m* (*schweiz*) tuna

Thriller *m* thriller

Thrombose *f* thrombosis

Thron *m* throne **thronen** *vi* (*wörtl*) to sit enthroned; (*fig*) to sit in state **Thronfolge** *f* line of succession; ***die ~ antreten*** to succeed to the throne **Thronfolger(in)** *m(f)* heir to the throne

Thunfisch *m* tuna (fish)

Thüringen *n* Thuringia

Thymian *m* thyme

Tibet *n* Tibet **tibetanisch**, **tibetisch** *Adj* Tibetan

Tick *m* (*umg* ≈ *Schrulle*) quirk (*umg*); ***einen ~ haben*** (*umg*) to be crazy **ticken** *vi* to tick (away); ***du tickst ja nicht richtig*** (*umg*) you're off your rocker! (*umg*)

Ticket *n* ticket

Tiebreak *m*, **Tie-Break** *m* TENNIS tie-break (*bes Brit*), tie-breaker

tief **1.** *Adj* deep; *Ton, Temperatur* low; ***~er Teller*** soup plate; ***aus ~stem Herzen*** from the bottom of one's heart; ***im ~en Wald*** deep in the forest; ***im ~en Winter*** in the depths of winter; ***in der ~en Nacht*** at dead of night; ***im ~sten Innern*** in one's heart of hearts **2.** *Adv* **a)** deep; *sich bücken* low; *untersuchen* in depth; ***3 m ~ fallen*** to fall 3 metres (*Brit*) *od* meters (*US*); ***~ sinken*** (*fig*) to sink low; ***bis ~ in etw*** (*Akk*) ***hinein*** (*örtlich*) a long way down/deep into sth; ***~ verschneit*** deep with snow; ***~ in Gedanken*** (***versunken***) deep in thought; ***jdm ~ in die Augen sehen*** to look deep into sb's eyes; **b)** (≈ *sehr stark*) deeply; ***~ greifend*** *Veränderung* far-reaching; *sich verändern* significantly; *reformieren* thoroughly; ***~ schürfend*** profound; **c)** (≈ *niedrig*) low; ***ein Stockwerk ~er*** on the floor below; ***~ liegend*** *Gegend, Häuser* low-lying **Tief** *n* METEO depression; (*fig*) low **Tiefbau** *m* civil engineering **tiefblau** *Adj* deep blue **Tiefdruck** *m* METEO low pressure **Tiefdruckgebiet** *n* METEO area of low pressure, depression **Tiefe** *f* **a)** depth; ***unten in der ~*** far below; **b)** (≈ *Intensität*) deepness; **c)** (≈ *Tiefgründigkeit*) profundity; **d)** (*von Ton*) lowness **Tiefebene** *f* lowland plain **Tiefenpsychologie** *f* depth psychology **Tiefenschärfe** *f* FOTO depth of field **Tiefflieger** *m* low-flying aircraft **Tiefflug** *m* low-altitude flight **Tiefgang** *m* SEEF draught (*Brit*), draft (*US*); (*fig umg*) depth **Tiefgarage** *f* underground car park (*Brit*), underground parking garage (*bes US*) **tiefgefrieren** *vt* to (deep-)freeze **tiefgekühlt** *Adj* (≈ *gefroren*) frozen; (≈ *sehr kalt*) chilled **Tiefgeschoss** **Tiefgeschoß** (*Aus*) *n* basement **tiefgreifend** *Adj* → ***tief*** **tiefgründig** *Adj* profound; (≈ *durchdacht*) well-grounded **Tiefkühlfach** *n* freezer compartment **Tiefkühlkost** *f* frozen food **Tiefkühltruhe** *f* (chest) freezer **Tiefland** *n* lowlands *Pl* **tiefliegend** *Adj* → ***tief*** **Tiefpunkt** *m* low **Tiefschlag** *m* (*Boxen, fig*) hit below the belt **Tiefsee** *f* deep sea **Tiefstand** *m* low **Tiefstpreis** *m* lowest price **tieftraurig** *Adj* very sad

Tiegel *m* (*zum Kochen*) (sauce)pan; (*in der Chemie*) crucible

Tier *n* animal; (*umg* ≈ *Mensch*) brute; ***hohes ~*** (*umg*) big shot (*umg*) **Tierarzt** *m*, **Tierärztin** *f* vet **Tierfreund(in)** *m(f)* animal lover **Tierfutter** *n* animal food; (*für Haustiere*) pet food **Tiergarten** *m* zoo **Tierhandlung** *f* pet shop **Tierheim** *n* animal home **tierisch** **1.** *Adj* animal *attr*; (*fig*) *Grausamkeit* bestial; ***~er Ernst*** (*umg*) deadly seriousness **2.** *Adv* (*umg* ≈ *ungeheuer*) horribly (*umg*); *wehtun* like hell (*umg*); *ernst* deadly **Tierkreis** *m* zodiac **Tierkreiszeichen** *n* sign of the zodiac **Tierkunde** *f* zoology **Tiermedizin** *f* veterinary medicine **Tierpark** *m* zoo **Tierpfleger(in)** *m(f)* zoo keeper **Tierquälerei** *f* cruelty to animals **Tierschutz** *m* protection of animals **Tierschützer(in)** *m(f)* animal conservationist **Tierschutzverein** *m* society for the prevention of cruelty to animals **Tierversuch** *m* animal experiment

Tiger *m* tiger **Tigerin** *f* tigress **Tigerstaat** *m* WIRTSCH tiger economy

Tilde *f* tilde

tilgen *vt* (*geh*) **a)** *Schulden* to pay off; **b)** (≈ *beseitigen*) *Unrecht, Spuren* to wipe out; *Erinnerung* to erase; *Strafe* to remove **Tilgung** *f* (*von Schulden*) repayment

timen *vt* to time

Tinktur *f* tincture

Tinnitus *m* MED tinnitus

Tinte *f* ink; ***in der ~ sitzen*** (*umg*) to be in the soup (*umg*) **Tintenfisch** *m* cuttlefish; (≈ *Kalmar*) squid; (*achtarmig*) octopus **Tintenklecks** *m* ink blot **Tintenpatrone** *f* (*von Füller, Drucker*) ink cartridge **Tintenstrahldrucker** *m* ink-jet (printer)

Tipp *m* tip; (*an Polizei*) tip-off **tippen** **1.** *vt* (*umg* ≈ *schreiben*) to type **2.** *vi* **a)** (≈ *klopfen*) ***an/auf etw*** (*Akk*) ***~*** to tap sth; **b)** (*umg: am Computer*) to type; **c)** (≈ *wetten*) to fill in one's coupon; ***im Lotto ~*** to play the lottery; **d)** (*umg* ≈ *raten*) to guess; ***ich tippe darauf, dass ...*** I bet (that) ... **Tippfehler** *m* (*umg*) typing mistake

tipptopp (*umg*) **1.** *Adj* immaculate;

(≈ *prima*) first-class **2.** *Adv* immaculately; (≈ *prima*) really well; **~ sauber** spotless

Tippzettel *m* (*im Lotto*) lottery coupon

Tirol *n* Tyrol **Tiroler(in)** *m(f)* Tyrolese, Tyrolean

Tisch *m* table; (≈ *Schreibtisch*) desk; **bei ~** at (the) table; **etw auf den ~ bringen** (*umg*) to serve sth (up); **vom ~ sein** (*fig*) to be cleared out of the way; **jdn über den ~ ziehen** (*fig umg*) to take sb to the cleaners (*umg*) **Tischdecke** *f* tablecloth **Tischler(in)** *m(f)* joiner (*bes Brit*), carpenter; (≈ *Möbeltischler*) cabinet-maker **Tischlerei** *f* **a)** (*Werkstatt*) carpenter's workshop; (≈ *Möbeltischlerei*) cabinet-maker's workshop; **b)** (*umg*) (≈ *Handwerk*) carpentry; (*von Möbeltischler*) cabinet-making **tischlern** (*umg*) *vi* to do woodwork **Tischplatte** *f* tabletop **Tischrechner** *m* desk calculator **Tischtennis** *n* table tennis **Tischtuch** *n* tablecloth

Titel *m* title **Titelbild** *n* cover (picture) **Titelmelodie** *f* (*von Film*) theme tune **Titelseite** *f* cover, front page **Titelstory** *f* cover story **Titelverteidiger(in)** *m(f)* title holder

Titte *f* (*sl*) tit (*sl*)

Toast *m* **a)** (≈ *Brot*) toast; **ein ~** a slice of toast; **b)** (≈ *Trinkspruch*) toast; **einen ~ auf jdn ausbringen** to propose a toast to sb **Toastbrot** *n* *sliced white bread for toasting* **toasten** *vt* *Brot* to toast **Toaster** *m* toaster

Tobel *f* (*schweiz* ≈ *Schlucht*) gorge, ravine

toben *vi* **a)** (≈ *wüten*) to rage; (*Mensch*) to throw a fit; **b)** (≈ *ausgelassen spielen*) to rollick (about) **Tobsucht** *f* (*bei Tieren*) madness; (*bei Menschen*) maniacal rage **tobsüchtig** *Adj* mad **Tobsuchtsanfall** *m* (*umg*) fit of rage; **einen ~ bekommen** to blow one's top (*umg*)

Tochter *f* daughter; (≈ *Tochterfirma*) subsidiary **Tochterfirma** *f* subsidiary (firm)

Tod *m* death; **eines natürlichen/gewaltsamen ~es sterben** to die of natural causes/a violent death; **sich** (*Dat*) **den ~ holen** to catch one's death (of cold); **zu ~e kommen** to die; **jdn/etw auf den ~ nicht leiden können** (*umg*) to be unable to stand sb/sth; **sich zu ~(e) langweilen** to be bored to death; **zu ~e betrübt sein** to be in the depths of despair **todernst** (*umg*) *Adj* deadly serious **Todesangst** *f* mortal agony; **Todesängste ausstehen** (*umg*) to be scared to death (*umg*) **Todesanzeige** *f* (*als Brief*) letter announcing sb's death; (≈ *Annonce*) obituary (notice) **Todesfall** *m* death **Todesgefahr** *f* mortal danger **Todeskampf** *m* death throes *Pl* **Todesopfer** *n* death, casualty **Todesstrafe** *f* death penalty **Todesursache** *f* cause of death **Todesurteil** *n* death sentence **Todfeind(in)** *m(f)* deadly enemy **todgeweiht** *Adj* *Mensch, Patient* doomed **todkrank** *Adj* (≈ *sterbenskrank*) critically ill; (≈ *unheilbar krank*) terminally ill **tödlich** **1.** *Adj* fatal; *Gefahr* mortal; *Waffe, Dosis* lethal; (*umg*) *Langeweile* deadly **2.** *Adv* **a)** (*mit Todesfolge*) **~ verunglücken** to be killed in an accident; **b)** (*umg* ≈ *äußerst*) horribly (*umg*); *langweilen* to death **todmüde** *Adj* (*umg*) dead tired (*umg*) **todschick** (*umg*) **1.** *Adj* dead smart (*umg*) **2.** *Adv* *gekleidet* ravishingly; *eingerichtet* exquisitely **todsicher** (*umg*) *Adj* dead certain (*umg*); *Tipp* sure-fire (*umg*) **Todsünde** *f* mortal sin **todunglücklich** *Adj* (*umg*) desperately unhappy

Töff *m* (*schweiz* ≈ *Motorad*) motorbike

Tofu *n* tofu

Toilette *f* toilet, lavatory (*bes Brit*), bathroom (*bes US*); **auf die ~ gehen** to go to the toilet; → *Info nächste Seite*; **Toilettenartikel** *m* toiletry **Toilettenpapier** *n* toilet paper

toi, toi, toi *Interj* (*umg*) (*vor Prüfung etc*) good luck; (*unberufen*) touch wood (*Brit*), knock on wood (*US*)

Tokio *n* Tokyo

tolerant *Adj* tolerant (*gegen* of) **Toleranz** *f* tolerance (*gegen* of) **tolerieren** *vt* to tolerate

toll **1.** *Adj* **a)** (≈ *wild, ausgelassen*) wild; **die (drei) ~en Tage** (the last three days of) Fasching; **b)** (*umg* ≈ *verrückt*) crazy; **c)** (*umg* ≈ *großartig*) fantastic (*umg*) **2.** *Adv* **a)** (*umg* ≈ *großartig*) fantastically; *schmecken* fantastic; **b)** (≈ *wild, ausgelassen*) **es ging ~ zu** things were pretty wild (*umg*); **c)** (*umg* ≈ *verrückt*) **(wie) ~ fahren** *etc*

T

Toilette

In den Tabubereichen der Sprache gibt es traditionell eine große Auswahl an Ausdrücken, aber es gilt, den richtigen Ton zu treffen! Dies trifft auch für den Bereich Toilette/WC zu. Da sollten Sie sich im britischen Englisch folgender Unterscheidungen bewusst sein. (Zum amerikanischen Englisch kommen wir am Schluss.)

neutral:	**toilet** ['tɔɪlət]
umgangssprachlich:	**loo** [luː]
förmlich:	**lavatory** ['lævətrɪ]

Dies sind grobe Unterscheidungen der Stilebene, denn manche Leute empfinden **toilet** als salopp, für andere dagegen ist **loo** durchaus „salonfähig".

Wenn Sie bei einer britischen Familie zu Besuch sind, sagen Sie am besten:

Could I use your toilet, please?	Dürfte ich bitte Ihre Toilette benutzen?

Wenn Sie schon wissen, wo sich die Toilette befindet, können Sie Ihr Vorhaben so ankündigen:

Excuse me, I've just got to disappear for a minute.	Entschuldigung, ich muss mal kurz verschwinden.

In einem Lokal usw. fragt man so:

Where's the gents? bzw.	Wo ist die Herrentoilette?
Where's the ladies?	Wo ist die Damentoilette?

Wenn man draußen unterwegs ist, fragt man etwa:

Could you tell me where the nearest public toilets (bzw. **public lavatories**) **are?**	Können Sie mir sagen, wo die nächste öffentliche Toilette ist?

Im amerikanischen Englisch drückt man sich bei diesem Thema etwas indirekter aus. Da heißt das WC **bathroom** oder **rest room** bzw. bei Frauen oft **powder room** oder **cloakroom**.

to drive *etc* like a madman **Tollkirsche** *f* deadly nightshade **tollkühn** *Adj Person, Fahrt* daredevil *attr*, daring **Tollpatsch** *m* (*umg*) clumsy creature **tollpatschig** *Adj* clumsy **Tollwut** *f* rabies *Sg* **tollwütig** *Adj* rabid

Tölpel *m* (*umg*) fool

Tomate *f* tomato **Tomatenmark** *n*, **Tomatenpüree** *n* tomato puree **Tomatensaft** *m* tomato juice

Tombola *f* tombola (*Brit*), raffle (*US*)

Tomograf *m* MED tomograph **Tomografie** *f* tomography **Tomogramm** *n* MED tomogram

Ton[1] *m* (≈ *Erdart*) clay

Ton[2] *m* **a)** sound; MUS tone; (≈ *Note*) note; ***den ~ angeben*** (*fig*) to set the tone; ***keinen ~ sagen*** not to make a sound; ***große Töne spucken*** (*umg*) to talk big; ***jdn in*** (***den***) ***höchsten Tönen loben*** (*umg*) to praise sb to the skies; **b)** (≈ *Betonung*) stress; (≈ *Tonfall*) intonation; **c)** (≈ *Redeweise*) tone; ***ich verbitte mir diesen ~*** I will not be spoken to like that; ***der gute ~*** good form; **d)** (≈ *Farbton*) tone; (≈ *Nuance*) shade **Tonabnehmer** *m* pick-up **tonangebend** *Adj **~ sein*** to set the tone **Tonarm** *m* pick-up arm **Tonart** *f* MUS key; (*fig* ≈ *Tonfall*) tone

T

Tonband *n* tape **Tonbandgerät** *n* tape recorder
tönen[1] *vi* (≈ *klingen*) to sound; (≈ *großspurig reden*) to boast
tönen[2] *vt* to tint; ***sich*** (*Dat*) ***die Haare ~*** to tint one's hair
Toner *m* toner **Tonerkassette** *f* toner cartridge
tönern *Adj* clay
Tonfall *m* tone of voice; (≈ *Intonation*) intonation **Tonfilm** *m* sound film
tonhaltig *Adj* clayey
Tonhöhe *f* pitch **Toningenieur(in)** *m(f)* sound engineer **Tonlage** *f* pitch (level); (≈ *Tonumfang*) register **Tonleiter** *f* scale **tonlos** *Adj* toneless
Tonnage *f* SEEF tonnage **Tonne** *f* **a)** (≈ *Behälter*) barrel; (*aus Metall*) drum; (≈ *Mülltonne*) bin (*Brit*), trash can (*US*); **b)** (≈ *Gewicht*) metric ton(ne); **c)** (≈ *Registertonne*) (register) ton
Tonspur *f* soundtrack **Tonstörung** *f* sound interference **Tonstudio** *n* recording studio
Tontaube *f* clay pigeon **Tontaubenschießen** *n* clay pigeon shooting
Tontechniker(in) *m(f)* sound technician
Tönung *f* (≈ *Haartönung*) hair colour (*Brit*) *od* color (*US*); (≈ *Farbton*) shade, tone
Top *n* MODE top **topaktuell** *Adj* up-to-the-minute
Topas *m* topaz
Topf *m* pot; (≈ *Kochtopf*) (sauce)pan; ***alles in einen ~ werfen*** (*fig*) to lump everything together **Topfen** *m* (*südd, österr*) quark **Töpfer(in)** *m(f)* potter **Töpferei** *f* pottery **töpfern** *vi* to do pottery **Töpferscheibe** *f* potter's wheel
topfit *Adj* in top form; (*gesundheitlich*) as fit as a fiddle
Topflappen *m* oven cloth **Topfpflanze** *f* potted plant
Topografie *f* topography **topografisch** *Adj* topographic(al)
toppen *vt* to top, to beat; ***schwer zu ~*** hard to top *od* beat
Tor *n* **a)** gate; (*fig*) gateway; (≈ *Torbogen*) archway; (*von Garage*) door; **b)** SPORT goal; ***im ~ stehen*** to be in goal **Torbogen** *m* arch **Toresschluss** *m* = ***Torschluss***
Torf *m* peat **torfig** *Adj* peaty **Torfmoor** *n* peat bog *od* (*trocken*) moor
Torfrau *f* goalkeeper **Torhüter(in)** *m(f)* goalkeeper
töricht (*geh*) *Adj* foolish; *Hoffnung* idle
Torjäger(in) *m(f)* (goal)scorer
torkeln *vi* to stagger, to reel
Tormann *m* goalkeeper
Tornado *m* tornado
torpedieren *vt* to torpedo **Torpedo** *m* torpedo
Torpfosten *m* gatepost; SPORT goalpost **Torschluss** *m* (*fig*) ***kurz vor ~*** at the last minute **Torschlusspanik** *f* (*umg*) last minute panic **Torschütze** *m*, **Torschützin** *f* (goal)scorer
Torte *f* gâteau; (≈ *Obsttorte*) flan **Tortenboden** *m* flan case *od* (*ohne Seiten*) base **Tortendiagramm** *n* pie chart **Tortenguss** *m* glaze **Tortenheber** *m* cake slice
Tortur *f* torture; (*fig*) ordeal
Torverhältnis *n* score **Torwart** *m*, **Torwartin** *f* goalkeeper
tosen *vi* (*Wellen*) to thunder; (*Sturm*) to rage; ***~der Beifall*** thunderous applause
Toskana GEOG ***die ~*** Tuscany
tot *Adj* dead; (*umg* ≈ *erschöpft*) beat (*umg*); *Stadt* deserted; ***~ geboren*** stillborn; ***~ umfallen*** to drop dead; ***er war auf der Stelle ~*** he died instantly; ***ein ~er Mann sein*** (*fig umg*) to be a goner (*umg*); ***~er Winkel*** blind spot; MIL dead angle; ***das Tote Meer*** the Dead Sea; ***~er Punkt*** (≈ *Stillstand*) standstill, halt; (*in Verhandlungen*) deadlock; (≈ *körperliche Ermüdung*) low point
total **1.** *Adj* total **2.** *Adv* totally **Totalisator** *m* totalizator **totalitär** **1.** *Adj* totalitarian **2.** *Adv* in a totalitarian way **Totaloperation** *f* (*von Gebärmutter*) hysterectomy **Totalschaden** *m* write-off
totarbeiten *vr* (*umg*) to work oneself to death **töten** *vti* to kill **Totenbett** *n* deathbed **totenblass** *Adj* deathly pale **Totengräber(in)** *m(f)* gravedigger **Totenkopf** *m* skull; (*auf Piratenfahne etc*) skull and crossbones **Totenschein** *m* death certificate **Totenstarre** *f* rigor mortis **Totenstille** *f* deathly silence **Tote(r)** *mf* dead person; (*bei Unfall*, MIL) casualty; ***die ~n*** the dead; ***es gab 3 ~*** 3 people died *od* were killed **totgeboren** *Adj* → ***tot*** **Totgeburt** *f* stillbirth

totkriegen *vt* (*umg*) ***nicht totzukriegen sein*** to go on for ever **totlachen** *vr* (*umg*) to kill oneself (laughing) (*Brit umg*); ***es ist zum Totlachen*** it is hilarious

Toto *m od* (*umg, österr, schweiz*) *n* (football) pools *Pl* (*Brit*); **(*im*) *~ spielen*** to do the pools (*Brit*) **Totoschein** *m* pools coupon (*Brit*)

Totschlag *m* JUR manslaughter **totschlagen** *vt* to kill; ***du kannst mich ~, ich weiß es nicht*** (*umg*) for the life of me I don't know **totschweigen** *vt* to hush up (*umg*) **tot stellen** *vr* to pretend to be dead **Tötung** *f* killing

Toupet *n* toupée **toupieren** *vt* to backcomb

Tour *f* **a)** (≈ *Fahrt*) trip; (≈ *Tournee*) tour; (≈ *Wanderung*) walk; (≈ *Bergtour*) climb; **b)** (≈ *Umdrehung*) revolution; ***auf ~en kommen*** (*Auto*) to reach top speed; (*fig umg*) to get into top gear; ***jdn/etw auf ~en bringen*** (*fig*) to get sb/sth going; ***in einer ~*** (*umg*) incessantly; **c)** (*umg*) ***auf die krumme ~*** by dishonest means; ***jdm die ~ vermasseln*** (*umg*) to put paid to sb's plans **Tourenrad** *n* tourer **Tourenwagen** *m* touring car **Tourismus** *m* tourism **Tourismusindustrie** *f* tourist industry **Tourist(in)** *m(f)* tourist **Touristenklasse** *f* tourist class **Touristik** *f* tourism **Tournee** *f* tour; ***auf ~ sein*** to be on tour

Toxikologe *m*, **Toxikologin** *f* toxicologist **toxikologisch** *Adj* toxicological **toxisch** *Adj* toxic

Trab *m* trot; ***im ~*** at a trot; ***auf ~ sein*** (*umg*) to be on the go (*umg*); ***jdn in ~ halten*** (*umg*) to keep sb on the go (*umg*)

Trabant *m* satellite **Trabantenstadt** *f* satellite town

traben *vi* to trot **Trabrennbahn** *f* trotting course **Trabrennen** *n* trotting race

T

Tracht *f* **a)** (≈ *Kleidung*) dress; (≈ *Volkstracht etc*) costume; (≈ *Schwesterntracht*) uniform; **b)** ***jdm eine ~ Prügel verabreichen*** (*umg*) to give sb a beating **trachten** *vi* (*geh*) to strive (*nach* for, after); ***jdm nach dem Leben ~*** to be after sb's blood

trächtig *Adj Tier* pregnant

Trackball *m* IT trackball

Tradition *f* tradition; **(*bei jdm*) *~ haben*** to be a tradition (for sb) **traditionell** **1.** *Adj* traditional **2.** *Adv* traditionally **traditionsbewusst** *Adj* tradition-conscious **traditionsgemäß** *Adv* traditionally

Trafik *f* (*österr*) tobacconist's (shop) **Trafikant(in)** *m(f)* (*österr*) tobacconist

Trafo *m* (*umg*) transformer

Tragbahre *f* stretcher **tragbar** *Adj* **a)** *Gerät* portable; **b)** (≈ *annehmbar*) acceptable (*für* to); (≈ *erträglich*) bearable **Trage** *f* (≈ *Bahre*) litter

träge *Adj* **a)** sluggish; *Mensch* lethargic; (≈ *faul*) lazy; **b)** PHYS *Masse* inert

tragen **1.** *vt* **a)** (≈ *befördern*) to carry; ***den Brief zur Post ~*** to take the letter to the post office; **b)** (≈ *am Körper tragen*) to wear; ***getragene Kleider*** second-hand clothes; **c)** (≈ *stützen*) to support; **d)** (≈ *hervorbringen*) *Zinsen, Ernte* to yield; *Früchte* to bear; **e)** (≈ *trächtig sein*) to be carrying; **f)** (≈ *ertragen*) *Schicksal* to bear; **g)** (≈ *übernehmen*) *Verluste* to defray; *Kosten* to bear, to carry; *Risiko* to take; **h)** (≈ *haben*) *Titel, Namen* to bear **2.** *vi* **a)** (*Eis*) to take weight; **b)** ***schwer an etw*** (*Dat*) ***~*** to have a job carrying sth; (*fig*) to find sth hard to bear; ***zum Tragen kommen*** to come to fruition; (≈ *nützlich werden*) to come in useful **3.** *vr* (*Kleid, Stoff*) to wear **tragend** *Adj* **a)** (≈ *stützend*) *Säule, Bauteil* load-bearing; **b)** THEAT *Rolle* major

Träger *m* **a)** (*an Kleidung*) strap; (≈ *Hosenträger*) braces *Pl* (*Brit*), suspenders *Pl* (*US*), **b)** BAU (supporting) beam; (≈ *Stahlträger, Eisenträger*) girder; **c)** (≈ *Kostenträger*) funding provider **Träger(in)** *m(f)* (*von Lasten, Namen, Titel*) bearer; (*von Kleidung*) wearer; (*eines Preises*) winner; (*von Krankheit*) carrier **Trägerrakete** *f* carrier rocket **Tragetasche** *f* carrier bag **tragfähig** *Adj* able to take a weight; (*fig*) *Konzept, Lösung* workable **Tragfläche** *f* wing **Tragflächenboot** *n* **Tragflügelboot** *n* hydrofoil

Trägheit *f* sluggishness; (*von Mensch*) lethargy; (≈ *Faulheit*) laziness; PHYS inertia

Tragik *f* tragedy **Tragikomik** *f* tragicomedy **tragikomisch** *Adj* tragicomical **Tragikomödie** *f* tragicomedy **tragisch** **1.** *Adj* tragic; ***das ist nicht so ~*** (*umg*)

it's not the end of the world **2.** *Adv* tragically **Tragödie** *f* (LITERATUR, *fig*) tragedy

Tragweite *f* (*von Geschütz etc*) range; ***von großer ~ sein*** to have far-reaching consequences

Trainer(in) *m(f)* trainer; (*von Tennisspieler*) coach; (*bei Fußball*) manager

trainieren 1. *vt* to train; *Übung, Sportart* to practise (*Brit*), to practice (*US*); *Muskel* to exercise **2.** *vi* (*Sportler*) to train; (≈ *Übungen machen*) to exercise; (≈ *üben*) to practise (*Brit*), to practice (*US*) **Training** *n* training *kein Pl*; (≈ *Fitnesstraining*) workout; (*fig* ≈ *Übung*) practice **Trainingsanzug** *m* tracksuit **Trainingshose** *f* tracksuit trousers *Pl* (*bes Brit*) *od* pants *Pl* (*bes US*) **Trainingsschuh** *m* training shoe

Trakt *m* (≈ *Gebäudeteil*) section; (≈ *Flügel*) wing **traktieren** *vt* (*umg*) (≈ *schlecht behandeln*) to maltreat; (≈ *quälen*) to torment **Traktor** *m* tractor

trällern *vti* to warble

Tram *f* (*schweiz*), **Trambahn** *f* (*südd*) = ***Straßenbahn***

Trampel *m od n* clumsy clot (*umg*)

trampeln 1. *vi* (≈ *mit den Füßen stampfen*) to stamp **2.** *vt* ***jdn zu Tode ~*** to trample sb to death **Trampelpfad** *m* track

trampen *vi* to hitchhike **Tramper(in)** *m(f)* hitchhiker

Trampolin *n* trampoline

Tran *m* **a)** (*von Fischen*) train oil; **b)** (*umg*) ***im ~*** dop(e)y (*umg*); (≈ *leicht betrunken*) tipsy

Trance *f* trance

tranchieren *vt* to carve

Träne *f* tear; ***ihm kamen die ~n*** tears welled (up) in his eyes; ***~n lachen*** to laugh till one cries; ***bittere ~n weinen*** to shed bitter tears **tränen** *vi* to water **Tränendrüse** *f* lachrymal gland **Tränengas** *n* tear gas

Tränke *f* drinking trough **tränken** *vt* **a)** *Tiere* to water; **b)** (≈ *durchnässen*) to soak

transatlantisch *Adj* transatlantic

Transfer *m* transfer

Transformation *f* transformation **Transformator** *m* transformer

Transfusion *f* transfusion

Transistor *m* transistor **Transistorradio** *n* transistor (radio)

Transit *m* transit **Transitabkommen** *n* transit agreement

transitiv *Adj* GRAM transitive

Transitverkehr *m* transit traffic

transparent *Adj* transparent **Transparent** *n* (≈ *Reklameschild etc*) neon sign; (≈ *Durchscheinbild*) transparency **Transparenz** *f* transparency

Transplantat *n* (*Haut*) graft; (*Organ*) transplant **Transplantation** *f* MED transplant; (*von Haut*) graft; (*Vorgang*) transplantation; (*von Haut*) grafting **transplantieren** *vti* MED *Organ* to transplant; *Haut* to graft

Transport *m* transport **transportabel** *Adj Computer etc* portable **Transportband** *n* conveyor belt **Transporter** *m* (*Schiff*) cargo ship; (*Flugzeug*) transport plane; (*Auto*) van **transportfähig** *Adj Patient* moveable **Transportflugzeug** *n* transport plane **transportieren** *vt* to transport **Transportkosten** *Pl* carriage *Sg* **Transportmittel** *n* means *Sg* of transport **Transportunternehmen** *n* haulier (*Brit*), hauler (*US*)

Transsexuelle(r) *mf* transsexual **Transvestit** *m* transvestite

Trapez *n* **a)** MATHE trapezium; **b)** (*von Artisten*) trapeze **Trapezakt** *m* trapeze act **Trapezkünstler(in)** *m(f)* trapeze artist

trappeln *vi* to clatter; (*Pony*) to clip-clop

Trara *n* (*fig umg*) hullabaloo (*umg*) (*um* about)

Trasse *f* LANDV marked-out route

Tratsch *m* (*umg*) gossip **tratschen** *vi* (*umg*) to gossip

Tratte *f* FINANZ draft

Traualtar *m* altar

Traube *f* (*einzelne Beere*) grape; (*ganze Frucht*) bunch of grapes; (≈ *Menschentraube*) bunch **Traubensaft** *m* grape juice **Traubenzucker** *m* dextrose

trauen 1. *vi +Dat* to trust; ***einer Sache*** (*Dat*) ***nicht ~*** to be wary of sth; ***ich traute meinen Augen/Ohren nicht*** I couldn't believe my eyes/ears **2.** *vr* to dare; ***sich*** (*Akk*) ***~, etw zu tun*** to dare (to) do sth; ***ich trau mich nicht*** I daren't; ***sich auf die Straße ~*** to dare to go out **3.** *vt* to marry

Trauer *f* mourning; (≈ *Leid*) sorrow, grief **Trauerfall** *m* bereavement **Trauerfeier** *f* funeral service **trauern** *vi* to mourn (*um jdn* (for) sb, *um etw* sth) **Trauerspiel** *n* tragedy; (*fig umg*) fiasco **Trauerweide** *f* weeping willow
Traufe *f* eaves *Pl* **träufeln** *vt* to dribble
Traum *m* (*wörtl*, *fig*) dream; ***aus der ~!*** it's all over **Trauma** *n* trauma; (*fig auch*) nightmare **traumatisch** *Adj* traumatic **träumen** **1.** *vi* to dream; ***von jdm/etw ~*** to dream about sb/sth; (≈ *sich ausmalen*) to dream of sb/sth; ***das hätte ich mir nicht ~ lassen*** I'd never have thought it possible **2.** *vt* to dream; *Traum* to have; ***etwas Schönes ~*** to have a pleasant dream **Träumer(in)** *m(f)* dreamer **Träumerei** *f* **a)** (≈ *das Träumen*) dreaming; **b)** (≈ *Vorstellung*) daydream **träumerisch** *Adj* dreamy; (≈ *schwärmerisch*) wistful **Traumfabrik** *f* (*pej*) dream factory **Traumfrau** *f* (*umg*) dream woman **traumhaft** **1.** *Adj* (≈ *fantastisch*) fantastic; (≈ *wie im Traum*) dreamlike **2.** *Adv* (≈ *fantastisch*) fantastically; ***~ schönes Wetter*** fantastic weather **Traummann** *m* (*umg*) dream man **Traumpaar** *n* perfect couple **Traumtänzer(in)** *m(f)* dreamer **Traumwelt** *f* dream world
traurig **1.** *Adj* sad; *Leistung, Rekord* pathetic; *Wetter* miserable; ***die ~e Bilanz*** the tragic toll **2.** *Adv* sadly; ***um meine Zukunft sieht es ~ aus*** my future doesn't look too bright **Traurigkeit** *f* sadness
Trauschein *m* marriage certificate **Trauung** *f* wedding **Trauzeuge** *m*, **Trauzeugin** *f* witness (*at marriage ceremony*)
Treck *m* trek; (≈ *Leute*) train; (≈ *Wagen etc*) wagon train **Trecking** *n* trekking
Treff *m* (*umg*) (≈ *Treffen*) meeting; (≈ *Treffpunkt*) haunt, meeting place **treffen** **1.** *vt* **a)** (*durch Schlag, Schuss etc*) to hit (*an/in +Dat* on); (*Unglück*) to strike; ***auf dem Foto bist du gut getroffen*** (*umg*) that's a good photo of you; **b)** (*fig* ≈ *kränken*) to hurt; **c)** (≈ *betreffen*) ***es trifft immer die Falschen*** it's always the wrong people who are affected; ***ihn trifft keine Schuld*** he's not to blame; **d)** (≈ *jdm begegnen*) to meet; **e)** ***es gut/schlecht ~*** to be fortunate/unlucky (*mit* with); **f)** *Vorbereitungen* to make; *Vereinbarung* to reach; *Entscheidung, Maßnahmen* to take **2.** *vi* **a)** (*Schlag, Schuss etc*) to hit; ***tödlich getroffen*** (*von Schuss etc*) fatally wounded; ***nicht ~*** to miss; **b)** (≈ *stoßen*) ***auf jdn/etw ~*** to meet sb/sth **3.** *vr* (≈ *zusammentreffen*) to meet **4.** *vr unpers* ***es trifft sich, dass ...*** it (just) happens that ...; ***das trifft sich gut/schlecht, dass ...*** it is convenient/inconvenient that ... **Treffen** *n* meeting; SPORT encounter **treffend** *Adj Beispiel* apt; ***etw ~ darstellen*** to describe sth perfectly **Treffer** *m* hit; (≈ *Tor*) goal; ***einen ~ landen*** (*umg*) to score a hit; FUSSB to score a goal **Treffpunkt** *m* meeting place **treffsicher** *Adj Stürmer etc* accurate; (*fig*) *Bemerkung* apt
Treibeis *n* drift ice **treiben** **1.** *vt* **a)** to drive; (≈ *antreiben*) to push; ***jdn in den Wahnsinn ~*** to drive sb mad; ***jdn zum Äußersten ~*** to push sb too far; ***die Preise*** (***in die Höhe***) ***~*** to push prices up; ***die ~de Kraft bei etw sein*** to be the driving force behind sth; **b)** *Handel, Sport* to do; *Studien* to pursue; *Gewerbe* to carry on; *Unfug* to be up to; ***was treibst du?*** what are you up to?; ***es toll ~*** to have a wild time; ***es zu toll ~*** to overdo it; ***es zu weit ~*** to go too far; ***es mit jdm ~*** (*umg*) to have sex with sb; **c)** *Blüten, Knospen* to sprout **2.** *vi* (≈ *sich fortbewegen*) to drift; ***sich ~ lassen*** to drift; ***die Dinge ~ lassen*** to let things go **Treiben** *n* (≈ *Getriebe*) hustle and bustle **Treiber** *m* IT driver **Treiber(in)** *m(f)* (≈ *Viehtreiber*) drover; JAGD beater **Treibgas** *n* (*bei Sprühdosen*) propellant **Treibhaus** *n* hothouse **Treibhauseffekt** *m* METEO greenhouse effect **Treibhausgas** *n* greenhouse gas **Treibjagd** *f* battue (*Fachw*) **Treibsand** *m* quicksand **Treibstoff** *m* fuel
Trekking *n* trekking
Trend *m* trend; ***voll im ~ liegen*** to follow the trend **Trendwende** *f* new trend **trendy** *Adj* (*umg*) trendy
trennbar *Adj* separable **trennen** **1.** *vt* **a)** to separate (*von* from); (≈ *abmachen*) to detach (*von* from); (*nach Rasse etc*) to segregate; ***voneinander getrennt werden*** to be separated; **b)** LING *Wort*

T

to divide **2.** *vr* **a)** (≈ *auseinandergehen*) to separate; (≈ *Abschied nehmen*) to part; ***sich von etw ~*** to part with sth; **b)** (≈ *sich teilen*: *Wege*) to divide **3.** *vi* (*zwischen Begriffen*) to draw a distinction **Trennschärfe** *f* selectivity **Trennung** *f* **a)** (≈ *Abschied*) parting; **b)** (≈ *Getrenntsein*) separation; (*von Wort*) division; (*von Begriffen*) distinction; (≈ *Rassentrennung etc*) segregation; ***in ~ leben*** to be separated **Trennwand** *f* partition (wall)

Treppe *f* (≈ *Aufgang*) (flight of) stairs *Pl*; (*im Freien*) (flight of) steps *Pl*; ***eine ~*** a staircase; ***~n steigen*** to climb stairs **Treppenabsatz** *m* half landing **Treppengeländer** *n* banister **Treppenhaus** *n* stairwell; ***im ~*** on the stairs

Tresen *m* (≈ *Theke*) bar; (≈ *Ladentisch*) counter

Tresor *m* (≈ *Raum*) strongroom; (≈ *Schrank*) safe

Tretboot *n* pedal boat, pedalo (*Brit*) **Treteimer** *m* pedal bin **treten 1.** *vi* **a)** (*mit Fuß*) to kick (*gegen etw* sth, *nach* out at); **b)** (*mit Raumangabe*) to step; ***in den Hintergrund ~*** (*fig*) to recede into the background; ***an jds Stelle*** (*Akk*) ~ to take sb's place; **c)** (≈ *betätigen*) ***in die Pedale ~*** to pedal hard; ***aufs Gas(pedal) ~*** (≈ *Pedal betätigen*) to press the accelerator; (≈ *schnell fahren*) to put one's foot down (*umg*); ***auf die Bremse ~*** to brake; **d)** ***der Schweiß trat ihm auf die Stirn*** sweat appeared on his forehead; ***Tränen traten ihr in die Augen*** tears came to her eyes **2.** *vt* **a)** (≈ *Fußtritt geben*) to kick; SPORT *Ecke*, *Freistoß* to take; ***jdn mit dem Fuß ~*** to kick sb; **b)** (≈ *trampeln*) *Pfad*, *Weg* to tread; **c)** (*fig*) ***jdn ~*** (*umg* ≈ *antreiben*) to get at sb **Tretmine** *f* MIL (antipersonnel) mine **Tretroller** *m* scooter

treu 1. *Adj Freund*, *Kunde etc* loyal; *Hund*, *Gatte etc* faithful; ***jdm ~ sein/bleiben*** to be/remain faithful to sb; ***sich*** (*Dat*) ***selbst ~ bleiben*** to be true to oneself; ***seinen Grundsätzen ~ bleiben*** to stick to one's principles **2.** *Adv* faithfully; (≈ *treuherzig*) trustingly; *ansehen* innocently; ***jdm ~ ergeben sein*** to be loyally devoted to sb; ***~ sorgend*** devoted **Treue** *f* (*von Freund*, *Kunde etc*) loyalty; (*von Hund*) faithfulness; (≈ *eheliche Treue*) fidelity; ***jdm die ~ halten*** to keep faith with sb; *Ehegatten etc* to remain faithful to sb **treuergeben** *Adj* → ***treu*** **Treuhand** *f* trust **Treuhänder(in)** *m(f)* trustee **Treuhandgesellschaft** *f* trust company **treuherzig 1.** *Adj* innocent, trusting **2.** *Adv* innocently, trustingly **treulos** *Adj* disloyal **Treulosigkeit** *f* disloyalty **treusorgend** *Adj* devoted

Triangel *m od* (*österr*) *n* triangle

Tribunal *n* tribunal

Tribüne *f* (≈ *Rednertribüne*) platform; (≈ *Zuschauertribüne*) stand; (≈ *Haupttribüne*) grandstand

Trichine *f* trichina

Trichter *m* funnel; (≈ *Bombentrichter*) crater **trichterförmig** *Adj* funnel-shaped

Trick *m* trick; (*raffiniert*) ploy **Trickbetrüger(in)** *m(f)*, **Trickdieb(in)** *m(f)* confidence trickster **Trickfilm** *m* trick film; (≈ *Zeichentrickfilm*) cartoon (film) **trickreich** (*umg*) **1.** *Adj* tricky; (≈ *raffiniert*) clever **2.** *Adv erschwindeln* through various tricks

Trieb *m* **a)** (≈ *Naturtrieb*) drive; (≈ *Drang*) urge; (≈ *Verlangen*) desire; (≈ *Neigung*) inclination; (≈ *Selbsterhaltungstrieb*, *Fortpflanzungstrieb*) instinct; **b)** BOT shoot **Triebfeder** *f* (*fig*) motivating force (*+Gen* behind) **Triebkraft** *f* MECH motive power; (*fig*) driving force **Triebrad** *n* driving wheel (*Brit*), gear wheel **Triebtäter(in)** *m(f)* sexual offender **Triebwagen** *m* BAHN railcar **Triebwerk** *n* power plant; (*in Uhr*) mechanism

triefen *vi* to be dripping wet; (*Nase*) to run; (*Auge*) to water; ***~d nass*** dripping wet

triftig *Adj* convincing

Trigonometrie *f* trigonometry **trigonometrisch** *Adj* trigonometric(al)

Trikot *n* (≈ *Hemd*) shirt; ***das Gelbe ~*** (*bei Tour de France*) the yellow jersey

trillern *vti* to warble **Trillerpfeife** *f* (pea) whistle

Trillion *f* trillion (*Brit*), quintillion (*US*)

Trimester *n* term

trimmen 1. *vt* to trim; (*umg*) *Mensch*, *Tier* to teach, to train; ***auf alt getrimmt*** done up to look old **2.** *vr* to do keep-fit (exercises)

trinkbar *Adj* drinkable **trinken 1.** *vt* to

drink; **(schnell) einen ~ gehen** (*umg*) to go for a (quick) drink **2.** *vi* to drink; **jdm zu ~ geben** to give sb something to drink; **auf jds Wohl ~** to drink sb's health; **er trinkt** (≈ *ist Alkoholiker*) he's a drinker **Trinker(in)** *m(f)* drinker; (≈ *Alkoholiker*) alcoholic **trinkfest** *Adj* **so ~ bin ich nicht** I can't hold my drink (*Brit*) *od* liquor (*bes US*) very well **Trinkgeld** *n* tip; **jdm ~ geben** to tip sb **Trinkwasser** *n* drinking water

Trio *n* trio

Trip *m* (*umg*) trip

trippeln *vi* to trip (*bes Brit*), to skip; (*Boxer*) to dance around; (*Pferd*) to prance

Tripper *m* gonorrhoea *ohne Artikel* (*Brit*), gonorrhea *ohne Artikel* (*US*)

trist *Adj* dismal; *Farbe* dull

Tritt *m* **a)** (≈ *Schritt*) step; **b)** (≈ *Fußtritt*) kick; **jdm einen ~ geben** to give sb a kick; (*umg* ≈ *anstacheln*) to give sb a kick in the pants (*umg*) **Trittbrett** *n* step **Trittbrettfahrer(in)** *m(f)* (*umg*) fare dodger; (*fig*) copycat (*umg*) **Trittleiter** *f* stepladder

Triumph *m* triumph; **~e feiern** to be very successful **Triumphbogen** *m* triumphal arch **triumphieren** *vi* (≈ *frohlocken*) to rejoice **triumphierend 1.** *Adj* triumphant **2.** *Adv* triumphantly

trivial *Adj* trivial **Trivialliteratur** *f* (*pej*) light fiction

Trizeps *m* triceps

trocken 1. *Adj* dry; **~ werden** to dry; (*Brot*) to go *od* get dry; **auf dem Trockenen sitzen** (*umg*) to be in a tight spot (*umg*) **2.** *Adv aufbewahren* in a dry place **Trockenblume** *f* dried flower **Trockendock** *n* dry dock **Trockenfutter** *n* dried food **Trockengebiet** *n* arid region **Trockenhaube** *f* (salon) hairdryer **Trockenheit** *f* dryness; (≈ *Trockenperiode*) drought **trockenlegen** *vt* **a)** *Sumpf* to drain; **b)** *Baby* to change **Trockenmilch** *f* dried milk **Trockenrasierer** *m* electric razor **Trockenzeit** *f* (≈ *Jahreszeit*) dry season **trocknen** *vti* to dry

Trödel *m* (*umg*) junk **Trödelei** *f* (*umg*) dawdling **trödeln** *vi* to dawdle **Trödler(in)** *m(f)* **a)** (≈ *Händler*) junk dealer; **b)** (*umg* ≈ *langsamer Mensch*) slowcoach (*Brit umg*), slowpoke (*US umg*)

Trog *m* trough

trollen *vr* (*umg*) to push off (*umg*)

Trommel *f* MUS, TECH drum **Trommelbremse** *f* drum brake **Trommelfell** *n* eardrum **trommeln 1.** *vi* to drum; **gegen die Tür ~** to bang on the door **2.** *vt Rhythmus* to beat out **Trommler(in)** *m(f)* drummer

Trompete *f* trumpet **trompeten** *vi* to trumpet **Trompeter(in)** *m(f)* trumpeter

Tropen *Pl* tropics *Pl* **Tropenanzug** *m* tropical suit **Tropenhelm** *m* pith helmet **Tropenkoller** *m* tropical madness **Tropenkrankheit** *f* tropical disease

Tropf *m* (≈ *Infusion*) drip (*umg*); **am ~ hängen** to be on a drip **tröpfchenweise** *Adv* in dribs and drabs **tröpfeln** *vti* to drip **tropfen** *vi* to drip **Tropfen** *m* **a)** drop; (≈ *einzelner Tropfen: an Kanne etc*) drip; **ein edler ~** (*umg*) a good wine; **bis auf den letzten ~** to the last drop; **ein ~ auf den heißen Stein** (*fig umg*) a drop in the ocean; **b) Tropfen** *Pl* (≈ *Medizin*) drops *Pl* **tropfenweise** *Adv* drop by drop **tropfnass** *Adj* dripping wet **Tropfstein** *m* dripstone; (*an der Decke*) stalactite; (*am Boden*) stalagmite **Tropfsteinhöhle** *f* dripstone cave

Trophäe *f* trophy

tropisch *Adj* tropical

Trost *m* consolation; **das ist ein schwacher ~** that's pretty cold comfort; **du bist wohl nicht ganz bei ~!** (*umg*) you must be out of your mind! **trösten** *vt* to comfort; **jdn/sich mit etw ~** to console sb/oneself with sth; **~ Sie sich!** never mind **tröstlich** *Adj* comforting **trostlos** *Adj* hopeless; *Verhältnisse* miserable; (≈ *verzweifelt*) inconsolable; (≈ *öde, trist*) dreary **Trostpflaster** *n* consolation **Trostpreis** *m* consolation prize

Trott *m* (slow) trot; (*fig*) routine **Trottel** *m* (*umg*) idiot **trottelig** (*umg*) *Adj* stupid **trotten** *vi* to trot along **Trottinett** *n* (*schweiz*) scooter **Trottoir** *n* (*südd, schweiz*) pavement

trotz *Präp +Gen od* (*umg*) *+Dat* in spite of, despite; **~ allem** in spite of everything **Trotz** *m* defiance; (≈ *trotziges Verhalten*) contrariness; **jdm/einer Sache zum ~** in defiance of sb/sth **trotzdem 1.** *Adv* nevertheless; **(und) ich mache das ~!** I'll do it all the same

T

2. *Konj* even though **trotzen** *vi* **a)** (*+Dat*) to defy; *der Kälte, dem Klima etc* to withstand; **b)** (*≈ trotzig sein*) to be awkward **trotzig 1.** *Adj* defiant; *Kind etc* difficult; (*≈ widerspenstig*) contrary **2.** *Adv* defiantly **trotzköpfig** *Adj Kind* contrary **Trotzreaktion** *f* act of defiance

trüb *Adj* **a)** *Flüssigkeit* cloudy; *Augen, Tag* dull; *Licht* dim; ***im Trüben fischen*** (*umg*) to fish in troubled waters; **b)** (*fig ≈ bedrückend*) cheerless; *Zukunft* bleak; *Stimmung, Aussichten, Miene* gloomy

Trubel *m* hurly-burly

trüben 1. *vt* **a)** *Flüssigkeit* to make cloudy; *Augen, Blick* to dull; **b)** (*fig*) *Glück* to spoil; *Beziehungen* to strain; *Laune* to dampen; *Bewusstsein* to dull; *Urteilsvermögen* to dim **2.** *vr* (*Flüssigkeit*) to go cloudy; (*Augen*) to dim; (*Himmel*) to cloud over; (*fig*) (*Stimmung*) to be dampened; (*Verhältnis*) to become strained; (*Glück, Freude*) to be marred; → ***getrübt*** **Trübsal** *f* (*≈ Stimmung*) sorrow; ***~ blasen*** (*umg*) to mope **trübselig** *Adj* gloomy; *Gegend* bleak **Trübsinn** *m* gloom **trübsinnig** *Adj* gloomy

trudeln *vi* FLUG to spin

Trüffel *f* (*≈ Pilz, Praline*) truffle

trügen 1. *vt* to deceive; ***wenn mich nicht alles trügt*** unless I am very much mistaken **2.** *vi* to be deceptive **Trugschluss** *m* fallacy, misapprehension

Truhe *f* chest

Trümmer *Pl* rubble *Sg*; (*≈ Ruinen*) ruins *Pl*; (*von Schiff, Flugzeug etc*) wreckage *Sg*; ***in ~n liegen*** to be in ruins

Trumpf *m* (KARTEN *≈ Trumpfkarte*) trump (card); (*≈ Farbe*) trumps *Pl*; (*fig*) trump card; ***noch einen ~ in der Hand haben*** (*fig*) to have an ace up one's sleeve

Trunkenheit *f* intoxication; ***~ am Steuer*** drunk driving **Trunksucht** *f* alcoholism **trunksüchtig** *Adj* alcoholic

Trupp *m* (*≈ Einheit*) group; MIL squad **Truppe** *f* **a)** MIL army; (*≈ Panzertruppe etc*) corps *Sg*; **b) Truppen** *Pl* troops; **c)** (*≈ Künstlertruppe*) troupe **Truppenabzug** *m* withdrawal of troops **Truppengattung** *f* corps *Sg* **Truppenübungsplatz** *m* military training area

Trust *m* trust

Truthahn *m* turkey (cock) **Truthenne** *f* turkey (hen)

Tschad *m* ***der ~*** Chad

Tscheche *m*, **Tschechin** *f* Czech **Tschechien** *n* the Czech Republic **tschechisch** *Adj* Czech; ***die Tschechische Republik*** the Czech Republic

Tschetschenien *n* Chechnya

tschüs(s) *Interj* (*umg*) bye (*umg*), so long (*umg*)

T-Shirt *n* T-shirt

Tube *f* tube

Tuberkulose *f* tuberculosis

Tuch *n* (*≈ Stück Stoff*) cloth; (*≈ Halstuch, Kopftuch*) scarf; (*≈ Schultertuch*) shawl; (*≈ Handtuch, Geschirrtuch*) towel

tüchtig 1. *Adj* **a)** (*≈ fähig*) capable (*in +Dat* at); (*≈ fleißig*) efficient; *Arbeiter* good; **b)** (*umg ≈ groß*) *Portion* big **2.** *Adv* **a)** (*≈ fleißig, fest*) hard; *essen* heartily; **b)** (*umg ≈ sehr*) ***jdm ~ die Meinung sagen*** to give sb a piece of one's mind; ***~ zulangen*** to tuck in (*umg*) **Tüchtigkeit** *f* (*≈ Fähigkeit*) competence; (*von Arbeiter etc*) efficiency

Tücke *f* **a)** (*≈ Bosheit*) malice; **b)** (*≈ Gefahr*) danger; ***voller ~n stecken*** to be difficult; (*≈ gefährlich*) to be dangerous; ***seine ~n haben*** (*Maschine etc*) to be temperamental **tückisch** *Adj* malicious; *Strom etc* treacherous; *Krankheit* pernicious

tüfteln *vi* (*umg*) to puzzle; (*≈ basteln*) to fiddle about (*umg*); ***an etw*** (*Dat*) ***~*** to fiddle about with sth; (*geistig*) to puzzle over sth

Tugend *f* virtue **tugendhaft** *Adj* virtuous **Tugendhaftigkeit** *f* virtuousness

Tüll *m* tulle; (*für Gardinen*) net

Tulpe *f* BOT tulip **Tulpenzwiebel** *f* tulip bulb

tummeln *vr* (*Hunde, Kinder etc*) to romp (about) **Tummelplatz** *m* play area; (*fig*) hotbed

Tümmler *m* (bottlenose) dolphin

Tumor *m* tumour (*Brit*), tumor (*US*)

Tümpel *m* pond

Tumult *m* commotion; (*der Gefühle*) tumult

tun 1. *vt* (*≈ machen*) to do; ***so etwas tut***

man nicht! that is just not done!; ***was ~?*** what can be done?; ***was kann ich für Sie ~?*** what can I do for you?; ***etw aus Liebe/Bosheit*** *etc* ~ to do sth out of love/malice *etc*; ***tu, was du nicht lassen kannst*** well, if you have to; ***jdm etwas ~*** to do something to sb; (*stärker*) to hurt sb; ***der Hund tut dir schon nichts*** the dog won't hurt you; ***das hat nichts damit zu ~*** that's nothing to do with it; ***mit ihm will ich nichts zu ~ haben*** I want nothing to do with him; ***es mit jdm zu ~ bekommen*** to get into trouble with sb; → ***getan*** **2.** *vr* ***es tut sich etwas/nichts*** there is something/nothing happening; ***hier hat sich einiges getan*** there have been some changes here; ***sich mit etw schwer ~*** to have problems with sth **3.** *vi* (≈ *vorgeben*) ***so ~, als ob ...*** to pretend that ...; ***tu doch nicht so*** stop pretending; ***sie tut nur so*** she's only pretending; ***zu ~ haben*** (≈ *beschäftigt sein*) to have things to do; ***mit jdm zu ~ haben*** to have dealings with sb

Tünche *f* whitewash; (*fig*) veneer **tünchen** *vt* to whitewash

Tundra *f* tundra

Tuner *m* tuner

Tunesien *n* Tunisia **Tunesier(in)** *m(f)* Tunisian **tunesisch** *Adj* Tunisian

Tunfisch *m* tuna (fish)

Tunke *f* sauce **tunken** *vt* to dip

tunlichst *Adv* (≈ *möglichst*) if possible; ***~ bald*** as soon as possible

Tunnel *m* tunnel

Tunte *f* (*pej umg*) fairy (*pej umg*)

Tüpfelchen *n* dot **tupfen** *vt* to dab; ***getupft*** spotted **Tupfen** *m* spot; (*klein*) dot **Tupfer** *m* swab

Tür *f* door; ***~ an ~ mit jdm wohnen*** to live next door to sb; ***Weihnachten steht vor der ~*** Christmas is just (a)round the corner; ***jdn vor die ~ setzen*** (*umg*) to throw sb out; ***mit der ~ ins Haus fallen*** (*umg*) to blurt it out; ***zwischen ~ und Angel*** in passing; ***einer Sache*** (*Dat*) ***~ und Tor öffnen*** (*fig*) to open the way to sth

Turban *m* turban

Turbine *f* turbine

Turbolader *m* AUTO turbocharger **Turbomotor** *m* turbo-engine

turbulent *Adj* turbulent **Turbulenz** *f* turbulence

Türfalle *f* (*schweiz* ≈ *Klinke*) door handle

Türke *m* Turk **Türkei** *f* ***die ~*** Turkey **türken** *vt* (*umg*) *etw* to fiddle (*umg*); ***die Statistik ~*** to massage the figures **Türkin** *f* Turk, Turkish woman/girl

türkis *Adj* turquoise

türkisch *Adj* Turkish

Türklinke *f* door handle

Turm *m* **a)** tower; (≈ *spitzer Kirchturm*) spire; (*im Schwimmbad*) diving (*Brit*) *od* dive (*US*) tower; **b)** SCHACH rook

türmen **1.** *vt* to pile (up) **2.** *vr* to pile up; (*Wellen*) to tower up **3.** *vi* (*umg* ≈ *davonlaufen*) to run off **Turmfalke** *m* kestrel **turmhoch** *Adj* towering **Turmspringen** *n* high diving **Turmuhr** *f* (*von Kirche*) church clock

Turnanzug *m* leotard **turnen** *vi* (*an Geräten*) to do gymnastics; ***sie kann gut ~*** she is good at gym **Turnen** *n* gymnastics *Sg*; (*umg* ≈ *Leibeserziehung*) gym, PE (*umg*) **Turner(in)** *m(f)* gymnast **Turngerät** *n* (≈ *Reck, Barren etc*) (piece of) gymnastic apparatus **Turnhalle** *f* gym(nasium) **Turnhemd** *n* gym shirt **Turnhose** *f* gym shorts *Pl*

Turnier *n* tournament; (≈ *Tanzturnier*) competition; (≈ *Reitturnier*) show

Turnschuh *m* gym shoe, sneaker (*US*)

Turnstunde *f* gym lesson; (*im Verein*) gymnastics lesson **Turnübung** *f* gymnastic exercise

Turnus *m* rota (*Brit*), roster

Turnverein *m* gymnastics club

Türöffner *m* ***elektrischer ~*** buzzer (*for opening the door*) **Türrahmen** *m* doorframe **Türschild** *n* doorplate **Türschloss** *n* door lock **Türschnalle** *f* (*österr* ≈ *Klinke*) door handle **Türsteher(in)** *m(f)* bouncer **Türstopper** *m* door stopper

turteln *vi* to bill and coo

Tusche *f* (≈ *Ausziehtusche*) Indian ink; (≈ *Tuschfarbe*) watercolour (*Brit*), watercolor (*US*); (≈ *Wimperntusche*) mascara

tuscheln *vti* to whisper

Tuschkasten *m* paintbox

Tussi *f* (*umg*), **Tuss** *f* (*sl*) female (*umg*)

Tüte *f* bag; (≈ *Eistüte*) cone; (*von Suppenpulver etc*) packet

tuten *vi* to toot

Tütensuppe *f* instant soup

Tutor(in) *m(f)* tutor
TÜV-Plakette *f* ≈ MOT certificate (*Brit*), ≈ inspection certificate (*US*)
TV-Programm *n* TV programmes (*Brit*) *od* programs (*US*) *Pl*
Twen *m person in his/her twenties*
Typ *m* **a)** (≈ *Modell*) model; **b)** (≈ *Menschenart*) type; **c)** (*umg* ≈ *Mensch*) person, character; (*sl* ≈ *Mann, Freund*) guy (*umg*)
Typhus *m* typhoid (fever)
typisch **1.** *Adj* typical (*für* of) **2.** *Adv* **~ *deutsch/Mann/Frau*** typically German/male/female
Typografie *f* typography **typografisch** *Adj* typographic(al)
Tyrann(in) *m(f)* tyrant **Tyrannei** *f* tyranny **tyrannisch** *Adj* tyrannical **tyrannisieren** *vt* to tyrannize

U

U, u *n* U, u
U-Bahn *f* underground, subway (*US*) **U-Bahnhof** *m* underground *od* subway (*US*) station; (*in London*) tube station
übel **1.** *Adj* **a)** (≈ *schlimm*) bad; ***das ist gar nicht so ~*** that's not so bad at all; **b)** (≈ *moralisch, charakterlich schlecht*) wicked; *Tat* evil; **c)** (≈ *eklig*) *Geschmack, Geruch* nasty; ***mir wird ~*** I feel ill **2.** *Adv* badly; ***~ dran sein*** to be in a bad way; ***~ gelaunt*** ill-humoured (*Brit*), ill-humored (*US*); ***~ riechend*** foul-smelling; ***das schmeckt gar nicht so ~*** it doesn't taste so bad; ***~ beleumdet*** disreputable **Übel** *n* (*geh* ≈ *Krankheit*) illness; (≈ *Missstand*) evil; ***ein notwendiges/das kleinere ~*** a necessary/the lesser evil; ***zu allem ~ …*** to make matters worse … **Übelkeit** *f* nausea; ***~ erregen*** to cause nausea **übel nehmen** *vt* to take badly; ***jdm etw ~*** to hold sth against sb **Übeltäter(in)** *m(f)* (*geh*) wrongdoer
üben **1.** *vt* **a)** (≈ *erlernen*) to practise (*Brit*), to practice (*US*); MIL to drill; ***Klavier ~*** to practise (*Brit*) *od* practice (*US*) the piano; **b)** (≈ *trainieren*) to exercise; → ***geübt***; **c)** ***Kritik an etw*** (*Dat*) **~** to criticize sth; ***Geduld ~*** to be patient **2.** *vi* to practise (*Brit*), to practice (*US*)
über **1.** *Präp* **a)** (+*Akk, räumlich*) over; (≈ *quer über*) across; **b)** (+*Dat, räumlich*) over, above; ***zwei Grad ~ null*** two degrees (above zero); ***~ jdm stehen*** *od* ***sein*** (*fig*) to be over sb; **c)** (+*Dat, zeitlich*) over; ***etw ~ einem Glas Wein besprechen*** to discuss sth over a glass of wine; ***~ Mittag geht er meist nach Hause*** he usually goes home at lunch; **d)** (+*Akk*) ***es kam plötzlich ~ ihn*** it suddenly came over him; ***wir sind ~ die Autobahn gekommen*** we came by the autobahn; ***~ Weihnachten*** over Christmas; ***den ganzen Sommer ~*** all summer long; ***die ganze Zeit ~*** all the time; ***das ganze Jahr ~*** all through the year; ***Kinder ~ 14 Jahre*** children over 14 years; ***was wissen Sie ~ ihn?*** what do you know about him?; ***~ jdn/etw lachen*** to laugh about *od* at sb/sth; ***sich ~ etw freuen*** to be pleased about sth **2.** *Adv* ***~ und ~*** all over; ***ich stecke ~ und ~ in Schulden*** I am up to my ears in debt
überaktiv *Adj* hyperactive, overactive
überall *Adv* everywhere; ***~ herumliegen*** to be lying all over the place; ***~ wo*** wherever; ***es ist ~ dasselbe*** it's the same wherever you go **überallher** *Adv* from all over **überallhin** *Adv* everywhere
Überangebot *n* surplus (*an* +*Dat* of)
überängstlich *Adj* overanxious
überanstrengen **1.** *vt* to overstrain, to overexert; *Augen* to strain **2.** *vr* to overstrain oneself **Überanstrengung** *f* overexertion
überarbeiten **1.** *vt* to rework **2.** *vr* to overwork **Überarbeitung** *f* (*Vorgang*) reworking; (*Ergebnis*) revision
überaus *Adv* extremely
überbacken *vt* (*im Backofen*) to put in the oven; (*im Grill*) to put under the grill; ***mit Käse ~*** au gratin
überbelegen *vt* to overcrowd; *Kursus*,

U

Fach etc to oversubscribe
überbelichten *vt* FOTO to overexpose
überbesetzt *Adj Behörde* overstaffed
überbewerten *vt* to overvalue
überbieten 1. *vt* (*bei Auktion*) to outbid (*um* by); (*fig*) to outdo; *Leistung, Rekord* to beat **2.** *vr* ***sich in etw*** (*Dat*) (***gegenseitig***) ~ to vie with one another in sth
Überbleibsel *n* remnant; (≈ *Speiserest*) leftover *mst Pl*
Überblick *m* **a**) (≈ *freie Sicht*) view; **b**) (≈ *Einblick*) perspective, overview; ***ihm fehlt der ~*** he has no overall picture; ***den ~ verlieren*** to lose track (of things) **überblicken** *vt* **a**) *Stadt* to overlook; **b**) (*fig*) to see
überbringen *vt* ***jdm etw ~*** to bring sb sth **Überbringer(in)** *m(f)* bringer; (*von Scheck etc*) bearer
überbrücken *vt* (*fig*) to bridge; *Gegensätze* to reconcile **Überbrückungskredit** *m* bridging loan
überbuchen *vt* to overbook
überdachen *vt* to cover over; ***überdachte Bushaltestelle*** covered bus shelter
überdauern *vt* to survive
überdenken *vt* to think over; ***etw noch einmal ~*** to reconsider sth
überdeutlich *Adj* all too obvious
überdies *Adv* (*geh* ≈ *außerdem*) moreover
Überdosis *f* overdose; ***sich*** (*Dat*) ***eine ~ Heroin spritzen*** to overdose on heroin
Überdruck *m* TECH excess pressure *kein Pl* **Überdruckventil** *n* pressure relief valve
Überdruss *m* (≈ *Übersättigung*) surfeit (*an +Dat* of); (≈ *Widerwille*) aversion (*an +Dat* to); ***bis zum ~*** ad nauseam **überdrüssig** *Adj* ***jds/einer Sache ~ sein*** to be weary of sb/sth
überdurchschnittlich 1. *Adj* above-average **2.** *Adv* exceptionally; ***sie verdient ~ gut*** she earns more than the average
Übereifer *m* overzealousness; (*pej* ≈ *Wichtigtuerei*) officiousness **übereifrig** *Adj* overzealous; (*pej* ≈ *wichtigtuerisch*) officious
übereilen *vt* to rush **übereilt** *Adj* overhasty
übereinander *Adv* **a**) (*räumlich*) on top of each other, one on top of the other; **b**) *reden etc* about each other
übereinanderlegen *vt* to put one on top of the other **übereinanderschlagen** *vt* ***die Beine ~*** to cross one's legs
übereinkommen *vi* to agree **Übereinkommen** *n*, **Übereinkunft** *f* agreement **übereinstimmen** *vi* to agree; (*Meinungen*) to tally; ***mit jdm in etw*** (*Dat*) ~ to agree with sb on sth **übereinstimmend** *Adj* corresponding; *Meinungen* concurring; ***nach ~en Angaben*** according to all accounts; ***wir sind ~ der Meinung, dass ...*** we unanimously agree that ...; ***~ mit*** in agreement with **Übereinstimmung** *f* **a**) (≈ *Einklang*) correspondence; ***zwei Dinge in ~ bringen*** to bring two things into line; **b**) (*von Meinung*) agreement; ***in ~ mit jdm*** in agreement with sb; ***in ~ mit etw*** in accordance with sth
überempfindlich *Adj* (*gegen* to) oversensitive, hypersensitive (*auch* MED) **Überempfindlichkeit** *f* (*gegen* to) oversensitivity, hypersensitivity (*auch* MED)
übererfüllen *vt Norm, Soll* to exceed (*um* by)
überessen *vr* to overeat
überfahren *vt* **a**) *jdn, Tier* to run over; **b**) (≈ *übersehen*) *Ampel etc* to go through; **c**) (*umg* ≈ *übertölpeln*) ***jdn ~*** to railroad sb into it **Überfahrt** *f* crossing
Überfall *m* (≈ *Angriff*) attack (*auf +Akk* on); (*bes auf offener Straße*) mugging (*auf +Akk* of); (*auf Bank etc*) raid (*auf +Akk* on); (*auf Land*) invasion (*auf +Akk* of) **überfallen** *vt* **a**) (≈ *angreifen*) to attack; (*bes auf offener Straße*) to mug; *Bank etc* to raid, to hold up; *Land* to invade; **b**) (*fig umg* ≈ *überraschend besuchen*) to descend (up)on; ***jdn mit Fragen ~*** to bombard sb with questions
überfällig *Adj* overdue *mst präd*
überfliegen *vt* (*wörtl*) to fly over; (≈ *flüchtig ansehen*) *Buch etc* to glance through
überflügeln *vt* to outdistance; (*in Leistung*) to outdo
Überfluss *m* **a**) (super)abundance (*an +Dat* of); (≈ *Luxus*) affluence; ***im ~ leben*** to live in luxury; ***im ~ vorhanden sein*** to be in plentiful supply;

U

b) ***zu allem ~*** (≈ *obendrein*) into the bargain **Überflussgesellschaft** *f* affluent society **überflüssig** *Adj* superfluous; (≈ *unnötig*) unnecessary; (≈ *zwecklos*) useless
überfluten *vi* (≈ *überschwemmen*) to overflow **Überflutung** *f* (*wörtl*) flood; (≈ *das Überfluten, fig*) flooding *kein Pl*
überfordern *vt* to overtax; ***damit ist er überfordert*** that's asking too much of him
überfragt *Adj* stumped (for an answer); ***da bin ich ~*** there you've got me
Überfremdung *f* (*neg!*) foreign infiltration
überfrieren *vi* to freeze over
überführen *vt* **a)** to transfer; *Wagen* to drive; **b)** *Täter* to convict (+*Gen* of) **Überführung** *f* **a)** transportation; **b)** JUR conviction; **c)** (≈ *Brücke*) bridge; (≈ *Fußgängerüberführung*) footbridge
überfüllt *Adj* overcrowded; *Lager* overstocked
Überfunktion *f* hyperactivity
Übergabe *f* handing over *kein Pl*; MIL surrender
Übergang *m* **a)** crossing; (≈ *Bahnübergang*) level crossing (*Brit*), grade crossing (*US*); **b)** (≈ *Grenzübergangsstelle*) checkpoint; **c)** (*fig* ≈ *Wechsel*) transition **übergangslos** *Adj, Adv* without a transition **Übergangslösung** *f* interim solution **Übergangsphase** *f* transitional phase **Übergangszeit** *f* transitional period
übergeben **1.** *vt* (≈ *überreichen*) to hand over; *Dokument* to hand (*jdm* sb) **2.** *vr* (≈ *sich erbrechen*) to vomit; ***ich muss mich ~*** I'm going to be sick
übergehen[1] *vi* **a)** ***in etw*** (*Akk*) ***~*** (*in einen anderen Zustand*) to turn into sth; ***in jds Besitz*** (*Akk*) ***~*** to become sb's property; ***in andere Hände ~*** to pass into other hands; **b)** ***auf jdn ~*** (≈ *übernommen werden*) to pass to sb; **c)** ***zu etw ~*** to go over to sth
übergehen[2] *vt* to pass over
übergeordnet *Adj* **a)** *Behörde* higher; **b)** GRAM *Satz* superordinate; **c)** (*fig*) ***von ~er Bedeutung sein*** to be of overriding importance
Übergepäck *n* FLUG excess baggage
übergeschnappt *Adj* (*umg*) crazy; → ***überschnappen***
Übergewicht *n* overweight; ***~ haben*** (*Paket, Mensch*) to be overweight
überglücklich *Adj* overjoyed
übergreifen *vi* (*Feuer, Streik etc*) to spread (*auf +Akk* to) **Übergriff** *m* (≈ *Einmischung*) infringement (*auf +Akk* of); MIL attack (*auf +Akk* upon)
übergroß *Adj* oversize(d) **Übergröße** *f* (*bei Kleidung etc*) outsize
überhaben *vt* (*umg*) **a)** (≈ *satthaben*) to be sick (and tired) of (*umg*); **b)** (≈ *übrig haben*) to have left (over)
überhandnehmen *vi* to get out of hand
Überhang *m* **a)** (≈ *Felsüberhang*) overhang; **b)** (≈ *Überschuss*) surplus (*an +Dat* of) **überhängen** *vt* ***sich*** (*Dat*) ***einen Mantel ~*** to put a coat round one's shoulders
überhäufen *vt jdn* to overwhelm; ***jdn mit Geschenken ~*** to heap presents (up)on sb; ***ich bin völlig mit Arbeit überhäuft*** I'm completely snowed under (with work)
überhaupt *Adv* **a)** (≈ *im Allgemeinen*) in general; (≈ *überdies*) anyway; ***und ~, warum nicht?*** and after all, why not?; **b)** (*in Fragen, Verneinungen*) at all; ***~ nicht*** not at all; ***~ nie*** never (ever); ***~ kein Grund*** no reason whatsoever; **c)** (≈ *eigentlich*) ***wie ist das ~ möglich?*** how is that possible?; ***was wollen Sie ~ von mir?*** (*herausfordernd*) what do you want from me?; ***wer sind Sie ~?*** who do you think you are?
überheblich *Adj* arrogant **Überheblichkeit** *f* arrogance
überheizen *vt* to overheat **überhitzt** *Adj* (*fig*) *Konjunktur* overheated; *Gemüter* very heated *präd*
überhöht *Adj Preise, Geschwindigkeit* excessive
überholen **1.** *vt* **a)** *Fahrzeug* to overtake (*bes Brit*), to pass; **b)** TECH *Maschine etc* to overhaul **2.** *vi* to overtake **Überholmanöver** *n* AUTO overtaking manoeuvre (*Brit*), passing maneuver (*US*) **Überholspur** *f* AUTO overtaking (*bes Brit*) *od* fast lane **überholt** *Adj* out-dated **Überholverbot** *n* restriction on overtaking (*bes Brit*); (*als Schild etc*) no overtaking (*bes Brit*)
überhören *vt* not to hear; (≈ *nicht hören wollen*) to ignore
überirdisch *Adj* above ground

Überkapazität *f* overcapacity **überkleben** *vt* ***etw mit Papier ~*** to stick paper over sth **überkochen** *vi* to boil over **überkommen** *vt* (≈ *überfallen*) to come over; ***Furcht*** *etc* ***überkam ihn*** he was overcome with fear *etc* **überkreuzen** *vt* (≈ *überqueren*) to cross **überladen**[1] *vt* to overload **überladen**[2] *Adj Wagen* overloaded; (*fig*) *Stil* over-ornate **überlagern** **1.** *vt Thema, Problem etc* to eclipse **2.** *vr* (≈ *sich überschneiden*) to overlap **überlang** *Adj Oper etc* overlength **Überlänge** *f* excessive length **überlappen** *vir* to overlap **überlassen** *vt* **a**) (≈ *haben lassen*) ***jdm etw ~*** to let sb have sth; **b**) (≈ *anheimstellen*) ***es jdm ~, etw zu tun*** to leave it (up) to sb to do sth; ***das bleibt*** (***ganz***) ***Ihnen ~*** that's (entirely) up to you; **c**) (≈ *in Obhut geben*) ***jdm etw ~*** to leave sth with sb; ***sich*** (*Dat*) ***selbst ~ sein*** to be left to one's own devices; ***jdn seinem Schicksal ~*** to leave sb to his fate **überlasten** *vt jdn* to overtax; *Telefonnetz, Brücke* to overload; ***überlastet sein*** to be under too great a strain; (≈ *überfordert sein*) to be overtaxed; ELEK *etc* to be overloaded **Überlastung** *f* (*von Mensch*) overtaxing; (≈ *Überlastetsein*) strain; (ELEK, *durch Gewicht*) overloading **überlaufen**[1] *vi* **a**) (*Gefäß*) to overflow; **b**) (MIL, *fig* ≈ *überwechseln*) to desert; ***zum Feind ~*** to go over to the enemy **überlaufen**[2] *Adj* overcrowded; (*mit Touristen*) overrun **Überläufer(in)** *m(f)* turncoat **überleben** *vti* to survive **Überlebende(r)** *mf* survivor **Überlebenschance** *f* chance of survival **überlebensgroß** *Adj* larger-than-life **Überlebenstraining** *n* survival training **überlegen**[1] **1.** *vi* (≈ *nachdenken*) to think; ***ohne zu ~*** without thinking; (≈ *ohne zu zögern*) without thinking twice **2.** *vt* (≈ *durchdenken*) to think about, to consider; ***das werde ich mir ~*** I'll think about it; ***ich habe es mir anders überlegt*** I've changed my mind (about it); ***das hätten Sie sich*** (*Dat*) ***vorher ~ müssen*** you should have thought about that before *od* sooner **überlegen**[2] **1.** *Adj* superior; ***jdm ~ sein*** to be superior to sb **2.** *Adv* in a superior manner **Überlegenheit** *f* superiority **überlegt** *Adj* (well-)considered **Überlegung** *f* (≈ *Nachdenken*) consideration, thought; ***bei näherer ~*** on closer examination **überleiten** *vi* ***zu etw ~*** to lead up to sth **überlesen** *vt* (≈ *übersehen*) to miss **überliefern** *vt Tradition* to hand down; ***etw der Nachwelt ~*** to preserve sth for posterity **Überlieferung** *f* tradition **überlisten** *vt* to outwit **Übermacht** *f* superior strength; ***in der ~ sein*** to have the greater strength **übermächtig** *Adj Stärke* superior; *Feind* powerful; (*fig*) *Institution* all-powerful **Übermaß** *n* excessive amount (*an* +*Akk* of); ***im ~*** to *od* in excess **übermäßig** **1.** *Adj* excessive **2.** *Adv* excessively **übermenschlich** *Adj* superhuman **übermitteln** *vt* to convey (*jdm* to sb); *Daten, Meldung* to transmit **Übermittlung** *f* conveyance; (*von Meldung*) transmission **übermorgen** *Adv* the day after tomorrow **übermüden** *vt* to overtire **Übermüdung** *f* overtiredness **Übermut** *m* high spirits *Pl* **übermütig** **1.** *Adj* (≈ *ausgelassen*) boisterous **2.** *Adv* (≈ *ausgelassen*) boisterously **übernächste(r, s)** *Adj* next ... but one; ***die ~ Woche*** the week after next **übernachten** *vi* to sleep; (*eine Nacht*) to spend the night **übernächtigt**, (*bes österr*) **übernächtig** *Adj* bleary-eyed **Übernachtung** *f* overnight stay; ***~ und Frühstück*** bed and breakfast **Übernachtungsmöglichkeit** *f* overnight accommodation *kein Pl* **Übernahme** *f* **a**) takeover; (≈ *das Übernehmen*) taking over; (*von Ansicht*) adoption; ***freundliche/feindliche ~*** HANDEL friendly/hostile takeover; **b**) (*von Amt*) assumption **Übernahmeangebot** *n* takeover bid **übernatürlich** *Adj* supernatural **übernehmen** **1.** *vt* **a**) (≈ *annehmen*) to take; *Aufgabe, Verantwortung, Funktion* to take on; *Kosten* to agree to pay; ***es ~, etw zu tun*** to undertake to do sth; **b**) (*ablösend*) to take over

U

(*von* from); *Ansicht* to adopt **2.** *vr* to take on too much; (≈ *sich überanstrengen*) to overdo it; **~ *Sie sich nur nicht!*** (*iron*) don't strain yourself! (*iron*)
überparteilich *Adj* nonparty *attr*; (≈ *unvoreingenommen*) nonpartisan; PARL *Problem* all-party *attr*
Überproduktion *f* overproduction
überprüfbar *Adj* checkable **überprüfen** *vt* to check; *Maschine* FINANZ *Bücher* to inspect, to examine; *Lage, Frage* to review; *Ergebnisse etc* to scrutinize; POL *jdn* to screen **Überprüfung** *f* **a)** checking; (*von Maschinen,* FINANZ, *von Büchern*) inspection, examination; POL screening; **b)** (≈ *Kontrolle*) inspection
überqueren *vt* to cross
überragend *Adj* (*fig*) outstanding
überraschen *vt* to surprise; ***jdn bei etw ~*** to catch sb doing sth; ***von einem Gewitter überrascht werden*** to be caught in a storm **überraschend 1.** *Adj* surprising; *Besuch* surprise *attr*; *Tod* unexpected **2.** *Adv* unexpectedly **überrascht** *Adj* surprised (*über +Dat* at) **Überraschung** *f* surprise; ***für eine ~ sorgen*** to have a surprise in store
überreagieren *vi* to overreact **Überreaktion** *f* overreaction
überreden *vt* to persuade; ***jdn zu etw ~*** to talk sb into sth **Überredungskunst** *f* persuasiveness
überregional *Adj* (≈ *national*) national
überreichen *vt* (***jdm***) ***etw ~*** to hand sth over (to sb); (*feierlich*) to present sth (to sb) **Überreichung** *f* presentation
Überrest *m* remains *Pl*
überrumpeln *vt* (*umg*) to take by surprise; (≈ *überwältigen*) to overpower
überrunden *vt* SPORT to lap; (*fig*) to outstrip
übersättigen *vt* to satiate; *Markt* to oversaturate **Übersättigung** *f* satiety; (*des Marktes*) oversaturation
Überschallflugzeug *n* supersonic aircraft, SST (*bes US*) **Überschallgeschwindigkeit** *f* supersonic speed; ***mit ~ fliegen*** to fly supersonic **Überschallknall** *m* sonic boom
überschatten *vt* to overshadow
überschätzen 1. *vt* to overestimate **2.** *vr* to overestimate oneself **Überschätzung** *f* overestimation
überschaubar *Adj Plan etc* easily understandable; *Zeitraum* reasonable; ***die Folgen sind noch nicht ~*** the consequences cannot yet be clearly seen
überschauen *vt* = ***überblicken***
überschäumen *vi* to froth over; (*fig*) to bubble (over) (*vor +Dat* with); (*vor Wut*) to seethe
überschlafen *vt Problem etc* to sleep on
Überschlag *m* **a)** (≈ *Berechnung*) (rough) estimate; **b)** (≈ *Drehung*) somersault (*auch* SPORT)
überschlagen[1] **1.** *vt* **a)** (≈ *auslassen*) to skip; **b)** (≈ *berechnen*) *Kosten etc* to estimate (roughly) **2.** *vr* (*Auto*) to turn over; (*fig: Ereignisse*) to come thick and fast; ***sich vor Hilfsbereitschaft*** (*Dat*) **~** to fall over oneself to be helpful
überschlagen[2] *vi* (*Stimmung etc*) ***in etw*** (*Akk*) **~** to turn into sth
überschnappen *vi* (*Stimme*) to crack; (*umg: Mensch*) to crack up (*umg*); → ***übergeschnappt***
überschneiden *vr* (*Linien*) to intersect; (*fig: Interessen, Ereignisse etc*) to overlap; (*völlig*) to coincide; (*unerwünscht*) to clash
überschreiben *vt* **a)** (≈ *betiteln*) to head; **b)** (≈ *übertragen*) ***etw auf jdn ~*** to sign sth over to sb; **c)** IT *Daten* to overwrite; *Text* to type over
überschreiten *vt* to cross; (*fig*) to exceed
Überschrift *f* heading; (≈ *Schlagzeile*) headline
Überschuss *m* surplus (*an +Dat* of) **überschüssig** *Adj* surplus
überschütten *vt* **a)** (≈ *bedecken*) ***jdn/etw mit etw ~*** to cover sb/sth with sth; *mit Flüssigkeit* to pour sth onto sb/sth; **b)** (≈ *überhäufen*) ***jdn mit etw ~*** to heap sth on sb
überschwänglich 1. *Adj* effusive **2.** *Adv* effusively
überschwappen *vi* to splash over
überschwemmen *vt* to flood **Überschwemmung** *f* (*wörtl*) flood; (*fig*) inundation **Überschwemmungsgefahr** *f* danger of flooding
überschwenglich *Adj, Adv* → ***überschwänglich***
Übersee *in/nach ~* overseas; ***aus/von ~*** from overseas

übersehbar *Adj* **a**) (*wörtl*) *Gegend etc* visible; **b**) (*fig*) (≈ *erkennbar*) clear; (≈ *abschätzbar*) *Kosten etc* assessable; ***der Schaden ist noch gar nicht ~*** the damage cannot be assessed yet **übersehen** *vt* **a**) (*wörtl*) *Gegend etc* to have a view of; **b**) (≈ *erkennen*) *Folgen*, *Sachlage* to see clearly; (≈ *abschätzen*) *Kosten* to assess; **c**) (≈ *nicht erkennen*) to overlook; (≈ *nicht bemerken*) to miss; ***~, dass ...*** to overlook the fact that ...
übersenden *vt* to send
übersetzen[1] *vt* (*auch vi*, *in andere Sprachen*) to translate; ***etw falsch ~*** to mistranslate sth; ***sich schwer ~ lassen*** to be hard to translate
übersetzen[2] **1.** *vt* (*mit Fähre*) to ferry across **2.** *vi* to cross (over)
Übersetzer(in) *m(f)* translator **Übersetzung** *f* **a**) translation; **b**) (TECH ≈ *Übertragung*) transmission
Übersicht *f* **a**) (≈ *Überblick*) overall view; ***die ~ verlieren*** to lose track of things; **b**) (≈ *Tabelle*) table **übersichtlich 1.** *Adj Gelände etc* open; *Darstellung etc* clear **2.** *Adv* clearly; ***~ angelegt*** clearly laid out **Übersichtlichkeit** *f* (*von Gelände etc*) openness; (*von Darstellung etc*) clarity
übersiedeln *vi* to move (*von* from, *nach*, *in +Akk* to)
überspannt *Adj Ideen* extravagant; (≈ *exaltiert*) eccentric
überspielen *vt* **a**) (≈ *verbergen*) to cover (up); **b**) (≈ *übertragen*) *Aufnahme* to transfer
überspitzt *Adj* (≈ *zu spitzfindig*) over(ly) subtle, fiddly (*Brit umg*); (≈ *übertrieben*) exaggerated
überspringen[1] *vt* **a**) *Hindernis* to clear; **b**) (≈ *auslassen*) *Klasse*, *Kapitel*, *Lektion* to skip
überspringen[2] *vi* (≈ *sich übertragen*) to jump (*auf +Akk* to); (*Begeisterung*) to spread quickly (*auf +Akk* to)
überstehen[1] *vt* (≈ *durchstehen*) to get through; (≈ *überleben*) to survive; *Krankheit* to get over; ***das Schlimmste ist jetzt überstanden*** the worst is over now
überstehen[2] *vi* (≈ *hervorstehen*) to jut *od* stick out
übersteigen *vt* **a**) (≈ *klettern über*) to climb over; **b**) (≈ *hinausgehen über*) to exceed **übersteigert** *Adj* excessive
überstimmen *vt* to outvote
Überstunde *f* hour of overtime; ***~n*** overtime *Sg*; ***zwei ~n machen*** to do two hours overtime
überstürzen 1. *vt* to rush into **2.** *vr* (*Ereignisse etc*) to happen in a rush **überstürzt 1.** *Adj* overhasty **2.** *Adv* rashly
übertariflich *Adj*, *Adv* above the agreed rate
überteuert *Adj* overexpensive; *Preise* inflated
übertönen *vt* to drown
Übertrag *m* amount carried forward (*bes Brit*) *od* over (*bes US*) **übertragbar** *Adj* transferable; *Krankheit* communicable (*förml*) (*auf +Akk* to), infectious; (*durch Berührung*) contagious
übertragen[1] **1.** *vt* **a**) (≈ *übergeben*) to transfer; *Krankheit* to pass on (*auf +Akk* to); TECH *Kraft* to transmit; **b**) (≈ *kopieren*) to copy (out); (≈ *transkribieren*) to transcribe; **c**) TV, RADIO to transmit; ***etw im Fernsehen ~*** to televise sth; **d**) (≈ *übersetzen*) *Text* to render (*in +Akk* into); **e**) *Methode* to apply (*auf +Akk* to); **f**) (≈ *verleihen*) *Würde* to confer (*jdm* on sb); *Vollmacht*, *Amt* to give (*jdm* sb); **g**) (≈ *auftragen*) *Aufgabe* to assign (*jdm* to sb) **2.** *vr* (*Krankheit etc*) to be passed on (*auf +Akk* to); TECH to be transmitted (*auf +Akk* to); (*Heiterkeit etc*) to spread (*auf +Akk* to)
übertragen[2] **1.** *Adj Bedeutung etc* figurative **2.** *Adv* (≈ *figurativ*) figuratively
Übertragung *f* **a**) (≈ *Transport*) transfer; (*von Krankheit*) passing on; **b**) TV, RADIO transmission; **c**) (≈ *Übersetzung*) rendering; **d**) (≈ *Anwendung*) application **Übertragungsgeschwindigkeit** *f* IT transfer rate **Übertragungsrate** *f* IT transmission rate
übertreffen 1. *vt* to surpass (*an +Dat* in); *Rekord* to break; ***er ist nicht zu ~*** he is unsurpassable **2.** *vr* ***sich selbst ~*** to excel oneself
übertreiben *vt* **a**) (*auch vi* ≈ *aufbauschen*) to exaggerate; **b**) (≈ *zu weit treiben*) to overdo; → ***übertrieben*** **Übertreibung** *f* exaggeration
übertreten *vt Grenze etc* to cross; (*fig*) *Gesetz*, *Verbot* to break **Übertretung** *f*

(*von Gesetz etc*) violation
übertrieben 1. *Adj* exaggerated; *Vorsicht* excessive 2. *Adv* (≈ *übermäßig*) excessively; → **übertreiben**
Übertritt *m* (*über Grenze*) crossing (*über +Akk* of); (*zu anderem Glauben*) conversion; (*zu anderer Partei*) defection
übervölkern *vt* to overpopulate **Übervölkerung** *f* overpopulation
übervoll *Adj* too full; *Glas* full to the brim
übervorteilen *vt* to cheat, to do down (*umg*)
überwachen *vt* (≈ *kontrollieren*) to supervise; (≈ *beobachten*) to observe; *Verdächtigen* to keep under surveillance; (*mit Radar, fig*) to monitor **Überwachung** *f* supervision; (≈ *Beobachtung*) observation; (*von Verdächtigen*) surveillance; (*mit Radar, fig*) monitoring **Überwachungskamera** *f* surveillance camera **Überwachungsstaat** *f* Big Brother state
überwältigen *vt* (*wörtl*) to overpower; (*zahlenmäßig*) to overwhelm; (≈ *bezwingen*) to overcome **überwältigend** *Adj* overwhelming; *Schönheit* stunning; *Erfolg* phenomenal
überwechseln *vi* to move (*in +Akk* to); (*zu Partei etc*) to go over (*zu* to)
Überweg *m* ~ ***für Fußgänger*** pedestrian crossing
überweisen *vt Geld* to transfer (*an +Akk, auf +Akk* to); *Patienten* to refer (*an +Akk* to) **Überweisung** *f* (≈ *Geldüberweisung*) (credit) transfer; (*von Patient*) referral
überwerfen *vr* (≈ *zerstreiten*) ***sich*** (***mit jdm***) ~ to fall out (with sb)
überwiegen *vi* to be predominant **überwiegend** 1. *Adj* predominant; *Mehrheit* vast; ***der ~e Teil*** (*+Gen*) the majority (of) 2. *Adv* predominantly
überwinden 1. *vt* to overcome 2. *vr* ***sich ~, etw zu tun*** to force oneself to do sth; ***ich konnte mich nicht dazu ~*** I couldn't bring myself to do it **Überwindung** *f* overcoming; (≈ *Selbstüberwindung*) will power; ***das hat mich viel ~ gekostet*** that took me a lot of will power
Überzahl *f* ***in der ~ sein*** to be in the majority **überzählig** *Adj* (≈ *überschüssig*) surplus; (≈ *überflüssig*) superfluous
überzeugen 1. *vt* to convince; ***ich bin davon überzeugt, dass ...*** I am convinced that ... 2. *vi* to be convincing 3. *vr* ***sich*** (***selbst***) ~ (*mit eigenen Augen*) to see for oneself; ***~ Sie sich selbst!*** see for yourself! **überzeugend** 1. *Adj* convincing 2. *Adv* convincingly **Überzeugung** *f* conviction; (≈ *Prinzipien*) convictions *Pl*, beliefs *Pl*; ***aus ~*** out of principle; ***ich bin der festen ~, dass ...*** I am firmly convinced that ...; ***zu der ~ gelangen, dass ...*** to become convinced that ... **Überzeugungskraft** *f* persuasiveness
überziehen[1] 1. *vt* a) (≈ *bedecken*) to cover; (*mit Schicht*) to coat; b) *Konto* to overdraw; c) *Redezeit etc* to overrun; d) (≈ *übertreiben*) to overdo; → **überzogen** 2. *vi* (*Redner*) to overrun
überziehen[2] *vt* (≈ *anziehen*) (***sich*** *Dat*) ***etw ~*** to put sth on
Überziehungskredit *m* overdraft provision **überzogen** *Adj* (≈ *übertrieben*) excessive; → **überziehen**[1] **Überzug** *m* cover
üblich *Adj* usual; (≈ *herkömmlich*) customary; (≈ *normal*) normal; ***wie ~*** as usual; ***das ist bei ihm so ~*** that's usual for him; ***allgemein ~ sein*** to be common practice **üblicherweise** *Adv* normally
U-Boot *n* submarine, sub (*umg*)
übrig *Adj* a) (≈ *verbleibend*) rest of, remaining; (≈ *andere*) other; ***alle ~en Bücher*** all the remaining *od* all the rest of the books; b) left (over); (≈ *zu entbehren*) spare; ***etw ~ haben*** to have sth left (over)/to spare; → ***übrighaben***; c) ***das Übrige*** the rest, the remainder; ***im Übrigen*** incidentally, by the way **übrig bleiben** *vi* to be left (over); ***da wird ihm gar nichts anderes ~*** he won't have any choice **übrigens** *Adv* incidentally, by the way
übrighaben *vi* (≈ *mögen*) ***für jdn/etw nichts ~*** to have no time for sb/sth; ***für jdn/etw viel ~*** to be very fond of sb/sth
Übung *f* a) practice; ***aus der ~ kommen*** to get out of practice; ***in ~ bleiben*** to keep in practice; ***zur ~*** as practice; ***~ macht den Meister*** (*Sprichw*) practice makes perfect (*Sprichw*); b)

MIL, SPORT, SCHULE exercise
Ufer *n* (≈ *Flussufer*) bank; (≈ *Seeufer*) shore; ***etw ans ~ spülen*** to wash sth ashore; ***der Fluss trat über die ~*** the river burst its banks **uferlos** *Adj* (≈ *endlos*) endless; (≈ *grenzenlos*) boundless; ***ins Uferlose gehen*** (*Debatte etc*) to go on forever; (*Kosten*) to go up and up
UFO, Ufo *n* UFO, Ufo
Uganda *n* Uganda **ugandisch** *Adj* Ugandan
U-Haft *f* (*umg*) custody
Uhr *f* **a)** clock; (≈ *Armbanduhr, Taschenuhr*) watch; (≈ *Wasseruhr, Gasuhr*) meter; ***nach meiner ~*** by my watch; ***rund um die ~*** round the clock; ***ein Rennen gegen die ~*** a race against the clock; **b)** (*bei Zeitangaben*) ***um drei ~*** at three (o'clock); ***wie viel ~ ist es?*** what time is it?, what's the time?; ***um wie viel ~?*** (at) what time?
Uhr(arm)band *n* watch strap; (*aus Metall*) watch bracelet **Uhrmacher(in)** *m(f)* clockmaker, watchmaker **Uhrwerk** *n* clockwork mechanism **Uhrzeiger** *m* (clock/watch) hand **Uhrzeigersinn** *m* ***im ~*** clockwise; ***entgegen dem ~*** anticlockwise (*Brit*), counterclockwise (*US*) **Uhrzeit** *f* time (of day)
Uhu *m* eagle owl
Ukraine *f* ***die ~*** the Ukraine **ukrainisch** *Adj* Ukrainian
UKW *Abk* RADIO ≈ FM
Ulk *m* (*umg*) lark (*Brit umg*), hoax (*US umg*); (≈ *Streich*) trick; ***~ machen*** to clown *od* play around **ulkig** *Adj* (*umg*) funny
Ulme *f* elm
ultimativ *Adj* **a)** *Forderung etc* given as an ultimatum; **b)** (*umg* ≈ *beste*) *Film, Buch* ultimate (*umg*) **Ultimatum** *n* ultimatum; ***jdm ein ~ stellen*** to give sb an ultimatum
ultramodern *Adj* ultramodern **Ultraschall** *m* PHYS ultrasound **Ultraschallgerät** *n* ultrasound scanner **Ultraschalluntersuchung** *f* scan (*Brit*), ultrasound **ultraviolett** *Adj* ultraviolet
um **1.** *Präp +Akk* **a)** ***um ... (herum)*** around; ***um sich schauen*** to look around one; **b)** (*zur Zeitangabe*) at; ***(genau) um acht*** at eight (sharp); ***um Weihnachten*** around Christmas; **c)** (≈ *betreffend*) about; ***es geht um das Prinzip*** it's a question of principles; **d)** (≈ *für*) ***der Kampf um die Stadt*** the battle for the town; ***um Geld spielen*** to play for money; ***sich um etw sorgen*** to worry about sth; **e)** (*bei Differenzangaben*) by; ***um 10% teurer*** 10% more expensive; ***um vieles besser*** far better; ***um nichts besser*** no better; ***etw um 4 cm verkürzen*** to shorten sth by 4 cm **2.** *Präp +Gen* ***um ... willen*** for the sake of **3.** *Konj* ***um ... zu*** (*final*) (in order) to **4.** *Adv* (≈ *ungefähr*) ***um (die) 30 Schüler*** *etc* about *od* (a)round about 30 pupils *etc*
umändern *vt* to alter
umarbeiten *vt* to alter; *Buch etc* to rewrite, to rework
umarmen *vt* to embrace, to hug **Umarmung** *f* embrace (*auch euph*), hug
Umbau *m* rebuilding, renovation; (*zu etwas anderem*) conversion (*zu* into); (≈ *Umänderung*) alterations *Pl*; ***das Gebäude befindet sich im ~*** the building is being renovated **umbauen** *vt* to rebuild, to renovate; (*zu etw anderem*) to convert (*zu* into); (≈ *umändern*) to alter
umbenennen *vt* to rename (*in etw* sth)
umbesetzen *vt* THEAT to recast; *Mannschaft* to reorganize
umbilden *vt* (*fig*) to reorganize; POL *Kabinett* to reshuffle (*Brit*), to shake up (*US*) **Umbildung** *f* reorganization; POL reshuffle (*Brit*), shake up (*US*)
umbinden *vt* to put on; ***sich (Dat) einen Schal ~*** to put a scarf on
umblättern *vti* to turn over
umbringen **1.** *vt* to kill **2.** *vr* to kill oneself; ***er bringt sich fast um vor Höflichkeit*** (*umg*) he falls over himself to be polite
Umbruch *m* **a)** radical change; **b)** TYPO make-up
umbuchen *vt* **a)** *Flug, Termin* to alter one's booking for; **b)** FINANZ *Betrag* to transfer
umdenken *vi* to change one's ideas; ***darin müssen wir ~*** we'll have to rethink that
umdisponieren *vi* to change one's plans
umdrehen **1.** *vt* to turn over; (*um die Achse*) to turn (a)round; *Schlüssel* to turn **2.** *vr* to turn (a)round (*nach* to

U

look at); (*im Bett etc*) to turn over **Umdrehung** *f* turn; PHYS revolution, rotation; VERKEHR revolution, rev
umeinander *Adv* about each other *od* one another; (*räumlich*) (a)round each other
umfahren[1] *vt* (≈ *überfahren*) to run over
umfahren[2] *vt* (≈ *fahren um*) to go (a)round; (*mit dem Auto*) to drive (a)round; (*auf Umgehungsstraße*) to bypass **Umfahrung** *f* (*österr*) bypass, beltway (*US*)
umfallen *vi* to fall over; (*Gegenstand*) to fall (down); (*umg* ≈ *ohnmächtig werden*) to pass out; (*fig umg* ≈ *nachgeben*) to give in; ***zum Umfallen müde sein*** to be ready to drop; ***wir arbeiteten bis zum Umfallen*** we worked until we were ready to drop
Umfang *m* **a**) (*von Kreis etc*) circumference; (≈ *Bauchumfang*) girth; **b**) (*fig*) (≈ *Ausmaß*) extent; (≈ *Reichweite*) range; (*von Untersuchung etc*) scope; (*von Verkauf etc*) volume; ***in großem ~*** on a large scale; ***in vollem ~*** fully, entirely **umfangreich** *Adj* extensive; (≈ *geräumig*) spacious
umfassen *vt* **a**) to grasp; (≈ *umarmen*) to embrace; **b**) (*fig*) (≈ *einschließen*) *Zeitperiode* to cover; (≈ *enthalten*) to contain **umfassend** **1.** *Adj* extensive; (≈ *vieles enthaltend*) comprehensive; *Geständnis* full, complete **2.** *Adv* comprehensively
Umfeld *n* surroundings *Pl*; (*fig*) sphere
umfliegen *vt* (≈ *fliegen um*) to fly (a)round
umformen *vt* **a**) to reshape (*in +Akk* into); **b**) ELEK to convert
Umfrage *f* SOZIALW survey; *bes* POL (opinion) poll **Umfrageergebnis** *n* survey/poll result(s *Pl*)
umfüllen *vt* to transfer into another bottle/container *etc*
umfunktionieren *vt* to change the function of; ***etw zu etw ~*** to turn sth into sth
Umgang *m* **a**) (≈ *gesellschaftlicher Verkehr*) dealings *Pl*; (≈ *Bekanntenkreis*) acquaintances *Pl*; ***schlechten ~ haben*** to keep bad company; ***~ mit jdm pflegen*** to associate with sb; ***er ist kein ~ für dich*** he's not fit company for you; **b**) ***im ~ mit Tieren muss man*** ... in dealing with animals one must ...; ***der ~ mit Kindern muss gelernt sein*** you have to learn how to handle children **umgänglich** *Adj* affable **Umgangsformen** *Pl* manners *Pl* **Umgangssprache** *f* colloquial language **umgangssprachlich** *Adj* colloquial
umgeben **1.** *vt* to surround **2.** *vr* ***sich mit jdm/etw ~*** to surround oneself with sb/sth **Umgebung** *f* (≈ *Umwelt*) surroundings *Pl*; (≈ *Nachbarschaft*) neighbourhood (*Brit*), neighborhood (*US*); (≈ *gesellschaftlicher Hintergrund*) background
umgehen[1] *vi* **a**) (*Gerücht etc*) to go (a)round; (*Grippe*) to be going round; **b**) ***mit jdm/etw ~ können*** to know how to handle sb/sth; ***mit jdm grob/behutsam ~*** to treat sb roughly/gently; ***sorgsam mit etw ~*** to be careful with sth
umgehen[2] *vt* (*fig*) to avoid; *Gesetz* to get (a)round
umgehend **1.** *Adj* immediate **2.** *Adv* immediately
Umgehung *f* (≈ *Vermeidung*) avoidance; (*von Gesetz*) circumvention; (*von Frage*) evasion **Umgehungsstraße** *f* bypass, beltway (*US*)
umgekehrt **1.** *Adj Reihenfolge* reverse; (≈ *gegenteilig*) opposite, contrary; (≈ *andersherum*) the other way (a)round; ***in die ~e Richtung fahren*** to go in the opposite direction; ***genau ~!*** quite the contrary!; → ***umkehren*** **2.** *Adv* (≈ *andersherum*) the other way (a)round; ... ***und/oder ~*** ... and/or vice versa
umgestalten *vt* to alter; (≈ *reorganisieren*) to reorganize; (≈ *umordnen*) to rearrange **Umgestaltung** *f* alteration; (≈ *Reorganisation*) reorganization; (≈ *Umordnung*) rearrangement
umgewöhnen *vr* to readapt
umgraben *vt* to dig over; *Erde* to turn (over)
umgucken *vr* = ***umsehen***
umhaben *vt* (*umg*) to have on
Umhang *m* cape; (*länger*) cloak; (≈ *Umhängetuch*) shawl **umhängen** *vt* **a**) *Rucksack etc* to put on; *Jacke, Schal etc* to drape (a)round; *Gewehr* to sling on; ***sich*** (*Dat*) ***etw ~*** to put sth on, to drape sth (a)round one; **b**) *Bild* to rehang **Umhängetasche** *f* shoulder bag
umhauen *vt* **a**) *Baum* to chop down; **b**)

(*umg* ≈ *umwerfen*) to knock over; **c)** (*umg*) (≈ *erstaunen*) to bowl over (*umg*)
umher *Adv* around, about (*Brit*) **umherlaufen** *vi* to walk around; (≈ *rennen*) to run around **umherziehen** *vi* to move around (*in etw* (*Dat*) sth)
umhinkönnen *vi* ***ich kann nicht umhin, das zu tun*** I can't avoid doing it; (*einem Zwang folgend*) I can't help doing it
umhören *vr* to ask around
umhüllen *vt* to wrap (up) (*mit* in)
umjubeln *vt* to cheer
umkämpfen *vt Stadt* to fight over; *Wahlkreis* to contest
Umkehr *f* **a)** (*wörtl*) turning back; ***jdn zur ~ zwingen*** to force sb to turn back; **b)** (*fig geh* ≈ *Änderung*) change **umkehrbar** *Adj* reversible **umkehren 1.** *vi* to turn back **2.** *vt Reihenfolge, Trend* to reverse; *Verhältnisse* to overturn; GRAM, MATHE to invert; → ***umgekehrt*** **3.** *vr* (*Verhältnisse*) to become reversed
umkippen 1. *vt* to tip over; *Auto* to overturn; *Vase* to knock over **2.** *vi* **a)** to tip over; (*Auto*) to overturn; **b)** (*umg* ≈ *ohnmächtig werden*) to pass out; **c)** (*umg* ≈ *aufgeben*) to back down; **d)** (*Fluss, See*) to become polluted
umklappen *vt* to fold down
Umkleidekabine *f* changing cubicle **Umkleideraum** *m* changing room
umknicken 1. *vt Ast, Mast* to snap; *Baum* to break; *Strohhalm* to bend over **2.** *vi* (*Ast*) to snap; (*Strohhalm*) to get bent over; ***mit dem Fuß ~*** to twist one's ankle
umkommen *vi* (≈ *sterben*) to be killed; ***vor Langeweile ~*** (*umg*) to be bored to death (*umg*)
Umkreis *m* (≈ *Umgebung*) surroundings *Pl*; (≈ *Gebiet*) area; (≈ *Nähe*) vicinity; ***im näheren ~*** in the vicinity **umkreisen** *vt* to circle (around); RAUMF to orbit
umkrempeln *vt* **a)** *Ärmel, Hosenbein* to turn up; (*mehrmals*) to roll up; **b)** (≈ *umwenden*) to turn inside out; (*umg*) *Betrieb, System* to shake up (*umg*)
umladen *vt* to transfer
Umlage *f* ***eine ~ machen*** to split the cost
umlagern *vt* (≈ *einkreisen*) to surround
Umlauf *m* (≈ *das Kursieren*) circulation (*auch fig*); ***im ~ sein*** to be in circulation **Umlaufbahn** *f* orbit
Umlaut *m* **a)** umlaut; **b)** (*Laut*) vowel with umlaut
umlegen *vt* **a)** (≈ *umhängen*) to put round; **b)** (≈ *umklappen*) *Hebel* to turn; **c)** (≈ *verlegen*) *Kranke* to move; *Termin* to change (*auf +Akk* to); **d)** (≈ *verteilen*) ***die 200 Euro wurden auf uns fünf umgelegt*** the five of us each had to pay a contribution toward(s) the 200 euros; **e)** (*umg* ≈ *ermorden*) to bump off (*umg*)
umleiten *vt* to divert **Umleitung** *f* diversion; (*Strecke auch*) detour
umlernen *vi* to retrain; (*fig*) to change one's ideas
umliegend *Adj* surrounding
Umluftherd *m* fan-assisted oven
Umnachtung *f* ***geistige ~*** mental derangement
umordnen *vt* to rearrange
umorganisieren *vt* to reorganize
umpflanzen *vt* (≈ *woanders pflanzen*) to transplant; *Topfpflanze* to repot
umpflügen *vt* to plough (*Brit*) *od* plow (*US*) up
umquartieren *vt* to move
umrahmen *vt* to frame
umranden *vt* to edge
umräumen 1. *vt* to rearrange; (≈ *an anderen Platz bringen*) to shift **2.** *vi* to rearrange the furniture
umrechnen *vt* to convert (*in +Akk* into) **Umrechnung** *f* conversion **Umrechnungskurs** *m* exchange rate **Umrechnungstabelle** *f* conversion table
umreißen *vt* (≈ *skizzieren*) to outline
umrennen *vt* to (run into and) knock down
umringen *vt* to surround
Umriss *m* outline; (≈ *Kontur*) contour(s *Pl*); ***etw in ~en zeichnen/erzählen*** to outline sth
umrühren *vt* to stir
umrüsten *vt* TECH to adapt; ***etw auf etw*** (*Akk*) ***~*** to convert sth to sth
umsatteln *vi* (*umg*) (*beruflich*) to change jobs; ***von etw auf etw*** (*Akk*) ***~*** to switch from sth to sth
Umsatz *m* HANDEL turnover **Umsatzbeteiligung** *f* commission **Umsatzplus** *n* HANDEL increase in turnover

U

Umsatzrückgang *m* drop in turnover **Umsatzsteuer** *f* sales tax
umschalten *vi* to flick the/a switch; (*auf anderen Sender*) to turn over (*auf +Akk* to); (*Ampel*) to change
Umschau *f* ~ ***halten*** to look around (*nach* for) **umschauen** *vr* (*bes dial*) = ***umsehen***
umschiffen *vt* to sail (a)round
Umschlag *m* **a)** (≈ *Hülle*) cover; (≈ *Briefumschlag*) envelope; (≈ *Buchumschlag*) jacket; **b)** MED compress; **c)** (≈ *Ärmelumschlag*) cuff; (≈ *Hosenumschlag*) turn-up (*Brit*), cuff (*US*) **umschlagen** **1.** *vt* **a)** *Ärmel, Hosenbein* to turn up; *Kragen* to turn down; **b)** (≈ *umladen*) *Güter* to transship **2.** *vi* (≈ *sich ändern*) to change (suddenly); (*Wind*) to veer; ***ins Gegenteil*** ~ to become the opposite **Umschlaghafen** *m* port of transshipment **Umschlagplatz** *m* trade centre (*Brit*) *od* center (*US*)
umschlungen *Adj* ***eng*** ~ with their *etc* arms tightly (a)round each other
umschmeißen *vt* (≈ *umwerfen*) to knock over
umschreiben[1] *vt* **a)** *Text etc* to rewrite; **b)** *Hypothek etc* to transfer
umschreiben[2] *vt* (≈ *mit anderen Worten ausdrücken*) to paraphrase; (≈ *darlegen*) to describe **Umschreibung** *f* (≈ *das Umschriebene*) paraphrase; (≈ *Darlegung*) description
umschulden *vt* HANDEL *Kredit* to convert, to fund
umschulen *vt* **a)** (*beruflich*) to retrain; **b)** (*auf andere Schule*) to transfer (to another school) **Umschulung** *f* retraining; (*auf andere Schule*) transfer
umschwärmen *vt* to swarm (a)round; (≈ *verehren*) to idolize
Umschweife *Pl* ***ohne*** ~ straight out
umschwenken *vi* **a)** (*Anhänger, Kran*) to swing out; (*fig*) to do an about-turn (*Brit*) *od* about-face (*US*); **b)** (*Wind*) to veer
Umschwung *m* (*fig*) (≈ *Veränderung*) drastic change; (*ins Gegenteil*) about-turn (*Brit*), about-face (*US*)
umsegeln *vt* to sail (a)round
umsehen *vr* to look around (*nach* for); (*rückwärts*) to look back; ***sich in der Stadt*** ~ to have a look (a)round the town; ***ich möchte mich nur mal*** ~ (*in Geschäft*) I'm just looking
um sein *vi* (*Frist, Zeit*) to be up
umseitig *Adj, Adv* overleaf
umsetzen *vt* **a)** *Waren, Geld* to turn over; **b)** ***etw in die Tat*** ~ to translate sth into action
Umsicht *f* circumspection, prudence **umsichtig** **1.** *Adj* circumspect, prudent **2.** *Adv* circumspectly, prudently
umsiedeln *vti* to resettle **Umsiedlung** *f* resettlement
umso *Konj* (≈ *desto*) ~ ***besser/schlimmer!*** so much the better/worse!; ~ ***mehr, als ...*** all the more considering *od* as
umsonst *Adv* **a)** (≈ *unentgeltlich*) free (of charge (*bes* HANDEL)); **b)** (≈ *vergebens*) in vain; (≈ *erfolglos*) without success
umsorgen *vt* to look after
umspringen *vi* ***mit jdm grob*** *etc* ~ (*umg*) to treat sb roughly *etc*
Umstand *m* **a)** circumstance; (≈ *Tatsache*) fact; ***den Umständen entsprechend*** much as one would expect (under the circumstances); ***nähere Umstände*** further details; ***in anderen Umständen sein*** to be expecting; ***unter keinen Umständen*** under no circumstances; ***unter Umständen*** possibly; **b) Umstände** *Pl* (≈ *Mühe*) bother *Sg*; (≈ *Förmlichkeit*) fuss *Sg*; ***machen Sie bloß keine Umstände!*** please don't go to any bother **umständehalber** *Adv* owing to circumstances **umständlich** **1.** *Adj Methode* (awkward and) involved; *Vorbereitung* elaborate; *Erklärung* long-winded; *Abfertigung* laborious; ***sei doch nicht so*** ~***!*** don't make everything twice as hard as it really is!; ***das ist mir zu*** ~ that's too much bother **2.** *Adv erklären* in a roundabout way; *vorgehen* awkwardly **Umständlichkeit** *f* (*von Methode*) involvedness; (*von Erklärung etc*) long-windedness **Umstandskleid** *n* maternity dress **Umstandskleidung** *f* maternity wear **Umstandskrämer(in)** *m(f)* (*umg*) fusspot (*Brit umg*), fussbudget (*US*)
umstehend **1.** *Adj* **a)** (≈ *in der Nähe stehend*) standing nearby; **b)** (≈ *umseitig*) overleaf **2.** *Adv* overleaf
umsteigen *vi* **a)** (*in Bus, Zug etc*) to change (buses/trains *etc*); **b)** (*fig umg*) to switch (over) (*auf +Akk* to)

umstellen[1] **1.** *vt* to change (a)round; *Hebel, Betrieb* to switch over; *Uhr* to change; *Währung* to change over **2.** *vi* ***auf etw*** (*Akk*) **~** (*Betrieb*) to switch over to sth **3.** *vr* ***sich auf etw*** (*Akk*) **~** to adjust to sth
umstellen[2] *vt* (≈ *einkreisen*) to surround
Umstellung *f* **a)** changing (a)round; **b)** (*von Hebel, Betrieb*) switch-over; (*von Währung*) changeover; **~ *auf Erdgas*** conversion to natural gas; **c)** (*fig* ≈ *das Sichumstellen*) adjustment (*auf* +*Akk* to); ***das wird eine große ~ für ihn sein*** it will be a big change for him
umstimmen *vt* ***jdn ~*** to change sb's mind; ***er ließ sich nicht ~*** he was not to be persuaded
umstoßen *vt Gegenstand* to knock over; (*fig*) to change; (*Umstände etc*) *Plan, Berechnung* to upset
umstritten *Adj* controversial
umstrukturieren *vt* to restructure
Umsturz *m* coup (d'état) **umstürzen 1.** *vt* to overturn; (*fig*) *Regierung* to overthrow **2.** *vi* to fall
umtaufen *vt* to rebaptize; (≈ *umbenennen*) to rechristen
Umtausch *m* exchange; ***diese Waren sind vom ~ ausgeschlossen*** these goods cannot be exchanged **umtauschen** *vt* to (ex)change; *Geld* to change (*in* +*Akk* into)
umtopfen *vt Blumen etc* to repot
Umtriebe *Pl* machinations *Pl*; ***umstürzlerische ~*** subversive activities
umtun *vr* (*umg*) to look around (*nach* for)
umverteilen *vt* to redistribute **Umverteilung** *f* redistribution
umwandeln *vt* to change (*in* +*Akk* into); (HANDEL, NATURW) to convert (*in* +*Akk* to); JUR *Strafe* to commute (*in* +*Akk* to); (*fig*) to transform (*in* +*Akk* into) **Umwandlung** *f* change; HANDEL, NATURW conversion; (*fig*) transformation

U

Umweg *m* detour; (*fig*) roundabout way; ***wenn das für Sie kein ~ ist*** if it doesn't take you out of your way; ***etw auf ~en erfahren*** (*fig*) to find sth out indirectly
Umwelt *f* environment **umweltbedingt** *Adj* determined by the environment **Umweltbehörde** *f* environmental authority **umweltbelastend** *Adj* causing environmental pollution **umweltbewusst** *Adj Person* environmentally aware **Umweltbewusstsein** *n* environmental awareness **Umweltexperte** *m*, **Umweltexpertin** *f* environmental expert **umweltfreundlich** *Adj* environmentally friendly **Umweltfreundlichkeit** *f* environmental friendliness **umweltgefährdend** *Adj* harmful to the environment **Umweltgift** *n* environmental pollutant **Umweltkatastrophe** *f* ecological disaster **Umweltkriminalität** *f* environmental crimes *Pl* **Umweltpapier** *n* recycled paper **Umweltpolitik** *f* environmental policy **Umweltschaden** *m* damage to the environment **umweltschädlich** *Adj* harmful to the environment **umweltschonend** *Adj* environmentally friendly **Umweltschutz** *m* conservation **Umweltschutzbeauftragte(r)** *mf* environmental protection officer **Umweltschützer(in)** *m(f)* conservationist, environmentalist **Umweltschutzorganisation** *f* environmentalist group **Umweltsteuer** *f* ecology tax **Umweltsünder(in)** *m(f)* (*umg*) polluter **Umweltverschmutzung** *f* pollution (of the environment) **umweltverträglich** *Adj Produkte, Stoffe* not harmful to the environment **Umweltverträglichkeit** *f* environmental friendliness **Umweltzerstörung** *f* destruction of the environment
umwenden 1. *vt* to turn over **2.** *vr* to turn ((a)round) (*nach* to)
umwerben *vt* to court
umwerfen *vt* **a)** *Gegenstand* to knock over; *Möbelstück etc* to overturn; **b)** (*fig* ≈ *ändern*) to upset; *Vorstellungen* to throw over; **c)** (*fig umg*) to stun **umwerfend** *Adj* fantastic
umwickeln *vt* to wrap (a)round
umzäunen *vt* to fence (a)round
umziehen 1. *vi* to move; ***nach Köln ~*** to move to Cologne **2.** *vr* to change, to get changed
umzingeln *vt* to surround, to encircle
Umzug *m* **a)** (≈ *Wohnungsumzug*) move, removal (*bes Brit*); **b)** (≈ *Festzug*) procession; (≈ *Demonstrationszug*) parade
unabänderlich *Adj* (≈ *unwiderruflich*) unalterable; *Entschluss* irrevocable;

~ feststehen to be absolutely certain
unabdingbar *Adj* indispensable; *Notwendigkeit* absolute
unabhängig *Adj* independent (*von* of); **~ davon, was Sie meinen** irrespective of what you think **Unabhängigkeit** *f* independence **Unabhängigkeitserklärung** *f* declaration of independence
unabkömmlich *Adj* (*geh*) busy; (≈ *unverzichtbar*) indispensable
unablässig **1.** *Adj* continual **2.** *Adv* continually
unabsehbar *Adj* (*fig*) *Folgen etc* unforeseeable; *Schaden* immeasurable; **auf ~e Zeit** for an indefinite period
unabsichtlich **1.** *Adj* unintentional **2.** *Adv* unintentionally
unabwendbar *Adj* inevitable
unachtsam *Adj* (≈ *unaufmerksam*) inattentive; (≈ *nicht sorgsam*) careless; (≈ *unbedacht*) thoughtless
unähnlich *Adj* dissimilar
unanfechtbar *Adj* incontestable; *Beweis* irrefutable
unangebracht *Adj* uncalled-for; (*für Kinder etc*) unsuitable; (≈ *unzweckmäßig*) *Maßnahmen* inappropriate
unangefochten *Adj* unchallenged; *Urteil, Testament* uncontested
unangemeldet **1.** *Adj* unannounced *kein Adv*; *Besucher* unexpected **2.** *Adv* unannounced; *besuchen* without letting sb know
unangemessen **1.** *Adj* (≈ *zu hoch*) unreasonable; (≈ *unzulänglich*) inadequate; **einer Sache** (*Dat*) **~ sein** to be inappropriate to sth **2.** *Adv hoch, teuer* unreasonably; *sich verhalten* inappropriately
unangenehm *Adj* unpleasant; *Frage* awkward; **er kann ~ werden** he can get quite nasty
unannehmbar *Adj* unacceptable **Unannehmlichkeit** *f* trouble *kein Pl*; **~en bekommen** to get into trouble
unansehnlich *Adj* unsightly; *Tapete, Möbel* shabby
unanständig *Adj* **a**) (≈ *unerzogen*) bad-mannered; **b**) (≈ *anstößig*) dirty; *Wörter* rude; *Kleidung* indecent **Unanständigkeit** *f* **a**) (≈ *Unerzogenheit*) bad manners *Pl*; **b**) (≈ *Obszönität*) obscenity
unantastbar *Adj* sacrosanct; *Rechte* inviolable
unappetitlich *Adj* unappetizing
Unart *f* bad habit **unartig** *Adj* naughty
unaufdringlich *Adj* unobtrusive
unauffällig *Adj* inconspicuous; (≈ *schlicht*) unobtrusive
unauffindbar *Adj* nowhere to be found; *vermisste Person* untraceable
unaufgefordert **1.** *Adj* unsolicited (*bes* HANDEL) **2.** *Adv* without being asked
unaufgeklärt *Adj* unexplained; *Verbrechen* unsolved
unaufhaltsam *Adj* unstoppable
unaufhörlich **1.** *Adj* incessant **2.** *Adv* incessantly
unaufmerksam *Adj* inattentive
unaufrichtig *Adj* insincere
unausbleiblich *Adj* inevitable
unausgefüllt *Adj Leben, Mensch* unfulfilled
unausgeglichen *Adj* unbalanced **Unausgeglichenheit** *f* imbalance
unausgegoren *Adj* immature
unausgesprochen *Adj* unspoken
unausgewogen *Adj* unbalanced **Unausgewogenheit** *f* imbalance
unaussprechlich *Adj* **a**) *Wort* unpronounceable; **b**) *Leid etc* inexpressible
unausstehlich *Adj* intolerable
unausweichlich *Adj* unavoidable
unbändig *Adj* **a**) *Kind* boisterous; **b**) *Freude, Hass, Zorn* unrestrained *kein Adv*; *Ehrgeiz* boundless
unbarmherzig **1.** *Adj* merciless **2.** *Adv* mercilessly
unbeabsichtigt **1.** *Adj* unintentional **2.** *Adv* unintentionally
unbeachtet *Adj* unnoticed; *Warnung* unheeded; **~ bleiben** to go unnoticed/unheeded; **jdn/etw ~ lassen** not to take any notice of sb/sth
unbeantwortet *Adj, Adv* unanswered
unbebaut *Adj Land* undeveloped; *Grundstück* vacant; *Feld* uncultivated
unbedacht **1.** *Adj* (≈ *hastig*) rash; (≈ *unüberlegt*) thoughtless **2.** *Adv* rashly
unbedarft *Adj* (*umg*) simple-minded
unbedenklich **1.** *Adj* (≈ *ungefährlich*) quite safe **2.** *Adv* (≈ *ungefährlich*) quite safely; (≈ *ohne zu zögern*) without thinking (twice (*umg*))
unbedeutend *Adj* insignificant; (≈ *geringfügig*) *Änderung etc* minor
unbedingt **1.** *Adj* **a**) absolute; **b**) (*österr, schweiz*) *Gefängnisstrafe* uncon-

U

ditional **2.** *Adv* (≈ *auf jeden Fall*) really; *nötig* absolutely; ***ich musste sie ~ sprechen*** I really had to speak to her; ***nicht ~*** not necessarily
unbeeindruckt *Adj*, *Adv* unimpressed (*von* by)
unbefahrbar *Adj Straße*, *Weg* impassable
unbefangen **1.** *Adj* **a)** (≈ *unvoreingenommen*) impartial; **b)** (≈ *ungehemmt*) uninhibited **2.** *Adv* **a)** (≈ *unvoreingenommen*) impartially; **b)** (≈ *ungehemmt*) without inhibition **Unbefangenheit** *f* **a)** (≈ *unparteiische Haltung*) impartiality; **b)** (≈ *Ungehemmtheit*) uninhibitedness
unbefriedigend *Adj* unsatisfactory **unbefriedigt** *Adj* unsatisfied; (≈ *unzufrieden*) dissatisfied
unbefristet **1.** *Adj Arbeitsverhältnis* for an indefinite period; *Visum* permanent **2.** *Adv* for an indefinite period; ***etw ~ verlängern*** to extend sth indefinitely
unbefugt *Adj* unauthorized; ***Eintritt für Unbefugte verboten*** no admittance to unauthorized persons
unbegabt *Adj* untalented
unbegreiflich *Adj* (≈ *unverständlich*) incomprehensible; *Dummheit* inconceivable
unbegrenzt **1.** *Adj* unlimited; *Frist* indefinite; ***auf ~e Zeit*** indefinitely; ***in ~er Höhe*** of an unlimited amount **2.** *Adv* indefinitely
unbegründet *Adj* unfounded; ***eine Klage als ~ abweisen*** to dismiss a case
Unbehagen *n* uneasy feeling; (≈ *Unzufriedenheit*) discontent (*an +Dat* with); (*körperlich*) discomfort **unbehaglich** *Adj* uncomfortable
unbehandelt *Adj Wunde*, *Obst* untreated
unbehelligt **1.** *Adj* (≈ *unbelästigt*) unmolested; (≈ *unkontrolliert*) unchecked **2.** *Adv* (≈ *unkontrolliert*) unchecked; (≈ *ungestört*) in peace
unbeherrscht *Adj Reaktion* uncontrolled; *Mensch* lacking self-control **Unbeherrschtheit** *f* (*von Mensch*) lack of self-control
unbeholfen **1.** *Adj* clumsy; (≈ *hilflos*) helpless **2.** *Adv* clumsily **Unbeholfenheit** *f* clumsiness; (≈ *Hilflosigkeit*) helplessness
unbeirrbar, **unbeirrt** **1.** *Adj* unwavering **2.** *Adv festhalten* unwaveringly; *weitermachen* undeterred
unbekannt *Adj* unknown; ***das war mir ~*** I didn't know that; ***~e Größe*** (MATHE, *fig*) unknown quantity; ***Strafanzeige gegen ~*** charge against person or persons unknown **Unbekannte** *f* MATHE unknown **Unbekannte(r)** *mf* stranger
unbekleidet *Adj* bare; ***sie war ~*** she had nothing on
unbekümmert **1.** *Adj* **a)** (≈ *unbesorgt*) unconcerned; **b)** (≈ *sorgenfrei*) carefree **2.** *Adv* (≈ *unbesorgt*) without worrying; (≈ *sorglos*) without a care in the world
unbelastet *Adj* **a)** (≈ *ohne Last*) unladen; **b)** (≈ *ohne Schulden*) unencumbered; **c)** (≈ *ohne Sorgen*) free from worries; **d)** (≈ *schadstofffrei*) unpolluted
unbelehrbar *Adj* fixed in one's views; *Rassist etc* dyed-in-the-wool *attr*; ***er ist ~*** you can't tell him anything
unbeleuchtet *Adj Straße*, *Weg* unlit
unbeliebt *Adj* unpopular (*bei* with); ***sich ~ machen*** to make oneself unpopular
unbemannt *Adj* unmanned
unbemerkt *Adj*, *Adv* unnoticed; ***~ bleiben*** to go unnoticed
unbenommen *Adj* (*förml*) ***es bleibt Ihnen ~, zu ...*** you are (quite) at liberty to ...
unbenutzt *Adj*, *Adv* unused
unbeobachtet *Adj* unnoticed
unbequem *Adj* (≈ *ungemütlich*) uncomfortable; (≈ *lästig*) *Frage*, *Situation* awkward; (≈ *mühevoll*) difficult; ***diese Schuhe sind mir zu ~*** these shoes are too uncomfortable; ***der Regierung ~ sein*** to be an embarrassment to the government **Unbequemlichkeit** *f* **a)** (≈ *Ungemütlichkeit*) lack of comfort; (*von Situation*) awkwardness; **b)** inconvenience
unberechenbar *Adj* unpredictable
unberechtigt *Adj Sorge etc* unfounded; *Kritik* unjustified; (≈ *unbefugt*) unauthorized
unberührt *Adj* **a)** untouched; (*fig*) *Natur* unspoiled; ***~ sein*** (*Mädchen*) to be a virgin; **b)** (≈ *unbetroffen*) unaffected
unbeschädigt *Adj*, *Adv* undamaged;

Siegel unbroken
unbescheiden *Adj Mensch, Plan* presumptuous
unbescholten *Adj (geh)* respectable; *Ruf* spotless; JUR with no previous convictions
unbeschrankt *Adj* unguarded
unbeschränkt *Adj* unrestricted; *Macht* absolute; *Geldmittel, Zeit* unlimited
unbeschreiblich 1. *Adj* indescribable; *Frechheit* enormous **2.** *Adv schön, gut etc* indescribably
unbeschwert 1. *Adj* (≈ *sorgenfrei*) carefree; *Unterhaltung* light-hearted **2.** *Adv* (≈ *sorgenfrei*) carefree
unbesehen *Adv* indiscriminately; (≈ *ohne es anzusehen*) without looking at it/them; ***das glaube ich dir ~*** I believe it if you say so
unbesetzt *Adj* vacant; *Schalter* closed
unbesiegbar *Adj* invincible **unbesiegt** *Adj* undefeated
unbesonnen 1. *Adj* rash **2.** *Adv* rashly **Unbesonnenheit** *f* rashness
unbesorgt 1. *Adj* unconcerned; ***Sie können ganz ~ sein*** you can set your mind at rest **2.** *Adv* without worrying
unbeständig *Adj Wetter* changeable; *Mensch* unsteady; *(in Leistungen)* erratic **Unbeständigkeit** *f (von Wetter)* changeability; *(von Mensch)* unsteadiness; *(in Leistungen)* erratic behaviour *(Brit) od* behavior *(US)*
unbestechlich *Adj* **a)** *Mensch* incorruptible; **b)** *Urteil* unerring
unbestellt *Adj* ***~e Ware*** unsolicited goods *Pl*
unbestimmt *Adj* **a)** (≈ *ungewiss*) uncertain; **b)** (≈ *undeutlich*) *Gefühl etc* vague; ***auf ~e Zeit*** for an indefinite period; **c)** GRAM indefinite
unbestreitbar *Adj Tatsache* indisputable; *Verdienste* unquestionable **unbestritten** *Adj* indisputable
unbeteiligt *Adj* **a)** (≈ *uninteressiert*) indifferent; **b)** (≈ *nicht teilnehmend*) uninvolved *kein Adv (an +Dat, bei* in)
unbetont *Adj* unstressed
unbewacht *Adj, Adv* unguarded; *Parkplatz* unattended
unbewaffnet *Adj* unarmed
unbeweglich 1. *Adj* **a)** (≈ *nicht zu bewegen*) immovable; (≈ *steif*) stiff; *(geistig)* rigid; **b)** (≈ *bewegungslos*) motionless **2.** *Adv dastehen* motionless
unbewohnbar *Adj* uninhabitable **unbewohnt** *Adj* uninhabited; *Haus* unoccupied
unbewusst 1. *Adj* unconscious **2.** *Adv* unconsciously
unbezahlbar *Adj* **a)** (≈ *zu teuer*) prohibitively expensive; **b)** *(fig)* (≈ *nützlich*) invaluable; (≈ *komisch*) priceless
unblutig *Adj Sieg, Umsturz etc* bloodless
unbrauchbar *Adj* (≈ *nutzlos*) useless; (≈ *nicht zu verwenden*) unusable
unbürokratisch *Adj* unbureaucratic
unchristlich *Adj* unchristian
und *Konj* and; ***~?*** well?; ***..., ~ wenn ich selbst bezahlen muss*** ... even if I have to pay myself
Undank *m* ingratitude; ***~ ernten*** to get little thanks **undankbar** *Adj Mensch* ungrateful
undatiert *Adj* undated
undefinierbar *Adj* indefinable
undemokratisch *Adj* undemocratic
undenkbar *Adj* inconceivable
undeutlich 1. *Adj* indistinct; *Schrift* illegible; *Erklärung* unclear **2.** *Adv* ***~ sprechen*** to speak indistinctly; ***ich konnte es nur ~ verstehen*** I couldn't understand it very clearly
undicht *Adj* (≈ *luftdurchlässig*) not airtight; (≈ *wasserdurchlässig*) not watertight; *Dach* leaky, leaking; ***das Rohr ist ~*** the pipe leaks; ***das Fenster ist ~*** the window lets in a draught *(Brit) od* draft *(US)*
Unding *n* absurdity; ***es ist ein ~, zu ...*** it is preposterous *od* absurd to ...
undiplomatisch *Adj* undiplomatic
undiszipliniert 1. *Adj* undisciplined **2.** *Adv* in an undisciplined way
undurchlässig *Adj* impervious *(gegen* to); *Grenze* closed
undurchschaubar *Adj* unfathomable
undurchsichtig *Adj* **a)** *Fenster, Stoff* opaque; **b)** *(fig pej) Mensch, Methoden* devious; *Motive* obscure
uneben *Adj* uneven; *Gelände* rough **Unebenheit** *f* unevenness; *(von Gelände)* roughness
unecht *Adj* false; (≈ *vorgetäuscht*) fake; *Schmuck, Edelstein, Blumen etc* artificial
unehelich *Adj* illegitimate; ***~ geboren sein*** to be illegitimate

unehrlich **1.** *Adj* dishonest **2.** *Adv* dishonestly **Unehrlichkeit** *f* dishonesty
uneigennützig **1.** *Adj* unselfish **2.** *Adv* unselfishly **Uneigennützigkeit** *f* unselfishness
uneingeschränkt **1.** *Adj* absolute, total; *Freiheit* unlimited; *Zustimmung* unqualified; *Vertrauen* absolute; *Lob* unreserved **2.** *Adv* absolutely, totally; *zustimmen* without qualification; *loben, vertrauen* unreservedly
uneingeweiht *Adj* uninitiated
uneinheitlich *Adj* nonuniform; *Arbeitszeiten* varied; *Qualität* inconsistent
uneinig *Adj* **a)** (≈ *verschiedener Meinung*) ***über etw*** (*Akk*) ***~ sein*** to disagree about sth; **b)** (≈ *zerstritten*) divided **Uneinigkeit** *f* disagreement (*+Gen* between)
uneinnehmbar *Adj* impregnable
uneins *Adj* (≈ *zerstritten*) divided; ***(mit jdm) ~ sein/werden*** to disagree with sb
unempfänglich *Adj* (*für* to) unsusceptible; (*für Atmosphäre*) insensitive
unempfindlich *Adj* (*gegen* to) insensitive; (*gegen Krankheiten etc*) immune; *Teppich* hard-wearing and stain-resistant **Unempfindlichkeit** *f* (*gegen* to) insensitivity; (*gegen Krankheiten etc*) immunity
unendlich **1.** *Adj* infinite; (*zeitlich*) endless; ***(bis) ins Unendliche*** to infinity **2.** *Adv* infinitely; (*fig* ≈ *sehr*) terribly; ***~ lange diskutieren*** to argue endlessly **Unendlichkeit** *f* infinity; (*zeitlich*) endlessness; (*von Universum*) boundlessness
unentbehrlich *Adj* indispensable
unentdeckt *Adj* undiscovered
unentgeltlich *Adj, Adv* free of charge
unentschieden **1.** *Adj* undecided; (≈ *entschlusslos*) indecisive; SPORT drawn; ***ein ~es Rennen*** a dead heat **2.** *Adv* ***~ enden*** to end in a draw *od* tie; ***sich ~ trennen*** to draw, to tie **Unentschieden** *n* SPORT draw
unentschlossen *Adj* (≈ *nicht entschieden*) undecided; *Mensch* indecisive
unentschuldigt **1.** *Adj* unexcused; ***~es Fehlen*** absenteeism; SCHULE truancy **2.** *Adv* without an excuse
unentwegt **1.** *Adj* (*mit Ausdauer*) constant **2.** *Adv* constantly; ***~ weitermachen*** to continue unceasingly
unerbittlich **1.** *Adj Kampf* relentless; *Härte* unyielding; *Mensch* pitiless **2.** *Adv* (≈ *hartnäckig*) stubbornly; (≈ *gnadenlos*) ruthlessly
unerfahren *Adj* inexperienced **Unerfahrenheit** *f* inexperience
unerfindlich *Adj* incomprehensible; ***aus ~en Gründen*** for some obscure reason
unerfreulich *Adj* unpleasant
unerfüllbar *Adj* unrealizable **unerfüllt** *Adj* unfulfilled
unergiebig *Adj Quelle, Thema* unproductive; *Ernte* poor
unergründlich *Adj* unfathomable
unerheblich *Adj* insignificant
unerhört[1] *Adj* (≈ *ungeheuer*) enormous; (≈ *empörend*) outrageous; *Frechheit* incredible
unerhört[2] *Adj Bitte, Gebet* unanswered
unerkannt **1.** *Adj* unrecognized **2.** *Adv* without being recognized
unerklärbar *Adj* inexplicable; ***das ist mir ~*** I can't understand it
unerlässlich *Adj* essential
unerlaubt **1.** *Adj* forbidden; *Parken* unauthorized; (≈ *ungesetzlich*) illegal **2.** *Adv betreten, verlassen* without permission **unerlaubterweise** *Adv* without permission
unerledigt *Adj* unfinished; *Post* unanswered; *Rechnung* outstanding; ***etw ~ lassen*** not to deal with sth
unermesslich **1.** *Adj Reichtum, Leid* immense; *Weite, Ozean* vast **2.** *Adv reich, groß* immensely
unermüdlich **1.** *Adj* tireless **2.** *Adv* tirelessly
unerreichbar *Adj Ziel* unattainable; *Ort* inaccessible
unersättlich *Adj* insatiable
unerschöpflich *Adj* inexhaustible
unerschrocken **1.** *Adj* courageous **2.** *Adv* courageously
unerschütterlich *Adj* unshakeable; *Ruhe* imperturbable
unerschwinglich *Adj* prohibitive; ***für jdn ~ sein*** to be beyond sb's means
unersetzlich *Adj* irreplaceable
unerträglich **1.** *Adj* unbearable **2.** *Adv heiß, laut* unbearably
unerwähnt *Adj* unmentioned; ***~ bleiben*** not to be mentioned
unerwartet **1.** *Adj* unexpected **2.** *Adv*

unexpectedly
unerwünscht *Adj Kind* unwanted; *Besuch, Effekt* unwelcome; *Eigenschaften* undesirable; ***du bist hier ~*** you're not welcome here
unerzogen *Adj* ill-mannered
unfachgemäß 1. *Adj* unprofessional **2.** *Adv* unprofessionally
unfähig *Adj* **a)** incompetent; **b)** ***~ sein, etw zu tun*** to be incapable of doing sth; (*vorübergehend*) to be unable to do sth **Unfähigkeit** *f* **a)** (≈ *Untüchtigkeit*) incompetence; **b)** (≈ *Nichtkönnen*) inability
unfair 1. *Adj* unfair (*gegenüber* to) **2.** *Adv* unfairly
Unfall *m* accident **Unfallflucht** *f* failure to stop after an accident; ***~ begehen*** to commit a hit-and-run offence (*Brit*) *od* offense (*US*) **Unfallfolge** *f* result of an/the accident **unfallfrei** *Adj* accident-free **Unfallopfer** *n* casualty **Unfallort** *m* scene of an/the accident **Unfallrisiko** *n* accident risk **Unfallschaden** *m* damages *Pl* **Unfallstelle** *f* scene of an/the accident **Unfalltod** *m* accidental death **Unfallursache** *f* cause of an/the accident **Unfallverhütung** *f* accident prevention **Unfallwagen** *m* car involved in an/the accident **Unfallzeuge** *m*, **Unfallzeugin** *f* witness to an/the accident
unfassbar *Adj* incomprehensible
unfehlbar 1. *Adj* infallible **2.** *Adv* without fail **Unfehlbarkeit** *f* infallibility
unfein 1. *Adj* unrefined *kein Adv*; ***das ist ~*** that's bad manners **2.** *Adv sich ausdrücken* in an unrefined way; *sich benehmen* in an ill-mannered way
unflätig *Adj* offensive
unfolgsam *Adj* disobedient
unformatiert *Adj* IT unformatted
unförmig *Adj* (≈ *formlos*) shapeless; (≈ *groß*) cumbersome; *Füße, Gesicht* unshapely
unfrankiert *Adj, Adv* unfranked
unfreiwillig *Adj* **a)** (≈ *gezwungen*) compulsory; ***ich war ~er Zeuge*** I was an unwilling witness; **b)** (≈ *unbeabsichtigt*) *Witz, Fehler* unintentional
unfreundlich 1. *Adj* unfriendly (*zu, gegen* to); *Wetter* inclement; *Landschaft* cheerless **2.** *Adv* in an unfriendly way; ***~ reagieren*** to react in an unfriendly way **Unfreundlichkeit** *f* unfriendliness; (*von Wetter*) inclemency
unfruchtbar *Adj* infertile; (*fig*) sterile; ***~ machen*** to sterilize **Unfruchtbarkeit** *f* infertility; (*fig*) sterility
Unfug *m* nonsense; ***~ treiben*** to get up to mischief; ***grober ~*** JUR public nuisance
Ungar(in) *m(f)* Hungarian **ungarisch** *Adj* Hungarian **Ungarn** *n* Hungary
ungastlich *Adj* inhospitable
ungeachtet *Präp +Gen* in spite of, despite; ***~ aller Ermahnungen*** despite all warnings
ungeahnt *Adj* undreamt-of
ungebeten *Adj* uninvited
ungebildet *Adj* uncultured; (≈ *ohne Bildung*) uneducated
ungeboren *Adj* unborn
ungebräuchlich *Adj* uncommon
ungebraucht *Adj, Adv* unused
ungebrochen *Adj* (*fig*) *Rekord, Wille* unbroken
ungebunden *Adj* (≈ *unabhängig*) *Leben* (fancy-)free; (≈ *unverheiratet*) unattached; ***parteipolitisch ~*** (politically) independent
ungedeckt *Adj* **a)** SPORT *Tor* undefended; *Spieler* unmarked; *Scheck, Kredit* uncovered; **b)** *Tisch* unlaid (*Brit*), not set *präd*
Ungeduld *f* impatience; ***vor ~*** with impatience; ***voller ~*** impatiently **ungeduldig 1.** *Adj* impatient **2.** *Adv* impatiently
ungeeignet *Adj* unsuitable
ungefähr 1. *Adj* approximate, rough **2.** *Adv* roughly; ***das kommt nicht von ~*** it's no accident; ***so ~!*** more or less!; ***~ (so) wie*** a bit like; ***dann weiß ich ~ Bescheid*** then I've got a rough idea; ***das hat sich ~ so abgespielt*** it happened something like this
ungefährlich *Adj* safe; *Tier, Krankheit* harmless **Ungefährlichkeit** *f* safeness; (*von Tier, Krankheit*) harmlessness
ungehalten 1. *Adj* indignant (*über +Akk* about) **2.** *Adv* indignantly
ungeheizt *Adj* unheated
ungehemmt *Adj* unrestrained
ungeheuer 1. *Adj* **a)**; → ***ungeheuerlich***; **b)** (≈ *riesig*) enormous; (*in Bezug auf Länge, Weite*) vast; **c)** (≈ *genial, kühn*) tremendous **2.** *Adv* (≈ *sehr*) enormously; (*negativ*) terribly, awfully **Ungeheuer** *n* monster **ungeheuer-**

lich *Adj* monstrous; *Leichtsinn* outrageous; *Verdacht, Dummheit* dreadful **Ungeheuerlichkeit** *f (von Tat)* atrociousness; *(von Verleumdung)* outrageousness
ungehindert **1.** *Adj* unhindered **2.** *Adv* without hindrance
ungehobelt *Adj Benehmen* boorish
ungehörig *Adj* impertinent
ungehorsam *Adj* disobedient **Ungehorsam** *m* disobedience; MIL insubordination; ***ziviler ~*** civil disobedience
ungeklärt *Adj Frage, Verbrechen* unsolved; *Ursache* unknown; ***unter ~en Umständen*** in mysterious circumstances
ungekürzt **1.** *Adj* not shortened; *Buch* unabridged; *Film* uncut **2.** *Adv veröffentlichen* unabridged; *(Film)* uncut; ***der Artikel wurde ~ abgedruckt*** the article was printed in full
ungeladen *Adj Gäste etc* uninvited
ungelegen **1.** *Adj* inconvenient **2.** *Adv* ***komme ich (Ihnen) ~?*** is this an inconvenient time for you?; ***etw kommt jdm ~*** sth is inconvenient for sb **Ungelegenheiten** *Pl* inconvenience *Sg*; ***jdm ~ bereiten*** *od* ***machen*** to inconvenience sb
ungelernt *Adj* unskilled
ungelogen *Adv* honestly
ungemein *Adj* tremendous; ***das freut mich ~*** I'm really really pleased
ungemütlich *Adj* uncomfortable; *Wohnung* not very cosy; *Mensch* awkward; *Wetter* unpleasant; ***mir wird es hier ~*** I'm getting a bit uncomfortable; ***er kann ~ werden*** he can get nasty
ungenannt *Adj* **a)** *Mensch* anonymous; **b)** *Summe* unspecified
ungenau **1.** *Adj* inaccurate; *(≈ nicht wahrheitsgetreu)* inexact; *(≈ vage)* vague **2.** *Adv* inaccurately **Ungenauigkeit** *f* inaccuracy
ungeniert **1.** *Adj (≈ ungehemmt)* unembarrassed; *(≈ taktlos)* uninhibited **2.** *Adv* openly; *(≈ taktlos)* without any inhibition
ungenießbar *Adj (≈ nicht zu essen)* inedible; *(≈ nicht zu trinken)* undrinkable; *(umg) Mensch* unbearable
ungenügend **1.** *Adj* inadequate, insufficient; SCHULE unsatisfactory **2.** *Adv* inadequately, insufficiently
ungenutzt *Adj* unused; *Energien* unexploited; ***eine Chance ~ lassen*** to miss an opportunity
ungepflegt *Adj Mensch* unkempt; *Rasen, Hände* neglected
ungeprüft **1.** *Adj* untested; *Vorwürfe* unchecked **2.** *Adv* without testing, without checking
ungerade *Adj* odd
ungerecht **1.** *Adj* unjust, unfair **2.** *Adv* unjustly, unfairly **ungerechtfertigt** *Adj* unjustified **Ungerechtigkeit** *f* injustice
ungeregelt *Adj Zeiten* irregular; *Leben* disordered
Ungereimtheit *f* inconsistency
ungern *Adv* reluctantly
ungerührt *Adj, Adv* unmoved
ungesagt *Adj* unsaid
ungesalzen *Adj* unsalted
ungeschehen *Adj* ***etw ~ machen*** to undo sth
Ungeschicklichkeit *f* clumsiness **ungeschickt** **1.** *Adj* clumsy; *(≈ unbedacht)* careless **2.** *Adv* clumsily
ungeschminkt *Adj* without make-up; *(fig) Wahrheit* unvarnished
ungeschoren *Adj* unshorn; ***jdn ~ lassen*** *(umg)* to spare sb; ***~ davonkommen*** *(umg)* to escape unscathed; *(Verbrecher)* to get off (scot-free)
ungeschrieben *Adj* unwritten
ungeschützt *Adj* unprotected
ungesellig *Adj* unsociable
ungesetzlich *Adj* unlawful, illegal
ungestört **1.** *Adj* undisturbed; ***hier sind wir ~*** we won't be disturbed here **2.** *Adv arbeiten, sprechen* without being interrupted
ungestraft *Adv* with impunity
ungestüm **1.** *Adj* impetuous **2.** *Adv* impetuously **Ungestüm** *n* impetuousness
ungesund *Adj* unhealthy; *(≈ schädlich)* harmful
ungesüßt *Adj* unsweetened
ungeteilt *Adj* undivided; *Beifall* universal
ungetrübt *Adj* clear; *Glück* perfect
Ungetüm *n* monster
ungewiss *Adj* uncertain; *(≈ vage)* vague; ***eine Reise ins Ungewisse*** *(fig)* a journey into the unknown; ***jdn (über etw*** *Akk****) im Ungewissen lassen*** to leave sb in the dark (about sth) **Ungewissheit** *f* uncertainty

ungewöhnlich *Adj* unusual **ungewohnt** *Adj* (≈ *fremdartig*) unfamiliar; (≈ *unüblich*) unusual
ungewollt **1.** *Adj* unintentional **2.** *Adv* unintentionally
Ungeziefer *n* pests *Pl*
ungezogen *Adj* ill-mannered
ungezwungen **1.** *Adj* casual; *Benehmen* natural **2.** *Adv* casually; *sich benehmen* naturally
ungläubig *Adj* unbelieving; REL infidel; (≈ *zweifelnd*) doubting **Ungläubige(r)** *mf* unbeliever **unglaublich** *Adj* unbelievable **unglaubwürdig** *Adj* implausible; *Dokument* dubious; *Mensch* unreliable
ungleich **1.** *Adj* dissimilar, unalike *präd*; *Größe, Farbe* different; *Mittel, Kampf* unequal; MATHE not equal **2.** *Adv* **a)** (*unterschiedlich*) unequally; **b)** (*vor Komparativ*) much **Ungleichgewicht** *n* (*fig*) imbalance **Ungleichheit** *f* dissimilarity; (*von Größe, Farbe*) difference; (*von Mitteln, Kampf*) inequality **ungleichmäßig** **1.** *Adj* uneven; *Gesichtszüge, Puls* irregular **2.** *Adv* unevenly
Unglück *n* (≈ *Unfall*) accident; (≈ *Schicksalsschlag*) disaster; (≈ *Unheil*) misfortune; (≈ *Pech*) bad luck; ***in sein ~ rennen*** to head for disaster; ***das bringt ~*** that brings bad luck; ***zu allem ~*** to make matters worse; ***ein ~ kommt selten allein*** (*Sprichw*) it never rains but it pours (*Brit Sprichw*), when it rains, it pours (*US Sprichw*) **unglücklich** **1.** *Adj* **a)** (≈ *traurig*) unhappy; *Liebe* unrequited; **b)** (≈ *bedauerlich*) unfortunate **2.** *Adv* **a)** (*traurig*) unhappily; ***~ verliebt sein*** to be crossed in love; **b)** (*ungünstig*) unfortunately; ***~ enden*** to turn out badly; **c)** *stürzen, fallen* awkwardly **unglücklicherweise** *Adv* unfortunately **Unglücksfall** *m* accident
Ungnade *f* disgrace; ***bei jdm in ~ fallen*** to fall out of favour (*Brit*) *od* favor (*US*) with sb **ungnädig** *Adj* ungracious; (*hum*) unkind
ungültig *Adj* invalid; (≈ *nichtig*) void; *Stimmzettel* spoiled; SPORT *Tor* disallowed
ungünstig *Adj* unfavourable (*Brit*), unfavorable (*US*); *Entwicklung* undesirable; *Termin* inconvenient; *Augenblick, Wetter* bad
ungut *Adj* bad; ***nichts für ~!*** no offence (*Brit*) *od* offense (*US*)!
unhaltbar *Adj Zustand* intolerable; *Vorwurf etc* untenable; *Torschuss* unstoppable
unhandlich *Adj* unwieldy
Unheil *n* disaster; ***~ stiften*** to do damage; ***~ bringend*** fateful **unheilbar** *Adj* incurable; ***~ krank sein*** to be terminally ill
unheimlich **1.** *Adj* **a)** (≈ *angsterregend*) frightening; ***das/er ist mir ~*** it/he gives me the creeps (*umg*); **b)** (*umg*) tremendous (*umg*) **2.** *Adv* (*umg* ≈ *sehr*) incredibly (*umg*); ***~ viel Geld*** a tremendous amount of money (*umg*)
unhöflich **1.** *Adj* impolite **2.** *Adv* impolitely **Unhöflichkeit** *f* impoliteness
unhygienisch *Adj* unhygienic
uni *Adj* self-coloured (*Brit*), self-colored (*US*), plain
Uni *f* (*umg*) uni (*umg*), U (*US umg*)
Uniform *f* uniform **uniformiert** *Adj* uniformed **Uniformierte(r)** *mf* person/man/woman in uniform
Unikum *n* **a)** unique thing *etc*; **b)** (*umg*) real character
unilateral **1.** *Adj* unilateral **2.** *Adv* unilaterally
unintelligent *Adj* unintelligent
uninteressant *Adj* uninteresting; ***das ist doch völlig ~*** that's of absolutely no interest
Union *f* union; ***die ~*** POL the CDU and CSU
universal **1.** *Adj* universal **2.** *Adv* universally **Universalgenie** *n* universal genius **universell** **1.** *Adj* universal **2.** *Adv* universally **Universität** *f* university; ***auf die ~ gehen*** to go to university **Universitätsbibliothek** *f* university library **Universitätsgelände** *n* university campus **Universitätsklinik** *f* university clinic **Universitätsstadt** *f* university town **Universitätsstudium** *n* (*Ausbildung*) university training **Universum** *n* universe
unken *vi* (*umg*) to foretell gloom
unkenntlich *Adj* unrecognizable; *Inschrift etc* indecipherable **Unkenntlichkeit** *f* ***bis zur ~*** beyond recognition
Unkenntnis *f* ignorance; ***aus ~*** out of ignorance
unklar **1.** *Adj* unclear; (≈ *undeutlich*)

U

blurred; **es ist mir völlig ~, wie das geschehen konnte** I (just) can't understand how that could happen; **über etw** (*Akk*) **völlig im Unklaren sein** to be completely in the dark about sth **2.** *Adv* unclearly **Unklarheit** *f* lack of clarity; (*über Tatsachen*) uncertainty; **darüber herrscht noch ~** this is still uncertain *od* unclear

unklug 1. *Adj* unwise **2.** *Adv* unwisely

unkompliziert *Adj* uncomplicated

unkontrollierbar *Adj* uncontrollable **unkontrolliert** *Adj, Adv* unchecked

unkonventionell 1. *Adj* unconventional **2.** *Adv* unconventionally

Unkosten *Pl* costs *Pl*; (≈ *Ausgaben*) expenses *Pl*; **sich in ~ stürzen** (*umg*) to go to a lot of expense **Unkostenbeitrag** *m* contribution toward(s) costs/expenses

Unkraut *n* weed; **Unkräuter** weeds; **~ vergeht nicht** (*Sprichw*) it would take more than that to finish me/him *etc* off! (*hum*) **Unkrautbekämpfung** *f* weed control **Unkrautbekämpfungsmittel** *n* weed killer

unkritisch 1. *Adj* uncritical **2.** *Adv* uncritically

unkündbar *Adj Beamter* permanent; *Vertrag* binding; **in ~er Stellung** in a permanent position

unkundig *Adj* ignorant (+*Gen* of)

unlauter *Adj* dishonest; *Wettbewerb* unfair

unleserlich *Adj* illegible

unliebsam *Adj* unpleasant; *Konkurrent* irksome

unlogisch *Adj* illogical

unlösbar *Adj* (*fig*) *Problem etc* insoluble; *Widerspruch* irreconcilable **unlöslich** *Adj* CHEM insoluble

Unlust *f* **a)** (≈ *Widerwille*) reluctance; **b)** (≈ *Lustlosigkeit*) listlessness

Unmasse *f* (*umg*) load (*umg*); **~n von Büchern** loads *od* masses of books (*umg*)

unmaßgeblich 1. *Adj* (≈ *nicht entscheidend*) *Urteil* not authoritative; (≈ *unwichtig*) *Äußerung* inconsequential; **nach meiner ~en Meinung** (*hum*) in my humble opinion (*hum*) **2.** *Adv* insignificantly

unmäßig 1. *Adj* excessive **2.** *Adv essen, trinken* to excess; *rauchen* excessively

Unmenge *f* vast number; (*bei unzählbaren Mengenbegriffen*) vast amount; **~n essen** to eat an enormous amount

Unmensch *m* monster; **ich bin ja kein ~** I'm not an ogre **unmenschlich 1.** *Adj* **a)** inhuman; **b)** (*umg* ≈ *unerträglich*) terrible **2.** *Adv behandeln* in an inhuman way **Unmenschlichkeit** *f* inhumanity; **~en** inhumanity

unmerklich 1. *Adj* imperceptible **2.** *Adv* imperceptibly

unmissverständlich 1. *Adj* unequivocal **2.** *Adv* unequivocally; **jdm etw ~ zu verstehen geben** to tell sb sth in no uncertain terms

unmittelbar 1. *Adj Nähe* immediate; (≈ *direkt*) direct; **aus ~er Nähe schießen** to fire at close range **2.** *Adv* immediately; (≈ *ohne Umweg*) directly; **~ vor** (+*Dat*) (*zeitlich*) immediately before; (*räumlich*) right in front of

unmöbliert *Adj Zimmer* unfurnished; **~ wohnen** to live in unfurnished accommodation

unmodern 1. *Adj* old-fashioned **2.** *Adv gekleidet* in an old-fashioned way

unmöglich 1. *Adj* impossible; **sich ~ machen** to make oneself look ridiculous **2.** *Adv* (≈ *keinesfalls*) not possibly; **ich kann es ~ tun** I cannot possibly do it; **~ aussehen** (*umg*) to look ridiculous **Unmöglichkeit** *f* impossibility; **das ist ein Ding der ~!** that's quite impossible!

unmoralisch *Adj* immoral

unmündig *Adj* under-age **Unmündigkeit** *f* minority

unmusikalisch *Adj* unmusical

unnachgiebig *Adj* inflexible

unnachsichtig 1. *Adj* severe; (*stärker*) merciless **2.** *Adv verfolgen* mercilessly; *bestrafen* severely

unnahbar *Adj Mensch* unapproachable

unnatürlich *Adj* unnatural; *Tod* violent

unnötig 1. *Adj* unnecessary **2.** *Adv* unnecessarily **unnötigerweise** *Adv* unnecessarily

unnütz *Adj* useless; (≈ *umsonst*) pointless

unökonomisch *Adj* uneconomic; *Fahrweise* uneconomical

unordentlich *Adj* untidy; *Lebenswandel* disorderly **Unordnung** *f* disorder *kein unbest Artikel*; (≈ *Durcheinander*) mess; **etw in ~ bringen** to mess

sth up
unorganisch *Adj* inorganic
unorthodox *Adj* unorthodox
unparteiisch **1.** *Adj* impartial **2.** *Adv* impartially **Unparteiische(r)** *mf* ***der ~*** SPORT the referee
unpassend *Adj* inappropriate; *Augenblick* inconvenient
unpersönlich *Adj* impersonal
unpolitisch *Adj* unpolitical
unpopulär *Adj* unpopular
unpraktisch *Adj Mensch* unpractical; *Lösung* impractical
unproblematisch *Adj* unproblematic
unproduktiv *Adj* unproductive
unpünktlich *Adj Mensch* unpunctual; *Zug* not on time **Unpünktlichkeit** *f* unpunctuality
unqualifiziert *Adj Arbeitskraft* unqualified; *Arbeiten, Jobs* unskilled; *Äußerung* incompetent
unrasiert *Adj* unshaven
unrealistisch *Adj* unrealistic
unrecht *Adj* wrong; ***das ist mir gar nicht so ~*** I don't really mind; ***~ haben*** to be wrong; ***~ tun*** to do wrong **Unrecht** *n* wrong, injustice; ***zu ~*** *verdächtigt* unjustly; ***im ~ sein*** to be wrong; ***jdm ein ~ tun*** to do sb an injustice **unrechtmäßig** *Adj* unlawful **Unrechtsregime** *n* POL tyrannical regime
unregelmäßig **1.** *Adj* irregular **2.** *Adv* irregularly **Unregelmäßigkeit** *f* irregularity
unreif *Adj Obst* unripe; *Mensch, Verhalten* immature
unrentabel *Adj* unprofitable
unrichtig *Adj* incorrect; *Vorwurf, Angaben etc* false
Unruhe *f* **a)** restlessness; (≈ *Nervosität*) agitation; ***in ~ sein*** to be restless; (≈ *besorgt*) to be agitated; **b)** (≈ *Unfrieden*) unrest *kein Pl*; ***~ stiften*** to create unrest; **c)** (***politische***) ***~n*** (political) disturbances **Unruhestifter(in)** *m(f)* troublemaker **unruhig** *Adj* restless; (≈ *laut*) noisy; *Schlaf, Meer* troubled
unrühmlich *Adj* inglorious
uns **1.** *Personalpron* us; (*Dat auch*) to us; ***bei ~*** (≈ *zu Hause, im Betrieb etc*) at our place; (≈ *in unserem Land*) in our country; ***bei ~ zu Hause*** at our house; ***ein Freund von ~*** a friend of ours; ***das gehört ~*** that is ours **2.** *Reflexivpron* ourselves; (≈ *einander*) each other
unsachgemäß **1.** *Adj* improper **2.** *Adv* improperly
unsanft *Adj* rough; (≈ *unhöflich*) rude
unsauber *Adj* **a)** (≈ *schmutzig*) dirty; **b)** *Handschrift* untidy; *Schuss, Schnitt* inaccurate; *Ton* impure
unschädlich *Adj* harmless; ***eine Bombe ~ machen*** (≈ *entschärfen*) to defuse a bomb; ***jdn ~ machen*** (*umg*) to take care of sb (*umg*)
unscharf *Adj Erinnerung* hazy; ***der Sender ist ~ eingestellt*** the station is not tuned clearly
unschätzbar *Adj Wert, Verlust* incalculable; ***von ~em Wert*** invaluable
unscheinbar *Adj* inconspicuous; (≈ *unattraktiv*) *Aussehen* unprepossessing
unschlagbar *Adj* unbeatable
unschlüssig *Adj* undecided; (≈ *zögernd*) irresolute
unschön *Adj* (≈ *hässlich*) unsightly; (*stärker*) ugly; (≈ *unangenehm*) unpleasant; *Szenen* ugly
Unschuld *f* **a)** innocence; **b)** (≈ *Jungfräulichkeit*) virginity **unschuldig** **1.** *Adj* **a)** innocent; ***an etw*** (*Dat*) ***~ sein*** not to be guilty of sth; ***er war völlig ~ an dem Unfall*** he was in no way responsible for the accident; **b)** (≈ *jungfräulich*) virginal **2.** *Adv* **a)** JUR ***jdn ~ verurteilen*** to convict sb when he is innocent; **b)** (≈ *arglos*) *fragen* innocently
unselbstständig **1.** *Adj* lacking in independence; ***eine ~e Tätigkeit ausüben*** to work as an employee **2.** *Adv* (≈ *mit fremder Hilfe*) not independently **Unselbstständigkeit** *f* lack of independence
unser *Possessivpron* our **unsereiner**, **unsereins** *Indefinitpron* (*umg*) the likes of us (*umg*) **unsere(r, s)** *Possessivpron* (*substantivisch*) ours; ***der/die/das Unsere*** (*geh*) ours; ***wir tun das Unsere*** (*geh*) we are doing our bit; ***die Unseren*** (*geh*) our family **unsererseits** *Adv* (≈ *auf unserer Seite*) for our part; (≈ *von unserer Seite*) on our part **unseresgleichen** *Indefinitpron* people like us
unseriös *Adj Mensch* slippery; *Auftreten, Bemerkung* frivolous; *Methoden, Firma* shady; *Angebot* not serious

U

unsertwegen *Adv* (≈ *wegen uns*) because of us; (≈ *um uns*) about us; (≈ *für uns*) on our behalf
unsicher 1. *Adj* a) (≈ *gefährlich*) dangerous; ***die Gegend ~ machen*** (*fig umg*) to hang out (*umg*); b) (≈ *verunsichert*) insecure, unsure (of oneself); c) (≈ *ungewiss*) unsure; (≈ *unstabil*) uncertain, unstable; *Kenntnisse* shaky 2. *Adv* (≈ *schwankend*) unsteadily; (≈ *nicht selbstsicher*) uncertainly **Unsicherheit** *f* (≈ *Gefahr*) danger; (≈ *mangelndes Selbstbewusstsein*) insecurity; (≈ *Ungewissheit*) uncertainty
unsichtbar *Adj* invisible
Unsinn *m* nonsense *kein unbest Artikel*; ***~ machen*** to do silly things; ***lass den ~!*** stop fooling about! **unsinnig** *Adj* (≈ *sinnlos*) foolish; (≈ *ungerechtfertigt*) unreasonable; (*stärker*) absurd
Unsitte *f* bad habit **unsittlich** 1. *Adj* immoral; (*in sexueller Hinsicht*) indecent 2. *Adv* indecently; ***er hat sich ihr ~ genähert*** he made indecent advances to her
unsolide *Adj Mensch* free-living; (≈ *unredlich*) *Firma, Angebot* unreliable; ***ein ~s Leben führen*** to be free-living
unsozial *Adj* antisocial
unsportlich *Adj* a) (≈ *ungelenkig*) unsporty; b) (≈ *unfair*) unsporting
unsterblich 1. *Adj* immortal; *Liebe* undying; ***jdn ~ machen*** to immortalize sb 2. *Adv* (*umg*) ***sich ~ blamieren*** to make a complete idiot of oneself; ***~ verliebt sein*** to be madly in love (*umg*)
unstimmig *Adj Aussagen etc* at variance, differing *attr* **Unstimmigkeit** *f* (≈ *Ungenauigkeit*) discrepancy; (≈ *Streit*) difference
Unsumme *f* vast sum
unsympathisch *Adj* unpleasant; ***er ist mir ~*** I don't like him
unsystematisch 1. *Adj* unsystematic 2. *Adv* unsystematically
Untat *f* atrocity
untätig 1. *Adj* (≈ *müßig*) idle; (≈ *nicht handelnd*) passive 2. *Adv* idly; ***sie sah ~ zu, wie er verblutete*** she stood idly by as he bled to death **Untätigkeit** *f* (≈ *Müßiggang*) idleness; (≈ *Passivität*) passivity
untauglich *Adj* (*zu, für* for) unsuitable; (*für Wehrdienst*) unfit
unteilbar *Adj* indivisible
unten *Adv* (≈ *am unteren Ende*) at the bottom; (≈ *tiefer, drunten*) (down) below; (≈ *an der Unterseite*) underneath; (*in Gebäude*) downstairs; ***von ~*** from below; ***nach ~*** down; ***~ am Berg*** at the bottom of the hill; ***~ im Glas*** at the bottom of the glass; ***weiter ~*** further down; ***~ erwähnt, ~ genannt*** mentioned below; ***er ist bei mir ~ durch*** (*umg*) I'm through with him (*umg*); ***~ stehend*** following; (*wörtl*) standing below; ***~ wohnen*** to live downstairs
unter *Präp +dat od +acc* under; (≈ *drunter*) underneath, below; (≈ *zwischen, innerhalb*) among(st); ***~ 18 Jahren*** under 18 years (of age); ***Temperaturen ~ 25 Grad*** temperatures below 25 degrees; ***~ sich*** (*Dat*) ***sein*** to be by themselves; ***~ etw leiden*** to suffer from sth; ***~ anderem*** among other things
Unterabteilung *f* subdivision
Unterarm *m* forearm
unterbelichtet *Adj* FOTO underexposed
unterbesetzt *Adj* understaffed
unterbewusst 1. *Adj* subconscious; ***das Unterbewusste*** the subconscious 2. *Adv* subconsciously **Unterbewusstsein** *n* subconscious; ***im ~*** subconsciously
unterbezahlt *Adj* underpaid
unterbieten *vt Konkurrenten, Preis* to undercut; (*fig*) to surpass
unterbinden *vt* to stop; MED *Blutung* to ligature
unterbleiben *vi* a) (≈ *aufhören*) to cease; b) (≈ *nicht geschehen*) not to happen
Unterbodenschutz *m* VERKEHR protective undercoating
unterbrechen *vt* to interrupt; *Stille* to break; *Telefonverbindung* to disconnect; *Spiel* to suspend; *Schwangerschaft* to terminate; ***entschuldigen Sie bitte, wenn ich Sie unterbreche*** forgive me for interrupting **Unterbrechung** *f* interruption; (*von Stille*) break (*+Gen* in); (*von Spiel*) stoppage; ***ohne ~*** without a break
unterbreiten *vt Plan* to present; ***(jdm) ein Angebot ~*** to make an offer (to sb)
unterbringen *vt* a) (≈ *verstauen*) to put; (*in Heim etc*) to put; ***etw bei***

jdm ~ to leave sth with sb; **b)** (≈ *Unterkunft geben*) *Menschen* to accommodate; *Sammlung* to house; ***gut/schlecht untergebracht sein*** to have good/bad accommodation; (≈ *versorgt werden*) to be well/badly looked after **Unterbringung** *f* accommodation (*Brit*), accommodations *Pl* (*US*)
unterbuttern *vt* (*umg* ≈ *unterdrücken*) to ride roughshod over; ***lass dich nicht ~!*** don't let them push you around
Unterdeck *n* SEEF lower deck
unterdes(sen) *Adv* meanwhile
unterdrücken *vt* **a)** (≈ *beherrschen*) *Volk* to oppress; *Freiheit, Meinung* to suppress; **b)** (≈ *zurückhalten*) *Neugier, Gähnen, Gefühle* to suppress; *Tränen, Bemerkung* to hold back **Unterdrücker(in)** *m(f)* oppressor **Unterdrückung** *f* **a)** (*von Volk*) oppression; (*von Freiheit*) suppression; **b)** (*von Neugier, Gähnen, Gefühlen*) suppression; (*von Tränen, Bemerkung*) holding back
unterdurchschnittlich *Adj* below average
untereinander *Adv* **a)** (≈ *gegenseitig*) each other; (≈ *miteinander*) among ourselves/themselves *etc*; **b)** (*räumlich*) one below the other
untere(r, s) *Adj* lower
unterernährt *Adj* undernourished **Unterernährung** *f* malnutrition
Unterfangen *n* (*geh*) venture, undertaking
Unterführung *f* underpass
Untergang *m* **a)** (*von Schiff*) sinking; **b)** (*von Gestirn*) setting; **c)** (≈ *das Zugrundegehen*) decline; (*von Individuum*) downfall; ***dem ~ geweiht sein*** to be doomed
untergeben *Adj* subordinate **Untergebene(r)** *mf* subordinate
untergehen *vi* **a)** (≈ *versinken*) to sink; (*fig: im Lärm etc*) to be submerged *od* drowned; **b)** (*Gestirn*) to set; **c)** (≈ *zugrunde gehen*) to decline; (*Individuum*) to perish
untergeordnet *Adj* subordinate; *Bedeutung* secondary; → ***unterordnen***
Untergeschoss *n*, **Untergeschoß** (*österr*) *n* basement
Untergewicht *n* underweight; ***~ haben*** to be underweight
untergliedern *vt* to subdivide
untergraben *vt* (≈ *zerstören*) to undermine
Untergrund *m* **a)** GEOL subsoil; **b)** (≈ *Farbschicht*) undercoat; (≈ *Hintergrund*) background; **c)** POL *etc* underground **Untergrundbahn** *f* underground (*Brit*), subway (*US*)
unterhalb *Präp +Gen*, *Adv* below; ***~ von*** below
Unterhalt *m* **a)** (≈ *Lebensunterhalt*) maintenance (*bes Brit* JUR), alimony; ***seinen ~ verdienen*** to earn one's living; **b)** (≈ *Instandhaltung*) upkeep **unterhalten 1.** *vt* **a)** (≈ *versorgen*) to support; **b)** (≈ *betreiben*) *Geschäft, Kfz* to run; **c)** (≈ *instand halten*) *Gebäude, Kontakte, Beziehungen* to maintain; **d)** *Gäste, Publikum* to entertain **2.** *vr* **a)** (≈ *sprechen*) to talk (*mit* to, with); ***sich mit jdm (über etw** Akk**) ~*** to (have a) talk *od* chat with sb (about sth); **b)** (≈ *sich vergnügen*) to have a good time **Unterhalter(in)** *m(f)* entertainer **unterhaltsam** *Adj* entertaining
unterhaltsberechtigt *Adj* entitled to maintenance (*Brit*) *od* alimony **Unterhaltsgeld** *n* maintenance (*Brit*), alimony **Unterhaltskosten** *Pl* (*von Gebäude*) maintenance (*Brit*) *od* alimony (costs *Pl*); (*von Kfz*) running costs *Pl*
Unterhaltspflicht *f* obligation to pay maintenance (*Brit*) *od* alimony **unterhaltspflichtig** *Adj* under obligation to pay maintenance (*Brit*) *od* alimony
Unterhaltszahlung *f* maintenance payment **Unterhaltung** *f* **a)** (≈ *Gespräch*) talk, conversation; **b)** (≈ *Amüsement*) entertainment; ***wir wünschen gute ~*** we hope you enjoy the programme (*Brit*) *od* program (*US*)
Unterhaltungselektronik *f* (≈ *Industrie*) consumer electronics *Sg*; (≈ *Geräte*) audio systems *Pl* **Unterhaltungsmusik** *f* light music
Unterhändler(in) *m(f)* negotiator
Unterhaus *n* Lower House, House of Commons (*Brit*)
unterheben *vt* KOCH to stir in (lightly)
Unterhemd *n* vest (*Brit*), undershirt (*US*)
Unterholz *n* undergrowth
Unterhose *f* (≈ *Herrenunterhose*) (pair of) underpants *Pl*, briefs *Pl*; (≈ *Damenunterhose*) (pair of) pants *Pl*

(*Brit*) *od* panties *Pl* (*US*)
unterirdisch *Adj, Adv* underground
unterjochen *vt* to subjugate
unterjubeln *vt* (*umg* ≈ *andrehen*) ***jdm etw ~*** to palm sth off on sb (*umg*)
Unterkiefer *m* lower jaw
unterkommen *vi* (≈ *Unterkunft finden*) to find accommodation; (*umg* ≈ *Stelle finden*) to find a job (*als* as, *bei* with, at); ***bei jdm ~*** to stay at sb's (place)
Unterkörper *m* lower part of the body
unterkriegen *vt* (*umg*) to bring down; (≈ *deprimieren*) to get down; ***lass dich von ihnen nicht ~*** don't let them get you down
unterkühlt *Adj Körper* affected by hypothermia; (*fig*) *Atmosphäre* chilly
Unterkühlung *f* MED hypothermia **Unterkunft** *f* accommodation *kein Pl* (*Brit*), accommodations *Pl* (*US*), lodging; ***~ und Verpflegung*** board and lodging **Unterlage** *f* **a)** (*für Teppich*) underlay; (*im Bett*) draw sheet; **b)** (≈ *Beleg*) document **unterlassen** *vt* (≈ *nicht tun*) to refrain from; (≈ *nicht durchführen*) not to carry out; ***~ Sie das!*** don't do that!; ***er hat es ~, mich zu benachrichtigen*** he failed to notify me; ***~e Hilfeleistung*** JUR failure to give assistance
Unterlauf *m* lower reaches *Pl* (of a river) **unterlaufen 1.** *vi +Dat* (*Irrtum*) to occur; ***mir ist ein Fehler ~*** I made a mistake **2.** *vt Bestimmungen* to get (a)round; (≈ *umgehen*) to circumvent
unterlegen *Adj* inferior; (≈ *besiegt*) defeated; ***jdm ~ sein*** to be inferior to sb
Unterlegscheibe *f* TECH washer
Unterleib *m* abdomen **Unterleibchen** *n* (*österr* ≈ *Unterhemd*) vest (*Brit*), undershirt (*US*) **Unterleibskrebs** *m* cancer of the abdomen; (*bei Frau*) cancer of the womb **Unterleibsschmerzen** *Pl* abdominal pains *Pl*
unterliegen *vi* **a)** (≈ *besiegt werden*) to be defeated (*+Dat* by); **b)** (*+Dat* ≈ *unterworfen sein*) to be subject to; *einer Steuer* to be liable to; ***es unterliegt keinem Zweifel, dass ...*** it is not open to any doubt that ...
Unterlippe *f* bottom lip
untermauern *vt* to underpin
Untermenü *n* IT submenu
Untermiete *f* subtenancy; ***bei jdm zur ~ wohnen*** to be sb's tenant **Untermieter(in)** *m(f)* lodger (*bes Brit*), subtenant
unterminieren *vt* to undermine
unternehmen *vt* to do; *Versuch, Reise* to make; ***Schritte ~*** to take steps **Unternehmen** *n* **a)** (≈ *Firma*) business, concern, enterprise; **b)** (≈ *Aktion*) undertaking, enterprise, venture; MIL operation **Unternehmensberater(in)** *m(f)* management consultant **Unternehmer(in)** *m(f)* employer; (*alten Stils*) entrepreneur; (≈ *Industrieller*) industrialist; ***die ~*** the employers **unternehmerisch** *Adj* entrepreneurial
Unternehmung *f* **a)** = ***Unternehmen*** b; **b)** (≈ *Transaktion*) undertaking **unternehmungslustig** *Adj* enterprising
Unteroffizier(in) *m(f)* **a)** (≈ *Rang*) noncommissioned officer; **b)** (≈ *Dienstgrad*) (*bei der Armee*) sergeant (*Brit*), corporal (*US*); (*bei der Luftwaffe*) corporal (*Brit*), airman first class (*US*)
unterordnen 1. *vt* to subordinate (*+Dat* to); → ***untergeordnet*** **2.** *vr* to subordinate oneself (*+Dat* to)
unterprivilegiert *Adj* underprivileged
Unterredung *f* discussion
Unterricht *m* classes *Pl*; ***~ in Fremdsprachen*** foreign language teaching; ***(jdm) ~ geben*** *od* ***erteilen*** to teach (sb) (*in etw* (*Dat*) sth); ***am ~ teilnehmen*** to attend classes **unterrichten 1.** *vt* **a)** (≈ *Unterricht geben*) *Schüler, Fach* to teach; ***jdn in etw*** (*Dat*) ***~*** to teach sb sth; **b)** (≈ *informieren*) to inform (*von, über +Akk* about) **2.** *vi* to teach **3.** *vr* ***sich über etw*** (*Akk*) ***~*** to inform oneself about sth **unterrichtet** *Adj* informed; ***gut ~e Kreise*** well-informed circles **Unterrichtsfach** *n* subject **Unterrichtsstoff** *m* subject matter
Unterrichtsstunde *f* lesson, period
Unterrichtszeit *f* teaching time **Unterrichtung** *f* (≈ *Belehrung*) instruction; (≈ *Informierung*) information
Unterrock *m* underskirt
untersagen *vt* to forbid; **(*das*)** ***Rauchen*** **(*ist hier*)** ***strengstens untersagt*** smoking (is) strictly prohibited (here)
Untersatz *m* mat; (*für Gläser etc*) coaster (*bes Brit*); (*für Blumentöpfe etc*) saucer
unterschätzen *vt* to underestimate
unterscheiden 1. *vt* to distinguish; ***A***

U

nicht von B ~ können to be unable to tell the difference between A and B; ***zwei Personen (voneinander) ~*** to tell two people apart **2.** *vi* to differentiate **3.** *vr* ***sich von etw/jdm ~*** to differ from sth/sb **Unterscheidung** *f* differentiation; (≈ *Unterschied*) difference
Unterschenkel *m* lower leg
unterschieben *vt* (*fig*) ***jdm etw ~*** (≈ *anlasten*) to palm sth off on sb
Unterschied *m* difference; ***es ist ein (großer) ~, ob ...*** it makes a (big) difference whether ...; ***im ~ zu (jdm/etw)*** in contrast to (sb/sth) **unterschiedlich 1.** *Adj* different; (≈ *veränderlich*) variable; (≈ *gemischt*) varied **2.** *Adv* differently; ***~ gut/lang*** of varying quality/length **unterschiedslos 1.** *Adj* indiscriminate **2.** *Adv* (≈ *undifferenziert*) indiscriminately; (≈ *gleichberechtigt*) equally
unterschlagen *vt Geld* to embezzle; *Beweise etc* to withhold; (*umg*) *Neuigkeit etc* to keep quiet about **Unterschlagung** *f* (*von Geld*) embezzlement; (*von Beweisen etc*) withholding
Unterschlupf *m* (≈ *Obdach, Schutz*) shelter; (≈ *Versteck*) hiding place **unterschlüpfen** *vi* (*umg*) (≈ *Obdach finden*) to take shelter; (≈ *Versteck finden*) to hide out (*umg*) (*bei jdm* at sb's)
unterschreiben *vt* to sign **Unterschrift** *f* **a)** signature; ***seine ~ unter etw (Akk) setzen*** to sign sth; **b)** (≈ *Bildunterschrift*) caption **unterschriftsberechtigt** *Adj* authorized to sign **Unterschriftsberechtigte(r)** *mf* authorized signatory **unterschriftsreif** *Adj Vertrag* ready to be signed
unterschwellig 1. *Adj* subliminal **2.** *Adv* subliminally
Unterseeboot *n* submarine
Unterseite *f* underside
Untersetzer *m* = ***Untersatz***
untersetzt *Adj* stocky
unterstehen 1. *vi +Dat* (≈ *unterstellt sein*) to be under (the control of); *jdm* to be subordinate to; (*in Firma*) to report to **2.** *vr* (≈ *wagen*) to dare; ***untersteh dich (ja nicht)!*** (don't) you dare!
unterstellen[1] *vt* **a)** (≈ *unterordnen*) to (make) subordinate (*+Dat* to); ***jdm unterstellt sein*** to be under sb; (*in Firma*) to report to sb; **b)** (≈ *annehmen*) to assume, to suppose; **c)** (≈ *unterschieben*) ***jdm etw ~*** to insinuate that sb has done/said sth
unterstellen[2] **1.** *vt* (≈ *unterbringen*) to keep; *Möbel* to store **2.** *vr* to take shelter
Unterstellung *f* (≈ *falsche Behauptung*) misrepresentation; (≈ *Andeutung*) insinuation
unterste(r, s) *Adj* lowest; (≈ *letzte*) last
unterstreichen *vt* to underline
Unterstufe *f* SCHULE lower school, lower grade (*US*)
unterstützen *vt* to support **Unterstützung** *f* **a)** support; **b)** (≈ *Zuschuss*) assistance; ***staatliche ~*** state aid
untersuchen *vt* **a)** (≈ *prüfen*) to examine (*auf +Akk* for); (≈ *erforschen*) to look into; (*chemisch, technisch etc*) to test (*auf +Akk* for); ***sich ärztlich ~ lassen*** to have a medical (examination); **b)** (≈ *nachprüfen*) to check **Untersuchung** *f* **a)** (≈ *das Untersuchen*) examination (*auf +Akk* for); (≈ *Erforschung*) investigation (*+Gen, über +Akk* into); (*chemisch, technisch*) test (*auf +Akk* for); (*ärztlich*) examination; **b)** (≈ *Nachprüfung*) check **Untersuchungsausschuss** *m* investigating committee; (*nach Unfall etc*) committee of inquiry **Untersuchungsergebnis** *n* JUR findings *Pl*; MED result of an/the examination; NATURW test result **Untersuchungsgefängnis** *n* prison (*for people awaiting trial*) **Untersuchungshaft** *f* ***in ~ sitzen*** (*umg*) to be in prison awaiting trial **Untersuchungskommission** *f* investigating committee; (*nach schwerem Unfall etc*) board of inquiry **Untersuchungsrichter(in)** *m(f)* examining magistrate
Untertan(in) *m(f)* (*alt* ≈ *Staatsbürger*) subject; (*pej*) underling (*pej*)
Untertasse *f* saucer; ***fliegende ~*** flying saucer
untertauchen *vi* to dive (under); (*fig*) to disappear
Unterteil *n od m* bottom part
unterteilen *vt* to subdivide (*in +Akk* into) **Unterteilung** *f* subdivision (*in +Akk* into)
Unterteller *m* saucer
Untertitel *m* subtitle; (*für Bild*) caption

Unterton *m* undertone
untertourig *Adv* ~ ***fahren*** to drive with low revs
untertreiben **1.** *vt* to understate **2.** *vi* to play things down **Untertreibung** *f* understatement
untertunneln *vt* to tunnel under
untervermieten *vti* to sublet
Unterversorgung *f* inadequate provision
unterwandern *vt* to infiltrate
Unterwäsche *f* underwear *kein Pl*
Unterwasserkamera *f* underwater camera
unterwegs *Adv* on the *od* one's/its way (*nach*, *zu* to); (≈ *auf Reisen*) away
unterweisen *vt* to instruct (*in* +*Dat* in) **Unterweisung** *f* instruction
Unterwelt *f* underworld
unterwerfen **1.** *vt* **a)** *Volk*, *Land* to conquer; **b)** (≈ *unterziehen*) to subject (+*Dat* to) **2.** *vr* ***sich jdm/einer Sache*** ~ to submit to sb/sth **unterwürfig** *Adj* (*pej*) obsequious
unterzeichnen *vt* (*förml*) to sign **Unterzeichner(in)** *m(f)* signatory **Unterzeichnete(r)** *mf* (*förml*) ***der/die*** ~ the undersigned
unterziehen **1.** *vr* (≈ *unterwerfen*) ***sich einer Sache*** (*Dat*) ~ (***müssen***) to (have to) undergo sth; ***sich einer Prüfung*** (*Dat*) ~ to take an examination **2.** *vt* to subject (+*Dat* to)
Untiefe *f* shallow
Untier *n* monster
untragbar *Adj* *Zustände* intolerable; *Risiko* unacceptable
untrennbar **1.** *Adj* inseparable **2.** *Adv* ***mit etw ~ verbunden sein*** (*fig*) to be inextricably linked with sth
untreu *Adj* *Liebhaber etc* unfaithful **Untreue** *f* (*von Liebhaber etc*) unfaithfulness
untröstlich *Adj* inconsolable
untrüglich *Adj* *Gedächtnis*, *Gespür* infallible; *Zeichen* unmistakable
Untugend *f* (≈ *Laster*) vice; (≈ *schlechte Angewohnheit*) bad habit
unübel *Adj* (***gar***) ***nicht*** (***so***) ~ not bad (at all)
unüberbietbar *Adj* *Preis*, *Rekord etc* unbeatable; *Leistung* unsurpassable; *Frechheit* unparalleled
unüberlegt **1.** *Adj* rash **2.** *Adv* rashly
unübersehbar *Adj* *Schaden*, *Folgen* incalculable; *Menge* vast
unübersichtlich *Adj* **a)** *Gelände* broken; *Kurve*, *Stelle* blind; **b)** (≈ *durcheinander*) *System* confused
unübertrefflich *Adj* unsurpassable **unübertroffen** *Adj* unsurpassed
unüblich *Adj* not usual
unumgänglich *Adj* essential; (≈ *unvermeidlich*) inevitable
unumschränkt *Adj* unlimited; *Herrscher* absolute
unumstößlich **1.** *Adj* *Tatsache* irrefutable; *Entschluss* irrevocable **2.** *Adv* ~ ***feststehen*** to be absolutely definite
unumstritten **1.** *Adj* indisputable **2.** *Adv* indisputably
unumwunden *Adv* frankly
unveränderlich *Adj* (≈ *gleichbleibend*) unchanging; (≈ *unwandelbar*) unchangeable; ***eine ~e Größe*** MATHE an invariable **unverändert** **1.** *Adj* unchanged **2.** *Adv* always
unverantwortlich *Adj* irresponsible
unveräußerlich *Adj* *Rechte* inalienable
unverbesserlich *Adj* incorrigible
unverbindlich *Adj* **a)** (≈ *nicht bindend*) *Angebot*, *Richtlinie* not binding; **b)** (≈ *vage*) noncommittal; ***sich*** (*Dat*) ***etw ~ schicken lassen*** to have sth sent without obligation
unverdächtig *Adj* unsuspicious; ***sich möglichst ~ benehmen*** to arouse as little suspicion as possible
unverdaulich *Adj* indigestible
unverdorben *Adj* unspoilt
unverdrossen **1.** *Adj* (≈ *nicht entmutigt*) undeterred; (≈ *unermüdlich*) indefatigable; (≈ *unverzagt*) undaunted **2.** *Adv* (≈ *unverzagt*) undauntedly
unverdünnt *Adj* undiluted
unvereinbar *Adj* incompatible
unverfänglich *Adj* harmless
unvergessen *Adj* unforgotten **unvergesslich** *Adj* unforgettable
unvergleichlich *Adj* unique, incomparable
unverhältnismäßig *Adv* disproportionately; (≈ *übermäßig*) excessively
unverhofft **1.** *Adj* unexpected **2.** *Adv* unexpectedly; ~ ***Besuch bekommen*** to get an unexpected visit
unverkäuflich *Adj* unsaleable; ***~es Muster*** free sample
unverkennbar *Adj* unmistak(e)able

unverletzlich *Adj (fig) Rechte, Grenze* inviolable **unverletzt** *Adj* uninjured, unhurt
unvermeidlich *Adj* inevitable; (≈ *nicht zu umgehen*) unavoidable
unvermindert *Adj, Adv* undiminished
unvermittelt 1. *Adj* (≈ *plötzlich*) sudden 2. *Adv* suddenly
unvermutet 1. *Adj* unexpected 2. *Adv* unexpectedly
Unvernunft *f* (≈ *Uneinsichtigkeit*) unreasonableness **unvernünftig** *Adj* (≈ *uneinsichtig*) unreasonable
unverrichtet *Adj* **~er Dinge** without having achieved anything
unverschämt 1. *Adj* outrageous; *Frage, Benehmen etc* impudent; **~es Glück** unbelievable luck 2. *Adv* **a)** (≈ *dreist*) *grinsen* impudently; *lügen* blatantly; **b)** (*umg* ≈ *unerhört*) *teuer* outrageously **Unverschämtheit** *f* **a)** outrageousness; (*von Frage, Benehmen etc*) impudence; ***die ~ besitzen, etw zu tun*** to have the impudence to do sth; **b)** (*Bemerkung*) impertinence; (*Tat*) outrageous thing
unverschuldet 1. *Adj* ***ein ~er Unfall*** an accident which was not his/her *etc* fault 2. *Adv* ***~ in eine Notlage geraten*** to get into difficulties through no fault of one's own
unversehens *Adv* all of a sudden; (≈ *überraschend*) unexpectedly
unversehrt *Adj Mensch* unscathed; (≈ *unbeschädigt*) intact *präd*
unversöhnlich *Adj Standpunkte etc* irreconcilable
Unverstand *m* lack of judgement **unverständlich** *Adj* (≈ *nicht zu hören*) inaudible; (≈ *unbegreifbar*) incomprehensible **Unverständnis** *n* lack of understanding
unversucht *Adj* ***nichts ~ lassen*** to try everything
unverträglich *Adj* (≈ *unverdaulich*) indigestible; (*mit anderer Substanz etc*) incompatible
unverwechselbar *Adj* unmistak(e)able
unverwundbar *Adj* invulnerable
unverwüstlich *Adj* indestructible; *Humor, Mensch* irrepressible
unverzeihlich *Adj* unforgivable
unverzichtbar *Adj Recht* inalienable; *Bedingung, Bestandteil* indispensable
unverzinslich *Adj* interest-free
unverzüglich 1. *Adj* immediate 2. *Adv* immediately
unvollendet *Adj* unfinished
unvollkommen *Adj* (≈ *unvollständig*) incomplete; (≈ *fehlerhaft*) imperfect
unvollständig *Adj* incomplete
unvorbereitet *Adj, Adv* unprepared
unvoreingenommen 1. *Adj* impartial 2. *Adv* impartially **Unvoreingenommenheit** *f* impartiality
unvorhergesehen *Adj* unforeseen; *Besuch* unexpected
unvorsichtig 1. *Adj* careless; (≈ *voreilig*) rash 2. *Adv* carelessly; (≈ *unbedacht*) rashly
unvorstellbar *Adj* inconceivable
unvorteilhaft *Adj* unfavourable (*Brit*), unfavorable (*US*); *Kleid, Frisur etc* unbecoming
unwahr *Adj* untrue **Unwahrheit** *f* (*von Äußerung*) untruthfulness; ***die ~ sagen*** not to tell the truth
unwahrscheinlich 1. *Adj* unlikely; (≈ *unglaubhaft*) implausible; (*umg* ≈ *groß*) incredible (*umg*) 2. *Adv* (*umg*) incredibly (*umg*) **Unwahrscheinlichkeit** *f* unlikeliness
unwegsam *Adj Gelände etc* rough
unweigerlich 1. *Adj Folge* inevitable 2. *Adv* inevitably
unweit *Präp +Gen, Adv* not far from
Unwesen *n* ***sein ~ treiben*** to be up to mischief; (*Landstreicher etc*) to make trouble
unwesentlich 1. *Adj* irrelevant; (≈ *unwichtig*) unimportant 2. *Adv erhöhen* insignificantly; *verändern* only slightly; *jünger, besser* just slightly
Unwetter *n* (thunder)storm
unwichtig *Adj* unimportant; (≈ *belanglos*) irrelevant
unwiderruflich 1. *Adj* irrevocable 2. *Adv* definitely
unwiderstehlich *Adj* irresistible
Unwille(n) *m* displeasure (*über +Akk* at)
unwillkürlich 1. *Adj* spontaneous; (≈ *instinktiv*) instinctive 2. *Adv zusammenzucken* instinctively; ***ich musste ~ lachen*** I couldn't help laughing
unwirklich *Adj* unreal
unwirksam *Adj* ineffective; (≈ *nichtig*) null, void
unwirsch *Adj Mensch, Benehmen* sur-

ly, gruff; *Bewegung* brusque
unwirtlich *Adj* inhospitable
unwirtschaftlich *Adj* uneconomic
Unwissen *n* ignorance **unwissend** *Adj* ignorant **Unwissenheit** *f* ignorance **unwissentlich** *Adv* unwittingly
unwohl *Adj* (≈ *unpässlich*) unwell; (≈ *unbehaglich*) uneasy; ***ich fühle mich ~*** I don't feel well **Unwohlsein** *n* indisposition; (≈ *unangenehmes Gefühl*) unease
Unwort *n* taboo word, non-word
unwürdig *Adj* unworthy (+*Gen* of); (≈ *schmachvoll*) degrading
Unzahl *f* ***eine ~ von*** a host of **unzählig** *Adj* innumerable; ***~e Mal(e)*** countless times; ***~ viele Bücher*** innumerable books
Unze *f* ounce
unzeitgemäß *Adj* (≈ *altmodisch*) old-fashioned
unzerbrechlich *Adj* unbreakable
unzertrennlich *Adj* inseparable
unzivilisiert *Adj* (*wörtl*, *fig*) uncivilized
Unzucht *f bes* JUR sexual offence (*Brit*) *od* offense (*US*); ***~ treiben*** to fornicate **unzüchtig** *Adj bes* JUR indecent; *Schriften* obscene
unzufrieden *Adj* dissatisfied; (≈ *missmutig*) unhappy **Unzufriedenheit** *f* dissatisfaction, discontent; (≈ *Missmut*) unhappiness
unzulänglich **1.** *Adj* (≈ *nicht ausreichend*) insufficient; (≈ *mangelhaft*) inadequate **2.** *Adv* inadequately
unzulässig *Adj* inadmissible; *Gebrauch* improper
unzumutbar *Adj Bedingungen* unreasonable
unzurechnungsfähig *Adj* of unsound mind **Unzurechnungsfähigkeit** *f* unsoundness of mind
unzusammenhängend *Adj* incoherent
unzutreffend *Adj* inappropriate, inapplicable; (≈ *unwahr*) incorrect; ***Unzutreffendes bitte streichen*** delete as applicable
unzuverlässig *Adj* unreliable
unzweckmäßig *Adj* (≈ *nicht ratsam*) inexpedient; (≈ *ungeeignet*) unsuitable
unzweideutig *Adj* unambiguous
unzweifelhaft **1.** *Adj* undoubted, unquestionable **2.** *Adv* without doubt, undoubtedly
Update *n* IT update **updaten** *vti* IT to update
üppig *Adj Wachstum* luxuriant; *Haar* thick; *Mahl*, *Ausstattung* sumptuous; *Figur* voluptuous; *Fantasie* rich; ***~ leben*** to live in style
Urabstimmung *f* ballot
Ural *m* (*Gebirge*) ***der ~*** the Urals *Pl*
uralt *Adj* ancient
Uran *n* uranium
uraufführen *vt* to give the first performance (of), to play for the first time; *Film* to premiere *mst pass* **Uraufführung** *f* premiere
urbar *Adj* ***die Wüste ~ machen*** to reclaim the desert; ***Land ~ machen*** to cultivate land
Urbevölkerung *f* natives *Pl*; (*in Australien*) Aborigines *Pl*
urchig *Adj* (*schweiz*) = ***urwüchsig***
ureigen *Adj* very own; ***es liegt in seinem ~sten Interesse*** it's in his own best interests **Ureinwohner(in)** *m(f)* native; (*in Australien*) Aborigine **Urenkel** *m* great-grandchild, great-grandson **Urenkelin** *f* great-granddaughter **urgemütlich** *Adj* (*umg*) really cosy (*Brit*) *od* cozy (*US*) **Urgeschichte** *f* prehistory **Urgewalt** *f* elemental force **Urgroßeltern** *Pl* great-grandparents *Pl* **Urgroßmutter** *f* great-grandmother **Urgroßvater** *m* great-grandfather **Urheber(in)** *m(f)* originator; (JUR ≈ *Verfasser*) author **Urheberrecht** *n* copyright (*an* +*Dat* on) **urheberrechtlich** *Adj*, *Adv* on copyright *attr*; ***~ geschützt*** copyright(ed) **Urheberschaft** *f* authorship
urig *Adj* (*umg*) *Mensch* earthy; *Lokal etc* ethnic
Urin *m* urine **urinieren** *vi* to urinate
Urknall *m* ASTRON big bang **urkomisch** *Adj* (*umg*) screamingly funny (*umg*)
Urkunde *f* document; (≈ *Siegerurkunde*, *Bescheinigung etc*) certificate **Urkundenfälschung** *f* falsification of documents
Urlaub *m* (≈ *Ferien*) holiday(s *Pl*) (*bes Brit*), vacation (*US*); *bes* MIL leave (of absence), furlough (*US*); ***im ~ sein*** to be on holiday (*bes Brit*) *od* vacation (*US*)/on leave; ***in ~ fahren*** to go on holiday (*bes Brit*) *od* vacation (*US*)/on

leave; **(sich** *Dat*) **einen Tag ~ nehmen** to take a day off **Urlauber(in)** *m(f)* holiday-maker (*Brit*), vacationist (*US*) **Urlaubsgeld** *n* holiday pay *od* money (*Brit*), vacation pay *od* money (*US*) **urlaubsreif** *Adj* (*umg*) ready for a holiday (*bes Brit*) *od* vacation (*US*) **Urlaubsreise** *f* holiday (*bes Brit*) *od* vacation (*US*) trip **Urlaubsstimmung** *f* holiday mood **Urlaubstag** *m* (one day of) holiday (*bes Brit*) *od* vacation (*US*) **Urlaubsvertretung** *f* temporary replacement **Urlaubszeit** *f* holiday (*bes Brit*) *od* vacation (*US*) period *od* season

Urne *f* urn; (≈ *Losurne*) box; (≈ *Wahlurne*) ballot box

Urologe *m*, **Urologin** *f* urologist **Urologie** *f* urology **urologisch** *Adj* urological

urplötzlich (*umg*) **1.** *Adj* very sudden **2.** *Adv* all of a sudden **Ursache** *f* cause; (≈ *Grund*) reason; (≈ *Anlass*) occasion; **~ und Wirkung** cause and effect; **keine ~!** (*auf Dank*) don't mention it!; (*auf Entschuldigung*) that's all right; **aus ungeklärter ~** for reasons unknown **Ursprung** *m* origin; (≈ *Abstammung*) extraction; **seinen ~ in etw** (*Dat*) **haben** to originate in sth **ursprünglich 1.** *Adj* original; (≈ *anfänglich*) initial **2.** *Adv* originally; (≈ *anfänglich*) initially **Ursprungsland** *n* HANDEL country of origin **Ursprungszeugnis** *n* certificate of origin

Urteil *n* **a)** judgement; (≈ *Entscheidung*) decision; (≈ *Meinung*) opinion; **ein ~ über jdn/etw fällen** to pass judgement on sb/sth; **sich** (*Dat*) **kein ~ über etw** (*Akk*) **erlauben können** to be in no position to judge sth; **sich** (*Dat*) **ein ~ über jdn/etw bilden** to form an opinion about sb/sth; **b)** (JUR ≈ *Gerichtsurteil*) verdict; (≈ *Strafmaß*) sentence; **das ~ über jdn sprechen** JUR to pass judgement on sb **urteilen** *vi* to judge (*nach* by); **über etw** (*Akk*) **~** to judge sth; (≈ *seine Meinung äußern*) to give one's opinion on sth; **nach seinem Aussehen zu ~** judging by his appearance **Urteilsbegründung** *f* JUR opinion **Urteilskraft** *f* power of judgement; (≈ *Umsichtigkeit*) discernment **Urteilsspruch** *m* JUR judgement; (*von Geschworenen*) verdict; (*von Strafgericht*) sentence **Urteilsverkündung** *f* JUR pronouncement of judgement **Urteilsvermögen** *n* faculty of judgement

Uruguay *n* Uruguay

Urur- great-great- **Urvater** *m* forefather **Urwald** *m* primeval forest; (*in den Tropen*) jungle **urwüchsig** *Adj* (≈ *naturhaft*) natural; *Natur* unspoilt; (≈ *derb, kräftig*) sturdy; *Mensch* rugged; *Humor* earthy **Urzeit** *f* primeval times *Pl*; **seit ~en** since primeval times; (*umg*) for aeons (*Brit umg*) *od* eons (*US umg*); **vor ~en** in primeval times; (*umg*) ages ago **urzeitlich** *Adj* primeval **Urzustand** *m* original state

USA *Pl* **die ~** the USA *Sg*

Usbekistan *n* Uzbekistan

User *m*, **Userin** *f* IT user

Utensil *n* utensil

Uterus *m* uterus

Utopie *f* utopia; (≈ *Wunschtraum*) utopian dream **utopisch** *Adj* utopian **utopistisch** *Adj* (*pej*) utopian

UV-Schutz *m* UV block *od* screen

UV-Strahlen *Pl* ultraviolet rays *Pl*

V

V, v *n* V, v

Vagabund(in) *m(f)* vagabond

vage 1. *Adj* vague **2.** *Adv* vaguely; **etw ~ andeuten** to give a vague indication of sth

Vagina *f* vagina

Vakuum *n* vacuum **vakuumverpackt** *Adj* vacuum-packed

Valentinstag *m* (St) Valentine's Day

Valenz *f* valency

Valuta *f* (≈ *Währung*) foreign currency

Vamp *m* vamp **Vampir** *m* vampire

Vandale *m*, **Vandalin** *f* vandal **Vandalismus** *m* vandalism

Vanille *f* vanilla **Vanilleeis** *n* vanilla ice cream **Vanillegeschmack** *m* vanilla flavour (*Brit*) *od* flavor (*US*) **Vanillesoße** *f* custard **Vanillinzucker** *m* vanilla sugar

variabel *Adj* variable **Variable** *f* variable **Variante** *f* variant (*zu* on) **Variation** *f* variation **Varieté** *n*, **Varietee** *n* **a**) variety (entertainment), vaudeville (*bes US*); **b**) (≈ *Theater*) music hall (*Brit*), vaudeville theater (*US*) **variieren** *vti* to vary

Vase *f* vase

Vaseline *f* Vaseline®

Vater *m* father; **~ *von zwei Kindern sein*** to be the father of two children; ***er ist ganz der ~*** he's very like his father; **~ *Staat*** (*hum*) the State **Vaterland** *n* native country; (*bes Deutschland*) Fatherland **vaterländisch** *Adj* (≈ *national*) national; (≈ *patriotisch*) patriotic **Vaterlandsliebe** *f* patriotism **väterlich** **1.** *Adj* paternal **2.** *Adv* like a father **väterlicherseits** *Adv* on one's father's side; ***meine Großeltern ~*** my paternal grandparents **Vaterliebe** *f* paternal love **Vaterschaft** *f* fatherhood *ohne Artikel*; *bes* JUR paternity **Vaterschaftsklage** *f* paternity suit **Vaterschaftsnachweis** *m* proof of paternity **Vatertag** *m* Father's Day **Vaterunser** *n* Lord's Prayer **Vati** *m* (*umg*) dad(dy) (*umg*)

Vatikan *m* Vatican **Vatikanstadt** *f* Vatican City

V-Ausschnitt *m* V-neck; ***ein Pullover mit ~*** a V-neck pullover

Veganer(in) *m(f)* vegan **Vegetarier(in)** *m(f)* vegetarian **vegetarisch** **1.** *Adj* vegetarian **2.** *Adv* **~ *leben*** to be a vegetarian; ***sich ~ ernähren*** to live on a vegetarian diet **Vegetarismus** *m* vegetarianism **Vegetation** *f* vegetation **vegetativ** *Adj* vegetative; *Nervensystem* autonomic **vegetieren** *vi* to vegetate; (≈ *kärglich leben*) to eke out a bare existence

Veilchen *n* violet **veilchenblau** *Adj* violet

Vektor *m* vector

Velo *n* (*schweiz*) bike (*umg*)

Velours *n* (*a.* **Veloursleder**) suede

Vene *f* vein

Venedig *n* Venice

Venenentzündung *f* phlebitis

Venezianer(in) *m(f)* Venetian **venezianisch** *Adj* Venetian

Venezolaner(in) *m(f)* Venezuelan **venezolanisch** *Adj* Venezuelan **Venezuela** *n* Venezuela

Ventil *n* valve; (*fig*) outlet **Ventilation** *f* ventilation; (*Anlage*) ventilation system **Ventilator** *m* ventilator

verabreden **1.** *vt* to arrange; ***zum verabredeten Zeitpunkt*** at the agreed time; ***schon verabredet sein*** to have something else on (*umg*); ***mit jdm verabredet sein*** to have arranged to meet sb; (*geschäftlich*) to have an appointment with sb; (*bes mit Freund/Freundin*) to have a date with sb **2.** *vr* ***sich mit jdm ~*** to arrange to meet sb; (*geschäftlich*) to arrange an appointment with sb; (*bes mit Freund/Freundin*) to make a date with sb **Verabredung** *f* (≈ *Vereinbarung*) arrangement; (≈ *Treffen*) engagement (*förml*); (*geschäftlich*) appointment; (*bes mit Freund/Freundin*) date

verabreichen *vt* to give; *Arznei auch* to administer (*förml*) (*jdm* to sb)

verabscheuen *vt* to detest **verabscheuenswert** *Adj* detestable

verabschieden **1.** *vt* to say goodbye to; (≈ *entlassen*) *Beamte* to discharge; POL *Haushaltsplan* to adopt; *Gesetz* to pass **2.** *vr* ***sich (von jdm) ~*** to say goodbye (to sb) **Verabschiedung** *f* (*von Beamten etc*) discharge; (POL, *von Gesetz*) passing; (*von Haushaltsplan*) adoption

verachten *vt* to despise; ***nicht zu ~*** (*umg*) not to be sneezed at (*umg*) **verachtenswert** *Adj* despicable **verächtlich** **1.** *Adj* contemptuous; (≈ *verachtenswert*) despicable **2.** *Adv* contemptuously **Verachtung** *f* contempt (*von* for); ***jdn mit ~ strafen*** to treat sb with contempt

veralbern *vt* (*umg*) to make fun of

verallgemeinern *vti* to generalize **Verallgemeinerung** *f* generalization

veralten *vi* to become obsolete; (*Ansichten*, *Methoden*) to become antiquated **veraltet** *Adj* obsolete; *Ansichten* antiquated

Veranda *f* veranda

veränderbar *Adj* changeable **veränderlich** *Adj* variable; *Wetter* changeable **Veränderlichkeit** *f* variability **verändern** **1.** *vt* to change **2.** *vr* to change; (≈ *Stellung wechseln*) to change one's job; ***sich zu seinem Vorteil/Nachteil ~*** (*im Aussehen*) to look better/worse; (*charakterlich*) to change for the better/worse **Veränderung** *f* change

verängstigen *vt* (≈ *erschrecken*) to frighten; (≈ *einschüchtern*) to intimidate

veranlagen *vt* to assess (*mit* at) **veranlagt** *Adj* ***melancholisch ~ sein*** to have a melancholy disposition; ***praktisch ~ sein*** to be practically minded; ***künstlerisch ~ sein*** to have an artistic bent **Veranlagung** *f* **a**) (*körperlich*) predisposition; (*charakterlich*) nature; (≈ *Hang*) tendency; (≈ *Talent*) bent; **b**) (*von Steuern*) assessment

veranlassen *vt* ***etw ~*** (≈ *in die Wege leiten*) to arrange for sth; (≈ *befehlen*) to order sth; ***wir werden alles Weitere ~*** we will take care of everything else **Veranlassung** *f* cause; ***auf ~ von*** *od* +*Gen* at the instigation of; ***~ zu etw geben*** to give cause for sth

veranschaulichen *vt* to illustrate **Veranschaulichung** *f* illustration

veranschlagen *vt* to estimate (*auf* +*Akk* at); ***etw zu hoch ~*** to overestimate sth; ***etw zu niedrig ~*** to underestimate sth

veranstalten *vt* to organize; *Wahlen* to hold; *Umfrage* to do; *Party etc* to hold **Veranstalter(in)** *m(f)* organizer; (*von Konzerten etc*) promoter **Veranstaltung** *f* **a**) event (*von* organized by); (*feierlich*) function; **b**) (≈ *das Veranstalten*) organization **Veranstaltungskalender** *m* calendar of events

verantworten **1.** *vt* to accept (the) responsibility for; ***wie könnte ich es denn ~, ...?*** it would be most irresponsible of me ...; ***ein weiterer Streik wäre nicht zu ~*** another strike would be irresponsible **2.** *vr* ***sich für*** *od* ***wegen etw ~*** to justify sth (*vor* +*Dat* to); *für Missetaten etc* to answer for sth (*vor* +*Dat* before) **verantwortlich** *Adj* responsible (*für* for); (≈ *haftbar*) liable; ***jdn für etw ~ machen*** to hold sb responsible for sth **Verantwortliche(r)** *mf* person responsible **Verantwortung** *f* responsibility; ***auf eigene ~*** on one's own responsibility; ***auf deine ~!*** on your own head be it! (*Brit*), it's your ass! (*US umg*); ***die ~ (für etw) tragen*** to take responsibility (for sth) **verantwortungsbewusst** **1.** *Adj* responsible **2.** *Adv* responsibly **Verantwortungsbewusstsein** *n* sense of responsibility **verantwortungslos** **1.** *Adj* irresponsible **2.** *Adv* irresponsibly

verarbeiten *vt* to use (*zu etw* to make sth); TECH, BIOL *etc* to process; *Daten* to process; (≈ *bewältigen*) to overcome; ***~de Industrie*** processing industries *Pl* **Verarbeitung** *f* **a**) use, using; TECH, BIOL, IT processing; (≈ *Bewältigung*) overcoming; **b**) (≈ *Aussehen*) finish

verärgern *vt* ***jdn ~*** to annoy sb; (*stärker*) to anger sb **verärgert** **1.** *Adj* annoyed; (*stärker*) angry **2.** *Adv reagieren* angrily

verarmen *vi* to become impoverished

verarschen *vt* (*umg*) to take the piss out of (*Brit sl*), to make fun of; (≈ *für dumm verkaufen*) to mess around (*umg*)

verarzten *vt* (*umg*) to fix up (*umg*); (*mit Verband*) to patch up (*umg*)

verausgaben *vr* to overexert oneself

veräußern *vt* (*förml* ≈ *verkaufen*) to dispose of; *Rechte*, *Land* to alienate (*förml*)

Verb *n* verb **verbal** **1.** *Adj* verbal **2.** *Adv* verbally

Verband *m* **a**) MED dressing; (*mit Binden*) bandage; **b**) (≈ *Bund*) association **Verband(s)kasten** *m* first-aid box **Verband(s)material** *n* dressing material **Verband(s)zeug** *n* dressing material

verbannen *vt* to banish (*auch fig*), to exile (*aus* from, *auf* to) **Verbannung** *f* banishment

verbarrikadieren *vr* to barricade oneself in (*in etw* (*Dat*) sth)

verbauen *vt* (≈ *versperren*) to obstruct

verbeißen **1.** *vt* (*fig umg*) ***sich*** (*Dat*) ***etw ~*** *Bemerkung* to bite back sth; *Schmerz* to hide sth; ***sich*** (*Dat*) ***das Lachen ~*** to keep a straight face **2.** *vr* ***sich in etw*** (*Akk*) ***~*** (*fig*) to become fixed on sth; → ***verbissen***

verbergen **1.** *vt* to hide; ***jdm etw ~*** (≈ *verheimlichen*) to keep sth from sb **2.** *vr* to hide (oneself); → ***verborgen***

verbessern **1.** *vt* **a**) (≈ *besser machen*) to improve; *Leistung*, *Bestzeit* to improve (up)on; **b**) (≈ *korrigieren*) to correct **2.** *vr* **a**) to improve; (*beruflich*) to better oneself; **b)** (≈ *sich korrigieren*) to correct oneself **Verbesserung** *f* **a)** improvement (*von* in); (≈ *berufliche Verbesserung*) betterment; **b)** (≈ *Berichtigung*) correction

verbeugen *vr* to bow (*vor +Dat* to) **Verbeugung** *f* bow

verbeulen *vt* to dent

verbiegen 1. *vt* to bend (out of shape); ***verbogen*** bent **2.** *vr* to bend; (*Holz*) to warp

verbieten *vt* to forbid; *Zeitung, Partei etc* to ban; ***jdm ~, etw zu tun*** to forbid sb to do sth; → ***verboten***

verbilligen *vt* to reduce the cost of; *Preis* to reduce; ***verbilligte Waren*** reduced goods

verbinden 1. *vt* **a)** MED to dress; (*mit Binden*) to bandage; ***jdm die Augen ~*** to blindfold sb; **b)** (≈ *verknüpfen*) to connect; **c)** TELEK (***Sie sind hier leider***) ***falsch verbunden!*** (I'm sorry, you've got the) wrong number!; ***mit wem bin ich verbunden?*** who am I speaking to?; **d)** (≈ *gleichzeitig tun*) to combine; **e)** (≈ *assoziieren*) to associate; **f)** (≈ *mit sich bringen*) ***mit etw verbunden sein*** to involve sth **2.** *vr* (≈ *zusammenkommen*) to combine; (≈ *sich zusammentun*) to join forces **verbindlich 1.** *Adj* **a)** obliging; **b)** (≈ *verpflichtend*) obligatory; *Zusage* binding **2.** *Adv* **a)** (≈ *bindend*) ***etw ~ vereinbart haben*** to have a binding agreement (regarding sth); ***~ zusagen*** to accept definitely; **b)** (≈ *freundlich*) ***~ lächeln*** to give a friendly smile **Verbindlichkeit** *f* **a)** (≈ *Entgegenkommen*) obliging ways *Pl*; **b)** (*von Zusage*) binding nature; **c) Verbindlichkeiten** *Pl* HANDEL, JUR obligations *Pl* **Verbindung** *f* **a)** connection; (≈ *Kontakt*) contact (*zu, mit* with); ***in ~ mit*** (≈ *zusammen mit*) in conjunction with; (≈ *im Zusammenhang mit*) in connection with; ***jdn mit etw in ~ bringen*** to connect sb with sth; (≈ *assoziieren*) to associate sb with sth; ***~ mit jdm aufnehmen*** to contact sb; ***mit jdm in ~ bleiben*** to stay in touch with sb; ***sich*** (***mit jdm***) ***in ~ setzen*** to get in touch (with sb); **b)** (TELEK ≈ *Anschluss*) line; **c)** (≈ *Kombination*) combination; **d)** (≈ *Bündnis*) association; UNI society

verbissen 1. *Adj Arbeiter* determined; *Kampf* dogged; *Miene* determined **2.** *Adv* determinedly; *kämpfen* doggedly; → ***verbeißen*** **Verbissenheit** *f* (*von Kampf*) doggedness; (*von Miene*) determination

verbitten *vt* ***sich*** (*Dat*) ***etw ~*** to refuse to tolerate sth; ***das verbitte ich mir!*** I won't have it!

verbittern *vt* to embitter **verbittert** *Adj* embittered

verblassen *vi* to fade

Verbleib *m* (*förml*) whereabouts *Pl* **verbleiben** *vi* to remain; ***... verbleibe ich Ihr ...*** (*förml*) ... I remain, Yours sincerely (*Brit*) *od* Sincerely (yours) (*US*) ...; ***wir sind so verblieben, dass wir ...*** we agreed to ...

verbleit *Adj Benzin* leaded

verblöden *vi* (*umg*) to become a zombi(e) (*umg*)

verblüffen *vt* (≈ *erstaunen*) to stun; (≈ *verwirren*) to baffle **verblüfft 1.** *Adj* amazed **2.** *Adv aufsehen* perplexed; *sich umdrehen* in surprise **Verblüffung** *f* (≈ *Erstaunen*) amazement; (≈ *Verwirrung*) bafflement

verbluten *vi* to bleed to death

verbohrt *Adj* stubborn; *Meinung* inflexible

verborgen *Adj* hidden; ***etw ~ halten*** to hide sth; ***sich ~ halten*** to hide; → ***verbergen***

Verbot *n* ban (*+Gen* on); ***trotz des ärztlichen ~es*** against doctor's orders **verboten** *Adj* forbidden; (*amtlich*) prohibited; (≈ *gesetzeswidrig*) *Handel* illegal; *Zeitung, Partei etc* banned; ***Rauchen/Parken ~*** no smoking/parking; ***er sah ~ aus*** (*umg*) he was a real sight (*umg*); → ***verbieten*** **Verbotsschild** *n* notice (*prohibiting something*); (*im Verkehr*) prohibition sign

Verbrauch *m* consumption (*von, an +Dat* of); (*von Geld*) expenditure; ***zum baldigen ~ bestimmt*** to be used immediately **verbrauchen 1.** *vt* **a)** to use; *Energie etc* to consume; *Vorräte* to use up; **b)** (≈ *abnützen*) *Kräfte etc* to exhaust **2.** *vr* to wear oneself out **Verbraucher(in)** *m(f)* consumer **Verbraucherberatung** *f* consumer advice centre (*Brit*) *od* center (*US*) **Verbrauchermarkt** *m* large supermarket **Verbraucherschutz** *m* consumer protection **Verbrauchsgüter** *Pl* consumer

goods *Pl*
verbrechen *vt* **a)** *Straftat* to commit; **b)** (*umg* ≈ *anstellen*) ***was habe ich denn jetzt schon wieder verbrochen?*** what on earth have I done now? **Verbrechen** *n* crime **Verbrechensbekämpfung** *f* combating crime *ohne Artikel* **Verbrecher(in)** *m(f)* criminal **verbrecherisch** *Adj* criminal; ***in ~er Absicht*** with criminal intent **Verbrechertum** *n* criminality
verbreiten **1.** *vt* to spread; (≈ *ausstrahlen*) *Wärme, Ruhe* to radiate; ***eine (weit) verbreitete Ansicht*** a widely held opinion **2.** *vr* (≈ *sich ausbreiten*) to spread **verbreitern** **1.** *vt* to widen **2.** *vr* to get wider **Verbreitung** *f* spreading
verbrennen **1.** *vt* to burn; (≈ *einäschern*) *Tote* to cremate; (≈ *versengen*) to scorch; *Haar* to singe; ***sich*** (*Dat*) ***die Zunge ~*** to burn one's tongue; ***sich*** (*Dat*) ***den Mund ~*** (*fig*) to open one's big mouth (*umg*) **2.** *vr* to burn oneself **3.** *vi* to burn; (*Haus etc*) to burn down; (*durch Sonne, Hitze*) to be scorched **Verbrennung** *f* **a)** (≈ *das Verbrennen*) burning; (*von Leiche*) cremation; **b)** (≈ *Brandwunde*) burn **Verbrennungsmotor** *m* internal combustion engine **Verbrennungsofen** *m* furnace; (*für Müll*) incinerator
verbringen *vt Zeit etc* to spend
verbrühen **1.** *vt* to scald **2.** *vr* to scald oneself **Verbrühung** *f* scalding; (≈ *Wunde*) scald
verbuchen *vt* to enter (up) (in a/the book); ***einen Betrag auf ein Konto ~*** to credit a sum to an account; ***einen Erfolg (für sich) ~*** to notch up a success (*umg*)
verbummeln *vt* (*umg* ≈ *verlieren*) to lose; (≈ *vertrödeln*) *Nachmittag* to waste
Verbund *m* WIRTSCH combine; ***im ~ arbeiten*** to cooperate **verbünden** *vr* to ally oneself (*mit* to); (*Staaten*) to form an alliance; ***verbündet sein*** to be allies **Verbundenheit** *f* (*mit Menschen, Natur*) closeness (*mit* to); (*mit Land, Tradition*) attachment (*mit* to) **Verbündete(r)** *mf* ally **Verbundglas** *n* laminated glass **Verbundstoff** *m* composite (material)
verbürgen **1.** *vr* ***sich für jdn/etw ~*** to vouch for sb/sth **2.** *vt* **a)** (≈ *gewährleisten*) *Recht* to guarantee; **b)** FINANZ *Kredit* to guarantee; **c)** (≈ *dokumentieren*) ***historisch verbürgt sein*** to be historically documented
verbüßen *vt* to serve
verchromen *vt* to chromium-plate
Verdacht *m* suspicion; ***jdn in ~ haben*** to suspect sb; ***im ~ stehen, etw getan zu haben*** to be suspected of having done sth; ***(gegen jdn) ~ schöpfen*** to become suspicious (of sb); ***~ erregen*** to arouse suspicion; ***etw auf ~ tun*** (*umg*) to do sth on spec (*umg*) **verdächtig** *Adj* suspicious; ***sich ~ machen*** to arouse suspicion; ***die drei ~en Personen*** the three suspects **verdächtigen** *vt* to suspect (+*Gen* of); ***er wird des Diebstahls verdächtigt*** he is suspected of theft **Verdächtige(r)** *mf* suspect
verdammen *vt* (≈ *verfluchen*) to damn; (≈ *verurteilen*) to condemn **verdammt** (*umg*) **1.** *Adj* damned (*umg*) **2.** *Adv* damn (*umg*); ***das tut ~ weh*** that hurts like hell (*umg*); ***~ viel Geld*** a hell of a lot of money (*umg*) **3.** *Interj* ***verdammt!*** damn (it) (*umg*); ***~ noch mal!*** damn it all (*umg*)
verdampfen *vti* to vaporize
verdanken *vt* ***jdm etw ~*** to owe sth to sb; ***das verdanke ich dir*** (*iron*) I've got you to thank for that
verdattert *Adj, Adv* (*umg* ≈ *verwirrt*) flabbergasted (*umg*)
verdauen *vt* to digest **verdaulich** *Adj* digestible **Verdauung** *f* digestion **Verdauungsbeschwerden** *Pl* digestive trouble *Sg* **Verdauungsspaziergang** *m* constitutional **Verdauungsstörung** *f* indigestion *kein Pl*
Verdeck *n* (*von Kinderwagen*) hood (*Brit*), canopy; (*von Auto*) soft top
verdecken *vt* to hide; (≈ *zudecken*) to cover (up); *Sicht* to block; (*fig*) to conceal **verdeckt** *Adj* concealed; *Ermittler, Einsatz* undercover
verdenken *vt* ***jdm etw ~*** to hold sth against sb; ***ich kann es ihm nicht ~*** I can't blame him
verderben **1.** *vt* to spoil; (*stärker*) to ruin; (*moralisch*) to corrupt; (≈ *verwöhnen*) to spoil; ***jdm etw ~*** to spoil sth for sb; ***es (sich Dat) mit jdm ~*** to fall out with sb **2.** *vi* (*Material*) to become

spoiled/ruined; (*Nahrungsmittel*) to go off (*Brit*) *od* bad; → ***verdorben*** **Verderben** *n* (≈ *Unglück*) undoing; ***in sein ~ rennen*** to be heading for disaster **verderblich** *Adj* pernicious; *Lebensmittel* perishable

verdeutlichen *vt* to show clearly; (≈ *deutlicher machen*) to clarify; (≈ *erklären*) to explain

ver.di *f, Abk von* ***Vereinigte Dienstleistungsgewerkschaft*** *German service sector union*

verdichten **1.** *vt* PHYS to compress; (*fig* ≈ *komprimieren*) to condense **2.** *vr* to thicken; (*Schneetreiben*) to worsen; (*fig* ≈ *häufen*) to increase; (*Verdacht*) to deepen; ***es ~ sich die Hinweise, dass ...*** there is growing evidence that ...

verdienen **1.** *vt* **a)** (≈ *einnehmen*) to earn; (≈ *Gewinn machen*) to make; ***sich*** (*Dat*) ***etw ~*** to earn the money for sth; **b)** (*fig*) *Lob, Strafe* to deserve; ***er verdient es nicht anders/besser*** he doesn't deserve anything else/any better; → ***verdient*** **2.** *vi* to earn; (≈ *Gewinn machen*) to make (a profit) (*an +Dat* on); ***er verdient gut*** he earns a lot; ***er verdient schlecht*** he doesn't earn much; ***am Krieg ~*** to profit from war **Verdiener(in)** *m(f)* wage earner

Verdienst[1] *m* (≈ *Einkommen*) income; (≈ *Profit*) profit

Verdienst[2] *n* **a)** merit; (≈ *Dank*) credit; ***es ist sein ~(, dass ...)*** it is thanks to him (that ...); **b)** (≈ *Leistung*) contribution; ***ihre ~e um die Wissenschaft*** her services to science

Verdienstausfall *m* loss of earnings

Verdienstorden *m* order of merit **verdienstvoll** *Adj* commendable **verdient** **1.** *Adj* **a)** *Lohn, Strafe* rightful; *Lob* well-deserved; **b)** *Künstler, Politiker* of outstanding merit **2.** *Adv gewinnen* deservedly; → ***verdienen*** **verdientermaßen** *Adv* deservedly

verdonnern *vt* (*umg: zu Haft etc*) to sentence (*zu* to); ***jdn zu etw ~*** to order sb to do sth as a punishment

V

verdoppeln **1.** *vt* to double; (*fig*) *Anstrengung etc* to redouble **2.** *vr* to double **Verdopp(e)lung** *f* doubling; (*von Anstrengung*) redoubling

verdorben *Adj* **a)** *Lebensmittel* bad; *Magen* upset; **b)** *Stimmung* spoiled; **c)** (*moralisch*) corrupt; (≈ *verzogen*) *Kind* spoiled

verdorren *vi* to wither

verdrängen *vt jdn* to drive out; (≈ *ersetzen*) to replace; PHYS *Wasser, Luft* to displace; (*fig*) *Sorgen* to dispel; PSYCH to repress; ***jdn aus dem Amt ~*** to oust sb (from office) **Verdrängung** *f* driving out; (≈ *Ersetzung*) replacing; PHYS displacement; (*von Sorgen*) dispelling; PSYCH repression

verdrecken *vti* (*umg*) to get dirty; ***verdreckt*** filthy (dirty)

verdrehen *vt* to twist; (≈ *verknacksen*) to sprain; *Hals* to crick; *Augen* to roll; *Tatsachen* to distort

verdreifachen *vtr* to triple

verdreschen *vt* (*umg*) to beat up

verdrießlich *Adj* morose **verdrossen** *Adj* (≈ *schlecht gelaunt*) morose; (≈ *unlustig*) *Gesicht* unwilling **Verdrossenheit** *f* (≈ *schlechte Laune*) moroseness; (≈ *Lustlosigkeit*) unwillingness; (*über Politik etc*) dissatisfaction (*über +Akk* with)

verdrücken **1.** *vt* (*umg*) *Essen* to polish off (*umg*) **2.** *vr* (*umg*) to beat it (*umg*)

Verdruss *m* frustration; ***zu jds ~*** to sb's annoyance

verduften *vi* **a)** (≈ *seinen Duft verlieren*) to lose its smell; (*Tee, Kaffee*) to lose its aroma; **b)** (*umg* ≈ *verschwinden*) to beat it (*umg*)

verdummen **1.** *vt* ***jdn ~*** (≈ *dumm machen*) to dull sb's mind **2.** *vi* to stultify

verdunkeln **1.** *vt* to darken; (*im Krieg*) to black out; (*fig*) *Motive etc* to obscure **2.** *vr* to darken **Verdunkelung** *f* **a)** darkening; (*im Krieg*) blacking out; (*fig*) obscuring; **b)** JUR suppression of evidence **Verdunkelungsgefahr** *f* JUR danger of suppression of evidence

verdünnen *vt* to thin (down); (*mit Wasser*) to water down; *Lösung* to dilute **Verdünner** *m* thinner **Verdünnung** *f* thinning; (*von Lösung*) dilution; (*mit Wasser*) watering down

verdunsten *vi* to evaporate **Verdunstung** *f* evaporation

verdursten *vi* to die of thirst

verdüstern *vtr* to darken

verdutzt *Adj, Adv* (*umg*) taken aback; (≈ *verwirrt*) baffled

veredeln *vt Metalle, Erdöl* to refine;

BOT to graft; *Geschmack* to improve
verehren *vt* **a)** (≈ *hoch achten*) to admire; *Gott, Heiligen* to honour; (≈ *ehrerbietig lieben*) to worship; **b)** (≈ *schenken*) ***jdm etw ~*** to give sb sth **Verehrer(in)** *m(f)* admirer **verehrt** *Adj* (*in Anrede*) **(*sehr*) *~e Anwesende/~es Publikum*** Ladies and Gentlemen
vereidigen *vt* to swear in; ***jdn auf etw*** (*Akk*) **~** to make sb swear on sth **Vereidigung** *f* swearing in
Verein *m* organization; (≈ *Sportverein*) club; ***ein wohltätiger ~*** a charity
vereinbar *Adj* compatible; *Aussagen* consistent; ***nicht*** **(*miteinander*) ~** incompatible; *Aussagen* inconsistent
vereinbaren *vt* **a)** to agree; *Zeit, Treffen, Tag* to arrange; **b)** ***mit etw zu ~ sein*** to be compatible with sth; (*Aussagen*) to be consistent with sth; (*Ziele, Ideale*) to be reconcilable with sth
Vereinbarung *f* (≈ *Abmachung*) agreement; ***laut ~*** as agreed; ***nach ~*** by arrangement **vereinbarungsgemäß** *Adv* as agreed
vereinen 1. *vt* to unite; → ***vereint*** **2.** *vr* to join together
vereinfachen *vt* to simplify
vereinheitlichen *vt* to standardize **Vereinheitlichung** *f* standardization
vereinigen 1. *vt* to unite; *Eigenschaften* to bring together; HANDEL *Firmen* to merge (*zu* into); ***alle Stimmen auf sich*** (*Akk*) **~** to collect all the votes **2.** *vr* to unite; (*Firmen*) to merge **vereinigt** *Adj* united; ***Vereinigtes Königreich*** United Kingdom; ***Vereinigte Staaten*** United States; ***Vereinigte Arabische Emirate*** United Arab Emirates **Vereinigung** *f* **a)** (≈ *das Vereinigen*) uniting; (*von Eigenschaften*) bringing together; (*von Firmen*) merging; **b)** (≈ *Organisation*) organization
vereinsamen *vi* to become lonely *od* isolated **Vereinsamung** *f* loneliness
Vereinshaus *n* clubhouse **Vereinsmitglied** *n* club member
vereint 1. *Adj* united; ***Vereinte Nationen*** United Nations *Sg* **2.** *Adv* together, in unison; → ***vereinen***
vereinzelt 1. *Adj* occasional **2.** *Adv* occasionally; ***... ~ bewölkt*** ... with cloudy patches
vereisen *vi* to freeze; (*Straße*) to freeze over; (*Fensterscheibe*) to ice over **vereist** *Adj Straßen, Fenster* icy; *Bäche* frozen; *Piste* iced-up
vereiteln *vt* to foil
vereitern *vi* to go septic
verenden *vi* to perish
verengen 1. *vr* to narrow; (*Gefäße, Pupille*) to contract **2.** *vt* to make narrower **Verengung** *f* **a)** narrowing; (*von Pupille, Gefäß*) contraction; **b)** (≈ *verengte Stelle*) narrow part (*in +Dat* of)
vererben 1. *vt* **a)** *Besitz* to leave, to bequeath (*+Dat, an +Akk* to); (*hum*) to hand on (*jdm* to sb); **b)** *Eigenschaften* to pass on (*+Dat, auf +Akk* to); *Krankheit* to transmit **2.** *vr* to be passed on/transmitted (*auf +Akk* to)
vererblich *Adj Krankheit* hereditary
Vererbungslehre *f* genetics *Sg*
verewigen 1. *vt* to immortalize **2.** *vr* to immortalize oneself
Verfahren *n* (≈ *Vorgehen*) actions *Pl*; (≈ *Verfahrensweise*) procedure; TECH process; (≈ *Methode*) method; JUR proceedings *Pl*; ***ein ~ gegen jdn einleiten*** to take *od* initiate legal proceedings against sb
verfahren[1] *vi* (≈ *vorgehen*) to act; ***mit jdm streng ~*** to deal strictly with sb
verfahren[2] **1.** *vt* (≈ *verbrauchen*) *Geld, Zeit* to spend in travelling (*Brit*) *od* traveling (*US*); *Benzin* to use up **2.** *vr* (≈ *sich verirren*) to lose one's way
verfahren[3] *Adj Situation* muddled
Verfahrenstechnik *f* process engineering **Verfahrensweise** *f* procedure
Verfall *m* (≈ *Zerfall*) decay; (*von Gebäude*) dilapidation; (*gesundheitlich, von Kultur etc*) decline; (*von Scheck, Karte*) expiry
verfallen[1] *vi* **a)** (≈ *zerfallen*) to decay; (*Bauwerk*) to fall into disrepair; (*körperlich*) to deteriorate; (*Kultur etc*) to decline; **b)** (≈ *ungültig werden*) to become invalid; (*Fahrkarte*) to expire; (*Termin, Anspruch*) to lapse; **c)** (≈ *abhängig werden*) ***einer Sache ~ sein*** to be a slave to sth; *dem Alkohol etc* to be addicted to sth; ***jdm völlig ~ sein*** to be completely under sb's spell; **d)** ***auf etw*** (*Akk*) **~** to think of sth; ***in etw*** (*Akk*) **~** to sink into sth; ***in einen tiefen Schlaf ~*** to fall into a deep sleep
verfallen[2] *Adj Gebäude* dilapidated; (≈ *abgelaufen*) invalid; *Strafe* lapsed

V

Verfallsdatum *n* expiry date; (*der Haltbarkeit*) best-before date
verfälschen *vt* to distort; *Daten* to falsify; *Geschmack* to adulterate
verfänglich *Adj Situation* awkward; *Beweismaterial* incriminating; (≈ *gefährlich*) dangerous; *Frage* tricky
verfärben **1.** *vt* to discolour (*Brit*), to discolor (*US*) **2.** *vr* to change colour (*Brit*) *od* color (*US*); (*Metall, Stoff*) to discolour (*Brit*), to discolor (*US*); ***sich grün/rot ~*** to turn green/red
verfassen *vt* to write; *Urkunde* to draw up **Verfasser(in)** *m(f)* writer; (*von Buch etc auch*) author **Verfassung** *f* **a)** POL constitution; **b)** (≈ *Zustand*) state; (*seelisch*) state of mind; ***sie ist in guter/schlechter ~*** she is in good/bad shape **Verfassungsänderung** *f* constitutional amendment **verfassungsfeindlich** *Adj* anticonstitutional **verfassungsmäßig** *Adj* constitutional **Verfassungsschutz** *m* (*Aufgabe*) defence (*Brit*) *od* defense (*US*) of the constitution; (*Organ, Amt*) *office responsible for defending the constitution* **verfassungswidrig** *Adj* unconstitutional
verfaulen *vi* to decay; (*Körper, organische Stoffe*) to decompose **verfault** *Adj* decayed; *Fleisch, Obst etc* rotten
verfechten *vt* to defend; *Lehre* to advocate **Verfechter(in)** *m(f)* advocate
verfehlen *vt* (≈ *verpassen*) to miss; ***den Zweck ~*** not to achieve its purpose; ***das Thema ~*** to be completely off the subject **verfehlt** *Adj* (≈ *unangebracht*) inappropriate; (≈ *misslungen*) unsuccessful **Verfehlung** *f* (≈ *Vergehen*) misdemeanour (*Brit*), misdemeanor (*US*); (≈ *Sünde*) transgression
verfeinern *vtr* to improve **verfeinert** *Adj* sophisticated **Verfeinerung** *f* improvement
verfestigen *vt* to harden; (≈ *verstärken*) to strengthen
Verfettung *f* (MED, *von Körper*) obesity
verfilmen *vt Buch* to make a film of **Verfilmung** *f* filming; (≈ *Film*) film (version)
verfilzt *Adj* felted; *Haare* matted
verfinstern **1.** *vt* to darken; *Sonne, Mond* to eclipse **2.** *vr* to darken **Verfinsterung** *f* darkening; (*von Sonne etc*) eclipse
verflachen *vi* to flatten out; (*fig: Diskussion*) to become superficial
verflechten *vt* to interweave; *Methoden* to combine **Verflechtung** *f* interconnection (+*Gen* between); POL, WIRTSCH integration
verfliegen *vi* (*Stimmung, Zorn etc*) to blow over (*umg*), to pass; (*Kummer etc*) to vanish; (*Alkohol*) to evaporate; (*Zeit*) to fly
verflixt (*umg*) **1.** *Adj* blessed (*umg*), darned (*umg*); (≈ *kompliziert*) tricky **2.** *Interj* ***verflixt!*** blow! (*Brit umg*), darn! (*US umg*)
verflossen *Adj* **a)** *Jahre, Tage* bygone; **b)** (*umg* ≈ *ehemalig*) one-time *attr* (*umg*); ***ihr Verflossener*** her ex (*umg*)
verfluchen *vt* to curse **verflucht** *Adj* (*umg*) damn (*umg*)
verflüchtigen *vr* (*Alkohol etc*) to evaporate; (*fig*) (*Ärger*) to be dispelled
verflüssigen *vtr* to liquefy **Verflüssigung** *f* liquefaction
verfolgen *vt* to pursue; (≈ *jds Spuren folgen*) *jdn* to trail; *Tier* to track; *Entwicklung, Spur* to follow; (*politisch, religiös*) to persecute; (*Gedanke etc*) *jdn* to haunt; ***vom Unglück verfolgt werden*** to be dogged by ill fortune; ***jdn gerichtlich ~*** to prosecute sb **Verfolger(in)** *m(f)* **a)** pursuer; **b)** (*politisch etc*) persecutor **Verfolgung** *f* pursuit; (≈ *politische Verfolgung*) persecution *kein Pl*; ***die ~ aufnehmen*** to take up the chase **Verfolgungswahn** *m* persecution mania
verfrachten *vt* HANDEL to transport; (*umg*) *jdn* to bundle off (*umg*)
verfremden *vt Thema, Stoff* to make unfamiliar **Verfremdung** *f* defamiliarization; THEAT, LITERATUR alienation
verfressen *Adj* (*umg*) greedy
verfroren *Adj* (≈ *durchgefroren*) frozen
verfrüht *Adj* (≈ *zu früh*) premature; (≈ *früh*) early
verfügbar *Adj* available **Verfügbarkeit** *f* availability **verfügen** **1.** *vi* ***über etw*** (*Akk*) ***~*** to have sth at one's disposal; (≈ *besitzen*) to have sth; ***über etw*** (*Akk*) ***frei ~ können*** to be able to do as one wants with sth **2.** *vt* to order; (*gesetzlich*) to decree **Verfügung** *f* **a)** ***jdm etw zur ~ stellen*** to put sth at sb's disposal; (≈ *leihen*) to lend sb sth; ***(jdm) zur ~ stehen*** (≈ *verfügbar*

V

sein) to be available (to sb); ***etw zur ~ haben*** to have sth at one's disposal; **b)** (*behördlich*) order; (*von Gesetzgeber*) decree; (≈ *Anweisung*) instruction
verführen *vt* to tempt; (*bes sexuell*) to seduce; *das Volk etc* to lead astray; ***jdn zu etw ~*** to encourage sb to do sth **Verführer** *m* seducer **Verführerin** *f* seductress **verführerisch** *Adj* seductive; (≈ *verlockend*) tempting **Verführung** *f* seduction; (≈ *Verlockung*) enticement **Verführungskunst** *f* seductive manner; ***Verführungskünste*** seductive charms
verfüttern *vt* to feed (*an +Akk* to); ***etw an die Vögel ~*** to feed sth to the birds
Vergabe *f* (*von Arbeiten*) allocation; (*von Auftrag etc*) award
vergammeln (*umg*) *vi* **a)** (≈ *verderben*) to get spoiled; (*Speisen*) to go bad; **b)** (≈ *verlottern*) to go to the dogs (*umg*); *Gebäude* to become run down; ***vergammelt aussehen*** to look scruffy
vergangen *Adj* **a)** (≈ *letzte*) last; **b)** *Jahre* past; *Zeiten* bygone; → ***vergehen*** **Vergangenheit** *f* past; GRAM past (tense); ***der ~ angehören*** to be a thing of the past **Vergangenheitsbewältigung** *f* process of coming to terms with the past **vergänglich** *Adj* transitory **Vergänglichkeit** *f* transitoriness
vergasen *vt* (TECH: *in Motor*) to carburet; *Kohle* to gasify; (≈ *durch Gas töten*) to gas **Vergaser** *m* AUTO carburettor (*Brit*), carburetor (*US*) **Vergasung** *f* TECH carburation; (*von Kohle*) gasification; (≈ *Tötung*) gassing
vergeben 1. *vt* **a)** (≈ *weggeben*) *Auftrag, Preis* to award (*an +Akk* to); *Stellen* to allocate; *Kredit* to give out; *Arbeit* to assign; (*fig*) *Chance* to throw away; ***er/sie ist schon ~*** (*umg*) he/she is already spoken for (*umg*); **b)** (≈ *verzeihen*) to forgive; ***jdm etw ~*** to forgive sb (for) sth **2.** *vr* KARTEN to misdeal **vergebens** *Adj präd, Adv* in vain **vergeblich 1.** *Adj* futile; ***alle Versuche waren ~*** all attempts were in vain **2.** *Adv* in vain **Vergeblichkeit** *f* futility **Vergebung** *f* forgiveness
vergehen 1. *vi* **a)** to pass; (*Liebe*) to die; (*Schönheit*) to fade; ***wie doch die Zeit vergeht*** how time flies; ***mir ist die Lust dazu vergangen*** I don't feel like it any more; ***mir ist der Appetit vergangen*** I have lost my appetite; ***es werden noch Monate ~, ehe ...*** it will be months before ...; → ***vergangen***; **b)** ***vor etw*** (*Dat*) ***~*** to be dying of sth; ***vor Angst ~*** to be scared to death **2.** *vr* ***sich an jdm ~*** to do sb wrong; (*unsittlich*) to assault sb indecently **Vergehen** *n* (≈ *Verstoß*) offence (*Brit*), offense (*US*)
vergelten *vt* ***jdm etw ~*** to repay sb for sth **Vergeltung** *f* (≈ *Rache*) retaliation; ***~ üben*** to take revenge (*an jdm* on sb) **Vergeltungsschlag** *m* act of reprisal
vergessen 1. *vt* to forget; (≈ *liegen lassen*) to leave (behind); ***das werde ich dir nie ~*** I will never forget that; ***das kannst du (voll) ~!*** (*umg*) forget it! **2.** *vr* (*Mensch*) to forget oneself **Vergessenheit** *f* oblivion; ***in ~ geraten*** to vanish into oblivion **vergesslich** *Adj* forgetful **Vergesslichkeit** *f* forgetfulness
vergeuden *vt* to waste **Vergeudung** *f* wasting
vergewaltigen *vt* to rape; (*fig*) *Sprache etc* to murder **Vergewaltiger** *m* rapist **Vergewaltigung** *f* rape
vergewissern *vr* ***sich einer Sache*** (*Gen*) ***~*** to make sure of sth
vergießen *vt* *Kaffee, Wasser* to spill; *Tränen* to shed
vergiften 1. *vt* to poison **2.** *vr* to poison oneself **Vergiftung** *f* poisoning *kein Pl*; (*der Luft*) pollution
Vergissmeinnicht *n* forget-me-not
verglasen *vt* to glaze
Vergleich *m* **a)** comparison; ***im ~ zu*** in comparison with, compared with *od* to; ***in keinem ~ zu etw stehen*** to be out of all proportion to sth; (*Leistungen*) not to compare with sth; **b)** JUR settlement; ***einen gütlichen ~ schließen*** to reach an amicable settlement **vergleichbar** *Adj* comparable **vergleichen 1.** *vt* to compare; ***verglichen mit*** compared with; ***sie sind nicht (miteinander) zu ~*** they cannot be compared (to one another) **2.** *vr* **a)** ***sich mit jdm ~*** to compare oneself with sb; **b)** JUR to reach a settlement (*mit* with) **vergleichend** *Adj* comparative **vergleichsweise** *Adv* comparatively
verglühen *vi* (*Feuer*) to die away; (*Raumkapsel, Meteor etc*) to burn up
vergnügen 1. *vt* to amuse **2.** *vr* to enjoy

oneself; ***sich mit jdm/etw ~*** to amuse oneself with sb/sth **Vergnügen** *n* pleasure; (≈ *Spaß*) fun *kein unbest Artikel*; (≈ *Erheiterung*) amusement; ***sich*** (*Dat*) ***ein ~ aus etw machen*** to get pleasure from (doing) sth; ***das war ein teures ~*** (*umg*) that was an expensive bit of fun; ***mit ~*** with pleasure; ***mit wem habe ich das ~?*** (*förml*) with whom do I have the pleasure of speaking? (*förml*) **vergnügt** **1.** *Adj Abend, Stunden* enjoyable; *Mensch, Stimmung* cheerful; ***über etw*** (*Akk*) ***~ sein*** to be pleased about sth **2.** *Adv* happily **Vergnügung** *f* pleasure; (≈ *Veranstaltung*) entertainment **Vergnügungsindustrie** *f* entertainment industry **Vergnügungspark** *m* amusement park **vergnügungssüchtig** *Adj* pleasure-loving

vergolden *vt Statue, Buchkante* to gild; *Schmuck* to gold-plate **vergoldet** *Adj Buchseiten* gilt; *Schmuck* gold-plated

vergöttern *vt* to idolize

vergraben **1.** *vt* to bury **2.** *vr* to bury oneself

vergraulen *vt* (*umg*) to put off; (≈ *vertreiben*) to scare off

vergreifen *vr* **a)** (≈ *danebengreifen*) to make a mistake; ***sich im Ton ~*** (*fig*) to adopt the wrong tone; ***sich im Ausdruck ~*** (*fig*) to use the wrong expression; → ***vergriffen***; **b)** ***sich an etw*** (*Dat*) ***~*** *an fremdem Eigentum* to misappropriate sth; (*euph* ≈ *stehlen*) to help oneself to sth (*euph*); ***sich an jdm ~*** (≈ *missbrauchen*) to assault sb (sexually)

vergreisen *vi* (*Bevölkerung*) to age; (*Mensch*) to become senile; ***vergreist*** aged, senile **Vergreisung** *f* (*von Bevölkerung*) ageing; (*von Mensch*) senility

vergriffen *Adj* unavailable; *Buch* out of print; → ***vergreifen***

vergrößern **1.** *vt* (*räumlich*) *Fläche, Gebiet* to extend; *Vorsprung, Produktion* to increase; *Maßstab, Foto* to enlarge; *Absatzmarkt* to expand; (*Lupe, Brille*) to magnify **2.** *vr* to increase; (*räumlich*) to be extended; (*Absatzmarkt*) to expand; (*Pupille, Gefäße*) to dilate; (*Organ*) to become enlarged; ***wir wollen uns ~*** (*umg*) we want to move to a bigger place **Vergrößerung** *f* **a)** (*räumlich*) extension; (*umfangmäßig, zahlenmäßig*) increase; (*von Maßstab, Fotografie*) enlargement; (*von Absatzmarkt*) expansion; (*mit Lupe, Brille*) magnification; **b)** (≈ *vergrößertes Bild*) enlargement

Vergünstigung *f* (≈ *Vorteil*) privilege

vergüten *vt* ***jdm etw ~*** *Unkosten* to reimburse sb for sth; *Preis* to refund sb sth; *Arbeit* to pay sb for sth **Vergütung** *f* (*von Unkosten*) reimbursement; (*von Preis*) refunding; (*für Arbeit*) payment

verhaften *vt* to arrest; ***Sie sind verhaftet!*** you are under arrest! **Verhaftung** *f* arrest

Verhalten *n* (≈ *Benehmen*) behaviour (*Brit*), behavior (*US*); (≈ *Vorgehen*) conduct

verhalten[1] *vr* (≈ *sich benehmen*) to behave; (≈ *handeln*) to act; ***sich ruhig ~*** to keep quiet; (≈ *sich nicht bewegen*) to keep still; ***wie verhält sich die Sache?*** how do things stand?; ***wenn sich das so verhält, ...*** if that is the case ...

verhalten[2] **1.** *Adj* restrained; *Stimme* muted; *Atem* bated; *Optimismus* guarded; *Tempo* measured **2.** *Adv sprechen* in a restrained manner; *sich äußern* with restraint

verhaltensauffällig *Adj* PSYCH displaying behavioural (*Brit*) *od* behavioral (*US*) problems **Verhaltensforscher(in)** *m(f)* behavioural (*Brit*) *od* behavioral (*US*) scientist **Verhaltensforschung** *f* behavioural (*Brit*) *od* behavioral (*US*) research **verhaltensgestört** *Adj* disturbed **Verhaltensstörung** *f* behavioural (*Brit*) *od* behavioral (*US*) disturbance **Verhaltensweise** *f* behaviour (*Brit*), behavior (*US*) **Verhältnis** *n* **a)** (≈ *Proportion*) proportion; MATHE ratio; ***im ~ zu*** in relation to; ***im ~ zu früher*** (≈ *verglichen mit*) in comparison with earlier times; ***in keinem ~ zu etw stehen*** to be out of all proportion to sth; **b)** (≈ *Beziehung*) relationship; (≈ *Liebesverhältnis*) affair; **c)** **Verhältnisse** *Pl* (≈ *Umstände*) conditions *Pl*; (*finanzielle*) circumstances *Pl*; ***unter*** *od* ***bei normalen ~sen*** under normal circumstances; ***über seine ~se leben*** to live beyond one's means; ***klare ~se schaffen*** to get things straight **verhältnismäßig** **1.** *Adj* **a)** (≈ *proportional*) proportional; (*bes* JUR ≈ *angemessen*) commensurate; **b)** (≈ *relativ*) comparative **2.** *Adv* **a)** (≈ *proportional*) proportionally; **b)** (≈ *relativ*, *umg* ≈ *ziemlich*) relatively **Verhältniswahlrecht** *n* (system of) proportional representation

verhandeln **1.** *vt* **a)** (≈ *aushandeln*) to negotiate; **b)** JUR *Fall* to hear **2.** *vi* **a)** to negotiate (*über +Akk* about); (*umg* ≈ *diskutieren*) to argue; **b)** JUR ***in einem Fall ~*** to hear a case **Verhandlung** *f* **a)** negotiations *Pl*; (≈ *das Verhandeln*) negotiation; ***(mit jdm) in ~(en) treten*** to enter into negotiations (with sb); **b)** JUR hearing; (≈ *Strafverhandlung*) trial **Verhandlungsbasis** *f* basis for negotiation(s); ***~ EUR 2.500*** (price) EUR 2,500 or near(est) offer **Verhandlungspartner(in)** *m(f)* negotiating party

verhängen *vt* **a)** *Strafe etc* to impose (*über +Akk* on); *Notstand* to declare (*über +Akk* in); (*Sport*) *Elfmeter etc* to award; **b)** (≈ *zuhängen*) to cover (*mit* with) **Verhängnis** *n* (≈ *Katastrophe*) disaster; ***jdm zum ~ werden*** to be sb's undoing **verhängnisvoll** *Adj* disastrous; *Tag* fateful

verharmlosen *vt* to play down

verharren *vi* to pause; (*in einer bestimmten Stellung*) to remain

verhärten *vtr* to harden

verhasst *Adj* hated; ***das ist ihm ~*** he hates that

verhätscheln *vt* to pamper

Verhau *m* (≈ *Käfig*) coop

verhauen (*umg*) **1.** *vt* **a)** (≈ *verprügeln*) to beat up; (*zur Strafe*) to beat; **b)** *Prüfung etc* to make a mess of (*umg*) **2.** *vr* **a)** (≈ *sich verprügeln*) to have a fight; **b)** (≈ *sich irren*) to slip up (*umg*)

verheddern *vr* (*umg*) to get tangled up; (*beim Sprechen*) to get in a muddle

verheerend *Adj* **a)** *Sturm, Katastrophe* devastating; *Anblick* ghastly; **b)** (*umg* ≈ *schrecklich*) ghastly (*umg*) **Verheerung** *f* devastation *kein Pl*

verhehlen *vt* ***jdm etw ~*** to conceal sth from sb

verheilen *vi* to heal

verheimlichen *vt* to keep secret (*jdm* from sb); ***ich habe nichts zu ~*** I have nothing to hide

verheiraten **1.** *vt* to marry (*mit, an +Akk* to) **2.** *vr* to get married **verheiratet** *Adj* married; ***glücklich ~ sein*** to be happily married

verheizen *vt* to burn, to use as fuel; (*fig umg*) *Sportler* to burn out; *Minister, Untergebene* to crucify; ***Soldaten im Kriege ~*** (*umg*) to send soldiers to the slaughter

verhelfen *vi* ***jdm zu etw ~*** to help sb to get sth

verherrlichen *vt* to glorify; *Gott* to praise **Verherrlichung** *f* glorification; (*von Gott*) praising

verheult *Adj* *Augen* puffy, swollen from crying

verhexen *vt* to bewitch; (*umg*) *Maschine etc* to put a jinx on (*umg*); ***heute ist alles wie verhext*** (*umg*) there's a jinx on everything today (*umg*)

verhindern *vt* to prevent; *Plan* to foil; ***das lässt sich nicht ~*** it can't be helped; ***er war an diesem Abend verhindert*** he was unable to come that evening **Verhinderung** *f* prevention; (*von Plan*) foiling, stopping

verhöhnen *vt* to mock, to deride

Verhör *n* questioning; (*bei Gericht*) examination **verhören** **1.** *vt* to question, to interrogate; (*bei Gericht*) to examine; (*umg*) to quiz (*umg*) **2.** *vr* to mishear

verhüllen *vt* to veil; *Körperteil* to cover; (*fig*) to mask

verhungern *vi* to starve, to die of starvation; ***ich bin am Verhungern*** (*umg*) I'm starving (*umg*)

verhunzen *vt* (*umg*) to ruin

verhüten *vt* to prevent; ***~de Maßnahmen*** preventive measures **Verhütung** *f* prevention; (≈ *Empfängnisverhütung*) contraception **Verhütungsmittel** *n* contraceptive

verinnerlichen *vt* to internalize

verirren *vr* to get lost; (*fig*) to go astray; (*Tier, Kugel*) to stray **Verirrung** *f* losing one's way *ohne Artikel*; (*fig*) aberration

verjagen *vt* to chase away

verjähren *vi* to come under the statute of limitations; (*Anspruch*) to be in lapse; ***verjährtes Verbrechen*** statute-barred crime; ***das ist schon längst verjährt*** (*umg*) that's all over and done with **Verjährung** *f* limitation; (*von Anspruch*) lapse **Verjährungsfrist** *f* limitation period

verjüngen 1. *vt* to rejuvenate; (≈ *jünger aussehen lassen*) to make look younger; ***das Personal ~*** to build up a younger staff **2.** *vr* **a)** (≈ *jünger werden*) to become younger; (*Haut*) to become rejuvenated; **b)** (≈ *dünner werden*) to taper; (*Rohr*) to narrow

verkabeln *vt* TELEK to link up to the cable network **Verkabelung** *f* TELEK linking up to the cable network

verkalken *vi* (*Arterien*) to harden; (*Kessel etc*) to fur up; (*umg: Mensch*) to become senile **verkalkt** *Adj* (*umg*) senile

verkalkulieren *vr* to miscalculate

Verkalkung *f* (*von Arterien*) hardening; (*umg*) senility

verkannt *Adj* unrecognized; → ***verkennen***

verkappt *Adj* hidden

Verkauf *m* **a)** sale; (≈ *das Verkaufen*) selling; ***beim ~ des Hauses*** when selling the house; **b)** (≈ *Abteilung*) sales *Sg, ohne Artikel* **verkaufen 1.** *vti* to sell (*für, um* for); ***„zu ~"*** "for sale"; ***etw an jdn ~*** to sell sb sth, to sell sth to sb **2.** *vr* (*Ware*) to sell; (*Mensch*) to sell oneself **Verkäufer(in)** *m(f)* seller; (*in Geschäft*) sales assistant; (*im Außendienst*) salesman/saleswoman/salesperson; (JUR: *von Grundbesitz etc*) vendor **verkäuflich** *Adj* sal(e)able; (≈ *zu verkaufen*) for sale; ***leicht/schwer ~*** easy/hard to sell **Verkaufsabteilung** *f* sales department **Verkaufsförderung** *f* sales promotion **verkaufsoffen** *Adj* open for business; ***~er Sonntag*** *Sunday on which the shops are open* **Verkaufspreis** *m* retail price **Verkaufsschlager** *m* big seller **Verkaufswert** *m* market value *od* price

Verkehr *m* **a)** traffic; ***dem ~ übergeben*** *Straße etc* to open to traffic; **b)** (≈ *Verbindung*) contact; (≈ *Umgang*) company; (≈ *Geschlechtsverkehr*) intercourse; **c)** (≈ *Handelsverkehr*) trade; (≈ *Zahlungsverkehr*) business; (≈ *Umlauf*) circulation; ***etw aus dem ~ ziehen*** *Banknoten* to take sth out of circulation; *Produkte* to withdraw sth **verkehren 1.** *vi* **a)** (≈ *fahren*) to run; (*Flugzeug*) to fly; **b)** (≈ *Kontakt pflegen*) ***bei jdm ~*** to frequent sb's house; ***mit jdm ~*** to associate with sb; ***in einem Lokal ~*** to frequent a pub; ***in Künstlerkreisen ~*** to move in artistic circles **2.** *vr* to turn (*in +Akk* into); ***sich ins Gegenteil ~*** to become reversed **Verkehrsampel** *f* traffic lights *Pl* **Verkehrsanbindung** *f* transport links *Pl* **verkehrsarm** *Adj* *Zeit, Straße* quiet **Verkehrsaufkommen** *n* volume of traffic **Verkehrsbehinderung** *f* JUR obstruction (of traffic) **verkehrsberuhigt** *Adj* traffic-calmed **Verkehrsbetriebe** *Pl* transport services *Pl* **Verkehrsbüro** *n* tourist information office **Verkehrschaos** *n* chaos on the roads **Verkehrsdelikt** *n* traffic offence (*Brit*) *od* offense (*US*) **Verkehrsführung** *f* traffic management system **verkehrsgünstig** *Adj* *Lage* convenient **Verkehrshinweis** *m* traffic announcement **Verkehrslärm** *m* traffic noise **Verkehrsleitsystem** *n* traffic guidance system **Verkehrsmittel** *n* means *Sg* of transport; ***öffentliche ~*** public transport **Verkehrsnetz** *n* traffic network **Verkehrsopfer** *n* road casualty **Verkehrsordnung** *f* ≈ Highway Code (*Brit*), traffic rules and regulations *Pl* **Verkehrspolizei** *f* traffic police *Pl* **Verkehrspolizist(in)** *m(f)* traffic policeman/-woman **Verkehrsregel** *f* traffic regulation **Verkehrsregelung** *f* traffic control **verkehrsreich** *Adj* *Gegend* busy; ***~e Zeit*** peak (traffic) time **Verkehrsschild** *n* road sign **verkehrssicher** *Adj* *Fahrzeug* roadworthy **Verkehrsstau** *m*, **Verkehrsstauung** *f* traffic jam **Verkehrssünder(in)** *m(f)* (*umg*) traffic offender (*Brit*) *od* violator (*US*) **Verkehrsteilnehmer(in)** *m(f)* road user **Verkehrstote(r)** *mf* road casualty **verkehrstüchtig** *Adj* *Fahrzeug* roadworthy; *Mensch* fit to drive **Verkehrsunfall** *m* road accident **Verkehrsunterricht** *m* traffic instruction **Verkehrsverbindung** *f* link; (≈ *Anschluss*) connection **Verkehrsverbund** *m* integrated transport system **Verkehrsverein** *m* *local organization concerned with upkeep of tourist attractions, facilities etc* **Verkehrsverhältnisse** *Pl* traffic situation *Sg* **Verkehrswacht** *f* traffic patrol **Verkehrsweg** *m* highway **verkehrswidrig** *Adj*

contrary to road traffic regulations **Verkehrszeichen** *n* road sign
verkehrt 1. *Adj* wrong; ***das Verkehrte*** the wrong thing; ***der/die Verkehrte*** the wrong person **2.** *Adv* wrongly; ***etw ~ (herum) anhaben*** (≈ *linke Seite nach außen*) to have sth on inside out; (≈ *vorne nach hinten*) to have sth on back to front
verkennen *vt* to misjudge; ***es ist nicht zu ~, dass ...*** it is undeniable that ...; → ***verkannt***
Verkettung *f* (*fig*) interconnection
verklagen *vt* to sue (*wegen* for); ***jdn auf etw*** (*Akk*) ***~*** to take sb to court for sth
verklappen *vt* *Abfallstoffe* to dump **Verklappung** *f* dumping
verkleben *vi* (*Wunde*) to close; (*Augen*) to get gummed up; ***mit etw ~*** to stick to sth
verkleiden 1. *vt* **a)** *jdn* to disguise; (≈ *kostümieren*) to dress up; ***alle waren verkleidet*** everyone was in fancy dress; **b)** *Wand* to line; (≈ *vertäfeln*) to panel; (≈ *bedecken*) to cover **2.** *vr* to disguise oneself; (≈ *sich kostümieren*) to dress (oneself) up **Verkleidung** *f* (≈ *Kostümierung*) dressing up; (≈ *Kleidung*) disguise; (≈ *Kostüm*) fancy dress
verkleinern 1. *vt* to reduce; *Raum*, *Firma* to make smaller; *Maßstab* to scale down; *Abstand* to decrease **2.** *vr* to be reduced; (*Raum*, *Firma*) to become smaller; (*Abstand*) to decrease; (*Not*) to become less **Verkleinerung** *f* reduction; (*von Firma*) making smaller; (*von Maßstab*) scaling down **Verkleinerungsform** *f* diminutive form
verklemmt *Adj* (*umg*) *Mensch* inhibited **Verklemmtheit** *f* (*umg*), **Verklemmung** *f* inhibitions *Pl*
verklingen *vi* to fade away; (*fig*) to fade
verknacksen *vt* (***sich*** *Dat*) ***den Knöchel*** *od* ***Fuß ~*** to twist one's ankle
verknallen (*umg*) *vr* ***sich (in jdn) ~*** to fall for sb (*umg*)
verknappen *vt* to cut back; *Rationen* to cut down (on)
verkneifen *vt* (*umg*) ***sich*** (*Dat*) ***etw ~*** *Lächeln* to keep back sth; *Bemerkung* to bite back sth; ***ich konnte mir das Lachen nicht ~*** I couldn't help laughing
verkniffen *Adj* *Miene* strained; (≈ *verbittert*) pinched
verknoten *vt* to tie, to knot
verknüpfen *vt* **a)** (≈ *verknoten*) to knot (together); IT to integrate; **b)** (*fig*) to combine; (≈ *in Zusammenhang bringen*) to link; ***etw mit Bedingungen ~*** to attach conditions to sth
verkochen *vi* (*Flüssigkeit*) to boil away; (*Kartoffeln*) to overcook
verkohlen 1. *vi* to become charred **2.** *vt* **a)** *Holz* to char; **b)** (*umg*) ***jdn ~*** to pull sb's leg (*umg*)
verkommen[1] *vi* **a)** (*Mensch*) to go to pieces; (*moralisch*) to become dissolute; **b)** (*Gebäude*) to fall to pieces; (*Stadt*) to become run-down; **c)** (≈ *nicht genutzt werden*: *Lebensmittel*, *Fähigkeiten etc*) to go to waste
verkommen[2] *Adj* *Mensch* depraved; *Gebäude* dilapidated; *Garten* wild
verkorksen *vt* (*umg*) to screw up (*umg*); ***sich*** (*Dat*) ***den Magen ~*** to upset one's stomach
verkörpern *vt* to embody; THEAT to play (the part of)
verköstigen *vt* to feed
verkrachen *vr* (*umg*) ***sich (mit jdm) ~*** to fall out (with sb)
verkraften *vt* to cope with; (*finanziell*) to afford
verkrampfen *vr* to become cramped; (*Hände*) to clench up; ***verkrampft*** (*fig*) tense
verkriechen *vr* to creep away; (*fig*) to hide (oneself away)
verkrümeln *vr* (*umg*) to disappear
verkrümmen 1. *vt* to bend **2.** *vr* to bend; (*Rückgrat*) to become curved; (*Holz*) to warp **verkrümmt** *Adj* bent; *Wirbelsäule* curved **Verkrümmung** *f* bend (*+Gen* in), distortion (*bes* TECH); (*von Holz*) warp; ***~ der Wirbelsäule*** curvature of the spine
verkrüppeln 1. *vt* to cripple **2.** *vi* to become crippled; (*Baum etc*) to grow stunted
verkrusten *vir* to become encrusted **verkrustet** *Adj* *Wunde* scabby; *Ansichten* decrepit
verkühlen (*umg*) *vr* to get a chill
verkümmern *vi* (*Organ*) to atrophy; (≈ *eingehen*: *Pflanze*) to die; (*Talent*) to go to waste; (*Mensch*) to waste away; ***geistig ~*** to become intellectually

stunted
verkünden *vt* to announce; *Urteil* to pronounce; *neue Zeit* to herald
verkupfern *vt* to copper(-plate)
verkuppeln *vt* (*pej*) to pair off; ***jdn an jdn ~*** (*Zuhälter*) to procure sb for sb
verkürzen *vt* to shorten; *Abstand* to narrow; *Aufenthalt* to cut short; ***sich*** (*Dat*) ***die Zeit ~*** to pass the time; ***verkürzte Arbeitszeit*** shorter working hours **Verkürzung** *f* shortening; (*von Abstand*) narrowing
verladen *vt* **a**) *Güter, Menschen* to load; **b**) (*fig umg*) to con (*umg*)
Verlag *m* publishing house; ***einen ~ finden*** to find a publisher
verlagern *vtr* to shift **Verlagerung** *f* shift
Verlagskauffrau *f*, **Verlagskaufmann** *m* publishing manager **Verlagsleiter(in)** *m(f)* publishing director **Verlagsprogramm** *n* list
verlangen 1. *vt* **a**) (≈ *fordern*) to demand; *Preis* to ask; *Erfahrung* to require; ***das ist nicht zu viel verlangt*** it's not asking too much; **b**) (≈ *fragen nach*) to ask for; ***Sie werden am Telefon verlangt*** you are wanted on the phone **2.** *vi* ***~ nach*** to ask for; (≈ *sich sehnen nach*) to long for **Verlangen** *n* (*nach* for) desire; (≈ *Sehnsucht*) yearning; (≈ *Begierde*) craving; ***auf ~*** on demand; ***auf ~ der Eltern*** at the request of the parents
verlängern 1. *vt* to extend; *Leben, Schmerzen* to prolong; *Ärmel etc* to lengthen; *Pass etc* to renew; ***ein verlängertes Wochenende*** a long weekend **2.** *vr* to be extended; (*Leiden etc*) to be prolonged **Verlängerung** *f* **a**) extension; (*von Pass etc*) renewal; **b**) (SPORT, *von Spielzeit*) extra time (*Brit*), over time (*US*); (≈ *nachgespielte Zeit*) injury time (*Brit*), over time (*US*); ***das Spiel geht in die ~*** they're going to play extra time *etc* **Verlängerungsschnur** *f* ELEK extension lead
verlangsamen *vtr* to slow down
Verlass *m* ***auf jdn/etw ist kein ~*** there is no relying on sb/sth
verlassen¹ 1. *vt* to leave; (*fig*: *Mut, Hoffnung*) *jdn* to desert; IT *Programm* to exit **2.** *vr* ***sich auf jdn/etw ~*** to rely on sb/sth; ***darauf können Sie sich ~*** you can be sure of that
verlassen² *Adj* deserted; (≈ *einsam*) lonely; *Auto* abandoned
verlässlich *Adj* reliable **Verlässlichkeit** *f* reliability
Verlauf *m* course; (≈ *Ausgang*) end; ***im ~ der Jahre*** over the (course of the) years; ***einen guten/schlechten ~ nehmen*** to go well/badly **verlaufen 1.** *vi* (≈ *ablaufen*) to go; (*Feier*) to go off; (*Untersuchung*) to proceed; (≈ *sich erstrecken*) to run; ***die Spur verlief im Sand*** the track disappeared in the sand **2.** *vr* (≈ *sich verirren*) to get lost; (≈ *verschwinden*: *Menschenmenge*) to disperse **Verlaufsform** *f* GRAM progressive form
verlautbaren (*förml*) *vti* to announce; ***etw ~ lassen*** to let sth be announced **Verlautbarung** *f* announcement **verlauten 1.** *vi* ***er hat ~ lassen, dass ...*** he indicated that ... **2.** *vi unpers* ***es verlautet, dass ...*** it is reported that ...
verleben *vt* to spend; ***eine schöne Zeit ~*** to have a nice time
verlegen¹ 1. *vt* **a**) (*an anderen Ort*) to move; **b**) (≈ *verschieben*) to postpone (*auf +Akk* until); (≈ *vorverlegen*) to bring forward (*auf +Akk* to); **c**) (≈ *an falschen Platz legen*) to mislay; **d**) (≈ *anbringen*) *Kabel, Fliesen etc* to lay; **e**) (≈ *drucken lassen*) to publish **2.** *vr* ***sich auf etw*** (*Akk*) ***~*** to resort to sth; ***er hat sich neuerdings auf Golf verlegt*** he has taken to golf recently
verlegen² 1. *Adj* **a**) embarrassed *kein Adv*; **b**) ***um eine Antwort ~ sein*** to be lost for an answer **2.** *Adv* in embarrassment **Verlegenheit** *f* **a**) (≈ *Betretenheit*) embarrassment; ***jdn in ~ bringen*** to embarrass sb; **b**) (≈ *unangenehme Lage*) embarrassing situation; ***wenn er in finanzieller ~ ist*** when he's in financial difficulties **Verlegenheitslösung** *f* stopgap
Verleger(in) *m(f)* publisher; (≈ *Händler*) distributor
Verlegung *f* **a**) (*räumlich*) transfer; **b**) (*zeitlich*) postponement (*auf +Akk* until); (≈ *Vorverlegung*) bringing forward (*auf +Akk* to); **c**) (*von Kabeln etc*) laying
Verleih *m* **a**) (≈ *Unternehmen*) rental company; (≈ *Filmverleih*) distributor(s *Pl*); **b**) (≈ *das Verleihen*) renting

(out), hiring (out) (*Brit*); (≈ *Filmverleih*) distribution **verleihen** *vt* **a)** (≈ *ausleihen*) to lend (*an jdn* to sb); (*gegen Gebühr*) to rent (out), to hire (out) (*Brit*); **b)** (≈ *zuerkennen*) to award (*jdm* (to) sb); *Titel* to confer (*jdm* on sb); **c)** (≈ *geben, verschaffen*) to give **Verleihung** *f* **a)** (≈ *das Ausleihen*) lending; (*gegen Gebühr*) renting, rental; **b)** (*von Preis etc*) award(ing); (*von Titel*) conferment

verleiten *vt* (≈ *verlocken*) to tempt; (≈ *verführen*) to lead astray; ***jdn zum Stehlen ~*** to lead sb to steal

verlernen *vt* to forget; ***das Tanzen ~*** to forget how to dance

verlesen **1.** *vt* **a)** (≈ *vorlesen*) to read (out); **b)** *Gemüse etc* to sort **2.** *vr* ***ich habe mich wohl ~*** I must have misread it

verletzbar *Adj* vulnerable **verletzen** **1.** *vt* **a)** to injure; (*in Kampf etc*) to wound; (*fig*) *jdn, jds Gefühle* to hurt; **b)** *Gesetz* to break; *Rechte* to violate **2.** *vr* to injure oneself **verletzend** *Adj Bemerkung* hurtful **Verletzte(r)** *mf* injured person; (*bei Kampf*) wounded man; ***es gab drei ~*** three people were injured **Verletzung** *f* (≈ *Wunde*) injury

verleugnen *vt* to deny; ***es lässt sich nicht ~, dass ...*** there is no denying that ...

verleumden *vt* to slander; (*schriftlich*) to libel **Verleumder(in)** *m(f)* slanderer; (*durch Geschriebenes*) libeller (*bes Brit*), libeler (*US*) **verleumderisch** *Adj* slanderous; (*in Schriftform*) libellous (*bes Brit*), libelous (*US*) **Verleumdung** *f* slandering; (*schriftlich*) libelling (*bes Brit*), libeling (*US*); (≈ *Bemerkung*) slander; (≈ *Bericht*) libel **Verleumdungskampagne** *f* smear campaign

verlieben *vr* to fall in love (*in +Akk* with) **verliebt** **1.** *Adj Blicke, Worte* amorous; ***(in jdn/etw) ~ sein*** to be in love (with sb/sth) **2.** *Adv ansehen* lovingly

verlieren **1.** *vt* to lose; ***er hat hier nichts verloren*** (*umg*) he has no business to be here **2.** *vi* to lose; ***sie hat an Schönheit verloren*** she has lost some of her beauty **3.** *vr* (≈ *verschwinden*) to disappear; → ***verloren*** **Verlierer(in)** *m(f)* loser

Verlies *n* dungeon

verlinken *vt* to hyperlink

verloben *vr* (*mit* to) to get engaged **Verlobte(r)** *mf* ***mein ~r*** my fiancé; ***meine ~*** my fiancée **Verlobung** *f* engagement

verlocken *vti* to entice **Verlockung** *f* enticement; (≈ *Reiz*) allure

verlogen *Adj Mensch* lying; *Versprechungen* false; *Moral* hypocritical **Verlogenheit** *f* (*von Mensch*) mendacity (*förml*); (*von Versprechungen*) falseness; (*von Moral*) hypocrisy

verloren *Adj* lost; KOCH *Eier* poached; ***jdn/etw ~ geben*** to give sb/sth up for lost; ***auf ~em Posten stehen*** to be fighting a losing battle; → ***verlieren***

verloren gehen *vi* to get lost

verlosen *vt* to raffle (off) **Verlosung** *f* (≈ *Lotterie*) raffle; (≈ *Ziehung*) draw

Verlust *m* **a)** loss; ***~ bringend*** lossmaking; ***mit ~ verkaufen*** to sell at a loss; **b)** **Verluste** *Pl* losses *Pl*; ***schwere ~e haben*** to sustain heavy losses **Verlustgeschäft** *n* (≈ *Firma*) lossmaking business (*Brit*), business operating in the red **verlustreich** *Adj* **a)** HANDEL *Firma* heavily loss-making; **b)** MIL *Schlacht* involving heavy losses

vermachen *vt* ***jdm etw ~*** to bequeath sth to sb **Vermächtnis** *n* bequest; (*fig*) legacy

vermählen (*förml*) **1.** *vt* to marry **2.** *vr* ***sich (mit jdm) ~*** to marry (sb) **Vermählung** *f* (*förml*) marriage

vermarkten *vt* to market; (*fig*) to commercialize **Vermarktung** *f* marketing; (*fig*) commercialization

vermasseln *vt* (*umg*) to mess up (*umg*); *Prüfung* to make a mess of

vermehren **1.** *vt* to increase **2.** *vr* to increase; (≈ *sich fortpflanzen*) to reproduce; (*Bakterien*) to multiply **Vermehrung** *f* increase; (≈ *Fortpflanzung*) reproduction; (*von Bakterien*) multiplying

vermeidbar *Adj* avoidable **vermeiden** *vt* to avoid; ***es lässt sich nicht ~*** it is inevitable *od* unavoidable

vermeintlich *Adj* supposed

vermengen *vt* to mix; (*fig umg*) *Begriffe etc* to mix up

Vermerk *m* remark; (≈ *Stempel*) stamp **vermerken** *vt* (≈ *aufschreiben*) to note (down)

vermessen[1] *vt* to measure; *Gelände* to survey

vermessen[2] *Adj* (≈ *anmaßend*) presumptuous **Vermessenheit** *f* (≈ *Anmaßung*) presumption
Vermessung *f* measurement; (*von Gelände*) survey
vermiesen *vt* (*umg*) ***jdm etw ~*** to spoil sth for sb
vermieten *vt* to rent (out), to lease (JUR); ***Zimmer zu ~*** room for rent **Vermieter** *m* lessor; (*von Wohnung etc*) landlord **Vermieterin** *f* lessor; (*von Wohnung etc*) landlady **Vermietung** *f* renting (out); (*von Auto*) rental, hiring (out) (*Brit*)
vermindern **1.** *vt* to reduce; *Zorn* to lessen; ***verminderte Zurechnungsfähigkeit*** JUR diminished responsibility **2.** *vr* to decrease; (*Zorn*) to lessen; (*Reaktionsfähigkeit*) to diminish **Verminderung** *f* reduction (*+Gen* of); (*von Reaktionsfähigkeit*) diminishing
verminen *vt* to mine
vermischen **1.** *vt* to mix; ***„Vermischtes“*** “miscellaneous” **2.** *vr* to mix
vermissen *vt* to miss; ***vermisst werden*** to be missing; ***etw an jdm/etw ~*** to find sb/sth lacking in sth; ***wir haben dich bei der Party vermisst*** we didn’t see you at the party; ***etw ~ lassen*** to be lacking in sth **Vermisste(r)** *mf* missing person
vermitteln **1.** *vt* to arrange (*jdm* for sb); *Stelle*, *Partner* to find (*jdm* for sb); *Gefühl*, *Einblick* to convey, to give (*jdm* to sb); *Wissen* to impart (*jdm* to sb); ***wir ~ Geschäftsräume*** we are agents for business premises **2.** *vi* to mediate; ***~d eingreifen*** to intervene **Vermittler(in)** *m(f)* **a)** mediator; **b)** HANDEL agent **Vermittlung** *f* **a)** arranging; (*von Stelle*, *Briefpartner*) finding; (*in Streitigkeiten*) mediation; (*von Gefühl*, *Einblick*) conveying; (*von Wissen*) imparting; **b)** (≈ *Stelle*, *Agentur*) agency; **c)** (TELEK ≈ *Amt*) exchange; (*in Firma etc*) switchboard **Vermittlungsgebühr** *f* commission **Vermittlungsversuch** *m* attempt at mediation
vermöbeln *vt* (*umg*) to beat up
vermodern *vi* to moulder (*Brit*), to molder (*US*)
Vermögen *n* **a)** (≈ *Reichtum*) fortune; **b)** (≈ *Besitz*) property **vermögend** *Adj* (≈ *reich*) wealthy **Vermögensberater(in)** *m(f)* investment analyst **Vermögensbildung** *f* creation of wealth **Vermögenssteuer** *f* wealth tax **Vermögensverhältnisse** *Pl* financial circumstances *Pl* **Vermögensverwaltung** *f* asset management **vermögenswirksam** *Adj* ***~e Leistungen*** employer’s contributions to tax-deductible savings scheme
vermummen *vr* **a)**; **b)** (≈ *sich verkleiden*) to disguise oneself; ***vermummte Demonstranten*** masked demonstrators
vermuten *vt* to suspect; ***ich vermute es nur*** that’s only an assumption; ***wir haben ihn dort nicht vermutet*** we did not expect him to be there **vermutlich** **1.** *Adj* presumable; *Täter* suspected **2.** *Adv* presumably **Vermutung** *f* (≈ *Annahme*) assumption; (≈ *Mutmaßung*) conjecture; (≈ *Verdacht*) hunch; ***die ~ liegt nahe, dass ...*** there are grounds for the assumption that ...
vernachlässigen *vt* to neglect
vernarren *vr* (*umg*) ***sich in etw ~*** to fall for sth; ***in jdn vernarrt sein*** to be crazy about sb (*umg*)
vernehmbar **1.** *Adj* (≈ *hörbar*) audible **2.** *Adv* audibly **vernehmen** *vt* **a)** (≈ *hören* ≈ *erfahren*) to hear; **b)** JUR *Zeugen* to examine; (*Polizei*) to question **vernehmlich** **1.** *Adj* clear **2.** *Adv* audibly **Vernehmung** *f* (JUR: *von Zeugen*) examination; (*durch Polizei*) questioning
verneigen *vr* to bow; ***sich vor jdm/etw ~*** (*wörtl*) to bow to sb/sth; (*fig*) to bow down before sb/sth **Verneigung** *f* bow (*vor +Dat* before)
verneinen *vti* *Frage* to answer in the negative; (≈ *leugnen*) *Tatsache* to deny; *These* to dispute; GRAM to negate; ***die verneinte Form*** the negative (form) **verneinend** *Adj* negative **Verneinung** *f* (≈ *Leugnung*) denial; (*von These etc*) disputing; GRAM negation; (≈ *verneinte Form*) negative
vernetzen *vt* to link up; IT to network **Vernetzung** *f* linking-up; IT networking
vernichten *vt* to destroy **vernichtend** **1.** *Adj* devastating; *Niederlage* crushing **2.** *Adv* ***jdn ~ schlagen*** MIL, SPORT to annihilate sb **Vernichtung** *f* destruction **Vernichtungsschlag** *m* devastat-

ing blow; ***zum ~ ausholen*** to prepare to deliver the final blow
verniedlichen *vt* to trivialize
vernieten *vt* to rivet
Vernissage *f* opening *(at art gallery)*
Vernunft *f* reason; ***zur ~ kommen*** to come to one's senses; ***~ annehmen*** to see reason; ***jdn zur ~ bringen*** to make sb see sense **vernünftig** **1.** *Adj* sensible; (≈ *logisch denkend*) rational; (*umg*) (≈ *anständig*) decent; (≈ *annehmbar*) reasonable **2.** *Adv* sensibly; (≈ *logisch*) rationally; (*umg*) (≈ *anständig*) decently; (≈ *annehmbar*) reasonably
veröden *vi* to become desolate
veröffentlichen *vti* to publish **Veröffentlichung** *f* publication
verordnen *vt* to prescribe (*jdm etw* sth for sb) **Verordnung** *f* **a)** MED prescription; **b)** (*förml* ≈ *Verfügung*) decree
verpachten *vt* to lease (*an +Akk* to)
verpacken *vt* to pack; (≈ *einwickeln*) to wrap **Verpackung** *f* **a)** (≈ *Material*) packaging *kein Pl*; **b)** (≈ *das Verpacken*) packing; (≈ *das Einwickeln*) wrapping **Verpackungskosten** *Pl* packing *od* packaging costs *Pl* **Verpackungsmaterial** *n* packaging (material) **Verpackungsmüll** *m* packaging waste
verpassen *vt* **a)** (≈ *versäumen*) to miss; **b)** (*umg* ≈ *zuteilen*) ***jdm etw ~*** to give sb sth; (≈ *aufzwingen*) to make sb have sth; ***jdm eins od eine Ohrfeige ~*** to smack sb one (*umg*)
verpatzen *vt* (*umg*) to spoil
verpennen (*umg*) **1.** *vt* (≈ *verschlafen*) *Termin, Zeit* to miss by oversleeping; (≈ *verpassen*) *Einsatz* to miss **2.** *vir* to oversleep
verpesten *vt* to pollute
verpetzen *vt* (*umg*) to tell on (*umg*) (*bei* to)
verpfänden *vt* to pawn
verpfeifen *vt* (*umg*) to grass on (*bei* to) (*umg*)
verpflanzen *vt* to transplant; *Haut* to graft **Verpflanzung** *f* transplant; (*von Haut*) grafting
verpflegen **1.** *vt* to feed **2.** *vr* ***sich (selbst) ~*** to feed oneself; (≈ *selbst kochen*) to cater for oneself **Verpflegung** *f* **a)** (≈ *das Verpflegen*) catering; MIL rationing; **b)** (≈ *Essen*) food; MIL provisions *Pl*; ***mit voller ~*** (≈ *mit Vollpension*) with full board
verpflichten **1.** *vt* **a)** to oblige; ***sich verpflichtet fühlen, etw zu tun*** to feel obliged to do sth; ***jdm verpflichtet sein*** to be under an obligation to sb; **b)** (≈ *binden*) to commit; (*vertraglich etc*) to bind; (*durch Gesetz*) to oblige; ***~d*** binding; **c)** (≈ *einstellen*) to engage; *Sportler* to sign on; MIL to enlist **2.** *vi* (≈ *bindend sein*) to be binding; ***das verpflichtet zu nichts*** there is no obligation involved **3.** *vr* ***sich zu etw ~*** to undertake to do sth; (*vertraglich*) to commit oneself to doing sth
Verpflichtung *f* **a)** obligation (*zu etw* to do sth); (*finanziell*) commitment (*zu etw* to do sth); (≈ *Aufgabe*) duty; **b)** (≈ *Einstellung*) engaging; (*von Sportlern*) signing on; MIL enlistment
verpfuschen *vt* (*umg*) *Arbeit etc* to bungle; *Leben, Erziehung* to screw up (*sl*), to ruin
verpissen *vr* (*sl*) to clear out (*umg*)
verplanen *vt Zeit* to book up; *Geld* to budget
verplappern *vr* (*umg*) to open one's mouth too wide (*umg*)
verplempern *vt* (*umg*) to waste
verpönt *Adj* frowned (up)on (*bei* by)
verprügeln *vt* to beat up
verpulvern *vt* (*umg*) to fritter away
Verputz *m* plaster; (≈ *Rauputz*) roughcast **verputzen** *vt* **a)** *Wand* to plaster; (*mit Rauputz*) to roughcast; **b)** (*umg* ≈ *aufessen*) to polish off (*umg*)
verrammeln *vt* to barricade
verramschen *vt* HANDEL to sell off cheap; (*umg auch*) to flog (*Brit umg*)
Verrat *m* betrayal (*an +Dat* of); JUR treason (*an +Dat* against) **verraten** **1.** *vt Geheimnis, jdn* to betray; (≈ *ausplaudern*) to tell; (*fig* ≈ *erkennen lassen*) to reveal; ***nichts ~!*** don't say a word! **2.** *vr* to give oneself away **Verräter(in)** *m(f)* traitor (*+Gen* to) **verräterisch** *Adj* treacherous; JUR treasonable; (≈ *verdächtig*) *Blick, Lächeln etc* telltale *attr*
verrauchen *vi* (*fig: Zorn, Enttäuschung*) to subside **verräuchern** *vt* to fill with smoke
verrechnen **1.** *vt* (≈ *begleichen*) to settle; *Scheck* to clear; *Gutschein* to redeem; ***etw mit etw ~*** (≈ *gegeneinander aufrechnen*) to balance sth with sth **2.**

vr to miscalculate; ***sich um zwei Euro ~*** to be out by two euros **Verrechnung** *f* settlement; (*von Scheck*) clearing; ***„nur zur ~"*** "A/C payee only" **Verrechnungsscheck** *m* crossed cheque (*Brit*), voucher check (*US*)

verrecken *vi* (*vulg*) to croak (*umg*); (*sl ≈ kaputtgehen*) to give up the ghost (*umg*)

verregnet *Adj* rainy

verreisen *vi* to go away (on a trip *od* journey); ***er ist geschäftlich verreist*** he's away on business; ***mit der Bahn ~*** to go on a train journey

verreißen *vt* (*≈ kritisieren*) to tear to pieces

verrenken *vt* to dislocate; *Hals* to crick **Verrenkung** *f* contortion; MED dislocation

verrichten *vt Arbeit* to perform; *Andacht* to perform; *Gebet* to say

verriegeln *vt* to bolt

verringern **1.** *vt* to reduce **2.** *vr* to decrease **Verringerung** *f* (*≈ das Verringern*) reduction; (*≈ Abnahme*) decrease; (*von Abstand*) lessening

verrinnen *vi* (*Wasser*) to trickle away (*in +Dat* into); (*Zeit*) to elapse

Verriss *m* slating review

verrohen **1.** *vt* to brutalize **2.** *vi* to become brutalized; (*Sitten*) to coarsen **Verrohung** *f* brutalization

verrosten *vi* to rust; ***verrostet*** rusty

verrotten *vi* to rot; (*≈ sich organisch zersetzen*) to decompose

verrücken *vt* to move **verrückt** *Adj* **a**) (*≈ geisteskrank*) mad; **b**) (*umg*) crazy; ***~ auf*** (*+Akk*) *od* ***nach*** crazy about (*umg*); ***wie ~*** like crazy (*umg*); ***jdn ~ machen*** to drive sb crazy *od* wild (*umg*); ***~ werden*** to go crazy; ***du bist wohl ~!*** you must be crazy! **Verrückte(r)** *mf* (*umg*) lunatic **Verrücktheit** *f* (*umg*) madness, craziness; (*Handlung*) crazy thing **verrücktspielen** *vi* (*umg*) to play up **Verrücktwerden** *n* ***zum ~*** enough to drive one mad *od* crazy

Verruf *m* ***in ~ geraten*** to fall into disrepute; ***jdn/etw in ~ bringen*** to bring sb/sth into disrepute **verrufen** *Adj* disreputable

verrühren *vt* to mix

verrutschen *vi* to slip

Vers *m* verse; (*≈ Zeile*) line

versagen **1.** *vt* ***jdm/sich etw ~*** to deny sb/oneself sth; ***etw bleibt*** *od* ***ist jdm versagt*** sb is denied sth **2.** *vi* to fail; (*Maschine*) to break down; ***die Beine/Nerven*** *etc* ***versagten ihm*** his legs/nerves *etc* gave way **Versagen** *n* failure; (*von Maschine*) breakdown; ***menschliches ~*** human error **Versager(in)** *m(f)* failure

versalzen *vt* to put too much salt in/on; (*umg ≈ verderben*) to spoil; ***~es Essen*** oversalty food

versammeln **1.** *vt* to assemble; ***Leute um sich ~*** to gather people around one **2.** *vr* to assemble; (*Ausschuss*) to meet **Versammlung** *f* (*≈ Veranstaltung*) meeting; (*≈ versammelte Menschen*) assembly **Versammlungsfreiheit** *f* freedom of assembly

Versand *m* (*≈ das Versenden*) dispatch (*bes Brit*), shipment **Versandabteilung** *f* shipping department **Versandgeschäft** *n* (*≈ Firma*) mail-order firm **Versandhandel** *m* mail-order business **Versandhaus** *n* mail-order firm **Versandkosten** *Pl* transport(ation) costs *Pl*

versauen *vt* (*umg*) **a**) (*≈ verschmutzen*) to make a mess of; **b**) (*≈ ruinieren*) to ruin

versaufen (*umg*) *vt Geld* to spend on booze (*umg*); → ***versoffen***

versäumen *vt* to miss; *Zeit* to lose; *Pflicht* to neglect; ***(es) ~, etw zu tun*** to fail to do sth **Versäumnis** *n* (*≈ Nachlässigkeit*) failing; (*≈ Unterlassung*) omission

verschachtelt *Adj Satz* complex; ***ineinander ~*** interlocking

verschaffen *vt* **a**) ***jdm etw ~*** *Geld, Alibi* to provide sb with sth; **b**) ***sich*** (*Dat*) ***etw ~*** to obtain sth; *Kenntnisse* to acquire sth; *Ansehen, Vorteil* to gain sth; *Respekt* to get sth

verschandeln *vt* to ruin

verschanzen *vr* to entrench oneself (*hinter +Dat* behind); (*≈ sich verbarrikadieren*) to barricade oneself in (*in etw* (*Dat*) sth)

verschärfen **1.** *vt Tempo* to increase; *Gegensätze* to intensify; *Lage* to aggravate; *Spannungen* to heighten; (*≈ strenger machen*) to tighten **2.** *vr* (*Tempo*) to increase; (*Wettbewerb, Gegensätze*) to intensify; (*Lage*) to become

V

aggravated; (*Spannungen*) to heighten **verschärft** 1. *Adj Tempo, Wettbewerb* increased; *Lage* aggravated; *Spannungen* heightened; *Kontrollen* tightened 2. *Adv* **~ aufpassen** to keep a closer watch; **~ kontrollieren** to keep a tighter control
verscharren *vt* to bury
verschätzen *vr* to misjudge, to miscalculate (*in etw* (*Dat*) sth); **sich um zwei Monate ~** to be out by two months
verschenken *vt* to give away
verscherzen *vt* **sich** (*Dat*) **etw ~** to lose sth; **es sich** (*Dat*) **mit jdm ~** to spoil things (for oneself) with sb
verscheuchen *vt* to scare away
verscheuern *vt* (*umg*) to sell off
verschicken *vt* a) (≈ *versenden*) to send off; b) (*zur Kur etc*) to send away; c) (≈ *deportieren*) to deport
verschieben 1. *vt* a) (≈ *verrücken*) to move; b) (≈ *aufschieben*) to change; (*auf später*) to postpone (*um* for); c) (*umg*) *Waren* to traffic in 2. *vr* a) (≈ *verrutschen*) to move out of place; (*fig*: *Schwerpunkt*) to shift; b) (*zeitlich*) to be postponed **Verschiebung** *f* a) (≈ *das Verschieben*) moving; b) (*von Termin*) postponement
verschieden 1. *Adj* a) (≈ *unterschiedlich*) different; **das ist ganz ~** (≈ *wird verschieden gehandhabt*) that varies; b) (≈ *mehrere, einige*) several; c) **Verschiedenes** different things; (*in Zeitungen, Listen*) miscellaneous 2. *Adv* differently; **die Häuser sind ~ hoch** the houses vary in height **verschiedenartig** *Adj* different; (≈ *mannigfaltig*) diverse **Verschiedenheit** *f* difference (+*Gen* of, in); (≈ *Vielfalt*) variety **verschiedentlich** *Adv* (≈ *mehrmals*) several times; (≈ *vereinzelt*) occasionally
verschießen 1. *vt* a) *Munition* to use up; b) (*Sport*) to miss 2. *vr* (*umg*) **in jdn verschossen sein** to be crazy about sb (*umg*)
verschimmeln *vi* to go mouldy (*Brit*) *od* moldy (*US*); **verschimmelt** (*wörtl*) mouldy (*Brit*), moldy (*US*)
verschlafen[1] 1. *vi*r to oversleep 2. *vt* *Termin* to miss by oversleeping; (≈ *schlafend verbringen*) *Tag, Morgen* to sleep through; (≈ *verpassen*) *Einsatz* to miss
verschlafen[2] *Adj* sleepy
Verschlag *m* (≈ *abgetrennter Raum*) partitioned area; (≈ *Schuppen*) shed **verschlagen** *vt* a) **etw mit Brettern ~** to board sth up; b) (≈ *nehmen*) *Atem* to take away; **das hat mir die Sprache ~** it left me speechless; c) (≈ *geraten lassen*) to bring; **an einen Ort ~ werden** to end up somewhere
verschlampen *vt* (*umg* ≈ *verlieren*) to go and lose (*umg*)
verschlechtern 1. *vt* to make worse; *Qualität* to impair 2. *vr* to get worse; **sich finanziell ~** to be worse off financially; **sich beruflich ~** to take a worse job **Verschlechterung** *f* worsening; (*von Leistung*) decline; **eine finanzielle ~** a financial setback
verschleiern 1. *vt* to veil; *Blick* to blur 2. *vr* (*Frau*) to veil oneself
Verschleiß *m* wear and tear; (≈ *Verluste*) loss **verschleißen** 1. *vt* (≈ *kaputt machen*) to wear out; (≈ *verbrauchen*) to use up 2. *vi* to wear out; → **verschlissen** 3. *vr* to wear out; (*Menschen*) to wear oneself out
verschleppen *vt* a) (≈ *entführen*) *jdn* to abduct; *Gefangene, Kriegsopfer* to displace; b) (≈ *hinauszögern*) *Prozess* to draw out; POL to delay; *Krankheit* to protract **Verschleppte(r)** *mf* displaced person **Verschleppung** *f* a) (*von Menschen*) abduction; b) (≈ *Verzögerung, von Krankheit*) protraction; (*von Gesetzesänderung*) delay **Verschleppungstaktik** *f* delaying tactics *Pl*
verschleudern *vt* HANDEL to dump; (≈ *vergeuden*) *Vermögen, Ressourcen* to squander
verschließbar *Adj Dosen, Gläser etc* sealable; *Tür, Schublade* lockable **verschließen** 1. *vt* a) (≈ *abschließen*) to lock (up); (*fig*) to close; (≈ *versperren*) to bar; (*mit Riegel*) to bolt; → **verschlossen**; b) (≈ *zumachen*) to close; *Brief* to seal; (*mit Pfropfen*) *Flasche* to cork; **die Augen/Ohren** (**vor etw** *Dat*) **~** to shut one's eyes/ears (to sth) 2. *vr* (*Mensch* ≈ *reserviert sein*) to shut oneself off (+*Dat* from); **ich kann mich der Tatsache nicht ~, dass ...** I can't close my eyes to the fact that ...
verschlimmbessern *vt* (*hum*) to make worse **verschlimmern** 1. *vt* to make worse 2. *vr* to get worse **Verschlimme-**

rung *f* worsening
verschlingen **1.** *vt* (≈ *gierig essen*) to devour; (*fig*) (*Welle, Dunkelheit*) to engulf; (≈ *verbrauchen*) *Geld, Strom etc* to eat up; ***jdn mit Blicken ~*** to devour sb with one's eyes **2.** *vr* to become intertwined
verschlissen *Adj* worn (out); (*fig*) *Politiker etc* burned-out (*umg*); → ***verschlissen***
verschlossen *Adj* closed; (*mit Schlüssel*) locked; (*mit Riegel*) bolted; *Briefumschlag* sealed; ***hinter ~en Türen*** behind closed doors; → ***verschließen***
Verschlossenheit *f* (*von Mensch*) reserve
verschlucken **1.** *vt* to swallow **2.** *vr* to swallow the wrong way
Verschluss *m* **a)** (≈ *Schloss*) lock; (≈ *Pfropfen*) stopper; (*an Kleidung*) fastener; (*an Schmuck*) catch; (*an Tasche, Buch, Schuh*) clasp; ***etw unter ~ halten*** to keep sth under lock and key; **b)** FOTO shutter
verschlüsseln *vt* to (put into) code **Verschlüsselung** *f* coding
verschmähen *vt* to spurn
verschmelzen *vi* to melt together; (*Metalle*) to fuse; (*Farben*) to blend; (*fig*) to blend (*zu* into) **Verschmelzung** *f* **a)** (≈ *Verbindung*) fusion; (*von Farben*) blending; **b)** HANDEL merger
verschmerzen *vt* to get over
verschmieren **1.** *vt* **a)** (≈ *verstreichen*) to spread (*in +Dat* over); **b)** *Gesicht* to smear; *Geschriebenes* to smudge **2.** *vi* to smudge **verschmiert** *Adj Gesicht* smeary
verschmitzt *Adj* mischievous
verschmutzen **1.** *vt* to dirty; *Luft, Umwelt* to pollute **2.** *vi* to get dirty; (*Luft, Wasser, Umwelt*) to become polluted **verschmutzt** *Adj* dirty, soiled; *Luft etc* polluted **Verschmutzung** *f* **a)** (≈ *das Verschmutzen*) dirtying; (*von Luft, Umwelt*) pollution; (*von Fahrbahn*) muddying; **b)** (≈ *das Verschmutztsein*) dirtiness *kein Pl*; (*von Luft etc*) pollution
verschnaufen *vi/r* (*umg*) to take a breather (*umg*) **Verschnaufpause** *f* breather
verschneiden *vt Wein, Rum* to blend
verschneit *Adj* snow-covered
verschnupft *Adj* (*umg*) **a)** (≈ *erkältet*) *Mensch* with a cold; **b)** (≈ *beleidigt*) peeved (*umg*)
verschnüren *vt* to tie up
verschollen *Adj Flugzeug, Mensch etc* missing; ***ein lange ~er Freund*** a long-lost friend; ***er ist ~*** (*im Krieg*) he is missing, presumed dead
verschonen *vt* to spare (*jdn von etw* sb sth); ***verschone mich damit!*** spare me that!; ***von etw verschont bleiben*** to escape sth
verschönern *vt* to improve (the appearance of); *Wohnung* to brighten (up) **Verschönerung** *f* improvement; (*von Wohnung, Zimmer*) brightening up
verschränken *vt* to cross over; *Arme* to fold
verschrecken *vt* to frighten off
verschreiben **1.** *vt* (≈ *verordnen*) to prescribe **2.** *vr* **a)** (≈ *falsch schreiben*) to make a slip (of the pen); **b)** ***sich einer Sache*** (*Dat*) ***~*** to devote oneself to sth **verschreibungspflichtig** *Adj* only available on prescription
verschrie(e)n *Adj* ***als etw verschrieen*** notorious for being sth
verschrotten *vt* to scrap
verschrumpeln *vi* to shrivel
verschüchtern *vt* to intimidate
verschulden **1.** *vt* to be to blame for; *Unfall* to cause **2.** *vr* to get into debt **Verschulden** *n* fault; ***ohne sein/mein ~*** through no fault of his (own)/of my own *od* of mine
verschütten *vt* **a)** *Flüssigkeit* to spill; **b)** (≈ *begraben*) ***verschüttet werden*** (*Mensch*) to be buried (alive) **verschüttet** *Adj* buried (alive) **verschütt gehen** *vi* (*umg*) to get lost
verschweigen *vt* to withhold (*jdm etw* sth from sb); → ***verschwiegen***
verschwenden *vt* to waste (*auf +Akk*) **Verschwender(in)** *m(f)* spendthrift **verschwenderisch** **1.** *Adj* wasteful; *Leben* extravagant; (≈ *üppig*) lavish; *Fülle* lavish **2.** *Adv* wastefully; ***mit etw ~ umgehen*** to be lavish with sth **Verschwendung** *f* ***~ von Geld/Zeit*** waste of money/time
verschwiegen *Adj Mensch* discreet; *Ort* secluded; → ***verschweigen*** **Verschwiegenheit** *f* (*von Mensch*) discretion; ***zur ~ verpflichtet*** bound to se-

crecy
verschwimmen *vi* to become blurred *od* indistinct; ***ineinander ~*** to melt *od* merge into one another; → ***verschwommen***
verschwinden *vi* to disappear, to vanish; ***verschwinde!*** clear out! (*umg*); ***(mal) ~ müssen*** (*euph umg*) to have to go to the bathroom; → ***verschwunden*** **Verschwinden** *n* disappearance **verschwindend** *Adv* ***~ wenig*** very, very few; ***~ klein*** *od* ***gering*** minute
verschwitzt *Adj Kleidungsstück* sweat-stained; (≈ *feucht*) sweaty
verschwommen **1.** *Adj Foto* fuzzy; *Erinnerung* vague **2.** *Adv sehen* blurred; *sich erinnern* vaguely; → ***verschwimmen***
verschwören *vr* **a)** (≈ *ein Komplott schmieden*) to plot (*mit* with, *gegen* against); **b)** (≈ *sich verschreiben*) ***sich einer Sache*** (*Dat*) ***~*** to give oneself over to sth **Verschwörer(in)** *m(f)* conspirator **Verschwörung** *f* conspiracy, plot
verschwunden *Adj* missing; → ***verschwinden***
versehen **1.** *vt* **a)** (≈ *ausüben*) *Amt etc* to occupy; *Dienst* to perform; *Dienst* to provide; **b)** (≈ *ausstatten*) ***jdn mit etw ~*** to provide sb with sth; ***mit etw ~ sein*** to have sth; **c)** (≈ *geben*) to give **2.** *vr* **a)** (≈ *sich irren*) to be mistaken; **b)** ***sich mit etw ~*** (≈ *sich ausstatten*) to equip oneself with sth; **c)** ***ehe man sichs versieht*** before you could turn (a)round **Versehen** *n* (≈ *Irrtum*) mistake; (≈ *Unachtsamkeit*) oversight; ***aus ~*** by mistake **versehentlich** **1.** *Adj* inadvertent; (≈ *irrtümlich*) erroneous **2.** *Adv* inadvertently, by mistake
Versehrte(r) *mf* disabled person/man/-woman *etc*
versenden *vt* to send **Versendung** *f* sending
versengen *vt* (*Sonne, mit Bügeleisen*) to scorch; (*Feuer*) to singe
versenken **1.** *vt* to sink; *das eigene Schiff* to scuttle **2.** *vr* ***sich in etw*** (*Akk*) ***~*** to become immersed in sth **Versenkung** *f* **a)** (≈ *das Versenken*) sinking; (*von eigenem Schiff*) scuttling; **b)** (*umg*) ***in der ~ verschwinden*** to vanish; ***aus der ~ auftauchen*** to reappear
versessen *Adj* (*fig*) ***auf etw*** (*Akk*) ***~ sein*** to be very keen on sth **Versessenheit** *f* keenness (*auf +Akk* on)
versetzen **1.** *vt* **a)** to move; (SCHULE: *in höhere Klasse*) to move up; **b)** (*umg*) (≈ *verkaufen*) to sell; (≈ *verpfänden*) to pawn; **c)** (*umg* ≈ *nicht erscheinen*) ***jdn ~*** to stand sb up (*umg*); **d)** ***jdn in fröhliche Stimmung ~*** to put sb in a cheerful mood; ***jdn in die Lage ~, etw zu tun*** to put sb in a position to do sth; **e)** (≈ *geben*) *Stoß, Tritt etc* to give **2.** *vr* ***sich in jds Lage ~*** to put oneself in sb's place *od* position **Versetzung** *f* (*beruflich*) transfer; SCHULE moving up
verseuchen *vt* (*mit Bakterien, Viren*) to infect; (*mit Giftstoffen, fig*) to contaminate **verseucht** *Adj* (*mit Bakterien, Viren*) infected; (*mit Gas, Giftstoffen*) contaminated; ***radioaktiv ~*** contaminated by radiation *od* radioactivity **Verseuchung** *f* (*mit Bakterien, Viren*) infection; (*mit Giftstoffen, fig*) contamination *kein Pl*
Versicherer *m* insurer; (*bei Schiffen*) underwriter **versichern** **1.** *vt* **a)** (≈ *bestätigen*) to assure; (≈ *beteuern*) to protest; ***jdm ~, dass ...*** to assure sb that ...; **b)** VERS to insure; ***gegen etw versichert sein*** to be insured against sth **2.** *vr* **a)** (≈ *Versicherung abschließen*) to insure oneself; ***sich gegen Unfall ~*** to take out accident insurance; **b)** (≈ *sich vergewissern*) to make sure *od* certain **Versicherte(r)** *mf* insured (party) **Versicherung** *f* **a)** (≈ *Bestätigung*) assurance; **b)** (≈ *Feuerversicherung etc*) insurance; **c)** (≈ *Gesellschaft*) insurance company **Versicherungsbeitrag** *m* (*bei Haftpflichtversicherung etc*) insurance premium **Versicherungsbetrug** *m* insurance fraud **Versicherungskarte** *f* insurance card; ***die grüne ~*** VERKEHR the green card (*Brit*), *insurance document for driving abroad* **Versicherungsmakler(in)** *m(f)* insurance broker **Versicherungsnehmer(in)** *m(f)* (*förml*) policy holder **Versicherungspolice** *f* insurance policy **Versicherungsschein** *m* insurance policy **Versicherungsschutz** *m* insurance cover **Versicherungssumme** *f* sum insured **Versi-**

cherungsvertrag *m* insurance contract

versickern *vi* to seep away; (*fig, Interesse*) to peter out; (*Geld*) to trickle away

versiegeln *vt* to seal

versiegen *vi* (*Fluss*) to dry up; (*Interesse*) to peter out; (*Kräfte*) to fail

versiert *Adj* ***in etw*** (*Dat*) ***~ sein*** to be experienced *od* (*in Bezug auf Wissen*) (well) versed in sth

versifft *Adj* (*sl*) yucky (*umg*)

versilbern *vt* (≈ *mit Silber überziehen*) to silver(-plate); (*fig umg* ≈ *verkaufen*) to sell

versinken *vi* to sink; ***in etw*** (*Akk*) ***~*** (*fig*) *in Trauer, Chaos* to sink into sth; *in Anblick, Gedanken* to lose oneself in sth; → ***versunken***

Version *f* version

versklaven *vt* (*wörtl, fig*) to enslave

Versmaß *n* metre (*Brit*), meter (*US*)

versoffen *Adj* (*umg*) boozy (*umg*); → ***versaufen***

versohlen *vt* (*umg*) to belt (*umg*)

versöhnen **1.** *vt* to reconcile; ***~de Worte*** conciliatory words **2.** *vr* to be(come) reconciled; (*Streitende*) to make it up; ***sich mit etw ~*** to reconcile oneself to sth **versöhnlich** *Adj* conciliatory; (≈ *nicht nachtragend*) forgiving **Versöhnung** *f* reconciliation

versonnen *Adj Gesichtsausdruck* pensive; (≈ *träumerisch*) *Blick* dreamy

versorgen *vt* (≈ *sich kümmern um*) to look after; (≈ *beliefern*) to supply; (≈ *unterhalten*) *Familie* to provide for **Versorgung** *f* (≈ *Pflege*) care; (≈ *Belieferung*) supply; ***die ~ mit Strom*** the supply of electricity; ***die ~ im Alter*** providing for one's old age **Versorgungsschwierigkeiten** *Pl* supply problems *Pl* **Versorgungsstaat** *m* all-providing state

verspannt *Adj Muskeln* tense

verspäten *vr* to be late **verspätet** **1.** *Adj* late; *Zug, Flugzeug* delayed **2.** *Adv* late; *gratulieren* belatedly **Verspätung** *f* delay; (***10 Minuten***) ***~ haben*** to be (10 minutes) late; ***mit ~ ankommen*** to arrive late

versperren *vt Weg etc* to block

verspielen **1.** *vt Geld, Zukunft* to gamble away; *Vertrauen* to lose **2.** *vi* (*fig*) ***er hatte bei ihr verspielt*** he had had it as far as she was concerned (*umg*) **verspielt** *Adj* playful; *Verzierung* dainty

verspotten *vt* to mock

versprechen **1.** *vt* to promise (*jdm etw* sb sth); ***das verspricht interessant zu werden*** it promises to be interesting; ***sich*** (*Dat*) ***viel/wenig von etw ~*** to have high hopes/no great hopes of sth; ***was versprichst du dir davon?*** what do you expect to achieve (by that)? **2.** *vr* (≈ *etwas Nichtgemeintes sagen*) to make a slip (of the tongue) **Versprechen** *n* promise **Versprecher** *m* (*umg*) slip (of the tongue) **Versprechung** *f* promise

versprühen *vt* to spray; *Charme* to exude

verspüren *vt* to feel

verstaatlichen *vt* to nationalize **Verstaatlichung** *f* nationalization

Verstand *m* (≈ *Fähigkeit zu denken*) reason; (≈ *Intellekt*) mind; (≈ *Vernunft*) (common) sense; (≈ *Urteilskraft*) (powers *Pl* of) judgement; ***den ~ verlieren*** to lose one's mind; ***hast du denn den ~ verloren?*** are you out of your mind? (*umg*); ***jdn um den ~ bringen*** to drive sb out of his/her mind (*umg*); ***nicht ganz bei ~ sein*** not to be in one's right mind; ***das geht über meinen ~*** it's beyond me

verständigen **1.** *vt* to notify (*von* of, about) **2.** *vr* to communicate (with each other); (≈ *sich einigen*) to come to an understanding **Verständigung** *f* **a)** (≈ *Benachrichtigung*) notification; **b)** (≈ *das Sichverständigen*) communication *kein unbest Artikel*; **c)** (≈ *Einigung*) understanding

verständlich **1.** *Adj* (≈ *begreiflich*) understandable; (≈ *intellektuell erfassbar*) comprehensible; (≈ *hörbar*) audible; (≈ *klar*) *Erklärung* intelligible; ***jdm etw ~ machen*** to make sb understand sth; ***sich ~ machen*** to make oneself understood **2.** *Adv* clearly **verständlicherweise** *Adv* understandably (enough) **Verständnis** *n* **a)** (≈ *das Begreifen*) (*für* of) understanding (*für* of); (≈ *Mitgefühl*) sympathy (*für* for); ***für so was habe ich kein ~*** I have no time for that kind of thing; ***dafür hast du mein vollstes ~*** you have my fullest sympathy; **b)** (≈ *Kunstverständnis etc*) appreciation (*für* of) **verständnislos** **1.** *Adj* uncomprehending; (≈ *ohne Mitgefühl*) unsympathetic; (*für Kunst*) unappreciative **2.** *Adv* uncomprehendingly; (≈ *ohne Mitgefühl*) unsympathetically; (*gegenüber Kunst*) unappreciatively **verständnisvoll** *Adj* understanding; *Blick* knowing *nur attr*

verstärken **1.** *vt* to reinforce; *Spannung* to intensify; *Signal, Musik* to amplify **2.** *vr* (*fig*) to intensify **Verstärker** *m* RADIO, ELEK amplifier **Verstärkung** *f* reinforcement; (*von Spannung*) intensification; ELEK, MUS amplification

verstauben *vi* to get dusty; (*fig*) to gather dust; ***verstaubt*** covered in dust; (*fig*) *Ideen* fuddy-duddy (*umg*)

verstauchen *vt* to sprain; ***sich*** (*Dat*) ***den Fuß*** *etc* **~** to sprain one's foot *etc*

verstauen *vt Gepäck* to load; SEEF to stow; (*hum*) *Menschen* to pile

Versteck *n* hiding place; (*von Verbrechern*) hide-out; ***~ spielen*** to play hide-and-seek (*Brit*) *od* hide-and-go-seek (*US*) **verstecken** **1.** *vt* to hide (*vor* from) **2.** *vr* to hide; ***sich vor jdm ~*** to hide from sb; ***sich hinter etw*** (*Dat*) **~** to hide behind sth; ***Verstecken spielen*** to play hide-and-seek (*Brit*) *od* hide-and-go-seek (*US*) **Versteckspiel** *n* hide-and-seek (*Brit*), hide-and-go-seek (*US*) **versteckt** *Adj* hidden; *Eingang* concealed; *Andeutung* veiled

verstehen **1.** *vti* to understand; ***jdn falsch ~*** to misunderstand sb; ***versteh mich recht*** don't get me wrong; ***wenn ich recht verstehe ...*** if I understand correctly ...; ***jdm zu ~ geben, dass ...*** to give sb to understand that ... **2.** *vt* **a)** (≈ *können*) to know; ***es ~, etw zu tun*** to know how to do sth; ***etwas/nichts von etw ~*** to know something/nothing about sth; **b)** (≈ *auslegen*) to understand, to see; ***etw unter etw*** (*Dat*) **~** to understand sth by sth **3.** *vr* **a)** (≈ *kommunizieren können*) to understand each other; **b)** (≈ *miteinander auskommen*) ***sich mit jdm ~*** to get on (*Brit*) *od* along with sb; **c)** (≈ *klar sein*) to go without saying; ***versteht sich!*** (*umg*) of course!; **d)** ***sich auf etw*** (*Akk*) **~** to be (an) expert at sth; ***die Preise ~ sich einschließlich Lieferung*** prices are inclusive of delivery

versteigern *vt* to auction (off) **Versteigerung** *f* (sale by) auction

versteinern **1.** *vi* GEOL to fossilize; (*Holz*) to petrify **2.** *vr* (*fig*) (*Miene, Gesicht*) to harden **Versteinerung** *f* (*Vorgang*) fossilization; (*von Holz*) petrification; (≈ *versteinertes Tier etc*) fossil

verstellbar *Adj* adjustable **verstellen** **1.** *vt* **a)** (≈ *anders einstellen*) to adjust; *Möbel* to move (out of position); (≈ *falsch einstellen*) to adjust wrongly; *Uhr* to set wrong; **b)** *Stimme* to disguise; **c)** (≈ *versperren*) to block **2.** *vr* ***er kann sich gut ~*** he's good at playing a part

versteuern *vt* to pay tax on; ***versteuerte Waren*** taxed goods; ***das zu ~de Einkommen*** taxable income

verstimmen *vt* (*wörtl*) to put out of tune; (*fig*) to put out **verstimmt** *Adj Klavier etc* out of tune; (*fig*) (≈ *verdorben*) *Magen* upset; (≈ *verärgert*) put out **Verstimmung** *f* disgruntlement; (*zwischen Parteien*) ill will

verstohlen **1.** *Adj* furtive **2.** *Adv* furtively

verstopfen *vt* to stop up; *Straße, Blutgefäß* to block **verstopft** *Adj* blocked; *Nase* stuffed up, blocked (up); *Mensch* constipated **Verstopfung** *f* blockage; MED constipation

verstorben *Adj* deceased; ***mein ~er Mann*** my late husband **Verstorbene(r)** *mf* deceased

verstört *Adj* disturbed; (*vor Angst*) distraught

Verstoß *m* violation (*gegen* of) **verstoßen** **1.** *vt jdn* to disown **2.** *vi* ***gegen etw ~*** to offend against sth

verstrahlt *Adj* contaminated (by radiation) **Verstrahlung** *f* radiation

verstreichen **1.** *vt Salbe, Farbe* to apply (*auf +Dat* to) **2.** *vi* (*Zeit*) to elapse; (*Frist*) to expire

verstreuen *vt* to scatter; (*versehentlich*) to spill

verstricken (*fig*) **1.** *vt* to involve, to embroil **2.** *vr* to become entangled, to get tangled up

verströmen *vt* to exude

verstümmeln *vt* to mutilate; *Nachricht* to garble **Verstümmelung** *f* mutila-

tion; (*von Nachricht*) garbling *kein Pl*
verstummen *vi* (*Mensch*) to go *od* fall silent; (*Gespräch, Musik*) to stop; (≈ *langsam verklingen*) to die away
Versuch *m* attempt (*zu tun* at doing, to do); (*wissenschaftlich*) experiment; (≈ *Test*) trial, test; ***einen ~ machen*** to make an attempt, to carry out an experiment/a trial; ***das käme auf einen ~ an*** we'll have to (have a) try **versuchen** *vt* **a**) (*auch vi*) to try; ***es mit etw ~*** to try sth; ***es mit jdm ~*** to give sb a try; ***versuchter Diebstahl*** attempted theft; **b**) (≈ *in Versuchung führen*) to tempt **Versuchsballon** *m* ***einen ~ steigen lassen*** (*fig*) to fly a kite **Versuchskaninchen** *n* (*fig*) guinea pig **Versuchsobjekt** *n* test object; (*fig: Mensch*) guinea pig **Versuchsperson** *f* test *od* experimental subject **Versuchsstadium** *n* experimental stage **versuchsweise** *Adv* on a trial basis; *einstellen* on trial **Versuchung** *f* temptation; ***jdn in ~ führen*** to lead sb into temptation; ***in ~ kommen*** to be tempted
versumpfen *vi* **a**) (*Gebiet*) to become marshy *od* boggy; **b**) (*fig umg* ≈ *lange zechen*) to get involved in a booze-up (*umg*)
versunken *Adj* sunken; (*fig*) engrossed; ***in Gedanken ~*** immersed in thought; → ***versinken***
versüßen *vt* (*fig*) to sweeten
vertagen *vti* to adjourn; (≈ *verschieben*) to postpone (*auf +Akk* until, till) **Vertagung** *f* adjournment; (≈ *Verschiebung*) postponement
vertauschen *vt* **a**) (≈ *austauschen*) to exchange (*gegen, mit* for); ***vertauschte Rollen*** reversed roles; **b**) (≈ *verwechseln*) to mix up
verteidigen **1.** *vt* to defend **2.** *vr* to defend oneself **Verteidiger(in)** *m(f)* defender; (≈ *Anwalt*) defence (*Brit*) *od* defense (*US*) lawyer **Verteidigung** *f* defence (*Brit*), defense (*US*) **Verteidigungsfall** *m* ***wenn der ~ eintritt*** if defence should be necessary **Verteidigungsminister(in)** *m(f)* Minister of Defence (*Brit*), Secretary of Defense (*US*) **Verteidigungsministerium** *n* Ministry of Defence (*Brit*), Department of Defense (*US*)
verteilen **1.** *vt* (≈ *austeilen*) to distribute; *Süßigkeiten etc* to share out; *Essen* to dish out; THEAT *Rollen* to allocate; *Farbe* to spread; (≈ *verstreuen*) to spread out **2.** *vr* (*Bevölkerung, Farbe*) to spread (itself) out; (*Reichtum etc*) to be distributed; (*zeitlich*) to be spread (*über +Akk* over) **Verteiler** *m* **a**) TECH distributor; **b**) (≈ *Verteilerschlüssel*) distribution list **Verteilernetz** *n* ELEK distribution system; HANDEL distribution network **Verteilerschlüssel** *m* distribution list **Verteilung** *f* distribution; (≈ *Zuteilung*) allocation
vertelefonieren *vt* (*umg*) *Geld, Zeit* to spend on the phone
verteuern **1.** *vt* to make more expensive **2.** *vr* to become more expensive **Verteuerung** *f* increase in price
verteufeln *vt* to condemn
vertiefen **1.** *vt* to deepen; *Kontakte* to strengthen **2.** *vr* to deepen; ***in etw*** (*Akk*) ***vertieft sein*** (*fig*) to be engrossed in sth **Vertiefung** *f* **a**) (≈ *das Vertiefen*) deepening; **b**) (*in Oberfläche*) depression
vertikal **1.** *Adj* vertical **2.** *Adv* vertically **Vertikale** *f* vertical line
vertilgen *vt* **a**) *Unkraut etc* to destroy; **b**) (*umg* ≈ *aufessen*) to demolish (*umg*)
vertippen *vr* (*umg, beim Schreiben*) to make a typing error
vertonen *vt* to set to music
vertrackt *Adj* (*umg*) awkward, tricky; (≈ *verwickelt*) complicated, complex
Vertrag *m* contract; (≈ *Abkommen*) agreement; POL treaty
vertragen **1.** *vt* to take; (≈ *aushalten*) to stand; ***Eier kann ich nicht ~*** eggs don't agree with me; ***Patienten, die kein Penizillin ~*** patients who are allergic to penicillin; ***so etwas kann ich nicht ~*** I can't stand that kind of thing; ***viel ~ können*** (*umg: Alkohol*) to be able to hold one's drink (*Brit*) *od* liquor (*US*); ***jd könnte etw ~*** (*umg*) sb could do with sth **2.** *vr* ***sich*** (***mit jdm***) ***~*** to get on (*Brit*) *od* along (with sb); ***sich wieder ~*** to be friends again; ***sich mit etw ~*** (*Farbe*) to go with sth; (*Verhalten*) to be consistent with sth
vertraglich **1.** *Adj* contractual **2.** *Adv* by contract; *festgelegt* in the/a contract
verträglich *Adj* (≈ *umgänglich*) good-

-natured; *Speise* digestible; (≈ *bekömmlich*) wholesome; ***ökologisch/sozial ~*** ecologically/socially acceptable

Vertragsabschluss *m* conclusion of a/the contract **Vertragsbruch** *m* breach of contract **vertragsbrüchig** *Adj* ***~ werden*** to be in breach of contract **Vertragsentwurf** *m* draft contract **vertragsgemäß** *Adj*, *Adv* as stipulated in the contract **vertragsschließend** *Adj* contracting **Vertragsspieler(in)** *m(f)* player under contract **Vertragsstrafe** *f* penalty for breach of contract

vertrauen *vi* ***jdm/einer Sache ~*** to trust sb/sth; ***auf jdn/etw ~*** to trust in sb/sth; → ***vertraut*** **Vertrauen** *n* trust, confidence (*zu*, *in +Akk*, *auf +Akk* in); ***im ~ (gesagt)*** strictly in confidence; ***im ~ auf etw*** (*Akk*) trusting in sth; ***jdn ins ~ ziehen*** to take sb into one's confidence; ***jdm das ~ aussprechen*** PARL to pass a vote of confidence in sb **vertrauenerweckend** *Adj* ***einen ~en Eindruck machen*** to inspire confidence **vertrauensbildend** *Adj* confidence-building **Vertrauensfrage** *f* question *od* matter of trust; ***die ~ stellen*** PARL to ask for a vote of confidence **Vertrauensfrau** *f*, **Vertrauensmann** *m* intermediary agent; (*in Gewerkschaft*) (union) negotiator *od* representative **Vertrauenssache** *f* confidential matter; (≈ *Frage des Vertrauens*) question *od* matter of trust **vertrauensvoll** **1.** *Adj* trusting **2.** *Adv* trustingly **Vertrauensvotum** *n* PARL vote of confidence **vertrauenswürdig** *Adj* trustworthy **vertraulich** **1.** *Adj* **a)** (≈ *geheim*) confidential; **b)** (≈ *freundschaftlich*) friendly; (≈ *plumpvertraulich*) familiar **2.** *Adv* confidentially, in confidence **Vertraulichkeit** *f* confidentiality; (≈ *Aufdringlichkeit*) familiarity

verträumt *Adj* dreamy

vertraut *Adj* intimate; *Umgebung* familiar; ***sich mit etw ~ machen*** to familiarize oneself with sth; ***mit etw ~ sein*** to be familiar with sth; → ***vertrauen*** **Vertraute(r)** *mf* close friend **Vertrautheit** *f* intimacy; (*von Umgebung*) familiarity

vertreiben *vt* to drive away; (*aus Land*) to expel (*aus* from); (*aus Amt*) to oust; *Feind* to repulse; (*fig*) *Sorgen* to banish; HANDEL *Waren* to sell; ***sich*** (*Dat*) ***die Zeit mit etw ~*** to pass (away) the time with sth **Vertreibung** *f* (*aus* from) expulsion; (*aus Amt etc*) ousting

vertretbar *Adj* justifiable; *Argument* tenable **vertreten** *vt* **a)** (≈ *jds Stelle übernehmen*) to replace, to stand in for; **b)** *jds Interessen*, *Wahlkreis* to represent; ***~ sein*** to be represented; **c)** (≈ *verfechten*) *Standpunkt*, *Theorie* to support; *Meinung* to hold; (≈ *rechtfertigen*) to justify (*vor* to); **d)** ***sich*** (*Dat*) ***die Beine*** *od* ***Füße ~*** (*umg*) to stretch one's legs **Vertreter(in)** *m(f)* **a)** representative; HANDEL agent; **b)** (≈ *Ersatz*) replacement; (*im Amt*) deputy; **c)** (*von Doktrin*) supporter; (*von Meinung*) holder **Vertretung** *f* **a)** (*von Menschen*) replacement; ***die ~ (für jdn) übernehmen*** to replace sb; ***in ~*** (*in Briefen*) on behalf of; **b)** (*von Interessen*, *Wahlkreis*) representation; ***die ~ meiner Interessen*** representing my interests; **c)** (≈ *das Verfechten*) supporting; (*von Meinung*) holding; **d)** (HANDEL ≈ *Firma*) agency; **e)** (≈ *Botschaft*) ***diplomatische ~*** embassy

Vertrieb *m* **a)** sales *Pl*; **b)** (≈ *Abteilung*) sales department

Vertriebene(r) *mf* exile

Vertriebsabteilung *f* sales department **Vertriebskosten** *Pl* marketing costs *Pl* **Vertriebsleiter(in)** *m(f)* sales manager **Vertriebssystem** *n* distribution system **Vertriebsweg** *m* channel of distribution

vertrocknen *vi* to dry out; (*Esswaren*) to go dry; (*Pflanzen*) to wither, to shrivel; (*Quelle*) to dry up

vertrödeln *vt* (*umg*) to fritter away, to squander

vertrösten *vt* to put off; ***jdn auf später ~*** to put sb off

vertun **1.** *vt* to waste **2.** *vr* (*umg*) to slip up (*umg*)

vertuschen *vt* to hush up

verübeln *vt* ***jdm etw ~*** to take sth amiss; ***das kann ich dir nicht ~*** I can't blame you for that

verüben *vt* to commit

verulken *vt* (*umg*) to make fun of

verunglimpfen *vt* to disparage

verunglücken *vi* to have an accident; (*fig umg* ≈ *misslingen*) to go wrong;

mit dem Auto ~ to be in a car crash **Verunglückte(r)** *mf* casualty
verunreinigen *vt Luft, Wasser* to pollute; (≈ *beschmutzen*) to dirty **Verunreinigung** *f* (*von Fluss, Wasser*) pollution; (≈ *Beschmutzung*) dirtying
verunsichern *vt* to make unsure (*in* +*Dat* of); ***verunsichert sein*** to be uncertain
veruntreuen *vt* to embezzle **Veruntreuung** *f* embezzlement
verursachen *vt* to cause **Verursacher(in)** *m(f)* ***der ~ kommt für den Schaden auf*** the party responsible is liable for the damage **Verursacherprinzip** *n* originator principle; (*bei Umweltschäden auch*) polluter pays principle **Verursachung** *f* causing
verurteilen *vt* to condemn; JUR to convict (*für* of); (*zu Strafe*) to sentence; ***jdn zu einer Gefängnisstrafe ~*** to give sb a prison sentence **Verurteilte(r)** *mf* convicted man/woman, convict (JUR) **Verurteilung** *f* condemnation; (≈ *das Schuldigsprechen*) conviction; (*zu einer Strafe*) sentencing
vervielfachen *vtr* to multiply
vervielfältigen *vt* to duplicate; (≈ *fotokopieren*) to photocopy **Vervielfältigung** *f* **a)** (≈ *das Vervielfältigen*) duplication; **b)** (≈ *Abzug*) copy
vervierfachen *vtr* to quadruple
vervollständigen *vt* to complete **Vervollständigung** *f* completion
verwackeln *vt* to blur
verwählen *vr* to misdial
verwahren 1. *vt* (≈ *aufbewahren*) to keep (safe) **2.** *vr* ***sich gegen etw ~*** to protest against sth
verwahrlosen *vi* to go to seed; (*Park*) to become neglected **verwahrlost** *Adj* neglected **Verwahrlosung** *f* neglect
Verwahrung *f* (*von Geld etc*) keeping; (*von Täter*) detention; ***jdm etw in ~ geben*** to give sth to sb for safekeeping; ***jdn in ~ nehmen*** to take sb into custody
verwalten *vt* to manage; *Amt* to hold; POL *Provinz etc* to govern **Verwalter(in)** *m(f)* administrator **Verwaltung** *f* **a)** (≈ *das Verwalten*) management; (*von Amt*) holding; (*von Provinz*) government; **b)** (≈ *Behörde*) administration; ***städtische ~*** municipal authorities *Pl* **Verwaltungsbehörde** *f* administration **Verwaltungsbezirk** *m* administrative district **Verwaltungsgebühr** *f* administrative charge
verwandeln 1. *vt* (≈ *umformen*) to change, to transform; JUR *Strafe* to commute; ***jdn/etw in etw*** (*Akk*) ***~*** to turn sb/sth into sth; ***einen Strafstoß ~*** to score (from) a penalty; ***er ist wie verwandelt*** he's a changed man **2.** *vi* (*Sport sl*) ***zum 1:0 ~*** to make it 1-0 **3.** *vr* to change; ***sich in etw*** (*Akk*) ***~*** to change *od* turn into sth **Verwandlung** *f* change, transformation
verwandt *Adj* related (*mit* to); *Denker, Geister* kindred *attr*; ***~e Seelen*** (*fig*) kindred spirits **Verwandte(r)** *mf* relation, relative **Verwandtschaft** *f* relationship; (≈ *die Verwandten*) relations *Pl*, relatives *Pl*; (*fig*) affinity **verwandtschaftlich** *Adj* family *attr* **Verwandtschaftsgrad** *m* degree of relationship
verwanzt *Adj Kleider* bug-infested; (*umg* ≈ *mit Abhörgeräten*) bugged
verwarnen *vt* to caution **Verwarnung** *f* caution **Verwarnungsgeld** *n* exemplary fine
verwaschen *Adj* faded (*in the wash*); (≈ *verwässert*) *Farbe* watery; (*fig*) wishy-washy (*umg*)
verwässern *vt* to water down
verwechseln *vt* to mix up; ***jdn (mit jdm) ~*** to confuse sb with sb; ***zum Verwechseln ähnlich sein*** to be the spitting image of each other **Verwechslung** *f* confusion; (≈ *Irrtum*) mistake
verwegen *Adj* daring, bold; (≈ *tollkühn*) foolhardy, rash; (≈ *keck*) cheeky (*Brit*), saucy
Verwehung *f* (≈ *Schneeverwehung*) (snow)drift; (≈ *Sandverwehung*) (sand)drift
verweichlichen *vt* ***jdn ~*** to make sb soft; ***ein verweichlichter Mensch*** a weakling **Verweichlichung** *f* softness
Verweigerer *m*, **Verweigerin** *f* refusenik (*umg*); (≈ *Kriegsdienstverweigerer*) conscientious objector **verweigern** *vt* to refuse; *Befehl* to refuse to obey; *Kriegsdienst* to refuse to do; ***jdm etw ~*** to refuse *od* deny sb sth **Verweigerung** *f* refusal
verweint *Adj Augen* tear-swollen; *Gesicht* tear-stained
Verweis *m* **a)** (≈ *Rüge*) reprimand, ad-

V

monishment; ***jdm einen ~ erteilen*** to reprimand *od* admonish sb; **b)** (≈ *Hinweis*) reference (*auf +Akk* to) **verweisen** *vt* **a)** (≈ *hinweisen*) ***jdn auf etw*** (*Akk*)/***an jdn ~*** to refer sb to sth/sb; **b)** (*von der Schule*) to expel; ***jdn vom Platz*** *od* ***des Spielfeldes ~*** to send sb off; **c)** JUR to refer (*an +Akk* to)

verwelken *vi* (*Blumen*) to wilt; (*fig*) to fade

verwenden 1. *vt* to use; ***Mühe auf etw*** (*Akk*) ***~*** to put effort into sth; ***Zeit auf etw*** (*Akk*) ***~*** to spend time on sth **2.** *vr* ***sich*** (***bei jdm***) ***für jdn ~*** to intercede (with sb) on sb's behalf **Verwendung** *f* use; (*von Zeit, Geld*) expenditure (*auf +Akk* on); ***keine ~ für etw haben*** to have no use for sth; ***für jdn/etw ~ finden*** to find a use for sb/sth

verwerfen *vt* (≈ *ablehnen*) to reject; *Ansicht* to discard; JUR *Klage, Antrag* to dismiss; *Urteil* to quash **verwerflich** *Adj* reprehensible **Verwerfung** *f* **a)** (≈ *Ablehnung*) rejection; JUR dismissal; (*von Urteil*) quashing; **b)** GEOL fault

verwertbar *Adj* usable **verwerten** *vt* (≈ *verwenden*) to make use of; *Reste* to use; *Kenntnisse* to utilize, to put to good use; (*kommerziell*) to exploit; (*Körper*) *Nahrung* to process **Verwertung** *f* utilization; (*von Resten*) using; (*kommerziell*) exploitation

verwesen *vi* to decay; (*Fleisch*) to rot **Verwesung** *f* decay

verwetten *vt* to gamble away

verwickeln 1. *vt Fäden etc* to tangle (up); ***jdn in etw*** (*Akk*) ***~*** to involve sb in sth **2.** *vr* (*Fäden etc*) to become tangled; ***sich in etw*** (*Akk*) ***~*** (*fig*) *in Widersprüche* to get oneself tangled up in sth; *in Skandal* to get mixed up in sth **verwickelt** *Adj* (*fig umg*) (≈ *schwierig*) complicated **Verwick(e)lung** *f* involvement (*in +Akk* in); (≈ *Komplikation*) complication

verwildern *vi* (*Garten*) to become overgrown; (*Haustier*) to become wild **verwildert** *Adj* wild; *Garten* overgrown; *Aussehen* unkempt

verwinkelt *Adj Straße, Gasse* winding

verwirklichen 1. *vt* to realize **2.** *vr* to be realized **Verwirklichung** *f* realization

verwirren 1. *vt* **a)** *Fäden etc* to tangle (up); **b)** (≈ *durcheinanderbringen*) to confuse **2.** *vr* (*Fäden etc*) to become tangled (up); (*fig*) to become confused **Verwirrung** *f* confusion

verwischen *vt* to blur; *Spuren* to cover over

verwittern *vi* to weather

verwitwet *Adj* widowed

verwöhnen 1. *vt* to spoil **2.** *vr* to spoil oneself **verwöhnt** *Adj* spoiled; *Geschmack* discriminating

verworren *Adj* confused; (≈ *verwickelt*) intricate

verwundbar *Adj* vulnerable **Verwundbarkeit** *f* vulnerability **verwunden** *vt* to wound

verwunderlich *Adj* surprising; (*stärker*) astonishing, amazing; (≈ *sonderbar*) strange, odd **verwundern** *vt* to astonish, to amaze **verwundert 1.** *Adj* astonished, amazed **2.** *Adv* in astonishment, in amazement **Verwunderung** *f* astonishment, amazement

Verwundete(r) *mf* casualty **Verwundung** *f* wound

verwunschen *Adj* enchanted

verwünschen *vt* **a)** (≈ *verfluchen*) to curse; **b)** (*in Märchen* ≈ *verhexen*) to bewitch **Verwünschung** *f* (≈ *Fluch*) curse

verwüsten *vt* to devastate **Verwüstung** *f* devastation *kein Pl*; ***~en anrichten*** to inflict devastation

verzagen *vi* (*geh*) to become disheartened; ***nicht ~!*** don't despair **verzagt 1.** *Adj* despondent **2.** *Adv* despondently

verzählen *vr* to miscount

verzahnen *vt Zahnräder* to cut teeth *od* cogs in, to gear (*Brit*); (*fig*) to (inter)link

verzapfen *vt* (*umg*) *Unsinn* to come out with; (*pej*) *Artikel* to concoct

verzaubern *vt* to put a spell on

verzehnfachen *vtr* to increase tenfold

Verzehr *m* consumption **verzehren** *vt* to consume

verzeichnen *vt* (≈ *notieren*) to record; (*bes in Liste*) to enter; ***Todesfälle waren nicht zu ~*** there were no fatalities; ***einen Erfolg zu ~ haben*** to have scored a success **Verzeichnis** *n* index; (≈ *Tabelle*) table; (*amtlich*) register; IT directory

verzeihen *vti* (≈ *vergeben*) to forgive; (≈ *entschuldigen*) to excuse; ***jdm*** (***etw***) ***~*** to forgive sb (for sth); ***das***

ist nicht zu ~ that's unforgivable; ***~ Sie!*** excuse me!; ***~ Sie die Störung*** excuse me for disturbing you **verzeihlich** *Adj* forgivable **Verzeihung** *f* forgiveness; (≈ *Entschuldigung*) pardon; ***~!*** excuse me!; ***(jdn) um ~ bitten*** to apologize (to sb)
verzerren *vt* to distort; *Gesicht etc* to contort
verzetteln **1.** *vr* to waste a lot of time; (*bei Diskussion*) to get bogged down **2.** *vt* (≈ *verschwenden*) to waste
Verzicht *m* renunciation (*auf +Akk* of); (*auf Anspruch*) abandonment (*auf +Akk* of); (≈ *Opfer*) sacrifice; (*auf Recht, Amt*) relinquishment (*auf +Akk* of) **verzichten** *vi* to do (*Brit*) *od* go without; ***auf jdn/etw ~*** (≈ *ohne auskommen müssen*) to do (*Brit*) *od* go without sb/sth; (≈ *aufgeben*) to give up sb/sth; *auf Erbschaft* to renounce sth; *auf Anspruch* to waive sth; *auf Recht* to relinquish sth; (*von etw absehen*) *auf Kommentar* to abstain from sth; ***auf jdn/etw ~ können*** to be able to do (*Brit*) *od* go without sb/sth
verziehen **1.** *vt* **a)** *Mund etc* to twist (*zu* into); ***das Gesicht ~*** to pull (*Brit*) *od* make a face; **b)** *Kinder* (≈ *verwöhnen*) to spoil; → ***verzogen*** **2.** *vr* **a)** (*Stoff*) to go out of shape; (*Holz*) to warp; **b)** (*Mund, Gesicht etc*) to contort; **c)** (≈ *verschwinden*) to disappear; (*Wolken*) to disperse **3.** *vi* to move (*nach* to)
verzieren *vt* to decorate **Verzierung** *f* decoration
verzinsen *vt* to pay interest on **verzinslich** *Adj* ***~ sein, nicht ~*** free of interest
verzogen *Adj Kind* (≈ *verwöhnt*) spoiled; → ***verziehen***
verzögern **1.** *vt* to delay; (≈ *verlangsamen*) to slow down **2.** *vr* to be delayed **Verzögerung** *f* delay, hold-up **Verzögerungstaktik** *f* delaying tactics *Pl*
verzollen *vt* to pay duty on; ***haben Sie etwas zu ~?*** have you anything to declare?
verzückt **1.** *Adj* enraptured, ecstatic **2.** *Adv ansehen* adoringly **Verzückung** *f* rapture, ecstasy; ***in ~ geraten*** to go into raptures *od* ecstasies (*wegen* over)
Verzug *m* **a)** delay; ***mit etw in ~ geraten*** to fall behind with sth; *mit Zahlungen* to fall into arrears (*bes Brit*) *od* behind with sth; **b)** ***es ist Gefahr im ~*** there's danger ahead **Verzugszinsen** *Pl* interest *Sg* payable (on arrears (*bes Brit*))
verzweifeln *vi* to despair (*an +Dat* of); ***es ist zum Verzweifeln!*** it drives you to despair! **verzweifelt** **1.** *Adj Stimme etc* despairing *attr*, full of despair; *Lage, Versuch* desperate; ***ich bin (völlig) ~*** I'm in (the depths of) despair; (≈ *ratlos*) I'm at my wits' end **2.** *Adv* desperately **Verzweiflung** *f* despair; (≈ *Ratlosigkeit*) desperation; ***etw aus ~ tun*** to do sth in desperation
verzweigt *Adj Baum, Familie* branched
verzwickt *Adj* (*umg*) tricky
Veteran(in) *m(f)* veteran
Veterinärmedizin *f* veterinary medicine
Veto *n* veto
Vetter *m* cousin **Vetternwirtschaft** *f* (*umg*) nepotism
Viadukt *m* viaduct
Vibration *f* vibration **vibrieren** *vi* to vibrate; (*Stimme*) to quiver; (*Ton*) to vary
Video *n* video **Videogerät** *n* video (recorder) **Videokamera** *f* video camera **Videokassette** *f* video cassette **Videokonferenz** *f* video conference **Videorekorder** *m* video recorder **Videotext** *m* Teletext® **Videothek** *f* video (tape) library
Vieh *n* (≈ *Nutztiere*) livestock; (≈ *bes Rinder*) cattle *Pl* **Viehbestand** *m* livestock **Viehfutter** *n* (animal) fodder *od* feed **viehisch** *Adj* brutish; *Benehmen* swinish; ***~ wehtun*** to be unbearably painful **Viehzucht** *f* (live)stock breeding; (≈ *Rinderzucht auch*) cattle breeding
viel *Indefinitpron, Adj* **a)** (*adjektivisch*) a lot of, a great deal of; (*substantivisch*) a lot, a great deal; (*bes fragend, verneint*) much; ***~es*** a lot of things; ***um ~es besser*** *etc* a lot *od* much *od* a great deal better *etc*; ***so ~*** so much; ***halb/doppelt so ~*** half/twice as much; ***so ~ (Arbeit*** *etc*) so much *od* such a lot (of work *etc*); ***wie ~*** how much; (*bei Mehrzahl*) how many; ***zu ~*** too much; ***~ zu ~*** much *od* far too much; ***einer/zwei*** *etc* ***zu ~*** one/two *etc* too many; ***was zu ~ ist, ist zu ~*** that's just too much; ***ein bisschen ~ (Regen*** *etc*) a bit too much (rain *etc*); ***~ zu tun haben***

V

to have a lot to do; **b)** ***~e*** *pl* (*adjektivisch*) many, a lot of; (*substantivisch*) many, a lot; ***seine ~en Fehler*** his many mistakes; ***~e glauben, ...*** many (people) *od* a lot of people believe ...; **c)** (*adverbial*) a lot, a great deal; (*bes fragend, verneint*) much; ***er arbeitet ~*** he works a lot; ***er arbeitet nicht ~*** he doesn't work much; ***sich ~ einbilden*** to think a lot of oneself; ***~ größer*** *etc* much *od* a lot bigger *etc*; ***~ beschäftigt*** very busy; ***~ diskutiert*** much discussed; ***~ geliebt*** much-loved; ***~ sagend*** meaningful; (*adverbial*) meaningfully; ***~ zu ...*** much too ...; ***~ zu ~*** much *od* far too much; ***~ zu ~e*** far too many **vieldeutig** *Adj* ambiguous **Vieldeutigkeit** *f* ambiguity **Vieleck** *n* polygon **vielerlei** *Adj* **a)** various, all sorts of; **b)** (*substantivisch*) all kinds *od* sorts of things **vielfach** **1.** *Adj* multiple *attr*, manifold; ***auf ~e Weise*** in many ways; ***auf ~en Wunsch*** at the request of many people **2.** *Adv* many times; (≈ *in vielen Fällen*) in many cases **Vielfache(s)** *n* MATHE multiple; ***um ein ~s besser*** *etc* many times better *etc* **Vielfalt** *f* (great) variety **vielfältig** *Adj* varied, diverse **vielfarbig** *Adj* multicoloured (*Brit*), multicolored (*US*) **Vielflieger(in)** *m(f)* frequent flier **Vielfraß** *m* (*fig*) glutton **vielköpfig** *Adj* (*umg*) *Familie* large

vielleicht *Adv* **a)** perhaps; ***hat er sich ~ verirrt?*** maybe he has got lost; **b)** (≈ *wirklich*) really; ***willst du mir ~ erzählen, dass ...?!*** do you really mean to tell me that ...?; ***du bist ~ ein Idiot!*** you really are an idiot!; ***ich war ~ nervös!*** was I nervous!; **c)** (≈ *ungefähr*) perhaps, about

vielmals *Adv* ***danke ~!*** thank you very much!, many thanks!; ***er lässt ~ grüßen*** he sends his best regards **vielmehr** *Adv* rather; (≈ *sondern, nur*) just **vielschichtig** *Adj* (*fig*) complex **vielseitig** **1.** *Adj Mensch, Gerät* versatile; *Interessen* varied; ***auf ~en Wunsch*** by popular request **2.** *Adv* ***~ interessiert sein*** to have varied interests **Vielseitigkeit** *f* (*von Mensch, Gerät*) versatility; (*von Interessen*) multiplicity **vielsprachig** *Adj* multilingual **vielverheißend** *Adj* promising **vielversprechend** *Adj* promising **Vielzahl** *f* multitude **Vielzweck-** multipurpose

vier *Num* **a)** four; ***sie ist ~ (Jahre)*** she's four (years old); ***mit ~ (Jahren)*** at the age of four; ***~ Millionen*** four million; ***es ist ~ (Uhr)*** it's four (o'clock); ***um/gegen ~ (Uhr)*** *od* ***~e*** (*umg*) at/around four (o'clock); ***halb ~*** half past three; ***wir waren ~*** *od* ***zu ~t*** there were four of us; ***sie kamen zu ~t*** four of them came; **b)** ***jdn unter ~ Augen sprechen*** to speak to sb in private; ***ein Gespräch unter ~ Augen*** a private conversation; ***auf allen ~en*** (*umg*) on all fours **Vier** *f* four **Vierbeiner** *m* (*hum*) four-legged friend (*hum*) **vierbeinig** *Adj* four-legged **vierblätt(e)rig** *Adj* four-leaved **vierdimensional** *Adj* four-dimensional **Viereck** *n* (≈ *Rechteck*) rectangle **viereckig** *Adj* square; (≈ *rechteckig*) rectangular **Vierer** *m* (*Rudern etc*) four; (*südd, österr: Ziffer*) four **Viererbob** *m* four-man bob (*Brit*) *od* bobsled (*US*) **vierfach** *Adj* fourfold, quadruple (*bes* MATHE); ***die ~e Menge*** four times the amount **vierfüßig** *Adj* four-legged **vierhändig** *Adj* MUS four-handed; ***~ spielen*** to play something for four hands **vierhundert** *Num* four hundred **vierjährig** *Adj* (≈ *4 Jahre alt*) four-year-old *attr*; (≈ *4 Jahre dauernd*) four-year *attr*; ***ein ~es Kind*** a four-year-old child **Vierjährige(r)** *mf* four-year-old **vierköpfig** *Adj* ***eine ~e Familie*** a family of four **Vierling** *m* quadruplet, quad (*umg*) **viermal** *Adv* four times **viermalig** *Adj Weltmeister etc* four-times *attr* **Vierradantrieb** *m* four-wheel drive **vierräd(e)rig** *Adj* four-wheeled **vierseitig** *Adj* four-sided; *Brief, Broschüre* four-page *attr* **Viersitzer** *m* four-seater **vierspurig** *Adj* four-lane *attr* **vierstellig** *Adj* four-figure *attr* **vierstimmig** **1.** *Adj* four-part *attr*, for four voices **2.** *Adv* ***~ singen*** to sing a song for four voices **vierstöckig** *Adj Haus* four-storeyed (*Brit*), four-storied (*US*) **vierstufig** *Adj* four-stage *attr* **vierstündig** *Adj Reise, Vortrag* four-hour **viert** *Adj* ***zu ~***; → **vier** **viertägig** *Adj* (≈ *4 Tage dauernd*) four-day **viertäglich** *Adj, Adv* every four days **Viertakter** *m* (*umg*), **Viertaktmotor** *m* four-stroke (engine) **viertausend** *Num* four thousand **vier-**

te *Adj* → **vierte(r, s)** **vierteilig** *Adj* four-piece *attr*; *Roman* four-part *attr*, in four parts
viertel *Adj* quarter; ***eine ~ Stunde*** a quarter of an hour; ***ein ~ Liter*** a quarter (of a) litre (*Brit*) *od* liter (*US*); ***drei ~ voll*** three-quarters full
Viertel[1] *n* (*Sw auch m*) **a)** (*Bruchteil*) quarter; (*umg*) (≈ *Viertelpfund*) ≈ quarter; (≈ *Viertelliter*) quarter litre (*Brit*) *od* liter (*US*); ***drei ~ der Bevölkerung*** three quarters of the population; **b)** (*Uhrzeit*) **(*ein*) *~ nach/vor sechs*** (a) quarter past/to six
Viertel[2] *n* (≈ *Stadtbezirk*) quarter, district **Viertelfinale** *n* quarterfinals *Pl* **Vierteljahr** *n* three months *Pl*, quarter (COMM, FIN) **vierteljährig** *Adj Frist* three months' **vierteljährlich** **1.** *Adj* quarterly; *Kündigungsfrist* three months' *attr* **2.** *Adv* quarterly **Viertelliter** *m od n* quarter of a litre (*Brit*) *od* liter (*US*) **vierteln** *vt* (≈ *in vier Teile teilen*) to divide into four **Viertelnote** *f* crotchet (*Brit*), quarter note (*US*) **Viertelpfund** *n* ≈ quarter (of a pound) **Viertelstunde** *f* quarter of an hour **viertelstündig** *Adj Vortrag* lasting quarter of an hour **viertelstündlich** **1.** *Adj Abstand* quarter-hour **2.** *Adv* every quarter of an hour **Viertelton** *m* quarter tone
viertens *Adv* fourth(ly), in the fourth place **Vierte(r)** *mf* fourth; ***~r werden*** to be *od* come fourth; ***am ~n*** **(*des Monats*)** on the fourth (of the month) **vierte(r, s)** *Adj* fourth; ***der ~ Oktober*** the fourth of October; ***den 4. Oktober*** October 4th, October the fourth; ***am ~n Oktober*** on the fourth of October; ***der ~ Stock*** the fourth (*Brit*) *od* fifth (*US*) floor; ***im ~n Kapitel/Akt*** in chapter/act four **viertürig** *Adj* four-door *attr* **vierwöchig** *Adj* four-week *attr*, four weeks long **vierzehn** *Num* fourteen; ***~ Tage*** two weeks, a fortnight *Sg* (*Brit*) **vierzehntägig** *Adj* two-week *attr*, lasting a fortnight (*Brit*) *od* two weeks **vierzig** *Num* forty; **(*mit*) *~* (*km/h*) *fahren*** to drive at forty (km/h); ***etwa ~*** **(*Jahre alt*)** about forty (years old); (*Mensch auch*) fortyish (*umg*); ***mit ~*** **(*Jahren*)** at forty (years of age); ***Mitte ~*** in one's mid-forties; ***über ~*** over forty **Vierzig** *f* forty **vierziger** *Adj* → **Vierzigerjahre** **Vierziger** *m* ***die ~*** *pl* (≈ *Vierzigerjahre*) one's forties; ***er ist in den ~n*** he is in his forties; ***er ist Mitte der ~*** he is in his mid-forties **Vierziger(in)** *m(f)* forty-year-old; ***die ~*** *pl* people in their forties **Vierzigerjahre** *Pl* ***die ~*** one's forties; (≈ *Jahrzehnt*) the forties *Sg od Pl* **vierzigjährig** *Adj* (≈ *40 Jahre alt*) forty-year-old; (≈ *40 Jahre dauernd*) forty-year **Vierzigstundenwoche** *f* forty-hour week **Vierzimmerwohnung** *f* four-room flat (*Brit*) *od* apartment **Vierzylindermotor** *m* four-cylinder engine
Vietnam *n* Vietnam **Vietnamese** *m*, **Vietnamesin** *f* Vietnamese **vietnamesisch** *Adj* Vietnamese
Vignette *f* vignette; AUTO permit (*for motorway driving*)
Villa *f* villa **Villenviertel** *n* exclusive residential area
Viola *f* MUS viola
violett *Adj* purple
Violine *f* violin
Violoncello *n* violoncello
Virensuchprogramm *n* IT virus checker (*Brit*) *od* scanner
virtuell *Adj Realität etc* virtual
virtuos **1.** *Adj* virtuoso *attr* **2.** *Adv beherrschen* like a virtuoso **Virtuose** *m*, **Virtuosin** *f* virtuoso
Virus *n od m* virus **Virusinfektion** *f* viral *od* virus infection **Virusprogramm** *n* IT virus (program)
Visage *f* (*umg*) face **Visagist(in)** *m(f)* make-up artist
vis-à-vis, **vis-a-vis** **1.** *Adv* opposite (*von* to) **2.** *Präp +Dat* opposite
Visier *n* **a)** (*am Helm*) visor; **b)** (*an Gewehren*) sight; ***jdn/etw im ~ haben*** (*fig*) to have sb/sth in one's sights
visieren *vt* (*schweiz*) (≈ *beglaubigen*) to certify; (≈ *abzeichnen*) to sign
Vision *f* vision
Visite *f* (MED: *im Krankenhaus*) round **Visitenkarte** *f* visiting *od* calling (*US*) card
visuell *Adj* visual
Visum *n* **a)** visa; **b)** (*schweiz* ≈ *Unterschrift*) signature
vital *Adj* vigorous; (≈ *lebenswichtig*) vital **Vitalität** *f* vitality
Vitamin *n* vitamin **vitaminarm** *Adj* poor in vitamins **vitaminhaltig** *Adj* containing vitamins **Vitaminmangel**

m vitamin deficiency **vitaminreich** *Adj* rich in vitamins
Vitrine *f* (≈ *Schrank*) glass cabinet; (≈ *Schaukasten*) display case
Vize *m* (*umg*) number two (*umg*) **Vizemeister(in)** *m(f)* runner-up
Vogel *m* bird; ***ein seltsamer ~*** (*umg*) a strange bird (*umg*); ***den ~ abschießen*** (*umg*) to surpass everyone (*iron*); ***einen ~ haben*** (*umg*) to be crazy (*umg*) **Vogelbauer** *n* birdcage **Vogelbeere** *f* (*a.* **Vogelbeerbaum**) rowan (tree); (≈ *Frucht*) rowan(berry) **Vogelfutter** *n* bird food; (≈ *Samen*) birdseed **Vogelgrippe** *f* bird flu **Vogelhäuschen** *n* (≈ *Futterhäuschen*) birdhouse **Vogelkäfig** *m* birdcage **Vogelkunde** *f* ornithology **vögeln** *vti* (*umg*) to screw (*sl*) **Vogelnest** *n* bird's nest **Vogelperspektive** *f* bird's-eye view **Vogelscheuche** *f* scarecrow **Vogel-Strauß-Politik** *f* head-in-the-sand policy **Vogerlsalat** *m* (*österr*) corn salad
Vogesen *Pl* Vosges *Pl*
Voicemail *f* TELEK voice mail
Vokabel *f* word; ***~n*** *pl* vocabulary *Sg*,

Vögel

Singvögel			
Amsel	**blackbird**	Nachtigall	**nightingale**
Drossel	**thrush**	Rotkehlchen	**robin** ['rɒbɪn]
Fink	**finch** [fɪntʃ]	Schwalbe	**swallow** ['swɒləʊ]
Haus-, Mehlschwalbe	**house martin**	Spatz, Sperling	**sparrow**
Lerche	**lark**	Star	**starling**
Meise	**tit(mouse)**	Taube	**pigeon** ['pɪdʒɪn], **dove*** [dʌv]
Größere Vögel und Raubvögel			
Adler	**eagle**	Geier	**vulture**
Bussard	**buzzard** ['bʌzəd]	Habicht	**hawk**
Dohle	**jackdaw**	Krähe	**crow** [krəʊ]
Elster	**magpie**	Rabe	**raven**
Eule	**owl** [aʊl]	Specht	**woodpecker**
Falke	**falcon** ['fɔːlkən, 'fɔːkən]	Sperber	**sparrowhawk**
Fasan	**pheasant** ['feznt]		
Wasservögel			
Eisvogel	**kingfisher**	Kranich	**crane**
Ente	**duck**	Lund, Papageientaucher	**puffin**
Fischreiher	**heron** ['herən]	Möwe	**(sea)gull**

V

Flamingo	**flamingo**	Pelikan	**pelican** ['pelɪkən]
Gans	**goose**	Schwan	**swan** [swɒn]
Kormoran	**cormorant** ['kɔːmərənt]		
Hausvögel			
Kakadu	**cockatoo** [ˌkɒkə'tuː]	Papagei	**parrot** ['pærət]
Kanarienvogel	**canary** [kə'neərɪ]	Wellensittich	**budgerigar** ['bʌdʒərɪgɑː], *umg* **budgie**

* **pigeon** ist der übliche Name für die Taube, während **dove** meistens die Friedenstaube bezeichnet

vocab *Sg* (SCH *umg*) **Vokabelheft** *n* vocabulary book **Vokabular** *n* vocabulary

Vokal *m* vowel **Vokalmusik** *f* vocal music

Volk *n* **a)** people *Pl*; (≈ *Nation*) nation; (*pej* ≈ *Pack*) rabble *Pl*; ***etw unters ~ bringen*** *Nachricht* to spread sth; *Geld* to spend sth; **b)** (≈ *ethnische Gemeinschaft*) people *Sg*; ***die Völker Afrikas*** the peoples of Africa; **c)** ZOO colony **Völkerkunde** *f* ethnology **völkerkundlich** *Adj* ethnological **Völkermord** *m* genocide **Völkerrecht** *n* international law **völkerrechtlich** *Adj* under international law **Völkerverständigung** *f* international understanding **Völkerwanderung** *f* HIST migration of the peoples; (*hum*) mass exodus **Volksabstimmung** *f* plebiscite **Volksaufstand** *m* national uprising **Volksbefragung** *f* public opinion poll **Volksbegehren** *n* petition for a referendum **Volksentscheid** *m* referendum **Volksfest** *n* public festival; (≈ *Jahrmarkt*) funfair **Volksgruppe** *f* ethnic group **Volksheld(in)** *m(f)* popular hero/heroine **Volkshochschule** *f* adult education centre (*Brit*) *od* center (*US*) **Volkslauf** *m* SPORT open cross-country race **Volkslied** *n* folk song **Volksmund** *m* vernacular **Volksmusik** *f* folk music **volksnah** *Adj* popular, in touch with the people; POL grass-roots *attr* **Volksrepublik** *f* people's republic **Volksschule** *f* (*österr*) primary (*Brit*) *od* elementary school **Volksstamm** *m* tribe **Volkstanz** *m* folk dance **Volkstrauertag** *m* national day of mourning, ≈ Remembrance Day (*Brit*), ≈ Veterans' Day (*US*) **volkstümlich** *Adj* folk *attr*, folksy; (≈ *traditionell*) traditional; (≈ *beliebt*) popular **Volksversammlung** *f* people's assembly; (≈ *Kundgebung*) public gathering **Volksvertreter(in)** *m(f)* representative of the people **Volksvertretung** *f* representative body (of the people) **Volkswirt(in)** *m(f)* economist **Volkswirtschaft** *f* national economy; (*Fach*) economics *Sg*, political economy **volkswirtschaftlich** *Adj Schaden, Nutzen* economic **Volkswirtschaftslehre** *f* economics *Sg*, political economy **Volkszählung** *f* (national) census

voll 1. *Adj* **a)** full; *Erfolg* complete; *Jahr, Wahrheit* whole; *Haar* thick; ***~er ...*** full of ...; ***~ (von od mit) etw*** full of sth; ***jdn nicht für ~ nehmen*** not to take sb seriously; **b)** ***~ sein*** (*umg*) (≈ *satt*) to be full, to be full up (*Brit*); (≈ *betrunken*) to be tight (*Brit umg*) **2.** *Adv* fully; (≈ *vollkommen auch*) completely; (*sl* ≈ *total*) dead (*Brit umg*), real (*US umg*); ***~ und ganz*** completely, wholly; ***~ hinter jdm/etw stehen*** to be fully behind sb/sth; ***~ zuschlagen*** (*umg*) to hit out; ***~ dabei sein*** (*umg*) to be totally involved **vollauf** *Adv* fully, completely; ***das genügt ~*** that's quite enough **vollautomatisch** *Adj* fully automatic **Vollbart** *m* (full) beard **Vollbeschäftigung** *f* full employment **Vollbesitz** *m* ***im ~***

+*Gen* in full possession of **Vollblut** *n* thoroughbred **Vollbremsung** *f* emergency stop **vollbringen** *vt* (≈ *ausführen*) to achieve; *Wunder* to work **vollbusig** *Adj* full-bosomed **Volldampf** *m* SEEF full steam; ***mit ~*** at full steam; (*umg*) flat out (*bes Brit*) **vollenden** *vt* (≈ *abschließen*) to complete; (≈ *vervollkommnen*) to make complete **vollendet** **1.** *Adj* completed; *Schönheit* perfect **2.** *Adv* perfectly **vollends** *Adv* (≈ *völlig*) completely **Vollendung** *f* completion; (≈ *Vollkommenheit*) perfection **voller** *Adj* → ***voll*** **vollessen** *vr* (*umg*) to gorge oneself

Volleyball *m* volleyball

Vollgas *n* full throttle; ***~ geben*** to open it right up; ***mit ~*** (*fig umg*) full tilt **vollgießen** *vt* (≈ *auffüllen*) to fill (up) **Vollidiot(in)** *m(f)* (*umg*) complete idiot **völlig** **1.** *Adj* complete; ***das ist mein ~er Ernst*** I'm completely *od* absolutely serious **2.** *Adv* completely; ***er hat ~ Recht*** he's absolutely right **volljährig** *Adj* of age; ***~ werden/sein*** to come/be of age **Volljährigkeit** *f* majority *ohne Artikel* **Vollkaskoversicherung** *f* fully comprehensive insurance **vollkommen** **1.** *Adj* perfect; (≈ *völlig*) complete, absolute **2.** *Adv* completely **Vollkommenheit** *f* perfection; (≈ *Vollständigkeit*) completeness, absoluteness **Vollkornbrot** *n* coarse wholemeal (*Brit*) *od* wholegrain bread **volllaufen** *vi* to fill up; ***etw ~ lassen*** to fill sth (up); ***sich ~ lassen*** (*umg*) to get tanked up (*umg*) **vollmachen** *vt* **a)** *Gefäß* to fill (up); *Dutzend* to make up; *Sammlung*, *Set* to complete; **b)** (*umg*) *Windeln* to fill (*Brit*), to dirty (*US*) **Vollmacht** *f* (legal) power *od* authority *kein Pl*, *kein unbest Artikel*; (*Urkunde*) power of attorney; ***jdm eine ~ erteilen*** to grant sb power of attorney **Vollmilch** *f* full-cream milk **Vollmilchschokolade** *f* full-cream milk chocolate **Vollmond** *m* full moon; ***heute ist ~*** there's a full moon today **vollmundig** *Adj Wein* full-bodied **Vollnarkose** *f* general anaesthetic (*Brit*) *od* anesthetic (*US*) **Vollpension** *f* full board **vollschlagen** *vt* (*umg*) ***sich*** (*Dat*) ***den Bauch ~*** to stuff oneself (with food) (*umg*) **vollschlank** *Adj* plump, stout; ***Mode für ~e Damen*** fashion for ladies with a fuller figure **vollschreiben** *vt Heft*, *Seite* to fill (with writing) **vollständig** **1.** *Adj* complete; *Adresse* full *attr*; ***nicht ~*** incomplete **2.** *Adv* completely **Vollständigkeit** *f* completeness **vollstopfen** *vt* to cram full **vollstrecken** *vt* to execute; *Urteil* to carry out **Vollstreckung** *f* execution; (*von Todesurteil*) carrying out **Vollstreckungsbescheid** *m* writ of execution **volltanken** *vti* to fill up **Volltext** *m* IT full text **Volltextsuche** *f* full text search **Volltreffer** *m* bull's eye **volltrunken** *Adj* completely drunk **Vollversammlung** *f* general assembly; (*von Stadtrat etc*) full meeting **Vollwaschmittel** *n* detergent **vollwertig** *Adj Mitglied* full *attr*; *Ersatz* (fully) adequate **Vollwertkost** *f* wholefoods *Pl* **vollzählig** **1.** *Adj Anzahl* complete; ***um ~es Erscheinen wird gebeten*** everyone is requested to attend **2.** *Adv* ***sie sind ~ erschienen*** everyone came **vollziehen** **1.** *vt* to carry out; *Trauung* to perform **2.** *vr* to take place **Vollzug** *m* (≈ *Strafvollzug*) penal system **Vollzugsanstalt** *f* (*förml*) penal institution **Vollzugsbeamte(r)** *m*, **Vollzugsbeamtin** *f* (*förml*) warder

Volontär(in) *m(f)* trainee **Volontariat** *n* (*Zeit*) practical training **volontieren** *vi* to be training (*bei* with)

Volt *n* volt **Voltmeter** *n* voltmeter **Voltzahl** *f* voltage

Volumen *n* (*wörtl*, *fig* ≈ *Inhalt*) volume

von *Präp* +*Dat* **a)** from; ***nördlich ~*** to the North of; ***~ heute ab*** *od* ***an*** from today; ***~ dort aus*** from there; ***~ ... bis*** from ... to; ***~ morgens bis abends*** from morning till night; **b)** (*Urheberschaft ausdrückend*) by; ***das Gedicht ist ~ Schiller*** the poem is by Schiller; ***das Kind ist ~ ihm*** the child is his; ***~ etw begeistert*** enthusiastic about sth; **c)** ***ein Riese ~ einem Mann*** (*umg*) a giant of a man; ***dieser Dummkopf ~ Gärtner!*** (*umg*) that idiot of a gardener!; ***im Alter ~ 50 Jahren*** at the age of 50

voneinander *Adv* of each other, of one another; ***sich ~ trennen*** to part *od* separate (from each other *od* one another)

vonseiten *Präp* +*Gen* on the part of

vor **1.** *Präp* +*Akk od* +*Dat* **a)** (+*Dat*,

räumlich) in front of; (≈ *außerhalb von*) outside; (*bei Reihenfolge*) before; ***die Stadt lag ~ uns*** the town lay before us; ***~ allen Dingen, ~ allem*** above all; ***~ dem Fernseher sitzen*** to sit in front of the TV; **b)** (+*Akk*, *Richtung angebend*) in front of; **c)** (+*Dat*, *zeitlich*) before; ***zwanzig*** (***Minuten***) ***~ drei*** twenty (minutes) to three; ***heute ~ acht Tagen*** a week ago today; ***~ einigen Tagen*** a few days ago; ***~ Hunger sterben*** to die of hunger; ***~ Kälte zittern*** to tremble with cold; **d)** ***~ jdm/etw sicher sein*** to be safe from sb/sth; ***Achtung ~ jdm/etw haben*** to have respect for sb/sth **2.** *Adv* ***~ und zurück*** backwards and forwards

vorab *Adv* to begin *od* start with

Vorabend *m* evening before; ***das war am ~*** that was the evening before

Vorahnung *f* presentiment, premonition

voran *Adv* **a)** (≈ *vorn*) first; **b)** (≈ *vorwärts*) forwards **vorangehen** *vi* **a)** (≈ *an der Spitze gehen*) to go first *od* in front; (≈ *anführen*) to lead the way; **b)** (*zeitlich*) ***einer Sache*** (*Dat*) ***~*** to precede sth; **c)** (*auch vi unpers* ≈ *Fortschritte machen*) to come along **vorankommen** *vi* to make progress; ***beruflich ~*** to get on in one's job

Voranmeldung *f* appointment

Voranschlag *m* estimate

Vorarbeit *f* groundwork **vorarbeiten** *vti* to work in advance **Vorarbeiter** *m* foreman **Vorarbeiterin** *f* forewoman

voraus *Adv* (≈ *voran*) in front (+*Dat* of); (*fig*) ahead (+*Dat* of); ***im Voraus*** in advance **vorausahnen** *vt* to anticipate **vorausbezahlt** *Adj* prepaid **vorausfahren** *vi* to go in front (+*Dat* of); (*Fahrer*) to drive in front (+*Dat* of) **vorausgehen** *vi* = ***vorangehen*** **vorausgesetzt** *Adj* ***~,*** (***dass***) ***...*** provided (that) ... **voraushaben** *vt* ***jdm etw ~*** to have the advantage of sth over sb **vorausplanen** *vti* to plan ahead **Voraussage** *f* prediction; (≈ *Wettervoraussage*) forecast **voraussagen** *vt* to predict (*jdm* for sb); *Wetter* to forecast **vorausschicken** *vt* to send on ahead *od* in advance (+*Dat* of); (*fig* ≈ *vorher sagen*) to say in advance (+*Dat* of) **voraussehen** *vt* to foresee; ***das war vorauszusehen!*** that was (only) to be expected! **voraussetzen** *vt* to presuppose; *Zustimmung*, *Verständnis* to take for granted; (≈ *erfordern*) to require; ***wenn wir einmal ~, dass ...*** let us assume that ... **Voraussetzung** *f* prerequisite, precondition; (≈ *Erfordernis*) requirement; (≈ *Annahme*) assumption; ***unter der ~, dass ...*** on condition that ... **voraussichtlich** **1.** *Adj* expected **2.** *Adv* probably

Vorbehalt *m* reservation; ***unter dem ~, dass ...*** with the reservation that ... **vorbehalten** *vt* ***sich*** (*Dat*) ***etw ~*** to reserve sth (for oneself); *Recht* to reserve sth; ***alle Rechte ~*** all rights reserved; ***Änderungen*** (***sind***) ***~*** subject to alterations **vorbehaltlos** **1.** *Adj* unconditional **2.** *Adv* without reservations

vorbei *Adv* **a)** (*räumlich*) past, by; ***~ an*** (+*Dat*) past; **b)** (*zeitlich*) ***~ sein*** to be past; (≈ *beendet*) to be over; ***es ist schon 8 Uhr ~*** it's already past *od* after 8 o'clock; ***damit ist es nun ~*** that's all over now; ***aus und ~*** over and done **vorbeibringen** *vt* (*umg*) to drop by *od* in **vorbeifahren** *vi* to go/drive past (*an jdm* sb); ***bei jdm ~*** (*umg*) to drop in on sb **vorbeigehen** *vi* **a)** to go past *od* by (*an jdm/etw* sb/sth); ***bei jdm ~*** (*umg*) to drop in on sb; ***im Vorbeigehen*** in passing; **b)** (≈ *vergehen*) to pass **vorbeikommen** *vi* (*an jdm/etw* sb/sth) to pass, to go past; (*an einem Hindernis*) to get past; ***an einer Aufgabe nicht ~*** to be unable to avoid a task **vorbeilassen** *vt* to let past (*an jdm/etw* sb/sth) **vorbeireden** *vi* ***an etw*** (*Dat*) ***~*** to talk round sth; ***aneinander ~*** to talk at cross purposes

vorbelastet *Adj* handicapped

Vorbemerkung *f* introductory *od* preliminary remark

vorbereiten **1.** *vt* to prepare **2.** *vr* to prepare (oneself) (*auf* +*Akk* for) **Vorbereitung** *f* preparation; ***~en treffen*** to make preparations

vorbestellen *vt* to order in advance **Vorbestellung** *f* advance order; (*von Zimmer*) (advance) booking

vorbestraft *Adj* previously convicted

vorbeugen **1.** *vi* to prevent (*einer Sache Dat* sth) **2.** *vr* to bend forward **vorbeugend** *Adj* preventive **Vorbeugung** *f* prevention (*gegen, von* of)

V

Vorbild *n* model; (≈ *Beispiel*) example; ***nach amerikanischem ~*** following the American example; ***sich*** (*Dat*) ***jdn zum ~ nehmen*** to model oneself on sb **vorbildlich** 1. *Adj* exemplary 2. *Adv* exemplarily
Vorbote *m*, **Vorbotin** *f* (*fig*) harbinger, herald
vorbringen *vt* **a**) (*umg* ≈ *nach vorn bringen*) to take up *od* forward; **b**) (≈ *äußern*) to say; *Wunsch*, *Forderung* to state; *Klage* to lodge; *Kritik* to make; *Bedenken* to express; *Argument* to produce
Vordach *n* canopy
vordatieren *vt* to postdate; *Ereignis* to predate
Vordenker(in) *m*(*f*) mentor
Vorderachse *f* front axle **Vorderansicht** *f* front view **Vorderbein** *n* foreleg **vordere(r, s)** *Adj* front **Vordergrund** *m* foreground; ***im ~ stehen*** (*fig*) to be to the fore; ***etw in den ~ rücken*** *od* ***stellen*** (*fig*) to give priority to sth; ***in den ~ treten*** (*fig*) to come to the fore **vordergründig** *Adj* (*fig*) (≈ *oberflächlich*) superficial **Vordermann** *m* person in front; ***sein ~*** the person in front of him; ***etw auf ~ bringen*** (*fig umg*) *Kenntnisse* to brush sth up; (≈ *auf neuesten Stand bringen*) to bring sth up-to-date **Vorderrad** *n* front wheel **Vorderseite** *f* front **vorderste(r, s)** *Adj* front(most) **Vordertür** *f* front door
vordrängen *vr* to push to the front
vordringen *vi* to advance; ***bis zu etw ~*** to get as far as sth **vordringlich** *Adj* urgent
Vordruck *m* form
vorehelich *Adj* premarital
voreilig *Adj* rash; ***~e Schlüsse ziehen*** to jump to conclusions
voreinander *Adv* (*räumlich*) in front of one another; ***wir haben keine Geheimnisse ~*** we have no secrets from each other
voreingenommen *Adj* prejudiced, biased **Voreingenommenheit** *f* prejudice, bias
voreingestellt *Adj bes* IT preset **Voreinstellung** *f bes* IT presetting
vorenthalten *vt* ***jdm etw ~*** to withhold sth from sb
Vorentscheidung *f* preliminary decision; SPORT preliminary round *od* heat
vorerst *Adv* for the time being
Vorfahr *m* ancestor
vorfahren *vi* **a**) (≈ *nach vorn fahren*) to drive *od* move forward; **b**) (≈ *ankommen*) to drive up; **c**) (≈ *früher fahren*) ***wir fahren schon mal vor*** we'll go on ahead **Vorfahrt** *f* right of way; ***„Vorfahrt (be)achten"*** "give way" (*Brit*), "yield" (*US*); ***jdm die ~ nehmen*** to ignore sb's right of way **Vorfahrtsschild** *n* give way (*Brit*) *od* yield (*US*) sign **Vorfahrtsstraße** *f* major road
Vorfall *m* incident **vorfallen** *vi* (≈ *sich ereignen*) to happen
vorfeiern *vti* to celebrate early
Vorfeld *n* (*fig*) run-up (+*Gen* to); ***im ~ der Wahlen*** in the run-up to the elections
vorfinden *vt* to find, to discover
Vorfreude *f* anticipation
vorfühlen *vi* (*fig*) ***bei jdm ~*** to sound *od* feel (*US*) sb out
vorführen *vt* **a**) ***den Gefangenen dem Haftrichter ~*** to bring the prisoner up before the magistrate; **b**) (≈ *zeigen*) to present; *Kunststücke* to perform (*Dat* to); *Film* to show; *Gerät* to demonstrate (*Dat* to) **Vorführung** *f* presentation; (*von Filmen*) showing; (*von Geräten*) demonstration; (*von Kunststücken*) performance
Vorgang *m* **a**) (≈ *Ereignis*) event; **b**) TECH *etc* process
Vorgänger(in) *m*(*f*) predecessor
Vorgarten *m* front garden
vorgeben *vt* **a**) (≈ *vortäuschen*) to pretend; (≈ *fälschlich beteuern*) to profess; **b**) SPORT to give (a start of)
vorgefasst *Adj Meinung* preconceived
Vorgefühl *n* anticipation; (≈ *böse Ahnung*) presentiment, foreboding
vorgehen *vi* **a**) (≈ *handeln*) to act; ***gerichtlich gegen jdn ~*** to take legal action against sb; **b**) (≈ *geschehen*) to go on; **c**) (*Uhr*) to be fast; **d**) (≈ *nach vorn gehen*) to go forward; (≈ *früher gehen*) to go on ahead; **e**) (≈ *den Vorrang haben*) to come first **Vorgehen** *n* action
Vorgeschichte *f* **a**) (*eines Falles*) past history; **b**) (≈ *Urgeschichte*) prehistoric times *Pl* **vorgeschichtlich** *Adj* prehistoric
Vorgeschmack *m* foretaste
Vorgesetzte(r) *mf* superior

vorgestern *Adv* the day before yesterday; ***von ~*** (*fig*) antiquated
vorgreifen *vi* ***jdm ~*** to forestall sb; ***einer Sache*** (*Dat*) ***~*** to anticipate sth **Vorgriff** *m* anticipation (*auf +Akk* of); ***im ~ auf*** (*+Akk*) in anticipation of
vorhaben *vt* to intend; (≈ *geplant haben*) to have planned; ***was haben Sie heute vor?*** what are your plans for today?; ***hast du heute Abend schon etwas vor?*** have you already got something planned this evening?
vorhalten 1. *vt* **a)** = ***vorwerfen***; **b)** (*als Beispiel*) ***jdm jdn/etw ~*** to hold sb/sth up to sb; **c)** (≈ *vor den Körper halten*) to hold up **2.** *vi* (≈ *anhalten*) to last **Vorhaltung** *f* reproach; ***jdm (wegen etw) ~en machen*** to reproach sb (with *od* for sth)
Vorhand *f* SPORT forehand
vorhanden *Adj* (≈ *verfügbar*) available; (≈ *existierend*) in existence; ***davon ist genügend ~*** there's plenty of that **Vorhandensein** *Adj* existence
Vorhang *m* curtain
Vorhängeschloss *n* padlock
Vorhaut *f* foreskin
vorher *Adv* before **vorherbestimmen** *vt Schicksal* to predetermine; (*Gott*) to preordain **vorhergehend** *Adj Tag, Ereignisse* preceding **vorherig** *Adj* previous; *Vereinbarung* prior
Vorherrschaft *f* predominance, supremacy; (≈ *Hegemonie*) hegemony **vorherrschen** *vi* to predominate **vorherrschend** *Adj* predominant; (≈ *weitverbreitet*) prevalent
Vorhersage *f* forecast **vorhersagen** *vt* = ***voraussagen*** **vorhersehen** *vt* to foresee
vorhin *Adv* just now
Vorhinein *Adv* ***im ~*** in advance
Vorhut *f* MIL vanguard, advance guard
vorig *Adj* (≈ *früher*) previous; (≈ *vergangen*) *Jahr etc* last
Vorjahr *n* previous year
Vorkämpfer(in) *m(f)* pioneer (*für* of)
Vorkasse *f* ***„Zahlung nur gegen ~"*** "advance payment only"
vorkauen *vt Nahrung* to chew; ***jdm etw*** (*Akk*) ***~*** (*fig umg*) to spoon-feed sth to sb (*umg*)
Vorkehrung *f* precaution; ***~en treffen*** to take precautions
Vorkenntnis *f* previous knowledge ***kein*** *Pl*
vorknöpfen *vt* (*fig umg*) ***sich*** (*Dat*) ***jdn ~*** to take sb to task
vorkommen *vi* **a)** (*auch vi unpers* ≈ *sich ereignen*) to happen; ***so etwas ist mir noch nie vorgekommen*** such a thing has never happened to me before; **b)** (≈ *vorhanden sein*) to occur; (*Pflanzen, Tiere*) to be found; **c)** (≈ *erscheinen*) to seem; ***das kommt mir merkwürdig vor*** that seems strange to me; ***sich*** (*Dat*) ***überflüssig ~*** to feel superfluous; **d)** (≈ *nach vorn kommen*) to come forward **Vorkommnis** *n* incident
Vorkriegszeit *f* prewar period
vorladen *vt* JUR to summons **Vorladung** *f* summons
Vorlage *f* **a)** (≈ *das Vorlegen*) presentation; (*von Beweismaterial*) submission; ***gegen ~ einer Sache*** (*Gen*) (up)on production *od* presentation of sth; **b)** (≈ *Muster*) pattern; (≈ *Entwurf*) draft
vorlassen *vt* **a)** (*umg*) ***jdn ~*** (≈ *vorbeigehen lassen*) to let sb pass; ***ein Auto ~*** (≈ *überholen lassen*) to let a car pass; **b)** (≈ *Empfang gewähren*) to allow in
Vorlauf *m* SPORT qualifying *od* preliminary heat **Vorläufer(in)** *m(f)* forerunner **vorläufig 1.** *Adj* temporary; *Urteil* preliminary **2.** *Adv* (≈ *fürs Erste*) for the time being
vorlaut *Adj* cheeky (*Brit*), impertinent
Vorleben *n* past (life)
vorlegen *vt* **a)** (≈ *präsentieren*) to present; *Pass* to show; *Beweismaterial* to submit; **b)** *Riegel* to put across; *Schloss* to put on; **c)** (≈ *vorstrecken*) *Geld* to advance **Vorleger** *m* mat
vorlehnen *vr* to lean forward
Vorleistung *f* (WIRTSCH ≈ *Vorausbezahlung*) advance (payment)
vorlesen *vti* ***jdm (etw) ~*** to read (sth) to sb **Vorlesung** *f* UNI lecture; ***über etw*** (*Akk*) ***~en halten*** to give (a course of) lectures on sth **Vorlesungsverzeichnis** *n* lecture timetable
vorletzte(r, s) *Adj* next to last, penultimate; ***im ~n Jahr*** the year before last
Vorliebe *f* preference
vorliebnehmen *vi* ***mit jdm/etw ~*** to make do with sb/sth
vorliegen 1. *vi* (≈ *zur Verfügung stehen*) to be available; (≈ *vorhanden sein*)

(*Irrtum, Schuld etc*) to be; (*Gründe, Voraussetzungen*) to exist; ***jdm ~*** (*Unterlagen etc*) to be with sb; ***etw liegt gegen jdn vor*** sth is against sb; (*gegen Angeklagten*) sb is charged with sth **2.** *vi unpers* to be; ***es muss ein Irrtum ~*** there must be some mistake

vorlügen *vt* ***jdm etwas ~*** to lie to sb

vormachen *vt* ***jdm etw ~*** (≈ *zeigen*) to show sb how to do sth; (*fig* ≈ *täuschen*) to fool sb; ***ich lasse mir so leicht nichts ~*** you/he *etc* can't fool me so easily; ***sich*** (*Dat*) (***selbst***) ***etwas ~*** to fool oneself

Vormacht(stellung) *f* supremacy (*gegenüber* over)

Vormarsch *m* MIL advance; ***im ~ sein*** (*fig*) to be gaining ground

vormerken *vt* to note down; *Plätze* to reserve; ***ich werde Sie für Mittwoch ~*** I'll put you down for Wednesday

Vormieter(in) *m(f)* previous tenant

Vormittag *m* morning; ***am ~*** in the morning; ***heute ~*** this morning **vormittags** *Adv* in the morning; (≈ *jeden Morgen*) in the morning(s)

Vormund *m* guardian **Vormundschaft** *f* guardianship

vorn *Adv* **a)** in front; ***nach ~*** (≈ *ganz nach vorn*) to the front; (≈ *weiter nach vorn*) forwards; ***~ im Bild*** in the front of the picture; ***sie waren ziemlich weit ~*** they were quite far ahead; **b)** (≈ *am Anfang*) ***von ~*** from the beginning; ***von ~ anfangen*** to begin at the beginning; (*neues Leben*) to start afresh; **c)** (≈ *am vorderen Ende*) at the front; ***~ im Auto*** in the front of the car; ***er betrügt sie von ~ bis hinten*** he deceives her right, left and centre (*Brit*) *od* center (*US*)

Vorname *m* first name

vornehm **1.** *Adj* **a)** (*kultiviert*) distinguished; *Benehmen* genteel; ***die ~e Gesellschaft*** high society; **b)** (≈ *elegant*) *Wohngegend, Haus* posh (*umg*); *Geschäft* exclusive; *Kleid* elegant; *Auto* smart; *Geschmack* refined **2.** *Adv wohnen* grandly; ***~ tun*** (*pej umg*) to act posh (*umg*)

vornehmen *vt* (≈ *ausführen*) to carry out; *Änderungen* to do; *Messungen* to take; (***sich*** *Dat*) ***etw ~*** (≈ *in Angriff nehmen*) to get to work on sth; (≈ *planen*) to intend to do sth; ***ich habe mir zu viel vorgenommen*** I've taken on too much; ***sich*** (*Dat*) ***jdn ~*** (*umg*) to have a word with sb

vornherein *Adv* ***von ~*** from the start

vornüber *Adv* forwards

Vorort *m* (≈ *Vorstadt*) suburb **Vorortzug** *m* suburban train

Vorplatz *m* forecourt

Vorposten *m* MIL outpost

Vorprogramm *n* supporting bill, warm-up act (*US*) **vorprogrammieren** *vt* to preprogram **vorprogrammiert** *Adj Erfolg* automatic; *Verhaltensweise* preprogrammed

Vorrang *m* **a)** ***~ haben*** to have priority; ***jdm den ~ geben*** to give sb priority; **b)** (*österr* ≈ *Vorfahrt*) right of way **vorrangig** *Adj* priority *attr*; ***~ sein*** to have (top) priority; ***eine Angelegenheit ~ behandeln*** to give a matter priority treatment

Vorrat *m* stock; *bes* HANDEL stocks *Pl*; (≈ *Geldvorrat*) reserves *Pl*; (*an Atomwaffen*) stockpile; ***solange der ~ reicht*** HANDEL while stocks last **vorrätig** *Adj* in stock; (≈ *verfügbar*) available

vorrechnen *vt* ***jdm etw ~*** to calculate sth for sb; ***jdm seine Fehler ~*** (*fig*) to enumerate sb's mistakes

Vorrecht *n* prerogative; (≈ *Vergünstigung*) privilege

Vorredner(in) *m(f)* (≈ *vorheriger Redner*) previous speaker

Vorrichtung *f* device

vorrücken **1.** *vt* to move forward; *Schachfigur* to advance **2.** *vi* to move forward; MIL to advance; (*im Beruf etc*) to move up; ***in vorgerücktem Alter*** in later life; ***zu vorgerückter Stunde*** at a late hour

Vorruhestand *m* early retirement

Vorrunde *f* SPORT preliminary *od* qualifying round

vorsagen **1.** *vt* ***jdm etw ~*** *Antwort, Lösung* to tell sb sth **2.** *vi* SCHULE ***jdm ~*** to tell sb the answer

Vorsaison *f* low season

Vorsatz *m* (firm) intention; ***mit ~*** JUR with intent **vorsätzlich** **1.** *Adj* deliberate; JUR *Mord etc* wilful **2.** *Adv* deliberately

Vorschau *f* preview; (*für Film*) trailer

Vorschein *m* ***zum ~ bringen*** (*wörtl* ≈ *zeigen*) to produce; (*fig* ≈ *deutlich ma-*

V

chen) to bring to light; ***zum ~ kommen*** (*wörtl ≈ sichtbar werden*) to appear; (*fig ≈ entdeckt werden*) to come to light

vorschieben *vt* **a)** (*≈ davorschieben*) to push in front; *Riegel* to put across; **b)** (*fig ≈ vorschützen*) to put forward as an excuse

vorschießen *vt* ***jdm Geld ~*** to advance sb money

Vorschlag *m* suggestion; (*≈ Rat*) advice; (*≈ Angebot*) proposition; ***auf ~ von*** *od +Gen* at *od* on the suggestion of **vorschlagen** *vt* to suggest; ***jdn für ein Amt ~*** to propose sb for a position

vorschnell *Adj, Adv* = ***voreilig***

vorschreiben *vt* (*≈ befehlen*) to stipulate; MED *Dosis* to prescribe; ***jdm ~, wie/was ...*** to dictate to sb how/what ...; ***gesetzlich vorgeschrieben*** stipulated by law **Vorschrift** *f* (*≈ Bestimmung*) regulation; (*≈ Anweisung*) instruction; ***jdm ~en machen*** to give sb orders; ***sich an die ~en halten*** to observe the regulations; ***Arbeit nach ~*** work to rule **vorschriftsmäßig** **1.** *Adj* regulation *attr*; *Verhalten* correct, proper *attr* **2.** *Adv* (*≈ laut Anordnung*) according to (the) regulations

Vorschub *m* ***jdm/einer Sache ~ leisten*** to encourage sb/sth

Vorschule *f* nursery school

Vorschuss *m* advance **Vorschusslorbeeren** *Pl* premature praise *Sg*

vorschützen *vt* to plead as an excuse; *Unwissenheit* to plead

vorschweben *vi* ***jdm schwebt etw vor*** sb has sth in mind

vorsehen **1.** *vt* (*≈ planen*) to plan; (*≈ einplanen*) *Kosten* to allow for; *Zeit* to allow; (*im Gesetz*) to provide for; ***jdn für etw ~*** (*≈ beabsichtigen*) to have sb in mind for sth **2.** *vr* (*≈ sich in Acht nehmen*) to watch out; ***sich vor jdm/etw ~*** to beware of sb/sth **Vorsehung** *f* ***die (göttliche) ~*** (divine) Providence

vorsetzen *vt* **a)** *Fuß* to put forward; **b)** ***jdm etw ~*** (*≈ geben*) to give sb sth; (*≈ anbieten*) to offer sb sth

V

Vorsicht *f* care; (*bei Gefahr*) caution; ***~ walten lassen*** to be careful; (*bei Gefahr*) to exercise caution; (*≈ behutsam vorgehen*) to be wary; ***zur ~ mahnen*** to advise caution; ***~!*** watch out!; ***„Vorsicht feuergefährlich"*** "danger - inflammable"; ***„Vorsicht Stufe"*** "mind the step"; ***mit ~*** carefully; (*bei Gefahr*) cautiously; ***was er sagt ist mit ~ zu genießen*** (*hum umg*) you have to take what he says with a pinch of salt (*umg*); ***~ ist besser als Nachsicht*** (*Sprichw*) better safe than sorry **vorsichtig** **1.** *Adj* careful; (*≈ besonnen*) cautious; (*≈ misstrauisch*) wary; *Schätzung* cautious **2.** *Adv* **a)** (*umsichtig*) carefully; **b)** (*zurückhaltend*) ***sich ~ äußern*** to be very careful what one says **vorsichtshalber** *Adv* as a precaution **Vorsichtsmaßnahme** *f* precaution

Vorsilbe *f* prefix

vorsingen *vti* (*vor Zuhörern*) ***jdm (etw) ~*** to sing (sth) to sb

vorsintflutlich *Adj* (*umg*) antiquated

Vorsitz *m* chairmanship; ***den ~ haben*** to be chairman; ***den ~ übernehmen*** to take the chair **Vorsitzende(r)** *mf* chairman; (*Frau auch*) chairwoman; (*von Verein*) president

Vorsorge *f* (*≈ Vorsichtsmaßnahme*) precaution; ***~ treffen*** to take precautions; (*fürs Alter*) to make provision **vorsorgen** *vi* to make provision; ***für etw ~*** to provide for sth **Vorsorgeuntersuchung** *f* MED medical checkup **vorsorglich** *Adj* precautionary

Vorspann *m* (FILM, TV: *Titel und Namen*) opening credits *Pl*

Vorspeise *f* hors d'œuvre, starter (*Brit*)

Vorspiegelung *f* pretence (*Brit*), pretense (*US*); ***das ist nur (eine) ~ falscher Tatsachen*** (*hum*) it's all sham

Vorspiel *n* (*≈ Einleitung*) prelude; THEAT prologue (*Brit*), prolog (*US*); (*bei Geschlechtsverkehr*) foreplay **vorspielen** **1.** *vt* ***jdm etw ~*** MUS to play sth to sb; (*fig*) to act out a sham of sth in front of sb; ***spiel mir doch nichts vor*** don't try and pretend to me **2.** *vi* (*vor Zuhörern*) to play; ***jdn ~ lassen*** (*bei Einstellung*) to audition sb

vorsprechen **1.** *vt* (*≈ vortragen*) to recite **2.** *vi* **a)** (*förml ≈ jdn aufsuchen*) to call (*bei jdm* on sb); **b)** THEAT to audition

vorspringen *vi* to jump *od* leap forward; (*≈ herausragen*) to jut out, to project; (*Nase, Kinn*) to be prominent

Vorsprung *m* **a)** ARCHIT projection; (*von Küste*) promontory; **b)** (SPORT, *fig* ≈ *Abstand*) lead (*vor +Dat* over); (≈ *Vorgabe*) start; ***jdm 10 Minuten ~ geben*** to give sb a 10-minute start; ***einen ~ vor jdm haben*** to be ahead of sb

Vorstadt *f* suburb

Vorstand *m* (≈ *leitendes Gremium*) board; (*von Verein*) committee; (*von Partei*) executive **Vorstandsvorsitzende(r)** *mf* chairperson of the board of directors **vorstehen** *vi* **a)** (≈ *hervorragen*) to jut out; (*Zähne*) to protrude; (*Kinn, Nase*) to be prominent; **b)** ***einer Sache ~*** *einer Firma, einer Partei* to be the chairperson of sth; *der Regierung* to be the head of sth; *einer Abteilung, einer Behörde* to be in charge of sth

Vorsteherdrüse *f* prostate (gland)

vorstellbar *Adj* conceivable **vorstellen** **1.** *vt* **a)** (*nach vorn*) to move forward; *Uhr* to put forward (*um* by); **b)** (≈ *darstellen*) to represent; (≈ *bedeuten*) to mean; ***etwas ~*** (*fig* ≈ *Ansehen haben*) to count for something; **c)** (≈ *vorführen*) to present (*jdm* to sb); ***jdn jdm ~*** to introduce sb to sb; **d)** ***sich*** (*Dat*) ***etw ~*** to imagine sth; ***das kann ich mir gut ~*** I can imagine that (well); ***sich*** (*Dat*) ***etw unter etw*** (*Dat*) ***~*** *Begriff, Wort* to understand sth by sth; ***darunter kann ich mir nichts ~*** it doesn't mean anything to me; ***was haben Sie sich*** (***als Gehalt***) ***vorgestellt?*** what (salary) did you have in mind?; ***stell dir das nicht so einfach vor*** don't think it's so easy **2.** *vr* (≈ *sich bekannt machen*) to introduce oneself (*jdm* to sb) **vorstellig** *Adj* ***bei jdm ~ werden*** to go to sb; (*wegen Beschwerde*) to complain to sb **Vorstellung** *f* **a)** (≈ *Gedanke*) idea; (*bildlich*) picture; (≈ *Einbildung*) illusion; (≈ *Vorstellungskraft*) imagination; ***du hast falsche ~en*** you are wrong (in your ideas); ***das entspricht ganz meiner ~*** that is just how I imagined it; ***sich*** (*Dat*) ***eine ~ von etw machen*** to form an idea *od* (*Bild*) picture of sth; **b)** THEAT *etc* performance **Vorstellungsgespräch** *n* (job) interview **Vorstellungskraft** *f* imagination **Vorstellungsvermögen** *n* powers *Pl* of imagination

Vorsteuer *f* (≈ *Mehrwertsteuer*) input tax **Vorsteuerabzug** *m* input tax deduction

Vorstoß *m* (≈ *Vordringen*) venture; MIL advance; (*fig* ≈ *Versuch*) attempt **vorstoßen** **1.** *vt* to push forward **2.** *vi* to venture; SPORT to attack; MIL to advance; ***ins Viertelfinale ~*** to advance into the quarterfinal

Vorstrafe *f* previous conviction **Vorstrafenregister** *n* criminal record

vorstrecken *vt* to stretch forward; *Arme, Hand* to stretch out; *Geld* to advance (*jdm* sb)

Vorstufe *f* preliminary stage

Vortag *m* day before, eve; ***am ~ der Konferenz*** (on) the day before the conference

vortäuschen *vt* *Krankheit* to feign; *Straftat, Orgasmus* to fake

Vorteil *m* advantage; ***die Vor- und Nachteile*** the pros and cons; ***jdm gegenüber im ~ sein*** to have an advantage over sb; ***von ~ sein*** to be advantageous; ***im ~ sein*** to have the advantage (*jdm gegenüber* over sb); ***„Vorteil Federer"*** TENNIS "advantage Federer" **vorteilhaft** *Adj* advantageous; *Kleid, Frisur* flattering; *Geschäft* lucrative; ***~ aussehen*** to look one's best

Vortrag *m* **a)** (≈ *Vorlesung*) lecture; (≈ *Bericht*) talk; ***einen ~ halten*** to give a lecture/talk; **b)** (≈ *Art des Vortragens*) performance; **c)** FINANZ balance carried forward **vortragen** *vt* **a)** (≈ *berichten*) to report; *Fall, Forderungen* to present; *Bedenken, Wunsch* to express; **b)** (≈ *vorsprechen*) *Gedicht* to recite; *Rede* to give; MUS to perform; *Lied* to sing; **c)** FINANZ to carry forward

vortrefflich *Adj* excellent

vortreten *vi* **a)** (*wörtl*) to step forward; **b)** (≈ *hervorragen*) to project; (*Augen*) to protrude **Vortritt** *m* precedence; (*schweiz* ≈ *Vorfahrt*) right of way; ***jdm den ~ lassen*** to let sb go first

vorüber *Adv* ***~ sein*** to be past; (*Gewitter, Winter*) to be over; (*Schmerz*) to have gone **vorübergehen** *vi* **a)** (*räumlich*) to go past (*an etw* (*Dat*) sth); ***an jdm/etw ~*** (*fig* ≈ *ignorieren*) to ignore sb/sth; **b)** (*zeitlich*) to pass; (*Gewitter*) to blow over **vorübergehend** **1.** *Adj* (≈ *flüchtig*) passing *attr*; (≈ *zeitweilig*) temporary **2.** *Adv* temporarily

Vorurteil *n* prejudice (*gegenüber* against); ***~e haben*** to be prejudiced **vorurteilsfrei, vorurteilslos** **1.** *Adj* un-

V

prejudiced **2.** *Adv* without prejudice
Vorvergangenheit *f* GRAM pluperfect
Vorverkauf *m* THEAT, SPORT advance booking
vorverlegen *vt Termin* to bring forward
Vorverurteilung *f* prejudgement
vorvorgestern *Adv* (*umg*) three days ago
vorvorletzte(r, s) *Adj* last but two
vorwagen *vr* to venture forward
Vorwahl *f* **a)** preliminary election; (*US*) primary; **b)** TELEK dialling (*Brit*) *od* area (*US*) code **vorwählen** *vt* TELEK to dial first **Vorwahlnummer** *f* dialling (*Brit*) *od* area (*US*) code
Vorwand *m* pretext; ***unter dem ~, dass ...*** under the pretext that ...
Vorwarnung *f* (prior *od* advance) warning
vorwärts *Adv* forwards, forward; ***~!*** (*umg*) let's go (*umg*); ***~ und rückwärts*** backwards and forwards; ***wir kamen nur langsam ~*** we made slow progress **vorwärtskommen** *vi* (*fig*) to make progress (*in, mit* with); (*beruflich*) to get on
Vorwäsche *f* prewash
vorweg *Adv* (≈ *an der Spitze*) at the front; (≈ *vorher*) before(hand); (≈ *von vornherein*) at the outset **Vorwegnahme** *f* anticipation **vorwegnehmen** *vt* to anticipate
Vorweihnachtszeit *f* pre-Christmas period
vorweisen *vt* to produce
vorwerfen *vt* (*fig*) ***jdm etw ~*** (≈ *anklagen*) to reproach sb for sth; (≈ *beschuldigen*) to accuse sb of sth; ***das wirft er mir heute noch vor*** he still holds it against me; ***ich habe mir nichts vorzuwerfen*** my conscience is clear
vorwiegend **1.** *Adj* predominant **2.** *Adv* predominantly
Vorwort *n* foreword; (*bes von Autor*) preface
Vorwurf *m* reproach; (≈ *Beschuldigung*) accusation; ***jdm (wegen etw) Vorwürfe machen*** to reproach sb (for sth) **vorwurfsvoll** **1.** *Adj* reproachful **2.** *Adv* reproachfully
Vorzeichen *n* (≈ *Omen*) omen; MED early symptom; MATHE sign; ***unter umgekehrtem ~*** (*fig*) under different circumstances
vorzeigbar *Adj* presentable **vorzeigen** *vt* to show; *Zeugnisse* to produce
Vorzeit *f* ***in der ~*** in prehistoric times **vorzeitig** **1.** *Adj* early; *Altern etc* premature **2.** *Adv* early, prematurely
vorziehen *vt* **a)** (≈ *hervorziehen*) to pull out; (≈ *zuziehen*) *Vorhänge* to draw; **b)** (*fig*) (≈ *lieber mögen*) to prefer; (≈ *bevorzugen*) *jdn* to favour (*Brit*), to favor (*US*); ***es ~, etw zu tun*** to prefer to do sth; **c)** *Wahlen, Termin* to bring forward **Vorzimmer** *n* anteroom; (≈ *Büro*) outer office; (*österr* ≈ *Diele*) hall
Vorzug *m* preference; (≈ *gute Eigenschaft*) merit; ***einer Sache*** (*Dat*) ***den ~ geben*** (*förml*) to give sth preference **vorzüglich** *Adj* excellent **Vorzugsaktie** *f* BÖRSE preference share **Vorzugspreis** *m* special discount price **vorzugsweise** *Adv* preferably; (≈ *hauptsächlich*) mainly
Votum *n* (*geh*) vote
Voyeur(in) *m(f)* voyeur
vulgär *Adj* vulgar; ***drück dich nicht so ~ aus*** don't be so vulgar **Vulgarität** *f* vulgarity
Vulkan *m* volcano **Vulkanausbruch** *m* volcanic eruption **vulkanisch** *Adj* volcanic

W

W, w *n* W, w
Waage *f* **a)** (*Gerät*) scales *Pl*; ***eine ~*** a pair of scales; ***sich*** (*Dat*) ***die ~ halten*** (*fig*) to balance one another; **b)** ASTROL Libra; ***er ist (eine) ~*** he's (a) Libra **waagerecht** **1.** *Adj* horizontal; (*im Kreuzworträtsel*) across **2.** *Adv* levelly
Waagschale *f* scale; ***jedes Wort auf die ~ legen*** to weigh every word (carefully); ***seinen Einfluss in die ~ werfen*** (*fig*) to bring one's influence to bear
wabbelig *Adj Pudding* wobbly
Wabe *f* honeycomb
wach *Adj* awake *präd*; ***in ~em Zustand***

in the waking state; ***sich ~ halten*** to stay awake; ***~ werden*** to wake up; ***~ liegen*** to lie awake **Wache** *f* **a)** (≈ *Wachdienst*) guard (duty); (***bei jdm***) ***~ halten*** to keep guard (over sb); ***~ stehen*** to be on guard (duty); **b)** (MIL ≈ *Wachposten*) guard; **c)** (≈ *Polizeiwache*) (police) station **wachen** *vi* (≈ *Wache halten*) to keep watch; ***bei jdm ~*** to sit up with sb; ***über etw*** (*Akk*) ***~*** to (keep) watch over sth **wach halten** *vt* (*fig*) *Erinnerung* to keep alive; *Interesse* to keep up **Wachhund** *m* watchdog **Wachmann** *m* watchman; (*österr*) policeman

Wacholder *m* **a)** BOT juniper (tree); **b)** = ***Wacholderschnaps*** **Wacholderbeere** *f* juniper berry **Wacholderschnaps** *m* alcohol made from juniper berries, ≈ gin

Wachposten *m* sentry

wachrufen *vt* (*fig*) *Erinnerung etc* to call to mind, to evoke

Wachs *n* wax

wachsam *Adj* vigilant; (≈ *vorsichtig*) on one's guard **Wachsamkeit** *f* vigilance

wachsen[1] *vi* to grow; → ***gewachsen***

wachsen[2] *vt* to wax **Wachsfigur** *f* wax figure **Wachsfigurenkabinett** *n* waxworks *Pl* **Wachsmalstift** *m* wax crayon **Wachstuch** *n* oilcloth

Wachstum *n* growth **Wachstumsbranche** *f* growth industry **wachstumsfördernd** *Adj* growth-promoting **wachstumshemmend** *Adj* growth-inhibiting **Wachstumshormon** *n* growth hormone **Wachstumsrate** *f* growth rate

wachsweich *Adj* (as) soft as butter

Wachtel *f* quail

Wächter(in) *m(f)* guardian; (≈ *Nachtwächter*) watchman; (≈ *Museumswächter*) attendant **Wach(t)turm** *m* watchtower **Wachzimmer** *n* (*österr: von Polizei*) duty room

wack(e)lig *Adj* wobbly; (*fig*) *Firma, Kompromiss* shaky; ***auf wackeligen Füßen stehen*** (*fig*) to have no sound basis **Wackelkontakt** *m* loose connection **wackeln** *vi* to wobble; (≈ *zittern*) to shake; (*Schraube*) to be loose; (*fig, Position*) to be shaky **Wackelpeter** *m* (*umg*) jelly (*Brit*), Jell-O® (*US*)

wacker **1.** *Adj* (≈ *tapfer*) brave **2.** *Adv* (≈ *tapfer*) bravely; ***sich ~ schlagen*** (*umg*) to put up a brave fight

Wade *f* calf **Wadenbein** *n* fibula

Waffe *f* weapon; (≈ *Schusswaffe*) gun; ***~n*** MIL arms; ***die ~n strecken*** to surrender

Waffel *f* waffle; (≈ *Keks, Eiswaffel*) wafer **Waffeleisen** *n* waffle iron

waffenfähig *Adj Uran* weapons-grade **Waffengewalt** *f* ***mit ~*** by force of arms **Waffenhandel** *m* arms trade **Waffenhändler(in)** *m(f)* arms dealer **Waffenlager** *n* (*von Armee*) ordnance depot **Waffenruhe** *f* ceasefire **Waffenschein** *m* firearms licence (*Brit*) *od* license (*US*) **Waffenstillstand** *m* armistice

wagemutig *Adj* daring, bold **wagen** **1.** *vt* to venture; (≈ *riskieren*) to risk; (≈ *sich getrauen*) to dare; ***ich wags*** I'll risk it; ***wer nicht wagt, der nicht gewinnt*** (*Sprichw*) nothing ventured, nothing gained (*Sprichw*) **2.** *vr* to dare; ***sich ~, etw zu tun*** to dare (to) do sth; ***ich wage mich nicht daran*** I dare not do it; → ***gewagt***

Wagen *m* **a)** (≈ *Personenwagen*) car; (≈ *Lieferwagen*) van; (≈ *Planwagen*) wagon; (≈ *Handwagen*) (hand)cart; **b)** ASTRON ***der Große ~*** the Big Dipper **Wagenheber** *m* jack **Wagenladung** *f* (*von Lastwagen*) truckload; (*von Eisenbahn*) wagonload **Wagenpark** *m* fleet of cars

Waggon *m* (goods) wagon

waghalsig *Adj* daredevil *attr* **Wagnis** *n* hazardous business; (≈ *Risiko*) risk

Wagon *m* → ***Waggon***

Wähe *f* (*schweiz* KOCH) flan

Wahl *f* **a)** (≈ *Auswahl*) choice; ***die ~ fiel auf ihn*** he was chosen; ***wir hatten keine*** (***andere***) ***~***(***, als***) we had no alternative (but); ***drei Kandidaten stehen zur ~*** there is a choice of three candidates; ***seine ~ treffen*** to make one's choice *od* selection; ***du hast die ~*** take your pick; ***wer die ~ hat, hat die Qual*** (*Sprichw*) he is/you are *etc* spoiled for choice; **b)** POL *etc* election; (≈ *Abstimmung*) vote; (*geheim*) ballot; (***die***) ***~en*** (the) elections; ***die ~ gewinnen*** to win the election; ***zur ~ gehen*** to go to the polls; ***sich zur ~ stellen*** to stand (as a candidate); **c)** (≈ *Qualität*) quality; ***erste ~*** top quality **wählbar** *Adj* eligible (for office) **wahlberechtigt** *Adj* entitled to vote

Wahlberechtigte(r) *mf* person entitled to vote **Wahlbeteiligung** *f* poll; ***eine hohe ~*** a heavy poll **Wahlbezirk** *m* ward **wählen 1.** *vt* **a)** (*von* from, out of) to choose; (≈ *auswählen*) to select; → ***gewählt***; **b)** TELEK *Nummer* to dial; **c)** (≈ *durch Wahl ermitteln*) *Regierung etc* to elect; (≈ *sich entscheiden für*) *Partei, Kandidaten* to vote for; ***jdn zum Präsidenten ~*** to elect sb president **2.** *vi* **a)** (≈ *auswählen*) to choose; **b)** TELEK to dial; **c)** (≈ *Wahlen abhalten*) to hold elections; (≈ *Stimme abgeben*) to vote; ***~ gehen*** to go to the polls **Wahlentscheidung** *f* decision who/what to vote for **Wähler(in)** *m(f)* POL voter; ***die ~*** the electorate *Sg od Pl* **Wahlergebnis** *n* election result **wählerisch** *Adj* particular; ***sei nicht so ~!*** don't be so choosy **Wählerschaft** *f* electorate *Sg od Pl* **Wählerstimme** *f* vote **wählerwirksam** *Adj Politik, Parole* vote-winning **Wahlfach** *n* SCHULE option, elective (*US*) **wahlfrei** *Adj* SCHULE optional; ***~er Zugriff*** IT random access **Wahlgang** *m* ballot **Wahlheimat** *f* adopted country **Wahlhelfer(in)** *m(f)* (*im Wahlkampf*) electoral assistant; (*bei der Wahl*) polling officer **Wahlkabine** *f* polling booth **Wahlkampf** *m* election(eering) campaign **Wahlkreis** *m* constituency **Wahlleiter(in)** *m(f)* returning officer (*Brit*), chief election official (*US*) **Wahllokal** *n* polling station **wahllos 1.** *Adj* indiscriminate **2.** *Adv* at random **Wahlmöglichkeit** *f* choice **Wahlniederlage** *f* election defeat **Wahlplakat** *n* election poster **Wahlrecht** *n* (right to) vote; ***allgemeines ~*** universal suffrage; ***das aktive ~*** the right to vote; ***das passive ~*** eligibility (for political office) **Wahlrede** *f* election speech **Wahlsieg** *m* election victory **Wahlspruch** *m* (≈ *Motto*) motto **Wahlsystem** *n* electoral system **Wahltag** *m* election day **Wahlurne** *f* ballot box **Wahlversprechungen** *Pl* election promises *Pl* **Wahlvolk** *n* ***das ~*** the electorate **wahlweise** *Adv* alternatively; ***~ Kartoffeln oder Reis*** (a) choice of potatoes or rice **Wahlwiederholung** *f* TELEK (***automatische***) ~ (automatic) redial **Wahlzelle** *f* polling booth

Wahn *m* **a)** illusion, delusion; **b)** (≈ *Manie*) mania **wähnen** *vr* (*geh*) ***sich sicher ~*** to imagine oneself (to be) safe **Wahnidee** *f* delusion **Wahnsinn** *m* madness; ***jdn in den ~ treiben*** to drive sb mad; ***einfach ~!*** (*umg* ≈ *prima*) way out (*umg*), wicked! (*Brit sl*) **wahnsinnig 1.** *Adj* mad; (≈ *toll, super*) brilliant (*umg*); (*attr* ≈ *sehr groß, viel*) terrible; ***wie ~*** (*umg*) like mad; ***das macht mich ~*** (*umg*) it's driving me crazy (*umg*); ***~ werden*** to go crazy (*umg*) **2.** *Adv* (*umg*) incredibly (*umg*); ***~ viel*** an incredible amount (*umg*) **Wahnsinnige(r)** *mf* madman/-woman **Wahnvorstellung** *f* delusion

wahr *Adj* true; (*attr* ≈ *wirklich*) real; ***im ~sten Sinne des Wortes*** in the true sense of the word; ***etw ~ machen*** *Pläne* to make sth a reality; *Drohung* to carry sth out; ***~ werden*** to come true; ***so ~ mir Gott helfe!*** so help me God!; ***so ~ ich hier stehe*** as sure as I'm standing here; ***das darf doch nicht ~ sein!*** (*umg*) it can't be true!; ***das ist nicht das Wahre*** (*umg*) it's no great shakes (*umg*)

wahren *vt* **a)** (≈ *wahrnehmen*) *Interessen* to look after; **b)** (≈ *erhalten*) *Ruf* to preserve; *Geheimnis* to keep

während 1. *Präp +Gen od +Dat* during; ***~ der ganzen Nacht*** all night long **2.** *Konj* while

wahrhaben *vt* ***etw nicht ~ wollen*** not to want to admit sth **wahrhaft 1.** *Adj* (≈ *ehrlich*) truthful; (≈ *echt*) *Freund* true; (*attr* ≈ *wirklich*) real **2.** *Adv* really **wahrhaftig 1.** *Adj* (*geh*) (≈ *aufrichtig*) truthful **2.** *Adv* really **Wahrheit** *f* truth; ***in ~*** in reality; ***die ~ sagen*** to tell the truth **wahrheitsgemäß, wahrheitsgetreu 1.** *Adj Bericht* truthful; *Darstellung* faithful **2.** *Adv* truthfully **Wahrheitsliebe** *f* love of truth **wahrlich** *Adv* really, indeed **wahrnehmbar** *Adj* perceptible; ***nicht ~*** imperceptible **wahrnehmen** *vt* **a)** to perceive; *Veränderungen etc* to be aware of; *Geräusch* to hear; *Licht* to see; **b)** *Frist, Termin* to observe; *Gelegenheit* to take; *Interessen* to look after **Wahrnehmung** *f* **a)** (*mit den Sinnen*) perception; **b)** (*von Interessen*) looking after **Wahrnehmungsvermögen** *n* perceptive faculty **wahrsagen** *vi* to tell fortunes;

W

jdm ~ to tell sb's fortune **Wahrsager(in)** *m(f)* fortune-teller **Wahrsagung** *f* prediction

währschaft *Adj (schweiz)* (≈ *gediegen*) *Ware, Arbeit* reliable; (≈ *reichhaltig*) *Essen* wholesome

wahrscheinlich **1.** *Adj* probable, likely **2.** *Adv* probably **Wahrscheinlichkeit** *f* probability; ***mit großer ~, aller ~ nach*** in all probability

Wahrung *f* **a)** (≈ *Wahrnehmung*) safeguarding; **b)** (≈ *Erhaltung*) preservation; (*von Geheimnis*) keeping

Währung *f* currency **Währungsblock** *m* monetary bloc **Währungseinheit** *f* monetary unit **Währungsfonds** *m* Monetary Fund **Währungspolitik** *f* monetary policy **Währungsraum** *m* currency area **Währungsreserve** *f* currency reserve **Währungssystem** *n* monetary system **Währungsunion** *f* monetary union; ***europäische ~*** European monetary union

Wahrzeichen *n* emblem

Waise *f* orphan **Waisenhaus** *n* orphanage **Waisenkind** *n* orphan **Waisenknabe** *m* (*lit*) orphan (boy); ***gegen dich ist er ein ~*** (*umg*) he's no match for you, you would run rings round him (*umg*)

Wal *m* whale

Wald *m* wood(s *Pl*); (*großer*) forest **Waldbestand** *m* forest land **Waldbrand** *m* forest fire **Waldhorn** *n* MUS French horn **waldig** *Adj* wooded **Waldland** *n* woodland(s *Pl*) **Waldmeister** *m* BOT woodruff

Waldorfschule *f* ≈ Rudolf Steiner School

Waldrand *m* ***am ~*** at *od* on the edge of the forest **waldreich** *Adj* densely wooded **Waldsterben** *n* forest dieback (*due to pollution*) **Wald-und-Wiesen-** (*umg*) common-or-garden (*Brit umg*), garden-variety (*US umg*)

Wales *n* Wales

Walfang *m* whaling **Walfisch** *m* (*umg*) whale

Waliser *m* Welshman **Waliserin** *f* Welshwoman **walisisch** *Adj* Welsh

Walking *n* speed walking **Walkman®** *m* RADIO Walkman®

Wall *m* embankment; (*fig*) bulwark

Wallfahrer(in) *m(f)* pilgrim **Wallfahrt** *f* pilgrimage **Wallfahrtsort** *m* place of pilgrimage

Wallone *m*, **Wallonin** *f* Walloon

Wallung *f* **a)** (*geh*) ***in ~ geraten*** (*See, Meer*) to begin to surge; (*Mensch*) (*vor Leidenschaft*) to be in a turmoil; (*vor Wut*) to fly into a rage; **b)** MED (hot) flush (*Brit*) *od* flash (*US*) *mst Pl*

Walnuss *f* walnut

Walross *n* walrus

walten *vi* (*geh*) to prevail (*in +Dat* over); (≈ *wirken*) to be at work; ***Vorsicht/Milde ~ lassen*** to exercise caution/leniency; ***Gnade ~ lassen*** to show mercy

Walze *f* roller **walzen** *vt* to roll

wälzen **1.** *vt* **a)** (≈ *rollen*) to roll; **b)** (*umg*) *Akten, Bücher* to pore over; *Probleme* to turn over in one's mind; ***die Schuld auf jdn ~*** to shift the blame onto sb **2.** *vr* to roll; (*schlaflos im Bett*) to toss and turn

Walzer *m* waltz; ***Wiener ~*** Viennese waltz

Wälzer *m* (*umg*) heavy tome (*hum*) **Walzstraße** *f* rolling train **Walzwerk** *n* rolling mill

Wand *f* wall; (*von Behälter*) side; (≈ *Felswand*) (rock) face; (*fig*) barrier; ***in seinen vier Wänden*** (*fig*) within one's own four walls; ***mit dem Kopf gegen die ~ rennen*** (*fig*) to bang one's head against a brick wall; ***jdn an die ~ spielen*** (*fig*) to outdo sb; THEAT to steal the show from sb; ***die ~*** *od* ***Wände hochgehen*** (*umg*) to go up the wall (*umg*)

Wandale *m*, **Wandalin** *f* = ***Vandale***

Wandbrett *n* (wall) shelf

Wandel *m* change; ***im ~ der Zeiten*** throughout the ages **wandeln** *vtr* (≈ *ändern*) to change

Wanderarbeiter(in) *m(f)* migrant worker **Wanderausstellung** *f* touring exhibition **Wanderer** *m*, **Wanderin** *f* hiker **Wanderkarte** *f* map of walks **Wanderlust** *f* wanderlust **wandern** *vi* **a)** (≈ *gehen*) to wander; **b)** (≈ *sich bewegen*) to move; (*Blick, Gedanken*) to wander; **c)** (*Vögel, Völker*) to migrate; **d)** (*zur Freizeitgestaltung*) to hike; **e)** (*umg: ins Bett, in den Papierkorb*) to go **Wanderpokal** *m* challenge cup **Wanderschaft** *f* travels *Pl*; ***auf ~ gehen*** to go off on one's travels **Wanderschuhe** *Pl* walking shoes *Pl* **Wande-**

rung *f* **a)** (≈ *Ausflug*) walk; ***eine ~ machen*** to go on a walk *od* hike; **b)** (*von Vögeln, Völkern*) migration **Wanderverein** *m* hiking club **Wanderweg** *m* walk, (foot)path

Wandgemälde *n* mural **Wandkalender** *m* wall calendar **Wandkarte** *f* wall map **Wandlampe** *f* wall lamp

Wandlung *f* change; (≈ *völlige Umwandlung*) transformation **wandlungsfähig** *Adj* adaptable; *Schauspieler etc* versatile

Wandmalerei *f* (*Bild*) mural, wall painting **Wandschirm** *m* screen **Wandschrank** *m* wall cupboard **Wandtafel** *f* (black)board **Wandteppich** *m* tapestry **Wanduhr** *f* wall clock

Wange *f* (*geh*) cheek

wanken *vi* (≈ *schwanken*) to sway; (*fig*: *Regierung*) to totter; (≈ *unsicher sein*) to waver; ***ins Wanken geraten*** (*fig*) to begin to totter/waver

wann *interrog Adv* when; ***bis ~ ist das fertig?*** when will that be ready (by)?; ***bis ~ gilt der Ausweis?*** until when is the pass valid?

Wanne *f* bath; (≈ *Badewanne auch*) (bath)tub

Wanze *f* bug

WAP *n* IT *Abk von* ***Wireless Application Protocol*** WAP **WAP-Handy** *n* WAP phone

Wappen *n* coat of arms **Wappenkunde** *f* heraldry

wappnen *vr* (*fig*) ***sich*** (***gegen etw***) ***~*** to prepare (oneself) (for sth)

Ware *f* **a)** product; (*einzelne Ware*) article; **b)** **Waren** *Pl* goods *Pl* **Warenangebot** *n* range of goods for sale **Warenaufzug** *m* goods hoist **Warenbestand** *m* stocks *Pl* of goods **Warenhaus** *n* (department) store **Warenlager** *n* warehouse; (≈ *Bestand*) stocks *Pl* **Warenprobe** *f* trade sample **Warenwert** *m* goods *od* commodity value **Warenzeichen** *n* trademark

warm **1.** *Adj* warm; *Getränk, Speise* hot; ***mir ist ~*** I'm warm; ***das hält ~*** it keeps you warm; ***das Essen ~ stellen*** to keep the food hot; ***~ werden*** (*fig umg*) to thaw out (*umg*); ***mit jdm ~ werden*** (*umg*) to get close to sb **2.** *Adv sitzen* in a warm place; *schlafen* in a warm room; ***sich ~ anziehen*** to dress up warmly; ***jdn wärmstens empfehlen*** to recommend sb warmly **Warmblüter** *m* ZOO warm-blooded animal **warmblütig** *Adj* warm-blooded **Warmduscher** *m* (*sl* ≈ *Weichling*) wimp (*umg*) **Wärme** *f* warmth; (*von Wetter etc*, PHYS) heat **wärmebeständig** *Adj* heat-resistant **Wärmedämmung** *f* (heat) insulation **Wärmeenergie** *f* thermal energy **Wärmekraftwerk** *n* thermal power station **wärmen** **1.** *vt* to warm; *Essen* to warm up **2.** *vr* to warm oneself (up), to warm up **Wärmepumpe** *f* heat pump **Wärmeschutz** *m* heat shield **Wärmetechnik** *f* heat technology **Wärmflasche** *f* hot-water bottle **Warmhalteplatte** *f* hot plate **warmherzig** *Adj* warm-hearted **warm laufen** *vi* to warm up **Warmluft** *f* warm air **Warmmiete** *f* rent including heating **Warmstart** *m* AUTO, IT warm start **Warmwasserbereiter** *m* water heater **Warmwasserheizung** *f* hot-water central heating **Warmwasserspeicher** *m* hot-water tank

Warnanlage *f* warning system **Warnblinklicht** *n* flashing warning light; (*an Auto*) hazard warning light **Warndreieck** *n* warning triangle **warnen** *vti* to warn (*vor +Dat* of); ***jdn*** (***davor***) ***~, etw zu tun*** to warn sb against doing sth **Warnhinweis** *m* (≈ *Aufdruck*) warning **Warnschild** *n* warning sign **Warnschuss** *m* warning shot **Warnsignal** *n* warning signal **Warnstreik** *m* token strike **Warnung** *f* warning

Warschau *n* Warsaw

Wartehalle *f* waiting room **Warteliste** *f* waiting list

warten[1] *vi* to wait (*auf +Akk* for); ***warte mal!*** hold on; ***na warte!*** (*umg*) just you wait!; ***da***(***rauf***) ***kannst du lange ~*** (*iron*) you can wait till the cows come home; ***mit dem Essen auf jdn ~*** to wait for sb (to come) before eating; ***lange auf sich ~ lassen*** (*Sache*) to be a long time (in) coming; (*Mensch*) to take one's time

warten[2] *vt Auto* to service

Wärter(in) *m(f)* attendant; (≈ *Tierwärter*) keeper; (≈ *Gefängniswärter*) warder (*Brit*), guard

Wartesaal *m* waiting room **Warteschleife** *f* FLUG holding pattern **Wartezeit** *f* waiting period; (*an Grenze etc*) wait **Wartezimmer** *n* waiting room

Wartung *f* (*von Auto*) servicing **wartungsfrei** *Adj* maintenance-free
warum *interrog Adv* why; ~ ***nicht?*** why not?
Warze *f* wart; (≈ *Brustwarze*) nipple
was 1. *Interrogativpron* what; (≈ *wie viel*) how much; ~ ***ist?*** what is it?, what's up?; ~ ***ist, kommst du mit?*** well, are you coming?; ~ ***denn?*** (*ungehalten*) what (is it)?; (*um Vorschlag bittend*) but what?; ***das ist gut, ~?*** (*umg*) that's good, isn't it?; ~ ***für …*** what sort *od* kind of …; ~ ***für ein schönes Haus!*** what a lovely house! **2.** *Relativpron* (*auf ganzen Satz bezogen*) which; ***das, ~ …*** that which …, what …; ~ ***auch*** (***immer***) whatever; ***alles, ~ …*** everything (that) … **3.** *Indefinitpron* (*umg*) something; (*verneint*) anything; (*unbestimmter Teil einer Menge*) some, any; (***na,***) ***so ~!*** well I never!; ***ist*** (***mit dir***) ***~?*** is something the matter (with you)?; → ***etwas***
Waschanlage *f* (*für Autos*) car wash **waschbar** *Adj* washable **Waschbär** *m* raccoon **Waschbecken** *n* washbasin **Waschbrett** *n* washboard **Waschbrettbauch** *m* (*umg*) washboard abs *Pl* (*umg*), sixpack (*umg*) **Wäsche** *f* **a**) washing; (≈ *Schmutzwäsche, bei Wäscherei*) laundry; ***in der ~ sein*** to be in the wash; **b**) (≈ *Bettwäsche, Tischwäsche*) linen; (≈ *Unterwäsche*) underwear; ***dumm aus der ~ gucken*** (*umg*) to look stupid **waschecht** *Adj* fast; (*fig*) genuine **Wäscheklammer** *f* clothes peg (*Brit*), clothes pin (*US*) **Wäschekorb** *m* dirty clothes basket **Wäscheleine** *f* (clothes)line **waschen 1.** *vt* to wash; (*fig umg*) *Geld* to launder; (***Wäsche***) ~ to do the washing; ***sich*** (*Dat*) ***die Hände ~*** to wash one's hands; ***Waschen und Legen*** (*beim Friseur*) shampoo and set **2.** *vr* to wash; ***eine Geldbuße, die sich gewaschen hat*** (*umg*) a really heavy fine **Wäscherei** *f* laundry **Wäscheschleuder** *f* spin-drier **Wäscheständer** *m* clotheshorse **Wäschetrockner** *m* (≈ *Trockenautomat*) drier **Waschgang** *m* stage of the washing programme (*Brit*) *od* program (*US*) **Waschgelegenheit** *f* washing facilities *Pl* **Waschküche** *f* washroom, laundry **Waschlappen** *m* flannel; (*umg* ≈ *Feigling*) sissy (*umg*) **Waschmaschine** *f* washing machine **Waschmittel** *n* detergent **Waschpulver** *n* washing powder **Waschsalon** *m* laundrette (*Brit*), Laundromat® (*US*) **Waschstraße** *f* (*zur Autowäsche*) car wash **Waschzettel** *m* TYPO blurb **Waschzeug** *n* toilet things *Pl*
Wasser *n* water; ~ ***abstoßend*** water-repellent; ***das ist ~ auf seine Mühle*** (*fig*) this is all grist for his mill; ***dort wird auch nur mit ~ gekocht*** (*fig*) they're no different from anybody else (there); ***ihr kann er nicht das ~ reichen*** (*fig*) he's not a patch on her (*Brit*); ~ ***lassen*** MED to pass water; ***unter ~ stehen*** to be flooded; ***ein Boot zu ~ lassen*** to launch a boat; ***ins ~ fallen*** (*fig*) to fall through; ***sich über ~ halten*** (*fig*) to keep one's head above water; ***er ist mit allen ~n gewaschen*** he knows all the tricks; ***dabei läuft mir das ~ im Mund***(***e***) ***zusammen*** it makes my mouth water **wasserabstoßend** *Adj* → ***Wasser*** **Wasseranschluss** *m* mains water supply **wasserarm** *Adj Gegend* arid **Wasserball** *m* (*Spiel*) water polo **Wasserbett** *n* water bed **Wässerchen** *n* ***er sieht aus, als ob er kein ~ trüben könnte*** he looks as if butter wouldn't melt in his mouth **Wasserdampf** *m* steam **wasserdicht** *Adj* watertight; *Uhr, Stoff etc* waterproof **Wasserenthärter** *m* water softener **Wasserfahrzeug** *n* watercraft **Wasserfall** *m* waterfall; ***wie ein ~ reden*** (*umg*) to talk nineteen to the dozen (*Brit umg*), to talk a blue streak (*US umg*) **Wasserfarbe** *f* watercolour (*Brit*), watercolor (*US*) **wassergekühlt** *Adj* water-cooled **Wasserglas** *n* (≈ *Trinkglas*) water glass, tumbler **Wassergraben** *m* SPORT water jump; (*um Burg*) moat **Wasserhahn** *m* water tap (*bes Brit*), faucet (*US*) **wässerig** *Adj* watery; CHEM aqueous; ***jdm den Mund ~ machen*** (*umg*) to make sb's mouth water **Wasserkessel** *m* kettle; TECH boiler **Wasserkocher** *m* electric kettle **Wasserkraft** *f* water power **Wasserkraftwerk** *n* hydroelectric power station **Wasserkühlung** *f* AUTO water-cooling **Wasserlassen** *n* MED passing water, urination **Wasserleitung** *f* (≈ *Rohr*) water pipe **wasser-**

löslich *Adj* water-soluble **Wassermangel** *m* water shortage **Wassermann** *m* ASTROL Aquarius *ohne Artikel*; **~ sein** to be (an) Aquarius **Wassermelone** *f* watermelon **wassern** *vi* FLUG to land on water **wässern** *vt Erbsen etc* to soak; *Felder, Rasen* to water **Wasserpflanze** *f* aquatic plant **Wasserpistole** *f* water pistol **Wasserratte** *f* water rat; (*umg: Kind*) water baby **Wasserrohr** *n* water pipe **Wasserschaden** *m* water damage **wasserscheu** *Adj* scared of water **Wasserschildkröte** *f* turtle **Wasserski 1.** *m* water-ski **2.** *n* water-skiing **Wasserspiegel** *m* (≈ *Wasserstand*) water level **Wassersport** *m* **der ~** water sports *Pl* **Wasserspülung** *f* flush **Wasserstand** *m* water level **Wasserstoff** *m* hydrogen **Wasserstoffbombe** *f* hydrogen bomb **Wasserstrahl** *m* jet of water **Wasserstraße** *f* waterway **Wassertier** *n* aquatic animal **Wasserturm** *m* water tower **Wasseruhr** *f* (≈ *Wasserzähler*) water meter **Wasserung** *f* water landing; RAUMF splashdown **Wasserversorgung** *f* water supply **Wasserverunreinigung** *f* water pollution **Wasservogel** *m* waterfowl **Wasserwaage** *f* spirit level (*Brit*), water level gauge (*US*) **Wasserweg** *m* waterway; **auf dem ~** by water **Wasserwerfer** *m* water cannon **Wasserwerk** *n* waterworks *Sg od Pl* **Wasserzähler** *m* water meter **Wasserzeichen** *n* watermark

waten *vi* to wade

Watsche *f* (*südd, österr: umg*) = **Ohrfeige**

watscheln *vi* to waddle

watschen *vt* = **ohrfeigen Watschen** *f* = **Watsche**

Watt[1] *n* ELEK watt

Watt[2] *n* GEOG mud flats *Pl*

Watte *f* cotton wool (*Brit*), cotton (*US*) **Wattebausch** *m* cotton-wool (*Brit*) *od* cotton (*US*) ball

Wattenmeer *n* mud flats *Pl*

Wattestäbchen *n* cotton bud **wattieren** *vt* to pad; (≈ *füttern*) to line with padding; **wattierte Umschläge** padded envelopes **Wattierung** *f* padding

Wattmeter *n* wattmeter **Wattzahl** *f* wattage

W

Web *n* Web; **im ~** on the Web **Webadresse** *f* website address **Webcam** *f* webcam **Webdesigner(in)** *m(f)* web designer

weben *vti* to weave; *Spinnennetz* to spin **Weber(in)** *m(f)* weaver **Weberei** *f* (≈ *Betrieb*) weaving mill

Weberknecht *m* ZOO harvestman

Webkamera *f* web camera **Webseite** *f* web page **Webserver** *m* Internet server **Website** *f* website

Webstuhl *m* loom

Websurfer(in) *m(f)* web surfer

Wechsel *m* **a)** (≈ *Änderung*) change; (*abwechselnd*) alternation; **im ~** (≈ *abwechselnd*) in turn; **b)** (SPORT ≈ *Staffelwechsel*) (baton) change; **c)** FINANZ bill (of exchange) **Wechselbeziehung** *f* correlation **Wechselgeld** *n* change **wechselhaft** *Adj* changeable **Wechseljahre** *Pl* menopause *Sg*; **in den ~n sein** to be suffering from the menopause **Wechselkurs** *m* rate of exchange **wechseln 1.** *vt* to change (*in +Akk* into); (≈ *austauschen*) to exchange; **den Platz mit jdm ~** to exchange one's seat with sb; **die Wohnung ~** to move **2.** *vi* to change; SPORT to change (over) **wechselnd** *Adj* changing; (≈ *abwechselnd*) alternating; *Launen* changeable; **mit ~em Erfolg** with varying (degrees of) success; **~ bewölkt** cloudy with sunny intervals **wechselseitig** *Adj* reciprocal **Wechselstrom** *m* alternating current **Wechselstube** *f* bureau de change (*Brit*), exchange **Wechselwähler(in)** *m(f)* floating voter **wechselweise** *Adv* in turn, alternately **Wechselwirkung** *f* interaction

Weckdienst *m* wake-up call service **wecken** *vt* to wake (up); (*fig*) to arouse; *Bedarf* to create; *Erinnerungen* to bring back **Wecken** *m* (*dial*) (bread) roll **Wecker** *m* alarm clock; **jdm auf den ~ fallen** (*umg*) to get on sb's nerves

Weckglas® *n* preserving jar **Weckring®** *m* rubber ring (*for preserving jars*)

Weckruf *m* TELEK alarm call; MIL reveille

Wedel *m* (≈ *Fächer*) fan; (≈ *Staubwedel*) feather duster **wedeln 1.** *vi* **a)** (**mit dem Schwanz**) **~** (*Hund*) to wag its tail; **b)** SKI to wedel **2.** *vt* to waft

weder *Konj* **~ ... noch ...** neither ... nor

...

weg *Adv* (≈ *fort*) **~ sein** (≈ *fortgegangen etc*) to have gone; (≈ *nicht hier*) to be away; (*umg*) (≈ *geistesabwesend*) to be not quite with it (*umg*); (≈ *begeistert*) to be bowled over (*von* by); ***weit ~ von hier*** far (away) from here; ***~ mit euch!*** away with you!; ***nichts wie ~ von hier!*** let's scram (*umg*); ***~ da!*** (get) out of the way!; ***Hände ~!*** hands off!

Weg *m* **a)** (≈ *Pfad, fig*) path; (≈ *Straße*) road; ***jdm in den ~ treten*** to block sb's way; ***jdm/einer Sache im ~ stehen*** (*fig*) to stand in the way of sb/sth; **b)** (≈ *Route*) way; (≈ *Entfernung*) distance; (≈ *Reise*) journey; (*zu Fuß*) walk; ***auf dem ~ nach London*** on the way to London; ***sich auf den ~ machen*** to set off; ***jdm aus dem ~ gehen*** (*wörtl*) to get out of sb's way; (*fig*) to avoid sb; ***jdm über den ~ laufen*** (*fig*) to run into sb; ***etw in die ~e leiten*** to arrange sth; ***auf dem besten ~ sein, etw zu tun*** to be well on the way to doing sth; ***auf diesem ~e*** this way; ***auf diplomatischem ~e*** through diplomatic channels; ***zu ~e*** = ***zuwege***

wegbekommen *vt* (≈ *loswerden*) to get rid of (*von* from); *Fleck etc* to remove (*von* from); (*von bestimmtem Ort*) to get away (*von* from)

Wegbeschreibung *f* (written) directions *Pl*

wegbleiben *vi* to stay away; (≈ *nicht mehr kommen*) to stop coming **wegbringen** *vt* to take away

wegen *Präp +Gen od* (*umg*) *+Dat* because of; ***jdn ~ einer Sache bestrafen*** *etc* to punish *etc* sb for sth; ***von ~!*** (*umg*) you've got to be kidding! (*umg*)

wegfahren *vi* (≈ *abfahren*) to leave; (*Fahrer*) to drive off; (≈ *verreisen*) to go away **Wegfahrsperre** *f* AUTO (***elektronische***) **~** (electronic) immobilizer **wegfallen** *vi* to be discontinued; (*Bestimmung*) to cease to apply; ***~ lassen*** to discontinue; (≈ *auslassen*) to omit **wegfliegen** *vi* to fly away; (*mit Flugzeug*) to fly out **Weggang** *m* departure **weggeben** *vt* (≈ *verschenken*) to give away **weggehen** *vi* to go; (≈ *umziehen etc*) to go away; (≈ *ausgehen*) to go out; (*umg, Ware*) to sell; ***über etw*** (*Akk*) **~** (*umg*) to ignore sth; ***von zu Hause ~*** to leave home

weghaben *vt* (*umg*) ***jdn/etw ~ wollen*** (*umg*) to want to get rid of sb/sth; ***du hast deine Strafe weg*** you have had your punishment **weghören** *vi* not to listen **wegjagen** *vt* to chase away **wegkommen** *vi* (*umg*) (≈ *abhandenkommen*) to disappear; (≈ *weggehen können*) to get away; ***mach, dass du wegkommst!*** hop it! (*umg*); ***ich komme nicht darüber weg, dass ...*** (*umg*) I can't get over the fact that ... **weglassen** *vt* (≈ *auslassen*) to leave out; (*umg* ≈ *gehen lassen*) to let go **weglaufen** *vi* to run away (*vor +Dat* from) **weglegen** *vt* (*in Schublade etc*) to put away; (*zur Seite*) to put aside **wegmüssen** *vi* to have to go **wegnehmen** *vt* to take; (≈ *entfernen*) to take away; (≈ *verdecken*) *Sonne* to block out; *Sicht* to block; (≈ *beanspruchen*) *Zeit, Platz* to take up

Wegrand *m* wayside

wegräumen *vt* to clear away; (*in Schrank*) to put away **wegrennen** *vi* (*umg*) to run away **wegschaffen** *vt* (≈ *beseitigen*) to get rid of; (≈ *wegräumen*) to clear away **wegschicken** *vt* *jdn* to send away **wegschließen** *vt* to lock away **wegschmeißen** *vt* (*umg*) to chuck away (*umg*) **wegschnappen** *vt* (*umg*) ***jdm etw ~*** to snatch sth (away) from sb **wegsehen** *vi* to look away **wegstecken** *vt* (*wörtl*) to put away; (*umg*) *Niederlage, Kritik* to take **wegtreten** *vi* ***~!*** MIL dismiss!, dismissed!; ***er ist (geistig) weggetreten*** (*umg* ≈ *schwachsinnig*) he's not all there (*umg*) **wegtun** *vt* to put away; (≈ *wegwerfen*) to throw away

wegweisend *Adj* pioneering *attr*, revolutionary **Wegweiser** *m* sign; (*fig: Buch etc*) guide

wegwerfen *vt* to throw away **wegwerfend** *Adj* dismissive **Wegwerfgesellschaft** *f* throwaway society **Wegwerfverpackung** *f* disposable packaging **wegwischen** *vt* to wipe off **wegwollen** *vi* (≈ *verreisen*) to want to go away **wegziehen** **1.** *vt* to pull away (*jdm* from sb) **2.** *vi* to move away

weh **1.** *Adj* (≈ *wund*) sore **2.** *Interj* ***o ~!*** oh dear! **wehe** *Interj* **~ (*dir*), *wenn du das tust*** you'll be sorry if you do that **Wehe** *f* **a)** (≈ *Schneewehe etc*) drift; **b)**

Wehen *Pl* (*wörtl* ≈ *Geburtswehen*) (labour (*Brit*) *od* labor (*US*)) pains *Pl*; ***die ~n setzten ein*** the contractions started, she went into labour (*Brit*) *od* labor (*US*) **wehen** *vi* **a**) (*Wind*) to blow; (*Fahne*) to wave; **b**) (*Duft*) to waft **Wehklage** *f* (*lit*) lament(ation) **wehleidig** *Adj* (≈ *jammernd*) whining *attr* **Wehmut** *f* melancholy; (≈ *Sehnsucht*) wistfulness; (*nach Vergangenem*) nostalgia **wehmütig** *Adj* melancholy; (≈ *sehnsuchtsvoll*) wistful; (≈ *nostalgisch*) nostalgic

Wehr[1] *f* ***sich zur ~ setzen*** to defend oneself

Wehr[2] *n* weir

Wehrbeauftragte(r) *mf* commissioner for the armed forces **Wehrdienst** *m* military service; ***seinen ~ (ab)leisten*** to do one's military service **Wehrdienstverweigerer** *m*, **Wehrdienstverweigerin** *f* conscientious objector **wehren** *vr* to defend oneself; (≈ *sich aktiv widersetzen*) to (put up a) fight; ***sich gegen einen Plan*** *etc* ***~*** to fight (against) a plan *etc* **Wehrersatzdienst** *m* alternative national service **wehrlos** *Adj* defenceless (*Brit*), defenseless (*US*); (*fig*) helpless; ***jdm ~ ausgeliefert sein*** to be at sb's mercy **Wehrlosigkeit** *f* defencelessness (*Brit*), defenselessness (*US*); (*fig*) helplessness **Wehrpflicht** *f* (***allgemeine***) ~ (universal) conscription **wehrpflichtig** *Adj* liable for military service **Wehrpflichtige(r)** *mf* person liable for military service; (*Eingezogener*) conscript (*Brit*), draftee (*US*) **Wehrsold** *m* (military) pay

wehtun *vt* to hurt; ***mir tut der Rücken weh*** my back hurts; ***sich/jdm ~*** to hurt oneself/sb

Weib *n* woman **Weibchen** *n* ZOO female **Weiberheld** *m* (*pej*) lady-killer **weibisch** *Adj* effeminate **weiblich** *Adj* female; (GRAM ≈ *fraulich*) feminine **Weib(s)stück** *n* (*pej*) bitch (*umg*)

weich **1.** *Adj* soft; *Ei* soft-boiled; *Fleisch* tender; (≈ *mitleidig*) soft-hearted; ***~e Drogen*** soft drugs; ***~ werden*** to soften; ***~e Währung*** soft currency **2.** *Adv* softly; ***~ gekocht*** *Ei* soft-boiled; ***~ landen*** to land softly

Weiche *f* BAHN points *Pl* (*Brit*), switch (*US*); ***die ~n stellen*** (*fig*) to set the course

Weichei *n* (*pej sl*) wimp (*umg*)

weichen[1] *vti* to soak

weichen[2] *vi* (≈ *weggehen*) to move; (≈ *zurückweichen*) to retreat (*+Dat*, *vor +Dat* from); (*fig* ≈ *nachgeben*) to give way (*+Dat* to); ***nicht von jds Seite ~*** not to leave sb's side

Weichheit *f* softness; (*von Fleisch*) tenderness **weichherzig** *Adj* soft-hearted **Weichkäse** *m* soft cheese **weichlich** *Adj* (*fig*) weak; (≈ *verhätschelt*) soft **Weichling** *m* (*pej*) weakling **weichmachen** *vt* (*fig*) to soften up **Weichmacher** *m* CHEM softener **Weichselkirsche** *f* (*südd*, *schweiz*) sour cherry **weich spülen** *vt* **weichspülen** *vt* to condition; *Wäsche* to use (fabric) conditioner on **Weichspüler** *m* conditioner **Weichteile** *Pl* soft parts *Pl*; (*umg* ≈ *Geschlechtsteile*) private parts *Pl* **Weichtier** *n* mollusc

Weide[1] *f* BOT willow

Weide[2] *f* LANDW pasture; (≈ *Wiese*) meadow **Weideland** *n* LANDW pasture (-land) **weiden** **1.** *vi* to graze **2.** *vt* to (put out to) graze **3.** *vr* ***sich an etw*** (*Dat*) ***~*** (*fig*) to revel in sth **Weidenkätzchen** *n* pussy willow **Weidenkorb** *m* wicker basket

weidmännisch **1.** *Adj* huntsman's *attr* **2.** *Adv* in a huntsman's manner

weigern *vr* to refuse **Weigerung** *f* refusal

Weihe *f* KIRCHE consecration; (≈ *Priesterweihe*) ordination; ***höhere ~n*** (*fig*) greater glory **weihen** *vt* **a**) KIRCHE to consecrate; *Priester* to ordain; **b**) (≈ *widmen*) ***dem Tod(e)/Untergang geweiht*** doomed (to die/fall)

Weiher *m* pond

Weihnachten *n* Christmas; ***fröhliche*** *od* ***frohe ~!*** happy (*bes Brit*) *od* merry Christmas!; (***zu*** *od* ***an***) ~ at Christmas; ***etw zu ~ bekommen*** to get sth for Christmas **weihnachtlich** **1.** *Adj* Christmassy (*umg*), festive **2.** *Adv geschmückt* festively **Weihnachtsabend** *m* Christmas Eve **Weihnachtsbaum** *m* Christmas tree **Weihnachtsfeiertag** *m* (*erster*) Christmas Day; (*zweiter*) Boxing Day **Weihnachtsfest** *n* Christmas **Weihnachtsgans** *f* Christmas goose; ***jdn ausnehmen wie eine ~*** (*umg*) to fleece sb (*umg*) **Weih-**

nachtsgeld *n* Christmas money **Weihnachtsgeschenk** *n* Christmas present **Weihnachtsgratifikation** *f* Christmas bonus **Weihnachtskarte** *f* Christmas card **Weihnachtslied** *n* (Christmas) carol **Weihnachtsmann** *m* Father Christmas (*Brit*), Santa Claus **Weihnachtsmarkt** *m* Christmas fair **Weihnachtstag** *m* = ***Weihnachtsfeiertag*** **Weihnachtstisch** *m* table for Christmas presents **Weihnachtszeit** *f* Christmas (time)

Weihrauch *m* incense **Weihwasser** *n* holy water

weil *Konj* because

Weilchen *n* ***ein ~*** a (little) while **Weile** *f* while; ***vor einer (ganzen) ~*** quite a while ago

Wein *m* wine; (≈ *Weinstöcke*) vines *Pl*; (≈ *Weintrauben*) grapes *Pl*; ***jdm reinen ~ einschenken*** to tell sb the truth **Weinbau** *m* wine growing **Weinbauer** *m*, **Weinbäuerin** *f* wine grower **Weinbeere** *f* grape **Weinberg** *m* vineyard **Weinbergschnecke** *f* snail; (*auf Speisekarte*) escargot **Weinbrand** *m* brandy

weinen *vti* to cry; ***es ist zum Weinen!*** it's enough to make you weep! (*bes Brit*) **weinerlich** *Adj* whining; ***~ reden*** to whine

Weinernte *f* grape harvest **Weinessig** *m* wine vinegar **Weinflasche** *f* wine bottle **Weingegend** *f* wine-growing area **Weinglas** *n* wine glass **Weingummi** *n od m* wine gum **Weingut** *n* wine-growing estate **Weinhändler(in)** *m(f)* wine dealer **Weinhandlung** *f* wine shop (*bes Brit*) *od* store **Weinhauer(in)** *m(f)* (*bes österr*) wine grower **Weinkarte** *f* wine list **Weinkeller** *m* wine cellar; (≈ *Lokal*) wine bar **Weinkenner(in)** *m(f)* connoisseur of wine **Weinkrampf** *m* crying fit; MED uncontrollable fit of crying

Weinkraut *n* sauerkraut **Weinlese** *f* grape harvest **Weinlokal** *n* wine bar **Weinprobe** *f* wine tasting **Weinrebe** *f* (grape)vine **weinrot** *Adj* claret **Weinstein** *m* tartar **Weinstock** *m* vine **Weinstube** *f* wine tavern **Weintraube** *f* grape

weise *Adj* wise

Weise *f* (≈ *Verfahren etc*) way; ***auf diese ~*** in this way; ***in keiner ~*** in no way

weisen (*geh*) **1.** *vt* ***jdm etw ~*** to show sb sth; ***jdn vom Feld ~*** SPORT to order sb off (the field); ***etw von sich ~*** (*fig*) to reject sth **2.** *vi* to point (*nach* towards, *auf +Akk* at)

Weise(r) *mf* wise man/woman **Weisheit** *f* **a)** wisdom; **b)** (≈ *weiser Spruch*) wise saying, pearl of wisdom (*mst iron*) **Weisheitszahn** *m* wisdom tooth

weismachen *vt* ***jdm etw ~*** to make sb believe sth; ***das kannst du mir nicht ~!*** you can't expect me to believe that

weiß **1.** *Adj* white; ***das Weiße Haus*** the White House; ***das Weiße vom Ei*** egg white **2.** *Adv* *anstreichen* white; *sich kleiden* in white; ***~ glühend*** white-hot

weissagen *vt* to prophesy **Weissagung** *f* prophecy

Weißbier *n light, fizzy beer made using top-fermentation yeast* **Weißblech** *n* tinplate **Weißbrot** *n* white bread; (≈ *Laib*) loaf of white bread **weißen** *vt* to whiten; (≈ *weiß tünchen*) to whitewash **Weiße(r)** *mf* white, white man/woman **Weißglut** *f* white heat; ***jdn zur ~ bringen*** to make sb livid (with rage) **Weißgold** *n* white gold **weißhaarig** *Adj* white-haired **Weißherbst** *m* ≈ rosé **Weißkohl** *m*, (*südd*, *österr*) **Weißkraut** *n* white cabbage **weißlich** *Adj* whitish **Weißmacher** *m* (*in Waschmittel*) brightening agent; (*in Papier*) whitener **Weißrusse** *m*, **Weißrussin** *f* White Russian **Weißrussland** *n* White Russia **Weißwein** *m* white wine **Weißwurst** *f* veal sausage

Weisung *f* directive; ***auf ~*** on instructions **weisungsberechtigt** *Adj* JUR authorized to issue directives

weit **1.** *Adj* **a)** (≈ *breit*) wide; *Meer* open; *Begriff* broad; *Unterschied* big; ***~e Kreise der Bevölkerung*** large sections of the population; **b)** (≈ *lang*) *Weg*, *Reise* long; ***in ~er Ferne*** a long way away; ***so ~ sein*** (≈ *bereit*) to be ready; ***es ist bald so ~*** the time has nearly come **2.** *Adv* **a)** (*Entfernung*) far; ***~er*** further; ***am ~esten*** (the) furthest; ***es ist noch ~ bis Bremen*** it's still a long way to Bremen; ***~ gereist*** widely travelled (*Brit*) *od* traveled (*US*); ***~ hergeholt*** far-fetched; ***~ und breit*** for miles around; ***~ ab*** *od* ***weg (von)*** far away (from); ***ziemlich ~ am Ende*** fairly near the end; ***von Wei-***

tem from a long way away; ***von ~ her*** from a long way away; ***~ blickend*** far-sighted; ***~ entfernt*** a long way away; ***~ entfernt** od **gefehlt!*** far from it!; **b)** (≈ *breit*) *offen* wide; ***10 cm ~*** 10cm wide; ***~ verbreitet*** = ***weitverbreitet***; **c)** (*in Entwicklung*) ***~ fortgeschritten*** far advanced; ***wie ~ bist du?*** how far have you got?; ***so ~, so gut*** so far so good; ***sie sind nicht ~ gekommen*** they didn't get far; ***jdn so ~ bringen, dass ...*** to bring sb to the point where ...; ***er wird es ~ bringen*** he will go far; ***es so ~ bringen, dass ...*** to bring it about that ...; **d)** (*zeitlich*) **(*bis*) *~ in die Nacht*** (till) far into the night; ***~ nach Mitternacht*** well after midnight; **e)** (≈ *erheblich*) far; ***~ über 60*** well over 60; **f)** ***zu ~ gehen*** to go too far; ***das geht zu ~!*** that's going too far!; ***so ~*** (≈ *im Großen und Ganzen*) by and large; (≈ *bis jetzt*) up to now; (≈ *bis zu diesem Punkt*) thus far; ***so ~ wie möglich*** as far as possible; ***bei Weitem besser** etc **als*** far better *etc* than; ***bei Weitem der Beste*** by far the best; ***bei Weitem nicht so gut** etc* **(*wie...*)** not nearly as good *etc* (as ...) **weitab** *Adv* ***~ von*** far (away) from **weitaus** *Adv* far **Weitblick** *m* (*fig*) vision

weitblickend *Adj* far-sighted

Weite[1] *f* (≈ *Ferne*) distance; (≈ *Länge*) length; (≈ *Größe*) expanse; (≈ *Durchmesser, Breite*) width

Weite[2] *n* distance; ***das ~ suchen*** to take to one's heels

weiten **1.** *vt* to widen **2.** *vr* to broaden

weiter **1.** *Adj* (*fig*) further; (≈ *andere*) other; ***~e Auskünfte*** further information **2.** *Adv* (≈ *noch hinzu*) further; (≈ *sonst*) otherwise; ***nichts ~ als ...*** nothing more than ..., nothing but ...; ***ich brauche nichts ~ als ...*** all I need is ...; ***wenn es ~ nichts ist, ...*** well, if that's all (it is), ...; ***das hat ~ nichts zu sagen*** that doesn't really matter; ***immer ~*** on and on; ***und ~?*** and then?; ***und so ~*** and so on; → ***Weitere(s)*** **weiterarbeiten** *vi* to carry on working **weiter bestehen** *vi* to continue to exist **weiterbilden** *vr* to continue one's education **Weiterbildung** *f* continuation of one's education; (*an Hochschule*) further education **weiterbringen** *vt* ***das bringt uns auch nicht weiter*** that doesn't get us any further **weiterempfehlen** *vt* to recommend (to one's friends *etc*) **weiterentwickeln** *vtr* to develop **weitererzählen** *vt Geheimnis etc* to repeat, to pass on **Weitere(s)** *n* further details *Pl*; ***das ~*** the rest; ***alles ~*** everything else; ***bis auf ~s*** for the time being; (*auf Schildern etc*) until further notice **weiterfahren** *vi* (≈ *Fahrt fortsetzen*) to go on; (≈ *durchfahren*) to drive on **Weiterfahrt** *f* continuation of the/one's journey **Weiterflug** *m* continuation of the/one's flight; ***Passagiere zum ~ nach ...*** passengers continuing their flight to ... **weiterführen** *vti* to continue; ***das führt nicht weiter*** (*fig*) that doesn't get us anywhere **weiterführend** *Adj Schule* secondary; *Qualifikation* higher **weitergeben** *vt* to pass on **weitergehen** *vi* to go on; ***so kann es nicht ~*** (*fig*) things can't go on like this **weiterhelfen** *vi* to help (along) (*jdm* sb) **weiterhin** *Adv* ***etw ~ tun*** to carry on doing sth **weiterkommen** *vi* to get further; (*fig auch*) to make progress; ***nicht ~*** (*fig*) to be stuck **weiterleiten** *vt* to pass on (*an +Akk* to); (≈ *weitersenden*) to forward **weitermachen** *vti* to carry on (*etw* with sth); ***~!*** carry on! **Weiterreise** *f* continuation of the/one's journey; ***auf der ~ nach ...*** when I *etc* was travelling (*Brit*) *od* traveling (*US*) on to ... **weiters** *Adv* (*österr*) furthermore **weitersagen** *vt* to repeat; ***nicht ~!*** don't tell anyone! **weiterverarbeiten** *vt* to process **Weiterverarbeitung** *f* reprocessing **Weiterverkauf** *m* resale **weitervermieten** *vt* to sublet

weitgehend, **weit gehend** **1.** *Adj Vollmachten etc* far-reaching; *Übereinstimmung etc* a large degree of **2. weitgehend** *Adv* to a great extent **weitgereist** *Adj* → **weit** **weither** *Adv* (*a.* **von weit her**) from a long way away **weithin** *Adv* for a long way; (*fig*) *bekannt* widely **weitläufig** **1.** *Adj* **a)** *Park, Gebäude* spacious; (≈ *verzweigt*) rambling; **b)** *Verwandte* distant **2.** *Adv* ***sie sind ~ verwandt*** they are distant relatives **weiträumig** **1.** *Adj* wide-ranging **2.** *Adv* ***die Unfallstelle ~ umfahren*** to keep well away from the scene of the accident **weitreichend**,

W

weit reichend *Adj* (*fig*) far-reaching **weitschweifig** *Adj* long-winded **Weitsicht** *f* (*fig*) far-sightedness **weitsichtig** *Adj* MED long-sighted (*Brit*), far-sighted (*bes US*); (*fig*) far-sighted **Weitsichtigkeit** *f* MED long-sightedness (*Brit*), far-sightedness (*bes US*) **Weitspringen** *n* SPORT long jump **Weitspringer(in)** *m(f)* SPORT long jumper **Weitsprung** *m* SPORT long jump **weitverbreitet**, **weit verbreitet** *Adj* widespread **Weitwinkelobjektiv** *n* wide-angle lens

Weizen *m* wheat **Weizenbier** *n light, very fizzy beer made by using wheat, malt and top-fermentation yeast* **Weizenmehl** *n* wheat flour

welch *Interrogativpron* **~ (ein)** what

welche(r, s) **1.** *Interrogativpron* **a)** (*adjektivisch*) what; (*bei Wahl aus einer begrenzten Menge*) which; **b)** (*substantivisch*) which (one); **c)** (*in Ausrufen*) **~ Freude!** what joy! **2.** *Indefinitpron* some; (*verneint*) any; ***ich habe keine Äpfel, haben Sie ~?*** I don't have any apples, do you have any?

welk *Adj Blume* wilted; *Blatt* dead; (*fig*) *Schönheit* fading; *Haut* tired-looking; (≈ *schlaff*) flaccid **welken** *vi* to wilt; (*Haut*) to grow tired-looking

Wellblech *n* corrugated iron **Welle** *f* **a)** wave; (RADIO ≈ *Frequenz*) wavelength; **(*hohe*) *~n schlagen*** (*fig*) to create (quite) a stir; **b)** (*fig* ≈ *Mode*) craze; **c)** TECH shaft **wellen** **1.** *vt Haar* to wave; *Blech etc* to corrugate **2.** *vr* to become wavy; ***gewelltes Haar*** wavy hair **Wellenbad** *n swimming pool with wave machine* **Wellenbereich** *m* PHYS, TELEK frequency range; RADIO waveband **wellenförmig** *Adj* wave-like; *Linie* wavy **Wellengang** *m* waves *Pl*, swell **Wellenlänge** *f* PHYS, TELEK wavelength; ***auf der gleichen ~ sein*** *od* ***liegen*** (*umg*) to be on the same wavelength (*umg*) **Wellenlinie** *f* wavy line **Wellenreiten** *n* surfing **Wellensittich** *m* budgie (*umg*) **wellig** *Adj Haar etc* wavy

Wellness *f* wellness

Wellpappe *f* corrugated cardboard

Welpe *m* pup; (*von Wolf, Fuchs*) cub

Wels *m* catfish

welsch *Adj* **a)** (≈ *welschsprachig*) Romance-speaking; **b)** (*schweiz*) (Swiss-) French; ***die ~e Schweiz*** French Switzerland

Welt *f* world; ***die Dritte ~*** the Third World; ***alle ~*** everybody; ***deswegen geht die ~ nicht unter*** (*umg*) it isn't the end of the world; ***das kostet doch nicht die ~*** it won't cost a fortune; ***uns/sie trennen ~en*** (*fig*) we/they are worlds apart; ***auf der ~*** in the world; ***aus aller ~*** from all over the world; ***aus der ~ schaffen*** to eliminate; ***in aller ~*** all over the world; ***warum in aller ~ ...?*** why on earth ...?; ***um nichts in der ~, nicht um alles in der ~*** not for all the tea in China (*umg*); ***ein Mann/eine Frau von ~*** a man/woman of the world; ***vor aller ~*** in front of everybody; ***zur ~ kommen*** to come into the world **Weltall** *n* universe **Weltanschauung** *f* philosophy of life; PHIL, POL world view **Weltbank** *f* World Bank **weltbekannt**, **weltberühmt** *Adj* world-famous **weltbeste(r, s)** *Adj* world's best **Weltbevölkerung** *f* world population **weltbewegend** *Adj* world-shattering **Weltbild** *n* conception of the world **Weltenbummler(in)** *m(f)* globetrotter **Welterfolg** *m* global *od* worldwide success

Weltergewicht *n* BOXEN welterweight

welterschütternd *Adj* world-shattering **weltfremd** *Adj* unworldly **Weltgeltung** *f* international standing, worldwide recognition **Weltgeschichte** *f* world history **Weltgesundheitsorganisation** *f* World Health Organization **weltgewandt** *Adj* sophisticated **Welthandel** *m* world trade **Weltherrschaft** *f* world domination **Weltkarte** *f* map of the world **Weltklasse** *f* ***~ sein*** to be world class; (*umg*) to be fantastic (*umg*) **Weltkrieg** *m* world war; ***der Erste/Zweite ~*** the First/Second World War **Weltkulturerbe** *n* world cultural heritage; (≈ *einzelnes Kulturgut*) World Heritage Site **weltläufig** *Adj* cosmopolitan **weltlich** *Adj* worldly; (≈ *nicht kirchlich*) secular **Weltliteratur** *f* world literature **Weltmacht** *f* world power **Weltmarkt** *m* world market **Weltmeer** *n* ocean; ***die sieben ~e*** the seven seas **Weltmeister(in)** *m(f)* world champion **Weltmeisterschaft** *f* world championship; FUSSB World Cup **weltoffen** *Adj* cosmopolitan

W

Weltöffentlichkeit *f* general public **Weltpolitik** *f* world politics *Pl* **Weltrang** *m* ***von ~*** world-famous **Weltrangliste** *f* world rankings *Pl* **Weltraum** *m* (outer) space **Weltraumforschung** *f* space research **weltraumgestützt** *Adj* space-based **Weltraumstation** *f* space station **Weltreich** *n* empire **Weltreise** *f* world tour **Weltrekord** *m* world record **Weltrekordinhaber(in)** *m(f)* world *od* world's (*US*) record holder **Weltreligion** *f* world religion **Weltschmerz** *m* world-weariness **Weltsicherheitsrat** *m* POL (United Nations) Security Council **Weltstadt** *f* cosmopolitan city **Weltuntergang** *m* end of the world **Weltuntergangsstimmung** *f* apocalyptic mood **weltweit** *Adj, Adv* worldwide **Weltwirtschaft** *f* world economy **Weltwirtschaftskrise** *f* world economic crisis **Weltwunder** *n* ***die sieben ~*** the Seven Wonders of the World

wem **1.** *Interrogativpron* who ... to, to whom **2.** *Relativpron* (≈ *derjenige, dem*) the person (who ...) to **3.** *Indefinitpron* (*umg* ≈ *jemandem*) to somebody

wen **1.** *Interrogativpron* who, whom **2.** *Relativpron* (≈ *derjenige, den*) the person (who) **3.** *Indefinitpron* (*umg* ≈ *jemanden*) somebody

Wende *f* turn; (≈ *Veränderung*) change; (≈ *Wendepunkt*) turning point; POL (political) watershed **Wendehals** *m* ORN wryneck; (*fig umg*) turncoat (*pej*) **Wendekreis** *m* **a)** tropic; ***der nördliche ~*** the Tropic of Cancer; ***der südliche ~*** the Tropic of Capricorn; **b)** AUTO turning circle **Wendeltreppe** *f* spiral staircase **wenden** **1.** *vt* (≈ *umdrehen*) to turn (*auch* SEW); KOCH *Eierpfannkuchen* to toss; *Schnitzel etc* to turn (over); ***bitte ~!*** please turn over **2.** *vr* **a)** (≈ *sich umdrehen*) to turn (around); (*Wetter, Glück*) to change; ***sich zu jdm/etw ~*** to turn toward(s) sb/sth; ***sich zum Guten ~*** to take a turn for the better; **b)** ***sich an jdn ~*** (*um Auskunft*) to consult sb; (*um Hilfe*) to turn to sb; (*Buch etc*) to be directed at sb **3.** *vi* to turn; (≈ *umkehren*) to turn (a)round; ***„wenden verboten"*** "no U-turns" **Wendepunkt** *m* turning point

wendig *Adj* agile; *Auto* manoeuvrable (*Brit*), maneuverable (*US*); (*fig*) *Politiker etc* agile **Wendigkeit** *f* agility; (*von Auto etc*) manoeuvrability (*Brit*), maneuverability (*US*); (*fig: von Politiker etc*) agility

Wendung *f* **a)** turn; ***eine unerwartete ~ nehmen*** (*fig*) to take an unexpected turn; ***eine ~ zum Guten nehmen*** to change for the better; **b)** (≈ *Redewendung*) expression

wenig **1.** *Adj, Indefinitpron* **a)** little; ***das ist ~*** that isn't much; ***so ~ wie*** *od* ***als möglich*** as little as possible; ***mein ~es Geld*** what little money I have; ***sie hat zu ~ Geld*** *etc* she doesn't have enough money *etc*; **b)** ***~e*** *pl* (≈ *ein paar*) a few; ***in ~en Tagen*** in (just) a few days; ***einige ~e Leute*** a few people; **c)** (*auch Adv*) ***ein ~*** a little; ***ein ~ Salz*** a little salt **2.** *Adv* little; ***~ besser*** little better; ***~ bekannt*** little-known *attr*, little known *präd*; ***~ erfreulich*** not very pleasant; ***zu ~*** not enough; ***einer/zwei*** *etc* ***zu ~*** one/two *etc* too few **weniger** **1.** *Adj, Indefinitpron* less; (*+Pl*) fewer; ***~ werden*** to get less and less; ***~ Geld*** less money; ***~ Unfälle*** fewer accidents **2.** *Adv* less; ***das finde ich ~ schön!*** that's not so nice! **3.** *Konj, Präp +Akk od +Gen* less; ***sieben ~ drei ist vier*** seven less three is four **wenigstens** *Adv* at least **wenigste(r, s)** *Adj, Indefinitpron, Adv* ***am ~n*** least; (*Pl*) fewest; ***das ist noch das ~!*** (*umg*) that's the least of it!; ***das am ~n!*** that least of all!

wenn *Konj* **a)** (*konditional*) if; ***~ er nicht gewesen wäre, ...*** if it had not been for him, ...; ***selbst*** *od* ***und ~*** even if; ***~ ... auch ...*** even though *od* if ...; ***~ man bedenkt, dass ...*** when you consider that ...; ***~ ich doch*** *od* ***nur*** *od* ***bloß ...*** if only I ...; ***~ er nur da wäre!*** if only he were here!; ***außer ~*** except if; **b)** (*zeitlich*) when; ***jedes Mal*** *od* ***immer ~*** whenever; ***außer ~*** except when **Wenn** *n* ***ohne ~ und Aber*** without any ifs and buts **wennschon** *Adv* (*umg*) (***na*** *od* ***und***) ***~!*** so what? (*umg*); ***~, dennschon!*** in for a penny, in for a pound! (*bes Brit prov*)

wer **1.** *Interrogativpron* who; ***~ von ...*** which (one) of ... **2.** *Relativpron* (≈ *derjenige, der*) the person who **3.** *Inde-*

W

finitpron (*umg* ≈ *jemand*) somebody **Werbeabteilung** *f* publicity department **Werbeagentur** *f* advertising agency **Werbebanner** *n* banner; INTERNET banner ad **Werbeblock** *m* TV commercial break **Werbeclip** *m* TV advert **Werbefachfrau** *f* advertising woman **Werbefachmann** *m* advertising man **Werbefernsehen** *n* commercial television; (*Sendung*) TV advertisements *Pl* **Werbefilm** *m* advertising *od* promotional film **Werbegag** *m* publicity stunt **Werbegeschenk** *n* gift **Werbegrafiker(in)** *m(f)* commercial artist **Werbekampagne** *f* publicity campaign; (*für Verbrauchsgüter*) advertising campaign **Werbekosten** *Pl* advertising *od* promotional costs *Pl* **Werbeleiter(in)** *m(f)* advertising manager **werben 1.** *vt Mitglieder, Mitarbeiter* to recruit; *Kunden* to attract **2.** *vi* to advertise; ***für etw ~*** to advertise sth; ***um etw ~*** to solicit sth; ***um Verständnis ~*** to try to enlist understanding; ***um ein Mädchen ~*** to court a girl **Werbeslogan** *m* publicity slogan; (*für Verbrauchsgüter*) advertising slogan **Werbespot** *m* commercial **Werbetext** *m* advertising copy *kein Pl* **Werbetexter(in)** *m(f)* (advertising) copywriter **Werbetrommel** *f* ***die ~ (für etw) rühren*** (*umg*) to push sth (*umg*) **werbewirksam** *Adj* effective (for advertising purposes) **Werbung** *f bes* HANDEL advertising; (POL ≈ *Propaganda*) pre-election publicity; (*von Kunden, Stimmen*) winning; (*von Mitgliedern*) recruitment; ***~ für etw machen*** to advertise sth **Werbungskosten** *Pl* (*von Mensch*) professional outlay *Sg*; (*von Firma*) business expenses *Pl*

Werdegang *m* development; (*beruflich*) career **werden 1.** *v/hilf* **a)** (*zur Bildung des Futurs*) ***ich werde es tun*** I'll do it; ***ich werde das nicht tun*** I won't do that; ***es wird gleich regnen*** it's going to rain; **b)** (*zur Bildung des Konjunktivs*) ***das würde ich gerne tun*** I'd like to do that; ***das würde ich nicht gerne tun*** I wouldn't like to do that; ***er würde kommen, wenn ...*** he would come if ...; ***würden Sie mir bitte das Buch geben?*** would you give me the book, please?; **c)** (*zur Bildung des Passivs*) ***geschlagen ~*** to be beaten; ***mir wurde gesagt, dass ...*** I was told that ...; **d)** (*bei Vermutung*) ***sie wird wohl in der Küche sein*** she'll probably be in the kitchen; ***das wird etwa 20 Euro kosten*** it will cost roughly 20 euros **2.** *vi* **a)** (*mit Adjektiv*) to get; ***mir wird kalt/warm*** I'm getting cold/warm; ***blass/kalt ~*** to go pale/cold; ***mir wird schlecht/besser*** I feel bad/better; ***die Fotos sind gut geworden*** the photos have come out well; **b)** (*mit Substantiv, Pronomen*) to become; ***Lehrer ~*** to become a teacher; ***was willst du einmal ~?*** what do you want to be when you grow up?; ***Erster ~*** to come first; ***das ist nichts geworden*** it came to nothing; **c)** (*bei Altersangaben*) ***er ist gerade 40 geworden*** he has just turned 40; **d)** ***es wird Zeit, dass er kommt*** it's time (that) he came; ***es wird kalt/spät*** it's getting cold/late; ***es wird Winter*** winter is coming; ***was ist aus ihm geworden?*** what has become of him?; ***aus ihm wird noch einmal was!*** he'll make something of himself yet!; ***daraus wird nichts*** nothing will come of that; (≈ *das kommt nicht infrage*) that's out of the question; ***zu etw ~*** to turn into sth; ***was soll nun ~?*** so what's going to happen now? **werdend** *Adj* nascent; ***~e Mutter*** expectant mother

werfen 1. *vt* to throw (*nach* at); ***Bomben ~*** (*von Flugzeug*) to drop bombs; ***eine Münze ~*** to toss a coin; ***„nicht ~“*** “handle with care”; ***etw auf den Boden ~*** to throw sth to the ground; ***jdn aus dem Haus*** *etc* ***~*** to throw sb out (of the house *etc*) **2.** *vi* (≈ *schleudern*) to throw; ***mit etw (auf jdn/etw) ~*** to throw sth (at sb/sth) **3.** *vr* to throw oneself (*auf +Akk* (up)on, at) **Werfer(in)** *m(f)* thrower

Werft *f* shipyard; (*für Flugzeuge*) hangar **Werftarbeiter(in)** *m(f)* shipyard worker

Werk *n* **a)** (≈ *Arbeit, Buch etc*) work; (*geh* ≈ *Tat*) deed; (≈ *Gesamtwerk*) works *Pl*; ***das ist sein ~*** this is his doing; ***ans ~ gehen*** to set to work; ***am ~ sein*** to be at work; **b)** (≈ *Betrieb*) works *Sg od Pl* (*Brit*), factory; ***ab ~*** HANDEL ex works (*Brit*), ex factory; **c)** (≈ *Triebwerk*) mechanism **Werkbank** *f* workbench **werken** *vi* to work;

(*handwerklich*) to do handicrafts; ***Werken*** SCHULE handicrafts **Werkschutz** *m* factory security service **werkseigen** *Adj* company *attr* **Werksgelände** *n* factory premises *Pl* **Werksleitung** *f* factory management **Werkstatt** *f*, **Werkstätte** *f* workshop; (*für Autoreparaturen*) garage **Werkstoff** *m* material **Werkstück** *n* TECH workpiece **Werktag** *m* working day **werktags** *Adv* on weekdays **Werkzeug** *n* tool **Werkzeugkasten** *m* toolbox

Wermut *m* (≈ *Wermutwein*) vermouth **Wermutstropfen** *m* (*fig geh*) drop of bitterness

wert *Adj* **a)** ***etw ~ sein*** to be worth sth; ***nichts ~ sein*** to be worthless; (≈ *untauglich*) to be no good; ***Glasgow ist eine Reise ~*** Glasgow is worth a visit; ***einer Sache*** (*Gen*) ***~ sein*** (*geh*) to be worthy of sth; **b)** (≈ *nützlich*) useful **Wert** *m* **a)** value; (*bes menschlicher*) worth; ***einen ~ von fünf Euro haben*** to be worth five euros; ***im ~(e) von*** to the value of; ***sie hat innere ~e*** she has certain inner qualities; ***~ auf etw*** (*Akk*) ***legen*** (*fig*) to set great store by sth (*bes Brit*); ***das hat keinen ~*** (*umg*) there's no point; **b)** (*von Test, Analyse*) result **Wertarbeit** *f* craftsmanship **werten** *vti* (≈ *einstufen*) to rate (*als* as); *Klassenarbeit etc* to grade; (≈ *beurteilen*) to judge (*als* to be); ***ein Tor nicht ~*** FUSSB *etc* to disallow a goal **Wertesystem** *n* system of values **wertfrei** **1.** *Adj* neutral **2.** *Adv* in a neutral way **Wertgegenstand** *m* object of value; ***Wertgegenstände*** *pl* valuables *Pl* **Wertigkeit** *f* **a)** CHEM valency; **b)** (≈ *Wert*) importance **wertlos** *Adj* worthless **Wertlosigkeit** *f* worthlessness **Wertminderung** *f* reduction in value **Wertpapier** *n* security; ***~e*** *pl* stocks and shares *Pl* **Wertsache** *f* object of value **Wertschätzung** *f* (*lit*) esteem, high regard **Wertsteigerung** *f* increase in value **Wertstoff** *m* reusable material **Wertung** *f* **a)** (≈ *Bewertung*) evaluation; (≈ *Punkte*) score; **b)** (≈ *das Werten*) rating; (*von Klassenarbeit*) grading; (≈ *das Beurteilen*) judging **Werturteil** *n* value judgement **wertvoll** *Adj* valuable

Werwolf *m* werewolf

Wesen *n* **a)** nature; (≈ *Wesentliches*) essence; ***es liegt im ~ einer Sache ...*** it's in the nature of a thing ...; **b)** (≈ *Geschöpf*) being; (≈ *tierisches Wesen*) creature; (≈ *Mensch*) person; ***ein menschliches ~*** a human being **Wesensart** *f* nature, character **wesentlich** **1.** *Adj* essential; (≈ *erheblich*) substantial; (≈ *wichtig*) important; ***das Wesentliche*** the essential part; (*von dem, was gesagt wurde*) the gist; ***im Wesentlichen*** basically; (≈ *im Großen und Ganzen*) in the main **2.** *Adv* (≈ *grundlegend*) fundamentally; (≈ *erheblich*) considerably; ***es ist mir ~ lieber, wenn wir ...*** I would much rather we ...

weshalb **1.** *interrog Adv* why **2.** *Rel Adv* which is why; ***der Grund, ~ ...*** the reason why ...

Wespe *f* wasp **Wespennest** *n* wasp's nest; ***in ein ~ stechen*** (*fig*) to stir up a hornets' nest **Wespenstich** *m* wasp sting

wessen *Pron* ***~ hat man dich angeklagt?*** of what have you been accused?

Wessi *m* (*umg*) Westerner, West German

westdeutsch *Adj* GEOG Western German; POL HIST West German **Westdeutsche(r)** *mf* West German

Weste *f* waistcoat (*Brit*), vest (*US*); ***eine reine ~ haben*** (*fig*) to have a clean slate

Westen *m* west; (*von Land*) West; ***der ~*** POL the West; ***aus dem ~, von ~*** (***her***) from the west; ***nach ~*** (***hin***) to the west; ***im ~ der Stadt/des Landes*** in the west of the town/country; ***weiter im ~*** further west; ***im ~ Frankreichs*** in the west of France

Westentasche *f* waistcoat (*Brit*) *od* vest (*US*) pocket; ***etw wie seine ~ kennen*** (*umg*) to know sth like the back of one's hand (*umg*)

Western *m* western

Westeuropa *n* Western Europe **westeuropäisch** *Adj* West(ern) European; ***~e Zeit*** Greenwich Mean Time

Westfale *m*, **Westfälin** *f* Westphalian **Westfalen** *n* Westphalia **westfälisch** *Adj* Westphalian

Westjordanland *n* ***das ~*** the West Bank **Westküste** *f* west coast **westlich** **1.** *Adj* western; *Kurs, Wind, Richtung*

westerly; POL Western **2.** *Adv* (to the) west; **~ von ...** (to the) west of ... **3.** *Präp +Gen* (to the) west of **Westmächte** *Pl* POL **die ~** the western powers *Pl* **westöstlich** *Adj* west-to-east; **in ~er Richtung** from west to east **westwärts** *Adv* westward(s) **Westwind** *m* west wind

weswegen *interrog Adv* why

wett *Adj* **~ sein** to be quits

Wettbewerb *m* competition **Wettbewerber(in)** *m(f)* competitor **wettbewerbsfähig** *Adj* competitive **wettbewerbswidrig** *Adj* anticompetitive

Wettbüro *n* betting office **Wette** *f* bet; **darauf gehe ich jede ~ ein** I'll bet you anything you like; **die ~ gilt!** done!; **mit jdm um die ~ laufen** *od* **rennen** to race sb **wetteifern** *vi* **mit jdm um etw ~** to compete with sb for sth **wetten** *vti* to bet; **auf etw** (*Akk*) **~** to bet on sth; **mit jdm ~** to bet with sb; **ich wette 100 gegen 1(, dass ...)** I'll bet (you) 100 to 1 (that ...)

Wetter *n* **a**) weather *kein unbest Artikel*; **bei so einem ~** in such weather; **was haben wir heute für ~?** what's the weather like today?; **b**) (≈ *Unwetter*) storm; **c**) BERGB air; **schlagende ~** *pl* firedamp *Sg*

Wetter(in) *m(f)* better

Wetteraussichten *Pl* weather outlook *Sg* **Wetterbericht** *m* weather report **wetterbeständig** *Adj* weatherproof **wetterempfindlich** *Adj* sensitive to (changes in) the weather **wetterfest** *Adj* weatherproof **Wetterfrosch** *m* (*hum umg*) weatherman (*umg*) **wetterfühlig** *Adj* sensitive to (changes in) the weather **Wetterhahn** *m* weathercock (*bes Brit*), weather vane **Wetterkarte** *f* weather map **Wetterkunde** *f* meteorology **Wetterlage** *f* weather situation **Wetterleuchten** *n* sheet lightning; (*fig*) storm clouds *Pl*

wettern *vi* to curse and swear; **gegen** *od* **auf etw** (*Akk*) **~** to rail against sth

Wetterstation *f* weather station **Wettersturz** *m* sudden fall in temperature and atmospheric pressure **Wetterumschwung** *m* sudden change in the weather **Wettervorhersage** *f* weather forecast **Wetterwarte** *f* weather station **wetterwendisch** *Adj* (*fig*) changeable

Wettfahrt *f* race **Wettkampf** *m* competition **Wettkämpfer(in)** *m(f)* competitor **Wettlauf** *m* race; **ein ~ gegen die Zeit** a race against time

wettmachen *vt* to make up for; *Verlust etc* to make good; *Rückstand* to make up

Wettrennen *n* race **Wettrüsten** *n* arms race **Wettschein** *m* betting slip **Wettstreit** *m* competition; **mit jdm im ~ liegen** to compete with sb

wetzen *vt* to whet **Wetzstein** *m* whetstone

WG *f, Abk von* **Wohngemeinschaft**

Whirlpool® *m* whirlpool bathtub

Whisky *m* whisky, whiskey (*US*); (*irischer*) whiskey

wichsen *vi* (*sl* ≈ *onanieren*) to jerk off (*sl*) **Wichser** *m* (*sl*) wanker (*Brit sl*), jerk-off (*US sl*)

Wicht *m* (≈ *Kobold*) goblin; (*fig* ≈ *verachtenswerter Mensch*) scoundrel

wichtig **1.** *Adj* important; **alles Wichtige** everything of importance; **Wichtigeres zu tun haben** to have more important things to do; **das Wichtigste** the most important thing **2.** *Adv* **sich selbst/etw (zu) ~ nehmen** to take oneself/sth (too) seriously **Wichtigkeit** *f* importance **wichtigmachen** *vr* (*umg*) to be full of one's own importance **Wichtigtuer(in)** *m(f)* (*pej*) pompous idiot **wichtigtun** *vr* (*umg: sich aufspielen*) to be full of one's own importance

Wicke *f* BOT vetch; (≈ *Gartenwicke*) sweet pea

Wickel *m* MED compress **wickeln** **1.** *vt* **a**) (≈ *schlingen*) to wind (*um* round); *Verband etc* to bind; **b**) (≈ *einwickeln*) to wrap (*in +Akk* in); **einen Säugling ~** to change a baby's nappy (*Brit*) *od* diaper (*US*) **2.** *vr* to wrap oneself (*in +Akk* in) **Wickelraum** *m* (*in Kaufhaus etc*) baby changing room **Wickelrock** *m* wraparound skirt **Wickeltisch** *m* baby's changing table

Widder *m* ZOO ram; ASTROL Aries; **sie ist (ein) ~** ASTROL she's (an) Aries

wider *Präp +Akk* (*geh*) against; **~ Erwarten** contrary to expectations **widerfahren** *vi unpers +Dat* (*geh*) to happen (*jdm* to sb) **Widerhaken** *m* barb **Widerhall** *m* echo; **keinen ~ finden** (*Interesse*) to meet with no response **widerlegen** *vt Behauptung etc* to refute; *jdn* to prove wrong **Widerlegung** *f* refutation, disproving **widerlich 1.** *Adj* disgusting; *Mensch* repulsive **2.** *Adv sich benehmen* disgustingly; **~ riechen/schmecken** to smell/taste disgusting **widernatürlich** *Adj* unnatural **widerrechtlich 1.** *Adj* illegal **2.** *Adv* illegally; **sich** (*Dat*) **etw ~ aneignen** to misappropriate sth **Widerrede** *f* (≈ *Widerspruch*) contradiction; **keine ~!** don't argue!; **ohne ~** without protest **Widerruf** *m* revocation; (*von Aussage*) retraction **widerrufen** *vt Erlaubnis, Anordnung etc* to revoke, to withdraw; *Aussage* to retract **Widersacher(in)** *m(f)* adversary **widersetzen** *vr* **sich jdm/einer Sache ~** to oppose sb/sth; *der Festnahme* to resist sth; *einem Befehl* to refuse to comply with sth **widersinnig** *Adj* absurd **widerspenstig** *Adj* stubborn; *Kind, Haar* unruly **widerspiegeln 1.** *vt* to reflect **2.** *vr* to be reflected **widersprechen 1.** *vi* **jdm/einer Sache ~** to contradict sb/sth **2.** *vr* (*einander*) to contradict each other **Widerspruch** *m* **a)** contradiction; **ein ~ in sich selbst** a contradiction in terms; **in** *od* **im ~ zu** contrary to; **in** *od* **im ~ zu etw stehen** to be contrary to sth; **b)** (≈ *Protest*) protest; (≈ *Ablehnung*) opposition; JUR appeal; **kein ~!** don't argue!; **~ erheben** to protest; **~ einlegen** JUR to appeal **widersprüchlich** *Adj* contradictory; *Verhalten* inconsistent **Widerspruchsgeist** *m* spirit of opposition **widerspruchslos 1.** *Adj* (≈ *unangefochten*) unopposed; (≈ *ohne Einwände*) without contradiction **2.** *Adv* (≈ *unangefochten*) without opposition; (≈ *ohne Einwände*) without contradiction **Widerstand** *m* resistance; (≈ *Ablehnung*) opposition; (ELEK: *Bauelement*) resistor; **gegen jdn/etw ~ leisten** to resist sb/sth **Widerstandsbewegung** *f* resistance movement **widerstandsfähig** *Adj* robust; *Pflanze* hardy; MED, TECH *etc* resistant (*gegen* to) **Widerstandsfähigkeit** *f* robustness; (*von Pflanze*) hardiness; MED, TECH *etc* resistance (*gegen* to) **Widerstandskämpfer(in)** *m(f)* member of the resistance **widerstandslos** *Adj, Adv* without resistance **widerstehen** *vi +Dat* (≈ *nicht nachgeben*) to resist; (≈ *standhalten*) to withstand **widerstreben** *vi +Dat* **es widerstrebt mir, so etwas zu tun** it goes against the grain (*Brit*) *od* my grain (*US*) to do anything like that **widerstrebend 1.** *Adj* (≈ *widerwillig*) reluctant **2.** *Adv* (*widerwillig*) unwillingly **widerwärtig 1.** *Adj* objectionable; (≈ *ekelhaft*) disgusting **2.** *Adv* **~ schmecken/stinken** to taste/smell disgusting **Widerwille** *m* (≈ *Ekel*) disgust (*gegen* for); (≈ *Abneigung*) distaste (*gegen* for); (≈ *Widerstreben*) reluctance **widerwillig 1.** *Adj* reluctant **2.** *Adv* reluctantly **Widerworte** *Pl* **~ geben** to answer back; **ohne ~** without protest

widmen 1. *vt* **jdm etw ~** to dedicate sth to sb **2.** *vr +Dat* to devote oneself to; *den Gästen etc* to attend to; *einer Aufgabe* to apply oneself to **Widmung** *f* (*in Buch etc*) dedication (*an +Akk* to)

widrig *Adj* adverse

wie 1. *interrog Adv* **a)** how; **~ wärs mit einem Whisky?** (*umg*) how about a whisky?; **b)** (≈ *welcher Art*) **~ wars auf der Party?** what was the party like?; **~ ist er (denn)?** what's he like?; **c)** (≈ *was*) **~ heißt er/das?** what's he/it called?; **~?** what?; **~ bitte?** sorry?; (*entrüstet*) I beg your pardon!; **d)** (*in Ausrufen*) how; **und ~!, aber ~!** and how! (*umg*); **~ groß er ist!** how big he is!; **das macht dir Spaß, ~?** you like that, don't you? **2.** *Adv* **die Art, ~ sie geht** the way (in which) she walks; **~ stark du auch sein magst** however strong you may be; **~ sehr ... auch** however much **3.** *Konj* **a)** (*vergleichend*) (*auf Adj, Adv bezüglich*) as; (*auf s bezüglich*) like; **so ... ~** as ... as; **so lang ~ breit** as long as it *etc* is wide; **weiß ~ Schnee** (as) white as snow; **eine Nase ~ eine Kartoffel** a nose like a potato; **~ gewöhnlich/immer** as usual/always *od* ever; **~ du weißt** as you know; **b)** (≈ *als*) **größer ~** bigger than; **nichts ~ Ärger** *etc* nothing but trouble *etc*; **c)** (*umg*) **~ wenn** as if; **d) er sah, ~ es geschah** he saw it happen; **sie spürte, ~ es kalt wurde** she felt it getting cold

Wiedehopf *m* hoopoe

wieder *Adv* again; **immer ~** again and

W

again; ~ ***mal*** (once) again; ~ ***ist ein Jahr vorbei*** another year has passed; ***wie, schon ~?*** what, again?; ~ ***da*** back (again) **Wiederaufbau** *m* reconstruction **wiederaufbauen** *vti* to reconstruct **wiederaufbereiten** *vt* to recycle; *Atommüll, Abwasser* to reprocess **Wiederaufbereitung** *f* recycling; (*von Atommüll*) reprocessing **Wiederaufbereitungsanlage** *f* recycling plant; (*für Atommüll*) reprocessing plant **wieder aufleben** *vi* to revive **Wiederaufnahme** *f* **a)** (*von Tätigkeit, Gespräch etc*) resumption; **b)** (*im Verein etc*) readmittance **wiederaufnehmen** *vt* **a)** (≈ *wieder beginnen*) to resume; **b)** *Vereinsmitglied* to readmit **Wiederbeginn** *m* recommencement; (*von Schule*) reopening **wiederbekommen** *vt* to get back **wiederbeleben** *vt* to revive **Wiederbelebung** *f* revival **Wiederbelebungsversuch** *m* attempt at resuscitation; (*fig*) attempt at revival **wiederbringen** *vt* to bring back **wiedereinführen** *vt* to reintroduce; (*Comm*) *Waren* to reimport **Wiedereingliederung** *f* reintegration **wiedereinstellen** *vt* to re-employ **Wiedereintritt** *m* reentry (*in +Akk* into) **wiederentdecken** *vt* to rediscover **Wiederentdeckung** *f* rediscovery **wiedererkennen** *vt* to recognize; ***das/er war nicht wiederzuerkennen*** it/he was unrecognizable **wiedererlangen** *vt* to regain; *Eigentum* to recover **wiedereröffnen** *vti* to reopen **Wiedereröffnung** *f* reopening **wiedererstatten** *vt Unkosten etc* to refund (*jdm etw* sb for sth) **Wiedererstattung** *f* refund(-ing) **wiederfinden** *vt* to find again; (*fig*) *Mut etc* to regain **Wiedergabe** *f* **a)** (*von Rede, Ereignis*) account; **b)** (≈ *Darbietung: von Stück etc*) rendition; **c)** (≈ *Übersetzung*) translation; **d)** (≈ *Reproduktion*) reproduction; **e)** (≈ *Rückgabe*) return **wiedergeben** *vt* **a)** to give back; **b)** (≈ *erzählen*) to give an account of; **c)** (≈ *übersetzen*) to translate; **d)** (≈ *reproduzieren*) to reproduce **wiedergeboren** *Adj* reborn **Wiedergeburt** *f* rebirth **wiedergewinnen** *vt* to regain; *jdn* to win back; *Land* to reclaim; *Selbstvertrauen* to recover **wiedergutmachen** *vt Schaden* to compensate for; *Fehler* to rectify; POL to make reparations for; ***das ist nie wiedergutzumachen*** that can never be put right **Wiedergutmachung** *f* compensation; POL reparations *Pl* **wiederhaben** *vt* (*umg*) ***etw ~ wollen*** to want sth back **wiederherstellen** *vt Gebäude, Ordnung, Gesundheit* to restore; *Beziehungen* to re-establish **Wiederherstellung** *f* restoration

wiederholen[1] **1.** *vti* to repeat; (*zusammenfassend*) to recapitulate; *Lernstoff* to revise, to review (*US*); *Prüfung, Elfmeter* to retake **2.** *vr* (*Mensch*) to repeat oneself; (*Thema, Ereignis*) to recur

wiederholen[2] *vt* (≈ *zurückholen*) to get back **wiederholt** **1.** *Adj* repeated; ***zum ~en Male*** once again **2.** *Adv* repeatedly **Wiederholung** *f* repetition; (*von Prüfung, Elfmeter*) retaking; (*von Sendung*) repeat; (*von Lernstoff*) revision **Wiederholungsspiel** *n* SPORT replay **Wiederhören** *n* (***auf***) ***~!*** goodbye! **wiederkäuen** **1.** *vt* to ruminate; (*fig umg*) to go over again and again **2.** *vi* to ruminate **Wiederkäuer** *m* ruminant **Wiederkehr** *f* (≈ *Rückkehr*) return; (≈ *ständiges Vorkommen*) recurrence **wiederkehren** *vi* (≈ *zurückkehren*) to return; (≈ *sich wiederholen*) to recur **wiederkehrend** *Adj* recurring **wiederkommen** *vi* to come back **wiedersehen** *vt* to see again; ***wann sehen wir uns wieder?*** when will we see each other again? **Wiedersehen** *n* (*nach längerer Zeit*) reunion; (***auf***) ***~!*** goodbye! **wiederum** *Adv* **a)** (≈ *andererseits*) on the other hand; (≈ *allerdings*) though; **b)** (*geh* ≈ *nochmals*) again **wiedervereinigen** **1.** *vt* to reunite; *Land* to reunify **2.** *vr* to reunite **Wiedervereinigung** *f* reunification **Wiederverkaufswert** *m* resale value **wiederverwendbar** *Adj* reusable **wiederverwenden** *vt* to reuse **wiederverwertbar** *Adj* recyclable **wiederverwerten** *vt* to recycle **Wiederverwertung** *f* recycling

Wiege *f* cradle

wiegen[1] **1.** *vt* **a)** (≈ *hin und her bewegen*) to rock; *Hüften* to sway; **b)** (≈ *zerkleinern*) to chop up **2.** *vr* (*Boot etc*) to rock (gently); (*Mensch, Äste etc*) to sway

wiegen[2] *vti* (≈ *abwiegen*) to weigh; ***wie viel wiegst du?*** how heavy are you?; ***schwer ~*** (*fig*) to carry a lot of weight; → ***gewogen***

Wiegenlied *n* lullaby

wiehern *vi* to neigh

Wien *n* Vienna **Wiener** *Adj* Viennese; ***~ Würstchen*** frankfurter; ***~ Schnitzel*** Wiener schnitzel **wienerisch** *Adj* Viennese

wienern *vt* to polish

Wiese *f* meadow; (*umg* ≈ *Rasen*) grass

Wiesel *n* weasel

wieso *interrog Adv* why; ***~ nicht*** why not; ***~ weißt du das?*** how do you know that?

wie viel *interrog Adv* → ***viel*** **wievielmal** *interrog Adv* how many times **Wievielte(r)** *m* (*bei Datum*) ***der ~ ist heute?*** what's the date today? **wievielte(r, s)** *interrog Adj* ***das ~ Kind ist das jetzt?*** how many children is that now?; ***zum ~n Mal bist du schon in England?*** how often have you been to England?; ***am ~n September hast du Geburtstag?*** what date in September is your birthday?

wieweit *Konj* to what extent

Wikinger(in) *m(f)* Viking

wild **1.** *Adj* wild; *Stamm* savage; (≈ *laut, ausgelassen*) boisterous; (≈ *ungesetzlich*) *Parken, Zelten etc* illegal; *Streik* wildcat *attr*, unofficial; ***seid nicht so ~!*** calm down a bit!; ***jdn ~ machen*** to make sb furious, to drive sb crazy; ***~ auf jdn/etw sein*** (*umg*) to be mad about sb/sth (*umg*); ***das ist halb so ~*** (*umg*) never mind **2.** *Adv* **a)** (≈ *unordentlich*) ***~ durcheinanderliegen*** to be strewn all over the place; **b)** (≈ *hemmungslos*) like crazy; *um sich schlagen* wildly; ***wie ~ arbeiten*** *etc* to work *etc* like mad; **c)** (≈ *in der freien Natur*) ***~ leben*** to live in the wild; ***~ wachsen*** to grow wild **Wild** *n* (≈ *Tiere, Fleisch*) game; (≈ *Rotwild*) deer; (≈ *Fleisch von Rotwild*) venison **Wildbach** *m* torrent **Wildbahn** *f* ***auf*** *od* ***in freier ~*** in the wild **Wilddieb(in)** *m(f)* poacher **Wilde(r)** *mf* savage; (*fig*) madman **Wilderei** *f* poaching **Wilderer** *m*, **Wilderin** *f* poacher **wildern** *vi* to poach **Wildfleisch** *n* game; (*von Rotwild*) venison **wildfremd** *Adj* (*umg*) completely strange; ***~e Leute*** complete strangers **Wildgans** *f* wild goose **Wildheit** *f* wildness **Wildhüter(in)** *m(f)* gamekeeper **Wildkatze** *f* wildcat **Wildleder** *n* suede **wildledern** *Adj* suede **Wildnis** *f* wilderness; ***in der ~ leben*** to live in the wild **Wildpark** *m* game park; (*für Rotwild*) deer park **Wildsau** *f* wild sow; (*fig sl*) pig (*umg*) **Wildschwein** *n* wild boar **Wildwasser** *n* white water **Wildwechsel** *m* (*bei Rotwild*) deer path; ***„Wildwechsel“*** “wild animals” **Wildwestfilm** *m* western

Wille *m* will; (≈ *Absicht*) intention; ***wenn es nach ihrem ~n ginge*** if she had her way; ***er musste wider ~n*** *od* ***gegen seinen ~n lachen*** he couldn't help laughing; ***seinen ~n durchsetzen*** to get one's (own) way; ***jdm seinen ~n lassen*** to let sb have his own way; ***beim besten ~n nicht*** not with the best will in the world; ***wo ein ~ ist, ist auch ein Weg*** (*Sprichw*) where there's a will there's a way (*Sprichw*) **willenlos** **1.** *Adj* weak-willed **2.** *Adv* ***jdm ~ ergeben sein*** to be totally submissive to sb **willens** *Adj* (*geh*) ***~ sein*** to be willing **Willenskraft** *f* willpower **willensschwach** *Adj* weak-willed **Willensschwäche** *f* weak will **willensstark** *Adj* strong-willed **Willensstärke** *f* willpower **willentlich** **1.** *Adj* wilful **2.** *Adv* deliberately **willig** **1.** *Adj* willing **2.** *Adv* willingly

willkommen *Adj* welcome; ***du bist (mir) immer ~*** you are always welcome; ***jdn ~ heißen*** to welcome sb; ***es ist mir ganz ~, dass ...*** I quite welcome the fact that ... **Willkommensgruß** *m* greeting

Willkür *f* (*politisch*) despotism; (*bei Handlungen*) arbitrariness; ***ein Akt der ~*** a despotic/an arbitrary act **willkürlich** **1.** *Adj* arbitrary; *Herrscher* autocratic **2.** *Adv handeln* arbitrarily

wimmeln *vi* (*auch vi unpers*) ***der See wimmelt von Fischen*** the lake is teeming with fish; ***hier wimmelt es von Fliegen*** this place is swarming with flies; ***dieses Buch wimmelt von Fehlern*** this book is riddled with mistakes

Wimmerl *n* (*österr* ≈ *Pickel*) spot

wimmern *vi* to whimper

Wimper *f* (eye)lash; ***ohne mit der ~ zu***

zucken (*fig*) without batting an eyelid (*Brit*) *od* eyelash (*US*) **Wimperntusche** *f* mascara

Wind *m* wind; ***bei ~ und Wetter*** in all weathers; ***~ und Wetter ausgesetzt sein*** to be exposed to the elements; ***daher weht der ~!*** (*fig*) so that's the way the wind is blowing; ***viel ~ um etw machen*** (*umg*) to make a lot of fuss about sth; ***gegen den ~ segeln*** (*wörtl*) to sail into the wind; (*fig*) to swim against the stream, to run against the wind (*US*); ***jdm den ~ aus den Segeln nehmen*** (*fig*) to take the wind out of sb's sails; ***etw in den ~ schlagen*** *Warnungen, Rat* to turn a deaf ear to sth; *Vorsicht, Vernunft* to throw sth to the winds; ***in alle (vier) ~e zerstreut sein*** (*fig*) to be scattered to the four corners of the earth; ***von etw ~ bekommen*** (*fig umg*) to get wind of sth **Windbeutel** *m* cream puff **Windbluse** *f* windcheater **Windbö(e)** *f* gust of wind

Winde[1] *f* TECH winch

Winde[2] *f* BOT bindweed

Windel *f* nappy (*Brit*), diaper (*US*) **Windeleinlage** *f* nappy (*Brit*) *od* diaper (*US*) liner **windelweich** *Adv* ***jdn ~ schlagen*** *od* ***hauen*** (*umg*) to beat sb black and blue

winden **1.** *vt* to wind; *Kranz* to bind; (≈ *hochwinden*) *Last* to winch **2.** *vr* to wind; (*vor Schmerzen*) to writhe (*vor* with, in); (*vor Verlegenheit*) to squirm (*vor* with, in); (*fig* ≈ *ausweichen*) to try to wriggle out; → ***gewunden***

Windenergie *f* wind energy **Windeseile** *f* ***etw in*** *od* ***mit ~ tun*** to do sth in no time (at all); ***sich in*** *od* ***mit ~ verbreiten*** to spread like wildfire **Windfarm** *f* wind farm **windgeschützt** *Adj* sheltered (from the wind) **Windhund** *m* **a**) greyhound; **b**) (*fig pej*) rake **windig** *Adj* windy; (*fig*) dubious **Windjacke** *f* windcheater (*Brit*), windproof jacket **Windkraft** *f* wind power **Windlicht** *n* lantern **Windmühle** *f* windmill **Windpocken** *Pl* chickenpox *Sg* **Windrichtung** *f* wind direction **Windrose** *f* SEEF compass card; METEO wind rose **Windschatten** *m* lee; (*von Fahrzeugen*) slipstream **windschief** *Adj* crooked **Windschutzscheibe** *f* windscreen (*Brit*), windshield (*US*) **Windstärke** *f* strength of the wind **windstill** *Adj* still; *Platz, Ecke etc* sheltered **Windstille** *f* calm **Windstoß** *m* gust of wind **Windsurfbrett** *n* windsurfer **windsurfen** *vi* to windsurf; ***~ gehen*** to go windsurfing **Windsurfen** *n* windsurfing **Windsurfer(in)** *m(f)* windsurfer **Windturbine** *f* wind turbine

Windung *f* (*von Weg, Fluss etc*) meander; (TECH: *von Schraube*) thread; (ELEK: *von Spule*) coil

Wink *m* (≈ *Zeichen*) sign; (≈ *Hinweis, Tipp*) hint

Winkel *m* **a**) MATHE angle; **b**) TECH square; **c**) (*fig*) (≈ *Stelle, Ecke*) corner; (≈ *Plätzchen*) spot **Winkeleisen** *n* angle iron **winkelförmig** **1.** *Adj* angled **2.** *Adv* ***~ gebogen*** bent at an angle **winkelig** *Adj* = ***winklig*** **Winkelmesser** *m* protractor

winken **1.** *vi* to wave (*jdm* to sb); ***dem Kellner ~*** to signal to the waiter; ***jdm winkt etw*** (*fig* ≈ *steht in Aussicht*) sb can expect sth; ***dem Sieger winkt eine Reise nach Italien*** the winner will receive a trip to Italy **2.** *vt* to wave; ***jdn zu sich ~*** to beckon sb over to one

winklig *Adj Haus, Altstadt* full of nooks and crannies; *Gasse* twisty

Winter *m* winter; ***im ~*** in (the) winter **Winteranfang** *m* beginning of winter **Winterdienst** *m* VERKEHR winter road treatment **Winterfahrplan** *m* winter timetable **Wintergarten** *m* winter garden **Winterlandschaft** *f* winter landscape **winterlich** **1.** *Adj* wintry, winter *attr* **2.** *Adv* ***es ist ~ kalt*** it's as cold as it is in winter; ***~ gekleidet*** dressed for winter **Winterolympiade** *f* Winter Olympics *Pl* **Winterreifen** *m* winter tyre (*Brit*) *od* tire (*US*) **Winterschlaf** *m* ZOO hibernation; ***(den) ~ halten*** to hibernate **Winterschlussverkauf** *m* winter (clearance) sale **Wintersemester** *n* winter semester **Winterspiele** *Pl* ***(Olympische) ~*** Winter Olympics *Pl* **Wintersport** *m* winter sports *Pl*; (≈ *Wintersportart*) winter sport **Winterzeit** *f* winter time

Winzer(in) *m(f)* wine grower

winzig *Adj* tiny; ***~ klein*** minute, tiny little *attr* **Winzling** *m* (*umg*) mite

Wipfel *m* treetop

Wippe *f* (*zum Schaukeln*) seesaw **wip-**

pen *vi* (≈ *mit Wippe schaukeln*) to seesaw; ***mit dem Fuß ~*** to jiggle one's foot

wir *Personalpron* we; ***~ alle*** all of us; ***~ beide*** both of us; ***~ drei*** the three of us; ***wer war das? — ~ nicht*** who was that? – it wasn't us

Wirbel *m* **a**) whirl; (*in Fluss etc*) whirlpool; (≈ *Aufsehen*) to-do; **(*viel/großen*) *~ machen/verursachen*** to make/cause (a lot of/a big) commotion; **b**) (≈ *Trommelwirbel*) (drum) roll; **c**) ANAT vertebra **wirbellos** *Adj* ZOO invertebrate **wirbeln** *vi* to whirl; (*Laub, Rauch*) to swirl **Wirbelsäule** *f* ANAT spinal column **Wirbelsturm** *m* whirlwind **Wirbeltier** *n* vertebrate **Wirbelwind** *m* whirlwind

wirken *vi* **a**) (≈ *tätig sein*) (*Mensch*) to work; (*Kräfte etc*) to be at work; (≈ *Wirkung haben*) to have an effect; (≈ *erfolgreich sein*) to work; ***als Katalysator ~*** to act as a catalyst; ***abführend ~*** to have a laxative effect; ***etw auf sich*** (*Akk*) ***~ lassen*** to take sth in; **b**) (≈ *erscheinen*) to seem

wirklich **1.** *Adj* real; ***im ~en Leben*** in real life **2.** *Adv* really; ***nicht ~*** not really; ***ich war das ~ nicht*** it really was not me; ***~?*** (*als Antwort*) really? **Wirklichkeit** *f* reality; ***~ werden*** to come true; ***in ~*** in reality **wirklichkeitsfremd** *Adj* unrealistic **wirklichkeitsgetreu** **1.** *Adj* realistic **2.** *Adv* realistically

wirksam **1.** *Adj* effective; ***am 1. Januar ~ werden*** (*förml*: *Gesetz*) to take effect on January 1st **2.** *Adv* effectively; *verbessern* significantly **Wirksamkeit** *f* effectiveness **Wirkstoff** *m bes* PHYSIOL active substance **Wirkung** *f* effect (*bei* on); ***zur ~ kommen*** to take effect; ***mit ~ vom 1. Januar*** (*förml*) with effect from January 1st **Wirkungsgrad** *m* (degree of) effectiveness **wirkungslos** *Adj* ineffective **wirkungsvoll** **1.** *Adj* effective **2.** *Adv* effectively **Wirkungsweise** *f* (*von Medikament*) action

wirr *Adj* confused; *Blick* crazed; *Haare, Fäden* tangled; *Gedanken* weird; (≈ *unrealistisch*) wild; ***~es Zeug reden*** to talk gibberish **Wirren** *Pl* confusion *Sg* **Wirrwarr** *m* confusion; (*von Verkehr*) chaos *kein unbest Artikel*

Wirsing *m* savoy cabbage

Wirt *m* landlord; (BIOL, *selten* ≈ *Gastgeber*) host **Wirtin** *f* landlady; (≈ *Gastgeberin*) hostess **Wirtschaft** *f* **a**) (≈ *Volkswirtschaft*) economy; (≈ *Handel*) industry and commerce; **b**) (≈ *Gastwirtschaft*) ≈ pub (*Brit*), ≈ bar (*US*); **c**) (*umg* ≈ *Zustände*) ***eine schöne od saubere ~*** (*iron*) a fine state of affairs **wirtschaften** *vi* **a**) **(*sparsam*) *~*** to economize; ***gut ~ können*** to be economical; **b**) (≈ *den Haushalt führen*) to keep house **wirtschaftlich** **1.** *Adj* **a**) economic; **b**) (≈ *sparsam*) economical **2.** *Adv* (≈ *finanziell*) financially **Wirtschaftlichkeit** *f* **a**) (≈ *Rentabilität*) profitability; **b**) (≈ *ökonomischer Betrieb*) economy **Wirtschaftsflüchtling** *m* (*oft neg!*) economic refugee **Wirtschaftsführer(in)** *m(f)* leading industrialist **Wirtschaftsgeld** *n* housekeeping (money) (*Brit*), household allowance (*US*) **Wirtschaftsgemeinschaft** *f* economic community **Wirtschaftsgipfel** *m* economic summit **Wirtschaftsgüter** *Pl* economic goods *Pl* **Wirtschaftsjahr** *n* financial year, fiscal year **Wirtschaftskriminalität** *f* white collar crime **Wirtschaftskrise** *f* economic crisis **Wirtschaftslage** *f* economic situation **Wirtschaftsminister(in)** *m(f)* minister of trade and industry (*Brit*), secretary of commerce (*US*) **Wirtschaftsministerium** *n* ministry of trade and industry (*Brit*), department of commerce (*US*) **Wirtschaftsplan** *m* economic plan **Wirtschaftspolitik** *f* economic policy **wirtschaftspolitisch** *Adj Maßnahmen etc* economic policy *attr*; ***~er Sprecher*** spokesman on economic policy **Wirtschaftsprüfer(in)** *m(f)* accountant; (*zum Überprüfen der Bücher*) auditor **Wirtschaftsraum** *m* WIRTSCH economic area **Wirtschaftsstandort** *m* business location **Wirtschaftsunion** *f* economic union **Wirtschaftswachstum** *n* economic growth **Wirtschaftswissenschaft** *f* economics *Sg* **Wirtschaftswissenschaftler(in)** *m(f)* economist **Wirtschaftswunder** *n* economic miracle **Wirtshaus** *n* ≈ pub (*Brit*), ≈ bar (*US*), ≈ saloon (*veralt US*); (*bes auf dem Land*) inn **Wirtsleute** *Pl* landlord and landlady **Wirtsstube** *f* lounge

Wisch *m* (*pej umg*) piece of paper **wischen** **1.** *vti* to wipe; (*schweiz* ≈ *fegen*) to sweep; ***Einwände (einfach) vom Tisch ~*** (*fig*) to sweep aside objections **2.** *vt* (*umg*) ***jdm eine ~*** to clout sb one (*Brit umg*), to clobber sb (*umg*); ***einen gewischt bekommen*** ELEK to get a shock **Wischer** *m* AUTO (windscreen (*Brit*) *od* windshield (*US*)) wiper **Wischerblatt** *n* AUTO wiper blade **Wischtuch** *n* cloth

Wisent *m* bison

wispern *vti* to whisper

Wissbegier(de) *f* thirst for knowledge **wissbegierig** *Adj Kind* eager to learn **wissen** *vti* to know (*über +Akk, von* about); ***ich weiß (es) (schon)*** I know; ***ich weiß (es) nicht*** I don't know; ***weißt du schon das Neuste?*** have you heard the latest?; ***von jdm/etw nichts ~ wollen*** not to be interested in sb/sth; ***das musst du (selbst) ~*** it's your decision; ***das hättest du ja ~ müssen!*** you ought to have realized that; ***man kann nie ~*** you never know; ***weiß Gott*** (*umg*) God knows (*umg*); ***(ja) wenn ich das wüsste!*** goodness knows!; ***nicht, dass ich wüsste*** not as far as I know; ***dass du es (nur) (gleich) weißt*** just so you know; ***weißt du noch, wie schön es damals war?*** do you remember how great things were then?; ***jdn etw ~ lassen*** to let sb know sth; ***von etw ~*** to know of *od* about sth; ***er weiß von nichts*** he doesn't know anything about it **Wissen** *n* knowledge; ***meines ~s*** to my knowledge; ***nach bestem ~ und Gewissen*** to the best of one's knowledge and belief **wissend** *Adj Blick etc* knowing **Wissenschaft** *f* science **Wissenschaftler(in)** *m(f)* scientist; (≈ *Geisteswissenschaftler*) academic **wissenschaftlich** **1.** *Adj* scientific; (≈ *geisteswissenschaftlich*) academic **2.** *Adv* scientifically **Wissensdrang** *m*, **Wissensdurst** *m* (*geh*) thirst for knowledge **Wissensgebiet** *n* field (of knowledge) **Wissenslücke** *f* gap in one's knowledge **Wissensstand** *m* state of knowledge **wissenswert** *Adj* worth knowing **wissentlich** **1.** *Adj* deliberate **2.** *Adv* deliberately

Witterung *f* (≈ *Wetter*) weather; ***bei guter ~*** if the weather is good **Witterungsverhältnisse** *Pl* weather conditions *Pl*

Witwe *f* widow **Witwer** *m* widower

Witz *m* **a)** (≈ *Geist*) wit; **b)** (*Äußerung*) joke (*über +Akk* about); ***einen ~ machen*** to make a joke; ***mach keine ~e!*** don't be funny; ***das ist doch wohl ein ~*** he/you *etc* must be joking; **c)** ***der ~ an der Sache ist, dass ...*** the great thing about it is that ... **Witzbold** *m* joker **witzeln** *vi* to joke (*über +Akk* about) **witzig** *Adj* funny **witzlos** *Adj* (*umg* ≈ *unsinnig*) pointless

wo **1.** *interrog, Rel Adv* where; ***überall, wo*** wherever; ***wo immer ...*** wherever ...; ***ach od i wo!*** (*umg*) nonsense! **2.** *Konj* ***wo möglich*** where possible **woanders** *Adv* somewhere else **wobei** *Adv* ***~ ist das passiert?*** how did that happen?; ***~ hast du ihn erwischt?*** what did you catch him doing?; ***~ mir gerade einfällt*** which reminds me

Woche *f* week; ***zweimal in der ~*** twice a week; ***in dieser ~*** this week **Wochenarbeitszeit** *f* working week **Wochenend-** weekend **Wochenendbeilage** *f* weekend supplement **Wochenendbeziehung** *f* long-distance relationship **Wochenende** *n* weekend; ***schönes ~!*** have a nice weekend **Wochenendtrip** *m* weekend trip **Wochenendurlaub** *m* weekend holiday **Wochenkarte** *f* weekly season ticket **wochenlang** *Adj, Adv* for weeks; ***nach ~em Warten*** after weeks of waiting **Wochenlohn** *m* weekly wage **Wochenmarkt** *m* weekly market **Wochentag** *m* weekday (*including Saturday*) **wochentags** *Adv* on weekdays **wöchentlich** *Adj* weekly

Wodka *m* vodka

wodurch *Adv* **a)** how; **b)** which **wofür** *Adv* **a)** for what, what ... for; (≈ *warum*) why; **b)** for which, which ... for

Woge *f* wave; ***wenn sich die ~n geglättet haben*** (*fig*) when things have calmed down

wogegen *Adv* **a)** (*in Fragen*) against what, what ... against; **b)** (*relativ*) against which, which ... against **woher** *Adv* where ... from; ***~ weißt du das?*** how do you (come to) know that? **wohin** *Adv* where; ***~ damit?*** where shall I/we put it?; ***~ man auch schaut*** wherever you look **wohingegen** *Konj* whereas

wohl 1. *Adv* a) well; ***sich ~ fühlen***; → ***wohlfühlen***; ***bei dem Gedanken ist mir nicht ~*** I'm not very happy at the thought; ***~ oder übel*** whether one likes it or not; b) (≈ *wahrscheinlich*) probably; (*iron* ≈ *bestimmt*) surely; ***es ist ~ anzunehmen, dass ...*** it is to be expected that ...; ***du bist ~ verrückt*** you must be crazy!; ***das ist doch ~ nicht dein Ernst!*** you can't be serious!; c) (≈ *vielleicht*) perhaps; (≈ *etwa*) about; ***ob ~ noch jemand kommt?*** I wonder if anybody else is coming?; ***das mag ~ sein*** that may well be 2. *Konj* (≈ *zwar*) ***~, aber ...*** that may well be, but ... **Wohl** *n* welfare; ***zum ~!*** cheers!; ***auf dein ~!*** your health!; ***auf jds ~ trinken*** to drink sb's health **wohlauf** *Adj* well, in good health **Wohlbefinden** *n* wellbeing **Wohlbehagen** *n* feeling of wellbeing **wohlbehalten** *Adv ankommen* safe and sound **wohlbekannt** *Adj* well-known **Wohlergehen** *n* welfare **wohlerzogen** *Adj* (*geh*) well-bred; *Kind* well-mannered **Wohlfahrt** *f* (≈ *Fürsorge*) welfare **Wohlfahrtsorganisation** *f* charitable organization **Wohlfahrtsstaat** *m* welfare state **wohlfühlen** *vr* to feel happy; (≈ *wie zu Hause*) to feel at home; (*gesundheitlich*) to feel well **wohlgeformt** *Adj* well-shaped; *Körperteil* shapely **Wohlgefühl** *n* feeling of wellbeing **wohlgemerkt** *Adv* mind (you) **wohlgenährt** *Adj* well-fed **wohlgesinnt** *Adj* (*geh*) well-disposed (*+Dat* towards) **wohlhabend** *Adj* well-to-do, prosperous **wohlig** *Adj* pleasant **Wohlklang** *m* (*geh*) melodious sound **wohlmeinend** *Adj* well-meaning **wohlriechend** *Adj* (*geh*) fragrant **wohlschmeckend** *Adj* (*geh*) palatable **Wohlsein** *n* ***zum ~!***, ***auf Ihr ~!*** your health! **Wohlstand** *m* affluence **Wohltat** *f* a) (≈ *Genuss*) relief; b) (≈ *gute Tat*) good deed **Wohltäter** *m* benefactor **Wohltäterin** *f* benefactress **wohltätig** *Adj* charitable **Wohltätigkeit** *f* charity **Wohltätigkeitsbasar** *m* charity bazaar **wohltuend** *Adj* (most) agreeable **wohltun** *vi* (≈ *angenehm sein*) to do good (*jdm* sb); ***das tut wohl*** that's good **wohlüberlegt** *Adj* well-thought-out; ***etw ~ machen*** to do sth after careful consideration **wohlverdient** *Adj* well-deserved **wohlweislich** *Adv* very wisely **Wohlwollen** *n* goodwill **wohlwollend** 1. *Adj* benevolent 2. *Adv* favourably (*Brit*), favorably (*US*); ***einer Sache*** (*Dat*) ***~ gegenüberstehen*** to approve of sth

Wohnblock *m* block of flats (*Brit*), apartment house (*US*) **wohnen** *vi* to live; (*vorübergehend*) to stay; ***wo ~ Sie?*** where do you live/are you staying? **Wohnfläche** *f* living space **Wohngebäude** *n* residential building **Wohngebiet** *n*, **Wohngegend** *f* residential area **Wohngeld** *n* housing benefit (*Brit*), housing subsidy (*US*) **Wohngemeinschaft** *f* (*Menschen*) people sharing a flat (*Brit*) *od* apartment/house; ***in einer ~ leben*** to share a flat *etc* **wohnhaft** *Adj* (*förml*) resident **Wohnhaus** *n* residential building **Wohnheim** *n* (*bes für Arbeiter*) hostel; (*für Studenten*) hall (of residence), dormitory (*US*); (*für alte Menschen*) home **wohnlich** *Adj* homely **Wohnmobil** *n* camper, RV (*US*) **Wohnort** *m* place of residence **Wohnraum** *m* living room; (≈ *Wohnfläche*) living space **Wohnsitz** *m* domicile; ***ohne festen ~*** of no fixed abode **Wohnung** *f* flat (*Brit*), apartment; (≈ *Unterkunft*) lodging **Wohnungsbau** *m* house building *kein best Artikel* **Wohnungsinhaber(in)** *m(f)* householder; (≈ *Eigentümer auch*) owner-occupier **wohnungslos** *Adj* homeless **Wohnungslose(r)** *mf* homeless person **Wohnungsmakler(in)** *m(f)* estate agent (*bes Brit*), real estate agent (*US*) **Wohnungsmarkt** *m* housing market **Wohnungsnot** *f* serious housing shortage **Wohnungsschlüssel** *m* key (to the flat (*Brit*) *od* apartment) **Wohnungssuche** *f* ***auf ~ sein*** to be flat-hunting (*Brit*) *od* apartment-hunting (*bes US*) **Wohnungstür** *f* door (to the flat (*Brit*) *od* apartment) **Wohnungswechsel** *m* change of address **Wohnviertel** *n* residential area **Wohnwagen** *m* caravan (*Brit*), trailer (*US*) **Wohnzimmer** *n* living room

Wok *m* KOCH wok

wölben 1. *vt* to curve; *Blech etc* to bend 2. *vr* to curve; (*Asphalt*) to bend; (*Tapete*) to bulge out; (*Decke, Brücke*) to arch; → ***gewölbt*** **Wölbung** *f* curva-

W

ture; (*bogenförmig*) arch
Wolf *m* **a)** wolf; ***ein ~ im Schafspelz*** a wolf in sheep's clothing; **b)** TECH shredder; (≈ *Fleischwolf*) mincer (*Brit*), grinder (*US*) **Wölfin** *f* she-wolf
Wolfram *n* tungsten
Wolfsmilch *f* BOT spurge
Wolke *f* cloud; ***aus allen ~n fallen*** (*fig*) to be flabbergasted (*umg*) **Wolkenbruch** *m* cloudburst **Wolkenkratzer** *m* skyscraper **wolkenlos** *Adj* cloudless **wolkig** *Adj* cloudy; (*fig*) obscure
Wolldecke *f* (woollen (*Brit*) *od* woolen (*US*)) blanket **Wolle** *f* wool; ***sich mit jdm in der ~ haben*** (*fig umg*) to be at loggerheads with sb
wollen[1] *Adj* woollen (*Brit*), woolen (*US*)
wollen[2] **1.** *v/hilf* to want; ***sie will nach Hause gehen*** she wants to go home; ***etw haben ~*** to want (to have) sth; ***etw gerade tun ~*** to be going to do sth; ***keiner wollte etwas gehört haben*** nobody would admit to hearing anything; ***~ wir uns nicht setzen?*** why don't we sit down?; ***na, ~ wir gehen?*** well, shall we go?; ***komme, was da wolle*** come what may **2.** *vt* to want; ***was ~ sie?*** what do they want?; ***ohne es zu ~*** without wanting to; ***das wollte ich nicht*** (≈ *war unbeabsichtigt*) I didn't mean to (do that); ***was willst du (noch) mehr!*** what more do you want!; ***er hat gar nichts zu ~*** he has no say at all; → ***gewollt*** **3.** *vi* ***man muss nur ~*** you just have to want to; ***da ist nichts zu ~*** there is nothing we/you can do (about it); ***so Gott will*** God willing; ***~, dass jd etw tut*** to want sb to do sth; ***ich wollte, ich wäre ...*** I wish I were ...; ***ob du willst oder nicht*** whether you like it or not; ***wenn du willst*** if you like; ***ich will nach Hause*** I want to go home; ***zu wem ~ Sie?*** whom do you want to see?
Wolljacke *f* cardigan **Wollsachen** *Pl* woollens *Pl* (*Brit*), woolens *Pl* (*US*)
wollüstig (*geh*) *Adj* (≈ *sinnlich*) sensual; (≈ *lüstern*) lascivious; (≈ *verzückt, ekstatisch*) ecstatic
Wollwaren *Pl* woollens *Pl* (*Brit*), woolens *Pl* (*US*)
womit *Adv* **a)** (*in Fragen*) with what, what ... with; **b)** (*relativ*) with which **womöglich** *Adv* possibly **wonach** *Adv* **a)** (*in Fragen*) after what, what ... after; ***~ riecht das?*** what does it smell of?; **b)** (*relativ*) ***das Land, ~ du dich sehnst*** the land (which) you are longing for
Wonne *f* (*geh*) (≈ *Glückseligkeit*) bliss *kein Pl*; (≈ *Vergnügen*) joy; ***es ist eine wahre ~*** it's a sheer delight **wonnig** *Adj* delightful; *Gefühl* blissful
woran *Adv* **a)** (*in Fragen*) ***~ denkst du?*** what are you thinking about?; ***~ liegt das?*** what's the reason for it?; ***~ ist er gestorben?*** what did he die of?; **b)** (*relativ*) ***das, ~ ich mich gerne erinnere*** what I like to recall; ***..., ~ ich schon gedacht hatte*** ... which I'd already thought of; ***~ er auch immer gestorben ist ...*** whatever he died of ...
worauf *Adv* **a)** (*in Fragen, räumlich*) on what, what ... on; ***~ wartest du?*** what are you waiting for?; **b)** (*relativ, zeitlich*) whereupon; ***das ist etwas, ~ ich mich freue*** that's something I'm looking forward to **woraufhin** *Rel Adv* whereupon **woraus** *Adv* **a)** (*in Fragen*) out of what, what ... out of; **b)** (*relativ*) out of which, which ... out of; ***das Buch, ~ ich gestern vorgelesen habe*** the book I was reading from yesterday **worin** *Adv* **a)** (*in Fragen*) in what, what ... in; **b)** (*relativ*) in which, which ... in
Workshop *m* workshop **Workstation** *f* IT work station
Wort *n* **a)** (≈ *Vokabel*) word; ***~ für ~*** word for word; **b)** (≈ *Äußerung*) word; ***genug der ~e!*** enough talk!; ***das ist ein ~!*** wonderful!; ***mit einem ~*** in a word; ***mit anderen ~en*** in other words; ***kein ~ mehr*** not another word; ***keine ~e für etw finden*** to find no words for sth; ***ich verstehe kein ~!*** I don't understand a word (of it); (≈ *kann nichts hören*) I can't hear a word (that's being said); ***ein ernstes ~ mit jdm reden*** to have a serious talk with sb; ***ein ~ gab das andere*** one thing led to another; ***jdm aufs ~ glauben*** to believe sb implicitly; **c)** (≈ *Rede*) ***das ~ nehmen*** to speak; ***einer Sache (Dat) das ~ reden*** to put the case for sth; ***jdm ins ~ fallen*** to interrupt sb; ***zu ~ kommen*** to get a chance to speak; ***sich zu ~ melden*** to ask to speak; ***jdm das ~ erteilen*** to allow

sb to speak; **d)** (≈ *Ausspruch*) saying; (≈ *Zitat*) quotation; (≈ *Text*, *Sprache*) words *Pl*; ***in ~en*** in words; ***das geschriebene/gesprochene ~*** the written/spoken word; ***jdm aufs ~ gehorchen*** to obey sb's every word; ***das letzte ~ haben*** to have the last word; **e)** (≈ *Versprechen*) word; ***auf mein ~*** I give (you) my word; ***jdn beim ~ nehmen*** to take sb at his word; ***sein ~ halten*** to keep one's word **Wortart** *f* GRAM part of speech **wortbrüchig** *Adj* ***~ werden*** to break one's word **Wörtchen** *n* ***mit ihm habe ich noch ein ~ zu reden*** (*umg*) I want a word with him **Wörterbuch** *n* dictionary **Wortführer** *m* spokesman **Wortführerin** *f* spokeswoman **wortgetreu** *Adj*, *Adv* verbatim **wortgewandt** *Adj* eloquent **wortkarg** *Adj* taciturn **Wortlaut** *m* wording; ***im ~*** verbatim **wörtlich** **1.** *Adj* literal; *Rede* direct **2.** *Adv wiedergeben*, *zitieren*, *abschreiben* verbatim; *übersetzen* literally; ***das darf man nicht so ~ nehmen*** you mustn't take it literally **wortlos** **1.** *Adj* silent **2.** *Adv* without saying a word **Wortmeldung** *f* request to speak **Wortschatz** *m* vocabulary **Wortschöpfung** *f* neologism **Wortschwall** *m* torrent of words **Wortspiel** *n* pun **Wortwahl** *f* choice of words **Wortwechsel** *m* exchange (of words) **wortwörtlich** **1.** *Adj* word-for-word **2.** *Adv* word for word

worüber *Adv* **a)** (*in Fragen*) about what, what ... about; (*örtlich*) over what, what ... over; **b)** (*relativ*) about which, which ... about; (*örtlich*) over which, which ... over **worum** *Adv* **a)** (*in Fragen*) about what, what ... about; ***~ handelt es sich?*** what's it about?; **b)** (*relativ*) about which, which ... about **worunter** *Adv* **a)** (*in Fragen*) under what; **b)** (*relativ*) under which **wovon** *Adv* **a)** (*in Fragen*) from what, what ... from; **b)** (*relativ*) from which, which ... from; ***das ist ein Gebiet, ~ er viel versteht*** that is a subject he knows a lot about **wovor** *Adv* **a)** (*in Fragen*, *örtlich*) before what, what ... before; ***~ fürchtest du dich?*** what are you afraid of?; **b)** (*relativ*) before which, which ... before; ***~ du dich auch fürchtest, ...*** whatever you're afraid of ... **wozu** *Adv* **a)** (*in Fragen*) to what, what ... to; (≈ *warum*) why; ***~ soll das gut sein?*** what's the point of that?; **b)** (*relativ*) to which, which ... to; ***~ du dich auch entschließt, ...*** whatever you decide (on) ...

Wrack *n* wreck

wringen *vti* to wring

Wucher *m* profiteering; (*bei Geldverleih*) usury **Wucherer** *m*, **Wucherin** *f* profiteer; (≈ *Geldverleiher*) usurer **wuchern** *vi* **a)** (*Pflanzen*) to grow rampant; (*Geschwür*) to grow rapidly; **b)** (*Kaufmann etc*) to profiteer; (*Geldverleiher*) to practise (*Brit*) *od* practice (*US*) usury **Wucherpreis** *m* exorbitant price **Wucherung** *f* MED growth **Wucherzins** *m* exorbitant interest

Wuchs *m* (≈ *Wachstum*) growth; (≈ *Gestalt*, *Form*) stature; (*von Mensch*) build

Wucht *f* **a)** force; ***mit voller ~*** with full force; **b)** (*umg*) ***das ist eine ~!*** that's smashing! (*Brit umg*), that's a hit (*US umg*) **wuchten** *vt Paket* to heave, to drag; *Gewicht* to heave

wühlen **1.** *vi* **a)** (*nach* for) to dig; (*Maulwurf etc*) to burrow; (*Schwein*) to root; ***im Schmutz*** *od* ***Dreck ~*** (*fig*) to wallow in the mire *od* mud; **b)** (≈ *suchen*) to rummage (*nach etw* for sth) **2.** *vr* ***sich durch die Menge/die Akten ~*** to burrow one's way through the crowd/the files **Wühlmaus** *f* vole **Wühltisch** *m* (*umg*) bargain counter

Wulst *m* bulge; (*an Reifen*) bead; ***ein ~ von Fett*** a roll of fat **wulstig** *Adj* bulging; *Rand*, *Lippen* thick

wund **1.** *Adj* sore; ***ein ~er Punkt*** a sore point **2.** *Adv* ***etw ~ kratzen/scheuern*** to scratch/chafe sth until it's raw; ***sich*** (*Dat*) ***die Füße ~ laufen*** (*wörtl*) to walk until one's feet are raw; (*fig*) to walk one's legs off; ***sich*** (*Dat*) ***die Finger ~ schreiben*** (*fig*) to write one's fingers to the bone; ***eine ~ gelegene Stelle*** a bedsore **Wundbrand** *m* gangrene **Wunde** *f* wound; ***alte ~n wieder aufreißen*** (*fig*) to open up old wounds

Wunder *n* miracle; ***wie durch ein ~*** as if by a miracle; ***er glaubt, ~ wer zu sein*** he thinks he's marvellous (*Brit*) *od* marvelous (*US*); ***~ tun*** *od* ***wirken*** to do wonders; ***diese Medizin wirkt ~*** this medicine works wonders; ***kein ~*** no wonder **wunderbar** **1.** *Adj* **a)** (≈

schön) wonderful; **b**) (≈ *übernatürlich*) miraculous **2.** *Adv* (≈ *herrlich*) wonderfully **Wunderkerze** *f* sparkler **Wunderkind** *n* child prodigy **wunderlich** *Adj* (≈ *merkwürdig*) strange **Wundermittel** *n* miracle cure **wundern 1.** *vt unpers* to surprise; ***das wundert mich nicht*** I'm not surprised **2.** *vr* to be surprised (*über +Akk* at); ***du wirst dich ~!*** you'll be amazed!; ***da wirst du dich aber ~!*** you're in for a surprise **wunderschön** *Adj* beautiful **wundervoll 1.** *Adj* wonderful **2.** *Adv* wonderfully **Wunderwerk** *n* miracle

Wundheit *f* soreness **Wundpflaster** *n* adhesive plaster **Wundsalbe** *f* ointment **Wundstarrkrampf** *m* tetanus

Wunsch *m* wish; (≈ *sehnliches Verlangen*) desire; (≈ *Bitte*) request; ***nach ~*** just as he/she *etc* wants/wanted; (≈ *wie geplant*) according to plan; (≈ *nach Bedarf*) as required; ***alles geht nach ~*** everything is going smoothly; ***haben Sie (sonst) noch einen ~?*** (*beim Einkauf etc*) is there anything else you would like?; ***auf jds ~ hin*** at sb's request; ***auf allgemeinen ~ hin*** by popular request **Wunschdenken** *n* wishful thinking **Wünschelrute** *f* divining rod **wünschen 1.** *vt* **a**) ***sich*** (*Dat*) ***etw ~*** to want sth; (≈ *den Wunsch äußern*) to ask for sth; ***ich wünsche mir, dass du ...*** I would like you to ...; ***was wünschst du dir?*** what do you want?; ***du darfst dir etwas ~*** you can make a wish; ***jdm etw ~*** to wish sb sth; ***wir ~ dir gute Besserung/eine gute Reise*** we hope you get well soon/have a pleasant journey; **b**) (≈ *ersehnen, hoffen*) to wish; ***ich wünschte, ich hätte dich nie gesehen*** I wish I'd never seen you; **c**) (≈ *verlangen*) to want; ***was ~ Sie?*** (*in Geschäft*) can I help you?; (*in Restaurant*) what would you like? **2.** *vi* (≈ *begehren*) to wish; ***ganz wie Sie ~*** (just) as you wish; ***zu ~/viel zu ~ übrig lassen*** to leave something/a great deal to be desired **wünschenswert** *Adj* desirable **wunschgemäß** *Adv* as desired; (≈ *wie erbeten*) as requested; (≈ *wie geplant*) as planned **Wunschkind** *n* planned child **Wunschkonzert** *n* RADIO musical request programme (*Brit*) *od* program (*US*) **wunschlos** *Adv* ***~ glücklich*** perfectly happy **Wunschtraum** *m* dream; (≈ *Illusion*) illusion **Wunschzettel** *m* wish list

Würde *f* **a**) dignity; ***unter jds ~ sein*** to be beneath sb; **b**) (≈ *Auszeichnung*) honour (*Brit*), honor (*US*); (≈ *Titel*) title; (≈ *Amt*) rank **Würdenträger(in)** *m(f)* dignitary **würdig 1.** *Adj* **a**) (≈ *würdevoll*) dignified; **b**) (≈ *wert*) worthy; ***jds/einer Sache ~/nicht ~ sein*** to be worthy/unworthy of sb/sth **2.** *Adv sich verhalten* with dignity; *jdn behandeln* with respect; *vertreten* worthily **würdigen** *vt* (≈ *anerkennen*) to appreciate; (≈ *lobend erwähnen*) to acknowledge; (≈ *respektieren*) to respect; (≈ *ehren*) to pay tribute to; ***etw zu ~ wissen*** to appreciate sth

Wurf *m* **a**) throw; (*beim Kegeln etc*) bowl; ***mit dem Film ist ihm ein großer ~ gelungen*** this film is a great success for him; **b**) zoo litter

Würfel *m* **a**) cube; ***etw in ~ schneiden*** to dice sth; **b**) (≈ *Spielwürfel*) dice, die (*förml*); ***die ~ sind gefallen*** (*fig*) the die is cast **Würfelbecher** *m* shaker **würfeln 1.** *vi* to throw; (≈ *Würfel spielen*) to play at dice; ***um etw ~*** to throw dice for sth **2.** *vt* **a**) *Zahl* to throw; **b**) (≈ *in Würfel schneiden*) to dice **Würfelzucker** *m* cube sugar

Wurfgeschoss *n*, **Wurfgeschoß** (*österr*) *n* projectile **Wurfpfeil** *m* dart **Wurfsendung** *f* circular

würgen 1. *vt jdn* to strangle **2.** *vi* (≈ *mühsam schlucken*) to choke; ***an etw*** (*Dat*) ***~*** (*wörtl*) to choke on sth

Wurm *m* worm; ***da ist der ~ drin*** (*fig umg*) there's something wrong somewhere; (≈ *verdächtig*) there's something fishy about it (*umg*) **wurmen** *vt unpers* (*umg*) to rankle with **Wurmfortsatz** *m* ANAT vermiform appendix **Wurmkur** *f* worming treatment **wurmstichig** *Adj Holz* full of wormholes

Wurst *f* sausage; ***jetzt geht es um die ~*** (*fig umg*) the moment of truth has come (*umg*); ***das ist mir (vollkommen) ~*** (*umg*) it's all the same to me **Würstchen** *n* **a**) ***heiße*** *od* ***warme ~*** hot sausages; ***Frankfurter/Wiener ~*** frankfurters/wienies; **b**) (*pej: Mensch*) squirt (*umg*); ***ein armes ~*** (*fig*) a poor soul **Würstchenbude** *f* ≈ hot-dog stand **wursteln** *vi* (*umg*) to muddle

W

along; ***sich durchs Leben ~*** to muddle (one's way) through life **Wurstfinger** *Pl* (*pej umg*) pudgy fingers *Pl* **Wurstsalat** *m* sausage salad **Wurstwaren** *Pl* sausages *Pl*

Würze *f* (≈ *Gewürz*) seasoning, spice; (≈ *Aroma*) aroma; (*fig* ≈ *Reiz*) spice; (*von Bier*) wort

Wurzel *f* **a)** root; ***~n schlagen*** (*wörtl*) to root; (*fig*) to put down roots; **b)** MATHE root; ***die ~ aus einer Zahl ziehen*** to find the root of a number; ***(die) ~ aus 4 ist 2*** the square root of 4 is 2 **Wurzelbehandlung** *f* (*von Zahn*) root treatment **Wurzelzeichen** *n* MATHE radical sign **Wurzelziehen** *n* MATHE root extraction

würzen *vt* to season; (*fig*) to add spice to **würzig 1.** *Adj Speise* tasty; (≈ *scharf*) spicy; *Geruch etc* aromatic; *Luft* fragrant **2.** *Adv* ***~ schmecken*** to be spicy; (*Käse*) to have a sharp taste; ***~ riechen*** to smell spicy

Wuschelkopf *m* (≈ *Haare*) mop of curly hair

Wust *m* (*umg*) (≈ *Durcheinander*) jumble; (≈ *Menge*) pile; (≈ *Kram, Gerümpel*) junk (*umg*)

wüst 1. *Adj* **a)** (≈ *öde*) desolate; **b)** (≈ *unordentlich*) chaotic; (≈ *ausschweifend*) wild; **c)** (≈ *rüde*) *Beschimpfung etc* vile; (≈ *arg*) terrible **2.** *Adv* ***~ aussehen*** to look a real mess; ***jdn ~ beschimpfen*** to use vile language to sb

Wüste *f* GEOG desert; (*fig*) waste(land); ***jdn in die ~ schicken*** (*fig*) to send sb packing (*umg*) **Wüstenklima** *n* desert climate **Wüstensand** *m* desert sand

Wut *f* **a)** (≈ *Zorn, Raserei*) rage; ***(auf jdn/etw) eine ~ haben*** to be furious (with sb/sth); ***jdn in ~ bringen*** to infuriate sb; **b)** (≈ *Verbissenheit*) frenzy **Wutanfall** *m* fit of rage; (*bes von Kind*) tantrum **wüten** *vi* (≈ *toben*) to rage; (≈ *zerstörerisch hausen*) to cause havoc; (*verbal*) to storm (*gegen* at); (*Menge*) to riot **wütend** *Adj* furious; *Proteste* angry; *Kampf* raging; ***auf jdn/etw (Akk) ~ sein*** to be mad at sb/sth **wutentbrannt** *Adj* furious **wutverzerrt** *Adj* distorted with rage

WWW *n* IT *Abk von* ***World Wide Web*** WWW

X

X, x *n* X, x; ***Herr X*** Mr X; ***er lässt sich kein X für ein U vormachen*** he's not easily fooled

x-Achse *f* x-axis

X-Beine *Pl* knock-knees *Pl*; ***~ haben*** to be knock-kneed **x-beinig** *Adj* knock-kneed

x-beliebig *Adj* any old (*umg*); ***wir können uns an einem ~en Ort treffen*** we can meet anywhere you like

X-Chromosom *n* X-chromosome

x-fach 1. *Adj* ***die ~e Menge*** MATHE n times the amount **2.** *Adv* so many times

x-förmig, X-förmig *Adj* X-shaped

x-mal *Adv* (*umg*) umpteen times (*umg*)

x-te(r, s) *Adj* MATHE nth; (*umg*) nth (*umg*), umpteenth (*umg*); ***zum ~n Mal(e)*** for the umpteenth time (*umg*)

Xylofon *n* xylophone

Y

Y, y *n* Y, y

y-Achse *f* y-axis

Yacht *f* yacht

Y-Chromosom *n* Y-chromosome

Yen *m* yen

Yeti *m* yeti

Yoga *m od n* yoga

Yogi *m* yogi

Yucca *f* yucca

Yuppie *m* yuppie

Z

Z, z *n* Z, z
zack *Interj* (*umg*) pow **Zack** *m* (*umg*) ***auf ~ bringen*** to knock into shape (*umg*); ***auf ~ sein*** to be on the ball (*umg*) **Zacke** *f*, **Zacken** *m* point; (*von Gabel*) prong; (*von Kamm*) tooth **zacken** *vt* to serrate; *Saum, Papier* to pink; → ***gezackt*** **zackig** *Adj* **a)** (≈ *gezackt*) jagged; **b)** (*umg*) *Soldat* smart; *Tempo, Musik* brisk
zaghaft **1.** *Adj* timid **2.** *Adv* timidly **Zaghaftigkeit** *f* timidity
zäh **1.** *Adj* tough; (≈ *dickflüssig*) glutinous; (≈ *schleppend*) *Verkehr etc* slow-moving; (≈ *ausdauernd*) dogged **2.** *Adv verhandeln* tenaciously; *sich widersetzen* doggedly **zähflüssig** *Adj* thick; *Verkehr* slow-moving **Zähigkeit** *f* toughness; (≈ *Ausdauer*) doggedness
Zahl *f* number; (≈ *Ziffer, bei Geldmengen etc auch*) figure; ***~en nennen*** to give figures; ***eine fünfstellige ~*** a five-figure number; ***in großer ~*** in large numbers
zahlbar *Adj* payable (*an +Akk* to)
zählebig *Adj* hardy; (*fig*) *Gerücht* persistent
zahlen *vti* to pay; ***Herr Ober, (bitte) ~!*** waiter, the bill (*bes Brit*) *od* check (*US*) please; ***was habe ich (Ihnen) zu ~?*** what do I owe you?
zählen **1.** *vi* **a)** to count; ***auf jdn/etw ~*** to count on sb/sth; **b)** (≈ *gehören*) ***er zählt zu den besten Schriftstellern unserer Zeit*** he ranks as one of the best authors of our time; **c)** (≈ *wichtig sein*) to matter **2.** *vt* to count; ***seine Tage sind gezählt*** his days are numbered **Zahlenangabe** *f* figure **zahlenmäßig** **1.** *Adj* numerical **2.** *Adv* **a)** ***~ überlegen sein*** to be greater in number; ***~ stark*** large in number; **b)** (≈ *in Zahlen*) in figures **Zahlenmaterial** *n* figures *Pl* **Zahlenschloss** *n* combination lock **Zahlenverhältnis** *n* (numerical) ratio
Zahler(in) *m(f)* payer
Zähler *m* **a)** MATHE numerator; **b)** (≈ *Messgerät*) meter **Zählerstand** *m* meter reading
zahllos *Adj* countless **zahlreich** *Adj* numerous **Zahltag** *m* payday **Zahlung** *f* payment; ***in ~ nehmen*** to take in part exchange; ***in ~ geben*** to trade in
Zählung *f* count; (≈ *Volkszählung*) census
Zahlungsanweisung *f* giro transfer order (*Brit*), money transfer order (*US*) **Zahlungsaufforderung** *f* request for payment **Zahlungsaufschub** *m* extension (of credit) **Zahlungsbedingungen** *Pl* terms *Pl* (of payment) **Zahlungsempfänger(in)** *m(f)* payee **zahlungsfähig** *Adj* able to pay; *Firma* solvent **Zahlungsfähigkeit** *f* ability to pay; (*von Firma*) solvency **Zahlungsfrist** *f* time allowed for payment **zahlungskräftig** *Adj* wealthy **Zahlungsmittel** *n* means *Sg* of payment; (≈ *Münzen, Banknoten*) currency; ***gesetzliches ~*** legal tender **Zahlungsschwierigkeiten** *Pl* financial difficulties *Pl* **zahlungsunfähig** *Adj* unable to pay; *Firma* insolvent **Zahlungsunfähigkeit** *f* inability to pay; (*von Firma*) insolvency **Zahlungsverkehr** *m* payments *Pl* **Zahlungsweise** *f* method of payment
Zählwerk *n* counter
Zahlwort *n* numeral
zahm *Adj* tame **zähmen** *vt* to tame; (*fig*) to control **Zähmung** *f* taming
Zahn *m* **a)** tooth; (*von Briefmarke*) perforation; (≈ *Radzahn*) cog; ***Zähne bekommen*** *od* ***kriegen*** (*umg*) to cut one's teeth; ***der ~ der Zeit*** the ravages *Pl* of time; ***ich muss mir einen ~ ziehen lassen*** I've got to have a tooth out; ***jdm auf den ~ fühlen*** to sound sb out; **b)** (*umg* ≈ *Geschwindigkeit*) ***einen ~ draufhaben*** to be going like the clappers (*umg*) **Zahnarzt** *m*, **Zahnärztin** *f* dentist **Zahnarzthelfer(in)** *m(f)* dental nurse **zahnärztlich** *Adj* dental; ***sich ~ behandeln lassen*** to go to the dentist **Zahnbehandlung** *f* dental treatment **Zahnbelag** *m* film on the teeth **Zahnbürste** *f* toothbrush **Zahncreme** *f* toothpaste **zähneknirschend** *Adj, Adv* (*fig*) gnashing one's teeth **zahnen** *vi* to teethe **Zahnersatz** *m* dentures *Pl* **Zahnfäule** *f* tooth decay

Zahnfleisch *n* gum(s *Pl*) **Zahnfleischbluten** *n* bleeding of the gums **Zahnfüllung** *f* filling **Zahnklammer** *f* brace **Zahnkranz** *m* TECH gear rim **zahnlos** *Adj* toothless **Zahnlücke** *f* gap between one's teeth **Zahnmedizin** *f* dentistry **Zahnpasta** *f* toothpaste **Zahnpflege** *f* dental hygiene **Zahnrad** *n* cogwheel **Zahnradbahn** *f* rack railway (*Brit*), rack railroad (*US*) **Zahnschmelz** *m* (tooth) enamel **Zahnschmerzen** *Pl* toothache *kein Pl* **Zahnseide** *f* dental floss **Zahnspange** *f* brace **Zahnstein** *m* tartar **Zahnstocher** *m* toothpick **Zahntechniker(in)** *m(f)* dental technician **Zahnweh** *n* toothache

Zander *m* ZOO pikeperch

Zange *f* (pair of) pliers *Pl*; (≈ *Beißzange*) (pair of) pincers *Pl*; (≈ *Greifzange, Zuckerzange*) (pair of) tongs *Pl*; MED forceps *Pl*; ***ihn/das möchte ich nicht mit der ~ anfassen*** (*umg*) I wouldn't touch him/it with a bargepole (*Brit umg*) *od* a ten-foot pole (*US umg*) **Zangengeburt** *f* forceps delivery

Zankapfel *m* bone of contention **zanken** *vir* to quarrel; ***(sich) um etw ~*** to quarrel over sth **Zankerei** *f* quarrelling (*Brit*), quarreling (*US*) **zänkisch** *Adj* quarrelsome

Zäpfchen *n* (≈ *Gaumenzäpfchen*) uvula; (≈ *Suppositorium*) suppository

zapfen *vt* to tap **Zapfen** *m* (≈ *Spund*) bung, spigot; (≈ *Pfropfen*) stopper; (≈ *Tannenzapfen etc*) cone; (≈ *Holzverbindung*) tenon **Zapfenstreich** *m* MIL tattoo, last post (*Brit*), taps *Sg* (*US*) **Zapfhahn** *m* tap **Zapfsäule** *f* petrol pump (*Brit*), gas pump (*US*)

zappelig *Adj* wriggly; (≈ *unruhig*) fidgety **zappeln** *vi* to wriggle; (≈ *unruhig sein*) to fidget; ***jdn ~ lassen*** (*fig umg*) to keep sb in suspense **Zappelphilipp** *m* fidget(er)

zappen *vi* (TV *umg*) to zap (*umg*)

zappenduster *Adj* (*umg*) pitch-black

Zar *m* tsar **Zarin** *f* tsarina

zart **1.** *Adj* (≈ *sanft*) soft; *Braten* tender; (≈ *fein*) delicate; ***im ~en Alter von ...*** at the tender age of ...; ***das ~e Geschlecht*** the gentle sex **2.** *Adv umgehen, berühren* gently **zartbesaitet** *Adj* highly sensitive **zartbitter** *Adj Schokolade* plain **zartfühlend** *Adj* sensitive **Zartgefühl** *n* sensitivity **zartgrün** *Adj* pale green **Zartheit** *f* (*von Haut*) softness; (*von Braten*) tenderness; (*von Farben, Teint*) delicateness **zärtlich** **1.** *Adj* tender, affectionate **2.** *Adv* tenderly **Zärtlichkeit** *f* **a)** affection; **b)** (≈ *Liebkosung*) caress; ***~en*** (≈ *Worte*) tender words

Zäsium *n* = ***Cäsium***

Zauber *m* (≈ *Magie*) magic; (≈ *Zauberbann*) (magic) spell; (*fig* ≈ *Reiz*) magic; ***der ganze ~*** (*umg*) the whole lot (*umg*) **Zauberei** *f* (≈ *das Zaubern*) magic **Zauberer** *m* magician; (*in Märchen etc auch*) sorcerer **zauberhaft** *Adj* enchanting **Zauberin** *f* (female) magician; (*in Märchen etc auch*) sorceress **Zauberkünstler(in)** *m(f)* conjurer **Zauberkunststück** *n* conjuring trick **zaubern** **1.** *vi* to do magic; (≈ *Kunststücke vorführen*) to do conjuring tricks **2.** *vt* ***etw aus etw ~*** to conjure sth out of sth **Zauberspruch** *m* (magic) spell **Zauberstab** *m* (magic) wand **Zaubertrank** *m* magic potion **Zaubertrick** *m* conjuring trick **Zauberwort** *n* magic word

zaudern *vi* to hesitate

Zaum *m* bridle; ***jdn/etw im ~(e) halten*** (*fig*) to keep a tight rein on sb/sth **zäumen** *vt* to bridle **Zaumzeug** *n* bridle

Zaun *m* fence **zaundürr** *Adj* (*österr*) thin as a rake **Zaunkönig** *m* ORN wren **Zaunpfahl** *m* (fencing) post; ***jdm einen Wink mit dem ~ geben*** to give sb a broad hint

z. B. *Abk von* ***zum Beispiel*** eg

Zebra *n* zebra **Zebrastreifen** *m* pedestrian crossing

Zeche *f* **a)** (≈ *Rechnung*) bill (*bes Brit*), check (*US*); ***die ~ zahlen*** to foot the bill *etc*; **b)** (≈ *Bergwerk*) (coal) mine **zechen** *vi* to booze (*umg*) **Zechprellerei** *f* *leaving without paying the bill at a restaurant etc*

Zecke *f* tick

Zeder *f* cedar

Zeh *m*, **Zehe** *f* toe; (≈ *Knoblauchzehe*) clove; ***auf (den) ~en gehen*** to tiptoe; ***jdm auf die ~en treten*** (*fig umg*) to tread on sb's toes **Zehennagel** *m* toenail **Zehenspitze** *f* tip of the toe

zehn *Num* ten; → ***vier*** **Zehn** *f* ten **Zehncentstück** *n* ten-cent piece **Zehner** *m* **a)** MATHE ten; **b)** (*umg*) (≈ *Münze*) ten;

(≈ *Geldschein*) tenner (*umg*) **Zehnerkarte** *f* (*für Bus etc*) 10-journey ticket; (*für Schwimmbad etc*) 10-visit ticket **Zehnerpackung** *f* packet of ten **Zehneuroschein** *m* ten-euro note (*Brit*) *od* bill (*US*) **Zehnfingersystem** *n* touch-typing method **Zehnkampf** *m* SPORT decathlon **Zehnkämpfer** *m* decathlete **zehnmal** *Adv* ten times **zehntausend** *Num* ten thousand; ***Zehntausende von Menschen*** tens of thousands of people **Zehntel** *n* tenth **zehntens** *Adv* tenth(ly) **zehnte(r, s)** *Adj* tenth; → ***vierte(r, s)***

zehren *vi* **a**) ***von etw ~*** (*wörtl*) to live off sth; (*fig*) to feed on sth; **b**) ***an jdm/etw ~*** to wear sb/sth out; *an Nerven* to ruin sth; *an Gesundheit* to undermine sth

Zeichen *n* sign; (NATURW, *auf Landkarte*) symbol; IT character; (≈ *Hinweis, Signal*) signal; (≈ *Vermerk*) mark; (*auf Briefköpfen*) reference; ***ein ~ setzen*** to set an example; ***als*** *od* ***zum ~*** as a sign; ***jdm ein ~ geben*** to give sb a signal *od* sign; ***unser/Ihr ~*** (*förml*) our/your reference; ***er ist im ~*** *od* ***unter dem ~ des Widders geboren*** he was born under the sign of Aries **Zeichenblock** *m* sketch pad **Zeichenbrett** *n* drawing board **Zeichendreieck** *n* set square **Zeichenerklärung** *f* (*auf Fahrplänen etc*) key (to the symbols); (*auf Landkarte*) legend **Zeichensetzung** *f* punctuation **Zeichentrickfilm** *m* (animated) cartoon

zeichnen **1.** *vi* to draw; (*förml* ≈ *unterzeichnen*) to sign **2.** *vt* **a**) (≈ *abzeichnen*) to draw; (≈ *entwerfen*) *Plan, Grundriss* to draw up; (*fig* ≈ *porträtieren*) to portray; **b**) (≈ *kennzeichnen*) to mark; → ***gezeichnet***; **c**) FINANZ *Aktien* to subscribe (for); ***gezeichnet*** *Kapital* subscribed **Zeichner(in)** *m(f)* **a**) artist; **b**) FINANZ subscriber (*von* to) **zeichnerisch** **1.** *Adj* graphic; ***sein ~es Können*** his drawing ability **2.** *Adv* ***~ begabt sein*** to have a talent for drawing; ***etw ~ darstellen*** to represent sth in a drawing **Zeichnung** *f* **a**) drawing; (≈ *Entwurf*) draft; (*fig* ≈ *Schilderung*) portrayal; **b**) (≈ *Muster*) patterning; (*von Gefieder, Fell*) markings *Pl*; **c**) FINANZ subscription **zeichnungsberechtigt** *Adj* authorized to sign

Zeigefinger *m* index finger **zeigen** **1.** *vi* to point; ***auf jdn/etw ~*** to point at sb/sth **2.** *vt* to show; ***jdm etw ~*** to show sb sth; ***dem werd ichs*** (***aber***) ***~!*** (*umg*) I'll show him! **3.** *vr* to appear; (*Gefühle*) to show; ***es zeigt sich, dass ...*** it turns out that ...; ***es wird sich ~, wer Recht hat*** we shall see who's right **Zeiger** *m* indicator; (≈ *Uhrzeiger*) hand; ***der große/kleine ~*** the big/little hand **Zeigestock** *m* pointer

Zeile *f* line; ***zwischen den ~n lesen*** to read between the lines **Zeilenabstand** *m* line spacing **Zeilenumbruch** *f* (***automatischer***) ***~*** IT wordwrap **Zeilenvorschub** *m* IT line feed **zeilenweise** *Adv* in lines; (≈ *nach Zeilen*) by the line

Zeisig *m* ORN siskin

zeit *Präp +Gen* ***~ meines/seines Lebens*** in my/his lifetime **Zeit** *f* time; (≈ *Epoche*) age; ***die gute alte ~*** the good old days; ***das waren noch ~en!*** those were the days; ***die ~en haben sich geändert*** times have changed; ***die ~ Goethes*** the age of Goethe; ***für alle ~en*** for ever; ***mit der ~ gehen*** to move with the times; ***eine Stunde ~ haben*** to have an hour (to spare); ***sich*** (*Dat*) ***für jdn/etw ~ nehmen*** to devote time to sb/sth; ***du hast dir aber reichlich ~ gelassen*** you certainly took your time; ***keine ~ verlieren*** to lose no time; ***damit hat es noch ~*** there's plenty of time; ***das hat ~ bis morgen*** that can wait until tomorrow; ***lass dir ~*** take your time; ***in letzter ~*** recently; ***die ganze ~ über*** the whole time; ***eine ~ lang*** a while; ***mit der ~*** gradually; ***es wird langsam ~, dass ...*** it's about time that ...; ***in der ~ von 10 bis 12*** between 10 and 12 (o'clock); ***seit dieser ~*** since then; ***zu der ~, als ...*** (at the time) when ...; ***alles zu seiner ~*** (*Sprichw*) all in good time; ***von ~ zu ~*** from time to time; → ***zurzeit*** **Zeitabschnitt** *m* period (of time) **Zeitangabe** *f* (≈ *Datum*) date; (≈ *Uhrzeit*) time (of day) **Zeitarbeit** *f* temporary work **Zeitarbeiter(in)** *m(f)* temporary worker **Zeitarbeitsfirma** *f* temping agency **Zeitarbeitskraft** *f* temp **Zeitaufwand** *m* ***mit großem ~ verbunden sein*** to be extremely time-consuming **Zeit-**

bombe *f* time bomb **Zeitdruck** *m* pressure of time; ***unter ~*** under pressure **Zeiteinheit** *f* time unit **Zeitenfolge** *f* GRAM sequence of tenses **Zeitersparnis** *f* saving of time **Zeitfenster** *n* time slot **Zeitfrage** *f* question of time **Zeitgeist** *m* Zeitgeist **zeitgemäß** *Adj* up-to-date **Zeitgenosse** *m*, **Zeitgenossin** *f* contemporary **zeitgenössisch** *Adj* contemporary **Zeitgewinn** *m* gain in time **zeitgleich** *Adv* at the same time (*mit* as) **zeitig** *Adj, Adv* early **Zeitlang** *f* → ***Zeit*** **zeitlebens** *Adv* all one's life **zeitlich** **1.** *Adj* temporal; *Verzögerungen* time-related; *Reihenfolge* chronological; ***aus ~en Gründen*** for reasons of time; ***einen hohen ~en Aufwand erfordern*** to require a great deal of time **2.** *Adv* timewise (*umg*); ***~ befristet sein*** to have a time limit **zeitlos** *Adj* timeless **Zeitlupe** *f* slow motion *ohne Artikel* **Zeitlupentempo** *n* ***im ~*** (*wörtl*) in slow motion; (*fig*) at a snail's pace **Zeitmangel** *m* lack of time; ***aus ~*** for lack of time **Zeitmessung** *f* timekeeping **zeitnah** *Adj* contemporary **Zeitnot** *f* shortage of time; ***in ~ sein*** to be pressed for time **Zeitplan** *m* schedule **Zeitpunkt** *m* time; (≈ *Augenblick*) moment; ***zu diesem ~*** at that time **Zeitraffer** *m* ***einen Film im ~ zeigen*** to show a time-lapse film **zeitraubend** *Adj* time-consuming **Zeitraum** *m* period of time; ***in einem ~ von …*** over a period of … **Zeitrechnung** *f* calendar; ***nach christlicher ~*** according to the Christian calendar **Zeitschaltuhr** *f* timer **Zeitschrift** *f* (≈ *Illustrierte*) magazine; (*wissenschaftlich*) periodical **Zeitspanne** *f* period of time **zeitsparend** **1.** *Adj* time-saving **2.** *Adv* expeditiously; ***möglichst ~ vorgehen*** to save as much time as possible **Zeittafel** *f* chronological table **Zeitumstellung** *f* (≈ *Zeitänderung*) changing the clocks

Zeit

Nach folgenden Zeitausdrücken folgt, im Gegensatz zum Deutschen, die Vergangenheitsform:

es ist Zeit, dass du gehst	**it's time you went** (= **it's time for you to go**)
es ist höchste Zeit, dass du gehst	**it's high time you went**
es wird Zeit, dass du gehst	**it's about time you went** (= **it's about time for you to go**)

Zeitung *f* (news)paper **Zeitungsabonnement** *n* subscription to a newspaper **Zeitungsanzeige** *f* newspaper advertisement **Zeitungsausschnitt** *m* newspaper cutting **Zeitungshändler(in)** *m(f)* newsagent, newsdealer (*US*) **Zeitungsleser(in)** *m(f)* newspaper reader **Zeitungspapier** *n* newsprint; (*als Altpapier*) newspaper **Zeitungsredakteur(in)** *m(f)* newspaper editor

Zeitunterschied *m* time difference **Zeitverschwendung** *f* waste of time **Zeitvertrag** *m* temporary contract **Zeitvertreib** *m* way of passing the time; (≈ *Hobby*) pastime; ***zum ~*** to pass the time **zeitweilig** **1.** *Adj* temporary **2.** *Adv* for a while; (≈ *kurzzeitig*) temporarily **zeitweise** *Adv* at times **Zeitwort** *n* verb **Zeitzeichen** *n* time signal **Zeitzeuge** *m*, **Zeitzeugin** *f* contemporary witness **Zeitzone** *f* time zone **Zeitzünder** *m* time fuse

Zelle *f* cell; (≈ *Kabine*) cabin; (≈ *Telefonzelle*) (phone) booth **Zellgewebe** *n* cell tissue **Zellkern** *m* nucleus (of a/the cell) **Zellstoff** *m* cellulose **Zellteilung** *f* cell division

Zellulose *f* cellulose

Zelt *n* tent; (≈ *Zirkuszelt*) big top **Zeltbahn** *f* strip of canvas **zelten** *vi* to camp; ***Zelten verboten*** no camping **Zelter(in)** *m(f)* camper **Zelthering** *m* tent peg **Zeltlager** *n* camp **Zeltpflock** *m* tent peg **Zeltplane** *f* tarpaulin **Zeltplatz** *m* camp site

Zement *m* cement **zementieren** *vt* to cement; (≈ *verputzen*) to cement over; (*fig*) to reinforce **Zement(misch)maschine** *f* cement mixer

Zenit *m* zenith

zensieren *vt* **a)** (*auch vi* ≈ *benoten*) to

mark; **b)** *Bücher etc* to censor **Zensur** *f* **a)** (≈ *Kontrolle*) censorship *kein unbest Artikel*; (≈ *Prüfstelle*) censors *Pl*; **b)** (≈ *Note*) mark
Zentiliter *m od n* centilitre (*Brit*), centiliter (*US*) **Zentimeter** *m od n* centimetre (*Brit*), centimeter (*US*) **Zentimetermaß** *n* (metric) tape measure
Zentner *m* (metric) hundredweight, 50 kg; (*österr, schweiz*) 100 kg
zentral **1.** *Adj* central **2.** *Adv* centrally **Zentralbank** *f* central bank **Zentrale** *f* (*von Firma etc*) head office; (*für Taxis*, MIL) headquarters *Sg od Pl*; (≈ *Schaltzentrale*) central control (office); (≈ *Telefonzentrale*) exchange; (*von Firma etc*) switchboard **Zentraleinheit** *f* IT central processing unit **Zentralheizung** *f* central heating **zentralisieren** *vt* to centralize **Zentralismus** *m* centralism **zentralistisch** *Adj* centralist **Zentralnervensystem** *n* central nervous system **Zentralrechner** *m* IT mainframe **Zentralverriegelung** *f* AUTO central (door) locking **zentrieren** *vt* to centre (*Brit*), to center (*US*) **Zentrifugalkraft** *f* centrifugal force **Zentrifuge** *f* centrifuge **Zentrum** *n* centre (*Brit*), center (*US*)
Zeppelin *m* zeppelin
Zepter *n* sceptre (*Brit*), scepter (*US*)
zerbeißen *vt* to chew; *Knochen, Keks etc* to crunch
zerbeulen *vt* to dent; ***zerbeult*** battered
zerbomben *vt* to flatten with bombs; ***zerbombt*** *Stadt, Gebäude* bombed out
zerbrechen **1.** *vt* (*wörtl*) to break into pieces **2.** *vi* to break into pieces; (*Glas, Porzellan etc*) to smash; (*fig*) to be destroyed (*an +Dat* by); (*Ehe*) to fall apart **zerbrechlich** *Adj* fragile; *alter Mensch* frail **Zerbrechlichkeit** *f* fragility; (*von altem Menschen*) frailness
zerbröckeln *vti* to crumble
zerdrücken *vt* to squash; *Gemüse* to mash; (≈ *zerknittern*) to crush, to crease
Zeremonie *f* ceremony
Zerfall *m* disintegration; (*von Atom*) decay; (*von Land, Kultur*) decline; (*von Gesundheit*) decline
zerfallen[1] *vi* (≈ *sich auflösen*) to disintegrate; (*Gebäude*) to fall into ruin; (*Atomkern*) to decay; (≈ *auseinanderfallen*) to fall apart; (*Kultur*) to decline
zerfallen[2] *Adj Haus* tumbledown; *Gemäuer* crumbling **Zerfallserscheinung** *f* sign of decay
zerfetzen *vt* to tear to pieces; *Brief etc* to rip up
zerfleischen *vt* to tear to pieces; ***einander ~*** (*fig*) to tear each other apart
zerfließen *vi* (*Tinte, Make-up etc*) to run; (*Eis etc, fig: Reichtum etc*) to melt away; ***in Tränen ~*** to dissolve into tears; ***vor Mitleid ~*** to be overcome with pity
zergehen *vi* to dissolve; (≈ *schmelzen*) to melt; ***auf der Zunge ~*** (*Gebäck etc*) to melt in the mouth
zerhacken *vt* to chop up
zerkauen *vt* to chew
zerkleinern *vt* to cut up; (≈ *zerhacken*) to chop (up); (≈ *zermahlen*) to crush
zerklüftet *Adj Tal etc* rugged; *Ufer* indented
zerknautschen *vt* (*umg*) to crease
zerknirscht *Adj* remorseful **Zerknirschung** *f* remorse
zerknittern *vt* to crease
zerknüllen *vt* to crumple up
zerkochen *vti* to cook to a pulp
zerkratzen *vt* to scratch
zerlassen *vt* to melt
zerlaufen *vi* to melt
zerlegbar *Adj* ***die Möbel waren leicht ~*** the furniture could easily be taken apart **zerlegen** *vt* (≈ *auseinandernehmen*) to take apart; *Argumente* to break down; (≈ *zerschneiden*) to cut up; BIOL to dissect; CHEM to break down **Zerlegung** *f* taking apart; MATHE reduction; BIOL dissection
zerlesen *Adj Buch* well-thumbed
zerlumpt *Adj* ragged
zermahlen *vt* to grind
zermalmen *vt* to crush
zermartern *vt* ***sich*** (*Dat*) ***den Kopf*** *od* ***das Hirn ~*** to rack one's brains
zermürben *vt* (*fig*) ***jdn ~*** to wear sb down
zerpflücken *vt* to pick to pieces
zerquetschen *vt* to squash **Zerquetschte** *Pl* (*umg*) ***zehn Euro und ein paar ~*** ten euros something (or other)
Zerrbild *n* distorted picture
zerreden *vt* to beat to death (*umg*)
zerreiben *vt* to crumble; (*fig*) to crush

Z

zerreißen 1. *vt* **a)** to tear; (*in Stücke*) to tear to pieces; *Brief etc* to tear up; *Land* to tear apart; → ***zerrissen***; **b)** (≈ *kritisieren*) *Stück, Film* to tear apart **2.** *vi* (*Stoff*) to tear **Zerreißprobe** *f* (*wörtl*) pull test; (*fig*) real test

zerren 1. *vt* to drag; *Sehne* to pull; ***sich*** (*Dat*) ***einen Muskel ~*** to pull a muscle **2.** *vi* ***an etw*** (*Dat*) ***~*** to tug at sth; ***an den Nerven ~*** to be nerve-racking

zerrinnen *vi* to melt (away); (*fig*) (*Träume, Pläne*) to fade away; (*Geld*) to disappear

zerrissen *Adj* (*fig*) *Volk, Partei* strife-torn; *Mensch* (inwardly) torn; → ***zerreißen*** **Zerrissenheit** *f* (*fig*) (*von Volk, Partei*) disunity *kein Pl*; (*von Mensch*) (inner) conflict

Zerrung *f* (*von Sehne*) pulled ligament; (*von Muskel*) pulled muscle

zerrütten *vt* to destroy; *Nerven* to shatter; ***eine zerrüttete Ehe/Familie*** a broken marriage/home **Zerrüttung** *f* destruction; (*von Ehe*) breakdown; (*von Nerven*) shattering

zersägen *vt* to saw up

zerschlagen[1] **1.** *vt* **a)** to smash (to pieces); *Glas etc* to shatter; **b)** (*fig*) *Widerstand* to crush; *Hoffnungen, Pläne* to shatter; *Verbrecherring etc* to break; *Staat* to smash **2.** *vr* (≈ *nicht zustande kommen*) to fall through; (*Hoffnung*) to be shattered

zerschlagen[2] *Adj* washed out (*umg*)

zerschmettern *vt* to shatter; *Feind* to crush

zerschneiden *vt* to cut; (*in Stücke*) to cut up

zersetzen 1. *vt* to decompose; (*Säure*) to corrode; (*fig*) to undermine **2.** *vr* to decompose; (*durch Säure*) to corrode; (*fig*) to become undermined *od* subverted **Zersetzung** *f* CHEM decomposition; (*durch Säure*) corrosion; (*fig*) (≈ *Untergrabung*) undermining

zersplittern 1. *vt* to shatter; *Holz* to splinter; *Gruppe, Partei* to fragment **2.** *vi* to shatter; (*Holz, Knochen*) to splinter; (*fig*) to split up

zerspringen *vi* to shatter; (≈ *einen Sprung bekommen*) to crack

zerstampfen *vt* (≈ *zertreten*) to stamp on; (≈ *zerkleinern*) to crush; *Kartoffeln etc* to mash

zerstäuben *vt* to spray **Zerstäuber** *m* spray

zerstechen *vt* **a)** (*Mücken*) to bite (all over); (*Bienen etc*) to sting (all over); **b)** *Haut, Reifen* to puncture

zerstörbar *Adj* destructible; ***nicht ~*** indestructible **zerstören 1.** *vt* to destroy; (*Rowdys*) to vandalize; *Gesundheit* to wreck **2.** *vi* to destroy **zerstörerisch 1.** *Adj* destructive **2.** *Adv* destructively **Zerstörung** *f* destruction; (*durch Rowdys*) vandalizing **Zerstörungstrieb** *m* destructive urge **Zerstörungswut** *f* destructive mania

zerstreuen 1. *vt* **a)** (≈ *verstreuen*) to scatter (*in +Dat* over); *Volksmenge etc* to disperse; (*fig*) to dispel; **b)** (≈ *ablenken*) ***jdn ~*** to take sb's mind off things **2.** *vr* **a)** (≈ *sich verteilen*) to scatter; (*Menge*) to disperse; (*fig*) to be dispelled; **b)** (≈ *sich ablenken*) to take one's mind off things; (≈ *sich amüsieren*) to amuse oneself **zerstreut** *Adj* (*fig*) *Mensch* absent-minded **Zerstreutheit** *f* absent-mindedness **Zerstreuung** *f* **a)** (≈ *Ablenkung*) diversion; ***zur ~*** as a diversion; **b)** (≈ *Zerstreutheit*) absent-mindedness

zerstritten *Adj* ***~ sein*** (*Paar, Geschäftspartner*) to have fallen out; (*Partei*) to be disunited

zerstückeln *vt* to cut up; *Leiche* to dismember

Zertifikat *n* certificate

zertrampeln *vt* to trample on

zertreten *vt* to crush (underfoot); *Rasen* to ruin

zertrümmern *vt* to smash; *Einrichtung* to smash up; *Hoffnungen* to destroy

Zervelatwurst *f* cervelat

Zerwürfnis *n* row

zerzausen *vt* to ruffle; *Haar* to tousle **zerzaust** *Adj* windswept

Zettel *m* piece of paper; (≈ *Notizzettel*) note; (≈ *Anhängezettel*) label; (≈ *Handzettel*) leaflet, handbill (*bes US*), flyer; (≈ *Formular*) form

Zeug *n* **a)** (*umg*) stuff *kein unbest Artikel, kein Pl*; (≈ *Ausrüstung*) gear (*umg*); (≈ *Kleidung*) things *Pl* (*umg*); **b)** (*umg* ≈ *Unsinn*) nonsense; ***dummes ~ reden*** to talk a lot of nonsense; **c)** (≈ *Fähigkeit*) ***das ~ zu etw haben*** to have (got) what it takes to be sth (*umg*); **d)** ***was das ~ hält*** (*umg*) for all one is worth; *laufen, fah-*

ren like mad; ***sich für jdn ins ~ legen*** (*umg*) to stand up for sb; ***sich ins ~ legen*** to go flat out (*bes Brit*) *od* all out (*US*)

Zeuge *m*, **Zeugin** *f* (JUR, *fig*) witness (+*Gen* to); ***vor*** *od* ***unter ~n*** in front of witnesses

zeugen[1] *vt Kind* to father

zeugen[2] *vi* **a)** (≈ *aussagen*) to testify; (*bes vor Gericht*) to give evidence; **b)** ***von etw ~*** to show sth **Zeugenaussage** *f* testimony **Zeugenbank** *f* witness box (*Brit*), witness stand (*US*) **Zeugenstand** *m* witness box (*Brit*), witness stand (*US*) **Zeugin** *f* witness

Zeugnis *n* **a)** (≈ *Zeugenaussage*, *Beweis*) evidence; ***für/gegen jdn ~ ablegen*** to testify for/against sb; **b)** (≈ *Schulzeugnis*) report; **c)** (≈ *Bescheinigung*) certificate; (*von Arbeitgeber*) reference **Zeugnisheft** *n* SCHULE report card **Zeugnisverweigerungsrecht** *n* right of a witness to refuse to give evidence

Zeugung *f* fathering **zeugungsfähig** *Adj* fertile **Zeugungsfähigkeit** *f* fertility **zeugungsunfähig** *Adj* sterile **Zeugungsunfähigkeit** *f* sterility

Zicke *f* **a)** nanny goat; **b)** (*pej umg* ≈ *Frau*) silly cow (*umg*) **Zicken** *Pl* (*umg*) ***mach bloß keine ~!*** no nonsense now!; ***~ machen*** to make trouble **zickig** *Adj* (*umg* ≈ *prüde*) awkward

Zickzack *m* zigzag; ***im ~ laufen*** to zigzag

Ziege *f* **a)** goat; (*weiblich*) (nanny) goat; **b)** (*pej umg* ≈ *Frau*) cow (*umg*)

Ziegel *m* (≈ *Backstein*) brick; (≈ *Dachziegel*) tile **Ziegelstein** *m* brick

Ziegenbock *m* billy goat **Ziegenkäse** *m* goat's milk cheese **Ziegenleder** *n* kid (leather) **Ziegenmilch** *f* goat's milk **Ziegenpeter** *m* mumps *Sg*

ziehen **1.** *vt* **a)** to pull; ***etw durch etw ~*** to pull sth through sth; ***es zog ihn in die weite Welt*** he felt drawn toward(s) the big wide world; ***unangenehme Folgen nach sich ~*** to have unpleasant consequences; **b)** (≈ *herausziehen*) to pull out (*aus* of); *Zahn*, *Fäden* to take out; *Los* to draw; ***Zigaretten (aus dem Automaten) ~*** to get cigarettes from the machine; **c)** (≈ *zeichnen*) *Kreis*, *Linie* to draw; **d)** (≈ *verlegen*) *Graben* to dig; *Mauer* to build; *Zaun* to put up; *Grenze* to draw; **e)** (≈ *züchten*) *Blumen* to grow; *Tiere* to breed **2.** *vi* **a)** (≈ *zerren*) to pull; ***an etw*** (*Dat*) ***~*** to pull (on *od* at) sth; **b)** (≈ *umziehen*) to move; ***nach Bayern ~*** to move to Bavaria; **c)** (*Soldaten*, *Volksmassen*) to march; (≈ *durchstreifen*) to wander; (*Wolken*) to drift; (*Vögel*) to fly; ***durch die Stadt ~*** to wander about the town; ***in den Krieg ~*** to go to war; **d)** (≈ *Zug haben*, *Ofen*) to draw; ***an der Pfeife/Zigarette ~*** to take a drag on one's pipe/cigarette; **e)** (*umg* ≈ *Eindruck machen*) ***so was zieht beim Publikum/bei mir nicht*** the public/I don't like that sort of thing; ***so was zieht immer*** that sort of thing always goes down well; **f)** (≈ *sieden*: *Tee*) to draw **3.** *v unpers* ***es zieht*** there's a draught (*Brit*) *od* draft (*US*) **4.** *vr* ***sich ~*** **a)** (≈ *sich erstrecken*) to extend; ***dieses Treffen zieht sich!*** this meeting is dragging on!; **b)** (≈ *sich dehnen*) to stretch; (*Holz*) to warp **Ziehharmonika** *f* concertina; (*mit Tastatur*) accordion **Ziehung** *f* draw

Ziel *n* **a)** (≈ *Reiseziel*) destination; (≈ *Absicht*) goal; ***mit dem ~ ...*** with the aim ...; ***etw zum ~ haben*** to have sth as one's goal; ***sich*** (*Dat*) ***ein ~ setzen*** to set oneself a goal; ***am ~ sein*** to be at one's destination; (*fig*) to have reached *od* achieved one's goal; **b)** SPORT finish; ***durchs ~ gehen*** to cross the finishing line; **c)** (MIL, *fig*) target; ***über das ~ hinausschießen*** (*fig*) to overshoot the mark **zielen** *vi* (*Mensch*) to aim (*auf* +*Akk*, *nach* at); (*fig*: *Kritik etc*) to be aimed (*auf* +*Akk* at); → ***gezielt*** **Zielfernrohr** *n* telescopic sight **Zielgerade** *f* home straight **Zielgruppe** *f* target group **Ziellinie** *f* SPORT finishing line **ziellos** **1.** *Adj* aimless **2.** *Adv* aimlessly **Zielscheibe** *f* target **Zielsetzung** *f* target **zielsicher** **1.** *Adj* unerring; *Handeln* purposeful **2.** *Adv* unerringly **zielstrebig** *Adj* determined **Zielstrebigkeit** *f* determination

ziemlich **1.** *Adj Strecke* considerable; *Vermögen* sizable; ***das ist eine ~e Frechheit*** that's a real cheek (*Brit*), that's really fresh (*US*); ***eine ~e Anstrengung*** quite an effort; ***mit ~er Si-***

cherheit fairly certainly **2.** *Adv* **a)** quite; *sicher, genau* reasonably; ***wir haben uns ~ beeilt*** we've hurried quite a bit; ***~ lange*** quite a long time; ***~ viel*** quite a lot; **b)** (*umg* ≈ *beinahe*) almost; ***so ~ alles*** just about everything; ***so ~ dasselbe*** pretty much the same

Zierde *f* ornament; (≈ *Schmuckstück*) adornment; ***zur ~*** for decoration **zieren 1.** *vt* to adorn; *Speisen* to garnish; *Kuchen* to decorate; (*fig* ≈ *auszeichnen*) to grace **2.** *vr* (≈ *sich bitten lassen*) to make a fuss; ***ohne sich zu ~*** without having to be pressed; ***zier dich nicht!*** don't be shy; → ***geziert*** **Zierfisch** *m* ornamental fish **Ziergarten** *m* ornamental garden **Zierleiste** *f* border; (*an Auto*) trim **zierlich** *Adj* dainty; *Porzellanfigur etc* delicate

Ziffer *f* **a)** (≈ *Zahlzeichen*) digit; (≈ *Zahl*) figure; ***römische/arabische ~n*** roman/arabic numerals; ***eine Zahl mit drei ~n*** a three-figure number; **b)** (*eines Paragrafen*) clause **Zifferblatt** *n* (*an Uhr*) dial; (*von Armbanduhr*) (watch) face

zig *Adj* (*umg*) umpteen (*umg*)

Zigarette *f* cigarette **Zigarettenanzünder** *m* (*in Auto*) cigar lighter **Zigarettenautomat** *m* cigarette machine **Zigarettenpapier** *n* cigarette paper **Zigarettenpause** *f* cigarette break

Zigarillo *m od n* cigarillo

Zigarre *f* **a)** cigar; **b)** (*umg*) ***jdm eine ~ verpassen*** to give sb a dressing-down

Zigeuner(in) *m(f)* (*neg!*) gypsy **zigeunern** *vi* (*umg*) to rove

zigmal *Adv* (*umg*) umpteen times (*umg*)

Zimbabwe *n* Zimbabwe

Zimmer *n* room; ***„Zimmer frei"*** "vacancies" **Zimmerantenne** *f* indoor aerial (*Brit*) *od* antenna (*US*) **Zimmerdecke** *f* ceiling **Zimmerhandwerk** *n* carpentry **Zimmerkellner** *m* room waiter **Zimmerkellnerin** *f* room waitress **Zimmerlautstärke** *f* low volume **Zimmermädchen** *n* chambermaid **Zimmermann** *m* carpenter **zimmern 1.** *vt* to make from wood **2.** *vi* ***an etw*** (*Dat*) ***~*** (*wörtl*) to make sth from wood; (*fig*) to work on sth **Zimmernachweis** *m* accommodation service **Zimmerpflanze** *f* house plant **Zimmerservice** *m* room service **Zimmersuche** *f* ***auf ~ sein*** to be looking for rooms/a room **Zimmervermittlung** *f* accommodation service

zimperlich *Adj* (≈ *überempfindlich*) nervous (*gegen* about); (*beim Anblick von Blut etc*) squeamish; (≈ *prüde*) prissy; (≈ *wehleidig*) soft; ***da darf man nicht so ~ sein*** you can't afford to be soft

Zimt *m* cinnamon

Zink *n* zinc

Zinke *f* (*von Gabel*) prong; (*von Kamm, Rechen*) tooth

zinken *vt Karten* to mark

Zinn *n* **a)** tin; **b)** (≈ *Legierung, Zinnprodukte*) pewter **Zinnbecher** *m* pewter tankard **zinnen** *Adj* pewter **Zinnfigur** *f* pewter figure

zinnoberrot *Adj* vermilion

Zinnsoldat *m* tin soldier

Zins[1] *m* (*südd, österr, schweiz*) (≈ *Mietzins*) rent

Zins[2] *m* (≈ *Geldzins*) interest *kein Pl*; ***~en bringen*** to earn interest; ***~en tragen*** (*wörtl*) to earn interest; (*fig*) to pay dividends; ***mit ~en*** with interest **Zinsabschlagsteuer** *f* tax on interest payments **Zinseinkünfte** *Pl* interest income *kein Pl* **Zinseszins** *m* compound interest **zinsfrei 1.** *Adj* **a)** (≈ *frei von Abgaben*) tax-free; (*südd, österr, schweiz*) (≈ *mietfrei*) rent-free; **b)** *Darlehen* interest-free **2.** *Adv Geld leihen* interest-free **Zinsfuß** *m* interest rate **zinslos** *Adj, Adv* interest-free **Zinsniveau** *n* level of interest rates **Zinssatz** *m* interest rate; (*bei Darlehen*) lending rate **Zinssenkung** *f* reduction in the interest rate **Zinssteuer** *f* tax on interest

Zionismus *m* Zionism **zionistisch** *Adj* Zionist

Zipfel *m* (*von Tuch, Decke*) corner; (*von Mütze*) point; (*von Hemd, Jacke*) tail; (*von Wurst*) end; (*von Land*) tip

Zipfelmütze *f* pointed cap

Zipp® *m* (*österr*) zip

zippen *vti* IT to zip

Zirbeldrüse *f* pineal body

Zirbelkiefer *f* Swiss *od* stone pine

zirka *Adv* about

Zirkel *m* **a)** (≈ *Gerät*) pair of compasses; (≈ *Stechzirkel*) pair of dividers; **b)** (≈ *Kreis*) circle **Zirkelschluss** *m* circular

argument
Zirkulation *f* circulation **zirkulieren** *vi* to circulate
Zirkumflex *m* LING circumflex
Zirkus *m* circus; (≈ *Getue*) fuss **Zirkuszelt** *n* big top
Zirrhose *f* cirrhosis
Zirruswolke *f* cirrus (cloud)
zischeln *vi* to whisper
zischen **1.** *vi* to hiss; (*Limonade*) to fizz; (*Fett, Wasser*) to sizzle **2.** *vt* (≈ *zischend sagen*) to hiss
Zisterne *f* well
Zitat *n* quotation
Zither *f* zither
zitieren *vt* **a)** *Textstelle* to quote; *Beispiel* to cite; **b)** (≈ *vorladen, rufen*) to summon (*vor +Akk* before, *an +Akk, zu* to)
Zitronat *n* candied lemon peel **Zitrone** *f* lemon; ***jdn wie eine ~ auspressen*** to squeeze sb dry **zitronengelb** *Adj* lemon yellow **Zitronenlimonade** *f* lemonade **Zitronenpresse** *f* lemon squeezer **Zitronensaft** *m* lemon juice **Zitronensäure** *f* citric acid **Zitronenschale** *f* lemon peel **Zitrusfrucht** *f* citrus fruit
zitt(e)rig *Adj* shaky **zittern** *vi* to tremble; (≈ *erschüttert werden*) to shake; ***mir ~ die Knie*** my knees are shaking; ***vor jdm ~*** to be terrified of sb **Zittern** *n* **a)** (≈ *Beben*) shaking; (*vor Kälte*) shivering; (*von Stimme*) quavering; **b)** (≈ *Erschütterung*) shaking **Zitterpappel** *f* aspen (tree) **Zitterpartie** *f* (*fig*) nail-biter (*umg*)
Zitze *f* teat
zivil *Adj* **a)** (≈ *nicht militärisch*) civilian; *Schaden* nonmilitary; ***im ~en Leben*** in civilian life; ***~er Ersatzdienst*** community service (*as alternative to military service*); **b)** (*umg* ≈ *anständig*) civil; *Preise* reasonable **Zivil** *n* (*nicht Uniform*) civilian clothes *Pl*; ***Polizist in ~*** plain-clothes policeman **Zivilbevölkerung** *f* civilian population **Zivilcourage** *f* courage (*to stand up for one's beliefs*) **Zivildienst** *m* community service (*as alternative to military service*) **Zivildienstleistende(r)** *mf* person doing community service (*instead of military service*) **Zivilfahnder(in)** *m(f)* plain-clothes policeman/-woman **Zivilisation** *f* civilization **Zivilisationskrankheit** *f* illness caused by today's lifestyle **zivilisieren** *vt* to civilize **zivilisiert** **1.** *Adj* civilized **2.** *Adv* ***sich ~ benehmen*** to behave in a civilized manner **Zivilist(in)** *m(f)* civilian **Zivilkammer** *f* civil division **Zivilperson** *f* civilian **Zivilprozess** *m* civil action **Zivilprozessordnung** *f* JUR code of civil procedure **Zivilrecht** *n* civil law **zivilrechtlich** *Adj* civil law *attr*, of civil law; *Prozess* civil *attr*; ***jdn ~ verfolgen*** to bring a civil action against sb
Zivilschutz *m* civil defence (*Brit*) *od* defense (*US*)
Znüni *m* (*schweiz*) morning break
zocken *vi* (*umg*) to gamble **Zocker(in)** *m(f)* (*umg*) gambler
Zoff *m* (*umg* ≈ *Ärger*) trouble
zögerlich *Adj* hesitant **zögern** *vi* to hesitate; ***er zögerte lange mit der Antwort*** he hesitated (for) a long time before replying **Zögern** *n* hesitation **zögernd** **1.** *Adj* hesitant **2.** *Adv* hesitantly
Zölibat *n od m* celibacy
Zoll[1] *m* (≈ *Längenmaß*) inch
Zoll[2] *m* **a)** (≈ *Warenzoll*) customs duty; (≈ *Straßenzoll*) toll; ***einem ~ unterliegen*** to carry duty; **b)** (≈ *Stelle*) ***der ~*** customs *Pl*; ***durch den ~ kommen*** to get through customs **Zollabfertigung** *f* (≈ *Vorgang*) customs clearance **Zollamt** *n* customs house **Zollbeamte(r)** *m*, **Zollbeamtin** *f* customs officer
zollen *vt* ***jdm Anerkennung/Achtung/Beifall ~*** to acknowledge/respect/applaud sb
Zollerklärung *f* customs declaration **Zollfahnder(in)** *m(f)* customs investigator **Zollfahndung** *f* customs investigation department **zollfrei** *Adj, Adv* duty-free **Zollgebühr** *f* (customs) duty **Zollkontrolle** *f* customs check **Zolllager** *n* bonded warehouse **Zöllner(in)** *m(f)* (*umg* ≈ *Zollbeamter*) customs officer **Zollpapiere** *Pl* customs documents *Pl* **zollpflichtig** *Adj* dutiable **Zollstock** *m* ruler **Zolltarif** *m* customs tariff **Zollunion** *f* customs union
Zombie *m* zombie
Zone *f* zone; (*von Fahrkarte*) fare stage
Zoo *m* zoo **Zoologe** *m*, **Zoologin** *f* zoologist **Zoologie** *f* zoology **zoologisch** *Adj* zoological
Zoom *n* zoom shot; (≈ *Objektiv*) zoom lens **Zoomobjektiv** *n* zoom lens

Z

Zopf *m* **a)** (≈ *Haartracht*) pigtail, plait; ***Zöpfe tragen*** to wear one's hair in pigtails; ***ein alter ~*** (*fig*) an antiquated custom; **b)** (≈ *Gebäck*) plaited loaf

Zorn *m* anger; ***in ~ geraten*** to fly into a rage; ***im ~*** in a rage; ***einen ~ auf jdn haben*** to be furious with sb **Zornausbruch** *m* fit of anger **zornig 1.** *Adj* angry; ***~ werden*** to lose one's temper; ***auf jdn ~ sein*** to be angry with sb **2.** *Adv* angrily

Zote *f* dirty joke

zottelig *Adj* (*umg*) *Haar, Fell* shaggy **zottig** *Adj Fell, Tier* shaggy

zu 1. *Präp +Dat* **a)** (*örtlich*) to; ***zum Bahnhof*** to the station; ***bis zu*** as far as; ***zum Meer hin*** toward(s) the sea; ***sie sah zu ihm hin*** she looked toward(s) him; ***die Tür zum Keller*** the door to the cellar; ***sich zu jdm setzen*** to sit down next to sb; ***setz dich doch zu uns*** come and sit with us; **b)** (*zeitlich*) at; ***zu Mittag*** (≈ *am Mittag*) at midday; ***die Zahlung ist zum 15. April fällig*** the payment is due on 15th April; ***zum 31. Mai kündigen*** to give in (*Brit*) *od* turn in (*US*) one's notice for 31st May; **c)** (*Zusatz*) ***Wein zum Essen trinken*** to drink wine with one's meal; ***nehmen Sie Milch zum Kaffee?*** do you take milk in your coffee?; ***etw zu etw tragen*** (*Kleidung*) to wear sth with sth; **d)** (*Zweck*) for; ***Wasser zum Waschen*** water for washing; ***Papier zum Schreiben*** paper to write on; ***das Zeichen zum Aufbruch*** the signal to leave; ***zur Erklärung*** by way of explanation; **e)** (*Anlass*) ***etw zum Geburtstag bekommen*** to get sth for one's birthday; ***zu Ihrem 60. Geburtstag*** on your 60th birthday; ***jdm zu etw gratulieren*** to congratulate sb on sth; ***jdn zum Essen einladen*** to invite sb for a meal; ***jdn zu etw vernehmen*** to question sb about sth; **f)** (*Veränderung*) into; ***zu etw werden*** to turn into sth; ***jdn/etw zu etw machen*** to make sb/sth (into) sth; ***jdn zum König wählen*** to choose sb as king; ***jdn zu etw ernennen*** to nominate sb sth; **g)** (*Verhältnis*) ***Liebe zu jdm*** love for sb; ***meine Beziehung zu ihm*** my relationship with him; ***im Vergleich zu*** in comparison with; ***im Verhältnis drei zu zwei*** MATHE in the ratio (of) three to two; ***das Spiel steht 3:2*** the score is 3-2; **h)** (*bei Zahlenangaben*) ***zu zwei Prozent*** at two per cent (*Brit*) *od* percent (*US*); ***fünf (Stück) zu 80 Cent*** five for 80 cents; ***zum halben Preis*** at half price **2.** *Adv* **a)** (≈ *allzu*) too; ***zu sehr*** too much; **b)** (≈ *geschlossen*) shut; ***auf/zu*** (*an Hähnen etc*) on/off; ***die Geschäfte haben jetzt zu*** the shops are shut now; **c)** (*umg* ≈ *los, weiter*) ***immer*** *od* ***nur zu!*** just keep on!; ***mach zu!*** get a move on!; **d)** (*örtlich*) toward(s); ***nach hinten zu*** toward(s) the back; ***auf den Wald zu*** toward(s) the forest **3.** *Adj* (*umg* ≈ *geschlossen*) shut; → ***zu sein*** **4.** *Konj* to; ***etw zu essen*** sth to eat; ***er hat zu gehorchen*** he has to do as he's told; ***nicht mehr zu gebrauchen*** no longer usable; ***ich habe noch zu arbeiten*** I still have some work to do; ***ohne es zu wissen*** without knowing it; ***um besser sehen zu können*** in order to see better; ***der zu prüfende Kandidat*** the candidate to be examined

zuallererst *Adv* first of all **zuallerletzt** *Adv* last of all

zubauen *vt Lücke* to fill in; *Platz, Gelände* to build up; *Blick* to block with buildings/a building

Zubehör *n od m* equipment *kein Pl*; (≈ *Kleidung*) accessories *Pl*; ***Küche mit allem ~*** fully equipped kitchen

zubeißen *vi* to bite

zubekommen *vt* (*umg*) *Kleidung* to get done up; *Tür, Fenster* to get shut

zubereiten *vt* to prepare **Zubereitung** *f* preparation

zubilligen *vt* ***jdm etw ~*** to grant sb sth

zubinden *vt* to tie up; ***jdm die Augen ~*** to blindfold sb

zubleiben *vi* (*umg*) to stay shut

zubringen *vt* (≈ *verbringen*) to spend **Zubringer** *m* **a)** TECH conveyor; **b)** (≈ *Straße*) feeder road; **c)** (*a.* **Zubringerbus**) shuttle (bus) **Zubringerdienst** *m* shuttle service **Zubringerstraße** *f* feeder road

Zubrot *n* extra income

Zucchini *f* courgette (*Brit*), zucchini (*US*)

Zucht *f* **a)** (≈ *Disziplin*) ***~ (und Ordnung)*** discipline; **b)** (*von Tieren*) breeding; (*von Pflanzen*) growing;

(*von Bakterien, Perlen*) culture; ***die ~ von Pferden*** horse breeding; ***die ~ von Bienen*** beekeeping **züchten** *vt* to breed; *Bienen* to keep; *Pflanzen* to grow; *Perlen, Bakterien* to cultivate **Züchter(in)** *m(f)* (*von Tieren*) breeder; (*von Pflanzen*) grower; (*von Bienen*) keeper **Zuchthaus** *n* (≈ *Gebäude*) prison (*for serious offenders*), penitentiary (*US*) **Züchtigung** *f* beating; ***körperliche ~*** corporal punishment **Zuchtperle** *f* cultured pearl **Zuchttier** *n* breeding animal **Züchtung** *f* (*von Tieren*) breeding; (*von Bienen*) keeping; (*von Pflanzen*) growing **Zuchtvieh** *n* breeding cattle

zuckeln *vi* (*umg*) to jog

zucken *vi* **a)** (*nervös*) to twitch; (*vor Schreck*) to start; (*vor Schmerzen*) to flinch; **b)** (*Blitz*) to flash; (*Flammen*) to flare up

zücken *vt Messer, Pistole* to pull out; (*umg*) *Notizbuch, Brieftasche* to pull out

Zucker *m* **a)** sugar; ***ein Stück ~*** a lump of sugar; **b)** (MED ≈ *Zuckergehalt*) sugar; (≈ *Krankheit*) diabetes *Sg*; ***~ haben*** (*umg*) to be a diabetic **Zuckerdose** *f* sugar bowl **Zuckererbse** *f* mangetout (pea) (*Brit*), sweet pea (*US*) **zuckerfrei** *Adj* sugar-free **Zuckergehalt** *m* sugar content **Zuckerguss** *m* icing, frosting (*bes US*) **zuckerkrank** *Adj* diabetic **Zuckerkranke(r)** *mf* diabetic **Zuckerkrankheit** *f* diabetes *Sg* **Zuckerl** *n* (*südd, österr*) sweet (*Brit*), candy (*US*) **Zuckerlecken** *n* ***das ist kein ~*** (*umg*) it's no picnic (*umg*) **zuckern** *vt* to put sugar in **Zuckerrohr** *n* sugar cane **Zuckerrübe** *f* sugar beet **Zuckerspiegel** *m* MED (blood) sugar level **zuckersüß** *Adj* as sweet as sugar **Zuckerwatte** *f* candy floss **Zuckerzange** *f* sugar tongs *Pl*

Zuckung *f* twitch; (*stärker: krampfhaft*) convulsion

zudecken *vt* to cover; (*im Bett*) to tuck up *od* in

zudem *Adv* (*geh*) moreover

zudrehen *vt Wasserhahn etc* to turn off; (≈ *zuwenden*) to turn (*+Dat* to)

zudringlich *Adj Art* pushy (*umg*); *Nachbarn* intrusive; ***~ werden*** (*zu jdm*) to make advances (*zu* to)

zueinander *Adv* (≈ *gegenseitig*) to each other; *Vertrauen haben* in each other

zueinanderpassen *vi* to go together; (*Menschen*) to suit each other

zuerkennen *vt* to award (*jdm* to sb); *Recht* to grant (*jdm etw* sb sth)

zuerst *Adv* **a)** first; ***ich kam ~ an*** I was (the) first to arrive; ***das muss ich morgen früh ~ machen*** I must do that first thing tomorrow (morning); **b)** (≈ *anfangs*) at first; ***~ muss man ...*** first (of all) you have to ...

zufahren *vi* ***auf jdn ~*** (*mit Kfz*) to drive toward(s) sb; (*mit Fahrrad*) to ride toward(s) sb **Zufahrt** *f* approach (road); (≈ *Einfahrt*) entrance; (*zu einem Haus*) drive(way) **Zufahrtsstraße** *f* access road; (*zur Autobahn*) approach road

Zufall *m* chance, accident; (≈ *Zusammentreffen*) coincidence; ***das ist ~*** it's pure chance; ***durch ~*** (quite) by chance; ***es ist kein ~, dass ...*** it's no accident that ...; ***es war ein glücklicher ~, dass ...*** it was lucky that ...; ***wie es der ~ so will*** as chance would have it; ***etw dem ~ überlassen*** to leave sth to chance

zufallen *vi* **a)** (≈ *sich schließen*) (*Fenster etc*) to close; ***ihm fielen beinahe die Augen zu*** he could hardly keep his eyes open; **b)** ***jdm ~*** (*Erbe*) to pass to sb; (*Preis etc*) to go to sb; (*Aufgabe*) to fall to sb

zufällig **1.** *Adj* chance *attr*; ***das war rein ~*** it was pure chance; ***es ist nicht ~, dass er ...*** it's no accident that he ... **2.** *Adv* by chance; (*bes bei Zusammentreffen von Ereignissen*) coincidentally; ***er ging ~ vorüber*** he happened to be passing **Zufallsgenerator** *m* random generator; (*für Zahlen*) random-number generator **Zufallstreffer** *m* fluke

zufassen *vi* (≈ *zugreifen*) to take hold of it/them; (*Hund*) to make a grab; (*fig* ≈ *schnell handeln*) to seize an/the opportunity

zufliegen *vi* **a)** ***auf etw*** (*Akk*) ***~*** to fly toward(s) *od* (*direkt*) into sth; **b)** (*+Dat*) to fly to; ***der Vogel ist uns zugeflogen*** the bird flew into our house; ***ihm fliegt alles nur so zu*** (*fig*) everything comes so easily to him

Zuflucht *f* refuge (*auch fig*), shelter

(*vor +Dat* from); **~ suchen** to seek refuge; **zu etw ~ nehmen** (*fig*) to resort to sth; **du bist meine letzte ~** (*fig*) you are my last hope

Zufluss *m* influx, inflow; (MECH ≈ *Zufuhr*) supply

zufolge *Präp +Dat od +Gen* (*förml*) (≈ *gemäß*) according to

zufrieden **1.** *Adj* contented, content *präd*; **ein ~es Gesicht machen** to look pleased; **mit jdm/etw ~ sein** to be satisfied with sb/sth; **er ist nie ~** he's never satisfied **2.** *Adv* contentedly; **~ lächeln** to smile contentedly **zufriedengeben** *vr* **sich mit etw ~** to be content with sth **Zufriedenheit** *f* contentedness; (≈ *Befriedigtsein*) satisfaction **zufriedenlassen** *vt* to leave alone **zufriedenstellen** *vt* to satisfy; **eine wenig ~de Antwort** a less than satisfactory answer

zufrieren *vi* to freeze (over)

zufügen *vt* **a)** *Leid, Schmerz* to cause; *Niederlage* to inflict; **jdm Schaden ~** to harm sb; **b)** (≈ *hinzufügen*) to add

Zufuhr *f* (≈ *Versorgung*) supply (*in +Akk, nach* to); (METEO: *von Luftstrom*) influx **zuführen** **1.** *vt +Dat* **a)** (≈ *versorgen mit*) to supply; IT *Papier* to feed (*+Dat* to); **b)** (≈ *bringen*) to bring; **einem Geschäft Kunden ~** to bring customers to a business **2.** *vi* **auf etw** (*Akk*) **~** to lead to sth

Zug[1] *m* **a)** (≈ *Ziehen*) pull (*an +Dat* on, at); (≈ *Zugkraft, Spannung*) tension; **b)** (≈ *Luftzug*) draught (*Brit*), draft (*US*); (≈ *Atemzug*) breath; (*an Zigarette*) puff; (≈ *Schluck*) gulp; **das Glas in einem ~ leeren** to empty the glass with one gulp; **etw in vollen Zügen genießen** to enjoy sth to the full; **in den letzten Zügen liegen** (*umg*) to be on one's last legs (*umg*); **c)** (*beim Schwimmen*) stroke; (*beim Rudern*) pull (*mit* at); (*bei Brettspiel*) move; **~ um ~** (*fig*) step by step; **nicht zum ~e kommen** (*umg*) not to get a look-in (*umg*); **du bist am ~** it's your move; **etw in großen Zügen darstellen** to outline sth

Zug[2] *m* (≈ *Eisenbahnzug*) train; **mit dem ~ fahren** to go by train

Zug[3] *m* (≈ *Gesichtszug*) feature; (≈ *Charakterzug*) characteristic; (≈ *Anflug*) touch; **das ist kein schöner ~ von ihm** that's not one of his nicer characteristics

Zugabe *f* extra; MUS, THEAT encore

Zugabteil *n* train compartment

Zugang *m* **a)** (≈ *Eingang*) entrance; (≈ *Zutritt*) admittance; (*fig*) access; **„kein ~"** "no entry"; **b)** (*von Patienten*) admission; (*von Waren*) receipt **zugänglich** *Adj* accessible; *Mensch* approachable; **der Öffentlichkeit ~** open to the public; **für etw nicht ~ sein** not to respond to sth

Zugbegleiter(in) *m(f)* BAHN guard (*Brit*), conductor (*US*) **Zugbrücke** *f* drawbridge

zugeben *vt* **a)** (≈ *zusätzlich geben*) **jdm etw ~** to give sb sth extra; **b)** KOCH to add; **c)** (≈ *zugestehen*) to admit; **jdm gegenüber etw ~** to confess sth to sb; **zugegeben** admittedly; **gibs zu!** admit it! **zugegebenermaßen** *Adv* admittedly

zugehen **1.** *vi* **a)** (*Tür, Deckel*) to shut; **b)** **auf jdn/etw ~** to approach sb/sth; **aufeinander ~** to approach one another; (*fig auch*) to compromise; **es geht nun auf den Winter zu** winter is drawing in; **er geht schon auf die siebzig zu** he's getting on for seventy; **dem Ende ~** to near its end; **c)** (*+Dat, Nachricht, Brief etc*) to reach **2.** *vi unpers* **a)** **dort geht es ... zu** things are ... there; **es ging sehr lustig zu** (*umg*) we/they *etc* had a great time (*umg*); **b)** (≈ *geschehen*) to happen

Zugehörigkeit *f* (*zu Land, Glauben*) affiliation; (≈ *Mitgliedschaft*) membership (*zu* of)

zugeknöpft *Adj* (*fig umg*) *Mensch* reserved; → **zuknöpfen**

Zügel *m* rein; **die ~ fest in der Hand haben** (*fig*) to have things firmly in hand; **die ~ locker lassen** (*fig*) to give free rein (*bei* to) **zügeln** **1.** *vt Pferd* to rein in; (*fig*) to curb **2.** *vr* to restrain oneself **3.** *vi* (*schweiz* ≈ *umziehen*) to move (house)

Zugeständnis *n* concession (*+Dat, an +Akk* to) **zugestehen** *vt* (≈ *einräumen*) to concede; (≈ *zugeben*) to admit; **jdm etw ~** (≈ *einräumen*) to grant sb sth

zugetan *Adj* **jdm/einer Sache ~ sein** to be fond of sb/sth

Zugezogene(r) *mf* newcomer

Zugführer(in) *m(f)* BAHN chief guard (*Brit*) *od* conductor (*US*)
zugießen *vt* **a)** (≈ *hinzugießen*) to add; **b)** (*mit Beton etc*) to fill (in)
zugig *Adj* draughty (*Brit*), drafty (*US*)
zügig **1.** *Adj* swift **2.** *Adv* quickly
zugleich *Adv* at the same time
Zugluft *f* draught (*Brit*), draft (*US*) **Zugpferd** *n* carthorse; (*fig*) crowd puller
zugreifen *vi* **a)** (≈ *schnell nehmen*) to grab it/them; (*fig*) to get in quickly (*umg*); (*bei Tisch*) to help oneself; ***greifen Sie bitte zu!*** please help yourself!; **b)** IT ***auf etw*** (*Akk*) **~** to access sth **Zugriff** *m* **a)** ***durch raschen ~*** by stepping in quickly; ***sich dem ~ der Polizei/Gerichte entziehen*** to evade justice; **b)** IT access (*auf* to) **Zugriffszeit** *f* access time
zugrunde *Adv* **a)** ***~ gehen*** to perish; ***jdn/etw ~ richten*** to destroy sb/sth; (*finanziell*) to ruin sb/sth; **b)** ***einer Sache*** (*Dat*) ***~ liegen*** to underlie sth; ***~ liegend*** underlying
Zugtier *n* draught animal (*Brit*), draft animal (*US*)
zugucken *vi* = ***zusehen*** a
Zugunglück *n* train accident
zugunsten *Präp +Gen od +Dat* **~ (von)** in favour (*Brit*) *od* favor (*US*) of
zugutehalten *vt* ***jdm etw ~*** to grant sb sth **zugutekommen** *vi* ***jdm ~*** to be of benefit to sb; (*Geld, Erlös*) to benefit sb; ***jdm etw ~ lassen*** to let sb have sth
Zugverbindung *f* train connection **Zugvogel** *m* migratory bird **Zugzwang** *m* SCHACH zugzwang; (*fig*) tight spot; ***die Gegenseite steht jetzt unter ~*** the other side is now forced to move
zuhaben *vi* (*umg, Geschäft etc*) to be closed
zuhalten **1.** *vt* to hold shut; ***sich*** (*Dat*) ***die Nase ~*** to hold one's nose; ***sich*** (*Dat*) ***die Augen/Ohren ~*** to put one's hands over one's eyes/ears **2.** *vi* ***auf etw*** (*Akk*) **~** to head straight for sth
Zuhälter *m* pimp
zu Hause, **zuhause** (*österr, schweiz*) *Adv* → ***Haus*** **Zuhause** *n* home
zuheilen *vi* to heal up
Zuhilfenahme *f* ***unter ~ von*** *od +Gen* with the aid of
zuhören *vi* to listen (*+Dat* to); ***hör mal zu!*** (*drohend*) now (just) listen (to me)! **Zuhörer(in)** *m(f)* listener; ***die ~*** (≈ *das Publikum*) the audience *Sg*
zujubeln *vi* ***jdm ~*** to cheer sb
zukleben *vt Briefumschlag* to seal; (*mit Klebstoff*) to stick up
zuknallen *vti* (*umg*) to slam
zuknöpfen *vt* to button (up); → ***zugeknöpft***
zukommen *vi* **a)** ***auf jdn/etw ~*** to come toward(s) *od* (*direkt*) up to sb/sth; ***die Aufgabe, die nun auf uns zukommt*** the task which is now in store for us; ***die Dinge auf sich*** (*Akk*) ***~ lassen*** to take things as they come; **b)** ***jdm etw ~ lassen*** *Brief etc* to send sb sth
Zukunft *f* **a)** ***die ~*** the future; ***in ~*** in future; ***ein Beruf mit ~*** a career with prospects; ***das hat keine ~*** there's no future in it; **b)** GRAM future (tense) **zukünftig** **1.** *Adj* future; ***der ~e Präsident*** the president elect **2.** *Adv* in future **Zukunftsangst** *f* (*vor der Zukunft*) fear of the future; (*um die Zukunft*) fear for the future **Zukunftsaussichten** *Pl* future prospects *Pl* **Zukunftsforscher(in)** *m(f)* futurologist **Zukunftsforschung** *f* futurology **Zukunftskonzept** *n* plans *Pl* for the future **Zukunftsmusik** *f* (*fig umg*) pie in the sky (*umg*) **Zukunftspläne** *Pl* plans *Pl* for the future **Zukunftsroman** *m* science fiction novel **zukunftsträchtig** *Adj* with a promising future
zulächeln *vi* ***jdm ~*** to smile at sb
Zulage *f* **a)** (≈ *Geldzulage*) extra pay *kein unbest Artikel*; (≈ *Sonderzulage*) bonus (payment); **b)** (≈ *Gehaltserhöhung*) rise (*Brit*), raise (*US*)
zulangen *vi* (*umg*) to help oneself; ***kräftig ~*** (*beim Essen*) to tuck in (*umg*)
zulassen *vt* **a)** (≈ *Zugang gewähren*) to admit; **b)** (*amtlich*) to authorize; *Arzt* to register; *Arzneimittel* to approve; *Kraftfahrzeug* to license; *Prüfling* to admit; ***amtlich zugelassen sein*** to be authorized; ***staatlich zugelassen sein*** to be state-registered; ***eine nicht zugelassene Partei*** an illegal party; **c)** (≈ *gestatten*) to allow; **d)** (≈ *geschlossen lassen*) to keep shut **zulässig** *Adj* permissible; *Beweis, Klage* admissible; ***~e Höchstgeschwindigkeit*** (upper) speed limit **Zulassung** *f* **a)** (≈ *Gewährung von Zugang*) admittance;

(*amtlich*) authorization; (*von Kfz*) licensing; (*als praktizierender Arzt*) registration; **b**) (*Dokument*) papers *Pl*; (*bes von Kfz*) vehicle registration document; (≈ *Lizenz*) licence (*Brit*), license (*US*) **Zulassungsbeschränkung** *f bes* UNI restriction on admissions **Zulassungsstelle** *f* registration office

zulasten *Adv* → ***Last***

Zulauf *m* ***großen ~ haben*** to be very popular **zulaufen** *vi* **a**) ***auf jdn/etw ~*** to run toward(s) sb/sth; **b**) (*Wasser etc*) to add; ***lass noch etwas kaltes Wasser ~*** add some more cold water; **c**) (*Hund etc*) ***jdm ~*** to stray into sb's house; ***eine zugelaufene Katze*** a stray (cat)

zulegen 1. *vt* **a**) (≈ *dazulegen*) to put on; *Geld* to add; (*bei Verlustgeschäft*) to lose; ***etwas Tempo ~*** (*umg*) to get a move on (*umg*); **b**) (*umg: an Gewicht*) to put on; ***die SPD konnte 5% ~*** the SPD managed to gain 5%; **c**) (≈ *anschaffen*) ***sich*** (*Dat*) ***etw ~*** (*umg*) to get oneself sth **2.** *vi* (*umg, an Gewicht*) to put on weight; (*Umsatz*) to increase

zuleide *Adv* ***jdm etwas ~ tun*** to do sb harm

zuletzt *Adv* **a**) (≈ *schließlich*) in the end; ***~ kam sie doch*** she came in the end; ***ganz ~*** right at the last moment; **b**) (≈ *an letzter Stelle*) last; ***ich kam ~*** I came last; ***wann haben Sie ihn ~ gesehen?*** when did you last see him?; ***nicht ~ wegen*** not least because of

zuliebe *Adv* ***etw jdm ~ tun*** to do sth for sb's sake *od* for sb; ***das geschah nur ihr ~*** it was done just for her

Zulieferer *m*, **Zulieferin** *f* WIRTSCH supplier

zum ***geht es hier ~ Bahnhof?*** is this the way to the station?; ***~ Essen gehen*** to go and eat; ***es ist ~ Weinen*** it's enough to make you cry; → ***zu***

zumachen 1. *vt* (≈ *schließen*) to shut; *Flasche* to close; ***die Augen ~*** to close one's eyes **2.** *vi* (*umg*) **a**) (≈ *den Laden zumachen*) to close (down); **b**) (*umg* ≈ *sich beeilen*) to get a move on (*umg*)

zumal *Konj* **~** (***da***) particularly as *od* since

zumauern *vt* to brick up

zumeist *Adv* mostly

zumindest *Adv* at least

zumüllen *vt* (*umg, mit Junkmail, Spam*) to bombard (*umg*)

zumutbar *Adj* reasonable; ***jdm od für jdn ~ sein*** to be reasonable for sb; ***nicht ~ sein*** to be unreasonable **Zumutbarkeit** *f* reasonableness

zumute *Adv* ***wie ist Ihnen ~?*** how do you feel?; ***mir ist traurig ~*** I feel sad; ***mir war dabei gar nicht wohl ~*** I felt uneasy about it

zumuten *vt* ***jdm etw ~*** to expect sth of sb; ***das können Sie niemandem ~*** you can't expect that of anyone; ***sich*** (*Dat*) ***zu viel ~*** to take on too much **Zumutung** *f* unreasonable demand; (≈ *Unverschämtheit*) nerve (*umg*); ***das ist eine ~!*** that's a bit much!

zunächst *Adv* **a**) (≈ *zuerst*) first (of all); ***~ einmal*** first of all; **b**) (≈ *vorläufig*) for the time being

zunageln *vt Fenster etc* to nail up; (*mit Brettern*) to board up; *Kiste etc* to nail down

zunähen *vt* to sew up

Zunahme *f* increase (*+Gen, an +Dat* in)

Zuname *m* surname

zündeln *vi* to play (about) with fire

zünden 1. *vi* to catch fire; (*Streichholz*) to light; (*Motor*) to fire; (*Sprengkörper*) to go off; (*fig*) to kindle enthusiasm **2.** *vt* to ignite; *Sprengkörper* to set off; *Feuerwerkskörper* to let off **zündend** *Adj* (*fig*) stirring; *Vorschlag* exciting **Zünder** *m* **a**) (*für Sprengstoff*) fuse; (*für Mine*) detonator; **b**) **Zünder** *Pl* (*österr* ≈ *Streichhölzer*) matches *Pl* **Zündflamme** *f* pilot light **Zündholz** *n* match(stick) **Zündkerze** *f* AUTO spark(-ing) plug **Zündschlüssel** *m* AUTO ignition key **Zündschnur** *f* fuse **Zündstoff** *m* (≈ *Sprengstoff*) explosives *Pl*; (*fig*) explosive stuff **Zündung** *f* ignition; ***die ~ einstellen*** AUTO to adjust the timing

zunehmen 1. *vi* to increase; (*an Erfahrung etc*) to gain (*an +Dat* in); (*Mensch: an Gewicht*) to put on weight; (*Mond*) to wax **2.** *vt* (*Mensch: an Gewicht*) to gain **zunehmend 1.** *Adj* increasing; *Mond* crescent; ***bei*** *od* ***mit ~em Alter*** with advancing age; ***in ~em Maße*** to an increasing degree **2.** *Adv* increasingly

Zuneigung *f* affection

zünftig *Adj* (≈ *regelrecht*) proper; (≈ *gut, prima*) great
Zunge *f* tongue; (*von Waage*) pointer; ***eine böse/spitze ~ haben*** to have an evil/a sharp tongue; ***böse ~n behaupten, ...*** malicious gossip has it ...; ***das Wort liegt mir auf der ~*** the word is on the tip of my tongue **züngeln** *vi* (*Flamme, Feuer*) to lick **Zungenbrecher** *m* tongue twister **Zungenkuss** *m* French kiss **Zungenspitze** *f* tip of the tongue **Zünglein** *n* ***das ~ an der Waage sein*** (*fig*) to tip the scales
zunichtemachen *vt* to ruin
zunutze *Adv* ***sich*** (*Dat*) ***etw ~ machen*** (≈ *ausnutzen*) to capitalize on sth
zuoberst *Adv* on *od* at the (very) top
zuordnen *vt +Dat* to assign to; ***jdn/etw jdm ~*** to assign sb/sth to sb
zupacken *vi* (*umg*) **a**) (≈ *zugreifen*) to make a grab for it *etc*; **b**) (≈ *helfen*) ***mit ~*** to give me/them *etc* a hand
Zupfinstrument *n* MUS plucked string instrument
zuprosten *vi* ***jdm ~*** to drink sb's health
zur ***~ Schule gehen*** to go to school; ***~ Orientierung*** for orientation; ***~ Abschreckung*** as a deterrent; → ***zu***
zurande *Adv* ***mit etw/jdm ~ kommen*** (to be able) to cope with sth/sb
zurate *Adv* ***jdn/etw ~ ziehen*** to consult sb/sth **zuraten** *vi* ***jdm ~, etw zu tun*** to advise sb to do sth; ***auf sein Zuraten*** (***hin***) on his advice
zurechnungsfähig *Adj* of sound mind **Zurechnungsfähigkeit** *f* soundness of mind; ***verminderte ~*** diminished responsibility
zurechtbiegen *vt* to bend into shape; (*fig*) to twist **zurechtfinden** *vr* to find one's way (*in +Dat* around); ***sich mit etw ~*** to get the hang of sth (*umg*); (*durch Gewöhnung*) to get used to sth **zurechtkommen** *vi* **a**) (*fig*) to get on; (≈ *bewältigen*) to cope; (≈ *genug haben*) to have enough; ***kommen Sie ohne das zurecht?*** (*umg*) can you manage without it?; **b**) (*finanziell*) to manage **zurechtlegen** *vt* ***sich*** (*Dat*) ***etw ~*** to lay sth out ready; (*fig*) to work sth out **zurechtmachen** (*umg*) **1.** *vt* *Zimmer, Essen etc* to prepare; *Bett* to make up **2.** *vr* to get dressed; (≈ *sich schminken*) to put on one's make-up **zurechtweisen** *vt* to rebuke; *Schüler etc* to reprimand **Zurechtweisung** *f* rebuke; (*von Schüler*) reprimand
zureden *vi* ***jdm ~*** (≈ *ermutigen*) to encourage sb; (≈ *überreden*) to persuade sb; ***auf mein Zureden*** (***hin***) with my encouragement; (*Überreden*) with my persuasion
zureiten **1.** *vt* *Pferd* to break in **2.** *vi* ***auf jdn/etw ~*** to ride toward(s) sb/sth
Zürich *n* Zurich
zurichten *vt* (≈ *beschädigen*) to make a mess of; (≈ *verletzen*) to injure; ***jdn übel ~*** to beat sb up
zurück *Adv* back; (*mit Zahlungen*) behind; (*fig* ≈ *zurückgeblieben, von Kind*) backward; ***fünf Punkte ~*** SPORT five points behind; ***~!*** get back!; ***einmal München und ~*** a return (*bes Brit*) *od* a round-trip ticket (*US*) to Munich; ***ich bin in zehn Minuten wieder ~*** I will be back (again) in 10 minutes **zurückbehalten** *vt* to keep (back); ***er hat Schäden ~*** he suffered lasting damage **zurückbekommen** *vt* (≈ *zurückerhalten*) to get back (*Brit*), to get back at **zurückbilden** *vr* (*Geschwür*) to recede; BIOL to regress **zurückbleiben** *vi* **a**) (*an einem Ort*) to stay behind; **b**) (≈ *übrig bleiben*) to be left; (*Schaden, Behinderung*) to remain; **c**) (≈ *nicht Schritt halten*) to fall behind; (*in Entwicklung*) to be retarded; → ***zurückgeblieben*** **zurückblicken** *vi* to look back (*auf +Akk* at); (*fig*) to look back (*auf +Akk* on) **zurückbringen** *vt* (≈ *wieder herbringen*) to bring back; (≈ *wieder wegbringen*) to take back **zurückdatieren** *vt* to backdate **zurückdenken** *vi* to think back (*an +Akk* to) **zurückdrehen** *vt* to turn back; ***die Zeit ~*** to put (*Brit*) *od* turn (*US*) back the clock **zurückerstatten** *vt* to refund; *Ausgaben* to reimburse **zurückerwarten** *vt* ***jdn ~*** to expect sb back **zurückfahren** **1.** *vi* (*an einen Ort*) to go back; (*bes als Fahrer*) to drive back **2.** *vt* **a**) (*mit Fahrzeug*) to drive back; **b**) (≈ *drosseln*) *Produktion* to cut back **zurückfallen** *vi* to fall back; SPORT to drop back; (*fig*) (*Umsätze etc*) to fall; (*in Leistungen*) to fall behind; ***in alte Gewohnheiten ~*** to fall back into old habits **zurückfinden** *vi* to find the way back **zu-**

Z

rückfliegen *vti* to fly back **zurückfordern** *vt* ***etw** ~* to demand sth back **zurückführen** *vt* **a)** (≈ *zurückbringen*) to lead back; **b)** (≈ *ableiten aus*) to put down to; ***das ist darauf zurückzuführen, dass ...*** that can be put down to the fact that ... **zurückgeben** *vt* to give back; *Ball, Kompliment, Beleidigung* to return; (≈ *erwidern*) to retort **zurückgeblieben** *Adj* ***geistig/körperlich** ~* mentally/physically retarded; → ***zurückbleiben*** **zurückgehen** *vi* **a)** to go back (*nach, in +Akk, auf +Akk* to); ***Waren/Essen** etc **~ lassen*** to send back goods/food *etc*; **b)** (*fig ≈ abnehmen*) to go down; (*Geschäft, Produktion*) to fall off; (*Schmerz, Sturm*) to die down **zurückgezogen** **1.** *Adj Mensch* withdrawn, retiring; *Lebensweise* secluded **2.** *Adv* in seclusion; ***er lebt sehr** ~* he lives a very secluded life; → ***zurückziehen*** **zurückgreifen** *vi* (*fig*) to fall back (*auf +Akk* upon) **zurückhalten** **1.** *vt* to hold back; (≈ *aufhalten*) *jdn* to hold up; (≈ *nicht freigeben*) *Informationen* to withhold; *Ärger etc* to restrain; ***jdn von etw*** (*Dat*) *~* to keep sb from sth **2.** *vr* (≈ *sich beherrschen*) to control oneself; (≈ *reserviert sein*) to be retiring; (≈ *im Hintergrund bleiben*) to keep in the background; ***sich mit seiner Kritik** ~* to be restrained in one's criticism; ***ich musste mich schwer** ~* I had to take a firm grip on myself **3.** *vi **mit etw** ~* (≈ *verheimlichen*) to hold sth back **zurückhaltend** **1.** *Adj* (≈ *beherrscht*) restrained; (≈ *reserviert*) reserved; (≈ *vorsichtig*) cautious; ***mit Kritik nicht ~ sein*** to be unsparing in one's criticism **2.** *Adv* with restraint **zurückkaufen** *vt* to buy back **zurückkehren** *vi* to return **zurückkommen** *vi* to come back; (≈ *Bezug nehmen*) to refer (*auf +Akk* to) **zurückkönnen** *vi* (*umg*) to be able to go back; ***ich kann nicht mehr zurück*** (*fig*) there's no going back! **zurücklassen** *vt* (≈ *hinterlassen*) to leave; (≈ *liegen lassen*) to leave behind **zurücklegen** **1.** *vt* **a)** (*an seinen Platz*) to put back; **b)** (≈ *reservieren*) to put aside; (≈ *sparen*) to put away; **c)** *Strecke* to cover **2.** *vr* to lie back **zurücklehnen** *vtr* to lean back **zurückliegen** *vi* (*örtlich*) to be behind; ***der Unfall liegt etwa eine Woche zurück*** the accident was about a week ago **zurückmüssen** *vi* (*umg*) to have to go back **zurücknehmen** *vt* to take back; *Entscheidung* to reverse; *Angebot* to withdraw; ***sein Wort** ~* to break one's word **zurückreichen** *vi* (*Tradition etc*) to go back (*in +Akk* to) **zurückreisen** *vi* to travel back **zurückrufen** **1.** *vt* to call back; *Botschafter, Produkte* to recall; ***jdm etw ins Gedächtnis** ~* to conjure sth up for sb **2.** *vi* to call back **zurückscheuen** *vi* to shy away (*vor +Dat* from) **zurückschicken** *vt* to send back **zurückschlagen** **1.** *vt Ball* to return; *Angriff etc* to beat back **2.** *vi* to hit back; MIL to retaliate **zurückschrauben** *vt* (*fig umg*) *Erwartungen* to lower; *Subventionen* to cut back **zurückschrecken** *vi* to start back; (*fig*) to shy away (*vor +Dat* from); ***vor nichts** ~* to stop at nothing **zurücksehen** *vi* to look back **zurücksehnen** *vr* to long to return (*nach* to) **zurücksenden** *vt* to send back **zurücksetzen** **1.** *vt* **a)** (*nach hinten*) to move back; *Auto* to reverse; **b)** (*an früheren Platz*) to put back **2.** *vr* to sit back **3.** *vi* (*mit Fahrzeug*) to reverse **zurückspringen** *vi* to leap *od* jump back **zurückstecken** *vi* **a)** (≈ *weniger Ansprüche stellen*) to lower one's expectations; **b)** (≈ *nachgeben*) to backtrack **zurückstehen** *vi **hinter etw*** (*Dat*) *~* to take second place to sth **zurückstellen** *vt* **a)** to put back; (*nach hinten*) to move back; **b)** (*fig ≈ verschieben*) to defer; *Pläne* to postpone; *Bedenken etc* to put aside **zurückstufen** *vt* to downgrade **zurücktreten** *vi* **a)** (≈ *zurückgehen*) to step back; ***bitte ~!*** stand back, please!; ***einen Schritt** ~* to take a step back; **b)** (*von Amt*) to resign; **c)** (*von Vertrag etc*) to withdraw (*von* from); **d)** (*fig ≈ im Hintergrund bleiben*) to come second (*hinter jdm/etw* to sb/sth) **zurücktun** *vt* (*umg*) to put back **zurückverfolgen** *vt* (*fig*) to trace back **zurückversetzen** **1.** *vt* (*in seinen alten Zustand*) to restore (*in +Akk* to); (*in eine andere Zeit*) to take back (*in +Akk* to) **2.** *vr* to think oneself back (*in +Akk* to) **zurückweichen** *vi* (*erschrocken*) to shrink back; (*ehrfürch-*

tig) to stand back; MIL to withdraw; (*Hochwasser*) to subside **zurückweisen** *vt* to reject; *Bittsteller* to turn away; *Vorwurf, Klage* to dismiss; *Angriff* to repel; (*an der Grenze*) to turn back **zurückwollen** *vi* (*umg*) to want to go back **zurückzahlen** *vt* to repay **zurückziehen** **1.** *vt* to pull back; *Antrag, Klage etc* to withdraw **2.** *vr* to retire; MIL to withdraw; → ***zurückgezogen*** **3.** *vi* to move back **zurückzucken** *vi* to recoil

Zuruf *m* shout; (*aufmunternd*) cheer **zurufen** *vti* ***jdm etw ~*** to shout sth to sb

zurzeit *Adv* at present

Zusage *f* **a**) (≈ *Zustimmung*) consent; **b**) (≈ *Annahme*) acceptance; **c**) (≈ *Versprechen*) promise **zusagen** **1.** *vt* (≈ *versprechen*) to promise **2.** *vi* **a**) (≈ *annehmen*) **(*jdm*) ~** to accept; **b**) (≈ *gefallen*) ***jdm ~*** to appeal to sb

zusammen *Adv* together; ***alle/alles ~*** all together **Zusammenarbeit** *f* co-operation; (*mit dem Feind*) collaboration; ***in ~ mit*** in co-operation with **zusammenarbeiten** *vi* to co-operate; (*mit dem Feind*) to collaborate **zusammenbauen** *vt* to assemble **zusammenbeißen** *vt* ***die Zähne ~*** (*wörtl*) to clench one's teeth; (*fig*) to grit one's teeth **zusammenbekommen** *vt* to get together; *Geld* to collect **zusammenbinden** *vt* to tie together **zusammenbleiben** *vi* to stay together **zusammenbrechen** *vi* to break down; (*Gebäude*) to cave in; (*Wirtschaft*) to collapse; (*Verkehr etc*) to come to a standstill **zusammenbringen** *vt* **a**) to bring together; *Geld* to raise; **b**) (*umg* ≈ *zustande bringen*) to manage; *Worte* to put together **Zusammenbruch** *m* breakdown; (*fig*) collapse **zusammenfahren** *vi* **a**) (≈ *zusammenstoßen*) to collide; **b**) (≈ *erschrecken*) to start **zusammenfallen** *vi* **a**) (≈ *einstürzen*) to collapse; **b**) (*durch Krankheit etc*) to waste away; **c**) (*Ereignisse*) to coincide **zusammenfalten** *vt* to fold up **zusammenfassen** **1.** *vt* **a**) (≈ *verbinden*) to combine (*zu* in); **b**) *Bericht etc* to summarize; ***etw in einem Satz ~*** to sum sth up in one sentence **2.** *vi* (≈ *das Fazit ziehen*) to summarize; ***wenn ich kurz ~ darf*** just to sum up **Zusammenfassung** *f* **a**) combination; **b**) (≈ *Überblick*) summary **zusammenfließen** *vi* to flow together **Zusammenfluss** *m* confluence **zusammenfügen** *vt* to join together; TECH to fit together **zusammengehören** *vi* to belong together; (*als Paar*) to form a pair **zusammengehörig** *Adj Kleidungsstücke etc* matching; (≈ *verwandt*) related **Zusammengehörigkeit** *f* common bond **Zusammengehörigkeitsgefühl** *n* (*in Gemeinschaft*) communal spirit; *bes* POL feeling of solidarity **zusammengesetzt** *Adj* ***aus etw ~ sein*** to consist of sth; ***~es Wort/Verb*** compound (word)/verb **zusammengewürfelt** *Adj* motley; *Mannschaft* scratch *attr* **Zusammenhalt** *m* (*fig*: *in einer Gruppe*) cohesion; *bes* POL solidarity **zusammenhalten** **1.** *vt* (≈ *verbinden*) to hold together; (*umg*) *Geld etc* to hold on to **2.** *vi* to hold together; (*fig*: *Gruppe etc*) to stick together **Zusammenhang** *m* (≈ *Beziehung*) connection (*von, zwischen +Dat* between); (≈ *Wechselbeziehung*) correlation (*von, zwischen +Dat* between); (*im Text*) context; ***jdn mit etw in ~ bringen*** to connect sb with sth; ***im*** *od* ***in ~ mit etw stehen*** to be connected with sth; ***in diesem ~*** in this context **zusammenhängen** *vi* to be joined (together); (*fig*) to be connected; ***~d*** *Rede, Erzählung* coherent; ***das hängt damit zusammen, dass …*** that is connected with the fact that … **zusammenhang(s)los** *Adj* incoherent **zusammenklappen** *vt Messer, Tisch etc* to fold up; *Schirm* to shut **zusammenkleben** *vti* to stick together **zusammenkneifen** *vt Lippen etc* to press together; *Augen* to screw up **zusammenknüllen** *vt* to crumple up **zusammenkommen** *vi* to meet (together); (*Umstände*) to combine; (*fig*: *Schulden etc*) to mount up; (*Geld bei einer Sammlung*) to be collected; ***er kommt viel mit Menschen zusammen*** he meets a lot of people **Zusammenkunft** *f* meeting; (*zwanglos*) get-together **zusammenläppern** *vr* (*umg*) to add up **zusammenlaufen** *vi* **a**) (≈ *an eine Stelle laufen*) to gather; (*Flüssigkeit*) to collect; **b**) (*Straßen*) to converge **zusammenleben** *vi* to live

Z

together **Zusammenleben** *n* living together *ohne Artikel* **zusammenlegen** **1.** *vt* **a)** (≈ *falten*) to fold (up); **b)** (≈ *vereinigen*) to combine; *Patienten* to put together; (≈ *zentralisieren*) to centralize **2.** *vi* (≈ *Geld gemeinsam aufbringen*) to club (*Brit*) *od* pitch in (*US*) together **zusammennehmen** **1.** *vt* to gather up; *Mut* to summon up **2.** *vr* (≈ *sich zusammenreißen*) to pull oneself together; (≈ *sich beherrschen*) to control oneself **zusammenpassen** *vi* (*Menschen*) to suit each other; (*Farben, Stile*) to go together; ***gut ~*** to go well together **zusammenpferchen** *vt* to herd together; (*fig*) to pack together **zusammenprallen** *vi* to collide; (*fig*) to clash **zusammenraufen** *vr* to achieve a viable working relationship **zusammenrechnen** *vt* to add up **zusammenreimen** **1.** *vt* (*umg*) ***sich*** (*Dat*) ***etw ~*** to figure sth out (for oneself) **2.** *vr* to make sense **zusammenreißen** *vr* to pull oneself together **zusammenrollen** **1.** *vt* to roll up **2.** *vr* to curl up **zusammenrücken** *vt Möbel etc* to move closer together **zusammenschlagen** *vt* **a)** *Hände* to clap; **b)** (≈ *verprügeln*) to beat up **zusammenschließen** *vr* to join together; HANDEL to merge **Zusammenschluss** *m* joining together; HANDEL merger; (*von politischen Gruppen*) amalgamation **zusammenschreiben** *vt Wörter* to write together **zusammenschrumpfen** *vi* to shrivel up; (*fig*) to dwindle (*auf +Akk* to) **zusammen sein** *vi* ***mit jdm ~*** to be with sb; (*umg* ≈ *befreundet*) to be going out with sb **Zusammensein** *n* being together *ohne Artikel*; (*von Gruppe*) get-together **zusammensetzen** **1.** *vt* **a)** *Gäste etc* to put together; **b)** *Gerät* to assemble (*zu* to make) **2.** *vr* **a)** to sit together; ***sich auf ein Glas Wein ~*** to get together over a glass of wine; **b)** ***sich ~ aus*** to consist of **Zusammensetzung** *f* (≈ *Struktur*) composition; (≈ *Mischung*) mixture (*aus* of) **zusammenstauchen** *vt* (*umg*) to give a dressing-down (*umg*), to chew out (*US umg*) **zusammenstecken** **1.** *vt Einzelteile* to fit together **2.** *vi* (*umg*) to be together **zusammenstellen** *vt* to put together; (*nach einem Muster*) to arrange; *Daten* to compile; *Liste, Fahrplan* to draw up; SPORT *Mannschaft* to pick **Zusammenstellung** *f* (≈ *Kombination*) (*nach Muster*) arrangement; (*von Daten*) compilation; (≈ *Liste*) list; (≈ *Zusammensetzung*) composition; (≈ *Übersicht*) survey **Zusammenstoß** *m* collision; (*fig* ≈ *Streit*) clash **zusammenstoßen** *vi* (≈ *zusammenprallen*) to collide; (*fig* ≈ *sich streiten*) to clash; ***mit jdm ~*** to collide with sb; (*fig*) to clash with sb **zusammenstreichen** *vt* to cut (down) (*auf +Akk* to) **zusammensuchen** *vt* to collect (together) **zusammentragen** *vt* to collect **zusammentreffen** *vi* (*Menschen*) to meet; (*Ereignisse*) to coincide **Zusammentreffen** *n* meeting; (*bes zufällig*) encounter; (*zeitlich*) coincidence **zusammentrommeln** *vt* (*umg*) to round up (*umg*) **zusammentun** **1.** *vt* (*umg*) to put together **2.** *vr* to get together **zusammenwachsen** *vi* to grow together; (*fig*) to grow close **zusammenzählen** *vt* to add up **zusammenziehen** **1.** *vt* **a)** *Muskel* to draw together; (≈ *verengen*) to narrow; *Schlinge* to tighten; **b)** (*fig*) *Truppen, Polizei* to assemble **2.** *vr* to contract; (≈ *enger werden*) to narrow; (*Gewitter, Unheil*) to be brewing **3.** *vi* to move in together; ***mit jdm ~*** to move in with sb **zusammenzucken** *vi* to start

Zusatz *m* addition **Zusatzgerät** *n* attachment; IT add-on **Zusatzkosten** *Pl* additional costs *Pl* **zusätzlich** **1.** *Adj* additional **2.** *Adv* in addition **Zusatzstoff** *m* additive **Zusatzzahl** *f* (*Lotto*) additional number, bonus number (*Brit*)

zuschauen *vi* (*bes dial*) = ***zusehen*** **Zuschauer(in)** *m(f)* spectator (*auch* SPORT); TV viewer; THEAT member of the audience; (≈ *Beistehender*) onlooker

zuschicken *vt* ***jdm etw ~*** to send sth to sb

zuschieben *vt* ***jdm etw ~*** to push sth over to sb; (*heimlich*) to slip sb sth; ***jdm die Verantwortung/Schuld ~*** to put the responsibility/blame on sb

Zuschlag *m* **a)** (≈ *Erhöhung*) extra charge, surcharge (*bes* HANDEL, WIRTSCH); (*auf Fahrpreis*) supplement;

b) (*bei Versteigerung*) acceptance of a bid; (≈ *Auftragserteilung*) acceptance of a/the tender; ***er erhielt den ~*** the lot went to him; (*nach Ausschreibung*) he was awarded the contract **zuschlagen** **1.** *vt* **a)** *Tür*, *Fenster* to slam (shut), to bang shut; **b)** (*bei Versteigerung*) ***jdm etw ~*** to knock sth down to sb **2.** *vi* **a)** (≈ *kräftig schlagen*) to strike (*auch fig*); (≈ *losschlagen*) to hit out; **b)** (*Tür*) to slam (shut); **c)** (*fig umg* ≈ *zugreifen*) (*bei Angebot*) to go for it; (*beim Essen*) to get stuck in (*umg*); (*Polizei*) to pounce **zuschlag(s)pflichtig** *Adj* *Zug*, *Service* subject to a supplement

zuschließen *vt* to lock; *Laden* to lock up

zuschnappen *vi* **a)** (≈ *zubeißen*) ***der Hund schnappte zu*** the dog snapped at me/him *etc*; **b)** (*fig*: *Polizei*) to pounce; **c)** (*Schloss*) to snap shut

zuschneiden *vt* to cut to size; HAND to cut out; ***auf jdn/etw genau zugeschnitten sein*** to be tailor-made for sb/sth **Zuschnitt** *m* **a)** (≈ *Zuschneiden*) cutting; **b)** (≈ *Form*) cut

zuschreiben *vt* (*fig*) to attribute (+*Dat* to); ***das hast du dir selbst zuzuschreiben*** you've only got yourself to blame

Zuschrift *f* letter; (*auf Anzeige*) reply

zuschulden *Adv* ***sich*** (*Dat*) ***etwas ~ kommen lassen*** to do something wrong

Zuschuss *m* subsidy; (*nicht amtlich*) contribution **Zuschussbetrieb** *m* lossmaking (*Brit*) *od* losing (*US*) concern

zuschütten *vt* to fill in

zusehen *vi* **a)** to watch; (≈ *unbeteiligter Zuschauer sein*) to look on; (≈ *etw dulden*) to sit back by (and watch); ***jdm ~*** to watch sb; ***jdm bei der Arbeit ~*** to watch sb working; **b)** (≈ *dafür sorgen*) ***~, dass ...*** to see to it that ..., to make sure (that) ... **zusehends** *Adv* visibly; (≈ *rasch*) rapidly

zu sein *vi* to be shut; (*umg* ≈ *betrunken*, *high sein*) to be stoned (*umg*)

zusenden *vt* to send

zusetzen *vi* ***jdm ~*** (≈ *unter Druck setzen*) to lean on sb (*umg*); (≈ *drängen*) to pester sb; (≈ *schwer treffen*) to hit sb hard

zusichern *vt* ***jdm etw ~*** to assure sb of sth **Zusicherung** *f* assurance

zusperren *vt* (*südd*, *österr*, *schweiz*) to lock

zuspielen *vt* ***jdm etw ~*** (*fig*) to pass sth on to sb; (*der Presse*) to leak sth to sb

zuspitzen *vr* to be pointed; (*fig*: *Lage*, *Konflikt*) to intensify

zusprechen **1.** *vt* *Gewinn etc* to award; ***das Kind wurde dem Vater zugesprochen*** the father was granted custody (of the child); ***jdm Mut ~*** (*fig*) to encourage sb **2.** *vi* ***jdm*** (***gut***) ***~*** to talk *od* speak (nicely) to sb **Zuspruch** *m* (≈ *Anklang*) (***großen***) ***~ finden*** to be (very) popular; (*Stück*, *Film*) to meet with general acclaim

Zustand *m* state; (*von Haus*, *Auto*, MED) condition; (≈ *Lage*) state of affairs; ***in gutem/schlechtem ~*** in good/poor condition; ***in angetrunkenem ~*** under the influence of alcohol; ***Zustände kriegen*** (*umg*) to have a fit (*umg*); ***das sind ja schöne Zustände!*** (*iron*) that's a fine state of affairs! (*iron*)

zustande *Adv* **a)** ***~ bringen*** to manage; *Arbeit* to get done; **b)** ***~ kommen*** (≈ *erreicht werden*) to be achieved; (≈ *geschehen*) to come about; (≈ *stattfinden*) to take place

zuständig *Adj* (≈ *verantwortlich*) responsible; *Amt etc* appropriate; ***dafür ist er ~*** that's his responsibility; ***~ sein*** JUR to have jurisdiction **Zuständigkeit** *f* (≈ *Kompetenz*) competence; JUR jurisdiction; (≈ *Verantwortlichkeit*) responsibility **Zuständigkeitsbereich** *m* area of responsibility; JUR jurisdiction

zustecken *vt* ***jdm etw ~*** to slip sb sth

zustehen *vi* ***etw steht jdm zu*** sb is entitled to sth; ***es steht ihr nicht zu, das zu tun*** it's not for her to do that

zustellen *vt* **a)** *Brief*, *Paket etc* to deliver; JUR to serve (*jdm etw* sb with sth); **b)** *Tür etc* to block **Zusteller(in)** *m(f)* deliverer; (≈ *Briefträger*) postman/-woman (*Brit*), mailman/-woman (*US*) **Zustellgebühr** *f* delivery charge **Zustellung** *f* delivery; JUR service (of a writ)

zustimmen *vi* (***einer Sache*** *Dat*) ***~*** to agree (to sth); (≈ *einwilligen*) to consent (to sth); ***jdm ~*** to agree with sb;

eine ~de Antwort an affirmative answer **Zustimmung** *f* (≈ *Einverständnis*) agreement; (≈ *Einwilligung*) consent; (≈ *Beifall*) approval; ***allgemeine ~ finden*** to meet with general approval; ***mit ~*** (+*Gen*) with the agreement of
zustoßen **1.** *vt Tür etc* to push shut **2.** *vi* **a)** (*mit Messer etc*) to plunge a/the knife *etc* in; **b)** (≈ *passieren*) ***jdm ~*** to happen to sb
zustürzen *vi* ***auf jdn/etw ~*** to rush up to sb/sth
zutage *Adv* ***etw ~ bringen*** (*fig*) to bring sth to light; ***~ kommen*** to come to light
Zutaten *Pl* KOCH ingredients *Pl*
zuteilen *vt* (*jdm* to sb) to allocate; *Arbeitskraft* to assign
zutiefst *Adv* deeply
zutrauen *vt* ***jdm etw ~*** to think sb (is) capable of (doing) sth; ***sich*** (*Dat*) ***zu viel ~*** to overrate one's own abilities; (≈ *sich übernehmen*) to take on too much; ***ich traue ihnen alles zu*** (*Negatives*) I wouldn't put anything past them; ***das ist ihm zuzutrauen!*** (*iron*) I wouldn't put it past him! **zutraulich** *Adj Kind* trusting; *Tier* friendly
zutreffen *vi* (≈ *gelten*) to apply (*auf* +*Akk*, *für* to); (≈ *richtig sein*) to be accurate; (≈ *wahr sein*) to be true; ***seine Beschreibung traf überhaupt nicht zu*** his description was completely inaccurate **zutreffend** **1.** *Adj* (≈ *richtig*) accurate; (≈ *auf etw zutreffend*) applicable; ***Zutreffendes bitte unterstreichen*** underline where applicable **2.** *Adv* accurately
Zutritt *m* (≈ *Einlass*) entry; (≈ *Zugang*) access; ***kein ~, ~ verboten*** no entry
Zutun *n* assistance; ***es geschah ohne mein ~*** I did not have a hand in the matter
zuunterst *Adv* right at the bottom
zuverlässig *Adj* reliable; ***aus ~er Quelle*** from a reliable source **Zuverlässigkeit** *f* reliability
Zuversicht *f* confidence; ***in der festen ~, dass ...*** confident that ... **zuversichtlich** *Adj* confident
zuviel *Adj*, *Adv* → ***viel***
zuvor *Adv* before; (≈ *zuerst*) beforehand; ***am Tage ~*** the day before **zuvorkommen** *vi* +*Dat* to anticipate; ***jdm ~*** to beat sb to it **zuvorkommend** **1.** *Adj* obliging; (*zu* towards) **2.** *Adv* obligingly
Zuwachs *m* **a)** (≈ *Wachstum*) growth (*an* +*Dat* of); **b)** (≈ *Höhe des Wachstums*) increase (*an* +*Dat* in) **zuwachsen** *vi* (*Loch*) to grow over; (*Garten etc*) to become overgrown; (*Wunde*) to heal
zuwege *Adv* ***etw ~ bringen*** to manage sth; (≈ *erreichen*) to achieve sth; ***gut/schlecht ~ sein*** (*umg*) to be in good/poor health
zuweisen *vt* to assign (*jdm etw* sth to sb)
zuwenden **1.** *vt* **a)** to turn (+*Dat* to, towards); ***jdm das Gesicht ~*** to turn to face sb; **b)** ***jdm Geld*** *etc* ***~*** to give sb money *etc* **2.** *vr* ***sich jdm/einer Sache ~*** to turn to sb/sth; (≈ *sich widmen*) to devote oneself to sb/sth **Zuwendung** *f* **a)** (≈ *Liebe*) care; **b)** (≈ *Geldsumme*) sum (of money); (≈ *Schenkung*) donation
zuwenig *Adj*, *Adv* → ***wenig***
zuwerfen *vt* **a)** (≈ *schließen*) *Tür* to slam (shut); **b)** ***jdm etw ~*** to throw sth to sb; ***jdm einen Blick ~*** to cast a glance at sb
zuwider *Adv* ***er/das ist mir ~*** I detest *od* loathe him/that
zuwinken *vi* ***jdm ~*** to wave to sb
zuzahlen **1.** *vt* ***zehn Euro ~*** to pay another ten euros **2.** *vi* to pay extra
zuzeln *vi* (*österr*) (≈ *lutschen*) to suck; (≈ *langsam trinken*) to sip away (*an* +*Dat* at)
zuziehen *vt* **a)** *Vorhang* to draw; *Tür* to pull shut; *Schlinge* to pull tight; **b)** ***sich*** (*Dat*) ***eine Verletzung ~*** (*förml*) to sustain an injury **Zuzug** *m* (≈ *Zustrom*) influx; (*von Familie etc*) arrival (*nach* in), move (*nach* to) **Zuzüger(in)** *m(f)* (*schweiz*) (≈ *Neuling*) newcomer; (≈ *Zuwanderer*) immigrant **zuzüglich** *Präp* +*Gen* plus
zuzwinkern *vi* ***jdm ~*** to wink at sb
Zvieri *m od n* (*schweiz*) afternoon snack
Zwang *m* (≈ *Notwendigkeit*) compulsion; (≈ *Gewalt*) force; (≈ *Verpflichtung*) obligation; ***gesellschaftliche Zwänge*** social constraints; ***tu dir keinen ~ an*** (*iron*) don't force yourself **zwängen** *vt* to force; ***sich in/durch etw*** (*Akk*) ***~*** to squeeze into/through

sth **zwanghaft** *Adj* PSYCH compulsive **zwanglos** **1.** *Adj* (≈ *ohne Förmlichkeit*) informal; (≈ *locker*) casual **2.** *Adv* informally; ***da geht es recht ~ zu*** things are very informal there **Zwanglosigkeit** *f* informality; (≈ *Lockerheit*) casualness **Zwangsabgabe** *f* WIRTSCH compulsory levy **Zwangsarbeit** *f* hard labour (*Brit*) *od* labor (*US*); (*von Kriegsgefangenen*) forced labo(u)r **Zwangsarbeiter(in)** *m(f)* forced labourer (*Brit*) *od* laborer (*US*) **zwangsernähren** *vt* to force-feed **Zwangsernährung** *f* force-feeding **Zwangsjacke** *f* straitjacket **Zwangslage** *f* predicament **zwangsläufig** **1.** *Adj* inevitable **2.** *Adv* inevitably **Zwangspause** *f* (*beruflich*) ***eine ~ machen müssen*** to have to stop work temporarily **Zwangsvorstellung** *f* PSYCH obsession **zwangsweise** **1.** *Adv* compulsorily **2.** *Adj* compulsory

zwanzig *Num* twenty; → ***vierzig*** **Zwanzig** *f* twenty **Zwanziger** *m* (*umg* ≈ *Geldschein*) twenty-euro *etc* note (*Brit*) *od* bill (*US*) **Zwanzigeuroschein** *m* twenty-euro note (*Brit*) *od* bill (*US*) **zwanzigste(r, s)** *Adj* twentieth

zwar *Adv* **a)** (≈ *wohl*) ***sie ist ~ sehr schön, aber ...*** it's true she's very beautiful but ...; ***ich weiß ~, dass es schädlich ist, aber ...*** I do know it's harmful but ...; **b)** (*erklärend*) ***und ~*** in fact, actually; ***ich werde ihm schreiben, und ~ noch heute*** I'll write to him and I'll do it today

Zweck *m* **a)** (≈ *Ziel*) purpose; ***einem guten ~ dienen*** to be for a good cause; ***seinen ~ erfüllen*** to serve its/one's purpose; **b)** (≈ *Sinn*) point; ***das hat keinen ~*** it's pointless; **c)** (≈ *Absicht*) aim; ***zu diesem ~*** to this end **Zweckbau** *m* functional building **zweckdienlich** *Adj* appropriate; ***~e Hinweise*** (any) relevant information

Zwecke *f* tack; (≈ *Reißzwecke*) drawing pin (*Brit*), thumbtack (*US*)

zweckgebunden *Adj Steuern etc* for a specific purpose **zwecklos** *Adj* pointless; *Versuch* futile **Zwecklosigkeit** *f* pointlessness; (*von Versuch*) futility **zweckmäßig** *Adj* (≈ *nützlich*) useful; *Kleidung etc* suitable **Zweckmäßigkeit** *f* (≈ *Nützlichkeit*) usefulness; (*von Kleidung etc*) suitability **Zweckoptimismus** *m* calculated optimism **zwecks** *Präp +Gen* (*förml*) for the purpose of

zwei *Num* two; ***wir ~*** the two of us; → ***vier*** **Zwei** *f* two **Zweibeiner(in)** *m(f)* (*hum umg*) human being **zweibeinig** *Adj* two-legged **Zweibettzimmer** *n* twin room **zweideutig** **1.** *Adj* ambiguous; (≈ *schlüpfrig*) suggestive **2.** *Adv* ambiguously **Zweideutigkeit** *f* **a)** ambiguity; (≈ *Schlüpfrigkeit*) suggestiveness; **b)** (≈ *Bemerkung*) ambiguous remark; (≈ *Witz*) risqué joke **zweidimensional** *Adj* two-dimensional **Zweidrittelmehrheit** *f* PARL two-thirds majority **zweieiig** *Adj Zwillinge* non-identical **Zweierbeziehung** *f* relationship **zweierlei** *Adj* two kinds of; ***auf ~ Art*** in two different ways; ***~ Meinung sein*** to be of (two) different opinions **zweifach** *Adj* double; (≈ *zweimal*) twice; ***in ~er Ausfertigung*** in duplicate **Zweifamilienhaus** *n* two-family house **zweifarbig** *Adj* two-colour (*Brit*), two-color (*US*)

Zweifel *m* doubt; ***im ~*** in doubt; ***ohne ~*** without doubt; ***außer ~ stehen*** to be beyond doubt; ***es besteht kein ~, dass ...*** there is no doubt that ...; ***etw in ~ ziehen*** to call sth into question **zweifelhaft** *Adj* doubtful **zweifellos** *Adv* undoubtedly **zweifeln** *vi* to doubt; ***an etw/jdm ~*** to doubt sth/sb; ***daran ist nicht zu ~*** there's no doubt about it **Zweifelsfall** *m* borderline case; ***im ~*** when in doubt **zweifelsfrei** **1.** *Adj* unequivocal **2.** *Adv* beyond (all) doubt **zweifelsohne** *Adv* undoubtedly

Zweig *m* branch; (*dünner, kleiner*) twig **Zweiggeschäft** *n* branch

zweigleisig *Adj* double-tracked, double-track *attr*; ***~ argumentieren*** to argue along two different lines

Zweigniederlassung *f* subsidiary **Zweigstelle** *f* branch (office)

zweihändig **1.** *Adj* with two hands, two-handed **2.** *Adv* MUS *spielen* two-handed **zweihundert** *Num* two hundred **zweijährig** *Adj* **a)** *Kind etc* two-year-old *attr*, two years old; *Dauer* two-year *attr*, of two years; ***mit ~er Verspätung*** two years late; **b)** BOT *Pflanze* biennial **Zweikampf** *m* (≈

Duell) duel **zweimal** *Adv* twice; **~ täglich** twice daily *od* a day; **sich** (*Dat*) **etw ~ überlegen** to think twice about sth; **das lasse ich mir nicht ~ sagen** I don't have to be told twice **zweimalig** *Adj* twice repeated; *Weltmeister etc* two-times *attr* **zweimonatig** *Adj* **a)** *Dauer* two-month *attr*, of two months; **b)** *Säugling etc* two-month-old *attr* **zweimonatlich** *Adj, Adv* bimonthly (*bes* HANDEL, VERW) **zweimotorig** *Adj* twin-engined **Zweiparteiensystem** *n* two-party system **zweiräd(e)rig** *Adj* two-wheeled **Zweireiher** *m* double-breasted suit *etc* **zweireihig** *Adj* double-row *attr*, in two rows; *Anzug* double-breasted **zweischneidig** *Adj* double-edged; **das ist ein ~es Schwert** (*fig*) it cuts both ways **zweiseitig** *Adj Brief, Erklärung etc* two-page *attr*; *Vertrag etc* bilateral **Zweisitzer** *m* AUTO, FLUG two-seater **zweispaltig** *Adj* double-columned **zweisprachig 1.** *Adj* bilingual; *Dokument* in two languages **2.** *Adv* in two languages; **~ aufwachsen** to grow up bilingual **Zweisprachigkeit** *f* bilingualism **zweispurig** *Adj* double-tracked, double-track *attr*; *Autobahn* two-laned, two-lane *attr* **zweistellig** *Adj Zahl* two-digit *attr*, with two digits **zweistöckig 1.** *Adj* two-storey *attr* (*Brit*), two-story *attr* (*US*) **2.** *Adv* **~ bauen** to build buildings with two storeys (*Brit*) *od* stories (*US*) **zweistündig** *Adj* two-hour *attr*, of two hours **zweistündlich** *Adj, Adv* every two hours **zweit** *Adv* **zu ~** (≈ *in Paaren*) in twos; **wir gingen zu ~ spazieren** the two of us went for a walk; **das Leben zu ~** living with someone; → **vier** **zweitägig** *Adj* two-day *attr*, of two days **Zweitaktmotor** *m* two-stroke engine **zweitälteste(r, s)** *Adj* second oldest **zweitausend** *Num* two thousand **Zweitauto** *n* second car **zweitbeste(r, s)** *Adj* second best **zweiteilig** *Adj Roman* two-part *attr*, in two parts; *Kleidungsstück* two-piece **zweitens** *Adv* secondly **Zweite(r)** *mf* second; SPORT *etc* runner-up; **wie kein ~r** like nobody else **zweite(r, s)** *Adj* second; **~r Klasse fahren** to travel second (class); **jeden ~n Tag** every other day; **in ~r Linie** secondly; → **vierte(r, s)** **zweitgrößte(r, s)** *Adj* second largest **zweithöchste(r, s)** *Adj* second highest **zweitklassig** *Adj* (*fig*) second-class **zweitletzte(r, s)** *Adj* last but one *attr*, *präd* **zweitrangig** *Adj* = **zweitklassig** **Zweitschlüssel** *m* duplicate key **Zweitstimme** *f* second vote **zweitürig** *Adj* AUTO two-door **zweiwöchig** *Adj* two-week *attr*, of two weeks **zweizeilig** *Adj* two-line *attr*; TYPO *Abstand* double-spaced **Zweizimmerwohnung** *f* two-room(ed) apartment **Zweizylindermotor** *m* two-cylinder engine

Zwerchfell *n* ANAT diaphragm

Zwerg(in) *m(f)* dwarf; (≈ *Gartenzwerg*) gnome; (*fig* ≈ *Knirps*) midget **Zwergpudel** *m* toy poodle **Zwergstaat** *m* miniature state **Zwergwuchs** *m* dwarfism

Zwetschge *f*, **Zwetschke** (*österr*) *f* plum

zwicken *vi* **a)** (*umg, österr* ≈ *kneifen*) to pinch; **b)** (*österr* ≈ *Fahrschein entwerten*) to punch

Zwickmühle *f* **in der ~ sitzen** (*fig*) to be in a catch-22 situation (*umg*)

Zwieback *m* rusk

Zwiebel *f* onion; (≈ *Blumenzwiebel*) bulb **zwiebelförmig** *Adj* onion-shaped **Zwiebelkuchen** *m* onion tart **Zwiebelring** *m* onion ring **Zwiebelschale** *f* onion skin **Zwiebelsuppe** *f* onion soup **Zwiebelturm** *m* onion dome

Zwielicht *n* twilight; **ins ~ geraten sein** (*fig*) to appear in an unfavourable (*Brit*) *od* unfavorable (*US*) light **zwielichtig** *Adj* (*fig*) shady **zwiespältig** *Adj Gefühle* mixed **Zwietracht** *f* discord

Zwilling *m* twin; **die ~e** ASTROL Gemini; **~ sein** ASTROL to be (a) Gemini **Zwillingsbruder** *m* twin brother **Zwillingspaar** *n* twins *Pl* **Zwillingsschwester** *f* twin sister

Zwinge *f* TECH (screw) clamp **zwingen 1.** *vt* to force; **jdn zu etw ~** to force sb to do sth; **ich lasse mich nicht (dazu) ~** I won't be forced (to do it *od* into it); **jdn zum Handeln ~** to force sb into action; → **gezwungen** **2.** *vr* to force oneself **zwingend 1.** *Adj Notwendigkeit* urgent; *Beweis* conclusive; *Argument* cogent; *Gründe* compelling **2.** *Adv*

etw ist ~ vorgeschrieben sth is mandatory **Zwinger** *m* (≈ *Käfig*) cage; (≈ *Hundezwinger*) kennels *Pl*; (*von Burg*) (outer) ward

zwinkern *vi* to blink; (*um jdm etw zu bedeuten*) to wink

Zwirn *m* (strong) thread

zwischen *Präp +Dat od +Akk* between; (*in Bezug auf mehrere auch*) among; ***mitten ~*** right in the middle of **Zwischenablage** *f* IT clipboard **Zwischenaufenthalt** *m* stopover **Zwischenbemerkung** *f* interjection **Zwischenbericht** *m* interim report **Zwischenbilanz** *f* HANDEL interim balance; (*fig*) provisional appraisal **Zwischending** *n* cross (between the two) **zwischendurch** *Adv* (*zeitlich*) in between times; (≈ *inzwischen*) (in the) meantime; ***das mache ich so ~*** I'll do that on the side; ***Schokolade für ~*** chocolate for between meals **Zwischenergebnis** *n* interim result; SPORT latest score **Zwischenfall** *m* incident; ***ohne ~*** without incident **Zwischenfrage** *f* question **Zwischenhandel** *m* intermediate trade **Zwischenhändler(in)** *m(f)* middleman **Zwischenlager** *n* temporary store **zwischenlagern** *vt* to store (temporarily) **Zwischenlagerung** *f* temporary storage **zwischenlanden** *vi* FLUG to stop over **Zwischenlandung** *f* FLUG stopover **zwischenmenschlich** *Adj* interpersonal; ***~e Beziehungen*** interpersonal relations **Zwischenprüfung** *f* intermediate examination **Zwischenraum** *m* gap; (≈ *Zeilenabstand*) space; (*zeitlich*) interval **Zwischenruf** *m* interruption; ***~e*** heckling **Zwischenspeicher** *m* IT cache (memory) **zwischenstaatlich** *Adj* international; (*zwischen Bundesstaaten*) interstate **Zwischenstadium** *n* intermediate stage **Zwischenstation** *f* (intermediate) stop; ***in London machten wir ~*** we stopped off in London **Zwischenstufe** *f* (*fig*) intermediate stage **Zwischenwand** *f* dividing wall; (≈ *Stellwand*) partition **Zwischenzeit** *f* (≈ *Zeitraum*) interval; ***in der ~*** (in the) meantime **Zwischenzeugnis** *n* SCHULE end of term report

Zwist *m* (*geh*) discord; (≈ *Fehde, Streit*) dispute

zwitschern *vti* to twitter; (*Lerche*) to warble; ***einen ~*** (*umg*) to have a drink

Zwitter *m* hermaphrodite; (*fig*) cross (*aus* between)

zwölf *Num* twelve; ***~ Uhr mittags/nachts*** (12 o'clock) midday/midnight; ***fünf Minuten vor ~*** (*fig*) at the eleventh hour; → ***vier*** **Zwölffingerdarm** *m* duodenum **zwölfte(r, s)** *Adj* twelfth; → ***vierte(r, s)***

Zyankali *n* CHEM potassium cyanide

zyklisch **1.** *Adj* cyclic(al) **2.** *Adv* cyclically

Zyklon *m* cyclone

Zyklus *m* cycle

Zylinder *m* **a)** MATHE, TECH cylinder; **b)** (≈ *Hut*) top hat **zylinderförmig** *Adj* = ***zylindrisch*** **Zylinderkopf** *m* AUTO cylinder head **Zylinderkopfdichtung** *f* cylinder head gasket **zylindrisch** *Adj* cylindrical

Zyniker(in) *m(f)* cynic **zynisch** **1.** *Adj* cynical **2.** *Adv* cynically **Zynismus** *m* cynicism

Zypern *n* Cyprus

Zypresse *f* BOT cypress

Zypriot(in) *m(f)* Cypriot **zyprisch** *Adj* Cypriot

Zyste *f* cyst

Zahlen

Kardinalzahlen		Cardinal Numbers
null	0	zero, nought
eins	1	one
zwei	2	two
drei	3	three
vier	4	four
fünf	5	five
sechs	6	six
sieben	7	seven
acht	8	eight
neun	9	nine
zehn	10	ten
elf	11	eleven
zwölf	12	twelve
dreizehn	13	thirteen
vierzehn	14	fourteen
fünfzehn	15	fifteen
sechzehn	16	sixteen
siebzehn	17	seventeen
achtzehn	18	eighteen
neunzehn	19	nineteen
zwanzig	20	twenty
einundzwanzig	21	twenty-one
zweiundzwanzig	22	twenty-two
dreißig	30	thirty
einunddreißig	31	thirty-one
vierzig	40	forty
fünfzig	50	fifty
sechzig	60	sixty
siebzig	70	seventy
achtzig	80	eighty
neunzig	90	ninety
hundert	100	a *od* one hundred
hundert(und)eins	101	a hundred and one
zweihundert	200	two hundred
dreihundert	300	three hundred
fünfhundert(und)zweiundsiebzig	572	five hundred and seventy-two
(ein)tausend	1000	a *od* one thousand
(ein)tausend(und)zwei	1002	a *od* one thousand and two

1 000 000	eine Million	1,000,000	a *od* one million
2 000 000	zwei Millionen	2,000,000	two million
1 000 000 000	eine Milliarde	1,000,000,000	a *od* one billion
10^{12}	eine Billion	1,000,000,000,000	a *od* one trillion

NB: Das *and* in Zahlen über hundert kann im amerikanischen Englisch entfallen: five hundred (and) twenty.

Jahreszahlen / Years

tausendsechsundsechzig	1066	ten sixty-six
zweitausend	2000	two thousand
zweitausend(und)acht	2008	two thousand and eight

Ordinalzahlen / Ordinal Numbers

erste	1st	first
zweite	2nd	second
dritte	3rd	third
vierte	4th	fourth
fünfte	5th	fifth
sechste	6th	sixth
siebte	7th	seventh
achte	8th	eighth
neunte	9th	ninth
zehnte	10th	tenth
elfte	11th	eleventh
zwölfte	12th	twelfth
dreizehnte	13th	thirteenth
vierzehnte	14th	fourteenth
fünfzehnte	15th	fifteenth
sechzehnte	16th	sixteenth
siebzehnte	17th	seventeenth
achtzehnte	18th	eighteenth
neunzehnte	19th	nineteenth
zwanzigste	20th	twentieth
einundzwanzigste	21st	twenty-first
zweiundzwanzigste	22nd	twenty-second
dreiundzwanzigste	23rd	twenty-third
dreißigste	30th	thirtieth
einunddreißigste	31st	thirty-first
vierzigste	40th	fortieth
fünfzigste	50th	fiftieth
sechzigste	60th	sixtieth
siebzigste	70th	seventieth
achtzigste	80th	eightieth
neunzigste	90th	ninetieth
hundertste	100th	(one) hundredth
hundertunderste	101st	hundred and first
zweihundertste	200th	two hundredth
dreihundertste	300th	three hundredth
tausendste	1000th	(one) thousandth
(ein)tausendneunhundertfünfzigste	1950th	nineteen hundred and fiftieth
zweitausendste	2000th	two thousandth

Bruchzahlen und Rechenvorgänge / Fractions and other Mathematical Functions

ein halb	**½**	one *od* a half
anderthalb	**1 ½**	one and a half
zweieinhalb	**2 ½**	two and a half
ein Drittel	**⅓**	one *od* a third
zwei Drittel	**⅔**	two thirds
ein Viertel	**¼**	one *od* a quarter, one fourth
drei Viertel	**¾**	three quarters, three fourths
ein Fünftel	**⅕**	one *od* a fifth
drei vier Fünftel	**3 ⅘**	three and four fifths
fünf Achtel		five eighths
fünfundsiebzig Prozent	**75%**	seventy-five per cent, *US* percent
null Komma vier fünf	**0.45**	(nought [nɔːt]) point four five
zwei Komma fünf	**2.5**	two point five
sieben und *od* plus acht ist fünfzehn	**7 + 8 = 15**	seven and *od* plus eight are fifteen
neun minus *od* weniger vier ist fünf	**9 – 4 = 5**	nine minus *od* less four is five
zwei mal drei ist sechs	**2 × 3 = 6**	twice three is *od* makes six
zwanzig dividiert *od* geteilt durch fünf ist vier	**20 : 5 = 4**	twenty divided by five is four

Temperaturumrechnung

Celsius – Fahrenheit

°C	°F
220	428
200	392
180	356
100	212
60	140
40	104
30	86
20	68
10	50
0	32
–10	14
–15	5
–20	–4

Fahrenheit – Celsius

°F	°C
430	221
390	199
360	182
200	93
140	60
100	38
80	27
60	16
50	10
32	0
0	–18
–4	–20
–15	–26

Die Umrechnungswerte sind gerundet. Die exakte Umrechnungsformel lautet:

von Fahrenheit nach Celsius: (°F – 32) × 5/9 = °C
von Celsius nach Fahrenheit: (9/5 × °C) + 32 = °F

Maße und Gewichte

Längenmaße

1 mm	**Millimeter**	millimetre	= 0.039 inches
1 cm	**Zentimeter**	centimetre	= 0.39 inches
1 dm	**Dezimeter**	decimetre	= 3.94 inches
1 m	**Meter**	metre	= 1.094 yards
			= 3.28 feet
			= 39.37 inches
1 km	**Kilometer**	kilometre	= 1,093.637 yards
			= 0.621 British *or* Statute Miles
1 sm	**Seemeile** (*internationales Standardmaß*)	nautical mile	= 1,852 metres

Flächenmaße

1 mm²	**Quadratmillimeter**	square millimetre	= 0.0015 square inches
1 cm²	**Quadratzentimeter**	square centimetre	= 0.155 square inches
1 m²	**Quadratmeter**	square metre	= 1.195 square yards
			= 10.76 square feet
1 ha	**Hektar**	hectare	= 11,959.90 square yards
			= 2.47 acres
1 km²	**Quadratkilometer**	square kilometre	= 247.11 acres
			= 0.386 square miles

Raummaße

1 cm³	**Kubikzentimeter**	cubic centimetre	= 0.061 cubic inches
1 dm³	**Kubikdezimeter**	cubic decimetre	= 61.025 cubic inches
1 m³	**Kubikmeter**	cubic metre	= 1.307 cubic yards
			= 35.31 cubic feet
1 RT	**Registertonne**	register ton	= 100 cubic feet

Flüssigkeitsmaße

1l	**Liter**	litre	*Brit*	= 1.76 pints
				= 0.88 quarts
				= 0.22 gallons
			US	= 2.11 pints
				= 1.06 quarts
				= 0.26 gallons
1 hl	**Hektoliter**	hectolitre	*Brit*	= 22.009 gallons
			US	= 26.42 gallons

Gewichte

1 Pfd.	**Pfund**	pound (German)	= ½ kilogram(me) = 500 gram(me)s = 1.102 pounds (avdp.*) = 1.34 pounds (troy)
1 kg	**Kilogramm, Kilo**	kilogram(me)	= 2.204 pounds (avdp.*) = 2.68 pounds (troy)
1 Ztr.	**Zentner**	centner	= 100 pounds (German) = 50 kilogram(me)s = 110.23 pounds (avdp.*) = 0.98 British hundredweights = 1.102 U.S. hundredweights
1 t	**Tonne**	ton	= 0.984 British tons = 1.102 U.S. tons = 1.000 metric tons

*** avdp. = avoirdupois** Handelsgewicht

Verzeichnis der Info-Fenster

Wichtige Abkürzungen und Hinweise in diesem Wörterbuch

a.	auch
Abk	Abkürzung
Adj	Adjektiv, Eigenschaftswort
Adv	Adverb, Umstandswort
Akk	Akkusativ, 4. Fall
Akk Obj	Akkusativobjekt, Satzergänzung im 4. Fall
ANAT	Anatomie
ARCHÄOL	Archäologie
ARCHIT	Architektur
Artikel	Artikel, Geschlechtswort
ASTROL	Astrologie
ASTRON	Astronomie
attr	attributiv, beifügend
AUTO	Kraftfahrzeugwesen
BAHN	Eisenbahn
BAU	Hoch- und Tiefbau
BERGB	Bergbau
bes	besonders
best	bestimmt
BIBEL	Bibel
BIOL	Biologie
BÖRSE	Börse
BOT	Botanik, Pflanzenkunde
Brit	(nur) britisches Englisch
CHEM	Chemie
D	Deutschland
Dat	Dativ, 3. Fall
Dat Obj	Dativobjekt, Satzergänzung im 3. Fall
demonstr	demonstrativ, Demonstrativ-, hinweisend
Demonstrativpron	Demonstrativpronomen, hinweisendes Fürwort
dial	Dialekt
DICHTUNG	Dichtung
ELEK	Elektrizität
emph	emphatisch, betont
etc	usw.
etw	etwas
euph	euphemistisch, beschönigend
f	feminin, weiblich
Fachw	Fachwort, Fachausdruck
fig	übertragen
FINANZ	Finanzen
FISCH	Fischerei
FLUG	Luftfahrt
förml	förmlich
FOTO	Fotografie
FUSSB	Fußball
GARTEN	Gartenbau
geh	gehoben
Gen	Genitiv, 2. Fall
GEOG	Geografie
GEOL	Geologie
GRAM	Grammatik
HAND	Handarbeiten
HANDEL	Handel
HERALD	Heraldik
HIST	historisch, Geschichte
hum	humorvoll, scherzhaft
Indefinitpron	Indefinitpronomen, unbestimmtes Fürwort
INDUSTRIE	Industrie
Inf	Infinitiv, Nennform
Interj	Interjektion, Ausruf
interrog	interrogativ, Frage-
Interrogativpron	Interrogativpronomen, Fragefürwort
irisch	irisch
iron	ironisch
IT	Computer, Informationstechnologie
JAGD	Jagd
jd	jemand
jdm	jemandem
jdn	jemanden
jds	jemandes
JUR	Rechtswesen
KARTEN	Kartenspiel
Kindspr	Kindersprache
KIRCHE	Kirche
KOCH	Kochen
Komp	Komparativ, Höherstufe
Kompos	Kompositum, Zusammensetzung
Konj	Konjunktion, Bindewort
kop	verbindend

KUNST	Kunst
LANDV	Landvermessung
LANDW	Landwirtschaft
LING	Linguistik, Sprachwissenschaft
lit	literarisch
LITERATUR	Literatur
m	maskulin, männlich
MATHE	Mathematik
MECH	Mechanik
MED	Medizin
METALL	Metallurgie
METEO	Meteorologie
MIL	Militär
MODE	Mode
mst	meist, gewöhnlich
MUS	Musik
MYTH	Mythologie
n	Neutrum, sächlich
NATURW	Naturwissenschaften
neg!	wird oft als beleidigend empfunden
Nom	Nominativ, 1. Fall
nordd	norddeutsch
Num	Numerale, Zahlwort
Obj	Objekt, Satzergänzung
od	oder
OPT	Optik
ORN	Ornithologie, Vogelkunde
österr	österreichisch
PARL	Parlament
Part	Partizip
Part Perf	Partizip Perfekt, Mittelwort der Vergangenheit
Part Präs	Partizip Präsens, Mittelwort der Gegenwart
pej	pejorativ, abwertend
pers	persönlich/Person/Personal-
Personalpron	Personalpronomen, persönliches Fürwort
PHARM	Pharmazie
PHIL	Philosophie
PHON	Phonetik
PHYS	Physik
PHYSIOL	Physiologie
Pl	Plural
POL	Politik
poss	possessiv, Possessiv-, besitzanzeigend
Possessivpron	Possessivpronomen, besitzanzeigendes Fürwort
präd	prädikativ, aussagend
Präf	Präfix, Vorsilbe
Präp	Präposition, Verhältniswort
Präs	Präsens, Gegenwart
Prät	Präteritum, Vergangenheit
PRESSE	Presse
Pron	Pronomen, Fürwort
PSYCH	Psychologie
®	eingetragene Marke
RADIO	Rundfunk
RAUMF	Raumfahrt
Reflexivpron	Reflexivpronomen, rückbezügliches Fürwort
Rel	Relativ-
REL	Religion
Relativpron	Relativpronomen, bezügliches Fürwort
s	Substantiv, Hauptwort
sb	somebody – jemand, jemandem, jemanden
SCHACH	Schach
schott	schottisch
SCHULE	Schulwesen
schweiz	schweizerisch
SEEF	Seefahrt, nautisch
selten	selten
Sg	Singular, Einzahl
SKI	Skisport
sl	saloppe Umgangssprache, Slang
SOZIALW	Sozialwissenschaften
Sprichw	Sprichwort
sth	something - etwas
Subj	Subjekt, Satzgegenstand
südd	süddeutsch
Suffix	Suffix, Nachsilbe
Sup	Superlativ, Höchststufe
TECH	Technik
TELEK	Telekommunikation, Nachrichtentechnik
TEX	Textilien
THEAT	Theater
trennb	trennbar, veränderbare Folge
TV	Fernsehen
TYPO	Typografie, Buchdruck
u.	und